Diccionario Inglés

For Spanish-Speakers

El único diccionario
que explica en español
el sentido completo
de las palabras en inglés

Houghton Mifflin

Diccionario Inglés

Houghton Mifflin Company · Boston

Copyright © 1982 by Houghton Mifflin Company. All rights re-
served. No part of this work may be reproduced or transmitted in
any form or by any means, electronic or mechanical, including
photocopying and recording, or by any information storage or re-
trieval system without permission in writing from the publisher.

All correspondence and inquiries should be directed to
Reference Division, Houghton Mifflin Company
Two Park Street, Boston, MA 02108

Library of Congress Cataloging in Publication Data
Main entry under title:

Diccionario inglés.

 Definitions of English words in both English and Spanish.
 1. English language—Dictionaries—Spanish. 2. English lan-
guage—Dictionaries. I. Houghton Mifflin Company.
PC4640.D56333   423'.61   81-4128
ISBN 0-395-31255-8   AACR2

Contents/Índice

Staff

Editor in chief
Fernando de Mello Vianna

Director of Editorial Operations
Margery S. Berube

Art Director
Geoffrey Hodgkinson

Associate Art Director
James R. Hamilton

Contributing Editors

Associate Editors

Luis R. Cáceres, Jr.   Margarita R. Cáceres   Roberto Miranda   J. Mauricio Sola

Assistant Editors

Yoly Arocha	María González	Luis Parra
Saul Buelvas	Elaine Kovalcik Karagory	José Rumbaut
Reinaldo I. Crespo	Homer León	Sofía Santiesteban
Enrique Díaz	Marcela Noriega de Leyva	Arcadio Torres-Arroyo
Dora García-Peña	Joaquin Páez	Anna Wegel

Proofreaders

Special Assignments

Joaquín Bermúdez	Dennis Gleason
Susan J. Cohan	Martha Gleason
Libby Feinblatt	Jane Manilych
Bonnie Friedman	Deborah Otaguro
Kathleen Gerard	Deborah Posner

Sally Hehir

Cover Design
Geoffrey Hodgkinson

PREFACE

The *Diccionario Inglés* was developed for the general use of the native Spanish-speaking student of English and is a completely new tool that provides a simple and easy system for learning the meaning of English words.

A traditional bilingual dictionary is composed of two clearly defined sections, one section in one language and the other in another. Main-entry words are defined in neither section; rather, the words are translated as faithfully as possible into their equivalents in the other language. But this may prove inadequate, since the assumption is that the user understands the meaning of the equivalent word in the other language. Because the dictionary only gives equivalents, words do not appear in context, a fact that increases the risk of errors in meaning and usage.

A monolingual dictionary, on the other hand, explains or defines a word by using other words that the user knows, since the dictionary is targeted exclusively at readers who function within the scope of one language. A monolingual dictionary, however, can help the learner only if the learner has mastered a large enough vocabulary to function in the language of the monolingual dictionary.

The *Diccionario Inglés* gives the non-native speaker the advantage for the first time of combining the benefits of a monolingual dictionary with the bridge provided by a true bilingual dictionary. The Spanish-speaking learners of English may use the *Diccionario Inglés* without any assistance from a bilingual dictionary. They will not be reminded over and over to check the other half of the dictionary until they find the right word.

The editors of The American Heritage Dictionaries felt that there was a real need for this new kind of dictionary. They combined their lexicographical experience with that of several consultants and translators, giving much thought to the planning of the book with its innovative format.

At a glance the reader will see that on each page of this dictionary one column is in English and the other is in Spanish. The same entry word is aligned across the page. In the English column the entry word is fully defined in English; in the Spanish column the English entry word is explained in Spanish words that the reader already knows. Spanish equivalents of English words are given whenever they are adequate and precise.

There are some words (such as *lion, rose, automobile,* and *airplane*) for which there is a clear and precise equivalent. But there are thousands of English words with no exact equivalent in Spanish. Such words are clearly defined and ex-

PRÓLOGO

El *Diccionario Inglés* ha sido desarrollado para el uso general del estudiante de inglés cuya lengua nativa es el español. Representa un instrumento totalmente nuevo que provee un sistema fácil y simples para aprender el sentido de las palabras en inglés.

El diccionario bilingüe tradicional está compuesto de dos secciones claramente definidas, cada una en una de las dos lenguas del diccionario. Las palabras de encabezamiento no se definen en ninguna de las dos secciones. Más bien, las palabras se traducen lo más exactamente posible a sus equivalentes en el otro idioma. Pero esto a veces resulta insuficiente, ya que se asume que el lector comprende el sentido de la palabra equivalente en la otra lengua. Ya que el diccionario sólo provee los equivalentes, los vocablos no aparecen en contexto, lo cual aumenta el riesgo de cometer errores tanto de significado como de empleo.

Por otra parte, el diccionario monolingüe explica o define un vocablo empleando palabras que el lector conoce, ya que está dirigido exclusivamente a lectores que funcionan dentro del marco de una sóla lengua. Sin embargo, el diccionario monolingüe puede serle útil al estudiante sólo si éste ha adquirido un vocabulario lo suficientemente amplio como para permitirle funcionar en el idioma del diccionario monolingüe.

El *Diccionario Inglés* le provee por primera vez al hablante extranjero la ventaja de combinar los puntos de apoyo del diccionario monolingüe con el puente que provee el diccionario bilingüe genuino. Los estudiantes de inglés hispanohablantes podrán usar el *Diccionario Inglés* sin tener que acudir a un diccionario bilingüe. Tampoco tendrán que consultar una y otra vez la otra mitad del diccionario hasta encontrar la palabra correcta.

Los editores de los diccionarios *American Heritage* creen que existe una verdadera necesidad de este nuevo tipo de diccionario. Como resultado, han combinado su experiencia lexicográfica con la de varios asesores y traductores, a fin de darle precisamente este tipo de enfoque al diccionario y a su formato innovador.

Por medio de un vistazo, el lector podrá constatar que en cada página de este diccionario una columna está en inglés y la otra en español. El mismo vocablo está alineado a ambos lados de la página. En la columna en inglés el vocablo está definido completamente en inglés; en la columna en español el vocablo inglés se define empleando palabras en español que el lector ya conoce. Los vocablos equivalentes de las palabras en inglés se proveen siempre y cuando sean adecuados y precisos.

amples in context are provided for clarity of meaning. Hundreds of verbal illustrations are given in the Spanish column of the dictionary; the English word is used in context in an English example, followed by its idiomatic and accurate translation into Spanish. Idioms, set phrases, and even clichés are included in great numbers, and figurative senses of words are explored and explained.

In keeping with the approach of *The American Heritage Dictionary,* special attention has been given to usage problems. This fact is reflected in the extensive treatment received by prepositions, conjunctions, pronouns, and major verbs, where a careful effort has been made to guide the Spanish-speaking learner through the pitfalls of English grammar.

The problem posed by the geographic and cultural spread of Spanish and English was seriously considered. The editors felt strongly that a dictionary of this level appearing at this time should reflect current American usage and vocabulary. It is our hope that this volume will prove especially useful to all Spanish-speaking persons in North America as well as in all other Spanish-speaking countries of Central and South America and the Caribbean who are striving to become proficient in English. The Spanish used in the dictionary reflects a New World vocabulary and usage.

We trust that this dictionary will fulfill the role of both the monolingual and the bilingual dictionary. It is intended to encourage Spanish-speaking readers to think, write, and speak in English, because it provides them with explanations in their native language that will give them the confidence to read simple English sentences and use a wider English vocabulary.

After attaining proficiency in English by using the *Diccionario Inglés,* the Spanish-speaking person will be able to use a more advanced English dictionary to enhance further his command of English.

Existen vocablos (tales como *lion, rose, automobile,* y *airplane*) para los cuales hay un equivalente claro y preciso en español. Existen también miles de vocablos en inglés que no poseen un equivalente exacto en español. Este tipo de vocablo se define claramente y además se proveen ejemplos en contexto para mayor claridad de significado. Se proporcionan además cientos de ilustraciones verbales en la columna en español del diccionario; se usa el vocablo inglés en el contexto de un ejemplo en inglés, seguido de una traducción idiomática y exacta en español. Modismos, frases verbales, y hasta clisés se incluyen ampliamente, además de explorar y analizar los sentidos figurados de los vocablos.

Siguiendo el enfoque del *American Heritage Dictionary* se le ha dado atención especial a problemas de estilo. Esto se refleja en el tratamiento extensivo que reciben las preposiciones, conjunciones, pronombres y verbos principales, por medio del cual se ha querido guiar al estudiante de habla española a través de los obstáculos de la gramática en inglés.

El problema planteado por la extensión geográfica y cultural tanto del español como el inglés se ha tomado seriamente en consideración. Los editores están convencidos de que un diccionario a este nivel apareciendo en la actualidad debe reflejar tanto el estilo como el vocabulario americano contemporáneo. Esperamos que este volumen le sea especialmente útil a todos los hispanohablantes de Norteamérica, así como de todos los países de habla hispana en Suramérica, América Central y el Caribe, que estén empeñados en adquirir dominio del inglés. El español que se emplea en el diccionario refleja el vocabulario y estilo del continente americano.

Confiamos en que este diccionario suplirá las funciones tanto del diccionario monolingüe como del bilingüe. Esperamos así estimular a los lectores hispano-hablantes a pensar, escribir y hablar en inglés, ya que el diccionario les provee explicaciones en su lengua nativa que les darán como consecuencia la confianza necesaria para leer oraciones simples en inglés y usar un vocabulario inglés más amplio.

Después de adquirir un dominio básico del inglés por medio del uso del *Diccionario Inglés,* el estudiante de habla española podrá usar un diccionario de inglés más avanzado, a fin de perfeccionar su dominio de la lengua.

HOW TO USE THIS DICTIONARY
COMO USAR ESTE DICCIONARIO

The function of this dictionary

The main function of a bilingual dictionary is to provide a solid bridge between two languages that are the product of two different cultures. Generally, this type of dictionary is composed of two sections, each in one of the two languages. Despite its evident usefulness, this type of structure has the limitation that in neither of its two sections are the words defined or explained fully and in detail. As a result the reader rarely obtains that knowledge of the words in their linguistic and cultural context which is essential for a fluent, confident use of the language.

This new dictionary seeks to transcend this limitation by presenting English words defined in English in one column of the page, with another adjacent column in which the same entries are defined once more with Spanish words that the reader already knows. As a result, this dictionary combines aspects of both the monolingual and the bilingual dictionary. As the reader learns to use the dictionary confidently and systematically its many advantages will become evident.

Guide words. Boldface guide words appear at the top of each page to indicate the alphabetical spread of terms entered and defined. The guide word on the left represents the first boldface main entry on the page, and the guide word on the right page represents the last boldface main entry on the page. The guide words are an aid to finding the word being looked up. Example:

dandelion   124
125   **debtor**

The entries

The words and phrases that you look up in this dictionary are called *entries, entry words,* or *main entries*. Entry words are set in boldface type a little to the left of the rest of the column. Main entries containing definitions for more than one part of speech are called *combined entries*.

Here is a typical main entry:

cre·a·tive |krē ā′ tĭv| —*adjective* Having the ability to create things; having original ideas.

La función de este diccionario

La función principal de un diccionario bilingüe consiste, esencialmente, en proporcionar un puente sólido entre dos idiomas. Por lo general, este tipo de diccionario está compuesto de dos secciones, cada una en una de las dos lenguas del diccionario. A pesar de su evidente utilidad, este tipo de estructura posee la limitación de que en ninguna de las dos secciones se definen o explican a fondo los artículos o vocablos en cuestión. El lector, por tanto, raramente obtiene ese conocimiento de los vocablos en su contexto linguístico y cultural que es esencial para el manejo confiado y diestro de la lengua.

Este nuevo diccionario se propone superar este tipo de limitación. Su estructura está compuesta de vocablos en inglés definidos en esta misma lengua en una columna de la página, mientras que en otra columna adyacente estos mismos vocablos se definen nuevamente, empleando vocablos en español que el lector puede comprender. De esta manera, este nuevo diccionario combina las cualidades tanto del diccionario monolingüe como del bilingüe. A medida que el lector aprenda a usar el diccionario confiada y sistemáticamente, sus muchas ventajas se harán evidentes.

Palabras de encabezamiento. Las palabras de encabezamiento en negrillas aparecen en la parte superior de la página. Éstas indican la extensión alfabética de los artículos que se incluyen y definen en cada página. La palabra de encabezamiento en la página izquierda representa el primer artículo en negrillas que aparece en la página, mientras que la de la página derecha representa el último artículo en negrillas incluido en la página. Las palabras de encabezamiento proveen una ayuda para encontrar la palabra que se busca. Por ejemplo:

dandelion   124
125   **debtor**

Los artículos

Las palabras y frases que se consulten en este diccionario se denominan *artículos* o *palabras cabeza de artículo*. Las palabras cabeza de artículo están impresas un poco a la izquierda del resto de la columna. Los artículos que contienen definiciones para más de una parte de oración se denominan *artículos combinados*. He aquí un artículo típico:

creative *adjetivo* Que tiene la habilidad de crear cosas; que tiene ideas originales; creativo; creador.

And here is a combined entry in which the main-entry head word functions as more than one part of speech:

crack·le |krăk′əl| —*verb* **crackled, crackling** To make slight sharp, snapping sounds.
—*noun* The act or sound of crackling.

crackle *verbo* Hacer sonidos ligeros, agudos y crujientes; crepitar; chisporrotear: *A fire was crackling in the fireplace. = El fuego crepitaba en la chimenea.*
—*sustantivo* El acto o el sonido así descrito; chisporroteo.

Alphabetical entry order. All entries are listed in alphabetical order, as shown in this typical sequence:

nec·es·sar·y	neck·er·chief	nec·tar
ne·ces·si·ty	neck·lace	need
neck	neck·tie	nee·dle

Compounds that are written open (**air conditioner**), hyphenated (**father-in-law**), and solid (**aircraft**) are alphabetized as if they were solid. Compounds containing like particles (**House of Commons, house of correction,** and **House of Lords**) are alphabetized according to their differing final elements (**Commons, correction,** and **Lords**).

Orden alfabética de los artículos. Todos los artículos están escritos en orden alfabético, según sugiere el siguiente tipo de secuencia:

nec·es·sar·y	neck·er·chief	nec·tar
ne·ces·si·ty	neck·lace	need
neck	neck·tie	nee·dle

Los vocablos compuestos escritos en forma abierta (**air conditioner**), con guión (**father-in-law**) o en forma sólida (**aircraft**) están alfabetizados como si fueran sólidos. Los vocablos compuestos que contienen partículas iguales (**House of Commons, House of Lords, House of Representatives**) se alfabetizan según sus diferentes elementos finales (**Commons, Lords, Representatives**).

Centered dots: syllable division. An entry is divided into syllables by means of boldface centered dots: **hold·up; hol·i·day; hol·low.**

Puntos centrados: división de sílabas. Un artículo se divide en sílabas por medio de puntos centrados en negrillas: **hold·up; hol·i·day; hol·low.**

Superscript numerals: homographs. Words that are spelled alike but have different origins are called *homographs*. Homographs are signaled by superscript (raised) numerals immediately after the main-entry words:

junk[1] |jŭngk| —*noun, plural* **junks** Something that no longer can be used and is ready to be thrown away; waste materials; trash.
junk[2] |jŭngk| —*noun, plural* **junks** A Chinese sailing ship with a flat bottom.

For example, although **junk**[1] and **junk**[2] are both nouns, they have different origins. The first is from Middle English, and the second from Malay. Hence they are considered homographs.

Números altos: homógrafos. Los vocablos que se escriben de la misma forma pero que tienen orígenes diferentes se llaman *homógrafos*. Los homógrafos se indican por medio de números altos, colocados inmediatamente después de la palabra cabeza de artículo:

junk[1] *sustantivo* Cualquier cosa que no tenga más uso y deba ser desechada; desecho; chatarra; trasto; desperdicio; basura.
junk[2] *sustantivo* Velero chino de fondo plano; junco.

A pesar de que **junk**[1] y **junk**[2] ambos son sustantivos, tienen diferentes orígenes, el primero del inglés medieval, y el segundo de la lengua malaya. Por lo tanto, se consideran homógrafos.

Part-of-speech labels. The use of a word in a sentence determines its function as a *part of speech*. Following is a list of the parts of speech used in this dictionary.

noun	*adverb*	*conjunction*
verb	*pronoun*	*interjection*
adjective	*preposition*	

Notice that part-of-speech labels are introduced by dashes.

Partes de oración: El empleo de una palabra en una oración determina su calificación como *parte de oración*. He aquí una lista de las partes de oración empleadas en este diccionario:

noun	*adverb*	*conjunction*
verb	*pronoun*	*interjection*
adjective	*preposition*	

Nótese que cada designación de parte de oracíon se introduce por medio de un guión.

Capitalization of entries. Entries that are always capitalized are entered accordingly: **Sabbath; House of Commons.**

Artículos en mayúsculas. Artículos que se escriben normalmente en mayúsculas se incluyen de la misma forma en el diccionario: **Sabbath; House of Commons.**

Variant spellings of main entries. Variants are entered separately at their own alphabetical places when their spellings are at a distance from their head words. Thus at the head word **ameba** we see

a·me·ba |ə mē′bə| —*noun, plural* **amebas** A very small animal that has only one cell. Another form of this word is **amoeba.**

And at **amoeba** we find

a·moe·ba |ə mē′bə| —*noun, plural* **amoebas** A form of the word **ameba.**

Inflected forms: verbs. All inflected forms, regular and irregulars are shown in this dictionary right after the part-of-speech label *verb.*

am·pli·fy |ăm′plə fī′| —*verb* **amplified, amplifying, amplifies 1.** To add to; expand on; make fuller. **2.** To make an electric signal, especially a sound signal, stronger.

Irregular inflected forms appearing at an alphabetical distance from their head words are separately entered at their own alphabetical places.

Inflected forms: adjectives and adverbs. If an adjective or adverb can form the comparative and superlative degree by the addition of **-er** and **-est,** these inflected forms appear after the part-of-speech label.

am·ple |ăm′pəl| —*adjective* **ampler, amplest 1.** Generously sufficient; abundant. **2.** Large; roomy.

Plurals. All plurals are shown after the part-of-speech label. They are signaled by the italic word *plural.*

group |grōop| —*noun, plural* **groups 1.** A number of persons or things together. **2.** A number of persons or things classified or belonging together.
—*verb* **grouped, grouping** To gather or arrange in a group or groups.

Sometimes a plural applies only to a particular sense of an entry. Such restricted plurals are shown in boldface type at the appropriate sense:

ground¹ |ground| —*noun, plural* **grounds 1.** The solid part of the earth's surface; land; soil. **2.** Often **grounds** An area or plot of land set aside and used for a special purpose. **3.** Often **grounds** The land around and belonging to a house or other building. **4.** Often **grounds** The reason for a belief, action, or thought; basis.

Variantes ortográficas de artículos. Las variantes se incluyen por separado en su lugar alfabético particular cuando su ortografía las coloca alfabéticamente a distancia de su artículo principal, habiendo otros vocablos en medio. Por tanto en el artículo **ameba** vemos

ameba *sustantivo* Animal muy pequeño compuesto de una sola célula; ameba. En inglés otra forma de esta palabra es **amoeba.**

Y en **amoeba** encontramos

amoeba *sustantivo* Forma de la palabra **ameba.**

Formas flexionales: verbos. Todas las formas flexionales, regulares o irregulares, se incluyen al lado de la designación indicando la parte de oración, pero solamente en la columna de la lengua inglesa:

amplify *verbo* Ampliar: **1.** Aumentar; extender; desarrollar. **2.** Hacer más fuerte una señal eléctrica, especialmente una señal de sonido; amplificar.

Formas flexionales: adjetivos y adverbios. Si un adjetivo o adverbio pueden formar el grado comparativo o superlativo por medio del sufijo **-er** y **-est,** estas formas flexionales se incluyen al lado de la designación indicando la parte de oración, pero solamente en la columna de la lengua inglesa:

ample *adjetivo* **1.** En cantidad generosa y suficiente; abundante. **2.** Extenso; espacioso; amplio.

Plurales. Todas las formas plurales de los sustantivos se incluyen en negrillas al lado de la designación indicando la parte de oración, pero solamente en la columna de la lengua inglesa. Por ejemplo:

group *sustantivo* **1.** Número de personas o cosas juntas; grupo. **2.** Número de personas o cosas clasificadas o que corresponden a un conjunto.
—*verbo* Reunir o arreglar en grupo o grupos; agrupar; juntar.

A veces, en un artículo que posee varias acepciones o sentidos, uno o más de éstos se emplean frecuentemente en la forma plural, aunque no siempre. En estos casos, esas acepciones se introducen por medio del vocablo "often" (a veces), escrito al lado del número de la acepcíon, y seguido por la forma plural en negrillas del artículo. Por ejemplo:

ground¹ *sustantivo* **1.** La parte sólida de la superficie terrestre; tierra; suelo. **2.** A veces **grounds** Área o lote de terreno reservado o usado para un fin especial. **3.** A veces **grounds** La tierra que rodea y pertenece a una casa u otro edificio; terreno. **4.** A veces **grounds** Razón de una creencia, acción o pensamiento; base; fundamento.

Sometimes a plural form is more widely used than the singular. Such terms are entered and defined as main entries and are labeled *plural noun*. Example:

al·gae |ăl′jē| —*plural noun* Plants that do not have true roots, stems, and leaves but often have green coloring.

A veces una forma plural se usa más frecuentemente que la forma singular. Estos vocablos se incluyen y definen como artículos principales y se colocan bajo la designación de *plural noun* (sustantivo plural). Por ejemplo:

algae *sustantivo* Plantas que no tienen raíces, tallos u hojas propiamente dichas pero que a menudo tienen color verde; algas.

Sense division.
When an entry has more than one sense, each is introduced by a boldface sequential number. When a numbered sense contains closely related subsenses, these are signaled by boldface letters. Example:

sis·ter |sĭs′tər| —*noun, plural* **sisters 1.** A girl or woman who has the same parents as another person. **2. a.** A fellow woman. **b.** A female member of the same group, club, profession, or religion. **3. Sister** A nun.

División de acepciones o sentidos.
Cuando un artículo posee más de una acepción, éstas se introducen por medio de números en secuencia escritos en negrillas. Cuando una de estas acepciones numeradas contiene una o más acepciones subordinandas de significado muy parecido, éstas se designan por medio de letras en negrillas. Por ejemplo:

sister *sustantivo* Hermana: **1.** Muchacha o mujer que tiene los mismos padres que otra persona. **2. a.** Otra mujer como una. **b.** Miembro femenino del mismo grupo, club, profesión o religión. **3. Sister** Monja.

Illustrative examples.
Thousands of illustrative examples—many of them attributed quotations—follow the definitions. These italic examples are especially helpful in illustrating figurative senses, transitive and intransitive verbs, and shades of meaning. Examples:

craft |krăft| or |krăft| —*noun, plural* **crafts 1.** Skill or ability in doing something with the hands. **2.** Skill in fooling or tricking others; cunning. **3.** An occupation or trade. **4.** *plural* **craft** A boat, ship, aircraft, or spacecraft.

Ejemplos ilustrativos.
Cientos de ejemplos ilustrativos complementan las definiciones. Estos ejemplos en cursivas muestran los artículos definidos en operación. Estos ejemplos se incluyen en inglés y en español solamente en la columna con las traducciones de los vocablos en español. Son especialmente útiles ilustrando sentidos figurados, verbos transitivos e intransitivos, así como sutiles diferencias de significado. Por ejemplo:

craft *sustantivo* **1.** Destreza en realizar un trabajo con las manos; habilidad; pericia: *The carpenter developed his craft working with his father.* = *El carpintero desarrolló su habilidad trabajando con su padre.* **2.** Destreza en engañar a otros; astucia. **3.** Ocupación u oficio; arte. **4.** Bote, navío, aeroplano o vehículo especial.

Phrasal verbs.
Phrasal verbs are defined as alphabetically listed subentries of their main-entry base words. In other words, since the first element of a phrasal verb is always the main-entry verb, the phrasal verb is entered following the last main-entry verb definition. The phrasal verb **look at,** for example, is listed under the verb **look.** They are introduced by the expression *Phrasal verb* or *Phrasal verbs* in boldface italics followed by the phrasal verb itself in boldface type and its definition or definitions. Example:

ac·count |ə kount′| —*noun, plural* **accounts 1.** A written or spoken description; a report. **2.** A set of reasons; explanation. **3.** A record of business and money spent or received. **4.** Importance; value; worth. —*verb* **accounted, accounting** To believe to be; consider.
    Phrasal verb **account for 1.** To give a reason for; explain. **2.** To take into consideration. **3.** To be responsible for.
    Idiom **on account of** Because of.

Verbos en locuciones.
Los verbos en locuciones son incluidos alfabéticamente y definidos como artículos dependientes del vocablo que constituye la base de la frase verbal. En otras palabras, como la primera palabra de un verbo en locución es siempre el verbo mismo, el verbo en locución aparece bajo el artículo cabeza de palabra de ese verbo. El verbo en locución **look up to,** por ejemplo, aparece bajo el verbo **look.** Pero los verbos en locuciones tienen sus propias definiciones. Por tanto, se incluyen inmediatamente después de todas las definiciones del verbo principal. Primero, las palabras *Verbo en locución* o *Verbos en locuciones* aparecen en negrillas cursivas. Luego aparece el verbo en locución propio, escrito en negrillas. Finalmente, una oración o frase expresa el significado o significados del verbo en locución. Por ejemplo:

account *sustantivo* **1.** Descripción escrita o hablada; relato; informe. **2.** Conjunto de razones; explicación o cuenta que se da. **3.** Registro o cuenta de los negocios

realizados y del dinero gastado o recibido; cuenta. **4.** Importancia; valor; valía; mérito o validez.
—*verbo* Atribuirle a algo o a alguien cierto estado, cualidad o condición; considerar: *We account him innocent unless he is proved guilty.* = *Le atribuimos inocencia (o lo consideramos inocente) a menos que se pruebe que es culpable.*
   Verbo en locución **account for 1.** Dar cuenta o razón de algo; explicar. **2.** Tomar en consideración; tener en cuenta. **3.** Ser responsable de; ocasionar.
   Modismo **on account of** A causa de; debido a; por.

Idioms. All idioms in this dictionary are listed under the main-entry word that is the most important element of the idiom. The definition of the idiom **lose one's head,** for instance, is at the main entry **head.** Each idiom has its own definition. All idiom definitions are listed at the end of the main entry.
   Idiomatic expressions, or idioms, are introduced by the word *Idiom* or *Idioms* in boldface italics followed by the idiom itself in boldface type and its definition or definitions. Example:

care |kâr| —*noun, plural* **cares 1.** A feeling of worry or concern. **2.** Serious attention; caution. **3.** Supervision; charge; keeping.
—*verb* **cared, caring 1.** To be worried or concerned; to have interest. **2.** To be willing or wish; to want.
   Phrasal verb **care for 1.** To like. **2.** To take charge of; look after.
   Idioms **take care** To be careful. **take care of** To attend to; look after.

Modismos. Todas las frases idiomáticas en este diccionario aparecen bajo el artículo de la palabra más importante de la frase. La definición de la expresión **lose one's head** (perder la cabeza), por ejemplo, aparece bajo el artículo **head.** Cada frase idiomática tiene su propia definición. Todas las definiciones idiomáticas aparecen al final de un artículo, después de las demás definiciones de éste.
   La definición de una frase idiomática se da de la siguiente forma: Primero, la palabra *Modismo* o *Modismos* aparece en negrillas cursivas. Luego le sigue la frase misma, escrita en negrillas. Finalmente, se define la expresión idiomática como cualquiera otra palabra. Por ejemplo:

care *sustantivo* **1.** Sentimiento de preocupación o interés serio; importancia que se le da a alguien o a algo. **2.** Atención seria; prudencia; cuidado; cautela. **3.** Supervisión; custodia; cuidado.
—*verbo* **1.** Preocuparse o interesarse por alguien o algo; importarle a uno; importar. **2.** Querer o desear; estar dispuesto.
   Verbo en locución **care for 1.** Gustar. **2.** Guardar; custodiar; cuidar de algo o de alguien.
   Modismos **take care** Tener cuidado; ser cuidadoso. **take care of** Atender; cuidar de alguien o algo.

PRONUNCIATION GUIDE
GUIA A LA PRONUNCIACIÓN

With few exceptions, in the Spanish language each letter corresponds to only one sound, which results in only five vowel sounds. In English, on the other hand, one vowel spelling may correspond to five different sounds.

Because of these complexities the *Diccionario Inglés* provides an approximate pronunciation for each entry word. This pronunciation, enclosed in vertical lines similar to brackets, consists of a series of symbols called phonetic symbols. Each symbol, normally consisting of an ordinary alphabet letter or a letter with a diacritical mark, represents only one sound.

We have chosen the International Phonetic Alphabet, with a few exceptions, to present the GUIDE TO ENGLISH PRONUNCIATION. This guide is a table of phonetic symbols, each of which represents one of the 48 different sounds that have been identified in the English language. Some of these sounds are identical or almost identical to sounds that occur in Spanish. Others, however, do not exist in Spanish; whether or not a speaker actually produces the word he meant to, or another having an entirely different meaning, or even one that does not exist in English at all, depends on his ability to articulate accurately the sounds of English.

Con pocas excepciones, en lengua hispana corresponde a cada letra un solo sonido, lo cual resulta en sólo cinco sonidos de vocal. En inglés, en cambio, una misma vocal puede tener hasta cinco sonidos distintos.

Debido a estas complejidades el *Diccionario Inglés* indica la pronunciación aproximada de cada vocablo. Esta pronunciación, que es ofrecida entre líneas verticales, a modo de corchetes, consiste en la combinación de una serie de símbolos llamados *símbolos fonéticos*. Cada uno de estos símbolos, el cual por lo general consiste de alguna letra común y corriente, ya por sí sola o invertida, o llevando superpuesto algún signo de puntuación u otra marca característica, representa un sonido solamente.

Con algunas excepciones, hemos seleccionado el Alfabeto Fonético Internacional para confeccionar la GUÍA A LA PRONUNCIACIÓN INGLESA. Esta guía es una tabla de símbolos fonéticos, cada uno de los cuales representa uno de los 48 sonidos que han sido identificados en el idioma inglés. Algunos de estos sonidos son iguales o casi iguales a otros tantos que se dan en el idioma español. Otros, en cambio, no existen en esa lengua, y de que se articulen debidamente o no dependerá que el que habla exprese la palabra que quería pronunciar, u otra de significado totalmente distinto, o incluso alguna que, simplemente, no exista en lengua inglesa. Es necesario, pues, destacar la importancia de aprender a emitir estos sonidos que existen solamente en la lengua inglesa.

Símbolo Fonético	Ejemplos de Palabras Inglesas en las que Aparece el Sonido	Descripción del Sonido
ă	bat, sat, rat	Su pronunciación es intermedia entre la **a** y la **e** españolas. No tiene equivalente en español.
ā	aid, pay	Es muy parecido al de **ei** o **ey** en **reina** y **rey**.
â	air, care, wear	Equivale a **ea** en **tea** o **vea**.
ä	father	Muy parecido al de la **a** española en **fado** o **paso**.
b	bib	Igual al de la **b** inicial en **bravo**. Se pronuncia así, explosivamente, aunque se halle dentro de la palabra o al final, y aunque vaya seguido de vocal, o entre dos vocales.
ch	church	Muy parecido al de **ch** en **charla**.
d	deed	Se pronuncia con fuerza, como la **d** inicial española en **dime**, aunque se halle dentro de la palabra o al final de ella.
ĕ	pet, pleasure	Más corto y abierto que el de la **e** española en **cerdo**.

Símbolo Fonético	Ejemplos de Palabras Inglesas en las que Aparece el Sonido	Descripción del Sonido
ē	be, bee, easy, leisure	Casi igual al de la **i** española en **si** o **hijo**.
f	fast, offer, phrase, rough	Esencialmente igual al de la **f** española.
g	gag, gear, grace	Es como el de la **g** española seguida de **a, o, u** o **ue**: **garra, gota, gusano, guerra**.
h	hat, hen	Casi nunca es muda, y se pronuncia como la **j** española en **joya** o **jefe**.
hw	which, what	Equivale a una **j** suave seguida de **u**, como en **juicio, juanete** o **juez**.
ĭ	pit, did	Es intermedio entre la **i** y la **e**. No tiene equivalente en español.
ī	by, pie	Muy parecido a **ai** en **aire** o **sainete**.
î	dear, deer, fierce, mere	Se pronuncia como un intermedio entre **ía** de **día** e **íe** de **fíe**. No tiene equivalente en español.
j	judge, jug	Es intermedio entre la **ll** o **y** inicial y la **ch**. No tiene equivalente exacto en español.
k	cat, kick	Casi igual al de la **c** española seguida de **a, o** o **u**, como en **casa, colina, cubierto**.
kw	choir, quick	Esencialmente igual al sonido anterior, pero seguido del de **u** y de alguna otra vocal, como en **cuan, cuento, cuido**.
l	lid, needle	Esencialmente igual al de la **l** española en **lío** o **farol**.
m	am, man	Esencialmente igual al de la **m** española.
n	no, many, sudden	Esencialmente igual al de la **n** española.
ng	thing, fang, angry	Parecido a la **ng** en **manga** si va dentro de la palabra. Si es el último sonido de aquélla, se pronuncia como **n** seguida de un sonido casi imperceptible e intermedio entre **g** y **c**.
ŏ	horrible, lot	Es el de una **o** abierta que tira a ser **a**. No tiene equivalente en español.
ō	go, row, toe	Suena parecido a **ou** en **bou** o **Couto**.
ô	alter, caught, for, paw	Suena como una **a** que tira a ser **o**. No tiene equivalente en español.
oi	boy, noise, oil	Suena como **oi** en **boina** u **oy** en **voy** o **soy**.
ou	cow, out	Suena como **au** en **auto** o **audiencia**.
o͝o	took, look	Casi igual al de la **u** española en **ruta**.
o͞o	boot, fruit, suit	Esencialmente igual que el anterior, pero más prolongado.
p	top, pop	Esencialmente igual al de la **p** española en **papá** o **paperas**.
r	roar, arrow	No tiene equivalente en español. Se logra este sonido tratando de pronunciar la **rr** española, pero sin que la lengua llegue a hacer contacto con el velo del paladar.
s	miss, sauce, see	Esencialmente igual que la **s** española en **Susana**.
sh	dish, ship, shut, mash	No tiene equivalente en español. Suena parecido a la **ch**, pero más suave. Se asemeja bastante al silbido ¡ssshhhh! que emiten algunas personas para pedir silencio.

Símbolo Fonético	Ejemplos de Palabras Inglesas en las que Aparece el Sonido	Descripción del Sonido
t	tight, tip	Esencialmente igual a la t española en **tía**.
th	path, thin	Suena como la z en **brazo** según se pronuncia dicha letra en Castilla.
th	bathe, this	Muy parecido al sonido anterior, pero más breve y fuerte. Es como una z que tira ligerísimamente a **d**.
ŭ	cut, rough	Equivale aproximadamente al de la o en **corto** o **cojo**, aunque tira ligeramente a **a**.
û	circle, firm, heard, term, turn, urge, world	No tiene equivalente en español. Es una e que tira a o, y que se pronuncia articulada con la r que le sigue.
v	cave, valve, vine	Esencialmente igual al de la v española.
w	with, women	Equivale al diptongo **ui** en **ruina** o **cuita**.
y	yes	Equivale al de la y en **yegua** y al de la ll en **lluvia**.
yo͞o	abuse, use	Equivale al diptongo **iu** en **miura** o **ciudad**.
z	rose, size, zebra	Se parece al de la s en **sismo**, pero con un sonido más vibrante o zumbante. No tiene equivalente en español.
zh	garage, pleasure, vision	Parecido a como pronuncian la ll y la y inicial los argentinos y uruguayos.
ə	about, silent, pencil, lemon, circus	Es una e muy breve y que a veces tira a **a** o a **i**.
ər	butter	Es como el de una e muy breve, articulada con la r que le sigue. No tiene equivalente en español.

Spelling Table/Tabla de Ortografía

The following table is designed to aid the user in locating in the Dictionary words whose pronunciation is known but whose spelling presents difficulties. Such difficulties are caused by the fact that so many speech sounds can be spelled in more than one way, since they represent the forty or more sounds used in the English language. If you are unable to find a word when you look it up, check this table and try another combination of letters that represent the same sound.

La siguiente tabla ha sido diseñada con el fin de ayudar al lector a encontrar en el diccionario aquellas palabras cuya pronunciación es conocida pero cuya ortografía presenta algunas dificultades. Éstas resultan del hecho de que tantos sonidos del habla se pueden escribir en más de una forma, ya que el alfabeto inglés corriente contiene veitiséis caracteres para representar los cuarenta o más sonidos empleados en el idioma inglés. Si el lector no puede hallar una palabra al buscarla en el diccionario, podrá consultar esta tabla y probar alguna otra combinación de letras que representen el mismo sonido.

Sound and Key Word	Spelling	Sample Words	Sound and Key Word	Spelling	Sample Words
ă	a	pat	d	d	**deed**
pat	ai	plaid	**deed**	ed	mail**ed**
	al	c**al**f, h**al**f, s**al**ve		dd	bla**dd**er, sa**ddle**
	au	l**au**gh	ĕ	a	**a**ny, m**a**ny
ā	a	mane	pet	ae	**ae**sthetic
aid	ai	**aid**		ai	ag**ai**n, s**ai**d
	au	g**au**ge		ay	s**ay**s
	ay	cl**ay**, d**ay**		e	p**e**t
	e	su**e**de		ea	m**ea**sure, thr**ea**d
	ea	br**ea**k, gr**ea**t		ei	h**ei**fer
	ei	r**ei**ndeer, v**ei**l		eo	l**eo**pard
	eig	r**eig**n		ie	fr**ie**nd
	eigh	**eigh**t, n**eigh**bor		u	b**u**rial
	et	bouqu**et**	ē	ay	qu**ay**
	ey	ob**ey**, th**ey**	be	e	b**e**
â	ae	**ae**rosol		ea	b**ea**ch, l**ea**p
air	ai	**air**, f**air**		ee	b**ee**t, m**ee**k
	ay	pr**ay**er		ei	rec**ei**ve
	e	th**e**re, wh**e**re		eo	p**eo**ple
	ea	b**ea**r, p**ea**r		ey	k**ey**, monk**ey**
	ei	h**ei**r, th**ei**r		i	p**i**ano
ä	a	f**a**ther		ie	bel**ie**ve, f**ie**nd
father	ah	**ah**		oe	am**oe**ba
	al	c**al**m, p**al**m		y	comed**y**, qualit**y**
	e	serg**e**ant	f	f	**f**ast
	ea	h**ea**rt, h**ea**rth	fast	ff	sti**ff**, sni**ff**
b	b	**bib**		gh	enou**gh**, trou**gh**
bib	bb	blu**bb**er, ca**bb**age		lf	ca**lf**, ha**lf**
	pb	cu**pb**oard, ras**pb**erry		ph	al**ph**abet, gra**ph**
ch	c	**c**ello	g	g	**gag**
church	ch	**church**	**gag**	gg	bra**gg**ed, slu**gg**ish
	tch	ba**tch**, sti**tch**		gh	**gh**ost
	ti	ques**ti**on, sugges**ti**on		gu	**gu**ess, **gu**est
	tu	na**tu**re, pas**tu**re		gue	catalo**gue**
			h	h	**h**at
			hat	wh	**wh**o

Sound and Key Word	Spelling	Sample Words	Sound and Key Word	Spelling	Sample Words
hw which		which, when	kw quick	ch cqu qu	choir acquaint quick
ĭ pit	a e ee i	certificate, village enough, recite been pit	l lid	l ll	lid llama, tall
	ia	carriage, marriage	m am	lm m mb mm	balm, calm am dumb hammer, mammoth
	ie o u ui y	sieve women busy built mystery, symbol		mn	autumn, hymn
ī pie	ai ay ei ey i ie igh is uy y ye	aisle bayou height eye kite die, lie, tie right, sigh, thigh island buy sky, try rye	n no	gn kn n nn pn	align, gnat knee, knife no inn, banner pneumonia
î dear	e ea ee ei ie	cereal, here, series clear, ear, smear beer, steer weird pier	ng thing	n ng ngue	anchor, ink thing tongue
			ŏ pot	a ho o	waffle, watch honest pot
j judge	d dg di dj g ge gg j	graduate, individual judgment, lodging soldier adjective agitate, gem revenge exaggerate judge, jar	ō go	eau ew o oa oe oh oo ou ough ow owe	bureau sew go croak, foam foe oh brooch boulder, shoulder dough, thorough crow, low owe
k kick	c cc ch ck cqu cu k lk qu que	call, copy account, succotash schedule, school crack, package lacquer biscuit, circuit kick talk, walk quay plaque	ô for, paw	a al ah as au aw o oa ough	all, water balk, talk, walk Utah Arkansas caught, daughter awful, awning for broad, oar brought, thought
			oi boy	oy	boy, royal
			ou cow	au hou ou ough ow	sauerkraut hour out bough cow, fowl

Sound and Key Word	Spelling	Sample Words
oo took	o	woman, wolf
	oo	took, book
	ou	could, should would
	u	bush, full
oo boot	eu	maneuver
	ew	drew, flew
	ieu	lieutenant
	o	do, move, two
	oe	canoe
	oo	boot
	ou	group, soup
	ough	through
	u	prudence, rude
	ue	blue
	ui	bruise, fruit
p pop	p	pop
	pp	happy
r roar	r	roar
	rh	rhythm
	rr	cherry, marriage
	wr	wrinkle, write
s see	c	cellar, cent
	ce	practice, sauce
	ps	psalm, psychology
	s	bus, see
	sc	fascinate, scene
	ss	lass, pass
	sth	isthmus
sh ship	ce	ocean
	ch	chandelier
	ci	musician, special
	s	sugar, sure
	sc	conscience
	sh	dish, ship
	si	pension
	ss	mission, tissue
	ti	election, nation
t tight	ed	bumped, crashed, stopped
	ght	bought, caught
	pt	ptarmigan, pterodactyl
	t	tight
	th	thyme
	tt	better, lettuce
	tw	two

Sound and Key Word	Spelling	Sample Words
th thin	th	path, thin
th this	th	this, that, other
	the	bathe
ŭ	o	income, some, son
cut	oe	does
	oo	blood, flood
	ou	couple, trouble
	u	cut
yoo use	eau	beautiful
	eu	feud
	ew	few, pewter
	iew	view
	u	abuse, use
	ue	cue
	you	you
	yu	yule
û turn	ear	earn, learn
	er	certain, fern
	eur	amateur
	ir	bird, first
	or	word, work
	our	journal, journey
	yr	myrtle
v cave	f	of
	v	cave, valve
w with	o	one
	w	with
y yes	i	onion, opinion
	y	yes
z size	s	hers, rise, yours
	ss	dessert
	x	xylophone
	z	size, zebra
	zz	buzz, fuzz
zh garage	ge	garage, mirage
	s	pleasure, vision
ə	a	about, canvas
	ai	certain, villain
	e	silent
	ea	sergeant
	i	pencil
	ie	ancient
	o	lemon
	ou	humorous
	u	circus

Note: The letter *x* spells six sounds in English: ks, as in box, exit; gz, as in exact, exist; sh, as in anxious; gzh, as in luxurious, luxury; ksh (a variant of gzh), also as in luxurious, luxury; and z, as in anxiety, Xerox.

Nota: La letra *x* denota esencialmente cuatro sonidos en inglés: ks, como en extra o excelente; gzh, como en la pronunciación argentina de *yo* o *ya,* o el francés jour, jamais; sh, como la ch de las palabras francesas chambre o changer, o la portuguesa roxo; z, como la s (sonora) de desde.

A

a or **A** |ā| —*noun, plural* **a's** or **A's** The first letter of the English alphabet.

a |ə| or |ā| —*indefinite article* **1.** Any. **2.** One. **3.** A kind of. **4.** Each; every.

ab·a·cus |ăb′ə kəs| —*noun, plural* **abacuses** An old-fashioned calculator used especially for adding and subtracting. It is made up of a frame on which beads slide back and forth along rods or wires.

a·ban·don |ə băn′dən| —*verb* **abandoned, abandoning 1.** To leave for good; desert. **2.** To give up completely.

ab·bey |ăb′ē| —*noun, plural* **abbeys 1.** A building or set of buildings occupied by a group of nuns or monks. **2.** A group of nuns or monks who live in an abbey.

ab·bre·vi·ate |ə brē′vē āt′| —*verb* **abbreviated, abbreviating** To make shorter by leaving out letters.

ab·bre·vi·a·tion |ə brē′vē ā′shən| —*noun, plural* **abbreviations** A short way of writing a word or group of words.

ab·di·cate |ăb′dĭ kāt′| —*verb* **abdicated, abdicating** To give up in a formal way.

ab·do·men |ăb′də mən| or |ăb dō′mən| —*noun, plural* **abdomens 1.** In human beings and other mammals, the front part of the body from below the chest to about where the legs join. The stomach, the intestines, and other important organs are in the abdomen. **2.** One of the three main parts of an insect's body. It is at the hind end.

a·bide |ə bīd′| —*verb* **abided, abiding** To put up with; bear; stand.
    Phrasal verb **abide by** To agree to live up to; obey.

a·bil·i·ty |ə bĭl′ĭ tē| —*noun, plural* **abilities** The power or skill to do something.

a·ble |ā′bəl| —*adjective* **abler, ablest 1.** Having the power or means to do something. **2.** Having skill or talent; capable.

a·board |ə bôrd′| or |ə bōrd′| —*adverb* On, onto, or inside a ship, train, airplane, or other vehicle.

a·bol·ish |ə bŏl′ĭsh| —*verb* **abolished, abolishing** To put an end to or do away with.

ab·o·li·tion |ăb′ə lĭsh′ən| —*noun* The act of abolishing.

ab·o·rig·i·ne |ăb′ə rĭj′ə nē| —*noun, plural* **aborigines** Any member of a group of people who are the first known to have lived in a particular region.

a·bound |ə bound′| —*verb* **abounded, abounding** To be plentiful or have plenty of.

a·bout |ə bout′| —*preposition* **1.** Of or having to do with; concerning. **2.** Near in time to; close to. **3.** All around. **4.** Around in.
    —*adverb* **1.** Nearly; approximately. **2.** Around.

a o **A** *sustantivo* Primera letra del alfabeto inglés.

a *artículo indefinido* **1.** Cualquier, cualquiera; un, una: *A kind person would not say that.* = *Una persona amable no diría eso.* **2.** Uno, una (cantidad): *I didn't say a word.* = *No dije una palabra.* **3.** Una clase; un, una: *Canasta is a card game.* = *La canasta es un juego de cartas.* **4.** Cada; al; todos: *He goes to New York once a month.* = *Va a Nueva York una vez al mes.*

abacus *sustantivo* Calculadora anticuada que se usa especialmente para sumar y restar. Consiste en un marco en el cual corren unas bolitas agujereadas de un lado al otro; ábaco.

abandon *verbo* **1.** Dejar para siempre; desertar, abandonar. **2.** Renunciar completamente; desistir: *She abandoned all hope of being a doctor.* = *Ella abandonó toda esperanza de ser médica.*

abbey *sustantivo* **1.** Edificio o conjunto de edificios ocupado por un grupo de monjas o monjes; abadía; convento. **2.** Grupo de monjas o monjes que viven en una abadía o convento.

abbreviate *verbo* Acortar omitiendo letras; abreviar.

abbreviation *sustantivo* Forma corta de escribir una palabra o un grupo de palabras; abreviación; abreviatura.

abdicate *verbo* Renunciar de manera formal; ceder; abdicar.

abdomen *sustantivo* **1.** En los seres humanos y otros mamíferos, la parte delantera del cuerpo desde debajo del pecho hasta cerca de donde se unen las piernas; abdomen; vientre. El estómago, los intestinos y otros órganos importantes están en el abdomen. **2.** Una de las tres partes principales del cuerpo de los insectos, en los que constituye el segmento posterior.

abide *verbo* Aguantar; tolerar; soportar;
    Verbo en locución **abide by** consentir en cumplir; obedecer; atenerse a: *We must abide by the judge's decision.* = *Tenemos que atenernos a la decisión del juez.*

ability *sustantivo* Capacidad, destreza o aptitud para hacer algo; habilidad; facultad: *Human beings have the ability to speak.* = *Los seres humanos tienen la facultad de hablar.*

able *adjetivo* **1.** Que tiene la capacidad o los medios para hacer algo; que puede: *He is able to go out tonight.* = *El puede salir esta noche.* **2.** Que tiene destreza o talento; capaz.

aboard *adverbio* En, sobre o dentro de un barco, tren, avión u otro vehículo; a bordo.

abolish *verbo* Acabar con algo o suprimirlo; abolir.

abolition *sustantivo* Acción de abolir; abolición.

aborigine *sustantivo* Miembro de un grupo humano que fue el primero, que se sepa, en habitar una región determinada; aborigen.

abound *verbo* Hallarse o contar con un gran número o cantidad; abundar.

about *preposición* **1.** De, sobre o que tiene que ver con; acerca de; tocante o referente a; respecto o concerniente a. **2.** Cerca o alrededor de (en tiempo); hacia: *I will leave about noon.* = *Saldré hacia el mediodía.*

3. Alrededor; en torno: *Look about you before dark for a good campsite.* = *Antes de anochecer, mira a tu alrededor en busca de un buen lugar para acampar.* **4.** Por: *We saw a bear prowling about the woods.* = *Vimos un oso merodeando por el bosque.*
—*adverbio* **1.** Casi; aproximadamente. **2.** Alrededor; por allí: *Look about for a good hiding place.* = *Busca por allí un buen escondite.*

a·bove |ə bŭv′| —*adverb* In or to a higher place or position; overhead.
—*preposition* **1.** Over or higher than. **2.** More than. **3.** Beyond.

above *adverbio* En o hacia un lugar o nivel más alto; encima; arriba; en lo alto.
—*preposición* **1.** Encima de o más alto que; sobre; superior a. **2.** Más que; más de. **3.** Más allá de: *The road is snowed in above this point.* = *Más allá de este punto, el camino está bloqueado por la nieve.*

a·bove·board |ə bŭv′bôrd′| or |ə bŭv′bōrd′| —*adjective* Without deceit; honest; open; straightforward.

aboveboard *adjetivo* Sin engaño; honesto; abierto; directo.

a·breast |ə brĕst′| —*adverb* and *adjective* **1.** Standing or moving side by side. **2.** Up to date with.

abreast *adverbio y adjetivo* **1.** Que están situados o andan uno al lado del otro; en fondo: *The soldiers marched four abreast.* = *Los soldados marchaban de cuatro en fondo.* **2.** Que se mantiene al tanto: *She keeps abreast of the new fashions.* = *Ella se mantiene al tanto de las nuevas modas.*

a·bridge |ə brĭj′| —*verb* **abridged, abridging** To make shorter by using fewer words; condense; shorten.

abridge *verbo* Acortar usando menos palabras; abreviar; condensar; resumir.

a·broad |ə brôd′| —*adverb* and *adjective* **1.** In or to a foreign country. **2.** Over a broad area; all around; here and there. **3.** Out of doors.

abroad *adverbio y adjetivo* **1.** En o rumbo a un país extranjero. **2.** Por o sobre un área extensa; en todas partes o direcciones; aquí y allá: *They scattered seeds abroad.* = *Regaron semillas en todas direcciones.* **3.** Fuera de casa; al aire libre.

a·brupt |ə brŭpt′| —*adjective* **1.** Not expected; sudden. **2.** Very steep. **3.** So short as to seem rude.

abrupt *adjetivo* **1.** Inesperado; repentino. **2.** Muy escarpado o pendiente. **3.** Tan breve que parece ofensivo; brusco.

ab·scess |ăb′sĕs′| —*noun, plural* **abscesses** A mass of pus that forms and collects at one place in the body.

abscess *sustantivo* Masa de pus que se forma y acumula en algún lugar del cuerpo; absceso.

ab·sence |ăb′səns| —*noun, plural* **absences 1.** The condition of being away. **2.** The period of time that one is away. **3.** A lack.

absence *sustantivo* Ausencia: **1.** Condición de estar ausente. **2.** El período de tiempo durante el cual uno está ausente: *An absence of four days.* = *Una ausencia de cuatro días.* **3.** Falta o privación: *The absence of a defense is bad for a defendant.* = *La falta de una defensa es mala para un acusado.*

ab·sent |ăb′sənt| —*adjective* **1.** Not present; away. **2.** Lacking; missing.

absent *adjetivo* **1.** Que no está presente; ausente. **2.** Que carece de algo; que falta.

ab·sent-mind·ed |ăb′sənt mīn′dĭd| —*adjective* Likely to be lost in thought and to forget what one is doing.

absent-minded *adjetivo* Propenso a estar absorto en sus pensamientos y a olvidar lo que está haciendo; distraído.

ab·so·lute |ăb′sə lōot′| —*adjective* **1.** Complete; total. **2.** Not limited in any way.

absolute *adjetivo* Absoluto: **1.** Completo; total. **2.** Sin limitación alguna.

ab·so·lute·ly |ăb′sə lōot′lē| or |ăb′sə lōot′lē| —*adverb* **1.** Completely; perfectly; entirely; fully. **2.** Without any doubt; positively.

absolutely *adverbio* Absolutamente: **1.** Completamente; perfectamente; enteramente; plenamente. **2.** Sin duda alguna; positivamente.

ab·sorb |ăb sôrb′| or |ăb zôrb′| —*verb* **absorbed, absorbing 1.** To take in or soak up. **2.** To take the full attention of.

absorb *verbo* Absorber: **1.** Aspirar; embeber. **2.** Atraer la plena atención de; atraer hacia sí; cautivar.

ab·sorp·tion |ăb sôrp′shən| or |ăb zôrp′shən| —*noun* **1.** The act or process of absorbing. **2.** The ability to absorb. **3.** The condition of being very much interested.

absorption *sustantivo* Absorción: **1.** Acción o proceso de absorber. **2.** Facultad o propiedad de absorber. **3.** Condición de estar muy interesado o concentrado en algo.

ab·stain |ăb stān′| —*verb* **abstained, abstaining** To keep oneself from doing something; hold oneself back.

abstain *verbo* Privarse de hacer algo; resistir; abstenerse.

ab·stract |ăb′străkt′| or |ăb străkt′| —*adjective* **1.** Having a quality that is not connected with any person, thing, or action. The words "truth" and "justice" are abstract because they are not connected with any person, thing, or action. A farmer, a glass of water, and a ride on a bicycle are not abstract because they are connected with persons, things, or actions. **2.** Very hard to understand; difficult.

abstract *adjetivo* Abstracto: **1.** Que tiene una cualidad no relacionada con ninguna persona, cosa o acción. Las palabras "verdad" y "justicia" son abstractas porque no están relacionadas con ninguna persona, cosa o acción. Un campesino, un vaso de agua y un paseo en bicicleta no son abstractos porque sí están relacionados con personas, cosas o acciones. **2.** Muy difícil de comprender; difícil.

ab·surd |ăb sûrd′| or |ăb zûrd′| —*adjective* Very silly; foolish; ridiculous.

absurd *adjetivo* Muy tonto; disparatado; ridículo; absurdo.

a·bun·dance |ə bŭn′dəns| —*noun* A supply that is more than enough; a great amount.

abundance *sustantivo* Cantidad o suministro más que suficiente; gran cantidad; abundancia.

a·bun·dant |ə bŭn′dənt| —*adjective* In great amounts; plentiful.

abundant *adjetivo* Que existe en grandes cantidades; copioso; abundante.

ă pat ā pay â care ä father ĕ pet ē be ĭ pit ī pie î fierce ŏ pot ō go ô paw, for oi oil ōō book ōō boot

a·buse |ə byōōz′ | —*verb* **abused, abusing 1.** To put to bad or wrong use. **2.** To hurt or injure by treating in a bad or cruel way. **3.** To attack or injure with words.
—*noun* |ə byōōs′ |, *plural* **abuses 1.** Bad or wrong use. **2.** Bad or rough treatment. **3.** Language that insults; scolding or cursing.

a·byss |ə bĭs′ | —*noun, plural* **abysses 1.** A very deep and large hole. **2.** A huge empty space.

a·cad·e·my |ə kăd′ə mē| —*noun, plural* **academies 1.** A school for a special kind of study. **2.** A private high school.

ac·cel·er·ate |ăk sĕl′ə rāt′ | —*verb* **accelerated, accelerating** To increase in speed; speed up; move faster.

ac·cel·er·a·tion |ăk sĕl′ə rā′shən | —*noun* An increase in speed; faster movement.

ac·cel·er·a·tor |ăk sĕl′ə rā′tər | —*noun, plural* **accelerators** Anything that increases speed. In a car the accelerator is a pedal that a person steps on to make the car go faster.

ac·cent |ăk′sĕnt′ | —*noun, plural* **accents 1.** More force or stronger tone of voice given to a syllable or syllables of a word. The accent is on the first syllable in "funny"; it is on the second syllable in "alone." **2.** A style of speech or pronunciation that shows the speaker comes from a particular part of a country or from another country.
—*verb* **accented, accenting** To pronounce a syllable in a word with more force or a stronger tone.

ac·cept |ăk sĕpt′ | —*verb* **accepted, accepting 1.** To take something that is offered; agree to take. **2.** To say yes to; agree to. **3.** To think of as true; believe. **4.** To receive in a friendly manner.

ac·cept·a·ble |ăk sĕp′tə bəl| —*adjective* Capable of being good enough to be accepted; satisfactory.

ac·cept·ance |ăk sĕp′təns| —*noun* **1.** The act of taking something that is offered. **2.** The condition of being accepted or liked; approval.

ac·cess |ăk′sĕs′ | —*noun, plural* **accesses 1.** The act of entering; entrance. **2.** A way to get into or reach a place. **3.** The means to get or reach something.

ac·ces·so·ry |ăk sĕs′ə rē| —*noun, plural* **accessories 1.** An extra item that goes with and improves a main item. Scarves, hats, pins, and belts are accessories to women's clothing. Air conditioners, radios, and clocks are accessories in cars. **2.** A person who helps someone carry out a crime but who is not actually there when the crime is committed.
—*adjective* Adding to something more important; not the main part; extra.

ac·ci·dent |ăk′sĭ dənt| —*noun, plural* **accidents 1.** Something bad or unlucky that happens without being planned, intended, or expected. **2.** Anything that happens without being planned, intended, or expected.

ac·ci·den·tal |ăk′sĭ dĕn′tl| —*adjective* Happening without being planned, intended, or expected; not on purpose.

ac·claim |ə klām′ | —*verb* **acclaimed, acclaiming** To greet with loud approval; praise; hail.
—*noun* Loud or enthusiastic praise, applause, or approval.

ac·com·mo·date |ə kŏm′ə dāt′ | —*verb* **accommodated, accommodating 1.** To do a favor for; help out. **2.** To have room for; hold. **3.** To provide with a place to stay or sleep.

ac·com·mo·da·tion |ə kŏm′ə dā′shən | —*noun, plural* **accommodations 1.** An act that helps someone out; a favor. **2. accommodations** A place to stay or sleep.

abuse *verbo* **1.** Hacer uso malo o indebido de algo o de alguien; abusar; maltratar. **2.** Dañar o lastimar, tratando en forma mala y cruel; abusar. **3.** Atacar o lastimar con palabras; denostar; insultar; ofender.
—*sustantivo* **1.** Uso malo o indebido; abuso; maltrato. **2.** Tratamiento malo o rudo; abuso. **3.** Lenguaje que insulta; regaño o maldición; denuesto; insulto.

abyss *sustantivo* Abismo: **1.** Hueco muy grande y profundo; sima. **2.** Enorme espacio vacío.

academy *sustantivo* **1.** Una escuela para algún tipo de estudio especial; academia. **2.** Colegio o escuela secundaria privada.

accelerate *verbo* Aumentar en velocidad; acelerar; moverse más rápidamente.

acceleration *sustantivo* Aumento en velocidad; mayor rapidez en el movimiento; aceleración.

accelerator *sustantivo* Cualquier cosa que aumenta la velocidad; acelerador. En un automóvil, el acelerador es un pedal que una persona pisa para que el auto marche más rápidamente.

accent *sustantivo* Acento: **1.** Mayor fuerza o tono de voz más intenso con que se pronuncian una o más sílabas en una palabra. En la palabra "funny" el acento cae en la primera sílaba; en "alone" cae en la segunda. **2.** Estilo o forma de hablar o de pronunciar que indica que el que habla viene de una región o país determinado: *Mexican accent = Acento mexicano.*
—*verbo* Pronunciar una sílaba con mayor fuerza o tono más intenso; acentuar.

accept *verbo* **1.** Recibir voluntariamente algo que se ofrece; acceder a tomar o recibir algo; aceptar. **2.** Responder que sí a algo; acordar; convenir. **3.** Admitir que algo es cierto; creer, aceptar. **4.** Recibir en forma amistosa; admitir: *The club accepted the new member. = El club admitió al nuevo socio.*

acceptable *adjetivo* Lo suficientemente bueno como para ser aceptado; aceptable; satisfactorio; admisible.

acceptance *sustantivo* Aceptación: **1.** Acción de aceptar algo que se ofrece. **2.** Condición de ser aceptado o ser simpático o popular; aprobación.

access *sustantivo* **1.** Acción de entrar; acceso; entrada. **2.** Modo o lugar para entrar o llegar a un sitio; acceso. **3.** Medio de obtener o conseguir algo.

accessory *sustantivo* **1.** Cosa adicional que viene con la principal y la mejora; accesorio. Las bufandas, sombreros, prendedores y correas son accesorios para la ropa de mujer. Los acondicionadores de aire, radios y relojes son accesorios en los automóviles. **2.** Persona que ayuda a otra a cometer un delito, pero que no está realmente presente cuando el delito se comete; cómplice.
—*adjetivo* Que le añade algo a otra cosa más importante; parte que no es la principal; auxiliar; adicional; accesorio; extra.

accident *sustantivo* Accidente: **1.** Algo malo o desafortunado que sucede sin haber sido planeado, intentado o esperado; infortunio. **2.** Cualquier cosa que pasa sin ser planeada, intentada o esperada; casualidad.

accidental *adjetivo* Que sucede sin haber sido planeado, intentado o esperado; no deliberado; accidental.

acclaim *verbo* Saludar con aprobación clamorosa; vitorear; aclamar.
—*sustantivo* Elogio clamoroso o entusiasta; aplauso o aprobación; aclamación.

accommodate *verbo* **1.** Hacer un favor; socorrer; avenirse; complacer. **2.** Tener sitio; tener cabida; acomodarse. **3.** Proporcionar un lugar para quedarse o dormir; alojar.

accommodation *sustantivo* **1.** Acción que ayuda a alguien; favor; acomodo o acomodamiento. **2. accommodations** Lugar para quedarse o dormir; facilidades; comodidades; alojamiento; hospedaje.

ər butter   yōō abuse   ou **out**   ŭ cut   û fur   *th* **the**   th **thin**   hw **which**   zh vision   ə **ago,** item, pencil, atom, circus

ac·com·pa·ni·ment |ə kŭm′pə nĭ mənt| or |ə kŭmp′nĭ mənt| —*noun, plural* **accompaniments** **1.** Anything that goes along with or adds to something else. **2.** Music that is played to go along with singing, dancing, other music, or any other activity.

ac·com·pa·ny |ə kŭm′pə nē| —*verb* **accompanied, accompanying, accompanies 1.** To go along with. **2.** To happen along with. **3.** To play an accompaniment for.

ac·com·plice |ə kŏm′plĭs| —*noun, plural* **accomplices** A person who helps someone else in a crime.

ac·com·plish |ə kŏm′plĭsh| —*verb* **accomplished, accomplishing** To finish after setting out to do; achieve; complete.

ac·com·plish·ment |ə kŏm′plĭsh mənt| —*noun, plural* **accomplishments 1.** The act of finishing what one has set out to do; completion. **2.** Something that has been done with skill and success. **3.** A skill that has been learned well.

ac·cord |ə kôrd′| —*verb* **accorded, according** To be in agreement; agree.
—*noun* Agreement; harmony.
Idiom **of (one's) own accord** Without assistance or suggestions from anybody else; by oneself.

ac·cord·ing to |ə kôr′dĭng| **1.** As stated or indicated by; on the authority of. **2.** In agreement with; in keeping with. **3.** With reference to; in proportion to.

ac·cor·di·on |ə kôr′dē ən| —*noun, plural* **accordions** A musical instrument with a keyboard, buttons, bellows, and metal reeds.

ac·count |ə kount′| —*noun, plural* **accounts 1.** A written or spoken description; a report. **2.** A set of reasons; explanation. **3.** A record of business and money spent or received. **4.** Importance; value; worth.
—*verb* **accounted, accounting** To believe to be; consider.
Phrasal verb **account for 1.** To give a reason for; explain. **2.** To take into consideration. **3.** To be responsible for.
Idiom **on account of** Because of.

ac·count·ant |ə koun′tənt| —*noun, plural* **accountants** A person who keeps or inspects the money records of a business or a person.

ac·cu·mu·late |ə kyoo′myə lāt′| —*verb* **accumulated, accumulating** To gather together; pile up; collect.

ac·cu·mu·la·tion |ə kyoo′myə lā′shən| —*noun, plural* **accumulations 1.** The act of accumulating. **2.** Things that have accumulated; a collection.

ac·cu·ra·cy |ăk′yər ə sē| —*noun* The condition of being correct and exact.

ac·cu·rate |ăk′yər ĭt| —*adjective* Free from errors; correct; exact.

ac·cu·sa·tion |ăk′yoo zā′shən| —*noun, plural* **accusations** A statement that a person has done something wrong.

ac·cuse |ə kyooz′| —*verb* **accused, accusing** To state that someone has done something wrong.

ac·cus·tom |ə kŭs′təm| —*verb* **accustomed, accustoming** To make familiar by practice, use, or habit.

ac·cus·tomed |ə kŭs′təmd| —*adjective* Usual; familiar.

accustomed to Familiar with; in the habit of.

ace |ās| —*noun, plural* **aces 1.** A playing card with one heart, spade, diamond, or club in the center. **2.** A person who is outstanding or an expert in his field.

ache |āk| —*verb* **ached, aching 1.** To feel or hurt with a dull, steady pain. **2.** To want very much; to

accompaniment *sustantivo* Acompañamiento: **1.** Cosa que va con otra o que se añade a ella; accesorio. **2.** Música que se toca para acompañar el canto, el baile, otra música u otra actividad.

accompany *verbo* Acompañar: **1.** Ir con. **2.** Ocurrir una cosa al mismo tiempo que otra. **3.** Tocar un acompañamiento musical.

accomplice *sustantivo* Persona que ayuda a otra a cometer un delito; cómplice.

accomplish *verbo* Llevar algo a su término después de darle inicio; realizar; llevar a cabo; lograr.

accomplishment *sustantivo* **1.** Acción de terminar lo que uno ha comenzado; realización; logro; triunfo. **2.** Algo que se ha hecho con destreza y éxito; logro; consumación. **3.** Pericia o aptitud que ha sido bien cultivada; consumación.

accord *verbo* Estar de acuerdo; acordar.
—*sustantivo* Acuerdo; armonía.
Modismo **of (one's) own accord** Sin ayuda ni sugerencias de nadie; por cuenta o iniciativa propia; espontáneamente.

according to Según: **1.** Como se expresa o indica. **2.** De acuerdo con; conforme a. **3.** Con referencia a; en proporción a.

accordion *sustantivo* Instrumento musical que tiene un teclado, botones, fuelle y lengüetas de metal; acordeón.

account *sustantivo* **1.** Descripción escrita o hablada; relato; informe. **2.** Conjunto de razones; explicación o cuenta que se da. **3.** Registro o cuenta de los negocios realizados y del dinero gastado o recibido; cuenta. **4.** Importancia; valor; valía; mérito o validez.
—*verbo* Atribuirle a algo o a alguien cierto estado, cualidad o condición; considerar: *We account him innocent unless he is proved guilty.* = *Le atribuímos inocencia (o lo consideramos inocente) a menos que se pruebe que es culpable.*
Verbo en locución **account for 1.** Dar cuenta o razón de algo; explicar. **2.** Tomar en consideración; tener en cuenta. **3.** Ser responsable de; ocasionar.
Modismo **on account of** A causa de; debido a; por.

accountant *sustantivo* Persona que lleva o inspecciona el registro o estado de cuentas de un negocio o de una persona.

accumulate *verbo* Reunir o reunirse; amontonar o amontonarse; acumular o acumularse.

accumulation *sustantivo* Acumulación, cúmulo: **1.** Acción de acumular **2.** Cosas que se han acumulado; colección.

accuracy *sustantivo* Condición de lo que es correcto, exacto y preciso; exactitud, precisión; veracidad.

accurate *adjetivo* Libre de errores; correcto; exacto; fiel; preciso.

accusation *sustantivo* Declaración o afirmación de que una persona ha hecho algo malo; acusación; inculpación.

accuse *verbo* Declarar o afirmar que alguien ha hecho algo malo; acusar.

accustom *verbo* Familiarizarse uno mismo, o hacer que otro se familiarice, por medio de la práctica, el uso o el hábito; acostumbrar o acostumbrarse.

accustomed *adjetivo* Usual; habitual; familiar; acostumbrado.

accustomed to Familiarizado con; que tiene la costumbre de; acostumbrado o habituado a.

ace *sustantivo* As: **1.** Naipe con un corazón, espada, diamante o trébol en el centro **2.** Persona sobresaliente o un experto en su campo.

ache *verbo* **1.** Sentir o padecer un dolor sordo y constante; dolerse; dolerle a uno. **2.** Desear mucho; anhe-

---

ă pat ā pay â care ä father ĕ pet ē be ĭ pit ī pie î fierce ŏ pot ō go ô paw, for oi oil oo book oo boot

long.

—noun, plural aches A dull, steady pain.

a·chieve |ə chēv′| **—verb achieved, achieving 1.** To accomplish something desired or attempted. **2.** To get as a result of effort; win; gain.

a·chieve·ment |ə chēv′mənt| **—noun, plural achievements 1.** An outstanding act or accomplishment. **2.** The act of doing something with skill and effort.

ac·id |ăs′ĭd| **—noun, plural acids** A chemical substance that is capable of joining with a base to form water and a salt. An acid can turn blue litmus paper red.
—adjective 1. Containing acid or like acid; sharp and sour. **2.** Sharp in manner.

ac·knowl·edge |ăk nŏl′ĭj| **—verb acknowledged, acknowledging 1.** To admit or agree that something is true. **2.** To recognize the authority or position of. **3.** To say that one has received something.

ac·knowl·edg·ment |ăk nŏl′ĭj mənt| **—noun, plural acknowledgments 1.** The act of admitting the truth of something. **2.** Something done to answer, thank, or recognize someone else's action.

ac·ne |ăk′nē| **—noun** A skin condition in which the oil glands of the skin become infected and form pimples.

a·corn |ā′kôrn′| or |ā′kərn| **—noun, plural acorns** The nut of an oak tree.

ac·quaint |ə kwānt′| **—verb acquainted, acquainting** To make familiar.

ac·quaint·ance |ə kwān′təns| **—noun, plural acquaintances 1.** A person one knows but not very well. **2.** A knowledge of something.

ac·quire |ə kwīr′| **—verb acquired, acquiring** To get as one's own; gain; obtain.

ac·quit |ə kwĭt′| **—verb acquitted, acquitting 1.** To declare not guilty. **2. acquit oneself** To conduct oneself; behave.

a·cre |ā′kər| **—noun, plural acres** A unit for measuring land. An acre is the same as 43,560 square feet, or 4,840 square yards. The acre is not used in the metric system.

a·cre·age |ā′kər ĭj| **—noun** Land as measured in acres.

ac·ro·bat |ăk′rə băt′| **—noun, plural acrobats** A person who is skilled in performing on a trapeze, walking a tightrope, and tumbling.

a·cross |ə krôs′| or |ə krŏs′| **—preposition 1.** To or from the other side of; over. **2.** On the other side of; beyond.
—adverb 1. From one side to the other. **2.** Over.

act |ăkt| **—noun, plural acts 1.** Something that is done; a deed; action. **2.** The process of doing something. **3.** A performance for an audience. **4.** A main division of a play or other dramatic work. **5.** A pretense; false show. **6.** A law that has been passed.
—verb acted, acting 1. To do something; perform an action. **2.** To conduct oneself; behave. **3.** To perform, play a part, or pretend to be. **4.** To have the effect that is expected; work properly.

ac·tion |ăk′shən| **—noun, plural actions 1.** The activity, process, or fact of doing something. **2.** A thing that is done; a deed; act. **3.** Activity; motion. **4.** The way something works or affects another thing. **5.** Battle; combat.

ac·ti·vate |ăk′tə vāt′| **—verb activated, activating** To set in operation or motion.

ac·tive |ăk′tĭv| **—adjective 1.** Moving about much of the time; engaged in physical action. **2.** Full of energy;

lar; ansiar.
—sustantivo Un dolor sordo y constante.

achieve *verbo* **1.** Lograr algo deseado o intentado. **2.** Alcanzar como resultado de un esfuerzo; ganar; lograr.

achievement *sustantivo* **1.** Acción o logro sobresaliente. **2.** Acción de hacer algo con pericia y esfuerzo.

acid *sustantivo* Substancia química que tiene la propiedad de combinarse con una base para formar agua y sal; ácido. Un ácido hace que el papel de litmus azul se ponga rojo.
—adjetivo 1. Que contiene ácido o algo como ácido; punzante y agrio; ácido. **2.** De forma o conducta acerba y punzante; sarcástico.

acknowledge *verbo* **1.** Admitir o convenir en que algo es verdadero; reconocer. **2.** Reconocer cierta autoridad o posición de jerarquía. **3.** Expresar que uno ha recibido algo; acusar recibo.

acknowledgement *sustantivo* Reconocimiento: **1.** Acción de reconocer la veracidad de algo; admisión. **2.** Algo que se hace para agradecer, reconocer o responder a alguna acción de otro; confirmación; agradecimiento; acuse de recibo.

acne *sustantivo* Trastorno de la piel en el que las glándulas sebáceas se infectan y provocan granos; acné.

acorn *sustantivo* Fruto del roble; bellota.

acquaint *verbo* Familiarizar; hacer o llegar a conocer bien; informar de.

acquaintance *sustantivo* **1.** Persona a quien uno conoce, aunque no muy bien; conocido; conocimiento. **2.** Conocimiento de algo.

acquire *verbo* Obtener algo y hacerlo propio; ganar; adquirir.

acquit *verbo* **1.** Declarar inocente; absolver de culpa. **2. acquit oneself** Comportarse; desenvolverse.

acre *sustantivo* Unidad para medir superficies de tierra; acre. Un acre equivale a 43 560 pies cuadrados, o a 40 áreas y 47 centiáreas. El acre no se usa en el sistema métrico.

acreage *sustantivo* Terreno medido en acres.

acrobat *sustantivo* Persona adiestrada para actuar en el trapecio, caminar la cuerda floja y hacer volantines; acróbata.

across *preposición* **1.** Hacia el otro lado o procedente del mismo; a través de; por. **2.** Al otro lado de; más allá de.
—adverbio 1. De un lado para el otro; de ancho. **2.** De modo que se entienda; claramente: *I want to get my point across.* = *Quiero hacer entender mi punto.* = *Quiero exponer mi punto claramente.*

act *sustantivo* **1.** Algo que se hace; hecho; acto; acción. **2.** Proceso de hacer algo. **3.** Función ante un público; espectáculo. **4.** Una de las partes principales en que se divide una obra de teatro; acto. **5.** Simulación; comportamiento falso. **6.** Ley que ha sido aprobada.
—verbo 1. Hacer algo; ejecutar una acción; actuar. **2.** Conducirse; obrar; comportarse. **3.** Representar; desempeñar un papel; fingir. **4.** Tener el efecto que se espera; funcionar u obrar adecuadamente.

action *sustantivo* Acción: **1.** Acto, proceso o hecho de realizar algo. **2.** Cosa que se hace o que se ha hecho; acto. **3.** Actividad; movimiento. **4.** Modo en que algo funciona o efecto que tiene sobre otra cosa. **5.** Batalla; combate.

activate *verbo* Poner en acción, función o movimiento; activar.

active *adjetivo* Activo: **1.** Que está en movimiento la mayor parte del tiempo; ocupado en alguna actividad

busy. **3.** In operation or in action; working.

active voice A form of a verb or phrasal verb that shows the subject of the sentence is performing or causing the action expressed by the verb. In the sentence "John bought the book," the verb, "bought," is in the active voice.

ac·tiv·i·ty |ăk tĭv′ĭ tē| —*noun, plural* **activities** **1.** The condition or process of being active; action. **2.** Something to do or to be done.

ac·tor |ăk′tər| —*noun, plural* **actors** A man or boy who performs dramatic roles in plays, motion pictures, or television or radio stories.

ac·tress |ăk′trĭs| —*noun, plural* **actresses** A woman or girl who performs dramatic roles in plays, motion pictures, or television or radio stories.

ac·tu·al |ăk′chōō əl| —*adjective* Existing in fact; real.

ac·tu·al·ly |ăk′chōō ə lē| —*adverb* In fact; really.

a·cute |ə kyōōt′| —*adjective* **1.** Sharp and intense. **2.** Sharp and quick in noticing things. **3.** Very serious; extremely bad.

acute angle An angle that is smaller than a right angle.

ad |ăd| —*noun, plural* **ads** An advertisement.

ad·age |ăd′ĭj| —*noun, plural* **adages** A short saying that many people consider to be wise and true; a proverb.

ad·a·mant |ăd′ə mənt| —*adjective* Not willing to change one's mind; very firm in an inflexible way.

Ad·am's apple |ăd′əmz| The lump at the front of a person's throat made by the larynx.

a·dapt |ə dăpt′| —*verb* **adapted, adapting** To change or adjust to fit different conditions.

add |ăd| —*verb* **added, adding** **1.** To find the sum of two or more numbers. **2.** To put something more in, on, or next to. **3.** To say or write something more.

ad·dend |ăd′ĕnd′| or |ə dĕnd′| —*noun, plural* **addends** Any one of a set of numbers that are to be added. In 4 + 5 + 2 = 11 the numbers 4, 5, and 2 are addends.

ad·der |ăd′ər| —*noun, plural* **adders** **1.** A poisonous snake of Europe or Africa. **2.** A nonpoisonous snake that is thought to be harmful.

ad·dict |ăd′ĭkt| —*noun, plural* **addicts** A person who has developed a need for something harmful, as drugs or tobacco.

ad·di·tion |ə dĭsh′ən| —*noun, plural* **additions** **1.** The process of finding the sum of two or more numbers. **2.** The act of adding one thing to another. **3.** An added thing, part, or person.
Idiom **In addition** or **In addition to** Also; besides.

ad·di·tion·al |ə dĭsh′ə nəl| —*adjective* Added; extra; more.

ad·dress |ə drĕs′| —*noun, plural* **addresses** **1.** |*also* ăd′rĕs′| The house number, street name, city, state, and zip code where a person lives, works, or receives mail. **2.** |*also* ăd′rĕs′| The information on an envelope or other piece of mail that shows where mail is going to or sent from. **3.** A formal speech.
—*verb* **addressed, addressing** **1.** To put the house number, street name, city, state, and zip code on mail. **2.** To speak to or give a speech to.

ad·e·noids |ăd′n oidz′| —*plural noun* Growths at the back of the nose, above the throat.

a·dept |ə dĕpt′| —*adjective* Very good at something; skillful.

ad·e·quate |ăd′ĭ kwĭt| —*adjective* Enough to meet needs; sufficient.

ad·here |ăd hîr′| —*verb* **adhered, adhering** **1.** To

física. **2.** Lleno de energía; siempre ocupado; dinámico. **3.** Funcionando o en acción; que funciona.

active voice Forma de un verbo o verbo en locución que indica que el sujeto de la oración está realizando o produciendo la acción expresada por el verbo; voz activa. En la oración "John bought the book" el verbo "bought" está en la voz activa.

activity *sustantivo* Actividad: **1.** Condición o proceso de estar activo; acción. **2.** Algo que hacer o por hacer.

actor *sustantivo* Hombre o muchacho que desempeña papeles de personajes en obras teatrales, películas o episodios de televisión o de radio; actor.

actress *sustantivo* Mujer o muchacha que desempeña papeles de personajes en obras teatrales, películas o episodios de televisión o de radio; actriz.

actual *adjetivo* Que existe de hecho; real; verdadero.

actually *adverbio* De hecho; en realidad; realmente.

acute *adjetivo* Agudo: **1.** Intenso y penetrante. **2.** Rápido en notar cosas; observador; perspicaz. **3.** Muy grave; extremadamente malo.

acute angle Ángulo más pequeño que un ángulo recto; ángulo agudo.

ad *sustantivo* Anuncio (abreviación de **advertisement**).

adage *sustantivo* Dicho breve que mucha gente considera sabio y verdadero; proverbio; adagio; refrán.

adamant *adjetivo* Renuente a cambiar de opinión; muy firme; en forma inflexible.

Adam's apple Abultamiento en la parte delantera del cuello de una persona formado por la laringe; manzana o nuez de Adán.

adapt *verbo* Cambiar o ajustar(se) para encajar en diversas circunstancias; adaptar; adaptarse.

add *verbo* **1.** Hallar la suma de dos o más números; sumar. **2.** Poner algo dentro o al lado de; añadir; agregar. **3.** Decir o escribir algo más; añadir.

addend *sustantivo* Cualquiera de una serie de números que deben sumarse; sumando. En 4+5+2=11 los números 4, 5 y 2 son sumandos.

adder *sustantivo* **1.** Serpiente venenosa de Europa o África. **2.** Serpiente no venenosa a la que se cree dañina.

addict *sustantivo* Persona que ha desarrollado la necesidad de consumir algo dañino, como drogas o tabaco; adicto.

addition *sustantivo* Adición: **1.** Proceso de encontrar la suma de dos o más números; suma. **2.** La acción de añadir una cosa a otra. **3.** Cosa, parte o persona añadida o que se añade; añadidura.
Modismo **In addition** o **In addition to** También; además; por añadidura.

additional *adjetivo* Añadido; extra; más; adicional.

address *sustantivo* **1.** Número de la casa, nombre de la calle, ciudad, estado o provincia y zona postal donde una persona vive, trabaja o recibe el correo; dirección. **2.** Información que se escribe en un sobre u otra pieza de correo y que muestra adónde va el correo o de dónde viene; dirección. **3.** Discurso formal; alocución.
—*verbo* **1.** Poner el número de la casa, nombre de la calle, ciudad, estado y zona postal en una pieza de correo. **2.** Dirigirse a alguien o pronunciar un discurso dirigido a un público determinado.

adenoids *sustantivo* Masa de tejido que se halla en la parte posterior de la nariz, más arriba de la garganta; adenoides.

adept *adjetivo* Muy bueno en algo; hábil; diestro.

adequate *adjetivo* Suficiente para satisfacer ciertas necesidades; suficiente; bastante; adecuado.

adhere *verbo* **1.** Unir o unirse fuertemente; pegar o

ă pat ā pay â care ä father ĕ pet ē be ĭ pit ī pie î fierce ŏ pot ō go ô paw, for oi oil ŏŏ book ōō boot

hold fast; stick. **2.** To follow closely, without changes.

ad·he·sive |ăd hē′sĭv| —*noun, plural* **adhesives** Anything that sticks or makes things stick.
—*adjective* Made to stick to something; sticky.

ad·ja·cent |ăd jā′sənt| —*adjective* Next to; adjoining; near.

ad·jec·tive |ăj′ĭk tĭv| —*noun, plural* **adjectives** A word that is used to describe a noun or to give it a special meaning.

ad·join |ə join′| —*verb* **adjoined, adjoining** To be next to; be side by side.

ad·journ |ə jûrn′| —*verb* **adjourned, adjourning** To stop and plan to continue at another time; end for the time being.

ad·just |ə jŭst′| —*verb* **adjusted, adjusting 1.** To change in order to make right or better. **2.** To move into a different position. **3.** To become used to new conditions; adapt.

ad·just·ment |ə jŭst′mənt| —*noun, plural* **adjustments 1.** The act, condition, or process of changing to make right or better. **2.** The act or process of getting used to something.

ad·min·is·ter |ăd mĭn′ĭ stər| —*verb* **administered, administering 1.** To be in charge of; direct; manage. **2. a.** To give as a remedy or treatment. **b.** To give or deal out. **3.** To give in a formal or official way.

ad·min·is·tra·tion |ăd mĭn′ĭ strā′shən| —*noun, plural* **administrations 1.** The act or job of managing a company, business, or other organization; management. **2.** The people who manage a business, organization, or government. **3.** The act of giving or supplying. **4. the Administration** The President of the United States, along with the Vice President, the cabinet officers, and the departments they are in charge of; the executive branch of the government. **5.** Often **Administration** The period of time during which a government is in power.

ad·mi·ral |ăd′mər əl| —*noun, plural* **admirals 1.** The commander in chief of a navy or fleet. **2.** An officer of high rank in the United States Navy. There are four ranks of admirals: fleet admiral, admiral, vice admiral, and rear admiral.

ad·mi·ra·tion |ăd′mə rā′shən| —*noun* A feeling of pleasure, wonder, respect, and approval caused by something good or beautiful.

ad·mire |ăd mĭr′| —*verb* **admired, admiring 1.** To look at or think of with pleasure, wonder, respect, and approval. **2.** To have a high opinion of; feel respect for.

ad·mis·sion |ăd mĭsh′ən| —*noun, plural* **admissions 1. a.** The fact of being allowed to enter or join. **b.** The right to enter or join. **2.** A price charged or paid to enter a place. **3.** A statement that something is true; a confession.

ad·mit |ăd mĭt′| —*verb* **admitted, admitting 1.** To say that something is true; confess as a fact. **2.** To allow to enter; let in.

ad·mit·tance |ăd mĭt′ns| —*noun* Permission or right to enter; entrance.

a·do·be |ə dō′bē| —*noun, plural* **adobes 1.** Brick or bricks made of clay and straw that dry and harden in the sun. **2.** A building made of these bricks.

ad·o·les·cent |ăd′l ĕs′ənt| —*noun, plural* **adolescents** A boy or girl who is older than a child but not yet an adult; a teen-ager.

a·dopt |ə dŏpt′| —*verb* **adopted, adopting 1.** To take someone else's child and by law make that child one's own. **2.** To take a person or animal into one's family or group. **3.** To take and use as one's own.

pegarse; adherir o adherirse. **2.** Seguir al pie de la letra, sin cambios; sumarse; adherirse.

adhesive *sustantivo* Cualquier cosa que pega o hace que las cosas se peguen; adhesivo.
—*adjetivo* Hecho para pegarse a algo; pegajoso; adhesivo.

adjacent *adjetivo* Junto a; contiguo; de al lado; cerca; adyacente; próximo.

adjective *sustantivo* Palabra que se usa para describir o modificar un sustantivo o para darle algún significado especial; adjetivo.

adjoin *verbo* Estar al lado de o lado a lado con; colindar; estar en posición contigua a.

adjourn *verbo* Suspender una junta o sesión y planear continuarla en otro momento; terminar por el momento; levantar una sesión; suspender; recesar.

adjust *verbo* **1.** Cambiar para corregir o mejorar; ajustar. **2.** Cambiar de posición; ajustarse. **3.** Acostumbrarse a nuevas condiciones o circunstancias; amoldarse; ajustarse; adaptarse.

adjustment *sustantivo* Ajuste: **1.** Acción, condición o proceso de realizar cambios para corregir o mejorar. **2.** Acción o proceso de acostumbrarse a algo; adaptación.

administer *verbo* **1.** Estar a cargo de algo; dirigir; manejar; administrar. **2. a.** Aplicar como remedio o tratamiento; administrar. **b.** Dar, aplicar o administrar. **3.** Dar o tomar de manera formal u oficial; conferir: *The court clerk administered the oath to the witness.* = *El secretario del tribunal le tomó el juramento al testigo.*

administration *sustantivo* **1.** Acción o tarea de administrar una compañía, negocio u otra organización; administración; dirección; manejo. **2.** Gente que administra un negocio, organización o gobierno; administración; dirección. **3.** Acción de dar o suministrar; administración. **4. the Administration** El Presidente de los Estados Unidos, junto con el Vice Presidente, los funcionarios del gabinete y los departamentos de los cuales están a cargo; la rama ejecutiva del gobierno; administración. **5.** A veces **Administration** El período de tiempo durante el cual un gobierno está en el poder.

admiral *sustantivo* Almirante: **1.** El comandante en jefe o jefe supremo de la marina o flota. **2.** Oficial de alto rango en la Marina de los Estados Unidos. Hay cuatro rangos de almirantes: almirante de flota; almirante, vice almirante, contraalmirante.

admiration *sustantivo* Sensación de placer, sorpresa, respeto y aprobación causado por algo bueno o hermoso; admiración.

admire *verbo* **1.** Contemplar o pensar en algo con placer, sorpresa, respeto y aprobación; admirar. **2.** Tener en singular estima; sentir respeto por algo; admirar.

admission *sustantivo* **1. a.** Acción de admitir; admisión. **b.** Derecho de ingresar o incorporarse; ingreso. **2.** Precio que se cobra o se paga para entrar a un lugar; admisión; entrada. **3.** Declaración de que algo es verdadero; confesión; concesión.

admit *verbo* Admitir: **1.** Decir que algo es verdadero; confesar como hecho. **2.** Permitir entrar; dejar entrar.

admittance *sustantivo* Permiso o derecho de entrada; admisión; entrada.

adobe *sustantivo* **1.** Ladrillo o ladrillos hechos de barro y paja que se secan y endurecen al sol; ladrillo cocido al sol; adobe. **2.** Edificio hecho de estos ladrillos.

adolescent *sustantivo* Muchacho o muchacha que es mayor que un niño pero que todavía no es un adulto; adolescente.

adopt *verbo* Adoptar: **1.** Tomar el niño de otro y por ley hacer a ese niño propio. **2.** Admitir a una persona o animal a la propia familia o grupo. **3.** Tomar y usar como propio: *Samuel Clemens adopted the name Mark*

ər butter   yŏŏ abuse   ou out   ŭ cut   û fur   *th* the   th thin   hw which   zh vision   ə ago, item, pencil, atom, circus

4. To pass by a vote or accept in an official way.

Twain. = *Samuel Clemens adoptó el nombre Mark Twain. She adopted her friend's style of dressing.* = *Ella adoptó el estilo de vestirse de su amiga.* **4.** Pasar con una votación o aceptar de modo oficial: *The government adopted a new constitution.* = *El gobierno adoptó una nueva constitución.*

a·dop·tion |ə dŏp′shən| —*noun, plural* **adoptions** The act or condition of adopting or being adopted.

a·dore |ə dôr′| or |ə dōr′| —*verb* **adored, adoring** To love deeply and with great respect.

a·dorn |ə dôrn′| —*verb* **adorned, adorning 1.** To decorate with something beautiful. **2.** To be an ornament to.

a·drift |ə drĭft′| —*adverb* and *adjective* Drifting or floating without direction; not guided.

a·dult |ə dŭlt′| or |ăd′ŭlt′| —*noun, plural* **adults 1.** A person who is fully grown; a grown-up. **2.** A plant or animal that is fully grown.
—*adjective* Fully grown; grown-up; mature.

a·dul·ter·ate |ə dŭl′tə rāt′| —*verb* **adulterated, adulterating** To make weaker or impure by adding something.

ad·vance |ăd văns′| or |ăd väns′| —*verb* **advanced, advancing 1.** To move forward, onward, or upward. **2.** To make or help make progress; improve. **3.** To raise or rise in rank or position; promote or be promoted. **4.** To put forward; propose; offer. **5.** To pay money ahead of time.
—*noun, plural* **advances 1.** A movement forward, onward, or upward; progress. **2.** A rise in prices or value. **3.** Money paid ahead of time. **4. advances** Efforts to win someone's favor or friendship.

ad·vance·ment |ăd văns′mənt| or |ăd väns′mənt| —*noun, plural* **advancements 1.** A forward step; progress. **2.** A move ahead in position; promotion.

ad·van·tage |ăd văn′tĭj| or |ăd văn′tĭj| —*noun, plural* **advantages** Anything that is helpful or useful.
Idiom **take advantage of 1.** To put to good use; benefit by. **2.** To treat in an unfair manner for selfish reasons.

ad·van·ta·geous |ăd′văn tā′jəs| —*adjective* Giving an advantage; favorable; useful.

ad·ven·ture |ăd věn′chər| —*noun, plural* **adventures 1.** A bold, unusual, or dangerous act or experience. **2.** An unusual or exciting experience.

ad·ven·tur·ous |ăd věn′chər əs| —*adjective* **1.** Interested in new and daring deeds; willing to take risks; bold; daring. **2.** Full of danger or excitement.

ad·verb |ăd′vûrb′| —*noun, plural* **adverbs** A word that is used to describe a verb, an adjective, or another adverb. Adverbs usually tell when, where, and how and give information about time, place, manner, or degree.

ad·ver·sar·y |ăd′vər sĕr′ē| —*noun, plural* **adversaries** Someone on the opposite side in a war or contest; an enemy or opponent.

ad·verse |ăd vûrs′| or |ăd′vûrs′| —*adjective* **1.** Not favorable; not friendly. **2.** Opposite to what is wanted or expected.

ad·ver·si·ty |ăd vûr′sĭ tē| —*noun, plural* **adversities** Great misfortune; hardship; trouble.

ad·ver·tise |ăd′vər tīz′| —*verb* **advertised, advertising 1.** To call public attention to, especially by giving paid notices in magazines and newspapers, on radio and television, and in other public places. **2.** To call attention to; make known.

ad·ver·tise·ment |ăd′vər tīz′mənt| or |ăd vûr′tĭsmənt| or |ăd vûr′tĭz mənt| —*noun, plural* **advertisements** A public notice in a newspaper or magazine, on radio or television, or in any public place.

ad·vice |ăd vīs′| —*noun* Opinion about what to do; guidance.

ad·vis·a·ble |ăd vī′zə bəl| —*adjective* Worth doing;

adoption *sustantivo* Acción o condición de adoptar o ser adoptado; adopción.

adore *verbo* Amar intensamente y con gran respeto; adorar.

adorn *verbo* **1.** Decorar con algo hermoso; adornar; engalanar. **2.** Servir de adorno una cosa a otra; adornar.

adrift *adverbio y adjetivo* Derivando o flotando sin dirección; a la deriva; a la ventura.

adult *sustantivo* **1.** Persona llegada a su mayor crecimiento; adulto. **2.** Planta o animal llegados a su mayor crecimiento.
—*adjetivo* Llegado a su mayor crecimiento; adulto; maduro.

adulterate *verbo* Hacer más débil o impuro agregando algo; adulterar.

advance *verbo* **1.** Mover hacia adelante o hacia arriba; avanzar; subir de precio. **2.** Progresar o ayudar a progresar; mejorar. **3.** Subir o ascender en rango o posición; promover o ser promovido; ascender. **4.** Exponer; adelantar; proponer; ofrecer. **5.** Pagar dinero por adelantado; adelantar.
—*sustantivo* **1.** Movimiento hacia adelante o hacia arriba; progreso. **2.** Subida de precio o valor; alza; encarecimiento. **3.** Dinero que se paga por adelantado; adelanto; anticipo. **4. advances** Esfuerzos realizados para conseguir el favor o la amistad de alguien.

advancement *sustantivo* **1.** Paso hacia adelante; progreso. **2.** Movimiento hacia adelante en una posición; promoción; progreso.

advantage *sustantivo* Cualquier cosa que es provechosa o útil; ventaja.
Modismo **take advantage of 1.** Utilizar bien; beneficiarse; aprovechar. **2.** Tratar de manera injusta por razones egoístas; aprovecharse.

advantageous *adjetivo* Que da ventaja; favorable; útil; provechoso.

adventure *sustantivo* Aventura: **1.** Acción o experiencia intrépida, insólita o peligrosa. **2.** Experiencia inusitada o emocionante.

adventurous *adjetivo* **1.** Interesado en hazañas nuevas y osadas; dispuesto a correr riesgos; valiente; intrépido; atrevido. **2.** Lleno de peligro o excitación; intrépido; arriesgado.

adverb *sustantivo* Palabra que se usa para describir un verbo, un adjetivo u otro adverbio; adverbio. Los adverbios generalmente expresan cuándo, dónde, y cómo y dan información sobre tiempo, lugar, modo o grado.

adversary *sustantivo* Alguien que se halla en el lado opuesto en una guerra o contienda; adversario; enemigo o rival; contrincante.

adverse *adjetivo* Adverso: **1.** No favorable; no amigable. **2.** Opuesto a lo que se desea o espera; contrario.

adversity *sustantivo* Gran desgracia; privación; dificultad; adversidad.

advertise *verbo* Anunciar: **1.** Llamar la atención pública, especialmente colocando avisos pagados en revistas y periódicos, en la radio y televisión, y otros lugares públicos; poner un anuncio. **2.** Llamar la atención; hacer saber.

advertisement *sustantivo* Aviso público en un periódico o revista, en la radio o televisión, o en cualquier lugar público; noticia; aviso.

advice *sustantivo* Opinión sobre lo que ha de hacerse; guía; consejo.

advisable *adjetivo* Que vale la pena hacer; sensato;

ă pat ā pay â care ä father ĕ pet ē be ĭ pit ī pie î fierce ŏ pot ō go ô paw, for oi oil ŏŏ book ōō boot

wise; sensible.

ad·vise |ăd vīz′| —*verb* **advised, advising 1.** To offer an opinion about what to do; give advice to. **2.** To give notice to; inform; tell.

ad·vis·er or **ad·vi·sor** |ăd vī′zər| —*noun, plural* **advisers** or **advisors** A person who gives advice.

ad·vo·cate |ăd′və kāt′| —*verb* **advocated, advocating** To be or speak in favor of; recommend; urge.
—*noun* |ăd′və kĭt| or |ăd′və kāt′|, *plural* **advocates** A person who is or speaks in favor of something; someone who supports a cause.

adz or **adze** |ădz| —*noun, plural* **adzes** A tool that looks like an ax with its blade set at an angle.

aer·i·al |âr′ē əl| —*noun, plural* **aerials** An antenna for radio or television.
—*adjective* In the air.

aer·o·nau·tics |âr′ə nô′tĭks| —*noun* (Used with a singular verb.) The science and art of flight. Aeronautics includes designing, making, and flying aircraft.

aer·o·sol |âr′ə sôl′| or |âr′ə sŏl′| or |âr′ə sōl′| —*noun, plural* **aerosols** A mass of tiny drops of a liquid or pieces of solid material suspended in air or another gas.

aer·o·space |âr′ə spās′| —*noun* **1.** The region that is made up of the earth's atmosphere and outer space. **2.** The science of the flight of aircraft and spacecraft both in the earth's atmosphere and in outer space.

af·fa·ble |ăf′ə bəl| —*adjective* Pleasant and friendly; easy to talk to; gentle.

af·fair |ə fâr′| —*noun, plural* **affairs 1.** Something to be done; a piece of business. **2.** An event, action, or happening.

af·fect¹ |ə fĕkt′| —*verb* **affected, affecting 1.** To have an influence on; bring about a change in. **2.** To touch the feelings of.

af·fect² |ə fĕkt′| —*verb* **affected, affecting** To pretend to feel or have.

af·fec·tion |ə fĕk′shən| —*noun, plural* **affections** A loving feeling.

af·fec·tion·ate |ə fĕk′shə nĭt| —*adjective* Having or showing love or affection.

af·fil·i·ate |ə fĭl′ē āt′| —*verb* **affiliated, affiliating** To join with a larger or more important group, person, or company.
—*noun* |ə fĭl′ə ĭt| or |ə fĭl′ə āt′|, *plural* **affiliates** A person or company that is connected to a larger or more important group, person, or company.

af·firm·a·tive |ə fûr′mə tĭv| —*adjective* Saying that something is so; indicating "yes."

af·fix |ə fĭks′| —*verb* **affixed, affixing** To add on; attach.
—*noun* |ăf′ĭks′|, *plural* **affixes** Something added on or attached, especially a prefix or a suffix.

af·flict |ə flĭkt′| —*verb* **afflicted, afflicting** To cause pain or sorrow to; trouble greatly.

af·flic·tion |ə flĭk′shən| —*noun, plural* **afflictions 1.** Pain or sorrow; suffering; trouble. **2.** A cause of pain, sorrow, suffering, and trouble.

af·flu·ent |ăf′lōō ənt| —*adjective* Having plenty of money; prosperous; wealthy.

af·ford |ə fôrd′| or |ə fōrd′| —*verb* **afforded, affording 1.** To be able to pay for, spare, or spend. **2.** To be able to do or be without. **3.** To give; provide.

af·front |ə frŭnt′| —*noun, plural* **affronts** An insult made on purpose.
—*verb* **affronted, affronting** To insult on purpose; offend strongly.

a·fire |ə fīr′| —*adverb* and *adjective* On fire or as if on fire; burning.

a·float |ə flōt′| —*adjective* and *adverb* **1.** Floating on a liquid or in the air. **2.** In circulation; around.

a·foot |ə fōōt′| —*adjective* and *adverb* **1.** On foot; walking. **2.** In the process of happening; going on.

prudente; aconsejable.

advise *verbo* **1.** Ofrecer una opinión sobre lo que ha de hacerse; dar consejo; aconsejar. **2.** Notar; informar; decir; avisar.

adviser o **advisor** *sustantivo* Persona que da consejo; consejero.

advocate *verbo* Estar o hablar en favor de algo o alguien; recomendar; urgir; abogar; insistir.
—*sustantivo* Persona que está o habla en favor de algo o alguien; alguien que aboga por una causa; intercesor; defensor.

adz o **adze** *sustantivo* Herramienta que se parece a un hacha, con su hoja fijada en ángulo; azuela; hacha pequeña.

aerial *sustantivo* Antena para radio o televisión.
—*adjetivo* En el aire; aéreo.

aeronautics *sustantivo* (Usado con un verbo en singular.) Ciencia y arte del vuelo que incluye el diseño, estructura y vuelo de los aviones; aeronáutica.

aerosol *sustantivo*. Conjunto de pequeñas gotas de un líquido o partículas de un material sólido suspendidas en el aire o en otro gas; aerosol.

aerospace *sustantivo* **1.** Región que forman la atmósfera terrestre y el espacio exterior. **2.** Ciencia del vuelo de aviones y cohetes en la atmósfera terrestre y en el espacio exterior.

affable *adjetivo* Agradable y amigable; atento; dulce; suave; afable; amable; cortés.

affair *sustantivo* **1.** Algo por hacer; porción de negocio; asunto; cuestión. **2.** Acontecimiento; acción; suceso.

affect¹ *verbo* **1.** Tener influencia; efectuar un cambio; afectar; influir. **2.** Llegar a los sentimientos; impresionar; conmover.

affect² *verbo* Aparentar sentir o tener; simular.

affection *sustantivo* Sentimiento afectuoso; afección; afecto; cariño.

affectionate *adjetivo* Que tiene o muestra amor o afecto; cariñoso; afectuoso.

affiliate *verbo* Unirse a un grupo, persona o compañía más grande y más importante; afiliarse.
—*sustantivo* Persona o compañía que está asociada a un grupo, persona o compañía más grande y más importante.

affirmative *adjetivo* Que dice que algo es así; que indica que sí; afirmativo.

affix *verbo* Añadir; ligar; atar; fijar; pegar.
—*sustantivo* Algo que se añade o junta, especialmente un prefijo o un sufijo.

afflict *verbo* Causar dolor o pena; afligir mucho; acongojar; oprimir; atormentar.

affliction *sustantivo* **1.** Dolor o pena; sufrimiento; aflicción; desconsuelo; calamidad. **2.** La causa del dolor; pesar; sufrimiento; tristeza; calamidad; angustia.

affluent *adjetivo* Que tiene dinero en abundancia; próspero; rico; opulento.

afford *verbo* **1.** Tener medios para pagar, ahorrar o gastar. **2.** Conformarse con lo que se tiene. **3.** Dar; proveer; suplir.

affront *sustantivo* Insulto hecho a propósito; afrenta; injuria.
—*verbo* Insultar a propósito; ofender severamente; afrentar; provocar.

afire *adjetivo* Ardiendo o como si estuviera ardiendo; abrasador; en fuego.

afloat *adjetivo* y *adverbio* **1.** Que flota en un líquido o en el aire; a flote. **2.** En circulación; alrededor.

afoot *adjetivo* y *adverbio* **1.** Andando; caminando; a pie. **2.** En vías de ejecución; ocurriendo; pasando.

a·fraid |ə frād′| —*adjective* **1.** Filled with fear; frightened. **2.** Filled with regret; sorry.

African violet A plant with flowers that look like violets. It is often grown as a house plant.

aft |ăft| or |äft| —*adverb* and *adjective* Toward or near the rear of a ship.

af·ter |ăf′tər| or |äf′tər| —*preposition* **1.** In a place or order following. **2.** At a later time than; following.

—*adverb* **1.** At a later time; afterward. **2.** Behind.
—*conjunction* As soon as or following the time that.

af·ter·math |ăf′tər măth′| or |äf′tər măth′| —*noun,* plural **aftermaths** Something that follows as a result.

af·ter·noon |ăf′tər nōōn′| or |äf′tər nōōn′| —*noun,* plural **afternoons** The part of the day from noon until sunset.

af·ter·ward |ăf′tər wərd| or |äf′tər wərd| —*adverb* At a later time. Another form of this adverb is **afterwards.**

af·ter·wards |ăf′tər wərdz| or |äf′tər wərdz| —*adverb* A form of the word afterward.

a·gain |ə gĕn′| —*adverb* Once more; another time.

a·gainst |ə gĕnst′| —*preposition* **1.** In a direction or course opposite to. **2.** So as to come into contact with. **3.** In opposition or resistance to. **4.** Contrary to. **5.** As a defense or protection from.

ag·ate |ăg′ĭt| —*noun,* plural **agates 1.** A stone that is a type of quartz. **2.** A playing marble that is made of agate or something that looks like agate.

age |āj| —*noun,* plural **ages 1.** The amount of time a person, plant, animal, or thing has lived or existed. **2.** A particular time of life. **3.** The time or condition of being old. **4.** A particular period of time when some special thing is important. **5.** A long time. **6.** The time when the law says a person may take on adult rights and responsibilities.
—*verb* **aged, aging 1.** To grow old. **2.** To cause to become or appear old.

ag·ed |ā′jĭd| —*adjective* Having lived for a long time; old; elderly.

a·gen·cy |ā′jən sē| —*noun,* plural **agencies** A business or organization that acts for another person or business.

a·gent |ā′jənt| —*noun,* plural **agents 1.** A person or group that handles business matters for another. **2.** A means by which something is done or caused.

ag·gra·vate |ăg′rə vāt′| —*verb* **aggravated, aggravating 1.** To make worse. **2.** To irritate; annoy.

ag·gres·sion |ə grĕsh′ən| —*noun,* plural **aggressions** An action that is likely to start a war, cause a fight, or create bad feelings.

ag·gres·sive |ə grĕs′ĭv| —*adjective* **1.** Quick to attack or start a fight. **2.** Full of energy; very active in getting things done.

a·ghast |ə găst′| or |ə gäst′| —*adjective* Shocked by something terrible or wrong.

ag·ile |ăj′əl| or |ăj′īl′| —*adjective* Capable of moving quickly and easily; nimble.

a·gil·i·ty |ə jĭl′ĭ tē| —*noun* The ability to move quickly and easily.

ag·i·tate |ăj′ĭ tāt′| —*verb* **agitated, agitating 1.** To shake or stir up strongly. **2.** To upset the mind or

afraid *adjetivo* **1.** Lleno de miedo; asustado; atemorizado. **2.** Apenado; que lamenta algo que ocurre u ocurrió: *I'm afraid you don't understand.* = *Me temo que usted no comprende.*

African violet Planta con flores que parecen violetas. Se cultiva a menudo como planta casera.

aft *adverbio y adjetivo* Hacia o cerca de la parte posterior de un barco; a popa; en popa.

after *preposición* **1.** Con posterioridad en espacio o en orden; después **2.** Con posterioridad en el tiempo; que sigue después; después. **3.** En busca de algo; tras; detrás de.
—*adverbio* **1.** Con posterioridad en el tiempo; después; enseguida; más tarde. **2.** Detrás; después.
—*conjunción* Inmediatamente después, o con posterioridad en el tiempo.

aftermath *sustantivo* Algo que sigue como resultado; consecuencia; secuela.

afternoon *sustantivo* Parte del día compredida entre el mediodía y el anochecer; la tarde.

afterward *adverbio* Con posterioridad en el tiempo; después; más tarde. En inglés otra forma de este adverbio es **afterwards.**

afterwards *adverbio* Otra forma de la palabra **afterward.**

again *adverbio* Una vez más; de nuevo; otra vez.

against *preposición* Contra: **1.** En dirección o curso opuesto. **2.** De forma tal de estar en contacto; junto: *The waves were crashing against the rocks.* = *Las olas se estrellaban contra las rocas. The rain was beating against the window.* = *La lluvia golpeaba contra la ventana.* **3.** En oposición o resistencia. **4.** Contrario; en contra: *I went to the game against my own wishes.* = *Fuí a ver el partido en contra de mis deseos.* **5.** Como defensa o protección: *The little girl was wearing gloves against the chill.* = *La niña usaba guantes para protegerse del frío.*

agate *sustantivo* **1.** Piedra tipo de cuarzo; ágata. **2.** Canica hecha de ágata o algo que se parece al ágata.

age *sustantivo* Edad: **1.** Cantidad de tiempo que una persona, planta, animal o cosa ha vivido o existido. **2.** Período particular de la vida. **3.** Tiempo o condición de ser viejo. **4.** Período singular de tiempo en que alguna cosa en especial es importante; era; tiempo; época. **5.** Largo tiempo. **6.** Momento en que la ley dice que una persona tiene edad para adquirir derechos y responsabilidades de adulto.
—*verbo* **1.** Entrar en edad; envejecer. **2.** Hacer envejecer, o hacer aparecer envejecida, a una persona o cosa.

aged *adjetivo* Que ha vivido mucho tiempo; viejo; mayor de edad; anciano; añejo; añoso.

agency *sustantivo* Empresa u organización que actúa para otra persona o empresa; agencia.

agent *sustantivo* **1.** Persona o grupo que maneja asuntos de negocios para otro; agente; delegado; mediador. **2.** Medio por el cual algo se hace o produce; factor.

aggravate *verbo* **1.** Hacer peor; agravar; hacer más doloroso. **2.** Irritar; molestar; exasperar.

aggression *sustantivo* Acción que probablemente puede comenzar una guerra, causar una pelea o crear malos sentimientos; agresión; ataque.

aggressive *adjetivo* Agresivo: **1.** Rápido al atacar o empezar una pelea. **2.** Lleno de energía; muy activo llevando a cabo cosas.

aghast *adjetivo* Horrorizado por algo terrible o malo; espantado; despavorido; estupefacto.

agile *adjetivo* Capaz de moverse rápida y fácilmente; ligero; ágil; vivo.

agility *sustantivo* Habilidad para moverse rápida y fácilmente; agilidad.

agitate *verbo* **1.** Excitar o perturbar fuertemente; agitar. **2.** Trastornar el ánimo o los sentimientos; turbar;

feelings of; disturb.

ag·i·ta·tion |ăj′ĭ tā′shən| —*noun* **1.** The act of agitating. **2.** Great disturbance of mind; the condition of being very upset.

a·go |ə gō′| —*adjective* Gone by; past. —*adverb* In the past.

ag·o·ny |ăg′ə nē| —*noun, plural* **agonies** Very great pain of body or mind; deep suffering.

a·gree |ə grē′| —*verb* **agreed, agreeing 1.** To have the same opinion. **2.** To say "yes"; consent. **3.** To be the same; be in harmony. **4.** In grammar, to have the same person and number.
  Phrasal verb **agree with** To be good or healthful for.

a·gree·a·ble |ə grē′ə bəl| —*adjective* **1.** Pleasant; pleasing. **2.** Willing to agree; ready to say "yes."

a·gree·ment |ə grē′mənt| —*noun, plural* **agreements 1.** The act or condition of agreeing; harmony of opinions or ideas. **2.** An arrangement or understanding between two or more people or groups.

ag·ri·cul·tur·al |ăg′rĭ kŭl′chər əl| —*adjective* Of farms or farming.

ag·ri·cul·ture |ăg′rĭ kŭl′chər| —*noun* The science, art, and business of farming.

a·head |ə hĕd′| —*adverb* and *adjective* **1.** At or to the front; farther forward. **2.** In advance; beforehand. **3.** Onward; forward.

aid |ād| —*verb* **aided, aiding** To help or assist. —*noun, plural* **aids 1.** Help; assistance. **2.** Something that helps or is helpful.

aide |ād| —*noun, plural* **aides** A person who helps someone more important carry out a job; an official assistant.

ail |āl| —*verb* **ailed, ailing 1.** To be ill; feel sick. **2.** To cause pain to; make ill; trouble.

ai·lan·thus |ā lăn′thəs| —*noun, plural* **ailanthuses** A tree that has small, pointed leaves shaped like feathers. The ailanthus is very common in cities and grows where other trees fail to grow.

ail·ment |āl′mənt| —*noun, plural* **ailments** An illness or sickness that may last a long time.

aim |ām| —*verb* **aimed, aiming 1.** To point or direct one thing at another. **2.** To have a purpose or goal. —*noun, plural* **aims 1.** The act of pointing or directing one thing at another. **2.** A purpose; goal.

aim·less |ām′lĭs| —*adjective* Without direction or purpose.

ain't |ānt| A contraction of the words "am not," "is not," "are not," "have not," and "has not." The word **ain't** is not considered to be correct English.

air |âr| —*noun, plural* **airs 1.** The mixture of gases around the earth. **2.** Fresh air that is moving. **3.** The open space above the earth; the sky. **4.** A melody; tune. **5.** Look, style, or manner; appearance. **6. airs** Manners used to make oneself seem better than others. —*verb* **aired, airing 1.** To let fresh air in or through. **2.** To become fresh or cool by letting air in, on, or through. **3.** To talk about; make known.
  Idioms **off the air** Not broadcasting or being broadcast by radio or television. **on the air** Broadcasting or being broadcast by radio or television. **up in the air** Not settled or decided.

air con·di·tion·er |kən dĭsh′ə nər| A machine that cools, and sometimes cleans and dries, the air in a room, car, or other closed place.

air·craft |âr′krăft′| or |âr′kräft′| —*noun, plural* **aircraft** Any machine that is made for flying. Airplanes, helicopters, gliders, and dirigibles are all aircraft.

inquietar.

agitation *sustantivo* Agitación: **1.** Acción de agitar o agitarse. **2.** Gran disturbio del ánimo; la condición de estar muy perturbado; perturbación.

ago *adjetivo* Pasado; transcurrido; haber transcurrido hace cierto tiempo. —*adverbio* En el pasado; cuando ha pasado cierto tiempo.

agony *sustantivo* Gran dolor del cuerpo o alma; sufrimiento profundo; agonía; zozobra; aflicción extrema.

agree *verbo* **1.** Tener la misma opinión; estar de acuerdo. **2.** Decir "sí"; consentir; acceder. **3.** Ser lo mismo; estar en armonía; concordar. **4.** En gramática, tener la misma persona y número; concordar.
  Verbo en locución **agree with** Ser bueno o saludable; sentar bien.

agreeable *adjetivo* **1.** Agradable; grato; placentero. **2.** Dispuesto a acceder; listo a decir "sí".

agreement *sustantivo* Acuerdo: **1.** Acción o condición de concordar; armonía de opiniones o ideas. **2.** Arreglo o entendimiento entre dos o más personas o grupos.

agricultural *adjetivo* Relativo a la labranza y al cultivo; agrícola.

agriculture *sustantivo* Ciencia, arte y oficio del cultivo; agricultura.

ahead *adverbio* y *adjetivo* **1.** En o al frente; más adelante; más allá; delante. **2.** Por adelantado; con anticipación; previamente. **3.** Adelantado; que va delante; adelante.

aid *verbo* Auxiliar o asistir; ayudar. —*sustantivo* Ayuda: **1.** Auxilio; asistencia; socorro. **2.** Algo que ayuda o es útil.

aide *sustantivo* Persona que ayuda a alguien más importante a llevar a cabo un trabajo; asistente o ayudante oficial.

ail *verbo* **1.** Estar enfermo; sentirse mal; sufrir. **2.** Causar dolor; enfermar; molestar; afligir; apenar.

ailanthus *sustantivo* Árbol que tiene pequeñas hojas puntiagudas en forma de plumas; ailanto. El ailanto es muy común en ciudades y crece donde otros árboles no pueden crecer.

ailment *sustantivo* Mal o enfermedad que puede durar mucho tiempo; dolencia.

aim *verbo* **1.** Orientar o dirigir una cosa hacia otra; apuntar; encarar; indicar. **2.** Tener un propósito o meta; aspirar. —*sustantivo* **1.** Acción de apuntar o dirigir una cosa hacia otra; puntería. **2.** Propósito; meta; plan; intención.

aimless *adjetivo* Sin dirección o propósito; sin rumbo u objeto; a la ventura.

ain't Contracción de las palabras "am not", "is not", "are not", "have not" y "has not". La palabra **ain't** no se considera inglés correcto.

air *sustantivo* Aire: **1.** Mezcla de gases alrededor de la tierra. **2.** Aire fresco que circula. **3.** Espacio abierto por encima de la tierra; cielo. **4.** Melodía; tonada. **5.** Aspecto; estilo; ademán; apariencia. **6. airs** Modales que se usan para aparentar uno mismo ser mejor que otros; aires. —*verbo* **1.** Dejar entrar o pasar aire fresco; airear; ventilar. **2.** Refrescar dejando entrar o pasar aire; airear; ventilar. **3.** Hablar; hacer saber; airear; discutir.
  Modismos **off the air** Que no se emite o es emitido por radio o televisión. **on the air** Que se emite o es emitido por radio o televisión. **up in the air** No establecido o decidido; en el aire.

air conditioner *sustantivo* Máquina que enfría, y a veces limpia y seca, el aire en un cuarto, coche u otro lugar cerrado; aire acondicionado.

aircraft *sustantivo* Cualquier máquina hecha para volar; aeronave. Los aviones, helicópteros, planeadores, dirigibles, todos son considerados aeronaves.

ər butter   yŏŏ abuse   ou **out**   ŭ cut   û fur   *th* the   th **thin**   hw **which**   zh **vision**   ə **ago**, item, pencil, atom, circus

aircraft carrier A large ship that is part of a navy and is used as an air base.

air·field |âr′fēld′| —*noun, plural* **airfields** A place where aircraft can take off and land.

air force or **Air Force** The branch of a country's military forces that is equipped with aircraft.

air·line |âr′līn′| —*noun, plural* **airlines** A company whose business is to carry passengers and cargo in airplanes.

air·mail |âr′māl′| —*adjective* For or of mail sent by aircraft.

air mail 1. Letters or packages that are sent by aircraft. 2. The system of sending mail by aircraft.

air·man |âr′mən| —*noun, plural* **airmen** A person of the lowest rank in the United States Air Force.

air·plane |âr′plān′| —*noun, plural* **airplanes** A vehicle that is heavier than air but is capable of flying.

air·port |âr′pôrt′| or |âr′pōrt′| —*noun, plural* **airports** A place with runways where aircraft can land and take off.

air pressure The force of air pressing on anything it touches.

air·ship |âr′shĭp′| —*noun, plural* **airships** An aircraft that is lighter than air, can be steered, and has engines; a dirigible.

air·tight |âr′tīt′| —*adjective* 1. Closed or closing so tightly that no air or other gases can get into or out of. 2. Having no weak points; not able to be attacked with success.

air·y |âr′ē| —*adjective* **airier, airiest** 1. Built so that air can move freely. 2. Light as air; delicate.

aisle |īl| —*noun, plural* **aisles** A narrow passage through which one may walk, as between rows of seats in a church or theater or between counters in a store.

a·jar |ə jär′| —*adjective* and *adverb* Not closed all the way; partly open.

a·kim·bo |ə kĭm′bō| —*adjective* and *adverb* With the hands on the hips and the elbows bent outward.

a·kin |ə kĭn′| —*adjective* 1. Having a common origin; related. 2. Of the same sort; similar.

al·a·bas·ter |ăl′ə băs′tər| or |ăl′ə bä′stər| —*noun* A kind of smooth stone sometimes carved for decoration. Alabaster may be white, pink, or pale yellow.

a·larm |ə lärm′| —*noun, plural* **alarms** 1. Sudden fear caused by a feeling of danger. 2. A warning that danger is near. 3. A bell, buzzer, flashing light, or other signal sounded to warn people or to wake them up. —*verb* **alarmed, alarming** To fill with fear; frighten.

a·las |ə lăs′| or |ə läs′| —*interjection* A word used to express sorrow, regret, or grief.

al·ba·tross |ăl′bə trôs′| or |ăl′bə trŏs′| —*noun, plural* **albatrosses** A large sea bird with webbed feet, a hooked beak, and very long wings.

al·bum |ăl′bəm| —*noun, plural* **albums** 1. A book with blank pages in which collections of photographs, stamps, or other things may be kept. 2. A long-playing phonograph record or a set of such records in one case.

al·che·my |ăl′kə mē| —*noun* An old kind of science and magic that existed before chemistry.

al·co·hol |ăl′kə hôl′| or |ăl′kə hŏl′| —*noun, plural* **alcohols** 1. Any of several related liquids that are clear, burn easily, and evaporate quickly. 2. Any drink, like wine, beer, and whiskey, that contains alcohol; liquor.

al·co·hol·ic |ăl′kə hô′lĭk| or |ăl′kə hŏl′ĭk| —*adjective* Of or containing alcohol.

aircraft carrier Barco grande que es parte de la marina y se usa como base aérea; portaviones.

airfield *sustantivo* Lugar donde los aviones pueden despegar y aterrizar; campo de aviación.

air force o **Air Force** Subdivisión de las fuerzas militares de un país que está equipada con aviones; fuerza aérea.

airline *sustantivo* Compañía cuyo negocio es transportar pasajeros y carga en aviones.

air-mail *adjetivo* Que se despacha o recibe y que se manda por avión; por correo aéreo.

air mail 1. Cartas o paquetes que se mandan por avión; correo aéreo. 2. Sistema de enviar correo por avión; correo aéreo.

airman *sustantivo* Persona del rango más bajo en la Fuerza Aérea de los Estados Unidos; aviador.

airplane *sustantivo* Vehículo que es más pesado que el aire pero es capaz de volar; avión.

airport *sustantivo* Lugar con pistas de aterrizaje donde los aviones pueden aterrizar y despegar; aeropuerto.

air pressure Fuerza del aire presionando cualquier cosa que toca; presión de aire.

airship *sustantivo* Aeronave que es más liviana que el aire, que puede ser dirigida y tiene motores; dirigible.

airtight *adjetivo* 1. Cerrado o que cierra tan estrechamente que ni aire ni otros gases pueden entrar o salir; herméticamente cerrado. 2. Que no tiene características débiles; incapaz de ser atacado con éxito.

airy *adjetivo* 1. Construido de manera que el aire pueda circular libremente; ventilado; aireado. 2. Ligero como el aire; delicado; liviano.

aisle *sustantivo* Pasaje estrecho a través del cual uno puede caminar, como entre filas de asientos en una iglesia o teatro o entre mostradores en una tienda; pasillo; pasadizo.

ajar *adjetivo* y *adverbio* No cerrado del todo; abierto en parte; entreabierto; entornado.

akimbo *adjetivo* Con las manos en las caderas y los codos doblados hacia afuera; en jarras.

akin *adjetivo* 1. Que tiene un origen común; emparentado; 2. Del mismo género; similar; análogo; semejante.

alabaster *sustantivo* Tipo de piedra pulida que a veces se cincela para decoración; alabastro. El alabastro puede ser blanco, rosado o amarillo claro.

alarm *sustantivo* Alarma: 1. Miedo repentino causado por una sensación de peligro; sobresalto; susto. 2. Advertencia que el peligro está cerca. 3. Campana, zumbador, luz centelleante u otra señal que se usa para alertar a la gente o para despertarla. —*verbo* Llenar de temor; atemorizar; alarmar; asustar; inquietar.

alas *interjección* Palabra que se usa para expresar dolor, aflicción, tristeza, pesar o congoja.

albatross *sustantivo* Pájaro grande de mar, palmípedo, con pico encorvado y alas muy largas; albatros.

album *sustantivo* Álbum: 1. Libro con páginas en blanco en el cual se pueden guardar colecciones de fotografías, estampillas, u otras cosas. 2. Disco de fonógrafo de larga duración o una colección de tales discos en una funda.

alchemy *sustantivo* Tipo de ciencia y magia antigua que existió antes de la química; alquimia.

alcohol *sustantivo* Alcohol: 1. Cualquiera de los varios líquidos afines que son claros, se queman fácilmente, y se evaporan rápidamente. 2. Cualquier bebida como el vino, la cerveza y el aguardiente, que contenga alcohol; licor.

alcoholic *adjetivo* De o que contiene alcohol; alcohólico.

ă pat ā pay â care ä father ĕ pet ē be ĭ pit ī pie î fierce ŏ pot ō go ô paw, for oi oil ŏŏ book ōō boot

—*noun, plural* **alcoholics** A person who has a strong need for drinks containing alcohol.

al·co·hol·ism |ăl′kə hô lĭz′əm| —*noun* A disease in which people cannot control how much alcohol they consume.

al·cove |ăl′kōv′| —*noun, plural* **alcoves** A small room that opens on a larger one without being separated from it by a wall.

al·der |ôl′dər| —*noun, plural* **alders** A tree or shrub that grows in cool, damp places. Alders have rough bark and rounded leaves.

ale |āl| —*noun, plural* **ales** An alcoholic drink made of malt and hops. Ale is like beer but heavier.

a·lert |ə lûrt′| —*adjective* Quick to notice or understand.
—*verb* **alerted, alerting** To warn or make aware of.
—*noun, plural* **alerts** 1. A signal, such as a bell or siren, sounded to warn of danger or attack. 2. A period of time when people watch for possible danger.

al·fal·fa |ăl făl′fə| —*noun* A plant with purple flowers and leaves that look like clover.

al·gae |ăl′jē| —*plural noun* Plants that do not have true roots, stems, and leaves but often have green coloring.

al·ge·bra |ăl′jə brə| —*noun* A branch of mathematics in which letters or other symbols are used to represent numbers or sets of numbers.

a·li·as |ā′lē əs| —*noun, plural* **aliases** A name that a person takes to hide his or her real name.
—*adverb* Also known as; otherwise named.

al·i·bi |ăl′ə bī′| —*noun, plural* **alibis** 1. A claim offered in an attempt to prove that a person was somewhere else when a crime was committed. 2. An excuse.

a·li·en |ā′lē ən| or |ā′lyən| —*adjective* 1. Of or from another country; foreign. 2. Opposed; contrary.
—*noun, plural* **aliens** 1. A person who lives in one country although a citizen of another country; a foreigner. 2. In science fiction, an intelligent being not from Earth.

al·ien·ate |āl′yə nāt′| or |ā′lē ə nāt′| —*verb* **alienated, alienating** To lose the friendship of; make others become unfriendly.

a·light¹ |ə līt′| —*adjective* 1. Lighted; sparkling. 2. On fire; burning.

a·light² |ə līt′| —*verb* **alighted** or **alit, alighting** 1. To come down and settle gently. 2. To get off; get down.

a·lign |ə līn′| —*verb* **aligned, aligning** To bring into a straight line; line up.

a·like |ə līk′| —*adjective* Having a close resemblance; similar.
—*adverb* In the same way or manner.

al·i·men·ta·ry canal |ăl′ə měn′tə rē| or |ăl′ə měn′trē| The tube in the body through which food passes, is digested, and leaves as waste.

al·i·mo·ny |ăl′ə mō′nē| —*noun, plural* **alimonies** Money that must be paid regularly to support a person's former wife or husband after a divorce.

a·lit |ə līt′| A past tense and past participle of the verb **alight**.

a·live |ə līv′| —*adjective* 1. Having life; living. 2. In existence or operation; active.

all |ôl| —*adjective* 1. The whole of; the entire quantity of. 2. Every one of; each of. 3. Any.
—*pronoun* Each and every one.

—*sustantivo* Persona que tiene una fuerte necesidad de bebidas que contienen alcohol; alcohólico; dipsómeno.

alcoholism *sustantivo* Enfermedad en que la gente no puede controlar cuánto alcohol consume.

alcove *sustantivo* Cuarto pequeño que se abre hacia otro más grande sin estar separado de él por una pared.

alder *sustantivo* Árbol o arbusto que crece en lugares frescos y húmedos; aliso. Los alisos tienen corteza áspera y hojas redondeadas.

ale *sustantivo* Bebida alcohólica hecha de malta y lúpulo, similar a la cerveza pero más espesa.

alert *adjetivo* Rápido en notar o comprender; alerta; cuidadoso.
—*verbo* Advertir o informar; alertar.
—*sustantivo* Alerta: 1. Señal, como una campana o sirena, que se toca para advertir de peligro o ataque; alarma. 2. Período de tiempo cuando la gente está sobre aviso por posibles peligros; estado de alerta.

alfalfa *sustantivo* Planta de flores moradas y hojas que se parecen al trébol; alfalfa.

algae *sustantivo* Plantas que no tienen raíces, tallos u hojas propiamente dichas pero que a menudo tienen color verde; algas.

algebra *sustantivo* Rama de las matemáticas en la que se usan letras u otros símbolos para representar números o series de números; álgebra.

alias *sustantivo* Nombre que una persona adopta para esconder su nombre real; alias: *Jesse James used the alias "Thomas Howard."* = *Jesse James usaba el nombre "Thomas Howard."*
—*adverbio* También conocido como; nombrado de otra manera; de otro modo; por otro nombre: *Martha Jane Canary, alias Calamity Jane, was a famous Western character.* = *Martha Jane Canary, conocida como Calamity Jane, fue una famosa persona del oeste americano.*

alibi *sustantivo* Coartada: 1. Razón que se ofrece con el fin de probar que una persona estaba en otro lugar cuando se cometió un crimen. 2. Excusa.

alien *adjetivo* 1. De otro país; extránjero, extraño; forastero. 2. Opuesto; antagónico; contrario.
—*sustantivo* 1. Persona que vive en un país aunque es ciudadana de otro país; extranjero; forastero 2. En ciencia ficción, un ser inteligente que no es de la Tierra; extraño.

alienate *verbo* Perder la amistad de alguien por motivo de enojo o ira; hacer que los demás se vuelvan poco amigables con uno; enajenar.

alight¹ *adjetivo* 1. Brillante, resplandeciente; radiante. 2. Incendiado; ardiendo.

alight² *verbo* 1. Descender y asentarse en un sitio con suavidad; posarse. 2. Apearse; bajarse; desmontarse.

align *verbo* Poner en línea recta; alinear.

alike *adjetivo* Que tiene una estrecha semejanza con una persona o cosa; semejante; parecido.
—*adverbio* De la misma forma o manera; del mismo modo.

alimentary canal Conducto en el cuerpo por donde la comida pasa, se digiere y se elimina como desperdicio; tubo digestivo.

alimony *sustantivo* Cantidad de dinero que debe pagarse regularmente para la manutención de la ex-esposa o exesposo de una persona luego de un divorcio; asistencia de divorcio; pensión alimenticia.

alit Pretérito y participio pasado del verbo **alight**.

alive *adjetivo* 1. Que tiene vida; vivo. 2. Que existe o funciona; activo; vivo.

all *adjetivo* 1. Una totalidad; una cantidad completa; todo o todos: *He ate all the candy in the house.* = *Él se comió todas las golosinas que había en la casa.*

ər butter   yōō abuse   ou **out**   ŭ **cut**   û **fur**   *th* **the**   th **thin**   hw **which**   zh **vision**   ə **ago, item, pencil, atom, circus**

—*noun* Everything one has.
—*adverb* **1.** Wholly; entirely; completely. **2.** Each; apiece.

2. Cada una de las partes de una totalidad o cantidad; todo o todos: *All the children are healthy.* = *Todos los niños tienen buena salud.* **3.** Alguno; sea el que fuere; cualquiera: *Guilty beyond all doubt* = *Culpable fuera de cualquier duda.*
—*pronombre* Todos y cada uno; todos: *All were rescued.* = *Todos (y cada uno) fueron rescatados.*
—*sustantivo* Suma de lo que posee una persona; todo: *He gave his all in the contest.* = *Él dió todo lo de sí en la contienda.*
—*adverbio* **1.** Enteramente; completamente: *She is all wrong.* = *Ella está completamente equivocada.* **2.** Cada uno; cada parte: *The score is tied one all.* = *El resultado es uno a uno.*

al·lege |ə lěj′| —*verb* **alleged, alleging** To declare something to be true without definite proof.

allege *verbo* Declarar que algo es cierto sin tener pruebas definitivas; alegar.

al·le·giance |ə lē′jəns| —*noun, plural* **allegiances** Loyal and faithful devotion to someone or something.

allegiance *sustantivo* Devoción fiel y constante hacia una persona o cosa; lealtad.

al·ler·gic |ə lûr′jĭk| —*adjective* **1.** Having one or more allergies. **2.** Resulting from an allergy.

allergic *adjetivo* Alérgico: **1.** Que tiene una o más alergias. **2.** Que resulta de una alergia.

al·ler·gy |ăl′ər jē| —*noun, plural* **allergies** An unpleasant physical reaction to certain foods, pollens, furs, animals, or other things.

allergy *sustantivo* Reacción física, desagradable, a ciertos alimentos, polen, pieles, animales u otros objetos; alergia.

al·ley |ăl′ē| —*noun, plural* **alleys** **1.** A narrow street or passage between or behind buildings. **2.** A long, smooth, narrow lane down which one rolls bowling balls.

alley *sustantivo* **1.** Calle estrecha o paso entre edificios o detrás de éstos; callejón. **2.** Pasillo largo, suave y estrecho por donde rueda la bola en el juego de bolos; pista.

al·li·ance |ə lī′əns| —*noun, plural* **alliances** An agreement to join together for a common purpose.

alliance *sustantivo* Convenio de unión para lograr un propósito común; alianza.

al·lied |ə līd′| or |ăl′īd′| —*adjective* Joined together in an alliance.

allied *adjetivo* Unido en alianza; aliado.

al·li·ga·tor |ăl′ĭ gā′tər| —*noun, plural* **alligators** **1.** A large reptile with sharp teeth and strong jaws. **2.** Leather made from the skin of an alligator.

alligator *sustantivo* **1.** Reptil grande, de dientes afilados y mandíbulas fuertes; caimán. **2.** Piel de caimán.

al·lot |ə lŏt′| —*verb* **allotted, allotting** **1.** To give out in parts or shares. **2.** To put aside part of something for a special purpose.

allot *verbo* **1.** Dividir en partes o cuotas; distribuir. **2.** Apartar parte de algo para un fin especial; destinar.

al·low |ə lou′| —*verb* **allowed, allowing** **1.** To let do or happen; permit. **2.** To let have. **3.** To admit the possibility or truth of. **4.** To let in; permit the presence of. **5.** To subtract or add for a special reason.

allow *verbo* **1.** Dejar hacer u ocurrir; permitir: *He allowed us to leave early.* = *Él nos dejó salir temprano. Do they allow dancing here?* = *¿Permiten bailar aquí?* **2.** Dejar tener, conceder: *Mom allows me money for movies.* = *Mi mamá me da dinero para ir al cine.* **3.** Admitir la posibilidad o la verdad de alguna cosa: *I'll allow that I've made some mistakes.* = *Admito que cometí algunos errores.* **4.** Dejar entrar; permitir la entrada: *No dogs are allowed in the restaurant.* = *No está permitido entrar al restaurante con perros.* **5.** Deducir o aumentar por alguna razón específica: *The salesman allowed me $15 on my old bicycle, so I paid $85 for the new $100 bicycle.* = *El vendedor dedujo $15 porque entregué mi bicicleta vieja. De esta forma, yo pagué sólo $85 por una bicicleta nueva que cuesta $100.*

al·low·ance |ə lou′əns| —*noun, plural* **allowances** **1.** Money, food, or other things given at regular times or for a special purpose. **2.** Money subtracted from a price for a special reason; a discount.
Idiom **make allowance (or allowances) for** To take into account; allow for.

allowance *sustantivo* **1.** Dinero, alimento u otros artículos que se dan con regularidad o por una razón especial; pensión; mesada. **2.** Cantidad que se rebaja de un precio por una razón especial; descuento; rebaja.
Modismo **make allowance (o allowances) for.** Tener en cuenta; tomar en consideración.

al·loy |ăl′oi′| or |ə loi′| —*noun, plural* **alloys** A metal made by melting together two or more other metals.

alloy *sustantivo* Metal que se produce al fundir dos o más metales; aleación.

all right **1.** Satisfactory but not excellent; good enough; acceptable. **2.** Free from error; correct. **3.** Not sick or injured; safe. **4.** Very well; yes.

all right **1.** Satisfactorio, pero no excelente; aceptable; bien. **2.** Libre de errores; correcto; bien. **3.** Sin enfermedad o lesión; sano; bien. **4.** Muy bien; sí; de acuerdo.

al·lude |ə lōōd′| —*verb* **alluded, alluding** To refer to in an indirect way; mention in passing.

allude *verbo* Referirse de manera indirecta; mencionar de pasada; aludir.

al·ly |ə lī′| —*verb* **allied, allying, allies** To join or unite for a special purpose.
—*noun* |ăl′ī′| or |ə lī′|, *plural* **allies** A person or country that has united with another for a special purpose.

ally *verbo* Juntarse o unirse para un fin común; aliarse; hacer alianza.
—*sustantivo* Persona o país que se ha unido a otro u otros para un fin común; aliado.

al·ma·nac |ôl′mə năk′| or |ăl′mə năk′| —*noun, plural* **almanacs** A book published once a year containing—

almanac *sustantivo* Libro que se publica anualmente y que contiene datos e información sobre diferentes te-

ing facts and information on many different subjects.

al·mond |ä′mənd| or |ăm′ənd| —*noun, plural* **almonds** **1.** An oval nut with a soft, light-brown shell. Almonds are good to eat. **2.** A tree on which almonds grow.

al·most |ôl′mōst′| or |ôl mōst′| —*adverb* Nearly but not quite.

a·loft |ə lôft′| or |ə lŏft′| —*adverb* **1.** In or into a high place; up in or into the air. **2.** High on the mast and rigging of a sailing ship.

a·lo·ha |ä lō′hä′| —*interjection* A Hawaiian word that is used to say "greetings," "hello," or "good-by." Aloha means "love" in Hawaiian.

a·lone |ə lōn′| —*adjective* **1.** Without another person; by oneself. **2.** Only.
—*adverb* Without help.
Idioms **leave (or let) alone** To keep from bothering, disturbing, or interrupting.

a·long |ə lông′| or |ə lŏng′| —*preposition* In a line with; following the length or path of.
—*adverb* **1.** In a line with something; following the length or path. **2.** Forward; onward; ahead. **3.** As company or in company.

a·long·side |ə lông′sīd′| or |ə lŏng′sīd′| —*preposition* and *adverb* By the side of; side by side with.

a·loof |ə lōōf′| —*adjective* Cool and distant; not very friendly.
—*adverb* At a distance from others; apart.

a·loud |ə loud′| —*adverb* Loud enough to be heard; out loud.

al·pac·a |ăl păk′ə| —*noun, plural* **alpacas** A South American animal with long, silky wool.

al·pha·bet |ăl′fə bĕt′| —*noun, plural* **alphabets** The letters used to stand for the different sounds of a language. The letters of the alphabet are arranged in a set order.

al·pha·bet·i·cal |ăl′fə bĕt′ĭ kəl| —*adjective* Arranged in the order of the letters of the alphabet.

al·pha·bet·ize |ăl′fə bĭ tīz′| —*verb* **alphabetized, alphabetizing** To arrange in the order of the letters of the alphabet.

al·read·y |ôl rĕd′ē| —*adverb* By this or that time.

al·so |ôl′sō| —*adverb* In addition; besides; too.

al·tar |ôl′tər| —*noun, plural* **altars** A table or a raised place used for religious ceremonies.

al·ter |ôl′tər| —*verb* **altered, altering** To change or make changes in.

al·ter·nate |ôl′tər nāt′| or |ăl′tər nāt′| —*verb* **alternated, alternating** **1.** To take turns by allowing first one, then the other to go. **2.** To pass back and forth.
—*adjective* |ôl′tər nĭt| or |ăl′tər nĭt| **1.** Happening in turns; one after the other. **2.** Every other; skipping one between each. **3.** In place of another.
—*noun* |ôl′tər nĭt| or |ăl′tər nĭt|, *plural* **alternates** A person or thing that is available to take the place of another; a substitute.

al·ter·nat·ing current |ôl′tər nā′tĭng| An electric current that flows first in one direction, then in the opposite direction, at regular intervals.

al·ter·na·tive |ôl tûr′nə tĭv| or |ăl tûr′nə tĭv| —*noun, plural* **alternatives** **1.** A choice between two or more things or ways of doing things. **2.** One of the things or ways of doing things that can be chosen.

al·though |ôl thō′| —*conjunction* Even though.

al·tim·e·ter |ăl tĭm′ĭ tər| —*noun, plural* **altimeters** An instrument that measures altitude.

al·ti·tude |ăl′tĭ tōōd′| or |ăl′tĭ tyōōd′| —*noun, plural*

mas; almanaque.

almond *sustantivo* **1.** Nuez oblonga de cáscara blanda y color canela; almendra. Las almendras son muy agradables de comer. **2.** Árbol en que crecen las almendras; almendro.

almost *adverbio* Cerca, pero no completamente; casi; aproximadamente.

aloft *adverbio* **1.** En o hacia un lugar alto; en o hacia el aire; arriba; en vuelo. **2.** En lo alto del mástil y los aparejos de un barco de vela; en la arboladura.

aloha *interjección* Palabra hawaiana que se usa para decir "saludos", "bienvenido" o "adiós". Significa "amor" en el idioma hawaiano.

alone *adjetivo* Solo: **1.** Sin otra persona. **2.** Único.
—*adverbio* Sin ayuda; a solas.
Modismo **leave** (o **let**) **alone** Evitar molestar, perturbar o interrumpir; dejar solo; dejar en paz.

along *preposición* En una línea; siguiendo la longitud de una calle o sendero; por: *The band marched along the main street of the town.* = *La banda marchó por la calle principal.*
—*adverbio* **1.** En una línea con algo, siguiendo la longitud de un sendero o camino; a lo largo de: *Trees grew along the river.* = *Los árboles crecían a lo largo del río.* **2.** Más allá; hacia el frente; adelantándose: *Run along and I'll follow.* = *Ve tú primero (adelántate), que yo te sigo.* **3.** Como compañía o en compañía; junto con; conmigo, contigo, consigo: *Come along with me to the beach.* = *Ven a la playa conmigo.*

alongside *preposición* y *adverbio* Junto a; al lado de.

aloof *adjetivo* Frío y distante; no muy amistoso; distante; retraído.
—*adverbio* A distancia de los otros; aparte.

aloud *adverbio* Lo suficientemente alto como para ser oído; en voz alta.

alpaca *sustantivo* Animal sudamericano de pelo largo y suave; alpaca.

alphabet *sustantivo* Letras usadas para representar los diferentes sonidos de un idioma; abecedario; alfabeto. Las letras del abecedario se colocan en un orden definido.

alphabetical *adjetivo* Colocado en el orden de las letras del abecedario; alfabético.

alphabetize *verbo* Colocar en el orden de las letras del abecedario; poner en orden alfabético; alfabetizar.

already *adverbio* En tal o cual momento; ya.

also *adverbio* En adición; además; también.

altar *sustantivo* Mesa o lugar elevado que se usa para ceremonias religiosas; altar.

alter *verbo* Cambiar o hacer cambios; alterar.

alternate *verbo* Alternar: **1.** Tomar turnos, permitiendo el paso primero a uno, luego a otro. **2.** Pasar de uno a otro.
—*adjetivo* Alterno: **1.** Que sucede en turnos; uno después del otro. **2.** Cada dos; dejando uno de por medio. **3.** En lugar de otro.
—*sustantivo* Persona o cosa que está disponible para tomar el lugar de otro; sustituto.

alternating current Corriente eléctrica que fluye primero en una dirección, luego en la dirección contraria, a intervalos regulares; corriente alterna.

alternative *sustantivo* Alternativa: **1.** Opción entre dos o más cosas o entre maneras de hacer las cosas. **2.** Una de las cosas o de las maneras de hacer las cosas que puede ser seleccionada.

although *conjunción* A pesar de que; aunque.

altimeter *sustantivo* Instrumento que mide la altura; altímetro.

altitude *sustantivo* Altura que se mide desde el nivel

altitudes A height measured from sea level or from the surface of the ground.

al·to |ăl′tō| —*noun, plural* **altos 1.** A low singing voice of a woman or boy or a man's high singing voice in the same range. An alto is lower than a soprano and higher than a tenor. **2.** A person who has this singing voice. **3.** A musical instrument with the same range as this voice.

al·to·geth·er |ôl′tə gĕth′ər| or |ôl′tə gĕth′ər| —*adverb* **1.** Completely; entirely. **2.** With all included or counted. **3.** On the whole; considering everything.

a·lu·mi·num |ə lōō′mə nəm| —*noun* A lightweight, silver-white metal. It is a chemical element.

al·ways |ôl′wāz| or |ôl′wĕz| —*adverb* **1.** On every occasion; every single time. **2.** For all the time one can imagine; forever.

am |ăm| The first person singular present tense of the verb **be.**

a.m. or **A.M.** Before noon or between midnight and noon. A.M. is an abbreviation for the Latin words *ante meridiem*, meaning "before noon."

am·a·ryl·lis |ăm′ə rĭl′ĭs| —*noun, plural* **amaryllises** A plant with very large reddish or white flowers.

am·a·teur |ăm′ə chŏŏr′| or |ăm′ə chər| or |ăm′ə-tyŏŏr′| —*noun, plural* **amateurs 1.** A person who does something just for pleasure and does not get paid; someone who is not a professional. **2.** A person who does something without much skill.

a·maze |ə māz′| —*verb* **amazed, amazing** To fill with surprise or wonder; astonish.

a·maze·ment |ə māz′mənt| —*noun* Great surprise; astonishment.

am·bas·sa·dor |ăm băs′ə dər| —*noun, plural* **ambassadors** An official of the highest rank who goes to another country to represent his own country or government.

am·ber |ăm′bər| —*noun* A light or brownish-yellow material that looks like stone.

am·big·u·ous |ăm bĭg′yŏŏ əs| —*adjective* Having two or more possible meanings; not clear.

am·bi·tion |ăm bĭsh′ən| —*noun, plural* **ambitions 1.** A strong desire to get or become something. **2.** The thing desired.

am·bi·tious |ăm bĭsh′əs| —*adjective* **1.** Eager for success, fame, money, or power. **2.** Needing a lot of work to succeed.

am·bu·lance |ăm′byə ləns| —*noun, plural* **ambulances** A large vehicle that is used to rush people who are sick or hurt to a hospital.

am·bush |ăm′bŏŏsh′| —*noun, plural* **ambushes 1.** A surprise attack made from a place of hiding. **2.** The place of hiding from which a surprise attack is made.
—*verb* **ambushed, ambushing** To attack from a hidden position.

a·me·ba |ə mē′bə| —*noun, plural* **amebas** A very small animal that has only one cell. Another form of this word is **amoeba.**

a·men |ā′mĕn′| or |ä′mĕn′| —*interjection* A word that means "so be it" or "truly."

a·mend |ə mĕnd′| —*verb* **amended, amending** To change for the better; improve; correct.

a·mend·ment |ə mĕnd′mənt| —*noun, plural* **amendments** A change in a law, a group of laws, or an official document.

a·mends |ə mĕndz′| —*plural noun* **make amends** To make up for an insult, injury, or wrong.

American English The English language as it is spoken in the United States.

A·mer·i·can·ism |ə mĕr′ĭ kə nĭz′əm| —*noun, plural* **Americanisms** A word, phrase, or spelling that comes from American English or is used mainly in American

---

del mar o desde la superficie de la tierra; altitud.

alto *sustantivo* **1.** Voz baja de una cantante o un niño, o voz alta de un cantante en la misma escala; contralto. Esta voz es más baja que una soprano y más aguda que el tenor. **2.** Persona que tiene esta voz; contralto. **3.** Instrumento musical que tiene la misma escala que esta voz.

altogether *adverbio* **1.** Completamente; enteramente; totalmente; del todo. **2.** Que comprende o incluye todo; en total. **3.** En conjunto, considerándolo todo; en total.

aluminum *sustantivo* Metal ligero, de color plateado; aluminio. Es un elemento químico.

always *adverbio* **1.** En toda ocasión; en cualquier momento; siempre. **2.** Por todo el tiempo que uno pueda imaginar; para siempre.

am Primera persona singular del presente del verbo **to be.**

a.m. o **A.M.** Antes del mediodía o entre la medianoche y el mediodía; a.m. Es la abreviatura para las palabras latinas *ante meridiem* que significan "antes del mediodía".

amaryllis *sustantivo* Planta de flores grandes, rojizas o blancas; amarilis.

amateur *sustantivo* Aficionado: **1.** Persona que hace algo sólo por placer y no recibe paga por ello; persona que no es profesional. **2.** Persona que hace algo sin mucha destreza.

amaze *verbo* Causar sorpresa o admiración; asombrar.

amazement *sustantivo* Gran sorpresa; asombro.

ambassador *sustantivo* Funcionario de alto rango que viaja a otro país para representar a su propio país o gobierno; embajador.

amber *sustantivo* Material de color amarillo más o menos oscuro que parece una piedra; ámbar.

ambiguous *adjetivo* Que tiene dos o más significados posibles; confuso; ambiguo.

ambition *sustantivo* **1.** Deseo ardiente de conseguir o convertirse en algo; ambición. **2.** El objeto deseado.

ambitious *adjetivo* **1.** Ávido de éxito, fama, dinero o poder; ambicioso. **2.** Que requiere mucho trabajo para lograrse.

ambulance *sustantivo* Vehículo grande que se usa para transportar enfermos o heridos rápidamente al hospital; ambulancia.

ambush *sustantivo* **1.** Ataque sorpresivo realizado desde un escondite; emboscada. **2.** Lugar retirado desde donde se lanza el ataque sorpresivo; emboscadura.
—*verbo* Atacar desde una posición escondida; tender una emboscada; acechar.

ameba *sustantivo* Animal muy pequeño compuesto de una sola célula; ameba. En inglés otra forma de esta palabra es **amoeba.**

amen *interjección* Palabra que significa "así sea" o "en verdad"; amén.

amend *verbo* Cambiar para mejorar; corregir; enmendar.

amendment *sustantivo* Cambio en una ley, grupo de leyes o documento oficial; enmienda.

amends *sustantivo plural* **make amends** Reparar un insulto, lesión o perjuicio; dar satisfacción.

American English Idioma inglés según se habla en los Estados Unidos.

americanism *sustantivo* Palabra, frase o forma de escribir una palabra que proviene del inglés de los Estados Unidos o se usa mayormente en el inglés de los

---

ă pat ā pay â care ä father ĕ pet ē be ĭ pit ī pie î fierce ŏ pot ō go ô paw, for oi oil ōō book ōō boot

English. "Muskrat," "typewriter," "rock 'n' roll," and "aluminum" are Americanisms.

am·e·thyst |ăm′ə thĭst| —*noun, plural* **amethysts** A purple or violet form of quartz used as a gemstone.

a·mi·a·ble |ā′mē ə bəl| —*adjective* Friendly and good-natured; pleasant.

am·i·ca·ble |ăm′ĭ kə bəl| —*adjective* Friendly in tone; peaceful.

a·mid |ə mĭd′| —*preposition* In the middle of; among.

a·miss |ə mĭs′| —*adjective* Not the way it should be; not proper; wrong.

am·mo·nia |ə mōn′yə| or |ə mō′nē ə| —*noun* **1.** A gas made up of nitrogen and hydrogen. Ammonia has a strong, irritating smell and no color. **2.** Ammonia that has been dissolved in water. It is very useful for cleaning.

am·mu·ni·tion |ăm′yə nĭsh′ən| —*noun* **1.** Bullets, explosives, bombs, grenades, or anything else that can be fired from a gun or weapon or can explode and cause damage. **2.** Anything that can help support an argument or cause.

am·ne·sia |ăm nē′zhə| —*noun* A partial or complete loss of memory.

a·moe·ba |ə mē′bə| —*noun, plural* **amoebas** A form of the word **ameba.**

a·mong |ə mŭng′| —*preposition* **1.** In the company of; with. **2.** With a portion to each of. **3.** Between one and another of. **4.** In the group of. **5.** Through all or most of.

a·mount |ə mount′| —*noun, plural* **amounts** **1.** The whole sum; total. **2.** Quantity.
—*verb* **amounted, amounting** **1.** To add up in total; reach a sum of. **2.** To be equal; be the same as.

am·phib·i·an |ăm fĭb′ē ən| —*noun, plural* **amphibians** **1.** One of a group of animals with smooth, moist skin. Frogs, toads, and salamanders are amphibians. **2.** A vehicle that can travel on both land and water. **3.** An aircraft that can take off from and land on either land or water.

am·phib·i·ous |ăm fĭb′ē əs| —*adjective* **1.** Able to live both on land and in water. **2.** Able to travel on land and water.

am·phi·the·a·ter |ăm′fə thē′ə tər| —*noun, plural* **amphitheaters** An oval or round structure with a stage or arena in the center and rows of seats all around.

am·ple |ăm′pəl| —*adjective* **ampler, amplest** **1.** Generously sufficient; abundant. **2.** Large; roomy.

am·pli·fy |ăm′plə fī′| —*verb* **amplified, amplifying, amplifies** **1.** To add to; expand on; make fuller. **2.** To make an electric signal, especially a sound signal, stronger.

am·pu·tate |ăm′pyōō tāt′| —*verb* **amputated, amputating** To cut off all or part of an arm, leg, finger, or other part of the body.

a·muse |ə myōoz′| —*verb* **amused, amusing** **1.** To cause enjoyment; entertain. **2.** To cause to laugh or smile.

a·muse·ment |ə myōoz′mənt| —*noun, plural* **amusements** **1.** The condition of being amused. **2.** Something that provides enjoyment or entertainment.

an |ən| or |ăn| —*indefinite article* A form of **a** used before words beginning with a vowel or with an *h* that is not pronounced.

Estados Unidos; americanismo. "Muskrat", "typewriter", "rock 'n' roll" y "aluminum" son americanismos.

amethyst *sustantivo* Tipo de cuarzo morado o violeta que se usa como gema; amatista.

amiable *adjetivo* Amigable y de buena disposición; agradable; afable.

amicable *adjetivo* De tono afable; apacible; amigable.

amid *preposición* En medio de; entre.

amiss *adjetivo* Que no es como debería ser; impropio; malo.

ammonia *sustantivo* Amoníaco: **1.** Gas compuesto de nitrógeno e hidrógeno. El amoníaco tiene un olor fuerte e irritante y no tiene color. **2.** Amoníaco disuelto en agua que se usa para limpiar.

ammunition *sustantivo* **1.** Balas, explosivos, bombas, granadas o cualquier otra cosa que pueda ser disparada de una pistola o arma de fuego o que pueda estallar y causar daño; munición. **2.** Cualquier cosa que ayuda a sustentar una proposición o causa; argumento.

amnesia *sustantivo* Pérdida parcial o total de la memoria; amnesia.

amoeba *sustantivo* Forma de la palabra **ameba.**

among *preposición* **1.** En compañía de; con; entre: *He was glad to be among friends again.* = *Él se alegró de estar nuevamente en compañía de amigos.* **2.** Para indicar que cada uno recibe una parte: *They shared the cake among the six of them.* = *Se repartieron el pastel entre los seis de ellos.* **3.** Entre uno y otro: *There is often arguing among the four brothers.* = *Frecuentemente hay discusiones entre los cuatro hermanos.* **4.** A todos o a la mayoría de; entre: *The illness spread among the students.* = *La enfermedad se expandió a la mayoría de los estudiantes.*

amount *sustantivo* **1.** Suma total; monto. **2.** Porción; cantidad.
—*verbo* **1.** Componer un total; alcanzar la suma de; sumar. **2.** Ser equivalente; igualar; equivaler.

amphibian *sustantivo* Anfibio: **1.** Cualquiera de los grupos de animales de piel lisa y húmeda. Las ranas, los sapos y las salamandras son anfibios. **2.** Vehículo que puede viajar tanto por tierra como por agua. **3.** Avión que puede despegar o aterrizar tanto en la tierra como en el agua.

amphibious *adjetivo* Anfibio: **1.** Que puede vivir tanto en la tierra como en el agua. **2.** Que puede viajar por tierra o por agua.

amphitheater *sustantivo* Estructura oval o redonda con un escenario o arena en el centro y filas de gradas alrededor; anfiteatro.

ample *adjetivo* **1.** En cantidad generosa y suficiente; abundante. **2.** Extenso; espacioso; amplio.

amplify *verbo* Ampliar: **1.** Aumentar; extender; desarrollar. **2.** Hacer más fuerte una señal elétrica, especialmente una señal de sonido; amplificar.

amputate *verbo* Cortar y separar todo o en parte un brazo, pierna, dedo u otro miembro del cuerpo; amputar.

amuse *verbo* **1.** Causar diversión; entretener. **2.** Provocar risas o sonrisas; divertir.

amusement *sustantivo* **1.** Condición de divertirse; diversión. **2.** Algo que sirve para entretener o divertir; entretenimiento.

an *artículo indefinido* Forma del artículo **a** (un; una), que se usa sólo delante de palabras que comienzan con una vocal o con una *h* muda: *an apple; an elephant; an ice-cream cone; an orange; an umbrella; an hour.*

ər butter   yōō abuse   ou **out**   ŭ **cut**   û **fur**   *th* **the**   th **thin**   hw **which**   zh **vision**   ə **ago**, it**e**m, penc**i**l, at**o**m, circ**u**s

an·a·con·da |ăn′ə kŏn′də| —*noun, plural* **ana·condas** A large, nonpoisonous snake of South America.

anaconda *sustantivo* Serpiente grande, no venenosa, de la América del Sur; anaconda.

a·nal·y·ses |ə năl′ĭ sēz′| The plural of the noun **analysis.**

analyses *sustantivo* Plural del sustantivo **analysis.**

a·nal·y·sis |ə năl′ĭ sĭs| —*noun, plural* **analyses** **1.** The separation of something into its basic parts to find out what it is made of. **2.** Any careful study of a subject and its details.

analysis *sustantivo* Análisis: **1.** Separación de alguna cosa en sus partes básicas para conocer de qué se compone. **2.** Cualquier estudio cuidadoso de un tema y sus detalles.

an·a·lyze |ăn′ə līz′| —*verb* **analyzed, analyzing** **1.** To separate something into its basic parts to find out what it is made of. **2.** To examine very carefully.

analyze *verbo* Analizar: **1.** Separar alguna cosa en sus partes básicas para conocer de qué se compone. **2.** Examinar con mucho cuidado.

an·ar·chy |ăn′ər kē| —*noun, plural* **anarchies** The absence of any form of law, government, or order, and the confusion that goes with this absence.

anarchy *sustantivo* Falta de todo tipo de ley, gobierno u orden. La confusión que acompaña tal falta; anarquía.

a·nat·o·my |ə năt′ə mē| —*noun, plural* **anatomies** **1.** The scientific study of the structure of animals and plants. **2.** The structure of an animal or plant.

anatomy *sustantivo* Anatomía: **1.** Estudio científico de la estructura de los animales y las plantas. **2.** Estructura del cuerpo de un animal o planta.

an·ces·tor |ăn′sĕs′tər| —*noun, plural* **ancestors** Any person from whom one is descended.

ancestor *sustantivo* Cualquier persona de la cual uno desciende; antepasado.

an·chor |ăng′kər| —*noun, plural* **anchors** **1.** A heavy weight, usually of metal, that can be dropped from a rope to keep a ship from floating away. **2.** Any device used to keep another thing in place.
—*verb* **anchored, anchoring** **1.** To hold in place by means of an anchor. **2.** To hold in place; fix firmly.

anchor *sustantivo* **1.** Instrumento fuerte, generalmente de metal, que se tira desde un barco con una soga para evitar que la corriente se lo lleve; ancla. **2.** Cualquier instrumento que se usa para mantener una cosa en su sitio.
—*verbo* **1.** Sujetar en su sitio por medio de un ancla; anclar. **2.** Mantener en su sitio; afirmar; sujetar.

an·cient |ān′shənt| —*adjective* **1.** Of times long ago, especially before A.D. 500. **2.** Very old.

ancient *adjetivo* Antiguo: **1.** De tiempos remotos, especialmente antes del año 500 de la era cristiana. **2.** Muy viejo.

and |ənd| or |ən| or |ănd| —*conjunction* **1.** Together with or along with. **2.** As well as. **3.** Added to; plus.

and *conjunción* Y: **1.** Junto con o en compañía de. **2.** Así como. **3.** Sumado a; más.

and·i·ron |ănd′ī′ərn| —*noun, plural* **andirons** One of a pair of metal pieces for holding up logs in a fireplace.

andiron *sustantivo* Una de un par de piezas de metal para sustentar la leña en el hogar; morillo.

an·ec·dote |ăn′ĭk dōt′| —*noun, plural* **anecdotes** A short tale that is interesting or amusing.

anecdote *sustantivo* Narración breve que es interesante o divertida; anécdota.

a·ne·mi·a |ə nē′mē ə| —*noun* An unhealthy condition in which the body has too few red blood cells. Anemia can make a person feel tired and weak.

anemia *sustantivo* Condición enfermiza en la que el cuerpo tiene muy pocos glóbulos rojos; anemia. La anemia puede hacer que una persona se sienta cansada y débil.

a·ne·mic |ə nē′mĭk| —*adjective* Of or suffering from anemia.

anemic *adjetivo* Relativo a o que padece de anemia; anémico.

a·nem·o·ne |ə něm′ə nē| —*noun, plural* **anemones** A plant with white, purple, or red flowers shaped like cups.

anemone *sustantivo* Planta de flores blancas, moradas o rojas en forma de campana; anemona o anemone.

an·es·thet·ic |ăn′ĭs thĕt′ĭk| —*noun, plural* **anesthetics** A drug or other substance that makes the body or part of the body unable to feel pain, heat, cold, or other sensations.

anesthetic *sustantivo* Droga u otra substancia que hace que el cuerpo, o parte de él, no sienta dolor, calor, frío u otras sensaciones; anestesia.

a·new |ə nōō′| or |ə nyōō′| —*adverb* Over again; once more.

anew *adverbio* Una vez más; otra vez; de nuevo.

an·gel |ān′gəl| —*noun, plural* **angels** **1.** A heavenly being who serves as an attendant and messenger of God. **2.** Any person who is considered especially good.

angel *sustantivo* Angel: **1.** Espíritu celestial que actúa como sirviente y mensajero de Dios. **2.** Cualquier persona considerada especialmente buena.

an·gel·ic |ăn gĕl′ĭk| —*adjective* Of or like an angel.

angelic *adjetivo* Relativo o parecido a un ángel; angélical.

an·ger |ăng′gər| —*noun* The strong feeling that comes from believing that one has been treated badly; a feeling of wanting to quarrel or fight.
—*verb* **angered, angering** To make or become angry.

anger *sustantivo* Emoción que surge cuando se piensa que uno ha sido víctima del maltrato; deseo de reñir y pelear; ira; cólera; enojo.
—*verbo* Provocar o volverse colérico; encolerizar; enojar.

an·gle |ăng′gəl| —*noun, plural* **angles** **1.** The space between two lines or two surfaces that meet. **2.** The place, position, or direction from which an object is presented to view; a point of view. **3.** A way of looking at something.
—*verb* **angled, angling** To move at an angle.

angle *sustantivo* **1.** Espacio entre dos líneas o dos planos que se encuentran; ángulo. **2.** Lugar, espacio o dirección desde el cual se presenta un objeto a la vista; punto de vista. **3.** Modo de considerar una cosa; enfoque.
—*verbo* Mover o moverse al través, desviado del plano horizontal; formando un ángulo.

an·gry |ăng′grē| —*adjective* **angrier, angriest** **1.** Feeling or showing anger. **2.** Seeming ready to cause trouble. **3.** Red, sore, and painful.

angry *adjetivo* **1.** Que siente o muestra ira; airado; enojado. **2.** Que parece listo para causar problemas; amenazador. **3.** Enrojecido; hinchado y doloroso; inflamado.

an·guish |ăng′gwĭsh| —*noun* Very great pain or suf-

anguish *sustantivo* Dolor o sufrimiento intenso del

ă pat ā pay â care ä father ĕ pet ē be ĭ pit ī pie î fierce ŏ pot ō go ô paw, for oi oil ŏŏ book ōō boot

fering of body or mind.

an·i·mal | ăn′ə məl | —*noun, plural* **animals** A living thing that is not a plant.

an·i·mat·ed | ăn′ə mā′tĭd | —*adjective* **1.** Full of spirit; lively. **2.** Made to move and appear alive.

an·i·mos·i·ty | ăn′ə mŏs′ĭ tē | —*noun, plural* **animosities** Strong hatred that shows.

anise | ăn′ĭs | —*noun, plural* **anises 1.** A plant having aromatic licorice-flavored seeds. **2.** The seeds, used as flavoring.

anisette | ăn′ə sĕt′ | or | ăn′ə zĕt′ | —*noun, plural* **anisettes** An anise-flavored liqueur.

an·kle | ăng′kəl | —*noun, plural* **ankles** The joint where the foot meets the leg.

an·klet | ăng′klĭt | —*noun, plural* **anklets** A short sock that reaches just above the ankle.

an·nex | ə nĕks′ | —*verb* **annexed, annexing** To add something to a larger thing.
—*noun* | ăn′ĕks′ |, *plural* **annexes** A building or structure that is added to another building and used for a related purpose.

an·ni·hi·late | ə nī′ə lāt′ | —*verb* **annihilated, annihilating** To destroy completely; wipe out.

an·ni·ver·sa·ry | ăn′ə vûr′sə rē | —*noun, plural* **anniversaries** The return each year of the date on which an event happened.

an·nounce | ə nouns′ | —*verb* **announced, announcing 1.** To give public notice of. **2.** To make a presence or arrival known. **3.** To speak to the public, especially on radio, television, or over a public-address system; serve as an announcer of.

an·nounce·ment | ə nouns′mənt | —*noun, plural* **announcements** A public statement or notice in writing or speech.

an·nounc·er | ə noun′sər | —*noun, plural* **announcers** A person whose job is to speak to the public on radio, television, or over a public-address system.

an·noy | ə noi′ | —*verb* **annoyed, annoying** To bother; irritate; pester.

an·noy·ance | ə noi′əns | —*noun, plural* **annoyances 1.** Something or someone that bothers or irritates. **2.** The feeling of being bothered or irritated.

an·nu·al | ăn′yōō əl | —*adjective* **1.** Happening or done every year. **2.** For one year; in one year's time. **3.** Living and growing for only one year or season.

a·non·y·mous | ə nŏn′ə məs | —*adjective* **1.** From or by a person whose identity is not known to anybody. **2.** From or by a person who wants his or her name to be kept secret.

an·oth·er | ə nŭth′ər | —*adjective* **1.** Different. **2.** One more; additional. **3.** Of the same kind as.
—*pronoun* An additional or different one.

an·swer | ăn′sər | or | än′sər | —*noun, plural* **answers 1.** A reply to a question, statement, request, invitation, or letter. **2.** A response to a signal. **3.** A solution to a problem.
—*verb* **answered, answering 1.** To speak or write in reply to something said or written. **2.** To act in response to a signal. **3.** To be liable or responsible for. **4.** To correspond; match.

ant | ănt | —*noun, plural* **ants** An insect that lives with others of the same kind in large colonies.

an·tag·o·nism | ăn tăg′ə nĭz′əm | —*noun* An unfriendly or hostile feeling; opposition.

an·tag·o·nize | ăn tăg′ə nĭz′ | —*verb* **antagonized, antagonizing** To earn the dislike of; make an enemy of.

ant·eat·er | ănt′ē′tər | —*noun, plural* **anteaters** An

cuerpo o del alma; angustia.

animal *sustantivo* Ser vivo que no es una planta; animal.

animated *adjetivo* Animado: **1.** Lleno de vida; vivaz. **2.** Creado para moverse y parecer que está vivo.

animosity *sustantivo* Odio intenso que no se puede disimular; animosidad.

anise *sustantivo* **1.** Planta de semillas aromáticas, con sabor a orozuz; anís. **2.** Las semillas, usadas como aromatizantes.

anisette *sustantivo* Licor aromatizado con anís; anisete.

ankle *sustantivo* Articulación en donde se unen el pie y la pierna; tobillo.

anklet *sustantivo* Media corta que llega solamente al tobillo; calcetín.

annex *verbo* Unir una cosa a otra más grande; anexar. —*sustantivo* Edificio o estructura que se une a otro edificio y se usa para un propósito afín; anexo.

annihilate *verbo* Destruir completamente; reducir a la nada; aniquilar.

anniversary *sustantivo* Fecha en que se recuerda, cada año, un suceso acontecido; aniversario.

announce *verbo* **1.** Dar noticia pública; anunciar. **2.** Comunicar la presencia o llegada de algo o alguien; anunciar. **3.** Hablar al público, especialmente por radio, televisión o por un sistema de altavoces; servir de locutor.

announcement *sustantivo* Declaración pública o notificación hablada o por escrito; anuncio; proclama.

announcer *sustantivo* Persona cuyo trabajo consiste en hablar al público por radio, televisión o un sistema de altavoces; locutor.

annoy *verbo* Fastidiar; enfadar; molestar.

annoyance *sustantivo* Molestia: **1.** Cosa o persona que fastidia o enfada. **2.** Sentimiento de sentirse fastidiado o estar irritado.

annual *sustantivo* Anual: **1.** Que sucede o se realiza cada año. **2.** Por un año. **3.** Que vive y crece por sólo un año o temporada.

anonymous *adjetivo* Anónimo: **1.** Perteneciente a o realizado por una persona cuya identidad se desconoce. **2.** Perteneciente a o realizado por una persona que desea mantener su nombre en secreto.

another *adjetivo* **1.** Diferente; Otro: *He has another version of that story.* = *Él tiene otra versión de esa historia.* **2.** Uno más; adicional: *Have another glass of milk.* = *Bebe otro vaso de leche.* **3.** De la misma clase; lo mismo: *He thinks he's another Reggie Jackson.* = *El se cree otro Reggie Jackson.*
—*pronombre* Uno más o diferente: *I finished my sandwich and ordered another.* = *Terminé mi emparedado y ordené otro.*

answer *sustantivo* Respuesta: **1.** Contestación a una pregunta, declaración, pedido, invitación o carta. **2.** Contestación a una señal. **3.** Solución a un problema.
—*verbo* Responder: **1.** Hablar o escribir en contestación a lo dicho o escrito. **2.** Actuar en respuesta a una señal. **3.** Estar obligado o ser responsable de algo. **4.** Corresponder; guardar igualdad.

ant *sustantivo* Insecto que vive con otros de su misma especie en grandes colonias; hormiga.

antagonism *sustantivo* Sentimiento hostil y poco amistoso; antagonismo; oposición.

antagonize *verbo* Ganarse la antipatía de; contrariar; ser antagónico; hacerse enemigo de.

anteater *sustantivo* Animal que se alimenta de hormi-

ər butter   yōō abuse   ou **out**   ŭ cut   û **fur**   *th* **the**   th **thin**   hw **which**   zh vision   ə **ago, item, pencil, atom, circus**

animal that feeds on ants and other insects. It has a long snout and a long, sticky tongue that it uses to catch its food.

an·te·lope |ăn'tl ōp'| —*noun, plural* **antelope** or **antelopes 1.** A horned animal of Africa or Asia that can run very fast. **2.** The pronghorn of western North America.

an·ten·na |ăn tĕn'ə| —*noun* **1.** *plural* **antennae** One of a pair of long, thin feelers on the head of some animals. Insects, lobsters, and shrimps have antennae. **2.** *plural* **antennas** An aerial for sending or receiving radio, television, and other signals.

an·ten·nae |ăn tĕn'ē| A plural of the noun **antenna** (feelers).

an·them |ăn'thəm| —*noun, plural* **anthems 1.** A song of loyalty. **2.** A sacred song, usually having words from the Bible.

an·ther |ăn'thər| —*noun, plural* **anthers** A part of a flower that produces pollen. It is at the tip of a stamen.

ant·hill |ănt'hĭl'| —*noun, plural* **anthills** A mound of earth formed by ants when they dig a tunnel or build a nest.

an·thol·o·gy |ăn thŏl'ə jē| —*noun, plural* **anthologies** A book containing a collection of poems or stories written by many different authors.

an·thra·cite |ăn'thrə sīt'| A kind of coal that is hard and makes little smoke when it burns.

an·ti·bi·ot·ic |ăn'tē bī ŏt'ĭk| —*noun, plural* **antibiotics** Any of a group of substances made by certain molds or bacteria. Antibiotics can kill or slow the growth of germs that cause disease. Penicillin is an antibiotic that is used in treating diseases and infections.

an·ti·bod·y |ăn'tĭ bŏd'ē| —*noun, plural* **antibodies** A substance found in the blood of human beings and animals. Antibodies are produced by the blood to destroy or weaken germs.

an·tic·i·pate |ăn tĭs'ə pāt'| —*verb* **anticipated, anticipating 1.** To consider or imagine in advance; expect. **2.** To deal with in advance.

an·tic·i·pa·tion |ăn tĭs'ə pā'shən| —*noun, plural* **anticipations** The act of anticipating; expectation.

an·ti·dote |ăn'tĭ dōt'| —*noun, plural* **antidotes** A medicine that acts against the harmful effects of a poison.

an·tique |ăn tēk'| —*noun* Something made a long time ago.
—*adjective* **1.** Being an antique. **2.** Of times long ago.

an·ti·sep·tic |ăn'tĭ sĕp'tĭk| —*adjective* Able to destroy harmful bacteria or stop them from growing.
—*noun, plural* **antiseptics** Something that destroys harmful bacteria or stops them from growing. Alcohol is often used as an antiseptic.

an·ti·slav·er·y |ăn'tē slā'və rē| or |ăn'tē slāv'rē| —*adjective* Against slavery.

an·ti·so·cial |ăn'tē sō'shəl| —*adjective* **1.** Not liking to be with other people; not sociable. **2.** Against the best interests of other people.

an·ti·tox·in |ăn'tē tŏk'sĭn| —*noun, plural* **antitoxins** A substance or antibody that can protect a person against certain diseases.

ant·ler |ănt'lər| —*noun, plural* **antlers** One of the bony growths on the head of a deer or related animal.

an·to·nym |ăn'tə nĭm'| —*noun, plural* **antonyms** A word that means the opposite of a certain other word.

an·vil |ăn'vĭl| —*noun, plural* **anvils** A heavy block of iron or steel with a smooth, flat top. Certain metal articles are hammered into shape on an anvil.

anx·i·e·ty |ăng zī'ĭ tē| —*noun, plural* **anxieties 1.** An uneasy feeling about what will happen; worry. **2.** An eager feeling mixed with worry.

anx·ious |ăngk'shəs| or |ăng'shəs| —*adjective*

gas y otros insectos y que tiene un hocico largo y una lengua larga y pegajosa que utiliza para coger su comida; oso hormiguero.

antelope *sustantivo* **1.** Animal con cuernos, natural de África o Asia, que corre con mucha rapidez; antílope. **2.** Venado del oeste norteamericano; berrendo.

antenna *sustantivo* Antena: **1.** Uno de un par de apéndices largos y delgados en la cabeza de algunos animales. Los insectos, las langostas, y los camarones tienen antenas. **2.** Mástil para enviar o recibir señales de radio, televisión u otras señales.

antennae Plural del sustantivo **antenna** (de un animal).

anthem *sustantivo* **1.** Canción que expresa lealtad o alabanza; himno. **2.** Canción sagrada, con palabras usualmente tomadas de la Biblia; himno; cántico.

anther *sustantivo* Parte de la flor que produce polen y que se encuentra en la punta del estambre; antera.

anthill *sustantivo* Montículo de tierra formado por las hormigas cuando cavan un túnel o construyen un nido; hormiguero.

anthology *sustantivo* Libro que contiene una colección de poemas o cuentos escritos por muchos autores diferentes; antología.

anthracite *sustantivo* Tipo de carbón mineral duro que despide poco humo al quemarse; antracita.

antibiotic *sustantivo* Cualquiera de un grupo de substancias producidas por ciertos mohos y bacterias, que pueden matar o retardar el crecimiento de microbios que causan enfermedades; antibiótico. La penicilina es un antibiótico que se utiliza en el tratamiento de enfermedades e infecciones.

antibody *sustantivo* Substancia en la sangre de los seres humanos y animales, producida para destruir o debilitar los microbios.

anticipate *verbo* **1.** Conocer o imaginar de antemano; prever; anticipar(se). **2.** Prepararse de antemano; prevenir.

anticipation *sustantivo* Acción de prever; anticipación; previsión; expectación.

antidote *sustantivo* Medicina que actúa contra los efectos dañinos de un veneno; antídoto; contraveneno.

antique *sustantivo* Objeto hecho hace mucho tiempo; antigüedad.
—*adjetivo* Antiguo: **1.** Que es una antigüedad. **2.** De tiempos remotos.

antiseptic *adjetivo* Capaz de destruir bacterias dañinas o impedir su crecimiento; antiséptico.
—*sustantivo* Algo que destruye bacterias dañinas o impide su crecimiento; antiséptico. El alcohol se utiliza a menudo como antiséptico.

antislavery *adjetivo* Opuesto a la esclavitud; antiesclavista.

antisocial *adjetivo* **1.** Que no gusta de estar con otras personas; insociable; no amistoso. **2.** Contrario a los mejores intereses de otras personas; antisocial.

antitoxin *sustantivo* Substancia o anticuerpo que puede proteger a una persona contra ciertas enfermedades; antitoxina.

antler *sustantivo* Una de las prolongaciones óseas en la cabeza de un ciervo u otro animal parecido; asta; cornamenta; cuernos.

antonym *sustantivo* Palabra que significa lo contrario de alguna otra palabra; antónimo.

anvil *sustantivo* Bloque pesado de hierro o acero con una superficie lisa y plana, donde se trabajan a martillo ciertos artículos de metal; yunque.

anxiety *sustantivo* **1.** Sentimiento de inquietud sobre lo que ocurrirá; ansiedad; preocupación. **2.** Deseo vehemente mezclado con preocupación; ansia; anhelo.

anxious *adjetivo* Ansioso: **1.** Que tiene una sensación

1. Having an uneasy feeling about what will happen; worried. **2.** Eager.

an·y |ĕn′ē| —*adjective* **1.** One out of three or more. **2.** Every. **3.** Some. **4.** Much.
—*pronoun* Anything or anybody.
—*adverb* At all.

an·y·bod·y |ĕn′ē bŏd′ē| or |ĕn′ē bŭd′ē| —*pronoun* Any person; anyone.
—*noun* An important person.

an·y·how |ĕn′ē hou′| —*adverb* **1.** In any case; at any rate; anyway. **2.** Just the same; nevertheless; anyway.

an·y·one |ĕn′ē wŭn′| or |ĕn′ē wən| —*pronoun* Any person; anybody.

an·y·place |ĕn′ē plās′| —*adverb* To, in, or at any place; anywhere.

an·y·thing |ĕn′ē thĭng′| —*pronoun* Any thing.
—*adverb* At all.

an·y·time |ĕn′ē tīm′| —*adverb* At any time.

an·y·way |ĕn′ē wā′| —*adverb* **1.** In any case; at any rate; anyhow. **2.** Just the same; nevertheless; anyhow.

an·y·where |ĕn′ē hwâr′| or |ĕn′ē wâr′| —*adverb* **1.** To, in, or at any place. **2.** At all.

a·or·ta |ā ôr′tə| —*noun, plural* **aortas** The largest artery of the body. It begins at the left ventricle of the heart and divides into branches to carry blood to all the organs of the body except the lungs.

a·part |ə pärt′| —*adverb* **1.** Away from each other in time or place. **2.** To one side or in the opposite direction from each other. **3.** In or into separate pieces; to pieces.
Idiom **apart from** Other than; aside from.

a·part·ment |ə pärt′mənt| —*noun, plural* **apartments** A room or set of rooms for one household.

ap·a·thy |ăp′ə thē| —*noun* Lack of feeling or interest; indifference.

ape |āp| —*noun, plural* **apes** A large animal that has no tail and is related to the monkeys.
—*verb* **aped, aping** To copy the actions of; imitate.

a·phid |ā′fĭd| or |ăf′ĭd| —*noun, plural* **aphids** A small insect that sucks juices from plants.

a·piece |ə pēs′| —*adverb* To or for each one; each.

a·pol·o·gize |ə pŏl′ə jīz′| —*verb* **apologized, apologizing** To say one is sorry; make an apology.

a·pol·o·gy |ə pŏl′ə jē| —*noun, plural* **apologies** A statement that one is sorry for something that one has done wrong or that bothers, hurts, or angers someone.

A·pos·tle |ə pŏs′əl| —*noun, plural* **Apostles** One of the twelve original disciples of Christ.

a·pos·tro·phe |ə pŏs′trə fē| —*noun, plural* **apostrophes** A punctuation mark (′) that: **1.** Shows that one or more letters have been left out of a word. **2.** Shows possession or ownership. **3.** Forms the plurals of numbers and letters.

a·poth·e·car·y |ə pŏth′ĭ kĕr′ē| —*noun, plural* **apothecaries** A person who prepares and sells medicine; a druggist; pharmacist.

ap·pa·ra·tus |ăp′ə rā′təs| or |ăp′ə răt′əs| —*noun, plural* **apparatus** or **apparatuses** Anything, such as equipment or tools, that is used to do or perform a particular task.

ap·par·ent |ə păr′ənt| or |ə pâr′ənt| —*adjective* **1.a.** Easily seen; obvious. **b.** Easily understood; obvious. **2.** Appearing to be true or real even though it may not be so; seeming.

ap·peal |ə pēl′| —*verb* **appealed, appealing 1.** To

de inquietud sobre lo que ocurrirá; preocupado. **2.** Deseoso.

any *adjetivo* **1.** Uno de tres o más; cualquier. **2.** Todo; cada; cada uno. **3.** Algún; alguno; un poco de. **4.** Mucho.
—*pronombre* Cualquiera.
—*adverbio* De ninguna forma; de ningún modo.

anybody *pronombre* Cualquier persona; cualquiera, alguien.
—*sustantivo* Persona importante.

anyhow *adverbio* **1.** En todo caso; de todos modos; de cualquier forma. **2.** Sin embargo; no obstante; de cualquier manera.

anyone *pronombre* Cualquier persona; cualquiera; alguien; alguno.

anyplace *adverbio* Hacia o en cualquier lugar; adonde sea; dondequiera; donde sea; adonde quiera.

anything *pronombre* Cualquier cosa; todo; todo lo que; algo.
—*adverbio* De ningún modo.

anytime *adverbio* En cualquier momento; a cualquier hora; cuando sea.

anyway *adverbio* En todo caso; de todos modos; de todas maneras de cual quier manera; sin embargo; no obstante.

anywhere *adverbio* Hacia, en, o a cualquier lugar; donde sea; dondequiera; adonde sea; adonde quiera.

aorta *sustantivo* Arteria mayor del cuerpo que comienza en el ventrículo izquierdo del corazón y se ramifica para llevar sangre a todos los órganos del cuerpo excepto a los pulmones; aorta.

apart *adverbio* **1.** Separado el uno del otro en el tiempo o el espacio; aparte. **2.** A un lado o en dirección opuesta el uno del otro; aparte. **3.** En partes separadas; en pedazos. Úsase con verbos en locuciones que se traducen en español como un solo verbo: **come apart,** desunirse; **fall apart,** desbaratarse; **take apart,** desarmar; **set apart,** apartar; **tear apart,** rendir; **tell apart,** distinguir.
Modismo **apart from** con la excepción de; aparte de.

apartment *sustantivo* Cuarto o conjunto de cuartos que forman una vivienda; apartamento; departamento.

apathy *sustantivo* Falta de sentimiento o interés; indiferencia; apatía.

ape *sustantivo* Animal grande que no tiene cola, emparentado con los monos; simio.
—*verbo* Copiar las acciones de; imitar.

aphid *sustantivo* Insecto pequeño que chupa el zumo de las plantas; áfido; afidio.

apiece *adverbio* A, para, o por cada uno.

apologize *verbo* Decir que uno lo siente; disculparse; pedir perdón.

apology *sustantivo* Declaración pidiendo disculpas por algo que se ha hecho mal, o que fastidia, hiere o enfada a otra persona; disculpa.

Apostle *sustantivo* Uno de los doce discípulos principales de Jesucristo; apóstol.

apostrophe *sustantivo* Signo de puntuacion (′) que: **1.** Señala la omisión de una o más letras en una palabra; apóstrofe. **2.** Indica posesión o propiedad. **3.** Forma el plural de números y letras.

apothecary *sustantivo* Persona que prepara y vende medicinas; farmacéutico; boticario.

apparatus *sustantivo* Cualquier objeto, tal como equipo o herramientas, que se usa para realizar alguna tarea específica; aparato; mecanismo.

apparent *adjetivo* **1.a.** Que se ve con facilidad; obvio; aparente. **b.** Que se entiende con facilidad; obvio; evidente. **2.** Que parece ser verdadero o real aunque no lo sea; aparente.

appeal *verbo* **1.** Hacer un pedido fuerte y urgente, es-

make a strong or urgent request, especially for help or sympathy; ask for or beg. **2.** To be attractive or interesting. **3.** In law, to ask that a case be tried again by a higher court.
—*noun, plural* **appeals 1.** An urgent request. **2.** The power or ability of attracting or interesting. **3.** A request to have a law case tried again by a higher court.

ap·pear |ə pîr′| —*verb* **appeared, appearing 1.** To come into view; be seen. **2.** To seem or look. **3.** To come before the public.

ap·pear·ance |ə pîr′əns| —*noun, plural* **appearances 1.** The act of coming into view. **2.** The way someone or something looks. **3.** The act of coming before the public.

ap·pease |ə pēz′| —*verb* **appeased, appeasing 1.** To make calm or quiet, especially by giving what is demanded. **2.** To satisfy or relieve.

ap·pen·di·ci·tis |ə pĕn′dĭ sī′tĭs| —*noun* A swelling or inflammation of the appendix that causes pain.

ap·pen·dix |ə pĕn′dĭks| —*noun, plural* **appendixes 1.** A section at the end of a book that gives more information about the subject or subjects of the book. **2.** A thin, closed tube that is attached to the large intestine.

ap·pe·tite |ăp′ĭ tīt′| —*noun, plural* **appetites 1.** The desire for food. **2.** A strong desire for something.

ap·plaud |ə plôd′| —*verb* **applauded, applauding 1.** To show approval or enjoyment by clapping the hands. **2.** To praise or approve.

ap·plause |ə plôz′| —*noun* Approval or enjoyment shown by clapping the hands.

ap·ple |ăp′əl| —*noun, plural* **apples** A firm, rounded fruit that is good to eat. Apples usually have red skin.

ap·pli·ance |ə plī′əns| —*noun, plural* **appliances** A small machine used to do a special job around the house more easily.

ap·ply |ə plī′| —*verb* **applied, applying, applies 1.** To put on. **2.** To put into action; use. **3.** To devote oneself to something; work hard at. **4.** To be suitable or useful; have to do with. **5.** To ask or request employment, acceptance, or admission.

ap·point |ə point′| —*verb* **appointed, appointing 1.** To choose someone for a job, office, or position; select. **2.** To decide on a time or place.

ap·point·ment |ə point′mənt| —*noun, plural* **appointments 1. a.** The act of appointing to a job, office, or position. **b.** The job, office, or position to which a person has been appointed. **2.** An arrangement to meet with someone at a particular time and place.

ap·praise |ə prāz′| —*verb* **appraised, appraising 1.** To set a value on; fix a price for. **2.** To estimate or judge the value, quality, amount, or size of.

ap·pre·ci·ate |ə prē′shē āt′| —*verb* **appreciated, appreciating 1.** To recognize the worth or importance of; value highly. **2.** To be grateful for.

ap·pre·ci·a·tion |ə prē′shē ā′shən| —*noun* **1.** The act of recognizing the worth or importance of. **2.** Gratitude.

ap·pre·hend |ăp′rĭ hĕnd′| —*verb* **apprehended, apprehending 1.** To arrest or capture; seize.

ap·pre·hen·sion |ăp′rĭ hĕn′shən| —*noun, plural* **apprehensions 1.** Fear of what may happen. **2.** The act of capturing; an arrest.

ap·pre·hen·sive |ăp′rĭ hĕn′sĭv| —*adjective* Afraid or fearful; nervous.

ap·pren·tice |ə prĕn′tĭs| —*noun, plural* **apprentices** A person who learns a skill or trade by working for a skilled craftsman.
—*verb* **apprenticed, apprenticing** To place or hire as an apprentice.

ap·proach |ə prōch′| —*verb* **approached, approaching 1.** To come near or nearer to. **2.** To go and speak to someone about a plan or request; make a pro-

pecialmente por ayuda o compasión; suplicar; pedir; rogar. **2.** Ser atractivo o interesante; atraer. **3.** En derecho, pedir que un caso vuelva a ser juzgado por un tribunal superior; apelar; recurrir en apelación.
—*sustantivo* **1.** Pedido urgente; súplica; ruego. **2.** Poder o habilidad de atraer o interesar; atractivo. **3.** Solicitud para que una corte o tribunal superior vuelva a juzgar un caso; apelación.

appear *verbo* **1.** Presentarse a la vista; aparecer; ser visto; manifestarse. **2.** Aparentar o asemejarse; parecer. **3.** Aparecer frente a un público; presentarse.

appearance *sustantivo* **1.** Acción de presentarse a la vista; aparición. **2.** Manera en que alguien o algo se presenta; apariencia. **3.** Acción de aparecer ante el público; presentación.

appease *verbo* **1.** Calmar o aquietar, especialmente dando lo que se exige; apaciguar. **2.** Satisfacer o aliviar; aplacar.

appendicitis *sustantivo* Hinchazón o inflamación dolorosa del apéndice; apendicitis.

appendix *sustantivo* Apéndice: **1.** Sección al final de un libro que ofrece más información sobre su tema o temas. **2.** Tubo delgado y cerrado que está unido al intestino grueso.

appetite *sustantivo* **1.** Ganas de comer; apetito. **2.** Fuerte deseo de algo.

applaud *verbo* Aplaudir: **1.** Mostrar aprobación o gozo palmoteando. **2.** Alabar o aprobar; celebrar.

applause *sustantivo* Aprobación o gozo que se muestra palmoteando; aplauso.

apple *sustantivo* Fruta firme y redonda que es buena para comer y que suele tener la piel roja; manzana.

appliance *sustantivo* Máquina pequeña que se usa para hacer un trabajo doméstico específico con más facilidad; aparato doméstico; accesorio.

apply *verbo* **1.** Poner algo en o sobre; aplicar. **2.** Poner en operación; usar **3.** Dedicarse a algo; aplicarse; trabajar duro en algo. **4.** Ser apropiado o útil; tener que ver con; ser aplicable. **5.** Pedir empleo, aceptación o admisión; solicitar.

appoint *verbo* **1.** Escoger a alguien para un empleo, cargo o posición; seleccionar; nombrar. **2.** Decidir acerca de una hora o lugar; citar; señalar.

appointment *sustantivo* **1. a.** Acción de nombrar a una persona para un empleo, cargo o posición; nombramiento. **b.** Oficio, cargo u ocupación para el cual se ha nombrado a una persona; empleo. **2.** Acuerdo de encontrarse con alguien a cierta hora y en un lugar determinado; cita.

appraise *verbo* **1.** Determinar el valor; valorar; fijar el precio de. **2.** Estimar o juzgar el valor, la calidad, el monto o el tamaño de; evaluar; tasar.

appreciate *verbo* **1.** Reconocer el valor o la importancia de; apreciar. **2.** Estar agradecido; agradecer.

appreciation *sustantivo* **1.** Acción de reconocer el valor o la importancia de; apreciación; reconocimiento. **2.** Gratitud; agradecimiento.

apprehend *verbo* Arrestar o capturar; prender; aprehender.

apprehension *sustantivo* **1.** Temor de lo que pueda ocurrir; aprensión. **2.** Acción de capturar; arresto; detención.

apprehensive *adjetivo* Temeroso o miedoso; aprensivo; nervioso.

apprentice *sustantivo* Persona que aprende un arte u oficio trabajando con un artesano experto; aprendiz.
—*verbo* Poner o emplear como aprendiz.

approach *verbo* **1.** Ponerse cerca o más cerca de; acercarse. **2.** Ir y hablar con alguien sobre un plan o solicitud; abordar; hacer una proposición.

ă pat ā pay â care ä father ĕ pet ē be ĭ pit ī pie î fierce ŏ pot ō go ô paw, for oi oil ŏŏ book ōō boot

posal to.

—noun, plural approaches 1. The act of approaching. **2.** A way of doing or handling a problem or job; a method. **3.** A way to reach a place; an access.

ap·pro·pri·ate |ə prō′prē ĭt| —*adjective* Suitable for a particular person, place, or event; proper.

—verb |ə prō′prē āt′| **appropriated, appropriating** To set apart for a special use.

ap·prov·al |ə prōō′vəl| —*noun, plural* **approvals 1.** A favorable opinion; praise. **2.** Official permission or consent.

ap·prove |ə prōōv′| —*verb* **approved, approving 1.** To have a favorable opinion of; think right or good. **2.** To give consent or permission to; confirm.

ap·prox·i·mate |ə prŏk′sə mĭt| —*adjective* Almost exact; nearly correct.

—verb |ə prŏk′sə māt′| **approximated, approximating** To come close to; be nearly the same as.

ap·ri·cot |ăp′rĭ kŏt′| or |ā′prĭ kŏt′| —*noun, plural* **apricots** A juicy, yellowish fruit that looks like a small peach.

A·pril |ā′prəl| —*noun, plural* **Aprils** The fourth month of the year.

a·pron |ā′prən| —*noun, plural* **aprons** A garment tied around the waist to keep a person's clothes clean.

apt |ăpt| —*adjective* **1.** Exactly suitable; appropriate or fitting. **2.** Having or showing good probability; likely. **3.** Having a tendency or leaning; inclined. **4.** Quick to learn; bright.

ap·ti·tude |ăp′tĭ tōōd′| or |ăp′tĭ tyōōd′| —*noun, plural* **aptitudes 1.** A natural ability or talent. **2.** The ability to learn and understand quickly.

aq·ua·ma·rine |ăk′wə mə rēn′| or |ä′kwə mə rēn′| —*noun, plural* **aquamarines 1.** A blue-green gemstone. **2.** A greenish blue.

—adjective Greenish-blue.

a·quar·i·um |ə kwâr′ē əm| —*noun, plural* **aquariums 1.** A tank, glass bowl, or other container filled with water in which living fish, other water animals, and water plants are kept and shown. **2.** A building in which collections of different kinds of living fish, other water animals, and water plants are kept so the public may see them.

aq·ue·duct |ăk′wĭ dŭkt′| —*noun, plural* **aqueducts 1.** A large pipe or channel that carries water over a long distance. **2.** A structure like a bridge made to hold up such a pipe when it crosses low ground or a river.

Arabic numerals The numerical figures 1, 2, 3, 4, 5, 6, 7, 8, 9, and 0.

ar·bi·trar·y |är′bĭ trĕr′ē| —*adjective* Based on someone's wishes or feelings and not on law or good judgment.

ar·bi·trate |är′bĭ trāt′| —*verb* **arbitrated, arbitrating** To make a decision that settles an argument; decide.

ar·bi·tra·tion |är′bĭ trā′shən| —*noun, plural* **arbitrations** The act or process of settling an argument by letting an outside person listen to both sides and make a decision.

ar·bor |är′bər| —*noun, plural* **arbors** A shaded place or garden area closed in by trees, bushes, or vines growing on lattices.

arc |ärk| —*noun, plural* **arcs 1.** Any part of the curved line of a circle. **2.** Any part of a curved line or curved thing.

arch |ärch| —*noun, plural* **arches 1.** An open, curved structure that supports the weight of the building material on top of it. **2.** A large monument that is built in the shape of an arch. **3.** Something that is curved like an arch.

—verb **arched, arching** To make or cause to make an arch; curve or bend.

—sustantivo 1. Acción de acercarse; acercamiento. **2.** Forma de tratar o resolver un problema o tarea; método; enfoque; planteamiento. **3.** Manera de llegar a un lugar; acceso; vía.

appropriate *adjetivo* Conveniente para una persona, lugar o suceso determinado; propio; apropiado.

—verbo Señalar para un uso especial; destinar.

approval *sustantivo* Aprobación: **1.** Opinión favorable; alabanza. **2.** Permiso oficial o consentimiento.

approve *verbo* Aprobar: **1.** Tener una opinión favorable de; pensar correctamente o bien sobre algo. **2.** Dar consentimiento o permiso para algo; confirmar.

approximate *adjetivo* Casi exacto; aproximado; casi correcto.

—verbo Acercarse a; aproximarse; ser casi igual a.

apricot *sustantivo* Fruta jugosa y amarillenta que se parece a un pequeño durazno; albaricoque; damasco.

April *sustantivo* Abril.

apron *sustantivo* Prenda que se ata alrededor de la cintura para mantener limpia la ropa de una persona; delantal.

apt *adjetivo* **1.** Que conviene exactamente; apropiado o justo; apto; adecuado. **2.** Que tiene o muestra buena probabilidad; probable. **3.** Que tiene cierta tendencia o inclinación; inclinado. **4.** Que aprende rápido; perspicaz; apto.

aptitude *sustantivo* Aptitud: **1.** Habilidad natural o talento. **2.** Habilidad para aprender y entender con rapidez; capacidad.

aquamarine *sustantivo* **1.** Piedra preciosa de color verde mar; aguamarina. **2.** Color azul verdoso.

—adjetivo Azul verdoso.

aquarium *sustantivo* Acuario: **1.** Tanque, envase de vidrio, o cualquier otro recipiente lleno de agua donde se mantienen y se exhiben peces vivos, y otros animales y plantas acuáticos. **2.** Edificio en el que se mantienen colecciones de diferentes clases de peces y otros animales y plantas acuáticas para que el público pueda verlos.

aqueduct *sustantivo* Acueducto: **1.** Conducto o canal grande que lleva el agua a grandes distancias. **2.** Estructura parecida a un puente hecha para servir de soporte a tal conducto cuando atraviesa tierra baja o un río.

Arabic numerals Las cifras numéricas 1, 2, 3, 4, 5, 6, 7, 8, 9 y 0; numeración arábiga.

arbitrary *adjetivo* Basado en los deseos o sentimientos de una persona y no en la ley ni el buen juicio; arbitrario.

arbitrate *verbo* Tomar una decisión para resolver una disputa; decidir; arbitrar.

arbitration *sustantivo* Acción o proceso de resolver una disputa permitiendo a un tercero oír los dos lados y llegar a una decisión; arbitraje.

arbor *sustantivo* Lugar en la sombra o en un jardín cercado de árboles, arbustos o enredaderas que crecen sobre un armazón; emparrado.

arc *sustantivo* **1.** Cualquier porción de la línea curva de un círculo; arco. **2.** Cualquier porción de una línea u objeto curvo.

arch *sustantivo* Arco: **1.** Estructura abierta encorvada que soporta el peso del material de construcción sobre ella. **2.** Monumento colosal que se construye en forma de arco. **3.** Algo que es curvo como un arco.

—verbo Hacer o causar que algo tome figura de arco; curvar o doblar; arquear.

ər butter   yōō abuse   ou out   ŭ cut   û fur   *th* the   th thin   hw which   zh vision   ə ago, item, pencil, atom, circus

ar·chae·ol·o·gist |ärʹkē ŏlʹə jĭst| —*noun, plural* **ar·chaeologists** A person who practices archaeology. Another form of this word is **archeologist**.

ar·chae·ol·o·gy |ärʹkē ŏlʹə jē| —*noun* The scientific study of ancient societies and the way of life and customs of their people. Scientists dig up and study their tools, pottery, weapons, household items, and the ruins of their buildings. Another form of this word is **archeology**.

arch·bish·op |ärchʹbĭshʹəp| —*noun, plural* **arch·bishops** A bishop of the highest rank.

ar·che·ol·o·gist |ärʹkē ŏlʹə jĭst| —*noun, plural* **archeologists** A form of the word **archaeologist**.

ar·che·ol·o·gy |ärʹkē ŏlʹə jē| —*noun* A form of the word **archaeology**.

arch·er |ärʹchər| —*noun, plural* **archers** A person who shoots with a bow and arrows.

arch·er·y |ärʹchə rē| —*noun* The sport or skill of shooting with a bow and arrows.

ar·chi·tect |ärʹkĭ tĕkt| —*noun, plural* **architects** A person who designs buildings and other large structures.

ar·chi·tec·ture |ärʹkĭ tĕkʹchər| —*noun* **1.** The skill or business of designing and planning buildings. **2.** A style or special method of building.

arc·tic |ärkʹtĭk| or |ärʹtĭk| —*adjective* Of or in the region around the North Pole.
—*noun* **the Arctic.** The north polar region.

are |är| **1.** The second person singular present tense of **be. 2.** The first, second, and third person plural present tense of the verb **be.**

ar·e·a |ârʹē ə| —*noun, plural* **areas 1.** A section or region of land. **2.** A space set aside for a particular use; a special place or section. **3.** The measure of a surface. **4.** A field or range of study, interest, knowledge, or activity.

Area code or **area code** A set or series of three numbers given to each telephone area in the United States. Area codes are used in calling from one part of the country to another.

aren't |ärnt| or |ärʹənt| A contraction of "are not."

ar·gue |ärʹgyōō| —*verb* **argued, arguing 1.** To have a quarrel or disagreement; to dispute; bicker. **2.** To give reasons for or against something.

ar·gu·ment |ärʹgyə mənt| —*noun, plural* **arguments 1.** A quarrel or dispute. **2.** A reason or reasons given for or against something.

ar·id |ärʹĭd| —*adjective* Having little or no rainfall; dry.

a·rise |ə rīzʹ| —*verb* **arose, arisen, arising 1.** To get up; rise up. **2.** To move upward. **3.** To come into being; appear.

a·ris·en |ə rĭzʹən| The past participle of the verb **arise.**

ar·is·toc·ra·cy |ärʹĭ stŏkʹrə sē| —*noun, plural* **aristocracies. 1.** A class of people who have a high position in society because they are born into families with great wealth and sometimes titles. **2.** A class of people who are thought to be superior or better because of their intelligence or wealth.

a·ris·to·crat |ə rĭsʹtə krătʹ| or |ärʹĭs tə krătʹ| —*noun, plural* **aristocrats** A person who belongs to the aristocracy.

a·rith·me·tic |ə rĭthʹmə tĭk| —*noun* **1.** The study of numbers and their use in addition, subtraction, multiplication, and division. **2.** The act of adding, subtracting, multiplying, or dividing.

ark |ärk| —*noun* **1.** In the Bible, the large ship built to save a few people chosen by God and also two of every kind of animal from the great flood. **2.** The cabinet in a synagogue in which the Torah is stored when it is not being used during religious worship.

arm¹ |ärm| —*noun, plural* **arms 1.** The part of the

archaeologist *sustantivo* Persona que practica la arqueología; arqueólogo. Otra forma de esta palabra es **archeologist.**

archaeology *sustantivo* Estudio científico de las sociedades antiguas y de la forma de vida y las costumbres de estos pueblos mediante la excavación y el análisis de las herramientas, la cerámica, las armas, los utensilios domésticos y las ruinas de edificios; arqueología. En inglés otra forma de esta palabra es **archeology.**

archbishop *sustantivo* Obispo del más alto rango; arzobispo.

archeologist *sustantivo* Forma de la palabra **archaeologist.**

archeology *sustantivo* Forma de la palabra **archaeology.**

archer *sustantivo* Persona que tira con arco y flechas; arquero.

archery *sustantivo* Deporte o habilidad de tirar con arco y flechas; tiro al blanco.

architect *sustantivo* Persona que diseña edificios y otras estructuras grandes; arquitecto.

architecture *sustantivo* **1.** Habilidad o profesión de diseñar y planear edificios; arquitectura. **2.** Estilo o método especial de construir.

arctic *adjetivo* Del polo norte o en la region cercana a él.
—*sustantivo* **the Arctic.** La region del polo norte.

are 1. Segunda persona singular del presente del verbo **to be. 2.** Primera, segunda y tercera persona plural del presente del verbo **to be.**

area *sustantivo* Área: **1.** Sección o región de tierra. **2.** Espacio destinado a un uso particular; lugar o sección especial. **3.** Medida de una superficie. **4.** Campo o esfera de estudio, interés, conocimiento o actividad.

Area code o **area code** Conjunto o serie de tres números que se da a cada área telefónica en los Estados Unidos y que se usa para llamar de una parte del país a otra; clave de área telefónica.

aren't Contracción de "are not".

argue *verbo* **1.** Tener un desentendimiento o desacuerdo; argumentar; disputar. **2.** Dar razones a favor o en contra de algo; argüir.

argument *sustantivo* **1.** Disputa; riña; discusión. **2.** Razón o razones que se dan a favor o en contra de algo; argumento.

arid *adjetivo* Que tiene poca o ninguna lluvia; árido; seco.

arise *verbo* **1.** Ponerse de pie; levantarse. **2.** Moverse hacia arriba; levantar. **3.** Surgir; aparecer; presentarse.

arisen Participio pasado del verbo **arise.**

aristocracy *sustantivo* **1.** Clase de personas que tienen una alta posición en la sociedad porque han nacido en familias con grandes riquezas y a veces títulos; aristocracia. **2.** Clase de personas que se creen superiores o mejores debido a su inteligencia o riqueza.

aristocrat *sustantivo* Persona que pertenece a la aristocracia; aristócrata.

arithmetic *sustantivo* **1.** Estudio de los números y de su uso en la suma, resta, multiplicación y división; aritmética. **2.** Acción de sumar, restar, multiplicar o dividir; cálculo.

ark *sustantivo* Arca: **1.** En la Biblia, embarcación grande construida para salvar del diluvio a unas pocas personas escogidas por Dios y también a una pareja de cada especie de animales. **2.** En las sinagogas, el cajón donde se guarda el Tora cuando no se usa en ceremonias religiosas.

arm¹ *sustantivo* Brazo: **1.** Parte del cuerpo entre el

body between the shoulder and the hand. **2.** Any part shaped or used like an arm; a part that comes out or extends from a larger body as an arm does.

arm² |ärm| —*noun* **arms** Weapons of all kinds that are used in war or for defense.
—*verb* **armed, arming 1.** To supply with weapons or another means of defense. **2.** To prepare for war by collecting weapons and training soldiers. **3.** To supply with something that is useful or that protects.

ar·ma·dil·lo |är′mə dĭl′ō| —*noun, plural* **armadillos** A burrowing animal whose body has a bony covering that looks like armor.

armed forces |ärmd| The complete military forces of a country.

ar·mi·stice |är′mĭ stĭs| —*noun, plural* **armistices** An agreement by both sides in a war to a temporary stop in fighting; a truce.

ar·mor |är′mər| —*noun* **1.** A covering or suit for the body, usually made of metal. In the Middle Ages knights wore armor to protect their bodies in battle. **2.** Any kind of protective covering.

ar·mored |är′mərd| —*adjective* Covered with or having armor.

ar·mor·y |är′mə rē| —*noun, plural* **armories 1.** A storehouse where military weapons are kept. **2.** A building where military units train and have their headquarters.

arm·pit |ärm′pĭt′| —*noun, plural* **armpits** The curved, hollow part under the arm at the shoulder.

ar·my |är′mē| —*noun, plural* **armies 1.** A large group of soldiers organized and trained to fight on land. **2.** The complete group or force of soldiers trained to fight on land for a country. **3.** Any large group of people organized for a purpose. **4.** Any large group of people or animals.

a·ro·ma |ə rō′mə| —*noun, plural* **aromas** A pleasant smell; fragrance.

a·rose |ə rōz′| The past tense of the verb **arise.**

a·round |ə round′| —*preposition* **1.** In a circle surrounding. **2.** In a group or groups surrounding. **3.** All about; all over in. **4.** Near in time to; close to. **5.** Round about so as to surround or enclose. **6.** On or to the farther side of.
—*adverb* **1.** All about; all over. **2.** In a circle. **3.** On or to the farther side. **4.** So as to face in the reverse direction.

a·rouse |ə rouz′| —*verb* **aroused, arousing 1.** To awaken from sleep. **2.** To stir up; excite.

ar·range |ə rānj′| —*verb* **arranged, arranging 1.** To put in order or in a special order. **2.** To plan; prepare. **3.** To adapt a piece of music so that it can be performed by instruments or voices other than those for which it was originally written.

ar·range·ment |ə rānj′mənt| —*noun, plural* **arrangements 1.** The act of putting in order. **2.** The order in which persons or things are arranged. **3.** A group or set of things that have been arranged in a special way. **4. arrangements** Plans or preparations.

ar·ray |ə rā′| —*noun, plural* **arrays 1.** An orderly arrangement; order. **2.** An impressive display or collection.
—*verb* **arrayed, arraying** To put in order; arrange.

ar·rest |ə rĕst′| —*verb* **arrested, arresting 1.** To seize and hold under the law. **2.** To stop the movement or development of; hold back; check.
—*noun, plural* **arrests** The act of arresting.

ar·ri·val |ə rī′vəl| —*noun, plural* **arrivals 1.** The act of arriving. **2.** Someone or something that arrives or has arrived.

ar·rive |ə rīv′| —*verb* **arrived, arriving 1.** To come to a place. **2.** To come. **3.** To reach or come to a goal or decision.

arm² *sustantivo* Armas de todo tipo que se usan en la guerra o para defensa; arma.
—*verbo* **1.** Proveer de armas u otros medios de defensa; armar. **2.** Prepararse para la guerra juntando armas y entrenado soldados. **3.** Suplir con algo que es útil o que protege.

armadillo *sustantivo* Animal de madriguera cuyo cuerpo tiene una cubierta ósea que parece una armadura; armadillo.

armed forces Las fuerzas militares completas de un país; fuerzas armadas.

armistice *sustantivo* Acuerdo entre dos bandos en una guerra para detener temporalmente una batalla; tregua; armisticio.

armor *sustantivo* **1.** Cubierta o vestido para el cuerpo, usualmente hecho de metal, que usaban los caballeros de la Edad Media para protegerse en la batalla; armadura. **2.** Cualquier tipo de cubierta protectora; coraza.

armored *adjetivo* Cubierto con o que tiene una coraza; acorazado.

armory *sustantivo* **1.** Almacén donde se guardan armas militares; arsenal. **2.** Edificio donde se entrenan y tienen su jefatura las unidades militares; cuartel.

armpit *sustantivo* Parte curva y hueca bajo el brazo a nivel del hombro; axila.

army *sustantivo* Ejército: **1.** Grupo grande de soldados organizados y entrenados para pelear en tierra. **2.** Grupo o fuerza completa de soldados entrenados para pelear en tierra por un país. **3.** Cualquier grupo grande de gente organizada para un fin. **4.** Cualquier grupo grande de personas o animales; multitud.

aroma *sustantivo* Olor agradable; perfume; aroma.

arose Pretérito del verbo **arise.**

around *preposición* **1.** En un círculo que rodea; alrededor de. **2.** En un grupo o grupos que rodean; alrededor de. **3.** Por todas partes; por todos lados; completamente. **4.** Cercano en tiempo a; alrededor de; cerca de. **5.** Alrededor de tal modo que aprisiona o comprime. **6.** En o hacia el otro lado; a la vuelta.
—*adverbio* **1.** Por todas partes; por todos lados. **2.** En círculo; alrededor. **3.** En o hacia el otro lado; por allá. **4.** De manera que mire hacia la dirección contraria; de vuelta.

arouse *verbo* Despertar: **1.** Interrumpir el sueño. **2.** Provocar; excitar.

arrange *verbo* Arreglar: **1.** Poner en orden o en un orden especial. **2.** Planear; preparar; disponer. **3.** Adaptar una pieza musical de manera que pueda ser tocada por instrumentos o voces diferentes de aquellos para los que fue escrita originalmente.

arrangement *sustantivo* **1.** Acción de poner en orden; arreglo. **2.** Orden en que se colocan personas o cosas; arreglo. **3.** Grupo o conjunto de cosas que han sido arregladas de una manera especial; arreglo. **4. arrangements** Planes o preparativos.

array *sustantivo* **1.** Arreglo ordenado; formación; orden. **2.** Exhibición o colección impresionante.
—*verbo* Poner en orden; arreglar; formar.

arrest *verbo* **1.** Prender y retener bajo la ley; arrestar. **2.** Impedir el movimiento o desarrollo; parar; detener.
—*sustantivo* Acción de arrestar; arresto.

arrival *sustantivo* **1.** Acción de llegar; arribo; llegada. **2.** Persona o cosa que llega o ha llegado; recién llegado.

arrive *verbo* Arribar: **1.** Llegar a un sitio. **2.** Venir; llegar. **3.** Alcanzar o lograr una meta o decisión.

ər butter   yŏŏ abuse   ou out   ŭ cut   û fur   *th* the   th thin   hw which   zh vision   ə ago, item, pencil, atom, circus

ar·ro·gant |ăr′ə gənt| —*adjective* Feeling that one is a lot better or more important than everyone else; having too much pride.

ar·row |ăr′ō| —*noun, plural* **arrows** **1.** A thin, straight shaft or stick with feathers on one end and a sharp point at the other. It is shot from a bow. **2.** Anything that is shaped like an arrow, especially a sign or mark used to show direction.

ar·row·head |ăr′ō hĕd′| —*noun, plural* **arrowheads** A pointed tip that is attached to the end of an arrow.

ar·se·nal |ăr′sə nəl| —*noun, plural* **arsenals** A building where weapons and ammunition are made and stored.

ar·se·nic |ăr′sə nĭk| —*noun* A very dangerous white, poison without any taste.

art |ärt| —*noun, plural* **arts** **1.** Painting, sculpture, poetry, music, dance, or any other activity in which a person makes or does something that is beautiful. **2.** The work or object made in these activities. **3.** A practical craft or skill. **4.** A special ability to do something easily.

ar·ter·y |är′tə rē| —*noun, plural* **arteries** **1.** Any of the tubes that carry blood away from the heart to all parts of the body. **2.** A main road or way.

ar·thri·tis |är thrī′tĭs| —*noun* A swelling and feeling of pain in a joint or joints of the body.

ar·thro·pod | är′thrə pŏd′| —*noun, plural* **arthropods** Any of a large group of animals with bodies made up of two or three parts and legs having joints. Insects, spiders, lobsters, and crabs are arthropods.

ar·ti·choke |är′tĭ chōk′| —*noun, plural* **artichokes** The flower of a plant like a thistle.

ar·ti·cle |är′tĭ kəl| —*noun, plural* **articles** **1.** A written composition or piece in a newspaper, magazine, or book. **2.** An individual or separate section of a written document, such as a treaty or contract. **3.** A particular thing; an item. **4.** Any of the words *a, an,* or *the,* as in *a* dog, *an* apple, *the* snow. *A* and *an* are indefinite articles. *The* is the definite article.

ar·tic·u·late |är tĭk′yə lĭt| —*adjective* Able to express oneself clearly and effectively.
—*verb* |är tĭk′yə lāt′| **articulated, articulating** To express oneself clearly and effectively.

ar·ti·fi·cial |är′tə fĭsh′əl| —*adjective* **1.** Made or manufactured by people and not made or produced by nature; not natural. **2.** Not natural, honest, or real; not sincere; pretended.

artificial respiration A way or method of helping a living person who has stopped breathing to start breathing again.

ar·til·ler·y |är tĭl′ə rē| —*noun* **1.** Large guns or cannons that are too heavy to be carried. Artillery is usually pulled on a cart with large wheels. **2.** The part of an army that uses such guns.

art·ist |är′tĭst| —*noun, plural* **artists** **1.** A person who is skilled in any form of art. **2.** A person who publicly performs in such activities as singing, dancing, or acting; an entertainer.

ar·tis·tic |är tĭs′tĭk| —*adjective* **1.** Of art or artists. **2.** Done or made with skill and good taste.

as |ăz| or |əz| —*adverb* **1.** To the same degree; equally. **2.** For example.
—*conjunction* **1.** To the same degree that; equally with. **2.** In the same way that. **3.** At the same time that; while. **4.** Since; because.
—*pronoun* **1.** That; who; which. **2.** A fact that.
—*preposition* **1.** The same as; like. **2.** Doing the work of.

arrogant *adjetivo* Que cree ser mucho mejor o más importante que ningún otro; que tiene demasiado orgullo; arrogante.

arrow *sustantivo* Flecha: **1.** Varilla o palillo delgado y recto con plumas en un extremo y una punta afilada en el otro. Las flechas se tiran con arcos. **2.** Cualquier cosa en forma de flecha, especialmente una señal o indicio que se usa para mostrar dirección.

arrowhead *sustantivo* Punta afilada que se coloca en el extremo de una flecha; punta de flecha.

arsenal *sustantivo* Edificio donde se construyen y almacenan armas y municiones; arsenal.

arsenic *sustantivo* Veneno blanco, muy peligroso y sin sabor; arsénico.

art *sustantivo* Arte: **1.** Pintura, escultura, poesía, música, danza o cualquier otra actividad en la que una persona hace algo que es bello. **2.** Obra u objeto creado en estas actividades; obra de arte. **3.** Destreza o habilidad práctica. **4.** Habilidad especial para hacer alguna cosa fácilmente.

artery *sustantivo* Arteria: **1.** Cualquiera de los vasos que llevan la sangre desde el corazón a todas las demás partes del cuerpo. **2.** Carretera o vía principal.

arthritis *sustantivo* Inflamación y sensación de dolor en una articulación o en las articulaciones del cuerpo; artritis.

arthropod *sustantivo* Cualquiera de un grupo extenso de animales con cuerpos compuestos de dos o tres partes y patas que tienen articulaciones; artrópodo. Los insectos, las arañas, las langostas y los cangrejos son artrópodos.

artichoke *sustantivo* Flor de una planta que parece un cardo; alcaucil; alcachofa.

article *sustantivo* Artículo: **1.** Composición o escrito en un periódico, revista o libro. **2.** Sección individual o separada de un documento escrito, tal como un tratado o contrato. **3.** Algún objeto en particular. **4.** Cualquiera de las palabras *a, an,* o *the,* como en *the dog* = *el perro, an apple* = *una manzana, the snow* = *la nieve. A* y *an* son lon artículos indefinidos. *The* es el artículo definido.

articulate *adjetivo* Capaz de expresarse clara y efectivamente; articulador.
—*verbo* Expresarse clara y efectivamente; articular.

artificial *adjetivo* Artificial: **1.** Hecho o fabricado por personas y no por la naturaleza; que no es natural. **2.** Que no es natural, honesto o auténtico; insincero; fingido.

artificial respiration Modo o método de ayudar a una persona que ha dejado de respirar a comenzar a respirar de nuevo; respiración artificial.

artillery *sustantivo* Artillería: **1.** Armas o cañones grandes que son muy pesados para cargarlos a mano. La artillería usualmente se transporta en una carretilla de ruedas grandes. **2.** Cuerpo de un ejército que usa tales armas.

artist *sustantivo* Artista: **1.** Persona que es diestra en alguna forma de arte. **2.** Persona que se desempeña públicamente en actividades como cantar, bailar o actuar.

artistic *adjetivo* **1.** Relativo al arte o los artistas; artístico. **2.** Hecho con destreza y buen gusto.

as *adverbio* **1.** Del mismo modo; igualmente; tan como: *Jane is as smart as Mary.* = *Jane es tan lista como Mary.* **2.** Por ejemplo; tales como: *The zoo has many large animals, as tigers, elephants and bears.* = *El zoológico tiene muchos animales grandes, tales como tigres, elefantes y osos.*
—*conjunción* **1.** Del mismo modo que; igual a; como: *a syrup sweet as sugar.* = *un almíbar dulce como el azúcar.* **2.** Lo mismo que; como: *Her hair is brown, as are her eyes.* = *Su cabello es castaño, como lo son sus ojos.* **3.** Al mismo tiempo que; mientras; cuando: *She*

ă pat ā pay â care ä father ĕ pet ē be ĭ pit ī pie î fierce ŏ pot ō go ô paw, for oi oil oo book ōō boot

winked as our eyes met. = *Ella parpadeó cuando nuestros ojos se encontraron.* **4.** Ya que; puesto que: *He stayed home, as he was ill.* = *Él se quedó en la casa puesto que estaba enfermo.*
—*pronombre* **1.** Que; quien: *I got the same grade as you did.* = *Yo saqué la misma nota que tú.* **2.** Un hecho que; como: *Roses are red, as we all know.* = *Las rosas son rojas, como todos sabemos.*
—*preposición* **1.** Lo mismo que; como: *He stared at her as a man filled with jealousy.* = *El la miró fijamente a los ojos, lo mismo que un hombre lleno de celos.* **2.** Haciendo el trabajo de; en calidad de; como: *Mr Jones was acting as a marshall.* = *El Sr. Jones estaba haciendo el trabajo de un vigilante.*

as·bes·tos |ăs běs′təs| —*noun* A gray mineral or substance that does not burn.

asbestos *sustantivo* Mineral o substancia gris que no arde; asbesto.

as·cend |ə sěnd′| —*verb* **ascended, ascending** To go or move upward; rise; climb.

ascend *verbo* Ir o moverse hacia arriba; elevarse; subir; ascender.

as·cent |ə sěnt′| —*noun, plural* **ascents 1.** The act of ascending or moving upward; a going up. **2.** The act of climbing up.

ascent *sustantivo* **1.** Acción de ascender o moverse hacia arriba; subida; ascenso. **2.** Acción de subir; subida.

as·cer·tain |ăs′ər tān′| —*verb* **ascertained, ascertaining** To find out; discover.

ascertain *verbo* Averiguar; descubrir; cerciorarse.

ash¹ |ăsh| —*noun, plural* **ashes** The grayish, solid material left over after something has burned completely.

ash¹ *sustantivo* Material gris y sólido que queda luego de que algo se ha quemado completamente; ceniza.

ash² |ăsh| —*noun, plural* **ashes** A tree that has leaves with many leaflets.

ash² *sustantivo* Árbol que tiene hojas compuestas de muchas hojuelas; fresno.

a·shamed |ə shāmd′| —*adjective* **1.** Feeling shame because one has done something wrong, bad, or silly. **2.** Not wanting or willing to do something because of fear of being embarrassed.

ashamed *adjetivo* **1.** Que siente vergüenza por haber hecho algo errado, malo o tonto; avergonzado. **2.** Que no quiere o desea hacer algo por miedo de pasar vergüenza; avergonzado.

a·shore |ə shôr′| or |ə shōr′| —*adverb* On or to the shore or land.

ashore *adverbio* En o hacia la orilla o tierra; a tierra; en tierra.

a·side |ə sīd′| —*adverb* **1.** To one side; on one side. **2.** Apart for a special purpose or reason.

aside *adverbio* **1.** En un lado; a un lado. **2.** Separado con algún propósito o razón especial; aparte.

ask |ăsk| or |äsk| —*verb* **asked, asking 1.** To put a question to; inquire. **2.** To look or call for an answer to. **3.** To request. **4.** To look for information about. **5.** To invite.

ask *verbo* **1.** Plantear una pregunta; inquirir; preguntar. **2.** Buscar o pedir una respuesta; preguntar: *My father asked me where I put the shovel.* = *Mi padre me preguntó dónde puse yo la pala.* **3.** Pedir: *The President asked everyone to use less gasoline.* = *El presidente pidió a cada uno que use menos gasolina.* **4.** Pedir o buscar información: *If you get lost, ask the way.* = *Si te pierdes, pide información.* **5.** Invitar: *Jill and I were asked to the party.* = *Jill y yo fuimos invitados a la fiesta.*

a·skew |ə skyōō′| —*adverb* and *adjective* At or to one side; not lined up or straight; crooked.

askew *adverbio* y *adjetivo* Hacia un lado o de lado; no recto o alineado; torcido.

a·sleep |ə slēp′| —*adjective* **1.** Not awake; sleeping. **2.** Without feeling; numb.
—*adverb* Into a condition of sleep.

asleep *adjetivo* **1.** Que no está despierto; durmiendo; dormido. **2.** Sin sentidos; entumecido; adormecido.
—*adverbio* En un estado de sueño; dormido.

asp |ăsp| —*noun, plural* **asps** A poisonous snake of northern Africa and southwestern Asia.

asp *sustantivo* Serpiente venenosa del norte de África y el suroeste de Asia; áspid.

as·par·a·gus |ə spăr′ə gəs| —*noun* **1.** A plant grown for its young, tender green stalks. **2.** The stalks of this plant, eaten as a vegetable.

asparagus *sustantivo* Espárrago: **1.** Planta cultivada por sus tallos verdes y tiernos. **2.** Los tallos de esta planta, que se comen como vegetal.

as·pect |ăs′pěkt′| —*noun, plural* **aspects 1.** One of many ways of looking at or thinking about something or someone; a side or part of something. **2.** Look or appearance.

aspect *sustantivo* Aspecto: **1.** Una de las varias maneras de considerar o pensar sobre alguna cosa o persona; lado o parte de algo. **2.** Apariencia.

as·pen |ăs′pən| —*noun, plural* **aspens** A poplar tree with leaves that flutter in even the lightest breeze.

aspen *sustantivo* Especie de álamo con hojas que se mueven aún con la brisa más ligera; álamo temblón.

as·phalt |ăs′fôlt′| —*noun* **1.** A thick, sticky, brownish-black substance that is found under the ground in some parts of the world. **2.** A hard, smooth material made by mixing asphalt with sand, small stones, and gravel. Asphalt is often used to pave roads.

asphalt *sustantivo* Asfalto: **1.** Substancia espesa y pegajosa, de color negro parduzco, que se encuentra bajo la tierra en algunas partes del mundo; asfalto. **2.** Material sólido y suave que se hace al mezclar asfalto con arena, piedrecillas y gravilla.

as·pi·ra·tion |ăs′pə rā′shən| —*noun, plural* **aspirations** A strong desire to achieve or do something important.

aspiration *sustantivo* Deseo ardiente de lograr o hacer algo importante; ambición.

as·pire |ə spīr′| —*verb* **aspired, aspiring** To have a great ambition; strive toward a goal.

aspire *verbo* Tener una gran ambición; esforzarse por lograr una meta; ambicionar; aspirar.

as·pi·rin |ăs′pə rĭn| or |ăs′prĭn| —*noun, plural* **aspirins** A drug used to ease pain and lower fever. Aspirin usually comes in the form of pills or tablets.

aspirin *sustantivo* Droga usada para aliviar el dolor y bajar la fiebre; aspirina.

ər butter yōō abuse ou out ŭ cut û fur *th* the th thin hw which zh vision ə ago, item, pencil, atom, circus

ass |ăs| —*noun, plural* **asses 1.** A donkey or similar animal having hoofs. **2.** A silly or stupid person.

as·sas·sin |ə săs'ĭn| —*noun, plural* **assassins** A person who murders someone who is of political or public importance.

as·sas·si·nate |ə săs'ə nāt'| —*verb* **assassinated, assassinating** To murder someone who is of political or public importance.

as·sas·si·na·tion |ə săs'ə nā'shən| —*noun, plural* **assassinations** The act of assassinating; a murder.

as·sault |ə sôlt'| —*noun, plural* **assaults** A violent attack.
—*verb* **assaulted, assaulting** To attack violently.

as·sem·ble |ə sĕm'bəl| —*verb* **assembled, assembling 1.** To bring or come together in a group; gather together. **2.** To fit or put together the parts of.

as·sem·bly |ə sĕm'blē| —*noun, plural* **assemblies 1.** A group of people gathered together for a special purpose or reason. **2. Assembly** A group or body of lawmakers in some state governments of the United States and in many foreign countries. **3.** The act of fitting or putting together the parts of an object to make up a whole or complete thing. **4.** All the parts that are needed to put something together.

as·sert |ə sûrt'| —*verb* **asserted, asserting 1.** To state or declare strongly and positively; to claim. **2.** To defend or insist on a right, claim, or privilege.

as·sess |ə sĕs'| —*verb* **assessed, assessing 1.** To figure out or estimate the value of property for taxes. **2.** To charge with a tax, fine, or special payment.

as·set |ăs' ĕt'| —*noun, plural* **assets 1.** Something that is useful or valuable. **2. assets** All of the objects and property owned by a person, business, or group that are worth money.

as·sign |ə sīn'| —*verb* **assigned, assigning 1.** To give out a task or job. **2.** To choose for something; appoint. **3.** To set aside for a particular purpose; fix. **4.** To give out; distribute.

as·sign·ment |ə sīn'mənt| —*noun, plural* **assignments 1.** Something that is assigned. **2.** The act of assigning.

as·sist |ə sĭst'| —*verb* **assisted, assisting** To give help; aid.

as·sis·tance |ə sĭs'təns| —*noun* Help; aid.

as·sis·tant |ə sĭs'tənt| —*noun, plural* **assistants** Someone who assists or helps.
—*adjective* Helping or working under another person.

as·so·ci·ate |ə sō'shē āt'| or |ə sō'sē āt'| —*verb* **associated, associating 1.** To bring together or connect in one's mind. **2.** To join as a friend, member, or partner.
—*noun* |ə sō'shē ĭt| or |ə sō'sē ĭt| or |ə sō'shē āt'| or |ə sō'sē āt'|, *plural* **associates** A partner or friend.

as·so·ci·a·tion |ə sō'sē ā'shən| or |ə sō'shē ā'shən| —*noun, plural* **associations 1.** A group of people joined together for a special purpose. **2.** A partnership or friendship. **3.** The connection of thoughts or ideas.

as·sort·ment |ə sôrt'mənt| —*noun, plural* **assortments** A collection of different kinds; a variety.

as·sume |ə sōōm'| —*verb* **assumed, assuming 1.** To believe something is true without even thinking about it. **2.** To take upon oneself; undertake. **3.** To take completely for oneself.

as·sump·tion |ə sŭmp'shən| —*noun, plural* **assumptions 1.** The act of assuming. **2.** Something that is assumed.

as·sur·ance |ə shŏŏr'əns| —*noun, plural* **assurances 1.** A statement made to make someone feel certain; a guarantee. **2.** Belief in one's ability to do something; confidence.

as·sure |ə shŏŏr'| —*verb* **assured, assuring 1.** To say positively; declare. **2.** To make certain; guarantee.

ass *sustantivo* **1.** Asno o animal similar que tiene cascos; burro. **2.** Persona tonta o estúpida.

assassin *sustantivo* Persona que mata a alguien de importancia política o pública; asesino.

assassinate *verbo* Matar a una persona de importancia política o pública; asesinar.

assassination *sustantivo* Acción de asesinar; homicidio; asesinato.

assault *sustantivo* Ataque violento; asalto.
—*verbo* Atacar violentamente; asaltar.

assemble *verbo* **1.** Juntar o juntarse en un grupo; reunir. **2.** Montar o juntar entre sí las partes de una cosa; armar.

assembly *sustantivo* **1.** Grupo de personas reunidas con un propósito o razón particular; asamblea. **2. Assembly** Grupo o cuerpo de legisladores en algunos gobiernos estatales de los Estados Unidos y en muchos países extranjeros; asamblea. **3.** Acción de montar o juntar entre sí las partes de un objeto para hacerlo un objeto completo; montaje. **4.** Todas las partes que se necesitan para montar un objeto; piezas.

assert *verbo* **1.** Aseverar o declarar firme y positivamente; afirmar. **2.** Defender o insistir en un derecho, reclamo o privilegio; hacer valer.

assess *verbo* **1.** Calcular o estimar el valor de una propiedad para los impuestos; tasar. **2.** Imponer un impuesto, multa o pago especial; gravar.

asset *sustantivo* **1.** Algo que es útil o valioso; un bien. **2. assets** Todos los objetos y propiedades de una persona, negocio o grupo que valen dinero; bienes.

assign *verbo* Asignar: **1.** Señalar una tarea o trabajo. para un fin especial; fijar. **4.** Repartir; distribuir.

assignment *sustantivo* **1.** Cosa asignada; asignación; tarea. **2.** Acción de designar; designación.

assist *verbo* Prestar ayuda; ayudar; asistir.

assistance *sustantivo* Ayuda; asistencia.

assistant *sustantivo* Persona que asiste o ayuda; asistente.
—*adjetivo* Que ayuda o trabaja bajo otra persona; auxiliar.

associate *verbo* **1.** Juntar o relacionar en la mente de uno; asociar. **2.** Unirse como amigo, miembro o socio; asociarse.
—*sustantivo* Socio o amigo; asociado.

association *sustantivo* Asociación: **1.** Grupo de personas unidas con un propósito especial. **2.** Sociedad o amistad. **3.** Relación de pensamientos o ideas.

assortment *sustantivo* Colección de artículos de diferentes clases; variedad.

assume *verbo* **1.** Creer que algo es cierto sin siquiera pensar en ello; asumir; suponer. **2.** Tomar para sí; comprometerse; asumir responsabilidad. **3.** Tomar para sí completamente; asumir.

assumption *sustantivo* **1.** Acción de asumir; asunción. **2.** Lo que se supone; suposición.

assurance *sustantivo* **1.** Declaración hecha para que alguien se sienta seguro; garantía. **2.** Creencia en la propia habilidad para hacer algo; confianza; seguridad.

assure *verbo* **1.** Declarar positivamente; afirmar; asegurar: *I can assure you that we will be home by eight o'clock.* = *Le puedo asegurar que estaremos de regreso en la casa para las ocho en punto.* **2.** Asegurar;

as·ter |ăs′tər| —*noun, plural* **asters** A plant with purple, white, or pink flowers that look like daisies. There are many kinds of asters.

as·ter·isk |ăs′tə rĭsk′| —*noun, plural* **asterisks** A symbol or mark shaped like a star (*) used in printing or writing.

as·ter·oid |ăs′tə roid′| —*noun, plural* **asteroids** Any of the thousands of small rocky objects that revolve around the sun, mostly in the region between Mars and Jupiter. Asteroids are of many different sizes.

asth·ma |ăz′mə| or |ăs′mə| —*noun* A disease that causes coughing and makes it hard to breathe.

as·ton·ish |ə stŏn′ĭsh| —*verb* **astonished, astonishing** To surprise greatly; amaze.

as·ton·ish·ment |ə stŏn′ĭsh mənt| —*noun* Great surprise; amazement; wonder.

a·stound |ə stound′| —*verb* **astounded, astounding** To fill or strike with surprise or sudden wonder; astonish.

a·stray |ə strā′| —*adverb* **1.** Away from the right path or direction. **2.** Away from the right thing to do.

a·stride |ə strīd′| —*preposition* With one leg on each side of.

as·trol·o·gy |ə strŏl′ə jē| —*noun* The study of the positions of the stars and planets to try to tell what influence or effect they have on things that happen and on people's lives.

as·tro·naut |ăs′trə nôt′| —*noun, plural* **astronauts** A person who is trained to fly in a spacecraft.

as·tron·o·mer |ə strŏn′ə mər| —*noun, plural* **astronomers** A scientist who practices astronomy.

as·tron·o·my |ə strŏn′ə mē| —*noun* The science that observes and studies the sun, moon, planets, stars, comets, galaxies, and other heavenly bodies.

a·sy·lum |ə sī′ləm| —*noun, plural* **asylums** **1.** A place or institution that takes care of people who cannot take care of themselves. **2.** A place where someone can find protection or safety; shelter.

at |ăt| or |ət| —*preposition* **1.** In, on, by, or near. **2.** In a condition of. **3.** In the direction of; toward; to. **4.** Near or on the time of. **5.** For.

ate |āt| The past tense of the verb **eat.**

ath·lete |ăth′lēt′| —*noun, plural* **athletes** A person who is trained for and takes part in sports or physical exercises that require strength, speed, and agility.

ath·let·ic |ăth lĕt′ĭk| —*adjective* **1.** Of or for athletics. **2.** Of or for athletes. **3.** Strong and having good muscles.

ath·let·ics |ăth lĕt′ĭks| —*noun* (Used with a plural verb.) Athletic activities; sports.

at·las |ăt′ləs| —*noun, plural* **atlases** A book of maps or a collection of maps fastened between covers.

at·mos·phere |ăt′mə sfîr′| —*noun, plural* **atmospheres** **1.** The gas that surrounds a body in space, especially the air around the earth. **2.** The climate of a place. **3.** Surroundings that have an effect on the mind or body. **4.** A general feeling or mood.

at·mos·pher·ic |ăt′mə sfĕr′ĭk| —*adjective* Of, in, or from the atmosphere.

at·oll |ăt′ôl′| or |ăt′ŏl′| or |ā′tôl′| or |ā′tŏl′| —*noun, plural* **atolls** A coral island or a string of coral islands and coral reefs.

garantizar: *He checked the clock just to assure that the alarm was set.* = *Él examinó el reloj despertador sólo para asegurarse que la alarma estaba puesta.*

aster *sustantivo* Planta de flores moradas, blancas o rosadas que parecen margaritas; aster. Hay muchas clases de ásteres.

asterisk *sustantivo* Símbolo o marca en forma de estrella (*) usada al imprimir o escribir; asterisco.

asteroid *sustantivo* Cualquiera de los miles de planetas pequeños y rocosos que giran alrededor del sol, mayormente en la región entre Marte y Júpiter; asteroide. Los asteroides son de tamaños muy diferentes.

asthma *sustantivo* Enfermedad que causa tos y hace difícil la respiración; asma.

astonish *verbo* Causar gran sorpresa; sorprender; asombrar.

astonishment *sustantivo* Gran sorpresa; admiración; asombro.

astound *verbo* Causar o llenar de sorpresa o admiración súbita; asombrar.

astray *adverbio* **1.** Alejado del camino o dirección correctos; extraviado. **2.** Alejado de lo que es bueno hacer; por mal camino.

astride *preposición* Con una pierna a cada lado; a horcajadas.

astrology *sustantivo* Estudio de las posiciones de las estrellas y los planetas para tratar de descifrar la influencia que tienen sobre los acontecimientos y las vidas de las personas; astrología.

astronaut *sustantivo* Persona que se entrena para viajar en una nave espacial; astronauta.

astronomer *sustantivo* Científico que practica la astronomía; astrónomo.

astronomy *sustantivo* Ciencia que observa y estudia el sol, la luna, los planetas, las estrellas, los cometas, galaxias y otros cuerpos celestes; astronomía.

asylum *sustantivo* **1.** Lugar o institución que cuida de las personas que no se pueden cuidar por sí mismas; asilo. **2.** Lugar donde una persona puede encontrar protección o seguridad; refugio; asilo.

at *preposición* **1.** En, sobre, por o cerca; en: *Call me when I'm at home.* = *Llámame cuando estoy (o esté) en mi casa* **2.** En una condición de; en: *Germany and Japan were at war with the United States.* = *Alemania y Japón estuvieron en guerra con los Estados Unidos.* **3.** En dirección de; hacia; a: *Look at us.* = *Mira hacia nosotros (o, Míranos.)* **4.** Alrededor o a la hora de; a: *We always eat at noon.* = *Nosotros siempre comemos a mediodía.* **5.** Por; a: *We bought the furniture at a very reasonable price.* = *Compramos los muebles a un precio muy razonable.*

ate Pretérito del verbo **eat.**

athlete *sustantivo* Persona que se entrena y participa en deportes o ejercicios físicos que requieren fuerza, velocidad y agilidad; atleta.

athletic *adjetivo* Atlético: **1.** Perteneciente o relativo al atletismo. **2.** Perteneciente o relativo a los atletas. **3.** Fuerte y con buenos músculos.

athletics *sustantivo* Actividades atléticas; deportes; atletismo.

atlas *sustantivo* Libro de mapas o colección de mapas sujetos por dos cubiertas; atlas.

atmosphere *sustantivo* Atmósfera: **1.** Gas que rodea un cuerpo en el espacio, en especial el aire alrededor de la tierra. **2.** Clima de un lugar. **3.** Circunstancias que tienen un efecto en la mente o el cuerpo; ambiente. **4.** Sentimiento o estado de ánimo general.

atmospheric *adjetivo* Relativo, en, o perteneciente a la atmósfera; atmosférico.

atoll *sustantivo* Isla de coral o grupo de islas y arrecifes coralinos; atolón.

---

at·om |ăt′əm| —*noun, plural* **atoms 1. a.** The smallest unit of a chemical element, made up of neutrons and protons with a main nucleus with electrons surrounding it. **b.** A unit of this kind thought of as a source of nuclear energy. **2.** A small piece or amount; a bit.

a·tom·ic |ə tŏm′ĭk| —*adjective* **1.** Of an atom or atoms. **2.** Of or using nuclear energy; nuclear.

atomic bomb A bomb that gets its explosive power from nuclear energy.

atomic energy Energy that is produced as a result of reactions in the nuclei of atoms.

at·tach |ə tăch′| —*verb* **attached, attaching 1.** To fasten on or join; connect. **2.** To fasten with ties of love or loyalty. **3.** To think of as having or belonging to. **4.** To add something at the end.

at·tach·ment |ə tăch′ mənt| —*noun, plural* **attachments 1.** The act of attaching or condition of being attached. **2.** Something that attaches as an extra part; an accessory. **3.** Love, affection, or loyalty.

at·tack |ə tăk′| —*verb* **attacked, attacking 1.** To set upon with violent force. **2.** To speak or write about in an unfriendly way. **3.** To be harmful to; afflict. —*noun, plural* **attacks 1.** The act of attacking. **2.** The occurrence or beginning of a disease, especially when it is sudden.

at·tain |ə tān′| —*verb* **attained, attaining 1.** To get, do, or bring about by trying hard. **2.** To arrive at through time and growth; reach.

at·tempt |ə tĕmpt′| —*verb* **attempted, attempting** To make an effort; try. —*noun, plural* **attempts 1.** An effort or try. **2.** A violent or forceful attack.

at·tend |ə tĕnd′| —*verb* **attended, attending 1.** To be present at; go to. **2.** To wait upon or be in waiting; serve. **3.** To take care of. **4.** To give care and thought; apply oneself.

at·ten·dance |ə tĕn′dəns| —*noun* **1.** The act or practice of being present. **2.** The act of waiting upon someone or something. **3.** The persons or number of persons present.

at·ten·dant |ə tĕn′dənt| —*noun, plural* **attendants** A person who attends or waits on another. —*adjective* Going along with.

at·ten·tion |ə tĕn′shən| —*noun, plural* **attentions 1.** Mental concentration; thinking, watching, or listening carefully to or about something or someone. **2.** Consideration; notice. **3. attentions** Polite or considerate acts, especially in trying to win a person's love.

at·tic |ăt′ĭk| —*noun, plural* **attics** The space in a house just under the roof. Attics are used for storage and are sometimes made into extra rooms.

at·tire |ə tīr′| —*verb* **attired, attiring** To dress, especially in fine or formal clothing. —*noun* Clothing or costume.

at·ti·tude |ăt′ĭ tōōd′| or |ăt′ĭ tyōōd′| —*noun, plural* **attitudes 1.** A way of thinking, feeling, or acting about someone or something; a point of view. **2.** A position of the body.

at·tor·ney |ə tûr′nē| —*noun, plural* **attorneys** A person legally appointed to act for another; a lawyer.

at·tract |ə trăkt′| —*verb* **attracted, attracting** To draw or pull to oneself or itself by some special quality or action.

at·trac·tion |ə trăk′shən| —*noun, plural* **attractions 1.** The act or power of attracting. **2.** Something or someone that attracts.

at·trac·tive |ə trăk′tĭv| —*adjective* **1.** Having the

atom *sustantivo* Átomo: **1. a.** La unidad más pequeña de un elemento químico, compuesta de neutrones y protones con un núcleo principal y electrones que lo rodean. **b.** Unidad de este tipo que se considera fuente de energía nuclear. **2.** Pedazo o cantidad pequeña; pedacito.

atomic *adjetivo* Atómico: **1.** Relativo al átomo o los átomos. **2.** Perteneciente a o que utiliza energía nuclear; nuclear.

atomic bomb Bomba que obtiene su poder explosivo de la energía nuclear; bomba atómica.

atomic energy Energía que se produce como resultado de las reacciones en los núcleos de los átomos; energía nuclear.

attach *verbo* **1.** Sujetar o unir; ligar; atar. **2.** Unir con lazos de amor o fidelidad; unir. **3.** Considerar que tiene o pertenece; atribuir: *I attach no importance to his opinions.* = *Yo no le atribuyo ninguna importancia a sus opiniones.* **4.** Añadir algo al final; agregar.

attachment *sustantivo* **1.** Acción de atar o la condición de estar atado; atadura; unión; lazo. **2.** Algo que se une como pieza adicional; accesorio. **3.** Amor, afecto o lealtad; apego; vínculo.

attack *verbo* Atacar: **1.** Acometer con violencia. **2.** Hablar o escribir sobre algo de manera no amigable. **3.** Dañar. —*sustantivo* Ataque: **1.** Acción de atacar. **2.** Aparición o comienzo de una enfermedad, especialmente cuando es repentina.

attain *verbo* **1.** Conseguir, hacer o efectuar por medio de un gran esfuerzo; lograr. **2.** Alcanzar a través del tiempo y el crecimiento; llegar.

attempt *verbo* Hacer un esfuerzo; tratar; intentar. —*sustantivo* **1.** Esfuerzo o tentativa; intento. **2.** Ataque violento o fuerte; atentado.

attend *verbo* **1.** Estar presente; ir; asistir. **2.** Asistir a una persona o estar de servicio; servir. **3.** Cuidar; atender. **4.** Prestar cuidado y atención; aplicarse; atender.

attendance *sustantivo* **1.** Acción o práctica de estar presente; asistencia. **2.** Acción de servir a alguien o algo; servicio. **3.** Personas o número de personas presentes; concurrencia.

attendant *sustantivo* Persona que atiende o sirve a otra; asistente. —*adjetivo* Que acompaña; relacionado: *the death of the President and its attendant confusion* = *la muerte del presidente y la confusión que la acompañó.*

attention *sustantivo* Atención: **1.** Concentración mental; pensando, observando o escuchando cuidadosamente a, o acerca de algo o alguien. **2.** Consideración; conocimiento. **3. attentions** Actos corteses o considerados, especialmente al tratar de ganar el afecto de una persona.

attic *sustantivo* Espacio en una casa inmediatamente debajo del techo; ático. Los áticos se usan para almacenar objetos y a veces se preparan como habitaciones adicionales.

attire *verbo* Vestir, especialmente con ropas finas o formales; ataviar. —*sustantivo* Vestido o traje; atuendo.

attitude *sustantivo* **1.** Manera de pensar, sentir o actuar acerca de alguien o algo; punto de vista; actitud. **2.** Posición del cuerpo; postura.

attorney *sustantivo* Persona designada legalmente para actuar por otra; abogado.

attract *verbo* Traer hacia sí por alguna acción o cualidad especial; atraer.

attraction *sustantivo* Atracción: **1.** Acción o poder de atraer. **2.** Objeto o persona que atrae.

attractive *adjetivo* Atractivo: **1.** Que tiene el poder de

ă pat ā pay â care ä father ĕ pet ē be ĭ pit ī pie î fierce ŏ pot ō go ô paw, for oi oil ōō book ōō boot

power of attracting. **2.** Pleasing to the eye, mind, or senses.

at·trib·ute |ə trĭb′yo͞ot|—*verb* **attributed, attributing** To think of as belonging to or coming from someone or something.
—*noun* |ăt′rə byo͞ot′|, *plural* **attributes** A quality or characteristic that belongs to a person or thing.

auc·tion |ôk′shən|—*noun, plural* **auctions** A public sale at which goods and property are sold to the person who bids the highest amount of money.
—*verb* **auctioned, auctioning** To sell at an auction.

au·di·ble |ô′də bəl|—*adjective* Loud enough to be heard.

au·di·ence |ô′dē əns|—*noun, plural* **audiences** **1.** The people gathered together to see and hear a play, movie, concert, sports event, or other performance. **2.** The readers, listeners, or viewers reached by a book, radio broadcast, or television program. **3.** A formal hearing or conference.

au·di·o |ô′dē ô′|—*adjective* Of sound or hearing.

au·di·to·ri·um |ô′dĭ tôr′ē əm| or |ô′dĭ tōr′ē əm|—*noun, plural* **auditoriums** A large room or building that holds a big audience.

au·ger |ô′gər|—*noun, plural* **augers** A tool for boring holes.

Au·gust |ô′gəst|—*noun, plural* **Augusts** The eighth month of the year.

aunt |ănt| or |änt|—*noun, plural* **aunts** **1.** The sister of one's father or mother. **2.** The wife of one's father's or mother's brother.

au·ri·cle |ôr′ĭ kəl|—*noun, plural* **auricles** **1.** The outside part of the ear. **2.** A chamber of the heart that receives blood from a vein. A heart has two auricles.

au·then·tic |ô thĕn′tĭk|—*adjective* **1.** Worthy of belief; true; correct. **2.** Not copied, counterfeit, or fake.

au·thor |ô′thər|—*noun, plural* **authors** **1.** A person who writes a book, story, article, play, or other work. **2.** The beginner or creator of something.

au·thor·i·ty |ə thôr′ĭ tē| or |ə thŏr′ĭ tē|—*noun, plural* **authorities** **1. a.** The power and right to order, to decide, and to enforce laws or rules. **b.** A person who has this power and right. **2.** A source of correct or expert information.

au·thor·ize |ô′thə rīz′|—*verb* **authorized, authorizing** **1.** To give power or authority to. **2.** To give permission for; approve.

au·to |ô′tō|—*noun, plural* **autos** An automobile.

au·to·bi·og·ra·phy |ô′tō bī ŏg′rə fē| or |ô′tō bē ŏg′rə fē|—*noun, plural* **autobiographies** The story of a person's life written by himself or herself.

au·to·graph |ô′tə grăf′| or |ô′tə gräf′|—*noun, plural* **autographs** A written name or signature of a famous person. Autographs are saved by fans or collectors.
—*verb* **autographed, autographing** To write one's name or signature on.

au·to·mat·ic |ô′tə măt′ĭk|—*adjective* **1.** Working, moving, or acting by itself. **2.** Done or made by the body without thinking or control.
—*noun, plural* **automatics** A device or machine that is all or partly automatic.

au·to·ma·tion |ô′tə mā′shən|—*noun* The automatic working of a machine, process, or system.

au·to·mo·bile |ô′tə mə bēl′| or |ô′tə mō′bēl′| or |ô′təmə bēl′|—*noun, plural* **automobiles** A land vehicle that has four wheels and is moved by an engine that usually uses gasoline; a car.

au·tumn |ô′təm|—*noun, plural* **autumns** The season of the year between summer and winter; fall.

aux·il·ia·ry |ôg zĭl′yə rē| or |ôg zĭl′ə rē|—*adjective* Giving help or support.

atraer. **2.** Agradable a la vista, la mente o los sentidos.

attribute *verbo* Pensar en algo como perteneciente o proveniente de algo o alguien; atribuir: *We attribute the air pollution partly to the heavy use of cars and trucks.* = Atribuimos la contaminación del aire en parte al gran uso de automóviles y camiones.
—*sustantivo* Cualidad o característica que pertenece a una persona o cosa; atributo.

auction *sustantivo* Venta pública donde se venden artículos y propiedades a la persona que ofrece la mayor cantidad de dinero; subasta.
—*verbo* Vender en una subasta; subastar.

audible *adjetivo* Suficientemente alto como para ser escuchado; audible.

audience *sustantivo* **1.** Personas reunidas para ver y escuchar una obra teatral, una película, concierto, evento deportivo, o cualquier otro espectáculo; público. **2.** Lectores, oyentes o espectadores a los que llega un libro, una emisión radial o programa de televisión; audiencia. **3.** Vista o conferencia formal; audiencia.

audio *adjetivo* Relativo al sonido o la audición; de frecuencia audible.

auditorium *sustantivo* Sala o edificio grande que acomoda a un público numeroso; auditorio.

auger *sustantivo* Herramienta que se usa para hacer agujeros; barrena.

August *sustantivo* Agosto.

aunt *sustantivo* Tía.

auricle *sustantivo* Aurícula: **1.** Parte exterior de la oreja. **2.** Cavidad del corazón que recibe sangre de una vena. El corazón tiene dos aurículas.

authentic *adjetivo* Auténtico: **1.** Digno de creerse; cierto; correcto. **2.** Que no ha sido copiado o falsificado.

author *sustantivo* Autor: **1.** Persona que escribe un libro, cuento, artículo, pieza teatral u otra obra. **2.** Persona que comienza o crea algo.

authority *sustantivo* Autoridad: **1. a.** Poder y derecho de mandar, decidir y hacer cumplir leyes o normas. **b.** Persona que tiene este poder y derecho; **2.** Fuente de información correcta o experta.

authorize *verbo* Autorizar: **1.** Dar poder o autoridad. **2.** Permitir; aprobar.

auto *sustantivo* Automóvil; carro.

autobiography *sustantivo* Historia de la vida de una persona escrita por ella misma; autobiografía.

autograph *sustantivo* Firma o nombre escrito por una persona famosa; autógrafo. Los admiradores y coleccionistas coleccionan autógrafos.
—*verbo* Escribir el nombre o firma de uno; autografiar.

automatic *adjetivo* **1.** Que trabaja, se mueve, o funciona por sí mismo; automático. **2.** Realizado por el cuerpo sin voluntad o control; involuntario.
—*sustantivo* Aparato o máquina que es completa o parcialmente automática.

automation *sustantivo* Funcionamiento automático de una máquina, proceso o sistema; automatización.

automobile *sustantivo* Vehículo terrestre de cuatro ruedas impulsado por un motor que usualmente usa gasolina; carro; automóvil.

autumn Otoño.

auxiliary *adjetivo* Que brinda ayuda o apoyo; auxiliar.
—*sustantivo* **1.** Persona o cosa que ayuda; ayudante;

ər butter   yo͞o abuse   ou **out**   ŭ **cut**   û **fur**   *th* **the**   th **thin**   hw **which**   zh vision   ə **ago, item, pencil, atom, circus**

—*noun, plural* **auxiliaries 1.** A person or thing that helps; an aid. **2.** A small group that is part of a larger group. **3.** An auxiliary verb.

auxiliary verb A verb that comes first in a verb phrase and helps form the tense, mood, or voice of the main verb. *Have, may, can, must,* and *will* are some auxiliary verbs.

a·vail·a·ble |ə vā'lə bəl| —*adjective* **1.** Able to be purchased or obtained. **2.** Ready to serve or be used.

av·a·lanche |ăv'ə lănch'| or |ăv'ə länch'| —*noun, plural* **avalanches** A large mass of material that falls or slides down the side of a mountain.

av·e·nue |ăv'ə nōō'| or |ăv'ə nyōō'| —*noun, plural* **avenues 1.** A wide street or main road. There are often trees along each side of an avenue. **2.** A way of reaching or getting something.

av·er·age |ăv'ər ĭj| or |ăv'rĭj| —*noun, plural* **averages** A number found by adding up two or more quantities and dividing the total by the number of quantities. The average of 1, 3, 5, and 7 is 4 or $1 + 3 + 5 + 7 = 16 \div 4 = 4$.
—*verb* **averaged, averaging 1.** To find the average of. **2.** To have as an average.
—*adjective* **1.** Found as an average; being an average. **2.** Not very good and not very bad; normal; ordinary.

a·vert |ə vûrt'| —*verb* **averted, averting 1.** To turn away or aside. **2.** To keep from happening; prevent.

a·vi·a·tion |ā'vē ā'shən| —*noun* The science, business, or operation of aircraft.

a·vi·a·tor |ā'vē ā'tər| —*noun, plural* **aviators** A person who flies or can fly aircraft; a pilot.

av·o·ca·do |ăv'ə kä'dō| or |ä'və kä'dō| —*noun, plural* **avocados** A tropical American fruit with leathery green or blackish skin.

a·void |ə void'| —*verb* **avoided, avoiding** To keep away from.

a·wait |ə wāt'| —*verb* **awaited, awaiting 1.** To wait for someone or something. **2.** To be in store for.

a·wake |ə wāk'| —*verb* **awoke, awaked, awaking** To rouse from sleep; wake up.
—*adjective* Not sleeping.

a·wak·en |ə wā'kən| —*verb* **awakened, awakening** To wake up; rouse; awake.

a·ward |ə wôrd'| —*verb* **awarded, awarding 1.** To give a prize for special quality or performance. **2.** To give by legal or governmental decision.
—*noun, plural* **awards 1.** Something given for special quality or performance. **2.** Something given by legal decision.

a·ware |ə wâr'| —*adjective* Being conscious of; knowing.

a·ware·ness |ə wâr'nĭs| —*noun* The state or quality of being aware.

a·way |ə wā'| —*adverb* **1.** At or to a distance. **2.** In or to a different place or direction. **3.** From someone's presence or possession. **4.** Out of existence. **5.** All the time; without stopping. **6.** At once; immediately.
—*adjective* **1.** Absent. **2.** At a distance.

awe |ô| —*noun* A feeling of wonder, fear, or respect about something that is mighty or majestic.
—*verb* **awed, awing** To fill with awe.

aw·ful |ô'fəl| —*adjective* **1.** Causing awe or fear. **2.** Very bad or unpleasant; horrible. **3.** Very big; great; considerable.

asistente. **2.** Grupo pequeño que forma parte de un grupo mayor; grupo auxiliar. **3.** Verbo auxiliar.

auxiliary verb Verbo que precede al verbo principal en la frase verbal, y ayuda a formar el tiempo, modo o voz; verbo auxiliar. *Have, may, can, must* y *will* son algunos verbos auxiliares.

available *adjetivo* **1.** Que se puede comprar u obtener; obtenible. **2.** Listo para servir o usarse; disponible.

avalanche *sustantivo* Gran masa de materiales que cae o se desliza por la ladera de una montaña; alud.

avenue *sustantivo* **1.** Calle ancha o carretera principal; avenida. A veces las avenidas son arboladas. **2.** Modo de alcanzar u obtener algo; camino.

average *sustantivo* Número que resulta de sumar dos o más cantidades y dividir el total por el número de cantidades; promedio. El promedio de 1, 3, 5 y 7 es 4 o $1+3+5+7=16 \div 4=4$.
—*verbo* **1.** Encontrar el promedio; calcular el promedio. **2.** Tener como promedio; alcanzar un promedio.
—*adjetivo* **1.** Que resulta como promedio; que es un promedio; promedio. **2.** Ni muy bueno ni muy malo; normal; ordinario; regular.

avert *verbo* **1.** Desviar o alejar; apartar. **2.** Evitar que ocurra; prevenir.

aviation *sustantivo* Ciencia, empresa u operación de aeroplanos; aviación.

aviator *sustantivo* Persona que maneja un avión; piloto; aviador.

avocado *sustantivo* Fruta de la América tropical de cáscara verde o negruzca parecida al cuerto; aguacate.

avoid *verbo* Mantenerse alejado de algo; evitar.

await *verbo* **1.** Aguardar por alguien o algo; esperar. **2.** Tener reservado; esperar.

awake *verbo* Interrumpir el sueño; despertar.
—*adjetivo* Que no está dormido; despierto.

awaken *verbo* Dejar de dormir; interrumpir el sueño; despertar.

award *verbo* **1.** Conceder un premio por una cualidad u obra especial; premiar. **2.** Otorgar con base en una decisión legal o gubernamental; adjudicar.
—*sustantivo* **1.** Aquello que se concede por una cualidad u obra especial; premio. **2.** Aquello que se otorga con base en una decisión legal; concesión.

aware *adjetivo* Que tiene conciencia; informado; consciente.

awareness *sustantivo* Estado o cualidad de estar consciente; conciencia.

away *adverbio* **1.** En o a la distancia; lejos: *a house two miles away* = *una casa a dos millas de distancia.* **2.** En o hacia un lugar o dirección diferente; en sentido opuesto: *Don't look away now.* = *No mires en el sentido opuesto ahora.* **3.** Lejos de la presencia o posesión de alguien: *Take these things away.* = *Quita estas cosas de mi presencia.* **4.** Fuera de existencia: *The noise died away.* = *El sonido se terminó.* **5.** Todo el tiempo; sin parar: *He was working away at his home.* = *Él estaba trabajando sin parar en su casa.* **6.** De una vez; inmediatamente; enseguida: *Fire away!* = *¡Disparen (las armas) inmediatamente!*
—*adjetivo* **1.** Ausente; fuera: *He's away from home.* = *Él está fuera de la casa.* **2.** A la distancia; distante: *She's miles away.* = *Ella está a millas de distancia.*

awe *sustantivo* Sentimiento de admiración, temor o respeto acerca de algo que es poderoso o majestuoso; asombro.
—*verbo* Llenar de asombro; asombrar.

awful *adjetivo* **1.** Que causa asombro o temor; espantoso. **2.** Muy malo o desagradable; horrible. **3.** Muy grande; inmenso; considerable; enorme.

ă pat ā pay â care ä father ĕ pet ē be ĭ pit ī pie î fierce ŏ pot ō go ô paw, for oi oil ōō book ōō boot

aw·ful·ly |ô'fə lē| or |ô'flē| —*adverb* **1.** Very much; terribly. **2.** Very. **3.** Very badly.

awfully *adverbio* **1.** Muchísimo; terriblemente; atrozmente: *When Pat broke her arm, it hurt awfully.* = *Cuando Pat se rompió el brazo, le dolió muchísimo.* **2.** Muy: *He did seem awfully confused.* = *Él parecía estar muy confundido.* **3.** Muy mal; excesivamente mal: *She behaved awfully in front of her mother's guests.* = *Ella se comportó muy mal frente a los invitados de su madre.*

a·while |ə hwīl'| or |ə wīl'| —*adverb* For a short time.

awhile *adverbio* Por poco tiempo; un rato.

awk·ward |ôk'wərd| —*adjective* **1.** Not moving in a graceful way; clumsy. **2.** Not natural in speech or behavior. **3.** Hard to move, handle, or manage.

awkward *adjetivo* **1.** Que no se mueve en forma graciosa; torpe; desgarbado. **2.** Que no es natural en el hablar o en el comportamiento; torpe. **3.** Difícil de mover, cargar o manejar; poco manejable.

awl |ôl| —*noun, plural* **awls** A pointed tool that is used to make small holes in wood or leather.

awl *sustantivo* Instrumento puntiagudo que se usa para hacer agujeros en la madera y en el cuero; lezna.

awn·ing |ô'nĭng| —*noun, plural* **awnings** A canvas or plastic screen that looks like a roof.

awning *sustantivo* Lona o cubierta plástica que parece un techo; toldo.

a·woke |ə wōk'| The past tense of the verb **awake**.

awoke *Pretérito del verbo* **awake**.

ax or **axe** |ăks| —*noun, plural* **axes** A chopping or cutting tool with a head that has a sharp blade. An ax is fixed on a long handle.

ax o **axe** Herramienta de corte con una cabeza que tiene una hoja afilada; hacha. El hacha se fija a un mango largo.

ax·es |ăk'sēz'| The plural of the noun **axis**. **2.** |ăk'sĭz| The plural of the noun **ax**.

axes **1.** Plural del sustantivo **axis**. **2.** Plural del sustantivo **ax**.

ax·is |ăk'sĭs| —*noun, plural* **axes** A straight line around which an object turns or can be imagined to turn.

axis *sustantivo* Línea recta alrededor de la cual gira o se supone que gira un objeto; eje.

ax·le |ăk'səl| —*noun, plural* **axles** A bar or shaft on which one or more wheels turn.

axle *sustantivo* Barra sobre la cual giran una o más ruedas; eje.

aye or **ay** |ī| —*adverb* Yes. —*noun, plural* **ayes** **1.** A vote of "yes." **2. the ayes** The people who vote "yes."

aye o **ay** *adverbio* Sí. —*sustantivo* **1.** Un voto de aprobación; un voto a favor. **2.** Personas que votan a favor; votos afirmativos.

a·zal·ea |ə zāl'yə| —*noun, plural* **azaleas** A shrub with clusters of flowers that are usually pink, red, or white.

azalea *sustantivo* Arbolito con ramos de flores usualmente rosadas, rojas, o blancas; azalea.

az·ure |ăzh'ər| —*noun, plural* **azures** A light to medium blue, like that of the sky on a clear day. —*adjective* Light to medium blue.

azure *sustantivo* Azul, entre claro e intermedio, parecido al color del cielo en un día claro; azul celeste. —*adjetivo* De color azul, entre claro e intermedio; azul celeste.

B

b or **B** |bē| —*noun, plural* **b's** or **B's** The second letter of the English alphabet.

b o **B** *sustantivo* Segunda letra del alfabeto inglés.

bab·ble |băb'əl| —*verb* **babbled, babbling 1.** To make sounds that have no meaning. **2.** To talk a long time about something that is not important; to chatter. **3.** To make a steady, low gurgling sound, as a brook does. —*noun* **1.** Sounds that have no meaning. **2.** A steady, low gurgling sound.

babble *verbo* **1.** Producir sonidos sin ningún sentido; balbucear. **2.** Hablar mucho sobre algo sin importancia; chacharear; parlotear. **3.** Hacer un ruido suave y constante, como un arroyo; murmurar. —*sustantivo* **1.** Sonidos sin sentido; barboteo. **2.** Ruido suave y constante; murmullo.

babe |bāb| —*noun, plural* **babes** A baby; an infant.

babe *sustantivo* Bebé; infante.

ba·boon |bă bōōn'| —*noun, plural* **baboons** A large African monkey with a long, narrow face.

baboon *sustantivo* Mono grande del África, de cara larga y estrecha; mandril.

ba·by |bā'bē| —*noun, plural* **babies 1.** A very young child; an infant. **2.** The youngest member of a family. **3.** A person who behaves in a childish way. —*verb* **babied, babying, babies** To treat like a baby; pamper.

baby *sustantivo* **1.** Niño pequeñito; bebé. **2.** Miembro más joven de una familia; benjamín. **3.** Persona que se comporta como un niño; persona pueril. —*verbo* Tratar como a un niño; mimar.

ba·by-sat |bā'bē săt'| The past tense and past participle of the verb **baby-sit**.

baby-sat Pretérito y participio pasado del verbo **baby-sit**.

ba·by-sit |bā'bē sĭt'| —*verb* **baby-sat, baby-sitting** To take care of a child or children when the parents are not at home.

baby-sit *verbo* Cuidar un niño o varios niños cuando los padres no están en casa.

bach·e·lor |băch'ə lər| or |băch'lər| —*noun, plural* **bachelors** A man who has not married.

bachelor *sustantivo* Hombre que no se ha casado; soltero.

back |băk| —*noun, plural* **backs 1.** The part of the

back *sustantivo* **1.** Parte del cuerpo humano desde la

ər butter   yōō abuse   ou **out**   ŭ **cut**   û **fur**   *th* **the**   th **thin**   hw **which**   zh **vision**   ə **ago, item, pencil, atom, circus**

human body from the bottom of the neck to the top of the buttocks. **2.** The upper part of an animal's body that is closest to the spine. **3.** The spine; backbone. **4. a.** The reverse side of something. **b.** Something opposite the front. **5.** The part of a chair, bench, couch, or seat that one's back rests against while one is sitting.
—*adverb* **1.** To a direction opposite the front. **2.** To a former place, time, or condition.
—*adjective* **1.** Opposite the front.
—*verb* **backed, backing 1.** To move or cause to move backward. **2.** To be in favor of; support.

back·bone |băk'bōn'| —*noun, plural* **backbones 1.** The series of jointed bones, called vertebras, in the middle of the back; the spinal column; spine. The backbone is found in human beings and in other mammals, reptiles, amphibians, and fish. The backbone is the main support of the body. **2.** Strength of character; courage.

back·ground |băk'ground'| —*noun, plural* **backgrounds 1.** The part of a scene, view, or picture that is at the back and looks far away. **2.** The general surface on which other things are shown. **3.** A person's past experience, education, and training.

back·ward |băk'wərd| —*adverb* **1.** Toward the back. **2.** With the back first. **3.** In reverse order or direction; opposite to the usual or regular way. **4.** From good to bad or from bad to worse. **5.** Into or toward the past. Another form of this adverb is **backwards.**
—*adjective* **1.** Directed or moving toward the back. **2.** Behind others in development.

back·wards |băk'wərdz| —*adverb* A form of the word **backward.**

ba·con |bā'kən| —*noun* The salted and smoked meat from the back and sides of a pig.

bac·te·ri·a |băk tîr'ē ə| —*plural noun* Tiny plants that can be seen only with a microscope. Some bacteria cause diseases.

bad |băd| —*adjective* **worse, worst 1.** Not good. **2. a.** Not favorable. **b.** Not convenient. **3.** Disagreeable; unpleasant. **4.** Causing distress. **5.** Incorrect; improper. **6.** Disobedient; naughty. **7.** Harmful. **8.** In poor health; sick. **9.** Severe; violent. **10.** Sorry. **11.** Rotten; spoiled.

base del cuello hasta la cintura; espalda. **2.** Parte superior del cuerpo de un animal más cercana al espinazo; lomo. **3.** Columna vertebral. **4. a.** Lado de atrás de algo; el dorso de la mano; el reverso de la moneda. **b.** Lo opuesto al frente; parte posterior o trasera. **5.** Parte de una silla, banco, sofá o asiento en que descansa la espalda mientras uno está sentado; espaldar.
—*adverbio* **1.** En dirección contraria al frente; hacia atrás: *Everyone move back, please.* = *Por favor, córranse hacia atrás.* **2.** A un lugar, tiempo, o condición pasados: *They went back to their old home.* = *Ellos retornaron a su antigua casa.*
—*adjetivo* **1.** Contrario al frente; posterior. **2.** Anterior; pasado.
—*verbo* **1.** Mover o moverse hacia atrás; retroceder: *As she said good-by, she backed slowly toward the door.* = *Mientras se despedía, ella retrocedió lentamente hacia la puerta.* **2.** Favorecer; apoyar: *Everyone backed her plan.* = *Todos apoyaron su plan.*

backbone *sustantivo* **1.** Serie de huesos unidos, llamados vértebras, en medio de la espalda; columna vertebral; espinazo. La columna vertebral es propia de los seres humanos y otros mamíferos, anfibios y peces. La columna vertebral es el sostén principal del cuerpo. **2.** Carácter; valor.

background *sustantivo* **1.** Parte de una escena, paisaje o pintura que está hacia atrás y parece lejana; fondo. **2.** Superficie general sobre la que se muestran otras cosas; fondo. **3.** Experiencia pasada, educación y entrenamiento de una persona: *He has the right background for the job.* = *El tiene la experiencia justa para el trabajo.*

backward *adverbio* **1.** Hacia atrás: *He looked backward when he heard the horn of the car.* = *El miró hacia atrás cuando oyó la bocina del automóvil.* **2.** Con la parte posterior primero; hacia atrás: *Helicopters can fly backward.* = *Los helicópteros pueden volar hacia atrás.* **3.** En orden o dirección contraria; opuesto a la manera usual o regular; al revés: *Say the alphabet backward.* = *Di el alfabeto al revés.* **4.** De bien a mal y de mal a peor; empeorándose: *Our team hasn't improved, it has gone backward.* = *Nuestro equipo no ha mejorado, ha empeorado.* **5.** Al o hacia el pasado: *Older people sometimes look backward to when they were young.* = *Los mayores suelen mirar hacia el pasado, cuando ellos eran jóvenes.* En inglés otra forma de este adverbio es **backwards.**
—*adjetivo* **1.** Dirigido o moviéndose hacia atrás. **2.** Atrasado con relación al desarrollo de otros; subdesarrollado.

backwards *adverbio* Otra forma de la palabra **backward.**

bacon *sustantivo* Carne salada y ahumada del lomo y los costados del cerdo; tocino; panceta.

bacteria *sustantivo* Plantas diminutas que pueden ser vistas sólo con un microscopio; bacterias.

bad *adjetivo* **1.** Que no es bueno; malo. **2. a.** Desfavorable; malo: *bad weather* = *mal tiempo.* **b.** Inconveniente; malo: *The show starts at a bad time.* = *El espectáculo comienza a una hora inconveniente.* **3.** Desagradable; molesto; malo: *a bad smell* = *un olor desagradable.* **4.** Que causa congoja; malo: *bad news* = *malas noticias.* **5.** Incorrecto; impropio; malo: *bad grammar* = *gramática incorrecta.* **6.** Desobediente; travieso; malo: *Johnny was a bad boy today.* = *Johnny fué desobediente hoy.* **7.** Dañino; malo: *Candy is bad for your teeth.* = *Las golosinas son dañinas para tus dientes.* **8.** Débil de salud; enfermo; mal: *Jimmy feels bad today.* = *Jimmy se siente enfermo hoy.* **9.** Severo; violento: *a bad storm* = *una tormenta severa.* **10.** Apenado; mal: *I feel bad about what happened.* = *Me siento apenado por lo acontecido.* **11.** Podrido; descompuesto: *a bad apple* = *una manzana podrida.*

ă pat ā pay â care ä father ĕ pet ē be ĭ pit ī pie î fierce ŏ pot ō go ô paw, for oi oil ŏŏ book ōō boot

bade |băd| or |bād| A past tense of the verb **bid.**

badge |băj| —*noun, plural* **badges** Something worn to show that a person belongs to a certain group, school, profession, or club.

bad·ger |băj′ər| —*noun, plural* **badgers** An animal with short legs and thick, grayish fur. Badgers live underground.
—*verb* **badgered, badgering** To annoy or confuse by or as if by asking many questions; pester; bother.

bad·ly |băd′lē| —*adverb* **1.** In a bad way or manner. **2.** Very much; greatly.

baf·fle |băf′əl| —*verb* **baffled, baffling** To be so confusing or difficult to someone that understanding is hard.

bag |băg| —*noun, plural* **bags 1.** A container made of paper, cloth, plastic, or leather, used for holding things. **2. a.** A bag with something in it. **b.** The amount that a bag holds. **3.** Something, such as a suitcase or a purse, that can be used like a bag.

bag·gage |băg′ĭj| —*noun* The suitcases, trunks, and bags that a person carries when traveling.

bag·pipe |băg′pīp′| —*noun, plural* **bagpipes** A musical instrument made of a leather bag and four pipes. A player blows air into the bag through a mouthpiece and then forces the air through the pipes by squeezing the bag.

bail¹ |bāl| —*noun* Money given to set free an arrested person from jail until a trial takes place. The money is held by the court and returned when the person appears for trial.
—*verb* **bailed, bailing** To set free by giving bail.

bail² |bāl| —*verb* **bailed, bailing 1.** To empty water from a boat. **2. bail out** To escape from an aircraft by jumping with a parachute.

bait |bāt| —*noun* **1.** Something, especially food, used to attract fish or animals so they can be caught. **2.** Anything that attracts or lures a person or animal.
—*verb* **baited, baiting 1.** To put bait on. **2.** To tease in a cruel way.

bake |bāk| —*verb* **baked, baking 1.** To cook in an oven with steady, dry heat. **2.** To harden or dry by heating.

bak·er |bā′kər| —*noun, plural* **bakers** A person who bakes or sells bread, rolls, pies, and cakes.

bak·er·y |bā′kə rē| —*noun, plural* **bakeries** A place where bread, rolls, pies, and cakes are baked or sold.

bak·ing powder |bā′kĭng| A powder used in baking to cause breads and cakes to rise.

bal·ance |băl′əns| —*noun, plural* **balances 1.** An instrument for weighing things. **2.** A condition in which things such as amount, weight, force, or power are equal. **3.** A steady or stable position. **4.** Something that is left over; remainder.
—*verb* **balanced, balancing** To put or hold in a steady or stable position.

bal·co·ny |băl′kə nē| —*noun, plural* **balconies 1.** A platform that juts out from the side of a building. Balconies have railings around them. **2.** An upper floor or section of seats that juts out over the main floor of a theater or auditorium.

bald |bôld| —*adjective* **balder, baldest 1.** Without hair on the head. **2.** Without natural covering.

bald ea·gle |ē′gəl| A North American eagle with a dark body and a white head and tail. It is often called the American eagle and is the national emblem of the United States.

bale |bāl| —*noun, plural* **bales** A large, tightly wrapped bundle of raw or finished material.

balk |bôk| —*verb* **balked, balking 1.** To stop short and refuse to go on. **2.** To keep from happening; check.

ball¹ |bôl| —*noun, plural* **balls 1.** Something round or nearly round. **2.** A round or oval object used in sports and games. **3.** A game, especially baseball, that is played with a ball. **4.** In baseball, a pitch that the

bade Pretérito del verbo **bid.**

badge *sustantivo* Algo que se usa para demostrar que una persona pertenece a un cierto grupo, escuela o profesión; distintivo; insignia.

badger *sustantivo* Animal de patas cortas y pelaje gris y espeso; tejón. Los tejones habitan debajo de la tierra.
—*verbo* Importunar o confundir a alguien haciéndole, o como si le hicieran, muchas preguntas; fastidiar; molestar.

badly—*adverbio* **1.** De mala manera; mal; imperfectamente. **2.** Muchísimo; extremadamente: *I need your help very badly.* = *Necesito muchísimo de tu ayuda.*

baffle *verbo* Ser tan confuso o difícil a alguien, que no acierta a comprenderse; confundir; desconcertar.

bag *sustantivo* **1.** Envase de papel, tela, plástico o cuero usado para llevar alguna cosa; bolsa. **2. a.** Una bolsa con algo adentro. **b.** La cantidad que contiene una bolsa. **3.** Algo que se usa como una bolsa; maleta; cartera.

baggage *sustantivo* Conjunto de maletas, baúles y bultos que lleva una persona cuando viaja; equipaje.

bagpipe *sustantivo* Instrumento musical compuesto de una bolsa de cuero y cuatro tubos; gaita. El músico sopla aire dentro de la bolsa por una boquilla forzándolo a salir por los tubos apretando la bolsa.

ball¹ *sustantivo* Dinero que se da para liberar de la cárcel a una persona arrestada, hasta que se lleve a cabo un juicio; fianza. La corte retiene el dinero y lo devuelve cuando la persona se presenta a juicio.
—*verbo* Dejar en libertad al prestar una fianza.

ball² **1.** Extraer el agua de un bote; achicar. **2.** Escapar de un avión saltando en paracaídas.

bait *sustantivo* **1.** Comida utilizada para atrapar a peces o animales; cebo; carnada. **2.** Cualquier cosa que atrae o persuade a una persona o animal; señuelo.
—*verbo* **1.** Poner cebo. **2.** Fastidiar en forma cruel; provocar.

bake *verbo* **1.** Cocinar en un horno a fuego constante; hornear. **2.** Endurecer o secar al horno.

baker *sustantivo* Persona que hornea o vende pan, panecillos, pasteles y bizcochos; panadero.

bakery *sustantivo* Sitio donde se hornean o se venden pan, panecillos, pasteles y bizcochos.

baking powder Polvo usado al hornear para que los panes y bizcochos se levanten; polvo de hornear.

balance *sustantivo* **1.** Instrumento para pesar cosas; balanza. **2.** Condición en la cual cosas como cantidad, peso, fuerza o poder son iguales; equilibrio. **3.** Posición firme y estable; equilibrio. **4.** Algo que sobra; resto.
—*verbo* Poner o mantener en posición firme o estable; balancear.

balcony *sustantivo* **1.** Plataforma que sobresale de un edificio; balcón. Los balcones tienen barandillas a su alrededor. **2.** Piso superior o sección de asientos que sobresale por sobre el piso principal de un teatro o auditorio; paraíso; galería.

bald *adjetivo* **1.** Sin pelo en la cabeza; calvo. **2.** Sin cubierta natural; pelado.

bald eagle Águila de América del Norte, de cuerpo oscuro y cabeza y cola blancas. Es el emblema nacional de los Estados Unidos.

bale *sustantivo* Lío grande y apretado de materia prima o manufacturada; fardo.

balk *verbo* **1.** Detenerse en seco y rehusarse a continuar; repropiarse. **2.** Imposibilitar que ocurra; impedir.

ball¹ *sustantivo* **1.** Cuerpo esférico o casi esférico; bola. **2.** Bola redonda u ovalada usada en deportes y juegos; pelota. **3.** Juego, especialmente béisbol, que se juega con una pelota; juego de pelota. **4.** En béisbol, lanza-

---

batter does not swing at and is not thrown over home plate in the area between the batter's knees and shoulders.

ball² | bôl | —*noun, plural* **balls** A large, formal party for social dancing.

bal·lad | băl′əd | —*noun, plural* **ballads** A poem that tells a story in a simple manner.

bal·last | băl′əst | —*noun* Any heavy material carried in a vehicle to give it weight.

ball bear·ing | bâr′ĭng | A bearing in which the moving part turns or slides upon freely turning steel balls.

bal·let | bă lā′ | or | băl′ā′ | —*noun, plural* **ballets** A kind of dancing with formal jumps, turns, and poses. It requires great accuracy and grace. A ballet usually tells a story through the dancing and music.

bal·loon | bə lōōn′ | —*noun, plural* **balloons** 1. A large bag filled with hot air or another gas that is lighter than regular air. It often has a basket to lift passengers and loads into the air. 2. A small, brightly colored rubber bag that floats when it is filled with air or another gas.
—*verb* **ballooned, ballooning** To swell or puff out like a balloon.

bal·lot | băl′ət | —*noun, plural* **ballots** A piece of paper or another object used in an election. Voters mark their choices on them, usually in secret in the privacy of a booth.

ball-point pen | bôl′point′ | A pen with a small metal ball for its writing point.

bal·sam | bôl′səm | —*noun, plural* **balsams** A fir tree of North America.

bam·boo | băm bōō′ | —*noun, plural* **bamboos** A tall grass that looks like a tree. It has hollow, woody stems that are used to make window blinds and many other things.

ban | băn | —*verb* **banned, banning** To forbid by law or decree; prohibit.
—*noun, plural* **bans** An official order or decree that does not allow something to be done.

ba·na·na | bə năn′ə | —*noun, plural* **bananas** A curved fruit with sweet, soft flesh. It has yellow or red skin that peels off easily.

band¹ | bănd | —*noun, plural* **bands** 1. A strip of cloth, rubber, metal, or other material that binds or ties together. 2. A stripe of color or material.
—*verb* **banded, banding** To put a band on.

band² | bănd | —*noun, plural* **bands** 1. A group of people or animals acting together. 2. A group of musicians who play together.
—*verb* To form or gather in a group.

band·age | băn′dĭj | —*noun, plural* **bandages** A strip of cloth or other material used to bind, or cover a wound or injury.
—*verb* **bandaged, bandaging** To cover or bind with a bandage.

ban·dan·na or **ban·dan·a** | băn dăn′ə | —*noun, plural* **bandannas** or **bandanas** A large, brightly colored handkerchief, often worn around the neck.

ban·dit | băn′dĭt | —*noun, plural* **bandits** A robber, often one who is a member of a gang of outlaws.

bang | băng | —*noun, plural* **bangs** A loud, sharp, sudden noise.
—*verb* **banged, banging** 1. To make a loud, sharp, sudden noise. 2. To strike, hit, or move suddenly or with great force.

bangs | băngz | —*plural noun* Hair that is cut straight across the forehead.

ban·ish | băn′ĭsh | —*verb* **banished, banishing** 1. To force someone officially to leave a country or place; exile. 2. To drive away; force away; expel.

ban·is·ter | băn′ĭ stər | —*noun, plural* **banisters** The railing supported by posts along a staircase.

ban·jo | băn′jō | —*noun, plural* **banjos** or **banjoes** A musical instrument somewhat like a guitar. A banjo

miento que el bateador no trata de golpear y que no pasa entre las rodillas y hombros del bateador.

ball² *sustantivo* Fiesta grande y formal en que se baila; baile.

ballad *sustantivo* Poema que relata una historia en forma sencilla; balada.

ballast *sustantivo* Cualquier material pesado que se pone en un vehículo a fin de darle peso; lastre.

ball bearing Cojinete en el cual una parte movible se mueve o desliza sobre bolas de acero que giran libremente; rodamiento.

ballet *sustantivo* Tipo de danza con saltos, vueltas y poses ceremoniosas; ballet.

balloon *sustantivo* Globo: 1. Bolsa grande llena de aire caliente u otro gas más liviano que el aire. A menudo tiene una barquilla para elevar pasajeros y carga en el aire. 2. Bolsa de goma pequeña, de colores vivos, que flota cuando se llena de aire u otro gas.
—*verbo* Hincharse o inflarse como un globo.

ballot *sustantivo* Boleta de papel u otro objeto que se usa en una elección; balota. Los votantes marcan su selección en ellas, usualmente en secreto, en una cabina.

ball-point pen Instrumento para escribir, con una bolita metálica en la punta; bolígrafo.

balsam *sustantivo* Planta perenne de América del Norte; balsamina.

bamboo *sustantivo* Hierba alta que parece un árbol; bambú. Tiene tallos leñosos huecos, que se usan en la fabricación de persianas y muchas otras cosas.

ban *verbo* Vedar por ley o decreto; prohibir.
—*sustantivo* Orden oficial o decreto que impide hacer algo; prohibición.

banana *sustantivo* Fruto curvo de pulpa blanda, dulce y piel amarilla o rojiza que se pela fácilmente; plátano; banana.

band¹ *sustantivo* 1. Tira de tela, goma, metal u otro material que ata o une; banda. 2. Banda de color o material; franja.
—*verbo* Cubrir con una banda; vendar.

band² *sustantivo* Banda: 1. Grupo de personas o animales que obran juntos. 2. Conjunto de músicos que interpretan juntos.
—*verbo* Formar o reunir en un grupo; juntar; agrupar.

bandage *sustantivo* Tira de lienzo u otro material para ligar, o cubrir una herida o lesión; venda.
—*verbo* Atar o cubrir con una venda; vendar.

bandanna o **bandana** *sustantivo* Pañuelo grande de colores brillantes que con frecuencia se usa alrededor del cuello.

bandit *sustantivo* Ladrón, con frecuencia uno que es miembro de una pandilla de fugitivos; bandido.

bang *sustantivo* Ruido fuerte, agudo, súbito; estruendo.
—*verbo* 1. Producir un ruido grande, agudo, súbito; hacer estruendo. 2. Golpear o dar súbitamente o con fuerza.

bangs *sustantivo* Cabello recortado que se deja caer sobre la frente; flequillo.

banish *verbo* 1. Forzar a alguien, de manera oficial, a abandonar un territorio o lugar; desterrar. 2. Echar; alejar; excluir; eliminar.

banister *sustantivo* Listón que se coloca sobre las barandillas en las escaleras; pasamanos.

banjo *sustantivo* Instrumento musical parecido a la guitarra y tiene cuatro o cinco cuerdas que se tocan

---

ă pat ā pay â care ä father ĕ pet ē be ĭ pit ī pie î fierce ŏ pot ō go ô paw, for oi oil ōō book ōō boot

has four or five strings that are played by plucking.

bank¹ |băngk| —*noun, plural* **banks** **1.** The sloping ground at the edge of a river or lake. **2.** A sloping pile or heap.
—*verb* **banked, banking** To form into a bank; pile; heap.

bank² |băngk| —*noun, plural* **banks** **1.** A place of business where people's money is kept for them and money is lent for a charge. **2.** A small container used for saving money, especially coins.
—*verb* **banked, banking** **1.** To put in a bank. **2.** To have an account or savings at a particular bank.

bank·er |băng'kər| —*noun, plural* **bankers** **1.** An owner or manager of a bank. **2.** Someone who works in a bank.

bank·rupt |băngk'rŭpt'| —*adjective* **1.** Legally declared unable to pay one's debts. **2.** Without money; financially ruined.
—*verb* **bankrupted, bankrupting** To make bankrupt.

ban·ner |băn'ər| —*noun, plural* **banners** A flag or other piece of cloth that has words or a special design on it.
—*adjective* Extremely good.

ban·quet |băng'kwĭt| —*noun, plural* **banquets** A large, formal meal, usually given to mark some special occasion; a feast.

bap·tism |băp'tĭz'əm| —*noun, plural* **baptisms** The religious ceremony in which a person is sprinkled with water or dipped in water as a sign of having sins washed away.

bap·tize |băp tīz'| or |băp'tīz'| —*verb* **baptized, baptizing** To sprinkle with water or dip in water in baptism.

bar |bär| —*noun, plural* **bars** **1.** A straight piece of wood or metal that is longer than it is wide. Bars may be used to fasten doors, windows, or other openings. Some bars can be removed and some cannot. **2.** A solid, rectangular block of a substance. **3.** Something that blocks the way or makes progress difficult; an obstacle. **4.** A stripe, band, or other narrow marking. **5. a.** One of the upright lines drawn across a musical staff to divide it into equal measures of time. Double bars at the end of the music show that the music has ended. **b.** A unit of music between two such lines; a measure. **6.** The occupation of a lawyer. **7. a.** A counter where alcoholic drinks, and sometimes food, are served or sold. **b.** The place that has such a counter.
—*verb* **barred, barring** **1.** To close and fasten with a bar. **2.** To keep out; exclude.

barb |bärb| —*noun, plural* **barbs** A sharp point that sticks out backward.

bar·bar·i·an |bär bâr'ē ən| —*noun, plural* **barbarians** A person from a group or tribe that is primitive and not civilized.

bar·be·cue |bär'bĭ kyōō'| —*noun, plural* **barbecues** **1.** An open pit or fireplace used for cooking meat, usually outdoors. **2.** A social gathering at which food is prepared on a barbecue.
—*verb* **barbecued, barbecuing** To cook on a barbecue.

barbed wire Twisted strands of wire having sharp hooks or barbs at regular intervals. Barbed wire is used in fences.

bar·ber |bär'bər| —*noun, plural* **barbers** A person whose work is cutting hair and shaving or trimming beards.

bare |bâr| —*adjective* **barer, barest** **1.** Without covering or clothing; naked. **2.** Without the usual supplies or furnishings; empty. **3.** Just enough and no more.
—*verb* **bared, baring** To open up to view; uncover.

bare·foot |bâr'fŏŏt'| —*adjective* Without shoes or other covering on the feet.
—*adverb* Without shoes on.

bare·ly |bâr'lē| —*adverb* Almost not; hardly.

punteando; banjo.

bank¹ *sustantivo* **1.** Terreno inclinado, a la orilla de un río o lago; margen; bajo. **2.** Cúmulo o montón; pila.
—*verbo* Formar una pila; apilar.

bank² *sustantivo* **1.** Establecimiento comercial donde se guarda el dinero de la gente y se presta dinero por un interés; banco. **2.** Vasija pequeña donde se guarda dinero, especialmente monedas; alcancía.
—*verbo* **1.** Depositar en un banco. **2.** Tener una cuenta o ahorros en un banco dado.

banker *sustantivo* **1.** Dueño o administrador de un banco; banquero. **2.** Persona que trabaja en un banco.

bankrupt *adjetivo* **1.** Que se ha declarado legalmente incapaz de pagar sus deudas; quebrado. **2.** Sin dinero; en quiebra económica.
—*verbo* Hacer quebrar.

banner *sustantivo* Bandera u otro pedazo de tela en el cual se bordan palabras o un diseño especial; estandarte.
—*adjetivo* Sumamente bueno; sensacional.

banquet *sustantivo* Comida formal a la que concurren muchas personas para celebrar un acontecimiento; banquete.

baptism *sustantivo* Ceremonia religiosa en la cual se rocía o se sumerge en agua a una persona como símbolo de lavar sus pecados; bautismo.

baptize *verbo* Rociar o sumergir en agua durante el bautismo; bautizar.

bar *sustantivo* **1.** Pieza recta de madera o metal más larga que gruesa; barra. Las barras se usan para cerrar puertas, ventanas, u otras aberturas. Algunas barras se pueden remover, otras nó. **2.** Porción sólida, rectangular, de una sustancia; tableta. **3.** Estorbo que bloquea el camino o hace difícil el progreso; obstáculo. **4.** Lista, banda u otra señal estrecha; barra. **5. a.** Una de las líneas verticales dibujadas en el pentagrama para dividirlo en períodos de tiempo iguales; barra. Las dos barras al final de la música indican que ésta ha terminado. **b.** Período de tiempo entre tales dos líneas; compás. **6.** Profesión del abogado; abogacía. **7. a.** Mostrador donde se sirven o venden bebidas alcohólicas y a veces comida; barra. **b.** Lugar donde hay tal mostrador; barra.
—*verbo* **1.** Cerrar y asegurar con una barra; atrancar. **2.** Dejar fuera; excluir.

barb *sustantivo* Punta aguda que sobresale hacia atrás; púa.

barbarian *sustantivo* Persona de un grupo o tribu primitiva y no civilizada; bárbaro.

barbecue *sustantivo* **1.** Hoyo o parrilla abierta que se usa para cocinar carne, usualmente al aire libre; barbacoa. **2.** Reunión social en la cual la comida se prepara en una barbacoa.
—*verbo* Cocinar en una barbacoa.

barbed wire Hebras de alambre, entrelazadas, con ganchos puntiagudos o púas a intérvalos regulares; alambre de púas. El alambre de púas se usa en cercas.

barber *sustantivo* Persona cuyo oficio es cortar los cabellos y afeitar o recortar la barba; barbero.

bare *adjetivo* **1.** Sin cobertura o vestido; desnudo. **2.** Desprovisto de las provisiones o del mobiliario usual; vacío. **3.** Lo justo y nada más.
—*verbo* Poner al descubierto; descubrir.

barefoot *adjetivo* Sin calzado; con los pies desnudos; descalzo.
—*adverbio* Sin calzado; descalzo.

barely *adverbio* Casi; con dificultad; apenas.

ər butter   yōō abuse   ou **out**   ŭ **cut**   û **fur**   *th* **the**   th **thin**   hw **which**   zh **vision**   ə **ago, item, pencil, atom, circus**

bar·gain |bär′gĭn| —*noun, plural* **bargains 1.** An agreement between two sides; a deal. **2.** Something offered or bought at a low price.
—*verb* **bargained, bargaining** To discuss a price to be paid.

barge |bärj| —*noun, plural* **barges** A boat with a flat bottom used to carry freight on rivers and canals.

bar·i·tone |bărˈĭ tōn′| —*noun, plural* **baritones 1.** A man's singing voice, higher than a bass and lower than a tenor. **2.** A singer who has such a voice.

bark[1] |bärk| —*noun, plural* **barks** The short, gruff sound made by a dog and certain other animals.
—*verb* **barked, barking** To make the sound of a bark.

bark[2] |bärk| —*noun, plural* **barks** The outer covering of the trunks, branches, and roots of trees. Bark can be thick and rough or thin and smooth.
—*verb* **barked, barking** To scrape the skin from.

bar·ley |bärˈlē| —*noun* A plant that is like grass and bears seeds. Barley is used as food and in making beer and whiskey.

barn |bärn| —*noun, plural* **barns 1.** A large farm building used for storing grain, hay, and other farm products. **2.** A building used for sheltering cattle and other livestock.

ba·rom·e·ter |bə rŏmˈĭ tər| —*noun, plural* **barometers** An instrument that measures the pressure of the atmosphere.

bar·on |bărˈən| —*noun, plural* **barons 1.** A nobleman of the lowest rank. **2.** In the Middle Ages, a man with lands and a title received directly from a king.

bar·on·ess |bărˈə nĭs| —*noun, plural* **baronesses 1.** The wife of a baron. **2.** A woman with a rank equal to that of a baron in her own right.

bar·racks |bărˈəks| —*plural noun* A building or group of buildings where soldiers live.

bar·ra·cu·da |bărˈə kōō′də| —*noun, plural* **barracudas** or **barracuda** A sea fish with a long, narrow body and very sharp teeth. Barracudas are found mostly in tropical waters.

bar·rel |bărˈəl| —*noun, plural* **barrels 1.** A large wooden container with a flat, round top and bottom and curved sides. **2. a.** A barrel with something in it. **b.** The amount held by a barrel. **3.** A unit of measure, especially 31.5 gallons of oil. **4.** The metal tube of a gun.

bar·ren |bărˈən| —*adjective* **1.** Not producing anything. **2.** Not able to bear offspring.

bar·rette |bə rĕt′| or |bä rĕt′| —*noun, plural* **barrettes** A clip used to hold hair in place.

bar·ri·cade |bărˈĭ kād′| or |bărˈĭ kād′| —*noun, plural* **barricades** A quickly built fence set up for defense.
—*verb* **barricaded, barricading** To close off, block, or protect with a barricade.

bar·ri·er |bărˈē ər| —*noun, plural* **barriers** Something that holds back or stops movement or passage.

bar·ter |bärˈtər| —*verb* **bartered, bartering** To trade one thing for another without using money.
—*noun* The act of bartering.

base[1] |bās| —*noun, plural* **bases 1.** The lowest part; the bottom. **2.** A part on which something rests. **3.** The main part of something. **4.** A starting point or main place; headquarters. **5.** In baseball, one of the four corners of the infield. A runner must touch four bases to score. **6.** A place to which ships, aircraft, or other military or naval forces return for supplies, repairs, orders, or shelter. **7.** A chemical substance that joins with an acid to make a salt. A base will turn red litmus paper blue.
—*verb* **based, basing** To use as a base or foundation for; support.

base[2] |bās| —*adjective* **baser, basest 1.** Not honorable; shameful, mean, or low. **2.** Not of great value.

base·ball |bāsˈbôl′| —*noun, plural* **baseballs 1.** A

bargain *sustantivo* **1.** Acuerdo entre dos partes; pacto. **2.** Cosa que se ofrece o se compra a poco costo; ganga.
—*verbo* Debatir el precio a ser pagado; regatear.

barge *sustantivo* Embarcación de fondo plano para transportar carga en ríos y canales; barcaza.

baritone *sustantivo* Barítono: **1.** Voz de cantante masculino, entre la del tenor y la del bajo. **2.** Cantante que tiene esta voz.

bark[1] *sustantivo* Voz breve, brusca, que produce el perro y algunos otros animales; ladrido.
—*verbo* Dar ladridos; ladrar.

bark[2] *sustantivo* Parte externa de los tallos, ramas y raíces de los árboles; corteza. La corteza puede ser gruesa y áspera o delgada y suave.
—*verbo* Raspar la piel; rasguñar.

barley *sustantivo* Planta parecida a la hierba y que produce semillas; cebada. La cebada se usa como alimento y para hacer cerveza y whisky.

barn *sustantivo* **1.** Lugar donde se almacenan granos, heno y otros productos de la finca; granero. **2.** Sitio donde se encierra al ganado y otros animales; establo.

barometer *sustantivo* Instrumento para determinar la presión atmosférica; barómetro.

baron *sustantivo* Barón: **1.** Noble de rango menor. **2.** En la edad media, hombre que poseía un título y tierras otorgadas directamente por un rey.

baroness *sustantivo* Baronesa: **1.** Mujer del barón. **2.** Mujer de rango igual al del barón, por derecho propio.

barracks *sustantivo* Edificio o grupo de edificios donde se alojan los soldados.

barracuda *sustantivo* Pez marino de cuerpo largo y delgado y dientes muy afilados; barracuda. Las barracudas se encuentran mayormente en los mares tropicales.

barrel *sustantivo* **1.** Recipiente grande de madera, de tapa y fondo planos y redondos, y lados curvos; barril; cuba; tonel. **2. a.** Un barril con algo adentro. **b.** Cantidad que cabe en un barril. **3.** Unidad de medida, en especial 31.5 galones de petróleo o 119.2 litros. **4.** Tubo de metal de una pistola; cañón.

barren *adjetivo* Estéril: **1.** Que no produce nada. **2.** Que no puede tener prole.

barrette *sustantivo* Hebilla o broche usado para sujetar el cabello; pasador.

barricade *sustantivo* Parapeto construido de improviso para defenderse; barricada.
—*verbo* Cerrar, obstruir o proteger con una barricada.

barrier *sustantivo* Obstáculo que se usa para atajar o detener el movimiento o paso; barrera.

barter *verbo* Cambiar una cosa por otra sin utilizar dinero; trocar.
—*sustantivo* Acción de trocar; trueque.

base[1] *sustantivo* **1.** Parte más baja; fondo; base. **2.** Parte en que descansa alguna cosa; apoyo; base. **3.** Parte principal de algo; base. **4.** Punto de inicio o lugar principal; sede. **5.** En el béisbol, uno de los cuatro puestos en las esquinas del cuadrado; base. El corredor de bases debe tocar cuatro bases para marcar un punto. **6.** Lugar a donde regresan los barcos, aviones u otras fuerzas militares o navales por pertrechos, reparaciones, órdenes o refugio; base. **7.** Substancia química que se combina con un ácido para formar una sal; base. Una base vuelve azul el papel de tornasol rojo.
—*verbo* Usar como razón o fundamento; apoyar.

base[2] *adjetivo* **1.** Deshonesto; vergonzoso, infame o bajo. **2.** De poco valor; común; bajo.

baseball *sustantivo* **1.** Juego entre dos equipos de

game played with a bat and ball by two teams of nine players each. Baseball is played on a field with four bases. Runs are scored when a player is able to go around and touch all the bases. **2.** The ball used in this game.

base·ment |băs′mənt| —*noun, plural* **basements** The lowest floor of a building, often below ground.

ba·ses¹ |bā′sēz′| The plural of the noun **basis**.

bas·es² |bā′sīz| The plural of the noun **base**.

bash·ful |băsh′fəl| —*adjective* Timid and embarrassed with other people; shy.

ba·sic |bā′sĭk| —*adjective* **1.** Forming the main part of something; essential. **2.** Necessary before something else.
—*noun, plural* **basics** Basic knowledge or skills.

ba·sin |bā′sən| —*noun, plural* **basins** **1.** A round, shallow bowl often used for holding water to wash in. **2. a.** A basin with something in it. **b.** The amount that a basin holds. **3.** A natural or man-made hollow filled with water. **4.** The land drained by a river and all the streams that flow into it.

ba·sis |bā′sĭs| —*noun, plural* **bases** The part on which other parts rest or depend; foundation.

bask |băsk| or |bäsk| —*verb* **basked, basking** **1.** To rest and enjoy a pleasant warmth. **2.** To feel pleasure.

bas·ket |băs′kĭt| or |bä′skĭt| —*noun, plural* **baskets** **1.** A container to hold things. Baskets are made of woven twigs, grasses, fibers, or strips of wood. **2. a.** A basket with something in it. **b.** The amount that a basket holds. **3.** In basketball: **a.** A metal hoop with a net that is open at the bottom. The ball is thrown through the basket to score a goal. **b.** A goal scored by such a throw.

bas·ket·ball |băs′kĭt bôl′| or |bä′skĭt bôl′| —*noun, plural* **basketballs** **1.** A game played with a large ball and two raised baskets. Two teams of five players each try to throw the ball through the basket on their opponent's side. **2.** The ball used in this game.

bass |bās| —*noun, plural* **basses** **1.** The lowest musical notes. **2.** The lowest man's singing voice. **3.** A singer who has such a voice.

bas·soon |bə sōōn′| or |bă sōōn′| —*noun, plural* **bassoons** A musical instrument of the woodwind family. A bassoon has a long wooden body that is connected to the mouthpiece by a curved metal tube.

baste¹ |bāst| —*verb* **basted, basting** To sew with large, loose stitches that can easily be taken out when the final sewing is done.

baste² |bāst| —*verb* **basted, basting** To pour melted fat or other liquid over food while roasting it.

bat¹ |băt| —*noun, plural* **bats** A wooden stick or club used to hit the ball in games such as baseball.
—*verb* **batted, batting** To hit with or as if with a bat; hit.

bat² |băt| —*noun, plural* **bats** An animal with a furry body and thin, leathery wings.

batch |băch| —*noun, plural* **batches** **1.** An amount prepared at one time. **2.** A group of things.

bath |băth| or |bäth| —*noun, plural* **baths** |băthz| or |bäthz| or |băths| or |bäths| **1.** The act of washing the body in water. **2.** The water used for a bath. **3.** A bathroom.

bathe |bāth| —*verb* **bathed, bathing** **1.** To give a bath to or take a bath. **2.** To soak in a liquid. **3.** To seem to wash or pour over; flood. **4.** To go swimming.

bath·ing suit |bā′thĭng| A piece of clothing worn for swimming.

bath·room |băth′rōōm′| or |băth′rŏŏm′| or |bäth′rōōm′| or |bäth′rŏŏm′| —*noun, plural* **bathrooms** **1.** A room for taking a bath or shower, usually also containing a sink and toilet. **2.** A room with a toilet in it.

---

nueve jugadores cada uno; béisbol. El béisbol se juega con un bate y una pelota en un circuito de cuatro bases. El jugador marca un tanto cuando puede recorrer todas las bases. **2.** Bola usada en este juego; pelota.

basement *sustantivo* Piso más bajo de un edificio, con frecuencia bajo tierra; sótano.

bases¹ Plural del sustantivo **basis**.

bases² Plural del sustantivo **base**.

bashful *adjetivo* Tímido y desconcertado con otra gente; vergonzoso.

basic *adjetivo* Básico: **1.** Que forma la parte principal de una cosa; fundamental; esencial. **2.** Necesario antes de alguna otra cosa.
—*sustantivo* Conocimiento o destrezas básicas; fundamento.

basin *sustantivo* **1.** Vasija redonda y poco profunda que sirve principalmente para contener el agua para lavarse; jofaina. **2. a.** Jofaina con algo adentro. **b.** Cantidad que contiene una jofaina. **3.** Depósito natural o artificial de agua; laguna. **4.** Territorio irrigado por un río; las aguas que afluyen a este río; cuenca.

basis *sustantivo* Fundamento sobre el cual se apoyan o del cual dependen otras partes; base.

bask *verbo* **1.** Descansar y disfrutar de un calor agradable; tomar el sol; calentarse. **2.** Sentir placer; complacerse.

basket *sustantivo* **1.** Recipiente para recoger objetos; cesta. Las cestas se hacen de juncos, mimbres, cañas o varillas de madera entretejidas. **2. a.** Cesta con algo adentro. **b.** Cantidad que contiene una cesta. **3.** En baloncesto: **a.** Aro de metal con una red abierta en el fondo; cesto. La bola se tira al canasto para hacer un tanto. **b.** Tanto que se logra con tal tiro; canasta.

basketball *sustantivo* **1.** Juego con una bola grande y dos cestos elevados; baloncesto. Dos equipos de cinco jugadores cada uno trata de introducir la bola en el cesto del lado contrario. **2.** Bola usada en este juego.

bass *sustantivo* Bajo: **1.** Las notas musicales más bajas. **2.** La más grave de las voces de canto masculinas. **3.** Cantante que tiene esta voz.

bassoon *sustantivo* Instrumento musical de viento; fagot. El fagot está formado por un tubo largo de madera que se conecta a la boquilla por un tubo encorvado.

baste¹ *verbo* Unir con puntadas largas y sueltas que se pueden desprender fácilmente al hacer la costura final; hilvanar.

baste² *verbo* Untar con grasa derretida u otro líquido lo que se está asando; lardear.

bat¹ *sustantivo* Palo de madera que se usa para golpear la pelota en juegos como el béisbol; bate.
—*verbo* Golpear con un bate o como con un bate.

bat² *sustantivo* Animal de cuerpo peludo y alas delgadas y correosas; murciélago.

batch *sustantivo* **1.** Cantidad preparada de una vez; hornada; lote. **2.** Conjunto de cosas; montón; cúmulo.

bath *sustantivo* Baño: **1.** Acción de lavar el cuerpo en agua. **2.** Agua para bañarse. **3.** Cuarto de baño.

bathe *verb* **1.** Dar o tomar un baño o bañarse. **2.** Sumergir en un líquido; bañar; empapar. **3.** Dar la apariencia de verter o inundar; bañar. **4.** Ir a nadar.

bathing suit Traje para nadar; traje de baño.

bathroom *sustantivo* **1.** Aposento para tomar baños o duchas que por lo regular también tiene un lavabo y un inodoro; baño; cuarto de baño. **2.** Aposento con un inodoro; retrete.

ər butter   yōō abuse   ou out   ŭ cut   û fur   *th* the   th thin   hw which   zh vision   ə ago, item, pencil, atom, circus

bath·tub |băth′tŭb′| or |bäth′tŭb′| —*noun, plural* **bathtubs** A tub to bathe in.

ba·ton |bə tŏn′| or |băt′n| —*noun, plural* **batons** **1.** A thin stick used by the leader of a band, chorus, or orchestra. **2.** A stick or staff twirled by a drum major or majorette.

bat·tal·ion |bə tăl′yən| —*noun, plural* **battalions** **1.** A large group of soldiers organized as a unit. Two or more companies make a battalion. **2.** A large group of people.

bat·ter[1] |băt′ər| —*verb* **battered, battering** **1.** To strike or pound again and again with heavy blows. **2.** To hurt or damage by rough treatment or hard wear.

bat·ter[2] |băt′ər| —*noun, plural* **batters** In baseball, a player who is or will be batting.

bat·ter[3] |băt′ər| —*noun, plural* **batters** A beaten, liquid mixture of flour, eggs, and milk or water. Batter becomes solid when fried or baked. Pancakes, biscuits, and cakes are made of batter.

bat·ter·y |băt′ər ē| —*noun, plural* **batteries** **1.** A small, sealed can with a chemical paste inside that makes or stores electricity; a dry cell. **2.** A group of things or people that do something together. **3.** A set of large artillery guns.

bat·tle |băt′l| —*noun, plural* **battles** **1.** A fight between two armed groups, usually in war. **2.** Any hard struggle or contest.
—*verb* **battled, battling** **1.** To fight; to struggle. **2.** To fight against.

bat·tle·ship |băt′l shĭp′| —*noun, plural* **battleships** A large warship having very heavy guns and armor.

bawl |bôl| —*verb* **bawled, bawling** **1.** To cry or sob loudly; howl. **2.** To cry out or call in a loud, strong voice; bellow.
Phrasal verb **bawl out** To scold loudly or harshly.
—*noun, plural* **bawls** A loud cry or shout.

bay[1] |bā| —*noun, plural* **bays** A broad part of a sea or lake partly surrounded by land.

bay[2] |bā| —*noun, plural* **bays** A part of a room or building that juts out beyond the main outside wall. It often has windows on three sides.

bay[3] |bā| —*adjective* Reddish-brown.

bay[4] |bā| —*noun, plural* **bays** The long, deep barking of a dog.
—*verb* **bayed, baying** To bark with long, deep cries.

bay[5] |bā| —*noun, plural* **bays** A tree or shrub with shiny evergreen leaves that are often used as spice; a laurel.

bay·o·net |bā′ə nĭt| or |bā′ə nĕt′| or |bā′ə nĕt′| —*noun, plural* **bayonets** A knife attached to the front end of a rifle. A bayonet is used in close combat.

bay·ou |bī′ōō| or |bī′ō| —*noun, plural* **bayous** A stream that moves slowly through a marsh and into or out of a lake or river. Bayous are common in the southern United States.

ba·zaar |bə zär′| —*noun, plural* **bazaars** **1.** A market found in Oriental countries and made up of a street lined with shops and stalls. **2.** A fair or sale, usually to raise money for a charity.

be |bē| The verb **be** does not show action. It shows that something exists, it describes relationships in place, space, or time, and it functions as a linking verb and as a helping, or auxiliary, verb. **1.** To be real; exist. In this sense the verb **be** is often used with the pronoun *there*. **2.** To occupy a certain position in place, space, or time. In this sense the prepositional phrase (for example, *on the table, in the air, on Tuesday*) describes the place, space, or time. **3.** To take place; occur.
—*linking verb* As a linking verb **be** is used to connect, or link, a noun or pronoun with a word that de-

bathtub *sustantivo* Pila para bañarse; bañera.

baton *sustantivo* Batuta: **1.** Bastón corto que utiliza el director de una orquesta, banda o coro. batuta. **2.** Bastón que hace girar un cachiporrero o una cachiporrera; cachiporra.

battalion *sustantivo* **1.** Gran número de soldados organizados en una unidad; batallón. Dos o más compañías forman un batallón. **2.** Gran cantidad de personas; multitud.

batter[1] *verbo* **1.** Golpear repetidamente con violencia; maltratar; batir: *Waves battered the pier.* = *Las olas golpeaban contra el malecón.* **2.** Dañar o deteriorar por maltrato o uso severo: *The weather battered the paint on his car.* = *El clima deterioró la pintura de su automóvil.*

batter[2] *sustantivo* En béisbol, persona que tiene o tendrá un turno al bate; bateador.

batter[3] *sustantivo* Mezcla líquida y batida de harina, huevos y leche o agua; batido; pasta. El batido se vuelve sólido al freírlo u hornearlo. Las tortas, galletas y bizcochos se hacen de batido.

battery *sustantivo* **1.** Cilindro de metal pequeño y sellado, con una pasta química en su interior que produce o almacena electricidad; pila; acumulador. **2.** Conjunto de cosas o personas que hacen algo juntos; grupo. **3.** Conjunto de piezas de artillería; batería.

battle *sustantivo* **1.** Combate entre dos grupos armados, usualmente en la guerra; batalla. **2.** Lid o contienda reñida; lucha.
—*verbo* **1.** Pelear; reñir; batallar. **2.** Luchar contra algo; combatir.

battleship *sustantivo* Buque de guerra grande, blindado, y con armas muy pesadas; acorazado.

bawl *verbo* **1.** Llorar o sollozar en voz alta; llorar a gritos.
Verbo en locución **bawl out.** Reprender duramente y a voces; regañar.
—*sustantivo* Grito o voz muy fuerte; alarido.

bay[1] *sustantivo* Sección del mar o de un lago parcialmente rodeada de tierra; bahía.

bay[2] *sustantivo* Parte de una habitación o edificio que sobresale por sobre la pared exterior; mirador. Con frecuencia tiene ventanas en los tres lados.

bay[3] De color blanco amarillento; marrón rojizo.

bay[4] *sustantivo* Ladrido profundo y prolongado del perro; aullido.
—*verbo* Ladrar con sonidos prolongados y profundos; aullar.

bay[5] *sustantivo* Árbol o arbusto de hojas siempre verdes que a menudo se usan como condimento; laurel.

bayonet *sustantivo* Cuchillo que se adapta al cañón de un fusil; bayoneta. Las bayonetas se usan en combates cerrados.

bayou *sustantivo* Arroyo que cruza lentamente un pantano hacia o en dirección contraria a un lago o río, común en el sur del los Estados Unidos.

bazaar *sustantivo* **1.** En los países de Oriente, mercado que consiste de tiendas y puestos alineados en una calle; bazar. **2.** Feria o ventas, usualmente para recoger dinero con un fin caritativo; feria.

be El verbo **be** no implica acción. Indica que algo existe, describe relaciones en lugar, espacio o tiempo, y actúa como verbo sustantivo y verbo auxiliar. **1.** Que tiene existencia o realidad; ser. En esta acepción, el verbo **be** se usa a menudo con el pronombre *there: There is a book on the table.* = *Hay un libro en la mesa.* **2.** Que ocupa cierta posición en un lugar, espacio, o tiempo; ser o estar. En este sentido la frase preposicional (por ejemplo: *on the table; on the air; on Tuesday*) describe el lugar, espacio o tiempo. **3.** Suceder; acontecer; llevar a cabo: *When is the show?* = *¿Cuándo es el espectáculo?*

ă pat   ā pay   â care   ä father   ĕ pet   ē be   ĭ pit   ī pie   î fierce   ŏ pot   ō go   ô paw, for   oi oil   ŏŏ book   ōō boot

scribes it, or with another noun that names the same thing.

—*helping,* or *auxiliary, verb* As a helping verb **be** is used: **1.** With the present participle of a verb to show continuing action. **2.** With the past participle of a verb to show the passive voice. **3.** With the preposition **to** and the infinitive of another verb to indicate: **a.** duty or necessity. **b.** supposition. **c.** the fact that something has not yet happened.

beach |bĕch| —*noun, plural* **beaches** The shore of a body of water. Beaches are full of sand or of pebbles. —*verb* **beached, beaching** To haul or drive a boat onto a shore.

bea·con |bē′kən| —*noun, plural* **beacons** A fire, light, radio signal, or anything used to guide or warn.

bead |bĕd| —*noun, plural* **beads** **1.** A small, round piece of glass, metal, wood, or other material. A bead has a hole in it through which a string can be pulled. **2.** Any small, round object.

bea·gle |bē′gəl| —*noun, plural* **beagles** A small dog with a smooth coat and drooping ears. It is often used as a hunting dog.

beak |bēk| —*noun, plural* **beaks** **1.** The hard, projecting mouth parts of a bird; a bill. **2.** A part that looks like a bird's beak.

beak·er |bē′kər| —*noun, plural* **beakers** A container used in a laboratory. It has straight sides, and a lip for pouring.

beam |bēm| —*noun, plural* **beams** **1.** A long, sturdy piece of wood or metal. Beams are used in building as horizontal supports for floors or ceilings. **2.** Light sent out into space. —*verb* **beamed, beaming** **1.** To send off light; shine. **2.** To smile widely.

bean |bēn| —*noun, plural* **beans** **1.** An oval, often flat seed, used as food. There are several kinds of beans, such as lima beans or kidney beans. **2.** A pod in which beans grow. Bean pods are usually long and narrow. **3.** A plant on which beans grow. **4.** A seed or pod that is like a bean, such as coffee beans.

bear¹ |bâr| —*verb* **bore, borne, bearing** **1.** To hold up; support. **2.** To carry. **3.** To show. **4.** To put up with; endure. **5.** To produce; yield. **6.** To give birth to. In this sense the verb **bear** has another form for the past participle. This other form is **born.** It is mainly used when the verb **bear** indicates the fact of birth.

bear² |bâr| —*noun, plural* **bears** **1.** A large animal with a shaggy coat and a very short tail. There are several kinds of bears, such as the polar bear and the grizzly bear.

beard |bîrd| —*noun, plural* **beards** **1.** The hair on a man's face. **2.** Something that looks like a beard.

bearing |bâr′ĭng| —*noun, plural* **bearings** **1.** The way a person looks, acts, and moves. **2.** A part on a machine that holds a moving part and allows it to move or turn with little resistance. **3.** Relationship in thought or meaning; connection. **4. bearings** Sense or knowledge of direction.

—*verbo sustantivo* Como verbo sustantivo **be** se usa para unir o conectar un sustantivo o un pronombre con la palabra que lo describe, o con cualquier otra palabra que califica al mismo objeto: *Mr. Walker is tall.* = *El Sr. Walker es alto. That book is mine.* = *Ese libro es mío.*
—*verbo auxiliar* Como verbo auxiliar **be** se usa: **1.** Con el gerundio de un verbo para indicar continuidad de acción: *I am drawing the plans for a kite.* = *Estoy haciendo los planos para un cometa.* **2.** Con el participio pasado de un verbo para formar la voz pasiva: *She was pleased by the results of the test.* = *Ella se puso contenta con los resultados del examen.* **3.** Con la preposición *to* y el infinitivo de otro verbo para indicar: **a.** deber o necesidad: *She is to tell you when the package arrives.* = *Ella es la que le va a decir cuándo va a llegar el paquete.* **b.** suposición: *How am I to know the answer?* = *¿Cómo puedo saber yo la respuesta?* **c.** el hecho de que algo no ha ocurrido aún: *She was to become the first woman doctor.* = *Ella iba a ser la primer doctora.*

beach *sustantivo* Ribera; playa. Las playas pueden estar formadas de arenales o guijarros.
—*verbo* Dirigir o sacar un bote hacia la playa; varar.

beacon *sustantivo* Fuego, luz, señal de radio o cualquier otra cosa que se usa como guía o advertencia; faro; señal.

bead *sustantivo* **1.** Bolilla de cristal, metal, madera u otro material; cuenta. Las cuentas tienen un hueco en el centro por donde se ensartan a un hilo. **2.** Cualquier objeto redondo y pequeño.

beagle *sustantivo* Perro pequeño de pelaje suave y orejas caídas; perro pachón. A menudo se usa como perro de caza.

beak *sustantivo* **1.** Parte saliente y dura de la boca de las aves; pico. **2.** Algo que se parece al pico de un ave.

beaker *sustantivo* Recipiente que se usa en los laboratorios; vaso de laboratorio. Tiene lados rectos y un pico para verter líquidos.

beam *sustantivo* **1.** Pieza larga y pesada de madera o metal; viga. Las vigas se usan en los edificios como sostén horizontal de pisos y techos. **2.** Luz dirigida hacia el espacio; haz de luz.
—*verbo* **1.** Despedir luz; emitir. **2.** Sonreír alegremente; rebozar de alegría.

bean *sustantivo* **1.** Semilla ovalada, generalmente plana, que se usa como alimento; frijol. Hay varias clases de frijoles tales como los frijoles colorados y las habas. **2.** Cáscara en la que crecen los frijoles; vaina. Las vainas por lo general son largas y estrechas. **3.** Plantas en las que crecen los frijoles; frijol. **4.** Semilla o vaina parecida a los frijoles, como los granos de café.

bear¹ *verbo* **1.** Soportar; sostener. **2.** Llevar. **3.** Mostrar; tener. **4.** Soportar; resistir. **5.** Dar; producir. **6.** Dar a luz; parir. En este sentido el verbo **bear** usa otra forma de participio pasivo. Esta otra forma es **born.** Se usa mayormente cuando el verbo **bear** señala el hecho del nacimiento: *a daughter born to her* = *una hija nacida de ella. The twins were born in Boston.* = *Los gemelos nacieron en Boston.*

bear² *sustantivo* Animal grande de pelaje abundante y cola muy corta. Hay varias especies de osos, como el oso blanco y el oso gris.

beard *sustantivo* **1.** Pelo en la cara de un hombre; barba. **2.** Algo que se parece a una barba.

bearing *sustantivo* **1.** Aspecto, modo de actuar y comportarse una persona; porte. **2.** Pieza de una máquina que sostiene una parte movible y que le permite moverse o girar con poca resistencia; cojinete. **3.** Correspondencia en pensamiento o significado; relación. **4. bearings** sentido o conocimiento de dirección; rumbo.

---

beast |bēst| —*noun, plural* **beasts** **1.** Any animal that is not a human being, especially a large animal with four feet. **2.** A cruel or savage person.

beat |bēt| —*verb* **beat, beaten** or **beat, beating** **1.** To hit or strike again and again. **2.** To pound again and again; dash. **3.** To make a sound by striking again and again. **4.** To shape or flatten by pounding. **5.** To move up and down; flap. **6.** To pound heavily and fast; throb. **7.** To mix or whip rapidly. **8.** To win against.
—*noun, plural* **beats** **1.** A sound, stroke, or blow made again and again. **2. a.** The regular action of the heart pumping blood; a throb. **b.** The sound made by this. **3.** In music, the basic unit of time. **4.** A route or round that is followed regularly by someone.

beat·en |bēt′n| A past participle of the verb **beat.**
—*adjective* **1.** Thinned or formed by hammering. **2.** Much traveled.

beau·ti·ful |byōō′tə fəl| —*adjective* Delightful to look at, listen to, or think about; pleasing.

beau·ty |byōō′tē| —*noun, plural* **beauties** **1.** A quality that is delightful or pleasing to look at, listen to, or think about. **2.** A person or thing that is beautiful.

bea·ver |bē′vər| —*noun, plural* **beavers** **1.** An animal with thick fur, a broad, flat tail, and large, strong front teeth. Beavers live in and near lakes and streams. They gnaw down trees to build dams and homes in the water. **2.** The fur of a beaver.

be·came |bǐ kām′| The past tense of the verb **become.**

be·cause |bǐ kôz′| or |bǐ kŭz′| —*conjunction* For the reason that.

because of On account of.

beck·on |běk′ən| —*verb* **beckoned, beckoning** To signal to someone with the head or hand.

be·come |bǐ kŭm′| —*verb* **became, become, becoming** **1.** To grow or come to be. **2.** To look good on. **3. become of** To happen to.

be·com·ing |bǐ kŭm′ing| —*adjective* **1.** Appropriate; fitting; proper. **2.** Attractive; pleasing to look at.

bed |běd| —*noun, plural* **beds** **1. a.** A piece of furniture for resting and sleeping. **b.** Any place or surface upon which animals or people may sleep or rest. **2.** A small area of land for growing things. **3.** Anything that forms a bottom or supporting part.
—*verb* **bedded, bedding** To provide with a place to sleep.

bed·ding |běd′ing| —*noun* Things used on a bed, such as sheets, blankets, and pillows.

bed·room |běd′rōōm′| or |běd′rŏŏm′| —*noun, plural* **bedrooms** A room for sleeping.

bed·spread |běd′sprěd′| —*noun, plural* **bedspreads** A cover for a bed. It goes on over the sheets and blanket.

bed·time |běd′tīm′| —*noun, plural* **bedtimes** The time when a person usually goes to bed.

bee |bē| —*noun, plural* **bees** A winged insect that gathers pollen and nectar from flowers. There are several kinds of bees. Most of them can sting. Some bees live together in large groups.

beech |bēch| —*noun, plural* **beeches** **1.** A tree with smooth, light-gray bark and strong wood. **2.** The wood of this tree.

beast *sustantivo* **1.** Cualquier animal que no sea un ser humano, en especial un animal cuadrúpedo grande; bestia. **2.** Persona cruel y salvaje.

beat *verbo* **1.** Golpear o pegar repetidamente; aporrear. **2.** Dar repetidos golpes; batir. **3.** Producir un sonido mediante golpes repetidos; tocar (como un tambor). **4.** Dar forma o aplanar a base de martillazos; batir. **5.** Mover hacia arriba y hacia abajo; batir (las alas). **6.** Latir rápidamente y con fuerza; palpitar. **7.** Mezclar o revolver con rapidez; batir. **8.** Vencer; derrotar.
—*sustantivo* **1.** Sonido o golpe repetido; redoble; tañido. **2. a.** Acción regular del corazón al bombear sangre; latido. **b.** Sonido que produce el latido; pulsación. **3.** En música, unidad básica de tiempo; compás. **4.** Ruta o camino que sigue una persona con regularidad; ronda.

beaten Participio pasado del verbo **beat.**
—*adjetivo* **1.** Aplastado o reducido a martillazos; batido. **2.** Muy andado; trillado.

beautiful *adjetivo* Agradable de mirar, escuchar, o de pensar; hermoso.

beauty *sustantivo* Belleza: **1.** Cualidad que hace a las cosas agradables de mirar, escuchar, o pensar en ellas; hermosura. **2.** Persona o cosa hermosa; beldad.

beaver *sustantivo* **1.** Animal de piel gruesa, cola aplastada y ancha, y dientes grandes y fuertes; castor. Los castores viven en, y cerca de, arroyos y lagos. Roen los árboles para construir diques y madrigueras en el agua. **2.** Piel del castor.

became Pretérito del verbo **become.**

because *conjunción* Por razón de que; porque: *He left because he got sick.* = *Él se fué porque se enfermó*

because of Por causa de; a causa de: *He stayed home because of illness.* = *Él se quedó en su casa a causa de su enfermedad.*

beckon *verbo* Llamar a alguien por gestos o ademanes de la cabeza o la mano; hacer señas.

become *verbo* **1.** Volverse o llegar a ser; hacerse; ponerse; convertirse: *The town became a city.* = *El pueblo se convirtió en una ciudad.* **2.** Sentar bien; venir bien: *The new suit becomes you.* = *El traje nuevo te sienta bien.* **3. become of** Acontecer; ser de: *What has become of our old car?* = *¿Qué ha sido de nuestro viejo automóvil?*

becoming *adjetivo* **1.** Propio o digno; apropiado: *She fixed the alarm clock with the skill becoming to an expert.* = *Ella arregló el reloj despertador con la habilidad propia de un experto.* **2.** Atractivo; agradable de mirar: *a becoming hat* = *un sombrero atractivo.*

bed *sustantivo* **1. a.** Mueble para descansar y dormir; cama. **b.** Cualquier sitio o superficie donde se echan los animales o las personas para descansar o dormir; lecho. **2.** Cuadro pequeño de tierra destinado al cultivo; era. **3.** Todo lo que forma el fondo o sirve de sostén; lecho.
—*verbo* Proveer de un lugar para dormir; alojar.

bedding *sustantivo* Piezas para vestir la cama, como sábanas, mantas y almohadas; ropa de cama.

bedroom *sustantivo* Cuarto para dormir; alcoba.

bedspread *sustantivo* Cobertura de cama que se coloca sobre las sábanas y la manta; colcha.

bedtime *sustantivo* Tiempo en que una persona acostumbra a acostarse; hora de dormir.

bee *sustantivo* Insecto alado que recoge el polen y el néctar de las flores; abeja.

beech *sustantivo* **1.** Árbol de corteza gris clara y madera fuerte; haya. **2.** Madera de este árbol; haya.

ă pat ā pay â care ä father ĕ pet ē be ĭ pit ī pie î fierce ŏ pot ō go ô paw, for oi oil ōō book ōō boot

beef |bēf| —*noun* The meat from a full-grown steer, bull, ox, or cow.

beef·steak |bēf′stāk′| —*noun, plural* **beefsteaks** A slice of beef that can be broiled, fried, or grilled.

bee·hive |bē′hīv′| —*noun, plural* **beehives 1.** A place where a swarm of bees live. **2.** A very busy place.

been |bĭn| The past participle of the verb **be.**

beer |bĭr| —*noun, plural* **beers 1.** An alcoholic drink made from malt and hops. **2.** Any of several soft drinks.

beet |bēt| —*noun, plural* **beets 1.** A plant with a rounded dark-red root that is eaten as a vegetable. **2.** A form of this plant with a large, white root used to make sugar. **3.** The root of either of these plants.

bee·tle |bēt′l| —*noun, plural* **beetles** An insect that has hard, glossy front wings.

be·fall |bĭ fôl′| —*verb* **befell, befallen, befalling** To happen to.

be·fall·en |bĭ fôl′ən| The past participle of the verb **befall.**

be·fell |bĭ fĕl′| The past tense of the verb **befall.**

be·fore |bĭ fôr′| or |bĭ fōr′| —*adverb* **1.** Earlier. **2.** At any time in the past; until now.
—*preposition* **1.** Earlier than; ahead of. **2.** In front of. **3.** Preceding someone or something in time.
—*conjunction* In advance of the time when.

be·fore·hand |bĭ fôr′hănd′| or |bĭ fōr′hănd′| —*adverb* Ahead of time; at an earlier time.

beg |bĕg| —*verb* **begged, begging 1.** To ask for in a humble way. **2.** To ask or ask for as charity.

be·gan |bĭ găn′| The past tense of the verb **begin.**

beg·gar |bĕg′ər| —*noun, plural* **beggars 1.** A person who begs for a living. **2.** A very poor person.

be·gin |bĭ gĭn′| —*verb* **began, begun, beginning 1.** To have as a starting point; commence; start. **2.** To do the first part of.

be·gin·ner |bĭ gĭn′ər| —*noun, plural* **beginners** A person who is just starting to learn or to do something.

be·gin·ning |bĭ gĭn′ĭng| —*noun, plural* **beginnings 1.** The first part. **2.** The starting point; the time or place when something begins.

be·gun |bĭ gŭn′| The past participle of the verb **begin.**

be·half |bĭ hăf′| or |bĭ häf′| —*noun* Interest; benefit.
Idioms **In behalf** In the interest of; for. **on behalf of** Acting for.

be·have |bĭ hāv′| —*verb* **behaved, behaving 1.** To act or work in a certain way. **2.** To act properly; be good.

be·hav·ior |bĭ hāv′yər| —*noun* A way of acting; conduct.

be·head |bĭ hĕd′| —*verb* **beheaded, beheading** To cut someone's head off.

be·held |bĭ hĕld′| The past tense and past participle of the verb **behold.**

be·hind |bĭ hīnd′| —*preposition* **1.** At the back of or in the rear of. **2.** Later than. **3. a.** Following. **b.** In pursuit of; after. **4.** In support of.
—*adverb* **1.** At the back. **2.** In the place or situation that is left. **3.** Falling back or backward; late.

beef *sustantivo* Carne de vaca, toro o buey adulto; carne de res.

beefsteak *sustantivo* Lonja de carne de vaca que se puede asar o freir; bistec o biftec.

beehive *sustantivo* Colmena: **1.** Lugar donde habita un enjambre de abejas. **2.** Lugar muy bullicioso.

been Participio pasado del verbo **be.**

beer *sustantivo* **1.** Bebida alcohólica hecha de lúpulo y cebada malteada; cerveza. **2.** Algunos de los varios tipos de bebidas gaseosas como root beer.

beet *sustantivo* Remolacha: **1.** Planta de raíz grande y roja que se come como vegetal. **2.** Variedad de esta planta de raíz carnosa y blanca de la cual se extrae azúcar. **3.** Raíz de cualquiera de estas plantas.

beetle *sustantivo* Insecto de alas duras y brillosas; escarabajo.

befall *verbo* Ocurrir; suceder.

befallen Participio pasado del verbo **befall.**

befell Pretérito del verbo **befall.**

before *adverbio* **1.** Más temprano; antes: *Class will start at 3 o'clock, not before.* = *La clase comenzará a las 3, no antes.* **2.** En el pasado; anteriormente: *Our teams have never played against each other before.* = *Nuestros equipos nunca jugaron antes.*
—*Preposición* **2.** Más temprano; antes: *He got there before me.* = *Él llegó al lugar antes que yo.* **2.** En frente; delante: *Stand before the fire-Párate delante del fuego.* **3.** Precediendo a una persona o cosa en el tiempo; antes: *He now lives in Washington, as his brother did before him.* = *Él ahora vive en Washington, como lo hizo su hermano antes que él.*
—*conjunción* Con anterioridad al momento; antes: *Eat your breakfast before you go to the beach.* = *Toma tu desayuno antes de ir a la playa.*

beforehand *adverbio* Con anticipación; anteriormente; de antemano.

beg *verbo* **1.** Pedir con humildad; suplicar. **2.** Pedir limosna; mendigar.

began Pretérito del verbo **begin.**

beggar 1. Persona que pide limosna para vivir; mendigo. **2.** Persona muy pobre; indigente.

begin *verbo* **1.** Tener principio una cosa; comenzar; empezar. **2.** Realizar la primera parte de algo; iniciar.

beginner *sustantivo* Persona que comienza a aprender o a hacer algo; principiante.

beginning *sustantivo* Principio: **1.** Primera parte. **2.** Punto de inicio; tiempo o lugar en que algo comienza.

begun Participio pasado del verbo **begin.**

behalf *sustantivo* Beneficio; favor.
Modismos **In behalf of** En beneficio de; a favor de; para. **on behalf of** En representación de; en nombre de.

behave *verbo* **1.** Actuar o funcionar de determinada manera; comportarse; conducirse. **2.** Conducirse debidamente; portarse bien.

behavior *sustantivo* Manera de actuar; conducta.

behead *verbo* Cortar la cabeza; decapitar.

beheld Pretérito y participio pasado del verbo **behold.**

behind *preposición* **1.** En o hacia la parte de atrás; detrás: *behind the door* = *detrás de la puerta.* **2.** Más tarde de lo previsto; atrasado: *The train is behind schedule.* = *El tren está atrasado.* **3. a.** Que sigue muy de cerca; detrás: *The ambulance drove close behind the fire engine.* = *La ambulancia seguía muy de cerca a la bomba de incendios.* **b.** En pos de algo; tras: *His heart began to beat faster when he heard the*

sound of footsteps behind him. = *Su corazón comenzó a palpitar fuertemente cuando escuchó el sonido de pasos tras de sí.* **4.** En favor de algo o alguien; del lado: *Most of the voters were behind the governor.* = *La mayoría de electores estaban del lado del gobernador.* —*adverbio* **1.** Por la parte posterior; por detrás: *He snaked up on us from behind.* = *Él nos sorprendió apareciendo imprevistamente por detrás.* **2.** Se usa para indicar un lugar o situación que se deja: *The parents left, but the children remained behind.* = *Los padres partieron, pero los niños se quedaron.* **3.** Se usa para indicar tardanza o demora; atrasado: *He is behind in his homework.* = *Él está atrasado en sus deberes.*

be·hold |bǐ hōld'| —*verb* **beheld, beholding** To look at; see.

be·ing |bē'ǐng| —*noun, plural* **beings** **1.** A living creature. **2.** Existence.

be·lat·ed |bǐ lā'tǐd| —*adjective* Late or too late; tardy.

bel·fry |běl'frē| —*noun, plural* **belfries** **1.** A tower or steeple where bells are hung. **2.** A place in a tower or steeple where bells are hung.

be·lief |bǐ lēf'| —*noun, plural* **beliefs** **1.** A thing or idea that is considered to be true or real. **2.** The acceptance of something as true or real; strong conviction. **3.** A strong opinion or expectation.

be·lieve |bǐ lēv'| —*verb* **believed, believing** **1.** To accept as true or real. **2.** To have faith or confidence in. **3.** To expect; think or suppose.

be·lit·tle |bǐ lǐt'l| —*verb* **belittled, belittling** To make someone or something seem small or unimportant.

bell |běl| —*noun, plural* **bells** **1.** A hollow piece of metal that is usually shaped like a cup. **2.** An object that is shaped like a bell.

bel·lig·er·ent |bə lǐj'ər ənt| —*adjective* **1.** Likely to start a fight or quarrel. **2.** Engaged in warfare; at war.

bel·low |běl'ō| —*verb* **bellowed, bellowing** To make a loud roaring noise like a bull.
—*noun, plural* **bellows** A loud roar.

bel·lows |běl'ōz| or |běl'əz| —*plural noun* A simple air pump, often made of leather and wood.

bel·ly |běl'ē| —*noun, plural* **bellies** **1.** The front part of the body below the chest of a human being or other mammal; abdomen. **2.** The stomach. **3.** The deep, hollow part inside of something. **4.** The bulging part underneath something.
—*verb* **bellied, bellying, bellies** To swell; bulge.

be·long |bǐ lông'| or |bǐ lŏng'| —*verb* **belonged, belonging** **1.** To have a proper place. **2. belong to** To be the property of; be owned by. **3. belong to** To be a member of.

be·long·ings |bǐ lông'ǐngs| or |bǐ lŏng'ǐngs| —*plural noun* The things a person owns; possessions.

be·lov·ed |bǐ lǔv'ǐd| or |bǐ lǔvd'| —*adjective* Dearly loved.
—*noun* A person who is dearly loved.

be·low |bǐ lō'| —*adverb* **1.** In or to a lower place or level. **2.** Lower on a scale than zero.
—*preposition* **1.** Underneath; under; beneath. **2.** Lower than.

belt |bělt| —*noun, plural* **belts** **1.** A band or strap of leather, cloth, plastic, or any other material. It is worn around the waist to hold up clothing or for decoration. **2.** A region or area that has some common feature. **3.** A band that goes around wheels or pulleys. A belt

behold *verbo* Mirar; avistar; contemplar.

being *sustantivo* **1.** Ser viviente; criatura. **2.** Existencia; ser.

belated *adjetivo* Tarde o muy tarde; tardío; atrasado.

belfry *sustantivo* **1.** Torre en donde cuelgan las campanas; campanario. **2.** Lugar en una torre en donde cuelgan las campanas.

belief *sustantivo* **1.** Hecho o idea que se considera segura o cierta; creencia. **2.** Aseveración de que una cosa es cierta; fe; convicción. **3.** Opinión o expectativa bien asentada; convicción.

believe *verbo* Creer: **1.** Aceptar como real o cierto. **2.** Tener fe o confianza; confiar. **3.** Pensar o suponer.

belittle *verbo* Hacer que una persona a cosa parezca pequeña o poco importante; empequeñecer; menospreciar.

bell *sustantivo* Campana: **1.** Instrumento de metal hueco que usualmente tiene forma de copa. **2.** Objeto que tiene forma semejante a una campana.

belligerent *adjetivo* **1.** Propenso a comenzar una pelea o riña; belicoso. **2.** Que está en guerra; beligerante.

bellow *verbo* Dar voces estrepitosas como los toros; bramar.
—*sustantivo* Grito fuerte; bramido.

bellows *sustantivo* Bomba de aire sencilla, a menudo hecha de piel y madera; fuelle.

belly *sustantivo* **1.** Región anterior del cuerpo bajo el pecho de un ser humano u otro mamífero; abdomen. **2.** Estómago. **3.** Cavidad grande e interior de una cosa; vientre. **4.** Parte saliente debajo de alguna cosa; panza.
—*verbo* Hinchar; inflar.

belong *verbo* **1.** Tener un lugar propio, pertenecer. **2. belong to** Tener propiedad sobre algo. **3. belong to** Ser parte integrante; pertenecer.

belongings *sustantivo* Cosas que posee una persona; posesiones; bienes.

beloved *adjetivo* Querido; amado.
—*sustantivo* Persona amada.

below *adverbio* **1.** Hacia, o en lugar o parte inferior; abajo: *The girls stopped at the bridge to look at the river below.* = *Las muchachas se pararon en el puente para contemplar el río, abajo.* **2.** En una escala, por debajo del cero.
—*preposición* **1.** Bajo; debajo: *We stood at the window and watched the people in the street below us.* = *Mirábamos por la ventana a la gente en la calle, debajo de nosotros.* **2.** Por debajo; bajo: *We use negative numbers to show temperatures below zero.* = *Usamos números negativos para indicar temperaturas bajo cero.*

belt *sustantivo* **1.** Faja o tira de cuero, tela, plástico u otro material; cinturón. Se usa para ceñir el vestido a la cintura o como adorno. **2.** Zona o espacio con ciertos carácteres comunes; área. **3.** Tira que se coloca alrededor de engranajes o poleas; correa. La correa transmite

helps transfer motion from one wheel or pulley to another.

bench |bĕnch| —*noun, plural* **benches** **1.** A long seat for two or more people. A bench may or may not have a back. **2.** A sturdy table on which a person may work at a craft; workbench. **3.** A judge or the position of judge. **4.** The place where members of a sports team sit when they are not playing.
—*verb* **benched, benching** To keep a team's player from playing.

bend |bĕnd| —*verb* **bent, bending** **1.** To make or become curved, crooked, or angled. **2.** To move part of the body lower; bow. **3.** To take or cause to take a new direction.
—*noun, plural* **bends** A turn, curve, angle, or bent part.

be·neath |bĭ nēth'| —*preposition* **1.** Underneath; below; under. **2.** At a lower level than or farther down from.
—*adverb* Below; under.

ben·e·fit |bĕn'ə fĭt| —*noun, plural* **benefits** Something that is good or helpful; an advantage.
—*verb* **benefited, benefiting** **1.** To be helpful or useful to. **2.** To receive help or useful service.

bent |bĕnt| The past tense and past participle of the verb **bend.**
—*adjective* **1.** Not in a straight line; curved; crooked. **2.** Determined.

be·ret |bə rā'| or |bĕr'ā'| —*noun, plural* **berets** A soft, round, flat cap, usually made of wool or felt.

ber·ry |bĕr'ē| —*noun, plural* **berries** A small, juicy fruit with many seeds. Blueberries and cranberries are berries.

berth |bûrth| —*noun, plural* **berths** **1.** A bed or bunk on a ship, aircraft, or train. **2.** A space for a ship to dock.

be·seech |bĭ sēch'| —*verb* **besought** or **beseeched, beseeching** To ask in a serious way; beg.

be·set |bĭ sĕt'| —*verb* **beset, besetting** To attack from all sides.

be·side |bĭ sīd'| —*preposition* At the side of.

be·sides |bĭ sīdz'| —*adverb* **1.** In addition. **2.** Beyond what has been said; moreover.
—*preposition* **1.** In addition to. **2.** Other than; except for.

be·siege |bĭ sēj'| —*verb* **besieged, besieging** **1.** To surround in order to capture. **2.** To crowd around and hem in.

be·sought |bĭ sôt'| A past tense and past participle of the verb **beseech.**

best |bĕst| —*adjective* The superlative of the adjective **good.** **1.** Most excellent or suitable. **2.** The largest. **3.** Closest; favorite.
—*adverb* The superlative of the adverb **well.** **1.** In the most excellent or suitable way. **2.** In or to the highest degree; most.
—*singular* or *plural noun* **1.** The most excellent or suitable person or persons. **2.** The finest effort or appearance. **3.** Good wishes or regards.

el movimiento de un engranaje o polea a otro.

bench *sustantivo* **1.** Asiento largo para dos o más personas; banco. Un banco puede tener respaldo o no. **2.** Mesa gruesa que utilizan para sus labores los artesanos; banco. **3.** Juez o posición de juez; tribunal. **4.** Lugar donde se sientan los miembros de un equipo deportivo cuando no están jugando.
—*verbo* Mantener a un jugador de un equipo sin jugar.

bend *verbo* **1.** Encorvar o encorvarse; doblar o doblarse; poner o ponerse anguloso; torcer o torcerse. **2.** Inclinar hacia abajo una parte del cuerpo; hacer reverencia. **3.** Desviar o desviarse hacia una nueva dirección.
—*sustantivo* Vuelta, curva, ángulo o doblez.

beneath *preposición* Bajo: **1.** Debajo. **2.** En lugar inferior o más bajo.
—*adverbio* Abajo; debajo.

benefit *sustantivo* Cosa útil y provechosa, beneficio.
—*verbo* **1.** Servir de provecho o utilidad; aprovechar. **2.** Recibir ayuda o servicio útil; beneficiarse.

bent Pretérito y participio pasado del verbo **bend.**
—*adjetivo* **1.** Que no es recto; torcido. **2.** Propenso; resuelto: *She is bent on furthering her education.* = *Ella está resuelta a ampliar su educación.*

beret *sustantivo* Gorra redonda y chata, generalmente de lana o fieltro suave; boina.

berry *sustantivo* Fruta pequeña y jugosa con muchas semillas; baya.

berth **1.** Cama o litera en un barco, avión o tren. **2.** Lugar para anclar el barco; fondeadero; anclaje.

beseech *verbo* Pedir con ahinco; rogar.

beset *verbo* Atacar por todas partes; sitiar.

beside *adverbio* Al lado; junto.

besides *adverbio* Además: **1.** En adición: *The teacher made sure that every child had a lunch box and an apple besides.* = *La maestra se aseguró que cada niño tuviera su almuerzo consigo y una manzana, además.* **2.** Además de lo dicho: *They didn't want to go to the beach, and besides it was raining.* = *Ellos no quisieron ir a la playa y, además, estaba lloviendo.*
—*preposición* **1.** En adición; además: *Mrs. Chandler did other things besides teaching second grade.* = *La señora Chandler hacía otras cosas en adición a enseñar segundo grado.* **2.** Fuera de; a excepción de: *There's nothing to eat in the refrigerator besides a little ham.* = *No hay nada para comer en la nevera fuera de un poco de jamón.*

besiege *verbo* **1.** Cercar un lugar para tomarlo; sitiar. **2.** Arremolinarse la gente alrededor; rodear.

besought Pretérito y participio pasado del verbo **beseech.**

best *adjetivo* Superlativo del adjetivo **good. 1.** Más bueno o satisfactorio; mejor: *My answer was good, yours was better, and his was best.* = *Mi respuesta fue buena, la tuya fue mejor y la de el fue la mejor.* **2.** Más grande; mayor: *We have completed the best part of this job.* = *Hemos completado la mayor parte de este trabajo.* **3.** Más apreciado; favorito: *Who is your best friend?* = *¿Quién es tu amigo favorito?*
—*adverbio* Superlativo del adverbio **well. 1.** De manera más conforme a lo bueno y conveniente; mejor: *I work best when I have had a good breakfast.* = *Trabajo de lo mejor cuando he tomado un buen desayuno.* **2.** En grado sumo; más: *What dessert do you like best?* = *¿Cuál es el postre que más te gusta?*
—*sustantivo* **1.** Persona o personas excelentes o mejor

capacitadas; el mejor o los mejores: *We picked the best in the group to go on the mission.* = *Elegimos al mejor del grupo para esa misión.* **2.** El mayor esfuerzo o la mejor apariencia; mejor: *Do your best.* = *Haz el mayor esfuerzo.* **3.** Felicitaciones o recuerdos: *Give your family my best.* = *Dale mis recuerdos a tu familia.*

be·stow |bǐ stō′| —*verb* **bestowed, bestowing** To give as a gift or an honor.

bestow *verbo* Otorgar como premio u honor; conferir.

bet |bĕt| —*noun, plural* **bets 1.** An agreement between two people or groups that the one who is wrong about something will give money or something of value to the one who is right. **2.** The money or thing at risk in such an agreement.
—*verb* **bet, betting 1.** To risk something on a bet; make a bet. **2.** To say with certainty; be sure.

bet *sustantivo* Apuesta: **1.** Pacto entre dos personas o grupos de que aquél que estuviere equivocado sobre algo dará dinero o cualquier cosa de valor al que esté acertado. **2.** Dinero u objeto que se apuesta.
—*verbo* **1.** Arriesgar algo en una apuesta; apostar. **2.** Conocer de seguro; tener certeza.

be·tray |bǐ trā′| —*verb* **betrayed, betraying 1.** To give away or sell to an enemy; be a traitor to. **2.** To be disloyal to; be false to.

betray *verbo* Traicionar: **1.** Entregar o vender al enemigo. **2.** Ser desleal; ser falso.

bet·ter |bĕt′ər| —*adjective* The comparative of the adjective **good. 1.** More excellent or suitable than another. **2.** Improved in condition or health.
—*adverb* The comparative of the adverb **well. 1.** In a more excellent or suitable way. **2.** In or to a higher degree; more.
—*noun, plural* **betters** The finer of two.

better *adjetivo* Comparativo del adjetivo **good. 1.** Más bueno o conveniente que otra cosa; mejor: *He is a better skater than his father.* = *Él es mejor patinador que su padre.* **2.** En condiciones superiores o en buena salud; mejor: *Do you feel better today?* = *¿Te sientes mejor hoy?*
—*adverbio* Comparativo del adverbio **well. 1.** De manera más conforme a lo bueno y conveniente, mejor: *John reads better than Joe, but not as well as Harry.* = *John lee mejor que Joe, pero no tan bien como Harry.* **2.** En mayor grado; más: *A book written better than 20 years ago.* = *Un libro escrito hace más de 20 años.*
—*sustantivo* El superior entre dos; el mejor: *Of these two paintings, this is the better.* = *Entre estos dos cuadros, éste es el mejor.*

be·tween |bǐ twēn′| —*preposition* **1.** In the time, space, or position separating two points, things, places, or persons. **2.** After a comparison of. **3.** Linking. **4.** Involving or done by two or more people; engaged in by two or more people. **5.** Either one or the other of.
—*adverb* In the time, space, or position separating two points, things, places, or persons.

between *preposicion* Entre: **1.** En el tiempo, espacio o posicion que separa dos puntos, objetos, lugares o personas: *The bookcase is between the windows.* = *El librero está entre las dos ventanas. The bus makes three stops between New York and Albany.* = *El autobús hace tres paradas entre New York y Albany.* **2.** Luego de una comparación: *There is not much to choose between the two cars.* = *No hay mucho que elegir entre los dos automóviles.* **3.** Como eslabón: *a canal between the two cities* = *un canal entre los dos ciudades.* **4.** Que comprende o es hecho por dos o más personas; que ocupa dos o más personas: *The job was completed between the two of them.* = *El trabajo fué terminado entre ellos dos.* **5.** O uno o el otro: *I can't buy skates for both of you, so decide between you which stands a better chance of making the team.* = *Yo no puedo comprar patines para ustedes dos, así que decidan quién tiene la mejor posibilidad de ingresar en el equipo.*
—*adverbio* En el tiempo, espacio o posición que separa dos puntos, objetos o personas; entremedio; de por medio: *The bus was scheduled to stop in New York, Albany, and several towns between.* = *El horario del autobús indicaba paradas en New York, Albany y en otros pueblos de por medio.*

bev·er·age |bĕv′ər ĭj| or |bĕv′rĭj| —*noun, plural* **beverages** Any liquid for drinking.

beverage *sustantivo* Cualquier líquido que se bebe; bebida.

be·ware |bǐ wâr′| —*verb* To watch out for; be on guard against.

beware *verbo* Estar en vigilancia y atención; estar en guardia.

be·wil·der |bǐ wĭl′dər| —*verb* **bewildered, bewildering** To confuse very much; to puzzle.

bewilder *verbo* Turbar mucho; confundir.

be·witch |bǐ wĭch′| —*verb* **bewitched, bewitching 1.** To cast a magic spell over. **2.** To charm a great deal.

bewitch *verbo* Hechizar: **1.** Encantar con magia; embrujar. **2.** Encantar mucho.

be·yond |bē ŏnd′| or |bǐ yŏnd′| —*preposition* **1.** On the far side of. **2.** Farther on than. **3.** Later than; after; past. **4.** Outside the limit of.
—*adverb* Farther away.

beyond *preposición* **1.** Del otro lado; tras: *The ocean is just beyond the dunes.* = *El océano está del otro lado de las dunas.* **2.** Más alla: *Place a ruler on the desk so that half of it sticks out beyond the desk.* = *Coloque una regla sobre el escritorio de manera que la mitad sobresalga más allá del mismo.* **3.** Más tarde; luego de; después: *No papers will be accepted beyond this deadline.* = *No se aceptará ningún trabajo des-*

ă pat ā pay â care ä father ĕ pet ē be ĭ pit ī pie î fierce ŏ pot ō go ô paw, for oi oil ŏŏ book ōō boot

pués de esta fecha. **4.** Más allá del límite; fuera: *The fans' enthusiasm was beyond control.* = *El entusiasmo de los admiradores era incontrolable, fuera de todo límite.*
—*adverbio* Más lejos; más allá: *Her health is beyond hope.* = *Su salud está más allá de cualquier esperanza posible.*

bi·as |bī′əs| —*noun, plural* **biases 1.** A line that slants or is diagonal. **2.** A strong feeling for or against something without enough reason; a prejudice.
—*verb* **biased, biasing** To cause to have a prejudiced opinion.

bias *sustantivo* **1.** Línea inclinada u oblicua; sesgo; biés. **2.** Sentimiento fuerte hacia o contra algo sin motivos suficientes; prejuicio.
—*verbo* Provocar una opinión que predispone negativamente hacia alguien o algo; predisponer.

Bi·ble |bī′bəl| —*noun, plural* **Bibles 1.** The Old Testament and the New Testament, which together make up the sacred book of the Christian religion. **2.** The Old Testament alone, which is the sacred book of the Jewish religion.

Bible *sustantivo* La Biblia. **1.** El Antiguo y el Nuevo Testamento, que juntos constituyen el libro sagrado de la religión cristiana. **2.** El Antiguo Testamento por sí solo, que es el libro sagrado de la religión judía.

Bib·li·cal or **bib·li·cal** |bĭb′lĭ kəl| —*adjective* Of, from, or in keeping with the Bible.

Biblical o **biblical** *adjetivo* Perteneciente o relativo a la Biblia; bíblico.

bib·li·og·ra·phy |bĭb′lē ŏg′rə fē| —*noun, plural* **bibliographies** A list of books on a particular subject or by a particular writer.

bibliography *sustantivo* Lista de libros referentes a una materia determinada o escritos por un autor en particular.

bi·car·bo·nate of soda |bī kär′bə nĭt| or |bī-kär′bə-nāt′| A white powder containing sodium.

bicarbonate of soda Polvo blanco que contiene sodio; bicarbonato de soda.

bi·ceps |bī′sĕps′| —*noun, plural* **biceps** The large muscle in the upper arm that bends the elbow.

biceps *sustantivo* Músculo grande del brazo, que flexiona el codo; biceps.

bick·er |bĭk′ər| —*verb* **bickered, bickering** To argue over small or unimportant matters.

bicker *verbo* Discutir por asuntos insignificantes o sin importancia; reñir.

bi·cy·cle |bī′sĭ kəl| or |bī′sĭk′əl| —*noun, plural* **bicycles** A vehicle that has two wheels, a seat, pedals, handlebars, and a frame to hold them together.
—*verb* **bicycled, bicycling** To ride a bicycle.

bicycle *sustantivo* Vehículo de dos ruedas, asiento, pedales, manubrio y una armazón que los une; bicicleta.
—*verbo* Montar en bicicleta.

bid |bĭd| —*verb* **bid** or **bade, bidden** or **bid, bidding 1.** To tell someone to do something; command. **2.** To say as a greeting or farewell. **3.** *Past tense* and *past participle* **bid** To offer to pay a certain price or do a job for a certain price.
—*noun, plural* **bids 1.** An offer to pay or receive a certain price for something. **2.** The amount offered.

bid *verbo* **1.** Mandar que se haga una cosa; ordenar. **2.** Expresarse como saludo o despedida; decir (adiós, buenos días, etc); saludar. **3.** *Pretérito* y *participio pasado* **bid.** Ofrecer el pago o hacer un trabajo por un precio determinado; licitar.
—*sustantivo* **1.** Propuesta de pagar o recibir un precio determinado por alguna cosa; licitación. **2.** Cantidad ofrecida; oferta.

bid·den |bĭd′n| A past participle of the verb **bid.**

bidden Participio pasado del verbo **bid.**

bid·ding |bĭd′ĭng| —*noun, plural* **biddings 1.** A command, order, or request. **2.** The act of making offers to buy.

bidding *sustantivo* **1.** Mandato o pedido; orden. **2.** Acción de hacer ofertas de compra.

bide |bĭd| —*verb* **bided, biding —bide (one's) time** To wait patiently for the right moment.

bide *verbo* Esperar pacientemente por el momento oportuno; acechar.

big |bĭg| —*adjective* **bigger, biggest 1.** Of great size; large. **2.** Grown-up or older. **3.** Important.

big *adjetivo* **1.** De tamaño considerable; grande. **2.** Crecido o de más edad; mayor. **3.** Importante.

bike |bīk| —*noun, plural* **bikes** A bicycle.
—*verb* **biked, biking** To ride a bicycle.

bike *sustantivo* Bicicleta; bici.
—*verbo* Montar en bicicleta.

bile |bĭl| —*noun* A bitter yellow-green liquid that is made by the liver.

bile *sustantivo* Líquido amarillento o verdoso, de sabor amargo, que produce el hígado; bilis.

bill¹ |bĭl| —*noun, plural* **bills 1.** A written statement saying how much money is to be paid for things that have been bought or work that has been done. **2.** A piece of paper money worth a certain amount. **3.** A poster or public announcement. **4.** A list of what is offered. **5.** A formal proposal containing rules or regulations that is offered to a legislative body in the hope it will become a law. A bill becomes a law if the lawmakers vote to pass it.
—*verb* **billed, billing** To send a statement of what is owed.

bill¹ *sustantivo* **1.** Cuenta detallada del dinero que se ha de pagar por artículos comprados o servicios recibidos; factura. **2.** Pedazo de papel impreso que representa una cantidad de dinero; billete. **3.** Cartel o anuncio público; letrero. **4.** Exposición de lo que se ofrece; programa. **5.** Proposición formal de normas y reglamentos que se ofrece en un cuerpo legislativo con la esperanza de que se convierta en ley si los legisladores votan para aprobarla; proyecto (de ley).
—*verbo* Enviar una lista de lo que se debe; facturar.

bill² |bĭl| —*noun, plural* **bills 1.** The hard, projecting mouth parts of a bird; a beak. **2.** A part that looks like a bird's bill.

bill² *sustantivo* Pico: **1.** Parte saliente y dura de la boca de un ave. **2.** Parte que se asemeja al pico de un ave.

bill·board |bĭl′bôrd′| or |bĭl′bōrd′| —*noun, plural* **billboards** A large board for displaying advertising posters in public places and along highways.

billboard *sustantivo* Armazón para fijar los carteles en lugares públicos y a lo largo de las carreteras; cartelera.

bill·fold |bĭl′fōld′| —*noun, plural* **billfolds** A small folding case for carrying paper money or cards in a pocket or handbag; wallet.

billfold *sustantivo* Cartera pequeña para llevar billetes o tarjetas en el bolsillo o en el bolso; billetera.

bil·liards |bĭl′yərdz| —*noun* (Used with a singular verb.) A game of skill played on a cloth-covered table that has raised, cushioned edges. Billiards is played

billiards *sustantivo* Juego de destreza que se juega en una mesa forrada de paño, rodeada de bandas elásticas; billar. Se juega con una vara de madera llamada

---

with a stick called a cue. The player uses the cue to hit three hard balls against one another or against the side cushions of the table.

bil·lion |bĭl′yən| —*noun, plural* **billions** **1.** In the United States and Canada, one thousand million; 1,000,000,000 (1 followed by 9 zeros). **2.** In Great Britain and some other countries, one million million; 1,000,000,000,000 (1 followed by 12 zeros).

bil·low |bĭl′ō| —*noun, plural* **billows** **1.** A great wave or swelling of the sea. **2.** A great rising mass of anything.
—*verb* **billowed, billowing** To rise or swell in billows.

bin |bĭn| —*noun, plural* **bins** An enclosed space for keeping or storing food, coal, or other items.

bind |bīnd| —*verb* **bound, binding** **1.** To fasten together; tie up. **2.** To wrap a bandage around. **3.** To hold together because of feelings, custom, promises, duty, or law. **4.** To fasten pages together between covers.

bin·oc·u·lars |bə nŏk′yə lərz| or |bī nŏk′yə lərz| —*plural noun* A device that a person looks through with both eyes. Binoculars look like two small telescopes attached to each other. They make distant objects seem closer and larger.

bi·o·graph·i·cal |bī′ə grăf′ĭ kəl| —*adjective* Of or about a person's life.

bi·og·ra·phy |bī ŏg′rə fē| —*noun, plural* **biographies** A written story of a person's life.

bi·o·log·i·cal |bī′ə lŏj′ĭ kəl| —*adjective* **1.** Of the scientific study of living things. **2.** Of or affecting living things.

bi·ol·o·gy |bī ŏl′ə jē| —*noun* The scientific study of living things. Biology deals with the origin, growth, structure, and distribution of plants and animals. Some branches of biology are botany, zoology, and ecology.

bi·on·ic |bī ŏn′ĭk| —*adjective* Using or containing mechanical equipment to strengthen or replace part of a living creature.

birch |bûrch| —*noun, plural* **birches** **1.** A tree with smooth bark that peels off easily. There are several kinds of birch tree. **2.** The hard wood of a birch.

bird |bûrd| —*noun, plural* **birds** One of a large group of animals that lay eggs and have feathers and wings.

birth |bûrth| —*noun, plural* **births** **1.** The beginning of a life; the act or time of being born. **2.** A beginning of anything; origin.

birth·day |bûrth′dā′| —*noun, plural* **birthdays** **1.** The day that someone is born. **2.** The return each year of this day.

birth·mark |bûrth′märk′| —*noun, plural* **birthmarks** A mark or spot on a person's body that was there from the time of birth.

birth·place |bûrth′plās′| —*noun, plural* **birthplaces** The place where someone was born or where something began.

bis·cuit |bĭs′kĭt| —*noun, plural* **biscuits** A small bread, roll, or cake that is made with flour and baking powder.

bish·op |bĭsh′əp| —*noun, plural* **bishops** **1.** A Christian clergyman of high rank. A bishop is in charge of a district of the church. **2.** A chess piece that can move in a diagonal line across squares of one color that have no pieces on them.

bi·son |bī′sən| or |bī′zən| —*noun, plural* **bison** A large animal of western North America. It has a shaggy, dark-brown mane and short, curved horns. Another name for this animal is **buffalo.**

bit¹ |bĭt| —*noun, plural* **bits** **1.** A small piece or amount. **2.** A small amount of time; a moment.

bit² |bĭt| —*noun, plural* **bits** **1.** A tool used for drilling holes. A bit fits into a brace or an electric drill. **2.** A

taco. El jugador usa el taco para golpear tres bolas entre ellas o contra las bandas elásticas de la mesa.

billion *sustantivo* Billón: **1.** En los Estados Unidos y Canadá, mil millones. 1 000 000 000 (1 seguido de 9 ceros). **2.** En Gran Bretaña y otros países, un millón de millones. 1 000 000 000 000 (1 seguido de 12 ceros).

billow *sustantivo* **1.** Ola grande o agitación del mar; oleada. **2.** Gran cantidad de alguna cosa que se alza; oleada.
—*verbo* Hinchar o levantar en oleadas; agitar.

bin *sustantivo* Pieza hueca y cerrada para guardar o preservar dentro de ella alimentos, carbón u otros artículos; cajón.

bind *verbo* **1.** Unir o amarrar; atar. **2.** Cubrir con una venda; vendar. **3.** Vincular por motivo de sentimientos, costumbres, promesas, deber o ley; unir. **4.** Juntar pliegos por medio de cubiertas; encuadernar.

binoculars *sustantivo* Instrumento por el cual una persona mira con ambos ojos; anteojos prismáticos; gemelos. Los anteojos parecen dos telescopios pequeños y están unidos, haciendo que los objetos lejanos se vean más cercanos y más grandes.

biographical *adjetivo* Perteneciente o relativo a la vida de una persona; biográfico.

biography *sustantivo* Historia escrita de la vida de una persona; biografía.

biological *adjetivo* Biológico: **1.** Relativo al estudio científico de los seres vivos. **2.** Perteneciente o que afecta a los seres vivos.

biology *sustantivo* Estudio científico de los seres vivos; biología. La biología trata del origen, crecimiento, estructura y distribución de las plantas y animales. La botánica, la zoología y la ecología son ramas de la biología.

bionic *adjetivo* Que utiliza o contiene equipo mecánico para reforzar o substituir una parte de un ser viviente.

birch *sustantivo* **1.** Árbol de corteza lisa que se desprende fácilmente; abedul. Hay muchas variedades de abedules. **2.** La madera de este árbol.

bird *sustantivo* Miembro de un extenso grupo de animales que depositan huevos y tienen plumas y alas; ave; pájaro.

birth *verbo* Nacimiento: **1.** Principio de una vida; acto o momento de nacer. **2.** Principio de una cosa; origen.

birthday *sustantivo* **1.** Día del nacimiento de una persona; natal. **2.** Aniversario del nacimiento de una persona; cumpleaños.

birthmark *sustantivo* Cicatriz o mancha en el cuerpo que una persona tiene desde su nacimiento; marca.

birthplace *sustantivo* Lugar donde nació una persona o en el que comenzó alguna cosa; lugar de nacimiento; suelo natal.

biscuit *sustantivo* Panecillo o bizcocho que se hace de harina y polvo de hornear; bollo.

bishop *sustantivo* **1.** Religioso cristiano de alta jerarquía que está a cargo de una diócesis; obispo. **2.** Pieza del juego de ajedrez que se mueve diagonalmente por las casas de su color que se encuentran libres; alfil.

bison *sustantivo* Animal corpulento del oeste norteamericano que tiene pelaje abultado de color marrón oscuro alrededor del cuello y cuernos cortos y curvos; bisente. En inglés otro nombre para este animal es **buffalo.**

bit¹ *sustantivo* **1.** Parte o porción pequeña; pedacito. **2.** Espacio de tiempo corto; ratito.

bit² *sustantivo* **1.** Instrumento para hacer agujeros; barrena. La barrena se coloca en un berbiquí o taladro

shaped piece of metal that is part of a horse's bridle.

bit³ |bĭt| The past tense and a past participle of the verb **bite.**

bite |bīt| —*verb* **bit, bitten** or **bit, biting 1.** To cut or tear with the teeth. **2.** To pierce the skin of a person or animal with fangs, a stinger, or teeth. **3.** To cause a sharp pain to; to sting; to smart. **4.** To take or swallow bait.
—*noun, plural* **bites 1.** A wound or injury that comes from biting. **2.** An amount of food taken into the mouth at one time. **3.** A light meal or snack. **4.** A sharp pain; a sting.

bit·ten |bĭt′n| A past participle of the verb **bite.**

bit·ter |bĭt′ər| —*adjective* **bitterer, bitterest 1.** Having a sharp or unpleasant taste. **2.** Causing sharp pain to the body, mind, or feelings. **3.** Showing or coming from bad feelings or hatred.

black |blăk| —*noun, plural* **blacks 1.** The darkest of all colors; the color of the printing on this page; the opposite of white. **2.** A member of the Negroid ethnic group; a Negro.
—*adjective* **blacker, blackest 1.** Having the darkest of all colors; of the color of the printing on this page. **2.** Of or belonging to the Negroid ethnic group; Negro. **3.** Without light; dark.

black·ber·ry |blăk′bĕr′ē| —*noun, plural* **blackberries** A shiny black berry that grows on a thorny plant.

black·bird |blăk′bûrd′| —*noun, plural* **blackbirds** Any of several kinds of birds that have black or mostly black feathers.

black·board |blăk′bôrd′| or |blăk′bōrd′| —*noun, plural* **blackboards** A surface for writing on with chalk. Blackboards are made of slate or other smooth, hard materials and may be green, or another color.

black·en |blăk′ən| —*verb* **blackened, blackening 1.** To make or become black or dark. **2.** To speak evil of; give a bad reputation to.

black·ish |blăk′ĭsh| —*adjective* Somewhat black.

black·mail |blăk′māl′| —*verb* **blackmailed, blackmailing** To try to force a person to pay something or do something by threatening to tell a secret that could hurt the person.
—*noun* An act of blackmailing.

black·smith |blăk′smĭth′| —*noun, plural* **blacksmiths** A person who makes things out of iron. A blacksmith heats the iron and shapes and hammers it into horseshoes, tools, and other objects.

blad·der |blăd′ər| —*noun, plural* **bladders** A small structure like a bag in the body. It stores urine from the kidneys.

blade |blād| —*noun, plural* **blades 1.** The flat, sharp part of a tool that cuts. **2.** A thin, narrow leaf of grass. **3.** A broad, flat part of a leaf that grows from a stalk. **4.** The thin, flat part of something. **5.** The metal part of an ice skate.

blame |blām| —*verb* **blamed, blaming 1.** To consider someone or something guilty or responsible. **2.** To find fault with.
—*noun* Responsibility or guilt for something wrong.

bland |blănd| —*adjective* **blander, blandest** Pleasant and soothing; not irritating, spicy, or especially interesting.

blank |blăngk| —*adjective* **blanker, blankest 1.** Without writing, decoration, or objects on it. **2.** Without expression or ideas.
—*noun, plural* **blanks 1.** An empty space, sometimes with a line, where a letter, word, or sentence is missing. **2.** A paper or form with empty spaces to be written in. **3.** A cartridge containing gunpowder but no bullet.

blank·et |blăng′kĭt| —*noun, plural* **blankets 1.** A warm covering of soft, thick cloth, used on a bed or to keep a person or animal warm. **2.** Any thick cover.

eléctrico. **2.** Pieza de metal que forma parte de la brida de un caballo; bocado.

bit³ Pretérito y participio pasado del verbo **bite.**

bite *verbo* **1.** Cortar o despedazar con los dientes; morder. **2.** Herir la piel de una persona o animal con colmillos, aguijón o dientes; morder; picar. **3.** Causar un dolor agudo; punzar. **4.** Morder el anzuelo; picar.
—*sustantivo* **1.** Daño o lesión que resulta de una mordedura o picadura; mordedura; picadura. **2.** Porción de comida que cabe en la boca; bocado. **3.** Alimento corto o bocado; refrigerio. **4.** Dolor agudo; punzada.

bitten Participio pasado del verbo **bite.**

bitter **1.** De sabor fuerte o desagradable; amargo. **2.** Que causa dolor al cuerpo, la mente o los sentimientos; punzante; amargo. **3.** Que demuestra o proviene de malos sentimientos u odio; mordaz.

black *sustantivo* Negro: **1.** El más oscuro de los colores; el color de la impresión de esta página; el contrario del blanco. **2.** Miembro de la raza negroide.
—*adjetivo* **1.** Que tiene el color más oscuro; del color de la impresión de esta página; negro. **2.** Relativo o perteneciente a la raza negroide; negro. **3.** Sin luz; oscuro.

blackberry *sustantivo* Baya negra y lustrosa que crece en las zarzas; zarzamora.

blackbird *sustantivo* Una de las diferentes variedades de pájaros de plumaje negro o mayormente negro; mirlo.

blackboard *sustantivo* Superficie para escribir con tiza; pizarra. Se hacen de trozos de pizarra u otro material pulido y duro, y pueden ser verdes o de otro color.

blacken *verbo* **1.** Teñir o poner negro u oscuro; ennegrecer. **2.** Injuriar, ofender la reputación; denigrar.

blackish *adjetivo* Que tira a negro; negruzco.

blackmail *verbo* Tratar de forzar a una persona a pagar o hacer algo, amenazándola con divulgar un secreto que puede dañarla; chantajear.
—*sustantivo* Acción de chantajear; chantaje.

blacksmith *sustantivo* Persona que labra el hierro; herrero. El herrero calienta el hierro y lo forja en herraduras, herramientas y otros objetos.

bladder *sustantivo* En el cuerpo humano, órgano pequeño a manera de bolsa que almacena la orina de los riñones.

blade *sustantivo* **1.** Filo delgado y agudo de una herramienta de corte; cuchillo. **2.** Hoja delgada y estrecha de la hierba brizna. **3.** Parte ensanchada y lisa de la hoja que nace de un tallo; lámina. **4.** Parte ancha y plana de alguna cosa hoja (de espada, etc.); pala (de remo). **5.** Pieza de metal del patín de hielo; cuchilla.

blame *verbo* **1.** Considerar a algo o a alguien culpable o responsable; culpar. **2.** Censurar; criticar.
—*sustantivo* Responsabilidad o culpabilidad por una falta; culpa.

bland *adjetivo* Agradable y manso; que no es irritante, picante o de interés especial; blando; suave.

blank *adjetivo* **1.** Que no está escrito o no tiene adornos ni objetos; en blanco; vacío; liso. **2.** Sin expresión o ideas; vago.
—*sustantivo* **1.** Espacio vacío, a veces con una línea, donde falta una letra, palabra o frase; blanco; raya. **2.** Papel o escrito con espacios en blanco para escribir en ellos; formulario. **3.** Cartucho que contiene pólvora sin municiones; cartucho de fogueo.

blanket *sustantivo* **1.** Cubierta de tela gruesa y suave que se usa sobre la cama o para abrigar a una persona o animal; manta. **2.** Cualquier cubierta gruesa; capa.

—*verb* **blanketed, blanketing** To cover with a blanket.

blare |blâr| —*noun, plural* **blares** A loud, shrill sound, as a trumpet or horn makes.
—*verb* **blared, blaring** To make a loud, shrill sound.

blast |blăst| or |bläst| —*noun, plural* **blasts** 1. A strong gust of wind, air, or gas. 2. A loud noise. 3. The action of blowing up; an explosion.
—*verb* **blasted, blasting** 1. To blow up with explosives. 2. To destroy or ruin.
Phrasal verb **blast off** To move into flight with great speed, propelled by rockets.

blaze[1] |blāz| —*noun, plural* **blazes** 1. A burning fire or flame. 2. A bright light or glow. 3. A brilliant display.
—*verb* **blazed, blazing** 1. To burn with a bright flame. 2. To shine with bright light or color. 3. To show strong feelings.

blaze[2] |blāz| —*noun, plural* **blazes** A mark cut into the bark of a tree to show where a trail is.
—*verb* **blazed, blazing** To mark trees or trails by cutting into the bark of a tree.

bleach |blēch| —*verb* **bleached, bleaching** To make or become lighter or white by exposing to the sun or certain chemicals.
—*noun, plural* **bleaches** Any substance used for bleaching.

bleach·ers |blē′chərz| —*plural noun* Wooden benches for people to sit on at ball games, parades, and other public events.

bleak |blēk| —*adjective* **bleaker, bleakest** 1. Without cheer; dreary. 2. Cold and harsh. 3. Exposed to the winds.

bled |blĕd| The past tense and past participle of the verb **bleed.**

bleed |blēd| —*verb* **bled, bleeding** 1. To lose blood. 2. To lose sap or liquid.

blem·ish |blĕm′ĭsh| —*noun, plural* **blemishes** A mark on something that spoils its appearance or quality.
—*verb* **blemished, blemishing** To spoil the appearance or quality of.

blend |blĕnd| —*verb* **blended, blending** 1. To mix together so well that one part cannot be recognized from another. 2. To have a color or shade of color that goes well with another.
—*noun, plural* **blends** Something that has been blended; a mixture.

bless |blĕs| —*verb* **blessed** or **blest, blessing** 1. To make holy. 2. To ask God's favor for. 3. To praise as holy; glorify. 4. To grant good fortune to.

bless·ing |blĕs′ĭng| —*noun, plural* **blessings** 1. A short prayer for God's favor or to thank God. 2. A wish for happiness or success; approval. 3. Something that brings happiness or well-being.

blest |blĕst| A past tense and a past participle of the verb **bless.**

blew |bloo| The past tense of the verb **blow.**

blight |blīt| —*noun, plural* **blights** 1. A disease that withers or destroys plants. 2. Anything that is harmful or destroys.
—*verb* **blighted, blighting** To cause harm to; ruin; destroy.

blimp |blĭmp| —*noun, plural* **blimps** A kind of balloon that can be steered and can carry people and cargo.

blind |blīnd| —*adjective* **blinder, blindest** 1. Having no sense of sight; unable to see. 2. Depending on instruments and not on one's eyes. 3. Hidden from sight; hard to see. 4. Not willing or able to notice. 5. Without reason or good sense. 6. Closed at one end.
—*noun, plural* **blinds** Something that shuts out light or gets in the way of vision.
—*verb* **blinded, blinding** 1. To cause to lose the sense of sight. 2. To cause to lose judgment or good sense.

—*verbo* Tapar con una manta o capa; cubrir.

blare *sustantivo* Sonido fuerte y estridente, como el que produce una trompeta o bocina; estruendo.
—*verbo* Producir un sonido fuerte y estridente.

blast *sustantivo* 1. Movimiento violento de viento, aire o gas; ráfaga. 2. Ruido grande; alboroto. 3. Acción de reventar; explosión.
—*verbo* 1. Hacer estallar por medio de explosivos; volar. 2. Destruir o arruinar; acabar.
Verbo en locución **blast off** Comenzar el vuelo a gran velocidad, impulsado por cohetes; despegar.

blaze[1] *sustantivo* 1. Fuego o llama viva; llamarada. 2. Luz muy clara o brillo; resplandor. 3. Exposición radiante.
—*verbo* 1. Arder con llamas vivas; llamear. 2. Brillar con una luz o color claro; resplandecer. 3. Mostrar sentimientos fuertes; encender o encenderse.

blaze[2] *sustantivo* Marca que se hace en la corteza de un árbol para señalar la senda; señal.
—*verbo* Señalar árboles o caminos haciendo marcas en la corteza de un árbol; marcar (la senda).

bleach *verbo* Hacer o tornar más claro o blanco por exposición al sol o a algunos productos químicos; blanquear.
—*sustantivo* Cualquier sustancia usada para blanquear; blanqueador.

bleachers *sustantivo* En los juegos de pelota, desfiles y otros eventos públicos, bancos de madera en que la gente se sienta; gradas.

bleak *adjetivo* 1. Sin entusiasmo; sombrío; triste. 2. Frío y penetrante; cortante. 3. Expuesto a la acción del viento; desolado.

bled Pretérito y participio pasado del verbo **bleed.**

bleed *verbo* 1. Arrojar sangre; sangrar. 2. Arrojar savia o algún líquido; exudar.

blemish *sustantivo* Mancha que echa a perder la apariencia o calidad de alguna cosa; imperfección.
—*verbo* Echar a perder la apariencia o calidad; manchar.

blend *verbo* 1. Unir tan bien que no se pueda distinguir una cosa de la otra; mezclar. 2. Tener un color o tonalidad de un color que va bien con otro; armonizar; matizar.
—*sustantivo* Lo que ha sido mezclado; mezcla.

bless *verbo* Bendecir: 1. Consagrar. 2. Invocar el favor de Dios; bendecir. 3. Ensalzar lo que es sagrado; glorificar. 4. Colmar de buena fortuna.

blessing *sustantivo* 1. Oración breve para invocar el favor o agradecer a Dios; bendición. 2. Deseo de felicidad o éxito; aprobación. 3. Algo que brinda felicidad o bienestar; bendición.

blest Otra forma del pretérito y participio pasado del verbo **bless.**

blew Pretérito del verbo **blow.**

blight *sustantivo* 1. Enfermedad que marchita o destruye las plantas; roya. 2. Cualquier cosa que es dañina o destructiva; plaga.
—*verbo* Causar daño; arruinar; destruir; destrozar.

blimp *sustantivo* Especie de globo que puede dirigirse y que sirve para transportar personas o carga; dirigible.

blind *adjetivo* 1. Que carece del sentido de la vista; privado de ver; ciego. 2. Dependiendo de instrumentos y no de la propia visión; a ciegas. 3. Oculto a la vista; difícil de ver; escondido. 4. Incapaz o sin deseos de percibir; ciego. 5. Sin razón o sentido; ciego. 6. Cerrado en un extremo; sin salida.
—*sustantivo* Objeto que impide el paso de la luz o interrumpe la visión; persiana.
—*verbo* Cegar: 1. Provocar la pérdida del sentido de la

ă pat ā pay â care ä father ĕ pet ē be ĭ pit ī pie î fierce ŏ pot ō go ô paw, for oi oil ōō book ōō boot

blind·fold | blīnd′fōld′ | —*verb* **blindfolded, blindfolding** To cover the eyes of someone.
—*noun, plural* **blindfolds** A piece of cloth put over the eyes and tied around the head to keep someone from seeing.

blind·ness | blīnd′nĭs | —*noun* The condition of having no sense of sight; a lack of the ability to see.

blink | blĭngk | —*verb* **blinked, blinking** 1. To close and open the eyes quickly; wink with both eyes. 2. To flash off and on; shine in an unsteady way.

bliss | blĭs | —*noun* Very great joy; extreme happiness.

blis·ter | blĭs′tər | —*noun, plural* **blisters** 1. A small swelling on the skin that is sore and is filled with fluid. Burns and rubbing may cause blisters. 2. Any small swelling or bubble.
—*verb* **blistered, blistering** To form or cause to form blisters.

bliz·zard | blĭz′ərd | —*noun, plural* **blizzards** A very heavy snowstorm with strong winds.

bloat | blōt | —*verb* **bloated, bloating** To cause to swell.

blob | blŏb | —*noun, plural* **blobs** A soft lump or spot without a definite shape.

block | blŏk | —*noun, plural* **blocks** 1. A solid piece of wood, stone, ice, or any other hard material. 2. Something that gets in the way so that other things cannot pass or move. 3. An area in a city or town with streets on all sides; a square. 4. The length of one side of a city block from one crossing to the next. 5. A group of things that are connected in some way. 6. A pulley or a set of pulleys in a wooden or metal case.
—*verb* **blocked, blocking** To stop the passage or movement of.

block·ade | blŏ kād′ | —*noun, plural* **blockades** The closing off of an area, a city, or a harbor to keep people and supplies from going in or out.
—*verb* **blockaded, blockading** To close off with a blockade.

block·house | blŏk′hous′ | —*noun, plural* **blockhouses** | blŏk′hou′zĭz | 1. A fort built of heavy material with holes through which to fire at the enemy. 2. A strong building near a launching pad. People can safely control and watch the launching of a rocket from a blockhouse.

blond or **blonde** | blŏnd | —*adjective* **blonder, blondest** 1. Having hair that is light in color and pale skin. 2. Light in color.
—*noun, plural* **blonds** or **blondes** A person with hair that is light in color and pale skin. Often the spelling **blond** is used for males and **blonde** for females. Either spelling may be used for wood or furniture.

blood | blŭd | —*noun, plural* **bloods** 1. The red fluid that the heart pumps through the veins and arteries. Blood carries oxygen, food, minerals, and other useful things to all parts of the body, and it carries away waste materials. 2. Ancestry; kinship.
Idiom. **In cold blood** Without any feelings; cruelly and without pity.

blood·hound | blŭd′hound′ | —*noun, plural* **bloodhounds** A large dog with a smooth coat, drooping ears, and loose folds of skin around the face. Bloodhounds have a keen sense of smell.

blood·shed | blŭd′shĕd′ | —*noun* The loss of blood by killing or wounding.

blood·stream | blŭd′strēm′ | —*noun, plural* **bloodstreams** The blood flowing through a living body.

blood·thirst·y | blŭd′thûr′stē | —*adjective* **bloodthirstier, bloodthirstiest** Eager to cause or see bloodshed or violence; extremely cruel.

blood vessel Any tube in the body through which

vista. 2. Provocar la pérdida del buen juicio o sentido común.

blindfold *verbo* Cubrir los ojos con una venda; vendar los ojos.
—*sustantivo* Tira de lienzo que se coloca sobre los ojos y se amarra alrededor de la cabeza para impedir la visión de la persona; venda.

blindness *sustantivo* Condición de faltarle a uno el sentido de la vista; carencia de la facultad de ver; ceguera.

blink *verbo* 1. Cerrar y abrir los ojos rápidamente; guiñar ambos ojos; pestañear. 2. Despedir rayos de luz intermitentes; brillar de manera interrumpida; destellar.

bliss *sustantivo* Gran alegría; felicidad extrema; dicha.

blister *sustantivo* 1. Vejiga pequeña y llena de líquido que se forma en la piel y duele; ampolla. Las quemaduras y los roces pueden causar ampollas. 2. Cualquier ampolla o vejiga pequeña; burbuja.
—*verbo* Formar o producir ampollas.

blizzard *sustantivo* Nevada abundante y con vientos fuertes; ventisca.

bloat *verbo* Provocar hinchazón; hinchar.

blob *sustantivo* Bulto pequeño o mancha sin forma definida; gota; mancha.

block *sustantivo* 1. Pedazo sólido de madera, piedra, hielo o cualquier otro material duro; bloque; trozo. 2. Cosa que estorba el camino impidiendo pasar o mover otras cosas; obstáculo; estorbo. 3. Área en una ciudad o población, con calles alrededor; manzana. 4. Distancia de un lado de una manzana de casas, desde un cruce al otro; cuadra. 5. Grupo de objetos que están unidos de alguna manera; bloque. 6. Polea o juego de poleas en una caja de metal o madera.
—*verbo* Impedir el paso o movimiento; obstruir; estorbar.

blockade *sustantivo* Cierre de un área, ciudad o puerto para impedir la entrada y salida de gente o provisiones; bloqueo.
—*verbo* Cerrar por medio de un bloqueo; levantar un bloqueo.

blockhouse *sustantivo* 1. Fortín de construcción pesada en el cual se hacían aberturas por donde disparar al enemigo; blocao. 2. Edificio sólido cerca de una plataforma de lanzamiento. Las personas pueden controlar y observar el lanzamiento de un cohete mientras permanecen a salvo en este edificio.

blond o **blonde** *adjetivo* Rubio. 1. Que tiene pelo de color claro y tez pálida. 2. De color claro.
—*sustantivo* Persona con cabellos de color claro y piel pálida; rubio. Generalmente se utiliza **blond** para referirse a los hombres y **blonde** para las mujeres. Cualquiera de las dos formas pueden utilizarse para la madera o los muebles.

blood *sustantivo* Sangre: 1. Fluido rojo que el corazón bombea en las arterias y venas. La sangre lleva oxígeno, alimento, minerales y otras materias útiles a todas las partes del cuerpo, y recoge los desechos. 2. Linaje; parentesco.
Modismo **In cold blood** Sin sentimientos; de forma cruel y sin piedad; a sangre fría.

bloodhound *sustantivo* Perro grande de pelaje suave, orejas caídas, y de piel caída en pliegues alrededor de la cara; sabueso. Los sabuesos tienen un sentido del olfato muy fino.

bloodshed *sustantivo* Pérdida de sangre por asesinato o herida; derramamiento de sangre.

bloodstream *sustantivo* Sangre que fluye por un cuerpo vivo; corriente sanguínea.

blood-thirsty *adjetivo* Ávido de causar o ver derramamientos de sangre o violencia; sanguinario.

blood vessel Cualquier tubo en el cuerpo por donde

ər butter   yōō abuse   ou out   ŭ cut   û fur   th the   th thin   hw which   zh vision   ə ago, item, pencil, atom, circus

blood circulates.

blood·y |blŭd′ē| —*adjective* **bloodier, bloodiest**
1. Bleeding. **2.** Stained or covered with blood.
3. Causing or marked by bloodshed.

bloom |blōōm| —*noun, plural* **blooms 1.** The flowers or blossoms of a plant. **2.** The time or condition of flowering.
—*verb* **bloomed, blooming** To bear flowers; to blossom.

blos·som |blŏs′əm| —*noun, plural* **blossoms 1.** A flower or cluster of flowers, especially of a fruit tree.
2. The time or condition of flowering.
—*verb* **blossomed, blossoming 1.** To bear flowers; to bloom. **2.** To grow and develop; flourish; thrive.

blot |blŏt| —*noun, plural* **blots 1.** A stain or spot.
2. Something that spoils beauty or perfection; a blemish.
—*verb* **blotted, blotting 1.** To spot or stain. **2.** To dry or soak up.

blotch |blŏch| —*noun, plural* **blotches** A large, irregular spot or blot.
—*verb* **blotched, blotching** To mark or become marked with spots.

blot·ter |blŏt′ər| —*noun, plural* **blotters** A piece of absorbent paper used to soak up wet ink.

blouse |blous| or |blouz| —*noun, plural* **blouses** A loose shirt or garment worn on the upper part of the body. Most blouses are worn by women or girls.

blow¹ |blō| —*verb* **blew, blown, blowing 1.** To be in motion, as air. **2.** To move or cause to move by means of a current of air. **3.** To send out a current of air or gas. **4.** To make a noise by forcing air through. **5.** To shape by forcing air or gas into or through. **6.** To melt a fuse. **7.** To spout water. **8.** To destroy or break by an explosion.
   Phrasal verbs **blow out 1.** To put out or go out by blowing. **2.** To burst suddenly. **blow up 1.** To fill with air or gas; inflate. **2.** To make larger. **3.** To explode.
4. To get angry.
—*noun, plural* **blows** A strong wind or gale.

blow² |blō| —*noun, plural* **blows 1.** A sudden hard hit with a fist or weapon. **2.** A sudden shock, disappointment, or misfortune.

blow·er |blō′ər| —*noun, plural* **blowers** A device that creates a flow of air or gas.

blown |blōn| The past participle of the verb **blow.**

blow·torch |blō′tôrch′| —*noun, plural* **blowtorches**
A small torch that can give off a very hot flame. Blowtorches are used for melting metal, soldering, and burning off old paint.

blub·ber |blŭb′ər| —*noun* The thick layer of fat under the skin of whales, seals, and some other sea animals.

blue |blōō| —*noun, plural* **blues** The color of the sky on a clear day.
—*adjective* **bluer, bluest 1.** Of the color blue. **2.** Unhappy; gloomy; sad. **3.** Having a slight blue tint.
   Idiom **out of the blue** Suddenly and at an unexpected time or place.

blue·bell |blōō′bĕl′| —*noun, plural* **bluebells** One of several kinds of plants with blue flowers shaped like bells.

blue·ber·ry |blōō′bĕr′ē| —*noun, plural* **blueberries**
A round, juicy blue or purplish berry that grows on a bush.

blue·bird |blōō′bûrd′| —*noun, plural* **bluebirds** A North American bird with a blue back and a reddish breast.

blue·ish |blōō′ĭsh| —*adjective* A form of the word **bluish.**

blue jay |jā| A North American bird that has a crest

circula la sangre; vaso sanguíneo.

bloody *adjetivo* **1.** Que echa sangre; sangriento.
2. Manchado o cubierto de sangre; ensangrentado.
2. Que causa o está marcado por el derramamiento de sangre; sangriento.

bloom *sustantivo* **1.** Las flores de una planta; flor.
2. Tiempo o condición de florecer; florescencia; florecimiento.
—*verbo* Echar flores; florecer.

blossom *sustantivo* **1.** Flor o ramo de flores, especialmente en un árbol de frutas; flor. **2.** Tiempo o condición de florecer; florescencia; floración.
—*verbo* **1.** Dar flores; florecer. **2.** Crecer y desarrollarse; prosperar.

blot *sustantivo* **1.** Borrón o mancha. **2.** Falta que echa a perder la belleza o perfección; tacha.
—*verbo* **1.** Manchar. **2.** Secar o absorber.

blotch *sustantivo* Mancha grande e irregular; manchón.
—*verbo* Cubrir o cubrirse de manchas; manchar.

blotter *sustantivo* Pedazo de papel absorbente que se usa para secar la tinta húmeda; papel secante.

blouse *sustantivo* Camisa o prenda de vestir suelta que se usa sobre la parte superior del cuerpo; blusa. Mayormente, las blusas son usadas por mujeres y niñas.

blow¹ *verbo* **1.** Estar en movimiento como el aire; soplar. **2.** Moverse o causar el movimiento por medio de una corriente de aire; llevar. **3.** Enviar una corriente de aire o gas; soplar. **4.** Producir un sonido al forzar el aire a través de algo; sonar. **5.** Dar forma por medio de forzar aire o gas a través o hacia adentro; soplar.
6. Derretirse un fusible; fundirse. **7.** Echar agua a chorros. **8.** Destruir o romper mediante una explosión; estallar.
   Verbos en locuciones **blow out 1.** Extinguir o apagar soplando; apagar. **2.** Estallar súbitamente; reventar. **blow up 1.** Llenar con aire o gas; inflar.
2. Hacer más grande; ampliar. **3.** Estallar; volar.
4. Enojarse; salirse de sus casillas.
—*sustantivo* Viento fuerte o vendaval; ráfaga.

blow² *sustantivo* Golpe: **1.** Porrazo fuerte y súbito con un puño o arma. **2.** Sobresalto repentino, decepción o infortunio.

blower *sustantivo* Aparato que produce una corriente de aire o gas.

blown Participio pasado del verbo **blow.**

blowtorch *sustantivo* Lámpara pequeña que puede producir una llama muy caliente; soplete. Los sopletes se usan para fundir metal, soldar y quemar pintura vieja.

blubber *sustantivo* Capa gruesa de grasa bajo la piel de las ballenas, focas y otros animales marinos.

blue *sustantivo* Color del cielo en un día claro; azul.
—*adjetivo* **1.** De color azul; azul. **2.** Infeliz; deprimido; triste; melancólico. **3.** De un tinte levemente azul; amoratado.
   Modismo **out of the blue** Súbitamente y en un momento o lugar inesperado; de repente.

bluebell *sustantivo* Una de varias clases de plantas con flores azules en forma de campanas; campanilla.

blueberry *sustantivo* Fruta azul o púrpura redonda y jugosa que crece en un arbusto; arándano.

bluebird *sustantivo* Ave de América del Norte de lomo azul y de pecho rojo; azulejo.

blueish *adjetivo* Otra forma de la palabra **bluish.**

blue jay Ave de América del Norte que tiene una cresta

ă pat ā pay â care ä father ĕ pet ē be ĭ pit ī pie î fierce ŏ pot ō go ô paw, for oi oil ōō book ōō boot

on its head and blue feathers with white and black markings.

blue jeans |jĕnz| Pants made out of blue denim or a similar sturdy cloth; jeans; dungarees.

blue-print |blōō′prĭnt′| —*noun, plural* **blueprints** A photographic copy of a drawing in which the original drawing shows as white lines on blue paper. Blueprints are used for designs of buildings, machines, etc.

blues |blōōz| —*plural noun* **1.** A kind of music that is slow and sad and has a jazz rhythm. **2.** Unhappy feeling; low spirits.

bluff¹ |blŭf| —*verb* **bluffed, bluffing** To try to mislead or fool others by pretending to have, do, or be something.
—*noun, plural* **bluffs** A pretense or show made to mislead or fool others.

bluff² |blŭf| —*noun, plural* **bluffs** A steep cliff, hill, or river bank.
—*adjective* **bluffer, bluffest** Gruff in manner but not unkind.

blu-ish |blōō′ĭsh| —*adjective*   Somewhat blue. Another form of this adjective is **bluish.**

blun-der |blŭn′dər| —*noun, plural* **blunders** A foolish or stupid mistake.
—*verb* **blundered, blundering** **1.** To make a foolish or stupid mistake. **2.** To move or do something in a clumsy way.

blunt |blŭnt| —*adjective* **blunter, bluntest** **1.** Having an edge or point that is not sharp. **2.** Very direct and frank without being too polite.
—*verb* **blunted, blunting** To make less sharp or effective.

blur |blûr| —*verb* **blurred, blurring** To make or become less distinct or clear.
—*noun, plural* **blurs** Something that is not distinct or clear.

blurt |blûrt| —*verb* **blurted, blurting** To say suddenly and without thinking.

blush |blŭsh| —*verb* **blushed, blushing** To become suddenly red in the face from embarrassment, confusion, or shame.
—*noun, plural* **blushes** A sudden reddening of the face from embarrassment, confusion, or shame.

blus-ter |blŭs′tər| —*verb* **blustered, blustering** **1.** To blow in noisy, violent gusts. **2.** To make loud boasts, threats, or noises.
—*noun, plural* **blusters** **1.** A noisy, gusty wind. **2.** Loud boasts, threats, or noises.

bo-a |bō′ə| —*noun, plural* **boas** **1.** A boa constrictor or similar snake. **2.** A long, fluffy scarf usually made of feathers or fur.

boa con-stric-tor |kən strĭk′tər| A large snake of tropical America. The boa constrictor is not poisonous. It coils itself around the animals it eats and crushes them.

boar |bôr| or |bōr| —*noun, plural* **boars** or **boar** **1.** A wild pig with a thick coat of dark bristles. **2.** A male pig.

board |bôrd| or |bōrd| —*noun, plural* **boards** **1.** A flat, long piece of sawed wood; a plank. **2.** A flat piece of wood or other material used for a special purpose. **3.** Food served daily to paying guests. **4.** A group of people who take care of the business of a company, school, or other organization.
—*verb* **boarded, boarding** **1.** To close or cover with boards. **2.** To receive or give daily meals for pay. **3.** To go onto a ship, train, or other vehicle.

boast |bōst| —*verb* **boasted, boasting** **1.** To praise oneself, one's possessions, and one's achievements; to brag. **2.** To have something to be proud of.

en su cabeza y plumas azules con puntos blancos y negros; gayo.

blue jeans Pantalones hechos de dril azul o de algún tipo de tela fuerte similar; pantalones vaqueros.

blueprint Copia fotográfica de un dibujo en la cual el dibujo original aparece como líneas blancas sobre papel azul; cianotipo. Los cianotipos se usan para el diseño de edificios, máquinas y otras cosas.

blues *sustantivo* **1.** Tipo de música que es lenta y triste y tiene ritmo de jazz; blues. **2.** Sentimiento de infelicidad; espíritu decaído; tristeza.

bluff¹ *verbo* Tratar de confundir o engañar a otros pretendiendo tener, hacer, o ser algo; hacer creer; fanfarronear.
—*sustantivo* Pretensión o acto de alarde realizado para confundir o engañar a otros; fanfarronada.

bluff² *sustantivo* Acantilado, loma o ribera escarpada; barranco.
—*adjetivo* De modales ásperos pero que no es brusco.

bluish *adjetivo* Un poco azul; azulado. En inglés otra forma de este adjetivo es **bluish.**

blunder *sustantivo* Error tonto o estúpido; disparate.
—*verbo* **1.** Cometer un error tonto o estúpido; disparatar. **2.** Moverse o hacer algo de manera torpe; andar a tropezones.

blunt *adjetivo* **1.** Que tiene un borde o punta que no está afilada; embotado. **2.** Muy directo y franco sin ser muy cortés; rudo.
—*verbo* Hacer menos afilado o efectivo; embotar.

blur *verbo* Hacer o volverse menos visible o claro; empañar.
—*sustantivo* Algo que no es visible o claro; mancha.

blurt *verbo* Decir súbitamente y sin pensar; dejar escapar.

blush *verbo* Volverse súbitamente roja la cara por el desconcierto, confusión, o vergüenza; sonrojarse.
—*sustantivo* Enrojecimiento súbito de la cara causado por el desconcierto, confusión o vergüenza; sonrojo.

bluster *verbo* **1.** Soplar en ráfagas ruidosas, violentas; bramar. **2.** Hacer alardes, soltar amenazas o ruidos en voz alta; hacer bravatas.
—*sustantivo* **1.** Viento ruidoso, en ráfagas; ventarrón. **2.** Alardes, amenazas o ruidos en voz alta; bravata.

boa *sustantivo* Boa: **1.** Boa constrictor o serpiente similar. **2.** Bufanda larga, esponjosa, usualmente hecha de plumas o piel.

boa constrictor Serpiente larga y no venenosa de América tropical; boa. La boa se enrolla alrededor de los animales que se come y los aprieta.

boar *sustantivo* **1.** Cerdo salvaje con un pelaje grueso de cerdas oscuras; jabalí. **2.** Cerdo macho; verraco.

board *sustantivo* **1.** Pedazo de madera serruchada lisa y larga; madero; tablón; tabla. **2.** Pedazo liso de madera u otro material usado para algún propósito especial; tablero. **3.** Alimentos servidos diariamente a los huéspedes que pagan; comida: *The school offers room and board to students from out of town.* = *La escuela ofrece cuarto y comida a los estudiantes que vienen de otros pueblos.* **4.** Grupo de personas que se ocupan de los asuntos de una compañía, escuela u otra organización; junta; consejo.
—*verbo* **1.** Cerrar o cubrir con tablas; entablar. **2.** Recibir o dar comidas diariamente por paga; dar pensión. **3.** Subir a un barco, tren u otro vehículo; subir a bordo.

boast *verbo* **1.** Alabarse uno mismo, sus posesiones o sus logros; jactarse; alardear. **2.** Tener algo de lo cual sentirse orgulloso; vanagloriarse.

ər butter yōō abuse ou out ŭ cut û fur *th* the th thin hw which zh vision ə ago, item, pencil, atom, circus

—*noun, plural* **boasts** Talk that is too full of praise for oneself, one's possessions, and one's achievements.

boat |bŏt| —*noun, plural* **boats** **1.** A small open craft for traveling on water. A boat may have sails, oars, or a motor to make it move. **2.** A ship.
—*verb* **boated, boating** To travel by boat.

bob |bŏb| —*noun, plural* **bobs** A quick up-and-down motion.
—*verb* **bobbed, bobbing** **1.** To move up and down in quick motions. **2.** In a game, to grab at floating objects with the teeth.

bob·bin |bŏb′ĭn| —*noun, plural* **bobbins** A spool that holds thread or yarn. Some kinds of bobbins are used in sewing machines. Other kinds are used for spinning thread, making lace, or weaving cloth.

bob·sled |bŏb′slĕd′| —*noun, plural* **bobsleds** A long racing sled with two sets of runners, a steering wheel, and brakes.
—*verb* **bobsledded, bobsledding** To ride or race in a bobsled.

bode |bŏd| —*verb* **boded, boding** To be a sign or omen of.

bod·i·ly |bŏd′l ē| —*adjective* Of or in the body.

bod·y |bŏd′ē| —*noun, plural* **bodies** **1.** All of a person or animal other than the mind. **2.** A dead person or animal; corpse. **3.** The main part of a person or animal, not including the head, arms, legs, or tail; trunk; torso. **4.** A mass of something. **5.** The main or central part of anything.

bod·y·guard |bŏd′ē gärd′| —*noun, plural* **body-guards** One or more persons who are responsible for protecting someone.

bog |bôg| or |bŏg| —*noun, plural* **bogs** A soft, wet area of land; marsh; swamp.
—*verb* **bogged, bogging** To sink or cause to sink in or as if in a bog.

boil¹ |boil| —*verb* **boiled, boiling** **1. a.** To reach a temperature where bubbles form and steam is given off. **b.** To cause a liquid to boil. **2.** To cook or be cooked in boiling liquid.
—*noun* The condition of boiling.

boil² |boil| —*noun, plural* **boils** A painful, infected swelling on the skin, filled with pus.

boil·er |boi′lər| —*noun, plural* **boilers** **1.** A large tank for heating water, often until it turns to steam. **2.** A large container or pot for boiling liquids, usually water.

bold |bōld| —*adjective* **bolder, boldest** **1.** Not having or showing fear; brave. **2.** Showing or needing courage; daring. **3.** Not polite; rude.

boll |bōl| —*noun, plural* **bolls** The rounded seed pod of the cotton plant.

bol·ster |bōl′stər| —*noun, plural* **bolsters** A long, narrow pillow or cushion.
—*verb* **bolstered, bolstering** To keep from falling; strengthen.

bolt |bōlt| —*noun, plural* **bolts** **1.** A rod or pin with spiral grooves cut around it so that a nut may be screwed onto it. Bolts hold things together. **2.** A rod that slides to fasten a door, window, or gate. **3.** The part of a lock that is turned by a key. **4.** A flash of lightning; thunderbolt. **5.** A sudden dash from or to something. **6.** A large roll of cloth or paper.
—*verb* **bolted, bolting** **1.** To fasten or lock with a bolt or bolts. **2.** To dash away suddenly. **3.** To eat too quickly without chewing enough.

bomb |bŏm| —*noun, plural* **bombs** A container filled with a material that can explode or blow up. A bomb blows up when it hits something after being

—*sustantivo* Charla que está muy llena de halagos hacia uno mismo, sus posesiones o sus logros; jactancia.

boat *sustantivo* **1.** Embarcación pequeña y abierta para viajar en el agua; bote. Un bote puede tener velas, remos o un motor para moverse. **2.** Barco.
—*verbo* Viajar en bote.

bob *sustantivo* Movimiento rápido hacia arriba y hacia abajo; sacudida; meneo.
—*verbo* **1.** Mover hacia arriba y hacia abajo en movimientos rápidos; sacudir. **2.** En un juego, agarrar objetos flotantes con los dientes; tratar de coger con la boca.

bobbin *sustantivo* Carrete que sostiene hilo; bobina. Algunos tipos de bobinas se usan en máquinas de coser; otros se usan para hilar, hacer encajes o tejer.

bobsled *sustantivo* Trineo largo de carreras con dos juegos de cuchillas, una guía y frenos.
—*verbo* Pasear o correr en un trineo.

bode *verbo* Ser un signo o presagio; presagiar.

bodily *adjetivo* Perteneciente o relativo al cuerpo; corporal; corpóreo.

body *sustantivo* Cuerpo: **1.** Todas las partes de una persona o animal con excepción de la mente. **2.** Persona o animal muerto; cadáver. **3.** Parte principal de una persona o animal, no incluyendo la cabeza, brazos, piernas o rabo; tronco; torso. **4.** Masa de algo. **5.** Parte principal o central de algo.

bodyguard *sustantivo* Una o más personas que son responsables de la protección de alguien; guardaespaldas.

bog *sustantivo* Área de tierra blanda y húmeda; pantano; ciénaga.
—*verbo* Hundir o hacer que se hunda en un pantano o como si lo fuera; atascar.

boil¹ *verbo* **1. a.** Alcanzar un líquido una temperatura en la cual se forman burbujas y se bota vapor; hervir. **b.** Hacer que un líquido hierva; hervir. **2.** Cocinar o cocinarse en líquido hirviente; cocer.
—*sustantivo* Condición de hervir; hervor.

boil² *sustantivo* Inflamación dolorosa e infectada de la piel, llena de pus; divieso; furúnculo: golondrino.

boiler *sustantivo* **1.** Tanque grande para calentar agua, usualmente hasta que se convierte en vapor; caldera. **2.** Envase grande u olla para hervir líquidos, usualmente agua; caldero.

bold *adjetivo* **1.** Que no tiene o demuestra miedo; valiente; intrépido: *bold explorers* = *exploradores intrépidos.* **2.** Que demuestra o requiere valor; atrevido; audaz: *a bold plan* = *un plan audaz.* **3.** Que no es cortés; rudo; descarado: *bold language* = *lenguaje rudo.*

boll *sustantivo* Vaina redonda de la semilla de la planta de algodón; cápsula.

bolster *sustantivo* Almohada o cojín largo y estrecho; cabezal.
—*verbo* Prevenir que algo caiga; reforzar; alentar.

bolt *sustantivo* **1.** Barra o clavillo con ranuras en espiral grabadas a su alrededor de manera que una tuerca se pueda atornillar a él; tornillo. Los tornillos mantienen cosas unidas. **2.** Barra que se desliza para asegurar una puerta, ventana o portón; cerrojo. **3.** Parte de una cerradura que se mueve con llave; pestillo. **4.** Resplandor de un rayo; relámpago. **5.** Carrera súbita desde o hacia algo; fuga. **6.** Rollo grande de tela o papel.
—*verbo* **1.** Asegurar o cerrar con un cerrojo o cerrojos; echar cerrojo. **2.** Huir súbitamente; fugarse. **3.** Comer muy rápidamente sin masticar lo suficiente; engullir.

bomb *sustantivo* Envase lleno de un material que puede explotar o estallar; bomba. Una bomba estalla cuando golpea algo luego que se deja caer o tira, o

---

ă pat ā pay â care ä father ĕ pet ē be ĭ pit ī pie î fierce ŏ pot ō go ô paw, for oi oil ŏŏ book ōō boot

dropped or thrown, or when a timing device in it sets it off. Bombs are used as weapons.
—*verb* **bombed, bombing** To attack, damage, harm, or destroy with a bomb or bombs.

bom·bard |bŏm bärd′| —*verb* **bombarded, bombarding 1.** To attack with bombs or heavy gunfire. **2.** To attack or bother with words or remarks.

bond |bŏnd| —*noun, plural* **bonds 1.** Anything that binds, ties, fastens, or unites. **2.** A certificate issued by a government or a company for borrowing money. The bond is a promise that the money will be paid back with interest to the person who buys it.

bon·dage |bŏn′dĭj| —*noun* The condition of being a slave; slavery.

bone |bōn| —*noun, plural* **bones** One of the hard pieces that make up the skeleton of an animal with a backbone.
—*verb* **boned, boning** To remove the bones from a fish or piece of meat.

bon·fire |bŏn′fīr′| —*noun, plural* **bonfires** A large outdoor fire.

bon·net |bŏn′ĭt| —*noun, plural* **bonnets 1.** A hat for a woman, girl, or baby. A bonnet usually has a wide brim and ribbons that tie under the chin. **2.** A headdress made of feathers, worn by some American Indians.

bo·nus |bō′nəs| —*noun, plural* **bonuses** Something extra in addition to what is usual or expected.

bon·y |bō′nē| —*adjective* **bonier, boniest 1.** Of or like bone. **2.** Full of bones; having many bones. **3.** Having bones that stick out; very thin; gaunt.

boo |boō| —*interjection* A word used to scare or surprise people.
—*verb* **booed, booing** To say "boo" as a sign of dislike or disapproval.

book |boŏk| —*noun, plural* **books 1.a.** A set of pages with writing or printing that are fastened on one side and placed between covers. **b.** A set of blank pages fastened together between covers. These pages may be used for writing or printing on. **2.** A main division of a bigger written or printed work.
—*verb* **booked, booking** To arrange for ahead of time; make reservations.

book·case |boŏk′kās′| —*noun, plural* **bookcases** A piece of furniture with shelves for holding books.

book·keep·er |boŏk′kē′pər| —*noun, plural* **bookkeepers** A person who keeps records of the money paid, received, and owed by a business.

boom¹ |boōm| —*noun, plural* **booms 1.** A deep, hollow sound, like the sound of an explosion. **2.** A period of time when business is growing rapidly.
—*verb* **boomed, booming 1.a.** To make a deep, hollow sound. **b.** To speak in a deep, hollow voice. **2.** To grow rapidly; thrive; flourish.

boom² |boōm| —*noun, plural* **booms 1.** A long pole used to stretch out the bottom of a sail. **2.** A long pole that holds an object being lifted by a derrick.

boon |boōn| —*noun, plural* **boons** A help or blessing.

boost |boōst| —*verb* **boosted, boosting** To lift by pushing from below.
—*noun, plural* **boosts** A push upward or ahead.

boot |boōt| —*noun, plural* **boots** A kind of shoe that covers the foot and ankle and often part of the leg as well. Boots are usually made of leather, rubber, or vinyl.
—*verb* **booted, booting** To kick.

booth |boōth| —*noun, plural* **booths** |boōthz| or |boōths| **1.** A small enclosed compartment. **2.** A place or stand for selling or displaying things.

bor·der |bôr′dər| —*noun, plural* **borders 1.** The line where one thing ends and another begins. **2.** An edge, margin, or rim. **3.** A strip that makes an edge or a trim

cuando un aparato mecánico la hace explotar. Las bombas se usan como armas.
—*verbo* Atacar, dañar, herir o destruir con una bomba o bombas; bombardear.

bombard *sustantivo* **1.** Atacar con bombas o artillería pesada; bombardear. **2.** Atacar o molestar con palabras o comentarios; asediar.

bond *sustantivo* **1.** Cualquier cosa que enlaza, ata, asegura o une; lazo; atadura; yugo. **2.** Certificado emitido por un gobierno o compañía para tomar dinero prestado; bono. El bono es una promesa de que el dinero será pagado con intereses a la persona que lo compra.

bondage *sustantivo* Condición de ser un esclavo; esclavitud, cautiverio; servidumbre.

bone *sustantivo* Una de las partes duras que compone el esqueleto de un animal con espinazo; hueso.
—*verbo* Remover las espinas de un pescado o los huesos de un pedazo de carne; deshuesar; quitar las espinas.

bonfire *sustantivo* Gran fuego al aire libre; hoguera; fogata.

bonnet *sustantivo* **1.** Sombrero para mujer, niña, o bebé que usualmente tiene un borde ancho y cintas que se amarran bajo la barbilla; cofia. **2.** Tocado hecho de plumas usado por algunos indios norteamericanos; penacho.

bonus *sustantivo* Algo extra en adición a lo que es usual o esperado; bono; bonificación.

bony *adjetivo* **1.** Relativo o parecido a un hueso; de hueso: óseo. **2.** Lleno de huesos; que tiene muchos huesos; huesudo. **3.** Que tiene huesos que sobresalen; muy delgado; demacrado; esquelético.

boo *interjección* Palabra usada para asustar o sorprender a las personas; bu.
—*verbo* Decir "boo" como signo de desagrado o desaprobación; abuchear.

book *sustantivo* **1.a.** Conjunto de páginas con escritura o impresas, que están sujetas por un lado y puestas entre tapas; libro; volumen; tomo. **b.** Conjunto de páginas en blanco, sujetas por un lado y puestas entre tapas; cuaderno; libro de anotaciones. **2.** División principal de una obra mayor, escrita o impresa; libro.
—*verbo* Hacer arreglos con anticipación; hacer reservaciones; reservar; contratar.

bookcase *sustantivo* Mueble que tiene estantes para guardar libros; librero; librería.

bookkeeper *sustantivo* La persona que tiene a su cargo los libros de cuenta, gastos, ingresos y préstamos de un negocio.

boom¹ *sustantivo* **1.** Ruido profundo, que repercute como el sonido de una explosión. **2.** Época en que los negocios prosperan enérgicamente.
—*verbo* **1.a.** Hacer un ruido profundo y sonoro. **b.** Hablar en voz profunda y sonora. **2.** Crecer rápidamente; prosperar; florecer.

boom² *sustantivo* **1.** Palo largo que se usa para extender la parte inferior de una vela; botalón. **2.** Palo largo que sostiene un objeto que es alzado por una grúa; aguilón.

boon *sustantivo* Una ayuda o bendición.

boost *verbo* Levantar con un empujón hacia arriba.
—*sustantivo* Un empujón hacia arriba o hacia adelante.

boot *sustantivo* Tipo de calzado que cubre el pie y el tobillo y, casi siempre, parte de la pierna. Las botas son usualmente hechas de cuero, goma o material plástico.
—*verbo* Patear; dar patadas.

booth *sustantivo* **1.** Compartimiento pequeño y encerrado. **2.** Puesto o quiosco para la venta o exhibición de cosas.

border *sustantivo* **1.** La línea entre el final de una cosa y el comienzo de otra; borde. **2.** Orilla o margen. **3.** Banda que margina o una orla a modo de ribete.

ər butter yoō abuse ou out ŭ cut û fur *th* the th thin hw which zh vision ə ago, item, pencil, atom, circus

to an edge.
—*verb* **bordered, bordering 1.** To share a boundary with. **2.** To form an edge for. **3.** To put an edging on.

bore¹ |bôr| or |bōr| —*verb* **bored, boring 1.** To make by drilling or digging. **2.** To make a hole or holes in.

bore² |bôr| or |bōr| —*verb* **bored, boring** To make or become weary by failing to interest or being dull. —*noun, plural* **bores** A person or thing that is dull, tiresome, and not interesting.

bore³ |bôr| or |bōr| The past tense of the verb **bear**.

born |bôrn| or |bōrn| A past participle of the verb **bear** (to give birth to). This form of the past participle is used mainly when the verb **bear** indicates the fact of birth.
—*adjective* **1.** By birth or natural ability. **2.** Brought into being; coming from.

borne |bôrn| or |bōrn| A past participle of the verb **bear**.

bor·ough |bûr′ō| or |bŭr′ō| —*noun, plural* **boroughs 1.** In some parts of the United States, a town that governs itself. **2.** One of the five main parts of New York City.

bor·row |bôr′ō| or |bŏr′ō| —*verb* **borrowed, borrowing 1.** To take something from someone else with the understanding that it will be given back or replaced later. **2.** To take something and use it as one's own.

bos·om |bŏŏz′əm| or |bŏŏ′zəm| —*noun, plural* **bosoms** The human chest or breast.
—*adjective* Very close and deep.

boss |bôs| or |bŏs| —*noun, plural* **bosses** A person who is in charge, who makes decisions, and who supervises other people.
—*verb* **bossed, bossing** To give orders to; order around.

bo·tan·i·cal |bə tăn′ĭ kəl| —*adjective* For or of the study of plants; of botany.

bot·a·ny |bŏt′n ē| —*noun* The scientific study of plants. Botany is a branch of biology.

both |bōth| —*adjective* The two; the one as well as the other.
—*pronoun* The two alike; the one as well as the other.
—*conjunction* **Both** is used with the conjunction **and** to show that two of anything are to be mentioned and to give special importance to this fact.

both·er |bŏth′ər| —*verb* **bothered, bothering 1.** To give trouble to; annoy. **2.** To take the trouble.
—*noun, plural* **bothers 1.** Something that annoys or worries. **2.** Trouble or fuss.

bot·tle |bŏt′l| —*noun, plural* **bottles 1.** A container with a narrow neck that can be closed with a cap or cork. Bottles are usually made of glass or plastic and can hold liquids. **2. a.** A bottle with something in it. **b.** The amount that a bottle holds.
—*verb* **bottled, bottling** To place in a bottle or bottles.

bot·tom |bŏt′əm| —*noun, plural* **bottoms 1.** The lowest part of anything. **2.** The lowest outside part; underside. **3.** The lowest inside part. **4.** The land under a body of water. **5.** The basic truth or cause; main part.

bough |bou| —*noun, plural* **boughs** A large branch of a tree.

bought |bôt| The past tense and past participle of the verb **buy**.

boul·der |bōl′dər| —*noun, plural* **boulders** A large round rock on or in the ground.

—*verbo* **1.** Compartir una frontera común. **2.** Bordear. **3.** Orillar.

bore¹ *verbo* **1.** Cavar o perforar. **2.** Hacer uno o más agujeros; agujerear.

bore² *verbo* Aburrir o ser aburrido por falta de interés o por cansancio.
—*sustantivo* Una persona o una cosa que es aburrida y que cansa; sin interés.

bore³ Pretérito del verbo **bear**.

born Participio pasado del verbo **bear** (dar vida). Esa forma de participio es usada principalmente cuando el verbo **bear** indica el acto de nacimiento: *She was born in April in 1970.* = *Ella nació en abril, en 1970.*
—*adjetivo* **1.** De nacimiento o abilidad natural: *He is a born singer.* = *Él es un cantante de gran abilidad natural.* **2.** Proveniente; nacido: *an invention born of need* = *una invención nacida de la necesidad.*

borne Participio pasado del verbo **bear**.

borough *sustantivo* **1.** En algunas partes de los Estados Unidos, un pueblo que se gobierna a sí mismo. **2.** Una de las cinco partes principales de la ciudad de New York.

borrow *verbo* **1.** Tomar algo de alguien con la condición de devolverlo o reemplazarlo. **2.** Usar algo como si fuera de uno propio.

bosom *sustantivo* El pecho o seno humano.
—*adjetivo* Íntimo o de confianza.

boss *sustantivo* La persona encargada, que toma decisiones y que inspecciona a otras.
—*verbo* Dar órdenes; dirigir.

botanical *adjetivo* Que trata de las plantas; referente a la botánica.

botany *sustantivo* Estudio científico de las plantas; botánica.

both *adjetivo* Ambos: Los dos; uno, así como el otro: *She painted both sides of the house.* = *Ella pintó ambos lados de la casa.*
—*pronombre* Los dos semejantes; uno así como el otro: *If one is guilty, both are.* = *Si uno es culpable, ambos lo son.*
—*conjunción* **Both** es usada con la conjunción **and** para demostrar que dos partes de alguna cosa serán mencionadas y para dar a este dato una importancia especial: *Both New York and Washington are big cities.* = *Ambas, New York y Washington, son ciudades grandes.*

bother *verbo* **1.** Dar problemas; fastidiar; molestar. **2.** Tomarse la molestia; molestarse.
—*sustantivo* Molestia: **1.** Algo que molesta o preocupa. **2.** Problema o ajetreo.

bottle *sustantivo* Botella: **1.** Vasija de cuello angosto que se puede cerrar con una tapa o corcho. Las botellas usualmente están hechas de vidrio o plástico y contienen líquidos. **2. a.** Una botella con algo dentro. **b.** Cantidad que contiene una botella.
—*verbo* Colocar en una botella o botellas; embotellar.

bottom *sustantivo* Fondo: **1.** La parte más baja de cualquier cosa. **2.** La parte más baja exterior. **3.** La parte más baja interior. **4.** El suelo debajo de un río o mar. **5.** La verdad fundamental o la causa; la parte principal.

bough Rama grande de un árbol.

bought Pretérito y participio pasado del verbo **buy**.

boulder *sustantivo* Piedra grande y redonda que se encuentra en la tierra o sobre ella; pedrejón.

ă pat ā pay â care ä father ĕ pet ē be ĭ pit ī pie î fierce ŏ pot ō go ô paw, for oi oil ŏŏ book ōō boot

boul·e·vard |bŏŏl′ə värd′| or |bōō′lə värd′| —*noun, plural* **boulevards** A broad street in a city.

bounce |bouns| —*verb* **bounced, bouncing 1.** To hit a surface and spring back one or more times. **2.** To cause something to hit a surface and spring back. **3.** To move up and down in a lively or jumpy way. —*noun, plural* **bounces** A bounding movement; a spring.

bound¹ |bound| —*verb* **bounded, bounding 1.** To leap, jump, or spring. **2.** To hit a surface and spring back; bounce. —*noun, plural* **bounds** A leap, jump, or spring.

bound² |bound| —*noun, plural* **bounds** Often **bounds** The farthest edge; boundary; limit. —*verb* **bounded, bounding** To mark the limiting edge of; be the boundary of.

bound³ |bound| The past tense and past participle of the verb **bind.** —*adjective* **1.** Certain; sure. **2.** Under obligation; obliged. **3.** In a cover or binding.

bound⁴ |bound| —*adjective* Ready to go; going in the direction.

bound·a·ry |boun′də rē| or |boun′drē| —*noun, plural* **boundaries** An edge, limit, or dividing line between one place or thing and another; a border.

boun·ti·ful |boun′tə fəl| —*adjective* Providing more than enough; plentiful; abundant.

bou·quet |bō kā′| or |bōō kā′| —*noun, plural* **bouquets** A bunch of flowers, especially when they are tied together.

bout |bout| —*noun, plural* **bouts 1.** A contest. **2.** A period of time; a spell.

bow¹ |bō| —*noun, plural* **bows 1.** A weapon for shooting arrows. A bow is made of a curved piece of wood or other material with a string stretched tightly from one tip to the other. **2. a.** A knot tied with loops. **b.** A ribbon tied with loops and used as a decoration. **3.** A slender stick with horsehair stretched from end to end, used to play a violin, viola, cello, and some other stringed instruments.

bow² |bou| —*verb* **bowed, bowing 1.** To bend the body, head, or knee to show greeting, respect, or worship. **2.** To give in; yield; submit. —*noun, plural* **bows** The act of bending the body or head as a sign of respect, thanks, greeting, or worship.

bow³ |bou| —*noun, plural* **bows** The front part of a ship or boat.

bow·els |bou′əlz| or |boulz| —*plural noun* **1.** The intestines. The bowels carry matter through the body. **2.** The part deep inside of something.

bowl¹ |bōl| —*noun, plural* **bowls 1.** A round, hollow dish or container. **2. a.** A bowl with something in it. **b.** The amount that a bowl holds. **3.** The curved, hollow part of an object. **4.** A bowl-shaped stadium or arena for sports or entertainment.

bowl² |bōl| —*verb* **bowled, bowling 1.** To play the game of bowling. **2.** To take a turn or roll a ball in bowling.

bow·leg·ged |bō′lĕg′ĭd| or |bō′lĕgd| —*adjective* Having legs that curve outward at the knees.

bowl·ing |bō′lĭng| —*noun* Any of several games in which a large, heavy ball is rolled down a wooden alley to try to knock over wooden pins. Some games of bowling use ten wooden pins, others use nine.

box¹ |bŏks| —*noun, plural* **boxes 1.** A container made of a stiff material such as cardboard, wood, metal, or plastic. A box often has four sides, a bottom, and a lid or cover. **2. a.** A box with something in it.

boulevard *sustantivo* Calle ancha en una ciudad; buvelar.

bounce *verbo* **1.** Chocar con una superficie y brincar una o más veces; rebotar. **2.** Hacer quo algo choque con una superficie y salte; hacer saltar o rebotar. **3.** Brincar de manera viva; saltar: *She bounced on the springboard* = *Ella saltaba sobre el trampolín.* —*sustantivo* Movimiento de rebote; salto; brinco.

bound¹ *verbo* **1.** Saltar o brincar. **2.** Dar contra una superficie y saltar hacia atrás; rebotar. —*sustantivo* Un salto, brinco o corcoveo.

bound² *sustantivo* A veces **bounds** La orilla más lejana; confín; límite. —*verbo* Marcar el límite de algo; ser el linde de algo; delimitar.

bound³ Pretérito y participio pasado del verbo **bind.** —*adjetivo* **1.** Inevitable; seguro: *We are bound to be late because of this traffic* = *Es seguro que llegaremos tarde a causa de este tráfico.* **2.** Bajo obligación; obligado: *He felt bound by his duty to his country.* = *Él se sintió obligado por el deber hacia su país.* **3.** Que está dentro de un cuaderno o entre tapas; encuadernado.

bound⁴ *adjetivo* Listo para salir; yendo en una dirección; con un destino.

boundary *sustantivo* Orilla, límite o línea divisoria entre un lugar o cosa y otra; frontera.

bountiful *adjetivo* Que provee más de lo suficiente; copioso; abundante.

bouquet *sustantivo* Ramo de flores, especialmente cuando están atadas juntas; ramillete.

bout *sustantivo* **1.** Pelea; lucha. **2.** Período de tiempo: *a bout of illness* = *período de enfermedad.*

bow¹ *sustantivo* **1.** Arma para lanzar flechas; arco. El arco está hecho de una pieza curva, de madera u otro material, con una cuerda estirada fuertemente de una punta a otra. **2. a.** Nudo amarrado en lazos; lazo. **b.** Cinta amarrada en lazos y usada como decoración. **3.** Vara fina con cerda de caballo estirada de un extremo a otro, usada para tocar el violín, la viola, el violoncelo y algunos otros instrumentos de cuerdas; arco.

bow² *verbo* **1.** Doblar el cuerpo, la cabeza o la rodilla en señal de saludo, respeto o adoración; hacer reverencia. **2.** Darse por rendido; ceder; someterse. —*sustantivo* El acto de doblar el cuerpo o la cabeza en señal de respeto, gracias, saludo, o adoración; reverencia.

bow³ *sustantivo* La parte frontal de un barco o bote; proa.

bowels *sustantivo* Entrañas: **1.** Los intestinos. Los intestinos llevan materias por el cuerpo. **2.** La parte muy profunda dentro de algo.

bowl¹ *sustantivo* **1.** Plato o recipiente redondo y hueco; escudilla. **2. a.** Fuente que tiene algo dentro; vasija. **b.** Cantidad que una escudilla contiene. **3.** Parte curva y hueca de un objeto; hueco. **4.** Estadio o arena construido con esta forma, para deportes y entretenimiento.

bowl² *verbo* **1.** Jugar al juego de bolos. **2.** Tomar un turno y rodar la bola durante un juego de bolos.

bowlegged *adjetivo* Que tiene las piernas arqueadas; patiestevado.

bowling *sustantivo* Cualquiera de varios juegos en el cual una bola grande y pesada se rueda por una pista entablada, tratando de derribar bolos de madera; juego de bolos. Algunos juegos usan diez bolos; otros usan nueve.

box¹ *sustantivo* **1.** Recipiente hecho de material duro tal como cartón, madera o plástico y que a menudo tiene cuatro lados, un fondo y una tapa o cubridor; caja; cajón; cofre. **2. a.** Caja con algo adentro. **b.** El

ər butter yŏŏ abuse ou **out** ŭ **cut** û **fur** *th* **the** th **thin** hw **which** zh **vision** ə **ago, item, pencil, atom, circus**

b. The amount a box holds. **3.** A rectangle or square. —*verb* **boxed, boxing 1.** To put or pack in a box. **2.** To draw a rectangle or square around.

box² |bŏks| —*verb* **boxed, boxing 1.** To fight with the fists. **2.** To hit or slap with the hand, especially on the ear.
—*noun, plural* **boxes** A blow with the hand.

box·er¹ |bŏk′sər| —*noun, plural* **boxers** A person who fights with his fists.

box·er² |bŏk′sər| —*noun, plural* **boxers** A medium-sized dog with a short, smooth, brownish coat and a short, square face.

box·ing |bŏk′sĭng| —*noun* The sport of fighting an opponent with the fists, usually with padded gloves, following special rules.

boy |boi| —*noun, plural* **boys** A male child who is not yet a man.

boy·cott |boi′kŏt′| —*noun, plural* **boycotts** The effort of a group of people working together to refuse to use, buy from, or deal with a store, company, person, or nation. A boycott is used as a way of protesting or forcing a change.
—*verb* **boycotted, boycotting** To take part in a boycott against.

boy·hood |boi′hŏŏd′| —*noun, plural* **boyhoods** The time of life when one is a boy.

boy·ish |boi′ĭsh| —*adjective* Of, like, or suitable for a boy.

brace |brās| —*noun, plural* **braces 1.** A device that holds two or more parts together or that helps to support something. **2.** A medical device used to support an injured part of the body. **3. braces** An arrangement of wires and bands used for straightening a person's teeth. **4.** A handle used to hold the bit of a drill. **5.** A pair.
—*verb* **braced, bracing 1.** To support or strengthen. **2.** To prepare for something difficult or unpleasant. **3.** To fill with energy or strength; refresh.

brace·let |brās′lĭt| —*noun, plural* **bracelets** A band or chain that is worn around the wrist or arm as jewelry or for identification.

brack·et |brăk′ĭt| —*noun, plural* **brackets 1.** A support that is fastened to a wall to hold something up. Brackets may be used to support a shelf. **2.** Either of the symbols [ ], used to enclose letters, words, or numerals in written or printed material. **3.** A group or category.
—*verb* **bracketed, bracketing 1.** To put brackets around words or numbers. **2.** To consider as a group or category.

brag |brăg| —*verb* **bragged, bragging** To praise oneself or the things one owns or has done; to boast.

braid |brād| —*verb* **braided, braiding** To weave three or more strands together into a rope shape.
—*noun, plural* **braids 1.** A piece of hair that has been braided like a rope. **2.** A strip of braided material.

brain |brān| —*noun, plural* **brains 1.** The large mass of gray nerve tissue inside the skull of an animal with a backbone. The brain is the center of thinking, feeling, learning, and remembering. It also controls many of the body's activities. **2.** The human mind. **3. brains** Intelligence.
—*verb* **brained, braining** To hit hard on the head.

brake |brāk| —*noun, plural* **brakes** A part of a vehicle, wheel, or machine that can stop or slow down its motion.
—*verb* **braked, braking** To slow down or stop by using one or more brakes.

bram·ble |brăm′bəl| —*noun, plural* **brambles** A prickly plant or shrub. Blackberry and raspberry plants are brambles.

bran |brăn| —*noun* The outer covering of grains like

contenido de una caja. **3.** Un rectángulo ó cuadrado. —*verbo* **1.** Poner en o empacar una caja. **2.** Dibujar un rectángulo o cuadrado en derredor.

box² *verbo* **1.** Pelear con los puños; boxear. **2.** Golpear o dar una palmada con la mano, especialmente sobre la oreja.
—*sustantivo* Golpe con la mano; bofetada; manotazo.

boxer¹ *sustantivo* Persona que pelea con los puños; boxeador.

boxer² *sustantivo* Perro de tamaño medio de pelo corto color café y cara corta y cuadrada; boxer.

boxing *sustantivo* Deporte en el que uno pelea con un contrincante con los puños, usualmente con guantes acojinados, siguiendo reglas especiales; boxeo.

boy *sustantivo* Niño que todavía no es hombre; muchacho.

boycott *sustantivo* Esfuerzo de un grupo de personas que trabajan juntas para rehusar el uso, las compras, o el trato con una tienda, compañía, o nación; boicot. El boicot se usa como manera de protestar contra algo o de forzar un cambio.
—*verbo* Tomar parte en un boicot contra algo.

boyhood *sustantivo* El tiempo en la vida cuando uno es muchacho; muchachez; puericia.

boyish *adjetivo* De, como, o apropiado para un muchacho; muchachil; pueril; amuchachado.

brace *sustantivo* **1.** Aparato que mantiene juntas dos o más partes; abrazadera. **2.** Aparato médico que se usa para sostener o reforzar alguna parte de un cuerpo lisiado. **3. braces.** Armazón de alambres y bandas usadas para enderezar los dientes de alguna persona. **4.** Manivela para tener el taladro de un berbiquí. **5.** Un par.
—*verbo* **1.** Sostener o reforzar. **2.** Prepararse para algo difícil o desagradable. **3.** Llenar de energía o fuerzas; refrescar.

bracelet *sustantivo* Banda o cadena que se porta en la muñeca o el brazo como joya o para identificación; brazalete.

bracket *sustantivo* **1.** Apoyo que se fija sobre una pared para sostener algo; soporte; ménsula. **2.** Cualquiera de los símbolos [] usados para encerrar letras, palabras, o números en material escrito o impreso. **3.** Grupo o categoría.
—*verbo* **1.** Poner palabras o números en paréntesis angulares. **2.** Considerar como grupo o categoría.

brag *verbo* Preciarse uno mismo, o preciar las cosas que son propias, o que uno mismo ha hecho; jactarse; vanagloriarse; ufanarse.

braid *verbo* Entretejer tres o más hilos para formar una soga; trenzar.
—*sustantivo* **1.** Pieza de cabello que se ha entretejido como soga; trenza. **2.** Listón de material trenzado; tira.

brain *sustantivo* **1.** Gran masa de tejido nervioso dentro del cráneo de un animal con columna vertebral; cerebro; seso. **2.** La mente humana. **3.** Inteligencia, pensamiento, entendimiento.
—*verbo* Golpear a alguien en la cabeza; romper la crisma.

brake *sustantivo* Parte de un vehículo, rueda, o máquina que puede parar o detener su movimiento; freno.
—*verbo* Detener lentamente o parar usando uno o más frenos; frenar.

bramble *sustantivo* Planta o arbusto espinoso; zarza. Las zarzamoras y frambuesas son zarzas.

bran *sustantivo* Lo que cubre los granos como trigo,

ă **pat** ā **pay** â **care** ä **father** ĕ **pet** ē **be** ĭ **pit** ī **pie** î **fierce** ŏ **pot** ō **go** ô **paw, for** oi **oil** ŏŏ **book** ōō **boot**

wheat, rye, and oats. When flour is made, the bran is usually sifted out. It is used in some cereals and breads, and in animal foods.

branch |brănch| or |bränch| —*noun, plural* **branches 1.** One of the parts that grow out from the trunk or limbs of a tree or shrub. **2.** Any part that is a division of a larger thing.
—*verb* **branched, branching** To divide or spread into branches.

brand |brănd|—*noun, plural* **brands 1. a.** A name or symbol that identifies a product; a trademark. **b.** The make of a product marked in this way. **2.** A style or type; a kind. **3.** A mark burned into the skin. Brands are used on cattle to show who owns them.
—*verb* **branded, branding 1.** To mark with a brand. **2.** To mark or label with shame or disgrace.

brand-new |brănd′nōō′| or |brănd′nyōō′| —*adjective* Completely new; not used.

brass |brăs| —*noun, plural* **brasses 1.** A yellowish metal that contains copper and zinc. **2.** Things made of brass, such as candlesticks, bowls, and furniture. **3.** Often **brasses** The group of musical instruments that includes the trumpet, trombone, French horn, and tuba.

brat |brăt| —*noun, plural* **brats** A nasty or spoiled child.

brave |brāv| —*adjective* **braver, bravest** Having or showing courage; able to overcome fear or pain.
—*noun, plural* **braves** A North American Indian warrior.
—*verb* **braved, braving** To face danger in a courageous way.

brav·er·y |brā′və rē| or |brāv′rē| —*noun* The quality of being brave; courage.

breach |brēch| —*noun, plural* **breaches** A gap or a hole that makes a break in something solid.
—*verb* **breached, breaching** To make a hole or gap in; break through.

bread |brĕd| —*noun, plural* **breads 1.** A food made from flour or meal mixed with water or milk and baked in an oven. **2. a.** Food in general. **b.** The things one needs to stay alive; livelihood.

breadth |brĕdth| —*noun, plural* **breadths** The distance from side to side; width.

break |brāk| —*verb* **broke, broken, breaking 1.** To crack, split, or burst into two or more pieces; come apart or take apart. **2.** To pull apart; to separate. **3.** To crack a bone of. **4.** To damage or become damaged; ruin or become ruined. **5.** To fail to keep or follow. **6.** To appear or come about suddenly. **7.** To stop; end. **8.** To change pitch suddenly. **9.** To do better than; go beyond; surpass. **10.** To make or become known. **11.** To fill or be filled with sorrow.
Phrasal verbs **break down 1.** To fail to work properly. **2.** To separate into parts; itemize. **3.** To become very upset. **break in 1.** To enter by force; force one's way in. **2.** To train or prepare for a new job or for new use. **break into** To enter by force; force one's way into. **break up 1.** To separate into smaller parts. **2.** To bring to an end or come to an end. **3.** To end a friendship or marriage. **4.** To burst or cause to burst into laughter.
—*noun, plural* **breaks 1.** A broken place; an opening, crack, or gap. **2.** An interruption; a pause or rest. **3.** An attempt to escape. **4.** A sudden run. **5.** A sudden change. **6.** An unexpected chance or event.

centeno, o avena; cáscara. Se usa en algunos cereales y panes, y en comida para animales.

branch *sustantivo* **1.** Una de las partes que crece del tronco o de extremidades de un árbol o arbusto; rama. **2.** Cualquier parte que sea la división de algo más grande.
—*verbo* Dividir o desplegar; ramificar.

brand *sustantivo* **1. a.** Nombre o símbolo que identifica un producto; marca de fábrica. **b.** Hechura de un producto marcado de esa manera: *a new brand of soup* = *una nueva marca de sopa.* **2.** Estilo o tipo; clase; género. **3.** Marca con hierro candente hecha en la piel. Las marcas de hierro se usan en el ganado para señalar de quiénes son.
—*verbo* **1.** Marcar con hierro candente. **2.** Marcar o tiznar de vergonzoso o desgraciado.

brand-new *adjetivo* Completamente nuevo; sin estrenar; aún no usado.

brass *sustantivo* **1.** Metal amarillento que contiene cobre y zinc; latón. **2.** Cosas hechas de latón, tales como candeleros, escudillas, y muebles. **3. brasses** Grupo de instrumentos que incluye la trompeta, el trombón, la trompa, y la tuba.

brat *sustantivo* Niño desagradable, mimado; mocoso; rapaz.

brave *adjetivo* Teniendo o demostrando valor; que tiene la habilidad de vencer el miedo o el dolor; valiente; intrépido.
—*sustantivo* Guerrero indio norteamericano.
—*verbo* Confrontar peligro de una manera valiente.

bravery *sustantivo* La calidad de ser valiente; valentía; intrepidez; bravura.

breach *sustantivo* Boquete o agujero que interrumpe algo sólido; rotura; rompimiento.
—*verbo* Hacer un agujero o rotura; através de algo.

bread *sustantivo* **1.** Comida hecha de harina de trigo o de otra harina, mezclada con agua o leche y cocinada al horno; pan. **2. a.** Comida en general: *"Give us this day our daily bread."* = *"El pan nuestro de cada día, dánoslo hoy".* (La Biblia, Mateo 6:11). **b.** Las cosas que se necesitan para mantener la vida; el modo de vivir o de ganar la vida.

breadth *sustantivo* Distancia de un lado a otro; anchura.

break *verbo* **1.** Hender, rajar, o reventar en dos o más pedazos; quebrar; deshacerse o deshacer. **2.** Arrancar; separar por la fuerza una cosa de donde estaba. **3.** Quebrar el hueso de algo. **4.** Dañar o dañarse; arruinar o arruinarse. **5.** Fallar de guardar o de seguir: *She broke her promise.* = *Ella quebró su promesa.* **6.** Aparecer, estallar, o realizar repentinamente: *Will the sun break through the clouds?* = *¿Aparecerá el sol através de las nubes?* **7.** Parar; poner fin: *He is trying to break his habit of smoking.* = *Él está tratando de poner fin a su hábito de fumar.* **8.** Cambiar de entonación repentinamente: *His voice broke as he told the sad story.* = *Se le quebró la voz al contar la triste historia.* **9.** Mejorar; ir más allá; sobrepasar; superar: *Will he break the record for the pole vault?* = *¿Superará el récord del salto de garrocha?* **10.** Hacer conocer; hacer saber; dar: *Who will break the bad news to mother?* = *¿Quién le dará las malas noticias a mamá?* **11.** Llenarse de tristeza; quebrar: *The sad news broke her heart.* = *La noticia triste le quebró el corazón.*
Verbos en locuciones **break down 1.** Dejar de trabajar como debido; descomponerse: *The car broke down on the highway.* = *El carro se descompuso en la carretera.* **2.** Separar en partes; apuntar cada artículo; arreglar una cosa por artículos: *He broke down the project into individual jobs.* = *Separó el proyecto en tareas individuales.* **3.** Estar muy trastornado: *She*

ər butter yōō abuse ou out ŭ cut û fur *th* the th thin hw which zh vision ə ago, item, pencil, atom, circus

broke down and cried. = *Ella se trastornó y se entregó al llanto.* **break in 1.** Entrar por fuerza; forzarse adentro: *Burglars broke in and stole the television set.* = *Los rateros entraron por fuerza y robaron el televisor.* **2.** Entrenar o preparar para un trabajo nuevo o para un nuevo uso: *He will break in his new shoes slowly.* = *El irá usando sus zapatos nuevos poco a poco.* **break into** Entrar por fuerza; forzarse adentro. **break up 1.** Separar en partes más pequeñas: *Can you break up "usual" into syllables?* = *¿Puedes separar "usual" en sílabas?* **2.** Acabar con algo o llegar a un fin: *He broke up the fight in the yard.* = *Acabó con la pelea en el patio.* **3.** Terminar una amistad o matrimonio: *They broke up after the argument.* = *Terminaron después del pleito.* **4.** Reventar de risa o causar un estallido de risa: *The clown broke up the audience.* = *El payaso hizo reventar de risa al público.*
—*sustantivo* **1.** Un lugar quebrantado; apertura; rajada; boquete. **2.** Interrupción; pausa; descanso. **3.** Atentado de escape. **4.** Carrera repentina. **5.** Cambio brusco. **6.** Oportunidad o suceso inesperado.

break·down |brāk'doun'| —*noun, plural* **breakdowns 1.** A failure to work properly. **2.** A loss of health of the body or mind or both.

break·er |brā'kər| —*noun, plural* **breakers** A wave that breaks into foam when it reaches shore.

break·fast |brĕk'fəst| —*noun, plural* **breakfasts** The first meal of the day.
—*verb* **breakfasted, breakfasting** To eat breakfast.

breast |brĕst| —*noun, plural* **breasts 1.** The front part of the body from the neck to the abdomen; chest; bosom. **2.** A gland in a female mammal that produces milk. **3.** The center of feelings and emotions; heart; bosom.

breast·bone |brĕst'bōn'| —*noun, plural* **breastbones** The bone in the center of the breast, to which the ribs and collarbones are attached.

breath |brĕth| —*noun, plural* **breaths 1.** The air that is taken into the lungs and forced out when one breathes. **2.** The ability to breathe easily. **3.** The act of breathing. **4.** A single instance of taking in air. **5.** A slight breeze.

breathe |brĕth| —*verb* **breathed, breathing 1.** To take in and force out air from the lungs. **2.** To say in a most quiet way; whisper.

breath·less |brĕth'lĭs| —*adjective* **1.** Out of breath; panting. **2.** Holding the breath because of fear, excitement, or interest.

breath·tak·ing |brĕth'tā'kĭng| —*adjective* Filling with wonder; very exciting.

bred |brĕd| The past tense and past participle of the verb **breed.**

breech·es |brĭch'ĭz| —*plural noun* **1.** Short trousers that are fastened at or just below the knees. **2.** Any trousers.

breed |brĕd| —*verb* **bred, breeding 1.** To produce offspring. **2.** To raise animals or plants. **3.** To rear or train; bring up.
—*noun, plural* **breeds** A particular type or variety of animal or plant that has been produced from a selected group of parents.

breed·ing |brē'dĭng| —*noun* The way someone is trained in the proper forms of behavior and conduct.

breeze |brēz| —*noun, plural* **breezes** A gentle movement of air.
—*verb* **breezed, breezing** To move quickly and easily.

breve |brēv| *or* |brĕv| —*noun, plural* **breves** A mark (˘) placed over a vowel in a pronunciation to show that the vowel is short. In the pronunciation of the word "bat," (băt), the breve is placed over the "a".

brew |brōō| —*verb* **brewed, brewing 1.** To make beer or ale. Beer and ale are made by soaking, boiling and fermenting malt and hops. **2.** To make other

breakdown *sustantivo* **1.** Dejar de trabajar como es debido; avería; descompostura. **2.** Pérdida de la salud del cuerpo o la mente, o ambas.

breaker *sustantivo* Ola que se deshace en espuma al llegar a la orilla rompiente.

breakfast *sustantivo* Primer alimento del día; desayuno.
—*verbo* Comer el desayuno.

breast *sustantivo* Seno: **1.** Parte anterior del cuerpo desde el cuello al abdomen; pecho. **2.** Glándula del animal femenino que produce leche; teta. **3.** Centro de sensaciones y emociones; el corazón.

breastbone *sustantivo* Hueso al centro del pecho al que están fijadas las costillas y la clavícula; esternón.

breath *sustantivo* **1.** Aire que se toma dentro de los pulmones y que se expele cuando se respira; aliento; respiración; resuello. **2.** Habilidad de respirar fácilmente. **3.** El acto de respirar. **4.** Instancia de tomar aire de un solo golpe. **5.** Soplo de aire.

breathe *verbo* **1.** Tomar aire dentro y arrojar el aliento de los pulmones; respirar; alentar. **2.** Decir de una manera muy quieta; susurrar; cuchichear.

breathless *adjetivo* **1.** Sin aliento; jadeante. **2.** Que detiene la respiración por causa de miedo, excitación, o interés.

breathtaking *adjetivo* Que llena de admiración; maravilloso; portentoso; estimulante.

bred Pretérito y participio pasado del verbo **breed.**

breeches *sustantivo* **1.** Pantalones cortos que se abrochan debajo de las rodillas; calzones. **2.** Cualquier pantalón.

breed *verbo* **1.** Producir progenie; criar; engendrar. **2.** Procrear animales o plantas. **3.** Criar o educar; enseñar.
—*sustantivo* Variedad o tipo peculiar de animal o planta que se ha producido de un grupo selecto de parientes; cría.

breeding *sustantivo* Manera en que alguien se entrena en las formas propias de comportamiento y conducta; cría; crianza; urbanidad; educación.

breeze *sustantivo* Movimiento ligero de aire; brisa.
—*verbo* Moverse con prisa y facilidad.

breve *sustantivo* Señal (˘) puesta sobre una vocal en pronunciación para indicar que la vocal es corta; breve. En la pronunciación de la palabra "bat" (băt), la breve se pone sobre la "a."

brew *verbo* **1.** Hacer cerveza o cerveza fuerte; fermentar; mezclar licores. La cerveza se hace remojando, hirviendo, y mezclando malta y lúpulo. **2.** Hacer otras

ă pat   ā pay   â care   ä father   ĕ pet   ē be   ĭ pit   ī pie   î fierce   ŏ pot   ō go   ô paw, for   oi oil   oo book   ōō boot

drinks by soaking, boiling, or mixing. **3.** To think up; plan or plot. **4.** To begin to take form; threaten to occur.
—*noun, plural* **brews** A drink made by brewing.

bri·ar | brī′ər | —*noun, plural* **briars** A form of the word **brier.**

bribe | brīb | —*noun, plural* **bribes** Money or something else valuable that is offered or given to make a person do something dishonest.
—*verb* **bribed, bribing** To offer or give a bribe to.

brick | brĭk | —*noun, plural* **bricks 1.** A block of clay that has been baked by the sun or in an oven until hard. Bricks are used for building and for paving. **2.** Bricks considered together or as a kind of building material. **3.** Any object shaped like a brick.

bride | brīd | —*noun, plural* **brides** A woman who is about to be married or who has just been married.

bride·groom | brīd′ grōōm′ | or | brīd′ grŏŏm′ | —*noun, plural* **bridegrooms** A man who is about to be married or who has just been married; a groom.

bridge | brĭj | —*noun, plural* **bridges 1.** Something built across a river, railroad track, road, or other obstacle so that people or vehicles can cross over from one side to the other; a span. **2.** The upper bony part of the human nose. **3.** A platform above the main deck of a ship.
—*verb* **bridged, bridging** To build a bridge over or across.

bri·dle | brī′ dl | —*noun, plural* **bridles** The straps, bit, and reins that fit over a horse's head and are used to control the animal.
—*verb* **bridled, bridling 1.** To put a bridle on. **2.** To control.

brief | brēf | —*adjective* **briefer, briefest** Short in time or length.
—*verb* **briefed, briefing** To give detailed instructions, information, or advice to.

bri·er | brī′ ər | —*noun, plural* **briers** A thorny plant or bush, especially a rosebush with prickly stems. Another form of this word is **briar.**

bri·gade | brĭ gād′ | —*noun, plural* **brigades 1.** A large army unit. In the United States Army a brigade has two or more regiments. **2.** A group organized for a special purpose.

bright | brīt | —*adjective* **brighter, brightest 1.** Giving off much light; shining. **2.** Vivid or strong in color; having little or no black, gray, or white. **3.** Smart; clever. **4.** Happy; cheerful.

bright·ness | brīt′ nĭs | —*noun* **1.** The condition or quality of being bright. **2.** The measure of how bright a color or object is.

bril·liant | brĭl′ yənt | —*adjective* **1.** Full of light; shining brightly; very bright. **2.** Magnificent; splendid; excellent. **3.** Very high in intelligence or ability.

brim | brĭm | —*noun, plural* **brims 1.** The rim or upper edge of a cup, glass, or other hollow object. **2.** The part of a hat that stands out from the crown.
—*verb* **brimmed, brimming** To be full to the brim or to seem to be full to the brim.

brine | brīn | —*noun* Water that contains a lot of salt and is used to prepare certain foods.

bring | brĭng | —*verb* **brought, bringing 1.** To take or carry along with oneself. **2.** To be accompanied by.
Phrasal verbs **bring about** To be the cause of; cause. **bring forth** To produce or to bear. **bring up** To raise or rear a child.

brink | brĭngk | —*noun, plural* **brinks 1.** The upper edge of a high or steep place. **2.** The very edge of some-

bebidas remojando, hirviendo, o mezclando ingredientes. **3.** Idear; planear o tramar. **4.** Comenzar a tomar forma; que amenaza de ocurrir: *A storm is brewing.* = *Está amenazando una tormenta.*
—*sustantivo* Bebida hecha mezclando o fermentando varios ingredientes.

briar *sustantivo* Otra forma de la palabra **brier.**

bribe *sustantivo* Dinero a alguna otra cosa de valor que se ofrece o da para obligar a otra persona a hacer algo deshonesto; soborno; cohecho.
—*verbo* Ofrecer o dar un soborno; sobornar.

brick *sustantivo* **1.** Bloque de barro que ha sido secado al sol o cocido en un horno hasta endurecerse; ladrillo; adobe. Los ladrillos se usan para construir y para pavimentar. **2.** Ladrillos considerados juntamente o como tipo de material para construcción: *The house made of red brick.* = *La casa hecha de ladrillo rojo.* **3.** Cualquier objeto con forma de ladrillo.

bride *sustantivo* Mujer que está por casarse o que acaba de casarse; novia.

bridegroom *sustantivo* Hombre que esta por casarse o que acaba de casarse; novio.

bridge *sustantivo* **1.** Algo construído sobre un río, vía férrea, camino u otro obstáculo para que la gente o vehículos puedan pasar de un lado al otro; puente; tramo de puente. **2.** La parte huesuda superior de la nariz humana; caballete. **3.** Plataforma arriba de la cubierta principal de un buque; puente de barco.
—*verbo* Construir un puente.

bridle *sustantivo* Correas, freno y riendas que van sobre la cabeza de un caballo y que se usan para controlar el animal; brida; freno.
—*verbo* **1.** Poner una brida. **2.** Controlar.

brief *adjetivo* Corto en tiempo o longitud; breve.
—*verbo* Dar instrucciones detalladas, información o consejo a: *The staff briefed the President.* = *El consejo administrativo presentó informes detallados al Presidente.*

brier *sustantivo* Planta o arbusto espinoso, especialmente un rosal con tallos espinosos. En inglés otra forma de esta palabra es **briar.**

brigade *sustantivo* **1.** Unidad grande del ejército; brigada. En el ejército de los Estados Unidos una brigada tiene dos o más regimientos. **2.** Grupo organizado para una función especial.

bright *adjetivo* **1.** Dando mucha luz; reluciente; resplandeciente; claro. **2.** De color subido a fuerte; teniendo poco o nada de negro, gris o blanco. **3.** Ingenioso; perspicaz; vivo. **4.** Feliz; alegre.

brightness *sustantivo* **1.** Condición o calidad de ser reluciente. **2.** Medida de lo reluciente o claro de un color u objeto; lustre; esplendor; brillo.

brilliant *adjetivo* **1.** Lleno de luz; brillante; resplandeciendo brillantemente; muy reluciente. **2.** Magnífico; espléndido; excelente. **3.** Muy alto en inteligencia o habilidad.

brim *sustantivo* **1.** Margen u orilla superior de una taza, vaso u otro objeto hueco; borde; labio. **2.** Parte baja de un sombrero que sale de la coronilla; ala de sombrero.
—*verbo* Estar lleno hasta el borde o parecer estar lleno hasta el borde.

brine *sustantivo* Agua que contiene mucha sal y que se usa para preparar ciertos alimentos; salmuera.

bring *verbo* **1.** Llevar, portar o traer consigo. **2.** Estar acompañado de algo; traer.
Verbos en locuciones **bring about** Ser la causa de; causar. **bring forth** Producir o dar a luz. **bring up** Educar o enseñar a un niño.

brink *sustantivo* **1.** Borde superior de un lugar alto o empinado; la orilla; brocal. **2.** Al margen extremo de

thing; verge.

brisk |brĭsk| —*adjective* **brisker, briskest 1.** Fast and lively; active. **2.** Fresh and keen; sharp.

bris·tle |brĭs′əl| —*noun, plural* **bristles** A short, coarse, stiff hair. Hog bristles are often used to make brushes.
—*verb* **bristled, bristling 1.** To raise the bristles stiffly. **2.** To stand up straight and stiff, like bristles. **3.** To show anger or irritation.

brit·tle |brĭt′l| —*adjective* **brittler, brittlest** Hard and easy to break; not flexible.

broad |brôd| —*adjective* **broader, broadest 1.** Large from side to side; wide. **2.** Covering a wide range; having few limits. **3.** Clear; bright.

broad·cast |brôd′kăst′| or |brôd′käst′| —*verb* **broadcast** or **broadcasted, broadcasting 1.** To send out over radio or television. **2.** To make known over a wide area.
—*noun, plural* **broadcasts** Something that is sent out by radio or television; a radio or television program.

bro·cade |brō kād′| —*noun* A thick cloth with a rich, raised pattern woven into it. Brocade often has threads of silver, gold, or silk.

broc·co·li |brŏk′ə lē| —*noun* A plant with dark green stalks and flower buds that are eaten as a vegetable.

broil |broil| —*verb* **broiled, broiling 1.** To cook directly under or over heat. **2.** To become or make very hot.

broil·er |broi′lər| —*noun, plural* **broilers** A pan, open rack, or a part of a stove for broiling foods.

broke |brōk| The past tense of the verb **break.**

bro·ken |brō′kən| The past participle of the verb **break.**
—*adjective* **1.** Not whole; in pieces; shattered. **2.** Not working properly; out of order. **3.** Not kept. **4.** Overcome by sadness or difficulty. **5.** Rough; uneven.

bron·chi·al tube |brŏng′kē əl| Any of the large or small tubes in the lungs that form branches of the windpipe. The bronchial tubes help us breathe.

bron·chi·tis |brŏng kī′tĭs| —*noun* An illness caused by an infection or swelling of the bronchial tubes.

bron·co |brŏng′kō| —*noun, plural* **broncos** A small wild or partly tamed horse of western North America.

bronze |brŏnz| —*noun* **1.** A hard metal made of copper and tin and sometimes other elements. Bronze is used for statues, machine parts, bells, and many other useful items. **2.** A yellowish brown color.
—*adjective* Yellowish brown.
—*verb* **bronzed, bronzing** To make or become the color of bronze.

brooch |brōch| or |brōōch| —*noun, plural* **brooches** A large pin worn as an ornament.

brood |brōōd| —*noun, plural* **broods 1.** A group of young birds that are hatched from eggs laid at the same time by one mother. **2.** The children in one family.
—*verb* **brooded, brooding 1.** To sit on eggs so they will hatch. **2.** To worry or think about in an unhappy way for a long time.

brook |brōōk| —*noun, plural* **brooks** A small natural stream of fresh water.

broom |brōōm| or |brōŏm| —*noun, plural* **brooms 1.** A tool used for sweeping. A broom has a long handle with straw bristles or a brush at one end. **2.** A shrub with yellow flowers, small leaves, and many straight, slender branches.

broth |brôth| or |brŏth| —*noun, plural* **broths 1.** The water in which meat, fish, or vegetables have been boiled or simmered. **2.** A thin soup made from this water.

algo; el deslinde.

brisk *adjetivo* **1.** Presuroso y vivo; activo; alegre. **2.** Fresco y cortante; agudo.

bristle *sustantivo* Pelo corto, recio y duro; cerda; seta; púa. Las cerdas de los puercos se usan frecuentemente para hacer cepillos.
—*verbo* **1.** Levantar las cerdas tiesamente; erizarse. **2.** Pararse derecho y tieso, como púa. **3.** Mostrar enojo o irritación.

brittle *adjetivo* Duro y fácil de quebrar; quebradizo; no flexible.

broad *adjetivo* **1.** Grande de lado a lado; ancho; amplio. **2.** Cubriendo un campo amplio; teniendo pocos límites. **3.** Claro; alumbrado: *I saw the accident in broad daylight.* = *Vi el accidente a plena luz del día.*

broadcast *verbo* **1.** Enviar por radio o televisión; transmitir. **2.** Dar a conocer sobre un área amplio.
—*sustantivo* Algo que se envía por radio o televisión; un programa de radio o televisión; transmisión.

brocade *sustantivo* Tela gruesa ricamente tejida con un diseño en relieve; brocado. El brocado frecuentemente tiene hilos de plata, oro o seda.

broccoli *sustantivo* Planta con tallos verde oscuro y capullos de flor que se come como vegetal; bróculi; brécol.

broil *verbo* **1.** Cocinar directamente sobre o bajo la flama; asar. **2.** Tener calor o hacer mucho calor; asarse.

broiler *sustantivo* Sartén, parrilla o parte de una estufa que sirve para asar.

broke Pretérito del verbo **break.**

broken Participio pasado del verbo **break.**
—*adjetivo* **1.** No entero; quebrado; roto; en pedazos. **2.** Que no trabaja como es debido; descompuesto. **3.** No guardado; quebrado: *a broken promise* = *una promesa quebrada.* **4.** Vencido por pesadumbre o dificultad. **5.** Áspero; desparejo; interrumpido.

bronchial tube Cualquiera de los tubos pequeños en los pulmones que son extensiones de la tráquea; tubo bronquial. Los tubos bronquiales nos ayudan a respirar.

bronchitis *sustantivo* Enfermedad causada por infección o hinchazón de los tubos bronquiales; bronquitis.

bronco *sustantivo* Caballo chico, salvaje o domado en parte, del oeste norteamericano; potro bronco.

bronze *sustantivo* **1.** Metal duro hecho de cobre y estaño y algunas veces otros elementos; bronce. **2.** Color marrón amarillento.
—*adjetivo* Marrón amarillento.
—*verbo* Hacer o hacerse el color de bronce; ponerse moreno; tostar por el sol.

brooch *sustantivo* Prendedero grande que se porta como ornamento; broche.

brood *sustantivo* **1.** Grupo de pájaros jóvenes que han salido de huevos puestos al mismo tiempo por una madre; cría; nidada. **2.** Los niños de una familia.
—*verbo* **1.** Sentarse sobre huevos para criar; empollar; incubar; criar. **2.** Preocuparse o pensar en algo de una manera negativa o nociva por mucho tiempo; rumiar; cavilar.

brook *sustantivo* Pequeño riachuelo natural de agua dulce; arroyo.

broom *sustantivo* **1.** Utensilio usado para barrer; escoba. Una escoba tiene palo largo con pajas o un cepillo en el extremo. **2.** Arbusto con flores amarillas, hojas pequeñas y muchas ramas derechas y delgadas.

broth *sustantivo* **2.** Agua en que se han hervido o cocido a fuego lento carne, pescado o vegetales; caldo. **2.** Sopa poco espesa hecha de tal agua; sopa aguada.

ă pat   ā pay   â care   ä father   ĕ pet   ē be   ĭ pit   ī pie   î fierce   ŏ pot   ō go   ô paw, for   oi oil   ŏŏ book   ōō boot

broth·er |brŭ*th*′ər| —*noun, plural* **brothers 1.** A boy or man who has the same parents as another person. **2. a.** A fellow man. **b.** A male member of the same group, club, profession, or religion.

brother *sustantivo* **1.** Hermano. **2. a.** Un prójimo. **b.** Hombre, miembro del mismo grupo, club, profesión o religión; compañero; colega.

broth·er·hood |brŭ*th*′ ər hŏŏd′| —*noun* **1.** The close feeling or friendship between brothers or other men. **2.** A group of men who are united in an organization or club.

brotherhood *sustantivo* **1.** Sentido de proximidad o amistad entre hermanos u otros hombres. **2.** Grupo de hombres que están unidos en una organización o club; fraternidad; cofradía.

broth·er·in·law |brŭ*th*′ər ĭn lô′| —*noun, plural* **brothers-in-law 1.** The brother of one's husband or wife. **2.** The husband of one's sister. **3.** The husband of the sister of one's husband or wife.

brother-in-law *sustantivo* Cuñado.

broth·er·ly |brŭ*th*′ ər lē| —*adjective* Of or appropriate to a brother; warm and friendly.

brotherly *adjetivo* De o apropiado a un hermano; fraternal; cálido y amigable.

brought |brôt| The past tense and past participle of the verb **bring.**

brought Pretérito y participio pasado del verbo **bring.**

brow |brou| —*noun, plural* **brows 1.** The part of the face between the eyes and the line of the hair; forehead. **2.** One of the two arches of hair above the eyes; an eyebrow.

brow *sustantivo* **1.** Parte de la cara entre los ojos y la línea del cabello; frente. **2.** Uno de los dos arcos de pelo sobre los ojos; ceja.

brown |broun| —*noun, plural* **browns** The color of chocolate, coffee, or most kinds of soil. —*adjective* **browner, brownest** Of the color brown. —*verb* **browned, browning 1.** To cook until the outside is brown. **2.** To make or become brown.

brown *sustantivo* Color de chocolate, café o las mayores clases de tierras; moreno; marrón; pardo. —*adjetivo* Del color marrón; castaño; moreno. —*verbo* **1.** Cocinar hasta que lo de afuera queda marrón. **2.** Hacer o hacerse de color pardo o moreno; tostarse: *The sun browned his skin.* = *El sol le tostó la piel.*

brown·ie |brou′nē| —*noun, plural* **brownies 1.** A small imaginary creature like an elf. **2.** A small chocolate cake that often has nuts in it.

brownie *sustantivo* **1.** Ser imaginario y pequeño como un duende; duendecillo. **2.** Pastelito de chocolate que frecuentemente contiene nueces.

brown·ish |brou′nĭsh| —*adjective* Somewhat brown.

brownish *adjetivo* Que tira a lo moreno o castaño.

browse |brouz| —*verb* **browsed, browsing** To look at or read in a casual way.

browse *verbo* Mirar o leer de una manera casual.

bruise |broōz| —*noun, plural* **bruises 1.** An injury that leaves a mark on the skin but does not break the skin. **2.** An injury to the outside of a fruit or vegetable, caused by dropping or rough handling. —*verb* **bruised, bruising** To make or receive bruises on.

bruise *sustantivo* **1.** Daño que deja señal en la piel sin quebrarla; magulladura; contusión; abolladura. **2.** Daño al exterior de una fruta o vegetal, causado por haberlo dejado caer o por haberlo manoseado toscamente. —*verbo* Hacer o recibir magulladuras en.

brunet or **brunette** |broō nĕt′| —*adjective* Having hair that is dark or dark brown in color. —*noun, plural* **brunets** or **brunettes** A person with hair that is dark or dark brown in color. Often the spelling **brunet** is used for males and **brunette** for females.

brunet o **brunette** *adjetivo* Que tiene el cabello de color oscuro o marrón oscuro; moreno. —*sustantivo* Persona con cabello de color oscuro o marrón oscuro; moreno. Frecuentemente **brunet** se usa para hombres y **brunette** para mujeres.

brush¹ |brŭsh| —*noun, plural* **brushes 1.** A tool for scrubbing, grooming, or applying liquids. A brush usually is made of bristles attached to a hard back or a handle. **2.** The act of using a brush. **3.** Something that resembles a brush, especially the tail of a fox or other animal. **4.** A light touch in passing. —*verb* **brushed, brushing 1.** To clean, polish, sweep, or groom with a brush. **2.** To put on or take off with a brush. **3.** To give a light touch in passing.

brush¹ *sustantivo* **1.** Utensilio para restregar, cepillar o aplicar líquidos; cepillo; brocha; escobeta. Un cepillo usualmente se hace de cerdas fijadas a un respaldo duro con un mango. **2.** El acto de usar un cepillo. **3.** Algo que asemeja un cepillo, especialmente la cola de un zorro u otro animal. **4.** Toque ligero al pasar; roce. —*verbo* **1.** Limpiar, pulir, barrer o asear con un cepillo. **2.** Poner o quitar con cepillo. **3.** Tocar ligeramente al pasar; rozar.

brush² |brŭsh| —*noun* **1.** An area with a thick growth of shrubs and small trees. **2.** Branches and twigs that have broken off or been cut off.

brush² *sustantivo* **1.** Área con denso crecimiento de arbustos o árboles pequeños; maleza. **2.** Ramas y ramitas que se han desprendido o cortado.

bru·tal |broōt′l| —*adjective* Cruel and harsh like a brute; savage.

brutal *adjetivo* Cruel y áspero como un bruto; brutal; salvaje.

brute |broōt| —*noun, plural* **brutes 1.** An animal other than a human being; a beast. **2.** A cruel and harsh person who does not seem to have human feelings.

brute *sustantivo* **1.** Animal otro que un ser humano; bestia. **2.** Persona cruel y áspera que no parece tener sentimientos humanos.

bub·ble |bŭb′əl| —*noun, plural* **bubbles 1.** A thin film of liquid, shaped like a ball, that has air or gas trapped inside it. Bubbles often form from soapy water and can float in the air. They also form in boiling water. **2.** A round pocket of air or gas inside a liquid or solid. This type of bubble can be found in plastic, glass, and other solids. **3.** A dome of glass or plastic. —*verb* **bubbled, bubbling** To form or rise in bubbles.

bubble *sustantivo* **1.** Membrana delgada de líquido, en forma de pelota, que tiene gas atrapado adentro; burbuja. **2.** Bolsa redonda de aire o gas dentro de un líquido o sólido. Este tipo de burbuja puede encontrarse en plástico, vidrio y otros sólidos. **3.** Cúpula de vidrio o plástico. —*verbo* Formar o levantar en burbujas; burbujear.

buck |bŭk| —*noun, plural* **bucks** A male deer or antelope. A male rabbit is also called a buck. —*verb* **bucked, bucking 1.** To leap upward and for-

buck *sustantivo* Venado o antílope macho. —*verbo* **1.** Brincar hacia arriba y adelante repentinamente, con la cabeza agachada. **2.** Embestir, ir o hacer

ward suddenly with the head down. **2.** To charge into; go or work against.

buck·et | bŭk′ĭt | —*noun, plural* **buckets 1.** A round, open container with a handle, used for carrying such things as water, coal, sand, and milk; a pail. **2.a.** A bucket with something in it. **b.** The amount a bucket can hold.

buck·le | bŭk′əl | —*noun, plural* **buckles 1.** A clasp used to fasten one end of a belt or strap to the other. **2.** An ornament that looks like such a clasp. **3.** A bend, bulge, or twist.
—*verb* **buckled, buckling 1.** To fasten with a buckle. **2.** To bend, bulge, or twist.

buck·skin | bŭk′skin′ | —*noun, plural* **buckskins** A soft, strong, pale yellow leather made from the skin of a deer or sheep.

buck·wheat | bŭk′hwēt′ | or | bŭk′wēt′ | —*noun* A plant with seeds that are often ground into flour.

bud | bŭd | —*noun, plural* **buds 1.** A plant part that contains a flower, stem, or leaves that have not yet developed. A bud usually looks like a small swelling on a stem or branch. **2.** A flower or leaf that has just begun to grow.
—*verb* **budded, budding** To form or produce a bud or buds.

bud·dy | bŭd′ē | —*noun, plural* **buddies** A close friend; a pal.

budge | bŭj | —*verb* **budged, budging** To move or cause to move slightly.

bud·get | bŭj′ĭt | —*noun, plural* **budgets** A plan for how money will be spent. A household budget must include rent, food, clothing, and other expenses.
—*verb* **budgeted, budgeting** To plan in advance how to spend money or time.

buff | bŭf | —*noun, plural* **buffs 1.** A soft, thick, yellowish leather made from the skin of a buffalo, elk, or ox. **2.** The color of this leather; a yellowish tan. **3.** A tool that is used for polishing. A buff is usually a hard piece of wood or plastic covered with leather or with any strong, soft material.
—*adjective* Yellowish tan.
—*verb* **buffed, buffing** To polish or shine with a buff.

buf·fa·lo | bŭf′ə lō′ | —*noun, plural* **buffaloes** or **buffalos** or **buffalo 1.** An animal, the bison of North America. **2.** An African or Asian animal with curved, spreading horns.

buf·fet | bə fā′ | or | bōō fā′ | —*noun, plural* **buffets 1.** A piece of furniture with a flat top from which food may be served. It also has drawers and shelves for holding china, silverware, and table linens. **2.** A meal at which guests may serve themselves from food set out on a table or buffet.

bug | bŭg | —*noun, plural* **bugs 1.** A kind of insect that has mouth parts used for sucking. Some bugs have no wings, and some have four wings. **2.** Any insect or animal like an insect. Cockroaches, beetles, and spiders are often called bugs. **3.** A germ that causes a disease. **4.** Something wrong with a machine or a system; a fault. **5.** A small microphone that can be hidden to allow private conversations to be overheard.
—*verb* **bugged, bugging** To hide one or more microphones in a place to listen in on conversations.

bug·gy | bŭg′ē | —*noun, plural* **buggies 1.** A small, light carriage pulled by a horse. **2.** A baby carriage.

bu·gle | byōō′gəl | —*noun, plural* **bugles** A brass instrument that is like a trumpet.

bu·gler | byōō′glər | —*noun, plural* **buglers** A person who plays a bugle.

build | bĭld | —*verb* **built, building 1.** To make or form something by putting parts or materials together;

frente.

bucket *sustantivo* **1.** Envase redondo y abierto, con asa, que se usa para portar cosas tales como agua, carbón, arena y leche; cubo; balde. **2.a.** Balde con algo adentro. **b.** La cantidad que contiene un balde.

buckle *sustantivo* **1.** Pieza que se usa para atar la punta de una correa a otra; hebilla. **2.** Ornamento que se parece a una hebilla. **3.** Encorvadura, comba, pandeo o torcedura.
—*verbo* **1.** Atar con una hebilla. **2.** Abultar; curvar.

buckskin *sustantivo* Cuero suave, fuerte, amarillento, hecho de piel de venado o carnero; gamuza.

buckwheat *sustantivo* Planta con semillas que a menudo se muelen para hacer harina; trigo negro o sarraceno.

bud *sustantivo* **1.** Parte de una planta que contiene una flor, tallo u hojas que todavía no se han desarrollado; capullo; botón o yema de las plantas. **2.** Flor u hoja que apenas ha comenzado a crecer; brote.
—*verbo* Formar o producir un capullo o capullos.

buddy *sustantivo* Amigo íntimo; compañero; hermano de corazón.

budge *verbo* Mover o hacer mover ligeramente; mover un poco; mudarse de posición; hacer lugar.

budget *sustantivo* Plan que muestra la manera en que se gastará el dinero; presupuesto.
—*verbo* Planear por adelantado cómo gastar el dinero o el tiempo.

buff *sustantivo* **1.** Cuero suave, grueso, amarillento, hecho de la piel de un búfalo, alce o buey; ante. **2.** Color de este cuero; pardo amarillento. **3.** Utensilio que se usa para pulir y bruñir. Generalmente esta hecho de una pieza dura de madera o plástico, cubierto con cuero o cualquier material fuerte y suave; pulidor; bruñidor; lustrador.
—*adjetivo* Pardo amarillento.
—*verbo* Pulir o lustrar con pulidor.

buffalo *sustantivo* **1.** El bisonte de Norteamérica; **2.** Animal africano o asiático con cuernos amplios encorvados; búfalo.

buffet *sustantivo* **1.** Mueble con una superficie plana, de donde se sirve comida y que también tiene cajones y anaqueles para tener loza, cubiertos y mantelería; alacena. **2.** Comida donde los huéspedes mismos se sirven la comida que ha sido puesta sobre una mesa o aparador.

bug *sustantivo* **1.** Tipo de insecto que tiene partes bucales para chupar; insecto. Algunos insectos no tienen alas, y otros tienen cuatro alas. **2.** Cualquier insecto o animal como insecto. Las cucarachas, los escarabajos, y las arañas a menudo se denominan insectos. **3.** Microbio que causa una enfermedad. **4.** Algo malo con una máquina o sistema; una falta; una falla; una descompostura. **5.** Micrófono pequeño que puede esconderse para permitir que se puedan escuchar conversaciones privadas.
—*verbo* Esconder uno o más micrófonos en algún lugar para escuchar conversaciones.

buggy *sustantivo* **1.** Carruaje chico y ligero que se jala con caballo; calesín; calesa. **2.** Carrito para portar bebés.

bugle *sustantivo* Instrumento de latón parecido a una trompeta; corneta.

bugler *sustantivo* Persona que toca la corneta; cornetista.

build *verbo* **1.** Hacer o formar algo componiendo partes o materiales juntos; edificar; construir; eregir.

ă pat ā pay â care ä father ĕ pet ē be ĭ pit ī pie î fierce ŏ pot ō go ô paw, for oi oil ōō book ōō boot

construct; erect. **2.** To make or form little by little; create and add to; develop.

2. Hacer o formar poco a poco; crear y agregar a; desarrollar.

build·ing |bĭl′dĭng| —*noun, plural* **buildings 1.** Something that is built. **2.** The business or work of putting up or constructing buildings, railways, ships, bridges, and other structures.

built |bĭlt| The past tense and past participle of the verb **build**.

bulb |bŭlb| —*noun, plural* **bulbs 1.** A rounded plant part that develops under the ground. **2.** A rounded part of anything. **3.** A rounded glass lamp that fits into an electrical socket.

bulge |bŭlj| —*noun, plural* **bulges** A rounded part that swells out.
—*verb* **bulged, bulging** To swell or cause to swell beyond the usual size.

bulk |bŭlk| —*noun* **1.** Great size, volume, or mass. **2.** The largest part of; greatest portion.

bull |bŏŏl| —*noun, plural* **bulls 1.** The full-grown male of cattle. **2.** The male of certain other large animals, such as the elephant.

bull·dog |bŏŏl′dôg′| or |bŏŏl′dŏg′| —*noun, plural* **bulldogs** A dog with short hair, a thick body, and short legs. It has a large head and strong, square jaws.

bull·doz·er |bŏŏl′dō′zər| —*noun, plural* **bulldozers** A large, powerful tractor with a heavy metal blade in front.

bul·let |bŏŏl′ĭt| —*noun, plural* **bullets** A piece of metal made to be shot from a pistol, rifle, or other small gun.

bul·le·tin |bŏŏl′ĭ tn| or |bŏŏl′ĭ tĭn| —*noun, plural* **bulletins 1.** A short public announcement that gives the latest news about something. **2.** A small magazine or pamphlet published by an organization.

bull·fight |bŏŏl′fīt′| —*noun, plural* **bullfights** A performance in which a person with assistants challenges and tries to kill a bull in an arena. Bullfights are popular in Spain, Mexico, and some parts of South America.

bull·frog |bŏŏl′frôg′| or |bŏŏl′frŏg′| —*noun, plural* **bullfrogs** A large frog with a loud, deep croak.

bull's eye 1. The small circle that is the center of a target. **2.** A shot that lands in that small circle. Another form of this phrase is **bull's-eye**.

bull's-eye |bŏŏlz′ī′| —*noun, plural* **bull's-eyes** A form of the phrase **bull's eye**.

bul·ly |bŏŏl′ē| —*noun, plural* **bullies** A person who likes to pick fights with, tease, or beat up smaller and weaker people.
—*verb* **bullied, bullying, bullies** To use strength or threats to hurt someone or to get what one wants.

bum·ble·bee |bŭm′bəl bē′| —*noun, plural* **bumblebees** A large, hairy bee that flies with a humming sound.

bump |bŭmp| —*verb* **bumped, bumping 1.** To knock or hit against. **2.** To move with jerks and jolts.
—*noun, plural* **bumps 1.** A knock, blow, hit, or jolt. **2.** A swelling from a blow or sting.

bump·er |bŭm′pər| —*noun, plural* **bumpers** Something used to soften a blow or protect against being hit or struck.
—*adjective* Very large; abundant; plentiful.

bun |bŭn| —*noun, plural* **buns 1.** A small bread roll. **2.** A roll of hair worn at the back or on the top of the head.

bunch |bŭnch| —*noun, plural* **bunches 1.** A group of similar things that are growing, fastened, or placed together. **2.** A small group of people.
—*verb* **bunched, bunching** To gather together in a group or cluster.

building *sustantivo* **1.** Algo construido; edificio. **2.** El negocio o trabajo de eregir o construir edificios, vias férreas, barcos, puentes y otras estructuras; construcción; edificación.

built Pretérito y participio pasado del verbo **build**.

bulb *sustantivo* **1.** Parte redondeada de una planta que se desarrolla bajo tierra; bulbo o cebolla. **2.** La parte redondeada de algo. **3.** Lámpara de vidrio, redondeada, que se coloca en un tomacorriente; foco eléctrico; bombilla.

bulge *sustantivo* Algo redondeado que abulta; protuberancia; bulto.
—*verbo* Hinchar o causar hinchazón más que lo usual.

bulk 1. Gran tamaño, volumen o masa; magnitud; grosor. **2.** La parte más grande; la más grande porción.

bull *sustantivo* **1.** Macho adulto del ganado; toro. **2.** Macho de ciertos animales grandes, tal como el elefante.

bulldog *sustantivo* Perro con cabello corto, cuerpo grueso, y patas cortas; alano; perro dogo o de presa. Los perros de presa tienen cabeza grande y quijadas fuertes y cuadradas.

bulldozer *sustantivo* Tractor grande y fuerte con una cuchilla pesada de metal.

bullet *sustantivo* Pedazo de metal hecho para ser disparado por una pistola, rifle, u otro fusil chico; bala.

bulletin *sustantivo* *Boletín:* **1.** Anuncio público corto que da las noticias más recientes acerca de algo. **2.** Pequeña revista o panfleto publicado por una organización.

bullfight *sustantivo* Espetáculo en el que una persona, con asistentes, reta y trata de matar un toro en una arena; corrida de toros.

bullfrog *sustantivo* Rana grande, de graznido ruidoso y profundo.

bull's eye 1. Círculo pequeño en el centro de un blanco; el blanco. **2.** Tiro que da en ese pequeño círculo. En inglés otra forma de esta frase es **bull's-eye**.

bull's-eye *sustantivo* Otra forma de la frase **bull's eye**.

bully *sustantivo* Persona que gusta buscar pleitos, y molestar o agredir a personas más chicas o débiles; bravucón; buscapleitos; valentón; pendenciero.
—*verbo* Usar fuerza o amenazas para dañar a alguien a para conseguir lo que uno quiere; molestar; fastidiar; echar bravatas.

bumblebee *sustantivo* Abeja grande que vuela y produce un zumbido; abejorro.

bump *verbo* **1.** Golpear o darse contra algo; pegar. **2.** moverse con traqueos y tirones.
—*sustantivo* **1.** Golpe; choque. **2.** Hinchazón causada por un golpe o mordedura.

bumper *sustantivo* Algo usado para amortiguar un golpe o protegerse contra un choque o golpe; tope; defensa; amortiguador.
—*adjetivo* Muy grande; abundante; copioso.

bun *sustantivo* **1.** Rollo chico de pan; bollo; panecillo. **2.** Rollo de cabello portado atrás o encima de la cabeza; moño; rodete.

bunch *sustantivo* **1.** Grupo de cosas similares que están creciendo, están amarradas o están puestas juntas; manojo; racimo. **2.** Pequeño grupo de personas.
—*verbo* Juntarse en un grupo o piña; agruparse.

bun·dle |bŭn′dl| —*noun, plural* **bundles** **1.** A number of objects tied or wrapped together. **2.** A package tied up for carrying.
—*verb* **bundled, bundling** **1.** To tie, wrap, or package together. **2.** To send or go quickly. **3.** To dress in warm clothes.

bun·ga·low |bŭng′gə lō′| —*noun, plural* **bungalows** A small house or cottage that is one story high.

bunk |bŭngk| —*noun, plural* **bunks** A narrow bed, often built like a shelf against the wall.

bun·ny |bŭn′ē| —*noun, plural* **bunnies** A rabbit.

bunt |bŭnt| —*verb* **bunted, bunting** To bat a baseball lightly so that it rolls slowly and does not go very far.
—*noun, plural* **bunts** **1.** The act or result of bunting. **2.** A ball that has been bunted.

bun·ting |bŭn′tĭng| —*noun, plural* **buntings** **1.** A thin cotton or woolen cloth used for making flags. **2.** Long strips of cloth using colors and decorations from a flag. Bunting is used for decoration on holidays and on special occasions.

buoy |bōō′ē| or |boi| —*noun, plural* **buoys** **1.** A float used to mark dangerous places in a river, sea, or other body of water or to show where boats may safely go. **2.** A ring made of some material that floats.

bur |bûr| —*noun, plural* **burs** A seed or other plant part with a rough, prickly covering. Another form of this word is **burr.**

bur·den |bûr′dn| —*noun, plural* **burdens** **1.** Something that is carried; a load. **2.** A duty; responsibility. **3.** Something that is considered very hard to bear.
—*verb* **burdened, burdening** To load with something that is difficult to bear.

bu·reau |byŏŏr′ō| —*noun, plural* **bureaus** **1.** A chest of drawers; dresser. **2.** An office for a particular kind of business. **3.** A department of a government.

bur·glar |bûr′glər| —*noun, plural* **burglars** A person who breaks into a house or other place to steal.

bur·i·al |bĕr′ē əl| —*noun, plural* **burials** The act of placing a dead body in a grave, the sea, or another final resting place.

bur·lap |bûr′lăp′| —*noun* A coarse cloth woven of thick fibers of hemp, jute, or flax.

burn |bûrn| —*verb* **burned** or **burnt, burning** **1.** To set fire to or be on fire. **2.** To hurt, damage, or destroy with fire or heat. **3.** To be hurt, damaged, or destroyed by fire, heat, or chemicals. **4.** To injure or destroy with certain chemicals. **5.** To feel or cause to feel hot. **6.** To use as fuel. **7.** To make or produce by fire, heat, or chemicals.
—*noun, plural* **burns** Damage or an injury caused by something that burns.

burn·er |bûr′nər| —*noun, plural* **burners** The part of a stove top on which a pot or pan may be heated.

burnt |bûrnt| A past tense and a past participle of the verb **burn.**

burr |bûr| —*noun, plural* **burrs** A form of the word **bur.**

bur·ro |bûr′ō| or |bōōr′ō| or |bŭr′ō| —*noun, plural* **burros** A small donkey, usually used for riding or carrying loads.

bur·row |bûr′ō| or |bŭr′ō| —*noun, plural* **burrows** A hole, tunnel, or opening dug in the ground by a small animal such as a rabbit or mole.
—*verb* **burrowed, burrowing** **1.** To make a hole, tunnel, or opening by digging. **2.** To search as if digging under things.

burst |bûrst| —*verb* **burst, bursting** **1.** To break open or cause to break open suddenly. **2.** To come in or go out suddenly and with much noise or fuss. **3.** To be or seem to be full enough to break open. **4.** To begin abruptly.
—*noun, plural* **bursts** A sudden outbreak or rush.

bur·y |bĕr′ē| —*verb* **buried, burying, buries** **1.** To

bundle *sustantivo* **1.** Número de objetos amarrados o envueltos juntos; atado. **2.** Paquete amarrado para llevar; envoltorio; bulto.
—*verbo* **1.** Amarrar, envolver o empaquetar cosas juntas. **2.** Mandar o ir velozmente. **3.** Vestirse en ropas abrigadas.

bungalow *sustantivo* Casa chica o cabaña de un piso de alto.

bunk *sustantivo* Cama angosta, frecuentemente construida como anaquel pegado a la pared; tarima; catre.

bunny *sustantivo* Conejo.

bunt *verb* Batear una pelota suavemente de manera que ruede lentamente y no vaya muy lejos; tocar.
—*sustantivo* **1.** El acto o resultado de tocar una pelota; toque. **2.** Pelota que ha sido tocada.

bunting *sustantivo* **1.** Tela de algodón ligero o lanilla que se usa para hacer banderas. **2.** Tiras largas de tela con los colores y decoraciones de una bandera.

buoy *sustantivo* Boya: **1.** Flotador usado para marcar lugares peligrosos en un río o mar, o para señalar dónde los botes puedan ir seguros. **2.** Anillo hecho de algún material que flota.

bur *sustantivo* Semilla u otra parte de la planta que tiene una envoltura áspera y espinosa. En inglés otra forma de esta palabra es **burr.**

burden *sustantivo* **1.** Algo que se lleva con dificultad; un peso que se carga; carga. **2.** Deber; responsabilidad. **3.** Algo que se considera muy difícil de llevar; carga.
—*verbo* Cargar con algo que es difícil de llevar; sobrecargar.

bureau *sustantivo* **1.** Cofre de cajones; cómoda. **2.** Oficina para una clase particular de negocios; departamento. **3.** Departamento de un gobierno.

burglar *sustantivo* Persona que entra a una casa u otro lugar para robar; ladrón.

burial *sustantivo* El acto de colocar un muerto en una sepultura, el mar u otro lugar de descanso final; entierro.

burlap *sustantivo* Tela áspera tejida con fibras gruesas de cáñamo, yute o lino; arpillera.

burn *verbo* Quemar: **1.** Prender fuego o estar prendido en fuego. **2.** Lastimar, hacer daño o destruir con fuego o calor. **3.** Ser lastimado, dañado o destruido por fuego, calor o sustancias químicas; quemarse. **4.** Dañar o destruir con ciertas sustancias químicas. **5.** Sentir o hacer que se sienta calor; arder. **6.** Usar como combustible. **7.** Hacer o producir por medio de fuego, calor o sustancias químicas.
—*sustantivo* Daño o lesión causada por algo que quema; quemadura.

burner *sustantivo* Parte superior de una estufa sobre la cual se calientan las ollas y los sartenes; hornilla.

burnt Pretérito y participio pasado del verbo **burn.**

burr *sustantivo* Otra forma de la palabra **bur.**

burro *sustantivo* Asno pequeño, usualmente empleado para montar o llevar cargas; burro.

burrow *sustantivo* Hoyo, túnel o abertura cavada en el suelo por un animal pequeño tal como el conejo o el topo; madriguera.
—*verbo* **1.** Hacer un hoyo, túnel o abertura cavando; amadrigar. **2.** Buscar como si se estuviera cavando por debajo de las cosas; minar.

burst *verbo* **1.** Abrir o hacer que se abra súbitamente; reventar. **2.** Entrar o salir súbitamente y con mucho ruido o alboroto; irrumpir. **3.** Estar o parecer estar lo suficientemente lleno como para explotar o reventar. **4.** Comenzar abruptamente; explotar.
—*sustantivo* Ataque abrupto (como de risa); irrupción.

bury *verbo* Sepultar: **1.** Colocar un cuerpo muerto en

place a dead body in a grave, the sea, or another final resting place. **2.** To put in the ground and cover with earth. **3.** To hide something as if by burying.

bus |bŭs| —*noun, plural* **buses** or **busses** A long vehicle with seats for many passengers. Most buses travel on regular routes.
—*verb* **bused** or **bussed, busing** or **bussing** To send or go by bus.

bush·el |bŏŏsh'əl| —*noun, plural* **bushels** A unit used in the United States to measure grain, fruit, vegetables, and other dry foods.

bush·y |bŏŏsh'ē| —*adjective* **bushier, bushiest** **1.** Covered with bushes. **2.** Thick and shaggy.

busi·ness |bĭz'nĭs| —*noun, plural* **businesses** **1.** The work a person does for money; a job or occupation. **2.** A company, such as a store or factory, that buys or sells goods or services. **3.** The amount of buying and selling. **4.** The things that a person can or should be interested in.

bus·ing or **bus·sing** |bŭs'ĭng| —*noun* The act or practice of sending children to schools outside their neighborhoods in order to change the balance of races in the schools.

bus·ses |bŭs'ĭz| **1.** A plural of the noun **bus**. **2.** A third person singular present tense of the verb **bus**.

bust |bŭst| —*noun, plural* **busts** A sculpture of a person's head and the upper part of the chest.

bus·tle |bŭs'əl| —*verb* **bustled, bustling** To hurry and move around in a busy and excited way.
—*noun* Busy, excited activity.

bus·y |bĭz'ē| —*adjective* **busier, busiest** **1.** Having plenty to do; active. **2.** Crowded with activity. **3.** In use.
—*verb* **busied, busying, busies** To keep oneself occupied.

but |bŭt| —*conjunction* **1.** On the contrary. **2.** Yet; nevertheless.
—*adverb* Only; merely.
—*preposition* Except.

butch·er |bŏŏch'ər| —*noun, plural* **butchers** **1.** A person who cuts and sells meat. **2.** A cruel person who likes to kill.

but·ler |bŭt'lər| —*noun, plural* **butlers** A male servant in a house. The butler often directs the work of other servants.

butt¹ |bŭt| —*noun, plural* **butts** Someone who is the target of jokes and teasing.

butt² |bŭt| —*verb* **butted, butting** To hit or push with the head or horns.
—*noun, plural* **butts** A push or blow with the head or horns.

butt³ |bŭt| —*noun, plural* **butts** **1.** The thicker end of a tool, weapon, or piece of meat. **2.** The end of something that is left over.

but·ter |bŭt'ər| —*noun, plural* **butters** **1.** A soft, yellow fat that is made by churning cream. Butter is used to spread on bread, to fry foods, and to add flavor to foods. **2.** A smooth food that can be spread easily.
—*verb* **buttered, buttering** To spread butter on.

but·ter·cup |bŭt'ər kŭp'| —*noun, plural* **buttercups** A flower that is shaped like a cup and has shiny yellow petals.

but·ter·fly |bŭt'ər flī'| —*noun, plural* **butterflies** An insect with four large wings that are often brightly colored.

bus *sustantivo* Vehículo largo con asientos para muchos pasajeros; autobús. La mayoría de los autobuses viajan por rutas fijas.
—*verbo* Enviar o ir en autobús.

bushel *sustantivo* Unidad empleada en los Estados Unidos para medir grano, fruta, vegetales y otras comidas secas. Equivale a 35. 23 litros.

bushy *adjetivo* **1.** Cubierto de arbustos. **2.** Grueso y velludo; peludo.

business *sustantivo* **1.** El trabajo que hace una persona por dinero; empleo u ocupación; oficio. **2.** Una compañía, tal como una tienda o fábrica, que compra o vende bienes o servicios; negocio. **3.** La cantidad de compra y venta; negocio. **4.** Las cosas en que una persona puede o debe interesarse; asunto.

busing o **bussing** *sustantivo* El acto o método de mandar los niños a escuelas fuera de sus vecindarios, a fin de cambiar el balance racial en las escuelas.

busses **1.** Plural del sustantivo **bus**. **2.** Singular de la tercera persona del presente del verbo **bus**.

bust *sustantivo* Escultura de la cabeza, hombros y parte superior del pecho de una persona; busto.

bustle *verbo* Apurarse y desplazarse de manera apurada y excitada; ajetrearse.
—*sustantivo* Actividad apurada y excitada; ajetreo.

busy *adjetivo* **1.** Que tiene bastante que hacer; activo; ocupado. **2.** Colmado de actividad; ajetreado. **3.** En uso; ocupado.
—*verbo* Mantenerse ocupado; ocuparse.

but *conjunción* **1.** Al contrario; sino: *Their family name was not Smith but Smythe.* = *El nombre de su familia no era Smith sino Smythe.* **2.** Y sin embargo: *Mr. Gardner was thought to be wealthy, but he had no money.* = *Se pensaba que el Sr. Gardner era rico y sin embargo él no tenía dinero alguno.*
—*adverbio* Sólo; meramente: *She said goodby to him but minutes ago.* = *Ella le dijo adiós hace sólo minutos.*
—*preposición* Excepto: *The new game plan worked in all but a few plays.* = *El plan nuevo para el partido funcionó bien en todas las jugadas, excepto en algunas.*

butcher *sustantivo* Carnicero: Persona que corta y vende carne. **2.** Persona cruel que le gusta matar.

butler *sustantivo* Sirviente del sexo masculino en una casa; mayordomo. El mayordomo frecuentemente dirige el trabajo de otros sirvientes.

butt¹ *sustantivo* Alguien que es objeto de chistes y bromas; hazmerreír.

butt² *verbo* Golpear o empujar con la cabeza o los cuernos; topetar.
—*sustantivo* Empujón o golpe con la cabeza o los cuernos; topetazo.

butt³ *sustantivo* **1.** El extremo más grueso de una herramienta, arma, o pedazo de carne; culata; punta. **2.** La punta de algo que sobra; colilla.

butter *sustantivo* Mantequilla: **1.** Grasa blanda y amarilla que se hace batiendo crema. La mantequilla se usa para untar el pan, para freír alimentos y añadirle sabor a las comidas. **2.** Comida suave que puede untarse fácilmente.
—*verbo* Untarle mantequilla a algo.

buttercup *sustantivo* Flor que tiene forma de taza y pétalos amarillos y brillantes; botón de oro.

butterfly *sustantivo* Insecto con cuatro grandes alas que a menudo tiene colores brillantes; mariposa.

but·ter·milk |bŭt′ər mĭlk′| —*noun* **1.** The thick, somewhat sour liquid that remains after butter has been churned. **2.** Milk that has been made sour by the addition of special bacteria.

but·ter·scotch |bŭt′ ər skŏch′| —*noun* A flavoring or a candy made from brown sugar and butter.

but·tocks |bŭt′ əks| —*plural noun* The rounded part of the body on which a person sits; the rump.

but·ton |bŭt′n| —*noun, plural* **buttons** **1.** A round disk or knob that is sewn onto clothing. A button may be used to fasten clothing or as an ornament. **2.** A part that is pushed to work a switch. A button may ring a doorbell or start something that works by electricity. **3.** A round, flat pin with a design or words on it. —*verb* **buttoned, buttoning** To fasten with a button or buttons.

but·tress |bŭt′ rĭs| —*noun, plural* **buttresses** Something that is built against a wall to support or strengthen it. —*verb* **buttressed, buttressing** To support or strengthen with a buttress or buttresses.

buy |bī| —*verb* **bought, buying** To give money to get goods or services; to purchase. —*noun, plural* **buys** Something that costs less than usual; a bargain.

buy·er |bī′ ər| —*noun, plural* **buyers** **1.** A person who buys goods; a customer. **2.** A person whose job is to buy things for a store or company.

buzz |bŭz| —*verb* **buzzed, buzzing** **1.** To make a low, humming sound like that of a bee or other insect. **2.** To signal with a buzzer. **3.** To be full of activity and talk. **4.** To fly a plane low over something. —*noun, plural* **buzzes** **1.** A low, humming sound like that of a bee or other insect. **2.** A call on the telephone.

buz·zard |bŭz′ ərd| —*noun, plural* **buzzards** A large bird with dark feathers, broad wings, and a head without feathers.

buzz·er |bŭz′ ər| —*noun, plural* **buzzers** An electrical device that makes a buzzing sound as a signal or warning.

by |bī| —*preposition* **1.** Through the action of. **2.** Through the efforts, work, talent, or ability of. **3.** With the help or use of. **4.** According to. **5.** Through the means of. **6.** Through the route of; via. **7.** During. **8.** In the measure or amount of. **9.** Not later than. **10.** Past. **11.** After. **12.** Along. **13.** To, in, or at someone's place. —*adverb* **1.** Past. **2.** To, in, or at someone's place. **3.** Aside or away.

by·gone |bī′ gôn′| or |bī′ gŏn′| —*adjective* Of the past; gone by; past; former.

by·pass or **bypass** |bī′ păs| —*noun, plural* **by-passes** or **bypasses** A road that passes around a city or other crowded area.

buttermilk *sustantivo* **1.** Líquido espeso, un poco agrio, que queda después que la mantequilla ha sido batida; leche de manteca. **2.** Leche que se ha agriado por la añadidura de bacterias especiales; boruga.

butterscotch *sustantivo* Condimento o dulce hecho de azúcar parda y mantequilla.

buttocks *sustantivo* La parte redonda del cuerpo sobre la cual se sienta una persona; glúteos; nalgas.

button *sustantivo* Botón: **1.** Disco redondo o perilla que se pega a la ropa. Los botones se usan para abrochar la ropa, o como adorno. **2.** Parte que se empuja para hacer trabajar un conmutador. Los botones suenan el timbre de una puerta o prenden algo que trabaja con electricidad. **3.** Prendedor redondo y chato que tiene un diseño o escrito. —*verbo* Fijar con un botón o botones; abotonar.

buttress *sustantivo* Algo que se construye contra una pared para apoyarla y reforzarla; contrafuerte. —*verbo* Apoyar o reforzar con contrafuerte o contrafuertes; estribar.

buy *verbo* Dar dinero para obtener bienes o servicios; comprar. —*sustantivo* Algo que cuesta menos de lo usual; ganga.

buyer *sustantivo* Comprador: **1.** Persona que compra; cliente. **2.** Persona cuyo trabajo consiste en comprar cosas para una tienda o compañía.

buzz *verbo* **1.** Hacer un canturreo bajo como el de una abeja u otro insecto; zumbar. **2.** Hacer señales con un timbre; llamar. **3.** Estar lleno de actividad y charla. **4.** Dirigir un avión muy bajo, por encima de algo; rozar. —*sustantivo* **1.** Canturreo bajo como el de una abeja u otro insecto; zumbido. **2.** Llamada por teléfono; timbrazo.

buzzard *sustantivo* Pájaro grande de plumas oscuras, alas anchas y cabeza sin plumas; alfaneque.

buzzer *sustantivo* Aparato eléctrico que produce un zumbido como señal o aviso; timbre.

by *preposición* **1.** Por intermedio de la acción de algo o alguien; por: *The picture was taken by the butler.* = *La fotografía fue tomada por el sirviente.* **2.** A través de esfuerzos, trabajo, talento o abilidad; por: *"Alice in Wonderland" was written by Lewis Carroll.* = *"Alicia en el país de las maravillas" fue escrito por Lewis Carroll.* **3.** Con la ayuda o el uso; medio: *We crossed the river by ferry.* = *Cruzamos el río por medio del barco.* **4.** De acuerdo con algo: *We always play by the rules.* = *Jugamos siempre de acuerdo a las reglas.* **5.** Por medio: *He succeeded by working hard.* = *Él triunfó por medio de su trabajo fuerte.* **6.** Por una ruta; vía: *She got home by a shorter route.* = *Ella llegó a su casa por una ruta más corta.* **7.** Durante: *working at night and sleeping by day* = *trabajando de noche y durmiendo durante el día.* **8.** En medida o cantidad; por: *Do you sell onions by the pound?* = *¿Vende Ud. cebollas por libra?* **9.** No más tarde; para: *You must finish this job by noon.* = *Debes terminar este trabajo para el mediodía.* **10.** Pasar: *A car drove by us.* = *Un carro nos pasó.* **11.** Tras: *day by day* = *día tras día.* **12.** Por: *We always go jogging by the river.* = *Nosotros siempre vamos a correr por el río.* **13.** A, en, o por la casa de alguien; por. —*adverbio* **1.** Por delante: *The jeep raced by us.* = *El yip nos pasó por delante.* **2.** A, en o por la casa de alguien; por. **3.** Aparte o separado: *You must put some money by for later.* = *Debes poner aparte algún dinero para más adelante.*

bygone *adjetivo* Del pasado; pasado; antiguo.

by-pass o **bypass** *sustantivo* Camino que pasa alrededor de una ciudad u otra área concurrida; desviación.

ă pat ā pay â care ä father ĕ pet ē be ĭ pit ī pie î fierce ŏ pot ō go ô paw, for oi oil oŏ book oō boot

by·prod·uct |bĭ′prŏd′əkt| —*noun, plural* **by-products** Something useful or harmful that is the result of making something else.

by·stand·er |bĭ′stănd′ər| —*noun, plural* **bystanders** A person who is present when something happens but who does not take part in the action.

by-product *sustantivo* Algo útil o dañino que es el resultado de hacer otra cosa; derivado.

bystander *sustantivo* Persona que está presente cuando algo sucede pero que no toma parte en la acción; circunstante.

C

c or **C** |sē| —*noun, plural* **c's** or **C's** The third letter of the English alphabet.

cab |kăb| —*noun, plural* **cabs 1.** An automobile that carries passengers for a charge; taxicab. **2.** A one-horse carriage that carries passengers. **3.** A compartment for the operator or driver at the front of a train, truck, crane, or other machine.

cab·bage |kăb′ĭj| —*noun, plural* **cabbages** A vegetable with a rounded head of overlapping green or reddish leaves.

cab·in |kăb′ĭn| —*noun, plural* **cabins 1.** A small, simply built house; cottage; hut. **2.** A room that a passenger or member of the crew lives in on a ship or boat. **3.** The space for carrying passengers in an aircraft.

cab·i·net |kăb′ə nĭt| —*noun, plural* **cabinets 1.** A case or cupboard with drawers, compartments, or shelves for storing or showing objects. **2.** Often **Cabinet** A group of people chosen by the head of a government to serve as advisers and to be in charge of important departments of state.

ca·ble |kā′bəl| —*noun, plural* **cables 1.** A thick, strong rope made of twisted wire or fiber. **2.** A bundle of protected wires that carry or conduct electric current. **3.** A message sent by means of a cable under the ocean.
—*verb* **cabled, cabling** To send a telegraph message to a person or place by cable.

ca·ca·o |kə kā′ō| or |kə kā′ō| —*noun* The seeds from the pods of a tropical American tree. They are used to make chocolate and cocoa.

cack·le |kăk′əl| —*verb* **cackled, cackling 1.** To make the harsh, broken cry of a hen that has just laid an egg. **2.** To laugh or speak with a sound like this.
—*noun, plural* **cackles** The harsh, broken cry of a hen or a sound like it.

cac·ti |kăk′tī′| A plural of the noun **cactus.**

cac·tus |kăk′təs| —*noun, plural* **cactuses** or **cacti** A plant that has thick stems with spines and no leaves.

ca·det |kə dĕt′| —*noun, plural* **cadets** A student at a military or navy academy who is training to be an officer.

ca·fé |kă fā′| or |kə fā′| —*noun, plural* **cafés** A small restaurant or tavern.

caf·e·te·ri·a |kăf′ĭ tĭr′ē ə| —*noun, plural* **cafeterias** A restaurant in which customers carry their food from a counter to their table.

caf·feine or **caf·fein** |kă fēn′| or |kăf′ēn′| —*noun, plural* **caffeines** or **caffeins** A slightly bitter, stimulating substance found in coffee, tea, and some soft drinks.

cage |kāj| —*noun, plural* **cages 1.** A structure for keeping or carrying birds and animals. **2.** Something that looks like a cage.
—*verb* **caged, caging** To put or keep in a cage.

cake |kāk| —*noun, plural* **cakes 1.** A baked mixture of flour, sugar, liquid, eggs, and other ingredients, often

c o **C** *sustantivo* Tercera letra del alfabeto inglés.

cab *sustantivo* **1.** Automóvil que transporta pasajeros por una tarifa; taxi. **2.** Carruaje de un solo caballo que lleva pasajeros; coche; volanta. **3.** Cabina para el chofer, maquinista u operario que conduce o maneja un camión, tren, grúa u otra máquina.

cabbage *sustantivo* Vegetal de cabeza redonda y hojas verdes o rojizas que se apiñan unas sobre otras; repollo; col.

cabin *sustantivo* **1.** Casa pequeña, de construcción sencilla; cabaña, choza. **2.** Habitación de dormir de un pasajero o miembro de la tripulación en un buque; camarote. **3.** Espacio en el que van los pasajeros en un avión; cabina.

cabinet *sustantivo* **1.** Caja o armario con gavetas, compartimientos o estantes que sirve para guardar o exhibir objectos; gabinete; aparador. **2.** A veces **Cabinet** Grupo de personas escogidas por el jefe de un gobierno para que le sirvan de consejeros y estén a cargo de importantes departamentos del Estado.

cable *sustantivo* **1.** Cuerda gruesa y fuerte hecha de alambre o fibra torcida; maroma; cable. **2.** Alambre o trenza de alambres forrado con material aislador que lleva o conduce la corriente eléctrica; cable eléctrico. **3.** Mensaje transmitido por cable submarino; cablegrama.
—*verbo* Enviar un mensaje cablegráfico a una persona o lugar; cablegrafiar; telegrafiar.

cacao *sustantivo* Semillas de las vainas de un árbol de la América tropical; cacao. El cacao se usa para hacer chocolate.

cackle *verbo* **1.** Emitir un sonido penetrante y cascado, como el de una gallina que acaba de poner un huevo; cacarear. **2.** Reírse o hablar con un sonido como el descripto; chacharear.
—*sustantivo* Los sonidos penetrantes y cascados de una gallina, o cualquier sonido parecido; cacareos.

cacti Plural del sustantivo **cactus.**

cactus *sustantivo* Planta de troncos gruesos, espinosos y carentes de hojas; cacto.

cadet *sustantivo* Alumno de una academia militar o naval que estudia para ser oficial; cadete.

café *sustantivo* Restaurante o taberna pequeños; café.

cafetería *sustantivo* Restaurante en el que los propios clientes llevan su comida de un mostrador a su mesa; cafetería.

caffeine *sustantivo* Sustancia estimulante y ligeramente amarga que se encuentra en el café, en el té y en algunas otras bebidas; cafeína.

cage *sustantivo* Jaula: **1.** Caja en la que se encierran o transportan aves u otros animales. **2.** Algo que se parece a una jaula.
—*verbo* Meter o encerrar en una jaula; enjaular.

cake *sustantivo* **1.** Mezcla de harina, azúcar, algún líquido, huevos y otros ingredientes que se hornea y, que

covered with icing. **2.** A thin mixture of batter that is baked or fried. It is usually round and flat in shape. **3.** A solid, shaped mass of something.
—*verb* **caked, caking** To cover with or become a solid, hardened mass.

ca·lam·i·ty |kə lăm′ĭ tē| —*noun, plural* **calamities** Something that causes great misfortune and suffering; disaster.

cal·ci·um |kăl′sē əm| —*noun* A silvery, somewhat hard metal that is found in milk, bone, shells, and other substances,and is important in growing strong bones and teeth. It is one of the chemical elements.

cal·cu·late |kăl′kyə lāt′| —*verb* **calculated, calculating 1.** To find out an answer or result by using mathematics. **2.** To estimate beforehand; figure out. **3.** To plan deliberately; intend.

cal·cu·lat·ed |kăl′kyə lā′tĭd| —*adjective* Carefully thought out ahead of time.

cal·cu·la·tion |kăl′kyə lā′shən| —*noun, plural* **calculations** The act, process, or result of calculating.

cal·cu·la·tor |kăl′kyə lā′tər| —*noun, plural* **calculators 1.** A person who calculates. **2.** A machine with a keyboard for automatically performing arithmetic operations.

cal·en·dar |kăl′ən dər| —*noun, plural* **calendars 1.** A chart showing each month, week, and day of the year. **2.** A list of events planned to take place at special times.

calf¹ |kăf| or |käf| —*noun, plural* **calves 1.** The young of cattle; a young cow or bull. **2.** The young of certain other large animals, such as the whale or elephant. **3.** Leather made from the skin of a calf; calfskin.

calf² |kăf| or |käf| —*noun, plural* **calves** The fleshy back part of the leg between the knee and the ankle.

call |kôl| —*verb* **called, calling 1.** To say or speak in a loud voice; shout; cry out. **2.** To send for; summon. **3.** To refer to by a certain name. **4.** To describe as. **5.** To telephone. **6.** To make a short stop; visit. **7.** To halt or postpone.
Phrasal verbs **call back** To return a telephone call. **call for 1.** To go and get; pick up. **2.** To require; demand; need. **3.** To ask for; request; appeal. **call off** To cancel. **call on 1.** To ask someone to speak. **2.** To make an appeal to.
—*noun, plural* **calls 1.** A shout or loud cry. **2.** The usual cry of a bird or animal. **3.** An act or instance of calling on the telephone. **4.** A short visit.
Idioms **call to mind** To serve as a reminder of. **close call** A dangerous situation that one barely gets out of.

cal·lus |kăl′əs| —*noun, plural* **calluses** A small area of skin that has become hard and thick. Calluses usually form on the hands and feet.

calm |käm| —*adjective* **calmer, calmest 1.** Peacefully quiet; not excited. **2.** Not moving; still; serene.
—*noun, plural* **calms 1.** A condition of quiet; peace. **2.** Lack of motion; stillness.
—*verb* **calmed, calming** To make or become calm.

cal·o·rie |kăl′ə rē| —*noun, plural* **calories 1.** A unit for measuring the amount of heat in something. **2.** A unit for measuring the amount of energy in food.

calves |kăvz| The plural of the noun **calf.**

came |kām| The past tense of the verb **come.**

cam·el |kăm′əl| —*noun, plural* **camels** An animal with a long neck and one or two humps.

cam·er·a |kăm′ər ə| or |kăm′rə| —*noun, plural*

a menudo, se garapiña con azúcar; torta; pastel; tarta. **2.** Mezcla fina de pasta que se hornea o fríe. Es generalmente de forma chata y redonda; torta. **3.** Masa sólida y formada; barra: *cake of soap* = *una barra de jabón.*
—*verbo* Hacerse una masa sólida y dura, o cubrir algo con tal masa; embarrar: *Mud caked his boots.* = *El lodo embarraba sus botas.*

calamity *sustantivo* Algo que ocasiona gran infortunio o sufrimiento; desastre; calamidad.

calcium *sustantivo* Metal plateado y algo duro que se encuentra en la leche, los huesos, las cáscaras de huevo y otras substancias, y que es importante para el crecimiento de los huesos y dientes; calcio. El calcio es uno de los elementos químicos.

calculate *verbo* Calcular: **1.** Encontrar una respuesta o resultado por medio de la matemática. **2.** Estimar de antemano. **3.** Planear deliberadamente; proponerse.

calculated *adjetivo* Pensado cuidadosamente y de antemano; calculado.

calculation *sustantivo* Acción, proceso o resultado de calcular; cálculo.

calculator *sustantivo* **1.** Persona que calcula; calculador. **2.** Máquina con teclado que efectúa automáticamente las operaciones aritméticas; calculadora.

calendar *sustantivo* Calendario: **1.** Tabla que muestra cada mes, semana y día del año. **2.** Lista de acontecimientos que han de tener lugar en cierto período especial de tiempo.

calf¹ *sustantivo* **1.** Cría de la vaca; pequeño toro o vaca; ternero; becerro. **2.** Las crías de ciertos animales grandes, tales como la ballena o el elefante. **3.** Cuero hecho de piel de becerro.

calf² *sustantivo* Parte carnosa y trasera de la pierna que está entre la rodilla y el tobillo; pantorrilla.

call *verbo* **1.** Decir algo o hablar en voz alta; gritar; exclamar; llamar. **2.** Enviar a buscar algo o a alguien; convocar. **3.** Referirse a alguien o algo por cierto nombre; nombrar; llamar. **4.** Describir un modo determinado; designar. **5.** Llamar por teléfono; telefonear. **6.** Hacer una breve visita; visitar. **7.** Detener o posponer.
Verbos en locuciones **call back** Volver a llamar por teléfono; contestar una llamada. **call for 1.** Ir a recoger; recoger. **2.** Pedir; exigir; necesitar. **3.** Rogar; solicitar; apelar. **call off** Cancelar; suspender. **call on 1.** Pedirle a una persona que hable. **2.** Apelar.
—*sustantivo* **1.** Grito o alarido fuerte; llamado; voz. **2.** Grito habitual de un pájaro o animal. **3.** Acción de llamar por teléfono; telefonema. **4.** Visita corta.
Modismos **call to mind** Recordar. **close call** Situación peligrosa de la cual uno apenas logra escapar.

callus *sustantivo* Zona pequeña de la piel que se ha hecho dura y gruesa; callo. Los callos se forman generalmente en las manos y en los pies.

calm *adjetivo* **1.** Quieto; tranquilo; que no está excitado; sosegado; calmado. **2.** Que no se mueve; inmóvil; sereno; en calma.
—*sustantivo* Calma: **1.** Condición de estar en calma; paz; tranquilidad. **2.** Falta de movimiento; inmovilidad; serenidad.
—*verbo* Poner o ponerse tranquilo; tranquilizar o tranquilizarse; calmar o calmarse.

calorie *sustantivo* Caloría: **1.** Unidad para medir la cantidad de calor. **2.** Unidad para medir la cantidad de energía que contienen los alimentos.

calves Plural del sustantivo **calf.**

came Pretérito del verbo **come.**

camel *sustantivo* Animal de cuello largo y una o dos gibas o jorobas; camello.

camera *sustantivo* Cámara: **1.** Aparato con que se to-

ă pat ā pay â care ä father ĕ pet ē be ĭ pit ī pie î fierce ŏ pot ō go ô paw, for oi oil ŏŏ book ōō boot

cameras 1. A device that can take photographs or motion pictures. **2.** A similar device that forms pictures and changes them into electrical signals for television.

cam·ou·flage |kăm′ə fläzh′| —*noun, plural* **camouflages** A way of hiding or disguising people, animals, or things with colors and patterns that make them look like their surroundings.
—*verb* **camouflaged, camouflaging** To hide or disguise by camouflage.

camp |kămp| —*noun, plural* **camps** An outdoor area with tents, cabins, or other simple places to live and sleep.
—*verb* **camped, camping 1.** To live in a camp. **2.** To live in a simple way, as if in a camp.

cam·paign |kăm pān′| —*noun, plural* **campaigns 1.** A series of military operations aimed at gaining a specific victory. **2.** Organized activity to achieve a particular goal.
—*verb* **campaigned, campaigning** To take part in a campaign.

camp·er |kăm′pər| —*noun, plural* **campers 1.** A person who camps outdoors. **2.** A boy or girl attending summer camp. **3.** A car or trailer specially designed for camping or long trips.

cam·pus |kăm′pəs| —*noun, plural* **campuses** The buildings and grounds of a university, college, or school.

can¹ |kăn| or |kən| —*auxiliary verb* Past tense **could** As a helping verb **can** is used to indicate that the subject: **1.** Knows how to. **2. a.** Is able or is enabled to. **b.** Will be able to. **3.** Has permission to. **4.** Is asked or invited to. **5.** Has to or will have to.

can² |kăn| —*noun, plural* **cans 1.** An airtight metal container for storing foods or liquids. **2. a.** A can with something in it. **b.** The amount that a can holds. **3.** A large container, usually with a lid.
—*verb* **canned, canning** To preserve food in a jar or other sealed container.

ca·nal |kə năl′| —*noun, plural* **canals 1.** A body of water, usually created by digging, that connects two or more points. **2.** A tube in the body that carries food, liquid, or air.

ca·nar·y |kə nâr′ē| —*noun, plural* **canaries 1.** A yellow bird that sings and is popular as a pet. **2.** A light, bright yellow color.

can·cel |kăn′səl| —*verb* **canceled, canceling 1.** To give up; call off. **2.** To mark a postage stamp or check to show that it may no longer be used.

can·cer |kăn′sər| —*noun, plural* **cancers** A disease in which some cells of the body grow too rapidly, destroying healthy tissues and organs.

can·di·date |kăn′dĭ dāt′| —*noun, plural* **candidates** A person who seeks or is nominated for a prize, honor, or office.

can·dle |kăn′dl| —*noun, plural* **candles** A solid stick of wax, tallow, or other fatty substance with a wick inside. Candles are burned to give light or heat.

can·dle·stick |kăn′dl stĭk′| —*noun, plural* **candlesticks** An object that holds one or more candles.

can·dy |kăn′dē| —*noun, plural* **candies** A sweet food made from sugar or syrup, often mixed with chocolate, fruit, nuts, or other things.

man fotografías o películas cinematográficas. **2.** Aparato similar que forma imágenes y las convierte en señales eléctricas para la televisión.

camouflage *sustantivo* Medio de ocultar o disimular la presencia de personas, animales o cosas, valiéndose de colores y diseños que los hagan confundirse con el medio ambiente en que se encuentran; encubrimiento; ocultamiento; camuflaje.
—*verbo* Ocultar o encubrir en la forma así definida; camuflar.

camp *sustantivo* Campo abierto en el que hay tiendas de campaña, cabañas u otros albergues sencillos para vivir y dormir; campamento.
—*verbo* **1.** Vivir en un campamento; acampar. **2.** Vivir con gran sencillez, como si fuera en un campamento.

campaign *sustantivo* Campaña: **1.** Serie de operaciones militares encaminadas a lograr una victoria específica. **2.** Actividad organizada para lograr un fin determinado.
—*verbo* Participar en una actividad así definida; hacer campaña.

camper *sustantivo* **1.** Persona que acampa al aire libre. **2.** Muchacho o muchacha que se halla en un campamento de verano. **3.** Camioneta o remolque diseñado especialmente para hacer *camping* o viajes largos; "campero".

campus *sustantivo* El conjunto de edificios, jardines y terrenos de una universidad, plantel preuniversitario o escuela.

can¹ *verbo auxiliar* Se usa para indicar que el sujeto: **1.** Sabe cómo hacer algo: *Joe can swim. = Joe sabe nadar.* **2. a.** Puede hacer algo: *Susan can go. = Susan puede ir.* **b.** Va a poder hacer algo: *I'll take you where you can find out. = Yo te llevaré donde podrás averiguarlo.* **3.** Tiene permiso para hacer algo: *You can go to the movies. = Tienes permiso para ir al cine.* **4.** Está solicitado o invitado. **5.** Tiene que, o va a tener que hacer algo.

can² *sustantivo* **1.** Envase de metal herméticamente cerrado en el que se conservan alimentos o líquidos; lata. **2. a.** Lata que contiene algo: *a can of peaches = una lata de melocotones.* **b.** La cantidad que contiene una lata: *Add three cans of water. = Añada tres latas de agua.* **3.** Envase grande, generalmente con tapa; cubo; cubón: *a garbage can = un cubón de basura.*
—*verbo* Conservar alimentos en un frasco u otro envase sellado; conservar en latas; enlatar.

canal *sustantivo* Canal: **1.** Brazo de agua, generalmente artificial, que conecta dos o más puntos. **2.** Cualquier conducto del cuerpo por el que pasan alimentos, líquidos o aire.

canary *sustantivo* **1.** Ave pequeña y amarilla que canta y que es muy popular como animal doméstico; canario. **2.** Color amarillo muy claro y vivo; amarillo canario.

cancel *verbo* Cancelar: **1.** Renunciar; suspender: *cancel an appointment = cancelar una cita.* **2.** Marcar un sello o un cheque para indicar que no ha de ser usado más.

cancer *sustantivo* Enfermedad que hace que ciertas células del cuerpo crezcan muy rápidamente, destruyendo los tejidos y órganos sanos; cáncer.

candidate *sustantivo* Persona que aspira a un premio, honor o cargo, o que es propuesta para el mismo; candidato.

candle *sustantivo* Espiga sólida de cera, esperma u otra sustancia grasosa, que lleva una mecha dentro y que se enciende para dar luz o calor; candil; vela; cirio.

candlestick *sustantivo* Objeto que sostiene uno o más candiles; candelabro.

candy *sustantivo* Alimento o golosina hecho de azúcar o almíbar, que a menudo se mezcla con chocolate, frutas, nueces, etc.; caramelo; bombón; dulce.

ər butter yōo abuse ou out ŭ cut û fur *th* the th thin hw which zh vision ə ago, item, pencil, atom, circus

—*verb* **candied, candying, candies** To cook, coat, or preserve with sugar or syrup.

cane |kān| —*noun, plural* **canes 1.** A stick used for help in walking. **2.** Something shaped like a cane. **3.** A hollow, woody plant stem. Cane is often used to make furniture. **4.** A plant having such stems, such as bamboo or sugar cane.

can·ni·bal |kăn′ə bəl| —*noun, plural* **cannibals 1.** A person who eats human flesh. **2.** An animal that feeds on others of its own kind.

can·non |kăn′ən| —*noun, plural* **cannons** or **cannon** A large gun mounted on wheels or on a heavy base.

can·not |kăn′ŏt′| or |kă nŏt′| or |kə nŏt′| The negative form of the verb **can** (to be able or know how).

ca·noe |kə nōō′| —*noun, plural* **canoes** A light, narrow boat that is pointed at the ends and is moved with paddles.
—*verb* **canoed, canoeing** To travel in or paddle a canoe.

can·o·py |kăn′ə pē| —*noun, plural* **canopies 1.** A covering like a tent held up over a bed, entrance, or important person. **2.** A similar covering.
—*verb* **canopied, canopying, canopies** To spread over with a canopy.

can't |kănt| or |känt| A contraction of "cannot."

can·ta·loupe |kăn′tl ōp′| —*noun, plural* **cantaloupes** A melon with sweet, orange flesh and a rough rind.

can·teen |kăn tēn′| —*noun, plural* **canteens 1.** A container for carrying drinking water or other liquids. **2.** A store within a school, factory, or office. Food and beverages are sold there, often from vending machines.

can·vas |kăn′vəs| —*noun, plural* **canvases 1.** A heavy, coarse cloth used for making tents, sails, etc. **2.** An oil painting on canvas. **3.** A piece of canvas stretched on a frame and used for an oil painting.

can·yon |kăn′yən| —*noun, plural* **canyons** A deep valley with steep cliffs on both sides and often a stream running through it.

cap |kăp| —*noun, plural* **caps 1.** A covering for the head, especially one that fits closely. Some caps have no brims and some have a visor. Baseball players and nurses wear caps. **2.** A small, circular, tight-fitting cover. **3.** A circular top attached to a stem. **4.** A small amount of explosive powder wrapped in paper.
—*verb* **capped, capping 1.** To put a cap on; cover the top of. **2.** To outdo; improve on.

ca·pa·bil·i·ty |kā′pə bĭl′ĭ tē| —*noun, plural* **capabilities 1.** The quality of being capable; ability. **2.** Often **capabilities** Natural ability.

ca·pa·ble |kā′pə bl| —*adjective* **1.** Able; skilled. **2. capable of** Having a certain ability or capacity.

ca·pac·i·ty |kə păs′ə tē| —*noun, plural* **capacities 1.** The amount that can be held. **2.** Ability; capability. **3.** Position; role.

cape¹ |kāp| —*noun, plural* **capes** A piece of clothing that is worn hanging loose over the shoulders and is often fastened at the neck.

cape² |kāp| —*noun, plural* **capes** A point of land extending into the sea or other body of water.

cap·i·tal |kăp′ĭ tl| —*noun, plural* **capitals 1.** A city where the government of a state or country is located. **2.** Money or property that is invested to produce more money. **3.** A capital letter.
—*adjective* **1.** Most important. **2.** Calling for a pen-

cane *sustantivo* Cocer o conservar en azúcar o almíbar de modo que quede cubierto por éstos; confitar; garapiñar.

cane *sustantivo* **1.** Vara que ayuda para caminar; bastón. **2.** Cualquier cosa que tenga forma de bastón: *a candy cane = un bastón de caramelo.* **3.** Tronco hueco y arbolado de una planta que se usa a menudo para fabricar muebles. **4.** Planta que tiene un tronco de este tipo, como el bambú o la caña de azúcar.

cannibal *sustantivo* Caníbal: **1.** Persona que come carne humana. **2.** Animal que se alimenta de otros de su propia especie.

cannon *sustantivo* Arma de fuego grande que se monta sobre ruedas o sobre una base sólida; cañón de artillería.

cannot Forma negativa del verbo **can.**

canoe *sustantivo* Embarcación ligera, estrecha y puntiaguda a ambos extremos que se impulsa con paletas; canoa.
—*verbo* Viajar o paletear en canoa.

canopy *sustantivo* **1.** Cubierta a tipo de carpa que se coloca sobre una cama, una entrada o una persona importante; palio; toldo. **2.** Cualquier cubierta semejante.
—*verbo* Extender una cubierta de este tipo sobre algo; cubrir con un palio; entoldar.

can't Contracción de **cannot.**

cantaloupe *sustantivo* Melón de pulpa dulce de color anaranjado, cuya cáscara es dura.

canteen *sustantivo* **1.** Recipiente para llevar agua potable u otros líquidos; cantimplora **2.** Establecimiento o expendio situado dentro de una fábrica, escuela u oficina en el que se venden comidas y refrescos, generalmente en máquinas automáticas; cantina.

canvas *sustantivo* **1.** Tela gruesa y áspera que se usa para hacer carpas, velas para embarcaciones, etc.; lona. **2.** Óleo pintado sobre un lienzo. **3.** Pedazo de tela extendido sobre un marco que se usa para pintar al óleo; lienzo.

canyon *sustantivo* Valle profundo con acantilados a ambos lados y, a menudo, con un arroyo que corre a través de él; cañón.

cap *sustantivo* **1.** Especie de sombrero pequeño muy ceñido a la cabeza; gorro; gorra. Algunos gorros carecen de ala y otros tienen una visera. Los jugadores de béisbol usan gorras. **2.** Disco pequeño, redondo y ajustado con que se cierran algunos recipientes; tapa de cierre a presión. **3.** Parte superior redonda y pegada al tronco: *a mushroom cap = sombrerete de un hongo.* **4.** Cantidad pequeña de pólvora envuelta en papel; fulminante.
—*verbo* **1.** Poner una tapa del tipo así descrito; tapar. **2.** Superar; perfeccionar o perfeccionarse en algo.

capability *sustantivo* **1.** Cualidad del que es capaz; capacidad; aptitud; habilidad. **2.** A veces **capabilities** aptitudes naturales; talento.

capable *adjetivo* **1.** Hábil; diestro; capaz. **2. capable of** Que tiene una aptitud, habilidad o capacidad determinada.

capacity *sustantivo* **1.** Cantidad que algo es capaz de recibir o contener; capacidad; cabida. **2.** Habilidad; aptitud; capacidad. **3.** Oficio; papel; condición: *in my capacity as a teacher = en mi condición de maestra.*

cape¹ *sustantivo* Prenda de vestir que se coloca sobre los hombros, que cuelga suelta de ellos, y que a menudo se ata alrededor del cuello; capa.

cape² *sustantivo* Punta de tierra que sobresale en el mar u otra masa de agua; cabo.

capital *sustantivo* **1.** Ciudad donde radica el gobierno de un país, provincia, estado o departamento; capital. **2.** Dinero o propiedad que se invierte para que produzca más dinero; capital. **3.** Letra inicial en los nombres propios, y con la que también se comienza

alty of death.

cap·i·tal·ize |kăp′ĭ tl īze′| —*verb* **capitalized, capitalizing 1.** To begin with a capital letter. **2.** To write or print in capital letters.

capital letter A letter, such as A, B, or C, written or printed in a size larger than the same smaller letter, such as a, b, or c. A capital letter often has a form that is different from the smaller letter.

cap·i·tol |kăp′ĭ tl| —*noun, plural* **capitols 1. Capitol** The building in Washington, D.C., occupied by the Congress of the United States. **2.** The building in which a state legislature meets.

cap·size |kăp′sīz′| or |kăp sīz′| —*verb* **capsized, capsizing** To turn bottom side up; overturn.

cap·sule |kăp′səl| or |kăp′syōol| —*noun, plural* **capsules 1.** A small container, usually made of gelatin, containing medicine to be swallowed. **2.** A place on a spacecraft for the crew. The capsule can be separated from the rest of the spacecraft.

cap·tain |kăp′tən| —*noun, plural* **captains 1.** The leader of a group. **2.** The officer in charge of a ship. **3.** An Army, Air Force, or Marine Corps officer ranking above a first lieutenant. **4.** A Navy officer ranking above a commander.

cap·tion |kăp′shən| —*noun, plural* **captions** A title or explanation that goes with an illustration or photograph.

cap·tive |kăp′tĭv| —*adjective* Held prisoner; not free. —*noun, plural* **captives** A person or animal held captive; prisoner.

cap·tiv·i·ty |kăp tĭv′ĭ tē| —*noun, plural* **captivities** A period of being held captive, or the condition of being captive.

cap·ture |kăp′chər| —*verb* **captured, capturing 1.** To get hold of; seize. **2.** To hold the attention or interest of. —*noun, plural* **captures** The act of capturing.

car |kär| —*noun, plural* **cars 1.** An automobile. **2.** A vehicle with wheels that moves along rails or tracks. **3.** The part of an elevator in which the passengers ride.

car·a·mel |kăr′ə məl| or |kăr′ə měl′| or |kăr′məl| —*noun, plural* **caramels 1.** A smooth, chewy candy. **2.** A brown syrup made by cooking sugar. Caramel is used to color and flavor foods.

car·at |kăr′ət| —*noun, plural* **carats** A unit of weight for diamonds, rubies, and other precious stones. Another form of this word is **karat.**

car·a·van |kăr′ə văn′| —*noun, plural* **caravans** A group of people, animals, or vehicles traveling together, usually in a long line.

car·bo·hy·drate |kär′bō hī′drāt′| or |kär′bə hī′drāt′| —*noun, plural* **carbohydrates** Any substance made up of carbon, hydrogen, and oxygen. Carbohydrates are produced by plants and include sugars and starches.

car·bon |kär′bən| —*noun* A substance found in all living things. Coal and charcoal contain large amounts of carbon, and diamonds are pure carbon in crystal form. Carbon is one of the chemical elements.

car·bon·at·ed |kär′bə nā′tĭd| —*adjective* Having or mixed with carbon dioxide.

carbon di·ox·ide |dī ŏk′sīd′| A gas that is present in the air and is made up of carbon and oxygen.

carbon mo·nox·ide |mŏ nŏk′sīd′| or |mə nŏk′sīd′| A gas that is very poisonous and has no color or odor.

car·bu·re·tor |kär′bə rā′tər| or |kär′byə rā′tər| —*noun, plural* **carburetors** A part of a gasoline engine that mixes the gasoline with air so that it will burn properly.

car·cass |kär′kəs| —*noun, plural* **carcasses 1.** The

cada oración; mayúscula.
—*adjetivo* **1.** El o la más importante: *capital city* = ciudad capital. **2.** Que merece la pena capital o pena de muerte: *capital crime* = delito capital.

capitalize *verbo* **1.** Empezar con mayúscula. **2.** Escribir o imprimir con letras altas o mayúsculas.

capital letter Letra tal como A, B o C, escrita o impresa en mayor tamaño que la misma letra más pequeña, tal como a, b o c; letra mayúscula.

capitol *sustantivo* **1. Capitol** Edificio en Washington, D.C., que ocupa el Congreso de los Estados Unidos. **2.** Edificio donde se reunen los miembros del poder legislativo de un estado; capitolio.

capsize *verbo* Volcarse por completo.

capsule *sustantivo* Cápsula: **1.** Envase pequeño, generalmente hecho de gelatina, que contiene una medicina que se ingiere tragando. **2.** Lugar en el que va la tripulación de una nave espacial y que puede separarse del resto de la nave.

captain *sustantivo* Capitán: **1.** Cabeza o jefe de un grupo. **2.** Oficial encargado de un buque. **3.** Oficial del ejército, de la fuerza aérea o la infantería de marina que tiene el rango inmediatamente superior al de primer teniente. **4.** Oficial de la armada que ocupa el rango inmediatamente superior al de comandante.

caption *sustantivo* Título o explicación que acompaña una ilustración o fotografía; leyenda; pie de grabado o de foto.

captive *adjetivo* Que no es libre; que está como un prisionero; cautivo. —*sustantivo* Persona o animal en cautiverio; cautivo.

captivity *sustantivo* Período durante el cual uno se encuentra en cautiverio, o la condición de hallarse cautivo; cautiverio; cautividad.

capture *verbo* **1.** Ocupar; asir; capturar. **2.** Mantener la atención o el interés de alguien; cautivar. —*sustantivo* Acción de capturar; captura.

car *sustantivo* **1.** Automóvil; coche; carro. **2.** Vehículo con ruedas que se mueve sobre carriles; vagón. **3.** Parte de un ascensor en la que viajan los pasajeros.

caramel *sustantivo* Caramelo: **1.** Dulce suave que se mastica. **2.** Almíbar de color pardo que se obtiene cociendo el azúcar, y que se usa para sazonar y colorear alimentos.

carat *sustantivo* Unidad de peso aplicable a los diamantes, rubíes y otras piedras preciosas; quilate.

caravan *sustantivo* Grupo de personas, animales o vehículos que viajan juntos, generalmente formando una fila larga; caravana.

carbohydrate *sustantivo* Sustancia de origen vegetal compuesta de carbono, hidrógeno y oxígeno, que contiene azúcar y almidón; carbohidrato; hidrato de carbono.

carbon *sustantivo* Elemento químico que se encuentra en todos los organismos vivos; carbono.

carbonated *adjetivo* Que contiene o está mezclado con bióxido de carbono; carbonatado.

carbon dioxide Gas que se encuentra en el aire y que se compone de carbono y oxígeno; bióxido de carbono; anhídrido carbónico.

carbon monoxide Gas muy venenoso que no tiene color ni olor; monóxido de carbono.

carburetor *sustantivo* Pieza de los motores de gasolina que mezcla este combustible con el aire para que la mezcla se queme debidamente; carburador.

carcass *sustantivo* **1.** El cuerpo muerto de un animal;

ər butter yōō abuse ou out ŭ cut û fur *th* the th thin hw which zh vision ə ago, item, pencil, atom, circus

dead body of an animal. **2.** The framework or worthless remains of an object.

card |kärd| —*noun, plural* **cards 1.** A small, thin piece of stiff paper, plastic, or cardboard that is usually rectangular in shape. Cards have many uses and usually bear writing, pictures, names, or information. **2.** One of a set or pack of 52 cards marked with numbers, pictures, and designs and used to play games; a playing card.

card·board |kärd′bôrd| or |kärd′bōrd| —*noun* A stiff, heavy paper made by pressing sheets of paper or layers of paper pulp together.

car·di·nal |kär′dn əl| —*adjective* Of greatest or first importance; chief; foremost.
—*noun, plural* **cardinals 1.** An official of the Roman Catholic Church whose rank is just below that of pope. **2.** A North American songbird that has bright red feathers and a crest on its head.

care |kâr| —*noun, plural* **cares 1.** A feeling of worry or concern. **2.** Serious attention; caution. **3.** Supervision; charge; keeping.
—*verb* **cared, caring 1.** To be worried or concerned; to have interest. **2.** To be willing or wish; to want.
Phrasal verb **care for 1.** To like. **2.** To take charge of; look after.
Idioms **take care** To be careful. **take care of** To attend to; look after.

ca·reer |kə rîr′| —*noun, plural* **careers 1.** The kind of work or occupation that a person chooses to do; a profession. **2.** The progress or general course of action of a person through life.

care·ful |kâr′fəl| —*adjective* **1.** Taking time to think before acting; cautious; prudent. **2.** Done with care; thorough. **3.** Showing concern; considerate.

care·less |kâr′lĭs| —*adjective* **1.** Not taking care; failing to pay attention. **2.** Done or made without care; not thorough. **3.** Said or done without thought.

ca·ress |kə rĕs′| —*noun, plural* **caresses** A gentle touch or gesture that shows a fond or tender feeling.
—*verb* **caressed, caressing** To touch or stroke in a way that shows fond or tender feeling.

car·go |kär′gō| —*noun, plural* **cargoes** or **cargos** The freight carried by a ship, airplane, or other vehicle.

car·i·bou |kär′ə bōō′| —*noun, plural* **caribou** or **caribous** A large deer of northern North America. Both the males and the females have large, spreading antlers.

car·na·tion |kär nā′shən| —*noun, plural* **carnations** A flower with a spicy smell and many petals of different colors.

car·ni·val |kär′nə vəl| —*noun, plural* **carnivals** An outdoor show that has rides, games, side shows, and other entertainment; a fair or festival.

car·ni·vore |kär′nə vôr′| —*noun, plural* **carnivores** An animal that feeds on the flesh of other animals. Lions, tigers, and weasels are carnivores.

car·niv·or·ous |kär nĭv′ər əs| —*adjective* Feeding on the flesh of other animals.

car·ol |kär′əl| —*noun, plural* **carols** A song of joy or praise, especially one that is sung at Christmas.
—*verb* **caroled, caroling** To celebrate with joyful song.

car·ou·sel |kär′ə sĕl′| or |kär′ə zĕl′| —*noun, plural* **carousels** A merry-go-round. Another form of this word is **carrousel.**

carp |kärp| —*noun, plural* **carp** or **carps** A fish that lives in fresh water, especially in ponds. It is often used as food.

car·pen·ter |kär′pən tər| —*noun, plural* **carpenters** A person who builds or repairs things that are made of wood.

osamenta. **2.** Armazón o parte inútil que queda de un objecto; restos; esqueleto.

card *sustantivo* **1.** Pedazo pequeño y fino de cartulina, plástico o cartón, generalmente de forma rectangular; tarjeta. **2.** Una del conjunto o paquete de las 52 cartas marcadas con números, cuadros y diseños que se usan para jugar; carta; baraja.

cardboard *sustantivo* Papel duro y grueso que se hace comprimiendo hojas de papel o capas de pulpa de papel; cartón.

cardinal *adjetivo* De importancia mayor o primordial; principal; cardinal.
—*sustantivo* Cardenal: **1.** Jerarca de la Iglesia Católica Romana cuyo rango es inmediatamente inferior al del Papa. **2.** Pájaro cantor norteamericano que tiene las plumas rojas y una cresta en la cabeza.

care *sustantivo* **1.** Sentimiento de preocupación o interés serio; importancia que se le da a alguien o a algo. **2.** Atención seria; prudencia; cuidado; cautela. **3.** Supervisión; custodia; cuidado.
—*verbo* **1.** Preocuparse o interesarse por alguien o algo; importarle a uno; importar. **2.** Querer o desear; estar dispuesto.
Verbo en locución **care for 1.** Gustar. **2.** Guardar; custodiar; cuidar de algo o de alguien.
Modismos **take care** Tener cuidado; ser cuidadoso. **take care of** Atender; cuidar de alguien o algo.

career *sustantivo* Carrera: **1.** El tipo de trabajo u ocupación que escoge una persona; profesión. **2.** Progreso o curso general de acción de una persona a lo largo de su vida.

careful *adjetivo* Cuidadoso: **1.** Que piensa antes de hacer algo; cauteloso; prudente. **2.** Hecho con cuidado; cabal; a conciencia. **3.** Que muestra interés; considerado.

careless *adjetivo* **1.** Que no tiene cuidado o no presta atención; negligente; descuidado. **2.** Hecho o fabricado sin cuidado; imperfecto; defectuoso. **3.** Dicho o hecho sin pensar; indiscreto; imprudente.

caress *sustantivo* Toque o gesto suave que demuestra cariño o ternura; caricia.
—*verbo* Tocar o rozar en la forma descripta; acariciar.

cargo *sustantivo* Cargamento que transporta un buque, avión u otro vehículo; carga.

caribou *sustantivo* Reno grande de la porción septentrional de la América del Norte; caribú; reno norteamericano.

carnation *sustantivo* Flor aromática que tiene muchos pétalos de distintos colores; clavel.

carnival *sustantivo* Fiesta al aire libre con carreras, juegos, espectáculos y otras diversiones; feria o festival; carnaval.

carnivore *sustantivo* Animal que se alimenta de la carne de otros animales; carnívoro.

carnivorous *adjetivo* Que se alimenta de la carne de otros animales; carnívoro.

carol *sustantivo* Canto de alegría o alabanza, especialmente del tipo que se canta en las Navidades; villancico.

carousel *sustantivo* Tiovivo; caballitos; calesita. En inglés otra forma de esta palabra es **carrousel.**

carp *sustantivo* Pez de agua dulce que suele vivir en lagunas; carpa.

carpenter *sustantivo* Persona que construye o repara cosas de madera; carpintero.

ă pat   ā pay   â care   ä father   ĕ pet   ē be   ĭ pit   ī pie   î fierce   ŏ pot   ō go   ô paw, for   oi oil   ōō book   ōō boot

car·pet |kär′pĭt| —*noun, plural* **carpets 1.** A thick, heavy covering for a floor, usually made of a woven fabric. **2.** Anything that covers a surface like a carpet. —*verb* **carpeted, carpeting** To cover with or as if with a carpet.

car·pet·ing |kär′pĭ tĭng| —*noun* **1.** Material or fabric used for carpets. **2.** A carpet or carpets.

car·riage |kär′ĭj| —*noun, plural* **carriages 1.** A passenger vehicle that has four wheels and is usually pulled by horses. **2.** A small vehicle for a baby or a doll. It is usually pushed along by a person. **3.** A movable part of a machine. A carriage holds or carries another structure or part. **4.** The way in which the body is held; posture.

car·rier |kär′ē ər| —*noun, plural* **carriers** A person or thing that moves or transports something.

car·rot |kär′ət| —*noun, plural* **carrots** The long, tapering, yellow-orange root of a plant with feathery leaves.

car·rou·sel |kär′ə sĕl′| or |kär′ə zĕl′| —*noun, plural* **carrousels** A form of the word **carousel.**

car·ry |kär′ē| —*verb* **carried, carrying, carries 1.** To take from one place to another. **2.** To keep, wear, or have with oneself. **3.** To hold up or support; bear the major burden of. **4.** To be or act as the means for transporting or moving someone or something. **5.** To transmit a disease. **6.** To make something known; communicate. **7.** To project or travel in space. **8.** To hold or move the body or a part of the body in a certain way. **9.** To have in stock or for sale. **10.** To sing on key. **11.** To bring forward or place a number in the next column of figures in addition. **12.** To extend or continue. **13.** To win or gain approval by a majority of votes.

Phrasal verbs **carry away** To arouse strong emotion or enthusiasm. **carry on 1.** To engage in; conduct. **2.** To continue in a course of action; keep going. **carry out** To fulfill; execute; accomplish.

cart |kärt| —*noun, plural* **carts 1.** A wooden vehicle that has two wheels and is pulled by a horse or other animal. **2.** Any small, light vehicle with wheels that can be pushed or pulled by hand. —*verb* **carted, carting 1.** To move or transport in or as if in a cart. **2.** To carry with effort; drag; lug.

car·ti·lage |kär′tl ĭj| —*noun* A tough, white substance that is attached to bones near the joints and helps to hold them in position.

car·ton |kär′tn| —*noun, plural* **cartons 1.** A card-

carpet *sustantivo* Alfombra: **1.** Cubierta gruesa, generalmente de lana u otro tejido grueso, con que se cubre el piso; tapiz. **2.** Cualquier cosa que cubra una superficie a modo de alfombra. —*verbo* Cubrir con una alfombra u otra cubierta similar; alfombrar.

carpeting *sustantivo* **1.** Material o tejido que se usa en las alfombras. **2.** Alfombra o conjunto de alfombras; alfombrado.

carriage *sustantivo* **1.** Vehículo de pasajeros con cuatro ruedas que generalmente es tirado por caballos; carruaje; carroza; coche. **2.** Coche pequeño para un niño o una muñeca que, en general, es empujado por una persona. **3.** Parte movible de una máquina que sostiene o transporta otra estructura o pieza; armazón; carro. **4.** Posición en que uno mantiene su cuerpo; postura; porte.

carrier *sustantivo* Persona o cosa que mueve o transporta algo; portador; repartidor; medio de transporte; transportador.

carrot *sustantivo* Raíz alargada, cónica, de color entre amarillo y anaranjado; zanahoria.

carrousel *sustantivo* Otra forma de la palabra **carousel**

carry *verbo* **1.** Llevar de un lugar a otro; transportar. **2.** Guardar; llevar puesto o consigo; llevar: *He never carries much money.* = *Él nunca lleva mucho dinero (consigo).* **3.** Sostener o mantener; aguantar; llevar encima; soportar la carga mayor o principal: *Marble columns carry the roof of the church.* = *Las columnas de mármol sostienen el techo de la iglesia.* **4.** Ser o actuar como medio para conducir o trasladar a alguien o algo; llevar; conducir: *Pipes carry water.* = *Las tuberías conducen el agua.* **5.** Transmitir una enfermedad. **6.** Hacer saber algo; comunicar; llevar: *Books carry ideas to millions of people.* = *Los libros llevan ideas a millones de personas.* **7.** Proyectarse o viajar en el espacio: *Her voice carries very well.* = *Su voz se proyecta muy bien.* **8.** Sostener o mover el cuerpo o parte del cuerpo de cierta manera: *She carries herself like a dancer.* = *Ella se mueve como una bailarina.* **9.** Tener mercancía almacenada o para la venta; tener un surtido: *Do you carry men's socks?* = *¿Tiene usted medias para hombres?* **10.** Cantar a tono; sostener o seguir una melodía: *to carry a tune* = *seguir una melodía.* **11.** Llevar o situar un número en la siguiente columna de números de una suma: *"Seven plus five equals twelve; write the two and carry one. . ."* = *"Siete y cinco, doce; pon el dos y lleva uno. . ."* **12.** Extender o continuar; incluir; llevar: *Her brother carried his teasing too far.* = *Su hermano llevó sus bromas demasiado lejos.* **13.** Ganar o lograr apropiación por una mayoría de votos; pasar: *The motion carried.* = *La moción pasó.*

Verbos en locuciones **carry away** Despertar emoción o entusiasmo fuerte: *He was carried away by the music.* = *La música lo entusiasmó mucho.* **carry on 1.** Ocuparse en; seguir o proseguir algo: *Does she carry on a profession?* = *¿Sigue ella alguna profesión?* **2.** Continuar un curso de acción; seguir; proseguir: *Carry on with your plans.* = *Prosigue con tus planes.* **carry out** Realizar; ejecutar; llevar a cabo; cumplir: *We carried out our orders perfectly.* = *Cumplimos nuestras órdenes perfectamente.*

cart *sustantivo* **1.** Vehículo de madera que tiene dos ruedas y es tirado por un caballo u otro animal; carretón. **2.** Cualquier vehículo pequeño y liviano que tiene ruedas y puede ser empujado o tirado a mano. —*verbo* **1.** Trasladar o transportar en una carreta o vehículo similar; carretear; acarrear. **2.** Cargar con esfuerzo; arrastrar; tirar.

cartilage *sustantivo* Sustancia dura y blanca que está adherida a los huesos cerca de las articulaciones y que ayuda a mantenerlos en posición; cartílago.

carton *sustantivo* **1.** Caja de cartón que se hace de

ər butter yōō abuse ou out ŭ cut û fur *th* the th thin hw which zh vision ə ago, item, pencil, atom, circus

board box made in many sizes and used to hold goods, liquids, and other objects. **2. a.** A carton with something in it. **b.** The amount that a carton holds.

car·toon |kär tōōn′| —*noun, plural* **cartoons 1.** A sketch or drawing that shows people or events in a way that is supposed to be funny; a joke in the form of a picture. **2.** A movie made up of such drawings; an animated cartoon.

car·toon·ist |kär tōō′nĭst| —*noun, plural* **cartoonists** A person who draws cartoons.

car·tridge |kär′trĭj| —*noun, plural* **cartridges 1. a.** The metal or metal and cardboard case that holds the gunpowder for a bullet. **b.** Such a case plus the bullet or pellets that are fitted into it. **2.** Any container or case that holds something and can be easily inserted into another object. A cartridge may hold ink for a pen, film for a camera, or tape for a tape recorder.

cart·wheel |kärt′hwĕl′| or |kärt′wĕl′| —*noun, plural* **cartwheels 1.** The wheel of a cart. **2.** A kind of somersault in which the arms and legs are spread like the spokes of a wheel.

carve |kärv| —*verb* **carved, carving 1.** To slice or cut into pieces. **2.** To make something by cutting a solid material.

cas·cade |kăs kād′| —*noun, plural* **cascades 1.** A waterfall or group of waterfalls that flows over steep rocks. **2.** Something that falls like a cascade.
—*verb* **cascaded, cascading** To fall in a cascade or like a cascade.

case¹ |kās| —*noun, plural* **cases 1.** An example or instance of something. **2.** A situation or state of affairs; event. **3.** An instance of illness or injury. **4.** Something that is being investigated. **5.** Something that is to be decided in a court of law.
Idioms **In case** If it should happen that; if. **In case of** In the event of; if there should be.

case² |kās| —*noun, plural* **cases 1.** A large box or carton for shipping things in. **2. a.** A case with something in it. **b.** The amount that a case holds. **3.** An outer covering.

cash |kăsh| —*noun* **1.** Money in the form of bills or coins. **2.** Money paid at the time something is bought.
—*verb* **cashed, cashing** To exchange for or convert into cash.

cash·ew |kăsh′ōō| or |kə shōō′| —*noun, plural* **cashews** The curved nut of a tropical American tree.

cash·ier |kă shîr′| —*noun, plural* **cashiers** Someone who has the job of receiving and paying out money for a bank, store, restaurant, or other business.

cash·mere |kăzh′mîr′| or |kăsh′mîr′| —*noun, plural* **cashmeres** A fine, soft, wool obtained from a goat of Asia.

cask |kăsk| or |käsk| —*noun, plural* **casks 1.** A barrel of any size for holding liquids. **2. a.** A cask with something in it. **b.** The amount that a cask holds.

cas·ket |kăs′kĭt| or |käs′kĭt| —*noun, plural* **caskets 1.** A small box or chest used to hold jewelry or other valuable things. **2.** A box in which a dead person is buried; a coffin.

cas·se·role |kăs′ə rōl′| —*noun, plural* **casseroles 1.** A heavy dish of glass or pottery in which food is baked and served. **2.** The food that is baked in this kind of dish.

muchos tamaños y que se usa para guardar mercancías, líquidos y otros objetos **2. a.** Caja de cartón con algo dentro: *Please, buy me a carton of milk.* = *Por favor, cómprame un cartón de leche.* **b.** Cantidad que cabe en una caja de cartón: *We need two cartons of soda pop for the party.* = *Necesitamos dos cajas (de cartón) de refrescos para la fiesta.*

cartoon *sustantivo* **1.** Bosquejo o dibujo que muestra a personas o acontecimientos de una manera que se supone sea graciosa; caricatura. **2.** Dibujos animados, o una película cinematográfica hecha con tales dibujos puestos en secuencia.

cartoonist *sustantivo* Persona que realiza dibujos animados o caricaturas; ilustrador; dibujante; caricaturista.

cartridge *sustantivo* Cartucho: **1. a.** Cilindro de metal o de metal y cartón que contiene la pólvora de una bala. **b.** Tal estuche más la bala o los perdigones que se acomodan en él. **2.** Cualquier envase o estuche que contenga algo y pueda ser fácilmente insertado en otro objeto. Un cartucho, en este sentido, puede contener tinta para una pluma, película para una cámara fotográfica, o cinta para una grabadora.

cartwheel *sustantivo* **1.** Rueda de carro. **2.** Tipo de salto o cabriola en que los brazos y las piernas se extienden como los rayos de una rueda.

carve *verbo* **1.** Tajar o cortar en pedazos; rebanar. **2.** Hacer algo cortando un material sólido; tallar.

cascade *sustantivo* **1.** Caída o caídas de agua en que ésta fluye sobre rocas escarpadas; cascada; catarata; salto de agua. **2.** Algo que cae como una cascada.
—*verbo* Caer en cascada o como en una cascada.

case¹ *sustantivo* Caso: **1.** Ejemplo o demostración de algo. **2.** Situación o estado de cosas; acontecimiento: *In that case there is nothing to be done.* = *En ese caso, no hay nada que hacer.* **3.** Situación de una persona enferma o herida; estado; condición: *Her case of flu is not serious.* = *Su caso de gripe no es serio.* **4.** Algo que se investiga. **5.** Algo que ha de decidirse ante un tribunal.
Modismos **In case** Si ocurriera que; en caso de que. **In case of** Si hubiera; en caso de que hubiera.

case² *sustantivo* **1.** Caja grande de cartón que se emplea para transportar cosas. **2. a.** Caja que contiene algo dentro: *a case of cola drinks* = *una caja de refrescos de cola.* **b.** Cantidad que cabe en una caja. **3.** Cubierta exterior; funda; estuche; vaina.

cash *sustantivo* Efectivo: **1.** Dinero en billetes o monedas; dinero contante o al contado; dinero en metálico. **2.** Dinero que se paga en el momento en que se compra algo.
—*verbo* Cambiar por o convertir en dinero en efectivo; hacer efectivo.

cashew *sustantivo* Nuez curva y comestible de un árbol tropical americano; anacardo.

cashier *sustantivo* Persona encargada de la entrada y salida de los fondos en un banco, tienda, restaurante u otro negocio; cajero.

cashmere *sustantivo* Lana fina y suave que se obtiene de una cabra del Asia; casimir; cachemira.

cask *sustantivo* Barril: **1.** Recipiente de cualquier tamaño en el que se almacenan líquidos; tonel; cuba. **2. a.** Tonel que contiene algo; cuba. **b.** Cantidad que cabe en un recipiente de este tipo.

casket *sustantivo* **1.** Caja o cofre pequeño en el que se guardan joyas u otros objetos de valor; joyero. **2.** Caja en que se entierra a los muertos; ataúd; féretro.

casserole *sustantivo* Cacerola: **1.** Plato hondo y grueso de vidrio o arcilla en que se cuece y se sirve comida. **2.** Comida que se cuece en esta clase de plato.

ă pat   ā pay   â care   ä father   ĕ pet   ē be   ĭ pit   ī pie   î fierce   ŏ pot   ō go   ô paw, for   oi oil   ōō book   ōō boot

cast |kăst| or |käst| —*verb* **cast, casting 1.** To throw or fling. **2.** To cause to fall upon something. **3.** To make or form something by pouring a liquid or soft material into a mold so it will harden. **4.** To deposit a ballot; give a vote. **5.** To choose for a part in a play.

Phrasal verbs **cast about for** To search or look for. **cast aside** To throw away; discard.

—*noun, plural* **casts 1.** The act of throwing or casting. **2.** The actors in a play. **3.** A stiff bandage, usually made of gauze coated with plaster. **4.** Something that is cast in a mold. **5.** A slight squint. It occurs when a person's eyes are unable to focus together.

Idioms **cast down** Unhappy or dejected. **cast one's lot with** To join or take sides with.

cas·ta·nets |kăs′tə nĕts′| —*plural noun* A pair of small pieces of wood shaped like a shell that make a sharp, sudden sound when struck together. Castanets are used by Spanish dancers and singers.

cast iron A very hard and brittle form of iron made by mixing melted iron with other elements and pouring it into a mold.

cas·tle |kăs′əl| or |käs′əl| —*noun, plural* **castles 1.** A large fort or group of buildings that are strong enough to resist attack. **2.** A large and impressive home; a mansion. **3.** A playing piece in chess; a rook.

cas·u·al |kăzh′ōō əl| —*adjective* **1.** Not planned; happening by chance; accidental. **2.** Not formal. **3.** Suitable for everyday or informal wear. **4.** Not intimate or close.

cas·u·al·ty |kăzh′ōō əl tē| —*noun, plural* **casualties 1.** A person who is killed or injured in an accident. **2.** A member of the armed forces who is killed, wounded, captured, or missing in a military action.

cat |kăt| —*noun, plural* **cats 1.** A small, furry animal with sharp claws, whiskers at each side of the mouth, and usually a long tail. **2.** A larger animal, related to the cat, such as the lion, tiger, leopard, or wildcat.

Idiom **let the cat out of the bag** To give away a secret.

cat·a·log or **cat·a·logue** |kăt′l ôg′| or |kăt′l ŏg′| —*noun, plural* **catalogs** or **catalogues 1.** A list, usually in alphabetical order and having a short description of each item. **2.** A book containing such a list.

—*verb* **cataloged** or **catalogued, cataloging** or **cataloguing** To list in a catalog; make a catalog of.

cat·a·ract |kăt′ə răkt′| —*noun, plural* **cataracts** A very large waterfall.

ca·tas·tro·phe |kə tăs′trə fē| —*noun, plural* **catastrophes** A sudden disaster that causes much damage, such as a flood or earthquake.

catch |kăch| —*verb* **caught, catching 1.** To receive into the hands; grasp something that is moving. **2.** To capture or seize; trap. **3.** To come upon suddenly; take by surprise. **4.** To arrive in time for. **5.** To become stuck or lodged. **6.** To entangle or become entangled in. **7.** To become ill with. **8.** To attract. **9.** To take or get. **10.** To ignite; begin to burn. **11.** To hear. **12.** To see a play, movie, or similar entertainment.

Phrasal verbs **catch on 1.** To understand; grasp the meaning. **2.** To become popular. **catch up** To overtake; come up even with someone or something. **catch up on** To bring up to date; make up for a lack in.

—*noun, plural* **catches 1.** The act of grasping or getting hold of. **2.** A device for holding or securing; fas-

cast *verbo* **1.** Tirar, echar o lanzar. **2.** Hacer caer sobre algo; echar o proyectar sobre: *The moon cast shadows on the ground.* = *La luna proyectaba sombras en la tierra.* **3.** Hacer o formar algo echando un líquido o substancia blanda en un molde para que se endurezca; forjar; moldear; fundir. **4.** Depositar una boleta electoral; dar un voto. **5.** Escoger a alguien para un papel en una obra.

Verbos en locuciones **cast about for** Buscar con esmero. **cast aside** desechar; dejar de lado; descartar. —*sustantivo* **1.** Acción de tirar, echar o lanzar. **2.** Actores en una obra; reparto; elenco. **3.** Venda dura, generalmente hecha de gasa y cubierta de yeso; vendaje de yeso. **4.** Algo que se vierte en un molde. **5.** Mirada propia de una persona cuyos ojos no enfocan parejamente.

Modismos **cast down** Descontento o abatido. **cast one's lot with** Unirse a o estar del lado de; aliarse; echar o compartir la suerte: *He cast his lot with the losing party.* = *Echó su suerte con la del partido perdedor.*

castanets *sustantivo* Piezas pequeñas de madera en forma de concha que producen un sonido súbito y seco cuando se baten juntas; castañuelas.

cast iron Forma muy dura de hierro que se hace mezclando hierro fundido con otros elementos y vertiendo la mezcla en un molde; hierro forjado.

castle *sustantivo* **1.** Fortaleza grande o grupo de edificios fortificados de manera que puedan resistir ataque; castillo. **2.** Casa grande e impresionante; palacio; mansión. **3.** Pieza del juego de ajedrez; torre.

casual *adjetivo* **1.** Que no ha sido planeado; que ocurre por casualidad; accidental; casual. **2.** Informal; improvisado. **3.** Apropiado para vestir diaria o informalmente. **4.** Que no es íntimo ni allegado; conocido solamente.

casualty *sustantivo* **1.** Persona que se mata o se hiere en un accidente; víctima. **2.** Miembro de las fuerzas armadas que muere o que es herido, capturado, o se pierde en una acción militar; baja.

cat *sustantivo* **1.** Animal pequeño y peludo de garras afiladas y bigotes a ambos lados de la boca, que generalmente tiene una cola larga; gato. **2.** Animal más grande que el gato y emparentado con el mismo, tal como el león, el tigre, el leopardo o el gato montés; felino.

Modismo **let the cat out of the bag** Revelar un secreto.

catalog o **catalogue** *sustantivo* Catálogo: **1.** Lista, generalmente en orden alfabético, que ofrece una breve descripción de cada producto. **2.** Libro que contiene dicha lista.

—*verbo* Incluir en un catálogo; catalogar.

cataract *sustantivo* Caída o salto grande de agua; catarata.

catastrophe *sustantivo* Desastre repentino que causa mucho daño, como una inundación o terremoto; catástrofe.

catch *verbo* **1.** Recibir en las manos; agarrar algo que está en movimiento; coger al vuelo. **2.** Capturar o apresar; atrapar; agarrar. **3.** Sorprender; tomar por sorpresa; pillar. **4.** Llegar a tiempo para; alcanzar. **5.** Atascarse o trabarse; atorarse: *A bone caught in her throat.* = *Un hueso se le atoró en la garganta.* **6.** Enredar o enredarse en. **7.** Enfermarse con; agarrar, pillar o coger una enfermedad contagiosa. **8.** Atraer interés o atención. **9.** Tomar o recibir. **10.** Encender o encenderse; incendiarse: *to catch fire* = *coger o agarrar fuego.* **11.** Escuchar; comprender: *I didn't catch what you said.* = *No entendí lo que dijiste.* **12.** Alcanzar a ver una obra de teatro, película o espectáculo similar.

Verbos en locuciones **catch on 1.** Comprender;

---

tener. **3.** An amount of something caught. **4.** A drawback or disadvantage. **5.** A game of throwing a ball back and forth between two or more people.

Idiom **catch (one's) breath** To rest until one is able to go on.

catch·er |kăch′ər| —*noun, plural* **catchers 1.** Someone or something that catches. **2.** A baseball player who stands behind home plate to catch balls thrown by the pitcher.

catch·ing |kăch′ĭng| —*adjective* Easily spread by infection; contagious.

cat·e·go·ry |kăt′ə gôr′ē| or |kăt′ə gōr′ē| —*noun, plural* **categories** A division or group within a system; a class.

ca·ter |kā′tər| —*verb* **catered, catering 1.** To provide with food and services. **2.** To show preference; give whatever is needed or desired. **3.** To show prejudice; give special or unfair advantage.

cat·er·pil·lar |kăt′ər pĭl′ər| or |kăt′ə pĭl′ər| —*noun, plural* **caterpillars** The young of a butterfly or moth, after it has hatched from an egg.

ca·the·dral |kə thē′drəl| —*noun, plural* **cathedrals 1.** The principal church of the district under the authority of a bishop. **2.** Any large or important church.

Cath·o·lic |kăth′ə lĭk| or |kăth′lĭk| —*adjective* Of or belonging to the Roman Catholic Church or one of the Christian churches related to it.
—*noun, plural* **Catholics** A member of the Roman Catholic faith or one of the Christian faiths related to it.

cat·sup |kăt′səp| or |kăch′əp| or |kĕch′əp| —*noun, plural* **catsups** A form of the word **ketchup.**

cat·tle |kăt′l| —*plural noun* Animals that have horns and hoofs and are raised for meat and milk; cows, bulls, and oxen.

Cau·ca·soid |kô′kə soid′| —*adjective* Of a major division of the human species whose members have very light to brown skin color, light-blue to brown eyes, and straight or curly hair.

caught |kôt| The past tense and past participle of the verb **catch.**

cau·li·flow·er |kô′lĭ flou′ər| or |kŏl′ĭ flou′ər| —*noun* A vegetable with a rounded head of small, closely clustered whitish flowers.

cause |kôz| —*noun, plural* **causes 1.** Someone or something that makes something happen. **2.** The reason for a certain action or feeling. **3.** A goal or ideal that a person works toward.
—*verb* **caused, causing** To be the cause of; make happen; bring about.

cau·tion |kô′shən| —*noun, plural* **cautions 1.** The act or condition of being careful in order to avoid trouble or danger. **2.** A warning against trouble or danger.
—*verb* **cautioned, cautioning** To warn against possible trouble or danger.

cau·tious |kô′shəs| —*adjective* Showing or having caution; careful.

cav·al·ry |kăv′əl rē| —*noun, plural* **cavalries** Military troops that formerly were trained to fight on horseback. Now the cavalry fights in armored vehicles.

cave |kāv| —*noun, plural* **caves** A hollow area in the earth or in the side of a hill or mountain, with an opening to the outside.
—*verb* **caved, caving** —**cave in** To fall in or cause

alcanzar a entender el significado. **2.** Hacerse popular; "pegar". **catch up** Empatar con; alcanzar a alguien o algo. **catch up on** Poner o ponerse al día en algo.
—*sustantivo* **1.** Acción de agarrar o apoderarse de; captura. **2.** Artefacto para fijar o asegurar; cerrojo; cierre. **3.** Cantidad de algo que se agarra; presa; captura; pesca. **4.** Inconveniente o desventaja; trampa; truco. **5.** Juego en el que se tiran la pelota dos o más personas.
Modismo **catch (one's) breath** Descansar hasta que uno pueda continuar; recobrar el aliento.

catcher *sustantivo* **1.** Alguien o algo que recibe o agarra; captor; cogedor. **2.** Jugador de béisbol que se coloca detrás del bateador para recibir los lanzamientos que aquél deja pasar; receptor.

catching *adjetivo* Que se propaga fácilmente por infección; contagioso; infeccioso.

category *sustantivo* División o grupo dentro de un sistema; clase; categoría.

cater *verbo* **1.** Suministrar la comida y los servicios relacionados con una fiesta o banquete. **2.** Mostrar preferencia; dar lo que se necesita o desea; servir a una clase de clientela. **3.** Mostrar prejuicio; dar una ventaja especial o injusta; conferir privilegios injustos o inmerecidos.

caterpillar *sustantivo* Larva o gusanillo que nace de los huevos que ponen las mariposas y las polillas, y que, después de pasar por la fase de crisálida, se convertirá también en mariposa o polilla; oruga.

cathedral *sustantivo* Catedral: **1.** Iglesia principal de un distrito o diócesis que se halla bajo la autoridad de un obispo. **2.** Cualquier iglesia grande o importante.

Catholic *adjetivo* Relativo o perteneciente a la Iglesia Católica Romana o a alguna otra de las iglesias cristianas relacionadas con ella.
—*sustantivo* Miembro de cualquiera de las iglesias referidas.

catsup *sustantivo* Otra forma de la palabra **ketchup.**

cattle *sustantivo* Animales que tienen cuernos y pesuñas, que se crían por su carne y su leche; ganado, especialmente ganado vacuno.

Caucasoid *adjetivo* Relativo o perteneciente a una de las principales divisiones de la especie humana cuyos miembros tienen piel de color de muy claro a marrón, ojos de color azul a pardo, y cabellos lacios o algo rizados; caucásico; caucasiano.

caught *Pretérito* y participio pasado del verbo **catch.**

cauliflower *sustantivo* Vegetal de pella redondeada con pequeñas flores blanquecinas estrechamente arracimadas; coliflor.

cause *sustantivo* Causa: **1.** Lo que hace que algo suceda; causante. **2.** Lo que motiva cierta acción o sentimiento. **3.** Meta o ideal por el que una persona lucha o trabaja.
—*verbo* Ser la causa de; hacer que algo suceda; ocasionar; producir; provocar; causar.

caution *sustantivo* **1.** Acción o condición de tener cuidado para evitar problemas o peligros; cautela; precaución; prudencia. **2.** Advertencia de una aflicción o peligro; aviso.
—*verbo* Advertir contra una posible aflicción o peligro; prevenir; precaver; avisar.

cautious *adjetivo* Que muestra o actúa con cautela; cuidadoso; cauteloso; cauto.

cavalry *sustantivo* Fuerza militar que antiguamente se entrenaba para luchar a caballo; caballería. Actualmente, la caballería usa carros blindados.

cave *sustantivo* Cavidad en la tierra en la ladera de una colina o montaña que tiene una abertura hacia afuera.
—*verbo* **cave in** Ceder algo o hacer que ceda; derrumbarse: *The tunnel caved in during the earthquake.* =

ă pat ā pay â care ä father ĕ pet ē be ĭ pit ī pie î fierce ŏ pot ō go ô paw, for oi oil ōō book ōō boot

to fall in; collapse.

cav·ern |kăv′ərn| —*noun, plural* **caverns** A large cave.

cav·i·ty |kăv′ĭ tē| —*noun, plural* **cavities** 1. A hollow or hole. 2. A hollow place in a tooth, usually caused by decay.

cease |sēs| —*verb* **ceased, ceasing** To bring or come to an end; stop.

ce·dar |sē′dər| —*noun, plural* **cedars** An evergreen tree with reddish wood that has a pleasant smell. Cedars are related to pines and firs.

ceil·ing |sē′lĭng| —*noun, plural* **ceilings** 1. The inside upper surface in a room. 2. The highest altitude at which an aircraft can fly. 3. The greatest or upper limit.

cel·e·brate |sĕl′ə brāt′| —*verb* **celebrated, celebrating** 1. To have a party or other festivity in honor of a special occasion. 2. To perform a religious ceremony. 3. To praise or honor.

cel·e·bra·tion |sĕl′ə brā′shən| —*noun, plural* **celebrations** The act of celebrating.

ce·leb·ri·ty |sə lĕb′rĭ tē| —*noun, plural* **celebrities** A famous or well-known person.

cel·er·y |sĕl′ər ē| —*noun* A plant with crisp, juicy, whitish or green stems. The stems are eaten raw or cooked.

cell |sĕl| —*noun, plural* **cells** 1. A small room in which a person is confined. 2. The smallest part of any living plant or animal. A cell has a thin membrane that encloses a substance called protoplasm and a small central mass called a nucleus. Most living plants and animals consist of great numbers of related and connected cells. 3. A small part of an object or substance. 4. A container holding chemicals that produce electricity.

cel·lar |sĕl′ər| —*noun, plural* **cellars** A room under a building where things are stored.

cel·lo |chĕl′ō| —*noun, plural* **cellos** A musical instrument of the violin family. A cello is much larger than a violin and held between the knees when played. It has a deep, mellow tone.

cel·lo·phane |sĕl′ə fān′| —*noun* A thin, clear material like flexible paper.

cel·lu·lose |sĕl′yə lōs′| —*noun* A substance that forms the cell walls of plants and trees. Cellulose is used to make paper, cloth, plastics, and explosives.

Celsius scale A temperature scale on which the freezing point of water is 0°C and the boiling point is 100°C. It is the official name for the centigrade scale.

ce·ment |sĭ mĕnt′| —*noun, plural* **cements** 1. A mixture of powders made from clay and limestone, to which water is added to form a paste. Cement becomes hard like stone. It is used as a building material, to make sidewalks and streets, and to hold bricks and stones together. 2. Any material, such as glue, that hardens to hold things together.
—*verb* **cemented, cementing** 1. To join or cover with cement. 2. To bind or strengthen.

cem·e·ter·y |sĕm′ĭ tĕr′ē| —*noun, plural* **cemeteries** A place where dead people are buried; graveyard.

cen·sus |sĕn′səs| —*noun, plural* **censuses** An official count, usually by a government, of the people living in a given area. A census may also include the age, sex, job, and other information about the people being counted.

cent |sĕnt| —*noun, plural* **cents** A coin of the United States, Canada, and other countries, equal to ¹/₁₀₀ of the country's basic unit of money. In the United States and Canada, 100 cents equal one dollar.

cen·ten·ni·al |sĕn tĕn′ē əl| —*noun, plural* **centennials** A 100th anniversary or a celebration of it.
—*adjective* 1. Of a period of 100 years. 2. Happening

El túnel se derrumbó durante el terremoto.
cavern *sustantivo* Cueva grande; caverna.

cavity *sustantivo* 1. Vacío o hueco; cavidad. 2. Cavidad que se produce en un diente generalmente por efecto del deterioro; picadura; carie.

cease *verbo* Poner fin; llegar a su fin; detener o detenerse; parar o pararse; cesar o hacer cesar.

cedar *sustantivo* Árbol siempre verde de madera rojiza y aromática; cedro. Los cedros están emparentados con los pinos y los abetos.

ceiling *sustantivo* 1. Superficie interior más elevada de un cuarto; cielo raso; techo interior. 2. Altura más elevada a la cual puede volar un avión. 3. Límite superior o más alto.

celebrate *verbo* 1. Hacer una fiesta u otra festividad en honor de una ocasión especial; celebrar; festejar. 2. Efectuar una ceremonia religiosa; celebrar. 3. Alabar u honrar.

celebration *sustantivo* Acción de celebrar; celebración; festividad; festejo.

celebrity *sustantivo* Persona famosa o conocida; celebridad.

celery *sustantivo* Planta de tallos crespos y jugosos, blanquecinos o verdes; apio. Los tallos se comen crudos o cocidos.

cell *sustantivo* 1. Cuarto pequeño en que se encierra a una persona; celda; calabozo 2. Parte más pequeña de cualquier planta o animal viviente, que tiene una membrana delgada que encierra una sustancia llamada protoplasma y una pequeña masa central llamada núcleo; célula. La mayoría de las plantas y animales vivientes consisten de grandes números de células relacionadas y conectadas. 3. Pequeña parte de un objeto o sustancia; celdilla. 4. Envase que contiene productos químicos que producen electricidad; elemento de pila.

cellar *sustantivo* Cuarto debajo de un edificio donde se guardan cosas; sótano; bodega.

cello *sustantivo* Instrumento musical de la familia del violín, pero más grande que un violín y que se sostiene entre las rodillas cuando se toca; violonchelo; violoncelo. Tiene un tono profundo y melodioso.

cellophane *sustantivo* Material delgado y claro, como papel transparente; celofán.

cellulose *sustantivo* Substancia que forma las paredes celulares de plantas y árboles; celulosa. La celulosa se usa para fabricar papel, tejidos, plásticos y explosivos.

Celsius scale Una escala de temperatura en la cual el punto de congelación del agua es 0° C y el punto de ebullición es 100°C. Es el nombre oficial de la escala centígrado.

cement *sustantivo* 1. Mezcla de polvos hechos de arcilla y piedra caliza, a la cual se agrega agua para formar una pasta y que se endurece como piedra al secarse; cemento; argamasa. Se usa como material de construcción para hacer aceras y calles y para unir ladrillos y piedras. 2. Cualquier material, como la cola, que se endurece para unir cosas.
—*verbo* 1. Unir o cubrir con cemento; cementar; pegar; asegurar. 2. Atar o reforzar; cementar; unir; estrechar.

cemetery *sustantivo* Lugar donde se entierra a la gente muerta; cementerio; camposanto.

census *sustantivo* Cuenta oficial, generalmente hecha por un gobierno, de los habitantes que viven en un área determinada; censo. Un censo puede incluir también la edad, el sexo, el empleo y otra información sobre la gente que se cuenta.

cent *sustantivo* Moneda de los Estados Unidos, Canadá, y otros países, igual al ¹/₁₀₀ de la unidad monetaria básica del país; céntimo; centavo. En los Estados Unidos y Canadá, 100 centavos equivalen a un dólar.

centennial *sustantivo* Aniversario de 100 años o una celebración de él; centenario.
—*adjetivo* 1. De un período de 100 años; centenario.

once every 100 years.

cen·ter |sĕn'tər| —*noun, plural* **centers 1.** A point that is the same distance from every point of a circle or sphere; the exact middle. **2.** The middle point, place, or part of something. **3.** A place where many things or activities are gathered together. **4.** A main or principal person, place, or thing. **5.** A player on a team who has the middle position.
—*verb* **centered, centering** To place in or at the center.

cen·ti·grade |sĕn'tĭ grād'| —*adjective* Of a temperature scale divided into 100 degrees between the freezing and boiling points of water; Celsius.

cen·ti·gram |sĕn'tĭ grăm'| —*noun, plural* **centigrams** A unit of weight in the metric system equal to 1/100 gram.

cen·ti·me·ter |sĕn'tĭ mē'tər| —*noun, plural* **centimeters** A unit of length in the metric system equal to 1/100 meter.

cen·tral |sĕn'trəl| —*adjective* **1.** At or near the center. **2.** Most important; main; chief.

cen·tu·ry |sĕn'chər ē| —*noun, plural* **centuries** A period of 100 years.

ce·ram·ic |sə răm'ĭk| —*noun, plural* **ceramics 1.** A hard, brittle material made by treating clay or other substance to extremely high heat. Ceramic is used in making pottery and many other things. **2.** Often **ceramics** Objects made of this ceramic. **3. ceramics** (In this sense used with a singular verb.) The art or technique of making things from ceramic.

ce·re·al |sîr'ē əl| —*noun, plural* **cereals 1.** The seeds of certain grasses, such as wheat, oats, corn, or rice, used as food. **2.** A food made from the seeds of such plants.

cer·e·mo·ni·al |sĕr'ə mō'nē əl| —*adjective* Of a ceremony.
—*noun, plural* **ceremonials** A ceremony.

cer·e·mo·ny |sĕr'ə mō'nē| —*noun, plural* **ceremonies 1.** A formal act or series of acts in honor of an event or special occasion. **2.** Very polite or formal behavior.

cer·tain |sûr'tn| —*adjective* **1.** Having no doubt; positive; sure. **2.** Beyond doubt; proven; definite. **3.** Sure to come or happen. **4.** Not named but assumed to be known. **5.** Some.
Idiom **for certain** Surely; without doubt.

cer·tain·ly |sûr'tn lē| —*adverb* Surely or definitely.

cer·tain·ty |sûr'tn tē| —*noun, plural* **certainties 1.** The condition of being certain or sure. **2.** A sure or established fact.

cer·tif·i·cate |sər tĭf'ĭ kĭt| —*noun, plural* **certificates 1.** An official statement or document that gives information. A birth certificate states the date and place of birth of a person. **2.** A document that someone may do special jobs.

chain |chān| —*noun, plural* **chains 1.** A row of connected rings or loops, usually made of metal. One kind of chain is used to hold or fasten things. Another kind of chain is used for ornaments. **2.** A series of connected or related things.
—*verb* **chained, chaining** To hold or fasten with a chain.

chair |châr| —*noun, plural* **chairs 1.** A piece of furniture on which a person sits. A chair usually has a back, seat, four legs, and some have arms. **2.** A position of authority.

chair·man |châr'mən| —*noun, plural* **chairmen** A man in charge of a meeting or who directs the work of a committee or other group.

chalk |chôk| —*noun, plural* **chalks 1.** A soft mineral

---

2. Que sucede una vez cada 100 años.

center *sustantivo* Centro: **1.** Punto equidistante de todos los puntos de una circunferencia o de la superficie de una esfera; el medio exacto. **2.** Punto, lugar o parte media de algo. **3.** Lugar donde se reunen muchas cosas o actividades. **4.** Persona, lugar o cosa más importante o principal. **5.** Jugador en un equipo que tiene la posición central.
—*verbo* Colocar en el centro; centrar.

centigrade *adjetivo* De una escala de temperatura dividida en 100 grados entre los puntos de congelación y ebullición del agua; centígrado; Celsius.

centigram *sustantivo* Unidad de peso en el sistema métrico igual a 1/100 gramos; centígramo.

centimeter *sustantivo* Unidad de longitud en el sistema métrico igual a 1/100 metros; centímetro.

central *adjetivo* **1.** En o cerca del centro; central; céntrico. **2.** Más importante; principal; mayor; grande; capital; central; céntrico.

century *sustantivo* Período de cien años; siglo; centuria.

ceramic *sustantivo* **1.** Material duro y quebradizo que se hace tratando arcilla u otra substancia a una temperatura extremadamente alta, que se usa para hacer vajilla y muchas otras cosas. **2.** A veces **ceramics** Objetos hechos de este material; cerámica. **3. ceramics** Arte o técnica de hacer cosas de este material; cerámica.

cereal *sustantivo* Cereal: **1.** Semillas de ciertos pastos, como el trigo, la avena, el maíz o el arroz, usados como alimento; grano. **2.** Alimento que se hace de las semillas de tales plantas.

ceremonial *adjetivo* De una ceremonia; ceremonial.
—*sustantivo* Ceremonia; ceremonial; rito externo.

ceremony *sustantivo* **1.** Acto formal o una serie de actos en honor de un acontecimiento u ocasión especial; ceremonia. **2.** Comportamiento muy fino o formal.

certain *adjetivo* **1.** Que no tiene duda; positivo; seguro; determinado. **2.** Más allá de toda duda; probado; seguro; fijo; cierto. **3.** Seguro que ocurrirá o sucederá; seguro; fijo; inevitable. **4.** No nombrado pero que se asume que es conocido; cierto; determinado. **5.** Algún; cierto; determinado.
Modismo **for certain** Seguramente; sin duda.

certainly *adverbio* Seguramente o definitivamente; ciertamente; sin duda.

certainty *sustantivo* **1.** Condición de estar certero o seguro; certidumbre; certeza. **2.** Hecho seguro o establecido; certidumbre; certeza; cosa hecha.

certificate *sustantivo* **1.** Declaración oficial o documento que da información; certificado; certificación; testimonio. Un certificado de nacimiento declara la fecha y el lugar de nacimiento de una persona. **2.** Documento que certifica que alguien puede hacer trabajos especiales.

chain *sustantivo* **1.** Hilera de anillos o lazos conectados, generalmente hechos de metal, un tipo del cual se usa para asegurar cosas, y otro para ornamentar; cadena; cadenilla. **2.** Serie de cosas conectadas o relacionadas; sucesión; cadena.
—*verbo* Unir, asegurar, amarrar o atar con una cadena; encadenar; enlazar.

chair *sustantivo* **1.** Pieza de moblaje en la cual se sienta una persona, que generalmente tiene un respaldo, un asiento, cuatro patas, y, a veces, brazos; silla; sillón. **2.** Posición de autoridad.

chairman *sustantivo* Hombre a cargo de una reunión o que dirige el trabajo de un comité u otro grupo; presidente.

chalk *sustantivo* **1.** Mineral blando compuesto en su

ă pat ā pay â care ä father ĕ pet ē be ĭ pit ī pie î fierce ŏ pot ō go ô paw, for oi oil ōo book ōō boot

made up mostly of tiny fossil seashells. **2.** A piece of this substance used especially for making marks on a blackboard.
Phrasal verb **chalk up** To earn or score.

chal·lenge |chăl′ənj| —*noun, plural* **challenges**
1. A call or invitation to take part in a contest or fight to see who is the better, stronger, or faster. **2.** A call to find out who someone is. **3.** Something that needs all of a person's efforts and skills.
—*verb* **challenged, challenging 1.** To call to take part in a contest or fight. **2.** To order to stop and say who you are. **3.** To call for all a person's efforts and skills. **4.** To question the truth or right of.

cham·ber |chām′bər| —*noun, plural* **chambers**
1. A private room in a house, especially a bedroom. **2. chambers** A judge's office in a courthouse. **3.** The room or hall where lawmakers meet. **4.** The lawmaking group itself. **5.** An enclosed space in a plant or animal body. **6.** The place in a gun where a bullet is put, ready for firing.

cha·me·leon |kə mēl′yən| or |kə mē′lē ən| —*noun, plural* **chameleons** A small lizard that can change its color quickly.

cham·pi·on |chăm′pē ən| —*noun, plural* **champions** **1.** Someone or something who has won a game or contest against all others. **2.** Someone who fights for or defends something he or she believes in.
—*verb* **championed, championing** To fight for or defend something one believes in.

cham·pi·on·ship |chăm′pē ən shĭp′| —*noun, plural* **championships 1.** The title or position of champion. **2.** Defense or support.

chance |chăns| or |chäns| —*noun, plural* **chances**
1. The happening of things without any cause that can be seen or understood; fate; luck; accident. **2.** The possibility or probability that something will happen. **3.** An opportunity. **4.** A risk or gamble.
—*verb* **chanced, chancing 1.** To happen by accident. **2.** To take a chance with; risk.
Phrasal verb **chance on** or **upon** To come upon or meet accidentally.

chan·de·lier |shăn′də lîr′| —*noun, plural* **chandeliers** A light fixture with several arms or branches that hold light bulbs or candles. A chandelier hangs from the ceiling.

change |chānj| —*verb* **changed, changing 1.** To make or become different. **2.** To take, put, or use something in place of another; replace; exchange. **3.** To put fresh clothing or coverings on.
—*noun, plural* **changes 1.** The act or result of changing. **2.** Something that is put in place of something else. **3. a.** The money returned when the amount given in payment is more than the amount owed. **b.** Coins. **4.** A fresh set of clothing.

chan·nel |chăn′əl| —*noun, plural* **channels 1.** The deepest part of a river or harbor through which ships can pass. **2.** A body of water that connects two larger bodies. **3.** A band of radio waves used for broadcasting or communicating.
—*verb* **channeled, channeling** To form a channel in or through something.

chant |chănt| or |chänt| —*noun, plural* **chants 1.** A song or melody with many words sung on the same note. **2.** A shouting or calling of words over and over.
—*verb* **chanted, chanting 1.** To sing the words to a chant. **2.** To call out in a chant.

mayor parte de pequeños fósiles de conchas marinas; tiza; gis; yeso; greda. **2.** Porción de este material que se usa especialmente para hacer indicaciones en una pizarra; tiza; gis.
Verbo en locución **chalk up** Merecer, ganar o marcar un tanto.

challenge *sustantivo* **1.** Llamada o invitación para participar en un concurso o pelea para ver quién es el mejor, el más fuerte o el más rápido; reto; desafío; demanda. **2.** Llamamiento para averiguar quién es alguien; el quien vive; demanda. **3.** Algo que necesita todos los esfuerzos y habilidades de una persona; reto; desafío.
—*verbo* **1.** Llamar para participar en un concurso o pelea; desafiar; retar; provocar. **2.** Ordenar parar y decir quién uno es; dar el quién vive; exigir identificación; demandar. **3.** Exigir todos los esfuerzos y habilidades de una persona; entablar demanda; retar. **4.** Cuestionar la verdad o derecho de; disputar; oponer.

chamber *sustantivo* **1.** Cuarto privado en una casa, especialmente un dormitorio; habitación; recámara. **2. chambers** Oficina de un juez en un palacio de justicia; gabinete; sala. **3.** Cuarto o sala de sesiones donde se reúnen los legisladores; sala. **4.** Grupo de legisladores; cámara. **5.** Espacio encerrado dentro del cuerpo de una planta o animal; cámara. **6.** Lugar en un fusil donde se pone una bala, lista para disparar; cámara.

chameleon *sustantivo* Lagarto pequeño que puede cambiar su color rápidamente; camaleón.

champion *sustantivo* **1.** Alguien o algo que ha ganado un juego o concurso contra todos los otros; campeón. **2.** Alguien que lucha por o defiende algo en que él o ella cree; campeón; paladín.
—*verbo* Luchar por o defender algo en que uno cree; sostener; defender; proteger.

championship *sustantivo* **1.** Título o posición de campeón; campeonato. **2.** Defensa o apoyo.

chance *sustantivo* **1.** Acontecimiento de cosas sin ninguna causa que se pueda ver o comprender; azar; ventura; suerte; destino; accidente; fortuna. **2.** Posibilidad o probabilidad de que algo suceda; ocasión; oportunidad. **3.** Oportunidad; ocasión. **4.** Riesgo o jugada.
—*verbo* **1.** Suceder por accidente. **2.** Correr el riesgo con; arriesgar; aventurar.
Verbo en locución **chance on** or **upon** Dar con algo o alguien o encontrarse accidentalmente.

chandelier *sustantivo* Instalación de luz con varios brazos o ramas que sostienen bombillas de luz o velas; candelabro; araña de luces; candelero.

change *verbo* **1.** Hacer o llegar a ser diferente; cambiar; alterar; transformar. **2.** Tomar, poner o usar algo en lugar de otra cosa; reemplazar; cambiar. **3.** Ponerse ropa o vestidos limpios.
—*sustantivo* **1.** Acción o resultado de cambiar; cambio; alteración; variación. **2.** Algo que se pone en lugar de otra cosa; cambio; sustitución; cambiamiento; trueque. **3. a.** Dinero que se devuelve cuando la cantidad dada en pago es mayor que la cantidad que se debía; cambio. **b.** Monedas; cambio; sencillo. **4.** Juego de ropa limpia; muda de ropa.

channel *sustantivo* **1.** La parte más honda de un río o puerto a través de la cual pueden pasar barcos; canal. **2.** Extensión de agua que conecta dos extensiones más grandes; canal. **3.** Banda de ondas de radio que se usa para transmitir o comunicar; canal; vía.
—*verbo* Formar un canal en o a través de algo; canalizar.

chant *sustantivo* **1.** Canción o melodía con muchas palabras que se cantan en el mismo tono; canto; salmo; cántico. **2.** Vocerío o expresión de palabras repetidas.
—*verbo* **1.** Cantar las palabras de un canto; salmodiar. **2.** Gritar a coro; vocear.

---

cha·os |kā′ŏs| —*noun* Great confusion; disorder.

chap¹ |chăp| —*verb* **chapped, chapping** To make or become rough, dry, and cracked.

chap² |chăp| —*noun, plural* **chaps** A man or boy; fellow.

chap·el |chăp′əl| —*noun, plural* **chapels 1.** A small church. **2.** A room or other place in a building for worship.

chap·lain |chăp′lən| —*noun, plural* **chaplains** A clergyman who holds religious services for a school, prison, military unit, or other group.

chaps |chăps| —*plural noun* Heavy leather pants without a seat, worn over regular pants by cowboys to protect their legs.

chap·ter |chăp′tər| —*noun, plural* **chapters 1.** A main division of a book. A chapter may have a title, a number, or both. **2.** A local branch of a club or other group.

char·ac·ter |kăr′ĭk tər| —*noun, plural* **characters 1.** The combination of qualities that makes one person or thing different from another. **2.** A person's moral nature. **3.** Moral strength; honesty. **4.** A person in a book, story, play, or movie. **5.** Someone who is different, odd, and often funny.

char·ac·ter·is·tic |kăr′ĭk tər ĭs′tĭk| —*adjective* Showing a special feature of a person or thing.
—*noun, plural* **characteristics** A special feature or quality.

char·ac·ter·ize |kăr′ĭk tə rīz′| —*verb* **characterized, characterizing 1.** To describe the character or qualities of; portray. **2.** To be a characteristic or quality of.

char·coal |chär′kōl| —*noun* A black material made mostly of carbon. Charcoal is produced by heating wood or other plant or animal matter.

charge |chärj| —*verb* **charged, charging 1.** To ask as payment. **2.** To put off paying for something, with an arrangement to pay later. **3.** To rush at or into with force, as if attacking. **4.** To accuse; blame. **5.** To trust with a duty. **6.** To put or take electrical energy into a battery.
—*noun, plural* **charges 1.** The amount asked or made as payment. **2.** Care; supervision; control. **3.** An accusation, especially one made formally. **4.** An attack. **5.** Electrical energy that is or can be stored in a battery.

charge account An arrangement with a store or other business in which a customer receives goods or services and pays for them at a later time.

char·i·ta·ble |chär′ĭ tə bəl| —*adjective* **1.** Showing love or kindness. **2.** Generous in giving help to needy people. **3.** Tolerant and understanding. **4.** Of charity; for charity.

char·i·ty |chär′ĭ tē| —*noun, plural* **charities 1.** Good will or love toward others. **2.** The condition or quality of being understanding in judging others. **3.** Money or other help given to the needy. **4.** A group that is organized to help the poor or needy.

charm |chärm| —*noun, plural* **charms 1.** The power to please or delight; great appeal. **2.** A magic spell, act, or saying. **3.** An object kept or worn for its magic power. **4.** A small ornament worn on a necklace or bracelet.
—*verb* **charmed, charming 1.** To please or delight. **2.** To win over; bewitch.

charm·ing |chär′mĭng| —*adjective* Delightful; attractive; very pleasing.

chaos *sustantivo* Gran confusión; caos; desorden.

chap¹ *verbo* Hacer o ponerse áspero, seco y rajado; resquebrajar; rajar; agrietar.

chap² *sustantivo* Hombre o muchacho; tipo; sujeto; persona; individuo.

chapel *sustantivo* Capilla: **1.** Pequeña iglesia; templo. **2.** Cuarto u otro lugar en una casa de culto.

chaplain *sustantivo* Clérigo que celebra servicios religiosos en una escuela, prisión, unidad militar u otro grupo; capellán.

chaps *sustantivo* Pantalones pesados de cuero sin trasero que usan los vaqueros para proteger sus piernas; chaparreras; chaparejos.

chapter *sustantivo* **1.** División principal de un libro, que puede tener un título, un número o ambos; capítulo. **2.** Sucursal local de un club u otro grupo.

character *sustantivo* **1.** Combinación de cualidades que hace a una persona o cosa diferente de otra; carácter; índole; calidad. **2.** Naturaleza moral de una persona; carácter ético. **3.** Fuerza moral; honestidad; rectitud; virtud. **4.** Persona en un libro, cuento, drama o película; personaje. **5.** Alguien que es diferente, singular y a menudo gracioso.

characteristic *adjetivo* Que muestra un rasgo especial de una persona o cosa; característico; típico; propio. —*sustantivo* Rasgo o cualidad especial; característica.

characterize *verbo* **1.** Describir el carácter o cualidades de; caracterizar; señalar. **2.** Ser característico o de la cualidad de.

charcoal *sustantivo* Material negro que se hace principalmente de carbón, que se produce calentando madera u otro material de planta o animal; carbón de leña; carbón.

charge *verbo* **1.** Pedir como pago; cobrar; pedir como precio; cargar. **2.** Postergar pagar por algo, con arreglo de pagar más tarde; cargar; poner en cuenta. **3.** Precipitarse hacia con fuerza, como si atacando; cargar; acometer; arrojarse; abalanzarse; embestir. **4.** Acusar; culpar; denunciar; imputar. **5.** Confiar con un deber; encargar; encomendar. **6.** Poner o acumular energía eléctrica en una batería; cargar.
—*sustantivo* **1.** Cantidad que se pide o que se hace como pago; precio. **2.** Cuidado; supervisión; control; cargo. **3.** Acusación, en especial la hecha formalmente; imputación. **4.** Ataque; embestida. **5.** Energía eléctrica que es o puede ser almacenada en una batería; carga.

charge account Arreglo con una tienda u otro negocio en el cual un cliente recibe mercancías o servicios y paga por ellos más tarde; cuenta.

charitable *adjetivo* **1.** Mostrando amor o amabilidad; caritativo; benigno. **2.** Generoso al dar ayuda a gente necesitada; caritativo. **3.** Tolerante y comprensivo; caritativo; benigno. **4.** De caridad; por caridad; caritativo; benéfico.

charity *sustantivo* **1.** Buena voluntad o amor hacia otros; caridad; benevolencia; ternura. **2.** Condición o cualidad de ser comprensivo al juzgar a otros; tolerancia; amor; ternura. **3.** Dinero u otra ayuda que se da a los necesitados; caridad; beneficencia; socorro. **4.** Grupo organizado para ayudar a los pobres o necesitados; caridad; beneficencia.

charm *sustantivo* **1.** El don de complacer o deleitar; encanto; gran atracción; gracia. **2.** Hechizo, acto o dicho mágico; hechizo; encanto. **3.** Objeto que se tiene o usa por su poder mágico; amuleto; talismán. **4.** Ornamento pequeño que se usa en un collar o brazalete; talismán.
—*verbo* **1.** Complacer o deleitar. **2.** Conquistar; hechizar; embelesar.

charming *adjetivo* Deleitable; encantador; atractivo; muy agradable.

---

chart |chärt|—*noun, plural* **charts 1.** A paper giving information in the form of graphs and tables. **2.** A map for sailors showing the coast, water depth, and other information.
—*verb* **charted, charting** To show or plot on a chart; make a chart of.

chase |chās| —*verb* **chased, chasing 1.** To go quickly after and try to catch or catch up with; pursue. **2.** To drive away.
—*noun, plural* **chases** The act of chasing.

chasm |kăz′əm|—*noun, plural* **chasms 1.** A deep crack in the earth's surface. **2.** A wide difference of views.

chat |chăt| —*verb* **chatted, chatting** To talk in a friendly way.
—*noun, plural* **chats** A friendly talk.

chat·ter |chăt′ər| —*verb* **chattered, chattering 1.** To make rapid noises that sound like speech. **2.** To talk fast about unimportant things. **3.** To make quick, rattling noises.
—*noun, plural* **chatters 1.** The sharp, quick sounds made by some animals. **2.** Unimportant talk. **3.** Any series of quick, rattling sounds.

chauf·feur |shō′fər| or |shō fûr′| —*noun, plural* **chauffeurs** Someone who drives a car for pay.

cheap |chēp|—*adjective* **cheaper, cheapest 1.** Low in price; inexpensive. **2.** Charging low prices. **3.** Of low or poor quality. **4.** Not willing to spend or give money; stingy.

cheat |chēt|—*verb* **cheated, cheating 1.** To take something away from someone dishonestly; to swindle. **2.** To act in a dishonest way; to fool or mislead.
—*noun, plural* **cheats** A person who cheats.

check |chĕk|—*verb* **checked, checking 1.** To stop; hold back. **2.** To test, examine, or compare to make sure something is right or in good condition. **3.** To note or consult for information or permission. **4.** To mark with a sign to show that something has been chosen, noted, or is correct. **5.** To leave something to be kept.
Phrasal verbs **check in** To sign in at a hotel, hospital, or other place that keeps a record of people who stay there. **check out** To leave after paying.
—*noun, plural* **checks 1.** A stop; halt. **2.** A careful examination or test to make sure something is right. **3.** A mark made to show something has been chosen, noted, or is correct. **4.** A written order to a bank to pay money from an account. **5.** A ticket, slip, or tag given in return for something that has been left to be kept or for repairs. **6.** A bill at a restaurant. **7.a.** A pattern made of squares. **b.** A single square in such a pattern.

check·er |chĕk′ər| —*noun, plural* **checkers 1.** Someone or something that checks for accuracy. **2.a. checkers** (In this sense used with a singular verb.) A game played on a checkerboard by two players. Each player has twelve round, flat disks. Players take turns moving their disks on the board. They try to capture or block each other's disks. **b.** One of the disks used in the game of checkers.

check·er·board |chĕk′ər bôrd′| or |chĕk′ər bôrd′| —*noun, plural* **checkerboards** A board divided into 64 squares of alternating colors. Checkers and chess are played on a checkerboard.

check·up |chĕk′ŭp′| —*noun, plural* **checkups** A careful examination to find out what condition a person or thing is in.

cheek |chēk|—*noun, plural* **cheeks 1.** The part of the face on either side below the eye and between the nose and ear. **2.** A rude or fresh way of acting.

chart *sustantivo* **1.** Papel que da información en forma de gráficos y tablas; plano gráfico. **2.** Mapa para marineros que muestra la costa, la profundidad del agua y otras cosas; carta de navegación.
—*verbo* Mostrar o trazar en un mapa; preparar una carta.

chase *verbo* **1.** Andar rápidamente detrás de y tratar de coger o alcanzar; perseguir; cazar; dar caza. **2.** Echar fuera; ahuyentar.
—*sustantivo* Acto de perseguir; caza; persecución.

chasm *sustantivo* **1.** Rajadura profunda en la superficie de la tierra; hendidura; grieta. **2.** Vasta diferencia de puntos de vista; ruptura.

chat *verbo* Hablar de modo amistoso; charlar; platicar.
—*sustantivo* Conversación amistosa; charla; plática.

chatter *verbo* **1.** Hacer sonidos rápidos que suenan como conversación; charlar; parlotear; cotorrear. **2.** Hablar rápidamente de cosas sin importancia; charlar; parlotear. **3.** Hacer sonidos rápidos y ruidosos; rechinar los dientes; dar diente con diente; castañetear.
—*sustantivo* **1.** Sonidos agudos y rápidos hechos por algunos animales. **2.** Conversación sin importancia. **3.** Cualquier serie de sonidos rápidos y ruidosos; chirrido.

chauffeur *sustantivo* Alguien que conduce un coche por paga; chofer.

cheap *adjetivo* **1.** Precio bajo, barato. **2.** Que cobra precios bajos; barato. **3.** De calidad baja o pobre; barato; ordinario. **4.** No dispuesto a gastar o dar dinero; avaro; tacaño; codicioso.

cheat *verbo* **1.** Quitarle algo a alguien deshonestamente; estafar; engañar; trampear. **2.** Actuar de manera deshonesta; embaucar; despistar.
—*sustantivo* Persona que engaña; tramposo; fraude.

check *verbo* **1.** Detener; retener; refrenar; contener; reprimir. **2.** Poner a prueba, examinar o comparar para asegurarse de que algo está correcto o en buena condición; verificar. **3.** Notar o consultar para información o permiso. **4.** Marcar con una señal para indicar que algo ha sido escogido, notado o que está correcto; verificar. **5.** Dejar algo para que se guarde.
Verbos en locuciones **check in** Firmar en un hotel, hospital u otro lugar que guarda un registro de la gente que se queda allí; registrarse. **check out** Salir después de pagar.
—*sustantivo* **1.** Alto; parada. **2.** Examen o prueba cuidadosa para asegurarse de que algo está correcto. **3.** Señal hecha para indicar que algo ha sido escogido, notado o que es correcto; visto bueno; marca. **4.** Orden escrita a un banco para que pague dinero de una cuenta; cheque. **5.** Boleto o etiqueta que se da por algo que ha sido dejado para guardarse o para repararse; comprobante; billete de equipaje. **6.** Cuenta en un restaurante. **7.a.** Diseño hecho a cuadros; cuadriculado. **b.** Un solo cuadrado en tal diseño; cuadrado; cuadro.

checker *sustantivo* **1.** Alguien o algo que verifica la precisión de algo; inspector. **2.a. checkers** Juego que se juega en un tablero de damas con dos jugadores. Cada jugador tiene doce fichas redondas y planas. Los jugadores se turnan moviendo sus fichas en el tablero, tratando de capturar o bloquear las fichas el uno del otro. **b.** Una de las fichas que se usa en el juego de damas.

checkerboard *sustantivo* Tablero dividido en 64 cuadrados de colores alternantes, en el cual se juegan damas y ajedrez; tablero de damas; tablero de ajedrez.

checkup *sustantivo* Examen cuidadoso para averiguar en qué condición está una persona o cosa; examinación; comprobación.

cheek *sustantivo* **1.** Parte de la cara a ambos lados debajo de los ojos y entre la nariz y las orejas; mejilla. **2.** Modo tosco o fresco de actuar; descaro; desfachatez; desvergüenza.

ər butter   yōō abuse   ou **out**   ŭ **cut**   û **fur**   *th* **the**   th **thin**   hw **which**   zh **vision**   ə **ago, item, pencil, atom, circus**

cheer |chĭr| —*verb* **cheered, cheering 1.** To shout in happiness, praise, approval, or encouragement. **2.** To praise, encourage, or urge by shouting. **3.** To make happier.
—*noun, plural* **cheers 1.** A shout or chant of happiness, praise, approval, or encouragement. **2.** Happiness; gaiety; good spirits.

cheer·ful |chĭr′fəl| —*adjective* **1.** In good spirits; happy. **2.** Causing a feeling of cheer; pleasant and bright.

cheer·lead·er |chĭr′lē′dər| —*noun, plural* **cheerleaders** A person who leads cheers at sports events.

cheese |chēz| —*noun, plural* **cheeses** A food made from milk. A solid material, called curds, is separated from the milk and then pressed together to make cheese.

cheese·burg·er |chēz′bûr′gər| —*noun, plural* **cheeseburgers** A hamburger cooked with melted cheese on top.

chee·tah |chē′tə| —*noun, plural* **cheetahs** A spotted wild cat of Africa and southern Asia. Cheetahs have long legs and can run very fast.

chef |shĕf| —*noun, plural* **chefs** A cook, especially the head cook of a restaurant.

chem·i·cal |kĕm′ĭ kəl| —*adjective* **1.** Of chemistry. **2.** Used in or produced by chemistry.
—*noun, plural* **chemicals** Any substance produced by or used in chemistry; an element or compound.

chem·ist |kĕm′ĭst| —*noun, plural* **chemists** A scientist who knows a lot about chemistry.

chem·is·try |kĕm′ĭ strē| —*noun* The scientific study of substances to see what they are made of, what is special about them, how they change when combined with other substances, and what happens to them under various conditions such as heat or cold.

cher·ish |chĕr′ĭsh| —*verb* **cherished, cherishing 1.** To care for tenderly and affectionately; love. **2.** To keep or think of fondly; think of as very valuable; hold dear.

cher·ry |chĕr′ē| —*noun, plural* **cherries 1.** A small, round red fruit with smooth skin and a hard pit. **2.** A tree on which cherries grow. Cherry trees have white or pink flowers that bloom in spring. **3.** A deep or bright-red color.
—*adjective* Deep or bright red.

chess |chĕs| —*noun* A game for two played on a chessboard or checkerboard. Each player starts with sixteen pieces that are allowed to move in various ways. The object of chess is to capture the other player's king.

chess·board |chĕs′bôrd′| or |chĕs′bōrd′| —*noun, plural* **chessboards** A board with 64 squares in alternating colors. Chess or checkers can be played on it.

chess·man |chĕs′măn′| or |chĕs′mən| —*noun, plural* **chessmen** One of the pieces used in the game of chess. The chessmen are king, queen, bishop, knight, rook, and pawn.

chest |chĕst| —*noun, plural* **chests 1.** The upper front part of the body between the neck and abdomen. The chest is enclosed by the ribs and breastbone. **2.** A strong box with a lid, used for holding things. **3.** A piece of furniture with several drawers, used mostly for holding clothing; a bureau or dresser.

chest·nut |chĕs′nŭt′| or |chĕs′nət| —*noun, plural* **chestnuts 1.** A smooth reddish-brown nut that grows inside a prickly bur. **2.** A tree on which chestnuts grow. **3.** A reddish-brown color.
—*adjective* Reddish-brown.

chew |chōō| —*verb* **chewed, chewing** To grind, crush, or gnaw with the teeth or jaws.
—*noun, plural* **chews** The act of chewing; a bite.

chew·ing gum |chōō′ĭng| Gum for chewing, usually sweet and flavored with mint, fruit, or spices.

---

cheer *verbo* **1.** Gritar de alegría, elogio, aprobación o estímulo; animar; excitar; aplaudir; alegrar. **2.** Alabar, estimular e incitar gritando; animar; aplaudir. **3.** Hacer más alegre; alegrar; animar.
—*sustantivo* **1.** Grito o canto de alegría, alabanza, aprobación o estímulo; regocijo; alegría; aplausos; vivas. **2.** Alegría; alborozo; vivacidad.

cheerful *adjetivo* Placentero: **1.** Vivo; alegre; animado. **2.** Que causa una sensación de alegría; agradable y radiante; alegre.

cheerleader *sustantivo* Persona que dirige vivas en acontecimientos deportivos.

cheese *sustantivo* Alimento hecho de leche, que se forma separando de la leche la cuajada, una substancia sólida que se presiona después para hacer queso; queso.

cheeseburger *sustantivo* Hamburguesa con queso derretido encima.

cheetah *sustantivo* Felino salvaje de piel manchada del Africa y el sur de Asia, que tiene piernas largas y que puede correr muy de prisa.

chef *sustantivo* Cocinero, especialmente el cocinero principal de un restaurante; jefe de cocina.

chemical *adjetivo* **1.** De química; químico. **2.** Que se usa en o que es producido por la química; químico.
—*sustantivo* Cualquier substancia que se produce por, o que se usa en, la química; elemento o compuesto.

chemist *sustantivo* Científico que sabe mucho de química; químico; boticario; farmacéutico.

chemistry *sustantivo* Estudio científico de substancias para ver de qué están hechas, lo que es especial de ellas, cómo cambian cuando se combinan con otras substancias, y lo que pasa con ellas bajo varias condiciones tales como el calor y el frío; química.

cherish *verbo* **1.** Cuidar tierna y afectuosamente; amar; querer; estimar. **2.** Proteger, cuidar o pensar en alguna cosa con cariño; considerar muy valioso; valuar; apreciar.

cherry *sustantivo* **1.** Pequeña fruta redonda y roja de piel lisa y pepa dura; cereza. **2.** Árbol en el que crecen cerezas, y que tiene flores blancas o rosadas que florecen en la primavera; cerezo. **3.** Color rojo oscuro o brillante.
—*adjetivo* Rojo oscuro o brillante.

chess *sustantivo* Juego para dos que se juega en un tablero de ajedrez o damas, en que cada jugador comienza con dieciséis piezas que se pueden mover de varias maneras, con el objetivo de capturar al rey del otro jugador; ajedrez.

chessboard *sustantivo* Tablero dividido en 64 cuadrados de colores alternantes, en el cual se juegan damas y ajedrez; tablero de adjedrez; tablero de damas; tablero de ajedrez.

chessman *sustantivo* Una de las piezas que se usa en el juego de ajedrez; pieza de ajedrez. Las piezas de ajedrez son rey, reina, alfil, caballo, roque o torre y peón.

chest *sustantivo* **1.** La parte superior delantera del cuerpo entre el cuello y el abdomen; pecho; tórax. El pecho está encerrado por las costillas y el esternón. **2.** Caja fuerte con una tapa que se usa para guardar cosas; cajón; arca; cofre. **3.** Mueble con varios cajones que se usa principalmente para guardar ropa; armario o guardarropa; cómoda; guardarropa.

chestnut *sustantivo* **1.** Nuez lisa de color marrón rojizo que crece dentro de una bardana espinosa; castaña. **2.** Árbol en el que crecen castañas; castaño. **3.** Color marrón rojizo.
—*adjetivo* Marrón rojizo; castaño.

chew *verbo* Moler, triturar o morder con los dientes o las mandíbulas; mascar; masticar; rumiar.
—*sustantivo* Acción de mascar; mordisco.

chewing gum *sustantivo* Goma de mascar, generalmente dulce y de sabor de menta, fruta o especias; chicle.

ă pat ā pay â care ä father ĕ pet ē be ĭ pit ī pie î fierce ŏ pot ō go ô paw, for oi oil ŏŏ book ōō boot

chew·y |chōō′ē| —*adjective* **chewier, chewiest** Needing much chewing.

chewy *adjetivo* Que necesita mucha masticación.

Chi·ca·no |shǐ kä′nō| or |chǐ kä′nō| —*noun, plural* **Chicanos** An American who was born in Mexico or whose parents or ancestors were from Mexico.

Chicano *sustantivo* Norteamericano que nació en México o cuyos padres o antepasados fueron de México.

chick |chǐk| —*noun, plural* **chicks 1.** A young chicken. **2.** A young bird.

chick *sustantivo* **1.** Gallo o gallina joven; pollo; polluelo. **2.** Ave joven.

chick·en |chǐk′ən| —*noun, plural* **chickens 1.** A large bird commonly raised for its eggs or as food; a hen or a rooster. **2.** The meat of this bird.

chicken *sustantivo* **1.** Ave grande que se cría usualmente por sus huevos o como alimento; pollo; gallina o gallo. **2.** Carne de esta ave.

chicken pox A children's disease that spreads to others easily. In chicken pox the skin breaks out in spots and fever occurs.

chicken pox Enfermedad de niños que se propaga a otros fácilmente, en la cual la piel se cubre de granos y que produce fiebre; varicela; viruelas locas.

chick·pea |chǐk′pē′| —*noun, plural* **chickpeas** A round seed that grows on a bushy plant.

chickpea *sustantivo* Semilla redonda comestible que crece en una mata; garbanzo.

chief |chēf| —*noun, plural* **chiefs** A person with the highest rank; a leader.
—*adjective* **1.** Highest in rank. **2.** Most important; main.

chief *sustantivo* Persona con el rango más alto; líder; jefe; caudillo; cacique.
—*adjetivo* **1.** Más alto en rango; principal; en jefe; mayor; superior. **2.** Más importante; principal; capital; supremo.

chief·ly |chēf′lē| —*adverb* Mainly; mostly; especially.

chiefly *adverbio* Principalmente; mayormente; especialmente; particularmente; sobretodo.

child |chīld| —*noun, plural* **children 1.** A young girl or boy. **2.** Someone who acts childish or young. **3.** A son or daughter; offspring.

child *sustantivo* **1.** Muchacho o muchacha joven; niño; niña. **2.** Alguien que actúa puerilmente o juvenilmente; niño. **3.** Hijo o hija; descendiente.

child·hood |chīld′hŏŏd′| —*noun, plural* **childhoods** The condition of being a child; the time when a person is a child.

childhood *sustantivo* Condición de muchachez o época cuando una persona es un niño; niñez; infancia.

child·ish |chīl′dĭsh| —*adjective* **1.** Of, typical of, or for a child. **2.** Foolish in a way that is like someone much younger; immature.

childish *adjetivo* **1.** De, típico de, o para un niño; infantil; pueril; aniñado. **2.** Tonto de tal manera que sea como alguien mucho más joven; inmaduro; infantil; pueril; aniñado; amuchachado; frívolo.

chil·dren |chīl′drən| The plural of the noun **child.**

children Plural del sustantivo **child.**

chil·e con car·ne |chīl′ē kŏn kär′nē| A spicy food made of chili, meat, and often beans.

chile con carne Comida picante que se hace de chile (ají), carne y, a menudo, frijoles.

chil·i |chīl′ē| —*noun* **1.** A spice with a sharp, hot taste, made from the pods of a kind of red pepper. **2.** Chile con carne.

chili *sustantivo* **1.** Especia de sabor cortante y picante, hecha de las vainas de un tipo de pimiento rojo; chile; ají. **2.** Chile con carne.

chill |chīl| —*noun, plural* **chills 1.** A sharp or penetrating cold. **2.** A feeling of cold from illness or fear.
—*adjective* **chiller, chillest** Unpleasantly cold; chilly.
—*verb* **chilled, chilling 1.** To make or become cold. **2.** To cause a feeling of cold or fear.

chill *sustantivo* **1.** Frío cortante o penetrante. **2.** Sensación de frío por enfermedad o miedo; escalofrío; estremecimiento; enfriamiento.
—*adjetivo* Desagradablemente frío.
—*verbo* **1.** Enfriar o enfriarse; helar; congelar. **2.** Causar sensación de frío o miedo; enfriar o enfriarse; pasmar o pasmarse; escalofriar.

chill·y |chīl′ē| —*adjective* **chillier, chilliest 1.** Fairly cold; cold enough to be uncomfortable. **2.** Not very interested or eager; not friendly.

chilly *adjetivo* **1.** Medianamente frío; suficientemente frío para ser incómodo; friolento. **2.** No muy interesado o ansioso; no amigable; frío.

chime |chīm| —*noun, plural* **chimes 1. chimes** A set of bells, pipes, or metal rods that make musical sounds. **2.** A musical sound made by bells or chimes.
—*verb* **chimed, chiming** To ring or make a musical sound.
Phrasal verb **chime in** To join in.

chime *sustantivo* **1. chimes** Conjunto de campanas, tubos o varas de metal que producen sonidos musicales; campanas; carrillón. **2.** Sonido musical hecho por campanas o carrillones.
—*verbo* Repicar o hacer un sonido musical; tocar; tañer.
Verbo en locución **chime in** Hablar inesperadamente; unirse vocalmente; entrometerse vocalmente.

chim·ney |chǐm′nē| —*noun, plural* **chimneys 1.** A hollow, upright structure through which smoke passes from a fireplace, stove, or furnace. **2.** A glass tube placed around the flame of a candle or lamp.

chimney *sustantivo* **1.** Estructura hueca vertical a través de la cual pasa el humo de un fogón, una estufa o un horno; chimenea. **2.** Tubo de vidrio que se coloca alrededor de la llama de una vela o lampara; tubo de lámpara.

chim·pan·zee |chǐm′pǎn zē′| or |chǐm pǎn′zē| —*noun, plural* **chimpanzees** An African ape with dark hair. Chimpanzees are very intelligent. In captivity they can be trained to do many things.

chimpanzee *sustantivo* Mono africano de pelo oscuro, mucha inteligencia, que se puede entrenar en el cautiverio para hacer muchas cosas; chimpancé.

chin |chǐn| —*noun, plural* **chins** The front of the lower jaw between the mouth and the neck.
—*verb* **chinned, chinning** To hang by a bar and pull oneself up with the arms until the chin is just higher than the bar.

chin *sustantivo* Parte delantera de la mandíbula inferior entre la boca y el cuello; mentón; barba; barbilla.
—*verbo* Colgarse de una barra y jalarse hacia arriba con los brazos hasta que el mentón esté un poco más arriba que la barra.

chi·na |chī′nə| —*noun* **1.** A fine, hard pottery made from white clay and often decorated with bright colors. **2.** Objects made from this pottery, such as dishes and small statues.

china *sustantivo* **1.** Vajilla fina y dura hecha de arcilla blanca y a menudo decorada con colores brillantes; porcelana; loza. **2.** Objetos que se hacen de tal cerámica, como platos y pequeñas estatuas.

ər butter   yŏŏ abuse   ou out   ŭ cut   û fur   *th* the   th thin   hw which   zh vision   ə ago, item, pencil, atom, circus

chip |chĭp| —*noun, plural* **chips 1.** A small piece that has been cut or broken off. **2.** A mark left when a small piece is broken off. **3.** A small disk used in some games. **4.** A thin slice of food.
—*verb* **chipped, chipping** To break off a piece by hitting, bumping, or cutting.
   Phrasal verb **chip in** To give or contribute money.

chirp |chûrp| —*noun, plural* **chirps** A short, high sound such as that made by a small bird or a cricket.
—*verb* **chirped, chirping** To make such a sound.

chis·el |chĭz′əl| —*noun, plural* **chisels** A metal tool with a sharp edge. A chisel is used with a hammer to cut or shape wood, stone, or metal.
—*verb* **chiseled, chiseling** To shape or cut with a chisel.

chiv·al·ry |shĭv′əl rē| —*noun* **1.** The customs and actions of the knights of the Middle Ages. **2.** The qualities that an ideal knight might have, including bravery, honor, courtesy, and being helpful to the weak.

chlo·rine |klôr′ēn′| or |klôr′ĭn| or |klōr′ēn′| or |klōr′ĭn| —*noun, plural* **chlorines** A greenish-yellow gas with an unpleasant odor. Compounds of chlorine are used to purify water for drinking and for swimming pools. Chlorine is one of the chemical elements.

chlo·ro·phyll or **chlo·ro·phyl** |klôr′ə fĭl| or |klōr′ə fĭl| —*noun* A substance in the leaves and other parts of green plants. It gives them their green color. Chlorophyll helps plants make sugar from elements in air and water.

choc·o·late |chô′kə lĭt| or |chŏk′ə lĭt| or |chôk′lĭt| or |chŏk′lĭt| —*noun, plural* **chocolates 1.** A food made from roasted and ground cacao beans. **2.** A sweet drink made with chocolate. **3.** Candy made with chocolate.

choice |chois| —*noun, plural* **choices 1.** The act of choosing. **2.** The power, right, or chance to choose. **3.** Someone or something chosen. **4.** A variety of things to choose from.
—*adjective* **choicer, choicest** Of fine quality; very good; excellent.

choir |kwīr| —*noun, plural* **choirs** A group of singers that meet regularly and perform together, often in a church.

choke |chōk| —*verb* **choked, choking 1.** To stop or block the breathing of a person or animal by squeezing or blocking the windpipe. **2.** To be unable to breathe, swallow, or speak normally because the throat is blocked. **3.** To reduce the air that goes to an engine so that it will start more easily. **4.** To hold back; stop. **5.** To fill up; clog.

choose |chōōz| —*verb* **chose, chosen, choosing 1.** To select or pick from a group. **2.** To decide or prefer something.

choos·y |chōō′zē| —*adjective* **choosier, choosiest** Hard to please; fussy.

chop |chŏp| —*verb* **chopped, chopping 1.** To cut by hitting with a heavy, sharp tool such as an ax. **2.** To cut into little pieces. **3.** To stop suddenly; cut something short.
—*noun, plural* **chops 1.** A quick, short blow. **2.** A small cut of meat with a piece of bone.

chord |kôrd| —*noun, plural* **chords** A combination of three or more musical notes sounded at the same time.

chore |chôr| or |chōr| —*noun, plural* **chores 1.** A small job, usually done on a regular schedule. **2.** An unpleasant task or duty.

cho·rus |kôr′əs| or |kōr′əs| —*noun, plural* **cho-**

chip *sustantivo* **1.** Pequeño pedazo que ha sido cortado o roto; pedacito; trozo; astilla. **2.** Marca dejada cuando se rompe un pequeño pedazo de otro más grande; saltadura. **3.** Pequeño disco que se usa en algunos juegos; ficha. **4.** Tajada delgada de comida, especialmente de papas.
—*verbo* Romper un pedazo pegando, golpeando o cortando; desmenuzar; astillar; resquebrar.
   Verbo en locución **chip in** Dar o contribuir dinero.

chirp *sustantivo* Sonido breve y agudo como el que hace un pájaro pequeño o un grillo; chirrido; gorjeo; canto.
—*verbo* Hacer tal sonido; piar; gorjear.

chisel *sustantivo* Herramienta de metal con un filo agudo que se usa con un martillo para cortar o tallar madera, piedra o metal; cincel.
—*verbo* Tallar o cortar con un cincel; cincelar.

chivalry *sustantivo* Caballerosidad: **1.** Costumbres y acciones de los caballeros de la Edad Media; caballería. **2.** Cualidades que un caballero ideal podía tener, incluyendo valor, honor, cortesía y ser útil a los débiles.

chlorine *sustantivo* Gas verde amarillento, de olor desagradable, que se usa en compuestos químicos para purificar el agua potable y para piscinas; cloro. El cloro es uno de los elementos químicos.

chlorophyll o **chlorophyl** *sustantivo* Substancia en las hojas y otras partes de las plantas verdes que les da su color y que las ayuda a fabricar azúcar de los elementos en el aire y en el agua; clorofila.

chocolate *sustantivo* **1.** Alimento hecho de semillas de cacao tostadas y molidas; chocolate. **2.** Bebida dulce hecha de chocolate. **3.** Dulce hecho de chocolate.

choice *sustantivo* **1.** Acción de escoger; elección; selección. **2.** Poder, derecho u ocasión de escoger; elección; selección. **3.** Algo o alguien escogido; elección; selección; preferencia. **4.** Variedad de cosas entre las cuales se puede escoger; selección.
—*adjetivo* De calidad fina; muy bueno; excelente; de primera.

choir *sustantivo* Grupo de cantantes que se reúnen regularmente y que hacen presentaciones juntos, a menudo en una iglesia; coro.

choke *verbo* **1.** Parar o bloquear la respiración de una persona o animal apretando u obstruyendo la tráquea; ahogar; sofocar; estrangular. **2.** Ser incapaz de respirar, tragar o hablar normalmente porque la garganta está bloqueada; ahogar; sofocar; atragantar. **3.** Reducir el aire que pasa a un motor para que se ponga en marcha con más facilidad; tapar; cerrar; obstruir. **4.** Resistir; detener; interceptar; suspender. **5.** Llenar completamente; colmar; trabar; atestar; obstruir.

choose *verbo* **1.** Seleccionar o elegir de un grupo; escoger. **2.** Decidir o preferir algo; optar por; querer.

choosy *adjetivo* Difícil de complacer; exigente.

chop *verbo* **1.** Cortar golpeando con una herramienta pesada y afilada, tal como una hacha. **2.** Cortar en pedazos pequeños; tajar; picar. **3.** Detener repentinamente; interrumpir.
—*sustantivo* **1.** Golpe rápido y breve. **2.** Pequeña porción de carne con un pedazo de hueso; chuleta.

chord *sustantivo* Combinación de tres o más notas musicales que se suenan a la vez; acorde.

chore *sustantivo* **1.** Pequeño trabajo que se hace generalmente con un horario regular; quehacer. **2.** Tarea o deber desagradable.

chorus *sustantivo* Coro: **1.** Grupo de cantantes o bai-

ruses 1. A group of singers or dancers who perform together. **2.** A part of a song repeated after each verse. **3.** Something said by many people at the same time. —*verb* **chorused, chorusing** To sing or speak at the same time.

chose |chōz| The past tense of the verb **choose.**

cho·sen |chō′zən| The past participle of the verb **choose.**

chow·der |chou′dər| —*noun, plural* **chowders** A thick soup made with seafood or vegetables, usually with potatoes and milk.

Christ |krīst| —*noun* Jesus, regarded by Christians as the Son of God.

chris·ten |krĭs′ən| —*verb* **christened, christening 1.** To baptize and receive into a Christian church. **2.** To give a name to at baptism. **3.** To name at a ceremony.

chris·ten·ing |krĭs′ə nĭng| —*noun, plural* **christenings** The Christian ceremony of baptism, in which a child is named.

Chris·tian |krĭs′chən| —*noun, plural* **Christians** Someone who believes in Jesus Christ or follows a religion based on his teachings. —*adjective* **1.** Believing in Christ or in a religion based on his teachings. **2.** Of Christ, Christianity, or Christians. **3.** Following the example of Christ; showing a gentle, loving, unselfish spirit.

Chris·ti·an·i·ty |krĭs′chē ăn′ĭ tē| —*noun* **1.** The religion of Christians. **2.** The condition or fact of being a Christian.

Christ·mas |krĭs′məs| —*noun, plural* **Christmases** A holiday on December 25 to celebrate the birth of Christ.

chro·mi·um |krō′mē əm| —*noun* A hard, gray metal, one of the chemical elements. Chromium does not rust. It can be polished to a bright shine.

chry·san·the·mum |krĭ săn′thə məm| —*noun, plural* **chrysanthemums** A flower with many closely clustered petals. Chrysanthemums come in many colors.

chub·by |chŭb′ē| —*adjective* **chubbier, chubbiest** Round and plump.

chuck·le |chŭk′əl| —*verb* **chuckled, chuckling** To laugh quietly. —*noun, plural* **chuckles** A quiet laugh.

chum |chŭm| —*noun, plural* **chums** A good friend or pal. —*verb* **chummed, chumming** To do things together as close friends; pal around with.

chunk |chŭngk| —*noun, plural* **chunks 1.** A thick piece of something; a lump. **2.** A large amount.

church |chûrch| —*noun, plural* **churches 1.** A building for religious worship. **2.** Religious services in a church. **3. Church** A group of people with the same religious beliefs; denomination. **4.** The power of organized religions, as opposed to government or personal power.

churn |chûrn| —*noun, plural* **churns** A container in which cream is beaten to make butter. —*verb* **churned, churning 1.** To beat cream in a churn to make butter. **2.** To move or swirl violently.

chute |shoōt| —*noun, plural* **chutes** A long passage or tube through which things can be dropped or slid to an opening at the other end.

ci·der |sī′dər| —*noun, plural* **ciders** The juice that is made from apples that have been ground up and pressed. Cider is used as a drink or to make vinegar.

ci·gar |sĭ gär′| —*noun, plural* **cigars** A small roll of tobacco leaves used for smoking.

cig·a·rette |sĭg′ə rĕt′| or |sĭg′ə rĕt′| —*noun, plural* **cigarettes** A small roll of finely chopped tobacco leaves for smoking, enclosed in a wrapper of thin paper.

larines que hacen presentaciones juntos. **2.** Parte de una canción que se repite después de cada verso; estribillo. **3.** Algo dicho por mucha gente a la vez. —*verbo* Cantar o hablar a la vez; decir o cantar al unísono; decir o cantar todos juntos.

chose Pretérito del verbo **choose.**

chosen Participio pasado del verbo **choose.**

chowder *sustantivo* Sopa espesa hecha de mariscos o vegetales, generalmente con papas y leche; potaje; sancocho.

Christ *sustantivo* Jesús, considerado por los cristianos como el Hijo de Dios; Cristo; Jesucristo.

christen *verbo* **1.** Bautizar y admitir a una iglesia cristiana. **2.** Dar un nombre en el bautismo. **3.** Nombrar en una ceremonia.

christening *sustantivo* La ceremonia cristiana del bautismo, en la cual se le da nombre a un niño; bautismo; bautizo.

Christian *sustantivo* Alguien que cree en Jesucristo o que sigue una religión basada en sus enseñanazas; cristiano. —*adjetivo* **1.** Que cree en Cristo o en una religión basada en sus enseñanzas; cristiano. **2.** Referente a Cristo, la cristiandad o los cristianos. **3.** Que sigue el ejemplo de Cristo, mostrando un espíritu dulce, cariñoso y generoso.

Christianity *sustantivo* **1.** La religión de los cristianos; cristiandad. **2.** Condición o hecho de ser cristiano.

Christmas *sustantivo* Fiesta del 25 de diciembre para celebrar el nacimiento de Cristo; Navidad.

chromium *sustantivo* Metal duro y gris, uno de los elementos químicos; cromo. El cromo no se oxida y se puede pulir hasta alcanzar un lustre brillante.

chrysanthemum *sustantivo* Flor con muchos pétalos estrechamente arracimados que viene en muchos colores.

chubby *adjetivo* Lleno y rollizo; regordete; gordo.

chuckle *verbo* Reír calladamente; reír entre dientes; reír o sonreír de satisfacción. —*sustantivo* Risa callada; risa ahogada; risita.

chum *sustantivo* Buen amigo o camarada. —*verbo* Hacer cosas juntos como amigos íntimos; camaradear con.

chunk *sustantivo* **1.** Pedazo grueso de algo; trozo; bollo; motón; cacho. **2.** Cantidad grande.

church *sustantivo* **1.** Edificio consagrado al culto religioso; iglesia; templo. **2.** Servicios religiosos en una iglesia; misa; sermón. **3. Church** Grupo de personas con las mismas creencias religiosas; denominación; iglesia. **4.** Poder de las religiones organizadas, en contraste con el poder gubernamental o personal; iglesia.

churn *sustantivo* Envase en que se bate la crema para hacer mantequilla; mantequera. —*verbo* **1.** Batir crema en una mantequera para hacer mantequilla; mazar; agitar; revolver. **2.** Mover o hacer girar violentamente; agitar.

chute *sustantivo* Pasaje o tubo largo a través del cual se pueden tirar o deslizar cosas por una abertura al otro extremo; conducto; vertedero; tubo; sumidero.

cider *sustantivo* Jugo hecho de manzanas molidas y prensadas que se usa como bebida o para hacer vinagre; sidra.

cigar *sustantivo* Rollo pequeño de hojas de tabaco que se usa para fumar; puro; cigarro.

cigarette *sustantivo* Pequeño rollo de hojas de tabaco finamente cortado para fumar, envuelto en una funda de papel delgado; cigarrillo.

ər butter   yōō abuse   ou out   ŭ cut   û fur   *th* the   th thin   hw which   zh vision   ə ago, item, pencil, atom, circus

cin·der |sĭn′dər| —*noun, plural* **cinders** A piece of partly burned coal or wood that cannot be burned further.

cin·e·ma |sĭn′ə mə| —*noun, plural* **cinemas** A theater where motion pictures are shown.

cin·na·mon |sĭn′ə mən| —*noun* **1.** A reddish-brown spice made from the bark of a tropical tree. **2.** A reddish-brown color.
—*adjective* Reddish-brown.

cir·cle |sûr′kəl| —*noun, plural* **circles** **1.** A curve that is closed. Every point on the curve is at the same distance from a fixed point in the center. **2.** Anything that has the general shape of a circle; a ring. **3.** A group of people having the same interests.
—*verb* **circled, circling** **1.** To draw or form a circle. **2.a.** To move or travel around something in a circle. **b.** To move in a circle.

cir·cuit |sûr′kĭt| —*noun, plural* **circuits** **1.a.** A path that follows a closed curve such as a circle or an ellipse. **b.** Motion that goes along such a path. **2.** A closed path through which electricity can flow. **3.a.** A regular route followed by a judge from town to town in order to hear cases in each of them. **b.** A similar route, such as that followed by a salesperson or people in a particular sport.

cir·cu·lar |sûr′kyə lər| —*adjective* **1.** Of, shaped like, or shaped nearly like a circle. **2.** Forming or moving in a circle.
—*noun, plural* **circulars** A printed letter, announcement, or advertisement given out or mailed to the public.

cir·cu·late |sûr′kyə lāt′| —*verb* **circulated, circulating** **1.** To move or cause to move in a closed path. **2.** To move, flow, or spread easily.

cir·cu·la·tion |sûr′kyə lā′shən| —*noun, plural* **circulations** **1.** The act or process of circulating. **2.** The movement of blood through the blood vessels of the body. **3.** The movement of things from place to place or person to person.

cir·cu·la·to·ry system |sûr′kyə lə tôr′ē| or |sûr′kyə lə tōr′ē| The system for moving fluids through the body. The heart and blood vessels are part of the circulatory system.

cir·cum·fer·ence |sər kŭm′fər əns| —*noun, plural* **circumferences** **1.a.** The outside edge of a circle. **b.** The distance around the outside edge of a circle. **2.** The distance around the edge of something.

cir·cum·flex |sûr′kəm flĕks′| —*noun, plural* **circumflexes** A mark used over a vowel to show how it is pronounced.

cir·cum·stance |sûr′kəm stăns′| —*noun, plural* **circumstances** **1.** A condition, fact, or event that goes along with and usually affects something or someone else. **2.** **circumstances** Financial condition.
Idioms **under no circumstances** In no case; never. **under the circumstances** This being the situation; given the conditions.

cir·cus |sûr′kəs| —*noun, plural* **circuses** A colorful show put on by clowns, acrobats, and trained animals. A circus often travels from city to city and performs under a big tent.

cite |sīt| —*verb* **cited, citing** **1.** To mention as an authority; quote. **2.** To bring up as an example; refer to.

cit·i·zen |sĭt′ĭ zən| —*noun, plural* **citizens** **1.** Someone who is a member of a country, either by being born there or by choosing to become a member. A citizen has certain rights from his or her country and also some responsibilities. **2.** Anyone who lives in a city or town; a resident.

cinder *sustantivo* Pedazo de carbón o madera a medio quemar que no se puede quemar más; ceniza; escoria; cernada.

cinema *sustantivo* Teatro donde se muestran películas; cine; cinema.

cinnamon *sustantivo* **1.** Especia marrón-rojiza hecha de la corteza de un árbol tropical; canela. **2.** Color marrón-rojizo; canela.
—*adjetivo* Marrón-rojizo; canela.

circle *sustantivo* Círculo: **1.** Curva que está cerrada, en la que cada punto equidista de un punto fijo en el centro; circunferencia. **2.** Cualquier cosa que tiene la forma general de un círculo; anillo; cerco; ruedo. **3.** Grupo de personas que tienen los mismos intereses.
—*verbo* **1.** Dibujar o formar un círculo. **2.a.** Mover o viajar alrededor de algo en un círculo; circundar; cercar; rodear; dar vuelta. **b.** Moverse en un círculo; circundar; dar vueltas; remolinear.

circuit *sustantivo* **1.a.** Curso que sigue una curva cerrada, tal como un círculo o una elipse; circuito; rotación; revolución. **b.** Movimiento que va a lo largo de tal vía; circuito; vuelta. **2.** Paso cerrado a través del cual circula la electricidad; circuito. **3.a.** Ruta regular seguida por un juez de pueblo en pueblo para oír casos en cada uno de ellos; visita de juez. **b.** Ruta similar tal cual seguida por un vendedor o personas en un deporte particular; circuito; vuelta.

circular *adjetivo* **1.** De, en forma de, o formado casi como un círculo; circular; redondeado. **2.** Formando o moviéndose en un círculo; circular; redondo.
—*sustantivo* Carta impresa, anuncio o aviso divulgado o enviado por correo al público; folleto; circular.

circulate *verbo* **1.** Mover o hacer mover en un curso cerrado; circular; hacer circular; poner en circulación. **2.** Mover, fluir o esparcir fácilmente; circular; diseminar; propagar.

circulation *sustantivo* Circulación: **1.** Acción o proceso de circular. **2.** Movimiento de la sangre a través de los vasos sanguíneos del cuerpo. **3.** Movimiento de cosas de un lugar a otro o de una persona a otra.

circulatory system Sistema que mueve líquidos a través del cuerpo, del cual el corazón y los vasos sanguíneos son parte; sistema circulatorio.

circumference *sustantivo* **1.a.** Borde exterior de un círculo; circunferencia; perímetro; periferia. **b.** Espacio alrededor del borde exterior de un círculo; circunferencia; perímetro; periferia. **2.** Espacio alrededor del borde de algo; periferia; perímetro; contorno.

circumflex *sustantivo* Signo que se usa sobre una vocal para mostrar cómo se pronuncia; acento circunflejo.

circumstance *sustantivo* **1.** Condición, hecho o acontecimiento que acompaña y que generalmente afecta algo o a alguien; circunstancia. **2.** **circumstances** Condición financiera; recursos; condición económica; posición.
Modismos **under no circumstances** En ningún caso; nunca; bajo ninguna circunstancia. **under the circumstances** En este caso; bajo las condiciones dadas; bajo las circunstancias.

circus *sustantivo* Espectáculo colorido ejecutado por payasos, acróbatas y animales entrenados; circo. Un circo a menudo viaja de ciudad en ciudad y se presenta bajo una gran carpa o tienda de lona.

cite *verbo* **1.** Mencionar como autoridad; citar; referirse a. **2.** Presentar como un ejemplo.

citizen *sustantivo* **1.** Alguien que es miembro de un país, ya sea por nacimiento o por haber escogido hacerse miembro, y que tiene ciertos derechos y también algunas responsabilidades con su país; ciudadano. **2.** Persona que vive en una ciudad o pueblo; residente; ciudadano.

ă pat ā pay â care ä father ĕ pet ē be ĭ pit ī pie î fierce ŏ pot ō go ô paw, for oi oil ŏŏ book ōō boot

cit·i·zen·ship |sĭt′ĭ zən shĭp′|—*noun* The duties and rights of a citizen.

cit·rus |sĭt′rəs|—*adjective* Of or belonging to a certain group of fruits or fruit trees. Oranges, lemons, limes, and grapefruits are citrus fruits.
—*noun, plural* **citruses** A citrus tree.

cit·y |sĭt′ē|—*noun, plural* **cities** 1. An important center where many people live and work. 2. All the people living in a city.

civ·il |sĭv′əl|—*adjective* 1. Of a citizen or people within a community. 2. Not related to military or church activities. 3. Of the events happening within a country or community. 4. Having or showing good manners; polite.

ci·vil·ian |sĭ vĭl′yən|—*noun, plural* **civilians** A person who is not serving in the armed forces.

civ·i·li·za·tion |sĭv′ə lĭ zā′shən|—*noun, plural* **civilizations** 1. A condition of human beings in which people are far along in their knowledge of art, science, religion, and government. 2. The way a people of a nation or area live.

civ·i·lize |sĭv′ə līz′|—*verb* **civilized, civilizing** To change from a primitive condition of life to a more highly developed one; educate.

clad |klăd| A past tense and past participle of the verb **clothe.**

claim |klām|—*verb* **claimed, claiming** 1. To ask for something one owns or deserves. 2. To say that something is true; assert.
—*noun, plural* **claims** 1. A demand or request for something one owns or deserves. 2. A statement that something is true. 3. Something that has been claimed, especially land.

clam |klăm|—*noun, plural* **clams** A water animal that has a soft body and a shell with two parts hinged together.

clam·my |klăm′ē|—*adjective* **clammier, clammiest** Damp, sticky, and usually cold.

clamp |klămp|—*noun, plural* **clamps** A device used for gripping or keeping things together. It is usually made up of two parts that can be brought together by turning a screw.
—*verb* **clamped, clamping** To hold together with a clamp.

clan |klăn|—*noun, plural* **clans** 1. A group of families that claim to be related to the same ancestor. 2. Any group of relatives or friends.

clap |klăp|—*verb* **clapped, clapping** 1. To hit the hands together quickly and loudly. 2. To come together quickly with a loud noise. 3. To tap with an open hand.
—*noun, plural* **claps** 1. A loud, sudden noise. 2. A slap.

clar·i·fy |klăr′ĭ fī′|—*verb* **clarified, clarifying, clarifies** To make something clear or easier to understand.

clar·i·net |klăr′ĭ nĕt′|—*noun, plural* **clarinets** A musical instrument made up of a mouthpiece and a long body shaped like a tube.

clar·i·ty |klăr′ĭ tē|—*noun* 1. The condition or quality of being clear and distinct in shape, outline, or sound. 2. Showing an ability to be clear in thoughts or ideas.

clash |klăsh|—*verb* **clashed, clashing** 1. To hit or come together with a loud, harsh noise. 2. To hit or come together violently. 3. To disagree strongly; not match.
—*noun, plural* **clashes** 1. A strong disagreement. 2. A loud, harsh sound like metal objects hitting one another.

clasp |klăsp| or |kläsp|—*noun, plural* **clasps** 1. A buckle or hook used to hold two objects or parts together. 2. A strong grasp or hold.
—*verb* **clasped, clasping** 1. To fasten with a clasp. 2. To grasp or hold tightly.

class |klăs| or |kläs|—*noun, plural* **classes** 1. A

citizenship *sustantivo* Deberes y derechos de un ciudadano; ciudadanía.

citrus *adjetivo* De o que pertenece a cierto grupo de frutas o árboles frutales, como las naranjas, los limones, las limas y las toronjas; cítrico.
—*sustantivo* Árbol cítrico.

city *sustantivo* Ciudad: 1. Centro importante donde vive y trabaja mucha gente. 2. Toda la gente que vive en una ciudad.

civil *adjetivo* Civil: 1. De un ciudadano o gente dentro de una comunidad. 2. No relacionado con actividades militares o de la Iglesia. 3. De los acontecimientos dentro de un país o comunidad. 4. Que tiene o muestra buenos modales; cortés; urbano.

civilian *sustantivo* Persona que no está sirviendo en las fuerzas armadas; civil; paisano.

civilization *sustantivo* 1. Condición de los seres humanos en la cual la gente está muy avanzada en su conocimiento del arte, ciencia, religión y gobierno; civilización. 2. Manera en que vive la gente de una nación o área.

civilize *verbo* 1. Cambiar de una condición de vida primitiva a otra más desarrollada; educar; civilizar.

clad Pretérito y participio pasado del verbo **clothe.**

claim *verbo* 1. Pedir algo que a uno le pertenece o que se merece; reclamar. 2. Decir que algo es verdad; declarar; afirmar.
—*sustantivo* 1. Demanda o solicitud de algo que a uno le pertenece o que merece; reclamación. 2. Afirmación de que algo es verdad; declaración. 3. Algo que ha sido reclamado, especialmente tierra; propiedad.

clam *sustantivo* Animal acuático que tiene el cuerpo blando y un caparazón con dos partes engoznadas entre sí; almeja.

clammy *adjetivo* Húmedo, pegajoso y usualmente frío.

clamp *sustantivo* Aparato usado para agarrar o mantener cosas juntas, usualmente formado de dos partes que se pueden juntar dándole vueltas a un tornillo; abrazadera.
—*verbo* Mantener algo junto con una abrazadera; afianzar; asegurar.

clan *sustantivo* 1. Grupo de familias que afirman tener parentezco con el mismo antepasado; clan. 2. Cualquier grupo de familiares o amigos.

clap *verbo* 1. Batir las manos rápida y fuertemente; palmotear; aplaudir. 2. Cerrarse rápidamente con un fuerte ruido; cerrarse de golpe. 3. Tocar a alguien con la mano abierta; dar una palmada en la espalda.
—*sustantivo* 1. Ruido fuerte y súbito; estruendo. 2. Palmada.

clarify *verbo* Hacer algo claro o más facil de entender; aclarar.

clarinet *sustantivo* 1. Instrumento musical compuesto de una boquilla y un cuerpo largo en forma de tubo; clarinete.

clarity *sustantivo* 1. La condición o cualidad de ser claro e inconfundible en forma, contorno o sonido; claridad. 2. Que muestra habilidad para ser claro en pensamientos o ideas; claridad.

clash *verbo* 1. Golpear o juntarse con un ruido fuerte y áspero; chocar; batir. 2. Golpear o juntarse violentamente; chocar. 3. Estar fuertemente en desacuerdo; oponerse; discordar.
—*sustantivo* 1. Desacuerdo fuerte; choque; encuentro. 2. Sonido fuerte y áspero como de objetos de metal golpeándose uno a otro; estruendo; fragor.

clasp *sustantivo* 1. Hebilla o gancho usado para agarrar dos objetos o partes; broche. 2. Agarro o apretón fuerte.
—*verbo* 1. Agarrar con una hebilla; abrochar. 2. Agarrar o aguantar fuertemente; estrechar

class *sustantivo* Clase: 1. Grupo o colección de objetos

ər butter   yōō abuse   ou out   ŭ cut   û fur   *th* the   th thin   hw which   zh vision   ə ago, item, pencil, atom, circus

group or collection of objects or people alike in some way. **2.** A group of people who earn about the same amount of money and live very much alike. **3.** A group of animals or plants that are alike in many ways. **4. a.** A group of students learning together in the same classroom. **b.** The time in which a lesson is taught. **5. a.** A type or grade of mail. **b.** The grade or quality of seats, service, food, and other things received when traveling.
—*verb* **classed, classing** To put an animal, plant, or object into a class; classify.

clas·sic |klăs′ĭk| —*adjective* **1.** Thought for a long time to be the best of its kind. **2.** Well known and not surprising. **3.** Of ancient Greece and Rome or their writings and art.
—*noun, plural* **classics** **1.** An artist, writer, or object thought to be the best of its kind. **2. the classics** The writings of ancient Greece and Rome.

clas·si·cal |klăs′ĭ kəl| —*adjective* **1. a.** Of the art, writings, and way of life of ancient Greece and Rome. **b.** In the style of the art and writings of ancient Greece and Rome. **2.** Of concert music or all music other than popular music and folk music.

clas·si·fi·ca·tion |klăs′ə fĭ kā′shən| —*noun, plural* **classifications** **1.** The act or result of classifying; arrangement. **2.** A category, group, or rating.

clas·si·fy |klăs′ə fī′| —*verb* **classified, classifying, classifies** To put into classes or groups; sort.

class·room |klăs′rōōm′| or |klăs′rŏŏm′| or |klăs′-rōōm′| or |klăs′rŏŏm′| —*noun, plural* **classrooms** A room in a school where classes take place.

clat·ter |klăt′ər| —*verb* **clattered, clattering** To make a noisy, rattling sound; move in a noisy, rattling way.
—*noun* A noisy, rattling sound.

claw |klô| —*noun, plural* **claws** **1.** A sharp, curved nail on the toe of an animal or bird. **2.** One of the grasping parts shaped like a claw of a lobster or crab.
—*verb* **clawed, clawing** To scratch or dig with the claws or hands.

clay |klā| —*noun, plural* **clays** A firm kind of fine earth that is soft and can be shaped when wet. After heating, it becomes a hard material. Clay is used in making bricks and pottery.

clean |klēn| —*adjective* **cleaner, cleanest** **1.** Free from dirt or stain. **2.** Free from guilt or wrongdoing; innocent. **3.** Having a smooth edge or top; even; regular. **4.** Complete; total.
—*adverb* Entirely; completely.
—*verb* **cleaned, cleaning** To get rid of dirt or stain. *Phrasal verbs* **clean out** To get rid of dirt or trash. **clean up** To get rid of dirt or clutter.

clean·er |klēn′ər| —*noun, plural* **cleaners** **1.** A person or business whose job it is to clean. **2. a.** A machine used in cleaning. **b.** A material or liquid used in cleaning.

clean·li·ness |klĕn′lē nĭs| —*noun* The condition or quality of being clean.

clean·ly |klĕn′lē| —*adjective* **cleanlier, cleanliest** Always carefully neat and clean.
—*adverb* |klĕn′lē| In a clean, neat way.

cleanse |klĕnz| —*verb* **cleansed, cleansing** To make clean.

clean·ser |klĕn′zər| —*noun, plural* **cleansers** A material or liquid used for cleaning.

clear |klîr| —*adjective* **clearer, clearest** **1.** Free from anything that dims, darkens, or blocks. **2.** Easily seen or heard. **3.** Plainly or easily understood. **4.** Free from

o gente que se parecen de alguna manera. **2.** Grupo de gente que gana aproximadamente la misma cantidad de dinero y vive de manera muy parecida. **3.** Grupo de animales o plantas que se parecen en muchas maneras. **4. a.** Grupo de estudiantes aprendiendo juntos en el mismo salón. **b.** La hora en que se enseña una lección. **5. a.** Tipo o grado de correo. **b.** El grado o calidad de asientos, servicio, comida y otras cosas que se reciben mientras se viaja.
—*verbo* Poner un animal, planta u objeto en una clase; clasificar.

classic *adjetivo* Clásico: **1.** Considerado por largo tiempo como lo mejor de su clase. **2.** Bien conocido y que no sorprende: *a classic case of measles* = *un caso clásico de sarampión.* **3.** De Grecia y Roma antiguas o de sus escritos y arte.
—*sustantivo* **1.** Artista, escritor u objeto considerado como el mejor de su clase. **2. the classics** Los escritos de Grecia y Roma antiguas; los clásicos.

classical *adjetivo* **1. a.** Del arte, los escritos y la forma de vida de Grecia y Roma antiguas; clásico. **b.** En el estilo del arte y escritos de Grecia y Roma antiguas. **2.** Que concierne la música de concierto o toda música que no sea música popular o música folklórica.

classification *sustantivo* **1.** Acto o resultado de clasificar; arreglo; clasificación. **2.** Categoría, grupo o valuación.

classify *verbo* Poner en clases o grupos; clasificar; ordenar.

classroom *sustantivo* Salón en una escuela donde se dan clases; aula.

clatter *verbo* Hacer un sonido ruidoso y chocante; matraquear; guachapear; moverse en forma ruidosa y chocante; traquetear; moverse con matraqueo.
—*sustantivo* Sonido ruidoso y chocante; traqueteo; matraqueo.

claw *sustantivo* **1.** Uña afilada y curva en el dedo de la pata de un animal o ave; garra. **2.** Una de las partes para agarrar en forma de garra de una langosta o cangrejo; pinza.
—*verbo* Arañar o cavar con las garras o las manos; rasguñar; escarbar.

clay *sustantivo* Clase de tierra fina y firme que es suave, que se puede moldear cuando está mojada, y que, después de ser calentada, se convierte en material duro para hacer ladrillos y alfarería; arcilla.

clean *adjetivo* Limpio: **1.** Libre de mugre o mancha. **2.** Libre de culpa o maldad; inocente. **3.** Que tiene el borde o la tapa liso; uniforme; regular. **4.** Completo; total.
—*adverbio* Enteramente; completamente: *I clean forgot your birthday.* = *Me olvidé completamente de tu cumpleaños.*
—*verbo* Deshacerse de mugre o mancha; limpiar. *Verbos en locuciones* **clean out** Deshacerse de mugre o basura; limpiar; vaciar. **clean up** Deshacerse de mugre o desorden; limpiar; ordenar.

cleaner *sustantivo* **1.** Persona o empresa cuyo trabajo consiste en limpiar; limpiador; compañía de limpieza. **2. a.** Máquina usada en la limpieza. **b.** Material o líquido usado en la limpieza; limpiador.

cleanliness *sustantivo* La condición o calidad de estar limpio; limpieza.

cleanly *adjetivo* Siempre cuidadosamente ordenado y aseado; limpio; pulido.
—*adverbio* De manera limpia y ordenada; limpiamente; aseadamente; pulidamente.

cleanse *verbo* Hacer limpio; limpiar; purificar; purgar; depurar.

cleanser *sustantivo* Material o líquido usado para limpiar; limpiador; purgante; purificador.

clear *adjetivo* **1.** Libre de cualquier cosa que enturbie, oscurezca o bloquee; claro; despejado; transparente; diáfano. **2.** Que se ve o se oye fácilmente; claro; grá-

---

ă pat   ā pay   â care   ä father   ĕ pet   ē be   ĭ pit   ī pie   î fierce   ŏ pot   ō go   ô paw, for   oi oil   ŏŏ book   ōō boot

guilt; not troubled.
—*adverb* **1.** Out of the way. **2.** In a clear way.
—*verb* **cleared, clearing 1.** To make or become clear, light, or bright. **2.** To move people or objects out of the way. **3.** To remove or get rid of. **4.** To pass by, under, or over without touching. **5.** To free from a charge or an accusation.
Phrasal verbs clear away To take away; remove. **clear off** To remove something from to make clear. **clear up** To make or become clear.

clear·ance |klîr′əns| —*noun, plural* **clearances 1.** The act of clearing. **2.** A sale, at cheaper prices, to get rid of things that have been around too long in a store. **3.** Distance or space between two things, such as a road and the ceiling of a tunnel.

clear·ly |klîr′lē| —*adverb* **1.** In a way that is easy to understand; plainly. **2.** Without doubt or beyond doubt.

cleat |klēt| —*noun, plural* **cleats 1.** A piece of metal, rubber, plastic, or leather attached to the sole or heel of a shoe to keep it from slipping on the ground. **2. cleats** A pair of shoes with cleats attached to them.

cleav·er |klē′vər| —*noun, plural* **cleavers** A tool used by butchers for cutting meat. A cleaver has a broad, heavy blade and a short handle.

clef |klĕf| —*noun, plural* **clefs** A printed mark on a musical scale that tells the pitch for each line and space.

clench |klĕnch| —*verb* **clenched, clenching 1.** To close a hand or the teeth tightly. **2.** To grasp or grip tightly.

cler·gy |klûr′jē| —*noun, plural* **clergies** Ministers, priests, and rabbis in general; people whose job it is to do religious work.

cler·gy·man |klûr′jē mən| —*noun, plural* **clergymen** A member of the clergy; a minister, priest, or rabbi.

clerk |klûrk| —*noun, plural* **clerks 1.** A person who works in an office and keeps records and other papers in correct order. **2.** A person who sells things in a store.

clev·er |klĕv′ər| —*adjective* **cleverer, cleverest 1.** Having a quick mind; smart; bright. **2.** Showing skill or quick thinking.

click |klĭk| —*noun, plural* **clicks** A short, sharp sound.
—*verb* **clicked, clicking** To make or cause to make such a sound.

cli·ent |klī′ənt| —*noun, plural* **clients 1.** A person who uses the services of a professional person. **2.** A customer or patron.

cliff |klĭf| —*noun, plural* **cliffs** A high, steep, or overhanging face of earth or rock.

cli·mate |klī′mĭt| —*noun, plural* **climates 1.** The usual weather a place has all year, including its temperature, rainfall, and wind. **2.** A section of a country with a certain type of weather.

climb |klīm| —*verb* **climbed, climbing 1. a.** To go up, over, or through something by using the hands and feet. **b.** To move downward using the hands and feet. **2.** To go higher; rise. **3.** To get in or out of. **4.** To grow upward by holding on to something.
—*noun, plural* **climbs 1.** The act of climbing. **2.** A place to be climbed.

fico; sonoro. **3.** Que se comprende clara o fácilmente; claro; lúcido; evidente. **4.** Libre de culpa; despreocupado; desempeñado.
—*adverbio* **1.** Fuera del paso: *He jumped clear of the oncoming car.* = *Él saltó fuera del paso del carro que se acercaba.* **2.** De manera clara; claramente; penetrante; perspicaz.
—*verbo* **1.** Hacer o hacerse claro, luminoso o brillante; aclarar. **2.** Quitar gente u objetos del paso; despejar. **3.** Quitar o deshacerse de algo; librarse; despejar. **4.** Pasar por, por debajo de, o por encima de algo sin tocarlo; salvar. **5.** Librar de cargos o acusación; absolver; exonerar.
Verbos en locuciones clear away Llevar; remover; desembarazar; quitar. **clear off** Quitar algo de algún sitio para despejarlo; despejar; librar; desembarazar. **clear up** Hacer o hacerse claro; aclarar; desenredar.

clearance *sustantivo* **1.** El acto de despejar; despejo. **2.** Venta a precios más bajos para deshacerse de cosas que han estado demasiado tiempo en una tienda; barata; liquidación. **3.** Distancia o espacio entre dos cosas, tal como entre un camino y el techo de un túnel.

clearly *adverbio* **1.** En una forma que es fácil de comprender; claramente; simplemente. **2.** Sin duda o más allá de duda; evidentemente.

cleat *sustantivo* **1.** Pieza de metal, goma, plástico o cuero pegada a la suela o tacón de un zapato para impedir que resbale en el suelo; abrazadera: *cleats on a football shoe* = *abrazaderas en un zapato de fútbol.* **2. cleats** Un par de zapatos con abrazaderas.

cleaver *sustantivo* Utensilio usado por los carniceros para cortar carne, con una hoja ancha y pesada y un mango corto; hachuela.

clef *sustantivo* Signo impreso en una escala musical que indica el tono para cada línea y espacio; clave.

clench *verbo* **1.** Cerrar una mano o los dientes fuertemente; apretar. **2.** Asir o agarrar fuertemente.

clergy *sustantivo* Ministros, sacerdotes y rabinos en general, y las personas cuya función es hacer trabajo religioso; clero.

clergyman *sustantivo* Miembro del clero; ministro, sacerdote o rabí.

clerk *sustantivo* **1.** Persona que trabaja en una oficina y mantiene archivos y otros papeles en orden; oficinista; amanuense; escribano. **2.** Persona que vende cosas en una tienda; dependiente; empleado de ventas.

clever *adjetivo* **1.** Que tiene una mente rápida; inteligente; listo; diestro; mañoso. **2.** Que muestra habilidad o rapidez mental.

click *sustantivo* Sonido corto y agudo; golpecito seco; chasquido.
—*verbo* Hacer o hacer que algo produzca un sonido de este tipo; chasquear.

client *sustantivo* **1.** Persona que usa los servicios de una persona profesional; cliente. **2.** Cliente o comprador.

cliff *sustantivo* Escarpa alta, empinada o sobresaliente de tierra o roca; precipicio.

climate *sustantivo* **1.** El tiempo usual que un lugar tiene todo el año, incluyendo su temperatura, cantidad de lluvia y viento; clima. **2.** Sección de un país con cierto tipo de tiempo.

climb *verbo* **1. a.** Subir por, por encima de, o a través de algo usando las manos y los pies; trepar; escalar. **b.** Moverse hacia abajo usando las manos y los pies; bajar. **2.** Subir más alto; levantarse; ascender. **3.** Entrar en o salir de algo: *climb aboard a train* = *entrar en un tren.* **4.** Crecer hacia arriba agarrándose de algo; trepar: *The vine climbs the brick wall.* = *La enredadera trepa por la pared de ladrillos.*
—*sustantivo* **1.** El acto de escalar; subida. **2.** Lugar para escalar; escalada.

ər butter   yōō abuse   ou out   ŭ cut   û fur   *th* the   th thin   hw which   zh vision   ə ago, item, pencil, atom, circus

clinch |klĭnch|—*verb* **clinched, clinching 1.** To nail or bolt something tightly. **2.** To come to a final agreement. **3.** In boxing, to hold the other boxer's body with one or both arms to keep him from punching.
—*noun, plural* **clinches** In boxing, the act of clinching.

cling |klĭng|—*verb* **clung, clinging 1.** To hold tight or stick to something. **2.** To stay near or close. **3.** To stay attached to something; refuse to give up.

clin·ic |klĭn′ĭk|—*noun, plural* **clinics 1.** A place, usually connected with a hospital, that gives medical help to patients not staying in the hospital. **2.** A school or course that gives special training or advice.

clip[1] |klĭp|—*verb* **clipped, clipping** To cut with scissors or shears; cut short; trim.
—*noun, plural* **clips** A fast rate of moving.

clip[2] |klĭp|—*noun, plural* **clips 1.** An object used to hold things together. **2.** A piece of jewelry that closes with a clasp or clip.
—*verb* **clipped, clipping** To hold together with a clip.

clip·per |klĭp′ər|—*noun, plural* **clippers 1. clippers** A tool for clipping or cutting. **2.** A sailing ship built for fast speed.

clip·ping |klĭp′ĭng| —*noun, plural* **clippings 1.** Something cut out or trimmed off. **2.** An article, advertisement, or photograph cut from a newspaper or magazine.

cloak |klōk|—*noun, plural* **cloaks 1.** A loose piece of outer clothing, usually having no sleeves. **2.** Something that covers or hides.
—*verb* **cloaked, cloaking** To cover up; hide.

clock |klŏk|—*noun, plural* **clocks** An instrument that tells the time.
—*verb* **clocked, clocking** To measure or record the time or speed of something.

clock·wise |klŏk′wīz′| —*adverb* In the same direction as the moving hands of a clock.
—*adjective* Moving in the same direction as the hands of a clock.

clog |klŏg|—*verb* **clogged, clogging** To become or cause to become blocked up.

clone |klōn|—*noun, plural* **clones** A living plant or animal that has been produced from a single cell of another plant or animal. A clone is identical in many ways to the plant or animal it has been taken from.
—*verb* **cloned, cloning** To create a clone.

close |klōs|—*adjective* **closer, closest 1.** Near in space or time. **2.** Near within a family or in relationship. **3.** With little or no space between; tight. **4.** Having little room; narrow; crowded. **5.** Without enough fresh air; stuffy. **6.** Almost even or equal. **7.** Careful; complete.
—*verb* |klōz| **closed, closing 1.** To shut. **2.** To be or cause to be not open for its usual purpose. **3.** To bring or come to an end. **4.** To pull together or come together.
—*noun* |klōz| An ending..
Idiom a close call An escape that almost failed or could easily have failed; a narrow escape.

clos·et |klŏz′ĭt| —*noun, plural* **closets** A small room or cabinet for hanging clothes or storing supplies.

clot |klŏt|—*noun, plural* **clots** A thick or solid material formed from a liquid.
—*verb* **clotted, clotting** To form into clots.

cloth |klôth| or |klŏth| —*noun, plural* **cloths**

clinch *verbo* **1.** Clavar o sujetar fuertemente con tornillos; remachar. **2.** Llegar a un acuerdo final; cerrar. **3.** En el boxeo, agarrar el cuerpo del otro boxeador con uno o ambos brazos para impedir el golpe; abrazar.
—*sustantivo* En el boxeo, el acto de abrazar.

cling *verbo* **1.** Agarrar fuertemente o pegarse a algo; adherirse a. **2.** Permanecer cerca o pegado de; aferrarse a. **3.** Quedarse pegado a algo o negarse a abandonarlo; aferrarse a.

clinic *sustantivo* **1.** Lugar, usualmente conectado a un hospital, que da ayuda médica a pacientes que no están internados en el hospital; clínica. **2.** Escuela o curso que da entrenamiento o preparación especial; clínica: *a basketball clinic = clínica de baloncesto.*

clip[1] *verbo* Cortar con tijeras o esquiladoras; trasquilar; tijeretear; cortar bien corto; recortar; podar.
—*sustantivo* Ritmo rápido de movimiento; paso rápido.

clip[2] *sustantivo* **1.** Objeto usado para mantener cosas juntas; sujetador. **2.** Pieza de joyería que cierra con un broche o sujetador: *a tie clip = un sujetacorbatas.*
—*verbo* Mantener juntos con un sujetador; sujetar; prender a.

clipper *sustantivo* **1. clippers** Herramienta para recortar o cortar; recortador; esquilador; trasquilador. **2.** Barco de vela construido para velocidad rápida; clíper.

clipping *sustantivo* Recorte: **1.** Algo cortado o recortado; corte. **2.** Artículo, anuncio o fotografía recortado de un periódico o revista.

cloak *sustantivo* Manto: **1.** Pieza suelta de ropa exterior que usualmente no tiene mangas; capa. **2.** Algo que cubre o esconde.
—*verbo* Encubrir; esconder.

clock *sustantivo* Instrumento que indica la hora; reloj.
—*verbo* Medir o apuntar el tiempo o velocidad de algo; registrar.

clockwise *adverbio* En la misma dirección de las manecillas de un reloj.
—*adjetivo* Que se mueve en la misma dirección de las manecillas del reloj.

clog *verbo* Obstruirse o hacer que se obstruya; atascar; apiñar; atorar; trabar.

clone *sustantivo* Planta o animal viviente que ha sido producido de una sola célula de otra planta o animal y que es idéntico en muchas maneras a la planta o animal del cual se tomó.
—*verbo* Crear un ser viviente de esa manera.

close *ajetivo* **1.** Cerca en el espacio o el tiempo; cercano; próximo. **2.** Dentro de una familia o en una relación; cercano; próximo; íntimo. **3.** Que tiene poco o ningún espacio entre sí; apretado. **4.** Que tiene poco lugar; estrecho; angosto; atestado. **5.** Sin suficiente aire fresco; sofocante; ahogado. **6.** Casi parejo o igual; reñido. **7.** Cuidadoso; completo; atento: *Pay close attention. = Pongan completa atención.*
—*verbo* **1.** Cerrar. **2.** Hacer que no esté o no estar abierto para su propósito usual; cerrar; clausurar. **3.** Traer hacia o llegar a un final; cerrar; concluir; terminar; levantar (una sesión); finalizar (una cuenta). **4.** Juntar o juntarse; cerrar; unirse.
—*sustantivo* Final; cierre; cercado; recinto.
Modismo a close call Escape que casi fracasó o que fácilmente hubiera podido fracasar: *to have a close call = escaparse por un pelo.*

closet *sustantivo* Pequeño cuarto o gabinete para colgar ropas o almacenar abastecimientos; armario; tocador; alacena.

clot *sustantivo* Material grueso o sólido formado de un líquido; coágulo; cuajarón.
—*verbo* Formarse en coágulos; coagularse; cuajarse.

cloth *sustantivo* **1.** Material hecho tejiendo algodón,

|klô*th*z| or |klō*th*z| or |klôths| or |klōths| **1.** Material made by weaving or knitting cotton, wool, silk, flax, nylon, or other fibers together. **2.** A piece of cloth used for a special purpose, such as a tablecloth or a washcloth.

clothe |klō*th*| —*verb* **clothed** or **clad, clothing 1.** To put clothes on or provide clothes for; dress. **2.** To cover.

clothes |klōz| or |klō*th*z| —*plural noun* Coverings worn on the body.

cloth·ing |klō′*th*ing| —*noun* Coverings worn on the body; clothes.

cloud |kloud| —*noun, plural* **clouds 1. a.** A large white or gray object in the sky made up of a collection of very small drops of water or tiny pieces of ice held in the air. **b.** Any object made up of a collection of tiny pieces held in the air, such as dust, steam, or smoke. **2.** A moving group of things that is so large that it looks like a cloud. **3.** Something that saddens or makes gloomy.
—*verb* **clouded, clouding 1.** To cover or become covered with clouds. **2.** To make gloomy, dark, or confused.

cloud·y |kloud′ē| —*adjective* **cloudier, cloudiest 1.** Full of or covered with clouds. **2.** Not clear.

clout |klout| —*noun, plural* **clouts 1.** A strong punch with the fist. **2.** In baseball, a long, powerful hit.
—*verb* **clouted, clouting** To hit hard.

clove¹ |klōv| —*noun, plural* **cloves** One of the dried flower buds of a tropical plant. Cloves have a strong smell and taste. They are used as a spice, either ground into a powder or whole.

clove² |klōv| —*noun, plural* **cloves** One of the sections of a bulb of garlic.

clo·ver |klō′vər| —*noun* A plant with leaves made up of three leaflets and small flowers in round, tight clusters.

clown |kloun| —*noun, plural* **clowns 1.** A person who has a job, usually with a circus, doing tricks and telling jokes to make people laugh. **2.** A person who is always making jokes or acting foolishly.
—*verb* **clowned, clowning 1.** To perform as a clown in a circus or show. **2.** To behave like a clown.

club |klŭb| —*noun, plural* **clubs 1.** A heavy stick, usually thicker at one end than at the other, used as a weapon. **2.** A stick used to strike a ball in certain games. **3. a.** A black figure that looks like a clover leaf found on a playing card. **b.** A playing card marked with this figure. **c. clubs** The suit of cards that has this figure. **4. a.** A group of people who have joined together to do the same thing. **b.** The room or building used by the members of such a group.
—*verb* **clubbed, clubbing** To hit or beat with a stick or club.

clue |kloo| —*noun, plural* **clues** An object, footprint, fingerprint, or other information that helps to solve a problem or mystery.

clump |klŭmp| —*noun, plural* **clumps 1.** A thick group of trees or bushes. **2.** A thick piece of dirt or earth. **3.** A heavy, dull sound.
—*verb* **clumped, clumping** To walk with a heavy, dull sound.

clum·sy |klŭm′zē| —*adjective* **clumsier, clumsiest 1.** Uneven in movement; awkward. **2.** Hard to use or control. **3.** Done without skill; careless.

clung |klŭng| The past tense and past participle of the verb **cling.**

clus·ter |klŭs′tər| —*noun, plural* **clusters** A group of similar things growing or grouped close together.
—*verb* **clustered, clustering** To gather or grow in

lana, seda, lino, nilón u otras fibras; tela; tejido. **2.** Pedazo de tela usado para un propósito especial, tal como un mantel o paño para lavar.

clothe *verbo* **1.** Ponerse ropa o proveerle ropa a alguien; vestir. **2.** Cubrir; arropar.

clothes *sustantivo* Coberturas usadas sobre el cuerpo; ropa; vestuario; indumentaria.

clothing *sustantivo* Coberturas usadas sobre el cuerpo; ropa; vestuario; indumentaria.

cloud *sustantivo* Nube: **1. a.** Objeto grande blanco o gris en el cielo compuesto de una colección de gotas muy pequeñas de agua o diminutos pedazos de hielo suspendidos en el aire; nubarrón. **b.** Cualquier objeto compuesto de una colección de pequeños pedacitos suspendidos en el aire, tales como polvo, vapor o humo. **2.** Grupo movedizo de cosas el cual es tan grande que parece una nube; enjambre; multitud. **3.** Algo que entristece o ensombrece.
—*verbo* Nublar: **1.** Cubrir o cubrirse de nubes. **2.** Poner sombrío, oscuro o confuso; ensombrecer; empañar; cegar; enturbiar.

cloudy *adjetivo* **1.** Lleno o cubierto de nubes; nublado. **2.** Que no está claro; turbio; sombrío; velado.

clout *sustantivo* **1.** Golpe fuerte con el puño; bofetada; zoquete. **2.** En el béisbol, un batazo largo y poderoso.
—*verbo* Golpear duro; dar una bofetada a; dar un puñetazo.

clove¹ *sustantivo* Uno de los brotes secos de la flor de una planta tropical, que tiene un fuerte olor y sabor y que se usa como especia, ya sea molido en polvo o entero; clavo.

clove² *sutantivo* Una de las secciones de un bulbo de ajo; diente de ajo.

clover *sustantivo* Planta de hojas compuestas de tres hojuelas y pequeñas flores en racimos redondos y apretados; trébol.

clown *sustantivo* Payaso: **1.** Persona que trabaja en un circo haciendo trucos y diciendo chistes para hacer reír a la gente. **2.** Persona que siempre está haciendo chistes o actuando tontamente; hazmerreír; truhán; tenfo.
—*verbo* **1.** Actuar como payaso en un circo o un espectáculo; hacer payasadas. **2.** Comportarse como un payaso; hacer el payaso; comportarse grotesca o toscamente.

club *sustantivo* **1.** Palo pesado, usualmente más grueso en un extremo que en el otro, usado como arma; porra. **2.** Palo usado para darle a una pelota en algunos juegos; palo: *golf club = palo de golf.* **3. a.** Figura de basto encontrada en un naipe; basto. **b. clubs** El palo de barajas que tiene la figura de basto. **4. a.** Grupo de personas que se han juntado para hacer la misma cosa; club; asociación social. **b.** El salón o edificio usado por los miembros de este tipo de grupo; club.
—*verbo* Dar o golpear con un palo o porra; aporrear; pegar con garrote.

clue *sustantivo* Objeto, huella, huella digital u otra información que ayuda a resolver un problema o misterio; pista.

clump *sustantivo* **1.** Grupo denso de árboles o arbustos. **2.** Pedazo grueso de tierra; terrón. **3.** Sonido pesado y sordo; pisada fuerte.
—*verbo* Caminar con un sonido pesado y sordo; andar con pisadas fuertes.

clumsy *adjetivo* **2.** Desigual en el movimiento; torpe; desgarbado. **2.** Difícil de usar o controlar; incómodo. **3.** Hecho sin destreza; descuidado; tosco; burdo.

clung Pretérito y participio pasado del verbo **cling.**

cluster *sustantivo* Grupo de cosas similares que crecen o se agrupan muy juntas; racimo; agrupación; piña; ramo; ramillete.

ər butter   yōō abuse   ou **out**   ŭ **cut**   û **fur**   *th* **the**   th **thin**   hw **which**   zh **vision**   ə **ago,** item, pencil, atom, circus

clusters.

clutch |klŭch| —*verb* **clutched, clutching** To hold or grasp tightly.
—*noun, plural* **clutches 1.** A tight hold or grip. **2. a.** A part of a machine, used to connect and disconnect the motor that makes the machine work. **b.** The lever or pedal that controls this part.

clut·ter |klŭt′ər| —*noun* A group of things scattered about in a messy way; a jumble; disorder.
—*verb* **cluttered, cluttering** To scatter things about in a messy way, making it difficult to move around.

coach |kōch| —*noun, plural* **coaches 1.** A large, closed carriage with four wheels pulled by horses. **2.** A bus or a railroad passenger car. **3.** A less expensive section of seats on a train, airplane, or bus. **4. a.** A person in charge of a football, basketball, or other athletic team. **b.** A person who gives private lessons in a certain sport, or in singing, acting, or other kinds of performing.
—*verb* **coached, coaching** To teach or train.

coal |kōl| —*noun, plural* **coals 1. a.** A black, natural material taken from the ground. It is made up mainly of carbon and is used as a fuel. **b.** A piece of this material. **2.** A glowing or burned piece of wood, coal, or charcoal.

coarse |kôrs| or |kōrs| —*adjective* **coarser, coarsest 1.** Not smooth; rough. **2.** Made up of large parts or pieces. **3.** Not having or showing good manners; rude; crude.

coast |kōst| —*noun, plural* **coasts 1.** The edge of the land touching the sea. **2.** The area next to or near the sea.
—*verb* **coasted, coasting** To move down a hill without any power.

coast·al |kō′stəl| —*adjective* On, along, or near a coast.

coat |kōt| —*noun, plural* **coats 1.** A piece of outer clothing with sleeves, usually worn to keep warm or to protect against the weather. **2.** The hair or fur of an animal. **3.** A thin layer of something spread over an area.
—*verb* **coated, coating** To cover with a thin layer of something.

coax |kōks| —*verb* **coaxed, coaxing 1.** To try in a gentle or pleasant way to get someone to do something. **2.** To get something by being nice.

cob |kŏb| —*noun, plural* **cobs** The long, hard center part of an ear of corn; a corncob.

co·balt |kō′bôlt′| —*noun* A hard, brittle metal that looks like nickel or iron. Cobalt is one of the chemical elements. It is used in making steel and paint.

cock |kŏk| —*noun, plural* **cocks 1.** A fully grown male chicken; a rooster. **2.** The male of other birds.
—*verb* **cocked, cocking 1.** To set the hammer of a gun into position so that the gun can be fired. **2.** To set something into a tight position so that it can be released suddenly. **3.** To tilt or turn up to one side.

cock·a·too |kŏk′ə tōō′| or |kŏk′ə tōō′| —*noun, plural* **cockatoos** A parrot that has a crest. It is found in Australia.

cock·pit |kŏk′pĭt′| —*noun, plural* **cockpits** The part of an airplane where the pilot and copilot sit.

cock·roach |kŏk′rōch′| —*noun, plural* **cockroaches** A brown insect with a flat, oval body. Cockroaches are often pests in homes.

cock·tail |kŏk′tāl′| —*noun, plural* **cocktails 1.** An alcoholic drink made with a liquor or wine and fruit juice or other ingredients. **2.** A seafood or fruit eaten before dinner.

co·coa |kō′kō′| —*noun* **1.** A powder made from ca-

—*verbo* Juntarse o crecer en racimos; agruparse; apiñarse.

clutch *verbo* Agarrar o asir fuertemente; sujetar.
—*sustantivo* **1.** Agarre o apretón fuerte. **2. a.** Parte de una máquina usada para conectar y desconectar el motor que hace trabajar la máquina; embrague. **b.** Palanca o pedal que controla esa parte; embrague.

clutter *sustantivo* Grupo de cosas dispersas en forma desordenada; revoltijo; desorden.
—*verbo* Dispersar cosas en forma desordenada, haciendo que sea difícil moverse; desordenar; revolver.

coach *sustantivo* **1.** Carruaje largo y cerrado con cuatro ruedas jaladas por caballos; carroza; calesa. **2.** Autobús o vagón de pasajeros; coche. **3.** Sección menos cara en un tren, avión o autobús; segunda clase; vagón ordinario. **4. a.** Persona a cargo de un equipo de fútbol, baloncesto u otro deporte; entrenador. **b.** Persona que da lecciones privadas en algún deporte, en el canto, en la actuación u otro tipo de representación; instructor; preparador.
—*verbo* Enseñar o entrenar.

coal *sustantivo* **1. a.** Material natural negro tomado del suelo, compuesto principalmente de carbono y usado como combustible; carbón mineral; carbón de piedra. **b.** Pedazo de ese material. **2.** Pedazo candente o quemado de madera, carbón mineral o carbón vegetal; brasa.

coarse *adjetivo* **1.** Que no es liso; basto; burdo; tosco. **2.** Compuesto de grandes partes o pedazos; grueso. **3.** Que no tiene o demuestra buenos modales; grosero; descortés; soez.

coast *sustantivo* **1.** Orilla de la tierra que toca el mar; costa; litoral. **2.** El área próxima o cerca del mar.
—*verbo* Moverse cuesta abajo por una loma sin ninguna fuerza propia.

coastal *adjetivo* En, a lo largo de, o cerca de una costa; costero; costeño.

coat *sustantivo* **1.** Pieza de ropa exterior con mangas, generalmente usada para mantenerse cálido o para protegerse contra el tiempo; abrigo; chaleco. **2.** Pelaje o piel de un animal; pelo; cuero. **3.** Capa fina de algo tendida sobre un área: *a coat of paint* = *una mano de pintura.*
—*verbo* Cubrir con una capa fina de algo; revestir de.

coax *verbo* **1.** Tratar de conseguir en una forma apacible o agradable que alguien haga algo; engatusar. **2.** Obtener algo siendo amable; sonsacar.

cob *sustantivo* Parte larga y dura del centro de una espiga de maíz; mazorca.

cobalt *sustantivo* Metal duro y quebradizo que se parece al níquel o al hierro, y que se usa en la fabricación de acero y pintura; cobalto. El cobalto es uno de los elementos químicos.

cock *sustantivo* **1.** Pollo macho, completamente adulto; gallo. **2.** El macho de otros pájaros.
—*verbo* **1.** Poner el gatillo de un revólver en posición para que pueda ser disparado; amartillar. **2.** Poner algo en una posición tensa para que pueda ser disparado súbitamente; tensar; montar. **3.** Inclinar o voltear un lado hacia arriba; ladear.

cockatoo *sustantivo* Loro que tiene una cresta nativo de Australia; cacatúa.

cockpit *sustantivo* Parte de un avión donde se sientan el piloto y el copiloto; cabina.

cockroach *sustantivo* Insecto marrón con un cuerpo plano y ovalado, que a veces son plagas en las casas; cucaracha.

cocktail *sustantivo* Cóctel: **1.** Bebida alcohólica hecha con un licor o vino y jugo de fruta u otros ingredientes. **2.** Marisco o fruta que se come antes de cenar; aperitivo.

cocoa *sustantivo* **1.** Polvo hecho de semillas de cacao

ă pat ā pay â care ä father ĕ pet ē be ĭ pit ī pie î fierce ŏ pot ō go ô paw, for oi oil ŏŏ book ōō boot

cao seeds that have been roasted and ground, and from which most of the fat has been removed. **2.** A sweet drink made with cocoa and milk or water.

co·co·nut or **co·coa·nut** |kō′kə nŭt′| or |kō′kə nət| —*noun, plural* **coconuts** or **cocoanuts** The large, round nut of a tropical palm tree. A coconut has a hard, brown, hairy shell and sweet white meat. It has a hollow center filled with sweet, watery liquid called coconut milk.

co·coon |kə kōōn′| —*noun, plural* **cocoons** A covering of silky strands made by a caterpillar. The cocoon protects the insect until it turns into a fully developed adult with wings.

cod |kŏd| —*noun, plural* **cod** or **cods** A fish of northern ocean waters. Cod are caught in large numbers for food.

code |kŏd| —*noun, plural* **codes** **1.** A system of signals that stand for letters and numerals in a message. **2.** A system of words, marks, or letters used to keep messages secret or short. **3.** A collection of laws or rules and regulations. —*verb* **coded, coding** To put something into a code.

cod·fish |kŏd′fĭsh| —*noun, plural* **codfish** or **codfishes** **1.** A cod. **2.** The flesh of a cod, used as food.

cof·fee |kô′fē| or |kŏf′ē| —*noun* **1.** A dark-brown drink made from the ground, roasted seeds of a tropical tree. **2.** The ground or whole seeds of this tree.

cof·fin |kô′fĭn| or |kŏf′ĭn| —*noun, plural* **coffins** A box in which a dead person is buried.

coil |koil| —*noun, plural* **coils** **1.** Anything made by winding something long and flexible around a center a number of times. **2.** One in a group of turns. —*verb* **coiled, coiling** To wind into a coil or into the shape of a coil.

coin |koin| —*noun, plural* **coins** A piece of flat, round metal issued by a government for use as money. —*verb* **coined, coining** **1.** To make coins from metal. **2.** To make up; invent.

co·in·cide |kō′ĭn sīd′| —*verb* **coincided, coinciding** **1.** To be in the same space at the same time. **2.** To correspond exactly; be identical. **3.** To happen at the same time.

co·in·ci·dence |kō ĭn′sĭ dəns| —*noun, plural* **coincidences** A happening or a group of happenings that seem to have been planned or arranged, but have not been.

cold |kōld| —*adjective* **colder, coldest** **1.** Having a low temperature. **2.** Feeling no warmth; chilly. **3.** Not cordial or friendly. —*noun, plural* **colds** **1.a.** A lack of heat. **b.** The feeling caused by this. **2.** A common sickness that causes sneezing, a running nose, and cough.

cold-blood·ed |kōld′blŭd′ĭd| —*adjective* **1.** Having a body temperature that becomes colder or warmer as the surrounding air or water becomes colder or warmer. **2.** Having no feeling or emotion.

col·i·se·um |kŏl′ĭ sē′əm| —*noun, plural* **coliseums** A large stadium or building used for sports events, exhibitions, and other entertainments.

col·lage |kō läzh′| or |kə läzh′| —*noun, plural* **collages** A collection of different materials pasted or glued onto a surface to make a picture or design.

col·lapse |kə lăps′| —*verb* **collapsed, collapsing** **1.** To fall down or inward suddenly; cave in. **2.** To break down or fail suddenly. **3.** To fold together. —*noun, plural* **collapses** **1.** The act of collapsing or an example of collapsing. **2.** A breakdown; failure.

col·lar |kŏl′ər| —*noun, plural* **collars** **1.** The band around the neck of a coat, dress, or shirt. **2.** A leather or metal band for the neck of an animal. **3.** The part of a harness that fits around a horse's neck and over its shoulders to help it pull heavy objects.

---

que se han asado y molido, y de las cuales se ha extraído la mayor parte de la grasa; polvo de cacao; chocolate en polvo. **2.** Bebida dulce hecha con cacao y leche o agua; chocolate.

coconut o **cocoanut** *sustantivo* Nuez grande y redonda de una palmera tropical, que tiene una corteza marrón dura y peluda y una carne dulce y blanca y un centro hueco lleno de líquido dulce y aguado al cual se le llama leche de coco; coco.

cocoon *sustantivo* Envoltura de hebras sedosas hecha por una oruga, que protege al insecto hasta que éste se convierte en adulto completamente desarrollado con alas; capullo.

cod *sustantivo* Pescado de aguas del norte del océano que se pesca en grandes cantidades para comer; bacalao.

code *sustantivo* **1.** Sistema de señales que representan letras y números en un mensaje; cifra; código. **2.** Sistema de palabras, marcas o letras usado para guardar mensajes secretos o breves; cifra. **3.** Colección de leyes o reglamentos; código. —*verbo* Poner algo en cifra; cifrar.

codfish *sustantivo* **1.** Bacalao. **2.** La carne del bacalao usada como comida.

coffee *sustantivo* **1.** Bebida marrón oscuro hecha de las semillas asadas y molidas de un árbol tropical; café. **2.** Las semillas molidas o enteras de este árbol.

coffin *sustantivo* Caja en la cual se entierra una persona muerta; ataúd.

coil *sustantivo* **1.** Cualquier cosa que se hace enrollando algo largo y flexible alrededor de un centro cierto número de veces; rollo; rosca; espiral. **2.** Una de un grupo de vueltas; aduja (de cable). —*verbo* Envolver en rollo o en forma de rollo; enrollar; arrollar; adujar (un cable).

coin *sustantivo* Pieza plana y redonda de metal acuñada por un gobierno para uso como dinero; moneda. —*verbo* **1.** Hacer monedas de metal; acuñar. **2.** Componer; formar; inventar.

coincide *verbo* **1.** Estar en el mismo espacio al mismo tiempo; coincidir. **2.** Corresponder exactamente; ser idéntico. **3.** Pasar al mismo tiempo.

coincidence *sustantivo* Acontecimiento o grupo de acontecimientos que parecen haber sido arreglados o planeados, pero que no lo han sido; coincidencia.

cold *adjetivo* **1.** Teniendo una temperatura baja; frío. **2.** No sintiendo calor; friolento. **3.** No cordial o amigable; frío. —*sustantivo* **1.a.** Falta de calor. **b.** La sensación causada por esto. **2.** Enfermedad común que causa estornudos, mocosidad nasal y tos; catarro.

cold-blooded *adjetivo* **1.** Teniendo una temperatura corpórea que se hace más fría o más cálida en cuanto el aire o el agua circundante se hace más frío o cálido; de sangre fría. **2.** No teniendo sentimiento o emoción; impasible; inhumano; de sangre fría.

coliseum *sustantivo* Gran estadio o edificio usado para eventos deportivos, exhibiciones y otros entretenimientos; coliseo.

collage *sustantivo* Colección de diferentes materiales engomados o pegados con cola a una superficie para formar un cuadro o diseño.

collapse *verbo* **1.** Caer o derrumbar repentinamente; desplomarse; aplastarse. **2.** Sufrir colapso o desfallecer repentinamente. **3.** Doblar; plegar. —*sustantivo* **1.** Acto de derrumbamiento o un ejemplo de derrumbamiento. **2.** Colapso; fracaso.

collar *sustantivo* **1.** Banda que rodea el cuello de un saco, vestido o camisa; cuello. **2.** Banda de cuero o metal para el cuello de un animal; collar. **3.** Parte de un arreo que va alrededor del cuello y sobre los hombros de un caballo para ayudarle a jalar objetos

---

ər butter   yōō abuse   ou out   ŭ cut   û fur   *th* the   th thin   hw which   zh vision   ə ago, item, pencil, atom, circus

—verb **collared, collaring** To catch and hold by or as if by the collar; capture; arrest.

col·lar·bone |kŏl′ər bōn′| *—noun, plural* **collarbones** A bone that connects the shoulder blade and the breastbone.

col·league |kŏl′ēg′| *—noun, plural* **colleagues** An associate.

col·lect |kə lĕkt′| *—verb* **collected, collecting** 1. To bring or come together in a group; gather. 2. To pick up and take away. 3. To obtain payment of.

col·lec·tion |kə lĕk′shən| *—noun, plural* **collections** 1. The act or process of collecting. 2. A group of things gathered or kept together as a hobby.

col·lec·tor |kə lĕk′tər| *—noun, plural* **collectors** Someone or something that collects.

col·lege |kŏl′ĭj| *—noun, plural* **colleges** 1. A school attended after high school. A college usually has a program of studies that lasts two, four, or five years. 2. Any of several special schools within a university.

col·lide |kə līd′| *—verb* **collided, colliding** 1. To strike or bump together violently; to crash. 2. To disagree strongly.

col·li·sion |kə lĭzh′ən| *—noun, plural* **collisions** 1. The act or process of colliding; a crash. 2. A clash of ideas or interests; a conflict.

co·lon¹ |kō′lən| *—noun, plural* **colons** A punctuation mark (:) used after a word that introduces a list, explanation, quotation, or example.

co·lon² |kō′lən| *—noun, plural* **colons** The lower part of the large intestine.

colo·nel |kûr′nəl| *—noun, plural* **colonels** An officer in the Army, Air Force, or Marine Corps.

co·lo·ni·al |kə lō′nē əl| *—adjective* 1. Of or possessing colonies. 2. Having to do with the thirteen original American colonies.

col·o·nist |kŏl′ə nĭst| *—noun, plural* **colonists** 1. An original settler of a colony or someone who helped establish one. 2. A person who lives in a colony.

col·o·ny |kŏl′ə nē| *—noun, plural* **colonies** 1. A group of people who settle in another land but are still citizens of their native country. 2. A territory that is ruled by a country that is far away from it. 3. **the colonies** The thirteen British colonies that became the original states of the United States. They were Connecticut, Delaware, Georgia, Maryland, Massachusetts, New Hampshire, New Jersey, New York, North Carolina, Pennsylvania, Rhode Island, South Carolina, and Virginia. 4. A group of the same kind of animals or plants living closely together.

col·or |kŭl′ər| *—noun, plural* **colors** 1. The property by which our sense of sight can tell things apart, such as a red rose and a yellow rose, that may be alike in size and feel. 2. A dye, paint, or other coloring substance. 3. The way the skin looks. 4. **colors** A flag or banner of a country or military unit.
—verb **colored, coloring** To give color to or change the color of.

Idioms **show one's true colors** To reveal one's real personality. **with flying colors** With great success.

col·or·ful |kŭl′ər fəl| *—adjective* 1. Full of color. 2. Interesting; exciting to the imagination.

col·or·ing |kŭl′ər ĭng| *—noun, plural* **colorings** 1. The way color is applied. 2. A substance used to color something. 3. Appearance having to do with color.

colt |kōlt| *—noun, plural* **colts** A young horse, especially a male.

col·umn |kŏl′əm| *—noun, plural* **columns** 1. A support or decoration for a building, shaped like a thin, upright cylinder; a pillar. 2. Anything resembling a pillar in shape or in use. 3. A narrow vertical section of

pesados.
—verbo Agarrar y detener del cuello o como si fuera del cuello; capturar; detener; arrestar.

collarbone *sustantivo* Hueso que conecta la escápula y el esternón; clavícula.

colleague *sustantivo* Colega; asociado.

collect *verbo* 1. Juntar o venir juntos en un grupo; reunir; congregar; coleccionar. 2. Levantar y llevar fuera; recoger. 3. Obtener pago de; cobrar.

collection *sustantivo* Colección: 1. Acto o proceso de coleccionar. 2. Grupo de cosas reunidas o mantenidas juntas como pasatiempo.

collector *sustantivo* Alguien o algo que colecciona; coleccionista; cobrador; colector.

college *sustantivo* 1. Escuela a la cual se asiste después de la secundaria; colegio superior; universidad. Un colegio superior usualmente tiene un programa de estudios que dura dos, cuatro, o cinco años. 2. Cualquiera de varias escuelas especiales dentro de una universidad; facultad universitaria.

collide *verbo* 1. Pegar o topar con algo violentamente; chocar. 2. Desconvenir fuertemente; disentir; desavenir.

collision *sustantivo* 1. Acto o proceso de chocar; colisión. 2. Choque de ideas o intereses; conflicto.

colon¹ *sustantivo* Signo de puntuación (:) usado después de una palabra que introduce una lista, explanación, cita o ejemplo; dos puntos.

colon² *sustantivo* Parte baja del intestino grueso; colon.

colonel *sustantivo* Oficial en el ejército, la fuerza aérea, o la infantería de marina; coronel.

colonial *adjetivo* 1. De o posesionando colonias; colonial. 2. Referente a las trece colonias originales estadounidenses.

colonist *sustantivo* 1. Poblador original de una colonia o alguien que ayudó a establecerla; colonizador. 2. Persona que vive en una colonia; colono.

colony *sustantivo* 1. Grupo de personas que se asientan en otra tierra pero que todavía son ciudadanos de su país natal; colonia. 2. Territorio gobernado por un país que está lejos; colonia. 3. **the colonies** Las trece colonias británicas que se convirtieron en los estados originales de los Estados Unidos. Fueron Connecticut, Delaware, Georgia, Maryland, Massachusetts, New Hampshire, New Jersey, New York, North Carolina, Pennsylvania, Rhode Island, South Carolina y Virginia. 4. Grupo de la misma especie de animales o plantas que viven juntos.

color *sustantivo* 1. Propiedad por la cual nuestro sentido de la vista puede distinguir cosas aparte, tal como una rosa roja o una rosa amarilla, que pueden ser semejantes en tamaño o tacto; color. 2. Teñido, pintura u otra substancia colorante. 3. El colorido de la piel. 4. **colors** Bandera o pabellón de un país o unidad militar.
—verbo Dar color o cambiar el color de; colorar.

Modismos **show one's true colors** Revelar la verdadera personalidad de uno. **with flying colors** Con gran éxito.

colorful *adjetivo* 1. Lleno de color. 2. Interesante; que excita la imaginación.

coloring *sustantivo* 1. Manera en que se aplica el color. 2. Substancia usada para colorar algo. 3. Apariencia que tiene que ver con el color.

colt *sustantivo* Caballo joven, especialmente el macho; potro.

column *sustantivo* 1. Soporte o decoración para un edificio, formado como cilindro delgado y parado; columna; pilar. 2. Cualquier cosa que asemeja un pilar en forma o en uso. 3. Sección angosta vertical de pala-

printed words on a page. **4.** An article that appears regularly in a newspaper or magazine. **5.** A long line of things or people following one behind the other.

comb |kŏm| —*noun, plural* **combs 1.** A thin strip of stiff material having teeth and used to arrange or fasten the hair. **2.** A bright-red strip of flesh on the head of a rooster, hen, or some other birds. **3.** An object used to straighten out fibers of wool or cotton before spinning. **4.** A bee's honeycomb.
—*verb* **combed, combing** To dress or arrange hair.

com·bat |kəm băt'| or |kŏm' băt'| —*verb* **combated** or **combating** To fight or struggle against.
—*noun* |kŏm' băt|, *plural* **combats** A fight or battle using weapons.

com·bi·na·tion |kŏm'bĭ nā' shən| —*noun, plural* **combinations 1.** The act or process of combining. **2.** The result of combining. **3.** A series of numbers or letters used to open a lock.

com·bine |kəm bīn'| —*verb* **combined, combining 1.** To bring or come together; unite; join. **2.** To join two or more substances together to make a single substance.
—*noun* |kŏm' bīn'|, *plural* **combines** A machine that cuts and cleans grain.

com·bus·tion |kəm bŭs' chən| —*noun, plural* **combustions** The process of burning.

come |kŭm| —*verb* **came, come, coming 1.** To move toward the person who is speaking; to approach. **2.** To arrive at a particular point or result. **3.** To move or be brought to a particular position. **4.** To extend; reach. **5.** To exist or belong at a particular point in time or space. **6.** To be from. **7.** To become. **8.** To be available.
Phrasal verbs **come about** To occur. **come across** To meet by chance. **come in for** To receive; get. **come off** To happen; occur. **come out** To become known. **come to 1.** To get consciousness back; revive. **2.** To add up to; amount to.

co·me·di·an |kə mē' dē ən| —*noun, plural* **comedians 1.** A person who makes other people laugh by telling jokes or doing funny things. **2.** An actor in comedy.

com·e·dy |kŏm'ĭ dē| —*noun, plural* **comedies 1.** A play, movie, or other entertainment that is funny and has a happy ending. **2.** A happening or event in real life that resembles a comedy.

com·et |kŏm'ĭt| —*noun, plural* **comets** A mass of material that travels around the sun on a long path.

com·fort |kŭm' fərt| —*verb* **comforted, comforting** To soothe someone in a time of grief, pain, or fear.
—*noun, plural* **comforts 1.** A feeling of ease or well-being that is without grief, pain, or fear. **2.** A person or thing that makes grief, pain, or fear easier to stand. **3.** A thing or quality that makes people feel well or at ease.

com·fort·a·ble |kŭmf'tə bəl| or |kŭm'fər tə bəl| —*adjective* **1.** Giving comfort. **2.** In a state of comfort; at ease.

com·ic |kŏm'ĭk| —*adjective* **1.** Funny; amusing. **2.** Having to do with comedy.
—*noun, plural* **comics 1.** A person who is funny. **2. comics** Comic strips.

com·i·cal |kŏm'ĭ kəl| —*adjective* Causing laughter; funny; amusing.

comic book A booklet of comic strips.

comic strip A series of cartoons or drawings that tell a joke, a story, or part of a story.

com·ma |kŏm'ə| —*noun, plural* **commas** A punctuation mark (,) used to separate things or ideas in a sentence.

com·mand |kə mănd'| or |kə mänd'| —*verb* **commanded, commanding 1.** To direct; give orders to.

bras impresas en una página; columna. **4.** Artículo que aparece regularmente en un periódico o revista. **5.** Línea larga de personas que se siguen una tras otra.

comb *sustantivo* **1.** Tira delgada de material endurecido que tiene dientes y que se usa para arreglar o tener el cabello; peine. **2.** Tira de cartílago rojo encendido sobre la cabeza de un gallo, gallina u otros pájaros; cresta. **3.** Objeto usado para enderezar fibras de lana o algodón antes de hilar; carda. **4.** Panal de abeja.
—*verbo* Peinar o peinarse.

combat *verbo* Pelear o luchar en contra; combatir.
—*sustantivo* Pelea o batalla usando armas; combate.

combination *sustantivo* **1.** Acto o proceso de combinar; combinación. **2.** El resultado de combinar. **3.** Serie de números o letras usadas para abrir un candado.

combine *verbo* **1.** Reunir o contraer; combinar; unir; juntar. **2.** Juntar dos o más sustancias para formar una sola sustancia.
—*sustantivo* Máquina que corta y limpia los granos; segadora mecánica.

combustion *sustantivo* Proceso de quemar; combustión.

come *verbo* **1.** Mover hacia la persona que habla; venir; acercar. **2.** Llegar a cierto punto o resultado; venir al punto; venir al grano. **3.** Mover o ser traído a una posición determinada. **4.** Extender; alcanzar. **5.** Existir o pertenecer a cierto punto de tiempo o espacio. **6.** Venir de. **7.** Hacerse; tornarse; volverse. **8.** Estar disponible.
Verbos en locuciones **come about** Ocurrir. **come across** Encontrarse por casualidad. **come in for** Recibir; adquirir. **come off** Pasar; ocurrir. **come out** hacer conocido; hacer público. **come to 1.** Readquirir el conocimiento perdido; revivir. **2.** Sumar a; montar a.

comedian *sustantivo* **1.** Persona que hace reír a otras personas diciendo chistes o haciendo cosas graciosas; comediante. **2.** Actor en una comedia.

comedy *sustantivo* **1.** Obra de teatro, de cinema u otro entretenimiento que es chistoso y que tiene final feliz; comedia. **2.** Suceso o evento de la vida real que se asemeja una comedia.

comet *sustantivo* Masa de material que viaja alrededor del sol en un trazo largo; cometa.

comfort *verbo* Aliviar a alguien en tiempo de angustia, dolor o miedo; consolar; confortar.
—*sustantivo* **1.** Sentimiento de reposo o bienestar sin angustia, dolor o miedo; confortación; consolación; consuelo. **2.** Persona o cosa que hace más fácil de aguantar la angustia, el dolor o el miedo; consolador; confortador. **3.** Cosa o calidad que permite que las personas se sientan bien o aliviadas; confortación.

comfortable *adjetivo* **1.** Que da conforte; cómodo; confortativo; confortable. **2.** En estado de comodidad; aliviado; en reposo; tranquilo.

comic *adjetivo* Cómico. **1.** Chistoso; gracioso. **2.** Teniendo que ver con la comedia.
—*sustantivo* **1.** Persona que es chistosa; cómico. **2. comics** Tira cómica; caricaturas.

comical *adjetivo* Causando risa; chistoso; divertido; gracioso; jocoso.

comic book Revista de tiras cómicas; historietas cómicas; caricaturas.

comic strip Serie de caricaturas o dibujos que cuentan un chiste, una historia o parte de una historia; tira cómica; tira de caricaturas.

comma *sustantivo* Signo de puntuación (,) usado para separar cosas o ideas en una oración; coma.

command *verbo* **1.** Dirigir; mandar; dar órdenes a. **2.** Tener control o autoridad sobre; gobernar; dispo-

---

2. To have control or authority over; rule.
—*noun, plural* **commands 1.** An order or direction. **2.** The ability or authority to give orders. **3.** The ability to control or use.

com·mand·er |kə mănd′ər| *or* |kə mänd′ər| —*noun, plural* **commanders 1.** A person in charge; a leader. **2.** An officer in the Navy who is below a captain. **3.** An officer who is in command of a military unit.

com·mand·ment |kə mănd′mənt| *or* |kə mänd′mənt| —*noun, plural* **commandments 1.** A command; order. **2. Commandment** Any of the Ten Commandments.

com·mence |kə měns′| —*verb* **commenced, commencing** To begin; start.

com·mence·ment |kə měns′mənt| —*noun, plural* **commencements 1.** A beginning; start. **2.** A graduation ceremony in which school and college students receive their diplomas.

com·ment |kŏm′ĕnt′| —*noun, plural* **comments** A note or remark that gives an opinion about something or explains something.
—*verb* **commented, commenting** To make a comment; remark.

com·merce |kŏm′ərs| —*noun* The buying and selling of goods; trade; business.

com·mer·cial |kə mûr′shəl| —*adjective* Having to do with business or trade.
—*noun, plural* **commercials** An advertisement on television or radio.

com·mis·sion |kə mĭsh′ən| —*noun, plural* **missions 1.** A group of people who have been chosen to do a certain job. **2.** The job assigned to such a group of people. **3.** The act of committing or doing something. **4.** Money paid to someone for work done. **5.** The appointment of a person to one of several ranks in the military.
—*verb* **commissioned, commissioning** To give someone the power or right to do something; give a commission to.
Idiom **out of commission** Not in working condition.

com·mis·sion·er |kə mĭsh′ə nər| —*noun, plural* **commissioners** A person who is in charge of a department of the government.

com·mit |kə mĭt′| —*verb* **committed, committing 1.** To do or perform, especially to make a mistake or do something wrong. **2.** To pledge or devote oneself to; promise.

com·mit·tee |kə mĭt′ē| —*noun, plural* **committees** A group of people chosen to do a particular job.

com·mod·i·ty |kə mŏd′ĭ tē| —*noun, plural* **commodities** Anything that can be bought and sold.

com·mon |kŏm′ən| —*adjective* **commoner, commonest 1.** Belonging to all or shared equally by all. **2.** Of the community as a whole; public. **3.** Usual; widespread. **4.** Most widely known of its kind; average; ordinary. **5.** Of low quality.
—*noun, plural* **commons** An area of land belonging to a community and used by the people in the community.
Idiom **in common** Jointly; equally shared with another.

com·mon·place |kŏm′ən plās′| —*adjective* Ordinary; usual; common.

com·mon·wealth |kŏm′ən wělth′| —*noun, plural* **commonwealths 1.** A nation or state governed by the people. **2.** The people of a nation or state. **3.** Any of certain states of the United States.

com·mo·tion |kə mō′shən| —*noun, plural* **commotions** Violent motion; noisy activity; confusion.

com·mu·ni·cate |kə myōō′nĭ kāt′| —*verb* **communicated, communicating** To speak or write to; to pass

ner; regir.
—*sustantivo* **1.** Orden o dirección; mando; ordenanza. **2.** Abilidad o autoridad para dar órdenes. **3.** Abilidad de controlar o usar.

commander *sustantivo* **1.** Persona que manda; comandante; caudillo. **2.** Oficial de marina bajo el rango de capitán. **3.** Oficial en el mando de una unidad militar.

commandment *sustantivo* **1.** Mando; mandamiento; orden. **2. Commandment** Cualquiera de los diez mandamientos.

commence *verbo* Empezar; comenzar; emprender.

commencement *sustantivo* **1.** Comienzo; principio; inauguración. **2.** Ceremonia de graduación donde los estudiantes escolares o de escuela superior reciben sus diplomas.

comment *sustantivo* Nota o advertencia que presenta una opinión acerca de algo o que explica algo; comentario; explicación.
—*verbo* Hacer comentario; comentar; hacer nota; notar.

commerce *sustantivo* Compra y venta de cosas; comercio; tráfico mercantil; negocios.

commercial *adjetivo* Teniendo que ver con negocios o tráfico mercantil; comercial.
—*sustantivo* Anuncio en televisión o radio; anuncio comercial.

commission *sustantivo* **1.** Grupo de personas que han sido escogidas para hacer cierto trabajo; comisión; junta de gobierno municipal. **2.** Trabajo presentado a tal grupo de personas; comisión; encomendación; cargo. **3.** Acto de cometer o hacer algo. **4.** Dinero pagado a alguien por trabajo hecho; pago de comisión. **5.** Nombramiento de alguien a uno de varios rangos en el servicio militar.
—*verbo* Dar a alguien el poder o derecho de hacer algo; comisionar; autorizar; capacitar; dar una comision a.
Modismo **out of commission** Que no funciona; fuera de servicio.

commissioner *sustantivo* Persona que se encarga de un departamento del gobierno; delegado; comisario; apoderado.

commit *verbo* **1.** Hacer o perpetrar, especialmente hacer un error o hacer algo mal; cometer. **2.** Declararse o encomendarse a; comprometerse.

committee *sustantivo* Grupo de personas escogidas para hacer cierto trabajo; comité; delegación.

commodity *sustantivo* Cualquier cosa que puede ser comprada o vendida; artículo de consumo, generalmente de primera necesidad; mercancía.

common *adjetivo* **1.** Perteneciendo a todos o compartido por todos; común. **2.** De la comunidad entera; comunal; público. **3.** Usual; diseminado. **4.** El mejor conocido de su género; familiar; ordinario; de término medio. **5.** De baja calidad; corriente; vulgar.
—*sustantivo* Área de terreno perteneciente a una comunidad que se usa para las personas de esa comunidad; terreno comunal; pastos comunes.
Modismo **in common** Juntamente; comunalmente; en común.

commonplace *adjetivo* Ordinario; usual; común.

commonwealth *sustantivo* **1.** Nación o estado gobernado por el pueblo. **2.** El pueblo de una nación o estado. **3.** Cualquiera de ciertos estados estadounidenses, tales como Kentucky, Maryland, Massachusetts, Pennsylvania y Virginia.

commotion *sustantivo* Movimiento violento; conmoción; actividad ruidosa; confusión; perturbación; alteración.

communicate *verbo* Hablar o escribir a; comunicar; trasmitir o efectuar un cambio de pensamientos, ideas,

along or exchange thoughts, ideas, opinions, or information.

com·mu·ni·ca·tion |kə myōō′nĭ kā′shən| —*noun, plural* **communications 1.** The act of communicating. **2.** The exchange of thoughts, information, or messages. **3.** Something communicated; a message. **4. communications** A system for sending and receiving messages, such as by telephone, mail, radio, or television.

com·mun·ion |kə myōōn′yən| —*noun, plural* **communions 1.** The act or condition of sharing feelings or thoughts. **2.** Spiritual or religious fellowship. **3. a. Communion** A religious ceremony in memory of the last meal of Jesus with his apostles on the night before he was crucified. **b.** The blessed bread and wine used in such a ceremony. **c.** The part of a Christian service in which this bread and wine is received.

com·mu·nism |kŏm′yə nĭz′əm| —*noun* A social system in which there are no social classes and in which property, goods, products, and labor are shared by everyone. The governments of some countries are based on this system.

Com·mu·nist |kŏm′yə nĭst| —*noun, plural* **Communists 1.** A member of the Communist Party. **2.** Often **communist** A person who believes in communism as a way of life.
—*adjective* **1.** Of the Communist Party or its members. **2.** Often **communist** Of communism in general.

com·mu·ni·ty |kə myōō′nĭ tē| —*noun, plural* **communities 1.** A group of people living in the same area and under the same government. **2.** The area in which they live; town.

com·mute |kə myōōt′| —*verb* **commuted, commuting** To travel to and from work or school.

com·pact |kəm păkt′| or |kŏm păkt′| or |kŏm′păkt| —*adjective* **1.** Packed together tightly. **2.** Taking up a small amount of space.
—*verb* |kəm păkt′| **compacted, compacting** To pack or press together.
—*noun* |kŏm′păkt′|, *plural* **compacts 1.** A small case containing face powder. **2.** A small car.

com·pan·ion |kəm păn′yən| —*noun, plural* **companions** A person who is often with another person; a friend; a comrade.

com·pan·ion·ship |kəm păn′yən shĭp′| —*noun, plural* **companionships** The relationship of companions.

com·pa·ny |kŭm′pə nē| —*noun, plural* **companies 1.** A guest or guests. **2.** Companionship; fellowship. **3.** One's friends or associates. **4.** A business; a firm.

com·par·a·tive |kəm păr′ ə tĭv| —*adjective* **1.** Based on or making a comparison. **2.** Measured in relation to something else; relative.
—*noun, plural* **comparatives** The form of an adjective or adverb that gives the idea of an increase in quantity, quality, or other relation expressed by the adjective or adverb.

com·pare |kəm pâr′| —*verb* **compared, comparing 1.** To say that something is similar. **2.** To examine the differences and similarities of two or more things or people. **3.** To be worthy of comparison.

com·par·i·son |kəm pâr′ĭ sən| —*noun, plural* **comparisons 1.** The act of comparing. **2.** The result of comparing; a statement of similarities and differences.

com·part·ment |kəm pärt′mənt| —*noun, plural* **compartments** A separate section.

com·pass |kŭm′pəs| or |kŏm′pəs| —*noun, plural* **compasses 1.** An instrument used to show directions. The needle can turn freely so that it always points to the north. **2.** An instrument used for drawing circles or measuring distances.

com·pas·sion |kəm păsh′ən| —*noun* A feeling of sharing someone else's suffering or misfortune, along with a desire to help.

com·pen·sate |kŏm′pən sāt′| —*verb* **compensated,**

opiniones o información.

communication *sustantivo* **1.** El acto de comunicar; comunicación. **2.** Intercambio de pensamientos, información o mensajes. **3.** Algo comunicado; un mensaje. **4. communications** Sistema para mandar y recibir mensajes, como por teléfono, correo, radio o televisión.

communion *sustantivo* Comunión: **1.** Acto o condición de compartir sentimientos o pensamientos. **2.** Compañerismo espiritual o religioso. **3. a. Communion** Ceremonia religiosa en memoria de la última cena de Jesús con sus apóstoles la noche antes de ser crucificado. **b.** El pan y el vino consagrado que se usa en tal ceremonia. **c.** Parte de un servicio cristiano en el que se recibe este pan y vino.

communism *sustantivo* Sistema social donde no hay clases sociales y donde la propiedad, los enseres, los productos y el trabajo se comparten entre todos; comunismo.

Communist *sustantivo* **1.** Miembro del Partido Comunista; comunista. **2.** A veces **communist** Una persona que cree en el comunismo como manera de vida.
—*adjetivo* **1.** Del Partido Comunista o sus miembros; comunista. **2.** A veces **communist** Del comunismo en general.

community *sustantivo* Comunidad: **1.** Grupo de personas que viven en la misma área y bajo el mismo gobierno. **2.** El área donde viven; pueblo.

commute *verbo* Viajar hacia y desde el trabajo o la escuela; conmutar.

compact *adjetivo* **1.** Empacado apretadamente; compacto. **2.** Tomando una cantidad pequeña de espacio.
—*verbo* Empacar o comprimir; consolidar.
—*sustantivo* **1.** Pequeño estuche conteniendo polvo para la cara. **2.** Coche pequeño.

companion *sustantivo* Persona que frecuentemente está con otra persona; compañero; amigo; camarada.

companionship *sustantivo* Relación entre compañeros; compañerismo.

company *sustantivo* **1.** Huésped o huéspedes; visita. **2.** Compañerismo; confraternidad. **3.** Los amigos o socios de uno. **4.** Negocio; casa mercantil.

comparative *adjetivo* **1.** Que tiene base en o hace una comparación. **2.** Medido en relación a algo; relativo.
—*sustantivo* Forma de un adjetivo o adverbio que indica un aumento en cantidad, cualidad o cualquier otra relación expresada por el adjetivo o el adverbio; comparativo.

compare *verbo* **1.** Decir que algo es semejante; comparar; confrontar. **2.** Examinar las diferencias y semejanzas entre dos o más cosas o personas. **3.** Ser digno de comparación.

comparison *sustantivo* **1.** Acto de comparar; comparación; confrontación. **2.** Resultado de comparación; declaración de semejanzas y diferencias.

compartment *sustantivo* Sección separada; compartimiento; gabinete; división.

compass *sustantivo* **1.** Instrumento que se usa para señalar direcciones; brújula. El aguijón puede girar libremente, de manera que siempre apunta hacia el norte. **2.** Instrumento usado para dibujar círculos o medir distancias; compás.

compassion *sustantivo* Sentimiento de compartir el sufrimiento o desdicha de otros, con el deseo de ayudar; compasión.

compensate *verbo* **1.** Resarcir por algo que se ha he-

ər butter   yōō abuse   ou out   ŭ cut   û fur   *th* the   th thin   hw which   zh vision   ə ago, item, pencil, atom, circus

compensating 1. To make up for something. **2.** To pay.

com·pete |kəm pēt′| —*verb* **competed, competing** To take part in a contest; to try to win something.

com·pe·ti·tion |kŏm′pĭ tĭsh′ən| —*noun, plural* **competitions 1.** The act of taking part in a contest. **2.** A contest or other test of skill and ability.

com·pet·i·tive |kəm pĕt′ĭ tĭv| —*adjective* **1.** Of, in, or decided by competition. **2.** Liking to compete.

com·pet·i·tor |kəm pĕt′ĭ tər| —*noun, plural* **competitors** A person, team, or other group that competes with another person or group; a contestant; a rival; opponent.

com·pile |kəm pīl′| —*verb* **compiled, compiling** To put together in a single work sections or materials from various other books or documents.

com·pla·cen·cy |kə plā′sən sē| —*noun* Contentment and pleasure derived from something; satisfaction.

com·pla·cent |kəm plā′sənt| —*adjective* Pleased with oneself; satisfied; contented.

com·plain |kəm plān′| —*verb* **complained, complaining 1.** To say that one is unhappy or annoyed about something. **2.** To make a statement or report about something that is wrong.

com·plaint |kəm plānt′| —*noun, plural* **complaints 1.** A statement or other act that expresses that one is unhappy or annoyed about something. **2.** A cause or reason for complaining. **3.** A formal statement or report.

com·ple·ment |kŏm′plə mənt| —*noun, plural* **complements 1.** Something that completes, makes up a whole, or makes something perfect. **2.** The amount needed to make something complete. —*verb* **complemented, complementing** To make something complete; add to the effect of.

com·ple·men·ta·ry |kŏm′plə mĕn′tə rē| or |kŏm′plə mĕn′trē| —*adjective* Completing something; supplying what is lacking or needed.

com·plete |kəm plēt′| —*adjective* **1.** Not lacking anything; having everything that is necessary; whole. **2.** Ended; finished. **3.** Thorough; full; perfect. —*verb* **completed, completing 1.** To make something whole; to add what is missing. **2.** To finish; end.

com·plete·ly |kəm plēt′lē| —*adverb* Totally; entirely; wholly.

com·ple·tion |kəm plē′shən| —*noun, plural* **completions 1.** The act or process of completing. **2.** The condition of being completed.

com·plex |kəm plĕks′| or |kŏm′plĕks′| —*adjective* **1.** Made up of many parts. **2.** Difficult to understand or do.

com·plex·ion |kəm plĕk′shən| —*noun, plural* **complexions 1.** The natural look and color of a person's skin, especially that of the face. **2.** The general appearance or nature of something.

com·plex·i·ty |kəm plĕk′sĭ tē| —*noun, plural* **complexities** The condition of being complex.

com·pli·cate |kŏm′plĭ kāt′| —*verb* **complicated, complicating** To make something hard to understand or do; make something confusing.

com·pli·ca·ted |kŏm′plĭ kā′tĭd| —*adjective* **1.** Having parts that are tangled or put together in a confusing way. **2.** Not easy to understand or do; confusing.

com·pli·ca·tion |kŏm′plĭ kā′shən| —*noun, plural* **complications** Something that complicates; an unexpected difficulty or obstacle.

com·pli·ment |kŏm′plə mənt| —*noun, plural* **compliments** Something good said to show praise or admiration. —*verb* **complimented, complimenting** To say some-

cho; compensar. **2.** Pagar; idemnizar.

compete *verbo* Tomar parte en un concurso; competir; tratar de ganar algo; contender.

competition *sustantivo* **1.** Acto de tomar parte en un concurso; competición. **2.** Concurso u otra prueba de destreza o habilidad; competencia.

competitive *adjetivo* Competidor: **1.** De, dentro, o decidido por concurso; que compite. **2.** Que gusta de competir.

competitor *sustantivo* Persona, equipo u otro grupo que compite con otra persona o grupo; competidor; concursante; rival; opositor; antagonista.

compile *verbo* Juntar en un solo cuerpo de obra, partes o materias de varios libros o documentos.

complacency *sustantivo* Contento y placer que resulta de alguna cosa; satisfacción.

complacent *adjetivo* Complacido consigo mismo; satisfecho; contento.

complain *verbo* Quejar: **1.** Decir que uno es infeliz o está disgustado por algo; lamentar. **2.** Hacer una declaración o reporte acerca de algo que está mal; demandar.

complaint *sustantivo* Queja: **1.** Declaración u otro acto que expresa que uno es infeliz o está disgustado por algo; agravio; querella; lamento. **2.** Causa o razón para quejarse. **3.** Declaración o reporte formal; agravio; demanda.

complement *sustantivo* Complemento: **1.** Algo que completa, forma un todo, o que hace algo perfecto; accesorio. **2.** Cantidad necesaria para completar algo; sumar al efecto de. —*verbo* Hacer que algo sea completo; agregar a un efecto; completar; complementar.

complementary *adjetivo* Que completa algo; complementario; proporcionando algo que falta o que se necesita.

complete *adjetivo* **1.** Que no le falta nada; completo; cabal; teniendo todo lo necesario; entero; íntegro. **2.** Terminado; acabado. **3.** Cumplido; lleno; perfecto; pleno. —*verbo* **1.** Hacer algo entero; completar; agregar lo que falta; integrar. **2.** Terminar; acabar.

completely *adverbio* Completamente; totalmente; enteramente; cabalmente.

completion *sustantivo* **1.** Acto o proceso de completar; acabamiento; cumplimiento; consumación; fin. **2.** Condición de ser completado; terminación; cumplimiento.

complex *adjetivo* **1.** Hecho de muchas partes; complejo; compuesto. **2.** Difícil de entender o hacer; complicado; intrincado.

complexion *sustantivo* **1.** Apariencia y color natural de la piel de una persona, especialmente de la cara; tez; cutis. **2.** Apariencia general o naturaleza de algo; estado; carácter; calidad.

complexity *sustantivo* Condición de ser complejo; complejidad.

complicate *verbo* Hacer algo difícil de entender o hacer; complicar; hacer algo confuso; enredar.

complicated *adjetivo* **1.** Teniendo partes que están enredadas o armadas de una manera confusa; complicado. **2.** No fácil de comprender o hacer; complejo; confuso.

complication *sustantivo* Algo que complica; complicación; dificultad u obstáculo inesperado.

compliment *sustantivo* Algo bueno que se dice para mostrar elogio o admiración; cumplido; galantería. —*verbo* Decir algo que muestra elogio o admiración; hacer cumplimientos; echar flores.

ă pat ā pay â care ä father ĕ pet ē be ĭ pit ī pie î fierce ŏ pot ō go ô paw, for oi oil ŏŏ book ōō boot

thing that shows praise or admiration; pay a compliment.

com·pli·men·ta·ry |kŏm'plĭ mĕn'tə rē| or |kŏm'plə mĕn'trē| —*adjective* **1.** Expressing or containing compliments or praise. **2.** Given free.

com·port |kəm pôrt'| or |kəm pōrt'| —*verb* **comported, comporting.** To conduct or behave (oneself) in a certain way.

com·port·ment |kəm pôrt'mənt| or |kəm pōrt'mənt| —*noun* A way of behaving; deportment.

com·pose |kəm pōz'| —*verb* **composed, composing. 1.** To make up; form. **2.** To write; create. **3.** To make calm or controlled.

com·posed |kəm pōzd'| —*adjective* Calm; serene; self-possessed.

com·pos·er |kəm pō'zər| —*noun, plural* **composers** A person who composes, especially a creator of musical works.

com·pos·ite |kəm pŏz'ĭt| —*adjective* Made up of many different parts.

com·po·si·tion |kŏm'pə zĭsh'ən| —*noun, plural* **compositions 1.** The act or process of composing; the putting together of things to form a whole. **2.** A work that has been composed, especially a musical work. **3.** A short story or essay. **4.** The parts of something and the way in which they are put together.

com·po·sure |kəm pō'zhər| —*noun* Control over one's emotions; a calm manner; self-control.

com·pote |kŏm' pōt'| —*noun, plural* **compotes** - Fruit cooked in water and sugar.

com·pound |kŏm'pound'| —*noun, plural* **compounds 1.** Something made by the mixture or combination of two or more things, parts, or ingredients. **2.** A substance formed by the chemical combination of two or more elements.
—*verb* |kŏm'**pound**'| or |kəm **pound**'| **compounded, compounding** To make up or put together by mixing or combining parts or ingredients.
—*adjective* |kŏm'pound'| or |kəm pound'| Made up of two or more things, parts, or ingredients.

com·pre·hend |kŏm'prĭ hĕnd'| —*verb* **comprehended, comprehending** To understand.

com·pre·hen·sion |kŏm'prĭ hĕn'shən| —*noun, plural* **comprehensions 1.** The act of understanding. **2.** The ability to understand.

com·press |kəm prĕs'| —*verb* **compressed, compressing** To press or squeeze together.
—*noun* |kŏm'prĕs'|, *plural* **compresses** A soft pad of material that is put against a wound or injury. A compress may have medicine on it, or it may be soaked in hot or cold water.

com·prise |kəm prīz'| —*verb* **comprised, comprising** To consist of; be composed of; include.

com·pro·mise |kŏm'prə mīz'| —*noun, plural* **compromises** A settlement of differences or of an argument. A compromise is reached when each side gives up some of its demands.
—*verb* **compromised, compromising** To give up certain demands in order to settle an argument.

com·punc·tion |kəm pungk' shən| —*noun* Uneasiness or remorse for having done something wrong.

com·pute |kəm pyōōt'| —*verb* **computed, computing** To work out by mathematics; calculate.

com·put·er |kəm pyōō'tər| —*noun, plural* **computers** Any of several kinds of complex electronic devices. Computers can do arithmetic at very high speeds. They are used for storing and processing information, making decisions, and controlling machinery.

com·rade |kŏm'răd'| —*noun, plural* **comrades** A companion who shares one's activities.

con·cave |kŏn kāv'| or |kŏn'kāv'| —*adjective* Curved inward.

con·ceal |kən sēl'| —*verb* **concealed, concealing**

complimentary *adjetivo* **1.** Expresando o conteniendo cumplimientos o elogios; halagador; elogioso. **2.** Dado gratuitamente; de obsequio; de cortesía.

comport *verbo* Conducirse o portarse de una cierta forma.

comportment *sustantivo* Modo de ser; conducta.

compose *verbo* **1.** Hacer, formar; componer. **2.** Escribir; crear. **3.** Calmar o controlar.

composed *adjective* Calmo; sereno; dueno de sí mismo.

composer *sustantivo* Persona que compone, especialmente un creador de obras musicales; compositor.

composite *adjetivo* Hecho de muchas partes diferentes; compuesto; mixto.

composition *sustantivo* Composición: **1.** Acto o proceso de componer; acto de juntar cosas para formar un todo. **2.** Obra que ha sido compuesta, especialmente una obra musical. **3.** Cuento corto o ensayo escrito. **4.** Las partes de algo y la manera en que están armadas.

composure *sustantivo* Control sobre las emociones de uno; compostura; serenidad; manera calmada; control propio.

compote *sustantivo* Fruta cocida con agua y azúcar; compota.

compound *sustantivo* **1.** Algo hecho por la mezcla o combinación de dos o más cosas, partes o ingredientes; compuesto; mixtura; preparación. **2.** Substancia formada por la combinación química de dos o más elementos; cuerpo compuesto.
—*verbo* Hacer o juntar mezclando o combinando partes o ingredientes; mezclar; preparar; combinar.

comprehend *verbo* Entender; comprender; concebir.

comprehension *sustantivo* **1.** Acto de entender; comprensión. **2.** Habilidad para entender; inteligencia.

compress *verbo* Presionar o apretar en un todo; comprimir; condensar.
—*sustantivo* Suave cojincillo de tela que se aplica a una herida o lesión, que puede tener medicina o emparse en agua caliente o fría; compresa.

comprise *verbo* Consistir; comprender; estar compuesto de; incluir; abarcar; constar de.

compromise *sustantivo* Resolución de diferencias o de un altercado que se establece cuando cada una de las partes renuncia a algunas de sus demandas; acuerdo; acomodo; concesión.
—*verbo* Renunciar a ciertas demandas para llegar a una resolución; acordar; acomodar; conceder; arreglar.

compunction *sustantivo* Aflicción o sentimiento por haber obrado mal.

compute *verbo* Resolver por matemáticas; computar; calcular.

computer *sustantivo* Cualquiera de diversas clases de aparatos electrónicos complejos que pueden hacer cálculos aritméticos a muy altas velocidades, y que se utilizan para almacenar y procesar información, tomar decisiones y controlar maquinaria; computadora; calculadora.

comrade *sustantivo* Compañero que comparte nuestras actividades; camarada.

concave *adjetivo* Curvo hacia el interior; cóncavo.

conceal *verbo* Impedir que se vea, que se note o que se

To keep from being seen, noticed, or known; hide.

con·cede |kən sēd′| —*verb* **conceded, conceding**
1. To admit that something is true, often without wanting to. **2.** To give up on.

con·ceit·ed |kən sē′tĭd| —*adjective* Too proud of oneself or one's abilities; vain.

con·cen·trate |kŏn′sən trāt′| —*verb* **concentrated, concentrating 1.** To keep one's mind, attention, or efforts on something. **2.** To gather or bring together in one place. **3.** To make a solution stronger.

con·cen·tra·tion |kŏn′sən trā′shən| —*noun, plural* **concentrations 1.** Close attention. **2.** A close gathering or dense grouping.

con·cept |kŏn′sĕpt′| —*noun, plural* **concepts** A general idea or understanding.

con·cep·tion |kən sĕp′shən| —*noun, plural* **conceptions 1.** A mental picture; an idea. **2.** A beginning of an idea; origin.

con·cern |kən sûrn′| —*verb* **concerned, concerning 1.** To be about; have to do with. **2.** To worry. —*noun, plural* **concerns 1.** Something of interest or importance. **2.** Serious care or interest. **3.** Anxiety; worry. **4.** A business; a firm.

con·cerned |kən sûrnd′| —*adjective* **1.** Interested; involved. **2.** Worried; anxious.

con·cern·ing |kən sûr′nĭng| —*preposition* About; regarding.

con·cert |kŏn′sûrt′| or |kŏn′sərt| —*noun, plural* **concerts** A performance of music given by a number of musicians.

con·cer·to |kən chĕr′tō| —*noun, plural* **concertos** A piece of music written for one or more instruments to be accompanied by an orchestra.

conch |kŏngk| or |kŏnch| —*noun, plural* **conchs** |kŏngks| or **conches** |kŏn′chĭz| A tropical sea animal with a large spiral shell. Conch shells are often brightly colored.

con·clude |kən klōōd′| —*verb* **concluded, concluding 1.** To bring or come to an end. **2.** To think over and decide.

con·clu·sion |kən klōō′zhən| —*noun, plural* **conclusions 1.** The end of something. **2.** A decision or judgment made after careful thought.

con·crete |kŏn′krēt′| or |kŏn krēt′| —*noun* A building material made of cement, pebbles, sand, and water. Concrete becomes very hard when it dries. Buildings, roads, sidewalks, and bridges can be made from concrete. —*adjective* Able to be seen, heard, touched, or otherwise sensed; real.

con·cus·sion |kən kŭsh′ən| —*noun, plural* **concussions 1.** A violent jarring; a shock. **2.** An injury, especially to the brain, caused by a hard blow.

con·demn |kən dĕm′| —*verb* **condemned, condemning 1.** To disapprove of strongly. **2.** To find someone guilty and say what the punishment is. **3.** To declare unsafe or no longer fit for use.

con·den·sa·tion |kŏn′dĕn sā′shən| or |kŏn′dən sā′shən| —*noun, plural* **condensations 1.** The process of changing or being changed from a gas to a liquid or a solid. **2.** A liquid or solid formed by this process. **3.** A brief or shortened form of something.

con·dense |kən dĕns′| —*verb* **condensed, condensing 1.** To change from a gas to a liquid or solid form. **2.** To make thicker or more dense, usually by boiling away a liquid or allowing it to evaporate. **3.** To put into a brief or short form.

con·di·tion |kən dĭsh′ən| —*noun, plural* **conditions 1.** The way something or someone is. **2.** General health and physical ability. **3.** Something said to be necessary or desirable; a requirement. **4.** Often **conditions** Something that affects an activity or event; circumstances.

sepa; esconder; disimular; ocultar; tapar; encubrir.

concede *verbo* **1.** Admitir que algo es verdad, a menudo sin quererlo; conceder; admitir. **2.** Renunciar algo y cederlo; asentir; convenir.

conceited *adjetivo* Excesivamente orgulloso de uno mismo o de las habilidades propias; vanidoso; presumido; engreído.

concentrate *verbo* **1.** Mantener la mente, la atención o el esfuerzo enfocado en algo; concentrar. **2.** Reunir o juntar en un lugar. **3.** Hacer una solución más intensa.

concentration *sustantivo* **1.** Atención concienzuda; concentración; recogimiento. **2.** Reunión tupida o agrupamiento denso.

concept *sustantivo* Idea general o entendimiento; concepto; noción; idea.

conception *sustantivo* **1.** Imagen mental; concepción; idea; concepto; noción. **2.** Principio de una idea; origen.

concern *verbo* **1.** Tratar de algo; concernir; respecto a algo; atañer o incumbir. **2.** Preocupar; inquietar. —*sustantivo* **1.** Algo de interés o importancia; asunto; negocio; ocupación. **2.** Cuidado o interés serios. **3.** Ansiedad; preocupación. **4.** Negocio; empresa.

concerned *adjetivo* **1.** Interesado; comprometido. **2.** Preocupado; ansioso; intranquilo.

concerning *preposición* Acerca de; con respecto a; tocante a.

concert *sustantivo* Presentación de música interpretada por un número de músicos; concierto.

concerto *sustantivo* Pieza de música escrita para uno o más instrumentos acompañados por una orquesta; concierto.

conch *sustantivo* Animal marino tropical con una gran concha espiral que frecuentemente tiene brillantes colores; caracol marino.

conclude *verbo* **1.** Llevar o llegar a un fin; concluir; acabar. **2.** Reflexionar y decidir.

conclusion *sustantivo* **1.** Fin de algo; conclusión; desenlace. **2.** Decisión o juicio al que se llega después de cuidadosa reflexión; conclusión; inferencia.

concrete *sustantivo* Material de construcción hecho de cemento, piedras, arena y agua que se vuelve muy duro cuando se seca, y que se puede usar para hacer edificios, caminos, aceras y puentes; concreto; hormigón —*adjetivo* Que puede ser visto, sido, tocado o sentido de cualquier otra forma; real; concreto.

concussion *sustantivo* **1.** Sacudida violenta; concusión; choque. **2.** Lesión, especialmente al cerebro, causada por un golpe fuerte; concusión; conmoción cerebral.

condemn *verbo* **1.** Reprobar fuertemente; condenar. **2.** Encontrar a alguien culpable y decir cuál es la pena. **3.** Declarar algo inseguro o inapropiado para el uso.

condensation *sustantivo* **1.** Proceso de cambiar o de ser cambiado de un gas a un líquido o sólido; condensación. **2.** Líquido o sólido que se forma por este proceso. **3.** Versión breve o resumida de algo.

condense *verbo* Condensar: **1.** Cambiar un gas a su forma líquida o sólida. **2.** Hacer más espeso o denso, usualmente ebulliendo un líquido o causando que se evapore. **3.** Poner en forma breve o resumida.

condition *sustantivo* **1.** Manera en que algo o alguien se encuentra; condición; estado; calidad; disposición. **2.** Estado general de salud y de habilidad física. **3.** Algo que se dice que es necesario o deseable; requisito; estipulación. **4.** **conditions** Algo que afecta a una actividad o evento; circunstancias; limitaciones.

—*verb* **conditioned, conditioning 1.** To put into good condition; make fit. **2.** To adapt; accustom.

con·do·min·i·um |kŏn′də mĭn′ē əm| —*noun, plural* **condominiums** An apartment building in which the apartments are owned by the people living in them.

con·dor |kŏn′dôr′| or |kŏn′dər| —*noun, plural* **condors** A very large bird of the mountains of California and South America.

con·duct |kən dŭkt′| —*verb* **conducted, conducting 1.** To lead; guide; direct. **2.** To manage. **3.** To act as a path for electricity, heat, or other forms of energy. **4. conduct oneself** To act properly; do what is right. —*noun* |kŏn′dŭkt′|, *plural* **conducts** The way a person acts; behavior.

con·duc·tor |kən dŭk′tər| —*noun, plural* **conductors 1.** A person who leads or conducts. **2.** The person in charge of a bus or train. A conductor usually collects fares. **3.** Something that provides an easy path for the flow of heat, electricity, or other forms of energy.

cone |kōn| —*noun, plural* **cones 1.** A solid object that has a flat base in the shape of a curve, such as a circle, and is pointed at the other end. **2.** Anything shaped like a cone. **3.** A cluster of overlapping scales that grows on a pine or related tree. It contains the seeds of the tree.

con·fed·er·a·cy |kən fĕd′ər ə sē| —*noun, plural* **confederacies 1.** A group of people or countries joined together for a common purpose. **2. the Confederacy** The group of eleven southern states that left the United States in 1860 and 1861. They were Alabama, Arkansas, Florida, Georgia, Louisiana, Mississippi, North Carolina, South Carolina, Tennessee, Texas, and Virginia.

con·fed·er·ate |kən fĕd′ər ĭt| —*adjective* **1.** Belonging to a confederacy. **2. Confederate** Of the Confederacy. —*noun, plural* **confederates 1.** A person who helps another keep a secret or commit a crime. **2.** A member of a confederacy. **3. Confederate** A person who supported the Confederacy.

con·fed·er·a·tion |kən fĕd′ə rā′shən| —*noun, plural* **confederations** A confederacy.

con·fer |kən fûr′| —*verb* **conferred, conferring 1.** To take part in a conference; discuss together. **2.** To give; award.

con·fer·ence |kŏn′fər əns| or |kŏn′frəns| —*noun, plural* **conferences** A meeting to discuss something.

con·fess |kən fĕs′| —*verb* **confessed, confessing 1.** To say that one has committed a crime or done something bad; admit. **2.** To admit. **3.** To tell one's sins to God or to a priest.

con·fes·sion |kən fĕsh′ən| —*noun, plural* **confessions** The act of confessing or admitting guilt.

con·fet·ti |kən fĕt′ē| —*noun* (Used with a singular verb.) Small pieces of colored paper that are scattered around at celebrations, parades, parties, and some sports events.

con·fide |kən fīd′| —*verb* **confided, confiding 1.** To tell someone something, knowing that it will be kept secret. **2. confide in** To tell or share one's secrets with.

con·fi·dence |kŏn′fĭ dəns| —*noun, plural* **confidences 1.** A feeling of faith in oneself. **2.** Trust or faith in others. **3.** Faith or trust that someone will keep a secret.

con·fi·dent |kŏn′fĭ dənt| —*adjective* Having confidence; feeling sure of oneself.

con·fi·den·tial |kŏn′fĭ dĕn′shəl| —*adjective* Told in confidence; secret.

con·fine |kən fīn′| —*verb* **confined, confining 1.** To keep from moving freely. **2.** To put into prison.

—*verbo* **1.** Poner en buena condición; preparar. **2.** Adaptar; acostumbrar.

condominium *sustantivo* Edificio de apartamentos en el que los inquilinos son los propietarios; condominio.

condor *sustantivo* Gran pájaro perteneciente a la clase de los buitres que habita en las montañas de California y América del Sur; cóndor.

conduct *verbo* **1.** Mandar; conducir; guiar; dirigir. **2.** Administrar; manejar. **3.** Actuar como conducto para la electricidad, el calor u otras formas de energía. **4. conduct oneself** Actuar apropiadamente; hacer lo que es correcto. —*sustantivo* Forma en que una persona actúa; conducta; comportamiento.

conductor *sustantivo* **1.** Persona que guía, conduce o dirige; conductor. **2.** Persona encargada de un autobús o tren, que a veces también cobra pasaje o revisa boletos. **3.** Algo que proporciona una vía fácil para la conducción de calor, electricidad u otras formas de energía.

cone *sustantivo* **1.** Objeto sólido que tiene una base plana con la forma de una curva, tal como un círculo, y que es puntiagudo al otro extremo; cono. **2.** Cualquier cosa que tenga la forma de cono. **3.** Racimo de escamas solapadas que crece en un pino o algún árbol emparentado, y que contiene las semillas del árbol; piña de conífero.

confederacy *sustantivo* **1.** Grupo de personas o países unidos por un propósito común; confederación. **2. the Confederacy** Grupo de once estados sureños que se separaron de los Estados Unidos en 1860 y 1861; la Confederación. Fueron Alabama, Arkansas, Florida, Georgia, Louisiana, Mississippi, Carolina del Norte, Carolina del Sur, Tennessee, Texas y Virginia.

confederate *adjetivo* **1.** Que pertenece a una confederación; confederado. **2. Confederate** De la Confederación; confederado. —*sustantivo* **1.** Persona que ayuda a otra a guardar un secreto o a cometer un crimen; confederado; compinche. **2.** Miembro de una confederación; confederado. **3. Confederate** Persona que apoyó a la Confederación Sureña (de Norteamérica); confederado.

confederation *sustantivo* Confederación; alianza; coalición; liga.

confer *verbo* **1.** Tomar parte en una conferencia; conferir; discutir juntos. **2.** Dar; otorgar; investir; conferir; ordenar.

conference *sustantivo* Reunión para discutir algo; conferencia; deliberación; junta.

confess *verbo* **1.** Decir que uno ha cometido un crimen o hecho algo malo; confesar; admitir. **2.** Admitir; reconocer. **3.** Decir nuestros pecados a Dios o a un sacerdote; confesar.

confession *sustantivo* Acto de confesar o admitir culpa; confesión.

confetti *sustantivo* Pedacitos de papel de colores que se arrojan en celebraciones, desfiles, fiestas y algunos eventos deportivos; confeti.

confide *verbo* **1.** Decir algo a alguien, sabiendo que se guardará en secreto; confiar; fiarse. **2. confide in** Decir o compartir nuestros secretos con alguien.

confidence *sustantivo* **1.** Sentimiento de fe en uno mismo; confianza. **2.** Fe o creencia en otros. **3.** Esperanza o creencia en que alguien guardará un secreto.

confident *adjetivo* Tener confianza; sentirse seguro de uno mismo; cierto; seguro; confiado.

confidential *adjetivo* Dicho en confianza; confidencial; secreto; reservado; íntimo.

confine *verbo* **1.** Impedir moverse libremente; limitar; restringir. **2.** Poner en prisión; aprisionar; encerrar.

ər butter yōō abuse ou out ŭ cut û fur *th* the th thin hw which zh vision ə ago, item, pencil, atom, circus

con·firm |kən fûrm′| —*verb* **confirmed, confirming**
1. To agree that something is true. **2.** To give or get
definite evidence. **3.** To make sure of an appointment
or other arrangement. **4.** To admit as a full member of
a church or synagogue.
con·fir·ma·tion |kŏn′fər mā′shən| —*noun, plural*
confirmations 1. The act of confirming. **2.** Something
that confirms; proof. **3.** A ceremony in which a person
is made a full member of a church or synagogue.

con·fis·cate |kŏn′fĭ skāt′| —*verb* **confiscated, con-
fiscating** To take something away from someone be-
cause one has the right to do so.
con·flict |kŏn′flĭkt′| —*noun, plural* **conflicts**
1. Long fighting; warfare. **2.** A clash or struggle of
ideas or interests.
—*verb* |kən flĭkt′| **conflicted, conflicting** To clash;
be different.
con·form |kən fôrm′| —*verb* **conformed, conform-
ing** To follow a set rule or standard.
con·front |kən frŭnt′| —*verb* **confronted, confront-
ing 1.** To come face to face with. **2.** To bring face to
face; challenge to accept or deny.
con·fuse |kən fyŏŏz′| —*verb* **confused, confusing**
1. To mix up; mislead. **2.** To mistake for something
else.
con·fu·sion |kən fyŏŏ′zhən| —*noun, plural* **confu-
sions 1.** The act of confusing or mixing up. **2.** The
condition of being confused.
con·grat·u·late |kən grăch′ə lāt′| —*verb* **congratu-
lated, congratulating** To praise someone for some-
thing the person has done or for any good event.
con·grat·u·la·tion |kən grăch′ə lā′shən| —*noun, plu-
ral* **congratulations 1.** The act of congratulating.
2. congratulations Praise given to someone for some-
thing the person has done or for any good event.
con·gre·gate |kŏng′grə gāt′| —*verb* **congregated,
congregating** To gather together; assemble.
con·gre·ga·tion |kŏng′grə gā′shən| —*noun, plural*
congregations 1. A gathering of people or things.
2. A group of people gathered for religious worship.
con·gress |kŏng′grĭs| —*noun, plural* **congresses**
1. A group of people who make laws in a republic.
2. Congress In the United States, the Senate and
House of Representatives. Members are elected to each
of these groups from their own states. They make the
laws of the nation.
con·gress·man or **Con·gress·man** |kŏng′grĭs
mən| —*noun, plural* **congressmen** or **Congress-
men** A member of the United States Congress, espe-
cially of the House of Representatives.
con·gress·wom·an or **Con·gress·wom·an**
|kŏng′grĭs wŏŏm′ən| —*noun, plural* **congresswomen**
or **Congresswomen** A woman who is a member of
the United States Congress, especially of the House of
Representatives.
con·junc·tion |kən jŭngk′shən| —*noun, plural* **con-
junctions 1.** A word used to join together words or
groups of words in a sentence. *If, or, but,* and *and* are
conjunctions. **2.** A combination or association.
con·nect |kə nĕkt′| —*verb* **connected, connecting**
1. To join or come together. **2.** To think of as related;
associate. **3.** To link by telephone. **4.** To plug into an
electrical circuit.
con·nec·tion |kə nĕk′shən| —*noun, plural* **connec-
tions 1.** The act of connecting or the condition of be-
ing connected. **2.** A relationship.
con·quer |kŏng′kər| —*verb* **conquered, conquer-
ing 1.** To defeat in war. **2.** To get control over;
overcome.
con·quer·or |kŏng′kər ər| —*noun, plural* **conquer-
ors** Someone who conquers.
con·quest |kŏn′kwĕst′| or |kŏng′kwĕst′| —*noun,
plural* **conquests 1.** The act of conquering. **2.** Some-
thing conquered.

confirm *verbo* **1.** Estar de acuerdo en que algo es ver-
dadero; confirmar; ratificar. **2.** Dar u obtener eviden-
cia definitiva. **3.** Estar seguro de una cita o arreglo.
4. Admitir como miembro definitivo de una iglesia o
sinagoga.
confirmation *sustantivo* **1.** Acto de confirmar; confir-
mación. **2.** Algo que confirma; prueba; ratificación.
3. Ceremonia en la que una persona se convierte en
miembro definitivo de una iglesia o sinagoga;
confirmación.
confiscate *verbo* Quitar algo a alguien porque uno
tiene el derecho para hacerlo; confiscar; comisar.

conflict *sustantivo* **1.** Lucha prolongada; conflicto;
contienda; guerra. **2.** Enfrentamiento o pugna de ideas
o intereses.
—*verbo* Chocar; ser diferente; ser incompatible.

conform *verbo* Seguir una norma o regla establecida;
conformar; ajustar; someter.
confront *verbo* **1.** Hacer frente; confrontar; afrontar.
2. Traer frente a frente; desafio para aceptar o negar.

confuse *verbo* Confundir: **1.** Desconcertar; desorien-
tar. **2.** Tomar una cosa por otra.

confusion *sustantivo* **1.** Acto de desorientar o confun-
dir; confusión. **2.** Condición de estar confuso.

congratulate *verbo* Cumplimentar a alguien por algo
que esa persona ha hecho o por cualquier buen evento;
congratular; felicitar.
congratulation *sustantivo* **1.** Acto de cumplimentar;
felicitar. **2. congratulations** Felicitación que se le da
a alguien por algo que esa persona ha hecho o por cual-
quier buen evento; congratulación; felicitación.
congregate *verbo* Reunirse; congregar; juntarse.

congregation *sustantivo* **1.** Reunión de gente o cosas;
congregación. **2.** Grupo de personas reunidas para un
culto religioso; congregación; asamblea.
congress *sustantivo* **1.** Grupo de personas que hacen
las leyes en una república; congreso; asamblea nacio-
nal. **2. Congress** En los Estados Unidos, el Senado y
la Cámara de Diputados, los miembros de los cuales
son elegidos por sus propios estados, y quienes son los
que hacen las leyes de la nación; Congreso Nacional.
congressman o **Congressman** *sustantivo* Miem-
bro del Congreso de los Estados Unidos, especialmente
de la Cámara de Diputados; diputado nacional.

congresswoman o **Congresswoman** Mujer que
es miembro del Congreso de los Estados Unidos, espe-
cialmente de la Cámara de Diputados; diputada
nacional.

conjunction *sustantivo* **1.** Palabra que se usa para
juntar palabras o grupos de palabras en una oración,
tales como "if", "or", y "and"; conjunción. **2.** Combi-
nación o asociación; liga; unión.
connect *verbo* **1.** Juntar o reunir; vincular; unir.
2. Considerar algo como relacionado; asociar. **3.** Unir
por el teléfono; comunicar; conectar. **4.** Enchufar un
circuito eléctrico; conectar; acoplar.
connection *sustantivo* **1.** El acto de conectar o la con-
dición de estar conectado; conexión. **2.** Relación; en-
lace; encadenamiento; filiación.
conquer *verbo* **1.** Derrotar en una batalla; conquistar;
triunfar. **2.** Ganar control sobre algo; conquistar; ven-
cer; triunfar.
conqueror *sustantivo* Alguien que conquista;
conquistador.
conquest *sustantivo* **1.** Acto de conquistar; conquista.
2. Algo conquistado.

ă pat ā pay â care ä father ĕ pet ē be ĭ pit ī pie î fierce ŏ pot ō go ô paw, for oi oil ŏŏ book ōō boot

con·science |kŏn'shəns| —*noun, plural* **con·sciences** An inner feeling that tells a person right from wrong.

con·scious |kŏn'shəs| —*adjective* **1.** Able to see, feel, and hear, and to understand what is happening. **2.** Able to know; aware. **3.** Done with awareness; intentional.

con·scious·ness |kŏn'shəs nĭs| —*noun* **1.** The condition of being conscious. **2.** Awareness. **3.** All the ideas, opinions, and feelings held by a person or group.

con·sec·u·tive |kən sĕk'yə tĭv| —*adjective* Following in order without a break or interruption.

con·sent |kən sĕnt'| —*verb* **consented, consenting** To give permission; agree.
—*noun, plural* **consents** Permission; agreement.

con·se·quence |kŏn'sĭ kwĕns'| —*noun, plural* **consequences** **1.** Something that happens as a result of another action or condition; effect. **2.** Importance.

con·se·quent·ly |kŏn'sĭ kwĕnt'lē| or |kŏn'sĭ kwənt lē| —*adverb* As a result; therefore.

con·ser·va·tion |kŏn'sər vā'shən| —*noun* **1.** The act of conserving or saving. **2.** The careful use and protection of natural elements and resources.

con·ser·va·tion·ist |kŏn'sər vā'shə nĭst| —*noun, plural* **conservationists** A person who is in favor of or a trained worker in conservation.

con·serv·a·tive |kən sûr'və tĭv| —*adjective* **1.** Tending to be against change; in favor of traditional values. **2.** Cautious; careful.
—*noun, plural* **conservatives** Someone who is conservative.

con·serve |kən sûrv'| —*verb* **conserved, conserving** **1.** To use carefully, without waste. **2.** To take measures to keep resources in good condition.

con·sid·er |kən sĭd'ər| —*verb* **considered, considering** **1.** To think over. **2.** To regard as; believe to be. **3.** To take into account; keep in mind. **4.** To be thoughtful of.

con·sid·er·a·ble |kən sĭd'ər ə bəl| —*adjective* Fairly large.

con·sid·er·ate |kən sĭd'ər ĭt| —*adjective* Thinking of other people's feelings; thoughtful.

con·sid·er·a·tion |kən sĭd'ə rā'shən| —*noun, plural* **considerations** **1.** Careful thought. **2.** Something to be considered in making a decision. **3.** Thoughtful concern for other people.

con·sid·er·ing |kən sĭd'ər ĭng| —*preposition* In view of.

con·sist |kən sĭst'| —*verb* **consisted, consisting** To be made up.

con·sis·ten·cy |kən sĭs'tən sē| —*noun, plural* **consistencies** **1.** The degree of how stiff, thick, or firm something is. **2.** The ability or quality of staying with the same ideas or actions.

con·sist·ent |kən sĭs'tənt| —*adjective* **1.** Staying always with the same ideas or actions. **2.** In agreement.

con·so·la·tion |kŏn'sə lā'shən| —*noun* **1.** Comfort during a time of disappointment or sorrow. **2.** Something that gives consolation.

con·sole¹ |kən sōl'| —*verb* **consoled, consoling** To comfort during a time of disappointment or sorrow.

con·sole² |kŏn'sōl'| —*noun, plural* **consoles** A cabinet that contains a radio, record player, or television and is designed to sit on the floor.

con·so·nant |kŏn'sə nənt| —*noun, plural* **consonants** **1.** A speech sound that is made when two parts of the mouth touch each other or are very close together. **2.** A letter of the alphabet that can stand for such a sound.

con·spic·u·ous |kən spĭk'yōō əs| —*adjective* Attracting attention; easy to notice.

conscience *sustantivo* Sentimiento interno que le hace distinguir a una persona lo bueno de lo malo; conciencia moral.

conscious *adjetivo* Consciente: **1.** Capaz de ver, sentir, oír y entender lo que está pasando. **2.** Capaz de saber; enterado. **3.** Hecho con conocimiento de causa; intencional.

consciousness *sustantivo* **1.** Condición de estar consciente; conciencia (de sí mismo); estado consciente. **2.** Conocimiento; sentido. **3.** Todas las ideas, opiniones y sentimientos que tiene una persona o grupo; consciencia colectiva.

consecutive *adjetivo* Que sigue el orden sin interrupción o pausa; consecutivo; sucesivo.

consent *verbo* Dar permiso; consentir; estar de acuerdo.
—*sustantivo* Permiso; consentimiento; acuerdo.

consequence *sustantivo* **1.** Algo que ocurre como resultado de otra acción o condición; consecuencia; efecto; resultado; conclusión. **2.** Importancia.

consequently *adverbio* Como resultado de; por consecuencia; por lo tanto.

conservation *sustantivo* **1.** Acto de conservar o ahorrar; conservación; preservación. **2.** Protección y uso cuidadoso de los elementos y recursos naturales.

conservationist *sustantivo* Persona que está a favor de, o un trabajador entrenado en, la conservación.

conservative *adjetivo* **1.** Tendiendo a estar en contra del cambio; conservador; a favor de valores tradicionales; moderado. **2.** Cauteloso; cuidadoso
—*sustantivo* Persona conservadora; conservador.

conserve *verbo* Conservar: **1.** Usar con cuidado, sin pérdida. **2.** Tomar medidas para preservar recursos en buenas condiciones.

consider *verbo* Considerar: **1.** Pensar; meditar. **2.** Creer; tener por. **3.** Tomar en cuenta; tener en mente. **4.** Ser considerado; tratar con respeto.

considerable *adjetivo* Bastante grande; considerable; notable; cuantioso.

considerate *adjetivo* Que toma en cuenta los sentimientos de los demás; considerado; atento.

consideration *sustantivo* **1.** Pensamiento cuidadoso; consideración. **2.** Algo que debe considerarse al tomar una decisión. **3.** Interés solícito por otra gente.

considering *preposición* En vista de; considerando.

consist *verbo* Estar integrado por; consistir en; componerse de.

consistency *sustantivo* Consistencia: **1.** Grado de rigidez, densidad o firmeza que algo tiene. **2.** Habilidad o cualidad de mantenerse con las mismas ideas o acciones; permanencia; estabilidad.

consistent *adjetivo* **1.** Mantenerse siempre con las mismas ideas y acciones; ser consistente. **2.** De acuerdo; compatible con; conforme a.

consolation *sustantivo* **1.** Consuelo durante una situación de decepción o pena; consolación; confortación. **2.** Algo que da alivio; consuelo.

console¹ *verbo* Confortar durante una situación de decepción o pena; consolar; aliviar.

console² *sustantivo* Gabinete que contiene un radio, tocadiscos o televisión y que está diseñado para apoyarse en el suelo; consola.

consonant *sustantivo* **1.** Sonido del habla que se hace cuando dos partes de la boca se tocan entre sí o están muy cerca una de la otra; consonante. **2.** Letra del alfabeto que representa ese sonido.

conspicuous *adjetivo* Que atrae atención o que es fácil de notar; conspicuo; visible; llamativo; descollante.

---

con·spir·a·cy |kən **spĭr'ə sē**| —*noun, plural* **con·spiracles** A secret plan to do something that is against the law.

con·spire |kən **spĭr'**| —*verb* **conspired, conspiring** To plan together secretly to do something wrong or against the law.

con·sta·ble |**kŏn'stə bəl**| —*noun, plural* **constables** A member of a police force in a town or village.

con·stant |**kŏn'stənt**| —*adjective* **1.** Not changing; staying the same. **2.** Happening all the time. **3.** Without interruption; continuous.

con·stel·la·tion |**kŏn'stə lā'shən**| —*noun, plural* **constellations** Any of 88 groups of stars that reminded people long ago of animals, people, or objects.

con·sti·tute |**kŏn'stĭ tōōt'** or |**kŏn'stĭ tyōōt'**| —*verb* **constituted, constituting** To make up; form.

con·sti·tu·tion |**kŏn'stĭ tōō'shən**| or |**kŏn'stĭ tyōō'shən**| —*noun, plural* **constitutions 1.** The basic law or plan under which a government is organized. **2. the Constitution** The written constitution of the United States, adopted in 1787 and put into effect in 1789. **3.** The way in which something or someone is made up.

con·sti·tu·tion·al |**kŏn'stĭ tōō'shə nəl**| or |**kŏn'stĭ tyōō'shə nəl**| —*adjective* **1.** Of, according to, or permitted by a constitution. **2.** Operating under a constitution.

con·struct |kən **strŭkt'**| —*verb* **constructed, constructing** To build or put together.

con·struc·tion |kən **strŭk'shən**| —*noun, plural* **constructions 1.** The act or process of constructing. **2.** The business or work of building. **3.** Something that is put together; a structure. **4.** The way in which something is put together; design.

con·struc·tive |kən **strŭk'tĭv**| —*adjective* Serving a useful purpose or helping to make something better.

con·sult |kən **sŭlt'**| —*verb* **consulted, consulting** To go to or turn to for advice, an opinion, or information.

con·sume |kən **sōōm'**| —*verb* **consumed, consuming 1.** To eat or drink. **2.** To use up. **3.** To destroy by burning or as if by burning.

con·sum·er |kən **sōō'mər**| —*noun, plural* **consumers** Someone who buys and uses goods and services.

con·sump·tion |kən **sŭmp'shən**| —*noun* **1.** The act of consuming. **2.** A quantity or amount used.

con·tact |**kŏn'tăkt'**| —*noun, plural* **contacts 1.** The act or condition of touching or coming together. **2.** The condition or fact of being in touch. —*verb* |**kŏn'tăkt'**| or |kən **tăkt'**| **contacted, contacting 1.** To come into contact with; touch. **2.** To get in touch with; communicate with.

contact lens A small, thin plastic lens worn directly on the eye in order to correct poor vision.

con·ta·gious |kən **tā'jəs**| —*adjective* **1.** Easily spread by direct or indirect contact; catching. **2.** Carrying or able to carry disease.

con·tain |kən **tān'**| —*verb* **contained, containing 1.** To have within itself; hold. **2.** To consist of; be made up of. **3.** To hold back; restrain.

con·tain·er |kən **tā'nər**| —*noun, plural* **containers** Anything used to hold something else. Boxes, jars, cans, and barrels are containers.

con·tam·in·ate |kən **tăm'ə nāt'**| —*verb* **contaminated, contaminating** To make impure by mixing or touching; pollute.

con·tem·po·rar·y |kən **tĕm'pə rĕr'ē**| —*adjective* **1.** Living or happening in the same period of time. **2.** Current; modern. —*noun, plural* **contemporaries 1.** A person of about the same age as another. **2.** A person living at the

conspiracy *sustantivo* Plan secreto para hacer algo en contra de la ley; conspiración; complot.

conspire *verbo* Planear juntos secretamente para hacer algo malo o en contra de la ley; conspirar.

constable *sustantivo* Miembro de la fuerza policíaca en un pueblo o aldea; condestable; aguacil.

constant *adjetivo* **1.** Que no cambia o que permanece igual; constante; firme; permanente. **2.** Que ocurre todo el tiempo; constante. **3.** Sin interrupción; continuo.

constellation *sustantivo* Cualquiera de los 88 grupos de estrellas que hace mucho tiempo recordaban a la gente de animales, gente u objetos; constelación.

constitute *verbo* Integrar o formar; constituir.

constitution *sustantivo* **1.** Ley básica o plan bajo el cual un gobierno se organiza; constitución. **2. the Constitution** La constitución escrita de los Estados Unidos adoptada en 1787 y puesta en efecto en 1789. **3.** Forma en que alguien o algo está hecho; constitución o condición física; naturaleza; temperamento.

constitutional *adjetivo* De, de acuerdo a o permitido por una constitución; constitucional; constituyente; legal. **2.** Que opera bajo una constitución.

construct *verbo* Edificar, armar o confeccionar; construir; fabricar; componer.

construction *sustantivo* **1.** Acto o proceso de construir; construcción. **2.** Los negocios y el trabajo de la edificación de casas o edificios; construcción. **3.** Algo que se arma; estructura; construcción; obra; fabricación. **4.** Forma en que algo está confeccionado; diseño.

constructive *adjetivo* Que sirve a un propósito útil o ayuda a hacer algo mejor; constructivo.

consult *verbo* Buscar o pedir consejo, opinión o información; consultar; conferenciar; asesorar.

consume *verbo* **1.** Comer o beber; devorar. **2.** Gastar; consumir. **3.** Destruirse o deshacerse por quemadura o incendio.

consumer *sustantivo* Alguien que compra y utiliza bienes y servicios; consumidor.

consumption *sustantivo* **1.** Acto de consumir; consumo; consunción; desgaste. **2.** Cuantía o cantidad utilizada; consumo; consunción.

contact *sustantivo* Contacto **1.** Acto o condición de tocar o juntar. **2.** Condición o hecho de tocar; tocamiento. —*verbo* **1.** Estar en contacto con; tocar. **2.** Establecer contacto con; comunicarse con.

contact lens Lente pequeño de plástico que se usa directamente en el ojo para corregir visión deficiente; lente de contacto.

contagious *adjetivo* Contagioso: **1.** Difundido fácilmente por contacto directo o indirecto; que se pega. **2.** Que transmite o es capaz de transmitir enfermedad; infeccioso.

contain *verbo* **1.** Tener cabida; contener. **2.** Consistir de; estar formado por. **3.** Refrenar; reprimir; encerrar.

container *sustantivo* Cualquier cosa utilizada para darle cabida a algo como las cajas, los frascos, las latas y los barriles; recipiente; envase.

contaminate *verbo* Hacer impuro por mezcla o contacto; contaminar; ensuciar.

contemporary *adjetivo* **1.** Que vive o sucede en el mismo período de tiempo; contemporáneo. **2.** Actual; moderno. —*sustantivo* **1.** Persona de aproximadamente la misma edad que otra. **2.** Persona que vive en el mismo

same time as another.

con·tempt |kən tĕmpt′| —*noun* **1.** A feeling that someone or something is of little value, worthless, or not wanted; scorn; disdain. **2.** The condition of being scorned or despised.

con·tend |kən tĕnd′| —*verb* **contended, contending 1.** To fight or battle. **2.** To compete. **3.** To argue against; be opposed to. **4.** To say that something is true; claim.

con·tent¹ |kŏn′tĕnt′| —*noun, plural* **contents 1.** Often **contents** Something that is inside a container. **2.** Often **contents** The information that is contained in a book, letter, film, or other form of communication.

con·tent² |kən tĕnt′| —*adjective* Pleased with what one has or is; satisfied.
—*verb* **contented, contenting** To make content; satisfy.

con·test |kŏn′tĕst′| —*noun, plural* **contests 1.** A struggle or fight between two or more people or groups. **2.** A race, game, or other trial; a competition.

con·test·ant |kən tĕs′tənt| —*noun, plural* **contestants** Someone who takes part in a contest; competitor.

con·ti·nent |kŏn′tə nənt| —*noun, plural* **continents** One of the main land masses of the earth.

con·ti·nen·tal |kŏn′tə nĕn′tl| —*adjective* Of, like, or belonging to a continent.

con·tin·u·al |kən tĭn′yōō əl| —*adjective* **1.** Happening again and again; frequent. **2.** Not interrupted or broken; steady.

con·tin·ue |kən tĭn′yōō| —*verb* **continued, continuing 1.** To go on without stopping; keep on. **2.** To begin again after stopping; resume. **3.** To stay in the same place, condition, or situation; remain.

con·tin·u·ous |kən tĭn′yōō əs| —*adjective* Going on without interruption or break.

con·tour |kŏn′tōōr′| —*noun, plural* **contours** The outline of something.

con·tract |kŏn′trăkt′| —*noun, plural* **contracts** An agreement, often written down, between two or more persons or groups to do or not to do something.
—*verb* |kən trăkt′| **contracted, contracting 1.** To draw together; make or become smaller in length, width, or size. **2.** To arrange or make by a contract. **3.** To get.

con·trac·tion |kən trăk′shən| —*noun, plural* **contractions 1.** The act or process of contracting. **2.** A shortened form of a word or pair of words. "Isn't" is a contraction of "is not."

con·tra·dict |kŏn′trə dĭkt′| —*verb* **contradicted, contradicting 1.** To say the opposite of. **2.** To say that something is not true or that someone is not telling the truth.

con·tral·to |kən trăl′tō| —*noun, plural* **contraltos 1.** The lowest female singing voice. **2.** A singer who has such a voice.

con·tra·ry |kŏn′trĕr′ē| —*adjective* **1.** Completely different; opposite; opposed. **2.** |kŏn′trĕr′ē| or |kən trâr′ē| Stubborn and opposed to others.
—*noun, plural* **contraries** Something that is opposite.

con·trast |kən trăst′| —*verb* **contrasted, contrasting 1.** To compare in order to show differences. **2.** To show differences when a comparison is made.
—*noun* |kŏn′trăst′| *plural* **contrasts 1.** Comparison, especially when it is used to show differences. **2.** A great difference.

con·tri·bute |kən trĭb′yōōt| —*verb* **contributed, contributing** To give or supply; donate.

con·tri·bu·tion |kŏn′trĭ byōō′shən| —*noun, plural* **contributions 1.** The act of contributing. **2.** Something contributed; a donation.

con·trol |kən trōl′| —*verb* **controlled, controlling**

---

tiempo que otra.

contempt *sustantivo* **1.** Sentimiento de que alguien o algo es de poco valor o no deseado; desprecio; menosprecio; desdén; desacato. **2.** Condición de ser despreciado o desdeñado.

contend *verbo* **1.** Pelear o batallar; contender. **2.** Competir. **3.** Argumentar en contra; disputar; oponer; forcejear. **4.** Decir que algo es verdadero; mantener la verdad.

content¹ *sustantivo* **1.** **contents** Algo que está dentro de un envase o recipiente. **2.** A veces **contents** Información dentro de un libro, una carta, una película u otra forma de comunicación; contenido.

content² *adjetivo* Complacido con lo que uno tiene o es; contento; satisfecho.
—*verbo* Complacer; satisfacer; contentar.

contest *sustantivo* **1.** Lucha o pugna entre dos o más personas o grupos; contienda; lidia; conflicto; litigio. **2.** Carrera, torneo u otro certamen; competencia o concurso.

contestant *sustantivo* Alguien que toma parte en un concurso; competidor; contendiente; litigante.

continent *sustantivo* Una de las mayores masas de tierra firme de nuestro planeta; continente.

continental *adjetivo* De, como o que corresponde a un continente; continental.

continual *adjetivo* **1.** Que ocurre una y otra vez; continuo; frecuente. **2.** No interrumpido o quebrado; constante; incesante.

continue *verbo* **1.** Seguir sin parar; continuar; persistir. **2.** Empezar otra vez después de haber interrumpido o parado; proseguir o reanudar. **3.** Mantenerse en el mismo lugar, condición o situación; permanecer.

continuous *adjetivo* Que prosigue sin interrupción o separación; continuo.

contour *sustantivo* Perfil de algo; contorno.

contract *sustantivo* Acuerdo, a menudo por escrito, entre dos o más personas o grupos para hacer o no hacer algo; contrato; convenio; pacto.
—*verbo* **1.** Acortar o reducir en longitud, anchura o tamaño; contraer. **2.** Arreglar o comprometerse por contrato; contratar; pactar. **3.** Adquirir una enfermedad; contraer.

contraction *sustantivo* **1.** Acto o proceso de contraer; contracción; encogimiento. **2.** Forma abreviada de una o varias palabras en inglés. Por ejemplo "isn't" es contracción de "is not".

contradict *verbo* **1.** Decir lo opuesto a algo; contradecir. **2.** Decir que algo no es verdad o que alguien no dice la verdad.

contralto *sustantivo* **1.** En canto, la voz femenina más grave. **2.** Cantante que posee este tipo de voz.

contrary *adjetivo* **1.** Completamente diferente; opuesto; contrario. **2.** Empecinado y contrario a todos.
—*sustantivo* Algo que es opuesto.

contrast *verbo* **1.** Comparar con el fin de destacar las diferencias; constrastar. **2.** Exponer las diferencias cuando se hace una comparación: *Light contrasts with dark.* = *Lo claro contrasta con lo oscuro.*
—*sustantivo* **1.** Comparación, especialmente cuando se usa para mostrar las diferencias; contraste. **2.** Una gran diferencia: *the contrast between deserts and jungles* = *el contraste entre los desiertos y las selvas.*

contribute *verbo* Dar o proveer; donar; contribuir.

contribution *sustantivo* **1.** Acto de contribuir; contribución. **2.** Algo con lo que se ha contribuido; donación.

control *verbo* **1.** Tener autoridad; dirigir; mandar.

ər butter yōō abuse ou out ŭ cut û fur *th* the th thin hw which zh vision ə ago, item, pencil, atom, circus

1. To have authority over; to direct; command. **2.** To hold in check; restrain.
—*noun, plural* **controls 1.** Authority or power. **2.** Something that restrains; a check. **3.** Often **controls** The knobs, levers, pedals, and other instruments used to operate a machine.

con·tro·ver·sial |kŏn′trə vûr′shəl| —*adjective* Causing or able to cause arguments.

con·tro·ver·sy |kŏn′trə vûr′sē| —*noun, plural* **controversies** Argument; debate; disagreement.

con·ven·ience |kən vēn′yəns| —*noun, plural* **conveniences 1.** Comfort or advantage; ease. **2.** Anything that saves time and effort.

con·ven·ient |kən vēn′yənt| —*adjective* **1.** Easy to reach; handy. **2.** To someone's liking or comfort; suitable.

con·vent |kŏn′vənt| or |kŏn′vĕnt′| —*noun, plural* **convents 1.** A group of nuns living together. **2.** A building that nuns live in.

con·ven·tion |kən vĕn′shən| —*noun, plural* **conventions 1.** A formal meeting of people who have something in common. **2.** A way of acting or of doing something that most people accept; custom.

con·ven·tion·al |kən vĕn′shə nəl| —*adjective* Following accepted practice, customs, or taste; ordinary.

con·ver·sa·tion |kŏn′vər sā′shən| —*noun, plural* **conversations** An informal talk in which people share ideas and feelings.

con·verse |kən vûrs′| —*verb* **conversed, conversing** To talk informally with another person or persons.

con·ver·sion |kən vûr′zhən| or |kən vûr′shən| —*noun, plural* **conversions 1.** The act or process of changing or being changed. **2.** A change in which a person adopts a new religion or beliefs.

con·vert |kən vûrt′| —*verb* **converted, converting 1.** To change something into something else. **2.** To convince a person or persons to adopt a new religion or belief.

con·vert·i·ble |kən vûr′tə bəl| —*adjective* Able to be changed into something else.
—*noun, plural* **convertibles** An automobile with a top that can be folded back or taken off.

con·vex |kŏn vĕks′| or |kŏn′vĕks| or |kən vĕks′| —*adjective* Curved outward.

con·vey |kən vā′| —*verb* **conveyed, conveying 1.** To take or carry from one place to another. **2.** To make something known; communicate.

con·vict |kən vĭkt′| —*verb* **convicted, convicting** To prove that someone is guilty.
—*noun* |kŏn′vĭkt′|, *plural* **convicts** Someone who has been proven guilty of a crime and sent to jail.

con·vic·tion |kən vĭk′shən| —*noun, plural* **convictions 1.** The act or process of proving that someone is guilty. **2.** A strong feeling or belief about something.

con·vince |kən vĭns′| —*verb* **convinced, convincing** To make someone believe something; persuade.

con·voy |kŏn′voi′| or |kən voi′| —*verb* **convoyed, convoying** To go with in order to protect.
—*noun* |kŏn′voi′|, *plural* **convoys 1. a.** A group of ships or vehicles that are protected by an armed escort that travels with it. **b.** The armed escort itself. **2.** A group of vehicles traveling together for convenience.

cook |kook| —*verb* **cooked, cooking 1.** To get food ready for eating by using heat. **2.** To be cooked.
—*noun, plural* **cooks** A person who cooks.

cook·y or **cook·ie** |kook′ē| —*noun, plural* **cookies** A small, sweet cake, usually flat.

2. Frenar; restringir.
—*sustantivo* **1.** Autoridad o poder. **2.** Algo que frena; freno. **3.** A veces **controls** Las perillas, palancas, pedales y otros instrumentos utilizados para operar una máquina.

controversial *adjetivo* Que causa o puede provocar discusiones; controversial; polémico.

controversy *sustantivo* Controversia; debate; disputa.

convenience *sustantivo* **1.** Comodidad o ventaja material; facilidad; conveniencia. **2.** Algo que ahorra tiempo y trabajo.

convenient *adjetivo* **1.** Fácil de alcanzar; a mano; conveniente. **2.** De acuerdo al gusto o comodidad de alguien; cómodo: *We'll meet at a time that is convenient for you.* = *Nos encontraremos a una hora que sea cómoda para ti.*

convent *sustantivo* Convento: **1.** Grupo de religiosas que viven juntas. **2.** Edificio donde viven las religiosas.

convention *sustantivo* Convención: **1.** Una reunión formal de gente que tiene algo en común. **2.** Manera o forma de actuar o hacer algo que la mayoría de la gente acepta; costumbre.

conventional *adjetivo* Que sigue una determinada práctica, costumbre o gusto; ordinario; convencional.

conversation *sustantivo* Charla informal en la que la gente intercambia ideas y pensamientos.

converse *verbo* Hablar informalmente con una o varias personas; conversar.

conversion *sustantivo* Conversión: **1.** Acto o proceso de cambiar o ser cambiado: *the conversion of electricity to heat* = *la conversión de la electricidad en calor.* **2.** Cambio por el cual una persona adopta una nueva religión o creencias: *her conversion to Judaism* = *su conversión al judaísmo.*

convert *verbo* Convertir: **1.** Cambiar algo en otra cosa. **2.** Convencer a una o varias personas para que adopten una nueva religión o creencias.

convertible *adjetivo* Algo que puede cambiarse en otra cosa; convertible.
—*sustantivo* Automóvil cuyo techo es corredizo o puede quitarse.

convex *adjetivo* Curvado hacia afuera; convexo.

convey *verbo* **1.** Tomar o llevar de un lado a otro. **2.** Hacer saber algo; comunicar.

convict *verbo* Probar que alguien es culpable; condenar.
—*sustantivo* Alguien que ha sido declarado culpable por un delito y enviado a la cárcel; convicto.

conviction *sustantivo* **1.** Acto o proceso para probar que alguien es culpable; fallo condenatorio. **2.** Sentimiento profundo o creencia sobre algo; convicción.

convince *verbo* Hacer que alguien crea algo; persuadir; convencer.

convoy *verbo* Ir con alguien con el fin de protegerlo; escoltar.
—*sustantivo* **1. a.** Grupo de barcos o vehículos que están protegidos por una escolta armada que viaja con ellos. **b.** La escolta armada propiamente dicha. **2.** Grupo de vehículos que viajan juntos por conveniencia.

cook *verbo* **1.** Preparar alimentos para comer usando fuego; cocinar. **2.** Estar cocido algo; tiempo de cocción: *The chops will cook in twenty minutes.* = *Las chuletas se cocinarán en veinte minutos.*
—*sustantivo* Persona que cocina.

cooky o **cookie** *sustantivo* Bizcochito pequeño, dulce, usualmente chato.

ă pat ā pay â care ä father ĕ pet ē be ĭ pit ī pie î fierce ŏ pot ō go ô paw, for oi oil ŏŏ book ōō boot

cool |kōōl| —*adjective* **cooler, coolest 1.** Not very warm or cold. **2.** Not excited; calm. **3.** Not friendly or enthusiastic; indifferent.
—*verb* **cooled, cooling** To make or become less warm.
—*noun* Something that is cool.

co·op·er·ate |kō ŏp'ə rāt'| —*verb* **cooperated, cooperating** To work or act together.

co·op·er·a·tion |kō ŏp'ə rā'shən| —*noun* The act of cooperating or working together.

co·op·er·a·tive |kō ŏp'ər ə tĭv| or |kō ŏp'ə rā'tĭv| —*adjective* Willing to help or work together.

co·or·di·nate |kō ôr'dn āt'| —*verb* **coordinated, coordinating** To work or cause to work together well or efficiently.

cope |kōp| —*verb* **coped, coping** To struggle with successfully.

cop·per |kŏp'ər| —*noun* **1.** A reddish-brown metal that is easy to work with and is a good conductor of heat and electricity. Copper is one of the chemical elements. **2.** A reddish-brown color.
—*adjective* Reddish brown.

cop·per·head |kŏp'ər hĕd'| —*noun, plural* **copperheads** A poisonous reddish-brown snake of the eastern United States.

cop·y |kŏp'ē| —*noun, plural* **copies 1.** Something that is made to be like or look like something else; reproduction or duplicate. **2.** One of a number of things that have been printed at the same time.
—*verb* **copied, copying, copies 1.** To make a copy or copies of. **2.** To follow someone or something as a model or example; imitate.

cor·al |kôr'əl| or |kŏr'əl| —*noun* **1.** A substance, as hard as stone, that is formed by the skeletons of tiny sea animals. Large groups of these animals form rounded or branching masses. Coral is often brightly colored. Some kinds are used to make jewelry. **2.** A yellowish-pink or reddish-orange color.
—*adjective* Yellowish pink or reddish orange.

coral snake A poisonous snake of the southern United States. It is marked with red, yellow, and black bands.

cord |kôrd| —*noun, plural* **cords 1.** A strong string or thin rope. Cord is made of a number of smaller strings twisted together. **2.** An electric wire covered with protecting material and having a plug at one or both ends. **3.** A part of the body that is like a cord. **4.** A unit of measure for cut firewood. A cord of wood is equal to a stack that is four feet high, four feet wide, and eight feet long.

cor·dial |kôr'jəl| —*adjective* Cheerful and friendly; sincere.

cor·du·roy |kôr'də roi'| —*noun* A heavy cotton cloth with a smooth surface of raised ridges. Corduroy is usually used for making clothes, especially jackets, pants, and skirts.

core |kôr| or |kōr| —*noun, plural* **cores 1.** The tough center part of an apple, pear, or some other fruits. The seeds of the fruit are in the core. **2.** The central or most important part of anything; heart.
—*verb* **cored, coring** To take or cut out the core of.

cork |kôrk| —*noun, plural* **corks 1.** The light, soft outer bark of a kind of oak tree. It is used to make bottle stoppers, rafts, floor covering, and other things. **2.** A stopper for a bottle or jar, made from cork or another soft material.
—*verb* **corked, corking** To close or stop up with a cork.

cork·screw |kôrk'skrōō'| —*noun, plural* **corkscrews** A tool or device used to pull corks out of bottles. A corkscrew is made of a pointed metal spiral attached to a handle.

cool *adjetivo* **1.** Ni muy caliente ni muy frío; fresco. **2.** Tranquilo; calmo. **3.** Ni amistoso ni entusiasmado; indiferente: *a cool hello = un ¡hola! indiferente*
—*verbo* Hacer o producir menos calor; refrescar: *The fan cooled the room. = El ventilador refrescó el cuarto.*
—*sustantivo* Algo que está fresco.

cooperate *verbo* Trabajar o actuar juntos; cooperar.

cooperation *sustantivo* Acto de cooperar o actuar juntos; cooperación.

cooperative *adjetivo* Dispuesto a ayudar o a trabajar juntos; cooperador.

coordinate *verbo* Trabajar o hacer que se trabaje en conjunto bien o eficientemente; coordinar.

cope *verbo* Contender con éxito; salir adelante con un problema.

copper *sustantivo* **1.** Metal marrón-rojizo que se trabaja con facilidad y es un buen conductor de calor y electricidad; cobre. El cobre es uno de los elementos químicos. **2.** Color marrón-rojizo.
—*adjetivo* Cobrizo.

copperhead *sustantivo* Serpiente venenosa, de color cobrizo, del este de los Estados Unidos.

copy *sustantivo* **1.** Algo que se ha hecho para que sea como o que se parezca a otra cosa; reproducción o duplicado; copia. **2.** Una de varias cosas que han sido impresas al mismo tiempo.
—*verbo* Copiar: **1.** Hacer una o varias copias. **2.** Seguir algo o a alguien como modelo o ejemplo; imitar.

coral *sustantivo* **1.** Substancia dura como la piedra que está formada de esqueletos de pequeños animales de mar; coral. Los grupos grandes de estos animales forman masas redondas compactas o ramificadas. El coral es a veces de color vivo. Algunas especies se usan para hacer joyas. **2.** Color rosa-amarillento o naranja-rojizo.
—*adjetivo* Rosa-amarillo o naranja-rojizo; coralino.

coral snake Serpiente venenosa del sur de los Estados Unidos, con bandas rojas, amarillas y negras.

cord *sustantivo* **1.** Cuerda fuerte o soga delgada; cordel. El cordel está hecho de una serie de hilos finos enroscados entre sí. **2.** Cable eléctrico cubierto con un material protector que tiene un enchufe en uno o ambos extremos. **3.** Parte del cuerpo que es como una cuerda: *the spinal cord = la espina dorsal.* **4.** Unidad de medida para la leña cortada. Una cuerda de leña es igual a un fardo que tiene cuatro pies de altura, cuatro pies de ancho y ocho pies de largo.

cordial *adjetivo* Alegre y amistoso; sincero; cordial.

corduroy *sustantivo* Tela gruesa de algodón de trama suave y estrías prominentes; pana. La pana se usa comúnmente para hacer ropa, especialmente chaquetas, pantalones y polleras.

core *sustantivo* **1.** Parte dura del centro de una manzana, pera u otras frutas; núcleo. Las semillas del fruto están en el núcleo. **2.** La parte central o más importante de algo; corazón; centro; esencia.
—*verbo* Quitar o cortar el núcleo, especialmente el de las frutas.

cork *sustantivo* **1.** Parte liviana y suave de la corteza de cierto tipo de encina; corcho. Se usa para fabricar tapones de botella, balsas, revestimientos para pisos y otras cosas. **2.** Tapón para botella o pote hecho de corcho u otro material blando.
—*verbo* Cerrar o tapar con un corcho; taponar.

corkscrew *sustantivo* Herramienta o instrumento para sacarle el corcho a las botellas; tirabuzón; sacacorchos. El sacacorchos se fabrica de metal, con una punta en forma de espiral que termina en un mango.

ər butter yōō abuse ou out ŭ cut û fur *th* the th thin hw which zh vision ə ago, item, pencil, atom, circus

corn |kôrn|—*noun* **1.** A tall plant that has large ears with many kernels. Corn is grown as food for people and animals. **2.** The ears or kernels of the corn plant.

corn·cob |kôrn'kŏb'|—*noun, plural* **corncobs** The long, hard center part of an ear of corn.

cor·ne·a |kôr'nē ə|—*noun, plural* **corneas** The transparent outer coat or covering of the eyeball. The cornea covers the iris and lens.

cor·ner |kôr'nər|—*noun, plural* **corners** **1.** The place where two lines or surfaces meet. **2.** The place where two roads or streets meet. **3.** A difficult position or situation.
—*verb* **cornered, cornering** To place or force into a difficult position or situation.

cor·o·na·tion |kôr'ə nā'shən| or |kŏr'ə nā'shən| —*noun, plural* **coronations** The act or ceremony of crowning a king, queen, or other monarch.

cor·po·ral |kôr'pər əl| or |kôr'prəl|—*noun, plural* **corporals** An officer in the United States Army or Marine Corps. A corporal ranks above a private and below a sergeant.

cor·po·ra·tion |kôr'pə rā'shən|—*noun, plural* **corporations** A business or other organization that is allowed by law to act as a single person. A corporation is formed by a group of people acting under a legal arrangement.

corps |kôr| or |kōr|—*noun, plural* **corps** |kôrz| or |kōrz| **1.** Often **Corps** A section of the armed forces having a special function. **2.** Any group of people acting or working together.

corpse |kôrps|—*noun, plural* **corpses** A dead body, usually of a human being.

cor·pus·cle |kôr'pə səl| or |kôr'pŭs'əl|—*noun, plural* **corpuscles** A cell of the body, such as a red or white blood cell, that can move about freely.

cor·ral |kə răl'|—*noun, plural* **corrals** A pen or a place with a fence for keeping cattle or horses.
—*verb* **corralled, corralling** **1.** To put or drive into a corral. **2.** To get hold of; round up; seize.

cor·rect |kə rĕkt'|—*verb* **corrected, correcting** **1.** To remove errors from. **2.** To mark errors in. **3.** To make something right by changing or adjusting. **4.** To scold or punish.
—*adjective* **1.** Free from error; accurate. **2.** Following rules; proper.

cor·rec·tion |kə rĕk'shən|—*noun, plural* **corrections** **1.** The act or process of correcting. **2.** Something put in place of a mistake or error; an improvement.

cor·re·spond |kôr'ĭ spŏnd'| or |kŏr'ĭ spŏnd'|—*verb* **corresponded, corresponding** **1.** To be in agreement; to match. **2.** To be similar or the same. **3.** To write and send letters.

cor·re·spond·ence |kôr'ĭ spŏn'dəns| or |kŏr'ĭ spŏn'dəns|—*noun, plural* **correspondences** **1.** Agreement, similarity, or likeness. **2. a.** Communication by writing and sending letters. **b.** The letters themselves.

cor·re·spond·ent |kôr'ĭ spŏn'dənt| or |kŏr'ĭ spŏn'dənt|—*noun, plural* **correspondents** **1.** Someone to whom one writes regularly. **2.** Someone hired by a newspaper or television station to report on news in distant places.

cor·ri·dor |kôr'ĭ dər| or |kŏr'ĭ dôr'| or |kŏr'ĭ dər| or |kŏr'ĭ dôr'|—*noun, plural* **corridors** A narrow hallway or passage in a building, with doors opening onto it.

corn *sustantivo* **1.** Planta alta en cuyo tronco, de largas hojas, brotan las mazorcas; maíz. El maíz se cultiva para alimentar a las personas y los animales. **2.** Las mazorcas, o los granos separados, de una planta de maíz.

corncob *sustantivo* Parte central, larga y dura de una mazorca.

cornea *sustantivo* Parte exterior transparente que cubre el ojo; córnea. La córnea cubre el iris y el cristalino.

corner *sustantivo* **1.** Lugar donde se encuentran dos líneas o superficies; ángulo; esquina. **2.** Lugar donde se encuentran dos caminos o calles; intersección. **3.** Una posición o situación difícil; estar en un aprieto: *He has me in a corner because I can't pay back the money I owe him.* = *Estoy en un aprieto porque no puedo pagarle el dinero que le debo.*
—*verbo* Poner o forzar dentro de una posición o situación difícil; acorralar.

coronation *sustantivo* Acto o ceremonia en la que se corona a un rey, una reina u otro monarca.

corporal *sustantivo* Oficial del ejército de los Estados Unidos; cabo. El cabo tiene un rango menor que un sargento.

corporation *sustantivo* Negocio u otra organización a la que le está permitida, por ley, actuar como una sola persona; corporación. Una corporación está formada por un grupo de gente que actúa según un acuerdo legal.

corps *sustantivo* **1.** A veces **Corps** Sección de las fuerzas armadas que tiene una función específica; unidad; cuerpo. **2.** Cualquier grupo de gente que actúa o trabaja en conjunto.

corpse *sustantivo* Cuerpo sin vida, usualmente de un ser humano; cadáver.

corpuscle *sustantivo* Célula del cuerpo, tal como una célula de sangre roja o blanca, que se mueve libremente; corpúsculo.

corral *sustantivo* Redil o lugar con una cerca para guardar ganado o caballos; corral.
—*verbo* **1.** Poner o ubicar dentro de un corral; acorralar. **2.** Atrapar; rodear; agarrar.

correct *verbo* Corregir: **1.** Eliminar errores. **2.** Marcar errores. **3.** Hacer que algo sea correcto mediante un cambio o ajuste. **4.** Reprender o castigar.
—*adjetivo* **1.** Libre de errores; exacto. **2.** De acuerdo a la legalidad; apropiado; correcto.

correction *sustantivo* **1.** Acto o proceso de corregir; corrección. **2.** Algo puesto en el lugar de una equivocación o error; mejora; enmienda.

correspond *verbo* **1.** Estar en relación; estar de acuerdo; hacer juego: *His rude manners didn't correspond with his usual behavior.* = *Sus rudos modales no estaban de acuerdo con su comportamiento habitual.* **2.** Ser igual o el mismo; concordar: *The eye corresponds to the lens of a camera.* = *Los ojos (en su función) concuerdan con el lente de una cámara fotográfica.* **3.** Escribir o enviar cartas.

correspondence *sustantivo* Correspondencia: **1.** Conformidad; similitud o afinidad. **2. a.** Comunicación por medio de la escritura y envío de cartas. **b.** Las cartas propiamente dichas.

correspondent *sustantivo* **1.** Alguien al cual se le escribe regularmente; correspondiente. **2.** Alguien que ha sido empleado por un diario o estación de televisión para transmitir noticias desde lugares distantes; corresponsal.

corridor *sustantivo* Pasillo angosto o pasaje en un edificio, con puertas de acceso; corredor.

ă pat ā pay â care ä father ĕ pet ē be ĭ pit ī pie î fierce ŏ pot ō go ô paw, for oi oil ŏŏ book ōō boot

cor·rupt |kə rŭpt′| —*adjective* **1.** Having no morals; wicked. **2.** Capable of being bribed; dishonest.
—*verb* **corrupted, corrupting 1.** To ruin the morals of; make wicked. **2.** To make dishonest; bribe.

cor·set |kôr′sĭt| —*noun, plural* **corsets 1.** Tight underwear worn by women to shape the waist and hips. **2.** A similar piece of underwear, containing strong elastic, worn by men or women to support weak or injured muscles in the back.

cos·met·ic |kŏz mĕt′ĭk| —*noun, plural* **cosmetics** A preparation, such as lotion or powder, used on the body.

cos·mic |kŏz′mĭk| —*adjective* Of the universe, especially the heavens as distinguished from the earth.

cost |kôst| —*noun, plural* **costs 1.** The amount paid or charged for a purchase. **2.** Something given up; a loss or penalty.
—*verb* **cost, costing 1.** To have as a price. **2.** To cause the loss of.
Idiom **at all costs** Regardless of the cost or effort.

cost·ly |kôst′lē| —*adjective* **costlier, costliest 1.** Of great cost; having a high price; expensive. **2.** Resulting in great loss or sacrifice.

cos·tume |kŏs′tōōm′| or |kôs′tyōōm′| —*noun, plural* **costumes 1.** Clothing that is typical of a certain place, group of people, or period of history. **2.** Clothing worn for a particular activity or occasion. **3.** Clothing worn when playing a part or dressing up in disguise.

cot |kŏt| —*noun, plural* **cots** A narrow bed, usually made of canvas stretched over a folding frame.

cot·tage |kŏt′ĭj| —*noun, plural* **cottages 1.** A small house in the country. **2.** A summer home, usually near the sea or in the mountains.

cottage cheese A soft white cheese with a mild flavor. Cottage cheese is made of the curds of skim milk.

cot·ton |kŏt′n| —*noun* **1.** A plant that has seeds covered with soft, fluffy white fibers. Cotton is grown in warm places. **2.** The soft, fine fibers of this plant. They are used to make thread or cloth. **3.** Cloth or thread made from these fibers.

cot·ton·mouth |kŏt′n mouth′| —*noun, plural* **cottonmouths** |kŏt′n mouths′| or |kŏt′n mouthz| A poisonous snake. Another name for this snake is **water moccasin.**

couch |kouch| —*noun, plural* **couches** A piece of furniture, usually upholstered and having a back, for seating two or more persons; sofa.

cou·gar |kōō′gər| —*noun, plural* **cougars** A large wild cat. Another name for this animal is **mountain lion.**

cough |kôf| or |kŏf| —*verb* **coughed, coughing** To force air from the lungs in a sudden, noisy way.
—*noun, plural* **coughs 1.** The act or sound of coughing. **2.** An illness that causes much coughing.

could |kŏod| or |kəd| The past tense of the verb **can.**

couldn't |kŏod′nt| A contraction of "could not."

coun·cil |koun′səl| —*noun, plural* **councils 1.** A group of persons brought together to discuss or settle a problem or question. **2.** A group of people chosen to make laws or rules.

coun·cil·or |koun′sə lər| or |koun′slər| —*noun, plural* **councilors** A member of a council.

coun·sel |koun′səl| —*noun, plural* **counsels 1.** Advice; guidance. **2.** A lawyer or group of lawyers.
—*verb* **counseled, counseling** To give advice.

coun·sel·or |koun′sə lər| or |koun′slər| —*noun,*

corrupt *adjetivo* **1.** Carente de moral; malvado; corrupto. **2.** Fácil de sobornar; deshonesto.
—*verbo* **1.** Arruinar la moral; excitar al mal; corromper. **2.** Provocar a la deshonestidad; pervertir.

corset *sustantivo* **1.** Ropa interior ajustada que es usada por las mujeres para destacar la cintura y las caderas; corsé. **2.** Ropa interior similar, confeccionada con un fuerte elástico, usada por hombres y mujeres para soporte de los músculos de la espalda que están débiles o lesionados; faja.

cosmetic *sustantivo* Preparación que se usa para el cuerpo, como loción o polvo; cosmético.

cosmic *adjetivo* Referente al universo, especialmente al firmamento para distinguirlo de la tierra.

cost *sustantivo* **1.** Cantidad que se paga o se cobra por una compra; costo. **2.** Algo que se ha abandonado; pérdida o penalidad; a costa: *He refused treatment at the cost of his health.* = *Él rehusó tratamiento, a costa de su salud.*
—*verbo* **1.** Tener el precio de; costar: *A new scarf will cost seven dollars.* = *Una chalina nueva costará siete dólares.* **2.** Causar pérdida: *Being late every day cost her the job.* = *El llegar tarde todos los días le costó a ella su empleo.*
Modismo **at all costs** Prescindiendo costo o esfuerzo; a toda costa.

costly *adjetivo* **1.** De gran costo; que tiene un precio alto; caro. **2.** Que provoca una gran pérdida o sacrificio; costoso.

costume *sustantivo* **1.** Vestuario típico de cierto lugar, grupo de gente o período histórico. **2.** Vestuario usado para una actividad particular u ocasión. **3.** Vestuario usado cuando se interpreta un papel o se viste un disfraz.

cot *sustantivo* Cama angosta, usualmente hecha de lona, que se abre dentro de un armazón plegable; catre.

cottage *sustantivo* **1.** Casa pequeña en una zona rural. **2.** Casa de verano usualmente cerca del mar o en las montañas; cabaña.

cottage cheese Queso blanco, suave, de sabor delicado; requesón. El requesón se hace con cuajada de leche desnatada.

cotton *sustantivo* **1.** Planta que tiene semillas cubiertas de fibras suaves, blancas y mullidas; algodón. El algodón crece en lugares cálidos. **2.** Las fibras suaves y finas de esta planta; fibras de algodón. Se usan para hacer hilos o telas. **3.** Tela o hilo hecho con estas fibras.

cottonmouth *sustantivo* Serpiente venenosa. En inglés otro nombre para esta serpiente es **water moccasin.**

couch *sustantivo* Tipo de mueble, usualmente tapizado, que tiene respaldo para que se sienten dos o más personas; sofá.

cougar *sustantivo* Gato salvaje de gran tamaño; puma. En inglés otro nombre para este animal es **mountain lion.**

cough *verbo* Expeler el aire de los pulmones de manera repentina y ruidosa; toser.
—*sustantivo* **1.** Acto o sonido producido por esta acción; tos. **2.** Enfermedad que causa mucha tos.

could Pretérito del verbo **can.**

couldn't Contracción de "could not".

council *sustantivo* **1.** Grupo de personas reunidas para debatir o solucionar un problema o cuestión. **2.** Grupo de personas escogidas para formular leyes o reglamentos.

councilor *sustantivo* Miembro de un concilio; concejal.

counsel *sustantivo* **1.** Consejo; guía. **2.** Un abogado o grupo de abogados.
—*verbo* Dar consejo; aconsejar.

counselor *sustantivo* **1.** Persona que aconseja o guía;

ər butter   yōō abuse   ou out   ŭ cut   û fur   *th* the   th thin   hw which   zh vision   ə ago, item, pencil, atom, circus

plural **counselors 1.** A person who advises or guides; adviser. **2.** A lawyer. **3.** A person who supervises children at a summer camp.

count¹ |kount| —*verb* **counted, counting 1.** To find the total number of; add up. **2.** To jot down or say numbers in order. **3.** To include; take account of. **4.** To be important; be of value. **5.** To regard; consider. **6.** To take or be taken into account.
—*noun, plural* **counts 1.** The act of counting. **2.** The number reached by counting.

count² |kount| —*noun, plural* **counts** A nobleman in some countries. The rank of count is equal to the English rank of earl.

count·down |kount'doun'| —*noun, plural* **countdowns** The act of counting backward to zero to indicate how many minutes and seconds are left until the beginning of an event.

count·er¹ |koun'tər| —*noun, plural* **counters 1.** A narrow table on which things are sold or food is prepared, served, or eaten. Counters are found in most kitchens and stores, and in some restaurants. **2.** A small disk or other object used in some games to keep score.

count·er² |koun'tər| —*adjective* Contrary; opposing or opposite.
—*verb* **countered, countering** To act against; oppose.
—*adverb* In the opposite manner or direction.

coun·ter·clock·wise |koun'tər klŏk'wīz| —*adverb* In a direction opposite to the direction in which a clock's hands move.
—*adjective* Moving in a counterclockwise direction.

coun·ter·feit |koun'tər fĭt| —*verb* **counterfeited, counterfeiting** To make a copy of something in order to fool or cheat people; to forge; imitate.
—*adjective* Made as a copy or imitation in order to fool or cheat people.
—*noun, plural* **counterfeits** Something that has been copied; an imitation.

count·ess |koun'tĭs| —*noun, plural* **countesses 1.** The wife of a count. **2.** A woman with a rank equal to that of a count in her own right.

coun·try |kŭn'trē| —*noun, plural* **countries 1. a.** A group of people living under a single independent government; a nation or state. **b.** The territory occupied by such a group of people. **2.** The nation a person was born in or belongs to. **3.** The land away from cities and large towns, especially land used for farming. **4.** A region having certain characteristics.

coun·try·man |kŭn'trē mən| —*noun, plural* **countrymen** A person from one's own country.

coun·ty |koun'tē| —*noun, plural* **counties** One of the divisions of a state or country.

cou·ple |kŭp'əl| —*noun, plural* **couples 1.** Two things of the same kind; a pair. **2.** A man and a woman who are married or engaged. **3.** A small number; a few.
—*verb* **coupled, coupling** To link together; join or attach.

cou·pon |kōō'pŏn| or |kyōō'pŏn| —*noun, plural* **coupons** A part of a ticket or advertisement that can be exchanged for a gift or money.

count¹ *verbo* **1.** Hallar el número total; sumar; contar: *Count the sandwiches and napkins.* = *Cuenta los emparedados y las servilletas.* **2.** Apuntar o decir los números en orden; contar: *Count up to 100.* = *Cuenta hasta 100.* **3.** Incluir; tener en cuenta: *There are six of us, counting me.* = *Somos seis, contándome a mí.* **4.** Ser importante; ser de valor; ser lo que cuenta: *It's how you play the game that counts.* = *Lo que cuenta es cómo juegas el partido.* **5.** Estimar; valorar: *I count myself lucky to be on the team.* = *Estimo que soy afortunado por participar en el equipo.* **6.** Tomar o ser tomado en cuenta: *We won't count that game because we couldn't finish it.* = *No tomaremos ese partido en cuenta porque no pudimos terminarlo.*
—*sustantivo* **1.** El acto de contar; cuenta. **2.** Número que resulta de una cuenta.

count² *sustantivo* Noble, en algunos países; conde. El rango de conde es igual al rango inglés de earl.

countdown *sustantivo* El acto de contar para atrás, hacia cero, para indicar cuántos minutos y segundos quedan para que comience un evento.

counter¹ *sustantivo* **1.** Mesa angosta sobre la cual se venden cosas o donde la comida se prepara, sirve o se come; mostrador. Los mostradores se encuentran en la mayoría de las cocinas, tiendas y algunos restaurantes. **2.** Disco pequeño u otro objeto usado en algunos juegos para contar los tantos.

counter² *adjetivo* Contrario; oponente u opuesto; en contra: *His opinions are counter to mine.* = *Sus opiniones están en contra de las mías.*
—*verbo* Actuar en contra; oponer; contradecir: *He countered my idea with the suggestion that we stop for lunch.* = *Él opuso mi idea con la sugerencia de que paráramos para almorzar.*
—*adverbio* De manera o dirección opuesta.

counterclockwise *adverbio* En dirección opuesta a la que se mueven las manecillas del reloj.
—*adjetivo* Que se mueve en dirección opuesta.

counterfeit *verbo* Hacer una copia de algo para engañar o defraudar a la gente; falsificar; imitar.
—*adjetivo* Hecho como copia o imitación para engañar o trampear a la gente; falsificado.
—*sustantivo* Algo que se ha copiado; falsificación; imitación.

countess *sustantivo* **1.** Esposa del conde; condesa. **2.** Mujer que tiene rango igual al de conde por derecho propio.

country *sustantivo* **1. a.** Grupo de gente que vive bajo un gobierno independiente y único; nación o estado; país. **b.** Territorio ocupado por un determinado grupo de gente; región. **2.** Nación en la que una persona ha nacido o a la que pertenece; patria. **3.** Tierras ubicadas lejos de las ciudades o pueblos grandes usadas para cultivo; campo. **4.** Región que posee ciertas características.

countryman *sustantivo* Persona que procede del país de uno; compatriota; conciudadano; paisano.

county *sustantivo* Una de las divisiones de un estado o país; distrito; partido; condado.

couple *sustantivo* **1.** Dos cosas de la misma clase; un par. **2.** Un hombre y una mujer que están casados o comprometidos; pareja. **3.** Número pequeño; unos pocos; algunos: *I'll see you in a couple of hours.* = *Te veré en algunas pocas horas.*
—*verbo* Ubicar juntos; unir o juntar; acoplar: *The engineer coupled the engine to the train.* = *El maquinista acopló la locomotora al tren.*

coupon *sustantivo* Parte de un boleto o de un aviso que puede cambiarse por un regalo o dinero; cupón.

ă pat ā pay â care ä father ĕ pet ē be ĭ pit ī pie î fierce ŏ pot ō go ô paw, for oi oil ōō book ōō boot

cour·age |kûr′ĭj| or |kŭr′ĭj| —*noun* A quality of mind or character that makes a person able to face danger or hardship without fear; bravery.

cou·ra·geous |kə rā′jəs| —*adjective* Having or showing courage; brave.

course |kôrs| or |kōrs| —*noun, plural* **courses** **1.** Forward or onward movement in a particular direction or in time; progress or advance. **2.** The direction taken by someone or something. **3.** A way of acting or behaving. **4.** A series of classes in school. **5.** An area of land or water on which races or other sports take place. **6.** A dish or other part of a meal.
  Idioms **in due course** At the right or proper time. **of course** Without a doubt; certainly; naturally.

court |kôrt| or |kōrt| —*noun, plural* **courts** **1.** An open space surrounded by walls or buildings; a courtyard. **2.** A short street, especially an alley having buildings on three sides. **3.** An area marked off and provided with equipment for certain games. **4.** The attendants, advisers, and other people who work for or with a king, queen, or other ruler. **5.** An official meeting of government advisers and their king, queen, or other ruler. **6.** A judge or group of officials who hear legal cases and make decisions. **7.** The room or building in which such cases are heard.
  —*verb* **courted, courting** **1.** To treat with flattery and attention; try to win the favor of. **2.** To try to win the love or affection of.

cour·te·ous |kûr′tē əs| —*adjective* Considerate toward others; polite; gracious.

cour·te·sy |kûr′tĭ sē| —*noun, plural* **courtesies** **1.** Polite or thoughtful behavior. **2.** An act that shows a polite manner.

court·house |kôrt′hous′| or |kōrt′hous′| —*noun, plural* **courthouses** A building in which trials and other legal matters take place.

court·yard |kôrt′yärd′| or |kōrt′yärd′| —*noun, plural* **courtyards** An open space surrounded by walls or buildings.

cous·in |kŭz′ən| —*noun, plural* **cousins** A child of one's aunt or uncle.

cov·er |kŭv′ər| —*verb* **covered, covering** **1.** To place something over or upon. **2.** To spread over the surface of. **3.** To have a certain distance, area, or duration of. **4.** To learn and report the details of. **5.** To travel over. **6.** To guard or defend. **7.** To hide or conceal.
  —*noun, plural* **covers** **1.** Something that covers another thing. **2.** Shelter of any kind. **3.** Something that hides or disguises something else.

cov·er·ing |kŭv′ər ĭng| —*noun, plural* **coverings** Something that covers, protects, or hides.

cov·et |kŭv′ĭt| —*verb* **coveted, coveting** To want something very much, especially something that belongs to another.

cow |kou| —*noun, plural* **cows** **1.** The fully grown female of cattle. **2.** The female of some other large animals, such as the elephant or moose.

cow·ard |kou′ərd| —*noun, plural* **cowards** A person who lacks courage or is easily frightened.

cow·ard·ice |kou′ər dĭs| —*noun* Lack of courage or a show of fear.

courage *sustantivo* Disposición de ánimo o de carácter que hace que una persona enfrente el peligro o la dificultad sin temor; valentía; coraje.

courageous *adjetivo* Que tiene o demuestra coraje; valiente; intrépido.

course *sustantivo* **1.** Movimiento hacia atrás o adelante en una dirección o tiempo determinado o particular; progreso o avance; curso; rumbo. **2.** Dirección tomada por alguien o algo; transcurso; marcha. **3.** Manera de actuar o comportarse; manera de hacer algo: *Your best course is to do your homework now.* = *Lo que más te conviene es hacer tus deberes ahora.* **4.** Una serie de clases escolares; curso. **5.** Área de tierra o agua en la cual se realizan carreras u otros deportes: *a golf course* = *campo de golf.* **6.** Plato u otra parte de una comida; manjar.
  Modismos **in due course** En el momento justo o preciso. **of course** Sin duda; ciertamente; naturalmente.

court *sustantivo* **1.** Espacio abierto rodeado de paredes o edificios; patio. **2.** Calle estrecha, especialmente un callejón que tiene edificios en los tres lados. **3.** Área demarcada y equipada para ciertos juegos; cancha. **4.** Acompañantes, consejeros y otras personas que trabajan para un rey, reina u otro gobernante; cortejo. **5.** Asamblea oficial de consejeros de gobierno con su rey, reina u otro gobernante; corte. **6.** Juez o grupo de funcionarios que debaten casos legales y dictan sentencias; juzgado. **7.** Sala o edificio en el que se debate ese tipo de casos; corte; tribunales.
  —*verbo* **1.** Tratar con adulación y atención; tratar de ganar el favor de; procurar; adular. **2.** Tratar de ganar el amor o afecto de alguien; hacer la corte; cortejar; galantear.

courteous *adjetivo* Considerado con los demás; cortés; fino.

courtesy *sustantivo* Cortesía: **1.** Conducta educada o atenta. **2.** Acto que denota una manera cortés.

courthouse *sustantivo* Edificio en el cual tienen lugar juicios y otros procedimientos legales; la corte; los tribunales.

courtyard *sustantivo* Espacio abierto rodeado de paredes y edificios; patio; atrio.

cousin *sustantivo* Primo o prima.

cover *verbo* **1.** Colocar algo sobre o encima de otra cosa; cubrir; tapar. **2.** Esparcir sobre una superficie; cubrir: *Water covered the floor.* = *El agua cubría el piso.* **3.** Tener una determinada distancia, área o duración; abarcar: *The farm covers 100 acres.* = *La granja abarca 100 acres.* **4.** Conocer e informar los detalles; hacer un reportaje. **5.** Viajar; recorrer: *We covered 200 miles a day this summer.* = *Recorrimos 200 millas por día este verano.* **6.** Guardar o defender; cubrir: *Her job is to cover second base.* = *Su tarea es cubrir la segunda base.* **7.** Ocultar o encubrir; disimular: *He couldn't cover his anger.* = *Él no pudo disimular su enojo.*
  —*sustantivo* **1.** Algo que esconde otra cosa. **2.** Refugio de cualquier tipo; escondite. **3.** Algo que oculta o encubre alguna otra cosa; pretexto; excusa: *His laughter is just a cover for his tears.* = *Su risa es sólo una excusa para sus lágrimas.*

covering *sustantivo* Algo que encubre, protege u oculta; cobertura.

covet *verbo* Desear algo intensamente, sobre todo lo que pertenece a otro; codiciar.

cow *sustantivo* **1.** Hembra del ganado vacuno, plenamente desarrollada; vaca. **2.** Hembra de algunos otros animales grandes, como el elefante o la anta.

coward *sustantivo* Persona que carece de coraje o que se asusta fácilmente; cobarde.

cowardice *sustantivo* Falta de coraje o evidencia de temor; cobardía.

ər butter   yōō abuse   ou out   ŭ cut   û fur   *th* the   th thin   hw which   zh vision   ə ago, item, pencil, atom, circus

cow·boy |kou′boi′| —*noun, plural* **cowboys** A hired man, usually working on horseback, who tends cattle on a ranch.

coy·o·te |kī ō′tē| or |kī′ōt′| —*noun, plural* **coyotes** A North American animal that looks like a wolf. Coyotes are common in the western parts of the United States and Canada.

co·zy |kō′zē| —*adjective* **cozier, coziest** Snug and comfortable.

crab |krăb| —*noun, plural* **crabs** A water animal that has a broad, flat body covered with a tough shell. Its front legs have large claws.

crack |krăk| —*verb* **cracked, cracking** 1. To break or split suddenly and with a sharp sound. 2. To make a sharp, snapping sound. 3. To break without separating; split. 4. To strike sharply. 5. To break down or give way. 6. To solve.
  Phrasal verbs **crack down** To become more strict. **crack up** 1. To crash; collide. 2. To begin or cause to begin to laugh suddenly.
  —*noun, plural* **cracks** 1. A sharp, snapping sound. 2. A small split or break. 3. A narrow space. 4. A sharp blow. 5. A joke, especially one that is insulting.
  —*adjective* Excellent.

crack·er |krăk′ər| —*noun, plural* **crackers** A thin, crisp wafer or biscuit.

crack·le |krăk′əl| —*verb* **crackled, crackling** To make slight sharp, snapping sounds.
  —*noun* The act or sound of crackling.

cra·dle |krād′l| —*noun, plural* **cradles** A small bed for a baby, usually on rockers.
  —*verb* **cradled, cradling** To hold closely.

craft |krăft| or |kräft| —*noun, plural* **crafts** 1. Skill or ability in doing something with the hands. 2. Skill in fooling or tricking others; cunning. 3. An occupation or trade. 4. *plural* **craft** A boat, ship, aircraft, or spacecraft.

crafts·man |krăfts′mən| or |kräfts′mən| —*noun, plural* **craftsmen** A worker skilled in doing something with the hands.

cramp |krămp| —*noun, plural* **cramps** 1. A sharp, painful contraction of a muscle, usually caused by strain or a chill. 2. **cramps** Sharp pains in one's stomach or abdomen.

cran·ber·ry |krăn′bĕr′ē| —*noun, plural* **cranberries** A sour, shiny red berry used to make sauce, jelly, and juice. Cranberries grow in wet places.

crane |krān| —*noun, plural* **cranes** 1. A large bird with a long neck, long legs, and a long bill. 2. A large machine for lifting heavy objects. A crane has a long arm and uses cables to do the lifting.
  —*verb* **craned, craning** To stretch or strain for a better view.

crank |krăngk| —*noun, plural* **cranks** 1. A device that has a handle or a rod for making a part of a machine turn. 2.a. A person who has a bad temper; a grouch. b. A person whose ideas are considered odd or strange.
  —*verb* **cranked, cranking** To start or operate with a crank.

crash |krăsh| —*verb* **crashed, crashing** 1. To fall, strike, or collide violently and with noise. 2. To go through violently. 3. To make a sudden, loud noise.
  —*noun, plural* **crashes** 1. A sudden, loud noise like things hitting one another. 2. A violent collision.

cowboy *sustantivo* Hombre asalariado que usualmente trabaja montado a caballo y que vigila el ganado en la estancia.

coyote *sustantivo* Animal norteamericano que se parece a un lobo; coyote. Los coyotes son comunes en la región oeste de los Estados Unidos y Canadá.

cozy *adjetivo* Abrigado y confortable; íntimo.

crab *sustantivo* Animal acuático que tiene el cuerpo ancho y chato cubierto por una caparazón dura. Las patas delanteras tienen largas garras; cangrejo.

crack *verbo* 1. Romper o partir de repente con un ruido seco; fracturar. 2. Hacer un ruido punzante y penetrante; crujir. 3. Romper sin separar nada; rajar; agrietar. 4. Golpear repentinamente; restallar. 5. Flaquear; rendirse; fallar. 6. Desentrañar; resolver.
  Verbos en locuciones **crack down** Ponerse más estricto; reprimir. **crack up** 1. Estrellarse; chocar. 2. Empezar a reír o ser causa de risa repentina; reírse ruidosamente.
  —*sustantivo* 1. Sonido penetrante o punzante; crujido. 2. Rajadura o hendidura pequeña; grieta. 3. Espacio angosto; abertura. 4. Golpe fuerte. 5. Broma, especialmente la que insulta.
  —*adjetivo* Excelente; de primera clase.

cracker *sustantivo* Barquillo o bizcocho fino y tostado; galleta; galletita.

crackle *verbo* Hacer sonidos ligeros, agudos y crujientes; crepitar; chisporrotear: *A fire was crackling in the fireplace.* = *El fuego crepitaba en la chimenea.*
  —*sustantivo* El acto o el sonido así descrito; chisporroteo.

cradle *sustantivo* Cama pequeña para un bebé, generalmente sobre balancines; cuna.

craft *sustantivo* 1. Destreza en realizar un trabajo con las manos; habilidad; pericia: *The carpenter developed his craft working with his father.* = *El carpintero desarrolló su habilidad trabajando con su padre.* 2. Destreza en engañar a otros; astucia. 3. Ocupación u oficio; arte. 4. Bote, navío, aeroplano o vehículo especial.

craftsman *sustantivo* Un trabajador experto en trabajar con las manos; artesano; artífice.

cramp *sustantivo* 1. Contracción aguda y dolorosa de un músculo, generalmente ocasionada por un esfuerzo intenso o un enfriamiento; calambre. 2. **cramps** Dolores agudos en el estómago o abdomen; calambres.

cranberry *sustantivo* Baya roja y agria de cáscara brillante que se utiliza para hacer salsas, mermelada y jugo, que crece en lugares húmedos; arándano.

crane *sustantivo* 1. Ave grande de cuello, piernas y pico largos; grulla. 2. Máquina grande para levantar objetos pesados que tiene un brazo largo y utiliza cables para levantar cosas; grúa.
  —*verbo* Extender o inclinar el cuello para ver mejor.

crank *sustantivo* 1. Aparato que contiene un asa o varilla para hacer que parte de una máquina funcione; manivela; manija. 2.a. Persona que tiene mal genio; cascarrabias; gruñón. b. Persona cuyas ideas se consideran extrañas o poco usuales; maniático.
  —*verbo* Poner en funcionamiento u operar una máquina por medio de una manivela.

crash *verbo* 1. Caer, golpearse o chocar violentamente y con ruido; estrellar. 2. Atravesar un lugar con violencia; irrumpir: *The elephants crashed through the forest.* = *Los elefantes irrumpieron en el bosque.* 3. Hacer un ruido fuerte y repentino; detonar.
  —*sustantivo* 1. Ruido súbito y estrepitoso como el de objetos dándose el uno contra el otro; choque; estruendo. 2. Accidente violento; colisión; choque: *a car crash* = *un choque de automóviles.*

ă pat ā pay â care ä father ĕ pet ē be ĭ pit ī pie î fierce ŏ pot ō go ô paw, for oi oil oŏ book ōō boot

crate |krāt| —*noun, plural* **crates** A large box made of slats of wood.
—*verb* **crated, crating** To pack into a crate.

cra·ter |krā′tər| —*noun, plural* **craters** A depression or low place in the ground, shaped like a bowl. The mouth of a volcano is a crater.

crawl |krôl| —*verb* **crawled, crawling 1.** To move slowly on the hands and knees; creep. **2.** To go forward slowly or with great effort. **3.** To be covered with crawling things.
—*noun* **1.** A very slow pace. **2.** A swimming stroke in which arm strokes alternate and the legs kick rapidly.

cray·on |krā′ŏn′| or |krā′ən| —*noun, plural* **crayons** A stick of colored wax or chalk used for drawing.

cra·zy |krā′zē| —*adjective* **crazier, craziest 1.** Sick in the mind; insane. **2.** Not sensible; not practical; foolish. **3.** Full of enthusiasm; excited.

creak |krēk| —*verb* **creaked, creaking** To make a harsh grating or squeaking sound.
—*noun, plural* **creaks** A harsh grating or squeaking sound.

cream |krēm| —*noun, plural* **creams 1.** The yellowish part of milk that contains fat. **2.** The color of cream; a yellowish white. **3.** A lotion or other cosmetic that looks like cream. **4.** The best part.
—*adjective* Yellowish white.

crease |krēs| —*noun, plural* **creases** A fold, wrinkle, or line, often formed by pressure or heat.
—*verb* **creased, creasing** To make or become creased, folded, or wrinkled.

cre·ate |krē āt′| —*verb* **created, creating 1.** To cause to exist; originate or produce. **2.** To cause; make happen.

cre·a·tion |krē ā′shən| —*noun, plural* **creations 1.** The act or process of creating. **2.** Something invented or produced by a person's imagination. **3. the Creation** The story of the earth's beginning as told in the Bible.

cre·a·tive |krē ā′tĭv| —*adjective* Having the ability to create things; having original ideas.

cre·a·tor |krē ā′tər| —*noun, plural* **creators 1.** A person who creates. **2. the Creator** God.

crea·ture |krē′chər| —*noun, plural* **creatures 1.** A living being, especially an animal. **2.** A human being; a person. **3.** A strange or frightening being.

cred·it |krĕd′ĭt| —*noun, plural* **credits 1.** Belief or confidence; trust. **2.** Reputation; good will felt by others. **3.** A source of honor. **4.** Recognition; honor; praise. **5. a.** A system of buying things and paying for them later. **b.** Trust that the buyer will be able to pay at a later time.
—*verb* **credited, crediting 1.** To believe; trust. **2.** To give recognition, honor, or praise to.

credit card A card given out by a store or company that allows a person to buy on credit.

creed |krēd| —*noun, plural* **creeds 1.** A formal statement of religious belief. **2.** Any set of beliefs or principles that guide a person's actions.

crate *sustantivo* **1.** Caja grande construida con listones de madera; banasta; cesto; cajón.
—*verbo* Empacar en un cajón; embalar; encajonar.

crater *sustantivo* Depresión o lugar bajo en la tierra en forma de tazón, como la boca de un volcán; cráter.

crawl *verbo* **1.** Moverse lentamente sobre las manos y rodillas; arrastrarse; gatear. **2.** Avanzar lentamente o con gran esfuerzo.
—*sustantivo* **1.** Paso muy lento. **2.** Movimiento de natación o brazada en que los brazos se alternan mientras que las piernas dan golpes rápidos en el agua; crol.

crayon *sustantivo* Pequeño cilindro de cera o tiza de color que se usa para dibujar; lápiz de color.

crazy *adjetivo* **1.** Enfermo mental; demente; loco. **2.** Sin sentido; no práctico; tonto: *You're crazy to go out in this snow without boots.* = *Estás loco si sales en esta nieve sin botas.* **3.** Lleno de entusiasmo; contento: *I'm crazy about tacos.* = *Me vuelvo loco por los tacos.*

creak *verbo* Producir un sonido áspero o un chirrido; chirriar: *The door creaked when I opened it.* = *La puerta chirrió cuando la abrí.*
—*sustantivo* Sonido áspero; chirrido.

cream *sustantivo* **1.** La parte amarillenta de la leche que contiene grasa; crema. **2.** El color de la crema; blanco amarillento. **3.** Loción u otro cosmético que se parece a la crema: *face cream* = *crema facial.* **4.** La mejor parte: *the cream of the crop* = *la crema de la crema.*
—*adjetivo* Blanco amarillento.

crease *sustantivo* Doblez, arruga o raya, a menudo causada por presión o calor; pliegue.
—*verbo* Hacer que se haga una raya, un doblez o una arruga; arrugarse; plegar; doblar.

create *verbo* **1.** Hacer que algo exista; originar o producir; crear; procrear. **2.** Causar; ocasionar que pase algo; suscitar; originar: *The newspaper story created a lot of talk.* = *El artículo en el periódico originó muchas discusiones.*

creation *sustantivo* Creación: **1.** El acto o proceso de crear. **2.** Algo inventado o producido por la imaginación de una persona; obra. **3. the Creation** La historia de los orígenes del mundo de acuerdo con la Biblia.

creative *adjetivo* Que tiene la habilidad de crear cosas; que tiene ideas originales; creativo; creador.

creator *sustantivo* **1.** Una persona que crea; creador. **2. the Creator** El Creador; Dios.

creature *sustantivo* **1.** Un ser vivo, especialmente un animal. **2.** Un ser humano; una persona. **3.** Un ser extraño o espantoso.

credit *sustantivo* **1.** Fe o confianza: *We put complete credit in his story.* = *Tenemos total confianza en su historia.* **2.** Reputación; la buena fe que perciben otras personas: *It is to your credit that you told the truth.* = *Que hayas dicho la verdad habla a las claras de tu reputación.* **3.** Traer honor a un lugar o una empresa; orgullo: *She is a credit to her team.* = *Ella es el orgullo de su equipo.* **4.** Reconocimiento; honor; encomio; *We did all the work and she got all the credit!* = *¡Nosotros hicimos todo el trabajo y ella se llevó todos los honores!* **5. a.** Sistema en el cual se compran cosas que se pagan después; crédito: *They bought a car on credit.* = *Compraron un automóvil a crédito.* **b.** Seguridad de que el comprador podrá pagar más adelante; crédito: *Your credit is good at this store.* = *Su crédito es bueno en esta tienda.*
—*verbo* **1.** Creer; confiar. **2.** Dar reconocimiento, honor o alabanzas a alguien o a algo; reconocer.

credit card Tarjeta expedida por una tienda o empresa que permite a una persona comprar a plazos; tarjeta de crédito.

creed *sustantivo* **1.** Declaración formal de creencia religiosa; credo. **2.** Cualquier conjunto de creencias o principios que guía las acciones de una persona; creencia; doctrina; principios.

ər butter yoo abuse ou out ŭ cut û fur *th* the th thin hw which zh vision ə ago, item, pencil, atom, circus

creek |krĕk| or |krĭk| —*noun, plural* **creeks** A small stream, often one that flows into a river.

creep |krēp| —*verb* **crept, creeping** 1. To move slowly or cautiously with the body close to the ground; crawl. 2. To move or spread slowly. 3. To have a tingling sensation, as if covered with crawling things. 4. To grow along the ground or by clinging to a wall or other surface.
—*noun* **the creeps** A feeling of fear and disgust, as if things were crawling on one's skin.

crept |krĕpt| The past tense and past participle of the verb **creep.**

cres·cent |krĕs′ənt| —*noun, plural* **crescents** 1. The moon as it appears in its first quarter, with curved edges ending in points. 2. Anything shaped like this.

crest |krĕst| —*noun, plural* **crests** 1. A tuft of feathers on a bird's head. 2. A band of feathers on top of a warrior's helmet. 3. The top of something, such as a mountain or a wave.

crew |krōō| —*noun, plural* **crews** 1. All the persons who operate a boat, ship, or aircraft. 2. Any group or team of people who work together.

crib |krĭb| —*noun, plural* **cribs** 1. A child's or infant's bed, enclosed on four sides. 2. A small building for storing corn or other grain. 3. A rack or trough from which cattle or horses eat.

crick·et¹ |krĭk′ĭt| —*noun, plural* **crickets** An insect that looks like a small, dark grasshopper. The male makes a chirping sound by rubbing the front wings together.

crick·et² |krĭk′ĭt| —*noun* An outdoor game for two teams of eleven players each, played with bats, a ball, and wickets. Cricket is popular in Great Britain.

crime |krīm| —*noun, plural* **crimes** 1. An action that is against the law. Usually, a crime is something done on purpose to harm a person or to destroy or take a person's property. 2. Activity that is not legal. 3. Any action that is foolish or makes no sense; a shame; a pity.

crim·i·nal |krĭm′ə nəl| —*noun, plural* **criminals** A person who has committed a crime or been convicted of one.
—*adjective* Having to do with crime.

crim·son |krĭm′zən| or |krĭm′sən| —*noun, plural* **crimsons** A bright purplish-red color.
—*adjective* Bright purplish red.

crin·kle |krĭng′kəl| —*verb* **crinkled, crinkling** 1. To make or become wrinkled or creased. 2. To make a soft, crackling sound; rustle.

crip·ple |krĭp′əl| —*noun, plural* **cripples** A person or animal that cannot move normally because some part of the body is injured or defective.
—*verb* **crippled, crippling** 1. To make into a cripple. 2. To damage; make helpless or useless.

cri·ses |krī′sēz′| The plural of the noun **crisis.**

cri·sis |krī′sĭs| —*noun, plural* **crises** 1. A time of danger or difficulty in which great changes can take place. 2. A sudden change in a serious illness.

creek *sustantivo* Arroyo pequeño, a menudo uno que fluye a un río; riachuelo.

creep *verbo* 1. Moverse lenta y cautelosamente con el cuerpo cerca del suelo; gatear; arrastrarse; reptar. 2. Mover o extenderse lentamente: *The colors of the sunset were creeping across the sky.* = *Los colores de la puesta de sol se extendían lentamente por el cielo.* 3. Tener una comezón, como si uno estuviera cubierto de cosas que se mueven; hormiguear: *It made my flesh creep to hear the chalk scrape on the blackboard.* = *Escuchar la tiza raspar contra el pizarrón me hizo hormiguear la piel.* 4. Crecer al ras de la tierra o trepar por una pared u otra superficie como una hiedra; arrastrarse.
—*sustantivo* Sensación de miedo y repugnancia, como si ciertas cosas caminaran por la piel de uno; pavor: *This old house gives me the creeps.* = *Esta casa antigua me da pavor.*

crept Pretérito y participio pasado del verbo **creep.**

crescent *sustantivo* 1. La luna tal como aparece en el primer cuarto, con los bordes curvos terminando en punta; creciente. 2. Cualquier cosa con esta forma.

crest *sustantivo* Cresta: 1. Penacho de plumas en la cabeza de un pájaro. 2. Una banda de plumas encima del yelmo de un soldado o guerrero. 3. El pináculo de algo, como una montaña o una ola.

crew *sustantivo* 1. Las personas que operan un bote, un barco o una aeronave; tripulación. 2. Cualquier grupo o equipo de personas que trabajan juntas; personal.

crib *sustantivo* 1. La cama de un niño o un recién nacido, con barandillas por los cuatro lados; cuna. 2. Edificio pequeño en donde se almacenan maíz u otros granos; granero. 3. Abrevadero o batea en donde come el ganado o los caballos.

cricket¹ *sustantivo* Insecto oscuro parecido a la langosta cuyo macho hace un sonido parecido a un chirrido, frotando las alas delanteras una contra otra; grillo.

cricket² *sustantivo* Deporte al aire libre que se juega con dos equipos de once jugadores cada uno, con bates, una pelota y varios aros y que es popular en Gran Bretaña; criquet.

crime *sustantivo* Crimen: 1. Acción que va en contra de la ley. Generalmente, un crimen es algo que se hace a propósito, para hacer daño a una persona o para destruir o tomar la propiedad de una persona. 2. Actividad que no es legal; delito. 3. Cualquier acción que es tonta o no tiene sentido; lástima; pena: *It's a crime the way you waste money.* = *Es un crimen como malgastas el dinero.*

criminal *sustantivo* Una persona que ha cometido un crimen o ha sido declarada culpable de un crimen; criminal; delincuente; malhechor.
—*adjetivo* Relativo al crimen; criminal; penal.

crimson *sustantivo* Color rojo-morado brillante; carmesí.

crinkle *verbo* 1. Hacer que algo se arrugue; arrugar; rizar. 2. Hacer un sonido suave y crepitante; crujir: *The aluminum foil crinkles when I shake it.* = *El papel de aluminio cruje cuando lo sacudo.*

cripple *sustantivo* Persona o animal que no puede moverse normalmente porque alguna parte de su cuerpo está lastimada o defectuosa; lisiado; tullido; inválido.
—*verbo* 1. Convertir en un lisiado; lisiar; tullir: *An accident crippled him.* = *Lo tulló un accidente.* 2. Debilitar; incapacitar: *The storm crippled the ship.* = *La tormenta incapacitó el barco.*

crises Plural del sustantivo **crisis.**

crisis *sustantivo* Crisis: 1. Momento de peligro o dificultad en el cual se producen grandes cambios. 2. Cambio súbito en una enfermedad seria.

ă pat   ā pay   â care   ä father   ĕ pet   ē be   ĭ pit   ī pie   î fierce   ŏ pot   ō go   ô paw, for   oi oil   ōō book   ōō boot

crisp |krĭsp| —*adjective* **crisper, crispest** **1.** Pleasantly dry and hard from cooking. **2.** Fresh and firm; not wilted or limp. **3.** Cool and refreshing; bracing. **4.** Short and clear.

criss·cross |krĭs′krôs′| or |krĭs′krŏs′| —*verb* **crisscrossed, crisscrossing** **1.** To mark with or make a pattern of crossing lines. **2.** To move back and forth across.
—*noun, plural* **crisscrosses** A mark or pattern made of crossing lines.
—*adjective* Crossing one another.
—*adverb* In a crisscross pattern or arrangement.

crit·ic |krĭt′ĭk| —*noun, plural* **critics** A person whose job is judging books, plays, and other artistic efforts.

crit·i·cal |krĭt′ĭ kəl| —*adjective* **1.** Of a critic or critics. **2.** Likely to criticize or find fault. **3.** Extremely important. **4.** Very serious or dangerous.

crit·i·cism |krĭt′ĭ sĭz′əm| —*noun, plural* **criticisms** **1.** The act of making and expressing judgments about the good and bad qualities of things. **2.** An opinion that is not favorable. **3.** The act or practice of judging books, plays, art, or other artistic work.

crit·i·cize |krĭt′ĭ sīz| —*verb* **criticized, criticizing** **1.** To judge whether something is good or bad; evaluate. **2.** To find something wrong with; judge severely.

croak |krōk| —*noun, plural* **croaks** A low, hoarse sound, such as that made by a frog or crow.
—*verb* **croaked, croaking** To make this or a similar sound.

cro·chet |krō shā′| —*verb* **cro·cheted** |krō shād′|, **cro·chet·ing** |or |krō shā′ĭng| To make clothing, lace, or other articles by connecting loops of thread with a hooked needle called a crochet hook.

croc·o·dile |krŏk′ə dīl′| —*noun, plural* **crocodiles** A large reptile with thick skin, sharp teeth, and long, narrow jaws.

cro·cus |krō′kəs| —*noun, plural* **crocuses** A small garden plant with purple, yellow, or white flowers that bloom early in spring.

crook |krŏŏk| —*noun, plural* **crooks** **1.** Something bent or curved. **2.** A long staff with a bent or curved part. **3.** A dishonest person; a thief.
—*verb* **crooked, crooking** To bend or curve.

crook·ed |krŏŏk′ĭd| —*adjective* **1.a.** Bent; twisted. **b.** Following a bent or twisted path. **c.** Not straight or regular. **2.** Dishonest.

crop |krŏp| —*noun, plural* **crops** **1.** Plants grown for their grain, fruit, or other parts that can be eaten. **2.** The amount of one of the products grown or harvested in one season. **3.** A group of things appearing at one time. **4.** A pouch in the neck of a bird where food is stored and partially digested. **5.** A short whip used in horseback riding.
—*verb* **cropped, cropping** **1.** To cut or bite off the tops of. **2.** To cut short.

cross |krôs| or |krŏs| —*noun, plural* **crosses** **1.** An upright post with a horizontal bar at the top or near the top. In ancient times certain types of criminals were put to death by nailing or tying them to a cross. **2. the Cross** The cross upon which Christ was crucified. **3.** An emblem, medal, or badge in the shape of a cross. **4.** A mark or pattern formed by two lines that come together and pass beyond each other. **5.** The result of combining two things.
—*verb* **crossed, crossing** **1.** To go to the other side of. **2.** To come together and pass beyond each other. **3.** To disagree with; contradict. **4.** To draw a line

crisp *adjetivo* **1.** Agradablemente seco y duro debido a la cocción; tostado. **2.** Fresco y firme; no marchito y flojo: *crisp lettuce = lechuga fresca.* **3.** Fresco y refrescante; tonificante: *a crisp fall day = un día de otoño tonificante.* **4.** Corto y claro; conciso: *A crisp answer stopped my foolish questions. = Una respuesta concisa y clara puso término a mis preguntas tontas.*

crisscross *verbo* **1.** Marcar o hacer un dibujo de líneas cruzadas; entrecruzar. **2.** Mover de un lado a otro a través; zigzaguear.
—*sustantivo* Marca o dibujo hecho con líneas que se cruzan.

critic *sustantivo* Persona cuyo trabajo consiste en evaluar libros, obras de teatro u otras obras artísticas; crítico.

critical *adjetivo* Crítico: **1.** Relativo a un crítico o críticos. **2.** Con inclinación a criticar o a encontrar faltas. **3.** Extremadamente importante. **4.** Muy serio o peligroso.

criticism *sustantivo* Crítica: **1.** El acto de hacer y expresar opiniones sobre las buenas y malas cualidades de las cosas. **2.** Una opinión que no es favorable. **3.** El acto o práctica de juzgar libros, obras de teatro, pinturas u otro trabajo artístico: *literary criticism = crítica literaria.*

criticize *verbo* Criticar: **1.** Juzgar si algo es bueno o malo; evaluar. **2.** Hallar falta; juzgar severamente.

croak *sustantivo* Sonido grave y áspero, tal como el canto de ranas; graznido.
—*verbo* Hacer este u otro sonido similar; croar; graznar.

crochet *verbo* Hacer ropa, encaje u otros artículos conectando distintas vueltas de un hilo con una aguja que termina en forma de ganchillo llamada gancho de crochet; tejer crochet.

crocodile *sustantivo* Reptil grande de piel dura, dientes afilados y quijadas largas y estrechas; cocodrilo.

crocus *sustantivo* Planta pequeña de jardín con flores de color púrpura, amarillo o blanco que florece a principios de la primavera; croco; azafrán.

crook *sustantivo* **1.** Algo doblado o curvado; gancho; garfio. **2.** Bastón largo con una parte torcida o curva. **3.** Persona deshonesta; ladrón; estafador.

crooked *adjetivo* **1.a.** Torcido; retorcido. **b.** Que sigue un camino torcido o que curvea. **c.** Que no es derecho o parejo; disparejo: *crooked teeth = dientes disparejos.* **2.** Deshonesto; ladrón.

crop *sustantivo* **1.** Las plantas que se cultivan por su grano, su fruta u otras partes que se pueden comer; cosecha; cultivo. **2.** La cantidad de uno de los productos cultivados o cosechados en una temporada; cosecha; lote; acopio. **3.** Grupo de cosas que aparecen a la misma vez; cantidad; lote; montón: *He produced a crop of new ideas. = El produjo una cantidad de ideas nuevas.*
—*verbo* **1.** Cortar o quitar la parte superior de algo; podar; cortar. **2.** Cortar muy corto; pelar.

cross *sustantivo* **1.** Un palo vertical con una barra horizontal en su punta o cerca de ella; cruz. **2. the Cross** La cruz en la cual Jesucristo fue crucificado. **3.** Emblema, medalla o insignia en forma de cruz. **4.** Marca o diseño formado por dos líneas que se cruzan y pasan más allá de cada una. **5.** El resultado de combinar dos cosas; cruza: *a cross between a boxer and a bulldog = una cruza entre un boxer y un bulldog.*
—*verbo* **1.** Ir al otro lado de algo; cruzar: *We crossed the street. = Cruzamos la calle.* **2.** Unirse y extenderse más allá de cada uno: *The two streets cross in the center of town. = Las dos calles se cruzan en el centro del*

across. **5.** To move or cause to move the eyes toward the nose. **6.** To place across.

Phrasal verb cross out To eliminate by drawing a line through.

—*adjective* **1.** Lying or placed across. **2.** In a bad mood.

cross-eyed |krôs′ĭd′| or |krŏs′ĭd′| —*adjective* Having one or both eyes turned in toward the nose.

cross·ing |krô′sĭng| or |krŏs′ĭng| —*noun, plural* **crossings 1.** A place at which a street, railroad, river, or other route may be crossed. **2.** The place where two or more things cross; an intersection. **3.** A trip across an ocean.

cross·word puzzle |krôs′wûrd′| or |krŏs′wûrd′| A puzzle in which one is given clues to words that are to be fitted into numbered squares, one letter to a square. Words cross through one another and may be read across or down.

crotch |krŏch| —*noun, plural* **crotches 1.** The point at which a branch grows out from the trunk or another branch of a tree. **2.** The point at which one's legs branch off from one's body. **3.** The part of a garment where the leg seams meet.

crow¹ |krō| —*noun, plural* **crows** A large, glossy black bird with a harsh, hoarse call.

Idiom as the crow flies In a straight line.

crow² |krō| —*noun, plural* **crows 1.** The loud cry of a rooster. **2.** A loud cry of delight.

—*verb* **crowed, crowing 1.** To utter the loud cry of a rooster. **2.** To utter a cry of delight.

crowd |kroud| —*noun, plural* **crowds** A large number of people gathered together.

—*verb* **crowded, crowding 1.** To fill with many people or things. **2.** To press tightly; cram.

crown |kroun| —*noun, plural* **crowns 1.** A covering for the head, often made of gold and set with jewels. Crowns are worn by kings, queens, and other rulers as a symbol of their power. **2.** The person, authority, or government of a king or queen. **3.** A wreath worn on the head as a symbol of victory or honor. **4.** The top part of something. **5.a.** The part of a tooth that is above the gums. **b.** A covering of gold or other substance for the crown of a tooth.

—*verb* **crowned, crowning 1.** To place a crown on the head of a person while giving the power that goes with it. **2.** To cover the top of.

cru·cial |krōō′shəl| —*adjective* Of the greatest importance; critical.

cru·ci·fix |krōō′sə fĭks′| —*noun, plural* **crucifixes** A cross with the figure of Christ on it.

cru·ci·fix·ion |krōō′sə fĭk′shən| —*noun, plural* **crucifixions 1.** The act of dying or putting a person to death on a cross. **2. the Crucifixion** The death of Christ on the Cross.

cru·ci·fy |krōō′sə fī′| —*verb* **crucified, crucifying, crucifies** To put a person to death by nailing or tying to a cross.

crude |krōōd| —*adjective* **cruder, crudest 1.** In a raw or natural state; not refined. **2.** Not done or made with skill; rough. **3.** Without consideration for others; lacking good manners; vulgar.

cru·el |krōō′əl| —*adjective* **crueler, cruelest 1.** Liking to cause pain or suffering; unkind. **2.** Causing suf-

pueblo. **3.** Diferir; discrepar; contradecir: *She is pleasant enough, but don't ever cross her.* = *Ella es simpática . . . ¡pero no la contradigas!* **4.** Dibujar una línea al través. **5.** Mover o hacer que se muevan los ojos hacia la nariz; cruzar: *He crossed his eyes and made a face.* = *Cruzó los ojos e hizo una mueca.* **6.** Colocar a través; cruzar.

Verbo en locución cross out Eliminar dibujando una línea sobre algo; tachar: *Cross out the old address and put in the new one.* = *Tacha el domicilio anterior y escribe el nuevo.*

—*adjetivo* **1.** Que yace o que está puesto a través; que cruza; cruzado. **2.** De mal humor: *She's always cross when she gets up.* = *Ella está siempre de mal humor cuando se levanta.*

cross-eyed *adjetivo* El que tiene uno o ambos ojos vueltos hacia la nariz; bizco.

crossing *sustantivo* Cruce: **1.** El lugar donde se puede cruzar una calle, vía ferroviaria, río u otra ruta. **2.** El lugar donde se cruzan uno o más caminos; intersección. **3.** Un viaje a través del océano; travesía.

crossword puzzle Problema en el cual se dan ciertas palabras para deducir las respuestas, que se colocan dentro de cuadrados numerados, una letra en cada cuadrado. Las palabras se cruzan entre sí y se pueden leer horizontal o verticalmente; palabras cruzadas; crucigrama.

crotch *sustantivo* **1.** Punto o ángulo en el cual una rama crece hacia fuera desde el tronco u otra rama de un árbol; horcadura. **2.** El punto en el cual las piernas se separan del tronco del cuerpo; entrepiernas. **3.** La parte de la ropa donde se unen las costuras de las piernas.

crow¹ *sustantivo* Pájaro grande, de plumaje negro brillante, con un graznido áspero y ronco; cuervo.

crow² *sustantivo* **1.** El grito agudo de un gallo; cacareo. **2.** Grito agudo de regocijo.

—*verbo* **1.** Dar el grito agudo de un gallo; cacarear. **2.** Dar un grito agudo de regocijo.

crowd *sustantivo* Un gran número de personas reunidas; multitud; gentío; muchedumbre.

—*verbo* **1.** Llenar con mucha gente o cosas; atestar; apiñar. **2.** Sobrecargar; rellenar; comprimir.

crown *sustantivo* Corona: **1.** Cubierta para la cabeza, a menudo hecha de oro e incrustada con piedras preciosas. **2.** La persona, autoridad o gobierno de un rey o reina: *a servant of the crown* = *un sirviente de la corona.* **3.** Guirnalda que se usa en la cabeza como símbolo de victoria u honor. **4.** La parte superior de una cosa. **5.a.** La parte de un diente que sobrepasa la encía. **b.** Cubierta de oro u otra substancia para la corona de un diente.

—*verbo* Coronar: **1.** Colocar una corona en la cabeza de una persona al mismo tiempo que se le da el poder que va con ella. **2.** Cubrir la parte superior de algo: *Snow crowned the mountain peak.* = *El pico de la montaña estaba coronado de nieve.*

crucial *adjetivo* De la mayor importancia; crítico; grave; decisivo; crucial.

crucifix *sustantivo* Cruz con la figura de Cristo; crucifijo.

crucifixion *sustantivo* **1.** El acto de morir o de matar a una persona en la cruz; crucifixión. **2. the Crucifixion** La muerte de Cristo en la cruz.

crucify *verbo* Matar a una persona clavándola o amarrándola a una cruz; crucificar.

crude *adjetivo* **1.** En estado crudo o natural; no refinado: *crude oil* = *petróleo crudo.* **2.** Hecho o construido sin habilidad; áspero; tosco: *a crude drawing* = *un dibujo tosco.*

cruel *adjetivo* **1.** Que le gusta causar dolor o sufrimiento; cruel; despiadado; inhumano. **2.** Causando sufri-

---

ă pat ā pay â care ä father ĕ pet ē be ĭ pit ī pie î fierce ŏ pot ō go ô paw, for oi oil ŏŏ book ōŏ boot

fering; painful.

cru·el·ty |krōō′əl tē| —*noun, plural* **cruelties 1.** The condition or quality of being cruel. **2.** A cruel act or remark.

cruise |krōōz| —*verb* **cruised, cruising 1.** To sail or travel about for pleasure. **2.** To patrol an area by automobile.
—*noun, plural* **cruises** A sea voyage for pleasure.

cruis·er |krōō′zər| —*noun, plural* **cruisers 1.** A warship capable of high speeds and long cruising range. A cruiser is usually smaller than a battleship and has less armor and less powerful guns. **2.** A police car.

crumb |krŭm| —*noun, plural* **crumbs 1.** A tiny piece or particle of food, especially of pastry, bread, or a cracker. **2.** A small piece or scrap.

crum·ble |krŭm′bəl| —*verb* **crumbled, crumbling** To break or fall into pieces or crumbs.

crum·ple |krŭm′pəl| —*verb* **crumpled, crumpling 1.** To crush out of shape, forming creases or wrinkles; rumple. **2.** To fall down.

crunch |krŭnch| —*verb* **crunched, crunching 1.** To grind or crush with a noisy or cracking sound; chew noisily. **2.** To make a crunching sound.
—*noun, plural* **crunches** The act or sound of crunching.

cru·sade |krōō sād′| —*noun, plural* **crusades 1. Crusade** Any of the military expeditions that European Christians undertook in the 11th, 12th, and 13th centuries to take the Holy Land from the Moslems. **2.** Any campaign or movement for reform, a cause, or an ideal.
—*verb* **crusaded, crusading** To take part in a crusade.

cru·sad·er |krōō sā′dər| —*noun, plural* **crusaders** Often **Crusader** A person who takes part in a crusade.

crush |krŭsh| —*verb* **crushed, crushing 1.** To press or squeeze with enough force to break or injure. **2.** To grind or pound into very fine bits. **3.** To wrinkle; crumple. **4.** To defeat, put down, or destroy.
—*noun, plural* **crushes 1.** A dense crowd of people in motion. **2.** A strong liking, usually lasting only a short time.

crust |krŭst| —*noun, plural* **crusts 1.** The hard outer layer of bread. **2.** The shell of a pie or other pastry. **3.** Any hard outer layer or covering.
—*verb* **crusted, crusting** To cover or become covered with a crust.

crus·ta·cean |krŭ stā′shən| —*noun, plural* **crustaceans** One of a group of animals with a body that has a hard outer covering. Most crustaceans live in the water. Lobsters, crabs, and shrimps are crustaceans.

crutch |krŭch| —*noun, plural* **crutches** A support, often one of a pair, used by lame or injured persons as an aid in walking. A crutch usually has a padded part at the top that fits under the armpit.

cry |krī| —*verb* **cried, crying, cries 1.** To shed tears because of pain or a strong feeling such as anger, sorrow, or joy; weep. **2.** To call loudly; shout. **3.** To give a call or sound that can identify a particular animal.
—*noun, plural* **cries 1.** A loud call; a shout. **2.** A loud expression of fear, distress, or pain. **3.** A fit of weeping. **4.** The sound or call of an animal.

crys·tal |krĭs′təl| —*noun, plural* **crystals 1.** A solid substance with sides and angles that naturally form a

miento; doloroso; penoso.

cruelty *sustantivo* **1.** La condición o la calidad de ser cruel; crueldad. **2.** Acto o comentario cruel.

cruise *verbo* **1.** Navegar o viajar por placer. **2.** Patrullar un área en automóvil.
—*sustantivo* Un viaje de placer por mar.

cruiser *sustantivo* **1.** Barco de guerra capaz de navegar a altas velocidades y con un radio de acción de larga distancia; crucero. Este barco es generalmente más pequeño que un acorazado y tiene una coraza menor y cañones de menor alcance. **2.** Auto patrullero policial.

crumb *sustantivo* **1.** Pedazo pequeño o partícula de comida, especialmente de un pastel, pan o galleta; migaja. **2.** Pedazo o trozo pequeño de algo: *crumbs of information = unas migajas de información.*

crumble *verbo* Romper o caer en pedazos o migajas; desmenuzar; desmigajar.

crumple *verbo* **1.** Arrugar creando pliegues o arrugas fuera de la forma usual; estrujar. **2.** Caer; derrumbarse: *He felt sick and crumpled to the floor. = Él se enfermó y cayó al piso.*

crunch *verbo* **1.** Moler o triturar con un ruido o sonido crujiente; masticar ruidosamente; mascar. **2.** Hacer tal sonido; crujir.
—*sustantivo* El acto o el sonido de mascar; crujido.

crusade *sustantivo* Cruzada: **1. Crusade** Cualquiera de las expediciones militares que los cristianos europeos llevaron a cabo en los siglos XI, XII y XIII para apoderarse de la Tierra Santa de los musulmanes. **2.** Cualquier campaña o movimiento a favor o en contra de una reforma, una causa o un ideal: *a crusade against crime = una cruzada en contra del crimen.*
—*verbo* Tomar parte en una cruzada.

crusader *sustantivo* A veces **Crusader** Persona que toma parte en una cruzada.

crush *verbo* **1.** Apretar o exprimir con suficiente fuerza como para romper o lastimar; estrujar; magullar. **2.** Machacar o quebrantar en pequeños pedazos; triturar. **3.** Arrugar; estrujar. **4.** Derrotar; aplastar o destruir; sofocar: *All the queen's soldiers could not crush the rebellion. = Ni todos los soldados de la reina pudieron sofocar la rebelión.*
—*sustantivo* **1.** Muchedumbre densa de personas en movimiento; multitud; gentío. **2.** Atracción fuerte que usualmente dura un corto tiempo; amorío; simpatía.

crust *sustantivo* **1.** La capa dura exterior del pan; costra; corteza. **2.** La parte exterior de un pastel; corteza. **3.** Cualquier capa exterior o cubierta dura.
—*verbo* Cubrir o cubrirse con una costra; encostrarse; revestirse.

crustacean *sustantivo* Uno de un grupo de animales con un cuerpo de cubierta exterior dura; crustáceo. La mayoría de los crustáceos viven en el agua. Las langostas, los cangrejos y los camarones son crustáceos.

crutch *sustantivo* Soporte, a menudo uno de un par, que utilizan las personas inválidas o lesionadas para ayudarse a caminar; muleta. Las muletas generalmente tienen una parte acolchonada en el extremo que calza debajo de la axila.

cry *verbo* **1.** Echar lágrimas debido a un dolor o a una emoción fuerte, tal como ira, tristeza o alegría; llorar. **2.** Llamar en alta voz; gritar; clamar. **3.** Dar o producir un sonido que puede identificar a un animal en particular; bramar; aullar.
—*sustantivo* **1.** Llamada aguda; exclamación; grito. **2.** Expresión en voz alta de miedo, congoja o dolor; clamor; llanto; lloro. **3.** Lloro intenso; llorera. **4.** Sonido o llamada de un animal; aullido; bramido.

crystal *sustantivo* Cristal: **1.** Substancia sólida con lados y ángulos que forman un diseño natural y regular.

---

regular pattern. Snow is formed from ice crystals. **2.** A piece of quartz or other transparent mineral, often having flat surfaces and angles. **3.** A clear glass of high quality, or an object made from it. **4.** The clear covering that protects the face of a clock or watch.

cub |kŭb| —*noun, plural* **cubs** A young bear, wolf, or lion.

cube |kyōōb| —*noun, plural* **cubes** **1.** A solid figure having six flat, square sides of equal size, which meet at right angles. **2.** Anything having this shape. **3.** The result of multiplying a number by itself twice. The cube of 2 is $2 \times 2 \times 2$, or 8.
—*verb* **cubed, cubing** **1.** To form the cube of a number. **2.** To cut or form into cubes.

cu·bic |kyōō′bĭk| —*adjective* **1.** Having the shape of a cube. **2.** Having to do with volume or the measurement of volume.

cuck·oo |kŏŏ′kōō| or |kōōk′ōō| —*noun, plural* **cuckoos** **1.** A European bird with grayish feathers and a call that sounds like its name. It lays its eggs in the nests of other birds. **2.** An American bird that is related to the European cuckoo.

cuckoo clock A wall clock with a small mechanical cuckoo that pops out to announce the time, usually on the hour and half hour.

cu·cum·ber |kyōō′kŭm′bər| —*noun, plural* **cucumbers** A long vegetable with green skin and white flesh. Cucumbers grow on vines.

cud |kŭd| —*noun, plural* **cuds** Food that has been swallowed by a cow, sheep, or other animal, and then brought up to the mouth to be chewed again.

cue¹ |kyōō| —*noun, plural* **cues** **1.** A word, sound, or other signal to an actor or performer to begin a speech or movement. **2.** Any hint or reminder.
—*verb* **cued, cuing** To give a person a cue.

cue² |kyōō| —*noun, plural* **cues** A long, tapered stick used to strike a ball in billiards or pool.

cuff |kŭf| —*noun, plural* **cuffs** A band or fold of cloth at the bottom of a sleeve or trouser leg.

cul·prit |kŭl′prĭt| —*noun, plural* **culprits** A person who is suspected or found guilty of a crime.

cul·ti·vate |kŭl′tə vāt′| —*verb* **cultivated, cultivating** **1.** To prepare and tend soil to grow plants. **2.** To develop by study or teaching.

cul·tur·al |kŭl′chər əl| —*adjective* Having to do with culture.

cul·ture |kŭl′chər| —*noun, plural* **cultures** **1.** The result of education and a great amount of interest in the arts, history, literature, and other areas of learning. **2.** The customs, beliefs, arts, and institutions of a group of people. **3.** Development of the mind or body through special training.

cun·ning |kŭn′ĭng| —*adjective* Sly or clever.
—*noun* The act or condition of being sly.

cup |kŭp| —*noun, plural* **cups** **1.** A small, open container, usually with a handle. Cups are used for drinking coffee, tea, or other liquids. **2. a.** A cup with something in it. **b.** The amount that a cup can hold. **3.** Something with the shape of a cup.
—*verb* **cupped, cupping** To form something to look like a cup.

curb |kûrb| —*noun, plural* **curbs** **1.** A rim of stone,

2. Pedazo de cuarzo o cualquier otro mineral transparente, a menudo con superficies planas y ángulos. **3.** Vidrio transparente de alta calidad, o un objeto hecho con él: *The bowl is made of fine crystal.* = *El cuenco está hecho de cristal fino.* **4.** La cubierta transparente que protege la cara de un reloj de pared o de pulsera.

cub *sustantivo* Oso, lobo o león joven; cachorro.

cube *sustantivo* Cubo: **1.** Figura sólida de lados planos, cuadrados, en ángulos rectos. **2.** Cualquier cosa que tiene esta forma. **3.** El resultado de multiplicar un número por sí mismo dos veces. El cubo de 2 es $2 \times 2 \times 2$, o sea, 8.
—*verbo* **1.** Elevar al cubo; cubicar. **2.** Cortar o formar cubos o cuadradillos.

cubic *adjetivo* Cúbico: **1.** Que tiene la forma de un cubo. **2.** Que tiene que ver con el volumen o la medición de volumen.

cuckoo *sustantivo* **1.** Pájaro europeo de plumaje grisáceo y un canto que se parece a su nombre, y que pone sus huevos en los nidos de otros pájaros; cuclillo. **2.** Pájaro norteamericano similar al europeo.

cuckoo clock Reloj de pared con un pequeño cuclillo mecánico que aparece y anuncia la hora, generalmente a la hora en punto y a la media hora; reloj de cuclillo; reloj de cuco.

cucumber *sustantivo* Vegetal largo de cáscara verde y masa blanca que crece en enredaderas; pepino.

cud *sustantivo* Comida que ha sido tragada por una vaca, una oveja o algún otro animal que se devuelve a la boca para volver a ser masticada; bolo alimenticio.

cue¹ *sustantivo* **1.** Palabra, sonido o una señal que se le da a un actor para comenzar un discurso o movimiento; pie. **2.** Cualquier indicación o comentario recordatorio.
—*verbo* Indicarle a alguien que comience; apuntar.

cue² *sustantivo* Palo largo de punta afinada que se usa para golpear las bolas en el billar; taco.

cuff *sustantivo* Banda o doblez de tela en la parte inferior de una manga o de la pierna de un pantalón; puño; botamanga.

culprit *sustantivo* Persona que se sospecha ha cometido un crimen o que se encuentra culpable de haberlo cometido; culpable; acusado.

cultivate *verbo* Cultivar: **1.** Preparar y cuidar la tierra para el sembrado. **2.** Desarrollarse a través del estudio o de la enseñanza.: *He reads a lot to cultivate his mind.* = *Él lee mucho para cultivar su mente.*

cultural *adjetivo* Que tiene que ver con la cultura; cultural.

culture *sustantivo* Cultura: **1.** El resultado de haber estudiado y de tener gran interés en las artes, la historia, la literatura y otras áreas de estudio. **2.** Las costumbres, creencias, artes e instituciones de un grupo de personas: *the various cultures of North American Indians* = *las varias culturas de los indios norteamericanos.* **3.** El desarrollo de la mente o el cuerpo a través de un entrenamiento especial: *Running is part of his physical culture.* = *Correr es parte de su cultura física.*

cunning *adjetivo* Sagaz o mañoso; astuto.
—*sustantivo* El acto o la condición de ser astuto; astucia.

cup *sustantivo* **1.** Vasija pequeña y abierta que usualmente tiene un asa y que se usa para tomar café, té u otros líquidos; taza. **2. a.** Una taza con algo dentro. **b.** La cantidad que contiene una taza. **3.** Algo con la forma de una taza; copa: *She was given a gold cup for winning the race.* = *Le dieron la copa de oro por ganar la carrera.*
—*verbo* Darle forma a algo para que se parezca a una copa; ahuecar.

curb *sustantivo* **1.** Borde de piedra, concreto u otro

concrete, or other material along the edge of a road or sidewalk. **2.** Something that stops or holds back.
—*verb* **curbed, curbing** To hold back or keep under control.

curd |kûrd| —*noun, plural* **curds** A thick substance that separates from milk when it turns sour. Curds are used to make cheese.

cure |kyŏŏr| —*noun, plural* **cures** **1.** A medical treatment or series of such treatments for the purpose of regaining one's health. **2.** A drug or medicine. **3.** A return to good health.
—*verb* **cured, curing** **1.** To bring back to good health. **2.** To get rid of something bad or harmful. **3.** To preserve food by drying, salting, smoking, or by other means.

cur·few |kûr′fyŏŏ| —*noun, plural* **curfews** A fixed time at night when people have to stay off the streets.

cu·ri·os·i·ty |kyŏŏr′ē ŏs′ĭ tē| —*noun, plural* **curiosities** **1.** A desire to know or learn. **2.** Something unusual or remarkable.

cu·ri·ous |kyŏŏr′ē əs| —*adjective* **1.** Eager to learn or know. **2.** Unusual or remarkable. **3.** Too nosy; prying.

curl |kûrl| —*verb* **curled, curling** To twist or form into rings or coils.
—*noun, plural* **curls** **1.** A ring or coil of hair. **2.** Something with a spiral or coiled shape.

curl·y |kûr′lē| —*adjective* **curlier, curliest** Having curls or tending to curl.

cur·ren·cy |kûr′ən sē| or |kŭr′ən sē| —*noun, plural* **currencies** The form of money that a country uses.

cur·rent |kûr′ənt| or |kŭr′ənt| —*adjective* **1.** Belonging to the present time; of the present day. **2.** Widely accepted; widely used.
—*noun, plural* **currents** **1.** Liquid or gas that is moving. **2.** A flow of electricity. **3.** A general tendency or trend.

curse |kûrs| —*noun, plural* **curses** **1.** An appeal to heaven to send down evil or harm on someone. **2.** Evil or harm that is suffered. **3.** A word or group of words expressing great anger or hatred.
—*verb* **cursed, cursing** **1.** To call down a curse on a person. **2.** To bring evil to; harm. **3.** To swear at; use bad language.

cur·tain |kûr′tn| —*noun, plural* **curtains** **1.** A piece of cloth or other material hung at a window to shut out the light, provide privacy, or as a decoration. **2.** A large, movable screen of cloth or other material that hides the stage from the audience in a theater. **3.** Something that acts as a screen or cover.
—*verb* **curtained, curtaining** To decorate, cover, or hide with a curtain.

curt·sy |kûrt′sē| —*noun, plural* **curtsies** A way of showing respect to a person by bending one's knees and lowering the body while keeping one foot forward.
—*verb* **curtsied, curtsying, curtsies** To make a curtsy.

curve |kûrv| —*noun, plural* **curves** **1.** A line or surface that bends smoothly and continuously. **2.** Anything having the shape of a curve. **3.** A pitched baseball that turns sharply downward or to one side as it nears the batter. Also called *curve ball.*
—*verb* **curved, curving** **1.** To move in or have the shape of a curve. **2.** To cause to curve.

cush·ion |kŏŏsh′ən| —*noun, plural* **cushions** **1.** A pad or pillow with a soft filling, used to sit, rest, or lie on. **2.** Anything used to reduce shocks or soften blows.
—*verb* **cushioned, cushioning** **1.** To supply with a cushion or cushions. **2.** To soften a blow from; reduce the effect of.

curd *sustantivo* Substancia espesa que se separa de la leche cuando se vuelve agria y que se usa para hacer queso; requesón.

cure *sustantivo* **1.** Tratamiento médico o serie de tales tratamientos con el propósito de recobrar la salud; cura; remedio. **2.** Una droga o medicina. **3.** El retorno a la buena salud.
—*verbo* Curar **1.** Retornar a la buena salud: *The veterinary cured my dog. = El veterinario curó a mi perro.* **2.** Deshacerse de algo malo o dañino; curar. **3.** Conservar la comida deshidratándola, salándola, exponiéndola al humo o por otros medios.

curfew *sustantivo* Hora fija en la noche cuando las personas tienen que abandonar las calles y retornar a sus casas; toque de queda.

curiosity *sustantivo* Curiosidad: **1.** Deseo de saber o de aprender. **2.** Algo poco usual o fuera de lo ordinario; rareza.

curious *adjetivo* Curioso: **1.** Con deseos de aprender o de saber. **2.** Poco usual o extraordinario.

curl *verbo* Retorcer o formar anillos o bucles; rizar.
—*sustantivo* **1.** Anillo o bucle de pelo; rizo. **2.** Algo con forma de espiral o de bucle.

curly *adjetivo* Que tiene rizos o que tiende a rizarse; rizado: *curly hair = pelo rizado.*

currency *sustantivo* La clase de dinero que usa un país; moneda; dinero en circulación.

current *adjetivo* **1.** Que pertenece al tiempo presente; del día presente. **2.** Aceptado por todos; que es usado por muchos.
—*sustantivo* **1.** Un líquido o un gas que se está moviendo: *a current of air = una corriente de aire.* **2.** El flujo de la electricidad; corriente. **3.** Una tendencia general.

curse *sustantivo* **1.** Súplica al cielo para que le envíe mal o daño a alguien; maldición. **2.** Mal o daño que se sufre; maldición: *Poor health was the family curse. = La mala salud fue la maldición de la familia.* **3.** Palabra o grupo de palabras que expresan gran ira u odio; juramento; blasfemia.
—*verbo* **1.** Echar una maldición a una persona; maldecir. **2.** Traer el mal; dañar. **3.** Jurar en vano o usar palabras profanas; blasfemar.

curtain *sustantivo* **1.** Pieza de tela u otro material que se cuelga de una ventana para tapar la luz, dar privacidad o como adorno; cortina. **2.** Mampara grande, movible, de tela o de otro material que oculta el escenario de la vista del público en un teatro; telón. **3.** Algo que actúa como una mampara o cubierta: *a curtain of smoke = una cortina de humo.*

curtsy *sustantivo* Manera de demostrarle respeto a una persona doblando las rodillas y bajando el cuerpo, manteniendo un pie hacia adelante; reverencia.
—*verbo* Hacer una reverencia.

curve *sustantivo* **1.** Una línea o superficie que se dobla de forma continua; curva. **2.** Cualquier cosa que tiene la forma de una curva: *a curve in the road = una curva en la carretera.* **3.** En el juego de béisbol, pelota que se tira y se vira agudamente hacia abajo o hacia un lado al acercarse al bateador.
—*verbo* **1.** Moverse o tener la forma de una curva; curvear. **2.** Hacer que algo se curve; doblar; curvar.

cushion *sustantivo* **1.** Almohadilla o almohada con un relleno suave que se usa para sentarse, descansar o recostarse; cojín; almohadón. **2.** Cualquier cosa que se utiliza para reducir o suavizar impactos; amortiguador.
—*verbo* **1.** Proveer con un cojín o cojines; acojinar; acolchar. **2.** Suavizar un impacto; reducir un efecto; amortiguar.

cus·tard |kŭs′tərd| —*noun, plural* **custards** A dessert, similar to pudding, made of eggs, milk, sugar, and flavoring.

cus·to·dy |kŭs′tə dē| —*noun* **1.** The right or duty to take care of someone or something. **2.** The condition of being held by police or under guard.

cus·tom |kŭs′təm| —*noun, plural* **customs** **1.** Something people do that is widely accepted or has become a tradition. **2.** Something a person usually does; a habit.
—*adjective* Made especially to fit a buyer or according to a buyer's instructions or desires.

cus·tom·ar·y |kŭs′tə měr′ē| —*adjective* According to custom or habit; usual.

cus·tom·er |kŭs′tə mər| —*noun, plural* **customers** A person who buys goods or services.

cus·toms |kŭs′təmz| —*noun* (Used with a singular verb.) **1.** A tax that must be paid on things brought into a country that were bought outside that country. **2.** The organization, buildings, people, and equipment used to collect such taxes.

cut |kŭt| —*verb* **cut, cutting** **1.** To go through or into with a knife or with something as sharp as a knife. **2.** To form, shape, or divide by using a sharp instrument. **3.** To separate from the main part of something. **4.** To shorten or trim. **5.** To grow teeth through the gums. **6.** To reduce the size or amount of. **7.** To remove; eliminate.
Phrasal verbs **cut off** **1.** To separate. **2.** To stop. - **cut out** **1.** To be suited or good enough. **2.** To stop; cease.
—*noun, plural* **cuts** **1.** The result of cutting; a slit, wound, or other opening. **2.** A piece of meat that has been cut from an animal. **3.** A reduction. **4.** A part of something cut out to shorten or improve it.

cute |kyoot| —*adjective* **cuter, cutest** **1.** Delightfully pretty; charming. **2.** Clever.

cu·ti·cle |kyoo′tĭ kəl| —*noun, plural* **cuticles** The strip of hardened skin at the base of a fingernail or toenail.

cut·ter |kŭt′ər| —*noun, plural* **cutters** **1.** A worker whose job is to cut material, such as cloth, glass, or stone. **2.** A device or machine for cutting.

cut·ting |kŭt′ĭng| —*noun, plural* **cuttings** **1.** A part cut off from a main body; a clipping. **2.** A stem, leaf, or twig cut from a plant and placed in sand, soil, or water to form roots and develop into a new plant.
—*adjective* **1.** Used for cutting. **2.** Mean and insulting.

cy·cle |sī′kəl| —*noun, plural* **cycles** **1.** An event or series of events that is repeated regularly. **2.** A series of operations necessary for the completion of a process.
—*verb* **cycled, cycling** To ride a bicycle or motorcycle.

cy·clone |sī′klōn| —*noun, plural* **cyclones** **1.** A mass of rapidly rotating air surrounding an area of low

custard *sustantivo* Un postre, similar al budín, hecho de huevos, leche, azúcar y condimentos; natilla; flan.

custody *sustantivo* Custodia: **1.** El derecho o el deber de cuidar de alguien o de algo. **2.** La condición de estar bajo el cuidado o bajo guardia policial.

custom *sustantivo* **1.** Algo que hacen las personas que es aceptado por muchos o que se ha convertido en tradición; costumbre: *Many people have the custom of shaking hands when meeting people.* = *Muchas personas tienen la costumbre de dar la mano cuando conocen a alguien.* **2.** Algo que hace una persona usualmente; hábito.

customary *adjetivo* De acuerdo con una costumbre o un hábito; usual; acostumbrado; habitual.

customer *sustantivo* La persona que compra bienes o servicios; cliente; parroquiano.

customs *sustantivo* **1.** El impuesto que se debe pagar por las cosas que se traen a un país y que fueron compradas fuera de él; impuesto de aduana. **2.** La organización, los edificios, las personas y el equipo que se usan para recaudar tales impuestos; aduana.

cut *verbo* Cortar **1.** Atravesar o penetrar con un objeto afilado tal como un cuchillo: *The broken glass cut my hand.* = *El vidrio roto me cortó la mano.* **2.** Dar forma, tallar o dividir utilizando un instrumento afilado: *The children cut out paper dolls.* = *Los niños cortaban muñecas de papel.* **3.** Separar de la parte principal de algo; dividir: *Please cut a piece of chicken for me.* = *Por favor córtame un pedazo de pollo.* **4.** Acortar o reducir: *Who cut your hair?* = *¿Quién te cortó el cabello?* **5.** Crecer los dientes a través de los encías; cortar los dientes. **6.** Reducir el tamaño o la cantidad: *a plan to cut taxes* = *un plan para reducir los impuestos.* **7.** Remover; eliminar; sacar: *We cut the magic act from the program.* = *Sacamos el acto de magia del programa.*
Verbos en locuciones **cut off** **1.** Separar; cortar: *The soldiers were cut off from their supplies.* = *Les cortaron las provisiones a los soldados.* **2.** Parar; suspender: *He cut off the power to the engine.* = *Le paró la corriente al motor.* **cut out** Dejar de hacer algo; cesar: *Cut that out or you'll get hurt.* = *Déjate de hacer eso o te lastimarás.*
—*sustantivo* **1.** El resultado de cortar; una rajadura, herida u otra abertura; cortadura: *a cut on one's hand* = *una cortadura en la mano.* **2.** Pedazo de carne que ha sido cortado de un animal; corte. **3.** Una reducción; corte. **4.** Parte de algo que se ha cortado para reducirlo o mejorarlo; corte.

cute *adjetivo* **1.** Encantadoramente bonito; atractivo; mono. **2.** Astuto; ingenioso: *a cute trick to get out of working* = *una maniobra ingeniosa para no tener que trabajar.*

cuticle *sustantivo* La tira de piel endurecida en la base de una uña, ya sea del pie o de la mano; cutícula.

cutter *sustantivo* **1.** Trabajador cuyo oficio es cortar materiales, como tela, vidrio o piedra; cortador. **2.** Aparato o máquina para cortar.

cutting *sustantivo* **1.** Parte que se corta de un todo; corte; recorte. **2.** Tallo, hoja o ramita que se corta de una planta y se coloca en arena, tierra o agua para que forme raíces y se desarrolle en una planta nueva; estaca.
—*adjetivo* **1.** Que se usa para cortar. **2.** Despectivo e insultante; mordaz: *a cutting remark* = *un comentario mordaz.*

cycle *sustantivo* Ciclo: **1.** Suceso o serie de sucesos que se repite con regularidad: *the yearly cycle of the seasons* = *el ciclo anual de las estaciones.* **2.** Serie de operaciones necesarias para completar un proceso: *the cycle of a dishwasher* = *el ciclo de una máquina de lavar platos.*

cyclone *sustantivo* Ciclón: **1.** Masa de aire que gira con rapidez alrededor de un área de baja presión.

ă pat ā pay â care ä father ĕ pet ē be ĭ pit ī pie î fierce ŏ pot ō go ô paw, for oi oil oo book oo boot

pressure. **2.** Any violent rotating wind storm, such as a tornado.

cyl·in·der |sĭl'ən dər| —*noun, plural* **cylinders** A hollow or solid object shaped like a tube, pipe, or tree trunk. Each end of a cylinder is usually a circle. The circles are parallel to each other.

cym·bal |sĭm'bəl| —*noun, plural* **cymbals** A musical instrument that is a circular sheet of brass. The cymbal is sounded by being struck against another cymbal or with a drumstick.

cy·press |sī'prəs| —*noun, plural* **cypresses 1.** An evergreen tree that has small needles that look like scales. **2.** A related tree that grows in swamps and sheds its needles every year. **3.** The wood of a cypress tree.

2. Cualquier tormenta violenta de viento que gira, como un tornado.

cylinder *sustantivo* Objeto sólido o hueco en forma de tubo, caño o como el tronco de un árbol. Cada extremo de un cilindro es usualmente redondo; cilindro.

cymbal *sustantivo* Instrumento musical que consiste en un círculo aplanado de latón; címbalo. El címbalo se toca golpeándolo contra otro címbalo o con un palillo de tambor.

cypress *sustantivo* Ciprés: **1.** Árbol perenne que tiene pequeñas agujas que parecen escamas. **2.** Árbol de la misma familia que crece en las ciénagas y que cambia sus agujas todos los años. **3.** La madera de este árbol.

D

d or **D** |dē| —*noun, plural* **d's** or **D's** The fourth letter of the English alphabet.

dab·ble |dăb'əl| —*verb* **dabbled, dabbling 1.** To splash or spatter. **2.** To splash in and out of water playfully. **3.** To do or work on something, but not seriously.

dad |dăd| —*noun, plural* **dads** Father.
dad·dy |dăd'ē| —*noun, plural* **daddies** Father.

daf·fo·dil |dăf'ə dĭl| —*noun, plural* **daffodils** A plant with long, narrow leaves and flowers that are usually yellow. The flowers have a center part shaped like a trumpet.

dai·ly |dā'lē| —*adjective* Done or happening every day.
—*adverb* Once each day.
—*noun, plural* **dailies** A newspaper published every day.

dain·ty |dān'tē| —*adjective* **daintier, daintiest 1.** Very fine and delicate. **2.** Light and graceful. **3.** Careful in choosing; fussy.

dai·ry |dâr'ē| —*noun, plural* **dairies 1.** A place where milk and cream are prepared for use or made into butter and cheese. **2.** A business that makes or sells milk, cream, butter, and cheese.

dai·sy |dā'zē| —*noun, plural* **daisies** A plant with flowers that have narrow petals around a yellow center.

dam |dăm| —*noun, plural* **dams** A wall built across a river or other body of water.
—*verb* **dammed, damming** To build a dam.

dam·age |dăm'ĭj| —*noun, plural* **damages** Harm or injury that causes a loss or makes something less useful or valuable.
—*verb* **damaged, damaging** To harm or injure.

damp |dămp| —*adjective* **damper, dampest** Being a little wet; moist; humid.
—*noun, plural* **damps** Moisture in the air or on the surface of or throughout something.

dance |dăns| or |däns| —*verb* **danced, dancing 1.** To move the body or parts of the body with rhythmic steps and motion. **2.** To move actively or with excitement.
—*noun, plural* **dances 1.** A special set of steps and motions, usually done in time to music. **2.** A party at which people dance.

dan·cer |dăn'sər| or |dän'sər| —*noun, plural* **dancers 1.** A person who dances. **2.** A performer who dances in front of an audience.

d o **D** *sustantivo* Cuarta letra del alfabeto inglés.

dabble *verbo* **1.** Salpicar o rociar. **2.** Salpicar en el agua en forma juguetona; chapotear. **3.** Hacer o trabajar en algo, pero no seriamente; ser aficionado a algo: *He dabbled at carpentry.* = *Él era aficionado a la carpintería.*

dad *sustantivo* Papá.
daddy *sustantivo* Papacito.

daffodil *sustantivo* Planta de hojas largas y estrechas cuyas flores generalmente son amarillas, y tienen una parte central en forma de trompeta; narciso trompón.

daily *adjetivo* Que se hace o sucede todos los días; diario; cotidiano.
—*adverbio* Una vez cada día; diariamente.
—*sustantivo* Periódico publicado todos los días; diario.

dainty *adjetivo* **1.** Muy fino y delicado. **2.** Liviano y gracioso; delicado: *The dancer took small, dainty steps.* = *La bailarina dio pasitos delicados.* **3.** Cuidadoso en escoger; melindroso.

dairy *sustantivo* **1.** Lugar donde se preparan la leche y la crema para consumición o para hacer mantequilla y queso; vaquería. **2.** Negocio que vende leche, crema, mantequilla y queso; lechería.

daisy *sustantivo* Planta cuyas flores tienen pétalos estrechos alrededor de un centro amarillo; margarita.

dam *sustantivo* Muro construido a través de un río u otra corriente o acumulación de agua; represa; dique.
—*verbo* Construir una represa; represar.

damage *sustantivo* Algo que lesiona, causando una pérdida o haciendo que algo resulte menos útil o valioso; daño.
—*verbo* Hacer daño o lesionar; dañar.

damp *adjetivo* Que está algo mojado; húmedo.
—*sustantivo* Humedad del aire o que se deposita en la superficie de algo; rocío.

dance *verbo* **1.** Mover el cuerpo o partes de éste con pasos y movimientos rítmicos; bailar; danzar. **2.** Moverse activamente y con excitación; brincar.
—*sustantivo* Baile: **1.** Conjunto de pasos y movimientos, generalmente hechos al compás de la música; danza. **2.** Fiesta en la cual baila la gente.

dancer *sustantivo* **1.** Persona que baila; bailarín. **2.** Ejecutante que baila frente a una audiencia; bailarín.

dan·de·li·on |dăn′dl ī′ən| —*noun, plural* **dandelions** A common plant with bright yellow flowers and leaves with ragged edges.

dan·druff |dăn′drəf| —*noun* Small white pieces of dead skin that fall from the scalp.

dan·ger |dān′jər| —*noun, plural* **dangers** 1. The chance or threat of something harmful happening. 2. The condition of being exposed to harm or loss. 3. Something that threatens safety.

dan·ger·ous |dān′jər əs| —*adjective* 1. Full of threat of harm or injury; risky; hazardous. 2. Able or likely to cause harm.

dare |dâr| —*verb* **dared, daring** 1. To be brave enough to do or try to do something. 2. To have courage or strength for something. 3. To challenge.
—*noun, plural* **dares** A challenge.

dark |därk| —*adjective* **darker, darkest** 1. Without light or with very little light. 2. Dim, cloudy, or gray rather than bright. 3. Of a deep color closer to black or brown than to white.
—*noun* 1. Lack of light. 2. Night; nightfall.

dark·ness |därk′nĭs| —*noun, plural* **darknesses** 1. Lack of light. 2. Night; nighttime.

dar·ling |där′lĭng| —*noun, plural* **darlings** A dearly loved person.
—*adjective* 1. Loved very much. 2. Very charming and attractive; cute.

darn |därn| —*verb* **darned, darning** To mend cloth by making stitches with yarn or thread across a hole.

dart |därt| —*verb* **darted, darting** 1. To move suddenly and quickly. 2. To shoot out or send forth with a quick, sudden movement.
—*noun, plural* **darts** 1. A thin, pointed weapon that looks like a small arrow. Darts are usually thrown by hand. 2. **darts** (In this sense used with a singular verb.) A game in which darts are thrown at a board or other target. 3. A quick, sudden movement.

dash |dăsh| —*verb* **dashed, dashing** 1. To rush or race with sudden speed. 2. To hit, knock, or throw with great force. 3. To spoil; ruin.
—*noun, plural* **dashes** 1. A quick run or rush. 2. A short, fast race. 3. A small amount. 4. A punctuation mark (—) used to set off part of a sentence from the rest or to show a pause or break in a sentence. A dash is also used to show that a word or letters in a word have been left out.

dash·board |dăsh′bôrd′| or |dăsh′bōrd′| —*noun, plural* **dashboards** The panel below the windshield and behind the steering wheel in an automobile.

da·ta |dā′tə| or |dăt′ə| or |dä′tə| —*plural noun* Facts; information.

date |dāt| —*noun, plural* **dates** 1. The time when something happened or will happen. A date is given by the month, day, and year or any of these. 2. An appointment to meet someone or be somewhere. 3. The person with whom one has the appointment.
—*verb* **dated, dating** 1. To mark with a date. 2. To find out the age, time, or origin of. 3. To go out with socially.

daugh·ter |dô′tər| —*noun, plural* **daughters** A female child.

daugh·ter-in-law |dô′tər ĭn lô′| —*noun, plural* **daughters-in-law** The wife of a person's son.

dawn |dôn| —*noun, plural* **dawns** 1. The first light that shows in the morning; daybreak. 2. The first appearance; beginning.
—*verb* **dawned, dawning** To begin to grow light in the morning.

day |dā| —*noun, plural* **days** 1. The time of light between sunrise and sunset. 2. The period that includes one day and one night. A day has twenty-four hours.

dandelion *sustantivo* Planta común de flores amarillas brillantes y hojas de bordes desiguales; diente de león.

dandruff *sustantivo* Pequeñas escamas blancas de piel muerta que caen del cuero cabelludo; caspa.

danger *sustantivo* Peligro: 1. La posibilidad o amenaza de que suceda algo dañino; riesgo. 2. La situación de estar expuesto a un daño o pérdida; estar en peligro. 3. Algo que amenaza la seguridad.

dangerous *adjetivo* Peligroso: 1. Que representa una amenaza de daño o lesión. 2. Capaz de causar o que es probable que cause daño; riesgoso.

dare *verbo* 1. Tener el valor de hacer o tratar de hacer algo; osar; atreverse. 2. Tener el valor o fuerza necesario para algo; osar; atreverse. 3. Retar; desafiar.
—*sustantivo* Desafío; reto.

dark *adjetivo* Oscuro: 1. Sin luz, o con muy poca luz. 2. Sombrío, nublado o gris más bien que claro. 3. De un color profundo más cercano al negro o marrón que al blanco.
—*sustantivo* 1. Carencia de luz; oscuridad. 2. Noche; anochecer.

darkness *sustantivo* Oscuridad: 1. Carencia de luz. 2. Noche; de noche.

darling *sustantivo* Persona muy amada; querido o querida.
—*adjetivo* 1. Muy amado; querido o querida. 2. Encantador o muy atractivo: monísimo.

darn *verbo* Remendar la ropa dando puntadas con hilaza o hilo para reparar una rotura; zurcir.

dart *verbo* 1. Moverse súbita y rápidamente; lanzarse. 2. Echar sobre algo o alguien con un movimiento rápido y súbito; lanzar.
—*sustantivo* 1. Arma fina y puntiaguda que parece una flecha pequeña; dardo. Los dardos se lanzan con la mano. 2. **darts** Juego en el cual se lanzan dardos a un tablero u otro blanco; juego de dardos. 3. Movimiento rápido y súbito; salto.

dash *verbo* 1. Precipitarse o correr con velocidad súbita; lanzarse. 2. Golpear, chocar contra o lanzar con gran fuerza; estrellar. 3. Dañar; arruinar.
—*sustantivo* 1. Carrera o huida rápida. 2. Carrera corta y rápida. 3. Cantidad pequeña; pizca. 4. Signo de puntuación (-) empleado para separar parte de una oración del resto o para señalar una pausa o interrupción en una oración; guión. El guión también se usa para mostrar que una palabra o algunas letras de una palabra han sido omitidas.

dashboard *sustantivo* El panel situado debajo del parabrisas y detrás del volante de un automóvil; tablero de instrumentos.

data *sustantivo* Datos; información.

date *sustantivo* 1. El día en que algo pasó o va a pasar; fecha. 2. Compromiso o acuerdo para encontrarse con alguien o estar en un lugar determinado; cita. 3. La persona con quien uno tiene una cita; acompañante; pareja.
—*verbo* 1. Marcar con una fecha; fechar. 2. Descubrir la edad, época u origen de algo; fechar. 3. Salir con alguien socialmente: *She has been dating the same boy all year.* = *Ella ha estado saliendo con el mismo muchacho todo el año.*

daughter *sustantivo* Hija.

daughter-in-law *sustantivo* Nuera.

dawn *sustantivo* Alba: 1. La primera luz que asoma en la mañana; amanecer. 2. Primera aparición; comienzo; nacimiento: *the dawn of civilization* = *el alba de la civilización.*
—*verbo* Comenzar a aclarar en la mañana; amanecer.

day *sustantivo* Día: 1. El tiempo de luz que hay entre la salida del sol y su puesta. 2. El período que incluye un día y una noche, es decir, 24 horas. 3. Una de las

---

ă pat ā pay â care ä father ĕ pet ē be ĭ pit ī pie î fierce ŏ pot ō go ô paw, for oi oil ŏŏ book ōō boot

3. One of the seven divisions of the week. **4.** The part of a day spent in work or other activity. **5.** A period or time. **6. days** Life; lifetime.

day·break | dā′ brāk′ | —*noun, plural* **daybreaks** The time each morning when light first shows; dawn.

daz·zle | dăz′ əl | —*verb* **dazzled, dazzling** To make nearly blind or blind for a short time with too much bright light.

dead | dĕd | —*adjective* **deader, deadest 1.** No longer alive or living. **2.** Without life or living things. **3.** Without any feeling; numb. **4.** Without any motion; not moving or circulating. **5.** No longer used or needed. **6.** No longer working or operating. **7.** Without activity, interest, or excitement. **8.** Complete; total; absolute. **9.** Sudden; abrupt. **10.** Exact; sure; certain.
—*noun* **1.** Those who have died; dead people. **2.** The darkest, coldest, or most quiet part.
—*adverb* **1.** Completely; absolutely. **2.** Suddenly; abruptly. **3.** Straight; directly.

dead·ly | dĕd′ lē | —*adjective* **deadlier, deadliest 1.** Causing or capable of causing death. **2.** Dangerous or violent enough to kill.
—*adverb* Completely; absolutely.

deaf | dĕf | —*adjective* **deafer, deafest 1.** Not being able to hear well or to hear at all. **2.** Not willing to listen.

deal | dēl | —*verb* **dealt, dealing 1.** To have to do with; be about. **2.** To do business; trade. **3.** To give; strike. **4.** To hand out cards to players in a card game.
Phrasal verb **deal with 1.** To behave toward; treat. **2.** To take care of; handle or manage.
—*noun, plural* **deals** An agreement or bargain.
Idiom **a good** or **great deal 1.** A considerable amount; a lot. **2.** Much; considerably.

dealt | dĕlt | The past tense and past participle of **deal.**

dear | dîr | —*adjective* **dearer, dearest 1.** Loved and cherished; beloved. **2.** Greatly admired or respected. In writing letters we put "Dear" before a person's name as a polite way of beginning to write to that person.
—*noun, plural* **dears** A person one likes or is grateful to.

death | dĕth | —*noun, plural* **deaths 1.** The act or fact of dying. **2. a.** The end of life. **b.** The condition of being dead. **3.** A cause of dying. **4.** The ending or destruction of something.

de·bate | dĭ bāt′ | —*noun, plural* **debates** A discussion of the arguments for or against something.
—*verb* **debated, debating 1.** To present or discuss arguments for or against something. **2.** To consider carefully before deciding.

debt | dĕt | —*noun, plural* **debts 1.** Something that is owed to another. **2.** The condition of owing.

debt·or | dĕt′ ər | —*noun, plural* **debtors** A person who owes something to another.

siete partes en que se divide la semana. **4.** La parte de un día que se pasa en el trabajo o en otra actividad. **5.** Periodo o época; tiempos. **6. days** Vida; días: *They lived happily for the rest of their days.* = *Vivieron felices por el resto de sus días.*

daybreak *sustantivo* La hora de cada mañana en que la luz sale por primera vez; alba; amanecer.

dazzle *verbo* Dejar casi ciego o llegar a cegar por corto tiempo con demasiada luz brillante; deslumbrar.

dead *adjetivo* **1.** Que ya no está vivo; muerto. **2.** Carente de vida o de seres vivientes. **3.** Sin sensibilidad; entumecido; adormecido. **4.** Sin movimiento alguno; que no se mueve o circula; en calma absoluta. **5.** Que ya no se usa o necesita; muerto: *Latin is a dead language.* = *El latín es una lengua muerta.* **6.** Que ya no trabaja o funciona. **7.** Carente de actividad, interés o excitación; muerto. **8.** Completo, total; absoluto: *In the room there was dead silence.* = *En el cuarto había un silencio absoluto.* **9.** Súbito; abrupto: *The car came to a dead stop.* = *El carro se detuvo de manera abrupta.* **10.** Exacto; preciso; seguro; cierto: *The arrow hit the target at dead center.* = *La flecha le dio al blanco exactamente en el centro.*
—*sustantivo* **1.** Aquellos que han fallecido; gente muerta. **2.** La parte más oscura, más fría o más silenciosa: *in the dead of night* = *en la oscuridad (o el frío, o la quietud) de la noche.*
—*adverbio* **1.** Completamente; absolutamente: *We are dead tired from working so hard.* = *Estamos completamente muertos de tanto trabajar.* **2.** Súbitamente; abruptamente: *They stopped dead in their tracks.* = *Ellos se detuvieron abruptamente.* **3.** Justamente; directamente: *The center of town lies dead ahead.* = *El centro del pueblo queda directamente hacia adelante.*

deadly *adjetivo* Mortal: **1.** Que produce o es capaz de producir la muerte; letal; mortífero. **2.** Bastante peligroso o violento como para matar; mortífero.
—*adverbio* Completamente; absolutamente.

deaf *adjetivo* Sordo: **1.** Que no puede oír bien. **2.** Que no está dispuesto a escuchar.

deal *verbo* **1.** Tener que ver con; tratar sobre. **2.** Hacer negocio con; traficar en; comerciar. **3.** Dar; pegar; asestar. **4.** Distribuir las cartas a los jugadores en un juego de barajas; repartir.
Verbo en locución **deal with 1.** Asociarse con; tratar. **2.** Ocuparse de; atender a; manejar; tratar con.
—*sustantivo* Acuerdo o trato; pacto; convenio.
Modismo **a good deal** Mucho: **1.** Gran cantidad de. **2.** Considerablemente.

dealt Pretérito y participio pasado del verbo **deal.**

dear *adjetivo* **1.** Amado; querido. **2.** Grandemente admirado o respetado; apreciado; estimado; querido. Al escribir cartas, ponemos "Dear" antes del nombre de la persona a quien nos dirigimos, como una forma cortés de comenzar.
—*sustantivo* Persona a la que uno aprecia o a quien le agradece algo; amor: *You are a dear.* = *Eres un amor.*

death *sustantivo* Muerte: **1.** Acción o hecho de morir. **2. a.** El final de la vida. **b.** Condición de quien está muerto. **3.** Que causa la muerte: *Such a fall is certain death.* = *Una caída tal es muerte segura.* **4.** La terminación o destrucción de algo; caída; extinción: *the death of the empire* = *la caída del imperio.*

debate *sustantivo* Discusión que se basa en los argumentos o razones a favor o en contra de algo; debate.
—*verbo* Debatir: **1.** Presentar o discutir argumentos o razones a favor o en contra de algo. **2.** Considerar cuidadosamente antes de decidir.

debt *sustantivo* Deuda: **1.** Algo que se debe a otro.

debtor *sustantivo* Persona que debe algo a otra; deudor.

dec·ade |dĕk′ ād′| —*noun, plural* **decades** A period of ten years. When you are ten years old, you have lived one decade.

de·cay |dĭ kā′| —*verb* **decayed, decaying** To rot or cause to become rotten. —*noun, plural* **decays** The slow rotting of animal or plant matter.

de·ceased |dĭ sēst′| —*adjective* No longer living; dead. —*noun* **the deceased** A dead person or persons.

de·ceit |dĭ sēt′| —*noun, plural* **deceits** The act or practice of deceiving.

de·ceive |dĭ sēv′| —*verb* **deceived, deceiving** To make a person believe something that is not true; mislead.

De·cem·ber |dĭ sĕm′bər| —*noun, plural* **Decembers** The 12th and last month of the year.

de·cent |dē′sənt| —*adjective* According to accepted standards of behavior; proper; respectable.

de·cide |dĭ sīd′| —*verb* **decided, deciding** 1. To make up one's mind. 2. To judge or settle.

dec·i·li·ter |dĕs′ə lē′tər| —*noun, plural* **deciliters** A unit of volume in the metric system equal to ¹/₁₀ of a liter.

dec·i·mal |dĕs′ə məl| —*noun, plural* **decimals** A numeral in the decimal system of numbers. —*adjective* Of or based on 10.

dec·i·me·ter |dĕs′ə mē′tər| —*noun, plural* **decimeters** A unit of length in the metric system equal to ¹/₁₀ of a meter.

de·ci·sion |dĭ sĭzh′ən| —*noun, plural* **decisions** 1. A final or definite conclusion; a judgment. 2. A strong, determined way of thinking or acting.

deck |dĕk| —*noun, plural* **decks** 1. One of the floors dividing a boat or ship into different levels. 2. A platform that is like a deck of a ship. 3. A set of playing cards. —*verb* **decked, decking** To decorate or adorn.

dec·la·ra·tion |dĕk′lə rā′shən| —*noun, plural* **declarations** A formal statement or announcement.

de·clare |dĭ klâr′| —*verb* **declared, declaring** 1. To state strongly; stress; affirm. 2. To announce officially or formally.

de·cline |dĭ klīn′| —*verb* **declined, declining** 1. To refuse to take, accept, or do. 2. To become less or weaker; decrease slowly. —*noun, plural* **declines** The process or result of declining; a slow lessening or weakening.

de·com·pose |dē′kəm pōz′| —*verb* **decomposed, decomposing** To decay; rot.

dec·o·rate |dĕk′ə rāt′| —*verb* **decorated, decorating** 1. To furnish with something attractive or beautiful; adorn. 2. To give a medal to.

dec·o·ra·tion |dĕk′ə rā′shən| —*noun, plural* **decorations** 1. The act or process of decorating. 2. Something that decorates. 3. A medal, badge, or ribbon given as an honor.

de·coy |dē′koi′| or |dĭ koi′| —*noun, plural* **decoys** 1. A model of a duck or other bird used by hunters to attract wild birds or animals. 2. A person who leads another person into danger or a trap. —*verb* |dĭ koi′| **decoyed, decoying** To lure into danger or a trap.

de·crease |dĭ krēs′| —*verb* **decreased, decreasing** To make or become slowly less or smaller; diminish. —*noun* |dē′krēs′| or |dĭ krēs′|, *plural* **decreases** The act or process of decreasing; a decline.

de·cree |dĭ krē′| —*noun, plural* **decrees** An official order; a law. —*verb* **decreed, decreeing** To settle or decide by decree.

de·duct |dĭ dŭkt′| —*verb* **deducted, deducting** To

decade *sustantivo* Período de diez años; década.

decay *verbo* Podrirse o hacer que se pudra; podrir o podrirse; deteriorarse; descomponerse. —*sustantivo* La descomposición lenta de materia animal o vegetal.

deceased *adjetivo* Que ya no vive; finado; fallecido; difunto. —*sustantivo* Persona o personas muertas; difunto, difuntos.

deceit *sustantivo* Acción o práctica de engañar; engaño.

deceive *verbo* Hacer que una persona crea algo que no es verdad; engañar.

December *sustantivo* Diciembre.

decent *adjetivo* De acuerdo con las normas aceptadas de conducta; correcto; respetable; decente.

decide *verbo* Decidir: 1. Tomar una decisión. 2. Juzgar o establecer.

deciliter *sustantivo* Unidad de volumen en el sistema métrico, equivalente a ¹/₁₀ de litro; decilitro.

decimal *sustantivo* Decimal. Número del sistema decimal. —*adjetivo* Relativo al 10 o basado en el mismo; decimal.

decimeter *sustantivo* Unidad de longitud en el sistema métrico que equivale a ¹/₁₀ de metro; decímetro.

decision *sustantivo* Decisión: 1. Conclusión final o definitiva; juicio. 2. Forma fuerte y decidida de pensar o de actuar; firmeza.

deck *sustantivo* 1. Uno de los pisos que dividen a un buque en distintos niveles; cubierta. 2. Plataforma parecida a la cubierta de un barco; cubierta; piso. 3. Baraja. —*verbo* Decorar o adornar; engalanar.

declaration *sustantivo* Aseveración o anuncio formal; declaración.

declare *verbo* Declarar: 1. Afirmar con fuerza; hacer énfasis. 2. Anunciar oficial o formalmente.

decline *verbo* 1. Negarse a recibir, aceptar o hacer algo; rehusar. 2. Hacerse menos, o más débil; disminuir o menguar lentamente; declinar. —*sustantivo* Proceso o resultado de declinar; disminución o debilitamiento lento; mengua; declinación.

decompose *verbo* Deteriorarse; descomponerse.

decorate *verbo* 1. Proveer de algo atractivo o hermoso; adornar; decorar. 2. Dar una medalla o condecoración a alguien; condecorar.

decoration *sustantivo* 1. Acción o proceso de decorar; decoración. 2. Algo que decora; adorno; decoración. 3. Medalla, insignia o cinta otorgada como un honor; condecoración.

decoy *sustantivo* 1. Modelo de un pato u otra ave que usan los cazadores para atraer aves verdaderas o animales salvajes; señuelo. 2. Alguien que conduce a otro hacia un peligro o trampa. —*verbo* Atraer hacia un peligro o trampa; atraer con un señuelo; entruchar.

decrease *verbo* Hacer o hacerse gradualmente menor; menguar; disminuir; decrecer. —*sustantivo* Acción o proceso de disminuir; declinación; mengua; disminución.

decree *sustantivo* Orden oficial; ley; decreto. —*verbo* Establecer o decidir por decreto; decretar.

deduct *verbo* Sustraerle una cantidad a otra; restar;

take away an amount from another; subtract.

de·duc·tion |dĭ dŭk′shən| —*noun, plural* **deductions 1.** The act of deducting; subtraction. **2.** An amount deducted.

deed |dēd| —*noun, plural* **deeds 1.** An act or thing done; an action. **2.** A legal document that shows who owns a special piece of property.
—*verb* **deeded, deeding** To give or transfer property by means of a deed.

deep |dēp| —*adjective* **deeper, deepest 1.** Going far down from the top or the surface. **2.** Going far in from the front to the back. **3.** Far distant down or in. **4.** Extreme, intense, or profound. **5.** Concentrated; absorbed. **6.** Hard to understand. **7.** Not pale; dark and rich. **8.** Low in pitch.
—*adverb* Far down or into.
—*noun* **the deep** The ocean; sea.

deer |dîr| —*noun, plural* **deer** An animal that can run very fast.

de·feat |dĭ fēt′| —*verb* **defeated, defeating** To win victory over; overcome.
—*noun, plural* **defeats 1.** The condition of being defeated. **2.** The act of defeating.

de·fect |dē′fĕkt′ or |dĭ fĕkt′| —*noun, plural* **defects** A lack of something that is needed for completion or perfection; a flaw.

de·fec·tive |dĭ fĕk′tĭv| —*adjective* Having a defect or flaw; imperfect.

de·fend |dĭ fĕnd′| —*verb* **defended, defending 1.** To protect from attack, harm, or challenge; guard. **2.** To argue or speak in support of.

de·fense |dĭ fĕns′| —*noun, plural* **defenses 1.** The act of defending. **2.** Something that defends. **3.** A team or part of a team that tries to stop the opposing team from scoring.

de·fi·ance |dĭ fī′əns| —*noun, plural* **defiances** Outright refusal to obey authority.

de·fi·cien·cy |dĭ fĭsh′ən sē| —*noun, plural* **deficiencies 1.** A lack of something that is needed or important. **2.** The amount lacking; shortage.

de·fine |dĭ fīn′| —*verb* **defined, defining 1.** To give or tell the exact meaning or meanings of. **2.** To describe or tell exactly; make clear. **3.** To mark or fix the limits of.

def·i·nite |dĕf′ə nĭt| —*adjective* Known with certainty; beyond doubt; exact; clear.

definite article The word **the,** used to introduce a noun or noun phrase.

def·i·ni·tion |dĕf′ə nĭsh′ən| —*noun, plural* **definitions** An explanation of the exact meaning or meanings of a word or phrase.

de·frost |dē frôst′| or |dē frŏst′| —*verb* **defrosted, defrosting** To make or become free of ice or frost; thaw.

de·fy |dĭ fī′| —*verb* **defied, defying, defies** To go against openly; challenge boldly.

de·gree |dĭ grē′| —*noun, plural* **degrees 1.** One of a series of steps in a process or course of action. **2.** Relative amount or extent. **3.** A title given by a college or university to a person who finishes a course of study. **4.** One of the equal units into which a temperature scale is divided. **5.** A unit for measuring arcs of a circle or angles.

de·i·ty |dē′ĭ tē| —*noun, plural* **deities,** A god or goddess.

de·lay |dĭ lā′| —*verb* **delayed, delaying 1.** To put off until a later time; postpone. **2.** To cause to be late.
—*noun, plural* **delays 1.** The act of delaying or the condition of being delayed. **2.** A period of time during which someone or something is delayed.

descontar; deducir.

deduction *sustantivo* Descuento: **1.** Acción de deducir; resta. **2.** Cantidad restada; deducción.

deed *sustantivo* **1.** Acción o cosa hecha; obra. **2.** Documento o escritura legal que muestra a quién pertenece una propiedad determinada.
—*verbo* Dar o transferir una propiedad por medio de una escritura.

deep *adjetivo* Profundo: **1.** Que va muy abajo desde una cima o superficie. **2.** Que va muy adentro desde el frente o el fondo. **3.** Lejano y distante hacia abajo o adentro: *deep woods* = *bosque profundo.* **4.** Extremo o intenso: *deep sleep* = *sueño profundo.* **5.** Difícil de comprender. **6.** Que no es pálido; oscuro e intenso; vivo. **7.** Bajo de tono; grave.
—*adverbio* Muy hacia abajo o adentro; profundamente.
—*sustantivo* Océano o mar; profundidad o profundidades.

deer *sustantivo* Animal que corre muy velozmente; ciervo; venado.

defeat *verbo* Ganar una victoria sobre algo o alguien; superar; vencer; derrotar.
—*sustantivo* Derrota: **1.** Condición de ser derrotado. **2.** Acción de derrotar.

defect *sustantivo* Carencia de algo que se necesita para terminar o perfeccionar; falta; defecto.

defective *adjetivo* Que tiene algún defecto o imperfección; imperfecto; defectuoso.

defend *verbo* Defender: **1.** Proteger de algún ataque, daño o amenaza; guardar. **2.** Argüir o hablar a favor o en respaldo de.

defense *sustantivo* Defensa: **1.** Acción de defender. **2.** Algo que protege o defiende. **3.** Equipo o parte de un equipo que trata de impedir que el otro equipo gane puntos.

defiance *sustantivo* Negativa rotunda a obedecer a la autoridad; desafío.

deficiency *sustantivo* **1.** Carencia de algo que es necesario o importante; deficiencia. **2.** Cantidad que falta; escasez; déficit.

define *verbo* Definir: **1.** Dar o expresar el significado o significados exactos de algo. **2.** Describir o expresar exactamente; aclarar. **3.** Demarcar o establecer los límites de algo.

definite *adjetivo* Que se sabe con certeza; más allá de cualquier duda; exacto; claro; preciso; definido.

definite article Artículo determinado. En inglés, existe uno sólo: **the:** *The boy* = *El niño. The girl* = *La niña. The boys* = *Los niños. The girls* = *Las niñas.*

definition *sustantivo* Explicación del significado o significados exactos de una palabra o frase; definición.

defrost *verbo* Despojar o despojarse de hielo o escarcha; deshelar; descongelar.

defy *verbo* Oponerse abiertamente; retar audazmente; desafiar.

degree *sustantivo* **1.** Uno de una serie de pasos en algún proceso o curso de acción; fase; etapa. **2.** Cantidad o alcance relativo; nivel. **3.** Título dado por un colegio o universidad a los que terminan un programa de estudios; grado. **4.** Una de las unidades iguales entre sí en las que se dividen las escalas de temperatura; grado. **5.** Unidad en que se miden los arcos de un círculo y la abertura de los ángulos; grado.

deity *sustantivo* Dios o diosa; deidad.

delay *verbo* **1.** Dejar para más tarde; posponer; aplazar. **2.** Hacer que se retarde; retrasar.
—*sustantivo* Retraso: **1.** Acción de retrasar o condición del que está retrasado; demora. **2.** Período de tiempo durante el cual alguien o algo se retrasa.

ər butter yōō abuse ou out ŭ cut û fur *th* the th thin hw which zh vision ə ago, item, pencil, atom, circus

del·e·gate |dĕl′ə gāt′| or |dĕl′ə gĭt| —*noun, plural* **delegates** A person chosen to speak and act for another person or for a group; a representative.
—*verb* |dĕl′ə gāt′| **delegated, delegating 1.** To choose a person as a delegate. **2.** To give over to someone else to do.

de·lib·er·ate |dĭ lĭb′ər ĭt| —*adjective* **1.** Done or said on purpose. **2.** Not hurried or quick; careful; cautious.
—*verb* |dĭ lĭb′ə rāt′| **deliberated, deliberating 1.** To give a lot of careful thought to something before deciding what to do or say. **2.** To discuss carefully.

del·i·ca·cy |dĕl′ĭ kə sē| —*noun, plural* **delicacies 1.** The condition or quality of being delicate. **2.** A very special food.

del·i·cate |dĕl′ĭ kĭt| —*adjective* **1.** Very finely made. **2.** Pleasing to the senses; very subtle. **3.** Having a soft, pale tint. **4.** Requiring or needing great skill. **5.** Easily spoiled or broken; fragile. **6.** Very sensitive.

de·li·cious |dĭ lĭsh′əs| —*adjective* Very pleasing to the taste and smell.

de·light |dĭ līt′| —*noun, plural* **delights 1.** Great pleasure; joy. **2.** Someone or something that gives great pleasure or enjoyment.
—*verb* **delighted, delighting** To please greatly.

de·light·ful |dĭ līt′fəl| —*adjective* Giving delight; very pleasing.

de·liv·er |dĭ lĭv′ər| —*verb* **delivered, delivering 1.** To carry and give out; distribute. **2.** To send against; throw. **3.** To give or utter.

de·liv·er·y |dĭ lĭv′ə rē| —*noun, plural* **deliveries** The act of delivering.

de·mand |dĭ mănd′| or |dĭ mänd′| —*verb* **demanded, demanding 1.** To ask for very strongly. **2.** To need or require.
—*noun, plural* **demands 1.** A very strong request. **2.** Something that is needed or required. **3.** The condition of being needed or wanted very much.

de·moc·ra·cy |dĭ mŏk′rə sē| —*noun, plural* **democracies 1.** A form of government in which the power belongs to the people, who express what they want through representatives they have elected. **2.** A country with this kind of government.

dem·o·crat |dĕm′ə krăt′| —*noun, plural* **democrats** A person who believes in and supports democracy.

dem·o·crat·ic |dĕm′ə krăt′| —*adjective* **1.** Of, like, or for a democracy. **2.** Based on the idea of equal rights for all.

de·mol·ish |dĭ mŏl′ĭsh| —*verb* **demolished, demolishing** To tear down completely; wreck.

de·mon |dē′mən| —*noun, plural* **demons 1.** An evil spirit; devil. **2.** A person with great energy or enthusiasm.

dem·on·strate |dĕm′ən strāt′| —*verb* **demonstrated, demonstrating 1.** To show clearly; leave no doubt about; prove. **2.** To show, operate, or explain. **3.** To take part in a demonstration.

den |dĕn| —*noun, plural* **dens 1.** The home or shelter of a wild animal; a lair. **2.** A small room set apart for study or relaxing.

de·ni·al |dĭ nī′əl| —*noun, plural* **denials** The act of denying.

de·nom·i·na·tion |dĭ nŏm′ə nā′shən| —*noun, plural* **denominations 1.** An organized religious group. The Protestants formed many different denominations. **2.** A unit in a system of money. A dollar and a nickel are denominations of the U.S. money.

de·nom·in·a·tor |dĭ nŏm′ə nā′tər| —*noun, plural* **denominators** The number written below or to the right of the line in a fraction. In the fraction ½, 2 is the denominator.

de·nounce |dĭ nouns′| —*verb* **denounced, denouncing** To show or express very strong lack of approval of; accuse in public.

delegate *sustantivo* Persona a quien se escoge para que hable o actúe por otra, o por un grupo; representante; delegado.
—*verbo* **1.** Escoger a alguien como delegado. **2.** Encargar a alguien la realización de algún deber que le correspondía a quien lo encarga; delegar.

deliberate *adjetivo* **1.** Hecho o dicho a propósito; deliberado. **2.** Sin prisa ni premura; cuidadoso; precavido.
—*verbo* **1.** Pensar algo cuidadosamente antes de decidir qué hacer o decir; deliberar. **2.** Discutir minuciosamente.

delicacy *sustantivo* **1.** Condición o cualidad de ser delicado; delicadeza; finura. **2.** Un plato o alimento muy especial; manjar; golosina.

delicate *adjetivo* Delicado: **1.** Hecho con refinamiento y cuidado. **2.** Agradable a los sentidos; sutil. **3.** De color o matiz pálido o suave. **4.** Que requiere gran destreza. **5.** Que se daña o rompe fácilmente; frágil. **6.** Muy sensible.

delicious *adjetivo* Muy agradable al gusto y al olfato.

delight *sustantivo* Delicia, deleite: **1.** Placer grande; júbilo. **2.** Alguien o algo que proporciona un gran placer o regocijo.
—*verbo* Agradar en grado sumo; deleitar.

delightful *adjetivo* Que causa deleite; muy agradable y placentero.

deliver *verbo* **1.** Llevar y entregar algo; distribuir. **2.** Asestar, lanzar o propinar (un golpe). **3.** Pronunciar o decir (un discurso).

delivery *sustantivo* Acto de entregar; entrega.

demand *verbo* Demandar: **1.** Pedir con firmeza; exigir. **2.** Necesitar o requerir.
—*sustantivo* Demanda: **1.** Petición muy firme; exigencia. **2.** Algo que se necesita o requiere. **3.** Condición de ser muy requerido o buscado.

democracy *sustantivo* Democracia: **1.** Forma de gobierno en la que el poder pertenece al pueblo, el cual expresa sus deseos a través de representantes que elige. **2.** País que tiene esta clase de gobierno.

democrat *sustantivo* Persona que cree en la democracia y la apoya; demócrata.

democratic *adjetivo* Democrático: **1.** Propio de una democracia, o al estilo o en favor de dicho sistema de gobierno. **2.** Basado en la idea de la igualdad de derechos para todos.

demolish *verbo* Derribar por completo; destruir; arrasar; demoler.

demon *sustantivo* Demonio: **1.** Espíritu maligno; diablo. **2.** Persona con gran energía o entusiasmo.

demonstrate *verbo* **1.** Mostrar claramente; no dejar duda acerca de algo; probar. **2.** Mostrar, hacer funcionar o explicar; demostrar. **3.** Tomar parte en una manifestación, generalmente de protesta.

den *sustantivo* **1.** Vivienda o habitación de un animal salvaje; guarida; madriguera. **2.** Cuarto pequeño reservado para el estudio o el recreo.

denial *sustantivo* Acto de negar; negación; negativa.

denomination *sustantivo* **1.** Grupo religioso organizado; secta. **2.** Unidad en un sistema monetario; denominación o unidad monetaria.

denominator *sustantivo* En una fracción, el número que se escribe debajo de la raya o a la derecha de la misma; denominador. En la fracción ½, 2 es el denominador.

denounce *verbo* Mostrar o expresar desaprobación con gran firmeza; acusar en público; denunciar.

ă pat ā pay â care ä father ĕ pet ē be ĭ pit ī pie î fierce ŏ pot ō go ô paw, for oi oil oŏ book oō boot

dense |dĕns| —*adjective* **denser, densest** Packed closely together; thick.

den·si·ty |dĕn′sĭ tē| —*noun, plural* **densities** The condition of being thick or close together.

den·tal |dĕn′tl| —*adjective* **1.** Of or for the teeth. **2.** Having to do with the work of a dentist.

den·tist |dĕn′tĭst| —*noun, plural* **dentists** A doctor who treats people's teeth.

de·ny |dĭ nī′| —*verb* **denied, denying, denies 1.** To say that something is not true; contradict. **2.** To refuse to give; turn down.

de·part |dĭ pärt′| —*verb* **departed, departing 1.** To go away; leave. **2.** To change from the usual course or way; vary.

de·part·ment |dĭ pärt′mənt| —*noun, plural* **departments** A separate division of an organization that has a special purpose or function.

de·par·ture |dĭ pär′chər| —*noun, plural* **departures** The act of departing.

de·pend |dĭ pĕnd′| —*verb* **depended, depending 1.** To be decided or determined. **2.** To be certain about; trust. **3.** To rely on.

de·pend·a·ble |dĭ pĕn′də bəl| —*adjective* Able to be depended upon; reliable.

de·pend·ent |dĭ pĕn′dənt| —*adjective* **1.** Relying on someone or something else. **2.** Needing the help of someone or something else.
—*noun, plural* **dependents** A person who depends on another for support.

de·pos·it |dĭ pŏz′ĭt| —*verb* **deposited, depositing 1.** To put down; lay down. **2.** To place money in a bank.
—*noun, plural* **deposits 1.** An amount of money in a bank or ready to be put in a bank. **2.** An amount of money given as part of a full payment. **3.** A mass of material that builds up by a natural process.

de·press |dĭ prĕs′| —*verb* **depressed, depressing** To make gloomy or sad.

de·pres·sion |dĭ prĕsh′ən| —*noun, plural* **depressions 1.** An unhappy state of mind. **2.** An area that is lower than its surroundings; a hollow. **3.** A period when business is bad and many people are out of work.

depth |dĕpth| —*noun, plural* **depths 1.** The distance from top to bottom or front to back of something. **2.** Deep learning, thought, or feeling.

dep·u·ty |dĕp′yə tē| —*noun, plural* **deputies** A person appointed to assist or act in the place of another.

de·scend |dĭ sĕnd′| —*verb* **descended, descending 1.** To move from a higher to a lower place or position; go or come down. **2.** To come down or along from a source or origin.

de·scen·dant |dĭ sĕn′dənt| —*noun, plural* **descendants** A person or animal that comes from a certain ancestor or ancestors.

de·scent |dĭ sĕnt′| —*noun, plural* **descents 1.** The act of descending. **2.** A downward slope. **3.** Family origin.

de·scribe |dĭ skrīb′| —*verb* **described, describing** To give an account of in words.

de·scrip·tion |dĭ skrĭp′shən| —*noun, plural* **descriptions 1.** The act or process of describing. **2.** An account in words describing something. **3.** A kind or variety; sort.

de·seg·re·gate |dē sĕg′rĭ gāt′| —*verb* **desegregated, desegregating** To put an end to the forced separation of races in public schools and other facilities.

des·ert¹ |dĕz′ərt| —*noun, plural* **deserts** A dry region usually covered with sand. A desert has few or no

dense *adjetivo* Que forma una masa compacta; espeso; viscoso; denso.

density *sustantivo* Condición de lo que es denso, tupido o compacto; densidad.

dental *adjetivo* Dental: **1.** Relativo a los dientes, o destinado a los mismos. **2.** Relativo al trabajo del dentista: *dental clinic = clínica dental.*

dentist *sustantivo* Profesional parecido al médico, que trata los dientes de las personas; odontólogo; dentista.

deny *verbo* Negar: **1.** Decir que algo no es verdad; contradecir. **2.** Negarse a dar; no conceder; rechazar, denegar.

depart *verbo* **1.** Marcharse; salir; partir. **2.** Desviarse del curso o camino habitual; variar; apartarse.

department *sustantivo* En una organización, división separada que tiene un uso o función especial; departamento.

departure *sustantivo* Acto de partir; partida; salida.

depend *verbo* Depender: **1.** Verse decidido o determinado por algún factor o condición: *Your reward depends on how much work you do. = Tu recompensa depende de la cantidad de trabajo que hagas.* **2.** Estar seguro de alguien o algo. **3.** Confiar en.

dependable *adjetivo* Algo o alguien de quien se puede depender con tranquilidad; digno de confianza; responsable.

dependent *adjetivo* Dependiente: **1.** Que depende de otra persona o cosa; sujeto a. **2.** Que necesita la ayuda de otra persona o cosa.
—*sustantivo* Persona que depende de otra para su sustento; dependiente.

deposit *verbo* Depositar: **1.** Poner; colocar. **2.** Colocar dinero en un banco; consignar.
—*sustantivo* Depósito: **1.** Cantidad de dinero colocada en un banco o lista para ponerla en un banco; consignación. **2.** Cantidad de dinero entregada como parte de un pago total. **3.** Masa de material que se forma por un proceso natural; sedimento.

depress *verbo* Causar melancolía o tristeza; deprimir; abatir; desalentar.

depression *sustantivo* Depresión: **1.** Estado de ánimo infeliz. **2.** Zona más baja que sus alrededores. **3.** Período durante el cual la economía anda mal y mucha gente está sin trabajo.

depth *sustantivo* Profundidad: **1.** La distancia del borde al fondo, o del frente a la parte posterior de algo. **2.** Conocimiento, pensamiento o sentimiento cabal o a fondo.

deputy *sustantivo* Persona nombrada para ayudar a otra o actuar en su lugar; diputado; enviado; agente.

descend *verbo* **1.** Moverse de una posición más alta a una más baja, o de un lugar más alto a uno más bajo; bajar; descender. **2.** Ser descendiente de una fuente u origen.

descendant *sustantivo* Persona o animal que proviene de cierto antepasado o antepasados; descendiente.

descent *sustantivo* **1.** Acto de descender; descenso. **2.** Declive; ladera; pendiente. **3.** Origen familiar; descendencia.

describe *verbo* Explicar detalladamente, con palabras; describir.

description *sustantivo* **1.** Acto o proceso de describir; descripción. **2.** Relación en palabras describiendo algo; narración; descripción. **3.** Clase o variedad; especie; suerte: *People of every description came to the fair. = Gente de todas clases vino a la feria.*

desegregate *verbo* Poner fin a la separación forzada de las razas en las escuelas y otras facilidades públicas; desegregar.

desert¹ *sustantivo* Región muy seca, generalmente cubierta de arena; desierto. En los desiertos no crecen

plants.

—*adjective* Without people.

de·sert² | dĭ zûrt′ | —*verb* **deserted, deserting** To leave or abandon.

de·serve | dĭ zûrv′ | —*verb* **deserved, deserving** To be worthy of; have a right to; merit.

de·sign | dĭ zīn′ | —*verb* **designed, designing 1.** To prepare a plan for something, especially by sketching or drawing. **2.** To plan or intend for a special purpose.
—*noun, plural* **designs 1.** A drawing or sketch showing how something is to be made. **2.** An arrangement of lines, figures, or objects into a pattern.

des·ig·nate | dĕz′ĭg nāt′ | —*verb* **designated, designating 1.** To point out; show. **2.** To call by a name or title. **3.** To choose; appoint.

de·sir·a·ble | dĭ zīr′ə bəl | —*adjective* Of such quality as to be wanted; worth having; pleasing.

de·sire | dĭ zīr′ | —*verb* **desired, desiring** To wish or long for; want.
—*noun, plural* **desires** A wish or longing.

desk | dĕsk | —*noun, plural* **desks** A piece of furniture with a flat top used for writing or reading.

des·o·late | dĕs′ə lĭt | —*adjective* **1.** Without people; empty; deserted. **2.** In bad condition; ruined. **3.** Lonely and sad; miserable.

des·pair | dĭ spâr′ | —*noun, plural* **despairs** Lack of all hope.
—*verb* **despaired, despairing** To lose all hope.

des·per·ate | dĕs′pər ĭt | —*adjective* **1.** Being in a situation without hope and ready to do anything. **2.** Needing something or someone urgently. **3.** Almost beyond hope; very bad.

de·spite | dĭ spīt′ | —*preposition* In spite of.

des·sert | dĭ zûrt′ | —*noun, plural* **desserts** The last part of a lunch or dinner.

des·ti·na·tion | dĕs′tə nā′shən | —*noun, plural* **destinations** The place to which someone is going or something is sent.

des·ti·ny | dĕs′tə nē | —*noun, plural* **destinies** The fate or fortune of a person or thing.

de·stroy | dĭ stroi′ | —*verb* **destroyed, destroying 1.** To ruin completely; wipe out. **2.** To put to death; kill.

de·struc·tion | dĭ strŭk′shən | —*noun* **1.** The act of destroying. **2.** Heavy or serious harm.

de·struc·tive | dĭ strŭk′tĭv | —*adjective* Causing destruction.

de·tail | dĭ tāl′ | or | dē′tāl′ | —*noun, plural* **details 1.** A small or less important part or item. **2.** Such items in relation to something larger. **3.** A small group of soldiers or sailors given a special duty or mission.
—*verb* | dĭ tāl′ | **detailed, detailing** To tell or relate very precisely.

de·tec·tive | dĭ tĕk′tĭv | —*noun, plural* **detectives** A person, usually a police officer, whose work is getting information about crimes and trying to solve them.

de·ter·gent | dĭ tûr′jənt | —*noun, plural* **detergents** A cleaning powder or liquid used instead of soap.

de·te·ri·o·rate | dĭ tîr′ē ə rāt′ | —*verb* **deteriorated, deteriorating** To make or become worse.

de·ter·mine | dĭ tûr′mĭn | —*verb* **determined, determining 1.** To decide or settle. **2.** To be the cause of; influence. **3.** To find out; establish.

de·test | dĭ tĕst′ | —*verb* **detested, detesting** To dislike strongly; hate; loathe.

dev·as·tate | dĕv′ə stāt′ | —*verb* **devastated, devastating** To destroy completely; ruin.

de·vel·op | dĭ vĕl′əp | —*verb* **developed, developing 1.** To grow or cause to grow. **2.** To bring into being; help grow. **3.** To treat a photographic plate, film, or print with chemicals so that the picture can be seen.

plantas, o crecen muy pocas.
—*adjetivo* Deshabitado; desierto.

desert² *verbo* Dejar o abandonar; desertar.

deserve *verbo* Ser digno de algo o tener derecho a ello; merecer.

design *verbo* Diseñar: **1.** Preparar un plan para algo, especialmente por medio de un bosquejo o dibujo. **2.** Proyectar o dedicar algo para un uso especial.
—*sustantivo* Diseño: **1.** Dibujo o bosquejo que muestra como ha de hacerse algo. **2.** Arreglo de líneas, figuras u objetos que forman un patrón.

designate *verbo* **1.** Señalar; mostrar. **2.** Dar un nombre o título determinado; designar. **3.** Escoger; nombrar.

desirable *adjetivo* De una cualidad que lo hace deseable; que vale la pena tener; agradable; apetecible.

desire *verbo* Querer, ansiar o anhelar; desear.
—*sustantivo* Deseo o anhelo.

desk *sustantivo* Mesa de tapa plana que se usa para escribir o leer; escritorio; pupitre.

desolate *adjetivo* **1.** Deshabitado; vacío; desierto; desolado. **2.** En malas condiciones; en ruinas. **3.** Solitario y triste; desdichado; lastimoso; desolado.

despair *sustantivo* Falta o ausencia de toda esperanza; desesperación.
—*verbo* Perder toda esperanza; desesperarse.

desperate *adjetivo* Desesperado: **1.** Estar en una situación sin esperanzas y dispuesto a hacer cualquier cosa. **2.** Que necesita de algo o de alguien urgentemente; urgido. **3.** Casi sin esperanzas; muy en precario; grave.

despite *preposición* A pesar de; no obstante.

dessert *sustantivo* La última parte de un almuerzo o de una cena; postre.

destination *sustantivo* El lugar hacia el cual se dirige alguien o se envía algo; destino; paradero.

destiny *sustantivo* Sino, suerte o fortuna de una persona o cosa; destino.

destroy *verbo* **1.** Arruinar completamente; arrasar; destruir. **2.** Quitar la vida; matar; sacrificar (un animal enfermo).

destruction *sustantivo* Destrucción. **1.** Acción de destruir. **2.** Daño intenso o serio.

destructive *adjetivo* Que causa destrucción; destructivo; dañino.

detail *sustantivo* **1.** Pieza o artículo pequeño o de menor importancia; detalle; pormenor. **2.** Tales piezas o artículos en relación con algo más grande. **3.** Un pequeño grupo de soldados o marineros a quienes se les da una tarea o misión especial; pelotón.
—*verbo* Contar o relatar con mucha exactitud; detallar; especificar.

detective *sustantivo* Individuo, generalmente agente de policía, cuyo trabajo consiste en obtener información acerca de delitos cometidos y en tratar de resolverlos; detective.

detergent *sustantivo* Polvo o líquido limpiador que se usa en vez de jabón; detergente.

deteriorate *verbo* Empeorar o deteriorar; deteriorarse.

determine *verbo* Determinar: **1.** Decidir o establecer.

detest *verbo* Disgustarle a uno en alto grado; odiar; aborrecer; detestar.

devastate *verbo* Destruir completamente; arruinar; asolar; devastar.

develop *verbo* **1.** Crecer o hacer que algo crezca; desarrollar; desarrollarse. **2.** Ayudar al crecimiento de algo; fomentar. **3.** Tratar una placa, película o prueba fotográfica con productos químicos para que la imagen pueda verse; revelar.

ă pat ā pay â care ä father ĕ pet ē be ĭ pit ī pie î fierce ŏ pot ō go ô paw, for oi oil ŏŏ book ōō boot

de·vel·op·ment |dĭ vĕl′əp mənt| —*noun, plural* **developments 1.** The act or process of developing. **2.** An event or happening. **3.** A group of buildings or houses built in a similar manner, usually by the same person.

de·vice |dĭ vīs′| —*noun, plural* **devices 1.** Something that is made or used for a special purpose, especially a machine that does one or more jobs. **2.** A plan, scheme, or trick.

dev·il |dĕv′əl| —*noun, plural* **devils 1.** Often **Devil** The ruler of Hell. The devil is often shown as someone with horns, a tail, and hoofs. **2.** A person who is wicked or has a bad temper.

de·vise |dĭ vīz′| —*verb* **devised, devising** To form or arrange in the mind; plan; invent.

de·vote |dĭ vōt′| —*verb* **devoted, devoting** To give one's time, attention, or effort to someone or some purpose.

de·vo·tion |dĭ vō′shən| —*noun, plural* **devotions** Loyal feeling; loyalty.

de·vout |dĭ vout′| —*adjective* **1.** Deeply religious. **2.** Sincere; earnest.

dew |dōō| or |dyōō| —*noun, plural* **dews** Small drops of water that form from the air and collect on a surface, usually during the night.

di·ag·no·ses |dī′əg nō′sēz′| The plural of the noun **diagnosis.**

di·ag·no·sis |dī′əg nō′sĭs| —*noun, plural* **diagnoses** The act or process of examining persons, animals, or things carefully to find out what is wrong with them.

di·ag·o·nal |dī ăg′ə nəl| —*adjective* Slanting downward from one corner or side to another.
—*noun, plural* **diagonals** A diagonal line.

di·al |dī′əl| —*noun, plural* **dials 1.** A round part on the face of an instrument that is marked with numbers or figures. It has pointers that move and show the measurements to be read or chosen. Clocks and telephones have dials. **2.** A device that points to the station where a radio or television set is tuned.
—*verb* **dialed, dialing** To control or choose by means of a dial.

di·a·lect |dī′ə lĕkt′| —*noun, plural* **dialects** A way of speaking a language in different places or parts of a country.

di·a·logue |dī′ə lôg′| or |dī′ə lŏg′| —*noun, plural* **dialogues 1.** A conversation between two or more people. **2.** The words spoken by the characters in a play or story.

di·am·e·ter |dī ăm′ĭ tər| —*noun, plural* **diameters** The part of a straight line that goes through the center of a circle or other round object from one side to the other.

di·a·mond |dī′mənd| or |dī′ə mənd| —*noun, plural* **diamonds 1.** A mineral that is a crystal form of carbon. **2. a.** A red figure (♦) that is formed with four equal sides, found on a playing card. **b.** A playing card marked with this figure. **c. diamonds** The suit of cards marked with this figure. **3.** In baseball, the infield.

di·a·per |dī′ pər| or |dī′ pər| —*noun, plural* **diapers** A soft cloth or other material that is folded and fastened around a baby to serve as underpants.

di·a·phragm |dī′ə frăm′| —*noun, plural* **diaphragms 1.** A wall of muscle that separates the organs of the chest from the organs of the abdomen. **2.** A thin disk, as in a microphone or telephone that changes electric signals into sound.

di·a·ry |dī′ə rē| —*noun, plural* **diaries 1.** A record written each day of a person's own experiences and thoughts. **2.** A book with blank pages for keeping such a record.

dice |dīs| —*plural noun* Small cubes marked on each

development *sustantivo* **1.** Acción o proceso de desarrollar; crecimiento; desarrollo. **2.** Evento, suceso o acontecimiento; novedad. **3.** Conjunto de edificios o casas construidos en forma similar, generalmente por la misma persona; urbanización.

device *sustantivo* **1.** Algo que se realiza o se emplea para un propósito especial, generalmente una máquina que ejecuta una o dos tareas; artefacto. **2.** Plan, ardid o truco; estratagema; recurso.

devil *sustantivo* **1.** A veces **Devil** El regidor del infierno; diablo; demonio. El diablo a menudo es representado con cuernos, cola y pezuñas. **2.** Persona mala o de mal carácter.

devise *verbo* Formar o arreglar mentalmente; proyectar; planear; inventar; idear.

devote *verbo* Dedicar uno su tiempo, atención y esfuerzo a otro o a algún propósito específico; consagrar.

devotion *sustantivo* Sentimiento de lealtad; devoción; afecto.

devout *adjetivo* Devoto: **1.** Profundamente religioso; piadoso. **2.** Sincero; fervoroso; ferviente.

dew *sustantivo* Pequeñas gotas de agua que se forman en el aire y se acumulan en una superficie, generalmente durante la noche; rocío.

diagnoses Plural de **diagnosis.**

diagnosis *sustantivo* Acción o proceso mediante el cual se reconoce o examina cuidadosamente a una persona, animal o cosa, a fin de averiguar de qué trastorno padece; diagnóstico.

diagonal *adjetivo* Inclinado de una esquina a otra, o de un lado al otro; diagonal.
—*sustantivo* Línea diagonal.

dial *sustantivo* **1.** Parte redonda en la esfera de un instrumento y que se marca con números o cifras. Tiene agujas que se mueven e indican las medidas o lecturas que se han de interpretar o seleccionar; cuadrante; disco (de teléfono). Los relojes y los teléfonos tienen cuadrantes y discos respectivamente. **2.** Artefacto indicador que muestra la estación con la cual un aparato de radio o televisión está en sintonía.
—*verbo* Controlar o seleccionar por medio de un cuadrante o disco; marcar (un número de teléfono).

dialect *sustantivo* Forma de hablar una lengua en diferentes regiones o partes de un país; dialecto; habla regional.

dialogue *sustantivo* Diálogo: **1.** Conversación entre dos o más personas. **2.** Las palabras dichas por los personajes de una obra teatral, historia o novela.

diameter *sustantivo* La parte de una línea recta que atraviesa un círculo u otro objeto redondo de un lado al otro, pasando por su centro; diámetro.

diamond *sustantivo* **1.** Mineral que constituye una forma cristalizada del carbono; diamante. **2. a.** Figura en rojo (♦) formada por cuatro lados iguales, que se encuentra en los naipes; oros. **b.** Naipe marcado con esta figura. **c.** El juego de naipes marcado con esta figura. **3.** En béisbol, el campo comprendido dentro de las cuatro bases.

diaper *sustantivo* Paño de tela u otro material suave que se dobla y en el que se envuelve a los bebés para que les sirva de pantalón interior; pañal.

diaphragm *sustantivo* Diafragma: **1.** Pared musculosa que separa los órganos del pecho de los del abdomen. **2.** Disco delgado, como los que se usan en los micrófonos y teléfonos, que convierte las señales eléctricas en sonido.

diary *sustantivo* Diario: **1.** Relación escrita diariamente de las experiencias y pensamientos de una persona. **2.** Libro con páginas en blanco para escribir tal relación.

dice *sustantivo plural* Cubos pequeños marcados en

ər butter　yōō abuse　ou out　ŭ cut　û fur　*th* the　th thin　hw which　zh vision　ə ago, item, pencil, atom, circus

side with from one to six dots.
—*verb* **diced, dicing** To cut into small cubes.

dic·tate |dĭk′tāt′| or |dĭk tāt′| —*verb* **dictated, dictating** **1.** To say or read aloud so that another person can write down or a machine can record what is said. **2.** To order with authority.
—*noun, plural* **dictates** An order, command, or direction.

dic·ta·tor |dĭk′tā′tər| or |dĭk tā′tər| —*noun, plural* **dictators** A ruler who has complete power over the government of a country.

dic·tion·ar·y |dĭk′shə nĕr′ē| —*noun, plural* **dictionaries** A book in which the words of a language are arranged in alphabetical order, with information given about each word.

did |dĭd| The past tense of the verb **do.**

did·n't |dĭd′nt| A contraction of "did not."

die¹ |dī| —*verb* **died, dying** **1.** To stop living; become dead. **2.** To become weak. **3.** To want very much.

die² |dī| —*noun* **1.** *plural* **dies** A machine part or device for stamping designs on coins, making raised patterns on paper, or cutting and shaping leather or metal. **2.** *plural* **dice** One of a pair of dice.

die·sel engine |dē′zəl| An engine that burns oil in its cylinders.

di·et |dī′ĭt| —*noun, plural* **diets** **1.** The usual food and drink taken in by a person or animal. **2.** Special foods eaten for medical reasons or to gain or lose weight.

dif·fer |dĭf′ər| —*verb* **differed, differing** **1.** To not be the same in form, quality, or amount. **2.** To have another opinion of; to disagree.

dif·fer·ence |dĭf′ər əns| or |dĭf′rəns| —*noun, plural* **differences** **1.** The condition of being different. **2.** The amount of being different. **3.** A disagreement; quarrel. **4.** The amount left after one number is subtracted from another.

dif·fer·ent |dĭf′ər ənt| or |dĭf′rənt| —*adjective* **1.** Not being the same; unlike. **2.** Separate or distinct.

dif·fi·cult |dĭf′ĭ kŭlt′| or |dĭf′ĭ kəlt′| —*adjective* **1.** Hard to do, understand, or get the answer to. **2.** Hard to please or manage.

dif·fi·cul·ty |dĭf′ĭ kŭl′tē| or |dĭf′ĭ kəl tē| —*noun, plural* **difficulties** **1.** The condition or quality of being difficult. **2.** Something that causes trouble or worry.

dig |dĭg| —*verb* **dug, digging** **1.** To break up, turn over, or take away earth with a tool, hands, or paws. **2.** To make a hole by digging. **3.** To get by digging. **4.** To get by looking for or studying. **5.** To push hard against or go into or through something.

di·gest |dĭ jĕst′| or |dī jĕst′| —*verb* **digested, digesting** To change food into simple substances that are easily taken into the body.
—*noun* |dī′jĕst′| , *plural* **digests** A shortening or summary of a written work.

di·ges·tion |dĭ jĕs′chən| or |dī jĕs′chən| —*noun, plural* **digestions** The process of digesting.

di·ges·tive |dĭ jĕs′tĭv| or |dī jĕs′tĭv| —*adjective* Of, helping, or active in the digestion of food.

dig·it |dĭj′ĭt| —*noun, plural* **digits** **1.** A finger or toe. **2.** One of the numerals 1, 2, 3, 4, 5, 6, 7, 8, 9, and sometimes 0.

dig·ni·ty |dĭg′nĭ tē| —*noun, plural* **dignities** The condition of being worthy or honorable.

dil·i·gent |dĭl′ə jənt| —*adjective* Working hard; careful; industrious.

di·lute |dĭ lōōt′| or |dī lōōt′| —*verb* **diluted, diluting** To make thinner or weaker by adding a liquid.

---

dictate *verbo* Dictar: **1.** Decir o leer en voz alta para que lo que se dice pueda ser escrito por otra persona o grabado por una máquina. **2.** Ordenar con autoridad; mandar.
—*sustantivo* Orden, mandato o instrucción; dictamen; precepto.

dictator *sustantivo* Gobernante que tiene poder absoluto sobre el gobierno de un país; dictador; tirano.

dictionary *sustantivo* Libro en el que las palabras de una lengua están relacionadas por orden alfabético, suministrándose información acerca de cada palabra; diccionario.

did Pretérito del verbo **do.**

didn't Contracción de "did not".

die¹ *verbo* Morir, morirse: **1.** Cesar de vivir; pasar a la otra vida; fallecer; expirar. **2.** Volverse progresivamente débil; extinguirse. **3.** Querer algo con ansiedad; morirse (de deseo).

die² *sustantivo* **1.** Parte de una máquina o artefacto que se usa para estampar diseños en monedas, hacer patrones en relieve sobre papel o para cortar y darle forma al cuero o al metal; troquel; cuño seco. **2.** Un dado.

diesel engine Motor que quema aceite en los cilindros; motor diesel.

diet *sustantivo* Dieta: **1.** Los alimentos sólidos y líquidos que habitualmente ingiere una persona o un animal. **2.** Conjunto de alimentos especiales que se comen por razones médicas, o para ganar o perder peso; régimen alimenticio.

differ *verbo* **1.** No ser lo mismo en forma, calidad o cantidad; diferenciarse. **2.** Tener una opinión diferente; estar en desacuerdo; diferir; disentir.

difference *sustantivo* **1.** Condición de ser diferente; diferencia. **2.** La cuantía de una diferencia. **3.** Desacuerdo; querella; disensión; controversia. **4.** Cantidad que queda después de sustraer un número de otro.

different *adjetivo* Diferente: **1.** Que no es igual; desigual. **2.** Separado o distinto.

difficult *adjetivo* Difícil: **1.** Que no es fácil de hacer, comprender, responder o resolver; arduo; laborioso; complicado. **2.** Que no es fácil de complacer o dirigir.

difficulty *sustantivo* **1.** Condición o cualidad de ser difícil; dificultad; obstáculo. **2.** Algo que causa molestia o preocupación; incomodidad.

dig *verbo* **1.** Remover, revolver o sacar tierra con una herramienta, con las manos o con las garras; cavar; excavar; escarbar. **2.** Hacer un hoyo cavando. **3.** Extraer cavando; excavar. **4.** Obtener mediante búsqueda o estudio. **5.** Presionar fuertemente contra algo, o penetrarlo o atravesarlo.

digest *verbo* Convertir los alimentos en sustancias simples que sean absorbidas fácilmente por el organismo; digerir.
—*sustantivo* Abreviación, sumario o resumen de una obra escrita; condensación; digesto.

digestion *sustantivo* Proceso de digerir; digestión.

digestive *adjetivo* Relativo a la digestión de los alimentos, o que ayuda o participa en la misma; digestivo.

digit *sustantivo* **1.** Dedo de la mano o del pie. **2.** Uno de los numeros 1, 2, 3, 4, 5, 6, 7, 8, 9, y algunas veces el 0; dígito; cifra.

dignity *sustantivo* Condición de quien es meritorio u honorable; dignidad; nobleza.

diligent *adjetivo* Que trabaja mucho; cuidadoso; laborioso; diligente; trabajador.

dilute *verbo* Agregar un líquido a una sustancia para hacerla menos espesa; diluir; disolver.

ă pat ā pay â care ä father ĕ pet ē be ĭ pit ī pie î fierce ŏ pot ō go ô paw, for oi oil ŏŏ book ōō boot

dim |dĭm| —*adjective* **dimmer, dimmest 1.** Faintly lighted or giving little light. **2.** Not clear. **3.** Not sharp or keen.
—*verb* **dimmed, dimming** To make or become dim.

dime |dīm| —*noun, plural* **dimes** A U.S. or Canadian coin worth ten cents.

di·men·sion |dĭ mĕn'shən| —*noun, plural* **dimensions** The measure of how far something extends in space. The dimensions of a room are its length, width, and height.

di·min·ish |dĭ mĭn'ĭsh| —*verb* **diminished, diminishing** To make or become smaller or less.

di·min·u·tive |dĭ mĭn'yə tĭv| —*adjective* Of very small size; tiny.

dine |dīn| —*verb* **dined, dining** To eat dinner.

din·er |dī'nər| —*noun, plural* **diners 1.** A person who is eating a meal. **2.** A railroad car in which meals are served. **3.** A small restaurant usually having the shape of a railroad car.

din·gy |dĭn'jē| —*adjective* **dingier, dingiest** Dirty or soiled.

din·ing room |dī'nĭng| A room in which meals are served.

din·ner |dĭn'ər| —*noun, plural* **dinners 1.** The main meal of the day, served at noon or in the evening. **2.** A formal meal in honor of a person or a special occasion.

di·no·saur |dī'nə sôr'| —*noun, plural* **dinosaurs** One of many kinds of reptiles that lived millions of years ago.

di·o·cese |dī'ə sĭs| or |dī'ə sēs'| —*noun, plural* **dioceses** The churches or district under the direction of a bishop.

dip |dĭp| —*verb* **dipped, dipping 1.** To put briefly in or into a liquid. **2.** To reach into to get something. **3.** To lower and raise in salute. **4.** To go down; sink. —*noun, plural* **dips 1.** A brief plunge or swim. **2.** A liquid into which something is dipped. **3.** A soft food mixture into which other foods may be dipped. **4.** A sudden slope downward.

di·plo·ma |dĭ plō'mə| —*noun, plural* **diplomas** A document given to a student who graduates from a school or college or finishes a course of study.

dip·lo·mat |dĭp'lə măt'| —*noun, plural* **diplomats** A person who is appointed to represent his or her country in its relations with other countries. A diplomat is trained to be an expert in dealing with people or situations.

di·rect |dĭ rĕkt'| or |dī rĕkt'| —*verb* **directed, directing 1.** To manage the affairs of. **2.** To instruct, order, or command. **3.** To aim, point, or guide someone or something to or toward.
—*adjective* **1.** Going or lying in a straight way or line. **2.** Straightforward; honest.
—*adverb* In a straight line.

di·rec·tion |dĭ rĕk'shən| or |dī rĕk'shən| —*noun, plural* **directions 1.** Control, management, and guidance. **2. directions** The manner or way to do something or way to get to some place. **3.** An order or command. **4.** The line or course along which someone or something lies, faces, or moves.

di·rec·tor |dĭ rĕk'tər| or |dī rĕk'tər| —*noun, plural* **directors 1.** A person who manages or guides something, especially the affairs of a business. **2.** A person who directs the performers in a play, motion picture, or television show.

di·rec·to·ry |dĭ rĕk'tə rē| or |dī rĕk'tə rē| —*noun, plural* **directories** A list of names, addresses, or other information.

dirt |dûrt| —*noun* **1.** Earth or soil. **2.** Mud, grease, or other filthy material that soils.

dim *adjetivo* **1.** Escasamente iluminado o que da poca luz; tenue; oscuro. **2.** Que carece de claridad; confuso; borroso. **3.** Carente de agudeza o perspicacia.
—*verbo* Atenuar o reducir la intensidad de una luz.

dime *sustantivo* Moneda de los Estados Unidos o del Canadá, equivalente a diez centésimos de dólar.

dimension *sustantivo* La medida en que un objeto se extiende en el espacio; dimensión. Las dimensiones de un cuarto son su largo, su ancho y su alto.

diminish *verbo* Reducir en tamaño o cantidad; empequeñecer; disminuir; rebajar; menguar.

diminutive *adjetivo* De tamaño muy pequeño; diminuto; diminutivo.

dine *verbo* Comer una cena; cenar.

diner *sustantivo* **1.** Persona que se halla comiendo. **2.** Vagón de ferrocarril en el que se sirven comidas. **3.** Restaurante pequeño que generalmente tiene la forma de un vagón de ferrocarril.

dingy *adjetivo* Sucio o manchado.

dining room Pieza o salón en el que se sirven comidas; comedor.

dinner *sustantivo* **1.** La comida principal del día, servida al mediodía o por la noche; cena. **2.** Comida formal servida en honor de una persona o para celebrar una ocasión especial; banquete.

dinosaur *sustantivo* Una de las muchas clases de reptiles que vivieron hace millones de años; dinosaurio.

diocese *sustantivo* Iglesias o distrito eclesiástico que se encuentran bajo la dirección de un obispo; diócesis.

dip *verbo* **1.** Poner brevemente en un líquido; sumergir; remojar. **2.** Meter (las manos) para agarrar algo. **3.** Bajar y subir (una bandera) como saludo; batir banderas. **4.** Bajar; hundirse.
—*sustantivo* **1.** Breve zambullida o recorrido a nado. **2.** Líquido en el que se sumerge algo. **3.** Mezcla cremosa de alimentos en la cual se pueden mojar otros alimentos. **4.** Bajada repentina en un camino o terreno.

diploma *sustantivo* Documento que se entrega a un estudiante que se gradúa en una escuela o universidad, o que termina un curso de estudios; diploma.

diplomat *sustantivo* Persona a quien se nombra para que represente a su país en sus relaciones con otros países; diplomático. Los diplomáticos están entrenados para ser expertos en su trato con la gente y para mediar en ciertas situaciones.

direct *verbo* **1.** Administrar asuntos; dirigir. **2.** Dar instrucciones, ordenar o mandar. **3.** Mostrar, señalar o guiar a una persona u objeto hacia una dirección o propósito determinado.
—*adjetivo* **1.** Que conduce o va en forma o línea recta; directo. **2.** Sincero; honesto; honrado.
—*adverbio* En línea recta; directamente; sin paradas ni escalas.

direction *sustantivo* **1.** Control, conducción y guía; dirección. **2. directions** Manera de hacer algo o forma de llegar a algún lugar; señas. **3.** Orden o mandato. **4.** Línea o curso a lo largo del cual alguien o algo se encuentra, se mueve o se coloca de frente; dirección: *The ship sailed in a northerly direction.* = *El buque zarpó en dirección al Norte.*

director *sustantivo* Director: **1.** Persona que administra o conduce algo, especialmente los asuntos de un negocio. **2.** Persona que dirige a los actores de una obra teatral, una película o un espectáculo de televisión.

directory *sustantivo* Lista de nombres, direcciones u otros datos; directorio; guía (de teléfonos).

dirt *sustantivo* **1.** Tierra del suelo. **2.** Lodo, grasa u otro tipo de churre o suciedad; sustancia que ensucia.

ər butter   yoo abuse   ou out   ŭ cut   û fur   *th* the   th thin   hw which   zh vision   ə ago, item, pencil, atom, circus

dirt·y |dûr′tē| —*adjective* **dirtier, dirtiest** Not clean; soiled.
—*verb* **dirtied, dirtying, dirties** To make or become soiled.

dis·ad·van·tage |dĭs′əd văn′tĭj| or |dĭs′əd vän′tĭj| —*noun, plural* **disadvantages** **1.** Something that makes it harder to do something; a handicap. **2.** Damage or harm.

dis·a·gree |dĭs′ə grē′| —*verb* **disagreed, disagreeing** **1.** To fail to match or agree. **2.** To have a different opinion.

dis·a·gree·ment |dĭs′ə grē′mənt| —*noun, plural* **disagreements** A difference of opinion; quarrel.

dis·ap·pear |dĭs′ə pîr′| —*verb* **disappeared, disappearing** To pass out of sight either little by little or suddenly; vanish.

dis·ap·pear·ance |dĭs′ə pîr′əns| —*noun, plural* **disappearances** The act or an example of disappearing.

dis·ap·point |dĭs′ə point′| —*verb* **disappointed, disappointing** To fail to satisfy the hopes of.

dis·ap·point·ment |dĭs′ə point′mənt| —*noun, plural* **disappointments** **1.** The act of disappointing or the feeling of being disappointed. **2.** A person or thing that disappoints.

dis·ap·prove |dĭs′ə proov′| —*verb* **disapproved, disapproving** **1.** To have an opinion that is not favorable. **2.** To refuse to approve.

dis·as·ter |dĭ zăs′tər| —*noun, plural* **disasters** Something that causes great destruction or misfortune.

disc |dĭsk| —*noun, plural* **discs** A phonograph record.

dis·card |dĭs kärd′| —*verb* **discarded, discarding** To throw away.

dis·charge |dĭs chärj′| —*verb* **discharged, discharging** **1.** To release from work, service, or jail; dismiss; let go. **2.** To get rid of passengers or cargo; unload. **3.** To fire or shoot. **4.a.** To let flow or escape; give off. **b.** To flow out; empty.
—*noun* |dĭs′chärj| or |dĭs chärj′| , *plural* **discharges** **1.a.** A release from work, service, or jail. **b.** A certificate showing such release. **2.** The act of unloading.

dis·ci·ple |dĭ sī′pəl| —*noun, plural* **disciples** A person who believes in the teachings of a leader and helps to spread them.

dis·ci·pline |dĭs′ə plĭn| —*noun, plural* **disciplines** **1.** Training of the mind, body, or character that demands great obedience to rules. **2.** Controlled behavior that results from this training; orderly conduct.
—*verb* **disciplined, disciplining** **1.a.** To train by instruction or exercise. **b.** To train to be obedient; keep under control. **2.** To punish in order to train or correct.

dis·con·nect |dĭs′kə nĕkt′| —*verb* **disconnected, disconnecting** To break the connection of or between.

dis·con·tin·ue |dĭs′kən tĭn′yoo| —*verb* **discontinued, discontinuing** To bring to an end; stop or give up.

dis·count |dĭs′kount′| or |dĭs kount′| —*noun, plural* **discounts** An amount that is less than the full or regular price.

dis·cour·te·ous |dĭs kûr′tē əs| —*adjective* Lacking courtesy; impolite; rude.

dis·cov·er |dĭ skŭv′ər| —*verb* **discovered, discovering** To find or come upon anything for the first time.

dis·cov·er·y |dĭ skŭv′ə rē| —*noun, plural* **discoveries** **1.** The act of discovering. **2.** Something discovered.

dirty *adjetivo* Que no está limpio; sucio.
—*verbo* Ensuciar o ensuciarse.

disadvantage *sustantivo* Desventaja: **1.** Lo que dificulta hacer algo. **2.** Daño o perjuicio.

disagree *verbo* Discrepar: **1.** No concordar o estar de acuerdo. **2.** Tener una opinión diferente.

disagreement *sustantivo* Diferencia de opinión; desacuerdo o discrepancia; desavenencia; disputa.

disappear *verbo* Perderse de vista, ya sea poco a poco o de repente; desaparecer.

disappearance *sustantivo* Acción o ejemplo de desaparecer; desaparición.

disappoint *verbo* No satisfacer esperanzas o anhelos; decepcionar.

disappointment *sustantivo* Decepción: **1.** Acción de decepcionar, o la sensación que se experimenta al verse decepcionado. **2.** Persona o cosa que decepciona.

disapprove *verbo* Desaprobar: **1.** Tener una opinión desfavorable. **2.** Negarse a aprobar.

disaster *sustantivo* Algo que causa gran destrucción, desgracia o infortunio; desastre.

disc *sustantivo* Placa o disco fonográfico.

discard *verbo* Tirar; descartar; desechar.

discharge *verbo* **1.** Dejar libre de la obligación de trabajar, prestar servicio en las fuerzas armadas o cumplir una condena de prisión; despedir; licenciar; liberar. **2.** Soltar pasajeros o carga; dejar que descienda (de un vehículo); descargar. **3.** Hacer fuego (con un arma); descargar; disparar. **4.a.** Dejar que salga, fluya o escape; descargar: *He opened the outlet that discharges water from the tank.* = Abrió la llave que deja salir el agua del tanque. **b.** Salir o fluir fuera; verter; desembocar: *The river discharges into the sea.* = El río desemboca en el mar.
—*sustantivo* **1.a.** Liberación del trabajo, del servicio en las fuerzas armadas o de la prisión; licenciamiento. **b.** Certificado que prueba dicha liberación o licenciamiento. **2.** Acción de descargar.

disciple *sustantivo* Persona que cree en las enseñanzas de un caudillo, dirigente o maestro y ayuda a propagarlas; discípulo.

discipline *sustantivo* Disciplina: **1.** Entrenamiento de la mente, el cuerpo o el carácter que exige gran obediencia al reglamento. **2.** Comportamiento controlado que resulta de tal entrenamiento; conducta ordenada.
—*verbo* **1.a.** Entrenar por medio de la instrucción o del ejercicio. **b.** Entrenar a ser obediente; mantener bajo control; disciplinar. **2.** Castigar para entrenar o corregir; disciplinar.

disconnect *verbo* Romper una conexión; desconectar.

discontinue *verbo* No seguir; poner fin; parar, cesar o desistir; descontinuar.

discount *sustantivo* Cuantía en que un precio es menor que el precio normal o completo; descuento.

discourteous *adjetivo* Falto de cortesía; descortés; grosero.

discover *verbo* Encontrar o toparse con algo por primera vez; descubrir.

discovery *sustantivo* Descubrimiento: **1.** Acción o efecto de descubrir. **2.** Algo que se descubre.

---

dis·crim·i·nate |dǐ skrǐm'ə nāt'| —*verb* **discriminated, discriminating** To treat people differently and often badly because of their color, religion, sex, or age.

dis·crim·in·a·tion |dǐ skrǐm'ə nā'shən| —*noun* Behavior marked by unfairness or injustice toward others because of color, religion, sex, or age.

dis·cuss |dǐ skǔs'| —*verb* **discussed, discussing** To speak together about; talk over.

dis·cus·sion |dǐ skǔsh'ən| —*noun, plural* **discussions** A serious talk about something by two or more persons.

dis·dain |dǐs dān'| —*noun* A feeling of mild contempt; scorn.

dis·ease |dǐ zēz'| —*noun, plural* **diseases** A condition that does not let the body or the mind function normally; sickness; illness. People, animals, and plants can all get diseases.

dis·grace |dǐs grās'| —*noun, plural* **disgraces** 1. A loss of honor or good name; shame. 2. A cause of shame or dishonor.
—*verb* **disgraced, disgracing** To be a cause of shame or dishonor to.

dis·guise |dǐs gīz'| —*noun, plural* **disguises** Something that changes or hides a person's appearance.
—*verb* **disguised, disguising** 1. To change the appearance of in order to look like someone or something else. 2. To hide; conceal.

dis·gust |dǐs gǔst'| —*verb* **disgusted, disgusting** To cause a feeling of strong dislike or loathing in; sicken.
—*noun, plural* **disgusts** A feeling of strong dislike that makes a person feel sick.

dish |dǐsh| —*noun, plural* **dishes** 1. a. A flat or shallow container for holding or serving food. b. A dish with something in it. c. The amount that a dish holds. 2. Food made or cooked in a special way.
—*verb* **dished, dishing** To put in dishes; serve.

dis·hon·est |dǐs ǒn'ǐst| —*adjective* Not honest; likely to lie, cheat, or deceive.

dis·hon·or |dǐs ǒn'ər| —*noun* Loss of honor or good name; shame.
—*verb* **dishonored, dishonoring** To bring shame upon; disgrace.

dis·in·fect |dǐs'ǐn fěkt'| —*verb* **disinfected, disinfecting** To destroy with chemicals or heat germs that are capable of causing disease.

dis·in·te·grate |dǐs ǐn'tǐ grāt'| —*verb* **disintegrated, disintegrating** To break into many separate pieces.

disk |dǐsk| —*noun, plural* **disks** A thin, flat, round object.

dis·like |dǐs līk'| —*verb* **disliked, disliking** To have a feeling of not liking.
—*noun, plural* **dislikes** A feeling of not liking.

dis·loy·al |dǐs loi'əl| —*adjective* Lacking in loyalty; not faithful.

dis·may |dǐs mā'| —*verb* **dismayed, dismaying** To cause to lose courage or confidence in the face of danger or trouble.
—*noun* A sudden loss of courage or confidence in the face of danger or trouble.

dis·miss |dǐs mǐs'| —*verb* **dismissed, dismissing** 1. To allow to leave; send away. 2. To let go; fire; discharge. 3. To put out of one's mind.

dis·miss·al |dǐs mǐs'əl| —*noun, plural* **dismissals** 1. The act of allowing to leave. 2. The act of firing from a job; a discharge.

dis·o·be·di·ent |dǐs'ə bē'dē ənt| —*adjective* Not following orders; not obedient.

discriminate *verbo* Tratar a las personas de manera diferente y, con frequencia, mal por motivo de su color, religión, sexo o edad; discriminar.

discrimination *sustantivo* Comportamiento caracterizado por la falta de equidad o justicia hacia los demás debido a su color, religión, sexo o edad; discriminación.

discuss *verbo* Hablar juntos sobre algo; discutir.

discussion *sustantivo* Conversación seria sobre algo entre dos o más personas; discusión.

disdain *sustantivo* Sentimiento leve de desprecio; desdén.

disease *sustantivo* Condición o estado que no permite al cuerpo o a la mente funcionar normalmente; enfermedad. Tanto las personas como los animales y las plantas pueden sufrir enfermedades.

disgrace *sustantivo* 1. Pérdida del honor o del buen nombre; vergüenza; deshonra. 2. Causa de vergüenza o deshonra; deshonor.
—*verbo* Ser causa de vergüenza o deshonra; deshonrar.

disguise *sustantivo* Algo que cambia o encubre la apariencia de una persona; disfraz.
—*verbo* 1. Cambiar la apariencia con el fin de lograr un parecido con otra persona o cosa; disfrazar; disfrazarse. 2. Encubrir; ocultar: *He disguised his anger with a smile.* = *Ocultó su ira con una sonrisa.*

disgust *verbo* Provocar un sentimiento de fuerte disgusto o asco; repugnar.
—*sustantivo* Sentimiento fuerte de disgusto que hace que uno se sienta mal; repugnancia.

dish *sustantivo* Plato: 1. a. Recipiente llano o poco profundo en el que se colocan o sirven alimentos. b. Recipiente llano que contiene algo. c. La cantidad que es capaz de contener un plato. 2. Alimento preparado o cocinado de manera especial.
—*verbo* Poner en platos; servir.

dishonest *adjetivo* Que no es honesto u honrado; propenso a mentir, engañar o defraudar; deshonesto.

dishonor *sustantivo* Pérdida del honor o del buen nombre; vergüenza; deshonra.
—*verbo* Causar vergüenza a; deshonrar.

disinfect *verbo* Matar gérmenes capaces de producir enfermedades por medio de productos químicos o del calor; desinfectar.

disintegrate *verbo* Romper o romperse en muchos pedazos; desintegrar o desintegrarse.

disk *sustantivo* Objeto delgado, plano y redondo; disco.

dislike *verbo* Sentir sensación de desagrado o antipatía hacia alguien o algo; no gustarle a uno una persona, cosa, actividad o situación.
—*sustantivo* Sensación o sentimiento de desagrado o antipatía hacia alguien o algo; aversión; antipatía.

disloyal *adjetivo* Carente de lealtad; infiel; desleal.

dismay *verbo* Provocar la pérdida del ánimo o la confianza ante un peligro o dificultad; desalentar; desmoralizar.
—*sustantivo* Pérdida repentina del ánimo o la confianza ante un peligro o dificultad; desaliento.

dismiss *verbo* 1. Dar permiso para salir; terminar una clase u otra sesión. 2. Despedir; destituir; dejar cesante. 3. Alejar de la mente o del pensamiento; desechar una idea: *He dismissed the idea as impossible.* = *Desechó la idea por imposible.*

dismissal *sustantivo* 1. Acción de autorizar la salida; permiso para salir. 2. Acción de destituir, echar o despedir de un empleo; destitución, cesantía o despido.

disobedient *adjetivo* Que no cumple las órdenes que se le dan; desobediente.

ər butter   yōō abuse   ou out   ŭ cut   û fur   *th* the   th thin   hw which   zh vision   ə ago, item, pencil, atom, circus

dis·o·bey |dĭs'ə bā'| —*verb* **disobeyed, disobeying**
To fail or refuse to obey.

dis·or·der |dĭs ôr'dər| —*noun, plural* **disorders**
Lack of order; confusion.

dis·patch |dĭ spăch'| —*verb* **dispatched, dispatching** To send off quickly to some person or place.
—*noun, plural* **dispatches** 1. A written message or report sent with speed. 2. Quick action and efficiency.

dis·play |dĭ splā'| —*verb* **displayed, displaying** To put on view; exhibit; show.
—*noun, plural* **displays** A public showing or exhibition.

dis·please |dĭs plēz'| —*verb* **displeased, displeasing** To make angry; offend; annoy.

dis·pos·a·ble |dĭ spō'zə bəl| —*adjective* Designed to be thrown away after use.

dis·pose |dĭ spōz'| —*verb* **disposed, disposing**
—**dispose of** To get rid of.

dis·po·si·tion |dĭs'pə zĭsh'ən| —*noun, plural* **dispositions** A person's usual mood.

dis·pute |dĭ spyōōt'| —*verb* **disputed, disputing** To question the truth of; deny; doubt.
—*noun, plural* **disputes** A quarrel; an argument.

dis·re·gard |dĭs'rĭ gärd'| —*verb* **disregarded, disregarding** To pay little or no attention to.
—*noun* Lack of attention to or respect for something.

dis·sect |dĭ sĕkt'| or |dī sĕkt'| —*verb* **dissected, dissecting** To cut apart or separate in order to examine.

dis·solve |dĭ zŏlv'| —*verb* **dissolved, dissolving**
1. To mix or become mixed into a liquid. 2. To break up; end.

dis·tance |dĭs'təns| —*noun, plural* **distances** The length of the space between two things, places, or points.

dis·tant |dĭs'tənt| —*adjective* 1. Not near; far away in space or time. 2. Not friendly.
—*adverb* At or to a distance; away.

dis·till |dĭ stĭl'| —*verb* **distilled, distilling** To make pure or separate out by distillation.

dis·til·la·tion |dĭs'tə lā'shən| —*noun* The process of heating a liquid until it becomes a vapor and then cooling it until it becomes a liquid again.

dis·tinct |dĭ stĭngkt'| —*adjective* 1. Not identical; not the same; different. 2. Easily perceived by the senses; clear. 3. Very definite.

dis·tinc·tion |dĭ stĭngk'shən| —*noun, plural* **distinctions** 1. The act of making a difference between things. 2. Something that makes one different; difference.

dis·tin·guish |dĭ stĭng'gwĭsh| —*verb* **distinguished, distinguishing** 1. To make different; set apart. 2. To know or see clearly the difference between two things. 3. To hear or see clearly; make out. 4. To make oneself well known.

dis·tort |dĭ stôrt'| —*verb* **distorted, distorting** 1. To bend or twist out of the usual shape. 2. To change the original meaning of.

dis·trac·tion |dĭ străk'shən| —*noun, plural* **distractions** Something that draws away the mind or attention of someone.

dis·tress |dĭ strĕs'| —*noun, plural* **distresses**
1. Great grief or suffering; misery; sorrow. 2. Serious

disobey *verbo* No cumplir órdenes o negarse a obedecer; desobedecer.

disorder *sustantivo* Falta de orden; confusión; desorden.

dispatch *verbo* Enviar urgentemente con destino a alguien o a algún lugar determinado; remitir; despachar.
—*sustantivo* 1. Mensaje o informe escrito enviado con urgencia; despacho urgente. 2. Acción rápida; eficiencia; prontitud; diligencia: *I'll take care of your order with dispatch.* = *Me ocuparé de su pedido con prontitud.*

display *verbo* Poner a la vista; exhibir; mostrar; desplegar.
—*sustantivo* Exposición o exhibición pública; despliegue.

displease *verbo* Causar enojo; ofender; molestar; disgustar.

disposable *adjetivo* Ideado para ser desechado después de servir el fin para el cual fué hecho; desechable.

dispose *verbo* Tirar; eliminar; consumir: *Please dispose of this trash.* = *Haga el favor de tirar esta basura. The boy greedily disposed of his food.* = *El chico consumió su comida con avidez.*

disposition *sustantivo* El estado de ánimo normal de una persona; carácter; disposición.

dispute *verbo* Poner en duda la veracidad de; negar; rechazar (una afirmación).
—*sustantivo* Controversia; discusión; pelea; disputa.

disregard *verbo* Prestar poca o ninguna atención; desatender; ignorar; desacatar.
—*sustantivo* Falta de atención o respeto; despreocupación; desatención; desacato.

dissect *verbo* Abrir mediante cortes o separar para examinar; disecar.

dissolve *verbo* Disolver; 1. Mezclar o mezclarse en un líquido; diluir, o diluirse. 2. Romper; terminar: *We dissolved our partnership at the end of the boating season.* = *Disolvimos nuestra sociedad al terminar la temporada de los botes.*

distance *sustantivo* Espacio de lugar entre dos cosas, dos puntos o dos sitios.

distant *adjetivo* Distante: 1. Que no está cercano; lejano en el espacio o en el tiempo. 2. Inamistoso; hostil; frío; retraído.
—*adverbio* A distancia: *She lives two blocks distant from John's house.* = *Ella vive a dos cuadras de distancia de la casa de John.*

distill *verbo* Purificar o separar por destilación; destilar.

distillation *sustantivo* Procedimiento que consiste en calentar un líquido hasta que se vuelva vapor y en enfriarlo después hasta que de nuevo se convierta en líquido; destilación.

distinct *adjetivo* 1. No idéntico; que no es lo mismo; diferente; distinto. 2. Fácil de percibir por los sentidos; claro.

distinction *sustantivo* Distinción: 1. Acción de diferenciar entre las cosas. 2. Algo que distingue; diferencia.

distinguish *verbo* Distinguir: 1. Establecer diferencia; separar. 2. Saber o ver con claridad la diferencia entre dos cosas. 3. Oír o ver claramente; discernir. 4. Destacar; sobresalir; distinguirse.

distort *verbo* 1. Doblar o torcer algo, haciéndole perder su forma normal; deformar. 2. Cambiar el sentido original; tergiversar.

distraction *sustantivo* Algo que aparta la mente o la atención de alguien; distracción.

distress *sustantivo* 1. Gran angustia o sufrimiento; pena; dolor. 2. Peligro o dificultad seria; apuro: *a ship*

danger or trouble.
—*verb* **distressed, distressing** To cause grief or suffering.

dis·trib·ute |dĭ **strĭb′**yōōt| —*verb* **distributed, distributing** **1.** To divide something and give it out in portions. **2.** To spread out; scatter. **3.** To put into groups; arrange; sort.

dis·tri·bu·tion |dĭs′trə byōō′shən| —*noun, plural* **distributions** The act of distributing.

dis·trict |dĭs′trĭkt| —*noun, plural* **districts** **1.** A part of a country, state, or city marked out for a special purpose. **2.** An area that has a special use.

dis·turb |dĭ **stûrb′**| —*verb* **disturbed, disturbing** **1.** To make uneasy, upset, or nervous. **2.** To put into disorder; change the arrangement of. **3.** To break in upon; interrupt.

dis·turb·ance |dĭ **stûr′**bəns| —*noun, plural* **disturbances** **1.** The act of disturbing. **2.** Something that disturbs. **3.** Public disorder.

dive |dīv| —*verb* **dived** or **dove, diving** **1.** To plunge headfirst into water. **2.** To go underwater to search for something. **3.** To plunge downward at a steep angle. **4.** To go, move, or drop suddenly and quickly.
—*noun, plural* **dives** **1.** A headfirst plunge into water. **2.** A sudden downward plunge.

di·ver·sion |dĭ **vûr′**zhən| or |dĭ **vûr′**shən| or |dī-**vûr′**zhən| or |dĭ **vûr′**shən| —*noun, plural* **diversions** **1.** A change in the direction in which something moves. **2.** Something that relaxes or amuses; a pastime. **3.** Something that draws the attention to another direction.

di·vide |dĭ **vīd′**| —*verb* **divided, dividing** **1.** To separate or become separated into parts, groups, or branches; split. **2.** To separate into parts that are against each other. **3.** To separate from; cut off. **4.** To give out in equal amounts; share. **5.** To find out how many times a number contains another number.

div·i·dend |dĭv′ĭ dĕnd′| —*noun, plural* **dividends** **1.** A number that is to be divided. **2.** Money that is earned by a company as profit and shared among the people who own stock in the company.

di·vine |dĭ **vīn′**| —*adjective* **1.** Of or from God or a god. **2.** Sacred; holy.

di·vis·i·ble |dĭ **vĭz′**ə bəl| —*adjective* Able to be divided.

di·vi·sion |dĭ **vĭzh′**ən| —*noun, plural* **divisions** **1.** The act of dividing or the state of being divided. **2.** One of the parts into which something is divided. **3.** Something that divides or separates. **4.** The process of dividing one number by another. **5.** An army unit that is made up of a number of battalions.

di·vorce |dĭ **vôrs′**| or |dĭ **vōrs′**| —*noun, plural* **divorces** The legal ending of a marriage.
—*verb* **divorced, divorcing** To end a marriage legally.

diz·zy |dĭz′ē| —*adjective* **dizzier, dizziest** Having a feeling that one is spinning and about to fall.

do |dōō| —*verb* **did, done, doing, does** **1.** To perform or make; carry out; complete. **2.** To give; grant. **3.** To bring about; be the cause of. **4.** To work on; set in order; arrange. **5.** To figure out; solve. **6.** To be good enough; be adequate. **7.** To work at for a living. **8.** To get along; succeed; fare.
—*auxiliary verb* As a helping verb **do** is used: **1.** To show present or past tense when asking a question.

---

in distress = *un barco en apuros.*
—*verbo* Causar pesadumbre o sufrimiento; afligir.

distribute *verbo* Distribuir: **1.** Dividir algo y repartirlo. **2.** Esparcir; diseminar: *Television networks distribute news all over the globe.* = *Las cadenas de televisión diseminan las noticias por todo el globo terráqueo.* **3.** Colocar en grupos separados; ordenar; arreglar; clasificar.

distribution *sustantivo* Acción de distribuir; distribución.

district *sustantivo* Distrito: **1.** Parte de un país, estado o ciudad que se delimita para un fin especial. **2.** Zona que tiene un uso especial: *New York's theater district* = *la zona teatral de Nueva York.*

disturb *verbo* Turbar: **1.** Provocar inquietud, trastorno o nerviosismo; inquietar; perturbar. **2.** Poner en desorden; cambiar el arreglo; desordenar. **3.** Perturbar; interrumpir: *The noise will disturb his sleep.* = *El ruido interrumpirá su sueño.*

disturbance *sustantivo* **1.** Acción de perturbar; perturbación. **2.** Algo que perturba; perturbación. **3.** Desorden público; disturbio.

dive *verbo* **1.** Lanzarse de cabeza al agua; zambullirse (de cabeza). **2.** Sumergirse bajo el agua en busca de algo; bucear. **3.** Descender rápidamente en ángulo muy agudo con la línea vertical; lanzarse en picada. **4.** Andar, lanzarse a correr o dejarse caer en forma repentina y rápida: *We all dived under the tent when the storm started.* = *Todos nos lanzamos bajo la tienda cuando comenzó la tormenta.*
—*sustantivo* **1.** Tirada o salto de cabeza al agua; salto; clavado. **2.** Descenso repentino; en picada: *The eagle made a dive at the squirrel.* = *El águila se lanzó en picada sobre la ardilla.*

diversion *sustantivo* **1.** Cambio en la dirección en que algo se mueve; desviación. **2.** Algo que relaja o divierte; pasatiempo; diversión. **3.** Algo que atrae la atención hacia otro punto; desviación.

divide *verbo* Dividir, dividirse: **1.** Separar o ser separado en partes, grupos o ramos. **2.** Separar en grupos en pugna mutua. **3.** Separar de; aislar. **4.** Repartir en cantidades iguales. **5.** Encontrar cuántas veces un número contiene a otro número.

dividend *sustantivo* Dividendo: **1.** Número que se va a dividir. **2.** Dinero que gana una compañía como utilidad y que se reparte entre las personas que poseen acciones en esa compañía.

divine *adjetivo* Divino: **1.** Relativo a Dios (o a un dios) o procedente del mismo. **2.** Sagrado; santo.

divisible *adjetivo* Que se puede dividir; divisible.

division *sustantivo* División: **1.** Acción de dividir o efecto de haber sido dividido. **2.** Una de las partes en las que algo es dividido. **3.** Lo que divide o separa; separación. **4.** Proceso de dividir un número por otro. **5.** Unidad de un ejército compuesto de un número de batallones.

divorce *sustantivo* Terminación legal del matrimonio; divorcio.
—*verbo* Terminar un matrimonio legalmente; divorciar o divorciarse.

dizzy *adjetivo* Que experimenta la sensación de que gira y que va a caer; que sufre vértigo; mareado.

do *verbo* **1.** Ejecutar; realizar; cumplir; completar; hacer. **2.** Conceder; otorgar; hacer: *Please do me a favor.* = *Le ruego me haga un favor.* **3.** Causar; ser la causa de; hacer: *Crying won't do you any good.* = *Llorar no le hará ningún bien. Be careful, the gun can do you harm.* = *Tenga cuidado, el arma de fuego le puede causar daño.* **4.** Trabajar en; poner en orden; arreglar: *Who will do your hair today?* = *¿Quién le arreglará el*

---

2. To show present and past tense when making a negative statement. **3.** To take the place of the verb mentioned just before. **4.** To make what one says more forceful.

cabello hoy? **5.** Descifrar; resolver: *Do all the arithmetic problems on this page.* = *Resuelva todos los problemas aritméticos de esta página.* **6.** Servir; ser adecuado: *These shoes won't do for running.* = *Estos zapatos no sirven para correr.* **7.** Dedicarse a una actividad para ganarse el sustento: *What do you do?* = *¿A qué se dedica Ud.?* **8.** Arreglárselas; tener éxito; irle a uno bien: *She will do very well in business.* = *A ella le irá muy bien en los negocios.*

—*verbo auxiliar* Como verbo auxiliar, **do** se usa: **1.** Para indicar el tiempo presente o pasado al hacer preguntas: *Do you want this hat?* = *¿Quieres este sombrero? Did you see her car?* = *¿Viste su auto?* **2.** Para indicar el tiempo presente o pasado al hacer oraciones negativas: *He does not drive.* = *Él no conduce autos. I did not sleep very well.* = *No dormí muy bien.* **3.** Para sustituir a los verbos que acaban de utilizarse: *Who owns this store? I do.* = *¿Quién es el dueño de esta tienda? Yo (lo soy).* **4.** Para dar mayor énfasis o fuerza a la expresión: *I do want to be sure.* = *Sí quiero estar seguro.*

doc·ile | dŏs′əl | —*adjective* Easy to handle or train.

dock¹ | dŏk | —*noun, plural* **docks** A platform extending into the water where ships may tie up to load and unload; a slip.
—*verb* **docked, docking 1.** To come up to a dock. **2.** To join together while in space.

dock² | dŏk | —*verb* **docked, docking 1.** To cut off the end of. **2.** To take part off.

docile *adjetivo* Fácil de manejar o entrenar; dócil.

dock¹ *sustantivo* Plataforma que se extiende sobre el agua y donde los barcos pueden atracar para cargar o descargar; embarcadero; muelle.
—*verbo* **1.** Llegar a un muelle; atracar. **2.** Unirse en el espacio; acoplarse (naves espaciales).

dock² *verbo* Mochar: **1.** Cortar el extremo; amputar: *The veterinarian docked the horse's tail.* = *El veterinario le mochó la cola al caballo.* **2.** Cortar o suprimir una parte cualquiera: *The company docks a day's pay for missing work.* = *La compañía mocha la paga de un día por faltar al trabajo.*

doc·tor | dŏk′tər | —*noun, plural* **doctors 1.** A person who is trained and licensed to treat diseases and injuries. **2.** A person who has the highest degree that a university gives.

doc·trine | dŏk′trĭn | —*noun, plural* **doctrines** A belief or set of beliefs held by a group of people.

doc·u·ment | dŏk′yə mənt | —*noun, plural* **documents** An official paper that can be used to give information or proof of something.

doe | dō | —*noun, plural* **does 1.** A female deer. **2.** The female of some other animals, such as the rabbit or antelope.

does | dŭz | The third person singular present tense of the verb **do.**

does·n't | dŭz′ənt | A contraction of "does not."

dog | dôg | or | dŏg | —*noun, plural* **dogs** An animal that is related to the wolves and foxes.

doi·ly | doi′lē | —*noun, plural* **doilies** A small, fancy mat of lace, paper, or other material placed under a dish or vase to protect or decorate furniture.

doll | dŏl | —*noun, plural* **dolls** A child's toy that is made to look like a baby or other human being.

dol·lar | dŏl′ər | —*noun, plural* **dollars** A unit of money equal to 100 cents in the United States and Canada and some other countries.

dol·phin | dŏl′fĭn | or | dôl′fĭn | —*noun, plural* **dolphins 1.** A sea animal related to the whales, but smaller. **2.** A large, brightly colored ocean fish.

do·main | dō mān′ | —*noun, plural* **domains** All the lands under the rule or control of one person, animal, or government.

do·mes·tic | də mĕs′tĭk | —*adjective* **1.** Of a home, household, or family life. **2.** Used to living with human beings; not wild; tame. **3.** Of one's own country.

do·mes·ti·cate | də mĕs′tĭ kāt′ | —*verb* **domesticated, domesticating** To train to live with and be useful to human beings; tame.

dom·i·nate | dŏm′ə nāt′ | —*verb* **dominated, dominating** To govern or rule by will or strength.

doctor *sustantivo* Doctor: **1.** Persona que ha sido instruída y autorizada para tratar enfermedades y heridas. **2.** Persona que ha obtenido el grado más alto que otorga una universidad.

doctrine *sustantivo* Creencia o conjunto de creencias de un grupo de personas; doctrina.

document *sustantivo* Escrito oficial que puede usarse para informar o demostrar algo; documento.

doe *sustantivo* **1.** Hembra del venado. **2.** Hembra de otros animales, tales como el conejo y el antílope.

does Tercera persona singular del presente de indicativo del verbo **do.**

doesn't Contracción de "does not."

dog *sustantivo* Animal de la familia del lobo y la zorra; perro.

dolly *sustantivo* Tapete pequeño de encaje, papel u otro material que se coloca debajo de los platos como adorno o para proteger la mesa.

doll *sustantivo* Juguete para niñas que parece un bebé u otro ser humano; muñeco o muñeca.

dollar *sustantivo* Unidad monetaria que equivale a cien centavos en Estados Unidos, en Canadá y en algunos otros países; dólar.

dolphin *sustantivo* **1.** Animal marino de la familia de la ballena, pero más pequeño; delfín. **2.** Pez oceánico grande y de colores vivos; dorado.

domain *sustantivo* Todas las tierras que están bajo el control o dominio de una persona, animal o gobierno; dominio: *the duke's domain* = *el dominio del duque; the lion's domain* = *el dominio del león; British domains* = *dominios británicos.*

domestic *adjetivo* Doméstico: **1.** Relativo al hogar o a la vida familiar. **2.** Acostumbrado a vivir entre seres humanos; que no es salvaje; manso. **3.** Perteneciente al propio país de uno; no extranjero; del país.

domesticate *verbo* Enseñar a vivir entre los seres humanos y serles útil; amansar; domesticar.

dominate *verbo* Gobernar o dominar por medio de una fuerte voluntad o de la fuerza; dominar.

ă pat   ā pay   â care   ä father   ĕ pet   ē be   ĭ pit   ī pie   î fierce   ŏ pot   ō go   ô paw, for   oi oil   ŏŏ book   ōō boot

do·min·ion |də mĭn′yən| —*noun, plural* **dominions** All lands under the control of one ruler or government; realm.

dom·i·no |dŏm′ə nō| —*noun, plural* **dominoes** or **dominos 1.** A thin block of wood, bone, or other material used in playing a game called dominoes. The face of each block is divided in half and marked with from 1 to 6 dots. **2. dominoes** (Used with a singular verb.) A game played with a set of these blocks.

do·na·tion |dō nā′shən| —*noun, plural* **donations** A gift or contribution.

done |dŭn| The past participle of **do.**
—*adjective* **1.** Completely finished. **2.** Cooked enough.

don·key |dŏng′kē| or |dŭng′kē| or |dông′kē| —*noun, plural* **donkeys** An animal related to the horse, but smaller and with longer ears.

don't |dōnt| A contraction of "do not."

doom |dōōm| —*noun, plural* **dooms** A terrible fate, especially death.
—*verb* **doomed, dooming 1.** To come to an unhappy end. **2.** To fix or decree ahead of time; destine.

door |dôr| or |dōr| —*noun, plural* **doors** A movable panel that is used to open or close an entrance to a room, building, or vehicle.

dor·mant |dôr′mənt| —*adjective* Not active for a period of time.

dor·mi·to·ry |dôr′mĭ tôr′ē| or |dôr′mĭ tōr′ē| —*noun, plural* **dormitories** A building containing many bedrooms. College students often live in dormitories.

dose |dōs| —*noun, plural* **doses** The amount of medicine taken at one time.

dot |dŏt| —*noun, plural* **dots** A small, rounded spot or mark; a speck.
—*verb* **dotted, dotting 1.** To mark with a dot; cover with dots. **2.** To be scattered here and there on.

dote |dōt| —*verb* **doted, doting** To show too much love or affection.

dou·ble |dŭb′əl| —*adjective* **1.** Two times as much in size, strength, number, or amount. **2.** Having two parts that are the same. **3.** Designed for two. **4.** Living or acting two parts.
—*adverb* **1.** Two together. **2.** In two's or in pairs.
—*noun, plural* **doubles 1.** Someone or something that looks like another; a duplicate. **2.** A hit in baseball that lets the batter get to second base safely.
—*verb* **doubled, doubling 1.** To make or become twice as great. **2.** To fold in two. **3.** To hit a double in baseball.

doubt |dout| —*verb* **doubted, doubting** To not be sure or certain about.
—*noun, plural* **doubts 1.** A feeling of not being sure or certain. **2.** A state of not being sure or certain.

dominion *sustantivo* Todas las tierras que se hallan bajo el control de un gobernante o gobierno; feudo; dominio.

domino *sustantivo* **1.** Bloque delgado de madera, hueso u otro material que se usa en el juego llamado dominó; ficha o pieza de dominó. Las caras de las fichas están dividas en mitades y marcadas con puntos que van del uno al seis. **2. dominoes.** El juego que se hace con estas fichas: *Let's play dominoes. = Juguemos al dominó.*

donation *sustantivo* Regalo o contribución; donativo; donación.

done Participio pasado del verbo **do.**
—*adjetivo* **1.** Completamente terminado: *All the work is done. = Todo el trabajo está terminado.* **2.** Suficientemente cocido o asado: *The meat is done and ready to serve. = La carne está bien cocida (o asada) y lista para servir.*

donkey *sustantivo* Animal de la familia del caballo, pero más pequeño y cuyas orejas son más largas; burro; asno.

don't Contracción de "do not."

doom *sustantivo* Suerte horrible, especialmente la muerte; perdición, ruina, condena.
—*verbo* Condenar: **1.** Tener un final desgraciado o trágico; causar la perdición de: *The ship was doomed because of the storm. = El buque estaba condenado a causa de la tormenta.* **2.** Fijar o decretar de antemano; predestinar: *Their project was doomed to fail. = Su proyecto estaba condenado al fracaso.*

door *sustantivo* Panel móvil que se usa para abrir o cerrar la entrada a una habitación, edificio o vehículo.

dormant *adjetivo* Inactivo durante un cierto periódo de tiempo; dormido; durmiente; latente: *a dormant volcano = un volcán inactivo; Some animals remain dormant during the winter months. = Algunos animales permanecen dormidos durante los meses de invierno.*

dormitory *sustantivo* Edificio que contiene muchas habitaciones para dormir; dormitorio. Muchos estudiantes universitarios viven en dormitorios.

dose *sustantivo* Cantidad de una medicina que se toma de una vez; dosis.

dot *sustantivo* Marca pequeña y redonda; punto.
—*verbo* **1.** Marcar con un punto; ponerle punto a: *Don't forget to dot the i's. = No te olvides de ponerles los puntos a las íes.* **2.** Econtrarse esparcidos por distintos lugares; tachonar: *The field was dotted with haystacks. = Los almiares tachonaban el campo.*

dote *verbo* Demostrar demasiado amor o afecto; "chochear" por alguien.

double *adjetivo* Doble: **1.** De tamaño, fuerza, número o cantidad dos veces mayor. **2.** Consistente de dos partes iguales: *double doors = puertas dobles.* **3.** Diseñado para dos: *a double bed = cama doble o camera.* **4.** Que lleva dos vidas o actúa en dos papeles distintos: *He leads a double life as a spy and a diplomat. = Él lleva una doble vida como espía y diplomático.*
—*adverbio* **1.** Dos juntos: *They are going to ride double on a horse. = Van a montar los dos juntos en un caballo.* **2.** Doble; en parejas: *His eyeglasses make her see double. = Las gafas de él la hacen ver doble.*
—*sustantivo* **1.** Persona o cosa que se parece a otra; duplicado; doble. **2.** Golpe con el bate en el juego de béisbol que permite al bateador llegar hasta la segunda base; doble o doblete.
—*verbo* **1.** Hacer o hacerse dos veces mayor; doblar o doblarse. **2.** Plegar o plegarse en dos; doblar o doblarse. **3.** Batear para dos bases en el béisbol.

doubt *verbo* Estar inseguro o incierto sobre algo; dudar.
—*sustantivo* Duda. **1.** Sensación de inseguridad o de falta de certeza. **2.** Estado de inseguridad o de falta de certeza: *When in doubt ask the teacher. = Cuando tengas alguna duda, pregúntale al maestro.*

ər butter   yōō abuse   ou **out**   ŭ **cut**   û **fur**   *th* **the**   th **thin**   hw **which**   zh vision   ə **ago**, item, pencil, atom, circus

dough |dō| —*noun, plural* **doughs** A soft, thick mixture of flour, water or milk, and other ingredients. Dough is used to make bread, pastry, and other baked goods.

dove[1] |dŭv| —*noun, plural* **doves** A bird with a plump body, short legs, and a cooing voice.

dove[2] |dōv| A past tense and past participle of **dive**.

down[1] |doun| —*adverb* **1.** From a higher to a lower place. **2.** In, at, or to a lower position, point, or condition. **3.** From an earlier to a later time. **4.** From a larger to a smaller quantity. **5.** In writing. **6.** In cash at the time of purchase. **7.** In a serious way.
—*adjective* **1.** Moving or directed downward. **2.** In a lower position; not up. **3.** Not feeling well; sick. **4.** Being the first in a series of payments; in cash.
—*preposition* From a higher to a lower place or position in or on.
—*noun, plural* **downs** **1.** Any of four plays in football during which a team must move the ball forward by at least ten yards. If it fails to do so, the other team gets possession of the ball. **2.** **downs** Bad times.
—*verb* **downed, downing** **1.** To bring or put down; defeat. **2.** To swallow quickly; gulp.

down[2] |doun| —*noun* **1.** Fine, soft, fluffy feathers. **2.** Fine, soft fluff or hair.

down·stairs |doun'stârz'| —*adverb* **1.** Down the stairs. **2.** On or to a lower floor.
—*adjective* |doun'stârz'| On a lower floor.
—*noun* |doun'stârz'| (Used with a singular verb.) The lower floor of a building.

down·town |doun'toun'| —*adverb* Toward or in the main or business part of a town or city.
—*adjective* |doun'toun'| Of the main or business part of a town or city.

down·ward |doun'wərd| —*adverb* **1.** From a higher to a lower place, level, or condition. **2.** From an earlier time. Another form of this adverb is **downwards.**
—*adjective* Moving from a higher to a lower place, level, or condition.

dough *sustantivo* Mezcla blanda y espesa de harina con agua o leche y otros ingredientes; masa; pasta. La masa se usa para hacer pan, pasteles y otros productos de panadería.

dove[1] *sustantivo* Ave de cuerpo rollizo, patas cortas y canto arrullador; paloma.

dove[2] Pretérito y participio pasado del verbo **dive**.

down[1] *adverbio* **1.** De un lugar más alto a otro más bajo; hacia abajo. **2.** En o hacia una posición, punto o estado inferior. **3.** Desde una época o fecha anterior a otra posterior: *The name Evangeline was passed down in her family.* = *El nombre de Evangelina ha sido transmitido (de generación en generación) en su familia.* **4.** De una cantidad mayor a otra menor; que haga reducir: *Make sure to boil down the syrup.* = *Cerciórate de que el melado se reduzca hirviéndolo.* **5.** Por escrito: *Please put down your phone number.* = *Por favor, escribe tu número de teléfono.* **6.** En efectivo en el momento de la compra; pago de entrada, pronto o enganche: *Pay ten dollars down and the rest in weekly payments.* = *Pague diez dólares en efectivo y el resto en pagos semanales.* **7.** En forma seria: *Let's get down to work.* = *Dediquémonos a trabajar (en serio).*
—*adjetivo* **1.** Que se mueve o se dirige hacia abajo; descendente: *a down elevator* = *un ascensor que desciende.* **2.** En posición baja o inferior: *The shades are down.* = *Las cortinas están bajas o cerradas.* **3.** Indispuesto; enfermo: *He is down with the mumps.* = *Está enfermo con las paperas.* **4.** Primero de una serie de pagos; en efectivo; de entrada, pronto o enganche: *a down payment on the new car* = *pago de entrada por el auto nuevo.*
—*preposición* De un lugar o posición superior a otra inferior; en sentido descendente; abajo: *We must row down the stream.* = *Tenemos que remar río abajo.* *She fell down the staircase.* = *Se cayó escaleras abajo.* *Walk down the street to the grocery store.* = *Ve calle abajo hasta la tienda de víveres.*
—*sustantivo* **1.** Cualquiera de cuatro jugadas en el fútbol americano en las cuales uno de los eqipos hace avanzar el balón no menos de diez yardas. Si no lo logra, el otro equipo adquiere la posesión del balón. **2.** **downs** Tiempos malos: *There are ups and downs in life.* = *En la vida hay altibajos.*
—*verbo* **1.** Derribar; tumbar; derrotar: *The fighter downed his opponent in the second round.* = *El boxeador derribó a su contrario en el segundo asalto.* **2.** Tragar rápidamente; engullir.

down[2] *sustantivo* **1.** Plumas finas, suaves y esponjosas; plumón. **2.** Mota de cabello o vello fino y suave; pelusa: *The down on a peach.* = *La pelusa (o vello) de un melocotón.*

downstairs *adverbio* **1.** Escaleras abajo. **2.** En o a un piso bajo: *You'll find the book downstairs in the den.* = *Encontrarás el libro en el piso de abajo en la sala de estar.*
—*adjetivo* En un piso inferior; en la planta baja: *a downstairs bedroom* = *un cuarto de dormir en la planta baja.*
—*sustantivo* El piso más bajo de un edificio; planta baja: *She has the whole downstairs for herself.* = *Ella tiene toda la planta baja para ella sola.*

downtown *adverbio* Hacia o en la parte principal o sector comercial de una ciudad; centro (de un pueblo): *She went downtown.* = *Ella fué al centro (de la ciudad).*
—*adjetivo* Relativo a la parte principal o sector comercial de una ciudad o pueblo.

downward *adverbio* **1.** De un lugar, nivel o condición superior a otro inferior; hacia abajo. **2.** De un tiempo o época anterior: *Knowledge has come to us downward through the ages.* = *Los conocimientos nos han sido transmitidos (de generación en generación) desde tiempos remotos.* En inglés otra forma de este adverbio es **downwards.**
—*adjetivo* Que desciende de un lugar, nivel o situación superior a otro inferior; descendente.

ă pat ā pay â care ä father ĕ pet ē be ĭ pit ī pie î fierce ŏ pot ō go ô paw, for oi oil oo book oō boot

down·wards |doun′wərdz| —*adverb* A form of the word **downward.**

doze |dōz| —*verb* **dozed, dozing** To sleep lightly; to nap.

doz·en |dŭz′ən| —*noun, plural* **dozens** or **dozen** A group of twelve.
—*adjective* Twelve.

drab |drăb| —*adjective* **drabber, drabbest** Not bright or cheerful; dull; dreary.

draft |drăft| or |drăft| —*noun, plural* **drafts 1.** A current of air. **2.** A device for controlling the flow of air in a fireplace, furnace, and some stoves. **3.** A rough sketch, plan, or outline for something. **4.** The picking of someone for a special job or duty.
—*verb* **drafted, drafting 1.** To make a rough sketch, plan, or outline for something. **2.** To pick someone for a special job or duty.
—*adjective* Used for pulling loads.

drafts·man |drăfts′mən| or |drăfts′mən| —*noun, plural* **draftsmen** A person whose work is drawing plans or designs for buildings, machines, and other things.

drag |drăg| —*verb* **dragged, dragging 1.** To draw or pull along with force. **2.** To move or go too slowly. **3.** To trail or cause to trail along the ground. **4.** To search the bottom of a river or lake for sunken objects.

drain |drān| —*verb* **drained, draining 1.** To draw off slowly. **2.** To draw off liquid from. **3.** To become dry. **4.** To discharge a liquid; flow off. **5.** To use up completely.
—*noun, plural* **drains 1.** A pipe, ditch, sewer, or other device for carrying away liquids that are not wanted. **2.** Something that uses up completely.

dra·ma |drä′mə| or |drăm′ə| —*noun, plural* **dramas 1.** A story written for actors to perform on a stage; a play. **2.** A situation in real life that has the excitement and interest of a play.

dra·mat·ic |drə măt′ĭk| —*adjective* **1.** Of drama or the theater. **2.** Like a drama; interesting and exciting.

drank |drăngk| The past tense of **drink.**

drape |drāp| —*verb* **draped, draping 1.** To cover or hang with cloth in loose folds. **2.** To arrange or hang cloth in folds. **3.** To spread casually; sprawl.
—*noun, plural* **drapes** Often **drapes** Long, heavy curtains that hang straight in loose folds.

drap·er·y |drā′pə rē| —*noun, plural* **draperies** Often **draperies** Long, heavy curtains; drapes.

dras·tic |drăs′tĭk| —*adjective* Extreme and severe.

draw |drô| —*verb* **drew, drawn, drawing 1.** To pull or haul. **2.** To pull out; haul off; remove. **3.** To take or bring out. **4. a.** To withdraw; take out. **b.** To take a chance. **5.** To cause to come; attract. **6.** To move or cause to move in a given direction. **7.** To pull or move

---

downwards *adverbio* Otra forma de la palabra **downward.**

doze *verbo* Dormir con sueño ligero; dormitar; dormir (o echar) una siesta.

dozen *sustantivo* Grupo o conjunto formado por doce; docena.
—*adjetivo* Consistente en doce.

drab *adjetivo* Falto de brillo o alegría; deslustrado; triste: *a drab old house* = *una casa vieja y deslustrada.*

draft *sustantivo* **1.** Corriente de aire. **2.** Dispositivo con que se regula el flujo del aire en chimeneas, hornos y algunas estufas; regulador de tiro. **3.** Bosquejo, boceto, esbozo; borrador. **4.** Selección de alguien para un puesto o misión especial; reclutamiento.
—*verbo* **1.** Preparar un bosquejo, boceto, esbozo o borrador. **2.** Seleccionar a alguien para un puesto o misión especial; reclutar.
—*adjetivo* Que se usa para tirar cargas; de tiro: *a team of draft horses* = *una yunta de caballos de tiro.*

draftsman *sustantivo* Persona cuyo trabajo consiste en hacer planos o diseños de edificios, máquinas y otros proyectos; delineante.

drag *verbo* **1.** Halar o tirar con fuerza; arrastrar. **2.** Moverse o andar con demasiada lentitud; demorarse; retrasarse; ir a la zaga: *His speech dragged on and on.* = *Su discurso se demoró interminablemente. Janice dragged behind the other girls.* = *Janice iba a la zaga de las otras chicas.* **3.** Arrastrarse o ser arrastrado por el suelo: *Her coat drags behind her because it is too long.* = *Su abrigo le arrastra por ser demasiado largo.* **4.** Buscar objetos hundidos en el fondo de un río o lago; rastrear; dragar.

drain *verbo* **1.** Sacar lentamente; drenar; desagüar; vaciar: *We drained the water from the swimming pool.* = *Vaciamos el agua de la piscina.* **2.** Sacar líquido de; drenar. **3.** Secarse; escurrirse. **4.** Dar salida a un líquido; desagüar: *The river drains into the sea.* = *El río desagüa en el mar.* **5.** Usar por completo; agotar: *The day's activities drained her energy.* = *Las actividades del día le agotaron sus energías.*
—*sustantivo* **1.** Tubo, zanja, alcantarilla, desagüe u otro artefacto para conducir líquidos que han de ser retirados: *A street drain; a sink drain* = *una alcantarilla; un desagüe de lavadero.* **2.** Algo que agota; causa de pérdida o agotamiento.

drama *sustantivo* **1.** Obra escrita para ser representada por actores en el teatro; drama; obra teatral. **2.** Situación en la vida real que tiene la emoción y el interés de un drama teatral; drama.

dramatic *adjetivo* Dramático: **1.** Relativo al drama o teatro: *a dramatic coach* = *un instructor dramático (o de drama).* **2.** Como un drama; interesante y emocionante: *the dramatic events that led to his election* = *los dramáticos sucesos que condujeron a su elección.*

drank Pretérito del verbo **drink:** *He drank his milk.* = *Él se tomó su leche.*

drape *verbo* **1.** Colgar una tela dejando pliegues sueltos y amplios, o cubrir algo con ella; entapizar. **2.** Arreglar o colgar una tela dejando pliegues: *She draped the veil over her head.* = *Ella se puso el velo en la cabeza.* **3.** Extender de forma casual; dejar colgar o caer: *He draped his legs over the side of the chair.* = *Dejó caer sus piernas por encima del borde de la silla.*
—*sustantivo* A veces **drapes** Cortinas largas y pesadas que cuelgan verticalmente en pliegues sueltos; colgaduras.

drapery *sustantivo* A veces **draperies** Cortinas largas y pesadas; colgaduras.

drastic *adjetivo* Extremo o severo; drástico.

draw *verbo* **1.** Halar o tirar; arrastrar. **2.** Sacar o extraer tirando: *We drew two buckets of water from the well.* = *Sacamos dos cubos de agua del pozo.* **3.** Sacar o extraer usando alguna fuerza, o rápida y bruscamente: *She drew the cork from the bottle.* = *Ella des-*

---

so as to close. **8.** To write out in suitable form. **9.** To get as a response; bring forth. **10.** To get; receive. **11.** To make a picture, likeness, or design with pen or pencil, chalk, or other similar object. **12.** To allow a current of air to pass. **13.** To breathe in; inhale.
—*noun, plural* **draws 1.** The act of taking out and aiming a firearm. **2.** A contest that ends in a tie.

corchó la botella. The police officer drew his gun and fired. = *El policía sacó (de pronto) su revólver y disparó.* **4. a.** Extraer; retirar; sacar o sacarse: *Peter drew ten dollars from his savings account.* = *Peter extrajo diez dólares de su cuenta de ahorros.* **b.** Sortear. **5.** Atraer: *Beautiful weather and fine beaches draw many summer visitors to our state.* = *El excelente clima y las hermosas playas atraen muchos visitantes veraniegos a nuestro estado.* **6.** Mover o moverse en cierta dirección: *The boat drew near the shore.* = *El bote se acercó a la orilla. She drew him aside.* = *Ella lo apartó (lo hizo a un lado).* **7.** Tirar o mover para cerrar; correr: *It is too light, so draw the curtains.* = *Hay demasiada claridad, así que corre las cortinas.* **8.** Escribir un documento en la forma adecuada; redactar. **9.** Provocar algo como respuesta o reacción: *His act drew laughter from the audience.* = *Su actuación provocó las risas del público.* **10.** Obtener; recibir; devengar. **11.** Hacer un dibujo, retrato o diseño con pluma o lápiz, tiza u otro objeto similar; dibujar. **12.** Permitir que pase una corriente de aire; tirar aire: *Our fireplace draws well.* = *Nuestra chimenea tira bien.* **13.** Aspirar; inhalar: *Sheila drew a deep breath.* = *Sheila inhaló profundamente.*
—*sustantivo* **1.** Acto de sacar y apuntar un arma de fuego: *The outlaw was quick on the draw.* = *El forajido fue rápido en sacar y apuntar su arma.* **2.** Competencia que termina en empate; empate; tablas: *The race was a draw between the two runners.* = *La carrera fue un empate entre los dos corredores.*

draw·er |drôr| —*noun, plural* **drawers** A box fitted with handles that slides in and out of a desk, bureau, or table.

drawer *sustantivo* Cajón con tirador o asa que encaja en un escritorio, cómoda, mesa u otro mueble; gaveta.

draw·ing |drô′ĭng| —*noun, plural* **drawings 1.** A picture, likeness, or design made on a surface with a pen or pencil, chalk, or other similar object. **2.** The choosing of a winning ticket, number, or chance in a lottery.

drawing *sustantivo* **1.** Dibujo, retrato o diseño hecho con pluma, lápiz, yeso o algo similar. **2.** Selección del billete o número premiado en una lotería; sorteo.

drawn |drôn| The past participle of **draw.**

drawn Participio pasado del verbo **draw.**

dread |drĕd| —*noun, plural* **dreads** A great fear of something that may happen.
—*verb* **dreaded, dreading** To live in fear of; become frightened by.
—*adjective* Causing fear.

dread *sustantivo* Gran miedo de algo que pueda pasar; espanto; terror; temor.
—*verbo* Vivir con el miedo de; espantarse de.
—*adjetivo* Causando miedo.

dread·ful |drĕd′fəl| —*adjective* **1.** Filling with great fear; terrible. **2.** Of poor quality or in poor taste.

dreadful *adjetivo* **1.** Llenando de gran espanto; espantable; terrible. **2.** De pobre calidad o de mal gusto; espantoso.

dream |drēm| —*noun, plural* **dreams 1.** A series of pictures, thoughts, and emotions that a person sees or feels during sleep. **2.** Something like this that happens when a person is awake.
—*verb* **dreamed, dreaming 1.** To have a dream or dreams while sleeping. **2.** To think of as possible.

dream *sustantivo* **1.** Serie de escenas, pensamientos o emociones que ve o siente una persona al estar durmiendo; sueño. **2.** Algo como eso que pasa cuando una persona está despierta; soñar despierto.
—*verbo* **1.** Tener un sueño o sueños de dormir; soñar. **2.** Pensar en algo como si fuera posible; soñar.

drear·y |drîr′ē| —*adjective* **drearier, dreariest 1.** Gloomy or dismal. **2.** Boring or dull.

dreary *adjetivo* **1.** Lúgubre o melancólico; triste; funesto. **2.** Aburrido o inanimado; monótono; fatigante.

drench |drĕnch| —*verb* **drenched, drenching** To wet completely; soak.

drench *verbo* Mojar completamente; empapar; remojar.

dress |drĕs| —*noun, plural* **dresses 1.** An outer garment worn by women and girls. A dress usually has a top and skirt and is made in one piece. **2.** Any type of clothing.
—*verb* **dressed, dressing 1.** To put clothes on; clothe. **2.** To get something ready for cooking. **3.** To clean and treat a wound.

dress *sustantivo* **1.** Vestidura exterior que portan las mujeres o niñas; vestido. Un vestido usualmente tiene una parte superior y una falda, y está hecho en una pieza. **2.** Cualquier tipo de ropa.
—*verbo* **1.** Ponerse ropa; vestirse. **2.** Poner algo listo para cocinar; aderezar. **3.** Limpiar y tratar una herida; curar; aderezar con vendajes.

dress·er |drĕs′ər| —*noun, plural* **dressers** A piece of furniture that has drawers and often a mirror above it.

dresser *sustantivo* Pieza de mueblaje que tiene cajones y frecuentemente un espejo arriba; mesa de tocador.

dress·ing |drĕs′ĭng| —*noun, plural* **dressings 1.** A sauce for salads and some other foods. **2.** A stuffing made of bread crumbs and seasonings. Dressing is used to stuff poultry, fish, and meat. **3.** Medicine and bandages that are put on a wound.

dressing *sustantivo* **1.** Salsa para ensaladas y algunas otras comidas. **2.** Relleno hecho de migas de pan y condimentos. El relleno se usa para aderezar aves, pescados y carnes. **3.** Medicina y vendajes para poner en una herida.

drew |drōo| The past tense of **draw.**

drew Pretérito del verbo **draw.**

drib·ble |drĭb′əl| —*verb* **dribbled, dribbling 1.** To drip or cause to drip; trickle. **2.** To move a ball along by bouncing or kicking it many times in basketball or

dribble *verbo* **1.** Gotear o causar a gotear; hacer caer gota a gota; escurrir. **2.** Mover una pelota adelante haciéndola rebotar o pateándola muchas veces como en

in soccer.
—*noun, plural* **dribbles** A small quantity; drop.

dried |drīd| The past tense and past participle of the verb **dry**.

dri·er[1] |drī'ər| —*noun, plural* **driers** A form of the word **dryer**.

dri·er[2] |drī'ər| The comparative of the adjective **dry**.

dri·est |drī'ĭst| The superlative of the adjective **dry**.

drift |drĭft| —*verb* **drifted, drifting** 1. To be carried along by a current of water or air. 2. To cause to pile up.

drill |drĭl| —*noun, plural* **drills** 1. A tool that is used to make holes in wood, rocks, plastic, or other solid materials. 2. Training or teaching by repeating something again and again; practice.
—*verb* **drilled, drilling** 1. To make a hole with a drill. 2. To train or teach by repeating something again and again.

drink |drĭngk| —*verb* **drank, drunk, drinking** 1. To take liquid into the mouth and swallow. 2. To soak up; absorb. 3. To use alcoholic beverages.
—*noun, plural* **drinks** 1. A liquid for drinking; beverage. 2. An amount of a beverage. 3. An amount of an alcoholic beverage.

drip |drĭp| —*verb* **dripped, dripping** To fall or let fall in drops.
—*noun, plural* **drips** 1. Liquid or moisture that falls in drops. 2. The sound made by dripping liquid.

drive |drīv| —*verb* **drove, driven, driving** 1. To steer or operate a vehicle, especially a car. 2. To carry in a vehicle. 3. To put into and keep in motion; move by force. 4. To force someone into feeling or acting in a certain way. 5. To force; make penetrate.
—*noun, plural* **drives** 1. A ride or trip in a car or other vehicle. 2. A road or driveway. 3. A special, organized effort to do something. 4. A strong wish or instinct. 5. A ball hit hard in a game.

droop |dro͞op| —*verb* **drooped, drooping** To bend or hang downward; sag.

drop |drŏp| —*verb* **dropped, dropping** 1. To fall or let fall from a higher to a lower place. 2. To lower; let down. 3. To decrease; become less. 4. To go down; sink. 5. To leave out; omit. 6. To put down or let out at a particular place; deliver. 7. To take away one's right to be a member of; remove or let go. 8. To put an end to; stop.
—*noun, plural* **drops** 1. **a.** A tiny mass or amount of liquid. It usually has a round or oval shape. **b.** Something that is shaped like this. 2. A small amount of liquid. 3. A sudden fall or decrease. 4. The distance between something and what is below it.

drought |drout| —*noun, plural* **droughts** A long period with little or no rain.

drove |drōv| The past tense of **drive**.

drown |droun| —*verb* **drowned, drowning** 1. To die underwater for lack of air to breathe. 2. To kill by keeping underwater. 3. To cover up sound by a louder sound.

drows·y |drou'zē| —*adjective* **drowsier, drowsiest** Partly asleep; sleepy.

drug |drŭg| —*noun, plural* **drugs** 1. A substance that is used to treat or cure disease or pain; medicine. 2. A substance that affects the nervous system and can become habit forming.
—*verb* **drugged, drugging** To give a drug to.

drug·gist |drŭg'ĭst| —*noun, plural* **druggists** 1. A person who owns and runs a drugstore. 2. A pharmacist.

drug·store |drŭg'stôr'| or |drŭg'stōr'| —*noun, plural* **drugstores** A store where medicines are sold. Drugstores often sell magazines, cosmetics, and sometimes ice cream and food.

drum |drŭm| —*noun, plural* **drums** 1. A musical in-

baloncesto o fútbol.
—*sustantivo* Cantidad pequeña; una gota; un pico.

dried Pretérito y participio pasado del verbo **dry**.

drier[1] *sustantivo* Otra forma de la palabra **dryer**.

drier[2] Comparativo del adjetivo **dry**.

driest Superlativo del adjetivo **dry**.

drift *verbo* 1. Ser llevado por una corriente de agua o aire. 2. Causar un amontonamiento

drill *sustantivo* 1. Herramienta que se usa para hacer agujeros en madera, plástico u otros materiales sólidos; taladro. 2. Entrenando o enseñando por medio de repetir algo una y otra vez; repetición de ejercicios; práctica.
—*verbo* 1. Hacer un agujero con taladro; taladrar. 2. Entrenar o enseñar repitiendo algo muchas veces.

drink *verbo* 1. Tomar líquido en la boca y tragar; beber. 2. Embeber; absorber. 3. Usar bebidas alcohólicas; tomar; emborrachar.
—*sustantivo* 1. Líquido para beber; bebida. 2. Cantidad de una bebida. 3. Cantidad de una bebida alcohólica.

drip *verbo* Caer o dejar caer a gotas; gotear.
—*sustantivo* 1. Líquido o humedad que cae a gotas. 2. Sonido hecho por líquido goteante.

drive *verbo* 1. Conducir u operar un vehículo, especialmente un coche; manejar. 2. Llevar dentro de un vehículo: *She drove me to school.* = *Ella me llevó a la escuela (en carro).* 3. Poner en y mantener en moción; mover por fuerza. 4. Forzar a alguien a sentir o actuar de cierta manera. 5. Forzar; hacer penetrar.
—*sustantivo* 1. Paseo o viaje en un carro u otro vehículo. 2. Camino o camino de entrada. 3. Esfuerzo especial, organizado para hacer algo. 4. Deseo fuerte o instinto. 5. Pelota dada fuertemente en un juego.

droop *verbo* Doblar o colgar hacia abajo; inclinar hacia el suelo; ceder a su propio peso, particularmente en medio.

drop *verbo* 1. Venirse abajo o dejar venir de un lugar más alto a un lugar más bajo; caer. 2. Bajar; dejar bajar. 3. Disminuir; hacer menos. 4. Sumir; hundir. 5. Dejar fuera; omitir. 6. Dejar o dejar fuera en un lugar particular; entregar. 7. Quitar el derecho de uno de ser miembro de; remover o dejar ir. 8. Poner fin a.
—*sustantivo* 1. **a.** Masa o cantidad muy pequeña de líquido; gota. Usualmente tiene forma redonda u ovalada. **b.** Algo que está formado de esa manera. 2. Pequeña cantidad de líquido. 3. Caída repentina o disminución de algo. 4. Distancia entre algo y lo que está debajo de él.

drought *sustantivo* Largo período sin o con poca lluvia; sequía.

drove Pretérito del verbo **drive**.

drown *verbo* 1. Morir debajo del agua por falta de aire para respirar; ahogar; anegar. 2. Matar manteniendo debajo del agua; ahogar; anegar. 3. Cubrir un sonido con sonido más alto.

drowsy *adjetivo* Dormido en parte; soñoliento; con sueño.

drug *sustantivo* 1. Sustancia que se usa para trabajar o curar enfermedad o dolor; droga; medicina. 2. Sustancia que afecta el sistema nervioso y que puede hacerse de hábito; drogas narcóticas; estupefacientes.
—*verbo* Dar una droga a.

druggist *sustantivo* Persona que es dueño y que se encarga de una farmacia; farmacéutico; droguero.

drugstore *sustantivo* Tienda donde se venden medicinas; farmacia; botica. Las farmacias frecuentemente venden revistas, cosméticos, y a veces helados y comida.

drum *sustantivo* 1. Instrumento musical que hace un

strument that makes a sound when it is beaten. It is a hollow container, such as a tube or bowl, with material stretched tightly across one or more of its openings. The sides of a drum are struck with the hands or sticks to produce sound. **2.** A container shaped like a drum. *—verb* **drummed, drumming 1.** To play a drum. **2.** To tap again and again. **3.** To force into by repeating.

drum·stick |drŭm′stĭk′| *—noun, plural* **drumsticks 1.** A stick for beating a drum. **2.** The lower part of the leg of a cooked fowl.

drunk |drŭngk| The past participle of **drink.**
—adjective **drunker, drunkest** Having had too much alcoholic liquor to drink.
—noun, plural **drunks** A person who drinks too much alcoholic liquor.

dry |drī| *—adjective* **drier, driest 1.** Free from liquid or moisture; not wet or damp. **2.** Not liquid; solid. **3.** Not underwater. **4.** Thirsty.
—verb **dried, drying, dries** To make or become dry.

dry·er |drī′ər| *—noun, plural* **dryers** An electrical appliance that removes moisture. Another form of this word is **drier.**

du·al |dōō′əl| or |dyōō′əl| *—adjective* Having or made up of two parts; double.

duch·ess |dŭch′ĭs| *—noun, plural* **duchesses 1.** The wife of a duke. **2.** A woman with a rank equal to that of a duke in her own right.

duck |dŭk| *—noun, plural* **ducks 1.** A water bird with a broad, flat bill, short legs, and webbed feet. **2.** The meat of a duck, used as food.

duct |dŭkt| *—noun, plural* **ducts** Any tube or pipe through which a liquid or air can flow.

due |dōō| or |dyōō| *—adjective* **1.** Owed as a debt; owing. **2.** Requiring payment on demand. **3.** Expected or supposed to arrive, happen, or be ready.
—noun, plural **dues 1.** Something that is owed; something that must be given to another. **2. dues** A charge or fee paid by a person to a club or institution for the right of being a member.
—adverb Directly; straight.
idiom due to 1. Caused by. **2.** Because of.

du·el |dōō′əl| or |dyōō′əl| *—noun, plural* **duels** A fight arranged ahead of time between two men with swords or pistols.
—verb **dueled, dueling** To fight a duel.

dug |dŭg| The past tense and past participle of **dig.**

dug·out |dŭg′out′| *—noun, plural* **dugouts 1.** A boat or canoe made by hollowing out a log. **2.** A long, low shelter at the side of a baseball field for the players.

duke |dōōk| or |dyōōk| *—noun, plural* **dukes** A nobleman who has the highest rank below a prince.

dull |dŭl| *—adjective* **duller, dullest 1.** Not having a sharp edge or point; blunt. **2.** Not exciting; not interesting; boring. **3.** Not bright or clear. **4.** Slow to learn. **5.** Not sharply or strongly felt.
—verb **dulled, dulling** To make or become dull.

dumb |dŭm| *—adjective* **dumber, dumbest 1.** Not able to speak; mute. **2.** Stupid or silly.

dun·ga·ree |dŭng′gə rē′| *—noun, plural* **dungarees 1.** A sturdy blue cotton fabric. **2. dungarees** Overalls or pants made of this fabric; blue jeans.

du·pli·cate |dōō′plĭ kĭt| or |dyōō′plĭ kĭt| *—noun, plural* **duplicates** Something that is exactly like another.
—adjective Exactly like another.
—verb |dōō′plĭ kāt′| or |dyōō′plĭ kāt′| **duplicated, duplicating** To make an exact copy of.

du·ra·tion |dōō rā′shən| or |dyōō rā′shən| *—noun* The length of time during which something goes on or continues.

dur·ing |dōōr′ĭng| or |dyōōr′ĭng| *—preposition*

drumstick *sustantivo* **1.** Palillo para tocar tambor; baqueta. **2.** Parte inferior de la pierna de un ave cocida.

drunk Participio pasado del verbo **drink.**
—adjetivo Habiendo tenido demasiado licor alcohólico para beber; borracho; tomado.
—sustantivo Persona que bebe demasiado licor alcohólico; borracho.

dry *adjetivo* **1.** Libre de líquido o humedad; seco; no mojado o húmedo. **2.** No líquido; sólido. **3.** No bajo del agua. **4.** Sediento.
—verbo Hacer o hacerse seco.

dryer *sustantivo* Aparato eléctrico que quita la humedad; secador. En inglés otra forma de esta palabra es **drier.**

dual *adjetivo* Teniendo o hecho de dos partes; doble.

duchess *sustantivo* Duquesa: **1.** Esposa de un duque. **2.** Mujer con rango en su propio derecho igual al de un duque.

duck *sustantivo* **1.** Ave acuática con pico largo y aplanado, piernas cortas y patas palmadas; pato; ánade. **2.** Carne de pato, usada como comida.

duct *sustantivo* Cualquier tubo o cañería por el cual puede fluir líquido o aire; caño; conducto.

due *adjetivo* **1.** Debido como préstamo; debiendo. **2.** Requeriendo pago en efectivo. **3.** Esperado o supuesto a llegar, pasar o estar listo.
—sustantivo **1.** Algo que se debe; recompensa; estipendio; algo que debe darse a otra persona. **2. dues** Cargo o derecho honorario pagado por una persona a un club o institución por el derecho de ser miembro.
—adverbio Directamente; recto; en dirección hacia.
Modismo due to 1. Causado por. **2.** Debido a.

duel *sustantivo* Pelea arreglada de antemano entre dos hombres con espadas o pistolas; duelo.
—verbo Combatir en duelo.

dug Pretérito y participio pasado del verbo **dig.**

dugout *sustantivo* **1.** Barco o canoa hecha por ahuecamiento de un tronco; piragua. **2.** Abrigo largo y bajo al lado de un campo de béisbol, para los jugadores.

duke *sustantivo* Hombre de nobleza que tiene el rango más alto debajo de un príncipe; duque.

dull *adjetivo* **1.** No teniendo filo o punta aguda; sin filo o corte; embotado. **2.** No excitante; no interesante; aburrido; torpe. **3.** No lucido o claro; opaco; oscuro. **4.** Lento para aprender; estúpido; lerdo. **5.** No sentido agudamente o fuertemente.
—verbo Hacer o hacerse embotado.

dumb *adjetivo* **1.** Sin poder hablar; mudo. **2.** Estúpido o necio; bobo.

dungaree *sustantivo* **1.** Tela fuerte de algodón azul; mezclilla. **2. dungarees** Overól o pantalón hecho de esta tela; pantalón mezclilla.

duplicate *sustantivo* Algo que es exactamente como otro; duplicado.
—adjetivo Exactamente como otro; duplicado.
—verbo Hacer una copia exacta de; duplicar.

duration *sustantivo* Lo largo del tiempo durante el cual algo pasa o continúa; duración.

during *preposición* **1.** Durante el tiempo de. **2.** En

ă pat ā pay â care ä father ĕ pet ē be ĭ pit ī pie î fierce ŏ pot ō go ô paw, for oi oil oŏ book ōō boot

1. Throughout the time of. **2.** At some point of time in; in the course of.

dusk |dŭsk| —*noun* The time of evening just before darkness.

dust |dŭst| —*noun* Matter in the form of tiny, dry particles.
—*verb* **dusted, dusting** To remove the dust from by wiping, brushing, or beating.

du·ty |dōō'tē| or |dyōō'tē| —*noun, plural* **duties 1.** Something that a person must or should do. **2.** A task, chore, or function. **3.** A tax paid to a government on goods brought into or taken out of a country.

dwarf |dwôrf| —*noun, plural* **dwarfs** or **dwarves 1.** A person, animal, or plant whose size is very much smaller than normal. **2.** In fairy tales, a tiny man with magic powers.
—*verb* **dwarfed, dwarfing** To make seem small beside someone or something else.

dwarves |dwôrvz| A plural of the noun **dwarf.**

dwell |dwĕl| —*verb* **dwelt** or **dwelled, dwelling** To live in; reside.

dwell·ing |dwĕl'ĭng| —*noun, plural* **dwellings** A place to live in; a residence.

dwelt |dwĕlt| A past tense and past participle of the verb **dwell.**

dwin·dle |dwĭn'dəl| —*verb* **dwindled, dwindling** To grow less; become smaller; diminish.

dye |dī| —*noun, plural* **dyes** A substance or coloring matter that is used to change the color of something.
—*verb* **dyed, dyeing** To color with or become colored by a dye.

dy·nam·ic |dī năm'ĭk| —*adjective* Full of energy; active; forceful.

dy·na·mite |dī'nə mīt'| —*noun, plural* **dynamites** A powerful explosive that is used especially to blow up rocks.
—*verb* **dynamited, dynamiting** To blow up with or as if with dynamite.

dy·na·mo |dī'nə mō'| —*noun, plural* **dynamos** An electric generator that produces direct current.

dy·nas·ty |dī'nə stē| —*noun, plural* **dynasties** A line of kings or rulers who belong to the same family.

algún punto del tiempo de; en el curso de.

dusk *sustantivo* Tiempo de las primeras horas vespertinas inmediatamente antes de la oscuridad; crepúsculo.

dust *sustantivo* Materia en forma de partículas secas y muy pequeñas; polvo.
—*verbo* Remover el polvo frotando (con un trapo, etc.), cepillando o batiendo; sacudir.

duty *sustantivo* **1.** Algo que una persona tiene que o debe de hacer; deber; obligación. **2.** Tarea; quehacer; función; servicio; cargo. **3.** Impuesto pagado a un gobierno sobre materias traídas dentro o llevadas fuera de un país; derechos de aduana; adeudo.

dwarf *sustantivo* **1.** Persona, animal o planta cuyo tamaño es mucho menos de lo normal; enano. **2.** En cuentos de hadas, un hombre diminuto con poderes mágicos.
—*verbo* Hacer aparecer pequeño al lado de alguien o algo; empequeñecer; achicar.

dwarves Plural del sustantivo **dwarf.**

dwell *verbo* Vivir dentro; morar; residir; habitar.

dwelling *sustantivo* Lugar donde vivir; morada; residencia; domicilio.

dwelt Pretérito y participio pasado del verbo **dwell.**

dwindle *verbo* Hacerse menos; menguar; disminuir.

dye *sustantivo* Sustancia o materia colorante que se usa para cambiar el color de algo; tinte; tintura; colorante.
—*verbo* Colorar o hacerse teñido por una tintura; teñir; entintar.

dynamic *adjetivo* Lleno de energía; dinámico; activo; poderoso.

dynamite *sustantivo* Poderoso explosivo que se usa especialmente para volar piedras; dinamita.
—*verbo* Hacer volar con o como si fuera con dinamita; dinamitar.

dynamo *sustantivo* Generador eléctrico que produce corriente directa; dínamo; generador.

dynasty *sustantivo* Línea de reyes o gobernantes quienes pertenecen a la misma familia; dinastía.

E

e or **E** |ē| —*noun, plural* **e's** or **E's** The fifth letter of the English alphabet.

each |ēch| —*adjective* One of two or more persons or things; every.
—*pronoun* Every one.
—*adverb* For or to each one; apiece.

each other One another.

ea·ger |ē'gər| —*adjective* **eagerer, eagerest** Wanting something very much; full of desire.

ea·gle |ē'gəl| —*noun, plural* **eagles** A large bird with a hooked bill and broad, strong wings.

ear¹ |îr| —*noun, plural* **ears 1.** The part of the body with which people and animals hear; especially, the outer part on each side of a person's head. **2.** The sense of hearing.

ear² |îr| —*noun, plural* **ears** The part of a grain plant on which the seeds grow.

ear·drum |îr'drŭm'| —*noun, plural* **eardrums** A layer of thin tissue that separates the middle and outer parts of the ear.

e o **E** *sustantivo* Quinta letra del alfabeto inglés.

each *adjetivo* Una de dos o más personas o cosas; cada; todo.
—*pronombre* Cada uno; cada cual; todos.
—*adverbio* Para o a cada uno; por persona; por cabeza; cada cual.

each other El uno al otro; mutuamente.

eager *adjetivo* Queriendo algo mucho; ansioso; anhelante; lleno de deseo; deseoso.

eagle *sustantivo* Pájaro grande con pico encorvado y alas anchas y fuertes; águila.

ear¹ *sustantivo* **1.** Parte del cuerpo con que oyen las personas y los animales; oído; especialmente, la parte exterior a cada lado de la cabeza de una persona; oreja. **2.** El sentido de oír.

ear² *sustantivo* Parte de una planta de granos sobre la cual crecen semillas; mazorca; espiga.

eardrum *sustantivo* Capa de tejido que separa las partes medias de las de afuera de la oreja; tímpano del oído.

earl | ûrl | —*noun, plural* **earls** A British nobleman.
ear·ly | ûr'lē | —*adjective* **earlier, earliest** 1. Of or happening near the beginning; first. 2. Of a time long ago; ancient. 3. Before the usual time.
—*adverb* **earlier, earliest** 1. At or near the beginning. 2. Before the usual or expected time. 3. Far back in time; long ago.

ear·muffs | îr'mŭfs' | —*plural noun* A pair of warm coverings for the ears.
earn | ûrn | —*verb* **earned, earning** 1. To get in return for work; be paid. 2. To deserve or win by one's efforts.
ear·nest | ûr'nĭst | —*adjective* Serious and sincere.
earn·ings | ûr'nĭngz | —*plural noun* Money that has been earned in payment for work or as a profit.
ear·phone | îr'fōn' | —*noun, plural* **earphones** A device that carries sound to the ear.
ear·ring | îr'rĭng | or | îr'ĭng | —*noun, plural* **earrings** A piece of jewelry hanging from or clipped to the ear.
earth | ûrth | —*noun, plural* **earths** 1. Often **Earth** The planet on which human beings live. It is the fifth largest planet in the solar system and the third in distance from the sun. 2. The surface of the land; ground. 3. Dirt; soil.
earth·ly | ûrth'lē | —*adjective* 1. Of or from the earth rather than heaven; physical. 2. Possible; practical.
earth·quake | ûrth'kwāk' | —*noun, plural* **earthquakes** A shaking of the ground. Earthquakes are caused by sudden movements in masses of rock far below the earth's surface.
earth·worm | ûrth'wûrm' | —*noun, plural* **earthworms** A common worm that lives in the ground.
ease | ēz | —*noun, plural* **eases** 1. Freedom from difficulty, trouble, strain, or hard work. 2. Relief; rest. 3. Comfort; luxury.
—*verb* **eased, easing** 1. To make easier. 2. To relieve and give comfort to. 3. To move slowly and carefully.
ea·sel | ē'zəl | —*noun, plural* **easels** A stand for holding a painting or displaying a sign or picture.
eas·i·ly | ē'zə lē | —*adverb* 1. Without difficulty. 2. Without doubt; definitely. 3. Possibly; very likely.

east | ēst | —*noun* 1. The direction from which the sun is seen rising in the morning. 2. Often **East** A region in this direction. 3. **the East** The part of the United States along or near the coast of the Atlantic Ocean. 4. **the East** Asia and the islands near it; the Orient.
—*adjective* 1. Of, in, or toward the east. 2. Coming from the east.
—*adverb* Toward the east.
east·er·ly | ē'stər lē | —*adjective* 1. In or toward the east. 2. From the east.
—*adverb* 1. In or toward the east. 2. From the east.
east·ern | ē'stərn | —*adjective* 1. Often **Eastern** Of, in, or toward the east. 2. From the east.
east·ward | ēst'wərd | —*adverb* To or toward the east. Another form of this word is **eastwards**.
—*adjective* Moving to or toward the east.
east·wards | ēst'wərdz | —*adverb* A form of the word **eastward**.
easy | ē'zē | —*adjective* **easier, easiest** 1. Needing very little work; not hard. 2. Free from worry or trouble; carefree. 3. Not hurried; leisurely.
eat | ēt | —*verb* **ate, eaten, eating** 1. To take food into the body by swallowing. 2. To have a meal. 3. To destroy; consume; use up.
eat·en | ēt'n | The past participle of the verb **eat**.
eaves | ēvz | —*plural noun* The part of a roof that forms the lower edge and juts out over the side of a building.
eaves·drop | ēvz'drŏp' | —*verb* **eavesdropped, eavesdropping** To listen secretly to other people talking.

earl *sustantivo* Noble inglés; conde.
early *adjetivo* 1. De o sucediendo cerca del principio; temprano; madrugador; primero. 2. De un tiempo de hace mucho; antiguo; anciano. 3. Antes del tiempo usual; temprano; anticipado.
—*adverbio* 1. En o cerca del principio; tempranamente. 2. Antes del tiempo usual o esperado; antes de la hora. 3. Mucho tiempo atrás; hace mucho.

earmuffs *sustantivo* Par de cubridores cálidos para las orejas; orejeras.
earn *verbo* 1. Obtener por el trabajo; ganar; ser pagado. 2. Merecer o ganar por los esfuerzos de uno.

earnest *adjetivo* Serio y sincero.
earnings *sustantivo* Dinero que se ha ganado en pago de trabajo o como ganancia; ingresos; paga; jornal.
earphone *sustantivo* Aparato que lleva el sonido a la oreja; audífono.
earring *sustantivo* Pieza de joyería colgante de o prendida a la oreja; arete; pendiente; zarcillo.
earth *sustantivo* 1. A veces **Earth** Planeta donde viven los seres humanos; la Tierra. Es el quinto planeta más grande del sistema solar y el tercero en distancia del Sol. 2. Superficie de la tierra; el suelo. 3. Tierra; suelo.
earthly *adjetivo* De o proveniente de la tierra, en vez del cielo; terrenal; físico; mundano.
earthquake *sustantivo* Sacudimiento de la tierra; terremoto; temblor.

earthworm *sustantivo* Gusano común que vive en la tierra; lombriz de tierra.
ease *sustantivo* 1. Libre de dificultad, molestia, esfuerzo excesivo o trabajo duro; facilidad; desahogo. 2. Alivio; reposo. 3. Confort; lujo; comodidad.
—*verbo* 1. Hacer más fácil. 2. Aliviar y confortar a. 3. Mover lentamente y cuidadosamente.
easel *sustantivo* Estante para tener una pintura o mostrar un anuncio o cuadro; caballete de pintor; atril.
easily *adverbio* 1. Sin dificultad; fácilmente. 2. Sin duda; definitivamente. 3. Posiblemente; muy probable.

east *sustantivo* 1. Dirección de donde se ve salir el sol en la mañana; este; oriente; levante. 2. A veces **East** Región en esa dirección. 3. **the East** Parte de los Estados Unidos a lo largo de o cerca de la costa del Océano Atlántico. 4. **the East** Asia y las islas que le son cercas; el Oriente.
—*adjetivo* 1. De, en, o hacia el este; levantino; oriental. 2. Que viene del este; levantino; oriental.
—*adverbio* Hacia al este.
easterly *adjetivo* 1. En o hacia el este; oriental; al este. 2. Desde el este.
—*adverbio* 1. En o hacia el este. 2. Desde el este.
eastern *adjetivo* 1. A veces **Eastern** De, en, o hacia el este; oriental. 2. Desde el este.
eastward *adverbio* A o hacia el este. En inglés otra forma de esta palabra es **eastwards**.
—*adjetivo* Que se mueve o dirige hacia el este.
eastwards *adverbio* Otra forma de la palabra **eastward**.
easy *adjetivo* 1. Necesitando poco trabajo; fácil; no duro. 2. Libre de preocupación o molestia; holgado; despreocupado. 3. No apurado; tranquilo; acomodado.
eat *verbo* 1. Tomar comida dentro del cuerpo tragando; comer; ingerir. 2. Tomar una comida; alimentar. 3. Destruir; corroer; consumir.
eaten Participio pasado del verbo **eat**.
eaves *sustantivo* Parte de un techo que forma el borde inferior y que se proyecta sobre el lado del edificio; socarrén; alero; tejaroz.
eavesdrop *verbo* Oír secretamente a otras personas hablando; escuchar tras las puertas; fisgonear.

ă pat ā pay â care ä father ĕ pet ē be ĭ pit ī pie î fierce ŏ pot ō go ô paw, for oi oil oŏ book ōō boot

ebb |ĕb| —*verb* **ebbed, ebbing 1.** To flow out from the seashore. **2.** To fade; weaken.
—*noun, plural* **ebbs** The motion or condition of flowing out from the seashore.

eb·on·y |ĕb′ə nē| —*noun* The hard, black wood of a tree that grows in the tropics.

ec·cen·tric |ĭk sĕn′trĭk| —*adjective* Odd or unusual in appearance or behavior; strange; peculiar.
—*noun, plural* **eccentrics** A person who often behaves oddly.

ech·o |ĕk′ō| —*noun, plural* **echoes** A sound that is reflected off something so that it is heard again.
—*verb* **echoed, echoing** To repeat a sound in an echo.

e·clipse |ĭ klĭps′| —*noun, plural* **eclipses** The darkening of the moon or sun that happens when light coming from it is blocked.
—*verb* **eclipsed, eclipsing 1.** To block the light from; darken. **2.** To do better than; overshadow.

e·col·o·gy |ĭ kŏl′ə jē| —*noun, plural* **ecologies** The study of living things in relation to each other and to their environment.

e·co·nom·ic |ĕ′kə nŏm′ĭk| or |ĕk′ə nŏm′ĭk| —*adjective* Of economics.

e·co·nom·i·cal |ĕ′kə nŏm′ĭ kəl| or |ĕk′ə nŏm′ĭ kəl| —*adjective* Careful about spending money; not wasteful; saving money.

e·co·nom·ics |ĕ′kə nŏm′ĭks| or |ĕk′ə nŏm′ĭks| —*noun* (Used with a singular verb.) The science that deals with money, goods, and services, and how they are related to one another.

e·con·o·mize |ĭ kŏn′ə mīz′| —*verb* **economized, economizing** To save money; spend less.

e·con·o·my |ĭ kŏn′ə mē| —*noun, plural* **economies 1.** The way a country develops, divides up, and uses its money, goods, and services. **2.** The careful use of money; thrift.

ec·sta·sy |ĕk′stə sē| —*noun, plural* **ecstasies** A feeling of great happiness or delight.

edge |ĕdj| —*noun, plural* **edges 1.** The line or place where an object or area ends; side. **2.** The sharpened side of a blade or any other tool that cuts. **3.** An advantage.
—*verb* **edged, edging 1.** To move slowly. **2.** To form an edge for; to border.

ed·i·ble |ĕd′ə bəl| —*adjective* Good or safe to eat.

ed·it |ĕd′ĭt| —*verb* **edited, editing** To make written material ready for publication by selecting, correcting, revising, and checking.

e·di·tion |ĭ dĭsh′ən| —*noun, plural* **editions 1. a.** The entire number of copies of a book, newspaper, or magazine printed at one time. **b.** A single copy of such a number. **2.** The form in which something is printed.

ed·i·tor |ĕd′ĭ tər| —*noun, plural* **editors** A person who chooses, corrects, revises, and checks the material that goes into a book or other publication.

ed·i·to·ri·al |ĕd′ĭ tôr′ē əl| or |ĕd′ĭ tōr′ē əl| —*noun, plural* **editorials** An article printed in a newspaper or a statement broadcast on radio or television, giving the opinions of the editors or management.
—*adjective* Of editors or their work.

ed·u·cate |ĕj′ōō kāt| —*verb* **educated, educating** To give knowledge or training to; teach.

ed·u·ca·tion |ĕj′ōō kā′shən| —*noun, plural* **educations 1.** The process of gaining knowledge or of giving knowledge; training in school. **2.** The knowledge gained through education; learning.

eel |ēl| —*noun, plural* **eels** A long, slippery fish that looks like a snake.

ee·rie or **ee·ry** |ĭr′ē| —*adjective* **eerier, eeriest** Causing fear or dread; strange; weird.

ef·fect |ĭ fĕkt′| —*noun, plural* **effects 1.** Something that happens because of something else; result. **2.** The

ebb *verbo* **1.** Fluir fuera de la playa; menguar la marea. **2.** Poner pálido; marchitar; descolorar; debilitar.
—*sustantivo* La moción o condición de fluir fuera de la playa; marea menguante.

ebony *sustantivo* Madera dura y negra de un árbol que crece en el trópico; ébano.

eccentric *adjetivo* Raro o fuera de lo usual en apariencia o manera de portarse; excéntrico; extrambótico; extraño; peculiar.
—*sustantivo* Persona que frecuentemente se porta raramente; excéntrico.

echo *sustantivo* Sonido que se refleja de algo de manera que se oye otra vez; eco; retumbo.
—*verbo* Repetir un sonido en un eco; hacer eco a.

eclipse *sustantivo* Oscurecimiento de la Luna o el Sol que pasa cuando la luz proveniente de éste se bloquea; eclipse.
—*verbo* **1.** Bloquear la luz de; eclipsar; oscurecer. **2.** Hacerlo mejor que; asombrar; sobrepasar.

ecology *sustantivo* Estudio de cosas vivientes en relación de unos a otros y de su ambiente; ecología.

economic *adjetivo* De economía; económico.

economical *adjetivo* Cuidadoso en gastar dinero; económico; moderado; no malgastador o despilfarrador; ahorrante de dinero.

economics *sustantivo* Ciencia que trata del dinero, bienes y servicios, y cómo se relacionan entre sí; economía.

economize *verbo* Ahorrar dinero; economizar; gastar menos.

economy *sustantivo* **1.** Manera en que un país desarrolla, divide y usa sus dineros, bienes y servicios; economía. **2.** El uso cuidadoso del dinero; frugalidad.

ecstasy *sustantivo* Sentimiento de gran felicidad o deleite; éxtasis; rapto.

edge *sustantivo* **1.** Línea o lugar donde termina un objeto u área; filo; borde; orilla. **2.** El lado afilado de una hoja o cualquier otro instrumento que corta; filo; corte.
—*verbo* **1.** Mover lentamente; ladear. **2.** Formar una orilla para; formar borde.

edible *adjetivo* Bueno y sin peligro para comer; comestible.

edit *verbo* Preparar material escrito para publicación seleccionando, corrigiendo, revisando y comprobando; redactar.

edition *sustantivo* **1. a.** Número entero de copias de un libro, periódico o revista imprimida a la misma vez; edición; tirada. **b.** Copia sencilla de tal número. **2.** Forma en que algo se imprime.

editor *sustantivo* Persona que escoge, corrige, revisa y comprueba el material que va dentro de un libro u otra publicación; redactor; jefe de redacción.

editorial *sustantivo* Artículo impreso en un periódico o una declaración difundida por radio o televisión, dando las opiniones de los redactores o la dirección; editorial.
—*adjetivo* De redactores y su trabajo.

educate *verbo* Dar conocimiento o entrenamiento a; educar; enseñar.

education *sustantivo* **1.** Proceso de ganar conocimiento o de dar conocimiento; educación; entrenamiento en la escuela. **2.** Conocimiento ganado mediante la educación; aprendizaje.

eel *sustantivo* Pez largo y resbaloso que parece serpiente; anguila.

eerie *adjetivo* Causando miedo o pavor; extraño; fantástico o sobrenatural.

effect *sustantivo* **1.** Algo que pasa debido a otra cosa; efecto; resultado. **2.** Poder de realizar un resultado

---

ər butt**er**   yōō abuse   ou out   ŭ cut   û fur   *th* the   th thin   hw which   zh vision   ə ago, item, pencil, atom, circus

power to bring about a desired result. **3. effects** Belongings; property.

ef·fec·tive |ĭ fĕk′tĭv| —*adjective* **1.** Bringing about a desired effect; successful. **2.** In force; in effect.

ef·fi·cien·cy |ĭ fĭsh′ən sē| —*noun* The condition or quality of being efficient.

ef·fi·cient |ĭ fĭsh′ənt| —*adjective* Getting good results without wasting time, materials, or effort.

ef·fort |ĕf′ərt| —*noun, plural* **efforts 1.** The use of energy to do something; work. **2.** A serious attempt; hard try.

egg¹ |ĕg| —*noun, plural* **eggs 1.** One of the special cells formed in the body of a female animal. **2.** The egg of a chicken, with its hard shell. The part inside the shell is used as food.

egg² |ĕg| —*verb* **egged, egging —egg on** To urge; encourage.

egg·plant |ĕg′plănt′| or |ĕg′plänt′| —*noun, plural* **eggplants** A vegetable that has shiny purple skin and is shaped like a large egg.

e·gret |ē′grĭt| or |ĕg′rĭt| —*noun, plural* **egrets** A wading bird with a long neck and a long, pointed bill. Most egrets are white. Sometimes they have lacy, drooping feathers on the neck and back.

eight |āt| —*noun, plural* **eights** & *adjective* A number, written 8.

eight·een |ā′tĕn′| —*noun, plural* **eighteens** & *adjective* A number, written 18.

eight·eenth |ā′tĕnth′| —*noun, plural* **eighteenths** & *adjective* See **Table of Numerals.**

eighth |ātth| —*noun, plural* **eighths** & *adjective* See **Table of Numerals.**

eight·i·eth |ā′tē ĭth| —*noun, plural* **eightieths** & *adjective* See **Table of Numerals.**

eight·y |ā′tē| —*noun, plural* **eighties** & *adjective* A number, written 80.

ei·ther |ē′thər| or |ī′thər| —*adjective* **1.** One or the other; any one of two. **2.** Each of the two.
—*pronoun* One or the other of two.
—*adverb* Likewise; also. The adverb **either** is only used following a negative statement.
—*conjunction* The conjunction **either** is used with **or** to present two alternatives.

e·lab·o·rate |ĭ lăb′ər ĭt| —*adjective* Having many parts or made in great detail.
—*verb* |ĭ lăb′ə rāt′| **elaborated, elaborating** To say more on a subject; give details.

e·lapse |ĭ lăps′| —*verb* **elapsed, elapsing** To go by; pass.

e·las·tic |ĭ lăs′tĭk| —*adjective* Returning to normal shape after being stretched or pressed together.
—*noun, plural* **elastics** A fabric or tape that can stretch and fit tightly.

el·bow |ĕl′bō| —*noun, plural* **elbows 1.** The joint or bend between the lower arm and the upper arm. **2.** Something that has a sharp bend in it, such as a piece of pipe.
—*verb* **elbowed, elbowing** To push or shove with the elbows.

el·der |ĕl′dər| —*adjective* A comparative of the adjective **old.** The word **elder** is used only to refer to persons who are relatives.
—*noun, plural* **elders** A person who is older.

eld·er·ly |ĕl′dər lē| —*adjective* Approaching old age.

eld·est |ĕl′dĭst| —*adjective* A superlative of the adjective **old.** The word **eldest** is used only to refer to persons who are relatives.

e·lect |ĭ lĕkt′| —*verb* **elected, electing 1.** To choose by voting. **2.** To choose or make a choice.

e·lec·tion |ĭ lĕk′shən| —*noun, plural* **elections 1.** The act of choosing someone for an office or position by voting. **2.** The fact of being chosen by voting.

deseado. **3. effects** Cosas propias; efectos personales; propiedad.

effective *adjetivo* **1.** Realizando un efecto deseado; efectivo; eficaz. **2.** En vigor; en vigencia; en práctica.

efficiency *sustantivo* Condición o cualidad de ser eficiente; eficiencia; competencia.

efficient *adjetivo* Dando buenos resultados sin desperdiciar tiempo, materiales o esfuerzos; eficiente; eficaz; competente.

effort *sustantivo* **1.** Uso de la energía para hacer algo; esfuerzo; trabajo. **2.** Intento serio; prueba dura.

egg¹ *sustantivo* **1.** Una de las células especiales formadas en el cuerpo de un animal hembra; huevo. **2.** El huevo de un pollo, con su cáscara dura. La parte dentro de la cáscara se usa como comida.

egg² *verbo—***egg on** Hurgar; incitar; provocar.

eggplant *sustantivo* Vegetal que tiene piel morada y reluciente y que está formado como un gran huevo; berenjena.

egret *sustantivo* Pájaro vadeante con cuello largo y pico largo y puntiagudo; garza; plumero. La mayoría de las garzas son blancas. A veces tienen plumas como de encaje que caen del cuello y la espalda.

eight *sustantivo* y *adjetivo* Ocho.

eighteen *sustantivo* y *adjetivo* Dieciocho.

eighteenth *sustantivo* y *adjetivo* Consulte la **Tabla de Números.**

eighth *sustantivo* y *adjetivo* Consulte la **Tabla de Números.**

eightieth *sustantivo* y *adjetivo* Consulte la **Tabla de Números.**

eighty *sustantivo* y *adjetivo* Ochenta.

either *adjetivo* **1.** Uno u otro; cualquiera de los dos. **2.** Cada uno de los dos.
—*pronombre* Uno u otro de dos.
—*adverbio* También. El adverbio **either** solamente se usa siguiendo una declaración negativa.
—*conjunción* La conjunción **either** se usa con **or,** o para presentar dos alternativas.

elaborate *adjetivo* Teniendo muchas partes o hecho en gran detalle; elaborado; trabajado; detallado.
—*verbo* Decir más sobre algún tema; elaborar; dar detalles.

elapse *verbo* Pasar; mediar: *Months elapsed before I heard from my friend again.* = *Pasaron meses antes de saber de mi amigo otra vez.*

elastic *adjetivo* Volviendo a la forma normal después de ser estirado o presionado junto; elástico.
—*sustantivo* Tejido o cinta que puede estirarse y ajustarse estrechamente; cinta de goma; liga de hule.

elbow *sustantivo* **1.** Juntura o doblez entre el antebrazo y el brazo superior; codo. **2.** Algo que tiene una encorvadura aguda en sí, tal como una pieza de tubería; recodo; ángulo; codillo.
—*verbo* Empujar o impeler con los codos; dar codazos.

elder *adjetivo* Un comparativo del adjetivo **old;** mayor, de más edad o más viejo. La palabra **elder** se usa solamente para referirse a personas que son parientes.
—*sustantivo* Persona que es más vieja.

elderly *adjetivo* Llegando a la vejez; mayor; grande.

eldest *adjetivo* Superlativo del adjetivo **old;** más viejo; más anciano; primogénito. La palabra **eldest** se usa solamente para referirse a personas que son parientes.

elect *verbo* **1.** Escoger votando; elegir. **2.** Escoger o hacer selección; optar.

election *sustantivo* **1.** El acto de elegir por votación a alguien para un cargo público o posición; elección. **2.** El hecho de ser elegido por votación.

e·lec·tric | ĭ lĕk′trĭk | —*adjective* Of, coming from, produced, or run by electricity.
e·lec·tri·cal | ĭ lĕk′trĭ kəl | —*adjective* Of someone or something having to do with electricity.

e·lec·tri·cian | ĭ lĕk trĭsh′ən | —*noun, plural* **electricians** A person whose work is installing, repairing, or operating electric equipment.
e·lec·tric·i·ty | ĭ lĕk trĭs′ĭ tē | —*noun* **1.** A form of energy that can be sent through wires in a flow of tiny particles. **2.** Electric current.

e·lec·tro·cute | ĭ lĕk′trə kyōōt′ | —*verb* **electrocuted, electrocuting** To kill with very strong electric current.
e·lec·trode | ĭ lĕk′trōd′ | —*noun, plural* **electrodes 1.** Either end of an electric battery or any other source of electricity. **2.** Any one of the parts that give off, collect, or control the flow of electricity in an electrical device.
e·lec·tro·mag·net | ĭ lĕk′trō măg′nĭt | —*noun, plural* **electromagnets** A piece of iron that becomes a magnet when an electric current is passed through a wire wound around it.
e·lec·tron | ĭ lĕk′trŏn′ | —*noun, plural* **electrons** One of the smallest possible pieces of matter.
e·lec·tron·ic | ĭ lĕk trŏn′ĭk | or | ē′lĕk trŏn′ĭk | —*adjective* Of or relating to electrons or electronics.
e·lec·tron·ics | ĭ lĕk trŏn′ĭks | or | ē′lĕk trŏn′ĭks | —*noun* (Used with a singular verb.) The study of electrons and their use in radio, television, computers, and other such devices.
el·e·gance | ĕl′ĭ gəns | —*noun, plural* **elegances** Good taste and grace in appearance or manner.
el·e·gant | ĕl′ĭ gənt | —*adjective* Tastefully beautiful; refined.
el·e·ment | ĕl′ə mənt | —*noun, plural* **elements 1.** Any of the more than 100 basic materials from which all other things are made. **2.** A basic part of something. **3.** A natural or preferred place to be. **4. the elements** The outdoor forces of nature, such as rain, wind, and cold.

ei·e·men·ta·ry | ĕl′ə mĕn′tə rē | or | ĕl′ə mĕn′trē | —*adjective* Having to do with the basic or simplest parts of a subject.
el·e·phant | ĕl′ə fənt | —*noun, plural* **elephants** A very large animal of Africa or Asia. It has long tusks and a long trunk that it uses to pick things up.

el·e·vate | ĕl′ə vāt′ | —*verb* **elevated, elevating** To raise to a higher place or position; lift up.
ei·e·va·tion | ĕl′ə vā′shən | —*noun, plural* **elevations 1.** A raised place; hill. **2.** Height above the earth's surface or above sea level. **3.** The act of raising or lifting.
el·e·va·tor | ĕl′ə vā′tər | —*noun, plural* **elevators 1.** A platform or small room that can be raised or lowered to carry people or things from one level to another in a building, mine, or other place. **2.** A building for storing grain.
e·lev·en | ĭ lĕv′ən | —*noun, plural* **elevens** & *adjective* A number, written 11.
e·lev·enth | ĭ lĕv′ənth | —*noun, plural* **elevenths** & *adjective* See **Table of Numerals.**
elf | ĕlf | —*noun, plural* **elves** A tiny being of folklore who has magical powers.
el·i·gi·ble | ĕl′ĭ jə bəl | —*adjective* Suitable or qualified to be in a group, hold a position, or have a privilege.
e·lim·i·nate | ĭ lĭm′ə nāt′ | —*verb* **eliminated, eliminating 1.** To get rid of; remove. **2.** To leave out; omit; reject.
elk | ĕlk | —*noun, plural* **elk** or **elks 1.** A large deer of North America. The male has large, branching antlers.

electric *adjetivo* Perteneciente a, originado por, producido u operado por electricidad; eléctrico.
electrical *adjetivo* Perteneciente a algo o a alguien que tiene que ver con la electricidad; eléctrico: *an electrical engineer = ingeniero eléctrico; electrical repairs = reparaciones eléctricas.*
electrician *sustantivo* Persona cuyo trabajo es instalar, reparar u operar equipos eléctricos; electricista.
electricity *sustantivo* **1.** Forma de energía que puede ser enviada a través de alambres por medio de un flujo de pequeñas partículas; electricidad. **2.** Corriente eléctrica.
electrocute *verbo* Matar por medio de una corriente eléctrica muy fuerte; electrocutar.
electrode *sustantivo* **1.** Cualquiera de los dos polos de un acumulador eléctrico o de cualquier otra fuente de electricidad; electrodo. **2.** Cualquiera de las partes de un artefacto eléctrico que emiten, acumulan o controlan el flujo de electricidad.
electromagnet *sustantivo* Pieza de hierro que se convierte en un imán al pasar una corriente eléctrica a través de un alambre enrollado en ésta; electroimán.
electron *sustantivo* Una de las unidades de materia de menor tamaño posible; electrón.
electronic *adjetivo* Perteneciente a, o relacionado con electrones o la electrónica; electrónico.
electronics *sustantivo* El estudio de los electrones y su uso en radio, televisión, computadoras o artefactos similares; electrónica.
elegance *sustantivo* Buen gusto y gracia en apariencia y modales; elegancia.
elegant *adjetivo* De acuerdo con el buen gusto y bello; refinado; elegante.
element *sustantivo* **1.** Cualquiera de los más de cien materiales básicos de los cuales se componen todas las cosas; elemento. **2.** Parte básica de algo. **3.** Lugar preferido o natural; elemento: *Out of water, which is their element, fish quickly die. = Fuera del agua, que es su elemento, los peces mueren rápidamente.* **4. the elements** Las fuerzas externas de la naturaleza tales como la lluvia, el viento y el frío; los elementos.
elementary *adjetivo* Perteneciente a o relacionado con la parte más básica y simple de un asunto o tópico; elemental.
elephant *sustantivo* Animal de gran tamaño, oriundo de África o Asia; elefante. El elefante posee largos colmillos y una trompa larga que utiliza para recoger o cargar cosas.
elevate *verbo* Levantar a una posición o lugar más elevado; elevar; alzar.
elevation *sustantivo* Elevación: **1.** Lugar elevado; una colina. **2.** La altura sobre la superficie de la Tierra o sobre el nivel del mar. **3.** El acto de levantar o alzar.
elevator *sustantivo* **1.** Plataforma, pieza o cuarto pequeño que se levanta o baja para transportar personas u objetos de un nivel a otro en un edificio, mina u otro lugar; elevador; ascensor; montacargas. **2.** Edificio que se usa para almacenar granos; elevador de granos.
eleven *sustantivo* y *adjetivo* Once.
eleventh *sustantivo* y *adjetivo* Consulte la **Tabla de Números.**
elf *sustantivo* En el folklore, ser o ente de pequeño tamaño que posee poderes mágicos; duende.
eligible *adjetivo* Adecuado o calificado para estar en un grupo, mantener una posición o tener un privilegio; elegible.
eliminate *verbo* **1.** Deshacerse de algo; quitar; eliminar. **2.** Dejar fuera; omitir; rechazar.
elk *sustantivo* **1.** Venado de gran tamaño de la América del Norte; alce. En inglés este animal es también lla-

This animal is also called **wapiti. 2.** The European moose.

el·lipse | ĭ lĭps′ | —*noun, plural* **ellipses** A figure shaped like a narrow or flattened circle.

elm | ĕlm | —*noun, plural* **elms** A tall shade tree with arching or curving branches.

e·lope | ĭ lōp′ | —*verb* **eloped, eloping** To go away to get married without the consent of one's parents.

el·o·quent | ĕl′ ə kwənt | —*adjective* Using words well and effectively.

else | ĕls | —*adjective* **1.** Other; different. **2.** More; additional.
—*adverb* **1.** Differently. **2.** Otherwise.

else·where | ĕls′hwâr′ | —*adverb* Somewhere else.

e·lude | ĭ lōōd′ | —*verb* **eluded, eluding** To avoid or escape through tricks, speed, or by being daring and clever.

elves | ĕlvz | The plural of the noun **elf.**

e·man·ci·pate | ĭ măn′sə pāt′ | —*verb* **emancipated, emancipating** To free from slavery; liberate.

em·bank·ment | ĕm băngk′mənt | —*noun, plural* **embankments** A mound of earth or stone built up to hold back water or hold up a road.

em·bark | ĕm bärk′ | —*verb* **embarked, embarking 1.** To go on board a ship. **2.** To set out on an adventure.

em·bar·rass | ĕm băr′ əs | —*verb* **embarrassed, embarrassing** To cause to feel uncomfortable and nervous.

em·bar·rass·ment | ĕm băr′ əs mənt | —*noun, plural* **embarrassments 1.** The condition of being embarrassed. **2.** Something that embarrasses.

em·bas·sy | ĕm′bə sē | —*noun, plural* **embassies** The official home and office of an ambassador and the ambassador's staff.

em·bed | ĕm bĕd′ | —*verb* **embedded, embedding** To set or fix firmly in something.

em·ber | ĕm′bər | —*noun, plural* **embers** A piece of glowing coal or wood, as in a fire that is going out.

em·bez·zle | ĕm bĕz′əl | —*verb* **embezzled, embezzling** To steal money put in one's care in the course of a job.

em·blem | ĕm′bləm | —*noun, plural* **emblems** An object or picture that represents something else; a symbol.

em·boss | ĕm bôs′ | or | ĕm bŏs′ | —*verb* **embossed, embossing** To decorate with a design that is raised up a little from the surface.

em·brace | ĕm brās′ | —*verb* **embraced, embracing** To grasp or hold in the arms as a sign of affection; hug.
—*noun, plural* **embraces** A hug.

em·broi·der | ĕm broi′dər | —*verb* **embroidered, embroidering 1.** To decorate cloth by sewing on designs. **2.** To make up extra details for; exaggerate.

em·broi·der·y | ĕm broi′də rē | —*noun, plural* **embroideries 1.** The art or act of embroidering. **2.** Decorative designs that have been sewn on cloth.

em·bry·o | ĕm′brē ō | —*noun, plural* **embryos** A plant or animal when it is just beginning to develop from a seed or egg.

em·er·ald | ĕm′ər əld | or | ĕm′rəld | —*noun, plural* **emeralds 1.** A bright-green, clear stone that is valuable as a gem, especially in jewelry. **2.** A dark yellowish green color.
—*adjective* Dark yellowish green.

e·merge | ĭ mûrj′ | —*verb* **emerged, emerging 1.** To come into view; appear. **2.** To come into existence; be born. **3.** To become known.

mado **wapiti. 2.** El alce europeo.

ellipse *sustantivo* Figura en forma de círculo estrecho o aplastado; elipse.

elm *sustantivo* Árbol de sombra de gran tamaño, con ramas curvas o arqueadas; olmo.

elope *verbo* Escaparse para casarse, sin el consentimiento de los padres; fugarse.

eloquent *adjetivo* Al hablar, que usa las palabras correcta y efectivamente; elocuente.

else *adjetivo* **1.** Otro; diferente: *I would rather you invited somebody else than your brother.* = Hubiera preferido que invitaras a otro, en lugar de tu hermano. **2.** Más; adicional: *Would you like anything else?* = ¿Querías algo más?
—*adverbio* **1.** De otra manera: *How else could the job have been done?* = ¿De qué otra manera podría haberse hecho el trabajo?* **2.** Si no; de lo contrario: *Run, or else you will be caught in the rain.* = Corre, de lo contrario te alcanzará la tormenta.

elsewhere *adverbio* En algún otro lugar.

elude *verbo* Evitar algo o escapar por medio de ardides, velocidad o astucia; eludir.

elves Plural del sustantivo **elf.**

emancipate *verbo* Libertar de la esclavitud; emancipar.

embankment *sustantivo* Montón de tierra o piedras formado para contener aguas o apoyar una carretera; terraplén.

embark *verbo* **1.** Subir a bordo de un barco; embarcar. **2.** Emprender una aventura.

embarrass *verbo* Causar una sensación de incomodidad y nerviosismo; avergonzar.

embarrassment *sustantivo* **1.** La condición de estar avergonzado; vergüenza. **2.** Algo que avergüenza.

embassy *sustantivo* El domicilio oficial y oficina de un embajador y su personal adjunto; embajada.

embed *verbo* Ajustar, fijar o meter firmemente en algo; incrustar.

ember *sustantivo* Pedazo de carbón o leña que arde sin dar llama, como en un fuego que se apaga; ascua.

embezzle *verbo* Robar dinero puesto bajo la custodia de uno en el transcurso de un empleo; desfalcar.

emblem *sustantivo* Objeto o imagen que representa otra cosa simbólicamente; emblema; símbolo.

emboss *verbo* Decorar con un diseño que resalta un poco de la superficie formando un relieve; repujar; grabar; tallar en relieve.

embrace *verbo* Asir o tener en los brazos como señal de afecto o cariño; abrazar.

embroider *verbo* **1.** Decorar una tela con diseños de bordado; bordar. **2.** Inventar detalles adicionales en una narración; exagerar.

embroidery *sustantivo* **1.** El arte o acto de bordar; bordado. **2.** Diseños decorativos que han sido bordados en tela.

embryo *sustantivo* Planta o animal que recién comienza a desarrollarse de la semilla o el huevo; embrión.

emerald *sustantivo* **1.** Piedra transparente, de un brillante color verde, que es apreciada como piedra preciosa, especialmente en joyería; esmeralda. **2.** Un color verde oscuro; color esmeralda.
—*adjetivo* Verde oscuro.

emerge *verbo* **1.** Ponerse a la vista; aparecer; emerger. **2.** Nacer; surgir. **3.** Darse a conocer.

ă pat ā pay â care ä father ĕ pet ē be ĭ pit ī pie î fierce ŏ pot ō go ô paw, for oi oil ŏŏ book ōō boot

e·mer·gen·cy |ĭ mûr′jən sē| —*noun, plural* **emergencies** Something serious that happens suddenly and calls for quick action.

em·er·y |ĕm′ə rē| or |ĕm′rē| —*noun, plural* **emeries** A hard brown mineral that is used as a powder for grinding and polishing.

em·i·grant |ĕm′ĭ grənt| —*noun, plural* **emigrants** Someone who leaves his or her own country or region to settle in another.

em·i·grate |ĕm′ĭ grāt′| —*verb* **emigrated, emigrating** To leave one's own country or region and settle in another.

em·i·nent |ĕm′ə nənt| —*adjective* Famous and respected; outstanding.

e·mit |ĭ mĭt′| —*verb* **emitted, emitting** To send forth; give out.

e·mo·tion |ĭ mō′shən| —*noun, plural* **emotions** A strong feeling.

e·mo·tion·al |ĭ mō′shə nəl| —*adjective* **1.** Having to do with a person's emotions. **2.** Easily moved by emotion. **3.** Arousing emotion; moving.

em·per·or |ĕm′pər ər| —*noun, plural* **emperors** A man who rules an empire.

em·pha·ses |ĕm′fə sēz| The plural of the noun **emphasis**.

em·pha·sis |ĕm′fə sĭs| —*noun, plural* **emphases** **1.** Special importance given to something. **2.** Special force of voice given to a particular syllable, word, or phrase; stress.

em·pha·size |ĕm′fə sīz′| —*verb* **emphasized, emphasizing** To give emphasis to; stress.

em·pire |ĕm′pīr| —*noun, plural* **empires** A group of countries under one ruler or government.

em·ploy |ĕm ploi′| —*verb* **employed, employing** **1.** To give a job to; hire. **2.** To make use of.
—*noun, plural* **employs** The condition of being employed.

em·ploy·ee |ĕm ploi′ē| or |ĕm′ploi ē′| —*noun, plural* **employees** A person who works for another person or for an organization in return for pay.

em·ploy·er |ĕm ploi′ər| —*noun, plural* **employers** A person or organization that pays people to work.

em·ploy·ment |ĕm ploi′mənt| —*noun, plural* **employments** **1.** The act of employing or the condition of being employed. **2.** Work for pay; job.

em·press |ĕm′prĭs| —*noun, plural* **empresses** A woman who rules an empire.

emp·ty |ĕmp′tē| —*adjective* **emptier, emptiest** **1.** Containing nothing or nobody. **2.** Lacking purpose or interest.
—*verb* **emptied, emptying, empties** **1.** To make or become empty. **2.** To pour out or off. **3.** To flow; discharge.

e·mu |ē′myōō| —*noun, plural* **emus** A large bird of Australia.

en·a·ble |ĕn ā′bəl| —*verb* **enabled, enabling** To make it possible for; give the ability to.

en·act |ĕn ăkt′| —*verb* **enacted, enacting** **1.** To make into law; pass. **2.** To act out on a stage.

e·nam·el |ĭ năm′əl| —*noun, plural* **enamels** **1.** A smooth, hard coating that is baked onto pottery or other surfaces to protect or decorate them. **2.** A paint that forms a hard, shiny surface when it dries. **3.** The hard, white outer layer of a tooth.

en·chant |ĕn chănt′| or |ĕn chänt′| —*verb* **enchanted, enchanting** **1.** To put under a magical spell; bewitch. **2.** To please completely; charm.

en·cir·cle |ĕn sûr′kəl| —*verb* **encircled, encircling** **1.** To form a circle around; surround. **2.** To move in a circle around.

en·close |ĕn klōz′| —*verb* **enclosed, enclosing** **1.** To go completely around; surround; shut in. **2.** To put into the same envelope.

emergency *sustantivo* Algo serio que ocurre súbitamente y requiere una acción inmediata; emergencia.

emery *sustantivo* Mineral duro de color pardo que se usa, en polvo, para moler o pulir; esmeril.

emigrant *sustantivo* Persona que abandona su propio país o región para establecerse en otra; emigrante.

emigrate *verbo* Abandonar el propio país o región para establecerse en otro; emigrar.

eminent *adjetivo* Famoso y respetado; prominente; eminente.

emit *verbo* Expedir; despedir; emitir.

emotion *sustantivo* Sentimiento profundo; emoción.

emotional *adjetivo* **1.** Perteneciente a las emociones de una persona; emocional. **2.** Fácilmente conmovido por la emoción. **3.** Que provoca o despierta emoción; emotivo.

emperor *sustantivo* Hombre que rige un imperio; emperador.

emphases Plural del sustantivo **emphasis**.

emphasis *sustantivo* **1.** Importancia especial dada a algo; énfasis. **2.** Al hablar, fuerza especial dada a una sílaba, palabra o frase determinada; acento.

emphasize *verbo* Poner énfasis; enfatizar; acentuar.

empire *sustantivo* Grupo de países que se encuentran bajo un mismo gobernante o gobierno; imperio.

employ *verbo* **1.** Dar trabajo; emplear. **2.** Utilizar. —*sustantivo* La condición de estar empleado.

employee *sustantivo* Persona que trabaja para otra o para una organización a cambio de paga; empleado.

employer *sustantivo* Persona u organización que le paga a la gente por trabajar; patrono.

employment *sustantivo* Empleo: **1.** El acto de emplear o la condición de ser empleado. **2.** Trabajar por paga.

empress *sustantivo* Mujer que rige un imperio; emperatriz.

empty *adjetivo* **1.** Que no contiene nada o nadie; vacío. **2.** Con falta de propósito o interés: *an empty life = una vida sin interés.*
—*verbo* **1.** Hacer que se vacíe; vaciar. **2.** Verter; derramar. **3.** Fluir; descargar.

emu *sustantivo* Pájaro de gran tamaño, oriundo de Australia; emu.

enable *verbo* Hacer posible; proveer la habilidad para algo; capacitar: *This money will enable you to take the trip. = Este dinero hará posible que tú hagas el viaje.*

enact *verbo* **1.** Hacer ley; promulgar. **2.** Actuar en escena; representar.

enamel *sustantivo* Esmalte: **1.** Capa tersa y dura que por medio de la fusión se aplica a la cerámica y otras superficies para protegerlas y decorarlas. **2.** Pintura que forma una superficie dura y brillante cuando seca. **3.** La capa exterior, blanca y dura, de los dientes.

enchant *verbo* **1.** Poner bajo un hechizo mágico; embrujar; encantar. **2.** Agradar mucho; atraer.

encircle *verbo* **1.** Formar un círculo; rodear; encerrar. **2.** Moverse alrededor de algo en forma circular.

enclose *verbo* **1.** Circundar completamente; rodear; encerrar. **2.** Poner en el mismo sobre; adjuntar.

ər butter yōō abuse ou out ŭ cut û fur *th* the th thin hw which zh vision ə ago, item, pencil, atom, circus

en·clos·ure |ĕn klō′zhər| —*noun, plural* **enclosures** **1.** Something that encloses, such as a wall or fence. **2.** An additional item in a letter or package.

en·com·pass |ĕn kŭm′pəs| —*verb* **encompassed, encompassing** To form a circle or ring around; surround.

en·core |äng′kôr′| or |äng′kōr′| or |än′kôr′| or |än′kōr′| —*noun, plural* **encores** **1.** A request by an audience for an extra performance from someone on a stage. It is made by clapping for a long time or calling out "encore!" **2.** An extra performance in answer to such a request.

en·coun·ter |ĕn koun′tər| —*verb* **encountered, encountering** To come upon or meet.
—*noun, plural* **encounters** The act of encountering; a meeting.

en·cour·age |ĕn kûr′ĭj| —*verb* **encouraged, encouraging** **1.** To give hope or confidence to. **2.** To urge; inspire. **3.** To help make something happen.

en·cour·age·ment |ĕn kûr′ĭj mənt| —*noun, plural* **encouragements** **1.** The act of encouraging. **2.** Something that encourages.

en·cy·clo·pe·di·a |ĕn sī′klə pē′dē ə| —*noun, plural* **encyclopedias** A book or set of books containing many articles on a wide variety of subjects.

end |ĕnd| —*noun, plural* **ends** **1.** The part where a thing stops. **2.** The finish of something. **3.** A purpose; goal.
—*verb* **ended, ending** To bring or come to an end.

en·dan·ger |ĕn dān′jər| —*verb* **endangered, endangering** To put in danger.

en·deav·or |ĕn dĕv′ər| —*verb* **endeavored, endeavoring** To make an effort; attempt.
—*noun, plural* **endeavors** A major effort or attempt.

end·ing |ĕn′dĭng| —*noun, plural* **endings** The last part.

end·less |ĕnd′lĭs| —*adjective* Having or seeming to have no end.

en·dorse |ĕn dôrs′| —*verb* **endorsed, endorsing** **1.** To sign one's name on the back of. **2.** To support publicly.

en·dur·ance |ĕn dŏŏr′əns| or |ĕn dyŏŏr′əns| —*noun, plural* **endurances** The ability to stand strain, hardship, or use and not break down.

en·dure |ĕn dŏŏr′| or |ĕn dyŏŏr′| —*verb* **endured, enduring** **1.** To put up with; stand; bear. **2.** To continue to exist; last.

en·e·my |ĕn′ə mē| —*noun, plural* **enemies** **1.** Someone opposed to or wishing harm to another. **2.** A country that is at war with another country. **3.** Something harmful in its effects.

en·er·get·ic |ĕn′ər jĕt′ĭk| —*adjective* Full of energy; vigorous.

en·er·gy |ĕn′ər jē| —*noun, plural* **energies** **1.** The strength or desire to be doing things; will to work or play. **2.** Effort; work. **3.** Power to move objects or do other kinds of physical work. Electricity, heat, and oil are all sources of energy.

en·force |ĕn fôrs′| or |ĕn fōrs′| —*verb* **enforced, enforcing** To make sure that a law or rule is obeyed.

en·gage |ĕn gāj′| —*verb* **engaged, engaging** **1.** To employ; hire. **2.** To take up the attention or time of. **3.** To take part. **4.** To promise or agree to marry.

en·gage·ment |ĕn gāj′mənt| —*noun, plural* **engagements** **1.** The act of engaging or the condition of being engaged. **2.** A promise to marry. **3.** The time during which one is promised to marry. **4.** An agreement with someone to meet or do something; date.

en·gine |ĕn′jən| —*noun, plural* **engines** **1.** A ma-

enclosure *sustantivo* **1.** Algo que rodea o encierra, tal como una pared o cerca; cerco. **2.** Objeto adicional incluido en una carta o paquete; adjunto.

encompass *verbo* Formar un círculo o ruedo alrededor de algo; abarcar.

encore *sustantivo* **1.** Petición que hace una audiencia para una representación adicional por parte de alguien que actúa en escena. La petición se hace aplaudiendo por largo tiempo o gritando, ¡Otra! **2.** Representación adicional que complace tal petición.

encounter *verbo* Toparse; encontrarse.
—*sustantivo* La acción de toparse; encuentro.

encourage *verbo* **1.** Dar esperanza o confianza; alentar. **2.** Urgir; inspirar. **3.** Ayudar a que algo ocurra; fomentar.

encouragement *sustantivo* **1.** El acto de alentar; aliento. **2.** Algo que alienta o estimula.

encyclopedia *sustantivo* Libro o colección de libros que contiene muchos artículos sobre una amplia variedad de tópicos; enciclopedia.

end *sustantivo* **1.** La parte donde algo termina; fin. **2.** El término de algo; final. **3.** Propósito o meta; fin.
—*verbo* Traer o llegar al final; finalizar.

endanger *verbo* Poner en peligro.

endeavor *verbo* Hacer un esfuerzo; intentar; procurar.
—*sustantivo* Esfuerzo o empeño de gran envergadura; empresa.

ending *sustantivo* La última parte; el final.

endless *adjetivo* Que no tiene o aparenta no tener fin; interminable.

endorse *verbo* **1.** Firmar en el reverso de algo; endosar. **2.** Apoyar públicamente; respaldar.

endurance *sustantivo* La habilidad de soportar fatiga, infortunio o uso sin debilitarse; aguante; entereza.

endure *verbo* **1.** Soportar; aguantar. **2.** Continuar existiendo; perdurar.

enemy *sustantivo* **1.** Alguien opuesto a otro o deseándole daño; enemigo. **2.** País que se encuentra en guerra con otro país. **3.** Algo dañino en sus efectos.

energetic *adjetivo* Lleno de energía; vigoroso; enérgico.

energy *sustantivo* **1.** Vigor o deseo de hacer cosas; voluntad de trabajar o jugar; energía. **2.** Esfuerzo; trabajo. **3.** La capacidad de mover objetos o hacer otro tipo de trabajo físico. La electrididad, el calor y el petróleo son todos fuentes de energía.

enforce *verbo* Asegurarse de que una ley o regla sea obedecida; imponer.

engage *verbo* **1.** Emplear; contratar: *She engaged a staff of workers.* = *Ella empleó un grupo de trabajadores.* **2.** Ocupar la atención o el tiempo: *A friend engaged him in conversation for over an hour.* = *Un amigo le ocupó la atención con conversaciones por más de una hora.* **3.** Tomar parte; participar: *You're too young to engage in business deals.* = *Tú eres muy joven para participar en cuestiones de negocios.* **4.** Prometer o acordar contraer matrimonio; comprometerse.

engagement *sustantivo* **1.** El acto de comprometerse o la condición de estar comprometido; compromiso. **2.** Promesa de matrimonio. **3.** Tiempo durante el cual uno está comprometido para casarse. **4.** Acuerdo con alguien para encontrarse en algún sitio o para hacer algo; cita.

engine *sustantivo* **1.** Máquina que utiliza energía para

chine that uses energy to make something run or move; motor. **2.** A railroad locomotive.

en·gin·eer |ĕn′jə nǐr′| —*noun, plural* **engineers 1.** A person who is trained in engineering. **2.** A person who runs a locomotive.

en·gi·neer·ing |ĕn′jə nǐr′ĭng| —*noun* The work of planning and building complicated structures that require a lot of scientific knowledge, such as bridges, canals, and oil wells.

en·grave |ĕn grāv′| —*verb* **engraved, engraving 1.** To carve or cut a design or letters into a surface. **2.** To fix firmly.

en·gross |ĕn grōs′| —*verb* **engrossed, engrossing** To take up all the attention of; absorb.

en·hance |ĕn hăns′| or |ĕn häns′| —*verb* **enhanced, enhancing** To make greater; improve.

en·joy |ĕn joi′| —*verb* **enjoyed, enjoying 1.** To get pleasure from; like to do. **2.** To have the benefit of.

en·joy·ment |ĕn joi′mənt| —*noun, plural* **enjoyments 1.** The act or condition of enjoying something. **2.** Pleasure; joy.

en·large |ĕn lärj′| —*verb* **enlarged, enlarging** To make or become larger.

en·list |ĕn lǐst′| —*verb* **enlisted, enlisting 1.** To join or get to join the armed forces. **2.** To seek and gain.

e·nor·mous |ĭ nôr′məs| —*adjective* Very large; huge.

e·nough |ĭ nŭf′| —*adjective* As many or as much as needed; sufficient.
—*adverb* To a satisfactory amount or degree.
—*noun* An adequate quantity.

en·rage |ĕn rāj′| —*verb* **enraged, enraging** To make very angry.

en·rich |ĕn rĭch′| —*verb* **enriched, enriching 1.** To make rich or richer. **2.** To improve by adding something; make better.

en·roll |ĕn rōl′| —*verb* **enrolled, enrolling** To sign up; register.

en·roll·ment |ĕn rōl′mənt| —*noun, plural* **enrollments 1.** The act of enrolling. **2.** The number of people enrolled.

en·sign |ĕn′sən| —*noun, plural* **ensigns 1.** A flag or banner. **2.** An officer in the U.S. Navy of the lowest rank.

en·sure |ĕn shoōr′| —*verb* **ensured, ensuring** To make sure or certain of; guarantee.

en·tan·gle |ĕn tăng′gəl| —*verb* **entangled, entangling 1.** To make twisted and tangled. **2.** To involve.

en·ter |ĕn′tər| —*verb* **entered, entering 1.** To go in or into. **2.** To start out on; begin. **3.** To register or enroll. **4.** To put down in a book; record.

en·ter·prise |ĕn′tər prīz′| —*noun, plural* **enterprises** A big, important project or undertaking. An enterprise is usually difficult, complicated, or involves a great amount of risk.

en·ter·tain |ĕn′tər tān′| —*verb* **entertained, entertaining 1.** To hold the attention of in a pleasant way; amuse. **2.** To have a person as a guest. **3.** To consider.

en·ter·tain·ment |ĕn′tər tān′mənt| —*noun, plural* **entertainments 1.** Something intended to amuse a gathering of people. **2.** Enjoyment; fun.

en·thrall |ĕn thrôl′| —*verb* **enthralled, enthralling** To hold the attention of completely; fascinate.

en·thu·si·asm |ĕn thoō′zē ăz′əm| —*noun, plural* **enthusiasms** Great interest or excitement.

hacer que algo corra o se mueva; motor. **2.** Una locomotora.

engineer *sustantivo* **1.** Persona con estudios de ingeniería; ingeniero. **2.** Persona que maneja una locomotora; maquinista.

engineering *sustantivo* El trabajo de planear y construir estructuras complicadas que requieren mucho conocimiento científico, tales como puentes, canales y pozos de petróleo; ingeniería.

engrave *verbo* **1.** Tallar o labrar diseños o letras en una superficie; grabar. **2.** Fijar firmemente; imprimir.

engross *verbo* Ocupar toda la atención; absorber; acaparar.

enhance *verbo* Mejorar; acrecentar; realzar.

enjoy *verbo* **1.** Recibir placer; gustar de hacer algo; deleitarse. **2.** Disfrutar: *He has enjoyed good health all his life.* = *Él ha disfrutado de buena salud toda su vida.*

enjoyment *sustantivo* **1.** El acto o condición de disfrutar algo; disfrute. **2.** Placer; gozo.

enlarge *verbo* Hacer o convertir en algo mayor; agrandar.

enlist *verbo* **1.** Unirse a las fuerzas armadas; enlistarse. **2.** Buscar y conseguir; reclutar.

enormous *adjetivo* Muy grande; inmenso; enorme.

enough *adjetivo* Tantos como sean necesarios; suficiente; bastante.
—*adverbio* En grado o cantidad satisfactoria; suficientemente.
—*sustantivo* Cantidad adecuada; lo bastante.

enrage *verbo* Poner muy enojado; enfurecer.

enrich *verbo* **1.** Hacer rico o más rico; enriquecer. **2.** Mejorar añadiendo algo; hacer mejor.

enroll *verbo* Matricularse; enrolarse.

enrollment *sustantivo* **1.** El acto de enrolarse; inscripción. **2.** El número de personas inscritas.

ensign *sustantivo* **1.** Enseña o pabellón; insignia. **2.** El oficial de menor grado en la marina de los Estados Unidos; alférez.

ensure *verbo* Garantizar; asegurar.

entangle *verbo* **1.** Enredar o enmarañar; liar. **2.** Complicar.

enter *verbo* **1.** Ir hacia adentro; entrar. **2.** Comenzar; empezar: *Cancer research is entering a new phase.* = *La investigación sobre el cáncer ha comenzado una nueva etapa.* **3.** Inscribirse o enrolarse: *We entered our son in a new school this September.* = *Este septiembre enrolamos a nuestro hijo en una nueva escuela.* **4.** Anotar en un libro; registrar: *Enter the expenses in this book.* = *Anote los gastos en este libro.*

enterprise *sustantivo* Proyecto o empeño importante y de gran envergadura; empresa. Una empresa suele ser difícil, complicada e implica un gran riesgo.

entertain *verbo* **1.** Ocupar la atención de una manera placentera; divertir; entretener. **2.** Tener a alguien como huésped o invitado. **3.** Considerar: *The star is entertaining several offers for the next movie.* = *La estrella está considerando varias propuestas para la próxima película.*

entertainment *sustantivo* **1.** Algo hecho con intención de divertir a un grupo de personas; entretenimiento. **2.** Diversión.

enthrall *verbo* Ocupar la atención completamente; fascinar; cautivar.

enthusiasm *sustantivo* Gran interés o animación; entusiasmo.

---

en·thu·si·as·tic |ĕn thōō′zē ăs′tĭk| —*adjective* Full of enthusiasm; warmly interested.

en·tire |ĕn tīr′| —*adjective* 1. Having no part missing; complete; whole. 2. Without any limit; total.

en·tire·ly |ĕn tīr′lē| —*adverb* Fully; completely.

en·ti·tle |ĕn tīt′l| —*verb* **entitled, entitling** 1. To give a title to; call. 2. To give someone a right.

en·trance¹ |ĕn′trəns| —*noun, plural* **entrances** 1. The act of entering. 2. A door or passageway through which one enters.

en·trance² |ĕn trăns′| or |ĕn trăns′| —*verb* **entranced, entrancing** To fill with wonder; fascinate; charm.

en·treat |ĕn trēt′| —*verb* **entreated, entreating** To ask earnestly; beg.

en·try |ĕn′trē| —*noun, plural* **entries** 1. The act or right of entering. 2. A passage or opening that provides a way in. 3. An item entered in a book or list. 4. Someone or something entered in a contest.

en·vel·op |ĕn vĕl′əp| —*verb* **enveloped, enveloping** To enclose completely; cover all over.

en·ve·lope |ĕn′və lōp| —*noun, plural* **envelopes** A flat paper wrapper with a gummed flap, used chiefly for mailing letters.

en·vi·ous |ĕn′vē əs| —*adjective* Wanting something that someone else has; feeling envy.

en·vi·ron·ment |ĕn vī′rən mənt| —*noun, plural* **environments** The surroundings in which a plant or animal lives.

en·vy |ĕn′vē| —*noun, plural* **envies** 1. A feeling of resentment at someone who has what you want; jealousy. 2. Someone or something that gives you this feeling.
—*verb* **envied, envying, envies** To feel envy toward.

ep·au·let |ĕp′ə lĕt′| —*noun, plural* **epaulets** A strap worn on the shoulder of an officer's uniform.

ep·ic |ĕp′ĭk| —*noun, plural* **epics** 1. A long poem about the adventures of heroes. 2. Any long story or movie with lots of characters and events.
—*adjective* 1. Of or like an epic. 2. Impressive; tremendous.

ep·i·dem·ic |ĕp′ĭ dĕm′ĭk| —*adjective* Spreading rapidly and widely among the people of an area.
—*noun, plural* **epidemics** 1. A disease that spreads rapidly and widely. 2. A rapid spread or development of anything.

ep·i·sode |ĕp′ĭ sōd′| —*noun, plural* **episodes** 1. An event in one's life or experience. 2. An incident in a story, or one part of a continuing story.

ep·och |ĕp′ək| —*noun, plural* **epochs** A particular period in history; era.

e·qual |ē′kwəl| —*adjective* 1. Having the same size, amount, or capacity as another. 2. Having the necessary strength or ability; capable.
—*noun, plural* **equals** Someone or something equal to another.
—*verb* **equaled, equaling** 1. To be the same as. 2. To do something equal to.

e·qual·i·ty |ĭ kwŏl′ĭ tē| —*noun* The condition of being equal, especially in political, social, or economic rights.

e·qua·tion |ĭ kwā′zhən| or |ĭ kwā′shən| —*noun, plural* **equations** A statement expressed in mathematical terms that two sets of values are equal.

e·qua·tor |ĭ kwā′tər| —*noun, plural* **equators** The imaginary line that goes around the middle of the earth at an equal distance from the North and South Poles.

e·qua·to·ri·al |ē′kwə tôr′ē əl| —*adjective* 1. Of or near the equator. 2. Showing or having the characteristics of the areas along the equator.

e·qui·lib·ri·um |ē′kwə lĭb′rē əm| —*noun* A state of balance.

enthusiastic *adjetivo* Lleno de entusiasmo; verdaderamente interesado; entusiástico.

entire *adjetivo* 1. Sin que le falte ninguna parte; completo; entero. 2. Sin límites; total.

entirely *adverbio* Completamente; enteramente.

entitle *verbo* 1. Dar un título; llamar; titular. 2. Dar o conceder un derecho a alguien.

entrance¹ *sustantivo* 1. El acto de entrar; entrada. 2. Puerta o pasadizo por el cual uno entra.

entrance² *verbo* Maravillar; fascinar; extasiar.

entreat *verbo* Pedir con ardor; suplicar; rogar.

entry *sustantivo* 1. El acto o derecho de entrada; acceso. 2. Pasaje o abertura que provee un camino de entrada; pasadizo. 3. Dato registrado en un libro o lista; anotación. 4. Algo o alguien que participa en un concurso; participante.

envelop *verbo* Rodear por completo o cubrir totalmente; envolver.

envelope *sustantivo* Envoltura plana de papel, con solapa engomada, que se usa principalmente para enviar cartas por correo; sobre.

envious *adjetivo* Deseando algo que otro posee; sintiendo envidia; envidioso.

environment *sustantivo* Los alrededores en los cuales vive una planta o animal; medio ambiente.

envy *sustantivo* 1. Sentimiento de rencor hacia alguien que posee lo que se desea; envidia. 2. Algo o alguien que provoca este sentimiento: *Her new bicycle is the envy of all her friends.* = *Su bicicleta nueva es la envidia de todas sus amistades.*
—*verbo* Sentir envidia hacia algo o alguien; envidiar.

epaulet *sustantivo* Correa usada sobre la hombrera del uniforme de un oficial; charretera.

epic *sustantivo* 1. Poema largo que narra las aventuras de los héroes; epopeya. 2. Cualquier relato o película cinematográfica extensa y con muchos personajes y sucesos.
—*adjetivo* 1. Perteneciente a o similar a una epopeya; épico. 2. Impresionante; tremendo.

epidemic *adjetivo* Que se esparce rápida y extensamente entre la gente de una localidad; epidémico.
—*sustantivo* 1. Enfermedad que se esparce rápida y extensamente; epidemia. 2. El rápido esparcimiento o desarrollo de cualquier cosa.

episode *sustantivo* 1. Un suceso en la vida o experiencia de uno; episodio. 2. Un incidente en un relato o una parte de un relato en serie.

epoch *sustantivo* Período determinado de la historia; era; época.

equal *adjetivo* 1. Que tiene el mismo tamaño, cantidad o capacidad que otro; igual. 2. Que tiene el vigor o la habilidad necesaria; capaz.
—*sustantivo* Alguien o algo igual a otro.
—*verbo* 1. Ser lo mismo que otro; igualar. 2. Hacer algo igual a otro.

equality *sustantivo* La condición de ser igual, especialmente en lo concerniente a derechos políticos, sociales o económicos; igualdad.

equation *sustantivo* Declaración expresada en términos matemáticos de que dos conjuntos de valores son iguales; ecuación: $3 \times 2 = 6$ y $3 + 2 = 5$ *son ecuaciones.*

equator *sustantivo* Línea imaginaria que corre alrededor del medio de la Tierra, a la misma distancia de los polos norte y sur; ecuador.

equatorial *adjetivo* 1. Perteneciente a o cerca del ecuador; ecuatorial. 2. Presentando o teniendo las características de las áreas a lo largo del ecuador.

equilibrium *sustantivo* Un estado de balance; equilibrio.

ă pat ā pay â care ä father ĕ pet ē be ĭ pit ī pie î fierce ŏ pot ō go ô paw, for oi oil ŏŏ book ōō boot

e·qui·nox | ē′kwə nŏks′ | or | ĕk′wə nŏks′ | —*noun, plural* **equinoxes** Either of the times of the year in which the sun is exactly above the equator and day and night are about equal in length.

e·quip | ĭ kwĭp′ | —*verb* **equipped, equipping** To supply with things that are needed; provide.

e·quip·ment | ĭ kwĭp′mənt | —*noun* The things needed or used for a particular purpose.

e·quiv·a·lent | ĭ kwĭv′ə lənt | —*adjective* Equal.
—*noun, plural* **equivalents** Something that is equal.

e·ra | îr′ə | or | ĕr′ə | —*noun, plural* **eras** A period of history.

e·rase | ĭ rās′ | —*verb* **erased, erasing** 1. To remove by rubbing or wiping. 2. To remove writing or a recording from.

e·ras·er | ĭ rā′sər | —*noun, plural* **erasers** Something used to rub out marks on paper or blackboards.

e·rect | ĭ rĕkt′ | —*adjective* Not bent or stooped; upright.
—*verb* **erected, erecting** 1. To build or construct; put up. 2. To make upright; set on end.

er·mine | ûr′mĭn | —*noun, plural* **ermines** or **ermine** 1. An animal whose fur in winter is white with a black tail tip. For the rest of the year, its fur is brown. The ermine is a kind of weasel. 2. The white fur of an ermine. It often has spots made with the black tail tips.

e·rode | ĭ rōd′ | —*verb* **eroded, eroding** To wear away bit by bit.

e·ro·sion | ĭ rō′zhən | —*noun, plural* **erosions** The process of being worn away slowly, as by wind or water.

er·rand | ĕr′ənd | —*noun, plural* **errands** A short trip taken to perform a task.

er·ror | ĕr′ər | —*noun, plural* **errors** 1. Something that is wrong or incorrect; a mistake. 2. In baseball, a fielder's mistake that allows a batter to get on base or a runner to advance.

e·rupt | ĭ rŭpt′ | —*verb* **erupted, erupting** 1. To burst out violently. 2. To appear or develop suddenly.

es·ca·la·tor | ĕs′kə lā′tər | —*noun, plural* **escalators** A moving staircase, as in a store or public building, that carries people up and down.

es·cape | ĭ skāp′ | —*verb* **escaped, escaping** 1. To get free; break loose. 2. To succeed in avoiding something.
—*noun, plural* **escapes** 1. The act of escaping. 2. A way of avoiding care or worry.

es·cort | ĕs′kôrt′ | —*noun, plural* **escorts** 1. A person or group that goes along with another to protect or show respect to the person or group. 2. A plane or ship that travels with another for protection. 3. A man who goes along with a woman to a party or other social event.
—*verb* | ĭ skôrt′ | **escorted, escorting** To go with as an escort.

e·soph·a·gus | ĭ sŏf′ə gəs | —*noun* The tube that connects the throat with the stomach.

es·pe·cial·ly | ĭ spĕsh′ə lē | —*adverb* 1. In a special way; more than usually; very. 2. More than others; particularly.

es·say | ĕs′ā | —*noun, plural* **essays** A short piece of writing giving the author's views on a certain subject; composition.

es·sence | ĕs′əns | —*noun, plural* **essences** 1. The basic or most important part of something. 2. The concentrated liquid form of a plant, herb, or other substance.

es·sen·tial | ĭ sĕn′shəl | —*adjective* Of the greatest importance; basic; fundamental.
—*noun, plural* **essentials** A basic or necessary thing.

es·tab·lish | ĭ stăb′lĭsh | —*verb* **established, establishing** 1. To begin or start; set up; create. 2. To show to be true; prove.

es·tab·lish·ment | ĭ stăb′lĭsh mənt | —*noun, plural*

equinox *sustantivo* Cualquiera de las dos épocas del año en las cuales el sol se encuentra exactamente sobre el ecuador, haciendo que el día y la noche sean aproximadamente de la misma duración; equinoccio.

equip *verbo* Suplir con cosas que se necesitan; proveer; equipar.

equipment *sustantivo* Las cosas necesarias o usadas para un propósito determinado; equipo.

equivalent *adjetivo* Igual; equivalente.
—*sustantivo* Algo que es igual; equivalencia.

era *sustantivo* Período de la historia; era.

erase *verbo* 1. Quitar, frotando o limpiando; borrar. 2. Quitar la escritura o una grabación.

eraser *sustantivo* Lo que se usa para borrar marcas en papel o pizarras; borrador.

erect *adjetivo* Que no es o no está inclinado o jorobado; erecto; enderezado; rígido.
—*verbo* 1. Levantar, fabricar o construir; erigir. 2. Parar de punta; poner vertical.

ermine *sustantivo* 1. Animal cuyo pelaje en invierno es blanco con la punta de la cola negra. El resto del año, el pelaje es castaño; armiño. Este animal es una variedad de la comadreja. 2. La piel blanca del armiño, a veces con pintas negras en la cola.

erode *verbo* Desgastar, o desgastarse, poco a poco: *Exposed rock gradually erodes.* = *Las rocas, expuestas al aire libre, se desgastan poco a poco.*

erosion *sustantivo* Desgaste, como el de la tierra bajo los efectos del agua o el viento; erosión.

errand *sustantivo* Viaje corto realizado para hacer un quehacer; mandado; diligencia.

error *sustantivo* 1. Algo que está mal o equivocado; un error. 2. En el juego de béisbol, una falta o fallo de un jugador que permite que un bateador coja base o que un corredor se adelante a otra base.

erupt *verbo* 1. Brotar con violencia; hacer erupción. 2. Aparecer o desarrollarse de repente.

escalator *sustantivo* Transportador con peldaños que lleva a la gente de un piso o nivel a otro; escalera mecánica.

escape *verbo* Salir libre; fugarse; escapar.
—*sustantivo* 1. El acto de escapar o fugarse. 2. Un modo de evitar o librarse de las preocupaciones o problemas.

escort *sustantivo* 1. Persona o grupo que acompaña a otra u otro para protegerlo o mostrarle respeto; escolta. 2. Avión o buque que viaja con otro para protegerlo. 3. Hombre que acompaña a una mujer a una fiesta o reunión; acompañante.
—*verbo* Ir con alguien como acompañante; escoltar.

esophagus *sustantivo* El tubo que conecta la garganta con el estómago; esófago.

especially *adverbio* 1. De un modo especial; más que lo corriente; muy. 2. Más que otros; particularmente; especialmente.

essay *sustantivo* Un breve escrito que da el parecer del autor sobre un cierto tema; ensayo.

essence *sustantivo* 1. La parte básica o lo más importante de algo; esencia. 2. Líquido concentrado de una planta, hierba u otra substancia; extracto; esencia.

essential *adjetivo* De la mayor importancia; básico; fundamental; esencial.
—*sustantivo* Cosa básica o necesaria.

establish *verbo* 1. Comenzar o crear; establecer. 2. Mostrar que es verdad; probar.

establishment *sustantivo* Establecimiento: 1. El acto

ər butter   yōō abuse   ou out   ŭ cut   û fur   *th* the   th thin   hw which   zh vision   ə ago, item, pencil, atom, circus

establishments 1. The act of establishing. **2.** Something established, such as a business firm or club.

es·tate | ĭ stāt′ | —*noun, plural* **estates 1.** A large piece of land, usually with a large house and other buildings. **2.** Everything owned by a person, especially the property left by someone who has died.

es·teem | ĭ stēm′ | —*verb* **esteemed, esteeming** To think highly of; respect.
—*noun* Respect; honor.

es·ti·mate | ĕs′tə māt′ | —*verb* **estimated, estimating** To make a guess about; calculate or judge roughly.
—*noun* | ĕs′tə mĭt | or | ĕs′tə māt′ |, *plural* **estimates** A rough calculation; a guess.

es·ti·ma·tion | ĕs′tə mā′shən | —*noun, plural* **estimations** An opinion; judgment.

etc. An abbreviation for the Latin phrase **et cetera.**

et cet·er·a | ĕt sĕt′ər ə | or | ĕt sĕt′rə | And other things of the same kind; and so forth.

etch | ĕch | —*verb* **etched, etching** To make a drawing or design by cutting lines with acid on a metal plate.

etch·ing | ĕch′ĭng | —*noun, plural* **etchings 1.** The art or technique of making etched metal plates and using them to print pictures or designs. **2.** A picture or design made this way.

e·ter·nal | ĭ tûr′nəl | —*adjective* **1.** Continuing forever. **2.** Not affected by time; lasting. **3.** Going on and on; constant.

e·ter·ni·ty | ĭ tûr′nĭ tē | —*noun, plural* **eternities 1.** All of time without beginning or end. **2.** A very long time.

e·ther | ē′thər | —*noun, plural* **ethers** A liquid that evaporates easily and is used in medicine to make people unconscious for medical operations.

eth·nic | ĕth′nĭk | —*adjective* Of a group within a larger society who continue to speak a foreign language and share a way of life.

et·i·quette | ĕt′ĭ kĭt | —*noun, plural* **etiquettes** A set of rules that tell you how to behave in various social situations.

et·y·mol·o·gy | ĕt′ə mŏl′ə jē | —*noun, plural* **etymologies** The history of a word, including where it came from and how it got its present form and meaning.

eu·ca·lyp·tus | yōō′kə lĭp′təs | —*noun, plural* **eucalyptuses** A tall tree that grows in Australia and other warm regions.

e·vac·u·ate | ĭ văk′yōō āt′ | —*verb* **evacuated, evacuating 1.** To send away; withdraw. **2.** To depart from; leave.

e·vade | ĭ vād′ | —*verb* **evaded, evading** To escape or avoid, especially by smart planning.

e·val·u·ate | ĭ văl′yōō āt′ | —*verb* **evaluated, evaluating** To judge or figure out the value of; appraise.

e·vap·o·rate | ĭ văp′ə rāt′ | —*verb* **evaporated, evaporating** To change from a liquid into a vapor or gas.

e·vap·o·ra·tion | ĭ văp′ə rā′shən | —*noun, plural* **evaporations** The action or process of evaporating.

eve | ēv | —*noun, plural* **eves** The evening or day before a special day.

e·ven | ē′vən | —*adjective* **1.** Having a flat surface; level; smooth. **2.** Located at the same height or level. **3.** Not changing suddenly; steady. **4.** Equal. **5.** Having the same score. **6.** Owing nothing; square. **7.** Exact. **8.** Capable of being divided by two without a remainder.
—*adverb* **1.** To a greater degree; yet; still. **2.** At the

de establecer: *the money paid for the establishment of a new business* = *el dinero pagado para el establecimiento de un nuevo negocio.* **2.** Algo creado o establecido, como una empresa de negocios o un club: *The hotel is one of the oldest establishments in town.* = *El hotel es uno de los establecimientos más antiguos en este pueblo.*

estate *sustantivo* **1.** Extensión grande de terreno, comúnmente con una casa grande y otros edificios; hacienda o estancia. **2.** Todo lo que es propiedad de una persona, especialmente aquello que deja al morir; heredad.

esteem *verbo* Tener una buena opinión; respetar; estimar.
—*sustantivo* Respeto; honor; estima; estimación.

estimate *verbo* Hacer un cálculo; hacer un aproximado; estimar.
—*sustantivo* Cálculo; cifra aproximada; estimado.

estimation *sustantivo* Opinión; juicio; estimación.

etc. Forma abreviada de la frase en latín **et cetera.**

et cetera Y otras cosas parecidas; etcétera.

etch *verbo* Hacer un dibujo o diseño usando ácidos para grabar los trazos sobre una chapa o plancha de metal grabado.

etching *sustantivo* **1.** El arte o la técnica de grabar planchas al aguafuerte (ácido) y de usar los grabados para imprimir diseños; aguafuerte. **2.** Un cuadro, lámina o diseño hecho mediante esta técnica.

eternal *adjetivo* **1.** Que continúa por siempre; eterno: *God is eternal.* = *Dios es eterno.* **2.** Resistente al tiempo; duradero: *She kept her eternal good humor through the disaster.* = *Ella mantuvo su eterno buen humor a través del desastre.* **3.** Seguido, constante: *their eternal quarreling* = *su constante riña.*

eternity *sustantivo* **1.** El tiempo todo, sin comienzo ni fin; eternidad. **2.** Rato muy largo que parece sin fin.

ether *sustantivo* Líquido que se evapora fácilmente y que se usa en medicina para anestesiar al paciente para la cirugía; éter.

ethnic *adjetivo* Relativo a un grupo que, dentro de una población mayor, sigue con otro idioma y estilo de vida; étnico.

etiquette *sustantivo* Conjunto de reglas que indican cómo comportarse en distintas situaciones sociales; etiqueta.

etymology *sustantivo* La historia de una palabra, incluyendo de dónde proviene y cómo llegó a tener su actual forma y sentido; etimología.

eucalyptus *sustantivo* Árbol alto de Australia y otros países cálidos; eucalipto.

evacuate *verbo* **1.** Desalojar; vaciar; evacuar. **2.** Desocupar; irse.

evade *verbo* **1.** Escapar o evitar, especialmente por medio de la astucia; evadir.

evaluate *verbo* Calcular o juzgar el valor; valorar; evaluar.

evaporate *verbo* Cambiar de un líquido a vapor o gas; evaporar.

evaporation *sustantivo* El acto o proceso de evaporar; evaporación.

eve *sustantivo* El día antes, o la noche antes, de una ocasión especial; víspera.

even *adjetivo* **1.** Que tiene una superficie plana; nivelado; liso; parejo: *We sanded the floor to make it even.* = *Lijamos el piso para que quedara parejo.* **2.** Situado a la misma altura; a ras: *The picture is even with the top of the window.* = *El cuadro está a ras con el tope de la ventana.* **3.** Estable; que no cambia de repente: *an even disposition* = *una disposición estable.*

same time as; just. **3.** In spite of; despite. **4.** Though it seems unlikely.
—*verb* **evened, evening** To make or become even.
Idioms **break even** To finish without losses or gains. **get even** To have revenge.

4. Igual; de idéntica cantidad: *Use even amounts of oil and vinegar for the dressing.* = *Usa cantidades iguales de aceite y vinagre para el aderezo.* **5.** Con iguales tantos; empatados: *The teams were even.* = *Los equipos estaban empatados.* **6.** Que no debe nada; libre de deudas. **7.** Exacto; sin faltar ni sobrar de peso; justo: *an even pound of flour* = *una libra de harina justa.* **8.** Ser divisible por dos sin que sobre nada; par: *12, 4 and 108 are even numbers.* = *12, 4 y 108 son números pares.*
—*adverbio* **1.** Todavía; ya; aún: *This is even better.* = *Esto es mejor aún.* **2.** Justo: *Even as we watched, the blow struck.* = *Justo mientras mirábamos, cayó el golpe.* **3.** A pesar: *Even with his head start, I won the race.* = *A pesar de tener él la delantera, yo gané la carrera.* **4.** Hasta (lo que no es corriente): *Even grownups cry sometimes.* = *A veces, hasta las personas mayores lloran.*
—*verbo* Igualar; emparejar.
Modismos **break even** Salir sin ganar ni perder: *With so many expenses, we barely broke even.* = *Con tantos gastos, apenas salimos sin perder.* **get even** Desquitarse: *He got even with her for telling on him.* = *Por haberlo delatado, él se desquitó con ella.*

eve·ning |ēv′nǐng| —*noun, plural* **evenings 1.** The time around sunset and just afterward. **2.** The time between sunset and midnight.

evening *sustantivo* **1.** La hora cercana a la puesta del sol o después de ella. **2.** El tiempo desde la puesta del sol hasta la medianoche.

e·vent |ǐ věnt′| —*noun, plural* **events 1.** Something that happens; an occurrence. **2.** One contest in a program of sports.
Idiom **in the event of** In case.

event *sustantivo* **1.** Algo que ocurre o sucede; acontecimiento. **2.** Concurso en un programa deportivo; una justa.
Modismo **in the event of** En caso de: *In the event of bad weather, we'll hold the picnic indoors.* = *En caso de mal tiempo, celebraremos el picnic bajo techo.*

ev·er |ěv′ər| —*adverb* **1.** At all times; always. **2.** At any time. **3.** By any chance; in any possible way.

ever *adverbio* **1.** En todo tiempo; siempre: *My dog is ever faithful.* = *Mi perro es siempre fiel.* **2.** Alguna vez; jamás: *Have you ever met?* = *¿Han sido presentados alguna vez?* **3.** Por remota casualidad; de algún modo posible: *Why did you ever buy that dress?* = *¿Por qué casualidad (o motivo) compraste ese vestido?*

ev·er·green |ěv′ər grēn′| —*adjective* Having green leaves or needles all through the year.
—*noun, plural* **evergreens** A tree, shrub, or plant with leaves or needles that stay green all year.

evergreen *adjetivo* Que mantiene el follaje verde todo el año; perenne.
—*sustantivo* Árbol, arbusto o planta con hojas o pinochas que no se caen ni pierden su verdor en invierno.

ev·er·last·ing |ěv′ər lǎs′tǐng| —*adjective* Lasting forever.

everlasting *adjetivo* Que perdura para siempre; eterno.

eve·ry |ěv′rē| —*adjective* **1.** Each with no exceptions. **2.** Each in a particular series.
Idioms **every bit** Entirely; in all ways. **every other** Each second; every alternate.

every *adjetivo* **1.** Cada uno sin excepción; todos: *There is a book for every student in the class.* = *Hay un libro por cada uno de los alumnos en la clase.* **2.** Uno cada tantos, en serie: *Every third student will step out of line.* = *Cada tercer alumno se saldrá de la fila.*
Modismos **every bit** Enteramente; todo: *He's every bit as mean as we thought.* = *Él es todo lo malicioso que nos lo pensamos.* **every other** Cada segundo; alternando (uno sí y uno no): *I go to dancing class every other week.* = *Yo voy a las clases de baile cada segunda semana.*

eve·ry·bod·y |ěv′rē bǒd′ē| —*pronoun* Each person without exception; everyone.

everybody *sustantivo* Toda persona sin excepión; todo el mundo.

eve·ry·day |ěv′rē dā′| —*adjective* Ordinary; usual.

everyday *adjetivo* Corriente; usual; cotidiano; de todos los días.

eve·ry·one |ěv′rē wǔn′| —*pronoun* Every person; everybody.

everyone *pronombre* Cada persona; cada uno; todos.

eve·ry·thing |ěv′rē thǐng′| —*pronoun* **1.** All things. **2.** A great deal; a lot.

everything *pronombre* **1.** Todas las cosas; todo: *Everything we own is in this room.* = *Todo lo que poseemos está en este cuarto.* **2.** Una gran cantidad; mucho: *Your friendship means everything to me.* = *Para mí, tu amistad es todo.*

eve·ry·where |ěv′rē hwâr′| —*adverb* In all places.

everywhere *adverbio* En todos los lugares; por todos lados; dondequiera: *We looked everywhere for him.* = *Lo buscamos por todos lados.*

e·vict |ǐ vǐkt′| —*verb* **evicted, evicting** To put out a tenant by lawful means.

evict *verbo* Sacar o echar fuera a un inquilino por medios legales; desahuciar.

ev·i·dence |ěv′ǐ dəns| —*noun, plural* **evidences** Facts or signs that help one to form an opinion; indication.

evidence *sustantivo* Hechos o señas que ayudan a formar una opinión; indicaciones; pruebas; evidencia.

ev·i·dent |ěv′ǐ dənt| —*adjective* Easy to see or understand; obvious; plain.

evident *adjetivo* Fácil de ver o entender; claro; evidente.

e·vil |ē′vəl| —*adjective* **1.** Morally bad; wicked. **2.** Causing harm or misfortune; harmful. —*noun, plural* **evils 1.** The condition of being wicked; sin. **2.** Anything bad or harmful.

ev·o·lu·tion |ĕv′ə lōō′shən| —*noun, plural* **evolutions** Slow, gradual development.

e·volve |ĭ vŏlv′| —*verb* **evolved, evolving 1.** To arrive at gradually; develop. **2.** To develop gradually, as new types of plants and animals may do.

ewe |yōō| —*noun, plural* **ewes** A female sheep.

ex·act |ĭg zăkt′| —*adjective* Correct or accurate in every detail.

ex·act·ly |ĭg zăkt′lē| —*adverb* **1.** Without any change or mistake; precisely; accurately. **2.** In every respect; just.

ex·ag·ger·ate |ĭg zăj′ə rāt′| —*verb* **exaggerated, exaggerating** To describe something as larger than it really is.

ex·am |ĭg zăm′| —*noun, plural* **exams** An examination; test.

ex·am·i·na·tion |ĭg zăm′ə nā′shən| —*noun, plural* **examinations 1.** The act of examining; inspection. **2.** A test.

ex·am·ine |ĭg zăm′ĭn| —*verb* **examined, examining 1.** To look at carefully; check; inspect. **2.** To test the knowledge of.

ex·am·ple |ĭg zăm′pəl| —*noun, plural* **examples 1.** Something that is singled out or studied because it is like other things of the same kind; sample. **2.** A person or thing that is worth imitating; model. **3.** A warning; lesson.

ex·ca·vate |ĕks′kə vāt′| —*verb* **excavated, excavating 1.** To dig or dig out. **2.** To uncover by digging; expose to view.

ex·ceed |ĭk sēd′| —*verb* **exceeded, exceeding 1.** To be greater than; surpass. **2.** To go beyond.

ex·cel |ĭk sĕl′| —*verb* **excelled, excelling** To be or do better than others.

ex·cel·lence |ĕk′sə ləns| —*noun* The quality or condition of being excellent.

ex·cel·lent |ĕk′sə lənt| —*adjective* Of the highest quality; superior.

ex·cept |ĭk sĕpt′| —*preposition* Not including; leaving out; but. —*conjunction* **1.** But; only. **2.** But for the purpose of.

ex·cep·tion |ĭk sĕp′shən| —*noun, plural* **exceptions 1.** The fact of being excluded; omission. **2.** A person or thing that is different from most others.

ex·cep·tion·al |ĭk sĕp′shə nəl| —*adjective* Unusual; outstanding.

ex·cerpt |ĕk′sûrpt| —*noun, plural* **excerpts** A passage taken out of a longer work; sample.

ex·cess |ĭk sĕs′| or |ĕk′sĕs′| —*noun, plural* **excesses 1.** An amount that is too much or more than usual. **2.** The amount by which one thing is more than another. —*adjective* Greater than necessary or normal; extra.

ex·ces·sive |ĭk sĕs′ĭv| —*adjective* Greater than necessary, proper, or normal; extreme.

ex·change |ĭks chānj′| —*verb* **exchanged, exchanging 1.** To give one thing for another; trade. **2.** To give and get back. —*noun, plural* **exchanges 1.** An act of exchanging. **2.** A place where things are traded; market. **3.** A central office; center.

ex·cite |ĭk sīt′| —*verb* **excited, exciting** To arouse or stir up.

evil *adjetivo* **1.** Moralmente malo; malvado. **2.** Que provoca daño o desgracia; dañino. —*sustantivo* **1.** La condición de ser malvado; pecado. **2.** Cualquier cosa mala o dañina.

evolution *sustantivo* Desarrollo lento y gradual; evolución.

evolve *verbo* **1.** Alcanzar una condición gradualmente; desarrollarse. **2.** Modificarse o alterarse poco a poco, como pueden hacerlo nuevos tipos de plantas o animales.

ewe *sustantivo* Oveja hembra.

exact *adjetivo* Correcto; preciso en todo detalle; exacto.

exactly *adverbio* **1.** Sin cambio ni error alguno; precisamente; exactamente. **2.** En todo sentido; cabalmente: *You may do exactly as you please.* = *Ud. puede hacer cabalmente como le plazca.*

exaggerate *verbo* Describir algo como más grande de lo que es en verdad; exagerar.

exam *sustantivo* Examen; prueba.

examination *sustantivo* **1.** El acto de observar detalladamente; inspección; examen. **2.** Una prueba o ensayo de calificación.

examine *verbo* **1.** Mirar con cuidado; revisar; inspeccionar; examinar. **2.** Someter a una prueba de saber o de habilidad.

example *sustantivo* **1.** Algo que se escoge o se estudia porque se parece a otros de la misma clase; una muestra. **2.** Alguien o algo digno de imitar; ejemplar; modelo. **3.** Advertencia; caución: *Let his punishment be an example to you.* = *Que su castigo sea una advertencia para ustedes.*

excavate *verbo* **1.** Vaciar un lugar sacando material, como tierra; excavar. **2.** Sacar a la vista; descubrir cavando.

exceed *verbo* **1.** Ser más grande o mejor; exceder. **2.** Sobrepasar; traspasar.

excel *verbo* Ser mejor, o hacer algo mejor que otros; superar.

excellence *sustantivo* La cualidad o condición de ser superior; excelencia.

excellent *adjetivo* De la mejor calidad; superior; excelente.

except *preposición* Sin incluir; omitiendo; salvo; menos; excepto: *All the eggs except one are broken.* = *Todos los huevos, excepto uno, están rotos.* —*conjunción* **1.** Pero que; si no fuera que: *I'd lend you my bicycle, except I need it.* = *Te prestaría mi bicicleta si no fuera porque la necesito.* **2.** Sino: *He never came to visit except to borrow something.* = *Él nunca venía a visitar sino para pedir algo prestado.*

exception *sustantivo* **1.** El hecho de estar excluido; omisión. **2.** Una persona o cosa diferente de la mayoría de los demás; excepción.

exceptional *adjetivo* Poco usual; sobresaliente; excepcional.

excerpt *sustantivo* Parte tomada de un escrito; trozo de una obra más larga, como una muestra de lo escrito.

excess *sustantivo* **1.** Una cantidad que es excesiva o más de lo corriente; exceso. **2.** La porción sobrante de una cantidad comparada con otra; excedente. —*adjetivo* Más grande de lo necesario o normal; extra; excesivo.

excessive *adjetivo* Que se pasa de lo necesario o correcto; extremo; excesivo.

exchange *verbo* **1.** Dar una cosa por otra; cambiar; intercambiar: *I exchanged my marbles for his baseball.* = *Yo cambié mis canicas por su pelota.* **2.** Dar y recibir; trueque. —*sustantivo* **1.** Un acto de canje; un cambio. **2.** Un lugar donde se hacen canjes; mercado o bolsa de valores. **3.** Una oficina central, como la de teléfonos.

excite *verbo* Animar; emocionar; excitar.

ex·cite·ment |ĭk sīt′mənt| —*noun, plural* **excite-ments 1.** The condition of being excited. **2.** Commotion or confusion. **3.** Something that excites.

ex·cit·ing |ĭk sī′tĭng| —*adjective* Causing excitement; thrilling.

ex·claim |ĭk sklām′| —*verb* **exclaimed, exclaiming** To speak out suddenly and loudly, as from surprise.

ex·cla·ma·tion |ĕk′sklə mā′shən| —*noun, plural* **exclamations** Something said suddenly and loudly, as in surprise.

exclamation point A mark of punctuation (!) used after an exclamation, as in "Help!" or "Hurrah!"

ex·clude |ĭk sklōōd′| —*verb* **excluded, excluding** To keep or leave out; bar.

ex·clu·sive |ĭk sklōō′sĭv| —*adjective* **1.** Not shared; complete; whole. **2.** Admitting only some people and rejecting others.

ex·cur·sion |ĭk skûr′zhən| —*noun, plural* **excursions** A short trip for pleasure; an outing.

ex·cuse |ĭk skyōōz′| —*verb* **excused, excusing 1.** To pardon; forgive. **2.** To free from a duty or obligation.
—*noun* |ĭk skyōōs′|, *plural* **excuses** Something that serves to excuse; an explanation.

ex·e·cute |ĕk′sĭ kyōōt′| —*verb* **executed, executing 1.** To perform; do. **2.** To carry out; put into effect. **3.** To put to death.

ex·e·cu·tion |ĕk′sĭ kyōō′shən| —*noun, plural* **executions 1.** The act of executing; performance. **2.** The act of putting to death.

ex·e·cu·tion·er |ĕk′sĭ kyōō′shə nər| —*noun, plural* **executioners** Someone who puts condemned prisoners to death.

ex·ec·u·tive |ĭg zĕk′yə tĭv| —*noun, plural* **executives 1.** A person who helps to manage and make decisions for a company or organization. **2.** The branch of government responsible for managing the affairs of the nation and for putting laws into effect.
—*adjective* **1.** Having to do with management and the making of decisions. **2.** Of or working for an executive. **3.** Of the branch of government responsible for managing the affairs of the nation and for putting laws into effect.

ex·empt |ĭg zĕmpt′| —*verb* **exempted, exempting** To free from a duty or obligation required of others; excuse.
—*adjective* Released from an obligation required of others.

ex·er·cise |ĕk′sər sīz′| —*noun, plural* **exercises 1.** Use; employment. **2.** Physical activity, usually done for the good of the body. **3.** A problem or task that helps a student learn or gives him practice. **4.** **exercises** A ceremony.
—*verb* **exercised, exercising 1.** To do physical activity for the good of one's body. **2.** To put through a series of exercises. **3.** To put into practice; use.

ex·ert |ĭg zûrt′| —*verb* **exerted, exerting** To bring into use; apply.

ex·er·tion |ĭg zûr′shən| —*noun, plural* **exertions** Strenuous effort; hard work.

ex·hale |ĕks hāl′| or |ĕk sāl′| —*verb* **exhaled, exhaling** To breathe out.

ex·haust |ĭg zôst′| —*verb* **exhausted, exhausting 1.** To use up; consume. **2.** To make very tired; wear out.
—*noun, plural* **exhausts** The gases and other matter released from a running engine.

ex·haus·tion |ĭg zôs′chən| —*noun, plural* **exhaustions 1.** Extreme or great fatigue. **2.** The act of exhausting or the condition of being exhausted.

ex·hib·it |ĭg zĭb′ĭt| —*verb* **exhibited, exhibiting**

excitement *sustantivo* **1.** La condición de estar excitado. **2.** Alboroto o confusión. **3.** Algo que excita.

exciting *adjetivo* Emocionante; que anima o da estímulo; excitante.

exclaim *verbo* Dar voz con ánimo y de repente, como con sorpresa; exclamar.

exclamation *sustantivo* Algo dicho de repente y en voz alta, como en sorpresa; exclamación.

exclamation point Una marca en la escritura; el signo (!) de admiración que en inglés no se pone al comienzo, sino después de la frase de admiración.

exclude *verbo* Dejar fuera; no dejar entrar; excluir.

exclusive *adjetivo* **1.** Sin compartir; entero; exclusivo: *His family has exclusive ownership of the beach.* = *Su familia es propietaria exclusiva de la playa.* **2.** Admitiendo algunas personas únicamente y rechazando otros: *Exclusive clubs are forbidden in my school.* = *Los clubes exclusivos (en donde solamente algunas personas son admitidas) están prohibidos en mi escuela.*

excursion *sustantivo* Un corto viaje de placer o diversión; excursión.

excuse *verbo* **1.** Disculpar; perdonar. **2.** Dejar libre de un deber o de una obligación; excusar.
—*sustantivo* Algo que sirve para excusar; una explicación; excusa.

execute *verbo* **1.** Realizar; hacer. **2.** Llevar a cabo; efectuar; ejecutar. **3.** Dar muerte a un reo; ajusticiar.

execution *sustantivo* **1.** El acto de poner en efecto un plan o una orden; ejecución. **2.** El acto de dar muerte a uno hallado culpable y sentenciado; ejecución.

executioner *sustantivo* Uno que da muerte al condenado; ejecutor de la justicia; verdugo.

executive *sustantivo* **1.** Persona que toma parte en la administración y ayuda a tomar decisiones en una organización o empresa; uno de la gerencia. **2.** La rama del gobierno que es responsable del manejo de los asuntos de la nación, y encargada de ejecutar las leyes; poder ejecutivo.
—*adjetivo* **1.** Que tiene que ver con el manejar y decidir; ejecutivo. **2.** Que le pertenece a un ejecutivo, o que trabaja para él. **3.** Perteneciente al poder ejecutivo o sus leyes.

exempt *verbo* Excusar o librar de un deber que otros tienen que cumplir; eximir.
—*adjetivo* Libre de una obligación que cargan los demás; exento.

exercise *sustantivo* **1.** Uso; empleo. **2.** Actividad física, generalmente para el bienestar del cuerpo; ejercicio. **3.** Un problema o tarea de práctica para que el estudiante aprenda mejor. **4.** **exercises** Función o ceremonia, como para la graduación escolar.
—*verbo* **1.** Ejercitarse; praticar gimnasia. **2.** Obligar o someter a una serie de ejercicios. **3.** Poner en práctica; utilizar; ejercer.

exert *verbo* Aplicar; poner en uso.

exertion *sustantivo* Esfuerzo físico grande; trabajo duro.

exhale *verbo* Respirar para afuera echando el aire; exhalar.

exhaust *verbo* **1.** Usar en su totalidad; consumir. **2.** Cansar mucho; agotar.
—*sustantivo* Los gases y humos que echa un motor de combustibles; escape de automóvil.

exhaustion *sustantivo* **1.** Gran cansancio; fatiga extrema; agotamiento. **2.** El acto de agotar, o la condición de estar acabado o agotado.

exhibit *verbo* **1.** Mostrar; demostrar. **2.** Poner a la

1. To show; demonstrate. **2.** To put on display.
—*noun, plural* **exhibits** Something exhibited; a display.

ex·hi·bi·tion |ĕk′sə bĭsh′ən| —*noun, plural* **exhibitions 1.** The act of exhibiting; display. **2.** A public display.

ex·hil·a·rate |ĭg zĭl′ə rāt′| —*verb* **exhilarated, exhilarating** To make cheerful or excited; refresh; invigorate.

ex·ile |ĕg′zīl| or |ĕk′sīl| —*noun, plural* **exiles 1.** Forced removal from one's country; a banishing. **2.** A person who has been forced to leave his country.
—*verb* **exiled, exiling** To send into exile; banish.

ex·ist |ĭg zĭst′| —*verb* **existed, existing 1.** To be real. **2.** To live.

ex·is·tence |ĭg zĭs′təns| —*noun, plural* **existences 1.** The condition of being real; reality. **2.** The fact of being alive; life.

ex·it |ĕg′zĭt| or |ĕk′sĭt| —*noun, plural* **exits 1.** A passage or way out. **2.** The act of leaving.
—*verb* **exited, exiting** To make one's exit; depart.

ex·o·dus |ĕk′sə dəs| —*noun, plural* **exoduses** A departure, especially by a large number of people.

ex·ot·ic |ĭg zŏt′ĭk| —*adjective* From another part of the world; foreign.

ex·pand |ĭk spănd′| —*verb* **expanded, expanding** To make or become larger.

ex·panse |ĭk spăns′| —*noun, plural* **expanses** A wide and open area; a broad, smooth stretch.

ex·pan·sion |ĭk spăn′shən| —*noun, plural* **expansions 1.** The act of expanding or the condition of being expanded; increase in size. **2.** Something formed by making another thing bigger or longer.

ex·pect |ĭk spĕkt′| —*verb* **expected, expecting 1.** To look for as likely to happen; foresee. **2.** To want as something proper or due. **3.** To suppose; think.

ex·pec·ta·tion |ĕk′spĕk tā′shən| —*noun, plural* **expectations 1.** The act or condition of expecting; anticipation. **2.** **expectations** Hopes or prospects.

ex·pe·di·tion |ĕk′spĭ dĭsh′ən| —*noun, plural* **expeditions 1.** A long trip, usually for exploring or studying something not known or far away. **2.** The group making such a trip.

ex·pel |ĭk spĕl′| —*verb* **expelled, expelling 1.** To force out. **2.** To remove by official decision; dismiss.

ex·pense |ĭk spĕns′| —*noun, plural* **expenses 1.** Cost; price. **2.** Something that requires the spending of money. **3.** Loss or sacrifice.

ex·pen·sive |ĭk spĕn′sĭv| —*adjective* Having a high price; costly.

ex·pe·ri·ence |ĭk spîr′ē əns| —*noun, plural* **experiences 1.** Something that one lives through; an event in one's life. **2.** Knowledge or skill that one gains by practice.
—*verb* **experienced, experiencing** To live through; undergo.

ex·per·i·ment |ĭk spĕr′ə mənt| —*noun, plural* **experiments** Something done to show a fact, test a theory, or find out what might happen.
—*verb* **experimented, experimenting** To do an experiment or experiments.

ex·per·i·men·tal |ĭk spĕr′ə mĕn′tl| —*adjective* **1.** Of or based on experiments. **2.** New and still being tested.

ex·pert |ĕk′spûrt′| —*noun, plural* **experts** A person who knows a lot about a subject or is very good at it.
—*adjective* **1.** Skilled in a particular field. **2.** Given by an expert.

ex·pire |ĭk spīr′| —*verb* **expired, expiring 1.** Die. **2.** To come to an end.

ex·plain |ĭk splān′| —*verb* **explained, explaining 1.** To tell about in a way that makes a listener or reader understand; make clear. **2.** To give a reason for.

---

vista; exhibir.
—*sustantivo* Algo que se exhibe; despliegue o espectáculo.

exhibition *sustantivo* **1.** El acto de poner a la vista o exhibir. **2.** Algo puesto para que lo vea el público; exhibición.

exhilarate *verbo* Alegrar; excitar; refrescar o vigorizar.

exile *sustantivo* **1.** Salida forzosa u obligada del país de uno; destierro. **2.** Persona obligada a irse de su país; alguien exiliado o desterrado.
—*verbo* Mandar al destierro; proscribir; exiliar.

exist *verbo* **1.** Ser real; existir: *Do flying saucers exist?* = *¿Existen los platillos voladores?* **2.** Vivir; mantenerse en vida.

existence *sustantivo* **1.** El estado de ser real; realidad. **2.** El hecho de estar vivo; vida; existencia.

exit *sustantivo* **1.** Un pasaje o salida. **2.** El acto de irse o de salir.
—*verbo* Salir; irse.

exodus *sustantivo* Salida o emigración, especialmente de un gran número de personas; éxodo.

exotic *adjetivo* De otra parte del mundo; ajeno; extranjero; exótico.

expand *verbo* Hacerse más grande, o hacer más grande una cosa; dilatar o expandir(se).

expanse *sustantivo* Área ancha y abierta; un tramo amplio y liso; extensión.

expansion *sustantivo* **1.** El acto de agrandar(se) o condición dilatada; expansión. **2.** Algo producido al aumentar o alargar otra cosa.

expect *verbo* **1.** Anticipar como probable; prever. **2.** Desear como algo propio o debido. **3.** Suponer; imaginar(se).

expectation *sustantivo* **1.** El acto o condición de esperar; anticipación. **2.** **expectations** Esperanzas o perspectivas.

expedition *sustantivo* **1.** Un viaje largo, usualmente para explorar o estudiar algo desconocido o lejano; expedición. **2.** El grupo que sale a tal viaje.

expel *verbo* **1.** Forzar fuera; echar; expeler. **2.** Sacar o despedir por decisión oficial; expulsar.

expense *sustantivo* **1.** Costo; precio; gasto. **2.** Algo que requiere gasto de dinero. **3.** Pérdida o sacrificio; expensas: *He worked long hours at the expense of his health.* = *Él trabajó largas horas, a expensas de su salud.*

expensive *adjetivo* Que tiene alto precio; costoso.

experience *sustantivo* **1.** Suceso, evento o situación por la cual una persona pasa en la vida; experiencia. **2.** Conocimiento, arte o habilidad que uno consigue con la práctica.
—*verbo* Pasar en la vida; probar o conocer en la práctica; experimentar.

experiment *sustantivo* Algo que se hace para demostrar un hecho, ensayar una teoría o para ver qué puede pasar; experimento.
—*verbo* Hacer experimentos.

experimental *adjetivo* **1.** Que tiene que ver con los experimentos, o que se funda en ellos; experimental. **2.** Nuevo y todavía en período de pruebas.

expert *sustantivo* Persona que sabe mucho de un tema o que tiene habilidad en la tarea; experto o perito.
—*adjetivo* **1.** Hábil en determinado campo; perito. **2.** Que proviene de un experto, como un consejo o servicio técnico.

expire *verbo* **1.** Morir; expirar; fallecer. **2.** Acabarse un plazo; caducar.

explain *verbo* **1.** Dar cuenta de algo, de modo que el oyente o lector lo entienda; explicar. **2.** Aclarar el motivo o la razón de algo; justificar.

ă pat ā pay â care ä father ĕ pet ē be ĭ pit ī pie î fierce ŏ pot ō go ô paw, for oi oil ōō book ōō boot

ex·pla·na·tion |ĕk′splə nā′shən| —*noun, plural* **explanations** **1.** The act or process of explaining. **2.** Something that serves to explain; reason.

ex·plan·a·to·ry |ĭk splăn′ə tôr′ē| —*adjective* Helping to explain; clarifying.

ex·plic·it |ĭk splĭs′ĭt| —*adjective* Clearly stated; openly expressed.

ex·plode |ĭk splōd′| —*verb* **exploded, exploding** **1.** To burst with a loud noise; blow up. **2.** To burst forth suddenly. **3.** To increase beyond control.

ex·ploit |ĕk′sploit′| —*noun, plural* **exploits** A heroic or daring act; deed.
—*verb* |ĭk sploit′| **exploited, exploiting** **1.** To use to the greatest advantage. **2.** To take unfair advantage of.

ex·plo·ra·tion |ĕk′splə rā′shən| —*noun, plural* **explorations** The act of exploring.

ex·plore |ĭk splôr′| or |ĭk splōr′| —*verb* **explored, exploring** **1.** To travel through an unfamiliar place for the purpose of discovery. **2.** To look into closely; investigate.

ex·plor·er |ĭk splôr′ər| or |ĭk splōr′ər| —*noun, plural* **explorers** A person who explores unknown places.

ex·plo·sion |ĭk splō′zhən| —*noun, plural* **explosions** **1.** The act of breaking apart violently with great force and noise. **2.** A sudden outbreak. **3.** A sudden and sharp increase.

ex·plo·sive |ĭk splō′sĭv| —*noun, plural* **explosives** A substance that can explode.
—*adjective* Capable of exploding or tending to explode.

ex·port |ĭk spôrt′| or |ĭk spōrt′| —*verb* **exported, exporting** To send goods to another country for trade or sale.
—*noun* |ĕk′spôrt′| or |ĕk′spōrt′| *plural* **exports** **1.** The act or process of exporting. **2.** Something that is exported.

ex·pose |ĭk spōz′| —*verb* **exposed, exposing** **1.** To uncover; reveal. **2.** To leave open; subject. **3.** To make known; disclose.

ex·po·si·tion |ĕk′spə zĭsh′ən| —*noun, plural* **expositions** A public show; exhibition.

ex·po·sure |ĭk spō′zhər| —*noun, plural* **exposures** **1.** The act of exposing or the condition of being exposed. **2.** The front or open side of a structure or room.

ex·press |ĭk sprĕs′| —*verb* **expressed, expressing** **1.** To show; reveal. **2.** To put into words; state.
—*adjective* **1.** Clearly stated; definite. **2.** Meant for fast travel.
—*noun, plural* **expresses** **1.** An express train, bus, or other vehicle. **2.** A fast system for delivering goods and mail.

ex·pres·sion |ĭk sprĕsh′ən| —*noun, plural* **expressions** **1.** The act of expressing. **2.** A way of expressing something; sign. **3.** A look that expresses a person's mood or feeling. **4.** A common word, phrase, or saying.

ex·qui·site |ĕk′skwĭz ĭt| or |ĭk skwĭz′ĭt| —*adjective* **1.** Of special beauty or charm. **2.** Very sensitive; refined.

ex·tend |ĭk stĕnd′| —*verb* **extended, extending** **1.** To make longer; lengthen. **2.** To reach; stretch. **3.** To offer or grant.

ex·ten·sion |ĭk stĕn′shən| —*noun, plural* **extensions** **1.** The act of extending or the condition of being extended. **2.** Something that extends or enlarges; addition. **3.** An additional telephone linked with the main one.

ex·ten·sive |ĭk stĕn′sĭv| —*adjective* Large in area or amount; wide.

ex·tent |ĭk stĕnt′| —*noun, plural* **extents** **1.** The area or distance over which something extends; size. **2.** The point or degree to which something extends.

ex·te·ri·or |ĭk stîr′ē ər| —*adjective* Outer or outside;

explanation *sustantivo* **1.** El acto o proceso de explicar. **2.** Algo que sirve para explicar; motivo o razón.

explanatory *adjetivo* Que tiende o ayuda a explicar; aclaratorio.

explicit *adjetivo* Claramente expuesto; expresado abiertamente; explícito.

explode *verbo* **1.** Reventar con gran ruido; estallar; hacer volar. **2.** Romper o salir de repente. **3.** Aumentar descontroladamente.

exploit *sustantivo* Acto de osadía o heroísmo; hazaña.
—*verbo* **1.** Usar o aprovechar sacando la mayor ventaja. **2.** Aprovechar injustamente; explotar.

exploration *sustantivo* El acto de explorar; exploración.

explore *verbo* **1.** Viajar por un lugar desconocido para descubrir algo; explorar. **2.** Examinar de cerca; investigar.

explorer *sustantivo* El que explora lugares desconocidos; explorador.

explosion *sustantivo* **1.** El acto de reventar con mucha fuerza y ruido. **2.** Rompimiento repentino. **3.** Aumento brusco; explosión.

explosive *sustantivo* Materia que puede estallar; explosivo.
—*adjetivo* Capaz de hacer explosión, o que tiende a hacerlo.

export *verbo* Mandar mercancías a otro país para cambiar o vender; exportar.
—*sustantivo* **1.** El acto o proceso de exportar. **2.** Algo que se exporta.

expose *verbo* **1.** Destapar; revelar; exponer. **2.** Dejar abierto o indefenso. **3.** Hacer saber; dar a conocer o publicar.

exposition *sustantivo* Espectáculo público; exhibición; exposición.

exposure *sustantivo* **1.** El acto de destapar o abrir a la vista; la condición de estar expuesto. **2.** Frente, fachada o parte exterior de un edificio, una casa o un cuarto.

express *verbo* **1.** Mostrar; revelar; expresar. **2.** Convertir en palabras; decir.
—*adjetivo* **1.** Claramente especificado; definido. **2.** Diseñado para transporte rápido: *an express train* = *un tren expreso.*
—*sustantivo* **1.** Tren expreso, ómnibus u otro vehículo que hace pocas paradas. **2.** Un sistema rápido para transportar y entregar mercancías o correos.

expression *sustantivo* **1.** El acto de manifestar o expresar; expresión. **2.** Un modo de expresar algo; señal o seña. **3.** Un aspecto de la cara o del físico de la persona que expresa su ánimo o sentimiento. **4.** Una palabra común, frase o dicho popular.

exquisite *adjetivo* **1.** De especial belleza o encanto; exquisito. **2.** Muy delicado en el gusto; refinado.

extend *verbo* **1.** Alargar; prolongar; extender. **2.** Alcanzar; estirar(se). **3.** Brindar o conceder.

extension *sustantivo* **1.** El acto de extender, o la condición de estar extendido o extenso; extensión. **2.** Algo que extiende, ensancha o agranda; ensanche. **3.** Teléfono adicional conectado con el principal.

extensive *adjetivo* Grande en área o cantidad; ancho o extenso.

extent *sustantivo* **1.** El área o la distancia sobre la cual se extiende algo; tamaño. **2.** El punto o grado hasta donde llega algo; alcance.

exterior *adjetivo* De afuera; exterior.

ər butter   yōō abuse   ou **out**   ŭ **cut**   û **fur**   *th* **the**   th **thin**   hw **which**   zh **vision**   ə **ago, item, pencil, atom, circus**

external.

—*noun, plural* **exteriors 1.** An outer part or surface. **2.** An outward appearance.

ex·ter·mi·nate |ĭk stûr′mə nāt′| —*verb* **exterminated, exterminating** To destroy; kill; wipe out.

ex·ter·nal |ĭk stûr′nəl| —*adjective* **1.** Of the outside or an outer part. **2.** Intended for the outer surface of the body.

ex·tinct |ĭk stĭngkt′| —*adjective* **1.** No longer in existence. **2.** Inactive; not likely to erupt.

ex·tinc·tion |ĭk stĭngk′shən| —*noun, plural* **extinctions 1.** The condition of being extinct. **2.** Ending.

ex·tin·guish |ĭk stĭng′gwĭsh| —*verb* **extinguished, extinguishing** To put out a fire or flame.

ex·tin·guish·er |ĭk stĭng′gwĭ shər| —*noun, plural* **extinguishers** A device used to put out fires, often a sealed container from which a liquid is sprayed.

ex·tra |ĕk′strə| —*adjective* More than what is usual or expected; additional.

—*noun, plural* **extras** Something additional, as an accessory that one must pay more for.

ex·tract |ĭk străkt′| —*verb* **extracted, extracting 1.** To pull out with force. **2.** To obtain with some effort or difficulty.

—*noun, plural* **extracts** Something that is drawn out or refined from larger or less pure matter.

ex·traor·di·nar·y |ĭk strôr′dn ĕr′ē| or |ĕk′strə ôr′dn ĕr′ē| —*adjective* Very unusual; remarkable.

ex·trav·a·gance |ĭk străv′ə gəns| —*noun, plural* **extravagances** A tendency to spend too much money on unnecessary things.

ex·trav·a·gant |ĭk străv′ə gənt| —*adjective* Spending lavishly; wasteful.

ex·treme |ĭk strēm′| —*adjective* **1.** Very great or intense. **2.** Very far; farthest. **3.** Drastic; severe.

—*noun, plural* **extremes 1.** Either of two ends of a scale or range. **2.** The greatest or utmost degree of something. **3.** A drastic method or measure.

ex·treme·ly |ĭk strēm′lē| —*adverb* Very; especially.

ex·trem·i·ty |ĭk strĕm′ĭ tē| —*noun, plural* **extremities 1.** The farthest point; end. **2.** **extremities** A person's hands and feet.

eye |ī| —*noun, plural* **eyes 1.** Either of a pair of round, hollow organs by which a person or animal sees. **2.** The outer, visible part of this organ. **3.** A look or gaze. **4.** Ability to see or to tell things apart. **5. a.** A hole for a hook or lace to go in. **b.** The hole in a needle.

—*verb* **eyed, eyeing** To look at; watch.

eye·ball |ī′bôl′| —*noun, plural* **eyeballs** The round part of the eye covered in front by the eyelid.

eye·brow |ī′brou′| —*noun, plural* **eyebrows** The short hair covering the bony ridge above each eye.

eye·glass·es |ī′glăs′ĭz| or |ī′glä′sĭz| —*plural noun* A pair of lenses worn on a frame in front of the eyes to improve one's vision; glasses.

eye·lash |ī′lăsh′| —*noun, plural* **eyelashes 1.** A row of hairs along the edge of each eyelid. **2.** Any one of the hairs in this row.

eye·let |ī′lĭt| —*noun, plural* **eyelets** A small hole for a lace, cord, or hook to fit through.

eye·lid |ī′lĭd′| —*noun, plural* **eyelids** Either of a pair of folds of skin that can be brought together to cover an eye.

eye·sight |ī′sīt′| —*noun* The ability to see; vision.

eye·tooth |ī′tōoth′| —*noun, plural* **eyeteeth** Either of the two pointed teeth in a person's upper jaw.

eye·wit·ness |ī′wĭt′nĭs| —*noun, plural* **eyewitnesses** A person who was present when something happened, as a crime or accident.

—*sustantivo* **1.** Parte o superficie de afuera; cara o pared exterior de algo. **2.** Apariencia o semblante externo.

exterminate *verbo* Destruir; matar; exterminar.

external *adjetivo* De afuera; externo.

extinct *adjetivo* **1.** Que ya no existe; extinto. **2.** Inactivo, como un volcán con poca probabilidad de erupción.

extinction *sustantivo* **1.** La condición de no existir ya; extinción. **2.** El final de algo; cesación; terminación.

extinguish *verbo* Apagar un fuego o una llama; extinguir.

extinguisher *sustantivo* Aparato para apagar el fuego; a menudo consiste de un envase hermético con el cual se rocía un líquido; extinguidor.

extra *adjetivo* Más de lo usual, o más de lo que se espera; adicional.

—*sustantivo* Algo agregado, como un accesorio, por el cual uno debe pagar más.

extract *verbo* **1.** Arrancar; extraer. **2.** Conseguir con esfuerzo o dificultad.

—*sustantivo* Algo que se ha sacado de otra materia de mayor tamaño o menos pureza; extracto.

extraordinary *adjetivo* Poco corriente; notable; extraordinario.

extravagance *sustantivo* Derroche; tendencia a gastar mucho en cosas innecesarias; extravagancia.

extravagant *adjetivo* Derrochador; pródigo; extravagante.

extreme *adjetivo* **1.** Muy intenso; máximo; extremo: *extreme cold* = frío muy intenso. **2.** Muy lejano; remoto: *They live in the extreme end of town.* = *Ellos viven (muy lejos), en el otro extremo del pueblo.* **3.** Drástico; severo; riguroso: *extreme measures* = medidas severas.

—*sustantivo* **1.** Uno u otro de los límites de una escala o extensión. **2.** El máximo grado de algo; lo sumo. **3.** Un método o proceder severo.

extremely *adverbio* Sobremanera; extremadamente.

extremity *sustantivo* **1.** El punto más lejano; el final. **2.** **extremities** Las manos y los pies; las extremidades del cuerpo.

eye *sustantivo* **1.** Uno de un par de órganos redondos, a través del cual una persona o un animal puede ver; ojo. **2.** La parte externa, visible, de este órgano. **3.** Una ojeada o mirada. **4.** Habilidad para estimar o distinguir las cosas. **5. a.** Agujero para pasar un cordón de zapato; ojete. **b.** El agujero de la cabeza de una aguja.

—*verbo* Mirar; observar.

eyeball *sustantivo* El globo del ojo; lo que tapa el párpado.

eyebrow *sustantivo* Conjunto de pelos cortos que cubre el borde óseo, arriba de cada ojo; ceja.

eyeglasses *sustantivo* Par de lentes usados delante de los ojos para ver mejor; anteojos.

eyelash *sustantivo* **1.** Hilera de pelos cortos en el borde de cada párpado; pestaña. **2.** Cualquiera de estos pelos.

eyelet *sustantivo* Agujero para pasar un lazo o cordón; ojete.

eyelid *sustantivo* Una de las tapas de piel que sirven para cubrir el globo del ojo; párpado.

eyesight *sustantivo* La facultad de poder ver; visión.

eyetooth *sustantivo* Uno de los dientes agudos de la quijada superior; canino; colmillo.

eyewitness *sustantivo* Persona que estaba presente cuando sucedió algo, como un crimen o accidente; testigo ocular.

ă pat   ā pay   â care   ä father   ĕ pet   ē be   ĭ pit   ī pie   î fierce   ŏ pot   ō go   ô paw, for   oi oil   ŏŏ book   ōō boot

F

f or **F** |ĕf| —*noun, plural* **f's** or **F's** The sixth letter of the English alphabet.

fa·ble |fā′bəl| —*noun, plural* **fables** A story that teaches a lesson. Often the characters in fables are animals that talk and act like people.

fab·ric |fāb′rĭk| —*noun, plural* **fabrics** A material made by weaving or knitting threads together; cloth.

fab·u·lous |fāb′yə ləs| —*adjective* **1.** Belonging to fables; legendary. **2.** Very extraordinary; fantastic.

face |fās| —*noun, plural* **faces** **1. a.** The front part of the head. **b.** The expression of this part of the head. **2.** The front or outer part of something. **3.** The upper or marked side of something.
—*verb* **faced, facing** **1.** To turn the face to. **2.** To have the front looking out on; front on. **3.** To deal with directly or boldly.

fac·et |fās′ĭt| —*noun, plural* **facets** **1.** A flat, polished surface on a cut gem. **2.** Aspect; side.

fa·cial |fā′shəl| —*adjective* Of the face.

fa·cil·i·ty |fə sĭl′ĭ tē| —*noun, plural* **facilities** **1.** Skill without effort; ease. **2.** **facilities** Things provided for people to use.

fact |fākt| —*noun, plural* **facts** Something that is known to be true or to have really happened.

fac·tor |fāk′tər| —*noun, plural* **factors** **1.** Something that helps bring about or influence a certain result. **2.** One of two or more numbers that when multiplied together form a product.

fac·to·ry |fāk′tə rē| —*noun, plural* **factories** A building or group of buildings where things are made; a plant.

fac·tu·al |fāk′chōō əl| —*adjective* Based on or including facts.

fac·ul·ty |fāk′əl tē| —*noun, plural* **faculties** **1.** A power of the mind. **2.** The talent or skill to do something. **3.** The teaching staff of a school or college.

fad |fād| —*noun, plural* **fads** Something that is very popular for a short time; a craze.

fade |fād| —*verb* **faded, fading** **1.** To lose or cause to lose a bright look. **2.** To lose or cause to lose a fresh look. **3.** To become faint; die out. **4.** To disappear slowly.

Fahr·en·heit |fār′ən hīt′| —*adjective* Of a temperature scale on which 32 degrees is the freezing point of water and 212 degrees is the boiling point.

fail |fāl| —*verb* **failed, failing** **1.** To not succeed; not do what one attempts. **2.** To break down; stop. **3.** To disappoint; let down. **4.** To become weaker; decline. **5.** To get less than a passing grade in.

fail·ure |fāl′yər| —*noun, plural* **failures** **1.** The act or fact of failing. **2.** Someone or something that fails. **3.** The condition of being no longer available or in operation.

f o **F** *sustantivo* Sexta letra del alfabeto inglés.

fable *sustantivo* Cuento que contiene una moraleja; fábula. A menudo los personajes de las fábulas son animales que hablan y actúan como los seres humanos.

fabric *sustantivo* Material hecho por medio del tejido o el tramado de hilos; tejido; tela.

fabulous *adjetivo* **1.** Perteneciente a las fábulas; legendario. **2.** Muy extraordinario; fantástico; fabuloso.

face *sustantivo* **1. a.** La parte anterior de la cabeza; cara; rostro. **b.** La expresión de esta parte de la cabeza; gesto; mueca: *make a face* = *hacer una mueca*. **2.** El frente o la parte exterior de algo; fachada. **3.** La cara superior o marcada de algo; haz; superficie.
—*verbo* **1.** Mirar hacia un lugar. **2.** Hacer frente: *The house faces the park.* = *La casa hace frente al parque.* **3.** Afrontar algo directa o atrevidamente; enfrentarse.

facet *sustantivo* Faceta: **1.** Superficie plana y pulida de una gema. **2.** Aspecto: *Mr. Arnold is a complicated guy with many aspects to his character.* = *El Sr. Arnold es un tipo complicado, con un carácter de muchas facetas.*

facial *adjetivo* De la cara; facial.

facility *sustantivo* **1.** Destreza que se tiene sin esfuerzo; facilidad. **2.** **facilities** Cosas proporcionadas para el uso del público.

fact *sustantivo* Algo que se sabe como verdad o que realmente ha ocurrido; hecho; dato.

factor *sustantivo* Factor **1.** Algo que ayuda a realizar o influir sobre un resultado; elemento. **2.** Uno de dos o más números que cuando se multiplican forman un producto.

factory *sustantivo* Edificio o grupo de edificios donde se producen cosas; fábrica; planta.

factual *adjetivo* Que está basado o que incluye hechos reales; real: *a factual story* = *una historia real*.

faculty *sustantivo* **1.** Poder de la mente; facultad. **2.** El talento o abilidad de hacer algo. **3.** Cuerpo docente de una escuela o una universidad; profesorado.

fad *sustantivo* Algo que se pone muy de moda por un tiempo; manía.

fade *verbo* **1.** Perder o causar la pérdida de un color subido; desteñir. **2.** Perder o causar la pérdida del aspecto fresco; marchitar(se). **3.** Apagarse: *Her footsteps faded as she left.* = *Sus pasos se apagaron cuando salió.* **4.** Desaparecer lentamente; desvanecerse.

Fahrenheit *adjetivo* Referente a la escala de temperatura en la que el punto de congelación del agua es 32 grados y su punto de ebullición es 212 grados.

fail *verbo* **1.** No tener éxito; no realizar lo que uno intenta; fracasar. **2.** Dejar de funcionar; parar: *The electric power failed and all the lights went out.* = *La energía eléctrica dejó de funcionar y todas las luces se apagaron.* **3.** Desilusionar; fallar: *Her friends failed her when she needed them most.* = *Sus amigos le fallaron cuando más los necesitaba.* **4.** Debilitarse; decaer: *His hearing failed as he grew older.* = *Su sentido del oído se debilitaba a medida que avejentaba.* **5.** Obtener una nota inferior a la de aprobado.

failure *sustantivo* **1.** El acto o hecho de fracasar; fracaso. **2.** Alguien o algo que fracasa. **3.** La condición de fallar o no estar en operación; quiebra.

ər butt**er**   yōō abuse   ou **out**   ŭ cut   û fur   *th* **the**   th **thin**   hw **which**   zh vision   ə **ago**, item, pencil, atom, circus

faint |fānt| —*adjective* **fainter, faintest 1.** Not clearly seen, sensed, or heard; weak. **2.** Dizzy and weak.
—*noun, plural* **faints** A condition in which a person suddenly seems to fall asleep for a little while. Sickness, bad air, or a sudden shock can cause someone to fall into a faint.
—*verb* **fainted, fainting** To fall into a faint.

fair¹ |fâr| —*adjective* **fairer, fairest 1.** Pleasing to look at; beautiful. **2.** Light in color. **3.** Clear; sunny. **4.** Not favoring one more than another; just. **5.** Not too good or too bad; average. **6.** Following the rules.
—*adverb* In a fair way; properly.

fair² |fâr| —*noun, plural* **fairs 1.** A gathering for the buying and selling of goods; a market. **2.** A large public display of farm or industrial products. County and state fairs often have entertainment and contests.

fair·ly |fâr′lē| —*adverb* **1.** In a fair or just manner. **2.** Rather; somewhat.

fair·y |fâr′ē| —*noun, plural* **fairies** A tiny make-believe being that has magical powers and can be good or evil.

faith |fāth| —*noun, plural* **faiths 1.** Confident belief; trust. **2.** Belief in God. **3.** A religion.

faith·ful |fāth′fəl| —*adjective* **1.** Worthy of trust; loyal. **2.** True to fact; exact.

fake |fāk| —*verb* **faked, faking 1.** To pretend. **2.** To make up and pass off as true and real. **3.** To move so as to mislead one's opponent during a game.
—*noun, plural* **fakes 1.** Someone or something that is not what it pretends to be. **2.** A deceptive move meant to mislead one's opponent.
—*adjective* Not genuine; false.

fal·con |fǎl′kən| or |fôl′kən| or |fô′kən| —*noun, plural* **falcons** A hawk that has long wings and can fly very fast. Falcons have been trained to hunt for small animals and birds.

fall |fôl| —*verb* **fell, fallen, falling 1.** To drop or come down from a higher place. **2.** To be wounded or killed. **3.** To come suddenly. **4.** To become lower; go down. **5.** To be defeated or captured. **6.** To come to rest. **7.** To pass from one state or condition to another; become. **8.** To come by chance.
—*noun, plural* **falls 1.** The act of coming down from a higher place, especially a drop through the air. **2.** The season after summer; autumn. **3. falls** A place on a river where water drops sharply. **4.** A reduction; decline. **5.** A collapse.

fall·en |fô′lən| The past participle of the verb **fall**.

fall·out |fôl′out′| —*noun* The radioactive dust that slowly falls to the earth after a nuclear bomb is exploded.

fal·low |fǎl′ō| —*adjective* Not planted.

false |fôls| —*adjective* **falser, falsest 1.** Not true or correct; wrong. **2.** Not real; artificial. **3.** Not to be trusted; full of deceit; insincere.

fal·ter |fôl′tər| —*verb* **faltered, faltering** To move unsteadily; to stumble.

fame |fām| —*noun* The quality of being very well known.

fa·mil·iar |fə mĭl′yər| —*adjective* **1.** Often seen or heard; common. **2.** Knowing something fairly well; acquainted. **3.** Friendly; informal.

fam·i·ly |fǎm′ə lē| or |fǎm′lē| —*noun, plural* **fam-**

faint *adjetivo* **1.** Visto, sentido u oído con poca claridad; débil; vago: *a faint smell* = *un olor vago.* **2.** Mareado y débil; desmayado.
—*sustantivo* Condición en que una persona de repente parece dormirse un ratito; desmayo.
—*verbo* Desmayarse.

fair¹ *adjetivo* **1.** De aspecto agradable; bonito. **2.** De color claro: *fair skinned* = *de tez clara.* **3.** Claro; asoleado: *fair weather* = *buen tiempo.* **4.** Que no favorece a uno más que otro; justo; imparcial. **5.** Ni demasiado bueno ni demasiado malo; mediano; regular. **6.** Que sigue las reglas; limpio: *fair play* = *juego limpio.*
—*adverbio* En una manera justa; correctamente.

fair² *sustantivo* **1.** Reunión para comprar y vender mercaderías; mercado. **2.** Exposición grande, pública, de productos agrícolas e industriales; feria.

fairly *adverbio* **1.** En una manera justa; justamente. **2.** Medianamente; bastante: *a fairly good summer job* = *un empleo bastante bueno para el verano.*

fairy *sustantivo* Ser pequeño e imaginario que tiene poderes mágicos y que puede ser bueno o malo; hada.

faith *sustantivo* **1.** Creencia fuerte; confianza. **2.** Creencia en Dios; fe. **3.** Una religión.

faithful *adjetivo* **1.** Digno de confianza; leal; fiel. **2.** Fiel a los datos; exacto.

fake *verbo* **1.** Fingir; simular. **2.** Inventar y utilizar como si fuera verdadera. **3.** Hacer movimientos en un juego para confundir al oponente.
—*sustantivo* **1.** Alguien o algo que no es lo que pretende ser; fraude. **2.** Jugada engañosa hecha para confundir al oponente.
—*adjetivo* Que no es genuino; falsificado.

falcon *sustantivo* Pájaro de alas alargadas que vuela muy rápidamente; halcón. Los halcones se amaestran para cazar animales pequeños y pájaros.

fall *verbo* **1.** Bajar abruptamente de una posición más alta; caer. **2.** Ser herido o muerto; morir; fallecer: *Many soldiers fall in battle.* = *Muchos soldados mueren en las batallas.* **3.** Llegar de repente; caer: *A hush fell over the crowd.* = *Un silencio cayó sobre la muchedumbre.* **4.** Bajar; disminuir: *Prices fell on the stock market.* = *Los precios en el mercado de valores disminuyeron.* **5.** Ser vencido o tomado cautivo; sucumbir: *France fell in 1940.* = *Francia fue tomada cautiva en 1940.* **6.** Posar: *His eyes fell on the dog.* = *Su vista se posó sobre el perro.* **7.** Pasar de un estado o condición a otro: *fall asleep* = *dormirse; fall in love* = *enamorarse.* **8.** Llegar a algo por casualidad; caer: *fall into a trap* = *caer en una trampa.*
—*sustantivo* **1.** El acto de descender abruptamente de un sitio más alto, especialmente por el aire; caída. **2.** La estación después de verano; otoño. **3. falls** Un sitio del río donde el agua cae repentinamente; catarata; cascada. **4.** Reducción; baja. **5.** Ruina: *the fall of a government* = *la ruina de un gobierno.*

fallen Participio pasado del verbo **fall**.

fallout *sustantivo* El polvo radioactivo que cae a la tierra lentamente después de la explosión de una bomba nuclear; precipitación radioactiva.

fallow *adjetivo* Sin sembrar o cultivar; baldío.

false *adjetivo* **1.** Que no es verdadero o correcto; falso. **2.** Artificial; postizo. **3.** No digno de confianza; lleno de engaño; insincero.

falter *verbo* Mover o moverse con inestabilidad; tropezar; vacilar; bambolearse.

fame *sustantivo* La cualidad de ser bien conocido; fama.

familiar *adjetivo* **1.** Visto u oído a menudo; común; familiar. **2.** Bien conocido. **3.** Íntimo; informal.

family *sustantivo* Familia: **1.** Madre, padre e hijos.

ilies 1. A mother and father and their children. **2.** The children of a mother and father. **3.** A group of related persons; relatives. **4.** A group of related animals or plants. **5.** A group of similar or slightly different things.

fam·ine |făm′ĭn| —*noun, plural* **famines** A bad shortage of food in an area.

fa·mous |fā′məs| —*adjective* Widely known; celebrated.

fan¹ |făn| —*noun, plural* **fans 1.** A stiff, flat piece of material that is waved back and forth to make air move in a cooling breeze. **2.** An electrical device with several blades that turn fast and blow air.
—*verb* **fanned, fanning** To make air blow on or toward, as with a fan.

fan² |făn| —*noun, plural* **fans** Someone who loves an activity and follows it closely.

fa·nat·ic |fə năt′ĭk| —*noun, plural* **fanatics** A person who believes in or loves something so much that he does foolish things for it.

fan·cy |făn′sē| —*noun, plural* **fancies 1.** The ability to form pictures in the mind; imagination. **2.** Something made up; fantasy. **3.** A funny idea or wish; a whim. **4.** A liking; fondness.
—*verb* **fancied, fancying, fancies 1.** To picture in the mind; imagine. **2.** To like; prefer.
—*adjective* **fancier, fanciest** Not plain; elaborate or special; fine.

fang |făng| —*noun, plural* **fangs** A long, pointed tooth.

fan·tas·tic |făn tăs′tĭk| —*adjective* **1.** Very strange; weird. **2.** Very good; wonderful.

fan·ta·sy |făn′tə sē| or |făn′tə zē| —*noun, plural* **fantasies 1.** Imagination; fiction. **2.** A story with a lot of make-believe; an unlikely tale. **3.** A wishful picture in the mind; a daydream.

far |fär| —*adverb* **farther** or **further, farthest** or **furthest 1.** To, from, or at a great distance. **2.** To a certain distance, place, or time. **3.** Considerably; much.
—*adjective* **farther** or **further, farthest** or **furthest 1.** Distant. **2.** More distant.

fare |fâr| —*noun, plural* **fares** The price of a ride on a bus, train, or other vehicle.
—*verb* **fared, faring** To get along; do.

fare·well |fâr wĕl′| —*interjection* Good-by.
—*noun, plural* **farewells** An expression of good wishes to someone about to leave.

farm |färm| —*noun, plural* **farms** A piece of land where food crops and animals are raised.
—*verb* **farmed, farming** To raise food crops and animals; run a farm.

farm·er |fär′mər| —*noun, plural* **farmers** A person who runs a farm.

far-sight·ed |fär′sī′tĭd| —*adjective* Seeing distant things more clearly than near things. Far-sighted people sometimes have to wear glasses to read.

far·ther |fär′thər| —*adverb* A comparative of the adverb **far**. To a greater distance or extent.
—*adjective* A comparative of the adjective **far**. More distant.

far·thest |fär′thĭst| —*adverb* A superlative of the adverb **far**. To the greatest distance or extent.
—*adjective* A superlative of the adjective **far**. Most distant.

fas·ci·nate |făs′ə nāt′| —*verb* **fascinated, fascinating** To attract and interest very strongly; to charm.

fash·ion |făsh′ən| —*noun, plural* **fashions 1.** Way; manner. **2.** A way of dressing, acting, or talking that

2. Los hijos de una madre y un padre. **3.** Grupo de personas emparentadas; parientes. **4.** Grupo de animales o plantas relacionados entre sí. **5.** Grupo de cosas similares o poco diferentes.

famine *sustantivo* Falta severa de comida en un área; hambre.

famous *adjetivo* Bien conocido; célebre; famoso.

fan¹ *sustantivo* **1.** Material plano y rígido que se mueve repetidamente en dirección opuesta para agitar el aire y crear una brisa fresca; abanico. **2.** Aparato eléctrico de varias aspas que giran rápidamente y echan aire.
—*verbo* Hacer que el aire sople hacia algo, como con un abanico; abanicar.

fan² *sustantivo* Alguien a quien le gusta mucho una actividad y la sigue con suma atención; aficionado.

fanatic *sustantivo* Persona que cree en o quiere mucho a algo; fanático.

fancy *sustantivo* **1.** La habilidad de formar imágenes en la mente; fantasía; imaginación. **2.** Algo inventado; fantasía. **3.** Idea o deseo gracioso; capricho. **4.** Preferencia; algo que le cae bien a uno; afición.
—*verbo* **1.** Concebir en la mente; imaginar. **2.** Gustarle a uno; preferir.
—*adjetivo* Que no es sencillo; complicado o especial; elegante.

fang *sustantivo* Diente largo y puntiagudo; colmillo.

fantastic *adjetivo* Fantástico: **1.** Muy extraño; raro. **2.** Muy bueno; maravilloso.

fantasy *sustantivo* **1.** Imaginación; ficción. **2.** Cuento que tiene mucho invento; relato inverosímil. **3.** Imagen deseosa de la mente; ensueño; fantasía.

far *adverbio* **1.** De o a una gran distancia; lejos. **2.** A cierta distancia, cierto sitio o cierto tiempo; hasta: *I am riding the train only as far as the next station.* = *Tomo este tren solamente hasta la próxima estación.* **3.** Considerablemente; mucho: *This size fits far more comfortably.* = *Esta talla me sienta mucho más cómodamente.*
—*adjetivo* **1.** Lejano. **2.** Más lejano o allá: *the far corner* = *el rincón más lejano.*

fare *sustantivo* Precio de un pasaje en un autobús, tren u otro vehículo; pasaje.
—*verbo* Pasarla (bien o mal); irle a uno (bien o mal): *He's faring well at his new home.* = *Le va bien en su nuevo domicilio.*

farewell *interjección* Adiós.
—*sustantivo* Expresión de buenos sentimientos hacia alguien que parte; adiós; despedida.

farm *sustantivo* Terreno donde se cultivan las cosechas y se crían animales; granja; finca.
—*verbo* Cultivar; labrar la tierra.

farmer *sustantivo* Persona que dirige una granja; granjero; agricultor.

far-sighted *adjetivo* Que ve más claramente las cosas lejanas que las cercanas; présbite o hipermétrope. Las personas présbitas a veces tienen que llevar gafas para leer.

farther *adverbio* Comparativo del adverbio **far**. A una distancia o en un grado más grande; más lejos.
—*adjetivo* Comparativo del adjetivo **far**. Más lejano; más remoto.

farthest *adverbio* Superlativo del adverbio **far**. A la distancia o en el grado más grande; el más lejano.
—*adjetivo* Superlativo del adjetivo **far**. El más lejano.

fascinate *verbo* Atraer o interesar mucho; encantar; fascinar.

fashion *sustantivo* **1.** Modo; manera. **2.** Manera de vestirse, portarse o hablar que mucha gente imita;

ər butter   yōō abuse   ou **out**   ŭ **cut**   û **fur**   *th* **the**   th **thin**   hw **which**   zh **vision**   ə **ago, item, pencil, atom, circus**

many people imitate; style.
—*verb* **fashioned, fashioning** To make by shaping or putting together; to form.

fash·ion·a·ble |fãsh′ ə nə bəl| —*adjective* In fashion; stylish.

fast¹ |fãst| or |fäst| —*adjective* **faster, fastest 1.** Acting or moving quickly; swift. **2.** Running ahead of the correct time. **3.** Close; faithful.
—*adverb* **faster, fastest 1.** Quickly. **2.** Tightly; firmly. **3.** Thoroughly; deeply.

fast² |fãst| or |fäst| —*verb* **fasted, fasting** To stop eating food or certain kinds of food.
—*noun, plural* **fasts** An act or time of fasting.

fas·ten |fãs′ən| or |fã′sən| —*verb* **fastened, fastening 1.** To make something hold or stick; attach. **2.** To become attached. **3.** To apply; fix.

fat |fãt| —*noun, plural* **fats** A soft white or yellow substance found in the bodies of animals and in the seeds, nuts, and fruits of plants.
—*adjective* **fatter, fattest 1.** Too heavy; plump. **2.** Full; ample.

fa·tal |fãt′l| —*adjective* Causing death.

fate |fãt| —*noun, plural* **fates 1.a.** A power no one can see or control that is believed to decide everything that happens in the future. **b.** An event or future that cannot be avoided and is decided by this power. **2.** Something that happens to a person or thing.

fa·ther |fã′thər| —*noun, plural* **fathers 1.** The male parent of a child. **2. Father** God. **3.** A priest.

fa·ther-in-law |fã′thər ĭn lô′| —*noun, plural* **fathers-in-law** The father of one's husband or wife.

fa·ther·ly |fã′thər lē| —*adjective* Like a father; affectionate and guiding.

fath·om |fãth′əm| —*noun, plural* **fathoms** A unit of length equal to six feet. Fathoms are used mainly for expressing the depth of water.

fa·tigue |fə tēg′| —*noun* A feeling of needing rest or sleep; exhaustion.
—*verb* **fatigued, fatiguing** To make tired; wear out.

fat·ten |fãt′n| —*verb* **fattened, fattening** To make or become fat.

fat·ty |fãt′ē| —*adjective* **fattier, fattiest** Of, full of, or like fat.

fau·cet |fô′sĭt| —*noun, plural* **faucets** A device with a handle for turning on and off a flow of liquid from a pipe or container.

fault |fôlt| —*noun, plural* **faults 1.** A bad habit or quality; a weakness; defect. **2.** Responsibility for something that shouldn't have happened. **3.** A mistake; error.

fa·vor |fã′vər| —*noun, plural* **favors 1.** An act that helps someone. **2.** Approval; acceptance. **3.** Special treatment to one over another. **4.** A little party gift.
—*verb* **favored, favoring 1.** To do a favor for; oblige. **2.** To be for; support. **3.** To look like; take after. **4.** To treat kindly; be gentle with.

fa·vor·a·ble |fã′vər ə bəl| —*adjective* **1.** Helping a plan or cause. **2.** Pointing to success; encouraging. **3.** Approving or agreeing; saying "yes".

fa·vor·ite |fã′vər ĭt| —*noun, plural* **favorites** Someone or something liked above all others.
—*adjective* Liked best.

fear |fĭr| —*noun, plural* **fears** A bad feeling caused by the nearness of danger or pain or something unknown; terror; dread.
—*verb* **feared, fearing 1.** To be afraid of; be scared of. **2.** To suspect unhappily.

fear·ful |fĭr′fəl| —*adjective* **1.** Feeling fear; afraid. **2.** Causing fear; scary. **3.** Very bad.

moda; boga.
—*verbo* Crear formando o juntando; forjar.

fashionable *adjetivo* De moda; de buen tono.

fast¹ *adjetivo* **1.** Actuando o moviéndose rápidamente; rápido; veloz; **2.** Adelantándose a la hora correcta; adelantado. **3.** Íntimo; fiel.
—*adverbio* **1.** Rápidamente. **2.** Firmemente; fijamente. **3.** Completamente; profundamente.

fast² *verbo* Dejar de comer toda o cierto tipo de comida; ayunar.
—*sustantivo* Acto o tiempo de ayunar; ayuno.

fasten *verbo* **1.** Hacer que algo se sujete o se pegue; sujetar o sujetarse. **2.** Abrochar o abrocharse. **3.** Aplicar; fijar.

fat *sustantivo* Material blando y blanco o amarillo que se encuentra en el cuerpo de los animales y en las semillas, nueces y frutas; grasa.
—*adjetivo* **1.** Demasiado pesado; gordo. **2.** Lleno; amplio; graso.

fatal *adjetivo* Que causa la muerte; fatal.

fate *sustantivo* **1.a.** Poder ni visto ni controlado que, se cree, decide todo lo que pasa en el futuro; hado. **b.** Un acontecimiento o futuro que no se puede evitar y se decide por este poder; destino. **2.** Algo que le ocurre a una persona o cosa; fortuna; suerte.

father *sustantivo* **1.** Padre. **2. Father** Dios. **3.** Un cura; padre.

father-in-law *sustantivo* Suegro.

fatherly *adjetivo* Como un padre; cariñoso y que guía; paternal.

fathom *sustantivo* Unidad de longitud equivalente a seis pies o 1.83 metros.

fatigue *sustantivo* Sensación de necesitar descanso o sueño; agotamiento; fatiga; cansancio.

fatten *verbo* Engordar o engordarse.

fatty *adjetivo* De, lleno de o como grasa; grasoso; grasiento.

faucet *sustantivo* Aparato con asa para abrir y cerrar el paso de líquido de un caño o un recipiente; grifo.

fault *sustantivo* **1.** Costumbre o cualidad mala; debilidad; defecto; falta. **2.** Responsabilidad por algo que nunca debería haber pasado; culpa. **3.** Equivocación; error; tacha.

favor *sustantivo* **1.** Hecho que ayuda a alguien; favor. **2.** Aprobación; aceptación. **3.** Tratamiento especial de uno sobre otro; favor. **4.** Un regalito en una fiesta.
—*verbo* **1.** Hacer un favor; complacer; favorecer. **2.** Favorecer; apoyar. **3.** Parecerse: *Jennie favors her mother.* = *Jennie se parece a su madre.* **4.** Tratar bondadosamente; ser gentil.

favorable *adjetivo* **1.** Que ayuda a un plan o a una causa; a favor: *With favorable winds, the ship crossed the ocean rapidly.* = *Con vientos a favor, el barco cruzó el océano rápidamente.* **2.** Que indica éxito; animador; favorable: *a favorable sign* = *un signo favorable.* **3.** Aprobando o estando de acuerdo; diciendo "sí"; favorable.

favorite *sustantivo* Alguien o algo preferido sobre todos los demás; favorito.
—*adjetivo* Preferido; favorito.

fear *sustantivo* Sentimiento malo causado por la proximidad de peligro, dolor o algo desconocido; terror; pavor; miedo.
—*verbo* **1.** Tener miedo; temer. **2.** Tener espanto; tener terror.

fearful *adjetivo* **1.** Sintiendo miedo; temeroso; miedoso. **2.** Que causa miedo; temible. **3.** Muy malo; espantoso.

ă pat ā pay â care ä father ĕ pet ē be ĭ pit ī pie î fierce ŏ pot ō go ô paw, for oi oil ōō book ōō boot

feast |fēst|—*noun, plural* **feasts** A large, fancy meal. —*verb* **feasted, feasting 1.** To eat well. **2.** To give pleasure to; to delight.

feat |fēt|—*noun, plural* **feats** An act or deed, especially a skillful one.

feath·er |fĕth′ər|—*noun, plural* **feathers** One of the light special parts that grow from the skin of birds. Feathers protect birds and help them fly.

feath·er·y |fĕth′ə rē|—*adjective* Made of or covered with feathers.

fea·ture |fē′chər|—*noun, plural* **features 1.** A part or quality that stands out; something that can be noticed. **2.** A part of the face. The nose, eyes, mouth, chin, cheeks, and forehead are features. **3.** The main film of a movie program. —*verb* **featured, featuring** To give special attention to; to offer.

Feb·ru·ar·y |fĕb′rōō ĕr′ē| or |fĕb′yōō ĕr′ē| —*noun, plural* **Februarys** The second month of the year, after January and before March.

fed |fĕd| The past tense and past participle of the verb **feed.**

fed·er·al |fĕd′ər əl|—*adjective* **1.** Formed by an agreement of different states to unite under one central authority. The United States has a federal government. **2.** Of the central government rather than the states.

fee |fē|—*noun, plural* **fees** An amount of money asked or paid for a service or right; a charge.

fee·ble |fē′bəl|—*adjective* **feebler, feeblest** Lacking strength or force; weak.

feed |fēd|—*verb* **fed, feeding 1.** To give food to. **2.** To give as food. **3.** To serve as food for. **4.** To eat. —*noun, plural* **feeds** Food for animals or birds; fodder.

feel |fēl|—*verb* **felt, feeling 1.** To touch. **2.** To find or detect by touching. **3.** To search by touching; grope. **4.** To seem to the touch; have a texture. **5.** To be aware of; sense. **6.** To have a sensation of being. **7.** To have a feeling or emotion. **8.** To hold an opinion; believe. —*noun, plural* **feels** The way something seems when touched.

feel·er |fē′lər|—*noun, plural* **feelers** A part of an animal that is used for touching or feeling. A cat's whiskers and an insect's antennae are used for this purpose.

feel·ing |fē′lĭng|—*noun, plural* **feelings 1.** The ability to feel; the sense of touch. **2.** A physical sensation. **3.** An emotion or mood. **4.** **feelings** The tender part of one's nature; one's pride. **5.** An impression. **6.** An opinion or belief.

feet |fēt| The plural of the noun **foot.**

feign |fān|—*verb* **feigned, feigning** To give a false appearance of; pretend.

fell |fĕl| The past tense of the verb **fall.**

fel·low |fĕl′ō|—*noun, plural* **fellows 1.** A man or boy. **2.** A companion or associate.

felt |fĕlt| The past tense and past participle of the verb **feel.**

fe·male |fē′māl′|—*adjective* Of or belonging to the sex that can give birth to young or produce eggs. A hen is a female chicken. —*noun, plural* **females** A female person or animal.

fem·i·nine |fĕm′ə nĭn|—*adjective* Of or belonging to women or girls rather than men.

fence |fĕns|—*noun, plural* **fences** A structure set up around an area to protect it or mark it off. Fences are often made of wire, posts, or stones. —*verb* **fenced, fencing 1.** To surround or separate with a fence. **2.** To fight with long, slender swords.

feast *sustantivo* Comida grande y elegante; banquete. —*verbo* **1.** Comer bien; festejar. **2.** Dar placer; deleitar: *Feast your eyes on those flowers.* = *Deleita la vista con esas flores.*

feat *sustantivo* Un hecho o acción, especialmente uno con destreza; hazaña.

feather *sustantivo* Una de las partes ligeras y especiales que crece de la piel del pájaro; pluma. Las plumas protegen a los pájaros y les ayudan a volar.

feathery *adjetivo* Hecho o cubierto de plumas; plumoso.

feature *sustantivo* **1.** Parte o cualidad que se destaca; algo que se nota; rasgo distintivo. **2.** Parte de la cara; facción. La nariz, los ojos, la boca, la barbilla, las mejillas y la frente son facciones. **3.** Película principal de un programa cinematográfico. —*verbo* Dar atención especial; ofrecer; exhibir; hacer sobresaltar.

February *sustantivo* Febrero.

fed Pretérito y participio pasado del verbo **feed.**

federal *adjetivo* Federal: **1.** Formado según un acuerdo de los distintos estados, para unirse bajo una autoridad central. Los Estados Unidos tiene un gobierno federal. **2.** Del gobierno central más bien que del de los estados.

fee *sustantivo* Cantidad de dinero pedido o pagado por un servicio o derecho; honorario; derechos.

feeble *adjetivo* Que le falta poder o fuerza; débil; endeble.

feed *verbo* **1.** Dar de comer; alimentar. **2.** Dar como comida. **3.** Servir de comida; alimentar. **4.** Pacer; pastar. —*sustantivo* Comida para animales o pájaros; forraje; pasto; comida.

feel *verbo* **1.** Tocar. **2.** Encontrar o descubrir por el tacto; palpar. **3.** Buscar por el tacto; tentar. **4.** Parecer al tacto; tener textura. **5.** Estar consciente; sentir. **6.** Tener la sensación del ser propio; sentirse. **7.** Tener un sentimiento o una emoción; sentir. **8.** Tener una opinión; creer. —*sustantivo* La manera en que se siente algo cuando se toca; sentido del tacto: *Bark has a rough feel.* = *La corteza es áspera al tacto.*

feeler *sustantivo* Parte de un animal que se usa para tocar o tentar. Los bigotes del gato y las antenas de los insectos se usan para este fin.

feeling *sustantivo* **1.** Habilidad de sentir; el sentido del tacto. **2.** Sensación física. **3.** Emoción o humor; sentimiento. **4.** **feelings** Parte tierna de nuestra naturaleza; sensibilidad; orgullo. **5.** Impresión. **6.** Opinión o creencia; sentimiento.

feet Plural del sustantivo **foot.**

feign *verbo* Dar una apariencia falsa; pretender; fingir.

fell Pretérito del verbo **fall.**

fellow *sustantivo* **1.** Hombre o niño; individuo; tipo. **2.** Compañero; socio.

felt Pretérito y participio pasado del verbo **feel.**

female *adjetivo* Relativo o perteneciente al sexo que puede parir o producir huevos; hembra. —*sustantivo* Persona o animal hembra.

feminine *adjetivo* Relativo o perteneciente a las mujeres o niñas en vez de los hombres; femenino; femenil.

fence *sustantivo* Estructura construida alrededor de cierta área para protegerla o señalarla; cerca. A menudo las cercas se hacen de alambre, postes o piedras. —*verbo* **1.** Rodear o separar con una cerca. **2.** Pelear con espadas largas y delgadas; esgrimir.

ər butter   yōō abuse   ou out   ŭ cut   û fur   *th* the   th thin   hw which   zh vision   ə ago, item, pencil, atom, circus

fenc·ing |fĕn'sĭng| —*noun* The art or sport of fighting with long, slender swords.

fen·der |fĕn'dər| —*noun, plural* **fenders** A metal cover or guard above and around the wheel of a car, truck, or bicycle.

fer·ment |fûr'mĕnt'| —*noun, plural* **ferments** **1.** Something that causes fermentation. Yeasts and molds are ferments. **2.** A state of excitement or unrest. —*verb* |fər mĕnt'| **fermented, fermenting** To undergo or cause fermentation.

fer·men·ta·tion |fûr'mĕn tā'shən| —*noun, plural* **fermentations** A process by which the sugar in a liquid gradually turns into alcohol and a gas.

fern |fûrn| —*noun, plural* **ferns** One of a group of plants that usually have feathery leaves with many leaflets.

fe·ro·cious |fə rō'shəs| —*adjective* Very cruel and fierce; savage.

fer·ry |fĕr'ē| —*noun, plural* **ferries** A boat used to carry people, cars, or goods across a narrow body of water. —*verb* **ferried, ferrying, ferries** **1.** To carry across a narrow body of water. **2.** To take a ferry.

fer·tile |fûr'tl| —*adjective* **1.** Good for plants to grow in; promoting plant growth. **2.** Capable of having offspring. **3.** Capable of developing into a complete person, plant, or animal. **4.** Creative; imaginative.

fer·til·ize |fûr'tl īz'| —*verb* **fertilized, fertilizing** **1.** To make an egg cell or plant flower fertile by providing sperm or pollen. **2.** To use fertilizer on soil.

fer·til·iz·er |fûr'tl ī'zər| —*noun, plural* **fertilizers** A substance that is added to soil to make it better for the growing of plants.

fes·ti·val |fĕs'tə vəl| —*noun, plural* **festivals** **1.** A day or time of celebrating; a holiday. **2.** A series of special cultural events.

fetch |fĕch| —*verb* **fetched, fetching** **1.** To go and get; bring back. **2.** To be sold for; bring in.

feud |fyōōd| —*noun, plural* **feuds** A long, bitter quarrel between two people or groups. —*verb* **feuded, feuding** To carry on a feud.

fe·ver |fē'vər| —*noun, plural* **fevers** A body temperature that is higher than normal. For most people normal body temperature is 98.6°F.

few |fyōō| —*adjective* **fewer, fewest** Not many; a small number of. —*noun* (Used with a plural verb.) A small number. —*pronoun* (Used with a plural verb.) A small number of persons or things.

fi·an·cé |fē'än sā'| or |fē än'sā'| —*noun, plural* **fiancés** A man to whom a woman is engaged to be married.

fi·an·cée |fē'än sā'| or |fē än'sā'| —*noun, plural* **fiancées** A woman to whom a man is engaged to be married.

fi·ber |fī'bər| —*noun, plural* **fibers** A long, thin strand; a thread.

fic·tion |fĭk'shən| —*noun, plural* **fictions** **1.** Something imaginary; made-up events. **2.** Written works, such as novels and short stories, that tell about characters and events that are not real.

fid·dle |fĭd'l| —*noun, plural* **fiddles** A violin..

field |fēld| —*noun, plural* **fields** **1.** A large area of open or cleared land. **2.** An area of land where a crop is grown or a resource is obtained. **3.** An area of interest; subject. **4.** A large marked-out area where a game is played. —*verb* **fielded, fielding** To catch or pick up a batted ball in baseball.

fencing *sustantivo* Arte o deporte de pelear con espadas largas y delgadas; esgrima.

fender *sustantivo* Tapa o resguardo de metal encima y alrededor de las llantas de un coche, un camión o una bicicleta; guardabarros; guardafango.

ferment *sustantivo* **1.** Algo que causa la fermentación; fermento. La levadura y el moho son fermentos. **2.** Estado de excitación o inquietud; agitación; tumulto. —*verbo* Fermentar o hacer fermentar.

fermentation *sustantivo* Proceso en que el azúcar de un líquido gradualmente se vuelve alcohol y gas; fermentación.

fern *sustantivo* Una de un grupo de plantas que tienen hojas plumosas con muchas hojillas; helecho.

ferocious *adjetivo* Muy cruel y fiero; salvaje; feroz.

ferry *sustantivo* Barco usado para llevar gente, coches o materiales a través de un río o bahía; barca de pasaje. —*verbo* **1.** Transportar de una orilla a otra. **2.** Tomar una barca de pasaje.

fertile *adjetivo* Fértil: **1.** Que es bueno para el cultivo de las plantas; que promueve el crecimiento de plantas. **2.** Capaz de tener prole; fecundo. **3.** Capaz de convertirse en una persona, planta o animal completo. **4.** Creativo; imaginativo.

fertilize *verbo* **1.** Hacer fértil un óvulo o una flor por medio de esperma o polen; fertilizar; fecundar. **2.** Utilizar abono en la tierra; abonar.

fertilizer *sustantivo* Material que se añade a la tierra para hacerla mejor para el cultivo de plantas; abono.

festival *sustantivo* **1.** Día o tiempo de celebración; fiesta. **2.** Serie de espectáculos culturales especiales; festival.

fetch *verbo* **1.** Ir a buscar; traer; coger. **2.** Vender; traer: *The corn will fetch a good price.* = *El maíz se venderá a buen precio.*

feud *sustantivo* Discusión larga y encarnizada entre dos personas o grupos; riña. —*verbo* Tener una riña; reñir.

fever *sustantivo* Temperatura del cuerpo más alta que la normal; fiebre.

few *adjetivo* No muchos; un número pequeño; poco. —*sustantivo* Algunos; pocos: *Most children go home after school, but a few remain to read or study.* = *La mayoría de los niños se van a sus casas después de la escuela, pero algunos se quedan para leer o estudiar.* —*pronombre* Número pequeño de personas o cosas; pocos: *Few were able to read.* = *Pocos eran los que sabían leer.*

fiancé *sustantivo* Novio.

fianceé *sustantivo* Novia.

fiber *sustantivo* Hebra larga y fina; hilo; fibra.

fiction *sustantivo* **1.** Algo imaginario; acontecimientos inventados; ficción. **2.** Obras escritas, como novelas y cuentos, sobre personajes y acontecimientos imaginarios.

fiddle *sustantivo* Un violín.

field *sustantivo* Campo: **1.** Área larga de terreno abierto o desmontado. **2.** Área de tierra donde se cultiva una cosecha o se obtiene un recurso natural. **3.** Área de interés; esfera. **4.** Área larga y marcada donde se juega un partido; cancha. —*verbo* En béisbol, coger una pelota bateada.

field·er |fēl′dər| —*noun, plural* **fielders** A baseball player who has a position out in the field.

fierce |fîrs| —*adjective* **fiercer, fiercest 1.** Wild and savage; dangerous. **2.** Very strong; raging.

fife |fīf| —*noun, plural* **fifes** A musical instrument similar to a flute but smaller.

fif·teen |fĭf tēn′| —*noun, plural* **fifteens** & *adjective* A number, written 15.

fif·teenth |fĭf tēnth′| —*noun, plural* **fifteenths** & *adjective* See **Table of Numerals.**

fifth |fĭfth| —*noun, plural* **fifths** & *adjective* See **Table of Numerals.**

fif·ti·eth |fĭf′tē ĭth| —*noun, plural* **fiftieths** & *adjective* See **Table of Numerals.**

fif·ty |fĭf′tē| —*noun, plural* **fifties** & *adjective* A number, written 50..

fig |fĭg| —*noun, plural* **figs** A sweet fruit that is shaped like a pear and has many small seeds. Figs grow on trees and shrubs in warm parts of the world.

fight |fīt| —*verb* **fought, fighting 1.** To use the fists or weapons against an opponent; struggle against. **2.** To try to stop or defeat; oppose. **3.** To work hard. **4.** To engage in. **5.** To quarrel.
—*noun, plural* **fights 1.** A physical struggle with fists or weapons; a battle. **2.** Any struggle. **3.** A quarrel.

fight·er |fī′tər| —*noun, plural* **fighters 1.** A person or animal who fights. **2.** A boxer.

fig·ur·a·tive |fĭg′yər ə tĭv| —*adjective* Using words in a way that stretches their actual meaning. "I've told you a million times not to do that" and "She cried her eyes out when she got the news" are figurative expressions because they do not really mean what the words say.

fig·ure |fĭg′yər| —*noun, plural* **figures 1.** A symbol that stands for a number. "1," "12," and "457" are figures. **2.** Calculations that involve numbers. **3.** An amount represented in numbers. **4.** A diagram or picture. **5.** The shape of the human body. **6.** A form; shape. **7.** A person, especially a well-known one.
—*verb* **figured, figuring 1.** To work out by using numbers. **2.** To believe; assume.

fil·a·ment |fĭl′ə mənt| —*noun, plural* **filaments** A very fine wire or thread.

fil·bert |fĭl′bərt| —*noun, plural* **filberts** A hazelnut.

file¹ |fīl| —*noun, plural* **files 1.** A container in which papers are kept and arranged in order. **2.** A collection of papers, cards, or other information arranged in order. **3.** A line of people, animals, or things placed one behind the other.
—*verb* **filed, filing 1.** To store or put away in a file. **2.** To send in; submit.

file² |fīl| —*noun, plural* **files** A tool with a rough surface, used for smoothing, scraping, and cutting.
—*verb* **filed, filing** To smooth, scrape, cut, or grind down with a file.

fil·ing |fī′lĭng| —*noun, plural* **filings** A particle scraped off by a file.

fielder *sustantivo* Jugador de béisbol que asume una posición en el campo.

fierce *adjetivo* **1.** Salvaje; peligroso; fiero. **2.** Muy fuerte; furioso; espantoso.

fife *sustantivo* Instrumento musical parecido a la flauta pero más pequeño; pífano.

fifteen *sustantivo* y *adjetivo* Quince.

fifteenth *sustantivo* y *adjetivo* Consulte la **Tabla de Números.**

fifth *sustantivo* y *adjetivo* Consulte la **Table de Números.**

fiftieth *sustantivo* y *adjetivo* Consulte la **Tabla de Números.**

fifty *sustantivo* y *adjetivo* Cincuenta.

fig *sustantivo* Fruta dulce en forma de pera que tiene muchas semillas pequeñas; higo. Los higos crecen en árboles y arbustos en climas calurosos.

fight *verbo* **1.** Usar puños o armas contra un oponente; luchar en contra; pelear. **2.** Tratar de detener o derrotar; oponer: *Medicine fights disease.* = *La medicina derrota las enfermedades.* **3.** Luchar duramente. **4.** Trabar pelea. **5.** Disputar o reñir con alguien.
—*sustantivo* **1.** Una pelea física con puños o armas; una batalla: *a fist fight* = *una pelea a puños; a dog fight* = *una pelea de perros.* **2.** Cualquier lucha: *The sick man is undergoing a brave fight for his life.* = *El enfermo lucha duramente por su vida.* **3.** una riña.

fighter *sustantivo* **1.** Persona o animal que pelea; luchador; peleador. **2.** Un boxeador.

figurative *adjetivo* Usar palabras de una manera representativa; figurativo: *"I've told you a million times not to do that."* = *"Te he dicho un millón de veces que no hagas eso".* es una expresión figurativa porque no significa exactamente lo que dice.

figure *sustantivo* **1.** Símbolo que representa un número; número. "1", "12", y "457" son números. **2.** Cálculos con números: *He's good at figures.* = *Él es bueno con los números.* **3.** Una cantidad representada en números: *The population figure reveals a growing trend.* = *El número de la población revela una tendencia creciente.* **4.** Un diagrama o dibujo: *Look at that figure of a dog on page 23.* = *Mira el dibujo de un perro en la página 23.* **5.** La forma del cuerpo humano: *That dress suited her figure.* = *Ese vestido le queda bien a su figura.* **6.** Una forma; figura: *Who is that figure in the distance?* = *¿Quién es esa figura en la distancia?.* **7.** Una persona, especialmente una bien conocida: *the governor and some other public figures* = *el gobernador y otras figuras públicas.*
—*verbo* **1.** Resolver o calcular con números: *Let's figure our budget for the month.* = *Calculemos el presupuesto de este mes.* **2.** Creer; asumir; figurar: *I figured you would say that.* = *Me figuré que dirías eso.*

filament *sustantivo* Un alambre o hilo muy delgado; filamento.

filbert *sustantivo* Avellana.

file¹ *sustantivo* **1.** Gabinete en el que se mantienen papeles arreglados en orden; archivo. **2.** Colección de papeles, tarjetas u otra información arreglada en orden: *a picture file* = *un archivo fotográfico.* **3.** Línea de gente, animales o cosas colocados uno detrás del otro; fila.
—*verbo* **1.** Guardar; archivar. **2.** Mandar o solicitar: *After the theft we filed an insurance claim.* = *Después del robo solicitamos un reclamo a la compañía de seguros.*

file² *sustantivo* Una herramienta con superficie áspera usada para alisar, raspar o limar; lima.
—*verbo* Alisar, raspar, cortar o limar.

filing *sustantivo* Una partícula raspada por una lima; limadura.

ər butter   yōō abuse   ou out   ŭ cut   û fur   *th* the   th thin   hw which   zh vision   ə ago, item, pencil, atom, circus

fill |fĭl| —*verb* **filled, filling** **1.** To make or become full. **2.** To take up the whole space of. **3.** To give what is asked for; supply. **4.** To supply a blank space with writing or pictures. **5.** To stop up or plug up. **6.** To satisfy; fulfill.

fil·let |fĭ lā′| or |fĭl′ā′| —*noun, plural* **fillets** A piece of meat or fish that has had the bones removed.

fill·ing |fĭl′ĭng| —*noun, plural* **fillings** Something used to fill a space or container.

fil·ly |fĭl′ē| —*noun, plural* **fillies** A young female horse.

film |fĭlm| —*noun, plural* **films** **1.** A thin strip of material coated with a delicate substance that changes when light hits it. Film is used in photography. **2.** A motion picture. **3.** A very thin coating.
—*verb* **filmed, filming** To make a motion picture of.

fil·ter |fĭl′tər| —*noun, plural* **filters** A device or material through which a liquid or air is passed in order to clean out any dirt or other matter that is not wanted.
—*verb* **filtered, filtering** **1.** To pass through a filter. **2.** To separate by a filter. **3.** To pass slowly; seep.

filth |fĭlth| —*noun* Disgusting, dirty matter.

filth·y |fĭl′thē| —*adjective* **filthier, filthiest**, Extremely dirty.

fin |fĭn| —*noun, plural* **fins** **1.** One of the thin, flat parts that stick out from the body of a fish. **2.** A part shaped or used like a fin.

fi·nal |fī′nəl| —*adjective* **1.** Last. **2.** Not likely to change; definite.
—*noun, plural* **finals** **1.** The last game in a series of games. **2.** The last examination or test of a school course or subject.

fi·nal·ly |fī′nə lē| —*adverb* At last.

fi·nance |fĭ năns′| or |fī′năns′| —*noun, plural* **finances** **1.** The management and use of money. **2.** **finances** The money resources or funds of a person, business, or government.
—*verb* **financed, financing** To provide money for.

fi·nan·cial |fĭ năn′shəl| or |fī năn′shəl| —*adjective* Having to do with finance.

finch |fĭnch| —*noun, plural* **finches** A bird with a short, thick bill that is used for cracking seeds. The cardinal, canary, and common house sparrow are finches.

find |fīnd| —*verb* **found, finding** **1.** To come upon by accident. **2.** To look for and discover. **3.** To learn. **4.** To determine. **5.** To meet with; encounter. **6.** To get back; recover.
Phrasal verb **find out** To get information about; discover.
—*noun, plural* **finds** Something found; a discovery.

fill *verbo* **1.** Hacer que algo se ocupe enteramente; llenar: *Fill the pitcher with milk.* = *Llene la jarra con leche.* **2.** Ocupar el espacio entero de algo: *Smoke filled the room.* = *El humo llenó el cuarto. People filled the auditorium.* = *El auditorio se llenó de gente.* **3.** Dar lo que se pide; abastecer; preparar: *Pete filled the grocery order.* = *Pete preparó la orden de comestibles.* **4.** Llenar un espacio en blanco con escritura o dibujos. **5.** Llenar, tapar o taponar: *He filled a hole in the yard with cement.* = *Él llenó el hueco en el jardín con cemento. The dentist will fill her teeth.* = *El dentista le empastará los dientes.* **6.** Satisfacer; cumplir: *She filled the requirements for the job.* = *Ella llenó los requisitos para el trabajo.*

fillet *sustantivo* Pedazo de carne o pescado sin huesos; filete.

filling *sustantivo* Algo que se usa para llenar un espacio o cavidad; relleno; empaste: *silver filling in a tooth* = *un empaste de plata en un diente; meat filling in a pie* = *relleno de carne en un pastel.*

filly *sustantivo* Una potra joven; potra o potranca.

film *sustantivo* **1.** Tira o cinta delgada, cubierta con una substancia especial que reacciona con la luz; película. Las películas se usan en fotografía. **2.** Una película cinematográfica. **3.** Una capa delgadísima: *The kitten's eyes were covered with a bluish film.* = *Los ojos del gatito estaban cubiertos por una capa azulada.*
—*verbo* Hacer una película cinematográfica; filmar.

filter *sustantivo* Aparato o material a través del cual pasan líquidos o aire para limpiar suciedad o cualquier otro material indeseable; filtro.
—*verbo* Filtrar: **1.** Pasar por un filtro. **2.** Separar por medio de un filtro: *The screen filters the leaves from the water.* = *El filtro filtra las hojas del agua.*

filth *sustantivo* Elemento o material sucio y desagradable; suciedad; mugre.

filthy *adjetivo* Extremadamente sucio.

fin *sustantivo* **1.** Una de las partes delgadas y planas que sobresale del cuerpo de los pescados; aletas. **2.** Una parte parecida a, o usada como una aleta.

final *adjetivo* **1.** Último; final. **2.** Que probablemente no cambia; definitivo: *You are not going to take the car and that's final!* = *¡Usted no se lleva el carro y punto!*
—*sustantivo* **1.** El último juego en una serie de juegos; finales. **2.** La ultima examinación o prueba en una escuela o materia.

finally *adverbio* Finalmente.

finance *sustantivo* Finanzas: **1.** La administración y el uso del dinero. **2.** Los fondos o medios monetarios de una persona, empresa o gobierno.
—*verbo* Financiar; costear.

financial *adjetivo* Relacionado con las finanzas; financiero.

finch *sustantivo* Pájaro de pico corto y grueso que usa para partir semillas; pinzón. El cardinal, canario y gorrión son pinzones.

find *verbo* Encontrar: **1.** Descubrir accidentalmente: *She found a penny on the floor.* = *Ella encontró un centavo en el suelo.* **2.** Buscar y descubrir: *They found a cure for polio.* = *Encontraron una cura para el polio.* **3.** Aprender; descubrir. *Are you surprised to find that whales and dolphins breath air?* = *¿Te sorprende descubrir que las ballenas y los delfines respiran aire?* **4.** Determinar: *Find the answer to that problem.* = *Encuentre la respuesta a ese problema.* **5.** Dar con algo; toparse: *They found a lot of mosquitoes in the marshes.* = *Econtraron muchos mosquitos en el pantano.* **6.** Recobrar; recuperar: *Did you find your dog?* = *¿Recuperó su perro?*
Verbo en locución **find out** Conseguir información

ă pat ā pay â care ä father ĕ pet ē be ĭ pit ī pie î fierce ŏ pot ō go ô paw, for oi oil ŏŏ book ōŏ boot

fine¹ |fīn| —*adjective* **finer, finest 1.** Very good; excellent. **2.** Very thin or small. **3.** Very sharp. **4.** Careful; painstaking. **5.** In good health.
—*adverb* Well; excellently.

fine² |fīn| —*noun, plural* **fines** An amount of money that has to be paid as a penalty for breaking a rule or law.
—*verb* **fined, fining** To order to pay a fine of.

fin·ger |fĭng′gər| —*noun, plural* **fingers** Any one of the five body parts that extend outward from the hand.
—*verb* **fingered, fingering 1.** To feel or handle with the fingers; to touch. **2.** To play a musical instrument by using the fingers.

fin·ger·nail |fĭng′gər nāl′| —*noun, plural* **fingernails** The thin layer of hard, transparent material at the end of each finger.

fin·ger·print |fĭng′gər prĭnt′| —*noun, plural* **fingerprints** A mark with many fine, curved lines made by the fleshy end of a finger.
—*verb* **fingerprinted, fingerprinting** To record the fingerprints of.

fin·ish |fĭn′ĭsh| —*verb* **finished, finishing 1.** To bring to an end; complete. **2.** To use up. **3.** To destroy or wear out completely. **4.** To treat the surface of.
—*noun, plural* **finishes 1.** The end. **2.** The final coating or treatment of a surface.

fir |fûr| —*noun, plural* **firs 1.** An evergreen tree with rather flat needles. **2.** The wood of a fir tree.

fire |fīr| —*noun, plural* **fires 1.** The flame, heat, and light given off when something burns. **2.** Something burning. **3.** A burning that causes damage. **4.** Strong emotion or enthusiasm. **5.** The shooting of firearms.
—*verb* **fired, firing 1.** To set on fire; burn. **2.** To dismiss from a job. **3.** To stir up; excite. **4.** To shoot a gun.

fire·arm |fīr′ärm′| —*noun, plural* **firearms** Any weapon used for shooting, especially one that can be carried and fired by one person.

fire·crack·er |fīr′krăk′ər| —*noun, plural* **firecrackers** A paper tube containing an explosive and a fuse.

fire·fight·er |fīr′fī′tər| —*noun, plural* **firefighters** A person who fights fires.

fire·fly |fīr′flī′| —*noun, plural* **fireflies** An insect that gives off a flashing light from the rear part of its body.

fire·man |fīr′mən| —*noun, plural* **firemen 1.** A man who fights fires; a firefighter. **2.** A man who takes care of a fire in a furnace or steam engine.

fire·place |fīr′plās′| —*noun, plural* **fireplaces** An opening in the wall of a room for holding a fire. Fireplaces have chimneys leading up from them to get rid of smoke.

acerca de algo; descubrir.
—*sustantivo* Algo encontrado; un descubrimiento; hallazgo.

fine¹ *adjetivo* **1.** Muy bueno; excelente; fino; bueno: *Barbara is a fine athlete.* = *Barbara es una atleta excelente.* **2.** Muy delgado o pequeño: *fine lines = líneas delgadas.* **3.** Afilado; agudo: *The blade has a fine edge.* = *La cuchilla tiene un filo agudo.* **4.** Minucioso; esmerado: *Making that tapestry was fine work.* = *Hacer ese tapete fue una obra esmerada.* **5.** En buena salud: *I'm feeling fine today, thank you.* = *Me siento bien hoy, gracias.*

fine² *sustantivo* La cantidad de dinero que tiene que pagarse por quebrantar la ley; multa.
—*verbo* Ordenar el pago de una multa; multar.

finger *sustantivo* Cualquiera de las cinco partes que se extienden hacia afuera de la mano; dedo.
—*verbo* **1.** Sentir o manejar con los dedos; tocar: *She fingered the soft, smooth material.* = *Ella tocó el material blando y suave.* **2.** Tocar un instrumento musical usando los dedos.

fingernail *sustantivo* La capa delgada de materia transparente y dura al final de cada dedo; uña.

fingerprint *sustantivo* Marca de muchas líneas curvas y delgadas hecha por las yemas de los dedos; huellas digitales.
—*verbo* Tomar la impresión de las huellas digitales.

finish *verbo* **1.** Terminar; completar: *When will you finish doing the dishes?* = *¿Cuándo terminarás de lavar los platos?* **2.** Usar o acabar; terminar: *We finished a whole box of chocolates.* = *Acabamos con una caja entera de bombones.* **3.** Destruir o usar completamente; desgastar. **4.** Tratar una superficie; dar un acabado: *We finished the chair with a dark varnish.* = *El acabado que le dimos a la silla fue de barniz oscuro.*
—*sustantivo* **1.** El fin; final. **2.** La capa o tratamiento final de una superficie; acabado.

fir *sustantivo* **1.** Árbol perenne de la alta montaña, de ramas horizontales y fruta casi cilíndrica; abeto. **2.** La madera de abeto.

fire *sustantivo* **1.** La llama, calor o luz que se emite cuando algo se quema; fuego. **2.** Algo que se está quemando; fogata: *Throw that piece of wood into the fire.* = *Tira ese pedazo de madera en la fogata.* **3.** Fuego que causa daño: *The school nas an extinguisher for putting out fires.* = *La escuela tiene un extinguidor para apagar fuegos.* **4.** Emoción fuerte; entusiasmo. **5.** El sonido de un arma de fuego; disparo: *We heard the sound of rifle fire in the woods.* = *Oímos el disparo de un rifle en el bosque.*
—*verbo* **1.** Prender fuego; quemar. **2.** Despedir de un trabajo: *The store owner fired the clerk for always being late.* = *El dueño del almacén despidió al empleado por estar siempre atrasado.* **3.** Agitar; alborotar; excitar: *He fired the child's imagination with detective stories.* = *Él excitó la imaginación del niño con historias de detectives.* **4.** Disparar un arma de fuego.

firearm *sustantivo* Cualquier arma usada para disparar, especialmente una que pueda ser cargada y disparada por una persona; arma de fuego.

firecracker *sustantivo* Un envuelto de papel que contiene un explosivo y una mecha; petardos.

firefighter *sustantivo* Persona que apaga fuegos o incendios; bombero.

firefly *sustantivo* Insecto que emite una luz intermitente por la parte de atrás de su cuerpo; luciérnaga.

fireman *sustantivo* **1.** Persona que apaga incendios; bombero. **2.** El hombre encargado del fuego en un horno industrial o una planta de vapor.

fireplace *sustantivo* Apertura en la pared que contiene una hoguera con un escape hacia arriba para deshacerse del humo; chimenea.

---

fire·proof |fîr′ prōōf′| —*adjective* Designed not to burn.

firm¹ |fûrm| —*adjective* **firmer, firmest 1.** Not giving way to pressure; solid; hard. **2.** Not easily moved. **3.** Not changing; steady. **4.** Strong. **5.** Showing strength of will.

firm² |fûrm| —*noun, plural* **firms** A company formed by two or more people who go into business together.

first |fûrst| —*adjective* Before any others in place or time.
—*adverb* **1.** Before any others. **2.** For the first time.
—*noun, plural* **firsts 1.** In a group of people or things that are in numbered order, the one that matches the number one. **2.** The beginning.

first aid Emergency care given to an injured or sick person before a doctor comes.

first-class |fûrst′klăs′| or |fûrst′klä̀s′| —*adjective* **1.** Of the best quality. **2.** Of or for the best class of seats or rooms.
—*adverb* With first-class seats or rooms.

first·hand |fûrst′hănd′| —*adjective* Gotten from the original source; direct.

fish |fĭsh| —*noun, plural* **fish** or **fishes** One of a large group of animals that have fins and live in the water. Fish have gills for breathing and are usually covered with scales.
—*verb* **fished, fishing 1.** To catch or try to catch fish. **2.** To search; hunt. **3.** To draw up or out; pull.

fish·er·man |fĭsh′ər mən| —*noun, plural* **fishermen** Someone who fishes.

fish·y |fĭsh′ē| —*adjective* **fishier, fishiest 1.** Tasting or smelling of fish. **2.** Unlikely; doubtful.

fis·sion |fĭsh′ən| —*noun* The breaking up of the nucleus of an atom. Nuclear fission releases large amounts of energy.

fist |fĭst| —*noun, plural* **fists** The hand closed tightly, with the fingers bent in against the palm.

fit¹ |fĭt| —*verb* **fitted, fitting 1.** To be the proper size and shape for someone or something. **2.** To be suitable or right for. **3.** To make suitable; adjust. **4.** To place snugly; insert. **5.** To equip; provide.
—*noun, plural* **fits** The way something fits.
—*adjective* **fitter, fittest 1.** Suitable. **2.** Proper; appropriate. **3.** Healthy.

fit² |fĭt| —*noun, plural* **fits 1.** A sudden onset of a strong emotion or physical reaction. **2.** A sudden attack of a disease.

five |fīv| —*noun, plural* **fives** & *adjective* A number, written 5.

fix |fĭks| —*verb* **fixed, fixing 1.** To fasten tightly; secure. **2.** To arrange definitely; settle. **3.** To direct steadily. **4.** To place; put. **5.** To repair. **6.** To prepare.
—*noun, plural* **fixes** A difficult situation; trouble.

fireproof *adjetivo* Diseñado para que no arda; incombustible; a prueba de incendios.

firm¹ *adjetivo* Firme: **1.** Que no cede a presión; sólido; duro: *a firm matress = un colchón firme.* **2.** Que no se mueve fácilmente: *The post was firm in the ground. = El poste estaba firme en el piso.* **3.** Que no cambia; fijo: *a firm belief = una creencia firme.* **4.** Fuerte: *a firm grasp = un fuerte agarrón.* **5.** Mostrando fuerza de voluntad: *a firm voice = una voz firme.*

firm² *sustantivo* Compañía formada por dos o más individuos que negocian juntos; firma.

first *adjetivo* Antes que cualquier otro en lugar o tiempo; primero.
—*adverbio* **1.** Antes que cualquier otro; primero. **2.** Por primera vez: *I first rode a bike when I was seven. = Yo monté bicicleta por primera vez cuando tenía siete años.*
—*sustantivo* **1.** El que es número uno; primero. **2.** Al principio: *At first I really liked the job. = Al principio verdaderamente me gustó el trabajo.*

first aid Cuidado de emergencia que se da a un herido o enfermo antes que llegue el doctor; primeros auxilios.

first-class *adjetivo* **1.** De la mejor calidad; de primera clase. **2.** Relativo a la mejor clase de asientos o ubicación: *first-class tickets = boletos de primera clase.*
—*adverbio* Con asientos o cuartos de primera clase: *traveling first class = viajando de primera clase.*

firsthand *adjetivo* Que se consigue de la fuente original o directamente; de primera mano.

fish *sustantivo* Uno entre un gran grupo de animales que tienen aletas y viven en el agua. Los peces tienen agallas para respirar y usualmente están cubiertos de escamas.
—*verbo* **1.** Coger o tratar de coger un pez; pescar. **2.** Buscar; indagar: *I fished in the closet for a dress that might fit me. = Traté de buscar en el armario un vestido que me quedara bien.* **3.** Halar o sacar: *The traveler fished a train schedule out of his pocket. = El viajante sacó un mapa de su bolso.*

fisherman *sustantivo* Persona que pesca; pescador.

fishy *adjetivo* **1.** Que sabe o huele a pescado. **2.** Improbable; dudoso.

fission *sustantivo* División del núcleo de un átomo que resulta en la liberación de una enorme cantidad de energía; fisión.

fist *sustantivo* La mano cerrada duramente con los dedos doblados hacia la palma; puño.

fit¹ *verbo* **1.** Que es del talle y forma adecuados para alguien o algo; que queda bien; apto: *The shoe fits perfectly. = El zapato le queda perfecto.* **2.** Ser apropiado, conveniente o adecuado. **3.** Arreglar o ajustar: *The tailor fitted the suit to him. = El sastre le ajustó el traje a su talle.* **4.** Acomodar o insertar: *Can we fit all the food in one lunch bag? = ¿Podremos acomodar toda la comida en un bolso?* **5.** Equipar; proveer; pertrechar.
—*sustantivo* La manera en que queda algo: *a perfect fit = un talle perfecto.*
—*adjetivo* **1.** Conveniente; adecuado: *We must think of a fit ceremony for the new members. = Debemos pensar en una ceremonia adecuada para los nuevos miembros.* **2.** Propio; apropiado: *Do what you think fit. = Haga lo que sea apropiado.* **3.** Saludable: *She certainly is looking fit lately. = Ella ciertamente luce saludable últimamente.*

fit² *sustantivo* **1.** Encolerizamiento o reacción física repentino; ataque: *a fit of laughter = un ataque de risa.* **2.** Ataque repentino de alguna enfermedad: *a fit of malaria = un ataque de malaria.*

five *sustantivo* y *adjetivo* Cinco.

fix *verbo* **1.** Amarrar fuertemente; asegurar o apretar. **2.** Ordenar definitivamente; arreglar: *Let's fix the time of the party. = Arreglemos la hora de la fiesta.* **3.** Dirigir constantemente; fijar: *She fixed her eyes on*

ă pat ā pay â care ä father ĕ pet ē be ĭ pit ī pie î fierce ŏ pot ō go ô paw, for oi oil ŏŏ book ōō boot

the screen. = *Ella fijó sus ojos en la pantalla.* **4.** Arreglar; reparar: *fix a faucet = reparar un grifo; fix a car = reparar un carro.* **5.** Preparar: *She will fix dinner for us tonight.* = *Ella preparará la cena para nosotros esta noche.*
—*sustantivo* Situación dificultosa; problema: *He got himself into a fix and had to ask his father to help him out.* = *Él se metió en un problema y tuvo que pedirle ayuda a su papá.*

fix·ture |fĭks′chər| —*noun, plural* **fixtures** Something firmly fastened in place for permanent use.

fixture *sustantivo* Algo firmemente colocado o instalado en un lugar para uso permanente; artefacto; accesorio.

flag |flăg| —*noun, plural* **flags** A piece of cloth with a special color or design on it. Flags are flown as symbols of countries and are also used for giving signals.
—*verb* **flagged, flagging** To signal with or as if with a flag.

flag *sustantivo* Trozo de tela con colores y diseños especiales; bandera.
—*verbo* Hacer señas con una bandera o como con una bandera; hacer señales.

flair |flâr| —*noun, plural* **flairs** A natural talent.

flair *sustantivo* Talento natural; instinto; don.

flake |flāk| —*noun, plural* **flakes** A small, thin piece or particle.
—*verb* **flaked, flaking** To come off or chip off in flakes.

flake *sustantivo* Partícula pequeña y delgada; hojuela; cosa pequeña y fina; pedacito: *a soap flake = una hojuela de jabón; a snow flake = un copo de nieve.*
—*verbo* Que se desmorona o despedaza en astillas.

flame |flām| —*noun, plural* **flames** **1.** One of the glowing masses of light given off by a burning substance. **2.** Often **flames** The condition of burning.
—*verb* **flamed, flaming** **1.** To burn brightly. **2.** To glow fiercely.

flame *sustantivo* **1.** Una de las masas incandescentes despedida por una substancia que se quema; llama. **2.** A veces **flames** La condición de quemarse; en llamas: *The house burst into flames.* = *La casa estalló en llamas.*
—*verbo* **1.** Quemar vivamente. **2.** Alumbrar con ferocidad: *Hatred flamed in his eyes.* = *El odio le alumbraba los ojos.*

fla·min·go |flə mĭng′gō| —*noun, plural* **flamingos** or **flamingoes** A large bird with a very long neck and legs and pink or reddish feathers. Flamingos live near water in warm parts of the world.

flamingo *sustantivo* Pájaro grande, de cuello muy largo y plumas rojas o rosadas que vive cerca del agua en climas calurosos; flamenco.

flank |flăngk| —*noun, plural* **flanks** The part between the hip and the ribs on either side of the body of an animal or person; the side.
—*verb* **flanked, flanking** To be placed at the side of.

flank *sustantivo* La parte entre la cadera y las costillas en ambos lados de un animal o persona; lado; flanco; costado.
—*verbo* Colocar o colocarse al flanco, o al lado; flanquear.

flan·nel |flăn′əl| —*noun, plural* **flannels** **1.** A soft cloth made of cotton or wool. **2.** **flannels.** Trousers, underwear, or other garments made of flannel.

flannel *sustantivo* **1.** Tela suave hecha de algodón o lana; franela. **2.** **flannels** Pantalones, calzoncillos u otras prendas de vestir hechas de franela.

flap |flăp| —*verb* **flapped, flapping** **1.** To move up and down. **2.** To wave loosely; flutter.
—*noun, plural* **flaps** **1.** The sound or action of flapping. **2.** A piece fastened at one edge and meant to fold over and cover or seal something.

flap *verbo* **1.** Mover hacia arriba y abajo; batir: *The bird flapped its wings.* = *El pájaro batió sus alas.* **2.** Agitarse algo ligeramente; revolotear: *The sail flapped in the breeze.* = *La vela revoloteaba en la brisa.*
—*sustantivo* **1.** El sonido o la acción de aletear; aleteo: *We listened to the flap of the shutters in the wind.* = *Escuchamos el aleteo de las persianas en el viento.* **2.** Pieza ajustada a un borde, diseñada para doblarse sobre, cubrir o sellar algo; tapa; cobertura; oreja.

flare |flâr| —*verb* **flared, flaring** **1.** To burn with a sudden flame. **2.** To burst out with sudden or violent feeling. **3.** To spread outward.
—*noun, plural* **flares** **1.** A sudden blaze of light. **2.** A bright light that can be shot into the air as a signal. **3.** A shape that spreads out.

flare *verbo* **1.** Quemar con una llamarada repentina; avivar; destellar: *The fire flared up when we fanned it.* = *El fuego se avivó cuando lo ventilamos.* **2.** Explotar con sentimientos repentinos y violentos. **3.** Extender hacia afuera; ensanchar: *Her skirt flares from the waist.* = *Su vestido se ensancha desde la cintura.*
—*sustantivo* **1.** Resplandor repentino; luz brillante. **2.** Una luz brillante que se dispara al aire para hacer señales; cohete de señales. **3.** Forma que se extiende hacia afuera, en forma de bocina: *the flare of a trumpet* = *la bocina de una trompeta.*

flash |flăsh| —*verb* **flashed, flashing** **1.** To burst or cause to burst suddenly into light or flame. **2.** To appear suddenly or only for a short time. **3.** To be lighted on and off. **4.** To move rapidly.
—*noun, plural* **flashes** **1.** A sudden burst of light. **2.** A sudden, brief burst. **3.** An instant.

flash *verbo* **1.** Reventar o causar una explosión de luz o fuego; relampaguear: *The bulb in the camera flashed.* = *La bombilla de la cámara relampagueó.* **2.** Aparecer súbitamente o únicamente por un corto tiempo; relampaguear: *An idea flashed in his mind.* = *Una idea relampagueó en su mente.* **3.** Alumbrar intermitentemente; relampaguear: *The lighthouse flashed in the distance.* = *El faro relampagueaba en la distancia.* **4.** Moverse rápidamente: *A car flashed by.* = *Un automóvil pasó rápidamente.*
—*sustantivo* **1.** Explosión súbita de luz: *a flash of lightning* = *un relámpago de luz.* **2.** Explosión súbita y breve; reventón. **3.** Un instante.

flash·light |flăsh′lĭt′| —*noun, plural* **flashlights** An electric light powered by batteries and small enough for a person to carry around.

flask |flăsk| or |fläsk| —*noun, plural* **flasks** A small bottle with a narrow neck.

flat |flăt| —*adjective* **flatter, flattest** 1. Having a smooth, even surface; level. 2. Lying stretched out; spread out. 3. Not deep; shallow. 4. Having lost air. 5. Dull. 6. Downright; absolute. 7. Not shiny. 8. Lower in musical pitch than is correct.
—*noun, plural* **flats** 1. A flat surface or part. 2. A flat tire.

flat·ten |flăt′n| —*verb* **flattened, flattening** 1. To make or become flat or flatter. 2. To knock down, as in a fight.

flat·ter¹ |flăt′ər| —*verb* **flattered, flattering** 1. To try to please with praise and compliments. 2. To make more attractive than is actually true. 3. To please or gratify.

flat·ter² |flăt′ər| The comparative of the adjective **flat.**

flat·ter·y |flăt′ə rē| —*noun, plural* **flatteries** Insincere praise.

flat·test |flăt′ĭst| The superlative of the adjective **flat.**

fla·vor |flā′vər| —*noun, plural* **flavors** 1. A taste. 2. A special quality or impression.
—*verb* **flavored, flavoring** To give flavor to.

flaw |flô| —*noun, plural* **flaws** A defect.
—*verb* **flawed, flawing** To make or become defective; spoil; mar.

flax |flăks| —*noun* 1. A plant that has blue flowers and slender stems. Linen is made from a fiber taken from the stems. Linseed oil is made from the seeds of flax. 2. The whitish fibers from the stems of this plant.

flea |flē| —*noun, plural* **fleas** A small, jumping insect that has no wings.

fled |flĕd| The past tense and past participle of the verb **flee.**

flee |flē| —*verb* **fled, fleeing** 1. To run away or run away from. 2. To move quickly; vanish.

fleet¹ |flēt| —*noun, plural* **fleets** 1. A group of warships. 2. A large group of ships, cars, or other vehicles traveling or working together.

fleet² |flēt| —*adjective* **fleeter, fleetest** Moving quickly; swift.

flesh |flĕsh| —*noun* 1. The soft material of the body that covers the bones and is itself covered by the skin. 2. The meat of animals used as food. 3. The soft part of a fruit or vegetable that can usually be eaten.

flew |flōō| The past tense of the verb **fly.**

flex |flĕks| —*verb* **flexed, flexing** 1. To bend. 2. To tighten; contract.

flex·i·ble |flĕk′sə bəl| —*adjective* 1. Capable of being bent without breaking. 2. Open to change or new ideas.

flick |flĭk| —*noun, plural* **flicks** A light, quick blow or hit.
—*verb* **flicked, flicking** 1. To hit quickly and lightly. 2. To move with a flick.

flashlight *sustantivo* Luz eléctrica, a pilas, suficientemente pequeña para que una persona la lleve consigo; linterna.

flask *sustantivo* Botella pequeña de cuello estrecho; frasco.

flat *adjetivo* 1. Que tiene una superficie lisa y pareja; plano: *a flat road = una carretera plana; flat land = tierra lisa.* 2. Acostado, con las extremidades extendidas; extendido: *He was flat on his back. = Él estaba extendido sobre la espalda.* 3. Que no es hondo; plano: *a flat dish = un plato plano.* 4. Que ha perdido aire; desinflado: *a flat tire = una llanta desinflada.* 5. Sin brillo; aburrido: *a flat performance = una función aburrida.* 6. Terminante; absoluto: *a flat refusal = un rechazo absoluto.* 7. Sin brillo; opaco: *flat paint = pintura opaca.* 8. Un tono musical más bajo que lo correcto; desafinado: *a flat note = una nota desafinada.*

flatten *verbo* 1. Volverse o volver algo plano. 2. Derribar, como en una pelea; aplastar; achatar.

flatter¹ *verbo* 1. Tratar de agradar con adulamientos y cumplidos; alabar; halagar. 2. Hacer más atractivo de lo que en realidad es: *The photograph flatters her. = La fotografía la hace aparecer más atractiva.*

flatter² Comparativo del adjetivo **flat.**

flattery *sustantivo* Elogio insincero; adulación.

flattest Superlativo del adjetivo **flat.**

flavor *sustantivo* 1. Sabor: *The candy had a chocolate flavor. = El dulce tenía sabor a chocolate.* 2. Una cualidad o impresión especial; sabor: *the mysterious flavor of the Orient = el sabor misterioso del Oriente.*
—*verbo* Agregar un sabor: *We flavored the ice cream with vanilla. = Le pusimos sabor de vainilla al helado.*

flaw *sustantivo* Defecto; imperfección.
—*verbo* Volver o volverse defectuoso; echar a perder; estropear.

flax *sustantivo* 1. Una planta de flores azules y tallo estrecho; lino. De sus tallos se obtienen fibras para textiles; de sus semillas se obtiene aceite de lino. 2. Las fibras blancas de los tallos de esta planta.

flea *sustantivo* Pequeño insecto brincón que no tiene alas; pulgas.

fled Pretérito y participio pasado del verbo **flee.**

flee *verbo* 1. Correr o alejarse de algo corriendo; huir. 2. Mover o moverse rápidamente; desvanecer o desvanecerse: *His hopes fled when he learned what had happened. = Sus esperanzas se desvanecieron cuando se enteró de lo que había pasado.*

fleet¹ *sustantivo* Flota: 1. Un grupo de barcos de guerra. 2. Un gran grupo de barcos, carros u otros vehículos que viajan o trabajan juntos: *a fishing fleet = una flota pesquera; a fleet of taxicabs = una flota de taxis.*

fleet² *adjetivo* Que se mueve rápido; veloz.

flesh *sustantivo* Carne: 1. Material blando del cuerpo que cubre los huesos y a la vez está cubierto por la piel. 2. La carne de los animales usada como alimento. 3. La parte blanda de un vegetal o fruta que se suele comer.

flew Pretérito del verbo **fly.**

flex *verbo* 1. Doblar (el codo). 2. Endurecer los músculos; contraer.

flexible *adjetivo* 1. Capaz de doblarse sin quebrarse; flexible. 2. Abierto a cambios y a nuevas ideas.

flick *sustantivo* Movimiento liviano y rápido: *With a flick of her hand the pianist turned the page of her music. = Con un movimiento rápido de la mano, la pianista dió vuelta a la página de la música.*
—*verbo* 1. Dar un golpe rápido y ligero; sacudir: *She*

flicked the dust off her shoes. = *Ella sacudió el polvo de los zapatos.* **2.** Mover con rapidez: *The snake flicked its tongue.* = *La culebra movió la lengua rápidamente.*

flick·er | flĭk'ər | —*verb* **flickered, flickering 1.** To give off a weak, unsteady light. **2.** To move back and forth quickly; flutter.
—*noun, plural* **flickers 1.** A weak, unsteady light. **2.** A quick back-and-forth movement; a flutter. **3.** A small, faint occurrence or expression.

flicker *verbo* **1.** Despedir o emitir una luz débil o titilante; titilar: *The candle flickered and finally went out.* = *La vela titilaba y finalmente se apagó.* **2.** Moverse rápidamente; revolotear: *Shadows flickered on the wall.* = *Las sombras revoloteaban en la pared.*
—*sustantivo* **1.** Luz trémula o temblorosa. **2.** Movimiento rápido; revoloteo. **3.** Acontecimiento o expresión imperceptible: *He spoke coldly, without a flicker of emotion.* = *Él habló con frialdad, con emoción imperceptible.*

flied | flīd | A past tense and past participle of the verb **fly** (to hit a baseball).

flied Pretérito del verbo **fly** (darle a una pelota de béisbol).

fli·er | flī'ər | —*noun, plural* **fliers** Someone or something that flies. Another form of this word is **flyer.**

flier *sustantivo* Alguien o algo que vuela, como un piloto. En inglés otra forma de esta palabra es **flyer.**

flight¹ | flīt | —*noun, plural* **flights 1.** The act or process of flying. **2.** An airplane trip. **3.** A group, especially of birds or aircraft, flying together. **4.** A swift movement. **5.** A series of stairs between landings or floors of a building.

flight¹ *sustantivo* **1.** El acto o proceso de volar; vuelo. **2.** Un viaje en avión. **3.** Un grupo, especialmente de pájaros o aviones. **4.** Un movimiento súbito: *the flight of time* = *el vuelo del tiempo.* **5.** Una serie de escaleras entre niveles o pisos de un edificio: *We walked up five flights to the roof.* = *Subimos cinco pisos hasta el techo.*

flight² | flīt | —*noun, plural* **flights** The act of running away; escape.

flight² *sustantivo* El acto de escapar; escape.

flim·sy | flĭm'zē | —*adjective* **flimsier, flimsiest** Thin, light, and weak; not strong or solid.

flimsy *adjetivo* Delgado, ligero, endeble y débil; que no es fuerte o sólido: *a flimsy dress* = *un vestido ligero; a flimsy excuse* = *una excusa débil.*

fling | flĭng | —*verb* **flung, flinging** To throw hard; hurl.
—*noun, plural* **flings 1.** A hard throw. **2.** A short time of doing what one wants or of trying something out.

fling *verbo* Tirar con fuerza; arrojar.
—*sustantivo* **1.** Tiro fuerte. **2.** El tiempo corto en el cual uno hace algo que desea; intento; prueba.

flint | flĭnt | —*noun, plural* **flints** A very hard stone that makes sparks when it strikes against steel.

flint *sustantivo* Piedra muy dura que chispea cuando se golpea contra acero; pedernal.

flip | flĭp | —*verb* **flipped, flipping 1.** To throw so as to cause to turn over in the air. **2.** To move with a snap or jerk.
—*noun, plural* **flips 1.** An act of flipping; a toss. **2.** A somersault made from a standing position. In a flip, the person turns heels over head and usually lands on the feet.

flip *verbo* **1.** Tirar algo con el fin de voltearlo en el aire: *The team captains flipped a coin to choose sides.* = *Los capitanes de los equipos tiraron una moneda para escoger lados.* **2.** Mover de un tirón o súbitamente; voltear: *He flipped the pages of the magazine.* = *Él volteó las páginas de la revista.*
—*sustantivo* **1.** El acto de tirar o voltear. **2.** Vuelta de carnero o brinco hecho de una posición de pie. En este brinco la persona salta sobre sus talones, usualmente cayendo de pie.

flip·per | flĭp'ər | —*noun, plural* **flippers 1.** A wide, flat body part used for swimming. **2.** A wide, flat rubber shoe that swimmers wear.

flipper *sustantivo* Aleta: **1.** Parte del cuerpo plana y ancha que tienen ciertos animales. **2.** Zapato de goma ancho y plano que usan los nadadores.

flirt | flûrt | —*verb* **flirted, flirting 1.** To be friendly and playful and pretend to be interested in romance. **2.** To play; to toy.
—*noun, plural* **flirts** A person who likes to flirt.

flirt *verbo* **1.** Ser amistoso y juguetón; pretender estar interesado en el romance; coquetear; galantear. **2.** Jugar o juguetear: *He flirted with the idea of starting his own business.* = *Él jugueteó con la idea de empezar su propio negocio.*
—*sustantivo* Una persona que le gusta coquetear.

flit | flĭt | —*verb* **flitted, flitting** To move in a quick and light way.

flit *verbo* Moverse de una manera ligera y rápida; revolotear.

float | flōt | —*verb* **floated, floating 1.** To be held up by liquid or air. **2.** To move on a current of air or water.
—*noun, plural* **floats 1.** An object designed to float. **2.** A large platform on wheels that carries an exhibit in a parade.

float *verbo* Flotar: **1.** Ser sostenido por el agua o el aire. **2.** Moverse sobre una corriente de viento o agua.
—*sustantivo* **1.** Un objeto diseñado para que flote; flotador. **2.** Plataforma sobre ruedas que se exhibe en un desfile; carroza.

flock | flŏk | —*noun, plural* **flocks 1.** A group of one kind of animal that lives, travels, or feeds together. **2.** A group of people who follow one leader, especially a religious leader. **3.** A large number; a big group.
—*verb* **flocked, flocking** To gather or travel in a flock.

flock *sustantivo* **1.** Un grupo de una clase de animales que viven, viajan y comen juntos; rebaño, manada o banda: *a flock of geese* = *una manada de gansos; a flock of sheep* = *un rebaño de ovejas.* **2.** Grupo de gente que sigue a un líder, especialmente un líder religioso. **3.** Un gran número; un grupo grande.
—*verbo* Reunirse o viajar en grupo; congregarse.

flood | flŭd | —*noun, plural* **floods 1.** A great overflow of water onto a place that is usually dry. **2.** Any large flow; a pouring out.
—*verb* **flooded, flooding 1.** To cover or fill with water. **2.** To overflow. **3.** To come pouring into; fill.

flood *sustantivo* Inundación: **1.** Gran desborde de agua en un lugar que es generalmente seco. **2.** Cualquier flujo de grandes proporciones; un desbordamiento: *a flood of tears* = *una inundación de lágrimas; a flood of new settlers on the land* = *una inundación de colonos*

ər butter   yōō abuse   ou **out**   ŭ **cut**   û **fur**   *th* **the**   th **thin**   hw **which**   zh **vision**   ə **ago**, item, pencil, atom, circus

en el área.

—*verbo* **1.** Cubrir o llenar de agua; inundar. **2.** Desbordarse: *The river floods every spring.* = *El río se desborda cada primavera.* **3.** Entrar en torrentes; inundar: *Suddenly lights flooded the room and we all blinked.* = *Las luces inundaron el cuarto repentinamente y todos parpadeamos.*

floor | flôr | or | flōr | —*noun, plural* **floors 1.** The surface of a room that a person stands or walks on. **2.** The solid ground underneath an ocean or forest. **3.** A story or level of a building.
—*verb* **floored, flooring 1.** To put a floor on. **2.** To knock down to the floor. **3.** To overwhelm; stun.

floor *sustantivo* **1.** La superficie de un cuarto donde una persona se para o camina; piso; suelo. **2.** El terreno sólido en el fondo del mar o un bosque. **3.** Piso o nivel en un edificio: *the tenth floor* = *el décimo piso.*
—*verbo* **1.** Ponerle piso: *He floored the kitchen with linoleum.* = *Él le puso piso de linóleo a la cocina.* **2.** Tumbar o derribar al piso: *The boxer floored his opponent twice.* = *El boxeador derribó a su oponente dos veces.* **3.** Abrumar; aturdir: *The news floored us.* = *La noticia nos abrumó.*

flop | flŏp | —*verb* **flopped, flopping 1.** To fall in a noisy and heavy way; to plop. **2.** To move about in a loose, noisy way; to flap. **3.** To fail completely.
—*noun, plural* **flops 1.** The noise and motion of flopping. **2.** A complete failure.

flop *verbo* **1.** Caer pesada y bullosamente; desplomarse: *He flopped onto his bed.* = *Se desplomó en su cama.* **2.** Hacer un movimiento suelto y ruidoso; aletear: *The dog's ears flopped as she ran.* = *Las orejas de la perra aleteaban mientras corría.* **3.** Fallar completamente; fracasar.
—*sustantivo* **1.** El ruido y movimiento de aletear. **2.** Un fallo completo; fracaso: *The experiment was a flop.* = *El experimento fue un fracaso.*

flo·ral | flôr′ əl | or | flōr′ əl | —*adjective* Of or like flowers.

floral *adjetivo* De o como una flor; floral.

flo·rist | flôr′ ĭst | or | flōr′ ĭst | or | flŏr′ ĭst | —*noun, plural* **florists** A person whose work is raising or selling flowers and small plants.

florist *sustantivo* Persona que tiene por trabajo la venta y cultivo de flores y plantas pequeñas; florista.

floss | flôs | or | flŏs | —*noun, plural* **flosses 1.** A soft, shiny thread of cotton or silk, used in embroidery. **2.** A strong thread used to clean between the teeth.
—*verb* **flossed, flossing** To use dental floss on the teeth.

floss *sustantivo* **1.** Hilo suave y brillante de algodón o seda usado en el tejido. **2.** Hilo fuerte usado para limpiar entre los dientes.
—*verbo* Limpiar entre los dientes con un hilo especial.

floun·der | floun′ dər | —*verb* **floundered, floundering** To move in a clumsy way or with difficulty; to struggle.

flounder *verbo* Andar de una manera torpe o con mucha dificultad; tropezar.

flour | flour | —*noun, plural* **flours** A fine powder made by grinding wheat or another grain.
—*verb* **floured, flouring** To cover or coat with flour.

flour *sustantivo* Polvo fino que se hace moliendo trigo u otro grano; harina.

flour·ish | flûr′ ĭsh | or | flŭr′ ĭsh | —*verb* **flourished, flourishing 1.** To grow well and strong; thrive. **2.** To wave in a bold or showy way.
—*noun, plural* **flourishes 1.** A vigorous wave, gesture, or display. **2.** A decoration or fancy touch.

flourish *verbo* **1.** Crecer fuerte y bien; prosperar; florecer. **2.** Mostrar u ondular de una manera audaz: *The conductor flourished his baton.* = *El director ondulaba su batuta.*
—*sustantivo* **1.** Demostración o gesto vigoroso; floreo: *The duel began with a flourish of swords.* = *El duelo empezó con un floreo de espadas.* **2.** Decoración o toque extravagante; rasgo: *His handwriting has many flourishes.* = *Su escritura tiene muchos rasgos floridos.*

flow | flō | —*verb* **flowed, flowing 1.** To move freely in a steady stream. **2.** To keep moving in a steady way. **3.** To hang or fall smoothly.
—*noun, plural* **flows 1.** The act or process of flowing. **2.** A moving mass.

flow *verbo* **1.** Moverse libremente en una corriente continua; fluir. **2.** Mantener un movimiento constante; fluir: *Traffic flowed through the tunnel.* = *El tráfico fluía por el túnel.* **3.** Ondear o caer suavemente: *Her hair flowed over her shoulders.* = *Su cabello ondeaba sobre sus hombros.*
—*sustantivo* Flujo: **1.** El acto o proceso de fluir: *The dam stopped the flow of water.* = *La represa detuvo el flujo del agua.* **2.** Una masa en movimiento.

flow·er | flou′ ər | —*noun, plural* **flowers 1. a.** The part of a plant that produces seeds. Flowers often have colorful petals, but many kinds of plants have small flowers that can hardly be noticed. **b.** A plant with colorful flowers. **2.** The best or finest part or time.
—*verb* **flowered, flowering 1.** To produce flowers; to bloom. **2.** To reach a peak; flourish.

flower *sustantivo* **1. a.** La parte de una planta que produce semillas; flor. Las flores frecuentemente tienen pétalos coloridos, pero muchas clases de plantas tienen flores tan pequeñas que casi no se notan. **b.** Planta de flores coloridas. **2.** La mejor parte o la más valiosa; la flor: *These bright young people are the flower of their generation.* = *Esta gente joven y brillante es la flor de su generación.*
—*verbo* **1.** Producir flores; florecer. **2.** Alcanzar un punto alto; descollar: *She had painted for many years, but her work flowered that summer on the island.* = *Hacía muchos años que ella pintaba, pero su trabajo descolló ese verano en la isla.*

flown | flōn | The past participle of the verb **fly.**

flown Participio pasado del verbo **fly.**

flu | flōō | —*noun, plural* **flus** A disease like a bad cold, caused by viruses; influenza. Some symptoms of the flu are fever, cough, and sore muscles.

flu *sustantivo* Enfermedad parecida a una gripe fuerte, causada por virus; influenza; gripe. Algunos síntomas son fiebre, tos y músculos doloridos.

ă pat ā pay â care ä father ĕ pet ē be ĭ pit ī pie î fierce ŏ pot ō go ô paw, for oi oil ŏŏ book ōō boot

flue | flōō | —*noun, plural* **flues** A pipe, tube, or passage through which smoke or hot air can escape.

fluff | flŭf | —*noun, plural* **fluffs** Soft, light material like down.
—*verb* **fluffed, fluffing** To make soft and light by letting air in.

fluff·y | flŭf′ē | —*adjective* **fluffier, fluffiest** 1. Soft and light; airy. 2. Covered with fluff.

flu·id | flōō′ĭd | —*noun, plural* **fluids** A liquid or a gas. A fluid flows easily and takes the shape of its container.
—*adjective* Flowing, like a liquid or gas.

flung | flŭng | The past tense and past participle of the verb **fling.**

flunk | flŭngk | —*verb* **flunked, flunking** To fail a test.

flur·ry | flûr′ē | or | flŭr′ē | —*noun, plural* **flurries** 1. A sudden gust. 2. A short, light fall of snow or rain. 3. A sudden outburst; a stir.

flush | flŭsh | —*verb* **flushed, flushing** 1. To turn red; to blush. 2. To wash or empty out with a flow of water. 3. To flow suddenly.
—*noun, plural* **flushes** 1. A blush or rosy glow. 2. A washing out with a sudden flow of water.
—*adjective* On the same level; even.

flus·ter | flŭs′tər | —*verb* **flustered, flustering** To make nervous, excited, or confused.
—*noun, plural* **flusters** A nervous, excited, or confused condition.

flute | flōōt | —*noun, plural* **flutes** A stick-shaped musical instrument that makes high, clear tones.

flut·ter | flŭt′ər | —*verb* **fluttered, fluttering** 1. To flap the wings lightly in flying. 2. To move or wave about in a light, rapid, uneven way.
—*noun, plural* **flutters** 1. A quick flapping motion. 2. Excitement.

fly¹ | flī | —*verb* **flew, flown, flying, flies** 1. To move through the air with the aid of wings or of parts like wings. 2. To travel, carry, or send in an aircraft or spacecraft. 3. To pilot an aircraft or spacecraft. 4. To display, wave, or float in air. 5. *Past tense and past participle* **flied** To bat a baseball high into the air. 6. To be carried away by moving air. 7. To move quickly; rush.
—*noun, plural* **flies** A cloth flap that covers a zipper or a set of buttons on clothing, especially on the front of trousers.

fly² | flī | —*noun, plural* **flies** One of a large group of insects that have one pair of thin, clear wings. The common housefly belongs to this group.

fly·er | flī′ər | —*noun, plural* **flyers** A form of the word **flier.**

foal | fōl | —*noun, plural* **foals** A young horse, zebra, or donkey.

foam | fōm | —*noun, plural* **foams** A mass of tiny bubbles; froth.
—*verb* **foamed, foaming** To form foam; to froth.

foam rubber A light kind of rubber like sponge, used for pillows, mattresses, and cushions.

fo·cus | fō′kəs | —*noun, plural* **focuses** 1. A point where rays of light meet after being bent by a lens. 2. The distance from the surface of the lens to the point where the rays of light meet. 3. The condition in which a lens, an eye, or a camera gets the sharpest image. 4. A center of activity or interest.

flue *sustantivo* Caño, tubo o conducto por donde puede escapar humo o aire caliente; cañón de chimenea.

fluff *sustantivo* Material suave y lanudo parecido al plumón; pelusa.
—*verbo* Volver algo suave y liviano al inyectarle aire; mullir; esponjar

fluffy *adjetivo* 1. Suave, esponjoso y liviano; fofo; blando. 2. Recubierto de pelo o lana; velludo.

fluid *sustantivo* Líquido o gas que se esparce fácilmente y adquiere la forma del vaso que lo contiene; fluido.
—*adjetivo* Que corre, como líquido o gas; fluente.

flung Pretérito y participio pasado del verbo **fling.**

flunk *verbo* Fracasar en un examen; ser reprobado.

flurry *sustantivo* 1. Movimiento violento; ráfaga; racha. 2. Caída de lluvia o nieve fuerte y corta; chaparrón; nevisca. 3. Alboroto repentino; arranque; agitación: *a flurry of excitement = una agitación repentina.*

flush *verbo* 1. Ponerse colorado; sonrojarse; ruborizarse. 2. Limpiar o vaciar algo por medio de agua: *Please flush the toilet. = Por favor descargue el inodoro.* 3. Brotar repentinamente; afluir: *Blood flushed into his face. = La sangre afluyó a su cara.*
—*sustantivo* 1. Rubor o coloración rosa; sonroseo. 2. Acto de limpiar con un chorro de agua; baldear.
—*adjetivo* Al mismo nivel; a ras; rasante; nivelado.

fluster *verbo* Poner o ponerse nervioso, excitado o confundido; aturdir; confundir.
—*sustantivo* Estado nervioso, excitante o confuso; confusión; aturdimiento.

flute *sustantivo* Instrumento musical en forma de tubo que produce tonos altos y claros; flauta.

flutter *verbo* 1. Agitar las alas suavemente al volar; revolotear; aletear. 2. Mover u ondear en forma ligera, rápida y desigual; agitar; ondear; precipitar: *Leaves and petals fluttered to the ground. = Las hojas y pétalos se precipitaron hacia la tierra.*
—*sustantivo* 1. Movimiento rápido de aleteo; revoloteo. 2. Excitación; nerviosidad.

fly¹ *verbo* 1. Trasladarse en el aire por medio de alas o piezas como alas; volar. 2. Viajar, llevar o mandar en un aparato aéreo o espacial; transportar en avión; volar. 3. Pilotear un aparato aéreo o espacial; volar. 4. Exhibir, ondear o flotar en el aire; desplegar: *The ship flew the pirate flag. = El barco desplegó la bandera pirata.* 5. Batear una pelota alta al aire; elevar una palomita. 6. Ser llevado a causa del aire; volarse: *Her hat flew off her head. = Se le voló el sombrero de la cabeza.* 7. Mover rápidamente; apresurar; volar: *She flew to the door. = Ella voló hacia la puerta.*
—*sustantivo* Solapa de tela que cubre un cierre de cremallera o un conjunto de botones sobre una ropa, especialmente al frente de un par de pantalones; bragueta.

fly² *sustantivo* Género de insectos de cuerpo negro, alas transparentes y un par de antenas; mosca. La mosca común pertenece a este grupo.

flyer *sustantivo* Otra forma de la palabra **flier.**

foal *sustantivo* Caballo, cebra o burro joven; potro.

foam *sustantivo* Conjunto de pequeñas burbujas; espuma.
—*verbo* Hacer espuma; hacer burbujas; espumar.

foam rubber Clase de goma liviana que es como la esponja y se usa para hacer almohadas, colchones y cojines; espuma de goma.

focus *sustantivo* 1. Punto donde se reúnen los rayos de luz después de haber sido curvados por un lente; foco. 2. Distancia entre la superficie del lente y el punto donde los rayos de luz se reúnen; distancia focal. 3. Operación que consiste en dar más nitidez a la imagen de un lente, el ojo o una cámara; enfoque. 4. Cen-

—*verb* **focused, focusing 1.** To adjust an instrument or the eyes so as to get a clear image. **2.** To make light rays come to a point or travel in a particular direction. **3.** To concentrate; fix.

fod·der |fŏd′ər| —*noun, plural* **fodders** Chopped corn stalks, hay, and other dry food for farm animals.

foe |fō| —*noun, plural* **foes** An enemy; opponent.

fog |fŏg| or |fôg| —*noun, plural* **fogs 1.** A mass of tiny drops of water that looks like a cloud and is on or near the ground. **2.** A confused condition.
—*verb* **fogged, fogging** To cover or be covered with a fog or with something like a fog.

fog·gy |fŏ′gē| or |fôg′ē| —*adjective* **foggier, foggiest 1.** Full of or covered with fog. **2.** Blurred or clouded; vague.

foil¹ |foil| —*verb* **foiled, foiling** To prevent from being successful; defeat.

foil² |foil| —*noun, plural* **foils** A very thin sheet of a metal.

fold |fōld| —*verb* **folded, folding 1.** To bend over or double up so that one part lies on another. **2.** To press close to the body. **3.** To clasp or embrace. **4.** To give way; collapse. **5.** To fail and close.
—*noun, plural* **folds** A crease, line, pleat, or hollow made by folding.

fold·er |fōl′dər| —*noun, plural* **folders 1.** A piece of heavy paper folded in the middle and used to hold loose papers. **2.** A small booklet or pamphlet.

fo·li·age |fō′lē ĭj| —*noun* The leaves of plants or trees.

folk |fōk| —*noun, plural* **folk** or **folks 1.** People of a particular kind. **2. folks** People in general. **3. folks** Family; relatives.
—*adjective* Of or coming from the common people, who remember and pass along legends, traditions, songs, and skills.

folk·lore |fōk′lôr′| or |fōk′lōr| —*noun* The old beliefs, legends, and customs of a people.

fol·low |fŏl′ō| —*verb* **followed, following 1.** To go or come after. **2.** To move or go along. **3.** To come as a result. **4.** To obey; stick to. **5.** To listen to or watch closely. **6.** To understand; grasp.

tro activo o de interés de ciertas cosas; foco: *She was the focus of attention when she sang.* = *Ella era el foco de atención mientras cantaba.*
—*verbo* Enfocar: **1.** Ajustar un instrumento o los ojos para obtener una imagen más clara. **2.** Hacer que los rayos de luz se dirijan a un punto o hacia una dirección en particular: *A magnifying glass focused the light and burnt a hole in the leaf.* = *El vidrio de aumento enfocó la luz y quemó un agujero en la hoja.* **3.** Concentrarse; considerar un asunto: *They focused their attention on the speech.* = *Ellos enfocaron su atención en el discurso.*

fodder *sustantivo* Tallo cortado del maíz o del heno, así como cualquier otro tipo de comida seca para animales de granja; forraje.

foe *sustantivo* Contrario; adversario; enemigo.

fog *sustantivo* **1.** Conjunto de gotitas de agua que lucen como una nube y que se encuentran en o cerca de la tierra; niebla. **2.** Condición confusa; velo: *The head cold put my mind in a fog all day.* = *El catarro puso como un velo en mi mente todo el día.*
—*verbo* Envolver o estar envuelto en niebla o en algo como niebla; empañar: *Steam fogged the bathroom mirror.* = *El vapor empañó el espejo del baño.*

foggy *adjetivo* **1.** Lleno o cubierto de neblina; neblinoso; brumoso. **2.** Empañado o brumoso; vago; borroso.

foil¹ *verbo* Impedir que algo resulte exitoso; anular; contrarrestar; frustrar.

foil² *sustantivo* Hoja de metal muy fina; hojuela: *Some people wrap potatoes in aluminium foil before baking them.* = *Algunas personas envuelven las papas en hojuelas de aluminio antes de asarlas.*

fold *verbo* **1.** Curvar o torcer de forma que una parte quede sobre la otra; doblar: *Fold your paper in half.* = *Dobla tu papel a la mitad.* **2.** Presionar cerca del cuerpo; plegar: *The bird folded its wings.* = *El pájaro plegó las alas.* **3.** Envolver en los brazos; abrazar: *He folded the baby in his arms.* = *Él envolvió al niño en los brazos.* **4.** Hundirse; caerse; desplomarse: *The foal's weak legs folded under him.* = *Las débiles patas del potro se desplomaron bajo su propio peso.* **5.** Fracasar y cerrar; quebrar: *His business folded.* = *Su negocio quebró.*
—*sustantivo* Arruga, línea, pliegue o hundimiento hecho por un doblez.

folder *sustantivo* **1.** Pieza de papel grueso doblado a la mitad que se usa para guardar papeles sueltos; carpeta. **2.** Pequeño libro o panfleto; folleto.

foliage *sustantivo* Las hojas de las plantas o árboles; follaje.

folk *sustantivo* **1.** Personas pertenecientes a un grupo o clase en especial; gente: *City folk are used to noise and bustle.* = *La gente de la ciudad está acostumbrada al ruido y al alboroto.* **2.** Gente, en general. **3. folks** Familia; parientes.
—*adjetivo* Que pertenece o proviene de la gente sencilla del pueblo y se mantiene mediante leyendas, tradiciones, canciones y habilidades transmitidas de generación en generación; popular: *folk hero* = *héroe popular.*

folklore *sustantivo* Las viejas creencias, leyendas y costumbres del pueblo; folklore.

follow *verbo* Seguir: **1.** Ir o venir detrás: *You lead; I'll follow.* = *Tú ve adelante; yo te seguiré.* **2.** Andar o seguir un camino: *They followed the trail into the forest.* = *Ellos siguieron el sendero hacia el bosque.* **3.** Obtener como resultado: *If you break the rules, trouble will follow.* = *Si no cumples las leyes te verás en problemas.* **4.** Obedecer: *Just follow the instructions.* = *Solamente sigue las instrucciones.* **5.** Escuchar u observar atentamente; interesarse; estar al corriente: *Will you follow the game on radio or TV?* = *¿Seguirás el partido por la radio o la TV?* **6.** Comprender; prestar atención: *I can't follow his argument.* = *No puedo comprender su argumento.*

ă pat ā pay â care ä father ĕ pet ē be ĭ pit ī pie î fierce ŏ pot ō go ô paw, for oi oil ŏŏ book ōō boot

fol·low·er |fŏl′ō ər| —*noun, plural* **followers 1.** A person or thing that follows another. **2.** An attendant or servant. **3.** Someone who believes in or supports something.

fol·low·ing |fŏl′ō ĭng| —*adjective* Coming just after; next.
—*noun, plural* **followings 1.** A group of fans or supporters. **2. the following** The things mentioned next.

fol·ly |fŏl′ē| —*noun, plural* **follies 1.** Lack of good sense and judgment; foolish behavior. **2.** A foolish idea or action.

fond |fŏnd| —*adjective* **fonder, fondest** Loving; affectionate.
Idiom **fond of** Having a liking for.

fon·dle |fŏn′dl| —*verb* **fondled, fondling** To touch or pat in a loving way; to caress.

fond·ness |fŏnd′nĭs| —*noun* A feeling of liking or being fond of someone or something.

font |fŏnt| —*noun, plural* **fonts** A basin that holds water used for baptizing.

food |fōōd| —*noun, plural* **foods 1.** Anything that plants, animals, or people can eat or take in to keep them alive and healthy; nourishment. **2.** Anything that encourages an activity or growth.

fool |fōōl| —*noun, plural* **fools 1.** A person without good sense. **2.** A person who used to amuse a king, queen, or noble by telling jokes and clowning; a jester.
—*verb* **fooled, fooling 1.** To trick; mislead. **2.** To joke, pretend, or tease. **3.** To waste time; play. **4.** To play; toy.

fool·ish |fōō′lĭsh| —*adjective* **1.** Not having or showing good sense; not wise. **2.** Like a fool; silly.

foot |fŏŏt| —*noun, plural* **feet 1.** The end part of a leg, used for standing or walking. **2.** The lowest part of something high or long; the bottom. **3.** The part that is opposite the head. **4.** A unit of length that equals 12 inches. In the metric system, a foot equals 30.4 centimeters.
—*verb* **footed, footing** To pay.
Idiom **on foot** Walking or running, not riding.

foot·ball |fŏŏt′bôl| —*noun, plural* **footballs 1.** A game in which two teams of 11 players each try to carry or kick a ball over the other team's goal. **2.** The oval ball used in this game.

foot·ing |fŏŏt′ĭng| —*noun, plural* **footings 1.** A firm placing of the feet. **2.** A safe place to walk or stand. **3.** A position or standing; status.

foot·note |fŏŏt′nōt′| —*noun, plural* **footnotes** A note at the bottom of a page that tells more about something on the page.

foot·print |fŏŏt′prĭnt′| —*noun, plural* **footprints** A mark or hollow place left by a foot or shoe.

foot·step |fŏŏt′stĕp| —*noun, plural* **footsteps 1.** A step taken in walking or running. **2.** The sound made

follower *sustantivo* **1.** Persona o cosa que sigue a otra; seguidor. **2.** Acompañante o criado. **3.** Alguien que cree en algo, o que apoya a algo; partidario; adherente.

following *adjetivo* Que viene detrás; próximo; siguiente: *He went home the following afternoon.* = *Él se fue a su casa la tarde siguiente.*
—*sustantivo* **1.** Grupo de fanáticos o partidarios; seguidores; hinchada. **2. the following** Cosas que se mencionan a continuación; lo siguiente: *Buy the following: milk, bread, and eggs.* = *Compra lo siguiente: leche, pan y huevos.*

folly *sustantivo* **1.** Falta de sentido común y juicio; comportamiento tonto; desatino. **2.** Idea o acción tonta; locura.

fond *adjetivo* Amoroso; afectuoso; cariñoso: *a fond kiss* = *un beso cariñoso.*
Modismo **fond of** amigo de; aficionado a.

fondle *verbo* Tocar o dar palmaditas de manera afectuosa; acariciar; mimar.

fondness *sustantivo* Sentimiento de afecto o amor hacia alguien o algo; cariño; ternura.

font *sustantivo* Recipiente que guarda el agua que se usa para bautizar; pila bautismal; fuente.

food *sustantivo* **1.** Cualquier cosa que las plantas, animales o personas pueden ingerir para mantenerse vivos y saludables; alimento; comida. **2.** Algo que alienta una actividad o desarrollo; materia: *The speech gave them food for thought.* = *El discurso les dió materia en que pensar.*

fool *sustantivo* **1.** Persona sin sentido común; necio; tonto. **2.** Persona que divertía a los reyes, reinas o a la nobleza diciendo chistes y payasadas; bufón.
—*verbo* **1.** Engañar; embaucar. **2.** Bromear; fastidiar: *I'm not fooling; it really did happen.* = *No estoy bromeando; sucedió en realidad.* **3.** Perder el tiempo; tontear; jugar: *He fooled around instead of doing his homework.* = *Estuvo tonteando por ahí en vez de hacer su tarea.* **4.** Jugar; divertirse: *We were told not to fool with matches.* = *Nos dijeron que no jugáramos con fósforos.*

foolish *adjetivo* **1.** Que no tiene o no demuestra tener buen sentido; sin sabiduría; tonto. **2.** Como un tonto; necio; ridículo.

foot *sustantivo* Pie: **1.** Parte final de la pierna que sirve para pararse o caminar. **2.** La parte más baja de algo alto o largo; el fondo; la base: *the foot of the stairs* = *el pie de la escalera.* **3.** La parte opuesta a la cabecera: *He folded the blankets at the foot of his bed.* = *Él dobló las mantas al pie de su cama.* **4.** Unidad de medida que equivale a 12 pulgadas. En el sistema métrico un pie es igual a 30.4 centímetros.
—*verbo* Pagar; correr con la cuenta: *Who will foot the bill for this party?* = *¿Quién va a pagar la cuenta de esta fiesta?*
Modismo **on foot** a pie; de pie.

football *sustantivo* **1.** Deporte en el cual dos equipos de 11 jugadores cada uno trata de hacer llegar o patear una pelota a través del arco o portería del otro equipo; fútbol americano. **2.** Pelota que se usa en este juego; balón.

footing *sustantivo* **1.** Posición firme al colocar los pies; pie: *It is easy to lose one's footing and slip on those icy streets.* = *Es fácil perder pie y resbalar en esas calles cubiertas de hielo.* **2.** Lugar seguro por donde caminar o pararse. **3.** Posicion establecida; condición; derecho: *The new member was on an equal footing with the others.* = *El nuevo miembro estaba en posición de igualdad con los demás.*

footnote *sustantivo* Nota explicativa al pie de una página.

footprint *sustantivo* Marca o hueco que deja un pie o un zapato; huella; pisada; rastro.

footstep *sustantivo* **1.** Movimiento que se realiza al caminar o correr; paso; pisada. **2.** Sonido que produce

by a foot stepping. **3.** A footprint.
for |fôr| or |fər| —*preposition* **1.** As long as; during. **2.** To the extent of; as far as. **3.** Mailed or sent to. **4.** In place of; instead of. **5.** In support of. **6.** At the price of. **7.** With the purpose of having. **8.** In order to find, get, have, help, or save. **9.** In order to go to or reach. **10.** Limited to. **11.** On behalf or in honor of. **12.** As a result of. **13.** As being. **14.** Up to.
—*conjunction* Because; since.

for *preposición* **1.** Mientras que; durante; por: *He had to sit still for an hour.* = *Tuvo que sentarse sin moverse por una hora.* **2.** Hasta un punto; hasta; por: *They ran for three miles in the rain.* = *Ellos corrieron tres millas en la lluvia.* **3.** Con destino a; enviado; para: *There is a letter for you in the desk.* = *Hay una carta para ti en el escritorio.* **4.** En lugar de; en vez de; como: *They used their hands for paddles.* = *Ellos usaron sus manos como remos.* **5.** En apoyo de algo; de: *The senator stands for lower taxes.* = *La postura del senador es en favor de impuestos más bajos.* **6.** Al precio de; por: *She bought a kitten for ten dollars.* = *Ella compró un gatito por diez dólares.* **7.** Con el propósito de; para: *He plays tennis for fun.* = *Él juega tenis para divertirse.* **8.** Con propósito de encontrar, obtener, tener, ayudar o salvar; por; de: *She is always looking for bargains.* = *Ella siempre anda en busca de gangas.* **9.** Ir hacia un lugar; alcanzar; para: *Her father left for California today.* = *Su padre partió para California hoy.* **10.** Con limitación; para: *These books are for children.* = *Estos libros son para niños.* **11.** A favor de; en honor de; para: *We will start a collection for the poor.* = *Iniciaremos una colecta para los pobres.* **12.** Como resultado de; por: *He was punished for lying.* = *Fue castigado por mentir.* **13.** Por ser; como: *Don't take him for a fool.* = *No lo tomen por un tonto.*
—*conjunción* Porque; pues: *She can't hear, for she is deaf.* = *Ella no puede oír porque es sorda.*

for·age |fôr′ĭj| or |fŏr′ĭj| —*noun* Food for horses, cattle, and other animals, as grass or plants eaten while grazing.
—*verb* **foraged, foraging 1.** To search for food. **2.** To search or hunt.

forage *sustantivo* Alimentos tales como hierbas y plantas que los caballos, ganado y otros animales comen mientras pastan; forraje.
—*verbo* **1.** Buscar comida; saquear: *Raccoons foraged in the garbage cans.* = *Los mapaches saquearon los latones de basura.* **2.** Buscar afanosamente: *He foraged in his drawer.* = *Él buscó afanosamente en su gaveta.*

for·bade |fər băd′| or |fər bād′| or |fôr băd′| or |fôr bād′| The past tense of the verb **forbid.**

forbade Pretérito del verbo **forbid.**

for·bid |fər bĭd′| or |fôr bĭd′| —*verb* **forbade, forbidden, forbidding** To refuse to allow; order not to do; prohibit.

forbid *verbo* Impedir hacer algo; rehusar permiso; vedar; prohibir.

for·bid·den |fər bĭd′n| or |fôr bĭd′n| The past participle of the verb **forbid.**
—*adjective* Not permitted for use or entry.

forbidden Participio pasado del verbo **forbid.**
—*adjetivo* No permitido para usar o entrar; prohibido: *a forbidden cave* = *una cueva prohibida.*

force |fôrs| or |fōrs| —*noun, plural* **forces 1.** Strength; power; energy. **2.** Physical strength used on someone or something. **3.** A push or pull that can start or stop motion. **4.** A group of people who are organized for action or are available for service. **5. forces** An army.
—*verb* **forced, forcing 1.** To make someone do something that he or she does not want to do. **2.** To move or push by pressure. **3.** To make happen by a great effort. **4.** To use force on; break or pry.

force *sustantivo* Fuerza: **1.** Vigor físico; poder; energía: *The force of the explosion shattered windows and made cracks in buildings.* = *La fuerza de la explosión quebró las ventanas y agrietó los edificios.* **2.** Fuerza física usada sobre alguien o algo. **3.** Tirón o empujón que puede comenzar o detener un movimiento: *The force of gravity keeps us on earth.* = *La fuerza de gravedad nos mantiene sobre la tierra.* **4.** Grupo de personas que están organizadas para la acción o que están disponibles para el servicio: *the police force* = *la fuerza policial.* **5. forces** Fuerzas armadas; un ejército.
—*verbo* Forzar: **1.** Hacer que alguien haga algo que él o ella no quiere hacer. **2.** Mover o empujar a presión: *The pump forces water up into the pipe.* = *La bomba fuerza el agua por la cañería.* **3.** Hacer que algo suceda por medio de un gran esfuerzo:*She forced a smile, although she was unhappy.* = *Ella forzó una sonrisa aunque estaba triste.* **4.** Usar la fuerza en algo; romper o violentar: *He forced open the door.* = *Él forzó la puerta.*

force·ful |fôrs′fəl| or |fōrs′fəl| —*adjective* Full of force; strong; powerful.

forceful *adjetivo* Lleno de fuerza; fuerte; poderoso; vigoroso.

fore·arm |fôr′ärm′| or |fōr′ärm′| —*noun, plural* **forearms** The part of the arm between the wrist and the elbow.

forearm *sustantivo* Parte del brazo entre la muñeca y el codo; antebrazo.

fore·cast |fôr′kăst′| or |fôr′käst′| or |fōr′kăst′| or |fōr′käst′| —*verb* **forecast** or **forecasted, forecasting** To say what will happen ahead of time; predict.
—*noun, plural* **forecasts** A prediction of things to come.

forecast *verbo* Decir lo que va a suceder antes de tiempo; predecir; pronosticar.
—*sustantivo* Predicción de cosas que pueden suceder; pronóstico.

fore·fath·er |fôr′fä′thər| or |fōr′fä′thər| —*noun, plural* **forefathers** An ancestor.

forefather *sustantivo* Antecesor; antepasado; ascendiente.

fore·foot |fôr′foŏt′| or |fōr′foŏt′| —*noun, plural* **fore·feet** One of the front feet of an animal.

forefoot *sustantivo* Una de las patas delanteras de un animal; mano de un animal.

fore·gone |fôr′gôn′| or |fôr′gŏn′| or |fōr′gôn′| or |fōr′gŏn′| —*adjective* Already decided or done.

foregone *adjetivo* Ya decidido o hecho; inevitable: *a foregone conclusion = una conclusión inevitable.*

fore·ground |fôr′ground′| or |fōr′ground′| —*noun, plural* **foregrounds** The part of a scene or picture that is or seems to be closest to the person looking at it.

foreground *sustantivo* Parte de una escena o cuadro que está o parece estar más cerca de la persona que lo está viendo; primer plano; frente; delantera.

fore·head |fôr′ĭd| or |fōr′ĭd| or |fôr′hĕd′| or |fōr′hĕd′| —*noun, plural* **foreheads** The part of the face above the eyes; the brow.

forehead *sustantivo* Parte de la cara que se encuentra encima de los ojos y las cejas; frente.

for·eign |fôr′ĭn| or |fōr′ĭn| —*adjective* 1. Outside or different from one's own country. 2. Of, from, or for a different country. 3. Not belonging by nature.

foreign *adjetivo* 1. De afuera o diferente al país de uno; extranjero; exterior; extraño: *a foreign country = un país extranjero.* 2. De otro país o nación: *a foreign language = una lengua extranjera.* 3. Que no pertenece por naturaleza; ajeno: *Jealousy is foreign to her character. = Los celos son ajenos a su carácter.*

for·eign·er |fôr′ə nər| or |fōr′ə nər| —*noun, plural* **foreigners** A person from another country.

foreigner *sustantivo* Persona de otro país o lugar; extranjero; forastero.

fore·leg |fôr′lĕg′| or |fōr′lĕg′| —*noun, plural* **fore·legs** One of the front legs of an animal.

foreleg *sustantivo* Una de las patas delanteras de un animal; pata o pierna delantera.

fore·man |fôr′mən| or |fōr′mən| —*noun, plural* **foremen** 1. A person who is in charge of a group of workers. 2. The member of a jury who is its chairman.

foreman *sustantivo* 1. Persona que está a cargo de un grupo de trabajadores; capataz; encargado. 2. Miembro de un jurado que actúa como presidente del mismo.

fore·most |fôr′mōst′| or |fōr′mōst′| —*adjective* Most important in rank or position; leading.

foremost *adjetivo* El más importante en rango o posición; delantero; eminente; principal.

fore·run·ner |fôr′rŭn′ər| or |fōr′rŭn′ər| —*noun, plural* **forerunners** Something that comes before another thing.

forerunner *sustantivo* Algo que viene antes de otra cosa; precursor.

fore·saw |fôr sô′| or |fōr sô′| The past tense of the verb **foresee.**

foresaw Pretérito del verbo **foresee.**

fore·see |fôr sē′| or |fōr sē′| —*verb* **foresaw, fore·seen, foreseeing** To see, imagine, or realize in advance.

foresee *verbo* Ver; imaginar; darse cuenta con anticipación de lo que ha de pasar; prever: *Joe must have foreseen that it would snow. = Joe debe haber previsto que nevaría.*

fore·seen |fôr sēn′| or |fōr sēn′| The past participle of the verb **foresee.**

foreseen Participio pasado del verbo **foresee.**

fore·sight |fôr′sīt′| or |fōr′sīt′| —*noun* The ability to look ahead and plan for the future.

foresight *sustantivo* Habilidad de ver con anticipación y planear para el futuro; previsión; precaución.

for·est |fôr′ĭst| or |fōr′ĭst| —*noun, plural* **forests** A large area with many trees, plants, and living creatures; woods.

forest *sustantivo* Sitio poblado de árboles, plantas y animales; selva; bosque.

for·est·ry |fôr′ĭ strē| or |fōr′ĭ strē| —*noun* The study or work of improving forests, helping them grow, and looking after them.

forestry *sustantivo* El estudio o trabajo de mejorar los bosques, ayudándolos a crecer y protegiéndolos; silvicultura.

fore·tell |fôr tĕl′| or |fōr tĕl′| —*verb* **foretold, fore·telling** To tell beforehand; predict.

foretell *verbo* Decir de antemano; predecir; vaticinar; presagiar.

fore·told |fôr tōld′| or |fōr tōld′| The past tense and past participle of the verb **foretell.**

foretold Pretérito y participio pasado del verbo **foretell.**

for·ev·er |fôr ĕv′ər| or |fər ĕv′ər| —*adverb* 1. Without ever stopping; always. 2. All or most of the time; very often.

forever *adverbio* 1. Sin cesar; siempre; por siempre: *I'll love you forever. = Yo te amaré por siempre.* 2. Todo o casi todo el tiempo; constantemente; siempre.

for·feit |fôr′fĭt| —*verb* **forfeited, forfeiting** To lose or give up because of a mistake or the breaking of an agreement.
—*noun, plural* **forfeits** Something lost, given up, or paid as a penalty or fine.

forfeit *verbo* Dejar de tener algo o renunciar a algo a causa de una equivocación o el rompimiento de un convenio; perder: *The team forfeited the basketball game when it failed to show up Saturday. = El equipo de baloncesto perdió el partido al no presentarse el sábado.*
—*sustantivo* Algo que se pierde, da o paga como penalidad; multa; pérdida: *The loss of the library book resulted in the forfeit of her deposit. = El perder el libro de la biblioteca causó la pérdida de su depósito.*

for·gave |fər gāv′| or |fôr gāv′| The past tense of the verb **forgive.**

forgave Pretérito del verbo **forgive.**

forge¹ |fôrj| or |fōrj| —*noun, plural* **forges** 1. A furnace or fire where metal is heated so that it can be hammered or bent into shape. 2. A blacksmith's workshop, with its fire and tools.
—*verb* **forged, forging** 1. To work or shape metal by heating and hammering it. 2. To make or form with effort. 3. To copy or imitate with the intention of presenting the copy as the real thing.

forge¹ *sustantivo* 1. Horno o fuego donde el metal se calienta para después ser martillado y poder darle forma; fragua. 2. Taller del herrero con sus herramientas y horno; herrería.
—*verbo* 1. Trabajar o darle forma al metal al calentarlo y martillarlo; forjar; fraguar. 2. Hacer o formar con esfuerzo; forjar: *The coach forged his team into champions. = El entrenador forjó en campeones a su*

forge² |fôrj| or |fōrj| —*verb* **forged, forging** To move ahead in a slow and steady way or with a final burst of speed.

for·get |fər gĕt'| —*verb* **forgot, forgotten** or **forgot, forgetting** 1. To be unable to remember; fail to bring to mind. 2. To fail to think of doing, taking, or using; to neglect.

for·get·ful |fər gĕt'fəl| —*adjective* Tending not to remember; likely to forget.

for·get-me-not |fər gĕt'mē nŏt'| —*noun, plural* **forget-me-nots** A plant with clusters of small blue flowers.

for·give |fər gĭv'| —*verb* **forgave, forgiven, forgiving** To stop being angry at; pardon or excuse.

for·giv·en |fər gĭv'ən| The past participle of the verb **forgive.**

for·got |fər gŏt'| The past tense and a past participle of the verb **forget.**

for·got·ten |fər gŏt'n| A past participle of the verb **forget.**

fork |fôrk| —*noun, plural* **forks** 1. A tool for picking up food. A fork has two or more sharp points at one end and a handle at the other. 2. A large farm tool with a long handle and several sharp prongs; a pitchfork. 3. A place where something separates into two or more parts.
—*verb* **forked, forking** 1. To pick up, throw, or stab with a fork. 2. To divide into two or more branches.

form |fôrm| —*noun, plural* **forms** 1. The shape, structure, or outline of something. 2. Kind; variety. 3. A way of doing something; manner; style. 4. A paper or set of papers with blanks to be filled in. 5. Any of the different appearances a word may take.
—*verb* **formed, forming** 1. To give shape to; put together; make. 2. To come into being or cause to come into being. 3. To make up; create.

for·mal |fôr'məl| —*adjective* 1. Correct, official, and proper; following strict rules and forms; not casual. 2. Stiff and cold. 3. Of or for occasions where elegant clothes are worn and fine manners are expected.
—*noun, plural* **formals** 1. A dance at which people are expected to wear elegant clothing. 2. An evening gown.

for·ma·tion |fôr mā'shən| —*noun, plural* **formations** 1. The act or process of forming; development. 2. Something that has been formed. 3. A particular arrangement.

for·mer |fôr'mər| —*adjective* 1. From or belonging to an earlier time. 2. Being the first mentioned of two.
—*noun* **the former** The one mentioned first.

equipo. 3. Copiar o imitar con la intención de presentar la copia como un original; falsificar: *She forged her mother's signature.* = *Ella falsificó la firma de su madre.*

forge² *verbo* Mover hacia adelante lenta y constantemente, o con un arranque final de velocidad; avanzar con rapidez: *He suddenly forged ahead in the race.* = *De repente él avanzó rápidamente al frente en la carrera.*

forget *verbo* 1. No poder recordar; no poder traer a la memoria; olvidar. 2. Dejar involuntariamente de tomar o usar algo; descuidar; olvidarse.

forgetful *adjetivo* Con tendencia a no recordar; que olvida fácilmente; olvidadizo; desmemoriado.

forget-me-not *sustantivo* Planta con racimos de flores azules pequeñas; nomeolvides.

forgive *verbo* Dejar de estar enojado; perdonar.

forgiven Participio pasado del verbo **forgive.**

forgot Pretérito y participio pasado del verbo **forget.**

forgotten Forma del participio pasado del verbo **forget.**

fork *sustantivo* 1. Utensilio de mesa que sirve para pinchar los alimentos. Tiene dos o más dientes puntiagudos en un extremo y un mango en el otro; tenedor. 2. Utensilio utilizado en las granjas, con un mango largo y varias púas puntiagudas; horquilla; horca. 3. Lugar donde se separa algo en dos o más partes; bifurcación; horqueta: *a nest in the fork of tree* = *un nido en la horqueta de un árbol.*
—*verbo* 1. Recoger, tirar o traspasar con una horquilla; pinchar. 2. Dividir en dos o más partes; bifurcar.

form *sustantivo* 1. La figura, estructura o aspecto de algo; forma: *a ring in the form of a snake biting its tail* = *un anillo con la forma de una serpiente mordiéndose el rabo.* 2. Clase; variedad; forma: *Light is one form of energy.* = *La luz es una forma de energía.* 3. Modo de proceder; modales; estilo: *He plays tennis well, but his form is awkward.* = *Él juega bien al tenis, pero su estilo es torpe.* 4. Papel o juego de papeles con espacios en blanco para llenar; formulario: *a medical form* = *un formulario médico.* 5. Cualquiera de los diferentes aspectos que puede adquirir una palabra; forma: *"Flyer" is a form of the word "flier".* = *"Flyer" es una forma de la palabra "flier".*
—*verbo* Formar; formarse: 1. Dar aspecto; juntar; hacer: *She formed the cooky dough into balls.* = *Ella le dió forma de pelotas a la masa de galletitas.* 2. Constituirse; hacerse; formarse.

formal *adjetivo* Formal: 1. Correcto, oficial o adecuado; que sigue leyes y formas estrictas; no informal: *a formal wedding invitation* = *una invitación formal de matrimonio.* 2. Estirado y frío: *a formal nod of greeting* = *un saludo de cabeza formal.* 3. Que requiere ropas elegantes y modales finos: *a formal dance* = *un baile formal.*
—*sustantivo* 1. Baile donde se requiere que la gente use ropa elegante. 2. Vestido de noche.

formation *sustantivo* Formación: 1. Acto y proceso de crearse; desarrollo; formación: *The formation of a new volcano is a rare event.* = *La formación de un nuevo volcán es un suceso raro.* 2. Algo que se ha formado: *a cloud formation* = *una formación de nubes.* 3. Un arreglo en particular: *The geese flew in a V formation.* = *Los gansos volaban en formación de V.*

former *adjetivo* 1. De o que pertenece a un tiempo pasado; anterior: *She is my former teacher.* = *Ella fue mi maestra anterior.* 2. La anterior de dos cosas que se mencionan; primero: *She tried swimming and golf but enjoyed only the former activity.* = *Ella practicó natación y golf pero disfrutó sólo la primera actividad.*
—*sustantivo* El que se menciona anteriormente; pri-

ă pat ā pay â care ä father ĕ pet ē be ĭ pit ī pie î fierce ŏ pot ō go ô paw, for oi oil ŏŏ book ōō boot

for·mu·la |fôr′myə lə| —*noun, plural* **formulas 1.** A fixed way of doing something; a method or pattern. **2.** A recipe or set of ingredients. **3.** A special food made for a baby to drink from a bottle. **4.** A set of symbols used in chemistry that tells what is in a compound. **5.** A rule in mathematics, often written in symbols. For example, the formula for finding area is $w \times l$ (width times length).

for·sake |fôr sāk′| —*verb* **forsook, forsaken, forsaking** To give up; leave; abandon.

for·sak·en |fôr sā′kən| The past participle of the verb **forsake.**

for·sook |fôr sŏŏk′| The past tense of the verb **forsake.**

fort |fôrt| or |fōrt| —*noun, plural* **forts** An area or building that has been made strong against possible attacks by enemies. A fort often has troops stationed at it.

forth |fôrth| or |fōrth| —*adverb* **1.** Into full sight; out. **2.** Forward or onward.

for·ti·eth |fôr′tē ĭth| —*noun, plural* **fortieths** & *adjective* See **Table of Numerals.**

for·ti·fy |fôr′tə fī′| —*verb* **fortified, fortifying, fortifies 1.** To make stronger or more secure. **2.** To add vitamins or minerals to.

for·tress |fôr′trĭs| —*noun, plural* **fortresses** A fort or other strong place built to resist attacks.

for·tu·nate |fôr′chə nĭt| —*adjective* Having or bringing good fortune; lucky.

for·tune |fôr′chən| —*noun, plural* **fortunes 1.** Luck; chance. **2.** What will happen in the future; fate; destiny. **3.** A large amount of money or property; wealth.

for·tune·tell·er |fôr′chən tĕl′ər| —*noun, plural* **fortunetellers** A person who claims to be able to tell what is going to happen to other people, often by looking at their palms.

for·ty |fôr′tē| —*noun, plural* **forties** & *adjective* A number, written 40.

fo·rum |fôr′əm| or |fōr′əm| —*noun, plural* **forums 1.** The main public square of an ancient Roman city. **2.** A place or meeting where things are discussed in public.

for·ward |fôr′wərd| —*adjective* **1.** At, near, or belonging to the front of something. **2.** Going or moving toward the front. **3.** Toward the future. **4.** Bold; rude. —*adverb* **1.** Toward the front. **2.** In or toward the future. Another form of this adverb is **forwards.** —*verb* **forwarded, forwarding 1.** To send on something mailed to someone who has moved to a new address. **2.** To send something ordered by a buyer. **3.** To cause something to progress; promote.

mero: *Jim and Fred cleared a garden on the former's land.* = *Jim y Fred limpiaron el jardín en la propiedad del primero.*

formula *sustantivo* Fórmula: **1.** Modo fijo de hacer algo; método; molde: *She wrote all her books according to the same formula.* = *Ella escribió todos sus libros siguiendo la misma fórmula.* **2.** Receta o conjunto de ingredientes: *a formula for a new medicine* = *la fórmula para una nueva medicina.* **3.** Alimento especial hecho para bebés que se toma en el biberón. **4.** Conjunto de símbolos usados en química que indican los elementos de un compuesto. **5.** Regla matemática escrita frecuentemente en símbolos.

forsake *verbo* Desechar; dejar; desertar; abandonar.

forsaken Participio pasado del verbo **forsake.**

forsook Pretérito del verbo **forsake.**

fort *sustantivo* Área o edificio fortificado que se ha construido contra posibles ataques de enemigos; fuerte; fortaleza.

forth *adverbio* **1.** A la vista; hacia afuera: *The bushes put forth leaves and flowers.* = *Los arbustos dieron (sacaron hacia afuera, a la vista) hojas y flores.* **2.** Adelante o hacia adelante; futuro: *They went forth to build a new life.* = *Ellos marcharon hacia el futuro, a construir una nueva vida.*

fortieth *sustantivo* y *adjetivo* Consulte la **Tabla de Números.**

fortify *verbo* Fortificar: **1.** Hacer más fuerte o más seguro: *They fortified their city by building a wall of stone around it.* = *Fortificaron la ciudad construyendo una muralla de piedra a su alrededor.* **2.** Agregar vitaminas o minerales a algo.

fortress *sustantivo* Fuerte o cualquier otro lugar fortificado construido para resistir ataques; fortaleza.

fortunate *adjetivo* Que tiene a trae buena fortuna; afortunado.

fortune *sustantivo* **1.** Suerte; oportunidad; fortuna: *I had the good fortune to meet many nice people.* = *Yo tuve la buena fortuna de conocer gente agradable.* **2.** Lo que va a suceder en el futuro; hado; destino: *She says she can tell my fortune by reading my palm.* = *Ella dice que puede adivinar mi destino leyéndome la palma de la mano.* **3.** Gran cantidad de dinero o propiedades; riqueza; fortuna.

fortuneteller *sustantivo* Persona que afirma poder decir lo que va a sucederle a otra persona, a veces mirándole la palma de la mano; adivino.

forty *sustantivo* y *adjetivo* Cuarenta.

forum *sustantivo* Foro: **1.** La plaza pública principal de cualquier ciudad de la antigua Roma. **2.** Lugar o reunión donde se discuten cosas en público.

forward *adjetivo* **1.** En, cerca, o que pertenece al frente de algo; delantero: *He walked to the forward part of the train.* = *Él caminó hacia la parte delantera del tren.* **2.** Ir o avanzar hacia el frente; hacia adelante: *forward leap* = *salto hacia adelante.* **3.** Hacia el futuro; en adelante: *from this time forward* = *de este momento en adelante.* **4.** Audaz; rudo; atrevido: *I thought his manners were a bit forward.* = *Yo pensé que sus modales eran un poco atrevidos.* —*adverbio* **1.** Hacia el frente; adelante: *Please step forward.* = *Por favor, venga adelante.* **2.** En o hacia el futuro; esperando con placer anticipado: *I look forward to seeing you.* = *Espero con placer volver a verle.* En inglés otra forma de este adverbio es **forwards.** —*verbo* **1.** Remitir a la nueva dirección algo que fue enviado a alguien que se mudó. **2.** Enviar algo ordenado por un comprador; expedir; remitir. **3.** Hacer que algo progrese; patrocinar; fomentar.

---

for·wards |fôr′wərdz| —*adverb* A form of the word **forward.**

fos·sil |fŏs′əl| —*noun, plural* **fossils** The remains or traces of a plant or animal that lived long ago. Fossils are found in rocks and other substances that form the earth's crust. The bones and footprints of dinosaurs

fos·ter |fô′stər| or |fŏs′tər| —*verb* **fostered, fostering 1.** To raise; bring up. **2.** To help grow or develop; encourage.
—*adjective* Receiving or giving care in a family that is not related by blood or adoption.

fought |fôt| The past tense and past participle of the verb **fight.**

foul |foul| —*adjective* **fouler, foulest 1.** Bad to smell or taste; disgusting; rotten. **2.** Dirty; filthy. **3.** Evil; wicked. **4.** Unpleasant; nasty. **5.** Not according to the rules or standards. **6.** Outside the foul lines in a baseball game. **7.** Not acceptable among polite people; vulgar.
—*noun, plural* **fouls 1.** A move or play that is against the rules of a game. **2.** A ball hit outside the foul lines in baseball.
—*verb* **fouled, fouling 1.** To make foul. **2.** To break a rule in a game. **3.** To hit a baseball outside the foul lines.

found¹ |found| The past tense and past participle of the verb **find.**

found² |found| —*verb* **founded, founding** To bring into being; establish; start.

foun·da·tion |foun dā′shən| —*noun, plural* **foundations 1.** The act of founding; creation. **2.** The lowest part of a structure; the base. **3.** Supporting facts or reasons; basis.

foun·dry |foun′drē| —*noun, plural* **foundries** A place where metal is melted and cast into different shapes.

foun·tain |foun′tən| —*noun, plural* **fountains 1.** A flow of water from the earth. **2.** A man-made stream of water that is made to shoot up into the air or flow among specially designed statues and pools. **3.** An object providing a stream of water for drinking. **4.** A good source.

four |fôr| or |fōr| —*noun, plural* **fours** & *adjective* A number, written 4.

four·teen |fôr′tēn′| or |fōr′tēn′| —*noun, plural* **fourteens** & *adjective* A number, written 14.

four·teenth |fôr′tēnth′| or |fōr′tēnth′| —*noun, plural* **fourteenths** & *adjective* See **Table of Numerals.**

fourth |fôrth| or |fōrth| —*noun, plural* **fourths** & *adjective* See **Table of Numerals.**

fowl |foul| —*noun, plural* **fowl** or **fowls 1.** A bird that is raised or hunted for food. Chickens, ducks, turkeys, and pheasants are fowl. **2.** A large fully grown chicken used for cooking.

fox |fŏks| —*noun, plural* **foxes 1.** An animal with a pointed snout and a long, bushy tail. Foxes are related to dogs and wolves. **2.** The fur of a fox.

frac·tion |frăk′shən| —*noun, plural* **fractions 1.** A

forwards *adverbio* Otra forma de la palabra **forward.**

fossil *sustantivo* Indicios o rastros de plantas o animales que vivieron hace mucho tiempo. Estos restos se encuentran en rocas y otras sustancias que forman la corteza terrestre; fósil.

foster *verbo* **1.** Criar; cuidar; educar: *foster a child =* *criar a un niño.* **2.** Ayudar a crecer o desarrollar; alentar: *The book on ships fostered Bob's interest in the sea. = El libro sobre barcos alentó a Bob a interesarse en las cosas del mar.*
—*adjetivo* Que recibe o da cuidados dentro de una familia que no está ligada por lazos sanguíneos; adoptivo: *a foster child = hijo adoptivo.*

fought Pretérito y participio pasado del verbo **fight.**

foul *adjetivo* **1.** Malo de oler o saborear; repugnante; podrido; asqueroso. **2.** Sucio; inmundo; mugriento: *Foul rags lay about the room. = Los trapos mugrientos se extendían por la habitación.* **3.** Malo; inicuo; execrable: *There were rumors of foul deeds in the old castle. = Había rumores de hechos execrables en el viejo castillo.* **4.** Antipático; molesto; desagradable; malo: *We had a week of foul weather. = Tuvimos una semana de mal tiempo.* **5.** Que no está de acuerdo con las reglas establecidas; innoble; prohibido: *He struck a foul blow beneath the belt. = Él dio un golpe prohibido, por debajo del cinturón.* **6.** Que hace volear la pelota fuera del cuadro en un juego de pelota. **7.** No aceptado entre personas cultas; vulgar; obsceno: *He uses foul language. = Él usa un lenguaje obsceno.*
—*sustantivo* **1.** Movida o jugada que está en contra de las reglas de un juego. **2.** Pelota bateada fuera de las líneas de "foul" en el béisol.
—*verbo* **1.** Hacer inmundo o asqueroso; ensuciar. **2.** Romper una regla en un juego. **3.** Batear una pelota fuera de las líneas de "foul".

found¹ Pretérito y participio pasado del verbo **find.**

found² *verbo* Hacer que algo se realice; fundar; establecer; comenzar.

foundation 1. Acto de fundar; creación; fundación: *Basketball's foundation occured at the YMCA in Springfield, Massachusetts. = La creación del baloncesto ocurrió en la YMCA de Springfield, Massachusetts.* **2.** La parte inferior de una estructura; base; cimiento: *the foundation of a house = los cimientos de una casa.* **3.** Razones o hechos que apoyan algo; base; fundamento.

foundry *sustantivo* Lugar donde se derrite y moldea el metal en formas diferentes; fundición.

fountain *sustantivo* Fuente: **1.** Manantial que brota de la tierra. **2.** Chorro de agua que se impulsa hacia arriba o que corre entre diferentes estatuas y estanques, construido por el hombre. **3.** Objeto que provee un chorro de agua para beber. **4.** Proveedor: *My sister is a fountain of information about movie stars. = Mi hermana es una fuente de información acerca de las estrellas de cine.*

four *sustantivo* y *adjetivo* Cuatro.

fourteen *sustantivo* y *adjetivo* Catorce

fourteenth *sustantivo* y *adjetivo* Consulte la **Tabla de Números.**

fourth *sustantivo* y *adjetivo* Cuarto. Consulte la **Tabla de Números**

fowl *sustantivo* **1.** Aves que se crían o cazan para alimento. Las gallinas, patos, pavos y faisanes son aves de esta clase. **2.** Gallina grande, usada para cocinar.

fox *sustantivo* **1.** Animal de hocico puntiagudo y rabo largo y peludo; zorro. Los zorros están emparentados con los perros y los lobos. **2.** La piel curtida del zorro.

fraction *sustantivo* **1.** Una parte o cantidad pequeña.

ă pat ā pay â care ä father ĕ pet ē be ĭ pit ī pie î fierce ŏ pot ō go ô paw, for oi oil ŏŏ book ŏŏ boot

small part or amount. **2.** Two numbers with a line between them that express a part of a whole. The fraction ⁷/₁₀ means that the whole is divided into 10 equal amounts, and 7 of them make up the part expressed by the fraction. The 10 is called the denominator and the 7 is called the numerator of the fraction.

frac·ture | frăk′chər | —*noun, plural* **fractures** A break or crack, often in a bone.
—*verb* **fractured, fracturing** To break; crack.

frag·ile | frăj′əl | or | frăj′īl′ | —*adjective* Easy to break or harm.

frag·ment | frăg′mənt | —*noun, plural* **fragments** A piece broken off from a whole object.

fra·grance | frā′grəns | —*noun, plural* **fragrances** A sweet or pleasant smell.

fra·grant | frā′grənt | —*adjective* Having a sweet or pleasant smell.

frail | frāl | —*adjective* **frailer, frailest** **1.** Thin and weak in body. **2.** Easily broken; fragile.

frame | frām | —*noun, plural* **frames** **1.** A form that holds up or puts a border around something; a supporting structure. **2.** The structure of a human body.
—*verb* **framed, framing** **1.** To put a frame around; to border. **2.** To build or design; draw up. **3.** To put into words; to phrase.

frame·work | frām′wûrk′ | —*noun, plural* **frameworks** A form with connected parts that shapes or holds up something.

frank | frăngk | —*adjective* **franker, frankest** Honest in telling one's real thoughts and feelings; open and sincere.

frank·furt·er | frăngk′fər tər | —*noun, plural* **frankfurters** A pink sausage made of beef or beef and pork. Frankfurters are often served in a roll with mustard, relish, or other seasonings.

fran·tic | frăn′tĭk | —*adjective* Very excited with fear or worry.

fra·ter·ni·ty | frə tûr′nĭ tē | —*noun, plural* **fraternities** **1.** Close feeling between people; brotherhood. **2.** A social club for boys or men.

fraud | frôd | —*noun, plural* **frauds** **1.** A dishonest act in which someone is cheated. **2.** Someone or something that is not real or genuine; a fake.

fray | frā | —*verb* **frayed, fraying** To wear away at the edge so that loose threads show.

freak | frēk | —*noun, plural* **freaks** **1.** A person or thing that looks strange because of some unusual growth or feature. **2.** A very unusual thing or event.

freck·le | frĕk′əl | —*noun, plural* **freckles** A small brown spot on the skin.

free | frē | —*adjective* **freer, freest** **1.** Not under someone else's power; acting according to one's own will. **2.** Not prevented or forbidden; at liberty. **3.** Not affected by something; clear; exempt. **4.** Not tied; loose. **5.** Not filled or busy; available. **6.** Costing nothing.
—*adverb* Without having to pay.
—*verb* **freed, freeing** **1.** To set free; let loose. **2.** To untie or release. **3.** To show to be innocent; to clear.

free·dom | frē′dəm | —*noun, plural* **freedoms** **1.** The condition of being free. **2.** Ease in moving. **3.** The right to use something.

free·way | frē′wā′ | —*noun, plural* **freeways** A highway with no tolls to pay.

freeze | frēz | —*verb* **froze, frozen, freezing** **1.** To change from a liquid to a solid by losing heat; harden with cold. **2.** To become covered or filled with ice. **3.** To make or become motionless. **4.** To make or become painfully cold; to chill.
—*noun, plural* **freezes** A time of very cold weather.

freez·er | frē′zər | —*noun, plural* **freezers** **1.** A refrigerator. **2.** A very cold refrigerator or very cold part of a refrigerator for freezing foods and storing frozen foods.

2. Dos números separados por una raya que indican la parte de un total; fracción. La fracción 7/10 indica que el total está dividido en diez partes idénticas y que siete de ellas integran la parte expresada por la fracción. El 10 se llama denominador y el 7 se llama el numerador de la fracción; quebrado.

fracture *sustantivo* Rotura o rajadura, a menudo de un hueso; fractura.
—*verbo* Romper; rajar; fracturar.

fragile *adjetivo* Fácil de romper o dañar; frágil; quebradizo; débil.

fragment *sustantivo* Pedazo de un objeto roto; fragmento.

fragrance *sustantivo* Olor dulce o agradable; fragancia; perfume; aroma.

fragrant *adjetivo* Que tiene olor dulce o agradable; fragante; aromático.

frail *adjetivo* **1.** Flaco o débil de cuerpo. **2.** Que se rompe con facilidad; frágil.

frame *sustantivo* **1.** Armazón que sostiene o pone marco a algo; estructura de apoyo. **2.** La estructura del cuerpo humano; esqueleto; montura; cuadro.
—*verbo* **1.** Enmarcar; encercar. **2.** Construir o diseñar; redactar. **3.** Expresar en palabras; frasear; formular.

framework *sustantivo* Estructura cuyas piezas dan forma o sostén a algo; armazón.

frank *adjetivo* Honesto; que expresa los verdaderos pensamientos y sentimientos de uno; abierto y sincero; franco.

frankfurter *sustantivo* **1.** Embutido rosado de carne de res o de res con cerdo; salchicha alemana. Las salchichas alemanas a menudo se sirven en un pan acompañadas de mostaza, pepinillos u otros condimentos.

frantic *adjetivo* Muy alterado por el miedo o la preocupación; frenético; desesperado.

fraternity *sustantivo* Sentimiento estrecho entre los hombres; hermandad; fraternidad. **2.** Club social para jóvenes u hombres; club estudiantil.

fraud *sustantivo* **1.** Hecho deshonesto en el cual alguien resulta estafado. **2.** Alguien o algo que no es verdadero o genuino; fraude; estafa; falsificación; impostor.

fray *verbo* Desgastar el borde de una tela haciendo que se destejan los hilos del mismo; deshilacharse.

freak *sustantivo* **1.** Persona o cosa que parece rara debido a una característica o crecimiento descomunal. **2.** Cosa o suceso raro.

freckle *sustantivo* Pequeño punto marrón sobre la piel; peca.

free *adjetivo* **1.** Que no está bajo el poder de otro; actuando según la voluntad propia. **2.** Que no tiene obstáculos o está prohibido. **3.** Que no está afectado por algo; libre; exento. **4.** Que no está amarrado; suelto. **5.** Que no está lleno u ocupado; disponible.
—*adverbio* Sin tener que pagar; gratis.
—*verbo* **1.** Dejar libre; soltar; libertar. **2.** Desatar o aflojar; desenredar. **3.** Demostrar la inocencia de alguien; esclarecer; desembarazar.

freedom *sustantivo* **1.** La condición de estar libre; libertad. **2.** Facilidad de movimiento; fluidez. **3.** El derecho a usar algo; privilegio.

freeway *sustantivo* Carretera en donde no se paga peaje; autopista.

freeze *verbo* Cambiar del estado líquido al sólido mediante la pérdida de calor; endurecer o endurecerse con el frío; helar o helarse; congelar o congelarse. **2.** Cubrirse o llenarse de hielo. **3.** Paralizar o paralizarse. **4.** Hacer o tornarse penosamente frío; enfriar.
—*sustantivo* Tiempo de mucho frío.

freezer *sustantivo* **1.** Refrigerador; congelador; nevera; frigorífico. **2.** Un refrigerador muy frío, o también la parte más fría de éste que se usa para congelar alimentos o para almacenar los ya congelados.

ər butter   yōo abuse   ou **out**   ŭ **cut**   û **fur**   *th* **the**   th **thin**   hw **which**   zh vision   ə **ago, item, pencil, atom, circus**

freight |frāt| —*noun, plural* **freights 1.** Goods carried in a train, truck, or other vehicle. **2.** The act or business of transporting goods. **3.** A railway train carrying goods only.

freight·er |frā′tər| —*noun, plural* **freighters** A ship that carries goods.

French fries Potatoes that are sliced into thin strips and fried in deep fat until golden.

French horn A brass musical instrument with a coiled tube, played by blowing into a mouthpiece and pressing valves.

fren·zy |frĕn′zē| —*noun, plural* **frenzies** Wild, energetic excitement in which people can't think clearly or stay still.

fre·quen·cy |frē′kwən sē| —*noun, plural* **frequencies 1.** The number of times an event happens within a certain amount of time. **2.** The condition of happening over and over during a short time.

fre·quent |frē′kwənt| —*adjective* Happening again and again; appearing or occurring often.
—*verb* |frĭ kwĕnt′| or |frē′kwənt| **frequented, frequenting** To visit often.

fresh |frĕsh| —*adjective* **fresher, freshest 1.** Just made, grown, or gathered; not stale or spoiled. **2.** Not salty. **3.** New; additional. **4.** Different; original. **5.** Not yet used or dirtied; clean. **6.** Bright and clear; not dull or faded. **7.** Refreshing. **8.** Rude; impolite.

fresh·man |frĕsh′mən| —*noun, plural* **freshmen** A student in the first year of high school or college.

fresh·wa·ter |frĕsh′wô′tər| or |frĕsh′wŏt′ər| —*adjective* Of or living in water that is not salty.

fri·ar |frī′ər| —*noun, plural* **friars** A man who is a member of a group devoted to religious service and prayer in the Roman Catholic Church.

fric·tion |frĭk′shən| —*noun, plural* **frictions 1.** The rubbing of one object against another. **2.** A force that slows down or stops the motion of two objects touching each other. **3.** Disagreement; conflict.

Fri·day |frī′dē| or |frī′dā′| —*noun, plural* **Fridays** The sixth day of the week.

fried |frīd| The past tense and past participle of the verb **fry.**

friend |frĕnd| —*noun, plural* **friends 1.** A person one knows and likes. **2.** A person who helps or supports someone or something.

friend·ly |frĕnd′lē| —*adjective* **friendlier, friendliest 1.** Showing friendship; warm and kind. **2.** Liking to meet or talk pleasantly with others; companionable; sociable. **3.** Not hostile or fighting; cordial.

friend·ship |frĕnd′shĭp′| —*noun, plural* **friendships** The close feeling or relationship between friends.

fright |frīt| —*noun, plural* **frights** Sudden, deep fear.

fright·en |frīt′n| —*verb* **frightened, frightening 1.** To make or become suddenly afraid; alarm suddenly. **2.** To force or drive by scaring.

fright·ful |frīt′fəl| —*adjective* **1.** Causing fear; terrifying. **2.** Upsetting; shocking.

frig·id |frĭj′ĭd| —*adjective* **1.** Very cold. **2.** Cold in manner; unfriendly; stiff.

frill |frĭl| —*noun, plural* **frills 1.** A piece of fancy trimming. **2.** An extra little feature, ornament, or service.

fringe |frĭnj| —*noun, plural* **fringes 1.** An edge made of hanging threads, cords, or strips. Fringes are used on bedspreads and curtains. **2.** Something like a fringe along an edge. **3.** A border; edge.
—*verb* **fringed, fringing** To decorate with a fringe.

friv·o·lous |frĭv′ə ləs| —*adjective* Not serious or important; silly.

freight *sustantivo* **1.** Mercadería transportada por tren, camión u otro vehículo; carga. **2.** El acto o comercio de transportar mercadería. **3.** Un tren de carga.

freighter *sustantivo* Buque que sólo transporta mercaderías; buque de carga; carguero.

French fries Papas cortadas en tiras finas y luego fritas en grasa abundante, hasta dorarse; papas a la francesa.

French horn Instrumento musical de viento, de trompeta enroscada, que se toca soplando por una boquilla y oprimiendo válvulas; cuerno francés.

frenzy *sustantivo* Excitación salvaje y enérgica durante la cual la gente no puede pensar claramente o permanecer quieta; frenesí.

frequency *sustantivo* **1.** El número de veces que un suceso ocurre dentro de un período de tiempo determinado; frecuencia. **2.** La condición de suceder una y otra vez dentro de un breve período de tiempo; repetición.

frequent *adjetivo* Que ocurre una y otra vez; que aparece u ocurre a menudo; frecuente; repetido.
—*verbo* Visitar a menudo; frecuentar.

fresh *adjetivo* **1.** Recién hecho, cultivado o cosechado; que no está pasado o echado a perder. **2.** Que no es de mar; potable; dulce. **3.** Nuevo; adicional. **4.** Distinto; original. **5.** Aún sin usar o ensuciar. **6.** Brillante y claro; ni opacado ni ajado. **7.** Refrescante. **8.** Descortés; maleducado; grosero: *a fresh remark = un comentario grosero.*

freshman *sustantivo* Estudiante de primer año en una escuela superior o universidad; novato.

freshwater *adjetivo* Que no es de agua salada; de agua dulce.

friar *sustantivo* Hombre que integra un grupo dedicado al servicio religioso y a la oración en la iglesia católica; fraile; religioso.

friction *sustantivo* **1.** La frotación de un objeto contra otro; fricción. **2.** La energía que aminora o detiene el movimiento de dos objetos que se tocan. **3.** Desacuerdo; conflicto.

Friday *sustantivo* Viernes.

fried Pretérito y participio pasado del verbo **fry.**

friend *sustantivo* **1.** Persona a quien uno conoce y quiere. **2.** Persona que ayuda o apoya algo o a alguien; amigo.

friendly *adjetivo* **1.** Que demuestra amistad; cálido y bondadoso. **2.** Que gusta de conocer a otros y de hablar agradablemente con ellos; afable; sociable. **3.** Que no es hostil o peleador; cordial.

friendship *sustantivo* El sentimiento o la relación estrecha entre amigos; amistad.

fright *sustantivo* Temor profundo, hondo y repentino; miedo; susto; espanto.

frighten *verbo* **1.** Asustar o asustarse; alarmar de pronto. **2.** Obligar o hacer huir mediante el susto; asustar; espantar.

frightful *adjetivo* **1.** Que provoca miedo; aterrante; espantoso; pavoroso. **2.** Que trastorna o perturba; horroroso.

frigid *adjetivo* **1.** Muy frío; helado; frígido. **2.** De modales fríos; que no es amistoso; tieso.

frill *sustantivo* **1.** Borde atractivo; adorno. **2.** Detalle, ornamento o servicio extra.

fringe *sustantivo* **1.** Borde hecho de hilos, cuerdas o tiras colgantes; flecos. Los flecos se usan en los cubrecamas y las cortinas. **2.** Algo parecido a un fleco sobre un borde. **3.** Margen: *on the fringe of the crowd = al margen de la multitud.*
—*verbo* Decorar con flecos.

frivolous *adjetivo* Que no es serio o importante; tonto; frívolo; baladí.

ă pat ā pay â care ä father ĕ pet ē be ĭ pit ī pie î fierce ŏ pot ō go ô paw, for oi oil ŏŏ book ōō boot

fro |frō| —*adverb* **to and fro** Back and forth.

frog |frŏg| or |frŭg| —*noun, plural* **frogs** A small animal with smooth skin, webbed feet, and long hind legs.

frol·ic |frŏl'ĭk| —*noun, plural* **frolics** **1.** A playful game; a romp. **2.** Fun; merriment.
—*verb* **frolicked, frolicking, frolics** To behave playfully; to romp.

from |frŭm| or |frŏm| or |frəm| —*preposition* **1.** Starting at; beginning with. **2.** Originating in or with. **3.** Out of. **4.** At a distance measured in relation to. **5.** Out of the possession of. **6.** Because of. **7.** As being unlike; as distinguished from.

frond |frŏnd| —*noun, plural* **fronds** The leaf of a fern or palm tree.

front |frŭnt| —*noun, plural* **fronts** **1.** The forward part of a thing or place. **2.** Land lying next to a lake, river, ocean, or street. **3.** A place where fighting is happening during a war. **4.** An outward appearance.
—*adjective* In or facing the front.
—*verb* **fronted, fronting** To face or look out.

fron·tier |frŭn tîr'| —*noun, plural* **frontiers** **1.** The edge between countries or the land along it; a border. **2.** A distant area that marks the last point where people live. **3.** Any place or subject not yet completely studied.

frost |frôst| or |frŏst| —*noun, plural* **frosts** **1.** A covering of thin ice formed by the freezing of water vapor in the air. **2.** Air temperatures below freezing.
—*verb* **frosted, frosting** **1.** To cover with or as if with frost. **2.** To cover a cake with frosting or icing.

frost·ing |frô'stĭng| or |frŏs'tĭng| —*noun, plural* **frostings** A sweet covering of sugar and other ingredients, used to decorate cakes and cookies; icing.

frost·y |frô'stē| or |frŏs'tē| —*adjective* **frostier, frostiest** **1.** Cold enough for frost; chilly. **2.** Covered with frost. **3.** Unfriendly.

froth |frôth| or |frŏth| —*noun, plural* **froths** A group of bubbles in or on a liquid; foam.

frown |froun| —*verb* **frowned, frowning** **1.** To wrinkle the forehead when thinking, confused, or unhappy. **2.** To be against; disapprove of.
—*noun, plural* **frowns** The act of wrinkling the forehead when thinking, confused, or unhappy.

froze |frōz| The past tense of the verb **freeze.**

fro·zen |frō'zən| The past participle of the verb **freeze.**

fru·gal |frōō'gəl| —*adjective* **1.** Not willing to spend much money; not wasteful; thrifty. **2.** Costing little; modest.

fruit |frōōt| —*noun, plural* **fruit** or **fruits** **1.** The part of a flowering plant that contains the seeds. **2.** A result; product.

frus·trate |frŭs'trāt'| —*verb* **frustrated, frustrating** **1.** To keep from achieving a goal; prevent. **2.** To cause to feel helpless or useless; discourage.

fry |frī| —*verb* **fried, frying, fries** To cook over heat in hot oil or fat.
—*noun, plural* **fries** A meal of fried food.

fudge |fŭj| —*noun, plural* **fudges** A soft candy, usually flavored with chocolate.

fro *adverbio* **to and fro** Que va y viene; del tingo al tango; de aquí para allá.

frog *sustantivo* Animal pequeño de piel lisa, patas palmeadas y largas patas traseras; rana.

frolic *sustantivo* **1.** Un juego divertido; un retozo. **2.** Diversión; alborozo.
—*verbo* Comportarse de manera juguetona; retozar.

from *preposición* Se usa para indicar: **1.** El comienzo o punto de partida de una cosa; desde; de: *We walked home from the station.* = *Caminamos hasta la casa desde la estación.* **2.** El origen de una cosa; de: *coffee from South America* = *café de Sudamérica.* **3.** Que está fuera de su lugar habitual; de: *He took some coins from his pocket.* = *Él sacó algunas monedas de su bolsillo.* **4.** Una distancia que se mide en relación a otro punto; del: *a mark three inches away from the edge of the page* = *una marca a tres pulgadas del borde de la página.* **5.** Que ya no está en posesión de alguien; a: *Take the ball away from him.* = *Quítale la pelota (a él).* **6.** Causa; razón; debido a; por: *He is weak from exhaustion.* = *Él está débil por (a causa de) el agotamiento.* **7.** Que no es el mismo; que se diferencia de otro; de: *She doesn't know one flower from another.* = *Ella no sabe distinguir una flor de otra.*

frond *sustantivo* La hoja de un helecho o palma; fronda.

front *sustantivo* **1.** La parte delantera de una cosa o sitio; frente. **2.** Terreno adyacente a un lago, río, océano o calle. **3.** Sitio donde hay combate durante una guerra; frente de batalla. **4.** Apariencia externa; fachada.
—*adjetivo* Dando el frente o estando en el frente.
—*verbo* Dar cara o mirar hacia afuera.

frontier *sustantivo* **1.** El límite entre países o la tierra a lo largo del mismo; frontera. **2.** Área distante que marca el sitio más extremo en donde vive gente. **3.** Cualquier sitio o materia que aún no está del todo estudiada.

frost *sustantivo* **1.** Capa delgada de hielo formada al congelarse el rocío; helada; escarcha. **2.** Temperatura ambiente por debajo del punto de congelación.
—*verbo* **1.** Cubrirse con escarcha; escarchar. **2.** Cubrir una torta con confitura.

frosting *sustantivo* Capa dulce de azúcar y otros ingredientes usada para decorar tortas y pasteles; confitura; fondant.

frosty *adjetivo* **1.** Suficientemente frío para producir una helada. **2.** Cubierto de escarcha. **3.** Poco amistoso; frío.

froth *sustantivo* Las burbujas dentro o sobre un líquido; espuma.

frown *verbo* **1.** Arrugar la frente al pensar, al sentirse confundido o infeliz; fruncir el entrecejo. **2.** Estar en contra; desaprobar; censurar.
—*sustantivo* El acto de arrugar la frente al pensar, al estar confundido o triste.

froze Pretérito del verbo **freeze.**

frozen Participio pasado del verbo **freeze.**

frugal *adjetivo* **1.** Que no está dispuesto a gastar mucho dinero; que no es derrochador; económico; frugal. **2.** Que cuesta poco; módico.

fruit *sustantivo* **1.** Parte de las plantas que contiene las semillas; fruto. **2.** El resultado; producto.

frustrate *verbo* **1.** Evitar que se logre una meta; impedir; frustrar. **2.** Hacer sentir impotente o inútil; desalentar.

fry *verbo* Cocinar sobre calor con aceite o grasa caliente; freir.
—*sustantivo* Comida de alimentos fritos; fritura; fritada.

fudge *sustantivo* Confite blando, generalmente con sabor a chocolate.

ər butter yōō abuse ou **out** ŭ **cut** û **fur** *th* **the** th **thin** hw **which** zh **vision** ə **ago**, item, pencil, atom, circus

fu·el |fyōō′əl| —*noun, plural* **fuels** Anything that is burned to give off heat or energy. Fires need fuels like wood, coal, and oil. The engines of cars usually use gasoline as fuel.

fu·gi·tive |fyōō′jĭ tĭv| —*noun, plural* **fugitives** A person running away, especially from the law.

ful·crum |fōōl′krəm| or |fŭl′krəm| —*noun, plural* **fulcrums** The point on which a lever turns.

ful·fill |fōōl fĭl′| —*verb* **fulfilled, fulfilling** 1. To do or carry out. 2. To satisfy; meet.

full |fōōl| —*adjective* **fuller, fullest** 1. Holding all that is possible. 2. Not missing any parts; complete. 3. Having many or a lot. 4. Rounded in shape. 5. Not tight or narrow; wide. 6. Appearing as a fully lighted circle.
—*adverb* Entirely; completely.

full·back |fōōl′băk′| —*noun, plural* **fullbacks** A player on a football or soccer team who stands farthest behind the front line.

full·y |fōōl′ē| —*adverb* 1. Totally; completely. 2. At least; no less than.

fum·ble |fŭm′bəl| —*verb* **fumbled, fumbling** 1. To grope or feel about clumsily. 2. To handle clumsily or without skill. 3. To lose one's grasp on; drop.
—*noun, plural* **fumbles** 1. An act of fumbling. 2. A ball that has been dropped during play.

fume |fyōōm| —*noun, plural* **fumes** Any smoke or gas, especially one that is harmful or smells bad.
—*verb* **fumed, fuming** 1. To produce or give off fumes. 2. To be very angry.

fun |fŭn| —*noun* Enjoyment; pleasure; amusement.
Idioms **In fun** As a joke; in jest. **make fun of** To ridicule. **poke fun at** To ridicule.

func·tion |fŭngk′shən| —*noun, plural* **functions** 1. The normal or proper activity of a person or thing; purpose; role. 2. Something that is related to or dependent upon something else. 3. A formal social gathering or ceremony.
—*verb* **functioned, functioning** To have or perform a function; serve; operate.

fund |fŭnd| —*noun, plural* **funds** 1. A sum of money raised or set aside for a certain purpose. 2. **funds** Available money; ready cash. 3. A source of supply; a stock.

fun·da·men·tal |fŭn′də mĕn′tl| —*adjective* Forming a foundation or basis; basic; primary.
—*noun, plural* **fundamentals** A basic principle, fact, or skill.

fu·ner·al |fyōō′nər əl| —*noun, plural* **funerals** The ceremonies held at the time of the burial of a dead person.

fun·gi |fŭn′jī′| A plural of the noun **fungus**.

fun·gus |fŭng′gəs| —*noun, plural* **fungi** or **funguses** One of a group of plants that have no flowers and leaves and no green coloring. Mushrooms, molds, and yeast are fungi.

fun·nel |fŭn′əl| —*noun, plural* **funnels** 1. A utensil shaped like a cone or cup that narrows to a small, open tube at the bottom. A funnel is used to pour a liquid or other substance into a container with a small opening. 2. The smokestack of a steamship or locomotive.

fun·nies |fŭn′ēz| —*plural noun* Comic strips.

fun·ny |fŭn′ē| —*adjective* **funnier, funniest** 1. Caus-

fuel *sustantivo* Cualquier cosa que se quema para que despida calor o energía; combustible. Los fuegos necesitan combustibles como la leña, el carbón o el aceite. Los motores de los autos generalmente usan gasolina como combustible.

fugitive *sustantivo* Persona que huye, especialmente de la justicia; fugitivo.

fulcrum *sustantivo* Punto sobre el cual gira una palanca; fulcro.

fulfill *verbo* 1. Cumplir o desempeñar. 2. Satisfacer; cumplir; realizar.

full *adjetivo* 1. Que contiene todo lo que es posible; lleno; abarrotado: *a full bucket = un cubo lleno.* 2. Que no le falta ninguna pieza; completo: *a full set of teeth = una dentadura completa.* 3. Que tiene muchos o una gran cantidad: *shelves full of books = estantes llenos de libros.* 4. De forma redondeada: *a full figure = de cuerpo redondeado, curvo.* 5. Ni apretado ni estrecho; cómodo: *a full skirt = una falda cómoda.* 6. Que aparece como un círculo plenamente alumbrado; lleno: *The moon is full tonight. = Esta noche hay luna llena.*
—*adverbio* Enteramente; completamente; plenamente.

fullback *sustantivo* El jugador de un equipo de fútbol americano o balompié que está más alejado de la línea delantera; zaguero.

fully *adverbio* 1. Totalmente; completamente. 2. Tanto, tan; no es menos que: *To have good common sense is fully as important as to have a good education. = Tener un buen sentido común es tan importante como tener una buena educación.*

fumble *verbo* 1. Tentar o buscar torpemente. 2. Manejar torpemente o sin destreza; chapucear. 3. Perder el agarre; dejar caer; soltar.
—*sustantivo* 1. El hecho de chapucear. 2. La pelota que se ha dejado caer en una jugada, en un partido de fútbol americano.

fume *sustantivo* Cualquier humo o gas, en especial aquel que es dañino o huele mal; vaho.
—*verbo* 1. Producir o despedir humo. 2. Estar muy enojado o enfadado.

fun *sustantivo* Goce; placer; recreo.
Modismos **In fun** Como chiste; en broma. **make fun of** Ridicularizar. **poke fun at** Burlarse; reírse de algo o alguien.

function *sustantivo* 1. La actividad normal propia de una persona o cosa; papel; función. 2. Algo que está relacionado o que depende de otra cosa. 3. Una reunión social formal; ceremonia.
—*verbo* Tener o realizar una función; servir; operar.

fund *sustantivo* 1. Una cantidad de dinero recaudada o separada para cierto fin; fondo. 2. Dinero disponible; dinero efectivo; capital 3. Una fuente de suministro; caudal.

fundamental *adjetivo* Que proporciona fundamento o base; básico; primario; fundamental.
—*sustantivo* Un principio; hecho o habilidad; fundamento.

funeral *sustantivo* Ceremonia que se efectúa cuando se entierra una persona; funeral; sepelio; entierro.

fungi Plural de la palabra **fungus**.

fungus *sustantivo* Una de las plantas de un grupo que no tiene ni flor, ni hoja ni coloración verde; hongo. Las setas, el moho y la levadura son hongos.

funnel *sustantivo* 1. Utensilio en forma de cono o copa que se estrecha para formar un pequeño tubo abierto; embudo. El embudo se usa para transvasar un líquido u otra substancia a un recipiente de pequeña abertura. 2. La chimenea de un vapor o de una locomotora.

funnies *sustantivo* Historietas cómicas; tiras cómicas.

funny *adjetivo* 1. Que provoca risa o diversión; humo-

ing laughter or amusement; humorous. **2.** Strange; odd; curious.

fur |fûr| —*noun, plural* **furs 1.** The thick, soft hair that covers the body of some animals. **2.** The skin and hair of such animals.

fu·ri·ous |fyŏŏr′ē əs| —*adjective* **1.** Full of or showing extreme anger; raging. **2.** Violent; intense.

fur·nace |fûr′nĭs| —*noun, plural* **furnaces** An enclosed chamber in which fuel is burned to produce heat.

fur·nish |fûr′nĭsh| —*verb* **furnished, furnishing 1.** To equip with furniture. **2.** To supply; give.

fur·nish·ings |fûr′nĭ shĭngz| —*plural noun* **1.** Furniture and other equipment for a home or office. **2.** Clothes and accessories.

fur·ni·ture |fûr′nə chər| —*noun* The movable items used to make a home or office fit for living or working. Chairs, tables, and desks are pieces of furniture.

fur·row |fûr′ō| or |fŭr′ō| —*noun, plural* **furrows 1.** A long, narrow cut or groove made in the ground by a plow or other tool. Farmers plow furrows and plant seeds in them. **2.** Any narrow groove; a deep line.

fur·ry |fûr′ē| —*adjective* **furrier, furriest 1.** Made of or covered with fur. **2.** Resembling fur; thick, soft, and fluffy.

fur·ther |fûr′thər| —*adjective* A comparative of the adjective **far. 1.** More distant. **2.** Additional. —*adverb* A comparative of the adverb **far. 1.** To a greater extent; more. **2.** In addition; furthermore; also. **3.** At or to a more distant point. —*verb* **furthered, furthering** To help the progress of; to advance.

fur·ther·more |fûr′thər môr′| or |fûr′thər mōr′| —*adverb* Moreover; in addition.

fur·thest |fûr′thĭst| —*adjective* A superlative of the adjective **far.** Most distant. —*adverb* A superlative of the adverb **far. 1.** To the greatest extent or degree. **2.** At or to the most distant point.

fu·ry |fyŏŏr′ē| —*noun, plural* **furies 1.** Violent anger; rage. **2.** Violent action; turbulence.

fuse¹ |fyŏŏz| —*noun, plural* **fuses** A length of easily burned material used to set off an explosive charge. It is lighted at one end to carry a flame to and explode the charge at the other end.

fuse² |fyŏŏz| —*verb* **fused, fusing 1.** To soften by heating; melt. **2.** To combine or unite by or as if by melting; to blend. —*noun, plural* **fuses** A protective device in an electrical circuit. It contains a wire that melts and breaks the circuit when the current becomes too strong.

fu·sion |fyŏŏ′zhən| —*noun, plural* **fusions 1.** The act or process of melting or combining different things into one. **2.** A mixture; blend; union.

fuss |fŭs| —*noun, plural* **fusses** A lot of bother over some little thing; unnecessary excitement; commotion. —*verb* **fussed, fussing** To get excited or concerned without a real need for it; make a fuss.

fuss·y |fŭs′ē| —*adjective* **fussier, fussiest 1.** Given to fussing; easily upset over small matters. **2.** Hard to please; demanding.

fu·tile |fyŏŏt′l| or |fyŏŏ′tīl′| —*adjective* Having no useful result; ineffective.

fu·ture |fyŏŏ′chər| —*noun, plural* **futures 1.** The time that is yet to come. **2.** Prospects; outlook; fate. **3.** The future tense. —*adjective* Occurring in the future; coming.

future tense A verb tense used to express action in the future. It is formed in English with the help of the auxiliary verbs **shall** and **will.**

fuzz |fŭz| —*noun* Soft, short fibers or hairs; fine down.

roso; divertido; cómico; gracioso; chistoso. **2.** Raro; inusitado; curioso.

fur *sustantivo* **1.** El pelo suave y grueso que cubre el cuerpo de ciertos animales; piel. **2.** La piel y el pelo de dichos animales.

furious *adjetivo* **1.** Que está lleno de rabia o que la demuestra; rabioso, furioso. **2.** Violento; intenso.

furnace *sustantivo* Cámara encerrada donde se quema un combustible para producir calor; horno; calorífero; caldera.

furnish *verbo* **1.** Equipar con muebles; amueblar. **2.** Suministrar; dar; proveer; suplir.

furnishings *sustantivo* **1.** Muebles y otros equipos para el hogar u oficina; mobiliario. **2.** Ropa y accesorios.

furniture *sustantivo* Los objetos móviles que se usan para poder habitar un hogar o trabajar en una oficina; muebles. Las sillas, mesas y escritorios son muebles.

furrow *sustantivo* **1.** Corte o surco largo y estrecho hecho en el suelo por un arado u otra herramienta; trocha; surco. Los agricultores aran surcos y plantan semillas en ellos. **2.** Cualquier surco angosto; línea honda; arruga.

furry *adjetivo* **1.** Hecho o cubierto de piel; velloso; peludo; lanudo. **2.** Que se asemeja a la piel; grueso, suave y plumoso.

further *adjetivo* Comparativo del adjetivo **far. 1.** Más distante. **2.** Adicional. —*adverbio* Comparativo del adverbio **far. 1.** A mayor extensión; más. **2.** Adicionalmente; además; también. **3.** En o hacia un punto más distante.

furthermore *adverbio* Es más; adicionalmente; además; por otra parte.

furthest *adjetivo* Superlativo del adjetivo **far. 1.** A la mayor extensión o alcance. **2.** En o hacia el punto más distante; más lejano.

fury *sustantivo* **1.** Enojo violento; rabia; furia; ira; cólera. **2.** Acción violenta; turbulencia.

fuse¹ *sustantivo* Pedazo de materɪaɪ, ɪácil de quemar, que se usa para hacer volar una carga explosiva; mecha. Se prende de una punta y lleva una chispa que hace explotar la carga en el otro extremo.

fuse² *verbo* **1.** Ablandar con el calor; derretir; fundir. **2.** Combinar o unir mediante la fusión; mezclar. —*sustantivo* Dispositivos protectores en un circuito eléctrico; fusibles. Cada fusible contiene un alambre que se derrite y rompe el circuito cuando la corriente es muy fuerte.

fusion *verbio* **1.** El hecho o proceso de fundir o combinar varias cosas para formar una; fusión. **2.** Una mezcla; mixtura; unión.

fuss *sustantivo* Mucha molestia sobre poca cosa; alteración innecesaria; conmoción. —*verbo* Alterarse o preocuparse sin verdadera causa; molestarse.

fussy *adjetivo* **1.** Melindroso; fácilmente molesto por naderías. **2.** Difícil de complacer; exigente; minucioso.

futile *adjetivo* Sin resultado positivo; ineficaz; fútil; inútil.

future *sustantivo* **1.** El porvenir; futuro. **2.** Perspectiva; panorama; destino. **3.** El tiempo futuro gramatical. —*adjetivo* Que ocurre en el futuro; venidero.

future tense Tiempo de verbo utilizado para expresar acción futura. Se forma en el inglés con la ayuda de los verbos auxiliares **shall** y **will.**

fuzz *sustantivo* Fibras o cabellos suaves y cortos; vello fino; pelusa.

G

g or **G** |jē| —*noun, plural* **g's** or **G's** The seventh letter of the English alphabet.

ga·ble |gā'bəl| —*noun, plural* **gables** The triangular section of wall between the two slopes of a roof.

gadg·et |găj'ĭt| —*noun, plural* **gadgets** A small, unusual tool or mechanical device.

gag |găg| —*noun, plural* **gags** **1.** Something put into or over the mouth to keep a person from talking or crying out. **2.** A joke.
—*verb* **gagged, gagging** **1.** To put a gag on; stop up the mouth of. **2.** To feel a tightening in the throat and stomach, as a person does before vomiting.

gai·e·ty |gā'ĭ tē| —*noun, plural* **gaieties** The quality or condition of being gay; cheer; joy.

gai·ly |gā'lē| —*adverb* **1.** In a cheerful manner; merrily; joyfully. **2.** In a bright or colorful manner.

gain |gān| —*verb* **gained, gaining** **1.** To get possession of; obtain or win. **2.** To increase. **3.** To come nearer; get closer.
—*noun, plural* **gains** **1.** Something obtained or won. **2.** An increase.

gait |gāt| —*noun, plural* **gaits** A way of walking or running.

gal·ax·y |găl'ək sē| —*noun, plural* **galaxies** A very large group of stars. Our Earth, the other planets, and the sun are in a galaxy called the Milky Way.

gale |gāl| —*noun, plural* **gales** **1.** A very strong wind. **2.** A noisy outburst.

gal·lant |găl'ənt| —*adjective* **1.** Brave and good; courageous. **2.** Polite; courteous.

gall·blad·der |gôl'blăd'ər| —*noun, plural* **gallbladders** A small body part shaped like a bag that is found near the liver.

gal·le·on |găl'ē ən| or |găl'yən| —*noun, plural* **galleons** A large sailing ship with three masts that was most often used during the sixteenth century.

gal·ler·y |găl'ə rē| or |găl'rē| —*noun, plural* **galleries** **1.** A room or building where works of art are shown. **2.** A narrow hall or corridor, especially one used for a certain purpose. **3.** The highest balcony of a theater, hall, or church.

gal·ley |găl'ē| —*noun, plural* **galleys** **1.** A low, long ship, driven by sails and oars, used until the seventeenth century. **2.** The kitchen of a ship or airplane.

gal·lon |găl'ən| —*noun, plural* **gallons** A unit of measure for liquids. A gallon equals four quarts or 3.785 liters.

gal·lop |găl'əp| —*noun, plural* **gallops** The fastest gait of an animal with four feet.
—*verb* **galloped, galloping** To ride or run at a gallop.

gal·lows |găl'ōz| —*noun, plural* **gallowses** or **gallows** **1.** A frame from which criminals are hanged. The typical gallows is made up of two upright posts with a beam across them. A noose is tied to the beam. **2. the gallows** Execution by hanging.

ga·losh·es |gə lŏsh'ĭz| —*plural noun* Waterproof overshoes or boots that are worn in wet weather to protect a person's shoes.

gam·ble |găm'bəl| —*verb* **gambled, gambling** **1.** To play a game for money; bet. **2.** To take a chance.

game |gām| —*noun, plural* **games** **1.** A way of playing or having fun; an amusement. **2.** A contest with rules and a purpose or goal that each side tries to

g o **G** *sustantivo* Séptima letra del alfabeto inglés.

gable *sustantivo* Parte triangular de la fachada entre las dos vertientes de un tejado; hastial.

gadget *sustantivo* Herramienta o aparato pequeño y práctico; artilugio.

gag *sustantivo* **1.** Algo que se pone en o encima de la boca para impedir que una persona hable o grite; mordaza. **2.** Chiste; broma.
—*verbo* **1.** Poner mordaza; bloquear la boca; amordazar. **2.** Sentir tensión en la garganta y el estómago como antes de vomitar; basquear.

gaiety *sustantivo* Cualidad o condición de estar alegre; alegría; júbilo.

gaily *adverbio* **1.** De manera alegre; alegremente; festivamente; con júbilo. **2.** De manera brillante o vistosa; vistosamente.

gain *verbo* **1.** Lograr posesión; obtener o ganar. **2.** Crecer; aumentar. **3.** Alcanzar; acercarse.
—*sustantivo* **1.** Algo obtenido o ganado; ganancia. **2.** Crecimiento; aumento.

gait *sustantivo* Modo de andar o correr; andadura; paso.

galaxy *sustantivo* Grupo muy grande de estrellas; galaxia. Nuestra Tierra, los otros planetas y el sol están en una galaxia llamada la Vía Láctea.

gale *sustantivo* **1.** Viento muy fuerte; ventarrón. **2.** Explosión (como de risa).

gallant *adjetivo* **1.** Valiente y benévolo; valeroso; garboso; bizarro. **2.** Atento; cortés; galante.

gallbladder *sustantivo* Parte pequeña del cuerpo en forma de bolsita que se encuentra cerca del hígado; vesícula biliar.

galleon *sustantivo* Buque grande de tres palos usado sobre todo en el siglo XVI; galeón.

gallery *sustantivo* Galería: **1.** Sala o edificio donde se exhiben obras artísticas. **2.** Sala estrecha o corredor, especialmente uno que tiene un uso específico: *a shooting gallery = una galería de tiro.* **3.** Piso más alto de un teatro, salón o iglesia; paraíso (de teatro).

galley *sustantivo* **1.** Embarcación larga y baja impelida por remos y velas, usada hasta el siglo XVII; galera. **2.** Cocina de un buque o aeroplano.

gallon *sustantivo* Medida para líquidos; galón. Un galón es equivalente a cuatro cuartos o 3.785 litros.

gallop *sustantivo* Andadura más rápida de los animales de cuatro patas; galope.
—*verbo* Cabalgar o correr al galope; galopar.

gallows *sustantivo* **1.** Armadura para ahorcar a los criminales; horca. Típicamente, la horca se hace de dos postes verticales con una viga trabándolos encima. La soga se ata a la viga. **2. the gallows** Ajusticiamiento por la horca.

galoshes *sustantivo* Calzado de goma o botas impermeables que se llevan en tiempo lluvioso para proteger los zapatos; chanclos.

gamble *verbo* **1.** Jugar por dinero; apostar. **2.** Aventurarse.

game *sustantivo* **1.** Acción de jugar o divertirse; juego; diversión. **2.** Concurso con reglas y un propósito u objetivo que cada partido intenta alcanzar; juego; de-

---

ă pat ā pay â care ä father ĕ pet ē be ĭ pit ī pie î fierce ŏ pot ō go ô paw, for oi oil ŏŏ book ōō boot

achieve. **3.** Wild animals, birds, or fish that are hunted for food or sport.
—*adjective* **gamer, gamest 1.** Full of courage; brave; courageous. **2.** Ready; willing. **3.** Of or among animals hunted for sport or food.

gang | găng | —*noun, plural* **gangs** A group of people who do things together regularly.

gang·ster | găng′stər | —*noun, plural* **gangsters** A member of a group of criminals.

gap | găp | —*noun, plural* **gaps** An opening, crack, or break.

ga·rage | gə räzh′ | or | gə räj′ | —*noun, plural* **garages** A building where cars and trucks are repaired or parked.

gar·bage | gär′bĭj | —*noun, plural* **garbages** Things like food scraps and wrappers that are thrown out from a kitchen.

gar·den | gär′dn | —*noun, plural* **gardens** A piece of land where flowers or vegetables are grown.
—*verb* **gardened, gardening** To take care of a garden.

gar·den·er | gär′dn ər | —*noun, plural* **gardeners** A person who takes care of a garden.

gar·lic | gär′lĭk | —*noun* The bulb of a plant related to the onion. It has a strong taste and smell, and is divided into sections. Garlic is used in cooking to flavor foods.

gar·ment | gär′mənt | —*noun, plural* **garments** Any piece of clothing.

gar·ri·son | gär′ĭ sən | —*noun, plural* **garrisons 1.** A fort or other place where troops are stationed. **2.** The troops who are living in a garrison.

gar·ter | gär′tər | —*noun, plural* **garters** An elastic band used for holding up stockings or socks.

gas | găs | —*noun, plural* **gases** or **gasses 1.** A form of matter that does not have a shape of its own and so fills and takes the shape of its container. Air is made up of gases. When some gases cool, they turn into liquids and then solids. **2.** A mixture of gases used as a fuel for cooking and heating. **3.** Gasoline.

gas·e·ous | găs′ē əs | or | găs′yəs | or | găsh′əs | —*adjective* Of or like gas.

gas·o·line | găs′ə lēn′ | or | găs′ə lēn′ | —*noun, plural* **gasolines** A liquid that burns easily and is used as a fuel to run cars, trucks, and other vehicles.

gasp | găsp | or | gäsp | —*verb* **gasped, gasping** To breathe in suddenly.
—*noun, plural* **gasps** An act or noise of gasping.

gate | gāt | —*noun, plural* **gates** A part like a door in a wall or fence.

gate·way | gāt′wā′ | —*noun, plural* **gateways** An opening in a wall or fence that may be closed with a gate.

gath·er | găth′ər | —*verb* **gathered, gathering 1.** To bring or come together. **2.** To collect from many sources; pick. **3.** To reach an opinion; conclude. **4.** To bring cloth together into small folds or pleats.

gath·er·ing | găth′ər ĭng | —*noun, plural* **gatherings** A group of people; a meeting.

gaud·y | gô′dē | —*adjective* **gaudier, gaudiest** Cheap and too bright.

gauge | gāj | —*noun, plural* **gauges 1.** A standard length, quantity, or dimension; a measure. **2.** A measuring instrument.

porte. **3.** Animales salvajes, aves o peces cazados por su carne o por deporte; caza.
—*adjetivo* **1.** Que tiene coraje; valiente; valeroso. **2.** Listo; dispuesto. **3.** Relativo a animales cazados por deporte o comida; de caza.

gang *sustantivo* Grupo de personas que se reunen regularmente para hacer cosas juntas; cuadrilla; pandilla.

gangster *sustantivo* Miembro de un grupo de criminales; bandido; pandillero.

gap *sustantivo* Abertura, hendidura o quebradura.

garage *sustantivo* Edificio donde se reparan o guardan automóviles y camiones; garaje; cochera.

garbage *sustantivo* Cosas como sobras y envolturas de comida que se desechan de una cocina; desperdicios; desechos.

garden *sustantivo* Parcela de terreno donde se cultivan flores o vegetales; jardín; huerto.
—*verbo* Cuidar de un jardín; cultivar jardines.

gardener *sustantivo* Persona que cuida de un jardín; jardinero; hortelano.

garlic *sustantivo* Bulbo de una planta de la misma familia que la cebolla; ajo. Tiene un olor y sabor fuerte, y se divide en secciones. El ajo se usa en la cocina para dar sabor a la comida.

garment *sustantivo* Cualquier pieza de vestido; prenda de vestir.

garrison *sustantivo* **1.** Fortaleza u otro lugar en donde se aposta una tropa; guarnición; plaza de armas. **2.** Tropa apostada en una guarnición.

garter *sustantivo* Banda elástica que se lleva para asegurar los calcetines o las medias; liga.

gas *sustantivo* **1.** Materia que no tiene forma por sí misma y que llena y toma la forma de aquello que la contiene; gas. El aire está compuesto de gases. Cuando algunos gases se enfrían, se convierten en líquidos y luego en sólidos. **2.** Mezcla de gases usada como combustible para la cocina o la calefacción. **3.** Gasolina.

gaseous *adjetivo* Referente al gas; como el gas; gaseoso.

gasoline *sustantivo* Líquido que arde fácilmente y que se usa como combustible para hacer andar los automóviles, camiones y otros vehículos; gasolina.

gasp *verbo* Aspirar súbitamente; jadear; resollar.
—*sustantivo* Acción o ruido de aspirar súbitamente; jadeo; resuello.

gate *sustantivo* Puerta en un muro o una cerca.

gateway *sustantivo* Abertura en un muro o cerca que se puede cerrar con una puerta.

gather *verbo* **1.** Reunir; reunirse; juntar; juntarse: *Let's gather the dirty dishes and put them in the sink.* = *Juntemos los platos sucios y pongámoslos en el fregadero. A crowd gathered to watch the performance.* = *Una muchedumbre se reunió a mirar el espectáculo.* **2.** Recoger de muchas fuentes; coger: *They were gathering flowers in the garden.* = *Estaban recogiendo flores en el jardín. The reporter gathered information about the contest.* = *El reportero recogió informes acerca del concurso.* **3.** Llegar a una opinión; concluir; deducir; tener entendido: *I gather you didn't get my telephone message.* = *Tengo entendido que Ud. no recibió mi mensaje telefónico.* **4.** Hacer dobleces o pliegues; plegar; fruncir: *A pleated skirt is gathered at the waist.* = *La falda plisada está fruncida en la cintura.*

gathering *sustantivo* Grupo de personas; reunión; tertulia.

gaudy *adjetivo* De mal gusto y de color demasiado vivo; llamativo; chillón.

gauge *sustantivo* **1.** Patrón de longitud o anchura, cantidad o dimensión; medida. **2.** Instrumento para medir; indicador.

ər butter yōō abuse ou **out** ŭ cut û fur *th* **the** th **thin** hw **which** zh vision ə **ago,** item, pencil, atom, circus

—*verb* **gauged, gauging 1.** To measure. **2.** To judge or evaluate.

—*verbo* **1.** Medir: *We gauged the air pressure in our bicycle tires.* = *Medimos la presión del aire en las llantas de nuestras bicicletas.* **2.** Juzgar o estimar: *It is too early to gauge the damage caused by the hurricane.* = *Es demasiado temprano para estimar el daño que causó el huracán.*

gaunt |gônt|—*adjective* **gaunter, gauntest** Thin and bony.

gaunt *adjetivo* Delgado y descarnado; demacrado; flaco.

gauze |gôz|—*noun, plural* **gauzes** A thin, loosely woven cloth.

gauze *sustantivo* Tela blanca de tejido suelto; gasa.

gave |gāv| The past tense of the verb **give.**

gave Pretérito del verbo **give.**

gay |gā|—*adjective* **gayer, gayest 1.** Happy; cheerful. **2.** Bright or lively.

gay *adjetivo* **1.** Alegre; animado; jovial. **2.** Vistoso; vivo.

gaze |gāz|—*verb* **gazed, gazing** To look steadily; stare.
—*noun, plural* **gazes** A long, steady look; a stare.

gaze *verbo* Mirar fijamente; clavar o fijar la mirada.
—*sustantivo* Mirada larga y fija.

ga·zelle |gə zĕl´|—*noun, plural* **gazelles** A horned animal of Asia and Africa.

gazelle *sustantivo* Animal de astas, nativo de Asia y África; gacela.

gear |gîr|—*noun, plural* **gears 1.** A wheel with teeth around the edge that fit into the teeth of another wheel. Gears are used to send motion or power from one machine part to another. **2.** A group of connected machine parts. **3.** Equipment needed for a special purpose.
—*verb* **geared, gearing 1.** To provide with or connect with gears. **2.** To adjust or adapt.

gear *sustantivo* **1.** Rueda con dientes alrededor del borde que encajan en los dientes de otra rueda; rueda dentada; engranaje. Los engranajes se usan para transmitir el movimiento o fuerza de una parte de una máquina a otra. **2.** Grupo de partes de una máquina conectados entre sí. **3.** Equipo para un fin específico; aparatos; aparejo; pertrechos.
—*verbo* **1.** Proveer con ruedas dentadas o encajar los dientes de una rueda. **2.** Ajustar o adaptar para que engrane.

gear·shift |gîr´shĭft´|—*noun, plural* **gearshifts** A device that connects a motor, as in a car, to any of a set of gears.

gearshift *sustantivo* Mecanismo que acopla un motor, como el de un automóvil, a cualquiera de los engranajes; aparato de cambios.

geck·o |gĕk´ō|—*noun, plural* **geckos** A lizard that has pads on its toes and can walk on walls and ceilings. Geckos live in warm regions.

gecko *sustantivo* Lagarto con carnosidades en los dedos que le permiten andar por las paredes y los techos; salamanquesa.

geese |gēs| The plural of the noun **goose.**

geese Plural del sustantivo **goose.**

gel·a·tin |jĕl´ə tən|—*noun, plural* **gelatins** A substance like jelly that is made from the skin, bones, and other parts of animals.

gelatin *sustantivo* Materia como jalea que se fabrica de la piel, los huesos y otras partes de ciertos animales; gelatina.

gem |jĕm|—*noun, plural* **gems** A precious stone that has been cut and polished to be used as a jewel.

gem *sustantivo* Piedra preciosa, cortada y pulida, que sirve como joya; gema.

gem·stone |jĕm´stōn´|—*noun, plural* **gemstones** A precious stone that may be used as a jewel when cut and polished.

gemstone *sustantivo* Piedra preciosa que cuando está cortada y pulida se puede usar como joya.

gene |jēn|—*noun, plural* **genes** A tiny part of a plant or animal cell that determines a characteristic that will be passed on to the plant's or animal's offspring.

gene *sustantivo* Parte minúscula de la célula de una planta o un animal que determina una característica que se pasará a los descendientes de la planta o el animal; gene.

gen·er·al |jĕn´ər əl|—*adjective* **1.** Of or for everyone; for all. **2.** By all or many; widespread.
—*noun, plural* **generals** A high-ranking army officer. There are several kinds of generals. The highest-ranking is a **general of the army,** followed by **general, lieutenant general, major general,** and **brigadier general.** All of these rank above a colonel.

general *adjetivo* General: **1.** De o para todo el mundo; para todos. **2.** Por todos o muchos; extendido por todas partes.
—*sustantivo* Oficial de alto grado en el ejército; general. Hay varias clases de general en los Estados Unidos. El más alto es **general of the army** (general del ejército); luego **general, lieutenant general** (teniente general), **major general** (general de división) y **brigadier general** (general de brigada).

gen·er·al·ly |jĕn´ər ə lē|—*adverb* **1.** Usually. **2.** Commonly; widely. **3.** In broad, general terms; not going into details.

generally *adverbio* **1.** Usualmente; generalmente. **2.** Por lo común; en general. **3.** En términos amplios y generales; sin entrar en detalles.

gen·er·ate |jĕn´ə rāt´|—*verb* **generated, generating** To bring about; produce.

generate *verbo* Engendrar; producir; generar.

gen·er·a·tion |jĕn´ə rā´shən|—*noun, plural* **generations 1.** The act or process of generating. **2.** A group of people born around the same time, who usually grow up with similar ideas and customs. **3.** A period of about thirty years, or the time between the birth of parents and the birth of their children.

generation *sustantivo* Generación: **1.** Acción o proceso de engendrar o producir. **2.** Grupo de personas nacidas aproximadamente en el mismo tiempo, y que usualmente crecen con ideas y costumbres semejantes. **3.** Período de treinta años, más o menos, o el tiempo entre el nacimiento de los padres y el nacimiento de sus hijos.

gen·er·a·tor |jĕn´ə rā´tər|—*noun, plural* **generators** A machine that produces electricity.

generator *sustantivo* Máquina que produce electricidad; dínamo.

gen·er·ous |jĕn´ər əs|—*adjective* **1.** Willing and happy to give to others; unselfish. **2.** Large; ample; plentiful. **3.** Kind; tolerant.

generous *adjetivo* **1.** Que les da a otros alegremente y de buena gana; desinteresado; sin egoísmo; generoso. **2.** Grande; amplio; abundante. **3.** Benévolo; tolerante.

gen·ius |jēn´yəs|—*noun, plural* **geniuses 1.** The ability to think and create or invent in an outstanding

genius *sustantivo* **1.** Habilidad sobresaliente de pensar y crear o inventar; genio o talento. **2.** Persona que

way. **2.** A person who has this ability. **3.** A strong natural talent or ability.

Gen·tile or **gen·tile** |jĕn′tīl′| —*noun, plural* **Gentiles** or **gentiles** A person who is not a Jew.
—*adjective* Of the Gentiles; not Jewish.

gen·tle |jĕn′tl| —*adjective* **1.** Soft or mild; moderate. **2.** Light and tender; not forceful. **3.** Kindly; considerate. **4.** Gradual; not steep or sudden.

gen·tle·man |jĕn′tl mən| —*noun, plural* **gen·tle·men** |jĕn′tl mən| **1.** A man who is polite, considerate, honorable, and kind. **2.** A man of high birth or social standing. **3.** Any man.

gen·u·ine |jĕn′yōō ĭn| —*adjective* Not false; real; true.

ge·o·graph·ic |jē′ə grăf′ĭk| —*adjective* A form of the word **geographical.**

ge·o·graph·i·cal |jē′ə grăf′ĭ kəl| —*adjective* Of or having to do with geography. Another form of this word is **geographic.**

ge·og·ra·phy |jē ŏg′rə fē| —*noun, plural* **geographies** The study of the earth's surface and its use by human beings, plants, and animals.

ge·o·log·ic |jē′ə lŏj′ĭk| —*adjective* A form of the word **geological.**

ge·o·log·i·cal |jē′ə lŏj′ĭ kəl| —*adjective* Of or having to do with geology. Another form of this word is **geologic.**

ge·ol·o·gy |jē ŏl′ə jē| —*noun, plural* **geologies** The study of the origin and history of the earth. In geology you learn about the layers of soil, rock, and minerals that make up the earth's crust. You also learn how the earth's surface came to look as it does today.

ge·o·met·ric |jē′ə mĕt′rĭk| —*adjective* **1.** Of geometry. **2.** Using straight lines, circles, or rectangles. Another form of this word is **geometrical.**

ge·o·met·ri·cal |jē′ə mĕt′rĭ kəl| —*adjective* A form of the word **geometric.**

ge·om·e·try |jē ŏm′ĭ trē| —*noun* A part of mathematics that deals with the measurement and comparison of lines, angles, points, planes, and surfaces and of plane figures and solids composed of combinations of them.

ge·ra·ni·um |jĭ rā′nē əm| —*noun, plural* **geraniums 1.** A plant with rounded clusters of red, pink, or white flowers. Geraniums are often grown in flower pots. **2.** A related plant with pink or purplish flowers.

ger·bil |jûr′bĭl| —*noun, plural* **gerbils** A small animal with a long tail and long hind legs. It looks rather like a mouse.

germ |jûrm| —*noun, plural* **germs 1.** One of many kinds of tiny animals or plants that can cause disease. Germs are so small that they can be seen only with a microscope. **2.** Something in its earliest or beginning stage. **3.** The part of a seed of grain that can sprout into a new plant.

German shepherd |jûr′mən| A large dog with a blackish or brownish coat. German shepherds are often trained to help police workers or blind people.

ges·ture |jĕs′chər| —*noun, plural* **gestures 1.** A movement of a body part, made to help express a feeling or idea. **2.** An act or show of courtesy, friendship, or respect.
—*verb* **gestured, gesturing** To make a gesture; signal.

get |gĕt| —*verb* **got, got** or **gotten, getting 1.** To receive; to gain. **2.** To become. **3.** To arrive; reach. **4.** To obtain; acquire. **5.** To have to. **6.** To go after. **7.** To be allowed. **8.** To come down with a sickness. **9.** To catch; capture. **10.** To understand. **11.** To make ready; prepare. **12.** To move, bring, or take; send. **13.** To go; pass.
Phrasal verbs **get across** To make understood;

posee esta habilidad; genio. **3.** Fuerte talento o habilidad natural.

Gentile o **gentile** *sustantivo* Persona que no es judía; gentil.
—*adjetivo* De los gentiles; que no es judío.

gentle *adjetivo* **1.** Suave o blando; moderado; gentil. **2.** De toque ligero y tierno; no vigoroso. **3.** Bondadoso; considerado. **4.** Gradual; no escarpado: *a gentle descent to the ocean floor* = *un descenso gradual al fondo del océano.*

gentleman *sustantivo* **1.** Hombre cortés, considerado, honorable y bondadoso; caballero. **2.** Hombre de buen linaje o alta posición social; señor. **3.** Cualquier hombre.

genuine *adjetivo* Que no es falso; real; verdadero; genuino.

geographic *adjetivo* Otra forma de la palabra **geographical.**

geographical *adjetivo* Que trata de la geografía; geográfico. En inglés otra forma de esta palabra es **geographic.**

geography *sustantivo* Estudio de la superficie de la Tierra y su uso por los seres humanos, las plantas y los animales; geografía.

geologic *adjetivo* Otra forma de la palabra **geological.**

geological *adjetivo* Que trata de la geología; geológico. En inglés otra forma de esta palabra es **geologic.**

geology *sustantivo* Estudio del origen y la historia de la Tierra; geología.

geometric *adjetivo* Geométrico: **1.** Que trata de la geometría. **2.** Diseño que usa líneas rectas, círculos o rectángulos. En inglés otra forma de esta palabra es **geometrical.**

geometrical *adjetivo* Otra forma de la palabra **geometric.**

geometry *sustantivo* Parte de la matemática que trata de la medida y comparación de líneas, ángulos, puntos, planos y superficies, y de las figuras planas y los sólidos que se hacen de ellas; geometría.

geranium *sustantivo* **1.** Planta con racimos redondos de flores rojas, rosadas o blancas; geranio. **2.** Planta relacionada a ésta, con flores rosadas o purpurinas.

gerbil *sustantivo* Animal pequeño de cola larga y largas piernas traseras. Se parece un poco a un ratón; jerbo o gerbo.

germ *sustantivo* **1.** Una de las muchas clases de plantas o animales diminutos que causan enfermedades; microbio. Los microbios son tan pequeños que solamente se pueden ver con un microscopio. **2.** Algo en su etapa más temprana; germen. **3.** Parte de la semilla que brota en una nueva planta; germen.

German shepherd Perro grande de pelo negruzco u oscuro que muchas veces es amaestrado para ayudar a la policía o a los ciegos; perro pastor alemán.

gesture *sustantivo* Gesto: **1.** Movimiento de una parte del cuerpo, hecho para expresar un sentimiento o una idea; ademán. **2.** Acción o muestra de cortesía, amistad o respeto.
—*verbo* Hacer ademanes; señalar; indicar.

get *verbo* **1.** Recibir; ganar: *Mary is hoping that she will get a bike for her birthday.* = *María espera recibir una bicicleta para su cumpleaños.* **2.** Convertirse; ponerse (mejor o peor): *You are getting to be a pest.* = *Tú te estás poniendo pesado.* **3.** Llegar; alcanzar: *We got home late.* = *Llegamos tarde a casa. We never got to the end of the book.* = *Nunca llegamos a terminar el libro.* **4.** Obtener; adquirir: *He is trying to get the*

make clear. **get along** To be on friendly terms with. **get around 1.** To go places; be active. **2.** To spread or travel. **get away** To escape. **get away with** To succeed in doing something bad without being punished or found out. **get by 1.** To manage somehow. **2.** To pass. **get out of** To avoid. **get over** To recover from an illness. **get through to** To make contact with. **get through with** To be finished with. **get together** To meet. **get up 1.** To leave the bed. **2.** To rise from a sitting or lying position.

Idiom **get it** To understand.

money for a new car. = *Él está tratando de obtener el dinero para un auto nuevo.* **5.** Tener que (en la construcción **have got to**): *I've got to go now.* = *Tengo que irme ahora.* **6.** Ir en busca: *Please get my books.* = *Por favor, vaya en busca de mis libros.* **7.** Permitirse: *When will I get to see that movie?* = *¿Cuándo me permitirán ver esa película?* **8.** Coger (una enfermedad): *I'm getting a cold.* = *Estoy cogiendo un resfriado.* **9.** Prender; capturar: *We chased him until we got him.* = *Lo perseguimos hasta que lo prendimos.* **10.** Entender: *Do you get what I'm saying?* = *¿Entiendes lo que digo?* **11.** Tener listo; preparar (la comida): *I'll get dinner tonight.* = *Prepararé la comida esta noche.* **12.** Moverse o traer consigo; enviar; echar: *Get that cat out of the house!* = *¡Eche a ese gato fuera de la casa!* **13.** Ir; pasar: *Let's get to the park before we play catch.* = *Vamos al parque antes de jugar a la pelota.*

Verbos en locuciones **get across** Hacer entender; aclarar: *The math teacher got the new idea across with many examples.* = *El maestro de matemáticas aclaró la nueva idea con muchos ejemplos.* **get along** Llevarse bien: *I get along with Nancy very well.* = *Me llevo muy bien con Nancy.* **get around 1.** Ir por todas partes; ser activo: *She really gets around.* = *Ella es muy activa.* **2.** Esparcirse o recorrer: *Bad news gets around fast.* = *Las malas noticias se esparcen rápidamente.* **get away** Escaparse: *He went fishing to get away from his worries.* = *Se fué a pescar para escaparse de sus preocupaciones.* **get away with** Lograr algo que es malo, sin que se le castigue o descubra. **get by 1.** Arreglárselas o sobrevivir de una manera u otra: *We don't have much money but we'll get by.* = *No tenemos mucho dinero, pero sobreviviremos de una manera u otra.* **2.** Pasar: *Try to get by that slow car.* = *Trata de pasar a ese auto lento.* **get out of** Evitar o deshacerse (de una obligación): *He was trying to get out of his homework.* = *Él estaba tratando de evitar hacer sus tareas.* **get over** Recuperarse (de algo): *He'll get over the measles.* = *Él se recuperará del sarampión.* **get through to** Ponerse en contacto: *We couldn't get through to you by phone.* = *No podíamos ponernos en contacto con Ud. por teléfono.* **get through with** Acabar: *When are you going to get through with the newspaper?* = *¿Cuándo vas a acabar con el periódico?* **get together** Reunirse: *Let's get together tonight.* = *Reunámosnos esta noche.* **get up 1.** Levantarse (de la cama): *At what time do you get up?* = *¿A qué hora se levanta Ud.?* **2.** Levantarse (de una posición sentada o acostada): *Please get up and give your seat to your grandmother.* = *Levántate, por favor, y dale tu asiento a tu abuela.*

Modismo **get it** Entender: *Tell me the joke again; I didn't get it.* = *Dígame el chiste otra vez; no lo entendí.*

Nota: El verbo **get** es de uso muy idiomático en inglés: **1.** Se usa como **be** con participios pasados en construcciones pasivas que tienen equivalente español en el reflexivo: *His jacket got caught on a nail.* = *His jacket was caught on a nail.* = *Su chaqueta se cogió en un clavo.* **2.** Se usa en el perfecto en el sentido de "tener": *I have got all that I need.* = *I have all that I need.* = *Tengo todo lo que necesito.* **3.** Se usa con preposiciones para indicar el movimiento indicado por la preposición: **get in** = *(lograr) entrar en (a un coche, etc.);* **get on** = *subir; montar;* **get out** = *salir;* **get over** = *ir por encima;* **get up** = *subir; alcanzar la cima (de una montaña, por ejemplo).*

gey·ser |gī′zər| —*noun, plural* **geysers** A natural hot spring that shoots steam and hot water into the air from time to time.

ghast·ly |găst′lē| or |gäst′lē| —*adjective* **ghastlier, ghastliest 1.** Terrible; horrible; terrifying. **2.** Very pale and sick.

ghost |gōst| —*noun, plural* **ghosts** The spirit of a dead person, supposed to appear to living persons.

geyser *sustantivo* Fuente termal natural, de la que surgen vapor y agua caliente de tanto en tanto; géiser.

ghastly *adjetivo* **1.** Terrible; horrible; aterrorizante. **2.** Muy pálido y enfermo.

ghost *sustantivo* El espíritu de un muerto que, presuntamente, se aparece a los vivientes; espectro; fantasma; aparecido.

ă pat ā pay â care ä father ĕ pet ē be ĭ pit ī pie î fierce ŏ pot ō go ô paw, for oi oil ŏŏ book ōō boot

ghost·ly |gōst′lē| —*adjective* **ghostlier, ghostliest**
Of or like a ghost.

gi·ant |jī′ənt| —*noun, plural* **giants** 1. Someone or
something that is very large, powerful, or important.
2. An imaginary creature like a huge man.
—*adjective* Very large; huge.

gid·dy |gĭd′ē| —*adjective* **giddier, giddiest** 1. Dizzy;
feeling the head spin. 2. Playful; silly.

gift |gĭft| —*noun, plural* **gifts** 1. Something given; a
present. 2. A special talent or ability.

gift·ed |gĭf′tĭd| —*adjective* Having a special ability
or talent.

gi·gan·tic |jī găn′tĭk| —*adjective* Like a giant in size
or power; huge.

gig·gle |gĭg′əl| —*verb* **giggled, giggling** To laugh in
a silly way.
—*noun, plural* **giggles** A short, silly laugh.

gild |gĭld| —*verb* **gilded, gilding** To cover with a thin
layer of gold.

gill |gĭl| —*noun, plural* **gills** A body part with which
fish and many other water animals breathe.

gin[1] |jĭn| —*noun* A strong alcoholic beverage made by
distilling several types of grain with juniper berries.

gin[2] |jĭn| —*noun, plural* **gins** A machine that sepa-
rates the seeds from the fibers of cotton.

gin·ger |jĭn′jər| —*noun* A tropical plant root with a
strong, sharp taste. Ginger is often powdered and used
as a spice.

ginger ale A soft drink flavored with ginger.

ging·ham |gĭng′əm| —*noun, plural* **ginghams** A
cotton fabric that usually has a pattern of stripes,
checks, or plaids.

gi·raffe |jĭ răf′| or |jĭ räf′| —*noun, plural* **giraffes**
A tall African animal with a very long neck and legs. It
has a coat covered with brown blotches.

gird·er |gûr′dər| —*noun, plural* **girders** A large,
long beam made of steel or wood that is used to sup-
port floors and frameworks of buildings, bridges, and
other structures.

girl |gûrl| —*noun, plural* **girls** A female child who has
not yet become a woman.

give |gĭv| —*verb* **gave, given, giving** 1. To make a
present of. 2. To hand over; convey or grant. 3. To
deliver in exchange; pay. 4. To apply. 5. To supply;
provide. 6. To be a source of; cause. 7. To permit;
allow. 8. To name; indicate. 9. To offer. 10. To pro-
duce; yield. 11. To perform. 12. To break down;
collapse.
Phrasal verbs **give away** To reveal a secret, often
by accident. **give in** To surrender. **give out** 1. To
make known; announce. 2. To distribute. 3. To break
down; fail. 4. To run out. **give up** 1. To admit defeat;
surrender. 2. To stop.

ghostly *adjetivo* De o como un espectro o aparecido;
espectral.

giant *sustantivo* Gigante: 1. Persona o cosa que es muy
grande, poderosa o importante. 2. Criatura imaginaria
que se parece a un hombre enorme.
—*adjetivo* Muy grande; enorme; gigantesco.

giddy *adjetivo* 1. Vertiginoso; que se siente como si
girara la cabeza. 2. Juguetón; necio.

gift *sustantivo* 1. Algo que se da; regalo; dádiva. 2. Ta-
lento o habilidad especial; don.

gifted *adjetivo* Que tiene un talento o habilidad espe-
cial; talentoso; de talento.

gigantic *adjetivo* Como un gigante en tamaño o poder;
enorme; gigantesco.

giggle *verbo* Reír de una manera tonta o con una risilla
afectada.
—*sustantivo* Risa corta y tonta; risita; risilla.

gild *verbo* Cubrir con una capa delgada de oro; dorar.

gill *sustantivo* Parte del cuerpo con que respiran los
peces y otros animales acuáticos; agalla.

gin[1] *sustantivo* Licor que se produce de la destilación de
distintas clases de semillas, aromatizado con bayas de
enebro; ginebra.

gin[2] *sustantivo* Máquina que separa las semillas de las
fibras del algodón; desmotadora.

ginger *sustantivo* Raíz de una planta tropical de sabor
fuerte y picante; jengibre. El jengibre se pulveriza y se
usa como condimento.

ginger ale Bebida sin alcohol con sabor a jengibre.

gingham *sustantivo* Tela de algodón, generalmente
con un dibujo de rayas, cuadros o tartán; guinga.

giraffe *sustantivo* Animal africano alto, con cuello y
piernas muy largos y con piel cubierta de manchas
marrones; jirafa.

girder *sustantivo* Barra grande y larga, de acero o ma-
dera, usada para soportar los pisos y armazones de edi-
ficios, puentes y otras estructuras; viga.

girl *sustantivo* Niña que todavía no es mujer.

give *verbo* 1. Hacer regalos; regalar: *We give gifts at
Christmas.* = *Hacemos regalos en la Navidad.* 2. En-
tregar; transferir o ceder; dar: *I gave the salt to Bob.*
= *Le dí la sal a Bob.* 3. Entregar en cambio; pagar:
What will you give me for the car? = *¿Cuánto me pa-
gará por el auto?* 4. Dedicar: *The school gives special
attention to reading.* = *La escuela dedica atención es-
pecial a la lectura.* 5. Suplir; proveer: *Vegetables give
us vitamins and minerals.* = *Los vegetales nos pro-
veen de vitaminas y minerales.* 6. Ser el origen; cau-
sar: *He will not give you any more trouble, I assure
you!* = *¡Le aseguro que él no le causará más proble-
mas!* 7. Permitir; dejar: *My job gives me no time to
rest.* = *Mi trabajo no me permite descansar.* 8. Nom-
brar; indicar: *Give a starting time for the race.* = *Indi-
que Ud. la hora de comenzar la carrera.* 9. Ofrecer:
She gave a prayer of thanks. = *Ella ofreció una ora-
ción de gracias.* 10. Producir; redituar: *Cows give
milk.* = *Las vacas producen leche.* 11. Ejecutar: *The
girl gave a little dance step.* = *La niña ejecutó un
pasillo de baile.* 12. Romperse; hundirse: *The bridge
gave under the pressure of the hurricane winds.* = *El
puente se hundió bajo la presión del huracán.*
Verbos en locuciones **give away** Revelar un se-
creto, muchas veces por casualidad. **give in** Rendirse;
capitular. **give out** 1. Hacer conocido; dar: *When can
we give out the good news?* = *¿Cuándo nos permiten
dar las buenas noticias?* 2. Distribuir: *This charity
gives out food to the needy.* = *Esta organización cari-
tativa distribuye los alimentos a los menesterosos.*
3. Romperse; fracasar: *The dryer finally gave out.* =
La secadora se rompió finalmente. 4. Acabársele a
uno: *Our savings gave out.* = *Se nos acabaron nues-*

---

tros ahorros. **give up 1.** Rendirse; entregarse: *She tried very hard and never gave up.* = *Lo procuró muchísimo y nunca se rindió.* **2.** Dejar de hace algo: *He gave up smoking.* = *Dejó de fumar.*

giv·en | gĭv′ən | The past participle of the verb **give.** —*adjective* **1.** Named; specified; stated. **2.** Tending; inclined.

given Participio pasado del verbo **give.** —*adjetivo* **1.** Nombrado; estipulado; expresado; dado: *You must obtain all the facts on a given country for your report.* = *Para su reporte Ud. debe obtener todos los hechos tocante a un país estipulado.* **2.** Tendiente; inclinado; predispuesto; dado: *He is given to temper tantrums.* = *Él está predispuesto a berrinches.*

gla·cial | glā′shəl | —*adjective* Of or having to do with glaciers.

glacial *adjetivo* Que trata de los glaciares; glacial.

gla·cier | glā′shər | —*noun, plural* **glaciers** A large mass of ice that is moving very slowly down a valley or the side of a mountain. Glaciers are formed by tightly packed snow.

glacier *sustantivo* Masa grande de hielo que baja lentamente hacia un valle o por la falda de una montaña; glaciar. Los glaciares están formados de nieve compacta.

glad | glăd | —*adjective* **gladder, gladdest** Pleased; happy.

glad *adjetivo* Contento; alegre.

glance | glăns | or | gläns | —*verb* **glanced, glancing** To look quickly. —*noun, plural* **glances** A quick look.

glance *verbo* Mirar de prisa; echar un vistazo. —*sustantivo* Mirada rápida; vistazo; ojeada.

gland | glănd | —*noun, plural* **glands** An organ in the body that makes and releases a substance.

gland *sustantivo* Órgano del cuerpo que produce y secreta una substancia; glándula.

glare | glâr | —*verb* **glared, glaring** **1.** To stare angrily. **2.** To shine brightly and unpleasantly. —*noun, plural* **glares** **1.** An angry stare. **2.** A strong and blinding light.

glare *verbo* **1.** Mirar enfurecido. **2.** Brillar o resplandecer de manera desagradable. —*sustantivo* **1.** Mirada furiosa. **2.** Luz fuerte y encandilante.

glass | glăs | or | gläs | —*noun, plural* **glasses** **1.** A hard, clear material used for making window panes and containers. Glass is made of various kinds of melted sand. **2.** A container made of glass and used for drinking. **3. a.** A glass with something in it. **b.** The amount that a glass holds. **4. glasses** A pair of lenses set into a frame and worn or held over the eyes to aid vision; eyeglasses.

glass *sustantivo* **1.** Materia dura y transparente, usada para los cristales de ventanas y para envases; vidrio. El vidrio se hace de varias clases de arena fundida. **2.** Envase hecho de vidrio y usado para beber; vaso; copa. **3. a.** Un vaso con lo que contiene: *Please give me a glass of water.* = *Por favor, dame un vaso de agua.* **b.** Cantidad que puede contener un vaso: *She drank two glasses of milk.* = *Ella bebió dos vasos de leche.* **4. glasses** Un par de lentes fijos en un armazón, y llevados o mantenidos en frente de los ojos para mejorar la visión; lentes; anteojos; gafas.

glaze | glāz | —*noun, plural* **glazes** **1.** A thin, shiny coating. **2.** A thin coating of ice. —*verb* **glazed, glazing** **1.** To put glass into. **2.** To apply a glaze to.

glaze *sustantivo* **1.** Capa delgada y lustrosa; vidriado. **2.** Capa delgada de hielo. —*verbo* **1.** Vitrificar. **2.** Aplicar un vidriado; vidriar, glasear.

gleam | glēm | —*noun, plural* **gleams** **1.** A bright beam or flash of light. **2.** A brief appearance; a trance. —*verb* **gleamed, gleaming** To shine brightly.

gleam *sustantivo* **1.** Brillante rayo de luz; destello. **2.** Breve aparición; vestigio. —*verbo* Lucir brillantemente; destellar.

glee | glē | —*noun, plural* **glees** Merriment; delight.

glee *sustantivo* Alegría; deleite; regocijo; júbilo.

glide | glīd | —*verb* **glided, gliding** **1.** To move smoothly and easily. **2.** To happen or go by without notice. **3.** To come down slowly on air currents without a motor.

glide *verbo* **1.** Moverse con fluidez y facilidad; deslizarse. **2.** Suceder o pasar sin noticia: *The summer days glided by.* = *Los días del verano pasaban sin noticia.* **3.** Descender lentamente en corrientes de aire sin motor; planear.

glid·er | glī′dər | —*noun, plural* **gliders** A special airplane without an engine. It is towed into the air by a regular airplane, then allowed to come down slowly by itself on air currents.

glider *sustantivo* Aeroplano especial sin motor; planeador. Remolcado a las alturas por un aeroplano común, el planeador baja lentamente por sí mismo utilizando las corrientes de aire.

glim·mer | glĭm′ər | —*noun, plural* **glimmers** **1.** A dim, flickering light. **2.** A trace or glimpse. —*verb* **glimmered, glimmering** To give off a dim, flickering light.

glimmer *sustantivo* **1.** Luz trémula y sin brillo; viso; titileo. **2.** Vestigio o vislumbre. —*verbo* Emitir una luz trémula y sin brillo; titilar.

glimpse | glĭmps | —*noun, plural* **glimpses** A quick view or look. —*verb* **glimpsed, glimpsing** To get a quick view of.

glimpse *sustantivo* Vista o mirada rápida; vislumbre; vistazo; ojeada. —*verbo* Echar una vista rápida; vislumbrar.

glis·ten | glĭs′ən | —*verb* **glistened, glistening** To shine with reflected light.

glisten *verbo* Brillar con luz reflejada; relucir.

glit·ter | glĭt′ər | —*noun* **1.** A sparkling light. **2.** Brightly colored or sparkling little bits of material used for decorating. —*verb* **glittered, glittering** To sparkle brightly.

glitter *sustantivo* **1.** Luz centelleante; lustre; brillo. **2.** Pedacitos centelleantes o de color vivo de material usado para la decoración. —*verbo* Centellear brillantemente; relumbrar; relucir.

gloat | glōt | —*verb* **gloated, gloating** To feel or show great selfish satisfaction; be proud of in a malicious way.

gloat *verbo* Sentir o mostrar gran satisfacción egoísta; tener orgullo de una manera malévola; gozarse; relamerse.

glob | glŏb | —*noun, plural* **globs** A small drop or lump.

glob *sustantivo* Gota o terrón pequeño.

glob·al | glō′bəl | —*adjective* **1.** Having a round shape

global *adjetivo* Global: **1.** De forma redonda como una

like a ball. **2.** Of or involving the whole world; worldwide.

globe |glōb| —*noun, plural* **globes** **1.** Any object with a round shape; ball. **2.** A map of the world that is shaped like a ball. **3.** The earth.

gloom |glōōm| —*noun, plural* **glooms** **1.** Partial or total darkness. **2.** Low spirits; sadness.

gloom·y |glōō'mē| —*adjective* **gloomier, gloomiest** **1.** Dark, dismal, or dreary. **2.** In low spirits; discouraged; sad.

glo·ri·fy |glôr'ə fī'| or |glōr'ə fī'| —*verb* **glorified, glorifying, glorifies** To give praise or glory to.

glo·ri·ous |glôr'ē əs| or |glōr'ē əs| —*adjective* **1.** Having or deserving great praise or glory. **2.** Magnificent.

glo·ry |glôr'ē| or |glōr'ē| —*noun, plural* **glories** **1.** Great honor or praise; fame. **2.** Praise offered in worship. **3.** Great beauty; splendor.
—*verb* **gloried, glorying, glories** To be joyful or proud; rejoice.

gloss |glôs| or |glŏs| —*noun, plural* **glosses** A bright, smooth shine on a surface.

glos·sa·ry |glô'sə rē| or |glŏs'ə rē| —*noun, plural* **glossaries** A list of hard or special words with explanations, usually found at the end of a book.

gloss·y |glô'sē| or |glŏs'ē| —*adjective* **glossier, glossiest** Having a smooth, bright surface; shiny.

glove |glŭv| —*noun, plural* **gloves** **1.** A covering for the hand with a separate section for each finger and the thumb. **2.** A padded covering worn to protect the hand in sports like baseball and boxing.

glow |glō| —*verb* **glowed, glowing** **1.** To give off a steady light; shine. **2.** To have a warm, healthy color.
—*noun, plural* **glows** **1.** A steady, usually soft light; shine. **2.** A brightness or warmth of color. **3.** A rosy, healthy color caused by emotion.

glue |glōō| —*noun, plural* **glues** A thick liquid used to stick things together.
—*verb* **glued, gluing** **1.** To stick together with glue. **2.** To fix or hold tightly.

glum |glŭm| —*adjective* **glummer, glummest** In low spirits; sad and silent; gloomy.

gnat |năt| —*noun, plural* **gnats** A biting insect that looks like a very small fly or mosquito.

gnaw |nô| —*verb* **gnawed, gnawing** **1.** To bite or chew over and over. **2.** To make by gnawing.

go |gō| —*verb* **went, gone, going** **1.** To pass from one place to another; move along. **2.** To move from a place; move away; leave; depart. **3.** To be free or move freely after being held. **4.** To run, work, or operate. **5.** To make a certain sound. **6.** To have a place; belong. **7. a.** To stretch; reach or extend. **b.** To lead. **8.** To be given. **9.** To serve; help. **10.** To be suited; fit. **11.** To continue; proceed. **12.** To pass by. **13.** To collapse or fail. **14.** To be sold. **15.** To be or become. **16.** The verb **go** is used with the present participle of another verb to indicate the act of doing something. **17.** The verb **go** in the form **be going** followed by an infinitive indicates future.
Phrasal verbs **go along with** To agree with. **go at** To work at very hard. **go away** To come to an end. **go back** To be traced back; date from. **go back on** To break a promise. **go down** To be remembered. **go in for** To take part in. **go off** **1.** To be fired; explode. **2.** To start ringing. **3.** To happen. **go on** To happen. **go out** To go to parties or other places for entertainment. **go through** To endure; undergo. **go through with** To complete.

bola. **2.** De o implicando el mundo entero; mundial.

globe *sustantivo* **1.** Cualquier objeto de forma redonda; bola; globo. **2.** Mapa del mundo que tiene forma de una bola; globo. **3.** La Tierra.

gloom *sustantivo* **1.** Oscuridad parcial o total; lobreguez. **2.** Ánimo abatido; tristeza; abatimiento; melancolía.

gloomy *adjetivo* **1.** Oscuro, lúgubre y sombrío. **2.** De ánimo abatido; desanimado; triste; melancólico.

glorify *verbo* Dar encomio o gloria; glorificar.

glorious *adjetivo* **1.** Que tiene o merece gran encomio o gloria; glorioso. **2.** Magnífico.

glory *sustantivo* Gloria: **1.** Gran honor o encomio; fama. **2.** Alabanza ofrecida como veneración. **3.** Gran belleza; esplendor.
—*verbo* Tener alegría u orgullo; regocijarse; gloriarse.

gloss *sustantivo* Lustre brillante y liso en una superficie; brillo.

glossary *sustantivo* Lista de palabras difíciles o especiales, con sus explicaciones, generalmente encontrada al fin de un libro; glosario.

glossy *adjetivo* Que tiene una superficie lisa y brillante; brillante; lustroso; pulido.

glove *sustantivo* Guante: **1.** Envoltura para la mano con una sección distinta para cada dedo y el pulgar. **2.** Envoltura acolchada usada para proteger la mano en los deportes como el béisbol y el boxeo.

glow *verbo* **1.** Emitir una luz constante; brillar. **2.** Tener un color saludable.
—*sustantivo* **1.** Luz constante y usualmente suave; lustre. **2.** Color que suelen emitir los metales preciosos. **3.** Color rosado y sano causado por la emoción.

glue *sustantivo* Líquido espeso usado para pegar una cosa a otra; cola.
—*verbo* **1.** Pegar con cola; encolar. **2.** Fijar o agarrar bien; pegar: *Steve glued his eyes to the television when his favorite program was on.* = *Steve pegó sus ojos a la televisión durante su programa favorito.*

glum *adjetivo* De ánimo abatido; triste y callado; melancólico.

gnat *sustantivo* Insecto que pica, parecido a una mosca muy chiquita o a un mosquito; jején.

gnaw *verbo* **1.** Morder o mascar repetidamente; roer. **2.** Hacer (un hoyo, por ejemplo) roendo.

go *verbo* **1.** Pasar de un lugar a otro; moverse; ir: *I have to go to Washington tomorrow.* = *Tengo que ir a Washington mañana. She went shopping with her mother.* = *Ella fue de compras con su madre.* **2.** Mudarse de un lugar; irse o alejarse; salir; partir: : *We must go at once.* = *Debemos irnos en seguida.* **3.** Estar en libertad o moverse libremente después de haber sido detenido; soltar: *She let the dog go.* = *Ella dejó en libertad al perro.* = *Soltó al perro.* **4.** Andar, funcionar u operar: *The car wouldn't go despite all his efforts.* = *El auto no anduvo a pesar de todos sus esfuerzos.* **5.** Hacer cierto sonido: *The cannon went boom.* = *El cañón hizo un ¡pum!* **6.** Tener un lugar propio; colocarse: *This book goes here.* = *Este libro se coloca aquí.* **7. a.** Alargarse; alcanzar o extenderse: *The drapes go from the ceiling to the floor.* = *Las cortinas se extienden del cielo raso al suelo.* **b.** Indicar una dirección: *The highway goes west after Boston.* = *La carretera se desvía al oeste después de Boston.* **8.** Darse; ser dado: *Mr Lockwood's money went to his niece, Helen.* = *El dinero del Sr. Lockwood fue dado a su sobrina, Helen.* **9.** Indicar: *It all goes to show he was right in the first place.* = *Todo indica que él tenía razón desde el principio.* **10.** Venir o caer bien: *These colors go well with your furniture.* = *Estos colores vienen bien con sus muebles.* **11.** Continuar; proseguir:

ər butter yōō abuse ou out ŭ cut û fur *th* the th thin hw which zh vision ə ago, item, pencil, atom, circus

How does the rest of the story go? = ¿Cómo prosigue el resto del cuento? **12.** Pasar: An hour goes quickly. = Una hora pasa rápidamente. **13.** Hundirse o fallar: That wall looks just about ready to go. = Ese muro luce a punto de hundirse. **14.** Venderse: This shirt goes for eight dollars. = Esta camisa se vende por ocho dólares. **15.** Estar, quedar, o hacerse: You will go hungry if you don't take enough food with you. = Estarás hambriento si no llevas bastante de comer contigo. Louise went blind after the fire. = Luisa quedó ciega después del incendio. The tire went flat. = La goma se reventó. **16.** El verbo **go** se usa con el participio presente de otro verbo para indicar la acción de hacer algo: She went shopping with her mother. = Ella fue de compras con su madre. **17.** El verbo **go** en la forma **be going** seguida por un infinitivo indica el futuro: I'm going to be a doctor when I grow up. = Voy a ser médico cuando crezca.

Verbos en locuciones **go along with** Estar de acuerdo: I'll go along with you on that idea. = Estaré de acuerdo con Ud. en esa idea. **go at** Trabajar mucho: When he does get down to work, he goes at it. = Cuando empieza con sus tareas, trabaja mucho. **go away** Llegar al fin; acabar(se): I wish this fever would go away. = ¡Ojalá que esta fiebre se acabara! **go back** Hallar el origen; datar; remontarse: The custom of shaking hands goes to ancient times. = La costumbre de darse la mano data de la antigüedad. **go back on** Romper (una promesa): I could never go back on my word. = Nunca podría romper mi palabra. **go down** Ser recordado: She will go down as one of the great stars of our age. = Ella será recordada como una de las grandes estrellas de nuestra época. **go in for** Tomar parte: She never did go in for the beach. = Ella nunca tomó parte en (las actividades de) la playa. **go off 1.** Dispararse; estallar: The pistol went off by accident. = La pistola se disparó por casualidad. **2.** (Empezar a) sonar: The alarm went off at six o'clock. = El despertador sonó a las seis. **3.** Suceder; andar: Our party was very improvised, but everything went off fine. = Nuestra fiesta fué muy improvisada, pero todo anduvo bien. **go on 1.** Suceder; pasar: Read the newspaper and find out what's going on. = Lea el periódico y descubra qué pasa. **2.** Empezar (a trabajar, operar, etc.); encenderse (una luz, etc.): The city lights went on at dusk. = Las luces de la ciudad se encendieron al atardecer. **3.** Proseguir, continuar: He tried to finish the race, but he couldn't go on. = Él trató de finalizar la carrera, pero no pudo continuar. **go out 1.** Ir a fiestas o a otros lugares para diversión; ir a divertirse: My parents went out for their anniversary. = Mis padres fueron a divertirse para su aniversario. **2.** Extinguirse, apagarse: The lights went out during the storm. = Las luces se apagaron durante la tormenta. **go over** Examinar (en detalle): Please go over the instructions carefully. = Por favor, examine las instrucciones con cuidado. **go to sleep** Dormirse. **go through** Aguantar; sufrir: The survivors of the plane crash went through a terrible experience. = Los sobrevivientes del desastre aéreo sufrieron una experiencia terrible. **go through with** Completar; llevar a cabo: They decided to go through with their first wedding plans. = Decidieron completar sus planes originales para las bodas.

goal |gōl| —*noun, plural* **goals 1.** Something wanted and worked for; purpose; aim. **2.** A place a person is trying to reach. **3.** The finish line of a race. **4.** A place in certain games to which a player must get the ball or puck in order to score. **5.** A point given for this.

goat |gōt| —*noun, plural* **goats** An animal that has hoofs, horns, and a beard.

goat·ee |gō tē'| —*noun, plural* **goatees** A small beard that comes to a point just below a man's chin.

gob·ble[1] |gŏb'əl| —*verb* **gobbled, gobbling** To eat quickly without chewing.

goal *sustantivo* **1.** Algo deseado y para lo cual uno se afana; propósito; fin u objeto. **2.** Lugar que una persona trata de alcanzar. **3.** Término de una carrera. **4.** En ciertos deportes, lugar adonde un jugador tiene que llevar la pelota o disco para ganar un punto; gol; meta. **5.** Punto ganado: three goals ahead = tres puntos de ventaja.

goat *sustantivo* Animal que tiene pezuñas, cuernos y una barba; cabra.

goatee *sustantivo* Pelo que se deja crecer un hombre en la punta de la barba; perilla.

gobble[1] *verbo* Comer rápidamente sin masticar; tragar; engullir.

ă pat ā pay â care ä father ĕ pet ē be ĭ pit ī pie î fierce ŏ pot ō go ô paw, for oi oil oo book oo boot

gob·ble² | gŏb′əl | —*noun, plural* **gobbles** The sound made by a male turkey.
—*verb* **gobbled, gobbling** To make the sound that a turkey makes.

gob·let | gŏb′lĭt | —*noun, plural* **goblets** A drinking glass with a long, thin stem and a flat base.

god | gŏd | —*noun, plural* **gods** 1. **God** A being thought of as having great power and always present everywhere, worshiped as the ruler of the universe. 2. A being who is supposed to live forever and to be able to do things that people can't possibly do. Gods are worshiped and prayed to.

god·child | gŏd′chĭld′ | —*noun, plural* **god·chil·dren** | gŏd′chĭl′drən | A child other than one's own for whom one acts as a witness at baptism.

god·dess | gŏd′ĭs | —*noun, plural* **goddesses** A female god.

god·fa·ther | gŏd′fä′thər | —*noun, plural* **godfathers** A man who acts as a witness for a child at its baptism.

god·moth·er | gŏd′mŭth′ər | —*noun, plural* **god·mothers** A woman who acts as a witness for a child at its baptism.

gold | gōld | —*noun, plural* **golds** 1. A soft, yellow precious metal used to make ornaments, jewelry, and coins. Gold is one of the chemical elements. 2. A bright yellow color. 3. Something thought to have great value or goodness.—*adjective* Bright yellow.

gold·en | gōl′dən | —*adjective* 1. Made of gold. 2. Having the color of gold. 3. Very valuable; precious. 4. Peaceful and prosperous.

gold·fish | gōld′fĭsh′ | —*noun, plural* **goldfish** or **goldfishes** A small fish that is usually golden-orange or reddish. Goldfish live in fresh water. They are often kept in home aquariums.

golf | gŏlf | or | gôlf | —*noun* A game played with a small, hard ball and long, thin clubs on a large outdoor course. A player tries to hit the ball into each of a series of holes, using as few strokes as possible.
—*verb* **golfed, golfing** To play golf.

gone | gôn | or | gŏn | The past participle of the verb **go**.

gong | gông | or | gŏng | —*noun, plural* **gongs** A circular plate of metal that makes a deep, ringing sound when struck with a hammer. Gongs are used for signaling and as musical instruments in Asia.

good | gŏŏd | —*adjective* **better, best** 1. High in quality; not bad or poor. 2. Useful; suitable. 3. Helpful. 4. Favorable. 5. Causing pleasure; pleasant. 6. Strong; sound. 7. Doing what is right; honorable; moral. 8. Well-behaved; obedient. 9. Proper; correct. 10. Complete; full.
—*noun* 1. Something that is good. 2. Benefit; advantage.
Idioms **a good deal** A lot; a big amount. **as good as** Nearly; almost. **for good** Permanently; forever. **make good** To be successful. **no good** Useless.

gobble² *sustantivo* Sonido que emite el pavo.
—*verbo* Hacer el sonido de un pavo.

goblet *sustantivo* Vaso con un pie largo y delgado y una base plana; copa o copa grande.

god *sustantivo* 1. **God** Un ser considerado de gran poder, y que está siempre presente en todas partes, venerado como soberano del universo; Dios. 2. Un ser que supuestamente es eterno y puede hacer cosas que los seres humanos no pueden hacer; dios.

godchild *sustantivo* Niño que no es propio y por quien uno asiste como testigo en el bautismo; ahijado; ahijada.

goddess *sustantivo* Deidad feminina; diosa.

godfather *sustantivo* Hombre que asiste como testigo en el bautismo de un niño; padrino.

godmother *sustantivo* Mujer que asiste como testigo en el bautismo de un niño; madrina.

gold *sustantivo* 1. Metal precioso, blando y amarillo, que se usa en ornamentos, joyas y monedas; oro. El oro es uno de los elementos químicos. 2. Color amarillo subido. 3. Algo que se considera de gran valor o bondad: *a heart of gold = un corazón de oro.*
—*adjetivo* Amarillo subido.

golden *adjetivo* 1. Hecho de oro; de oro; áureo; dorado. 2. Que tiene el color del oro. 3. De gran valor; precioso. 4. Tranquilo y próspero; dorado: *a golden age = una edad dorada.*

goldfish *sustantivo* Pez pequeño que usualmente es de color naranja-dorado o rojizo; carpa o pez de oro; pez de colores. Los peces de colores viven en el agua dulce. A menudo se tienen en acuarios en las casas.

golf *sustantivo* Deporte que se juega con una pelota pequeña y dura, y palos largos y delgados, en una cancha grande al aire libre; golf.
—*verbo* Jugar al golf.

gone Participio pasado del verbo **go**.

gong *sustantivo* Plato circular de metal que produce un senido bajo cuando se golpea con un mazo; batintín; gong.

good *adjetivo* 1. De alta calidad; no malo o pobre; bueno: *a good book = un buen libro; a good player = un buen jugador; good food = buena comida.* 2. Útil; apropiado: *a good wood for building ships = una clase de madera apropiada para construir buques.* 3. Provechoso: *Earthworms are good for our soil. = Las lombrices son provechosas para nuestra tierra.* 4. Favorable; bueno: *good luck = buena suerte.* 5. Que causa placer; agradable; bueno: *a good time = un buen rato.* 6. Fuerte; sano; sólido: *good health = buena salud; a good reason = una razón sólida.* 7. Que hace lo que es justo; honorable; moral: *a good person = una persona honorable.* 8. Bien portado; obediente: *good children = niños obedientes.* 9. Propio; correcto: *good manners = buenos modales; good grammar = gramática correcta.* 10. Completo; pleno; bueno: *a good mile to the station = una buena milla hasta la estación; a good bath = un buen baño.*
—*sustantivo* 1. Algo que es bueno; un bien: *You must learn to accept the bad with the good. = Hay que aprender a aceptar el mal con el bien.* 2. Beneficio; provecho; ventaja: *He acted for the good of his country. = Obró por el provecho de su patria.*
Modismos **a good deal** Mucho; una gran cantidad: *You learn a good deal when you collect stamps. = Se aprende mucho cuando se coleccionan sellos.* **as good as** Aproximadamente; casi: *This car is as good as new. = Este auto es casi nuevo.* **be good for** Válido; vi-

---

ər butter　yōō abuse　ou out　ŭ cut　û fur　*th* the　th thin　hw which　zh vision　ə ago, item, pencil, atom, circus

gente: *This license is good for two years.* = *Esta matrícula es válida por dos años.* **for good** Permanentemente; para siempre: *We broke up for good.* = *Nos separamos para siempre.* **good afternoon** Buenas tardes. **good day** Buenos días. **good evening** Buenas tardes; buenas noches. **good morning** Buenos días. **make good** Tener éxito; salir bien: *He could never make good as an athlete.* = *Nunca podría salir bien como atleta.* **no good** Inútil: *It's no good arguing with him.* = *Es inútil discutir con él.*

good-by or **good-bye** | good′bī′ | —*interjection* A word said to express good wishes when people are leaving one another.
—*noun, plural* **good-bys** or **good-byes** A farewell.

good-by o **good-bye** *interjección* Palabra usada para expresar buenos deseos al despedirse; adiós; hasta la vista; hasta luego.
—*sutantivo* Una despedida.

good-na·tured | good′nā′chərd | —*adjective* Having an easy manner; pleasant by nature; kindly; obliging.

good-natured *adjetivo* Que tiene modales agradables; simpático por instinto; bondadoso; comedido; bonachón; afable; de buen genio.

good·ness | good′nĭs | —*noun, plural* **goodnesses** 1. The quality of being good; excellence. 2. Kindness. —*interjection* A word used to show surprise.

goodness *sustantivo* 1. Calidad de ser bueno; excelencia. 2. Bondad; amabilidad. —*interjección* Una palabra que se usa para mostrar sorpresa; ¡Dios mío! ¡Cielos!

goods | goodz | —*plural noun* 1. Things that can be bought and sold; wares. 2. Possessions; belongings. 3. Cloth; fabric.

goods *sustantivo* 1. Cosas de compra y venta; mercancías. 2. Posesiones; bienes; efectos. 3. Tela; género.

goo·ey | goo′ē | —*adjective* **gooier, gooiest** Sticky.

gooey *adjetivo* Pegajoso.

goose | goos | —*noun, plural* **geese** 1. A water bird that has webbed feet and looks rather like a duck. 2. The meat of a goose. 3. A silly person.

goose *sustantivo* 1. Pájaro acuático que tiene membranas entre los dedos y que se parece a un pato; ganso; ánsar. 2. La carne del ganso. 3. Persona necia; tonto.

go·pher | gō′fər | —*noun, plural* **gophers** A small North American animal that has pouches like pockets in its cheeks. Gophers live in burrows that they dig in the ground.

gopher *sustantivo* Pequeño animal norteamericano que tiene abazones como bolsas en las mejillas; ardillón; tuza. Estos animales viven en madrigueras que cavan en la tierra.

gorge | gôrj | —*noun, plural* **gorges** A deep, narrow valley with high, rocky sides.
—*verb* **gorged, gorging** To stuff with food.

gorge *sustantivo* Valle hondo y estrecho con laderas peñascosas y escarpadas; barranca.
—*verbo* Hartarse con comida; engullir.

gor·geous | gôr′jəs | —*adjective* Extremely beautiful; magnificent.

gorgeous *adjetivo* Hermosísimo; magnífico.

go·ril·la | gə rĭl′ə | —*noun, plural* **gorillas** An African ape with a broad, heavy body and dark hair. Gorillas are the largest and most powerful of the apes.

gorilla *sustantivo* Mono africano de cuerpo ancho y pesado y pelo oscuro; gorila. Los gorilas son los más grandes y fuertes de los monos.

gos·pel | gŏs′pəl | —*noun, plural* **gospels** 1. The teachings of Christ and his Apostles. 2. **Gospel** Any of the four stories of the life of Christ in the New Testament. 3. Something that is never doubted or questioned.

gospel *sustantivo* 1. Las enseñanzas de Jesucristo y sus apóstoles; evangelio. 2. **Gospel** Cualquiera de los cuatro relatos de la vida de Jesucristo en el Nuevo Testamento; el Evangelio. 3. Cosa que nunca se duda.

gos·sip | gŏs′əp | —*noun, plural* **gossips** 1. Stories and news, often not true, that people repeat; idle talk; rumors. 2. A person who likes to tell and hear such stories and news.
—*verb* **gossiped, gossiping** To exchange stories and rumors about people; spread gossip.

gossip *sustantivo* 1. Cuentos y noticias, a menudo no verdaderos, que repiten ciertas personas; plática vana; rumores; chisme. 2. Persona que gusta decir y oír tales cuentos y noticias; chismero o chismoso.

got | gŏt | The past tense and a past participle of the verb **get**.

got Pretérito y participio pasado del verbo **get**.

got·ten | gŏt′n | A past participle of the verb **get**.

gotten Participio pasado del verbo **get**.

gouge | gouj | —*noun, plural* **gouges** 1. A metal tool with a rounded blade for cutting grooves in wood. 2. A hole or groove dug in the ground.
—*verb* **gouged, gouging** 1. To cut or mark with a gouge or other sharp object. 2. To remove with a sharp object; dig or pry out.

gouge *sustantivo* 1. Herramienta de metal con una hoja curva para hacer ranuras en madera; gubia. 2. Hoyo o ranura cavado en la tierra.
—*verbo* 1. Cortar o marcar con una gubia u otro objeto agudo. 2. Sacar con un objeto agudo; cavar o arrancar.

gourd | gôrd | or | gōrd | or | goord | —*noun, plural* **gourds** 1. A fruit that is related to the pumpkin and squash. It has a hard rind and grows in many shapes. 2. A bowl, ladle, or cup made from the rind of a gourd.

gourd *sustantivo* 1. Una de varias frutas relacionadas con las calabazas. Ésta tiene una cáscara dura y crece en diversas formas. 2. Cuenco, cucharón o taza hecha de la cáscara de esta calabaza; calabacino.

gov·ern | gŭv′ərn | —*verb* **governed, governing** 1. To be in charge of a country, state, or city; rule; manage. 2. To guide; determine; direct.

govern *verbo* 1. Estar encargado de un país, estado o ciudad; regir; manejar; gobernar. 2. Guiar; determinar; dirigir.

gov·ern·ment | gŭv′ərn mənt | —*noun, plural* **governments** 1. The act of governing; rule. 2. A plan or system of governing. 3. A group of people who govern.

government *sustantivo* Gobierno: 1. Acción de gobernar; mando. 2. Plan o sistema para gobernar. 3. Grupo de personas que gobiernan.

gov·er·nor | gŭv′ər nər | —*noun, plural* **governors** 1. The person elected as the head of a state in the United States. 2. A person placed in charge of a colony or an area of land. 3. A device that controls the work-

governor *sustantivo* 1. Persona elegida como cabeza de un estado en los Estados Unidos; gobernador. 2. Persona puesta a cargo de una colonia o un área de tierra; gobernador. 3. Mecanismo que controla el tra-

---

ă pat ā pay â care ä father ĕ pet ē be ĭ pit ī pie î fierce ŏ pot ō go ô paw, for oi oil oo book oo boot

ing or speed of a machine.

gown | goun | —*noun, plural* **gowns 1.** A woman's long, usually formal dress. **2.** A long, outer robe for important ceremonies, worn by graduates, judges, and ministers.

grab | grăb | —*verb* **grabbed, grabbing** To take suddenly; seize; snatch.
—*noun, plural* **grabs** An act of grabbing.

grace | grās | —*noun, plural* **graces 1.** Beauty of movement or form without seeming to try hard. **2.** A pleasing quality; a charm. **3.** Courtesy; polite manners. **4.** Favor; good will. **5.** A short prayer of blessing or thanks before or after a meal.
—*verb* **graced, gracing 1.** To honor; favor. **2.** To add beauty to; decorate.

grace·ful | grās′fəl | —*adjective* **1.** Smoothly beautiful. **2.** Simple and pleasing.

gra·cious | grā′shəs | —*adjective* Courteous and kind; well-mannered.

grade | grād | —*noun, plural* **grades 1.** A step on a scale of quality, value, or rank; level. **2.** A class or category. **3.** A class or year in a school. **4.** A mark showing how well a student has done. **5.** The amount of slope in a road or other surface.
—*verb* **graded, grading 1.** To put into grades; class; sort. **2.** To give a mark to.

grade school A school for young persons; elementary school.

grad·u·al | grăj′ōō əl | —*adjective* Happening slowly and steadily; little by little.

grad·u·ate | grăj′ōō āt′ | —*verb* **graduated, graduating 1.** To finish a course of study at a school or college and get a diploma. **2.** To give a diploma to. **3.** To mark with evenly spaced lines for measuring.
—*noun* | grăj′ōō ĭt | or | grăj′ōō āt′ | *plural* **graduates** A person who has graduated from a school or college.

grad·u·a·tion | grăj′ōō ā′shən | —*noun, plural* **graduations 1.** The act of graduating; completion of a course of study. **2.** A ceremony for giving out diplomas to graduating students.

graft | grăft | or | grăft | —*verb* **grafted, grafting 1.** To join a plant shoot or bud to another plant so that the two grow together. **2.** To take body tissue and attach it to a different place in the body or to another person's body.
—*noun, plural* **grafts 1.** A shoot or bud that has been grafted onto another plant. **2.** Body tissue that has been grafted by surgery onto a different place in the body or to another person's body.

grain | grān | —*noun, plural* **grains 1.** The seed or seeds of wheat, corn, rice, or other cereal plants. **2.** A tiny particle of something. **3.** Marks or lines that form a pattern or texture in wood and other substances.

gram | grăm | —*noun, plural* **grams** A unit of weight in the metric system. One gram equals .035 of an ounce.

gram·mar | grăm′ər | —*noun, plural* **grammars 1.** The study of how words are used in sentences so that their meaning is clear. **2.** A group of rules for using words in sentences. **3.** The use of words and word forms according to these rules.

grammar school A school for young persons; an elementary school.

gram·mat·i·cal | grə măt′ĭ kəl | —*adjective* Of or following the rules of grammar.

grand | grănd | —*adjective* **grander, grandest 1.** Very pleasing; wonderful; fine. **2.** Very large and impressive. **3.** Magnificent; splendid. **4.** Most important; main. **5.** Complete; final.

grand·child | grănd′chīld′ | or | grăn′chīld′ | —*noun, plural* **grand·chil·dren** | grănd′chĭl′drən | or | grăn′-chĭl′drən | A child of a person's son or daughter.

bajo o la velocidad de una máquina; regulador.

gown *sustantivo* **1.** Vestido largo de mujer, usualmente formal. **2.** Traje talar para ceremonias importantes, llevado sobre otra ropa por graduados, jueces y clérigos; toga.

grab *verbo* Tomar súbitamente; asir; agarrar; arrebatar.
—*sustantivo* Acción de asir; agarro; arrebatiña.

grace *sustantivo* **1.** Belleza de movimiento o forma que no es forzada; gracia. **2.** Cualidad agradable; encanto; gracia. **3.** Cortesía; modales corteses; gracia. **4.** Favor; buena voluntad. **5.** Rezo corto de bendición o gracias antes o después de una comida; bendición de mesa.
—*verbo* **1.** Honrar; favorecer; agraciar. **2.** Añadir belleza; decorar; adornar; agraciar.

graceful *adjetivo* **1.** Simplemente hermoso; gracioso; agraciado; garboso. **2.** Sencillo y agradable; donairoso; gallardo.

gracious *adjetivo* Cortés y bondadoso; de buenos modales; benigno; gracioso.

grade *sustantivo* **1.** Una división en una escala de calidad, valor o rango; nivel; grado. **2.** Clase o categoría. **3.** Clase o año en una escuela. **4.** Nota que indica el valor del trabajo o examen de un estudiante; calificación. **5.** Medida de inclinación en un camino u otra superficie.
—*verbo* **1.** Poner en grados; clasificar; ordenar. **2.** Dar una nota; calificar.

grade school Escuela para jóvenes; escuela primaria.

gradual *adjetivo* Que sucede enta y continuadamente; poco a poco; gradual.

graduate *verbo* **1.** Cumplir un curso de estudios en una escuela o universidad y recibir un diploma; graduarse. **2.** Dar un diploma; graduar. **3.** Señalar con líneas de intervalos iguales, para medir; graduar.
—*sustantivo* Persona que se ha graduado de una escuela o universidad; graduado.

graduation *sustantivo* Graduación: **1.** Acto de graduarse; cumplimiento de un curso de estudios. **2.** Ceremonia para dar diplomas a los estudiantes que se gradúan.

graft *verbo* Injertar: **1.** Unir un vástago o botón de una planta a otra a fin de que los dos crezcan juntos. **2.** Tomar tejido vivo y unirlo en otro lugar en el mismo cuerpo o en el cuerpo de otra persona.
—*sustantivo* Injerto: **1.** Vástago o botón que se ha injertado en otra planta. **2.** Tejido vivo que se ha injertado por cirugía en otro lugar del cuerpo propio o en el cuerpo de otra persona.

grain *sustantivo* **1.** Semilla o semillas de trigo, maíz, arroz y otros cereales; grano. **2.** Partícula pequeña; grano. **3.** Marcas o líneas que forman un diseño o textura en la madera y otras materias; fibra, veta o vena; flor (del cuero).

gram *sustantivo* Unidad de peso en el sistema métrico; gramo. Un gramo es igual a 0.035 de una onza.

grammar *sustantivo* Gramática: **1.** Estudio de cómo se usan las palabras en las frases y oraciones a fin de que sea claro su sentido. **2.** Grupo de reglas para usar las palabras en las frases y oraciones. **3.** El uso de palabras y formas de palabras según estas reglas.

grammar school Escuela para jóvenes; escuela primaria.

grammatical *adjetivo* Conforme a las reglas de la gramática; gramatical.

grand *adjetivo* **1.** Muy agradable; maravilloso; excelente; grande. **2.** Muy grande e imponente. **3.** Magnífico; espléndido; grande. **4.** Más importante, mayor; grande. **5.** Completo; final.

grandchild *sustantivo* Nieto o nieta.

---

grand·daugh·ter |grăn′dô′tər| —*noun, plural* **granddaughters** The daughter of a person's son or daughter.

grand·fa·ther |grănd′fä′thər| or |grăn′fä′thər| —*noun, plural* **grandfathers** The father of a person's mother or father.

grand jury A kind of jury that meets to study the facts of a case and decide whether someone should be officially accused of a crime and put on trial.

grand·moth·er |grănd′mŭth′ər| or |grăn′mŭth′ər| —*noun, plural* **grandmothers** The mother of a person's father or mother.

grand·par·ent |grănd′pâr′ənt| or |grănd′păr′ənt| —*noun, plural* **grandparents** A mother or father of a person's mother or father.

grand·son |grănd′sŭn′| or |grăn′sŭn′| —*noun, plural* **grandsons** The son of a person's son or daughter.

grand·stand |grănd′stănd′| or |grăn′stănd′| —*noun, plural* **grandstands** A seating area at a playing field or stadium. Grandstands are made of sloping rows of seats and are sometimes covered with a roof.

gran·ite |grăn′ĭt| —*noun, plural* **granites** A hard rock used in buildings and monuments.

grant |grănt| or |gränt| —*verb* **granted, granting** **1.** To give or allow. **2.** To admit as true; agree. —*noun, plural* **grants** **1.** The act of granting. **2.** Something granted.
Idiom **take for granted 1.** To believe to be true without proof. **2.** To accept without full appreciation.

grape |grāp| —*noun, plural* **grapes** A small, juicy fruit that grows in clusters on a vine.

grape·fruit |grāp′frōōt′| —*noun, plural* **grapefruit** or **grapefruits** A large, round fruit with a yellow skin and a rather sour taste.

graph |grăf| or |gräf| —*noun, plural* **graphs** A chart or drawing that shows the relationship between changing things.

grasp |grăsp| or |gräsp| —*verb* **grasped, grasping** **1.** To seize and hold firmly with the hands. **2.** To understand. —*noun, plural* **grasps** **1.** A firm hold or grip. **2.** The ability to get hold of something; reach. **3.** Understanding; comprehension.

grass |grăs| or |gräs| —*noun, plural* **grasses** **1.** One of a large group of plants with narrow leaves. Grasses have jointed stems and clusters of small flowers. Some kinds of grass grow in lawns and pastures. Corn, wheat, rice, bamboo, and sugar cane are grasses. **2.** Ground covered with grass.

grass·hop·per |grăs′hŏp′ər| or |gräs′hŏp′ər| —*noun, plural* **grasshoppers** A large insect with two pairs of wings and long hind legs. Grasshoppers can jump long distances.

grate¹ |grāt| —*verb* **grated, grating 1.** To break into tiny pieces or shreds by rubbing or scraping against a rough surface. **2.** To make or cause to make a harsh grinding or scraping sound by rubbing. **3.** To be harsh or irritating.

grate² |grāt| —*noun, plural* **grates 1.** A frame of parallel bars or crossed wires over a window, sewer, or other opening. **2.** A framework of bars or wires used to hold the fuel in a furnace, fireplace, or stove.

grate·ful |grāt′fəl| —*adjective* Full of gratitude; showing appreciation; thankful.

grat·i·fy |grăt′ə fī′| —*verb* **gratified, gratifying, gratifies** To give or be a source of pleasure to; please.

grat·ing¹ |grā′tĭng| —*adjective* **1.** Harsh or scraping in sound. **2.** Not pleasant; irritating.

grat·ing² |grā′tĭng| —*noun, plural* **gratings** A frame of parallel bars or crossed wires set across an opening.

grat·i·tude |grăt′ĭ tōōd′| or |grăt′ĭ tyōōd′| —*noun*

granddaughter *sustantivo* Nieta.

grandfather *sustantivo* Abuelo.

grand jury Clase de jurado que se reúne para estudiar los hechos de un pleito y decidir si alguien debe ser acusado oficialmente de un crimen y enjuiciado.

grandmother *sustantivo* Abuela.

grandparent *sustantivo* Abuelo o abuela.

grandson *sustantivo* Nieto.

grandstand *sustantivo* Conjunto de asientos en un campo de deportes o estadio; gradería; tribuna. Las graderías constan de filas inclinadas de asientos y a veces están cubiertas por un techo.

granite *sustantivo* Roca dura usada en edificios y monumentos; granito.

grant *verbo* **1.** Dar o permitir; conceder. **2.** Admitir como verdadero; convenir; acordar. —*sustantivo* **1.** Acción de dar o permitir; concesión. **2.** Algo dado o concedido.
Modismo **take for granted 1.** Creer que es verdadero sin prueba; dar por sentado; dar por hecho. **2.** Aceptar algo sin ninguna apreciación.

grape *sustantivo* Fruta pequeña y jugosa que crece en racimos en una vid; uva.

grapefruit *sustantivo* Fruta grande y redonda, de piel amarilla y sabor algo agrio; toronja.

graph *sustantivo* Carta o dibujo que hace visible la relación entre cosas que cambian; gráfico; diagrama.

grasp *verbo* **1.** Asir y retener fuertemente en las manos; agarrar; empuñar. **2.** Entender; comprender; captar. —*sustantivo* **1.** Asimiento o agarre fuerte. **2.** Habilidad de coger o alcanzar algo; alcance. **3.** Entendimiento; comprensión.

grass *sustantivo* **1.** Una de un grupo grande de plantas con hojas estrechas; hierba o yerba. Las hierbas tienen tallos nudosos y racimos de florecitas. Algunos géneros de hierba crecen en pastos y céspedes. El maíz, trigo, arroz, bambú y la caña de azúcar son hierbas. **2.** Tierra cubierta de hierba; césped.

grasshopper *sustantivo* Insecto grande con dos pares de alas y patas posteriores largas; saltamontes; langosta. Los saltamontes pueden saltar largas distancias.

grate¹ *verbo* **1.** Desmenuzar algo o reducirlo a trizas frotándolo o raspándolo contra una superficie áspera; rallar. **2.** Hacer o causar un sonido áspero de moler o raspar por frotación; rechinar. **3.** Ser áspero; irritar.

grate² **1.** Estructura de barras paralelas o alambres cruzados que cubre una ventana, albañal u otra abertura; reja; verja. **2.** Armazón de barras o alambres usado para retener el combustible en un horno, hogar o estufa; parrilla.

grateful *adjetivo* Lleno de gratitud; que muestra agradecimiento; agradecido; reconocido.

gratify *verbo* Dar gusto o ser la fuente de él; agradar; complacer; gratificar.

grating¹ *adjetivo* **1.** Áspero o raspante en su sonido; discordante; rechinante. **2.** Desagradable; irritante.

grating² *sustantivo* Estructura de barras paralelas o alambres cruzados fijada a través de una abertura; reja; verja; parrilla.

gratitude *sustantivo* Cualidad o sentimiento de apre-

ă pat ā pay â care ä father ĕ pet ē be ĭ pit ī pie î fierce ŏ pot ō go ô paw, for oi oil ŏŏ book ōō boot

The quality or a feeling of being grateful for some gift, favor, or kindness; appreciation.

grave¹ |grāv| —*noun, plural* **graves** 1. A hole dug in the ground in which a corpse is buried. 2. Any place of burial; tomb.

grave² |grāv| —*adjective* **graver, gravest** 1. Extremely serious; important. 2. Threatening life or safety; critical. 3. Solemn; dignified.

grav·el |grăv′əl| —*noun* A loose mixture of pebbles or small pieces of rock, used to cover roads and paths.

grave·yard |grāv′yärd| —*noun, plural* **graveyards** A cemetery.

grav·i·ta·tion |grăv′ĭ tā′shən| —*noun* The force that makes all the objects in the universe tend to move toward one another; gravity. Gravitation keeps the planets from flying out of their orbits around the sun.

grav·i·ty |grăv′ĭ tē| —*noun, plural* **gravities** 1. The force by which the earth or another heavenly body pulls smaller objects on or near its surface toward its center. 2. Serious nature; importance.

gra·vy |grā′vē| —*noun, plural* **gravies** The juices that drip from cooking meat or a sauce made from these juices.

gray |grā| —*noun, grays* Any of the colors that can be made by mixing black and white in differing amounts. *adjective* **grayer, grayest** Of the color gray.

graze¹ |grāz| —*verb* **grazed, grazing** To feed on growing grass.

graze² |grāz| —*verb* **grazed, grazing** To touch or scrape lightly in passing.

grease |grēs| —*noun, greases* 1. Animal fat that is melted or soft. Grease is used in cooking. 2. Thick oil or a similar substance. This kind of grease is put on the moving parts of machines to make them run more smoothly. *verb* **greased, greasing** To smear or put grease on.

greas·y |grē′sē| or |grē′zē| —*adjective* **greasier, greasiest** 1. Covered or soiled with grease. 2. Containing grease; oily.

great |grāt| —*adjective* **greater, greatest** 1. Very large; big. 2. More than usual; exceptional. 3. Important; outstanding; famous. 4. Exceptionally good; wonderful. *noun, greats* An outstanding person or thing.

great·ly |grāt′lē| —*adverb* To a large degree; very much.

greed |grēd| —*noun* A selfish desire to get more and more of something, especially money or food.

greed·y |grē′dē| —*adjective* **greedier, greediest** Wanting all one can get; filled with greed.

green |grēn| —*noun, plural* **greens** 1. The color of most plant leaves and growing grass. 2. **greens** The leaves and branches of green plants used for decoration; greenery. 3. **greens** Green leaves and stems of plants eaten as vegetables. 4. A grassy area or park in the center of a town. 5. The area of smooth, short grass around a hole on a golf course. —*adjective* **greener, greenest** 1. Of the color green. 2. Covered with grass, trees, or other plant growth. 3. Not ripe. 4. Without training; not experienced. 5. Pale and looking sick.

green·er·y |grē′nə rē| —*noun* Green plants or leaves.

green·house |grēn′hous′| —*noun, plural* **greenhouses** A room or building made of glass in which plants needing a warm, even temperature are grown.

greet |grēt| —*verb* **greeted, greeting** 1. To welcome with a friendly or polite word or action. 2. To meet or receive.

ciar algún regalo, favor o bondad; agradecimiento; gratitud.

grave¹ *sustantivo* 1. Hoyo que se cava en la tierra en el que se entierra un cadáver; sepultura. 2. Cualquier lugar de entierro; tumba.

grave² *adjetivo* Grave: 1. Extremadamente serio; importante. 2. Que amenaza la vida o la seguridad; crítico. 3. Solemne, digno; mesurado.

gravel *sustantivo* Mezcla suelta de guijas o pedacitos de piedra, usada para cubrir caminos y senderos; grava; guijo.

graveyard *sustantivo* Cementerio; camposanto.

gravitation *sustantivo* La fuerza que hace que todos los objetos del universo tiendan a moverse el uno hacia el otro; gravitación. La gravitación impide que los planetas se escapen de sus órbitas alrededor del sol.

gravity *sustantivo* Gravedad: 1. La fuerza por la cual la Tierra u otro cuerpo celestial tira hacia su centro a los objetos más pequeños que están en o cerca de su superficie. 2. Naturaleza seria; importancia.

gravy *sustantivo* Jugos que gotean de la carne mientras ésta se cocina, o una salsa hecha de estos jugos; salsa; jugo de carne.

gray *sustantivo* Cualquiera de los colores que se pueden hacer mezclando blanco y negro en diferentes cantidades; gris. —*adjetivo* Relativo al color gris.

graze¹ *verbo* Alimentarse con la hierba; pacer; pastar.

graze² *verbo* Tocar o raspar ligeramente al pasar; pasar rozando; raspar.

grease *sustantivo* 1. Sebo o manteca animal derretida o blanda; grasa. La grasa se usa en la cocina. 2. Aceite espeso o una substancia semejante que se pone en las partes movibles de las máquinas para hacerlas funcionar más suavemente; grasa; engrase. —*verbo* Untar o poner grasa; engrasar; lubricar.

greasy *adjetivo* 1. Cubierto o manchado de grasa; grasiento. 2. Que contiene grasa; seboso.

great *adjetivo* 1. Muy grande; enorme. 2. Más de lo usual; extraordinario: *a great beauty = una extraordinaria belleza*. 3. Importante; famoso: *a great man = un hombre famoso*. 4. Que es especialmente bueno; excelente; maravilloso: *a great party = una fiesta excelente*. —*sustantivo* Algo o alguien fuera de lo común; descollante; notable.

greatly *adverbio* En gran parte; muchísimo.

greed *sustantivo* Deseo egoísta de conseguir más y más de algo, especialmente dinero o comida; codicia; voracidad.

greedy *adjetivo* Deseando todo lo que uno pueda obtener; lleno de codicia; codicioso; voraz.

green *sustantivo* 1. El color de la mayoría de las hojas de las plantas y de la hierba viva; verde. 2. **greens** Hojas y ramas de plantas verdes usadas para decoración; frondas. 3. **greens** Hojas verdes y tallos de plantas que se comen; vegetales; verduras; hortalizas. 4. Área herbosa o parque en el centro de una villa; prado; césped. 5. Área de hierba suave y corta que rodea un hoyo en la cancha de golf. —*adjetivo* 1. Del color verde; verde; 2. Cubierto de hierba, árboles u otra vegetación. 3. Crudo; inmaduro; verde. 4. Sin entrenamiento; inexperto; verde. 5. Que parece pálido o enfermo.

greenery *sustantivo* Plantas u hojas verdes; verde; follaje.

greenhouse *sustantivo* Cuarto o edificio hecho de vidrio en el que crecen plantas que necesitan una temperatura cálida y uniforme; invernáculo; invernadero.

greet *verbo* 1. Dar la bienvenida con una palabra o acción amable; saludar. 2. Encontrar o recibir con expresiones de alegría.

ər butter   yōō abuse   ou out   ŭ cut   û fur   *th* the   th thin   hw which   zh vision   ə ago, item, pencil, atom, circus

greet·ing |grēt′ĭng| —*noun, plural* **greetings 1.** An act or expression of welcome. **2. greetings** A message of friendly wishes.

gre·nade |grə nād′| —*noun, plural* **grenades** A small bomb usually thrown by hand.

grew |grōō| The past tense of the verb **grow.**

grey·hound |grā′hound′| —*noun, plural* **greyhounds** A slender dog with long legs, a smooth coat, and a narrow head.

grid·dle |grĭd′l| —*noun, plural* **griddles** A flat, metal surface or pan for cooking pancakes, bacon, and other foods.

grief |grēf| —*noun, plural* **griefs** Great sadness over a loss or misfortune; deep sorrow.

grieve |grēv| —*verb* **grieved, grieving 1.** To feel grief; mourn. **2.** To cause to feel grief; distress.

grill |grĭl| —*noun, plural* **grills** A cooking utensil with parallel metal bars on which food is placed for broiling.
—*verb* **grilled, grilling** To cook on a grill.

grim |grĭm| —*adjective* **grimmer, grimmest 1.** Harsh; forbidding; stern. **2.** Not giving up; firm. **3.** Ghastly; sinister.

grim·ace |grĭm′əs| or |grĭ măs′| —*noun, plural* **grimaces** A tightening and twisting of the face muscles.
—*verb* **grimaced, grimacing** To make a grimace.

grime |grīm| —*noun* Heavy dirt covering or rubbed into a surface.

grin |grĭn| —*verb* **grinned, grinning** To smile broadly.
—*noun, plural* **grins** A very broad, happy smile.

grind |grīnd| —*verb* **ground, grinding 1.** To turn into very small pieces or powder by crushing, pounding, or rubbing. **2.** To shape, sharpen, or make smooth by rubbing. **3.** To rub together noisily; grate.

grind·stone |grīnd′stōn′| —*noun, plural* **grindstones** A flat, stone wheel that spins on a rod set in a frame. It is used to grind, polish, and sharpen tools.

grip |grĭp| —*noun, plural* **grips 1.** The act, power, or manner of grasping; firm hold. **2.** A part to be grasped and held; a handle. **3.** Full hold; control.
—*verb* **gripped, gripping** To seize and hold on to; grasp firmly.

gris·tle |grĭs′əl| —*noun* Strands of tough white tissue in meat.

grit |grĭt| —*noun* **1.** Tiny, rough bits of sand or stone. **2.** Great spirit; courage.
—*verb* **gritted, gritting** To clamp or grind together.

grits |grĭts| —*plural noun* Coarsely ground grain, especially corn.

grizzly bear A large grayish or brownish bear of western North America.

groan |grōn| —*verb* **groaned, groaning** To make a deep sound low in the throat showing pain, grief, or annoyance.
—*noun, plural* **groans** The deep, sad sound made in groaning; a moan.

gro·cer |grō′sər| —*noun, plural* **grocers** A person who sells fresh food, canned goods, and household supplies.

gro·cer·y |grō′sə rē| —*noun, plural* **groceries 1.** A store that sells fresh food, canned goods, and household supplies. **2. groceries** Things sold by a grocer.

groom |grōōm| or |grŏŏm| —*noun, plural* **grooms 1.** A person who takes care of horses. **2.** A bridegroom.
—*verb* **groomed, grooming 1.** To make neat. **2.** To

greeting *sustantivo* **1.** Acto o expresión de bienvenida; saludo. **2.** Mensaje con deseos amistosos.

grenade *sustantivo* **1.** Bomba pequeña que generalmente se arroja con la mano; granada.

grew Pretérito del verbo **grow.**

greyhound *sustantivo* Perro delgado de patas largas, piel suave y cabeza angosta; galgo.

griddle *sustantivo* Superficie o sartén plana de metal para cocinar panqueques, tocino u otros alimentos; plancha.

grief *sustantivo* Gran tristeza por una pérdida o desgracia; aflicción profunda; dolor; pena; congoja.

grieve *verbo* **1.** Sentir aflicción; lamentarse; apenarse; dolerse. **2.** Causar aflicción; acongojar; afligir; apenar; causar dolor.

grill *sustantivo* Utensilio de cocina con rejillas metálicas paralelas en las que se colocan los alimentos para asar; parrilla.
—*verbo* Cocinar en la parrilla; asar.

grim *adjetivo* **1.** Ceñudo; amenazante; severo; grave. **2.** Que no se rinde; firme; inflexible. **3.** Espantoso; siniestro; sombrío.

grimace *sustantivo* Tensión y torcimiento de los músculos de la cara; mueca; gesto.
—*verbo* Hacer muecas o gestos.

grime *sustantivo* Capa gruesa de suciedad que cubre o se junta en una superficie; mugre; tizne.

grin *verbo* Sonreír ampliamente.
—*sustantivo* Sonrisa muy amplia de felicidad.

grind *verbo* **1.** Reducir a partículas muy menudas o a polvo, triturando, machacando o estregando; moler; triturar. **2.** Dar forma, afilar o suavizar frotando; pulir; amolar; esmerilar. **3.** Frotar ruidosamente una cosa con otra; rechinar; crujir.

grindstone *sustantivo* Rueda plana de piedra que da vueltas sobre un eje colocado en un armazón. Se usa para moler, pulir y afilar herramientas; piedra de amolar.

grip *sustantivo* **1.** Acto, fuerza o manera de agarrar; puño firme; apretón. **2.** Parte que se agarra y sostiene; mango; manija; cogedera. **3.** Dominio; control: *She told him to keep a grip on his emotions.* = *Ella le dijo que tuviera control de sus emociones.*—*verbo* Coger y sostener also; agarrar firmente; aferrarse; asir.

gristle *sustantivo* Filamentos de tejido blanco y duro en la carne; cartílago.

grit *sustantivo* **1.** Pedacitos pequeños y ásperos de arena o piedra; granos de arena. **2.** Gran espíritu; coraje; tesón: *It took a lot of grit to keep studying a subject that was so hard for her.* = *Requirió un gran espíritu el continuar estudiando una materia tan difícil para ella.*
—*verbo* Apretar o crujir; rechinar.

grits *sustantivo* Grano molido grueso, especialmente maíz.

grizzly bear Oso grisáceo o pardusco del oeste de Norteamérica; oso gris.

groan *verbo* Hacer un sonido profundo en lo bajo de la garganta como muestra de dolor, congoja o molestia; lamentarse; gemir.
—*sustantivo* El sonido profundo y triste hecho al gemir; lamento; gemido.

grocer *sustantivo* Persona que vende comida fresca, alimentos enlatados y artículos para el hogar; tendero; bodeguero; almacenero.

grocery *sustantivo* **1.** Tienda que vende comida fresca, alimentos enlatados y artículos para el hogar; tienda de comestibles; bodega; almacén. **2.** Cosas que vende un tendero; víveres; comestibles.

groom *sustantivo* **1.** Persona que cuida caballos; mozo de cuadra. **2.** Novio; desposado.
—*verbo* **1.** Poner en orden; arreglar: *He groomed his*

clean and brush horses.

groove |grōōv| —*noun, plural* **grooves 1.** A long, narrow cut or channel. **2.** The track on a phonograph record that the needle follows.
—*verb* **grooved, grooving** To cut a groove in.

grope |grōp| —*verb* **groped, groping 1.** To feel about or search blindly or uncertainly. **2.** To feel one's way without seeing clearly.

gross |grōs| —*adjective* **grosser, grossest 1.** Without anything taken out; total. **2.** Extreme; obvious. **3.** Disgusting; coarse.
—*noun* **1.** *plural* **grosses** A total amount received. **2.** *plural* **gross** Twelve dozen; a group of 144.

gro·tesque |grō těsk'| —*adjective* Distorted, odd, or unnatural; very ugly or strange.

grouch |grouch| —*noun, plural* **grouches** A person who is always cross and complaining.

ground¹ |ground| —*noun, plural* **grounds 1.** The solid part of the earth's surface; land; soil. **2.** Often **grounds** An area or plot of land set aside and used for a special purpose. **3.** Often **grounds** The land around and belonging to a house or other building. **4.** Often **grounds** The reason for a belief, action, or thought; basis. **5. grounds** The small pieces of solid material at the bottom of a liquid, especially coffee; sediment.
—*verb* **grounded, grounding 1.** To touch or cause to touch the bottom of a river, lake, or other body of water. **2.** To teach basic principles to; instruct. **3.** To base; establish. **4.** To connect an electric wire to the ground. **5.** To stop an airplane or pilot from flying. **6.** In baseball, to hit a ball so that it bounces on the ground.

ground² |ground| The past tense and past participle of the verb **grind.**

group |grōōp| —*noun, plural* **groups 1.** A number of persons or things together. **2.** A number of persons or things classified or belonging together.
—*verb* **grouped, grouping** To gather or arrange in a group or groups.

grouse |grous| —*noun, plural* **grouse** A bird that has a plump body and brownish or grayish feathers. Grouse are often hunted for food.

grove |grōv| —*noun, plural* **groves** A group of trees with open ground between them.

grow |grō| —*verb* **grew, grown, growing 1.** To become larger in size because of some natural process. **2.** To be produced. **3.** To plant and raise; produce. **4.** To increase or spread. **5.** To become.
Phrasal verb **grow up** To become an adult.

growl |groul| —*noun, plural* **growls** A low, deep sound such as the one made by an angry dog.
—*verb* **growled, growling 1.** To make such a sound. **2.** To speak in a gruff, angry way.

grown |grōn| The past participle of the verb **grow.**

grown·up or **grown-up** |grōn'ŭp'| —*noun, plural* **grownups** or **grown-ups** A fully grown person; an adult.

growth |grōth| —*noun, plural* **growths 1.** The process of growing. **2.** Complete development; mature age. **3.** Something that grows or has grown.

grudge |grŭj| —*noun, plural* **grudges** Anger because of some old grievance; resentment felt a long time.
—*verb* **grudged, grudging** To refuse to give or allow; deny something deserved.

gru·el |grōō'əl| —*noun* A thin, watery porridge.

gru·el·ing |grōō'ə lǐng| —*adjective* Exhausting.

grue·some |grōō'səm| —*adjective* Causing shock or horror; awful.

gruff |grŭf| —*adjective* **gruffer, gruffest 1.** Having a harsh and deep sound. **2.** Not friendly; rough; impolite.

hair. = *Se arregló el cabello.* **2.** Limpiar y cepillar los caballos; cuidar; atender.

groove *sustantivo* **1.** Corte o canal largo y estrecho; ranura; muesca. **2.** El curso que sigue la aguja en un disco fonográfico; surco.
—*verbo* Hacer una ranura; muescar.

grope *verbo* **1.** Tantear o buscar ciegamente o inciertamente; palpar, titubear. **2.** Andar sin ver claramente; andar a tientas.

gross *adjetivo* **1.** Sin quitar nada; total; bruto. **2.** Extremo; obvio; craso. **3.** Doce docenas; un grupo de 144; gruesa.

grotesque *adjetivo* Distorsionado, raro o que no es natural; muy feo o extraño; grotesco.

grouch *sustantivo* Persona que siempre está malhumorada y quejumbrosa; cascarrabias.

ground¹ *sustantivo* **1.** La parte sólida de la superficie terrestre; tierra; suelo. **2.** A veces **grounds** Área o lote de terreno reservado o usado para un fin especial. **3.** A veces **grounds** La tierra que rodea y pertenece a una casa u otro edificio; terreno. **4.** A veces **grounds** Razón de una creencia, acción o pensamiento; base; fundamento. **5. grounds** Partículas de materia sólida en el fondo de un líquido, especialmente café; sedimento.
—*verbo* **1.** Tocar o hacer tocar el fondo de un río, lago u otra extensión de agua; encallar. **2.** Enseñar los principios básicos; instruir. **3.** Basar; establecer; fundar: *He grounded his argument on hard facts.* = *Él basó su argumento en hechos concretos.* **4.** Conectar un cable eléctrico a la tierra; poner a tierra. **5.** Impedir el vuelo de un avión o piloto. **6.** En béisbol, darle a la pelota haciéndola rebotar en el suelo.

ground² Pretérito y participio pasado del verbo **grind.**

group *sustantivo* **1.** Número de personas o cosas juntas; grupo. **2.** Número de personas o cosas clasificadas o que corresponden a un conjunto.
—*verbo* Reunir o arreglar en grupo o grupos; agrupar; juntar.

grouse *sustantivo* Pájaro con cuerpo rollizo y plumas parduscas o grisáceas; gallo silvestre.

grove *sustantivo* Grupo de árboles con terreno abierto entre unos y otros; arboleda.

grow *verbo* **1.** Aumentar de tamaño por algún proceso natural; crecer. **2.** Producirse. **3.** Sembrar y cultivar; producir. **4.** Aumentar o extender. **5.** Volverse; ponerse: *It grows dark early in winter.* = *Se pone oscuro temprano en el invierno.*
Verbo en locución **grow up** Hacerse adulto.

growl *sustantivo* Sonido bajo y profundo como el de un perro bravo; gruñido.
—*verbo* **1.** Hacer tal sonido; gruñir. **2.** Hablar en forma ronca y malhumorada; refunfuñar.

grown Participio pasado del verbo **grow.**

grownup o **grown-up** *adjetivo* Persona adulta, madura; serio.

growth *sustantivo* **1.** Proceso de crecimiento; desarrollo. **2.** Desarrollo completo; edad madura. **3.** Algo que crece o ha crecido.

grudge *sustantivo* Enfado por algún agravio anterior; resentimiento que se siente por largo tiempo; rencor.
—*verbo* Negarse a dar o a permitir; negar algo merecido; privar.

gruel *sustantivo* Avena clara y aguada; gacha; puches.

grueling *adjetivo* Agotador; abrumador.

gruesome *adjetivo* Que causa susto u horror; atroz; espantoso.

gruff *adjetivo* **1.** Que tiene un sonido áspero y profundo; ronco. **2.** No amigable; descortés; rudo; brusco.

ər butter   yōō abuse   ou out   ŭ cut   û fur   *th* the   th thin   hw which   zh vision   ə ago, item, pencil, atom, circus

grum·ble |grŭm′bəl| —*verb* **grumbled, grumbling**
To complain in a low, discontented voice; mutter
discontentedly.

grump·y |grŭm′pē| —*adjective* **grumpier, grumpi-est** Getting angry over little things; in a bad mood;
irritable.

grunt |grŭnt| —*noun, plural* **grunts** A short, deep,
harsh sound.
—*verb* **grunted, grunting 1.** To make a short, deep,
harsh sound. **2.** To speak or say with such a sound.

guar·an·tee |găr′ən tē| —*noun, plural* **guarantees**
1. A way of being sure of a certain result. **2.** A per-
sonal promise. **3.** A promise that a product made by
someone with it will be repaired or replaced if anything goes
wrong with it during a certain amount of time.
—*verb* **guaranteed, guaranteeing 1.** To make cer-
tain. **2.** To promise. **3.** To give a guarantee for.

guard |gärd| —*verb* **guarded, guarding 1.** To keep
from harm; protect. **2.** To watch over; keep from es-
caping. **3.** To take precautions.
—*noun, plural* **guards 1.** A person or group that
keeps watch or protects. **2.** Protection; control.
3. Any device that protects or shields the user. **4.** Ei-
ther of the two players on a football team's line next to
the center. **5.** Either of the two players on a basketball
team stationed farthest from the opponents' basket.

guard·i·an |gär′dē ən| —*noun, plural* **guardians**
1. Someone or something that guards or protects. **2.** A
person who is appointed by a court of law to look after
someone who is too young, too old, or too sick to take
care of himself.

guer·ril·la |gə rĭl′ə| —*noun, plural* **guerrillas** A
member of a small, loosely organized group of soldiers
fighting to overthrow an established government.

guess |gĕs| —*verb* **guessed, guessing 1.** To form
an opinion without enough information to be sure of it.
2. To form such an opinion and be right; choose cor-
rectly. **3.** To suppose; assume.
—*noun, plural* **guesses** An opinion formed without
enough information to be sure of it.

guest |gĕst| —*noun, plural* **guests 1.** Someone who
goes to another person's home for a visit or a meal.
2. Someone who visits a hotel or restaurant.

guid·ance |gīd′ns| —*noun* **1.** The act of guiding or
showing the way. **2.** Help or advice; counsel. **3.** Lead-
ership; supervision.

guide |gīd| —*noun, plural* **guides 1.** Someone or
something that shows the way. **2.** Someone whose job
is to lead a tour or expedition. **3.** A book of informa-
tion for travelers or tourists; a manual.
—*verb* **guided, guiding 1.** To show the way to; di-
rect. **2.** To steer.

guided missile A missile whose course can be con-
trolled while it is in flight.

guide-word |gīd′wûrd′| A word that appears at the
top of a page in a dictionary. It tells you what the first
or last word is on that page.

guild |gĭld| —*noun, plural* **guilds 1.** An association
of people who share a trade, interest, or cause. **2.** A
union of merchants or craftsmen in the Middle Ages.

guilt |gĭlt| —*noun* **1.** The fact of having done wrong;
blame for a crime or offense. **2.** Painful awareness of
having done something wrong; shame.

guilt·y |gĭl′tē| —*adjective* **guiltier, guiltiest 1.** Hav-
ing committed a crime or offense. **2.** Feeling shame.

guin·ea pig |gĭn′ē| An animal with short ears, short
legs, and a tail so short that it cannot be seen. Guinea
pigs are related to squirrels, mice, and woodchucks.
They are often kept as pets or used in scientific
experiments.

gui·tar |gĭ tär′| —*noun, plural* **guitars** A musical in-
strument having a long neck attached to a sound box

grumble *verbo* Quejarse en voz baja y con disgusto;
murmurar con descontento; refunfuñar.

grumpy *adjetivo* Que se enoja por cosas pequeñas; de
mal genio; irritable; malhumorado.

grunt *sustantivo* Sonido corto, profundo y áspero;
gruñido.
—*verbo* **1.** Hacer un sonido corto, profundo y áspero;
gruñir. **2.** Hablar o decir algo con un sonido tal.

guarantee *sustantivo* Garantía: **1.** Manera de asegu-
rarse de cierto resultado; seguro. **2.** Promesa personal.
3. Promesa de que un producto hecho por alguien será
reparado o reemplazado si algo anda mal durante un
cierto período de tiempo.
—*verbo* **1.** Asegurarse; garantizar. **2.** Prometer.
3. Dar una garantía por algo.

guard *verbo* **1.** Defender de algún daño; proteger;
guardar; custodiar. **2.** Cuidar; impedir escape; vigilar.
3. Tomar precauciones; precaverse.
—*sustantivo* **1.** Persona o grupo que vigila o protege;
guardia. **2.** Protección; control; defensa. **3.** Cualquier
artefacto que protege o ampara al que lo usa; protec-
ción. **4.** Uno de los dos jugadores en un equipo de ba-
loncesto situado a mayor distancia del cesto del equipo
contrario; defensa.

guardian *sustantivo* **1.** Alguien o algo que guarda o
protege; guardián. **2.** Persona nombrada por una corte
legal para cuidar a alguien que es demasiado joven,
viejo o enfermo para cuidarse a sí mismo; tutor.

guerrilla *sustantivo* Miembro de un grupo pequeño y
poco organizado que lucha por derrocar un gobierno
establecido; guerrillero.

guess *verbo* **1.** Formar una opinión sin información
suficiente para estar seguro de ella; opinar; creer.
2. Formar una opinión tal y estar acertado; escoger
correctamente; adivinar; acertar. **3.** Suponer; asumir.
—*sustantivo* Opinión formada sin información sufi-
ciente para estar seguro de ella; suposición; creencia.

guest *sustantivo* **1.** Alguien que va a la casa de otra
persona para una visita o comida; visita; invitado.
2. Alguien que visita un hotel o restaurante; huésped;
cliente.

guidance *sustantivo* **1.** Acto de guiar o mostrar el
camino; guía. **2.** Ayuda o consejo; asesoramiento.
3. Liderazgo; supervisión; dirección.

guide *sustantivo* **1.** Alguien o algo que muestra el ca-
mino; guía. **2.** Alguien cuyo trabajo es dirigir una ex-
cursión o expedición. **3.** Libro de información para
viajeros o turistas; manual.
—*verbo* **1.** Mostrar el camino; dirigir; guiar.
2. Conducir.

guided missile Proyectil cuyo curso puede ser contro-
lado cuando está en vuelo; proyectil teledirigido.

guideword *sustantivo* Palabra que aparece a la cabeza
de la página en un diccionario; palabra guía. Indica
cuál es la primera o la última palabra de esa página.

guild *sustantivo* **1.** Asociación de personas que com-
parten un oficio, interés o causa; gremio; sociedad.
2. Unión de mercaderes o artesanos en la Edad Media.

guilt *sustantivo* **1.** El hecho de haber hecho algo malo
culpabilidad por un crimen u ofensa; culpa. **2.** El darse
cuenta y dolerse de haber hecho algo malo; vergüenza;
remordimiento.

guilty *adjetivo* **1.** El que ha cometido un crimen o una
ofensa; culpable. **2.** Que siente vergüenza;
avergonzado.

guinea pig Animal con orejas cortas, patas cortas y
una cola tan corta que no se puede ver; conejillo de
Indias.

guitar *sustantivo* Instrumento musical con mango largo
unido a una caja en forma de pera y plano por detrás;

shaped like a pear with a flat back. It usually has six strings, which are plucked with the fingers or a pick.

gulf |gŭlf| —*noun, plural* **gulfs 1.** A large area of ocean or sea that is partly enclosed by land. **2.** A large, deep hole. **3.** A big difference.

gull |gŭl| —*noun, plural* **gulls** A bird with webbed feet, gray and white feathers, and long wings. Gulls live on or near coasts, lakes, and rivers.

gul·li·ble |gŭl'ə bəl| —*adjective* Easily tricked or fooled.

gul·ly |gŭl'ē| —*noun, plural* **gullies** A ditch cut in the earth by flowing water.

gulp |gŭlp| —*verb* **gulped, gulping 1.** To swallow quickly or greedily. **2.** To swallow air out of fear or from being nervous.
—*noun, plural* **gulps** A large, quick swallow.

gum[1] |gŭm| —*noun, plural* **gums 1.** A thick, sticky juice produced by different trees and plants. **2.** Chewing gum.

gum[2] |gŭm| —*noun, plural* **gums** The firm flesh in the mouth that holds the teeth in place.

gun |gŭn| —*noun, plural* **guns 1.** A weapon that shoots bullets or other missiles through a metal tube. Pistols, rifles, and cannons are guns. **2.** Any device that shoots something out.
—*verb* **gunned, gunning 1.** To shoot with a gun. **2.** To direct one's efforts; aim.

gun·fire |gŭn'fīr'| —*noun* The shooting of guns.

gun·pow·der |gŭn'pou'dər| —*noun, plural* **gunpowders** An explosive powder used to shoot bullets out of guns.

gun·shot |gŭn'shŏt'| —*noun, plural* **gunshots** A shot fired from a gun.

gup·py |gŭp'ē| —*noun, plural* **guppies** A small, brightly colored tropical fish.

gur·gle |gûr'gəl| —*verb* **gurgled, gurgling 1.** To flow with a low, bubbling sound. **2.** To make low, bubbling sounds.
—*noun, plural* **gurgles** A low, bubbling sound.

gush |gŭsh| —*verb* **gushed, gushing 1.** To flow or pour out all of a sudden and in great quantity. **2.** To show too much feeling or enthusiasm.
—*noun, plural* **gushes** A sudden or large flow.

gust |gŭst| —*noun, plural* **gusts 1.** A sudden, strong breeze. **2.** A sudden outburst of feeling.

gut |gŭt| —*noun, plural* **guts 1.** The stomach or intestines. **2.** String made from certain animals' intestines.

gut·ter |gŭt'ər| —*noun, plural* **gutters 1.** A ditch along the side of a street for carrying off water. **2.** A pipe or trough along the edge of a roof for carrying off rain water.

guy[1] |gī| —*noun, plural* **guys** A rope or cord used to steady, hold, or guide something.

guy[2] |gī| —*noun, plural* **guys** A man or boy.

guz·zle |gŭz'əl| —*verb* **guzzled, guzzling** To drink rapidly or greedily.

gym |jĭm| —*noun, plural* **gyms 1.** A room or building for gymnastics or sports; a gymnasium. **2.** A class in gymnastics and sports.

gym·na·si·um |jĭm nā'zē əm| —*noun, plural* **gymnasiums** A room or building made especially for gymnastics and indoor sports.

gym·nas·tics |jĭm nǎs'tĭks| —*noun* Exercises and physical feats done with the use of the bars, mats, and other equipment in a gymnasium. Gymnastics is an Olympic sport that calls for great skill and concentration.

Gyp·sy |jĭp'sē| —*noun, plural* **Gypsies** A member of

---

guitarra. Generalmente tiene seis cuerdas que se tocan con los dedos o una púa.

gulf *sustantivo* **1.** Área grande del océano o mar que está rodeada parcialmente de tierra; golfo. **2.** Hueco grande y profundo; precipicio. **3.** Gran diferencia; abismo.

gull *sustantivo* Pájaro con patas palmeadas, plumas grises y blancas, y largas alas; gaviota. La gaviota vive en o cerca a las costas, lagos y ríos.

gullible *adjetivo* Que se deja engañar o embobar fácilmente; bobo; crédulo; ingenuo.

gully *sustantivo* Zanja abierta en la tierra por el agua corriente; badén.

gulp *verbo* **1.** Tragar rápidamente y con avidez; engullir. **2.** Tragar aire por temor o por nervios; tragar en seco.
—*sustantivo* Trago grande y rápido.

gum[1] *sustantivo* **1.** Jugo espeso y pegajoso producido por diferentes árboles y plantas; resina; goma. **2.** Goma de mascar; chicle.

gum[2] *sustantivo* La carne firme de la boca que sostiene los dientes; encía.

gun *sustantivo* **1.** Arma que dispara balas u otros proyectiles a través de un tubo metálico; arma de fuego. La pistola, el rifle y el cañón son armas de fuego. **2.** Cualquier artefacto que dispara algo; pistola.
—*verbo* **1.** Disparar con un arma de fuego. **2.** Dirigir los esfuerzos; aspirar; perseguir: *Sheila is gunning for the class presidency.* = *Sheila aspira a la presidencia de su clase.*

gunfire *sustantivo* Fuego de artillería; disparo.

gunpowder *sustantivo* Polvo explosivo usado para disparar balas de las armas de fuego; pólvora.

gunshot *sustantivo* Disparo hecho por un arma de fuego; tiro; balazo.

guppy *sustantivo* Pez tropical pequeño de colores brillantes; olomina.

gurgle *verbo* **1.** Fluir con un sonido bajo y burbujeante; burbujear; hacer gluglú. **2.** Hacer sonidos bajos y burbujeantes; gorjear.
—*sustantivo* Sonido bajo y burbujeante; gorjeo.

gush *verbo* **1.** Fluir o vaciar repentinamente y en gran cantidad; salir a borbotones. **2.** Demostrar demasiado sentimiento o entusiasmo; expresarse efusivamente.
—*sustantivo* Flujo repentino o grande; chorro; borbotón.

gust *sustantivo* **1.** Brisa repentina y fuerte; ráfaga. **2.** Explosión repentina de sentimientos; arrebato; acceso; arranque.

gut *sustantivo* **1.** Estómago o intestinos; tripa; entraña. **2.** Cuerda hecha de los intestinos de ciertos animales; cuerda de tripa.

gutter *sustantivo* **1.** Zanja al lado de la calle para que corra el agua; desagüe. **2.** Tubería o conducto al borde de un techo para que corra el agua de lluvia; canaleta.

guy[1] *sustantivo* Lazo o cuerda usada para asegurar, sostener o guiar algo: cable de retén.

guy[2] *sustantivo* Hombre o muchacho; tipo.

guzzle *verbo* Beber rápidamente o con avidez; tragar.

gym *sustantivo* **1.** Cuarto o edificio para gimnasia o deportes; gimnasio. **2.** Clase de gimnasia o deportes.

gymnasium *sustantivo* Cuarto o edificio hecho especialmente para gimnasia y deportes bajo techo.

gymnastics *sustantivo* Ejercicios y actos de destreza física usando barras, colchonetas y otros equipos en un gimnasio; gimnasia.

Gypsy *sustantivo* Miembro de un grupo errante de

ər butter yōō abuse ou out· ŭ cut ů fur *th* the th thin hw which zh vision ə ago, item, pencil, atom, circus

a wandering group of people who came from India in the 14th and 15th centuries and now live everywhere. —*adjective* Of the Gypsies.

gypsy moth A small brownish moth. It has hairy caterpillars that feed on leaves. The caterpillars often do great damage to trees.

gy·ro·scope |jī′rə skōp′| —*noun, plural* **gyroscopes** A wheel mounted on a vertical axis that can tilt at various angles to its base. When the base is tilted, the gyroscope's axis tends to tilt the opposite way. Large gyroscopes are used to keep ships and airplanes steady. Small ones make interesting toys.

gente que vino de la India en los siglos XIV y XV, y que ahora vive por todas partes; gitano. —*adjetivo* Relativo a los gitanos; gitano.

gypsy moth Polilla pequeña y pardusca. Tiene orugas peludas que se alimentan de hojas; lagarta. Las orugas generalmente hacen grandes daños a los árboles.

gyroscope *sustantivo* Rueda montada en un eje vertical que se inclina a varios ángulos de la base. Cuando la base se inclina, el eje tiende a inclinarse en dirección opuesta; giroscopio. Los giroscopios se usan para mantener el rumbo de aviones y barcos.

H

h or **H** |āch| —*noun, plural* **h's** or **H's** The eighth letter of the English alphabet.

ha |hä| —*interjection* A word used to express laughter, surprise, or triumph.

hab·it |hăb′ĭt| —*noun, plural* **habits** **1.** An action done so often that one does it without thinking. **2.** A person's usual practice or custom. **3.** The condition of being addicted to; dependence. **4.** Clothing worn for a special activity or by a particular profession.

hab·i·tat |hăb′ĭ tăt′| —*noun, plural* **habitats** The place or kind of place where an animal or plant usually lives or grows.

ha·bit·u·al |hə bĭch′ōō əl| —*adjective* **1.** Being a habit; done over and over again. **2.** By habit; continual. **3.** Done or used regularly; customary; usual.

hack |hăk| —*verb* **hacked, hacking** **1.** To cut with heavy blows; chop roughly. **2.** To cough harshly.

had |hăd| The past tense and past participle of the verb **have.**

had·dock |hăd′ək| —*noun, plural* **haddock** or **haddocks** An ocean fish related to the cod.

had·n't |hăd′ənt| A contraction of "had not."

hag |hăg| —*noun, plural* **hags** **1.** An ugly, mean old woman. **2.** A witch.

hail¹ |hāl| —*noun* **1.** Small, rounded pieces of ice that fall to earth, usually during thunderstorms. **2.** Something like hail in force or quantity. —*verb* **hailed, hailing** **1.** To fall as hail. **2.** To pour down or forth like hail

hail² |hāl| —*verb* **hailed, hailing** **1.** To call to in greeting or welcome. **2.** To attract the attention of; signal to. *Phrasal verb* **hail from** To come or originate from.

hair |hâr| —*noun, plural* **hairs** **1.** One of the thin, fine strands that grow from the skin of animals and human beings. **2.** A mass or covering of these strands. **3.** A growth like a hair on a plant or insect.

hair·less |hâr′lĭs| —*adjective* Without hair; bald.

hair·y |hâr′ē| —*adjective* **hairier, hairiest** Covered with hair.

hale |hāl| —*adjective* **haler, halest** Healthy; robust.

half |hăf| or |häf| —*noun, plural* **halves** **1.** Either of two equal parts into which a thing can be divided. **2.** Either of two time periods that make up a game. —*adjective* **1.** Being a half. **2.** Being so in part only; incomplete. **3.** Related through one parent only. —*adverb* **1.** To the extent of one half. **2.** Not completely or fully; partly. *Idioms* **go halves** To share the expense of equally. **in half** Into halves.

h o **H** *sustantivo* Octava letra del alfabeto inglés.

ha *interjección* Palabra usada para expresar risa, sorpresa o triunfo; ¡ah!; ¡ja!.

habit *sustantivo* Hábito: **1.** Acción hecha tan a menudo que se hace sin pensar. **2.** Práctica o costumbre usual de una persona. **3.** Condición de ser adicto a algo; vicio; dependencia. **4.** Vestimenta que se usa para una actividad especial o una profesión particular: *a nun's habit* = *el hábito de una monja.*

habitat *sustantivo* Región o clase de región donde usualmente vive o se cría un animal o planta; habitat.

habitual *adjetivo* Habitual: **1.** Que es un hábito; que se hace repetidamente. **2.** De hábito continuo. **3.** Hecho o usado regularmente; acostumbrado; usual.

hack *verbo* **1.** Cortar a golpes pesados; tajar irregularmente. **2.** Toser ásperamente.

had Pretérito y participio pasado del verbo **have.**

haddock *sustantivo* Pez de mar, de la misma familia que el bacalao; abadejo.

hadn't Contracción de "had not".

hag *sustantivo* **1.** Vieja fea y vil; tarasca. **2.** Bruja; hechicera.

hail¹ *sustantivo* **1.** Pequeños pedazos redondos de hielo que caen a la Tierra, usualmente durante las tormentas; granizo. **2.** Algo como granizo en fuerza o cantidad; granizada. —*verbo* **1.** Caer granizo; granizar. **2.** Caer algo con la fuerza del granizo; granizar.

hail² *verbo* **1.** Llamar, como en un saludo o bienvenida; saludar. **2.** Atraer la atención; señalar. *Verbo en locución* **hail from** Venir, proceder o provenir de un lugar.

hair **1.** Uno de los filamentos delgados y finos que crecen de la epidermis de los animales y los seres humanos; pelo. **2.** Masa o cobertura de estos filamentos; cabellos. **3.** Crecimiento como un pelo en una planta o insecto; filamento; vello.

hairless *adjetivo* Sin pelo; calvo; pelado.

hairy *adjetivo* Cubierto de pelo; peludo; velludo; hirsuto.

hale *adjetivo* Sano; robusto.

half *sustantivo* **1.** Cualquiera de las dos partes iguales en que se puede dividir una cosa; mitad; medio. **2.** Cualquiera de dos períodos de tiempo que constituyen un juego; tiempo primero o segundo. —*adjetivo* **1.** Que es una mitad; medio: *a half hour* = *media hora.* **2.** Que es así solamente en parte; incompleto: *a half truth* = *una verdad a medias.* **3.** Emparentado sólo por uno de los padres; medio: *a half brother* = *medio hermano.*

ă pat ā pay â care ä father ĕ pet ē be ĭ pit ī pie î fierce ŏ pot ō go ô paw, for oi oil oo book ōō boot

—*adverbio* **1.** Al punto de una mitad; medio: *half empty = medio vacío.* **2.** No completamente o enteramente; en parte; medio: *half done = a medio hacer.*

Nota: El adverbio **half** con un adjetivo o participio a veces se traduce como "a medio" seguido de un infinitivo: *half cooked = a medio cocer; half done = a medio hacer.*

Modismos go halves Compartir los gastos igualmente; ir a medias. **half past** (una hora específica) Treinta minutos después de la hora. **in half** En mitades.

half·heart·ed |hăf′här′tĭd| or |häf′här′tĭd| —*adjective* Showing little enthusiasm; not really trying or caring.

halfhearted *adjetivo* Que muestra poco entusiasmo; que no intenta mucho o que no le importa mucho a uno; frío; indiferente.

half·way |hăf′wā′| or |häf′wā′| —*adjective* **1.** Midway between two points; in the middle. **2.** Incomplete; partial.
—*adverb* |hăf′wā′| or |häf′wā′| **1.** To or at half the distance. **2.** Partly; somewhat.

halfway *adjetivo* **1.** Punto medio entre dos extremos; en el medio; equidistante: *The town is halfway between New York and Boston. = El pueblo está en el medio entre New York y Boston.* **2.** Incompleto; parcial: *halfway measures = medidas parciales.*
—*adverbio* **1.** Dirigiéndose hacia, o en la mitad de la distancia; a mitad de camino: *halfway between your house and mine = a mitad de camino entre tu casa y la mía.* **2.** Parcialmente; no del todo: *I'm halfway inclined to go with you. = No estoy del todo convencido de ir contigo.*

hal·i·but |hăl′ə bət| or |hŏl′ə bət| —*noun, plural* **halibut** or **halibuts** A very large ocean flatfish.

halibut *sustantivo* Platija muy grande del océano; hipogloso.

hall |hôl| —*noun, plural* **halls** **1.** A passageway in a house, hotel, or other building; corridor. **2.** A large entrance room in a building; a lobby. **3.** A large building or room for public gatherings.

hall *sustantivo* **1.** Pasadizo en una casa, hotel u otro edificio; pasillo; corredor. **2.** Cuarto grande, a la entrada de un edificio; vestíbulo. **3.** Edificio o pieza grande para asambleas públicas; salón; sala; edificio público.

hall·way |hôl′wā′| —*noun, plural* **hallways** **1.** A hall or corridor in a building; passageway. **2.** A room at the entrance of a building or home.

hallway *sustantivo* **1.** Pasillo o corredor en un edificio; pasadizo. **2.** Pieza en la entrada de un edificio o casa; vestíbulo; zaguán.

halo |hā′lō| —*noun, plural* **halos** **1.** A ring of light or bright haze surrounding the sun, moon, or other shining object. **2.** A ring of light drawn around or above the head of a saint or angel in a religious painting.

halo *sustantivo* **1.** Círculo de luz o bruma luciente que rodea al sol, luna u otro objeto brillante; halo; aureola. **2.** Círculo de luz que se dibuja alrededor o sobre la cabeza de un santo o ángel en una pintura religiosa; halo; nimbo.

halt |hôlt| —*noun, plural* **halts** A stop; a pause.
—*verb* **halted, halting** To come or bring to a stop.

halt *sustantivo* Parada; pausa; alto.
—*verbo* Parar o pararse; detener o detenerse.

hal·ter |hôl′tər| —*noun, plural* **halters** A set of ropes or straps for leading or tying an animal. A halter fits around an animal's nose and its neck just behind the ears.

halter *sustantivo* Juego de cuerdas o ramales para conducir o asegurar un animal; ronzal; cabestro. El ronzal se ajusta alrededor del hocico y el pescuezo.

halve |hăv| or |häv| —*verb* **halved, halving** **1.** To divide into two equal portions. **2.** To reduce by half.

halve *verbo* **1.** Dividir en dos porciones iguales; partir por la mitad. **2.** Reducir a la mitad.

halves |hăvz| or |hävz| The plural of the noun **half**.

halves Plural del sustantivo **half.**

ham |hăm| —*noun, plural* **hams** **1.** The thigh of the hind leg of a hog or other animal. **2.** The meat from the thigh of a hog, often smoked or cured.

ham *sustantivo* **1.** Anca y muslo de la pata posterior del puerco u otro animal; pernil; nalgada. **2.** Esta carne, a menudo ahumada o curada; jamón.

ham·burg·er |hăm′bûr′gər| —*noun, plural* **hamburgers** **1.** Ground beef. **2.** A round, flat portion of ground beef, usually fried or broiled and served in a roll or bun.

hamburger *sustantivo* Hamburguesa: **1.** Carne picada de vaca. **2.** Porción circular y chata de carne picada, usualmente frita o asada y servida en un panecillo o bollo.

ham·let |hăm′lĭt| —*noun, plural* **hamlets** A small village.

hamlet *sustantivo* Villa pequeña; aldea; caserío.

ham·mer |hăm′ər| —*noun, plural* **hammers** **1.** A hand tool made of an iron head attached to a wooden handle. **2.** The part of a gun that strikes the firing pin, causing the gun to go off.
—*verb* **hammered, hammering** **1.** To pound or drive in with a hammer. **2.** To shape or flatten with a hammer. **3.** To strike or pound with repeated blows.

hammer *sustantivo* **1.** Herramienta hecha de una cabeza de hierro enastada en un mango de madera; martillo. **2.** Parte de un arma de fuego que golpea la aguja de percusión haciendo que el arma se dispare; percusor; llave.
—*verbo* **1.** Golpear o clavar con un martillo; martillar. **2.** Dar forma o aplastar con un martillo; martillar; repujar. **3.** Golpear o machacar con golpes repetidos.

ham·mock |hăm′ək| —*noun, plural* **hammocks** A swinging bed made of rope or strong fabric and hung in the air between two supports.

hammock *sustantivo* Cama colgante hecha de cuerda o de tela fuerte suspendida en el aire entre dos soportes; hamaca; mecedora.

ham·per¹ |hăm′pər| —*verb* **hampered, hampering** To get in the way of; impede; block.

hamper¹ *verbo* Obstaculizar; impedir; estorbar; bloquear.

ham·per² |hăm′pər| —*noun, plural* **hampers** A large basket or similar container for holding laundry or carrying food.

hamper² *sustantivo* Cesto grande o recipiente semejante para juntar la ropa para lavar o para llevar comida.

ham·ster |hăm′stər| —*noun, plural* **hamsters** A small animal with soft fur, large cheek pouches, and a short tail.

hamster *sustantivo* Animal pequeño de pelo suave, abazones grandes y cola corta; hámster.

ər **butter**   yōō **abuse**   ou **out**   ŭ **cut**   û **fur**   *th* **the**   th **thin**   hw **which**   zh **vision**   ə **ago, item, pencil, atom, circus**

hand |hănd|—*noun, plural* **hands 1.** The part of the arm below the wrist. Each hand has a palm, four fingers, and a thumb. **2.** A pointer that moves around a circular dial, as on a clock or gauge. **3.** A style of handwriting. **4.** Physical assistance; help. **5.** Often **hands** Possession; control. **6.** A person who does manual labor. **7.** A round of applause. **8.** An active part in something; a role or share. **9. a.** The cards dealt to a player in a card game. **b.** One round of a card game. **10.** A unit of length equal to four inches. It is used to indicate the height of a horse.
—*verb* **handed, handing** To give or pass with the hand.
    Phrasal verbs **hand down** To pass along; transmit. **hand in** To turn in; submit. **hand over** To give possession of; deliver up.
    Idioms **at hand** Close by; near. **by hand** By using one's hands. **hand it to** To give credit to. **on hand** Ready when needed; available. **on the other hand** In spite of this; nevertheless.

hand·bag |hănd′băg′|—*noun, plural* **handbags** A woman's pocketbook carried in the hand or on the arm.
hand·ball |hănd′bôl′| —*noun, plural* **handballs 1.** A game played by two or four players, in which a ball is hit against a wall with the hand. **2.** The small, hard, rubber ball used in this game.
hand·book |hănd′bŏŏk′|—*noun, plural* **handbooks** A small book of instructions or information on a particular subject.
hand·cuff |hănd′kŭf′|—*noun, plural* **handcuffs** One of a pair of sturdy metal rings held together by a chain.
—*verb* **handcuffed, handcuffing** To put handcuffs on.
hand·ful |hănd′fŏŏl′|—*noun, plural* **handfuls 1.** An amount that can be held in the hand. **2.** A small number.
hand·i·cap |hăn′dē kăp′|—*noun, plural* **handicaps 1.** A defect of the mind or body. **2.** A disadvantage; hindrance.
—*verb* **handicapped, handicapping** To put at a disadvantage; hinder or impede.
hand·i·capped |hăn′dē kăpt′|—*adjective* Disabled or crippled.
—*noun* **the handicapped** Handicapped persons in general.
hand·i·craft |hăn′dē krăft′| or |hăn′dē krăft′| —*noun, plural* **handicrafts** A trade, craft, or occupation requiring skilled use of the hands.
hand·ker·chief |hăng′kər chĭf| or |hăng′kər chēf′| —*noun, plural* **handkerchiefs** A small square of cloth used to wipe the nose or face.
han·dle |hăn′dl|—*noun, plural* **handles** The part of a tool, door, or container that is made to be held by the hand.
—*verb* **handled, handling 1.** To touch or hold with the hands. **2.** To use with the hands. **3.** To be capable of being operated. **4.** To deal in; buy and sell. **5.** To deal with; cope with.

han·dle·bar |hăn′dl bär′| —*noun, plural* **handlebars** A curved metal bar for steering a bicycle or motorcycle.
hand·made |hănd′mād′|—*adjective* Made by hand rather than by machine.
hand·shake |hănd′shāk′| —*noun, plural* **handshakes** The act of grasping a person's right hand as a gesture of greeting, congratulations, or agreement.
hand·some |hăn′səm| —*adjective* **handsomer, handsomest 1.** Of a pleasing appearance; good-looking. **2.** Generous; liberal.
hand·writ·ing |hănd′rī′tĭng| —*noun, plural* **handwritings 1.** Writing done with the hand. **2.** The style of writing of a particular person.
hand·y |hăn′dē| —*adjective* **handier, handiest 1.** Skilled in the use of one's hands. **2.** Within easy

hand *sustantivo* Mano: **1.** La parte del brazo debajo de la muñeca. Cada mano tiene una palma, cuatro dedos y un pulgar. **2.** Señalador que gira circularmente en una esfera, como en un reloj u otro instrumento; manecilla; saetilla. **3.** Modo de escribir; letra. **4.** Auxilio; ayuda. **5.** A veces **hands** Posesión; mando; poder. **6.** Persona que hace trabajo manual; obrero. **7.** Explosión de aplausos. **8.** Parte activa en algo; papel; participación. **9. a.** Los naipes que se dan a un jugador en un juego de cartas; talla. **b.** Una vuelta en un juego de naipes. **10.** Unidad de longitud igual a cuatro pulgadas que se usa para indicar la altura del caballo.
—*verbo* Dar o pasar con la mano; entregar; tender.
    Verbos en locuciones **hand down** Pasar de uno o otro; transmitir. **hand in** Entregar; someter o rendir. **hand over** Dar posesión; entregar.
    Modismos **at hand** Muy cerca; cercano; a la mano. **by hand** Por uso de las manos; a mano. **hand it to** Reconocer los méritos de alguien. **on hand** Listo cuando es necesario; disponible; a la mano. **on the other hand** A pesar de esto; sin embargo; en cambio; por otra parte.

handbag *sustantivo* Bolsa de señora que se lleva en la mano o en el brazo; bolsa de mano.
handball *sustantivo* **1.** Deporte de dos o cuatro jugadores en que una pelota se lanza contra un frontón, impulsándola con la mano; pelota; frontón. **2.** Pelota pequeña de goma dura que se usa en este deporte.
handbook *sustantivo* Libro pequeño de instrucciones o información sobre un tópico en particular; manual.

handcuff *sustantivo* Una de un par de argollas fuertes de metal, unidas por una cadena; manilla de hierro. El par es llamado esposas.
—*verbo* Poner esposas; esposar; maniatar.
handful *sustantivo* Puñado: **1.** Cantidad que se puede coger en la mano; manojo. **2.** Poca cantidad.

handicap *sustantivo* **1.** Defecto de la mente o el cuerpo; impedimento; incapacidad. **2.** Desventaja; estorbo.
—*verbo* Imponer una desventaja; estorbar o impedir.

handicapped *adjetivo* Incapacitado o tullido; impedido.
—*sustantivo* **the handicapped** Los incapacitados, en general.
handicraft *sustantivo* Oficio, arte u ocupación que exige destreza manual; artesanía; oficio mecánico.

handkerchief *sustantivo* Cuadrado pequeño de tela usado para limpiarse la nariz o la cara; pañuelo.

handle *sustantivo* La parte de una herramienta, puerta o vasija hecha para tomarse por la mano; mango; puño (de espada); asidero; tirador (de puerta); asa (de vasija).
—*verbo* **1.** Tocar o sostener con las manos; manosear. **2.** Usar con las manos; manejar; manipular. **3.** Ser capaz de operarse; manejarse. **4.** Negociar; comprar y vender. **5.** Contender; hacer frente.

handlebar *sustantivo* Barra encorvada de metal para dar dirección a una bicicleta o motocicleta; manillar.

handmade *adjetivo* Hecho a mano en lugar de a máquina.
handshake *sustantivo* Acción de tomar la mano derecha de una persona como gesto de saludo, felicitación o acuerdo; apretón de manos.
handsome *adjetivo* **1.** De apariencia agradable; bien parecido; guapo; hermoso. **2.** Generoso; liberal.

handwriting *sustantivo* **1.** Escritura que se hace con la mano; caligrafía. **2.** Modo de escribir de una persona en particular; carácter de letra; letra.
handy *adjetivo* **1.** Experto en el uso de las manos; hábil; diestro. **2.** Fácil de alcanzar; a la mano;

ă pat ā pay â care ä father ĕ pet ē be ĭ pit ī pie î fierce ŏ pot ō go ô paw, for oi oil ŏŏ book ōō boot

reach. **3.** Useful; convenient. **4.** Easy to use or handle.
hang |hăng| —*verb* **hung** or **hanged, hanging**
1. To fasten or be fastened at the upper end only.
2. *Past tense and past participle* **hanged** To execute
by suspending from a rope tied around the neck. **3.** To
hold or bend downward; let droop. **4.** To remain sus-
pended over a place; hover.
   Phrasal verbs **hang around 1.** To spend time idly;
loaf. **2.** To loiter at or near. **hang on 1.** To cling
tightly. **2.** To remain on the telephone. **3.** To last;
linger. **hang up** To end a telephone conversation.

han·gar |hăng′ ər| —*noun, plural* **hangars** A large
building used to house aircraft.
hang·er |hăng′ ər| —*noun, plural* **hangers** A wire or
wooden frame on which a garment is draped for hang-
ing from a hook or rod.
hang-glide |hăng′ glīd′| —*verb* **hang-glided, hang-
gliding** To glide through the air on a large kite. A
person is strapped to a frame which is attached to and
used to steer the kite.
hap·haz·ard |hăp hăz′ ərd| —*adjective* Having no
definite plan or order; random.
hap·pen |hăp′ ən| —*verb* **happened, happening**
1. To take place; occur. **2.** To come by accident; to
chance. **3.** To be done; cause a change. **4.** To be the
fate; become.
hap·pen·ing |hăp′ ə nĭng| —*noun, plural* **happen-
ings** Something that happens; an event or occurrence.
hap·pi·ly |hăp′ ə lē| —*adverb* In a happy manner;
contentedly.
hap·pi·ness |hăp′ ĭ nĭs| —*noun* The condition of be-
ing happy; joy.
hap·py |hăp′ ē| —*adjective* **happier, happiest**
1. Having a good time with no big worries; enjoying
oneself. **2.** Showing pleasure; contented; satisfied;
glad. **3.** Fortunate; favorable.
har·ass |hăr′ əs| or |hə răs′| —*verb* **harassed, har-
assing** To bother again and again; trouble constantly;
torment.
har·bor |här′ bər| —*noun, plural* **harbors** A shel-
tered place along a coast serving as a port for ships.
—*verb* **harbored, harboring 1.** To give shelter to;
take in. **2.** To have and keep; hold.

hard |härd| —*adjective* **harder, hardest 1.** Not giv-
ing when touched; firm; rigid. **2.** Difficult to under-
stand or express. **3.** Requiring great effort. **4.** Difficult
to endure; trying. **5.** Difficult to please; stern or strict.
6. Containing substances that keep soap suds from
forming. **7.** Having or showing no feelings; cold.
—*adverb* **harder, hardest 1.** With great effort.
2. With great force; heavily. **3.** Firmly; tightly.
4. With difficulty or reluctantly.
   Idioms **hard of hearing** Slightly deaf; having de-
fective hearing. **hard up** Needing money; poor.

hard-boiled |härd′ boild′| —*adjective* Boiled until
the yolk and white are hard.

próximo. **3.** Útil; cómodo. **4.** Fácil de usar o manejar.
hang *verbo* **1.** Sujetar o sujetarse sólo por la parte
superior; colgar o colgarse; suspender o suspenderse.
2. *Pretérito y participio pasado* **hanged** Ajusticiar a
alguien suspendiéndolo de una cuerda atada alrededor
del cuello; ahorcar; colgar. **3.** Inclinar la cabeza; de-
jarla caer. **4.** Mantenerse suspendido sobre un lugar;
flotar.
   Verbos en locuciones **hang around 1.** Perder
tiempo ociosamente; rondar; haraganear. **2.** Vagar u
ociar en o cerca de un lugar; holgazanear. **hang on
1.** Pegarse bien; asirse bien. **2.** Quedarse (en el telé-
fono, por ejemplo). **3.** Durar; prolongarse. **hang up**
Cortar una comunicación telefónica; colgar.

hangar *sustantivo* Edificio grande usado para guarecer
los aviones; hangar; cobertizo.
hanger *sustantivo* Armazón de alambre o madera en
que se cuelga una prenda de vestir para suspenderla de
un gancho o una varilla; colgador; percha.
hang-glide *verbo* Planear por el aire en una cometa
grande. La persona se sujeta con correas a un armazón
que se ata al cometa, y que se usa para dirigirlo.
haphazard *adjetivo* Que no tiene plan ni orden deter-
minado; a la ventura; al azar.
happen *verbo* **1.** Tomar lugar; ocurrir; pasar; aconte-
cer. **2.** Ocurrir por casualidad; suceder. **3.** Ser hecho;
causar un cambio; sucederse. **4.** Ser la fortuna; ha-
cerse; acaecer; haber sido (de una persona): *Whatever
happened to Thelma?* = ¿*Qué ha sido de Thelma?*
happening *sustantivo* Algo que tiene lugar; suceso;
ocurrencia; acontecimiento.
happily *adverbio* De un modo feliz; felizmente;
afortunadamente.
happiness *sustantivo* La condición de ser feliz; júbilo;
alegría; felicidad.
happy *adjetivo* **1.** Que pasa un buen rato sin preocupa-
ciones grandes; divirtiéndose; feliz; alegre. **2.** Que
muestra placer; contento; satisfecho; alegre. **3.** Afor-
tunado; favorable; dichoso.
harass *verbo* Molestar o fastidiar repetidamente; afli-
gir constantemente; atormentar; acosar.

harbor *sustantivo* Lugar en la costa protegido de los
vientos que sirve como puerto para los buques; puerto;
anclaje.
—*verbo* **1.** Dar abrigo; recibir (como refugiado); encu-
brir; hospedar; albergar. **2.** Tener y guardar; retener;
albergar o abrigar (en el alma).
hard *adjetivo* **1.** Que no cede al tocarlo; firme; rígido;
duro: *Cement is hard when it dries.* = *El cemento es
duro cuando se seca.* **2.** Difícil de entender o expresar;
arduo: *You asked me a hard question.* = *Ud. me hizo
una pregunta difícil.* **3.** Que exige gran esfuerzo; duro:
years of hard work = *años de gran esfuerzo.* **4.** Difícil
de aguantar; duro; penoso: *He's had a hard life.* = *Él
ha tenido una vida muy penosa.* **5.** Difícil de agradar;
severo o estricto: *a hard teacher* = *un maestro es-
tricto.* **6.** Que contiene (el agua) substancias que impi-
dan la formación de espumas; aguas duras. **7.** Que no
tiene o muestra los sentimientos; frío; endurecido.
—*adverbio* **1.** Con gran esfuerzo; mucho: *We all
worked very hard on the party preparations.* = *Todos
trabajamos mucho en las preparaciones para la fiesta.*
2. Con gran fuerza; copiosamente: *It rained hard all
day long.* = *Llovió con gran fuerza todo el día.* **3.** Fir-
memente; con fuerza: *Press hard and the seat belt will
open.* = *Aprieta el cinturón de seguridad con fuerza y
se abrirá.* **4.** Con dificultad o de mala gana: *Old hab-
its die hard.* = *Los viejos hábitos mueren (se pierden)
con dificultad.*
   Modismos **hard of hearing** Un poco sordo; que
tiene el oído defectuoso; medio sordo. **hard up** Que le
falta dinero; pobre; en apuros.
hard-boiled *adjetivo* Hervido en agua hasta que la
yema y clara se endurecen; duro: *hard-boiled eggs* =
huevos duros.

ər butter yōō abuse ou out ŭ cut û fur *th* the th thin hw which zh vision ə ago, item, pencil, atom, circus

hard·en |här'dn| —*verb* **hardened, hardening** To make or become hard.

hard·ly |härd'lē| —*adverb* **1.** Barely; only just; scarcely. **2.** Surely not.

hard·ness |härd'nĭs| —*noun, plural* **hardnesses** The quality or condition of being hard.

hard·ship |härd'shĭp'| —*noun, plural* **hardships** Something that causes suffering or difficulty.

hard·ware |härd'wâr'| —*noun* Metal articles used for making and repairing things around the house.

hard·wood |härd'wŏŏd'| —*noun, plural* **hardwoods** The wood of a tree that has leaves and flowers rather than needles and cones. This kind of wood is often hard and strong.

har·dy |här'dē| —*adjective* **hardier, hardiest** Strong and healthy; robust.

hare |hâr| —*noun, plural* **hares** An animal that looks very much like a rabbit. Hares are larger than rabbits, and have longer ears and legs.

harm |härm| —*noun* Injury or damage.
—*verb* **harmed, harming** To cause harm to; injure; hurt.

harm·ful |härm'fəl| —*adjective* Causing harm; having bad effects.

harm·less |härm'lĭs| —*adjective* Causing no harm.

har·mon·i·ca |här mŏn'ĭ kə| —*noun, plural* **harmonicas** A small rectangular musical instrument containing one or more rows of metal reeds. It is played by blowing in and out through a set of holes.

har·mo·nize |här'mə nīz'| —*verb* **harmonized, harmonizing** **1.** To provide the harmony or accompaniment for a melody. **2.** To sing or play in harmony. **3.** To be in harmony or agreement.

har·mo·ny |här'mə nē| —*noun, plural* **harmonies** **1.** A series of notes or tones that accompany a melody. **2.** Music or a musical sound made up of different tones sounded together. **3.** A pleasing combination of the different parts that make up a whole; balance. **4.** Agreement in opinion or feeling; good will; accord.

har·ness |här'nĭs| —*noun, plural* **harnesses** A set of leather straps and metal pieces by which a horse, ox, or other animal is attached to a vehicle or plow.
—*verb* **harnessed, harnessing** **1.** To put a harness on. **2.** To attach by means of a harness. **3.** To bring under control for use; make use of.

harp |härp| —*noun, plural* **harps** A large, stringed musical instrument that is plucked with the fingers by a player seated next to it.

har·poon |här pŏŏn'| —*noun, plural* **harpoons** A spear with a rope attached to it, used in hunting whales and other large sea animals.
—*verb* **harpooned, harpooning** To strike or kill with a harpoon.

harp·si·chord |härp'sĭ kôrd'| —*noun, plural* **harpsichords** A keyboard instrument similar to the piano. A harpsichord's strings are plucked by quills or picks rather than being struck by little hammers.

har·row |hăr'ō| —*noun, plural* **harrows** A farm implement made of a heavy frame with rows of metal teeth or disks.

harsh |härsh| —*adjective* **harsher, harshest** **1.** Rough and unpleasant. **2.** Severe; stern. **3.** Cruel; unkind.

har·vest |här'vĭst| —*noun, plural* **harvests** **1.** The act or process of gathering in a crop. **2.** The crop that is gathered.
—*verb* **harvested, harvesting** To gather in.

has |hăz| The third person singular present tense of the verb **have**.

hash |hăsh| —*noun, plural* **hashes** **1.** Chopped meat and potatoes browned and cooked together. **2.** A confused mess; jumble.

harden *verbo* Hacer o hacerse duro; endurecer o endurecerse.

hardly *adverbio* **1.** Apenas; sólo; escasamente. **2.** No, con certeza.

hardness *sustantivo* Calidad o condición de ser duro; dureza; aspereza; dificultad.

hardship *sustantivo* Algo que causa sufrimiento o dificultad; pena; apuro; aflicción.

hardware *sustantivo* Objetos de metal que se usan para hacer y reparar cosas en la casa; herramientas.

hardwood *sustantivo* Madera de un árbol que tiene hojas y flores en lugar de agujas y conos; madera dura. Esta clase de madera es a menudo dura y fuerte.

hardy *adjetivo* Fuerte y de buena salud; robusto; recio.

hare *sustantivo* Animal que se parece mucho al conejo; liebre. Las liebres son más grandes que los conejos, y tienen orejas y patas más largas.

harm *sustantivo* Herida o daño; perjuicio; mal.
—*verbo* Causar herida o daño; injuriar; herir; dañar.

harmful *adjetivo* Que causa daño; que tiene malos efectos; dañoso; dañino; perjudicial.

harmless *adjetivo* Que no causa herida o daño; inocente; inocuo.

harmonica *sustantivo* Instrumento musical, pequeño y rectangular, que tiene una o más de una fila de lengüetas metálicas; armónica o harmónica. Se toca soplando y aspirando por una serie de agujeros.

harmonize *verbo* Armonizar: **1.** Proveer la armonía o acompañamiento para una melodía. **2.** Cantar o tocar en armonía. **3.** Estar en armonía o de acuerdo; convenir; corresponder.

harmony *sustantivo* Armonía o harmonía: **1.** Serie de notas o tonos que acompañan una melodía. **2.** Música o sonido musical compuesto de tonos diferentes que se tocan juntos. **3.** Combinación agradable de partes diferentes que hacen una totalidad; balance. **4.** Convenio de opinión o sentimiento; buena voluntad; acuerdo; amistad.

harness *sustantivo* Conjunto de correas y partes de metal con las que se ata un caballo o buey a un vehículo o un arado; guarniciones; arreos.
—*verbo* **1.** Poner guarniciones. **2.** Juntar por medio de las guarniciones. **3.** Traer bajo el dominio para un uso; utilizar; aprovechar; canalizar: *The dam harnesses the hydraulic power of the river.* = *La represa canaliza el poder hidráulico del río.*

harp *sustantivo* Instrumento musical grande, con cuerdas que se tocan con los dedos; arpa o harpa. Para tocar el arpa el músico se sienta próximo a ésta.

harpoon *sustantivo* Lanza con una cuerda atada usada para cazar las ballenas y otros grandes animales marinos; arpón.
—*verbo* Golpear o matar con un arpón; arponar.

harpsichord *sustantivo* Instrumento de teclado semejante al clavicordio. Las cuerdas son punteadas por púas en lugar de ser golpeadas por macillos.

harrow *sustantivo* Instrumento agrícola, hecho de una armadura pesada con filas de dientes o discos metálicos; grada; grada de discos.

harsh *adjetivo* **1.** Áspero y desagradable; tosco. **2.** Severo; disciplinado en demasía. **3.** Cruel; duro.

harvest *sustantivo* **1.** Acción o proceso de recoger los frutos de la tierra; cosecha; recolección. **2.** Los frutos que se recogen; cosecha.
—*verbo* Recoger una cosecha; cosechar; recolectar.

has Tercera persona singular presente del verbo **have**.

hash *sustantivo* **1.** Carne y patatas picadas que se doran y cocinan juntas; picadillo. **2.** Lío confuso; revoltijo.

ă pat ā pay â care ä father ĕ pet ē be ĭ pit ī pie î fierce ŏ pot ō go ô paw, for oi oil ŏŏ book ōŏ boot

hasn't |hăz'ənt| A contraction of "has not."
haste |hāst| —*noun* **1.** Speed in moving or in getting something done; hurry. **2.** Careless speed.

has·ten |hā'sən| —*verb* **hastened, hastening 1.** To move or act swiftly; hurry. **2.** To cause to happen faster or sooner; speed up.

hast·y |hā'stē| —*adjective* **hastier, hastiest 1.** Quick; speedy; rapid. **2.** Done too quickly to be accurate; rash.

hat |hăt| —*noun, plural* **hats** A covering for the head, especially one with a crown and a brim.
hatch¹ |hăch| —*verb* **hatched, hatching 1.** To cause to come out of an egg or eggs. **2.** To break open and produce young. **3.** To come out of the egg.

hatch² |hăch| —*noun, plural* **hatches 1.** A small door. **2.** An opening in the deck of a ship that leads to a lower deck or to the hold.

hatch·et |hăch'ĭt| —*noun, plural* **hatchets** A small ax with a short handle, used with one hand.

hate |hāt| —*verb* **hated, hating** To dislike very much; detest.
—*noun, plural* **hates 1.** Strong dislike; hatred. **2.** A person or thing that one hates.
hate·ful |hāt'fəl| —*adjective* **1.** Arousing or deserving hatred. **2.** Full of hate.
ha·tred |hā'trĭd| —*noun* A very strong dislike; hate.

haugh·ty |hô'tē| —*adjective* **haughtier, haughtiest** Too proud of oneself; superior in one's own mind; arrogant.
haul |hôl| —*verb* **hauled, hauling 1.** To pull or drag with force. **2.** To transport; carry; cart.
—*noun, plural* **hauls 1.** The act of hauling; a strong pull. **2.** A distance over which something is transported. **3.** An amount won, caught, or taken in.

haunt |hônt| or |hänt| —*verb* **haunted, haunting 1.** To visit or return to regularly as a ghost or spirit. **2.** To stay in the mind of; be thought of often by.
—*noun, plural* **haunts** A place often visited.

have |hăv| —*verb* **had, having, has 1.** To be in possession of; own. **2.** To take; accept. **3.** To get; receive. **4.** To arrange for; cause to do or to be done. **5.** To be related to. **6.** To keep or harbor in one's mind. **7.** To cause to take place; hold. **8.** To go through; experience. **9.** To be ill with. **10.** To give birth to.
—*auxiliary verb* As a helping verb **have** is used: **1.** With a past participle to form several verb tenses that show completed action: **a.** The action was completed before a certain time in the past. **b.** The action has been completed in the present, at the time of speaking. **c.** The action will be completed by a certain time in the future. **2.** With the infinitive of another verb to indicate need or obligation.
Idioms **have it out** To fight it out to the end. **have on** To be wearing. **have to do with** To deal with; be concerned with.

hasn't Contracción de "has not".
haste *sustantivo* **1.** Rapidez en el movimiento o en lograr hacer una cosa; prisa. **2.** Prisa descuidada; precipitación.
hasten *verbo* **1.** Mover o ejecutar con rapidez; darse prisa; apresurarse; acelerarse. **2.** Hacer que algo suceda más rápido o pronto; dar prisa; apresurar; acelerar.
hasty *adjetivo* **1.** Veloz; rápido; apresurado. **2.** Hecho con demasiada prisa como para ser preciso; precipitado; atropellado.
hat *sustantivo* Cobertura para la cabeza, especialmente la que tiene copa y ala; sombrero.
hatch¹ *verbo* **1.** Hacer que algo salga de adentro de un cascarón o huevos; sacar (pollos). **2.** Abrirse rompiendo (el huevo o cascarón) y producir crías. **3.** Salir del cascarón.
hatch² *sustantivo* **1.** Puerta pequeña; compuerta; trampa; escotillón. **2.** Abertura en la cubierta de un buque que conduce a las cubiertas inferiores o a la bodega; escotilla.
hatchet *sustantivo* Hacha pequeña de asta corta que se usa con una sola mano; destral.
hate *verbo* Sentir o tener gran antipatía o aversión; odiar; aborrecer; detestar.
—*sustantivo* **1.** Aversión fuerte; aborrecimiento; odio. **2.** Persona o cosa odiada o aborrecida.
hateful *adjetivo* **1.** Que despierta o merece el odio; odioso; aborrecible. **2.** Lleno de odio; maligno; odioso.
hatred *sustantivo* Aversión muy fuerte; odio; aborrecimiento.
haughty *adjetivo* Excesivamente orgulloso de sí mismo; superior en la opinión propia; soberbio; arrogante.
haul *verbo* **1.** Tirar algo de o arrastrarlo con fuerza. **2.** Transportar; llevar; acarrear.
—*sustantivo* **1.** Acción de tirar; tirón fuerte. **2.** Distancia a través de la cual se transporta algo; recorrido. **3.** Cantidad ganada, pescada o recibida; ganancia; redada.
haunt *verbo* **1.** Visitar o volver regularmente a un lugar como fantasma o espíritu; aparecerse; vagar. **2.** Permanecer en la mente; pensar en algo muy a menudo; perseguir.
—*sustantivo* Lugar visitado a menudo; guarida; nidal.
have *verbo* **1.** Tener posesión; poseer; tener: *I have a bicycle.* = *Tengo una bicicleta. She has a new dog.* = *Ella tiene un perro nuevo.* **2.** Tomar; aceptar: *Will you have an apple?* = *¿Acepta Ud. una manzana?* **3.** Obtener; recibir: *She had a letter from her mother yesterday.* = *Recibió ayer una carta de su madre.* **4.** Hacer arreglos; causar o mandar a hacer algo o a que se haga: *He had his brother help him with the gardening.* = *Mandó que su hermano le ayudara con la jardinería. Mrs. Sanchez had a cake made for her son's birthday.* = *La Sra. Sánchez mandó a hacer un pastel para el cumpleaños de su hijo.* **5.** Estar emparentado; tener: *I have two brothers and a sister.* = *Tengo dos hermanos y una hermana.* **6.** Guardar o abrigar en la mente; tener: *He has a new plan.* = *Tiene un nuevo plan. She has a grudge against Sue Ann.* = *Ella abriga un rencor contra Sue Ann.* **7.** Hacer que suceda algo; celebrar; tener: *We will have a spelling contest next Friday.* = *Tendremos un concurso de deletreo el viernes próximo.* **8.** Pasar; sufrir; experimentar: *She had a good time at the party.* = *Pasó un buen rato en la tertulia. We had an accident on the road.* = *Sufrimos un accidente en el camino.* **9.** Estar enfermo; tener: *Father has a cold.* = *Papá tiene un resfriado.* **10.** Dar a luz: *She had a baby girl.* = *Dió a luz una nena. The dog had pups.* = *La perra dió a luz unos cachorritos.*
—*verbo auxiliar* Como verbo auxiliar **have** se usa: **1.** Con un participio pasado para formar varios tiempos del verbo que indican acción concluida; haber: **a.** La acción fue concluida en el pasado, antes de cierto tiempo: *We had just finished supper when they ar-*

rived. = *Apenas habíamos acabado con la cena cuando ellos llegaron.* **b.** La acción se ha concluido en el presente, al tiempo de hablar: *They have already had their supper.* = *Ya han tomado su cena.* **c.** La acción se concluirá en algún momento en el futuro: *I will have finished supper by the time they arrive.* = *Habré acabado con la cena para cuando lleguen.* **2.** Con el infinitivo de otro verbo para indicar necesidad u obligación; tener que; haber: *I have to go.* = *Tengo que ir. She has to stay.* = *Tiene que quedarse. They have to work late every Monday night.* = *Tienen que trabajar tarde todos los lunes por la noche.*

Modismos have it out Decidirlo peleando hasta el fin; habérselas con. **have on** Llevar puesto. **have to do with** Tratar (sobre algo); concernir; tener que ver (con algo).

haven |hāvən| —*noun plural* **havens** A place of safety or rest; shelter.

have·n't |hăv'ənt| A contraction of "have not."

hawk |hôk| —*noun, plural* **hawks** A bird with a short, hooked bill and strong claws.

haw·thorn |hô'thôrn'| —*noun, plural* **hawthorns** A thorny shrub with white or pink flowers and red berries.

hay |hā| —*noun* Grass, clover, or other plants that have been cut and dried. Hay is used as food for horses, cattle, and other animals.

hay fever An allergy caused by the pollen of certain plants.

haz·ard |hăz'ərd| —*noun, plural* **hazards** Something that can harm or injure; a source of danger.

haze |hāz| —*noun, plural* **hazes** A light fog or a small amount of smoke, dust, or mist in the air.

ha·zel |hā'zəl| —*noun, plural* **hazels** 1. A small tree or shrub that has nuts with a smooth brown shell. The nuts are good to eat. 2. A light or yellowish-brown color.
—*adjective* Light- or yellowish-brown.

ha·zel·nut |hā'zəl nŭt'| —*noun, plural* **hazelnuts** The nut of a hazel.

haz·y |hā'zē| —*adjective* **hazier, haziest** 1. Covered with haze; foggy. 2. Not clear; vague or confused.

he |hē| —*pronoun* 1. The male person or animal last mentioned. 2. Any person whose sex is not specified; that person; one.
—*noun, plural* **hes** A male.

head |hĕd| —*noun, plural* **heads** 1. The top part of the body, containing the brain, eyes, ears, nose, and mouth. 2. The brain; mind. 3. Mental ability or aptitude. 4. A person who is in charge; a leader; director. 5. The leading position; front. 6. The upper part; the top. 7. A rounded part that looks like a head. 8. *plural* **head** A single animal or person. 9. Often **heads** The side of a coin having the main design and usually the date.
—*adjective* Principal; leading; chief.
—*verb* **headed, heading** 1. To set out in a certain direction; proceed. 2. To aim; point. 3. To be in the first or foremost position of; lead. 4. To be in charge of.

Idioms come to a head 1. To fill with pus, as a boil or abscess. 2. To reach a critical point. **keep (one's) head** To remain calm; not lose control of oneself. **lose (one's) head** To lose one's composure or calm. **over (one's) head** Beyond one's ability to understand.

head·ache |hĕd'āk'| —*noun, plural* **headaches** A pain in the head.

haven —*sustantivo* Lugar seguro o que se usa como amparo; refugio; abrigo.

haven't Contracción de "have not".

hawk *sustantivo* Ave de pico corto y ganchudo y garras fuertes; halcón.

hawthorn *sustantivo* Arbolillo espinoso con flores blancas o rosadas y bayas rojas; espino; marjoleto.

hay *sustantivo* Hierba, trébol u otras plantas que se han cortado y secado; heno; paja. El heno se usa como alimento para caballos, ganado y otros animales.

hay fever Alergia causada por el polen de ciertas plantas; fiebre de heno; catarro asmático.

hazard *sustantivo* Algo que puede dañar o herir; aquello que puede acarrear peligro; riesgo.

haze *sustantivo* Neblina leve o cantidad pequeña de humo, polvo o llovizna en el aire; niebla.

hazel *sustantivo* 1. Árbol pequeño o arbusto que tiene nueces de cáscara lisa y parda; avellano. Las nueces son comestibles. 2. Color pardo claro o que tira a amarillo; color de avellana.
—*adjetivo* Pardo claro o que tira a amarillo; de color de avellana.

hazelnut *sustantivo* Nuez del avellano; avellana.

hazy *adjetivo* 1. Cubierto de bruma; brumoso; nebuloso. 2. Poco claro; vago o confuso.

he *pronombre* 1. Persona o animal masculino; él. Se usa para referirse a alguien recién mencionado: *Tom was here, but now he is gone.* = *Tom estaba aquí pero (él) recién acaba de irse.* 2. Cualquier persona cuyo género no está especificado; esta persona; él: *Each of us is sure he is right.* = *Cada uno de nosotros está seguro que (él) tiene razón.*
—*sustantivo* Varón; macho: *Is the puppy a he or a she?* = *¿Es el cachorrito macho o hembra?*

head *sustantivo* 1. Parte superior del cuerpo que contiene el cerebro, ojos, orejas, nariz y boca; cabeza. 2. Seso; mente; cabeza: *Can you add the figures in your head?* = *¿Puede sumar los números en la cabeza?* 3. Habilidad mental o aptitud. 4. Persona que está encargada; jefe; director. 5. Posición delantera; frente; cabecera. 6. Parte superior; cima; cabecera. 7. Parte redonda que se parece a una cabeza; repollo; cabezuela; puño. 8. Animal o persona sola; cabeza. 9. A veces **heads** Lado de una moneda que tiene el diseño principal y usualmente la fecha; cara.
—*adjetivo* Principal; delantero; mayor.
—*verbo* 1. Partir hacia cierta dirección; proceder. 2. Dirigir; apuntar. 3. Estar en posición primera o delantera. 4. Ser encargado; encabezar.

Modismos come to a head 1. Llenarse de pus, como un furúnculo o absceso; supurar. 2. Llegar a un punto crítico; madurar. **keep (one's) head** Quedarse calmo; no perder control de sí mismo; no perder la cabeza. **lose (one's) head** Perder la compostura o calma; perder la cabeza. **over (one's) head** Fuera de la capacidad de entender; fuera del alcance de uno.

headache *sustantivo* Dolor de cabeza.

ă pat ā pay â care ä father ĕ pet ē be ĭ pit ī pie î fierce ŏ pot ō go ô paw, for oi oil oo book oo boot

head·dress |hĕd′drĕs′| —*noun, plural* **headdresses**
A fancy covering or ornament worn on the head.

head·first |hĕd′fûrst′| —*adverb* With the head lead-
ing; headlong.

head·ing |hĕd′ĭng| —*noun, plural* **headings** A word
or words at the top of a page, chapter, or letter.

head·light |hĕd′līt′| —*noun, plural* **headlights** A
light mounted on the front of an automobile, bicycle,
or other vehicle.

head·line |hĕd′līn′| —*noun, plural* **headlines** A
group of words printed in large type at the top of a
newspaper article.

head·long |hĕd′lông′| or |hĕd′lŏng′| —*adverb*
1. With the head leading; headfirst. **2.** At reckless
speed.
—*adjective* |hĕd′lông′| or |hĕd′lŏng′| **1.** Done with
the head leading. **2.** Recklessly fast.

head·on |hĕd′ŏn′| or |hĕd′ôn′| —*adjective* With the
front end getting hit squarely.
—*adverb* |hĕd′ŏn′| or |hĕd′ôn′| With the front end
directed toward something.

head·quar·ters |hĕd′kwôr′tərz| —*noun* (Used with
a singular or plural verb.) **1.** The offices of the com-
mander of a military unit, or a police force. **2.** A center
of operations; main office.

head·stand |hĕd′stănd′| —*noun, plural* **headstands**
An upside-down position in which a person's weight is
resting on the arms and the top of the head.

head·way |hĕd′wā′| —*noun* Forward movement;
progress.

heal |hēl| —*verb* **healed, healing** To make or be-
come healthy and sound.

health |hĕlth| —*noun* **1.** The general condition of the
body or mind. **2.** Normal or sound condition; freedom
from sickness.

health·ful |hĕlth′fəl| —*adjective* Good for one's
health.

health·y |hĕl′thē| —*adjective* **healthier, healthiest**
1. In good health. **2.** Giving good health. **3.** Showing
good health in mind or body. **4.** Full; ample.

heap |hēp| —*noun, plural* **heaps** A collection of
things lying or thrown together; pile.
—*verb* **heaped, heaping 1.** To place in a heap; pile
up. **2.** To fill to overflowing; pile high.

hear |hîr| —*verb* **heard, hearing 1.** To be aware of a
sound with one's ears. **2.** To get as information; learn.
3. To receive communication, as by letter or telephone.
4. To listen to so as to judge.

heard |hûrd| The past tense and past participle of
the verb **hear.** ♦ *These sound alike* **heard, herd.**

hear·ing |hîr′ĭng| —*noun, plural* **hearings 1.** The
sense by which one detects sound; ability to hear.
2. The area within which sounds can be heard. **3.** An
official meeting, as in a court of law, to listen to argu-
ments or to people giving information.

hear·say |hîr′sā′| —*noun* Information heard from
someone else; gossip.

hearse |hûrs| —*noun, plural* **hearses** A car for car-
rying a dead person to a church or cemetery.

heart |härt| —*noun, plural* **hearts 1.** The organ that
pumps blood throughout the body. In human beings
the heart is in the middle of the chest. **2.** The central
or main part. **3.** The center of a person's feelings.
4. Enthusiasm, energy, or courage. **5.** One's hopes or
wishes. **6.** A red figure shaped like a heart. **7. a.** A red
figure that looks like a heart found on a playing card.
b. A playing card marked with this figure. **c. hearts**
The suit of cards that has this figure.
Idiom **by heart** Entirely by memory.

headdress *sustantivo* Cubierta u ornamento elegante
que se coloca en la cabeza; tocado.

headfirst *adverbio* Con la cabeza hacia adelante; de
cabeza.

heading *sustantivo* Palabra o palabras al principio de
una página, capítulo o carta; título; encabezamiento.

headlight *sustantivo* Faro montado en el frente de un
automóvil, bicicleta u otro vehículo; faro delantero.

headline *sustantivo* En un periódico, serie de palabras
impresa a la cabeza de un artículo; título; encabeza-
miento.

headlong *adverbio* **1.** Con la cabeza hacia adelante;
de cabeza. **2.** A velocidad atrevida; precipitadamente.
—*adjetivo* **1.** Hecho con la cabeza hacia adelante; de
cabeza. **2.** Atrevidamente rápido.

head-on *adjetivo* Cuando la parte delantera recibe un
golpe frontal; de frente.
—*adverbio* Con la parte delantera dirigida hacia algo;
de frente.

headquarters *sustantivo* **1.** Las oficinas del coman-
dante de una unidad militar o un cuerpo de policía;
cuartel general. **2.** Centro de operaciones; oficina prin-
cipal; jefatura.

headstand *sustantivo* Posición vertical del cuerpo en
la que el peso de una persona se apoya en los brazos y
en la cima de la cabeza; parada de cabeza.

headway *sustantivo* Movimiento hacia adelante; pro-
greso; avance.

heal *verbo* Poner o ponerse sano y saludable; curar o
curarse; sanar o sanarse.

health *sustantivo* **1.** Condición general del cuerpo o de
la mente; salud. **2.** Condición normal o saludable, sin
enfermedades; buena salud.

healthful *adjetivo* Provechoso para la salud; saludable;
sano; salubre.

healthy *adjetivo* **1.** De buena salud; sano; bien de sa-
lud. **2.** Que da buena salud; saludable; salubre. **3.** Que
exhibe la buena salud en la mente o el cuerpo; sano.
4. Grande; amplio; considerable.

heap *sustantivo* Colección de cosas juntadas o tiradas
juntas; montón.
—*verbo* **1.** Poner en un montón; amontonar. **2.** Llenar
hasta el punto de desbordarse; amontonar muy alto.

hear *verbo* **1.** Estar consciente de un sonido con las
orejas; oír; escuchar. **2.** Recibir como información;
aprender; tener noticias; oír. **3.** Recibir comunicación
como por carta o teléfono; oír. **4.** Escuchar para
juzgar.

heard Pretérito y participio pasado del verbo **hear.**

hearing *sustantivo* **1.** Sentido por el cual se percibe el
sonido; capacidad de oír; oído. **2.** Área dentro de la
cual se pueden oír los sonidos; alcance del oído.
3. Reunión oficial, como en un juzgado, para escuchar
disputas o a personas que dan información; audiencia;
juicio; proceso.

hearsay *sustantivo* Información recibida de algún
otro; rumor; chisme.

hearse *sustantivo* Coche para llevar los muertos a la
iglesia o al cementerio; coche fúnebre.

heart *sustantivo* **1.** Órgano que bombea la sangre por
todas las partes del cuerpo; corazón. En los seres hu-
manos el corazón está en el centro del pecho. **2.** Parte
central o principal; corazón. **3.** Centro de los senti-
mientos de una persona; corazón; ánimo. **4.** Entu-
siasmo, energía o valor. **5.** Condición de tener
esperanzas o desos propios: *She had her heart set on
going to the big game. = Ella tenía todas sus esperan-
zas puestas en ir a ver el partido.* **6.** Figura roja que se
parece a un corazón, que se encuentra en un naipe;
corazón. **7. a.** Naipe marcado con esta figura; corazón.
b. hearts Palo de baraja que tiene esta figura;
corazones.
Modismos **by heart** Completamente de memoria.

heart·beat |härt′bĕt| —*noun, plural* **heartbeats** A single pumping movement of the heart.

heart·bro·ken |härt′brō′kən| —*adjective* Suffering great sorrow; very sad.

hearth |härth| —*noun, plural* **hearths** The floor of a fireplace and the area around it.

heart·y |här′tē| —*adjective* **heartier, heartiest** 1. Showing warm, friendly feeling; strong and cheerful. 2. Giving or needing much nourishment; substantial.

heat |hēt| —*noun* 1. The condition of being hot; warmth. 2. Very warm weather.
—*verb* **heated, heating** To make or become warmer.

heat·er |hē′tər| —*noun, plural* **heaters** A device for supplying heat, as to the inside of a house or car.

heath·er |hĕth′ər| —*noun* A low shrub with many small purplish flowers.

heave |hēv| —*verb* **heaved, heaving** 1. To raise, lift, or throw with effort or force; hoist. 2. To utter with a long, deep breath.

heav·en |hĕv′ən| —*noun, plural* **heavens** 1. Often **heavens** The sky or universe as seen from the earth. 2. The place where God lives, according to many religions.

heav·en·ly |hĕv′ən lē| —*adjective* 1. Of or in the heavens. 2. Of or like heaven. 3. Pleasing in every way; delightful.

heav·i·ly |hĕv′ə lē| —*adverb* To a great degree; extremely; intensely.

heav·y |hĕv′ē| —*adjective* **heavier, heaviest** 1. Having great weight; hard to pick up. 2. Large in amount or output. 3. Sturdy or thick. 4. Very dense. 5. Requiring much effort.

hec·tare |hĕk′târ′| —*noun, plural* **hectares** A unit of area in the metric system equal to 10,000 square meters or 2.471 acres.

hec·tic |hĕk′tĭk| —*adjective* Busy and confused; rushed and excited.

hec·to·me·ter |hĕk′tə mē′tər| —*noun, plural* **hectometers** A unit of length in the metric system equal to 100 meters.

he'd |hēd| A contraction of "he had" or "he would."

hedge |hĕj| —*noun, plural* **hedges** A row of closely planted shrubs or small trees.
—*verb* **hedged, hedging** 1. To enclose with a hedge. 2. To avoid giving a direct answer.

hedge·hog |hĕj′hôg′| or |hĕj′hŏg′| —*noun, plural* **hedgehogs** A small animal whose back is covered with short, stiff spines.

heed |hēd| —*verb* **heeded, heeding** To pay attention to; listen to and consider.
—*noun* 1. Close attention or consideration. 2. Care; caution.

heel |hēl| —*noun, plural* **heels** 1. The rounded back part of the foot. 2. The part of a sock, shoe, or stocking that covers the heel. 3. The part of a shoe or boot under the heel of the foot.
—*verb* **heeled, heeling** 1. To put a heel or heels on. 2. To follow closely behind.

heft·y |hĕf′tē| —*adjective* **heftier, heftiest** 1. Heavy. 2. Of a powerful build; strong.

heif·er |hĕf′ər| —*noun, plural* **heifers** A young cow.

height |hīt| —*noun, plural* **heights** 1. How high something is; distance from bottom to top. 2. How tall someone is; distance from foot to head. 3. Often **heights** A high place. 4. The highest point; peak.

height·en |hīt′n| —*verb* **heightened, heightening** To make or become higher; raise or rise; increase.

heir |âr| —*noun, plural* **heirs** Someone who gets the money, property, or title of another person after that person dies.

heir·ess |âr′ĭs| —*noun, plural* **heiresses** A female heir.

heartbeat *sustantivo* Movimento de contracción y dilatación del corazón; latido.

heartbroken *adjetivo* Que padece gran pena; muy triste; transido; acongojado.

hearth *sustantivo* La base de una chimenea y el área alrededor; hogar.

hearty *adjetivo* 1. Que muestra sentimientos afectivos y amistosos; cordial; fuerte y alegre. 2. Que da o requiere mucho nutrimento.

heat *sustantivo* Calor: 1. Condición de estar caliente. 2. Tiempo muy caluroso.
—*verbo* Hacer o hacerse más caliente; calentar o calentarse.

heater *sustantivo* Aparato que proporciona calor, como al interior de una casa o un coche; calentador; estufa.

heather *sustantivo* Arbusto bajo de muchas flores purpurinas; brezo común; erica.

heave *verbo* 1. Levantar, alzar o echar con empeño o esfuerzo; elevar. 2. Expresarse con un aliento largo y hondo; exhalar.

heaven *sustantivo* 1. A veces **heavens** Cielo o universo visto desde la Tierra; firmamento. 2. Según muchas religiones, el lugar donde vive Dios; cielo; cielos; paraíso.

heavenly *adjetivo* 1. Relativo a los cielos; celeste. 2. De o como el cielo (mansión de los bienaventurados); celestial. 3. Agradable; delicioso; celestial.

heavily *adverbio* En alto grado; extremadamente; intensamente.

heavy *adjetivo* 1. Que tiene gran peso; difícil de levantar; pesado. 2. Grande en cantidad o producción; fuerte; abundante; copioso. 3. Robusto o grueso. 4. Muy denso; espeso. 5. Que exige mucho esfuerzo; duro; considerable.

hectare *sustantivo* Unidad de superficie en el sistema métrico, equivalente a 10 000 m² o 2.471 acres; hectárea.

hectic *adjetivo* Ocupado y confuso; apremiado y excitado.

hectometer *sustantivo* Unidad de longitud en el sistema métrico equivalente a 100 metros; hectómetro.

he'd Contracción de "he had" o "he would".

hedge *sustantivo* Fila de arbustos o arbolitos plantados uno junto al otro; seto vivo.
—*verbo* 1. Cercar con un seto vivo. 2. Evitar una respuesta directa; hablar evasivamente.

hedgehog *sustantivo* Animal pequeño con el dorso cubierto de espinas cortas y tiesas; erizo.

heed *verbo* Prestar atención; escuchar y considerar.
—*sustantivo* 1. Atención o consideración completa. 2. Cuidado; cautela.

heel *sustantivo* Talón: 2. Parte redonda y posterior del pie; calcañar. 2. Parte de la media, el zapato o calcetín que cubre el calcañar. 3. Parte de un zapato o una bota debajo del talón del pie; tacón.
—*verbo* 1. Poner tacón o tacones. 2. Seguir de cerca.

hefty *adjetivo* 1. Pesado. 2. De figura poderosa; fuerte; fornido.

heifer *sustantivo* Vaca joven; vaquilla; novilla.

height *sustantivo* 1. Altura de una cosa; altitud; elevación; distancia de fondo a cima. 2. Estatura o talla de una persona; distancia de pie a cabeza. 3. A veces **heights** Lugar alto; cima; cumbre. 4. Punto más alto; cumbre.

heighten *verbo* Hacer o hacerse más alto; elevar o elevarse; aumentar o aumentarse; acrecentar o acrecentarse.

heir *sustantivo* El que recibe el dinero, los bienes o el título de otra persona después de su muerte; heredero; heredera.

heiress *sustantivo* Heredera.

ă pat ā pay â care ä father ĕ pet ē be ĭ pit ī pie î fierce ŏ pot ō go ô paw, for oi oil oo book oō boot

heir·loom |âr'lōōm'| —*noun, plural* **heirlooms** A possession valued by members of a family and passed down from one generation to the next.

held |hĕld| The past tense and past participle of the verb **hold.**

hel·i·cop·ter |hĕl'ĭ kŏp'tər| or |hē'lĭ kŏp'tər| —*noun, plural* **helicopters** An aircraft without wings that is kept in the air by rotating blades mounted above the craft.

hel·i·port |hĕl'ə pôrt'| or |hĕl'ə pōrt'| —*noun, plural* **heliports** An airport or landing place for helicopters.

he·li·um |hē'lē əm| —*noun* A very light gas used to fill balloons and dirigibles. Helium is a chemical element.

hell |hĕl| —*noun, plural* **hells 1.** Often **Hell** In many religions, a place of punishment where the souls of wicked people go after death. **2.** Any place or condition of great suffering or misery.

he'll |hēl| A contraction of "he will" or "he shall."

hel·lo |hĕ lō'| or |hə lō'| or |hĕl'ō| —*interjection* A word used to greet someone, answer the telephone, or attract attention.
—*noun, plural* **helloes** A call or greeting of "hello."

helm |hĕlm| —*noun, plural* **helms** The steering wheel or tiller of a ship.

hel·met |hĕl'mĭt| —*noun, plural* **helmets** A head covering of metal or other hard material to protect the head in battle, work, or sports.

help |hĕlp| —*verb* **helped, helping 1.** To give or do things useful to; assist; aid. **2.** To give relief to; ease. **3.** To prevent or change. **4.** To refrain from; avoid. **5.** To wait on, as in a store or restaurant.
—*noun* **1.** The act or an example of helping. **2.** Someone or something that helps.
Idiom **help (oneself) to** To serve oneself.

help·ful |hĕlp'fəl| —*adjective* Providing help; useful.

help·ing |hĕl'pĭng| —*noun, plural* **helpings** A portion of food for one person.

help·less |hĕlp'lĭs| —*adjective* Not capable of taking care of oneself; dependent upon others.

hem |hĕm| —*noun, plural* **hems** The edge of a garment or cloth, especially the lower edge of a dress. Hems are made by folding under the raw edge and sewing it down.
—*verb* **hemmed, hemming** To fold back and sew down the edge of.

hem·i·sphere |hĕm'ĭ sfîr'| —*noun, plural* **hemispheres 1.** Either of the two halves into which a sphere is divided. **2.** Often **Hemisphere** One half of the earth's surface.

hem·lock |hĕm'lŏk'| —*noun, plural* **hemlocks 1.** An evergreen tree with short, flat needles and small cones. **2.** A poisonous plant with feathery leaves and clusters of small whitish flowers. **3.** Poison made from this plant.

hemp |hĕmp| —*noun* A tall plant with stems that yield a tough, strong fiber.

hen |hĕn| —*noun, plural* **hens 1.** A fully grown female chicken. **2.** The female of some other birds, like the peacock and turkey.

hence |hĕns| —*adverb* **1.** For this reason; therefore. **2.** From now.

her |hûr| —*pronoun* **1.** The pronoun **her** is the objective case of **she.** It is used: **a.** As the direct object of a verb. **b.** As the indirect object of a verb. **c.** As the object of a preposition. **2.** The pronoun **her** is a possessive form of **she.** It means: **a.** Of or belonging to a female person or animal. **b.** Done or performed by a female person or animal.

heirloom *sustantivo* Posesión apreciada por los miembros de una familia y que se pasa de una generación a otra; reliquia de familia.

held Pretérito y participio pasado del verbo **hold.**

helicopter *sustantivo* Aeronave sin alas que se mantiene en el aire por medio de hélices giratorias montadas encima. helicóptero.

heliport *sustantivo* Aeropuerto o lugar de aterrizaje para helicópteros; helipuerto.

helium *sustantivo* Gas muy ligero usado para llenar globos, globos aerostáticos y dirigibles; helio. El helio es un elemento químico.

hell *sustantivo* Infierno: **1.** A veces **Hell** En muchas religiones, el lugar de castigo a donde van las almas perversas después de su muerte; infierno. **2.** Cualquier lugar o condición en donde hay gran sufrimiento o desdicha: *War is hell.* = *La guerra es un infierno.*

he'll Contracción de "he will" o "he shall".

hello *interjección* Palabra usada para saludar a alguien, responder por teléfono o llamar la atención; ¡hola!; ¡diga!
—*sustantivo* Llamada o salutación de "hola"; saludo.

helm *sustantivo* Rueda o caña del timón de un buque; timón; gobernalle.

helmet *sustantivo* Cobertura para la cabeza, de metal u otra materia dura, para protegerla en una batalla, trabajo o deporte; casco; yelmo.

help *verbo* **1.** Dar o hacer cosas provechosas a algo o alguien; asistir; ayudar; socorrer. **2.** Dar alivio; aliviar; mitigar. **3.** Prevenir o alterar; remediar. **4.** Contenerse; poder menos que; evitar: *She couldn't help laughing.* = *No podía menos que reír.* **5.** Servir; atender, como en una tienda o restaurante.
—*sustantivo* **1.** Acción o ejemplo de ayudar; ayuda; socorro. **2.** Alguien o algo que ayuda; ayuda.
Modismo **help (oneself) to** Servirse uno mismo; escoger lo que uno quiere.

helpful *adjetivo* Que proporciona ayuda; útil; provechoso; beneficioso.

helping *sustantivo* Porción de comida para una persona; ración.

helpless *adjetivo* Incapaz de cuidarse; dependiente de otros; desvalido; indefenso.

hem *sustantivo* Borde de un vestido o tela, especialmente el borde inferior de un vestido de mujer; bastilla; dobladillo. Los dobladillos se hacen doblando el borde y cosiéndolo.
—*verbo* Doblar y coser el borde; bastillar; dobladillar.

hemisphere *sustantivo* Hemisferio: **1.** Cualquiera de las dos mitades en que se divide una esfera. **2.** A veces **Hemisphere** Una mitad de la superficie de la Tierra.

hemlock *sustantivo* **1.** Árbol perenne de agujas cortas y lisas y conos pequeños; cicuta. **2.** Planta venenosa de hojas plumosas y pequeñas flores blanquecinas. **3.** Veneno hecho de la cicuta; cicutina.

hemp *sustantivo* Planta alta, con tallos que producen una fibra dura y fuerte; cáñamo.

hen *sustantivo* **1.** Gallina crecida. **2.** La hembra de algunos otros animales, como el pavo real y el pavo.

hence *adverbio* **1.** Por esta razón; por lo tanto; como consecuencia. **2.** Desde ahora; de aquí; de aquí en más.

her *pronombre* **1.** El pronombre **her** es el caso objetivo de **she.** Se usa: **a.** Como complemento directo de un verbo; la: *I saw her on the street.* = *La vi en la calle.* **b.** Como complemento indirecto de un verbo; le (o *se,* cuando el complemento directo es también pronombre de la tercera persona): *He told her the news.* = *Le dió la noticia.* **c.** Como complemento de una preposición; ella: *We left the keys with her.* = *Dejamos las llaves*

ər butter yōō abuse ou out ŭ cut û fur *th* the th thin hw which zh vision ə ago, item, pencil, atom, circus

herb |ûrb| or |hûrb| —*noun, plural* **herbs** A plant with leaves, roots, or other parts used to flavor food or as medicine. Parsley, dill, and thyme are herbs.

her·biv·o·rous |hər bĭv′ər əs| —*adjective* Feeding entirely on plants or plant parts.

herd |hûrd| —*noun, plural* **herds** 1. A group of animals, such as cattle or elephants, that live or are kept together. 2. A large group of people; a throng.
—*verb* **herded, herding** To gather, keep, or drive together.

here |hîr| —*adverb* At or to this place.
—*noun* This place.
—*interjection* A word used in calling an animal, getting someone's attention, or answering to one's name in a roll call.

here·by |hîr bī′| or |hîr′bī′| —*adverb* By this means.

he·red·i·tar·y |hə rĕd′ĭ tĕr′ē| —*adjective* Passing or capable of passing from a parent to offspring.

he·red·i·ty |hə rĕd′ĭ tē| —*noun, plural* **heredities** 1. The passing of characteristics from parents to offspring. 2. The characteristics that a child gets from birth from its parents.

here's |hîrz| A contraction of "here is."

her·i·tage |hĕr′ĭ tĭj| —*noun, plural* **heritages** The customs, achievements, and other things handed down from earlier generations; tradition.

her·mit |hûr′mĭt| —*noun, plural* **hermits** A person who lives alone and far away from other people.

he·ro |hîr′ō| —*noun, plural* **heroes** 1. A person admired for bravery or outstanding accomplishment. 2. The main male character in a story, poem, play, or movie.

he·ro·ic |hĭ rō′ĭk| —*adjective* 1. Of or having to do with heroes. 2. Very brave; noble and daring.

her·o·in |hĕr′ō ĭn| —*noun, plural* **heroins** A very strong, dangerous drug. Heroin is habit-forming and can cause death.

her·o·ine |hĕr′ō ĭn| —*noun, plural* **heroines** 1. A woman or girl admired for bravery or outstanding accomplishment. 2. The main female character in a story, poem, play, or movie.

her·o·ism |hĕr′ō ĭz′əm| —*noun, plural* **heroisms** Great bravery; courage.

her·ring |hĕr′ĭng| —*noun, plural* **herring** or **herrings** A fish of the North Atlantic Ocean. It is caught in large numbers for food.

hers |hûrz| —*pronoun* The pronoun **hers** is a possessive form of **she**. It is used to show that something or someone belongs to a female person or animal.

her·self |hər sĕlf| —*pronoun* The pronoun **herself** is a special form of the pronoun **her**. 1. It means: **a.** Her own self. **b.** Her normal self. 2. It is used to call special attention to someone or something.

he's |hēz| A contraction of "he is" or "he has."

hes·i·tant |hĕz′ĭ tənt| —*adjective* Stopping or waiting because one is not sure; doubtful.

hes·i·tate |hĕz′ĭ tāt′| —*verb* **hesitated, hesitating**

con ella. 2. El pronombre **her** es una forma posesiva de **she.** Significa: **a.** Que es de o pertenece a una persona o animal femenino; su. **b.** Hecho o realizado por una persona o animal femenino; su.

herb *sustantivo* Planta con hojas, raíces u otras partes que se usa para sasonar la comida o como medicina; hierba. El perejil, el eneldo y el tomillo son hierbas.

herbivorous *adjetivo* Que se alimenta enteramente de plantas o partes de la planta; herbívoro. El ganado, los venados y los conejos son animales herbívoros.

herd *sustantivo* 1. Grupo de animales tales como el ganado o elefantes que viven o se mantienen juntos; rebaño; manada. 2. Grupo de gente; tropel.
—*verbo* Reunir en rebaño, mantener o llevar en manada: *The cowboys herded the cattle.* = *Los vaqueros llevaron el ganado en manada.*

here *adverbio* En o para este lugar; aquí.
—*sustantivo* En este lugar.
—*interjección* En inglés **here** se usa como una interjección para llamar a un animal, llamar la atención de alguien, o para responder al nombre de uno cuando pasan lista.

hereby *adverbio* Por este medio: *You are hereby declared a member of our club.* = *Lo declaramos, por este medio, miembro de nuestro club.*

hereditary *adjetivo* Que pasa o es capaz de pasar de padre a hijo; hereditario.

heredity *sustantivo* Herencia: 1. El traspaso de características de padre a hijo. 2. Características que el niño obtiene de sus padres desde su nacimiento.

here's Contracción de "here is".

heritage *sustantivo* Costumbres, obras y otras cosas transmitidas desde generaciones pasadas; tradición.

hermit *sustantivo* Persona que vive sola y lejos de otra gente; hermitaño.

hero *sustantivo* Héroe: 1. Persona admirada por su valentía o algún logro sobresaliente. 2. Personaje masculino principal en un relato, poema, drama o película cinematográfica.

heroic *adjetivo* Heroico: 1. Relativo a los héroes. 2. Muy valiente; noble y osado.

heroin *sustantivo* Droga muy fuerte y peligrosa; heroína. La heroína forma hábito y puede causar la muerte.

heroine *sustantivo* Heroína: 1. Mujer o niña admirada por su valentía o grandes obras. 2. Personaje femenino principal en un relato, poema, drama o película cinematográfica.

heroism *sustantivo* Gran valentía; coraje; heroísmo.

herring *sustantivo* Pez del Océano Atlántico del Norte que se pesca en gran número como alimento; arenque.

hers *pronombre* El pronombre **hers** es una forma posesiva de **she.** Se usa para demonstrar que algo o alguien pertenece a una persona o animal femenino: *If his desk is occupied use hers.* = *Si su escritorio está ocupado, use el de ella.*

herself *pronombre* El pronombre **herself** es una forma especial del pronombre **her.** 1. Significa: **a.** Ella misma; sí misma: *She cut herself with the scissors.* = *Ella misma se cortó con las tijeras. Mary is proud of herself.* = *María está orgullosa de sí misma.* **b.** Su ser normal; ella misma o la misma: *Josie is not herself today.* = *Josie no es ella misma hoy; Josie no es la misma hoy.* 2. Se usa para señalar especialmente a alguien o algo; (ella) misma: *Mother herself is going.* = *Mamá misma va. She herself saw the accident.* = *Ella misma vió el accidente.*

he's Contracción de "he is" o "he has".

hesitant *adjetivo* Que se detiene o espera porque no está seguro; dudoso; indeciso; titubeante.

hesitate *verbo* 1. Detenerse o esperar porque uno no

1. To stop or wait because one is not sure. **2.** To pause in speaking or acting.

hes·i·ta·tion |hĕz′ĭ tā′shən| —*noun, plural* **hesitations 1.** The act of hesitating; a pause or delay. **2.** The condition of being hesitant; lack of assurance.

hey |hā| —*interjection* A word used to show surprise or attract attention.

hi |hī| —*interjection* A word used as a greeting, like "hello."

hi·ber·nate |hī′bər nāt′| —*verb* **hibernated, hibernating** To spend the winter asleep in a protected place, as certain animals do.

hic·cup |hĭk′ŭp| —*noun, plural* **hiccups 1.** A sudden catching of the breath in the throat. **2. the hiccups** An attack in which a person has one hiccup after another.
—*verb* **hiccupped, hiccupping** To have the hiccups.

hick·o·ry |hĭk′ə rē| —*noun, plural* **hickories** A North American tree that has hard wood and nuts with a hard shell. The nuts are good to eat.

hid |hĭd| The past tense and a past participle of the verb **hide.**

hid·den |hĭd′n| A past participle of the verb **hide.**

hide¹ |hīd| —*verb* **hid, hidden** or **hid, hiding 1.** To put or keep out of sight. **2.** To keep from being known; conceal.

hide² |hīd| —*noun, plural* **hides** The skin of an animal.

hide·a·way |hīd′ə wā′| —*noun, plural* **hideaways** A place that is a secret from or hard to find by other people.

hid·e·ous |hĭd′ē əs| —*adjective* Very bad to look at or think about; ugly; horrible.

hide·out |hīd′out′| —*noun, plural* **hideouts** A place where one can safely hide.

hi-fi |hī′fī′| —*noun, plural* **hi-fi's** A radio or phonograph that reproduces sound very accurately.

high |hī| —*adjective* **higher, highest 1.** Having great height; tall. **2.** At a great distance above the ground. **3.** Above others in rank or importance. **4.** Greater than usual. **5.** Sharp; shrill. **6.** Very favorable.
—*adverb* At, in, or to a high position or level.
—*noun, plural* **highs** A high level or position.

high·land |hī′lənd| —*noun, plural* **highlands** A country or area that is higher or more hilly than the region around it.

high·light |hī′līt′| —*noun, plural* **highlights** An outstanding event, part, or place.

high·ly |hī′lē| —*adverb* **1.** To a great degree; very. **2.** In a good or favorable way. **3.** At a high price.

High·ness |hī′nĭs| —*noun, plural* **Highnesses** A title of honor for a member of a royal family.

high school A school attended by students who have finished elementary school. High school usually includes grades nine through twelve.

high·way |hī′wā′| —*noun, plural* **highways** A main public road.

hi·jack |hī′jăk′| —*verb* **hijacked, hijacking** To take over by force; seize control of.

hike |hīk| —*verb* **hiked, hiking** To go on a long walk.
—*noun, plural* **hikes** A long walk.

hik·er |hī′kər| —*noun, plural* **hikers** A person who hikes.

está seguro; dudar; vacilar. **2.** Pausar al hablar o actuar; detenerse; titubear.

hesitation *sustantivo* **1.** Acto de detenerse; pausa o demora; vacilación; titubeo. **2.** Condición de estar dudoso; falta de seguridad; duda.

hey *interjección* Palabra usada para demostrar sorpresa o llamar la atención; ¡eh!; ¡oiga!; ¡oye!

hi *interjección* Palabra usada como saludo, similar a "hello" = ¡hola!; ¿qué tal?

hibernate *verbo* Pasar el invierno dormido en un lugar protegido, tal como lo hacen ciertos animales; invernar.

hiccup *sustantivo* **1.** Movimiento repentino del aliento en la garganta; hipo. **2. the hiccups** Ataque en el cual una persona tiene un hipo tras otro.
—*verbo* Tener hipo.

hickory *sustantivo* Árbol de América del Norte que tiene madera dura y nueces de cáscara dura; nogal americano. Las nueces son comestibles.

hid Pretérito y participio pasado del verbo **hide.**

hidden Participio pasado del verbo **hide.**

hide¹ *verbo* **1.** Poner o mantener fuera de vista; esconder. **2.** Evitar ser conocido; encubrir.

hide² *sustantivo* Piel de animal; cuero.

hideaway *sustantivo* Lugar que es secreto o difícil de encontrar por otra gente; escondite; refugio.

hideous *adjetivo* Que es muy feo para mirar o pensar; horrible; terrible; repugnante.

hideout *sustantivo* Lugar seguro en donde uno se puede esonder; escondite; escondrijo.

hi-fi *sustantivo* Radio o fonógrafo que reproduce el sonido con mucha exactitud; alta fidelidad.

high *adjetivo* Alto: **1.** Que tiene gran altura. **2.** A gran distancia del suelo. **3.** Sobre otros en rango o importancia. **4.** Más grande de lo usual. **5.** Agudo; penetrante. **6.** Muy favorable.
—*adverbio* A, en o hacia una alta posición o nivel; alto.
—*sustantivo* Nivel o posición alta; elevación; alza: *Prices for food are at a new high.* = *Hay una nueva alza de precios en la comida.*

highland *sustantivo* País o área que es más alta o más montañosa que la región a su alrededor; montañas.

highlight *sustantivo* Lo mejor; suceso, parte o lugar sobresaliente: *Swimming and tennis were the highlights of our vacation.* = *La natación y el tenis fueron lo mejor de nuestras vacaciones. The royal palace is a highlight of the European tour.* = *El palacio real es un lugar sobresaliente de la gira europea.*

highly *adverbio* Altamente: **1.** En grado alto: *Dogs have a highly developed sense of smell.* = *Los perros tienen un olfato altamente desarrollado.* **2.** En forma buena o favorable: *All his friends think highly of him.* = *Todos sus amigos lo consideran a él en forma muy favorable.* **3.** A un alto precio: *a highly paid worker* = *un obrero a quien se le paga un alto sueldo.*

Highness *sustantivo* Título de honor para un miembro de la familia real; alteza.

high school Escuela a la que asisten estudiantes que han terminado la escuela elemental; escuela secundaria. La escuela secundaria usualmente incluye desde el noveno hasta el décimo segundo grado.

highway *sustantivo* Camino público principal; carretera; autopista.

hijack *verbo* Tomar por la fuerza; confiscar el control; apoderarse; secuestrar.

hike *verbo* Hacer una larga caminata.
—*sustantivo* Una larga caminata.

hiker *sustantivo* Persona que hace largas caminatas; caminante.

ər butter yōō abuse ou **out** ŭ cut û fur *th* **the** th **thin** hw **which** zh vision ə ago, item, pencil, atom, circus

hi·lar·i·ous |hĭ lâr′ē əs| or |hĭ lăr′ē əs| —*adjective* Very funny in a noisy way; noisily merry.

hill |hĭl| —*noun, plural* **hills 1.** A raised part of the earth's surface that is not as high as a mountain. **2.** A small mound of earth or sand.

hilt |hĭlt| —*noun, plural* **hilts** The handle of a sword or dagger.

him |hĭm| —*pronoun* The pronoun **him** is the objective case of **he.** It is used: **1.** As the direct object of a verb. **2.** As the indirect object of a verb. **3.** As the object of a preposition.

him·self |hĭm sĕlf′| —*pronoun* The pronoun **himself** is a special form of the pronoun **him. 1.** It means: **a.** His own self. **b.** His normal self. **2.** It is used to call special attention to someone or something.

hind |hīnd| —*adjective* Back; rear.

hind·er |hĭn′dər| —*verb* **hindered, hindering** To get in the way of; make difficult.

hin·drance |hĭn′drəns| —*noun, plural* **hindrances** Something that hinders; obstacle.

hinge |hĭnj| —*noun, plural* **hinges** A jointed device on which a door, gate, or cover turns or swings back and forth.
—*verb* **hinged, hinging 1.** To attach by means of a hinge. **2.** To depend.

hint |hĭnt| —*noun, plural* **hints 1.** A slight sign or suggestion. **2.** A bit of useful information.
—*verb* **hinted, hinting** To show by hints; tell indirectly; suggest.

hip¹ |hĭp| —*noun, plural* **hips** The bony part that sticks out on each side of the body between the waist and the thigh.

hip² |hĭp| —*noun, plural* **hips** The seed case of a rose. It looks like a bright red berry.

hip·po |hĭp′ō| —*noun, plural* **hippos** A hippopotamus.

hip·po·pot·a·mus |hĭp′ə pŏt′ə məs| —*noun, plural* **hippopotamuses** A large African animal that lives in or near water. It has short legs, a broad snout, and a wide mouth.

hire |hīr| —*verb* **hired, hiring 1.** To pay a person for working or performing a service; employ. **2.** To rent for a limited time.
—*noun, plural* **hires** The act of hiring; employment.

his |hĭz| —*pronoun* The pronoun **his** is the possessive form of **he. 1.** It means: **a.** Of or belonging to a male person or animal. **b.** Done or performed by a male person or animal. **2.** It is used to show that something or someone belongs to a male person or animal.

hiss |hĭs| —*noun, plural* **hisses** A sound like a long s.
—*verb* **hissed, hissing 1.** To make a hiss. **2.** To show dislike for by making a hiss.

his·to·ri·an |hĭ stôr′ē ən| or |hĭ stōr′ē ən| —*noun, plural* **historians** A person who writes about or studies history.

his·tor·ic |hĭ stôr′ĭk| or |hĭ stōr′ĭk| —*adjective* Important or famous in history.

his·tor·i·cal |hĭ stôr′ĭ kəl| or |hĭ stōr′ĭ kəl| —*adjective* Of or having to do with history.

hilarious *adjetivo* Muy cómico y de manera ruidosa; alborotadamente alegre; graciosísimo.

hill *sustantivo* **1.** Parte elevada de la superficie de la Tierra que no es tan alta como una montaña; colina; cerro. **2.** Pequeño terraplén de tierra o arena; montículo.

hilt *sustantivo* Mango o empuñadura de una espada o daga.

him *pronombre* El pronombre **him** es el caso objetivo de **he.** Se usa **1.** Como complemento directo de un verbo; lo: *I saw him on the street.* = *Yo lo vi en la calle.* **2.** Como complemento indirecto de un verbo; le: *Mary gave him the wallet.* = *María le dió la cartera.* **3.** Como complemento de una preposición; él: *We left the keys with him.* = *Dejamos las llaves con él.*

himself *pronombre* El pronombre **himself** es una forma especial del pronombre **him. 1.** Significa: **a.** Él mismo; sí mismo; consigo: *He cut himself with the knife.* = *Él mismo se cortó con el cuchillo. James is angry with himself.* = *James está furioso consigo mismo.* **b.** Su ser normal; él o el mismo: *Bill is not himself today.* = *Bill no es el mismo hoy.* **2.** Se usa para llamar la atención especial de alguien o para algo; (él) mismo: *Father himself is driving the car.* = *Papá mismo está conduciendo el automóvil. He himself scored the goal.* = *Él mismo marcó el gol.*

hind *adjetivo* Atrás; posterior; trasero.

hinder *verbo* Atravesarse en el camino; hacer dificultuoso; dificultar; obstruir; impedir.

hindrance *sustantivo* Algo que dificulta; obstáculo; dificultad; estorbo; impedimento.

hinge *sustantivo* Diseño articulado en el cual una puerta, portón o cubierta gira hacia adelante y hacia atrás; gozne; bisagra.

hint *sustantivo* **1.** Seña ligera o sugerencia; indirecta; insinuación. **2.** Un poco de información útil; indicio.
—*verbo* Mostrar por señas; decir indirectamente; sugerir; aludir.

hip¹ *sustantivo* Parte ósea que sobresale de cada lado del cuerpo, entre la cintura y el muslo; cadera.

hip² *sustantivo* Cáscara de la semilla de una rosa la cual se parece a una baya roja y brillante.

hippo *sustantivo* Hipopótamo.

hippopotamus *sustantivo* Animal africano grande que vive dentro o cerca del agua y tiene patas cortas, hocico ancho y boca amplia; hipopótamo.

hire *verbo* **1.** Pagarle a una persona por trabajar o realizar un servicio; emplear. **2.** Rentar por tiempo limitado; alquilar.
—*sustantivo* El acto de emplear; empleo.

his *pronombre* El pronombre **his** es la forma posesiva de **he.** Significa: **1. a.** Que es de o pertenece a una persona o animal masculino; su: *his hat* = *su sombrero.* **b.** Hecho o realizado por una persona o animal masculino; su: *his first job* = *su primer trabajo.* **2.** Se usa para demostrar que algo o alguien pertenece a una persona o animal masculino; de él; suyo: *This book is his.* = *Este libro es de él. I am no friend of his.* = *Yo no soy amigo de él; Yo no soy amigo suyo.*

hiss *sustantivo* Sonido como de una "s" prolongada; siseo.
—*verbo.* **1.** Hacer tal sonido; silbar. **2.** Demostrar desagrado dando un silbido; chiflar.

historian *sustantivo* Persona que escribe o estudia historia; historiador.

historic *adjetivo* Importante o famoso en la historia; histórico.

historical *adjetivo* Relativo a la historia; histórico.

---

his·to·ry |hĭs'tə rē| —*noun, plural* **histories** A record or story of past events.

hit |hĭt| —*verb* **hit, hitting 1.** To give a blow to; strike. **2.** To knock or knock against. **3.** To get to; reach. **4.** To affect as if by a blow.
—*noun, plural* **hits 1.** A blow or shot that hits something. **2.** A great success. **3.** A baseball that is hit so that the batter can at least reach first base safely.

hitch |hĭch| —*verb* **hitched, hitching 1.** To tie or fasten with a rope, strap, loop, or ring. **2.** To raise or pull with a tug.
—*noun, plural* **hitches 1.** A short pull or jerk; tug. **2.** A delay or difficulty. **3.** A knot used to fasten a rope to another object.

hitch·hike |hĭch'hīk'| —*verb* **hitchhiked, hitchhiking** To travel by standing by the sides of roads and getting free rides from passing cars.

hive |hīv| —*noun, plural* **hives 1.** The home of a swarm of bees. It can be a hollow tree or a man-made shelter. **2.** A swarm of bees that lives in such a place.

hives |hīvz| —*plural noun* A red rash on the skin.

hoard |hôrd| or |hōrd| —*noun, plural* **hoards** A supply of something that is stored away or kept hidden.
—*verb* **hoarded, hoarding** To save and store away.

hoarse |hôrs| or |hōrs| —*adjective* **hoarser, hoarsest** Low and rough in sound or voice.

hoax |hōks| —*noun, plural* **hoaxes** A false story or report made up to fool people into believing it.

hob·ble |hŏb'əl| —*verb* **hobbled, hobbling 1.** To walk with jerks or awkwardly; limp. **2.** To tie the legs of an animal to prevent free movement.
—*noun, plural* **hobbles 1.** A jerky or awkward walk; limp. **2.** A rope or strap used to hobble an animal.

hob·by |hŏb'ē| —*noun, plural* **hobbies** Something that a person does or studies for fun in his spare time; a pastime.

hock·ey |hŏk'ē| —*noun, plural* **hockeys** A game played with long, curved sticks by two teams on ice or a field. In ice hockey, the players wear skates and try to hit a hard rubber disk, or puck, into the other team's goal. In field hockey, the players run on foot and use a ball instead of a puck.

hoe |hō| —*noun, plural* **hoes** A gardening tool with a flat blade set at the end of a long handle. Hoes are used for loosening soil and weeding.
—*verb* **hoed, hoeing** To loosen, cut, or dig with a hoe.

hog |hôg| or |hŏg| —*noun, plural* **hogs 1.** A pig, especially a fully grown pig raised for meat. **2.** A very greedy or selfish person.
—*verb* **hogged, hogging** To take more than one's fair share of.

hoist |hoist| —*verb* **hoisted, hoisting** To raise up or lift, often with the help of a machine.
—*noun, plural* **hoists 1.** A device used to lift heavy objects. **2.** A lift; pull.

hold¹ |hōld| —*verb* **held, holding 1.** To take and keep in the hands or arms; clasp; grasp. **2.** To keep confined; restrain. **3.** To keep in a certain place or position. **4.** To contain. **5.** To bear or support. **6.** To have, be in, or occupy. **7.** To cause to take place; conduct. **8.** To believe; think; consider. **9.** To put off; postpone.
Phrasal verbs **hold on 1.** To keep a grip; cling. **2.** To wait; stop. **3.** To keep on; continue. **hold out** To last. **hold over** To keep longer than planned. **hold up** To stop and rob.
—*noun, plural* **holds 1.** An act or way of holding; grip. **2.** Something used for support. **3.** A strong influence.

history *sustantivo* Registro o relato de sucesos pasados; historia.

hit *verbo* **1.** Dar un golpe; golpear. **2.** Chocar con o contra. **3.** Llegar; alcanzar: *The ride was smooth until we hit a country road.* = *El viaje fue sereno hasta que alcanzamos una carretera sin pavimentar.* **4.** Afectar como si fuera por un golpe; golpear: *The bad news hit them hard.* = *La mala noticia los golpeó con fuerza.*
—*sustantivo* **1.** Golpe o disparo que golpea a algo. **2.** Gran éxito. **3.** Pelota de béisbol que es golpeada de manera que el bateador pueda, al menos, llegar a la primera base a salvo.

hitch *verbo* **1.** Amarrar o atar con una soga, tira, lazo o aro. **2.** Levantar o tirar hacia uno con un tirón.
—*sustantivo* **1.** Tirón corto o sacudida; estirón. **2.** Demora o dificultad. **3.** Nudo usado para atar una soga a otro objeto.

hitchhike *verbo* Viajar parándose a los lados de los caminos y obteniendo transporte gratis de los carros que pasan.

hive *sustantivo* **1.** Hogar de un enjambre de abejas; colmena. **2.** Enjambre de abejas que vive en tal lugar.

hives *sustantivo* Inflamación de la piel que se torna rojiza; sarpullido; ronchas.

hoard *sustantivo* Abastecimiento de algo que se guarda o mantiene oculto; acumulamiento.
—*verbo* Guardar y almacenar; atesorar; acaparar.

hoarse *adjetivo* De sonido o voz baja y ruda; ronco.

hoax *sustantivo* Relato o reporte falso hecho para engañar a la gente; burla; engaño.

hobble *verbo* **1.** Caminar a brincos o torpemente; cojear. **2.** Amarrar las patas de un animal para prevenir que se sueva libremente; enredar; trabar.
—*sustantivo* **1.** Caminar torpe o a brincos; cojera. **2.** Soga o tira usada para amarrar a un animal.

hobby *sustantivo* Algo que una persona hace o estudia por diversión en su tiempo libre; pasatiempo.

hockey *sustantivo* Juego ejecutado con palos largos y curvos por dos equipos, en hielo o terreno; hockey. En el hockey sobre hielo, los jugadores usan patines y tratan de golpear un disco de caucho duro hacia la meta del otro equipo. En el hockey de terreno, los jugadores corren a pie y usan una bola en lugar de un disco.

hoe *sustantivo* Herramienta de jardinería con una pala plana colocada al final de un mango largo; azadón. Los azadones son usados para ablandar el suelo y escardar.
—*verbo* Ablandar, cortar o cavar con un azadón.

hog *sustantivo* **1.** Cerdo, especialmente uno totalmente crecido y criado para carne. **2.** Persona muy golosa; cerdo.
—*verbo* Coger más de lo que a uno le corresponde.

hoist *verbo* Elevar o levantar, a menudo con la ayuda de una máquina; alzar.
—*sustantivo* **1.** Aparato utilizado para levantar objetos pesados; grúa. **2.** Ascensión; impulso.

hold¹ *verbo* **1.** Coger y mantener en las manos o brazos; abrazar; agarrar; sostener. **2.** Mantener confinado o restringido. **3.** Mantener en cierto lugar o posición. **4.** Contener; caber: *This box will hold four dozen cookies.* = *Cuatro docenas de galletitas cabrán en esta caja.* **5.** Aguantar o soportar: *Will the cable hold such a heavy load?* = *¿Podrá soportar el cable un peso tan fuerte?* **6.** Tener, estar u ocupar: *Thomas Jefferson held the office of President of the United States for two terms.* = *Thomas Jefferson ocupó la presidencia de los Estados Unidos por dos períodos.* **7.** Hacer que tenga lugar; hacer llevar a cabo; conducir: *hold an election* = *llevar a cabo una elección.* **8.** Creer; pensar; considerar: *"We hold these truths to be self-evident, that all men are created equal . . ."* (The Declaration of In-

dependence). = *Creemos que estas verdades son evidentes en sí mismas, que todos los hombres son creados iguales.* (La Declaración de Independencia). **9.** Mantener en suspenso; posponer: *Please hold dinner until I get home.* = *Por favor, pospón la cena hasta que yo llegue a la casa.*

Verbos en locuciones **hold on 1.** Mantener agarrado; adherir; apretar: *When you take my hand, hold on.* = *Cuando me tomes de la mano, mantente agarrado.* **2.** Esperar; parar: *Hold on a minute while I wrap this package.* = *Espera un minuto mientras envuelvo este paquete.* **3.** Continuar: *The losing team held on until they had no strength left.* = *El equipo perdedor continuó hasta que no tuvo más fuerza.* **hold out** Durar: *How long do you think our water supply will hold out?* = *Cuánto tiempo crees que nos durará la provisión de agua?* **hold over** Prolongar; alargar: *The movie has been held over for another week.* = *La exhibición de la película fue prolongada por otra semana.* **hold up** Detener y robar; asaltar: *Outlaws held up the train.* = *Los fugitivos asaltaron el tren.* —*sustantivo* **1.** Acción o manera de agarrar; apretón. **2.** Algo usado como soporte. **3.** Influencia fuerte.

hold² *sustantivo* Espacio dentro de un barco o avión en el cual se lleva la carga; bodega.

holdup *sustantivo* **1.** Robo hecho por alguien que tiene o finge tener un arma; atraco. **2.** Demora: *We are sorry for the holdup in the delivery of your order.* = *Lamentamos la demora en la entrega de su pedido.*

hole *sustantivo* **1.** Abertura; hoyo; hueco; orificio; vacío. **2.** Lugar vacío o hueco. **3.** Hueco pequeño en un campo de golf en el cual debe entrar la pelota cuando es golpeada con el palo.

holiday *sustantivo* Día especial cuando, en vez de trabajar, la gente celebra una fecha importante u honra a alguien; día feriado.

hollow *adjetivo* **1.** Que tiene un espacio vacío o un hoyo por dentro; hueco; cóncavo. **2.** Que tiene la forma cóncava de una escudilla o tazón. **3.** Hundido; demacrado. **4.** Insincero; superficial; vano. —*sustantivo* **1.** Espacio vacío; grieta o cavidad; concavidad. **2.** Área hundida; depresión. **3.** Valle pequeño. —*verbo* Hacer o volverse hueco; ahuecar; ahuecarse.

holly *sustantivo* Arbusto o árbol que tiene hojas perennes con bordes espinosos; acebo.

holster *sustantivo* Estuche de cuero en el cual se guarda una pistola y que generalmente se usa en el cinturón; pistolera; funda de pistola.

holy *adjetivo* **1.** Relativo a Dios o que tiene que ver con Él; sagrado. **2.** Profundamente religioso; santo; pío.

home *sustantivo* **1.** Lugar donde vive una persona o un animal; hogar; casa; morada; habitación; vivienda. **2.** Lugar en el cual una persona se siente natural o cómoda. **3.** Lugar para cuidar a aquéllos que no pueden valerse por sí mismos; asilo. **4.** Meta de algunos juegos y deportes. —*adverbio* **1.** A casa o en casa de uno. **2.** Al lugar al cual se apunta; en el blanco. —*verbo* Regresar a casa.

homeland *sustantivo* País donde nació una persona o lugar donde se siente como en su casa; patria.

homely *adjetivo* **1.** Típico de la vida casera; de cada día; sencillo; simple. **2.** Que no es hermoso; ordinario; feo.

homemade *adjetivo* Hecho en casa; casero.

homemaker *sustantivo* Persona encargada del manejo de una casa; ama de casa.

home plate En béisbol, la base cerca de la cual se para el bateador y que debe ser tocada por un corredor después de tocar las otras tres bases para anotar una carrera.

homer *sustantivo* En béisbol, batazo incogible.

---

hold² |hōld| —*noun, plural* **holds** A space inside a ship or airplane where cargo is carried.

hold·up |hōld′ŭp′| —*noun, plural* **holdups 1.** A robbery by someone having or pretending to have a weapon. **2.** A delay.

hole |hōl| —*noun, plural* **holes 1.** An opening. **2.** An empty or hollow place. **3.** A small hollow place on a golf course into which the ball must be hit with a club.

hol·i·day |hŏl′ĭ dā′| —*noun, plural* **holidays** A special day when, instead of working, people celebrate an important date or honor someone.

hol·low |hŏl′ō| —*adjective* **hollower, hollowest 1.** Having an empty space or hole inside. **2.** Curved in like a bowl. **3.** Sunken. **4.** Insincere; shallow. —*noun, plural* **hollows 1.** An empty space; gap or cavity. **2.** A sunken area; depression. **3.** A small valley. —*verb* **hollowed, hollowing** To make or become hollow.

hol·ly |hŏl′ē| —*noun, plural* **hollies** A shrub or tree that has evergreen leaves with prickly edges.

hol·ster |hōl′stər| —*noun, plural* **holsters** A leather case for holding a pistol, usually worn on a belt.

ho·ly |hō′lē| —*adjective* **holier, holiest 1.** Of or having to do with God; sacred. **2.** Deeply religious; saintly.

home |hōm| —*noun, plural* **homes 1.** A place where a person or animal lives. **2.** A place where a person feels natural or comfortable. **3.** A place for caring for those who cannot care for themselves. **4.** A goal in some games and sports. —*adverb* **1.** To or at one's home. **2.** To the place aimed at. —*verb* **homed, homing** To return home.

home·land |hōm′lănd′| —*noun, plural* **homelands** The country where a person was born or feels most at home.

home·ly |hōm′lē| —*adjective* **homelier, homeliest 1.** Typical of home life; everyday; simple. **2.** Not good-looking; plain.

home·made |hōm′mād′| —*adjective* Made at home.

home·maker |hōm′mā′kər| —*noun, plural* **homemakers** A person who runs a household.

home plate In baseball, the base at which the batter stands. Home plate must be touched by a runner after touching the other three bases to score a run.

hom·er |hō′mər| —*noun, plural* **homers** A hit in baseball, a home run.

ă pat ā pay â care ä father ĕ pet ē be ĭ pit ī pie î fierce ŏ pot ō go ô paw, for oi oil oo book oo boot

home run A hit in baseball that allows the batter to touch all bases and score a run.

home·sick |hōm′sĭk| —*adjective* Sad and lonely because of being away from home.

home·stead |hōm′stĕd′| —*noun, plural* **homesteads** **1.** A house, especially the main house on a farm, with the land and buildings belonging to it. **2.** A piece of land given by a government to a family settling on it.

home·ward |hōm′wərd| —*adverb* Toward home. Another form of this word is **homewards.**
—*adjective* Going in the direction of home.

home·wards |hōm′wərdz| —*adverb* A form of the word **homeward.**

home·work |hōm′wûrk′| —*noun, plural* **homeworks** School lessons to be done at home or outside the classroom.

ho·mog·e·nize |hə mŏj′ə nīz′| —*verb* **homogenized, homogenizing** To mix the cream in milk evenly so that the cream does not rise to the top.

hon·est |ŏn′ĭst| —*adjective* **1.** Not lying, stealing, or cheating; trustworthy. **2.** Obtained in a fair and decent way. **3.** Not hiding anything; frank; sincere.

hon·es·ty |ŏn′ĭ stē| —*noun* The quality of being honest.

hon·ey |hŭn′ē| —*noun, plural* **honeys** **1.** A thick, sweet, yellowish substance made by bees. It is made from nectar that the bees gather from flowers. Honey is good to eat. **2.** A person who is loved; darling.

hon·ey·bee |hŭn′ē bē′| —*noun, plural* **honeybees** A bee that makes honey.

hon·ey·comb |hŭn′ē kōm′| —*noun, plural* **honeycombs** A container made by honeybees to hold honey. It is made of wax and has many small openings with six sides.
—*verb* **honeycombed, honeycombing** To fill with spaces like those of a honeycomb.

hon·ey·moon |hŭn′ē mōōn′| —*noun, plural* **honeymoons** A trip or vacation taken by two people who have just been married.
—*verb* **honeymooned, honeymooning** To spend a honeymoon.

hon·ey·suck·le |hŭn′ē sŭk′əl| —*noun* A vine or shrub with yellowish, white, or pink flowers shaped like a tube. The flowers often have a very sweet smell.

honk |hôngk| or |hŏngk| —*noun, plural* **honks** A loud, harsh sound, such as that made by a goose or by a car horn.
—*verb* **honked, honking** To make or cause to make a honk.

hon·or |ŏn′ər| —*noun, plural* **honors** **1.** Special respect. **2.** A sign of someone's excellence or worth; a mark of respect. **3.** Someone or something that brings special distinction; credit. **4.** Good name; reputation. **5.** A sense of what is right; honesty; self-respect. **6. honors** Special recognition for doing well in one's work at school.
—*verb* **honored, honoring** To show special respect for.

hon·or·a·ble |ŏn′ər ə bəl| —*adjective* **1.** Deserving honor or respect. **2.** Doing what is right; honest; decent.

hood |hōōd| —*noun, plural* **hoods** **1.** A soft, loose covering for the head and neck, often attached to a coat. **2.** Something that is like a hood in shape or use. **3.** A hinged, metal covering for the engine of a car.

hood·lum |hōōd′ləm| or |hŏŏd′ləm| —*noun, plural* **hoodlums** A rough, mean person who causes trouble.

hoof |hōōf| or |hŏŏf| —*noun, plural* **hoofs** or **hooves** The tough, horny covering on the foot of some animals. Horses, cattle, deer, and pigs have hoofs.

hook |hōōk| —*noun, plural* **hooks** A curved or bent piece of metal, wood, or other material that is used to hold, fasten, or catch something.

home run Batazo en béisbol que permite al bateador tocar todas las bases y anotar una carrera.

homesick *adjetivo* Triste y solitario por estar lejos de casa; nostálgico.

homestead *sustantivo* **1.** Casa, especialmente la casa principal de una hacienda, junto con la tierra y los otros edificios de la propiedad; casa solariega. **2.** Tierra cedida por el gobierno a una familia que se establece en ella.

homeward *adverbio* Hacia casa. En inglés otra forma de esta palabra es **homewards.**
—*adjetivo* Que va en dirección a casa.

homewards *adverbio* Otra forma de la palabra **homeward.**

homework *sustantivo* Lecciones escolares para hacer en casa o fuera del aula; tarea.

homogenize *verbo* Mezclar la crema con la leche uniformemente para que la crema no suba a la superficie; homogeneizar.

honest *adjetivo* **1.** Que no miente, roba o engaña; digno de confianza; honrado; honesto. **2.** Obtenido en forma justa y decente. **3.** Que no esconde nada; franco; sincero.

honesty *sustantivo* La cualidad de ser honrado; honradez; honestidad.

honey *sustantivo* **1.** Substancia espesa, dulce y amarillenta que hacen las abejas del néctar recogido de las flores y que es comestible; miel. **2.** Persona amada; querido.

honeybee *sustantivo* Abeja que hace miel; abeja obrera.

honeycomb *sustantivo* Recipiente de cera hecho por las abejas para depositar la miel, y que tiene muchos agujeros de seis lados; panal.
—*verbo* Llenar de agujeros, como los de un panal.

honeymoon *sustantivo* Viaje o vacaciones de dos personas que acaban de casarse; luna de miel.
—*verbo* Pasar una luna de miel.

honeysuckle *sustantivo* Enredadera o arbusto de flores amarillentas, blancas o rosadas en forma de tubo que a menudo tienen un olor agradable; madreselva.

honk *sustantivo* Sonido alto y chillón como el que hace un ganso, o la bocina de un carro; graznido; sonido de bocina.
—*verbo* Hacer o hacer que se haga tal sonido; graznar; sonar la bocina de un carro.

honor *sustantivo* **1.** Respeto especial; honor; honra; integridad; dignidad. **2.** Señal de excelencia o mérito de alguien; señal de respeto. **3.** Alguien o algo que aporta distinción especial; prestigio. **4.** Buen nombre; reputación. **5.** Sentido de lo que es correcto; honradez; amor propio. **6. honors** Reconocimiento especial por hacer bien el trabajo escolar.
—*verbo* Mostrar respeto especial; honrar.

honorable *adjetivo* **1.** Que merece honra o respeto; honorable. **2.** Que hace lo que es correcto; honrado; decente.

hood *sustantivo* **1.** Cubierta suave y holgada para la cabeza y el cuello, a veces conectada al abrigo; capucha; caperuza. **2.** Algo que es como una capucha o caperuza en cuanto a su forma o uso. **3.** Cubierta de metal engoznada para el motor de un carro; capó.

hoodlum *sustantivo* Persona tosca y vil que causa problemas; rufián; malhechor.

hoof *sustantivo* Cubierta dura y córnea de las patas de ciertos animales, tales como el caballo, el ganado, el ciervo o el cerdo; pezuña; casco.

hook *sustantivo* Pedazo de metal, madera u otro material curvo y torcido que se usa para sostener, asegurar o coger algo; gancho; garfio; anzuelo.

ər butter   yōō abuse   ou **out**   ŭ **cut**   û **fur**   *th* **the**   th **thin**   hw **which**   zh **vision**   ə **ago**, item, pencil, atom, circus

—*verb* **hooked, hooking** To hold, fasten, or catch with a hook.
Phrasal verb **hook up** To put together or connect.

hoop |hōōp| or |hŏŏp| —*noun, plural* **hoops** A large circular band or ring made of wood, metal, or other material. Plastic hoops are used as toys that can be spun around the body. Metal hoops are used to keep barrels from coming apart.
hoot |hōōt| —*noun, plural* **hoots** 1. The cry of an owl or a similar sound. 2. A shout indicating lack of approval or ridicule.
—*verb* **hooted, hooting** 1. To make a hoot or a similar sound. 2. To shout sounds indicating lack of approval or ridicule.
hooves |hōōvz| or |hŏŏvz| A plural of the noun **hoof.**
hop |hŏp| —*verb* **hopped, hopping** 1. To move with light jumping leaps or skips. 2. To jump on one foot. 3. To jump over.
—*noun, plural* **hops** An act of hopping; a short jump.
hope |hōp| —*verb* **hoped, hoping** To wish for something possible; want with some confidence.
—*noun, plural* **hopes** 1. A strong wish for something that a person thinks could happen. 2. Something that is wished for. 3. Chance; possibility.
hope·ful |hōp'fəl| —*adjective* 1. Feeling or showing hope. 2. Giving hope.

hope·less |hōp'lĭs| —*adjective* Having or offering no chance of success.

hops |hŏps| —*plural noun* Fruits that grow on a climbing vine and that look like small, yellowish pine cones. Hops are used in making beer.
horde |hôrd| or |hŏrd| —*noun, plural* **hordes** A large group crowded together.
ho·ri·zon |hə rī'zən| —*noun, plural* **horizons** 1. The line where the sky and the land or water seem to meet. 2. The range of a person's experience, knowledge, and interests.

hor·i·zon·tal |hôr'ĭ zŏn'tl| or |hŏr'ĭ zŏn'tl| —*adjective* Parallel to the ground; straight across.
hor·mone |hôr'mōn'| —*noun, plural* **hormones** A substance that is made in one of the glands of the body and released into the bloodstream. Hormones control growth. They also regulate such body functions as breathing, sweating, and digestion.
horn |hôrn| —*noun, plural* **horns** 1. One of the hard, pointed growths on the head of some animals. Cattle, sheep, and goats have horns. Horns and antlers are not the same. Horns do not fall off and grow back again, as antlers do. 2. A part that sticks out from the head like a horn. 3. A container made from an animal's horn. 4. A musical instrument played by blowing into the narrow end. Horns used to be made of animal horns, but now they are usually made of brass. Trumpets, trombones, and tubas are horns. 5. A device on a car or other vehicle that makes a loud warning noise.
hor·net |hôr'nĭt| —*noun, plural* **hornets** A large wasp that can give a painful sting. Hornets often build large nests.
horn·y |hôr'nē| —*adjective* **hornier, horniest** Like or made of horn.
hor·ri·ble |hôr'ə bəl| or |hŏr'ə bəl| —*adjective* 1. Causing horror; terrible. 2. Very unpleasant.
hor·rid |hôr'ĭd| or |hŏr'ĭd| —*adjective* 1. Causing horror or disgust; horrible. 2. Very unpleasant.

hor·ri·fy |hôr'ə fī'| or |hŏr'ə fī'| —*verb* **horrified, horrifying, horrifies** 1. To cause horror in; terrify; frighten. 2. To surprise unpleasantly; shock.
hor·ror |hôr'ər| or |hŏr'ər| —*noun, plural* **horrors** 1. A strong feeling of surprise, sorrow, and fear; terror.

—*verbo* Sostener, asegurar o coger con un gancho o anzuelo; enganchar.
Verbo en locución **hook up** Unir o conectar: *He hooked up the TV to the antenna.* = *Él conectó la televisión a la antena.*
hoop *sustantivo* Faja o anillo circular grande de madera, metal u otro material; aro; fleje; zuncho; hula-hula. Los aros plásticos se usan para juguetes que pueden hacerse girar alrededor del cuerpo y los de metal para evitar que los barriles se desbaraten.
hoot *sustantivo* 1. Chillido del búho o sonido similar; ululato. 2. Grito que indica falta de aprobación o ridiculez; hucheo.
—*verbo* 1. Hacer un sonido como el del búho o semejante; ulular. 2. Gritar indicando falta de aprobación o ridiculez; huchear.
hooves Plural del sustantivo **hoof.**

hop *verbo* 1. Moverse con saltos o brincos ligeros; saltar; brincar. 2. Saltar en un pie. 3. Saltar por encima de algo.
—*sustantivo* Acción de saltar; salto corto.
hope *verbo* Desear que algo sea posible; querer con cierta fe; esperar; confiar.
—*sustantivo* 1. Deseo intenso de algo que una persona piensa que puede suceder; esperanza; confianza. 2. Algo que se desea. 3. Probabilidad; posibilidad.
hopeful *adjetivo* 1. Que siente o demuestra esperanza; esperanzado; confiado. 2. Que da esperanza; prometedor.
hopeless *adjetivo* Que no tiene o no ofrece posibilidad de éxito; sin esperanza; desesperanzado; irremediable; desahuciado.
hops *sustantivo* Frutas que crecen en enredaderas, que parecen pequeñas piñas amarillentas de pino y que se usan para hacer cerveza; lúpulo.
horde *sustantivo* Grupo grande amontonado; horda; multitud; manada.
horizon *sustantivo* 1. Línea donde el cielo y la tierra o el agua parecen encontrarse; horizonte. 2. Extensión de la experiencia, conocimientos e intereses de una persona: *People with narrow horizons can be dull and boring.* = *La gente de horizontes limitados son insulsas y aburridas.*
horizontal *adjetivo* Paralelo al suelo; directamente a lo largo; horizontal.
hormone *sustantivo* Substancia producida por una de las glándulas del cuerpo y vertida en la corriente sanguínea, que controla el crecimiento y regula ciertas funciones corporales como la respiración, el sudor y la digestión; hormona.
horn *sustantivo* 1. Crecimiento duro y puntiagudo en la cabeza de algunos animales, como el ganado vacuno, la oveja y el carnero; cuerno. 2. Parte que resalta de la cabeza como un cuerno: *the horns of a snail* = *los cuernos del caracol.* 3. Recipiente hecho del cuerno de un animal. 4. Instrumento musical que se toca soplando aire por la parte angosta, y que solía hacerse de cuernos de animales, pero que ahora se hace de latón; trompeta; trombón; tuba. 5. Artefacto en un automóvil u otro vehículo que hace un sonido alto y preventivo; claxon; bocina.
hornet *sustantivo* Avispa grande que puede dar una picadura dolorosa, y que a veces construye avisperos grandes; avispón.
horny *adjetivo* Parecido al cuerno o hecho de cuerno; córneo.
horrible *adjetivo* 1. Que causa horror; terrible; horrible; espantoso. 2. Muy desagradable; horrendo.
horrid *adjetivo* 1. Que causa horror o disgusto; horrible; tenebroso; espantoso. 2. Muy desagradable; repugnante.
horrify *verbo* 1. Causar horror; aterrorizar; asustar; horrorizar. 2. Sorprender desagradablemente; chocar; escandalizar; disgustar.
horror *sustantivo* 1. Sentimiento profundo de sorpresa, pesar y miedo; terror; horror; consternación.

ă pat ā pay â care ä father ĕ pet ē be ĭ pit ī pie î fierce ŏ pot ō go ô paw, for oi oil ōō book ōō boot

2. A terrible or disgusting thing. **3.** A strong feeling of dislike; hatred.

horse |hôrs| —*noun, plural* **horses 1.** A large animal that has hoofs and a long mane and tail. Horses are used for riding and for pulling or carrying heavy loads. **2.** A supporting frame with legs. **3.** A padded frame on four legs, used in gyms for gymnastics and other exercises.

horse·back |hôrs′băk′| —*noun, plural* **horsebacks** The back of a horse.
—*adverb* On the back of a horse.

horse·play |hôrs′plā′| —*noun* Play that is rough and mischievous.

horse·pow·er |hôrs′pou′ər| —*noun, plural* **horsepowers** A unit used for measuring the power of an engine.

horse·rad·ish |hôrs′răd′ĭsh| —*noun* The large, whitish root of a tall plant. It has a sharp taste. Grated horseradish is mixed with vinegar and eaten as a relish.

horse·shoe |hôrs′shōō′| or |hôrsh′shōō′| —*noun, plural* **horseshoes 1.** A U-shaped piece of iron fitted and nailed to a horse's hoof. **2. horseshoes** (Used with a singular verb.) A game in which players try to throw horseshoes so that they land around a post set in the ground.

hose |hōz| —*noun* **1.** *plural* **hoses** A long rubber tube used to carry liquids or air. **2.** *plural* **hose** Stockings.
—*verb* **hosed, hosing** To wash or spray with water from a hose.

hos·pi·ta·ble |hŏs′pĭ tə bəl| or |hŏ spĭt′ə bəl| —*adjective* Welcoming guests with warm generosity; friendly to visitors.

hos·pi·tal |hŏs′pĭ təl| or |hŏs′pĭt′l| —*noun, plural* **hospitals** A building where doctors and nurses take care of people who are sick or hurt.

hos·pi·tal·i·ty |hŏs′pĭ tăl′ĭ tē| —*noun* Friendly treatment of visitors and guests.

hos·pi·tal·ize |hŏs′pĭ tə līz′| —*verb* **hospitalized, hospitalizing** To put in a hospital for medical treatment.

host¹ |hōst| —*noun, plural* **hosts** A person or group that invites guests and entertains them.

host² |hōst| —*noun, plural* **hosts** A large number; multitude.

hos·tage |hŏs′tĭj| —*noun, plural* **hostages** A person who is held as a prisoner until certain conditions are met.

host·ess |hō′stĭs| —*noun, plural* **hostesses 1.** A woman who acts as host. **2.** A woman who welcomes passengers or customers, as on an airplane or in a restaurant.

hos·tile |hŏs′təl| or |hŏs′tīl| —*adjective* Feeling or showing hatred; openly unfriendly.

hos·til·i·ty |hŏ stĭl′ĭ tē| —*noun, plural* **hostilities 1.** Hatred; ill will. **2. hostilities** Open warfare.

hot |hŏt| —*adjective* **hotter, hottest 1.** Having a lot of heat; very warm. **2.** Burning to the taste; sharp or spicy. **3.** Violent. **4.** Close.

hot dog A long, thin sausage, usually served on a long roll; frankfurter.

ho·tel |hō těl′| —*noun, plural* **hotels** A business establishment that consists of a building with many rooms that people pay to sleep in. Some hotels serve food and offer many services.

hot·house |hŏt′hous′| —*noun, plural* **hot·hous·es** |hŏt′hou′zĭz| A heated house, usually with a glass roof and sides, for growing plants that need an even, warm temperature; greenhouse.

hound |hound| —*noun, plural* **hounds** One of several kinds of dogs originally bred and trained for hunting. Hounds usually have drooping ears and a good sense of smell.
—*verb* **hounded, hounding** To ask or remind over and over; pester; nag.

2. Cosa terrible o repugnante. **3.** Sentimiento profundo de disgusto; odio; aborrecimiento; pavor.

horse *sustantivo* **1.** Animal grande que tiene cascos y melena y cola largas, que se usa para montar y para tirar o llevar cargas pesadas; caballo. **2.** Armazón de apoyo con patas; caballete. **3.** Armazón acolchonada de cuatro patas que se usa en gimnasios para la gimnasia u otros ejercicios.

horseback *sustantivo* El lomo del caballo.
—*adverbio* Sobre el lomo del caballo; a caballo.

horseplay *sustantivo* Juego rudo y malicioso; chanza pesada.

horsepower *sustantivo* Unidad que se usa para medir la fuerza de un motor; caballo de fuerza.

horseradish *sustantivo* Raíz grande y blancuzca de una planta alta, que tiene un sabor picante y que se raya y mezcla con vinagre para usarse como condimento; rábano picante.

horseshoe *sustantivo* **1.** Pedazo de hierro en forma de U que se adapta y clava en los cascos de los caballos; herradura. **2. horseshoes** Juego en el cual los jugadores tratan de lanzar herraduras para que caigan alrededor de un poste clavado en el suelo.

hose *sustantivo* **1.** Tubo largo de caucho que se usa para conducir líquidos o aire; manguera. **2.** Medias de mujer.
—*verbo* Lavar o rociar con agua de una manguera.

hospitable *adjetivo* Que da la bienvenida a los huéspedes con mucha generosidad; amistoso con los vistantes; hospitalario; acogedor.

hospital *sustantivo* Edificio en el cual los doctores y las enfermeras cuidan de las personas enfermas o heridas; hospital.

hospitality *sustantivo* Trato amistoso dado a visitantes y huéspedes; hospitalidad.

hospitalize *verbo* Internar en un hospital para tratamiento médico; hospitalizar.

host¹ *sustantivo* Persona o grupo que invita a los huéspedes y los agasaja; anfitrión.

host² *sustantivo* Gran número; multitud; muchos.

hostage *sustantivo* Persona que es mantenida prisionera hasta que se cumplan ciertas condiciones; rehén.

hostess *sustantivo* **1.** Anfitriona. **2.** Mujer que da la bienvenida a los pasajeros o a los clientes en un avión o en un restaurante; azafata; aeromoza.

hostile *adjetivo* Que siente o demuestra odio; abiertamente insociable; hostil.

hostility *sustantivo* **1.** Odio; mala voluntad; hostilidad. **2. hostilities** Guerra abierta.

hot *adjetivo* **1.** Que tiene mucho calor; muy cálido; caliente. **2.** Que quema el paladar; sazonado o picante. **3.** Violento; fogoso; ardiente; furioso.

hot dog Salchicha larga y delgada que generalmente se sirve en un panecillo largo; perro caliente.

hotel *sustantivo* Establecimiento de negocios que consiste en un edificio con muchos cuartos por los cuales la gente paga para dormir; hotel. Algunos hoteles sirven alimentos y ofrecen muchos servicios.

hothouse *sustantivo* Casa generalmente con techo y paredes de vidrio que se mantiene caliente para cultivar plantas que necesitan una temperatura uniforme y cálida; invernadero.

hound *sustantivo* Una de las varias clases de perros originalmente criados y entrenados para la caza y que generalmente tienen orejas caídas y buen sentido del olfato; perro sabueso.
—*verbo* Pedir o recordar algo a alguien insistiendo repetidamente; molestar.

ər butter yōō abuse ou out ŭ cut û fur *th* the th thin hw which zh vision ə ago, item, pencil, atom, circus

hour |our| —*noun, plural* **hours 1.** A unit of time that is equal to sixty minutes. **2.** A particular time of day. **3.** Often **hours** The time for something.

hour·glass |our'glăs'| or |our'gläs'| —*noun, plural* **hourglasses** An instrument for measuring time. It is made of two glass chambers with a narrow neck connecting them. A quantity of sand in the top chamber takes one hour to pass down to the bottom chamber.

hour·ly |our'lē| —*adjective* **1.** Done every hour. **2.** By the hour.
—*adverb* Every hour.

house |hous| —*noun, plural* **houses** |hou'zĭz| **1.** A building people live in. **2.** A building used for a certain purpose. **3.** A business firm. **4.** The people who live in one building or home; household. **5.** An audience. **6.** A group of people who make laws; a law-making body. The House of Representatives and the Senate are the two houses of the United States Congress.
—*verb* |houz| **housed, housing** To provide living quarters for.

house·boat |hous'bōt'| —*noun, plural* **houseboats** A large flat-bottomed boat that people can live on.

house·hold |hous'hōld'| —*noun, plural* **households 1.** The people who live in a house. **2.** A home and its management.

house·keep·er |hous'kē'pər| —*noun, plural* **housekeepers** Someone who takes care of a house and does such things as cleaning and cooking.

house·wife |hous'wīf'| —*noun, plural* **housewives** |hous'wīvz'| A married woman who takes care of her family's household.

house·work |hous'wûrk'| —*noun* The jobs involved in taking care of a house, such as cooking, cleaning, and washing.

hous·ing |hou'zĭng| —*noun, plural* **housings 1.** Buildings in which people live. **2.** Something that covers, contains, or protects a machine or part of a machine.

hov·er |hŭv'ər| or |hŏv'ər| —*verb* **hovered, hovering 1.** To stay in one place in the air; float or fly without moving much. **2.** To stay or wait nearby; linger.

how |hou| —*adverb* **1.** In what way; by what means. **2.** In what condition. **3.** To what degree or amount. **4.** At what cost or price.

how·ev·er |hou ĕv'ər| —*adverb* **1.** By whatever way. **2.** To whatever degree or amount.
—*conjunction* Nevertheless; yet.

howl |houl| —*noun, plural* **howls** A long, wailing cry, as of a dog or someone in pain.
—*verb* **howled, howling** To make a long, wailing cry.

hub |hŭb| —*noun, plural* **hubs 1.** The center part of a wheel. The spokes come out of the hub and are attached to the rim. **2.** A center of activity.

huck·le·ber·ry |hŭk'əl bĕr'ē| —*noun, plural* **huckleberries** A shiny, blackish berry that looks like a blueberry.

hour *sustantivo* **1.** Unidad de tiempo que es igual a sesenta minutos; hora. **2.** Determinado momento del día. **3.** A veces **hours** Tiempo destinado para algo: *My working hours are from 9 to 5.* = *Mis horas de trabajo son de 9 a 5.*

hourglass *sustantivo* Instrumento para medir el tiempo formado por dos cámaras de vidrio y un cuello angosto que las conecta, y en el cual una cantidad de arena en la cámara de arriba se demora una hora para pasar a la de abajo; reloj de arena.

hourly *adjetivo* **1.** Que se hace a cada hora. **2.** Por hora.
—*adverbio* Cada hora.

house *sustantivo* **1.** Edificio en el cual vive la gente; casa; domicilio; residencia. **2.** Edificio que se usa para un objetivo específico: *an opera house* = *el teatro de ópera.* **3.** Firma de negocios: *a banking house* = *una casa bancaria; banco.* **4.** La gente que vive en un edificio o una casa; ocupantes. **5.** Audiencia; público; concurrencia: *There was a full house on the opening night of the play.* = *Hubo concurrencia plena la noche del estreno del drama.* **6.** Grupo de personas que hacen leyes; cuerpo legislativo; cámara. La Cámara de Representantes y el Senado son las dos cámaras del Congreso de los Estados Unidos.
—*verbo* Dar alojamiento a alguien: *We can house ten people overnight.* = *Podemos dar alojamiento nocturno o diez personas.*

houseboat *sustantivo* Barco grande de fondo plano en el cual puede vivir la gente.

household *sustantivo* **1.** Gente que vive en una casa; familia. **2.** Una casa y su administración.

housekeeper *sustantivo* Persona que cuida una casa y hace trabajos como limpiar y cocinar; ama de llaves; mujer de su casa.

housewife *sustantivo* Mujer casada que cuida del hogar; ama de casa; madre de familia.

housework *sustantivo* Trabajos comprendidos en el cuidado de la casa, tales como cocinar, limpiar y lavar; trabajo doméstico.

housing *sustantivo* **1.** Edificios en los cuales vive la gente; vivienda; alojamiento. **2.** Algo que cubre, contiene o protege una máquina o parte de una máquina; cubierta.

hover *verbo* **1.** Permanecer en un lugar en el aire; flotar o volar sin moverse mucho; revolotear; aletear. **2.** Permanecer o esperar cerca de algo o alguien; rondar.

how *adverbio* **1.** De qué manera; por qué medios; cómo: *How can you prove that you're right about this?* = *¿De qué manera puedes probar que tienes razón en este asunto?* **2.** En qué condición; cómo: *How does she look now that she's lost weight?* = *¿Cómo se ve ella ahora que ha perdido peso?* **3.** De qué modo; cuánto: *How do you like your new bike?* = *¿Te gusta tu bicicleta nueva? Nota:* En inglés se usa preguntar "de qué modo o cuánto" alguien gusta de algo o alguien. En español se usa contestar "de qué modo o cuánto" uno gusta de algo o alguien. **4.** A qué costo o precio: *How much was that dress?* = *¿Cuánto te costó ese vestido?*

however *adverbio* **1.** Por cualquier camino o medio; como quiera que sea; de cualquier modo.
—*conjunción* Sin embargo; no obstante; con todo.

howl *sustantivo* Grito sostenido y gimiente, como el de un perro o de alguien dolorido; aullido; gemido; alarido.
—*verbo* Dar un grito sostenido y gimiente; aullar; gemir; dar alaridos.

hub *sustantivo* **1.** Parte central de una rueda de vehículo de donde salen los rayos que van conectados al aro o rin; eje. **2.** Centro de actividad.

huckleberry *sustantivo* Baya o fruta negruzca y brillante que se parece al mírtilo; arándano.

ă pat ā pay â care ä father ĕ pet ē be ĭ pit ī pie î fierce ŏ pot ō go ô paw, for oi oil ŏŏ book ōō boot

hud·dle |hŭd′l| —*noun, plural* **huddles** A closely packed group or crowd.
—*verb* **huddled, huddling** To crowd together.

hue |hyōō| —*noun, plural* **hues** A color; shade.

hug |hŭg| —*verb* **hugged, hugging** To put the arms around and hold tightly; embrace, especially with affection.
—*noun, plural* **hugs** A tight clasp in the arms; an embrace.

huge |hyōōj| —*adjective* **huger, hugest** Of great size; very big; enormous.

hu·la |hōō′lə| —*noun, plural* **hulas** A Hawaiian dance that tells a story with movements of the arms, hands, and body.

hull |hŭl| —*noun, plural* **hulls** **1.** The body of a ship, including its sides and bottom. **2.** The cluster of small leaves near the stem of a strawberry and some other fruits. **3.** The outer covering of some nuts and seeds.
—*verb* **hulled, hulling** To remove the hulls from fruit, nuts, or seeds.

hum |hŭm| —*verb* **hummed, humming** **1.** To make a low, soft sound like a long *m.* **2.** To be full of busy activity.
—*noun, plural* **hums** **1.** The act or sound of humming. **2.** The confused sound of busy activity.

hu·man |hyōō′mən| —*adjective* Of or characteristic of people.
—*noun, plural* **humans** A person.

hu·mane |hyōō mān′| —*adjective* Not cruel; kind.

hu·man·i·ty |hyōō măn′ĭ tē| —*noun, plural* **humanities** **1.** Human beings as a group; people. **2.** The condition or quality of being human. **3.** The quality of being humane; kindness.

hum·ble |hŭm′bəl| —*adjective* **humbler, humblest** **1.** Not proud; modest. **2.** Of low rank or importance; lowly.
—*verb* **humbled, humbling** To make humble.

hu·mid |hyōō′mĭd| —*adjective* Damp; moist.

hu·mid·i·ty |hyōō mĭd′ĭ tē| —*noun* Water vapor in the air; air moisture.

hu·mil·i·ate |hyōō mĭl′ē āt′| —*verb* **humiliated, humiliating** To hurt the pride or self-respect of; make ashamed.

hum·ming·bird |hŭm′ĭng bûrd′| —*noun, plural* **hummingbirds** A very small, brightly colored bird with a long, slender bill. The wings of a hummingbird move so fast that they make a humming sound.

hu·mor |hyōō′mər| —*noun, plural* **humors** **1.** The quality of being funny. **2.** The ability to see and enjoy what is funny. **3.** A state of mind; mood.
—*verb* **humored, humoring** To go along with the wishes of.

hu·mor·ous |hyōō′mərəs| —*adjective* Funny; amusing.

hump |hŭmp| —*noun, plural* **humps** A rounded lump, as on the back of a camel.

hu·mus |hyōō′məs| —*noun* Dark soil formed from dead leaves and other plant parts that have decayed. Humus contains substances that help plants grow.

hunch |hŭnch| —*noun, plural* **hunches** A belief without any reason for it; a guess or suspicion.
—*verb* **hunched, hunching** To make rounded by drawing up or in.

hunch·back |hŭnch′băk′| —*noun, plural* **hunchbacks** **1.** An unusually curved back resulting from a defect in the spinal column. **2.** A person having such a back.

huddle *sustantivo* Grupo o multitud compacto; montón.
—*verbo* Agruparse; amontonarse; arremolinarse.

hue *sustantivo* Color; matiz.

hug *verbo* Poner los brazos alrededor de alguien y estrecharlo fuertemente; estrechar, especialmente con afecto o cariño; abrazar.
—*sustantivo* Apretón fuerte con los brazos; abrazo.

huge *adjetivo* De gran tamaño; muy grande; enorme; inmenso; gigante.

hula *sustantivo* Baile hawaiano que cuenta una historia con movimiento de los brazos, las manos y el cuerpo; hula.

hull *sustantivo* **1.** Armazón de un barco, incluyendo los lados y el fondo; casco. **2.** Ramo de hojas pequeñas cerca del tallo de las fresas y otras frutas. **3.** Cubierta exterior de algunas nueces y semillas; cáscara; corteza.
—*verbo* Quitarle la cáscara a las nueces, frutas o semillas; descascarar; pelar.

hum *verbo* **1.** Hacer un sonido bajo, suave y sostenido como si se pronunciara la letra *m;* tararear; canturrear; zumbar. **2.** Estar pleno de gran actividad; desplegar mucha actividad: *The factories hum each working day.* = *Las fábricas despliegan mucha actividad cada día de trabajo.*
—*sustantivo* **1.** Acción o sonido de tararear, canturrear o zumbar; tarareo; canturreo; zumbido. **2.** Sonido confuso de gran actividad; barahúnda.

human *adjetivo* Perteneciente a, o característico de la gente; humano.
—*sustantivo* Persona; ser humano.

humane *adjetivo* Que no es cruel; compasivo; humanitario.

humanity *sustantivo* **1.** Los seres humanos, en conjunto; gente; humanidad; género humano. **2.** Condición o cualidad de ser humano. **3.** Cualidad de ser humano; bondad; benevolencia; magnanimidad.

humble *adjetivo* **1.** Que no es orgulloso; modesto; humilde. **2.** De bajo rango o importancia; bajo; sumiso.
—*verbo* Hacer humilde; humillar; abatir.

humid *adjetivo* Húmedo.

humidity *sustantivo* Vapor de agua en el aire; humedad en el aire; humedad.

humiliate *verbo* Herir el orgullo o el amor propio de alguien; avergonzar; humillar; degradar.

hummingbird *sustantivo* Pájaro pequeño, de colores brillantes y cola larga y delgada, cuyas alas se mueven tan rápidamente que hacen un zumbido; colibrí; picaflor.

humor *sustantivo* **1.** La cualidad de ser cómico; humor. **2.** La habilidad de ver y gozar de lo que es cómico; sentido del humor. **3.** Estado de ánimo; talante.
—*verbo* Estar de acuerdo con los deseos de alguien; dar gusto; acceder; complacer.

humorous *adjetivo* Cómico; chistoso; humorístico.

hump *sustantivo* Protuberancia redonda, como la del lomo del camello; joroba; giba; corcova.

humus *sustantivo* Tierra negra formada de hojas muertas y otras partes de plantas que se han podrido y que contiene sustancias que ayudan a crecer a las plantas; humus.

hunch *sustantivo* Creencia sin fundamento; adivinación o sospecha; conjetura; corazonada.
—*verbo* Posición del cuerpo en la que ciertas partes se redondean por esta posición; encorvarse; encogerse: *The cold air made us cross our arms and hunch up our shoulders.* = *El viento frío nos hizo cruzar los brazos y encogernos de hombros.*

hunchback *sustantivo* **1.** Espalda extremadamente encorvada que resulta de un defecto en la columna vertebral; joroba. **2.** Persona que tiene este tipo de espalda; jorobado.

ər butter   yōō abuse   ou **out**   ŭ cut   û fur   *th* **the**   th **thin**   hw **which**   zh vision   ə **ago**, item, pencil, atom, circus

hun·dred |hŭn′drĭd| —*noun, plural* **hundreds** A number, written 100.

hun·dredth |hŭn′drĭdth| —*noun, plural* **hundredths** & *adjective* See **Table of Numerals**

hung |hŭng| A past tense and a past participle of the verb **hang.**

hun·ger |hŭng′gər| —*noun, plural* **hungers** 1. A strong desire for food. 2. Lack of food. 3. A strong desire; craving.
—*verb* **hungered, hungering** To have a strong desire or craving.

hun·gry |hŭng′grē| —*adjective* **hungrier, hungriest** 1. Wanting food. 2. Having a strong desire; eager.

hunk |hŭngk| —*noun, plural* **hunks** A large piece; a chunk.

hunt |hŭnt| —*verb* **hunted, hunting** 1. To look for so as to capture or kill. 2. To make a careful search; look. —*noun, plural* **hunts** 1. The act or activity of hunting. 2. A careful search.

hunt·er |hŭn′tər| —*noun, plural* **hunters** A person or animal who hunts.

hur·dle |hûr′dl| —*noun, plural* **hurdles** 1. A barrier that must be jumped over in a race. 2. **hurdles** (Used with a singular verb.) A race in which runners must jump over barriers. 3. A problem that must be overcome; obstacle.
—*verb* **hurdled, hurdling** 1. To jump over. 2. To overcome.

hurl |hûrl| —*verb* **hurled, hurling** To throw with force.

hur·rah |hŏŏ rä′| or |hŏŏ rô′| —*interjection* A word used as a shout of joy or praise.
—*noun, plural* **hurrahs** A shout of joy or praise; cheer.

hur·ri·cane |hûr′ĭ kān′| or |hŭr′ĭ kān| —*noun, plural* **hurricanes** A powerful storm with very strong winds and heavy rains.

hur·ried |hûr′ēd| or |hŭr′ēd| —*adjective* Done in a hurry; hasty; rushed.

hur·ry |hûr′ē| or |hŭr′ē| —*verb* **hurried, hurrying** To act or urge to act quickly; to rush.
—*noun, plural* **hurries** 1. The act of hurrying; rush. 2. The need or wish to go quickly.

hurt |hûrt| —*verb* **hurt, hurting** 1. To cause pain or injury to. 2. To have a feeling of pain. 3. To upset; offend. 4. To have a bad effect on; harm.
—*noun, plural* **hurts** Something that hurts; injury.

hus·band |hŭz′bənd| —*noun, plural* **husbands** A man who is married.

hush |hŭsh| —*verb* **hushed, hushing** To make or become quiet.
—*noun, plural* **hushes** A stillness; quiet.

husk |hŭsk| —*noun, plural* **husks** The dry outer covering of an ear of corn and of some other seeds and fruits.
—*verb* **husked, husking** To remove the husk from.

husk·y[1] |hŭs′kē| —*adjective* **huskier, huskiest** 1. Big and strong. 2. Rough; hoarse.

husk·y[2] |hŭs′kē| —*noun, plural* **huskies** A dog with a thick, furry coat. Huskies are used for pulling sleds in the far north.

hus·tle |hŭs′əl| —*verb* **hustled, hustling** To hurry; rush.

hut |hŭt| —*noun, plural* **huts** A small, simple house or shed; shack.

hy·a·cinth |hī′ə sĭnth| —*noun, plural* **hyacinths** A plant that grows from a bulb. It has a thick cluster of fragrant flowers.

hy·brid |hī′brĭd| —*noun, plural* **hybrids** A plant or animal that has parents of different kinds. A mule is a hybrid that has a horse for its mother and a donkey for its father. A rose with white flowers and a rose with

hundred *sustantivo* y *adjetivo* Ciento; cien.

hundredth *sustantivo* y *adjetivo* Consulte la **Tabla de Números.**

hung Pretérito y participio pasado del verbo **hang.**

hunger *sustantivo* 1. Deseos intensos de alimento; hambre; apetito. 2. Falta de alimentación. 3. Deseo vehemente; anhelo; ansias: *a hunger for learning* = *ansias de aprender.*
—*verbo* Tener deseos o ansias ardientes; anhelar; ansiar.

hungry *adjetivo* 1. Que quiere alimento; hambriento. 2. Que tiene grandes deseos de algo; ansioso; deseoso.

hunk *sustantivo* Pedazo grande de algo; porción grande; trozo.

hunt *verbo* 1. Buscar para capturar o matar; cazar. 2. Hacer una búsqueda cuidadosa; mirar; buscar.
—*sustantivo* 1. Acción o actividad de cazar; caza; cacería.

hunter *sustantivo* Persona o animal que caza; cazador.

hurdle *sustantivo* 1. Barrera sobre la cual se debe saltar en una carrera; obstáculo. 2. **hurdles** Carrera en la cual los corredores deben saltar barreras; carrera de obstáculos. 3. Problema que debe ser resuelto; obstáculo; traba; inconveniente; impedimento.
—*verbo* 1. Saltar sobre algo. 2. Vencer; conquistar; resolver.

hurl *verbo* Lanzar con fuerza; arrojar; tirar.

hurrah *interjección* Palabra que se usa como grito de júbilo o alabanza; ¡viva!; ¡hurra!; ¡arriba!

hurricane *sustantivo* Tormenta poderosa con vientos muy fuertes y lluvias torrenciales; huracán; tempestad.

hurried *adjetivo* Hecho de prisa; precipitado; apresurado; apurado.

hurry *verbo* Actuar o instar a actuar rápidamente; apresurar; apurar; darse prisa.
—*sustantivo* 1. Acción de apresurarse; prisa; precipitación. 2. Necesidad o deseo de ir rápidamente; premura.

hurt *verbo* 1. Causar dolor o daño a alguien; herir; lesionar; lastimar. 2. Tener una sensación de dolor; dolerle a uno algo. 3. Enfadar; ofender. 4. Producir mal efecto sobre algo; dañar.
—*sustantivo* Algo que hiere; herida; daño.

husband *sustantivo* Hombre que está casado; esposo; marido.

hush *verbo* Hacer silencio o volverse silencioso; callar; calmar.
—*sustantivo* Quietud; silencio; calma.

husk *sustantivo* Cubierta exterior y seca de la mazorca del maíz y de algunas otras semillas y frutas; cáscara; vaina.
—*verbo* Quitar la cáscara o vaina; descascarar; pelar.

husky[1] *adjetivo* 1. Grande y fuerte; robusto. 2. Áspero; ronco.

husky[2] *sustantivo* Perro muy lanudo que se usa para tirar trineos en las regiones polares; perro esquimal.

hustle *verbo* Apresurarse; darse prisa; apurar.

hut *sustantivo* Casa o cobertizo pequeño y sencillo; choza; cabaña; barraca.

hyacinth *sustantivo* Planta que crece de un bulbo y tiene un ramo apretado de flores fragantes; jacinto.

hybrid *sustantivo* Planta o animal que tiene antecesores de diferentes clases, como el mulo, que tiene a la yegua por madre y al burro por padre; híbrido. Un rosal con flores blancas y uno con flores rojas pueden

---

ă pat ā pay â care ä father ĕ pet ē be ĭ pit ī pie î fierce ŏ pot ō go ô paw, for oi oil ŏŏ book ōŏ boot

red flowers may produce a hybrid with pink flowers.
—*adjective* Being a hybrid; from mixed sources.

hy·drant |hī′drənt| —*noun, plural* **hydrants** An out-
let from a water pipe that sticks out of the ground.
Fire hoses are connected to hydrants to get water for
putting out fires.

hy·dro·gen |hī′drə jən| —*noun* A gas that is very
light and that burns easily. Hydrogen combines with
oxygen to form water. Hydrogen is one of the chemical
elements.

hy·e·na |hī ē′nə| —*noun, plural* **hyenas** An Asian or
African animal that looks rather like a large dog. It has
thick, coarse hair and powerful jaws.

hy·giene |hī′jēn′| —*noun* The rules of cleanliness
and good health.

hymn |hĭm| —*noun, plural* **hymns** A song of joy,
praise, or thanksgiving, especially when sung to God.

hy·phen |hī′fən| —*noun, plural* **hyphens** A mark (-)
used to connect words, parts of a compound word, or
parts of a word divided between two lines. The word
baby-sit has a hyphen in it. So does the phrase **life-
science class.**

hy·phen·ate |hī′fə nāt′| —*verb* **hyphenated, hy-
phenating** To put a hyphen in.

hyp·no·tize |hĭp′nə tīz′| —*verb* **hypnotized, hypno-
tizing** To put into a special, very relaxed but alert
state. A person who has been hypnotized is likely to do
just what he is told to do by the person who is hypno-
tizing him.

hy·poc·ri·sy |hĭ pŏk′rĭ sē| —*noun, plural* **hypocri-
sies** The act or fact of pretending what one is not or
feeling what one does not feel; lack of sincere feelings.

hyp·o·crite |hĭp′ə krĭt| —*noun, plural* **hypocrites** A
person who puts on a false appearance of being good,
kind, honest, or religious.

hyp·o·crit·i·cal |hĭp′ə krĭt′ĭ kəl| —*adjective* Of or
like a hypocrite; insincere; false.

hys·ter·i·cal |hĭ stĕr′ĭ kəl| —*adjective* Excited or
frightened; beyond control.

producir un híbrido con flores rosadas.
—*adjetivo* Que es híbrido; de orígenes mezclados.

hydrant *sustantivo* Salida de una tubería que sobresale
del suelo y a la cual se conectan las mangueras que
sacan agua para apagar los incendios; toma de agua.

hydrogen *sustantivo* Gas muy ligero y que arde fácil-
mente, que se combina con el oxígeno para formar
agua; hidrógeno. El hidrógeno es uno de los elementos
químicos.

hyena *sustantivo* Animal asiático o africano que parece
más bien un perro grande de pelo grueso y basto y
mandíbulas poderosas; hiena.

hygiene *sustantivo* Reglas del aseo y la buena salud;
higiene.

hymn *sustantivo* Canto de júbilo, alabanza o agradeci-
miento, especialmente cuando se canta a Dios; himno.

hyphen *sustantivo* Marca (-) que se usa para conectar
palabras, partes de una palabra compuesta o partes de
una palabra dividida entre dos líneas; guión; división.
La palabra **baby-sit** lleva un guión, como también la
frase **life-science class.**

hyphenate *verbo* Usar un guión; separar con guión.

hypnotize *verbo* Poner a alguien en un estado particu-
lar y muy reposado, aunque alerta; hipnotizar. Una
persona que ha sido hipnotizada es propensa a hacer
exactamente lo que le dice la persona que la está
hipnotizando.

hypocrisy *sustantivo* Acción o efecto de fingir lo que
uno no es, o de sentir lo que uno no siente; hipocresía;
falta de sentimientos sinceros.

hypocrite *sustantivo* Persona que adopta una falsa
apariencia de ser bueno, amable, honrado o religioso;
hipócrita; mojigato.

hypocritical *adjetivo* Perteneciente a o como un hipó-
crita; insincero; falso; hipócrita; disimulado.

hysterical *adjetivo* Emocionado o asustado; sin con-
trol; histérico.

I

I or **i** |ī| —*noun, plural* **I's** or **i's** The ninth letter of
the English alphabet.

I |ī| —*pronoun* The person who is speaking or writing.

i·bis |ī′bĭs| —*noun, plural* **ibises** A large bird with
long legs and a long bill that curves downward. Ibises
are found in or near water.

ice |īs| —*noun, plural* **ices** **1.** Water that has been
frozen solid. **2.** A frozen dessert made of crushed ice
flavored with sweet fruit juice or syrup.
—*verb* **iced, icing 1.** To make cold or keep cold with
ice; chill. **2.** To decorate with icing. **3.** To cover with
ice; turn into ice; freeze.

ice·berg |īs′bûrg′| —*noun, plural* **icebergs** A very
large mass of floating ice in the ocean. An iceberg is a
piece of a glacier that has broken off, and can be very
dangerous to ships.

ice·box |īs′bŏks′| —*noun, plural* **iceboxes 1.** A
heavy box into which ice is put to store and cool food.
2. A refrigerator.

ice cream A smooth, sweet frozen food made of ice,
milk or cream, eggs, and sweeteners. It comes in many
flavors.

I o **i** *sustantivo* Novena letra del alfabeto inglés.

I *pronombre* La persona que habla o escribe; yo.

ibis *sustantivo* Ave grande de patas largas y pico alar-
gado y corvo; ibis. Estas aves se encuentran en el agua
o cerca de ella.

ice *sustantivo* **1.** Agua que se ha vuelto sólida al conge-
larse; hielo. **2.** Postre congelado de hielo fragmentado
que contiene jugo de alguna fruta dulce o almíbar;
sorbete.
—*verbo* **1.** Enfriar o mantener frío con hielo; helar.
2. Decorar con escarchado: *Sam was icing the cake.* =
Sam le estaba poniendo el escarchado a la torta.
3. Cubrir con hielo; convertirse en hielo; congelar o
congelarse.

iceberg *sustantivo* Gran masa de hielo flotante en el
océano; témpano. Los témpanos de hielo son partes
desprendidas de un glaciar y constituyen un gran peli-
gro para las embarcaciones.

icebox *sustantivo* **1.** Caja pesada en la que se pone
hielo para almacenar y conservar alimentos; nevera.
2. Refrigerador.

ice cream *sustantivo* Alimento suave y dulce que se hace con
hielo, leche o crema, huevos y azúcar; helado.

ər butter   yōō abuse   ou out   ŭ cut   û fur   *th* the   th thin   hw which   zh vision   ə ago, item, pencil, atom, circus

ice skate A boot or shoe with a metal blade attached to the bottom, worn for skating on ice.

ice skate Bota o zapato que tiene una hoja de metal fijada a la suela y que se usa para patinar sobre el hielo; patín de cuchilla o de hielo.

ice-skate |ĭs′skāt′| —verb **ice-skated, ice-skating** To skate on ice.

ice-skate verbo Patinar sobre hielo.

i·ci·cle |ī′sĭ kəl| —noun, plural **icicles** A thin, pointed, hanging piece or stick of ice.
102

icicle sustantivo Formación puntiaguda y colgante de hielo; carámbano.

ic·ing |ī′sĭng| —noun, plural **icings** A smooth, sweet mixture of sugar, butter, and eggs; frosting. Icing is made with many flavors and is used to cover cakes, cookies, and other pastries.

icing sustantivo Mezcla dulce y suave de azúcar, mantequilla y huevos; escarchado. Se hace de muchos sabores y se usa para cubrir tortas, galletas dulces y otros pasteles.

ic·y |ī′sē| —adjective **icier, iciest 1.** Covered with ice; frozen or slippery. **2.** Feeling like ice; very cold. **3.** Cold and unfriendly.

icy adjetivo **1.** Cubierto de hielo; helado o resbaladizo: Herb slipped on the icy sidewalk. = Herb resbaló en la acera helada. **2.** Que da la sensación de hielo; muy frío; helado. **3.** Frío y hostil; glacial: an icy stare = una mirada glacial.

I'd |īd| A contraction of "I had," "I would," or "I should."

I'd Contracción de "I had", "I would" o "I should".

i·de·a |ī dē′ə| —noun, plural **ideas 1.** A thought that is carefully or completely worked out in the mind. **2.** An opinion or belief.

idea sustantivo **1.** Pensamiento cuidadosa o completamente producido en la mente; idea. **2.** Opinión o creencia.

i·de·al |ī dē′əl| or |ī dēl′| —noun, plural **ideals** A person or thing that is perfect or thought of as being perfect; a model to be imitated.
—adjective Perfect or best possible.

ideal sustantivo Persona o cosa perfecta o considerada perfecta; modelo que debe imitarse; ideal.
—adjetivo Perfecto o lo mejor posible; ideal.

i·den·ti·cal |ī dĕn′tĭ kəl| —adjective **1.** Exactly alike; equal. **2.** The very same.

identical adjetivo **1.** Exactamente igual; idéntico. **2.** Mismísimo.

i·den·ti·fi·ca·tion |ī dĕn′tə fĭ kā′shən| —noun, plural **identifications 1.** The act of identifying. **2.** Something that is used to prove who a person is or what something is; proof.

identification sustantivo Identificación: **1.** Acción o efecto de identificar. **2.** Algo que se usa para demostrar la identidad de una persona o lo que una cosa es; prueba.

i·den·ti·fy |ī dĕn′tə fī′| —verb **identified, identifying, identifies 1.** To recognize a particular person or thing; give an accurate description of. **2.** To think of two or more things as the same or as being connected in some way.

identify verbo Identificar: **1.** Reconocer a una persona o cosa dada; dar una descripción exacta. **2.** Considerar dos o más cosas como iguales o relacionadas de alguna manera: Many people identify success with having a good job. = Mucha gente identifica el éxito con la posesión de un buen empleo.

i·den·ti·ty |ī dĕn′tĭ tē| —noun, plural **identities 1.** Who a person is or what a thing is. **2.** The condition of being exactly the same as something else.

identity sustantivo Identidad: **1.** Lo que una persona o una cosa es. **2.** Condición de ser exactamente igual que otra cosa.

id·i·om |ĭd′ē əm| —noun, plural **idioms** A phrase or expression that has a special meaning that cannot be understood from the normal or regular meaning of the words in it. For example, up in the air is an idiom that means "not settled or decided."

idiom sustantivo Frase o expresión de significado especial que no se puede comprender por el sentido real de las palabras que la componen; modismo. Por ejemplo, up in the air es un modismo que significa "sin decidirse; que está por decidirse".

id·i·ot |ĭd′ē ət| —noun, plural **idiots 1.** A person who is mentally retarded in the most severe way. Idiots are not able to learn how to read or write or how to take care of themselves. **2.** A very foolish or stupid person.

idiot sustantivo Idiota: **1.** Persona de mente retrasada en extremo. Los idiotas no pueden aprender a leer y escribir o a cuidarse a sí mismos. **2.** Persona muy tonta o estúpida.

i·dle |īd′l| —adjective **idler, idlest 1.** Not working or busy; doing nothing. **2.** Not in use; not being operated. **3.** Avoiding work; lazy. **4.** Worthless or useless.
—verb **idled, idling 1.** To spend time by not working or avoiding work. **2.** To run a motor or machine at a low speed or while it is not in gear.

idle adjetivo **1.** Que no trabaja o no está ocupado; sin hacer nada; ocioso. **2.** Que no está siendo usado; que no está en operación; parado. **3.** Que evita el trabajo; perezoso. **4.** Inútil; vano; frívolo: His story about running away from home was only idle talk. = Su historia sobre la fuga de su casa fue sólo una historia vana. —verbo **1.** Pasar el tiempo sin trabajar o evitando el trabajo; desperdiciar: We idled away our vacation lying in the sun and going swimming. = Desperdiciamos nuestras vacaciones echados al sol y nadando. **2.** Hacer andar un motor o máquina a baja velocidad o mientras está en punto muerto.

i·dol |īd′l| —noun, plural **idols 1.** A statue, picture, or other object that is worshiped as a god. **2.** A person who is admired or loved very much.

idol sustantivo **1.** Estatua, grabado u otro objeto adorado como a un dios; ídolo. **2.** Persona admirada o muy querida.

if |ĭf| —conjunction **1.** On the condition that. **2.** Supposing that; in case that. **3.** Whether. **4.** Even though.

if conjunción **1.** A condición de que; si: I will come only if you do. = Vendré solamente si tú también vienes. **2.** Suponiendo que; en el caso de que: Even if his story is true, what can we do about it? = Aún suponiendo que su historia sea verdadera, ¿qué podemos hacer al respecto? **3.** Si: I wonder if she is coming. = Me pregunto si vendrá. **4.** Aunque: This is a useless if interesting gadget. = Este es un artilugio inútil aunque interesante.

ig·ne·ous |ĭg′nē əs| —adjective Formed or made from molten rock.

igneous adjetivo Formado o hecho de roca derretida; ígneo.

ig·nite |ĭg nīt′| —*verb* **ignited, igniting** To set fire to or catch fire; begin or cause to begin to burn.

ig·ni·tion |ĭg nĭsh′ən| —*noun, plural* **ignitions** **1.** The act or process of igniting. **2.** An electrical system that starts and controls the explosion of gasoline in a gasoline engine.

ig·no·rance |ĭg′nər əns| —*noun* The condition of being ignorant; a lack of knowledge.

ig·no·rant |ĭg′nər ənt| —*adjective* **1.** Not having education or knowledge. **2.** Having the wrong information or not enough information.

ig·nore |ĭg nôr′| or |ĭg nōr′| —*verb* **ignored, ignoring** To pay no attention to; disregard.

ill |ĭl| —*adjective* **worse, worst** **1.** Not healthy; sick. **2.** Not normal; not strong. **3.** Not favorable; bad. —*adverb* **worse, worst** Not kindly; badly or cruelly. —*noun, plural* **ills** **1.** Evil; sin. **2.** Something that causes suffering; harm; disaster.

I'll |īl| A contraction of "I shall" or "I will."

il·le·gal |ĭ lē′gəl| —*adjective* Against the law or against the rules.

il·lit·er·ate |ĭ lĭt′ər ĭt| —*adjective* Not knowing how to read and write.

ill·ness |ĭl′nĭs| —*noun, plural* **illnesses** **1.** Sickness of body or mind. **2.** A particular sickness or disease.

il·lu·mi·nate |ĭ lōō′mə nāt′| —*verb* **illuminated, illuminating** To light up; shine light on.

il·lu·sion |ĭ lōō′zhən| —*noun, plural* **illusions** **1.** Something that fools the eye, ear, or any of the other senses. **2.** An idea or belief that is mixed up or mistaken.

il·lus·trate |ĭl′ə strāt′| or |ĭ lŭs′trāt′| —*verb* **illustrated, illustrating** **1.** To explain something by using examples, stories, pictures, or comparisons. **2.** To add pictures or diagrams that explain or decorate to a book, magazine, or other type of printed matter.

il·lus·tra·tion |ĭl′ə strā′shən| —*noun, plural* **illustrations** **1.** A picture, diagram, chart, or other device used to explain or decorate. **2.** Something serving as an example, explanation, or proof.

I'm |īm| A contraction of "I am."

im·age |ĭm′ĭj| —*noun, plural* **images** **1.** The picture formed by light shining through lenses or mirrors. **2.** A picture of something in the mind. **3.** A reproduction or copy of a person or thing, such as a statue or a figure in a painting. **4.** Something or someone who looks very much like another. **5.** Public opinion about someone.

i·mag·i·nar·y |ĭ măj′ə nĕr′ē| —*adjective* Existing only in the imagination; made-up; not real.

i·mag·i·na·tion |ĭ măj′ə nā′shən| —*noun, plural* **imaginations** **1.** The ability of the mind to form pictures or images of things that are not there. **2.** The ability to create or make up things that are not real or events that did not really happen.

i·mag·i·na·tive |ĭ măj′ə nə tĭv| or |ĭ măj′ə nā′tĭv| —*adjective* **1.** Having a strong imagination. **2.** Showing or having to do with imagination.

i·mag·ine |ĭ măj′ĭn| —*verb* **imagined, imagining**

ignite *verbo* Encender o encenderse; empezar o hacer que algo empiece a arder.

ignition *sustantivo* **1.** Acto o proceso de encender o encenderse; ignición. **2.** Sistema eléctrico que da comienzo a y gobierna la explosión de la gasolina en los motores que queman este combustible; encendido.

ignorance *sustantivo* Condición de ser ignorante; falta de conocimientos; ignorancia.

ignorant *adjetivo* **1.** Falto de instrucción o conocimientos ignorante. **2.** Que posee información errónea o insuficiente; mal informado: *Many people are ignorant about how difficult it is to ski.* = *Mucha gente está mal informada sobre lo difícil que es esquiar.*

ignore *verbo* No prestar atención; desatender; ignorar.

ill *adjetivo* **1.** Carente de salud; enfermo. **2.** Anormal; débil; malo: *ill health* = *mala salud.* **3.** Desfavorable; malo: *suffering ill luck* = *víctima de la mala suerte; the ill effects of not eating well* = *los malos efectos de no comer bien.* —*adverbio* Sin bondad; mal o con crueldad: *You shouldn't speak ill of someone you don't know.* = *No deberías hablar mal de alguien a quien no conoces.* —*sustantivo* **1.** Mal; pecado: *for good or for ill* = *por bien o por mal.* **2.** Algo que causa sufrimiento; daño; desastre; desgracia o infortunio: *People who lived in those times faced many ills.* = *La gente de esa época confrontaba muchas desgracias.*

I'll Contracción de "I shall" o "I will".

illegal *adjetivo* Contrario a la ley o las reglas; ilegal.

illiterate *adjetivo* Que no sabe leer y escribir; analfabeto.

illness *sustantivo* **1.** Mal del cuerpo o de la mente; enfermedad. **2.** Un mal determinado.

illuminate *verbo* Alumbrar; arrojar luz; iluminar.

illusion *sustantivo* **1.** Algo que engaña a la vista, oídos o a cualquiera de los otros sentidos; ilusión. **2.** Idea o creencia confundida o equivocada; espejismo; engaño: *Tom had the illusion that he would be happier if only he were taller.* = *Tom sufría del engaño de que él sería más feliz si solamente fuera más alto.*

illustrate *verbo* **1.** Explicar algo por medio de ejemplos, cuentos, grabados o comparaciones; ilustrar. **2.** Agregar grabados o diagramas que explican o adornan un libro, revista u otra clase de impreso.

illustration *sustantivo* **1.** Grabado, diagrama, cuadro u otro recurso que se usa para explicar o adornar; ilustración. **2.** Algo que sirve de ejemplo, explicación o prueba; ejemplo: *A rock falling to the ground is an illustration of gravity.* = *Una piedra que cae a tierra es un ejemplo de la fuerza de la gravedad.*

I'm Contracción de "I am".

image *sustantivo* **1.** Cuadro que forma la luz al brillar a través de lentes o espejos; imagen. **2.** Representación de algo en la mente; acto de imaginar algo: *The smell of onions brings to my mind images of hamburgers.* = *El olor de cebollas me hace imaginar las hamburguesas.* **3.** Reproducción o copia de una persona o cosa, como una estatua o una figura en un cuadro; efigie. **4.** Algo o alguien que se parece mucho a otra cosa o persona; retrato. **5.** Opinión pública sobre alguien; imagen.

imaginary *adjetivo* Existente únicamente en la imaginación; inventado; que no existe; imaginario.

imagination *sustantivo* Imaginación: **1.** Capacidad de la mente de formar imágenes o representaciones mentales de cosas que no están presentes. **2.** Capacidad para crear o inventar cosas que no existen o sucesos que no han tenido lugar en realidad.

imaginative *adjetivo* Imaginativo: **1.** Que tiene una imaginación muy pronunciada. **2.** Que muestra o tiene que ver con la imaginación.

imagine *verbo* Imaginar: **1.** Representarse en la mente

1. To form a picture of a person or thing in the mind; have an idea of. **2.** To make a guess; think.

im·i·tate |ĭm′ĭ tāt′| —*verb* **imitated, imitating 1.** To copy the actions, appearance, or sounds of someone or something else. **2.** To look like; resemble.

im·i·ta·tion |ĭm′ĭ tā′shən| —*noun, plural* **imitations 1.** The act of imitating. **2.** A copy of something else.

im·ma·ture |ĭm′ə tŏŏr′| or |ĭm′ə tyŏŏr′| or |ĭm′ə chŏŏr′| —*adjective* **1.** Not fully grown, developed, or ripe; not mature. **2.** Not acting one's age; behaving childishly.

im·me·di·ate |ĭ mē′dē ĭt| —*adjective* **1.** Taking place at once or very soon; happening without delay. **2.** Coming next or very soon. **3.** Close; nearby.

im·me·di·ate·ly |ĭ mē′dē ĭt lē| —*adverb* **1.** Right away; at once; without delay. **2.** Right after; next.

im·mense |ĭ mĕns′| —*adjective* Of great size, extent, or degree.

im·mi·grant |ĭm′ĭ grənt| —*noun, plural* **immigrants** A person who leaves the country in which he or she was born to live in another country.

im·mi·grate |ĭm′ĭ grāt′| —*verb* **immigrated, immigrating** To move to or go live in a country in which one was not born.

im·mor·al |ĭ môr′əl| or |ĭ mŏr′əl| —*adjective* Not moral; not just; evil; wicked.

im·mor·tal |ĭ môr′tl| —*adjective* **1.** Living or lasting forever; never dying. **2.** Never to be forgotten; having fame that will last forever.

im·mune |ĭ myŏŏn′| —*adjective* Protected from disease.

im·pact |ĭm′păkt′| —*noun, plural* **impacts** The action of one object striking against another; collision.

im·pair |ĭm pâr′| —*verb* **impaired, impairing** To reduce the strength or quality of; weaken.

im·par·tial |ĭm pär′shəl| —*adjective* Not favoring one person or side more than another; fair; just.

im·pa·tience |ĭm pā′shəns| —*noun* **1.** The condition of being impatient; the fact of not being able or willing to wait patiently. **2.** The condition of being very eager.

im·pa·tient |ĭm pā′shənt| —*adjective* **1.** Not able or willing to wait calmly or put up with opposition or annoyance. **2.** Very eager.

im·peach |ĭm pēch′| —*verb* **impeached, impeaching** To accuse a public official with wrong or illegal behavior before a special type of court. If he or she is found guilty, an official may be removed from office, made to pay a fine, or be sent to jail.

im·per·fect |ĭm pûr′fĭkt| —*adjective* Not perfect; having faults, errors, or gaps.

im·pe·ri·al |ĭm pîr′ē əl| —*adjective* **1.** Having to do with an empire or an empress or emperor. **2.** Having to do with one country's rule, control, or authority over another country or a colony.

im·ple·ment |ĭm′plə mənt| —*noun, plural* **implements** A tool or piece of equipment used to do a particular job or task.

im·ply |ĭm plī′| —*verb* **implied, implying, implies** To say or mean something without saying it directly; suggest without stating; to hint.

im·po·lite |ĭm′pə līt′| —*adjective* Not polite or having good manners; rude.

im·port |ĭm pôrt′| or |ĭm pōrt′| or |ĭm′pôrt′| or |ĭm′pōrt′| —*verb* **imported, importing** To bring in goods or products from a foreign country for sale or use. —*noun* |ĭm′pôrt′| or |ĭm′pōrt′| *plural* **imports** Something imported.

im·por·tance |ĭm pôr′tns| —*noun* The condition or

a una persona o cosa; formarse una idea de algo. **2.** Tratar de adivinar; pensar; creer: *How many people do you imagine will be at the party?* = ¿*Cuántas personas crees tú que asistirán a la fiesta?*

imitate *verbo* **1.** Copiar los actos, apariencia o sonidos de alguien o algo; imitar. **2.** Parecer; semejarse: *The wallpaper is designed to imitate wood.* = *El empapelado de la pared está diseñado para que parezca madera.*

imitation *sustantivo* Imitación: **1.** Acto de imitar: *He does a funny imitation of a monkey.* = *Él hace una imitación cómica de un mono.* **2.** Copia de otra cosa.

immature *adjetivo* **1.** Que no está completamente crecido, desarrollado o maduro; inmaduro; inmaturo. **2.** Que no se comporta de acuerdo con su edad; que se comporta como un chiquillo; inmaduro.

immediate *adjetivo* Inmediato: **1.** Que sucede enseguida o muy pronto; que sucede sin demora. **2.** Próximo en el orden o en el tiempo: *the immediate future* = *el futuro inmediato.* **3.** Cerca; cercano; inmediato.

immediately *adverbio* Inmediatamente: **1.** Enseguida; sin demora. **2.** Que sigue sin demora; próximo.

immense *adjetivo* De gran tamaño, extensión o grado; inmenso.

immigrant *sustantivo* Persona que abandona el país en que nació para residir en otro; inmigrante.

immigrate *verbo* Mudarse para o ir a vivir a un país en el que uno no nació; inmigrar.

immoral *adjetivo* Que no es moral; injusto; malvado; perverso; inmoral.

immortal *adjetivo* Inmortal: **1.** Que vive o perdura por siempre; que nunca muere. **2.** Que nunca será olvidado; que su fama durará eternamente; imperecedero.

immune *adjetivo* Protegido de las enfermedades; inmune.

impact *sustantivo* Acción o efecto de chocar un objeto con otro; choque; impacto.

impair *verbo* Reducir la fuerza o calidad de algo; debilitar; deteriorar.

impartial *adjetivo* Que no favorece a una persona o bando más que a otro; justo; recto; imparcial.

impatience *sustantivo* Impaciencia: **1.** Condición de ser impaciente; el hecho de no poder o no estar dispuesto a esperar pacientemente. **2.** Condición de estar muy ansioso.

impatient *adjetivo* Impaciente: **1.** Incapaz de o no dispuesto a esperar con calma, o a tolerar la oposición o la molestia. **2.** Muy ansioso.

impeach *verbo* Acusar a un funcionario público de comportamiento incorrecto o ilegal ante un tribunal especial. Si es declarado culpable, el funcionario puede ser destituido de su cargo, condenado a pagar una multa o enviado a la cárcel.

imperfect *adjetivo* Que no es perfecto; con faltas, errores u omisiones; imperfecto.

imperial *adjetivo* Imperial: **1.** Que tiene que ver con un imperio, emperatriz o emperador. **2.** Que tiene que ver con el dominio, control o autoridad de un país sobre otro país o colonia.

implement *sustantivo* Herramienta o equipo usado para un determinado trabajo o tarea: *Tractors and plows are farming implements.* = *Los tractores y los arados son implementos de labranza.*

imply *verbo* Decir o indicar algo sin expresarlo directamente; sugerir sin declararlo abiertamente; implicar; insinuar.

impolite *adjetivo* Descortés o falto de buenos modales; inculto; grosero.

import *verbo* Traer mercancías o productos de un país extranjero para ser vendidas o usadas; importar. —*sustantivo* Algo importado; artículo de importación.

importance *sustantivo* Condición o calidad de ser im-

quality of being important; value or significance.

im·por·tant |ĭm pôr′tnt| —*adjective* Having great value, meaning, or influence; significant.

im·pose |ĭm pōz′| —*verb* **imposed, imposing** To put on or assign to a person something that is a burden, such as a tax, punishment, or task.

im·pos·si·ble |ĭm pŏs′ə bəl| —*adjective* **1.** Not able to happen or exist. **2.** Not able to be done. **3.** Difficult to tolerate or put up with.

im·press |ĭm prĕs′| —*verb* **impressed, impressing** **1.** To have a strong effect on the feelings or mind. **2.** To put firmly into someone's mind.

im·pres·sion |ĭm prĕsh′ən| —*noun, plural* **impressions** **1.** An effect, image, or feeling that stays in the mind. **2.** An idea, notion, or belief. **3.** A mark, pattern, or design made on a surface by pressing or being pressed into it. **4.** A funny imitation of someone's speech, actions, or behavior.

im·pres·sive |ĭm prĕs′ĭv| —*adjective* Making an impression that is strong or that lasts a long time.

im·pris·on |ĭm prĭz′ən| —*verb* **imprisoned, imprisoning** To put in jail or prison; lock up.

im·prop·er |ĭm prŏp′ər| —*adjective* **1.** Not proper; incorrect; wrong. **2.** Showing or having bad manners.

im·prove |ĭm prōōv′| —*verb* **improved, improving** To make or become better.

im·prove·ment |ĭm prōōv′mənt| —*noun, plural* **improvements** **1.** A change or addition that improves something. **2.** A person or thing that is better than another or what it replaces. **3.** The act or process of improving.

im·pro·vise |ĭm′prə vīz′| —*verb* **improvised, improvising** **1.** To make up and perform without preparing or rehearsing beforehand. **2.** To build or make from whatever things or materials are around.

im·pu·dent |ĭm′pyə dənt| —*adjective* Showing a bold lack of respect; rude.

im·pulse |ĭm′pŭls′| —*noun, plural* **impulses** **1.** A sudden urge or desire; a whim. **2.** A sudden force; thrust; push.

im·pure |ĭm pyōōr′| —*adjective* **1.** Not pure or clean; dirty. **2.** Mixed with other substances.

in |ĭn| —*preposition* **1.** Inside. **2.** To or at the condition or situation of. **3.** Into a certain space. **4.** During. **5.** By the end of. **6.** At the time of. **7.** With the use of. **8.** Out of. **9.** According to. **10.** By means of. **11.** Covered with; having on. **12.** Placed so as to make. **13.** For the purpose of. **14.** In respect to; regarding. —*adverb* **1.** Toward the inside; indoors. **2.** Inside a place; at home or at work.

portante; valor o significación; importancia.

important *adjetivo* De gran valor, significado o influencia; significativo; importante.

impose *verbo* Imponer o asignar a una persona algo que es una carga, tal como un impuesto, castigo o tarea; imponer.

impossible *adjetivo* Imposible: **1.** Que no puede suceder o existir. **2.** Que no se puede hacer o lograr. **3.** Difícil de tolerar o aguantar: *He's an impossible child when he's sick.* = *Él es un niño imposible cuando está enfermo.*

impress *verbo* **1.** Provocar un efecto fuerte en los sentimientos o la mente; impresionar. **2.** Fijar firmemente en la mente de alguien; inculcar: *They impressed on their children that they should treat everyone fairly.* = *Le inculcaron a sus hijos que debían tratar a todos imparcialmente.*

impression *sustantivo* **1.** Efecto, imagen o sensación que queda en la mente; impresión. **2.** Idea, parecer o creencia; impresión. **3.** Marca, dibujo o diseño que se hace en una superficie oprimiendo o apretando en la misma; huella. **4.** Imitación cómica del habla, actos o comportamiento de alguna persona; imitación.

impressive *adjetivo* Que causa impresión fuerte o duradera; impresionante.

imprison *verbo* Poner en la cárcel; encarcelar; encerrar.

improper *adjetivo* **1.** Que no es apropiado; incorrecto; impropio. **2.** Que muestra o tiene malos modales; incorrecto.

improve *verbo* Hacer que algo o alguien (o uno) se vuelva mejor; mejorar o mejorarse.

improvement *sustantivo* **1.** Cambio o añadidura que mejora algo; mejora: *Dad made improvements on the house by adding two more rooms.* = *Papá hizo mejoras en la casa al agregarle dos cuartos adicionales.* **2.** Persona o cosa que es mejor que otra a la cual reemplaza: *The new gym teacher is an improvement over the one last year.* = *El nuevo instructor de gimnasia es mejor que el del año pasado.* **3.** Acto o proceso de mejorar; mejoría.

improvise *verbo* Improvisar: **1.** Inventar y ejecutar sin preparación o ensayo previo. **2.** Construir o hacer con las cosas o materiales que se encuentran a mano: *She improvised a picnic table from some long boards.* = *Ella improvisó una mesa para la comida campestre utilizando unas tablas largas.*

impudent *adjetivo* Que muestra una evidente falta de respeto; descortés; insolente.

impulse *sustantivo* Impulso: **1.** Instinto o deseo repentino; capricho. **2.** Fuerza repentina; empuje.

impure *adjetivo* Impuro: **1.** Que no es puro o limpio; sucio. **2.** Mezclado con otras substancias.

in *preposición* **1.** Dentro. **2.** A o en la condición o situación de; con o en: *I am in pain.* = *Estoy con dolor. She is in trouble.* = *Ella está en dificultades.* **3.** Dentro de cierto espacio; en: *I could not get in the house.* = *No pude entrar en la casa.* **4.** Durante; de: *Don't call in the evening.* = *No llames de noche.* **5.** Al cabo de; dentro de: *Your glasses will be ready in a few minutes.* = *Tus gafas estarán listas dentro de unos minutos.* **6.** En el momento de; en: *We bought the car in the spring.* = *Compramos el automóvil en la primavera.* **7.** Mediante el uso de; con: *drawings done in chalk* = *dibujos hechos con tiza.* **8.** Por: *She said that in anger.* = *Ella lo dijo por ira.* **9.** De acuerdo con; según; en: *the latest thing in fashion* = *lo último en la moda. In my opinion she's not telling the truth.* = *En mi opinión, ella no está diciendo la verdad.* **10.** Por medio de; mediante; con: *She paid for her hat in cash.* = *Pagó su sombrero con dinero efectivo.* **11.** Cubierto por; vistiendo; con: *I saw a man in a blue raincoat.* = *Vi un hombre con una capa azul.* **12.** Colocado de manera que forme algo; en: *They built several houses in a row.* = *Construyeron varias casas en hilera.* **13.** Con el fin de; para: *These pots are used in cooking.*

ər butter   yōō abuse   ou out   ŭ cut   û fur   *th* the   th thin   hw which   zh vision   ə ago, item, pencil, atom, circus

= *Estas ollas se usan para cocinar.* **14.** Respecto de; relativo a; de: *These books are different in color.* = *Estos libros son de diferente color.*
—*adverbio* **1.** Hacia adentro o dentro de casa; adentro: *Come in out of the rain.* = *Ven adentro para cobijarte de la lluvia.* **2.** Dentro de un lugar; en casa o en el trabajo: *Mother is not in today.* = *Mamá no está en casa hoy. Is the doctor in?* = *¿Está el médico?*

in·au·gu·rate |ĭ nô′gyə rāt′| —*verb* **Inaugurated, inaugurating 1.** To place or install a person in office with a formal ceremony. **2.** To open for public use with a formal ceremony; dedicate.

inaugurate *verbo* **1.** Instalar a una persona en un puesto oficial con ceremonia solemne; dar posesión de un cargo: *Every four years a President and Vice President of the United States are inaugurated.* = *Cada cuatro años se les da posesión de sus cargos a un presidente y vicepresidente de los Estados Unidos.* **2.** Abrir para el uso público con una ceremonia solemne; inaugurar.

in·au·gu·ra·tion |ĭ nô′gyə rā′shən| —*noun, plural* **inaugurations 1.** The formal ceremony of placing or installing a person in office. **2.** A formal beginning or opening; dedication.

inauguration *sustantivo* **1.** Ceremonia solemne de instalar a una persona en un alto cargo; investidura; toma de posesión. **2.** Comienzo o apertura solemne; inauguración.

in·cen·tive |ĭn sĕn′tĭv| —*noun, plural* **incentives** Something that urges a person to act or make an effort.

incentive *sustantivo* Algo que impulsa a una persona a actuar o a hacer un esfuerzo; incentivo; estímulo.

inch |ĭnch| —*noun, plural* **inches** A unit of length that equals ¹/₁₂ of a foot. Twelve inches equal one foot. In the metric system, an inch equals 2.54 centimeters. —*verb* **inched, inching** To move or cause to move very slowly.

inch *sustantivo* Unidad de medida de longitud que equivale a 1/12 de pie; pulgada. Doce pulgadas equivalen a un pie. En el sistema métrico decimal, una pulgada es igual a 2.54 centímetros. —*verbo* Moverse o hacer moverse muy lentamente; avanzar a paso de tortuga.

in·ci·dent |ĭn′sĭ dənt| —*noun, plural* **incidents 1.** Something that happens; an event. **2.** A minor event that can cause trouble or annoyance.

incident *sustantivo* **1.** Algo que sucede; suceso; incidente. **2.** Suceso menor que puede causar dificultades o molestias; percance.

in·ci·den·tal·ly |ĭn′sĭ dĕn′tl ē| —*adverb* In addition to something else; by the way.

incidentally *adverbio* Además de otra cosa; a propósito; dicho sea de paso; entre paréntesis: *Incidentally, did you go to see Sarah last weekend?* = *A propósito, ¿fuiste a ver a Sarah el fin de semana pasado?*

in·cin·er·a·tor |ĭn sĭn′ə rā′tər| —*noun, plural* **incinerators** A furnace for burning trash or garbage.

incinerator *Horno para quemar basura o desperdicios; incinerador de basura.

in·cli·na·tion |ĭn′klə nā′shən| —*noun, plural* **inclinations 1.** A tendency to act in a certain way. **2.** A natural preference; a liking.

inclination *sustantivo* **1.** Tendencia a actuar de cierta manera; inclinación; propensión. **2.** Preferencia natural; afición.

in·cline |ĭn klīn′| —*verb* **inclined, inclining** To lean, slant, or slope. —*noun* |ĭn′klīn′| *plural* **inclines** A surface that inclines; a slope or slant.

incline *verbo* Ladearse; estar inclinado o en declive; inclinarse. —*sustantivo* Superficie que se inclina; declive; plano inclinado.

in·clude |ĭn klōōd′| —*verb* **included, including 1.** To be made up of, either completely or in part; contain. **2.** To put into a group, a class, or a total.

include *verbo* **1.** Estar hecho de algo completa o parcialmente; contener; incluir: *The art show includes some of my mother's paintings.* = *La exposición de pintura incluye algunas pinturas de mi madre.* **2.** Colocar en un grupo, clase o total; incluir: *Please include your name and address on the form.* = *Por favor incluya su nombre y dirección en el formulario.*

in·come |ĭn′kŭm′| —*noun, plural* **incomes** The amount of money that a person or business receives from work, goods, services, property, or other things that are owned.

income *sustantivo* Cantidad de dinero que una persona o empresa recibe como pago por trabajo, mercancías, servicios, propiedades u otras cosas que posee; ingresos.

income tax A tax on a person's income. The income tax is based on how much a person earns in a year.

income tax Impuesto sobre los ingresos de una persona; impuesto de utilidades. Este impuesto se determina por el monto de los ingresos al año de la persona.

in·com·plete |ĭn′kəmplēt′| —*adjective* Not complete.

incomplete *adjetivo* Que no está completo; incompleto.

in·cor·rect |ĭn′kə rĕkt′| —*adjective* Not correct; wrong; not proper.

incorrect *adjetivo* Que no es correcto; incorrecto; impropio.

in·crease |ĭn krēs′| —*verb* **increased, increasing** To make or become greater or larger. —*noun* |ĭn′krēs′| *plural* **increases 1.** The act of increasing; growth. **2.** The amount or rate by which something is increased.

increase *verbo* Hacer o hacerse mayor o más grande; aumentar o aumentarse. —*sustantivo* Aumento: **1.** Acto de aumentar o aumentarse; crecimiento. **2.** Cantidad o proporción del crecimiento de algo; subida.

in·cred·i·ble |ĭn krĕd′ə bəl| —*adjective* **1.** Hard to believe. **2.** Astonishing; amazing.

increible *adjetivo* **1.** Difícil de creer; increíble. **2.** Asombroso; sorprendente.

in·cu·bate |ĭn′kyə bāt′| or |ĭng′kyə bāt′| —*verb* **incubated, incubating** To keep eggs warm until they hatch. The heat for incubating may come from a mother bird's body, from the sun, or from a special machine.

incubate *verbo* Mantener huevos moderadamente calientes hasta que empollen; incubar. El calor para la incubación puede venir del cuerpo del ave madre, del sol o de un aparato especial.

in·cu·ba·tor |ĭn′kyəbā′tər| or |ĭng′kyə bā′tər|

incubator *sustantivo* Incubadora: **1.** Aparato o caja

ă pat ā pay â care ä father ĕ pet ē be ĭ pit ī pie î fierce ŏ pot ō go ô paw, for oi oil ōō book ōō boot

—*noun, plural* **Incubators 1.** A machine or box that provides heat at just the right temperature for incubating and hatching eggs. **2.** A device that provides the right temperature, humidity, and oxygen for a baby that has been born earlier than usual.

in·deed |ĭn dēd′| —*adverb* In fact; in reality.

in·def·i·nite |ĭn dĕf′ə nĭt| —*adjective* **1.** Not fixed; likely to change. **2.** Not clear; vague. **3.** Not decided; not sure.

indefinite article Either of the articles **a** or **an.**

in·dent |ĭn dĕnt′| —*verb* **Indented, indenting** To begin a line of writing or printing farther in from the margin than the other lines. The first line of a paragraph is often indented.

in·de·pen·dence |ĭn′dĭ pĕn′dəns| —*noun* The condition or quality of being independent and not controlled by or dependent on others.

in·de·pen·dent |ĭn′dĭ pĕn′dənt| —*adjective* **1.** Not under the control of a foreign government. **2.** Not influenced or controlled by other people; able to make decisions for oneself. **3.** Not depending on other people for food and shelter; earning one's own living.

in·dex |ĭn′dĕks′| —*noun, plural* **indexes** An alphabetical list that is used for finding information. An index may contain names, dates, places, subjects, or titles of books or articles.
—*verb* **indexed, indexing 1.** To make or write an index for. **2.** To arrange in an index.

in·di·cate |ĭn′dĭ kāt′| —*verb* **indicated, indicating 1.** To show or point out exactly. **2.** To serve as a sign of.

in·di·ca·tion |ĭn′dĭ kā′shən| —*noun, plural* **indications** Something that indicates; a sign or symptom.

in·dict |ĭn dīt′| —*verb* **indicted, indicting** To accuse a person of committing a crime; to charge.

in·dif·fer·ence |ĭn dĭf′ər əns| —*noun* A lack of concern or interest.

in·dif·fer·ent |ĭn dĭf′ər ənt| —*adjective* Having or showing no interest; not caring one way or the other.

in·dig·nant |ĭndĭg′nənt| —*adjective* Feeling or showing anger about something that is unfair, mean, or bad.

in·dig·na·tion |ĭn′dĭg nā′shən| —*noun* Anger that is caused by something that is unfair, mean, or bad.

in·di·rect |ĭn′də rĕkt′| —*adjective* **1.** Not going in a direct path; roundabout. **2.** Not getting to the main point. **3.** Not directly planned for; secondary.

in·di·vid·u·al |ĭn′də vĭj′ōō əl| —*adjective* **1.** Single; separate. **2.** Of, by, or for one person. **3.** Having a special quality; unique; distinct.
—*noun, plural* **individuals 1.** A single person considered separately from a group. **2.** Someone who is independent or has some remarkable quality.

in·di·vid·u·al·i·ty |ĭn′də vĭj′ōō ăl′ĭ tē| —*noun, plural* **individualities** The qualities that make a person or thing different from others.

in·di·vis·i·ble |ĭn′də vĭz′ə bəl| —*adjective* Not capable of being divided evenly so that there is no remainder in the quotient. For example, 7 is indivisible by 3.

in·door |ĭn′dôr′| or |ĭn′dōr′| —*adjective* Of, in, or taking place within a house or other building.

in·doors |ĭn dôrz′| or |ĭn dōrz′| —*adverb* In or into a house or other building.

que da calor a la temperatura justa para incubar y hacer que los huevos empollen. **2.** Aparato que suministra la temperatura, humedad y oxígeno en la medida adecuada para los bebés nacidos antes de tiempo.

indeed *adverbio* Efectivamente; en realidad; de veras; verdaderamente: *Her parents were indeed pleased with her grades.* = *Sus padres estaban verdaderamente complacidos con sus calificaciones.*

indefinite *adjetivo* Indefinido: **1.** Que no es fijo; propenso a cambiar: *an indefinite period of time* = *un período indefinido de tiempo.* **2.** Que no es claro; vago: *In the fog we could see only the indefinite outline of the house.* = *En la niebla podíamos ver sólo el contorno indefinido de la casa.* **3.** No decidido; no seguro.

indefinite article Cualquiera de los dos artículos **a** o **an;** artículo indefinido.

indent *verbo* Comenzar un renglón de un escrito o impreso más adentro que los demás; sangrar.

independence *sustantivo* Condición o calidad de ser independiente y no controlado por otros; independencia.

independent *adjetivo* Independiente: **1.** Que no está bajo el control de un gobierno extranjero. **2.** No influenciado o controlado por otros; capaz de tomar sus propias decisiones. **3.** Que no depende de otras personas para obtener sus alimentos y techo; que se gana la vida por sus propios esfuerzos.

index *sustantivo* Lista alfabética que se usa para encontrar información o datos; índice. Un índice puede contener nombres, fechas, lugares, temas o títulos de libros o artículos.
—*verbo* **1.** Hacer o preparar un índice. **2.** Clasificar por medio de un índice.

indicate *verbo* Indicar: **1.** Mostrar o señalar con exactitud. **2.** Servir de señal.

indication *sustantivo* Algo que indica; señal o síntoma; indicación.

indict *verbo* Acusar a una persona de haber cometido un crimen; acusar formalmente.

indifference *sustantivo* Falta de interés o preocupación; indiferencia.

indifferent *adjetivo* Que no demuestra o no tiene interés; que le da igual una cosa u otra; indiferente.

indignant *adjetivo* Que siente o muestra ira por algo injusto, vil o malo; indignado.

indignation *sustantivo* Ira causada por algo injusto, vil o malo; indignación.

indirect *adjetivo* **1.** Que no va en línea recta; tortuoso; indirecto. **2.** Que no va al grano. **3.** Que no ha sido proyectado directamente; secundario; indirecto: *An indirect result of all that exercise is that his clothes don't fit anymore.* = *Un resultado indirecto de todo ese ejercicio es que su ropa ya no le queda bien.*

individual *adjetivo* **1.** Solo; separado; individual. **2.** De, por o para una persona; individual. **3.** Que tiene un don especial; único; especial.
—*sustantivo* **1.** Persona aislada cuando se le considera aparte de un grupo; individuo **2.** Alguien que es independiente o que tiene alguna característica extraordinaria.

individuality *sustantivo* Las características que hacen a una persona o cosa diferente de otras; individualidad.

indivisible *adjetivo* Que no se puede dividir exactamente sin que quede residuo en el cociente; indivisible. Por ejemplo, 7 no es divisible por 3.

indoor *adjetivo* Referente a lo que ocurre dentro de una casa u otro edificio; bajo techo; interior; interno.

indoors *adverbio* Dentro de una casa u otro edificio; bajo techo; adentro: *Why are you staying indoors on such a beautiful day?* = *¿Por qué te quedas adentro en un día tan hermoso?*

ər butter   yōō abuse   ou **out**   ŭ **cut**   û **fur**   *th* **the**   th **thin**   hw **which**   zh vision   ə **ago,** item, pencil, atom, circus

in·dus·tri·al |ĭn dŭs′trē əl| —*adjective* **1.** Of or having to do with industry. **2.** Having highly developed industries. **3.** Used in industry.

in·dus·tri·al·ize |ĭn dŭs′trē ə līz′| —*verb* **Industrialized, Industrializing** To make or become industrial rather than agricultural; develop industries in.

in·dus·tri·ous |ĭn dŭs′trē əs| —*adjective* Working hard; diligent.

in·dus·try |ĭn′də strē| —*noun, plural* **Industries 1. a.** The making or producing of things by businesses and factories. **b.** A specific branch of business. **2.** Hard work; steady effort.

in·ed·i·ble |ĭn ĕd′ə bəl| —*adjective* Not edible; not suitable as food.

in·e·qual·i·ty |ĭn′ĭ kwŏl′ĭ tē| —*noun, plural* **Inequalities** The condition of being not equal.

in·ert |ĭ nûrt′| —*adjective* **1.** Not able to move or act. **2.** Slow to move, act, or respond.

in·ev·i·ta·ble |ĭn ĕv′ĭ tə bəl| —*adjective* Not capable of being avoided or prevented.

in·ex·pen·sive |ĭn′ĭk spĕn′sĭv| —*adjective* Not expensive; of low price; cheap.

in·fant |ĭn′fənt| —*noun, plural* **Infants** A child from birth to about two years of age; a baby.

in·fan·try |ĭn′fən trē| —*noun, plural* **Infantries** The part of an army that fights on foot.

in·fect |ĭn fĕkt′| —*verb* **Infected, Infecting** To give or transfer a disease to.

in·fec·tion |ĭn fĕk′shən| —*noun, plural* **Infections** A disease in the body or part of the body.

in·fec·tious |ĭn fĕk′shəs| —*adjective* **1.** Caused by or spread by infection. **2.** Spreading easily.

in·fe·ri·or |ĭn fîr′ē ər| —*adjective* **1.** Low or lower in rank or position. **2.** Low or lower in quality. **3.** Of low or lower intelligence or ability.

in·field |ĭn′fēld′| —*noun, plural* **Infields 1.** The playing area of a baseball field inside the diamond, including the bases and the area inside them. **2.** The members of the baseball team that play in the infield.

in·fi·nite |ĭn′fə nĭt| —*adjective* **1.** Having no limit in space, time, extent, or number; endless. **2.** Greater in value than any number, no matter how large it is. **3.** Seeming to have no limit; very great.

in·fin·i·tive |ĭn fĭn′ĭ tĭv| —*noun, plural* **Infinitives** A simple form of a verb that is often preceded by the word "to." In the sentence *They like to walk, to walk* is an infinitive.

in·flame |ĭn flām′| —*verb* **Inflamed, Inflaming 1.** To become or cause to become sore, red, swollen, and warm to the touch because of injury or disease. **2.** To make very upset or angry.

in·flam·ma·tion |ĭn′flə mā′shən| —*noun, plural* **Inflammations** The condition of being inflamed.

in·flate |ĭn flāt′| —*verb* **Inflated, Inflating to make bigger and more firm by filling with air or another gas.**

in·fla·tion |ĭn flā′shən| —*noun, plural* **Inflations 1.** The act or process of inflating. **2.** The condition or degree of being inflated. **3.** A fast rise in the cost of living.

in·flu·ence |ĭn′floo əns| —*noun, plural* **Influences 1.** The ability or power to change or have an effect on things. **2.** A change or effect produced by such an ability or power. **3.** Someone or something that can cause a change or have an effect.
—*verb* **Influenced, Influencing** To make a change in or have an effect on.

in·flu·en·za |ĭn′floo ĕn′zə| —*noun, plural* **Influenzas** A disease caused by a virus. The disease causes fever, coughing, and pains in the muscles and chest; flu.

in·form |ĭn fôrm′| —*verb* **Informed, Informing** To give information to; advise.

Industrial *adjetivo* Industrial: **1.** Relativo a o relacionado con la industria. **2.** Que tiene la industria muy desarrollada. **3.** Que se utiliza en la industria.

industrialize *verbo* Hacerse o convertirse en industrial en vez de agrícola; desarrollar industrias; industrializar o industrializarse.

industrious *adjetivo* Que labora arduamente; diligente; industrioso.

industry *sustantivo* **1. a.** Elaboración o producción de cosas por los negocios o las fábricas; industria. **b.** Rama específica de un negocio; ramo. **2.** Trabajo laborioso; esfuerzo constante; laboriosidad.

inedible *adjetivo* Que no se puede comer; que no es adecuado como comida; incomestible.

inequality *sustantivo* Condición de no ser igual; desigualdad.

inert *adjetivo* **1.** Que no se puede mover o actuar; inerte. **2.** De respuesta, acción o movimientos lentos; inactivo.

inevitable *adjetivo* Que no se puede evitar o prevenir; inevitable; ineludible.

inexpensive *adjetivo* Poco costoso; de bajo precio; barato.

infant *sustantivo* Una criatura, desde su nacimiento hasta que tiene aproximadamente dos años de edad; nene; infante; bebé.

infantry *sustantivo* Parte del ejército que combate a pie; infantería.

infect *verbo* Dar o transmitir una enfermedad a alguien; contagiar; infectar; contaminar.

infection *sustantivo* Enfermedad en el cuerpo o parte del cuerpo; infección.

infectious *adjetivo* Infeccioso: **1.** Causado o propagado por una infección. **2.** Que contagia fácilmente.

inferior *adjetivo* Inferior: **1.** De menor o más bajo rango o posición. **2.** De menor o más baja calidad. **3.** De menor inteligencia o habilidad.

infield *sustantivo* **1.** Área de juego del campo de béisbol que está dentro del diamante, incluyendo las bases y el área que éstas demarcan. **2.** Los jugadores del equipo de béisbol que juegan dentro de esta área.

infinite *adjetivo* Infinito: **1.** Que no tiene límite en el espacio, tiempo, extensión o número; que no tiene fin. **2.** Que tiene más valor que cualquier otro número, no importa la grande que éste sea. **3.** Que parece ilimitado; muy grande.

infinitive *sustantivo* Modo simple del verbo que en inglés a menudo va precedido por la palabra "to". En la oración *They like to walk, to walk* es el infinitivo.

inflame *verbo* **1.** Desarrollar o causar dolor, rojez, hinchazón y aumento de la temperatura local debido a una lesión o enfermedad; inflamar. **2.** Irritar o enojar mucho; enardecer.

inflammation *sustantivo* Condición de estar inflamado; inflamación.

inflate *verbo* Inflar: Hinchar con aire u otro gas para hacer más grande y firme.

inflation *sustantivo* Inflación: **1.** Acto o proceso de inflar. **2.** Condición o grado de haber sido inflado. **3.** Aumento rápido en el costo de la vida.

influence *sustantivo* Influencia: **1.** Habilidad o poder para cambiar o tener impacto sobre las cosas. **2.** Cambio o efecto que se produce por tal habilidad o poder. **3.** Alguien o algo que puede causar un cambio o tener un impacto.
—*verbo* Provocar un cambio o tener efecto en algo o alguien; persuadir.

influenza *sustantivo* Enfermedad causada por un virus. Produce fiebre, tos y dolores musculares y de pecho; gripe.

inform *verbo* Dar información; enterar; informar.

ă pat ā pay â care ä father ĕ pet ē be ĭ pit ī pie î fierce ŏ pot ō go ô paw, for oi oil ŏŏ book ōō boot

in·for·mal |ĭn fôr′məl| —*adjective* Done in a simple way; without ceremony; casual.

in·for·ma·tion |ĭn′fər mā′shən| —*noun* Facts about a certain event or subject.

in·fu·ri·ate |ĭn fyŏor′ē āt′| —*verb* **Infuriated, Infuriating** To make very angry; enrage.

in·ge·nu·i·ty |ĭn′jə nōo′ĭ tē| or |ĭn′jə nyōo′ĭ tē| —*noun, plural* **Ingenuities** Skill in inventing things; imagination.

in·gre·di·ent |ĭn grē′dē ənt| —*noun, plural* **Ingredients** **1.** Something added to or required in a mixture or compound. **2.** A necessary part of something.

in·hab·it |ĭn hăb′ĭt| —*verb* **Inhabited, Inhabiting** To live in or have as a home.

in·hab·i·tant |ĭn hăb′ĭ tənt| —*noun, plural* **Inhabitants** A person or animal that lives in a particular place.

in·hale |ĭn hāl′| —*verb* **Inhaled, Inhaling** To pull into the lungs; breathe in.

in·her·it |ĭn hĕr′ĭt| —*verb* **Inherited, Inheriting** **1.** To receive something from someone after he or she has died. **2.** To receive from one's parents or ancestors.

in·her·i·tance |ĭn hĕr′ĭ təns| —*noun, plural* **Inheritances** Something that is inherited.

in·hu·man |ĭn hyōo′mən| —*adjective* Lacking kindness or pity; cruel; brutal.

in·i·tial |ĭ nĭsh′əl| —*adjective* Of or happening at the beginning; first.
—*noun, plural* **Initials** The first letter of a word or name.
—*verb* **Initialed, Initialing** To mark or sign with the initials of one's name.

in·i·ti·ate |ĭ nĭsh′ē āt′| —*verb* **Initiated, Initiating** **1.** To begin; start. **2.** To bring into a club or other organization as a new member. Often there is a special test or ceremony.

in·i·ti·a·tive |ĭ nĭsh′ē ə tĭv| or |ĭ nĭsh′ə tĭv| —*noun, plural* **Initiatives** **1.** The ability to begin or carry out a plan or task. **2.** The first step or action in beginning something.

in·jec·tion |ĭn jĕk′shən| —*noun, plural* **Injections** **1.** The act of putting a liquid medicine or other substance into the body by using a hollow needle; a shot. **2.** The dose of medicine that is used for this.

in·jure |ĭn′jər| —*verb* **Injured, Injuring** To harm or damage; hurt.

in·ju·ry |ĭn′jə rē| —*noun, plural* **Injuries** **1.** Damage to a person or thing; harm. **2.** A wound or other damage to the body.

in·jus·tice |ĭn jŭs′tĭs| —*noun, plural* **Injustices** **1.** Lack of justice; an unfair condition. **2.** An act that is not just.

ink |ĭngk| —*noun, plural* **Inks** A colored liquid or paste used especially for writing or printing.
—*verb* **Inked, Inking** To cover with ink; spread ink on.

in·land |ĭn′lənd| —*adjective* Located away from the coast or border; of or located in the interior of a land or country.
—*adverb* In, toward, or to the interior of a land or country.

in·let |ĭn′lĕt′| or |ĭn′lĭt| —*noun, plural* **Inlets** A bay or other recess along the coast.

inn |ĭn| —*noun, plural* **Inns** **1.** A hotel. **2.** A tavern or restaurant.

in·ner |ĭn′ər| —*adjective* **1.** Located farther inside. **2.** Of the spirit or mind.

in·ning |ĭn′ĭng| —*noun, plural* **Innings** A part of a baseball game during which each team comes to bat. A baseball game usually has nine innings.

in·no·cence |ĭn′ə səns| —*noun, plural* **Innocences** The condition or quality of being innocent and free from evil.

in·no·cent |ĭn′ə sənt| —*adjective* **1.** Not guilty of a

informal *adjetivo* Hecho de manera simple; sin ceremonia; informal.

information *sustantivo* Hechos acerca de cierto suceso o asunto; acción de informar; información.

infuriate *verbo* Hacer enojar; enfurecer.

ingenuity *sustantivo* Habilidad para inventar cosas; imaginación; inventiva.

ingredient *sustantivo* **1.** Algo que se agrega o que se requiere en una mezcla o un compuesto; ingrediente. **2.** Parte necesaria de algo; componente.

inhabit *verbo* Vivir en o tener como casa; habitar.

inhabitant *sustantivo* Persona o animal que vive en un lugar en particular; habitante.

inhale *verbo* Aspirar dentro de los pulmones; inspirar; inhalar.

inherit *verbo* **1.** Recibir algo de alguien después de su muerte; heredar. **2.** Recibir o adquirir de nuestros padres o antepasados.

inheritance *sustantivo* Algo que se ha heredado; herencia.

inhuman *adjetivo* Falto de bondad o compasión; inhumano.

initial *adjetivo* Que ocurre en o es parte del principio; primero; inicial.
—*sustantivo* Primera letra de una palabra o nombre; inicial.
—*verbo* Firmar o poner las iniciales del nombre de uno.

initiate *verbo* **1.** Empezar; comenzar; iniciar. **2.** Presentar en un club u otra organización como un nuevo miembro. A veces se requiere una prueba especial o una ceremonia.

initiative *sustantivo* Iniciativa: **1.** Habilidad para empezar o llevar a cabo un plan o una tarea. **2.** Primer paso o acción para comenzar algo.

injection *sustantivo* **1.** Acto de poner una medicina líquida u otra sustancia en el cuerpo a través de una aguja hueca; inyección. **2.** La dosis de medicina que se usa para esto.

injure *verbo* Lastimar o dañar; lesionar; herir.

injury *sustantivo* **1.** Perjuicio a una persona o cosa; daño. **2.** Herida u otro daño al cuerpo; lesión.

injustice *sustantivo* Injusticia: **1.** Carencia de justicia; falta de equidad. **2.** Acto que no es justo.

ink *sustantivo* Pasta o líquido de color que se utiliza especialmente para escribir o imprimir; tinta.

inland *adjetivo* Ubicado lejos de la costa o frontera; relativo a lo que está ubicado en el interior de un país o región; interior; interno.
—*adverbio* Dentro, hacia o en el interior de un país o región; tierra adentro.

inlet *sustantivo* Bahía u otra entrada a lo largo de la costa; ensenada.

inn *sustantivo* **1.** Hotel; posada. **2.** Fonda o restaurante.

inner *adjetivo* **1.** Situado en la parte más profunda; más interno: *the inner core of the earth* = *el centro profundo de la tierra*. **2.** Relativo al espíritu o la mente: *inner thoughts* = *pensamientos profundos*.

inning *sustantivo* Parte del juego de béisbol durante la cual cada equipo viene a batear. Un juego de béisbol generalmente tiene nueve entradas.

innocence *sustantivo* Condición o calidad de ser inocente y libre de maldad; inocencia.

innocent *adjetivo* **1.** Libre de culpa o de falta; ino-

crime or fault. **2.** Not experienced. **3.** Not intended to cause harm.
—*noun, plural* **Innocents** A person, especially a child, who is free of evil.

in·no·va·tion |ĭn′ə vā′shən| —*noun, plural* **Innovations 1.** The act or process of creating or discovering new things and ideas. **2.** Something newly introduced; a change.

in·oc·u·late |ĭ nŏk′yə lāt′| —*verb* **Inoculated, inoculating** To put a special form of the germs of a disease into a person's or animal's body. This causes the body to develop protection against the disease.

in·quire |ĭn kwīr′| —*verb* **Inquired, inquiring** To try to find out about by asking questions.

in·quir·y |ĭn kwīr′ē or |ĭn′kwə rē| —*noun, plural* **Inquiries 1.** The act or process of inquiring. **2.** A request for information. **3.** A detailed examination; an investigation.

in·quis·i·tive |ĭn kwĭz′ĭ tĭv| —*adjective* Eager to learn.

in·sane |ĭn sān′| —*adjective* **1.** Of, showing, or affected by a serious mental illness; crazy; mad. **2.** Very foolish; wild.

in·scribe |ĭn skrīb′| —*verb* **Inscribed, inscribing** To write, print, carve, engrave, or mark words or letters on something.

in·scrip·tion |ĭn skrĭp′shən| —*noun, plural* **Inscriptions 1.** The act or an example of inscribing. **2.** Something inscribed.

in·sect |ĭn′sĕkt′| —*noun, plural* **Insects** A small animal with six legs and a body divided into three main parts.

in·sec·ti·cide |ĭn sĕk′tĭ sīd′| —*noun, plural* **Insecticides** A poison or other substance used to kill insects.

in·se·cure |ĭn′sĭ kyŏŏr′| —*adjective* **1.** Not safe. **2.** Not firm or steady. **3.** Lacking confidence.

in·sert |ĭn sûrt′| —*verb* **Inserted, inserting** To put or set in.
—*noun* |ĭn′sûrt′| *,plural* **Inserts** Something that is inserted.

in·side |ĭn′sīd′| or |ĭn sīd′| —*noun, plural* **Insides** The inner part.
—*adjective* **1.** Inner; interior. **2.** Of or coming from someone who has special knowledge.
—*adverb* |ĭn sīd′| Into, toward, or in the inner part of; within.
—*preposition* |ĭn sīd′| **1.** On the inner side or part of. **2.** Into.

in·sig·ni·a |ĭn sĭg′nē ə| —*noun, plural* **Insignias** A medal or badge that is worn or carried to show a person's office, rank, membership, or a position of some honor; an emblem.

in·sig·nif·i·cant |ĭn′sĭgnĭf′ĭkənt| —*adjective* **1.** Having little or no meaning; not important. **2.** Small in size, power, or value.

in·sin·cere |ĭn′sĭn sîr′| —*adjective* Not sincere; dishonest.

in·sist |ĭn sĭst′| —*verb* **Insisted, insisting 1.** To be firm in making a demand; take a strong stand. **2.** To say strongly.

in·spect |ĭn spĕkt′| —*verb* **Inspected, inspecting** To look at or examine carefully.

in·spec·tion |ĭn spĕk′shən| —*noun, plural* **Inspections 1.** The act or an example of inspecting. **2.** An official examination or review.

in·spec·tor |ĭn spĕk′tər| —*noun, plural* **Inspectors 1.** A person whose job is to inspect. **2.** A police officer of high rank.

in·spi·ra·tion |ĭn′spə rā′shən| —*noun, plural* **Inspirations 1.** A feeling of being inspired; the act or process of causing the mind or the emotions to react. **2.** Someone or something that inspires. **3.** Something that is inspired; a sudden, original idea.

cente. **2.** Sin experiencia; puro. **3.** Sin la intención de causar daño; inofensivo.
—*sustantivo* Persona, especialmente un niño, que está libre de toda maldad.

innovation *sustantivo* **1.** Acto o proceso de crear o descubrir cosas e ideas nuevas.
— **2.** Algo introducido recientemente; cambio; innovación.

inoculate *verbo* Poner una forma especial de gérmenes en el cuerpo de una persona o animal y hacer que el cuerpo desarrolle protección en contra de esa enfermedad; inocular.

inquire *verbo* Tratar de averiguar haciendo preguntas; indagar; inquirir.

inquiry *sustantivo* **1.** Acto o proceso de inquirir; indagación. **2.** Solicitud de información; investigación. **3.** Indagación detallada; investigación.

inquisitive *adjetivo* Deseoso de enterarse; inquisitivo; curioso.

insane *adjetivo* **1.** Que muestra o está afectado por una grave enfermedad mental; demente. **2.** Muy tonto; loco.

inscribe *verbo* Escribir, imprimir, grabar, tallar, cincelar o marcar letras en algo.

inscription *sustantivo* **1.** Acción o ejemplo de inscribir; inscripción. **2.** Algo inscripto.

insect *sustantivo* Animal pequeño de seis patas y con el cuerpo dividido en tres partes principales; insecto.

insecticide *sustantivo* Veneno u otra sustancia que se utiliza para matar insectos; insecticida.

insecure *adjetivo* Inseguro: **1.** Falto de seguridad. **2.** Falto de firmeza o estabilidad. **3.** Que carece de confianza.

insert *verbo* Introducir o meter en; insertar; intercalar.
—*sustantivo* Algo que está insertado.

inside *sustantivo* Parte interna o interior.
—*adjetivo* **1.** Interno; interior: *an inside pocket* = *un bolsillo interno.* **2.** Que proviene de alguien que tiene conocimiento particular de algo; confidencial: *inside information on who stole the necklace* = *información confidencial sobre quién robó el collar.*
—*adverbio* Hacia o en el interior; adentro: *Let's go inside.* = *Vayamos adentro.*
—*preposición* **1.** En la parte interna; dentro: *inside the cave* = *dentro de la cueva.*

insignia *sustantivo* Medalla o condecoración que se lleva para mostrar el cargo, rango, participación en un grupo o posición honorífica; emblema; distintivo; insignia.

insignificant *adjetivo* Insignificante: **1.** Que significa poco o nada; sin importancia. **2.** De tamaño, poder o valor pequeño.

insincere *adjetivo* Falto de sinceridad; deshonesto; insincero.

insist *verbo* Insistir: **1.** Demandar con firmeza; hacer hincapié en algo. **2.** Pedir con obstinación; instar porfiadamente.

inspect *verbo* Mirar o examinar cuidadosamente; inspeccionar.

inspection *sustantivo* **1.** Acto o ejemplo de inspeccionar; inspección. **2.** Reconocimiento o revisión oficial; control.

inspector *sustantivo* **1.** Persona cuyo trabajo consiste en inspeccionar; inspector. **2.** Oficial de la policía de alto rango.

inspiration *sustantivo* Inspiración: **1.** Sensación de estar inspirado; acto o proceso que causa la reacción de la mente o las emociones. **2.** Alguien o algo que inspira. **3.** Algo que ha estado inspirado; una idea original e inesperada.

ă pat ā pay â care ä father ĕ pet ē be ĭ pit ī pie î fierce ŏ pot ō go ô paw, for oi oil ŏŏ book ōŏ boot

in·spire |ĭn spīr'| —*verb* **inspired, inspiring 1.** To fill with noble emotion. **2.** To move someone to action. **3.** To cause others to think or feel a certain way.

in·stall |ĭn stôl'| —*verb* **installed, installing 1.** To put in place and set up for use. **2.** To place a person in office with ceremony.

in·stall·ment |ĭn stôl'mənt| —*noun, plural* **installments 1.** One of a series of payments. **2.** A portion or part of something issued at intervals, such as a story in a newspaper or magazine.

in·stance |ĭn'stəns| —*noun, plural* **instances** A case; example.

in·stant |ĭn'stənt| —*noun, plural* **instants** A period of time almost too short to notice; a moment.
—*adjective* **1.** Immediate. **2.** Processed to be prepared quickly.

in·stant·ly |ĭn'stənt lē| —*adverb* At once; right away; immediately.

in·stead |ĭn stĕd'| —*adverb* In place of another; as a substitute.
Idiom instead of In place of; rather than.

in·step |ĭn'stĕp'| —*noun, plural* **insteps 1.** The middle part of the top of the human foot, between the toes and the ankle. **2.** The part of a shoe or stocking covering this part of the foot.

in·stinct |ĭn'stĭngkt'| —*noun, plural* **instincts 1.** An inner feeling or way of behaving that is present at birth and is not learned. **2.** A natural talent or ability.

in·sti·tute |ĭn'stĭ toōt'| or |ĭn'stĭ tyoōt'| —*noun, plural* **institutes 1.** An organization set up for some special purpose. **2.** The building or buildings of such an organization.

in·sti·tu·tion |ĭn'stĭ toō'shən| or |ĭn'stĭ tyoō'shən| —*noun, plural* **institutions 1.** A custom or practice that is important to a group of people. **2. a.** An organization, especially one that has been set up for public service. **b.** The building or buildings of such an organization.

in·struct |ĭn strŭkt'| —*verb* **instructed, instructing 1.** To give knowledge or skill to; teach. **2.** To give orders to; direct.

in·struc·tion |ĭn strŭk'shən| —*noun, plural* **instructions 1.** Something that is taught; a lesson or series of lessons. **2.** The act or process of teaching; education. **3. Instructions** Directions; orders.

in·struc·tor |ĭn strŭk'tər| —*noun, plural* **instructors** Someone who teaches; a teacher.

in·stru·ment |ĭn'strə mənt| —*noun, plural* **instruments 1.** A device used to measure, indicate, or record information. **2.** A device used for a certain kind of work; tool; implement. **3.** A device for producing music.

in·su·late |ĭn'sə lāt'| or |ĭns'yə lāt'| —*verb* **insulated, insulating** To cover, surround, or line with a material that slows or stops the passage of electricity, sound, or heat.

in·su·la·tion |ĭn'sə lā'shən| or |ĭns'yə lā'shən| —*noun, plural* **insulations 1.** The process of insulating or the condition of being insulated. **2.** The material used for insulating.

in·sult |ĭn sŭlt'| —*verb* **insulted, insulting** To speak to or treat in a way that is rude or not polite; offend. —*noun* |ĭn'sŭlt'| *plural* **insults** An action or remark that is meant to insult.

in·sur·ance |ĭn shoōr'əns| —*noun, plural* **insurances 1.** A business that guarantees to pay for certain losses or damages if they happen, in exchange for small

inspire *verbo* Inspirar: **1.** Llenar de nobles emociones. **2.** Motivar a alguien a la acción; animar. **3.** Hacer que otros piensen o sientan de cierta manera; estimular.

install *verbo* Instalar: **1.** Colocar en un lugar y preparar algo para ser usado; montar. **2.** Poner a una persona en posesión de un cargo por medio de una ceremonia.

installment *sustantivo* **1.** Uno de una serie de pagos; plazo; cuota. **2.** Porción o parte de algo que se publica a intervalos, tal como una historia en un periódico o revista; capítulo; parte.

instance *sustantivo* Caso; ejemplo; instancia.

instant *sustantivo* Período de tiempo demasiado breve para ser notado; momento; instante.
—*adjetivo* **1.** Inmediato; instantáneo: *My instant reaction to the noise was to jump.* = *Mi reacción inmediata al ruido fue saltar.* **2.** Procesado para la preparación rápida; instantáneo: *instant coffee* = *café instantáneo.*

instantly *adverbio* Al momento; ahora mismo; inmediatamente; instantáneamente.

instead *adverbio* En lugar de otro; como sustituto; en cambio; en vez: *They didn't have pears for dessert, so I ordered peaches instead.* = *No tenían peras para postre; en cambio, ordené melocotones.*
Modismo instead of En lugar; en vez: *You should be laughing instead of crying.* = *Deberías reír en vez de llorar.*

instep *sustantivo* **1.** Parte media de la parte superior del pie humano entre los dedos y el tobillo; empeine. **2.** Parte del zapato o de la media que cubre esta área.

instinct *sustantivo* Instinto: **1.** Sentimiento interno o forma de comportamiento que está presente desde el nacimiento y que no es aprendido. **2.** Talento natural o habilidad.

institute *sustantivo* **1.** Organización establecida con un propósito especial; instituto. **2.** Edificio o edificios que alojan tal organización.

institution *sustantivo* Institución: **1.** Costumbre o práctica que es importante para un grupo de gente: *the institution of marriage* = *la institución del matrimonio.* **2. a.** Organización, especialmente aquélla que se ha establecido para el servicio público: *learning institutions* = *instituciones de enseñanza.* **b.** Edificio o edificios que alojan tal organización.

instruct *verbo* **1.** Impartir conocimientos o habilidad; enseñar; instruir. **2.** Dar órdenes; dirigir; mandar.

instruction *sustantivo* **1.** Algo que se enseña; una lección o serie de lecciones; instrucción; educación. **2.** Acto o proceso de enseñar; enseñanza. **3. Instructions** Direcciones; órdenes.

instructor *sustantivo* Persona que enseña; maestro; instructor.

instrument *sustantivo* Instrumento: **1.** Aparato que se utiliza para medir, indicar o registrar información. **2.** Artefacto que se utiliza para cierto tipo de trabajo; herramienta; aparato. **3.** Objeto que se utiliza para producir música.

insulate *verbo* Cubrir, rodear o forrar con material que retarda o detiene el paso de electricidad, sonido o calor; aislar.

insulation *sustantivo* **1.** El proceso de aislar o la condición de estar aislado; aislamiento: *insulation of homes* = *aislamiento de casas.* **2.** Material que se utiliza para aislar; aislador; aislante.

insult *verbo* Hablar o tratar en forma grosera o descortés; ofender; insultar.
—*sustantivo* Acción u observación que insulta u ofende; insulto; ofensa.

insurance *sustantivo* Seguro: **1.** Transacción que garantiza el pago de ciertas pérdidas o daños, si éstos ocurren, a cambio del pago de cuotas fijas de dinero.

---

amounts of money paid on a regular schedule. **2.** A contract that makes such guarantees. Insurance can be bought to cover accidents, illness, theft, death, and many other things. **3.** The amount of money for which someone or something is insured.

in·sure |ĭn shŏŏr′| —*verb* **insured, insuring** To make arrangements for payment of money in case of loss or damage.

in·te·grate |ĭn′tĭ grāt′| —*verb* **integrated, integrating 1.** To make into a whole; combine; unite. **2.** To take away or get rid of restrictions based on ethnic group or family background.

in·te·gra·tion |ĭn′tĭ grā′shən| —*noun* The act or process of making something open to people of all ethnic groups.

in·tel·lect |ĭn′tl ĕkt′| —*noun, plural* **intellects 1.** The ability of the mind to think, reason, and learn. **2.** Someone of high mental ability.

in·tel·lec·tu·al |ĭn′tl ĕk′chŏŏ əl| —*adjective* **1.** Using or requiring the intellect. **2.** Having or seeming to have very high intelligence.
—*noun, plural* **intellectuals** A person of high mental ability, training, and interests.

in·tel·li·gence |ĭn tĕl′ə jəns| —*noun* **1.** The ability to learn, think, understand, and know; mental ability. **2.** Information; news, especially secret information.

in·tel·li·gent |ĭn tĕl′ə jənt| —*adjective* **1.** Having intelligence. **2.** Showing intelligence; wise; thoughtful.

in·tend |ĭn tĕnd′| —*verb* **intended, intending 1.** To have as a purpose; have in mind; plan. **2.** To design for a special purpose or use. **3.** To be for a particular person.

in·tense |ĭn tĕns′| —*adjective* Very deep, strong, or concentrated.

in·ten·si·ty |ĭn tĕn′sĭ tē| —*noun, plural* **intensities 1.** The condition or quality of being intense; great strength. **2.** Degree or amount of strength or force.

in·tent |ĭn tĕnt′| —*adjective* **1.** Showing concentration; intense. **2.** Having one's mind set on; determined.
—*noun, plural* **intents** Purpose; meaning.

in·ten·tion |ĭn tĕn′shən| —*noun, plural* **intentions** Something intended; a purpose or plan.

in·ten·tion·al |ĭn tĕn′shə nəl| —*adjective* Done on purpose; intended.

in·ter·cept |ĭn′tər sĕpt′| —*verb* **intercepted, intercepting** To meet, stop, or interrupt something or someone on the way from one person or place to another.

in·ter·com |ĭn′tər kŏm′| —*noun, plural* **intercoms** A device used for talking between one part of a building, office, ship, or aircraft and another.

in·ter·est |ĭn′trĭst| or |ĭn′tər ĭst| —*noun, plural* **interest 1. a.** A desire to give special attention to something; curiosity. **b.** The quality of causing this desire. **c.** A subject that causes such a desire. **2.** Advantage; benefit. **3.** A right or legal share in something. **4.** Money paid or charged for the use of someone else's money. Banks pay interest on money that is put into them for saving. Banks charge interest for money that

2. Contrato que proporciona tales garantías. Los seguros cubren accidentes, enfermedad, robo, muerte y muchas otra cosas. **3.** Cantidad de dinero por la que se asegura alguien o algo.

insure *verbo* Hacer arreglos para el pago de dinero en caso de pérdida o daños; asegurar.

integrate *verbo* **1.** Formar un todo; combinar; unir; completar. **2.** Eliminar o deshacerse de las limitaciones del grupo étnico o la herencia familiar; integrarse; incorporarse.

integration *sustantivo* Acto o proceso que abre la entrada a la gente de todos los grupos étnicos; integración: *the integration of public schools = la integración de la gente de todos los grupos étnicos en las escuelas públicas.*

intellect *sustantivo* **1.** Habilidad de la mente para pensar, razonar, entender y aprender; intelecto; inteligencia. **2.** Alguien de gran habilidad mental: *Only a real intellect could figure out these instructions! = ¡Sólo una persona de gran habilidad mental podría entender estas instrucciones!*

intellectual *adjetivo* Intelectual: **1.** Que utiliza o requiere intelecto: *a subject for intellectual discussion = tema para un debate intelectual.* **2.** Que tiene o parece tener gran inteligencia.
—*sustantivo* Persona de gran habilidad mental, entrenamiento e intereses.

intelligence *sustantivo* **1.** Habilidad para aprender, pensar, entender y saber; habilidad mental; inteligencia; razón. **2.** Información; noticias, especialmente información secreta.

intelligent *adjetivo* Inteligente: **1.** Que tiene inteligencia. **2.** Que muestra inteligencia; sagaz; pensativo.

intend *verbo* **1.** Proponerse; tener la intención; planear: *We intended to get an early start, but we were delayed. = Planeábamos comenzar temprano pero nos demoramos.* **2.** Diseñar para un propósito o uso especial; destinar: *This building is intended to hold no more than two hundred people. = Este edificio está diseñado para acomodar no más de doscientas personas.* **3.** Que es para una persona en particular; reservar; dedicar: *This gift is intended for my uncle. = Este regalo es para (o, está reservado, dedicado a) mi tío.*

intense *adjetivo* Muy profundo, fuerte o concentrado; intenso; fuerte.

intensity *sustantivo* Intensidad: **1.** Condición o calidad de ser intenso; gran fuerza. **2.** Grado o cantidad de concentración o fuerza; potencia.

intent *adjetivo* **1.** Que muestra concentración; concentrado; intenso: *The judge listened with an intent expression on his face. = El juez escuchaba con una expresión de concentración en el rostro.* **2.** Con la mente resuelta a algo; determinado; decidido; resuelto: *I am intent on getting good grades. = Estoy decidido a sacar buenas notas.*
—*sustantivo* Propósito; significado.

intention *sustantivo* Algo que uno se propone; propósito o plan deliberado; intención.

intentional *adjetivo* Hecho a propósito; hecho adrede; intencional.

intercept *verbo* Atajar, detener o interrumpir algo o alguien en el camino antes de que llegue a su destino; interceptar.

intercom *sustantivo* Aparato que se utiliza para la comunicación entre una parte de un edificio, oficina, barco o aeronave y otra; sistema de intercomunicación.

interest *sustantivo* Interés: **1. a.** Deseo de dar atención especial a algo; curiosidad. **b.** Cualidad que causa ese deseo. **c.** Materia que motiva ese deseo. **2.** Ventaja; beneficio. **3.** Derecho o participación legal de algo. **4.** Dinero que se paga o se carga por el uso del dinero de otro. Los bancos pagan intereses por los ahorros que se depositan y cargan intereses por el dinero que prestan.

ă pat ā pay â care ä father ĕ pet ē be ĭ pit ī pie î fierce ŏ pot ō go ô paw, for oi oil ŏŏ book ōō boot

is borrowed from them.
—*verb* **Interested, Interesting 1.** To cause interest in. **2.** To cause to become involved or concerned.

in·ter·est·ed |ĭn′trĭ stĭd | or | ĭn′tər ĭ stĭd | or | ĭn′tə rĕs′tĭd | —*adjective* **1.** Having or showing interest. **2.** Having a right, claim, or share.

in·ter·est·ing |ĭn′trĭ stĭng | or | ĭn′tər ĭ stĭng | —*adjective* Causing or holding interest or attention.

in·ter·fere |ĭn′tər fîr′ | —*verb* **interfered, interfering 1.** To get in the way of; interrupt; hinder. **2.** To meddle in the business of others.

in·te·ri·or |ĭn tîr′ē ər | —*noun, plural* **interiors 1.** The inner part of something; the inside. **2.** The area farthest inland; remote part.
—*adjective* **1.** Of or located on the inside; inner. **2.** Located away from a coast or border.

in·ter·jec·tion |ĭn′tər jĕk′shən | —*noun, plural* **interjections** A word or phrase that expresses a strong emotion or feeling. The words *ouch* and *oh* are interjections.

in·ter·me·di·ate |ĭn′tər mē′dē ĭt | —*adjective* In between; in the middle.

in·ter·mis·sion |ĭn′tər mĭsh′ən | —*noun, plural* **intermissions** An interruption or recess in an activity; a break.

in·tern |ĭn′tûrn′ | —*noun, plural* **interns** Someone who has recently graduated from medical school and is receiving further training under the supervision of other doctors.

in·ter·nal |ĭn tûr′nəl | —*adjective* **1.** Of or located on the inside; inner; interior. **2.** Of or relating to the political or social matters within a country.

in·ter·na·tion·al |ĭn′tər năsh′ə nəl | —*adjective* Of or between two or more nations or their people.

in·ter·plan·e·tar·y |ĭn′tər plăn′ĭ tĕr′ē | —*adjective* Between planets of the solar system.

in·ter·pret |ĭn tûr′prĭt | —*verb* **interpreted, interpreting 1.** To explain the meaning or importance of. **2.** To understand or see in a certain way. **3.** To perform or present according to one's understanding of. **4.** To translate from one language to another.

in·ter·pre·ta·tion |ĭn tûr′prĭ tā′shən | —*noun, plural* **interpretations 1.** The act or process of interpreting. **2.** An explanation of the meaning of something. **3.** An artistic performance that shows the artist's understanding of a work.

in·ter·rog·a·tive |ĭn′tə rŏg′ə tĭv | —*adjective* **1.** Having the form or the function of a question. **2.** Used in asking a question.
—*noun, plural* **interrogatives** A word or form used in asking a question.

in·ter·rupt |ĭn′tə rŭpt′ | —*verb* **interrupted, interrupting 1.** To break in upon. **2.** To keep something from continuing; to put a temporary stop to.

in·ter·rup·tion |ĭn′tə rŭp′shən | —*noun, plural* **interruptions** A break in something that keeps it from continuing.

in·ter·sect |ĭn′tər sĕkt′ | —*verb* **intersected, intersecting** To come together or cross.

in·ter·sec·tion |ĭn′tər sĕk′shən | —*noun, plural* **intersections** The point where two or more things intersect.

in·ter·val |ĭn′tər vəl | —*noun, plural* **intervals 1.** A period of time between two events. **2.** A space between two points or objects.

in·ter·view |ĭn′tər vyoo′ | —*noun, plural* **interviews 1.** A face-to-face meeting. **2.** A conversation to obtain information and facts for a report.
—*verb* **interviewed, interviewing** To have an interview with.

in·tes·tine |ĭn tĕs′tĭn | —*noun, plural* **intestines** The part of the digestive system that extends below the stomach.

—*verbo* **1.** Provocar interés; interesar. **2.** Motivar a que uno se involucre o comprometa.

interested *adjetivo* Interesado: **1.** Que tiene o muestra interés. **2.** Que tiene un derecho, reclamo o es parte: *The interested parties in the argument met to discuss a compromise.* = *Las partes interesadas en la disputa se reunieron para discutir una concesión.*

interesting *adjetivo* Que motiva o mantiene el interés o la atención; interesante.

interfere *verbo* **1.** Meterse en el medio; interrumpir; obstaculizar; interferir. **2.** Entremeterse en los negocios de otros; obstruir.

interior *sustantivo* **1.** Parte interna de algo; interior. **2.** Área más interna; parte remota.
—*adjetivo* **1.** Del interior o que se localiza en el interior; interno. **2.** Que se encuentra lejos de la costa y de la frontera; interior.

interjection *sustantivo* Palabra o frase que expresa una emoción o un sentimiento intenso; interjección. Las palabras *ouch* y *oh* son interjecciones.

intermediate *adjetivo* Que está en la mitad o en el medio; intermedio.

intermission *sustantivo* Interrupción de una actividad o recreo; pausa; intervalo; entreacto.

intern *sustantivo* Persona que se ha graduado recientemente de la escuela de medicina y va a recibir entrenamiento posterior bajo la supervisión de otros médicos; médico practicante.

internal *adjetivo* **1.** Del interior o que se encuentra en el interior; interno. **2.** Relativo a los asuntos políticos y sociales internos de un país o relativo a esos asuntos.

international *adjetivo* Relativo a, o entre, dos o más naciones o sus gentes; internacional.

interplanetary *adjetivo* Entre los planetas del sistema solar; interplanetario.

interpret *verbo* **1.** Explicar el significado o la importancia de algo; interpretar. **2.** Entender o ver algo de cierta manera. **3.** Ejecutar o presentar de acuerdo a una interpretación personal. **4.** Traducir de un lenguaje a otro.

interpretation *sustantivo* Interpretación: **1.** Acto o proceso de interpretar: **2.** Explicación del significado de algo. **3.** Ejecución artística que muestra la versión del artista de una obra.

interrogative *adjetivo* **1.** Que tiene la forma o la función de una pregunta; interrogativo. **2.** Que se utiliza al preguntar: *"How" is an interrogative pronoun.* = *"How" es un pronombre interrogativo.*
—*sustantivo* Palabra o forma que se utiliza al preguntar.

interrupt *verbo* **1.** Interrumpir. **2.** Impedir la continuación; suspender temporalmente una cosa.

interruption *sustantivo* Pausa, en algo, que impide su continuación; interrupción; intervalo.

intersect *verbo* Juntar, cruzar o cortarse en un punto; intersecarse.

intersection *sustantivo* Punto en el que dos o más cosas se cruzan, se cortan o se juntan; intersección.

interval *sustantivo* Intervalo: **1.** Período de tiempo entre dos hechos. **2.** Espacio entre dos puntos u objetos.

interview *sustantivo* **1.** Reunión cara a cara; entrevista; interviú. **2.** Conversación para obtener la información y los hechos para un reporte.
—*verbo* Tener una entrevista con alguien.

intestine *sustantivo* Parte del aparato digestivo que se extiende más allá del estómago; intestino.

ər butter   yōō abuse   ou out   ŭ cut   û fur   *th* the   th thin   hw which   zh vision   ə ago, item, pencil, atom, circus

in·ti·mate |ĭn′tə mĭt| —*adjective* **1.** Showing complete knowledge; very familiar. **2.** Innermost. **3.** Very personal; close.

in·to |ĭn′tōō| —*preposition* **1.** To the inside of. **2.** So as to be in or within. **3.** To the occupation or action of. **4.** To a time in. **5.** In the direction of; toward. **6.** Against. **7.** To the form or state of.

in·tol·er·ant |ĭn tŏl′ər ənt| —*adjective* **1.** Not respecting what other people think or do. **2.** Unable to endure.

in·tox·i·cate |ĭn tŏk′sĭ kāt′| —*verb* **intoxicated, intoxicating 1.** To make drunk. **2.** To fill with great excitement, enthusiasm, or delight.

in·tri·cate |ĭn′trĭ kĭt| —*adjective* **1.** Having a complicated structure or pattern; complex. **2.** Hard to understand.

in·trigue |ĭn trēg′| —*verb* **intrigued, intriguing 1.** To catch the interest or increase the curiosity of; fascinate. **2.** To plot or scheme secretly.
—*noun* |ĭn′trēg′| or |ĭn trēg′| *plural* **intrigues** Plots or schemes carried on in secret.

in·tro·duce |ĭn′trə dōōs′| or |ĭn′trə dyōōs′| —*verb* **introduced, introducing 1.** To present a person by name to others. **2.** To provide with a first experience of something. **3.** To open or begin. **4.** To bring or put in; add. **5.** To propose, create, or bring into use for the first time.

in·tro·duc·tion |ĭn′trə dŭk′shən| —*noun, plural* **introductions 1.** A short section at the beginning of something, such as a book or play, that prepares the way for what will follow. **2.** The act of introducing. **3.** Anything that introduces.

in·vade |ĭn vād′| —*verb* **invaded, invading 1.** To enter with force; attack. **2.** To enter in great numbers. **3.** To trespass or intrude on; interfere with.

in·va·lid |ĭn′və lĭd| —*noun, plural* **invalids** A sick, weak, or disabled person, especially someone who has been in poor health for a long time.

in·vent |ĭn vĕnt′| —*verb* **invented, inventing 1.** To think up and make, create, or put together something that did not exist before. **2.** To make up.

in·ven·tion |ĭn vĕn′shən| —*noun, plural* **inventions 1.** Something invented. **2.** The act of inventing. **3.** The power or ability to invent. **4.** Something made up or not true.

in·ven·tor |ĭn vĕn′tər| —*noun, plural* **inventors** A person who thinks up new ideas and creates new things or methods.

in·ven·to·ry |ĭn′vən tôr′ē| or |ĭn′vən tōr′ē| —*noun, plural* **inventories 1.** A detailed list of goods, supplies, possessions, or other things. **2.** The process of making such a list. **3.** The supply of goods on hand.

in·vert |ĭn vûrt′| —*verb* **inverted, inverting 1.** To turn upside down. **2.** To reverse the order, position, or arrangement of.

intimate *adjetivo* Íntimo: **1.** Que muestra conocimiento completo; muy familiar. **2.** Interno; interior. **3.** Muy personal; cercano.

Into *preposición* **1.** Hacia el interior; adentro: *She was going into the house.* = *Ella iba hacia adentro de la casa.* **2.** A fin de estar en o dentro de algo: *The two partners entered into an agreement.* = *Los dos socios convinieron en un pacto.* **3.** Relativo a una ocupación o acción: *She wants to go into banking after she graduates.* = *Ella se quiere dedicar a las actividades bancarias después que se gradúe.* **4.** Relativo a un tiempo; en el tiempo: *It's getting well into the week.* = *La semana ha avanzado.* **5.** En una dirección; hacia; a: *looking into the distance* = *mirando a la distancia.* **6.** Contra: *The car ran into a tree.* = *El automóvil chocó contra un árbol.* **7.** Relativo a la forma o estado: *The water changed into ice.* = *El agua se convirtió en hielo.*

intolerant *adjetivo* **1.** Que no respeta lo que otros piensan o hacen; intolerante. **2.** Incapaz de tolerar; intransigente.

intoxicate *verbo* **1.** Emborrachar; embriagar; intoxicar. **2.** Llenar de gran excitación, entusiasmo o deleite; estimular; excitar hasta el frenesí.

intricate *adjetivo* **1.** Que tiene una estructura o diseño complicado; complejo; intrincado; enredado. **2.** Difícil de comprender; enredado; confuso.

intrigue *verbo* **1.** Capturar el interés o aumentar la curiosidad; fascinar. **2.** Conspirar o tramar en secreto. —*sustantivo* **1.** Conspiraciones o tramas hechas en secreto; intriga; trama; embrollo.

Introduce *verbo* **1.** Presentar a una persona por nombre a otros. **2.** Facilitar la primera experiencia de algo: *He introduced me to classical music.* = *Él me introdujo al mundo de la música clásica.* **3.** Abrir o empezar; presentar; dar a conocer: *She wrote a new chapter to introduce her book.* = *Ella escribió un nuevo capítulo para presentar su libro.* **4.** Traer o poner; añadir; insertar; agregar: *Introduce excitement to your story.* = *Agréguele excitación a su historia.* **5.** Proponer; crear o poner en uso por primera vez; introducir; establecer; hacer adoptar: *She introduced new and safer methods of work in her factory.* = *Ella introdujo en su fábrica métodos de trabajo nuevos y más seguros.*

Introduction *sustantivo* Introducción: **1.** Sección breve al comienzo de algo, tal como un libro o drama, que prepara el camino para lo que sigue; prólogo; proemio. **2.** Acción de introducir; iniciación; presentación. **3.** Cualquier cosa que introduce.

Invade *verbo* **1.** Entrar con fuerza; atacar; invadir; acometer; asaltar. **2.** Entrar en grandes cantidades; invadir. **3.** Traspasar o inmiscuirse; interferir; usurpar; violar.

Invalid *sustantivo* Persona enferma, débil o incapacitada, especialmente alguien que ha tenido mala salud por mucho tiempo; inválido; enfermo.

Invent *verbo* **1.** Imaginar y hacer, crear o construir algo que no existía antes; inventar; descubrir. **2.** Componer; inventar; idear; fraguar.

Invention *sustantivo* **1.** Algo inventado; invención; descubrimiento; hallazgo. **2.** Acción de inventar; invención; descubrimiento; invento. **3.** Poder o habilidad de inventar; inventiva; ingenio. **4.** Algo inventado; algo que no es verdadero; mentira; falsedad; embuste.

Inventor *sustantivo* Persona que piensa ideas nuevas y crea cosas o métodos nuevos; inventor; descubridor; autor.

Inventory *sustantivo* **1.** Lista detallada de bienes, provisiones, posesiones u otras cosas; inventario; recuento; catálogo. **2.** Proceso de hacer tal lista; inventario; recuento; catálogo. **3.** Cantidad disponible de bienes; inventario.

Invert *verbo* **1.** Volcar; poner al revés. **2.** Alterar el orden, posición o arreglo; invertir; cambiar.

ă pat ā pay â care ä father ĕ pet ē be ĭ pit ī pie î fierce ŏ pot ō go ô paw, for oi oil ōō book ōō boot

in·ver·te·brate |ĭn vûr′tə brĭt| or |ĭn vûr′tə brāt′|
—*noun, plural* **invertebrates** An animal that has no
backbone. Worms, jellyfish, clams, lobsters, and insects
are invertebrates.
—*adjective* Having no backbone.

in·vest |ĭn vĕst′| —*verb* **invested, investing 1.** To
put money into something that will earn interest or
make a profit. **2.** To spend or use for future advantage.

in·ves·ti·gate |ĭn vĕs′tĭ gāt′| —*verb* **investigated,
investigating** To examine carefully in a search for
facts, knowledge, or information.

in·ves·ti·ga·tion |ĭn vĕs′tĭ gā′shən| —*noun, plural*
investigations A careful examination, study, search,
or inquiry to get facts or information.

in·vest·ment |ĭn vĕst′mənt| —*noun, plural* **investments 1.** The act of investing. **2.** A sum of money
invested. **3.** Something in which money, time, or some
other valuable thing is invested.

in·ves·tor |ĭn vĕs′tər| —*noun, plural* **investors** A
person or group of people that invests money in the
hope of making a profit.

in·vis·i·ble |ĭn vĭz′ə bəl| —*adjective* Not capable of
being seen; not visible.

in·vi·ta·tion |ĭn′vĭ tā′shən| —*noun, plural* **invitations**
A spoken or written request for someone to come
somewhere or do something.

in·vite |ĭn vīt′| —*verb* **invited, inviting 1.** To ask
someone to come somewhere or do something; give an
invitation. **2.** To ask in a formal way. **3.** To be likely
to cause; bring on. **4.** To tempt; attract.

in·vol·un·tar·y |ĭn vŏl′ən tĕr′ē| —*adjective* Not subject to the control of the will.

in·volve |ĭn vŏlv′| —*verb* **involved, involving 1.** To
call for; require. **2.** To have to do with; include. **3.** To
draw in; mix up. **4.** To give all one's attention to.

in·volved |ĭn vŏlvd′| —*adjective* Complicated.

in·ward |ĭn′wərd| —*adverb* Toward the inside or
center. Another form of this adverb is **inwards.**
—*adjective* Directed toward or located on the inside or
interior.

in·ward·ly |ĭn′wərd lē| —*adverb* **1.** On the inside; internally. **2.** In the mind; within one's self.
3. Privately.

in·wards |ĭn′wərdz| —*adverb* A form of the word
inward.

i·o·dine |ī′ə dēn′| or |ī′ə dīn′| —*noun, plural* **iodines
1.** A poisonous gray solid. Iodine is one of the chemical
elements. **2.** A liquid mixture that contains iodine and
is used to treat skin wounds.

i·ris |ī′rĭs| —*noun, plural* **irises 1.** The colored part
of the eye around the pupil. The iris controls the
amount of light that gets through the lens by making
the pupil appear larger or smaller. **2.** A plant that has
large flowers in various colors and long, pointed leaves.

i·ron |ī′ərn| —*noun, plural* **irons 1.** A hard, gray,
brittle metal. It is an important metal and is used to
make steel. Iron is one of the chemical elements. **2.** A
metal appliance that has a handle and a flat bottom. It
is heated and used for pressing wrinkles out of clothing
or other materials.
—*adjective* Strong and hard.

invertebrate *sustantivo* Animal que no tiene espinazo;
invertebrado. Los gusanos, las malaguas, las almejas,
las langostas y los insectos son invertebrados.
—*adjetivo* Que no tiene espinazo; invertebrado.

invest *verbo* **1.** Poner dinero en algo que va a ganar
interés o producir ganancia; invertir. **2.** Gastar o usar
para obtener una ventaja en el futuro; invertir; dar;
poner.

investigate *verbo* Examinar cuidadosamente en busca
de hechos, noticias o información; investigar; indagar;
explorar.

investigation *sustantivo* Examen, estudio, búsqueda o
indagación cuidadosa para obtener hechos o información; investigación; averiguación; pesquisa.

investment *sustantivo* Inversión: **1.** Acción de invertir. **2.** Suma de dinero invertida. **3.** Algo en que se
invierte dinero, tiempo o alguna otra cosa de valor.

investor *sustantivo* Persona o grupo de personas que
invierte dinero con la esperanza de obtener ganancia;
inversionista.

invisible *adjetivo* Que no es capaz de ser visto;
invisible.

invitation *sustantivo* Petición oral o escrita para que
alguien vaya a algún lugar o haga algo; invitación;
convite.

invite *verbo* **1.** Pedirle a alguien que vaya a alguna
parte o haga algo; dar una invitación; convidar; invitar. **2.** Pedir de manera formal; invitar; solicitar.
3. Ser causa; ocasionar; incitar: *You're inviting trouble
if you aren't more careful.* = *Vas a causar problemas
si no eres más cuidadoso.* **4.** Tentar; atraer; invitar;
llamar; animar: *The sun invites a person to be in the
open air.* = *El sol atrae a uno a estar al aire libre.*

involuntary *adjetivo* Que no está sujeto al control de la
voluntad; involuntario.

involve *verbo* **1.** Requerir; implicar; involucrar:
Housework involves a lot of energy and time. = *Las
tareas de la casa requieren mucha energía y tiempo.*
2. Tener que ver; incluir; involucrar: *The plot of the
play involves kings, queens, and a magic elf.* = *El argumento de la obra tiene que ver con reyes, reinas y un
duende mágico.* **3.** Embaucar; envolver; enredar;
implicar; comprometer: *His friends involved him in an
illegal scheme.* = *Sus amigos lo enredaron en un proyecto ilegal.* **4.** Dar toda la atención; aplicarse; enfrascarse: *She is involved in her work.* = *Ella está
enfrascada en su trabajo.*

involved *adjetivo* Complicado; complejo.

inward *adverbio* Hacia dentro o al centro; adentro; hacia lo interior. En inglés otra forma de este adverbio es
inwards.
—*adjetivo* Dirigido hacia, o situado dentro, o en el interior; oculto; secreto; interno.

inwardly *adverbio* **1.** Dentro; internamente. **2.** En la
mente; dentro de uno mismo. **3.** Secretamente.

inwards Otra forma del adverbio **inward.**

iodine *sustantivo* **1.** Material sólido gris y venenoso;
yodo. El yodo es uno de los elementos químicos.
2. Mezcla líquida que contiene yodo y se usa para tratar heridas de la piel; yodo.

iris *sustantivo* **1.** Parte colorida del ojo alrededor de la
pupila; iris. El iris controla la cantidad de luz que pasa
por el lente, haciendo que la pupila aperezca más
grande o más pequeña. **2.** Planta que tiene flores
grandes de varios colores y hojas largas y puntiagudas;
flor de lis; lirio.

iron *sustantivo* **1.** Metal duro, gris y quebradizo; hierro; fierro. Metal importante que se usa para fabricar
acero. El hierro es uno de los elementos químicos.
2. Objeto de metal que tiene un mango y un fondo
chato; plancha. Se calienta y se usa para quitar las
arrugas de la ropa u otros materiales.
—*adjetivo* Fuerte y duro; férreo.

—*verb* **Ironed, ironing** To press fabric with a heated iron.

i·ro·ny |ī′rə nē| —*noun, plural* **ironies** 1. A mocking way of using words so that they suggest a meaning that is the opposite of their usual meaning. 2. An event or result that is the opposite of what is expected.

ir·reg·u·lar |ĭ rĕg′yə lər| —*adjective* 1. Not regular or standard in shape, size, arrangement, or in some other way. 2. Not following a regular schedule. 3. Unusual or improper.

ir·re·sist·i·ble |ĭr′ĭ zĭs′tə bəl| —*adjective* 1. Too powerful to be resisted. 2. Having appeal that is too strong to resist or deny.

ir·re·spon·si·ble |ĭr′ĭ spŏn′sə bəl| —*adjective* Not concerned about the effects of one's actions; not reliable; not to be trusted.

ir·ri·gate |ĭr′ĭ gāt′| —*verb* **irrigated, irrigating** To supply land or crops with water by a system of streams and pipes.

ir·ri·ga·tion |ĭr′ĭ gā′shən| —*noun* The act or process of supplying water to land or crops.

ir·ri·ta·ble |ĭr′ĭ tə bəl| —*adjective* 1. Easily annoyed or angered; cross. 2. Too sensitive.

is |ĭz| The third person singular present tense of the verb **be.**

Is·lam |ĭs′ləm| or |ĭz′ləm| or |ĭs läm′| —*noun* A religion based on the teachings of the prophet Mohammed.

is·land |ī′lənd| —*noun, plural* **islands** 1. A piece of land that is surrounded by water. 2. Anything that is like an island because it is completely separated or different in character from what surrounds it.

isle |īl| —*noun, plural* **isles** An island, especially a small one.

is·let |ī′lĭt| —*noun, plural* **islets** A very small island.

isn't |ĭz′ənt| A contraction of "is not.'

i·so·late |ī′sə lāt′| —*verb* **isolated, isolating** To set apart; separate from others.

is·sue |ĭsh′ōō| —*noun, plural* **issues** 1. The act of sending out or releasing. 2. Something that is put into circulation. 3. A single copy of a newspaper or magazine. 4. A subject being discussed or argued about.
—*verb* **issued, issuing** 1. To send out; announce. 2. To put into circulation. 3. To give out; distribute. 4. To come out; flow out.

isth·mus |ĭs′məs| —*noun, plural* **isthmuses** A narrow strip of land connecting two larger masses of land.

it |ĭt| —*pronoun* 1. The animal or thing last mentioned. 2. The pronoun **it** is used before a verb in the position that is usually occupied by the subject: **a.** To indicate a condition or fact. The pronoun **it** is not the subject of these sentences. They have no subject. **b.** To introduce a sentence. For example, in the sentences *It was my father on the phone* and *It is always easy to blame someone else,* the pronoun **it** only introduces the sentences. The subjects of these sentences are *my father* and *to blame someone else.*

i·tal·ic |ī tăl′ĭk| or |ĭ tăl′ĭk| —*adjective* Of a style of printing with the letters slanting to the right.
—*noun* Often **italics** Italic print or type.

itch |ĭch| —*noun, plural* **itches** 1. A tickling feeling of the skin that causes one to want to scratch. 2. A strong, restless desire.
—*verb* **itched, itching** 1. To feel, have, or cause an itch. 2. To have a strong, restless desire.

—*verbo* Planchar tela con una plancha caliente.

irony *sustantivo* 1. Modo burlón de usar palabras de manera que sugieran un significado que se opone a su significado corriente; ironía. 2. Acontecimiento o resultado que es lo opuesto a lo que se espera; ironía.

irregular *adjetivo* Irregular: 1. Que no es regular o clásico en forma, tamaño, disposición o cualquier otro modo. 2. Que no sigue un horario regular. 3. Desacostumbrado o impropio; extraño.

irresistible *adjetivo* Irresistible: 1. Demasiado poderoso para ser resistido. 2. Que tiene una atracción demasiado fuerte para resistir o negar.

irresponsible *adjetivo* No interesado en las consecuencias de las propias acciones; que no se puede confiar; irresponsable.

irrigate *verbo* Proporcionar agua al suelo y a los cultivos a través de un sistema de arroyos y conductos; irrigar; regar.

irrigation Acción o proceso de facilitar agua al suelo o a los cultivos; irrigación; riego.

irritable *adjetivo* 1. Que se fastidia o enfada fácilmente; irritable; irascible. 2. Demasiado sensible; irritable.

is Tercera persona singular, presente, del verbo **be.**

islam *sustantivo* Religión basada en las enseñanzas del profeta Mahoma; islam; islamismo.

island *sustantivo* 1. Porción de tierra rodeada por agua; isla. 2. Cualquier cosa que se parece a una isla porque está completamente aislada de lo que la rodea, o porque es de diferente índole.

isle *sustantivo* Isla, especialmente una pequeña; ínsula.

islet *sustantivo* Isla muy pequeña; isleta; cayo.

isn't Contracción de "is not".

isolate *verbo* Colocar aparte; separar de otros; aislar; apartar; separar.

issue *sustantivo* 1. Acción de emitir o publicar; edición; impresión; tirada; emisión. 2. Algo que se pone en circulación; impresión; tirada; salida; emisión. 3. Copia individual de un periódico o revista; número. 4. Tópico que se discute o debate; punto; asunto.
—*verbo* 1. Emitir; anunciar; entregar; expedir. 2. Poner en circulación; entregar. 3. Emitir; distribuir. 4. Salir; fluir; manar: *Water issued from the broken pipe.* = *El agua manaba de la cañería rota.*

isthmus *sustantivo* Franja estrecha de tierra que conecta dos masas más grandes de tierra; istmo.

it *pronombre* 1. El animal o cosa mencionada en la última parte de una oración; él; ella; la; lo: *He grabbed the snake and flung it into the bush.* = *Él agarró la serpiente y la arrojó en la maleza. This is my ball. Give it to me!* = *Esta es mi pelota ¡Dámela!* 2. El pronombre **it** se usa antes de un verbo en la posición gramatical que usualmente ocupa el sujeto: **a.** Para indicar una condición o hecho: *It is very dark outside.* = *Está oscuro afuera. It is nearly noon.* = *Es casi mediodía.* El pronombre **it** no es el sujeto. Estas oraciones no tienen sujeto. **b.** Para comenzar una oración. Por ejemplo en *It was my father on the phone* y *It is always easy to blame someone else,* el pronombre **it** solamente comienza las oraciones. Los sujetos de estas oraciones son *my father* y *to blame someone else.*

italic *adjetivo* Estilo de imprenta con las letras inclinadas a la derecha; bastardilla; itálico.
—*sustantivo* A veces **itálica** Impreso o tipo itálico; bastardilla; letra bastardilla; letra itálica.

itch *sustantivo* Comezón. 1. Sensación cosquilleante de la piel que hace que uno quiera rascarse; picazón. 2. Deseo intenso e intranquilo.
—*verbo* 1. Sentir, tener o causar comezón; picarle a uno; sentir comezón o picazón. 2. Tener un deseo intenso e inquietante; sentir comezón; desear con vehemencia.

ă pat ā pay â care ä father ĕ pet ē be ĭ pit ī pie î fierce ŏ pot ō go ô paw, for oi oil ŏŏ book ōō boot

i·tem |ĭ′təm| —*noun, plural* **items** **1.** A single article or unit. **2.** A piece of news.

it'll |ĭt′l| A contraction for "it will" or "it shall."

its |ĭts| —*pronoun* The pronoun **its** is the possessive form of **it**. It means: **1.** Of or belonging to a thing or animal. **2.** Done or performed by a thing or animal. ♦

it's |ĭts| A contraction for "it is" or "it has."

it·self |ĭt sĕlf′| —*pronoun* The pronoun **itself** is a special form of the pronoun **it**. **1.** It is used: **a.** As the direct object of a verb. **b.** As the indirect object of a verb. **c.** As the object of a preposition. **d.** To call special attention to something. **2.** The pronoun **itself** is used to mean "its normal self".

I've |ĭv| A contraction for "I have."

i·vo·ry |ī′və rē| —*noun, plural* **ivories** **1.** The smooth, hard, yellowish-white material forming the tusks of elephants and certain other animals. **2.** A yellowish-white color.
—*adjective* Yellowish white.

i·vy |ī′vē| —*noun, plural* **ivies** **1.** A leafy plant with long stems that can climb up walls. **2.** A plant that is like ivy. Poison ivy is one of these plants.

Item *sustantivo* **1.** Artículo o unidad única; item. **2.** Noticia; párrafo; artículo.

it'll Contracción de "it will" o "it shall".

Its *pronombre* El pronombre **its** es la forma posesiva de **it**. Significa: **1.** De o perteneciente a una cosa o animal; su: *The book was in its place.* = *El libro estaba en su lugar.* **2.** Hecho o realizado por una cosa o animal; su: *The book is not just pretty; its function is to teach.* = *El libro no es simplemente lindo; su función es enseñar.*

it's Contracción de "it is" o "it has".

itself *pronombre* El pronombre **itself** es una forma especial del pronombre **it**. **1.** Se usa: **a.** Como el complemento directo de un verbo; se: *The team surprised itself.* = *El equipo se sorprendió.* **b.** Como complemento indirecto de un verbo; se: *The board of directors voted itself a salary increase.* = *El directorio decidió por votación otorgarse un aumento de sueldo.* **c.** Como el complemento de una preposición; a sí mismo: *The new law is not important in itself.* = *La nueva ley no es importante en sí misma.* **d.** Para reforzar un significado; propia; propiamente dicha: *The Constitution itself defines treason very clearly.* = *La propia Constitución define qué constituye traición en términos muy claros.* **2.** El pronombre **itself** se usa para significar "la propia cosa"; "la misma cosa"; "lo mismo": *A traditional Fourth of July would not be itself without parades and fireworks.* = *Un cuatro de julio tradicional no sería lo mismo sin desfiles y fuegos artificiales.*

I've contracción de "I have".

ivory *sustantivo* **1.** Materia blanca-amarillenta, lisa y dura, de la que están hechos los colmillos de elefantes y de ciertos otros animales; marfil. **2.** Color blanco amarillento.
—*adjetivo* Blanco amarillento; ebúrneo; marfilado.

ivy *sustantivo* **1.** Planta de muchas hojas, de tallos largos, que puede trepar las paredes; hiedra; yedra. **3.** Planta que es como la yedra. El arbusto trepador es una de estas plantas.·

J

j or **J** |jā| —*noun, plural* **j's** or **J's** The tenth letter of the English alphabet.

jab |jăb| —*verb* **jabbed, jabbing** To poke or hit, especially with something pointed.
—*noun, plural* **jabs** A poke or hit with something pointed.

jab·ber |jăb′ər| —*verb* **jabbered, jabbering** To talk fast and in a confusing way; chatter; babble.

jack |jăk| —*noun, plural* **jacks** **1.** A tool or device that is used to lift something heavy a short distance. A jack is used to raise one end of a car in order to change a tire or to work underneath the car. **2.** A playing card that has the picture of a young man on it. A jack ranks above a ten and below a queen. **3.** **jacks** (Used with a singular verb.) A game that is played with a set of small, six-pointed metal pieces and a small ball. The object of the game is to pick up the metal pieces as the ball bounces.
—*verb* **jacked, jacking** To lift with a jack.

jack·al |jăk′əl| or |jăk′ôl| —*noun, plural* **jackals** An African or Asian animal that looks like a dog. It often feeds on what is left of animals that lions or leopards have killed as prey.

jack·et |jăk′ĭt| —*noun, plural* **jackets** **1.** A short coat. **2.** An outer, protective cover for a book or record album.

jack-in-the-box |jăk′ĭn thə bŏks′| —*noun, plural*

j o **J** *sustantivo* Décima letra del alfabeto inglés.

jab *verbo* Pinchar o golpear, especialmente con algo puntiagudo; picar.
—*sustantivo* Golpe o pinchazo que se da con algo puntiagudo.

jabber *verbo* Hablar rápidamente y de manera confusa; parlotear; cotorrear; chacharear.

jack *sustantivo* **1.** Herramienta o aparato que se usa para levantar algo pesado, generalmente un coche, para cambiar una llanta o trabajar debajo; gato; cric. **2.** Naipe que lleva el dibujo de un joven, cuyo grado es superior al diez e inferior al de la reina; sota. **3.** **jacks** Juego que consiste de una serie de piezas de metal de seis puntas y una bola pequeña, y cuyo objeto es recoger las piezas mientras la bola rebota; juego de los cantillos.
—*verbo* Alzar con un gato; solevantar.

jackal *sustantivo* Animal africano o asiático que se parece al perro, y que a menudo se alimenta de los restos de las presas que matan los leones o leopardos; chacal.

jacket *sustantivo* **1.** Abrigo corto; chaqueta. **2.** Cubierta protectora de un libro o un disco; forro.

jack-in-the-box *sustantivo* Juguete que consiste en

---

jack-in-the-boxes A toy that is made of a box with a doll or puppet inside that pops out when the box lid is opened.

jack·o'·lan·tern |jăk′ə lăn′tərn| —*noun, plural* **jack·o'·lanterns** A pumpkin hollowed out and with holes cut to look like eyes, nose, and mouth. The top is cut out like a lid and a candle is set inside. Jack-o'-lanterns are made for Halloween.

jack·knife |jăk′nīf′| —*noun, plural* **jackknives** A large pocketknife. It usually has two blades that can be folded into the handle.

jack·pot |jăk′pŏt′| —*noun, plural* **jackpots** The largest prize or amount of money that can be won in a game or contest.

jade |jād| —*noun, plural* **jades** A hard green or white stone. Jade is used for jewelry and ornaments.

jag·ged |jăg′ĭd| —*adjective* Having notches or points; sharp, rough, and uneven.

jag·uar |jăg′wär| —*noun, plural* **jaguars** A large, spotted wild cat of tropical America. The jaguar looks very much like a leopard.

jail |jāl| —*noun, plural* **jails** A place where persons who are waiting for a trial or serving a prison sentence are locked up; prison.
—*verb* **jailed, jailing** To put into jail; lock up.

jam¹ |jăm| —*verb* **jammed, jamming** 1. To squeeze or become squeezed into a tight space; wedge. 2. To crowd tightly. 3. To become or cause to become stuck so as not to be able to work. 4. To thrust or push hard. 5. To bruise or crush by squeezing.
—*noun, plural* **jams** 1. A large group or mass of people or things crowded together so that it is hard or impossible to move. 2. A difficult situation.

jam² |jăm| —*noun, plural* **jams** A thick, sweet food. Jam is made by boiling fruit and sugar until the mixture is thick.

jan·i·tor |jăn′ĭ tər| —*noun, plural* **janitors** A person whose job it is to clean and take care of a building.

Jan·u·ar·y |jăn′yōō ĕr′ē| —*noun, plural* **Januarys** The first month of the year.

jar¹ |jär| —*noun, plural* **jars** 1. A container with a wide mouth. Jars usually do not have handles and are made of glass or pottery. 2. a. A jar with something in it. b. The amount that a jar holds.

jar² |jär| —*verb* **jarred, jarring** 1. To cause to shake violently; rock; rattle. 2. To come as an upsetting surprise; to shock.
—*noun, plural* **jars** A violent shaking movement; jolt or shock.

jas·mine |jăz′mĭn| —*noun* A vine with fragrant yellow or white flowers. Jasmine grows in warm places.

jaw |jô| —*noun, plural* **jaws** 1. Either of a pair of hard structures of the mouth. The jaws are made of bone and cartilage. They form the framework and shape of the mouth and hold the teeth. 2. One of two parts of a tool that can be closed and are used to grasp or hold something.

jay |jā| —*noun, plural* **jays** A bird with a loud, harsh voice and feathers that are often brightly colored.

jay·walk |jā′wôk′| —*verb* **jaywalked, jaywalking** To cross a street without paying attention to traffic laws.

jazz |jăz| —*noun* A kind of American music that was first played by Blacks in the southern United States.

jeal·ous |jĕl′əs| —*adjective* 1. Having a feeling that someone you love may or could love someone else more than you. 2. Resenting what another person has, can do, or has achieved; envious.

---

una caja con un muñeco o marioneta en su interior, que salta cuando se abre la tapa.

jack-o'-lantern *sustantivo* Calabaza ahuecada y con agujeros cortados para imitar los ojos, la nariz y la boca. La parte superior se corta para que sirva de tapa cuando se le pone una vela adentro.

jacknife *sustantivo* Navaja o cuchilla grande de bolsillo que suele tener dos hojas, las cuales se pliegan para guardarse dentro del mango.

jackpot *sustantivo* El premio más alto o la mayor cantidad de dinero que es posible ganar en una partida, juego o concurso; premio gordo.

jade *sustantivo* Piedra verde o blanca de gran dureza que se usa para hacer joyas y otros ornamentos; jade.

jagged *adjetivo* Que tiene ranuras o puntos; agudo, áspero; escarpado; serrado; dentado.

jaguar *sustantivo* gato salvaje grande, de piel moteada, que habita en la América tropical y que se parece mucho al leopardo; jaguar.

jail *sustantivo* Local donde se encierra a las personas que esperan ser juzgadas o que cumplen una condena; prisión; cárcel.
—*verbo* Poner en la cárcel; encarcelar.

jam¹ *verbo* 1. Apretar o apretarse en un espacio muy pequeño; apretujar; apretujarse. 2. Apiñar o apiñarse; agolpar o agolparse. 3. Atascarse o atascar algo de tal manera que no funcione; trabarse, trabar; enredarse, enredar. 4. Aplicar o empujar con fuerza: *to jam the brakes = aplicar los frenos (dando un "frenazo")*. 5. Pillarse una parte del cuerpo o lastimársela por efecto de un apretón; machucar, machucarse: *I jammed my finger in the door of the car. = Me machuqué el dedo con la puerta del coche.*
—*sustantivo* 1. Grupo grande o muchedumbre de gente o de objetos apiñados de tal manera que moverse resulta difícil o imposible; aglomeración; hacinamiento. 2. Situación difícil; aprieto; apuro.

jam² *sustantivo* Alimento viscoso y dulce que se hace cociendo alguna fruta con azúcar hasta que la mezcla se espese; compota; mermelada.

janitor *sustantivo* Persona cuyo oficio es limpiar y cuidar de un edificio; conserje.

January *sustantivo* Enero.

jar¹ *sustantivo* 1. Recipiente de boca ancha, generalmente sin asas y hecho de cristal o cerámica; tarro; frasco. 2. a. Frasco que tiene algo dentro: *a jar of jam = un frasco de mermelada.* b. Cantidad que cabe en un frasco.

jar² *verbo* 1. Provocar sacudidas violentas; hacer trepidar. 2. Sacudir emocionalmente con una noticia o sorpresa desagradable; conmover; turbar.
—*sustantivo* Sacudida o temblor violento; conmoción.

jasmine *sustantivo* Planta trepadora de flores aromáticas amarillas o blancas que crece en climas cálidos; jazmín.

jaw *sustantivo* 1. Cualquiera de las dos estructuras duras de la cara, hechas de hueso y cartílago, que configuran la boca y sostienen los dientes; mandíbula; quijada. 2. Una de las dos partes de cualquier herramienta capaz de cerrarse para asir o sostener algo; grapa.

jay *sustantivo* Pájaro que emite un sonido fuerte y áspero y cuyas plumas a menudo son de un color brillante; arrendajo.

jaywalk *verbo* Cruzar una calle a pie con infracción de las leyes y señales de tránsito.

jazz *sustantivo* Tipo de música norteamericana que originaron los negros del Sur de los Estados Unidos; jazz.

jealous *adjetivo* Celoso: 1. Que teme que alguien a quien ama pueda amar más a otro. 2. Que se resiente por lo que otra persona posea, sea capaz de hacer o haya realizado; envidioso.

ă pat ā pay â care ä father ĕ pet ē be ĭ pit ī pie î fierce ŏ pot ō go ô paw, for oi oil ŏŏ book ōō boot

jeal·ous·y |jĕl′ə sē| —*noun, plural* **jealousies** A jealous feeling; envy.

jeans |jēnz| —*plural noun* Strong pants made of heavy cotton cloth.

jeep |jēp| —*noun, plural* **jeeps** A small, powerful, rugged automobile. Jeeps are most often used for driving in places where there are no good roads.

jel·ly |jĕl′ē| —*noun, plural* **jellies** A food that is soft but also firm and springy. Jelly is made by boiling fruit juice with sugar, and sometimes adding a substance to the liquid to make it set or harden.
—*verb* **jellied, jellying, jellies** To turn into or make jelly.

jel·ly·fish |jĕl′ē fĭsh′| —*noun, plural* **jellyfish** or **jellyfishes** A sea animal with a soft, rounded body that looks and feels like jelly. Jellyfish have tentacles that can give an unpleasant sting.

jerk |jûrk| —*verb* **jerked, jerking 1.** To give something a quick pull, push, or twist. **2.** To move with or make a sudden, sharp movement.
—*noun, plural* **jerks** A sudden, sharp movement.

jerk·in |jûr′kən| —*noun, plural* **jerkins** A short jacket worn by men during the fifteenth and sixteenth centuries. Jerkins were usually fit closely, had no sleeves, and were often made of leather.

jerk·y |jûr′kē| —*adjective* **jerkier, jerkiest** Making sudden stops and starts.

jer·sey |jûr′zē| —*noun, plural* **jerseys 1.** A soft, knitted fabric or cloth made of wool, cotton, or other materials. **2.** A garment made of this material, especially a sweater or shirt made to be pulled down over the head.

jest |jĕst| —*noun, plural* **jests** Something said or done for fun; joke; prank.
—*verb* **jested, jesting** To joke or play a prank; fool around.

jes·ter |jĕs′tər| —*noun, plural* **jesters 1.** A person who makes jokes. **2.** In the Middle Ages, a person kept by kings, queens, and other nobles to entertain or amuse them.

Je·sus |jē′zəs| The founder of the Christian religion. Christians believe Jesus is the Son of God. Jesus is also known as **Jesus Christ** and **Christ.**

jet |jĕt| —*noun, plural* **jets 1.** A very fast stream of liquid or gas that is forced out of a small hole or opening by great pressure. **2.** A jet-propelled aircraft or other vehicle.
—*verb* **jetted, jetting** To gush forth; squirt.

jet engine An engine that develops power by forcing out a jet of gases from the back.

jet-pro·pelled |jĕt′prə pĕld′| —*adjective* Powered or propelled by one or more jet engines.

jet·ty |jĕt′ē| —*noun, plural* **jetties** A wall or dam that is built out into a body of water, such as a harbor or river. A jetty is usually made of rocks and wood. It protects the land or coast from strong waves.

Jew |jōō| —*noun, plural* **Jews** A person whose religion is Judaism.

jew·el |jōō′əl| —*noun, plural* **jewels 1.** A precious stone; gem. Jewels are valued because of their beauty and are often used in jewelry. **2.** A valuable piece of jewelry made with precious stones, such as a ring or necklace.

jew·el·er |jōō′ə lər| —*noun, plural* **jewelers** A person who makes, repairs, or sells jewelry.

jew·el·ry |jōō′əl rē| —*noun* Ornaments that are made to be worn, such as a bracelet, necklace, or ring.

Jew·ish |jōō′ĭsh| —*adjective* Of the Jews, their religion, or their customs.

jig |jĭg| —*noun, plural* **jigs 1.** A fast, lively dance. **2.** The music for such a dance.

jig·saw |jĭg′sô′| —*noun, plural* **jigsaws** A saw with a

jealousy *sustantivo* Sentimiento celoso; celos; envidia.

jeans *sustantivo plural* Pantalones fuertes hechos de tela de mezclilla de algodón; pantalones vaqueros; jeans.

jeep *sustantivo* Automóvil pequeño y de motor potente que se usa principalmente para recorrer sitios donde no hay calles buenas; jip; yip.

jelly *sustantivo* Alimento blando, pero también firme y gelatinoso, que se hace hirviendo zumo de fruta con azúcar y, a veces, agregando una substancia que hace que el líquido se cuaje o endurezca; jalea; gelatina.
—*verbo* Convertir o convertirse en jalea o gelatina.

jellyfish *sustantivo* Animal marino de cuerpo suave y redondeado y consistencia gelatinosa, cuyos tentáculos provocan un escozor muy intenso; medusa; aguamala.

jerk *verbo* Sacudir: **1.** Empujar, torcer o tirar de algo con brusquedad. **2.** Moverse o mover bruscamente.
—*sustantivo* Movimiento brusco y repentino; tirón; sacudida.

jerkin *sustantivo* Chaqueta corta que vestían los hombres durante los siglos XV y XVI, de talle ajustado, sin mangas y con frecuencia hecha de cuero; jubón; justillo.

jerky *adjetivo* Que hace paradas y arranques repentinos; que anda a tirones o dando tumbos.

jersey *sustantivo* Jersey: **1.** Tejido suave de lana, algodón u otro material; tejido de punto. **2.** Prenda de vestir hecha de esta tela, generalmente cerrada, por lo que hay que ponérsela bajándola desde la cabeza.

jest *sustantivo* Algo dicho o hecho para divertir; broma; travesura; burla; chiste; chanza.
—*verbo* Bromear; burlarse de.

jester *sustantivo* **1.** Persona que hace bromas; bromista; chancero. **2.** En la Edad Media, persona contratada por los reyes, reinas y otros nobles para que los divirtiera; bufón.

Jesus El fundador de la religión cristiana; Jesús.

jet *sustantivo* **1.** Corriente muy rápida de líquido o de gas que se hace pasar por un agujero pequeño mediante una gran presión; chorro. **2.** Avión de propulsión a chorro, o de reacción.
—*verbo* Chorrear; salir a chorros.

jet engine Motor de propulsión a chorro; motor a reacción.

jet-propelled *adjetivo* Movido o propulsado por uno o más motores a reacción.

jetty *sustantivo* Muro de contención, generalmente hecho de piedras y maderas, que se construye en una masa de agua, como un puerto o un río, para proteger la orilla del oleaje o las crecidas; escollera; dique; malecón; rompeolas.

Jew *sustantivo* Hebreo; judío.

jewel *sustantivo* **1.** Piedra preciosa de gran valor y belleza que frecuentemente se usa en joyería; gema. **2.** Joya hecha con piedras preciosas, como una sortija o un collar; alhaja.

jeweler *sustantivo* Persona que hace, repara o vende joyas; joyero.

jewelry *sustantivo* Clase de ornamentos que se hacen para llevarlos puestos, como las pulseras, collares y anillos; joyas; alhajas.

Jewish *adjetivo* Relativo a los judíos, su religión o sus costumbres; judío.

jig *sustantivo* Giga: **1.** Danza rápida y vivaz; jiga. **2.** La música que se toca para esta danza.

jigsaw *sustantivo* Sierra de hoja delgada que se coloca

ər butter   yōō abuse   ou out   ŭ cut   û fur   *th* the   th thin   hw which   zh vision   ə ago, item, pencil, atom, circus

narrow blade that is set straight up and down in a frame. A jigsaw is used for cutting curved or wavy lines.

jigsaw puzzle A puzzle that is made of differently shaped pieces of wood or cardboard. When they are fitted together, they make a picture.

jin·gle |jĭng′gəl| —*verb* **jingled, jingling** To make or cause to make a tinkling or ringing sound.
—*noun, plural* **jingles 1.** A tinkling or ringing sound made by small metal objects striking one another. **2.** A simple tune that is easy to remember. A jingle often has rhyming words or verses.

job |jŏb| —*noun, plural* **jobs 1.** A piece of work that needs to be done; task. **2.** A position of employment.

jock·ey |jŏk′ē| —*noun, plural* **jockeys** A person who rides horses in races.

jog |jŏg| —*verb* **jogged, jogging** To run at a slow, steady pace.
—*noun, plural* **jogs** A slow, steady pace.

join |join| —*verb* **joined, joining 1.** To come or put together so as to become a group or one. **2.** To connect with; link. **3.** To fasten together or attach. **4.** To become a member of. **5.** To enter into the company of.

joint |joint| —*noun, plural* **joints 1.** The place where two or more bones meet or come together. There are joints at the elbows and knees. **2.** Any place where two or more things come together.
—*adjective* Done or shared by two or more people.

joint·ed |join′tĭd| —*adjective* Having a joint or joints.

joke |jōk| —*noun, plural* **jokes** Something that is said or done to make people laugh.
—*verb* **joked, joking** To say or do something as a joke; speak in fun.

jok·er |jō′kər| —*noun, plural* **jokers 1.** A person who tells or plays jokes. **2.** An extra playing card in a deck of cards that has a figure of a jester on it.

jol·ly |jŏl′ē| —*adjective* **jollier, jolliest** Full of fun and good spirits; cheerful; merry.

jolt |jŏlt| —*verb* **jolted, jolting** To move with sudden, rough bumps or jerks.
—*noun, plural* **jolts 1.** A sudden bump or jerk. **2.** Something or someone that causes a sudden shock or surprise.

jon·quil |jŏng′kwĭl| or |jŏn′kwĭl| —*noun, plural* **jonquils** A garden plant with yellow flowers that look very much like daffodils.

jos·tle |jŏs′əl| —*verb* **jostled, jostling** To push or bump.

jot |jŏt| —*verb* **jotted, jotting** To write down quickly and usually in a short form.

jour·nal |jûr′nəl| —*noun, plural* **journals 1.** A daily record of events. **2.** A magazine or newspaper containing articles about a particular subject.

jour·nal·ism |jûr′nə lĭz′əm| —*noun, plural* **journalisms** The gathering and presentation of news, especially by newspapers and magazines.

jour·nal·ist |jûr′nə lĭst| —*noun, plural* **journalists** A person who gathers and presents news, especially a reporter or editor for a newspaper or magazine.

jour·ney |jûr′nē| —*noun, plural* **journeys 1.** A trip, especially over a great distance. **2.** The distance traveled on a journey or the time required for such a trip.
—*verb* **journeyed, journeying** To travel a great distance; make a long trip.

joust |joust| —*noun, plural* **jousts** A combat be-

verticalmente en una armazón y que se usa para hacer cortes curvos u ondulantes; sierra de sable.

jigsaw puzzle Juego que se hace de piezas de madera o de cartón, cada una da las cuales tiene forma distinta, pero que, cuando se encajan correctamente, forman un cuadro o dibujo; rompecabezas.

jingle *verbo* Hacer o producir un sonido tintineante o repicante; tintinear; cascabelear.
—*sustantivo* **1.** Sonido tintineante o repicante que producen ciertos objetos pequeños de metal cuando se golpean; tintineo. **2.** Melodía sencilla y fácil de recordar que a menudo contiene versos o estrofas que riman; verso o rima infantil.

job *sustantivo* Trabajo: **1.** Cuota de trabajo que es necesario hacer; tarea; labor; faena. **2.** Puesto, cargo o empleo; ocupación.

jockey *sustantivo* Persona que monta los caballos en las carreras; jockey.

jog *verbo* Correr a un paso lento e invariable, como ejercicio; hacer *footing*.
—*sustantivo* Paso lento y constante al correr; *footing*.

join *verbo* Unir, Unirse: **1.** Juntar o juntarse para formar un grupo o unidad; juntar o juntarse. **2.** Conectar con; empatar o empatarse. **3.** Atar; abrochar; fijar; adherir; acoplar. **4.** Hacerse miembro de; afiliarse; ingresar. **5.** Andar en la compañía de; asociarse a, o reunirse con.

joint *sustantivo* **1.** Punto o lugar donde se juntan dos o más huesos, como por ejemplo, el codo y la rodilla; coyuntura; articulación. **2.** Cualquier punto o lugar donde dos o más cosas se juntan; junta; empate; conexión.
—*adjetivo* Hecho por o compartido entre dos o más personas; conjunto.

jointed *adjetivo* Que tiene una o más juntas; articulado.

joke *sustantivo* Algo que se dice o hace para hacer reír a la gente; broma; chiste; chanza.
—*verbo* Decir o hacer algo como chiste o en broma; bromear.

joker *sustantivo* **1.** Persona que cuenta chistes o hace bromas; bromista; chistoso. **2.** Naipe extra de la baraja que lleva la figura de un bufón; "mono".

jolly *adjetivo* Lleno de ánimo y buen humor; alegre; festivo; jovial.

jolt *verbo* Mover mediante golpes o tirones súbitos; sacudir.
—*sustantivo* Sacudida: **1.** Golpe o tirón subito. **2.** Cualquier persona, noticia o cosa que provoca una conmoción o turbación súbita.

jonquil *sustantivo* Planta de flores amarillas que se parece mucho al narciso de los prados; junquillo.

jostle *verbo* Empujar a o tropezar con; atropellar o atropellarse (mutuamente).

jot *verbo* Escribir rápidamente y generalmente en forma abreviada; apuntar; anotar.

journal *sustantivo* **1.** Registro o anotación de los acontecimientos de cada día; diario. **2.** Revista o periódico que contiene artículos sobre una materia o tema determinados.

journalism *sustantivo* Selección y presentación de las noticias, especialmente por parte de los periódicos y las revistas; periodismo.

journalist *sustantivo* Persona que recoge y presenta las noticias, principalmente los reporteros y directores de periódicos y revistas; periodista.

journey *sustantivo* Jornada: **1.** Viaje, sobre todo si en el mismo se recorre una gran distancia. **2.** Distancia que se atraviesa en una jornada, o el tiempo requerido para la misma.
—*verbo* Viajar una gran distancia; hacer un viaje largo.

joust *sustantivo* Combate entre dos caballeros anti-

ă pat ā pay â care ä father ĕ pet ē be ĭ pit ī pie î fierce ŏ pot ō go ô paw, for oi oil ŏŏ book ōō boot

tween two knights on horses. The knights wore armor and carried lances to fight with.
—*verb* **jousted, jousting** To take part in a joust.

jo·vi·al |jō′vē əl| —*adjective* Full of fun and good cheer; jolly.

jowl |joul| —*noun, plural* **jowls** The flesh under the lower jaw, especially when plump or hanging loosely.

joy |joi| —*noun, plural* **joys** 1. A feeling of great happiness or delight. 2. A cause of or reason for great happiness.

joy·ful |joi′fəl| —*adjective* Full of joy or showing joy.

joy·ous |joi′əs| —*adjective* Full of joy; joyful.

Ju·da·ism |jōō′dē ĭz′əm| —*noun* The religion of the Jewish people, as set forth in the Old Testament. Judaism is based on the belief in one God.

judge |jŭj| —*noun, plural* **judges** 1. A public official who hears and decides cases in a court of law. 2. A person who decides the winner of a contest or race. 3. A person who gives an opinion about the value or quality of something.
—*verb* **judged, judging** 1. To hear and pass judgment on someone or something in a court of law. 2. To decide the winner of. 3. To form an opinion of.

judg·ment |jŭj′mənt| —*noun, plural* **judgments** 1. A decision reached after hearing all sides of a question or complaint in a court of law. 2. The ability to choose or decide wisely; good sense. 3. An opinion after thinking about someone or something carefully.

ju·di·cial |jōō dĭsh′əl| —*adjective* Of or ordered by judges or courts of law.

ju·do |jōō′dō| —*noun* A way of fighting and defending oneself by making one's opponents use their weight and strength against themselves. It is studied as a way of mental and physical control and is also played as a sport.

jug |jŭg| —*noun, plural* **jugs** 1. A large container for storing, holding, and carrying liquids. A jug usually has a narrow mouth and a small handle. 2. a. A jug with something in it. b. The amount that a jug holds.

jug·gle |jŭg′əl| —*verb* **juggled, juggling** To keep two or more objects in the air at one time by skillful tossing and catching.

jug·gler |jŭg′lər| —*noun, plural* **jugglers** An entertainer who juggles balls or other objects.

juice |jōōs| —*noun, plural* **juices** 1. A liquid contained in the fruit, stem, or roots of plants. 2. A fluid made inside an organ of the body.

juic·y |jōō′sē| —*adjective* **juicier, juiciest** Full of juice.

Ju·ly |jōō lī′| —*noun, plural* **Julys** The seventh month of the year.

jum·ble |jŭm′bəl| —*verb* **jumbled, jumbling** To mix or throw together without order.
—*noun, plural* **jumbles** A confused, crowded grouping.

jump |jŭmp| —*verb* **jumped, jumping** 1. To rise up off the ground by using the legs. 2. To leap into the air. 3. To move suddenly and in one motion. 4. To leap over.
—*noun, plural* **jumps** 1. A leap off the ground. 2. The distance or height reached by a leap. 3. A sudden movement. 4. A sudden rise.

jump·er¹ |jŭm′pər| —*noun, plural* **jumpers** Someone or something that jumps.

jump·er² |jŭm′pər| —*noun, plural* **jumpers** A dress without sleeves, worn over a blouse or sweater.

guos, de los que usaban armaduras y lanzas y luchaban desde sus caballos; lid; justa.
—*verbo* Tomar parte en una justa.

jovial *adjetivo* Lleno de alegría y buen ánimo; jovial.

jowl *sustantivo* Carne situada debajo de la mandíbula, sobre todo si es gruesa o si cuelga con flacidez; papada.

joy *sustantivo* Júbilo: 1. Sentimiento de gran felicidad o deleite; alegría; regocijo. 2. Causa o razón para sentirse feliz o jubiloso: *My family is my pride and joy.* = *Mi familia es mi orgullo y felicidad.*

joyful *adjetivo* Lleno de júbilo, o que muestra júbilo; regocijado; jubiloso; alegre.

joyous *adjetivo* Lleno de júbilo; jubiloso.

Judaism *sustantivo* Religión de los judíos, según la establece el Antiguo Testamento basada en la creencia en un solo Dios; Judaísmo.

judge *sustantivo* Juez: 1. Funcionario público que considera y decide los casos que se presentan ante un juzgado o tribunal de justicia; magistrado. 2. Persona que decide quién es el ganador en un concurso o una carrera. 3. Persona que da una opinión sobre el valor o la calidad de algo; conocedor.
—*verbo* Juzgar: 1. Considerar un caso y emitir un juicio sobre el mismo en un juzgado o tribunal de justicia. 2. Decidir quién es el ganador. 3. Formarse una opinión sobre alguien o algo.

judgment *sustantivo* Juicio: 1. Decisión que se toma después de oír a todas las partes de un caso presentado ante un juzgado o tribunal; sentencia; fallo. 2. Aptitud para escoger o decidir sabiamente; buen sentido; buen juicio; discernimiento. 3. Opinión que se forma o expresa después de pensar sobre una cuestión; criterio.

judicial *adjetivo* Relativo a los jueces, magistrados o tribunales de justicia; judicial.

judo *sustantivo* Técnica o manera de pelear y defenderse haciendo que el adversario use su peso y fuerzas contra sí mismo. Se estudia como una forma de control mental y físico, y también como deporte; judo.

jug *sustantivo* Botija: 1. Recipiente grande empleado para almacenar y transportar líquidos, y que suele tener boca estrecha y un asa pequeña; cántaro. 2. a. Botija que contiene algo dentro. b. Cantidad que cabe en una botija.

juggle *verbo* Mantener dos o más objetos en el aire al mismo tiempo arrojándolos y agarrándolos con destreza; hacer juegos malabares.

juggler *sustantivo* Persona que hace malabares con bolas u otros objetos; malabarista.

juice *sustantivo* Jugo: 1. Líquido contenido en una fruta, rama o raíz; zumo. 2. Fluido que se forma dentro de un órgano del cuerpo; secreción: *digestive juices* = *jugos digestivos (o gástricos).*

juicy *adjetivo* Lleno de zumo o jugo; zumoso; jugoso.

July *sustantivo* Julio.

jumble *verbo* Mezclar o juntar desordenadamente; revolver; enredar.
—*sustantivo* Mezcla confusa y apiñada; mezcolanza; revoltijo; enredillo.

jump *verbo* Saltar: 1. Alzarse desde el suelo empujándose con las piernas; brincar. 2. Echarse al aire. 3. Cambiar de posición repentinamente, de un solo movimiento. 4. Pasar sobre algo haciendo un cierto esfuerzo.
—*sustantivo* Salto; brinco: 1. Movimiento hecho para alzarse desde el suelo en la forma explicada. 2. Distancia o altura que se recorre de un salto. 3. Movimiento brusco o repentino. 4. Elevación súbita.

jumper¹ *sustantivo* Que salta; saltador.

jumper² *sustantivo* Vestido sin mangas que se lleva sobre una blusa o un jersey.

ər butter　yōō abuse　ou out　ŭ cut　û fur　*th* the　th thin　hw which　zh vision　ə ago, item, pencil, atom, circus

junc·tion |jŭngk′shən| —*noun, plural* **junctions**
1. The act of joining or the condition of being joined.
2. The place at which two things join, meet, or cross.

June |jōōn| —*noun, plural* **Junes** The sixth month of the year.

jun·gle |jŭng′gəl| —*noun, plural* **jungles** A very thick growth of tropical trees and plants that covers a large area.

jun·ior |jōōn′yər| —*adjective* **1.** Of or for younger or smaller persons. **2.** **Junior** A term used with the name of a son named after his father. **3.** Of lower rank or shorter length of service. **4.** Of the third year of high school or college.
—*noun, plural* **juniors 1.** A person who is younger than another. **2.** A student in the third year of a four-year high school or college.

ju·ni·per |jōō′nə pər| —*noun, plural* **junipers** An evergreen tree or shrub with very small prickly needles. It has bluish berries with a strong, spicy smell.

junk¹ |jŭngk| —*noun, plural* **junks** Something that no longer can be used and is ready to be thrown away; waste materials; trash.

junk² |jŭngk| —*noun, plural* **junks** A Chinese sailing ship with a flat bottom.

Ju·pi·ter |jōō′pĭ tər| A planet of our solar system. It is the largest planet and the fifth in distance from the sun.

ju·ror |jōōr′ər, -ôr| —*noun, plural* **jurors** A member of a jury.

ju·ry |jōōr′ē| —*noun, plural* **juries** A group of citizens sworn to hear the facts and evidence on cases presented in a court of law. The jury makes decisions or offers recommendations based on the law and on the facts and evidence presented.

just |jŭst| —*adjective* Honest and fair.
—*adverb* **1.** Exactly. **2.** At that instant. **3.** Quite recently. **4.** Shortly; barely. **5.** Simply; merely.

jus·tice |jŭs′tĭs| —*noun, plural* **justices 1.** Fair treatment according to law or honor. **2.** A judge.

jus·ti·fy |jŭs′tə fī′| —*verb* **justified, justifying 1.** To show or prove to be just, fair, and right. **2.** To prove and declare innocent; clear of blame.

jut |jŭt| —*verb* **jutted, jutting** To stick out or project sharply upward or outward.

jute |jōōt| —*noun* A strong fiber used to make rope, cord, and coarse cloth. Jute comes from a plant that grows in tropical Asia.

ju·ve·nile |jōō′və nəl| or |jōō′və nīl′| —*adjective*
1. Young; childish; immature. **2.** Of or for young people.
—*noun, plural* **juveniles** A young person.

junction *sustantivo* Unión: **1.** Acción de unir o condición de ser unido. **2.** Sitio en que dos cosas se unen, encuentran o cruzan; entronque; crucero.

June *sustantivo* Junio.

jungle *sustantivo* Vegetación tropical muy densa que cubre una gran extensión; selva; jungla.

junior *adjetivo* **1.** Relativo a personas más jóvenes o más pequeñas; menor. **2.** **Junior** Término que se usa después del nombre de un hijo que se llama igual que su padre. **3.** De menor rango o tiempo de servicio. **4.** Que cursa el penúltimo año de enseñanza secundaria o universitaria.
—*sustantivo* **1.** Persona menor que otra. **2.** Estudiante del penúltimo año de enseñanza secundaria o universitaria.

juniper *sustantivo* Árbol o arbusto conífero de agujas muy pequeñas y espinosas, y bayas azules que despiden un olor fuerte y aromático; junípero; enebro.

junk¹ *sustantivo* Cualquier cosa que no tenga más uso y deba ser desechada; desecho; chatarra; trasto; desperdicio; basura.

junk² *sustantivo* Velero chino de fondo plano; junco.

Jupiter En nuestro sistema solar, el mayor de los planetas y el quinto en distancia del Sol; Júpiter.

juror *sustantivo* Una de las personas que forman parte de un jurado; jurado.

jury *sustantivo* En las naciones de tradición judicial inglesa, y en algunas otras, grupo de ciudadanos comunes y corrientes que, bajo juramento, asisten a un juicio, consideran los hechos alegados y las pruebas presentadas por las partes, y emiten una decisión llamada veredicto que, generalmente, decide el caso; jurado. Como no suelen ser abogados, los miembros del jurado no consideran ni deciden cuestiones legales, sino sólo cuestiones de hecho; es decir, si determinados hechos ocurrieron a no, y quién o quiénes los ejecutaron o no, según las pruebas presentadas. Las cuestiones legales las decide el juez o magistrado que preside el juicio. En los países de habla hispana no existe el jurado.

just *adjetivo* Honesto y bueno; justo.
—*adverbio* **1.** Exactamente. **2.** En ese instante; precisamente; justamente. **3.** Muy recientemente, recién: *The house had just been painted.* = *La casa estaba recién pintada.* **4.** Apenas; nada más; no más. **5.** Simplemente; solamente; sólo: *You can't be an expert in tennis just by reading about it.* = *No puedes hacerte experto en tenis sólo leyendo sobre ello.*

justice *sustantivo* **1.** Trato justo de acuerdo con la ley o el honor; justicia. **2.** Juez; magistrado. En los Estados Unidos sólo se les llama **justices** a los magistrados de la Corte o Tribunal Supremo. A todos los demás miembros de la judicatura, cualquiera sea su rango o nivel, se les llama **judges**, es decir, jueces.

justify *verbo* Justificar: **1.** Demostrar que algo que se ha hecho o dicho fue justo y razonable. **2.** Probar y declarar la inocencia de alguien; librar de culpa; exonerar.

jut *verbo* Sobresalir o proyectarse hacia arriba o hacia afuera en una forma aguda; resaltar.

jute *sustantivo* Fibra fuerte que se usa para hacer cuerdas, cordones y una tela muy áspera, y que se obtiene de una planta que crece en el Asia tropical; yute.

juvenile *adjetivo* Juvenil: **1.** Joven; infantil; inmaduro. **2.** Relativo a los jóvenes.
—*sustantivo* Persona joven; joven.

ă pat ā pay â care ä father ĕ pet ē be ĭ pit ī pie î fierce ŏ pot ō go ô paw, for oi oil ŏŏ book ōō boot

K

k or **K** |kā| —*noun, plural* **k's** or **K's** The eleventh letter of the English alphabet.

kale |kāl| —*noun* A kind of cabbage with crinkled leaves that are not in a tight head.

ka·lei·do·scope |kə lī′də skōp′| —*noun, plural* **kaleidoscopes** A tube that contains small bits or pieces of colored glass at one end and a small hole at the other end. When a person looks through the hole and turns the tube, mirrors inside show continually changing patterns formed by the moving pieces of glass.

kan·ga·roo |kăng′gə rōō′| —*noun, plural* **kangaroos** An animal of Australia with long, strong hind legs and a long tail. It can take very long leaps. The female kangaroo carries her newborn young in a pouch on the outside of her body.

kar·at |kăr′ət| —*noun, plural* **karats** A unit of measure that shows how much gold is in a mixture. Most jewelry is made of 14-karat gold, but 24-karat gold is the purest. Another form of this word is **carat.**

ka·ra·te |kə rä′tē| —*noun* A kind of fighting in which the fighters do not use weapons. Karate fighters try to strike blows with the hands or feet.

ka·ty·did |kā′tē dĭd| —*noun, plural* **katydids** An insect that looks like a large green grasshopper. The males rub their front wings together to make a hoarse sound.

kay·ak |kī′ăk′| —*noun, plural* **kayaks** An Eskimo canoe made of animal skins stretched over a light wooden frame. The top or deck of a kayak is closed, and there is a hole or opening in the middle in which one person can sit.

keel |kēl| —*noun, plural* **keels** **1.** A strong piece or beam of wood or metal that runs down the center of the bottom of a ship or boat. The keel is the main support of a ship, and the whole frame or hull is attached to it. **2.** A fin or flat-shaped piece that is attached lengthwise to the bottom of a sailboat and hangs down into the water. The keel keeps the sailboat upright so it will not tip over.
—*verb* **keeled, keeling** **1.** To turn upside-down; capsize. **2.** To fall down.

keen |kēn| —*adjective* **keener, keenest** **1.** Having a sharp edge or point. **2.** Able to think or understand quickly and well; very bright. **3.** Very quick or sensitive, especially in seeing, hearing, tasting, or smelling. **4.** Full of enthusiasm; eager.

keep |kēp| —*verb* **kept, keeping** **1.** To have and hold on to; have and not give up. **2.** To continue or cause to continue in a particular condition, position, or place; to stay. **3.** To stay fresh. **4.** To continue doing something. **5.** To put something in a place where it is safe or easy to get to; store or put away. **6.** To take care of; tend. **7.** To carry out or fulfill, as a promise. **8.** To prevent; stop. **9.** To make someone stay late; detain or delay.
Phrasal verbs **keep back** To refuse to give or tell; withhold. **keep on** To continue; go on. **keep up 1.** To stay or continue at the same speed or pace as others.

K *sustantivo* Undécima letra del alfabeto inglés.

kale *sustantivo* Clase de repollo de hojas arrugadas pero de cabeza no muy apretada; col; berza.

kaleidoscope *sustantivo* Tubo que contiene pedacitos de vidrios de colores en un extremo y un pequeño hueco en el otro extremo. Cuando un persona mira a través del tubo y lo da vueltas, los espejos adentro del tubo forman un diseño que cambia constantemente formado por los pedacitos de vidrios en movimiento; calidoscopio.

kangaroo *sustantivo* Animal australiano con largas y fuertes piernas traseras y de cola larga que da saltos muy largos. La hembra carga su cría en una bolsa situada en la parte exterior de su cuerpo; canguro.

karat *sustantivo* Unidad de medida que muestra la cantidad de oro en una mezcla; quilate. Las joyas, en su mayor parte, están hechas de oro de 14 quilates pero el oro de 24 quilates es el más puro.

karate *sustantivo* Clase de pelea en la cual los oponentes no usan armas sino que se golpean con las manos y los pies; karate.

katydid *sustantivo* Insecto parecido a un grillo verde y grande. El macho emite un sonido ronco frotando sus alas frontales; cigarra.

kayak *sustantivo* Canoa esquimal hecha de pieles de animales estiradas sobre un marco de madera liviana. La cubierta de la canoa es cerrada, con una abertura en el medio donde cabe una persona sentada; cayac.

keel *sustantivo* Quilla: **1.** Pieza o viga fuerte, de madera o metal, que cruza a través del medio y fondo de un barco y en la cual se asienta la estructura o armazón. **2.** Aleta o pieza de forma plana instalada en el fondo de un velero que cuelga en el agua para mantener el velero recto y evitar que se voltee.
—*verbo* **1.** Invertir un objeto; dar de quilla; volcar; zozobrar: *The sailboat keeled over in the strong wind.* = *El velero zozobró en el viento fuerte.* **2.** Caerse; desplomarse: *He felt so dizzy he thought he might keel over.* = *Él se sintió tan débil que pensó que se caería.*

keen *adjetivo* **1.** De punta o filo agudo. **2.** Capacidad de pensar o entender rápidamente y bien; muy listo: *Gail has a keen mind and learns fast.* = *Gail tiene una mente aguda y aprende rápido.* **3.** Muy rápido o sensible, especialmente con respecto a ver, oir, saborear u oler: *Dogs have a keener sense of smell than people.* = *Los perros tienen el sentido del olfato más agudo que la gente.* **4.** Lleno de entusiasmo; ardiente: *She is a keen sports fan.* = *Ella es una ardiente aficionada a los deportes.*

keep *verbo* **1.** Tener y mantener; tener y no abandonar. **2.** Continuar o causar la continuación de una condición, posición o lugar particular; mantenerse: *keeping warm* = *mantenerse caliente; keep quiet* = *quédate callado.* **3.** Mantener fresco; durar: *Milk won't keep long.* = *La leche no durará mucho.* **4.** Continuar o seguir haciendo algo: *keep guessing* = *siga adivinando.* **5.** Poner algo en un lugar donde está a salvo y al alcance; almacenar o guardar: *Are you keeping your money in the bank?* = *¿Estás guardando tu dinero en el banco?* **6.** Mantener o encargarse de alguien; atender: *He helps his mother keep house.* = *Él*

ə**r** butter yōō abuse ou **out** ŭ **cut** û **fur** *th* **the** th **thin** hw **which** zh **vision** ə **ago, item, pencil, atom, circus**

2. To maintain in good condition.
—*noun, plural* **keeps 1.** Food, clothing, and a place to live. **2.** The main tower or safest and strongest part of a castle.

keep·ing |kē′pĭng| —*noun* **1.** Care or custody; charge. **2.** The condition of agreeing with or matching; harmony.

keg |kĕg| —*noun, plural* **kegs 1.** A small barrel. **2.a.** A keg with something in it. **b.** The amount that a keg holds.

kelp |kĕlp| —*noun* A brown seaweed. Some kinds of kelp grow to a very large size.

ken·nel |kĕn′əl| —*noun, plural* **kennels 1.** Often **kennels** A place or business in which dogs are bred, trained, or left by their owners to be cared for. **2.** A small shelter for one or more dogs.

kept |kĕpt| The past tense and past participle of the verb **keep.**

ker·chief |kûr′chĭf| —*noun, plural* **kerchiefs 1.** A square scarf or piece of cloth worn over the head or around the neck. **2.** A handkerchief.

ker·nel |kûr′nəl| —*noun, plural* **kernels 1.a.** A grain or seed of corn, wheat, or rice. **b.** The part inside the shell of a nut or the hard pit of some fruit. **2.** The most important or central part of something; the heart; core.

ker·o·sene |kĕr′ə sēn′| or |kăr′ə sēn′| or |kĕr′ə sēn′| or |kăr′ə sēn′| —*noun* A thin, light-colored oil that is made from petroleum. Kerosene is used as a fuel in such things as lamps, stoves, and jet engines.

ketch·up |kĕch′əp| or |kăch′əp| —*noun, plural* **ketchups** A thick, spicy red sauce made with tomatoes. Ketchup is used to add flavor to hamburgers, steak, potatoes, and other foods. Another form of this word is **catsup.**

ket·tle |kĕt′l| —*noun, plural* **kettles 1.** A metal pot for boiling liquids or cooking food. A kettle usually has a lid. **2.a.** A kettle with something in it. **b.** The amount that a kettle will hold.

ket·tle·drum |kĕt′l drŭm′| —*noun, plural* **kettledrums** A large drum with a bowl-shaped body and a top made of parchment. A kettledrum is tuned by making the parchment tighter or looser.

key¹ |kē| —*noun, plural* **keys 1.a.** A small piece of shaped metal that is used to open or close a lock on

ayuda a su madre a mantener la casa. **7.** Llevar a cabo o cumplir, como en una promesa: *keep your word* = *cumpla su palabra.* **8.** Prevenir; detener: *She kept the wagon from overturning.* = *Ella previno que se volcara el carro.* **9.** Hacer que alguien se quede hasta tarde; detener; demorar: *The teacher kept him after school.* = *El profesor lo detuvo después de clase.*
Verbos en locuciones **keep back** Rehusar dar o decir algo; reservar; no divulgar: *Tell me all about it; don't keep back anything.* = *Dígamelo todo; no se reserve nada.* **keep on** Mantener; continuar: *He kept on trying until he passed his swimming test.* = *Él continuó intentando hasta que pasó su examen de natación.* **keep up 1.** Mantener o continuar a la misma velocidad o al mismo paso que otros: *He was keeping up with the leader in the race.* = *Él se mantenía al mismo paso que el líder de la carrera.* **2.** Mantener en buena condición: *She keeps up the garden.* = *Ella mantiene el jardín.*
—*sustantivo* **1.** Alimento, ropa y un lugar donde vivir; mantemimiento: *He earns his keep by doing chores.* = *Él se gana su mantenimiento haciendo quehaceres.* **2.** La torre principal o la más fuerte y segura parte de un castillo; alcázar.

keeping *sustantivo* **1.** Cuidado o custodia; encargo: *I left my dog Tillie in my cousin's keeping.* = *Yo dejé a Tillie, mi perro, al cuidado de mi primo.* **2.** La condición de estar de acuerdo o en conformidad; armonía: *The suit and tie he wore were in keeping with the serious nature of a funeral.* = *El traje y la corbata que él vestía estaban en armonía con la seria naturaleza del funeral.*

keg *sustantivo* **1.** Barril pequeño; cuñete; cubeto. **2.a.** Un barril con algo adentro: *a keg of pickles* = *un barril de encurtidos.* **b.** Cantidad que contiene un barril: *drank a keg of beer* = *bebió un barril de cerveza.*

kelp *sustantivo* Planta marina de color castaño de la cual algunas clases llegan a tener a un tamaño muy grande; alga.

kennel *sustantivo* **1.** A veces **kennels** Lugar o negocio donde se crían y se entrenan perros dejados por sus dueños para que sean cuidados. **2.** Un pequeño refugio para uno o más perros; perrera.

kept Pretérito y participio pasado del verbo **keep.**

kerchief *sustantivo* **1.** Bufanda cuadrada o pieza de tela usada sobre la cabeza o alrededor del cuello. **2.** Pañuelo; pañoleta.

kernel *sustantivo* **1.a.** Un grano o semilla de maíz, trigo o arroz. **b.** La parte interna de una nuez o el centro duro de alguna fruta; pepa. **2.** La parte central o más importante de algo; el corazón; el centro; esencia: *the kernel of the President's speech* = *la esencia del discurso del presidente.*

kerosene *sustantivo* Aceite aguado de color claro, hecho de petróleo, que se usa como combustible en cosas como lámparas, estufas y motores de reacción; kerosene.

ketchup *sustantivo* Salsa condimentada y espesa hecha con tomates que se usa para agregarle sabor a las hamburguesas, biftecs, papas y otros alimentos. En inglés otra forma de esta palabra es **catsup.**

kettle *sustantivo* **1.** Olla de metal en que se hierven líquidos o se cocinan alimentos, usualmente con tapa; caldera; marmita; olla. **2.a.** Olla con algo adentro: *She's boiling a kettle of water for tea.* = *Ella está hirviendo una olla de agua para el té.* **b.** Cantidad que contiene una olla: *The guests ate a kettle of chowder.* = *Los invitados se comieron una ollada de pescado.*

kettle-drum *sustantivo* Tambor redondo, grande, cubierto por una piel tirante que se afina estirando o aflojando la piel; timbal.

key¹ *sustantivo* **1.a.** Pieza pequeña de metal que se usa para abrir y cerrar cerraduras o candados en cosas

---

such things as a door, a car, or a chest. **b.** Anything shaped or used like a key, as to wind the spring in a clock or a toy. **2.** Anything that solves a problem or explains a question or puzzle; a solution. **3.** The most important element or part. **4.** A list or chart that explains the symbols, colors, or abbreviations used in such things as a map or a dictionary. **5.** One of a set of buttons or levers that is pressed down to operate a machine or certain musical instruments. **6.** A group or scale of musical tones in which all the tones are related. There is one basic tone or note in every key, and all the other tones are built around it.

key² |kē| —*noun, plural* **keys** A low island or reef along a coast. Many keys off the coast of Florida are connected by bridges.

key·board |kē′bôrd′| or |kē′bōrd′| —*noun, plural* **keyboards** A set of keys on a piano, organ, or typewriter.

key·stone |kē′stōn′| —*noun, plural* **keystones** The middle stone at the top of the curve of an arch. The keystone is often shaped like a wedge. It holds or locks the other stones of the arch in place.

khak·i |kăk′ē| or |kä′kē| —*noun, plural* **khakis 1.** A dull, yellowish-brown color. **2.a.** A strong, heavy khaki-colored cloth, used for army uniforms. **b. khakis** A uniform made of this cloth. —*adjective* Yellowish brown.

kick |kĭk| —*verb* **kicked, kicking 1.** To strike with the foot. **2.** To make repeated motions with the feet or legs, as in swimming. **3.** To hit, produce, or move by striking with the foot. **4.** To spring back suddenly when fired. —*noun, plural* **kicks 1.** A blow with the foot. **2.** Any of the different motions of the legs used in swimming. **3.a.** The act of kicking a ball, as in soccer or football. **b.** The kicked ball. **c.** The distance a kicked ball travels or covers. **4.** The backward spring of a gun or cannon when fired. **5.** A quick feeling of pleasure; a thrill. **6.** A temporary or short interest in something; a fad.

kid |kĭd| —*noun, plural* **kids 1.a.** A young goat. **b.** Soft leather made from the skin of a young goat. **2.** A child or young person. —*adjective* Younger. —*verb* **kidded, kidding** To make fun of playfully; tease or fool.

kid·nap |kĭd′năp′| —*verb* **kidnaped** or **kidnapped, kidnaping** or **kidnapping** To carry off and hold or keep someone by force. The people who kidnap someone usually demand a ransom or large sum of money before they will set the person free.

kid·ney |kĭd′nē| —*noun, plural* **kidneys** One of two body organs located in the abdomen. The kidneys separate waste matter from the blood and pass it through the bladder in the form of urine.

kidney bean The reddish seed of the string bean when its pods are completely ripe.

kill |kĭl| —*verb* **killed, killing 1.** To cause the death of; put to death; slay. **2.** To put an end to; eliminate. **3.** To cause pain to; hurt. **4.** To use up or pass time. —*noun, plural* **kills 1.** An act of killing. **2.** Something that has just been killed.

como puertas, carros y cofres; llave. **b.** Cualquier cosa con la misma forma o que se usa como una llave, como para dar cuerda a un reloj o un jugete; llave. **2.** Cualquier cosa que resuelve un problema o explica una pregunta o enigma; clave; solución: *the key to the mystery* = *la clave del misterio.* **3.** Parte o elemento más importante; llave: *the key to success* = *la llave del éxito.* **4.** Lista o diagrama que explica los símbolos, colores y abrevaciones usadas en tales cosas como mapas y diccionarios. **5.** Uno de los muchos botones que se usan para operar máquinas y ciertos instrumentos musicales; teclas: *a typewriter key* = *tecla de una máquina de escribir.* **6.** Grupo o escala de tonos musicales en la cual todos los tonos están relacionados; clave; llave. Hay una nota básica en todas las claves y todos los otros tonos se construyen alrededor de ella: *the key of D* = *la clave de la re mayor.*

key² *sustantivo* Isla baja o arrecife a lo largo de la costa; cayo.

keyboard *sustantivo* Juego de teclas en un piano, órgano o máquina de escribir; teclado.

keystone *sustantivo* La piedra en medio de la curva de un arco a veces en forma angular, la cual sostiene las otras piedras del arco en su lugar; dovela.

khaki *sustantivo* **1.** Color pardo-amarillento apagado. **2.a.** Tela fuerte y pesada usada para los uniformes de la armada. **b.** Uniforme hecho de este material; caqui. —*adjetivo* Pardo-amarillento; caqui.

kick *verbo* **1.** Dar con el pie; patear; cocear; tirar coces: *He kicked the table leg.* = *Él pateó la pata de la mesa.* **2.** Mover repetidamente los pies o ls piernas como cuando se nada; patalear. **3.** Golpear, producir o mover por medio de un golpe con el pie: *He kicked a fifty-yard field goal.* = *Él pateó un gol de cincuenta yardas.* **4.** Tambalearse cuando se dispara un arma: *He staggered when the rifle kicked.* = *El se tambaleó cuando el rifle pateó.* —*sustantivo* **1.** Un golpe de pie. **2.** Cualquiera de los movimientos diferentes de las piernas que se usan en la natación. **3.a.** El acto de patear una pelota, como en balompie o fútbol. **b.** La pelota pateada. **4.** El rebote cuando se dispara un arma de fuego o un cañón. **5.** Sentimiento de placer fugaz; estímulo; dicha; gusto: *You'll get a kick out of this joke.* = *Les dará gusto este chiste.* **6.** Interés temporal en algo; moda.

kid *sustantivo* **1.a.** Cabra joven; la cría de las cabras; cabrito. **b.** Cuero suave hecho con el cuero de los cabritos; cabritilla. **2.** Niño o persona muy joven; chico; chiquillo. —*adjetivo* Más joven; menor: *my kid brother* = *mi hermano menor.* —*verbo* Ser jugetón; tomar el pelo; bromear.

kidnap *verbo* Tomar y detener a alguien por la fuerza para demandar una gran cantidad de dinero antes de soltarlo; secuestrar; raptar.

kidney *sustantivo* Uno de los dos órganos del cuerpo situados en el abdomen cuya función es separar desperdicios de la sangre y pasarlos a través de la vejiga en forma de orina; riñón.

kidney bean Habichuela; judía; frijol colorado.

kill *verbo* **1.** Causar la muerte; poner a muerte; matar. **2.** Finalizar; eliminar: *Dropping the ball three times killed his chance of making the team.* = *La caída de la pelota tres veces eliminó su oportunidad de entrar al equipo.* **3.** Causar dolor; lastimar; matar: *These shoes are killing me.* = *Estos zapatos me están matando.* **4.** Usar o pasar el tiempo; matar el tiempo; perder: *I killed two hours watching television.* = *Perdí dos horas viendo televisión.*

ər butter   yōō abuse   ou **out**   ŭ **c**ut   û **fur**   *th* **the**   th **thin**   hw **which**   zh vision   ə ago, item, pencil, atom, circus

—*sustantivo* **1.** El acto de matar; dar muerte: *The hunter made six kills today.* = *El cazador dio muerte a seis animales hoy.* **2.** Algo que se acaba de matar; víctima: *The lions ate their kill immediately.* = *Los leones comieron su víctima inmediatamente.*

kill·er |kĭl′ər| —*noun, plural* **killers** Someone or something that kills, especially a murderer or a predatory animal.

killer *sustantivo* Alguien o algo que mata, especialmente un asesino o un aminal cazador; homicida.

kiln |kĭl| or |kĭln| —*noun, plural* **kilns** An oven or furnace used for hardening, drying, or burning such things as grain and lumber. A special kiln that can heat up to very high temperatures is used to fire or bake pottery and bricks.

kiln *sustantivo* Horno usado para endurecer, secar y quemar cosas como granos y madera. Horno especial que se puede calentar hasta temperaturas muy altas para la fabricación de ollas de barro y ladrillos; horno de calcinación.

ki·lo |kē′lō| or |kĭl′ō| —*noun, plural* **kilos** A kilogram.

kilo *sustantivo* Kilogramo.

kil·o·gram |kĭl′ə grăm′| —*noun, plural* **kilograms** The basic unit of mass in the metric system. A kilogram is equal to 1,000 grams or about 2⅕ pounds.

kilogram *sustantivo* Unidad de masa en el sistema métrico, equivalente a mil gramos o cerca de 2⅕ libras; kilogramo.

kil·o·me·ter |kĭl′ə mē′tər| or |kĭ lŏm′ĭ tər| —*noun, plural* **kilometers** A unit of length in the metric system. A kilometer is equal to 1,000 meters, or 0.6214 mile.

kilometer *sustantivo* Unidad de longitud en el sistema métrico que equivale a mil metros o 0.6214 de milla; kilómetro.

kil·o·watt |kĭl′ə wŏt′| —*noun, plural* **kilowatts** A unit of electric power. A kilowatt is equal to 1,000 watts.

kilowatt *sustantivo* Unidad de potencia equivalente a mil voltios; kilovatio.

kilt |kĭlt| —*noun, plural* **kilts** A pleated plaid skirt that reaches down to the knees. Kilts are worn by men in Scotland.

kilt *sustantivo* Falda plisada y de cuadros que llega hasta la rodilla usada por los hombres de Escocia; falda escocesa.

ki·mo·no |kĭ mō′nə| or |kĭ mō′nō| —*noun, plural* **kimonos** A long, loose robe that has wide sleeves and is tied with a wide sash. Kimonos are worn as outer garments by both women and men in Japan.

kimono *sustantivo* Túnica o vestido largo y suelto, de mangas anchas, que se ajusta con una banda ancha y se usa como vestimenta exterior por los hombres y mujeres en el Japón; quimono.

kin |kĭn| —*noun* A person's relatives; family.

kin *sustantivo* Los parientes de una persona; su familia; parentesco.

kind¹ |kīnd| —*adjective* **kinder, kindest** **1.** Helpful and considerate. **2.** Gentle, thoughtful, or courteous.

kind¹ *adjetivo* **1.** Atento y considerado; amable; bueno: *He is always kind to little children and old people.* = *Él siempre es bueno con los niños y los ancianos.* **2.** Gentil; cordial; cortés: *It was kind of you to write to us.* = *Fue gentil de tu parte el escribirnos.*

kind² |kīnd| —*noun, plural* **kinds** **1.** A group of the same or similar things; a type or category. **2.** A living or natural group; a species.

kind² *sustantivo* **1.** Un grupo de lo mismo o cosas similares; clase o categoría; especie: *Swans are a kind of water bird.* = *Los cisnes son una clase de pájaro acuático.* **2.** Grupo de la naturaleza; especie: *Many wild animals live in small groups of their own kind.* = *Muchos animales salvajes viven en pequeños grupos de su propia especie.*

kin·der·gar·ten |kĭn′dər gär′tn| —*noun, plural* **kindergartens** A school class for children from the ages of four to six. Kindergarten prepares children for elementary school.

kindergarten *sustantivo* La clase de una escuela para niños de cuatro a seis años, en donde se preparan para la escuela primaria; escuela de párvulos; jardín de infantes; kindergarten.

kin·dle |kĭn′dl| —*verb* **kindled, kindling** **1.a.** To build and start a fire. **b.** To begin to burn; catch fire. **2.** To stir up or arouse; excite.

kindle *verbo* **1.a.** Empezar un fuego; encender: *Kindle a fire with matches.* = *Encienda el fuego con fósforos.* **b.** Empezar a quemarse; coger fuego: *The paper kindled quickly.* = *El papel se quemó rápidamente.* **2.** Conmover; despertar: *slides of Greece that kindled my interest.* = *diapositivas de Grecia que despertaron mi interés.*

kin·dling |kĭnd′lĭng| —*noun* Material, such as twigs, dry wood, and paper, used for starting a fire.

kindling *sustantivo* Material como ramas, madera seca y papel que se usa para prender un fuego.

kind·ly |kīnd′lē| —*adjective* **kindlier, kindliest** Considerate and friendly; kind.
—*adverb* **1.** In a friendly or kind way; warmly. **2.** Out of kindness. **3.** As a kind act; please.

kindly *adjetivo* Considerado y amistoso; bueno: *a warm, kindly person.* = *una persona afectuosa y buena.*
—*adverbio* **1.** De manera buena y amistosa; afectuosamente: *She greeted us kindly.* = *Ella nos recibió afectuosamente.* **2.** Por bondad; de favor: *He kindly offered to give us a ride.* = *Él bondadosamente ofreció llevarnos.* **3.** Como un acto bueno; por favor: *Kindly read the letter aloud.* = *Por favor, lea la carta en voz alta.*

kind·ness |kīnd′nĭs| —*noun, plural* **kindnesses** **1.** The condition or quality of being kind; generosity. **2.** A kind act; a favor.

kindness *sustantivo* **1.** La condición o cualidad de ser bueno; generosidad; bondad; benevolencia. **2.** Un acto bondadoso; un favor.

king |kĭng| —*noun, plural* **kings** **1.** A man who alone rules a country. **2.** A person or thing that is the best, the most important, or the most powerful of its type.

king *sustantivo* Rey: **1.** Hombre que reina en un país. **2.** Personaje u objeto mejor, de más importancia o más poder en su categoría: *The lion is the king of the jun-*

3. An important piece in the games of chess and checkers. **4.** A playing card having the picture of a king. It ranks above a queen and below an ace.

king·dom |kĭng′dəm| —*noun, plural* **kingdoms** of the three groups into which all living things and natural substances are divided. These groups are the animal kingdom, the plant kingdom, and the mineral kingdom.

king·fish·er |kĭng′fĭsh′ər| —*noun, plural* **kingfishers** A bird with a large bill and a crest on its head. Kingfishers feed on fish.

king-size |kĭng′sīz′| —*adjective* Extra large.

kink |kĭngk| —*noun, plural* **kinks** **1.** A tight curl or sharp twist of hair, wire, or rope. **2.** A pain or stiff feeling in a muscle; a cramp.
—*verb* **kinked, kinking** To form or cause to form a kink; curl or twist sharply.

kin·ship |kĭn′shĭp′| —*noun* **1.** The condition of being related, as in a family, or of having the same origin or beginning. **2.** A strong connection or similarity between persons or things.

ki·osk |kē′ŏsk′| or |kē ŏsk′| —*noun, plural* **kiosks** A small building or shed. A kiosk is usually used as a place to sell such things as newspapers, candy, or refreshments.

kiss |kĭs| —*verb* **kissed, kissing** To touch and press with lips as a sign of love, affection, friendship, greeting, or respect.
—*noun, plural* **kisses** **1.** A touch with the lips. **2.** A small piece of chocolate candy.

kit |kĭt| —*noun, plural* **kits** **1.** A set of parts or pieces of something that have to be assembled or put together. **2.** A small set of tools or equipment for a special purpose.

kitch·en |kĭch′ən| —*noun, plural* **kitchens** A room where food is cooked or prepared.

kitch·en·ette |kĭch′ə nĕt′| —*noun, plural* **kitchenettes** A very small kitchen.

kite |kīt| —*noun, plural* **kites** **1.** A bird with a long, often forked tail. Kites hunt and kill other animals for food. **2.** A light wooden frame covered with cloth, paper, or plastic. A kite is flown in the wind at the end of a long string.

kit·ten |kĭt′n| —*noun, plural* **kittens** A young cat.

knack |năk| —*noun, plural* **knacks** A special talent or skill.

knap·sack |năp′săk′| —*noun, plural* **knapsacks** A canvas or leather bag made to be worn on the back. A knapsack is used to carry clothing, equipment, or supplies on a hike or march.

knead |nēd| —*verb* **kneaded, kneading** **1.** To mix and work a substance, such as dough or clay, by folding, pressing, or stretching it with the hands. **2.** To squeeze, press, or roll with the hands, as in massaging or rubbing a sore muscle.

knee |nē| —*noun, plural* **knees** **1.** The joint at which the thigh and the lower leg come together. **2.** The region of the leg around this joint.

knee·cap |nē′kăp′| —*noun, plural* **kneecaps** A small, movable bone at the front of the knee.

kneel |nēl| —*verb* **knelt** or **kneeled, kneeling** To go down, rest, or fall on a bent knee or knees.

gle. = *El león es el rey de la selva.* **3.** Pieza importante en el juego de ajedrez y damas. **4.** Carta de juego con la figura del rey, la cual vale más que la reina pero menos que el as.

kingdom *sustantivo* **1.** País que es gobernado por un rey o una reina; reino. **2.** Uno de los tres grupos en los que se ha dividido todos los seres y cosas naturales. Dichos grupos son el reino animal, el reino vegetal y el reino mineral.

kingfisher *sustantivo* Ave de pico grande y cresta en la cabeza, que se alimenta de peces; martín pescador.

king-size *adjetivo* De tamaño grande; extra grande.

kink *sustantivo* Encrespadura o forma torcida como en un lazo, alambre o el pelo; retorcimineto; ensortijamiento. **2.** Dolor o molestia en un músculo; tortícolis; calambre: *I have a kink in my shoulder from sleeping on it.* = *Tengo un calambre en el hombro por dormir sobre él.*
—*verbo* Formar o causar una forma torcida; encrespar; torcer pronunciadamente: *My hair kinked after I washed it.* = *Se me encrespó el pelo después que lo lavé.*

kinship *sustantivo* **1.** La condición de estar relacionado, como en familia, o de tener el mismo origen o principio; parentesco. **2.** Conexión fuerte o allegamiento entre personas o cosas: *As a baseball player he felt a kinship with other athletes.* = *Como jugador de béisbol él se sintió allegado a los otros atletas.*

kiosk *sustantivo* Estructura pequeña o casilla usalmente usada para vender cosas como periódicos, dulces o refrescos; quiosco.

kiss *verbo* Tocar y presionar con los labios en signo de amor, afecto, amistad, saludo o respeto; besar.
—*sustantivo* **1.** Un toque de labios; beso. **2.** Un pedacito de chocolate.

kit *sustantivo* **1.** Juego de piezas o partes que se tienen que armar; juego: *a model airplane kit.* = *las partes de un avión modelo.* **2.** Estuche de herramientas o equipo para un propósito especial: *a first-aid kit* = *equipo de primeros auxilios.*

kitchen *sustantivo* Cuarto donde se cocina o se prepara la comida; cocina.

kitchenette *sustantivo* Una cocina muy pequeña.

kite *sustantivo* Pájaro de cola larga, a veces en forma de tenedor, que caza y mata otros animales para alimentarse; milano. **2.** Marco de madera liviano cubierto de tela, papel o plástico que se vuela al viento amarrado a un hilo largo.

kitten *sustantivo* La cría de los gatos; gatito.

knack *sustantivo* Talento o destreza especial; don; maña; habilidad.

knapsack *sustantivo* Bolsa de lona o cuero hecha para llevarse en la espalda que se usa para llevar ropa, equipo o provisiones en una caminata o marcha; mochila.

knead *verbo* **1.** Mezclar y trabajar una substancia como harina o barro doblándola, apretándola y estirándola con las manos; amasar: *knead the dough* = *amasar la harina.* **2.** Apretar, trabajar con las manos como en un masaje o frotación de un músculo inflamado; amasar; masajear: *Lilly has to knead her leg muscles when she jogs too much.* = *Lilly se tiene que masajear los músculos de las piernas cuando corre demasiado.*

knee *sustantivo* Unión o coyuntura donde se dobla la pierna; rodilla. **2.** El área de la pierna alrededor de esta coyuntura.

kneecap *sustantivo* Hueso pequeño y movible al frente de la rodilla; rótula.

kneel *verbo* Bajar, descansar o caer con las rodillas dobladas; arrodillarse; estar de rodillas.

ər butter   yōo abuse   ou out   ŭ cut   û fur   *th* the   th thin   hw which   zh vision   ə ago, item, pencil, atom, circus

knelt |nĕlt| A past tense and a past participle of the verb **kneel**.

knew |no͞o| or |nyo͞o| The past tense of the verb **know**.

knick·ers |nĭk′ərz| —*plural noun* Loose trousers with short legs that are gathered in just below the knee. Boys often wore knickers instead of long pants in the 1920's and 1930's; men wore them while playing golf.

knife |nīf| —*noun, plural* **knives 1.** A tool or device used for cutting and made of a sharp blade attached to a handle. **2.** A similar tool used as a weapon.
—*verb* **knifed, knifing** To cut or stab with a knife.

knight |nīt| —*noun, plural* **knights 1.** A soldier in the Middle Ages who served and pledged loyalty to a king or lord. A knight swore to obey the rules of chivalry and to do good deeds for people in need or in danger. Before a man could become a knight, he learned warfare and chivalry by serving as a page and a squire. **2.** One of two pieces in the game of chess.
—*verb* **knighted, knighting** To make someone a knight.

knit |nĭt| —*verb* **knit** or **knitted, knitting 1.** To make cloth or a garment by interlocking or looping together yarn or thread, either by hand with special needles or by machine. **2.** To join or grow closely together.

knives |nīvz| The plural of the noun **knife**.

knob |nŏb| —*noun, plural* **knobs 1.a.** A rounded handle for opening such things as a door or drawer. **b.** A rounded dial for operating such things as a radio or television. **2.** A rounded lump or mass, as on the trunk of a tree.

knock |nŏk| —*verb* **knocked, knocking 1.** To strike with a hard blow or blows; to hit. **2.** To make a loud noise by hitting a hard surface; to rap; bang. **3.** To bump or cause to bump; collide. **4.** To make a pounding or clanking noise. **5.** To hit and cause to fall.
***Phrasal verbs* knock down** To take apart; demolish. **knock out** To hit so hard as to make unconscious.
—*noun, plural* **knocks 1.** A hard or sharp blow. **2.** A rap, as on a door. **3.** A pounding or clanking noise, as of an engine that needs to be fixed.

knock·er |nŏk′ər| —*noun, plural* **knockers** A small metal ring, knob, or hammer that is attached to a door by a hinge. A knocker is used for knocking on a door to let someone inside know that you want to come in.

knoll |nōl| —*noun, plural* **knolls** A small, rounded hill.

knot |nŏt| —*noun, plural* **knots 1.** A fastening made by tying together one or more pieces of string, rope, or twine. **2.** A tightly twisted roll or clump of hair; a tangle. **3.** A tight group or cluster of persons or things. **4.** A hard, dark spot in wood or in a board. **5.** A unit of measurement of speed, used by ships and aircraft. A knot is equal to one nautical mile, or about 6,076 feet, per hour.
—*verb* **knotted, knotting** To tie or fasten in or with a knot.

knot·ty |nŏt′ē| —*adjective* **knottier, knottiest 1.** Tied or tangled in knots. **2.** Having many knots.

knelt Pretérito y participio posado del verbo **kneel**.

knew Pretérito del verbo **know**.

knickers *sustantivo* Pantalones sueltos, de piernas cortas apretadas debajo de la rodilla, frequentemente usados por los niños de los años 1920 y 1930 y por los hombres durante los juegos de golf.

knife *sustantivo* **1.** Herramienta o aparato usado para cortar y hecho con una hoja afilada instalada en un mango; cuchillo. **2.** Herramienta similar usada como arma; puñal.
—*verbo* Cortar o apuñalar con un cuchillo.

knight *sustantivo* **1.** Soldado de la edad media que servía y juraba lealtad a su señor o su rey, juraba obedecer las reglas de la caballerosidad y hacer buenas acciones por la gente en necesidad o en peligro; caballero. Antes que un hombre pudiera ser un caballero, aprendía el arte marcial y la galantería sirviendo de paje y acompañante. **2.** Una de dos piezas en el juego de ajedrez.
—*verbo* Hacer a alguien un caballero.

knit *verbo* **1.** Hacer tela o cualquier prenda por medio de entrelazar y cruzar lana o hilo a mano, con agujas especiales o a máquina; tejer. **2.** Unir o crecer juntos: *A common background helped to knit the original thirteen colonies into a country.* = *Antecedentes comunes ayudaron a las trece colonias originales a crecer en una sola nación.*

knives Plural del sustantivo **knife**.

knob *sustantivo* **1.a.** Asa redonda para abrir cosas como puertas o cajones; tirador. **b.** Control redondo para operar cosas como radios o televisiones; botón. **2.** Bulto, protuberancia o masa como en el tronco de un árbol; nudo.

knock *verbo* **1.** Dar un golpe o golpes duros; pegar; golpear: *He knocked his elbow against the desk.* = *Él se golpeó el codo contra el escritorio.* **2.** Hacer mucho ruido golpeando duramente alguna superficie; golpetear: *knock on wood for gool luck* = *golpee en la madera para buena suerte.* **3.** Tropezar o chocar; embestir; estrellar:
***Verbos en locuciones* knock down** Desarmar; demoler: *We watched them knock down the building.* = *Los vimos demoler el edificio.* **knock out** Pegar tan duro que cause la inconsciencia: *The fighter was knocked out by the champion's last punch.* = *El púgil quedó inconsciente por el último golpe del campeón.*
—*sustantivo* **1.** Golpe agudo o duro. **2.** Un toque, como en la puerta: *We waited for our guest's knock before cutting the cake.* = *Esperamos que el invitado golpeara la puerta antes de cortar la torta.* **3.** Golpeteo o ruido, como el de un motor que necesita arreglo.

knocker *verbo* Pequeño anillo, botón o martillo colgado de una puerta por medio de una bisagra que se usa para tocar la puerta y comunicar a alguien adentro el deseo de entrar; aldaba; llamador.

knoll *sustantivo* Montecillo pequeño y redondo; loma; otero; cerro.

knot *sustantivo* **1.** Atadura hecha amarrando una o dos piezas de hilo, lazo o soga; nudo: *There is a knot in your shoelace.* = *Hay un nudo en el cordón de tu zapato.* **2.** Una encrespadura pronunciada en el pelo; enredo: *The dog's fur is full of knots.* = *El pelo del perro está lleno de enredos.* **3.** Reunión o corrillo de personas o cosas: *a knot of people stnading in the corridor.* = *un corrillo de personas paradas en el corredor.* **4.** Mancha oscura y dura en la madera o tabla; nudo. **5.** Unidad de medida para la velocidad usada por barcos y aviones que es igual a una milla náutica o aproximadamente 6.076 pies por hora.
—*verbo* Amarrar o atar en o con un nudo; anudar; atar.

knotty *adjetivo* **1.** Amarrado o enredado en nudos; nudoso: *knotty rope* = *soga nudosa.* **2.** Que tiene muchos

---

3. Hard or difficult.

know |nō| —*verb* **knew, known, knowing 1.** To be certain of the facts or truth of; understand clearly. **2.** To be sure. **3.** To be acquainted or familiar with. **4.** To have skill in or experience with. **5.** To find out; learn. **6.** To recognize or be able to tell apart from others.

knowl·edge |nŏl′ĭj| —*noun* **1.** What can be learned from study or experience; facts and ideas; information. **2.** Awareness; understanding. **3.** The fact of knowing or being aware.

known |nōn| The past participle of the verb **know.** —*adjective* **1.** Familiar to or accepted by most people. **2.** Proven to be true.

knuck·le |nŭk′əl| —*noun, plural* **knuckles** A joint of a finger, especially one of the joints connecting a finger to the rest of the hand.

ko·a·la |kō ä′lə| —*noun, plural* **koalas** An animal of Australia that looks something like a small, furry teddy bear. It lives in eucalyptus trees and feeds on their leaves.

ko·sher |kō′shər| —*adjective* **1.** Prepared according to Jewish laws. **2.** Preparing or selling kosher food.

nudos: *knotty lumber* = *madera nudosa.* **3.** Difícil; dificultoso: *a knotty math problem.* = *un problema matemático difícil.*

know *verbo* **1.** Estar seguro de los hechos y la verdad; comprender claramente; saber: *Do you know what causes thunder?* = *¿Sabe usted qué origina los truenos?* **2.** Estar seguro; saber: *I know that I'm right.* = *Yo sé que tengo razón.* **3.** Estar informado o familiarizado: *I've known him for years.* = *Hace años que lo conozco.* **4.** Tener destreza o experiencia en algo: *Both of them know three languages.* = *Ambos saben tres lenguas.* **5.** Encontrar; saber: *How did you know I was here?* = *Cómo supiste que yo estaba aquí?* **6.** Reconocer o poder notar la diferencia: *I know his dog because she's wearing a band around her neck.* = *Reconozco a su perra porque tiene una banda alrededor del cuello.*

knowledge *sustantivo* **1.** Lo que se puede aprender del estudio o la experiencia; ideas; hechos; información; conocimiento. **2.** Conocimiento; entendimiento: *Every year scientists add to our knowledge of the universe.* = *Todos los años los científicos añaden algo a nuestro conocimiento del universo.* **3.** El hecho de saber o estar consciente: *The knowledge that the knife was sharp made him handle it with care.* = *Saber que el cuchillo estaba afilado hizo que él lo manejara con cuidado.*

known *Participio pasado del verbo* **know.** —*adjetivo* **1.** Familiar o aceptado por la mayoría de la gente; sabido: *It's known that she's the best swimmer in the group.* = *Es sabido que ella es la mejor nadadora del grupo.* **2.** Probado que es verdad; conocido: *a known fact* = *un hecho conocido.*

knuckle *sustantivo* Coyuntura de los dedos, especialmente una de las que une los dedos con el resto de la mano; nudillos.

koala *sustantivo* Animal de Australia que parece algo así como un pequeño osito de jugete, y que vive en los eucaliptos y se alimenta de sus hojas; koala.

kosher *adjetivo* **1.** Preparado de acuerdo a la ley judía. **2.** Que prepara o vende comida así descripta.

L

l or **L** |ĕl| —*noun, plural* **l's** or **L's** The twelfth letter of the English alphabet.

lab |lăb| —*noun, plural* **labs** A laboratory.

la·bel |lā′bəl| —*noun, plural* **labels 1.** A tag or sticker put on something to give useful information about it. **2.** A word, letter, number, or abbreviation used to identify.
—*verb* **labeled, labeling** To put a label on.

la·bor |lā′bər| —*noun, plural* **labors 1.** Work; toil. **2.** The group of people who work for a living; workers. —*verb* **labored, laboring 1.** To work; to toil. **2.** To move slowly and with effort.

lab·o·ra·to·ry |lăb′rə tôr′ē| or |lăb′rə tōr′ē| —*noun, plural* **laboratories** A room or building with special tools and machines for doing scientific research, experiments, and testing.

la·bor·er |lā′bər ər| —*noun, plural* **laborers** A worker, especially one who does hard physical labor.

lace |lās| —*noun, plural* **laces 1.** A delicate fabric of fine threads woven in an open pattern like a web with fancy designs. **2.** A cord or string drawn through holes or around hooks to pull and tie opposite edges

l o **L** *sustantivo* Duodécima letra del alfabeto inglés.

lab *sustantivo* Laboratorio.

label *sustantivo* **1.** Rótulo o etiqueta puesta en alguna cosa que indica algo útil sobre esa cosa. **2.** Palabra, letra, número o signo que se usa para identificar algo. —*verbo* Ponerle una etiqueta a algo; clasificar; rotular.

labor *sustantivo* **1.** Trabajo; obra; labor. **2.** El conjunto de gente que trabaja para ganarse la vida; los obreros.
—*verbo* **1.** Trabajar; bregar en una obra. **2.** Andar lento y esforzado.

laboratory *sustantivo* Local, taller o edificio con útiles o equipo especial para investigaciones científicas, experimentos o pruebas; laboratorio.

laborer *sustantivo* Un trabajador, especialmente en trabajos rudos y duros; obrero; operario.

lace *sustantivo* **1.** Tejido delicado de adorno, con diseños elaborados, hecho de hilos tejidos en forma abierta como una telaraña; encaje. **2.** Cordón o lazo que se pasa por presillas o ganchos, de cuyos extremos se tira

---

ər butter   yŏŏ abuse   ou out   ŭ cut   û fur   *th* the   th thin   hw which   zh vision   ə ago, item, pencil, atom, circus

together.

—*verb* **laced, lacing** To fasten or tie with a lace or laces.

lack |lăk| —*noun, plural* **lacks 1.** A total absence. **2.** Something that is needed.
—*verb* **lacked, lacking 1.** To be totally without. **2.** To be in need of.

lac·quer |lăk′ər| —*noun, plural* **lacquers** A liquid coating that is put on metal or wood to give it a glossy finish.

lad·der |lăd′ər| —*noun, plural* **ladders** A piece of equipment used for climbing up and down. It has two side pieces connected by evenly spaced rungs.

la·dle |lād′l| —*noun, plural* **ladles** A spoon having a long handle with a bowl shaped like a cup at the end. A ladle is used for dipping out liquids.

la·dy |lā′dē| —*noun, plural* **ladies 1.** A woman of culture, high social position, or wealth. **2.** A woman or young girl who has good manners. **3.** Any woman. **4. Lady** A woman of noble rank in Great Britain.

la·goon |lə gōōn′| —*noun, plural* **lagoons** A shallow body of water that is usually connected to a larger body of water, such as an ocean.

laid |lād| The past tense and past participle of the verb **lay.**

lain |lān| The past participle of the verb **lie** (to recline or rest).

lair |lâr| —*noun, plural* **lairs** The den or home of a wild animal.

lake |lāk| —*noun, plural* **lakes** A large inland body of fresh or salt water.

lamb |lăm| —*noun, plural* **lambs 1.** A young sheep. **2.** Meat from a lamb.

lame |lām| —*adjective* **lamer, lamest 1.** Not able to walk well; limping. **2.** Crippled in a leg or foot. **3.** Weak; not satisfactory.
—*verb* **lamed, laming** To make lame; to cripple.

lamp |lămp| —*noun, plural* **lamps** A device that gives off light. Most lamps work by using electricity.

lance |lăns| or |läns| —*noun, plural* **lances 1.** A weapon made of a long spear with a sharp metal head. **2.** A tool or utensil that looks like this weapon. Small lances are used by doctors for operating.
—*verb* **lanced, lancing** To cut into with a lance.

land |lănd| —*noun, plural* **lands 1.** The part of the earth's surface not covered by water. **2.** A region or area. **3.** A country; a nation. **4.** Earth; ground. **5.** Property.
—*verb* **landed, landing 1.** To come or bring to shore. **2.** To come or cause to come down and stop. **3.** To arrive or cause to arrive in a place.

land·la·dy |lănd′lā′dē| —*noun, plural* **landladies** A woman who owns a house or apartment building. She rents out rooms or living space to other people.

land·lord |lănd′lôrd′| —*noun, plural* **landlords** A man who owns a house or apartment building. He rents out rooms or living space to other people.

land·mark |lănd′märk′| —*noun, plural* **landmarks 1.** A familiar or easily seen object or feature of the landscape. A landmark can be used as a guide. **2.** An event, discovery, or work that is important in the history of something.

para abrochar o mantener cosas juntas.
—*verbo* Asegurar o atar con lazos o cuerdas; abrochar.

lack *sustantivo* **1.** Ausencia total; falta; carencia. **2.** Algo que se necesita; escasez; menester.
—*verbo* **1.** Estar en total necesidad de algo. **2.** Necesitar; tener falta de algo.

lacquer *sustantivo* Capa o mano de un líquido que se le pone a la madera o metal para darles brillo; laca.

ladder *sustantivo* Equipo para trepar o escalar. Tiene dos piezas rectas a los lados con travesaños colocados a espacios regulares; escala; escalera.

ladle *sustantivo* Cuchara de mango largo con una escudilla en un extremo, que se usa para servir líquidos; cucharón; cazo.

lady *sustantivo* **1.** Mujer de cultura, alta posición social o riqueza económica. **2.** Mujer o joven bien educada, de trato correcto. **3.** Cualquier mujer. **4.** Lady;Dama de rango noble en Inglaterra.

lag |lăg| —*verb* **lagged, lagging** To fall behind.
—*noun, plural* **lags 1.** The act or condition of lagging. **2.** A gap or space.

lag *verbo* Quedar atrás; rezagarse; demorarse; atrasarse.
—*sustantivo* **1.** Acto o condición de tardar o rezagarse; demora; atraso. **2.** Intervalo; demora: *There is a lag between the end of the music and the applause.* = Hay un intervalo entre el final de la música y el aplauso.

lagoon *sustantivo* Extensión de agua poco profunda que usualmente está conectada a una extensión mayor, como un océano.

laid Pretérito y participio pasado del verbo **lay.**

lain Participio pasado del verbo **lie** (estar acostado).

lair *sustantivo* El cubil de una fiera; guarida.

lake *sustantivo* Gran extensión de agua, dulce o salada, rodeada de tierra; lago.

lamb *sustantivo* **1.** La cría de la oveja; cordero. **2.** Carne de cordero.

lame *adjetivo* **1.** Que no puede caminar bien; que cojea; cojo. **2.** Lisiado de una pierna o pie; tullido; inválido. **3.** Débil; poco satisfactorio: *That's a lame excuse for missing school.* = *Esa es una excusa poco satisfactoria para faltar al colegio.*
—*verbo* Lisiar; tullir; baldar.

lamp *sustantivo* Aparato que da luz; lámpara. La mayoría de las lámparas usan electricidad.

lance *sustantivo* **1.** Arma de guerra que consiste en un asta larga con una cabeza de metal afilada; lanza. **2.** Herramienta o instrumento que se parece a una lanza. Los doctores usan lanzas pequeñas para operar; lanceta; bisturí.

land *sustantivo* Tierra: **1.** La parte de la superficie terrestre que no está bajo el agua. **2.** Una región o área. **3.** Un país o nación. **4.** Suelo. **5.** Propiedad; inmueble.
—*verbo* **1.** Venir o traer hacia la costa; desembarcar; atracar. **2.** Bajar y detenerse; descender; aterrizar. **3.** Arrivar o causar el arrivo a un lugar; ir a parar: *He landed in prison after robbing the bank.* = *Él fue a parar a la cárcel después de robar el banco.*

landlady *sustantivo* Mujer que es dueña de una casa o vivienda y la alquila a otra gente; propietaria; patrona.

landlord *sustantivo* Hombre que es dueño de una casa o vivienda y la alquila a otra gente; propietario; patrón.

landmark *sustantivo* Peculiaridad u objeto fácil de identificar en un paisaje que sirve como punto de orientación; señal; guía. **2.** Suceso, descubrimiento o trabajo que es importante en la historia de algo; hecho memorable.

ă pat ā pay â care ä father ĕ pet ē be ĭ pit ī pie î fierce ŏ pot ō go ô paw, for oi oil ŏŏ book ōō boot

land·scape |lănd′skāp′| —*noun, plural* **landscapes**
1. A piece of land or countryside that has its own special appearance. **2.** A painting or photograph showing such a scene.
—*verb* **landscaped, landscaping** To make a piece of ground pretty by planting trees, bushes, or flowers.

land·slide |lănd′slīd′| —*noun, plural* **landslides**
1. a. The sliding down a hill or mountain of a large amount of earth and rock. **b.** The earth and rock that moves in this way. **2.** A very large number of votes that causes a candidate or political party to win.

lane |lān| —*noun, plural* **lanes 1.** A narrow path or road, often having grass, trees, hedges, or fences along its sides. **2.** A division along the length of a road for a single line of vehicles. **3.** The part of a bowling alley down which the ball is rolled. ◊ *These sound alike* **lane, lain.**

lan·guage |lăng′gwĭj| —*noun, plural* **languages**
1. a. Spoken or written human speech. Language is used to communicate thoughts and feelings. **b.** A particular system of human speech that is shared by the people of a country or another group of people. **2.** Any system of signs, symbols, or gestures used for giving information.

lan·tern |lăn′tərn| —*noun, plural* **lanterns** A container for holding a light, with sides or an opening through which the light can shine.

lap |lăp| —*noun, plural* **laps** The part of the body from the knees to the waist of a person who is sitting.

la·pel |lə pĕl′| —*noun, plural* **lapels** Either of the two flaps that go down from the collar of a coat or jacket and fold back against the chest.

lard |lärd| —*noun, plural* **lards** The white, greasy substance made from the melted-down fat of pigs or hogs. Lard is used for cooking.

large |lärj| —*adjective* **larger, largest 1.** Big in size, amount, or number; not small. **2.** Broad or great; considerable.

large intestine The lower part of the intestine. It absorbs water from the waste matter left after food is digested.

large·ly |lärj′lē| —*adverb* **1.** For the most part; mainly. **2.** On a large scale; generously.

lar·va |lär′və| —*noun, plural* **larvae** or **larvas** An insect in an early form, when it has just hatched from an egg. A larva has a soft body and looks like a worm. Caterpillars and grubs are larvae.

lar·vae |lär′vē| A plural of the noun **larva.**

lar·ynx |lăr′ĭngks| —*noun, plural* **larynxes** The upper part of the passage between the nose and mouth and the lungs. The vocal cords are located in the larynx.

la·ser |lā′zər| —*noun, plural* **lasers** A device that uses atoms or molecules to make a very strong beam of light. Lasers are used in medicine and industry.

lash |lăsh| —*noun, plural* **lashes 1. a.** A whip. **b.** A blow given with a whip. **2.** An eyelash.
—*verb* **lashed, lashing 1.** To hit with or as if with a whip. **2.** To beat back and forth; wave or strike with a motion like that of a whip.

last¹ |lăst| or |läst| —*adjective* **1.** Coming at the end; final. **2.** Being the only one or ones left. **3.** Just past. **4.** The least likely.
—*adverb* **1.** After all others. **2.** At the end; finally. **3.** Most recently.
—*noun* **1.** Someone or something that is last. **2.** The end.

landscape *sustantivo* Paisaje: **1.** Terreno o lugar campestre con un cierto aspecto especial; vista; paisaje; panorama. **2.** Cuadro, pintura o fotografía que muestra tal escena.

landslide *sustantivo* **1. a.** Caída de grandes cantidades de tierra y rocas por la ladera de una colina y montaña; derrumbamiento; derrumbe. **b.** La tierra y las rocas que se derrumban de esa manera; avalancha. **2.** Gran número de votos que hace que un candidato o partido político gane; victoria aplastante.

lane *sustantivo* **1.** Sendero o camino angosto que a veces tiene pasto, árboles y plantas a sus bordes o una cerca; senda. **2.** División, a lo largo de una carretera, para una hilera de vehículos; carril; pista de carretera. **3.** En el juego de bolos, la pista de madera por donde se rueda la bola.

language *sustantivo* **1. a.** Expresión del habla humana, sea oral o escrita; lenguaje. El lenguaje se utiliza para expresar ideas y sentimientos. **b.** Un cierto sistema de habla compartido por los habitantes de un país; idioma. **2.** Cualquier sistema de señas, símbolos o gestos para comunicar información; vocabulario.

lantern *sustantivo* Farol: **1.** Fuente de luz que se carga a mano, y que alumbra quemando gas, gasolina, queroseno o velas. **2.** Recipiente en donde se mantiene una lumbre, con aberturas a los costados por donde sale la luz.

lap *sustantivo* Parte del cuerpo de una persona sentada, entre las rodillas y la cintura; regazo; falda.

lapel *sustantivo* Cada uno de los dos dobleces que van desde el cuello de un saco o chaqueta a lo largo del pecho; solapa.

lard *sustantivo* Materia blanca, grasosa, obtenida por el derretimiento de la gordura de los puercos o marranos; manteca de cerdo.

large *adjetivo* **1.** Grande en tamaño, cantidad o número; que no es pequeño; amplio; extenso; grande. **2.** Amplio o grande; vasto.

large intestine El tramo más bajo y más ancho del canal alimenticio que absorbe el agua de los desperdicios después que la comida ha sido digerida; intestino grueso.

largely *adverbio* **1.** En gran parte; principalmente; grandemente; extensamente. **2.** En gran escala; generosamente; liberalmente.

larva *sustantivo* Insecto en forma incipiente, cuando acaba de salir del huevo, que tiene cuerpo suave y parece un gusano, como las orugas y los cocos; larva.

larvae Plural del sustantivo **larva.**

larynx *sustantivo* Parte superior del pasaje entre la nariz, la boca y los pulmones, en el cual están localizadas las cuerdas vocales; laringe.

laser *sustantivo* Artefacto que usa átomos o moléculas para producir un rayo muy fuerte de luz que se usa en medicina y en la industria; rayo láser.

lash *sustantivo* **1. a.** Látigo; azote. **b.** Golpe dado con el látigo; latigazo; fustazo. **2.** Pestaña.
—*verbo* **1.** Golpear con o como con un látigo; azotar; fustar; flagelar. **2.** Mover de un lado a otro; ondear o golpear con movimiento como el de un látigo.

last¹ *adjetivo* **1.** Que viene al final; final; último; postrero: *the last day of camp* = *el último día de campamento.* **2.** Que es el único o son los únicos que quedan; último: *the last cookie in the box* = *la última galletita en la caja.* **3.** Que acaba de pasar; pasado; anterior: *last night* = *anoche (la noche anterior.)* **4.** El que, o lo que, menos se espera; último: *Ray was the last person we expected to see.* = *¡Ray era la última persona que esperábamos ver!*
—*adverbio* **1.** Después de todos los demás; último: *Dale came last.* = *Dale llegó última.* **2.** Al final; final-

mente: *Put on you sweater, then your coat, and last of all your gloves.* = *Ponte el suéter, luego el abrigo y finalmente los guantes.* **3.** Más recientemente; la última vez: *When Juan last called, I was away.* = *Cuando Juan llamó la última vez, yo no estaba.*
—*sustantivo* **1.** Alguien o algo que es último; el último. **2.** El final.

last² |lăst| or |läst| —*verb* **lasted, lasting 1.** To continue for a period of time. **2.** To be in good condition.

last² *verbo* **1.** Continuar durante un período de tiempo; durar; perdurar; permanecer; sostenerse; conservarse. **2.** Estar en buenas condiciones; durar; conservarse.

latch |lăch| —*noun, plural* **latches** A lock or catch to fasten a door, window, or gate. A latch is a movable bar that fits into a notch or slot.
—*verb* **latched, latching** To close or lock with a latch.

latch *sustantivo* Cerradura o pestillo para asegurar una puerta, ventana o reja. Consiste en una barra movible que encaja en una ranura o canal; picaporte; aldaba.
—*verbo* Cerrar o echar llave con el picaporte o la aldaba.

late |lāt| —*adjective* **later, latest 1.** Coming after the usual or expected time. **2.** Near or toward the end. **3.** Of a time just past; recent. **4.** Not long dead.
—*adverb* **later, latest 1.** After or beyond the usual or expected time. **2.** Recently.

late *adjetivo* **1.** Que viene después del tiempo habitual o esperado; tardío; retrasado; tarde: *We had a late supper.* = *Cenamos más tarde de lo habitual.* **2.** Cercano o hacia el fin; avanzado: *It was late in the evening.* = *Fue al anochecer, tarde.* **3.** De hace poco tiempo; reciente; último: *The car is a late model.* = *El automóvil es un último modelo.* **4.** Muerto no hace mucho tiempo; recientemente fallecido.
—*adverbio* **1.** Después o más tarde del tiempo habitual o esperado; retrasado: *The bus left late.* = *El autobús partió retrasado.* **2.** Tan reciente como; recientemente: *as late as yesterday* = *tan reciente como ayer.*

late·ly |lāt'lē| —*adverb* Not long ago; recently.

lately *adverbio* No hace mucho tiempo; recientemente; últimamente.

lat·er·al |lăt'ər əl| —*adjective* On, of, toward, or from the side.

lateral *adjetivo* En, de, hacia o desde el lado; lateral.

lath·er |lăth'ər| —*noun, plural* **lathers 1.** A thick foam formed by soap mixed with water. **2.** Froth formed by heavy sweating, especially on a horse.
—*verb* **lathered, lathering 1.** To cover with lather. **2.** To produce or form lather.

lather *sustantivo* **1.** Espuma espesa formada por el jabón mezclado con agua; espuma de jabón; jabonadura. **2.** Espuma formada por el sudor abundante, especialmente el de un caballo.
—*verbo* **1.** Cubrir algo con espuma de jabón; jabonar. **2.** Producir o formar espuma; espumar.

lat·i·tude |lăt'ĭ tōōd'| or |lăt'ĭ tyōōd'| —*noun, plural* **latitudes** Distance north or south of the equator, expressed in degrees. On a map or globe, latitude lines are drawn running east and west.

latitude *sustantivo* Distancia al norte o al sur del ecuador, expresada en grados, y que en un mapa o globo se marca con líneas que van al este y al oeste; latitud.

lat·ter |lăt'ər| —*adjective* **1.** The second or second mentioned of two. **2.** Closer to the end.

latter *adjetivo* **1.** El segundo o el segundo mencionado de dos objetos o personas; este último: *I have a dictionary and an atlas; I use the latter book as often as the former.* = *Tengo un diccionario y un atlas; yo uso este último con la misma frecuencia con que uso el primero.* **2.** Cercano al fin; último: *the latter part of the program* = *la última parte del programa.*

laugh |lăf| or |läf| —*verb* **laughed, laughing 1.** To make sounds and often movements of the face and body to express happiness or amusement. **2.** To express or show happiness or amusement.
—*noun, plural* **laughs** The act of laughing or a sound made in laughing.

laugh *verbo* **1.** Hacer sonidos, y a veces movimientos de la cara y el cuerpo, para expresar felicidad o diversión; reír. **2.** Expresar o demostrar felicidad o diversión; reír.
—*sustantivo* Acción de reír o sonido hecho al reír; risa.

laugh·ter |lăf'tər| or |läf'tər| —*noun* **1.** The act or sound of laughing. **2.** Happiness or amusement expressed by or as if by laughing.

laughter *sustantivo* **1.** Acción o sonido de reír; risa. **2.** Felicidad o diversión expresada por medio de la risa o riendo.

launch¹ |lônch| or |länch| —*verb* **launched, launching 1.** To move or set in motion with force; send off. **2.** To put a boat or ship into the water. **3.** To begin or start something.

launch¹ *verbo* **1.** Mover o poner en movimiento con fuerza; despedir; lanzar; arrojar. **2.** Poner un bote o barco en el agua; botar. **3.** Principiar o comenzar algo; emprender.

launch² |lônch| or |länch| —*noun, plural* **launches** An open or partly open motorboat.

launch² *sustantivo* Barco de motor abierto o parcialmente abierto; lancha; chalupa.

laun·der |lôn'dər| or |län'dər| —*verb* **laundered, laundering 1.** To wash or wash and iron clothes and linens. **2.** To be capable of being washed.

launder *verbo* Lavar: **1.** Lavar y planchar vestidos y ropa de cama. **2.** Ser fácil de lavar: *This dress launders well.* = *Este vestido se lava bien.*

laun·dry |lôn'drē| or |län'drē| —*noun, plural* **laundries 1.** A place or business where clothes and linens are washed and sometimes ironed. **2.** Clothes and linens that need to be washed or have been washed.

laundry *sustantivo* **1.** Lugar o negocio en donde se lavan y a veces se planchan vestidos y ropa de cama; lavandería. **2.** Los vestidos y ropa de cama que necesitan ser lavados o que han sido lavados; ropa lavada; ropa para lavar.

la·va |lä'və| or |lăv'ə| —*noun* **1.** Hot melted rock that flows from a volcano. **2.** The rock formed when this substance cools and hardens.

lava *sustantivo* Lava: **1.** Roca derretida caliente que fluye de los volcanes. **2.** Roca que se forma cuando esta substancia se enfría y endurece.

lav·en·der |lăv'ən dər| —*noun* **1.** A plant with small,

lavender *sustantivo* **1.** Planta de flores pequeñas, fra-

fragrant purplish flowers. **2.** A pale or light purple color.
—*adjective* Pale or light purple.

law |lô| —*noun, plural* **laws 1.** A rule made by a government for the people living in a country, state, city, or town. **2.** A set of such rules. **3.** The study or knowledge of such rules; the profession of a lawyer. **4.** Any rule, principle, or practice.

lawn |lôn| —*noun, plural* **lawns** An area of ground planted with grass that is usually mowed regularly.

law·yer |lô′yər| or |loi′ər| —*noun, plural* **lawyers** A person who is trained and qualified to give legal advice to people and to represent them in a court of law.

lay¹ |lā| —*verb* **laid, laying 1.** To put or place. **2.** To put down in place; install. **3.** To produce an egg or eggs.
Phrasal verbs **lay down** To establish. **lay off 1.** To dismiss from a job. **2.** To stop bothering someone.

lay² |lā| The past tense of **lie** (to rest).

lay·er |lā′ər| —*noun, plural* **layers** A single coating or thickness of something.

lay·off |lā′ôf′| or |lā′ŏf′| —*noun, plural* **layoffs** A temporary dismissal of employees.

la·zi·ness |lā′zē nĭs| —*noun* The condition of being lazy.

la·zy |lā′zē| —*adjective* **lazier, laziest 1.** Not willing to work. **2.** Moving slowly.

lead¹ |lēd| —*verb* **led, leading 1.** To show or guide along the way. **2.** To be first or ahead of others in. **3.** To be or form a way, route, or passage. **4.** To direct; conduct. **5.** To live; experience.
—*noun, plural* **leads 1. a.** The front or winning position. **b.** The amount by which one is ahead. **2.** Leadership. **3.** A clue or hint. **4.** The main part in a performance.

lead² |lĕd| —*noun, plural* **leads 1.** A soft, heavy, dull-gray metal. Lead is used to make pipes, fuses, and solder. It is a chemical element. **2.** A material used in pencils as the writing substance.

lead·er |lē′dər| —*noun, plural* **leaders** Someone who leads.

lead·er·ship |lē′dər shĭp′| —*noun, plural* **leaderships 1.** The position of a leader. **2.** The ability to act as a leader. **3.** The guidance of a leader or leaders.

leaf |lēf| —*noun, plural* **leaves 1.** A thin, flat, green part that grows from the stem of a plant. **2.** One of the sheets of paper forming the pages of a book, magazine, or notebook. **3.** A very thin sheet of metal.
—*verb* **leafed, leafing 1.** To produce or put forth leaves. **2.** To turn or glance at pages.

league |lēg| —*noun, plural* **leagues 1.** A group of nations, people, or organizations working together for a common purpose. **2.** An association of sports teams that compete mainly among themselves.

leak |lēk| —*noun, plural* **leaks** A hole, crack, or other opening that lets something pass through by accident.
—*verb* **leaked, leaking 1.** To pass through by accident. **2.** To allow something to escape or pass through an opening or openings. **3.** To become or allow to be

gantes y purpúreas;lavándula; alhucema; lavanda. **2.** Color púrpura pálido o claro.
—*adjetivo* Púrpura pálido o claro.

law *sustantivo* **1.** Reglas que impone un gobierno para la gente que vive en un país, estado, ciudad o pueblo; ley. **2.** Conjunto de tales leyes; derecho. **3.** Estudio o conocimiento de tales reglas; la profesión de un abogado; derecho. **4.** Cualquier regla, principio o práctica; norma; precepto.

lawn *sustantivo* Área de terreno plantado de hierba que generalmente es recortado regularmente; césped; prado.

lawyer *sustantivo* Persona que está entrenada y capacitada para dar consejo legal a la gente y para representarla ante un tribunal; abogado; jurisconsulto.

lay¹ *verbo* **1.** Poner o colocar; depositar; dejar. **2.** Situar algo en su lugar; instalar. **3.** Producir la gallina un huevo o huevos; poner.
Verbos en locuciones **lay down** Establecer; formular; postular. **lay off 1.** Despedir de un trabajo. **2.** Dejar de molestar a alguien; dejar tranquilo o en paz a alguien.

lay² Pretérito del verbo **lie**.

layer *sustantivo* Una sola capa o espesor de algo; capa; estrato; camada.

layoff *sustantivo* Despedida temporal de empleados; despido.

laziness *sustantivo* La condición de ser perezoso; pereza; ociosidad; holgazanería.

lazy *adjetivo* **1.** Que no está dispuesto a trabajar; perezoso; holgazán; haragán; ocioso. **2.** Que se mueve lentamente; lento; pesado.

lead¹ *verbo* **1.** Mostrar o guiar por el camino; conducir. **2.** Ser el primero o estar delante de otros en algo; ir a la cabeza. **3.** Ser o formar un camino, ruta o pasaje; conducir: *This hallway leads to the office.* = *Este corredor conduce a la oficina.* **4.** Dirigir; conducir: *The music teacher leads the student orchestra.* = *La maestra de música dirige la orquesta estudiantil.* **5.** Vivir; experimentar sensaciones: *Mr. Jones led an interesting life.* = *Mr. Jones vivió una vida interesante.*
—*sustantivo* **1. a.** Posición delantera o ganadora; delantera; primer lugar. **b.** Cantidad que indica cuánta ventaja tiene uno: *We had a five-point lead.* = *Tuvimos cinco puntos de ventaja.* **2.** Dirección; mando. **3.** Clave o sugerencia; insinuación; alusión. **4.** La parte principal en una representación teatral; papel principal; primer actor/actriz.

lead² *sustantivo* **1.** Metal blando, pesado y gris mate, que se usa para hacer tubos, fusibles y soldadura, y que es un elemento químico; plomo. **2.** Material usado en los lápices como la substancia que escribe; mina de lápiz.

leader *sustantivo* Alguien que conduce o dirige; director; conductor; capitán; cabecilla; líder.

leadership *sustantivo* **1.** Puesto de director, líder o jefe; jefatura; dirección; liderato. **2.** Habilidad para obrar como líder; dotes de mando. **3.** Guía de un líder o líderes.

leaf *sustantivo* **1.** Parte delgada, plana y verde que crece en el tallo de una planta; hoja; pétalo. **2.** Una de las hojas de papel que forman las páginas de un libro, revista o libreta; hoja de papel. **3.** Plancha muy delgada de metal; lámina.
—*verbo* **1.** Producir o echar hojas. **2.** Voltear o mirar páginas; hojear.

league *sustantivo* **1.** Grupo de naciones, gente u organizaciones que trabajan juntas por una causa común; liga; unión; alianza. **2.** Asociación de equipos deportivos que compiten principalmente entre sí mismos; liga; federación.

leak *sustantivo* Hoyo, hendidura u otra abertura que permite el paso de algo por accidente; escape; salida; filtración; gotera.
—*verbo* **1.** Colarse algo por accidente; haber un escape; gotear; filtrarse. **2.** Permitir que algo se escape o

ər butter　yōō abuse　ou out　ŭ cut　û fur　*th* the　th thin　hw which　zh vision　ə ago, item, pencil, atom, circus

known by accident or by a deliberate break in secrecy.

lean¹ |lēn| —*verb* **leaned** or **leant, leaning 1.** To bend or slant. **2.** To rest on a person or thing for support. **3.** To put something in a slanted position. **4.** To rely, as for help; depend.

lean² |lēn| —*adjective* **leaner, leanest 1.** Having little or no fat. **2.** Not productive or plentiful; poor.

leant |lĕnt| A past tense and past participle of the verb **lean** (to bend).

leap |lēp| —*verb* **leaped** or **leapt, leaping 1.** To move with a sudden springing motion; to jump. **2.** To move or seem to move with a similar sudden motion. —*noun, plural* **leaps 1.** The act of leaping; a jump. **2.** The distance covered by a leap.

leap·frog |lēp′frôg′| or |lēp′frŏg′| —*noun, plural* **leapfrogs** A game in which players take turns leaping over each other. One player crouches down and the one behind leaps over him.

leapt |lĕpt| or |lēpt| A past tense and past participle of the verb **leap.**

learn |lûrn| —*verb* **learned** or **learnt, learning 1.** To gain knowledge or skill through study or experience. **2.** To become informed; find out. **3.** To fix in the mind; memorize.

learnt |lûrnt| A past tense and past participle of the verb **learn.**

lease |lēs| —*noun, plural* **leases** A written agreement between the owner of a piece of property and the person who rents it. The lease states how much rent is to be paid for the use of the property. It also states the length of time the agreement is in effect. —*verb* **leased, leasing** To rent.

leash |lēsh| —*noun, plural* **leashes** A cord, chain, or strap attached to a collar and used to hold or lead an animal. —*verb* **leashed, leashing** To hold, lead, or hold back with a leash.

least |lēst| —*adjective* A superlative of the adjective **little. 1.** Smallest. **2.** Lowest in importance. —*adverb* The superlative of the adverb **little.** To the smallest degree. —*noun* **1.** The smallest in size or importance. **2.** The smallest correct thing.

leath·er |lĕth′ər| —*noun, plural* **leathers** A material made from animal skin or hide that has been cleaned and tanned. Belts, boots, shoes, and gloves are usually made of leather.

leave¹ |lēv| —*verb* **left, leaving 1.** To depart; go away from. **2.** To go without taking; forget. **3.** To let stay in a certain condition or place. **4.** To quit; withdraw from. **5.** To give to someone else to do or use. **6.** To give after one's death, as in a will. **7.** To have as a result. **8.** To cause to remain after a loss or reduction. *Phrasal verbs* **leave alone** To stop bothering or annoying. **leave out** To fail to include.

leave² |lēv| —*noun, plural* **leaves 1.** Permission. **2. a.** Permission to be absent from duty. **b.** The length of an absence of this kind.

se cuele por una abertura o aberturas; hacer agua (un bote). **3.** Hacer conocer o permitir que algo sea conocido por accidente o por la divulgación intencional de un secreto; divulgar.

lean¹ *verbo* **1.** Inclinarse o ladearse oblicuamente; torcerse. **2.** Apoyarse en una persona o cosa como sostén; recostarse. **3.** Poner algo en posición oblicua. **4.** Contar con alguien o algo como una ayuda; depender; confiar.

lean² *adjetivo* **1.** Que tiene poca o no tiene gordura; delgado; flaco; magro. **2.** Que no es productivo o abundante; pobre; escaso; estéril; improductivo.

leant Pretérito y participio pasado del verbo **lean.**

leap *verbo* **1.** Moverse con un salto repentino; saltar; brincar. **2.** Moverse o parecer moverse con un movimiento similar; brotar; saltar: *My heart leaped with joy.* = *Mi corazón saltó de alegría.* —*sustantivo* **1.** Acción de saltar; salto; brinco. **2.** Distancia recorrida en un salto.

leapfrog *sustantivo* Juego en el cual los jugadores se turnan saltando uno sobre otro, y en el que un jugador se agacha y el de atrás salta sobre él; salto de rana.

leapt Pretérito y participio pasado del verbo **leap.**

learn *verbo* **1.** Adquirir conocimiento o destreza a través del estudio o la experiencia; aprender. **2.** Llegar a estar informado; averiguar; enterarse; informarse. **3.** Fijar en la mente; memorizar; aprender de memoria.

learnt Pretérito y participio pasado del verbo **learn.**

lease *sustantivo* Acuerdo por escrito entre el dueño de una propiedad y la persona que la arrienda, que indica cuánto se ha de pagar de arriendo por la propiedad así como el tiempo durante el cual el acuerdo estará en vigencia; contrato de arrendamiento.

leash *sustantivo* Cuerda, cadena o correa atada a un collar y usada para sujetar o conducir a un animal; traílla; correa. —*verbo* Sujetar, conducir o aguantar con traílla; atraillar; atar.

least *adjetivo* Superlativo del adjetivo **little. 1.** Más pequeño; el menor. **2.** Menor en importancia; de menor prioridad. —*adverbio* Superlativo del adverbio **little.** En mínimo grado; menos. —*sustantivo* **1.** El más pequeño en tamaño o importancia; menor. **2.** La mínima cosa correcta por hacer; lo menos: *The least you could do would be to apologize.* = *Lo menos que podrías hacer sería disculparte.*

leather *sustantivo* Material hecho de la piel o pellejo de animales, que ha sido limpiado y curtido y del cual generalmente se hacen botas, cinturones, zapatos y guantes; cuero.

leave¹ *verbo* **1.** Partir; alejarse; abandonar; salir. **2.** Irse sin llevar algo; olvidar; dejar: *She left her umbrella.* = *Ella dejó (se olvidó) su paraguas.* **3.** Dejar que algo permanezca en cierta condición o cierto lugar: *She left her bed all made for the night.* = *Ella dejó su cama preparada para la noche.* **4.** Abandonar un empleo; retirarse. **5.** Dar algo para que otro lo haga o lo use; dejar: *You must leave the cleaning to me.* = *Debes dejar que yo haga la limpieza.* **6.** Dar después de la muerte de uno; dejar en herencia; legar. **7.** Dejar como resultado; causar: *The hurricane left a million dollars worth of damage.* = *El huracán causó daños por valor de un millón de dólares.* **8.** Hacer que quede algo después de una pérdida o reducción. *Verbos en locuciones* **leave alone** Cesar de molestar o fastidiar; dejar en paz. **leave out** Dejar de incluir; omitir; no contar; excluir.

leave² *sustantivo* **1.** Permiso; venia. **2. a.** Permiso para ausentarse de un cargo o servicio; licencia. **b.** Duración de una ausencia de esta clase; permiso.

ă pat ā pay â care ä father ĕ pet ē be ĭ pit ī pie î fierce ŏ pot ō go ô paw, for oi oil oŏ book oō boot

leaves |lēvz| The plural of the noun **leaf.**

lec·ture |lĕk′chər| —*noun, plural* **lectures 1.** A speech or talk given to an audience. **2.** A serious, long warning.
—*verb* **lectured, lecturing 1.** To give a lecture or lectures. **2.** To scold or warn at length.

led |lĕd| The past tense and past participle of the verb **lead** (to show or guide).

ledge |lĕj| —*noun, plural* **ledges 1.** A flat space like a shelf on the side of a cliff or rock wall. **2.** A narrow shelf that juts out from a wall.

left¹ |lĕft| —*noun, plural* **lefts** The side from which one begins to read a line of English.
—*adjective* **1.** Located on the left. **2.** Done to the left.
—*adverb* On or to the left.

left² |lĕft| The past tense and past participle of the verb **leave** (to go away).

left-hand |lĕft′hănd′| —*adjective* **1.** Located on the left. **2.** Of or for the left hand.

left-hand·ed |lĕft′hăn′dĭd| —*adjective* **1.** Using the left hand more easily and naturally than the right hand. **2.** Designed for use by the left hand. **3.** Done with the left hand.

left·o·ver or **left-o·ver** |lĕft′ō′vər| —*noun, plural* **leftovers** or **left-overs** Something that has not been used or eaten and is left.
—*adjective* Remaining not used or not eaten.

leg |lĕg| —*noun, plural* **legs 1.** One of the parts of the body that a human being or animal uses in standing or moving about. **2.** One of the parts of a pair of trousers or stockings that fits around the leg. **3.** A part of an object that juts out and supports the object. **4.** A stage of a journey or course.

le·gal |lē′gəl| —*adjective* **1.** Of law or lawyers. **2.** Permitted by law; lawful.

leg·end |lĕj′ənd| —*noun, plural* **legends 1.** A story that has been handed down from earlier times. It is usually not certain whether a legend is true or not. **2.** A group of such stories.

leg·en·dar·y |lĕj′ən dĕr′ē| —*adjective* **1.** Told of in legends. **2.** Talked about often; famous.

leg·i·ble |lĕj′ə bəl| —*adjective* Capable of being read; easily read; clear.

le·gion |lē′jən| —*noun, plural* **legions 1.** A unit of the ancient Roman army. A legion was made up of at least 3,000 foot soldiers and 100 soldiers on horseback. **2.** Any of several large groups of soldiers in modern times; an army. **3.** A large group or number of persons or things.

leg·is·late |lĕj′ĭs lāt′| —*verb* **legislated, legislating** To make or pass a law or laws.

leg·is·la·tion |lĕj′ĭs lā′shən| —*noun, plural* **legislations 1.** The process of making or passing laws. **2.** The law or laws that are made.

leg·is·la·tive |lĕj′ĭs lā′tĭv| —*adjective* **1.** Having to do with making or passing laws. **2.** Of a group of people who make or pass laws. **3.** Having power to make or pass laws.

leg·is·la·tor |lĕj′ĭs lā′tər| —*noun, plural* **legislators** A person who is a member of a group that makes or passes laws.

leg·is·la·ture |lĕj′ĭs lā′chər| —*noun, plural* **legislatures** A group of persons given the power to make and pass the laws of a nation or state.

le·git·i·mate |lĕ jĭt′ə mĭt| —*adjective* **1.** Being or acting in agreement with the law; lawful. **2.** Supported by logic or common sense; reasonable. **3.** Genuine; real.

lei·sure |lē′zhər| or |lĕzh′ər| —*noun* Freedom from work or other duties; time in which to do what one wants or likes.

leaves Plural del sustantivo **leaf.**

lecture *sustantivo* **1.** Discurso o plática dado a una audiencia; conferencia; disertación. **2.** Advertencia seria y larga; reprensión; sermón.
—*verbo* **1.** Dar una conferencia o conferencias; disertar. **2.** Regañar o advertir por largo rato; reprender.

led Pretérito y participio pasado del verbo **lead.**

ledge *sustantivo* **1.** Espacio plano, como una saliente en la ladera de un peñasco o roca; saliente; reborde. **2.** Saliente estrecha que sobresale de una pared; borde de ventana.

left¹ *sustantivo* El lado desde el cual uno comienza a leer una línea en inglés; izquierdo.
—*adjetivo* **1.** Localizado a la izquierda. **2.** Hecho a la izquierda.
—*adverbio* A la izquierda.

left² Pretérito y participio pasado del verbo **leave.**

left-hand *adjetivo* **1.** Localizado a la izquierda; izquierdo. **2.** De o para la mano izquierda; para zurdos.

left-handed *adjetivo* **1.** Que usa la mano izquierda más fácil y naturalmente que la derecha; izquierdo; zurdo. **2.** Diseñado para usarse con la mano izquierda. **3.** Hecho con la mano izquierda.

leftover o **left-over** *sustantivo* Algo que no se ha usado o comido y que se deja; sobrante; restos.
—*adjetivo* Sobrante que no se ha usado o comido; restante.

leg *sustantivo* **1.** Una de las partes del cuerpo que un ser humano o un animal usa para pararse o trasladarse; pierna; pata. **2.** Una de las partes de los pantalones o las medias de mujer que se ajusta a la pierna. **3.** Parte de un objeto que sobresale y sostiene al objeto; pata. **4.** Etapa de un viaje o recorrido.

legal *adjetivo* **1.** Relativo a la ley o los abogados; legal; jurídico. **2.** Permitido por la ley; legal; lícito.

legend *sustantivo* Leyenda: **1.** Historia que ha sido trasmitida desde tiempos remotos y que generalmente no es seguro si es verdadera o no. **2.** Conjunto de tales leyendas.

legendary *adjetivo* Legendario: **1.** Contado en leyendas. **2.** Discutido a menudo; famoso.

legible *adjetivo* Que puede ser leído; que se lee fácilmente; claro; legible.

legion *sustantivo* Legión: **1.** Unidad del ejército romano antiguo, compuesta de por lo menos 3,000 soldados a pie y 100 soldados a caballo. **2.** Cualquiera de varios grandes grupos de soldados en tiempos modernos; ejército. **3.** Grupo o número grande de personas o cosas.

legislate *verbo* Hacer o pasar una ley o leyes; legislar.

legislation *sustantivo* Legislación: **1.** El proceso de hacer o pasar leyes. **2.** La ley o leyes que se hacen: *The people want legislation to lower property taxes.* = *El pueblo quiere leyes que reduzcan los impuestos de propiedad.*

legislative *adjetivo* Legislativo: **1.** Que tiene que ver con el hacer o pasar leyes. **2.** Que concierne a un grupo de personas que hacen o pasan leyes. **3.** Que tiene poder para hacer o pasar leyes.

legislator *sustantivo* Persona que es miembro de un grupo que hace o pasa leyes; legislador.

legislature *sustantivo* Grupo de personas a quienes se les ha dado el poder de hacer o pasar las leyes de una nación o estado; legislatura; cuerpo legislativo; asamblea legislativa.

legitimate *adjetivo* Legítimo: **1.** Que está o que actúa de acuerdo a la ley; lícito; legal. **2.** Apoyado por la lógica o el sentido común; válido. **3.** Genuino; real.

leisure *sustantivo* Exención del trabajo u otros deberes; tiempo libre; tiempo para hacer lo que uno quiera o guste; ocio.

ər butter   yōō abuse   ou **out**   ŭ **cut**   û **fur**   *th* **the**   th **thin**   hw **which**   zh **vision**   ə **ago, item, pencil, atom, circus**

lem·on |lĕm′ən| —*noun, plural* **lemons 1.** A juicy yellow fruit that is shaped like an egg and has a sour taste. **2.** A bright, clear yellow color.
—*adjective* Bright, clear yellow.

lend |lĕnd| —*verb* **lent, lending 1.** To let someone use something with the understanding that it is to be returned. **2.** To give someone money that is to be returned after an agreed period of time, usually at a certain rate of interest. **3.** To give; add.

length |lĕngkth| or |lĕngth| —*noun, plural* **lengths 1.** The distance of a thing measured from one end to the other. **2.** The full extent of something long or stretched out. **3.** A piece cut from a larger piece. **4.** The amount of time something lasts.

length·en |lĕngk′thən| or |lĕng′thən| —*verb* **lengthened, lengthening** To make or become longer.

length·y |lĕngk′thē| or |lĕng′thē| —*adjective* **lengthier, lengthiest 1.** Lasting a long time. **2.** Extending for a long distance.

lens |lĕnz| —*noun, plural* **lenses 1. a.** A piece of glass or other clear material that has been shaped to cause light rays that pass through it to meet or to spread out. **b.** A combination of two or more lenses used to make things look larger or seem nearer. Cameras, telescopes, and eyeglasses have lenses. **2.** A clear part of the eye behind the iris that focuses light onto the retina.

lent |lĕnt| The past tense and past participle of the verb **lend.**

leo·pard |lĕp′ərd| —*noun, plural* **leopards** A large wild cat of Africa and Asia. Most leopards have a yellowish coat with black spots. Some leopards are all black.

less |lĕs| —*adjective* A comparative of the adjective **little. 1.** Not as great in amount. **2.** Fewer. **3.** Lower in rank or importance.
—*adverb* The comparative of the adverb **little.** To a smaller extent or degree.
—*preposition* **1.** Minus; subtracting. **2.** Except for; leaving out.
—*noun* A smaller amount or part.
—*pronoun* Fewer things or persons.

less·en |lĕs′ən| —*verb* **lessened, lessening** To make or become less.

less·er |lĕs′ər| —*adjective* **1.** Smaller in size or importance. **2.** Of inferior quality.

les·son |lĕs′ən| —*noun, plural* **lessons 1.** Something to be learned. **2.** An assignment or exercise that is to be learned. **3.** A period of time for teaching or learning a certain subject; a class.

lest |lĕst| —*conjunction* **1.** For fear that. **2.** That.

let |lĕt| —*verb* **let, letting 1.** To permit; allow. **2.** To make; cause. **3.** To permit to move in a certain way. **4.** To permit to escape; to release. **5.** To rent or lease.
— *auxiliary, verb* As a helping verb **let** is used in the imperative to show: **1.** Request or command. **2.** Warning or threat.
Phrasal verb **let down 1.** To slow down; ease up. **2.** To fail to support or satisfy; disappoint. **let up** To become slower or less strong; diminish.

lemon *sustantivo* **1.** Fruta amarilla, jugosa, con forma de huevo, que tiene un sabor agrio; limón. **2.** Color amarillo claro y brillante; color limonado.
—*adjetivo* Amarillo claro brillante; limonado.

lend *verbo* **1.** Dejar que alguien use algo bajo el acuerdo de que ha de ser devuelto; prestar. **2.** Darle a alguien dinero que tiene que ser devuelto después de un período de tiempo acordado, usualmente a cierto tipo de interés; prestar. **3.** Dar; añadir: *The holiday decorations lend a festive air to the ballroom.* = *Las decoraciones de fiesta le dan un aire festivo al salón de baile.*

length *sustantivo* **1.** La distancia de una cosa medida desde un extremo al otro; longitud. **2.** La extensión completa de algo largo o extendido; largor; longitud. **3.** Un pedazo cortado de otro pedazo más largo; corte; tramo. **4.** La cantidad de tiempo que algo dura; duración.

lengthen *verbo* Hacer o hacerse más largo; alargar; prolongar; extender; estirar.

lengthy *adjetivo* **1.** Que dura largo tiempo; largo; prolongado. **2.** Que se extiende por una distancia larga; largo; extenso.

lens *sustantivo* **1. a.** Pedazo de vidrio u otro material claro que ha sido formado para hacer que los rayos de luz que pasan a través de él se junten o se esparzan; lente. **b.** Combinación de dos o más lentes usada para hacer que las cosas se vean más grandes o más cerca; lente. **2.** Parte clara del ojo detrás del iris que hace converger la luz sobre la retina; cristalino.

lent Pretérito y participio pasado del verbo **lend.**

leopard *sustantivo* Gato grande y salvaje del África y el Asia; leopardo. La mayoría de los leopardos tienen la piel amarillenta con manchas negras y algunos son completamente negros.

less *adjetivo* Comparativo del adjetivo **little.** Menos: **1.** No tan grande como otro en cantidad. **2.** Más poco: *the more police on the highways, the less accidents* = *mientras más policías en las carreteras, menos accidentes.* **3.** Más bajo en rango o importancia.
—*adverbio* A una extensión o grado más pequeño; menos: *He was less scared than his friend.* = *Él estaba menos asustado que su amigo.*
—*preposición* **1.** Menos; restando: *Six less 1 is 5.* = *Seis menos 1 es 5.* **2.** Excepto; dejando fuera: *The shipment arrived in good condition, less a couple of broken pots.* = *El envío llegó en buenas condiciones, excepto un par de ollas rotas.*
—*sustantivo* Una cantidad o parte más pequeña; menos.
—*pronombre* Menos cosas o personas; menos.

lessen *verbo* Hacer o hacerse menos; disminuir; reducir; mermar; decrecer.

lesser *adjetivo* Menor: **1.** Más pequeño en tamaño o importancia; inferior. **2.** De calidad inferior.

lesson *sustantivo* Lección: **1.** Algo que se debe aprender. **2.** Asignatura o ejercicio que debe ser aprendido. **3.** Período de tiempo para enseñar o aprender cierta materia.

lest *conjunción* **1.** De miedo que; para que no; no sea que: *Hold on tightly lest you fall off.* = *Agárrate fuerte para que no te caigas.* **2.** Que: *Friends tried to warn her about driving too fast, fearing lest she be hurt.* = *Sus amigos trataron de advertirle sobre manejar demasiado rápido, temiendo que ella se hiciera daño.*

let *verbo* **1.** Permitir; dejar. **2.** Hacer; causar; dejar: *Let me know what happened.* = *Déjame saber qué pasó.* **3.** Permitir que se mueva en cierta forma; dejar: *Let me in.* = *Déjame entrar.* **4.** Permitir que se escape; soltar; dejar salir: *Jim let the air out of the balloon.* = *Jim dejó salir el aire del globo.* **5.** Rentar o arrendar: *He lets his extra rooms to students.* = *Él renta sus cuartos adicionales a estudiantes.*
—*verbo auxiliar* Como verbo auxiliar **let** se usa en el

let's |lĕts| A contraction of "let us."

let·ter |lĕt′ər| —*noun, plural* **letters 1.** A written or printed mark that stands for a speech sound and is used to spell words; one of the signs of an alphabet. **2.** A written message addressed to someone and usually sent by mail in an envelope. —*verb* **lettered, lettering** To mark or write with letters.

let·tuce |lĕt′ĭs| —*noun, plural* **lettuces** Any of several plants with light-green leaves that are eaten as salad.

lev·el |lĕv′əl| —*adjective* **1.** Having a flat, smooth surface. **2.** Being at the same height or position; even. —*noun, plural* **levels 1.** A particular height. **2.** A stage in a process. **3.** A flat, smooth piece or stretch of land. **4.** A device or tool that is used to show whether or not a surface is flat. Carpenters use levels when they build such things as tables and bookcases. —*verb* **leveled, leveling 1.** To make smooth or flat. **2.** To knock or tear down completely. **3.** To be frank and open.

lev·er |lĕv′ər| or |lē′vər| —*noun, plural* **levers 1.** A simple machine made up of a strong, stiff bar that rests on a fixed point on which it turns. It is used to lift heavy things. **2.** A handle that juts out and is used to control or operate a machine.

li·a·ble |lī′ə bəl| —*adjective* **1.** Responsible under the law; legally obligated. **2.** Likely.

li·ar |lī′ər| —*noun, plural* **liars** A person who tells lies.

lib·er·al |lĭb′ər əl| or |lĭb′rəl| —*adjective* **1.** Giving freely; generous. **2.** Generous in amount; ample; abundant. **3.** Having respect for different people and different ideas; tolerant. **4.** Wanting or supporting political reform and social progress. —*noun, plural* **liberals** A person who has liberal political or social opinions.

lib·er·ate |lĭb′ə rāt′| —*verb* **liberated, liberating** To set free.

lib·er·ty |lĭb′ər tē| —*noun, plural* **liberties 1.** Freedom from the control or rule of another or others; independence. **2.** Freedom to act, speak, think, or believe as one chooses.

li·brar·i·an |lī brâr′ē ən| —*noun, plural* **librarians** A person who works in or is in charge of a library.

li·brar·y |lī′brĕr′ē| —*noun, plural* **libraries 1.** A large, permanent collection of books, magazines, films, or records. **2.** A room or building where such a collection is kept.

lice |līs| The plural of the noun **louse.**

li·cense |lī′səns| —*noun, plural* **licenses 1.** Legal permission to do or own something. **2.** A document, card, or other object showing that such permission has been given. —*verb* **licensed, licensing** To grant a license to or for.

lick |lĭk| —*verb* **licked, licking 1.** To pass the tongue over. **2.** To move or flicker like a tongue. **3.** To defeat; overcome. —*noun, plural* **licks 1.** A movement of the tongue

imperativo para mostrar: **1.** Una petición u orden: *Let's get going.* = *Vámonos.* **2.** Advertencia o amenaza: *Just let him try to lay his hands on me!* = ¡*Deja que trate de ponerme las manos encima!*
    Verbo en locución let down 1. Reducir la velocidad; aflojar: *We've almost finished, so don't let down now.* = *Ya casi hemos terminado, así que no aflojen ahora.* **2.** No lograr apoyar o satisfacer; decepcionar: *My friends let me down by not coming to the party.* = *Mis amigos me decepcionaron al no venir a la fiesta.*

let's Contracción de "let us".

letter *sustantivo* **1.** Marca escrita o impresa que representa un sonido del habla y se usa para deletrear palabras; uno de los signos de un alfabeto; letra. **2.** Mensaje escrito dirigido a alguien y generalmente enviado por correo en un sobre; carta. —*verbo* Marcar o escribir con letras; rotular; inscribir.

lettuce *sustantivo* Cualquiera de varias plantas con hojas color verde claro que se comen como ensalada; lechuga.

level *adjetivo* **1.** Que tiene una superficie llana y lisa; nivelado; a nivel. **2.** Que está a la misma altura o posición; igual; que está al mismo nivel. —*sustantivo* **1.** Altura particular; elevación; nivel. **2.** Etapa en un proceso; nivel; grado. **3.** Pedazo o extensión de tierra llana y lisa. **4.** Aparato o herramienta que se usa para mostrar si una superficie es llana o no; nivel. Los carpinteros usan niveles cuando construyen cosas tales como mesas y estantes de libros. —*verbo* **1.** Hacer liso o plano; aplanar; allanar. **2.** Derribar o echar abajo completamente; arrasar. **3.** Ser franco o abierto: *Tell me what's bothering you; you can level with me.* = *Dime qué te está molestando; puedes ser franco conmigo.*

lever *sustantivo* Palanca: **1.** Máquina simple compuesta de una barra fuerte y rígida que descansa sobre un punto fijo sobre el cual gira y que se usa para levantar cosas pesadas. **2.** Mango que sobresale y que se usa para controlar u operar una máquina.

liable *adjetivo* **1.** Responsable bajo la ley; obligado legalmente; que está sujeto a la ley. **2.** Probable: *He is liable to make mistakes.* = *Es probable que él cometa equivocaciones.*

liar *sustantivo* Persona que dice mentiras; mentiroso; embustero.

liberal *adjetivo* Liberal: **1.** Que da libremente; generoso. **2.** Generoso en cantidad; amplio; abundante. **3.** Que tiene respeto por diferentes personas y diferentes ideas; tolerante. **4.** Que quiere o apoya la reforma política y el progreso social. —*sustantivo* Persona que tiene opiniones políticas o sociales liberales.

liberate *verbo* Poner en libertad; libertar; emancipar.

liberty *sustantivo* Libertad del control o el mando de otro u otros; independencia. **2.** El derecho de actuar, hablar, pensar o creer según uno escoja; libertad; privilegio.

librarian *sustantivo* Persona que trabaja o que está a cargo de una biblioteca; bibliotecario.

library *sustantivo* Biblioteca: **1.** Colección grande y permanente de libros, revistas, películas o discos. **2.** Salón o edificio donde se mantiene una colección de este tipo.

lice Plural del sustantivo **louse.**

license *sustantivo* Licencia: **1.** Permiso legal para hacer o tener algo. **2.** Documento, tarjeta u otro objeto que muestra que un permiso de este tipo ha sido conferido. —*verbo* Conceder una licencia; licenciar.

lick *verbo* **1.** Pasar la lengua por encima de algo; lamer. **2.** Moverse o vibrar como una lengua; lamer: *We watched the flames lick around the logs in the fireplace.* = *Observamos las llamas lamer alrededor de*

ər butter   yōō abuse   ou out   ŭ cut   û fur   *th* the   th thin   hw which   zh vision   ə ago, item, pencil, atom, circus

over something. **2.** A natural deposit of salt that is licked by passing animals.

lid | lĭd | —*noun, plural* **lids 1.** A cover for a container; a top. **2.** An eyelid.

lie¹ | lī | —*verb* **lay, lain, lying, lies 1.** To be in or take a flat or resting position. **2.** To be or rest on a horizontal surface. **3.** To be located. **4.** To remain in a certain condition or position. **5.** To be; exist. **6.** To be buried.
Idioms **lie down on the job** To do less than one can or should. **lie low** To keep out of sight; hide.

lie² | lī | —*noun, plural* **lies** A statement that is not true made by someone who knows that it is not true.
—*verb* **lied, lying, lies** To tell a lie or lies.

lieu·ten·ant | lōō tĕn′ ənt | —*noun, plural* **lieutenants 1.** An officer in the Army, Air Force, or Marine Corps ranking below a captain. A **first lieutenant** ranks above a **second lieutenant. 2.** An officer in the Navy ranking above an ensign and below a lieutenant commander. **3.** An officer in a police or fire department ranking below a captain. **4.** Someone who acts for another person higher in authority; a chief assistant; deputy.

life | līf | —*noun, plural* **lives 1.** The property or quality that distinguishes people, plants, and animals from rocks, metals, and other objects that cannot grow and reproduce. **2.** The condition of being or remaining alive. **3.** The period of time between birth and death; lifetime. **4.** The period during which something is useful, working, or in existence. **5.** Living things in general. **6.** A living being. **7.** Human existence or activity in general. **8.** A way of living.

life·time | līf′ tīm′ | —*noun, plural* **lifetimes** The period of time during which someone or something remains alive, exists, or functions.

lift | lĭft | —*verb* **lifted, lifting 1.** To raise into the air from a resting position; pick up. **2.** To move or direct upward; raise. **3.** To rise and disappear.
Phrasal verb **lift off** To begin flight, as a rocket or spacecraft.
—*noun, plural* **lifts 1.** The act or process of lifting or being lifted. **2.** The distance or height something rises or is raised. **3.** A short ride in a car or other vehicle. **4.** A better and happier feeling; a rise in spirits. **5.** A moving cable to which seats are attached. It is used to carry people up a hill or mountain.

light¹ | līt | —*noun, plural* **lights 1.** A natural or man-made bright form of energy that makes it possible for human beings to see. **2.** Anything that gives off any of these forms of energy. . **3.** A means of setting something on fire. **4.** A way of looking at or thinking about a certain matter.
—*adjective* **lighter, lightest 1.** Bright; not dark.

los leños en la chimenea. **3.** Derrotar; vencer; dar una paliza: *Our players licked the other team in the game.* = *Nuestros jugadores le dieron una paliza al otro equipo en el juego.*
—*sustantivo* **1.** Movimiento de la lengua sobre algo; lamedura; lengüetada. **2.** Depósito natural de sal que es lamido por animales que pasan.

lid *sustantivo* **1.** La cobertura de un envase; tapa. **2.** Párpado.

lie¹ *verbo* **1.** Estar en o asumir una posición horizontal o de descanso; yacer; echarse; acostarse; estar echado. **2.** Estar o descansar sobre una superficie horizontal; estar; yacer: *The newspaper is lying on the floor.* = *El periódico está (yace) en el piso.* **3.** Estar localizado; hallarse; encontrarse: *East of here lie many tiny islands.* = *Al este de aquí se hallan muchas pequeñas islas.* **4.** Permanecer en cierta condición o posición; continuar: *We let the land lie barren.* = *Nosotros dejamos que la tierra permaneciera árida.* **5.** Ser; existir; estar: *Love lies in the heart, not in the head.* = *El amor está en el corazón, no en la cabeza.* **6.** Estar enterrado; yacer.
Modismos **lie down on the job** Hacer menos de lo que uno puede o debe. **lie low** Mantenerse fuera de vista; esconderse.

lie² *sustantivo* Declaración que no es verdad, hecha por alguien que sabe que no es verdad; mentira; embuste; falsedad.
—*verbo* Decir una mentira o mentiras; mentir.

lieutenant *sustantivo* Teniente: **1.** Oficial en el ejército, la fuerza aérea o infantería de marina con rango inferior al de capitán. Un **primer teniente** tiene un rango superior a un **segundo teniente. 2.** Oficial en la Marina de Guerra con rango superior al de alférez e inferior al de teniente comandante; teniente de navío. **3.** Oficial en un departamento de policía o de bomberos con rango inferior al de capitán. **4.** Alguien que actúa en substitución de otra persona de más alta autoridad; asistente en jefe; suplente.

life *sustantivo* Vida: **1.** La propiedad o cualidad que distingue las personas, plantas y animales de las rocas, los metales y otros objetos que no pueden crecer y reproducirse. **2.** La condición de estar o permanecer vivo. **3.** El período de tiempo entre el nacimiento y la muerte. **4.** El período durante el cual algo es útil, funciona o existe. **5.** Las cosas vivientes en general. **6.** Un ser viviente: *The earthquake claimed hundreds of lives.* = *El terremoto destruyó cientos de vidas.* **7.** La existencia o actividad humana en general. **8.** La manera de vivir; clase de vida.

lifetime *sustantivo* El período de tiempo durante el cual alguien o algo se mantiene vivo, existe o funciona; vida.

lift *verbo* **1.** Elevar en el aire desde una posición inmóvil; levantar; alzar. **2.** Mover o dirigir hacia arriba; elevar; levantar. **3.** Levantarse y desaparecer; despejarse: *We are waiting for the fog to lift.* = *Estamos esperando que se despeje la neblina.*
Verbo en locución **lift off** Comenzar el vuelo un cohete o nave espacial; despegar.
—*sustantivo* **1.** El acto o proceso de levantar o ser levantado; alzamiento; levantamiento; elevación. **2.** La distancia o altura que algo se eleva o es levantado; elevación. **3.** Recorrido breve en un carro u otro vehículo; vuelta. **4.** Un sentimiento mejor y más alegre; exaltación del ánimo; estímulo: *The news from home gave us all a lift.* = *Las noticias de casa nos dieron estímulo a todos.* **5.** Cable movedizo con asientos sujetos que se usa para llevar gente a la cima de una loma o montaña; teleférico.

light¹ *sustantivo* **1.** Forma brillante de energía natural o artificial que hace posible que los seres humanos vean; luz; lumbre; iluminación. **2.** Cualquier cosa que emite cualquiera de esta formas de energía; luz. **3.** Medio de ponerle fuego a algo; lumbre. **4.** Manera de mirar o pensar sobre algún asunto; luz; perspectiva: *This puts the whole problem in a different light.* = *Esto*

2. Pale in color.
—*verb* **lighted** or **lit, lighting 1.** To begin to burn or set burning. **2.** To cause to give off light; turn on. **3.** To provide with light. **4.** To guide or show with a light. **5.** To make lively.

light² |līt| —*adjective* **lighter, lightest 1.** Having little weight; not heavy. **2.** Small in amount, force, intensity, or impact. **3.** Not serious; requiring little thought; entertaining. **4.** Moving easily and gracefully; nimble; agile. **5.** Requiring little effort; easy to do or to deal with. **6.** Slightly unsteady or faint; dizzy.
—*adverb* With little or no luggage.
—*verb* **lighted** or **lit, lighting 1.** To come to rest; to land; to perch. **2.** To get down; alight.

light·en¹ |līt′n| —*verb* **lightened, lightening** To make or become brighter or less dark.
light·en² |līt′n| —*verb* **lightened, lightening 1.** To make less heavy; reduce the weight of. **2.** To make less difficult to do or hard to bear. **3.** To make happier; to cheer.

light·er |lī′tər| —*noun, plural* **lighters 1.** A person who lights or ignites something. **2.** A mechanical device used to light or ignite a cigarette, cigar, or pipe for smoking.
light·house |līt′hous′| —*noun, plural* **light·hous·es** |līt′hou′zĭz| A tower with a powerful light at the top for guiding ships.
light·ly |līt′lē| —*adverb* **1.** With little weight, force, pressure, or intensity; gently. **2.** To a small amount or degree; slightly. **3.** In an easy and graceful way.

light·ning |līt′nĭng| —*noun* A big flash of light that appears in the sky from natural causes.
lik·a·ble |lī′kə bəl| —*adjective* Easy to like; having a pleasing personality. Another form of this word is **likeable.**
like¹ |līk| —*verb* **liked, liking 1.** To be fond of; regard favorably. **2.** To find pleasant; enjoy. **3.** To wish or want.
—*plural noun* **likes** The things a person enjoys or favors; preferences.

like² |līk| —*preposition* **1.** Similar to; much the same as. **2.** In character with; typical of. **3.** In the same manner as. **4.** Such as. **5.** In the mood for. **6.** As if something is happening or will happen.
—*adjective* Exactly or nearly the same; similar.
—*noun* The equal of a person, animal, or thing.

like·a·ble |lī′kə bəl| *adjective* A form of the word **likable.**
like·li·hood |līk′lē hood′| —*noun, plural* **likelihoods** The chance of something happening; probability.
like·ly |līk′lē| —*adjective* **likelier, likeliest 1.** Having or showing a good chance of happening; more or less certain; probable. **2.** Seeming to be true; such as can be believed. **3.** Suitable; fitting; appropriate.

pone el problema en una perspectiva diferente.
—*adjetivo* **1.** Brillante; no oscuro; claro. **2.** De color pálido; claro.
—*verbo* **1.** Comenzar a quemarse o ponerle fuego a algo; quemar; prender. **2.** Hacer que de luz; prender; encender. **3.** Proveer de luz; iluminar; alumbrar. **4.** Guiar o enseñar con una luz; iluminar; alumbrar. **5.** Animar; avivar; iluminar: *A smile lighted her face.* = *Una sonrisa iluminó su rostro.*

light² *adjetivo* **1.** Que tiene poco peso; no pesado; liviano; ligero. **2.** Pequeño en cantidad, fuerza, intensidad o impacto; liviano; ligero; leve. **3.** Que no es serio; que requiere poca concentración; entretenido; liviano. **4.** Que se mueve con facilidad y gracia; ligero; ágil. **5.** Que requiere poco esfuerzo; fácil de hacer o manejar; ligero. **6.** Levemente inestable o débil; mareado; aturdido; que tiene una sensación de vértigo.
—*adverbio* Con poco o ningún equipaje; ligeramente.
—*verbo* **1.** Detenerse; aterrizar; posarse: *The bird lit on my shoulder.* = *El pájaro se posó sobre mi hombro.* **2.** Bajarse; descender; apearse.

lighten¹ *verbo* Hacer o hacerse más brillante o menos oscuro; aclarar; clarear; iluminar.
lighten² *verbo* **1.** Hacer menos pesado; reducir el peso de algo; aligerar. **2.** Hacer menos difícil o menos duro de llevar; facilitar; aligerar. **3.** Hacer más feliz; alegrar: *A merry song lightens everyone's heart.* = *Una canción alegre alegra el corazón de todos.*

lighter *sustantivo* **1.** Persona que prende o enciende algo; encendedor. **2.** Instrumento mecánico usado para prender o encender un cigarrillo, cigarro o pipa; encendedor; chisquero.
lighthouse *sustantivo* Torre con una luz poderosa al tope para guiar los barcos; faro.

lightly *adverbio* **1.** Con poco peso, fuerza, presión o intensidad; suavemente; levemente. **2.** En pequeña cantidad o grado; levemente; ligeramente. **3.** En forma natural y graciosa; ligeramente.

lightning *sustantivo* Gran destello de luz que aparece en el cielo por causas naturales; relámpago; rayo.
likable *adjetivo* Fácil de querer; que tiene una personalidad agradable; simpático; amable. En inglés otra forma de esta palabra es **likeable.**
like¹ *verbo* **1.** Guardar afecto; mirar favorablemente; tener simpatía; apreciar. **2.** Encontrar agradable; disfrutar de algo; gustar algo. **3.** Desear o querer; gustar: *Take as much as you like.* = *Coge cuanto gustes.*
—*sustantivo plural* **likes** Las cosas que una persona disfruta o prefiere; preferencia; gustos.

like² *preposición* **1.** Similar; casi lo mismo; parecido. **2.** Característico de algo o alguien; propio; típico: *It's not like him to let his friends down.* = *No es propio de él decepcionar a sus amigos.* **3.** En la misma forma; como: *He acts like a grown-up person.* = *Él actúa como una persona madura.* **4.** Tal como: *They bought many vegetables like cucumbers, spinach, mushrooms, and lettuce for the salad.* = *Ellos compraron muchos vegetales tales como pepinos, espinaca, hongos y lechuga para la ensalada.* **5.** Tener ganas: *I feel like taking a nap.* = *Tengo ganas de tomar una siesta.* **6.** Como si algo estuviera pasando o fuera a pasar; que parece: *It looks like rain.* = *Parece que va a llover.*
—*adjetivo* Exactamente o casi lo mismo; similar; parecido.
—*sustantivo* El igual de una persona, animal o cosa; semejante: *What a great football player! I have never seen his like before.* = *¡Qué buen jugador de fútbol! Jamás he visto algo semejante antes.*

likeable *adjectio* Otra forma de la palabra **likable.**

likelihood *sustantivo* La posibilidad de que algo pase; probabilidad.
likely *adjetivo* **1.** Que tiene o muestra una buena posibilidad de suceder; más o menos seguro; probable. **2.** Que parece ser verdad; de tal forma que puede ser creído; creíble; verosímil: *They had a likely excuse for*

—*adverb* Probably.

like·ness |līk′nĭs| —*noun, plural* **likenesses**
1. Similarity or resemblance. **2.** A copy or picture of someone or something.

like·wise |līk′wīz′| —*adverb* **1.** In the same way; similarly. **2.** Moreover; also; too.

lik·ing |lī′kĭng| —*noun, plural* **likings 1.** A kindly feeling; a special feeling of affection. **2.** Preference or taste.

lil·y |lĭl′ē| —*noun, plural* **lilies** A plant with white or brightly colored flowers shaped like trumpets. There are several kinds of lilies.

limb |lĭm| —*noun, plural* **limbs 1.** A leg, arm, wing, or flipper. **2.** One of the larger branches of a tree.

lim·ber |lĭm′bər| —*adjective* **limberer, limberest** Bending or moving easily; supple; flexible.
—*verb* **limbered, limbering** To make or become limber.

lim·it |lĭm′ĭt| —*noun, plural* **limits 1.** A point or line beyond which one cannot go; a final boundary at which something stops or must stop. **2.** Often **limits** The boundary around a certain area; boundary line. **3.** The greatest amount or number allowed or possible.
—*verb* **limited, limiting** To place a limit on; restrict; confine.

limp |lĭmp| —*verb* **limped, limping 1.** To walk with an uneven or awkward movement, placing the body's weight mostly on one leg. **2.** To move or proceed slowly or with difficulty.
—*noun, plural* **limps** An uneven or awkward way of walking.

line¹ |līn| —*noun, plural* **lines 1.** A path taken by a point that is free to move. **2.** A long, thin mark. A line can be made by a pen, pencil, or tool. **3.** A border or boundary. **4.** Something that separates two things. **5.** A group of people or things in a row. **6.** Often **lines** The outline or style of something. **7.** A row of words on a page or column. **8.** **lines** The words said by an actor in a play. **9.** A wrinkle or crease on the skin. **10.** A rope, string, cord, or wire. **11.** A certain point of view or course of action. **12.** A system of transportation. **13.** A system of wires used to connect electricity. **14.** A range or kind of goods having several styles and sizes. **15.** A person's job or trade. **16.** A short letter.
—*verb* **lined, lining 1.** To mark with lines. **2.** To form a line along. **3.** To fill or cover.
Phrasal verb **line up 1.** To arrange in or form a line. **2.** To win over; gain.

line² |līn| —*verb* **lined, lining 1.** To cover the inside of something with a layer of material. **2.** To serve as a lining for.

lin·e·ar |lĭn′ē ər| —*adjective* **1.** Of or using a line or lines. **2.** Of length.

lin·en |lĭn′ən| —*noun, plural* **linens 1.** A strong cloth made from flax fibers. **2.** Often **linens** Cloth things such as tablecloths, sheets, and napkins that are made of linen.

lin·er |lī′nər| —*noun, plural* **liners** A ship or airplane that carries passengers on a regular route.

being late. = *Ellos tenían una excusa creíble para explicar su tardanza.* **3.** Conveniente; adecuado; apropiado.
—*adverbio* Probablemente; con toda seguridad: *Most likely it's just a passing fad.* = *Con toda seguridad es sólo una moda pasajera.*

likeness *sustantivo* **1.** Similitud o parecido; semejanza. **2.** Copia o imagen de alguien o algo; retrato; foto.

likewise *adverbio* **1.** En la misma forma; asimismo; igualmente. **2.** Por otra parte; además; también: *He is likewise the captain of our football team.* = *Él es además el capitán de nuestro equipo de fútbol.*

liking *sustantivo* **1.** Sentimiento cariñoso; sentimiento especial de afecto; cariño. **2.** Preferencia o gusto; afición.

lily *sustantivo* Planta con flores de color blanco o brillante en forma de trompeta; lirio.

limb *sustantivo* **1.** Pierna, brazo, ala o aleta; miembro; extremidad. **2.** Una de las ramas más grandes de un árbol; rama.

limber *adjetivo* Que se dobla o mueve fácilmente; flexible; blando; flojo.
—*verbo* Hacer o hacerse blando.

limit *sustantivo* **1.** Punto o línea más allá de la cual uno no puede ir; término final en el cual algo para o debe parar; límite; confín; fin. **2.** A veces **limits** El término alrededor de cierta área; línea fronteriza; límites. **3.** La cantidad o número más grande que se permite o que es posible; límite; cantidad o precio tope.
—*verbo* Poner un límite a algo; restringir; confinar; limitar.

limp *verbo* **1.** Caminar con un movimiento desigual o brusco, poniendo el peso del cuerpo mayormente en una sola pierna; cojear; renguear. **2.** Moverse o proceder lentamente y con dificultad; arrastrarse.
—*sustantivo* Manera desigual o torpe de caminar; cojera; renguera.

line¹ *sustantivo* Línea: **1.** Trayectoria tomada por un punto que está libre para moverse. **2.** Marca larga y fina. Una línea puede ser hecha por una pluma, un lápiz o una herramienta. **3.** Límite o término; frontera. **4.** Algo que separa dos cosas. **5.** Grupo de personas o cosas en hilera; fila. **6.** A veces **lines** El contorno o estilo de algo; líneas: *She doesn't like the lines of his new suit.* = *A ella no le gustan las líneas de su nuevo traje.* **7.** Hilera de palabras en una página o columna. **8.** **lines** Las palabras pronunciadas por un actor en un drama; parte. **9.** Arruga o pliegue en la piel; surco. **10.** Soga, hilo, cuerda o alambre. **11.** Cierto punto de vista o método de actuación; programa. **12.** Sistema de transportación. **13.** Sistema de alambres usado para conectar la electricidad. **14.** Serie o clase de productos que tiene varios estilos y tamaños. **16.** Carta breve: *I'll drop you a line from California.* = *Te escribiré unas líneas desde California.*
—*verbo* **1.** Marcar con líneas; trazar líneas; linear; rayar. **2.** Formar una línea; hacer una línea o líneas; alinearse. **3.** Llenar o cubrir; revestir.
Verbo en locución **line up 1.** Arreglar o formar una línea; poner o ponerse en línea; alinear. **2.** Ganarse; conseguir; asegurarse.

line² *verbo* Forrar: **1.** Cubrir el interior de algo con una capa de material. **2.** Servir de forro a algo.

linear *adjetivo* Lineal: **1.** Que concierne a o que usa una línea o líneas; rayado. **2.** Que concierne a la longitud; longitudinal.

linen *sustantivo* **1.** Tela fuerte hecha de fibras de lino; lienzo; lino. **2.** A veces **linens** Cosas de tela tales como manteles, sábanas y servilletas hechas de lino; lencería.

liner *sustantivo* Barco o avión que lleva pasajeros por una ruta regular; transatlántico; transporte.

ă pat ā pay â care ä father ĕ pet ē be ĭ pit ī pie î fierce ŏ pot ō go ô paw, for oi oil oo book oo boot

lin·ger |lĭng′gər| —*verb* **lingered, lingering** To stay on longer than usual, as if not willing to leave.

lin·ing |lī′nĭng| —*noun, plural* **linings** A layer of material used on the inside surface of something.

link |lĭngk| —*noun, plural* **links 1.** A ring or loop that is part of a chain. **2.** Anything that joins or connects. —*verb* **linked, linking** To join or connect.

lint |lĭnt| —*noun* Bits of fiber and fluff from yarn or cloth.

li·on |lī′ən| —*noun, plural* **lions** A large, powerful wild cat of Africa and India. Lions have a smooth, light-brown coat. The males have a shaggy mane around the neck and shoulders.

li·on·ess |lī′ə nĭs| —*noun, plural* **lionesses** A female lion.

lip |lĭp| —*noun, plural* **lips 1.** One of the two muscular folds of tissue that form the outside edge of the mouth. **2.** The rim or edge of a container.

lip·stick |lĭp′stĭk′| —*noun, plural* **lipsticks** A stick of material like wax, used to color the lips.

liq·uid |lĭk′wĭd| —*noun, plural* **liquids** A form of matter that is not a gas or a solid. A liquid flows readily and it can take the shape of its container. Unlike a gas the liquid will not necessarily fill its container. Water, milk, and juice are liquids. —*adjective* In the state of a liquid.

liq·uor |lĭk′ər| —*noun, plural* **liquors** An alcoholic beverage. Whiskey is a liquor.

list¹ |lĭst| —*noun, plural* **lists** A series of names of people or things written one after the other. —*verb* **listed, listing 1.** To make a list of. **2.** To include in a list.

list² |lĭst| —*noun, plural* **lists** A tilt or slant to one side. —*verb* **listed, listing** To tilt to one side.

lis·ten |lĭs′ən| —*verb* **listened, listening** To try to hear something.

lis·ten·er |lĭs′ə nər| —*noun, plural* **listeners** A person who listens or pays attention.

lit¹ |lĭt| A past tense and past participle of the verb **light** (to begin to burn).

lit² |lĭt| A past tense and past participle of the verb **light** (to come to rest).

li·ter |lē′tər| —*noun, plural* **liters** A unit of liquid measure in the metric system. A liter is equal to about 1.056 liquid quarts.

lit·er·al·ly |lĭt′ər ə lē| —*adverb* **1.** Word for word. **2.** Really; actually.

lit·er·ar·y |lĭt′ə rĕr′ē| —*adjective* Of literature.

lit·er·a·ture |lĭt′ər ə chər| —*noun, plural* **literatures 1.** A body of writing, especially writing that has lasting value because it shows beauty of expression, nobility of thought, or great imagination. Literature includes plays, poetry, and stories. **2.** Printed material of any kind.

lit·ter |lĭt′ər| —*noun, plural* **litters 1.** A couch on poles on which a person is carried. **2.** A stretcher for carrying sick or wounded people. **3.** Young animals born at one time. **4.** Scraps of paper and other waste material left lying around. —*verb* **littered, littering** To make a place messy by leaving litter around.

lit·tle |lĭt′l| —*adjective* **littler, littlest** or **least 1.** Small in size or quantity; not big. **2.** Young. **3.** Also *comparative* **less,** *superlative* **least. a.** Short in time or distance; brief. **b.** Unimportant. **4.** Without much force; weak. —*adverb* **less, least** Not much. —*noun* **1.** A small amount. **2.** A short time or distance.

linger *verbo* Quedarse más de lo acostumbrado, como si uno no estuviera dispuesto a irse; demorarse; dilatarse.

lining *sustantivo* Capa de tela usada en la superficie interior de algo; forro.

link *sustantivo* **1.** Anillo o aro que forma parte de una cadena; eslabón; anillo de cadena. **2.** Cualquier cosa que junta o conecta; eslabón; vínculo. —*verbo* Juntar o conectar; enlazar; ligar.

lint *sustantivo* Pedacitos de fibra y pelusa del hilo o la tela; hilas; hilacha.

lion *sustantivo* Gato salvaje grande y fuerte del África y la India que tiene un pelaje suave, color marrón claro; león. Los leones machos tienen una melena lanuda alrededor del cuello y los hombros.

lioness *sustantivo* Leona.

lip *sustantivo* **1.** Uno de los dos pliegues musculares de tejido que se encuentra en el borde exterior de la boca; labio. **2.** El canto o extremo de un envase; borde.

lipstick *sustantivo* Palillo de material como de cera usado para colorear los labios; lápiz labial.

liquid *sustantivo* Forma de la materia que no es ni gas ni sólido; líquido. El líquido fluye fácilmente y asume la forma de su envase. A diferencia del gas, el líquido no llena necesariamente su envase. El agua, la leche y el jugo son líquidos. —*adjetivo* En estado líquido; líquido.

liquor *sustantivo* Bebida alcohólica; licor. El whiskey es un licor.

list¹ *sustantivo* Serie de nombres, personas o cosas escritas una después de otra; lista; relación; catálogo. —*verbo* **1.** Hacer una lista. **2.** Incluir en una lista; inscribir; catalogar.

list² *sustantivo* Inclinación o sesgo hacia un lado; escora; declive. —*verbo* Inclinarse hacia un lado; escorar.

listen *verbo* Tratar de oír algo; escuchar.

listener *sustantivo* Persona que escucha o pone atención; oyente; escucha.

lit¹ Pretérito y participio pasado del verbo **light.**

lit² Pretérito y participio pasado del verbo **light.**

liter *sustantivo* Unidad de capacidad del sistema métrico; litro. Un litro es igual a 1.056 cuartos líquidos.

literally *adverbio* Literalmente: **1.** Palabra por palabra. **2.** Realmente; actualmente.

literary *adjetivo* De la literatura; literario.

literature *sustantivo* **1.** Conjunto de escritos, especialmente escritos que tienen valor duradero porque demuestran belleza de expresión, nobleza de pensamiento y gran imaginación; literatura. La literatura incluye el drama, la poesía y el cuento. **2.** Material impreso de cualquier tipo; impresos; folletos.

litter *sustantivo* **1.** Canapé o silla sobre postes en el cual una persona es llevada; litera. **2.** Camilla para cargar los enfermos o heridos; litera. **3.** Animales pequeños nacidos al mismo tiempo; cría; críos. **4.** Pedazos de papel u otro material de desecho esparcidos en el suelo; basura; desperdicios. —*verbo* Tornar un lugar desordenado, dejando basura por todos lados; desordenar; descomponer.

little *adjetivo* **1.** De reducido tamaño o cantidad; que no es grande; pequeño; poco. **2.** Joven; pequeño o pequeñito. **3. a.** Breve, corto en tiempo o distancia. **b.** Sin importancia; trivial. **4.** Sin mucha fuerza; débil; leve: *a little sob* = *un sollozo leve.* —*adverbio* No mucho; poco: *She eats little.* = *Ella come poco.* —*sustantivo* **1.** Poca cantidad; poco: *What little they have is broken.* = *Lo poco que tienen está roto.* **2.** Poco o corto tiempo o distancia.

---

live¹ |lĭv| —*verb* **lived, living** **1.** To have life; exist. **2.** To continue to stay alive. **3.** To support oneself; maintain life. **4.** To make one's home; dwell. **5.** To lead one's life in a certain way.

live² |līv| —*adjective* **1.** Having life; alive. **2.** Glowing or burning. **3.** Carrying electric current. **4.** Not exploded; able to be fired. **5.** Broadcast while actually being performed; not taped.

live·li·hood |līv′lē hŏŏd′| —*noun, plural* **livelihoods** The way a person earns a living.

live·ly |līv′lē| —*adjective* **livelier, liveliest** **1.** Full of life; active. **2.** Bright; vivid. **3.** Brisk; alert. —*adverb* In a lively manner; briskly or vigorously.

liv·er |lĭv′ər| —*noun, plural* **livers** **1.** A large organ in the abdomen of people and animals. The liver makes bile and helps the body process food. **2.** The liver of an animal used as food.

lives |līvz| The plural of the noun **life**.

liv·id |lĭv′ĭd| —*adjective* **1.** Changed in color because of a bruise. **2.** Very pale or white, as from anger or some other strong feeling.

liv·ing |lĭv′ĭng| —*adjective* **1.** Having life; alive. **2.** In present use. **3.** True to life. **4.** Of or for a certain way of life. —*noun, plural* **livings** **1.** The condition of being alive. **2.** A manner or style of life. **3.** A way of maintaining life; a livelihood. **4.** **the living** Those who are alive.

living room A room in a home for general use.

liz·ard |lĭz′ərd| —*noun, plural* **lizards** An animal that has a scaly body, four legs, and a long tail. There are many kinds of lizards. Most of them live in warm parts of the world.

load |lōd| —*noun, plural* **loads** **1.** Something that is carried. **2.** The amount of work or number of duties to be done by a person or machine. **3.** One charge of ammunition for a gun. **4.** Often **loads** A great number or amount. —*verb* **loaded, loading** **1. a.** To put something to be carried in or on a vehicle or structure. **b.** To place something to be carried in or on. **2.** To provide or fill nearly to overflowing. **3.** To weigh down. **4.** To charge with ammunition. **5.** To put needed materials into a machine.

loaf¹ |lōf| —*noun, plural* **loaves** **1.** Bread that is baked in one piece. **2.** Any kind of food that is shaped like a loaf.

loaf² |lōf| —*verb* **loafed, loafing** To spend time in a lazy manner or without purpose.

loaf·er |lō′fər| —*noun, plural* **loafers** **1.** A person who loafs. **2.** A shoe shaped like a moccasin.

loan |lōn| —*noun, plural* **loans** **1.** The act of lending. **2. a.** Something borrowed. **b.** A sum of money lent.

live¹ *verbo* Vivir: **1.** Tener vida; existir. **2.** Continuar con vida; perdurar: *Long live the king!* = ¡Viva el rey! **3.** Pagarse uno sus propios gastos; mantenerse. **4.** Tener residencia; residir; habitar. **5.** Llevar una cierta clase de vida: *They married and lived happily ever after.* = Se casaron y vivieron felices para siempre.

live² *adjetivo* **1.** Que tiene vida; vivo. **2.** En ascuas; encendido. **3.** Que lleva corriente eléctrica; cargado con corriente: *a live wire* = un alambre cargado. **4.** Que no ha explotado; que se puede disparar; cargado: *live ammunition* = municiones cargadas. **5.** Transmitido en el momento en que sucede; en vivo; directo; que no es grabado.

livelihood *sustantivo* La forma o manera en que una persona se gana la vida; subsistencia; mantenimiento.

lively *adjetivo* **1.** Lleno de vida; activo. **2.** Brillante; vivo: *lively colors* = colores vivos. **3.** Rápido, animado; ágil, alerta: *lively talk* = conversación animada; *a lively mind* = una mente ágil. —*adverbio* En forma rápida; rápida o vigorosamente; aprisa: *Step lively!* = ¡Ándese aprisa!

liver *sustantivo* Hígado: **1.** Órgano grande en el abdomen de las personas y animales. El hígado fabrica la bilis y ayuda al cuerpo a transformar los alimentos. **2.** El hígado de un animal utilizado como alimento:

lives Plural del sustantivo **life**.

livid *adjetivo* **1.** Cambio de color debido a un golpe o magulladura; amoratado; lívido. **2.** Muy pálido o blanco, como por la ira o cualquier otro sentimiento fuerte; lívido.

living *adjetivo* **1.** Que tiene vida; viviente; vivo. **2.** De uso actual; contemporáneo; vivo: *English is a living language.* = El inglés es un idioma vivo. **3.** Que se asemeja mucho; vivo: *He is the living picture of his brother.* = Él es el vivo retrato de su hermano. **4.** De o relativo a un cierto modo de vida: *living conditions in a city* = las condiciones de vida en una ciudad. —*sustantivo* **1.** Condición de estar vivo; el hecho de vivir; vida: *Living is painful for this sick cat.* = La vida es dolorosa para este gato enfermo. **2.** Modo o estilo de vida: *fancy living* = vida elegante. **3.** Modo de mantener la vida; sustento. **4.** **the living** Los que tienen vida; los vivos.

living room *sustantivo* Habitación de una casa para uso general; sala.

lizard *sustantivo* Animal de cuerpo cubierto de escamas, cuatro patas y cola larga; lagarto; lagartija. Hay muchas clases de lagartos y la mayoría de ellos viven en las regiones cálidas del mundo.

load *sustantivo* **1.** Cosa que se carga o transporta; carga. **2.** Cantidad de trabajo o deberes que una persona o máquina debe hacer; carga: *a heavy work load* = una gran carga de trabajo. **3.** Cantidad de municiones para un arma de fuego; carga. **4.** A veces **loads** Gran cantidad; montones: *loads of fun* = gran cantidad de diversión. —*verbo* **1. a.** Poner algo para ser transportado; dentro o sobre un vehículo o estructura; cargar. **b.** Colocar algo para ser transportado; cargar. **2.** Suministrar o llenar hasta casi desbordar; llenar; colmar; hacer rebosar: *They loaded our sacks with candy.* = Llenaron nuestros sacos de dulces. **3.** Recargar; presionar: *His father was loaded with problems.* = Su padre estaba presionado por los problemas. **4.** Cargar con municiones. **5.** Poner materiales necesarios en una máquina; cargar: *to load film into a camera* = cargar una cámara con un rollo.

loaf¹ *sustantivo* **1.** Pan cocido en una sola pieza; pan o pieza de pan. **2.** Cualquier clase de alimento en forma de pan.

loaf² *verbo* Pasar el tiempo de manera holgazana o sin ningún propósito; holgazanear.

loafer *sustantivo* **1.** Persona holgazana; holgazán; vago; ocioso. **2.** Zapato parecido al mocasín.

loan *sustantivo* **1.** Acto de prestar; préstamo: *the loan of a raincoat to a friend* = el préstamo de un imperme-

---

ă pat ā pay â care ä father ĕ pet ē be ĭ pit ī pie î fierce ŏ pot ō go ô paw, for oi oil ŏŏ book ōō boot

—*verb* **loaned, loaning** To lend.

loaves |lōvz| The plural of the noun **loaf.**

lob·by |lŏb′ē| —*noun, plural* **lobbies 1.** A hall or waiting room in a hotel, apartment house, or theater. **2.** A group of private people who try to influence lawmakers.
—*verb* **lobbied, lobbying, lobbies** To try to influence lawmakers.

lob·ster |lŏb′stər| —*noun, plural* **lobsters** A sea animal that has a long body covered with a hard shell. The two front legs have large, heavy claws. Lobsters are often eaten as food.

lo·cal |lō′kəl| —*adjective* **1.** Of a certain area or place. **2.** Making many stops; not express. **3.** Of one part of the body rather than the entire system.
—*noun, plural* **locals** A local train or bus.

lo·cate |lō′kāt′| or |lō kāt′| —*verb* **located, locating 1.** To find and show the position of. **2.** To find by searching or asking. **3.** To place or put in a certain spot. **4.** To go and live somewhere.

lo·ca·tion |lō kā′shən| —*noun, plural* **locations 1.** A place where something is located or found; a position. **2.** The act of locating. **3.** An area away from a motion-picture studio where a scene is filmed.

lock¹ |lŏk| —*noun, plural* **locks 1.** A fastener worked by a key or a combination that holds something shut. **2.** A part of a canal, closed off with gates, in which a ship can be raised or lowered by pumping water in or out. **3.** A part in a gun for exploding the charge.
—*verb* **locked, locking 1.** To fasten with a lock or locks. **2.** To hold, fasten, or bind tightly in place. **3.** To become tightly held, fastened, or firm. **4.** To link together.

lock² |lŏk| —*noun, plural* **locks 1.** A curl of hair; a ringlet. **2. locks** The hair of the head.

lo·co·mo·tive |lō′kə mō′tĭv| —*noun, plural* **locomotives** An engine used to pull or push railroad cars along a track.

lodge |lŏj| —*noun, plural* **lodges 1.** A cottage or cabin, especially a small one used as a temporary shelter. **2.** A small branch of a large organization, as a club or secret society.
—*verb* **lodged, lodging 1.** To provide with a place for sleeping. **2.** To live in a place. **3.** To live in a rented room or rooms. **4.** To be or become stuck or caught. **5.** To present a charge or complaint to the proper official.

log |lôg| or |lŏg| —*noun, plural* **logs 1. a.** A large trunk of a tree that has fallen or been cut down. **b.** A cut length of such wood used for building, firewood, or lumber. **2. a.** An official record of speed, progress, and important events, kept on a ship or aircraft. **b.** Any written report or record.
—*verb* **logged, logging 1.** To cut down trees, trim them, and carry the logs away from a forest area. **2.** To enter something in a log or other record.

able a un amigo. **2. a.** Algo que se toma prestado: *The lamp is a loan from my neighbor.* = *La lámpara es un préstamo de mi vecino.* **b.** Cantidad de dinero prestado; préstamo.
—*verbo* Prestar.

loaves Plural del sustantivo **loaf.**

lobby *sustantivo* **1.** Pasillo o antesala en un hotel, casa de departamentos o teatro; vestíbulo; antecámara. **2.** Grupo u organización privada que trata de influenciar a los legisladores para que sugieran o aprueben leyes favorables a sus intereses.
—*verbo* El acto de influenciar así descrito.

lobster *sustantivo* Animal marino de cuerpo alargado y cubierto por un caparazón duro cuyas dos patas delanteras están provistas de grandes y fuertes muelas o tenazas; langosta. Con frecuencia, las langostas se utilizan como alimento.

local *adjetivo* Local: **1.** De cierta zona o lugar. **2.** Que hace muchas paradas; que no es directo: *a local train* = *un tren local.* **3.** De una parte del cuerpo y no de todo el organismo.
—*sustantivo* Tren o autobús local.

locate *verbo* **1.** Encontrar y mostrar una posición; ubicar; encontrar; localizar. **2.** Encontrar buscando o preguntando; hallar. **3.** Colocar o poner en cierto lugar; situar. **4.** Ir a vivir a algún lugar; mudarse; domiciliarse en algún sitio: *The family has located in Iowa.* = *La familia se ha ido a vivir a Iowa.*

location *sustantivo* **1.** Lugar donde está situado o se encuentra algo; posición; lugar; dirección. **2.** Acto de encontrar o localizar; localización. **3.** Zona alejada de un estudio cinematográfico donde se filma una escena; exteriores.

lock¹ *sustantivo* **1.** Cierre que funciona por medio de una llave o combinación y que mantiene algo cerrado; cerradura. **2.** Parte de un canal que se cierra con compuertas, en el cual los barcos son alzados o bajados por medio del bombeo de agua; esclusa; compuerta. **3.** Parte de un arma de fuego que hace detonar la carga.
—*verbo* **1.** Asegurar con cerradura o cerraduras; poner cerrojo; cerrar. **2.** Sujetar, pegar o trabar en un lugar: *The brakes locked the wheels.* = *Los frenos trabaron las ruedas.* **3.** Ser sujetado, cerrado o apretado firmemente; cerrarse: *This valve locks automatically under pressure.* = *Esta válvula se cierra automáticamente bajo presión.* **4.** Conectarse; entrelazarse: *They locked arms.* = *Entrelazaron sus brazos.*

lock² *sustantivo* **1.** Bucle de cabello; mecha; mechón; rizo. **2. locks** Pelo de la cabeza; cabellera.

locomotive *sustantivo* Máquina que se usa para halar o empujar vagones de ferrocarril sobre los rieles; locomotora.

lodge *sustantivo* **1.** Cabaña, especialmente una que es pequeña y que se usa como albergue temporal; pabellón: *a ski lodge* = *pabellón de esquiadores.* **2.** Pequeña sucursal de una organización grande, como un club.
—*verbo* **1.** Suministrar un lugar para dormir; albergar. **2.** Vivir en un lugar; residir. **3.** Vivir en una habitación o habitaciones alquiladas; hospedarse. **4.** Estar o quedarse trabado; alojarse; clavarse: *A splinter lodged in his heel.* = *Se le clavó una astilla en el talón.* **5.** Hacer un cargo o dar una queja ante un funcionario apropiado; presentar: *to lodge a protest* = *presentar una protesta.*

log *sustantivo* **1. a.** Tronco grande de árbol caído o derribado; tronco. **b.** Trozo cortado de esa madera utilizado para la construcción; leña o madera aserrada; madero; leño; tronco. **2. a.** Registro oficial de la velocidad, avance y sucesos importantes, que se lleva en los barcos y aviones; diario de a bordo. **b.** Cualquier informe escrito o registro; crónica.
—*verbo* **1.** Derribar árboles, cortarles las ramas y sacar los troncos de un bosque; desmontar. **2.** Asentar algo en un diario de a bordo u otro registro.

ər butter yōō abuse ou out ŭ cut û fur *th* the th thin hw which zh vision ə ago, item, pencil, atom, circus

log·ic |lŏj′ĭk| —*noun, plural* **logics** **1.** Clear thinking or reasoning. **2.** A way of thinking or reasoning.

log·i·cal |lŏj′ĭ kəl| —*adjective* **1.** Able to think clearly and sensibly. **2.** Reasonable.

loin |loin| —*noun, plural* **loins** **1.** Often **loins** The part of the sides and back of the body between the ribs and hip. **2.** A cut of meat taken from this part of an animal.

loi·ter |loi′tər| —*verb* **loitered, loitering** **1.** To stand about in an idle manner; linger. **2.** To go slowly, stopping often.

lone·ly |lōn′lē| —*adjective* **lonelier, loneliest** **1.** Sad at being alone. **2.** Not with another person or persons; alone. **3.** Far away and not visited by many people; remote or deserted.

lone·some |lōn′səm| —*adjective* **1.** Sad and upset at feeling alone. **2.** Causing a feeling of sadness at being alone. **3.** Far away and not visited by many people; remote.

long¹ |lông| or |lŏng| —*adjective* **longer, longest** **1.** Having great length; not short. **2.** Of great duration or extent. **3.** Of a certain extent or duration. **4.** Having a sound that is drawn out; for example, the *a* in *pane* is a long vowel, while the *a* in *pan* is short. —*adverb* **longer, longest** **1.** During or for a great amount of time. **2.** For or throughout a certain period. **3.** At a very distant time.

long² |lông| or |lŏng| —*verb* **longed, longing** To have a strong desire; wish for very much.

long·ing |lông′ĭng| or |lŏng′ĭng| —*noun, plural* **longings** A deep wish; a strong desire. —*adjective* Showing a deep wish or strong desire.

lon·gi·tude |lŏn′jĭ tōōd′| or |lŏn′jĭ tyōōd′| —*noun, plural* **longitudes** Distance east or west of the meridian line at Greenwich, England, expressed in degrees. On a map or globe, longitude lines are drawn running north and south.

look |lŏŏk| —*verb* **looked, looking** **1.** To use the eyes to see. **2.** To fix one's gaze or attention. **3. a.** To seem. **b.** To seem to be. **4.** To face in a certain direction. *Phrasal verbs* **look after** To take care of. **look at 1.** To regard; consider. **2.** To examine. **look down on** (or **upon**) To regard with contempt. **look for** To search for. **look forward to** To wait for, usually with pleasure. **look into** To inquire into; investigate. **look out (for)** To be on guard. **look over** To examine, often in a casual manner. **look up 1.** To search for. **2.** To locate and call on; to visit. **3.** To improve. **look up to** To admire and respect. —*noun, plural* **looks 1.** The action of looking; a gaze or glance. **2.** An expression or appearance. **3. looks** Personal appearance.

logic *sustantivo* Lógica: **1.** Pensamiento o razonamiento claro. **2.** Modo de pensar o razonar: *the simple logic of mountain people* = *la lógica sencilla de los montañeses.*

logical *adjetivo* **1.** Capaz de pensar con claridad y sensatez; lógico: *a logical mind* = *una mente lógica.* **2.** Razonable: *a logical choice* = *una elección razonable.*

loin *sustantivo* Lomo: **1.** A veces **loins** Parte de los costados y espalda entre las costillas y la cadera. **2.** Tajada de carne que se saca de esta parte de un animal.

loiter *verbo* **1.** Permanecer parado de manera ociosa; remolonear. **2.** Andar despacio y parando con frecuencia.

lonely *adjetivo* **1.** Triste por estar solo. **2.** Que no está acompañado por otro u otras personas; solo; solitario. **3.** Lejano y no visitado por muchos; remoto y desierto; solitario: *a lonely road* = *un camino solitario.*

lonesome *adjetivo* **1.** Triste y perturbado por sentirse solo; pesaroso. **2.** Que causa sensación de tristeza por la soledad; triste: *a lonesome voyage* = *un viaje triste.* **2.** Lejano y no visitado por mucha gente; solitario; remoto: *a lonesome mountain trail* = *una senda solitaria en la montaña.*

long¹ *adjetivo* **1.** Que tiene gran longitud; que no es corto; largo. **2.** De gran duración o extensión; largo: *a long time* = *un largo tiempo.* **3.** De cierta extensión o duración; de largo o duración: *The snake was 30 feet long.* = *La serpiente tenía 30 pies de largo.* **4.** Que tiene sonido alargado; por ejemplo, en inglés la *a* de *pane* es una vocal larga, mientras que la *a* de *pan* es corta. —*adverbio* **1.** Durante o por una gran duración de tiempo: *Stay as long as you like.* = *Quédese todo el tiempo que quiera.* **2.** Por o durante cierto período de tiempo: *all night long* = *toda la noche.* **3.** En un tiempo muy lejano: *long ago* = *hace mucho tiempo.*

long² *verbo* Tener un fuerte deseo; desear muchísimo; anhelar; ansiar.

longing *sustantivo* Deseo profundo o fuerte; ansia; anhelo. —*adjetivo* Que muestra deseo fuerte o profundo; anhelante; ansioso.

longitude *sustantivo* Distancia hacia el este o el oeste del meridiano que pasa por Greenwich, Inglaterra, y que se expresa en grados; longitud. En un mapa o globo terráqueo, la líneas de longitud están trazadas de norte a sur.

look *verbo* **1.** Usar los ojos para ver; mirar. **2.** Fijar la mirada o atención; mirar. **3. a.** Parecer; lucir: *These bananas look ripe.* = *Estas bananas lucen maduras.* **b.** Lucir; aparentar; parecer: *He does not look his age.* = *Él no parece tener su edad.* **4.** Mirar o dar hacia un lugar: *The house looks on the sea.* = *La casa da al mar.* *Verbos en locuciones* **look after** Cuidar: *Look after the baby.* = *Cuida al bebé.* **look at 1.** Considerar: *a good way to look at the problem* = *una buena forma de considerar el problema.* **2.** Examinar: *Look at the tires of my car.* = *Examine los neumáticos de mi automóvil.* **look down on** (o **upon**) Considerar con desprecio; menospreciar: *That fool looks down on women.* = *Ese tonto menosprecia a las mujeres.* **look for** Buscar. **look forward to** Esperar, generalmente con placer: *I'm looking forward to my trip to Florida.* = *Espero con placer mi viaje a la Florida.* **look into** Inquirir; investigar: *Look into the problem.* = *Investiga el problema.* **look out (for)** Estar en guardia; cuidarse: *Look out for snakes.* = *Cuídate de las culebras.* **look over** Examinar, con frecuencia de manera despreocupada. **look up 1.** Buscar: *Look up a word in the dictionary.* = *Busca una palabra en el diccionario.* **2.** Localizar y visitar. **3.** Mejorar: *Things are looking up.* = *Las cosas están mejorando.* **look up to** Admirar y respetar.

ă pat ā pay â care ä father ĕ pet ē be ĭ pit ī pie î fierce ŏ pot ō go ô paw, for oi oil ŏŏ book ōō boot

—*sustantivo* **1.** Acción de mirar; mirada; ojeada. **2.** Expresión o apariencia: *a look of pain in her eyes = una expresión de dolor en sus ojos.* **3. looks** Apariencia personal: *a man of good looks = un hombre de buena apariencia.*

loom¹ |lo͞om| —*verb* **loomed, looming 1.** To come into view as large and dangerous. **2.** To seem close at hand; be about to happen.

loom¹ *verbo* **1.** Perfilarse o surgir grande y amenazador; descollar; destacarse: *Clouds loomed behind the mountains. = Las nubes surgieron grandes y amenazadoras detrás de las montañas.* **2.** Lucir o parecer estar cercano; ser inminente; asomarse; vislumbrarse.

loop |lo͞op| —*noun, plural* **loops 1.** A circular or oval piece of rope, thread, wire, or other material that is folded over or joined at the ends. **2.** A pattern or path that closes or almost closes on itself and looks like a loop.
—*verb* **looped, looping 1.** To make or form into a loop or loops. **2.** To fasten or join with a loop or loops.

loop *sustantivo* **1.** Tramo circular u oval de soga, cordel, alambre u otro material doblado o empalmado en los extremos; gaza, lazo. **2.** Diseño o camino que forma un lazo al doblar en dirección contraria y se une o casi se une a sí mismo; lazo.
—*verbo* **1.** Hacer o dar forma de lazo o lazos; trazar un lazo o lazos. **2.** Atar o unir por medio de un lazo o lazos.

loose |lo͞os| —*adjective* **looser, loosest 1.** Not attached or fastened tightly. **2.** Not confined; free. **3.** Not tight-fitting. **4.** Not bound, tied, or joined together. **5.** Not tightly packed. **6.** Not strict or exact.
—*verb* **loosed, loosing 1.** To set free; release. **2.** To make less tight; loosen.

loose *adjetivo* **1.** Que no está unido o atado firmemente; suelto; flojo. **2.** Que no está confinado; libre; suelto. **3.** No ceñido o ajustado; holgado. **4.** No atado o unido; suelto. **5.** Sin apretar o apisonar; poco firme. **6.** No estricto o exacto; libre: *a loose translation = una traducción libre.*
—*verbo* **1.** Soltar; liberar. **2.** Poner menos apretado; aflojar.

loot |lo͞ot| —*noun* Valuable things that have been stolen.
—*verb* **looted, looting** To rob of valuable things; steal.

loot *sustantivo* Cosas de valor que han sido robadas; botín.
—*verbo* Despojar de cosas de valor; robar; saquear.

lord |lôrd| —*noun, plural* **lords 1.** A person, like a king or an owner of an estate, who has great authority or power. **2. Lord** A man of noble rank in Great Britain. **3. Lord a.** God. **b.** Christ.
—*verb* **lorded, lording** To behave in a haughty, stuffy, or conceited way.

lord *sustantivo* **1.** Persona, tal como un rey o el dueño de una hacienda, que tiene gran autoridad o poder; señor. **2. Lord** Hombre de rango noble en Inglaterra; lord. **3. Lord a.** Dios; el Señor. **b.** Cristo.
—*verbo* Comportarse de manera altanera, despótica o engreída; mandar o actuar imperiosamente.

lose |lo͞oz| —*verb* **lost, losing 1.** To fail to find; to no longer have. **2.** To be unable to keep or maintain. **3.** To fail to win. **4.** To fail to take advantage of; to waste. **5.** To be deprived of, as by accident. **6.** To fail to see, understand, or hear; to miss. **7.** To cause the loss of.

lose *verbo* **1.** No poder encontrar; no tener ya más. **2.** No poder retener o mantener: *He lost his temper. = Perdió los estribos.* **3.** No poder vencer. **4.** No aprovechar; desaprovechar: *to lose time = perder tiempo.* **5.** Sufrir una pérdida como por accidente: *lost an arm = perdió un brazo.* **6.** No ver, comprender u oír: *The river patrol lost the rowboat in the fog. = La patrulla de río perdió el bote en la niebla.* **7.** Causar pérdida; hacer perder: *Paul's behavior lost him some friends. = El comportamiento de Paul le hizo perder varios amigos.*

loss |lôs| or |lŏs| —*noun, plural* **losses 1.** The fact or act of losing something. **2.** Someone or something that is lost.

loss *sustantivo* **1.** Hecho o acto de perder algo; pérdida. **2.** Alguien o algo que se pierde; pérdida.

lost |lôst| or |lŏst| The past tense and past participle of the verb **lose.**
—*adjective* **1.** Misplaced; missing. **2.** Not won. **3.** Gone or passed away. **4.** Occupied with. **5.** Puzzled; uncertain. **6.** Not used; wasted.

lost Pretérito y participio pasado del verbo **lose**
—*adjetivo* **1.** Extraviado; perdido: *a lost ring = un anillo perdido.* **2.** No ganado; perdido: *a lost game = un juego perdido.* **3.** Pasado; que ya no se tiene; perdido: *lost youth = juventud perdida.* **4.** Ocupado; absorto: *lost in daydreams = absorto en fantasías.* **5.** Perplejo; desorientado. **6.** No utilizado o aprovechado; perdido: *a lost opportunity = una oportunidad perdida.*

lot |lŏt| —*noun, plural* **lots 1.** A large amount or number. **2.** A number of people or things of a kind. **3.** A kind, type, or sort. **4. a.** A piece of land. **b.** A piece of land used for a special purpose. **5. a.** An object used to decide or choose something by chance. **b.** The use of such an object to decide or choose something. **6.** One's fortune in life; fate.
—*adverb* Very much; a great deal.

lot *sustantivo* **1.** Gran cantidad o número; mucho o muchos: *a lot of work = mucho trabajo.* **2.** Cantidad de gente o cosas de una misma clase; partida: *This tomato is the ripest of the lot. = Este tomate es el más maduro de toda la partida.* **3.** Clase; tipo; grupo; gente: *Thieves are a bad lot of people. = Los ladrones son gente mala.* **4. a.** Terreno; parcela. **b.** Terreno utilizado para un fin especial; solar: *a parking lot = un solar de parqueo.* **5. a.** Objeto utilizado para decidir o escoger algo al azar. **b.** El uso de ese objeto para decidir o escoger algo; sorteo: *We selected our leader by lot. = Seleccionamos a nuestro dirigente por medio de un sorteo.* **6.** La suerte que uno tiene en la vida; destino.
—*adverbio* Muchísimo; gran cantidad: *He knows a lot. = Él sabe muchísimo.*

lo·tion |lō'shən| —*noun, plural* **lotions** A liquid used on the skin. Some lotions contain medicine and are

lotion *sustantivo* Líquido que se usa en la piel; loción. Algunas lociones contienen medicina y se usan para

used to heal the skin or to relieve pain. Others cleanse or soften the skin.

lot·ter·y |lŏt′ə rē| —*noun, plural* **lotteries** A contest in which the winner is chosen by drawing lots.

loud |loud| —*adjective* **louder, loudest 1.** Having a high volume or strong sound. **2.** Producing or able to produce strong sounds. **3.** Not in good taste; gaudy. —*adverb* **louder, loudest** In a loud manner.

loud·speak·er or **loud-speak·er** |loud′spē′kər| —*noun, plural* **loudspeakers** or **loud-speakers** A device that converts an electrical signal into sound and makes the sound louder.

lounge |lounj| —*verb* **lounged, lounging** To stand, sit, or lie in a lazy or relaxed way. —*noun, plural* **lounges** A room where a person may relax or lounge.

lous·y |lou′zē| —*adjective* **lousier, lousiest** Not nice; mean; nasty.

lov·a·ble |lŭv′ə bəl| —*adjective* Having qualities that attract affection.

love |lŭv| —*noun, plural* **loves 1.** Strong affection and warm feeling for another. **2.** Affectionate regards. **3.** A strong liking for something. **4.** A beloved person. —*verb* **loved, loving 1.** To feel love or strong affection for. **2.** To have a strong liking for; delight in.

love·ly |lŭv′lē| —*adjective* **lovelier, loveliest 1.** Having pleasing and attractive qualities; beautiful. **2.** Inspiring love and affection. **3.** Giving pleasure; delightful.

lov·er |lŭv′ər| —*noun, plural* **lovers 1.** Someone who loves another person. **2.** Someone who has a strong liking for something.

low |lō| —*adjective* **lower, lowest 1.** Having little height; not high or tall. **2.** Of less than usual depth; shallow. **3.** At or near the horizon. **4.** Below average, as in amount, degree, or intensity. **5.** Not loud. **6.** Not sufficient; not adequate in amount. **7.** Depressed. **8.** Of small value or quality; not favorable; bad. —*adverb* **lower, lowest 1.** At or to a low position or level. **2.** Not loudly; softly. —*noun, plural* **lows** A low level, position, or degree.

low·er |lō′ər| The comparative of the adjective and adverb **low.** —*verb* **lowered, lowering 1.** To let, bring, or move something down to a lower level. **2.** To make or become less in value, degree, or quality. **3.** To make less loud.

loy·al |loi′əl| —*adjective* Faithful to a person, country, idea, or thing.

loy·al·ty |loi′əl tē| —*noun, plural* **loyalties** The condition of being loyal; faithful and loyal behavior.

lu·bri·cant |lōō′brĭ kənt| —*noun, plural* **lubricants** A slippery substance, such as oil or grease, used as a coating on moving parts to allow them to move easily and to reduce wear.

lu·bri·cate |lōō′brĭ kāt′| —*verb* **lubricated, lubricating** To apply oil or grease to the moving parts of a machine so they will move easily.

curar la piel o aliviar el dolor, y otras sirven para limpiar o suavizar el cutis.

lottery *sustantivo* Concurso en el que el ganador se decide al azar; lotería.

loud *adjetivo* **1.** De volumen elevado o sonido fuerte; alto; ruidoso. **2.** Que produce o puede producir sonidos fuertes; ruidoso; alto. **3.** Que no tiene buen gusto; charro; chillón. —*adverbio* De manera alta; en voz alta.

loudspeaker Aparato que convierte una señal eléctrica en sonido y lo aumenta; altoparlante; amplificador.

lounge *verbo* Estar parado, sentado o acostado de una manera holgazana o relajada; repantigarse; holgazanear: *She lounged in a comfortable chair.* = *Ella se repantigaba en una silla cómoda.* —*sustantivo* Sala donde una persona puede relajarse, holgazanear o estar cómoda; salón de espera o de fumar.

lousy *adjetivo* Desagradable; bajo; vil; odioso; detestable.

lovable *adjetivo* Que tiene cualidades que atraen el afecto; amable; encantador; adorable.

love *sustantivo* **1.** Afecto fuerte y sentimiento apasionado hacia otra persona. **2.** Recuerdo afectuoso; cariño: *Give her my love.* = *Dale mi cariño.* **3.** Afición fuerte por algo; pasión: *his love of sports* = *su pasión por el deporte.* **4.** Persona amada; amor. —*verbo* **1.** Sentir amor o afecto profundo por alguien; amar. **2.** Sentir una afición fuerte por algo; deleitarse con algo; encantar: *I just love to play tennis.* = *Me encanta jugar al tenis.*

lovely *adjetivo* **1.** Que tiene cualidades agradables y atrayentes; bello; hermoso. **2.** Que inspira amor y afecto; encantador. **3.** Que da placer; delicioso: *We had a lovely time at the party.* = *Pasamos un rato delicioso en la fiesta.*

lover *sustantivo* **1.** Alguien que ama a otra persona; amante. **2.** Alguien que tiene mucha afición por algo; amante: *a music lover* = *un amante de la música.*

low *adjetivo* **1.** Que tiene poca altura; no alto o elavado; bajo: *low stool* = *un banquillo bajo.* **2.** De menos profundidad que la normal o corriente; poco profundo; bajo. **3.** En o cerca del horizonte; bajo: *The moon was low in the sky.* = *La luna estaba baja en el cielo.* **4.** Por debajo del promedio en cantidad, grado o intensidad; bajo. **5.** No ruidoso; bajo. **6.** Insuficiente; no adecuado en la cantidad; escaso: *Our supplies are low.* = *Nuestras provisiones están escasas.* **7.** Deprimido: *I feel very low today.* = *Hoy me siento muy deprimido.* **8.** De poco valor o calidad; desfavorable; malo. —*adverbio* **1.** En o hacia una posición o nivel bajos: *an airplane flying low* = *un avión volando bajo.* **2.** Sin ruido; bajo; quedo: *speaking low* = *hablando bajo.* —*sustantivo* Nivel, posición o grado bajo: *The temperature dropped to a new low today.* = *La temperatura hoy descendió a un nuevo (nivel) bajo.*

lower Forma comparativa del adjetivo y adverbio **low.** —*verbo* Bajar: **1.** Hacer descender o mover algo a un nivel más bajo; poner más bajo. **2.** Reducir o reducirse en valor, grado o calidad: *to lower the prices* = *bajar los precios.* **3.** Hacer menos ruidoso: *Lower your voice.* = *Baja la voz.*

loyal *adjetivo* Fiel a otra persona, país, idea o cosa; leal.

loyalty *sustantivo* Condición de ser leal; comportamiento fiel y leal; lealtad.

lubricant *sustantivo* Sustancia resbalosa, como el aceite o la grasa, que se usa para untar las piezas movibles y permitirles moverse sin fricción o desgaste; lubricante.

lubricate *verbo* Aplicar aceite o grasa a las piezas de una máquina para que se muevan libremente; lubricar.

ă pat ā pay â care ä father ĕ pet ē be ĭ pit ī pie î fierce ŏ pot ō go ô paw, for oi oil ŏŏ book ōō boot

luck |lŭk|—*noun* **1.** The chance happening of good or bad events; fate. **2.** Good fortune; success.

luck·y |lŭk'ē|—*adjective* **luckier, luckiest 1.** Having good luck. **2.** Bringing good luck.

lug·gage |lŭg'ĭj|—*noun* The bags, suitcases, boxes, and trunks taken on a trip; baggage.

luke·warm |lōōk'wôrm'|—*adjective* **1.** Slightly or mildly warm. **2.** Showing little interest; lacking enthusiasm; indifferent.

lum·ber |lŭm'bər|—*noun* Timber that has been sawed into boards and planks.
—*verb* **lumbered, lumbering** To cut down and prepare timber for market.

lu·mi·nous |lōō'mə nəs|—*adjective* Giving off light; shining.

lump |lŭmp|—*noun, plural* **lumps 1.** An irregularly shaped piece of something; a hunk. **2.** A small cube of sugar. **3.** A swelling or bump that is not usual or normal in a part of the body.
—*adjective* **1.** Formed into lumps. **2.** Not divided into parts; whole.
—*verb* **lumped, lumping 1.** To make or become full of lumps. **2.** To put or consider together in one group or pile.

lu·nar |lōō'nər|—*adjective* **1.** Of, like, or having to do with the moon. **2.** Measured by the motions of the moon.

lunch |lŭnch|—*noun, plural* **lunches 1.** A meal eaten at midday. **2.** The food for this meal.
—*verb* **lunched, lunching** To eat lunch.

lunch·eon |lŭn'chən|—*noun, plural* **luncheons** A midday meal; lunch.

lung |lŭng|—*noun, plural* **lungs** One of two organs for breathing found in the chest of man and most animals.

lure |lōōr|—*noun, plural* **lures 1.** Something that attracts. **2.** The power of attracting; appeal. **3.** Anything used as bait to attract and catch animals, especially an artificial device used to catch fish.
—*verb* **lured, luring** To attract; tempt.

lush |lŭsh|—*adjective* **lusher, lushest** Thick and plentiful.

lus·ter |lŭs'tər|—*noun, plural* **lusters** The brightness of a surface that reflects light; gloss; shine.

lux·u·ri·ous |lŭg zhōōr'ē əs| or |lŭk shōōr'ē əs|—*adjective* Very rich, comfortable, splendid, or costly.

lux·u·ry |lŭg'zhə rē| or |lŭk'shə rē|—*noun, plural* **luxuries 1.** Something that is not considered necessary but that gives great pleasure, enjoyment, or comfort. A luxury is usually something expensive or hard to get. **2.** A very rich, costly, or comfortable way of living.

ly·ing¹ |lī'ĭng| The present participle of the verb **lie** (to be in a resting position).

ly·ing² |lī'ĭng| The present participle of the verb **lie** (to tell a lie or lies).

lyre |līr|—*noun, plural* **lyres** An ancient stringed instrument like a small harp.

lyr·ic |lĭr'ĭk|—*adjective* Expressing deep feelings; very emotional. Another form of this word is **lyrical.**
—*noun, plural* **lyrics 1.** A short poem expressing the poet's personal feelings and thoughts. **2.** **lyrics** The words of a song.

lyr·i·cal |lĭr'ĭ kəl|—*adjective* A form of the word **lyric.**

luck *sustantivo* **1.** Suceso fortuito que puede ser bueno o malo; suerte. **2.** Buena fortuna; éxito.

lucky *adjetivo* **1.** Que tiene buena suerte; dichoso; afortunado. **2.** Que trae buena suerte: *a lucky penny* = *un centavo que trae la buena suerte.*

luggage *sustantivo* Bolsas, maletas, cajas y baúles que se llevan en un viaje; equipaje.

lukewarm *adjetivo* **1.** Ligera o suavemente tibio; templado. **2.** Que demuestra poco interés; falto de entusiasmo; indiferente.

lumber *sustantivo* Madera que ha sido aserrada y convertida en tablas, tablones, etc.; madera aserrada.
—*verba* Derribar y preparar árboles para el mercado; talar; cortar madera.

luminous *adjetivo* Que da luz; brillante; luminoso.

lump *sustantivo* **1.** Pedazo de algo que tiene forma irregular; trozo; grumo; terrón. **2.** Cuadradito o cubito de azúcar; terrón de azúcar. **3.** Hinchazón o protuberancia que no es normal o corriente en el cuerpo; chichón; nudo.
—*adjetivo* **1.** En forma de terrones: *lump sugar* = *azúcar en terrones.* **2.** No dividido en pedazos; entero; global: *a lump sum* = *una suma global.*
—*verbo* **1.** Convertir o convertirse en un conjunto de terrones o grumos. **2.** Poner o considerar como un conjunto o montón; amontonar.

lunar *adjetivo* Perteneciente o relativo a la luna; lunar: *a lunar orbit* = *una órbita lunar.* **2.** Medido por los movimientos de la luna: *a lunar year* = *un año lunar.*

lunch *sustantivo* Almuerzo: **1.** La comida del mediodía. **2.** Alimentos para esta comida.
—*verbo* Comer el almuerzo; almorzar.

luncheon *sustantivo* Comida del mediodía; almuerzo.

lung *sustantivo* Uno de los dos órganos de la respiración que se encuentran en el pecho del hombre y la mayoría de los animales; pulmón.

lure *sustantivo* **1.** Algo que atrae; atractivo: *Candy is a powerful lure for most children.* = *El dulce es un poderoso atractivo para la mayoría de los niños.* **2.** La capacidad de atraer; aliciente; imán: *The sea's lure has made many young men decide to become sailors.* = *La atracción del mar ha hecho que muchos jóvenes decidan hacerse marinos.* **3.** Cualquier cosa usada como cebo para atraer y capturar animales, especialmente una carnada artificial para pescar.
—*verbo* Atraer; tentar; seducir.

lush *adjetivo* Espeso y abundante; exuberante.

luster *sustantivo* Brillantez de una superficie que refleja la luz; brillo; lustre.

luxurious *adjetivo* Muy cómodo, espléndido o costoso; lujoso; suntuoso; fastuoso.

luxury *sustantivo* **1.** Algo que no se considera necesario pero que proporciona placer, goce o comodidad; lujo. Un lujo generalmente es algo caro o difícil de obtener. **2.** Un estilo de vida muy costoso o cómodo; lujo.

lying¹ Participio presente del verbo **lie** (estar acostado).

lying² Participio presente del verbo **lie** (mentir).

lyre *sustantivo* Instrumento de cuerda antiguo que parece un arpa pequeña; lira.

lyric *adjetivo* Que expresa sentimientos profundos; muy emotivo; lírico. En inglés otra forma de esta palabra es **lyrical.**
—*sustantivo* **1.** Poema corto que expresa los sentimientos y pensamientos personales del poeta; poema lírico. **2.** **lyrics** La letra de una canción.

lyrical *adjetivo* Otra forma de la palabra **lyric.**

ər butter yōō abuse ou out ŭ cut û fur *th* the th thin hw which zh vision ə ago, item, pencil, atom, circus

M

m or **M** |ĕm| —*noun, plural* **m's** or **M's** The thirteenth letter of the English alphabet.

mac·a·ro·ni |măk'ə rō'nē| —*noun* A food made of dried flour paste and shaped into hollow tubes. Macaroni is boiled and is usually served with a sauce of cheese or tomatoes.

ma·caw |mə kô'| —*noun, plural* **macaws** A large, brightly colored tropical American parrot with a long tail.

ma·chine |mə shēn'| —*noun, plural* **machines** 1. A device that uses energy to do a job. A machine is made of wheels, gears, blades, or other parts put together in a particular way. 2. A simple device that helps make work easier.

machine gun A rifle that fires fast and keeps firing as long as the trigger is pressed.

ma·chin·er·y |mə shē'nə rē| —*noun* 1. Machines. 2. The parts of a machine.

mack·er·el |măk'ər əl| or |măk'rəl| —*noun, plural* **mackerel** or **mackerels** An ocean fish that is often used as food.

mad |măd| —*adjective* **madder, maddest** 1. Having a sick mind; insane; crazy. 2. Very annoyed; angry. 3. Very foolish; not sensible. 4. Very interested and enthusiastic. 5. Very confused and excited. 6. Having rabies.

made |mād| The past tense and past participle of the verb **make.**

made-up |mād'ŭp'| —*adjective* Not real; invented; imaginary.

mag·a·zine |măg'ə zēn'| or |măg'ə zēn'| —*noun, plural* **magazines** A printed publication that comes out regularly and has articles, stories, and often pictures. A magazine usually has paper covers and pages that are fastened together.

mag·got |măg'ət| —*noun, plural* **maggots** The larva of a fly. It has a soft, thick body and looks something like a worm.

mag·ic |măj'ĭk| —*noun* 1. The art of using spells, charms, and special powers to make changes in nature or in people and in their lives; witchcraft. 2. The art of entertaining people with tricks that make it seem that impossible things are happening.
—*adjective* Of, done by, or using magic.

mag·i·cal |măj'ĭ kəl| —*adjective* Of or made by magic.

ma·gi·cian |mə jĭsh'ən| —*noun, plural* **magicians** 1. An entertainer who does magic tricks. 2. Someone who is supposed to have real magic powers; wizard.

mag·ne·si·um |măg nē'zē əm| or |măg nē'zhəm| —*noun* A metal that is light, silver-white, and fairly hard. Magnesium is used in many alloys and in fireworks. Magnesium is one of the chemical elements.

mag·net |măg'nĭt| —*noun, plural* **magnets** 1. A piece of metal or rock that attracts iron, steel, and some other substances. Magnets are used in machines and compasses. They also make interesting toys. 2. Someone or something that attracts.

mag·net·ic |măg nĕt'ĭk| —*adjective* 1. Having the power to draw iron and steel to it. 2. Of or having to do with the earth's magnetic pole.

m o **M** *sustantivo* Decimotercera letra del alfabeto inglés.

macaroni *sustantivo* Alimento hecho de pasta de harina que se seca y se moldea en forma de tubos huecos para después hervirlos, y que se suele servir con una salsa de queso o tomate; macarrones.

macaw *sustantivo* Ave de gran tamaño, semejante a un perico, que es oriunda de la América tropical y que tiene un plumaje de brillantes colores y una cola larga; guacamayo; papagayo.

machine *sustantivo* 1. Aparato que usa energía para hacer una labor y que está compuesto de ruedas, engranajes, paletas y otras partes armadas de una manera determinada; máquina. 2. Aparato sencillo que hace el trabajo más fácil; artificio.

machine gun Fusil que dispara rápidamente y que continúa disparando mientras el gatillo esté apretado; ametralladora.

machinery *sustantivo* Maquinaria: 1. Máquinas. 2. Las partes de una máquina.

mackerel *sustantivo* Pez del océano que suele usarse como alimento; caballa.

mad *adjetivo* 1. Que tiene la mente enferma; insano; loco. 2. Muy molesto; enojado. 3. Muy tonto; insensato. 4. Muy interesado y entusiasmado. 5. Muy confuso y emocionado. 6. Infectado de rabia.

made Pretérito y participio pasado del verbo **make.**

made-up *adjetivo* Que no es real; inventado; imaginario.

magazine *sustantivo* Publicación impresa que se distribuye regularmente conteniendo artículos, cuentos y frecuentemente fotografías, y cuyas páginas están encuadernadas y suelen tener portadas de papel; revista.

maggot *sustantivo* Larva de la mosca que tiene el cuerpo suave y grueso y se asemeja a un gusano; gusano.

magic *sustantivo* Magia: 1. El arte de usar hechizos, encantos y poderes especiales para provocar cambios en la naturaleza o en las personas y sus vidas. 2. Arte de entretener a la gente con trucos que hacen parecer que lo imposible está ocurriendo.
—*adjetivo* Perteneciente a, hecho por o usando magia; mágico.

magical *adjetivo* Perteneciente a o hecho por medio de la magia; mágico.

magician *sustantivo* 1. Actor que hace trucos de magia; mago; prestidigitador. 2. Alguien que supuestamente posee verdaderos poderes mágicos; hechicero; brujo.

magnesium *sustantivo* Metal liviano, de color plateado y de cierta dureza, que es usado en muchas aleaciones y en fuegos artificiales, y que es uno de los elementos químicos; magnesio.

magnet *sustantivo* 1. Pedazo de metal o roca que atrae al hierro, al acero y algunas otras substancias y que se usa en máquinas, brújulas y también en jugetes interesantes; imán. 2. Alguien o algo que atrae.

magnetic *adjetivo* Magnético: 1. Que tiene el poder de atraer al hierro o al acero hacia sí. 2. Perteneciente a o teniendo que ver con el polo magnético de la Tierra.

---

magnetic field The area around a magnet in which its power of attraction can be felt.

magnetic pole 1. Either of the two points or areas at the ends of a magnet where the magnetic field is strongest. **2.** Often **Magnetic Pole** Either of two points on the surface of the earth where the earth's magnetic field is strongest. The magnetic poles are near the geographical poles, but not in the exact same spots. A compass needle anywhere on earth points to the North Magnetic Pole.

mag·net·ism |mgăg′nĭ tĭz′əm| —*noun* **1.** The power to attract iron, steel, and some other substances and to produce a magnetic field. Some metals and all electric currents show magnetism. The earth itself also has magnetism. **2.** An unusual power to attract or charm.

mag·ne·tize |măg′nĭ tīz′| —*verb* **magnetized, magnetizing** To cause to be magnetic.

mag·nif·i·cence |măg nĭf′ĭ səns| —*noun* Great beauty or excellence; splendor.

mag·nif·i·cent |măg nĭf′ĭ sənt| —*adjective* **1.** Very grand and fine; large and beautiful; splendid. **2.** Outstanding; excellent.

mag·ni·fy |măg′nə fī′| —*verb* **magnified, magnifying, magnifies 1.** To make seem greater or more important; exaggerate. **2.** To make an object appear larger than it really is; enlarge.

mag·ni·fy·ing glass |măg′nə fī′ĭng| A lens that makes things look bigger.

mag·ni·tude |măg′nĭ tōōd′| or |măg′nĭ tyōōd′| —*noun* **1.** The condition of being great in size or extent. **2.** Importance; significance.

mag·no·lia |măg nōl′yə| or |măg nō′lē ə| —*noun, plural* **magnolias** A tree or shrub with large, showy flowers that are usually white or pink.

ma·hog·a·ny |mə hŏg′ə nē| —*noun* **1.** The hard, reddish-brown wood of a tropical American tree. Mahogany is often used to make furniture. **2.** The tree from which this wood comes. **3.** A dark reddish-brown color.
—*adjective* Reddish brown.

maid |mād| —*noun, plural* **maids 1.** A girl or woman who has not married; maiden. **2.** A female servant.

maid·en |mād′n| —*noun, plural* **maidens** A girl or woman who has not married.
—*adjective* **1.** Of or suited to a maiden. **2.** Never having married. **3.** First; earliest.

mail¹ |māl| —*noun, plural* **mails 1.** Letters, packages, and other items sent and received through a postal system. **2.** The system by which letters and packages are sent.
—*verb* **mailed, mailing** To send by a postal system.

mail² |māl| —*noun* Armor made of connected metal rings, chain loops, or scales. Mail was worn in battle for protection against spears and arrows.

main |mān| —*adjective* Most important; chief; principal.
—*noun, plural* **mains** A large pipe or cable. Mains carry water, oil, gas, or electricity to smaller pipes or cables.
Idiom **In the main** For the most part; on the whole.

main·land |mān′lănd′| or |mān′lənd| —*noun, plural* **mainlands** The main part of a country, territory, or continent, not including islands off the coast.

main·ly |mān′lē| —*adverb* For the most part; chiefly.

main·tain |mān tān′| —*verb* **maintained, maintaining 1.** To keep up; continue with. **2.** To keep in good condition. **3.** To take care of; pay the expenses of; support. **4.** To say firmly; declare; insist.

magnetic field Área alrededor de un imán en la cual el poder de atracción de éste se puede sentir; campo magnético.

magnetic pole Polo magnético: **1.** Cualquiera de los dos puntos o áreas en las terminaciones de un imán donde el campo magnético es más fuerte. **2.** A veces **Magnetic Pole** Cualquiera de los dos puntos en la superficie de la Tierra donde el campo magnético de ésta es más fuerte, y que se encuentran situados cerca de los polos geográficos aunque no en esos puntos exactamente. En cualquier parte del mundo la aguja de una brújula apunta hacia el polo magnético norte.

magnetism *sustantivo* Magnetismo: **1.** El poder de atraer al hierro, al acero y a otras substancias y de producir un campo magnético. Algunos metales y todas las corrientes eléctricas muestran un cierto grado de magnetismo, y la propia Tierra también posee magnetismo. **2.** Poder poco común de atraer o hechizar.

magnetize *verbo* Causar que algo se torne magnético; magnetizar; imanar.

magnificence *sustantivo* Gran belleza o excelencia; magnificencia; esplendor.

magnificent *adjetivo* Magnífico: **1.** Muy grandioso y fino; grande y bello; espléndido. **2.** Sobresaliente; excelente.

magnify *verbo* **1.** Hacer lucir mayor o más importante; magnificar; exagerar. **2.** Hacer que un objeto luzca más grande lo que en realidad es; agrandar; amplificar.

magnifying glass Lente que hace que las cosas luzcan más grande; lupa; vidrio de aumento.

magnitude *sustantivo* Magnitud: **1.** La condición de ser grande en tamaño y extensión. **2.** Importancia; significado.

magnolia *sustantivo* Árbol o arbusto de grandes y vistosas flores que suelen ser blancas o rosadas; magnolia.

mahogany *sustantivo* **1.** Madera dura, de color carmelita rojizo, que proviene de un árbol del trópico americano y suele usarse para hacer muebles; caoba. **2.** Árbol de donde proviene esta madera; caoba.
—*adjetivo* Carmelita rojizo; de color caoba.

maid *sustantivo* **1.** Muchacha o mujer que aún no se ha casado; doncella. **2.** Sirviente femenina; criada.

maiden *sustantivo* Muchacha o mujer que aún no se ha casado; doncella; soltera.
—*adjetivo* **1.** Perteneciente a o que se aplica a una doncella; doncellesco; virginal. **2.** Que no se ha casado; soltera. **3.** Primero; inicial; inaugural: *a ship's maiden voyage* = *travesía inaugural de un barco.*

mail¹ *sustantivo* **1.** Cartas, paquetes u otros objetos enviados y recibidos a través del sistema postal; correo. **2.** Sistema por el cual las cartas y paquetes son enviados; sistema postal.
—*verbo* Enviar a través del sistema postal; mandar por correo.

mail² *sustantivo* Armadura hecha de anillos de metal entrelazados entre sí que se usaba en batalla como vestimenta protectora contra lanzas y flechas; malla.

main *adjetivo* Más importante; primero; principal.
—*sustantivo* Cable o cañería de gran tamaño usado como conducto de agua, petróleo, gas o electricidad a cañerías o cables más pequeños.
Modismo **in the main** En su mayor parte; por lo general.

mainland *sustantivo* Parte principal de un país, territorio o continente sin incluir las islas adyacentes a la costa; tierra firme.

mainly *adverbio* Mayormente; principalmente.

maintain *verbo* Mantener: **1.** Seguir al mismo nivel; continuar. **2.** Preservar en buena condición; conservar. **3.** Pagar los gastos de alguien. **4.** Decir firmemente; declarar; insistir.

ər butter yōō abuse ou out ŭ cut û fur *th* the th thin hw which zh vision ə ago, item, pencil, atom, circus

main·te·nance |mān′tə nəns| —*noun* **1.** The act of maintaining or taking care of. **2.** A means of support; a bare living.

maize |māz| —*noun* The corn plant, or its ears or kernels.

ma·jes·tic |mə jĕs′tĭk| —*adjective* Full of majesty; dignified and noble.

maj·es·ty |măj′ĭ stē| —*noun, plural* **majesties** **1.** The power and dignity of a king or queen. **2.** A stately, grand appearance; splendor. **3. Majesty** A title of honor used when speaking or writing to or about a king, queen, or other monarch.

ma·jor |mā′jər| —*adjective* **1.** Large and important. **2.** Larger or largest; most important.
—*noun, plural* **majors** An officer in the Army, Air Force, or Marine Corps who ranks above a captain.

ma·jor·i·ty |mə jôr′ĭ tē| or |mə jŏr′ĭ tē| —*noun, plural* **majorities** **1.** More than half; the greater number. **2.** The difference between a larger number and a smaller number of votes cast.

make |māk| —*verb* **made, making 1.** To bring into being; put together; create. **2.** To bring about; cause to exist or appear. **3.** To cause to be or feel a certain way. **4.** To force; compel. **5.** To perform; carry out. **6.** To serve as; be useful for. **7.** To get for oneself; gain; earn. **8.** To count for the same as; amount to; equal. **9.** To put into good order; prepare for use. **10.** To manage to achieve; get to be on. **11.** To get to; reach. **12.** To allow for; provide. **13.** To think. **14.** To be responsible for the success of.
Phrasal verbs **make away with 1.** To carry off; steal. **2.** To kill; destroy. **make out 1.** To see or hear clearly; recognize. **2.** To write out; fill in. **3.** To get along; succeed. **make up 1.** To create out of one's imagination; invent. **2.** To supply in exchange for a fault, lack, or error. **3.** To settle a quarrel. **4.** To put make-up on. **5.** To settle; decide. **6.** To compose; form.
—*noun, plural* **makes 1.** A style or manner in which something is designed. **2.** A particular kind; brand.
Idiom **make do** To manage with less than is needed.

make-be·lieve |māk′bĭ lēv′| —*noun* Imagination; fiction.
—*adjective* Not existing in reality; imaginary; pretended.

make-up or **make·up** |māk′ŭp′| —*noun, plural* **make-ups** or **makeups 1.** The way something is put together or arranged; composition. **2.** Lipstick, rouge, and other cosmetics.

ma·lar·i·a |mə lâr′ē ə| —*noun* An infectious disease that causes spells of chills, fever, and sweating. Malaria is carried from person to person by a certain kind of mosquito.

male |māl| —*adjective* **1.** Of or belonging to the sex that can fertilize eggs and become fathers. **2.** Of or

maintenance *sustantivo* **1.** Acto de mantener o hacerse cargo de; mantenimiento. **2.** Manera de mantenerse o ganarse la vida; manutención.

maize *sustantivo* La planta del maíz, o sus mazorcas o granos.

majestic *adjetivo* Lleno de majestad; digno y noble; majestuoso.

majesty *sustantivo* **1.** Poder y dignidad de un rey o reina; majestad. **2.** Apariencia imponente; majestad; esplendor. **3. Majesty** Título nobiliario usado al dirigirse o al hablar o al escribir sobre un rey, reina u otro monarca; Majestad.

major *adjetivo* Mayor: **1.** Grande e importante. **2.** Más grande que, o lo más grande; lo más importante.
—*sustantivo* Oficial del ejército, la fuerza aérea o la infantería de marina y cuyo rango es superior al de un capitán; mayor; comandante.

majority *sustantivo* Mayoría: **1.** Más de la mitad; el número mayor. **2.** Diferencia entre un número mayor y un número menor de votos depositados.

make *verbo* **1.** Hacer; armar; crear. **2.** Originar; hacer que exista o aparezca algo o alguien; hacer: *making a lot of noise* = *haciendo mucho ruido.* **3.** Hacer estar o sentirse de cierta manera; poner: *That song makes me sad.* = *Esa canción me pone triste.* **4.** Forzar; obligar; hacer. **5.** Ejecutar; llevar a cabo; hacer: *They want to make war.* = *Ellos quieren hacer la guerra.* **6.** Servir de; ser útil para: *He makes a fine baseball coach.* = *Él sirve para ser un buen entrenador de béisbol.* **7.** Conseguir para uno; ganar; devengar; hacer. **8.** Ser igual a; venir a ser. **9.** Poner en orden; preparar para el uso; hacer. **10.** Conseguir la realización de algo; alcanzar; llegar a estar incluido; lograr: *Will she make the team this year?* = *¿Logrará ella entrar en el equipo este año?* **11.** Llegar a; alcanzar; tomar. **12.** Permitir; proveer; hacer lugar. **13.** Pensar; deducir: *What do you make of his letter?* = *¿Qué deduces de su carta?* **14.** Ser responsable del éxito de algo; convertir: *The scenery makes that movie.* = *Los panoramas convierten en un éxito a esa cinta cinematográfica.*
Verbos en locuciones **make away with 1.** Llevarse; robarse. **2.** Matar; destruir; eliminar: *The tyrant made away with his enemies.* = *El tirano eliminó a sus enemigos.* **make out 1.** Ver u oír claramente; reconocer; comprender. **2.** Escribir; llenar; hacer: *Make out a list of the people you want to invite.* = *Haz una lista de la gente que quieres invitar.* **3.** Llevarse bien; triunfar: *How did you make out in your new class?* = *¿Cómo te fue en tu nueva clase?* **make up 1.** Crear con la imaginación; inventar. **2.** Suplir o dar a cambio como compensación por un error o falta; indemnizar. **3.** Arreglar una disputa; conciliar. **4.** Poner maquillaje; maquillar. **5.** Arreglar; decidir. **6.** Componer; formar.
—*sustantivo* **1.** Estilo o manera al cual algo está diseñado; hechura. **2.** Tipo designado; marca de fábrica; marca.
Modismo **make do** Arreglarse con menos de lo que se necesita; arreglárselas: *He made do with bread and tea for breakfast.* = *Él se las arregló con pan y té de desayuno.*

make-believe *sustantivo* Imaginación; ficción; fantasía.
—*adjetivo* Que no existe en la realidad; imaginario; simulado.

make-up *sustantivo* **1.** Manera como algo está armado o arreglado; composición. **2.** Pintura de labios, colorete y otros cosméticos; maquillaje.

malaria *sustantivo* Enfermedad contagiosa que produce escalofríos, fiebre y sudores y que es transmitida de persona a persona por una clase determinada de mosquitos; paludismo; malaria.

male *adjetivo* **1.** Perteneciente al sexo que puede fertilizar el huevo y convertirse en padre; macho. **2.** Per-

being a man or boy.
—*noun, plural* **males** A male person or animal.

mal·ice |măl′ĭs| —*noun* The desire to hurt others or see them suffer; ill will; spite.

ma·li·cious |mə lĭsh′əs| —*adjective* **1.** Wanting to hurt others or see them suffer; full of spite. **2.** Causing harm or suffering to others.

mal·let |măl′ĭt| —*noun, plural* **mallets 1.** A hammer with a wooden head and a short handle. **2.** A sports tool with a wooden head and a long handle. Mallets are used in the game of croquet.

mal·nu·tri·tion |măl′nōō trĭsh′ən| or |măl′nyōō trĭsh′ən| —*noun* A weakened condition that comes from eating too little food or the wrong kinds of food.

malt |môlt| —*noun, plural* **malts** Barley or other grain that has been soaked until it sprouts and is then dried. Malt is used in making beer, ale, and other drinks.

malt·ed milk |môl′tĭd| A drink made of milk, a powder containing malt, flavoring, and sometimes ice cream.

ma·ma or **mam·ma** |mä′mə| or |mə mä′| —*noun, plural* **mamas** or **mammas** Mother.

mam·mal |măm′əl| —*noun, plural* **mammals** Any of a group of animals that have hair or fur on their bodies. Female mammals have special glands that produce milk to feed their young.

mam·moth |măm′əth| —*noun, plural* **mammoths** An elephant that lived thousands of years ago. It had long tusks and thick, shaggy hair.
—*adjective* Very large; huge; gigantic.

man |măn| —*noun, plural* **men 1.** A fully grown male human being. **2.** Human beings in general. **3.** Any human being; person; individual. **4.** A male worker or servant. **5.** A piece used in chess, checkers, or other board games.
—*verb* **manned, manning 1.** To take one's post at; operate or run. **2.** To supply with people to do work.

man·age |măn′ĭj| —*verb* **managed, managing 1.** To control; run; direct. **2.** To succeed with a special effort; be able with difficulty.

man·age·ment |măn′ĭj mənt| —*noun, plural* **managements 1.** The act of managing; control. **2.** The people in charge of a business or organization; supervisors.

man·a·ger |măn′ĭ jər| —*noun, plural* **managers** A person who manages a business, a department of a business, or a sports team.

man·do·lin |măn′dl ĭn′| or |măn′dl ĭn′| —*noun, plural* **mandolins** A stringed musical instrument that has a pear-shaped body and a long neck. Most mandolins have four pairs of metal strings.

mane |mān| —*noun, plural* **manes** The long hair that grows from the neck and head of certain animals. Horses and male lions have manes.

ma·neu·ver |mə nōō′vər| or |mə nyōō′vər| —*noun, plural* **maneuvers 1.** A planned movement carried out by soldiers, ships, or aircraft. **2.** A clever act; skillful trick.
—*verb* **maneuvered, maneuvering 1.** To move or guide in a clever, planned way. **2.** To use clever tricks.

man·ga·nese |măng′gə nēz′| or |măng′gə nēs′| —*noun* A gray, brittle metal used in steel alloys to improve their strength. Manganese is a chemical element.

man·ger |mān′jər| —*noun, plural* **mangers** An open box or trough to hold food for horses or cattle.

man·go |măng′gō| —*noun, plural* **mangoes** or **mangos** A tropical fruit with a smooth rind and sweet, juicy, yellow-orange flesh.

man·gy |măn′jē| —*adjective* **mangier, mangiest** Having bare or dirty spots; shabby.

teneciente a o siendo un hombre o muchacho; varonil.
—*sustantivo* Persona o animal de este sexo; macho.

malice *sustantivo* Deseo de hacerle daño a otros o de verlos sufrir; malicia; mala voluntad.

malicious *adjetivo* Malicioso: **1.** Que desea hacerle daño a otros o verlos sufrir. **2.** Que causa daño o sufrimiento a otros.

mallet *sustantivo* Mazo: **1.** Martillo con la cabeza de madera y el mango corto. **2.** Instrumento deportivo con la cabeza de madera y el mango largo que se utiliza en el juego de croquet.

malnutrition *sustantivo* Condición de debilitamiento que ocurre al comer muy poco o al comer comidas no alimenticias; desnutrición.

malt *sustantivo* Cebada u otros granos que se remojan hasta que retoñan y que luego se secan para utilizarlos para hacer cerveza u otras bebidas; malta.

malted milk Bebida hecha de leche, polvo de malta, sabor artificial y, a veces, helado; leche malteada.

mama o **mamma** *sustantivo* Madre.

mammal *sustantivo* Cualquiera de un grupo de animales que tienen pelo o piel en sus cuerpos y cuyas hembras poseen glándulas especiales que producen leche para alimentar a sus hijuelos; mamífero.

mammoth *sustantivo* Elefante que existió hace miles de años y que tenía grandes colmillos y el pelo grueso y áspero; mamut.
—*adjetivo* De gran tamaño; gigantesco; inmenso.

man *sustantivo* **1.** Macho de la raza humana completamente crecido; hombre. **2.** Seres humanos en general; el hombre. **3.** Cualquier ser humano; cualquier persona; individuo. **4.** Obrero o sirviente masculino. **5.** Pieza que se usa en el juego de ajedrez, de damas o de cualquier otro juego de tablero.
—*verbo* **1.** Tomar el lugar que a uno le corresponde; operar o manejar. **2.** Suplir personal para hacer trabajos; tripular; equipar; dotar: *The captain manned his ship with a new crew.* = *El capitán equipó su barco con una nueva tripulación.*

manage *verbo* **1.** Controlar; manejar; dirigir; administrar. **2.** Tener éxito por un esfuerzo especial; ser capaz de vencer dificultades; arreglárselas.

management *sustantivo* **1.** Acto de administrar; administración; control. **2.** Personas a cargo de un negocio u organización; gerencia; supervisores.

manager *sustantivo* Persona que administra un negocio, un departamento de un negocio, o un equipo deportivo; gerente; dirigente.

mandolin *sustantivo* Instrumento musical de cuerdas que tiene el cuerpo en forma de pera y un mástil largo y que generalmente tiene cuatro pares de cuerdas de metal; mandolina; bandolín.

mane *sustantivo* Pelo largo que crece desde el pescuezo y la cabeza de ciertos animales tales como el caballo y el león macho; melena.

maneuver *sustantivo* Maniobra: **1.** Movimiento planeado llevado a cabo por soldados, barcos o naves aéreas. **2.** Acto de astucia; truco habilidoso.
—*verbo* Maniobrar: **1.** Mover o guiar de manera astuta y calculada. **2.** Usar trucos astutos.

manganese *sustantivo* Metal frágil de color gris que se utiliza en aleaciones de acero para mejorar su fuerza y que es uno de los elementos químicos; manganeso.

manger *sustantivo* Cajón abierto donde se pone la comida de los caballos o el ganado; pesebre.

mango *sustantivo* Fruta tropical de cáscara suave y carne dulce y jugosa de color amarillento; mango.

mangy *adjetivo* Que tiene partes descubiertas o manchas de suciedad; sarnoso; andrajoso.

ər butt**er** yōō abuse ou out ŭ cut û fur *th* the th thin hw which zh vision ə ago, item, pencil, atom, circus

man·hood |mǎn′hŏŏd′| —*noun* **1.** The time or condition of being a grown man. **2.** The qualities that are expected of an adult man; courage and strength.

ma·ni·ac |mā′nē ǎk′| —*noun, plural* **maniacs** An insane or violent person.

man·i·cure |mǎn′ĭ kyŏŏr′| —*noun, plural* **manicures** A cleaning and shaping of the fingernails. Often, a manicure also includes polishing the nails.
—*verb* **manicured, manicuring** To groom the fingernails by cleaning and shaping.

ma·ni·pu·late |mə nĭp′yə lāt′| —*verb* **manipulated, manipulating** **1.** To use the hands on something so as to achieve some purpose; handle. **2.** To influence or persuade without seeming to do so; get what one wants out of someone cleverly.

man·kind |mǎn′kīnd′| or |mǎn′kīnd′| —*noun* Human beings as a group.

man-made |mǎn′mād′| —*adjective* Created by people, not by nature; artificial.

man·ner |mǎn′ər| —*noun, plural* **manners** **1.** A way or style of doing things. **2.** A way of behaving; style of acting. **3.** **manners** Behavior that is considered proper; social conduct.

man-of-war |mǎn′ə wôr′| or |mǎn′əv wôr′| —*noun, plural* **men-of-war** **1.** A sea creature, the **Portuguese man-of-war. 2.** A warship used in former times.

man·or |mǎn′ər| —*noun, plural* **manors** **1.** The land and buildings belonging to a lord in the Middle Ages. **2.** Any large estate. **3.** The large main house of an estate.

man·sion |mǎn′shən| —*noun, plural* **mansions** A large, fine house.

man·slaugh·ter |mǎn′slô′tər| —*noun, plural* **manslaughters** The killing of a person, especially when it is accidental but still unlawful.

man·tel |mǎn′tl| —*noun, plural* **mantels** The shelf above a fireplace.

man·tel·piece |mǎn′tl pēs′| —*noun, plural* **mantelpieces** The shelf above a fireplace.

man·tid |mǎn′tĭd| —*noun, plural* **mantids** An insect, the **mantis.**

man·tis |mǎn′tĭs| —*noun, plural* **mantises** A large insect that looks something like a grasshopper. It seizes and feeds on other insects. The mantis holds its front legs folded up as if praying. For that reason, it is often called a *praying mantis.*

man·u·al |mǎn′yŏŏ əl| —*adjective* **1.** Of, by, or using the hands. **2.** Not run by electricity.
—*noun, plural* **manuals** A small book of instructions; handbook.

man·u·fac·ture |mǎn′yə fǎk′chər| —*verb* **manufactured, manufacturing** **1.** To make a product in large quantities, usually by using machinery. **2.** To make up; think up; invent.
—*noun, plural* **manufactures** **1.** The making of goods in large quantities. **2.** A product made in a factory.

ma·nure |mə nŏŏr′| or |mə nyŏŏr′| —*noun, plural* **manures** Animal wastes used to enrich the soil so that plants will grow well.

man·u·script |mǎn′yə skrĭpt′| —*noun, plural* **manuscripts** A book written by hand or by typewriter.

man·y |měn′ē| —*adjective* **more, most** A large number of; a lot of.
—*noun* (Used with a plural verb.) A large number.
—*pronoun* A large number of people or things.

map |mǎp| —*noun, plural* **maps** A drawing or chart that shows where things are.
—*verb* **mapped, mapping** **1.** To make a map or maps of. **2.** To figure out in detail.

ma·ple |mā′pəl| —*noun, plural* **maples** **1.** A tree that has broad leaves with deep notches. The seeds

manhood *sustantivo* **1.** Tiempo o condición de ser un hombre ya crecido; edad viril. **2.** Cualidades que se esperan de un hombre adulto; hombría; coraje; fuerza.

maniac *sustantivo* Persona loca o violenta; maniático; maníaco.

manicure *sustantivo* Limpieza y arreglo de las uñas de las manos que a menudo incluye el pulimiento; manicura.
—*verbo* Acicalar las uñas de las manos por medio de la limpieza y el arreglo; hacer la manicura.

manipulate *verbo* Manipular: **1.** Usar las manos en algo para alcanzar algún proposito. **2.** Influenciar o persuadir aparentando no hacerlo; conseguir lo que uno desea de alguien de una manera astuta.

mankind *sustantivo* Los seres humanos como grupo; la humanidad.

man-made *adjetivo* Creado por personas, no por la naturaleza; hecho por el hombre; artificial.

manner *sustantivo* **1.** Modo o estilo de hacer las cosas; manera. **2.** Modo de comportamiento; porte; estilo de actuación. **3.** A veces **manners** Comportamiento que se considera apropiado; modales; conducta social.

man-of-war *sustantivo* **1.** Criatura marítima; medusa. **2.** Buque de guerra usado en tiempos antiguos.

manor *sustantivo* **1.** La tierra y los edificios pertenecientes a un señor feudal de la Edad Media; señorío. **2.** Cualquier hacienda de gran tamaño. **3.** Casa principal de una hacienda; mansión.

mansion *sustantivo* Casa fina de gran tamaño; mansión.

manslaughter *sustantivo* El dar muerte a una persona, especialmente por accidente aunque aún siendo ilegal; homicidio sin premeditación.

mantel *sustantivo* Repisa sobre la fachada de una chimenea; manto de chimenea.

mantelpiece *sustantivo* Repisa sobre la fachada de una chimenea; manto de chimenea.

mantid *sustantivo* Un insecto; la **mantis.**

mantis *sustantivo* Insecto grande que se asemeja al grillo que se alimenta agarrando y comiendo otros insectos, y que mantiene sus dos patas frontales cruzadas como si estuviera rezando; mantis religiosa; fraile rezador; mamboretá.

manual *adjetivo* Manual: **1.** Perteneciente a, por medio de, o utilizando las manos. **2.** No operado por electricidad.
—*sustantivo* Pequeño libro de instrucciones; manual; panfleto.

manufacture *verbo* **1.** Hacer un producto en grandes cantidades, casi siempre por medio del uso de maquinarias; manufacturar. **2.** Fabricar; manufacturar; pensar; inventar.
—*sustantivo* Manufactura: **1.** Fabricación de mercancías en grandes cantidades. **2.** Productos hechos en una fábrica.

manure *sustantivo* Excremento animal usado para enriquecer el suelo para que las plantas crezcan mejor; estiércol.

manuscript *sustantivo* Libro escrito a mano o en máquina de escribir; manuscrito.

many *adjetivo* Un gran número de; muchos; un montón de.
—*sustantivo* Un gran número; muchos.
—*pronombre* Gran número de personas o cosas; muchos.

map *sustantivo* Dibujo o bosquejo que muestra dónde están las cosas; mapa; carta.
—*verbo* **1.** Hacer un mapa o mapas de; cartografiar. **2.** Averiguar todos los detalles; detallar.

maple *sustantivo* Arce: **1.** Árbol que tiene hojas anchas con muescas profundas y cuyas semillas crecen en

grow in pairs and have narrow, thin parts that look like wings. There are several kinds of maples. The sweet sap of one kind is boiled to make syrup and sugar. **2.** The hardwood of a maple. It is often used to make furniture.

mar·a·thon |măr′ə thŏn′| —*noun, plural* **marathons**
1. A race for runners over a distance of 26 miles, 385 yards, which equals about 42 kilometers. **2.** Any very long contest, performance, or show.

mar·ble |măr′bəl| —*noun, plural* **marbles 1.** A kind of hard stone that is often white with streaks of color through it. It can be carved into beautiful shapes and is used for statues, buildings, and table tops. **2.** A little glass ball, often brightly colored, used in games. **3. marbles** (Used with a singular verb.) Any of several games played with these balls.

march |märch| —*verb* **marched, marching 1.** To walk with regular steps in an orderly group, as soldiers do. **2.** To walk in a steady, determined way. **3.** To move or advance in a steady way.
—*noun, plural* **marches 1.** The act of marching. **2.** Forward movement. **3.** A piece of music with a strong beat that people can march to.

March |märch| —*noun, plural* **Marches** The third month of the year.

mare |mâr| —*noun, plural* **mares** A female horse, zebra, or related animal.

mar·ga·rine |măr′jər ĭn| or |măr′jə rēn′| —*noun, plural* **margarines** A food used as a substitute for butter. Margarine is made of vegetable oils and colorings.

mar·ga·ri·ta |măr′gə rē′tə| —*noun, margaritas* A cocktail made of tequila, lemon or lime juice and Triple Sec, usually served with salt encrusted on the rim of the glass.

mar·gin |măr′jĭn| —*noun, plural* **margins 1.** The space between the edge of a paper and the printing on the page. **2.** An extra amount beyond what is needed.

mar·i·gold |măr′ĭ gōld′| or |măr′ĭ gōld′| —*noun, plural* **marigolds** A garden plant that has orange, yellow, or reddish flowers.

ma·rine |mə rēn′| —*adjective* **1.** Of or living in the sea. **2.** Of ships and shipping.
—*noun, plural* **marines** Often **Marine** A member of the U.S. Marine Corps.

Marine Corps A branch of the U.S. armed forces whose troops are specially trained and equipped to be sent into battle by ship or aircraft. Marines are trained to take part in landing operations.

mar·i·o·nette |măr′ē ə nĕt′| —*noun, plural* **marionettes** A puppet or doll that has strings that someone can work to make it move and seem alive.

mark |märk| —*noun, plural* **marks 1.** A scratch, stain, dent, ring, or other flaw that changes a surface's appearance. **2.** A line, dot, check, or symbol made to show something. **3.** Anything used to show a position or point reached. **4.** A sign; indication. **5.** Something that is aimed at; target or goal. **6.** A letter or number that shows how well one has done on a test or in a class.
—*verb* **marked, marking 1.** To make a mark on. **2.** To show by making or being a mark. **3.** To put grades on. **4.** To be a feature of; show; indicate.
Phrasal verbs **mark down** To lower in price. **mark off** To show the limits or boundaries of.
Idiom **make (one's) mark** To become famous; be a success.

mark·er |măr′kər| —*noun, plural* **markers** A pen or other device used to put marks on things.

pares y tienen partes estrechas y finas que parecen alas. Hay varias clases de arces. La savia dulce de una de las variedades se hierve para hacer sirope y azúcar. **2.** Madera dura del arce que suele usarse para hacer muebles.

marathon *sustantivo* Maratón: **1.** Carrera para corredores a una distancia de 26 millas y 385 yardas, lo que iguala aproximadamente 42 kilómetros. **2.** Cualquier competencia, representación o espectáculo de muy larga duración.

marble *sustantivo* **1.** Variedad de piedra dura que suele ser blanca y cruzada por vetas de color que puede ser tallada en bellas formas, y que se utiliza en estatuas, edificios y tableros de mesa; mármol. **2.** Bolitas de cristal, a menudo de colores brillantes, que se usan en juegos; canicas. **3.** A veces **marbles** Cualquiera de varios juegos que se juegan con estas bolitas.

march *verbo* Marchar: **1.** Caminar con pasos regulares en un grupo ordenado como hacen los soldados. **2.** Caminar de manera constante y determinada. **3.** Moverse o avanzar de manera constante.
—*sustantivo* Marcha: **1.** Acto de ir marchando. **2.** Movimiento hacia adelante. **3.** Pieza musical con un compás fuerte al ritmo del cual la gente puede marchar.

March *sustantivo* Marzo.

mare *sustantivo* La hembra del caballo, la zebra o algún animal emparentado; yegua.

margarine *sustantivo* Alimento usado como substituto de la mantequilla hecho de aceites vegetales y colorantes; margarina; oleomargarina.

margarita *sustantivo* Cóctel hecho con tequila, jugo de lima o limón y Triple Sec que se sirve usualmente en copas en cuyos bordes se ha colocado sal; margarita.

margin *sustantivo* Margen: **1.** Espacio entre el borde del papel y lo que está impreso en la página. **2.** Cantidad adicional más allá de lo que se necesita.

marigold *sustantivo* Planta de jardín que tiene flores anaranjadas, amarillas y rojizas; caléndula; cempasúchil; maravilla.

marine *adjetivo* Marino: **1.** Perteneciente a o viviendo en el mar. **2.** Perteneciente a barcos y marinería.
—*sustantivo* A veces **Marine** Miembro de la infantería de marina de los Estados Unidos.

Marine Corps Rama de las fuerzas armadas de los Estados Unidos cuyas tropas están especialmente entrenadas y equipadas para ser enviadas al combate por medio de barcos o naves aéreas, y que están entrenadas para tomar parte en operaciones de desembarco; infantería de marina.

marionette *sustantivo* Títere o muñeca sostenida por hilos que alguien puede manipular para hacer que se mueva y parezca que está vivo; marioneta.

mark *sustantivo* **1.** Arañazo, mancha, abolladura u otra falta que cambia la apariencia de una superficie; marca. **2.** Línea, punto, señal o símbolo hecho para indicar algo; marca. **3.** Cualquier cosa usada para indicar una posición o un punto alcanzado; marca. **4.** Señal; signo; indicación. **5.** Algo a lo que se apunta; blanco; meta. **6.** Letra o número que indica lo que uno ha obtenido en un examen o en una clase; nota; calificación.
—*verbo* **1.** Hacer una marca en; marcar. **2.** Mostrar por medio de hacer o de ser una marca; marcar. **3.** Poner notas; calificar. **4.** Ser un aspecto de; mostrar; indicar; marcar.
Verbos en locuciones **mark down** Reducir el precio. **mark off** Mostrar límites o fronteras; delinear.
Modismo **make (one's) mark** Hacerse famoso; dejar su marca.

marker *sustantivo* Pluma u otro dispositivo usado para poner marcas en las cosas; marcador.

ər butter   yŏŏ abuse   ou **out**   ŭ **cut**   û **fur**   *th* **the**   th **thin**   hw **which**   zh **vision**   ə **ago, item, pencil, atom, circus**

mar·ket |mär′kĭt| —*noun, plural* **markets 1.** A public place for buying and selling goods. **2.** A store. **3.** A particular type or group of buyers.
—*verb* **marketed, marketing 1.** To sell or offer to sell. **2.** To go shopping for food.

mark·ing |mär′kĭng| —*noun, plural* **markings** A mark or marks.

mar·ma·lade |mär′mə lād′| —*noun, plural* **marmalades** A jam made from sugar and the pulp and rind of fruits.

ma·roon¹ |mə rōōn′| —*verb* **marooned, marooning** To leave a person helpless and alone on a deserted shore or island; strand.

ma·roon² |mə rōōn′| —*noun, plural* **maroons** A dark purplish red.
—*adjective* Dark purplish red.

mar·quis |mär′kwĭs| or |mär kē′| —*noun, plural* **marquis** or **marquises** A nobleman above the rank of earl or count and below the rank of duke.

mar·riage |mär′ĭj| —*noun, plural* **marriages 1.** The condition of being united as husband and wife. **2.** The act or ceremony that unites people as husband and wife; wedding.

mar·ried |mär′ēd| —*adjective* **1.** Having a husband or wife. **2.** United by marriage. **3.** Of or from marriage.

mar·row |mär′ō| —*noun, plural* **marrows** The soft material inside of bones.

mar·ry |mär′ē| —*verb* **married, marrying, marries 1.** To take as husband or wife. **2.** To unite as husband and wife.

Mars |märz| A planet of our solar system. It is the fourth in distance from the sun.

marsh |märsh| —*noun, plural* **marshes** An area of low, wet land; swamp.

mar·shal |mär′shəl| —*noun, plural* **marshals 1.** A kind of police officer who works for the federal government. **2.** The head of a police or fire department. **3.** A person in charge of a parade or a ceremony.
—*verb* **marshaled, marshaling** To place in proper order; organize; arrange.

marsh·mal·low |märsh′mĕl′ō| or |märsh′măl′ō| —*noun, plural* **marshmallows** A soft, white candy.

mar·su·pi·al |mär sōō′pē əl| —*noun, plural* **marsupials** One of a group of animals that live mostly in Australia. The females have a pouch on the outside of the body. The newborn young are carried and nursed in this pouch. Kangaroos and opossums are marsupials.

mar·tial |mär′shəl| —*adjective* Of or for war; warlike.

mar·tyr |mär′tər| —*noun, plural* **martyrs** A person who chooses to die or be tortured rather than give up a religion or belief.

mar·vel |mär′vəl| —*noun, plural* **marvels** Someone or something that is wonderful, surprising, or astonishing.
—*verb* **marveled, marveling** To be filled with wonder or admiration.

mar·vel·ous |mär′və ləs| —*adjective* **1.** Causing wonder or great admiration; amazing. **2.** Of the best quality; very fine; excellent.

mas·cot |măs′kŏt| or |măs′kət| —*noun, plural* **mascots** An animal or person believed to bring good luck.

mas·cu·line |măs′kyə lĭn| —*adjective* Of or belonging to men or boys rather than women.

mash |măsh| —*verb* **mashed, mashing** To crush or grind into a soft mixture.
—*noun, plural* **mashes** A soft mixture of grain and warm water, used for feeding horses and other animals.

mask |măsk| or |mäsk| —*noun, plural* **masks 1.** Something that covers and hides the face or part of

market *sustantivo* Mercado: **1.** Lugar público donde se compran y venden mercancías. **2.** Tienda. **3.** Grupo o tipo determinado de compradores.
—*verbo* **1.** Vender u ofrecer vender; mercadear. **2.** Ir a comprar alimentos; salir de compras.

marking *sustantivo* Marca o marcas; señal.

marmalade *sustantivo* Conserva hecha de azúcar y de pulpa y cáscara de frutas; mermelada.

maroon¹ *verbo* Dejar a una persona desamparada y sola en una playa o isla desierta; encallar; embarrancar.

maroon² *sustantivo* Rojo morado oscuro.
—*adjetivo* De color rojo morado oscuro.

marquis *sustantivo* Noble de rango superior al de conde e inferior al de duque; marqués.

marriage *sustantivo* **1.** Condición de estar unido como marido y mujer; matrimonio. **2.** Acto o ceremonia que une a las personas como marido y mujer; boda; casamiento.

married *adjetivo* Casado: **1.** Que tiene marido o mujer. **2.** Unidos por matrimonio. **3.** Por o de matrimonio; de casada: *her married name = su nombre de casada.*

marrow *sustantivo* Substancia blanda dentro de los huesos; médula; tuétano; meollo.

marry *verbo* **1.** Tomar por marido o mujer; casarse; contraer matrimonio. **2.** Unir como marido y mujer; casar; unir en matrimonio.

Mars Planeta de nuestro sistema solar que es el cuarto en distancia del sol; Marte.

marsh *sustantivo* Área de terreno bajo y húmedo; pantano; ciénaga; marisma; fangal.

marshal *sustantivo* **1.** Una clase de oficial de policía que trabaja para el gobierno federal; alguacil. **2.** Jefe de un departamento de policía o bomberos; jefe de policía. **3.** Persona encargada de un desfile o ceremonia; maestro de ceremonias; mariscal.
—*verbo* Poner en orden apropiado; organizar; arreglar; ordenar.

marshmallow *sustantivo* Dulce blando y blanco; pastilla o bombón de altea.

marsupial *sustantivo* Uno de un grupo de animales que vive principalmente en Australia. Las hembras tienen una bolsa en el exterior del cuerpo en donde llevan y crían a los hijuelos recién nacidos. Los canguros y los opossums son marsupiales.

martial *adjetivo* De o para la guerra; guerrero; bélico; marcial.

martyr *sustantivo* Persona que escoge morir o ser torturada antes de renunciar a una religión o creencia; mártir.

marvel *sustantivo* Alguien o algo que es maravilloso, sorprendente o asombroso; maravilla; prodigio.
—*verbo* Estar lleno de sorpresa o admiración; maravillarse; asombrarse.

marvelous *adjetivo* **1.** Que causa sorpresa o gran admiración; asombroso. **2.** De la mejor calidad; muy fino; excelente; maravilloso; admirable; estupendo.

mascot *sustantivo* Animal o persona que, según se cree, trae buena suerte; mascota.

masculine *adjetivo* De o que pertenece a hombres o a muchachos más que a mujeres; masculino.

mash *verbo* Moler o triturar en una mezcla blanda; majar; machacar; pisar.
—*sustantivo* Mezcla blanda de grano y agua caliente que se emplea para alimentar caballos y otros animales.

mask *sustantivo* **1.** Algo que cubre y oculta la cara o parte de la cara; máscara. Las máscaras forman parte

---

ă pat ā pay â care ä father ĕ pet ē be ĭ pit ī pie î fierce ŏ pot ō go ô paw, for oi oil ōō book ōō boot

the face. Masks are worn as part of costumes and disguises. **2.** Something worn as protection for all or part of the face. **3.** Anything that hides or disguises.
—*verb* **masked, masking 1.** To hide or cover. **2.** To put a mask on.

ma·son |mā′sən| —*noun, plural* **masons** A person who builds things of stone or brick.

ma·son·ry |mā′sən rē| —*noun, plural* **masonries 1.** The trade or work of a mason. **2.** A wall, fireplace, or other structure made of stone or brick.

mas·que·rade |măs′kə rād′| —*noun, plural* **masquerades** A party or dance where people wear masks and fancy costumes.

mass |măs| —*noun, plural* **masses 1.** A thing or body of things with no particular shape; a pile or lump. **2.** A large amount or quantity. **3.** The largest part of something. **4.** Bulk; size. **5.** The amount of matter in a body.
—*verb* **massed, massing** To gather or group into a mass.
—*adjective* **1.** Of or including many people. **2.** On a large scale; making or involving many.

Mass |măs| —*noun, plural* **Masses** The main religious service in Roman Catholic and some Protestant churches.

mas·sa·cre |măs′ə kər| —*noun, plural* **massacres** A cruel and brutal killing of many people or animals.
—*verb* **massacred, massacring** To kill many people or animals in a cruel and brutal way.

mas·sage |mə säzh′| or |mə säj′| —*noun, plural* **massages** A rubbing of the body to relax the muscles and improve the circulation of the blood.
—*verb* **massaged, massaging** To give a massage to.

mas·sive |măs′ĭv| —*adjective* Very large and heavy; huge.

mast |măst| or |mäst| —*noun, plural* **masts** A tall pole for the sails and rigging of a sailing ship or sailboat.

mas·ter |măs′tər| or |mä′stər| —*noun, plural* **masters 1.** A person who has power over others; ruler or owner. **2.** A man who teaches. **3.** A person who is very good at something; an expert. **4. Master** A word used in speaking of or to a boy who is not old enough to be called "Mister."
—*adjective* **1.** Very skilled; expert. **2.** Most important or largest; main.
—*verb* **mastered, mastering 1.** To bring under control; overcome. **2.** To become very skilled in.

mas·ter·piece |măs′tər pēs′| or |mä′stər pēs′| —*noun, plural* **masterpieces** An outstanding work of art or craft, especially an artist's greatest work.

mat |măt| —*noun, plural* **mats 1.** A small rug used to cover a part of a floor. **2.** A small piece of material that can be put under dishes, vases, and other things to protect a surface. **3.** A thick pad used on the floor for activities like wrestling and boxing. **4.** A thick, tangled or twisted mass.
—*verb* **matted, matting** To tangle into a thick mass.

match¹ |măch| —*noun, plural* **matches 1.** Someone or something that is very much like another. **2.** Someone or something that goes well with another. **3.** A contest; game or bout.
—*verb* **matched, matching 1.** To be or look alike. **2.** To do as well as; equal. **3.** To go well with. **4.** To

de vestidos y disfraces. **2.** Algo que se usa como protección para toda o parte de la cara; mascarilla. **3.** Cualquier cosa que oculta o tapa.
—*verbo* **1.** Ocultar o encubrir; enmascarar; disimular. **2.** Ponerse una máscara; enmascarar; disfrazar.

mason \sustantivo Persona que construye cosas de piedra o ladrillo; albañil.

masonry *sustantivo* **1.** Oficio o trabajo de un albañil; albañilería. **2.** Pared, hogar u otra estructura hecha de piedra o ladrillo.

masquerade *sustantivo* Fiesta o baile donde la gente lleva máscaras y vestidos de fantasía; mascarada o baile de máscaras.

mass *sustantivo* **1.** Cosa o conjunto de cosas sin forma precisa; pila o montón; masa; cuerpo informe; mole. **2.** Gran cantidad o número; volumen. **3.** La porción más grande de algo; gran número; mayor parte. **4.** Bulto; tamaño; masa. **5.** Cantidad de materia en un cuerpo; masa.
—*verbo* Reunir o agrupar en masa; juntar; juntarse; formar masas.
—*adjetivo* **1.** De o que incluye a mucha gente; masa. **2.** En gran escala; haciendo o involucrando a muchos; masa: *the mass production of cars* = *la producción en masa de automóviles.*

Mass *sustantivo* Servicio religioso principal en las iglesias Católicas Romanas y en algunas Protestantes; misa.

massacre *sustantivo* Matanza cruel y brutal de mucha gente o animales; masacre; carnicería.
—*verbo* Matar a mucha gente o animales de manera cruel y brutal; masacrar; destrozar; degollar.

massage *sustantivo* Frotación del cuerpo para relajar los músculos y mejorar la circulación de la sangre; masaje.
—*verbo* Dar un masaje; sobar; masajear.

massive *adjetivo* Muy grande y pesado; enorme; masivo; macizo.

mast *sustantivo* Palo alto para las velas y el aparejo de un barco o bote de vela; mástil.

master *sustantivo* **1.** Persona que tiene poder sobre otras; gobernador o dueño; amo; propietario. **2.** Hombre que enseña; maestro; preceptor. **3.** Persona que es muy buena en algo; experto; diestro; perito. **4. Master** Palabra que se usa al hablar de o a un muchacho que no tiene la edad suficiente para que se lo llame "Mister."
—*adjetivo* **1.** Muy diestro; experto. **2.** Más importante o más grande; principal: *the master bedroom* = *el dormitorio principal.*
—*verbo* **1.** Poner bajo control; superar; conquistar; vencer: *She mastered her fear of heights and climbed the tower.* = *Ella venció su miedo a las alturas y ascendió la torre.* **2.** Llegar a ser muy diestro; dominar; ser maestro: *She mastered photography after a few lessons.* = *Ella se hizo muy diestra en fotografía después de algunas lecciones.*

masterpiece *sustantivo* Obra de arte u oficio que es sobresaliente, especialmente la obra más grandiosa de un artista; obra maestra; obra magistral.

mat *sustantivo* **1.** Alfombra pequeña que se usa para cubrir parte de un piso; estera; felpudo; petate. **2.** Trozo pequeño de material que se pone debajo de los platos, vasos y otras cosas para proteger una superficie; esterilla. **3.** Cojinete grueso que se pone en el piso para actividades como la lucha y el boxeo; petate; estera. **4.** Masa gruesa enmarañada o torcida.
—*verbo* Enmarañar en una masa gruesa; desgreñar; enredar.

match¹ *sustantivo* **1.** Alguien o algo que se parece mucho a otro; semejante; igual. **2.** Alguien o algo que va bien con otro; juego; compañero; pareja. **3.** Contienda; juego o partida; partido; certamen; concurso.
—*verbo* **1.** Ser igual a o parecerse; emparejar; hermanar. **2.** Hacer algo tan bien como otro; igualar;

ər butter   yōō abuse   ou out   ŭ cut   û fur   *th* the   th thin   hw which   zh vision   ə ago, item, pencil, atom, circus

put or fit together. **5.** To put two similar things together; pair.

match² |măch| —*noun, plural* **matches** A small stick of wood or cardboard coated at one end so that it catches fire when it is rubbed on a rough surface.
mate |māt| —*noun, plural* **mates 1.** One of a pair. **2.** A husband or wife. **3.** An officer on a ship. **4.** The male or female of a pair of animals or birds.
—*verb* **mated, mating** To join together to have offspring.

ma·te·ri·al |mə tîr´ē əl| —*noun, plural* **materials 1.** Anything that can be used to make something else. **2.** Cloth or fabric.
—*adjective* **1.** Of or in the form of matter; physical. **2.** Of or for the well-being of the body.

ma·ter·nal |mə tûr´nəl| —*adjective* **1.** Of or like a mother. **2.** Related through one's mother.

math |măth| —*noun* Mathematics.
math·e·mat·i·cal |măth´ə măt´ĭ kəl| —*adjective* Of or using mathematics.
math·e·mat·ics |măth´ə măt´ĭks| —*noun* (Used with a singular verb.) The study of numbers, shapes, and measurements. Arithmetic, algebra, and geometry are branches of mathematics.
mat·i·nee |măt´n ā´| —*noun, plural* **matinees** An afternoon performance in a theater.
mat·ter |măt´ər| —*noun, plural* **matters 1.** Anything that takes up space and has weight; the stuff that makes up all things. Matter can be solid, liquid, or gas. **2.** Material; contents; substance. **3.** A subject of interest; affair. **4.** Trouble; problem. **5.** Something written or printed.
—*verb* **mattered, mattering** To be important.
Idioms **as a matter of fact** In fact; actually; really. **for that matter** So far as that is concerned; as for that. **no matter** Regardless of.

mat·tress |măt´rĭs| —*noun, plural* **mattresses** A large cloth pad stuffed with soft material, used as a bed or on a bed.
ma·ture |mə tŏor´| or |mə tyŏor´| or |mə chŏor´| —*adjective* **maturer, maturest 1.** Having reached full growth or development. **2.** Of or like an adult; grown-up.
—*verb* **matured, maturing** To reach full growth or development; ripen.
max·i·mum |măk´sə məm| —*noun, plural* **maximums** The highest or greatest possible number or degree.
—*adjective* Highest or greatest possible.
may |mā| —*helping,* or *auxiliary, verb* Past tense **might** As a helping verb **may** is used to show: **1.** That something will possibly happen. **2.** A request for permission or the giving of it. **3.** The hope or the wish for something.

May |mā| —*noun, plural* **Mays** The fifth month of the year, after April and before June. May has 31 days.

igualarse. **3.** Ir bien con algo; hacer juego. **4.** Poner o encajar uno con otro; emparejar. **5.** Poner dos cosas similares juntas; aparear; hacer pareja.

match² *sustantivo* Palillo pequeño de madera o cartón revestido en un extremo para que prenda fuego cuando se lo raspa contra una superficie áspera; fósforo; cerilla.
mate *sustantivo* **1.** Uno, de un par; pareja. **2.** Marido o mujer; compañero o compañera; cónyugue; consorte. **3.** Oficial en un barco; contramaestre. **4.** Macho o hembra de un par de animales o pájaros; compañero o compañera.
—*verbo* Acoplarse para tener hijos; aparear.

material *sustantivo* **1.** Cualquier cosa que puede utilizarse para hacer otra cosa; material. **2.** Tela o tejido; género.
—*adjetivo* Material: **1.** De forma o en forma de materia; físico: *Chairs and tables are material things; ideas are not.* = *Las sillas y las mesas son cosas físicas; las ideas, no.* **2.** De o para el bienestar del cuerpo: *She likes soft sheets, warm baths, and other material things.* = *A ella le gustan las sábanas suaves, los baños cálidos y otras cosas materiales.*

maternal *adjetivo* **1.** De o como una madre; maternal. **2.** Emparentado a través de la madre de uno; materno; rama materna.

math *sustantivo* Matemáticas.
mathematical *adjetivo* Relativo a las matemáticas; matemático.
mathematics *sustantivo* El estudio de números, formas y medidas; matemáticas. La aritmética, álgebra y geometría son ramas de las matemáticas.

matinee *sustantivo* Función de tarde en un teatro; matiné.
matter *sustantivo* **1.** Cualquier cosa que ocupa espacio y tiene peso; lo que forma todas las cosas; materia. La materia puede ser sólida, líquida o gaseosa. **2.** Material; contenido; tema: *The fire provided matter for several newspaper stories.* = *El incendio dió tema para varios artículos periodísticos.* **3.** Materia de interés; asunto; cuestión: *We talked about costs, salaries and other business matters.* = *Hablamos acerca de costos, salarios y otros asuntos de negocios.* **4.** Aflicción; problema; molestia; dificultad: *What is the matter with your foot?* = *¿Qué problema tienes en el pie?* **5.** Algo escrito o impreso; asunto; material: *These books are good reading matter.* = *Estos libros son un buen material de lectura.*
—*verbo* Ser importante; importar.
Modismos **as a matter of fact** En verdad; en efecto; de hecho; realmente; efectivamente; en realidad; verdaderamente. **for that matter** En cuanto a eso; por eso; por esa razón. **no matter** Sin ningún reparo; sin importar.
mattress *sustantivo* Saco de tela grande relleno con un material blando que se usa como cama o en una cama; colchón.
mature *adjetivo* **1.** Que ha alcanzado crecimiento o desarrollo total; maduro. **2.** De o como un adulto; adulto; crecido.
—*verbo* Alcanzar crecimiento o desarrollo total; madurar.

maximum *sustantivo* El más alto o grande número o grado posible; máximo.
—*adjetivo* Más alto o más grande posible; máximo.
may *verbo auxiliar* Pretérito **might**. Como verbo auxiliar **may** se usa para mostrar: **1.** Que algo posiblemente va a suceder; que es posible: *It may rain this weekend.* = *Es posible que llueva este fin de semana.* **2.** Petición para permiso, o el darlo: *May I take a swim? Yes, you may.* = *¿Puedo nadar? Sí, puedes.* **3.** Esperanza o deseo de algo: *May all your days be happy ones.* = *Que todos tus días sean felices.*
May *sustantivo* Mayo.

may·be |mā′bē| —*adverb* Possibly; perhaps.

may·on·naise |mā′ə nāz′| or |mā′ə nāz′| —*noun, plural* **mayonnaises** A thick dressing for salads and other foods. It is made of beaten egg yolks, oil, lemon juice or vinegar, and seasonings.

may·or |mā′ər| or |mâr| —*noun, plural* **mayors** The highest government official of a city or town.

maze |māz| —*noun, plural* **mazes** A complicated, winding arrangement of paths through which it is hard to find one's way.

me |mē| —*pronoun* The pronoun **me** is the objective case of **I**. It is used: **1.** As the direct object of a verb. **2.** As the indirect object of a verb. **3.** As the object of a preposition.

mead·ow |měd′ō| —*noun, plural* **meadows** An area of grassy ground.

mea·ger |mē′gər| —*adjective* Lacking in quantity; poor.

meal¹ |mēl| —*noun, plural* **meals** Grain that has been ground until it is coarse. Meal is not as fine as flour.

meal² |mēl| —*noun, plural* **meals** **1.** The food served and eaten in one sitting. **2.** The regular time for eating.

mean¹ |mēn| —*verb* **meant, meaning 1.** To have the sense of; be defined as. **2.** To be a sign or symbol of; show. **3.** To try to say. **4.** To have in mind; intend. **5.** To be important; matter.

mean² |mēn| —*adjective* **meaner, meanest 1.** Not kind or good; cruel; nasty. **2.** Hard to handle; troublesome.

mean³ |mēn| —*noun, plural* **means 1.** Something that is in the middle between two extremes; a middle point. **2. means** Something that is used to help reach a goal; method. **3. means** Money; wealth.
—*adjective* In the middle between two extremes; average.

Idioms **by all means** Of course; certainly. **by no means** Not at all; certainly not.

mean·ing |mē′nĭng| —*noun, plural* **meanings** The way something can be understood; the way something is intended or stands for; thing signified.

meant |mĕnt| The past tense and past participle of the verb **mean**.

mean·time |mēn′tīm′| —*noun* The time between one thing and another.

mean·while |mēn′hwīl′| or |mēn′wīl′| —*adverb* **1.** During the time in between. **2.** At the same time.

mea·sles |mē′zəlz| —*noun* (Used with a singular verb.) A contagious disease caused by a virus. People with measles cough, have a fever, and break out in red spots.

maybe *adverbio* Posiblemente; quizás; acaso; tal vez.

mayonnaise *sustantivo* Aderezo espeso para ensaladas y otras comidas; mayonesa. Se hace de yemas de huevo batidas, aceite, jugo de limón o vinagre y condimentos.

mayor *sustantivo* El oficial de gobierno más alto de una ciudad o pueblo; alcalde.

maze *sustantivo* Disposición complicada y tortuosa de senderos a través de los cuales es difícil encontrar el camino de uno; laberinto.

me *pronombre* El pronombre **me** es la forma dativa o acusativa de **I**. Se usa: **1.** Como complemento directo de un verbo; me: *They blamed me. = Ellos me culparon.* **2.** Como complemento indirecto de un verbo; me: *Give me the letter. = Dame la carta.* **3.** Como complemento de una preposición; a mí: *She sent the letter to me. = Ella me envió la carta a mí.*

meadow *sustantivo* Área de suelo herboso; pradera; prado.

meager *adjetivo* Pobre en cantidad; flaco; magro.

meal¹ *sustantivo* Grano que ha sido molido en granos gruesos como la harina de maíz, y que no es tan fino como la harina de trigo.

meal² *sustantivo* **1.** Alimentos que se sirven y comen; comida; sustento. **2.** Hora regular para comer.

mean¹ *verbo* **1.** Tener un significado; ser definido; significar; querer decir: *The dictionary tells you what words mean. = El diccionario explica lo que significan las palabras.* **2.** Ser señal o símbolo de algo; mostrar; indicar; significar; querer decir: *The green light means that we can go. = La luz verde indica que podemos avanzar.* **3.** Tratar de decir; querer decir; pretender decir: *What do you think this poem means? = ¿Qué crees que este poema trata de decir?* **4.** Tener en la mente; intentar dar a entender; pretender: *What do you mean with that look? = ¿Qué quieres dar a entender con esa mirada?* **5.** Ser importante; importar; significar: *His friendship means a lot to me. = Su amistad es importante para mí.*

mean² *adjetivo* **1.** Que no es amable o bueno; cruel; odioso; despreciable; mezquino; vil. **2.** Difícil de tratar; dificultoso.

mean³ *sustantivo* **1.** Algo que está en el medio entre dos extremos; punto medio; medio. **2. means** Algo que se usa para ayudar a alcanzar un objetivo; método; medio; modo; forma: *We need a practical means of using the sun's energy. = Necesitamos un medio práctico de usar la energía del sol.* **3. means** Dinero; riqueza; medios; fondos; recursos: *She is a woman of means. = Ella es una mujer de recursos.*
—*adjetivo* En el medio entre dos extremos; promedio; medio.

Modismos **by all means** Por supuesto; indudablemente; sin falta; no faltaba más; sin duda. **by no means** De ninguna manera; ciertamente no; de ningún modo.

meaning *sustantivo* Modo en que algo puede ser comprendido; modo en que algo está destinado o indicado; cosa que significa; significado; sentido.

meant Pretérito y participio pasado del verbo **mean**.

meantime *sustantivo* Tiempo entre una cosa y otra; ínterin.

meanwhile *adverbio* **1.** Durante el tiempo entre dos cosas; en el intervalo; mientras tanto: *I'll leave in ten minutes; meanwhile I'll polish my shoes. = Partiré en diez minutos; mientras tanto, lustraré mis zapatos.* **2.** Al mismo tiempo; mientras; entretanto: *I'll cook dinner; meanwhile you set the table. = Yo prepararé la cena; mientras, tú pones la mesa.*

measles *sustantivo* Enfermedad contagiosa causada por un virus; sarampión; rubéola. La gente con sarampión tose, tiene fiebre y se llena de manchas rojas.

ər butter yōō abuse ou **out** ŭ **cut** û **fur** *th* the th thin hw which zh vision ə ago, item, pencil, atom, circus

meas·ure |mĕzh′ər| —*noun, plural* **measures**
1. The size, amount, weight, or volume of something.
2. A unit for figuring out size, amount, or volume.
3. An instrument or device for figuring out size,
amount, weight, or volume. **4.** Amount, extent, or de-
gree. **5.** An action taken for a purpose. **6.** A bill or act
that may become law. **7.** The music between two bars
on a staff; a bar.
—*verb* **measured, measuring 1.** To find the size,
amount, weight, or volume of. **2.** To be a unit of size,
amount, weight, or volume for. **3.** To have as size,
amount, weight, or volume.

meas·ure·ment |mĕzh′ər mənt| —*noun, plural*
measurements 1. The act of measuring. **2.** A system
of measuring. **3.** A dimension or number found by
measuring.

meat |mēt| —*noun, plural* **meats 1.** The flesh of an
animal that can be eaten as food. **2.** The part of a nut
or fruit that can be eaten. **3.** The main or most impor-
tant part.

me·chan·ic |mə kăn′ĭk| —*noun, plural* **mechanics**
A person who is skilled in making, using, or repairing
machines.

me·chan·i·cal |mə kăn′ĭ kəl| —*adjective* Of or using
machines or tools.

mech·a·nism |mĕk′ə nĭz′əm| —*noun, plural*
mechanisms The parts that make a machine work.

med·al |mĕd′l| —*noun, plural* **medals** A flat, round
piece of metal with a design or writing on it. Medals
are awarded to honor outstanding achievements. Some
medals have religious figures.

med·dle |mĕd′l| —*verb* **meddled, meddling** To in-
terfere in other people's things or business without be-
ing asked.

me·di·a |mē′dē ə| —*noun* **1.** A plural of the noun
medium. 2. (Used with a plural verb.) Newspapers,
television, and other means of public communication.

med·i·cal |mĕd′ĭ kəl| —*adjective* Of the study or
treatment of diseases.

med·i·cine |mĕd′ĭ sĭn| —*noun, plural* **medicines**
1. Any substance used to treat or prevent disease and
relieve pain. **2.** The scientific study of diseases and of
methods to discover, treat, and prevent them.

me·di·e·val |mē′dē ē′vəl| or |mĕd′ē ē′vəl| —*adjective*
Of, from, or like the Middle Ages, or the period of Eu-
ropean history from about A.D. 500 to about 1400.

me·di·um |mē′dē əm| —*noun* **1.** *plural* **mediums**
Something that is in the middle between two ex-
tremes. **2.** *plural* **media** or **mediums** Anything in
which something lives, is carried, or is done. **3.** *plural*
media Any of the means used to transfer information
in a society.
—*adjective* In the middle between two extremes.

meet |mēt| —*verb* **met, meeting 1.** To join; touch;
connect. **2.** To come face to face with; encounter.
3. To come together with by appointment. **4.** To be
introduced to. **5.** To pay; pay for.
—*noun, plural* **meets** A gathering of people or teams
for a sports competition.

measure *sustantivo* **1.** Tamaño, cantidad, peso o volu-
men de algo; medida: *I took the measure of her waist
with a string.* = *Yo tomé la medida de su cintura con
un cordel.* **2.** Unidad para calcular tamaño, cantidad o
volumen; medida; dimensión: *Liters and quarts are
measures of volume.* = *El litro y el cuarto de galón son
unidades de volumen.* **3.** Instrumento o aparato para
calcular tamaño, cantidad, peso o volumen; medición:
A scale is a measure for weight. = *La balanza es un
aparato de medición para el peso.* **4.** Cantidad; exten-
sión o grado; capacidad: *He has a large measure of
good sense.* = *Él tiene una gran capacidad de sentido
común.* **5.** Acción que se toma con un motivo; medida:
The teacher took measures to stop noise in the class. =
*La maestra tomó medidas para terminar con el ruido
en la clase.* **6.** Proyecto o acción que puede llegar a ser
ley; medida; proyecto de ley: *The Senate passed a
measure to lower taxes.* = *El Senado aprobó un pro-
yecto de ley para rebajar los impuestos.* **7.** Música
entre dos barras en un pentagrama; compás; cadencia:
Sing a few measures of the song. = *Cante algunos
compases de la canción.*
—*verbo* **1.** Encontrar el tamaño, la cantidad, el peso o
el volumen de algo; medir; mensurar. **2.** Ser una uni-
dad de tamaño, cantidad, peso o volumen; medir; men-
surar; señalar. **3.** Indicar tamaño, cantidad, peso o vo-
lumen; medir; señalar.

measurement *sustantivo* **1.** Acción de medir; medi-
ción; dimensión; medida. **2.** Sistema de medida; medi-
ción; dimensión. **3.** Dimensión o número que se
descubre midiendo; medida; dimensión.

meat *sustantivo* **1.** Carne de un animal que puede co-
merse como alimento. **2.** Parte de una nuez o fruta que
puede comerse; carne; pulpa. **3.** Parte principal o más
importante; esencia.

mechanic *sustantivo* Persona que es hábil haciendo,
empleando o componiendo máquinas; mecánico.

mechanical *adjetivo* De o que emplea máquinas o he-
rramientas; mecánico.

mechanism *sustantivo* Partes que hacen funcionar
una máquina; mecanismo.

medal *sustantivo* Pedazo chato y redondo de metal con
un diseño o escritura; medalla. Las medallas se otorgan
para honrar hechos sobresalientes; algunas tienen figu-
ras religiosas.

meddle *verbo* Interferir en las cosas o asuntos de otras
personas sin ser requerido; meterse; entremeterse;
entrometerse.

media *sustantivo* **1.** Plural del sustantivo **medium.**
2. Los periódicos, la televisión y otros medios de comu-
nicación pública.

medical *adjetivo* Relativo al estudio o tratamiento de
enfermedades; médico.

medicine *sustantivo* Medicina: **1.** Cualquier susbtan-
cia que se usa para tratar o prevenir enfermedades y
aliviar dolor; medicamento; medicinas. **2.** Estudio
científico de enfermedades y métodos para descubrir-
las, tratarlas y prevenirlas.

medieval *adjetivo* Relativo a la Edad Media, o al pe-
ríodo de historia europea comprendido entre los años
500 de la era cristiana hasta aproximadamente 1400;
medieval.

medium *sustantivo* Medio: **1.** Algo que está en el me-
dio entre dos extremos; término medio. **2.** Cualquier
cosa en que algo vive, es transportado o es hecho.
3. Cualquiera de los modos que se usa para difundir
información en una sociedad.
—*adjetivo* En el medio entre dos extremos; mediano;
término medio.

meet *verbo* **1.** Juntar; tocar; conectar; encontrarse;
juntarse. **2.** Verse cara a cara con alguien; encontrar;
encontrarse; juntarse. **3.** Juntarse con alguien por me-
dio de una cita; encontrarse; verse. **4.** Ser presentado;
conocer. **5.** Pagar; sufragar gastos; saldar.
—*sustantivo* Reunión de gente o equipos para un con-
curso deportivo; encuentro.

ă pat ā pay â care ä father ĕ pet ē be ĭ pit ī pie î fierce ŏ pot ō go ô paw, for oi oil ŏŏ book ōŏ boot

meet·ing |mē'tĭng| —*noun, plural* **meetings 1.** The act of coming together. **2.** A gathering of people.

meeting *sustantivo* **1.** Acción de juntarse; encuentro; consulta; sesión. **2.** Reunión de gente; mitin; conferencia.

meg·a·phone |měg'ə fōn' | —*noun, plural* **megaphones** A device shaped like a funnel for increasing and directing the sound of the voice.

megaphone *sustantivo* Aparato en forma de embudo para aumentar y dirigir el sonido de la voz; megáfono; portavoz.

mel·an·chol·y |měl'ən kŏl'ē| —*noun* Low spirits; sad feeling; sorrow.
—*adjective* **1.** Sad; gloomy. **2.** Making one feel sad.

melancholy *sustantivo* Depresión; sentimiento triste; pesar; melancolía; tristeza.
—*adjetivo* Melancólico: **1.** Triste; sombrío. **2.** Que hace que uno se sienta triste.

mel·low |měl'ō| —*adjective* **mellower, mellowest 1.** Soft and sweet; rich and full. **2.** Grown wiser and gentler with age.

mellow *adjetivo* **1.** Blando y dulce; rico y maduro; suave; tierno. **2.** Volverse más sabio y más moderado con la edad; dulce.

mel·o·dy |měl'ə dē| —*noun, plural* **melodies 1.** A group of musical tones in a pleasing order; a tune. **2.** The main part of a piece of music.

melody *sustantivo* Melodía: **1.** Grupo de tonos musicales en un orden agradable; tono; tonada. **2.** Parte principal de un trozo musical.

mel·on |měl'ən| —*noun, plural* **melons** A large fruit with a hard rind and juicy flesh. Melons grow on vines.

melon *sustantivo* Fruta grande de piel dura y carne jugosa que crece en enredaderas; melón.

melt |mělt| —*verb* **melted, melting 1.** To change a solid into a liquid by adding heat. **2.** To dissolve. **3.** To fade, blend, or disappear. **4.** To make or become gentler or milder; soften.

melt *verbo* **1.** Cambiar un sólido en un líquido añadiendo calor; fundir; derretir. **2.** Disolverse; derretirse; fundirse. **3.** Descolorarse; mezclarse o desvanecerse; confundirse. **4.** Hacer o hacerse más suave o más dulce; suavizar; derretir; enternecer; ablandar.

mem·ber |měm'bər| —*noun, plural* **members 1.** A person or thing that belongs to a group or organization. **2.** A body part that sticks out; limb.

member *sustantivo* Miembro: **1.** Persona u cosa que pertenece a un grupo u organización; socio. **2.** Parte del cuerpo que sobresale; brazo; pierna.

mem·ber·ship |měm'bər shĭp'| —*noun, plural* **memberships 1.** The condition of being a member. **2.** The people who are members.

membership *sustantivo* **1.** Condición de ser miembro; calidad de socio; matrícula. **2.** Gente que es miembro; comunidad; sociedad.

mem·brane |měm'brān'| —*noun, plural* **membranes** A thin layer of tissue in the body of an animal or plant.

membrane *sustantivo* Capa delgada de tejido en el cuerpo de un animal o planta; membrana.

me·mo·ri·al |mə môr'ē əl| or |mə mōr'ē əl| —*noun, plural* **memorials** Anything built, kept, or done in memory of a person, people, or event.

memorial *sustantivo* Cualquier cosa que se construye, preserva o hace en memoria de una persona, gente o acontecimiento; memorial; recuerdo; monumento.

mem·o·rize |měm'ə rīz'| —*verb* **memorized, memorizing** To learn by heart; commit to memory.

memorize *verbo* Aprender de memoria; recordar; memorizar.

mem·o·ry |měm'ə rē| —*noun, plural* **memories 1.** The power of storing things in the mind and bringing them back when needed; the ability to remember. **2.** Something that is remembered; a thought of someone or something out of the past.

memory *sustantivo* **1.** Poder de acumular conocimiento o información en la mente y evocarlos cuando es necesario; memoria; recuerdo; habilidad para recordar. **2.** Algo que se recuerda; pensamiento de alguien o algo del pasado; recuerdo; memoria.

men |měn| The plural of the noun **man.**

men Plural del sustantivo **man.**

men·ace |měn'əs| —*noun, plural* **menaces** A threat; danger.
—*verb* **menaced, menacing** To threaten with harm; endanger.

menace *sustantivo* Amenaza; peligro.
—*verbo* Amenazar con daño; poner en peligro; comprometer.

mend |měnd| —*verb* **mended, mending 1.** To put back in good condition; repair; fix. **2.** To get better; heal.
—*noun, plural* **mends** A place that has been mended; a repaired part.

mend *verbo* **1.** Reponer en buena condición; componer; arreglar; reparar; remendar. **2.** Mejorarse; curarse; restablecerse; reponerse.
—*sustantivo* Lugar que ha sido reparado; parte reparada; remiendo.

men-of-war |měn'ə wôr' | or |měn'əv wôr' | The plural of the noun **man-of-war.**

men of war Plural del sustantivo **man of war.**

men·tal |měn'tl| —*adjective* **1.** Of, in, or done by the mind. **2.** Of, for, or suffering from a disease of the mind.

mental *adjetivo* Mental: **1.** Relativo a, o hecho por la mente; intelectual. **2.** Relativo a, o que sufre de una enfermedad de la mente.

men·tal·ly re·tard·ed |měn'tl ē rĭ tär'dĭd| Of a person who suffers from or has a condition of mental retardation.

mentally retarded Dícese de la persona que sufre o tiene una condición de retardo mental; retardado mental.

mental re·tar·da·tion |rē'tär dā'shən| The condition of having mental ability that is lower than normal. A person can be born with this condition or it can be caused by an injury or disease that damages the brain.

mental retardation Condición de tener una habilidad mental que es más baja que la normal; retardo mental. Una persona puede nacer con esta condición o la misma puede ser causada por una lesión o enfermedad que daña el cerebro.

men·tion |měn'shən| —*verb* **mentioned, mentioning** To speak or write about in a brief way; refer to.
—*noun, plural* **mentions** A brief statement; remark; note.

mention *verbo* Hablar o escribir de modo breve sobre algo; referirse; mencionar; hacer mención.
—*sustantivo* Declaración breve; observación; nota; mención; alusión.

men·u |měn'yōō| or |mā'nyōō| —*noun, plural* **menus** A list of the foods and drinks available in a restaurant or other place where one eats.

menu *sustantivo* Lista de comidas y bebidas accesibles en un restaurante u otro lugar similar; menú; lista de platos; carta.

me·ow |mē ou'| or |myou| —*noun, plural* **meows** The high, whining sound a cat makes.
—*verb* **meowed, meowing** To make this sound.

meow *sustantivo* Sonido agudo y quejumbroso que hace un gato; maullido.
—*verbo* Hacer este sonido; maullar.

ər butter yōō abuse ou **out** ŭ cut û fur *th* **the** th **thin** hw **which** zh **vision** ə **ago, item, pencil, atom, circus**

mer·chan·dise |mûr'chən dīz'| or |mûr'chən dīs'| —*noun* Things bought and sold; goods.

mer·chant |mûr'chənt| —*noun, plural* **merchants 1.** A person who makes money by buying and selling goods. **2.** A person who operates a retail store; storekeeper.
—*adjective* Having to do with business or trade.

mer·cu·ry |mûr'kyə rē| —*noun* A shiny, silver-white metal that is a liquid at normal temperatures. Mercury is a chemical element.
Mer·cu·ry |mûr'kyə rē| The planet that is closest to the sun in our solar system.

mer·cy |mûr'sē| —*noun, plural* **mercies 1.** Kind or soft treatment to a person who is in one's power. **2.** Something to be grateful for; a blessing.

mere |mîr| —*adjective* Being nothing more than what is stated; only.

mere·ly |mîr'lē| —*adverb* Nothing more than; only; simply.

merge |mûrj| —*verb* **merged, merging** To bring or come together; combine; unite.

me·rid·i·an |mə rĭd'ē ən| —*noun, plural* **meridians** A half circle along the earth's surface that goes from north pole to south pole; a line of longitude.

mer·it |měr'ĭt| —*noun, plural* **merits 1.** Quality that deserves praise or reward; value; worth. **2. merits** The actual facts of a matter.
—*verb* **merited, meriting** To be worthy of; deserve.

mer·maid |mûr'mād'| —*noun, plural* **mermaids** An imaginary sea creature with the head and upper body of a woman and a fish's tail.

mer·ri·ment |měr'ĭ mənt| —*noun* Laughter and fun; gaiety; amusement.

mer·ry |měr'ē| —*adjective* **merrier, merriest** Full of fun, laughter, and gaiety; jolly.

mer·ry-go-round |měr'ē gō round'| —*noun, plural* **merry-go-rounds** A round platform with seats shaped like horses and other animals. People ride while the merry-go-round turns.

mesh |měsh| —*noun, plural* **meshes** A structure or material with many small, open spaces in it; network.

mess |měs| —*noun, plural* **messes 1.** A cluttered or untidy condition of something. **2.** Someone or something that is dirty, sloppy, or untidy. **3.** A situation that is confused, complicated, and unpleasant. **4.** A group of soldiers, sailors, or campers who eat together.
—*verb* **messed, messing 1.** To make sloppy, dirty, or untidy. **2.** To handle in a bad way; ruin.

mes·sage |měs'ĭj| —*noun, plural* **messages 1.** Words sent from one person or group to another. **2.** A statement or speech to a certain audience.

mes·sen·ger |měs'ən jər| —*noun, plural* **messengers** A person who carries messages or other things from one place to another.

mess·y |měs'ē| —*adjective* **messier, messiest 1.** Sloppy or cluttered; untidy. **2.** Likely to cause a mess.

met |mět| The past tense and past participle of the verb **meet.**

me·tab·o·lism |mə tăb'ə lĭz'əm| —*noun* The chemical and physical processes that living things carry on to stay alive. Metabolism includes the changing of food molecules into forms that the body can use to make cells and tissues.

met·al |mět'l| —*noun, plural* **metals** A substance that is shiny and conducts heat and electricity. Most metals can be melted and can be hammered into shapes.

merchandise *sustantivo* Cosas que se compran y venden; bienes; mercaderías; mercancías.

merchant *sustantivo* **1.** Persona que hace dinero comprando y vendiendo bienes; mercader; comerciante; negociante. **2.** Persona que opera una tienda de venta por menor; tendero; mercader; comerciante.
—*adjetivo* Que tiene que ver con negocio o comercio; mercantil; mercante; comercial.

mercury *sustantivo* Metal brillante blanco plateado que es líquido a temperaturas normales; mercurio. El mercurio es un elemento químico.
Mercury El planeta que está más cercano al Sol en nuestro sistema solar; Mercurio.

mercy *sustantivo* **1.** Trato amable o dulce hacia una persona que está bajo el poder de uno; misericordia; compasión; piedad. **2.** Algo por lo cual estar agradecido; bendición; merced; gracia.

mere *adjetivo* No ser nada más de lo que se declara; solo; mero; nada más que.

merely *adverbio* Nada más que; solamente; simplemente; meramente.

merge *verbo* Traer o juntar; combinar; unir; fundirse; mezclarse; fusionarse.

meridian *sustantivo* Semicírculo a lo largo de la superficie de la tierra que va del polo norte al polo sur; línea de longitud; meridiano.

merit *sustantivo* **1.** Cualidad que merece elogio o recompensa; valor; mérito; merecimiento. **2. merits** Hechos reales de un asunto; mérito.
—*verbo* Ser digno de algo; merecer.

mermaid *sustantivo* Ser marino imaginario con cabeza y cuerpo superior de mujer y cola de pez; sirena.

merriment *sustantivo* Risa y diversión; alegría; distracción; júbilo; regocijo; fiesta.

merry *adjetivo* Lleno de diversión, risa y alegría; alegre; jovial; festivo; risueño.

merry-go-round *sustantivo* Plataforma redonda con asientos en forma de caballos y otros animales. La gente se monta en los animales mientras la plataforma da vueltas; caballitos; tío vivo; calesita.

mesh *sustantivo* Estructura o material con muchos espacios abiertos muy pequeños; red; malla.

mess *sustantivo* **1.** Condición desarreglada o desordenada de algo; revoltijo; confusión; desorden. **2.** Alguien o algo que está sucio, desaliñado o desarreglado. **3.** Situación que es confusa, complicada y desagradable; confusión; embarazo; lío. **4.** Grupo de soldados, marineros o acampadores que comen juntos.
—*verbo* **1.** Desaliñar, ensuciar o desarreglar; desordenar; hacer un revoltijo. **2.** Manejar algo en una forma incorrecta; estropear; arruinar: *She messed up her chance for first prize.* = *Ella arruinó sus posibilidades de obtener el primer premio.*

message *sustantivo* Mensaje: **1.** Palabras que se envían de una persona o grupo a otra; comunicación; recado; encargo. **2.** Declaración o discurso que se dirige a una determinada audiencia.

messenger *sustantivo* Persona que lleva mensajes u otras cosas de un lugar a otro; mensajero; recadero; mandadero.

messy *adjetivo* **1.** Desaliñado o alborotado; descuidado; desordenado. **2.** Que causa desorden.

met Pretérito y participio pasado del verbo **meet.**

metabolism *sustantivo* Procesos químicos y físicos que los seres vivientes llevan a cabo para mantenerse vivos, y que incluye la conversión de moléculas de alimentos en formas que el cuerpo puede utilizar para hacer células y tejidos; metabolismo.

metal *sustantivo* Sustancia que es brillante y conduce el calor y la electricidad, y que en muchos casos se puede fundir y martillar para darle forma; metal.

ă pat ā pay â care ä father ĕ pet ē be ĭ pit ī pie î fierce ŏ pot ō go ô paw, for oi oil ŏŏ book ōō boot

me·tal·lic |mə tăl′ĭk| —*adjective* Of or like metal.

met·a·mor·pho·ses |mĕt′ə môr′fə sēz′| The plural of the noun **metamorphosis.**

met·a·mor·pho·sis |mĕt′ə môr′fə sĭs| —*noun, plural* **metamorphoses** Changes that some animals go through during their natural development. In one kind of metamorphosis, a caterpillar hatches from an egg, becomes a pupa, and then turns into a butterfly. A tadpole becomes a frog by metamorphosis.

me·te·or |mē′tē ər| or |mē′tē ôr′| —*noun, plural* **meteors** A streak of light that appears in the sky when a chunk of matter from outer space enters the earth's atmosphere and burns up.

me·te·or·ite |mē′tē ə rīt′| —*noun, plural* **meteorites** A chunk of matter from outer space that lands on earth.

me·ter¹ |mē′tər| —*noun, plural* **meters** The basic unit of length in the metric system. There are 100 centimeters in a meter. A meter is equal to about 39.37 inches, or a little more than a yard.

me·ter² |mē′tər| —*noun, plural* **meters** An instrument that measures something. Meters are used to measure and show such things as the amount of gas, water, and electricity used in a house.

me·ter³ |mē′tər| —*noun, plural* **meters** A pattern of rhythm in music or poetry.

meth·od |mĕth′əd| —*noun, plural* **methods** **1.** A way of doing something. **2.** Definite order or purpose; system.

met·ric |mĕt′rĭk| —*adjective* Of or using the metric system.

metric system A system of weights and measures based on the number 10. In the metric system, the meter is the basic unit of length; the kilogram is the basic unit of weight or mass; and the liter is the basic unit of volume.

me·trop·o·lis |mə trŏp′ə lĭs| —*noun, plural* **metropolises** The largest or most important city of an area.

met·ro·pol·i·tan |mĕt′rə pŏl′ĭ tən| —*adjective* Of or like a big city with its suburbs.

mice |mīs| The plural of the noun **mouse.**

mi·crobe |mī′krōb′| —*noun, plural* **microbes** A living thing so small that it can be seen only through a microscope.

mi·cro·phone |mī′krə fōn′| —*noun, plural* **microphones** An instrument used to send sound over a distance or to make sound louder. A microphone works by changing sound waves into electrical signals.

mi·cro·scope |mī′krə skōp′| —*noun, plural* **microscopes** An instrument that makes a very small thing look larger so that a person can see and study it. Microscopes enlarge the image of an object by using a combination of lenses.

mi·cro·scop·ic |mī′krə skŏp′ĭk| —*adjective* Too small to be seen by the eye alone, but large enough to be seen through a microscope.

mid·air |mĭd âr′| —*noun* A point in the middle of the air.

mid·day |mĭd′dā′| —*noun, plural* **middays** The middle of the day; noon.

mid·dle |mĭd′l| —*noun, plural* **middles** **1.** A point that is about equal in distance or time from both ends or from all sides; center. **2.** A person's waist.
—*adjective* **1.** At or in the middle. **2.** Medium; average.

mid·dle-aged |mĭd′l ājd′| —*adjective* Between youth and old age.

Middle Ages The period in European history from about A.D. 500 to about 1400.

middle ear The part of the ear between the eardrum and the inner ear. The middle ear has three small bones that carry sound vibrations from the eardrum to the inner ear.

metallic *adjetivo* De o como el metal; metálico.

metamorphoses Plural del sustantivo **metamorphosis.**

metamorphosis *sustantivo* Cambios que sufren algunos animales en su desarrollo natural, como la oruga que sale del huevo, se convierte en crisálida y luego en mariposa, o como el renacuajo, que se convierte en rana; metamorfosis; cambio; transformación.

meteor *sustantivo* Rayo de luz que aparece en el firmamento cuando un pedazo grande de materia del espacio exterior penetra la atmósfera terrestre y se quema; meteoro; estrella fugaz.

meteorite *sustantivo* Pedazo grande de materia del espacio exterior que cae en la tierra; meteorito.

meter¹ *sustantivo* Unidad básica de longitud en el sistema métrico que tiene 100 centímetros, y que es igual a aproximadamente 39.37 pulgadas, o poco más de una yarda; metro.

meter² *sustantivo* Instrumento que mide algo, y que se usa para medir o mostrar cosas tales como la cantidad de gas, agua y electricidad usados en una casa; contador; medidor.

meter³ *sustantivo* Patrón del ritmo en música o poesía; compás; metro; tiempo.

method *sustantivo* **1.** Modo de hacer algo; método. **2.** Orden o propósito definido; sistema; método.

metric *adjetivo* Perteneciente a, o que usa el sistema métrico; métrico.

metric system Sistema de pesos y medidas basado en el número 10, y en el cual el metro es la unidad básica de longitud, el kilogramo es la unidad básica de peso y masa y el litro es la unidad básica de volumen; sistema métrico.

metropolis *sustantivo* Ciudad más grande o más importante de un área; metrópoli.

metropolitan *adjetivo* Perteneciente a, o como una gran ciudad y sus suburbios; metropolitano.

mice Plural del sustantivo **mouse.**

microbe *sustantivo* Ser viviente tan pequeño que puede verse solamente por medio de un microscopio; microbio.

microphone *sustantivo* Instrumento usado para llevar el sonido a cierta distancia o para hacer el sonido más alto, y que funciona convirtiendo las ondas de sonido en señales eléctricas; micrófono.

microscope *sustantivo* Instrumento que hace que una cosa pequeña se vea más grande para que una persona pueda verla y estudiarla, y que amplifica la imagen de un objeto usando una combinación de lentes; microscopio.

microscopic *adjetivo* Demasiado pequeño para verse al ojo vivo, pero suficientemente grande para verse a través del microscopio; microscópico.

midair *sustantivo* Un punto en medio del aire; en el aire.

midday *sustantivo* Punto a la mitad del día; mediodía; las doce del día.

middle *sustantivo* **1.** Punto que está aproximadamente a igual distancia o tiempo de ambos extremos o de todos los lados de algo; centro; medio; central; intermedio. **2.** Cintura de una persona.
—*adjetivo* **1.** A o en el medio; del medio. **2.** Mediano; Término medio.

middle-aged *adjetivo* Que está entre la juventud y la vejez; de edad mediana.

Middle Ages Periodo de la historia europea desde aproximadamente el año 500 de la era cristiana hasta aproximadamente 1400; Edad Media.

middle ear Parte del oído entre el tímpano y el oído interno que tiene tres huesos pequeños que conducen las vibraciones de sonido del tímpano al oído interno; oído medio.

ər butter   yōō abuse   ou **out**   ŭ **cut**   û **fur**   *th* **the**   th **thin**   hw **which**   zh vision   ə **ago,** item, pencil, atom, circus

mid·get |mĭj′ĭt| —*noun, plural* **midgets** A person who is unusually small but whose body has normal proportions.

mid·night |mĭd′nīt′| —*noun, plural* **midnights** Twelve o'clock at night.

midst |mĭdst| —*noun* **1.** The middle part; center. **2.** A group of people.

mid·way |mĭd′wā′| —*adverb* In the middle; halfway.
—*adjective* Occurring in the middle; intermediate.
—*noun, plural* **midways** A place at a fair, carnival, or circus for games and sideshows.

might¹ |mīt| —*noun* **1.** Great power or force. **2.** Physical strength.

might² |mīt| —*helping,* or *auxiliary, verb* The past tense of **may** As a helping verb **might** is used to show: **1.** That something will possibly happen. **2.** That something could possibly but not certainly have happened. **3.** A request for permission. **4.** Any request or polite order. **5.** A complaint that someone is not acting properly or not being polite.

might·y |mī′tē| —*adjective* **mightier, mightiest** **1.** Having or showing great strength or power. **2.** Great; immense.

mi·grate |mī′grāt′| —*verb* **migrated, migrating** **1.** To move from one country or region and settle in another. **2.** To move regularly to a different place at a certain time of the year.

mi·gra·tion |mī grā′shən| —*noun, plural* **migrations** The act of migrating; movement to another place to live or stay.

mild |mīld| —*adjective* **milder, mildest 1.** Gentle and kind in manner or behavior. **2.** Not harsh or severe; moderate; slight. **3.** Not extreme in temperature; neither very hot nor very cold. **4.** Not sharp, bitter, or strong in taste or smell.

mil·dew |mĭl′dōō′| or |mĭl′dyōō′| —*noun* A fungus that forms a grayish coating on plant leaves, cloth, leather, and other things in damp weather.
—*verb* **mildewed, mildewing** To become covered with this coating.

mile |mīl| —*noun, plural* **miles** **1.** A unit of length equal to 5,280 feet, 1,760 yards, or 1,609.34 meters. **2.** A unit of length used in air or sea travel, equal to 1,852 meters or about 6,076 feet. Another name for this unit is **nautical mile.**

mile·age |mī′lĭj| —*noun* **1.** The measure of a length or distance in miles. **2.** The number of miles traveled, driven, or used.

mil·i·tar·y |mĭl′ĭ tĕr′ē| —*adjective* Of or having to do with soldiers or war.
—*noun* **the military** The armed forces.

mi·li·tia |mĭ lĭsh′ə| —*noun, plural* **militias** A group of citizens who are trained to fight or keep public order in times of emergency.

milk |mĭlk| —*noun* **1.** A white liquid produced by glands of female mammals for feeding their young. **2.** The milk of cows. It is used as food by human beings. **3.** A liquid like milk.
—*verb* **milked, milking** To press milk from the udder of a cow or other animal.

milk shake A drink made of milk, flavoring, and usually ice cream, shaken together until thick and full of

midget *sustantivo* Persona inusitadamente pequeña pero cuyo cuerpo tiene proporciones normales; enano.

midnight *sustantivo* Las doce de la noche; medianoche.

midst *sustantivo* **1.** Parte central; centro; medio. **2.** Grupo de gente.

midway *adverbio* En medio; a medio camino.
—*adjetivo* Que ocurre en medio de algo; intermedio.
—*sustantivo* Callejón central formado de juegos y atracciones varias en una feria, un conjunto de diversiones carnavalescas o un circo.

might¹ *sustantivo* **1.** Gran poder o fuerza. **2.** Fuerza física.

might² *verbo* Pretérito del verbo **may.** Como verbo auxiliar **might** se usa para indicar: **1.** Que algo posiblemente pasará: *Do as you are told, and we might let you go to the movies.* = *Haz lo que te decimos y tal vez te dejaremos ir al cine.* **2.** Que algo podría haber pasado pero no ha pasado con certeza: *If she had rushed, she might have caught the plane.* = *Si ella se hubiera apurado podría haber tomado el avión.* **3.** Solicitud de permiso: *Might I trouble you for another cup of tea?* = *¿Por favor, podrías darme otra taza de té?* **4.** Cualquier pedido u orden cortés: *You might pay attention when I speak to you.* = *¡Podrías prestar atención cuando te hablo!* **5.** Queja de que alguien no está actuando debidamente o que no está comportándose cortesmente: *He might at least call.* = *Por lo menos, él podría haber llamado.* *You might at least say "Thank You."* = *¡Podrías al menos decir "gracias."!*

mighty *adjetivo* **1.** Que tiene o muestra gran poder o fuerza; poderoso; potente; fuerte. **2.** Grande; inmenso; enorme.

migrate *verbo* **1.** Mudarse de un país o una región y establecerse en otro; emigrar. **2.** Mudarse regularmente a un lugar diferente en cierta época del año.

migration *sustantivo* Acción de emigrar; emigración; mudanza a otro lugar para vivir o permanecer allí.

mild *adjetivo* **1.** Apacible y amable en modales y conducta; manso; benigno. **2.** Que no es áspero o severo; moderado; leve; suave. **3.** Que no es extremo en temperatura; templado; ni muy caluroso ni muy frío. **4.** Que no es acre, amargo o fuerte de sabor o de olor; suave.

mildew *sustantivo* Hongo que forma una capa gris en las hojas de las plantas, la tela, el cuero y otras cosas en tiempo húmedo; moho.
—*verbo* Cubrirse de esta capa; enmohecerse.

mile *sustantivo* **1.** Unidad de longitud igual a 5280 pies, 1760 yardas o 1609.34 metros; milla. **2.** Unidad de longitud que se usa en los viajes por aire o mar igual a 1852 metros o aproximadamente 6076 pies, y que también se llama **nautical mile** milla náutica.

mileage *sustantivo* **1.** Medida de una longitud o distancia en millas. **2.** Número de millas viajadas, manejadas o usadas; millaje.

military *adjetivo* Perteneciente a o teniendo que ver con soldados o guerra; militar; marcial.
—*sustantivo* **the military** Las fuerzas armadas; los militares; soldadesca.

militia *sustantivo* Grupo de ciudadanos entrenados para combatir o mantener el orden público en tiempos de emergencia; milicia; guardia nacional.

milk *sustantivo* **1.** Líquido blanco producido por las glándulas de mamíferos femeninos para alimentar a sus criaturas; leche. **2.** Leche de vaca, que se usa como alimento para seres humanos. **3.** Líquido parecido a la leche.
—*verbo* Extraer leche de la ubre de una vaca u otro animal; ordeñar.

milk shake Bebida hecha de leche, sabor y, generalmente, helado, que se bate hasta que se vuelve espesa y

froth.

milk·y |mǐl′kē| —*adjective* **milkier, milkiest 1.** Like milk in appearance. **2.** Having milk in it.

Milky Way The large group of stars that our sun and its planets belong to. The Milky Way can be seen on clear nights as a band of hazy light stretching across the sky.

mill |mǐl| —*noun, plural* **mills 1.** A machine that grinds or crushes something into very small pieces. **2.** A building with machines for grinding corn, wheat, or other grains into meal or flour. **3.** A building with machines for making things.
—*verb* **milled, milling 1.** To grind or crush into powder or very small pieces. **2.** To move around in a confused way.

mil·li·gram |mǐl′ə grăm′| —*noun, plural* **milligrams** A unit of mass or weight in the metric system equal to ¹/₁₀₀₀ gram.

mil·li·li·ter |mǐl′ə lē′tər| —*noun, plural* **milliliters** A unit of fluid volume or capacity in the metric system equal to ¹/₁₀₀₀ liter.

mil·li·me·ter |mǐl′ə mē′tər| —*noun, plural* **millimeters** A unit of length in the metric system equal to ¹/₁₀₀₀ meter.

mil·lion |mǐl′yən| —*noun, plural* **million** or **millions 1.** A number, written 1,000,000, that is equal to the product of 1,000 × 1,000. **2.** Often **millions** A very large number.
—*adjective* **1.** Being equal to one thousand thousands. **2.** A great many.

mil·lion·aire |mǐl′yə nâr′| —*noun, plural* **millionaires** A person who has at least a million dollars.

mil·lionth |mǐl′yənth| —*noun, plural* **millionths** *adjective.* See *Table of Numerals.*

mill·stone |mǐl′stōn′| —*noun, plural* **millstones** One of two large, round, flat stones used to grind grain.

mim·e·o·graph |mǐm′ē ə grăf′| or |mǐm′ē ə gräf′| —*noun, plural* **mimeographs 1.** A machine that makes copies of material that is written, drawn, or typed on a stencil. The stencil is fitted around a cylinder that is covered with ink. **2.** A copy made by such a machine.
—*verb* **mimeographed, mimeographing** To copy with a mimeograph.

mim·ic |mǐm′ǐk| —*verb* **mimicked, mimicking, mimics 1.** To copy; imitate. **2.** To make fun of by imitating; mock.
—*noun, plural* **mimics** A person or animal that mimics.

mince |mǐns| —*verb* **minced, mincing** To cut or chop into very small pieces.

mind |mīnd| —*noun, plural* **minds 1.** The part of a human being that thinks, feels, learns, remembers, wishes, imagines, and dreams. **2.** Mental ability; intelligence. **3.** Attention. **4.** Opinion; view. **5.** Mental health; sanity.
—*verb* **minded, minding 1.** To dislike; object to. **2.** To obey. **3.** To take care of; look after. **4.** To attend to. **5.** To be careful about.
Idioms **make up (one's) mind** To decide. **never mind** It doesn't matter. **on (one's) mind** In one's thoughts.

mine¹ |mīn| —*noun, plural* **mines 1.** A hole or tunnel dug in the earth to take out metals, coal, salt, or other minerals. **2.** A great amount or source of something valuable. **3.** A bomb placed underwater or just under the ground, designed to go off when something touches or comes near it.
—*verb* **mined, mining 1.** To take ore or minerals from the earth. **2.** To place bombs in or under.

mine² |mīn| —*pronoun* The pronoun **mine** is a possessive form of **I.** It is used to show that something or someone belongs to me; my own.

llena de espuma; batido; licuado.

milky *adjetivo* **1.** Que es como la leche en apariencia; lechoso. **2.** Que contiene leche; lácteo.

Milky Way Grupo grande de estrellas a la cual pertenecen nuestro Sol y sus planetas, y que puede verse en noches claras como una franja nebulosa de luz que se extiende en el firmamento; Vía Láctea.

mill *sustantivo* **1.** Máquina que muele o tritura algo en pedazos muy pequeños; molino. **2.** Edificio con máquinas para moler maíz, trigo u otros granos para hacer maizena o harina.
—*verbo* **1.** Moler o triturar en polvo o en pedazos muy pequeños; moler. **2.** Moverse alrededor de algo de manera confusa; arremolinarse.

milligram *sustantivo* Unidad de masa o peso en el sistema métrico igual a ¹/₁₀₀₀ de gramo; miligramo.

milliliter *sustantivo* Unidad de volumen fluido o capacidad en el sistema métrico igual a ¹/₁₀₀₀ de litro; mililitro.

millimeter *sustantivo* Unidad de longitud en el sistema métrico igual a ¹/₁₀₀₀ de metro; milímetro.

million *sustantivo* **1.** Millón. **2.** A veces **millions** Número muy grande.
—*adjetivo* Millón.

millionaire *sustantivo* Persona que tiene por lo menos un millón de dólares u otro dinero; millonario.

millionth *sustantivo y adjetivo* Consulte la **Tabla de Números.**

millstone *sustantivo* Una de las dos piedras grandes, redondas y planas usadas para moler granos; muela o piedra de molino.

mimeograph *sustantivo* **1.** Máquina que hace copias de material escrito, dibujado o escrito a máquina en un estencil que se ajusta alrededor de un cilindro que está cubierto de tinta; mimeógrafo. **2.** Copia hecha por esta máquina.
—*verbo* Copiar con un mimeógrafo; mimeografiar.

mimic *verbo* **1.** Remedar; imitar; hacer pantomima. **2.** Mofarse de alguien imitándole; burlarse.
—*sustantivo* Persona o animal que imita; mimo; remedador; burlón; pantomimo.

mince *verbo* Cortar o picar en pedazos muy pequeños; desmenuzar.

mind *sustantivo* **1.** Parte del ser humano que piensa, siente, aprende, recuerda, desea, imagina y sueña; mente; entendimiento; espíritu. **2.** Abilidad mental; inteligencia. **3.** Atención: *Sometimes it's hard to keep your mind on your homework.* = *A veces es difícil mantener la atención en una tarea.* **4.** Opinión; punto de vista. **5.** Salud mental; cordura.
—*verbo* **1.** Tener aversión a; objetar. **2.** Obedecer; hacer caso. **3.** Cuidar de algo; atender. **4.** Ocuparse de algo. **5.** Ser cuidadoso con algo.
Modismos **make up (one's) mind** Decidirse. **never mind** No importa. **on (one's) mind** En el pensamiento (de uno); tener preocupación por algo.

mine¹ *sustantivo* **1.** Hoyo o túnel cavado en la tierra para extraer metales, carbón, sal u otros minerales; mina. **2.** Gran cantidad de algo o fuente de algo valioso. **3.** Bomba colocada bajo el agua o apenas bajo tierra, diseñada para explotar cuando algo la toque o se acerque a ella; mina marina; mina.
—*verbo* **1.** Sacar minerales de la tierra; minar. **2.** Colocar bombas en o debajo de algo; minar.

mine² *pronombre* Forma posesiva de **I.** Se usa para mostrar que algo o alguien le pertence a uno; mío; de mi propiedad: *This book is mine.* = *Este libro es mío.*

ər butter yōō abuse ou out ŭ cut û fur *th* the th thin hw which zh vision ə ago, item, pencil, atom, circus

min·er |mī′nər| —*noun, plural* **miners** Someone who works in a mine and takes minerals out of the earth.

min·er·al |mĭn′ər əl| —*noun, plural* **minerals 1.** A useful substance that is taken from the earth. Gold, copper, coal, oil, and chalk are all minerals. **2.** Any natural substance that is not an animal or plant.

min·i·a·ture |mĭn′ē ə chər| or |mĭn′ə chər| —*adjective* Much smaller than the usual size.
—*noun, plural* **miniatures 1.** A small model or copy of something. **2.** A very small painting, especially of a person's head and face.

min·i·mum |mĭn′ə məm| —*noun, plural* **minimums 1.** The smallest amount possible or allowed. **2.** The lowest amount or number.
—*adjective* Lowest possible or allowed.

min·ing |mī′nĭng| —*noun* **1.** The work or business of taking minerals from the earth. **2.** The process of putting bombs underground or underwater.

min·is·ter |mĭn′ĭ stər| —*noun, plural* **ministers 1.** Someone who leads religious services in a church. **2.** Someone who is in charge of a government department; secretary.

mink |mĭngk| —*noun, plural* **minks** or **mink 1.** An animal with a slender body and thick, soft brown fur. **2.** The fur of this animal. It is often used to make or trim clothing.

mi·nor |mī′nər| —*adjective* Small in size, amount, or importance; lesser.
—*noun, plural* **minors** Someone who has not yet reached the legal adult age.

mi·nor·i·ty |mĭ nôr′ĭ tē| or |mĭ nŏr′ĭ tē| or |mī nôr′ĭ tē| or |mī nŏr′ĭ tē| —*noun, plural* **minorities 1.** The smaller in number of two groups forming a whole. **2.** A group of people thought of as different from the rest of society because of their race, religion, or nationality.

mint[1] |mĭnt| —*noun, plural* **mints 1.** A plant with leaves that have a strong, pleasant smell and taste. Some kinds of mint are used to flavor candy, chewing gum, and other things. **2.** A candy flavored with mint.

mint[2] |mĭnt| —*noun, plural* **mints 1.** A place where the coins of a country are made by the government. **2.** A large amount or supply.
—*verb* **minted, minting** To make by stamping metal.
—*adjective* Freshly made; unused.

min·u·end |mĭn′yōō ĕnd′| —*noun, plural* **minuends** A number from which another number is to be subtracted.

mi·nus |mī′nəs| —*preposition* Made less by the subtraction of; decreased by.
—*adjective* **1.** Less than zero; negative. **2.** A little lower or less than.
—*noun, plural* **minuses** The sign (−), used to show that the number following is to be subtracted or that the number following has a negative value.

min·ute[1] |mĭn′ĭt| —*noun, plural* **minutes 1.** A unit of time equal to $\frac{1}{60}$ of an hour or sixty seconds. **2.** Any short amount of time; a moment. **3.** A definite point in time. **4.** **minutes** An official record of what happens at a meeting of an organization.

mi·nute[2] |mī nōōt′| or |mī nyōōt′| or |mī nōōt′| or |mī nyōōt′| —*adjective* **1.** Very, very small; tiny. **2.** Careful and detailed; thorough.

mir·a·cle |mĭr′ə kəl| —*noun, plural* **miracles 1.** An event that seems impossible because it can't be explained by the laws of nature. **2.** An amazing and unlikely person, thing, or feat; a wonder.

mi·rac·u·lous |mĭ răk′yə ləs| —*adjective* **1.** Like a miracle. **2.** Having the power to work miracles.

mir·ror |mĭr′ər| —*noun, plural* **mirrors 1.** Any smooth surface that reflects the image of an object placed in front of it. **2.** Anything that gives an accurate picture of something else.
—*verb* **mirrored, mirroring** To reflect in or as if in a mirror.

miner *sustantivo* Alguien que trabaja en una mina y saca minerales de la tierra; minero.

mineral *sustantivo* **1.** Sustancia útil que se saca de la tierra, como el oro, el cobre, el carbón, el petróleo y la tiza; mineral. **2.** Cualquier sustancia natural que no es ni animal ni planta.

miniature *adjetivo* Mucho más pequeño que el tamaño habitual; de miniatura.
—*sustantivo* **1.** Pequeño modelo o copia de algo; miniatura. **2.** Pintura muy pequeña, especialmente de la cabeza y la cara de una persona.

minimum *sustantivo* Mínimo: **1.** Cantidad más pequeña posible o permitida. **2.** Cantidad o número más bajo.
—*adjetivo* Lo más bajo posible o permitido; mínimo.

mining *sustantivo* **1.** Trabajo o negocio de extraer minerales de la tierra; minería. **2.** Procedimiento de poner bombas bajo tierra o bajo el agua.

minister *sustantivo* **1.** Alguien que dirige servicios religiosos en una iglesia; ministro; pastor protestante. **2.** Alguien que está a cargo de un departamento del gobierno; secretario; ministro.

mink *sustantivo* Visón **1.** Animal de cuerpo delgado y piel suave y parda. **2.** Piel de este animal que a menudo se usa para hacer o adornar ropa.

minor *adjetivo* Pequeño en tamaño, cantidad o importancia; menor.
—*sustantivo* Alguien que todavía no ha alcanzado la edad adulta legal; menor de edad.

minority *sustantivo* Minoría: **1.** El más pequeño en número de dos grupos que forman un conjunto. **2.** Grupo de gente considerada diferente del resto de la sociedad debido a su raza, religión o nacionalidad.

mint[1] *sustantivo* **1.** Planta con hojas que tienen olor y sabor fuertes y agradables, algunos tipos de los cuales se usan para dar sabor a los dulces, el chicle y otras cosas; menta. **2.** Dulce al cual se le da sabor de menta.

mint[2] *sustantivo* **1.** Lugar donde el gobierno hace las monedas de un país; casa de moneda. **2.** Gran cantidad o provisión.
—*verbo* Hacer (moneda) estampando el metal; acuñar.
—*adjetivo* Acabado de hacer; sin usar; sin estrenar.

minuend *sustantivo* Número del cual se ha de restar otro número; minuendo.

minus *preposición* Aminorado por sustracción; disminuido; menos.
—*adjetivo* **1.** Menos de cero; negativo. **2.** Un poco más bajo o menos que algo.
—*sustantivo* El signo (−), usado para mostrar que el número que sigue se ha de restar o que el número que sigue tiene un valor negativo; menos.

minute[1] *sustantivo* **1.** Unidad de tiempo igual a $\frac{1}{60}$ de hora o sesenta segundos; minuto. **2.** Cualquier período corto de tiempo; momento; minuto: *Wait a minute.* = *Espere un momento.* **3.** Momento determinado; instante. **4.** **minutes** Relato oficial de lo que sucede en una reunión de una organización; minuta; acta.

minute[2] *adjetivo* **1.** Sumamente pequeño; diminuto; menudo. **2.** Cuidadoso y detallado; minucioso; meticuloso.

miracle *sustantivo* **1.** Acontecimiento que parece imposible porque no puede ser explicado de acuerdo a las leyes de la naturaleza; milagro. **2.** Persona, cosa o proeza asombrosa e inverosímil; maravilla; prodigio.

miraculous *adjetivo* Milagroso: **1.** Como un milagro. **2.** Que tiene el poder de obrar maravillas o milagros; maravilloso; prodigioso.

mirror *sustantivo* **1.** Cualquier superficie lisa que refleja la imagen de un objeto colocado enfrente de ella; espejo. **2.** Cualquier cosa que presenta un cuadro fiel de otra cosa; espejo; modelo.
—*verbo* Reflejarse en o como si fuera en un espejo; reflejar.

ă pat ā pay â care ä father ĕ pet ē be ĭ pit ī pie î fierce ŏ pot ō go ô paw, for oi oil ŏŏ book ōō boot

mis·be·have |mĭs′bĭ hāv′ | —*verb* **misbehaved, misbehaving** To behave badly.

mis·be·hav·ior |mĭs′bĭ hāv′yər | —*noun* Bad behavior.

mis·cel·la·ne·ous |mĭs′ə lā′nē əs| —*adjective* Made up of a number of different kinds of things; diverse.

mis·chief |mĭs′chĭf | —*noun* **1. a.** Naughty behavior. **b.** Trouble resulting from such behavior. **2.** Harm or damage.

mis·chie·vous |mĭs′chə vəs | —*adjective* **1.** Full of mischief; naughty. **2.** Causing harm or damage.

mis·con·duct |mĭs kŏn′dŭkt | —*noun, plural* **misconducts** Bad or unlawful behavior.

mis·count |mĭs kount′ | —*verb* **miscounted, miscounting** To make a mistake in counting.
—*noun* |mĭs′kount′ | , *plural* **miscounts** A wrong count.

mis·deed |mĭs dēd′ | —*noun, plural* **misdeeds** A bad deed; a mistaken or wicked act.

mi·ser |mī′zər | —*noun, plural* **misers** A stingy person who likes to save money. A miser may live like a poor person to save as much money as possible.

mis·er·a·ble |mĭz′ər ə bəl| or |mĭz′rə bəl| —*adjective* **1.** Very unhappy. **2.** Very bad; awful. **3.** Poor; mean; wretched.

mis·er·y |mĭz′ə rē| —*noun, plural* **miseries 1.** Great pain or suffering. **2.** Poor conditions of life; poverty.

mis·fit |mĭs′fĭt′ | or |mĭs fĭt′ | —*noun, plural* **misfits** Someone or something that does not fit properly into a place or group.

mis·for·tune |mĭs fôr′chən | —*noun, plural* **misfortunes 1.** Bad luck. **2.** An unlucky event.

mis·giv·ing |mĭs gĭv′ĭng | —*noun, plural* **misgivings** A feeling that one might be doing the wrong thing; doubt.

mis·hap |mĭs′hăp′ | or |mĭs hăp′ | —*noun, plural* **mishaps** An unlucky accident.

mis·laid |mĭs lād′ | The past tense and past participle of the verb **mislay.**

mis·lay |mĭs lā′ | —*verb* **mislaid, mislaying** To put in a place that is later forgotten.

mis·lead |mĭs lēd′ | —*verb* **misled, misleading 1.** To send in the wrong direction. **2.** To give the wrong idea to; deceive.

mis·lead·ing |mĭs lēd′ĭng | —*adjective* Causing a mistake.

mis·led |mĭs lĕd′ | The past tense and past participle of the verb **mislead.**

mis·place |mĭs plās′ | —*verb* **misplaced, misplacing 1.** To put in the wrong place. **2.** To lose; mislay.

mis·print |mĭs′prĭnt′ | or |mĭs prĭnt′ | —*noun, plural* **misprints** A mistake in printing.

mis·pro·nounce |mĭs′prə nouns′ | —*verb* **mispronounced, mispronouncing** To pronounce in a bad or incorrect way.

miss¹ |mĭs | —*verb* **missed, missing 1.** To fail to hit, reach, or touch. **2.** To fail to see, hear, or understand. **3.** To fall short of. **4.** To fail to be present at. **5.** To leave out or let slip by. **6.** To get away from; escape or avoid. **7.** To notice or feel the loss of.
—*noun, plural* **misses** A failure to hit, reach, or touch something.

miss² |mĭs | —*noun, plural* **misses 1.** A woman or girl who is not married. **2. Miss** A title used for a woman or girl who is not married.

mis·sile |mĭs′əl | or |mĭs′ĭl′ | —*noun, plural* **missiles** Any object that is thrown, fired, or dropped at a target. A spear, a rocket, or a stone can be missiles.

miss·ing |mĭs′ĭng | —*adjective* **1.** Lost. **2.** Absent. **3.** Not in place or available; lacking.

misbehave *verbo* Portarse mal.

misbehavior *sustantivo* Mala conducta; mal comportamiento.

miscellaneous *adjetivo* Compuesto de un número de diferentes clases de cosas; diverso; misceláneo; vario.

mischief *sustantivo* **1. a.** Mal comportamiento. **b.** Apuro que resulta de tal comportamiento; lío. **2.** Mal o daño; perjuicio; travesura.

mischievous *adjetivo* Lleno de malicia; que causa perjuicio o daño; malicioso; travieso; dañino; pícaro.

misconduct *sustantivo* Conducta mala o ilícita; mal porte.

miscount *verbo* Cometer un error al contar algo; contar mal.
—*sustantivo* Cuenta equivocada; mal cálculo.

misdeed *sustantivo* Mala acción; acto erróneo o perverso; fechoría.

miser *sustantivo* Persona tacaña a quien le gusta ahorrar dinero, y que puede que viva como pobre para ahorrar tanto dinero como sea posible; avaro; avariento.

miserable *adjetivo* **1.** Muy desdichado; miserable; infeliz; desventurado. **2.** Muy malo; horrible. **3.** Pobre; insignificante; malísimo; miserable.

misery *sustantivo* Miseria: **1.** Gran dolor o sufrimiento. **2.** Pésimas condiciones de vida; pobreza.

misfit *sustantivo* Alguien o algo que no se adapta debidamente a un lugar o grupo; mal adaptado; desajustado.

misfortune *sustantivo* **1.** Mala suerte; infortunio; desdicha; desgracia. **2.** Acontecimiento infortunado; percance; desastre; calamidad.

misgiving *sustantivo* Presentimiento de que uno puede estar haciendo algo equivocado o malo; duda; recelo; temor; desconfianza.

mishap *sustantivo* Accidente infortunado; desventura; desgracia; percance; tropiezo.

mislaid Pretérito y participio pasado del verbo **mislay.**

mislay *verbo* Poner algo en un lugar que después se olvida; extraviar; perder.

mislead *verbo* **1.** Enviar a alguien en una dirección equivocada; despistar; descarriar; extraviar. **2.** Dar una idea errónea; engañar; embaucar.

misleading *adjetivo* Que induce a error; falso; engañoso.

misled Pretérito y participio pasado del verbo **mislead.**

misplace *verbo* **1.** Poner fuera de lugar; colocar mal. **2.** Perder; extraviar.

misprint *sustantivo* Error de imprenta; errata.

mispronounce *verbo* Pronunciar en forma errónea o incorrecta; pronunciar mal.

miss¹ *verbo* **1.** No lograr atinar, alcanzar o tocar algo; errar; perder; fallar; no acertar. **2.** No ver, oír o comprender algo. **3.** Quedar corto. **4.** Dejar de asistir; faltar. **5.** Pasar por alto o dejar escapar (una oportunidad). **6.** Salvarse (de un percance o accidente); escapar o evitar. **7.** Notar o sentir la pérdida de algo; echar de menos; extrañar; hacerle falta a uno (algo o alguien).

miss² *sustantivo* Señorita: **1.** Mujer o muchacha que no es casada. **2. Miss** Título que se da a una mujer que no es casada.

missile *sustantivo* Cualquier objeto que es tirado, disparado o dejado caer en un blanco, tal como una lanza, un cohete o una piedra; proyectil; arrojadizo.

missing *adjetivo* **1.** Perdido; extraviado. **2.** Ausente. **3.** Que no está en su lugar o que no está disponible; que falta.

ər butter   yōō abuse   ou out   ŭ cut   û fur   *th* the   th thin   hw which   zh vision   ə ago, item, pencil, atom, circus

mis·sion |mĭsh'ən| —*noun, plural* **missions 1.** A special job that someone is sent to carry out; task. **2.** A place where missionaries do their work. **3.** A purpose; goal.

mis·sion·ar·y |mĭsh'ə nĕr'ē| —*noun, plural* **missionaries** Someone sent by a church to a foreign country or land. A missionary teaches the church's religion and often helps to set up schools and hospitals.

mis·spell |mĭs spĕl'| —*verb* **misspelled, misspelling** To spell incorrectly.

mist |mĭst| —*noun, plural* **mists** A mass of tiny drops of water or other liquid in the air; fog.
—*verb* **misted, misting** To rain in a fine shower.

mis·take |mĭ stāk'| —*noun, plural* **mistakes** Something that is done, thought, or figured in an incorrect way; error.
—*verb* **mistook, mistaken, mistaking 1.** To understand in a wrong way. **2.** To recognize in a wrong way.

mis·tak·en |mĭ stā'kən| The past participle of the verb **mistake.**
—*adjective* Wrong; in error.

mis·ter |mĭs'tər| —*noun, plural* **misters 1.** A word used in speaking to a man, used without his name. **2. Mister** A title used for a man. It is written **Mr.** and is used before a man's last name.

mis·tle·toe |mĭs'əl tō'| —*noun* A plant with light-green leaves and white berries.

mis·took |mĭ stŏŏk'| The past tense of the verb **mistake.**

mis·treat |mĭs trēt'| —*verb* **mistreated, mistreating** To treat in a bad or unkind way.

mis·tress |mĭs'trĭs| —*noun, plural* **mistresses 1.** A woman who is the head of a household. **2.** The female owner of a dog, horse, or other animal.

mis·trust |mĭs trŭst'| —*noun* Lack of trust; suspicion.
—*verb* **mistrusted, mistrusting** To have no trust in.

mist·y |mĭs'tē| —*adjective* **mistier, mistiest 1.** Clouded or covered with mist. **2.** Not clear; vague; dim.

mis·un·der·stand |mĭs'ŭn dər stănd'| —*verb* **misunderstood, misunderstanding** To understand incorrectly.

mis·un·der·stand·ing |mĭs'ŭn dər stăn'dĭng| —*noun, plural* **misunderstandings 1.** A failure to understand or agree about instructions or directions. **2.** An argument or quarrel.

mis·un·der·stood |mĭs'ŭn dər stŏŏd'| The past tense of the verb **misunderstand.**

mis·use |mĭs yōōz'| —*verb* **misused, misusing** To use incorrectly or badly; abuse.
—*noun* |mĭs yōōs'| , *plural* **misuses** Wrong or improper use.

mitt |mĭt| —*noun, plural* **mitts 1.** A large, well-padded glove worn by a baseball player. **2.** A mitten.

mit·ten |mĭt'n| —*noun, plural* **mittens** A warm covering for the hand. A mitten has one wide part to cover all four fingers, and a separate part to cover the thumb.

mix |mĭks| —*verb* **mixed, mixing 1.** To put together and combine; blend. **2.** To be able to blend together. **3.** To make by putting different ingredients together. **4.** To get along together; be friendly.
Phrasal verb **mix up** To confuse.
—*noun, plural* **mixes 1.** A food in which the ingredients are mixed. **2.** A combination; mixture.

mixed |mĭkst| —*adjective* **1.** Made of different things or kinds. **2.** With or for both men and women.

mix·er |mĭk'sər| —*noun, plural* **mixers** A machine that mixes or blends things together.

mission *sustantivo* **1.** Trabajo especial al cual se envía a alguien para que lo lleve a cabo; tarea; misión. **2.** Lugar en el cual los misioneros hacen su trabajo; misión. **3.** Propósito; meta.

missionary *sustantivo* Alguien enviado por una iglesia a otro país o tierra, y que enseña la religión de esa iglesia y a veces ayuda o organizar escuelas y hospitales; misionero.

misspell *verbo* Deletrear incorrectamente; escribir mal.

mist *sustantivo* Masa de pequeñas gotas de agua u otro líquido en el aire; neblina; niebla; bruma.
—*verbo* Llover en forma de llovizna; lloviznar.

mistake *sustantivo* Algo que se ha hecho, pensado o calculado de manera incorrecta; error; equivocación; falta.
—*verbo* **1.** Entender de manera errónea; malentender; malinterpretar. **2.** Identificar de manera errónea; confundir.

mistaken Participio pasado del verbo **mistake.**
—*adjetivo* Equivocado; erróneo.

mister *sustantivo* Señor: **1.** Palabra usada cuando se le habla a un hombre, usada sin su nombre. **2. Mister** Título usado por un hombre. Se escribe **Mr.** y se usa antes del apellido de un hombre.

mistletoe *sustantivo* Planta de hojas color verde claro y bayas blancas; muérdago.

mistook Pretérito del verbo **mistake.**

mistreat *verbo* Tratar de manera poco amable o cortés; maltratar.

mistress *sustantivo* **1.** Mujer que es la cabeza de un hogar; señora; ama de casa. **2.** La dueña de un perro, caballo u otro animal; ama.

mistrust *sustantivo* Falta de confianza; sospecha; desconfianza; recelo.
—*verbo* No tenerle confianza a alguien o algo; desconfiar; dudar.

misty *adjetivo* **1.** Nublado o cubierto de niebla; nebuloso; brumoso. **2.** Que no está claro; vago; indefinido.

misunderstand *verbo* Entender incorrectamente; malentender.

misunderstanding *sustantivo* Malentendido: **1.** El no comprender o estar de acuerdo en cuanto a instrucciones; equivocación; error. **2.** Discusión o riña.

misunderstood Pretérito del verbo **misunderstand.**

misuse *verbo* Usar incorrectamente o en mala manera; abusar.
—*sustantivo* Uso incorrecto o impropio; mal uso; abuso.

mitt *sustantivo* **1.** Guante grande y bien acolchado usado por un jugador de béisbol. **2.** Guante con sólo el pulgar separado; mitón.

mitten *sustantivo* Prenda que se usa para mantener las manos calientes; mitón. Los mitones tienen una parte ancha para cubrir cuatro dedos, y una parte separada para cubrir el dedo pulgar.

mix *verbo* **1.** Juntar o combinar; mezclar; unir. **2.** Poder juntar o unir; mezclar. **3.** Hacer algo mezclando diferentes ingredientes; preparar. **4.** Llevarse bien; ser amistoso: *The boys and girls mixed well at the dance.* = *Los niños y las niñas se llevaron bien en el baile.*
Verbo en locución **mix up** Confundir; complicar; enredar.
—*sustantivo* **1.** Comida en la cual ya están mezclados los ingredientes. **2.** Combinación; mezcla.

mixed *adjetivo* Mixto: **1.** Hecho de cosas o clases diferentes. **2.** Con o para hombres y mujeres.

mixer *sustantivo* Máquina que mezcla o combina cosas; mezcladora; batidora.

ă pat ā pay â care ä father ĕ pet ē be ĭ pit ī pie î fierce ŏ pot ō go ô paw, for oi oil ŏŏ book ōō boot

mix·ture |mĭks′chər| —*noun, plural* **mixtures**
1. Anything that is made up of different ingredients,
things, or kinds; combination. **2.** The act of mixing.

moan |mōn| —*noun, plural* **moans** A long, low
sound, usually of pain or sadness.
—*verb* **moaned, moaning 1.** To make a moan or
moans. **2.** To make a sound like a moan. **3.** To say
with a moan or moans; complain.

moat |mōt| —*noun, plural* **moats** A wide, deep ditch,
usually filled with water.

mob |mŏb| —*noun, plural* **mobs 1.** A large group of
people; a crowd. **2.** A large, angry crowd, especially
one that acts violently and breaks the law.
—*verb* **mobbed, mobbing** To crowd around in anger
or excitement.

mo·bile |mō′bəl| or |mō′bēl| or |mō′bīl| —*adjective*
Able to move or be moved from place to place.

moc·ca·sin |mŏk′ə sĭn| —*noun, plural* **moccasins**
A soft, leather shoe, slipper, or low boot that does not
have a heel.

mock |mŏk| —*verb* **mocked, mocking** To make fun
of in a cruel way, often by imitating.
—*adjective* False or imitation.

mock·ing·bird |mŏk′ĭng bûrd′| —*noun, plural*
mockingbirds A gray and white American songbird.
It often imitates the songs of other birds.

mode |mōd| —*noun, plural* **modes** A way or style of
doing something.

mo·del |mŏd′l| —*noun, plural* **models 1.** A small
copy of something. **2.** A style or kind of thing. **3.** A
person or thing that is a good example of something.
4. A person whose job is to wear new clothes in order
to show them to people who might buy them. **5.** A
person who poses for an artist or photographer.
—*verb* **modeled, modeling 1.** To make or build out
of clay, wax, or other material. **2.** To copy or imitate
someone or something. **3.** To show or display clothing
by wearing it; work as a model.

mod·er·ate |mŏd′ər ĭt| —*adjective* **1.** Not too much
or too little; not extreme or excessive. **2.** Not severe;
mild.
—*verb* |mŏd′ə rāt′| **moderated, moderating** To
make or become less extreme.

mod·ern |mŏd′ərn| —*adjective* Having to do with
the present time or the recent past.

mo·der·nize |mŏd′ər nīz′| —*verb* **modernized,
modernizing** To make modern; to change in order to
meet present or new needs.

mod·est |mŏd′ĭst| —*adjective* **1.** Not bragging or
thinking too highly about one's own talents, abilities,
or accomplishments. **2.** Average or less than average;
not extreme.

mod·i·fy |mŏd′ə fī′| —*verb* **modified, modifying,
modifies 1.** To change; alter. **2.** In grammar, to limit
the meaning of a word or group of words. In the sen-
tence "He bought a blue car," the word "blue" modifies
the word "car."

mod·ule |mŏj′ōōl| or |mŏd′yōōl| —*noun, plural*
modules The separate parts of a spacecraft, each be-
ing used for a special job or jobs.

Mo·ham·med |mō hăm′ĭd| or |mō hä′mĭd| The
founder of Islam, the Moslem religion.

moist |moist| —*adjective* Slightly wet; damp.

mois·ten |moi′sən| —*verb* **moistened, moistening**
To make slightly wet or damp.

mois·ture |mois′chər| —*noun* Water or other liquid
that is in the air or in the ground or that forms tiny
drops on a surface.

mo·lar |mō′lər| —*noun, plural* **molars** Any of the
large teeth in the back of the mouth. They have wide,
flat tops for grinding food.

mo·las·ses |mə lăs′ĭz| —*noun* A thick, sweet syrup

mixture *sustantivo* Mezcla: **1.** Cualquier cosa que está
compuesta de diferentes ingredientes, cosas o clases;
combinación. **2.** Acto de mezclar.

moan *sustantivo* Sonido largo y apagado, usualmente
de dolor o tristeza; gemido; quejido; lamento.
—*verbo* **1.** Emitir un quejido o quejidos; quejarse; la-
mentarse; gemir. **2.** Emitir un sonido así descripto.
3. Decir con un quejido o quejidos.

moat *sustantivo* Zanja ancha y profunda, usualmente
llena de agua; foso.

mob *sustantivo* **1.** Grupo grande de gente; multitud;
muchedumbre. **2.** Multitud grande y airada, especial-
mente una que actúa violentamente y viola la ley;
turba; masa.
—*verbo* Amontonarse airada o excitadamente; en
torno de algo o alguien; agredir; atropellar.

mobile *adjetivo* Que puede moverse o ser movido de un
lugar a otro; móvil; movible.

moccasin *sustantivo* Zapato, zapatilla o bota baja de
cuero blando que no tiene tacón; mocasín.

mock *verbo* Burlarse de alguien en forma cruel, a veces
imitándolo; ridiculizar; mofarse.

mockingbird *sustantivo* Pájaro cantor americano gris
y blanco; sinsonte. El sinsonte a veces imita las cancio-
nes de otros pájaros.

mode *sustantivo* Manera o estilo de hacer algo; modo;
manera.

model *sustantivo* Modelo: **1.** Copia pequeña de algo.
2. Estilo o clase de cosa. **3.** Persona o cosa que es un
buen ejemplo de algo. **4.** Persona cuyo trabajo consiste
en vestir ropas nuevas para mostrarlas a gentes que
puedan comprarlas. **5.** Persona que posa para un ar-
tista o fotógrafo.
—*verbo* Modelar: **1.** Hacer o construir con barro, cera
u otro material. **2.** Diseñar copiando o imitando a al-
guien o algo: *The library is modeled after a famous
building in France.* = *La biblioteca está diseñada se-
gún un famoso edificio en Francia.* **3.** Mostrar o exhi-
bir ropa usándola; trabajar como modelo.

moderate *adjetivo* Moderado: **1.** Ni mucho ni poco; ni
extremo ni excesivo. **2.** No severo; templado.
—*verbo* Hacer o hacerse menos extremo; moderarse;
mitigarse; amainar.

modern *adjetivo* Que tiene que ver con el tiempo pre-
sente o el pasado reciente; moderno; actual.

modernize *verbo* Hacer moderno; cambiar a fin de su-
plir necesidades actuales o nuevas; modernizar;
actualizar.

modest *adjetivo* Modesto: **1.** Que no se jacta o piensa
demasiado en sus propios talentos, abilidades o logros.
2. Común o menos que común; que no es extremo;
moderado.

modify *verbo* Modificar: **1.** Cambiar; alterar. **2.** En
gramática, limitar el significado de una palabra o grupo
de palabras. En la oración 'He bought a blue car', la
palabra *blue* modifica a la palabra *car*.

module *sustantivo* Las partes separadas de una nave
espacial, cada una usándose para un trabajo o trabajos
especiales; módulo.

Mohammed El fundador del Islam, la religión maho-
metana; Mahoma.

moist *adjetivo* Levemente mojado; húmedo.

moisten *verbo* Hacer levemente mojado o húmedo;
humedecer; mojar.

moisture *sustantivo* Agua o cualquier otro líquido que
está en el aire o en el suelo y que forma pequeñas gotas
sobre una superficie; humedad.

molar *sustantivo* Cualquiera de los dientes grandes en
la parte trasera de la boca con superficies planas para
masticar la comida; muela.

molasses *sustantivo* Almíbar dulce y espeso que se

ər butter yōō abuse ou out ŭ cut û fur *th* the th thin hw which zh vision ə ago, item, pencil, atom, circus

that is produced when sugar cane is made into sugar.

mold¹ | mōld | —*noun, plural* **molds** A hollow container that is made in a particular shape. A liquid or soft material, such as wax, gelatin, or plaster, is put into a mold. When the material hardens, it takes the shape of the mold.
—*verb* **molded, molding 1.** To make or form into a shape. **2.** To influence and form the personality and character of; to shape.

mold² | mōld | —*noun, plural* **molds** A tiny plant that is a kind of fungus.
—*verb* **molded, molding** To become covered with mold.

mole | mōl | —*noun, plural* **moles** A small brown growth or spot on the skin.

mol·e·cule | mŏl′ə kyōōl′ | —*noun, plural* **molecules** The smallest and most basic particle into which a substance can be divided and still be the same substance.

mol·lusk | mŏl′əsk | —*noun, plural* **mollusks** One of a large group of animals that have a soft body and usually live in water. Most mollusks have a hard outer shell.

molt | mōlt | —*verb* **molted, molting** To shed an outer covering such as skin, feathers, or hair. The outer covering is replaced by a new growth.

molt·en | mōl′tən | —*adjective* Made into liquid or melted by heat.

mom | mŏm | —*noun, plural* **moms** A shortened form of "mother."

mo·ment | mō′mənt | —*noun, plural* **moments 1.** A very short period of time; an instant. **2.** A certain point in time.

mo·men·tar·y | mō′mən tĕr′ē | —*adjective* Lasting only for a short time or a moment.

mo·men·tous | mō mĕn′təs | —*adjective* Very important or significant.

mo·men·tum | mō mĕn′təm | —*noun, plural* **momentums** The force or speed that an object has when it moves.

mon·arch | mŏn′ərk | —*noun, plural* **monarchs 1.** A king, queen, or emperor. **2.** A large orange and black butterfly.

mon·ar·chy | mŏn′ər kē | —*noun, plural* **monarchies 1.** Government by a monarch. **2.** A country ruled by a monarch.

mon·as·ter·y | mŏn′ə stĕr′ē | —*noun, plural* **monasteries** A building or set of buildings where monks live and work in a group.

Mon·day | mŭn′dē | or | mŭn′dā′ | —*noun, plural* **Mondays** The second day of the week.

mon·ey | mŭn′ē | —*noun, plural* **moneys 1.** The different coins and paper bills printed by the government of a country; currency. It is used to buy or pay for things or services. Pennies, nickels, dimes, quarters, and dollar bills are United States money. **2.** Anything of value that is in a form that can be exchanged for goods or services. Checks are used for money. Seashells, pieces of iron, gold, and silver have also all been used for money. **3.** The amount of money needed for a particular purpose.

mon·grel | mŭng′grəl | or | mŏng′grəl | or | mŏn′grəl | —*noun, plural* **mongrels** A dog that is a mixture of different breeds.

mon·i·tor | mŏn′ĭ tər | —*noun, plural* **monitors 1.** A student who does a special job to help the teacher. **2.** Someone or something that keeps watch or warns of trouble.
—*verb* **monitored, monitoring** To keep watch over; keep track of.

monk | mŭngk | —*noun, plural* **monks** A member of a men's religious order who lives in a monastery and observes the rules of that order.

mon·key | mŭng′kē | —*noun, plural* **monkeys** An

produce cuando la caña de azúcar se convierte en azúcar; melaza; miel.

mold¹ *sustantivo* Recipiente hueco hecho en una forma particular; molde. Cuando un líquido o material blando, tal como cera, gelatina o yeso se pone en un molde y se endurece, éste toma la forma del molde.
—*verbo* Amoldar: **1.** Hacer o formar en cierta forma. **2.** Influir sobre y formar la personalidad y el carácter de alguien; moldear.

mold² *sustantivo* Planta pequeña que es un tipo de hongo; moho.
—*verbo* Cubrirse de moho; enmohecerse.

mole *sustantivo* Pequeño tumor o mancha parda en la piel; lunar.

molecule *sustantivo* La partícula más pequeña y básica en la cual una substancia puede ser dividida, y todavía ser esa misma substancia; molécula.

mollusk *sustantivo* Uno de un grupo grande de animales que tienen el cuerpo blando y usualmente viven en el agua; molusco. La mayoría de los moluscos tienen una concha exterior dura.

molt *verbo* Despojarse de una cubierta exterior tal como piel, plumas o pelo; mudar. La cubierta exterior es luego reemplazada por una nueva.

molten *adjetivo* Convertido en líquido o fundido por el calor; derretido.

mom *sustantivo* Forma abreviada en inglés de la palabra "mamá".

moment *sustantivo* Momento: **1.** Período de tiempo muy corto; instante; rato. **2.** Punto determinado en el tiempo; instante.

momentary *adjetivo* Que dura sólo un tiempo corto o un momento; momentáneo; transitorio; pasajero.

momentous *adjetivo* Muy importante o significativo; trascendental; vital.

momentum *sustantivo* Fuerza o velocidad que un objeto tiene cuando se mueve; ímpetu; momento; impulso.

monarch *sustantivo* **1.** Rey, reina o emperador; monarca. **2.** Nombre de una mariposa grande con alas negras y anaranjadas.

monarchy *sustantivo* Monarquía: **1.** Gobierno de un monarca. **2.** País gobernado por un monarca.

monastery *sustantivo* Edificio o grupo de edificios donde los monjes viven y trabajan en grupo; monasterio.

Monday *sustantivo* Lunes.

money *sustantivo* Dinero: **1.** Las diferentes monedas y billetes impresos por el gobierno de un país; moneda. El dinero se usa para comprar o pagar por cosas y servicios. Los "pennies", "nickels", "dimes", "quarters" y "dollars" son el dinero de los Estados Unidos. **2.** Cualquier cosa de valor que está en una forma que puede cambiarse por bienes o servicios. Los cheques se usan como dinero. Las conchas marinas, piezas de hierro, oro y plata también han sido usados en un tiempo como dinero. **3.** Cantidad de dinero que se necesita para un propósito en particular.

mongrel *sustantivo* Perro que es una mezcla de diferentes razas; mestizo; cruzado.

monitor *sustantivo* Monitor: **1.** Estudiante que hace un trabajo especial para ayudar a un maestro. **2.** Alguien o algo que vigila o avisa sobre un peligro; observador.
—*verbo* Mantener vigilia sobre algo o alguien; mantenerse al tanto; vigilar; observar.

monk *sustantivo* Miembro de una orden religiosa de hombres que vive en un monasterio y observa las reglas de dicha orden; monje.

monkey *sustantivo* Animal que tiene manos con pul-

animal that has hands with thumbs and a long tail. There are many kinds of monkeys. They belong to the same group as apes and human beings.
—*verb* **monkeyed, monkeying** To fool around; play or meddle.

monkey wrench —*plural* **monkey wrenches** A tool with a jaw that adjusts to fit different sizes of nuts and bolts.

mon·o·gram |mŏn′ə grăm′| —*noun, plural* **monograms** A design made by combining a person's initials. Monograms are used to identify and decorate clothing, jewelry, and other possessions.

mo·nop·o·ly |mə nŏp′ə lē| —*noun, plural* **monopolies** **1.** Complete control over selling or making a product or service. **2.** A company that has complete control over selling or making a product or service.

mo·not·o·nous |mə nŏt′n əs| —*adjective* Always the same; never changing; dull.

mon·soon |mŏn sōōn′| —*noun, plural* **monsoons** **1.** A wind in southern Asia that changes with the seasons. It blows from the ocean toward the land in summer months and brings lots of rain. It blows from the land toward the ocean in winter months and brings hot, dry weather. **2.** The wet, rainy summer season brought by this wind.

mon·ster |mŏn′stər| —*noun, plural* **monsters** **1.** A huge, frightening, imaginary creature. **2.** A very large animal, person, or thing. **3.** An animal or plant that is rare and not normal in form. **4.** A very evil or cruel person or animal.
—*adjective* Very large.

mon·stros·i·ty |mŏn strŏs′ĭ tē| —*noun, plural* **monstrosities** Anything that is extremely large, ugly, or evil.

mon·strous |mŏn′strəs| —*adjective* **1.** Of or like a monster or monsters. **2.** Very ugly in shape or form. **3.** Very large; enormous; huge. **4.** Evil, cruel, or shocking.

month |mŭnth| —*noun, plural* **months** One of the twelve divisions of the year. On our calendar, most of the months have 31 days. April, June, September, and November have 30 days. February has 28 days, except in leap years, when it has 29.

month·ly |mŭnth′lē| —*adjective* **1.** Happening, appearing, or to be paid once every month. **2.** For a period of one month.
—*adverb* Every month; once a month.
—*noun, plural* **monthlies** A magazine that is issued once a month.

mon·u·ment |mŏn′yə mənt| —*noun, plural* **monuments** **1.** A statue, sculpture, or other structure built to honor a person, group, or event. **2.** Anything that is kept or admired for its importance or beauty.

moo |mōō| —*noun, plural* **moos** The deep sound a cow makes.
—*verb* **mooed, mooing, moos** To make such a sound.

mood |mōōd| —*noun, plural* **moods** The way someone feels at a certain time; a person's spirits or attitude.

mood·y |mōō′dē| —*adjective* **moodier, moodiest** Changing moods often.

moon |mōōn| —*noun, plural* **moons** **1.** Earth's natural satellite. The moon orbits the earth and reflects the sun's light. **2.** The natural satellite of any other planet. **3.** A month.

moon·light |mōōn′līt′| —*noun* The light that comes from the moon.
—*adjective* Of or happening by the light of the moon.
—*verb* **moonlighted, moonlighting** To work at a second job in addition to a regular job.

moon·lit |mōōn′līt′| —*adjective* Having light from the moon.

gares y un rabo largo; mico; mono. Hay muchas clases de monos. Éstos pertenecen al mismo grupo que los simios y los seres humanos.
—*verbo* Retozar; juguetear o manosear; bromear; hacer monerías.

monkey wrench *Herramienta* con una mordaza que se ajusta para encajar en tuercas y tornillos de diferentes tamaños; llave inglesa.

monogram *sustantivo* Diseño hecho combinando las iniciales de una persona que se usa para identificar y decorar ropa, joyas y otras posesiones; monograma.

monopoly *sustantivo* Monopolio: **1.** Control absoluto de toda la venta y fabricación de un producto o servicio. **2.** Compañía que tiene control absoluto de la venta o fabricación de un producto o servicio.

monotonous *adjetivo* Siempre lo mismo; que nunca cambia; aburrido; monótono.

monsoon *sustantivo* **1.** Viento del Asia del sur que cambia con las estaciones; monzón. Sopla desde el océano hacia la tierra en los meses del verano y trae mucha lluvia, y desde la tierra hacia el océano en los meses de invierno y trae un clima caliente y seco. **2.** Estación de verano húmeda y lluviosa causada por este viento; lluvias monzónicas.

monster *sustantivo* Monstruo: **1.** Criatura imaginaria inmensa y espantosa. **2.** Animal, persona o cosa muy grande. **3.** Animal o planta raro y anormal de forma. **4.** Persona o animal muy malo o cruel.
—*adjetivo* Muy grande; monstruoso; fenomenal.

monstrosity *sustantivo* Cualquier cosa que es extremadamente grande, fea o mala; monstruosidad.

monstrous *adjetivo* Monstruoso: **1.** Relativo o parecido a un monstruo o monstruos. **2.** Muy feo de forma o figura. **3.** Muy grande; enorme; descomunal. **4.** Malo, cruel o espantoso.

month *sustantivo* Una de las doce divisiones del año; mes.

monthly *adjetivo* Mensual: **1.** Que pasa, aparece o debe pagarse una vez al mes. **2.** Por un período de un mes.
—*adverbio* Cada mes; una vez al mes; mensualmente.
—*sustantivo* Revista que se publica una vez al mes; revista mensual.

monument *sustantivo* Monumento: **1.** Estatua, escultura u otra estructura construída para honrar a una persona, grupo o acontecimiento. **2.** Cualquier cosa que se conserva o admira por su importancia o belleza.

moo *sustantivo* Sonido grave que emite una vaca; mugido.
—*verbo* Hacer un sonido de este tipo; mugir.

mood *sustantivo* Manera de sentirse una persona en cierto tiempo; el ánimo o actitud de una persona; humor; genio; talante.

moody *adjetivo* Que cambia de humor frecuentemente; caprichoso; inconstante.

moon *sustantivo* **1.** Satélite natural de la Tierra que gira alrededor de ella y refleja la luz del sol; luna. **2.** Satélite natural de cualquier otro planeta; luna. **3.** Mucho tiempo: *I haven't seen you in many moons.* = *Hace mucho tiempo que no te veo.*

moonlight *sustantivo* La luz que viene de la luna; luz de luna.
—*adjetivo* Que tiene que ver con o que sucede a la luz de la luna: *a moonlight boat ride* = *un paseo en bote la luz de la luna.*
—*verbo* Trabajar en un segundo trabajo además de un trabajo regular; chambear.

moonlit *adjetivo* Que recibe la luz de la luna; iluminado por la luna.

---

moor¹ |mŏŏr| —*verb* **moored, mooring** To tie up or anchor.

moor² |mŏŏr| —*noun, plural* **moors** A broad stretch of open land with weeds and marshes.

moose |mōōs| —*noun, plural* **moose** A large animal related to the deer. The male has large, broad antlers.

mop |mŏp| —*noun, plural* **mops** 1. A tool for washing and wiping floors. A mop has a sponge, yarn, or rags attached to a long handle. 2. A thick, tangled head of hair.
—*verb* **mopped, mopping** To wash, scrub, or wipe with a mop or other material that absorbs moisture.

mope |mōp| —*verb* **moped, moping** 1. To be gloomy and silent; be dejected. 2. To move in an aimless way.

mor·al |môr′əl| or |mŏr′əl| —*adjective* 1. Good and just; virtuous. 2. Concerned with what is right and wrong. 3. Teaching what is right, good, or just. 4. Mental rather than physical; psychological.
—*noun, plural* **morals** 1. The lesson taught by a fable, story, or event; basic message. 2. **morals** Rules and practice of good and right behavior.

mo·rale |mə răl′| —*noun* The spirit or enthusiasm shown by a person or group working toward a goal.

more |môr| or |mŏr| —*adjective* The comparative of the adjectives **many** and **much**. 1. Greater in number. 2. Greater in size, amount, or degree. 3. Additional; extra.
—*noun* A greater or additional amount, number, or degree.
—*adverb* 1. To a greater extent or degree. The word **more** forms the comparative of many adjectives and adverbs that do not form comparatives by adding "-er.". 2. In addition; again.
Idiom **more or less** About; roughly.

more·o·ver |môr ō′vər| or |mŏr ō′vər| or |môr′ō′vər| or |mŏr′ō ′vər| —*adverb* Beyond what has been said; also; besides.

morn·ing |môr′nĭng| —*noun, plural* **mornings** The early part of the day. Morning is from sunrise to noon or from midnight to noon.
—*adjective* Of or during the early part of the day.

mor·sel |môr′səl| —*noun, plural* **morsels** A small piece of food; a bit.

mor·tal |môr′tl| —*adjective* 1. Certain to die someday. 2. Causing death of the body or soul. 3. Lasting until death.
—*noun, plural* **mortals** A human being.

mor·tar |môr′tər| —*noun, plural* **mortars** 1. A bowl in which spices or other things are crushed or ground with a pestle. 2. A building material made of sand, water, lime, and sometimes cement. Mortar is used to hold bricks or stones together. 3. A short cannon that fires shells in a high arc.

mo·sa·ic |mō zā′ĭk| —*noun, plural* **mosaics** A picture or design made by fitting together and cementing small pieces of colored tile, glass, stone, or other material.

Mos·lem |mŏz′ləm| or |mŏs′ləm| —*noun, plural* **Moslems** A person who believes in the religion of Islam.
—*adjective* Of or for the religion of Islam. Another form of this word is **Muslim.**

mosque |mŏsk| —*noun, plural* **mosques** A Moslem house of worship.

mos·qui·to |mə skē′tō| —*noun, plural* **mosquitoes** or **mosquitos** A small flying insect.

moss |môs| or |mŏs| —*noun, plural* **mosses** One of a group of small green plants that do not have flowers.

most |mōst| —*adjective* 1. The superlative of the adjectives **many** and **much.** Greatest in number. 2. The superlative of the adjective **much.** Largest in

moor¹ *verbo* Amarrar o anclar; atar; atracar.

moor² *sustantivo* Extensión ancha de tierra abierta que tiene malezas y pantanos; páramo; brezal.

moose *sustantivo* Animal grande emparentado con el ciervo; alce. El macho tiene cuernas grandes y anchas.

mop *sustantivo* 1. Implemento para lavar y limpiar pisos que tiene una esponja, hilaza o trapos pegados a un mango largo; estropajo. 2. Cabellera densa y enredada; pelambrera; greña.
—*verbo* Lavar, fregar o limpiar con un estropajo u otro material que absorbe humedad; restregar.

mope *verbo* 1. Estar sombrío y callado; estar desanimado; estar deprimido. 2. Moverse sin propósito fijo; ambular.

moral *adjetivo* Moral: 1. Bueno y justo; virtuoso. 2. Relacionado con lo bueno y lo malo. 3. Que enseña lo que es correcto, bueno o justo. 4. Mental en vez de físico; psicológico.
—*sustantivo* 1. Lección enseñada por una fábula, cuento o suceso; su mensaje; moraleja. 2. **morals** Las reglas y la práctica del comportamiento bueno y correcto.

morale *sustantivo* Espíritu o entusiasmo demostrado por una persona o grupo que está trabajando para lograr un fin; moral; espíritu.

more *adjetivo* Más: El comparativo de los adjetivos **many** y **much.** 1. Mayor en número. 2. Mayor en tamaño, cantidad o grado. 3. Adicional; extra.
—*sustantivo* Cantidad, número o grado mayor o adicional; más.
—*adverbio* Más: 1. A un grado o extensión mayor. En inglés la palabra **more** forma el comparativo de muchos adjetivos y adverbios que no forman sus comparativos añadiendo "-er". 2. Adicionalmente; otra vez.
Modismo **more or less** Aproximadamente; más o menos.

moreover *adverbio* Más allá de lo que se ha dicho; además; por otra parte; es más.

morning *sustantivo* Parte temprana del día; mañana. La mañana va desde el amanecer hasta el mediodía o desde la medianoche hasta el mediodía.
—*adjetivo* Relativo a o durante la parte temprana del día; mañanero; matutino; matinal.

morsel *sustantivo* Pequeño trozo de comida; bocado; presa.

mortal *adjetivo* Mortal: 1. Que es seguro que ha de morir algún día. 2. Que causa la muerte del cuerpo o el alma. 3. Que dura hasta la muerte.
—*sustantivo* Ser humano; mortal.

mortar *sustantivo* Mortero: 1. Escudilla en la cual especias u otras cosas se trituran o muelen con una mano de mortero. 2. Material de construcción fabricado de arena, agua, cal y a veces cemento; argamasa. 3. Cañón corto que dispara proyectiles en un arco alto.

mosaic *sustantivo* Imagen o diseño hecho ajustando y pegando con cemento pequeños pedazos de ladrillo, vidrio, piedra u otro material; mosaico.

Moslem *sustantivo* Persona que cree en la religión del Islam; musulmán.
—*adjetivo* De o a favor de la religión del Islam; musulmán. En inglés otra forma de esta palabra es **Muslim.**

mosque *sustantivo* Templo musulmán; mezquita.

mosquito *sustantivo* Pequeño insecto volador; mosquito

moss *sustantivo* Una de un grupo de pequeñas plantas verdes que no tienen flores; musgo.

most *adjetivo* 1. Superlativo de los adjetivos **many** y **much;** más. Mayor en número; la mayor cantidad. 2. Superlativo del adjetivo **much.** Lo más grande en

---

ă pat ā pay â care ä father ĕ pet ē be ĭ pit ī pie î fierce ŏ pot ō go ô paw, for oi oil ŏŏ book ōō boot

amount, size, or degree. **3.** In the greatest number of cases.
—*noun* **1.** The greatest amount, quantity, or degree; the largest part. **2.** The largest number; the majority.
—*adverb* **1.** In the highest degree, quantity, or extent. The word **most** forms the superlative of many adjectives and adverbs that do not form superlatives by adding "-est." . **2.** Very.
Idioms **at (the) most** At the top limit. **make the most of** To do the best possible with.

most·ly |mōst′lē| —*adverb* For the greater part; mainly; chiefly.

mo·tel |mō tĕl′| —*noun, plural* **motels** A hotel with a parking lot where guests can park their cars.

moth |môth| or |mŏth| —*noun, plural* **moths** |môthz| or |mŏthz| or |môths| or |mŏths| An insect that is very much like a butterfly. Moths usually fly at night.

moth·er |mŭth′ər| —*noun, plural* **mothers** The female parent of a child.

moth·er·hood |mŭth′ər hŏŏd′| —*noun* The condition of being a mother.

moth·er·in·law |mŭth′ər ĭn lô′| —*noun, plural* **mothers-in-law** The mother of a person's wife or husband.

moth·er·ly |mŭth′ər lē| —*adjective* Of or like a mother; loving and protective.

mo·tion |mō′shən| —*noun, plural* **motions** **1.** The process of moving; change of position; movement. **2.** A movement of a hand, arm, or other part of the body; a gesture. **3.** Operation; action. **4.** A formal request or proposal made during a meeting or trial.
—*verb* **motioned, motioning** To tell or signal with a motion; gesture.

motion picture A series of pictures projected so quickly on a screen that the objects in the pictures seem to be moving; moving picture.

mo·tive |mō′tĭv| —*noun, plural* **motives** A reason for doing something.

mo·tor |mō′tər| —*noun, plural* **motors** A device or machine that provides the power to make something go; engine.
—*adjective* **1.** Driven by a motor or engine. **2.** Of vehicles that are driven by engines. **3.** Of or for motors. **4.** Of nerves or muscles that control movements.
—*verb* **motored, motoring** To drive or travel in a motor vehicle.

mo·tor·boat |mō′tər bōt′| —*noun, plural* **motorboats** A boat that moves by the power of a motor.

mo·tor·cy·cle |mō′tər sī′kəl| —*noun, plural* **motorcycles** A vehicle with two wheels and a motor to drive it. A motorcycle is larger and heavier than a bicycle.

mot·to |mŏt′ō| —*noun, plural* **mottoes** or **mottos** A saying that expresses what is important to a state, nation, family, group, person, or organization.

mound |mound| —*noun, plural* **mounds** **1.** An area of earth that is raised above the surrounding area; small hill. **2.** A heap or pile. **3.** The raised area for the pitcher in the middle of a baseball diamond.

mount[1] |mount| —*verb* **mounted, mounting** **1.** To go up; climb; rise. **2.** To get up on a horse or other animal. **3.** To put in a suitable place for use or display;

cantidad, tamaño o grado; el mejor o mayor. **3.** En el número más grande de casos; la mayoría; los más.
—*sustantivo* **1.** La mayor cantidad o grado; la parte más grande; la mayor parte; la mayoría. **2.** El numero más grande; la mayoría.
—*adverbio* **1.** En el grado, cantidad o extensión más altos; más. En inglés la palabra **most** forma el superlativo de muchos adjetivos y adverbios que no forman sus superlativos añadiendo "-est": *This is the most difficult job I have ever done.* = *Este es el trabajo más difícil que yo jamás haya hecho.* **2.** Muy: *That is a most beautiful painting.* = *Esa es una pintura muy hermosa.*
Modismos **at (the) most** Como límite; tope; a lo máximo; como mucho: *She is 12 or 13, or at most 15.* = *Ella tiene 12 o 13 años, o a lo máximo 15.* **make the most of** Hacer lo mejor posible con algo; sacarle el mayor provecho a algo: *He made the most of his little farm.* = *Él le sacó el mayor provecho a su pequeña granja.*

mostly *adverbio* Por la mayor parte; mayormente; principalmente.

motel *sustantivo* Hotel con plaza de estacionamiento donde los huéspedes pueden estacionar sus carros; motel.

moth *sustantivo* Insecto muy parecido a la mariposa; polilla; mariposa nocturna. Las polillas usualmente vuelan de noche.

mother *sustantivo* Madre; mamá.

motherhood *sustantivo* Condición de ser madre; maternidad.

mother-in-law *sustantivo* Suegra.

motherly *adjetivo* Relativo a, o como una madre; amorosa y protectora; maternal.

motion *sustantivo* **1.** Proceso de moverse; cambio de posición; movimiento. **2.** Movimiento de una mano, brazo u otra parte del cuerpo; ademán; gesto. **3.** Operación; acción; movimiento. **4.** Pedido o propuesta formal hecha durante una reunión o juicio; moción.
—*verbo* Decir o hacer señas con un movimiento; gesticular.

motion picture Serie de imágenes proyectadas tan rápidamente en una pantalla que los objetos parece que se están moviendo; película cinematográfica.

motive *sustantivo* Razón para hacer algo; motivo; causa.

motor *sustantivo* Instrumento o máquina que provee la fuerza para que algo funcione; motor.
—*adjetivo* **1.** Impulsado por un motor: *a motor vehicle* = *un vehículo de motor.* **2.** Relativo a vehículos impulsados por motores; automovilístico. **3.** Relativo a, o para motores; de motor: *motor oil* = *aceite de motor.* **4.** Relativo a nervios o músculos que controlan los movimientos; motriz.
—*verbo* Manejar o viajar en un vehículo de motor; ir en coche.

motorboat *sustantivo* Bote que se mueve por la fuerza de un motor; lancha a motor.

motorcycle *sustantivo* Vehículo con dos ruedas y un motor que lo impulsa, más grande y pesado que una bicicleta; motocicleta.

motto *sustantivo* Dicho que expresa lo que es importante para un estado, nación, familia, grupo, persona u organización; lema; máxima.

mound *sustantivo* **1.** Área de tierra que se levanta por encima del área que la rodea; loma pequeña; montículo. **2.** Montón o pila. **3.** Área levantada para el "lanzador" en el centro de un circuito de pelota; plato.

mount[1] *verbo* **1.** Subir; escalar; levantarse; ascender; montar. **2.** Montarse en un caballo u otro animal. **3.** Poner en un lugar apropiado para uso o exhibición;

set.
—*noun, plural* **mounts 1.** A horse or other animal for riding. **2.** A frame, background, or structure for holding something.

mount² |mount| —*noun, plural* **mounts** A mountain.

moun·tain |moun'tən| —*noun, plural* **mountains 1.** An area of land that rises high above its surroundings; a high, steep hill. **2.** A large heap or amount.

moun·tain·ous |moun'tə nəs| —*adjective* **1.** Having many mountains. **2.** Very large; massive.

mourn |môrn| or |mōrn| —*verb* **mourned, mourning** To feel or show sorrow or grief for a death or a loss.

mourn·ing |môr'nĭng| or |mōr'nĭng| —*noun* **1.** Grief for a person who has died. **2.** An outward sign of grief for a death. Some signs of mourning are wearing black clothing and flying a flag at half-mast. **3.** A period of time during which a dead person is mourned.

mouse |mous| —*noun, plural* **mice** A small animal with a long, thin, almost hairless tail.

mouse·trap |mous'trăp'| —*noun, plural* **mousetraps** A trap for catching mice.

mous·tache |mŭs'tăsh'| or |mə stăs'| —*noun, plural* **moustaches** A form of the word **mustache.**

mouth |mouth| —*noun, plural* **mouths** |mouthz| **1.** The part of the body through which an animal takes in food. A human mouth includes the tongue, teeth, and lips. **2.** The part of a river that empties into a larger body of water. **3.** An opening.

mouth·piece |mouth'pēs'| —*noun, plural* **mouthpieces** The part of a musical instrument or other device that goes in or near the mouth or lips.

move |mōōv| —*verb* **moved, moving 1.** To change or cause to change position or place. **2.** To change the place where one lives or does business. **3.** To go ahead; advance; progress. **4.** To arouse strong feelings in. **5.** To cause to act; persuade. **6.** To shift a piece to a different position in a board game. **7.** To suggest or propose in a formal way. *noun, plural* **moves 1.** The act of moving. **2.** An action taken to achieve a goal. **3.** A shifting of or a turn to shift pieces in a board game.

move·ment |mōōv'mənt| —*noun, plural* **movements 1.** The act or process of changing place or position. **2.** Action; activity. **3.** The work, membership, or cause of a group of people who are trying to achieve a social or political goal. **4.** The working parts of a device; mechanism.

mov·er |mōōvər| —*noun, plural* **movers** person or company that is hired to move furniture and other belongings from one place to another.

mov·ie |mōō'vē| —*noun, plural,* **movies 1.** A motion picture. **2.** A theater that shows motion pictures. **3. movies** The industry that produces motion pictures.

mow |mō| —*verb* **mowed** or **mown, mowing** To cut grass or grain.

mow·er |mō'ər| —*noun, plural* **mowers 1.** A person who mows grass or grain. **2.** A machine that cuts grass or grain.

mown |mōn| A past participle of the verb **mow.**

Mr. |mĭs'tər| An abbreviation used as a title before a man's last name or full name.

Mrs. |mĭs'ĭz| An abbreviation used as a title before a

montar.
—*sustantivo* **1.** Caballo u otro animal para montar; montura. **2.** Marco, fondo o estructura para sostener algo; soporte; engaste.

mount² *sustantivo* Montaña; monte.

mountain *sustantivo* **1.** Área de tierra que se eleva muy por encima de sus alrededores; colina alta y empinada; montaña. **2.** Pila o cantidad grande; montón.

mountainous *adjetivo* **1.** Que tiene muchas montañas; montañoso. **2.** Muy grande; masivo; enorme; colosal.

mourn *verbo* Sentir o mostrar tristeza o pesar por una muerte o pérdida; llorar; llorar la muerte de alguien; lamentar.

mourning *sustantivo* **1.** Pesar por una persona que ha muerto; lamentación; lloro. **2.** Señal exterior de pesar por una muerte; duelo; luto. Algunas señales de duelo son el vestir ropa negra y poner una bandera a media asta. **3.** Período de tiempo durante el cual se llora una persona muerta; luto.

mouse *sustantivo* Animal pequeño, de cola larga, fina y sin pelo; ratón.

mousetrap *sustantivo* Trampa para cazar ratones; ratonera.

moustache *sustantivo* Otra forma de la palabra **mustache.**

mouth *sustantivo* **1.** Parte del cuerpo por medio de la cual un animal toma alimentos; boca. La boca humana incluye la lengua, los dientes y los labios. **2.** Parte de un río que desemboca en una extensión de agua más grande; desembocadura. **3.** Una abertura; boca.

mouthpiece *sustantivo* Parte de un instrumento musical u otro artefacto que se pone en o cerca de la boca o labios; boquilla.

move *verbo* **1.** Cambiar o causar el cambio de una posición o lugar; mover. **2.** Cambiar el lugar donde uno vive o hace sus negocios; trasladarse; mudarse. **3.** Ir hacia adelante; avanzar; progresar; caminar; andar. **4.** Despertar sentimientos fuertes; conmover. **5.** Causar un acto; persuadir; impulsar; inducir. **6.** Cambiar una pieza a una diferente posición enun juego de mesa; mover. **7.** Sugerir o proponer de una manera formal; mocionar; recomendar. **1.** El acto de moverse; movimiento. **2.** Acción que se toma para lograr un objetivo; paso. **3.** El cambio o turno para cambiar las piezas en un juego de mesa; jugada; turno.

movement *sustantivo* **1.** El acto o proceso de cambiar lugar o posición; movimiento. **2.** Acción; actividad; movimiento. **3.** El trabajo, el número de socios o la causa de un grupo de personas que tratan de lograr un objetivo social o político; movimiento. **4.** Las partes en el funcionamiento de un aparato; mecanismo.

mover *sustantivo* La persona o compañía que se contrata para mover mobiliario u otras pertenecias de un lugar a otro; empleado de una casa de mudanzas; casa de mudanzas.

movie *sustantivo* **1.** Película cinematográfica. **2.** El teatro que muestra películas cinematográficas; sala de cine. **3. movies** La industria que produce películas cinematográficas; industria cinematográfica.

mow *verbo* Cortar el pasto o las mieses; segar.

mower *sustantivo* **1.** Persona que siega la hierba o las mieses; segador. **2.** Máquina que corta la hierba o las mieses; segadora mecánica.

mown Participio pasado del verbo **mow.**

Mr. Abreviación usada como título antes del apellido de un hombre, o de su nombre completo; Sr. (señor).

Mrs. Abreviación usada como un título antes del ape-

ă pat ā pay â care ä father ĕ pet ē be ĭ pit ī pie î fierce ŏ pot ō go ô paw, for oi oil ŏŏ book ōō boot

woman's married name.

Ms. or **Ms** |mĭz| An abbreviation used as a title before a woman's last name or full name, whether she is married or not married.

much |mŭch| —*adjective* **more, most** Great in amount, degree, or extent; a lot of.
—*noun* **1.** A large amount. **2.** Something important.
—*adverb* **1.** To a large extent; by far; greatly. **2.** Just about; almost.
  Idioms **make much of** To pay a lot of attention to. **much as** Even though. **think much of** To think well of; like.

mu·cus |myōō′kəs| —*noun* The moist material that lines and protects the insides of the mouth, the throat, and other body parts.

mud |mŭd| —*noun* Earth that is wet, soft, and sticky.

muff |mŭf| —*noun, plural* **muffs** A tube of fur or cloth into which one can put one's hands to keep them warm.

muf·fin |mŭf′ĭn| —*noun, plural* **muffins** A small, cup-shaped bread that is often sweetened and usually served hot with butter.

muf·fle |mŭf′əl| —*verb* **muffled, muffling** **1.** To wrap up. **2.** To soften or absorb the sound of.

muf·fler |mŭf′lər| —*noun, plural* **mufflers** **1.** A long scarf worn around the neck. **2.** A device to soften the noise of an automobile engine.

mug |mŭg| —*noun, plural* **mugs** A large, heavy, thick cup, usually with a handle.

mug·gy |mŭg′ē| —*adjective* **muggier, muggiest** Very warm and humid.

mule |myōōl| —*noun, plural* **mules** An animal that looks like a horse but has longer ears and a tail like a donkey's.

mul·ti·ple |mŭl′tə pəl| —*noun, plural* **multiples** A number that contains another number an exact number of times.
—*adjective* Many; numerous.

mul·ti·pli·cand |mŭl′tə plĭ kănd′| —*noun, plural* **multiplicand** A number that is multiplied by another number. In the example 324 × 8, the multiplicand is 324.

mul·ti·pli·ca·tion |mŭl′tə plĭ kā′shən| —*noun, plural* **multiplications** A mathematical operation that is like adding a certain number to itself a particular number of times. For example, 3 × 4 is the same as adding 3 four times (3+3+3+3). The answer is 12.

mul·ti·pli·er |mŭl′tə plī′ər| —*noun, plural* **multipliers** A number that tells how many times a multiplicand is to be multiplied. For example, in 324 × 8, the multiplier is 8.

mul·ti·ply |mŭl′tə plī′| —*verb* **multiplied, multiplying, multiplies** **1.** To increase in number; grow fast.

llido de una señora, o de su nombre completo; Sra. (señora).

Ms. o **Ms** Abreviación usada como título antes del apellido o del nombre completo de una mujer, sea ella casada o no.

much *adjetivo* Grande en cantidad, grado o extensión; mucho: *Is there much work to do?* = ¿*Hay mucho trabajo que hacer?*
—*sustantivo* **1.** Cantidad grande; mucho; bastante: *Did you get much done?* = ¿*Hiciste mucho (bastante)?* **2.** Algo importante; alguien: *He'll never amount to much.* = *Él nunca será alguien importante.*
—*adverbio* **1.** En gran manera; mucho más; grandemente: *It is much harder than I thought.* = *Es mucho más difícil de lo que yo pensaba.* **2.** Casi; poco más o menos: *Life there was much the same as it had always been.* = *La vida allá era casi la misma como había sido siempre.*
  Modismos **make much of** Dar mucha atención; parecer gran cosa: *We made much of the baby when he started to walk.* = *Nos pareció una gran cosa cuando el niño comenzó a caminar.* **much as** A pesar; aunque: *Much as I like ice cream, I can't eat more.* = *A pesar de que me gusta el helado, no puedo comer más.* **think much of** Considerar que algo es bueno; gustar: *He doesn't think much of your idea.* = *A él no le gusta mucho tu idea.*

mucus *sustantivo* Material húmedo que recubre y protege el interior de la boca, garganta y otras partes del cuerpo; mucosidad.

mud *sustantivo* Tierra mojada, blanda y pegajosa; barro; lodo; fango.

muff *sustantivo* Tubo hecho de piel o tela en el cual uno puede introducir las manos para mantenerlas calientes; manguito; mitón.

muffin *sustantivo* Panecillo pequeño, a veces dulce, que se sirve usualmente caliente con mantequilla.

muffle *verbo* **1.** Envolver, especialmente con prendas de vestir; embozar: *Mother muffled me in a warm coat and wool cap.* = *Mi madre me envolvió en un sobretodo abrigado y una gorra de lana.* **2.** Suavizar o absorber los sonidos: *The rugs muffled the sound of footsteps.* = *Las alfombras absorbieron los sonidos de los pasos.*

muffler *sustantivo* **1.** Chal largo usado alrededor del cuello; chalina; bufanda. **2.** Aparato que reduce el ruido del motor de un automóvil; silenciador.

mug *sustantivo* Taza grande, pesada y gruesa, usualmente con un asa; tazón.

muggy *adjetivo* Muy caluroso y húmedo; sensación que produce el calor húmedo y sofocante.

mule *sustantivo* Animal parecido al caballo, pero que tiene orejas largas y cola como las del burro; mula.

multiple *sustantivo* Número que contiene a otro número una cantidad exacta de veces; múltiplos.
— *adjetivo* Muchos; numerosos; múltiples: *The accident left him with multiple bruises.* = *El accidente lo dejó con contusiones múltiples.*

multiplicand *sustantivo* Número que es multiplicado por otro número; multiplicando. En el ejemplo 324 × 8, el multiplicando es 324.

multiplication *sustantivo* Operación matemática que es como sumar un número a sí mismo un cierto número de veces. Por ejemplo, 3 × 4 es lo mismo que sumar 3 cuatro veces (3+3+3+3). La respuesta es 12; multiplicación.

multiplier *sustantivo* el número que indica cuántas veces hay que multiplicar el multiplicando; multiplicador. Por ejemplo, en 324 × 8, el multiplicador es 8.

multiply *verbo* **1.** Aumentar en número; crecer en número rápidamente; multiplicar. **2.** Realizar la opera-

---

2. To perform the mathematical operation of multiplication on a pair of numbers.

mul·ti·tude |mŭl′tĭ tōōd′| or |mŭl′tĭ tyōōd′| —*noun, plural* **multitudes** A great number; a large amount.

mum |mŭm| —*noun, plural* **mums** A name for a chrysanthemum.

mum·ble |mŭm′bəl| —*verb* **mumbled, mumbling** To speak in a low voice that is not clear and is hard to understand.

mum·my |mŭm′ē| —*noun, plural* **mummies** The body of a person or animal that has been preserved and kept from decaying.

mumps |mŭmps| —*noun* (Used with a singular verb.) A contagious disease that causes the glands around the jaw and lower cheeks to be swollen.

munch |mŭnch| —*verb* **munched, munching** To chew in a noisy, steady way.

mu·nic·i·pal |myōō nĭs′ə pəl| —*adjective* Of or having to do with a city or its government.

mu·ral |myōōr′əl| —*noun, plural* **murals** A large painting on or for a wall or ceiling.

mur·der |mûr′dər| —*noun, plural* **murders** The unlawful and deliberate killing of a person by another.
—*verb* **murdered, murdering** To kill on purpose and against the law.

mur·der·er |mûr′dər ər| —*noun, plural* **murderers** A person who murders someone; killer.

murk·y |mûr′kē| —*adjective* **murkier, murkiest** Dark and gloomy.

mur·mur |mûr′mər| —*noun, plural* **murmurs** A low, soft, continuing sound.
—*verb* **murmured, murmuring** **1.** To make a low, soft, continuing sound. **2.** To say in a low, soft voice.

mus·cle |mŭs′əl| —*noun, plural* **muscles** **1.** A kind of tissue in the body that can be tightened or relaxed to make body parts move. **2.** Any particular mass of such tissue. **3.** Strength.

mus·cu·lar |mŭs′kyə lər| —*adjective* **1.** Of or in muscles. **2.** Having strong, well-developed muscles.

mu·se·um |myōō zē′əm| —*noun, plural* **museums** A building for keeping and exhibiting interesting and valuable things. Most museums contain works of art, historical objects and documents, or displays of scientific information.

mush |mŭsh| —*noun, plural* **mushes** Corn meal or other meal boiled in water or milk.

mush·room |mŭsh′rōōm′| or |mŭsh′rōōm′| —*noun, plural* **mushrooms** A plant that has a stalk topped by a cap shaped like an umbrella. A mushroom is a type of fungus.
—*verb* **mushroomed, mushrooming** To grow, multiply, or spread quickly.

mu·sic |myōō′zĭk| —*noun* **1.** The art of making pleasing combinations of sounds. **2.** Sounds for voices to sing or instruments to play. **3.** Notes written on paper to be played or sung.

mu·si·cal |myōō′zĭ kəl| —*adjective* **1.** Of, with, or for making music. **2.** Pleasing to the ear.
—*noun, plural* **musicals** A play that has songs and dances as well as spoken lines.

mu·si·cian |myōō zĭsh′ən| —*noun, plural* **musicians** Someone who is skilled in playing or composing music.

Mus·lim |mŭz′ləm| or |mōōs′ləm| or |mōōz′ləm| A form of the word **Moslem.**

mus·lin |mŭz′lĭn| —*noun, plural* **muslins** A cotton

ción matemática de multiplicación con un par de números: *Can you multiply 222 × 12? = ¿Puedes multiplicar 222 × 12?*

multitude *sustantivo* Un gran número; una gran cantidad; multitud.

mum *sustantivo* Otro nombre para el crisantemo.

mumble *verbo* Hablar en voz baja que no es clara y que es difícil de entender; mascullar; murmurar.

mummy *sustantivo* Cuerpo de una persona o animal que ha sido conservado para prevenir su descomposición; momia.

mumps *sustantivo* Enfermedad contagiosa que causa la hinchazón de las glándulas alrededor de la mandíbula y la parte baja de las mejillas; paperas.

munch *verbo* Masticar en forma continua, haciendo ruido.

municipal *adjetivo* De, o teniendo que ver con la ciudad o su gobierno; municipal.

mural *sustantivo* Pintura (cuadro) de gran tamaño ejecutada sobre una pared, o para una pared o cielo raso; mural.

murder *sustantivo* Asesinato ilegal y deliberado cometido por una persona; homicidio.

murderer *sustantivo* Persona que asesina a otra; asesino; homicida.

murky *adjetivo* Oscuro y sombrío; lóbrego.

murmur *sustantivo* Sonido continuo, bajo y suave; murmullo.
—*verbo* **1.** Hacer un sonido continuo, bajo y suave; murmurar. **2.** Decir algo en voz baja y suave; susurrar.

muscle *sustantivo* **1.** En el cuerpo humano, la clase de tejido que se contrae y relaja para mover las partes del cuerpo; músculo. **2.** Cualquier conjunto o masa de este tejido; musculatura. **3.** Fuerza: *Moving those crates requires lots of muscle. = Para mover esas cajas se requiere mucha fuerza.*

muscular *adjetivo* **1.** Relativo a los músculos; muscular. **2.** De músculos fuertes y muy desarrollados; musculoso: *a muscular wrestler = un luchador musculoso.*

museum *sustantivo* Edificio en donde se guardan y exhiben objetos interesantes y de valor; museo. La mayoría de los museos contienen obras de arte, objetos históricos y documentos, o muestras de información científica.

mush *sustantivo* Harina de maíz u otro grano, hervida en agua o leche.

mushroom *sustantivo* Planta que tiene un tallo sobre el cual crece un casquete en forma de sombrilla; hongo.
—*verbo* Crecer, multiplicarse o extenderse rápidamente: *Factories mushroomed all over town. = Las fábricas crecían como hongos por todo el pueblo.*

music *sustantivo* **1.** El arte de hacer agradables combinaciones de sonidos; música. **2.** Sonidos que pueden ser cantados por voces o tocados por instrumentos. **3.** Notas escritas sobre papel para ser cantadas o interpretadas por instrumentos: *He plays the piano well but can't read music. = Él toca el piano bien, pero no sabe leer música.*

musical *adjetivo* **1.** Relativo a la música: *a musical instrument = un instrumento musical.* **2.** Agradable al oído: *a musical speaking voice = una voz musical.*
—*sustantivo* Obra de teatro que tiene canciones y bailes además de diálogo.

musician *sustantivo* El que tiene la habilidad de tocar o componer música; músico.

Muslim Otra forma de la palabra **Moslem.**

muslin *sustantivo* Tela de algodón de tejido simple;

cloth with a plain weave. Muslin may be delicate and sheer or coarse and thick.

muss |mŭs| —*verb* **mussed, mussing** To make untidy or messy.

mus·sel |mŭs′əl| —*noun, plural* **mussels** A water animal with a soft body and a pair of narrow dark-blue shells.

must |mŭst| —*helping,* or *auxiliary, verb* As a helping verb **must** is used to show that the subject: **1.** Is required or obliged to; has to. **2.** Ought to; should. **3.** Is almost certain to.
—*noun, plural* **musts** Something that is essential, required, or necessary.

mus·tache |mŭs′tăsh′| or |mə stăsh′| —*noun, plural* **mustaches** The hair growing on a man's upper lip. Another form of this word is **moustache.**

mus·tang |mŭs′tăng′| —*noun, plural* **mustangs** A small, wild horse of the plains of western North America.

mus·tard |mŭs′tərd| —*noun, plural* **mustards 1.** A plant with yellow flowers and small, sharp-tasting seeds. **2.** A sharp-tasting yellow powder made from the ground seeds of this plant and used to flavor food. **3.** A yellow paste made by mixing the ground seeds with vinegar, wine, or water. Mustard is used as a relish on food.

mus·ter |mŭs′tər| —*verb* **mustered, mustering 1.** To bring or come together; assemble. **2.** To call forth with difficulty.
Idiom **pass muster** To be considered good enough.

must·n't |mŭs′ənt| A contraction of "must not."

mute |myōōt| —*adjective* **1.** Not having the power to speak or make sounds. **2.** Choosing not to speak. **3.** Not spoken; silent.
—*noun, plural* **mutes 1.** A person who is not able to speak. **2.** A device used to soften or change the tone of a musical instrument.
—*verb* **muted, muting** To muffle or soften the sound of.

mu·ti·late |myōōt′l āt′| —*verb* **mutilated, mutilating 1.** To injure by cutting off an arm, leg, or other part. **2.** To damage badly by tearing or breaking.

mu·ti·ny |myōōt′n ē| —*noun, plural* **mutinies** Open rebellion against people in charge, especially by sailors or soldiers against their officers.
—*verb* **mutinied, mutinying, mutinies** To rebel against one's superiors; commit mutiny.

mut·ter |mŭt′ər| —*verb* **muttered, muttering** To speak or say in a low voice that is not clear; mumble.
—*noun, plural* **mutters** A low voice or sound that is not clear.

mut·ton |mŭt′n| —*noun* The meat of a fully grown sheep.

mu·tu·al |myōō′chōō əl| —*adjective* **1.** Felt or given by each; each for the other. **2.** Shared in common.

muselina. La muselina puede ser suave y transparente, o burda y gruesa.

muss *verbo* Hacer que algo se desordene o desaliñe; desarreglar; ajar: *Can you take off the sweater without mussing your hair?* = *¿Te puedes quitar el suéter sin desordenarte el cabello?*

mussel *sustantivo* Animal acuático de cuerpo blando, con un caparazón azul oscuro; mejillón.

must *verbo auxiliar (o de ayuda)* Como verbo auxiliar (o de ayuda) **must** se usa para indicar que el sujeto: **1.** Está compelido u obligado a algo; debe: *Citizens must obey the laws.* = *Los ciudadanos deben (están obligados a) obedecer la ley.* **2.** Sería conveniente que hiciera algo; debería: *You must try to see her more often.* = *Deberías intentar de verla más a menudo.* **3.** Es casi seguro que; debe ser: *This must be what Mrs. Jones means.* = *Esto debe ser lo que la Sra. Jones quiere decir.*
—*sustantivo* Algo que es esencial, requerido o necesario; fundamental; indispensable: *Catch that new movie; it's a must.* = *Vean la nueva película; es fundamental.*

mustache *sustantivo* Pelo que crece en el labio superior del hombre; bigote. En inglés otra forma de esta palabra es **moustache.**

mustang *sustantivo* Caballo pequeño, salvaje, de las llanuras del oeste de América del Norte; potro salvaje.

mustard *sustantivo* Mostaza: **1.** Planta de flores amarillas, con pequeñas semillas de sabor picante. **2.** Polvo amarillo de sabor picante, hecho de las semillas molidas de esta planta y usado para dar sabor a las comidas. **3.** Pasta amarilla, hecha de la mezcla de semillas molidas con vinagre, vino o agua. La mostaza se usa como condimento en la comida.

muster *verbo* **1.** Juntar o agrupar; congregar; reunir: *He mustered the troops for inspection.* = *Él congregó a las tropas para la inspección.* **2.** Producir o hacer algo con dificultad; apelar: *He mustered the courage to ask for a raise in his weekly allowance.* = *Él apeló a su coraje para pedir un aumento en su asignación semanal.*

mustn't Contracción de "must not."

mute *adjetivo* **1.** Que no tiene el poder de hablar o producir sonidos; mudo. **2.** Que elige no hablar; silencioso. **3.** Que no se pronuncia; mudo: *The "n" in "hymn" is mute.* = *La "n" en "hymn" es muda.*
—*sustantivo* **1.** Persona que no puede hablar; mudo. **2.** Aparato usado para suavizar o cambiar el tono de un instrumento musical; sordina.
—*verbo* Absorber o suavizar el sonido de algo; bajar; reducir: *They muted their voices.* = *Ellos bajaron las voces.*

mutilate *verbo* **1.** Lastimar o herir cortando un brazo, pierna u otra parte; mutilar: *The explosion killed two people and mutilated three others.* = *La explosión mató a dos personas y mutiló a otras tres.* **2.** Producir gran daño rompiendo y destrozando; destruir: *Someone mutilated this library book by ripping out the illustrations.* = *Alguien destrozó este libro de la biblioteca al romperle las ilustraciones.*

mutiny *sustantivo* Rebelión general en contra de los que están en mando, especialmente la de los marinos y soldados en contra de sus capitanes; insurrección; motín.
—*verbo* Rebelarse en contra de los superiores; amotinarse; sublevarse.

mutter *verbo* Hablar o decir algo en una voz baja, que no es clara; mascullar; murmurar.
—*sustantivo* Voz o sonido bajo, que no es claro; murmuración; refunfuño.

mutton *sustantivo* Carne de una oveja crecida; carne de carnero.

mutual *adjetivo* **1.** Que se siente o da por ambas partes; uno por el otro; mutual; mutuo: *Their mutual*

ər butter　yōō abuse　ou out　ŭ cut　û fur　*th* the　th thin　hw which　zh vision　ə ago, item, pencil, atom, circus

suspicion keeps them from being friends. = Su sospecha mutua les impide ser amigos. **2.** Compartido; mutual; mutuo: *The two boys discovered they have a mutual friend in Jack.* = *Los dos muchachos descubrieron que tienen un amigo mutuo en Jack.*

muz·zle |mŭz'əl| —*noun, plural* **muzzles 1.** The projecting part of an animal's face that includes the nose and mouth; snout. **2.** A set of straps or wires that fits over an animal's snout to keep the animal from biting or eating. **3.** The open front end of the barrel of a gun.
—*verb* **muzzled, muzzling** To put a muzzle on.

muzzle *sustantivo* **1.** Parte de la cara de un animal que se extiende hacia adelante, y que incluye la nariz y la boca; hocico; morro. **2.** Conjunto de correas o alambres que se coloca en el hocico de un animal para impedir que muerda o coma; bozal; mordaza.
—*verbo* Poner un bozal o mordaza; abozalar; amordazar.

my |mī| —*pronoun* **my is a possessive form of** I. **It means: 1.** Of or belonging to me. **2.** Done or performed by me.

my *pronombre* El pronombre posesivo **my** es la forma posesiva de I. Significa: **1.** De mí o que me pertenece: *my hat* = *mi sombrero.* **2.** Hecho o realizado por mí: *my first job* = *mi primer trabajo.*

my·self |mī sělf'| —*pronoun* The pronoun **myself** is a special form of **me. 1.** It means: **a.** My own self. **b.** My own normal self. **2.** It is used to call attention to me.

myself *pronombre* El pronombre **myself** es una forma especial de **me. 1.** Significa: **a.** Mi propia persona; mi propio ser; me; mí: *I cut myself with the knife.* = *Me corté con el cuchillo.* **b.** Mi ser común; yo mismo: *I am not myself today.* = *No me siento ser yo mismo hoy.* **2.** Se usa para indicar uno mismo; yo mismo: *I myself had to laugh.* = *Yo mismo tuve que reírme.*

mys·te·ri·ous |mĭ stîr'ē əs| —*adjective* Hard to explain, know, or understand; strange.

mysterious *adjetivo* Difícil de explicar, saber o entender; extraño; misterioso.

mys·te·ry |mĭs'tə rē| —*noun, plural* **mysteries 1.** Anything that is not known or understood; a secret. **2.** A strange, hidden quality; secrecy. **3.** A story, play, or motion picture in which there is a crime or puzzling matter to solve.

mystery *sustantivo* **1.** Lo que no es conocido o comprendido; un secreto; un misterio. **2.** Cualidad extraña u oculta: *Those remote caves, never before explored, are full of mystery.* = *Esas cuevas remotas, nunca antes exploradas, están llenas de misterio.* **3.** Cuento, obra o película en donde hay un crimen o algo enigmático que resolver.

myth |mĭth| —*noun, plural* **myths 1.** A legend or traditional story that expresses what a people believes and values. **2.** A body of such stories. **3.** A story or idea that is not true.

myth *sustantivo* **1.** Leyenda o cuento tradicional que expresa lo que la gente cree o valora; mito. **2.** Conjunto de tales historias o leyendas. **3.** Historia o idea acerca de algo que no es verdad: *There is a myth that elephants are afraid of mice.* = *Hay un mito que los elefantes les tienen miedo a los ratones.*

myth·i·cal |mĭth'ĭ kəl| —*adjective* **1.** Of or existing only in myths. **2.** Imaginary; made-up.

mythical *adjetivo* **1.** Que pertenece solamente a los mitos; mítico. **2.** Imaginario; construido: *He wrote a mythical tale of a voyage through the center of the earth.* = *Él escribió un cuento mítico de un viaje a través del centro de la tierra.*

my·thol·o·gy |mĭ thŏl'ə jē| —*noun, plural* **mythologies** A collection of myths.

mythology *sustantivo* Colección de mitos; mitología.

N

n or N |ĕn| —*noun, plural* **n's or N's** The fourteenth letter of the English alphabet.

n o N *sustantivo* La decimocuarta letra del alfabeto inglés.

nag |năg| —*verb* **nagged, nagging** To pester or annoy by complaining, scolding, or finding fault all the time.

nag *verbo* Quejarse o molestar quejándose, rezongando, o encontrando faltas todo el tiempo; regañar; reñir; refunfuñar.

nail |nāl| —*noun, plural* **nails 1.** A slim, pointed piece of metal with a flat or round head. Nails are hammered into pieces of wood or other material in order to hold them together. **2.** The thin, hard covering at the end of a finger or toe.
—*verb* **nailed, nailing 1.** To join or attach with or as if with a nail or nails. **2.** To seize; catch.

nail *sustantivo* **1.** Pieza delgada y puntiaguda de metal con cabeza plana o circular, que se martilla en piezas de madera u otro material para tenerlas juntas; clavo. **2.** Cubierta delgada y dura en la punta de un dedo o un dedo del pie; uña.
—*verbo* **1.** Pegar o juntar con o como si fuera con un clavo o clavos; clavar. **2.** Agarrar; prender; tomar; arrestar: *The police nailed the thief.* = *La policía arrestó al ladrón.*

na·ked |nā'kĭd| —*adjective* **1.** Not wearing clothing or other covering on the body or a part of the body. **2.** Stripped or bare. **3.** Not concealed or disguised.

naked *adjetivo* **1.** Que no lleva ropa u otro cubrimiento sobre el cuerpo o parte del cuerpo; desnudo; en cueros. **2.** Despojado o raso; desnudado; desvestido; desprovisto; desmontado. **3.** No escondido o disfrazado; claro; aparente; puro.

name |nām| —*noun, plural* **names 1.** A word or words by which a person, place, animal, or thing is

name *sustantivo* **1.** Palabra o palabras por las cuales se llama o conoce a una persona, lugar, animal o cosa;

called or known. **2. a.** Reputation in general. **b.** An outstanding reputation; fame.
—*verb* **named, naming 1.** To give a name to. **2.** To call or mention by name; identify. **3.** To specify, fix, or set. **4.** To appoint or nominate, as to a certain duty, office, or honor.

nombre; apellido; denominación; título. **2. a.** Reputación en general: *Jesse James had a bad name.* = *Jesse James tenía una mala reputación.* **b.** Reputación sobresaliente; fama: *That young man has made quite a name for himself in politics.* = *Ese joven se hizo de gran fama en la política.*
—*verbo* **1.** Dar un nombre; nombrar; poner nombre; denominar; apellidar. **2.** Llamar o mencionar por nombre; identificar; designar. **3.** Especificar; fijar; poner: *Have they named the date for the wedding?* = *¿Fijaron ya la fecha para el casamiento?* **4.** Asignar o nominar, como para cierto cargo, oficio u honor; nombrar; elegir: *He was named coach of the team.* = *Él fue nombrado entrenador del equipo.*

name·less |nām′lĭs| —*adjective* **1.** Having no name. **2.** Unknown by name; obscure. **3.** Not identified by name; anonymous.

nameless *adjetivo* **1.** Que no tiene nombre; sin nombre; innominado. **2.** Desconocido por nombre; oscuro u oculto. **3.** No identificado por nombre; anónimo.

name·ly |nām′lē| —*adverb* That is to say.

namely *adverbio* Es decir; a saber; especialmente; sobre todo; expresamente.

nap¹ |năp| —*noun, plural* **naps** A short sleep, usually during a period of time other than one's regular sleeping hours.
—*verb* **napped, napping** To sleep for a short time; to doze.

nap¹ *sustantivo* Sueño corto, usualmente durante un período de tiempo fuera de las horas normales en que uno duerme; siesta o siestecita.
—*verbo* Dormir durante un tiempo corto; echar una siesta; dormitar.

nap² |năp| —*noun, plural* **naps** A soft or fuzzy surface on certain kinds of cloth or leather.

nap² *sustantivo* Superficie blanda o vellosa en ciertas clases de telas o cueros; borra; lanilla.

nap·kin |năp′kĭn| —*noun, plural* **napkins** A piece of cloth or soft paper used while eating to protect the clothes or to wipe the mouth and fingers.

napkin *sustantivo* Pieza de tela o papel blando que se usa para proteger la ropa o para limpiarse la boca y los dedos al comer; servilleta.

nar·cis·sus |när sĭs′əs| —*noun, plural* **narcissuses** A garden plant that is related to the daffodil. The narcissus has yellow or white flowers with a central part that is shaped like a cup or trumpet.

narcissus *sustantivo* Planta de jardín que tiene flores amarillas o blancas con una parte central en forma de copa o trompeta; narciso.

nar·cot·ic |när kŏt′ĭk| —*noun, plural* **narcotics** Any drug that dulls the senses, causes sleep, and can cause a person to be dependent on it when it is used regularly.

narcotic *sustantivo* Cualquier droga que entorpece los sentidos, que causa sueño, y que causa que una persona sea dependiente de ella cuando se la usa regularmente; narcótico; estupefaciente.

nar·rate |năr′āt′| or |nă rāt′| —*verb* **narrated, narrating** To give an account or tell the story of in speech or writing; relate.

narrate *verbo* Presentar un relato o contar una historia, verbalmente o por escrito; narrar; relatar; contar.

nar·row |năr′ō| —*adjective* **narrower, narrowest** **1.** Small in width as compared to length; not wide. **2.** Having little room or space. **3.** Small or limited in size, variety, or extent. **4.** Limited in outlook; not liberal; rigid. **5.** Barely successful.
—*verb* **narrowed, narrowing** To make or become narrow or narrower.
—*noun, plural* **narrows 1.** A narrow part of a road, valley, or mountain pass. **2.** **narrows** A narrow body of water connecting two wider ones.

narrow *adjetivo* **1.** Pequeño de ancho en comparación al largo; angosto; no amplio. **2.** Que tiene poco lugar o espacio; estrecho. **3.** Pequeño o reducido en tamaño, variedad o extensión; limitado; apretado. **4.** Limitado en punto de vista; no liberal; rígido; intolerante.
—*verbo* Formar de una manera angosta o hacerse angosto o más angosto; estrechar; reducir; contraer; encoger; achicar: *The river narrows at this point.* = *El río se estrecha en este punto.*
—*sustantivo* **1.** Parte estrecha de un camino, un valle, o un paso de la sierra. **2.** **narrows** Extensión de agua angosta, que conecta otras dos más amplias; estrecho.

na·sal |nā′zəl| —*adjective* Of or in the nose.

nasal *adjetivo* De o dentro de la nariz; nasal.

nast·y |năs′tē| —*adjective* **nastier, nastiest** **1.** Mean; malicious. **2.** Dirty, disgusting, or offensive; filthy. **3.** Very unpleasant or troublesome. **4.** Very harmful or dangerous; serious.

nasty *adjetivo* **1.** Vil; malicioso; indecente. **2.** Sucio, repugnante u ofensivo; asqueroso. **3.** Muy desagradable o pesado; intratable; detestable. **4.** Muy dañino, peligroso o serio: *a nasty cut* = *una cortadura seria.*

na·tion |nā′shən| —*noun, plural* **nations 1.** A group of people organized under a single government; a country. **2.** The territory occupied by a country.

nation *sustantivo* **1.** Grupo de gente organizada bajo un solo gobierno; nación; país. **2.** Territorio ocupado por un país; territorio nacional.

na·tion·al |năsh′ə nəl| —*adjective* Of or involving a nation as a whole.

national *adjetivo* De o que concierne a una nación entera; nacional.

na·tion·al·ism |năsh′ə nə lĭz′əm| —*noun* Devotion or loyalty to one's country.

nationalism *sustantivo* Devoción o lealtad al país de uno; nacionalismo.

na·tion·al·i·ty |năsh′ə năl′ĭ tē| —*noun, plural* **nationalities 1.** The condition of belonging to a particular nation. **2.** A people sharing the same origins or traditions.

nationality *sustantivo* **1.** Condición de pertenecer a una nación en particular; nacionalidad; ciudadanía. **2.** Gente o pueblo que comparte el mismo origen o tradición.

na·tive |nā′tĭv| —*adjective* **1.** Belonging to a person by nature; inborn; natural. **2.** Born in a particular country or place. **3.** Belonging to a person because of nationality or place of birth. **4.** Originally living, growing, or produced in a particular place. **5.** Of the original, sometimes primitive, inhabitants of a region.
—*noun, plural* **natives 1.** Someone born in a particu-

native *adjetivo* **1.** Perteneciente a una persona por su propia naturaleza; por nacimiento; natal; natural. **2.** Nacido en un país o lugar en particular; nativo; oriundo; natural. **3.** Perteneciente a una persona por nacionalidad o lugar de nacimiento; natal. **4.** Que vive, crece, o que se produce originalmente en un lugar en particular; vecino; del país; patrio; natural. **5.** De los

lar country or place. **2.** One of the original inhabitants of a region or place, especially as distinguished from immigrants, colonizers, or visitors. **3.** An animal or plant originally living or growing in a particular place.

nat·u·ral |nắch′ər əl| or |nắch′rəl| —*adjective* **1.** Present in or produced by nature; not artificial. **2.** Of or having to do with nature and all objects, living things, and events that are part of it. **3.** Expected or occurring in the normal course of things. **4.** Present from birth; inborn. **5.** Not artificial, learned, or affected.
—*noun, plural* **naturals** A person who is particularly able at some activity because of inborn qualities or talents.

nat·u·ral·ly |nắch′ər ə lē| or |nắch′rə lē| —*adverb* **1.** In a natural manner. **2.** By nature. **3.** Without a doubt.

na·ture |nā′chər| —*noun, plural* **natures** **1.** The world and all life, objects, or events in it apart from things made by man. **2.** Living things and the outdoors not touched by man; wildlife and natural scenery. **3.** The basic characteristics and qualities of a person, animal, or thing. **4.** Kind; type.

naught |nôt| —*pronoun* Nothing.
—*noun* Zero; the digit 0. Another form of this word is **nought.**

naugh·ty |nô′tē| —*adjective* **naughtier, naughtiest** Disobedient; mischievous.

nau·se·a |nô′zē ə| or |nô′zhə| or |nô′sē ə| or |nô′shə| —*noun* A feeling of sickness in the stomach and a need to vomit.

nau·ti·cal |nô′tĭ kəl| —*adjective* Of ships, sailors, or navigation.

na·val |nā′vəl| —*adjective* **1.** Of, belonging to, or having to do with a navy or ships. **2.** Having a navy.

na·vel |nā′vəl| —*noun, plural* **navels** A mark left on the abdomen of mammals. It shows where the cord that connects a newborn infant with its mother was attached.

nav·i·gate |năv′ĭ gāt′| —*verb* **navigated, navigating** **1.** To plan, guide, and control the course of a ship or aircraft. **2.** To travel or voyage over or across.

nav·i·ga·tion |năv′ĭ gā′shən| —*noun* **1.** The act or practice of navigating. **2.** The science of locating the position or planning the course of a ship or aircraft.

nav·i·ga·tor |năv′ĭ gā′tər| —*noun, plural* **navigators** **1.** A crew member who plans and directs the course of a ship or aircraft. **2.** A person who leads voyages of exploration. **3.** A mechanical instrument that directs the course of an aircraft or missile.

na·vy |nā′vē| —*noun, plural* **navies** **1.** All of a nation's warships. **2.** Often **Navy** A nation's whole organization for war at sea, including ships, men and officers, and shore bases. **3.** A very dark blue.
—*adjective* Of the color navy.

nay |nā| —*adverb* No.
—*noun, plural* **nays** **1.** A vote of "no." **2. the nays** Those who vote no.

near |nîr| —*adverb* **nearer, nearest** **1.** To, at, or within a short distance or interval in space or time. **2.** Almost; nearly.
—*adjective* **nearer, nearest** **1.** Close in space, time, position, or degree. **2.** Closely related or connected, as

originales y a veces primitivos habitantes de una región; nativo; autóctono; aborigen.
—*sustantivo* **1.** Alguien nacido en un país o lugar en particular; nativo. **2.** Uno de los habitantes originales de una región o de un lugar, que se diferencia de los inmigrantes, colonizadores o visitantes; nativo; aborigen; indígena. **3.** Animal o planta que originalmente vive o crece en un lugar en particular; nativo.

natural *adjetivo* **1.** Que está presente en, o producido por, la naturaleza; no artificial; natural. **2.** De o que tiene que ver con la naturaleza y todos los objetos, seres vivientes y eventos que le son parte; natural. **3.** Que se espera o que ocurre en el curso común de las cosas; ordinario; normal. **4.** Presente desde el nacimiento; natal; natural. **5.** Sencillo; inafectado; genuino; verdadero.
—*sustantivo* Persona que es especialmente hábil en alguna actividad debido a cualidades o talentos innatos.

naturally *adverbio* **1.** De una manera natural; naturalmente: *It is best to behave naturally and be yourself with people.* = *Lo mejor es comportarse naturalmente y ser tú mismo con la gente.* **2.** Por naturaleza: *His hair is naturally blond.* = *Su cabello es rubio por naturaleza.* **3.** Sin duda; desde luego; naturalmente: *Naturally, the faster you grow, the more food you need.* = *Desde luego, cuanto más rápido creces más comida vas a necesitar.*

nature *sustantivo* Naturaleza: **1.** El mundo y toda la vida, los objetos o eventos en él, aparte de las cosas hechas por el hombre. **2.** Los seres vivientes y el mundo silvestre no tocados por el hombre, tales como los animales salvajes y el paisaje natural. **3.** Características y cualidades básicas de una persona, de un animal, o de una cosa; genio; carácter. **4.** Índole; clase; género; especie.

naught *pronombre* Nada.
—*sustantivo* Cero; la cifra 0. En inglés otra forma de esta palabra es **nought.**

naughty *adjetivo* Desobediente; travieso; pícaro; atrevido.

nausea *sustantivo* Sensación de basca en el estómago y necesidad de vomitar; náusea; asco.

nautical *adjetivo* Referente a los barcos, marineros o navegación; náutico; marino.

naval *adjetivo* **1.** De, perteneciente a, o que tiene que ver con una marina armada o con barcos; naval; de marina. **2.** Que tiene una marina; naval.

navel *sustantivo* Marca que queda en el abdomen de los mamíferos, indicando dónde se había unido el cordón umbilical que conecta al recién nacido con su madre; ombligo.

navigate *verbo* Navegar: **1.** Planear, guiar, y controlar el curso de una embarcación o un avión. **2.** Viajar o atravesar aguas o aire.

navigation *sustantivo* Navegación: **1.** Acto o práctica de navegar. **2.** Ciencia de localizar la posición, o planear la ruta, de una embarcación o un avión.

navigator *sustantivo* Navegador: **1.** Miembro de una tripulación que planea y dirige la ruta de una embarcación o un avión. **2.** Persona que dirige viajes de exploración. **3.** Instrumento mecánico que dirige el curso de un avión o proyectil.

navy *sustantivo* **1.** Todos los buques de guerra de una nación; armada; flota; marina de guerra. **2.** A veces **Navy** Organización completa de una nación para la guerra en el mar, incluyendo buques, hombres y oficiales y bases; armada. **3.** Azul muy oscuro; azul marino.
—*adjetivo* De color azul marino.

nay *adverbio* No; de ningún modo.
—*sustantivo* Voto de "no"; voto negativo. **2. the nays** Los que votan no.

near *adverbio* **1.** A, en, o dentro de una distancia o intervalo corto en el espacio o el tiempo; cerca; próximo. **2.** Casi: *We were near exhaustion from the heat.* = *Estábamos casi agotados debido al calor.*
—*adjetivo* **1.** Cercano en espacio, tiempo, posición o

ă pat ā pay â care ä father ĕ pet ē be ĭ pit ī pie î fierce ŏ pot ō go ô paw, for oi oil oo book oo boot

by kinship or association. **3.** Achieved or missed by a small margin; close; narrow. **4.** Closer of two or more. **5.** Short and direct.
—*preposition* Close to, as in time, space, or degree.
—*verb* **neared, nearing** To draw near or nearer; to approach.

grado; próximo; íntimo. **2.** Estrechamente relacionado o conectado, como por parentesco o asociación. **3.** Logrado o errado por un margen pequeño. **4.** El más próximo de dos o más; más cercano; inmediato; inminente. **5.** Corto y directo.
—*preposición* Próximo, como en tiempo, espacio o grado; cerca; junto: *We stayed at a small inn near Boston.* = *Paramos en una pequeña hostería cerca de Boston.*
—*verbo* Acercar; aproximar: *The holiday season nears.* = *El tiempo de las fiestas se aproxima.*

near·by |nîr′bī′| —*adverb* Not far away; near at hand; close by.
—*adjective* Located a short distance away.

nearby *adverbio* No muy lejos; cerca; a la mano.
—*adjetivo* Localizado a una corta distancia; cercano; contiguo; próximo.

near·ly |nîr′lē| —*adverb* Almost but not quite; close to.

nearly *adverbio* Casi pero no del todo; por poco; cerca de; próximamente; aproximadamente; estrechamente.

near·ness |nîr′nĭs| —*noun* The state or condition of being near.

nearness *sustantivo* Estado o condición de estar cerca; proximidad; cercanía; inminencia.

near·sight·ed |nîr′sī′tĭd| —*adjective* Unable to see objects that are far away as clearly as objects that are close by.

nearsighted *adjetivo* Sin poder ver los objetos que están lejos claramente como los objetos que están más cerca; miope; corto de vista.

neat |nēt| —*adjective* **neater, neatest 1.** In clean condition, appearance, or habits; not careless or messy; tidy. **2.** Performed with precision and skill. **3.** Very fine; wonderful.

neat *adjetivo* **1.** En condición, apariencia o de hábito limpio, no descuidado o desarreglado; aseado; pulcro; nítido; puro. **2.** Presentado con precisión y destreza; esmerado; pulido. **3.** Muy fino; primoroso; elegante.

nec·es·sar·i·ly |něs′ĭ sâr′ə lē| —*adverb* **1.** By or because of need or necessity. **2.** As a sure result.

necessarily *adverbio* Necesariamente: **1.** De o debido a una necesidad: necesariamente: *You don't necessarily have to complete this assignment today.* = *Tú no tienes que completar esta tarea hoy, necesariamente.* **2.** Como resultado seguro; inevitablemente: *A new player doesn't necessarily mean that the other team will win the game.* = *Un nuevo jugador no significa, necesariamente, que el otro equipo ganará el partido.*

nec·es·sar·y |něs′ĭ sěr′ē| —*adjective* **1.** Impossible to do without; essential. **2.** Happening or following as a certain result; inevitable.
—*noun, plural* **necessaries** Something that is needed or required; an essential.

necessary *adjetivo* **1.** Imposible de no tener; necesario; esencial; preciso: *We don't have the necessary tool to fix the car.* = *No tenemos la herramienta necesaria para arreglar el automóvil.* **2.** Que pasa o sucede como resultado; forzoso; inevitable: *An upset stomach is the necessary consequence of eating too much.* = *Un dolor de estómago es la inevitable consecuencia de comer mucho.*
—*sustantivo* Algo que hace falta o que se requiere; lo necesario; requisito esencial; algo de primera necesidad.

ne·ces·si·ty |nə sěs′ĭ tē| —*noun, plural* **necessities 1.** Something impossible to get along without; an essential. **2.** The fact of being necessary. **3.** Great need; poverty; want.

necessity *sustantivo* **1.** Algo que no se puede dejar de tener; una necesidad; algo esencial; artículo de primera necesidad. **2.** El hecho de ser necesario; necesidad. **3.** Gran falta; necesidad; pobreza; miseria.

neck |něk| —*noun, plural* **necks 1.** The part of the body that joins the head to the shoulders. **2.** The part of a garment that fits around the neck. **3.** Any relatively narrow or connecting part.

neck *sustantivo* **1.** Parte del cuerpo que une la cabeza a los hombros; cuello; pescuezo; garganta. **2.** Parte de alguna prenda de vestir que viene alrededor del cuello; cuello; escote. **3.** Cualquier parte de relativa estrechez que conecta a otra; desfiladero; istmo; gollete; garganta.

neck·er·chief |něk′ər chĭf| —*noun, plural* **neckerchiefs** A scarf or cloth worn around the neck.

neckerchief *sustantivo* Bufanda o tela que se lleva alrededor del cuello; pañoleta; mascada; pañuelo de cuello.

neck·lace |něk′ləs| —*noun, plural* **necklaces** An ornament, such as a string of beads or a gold chain, worn around the neck.

necklace *sustantivo* Ornamento, como un collar de cuentas o cadena de oro, que se lleva alrededor del cuello; collar; gargantilla.

neck·tie |něk′tī′| —*noun, plural* **neckties** A narrow band of cloth worn around the neck. It is placed under the shirt collar and tied in front, either in a knot with hanging ends or in a bow.

necktie *sustantivo* Banda angosta de tela que se lleva alrededor del cuello, puesta debajo del cuello de la camisa y amarrada en la parte de adelante, ya sea en un nudo con los extremos colgantes, o en moño; corbata; corbatín.

nec·tar |něk′tər| —*noun* A sweet liquid in many flowers. Bees make honey from nectar.

nectar *sustantivo* Líquido dulce, en muchas flores, del cual las abejas hacen miel; néctar.

need |nēd| —*noun, plural* **needs 1.** A condition or situation in which something is required or wanted. **2.** A wish for something that is missing or desired. **3.** Something that is required or wanted. **4.** Necessity or obligation. **5.** Extreme poverty or misfortune.
—*verb* **needed, needing 1.** To must have. **2.** To be obliged to; have to. **3.** To require; have need of.

need *sustantivo* Necesidad: **1.** Condición o situación en la que se requiere o se quiere algo. **2.** Deseo de algo que hace falta o que se desea. **3.** Algo que se requiere o se quiere. **4.** Necesidad u obligación: *There wasn't any need for you to pay me back.* = *No había ninguna necesidad de que me lo devolvieras.* **5.** Extrema pobreza o desdicha: *The sick old man lived in great need.* = *El pobre viejo, enfermo, vivía en una gran pobreza.*
—*verbo* **1.** Deber tener; necesitar; precisar; haber

ər butter   yōō abuse   ou out   ŭ cut   û fur   *th* the   th thin   hw which   zh vision   ə ago, item, pencil, atom, circus

menester. **2.** Estar obligado; tener que: *You don't need to return the book until tomorrow.* = *No tienes que devolver el libro hasta mañana.* **3.** Requerir; tener necesidad; necesitar: *Let's collect everything that needs repairing.* = *Recojamos todo lo que necesite reparaciones.*

nee·dle |nēd′l| —*noun, plural* **needles** **1.** A small, thin tool for sewing, usually made of polished steel. A needle has a sharp point at one end and a hole at the other through which a length of thread is passed and held. **2.** A slender, pointed rod used in knitting. **3.** A slender rod with a hook at one end, used in crocheting. **4.** The pointer or indicator of a compass or gauge. **5.** A thin tube with a sharp point used to pierce the skin and force liquid medicine into the body. **6.** Any sharp, pointed instrument like a needle. **7.** A narrow, stiff leaf, such as that found on a pine tree or fir tree. —*verb* **needled, needling** To tease, annoy, or provoke.

needle *sustantivo* **1.** Utensilio para coser pequeño y delgado, usualmente hecho de acero pulido, que tiene una punta aguda en un extremo y un agujero al otro a través del cual se pasa y se sostiene un hilo; aguja. **2.** Varilla delgada que se usa para tejer; aguja de tejer. **3.** Varilla delgada con un gancho en un extremo, que se usa para hacer ganchillo; aguja de ganchillo. **4.** Apuntador o indicador de una brújula o medidor; aguja. **5.** Tubo delgado con punta aguda que se usa para penetrar la piel y forzar medicina líquida en el cuerpo; aguja hipodérmica. **6.** Cualquier instrumento afilado y puntiagudo como una aguja. **7.** Hoja angosta y tiesa, como la que se encuentra en un pino o un abeto; pinocha. —*verbo* Irritar; molestar; provocar; atormentar.

need·less |nēd′lĭs| —*adjective* Not needed; not necessary.

needless *adjetivo* Que no se necesita; innecesario; inútil; superfluo.

need·n't |nēd′nt| A contraction of "need not."

needn't Contracción de "need not".

need·y |nē′dē| —*adjective* **needier, neediest** Being in need; very poor.

needy *adjetivo* Que necesita; necesitado; muy pobre; menesteroso.

neg·a·tive |nĕg′ə tĭv| —*adjective* **1.** Expressing a refusal or denial; saying "no." **2.** Not positive or helpful. **3.** Showing that a particular disease or germ is not present. **4.** Less than zero. **5.** Having one of two opposite electrical charges. One of the ends of a magnet has a negative charge; the opposite end has a positive charge. —*noun, plural* **negatives** **1.** In grammar, a word or part of a word that expresses denial or refusal. *No, not,* and *un-* are negatives. **2.** In photography, an image on film in which the areas that are normally light and those that are normally dark are reversed.

negative *adjetivo* Negativo: **1.** Que expresa un rechazo o una negación; diciendo "no". **2.** No positivo o provechoso. **3.** Mostrando que alguna enfermedad o microbio no está presente. **4.** Menos que cero. **5.** Que tiene una de las dos cargas eléctricas opuestas. Uno de los extremos de un imán tiene una carga negativa y el extremo opuesto tiene una carga positiva. —*sustantivo* **1.** En la gramática, una palabra o parte de una palabra que expresa negación o rechazo, como *no, not* y *un-.* **2.** En fotografía, la imagen en una película en la que las áreas que normalmente son claras y las que normalmente son oscuras están al revés; negativo.

ne·glect |nĭ glĕkt′| —*verb* **neglected, neglecting** **1.** To fail to care for or give proper attention to. **2.** To fail to do. —*noun* **1.** The act or an example of neglecting. **2.** The condition of being neglected.

neglect *verbo* **1.** Dejar de cuidar o de dar una atención apropiada; descuidar; ser negligente; abandonar. **2.** Fallar de hacer algo; desatender; dejar de hacer algo: *He neglected to tell his friends that he had tickets to the play.* = *No les dijo (se olvidó de decirles) a sus amigos que tenía entradas para la obra de teatro.* —*sustantivo* **1.** Acto o ejemplo de descuidar algo; descuido; negligencia. **2.** Condición de ser descuidado; descuido; negligencia; abandono; olvido.

ne·go·ti·ate |nĭ gō′shē āt′| —*verb* **negotiated, negotiating** To discuss or talk over in order to reach an agreement or settlement.

negotiate *verbo* Discutir o tratar a fin de llegar a un acuerdo o convenio; negociar; gestionar.

ne·go·ti·a·tion |nĭ gō′shē ā′shən| —*noun, plural* **negotiations** The act or process of negotiating.

negotiation *sustantivo* Acto o proceso de negociar; negociación.

Ne·gro |nē′grō| —*noun, plural* **Negroes** A Negroid person. —*adjective* Of Negroid persons.

Negro *sustantivo* Persona negroide; negro. —*adjetivo* De personas negroides; de negro; de los negros.

Ne·groid |nē′groid′| —*adjective* Of a major division of the human species whose members have brown to black skin color and often tightly curled hair. This division includes the native peoples of central and southern Africa and their descendants in other parts of the world. —*noun, plural* **Negroids** A Negroid person.

Negroid *adjetivo* Referente a una división importante de la raza humana cuyos miembros tienen piel de color moreno a negro y, frecuentemente, el pelo crespo. Incluye los pueblos nativos del África del sur y central, y sus descendientes en otras partes del mundo; negroide. —*sustantivo* Persona negroide.

neigh |nā| —*noun, plural* **neighs** The long, high-pitched sound made by a horse. —*verb* **neighed, neighing** To make such a sound.

neigh *sustantivo* Sonido largo y agudo hecho por un caballo; relincho. —*verbo* Hacer tal sonido; relinchar.

neigh·bor |nā′bər| —*noun, plural* **neighbors** **1.** A person who lives next door to or near another. **2.** A person or thing placed or located next to or near another. **3.** A fellow human being.

neighbor *sustantivo* **1.** Persona que vive al lado o cerca de otro; vecino. **2.** Persona o cosa puesta o localizada al lado o cerca de otro; vecino. **3.** Ser humano; prójimo; semejante.

neigh·bor·hood |nā′bər hŏŏd′| —*noun, plural* **neighborhoods** **1.** A district or area, especially of a city or town. **2.** The people who live in the same area or district.

neighborhood *sustantivo* **1.** Distrito o área, especialmente de una ciudad o pueblo; vecindad; barrio; cercanías; inmediaciones; alrededores. **2.** Gente que vive en el mismo distrito o área; vecindad; vecindario; barrio.

nei·ther |nē′thər| or |nī′thər| —*adjective* Not one

neither *adjetivo* Ni uno ni otro; ninguno de los dos;

nor the other; not either.
—*pronoun* Not the one nor the other; not either one.
—*conjunction* **1.** The conjunction **neither** is used with **nor** to present two negative alternatives. **2.** Nor.

ne·on |nē′ŏn′| —*noun* A gas that has no color and no odor and is found in very small amounts in the earth's atmosphere. Neon is one of the chemical elements.

neph·ew |nĕf′yōō| —*noun, plural* **nephews 1.** A son of a person's brother or sister. **2.** A son of the brother or sister of a husband or wife.

Nep·tune |nĕp′tōōn′| or |nĕp′tyōōn′| —*noun* A planet of our solar system. It is the fourth largest planet and the eighth in distance from the sun.

nerve |nûrv| —*noun, plural* **nerves 1.** Any of the bundles of fibers that link the brain and spinal cord with the other parts of the body. Nerves carry messages that make the muscles and organs work. **2.** Strong will; courage.

nerv·ous |nûr′vəs| —*adjective* **1.** Of or affecting the nerves or the nervous system. **2.** Easily excited or upset; tense. **3.** Uneasy; anxious.

nervous system The system in the body that controls all of its actions. The nervous system includes the brain, the spinal cord, and the nerves.

nest |nĕst| —*noun, plural* **nests 1.** A container or shelter made by birds for holding their eggs and young. **2.** A similar shelter made by insects, fish, mice, or other animals. **3.** A snug, warm, cozy place.
—*verb* **nested, nesting** To build or stay in a nest.

net¹ |nĕt| —*noun, plural* **nets 1.** An open fabric made of threads, cords, or ropes that are woven or knotted together so as to leave holes at regular intervals. **2.** A trap or snare made of or resembling a net.
—*verb* **netted, netting** To catch in or as if in a net.

net² |nĕt| —*adjective* **1.** Remaining after all necessary additions, subtractions, or adjustments have been made. **2.** Final; ultimate.
—*verb* **netted, netting** To bring in or gain as profit.

net·work |nĕt′wûrk′| —*noun, plural* **networks 1.** A system or pattern of lines, routes, passages, or parts that cross. **2.** A group of radio or television stations that are linked together and that share many or most of the same programs.

neu·tral |nōō′trəl| or |nyōō′trəl| —*adjective* **1.** Not supporting, favoring, or belonging to any side in a war, dispute, or fight. **2.** Lacking color or hue; having no tint. **3.** In chemistry, neither an acid nor a base.
—*noun* The arrangement of a set of gears in an engine in which no motion or power can be transmitted.

neu·tron |nōō′trŏn′| or |nyōō′trŏn′| —*noun, plural* **neutrons** A small particle found in the nucleus of any atom except one of hydrogen.

nev·er |nĕv′ər| —*adverb* **1.** At no time; not ever. **2.** Absolutely not; under no circumstances; not at all.

nev·er·the·less |nĕv′ər thə lĕs′| —*adverb* All the same; anyway.
—*conjunction* In spite of that; still; however; but.

new |nōō| or |nyōō| —*adjective* **newer, newest**

ningún: *Neither shoe fits comfortably.* = *Ninguno de los dos zapatos me calza bien.*
—*pronombre* Ni el uno ni el otro; ninguno: *Neither of them fits comfortably.* = *Ninguno de los dos me calza bien.*
—*conjunción* **1. Neither** se usa con **nor** para presentar dos alternativas negativas; ni: *I have neither time nor money.* = *Yo no tengo ni tiempo ni dinero.* **2.** Tampoco; ni siquiera: *You don't want to go? Me neither.* = *¿Tú no quieres ir? Yo tampoco.*

neon *sustantivo* Gas que no tiene color ni olor, que se encuentra en muy pocas cantidades en la atmósfera de la tierra; neón. El neón es uno de los elementos químicos.

nephew *sustantivo* Sobrino.

Neptune *sustantivo* Planeta de nuestro sistema solar, el cuarto en tamaño y el octavo en distancia del sol; Neptuno.

nerve *sustantivo* **1.** Cualquiera de los grupos de fibras que conectan el cerebro y la médula espinal con las otras partes del cuerpo; nervio. Los nervios conducen mensajes que hacen funcionar los músculos y los órganos. **2.** Voluntad fuerte; valor; ánimo; descaro: *It took nerve to stand up to that bully.* = *Requirió ánimo enfrentar a ese abusador.*

nervous *adjetivo* **1.** De o que afecta los nervios o el sistema nervioso; nervioso. **2.** Que se excita o se trastorna fácilmente; tenso; irritable; nervioso.

nervous system Sistema en el cuerpo que controla todas sus acciones y que incluye el cerebro, la médula espinal y los nervios; sistema nervioso.

nest *sustantivo* **1.** Lugar o resguardo hecho por los pájaros para tener sus huevos y su cría; nido; nidal. **2.** Resguardo similar hecho por insectos, peces, ratones u otros animales; nido; madriguera; guarida. **3.** Lugar abrigado, caluroso y cómodo.
—*verbo* Construir o estar en un nido; anidar; hacer un nido; alojarse; establecerse.

net¹ *sustantivo* **1.** Tejido abierto hecho de hebras, hilos o sogas que se entretejen o se amarran juntas de manera a dejar agujeros a intervalos regulares; red; malla. **2.** Trampa hecha de red o que parece una red.
—*verbo* Atrapar en, o como si fuera en, una red; enredar; prender; coger con red.

net² *adjetivo* **1.** Que queda después de que se han hecho todas las sumas, restas o ajustes; neto: *What was your net income after expenses?* = *¿Cuál fue su ingreso neto después de los gastos?* **2.** Final; último.
—*verbo* Ingresar u obtener ganancia; ganar; producir.

network *sustantivo* **1.** Sistema o patrón de líneas, rutas, pasajes o partes que se cruzan; red; cadena. **2.** Grupo de estaciones de radio o televisión que están encadenadas y que comparten muchos, o la mayoría, de los mismos programas; cadena de emisoras.

neutral *adjetivo* **1.** Que no sostiene, favorece o pertenece a ningún bando en una guerra, disputa o pelea; neutral; neutro. **2.** Que carece de color, matiz o tinte; neutro. **3.** En la química, ni ácido ni base; neutro.
—*sustantivo* Arreglo de un juego de engranajes en una máquina, de manera que no se trasmita movimiento o fuerza.

neutron *sustantivo* Partícula pequeña que se encuentra en el núcleo de cualquier átomo excepto en el de hidrógeno; neutrón.

never *adverbio* **1.** En ningún tiempo; nunca; jamás. **2.** Absolutamente nó; bajo ninguna circunstancia; de ninguna manera.

nevertheless *adverbio* **1.** De todos modos; de todas maneras; sin embargo; no obstante: *The plan may fail, but we must try it nevertheless.* = *El plan puede fallar pero debemos intentarlo de todos modos.*
—*conjunción* A pesar de eso; pero: *He ate a great deal; nevertheless, he felt hungry.* = *Él comió bastante; a pesar de eso, tenía hambre.*

new *adjetivo* Nuevo: **1.** Recientemente hecho, cons-

ər butter   yōō abuse   ou out   ŭ cut   û fur   *th* the   th thin   hw which   zh vision   ə ago, item, pencil, atom, circus

1. Recently made, built, formed, or grown. **2.** Just found, discovered, learned about, or obtained; not known or possessed before now. **3.** Never used or worn; not old or secondhand. **4.** Taking the place of what is old; modern; up-to-date. **5.** Starting over again. **6.** Not familiar; strange. **7.** Recently settled or arrived in a new position or place. **8.** Not trained or experienced.
—adverb Freshly; newly; recently.

new·born |nōō′bôrn′| or |nyōō′bôrn′| *—adjective*
1. Just born. **2.** Born again; renewed.

new·ly |nōō′lē| or |nyōō′lē| *—adverb* Recently; lately; just.

news |nōōz| or |nyōōz| *—noun* (Used with a singular verb.) Information about one or more events that have recently happened.

news·cast |nōōz′kăst′| or |nōōz′kăst′| or |nyōōz′-kăst′| or |nyōōz′kăst′| *—noun, plural* **newscasts** A radio or television program that gives news reports.

news·pa·per |nōōz′pā′pər| or |nyōōz′pā′pər| *—noun, plural* **newspapers** Sheets of paper printed daily or weekly and containing news, articles, pictures, and advertisements.

newt |nōōt| or |nyōōt| *—noun, plural* **newts** A small animal with soft, smooth skin, short legs, and a long tail. Newts live both on land and in the water. A newt is a kind of salamander.

New Year's Day The first day of the year, January 1.

New Year's Eve December 31, the last day of the year.

next |někst| *—adjective* **1.** Coming right after the present or previous one. **2.** Closest or nearest in position.
—adverb **1.** Following right after the present or previous one. **2.** On the first occasion after the present or previous occasion.
—preposition Close to; nearest.

next-door |někst′ dôr′| or |někst′ dôr′| *—adjective* In, to, or at the nearest house, building, apartment, or office.

nib·ble |nĭb′əl| *—verb* **nibbled, nibbling** **1.** To take small, quick bites. **2.** To eat with small, quick bites.
—noun, plural **nibbles** **1.** A small bite, such as a fish might take at bait. **2.** A small bite or piece of food.

nice |nīs| *—adjective* **nicer, nicest** **1.** Good; pleasant. **2.** Very pleasing. **3.** Of good quality. **4.** Pretty. **5.** Kind and good; thoughtful. **6.** Showing skill; very fine. **7.** Very good; well done.

nick |nĭk| *—noun, plural* **nicks** A small cut or chip in a surface or edge.
—verb **nicked, nicking** To make a small cut or chip in.
Idiom **In the nick of time** Just at the last moment.

nick·el |nĭk′əl| *—noun, plural* **nickels** **1.** A hard, silvery metal. Nickel is one of the chemical elements. **2.** A United States or Canadian coin worth five cents and made from nickel and copper.

nick·name |nĭk′nām′| *—noun, plural* **nicknames** **1.** A name used instead of the real name of a person, place, or thing. **2.** A shortened form of a proper name.
—verb **nicknamed, nicknaming** To call by a nickname.

nic·o·tine |nĭk′ə tēn′| *—noun* A poison that is found

truido, formado o crecido. **2.** Recién encontrado, descubierto, aprendido u obtenido; no sabido o poseído hasta ahora. **3.** Nunca usado o llevado, no viejo o de segunda mano. **4.** Tomando el lugar de lo que es viejo; moderno; al día. **5.** Comenzando otra vez. **6.** Que no es familiar; extraño. **7.** Recientemente asentado en una nueva posición o lugar; reciente. **8.** No entrenado; sin experiencia.
—adverbio **1.** Nuevamente; recientemente; últimamente.

newborn *adjetivo* **1.** Recién nacido. **2.** Renacido; renovado.

newly *adverbio* Recientemente; nuevamente; últimamente.

news *sustantivo* Información acerca de uno o más sucesos que han acontecido recientemente; noticia; nueva.

newscast *sustantivo* Programa de radio o televisión que presenta las noticias; noticiario.

newspaper *sustantivo* Hojas de papel impresas diariamente o semanalmente que contienen noticias, artículos, fotografías y avisos; periódico; diario.

newt *sustantivo* Animal pequeño con piel suave y lisa, piernas pequeñas y cola larga, que vive tanto en la tierra como en el agua y que es una especie de salamandra; tritón.

New Year's Day Primer día del año, Enero 1; Año Nuevo.

New Year's Eve Último día del año, Diciembre 31; vísperas de Año Nuevo.

next *adjetivo* **1.** Que viene inmediatamente después del presente o el previo; próximo; siguiente; entrante: *The next day was sunny.* = *El día siguiente fue asoleado.* **2.** Más cercano o contiguo en posición; próximo; adyacente; inmediato; vecino: *the next town* = *el pueblo vecino.*
—adverbio **1.** Siguiendo inmediatamente del presente o del previo; ahora; enseguida: *What comes next?* = *¿Qué sigue ahora? (¿qué viene después?)* **2.** En la primera ocasión después del presente o de la ocasión previa; luego; después.
—preposición Cerca; más próximo; contiguo: *I keep your picture next to my chair.* = *Tengo tu fotografía cerca de mi sillón.*

next-door *adjetivo* En o a la casa, edificio, departamento u oficina más próxima; a la puerta siguiente; a la otra puerta; de al lado.

nibble *verbo* **1.** Tomar bocados pequeños y rápidos; mordisquear; roer; picar. **2.** Comer con mordeduras pequeñas y rápidas; mordisquear; roer; picar.
—sustantivo **1.** Mordedura chica, como la que un pez le podría dar a una carnada; picadura. **2.** Bocado chico o pedacito de comida; mordisco; bocadito.

nice *adjetivo* **1.** Bueno; fino; agradable; sutil. **2.** Muy placentero. **3.** De buena calidad; refinado. **4.** Lindo; bonito. **5.** Simpático; bueno; amable; cuidadoso; tierno. **6.** Que muestra destreza; muy fino; pulido. **7.** Muy bueno; bien hecho; esmerado.

nick *sustantivo* Pequeño corte o astilladura en una superficie o borde; muesca; picadura; mella.
—verbo Hacer un pequeño corte o astilladura; picar; mellar; descantillar.
Modismo **In the nick of time** Al último momento; al momento justo.

nickel *sustantivo* **1.** Metal duro, plateado, que es uno de los elementos químicos; níquel. **2.** Moneda de los Estados Unidos y Canada hecha de níquel y cobre, cuyo valor es cinco centavos.

nickname *sustantivo* **1.** Nombre usado en lugar del verdadero nombre de una persona, lugar o una cosa; apodo; mote; sobrenombre. **2.** Forma corta de un nombre propio.
—verbo Llamar por sobrenombre; apodar.

nicotine *sustantivo* Veneno que se encuentra en el ta-

ă pat ā pay â care ä father ĕ pet ē be ĭ pit ī pie î fierce ŏ pot ō go ô paw, for oi oil ōō book ōō boot

in tobacco. It is used in medicine and as an insect poison.

niece |nēs| —*noun, plural* **nieces 1.** A daughter of a person's brother or sister. **2.** A daughter of the brother or sister of a husband or wife.

night |nīt| —*noun, plural* **nights 1.** The time between sunset and sunrise, especially the hours of darkness. **2.** The part of the night when people sleep or rest.

night-gown |nīt′goun′| —*noun, plural* **nightgowns** A loose gown worn to sleep in by a woman or child.

night-in-gale |nīt′n gāl′| or |nī′tǐng gāl′| —*noun, plural* **nightingales** A brownish bird of Europe and Asia. The nightingale has a sweet song and often sings at night.

night-ly |nīt′lē| —*adjective* Taking place, done, or used at night or every night.
—*adverb* Every night.

night-mare |nīt′mâr′| —*noun, plural* **nightmares 1.** A bad dream that is very frightening. **2.** A frightening experience that is like a bad dream.

nim-ble |nǐm′bəl| —*adjective* **nimbler, nimblest** Moving or able to move quickly, lightly, and easily.

nine |nīn| —*noun, plural* **nines** & *adjective* A number, written 9.

nine-teen |nīn′tēn′| —*noun, plural* **nineteens** & *adjective* A number, written 19.

nine-teenth |nīn′tēnth′| —*noun, plural* **nineteenths** & *adjective* See **Table of Numerals.**

nine-ti-eth |nīn′tē ǐth| —*noun, plural* **ninetieths** & *adjective* See **Table of Numerals.**

nine-ty |nīn′tē| —*noun, plural* **nineties** & *adjective* A number, written 90.

ninth |nīnth| —*noun, plural* **ninths** & *adjective* See **Table of Numerals.**

nip |nǐp| —*verb* **nipped, nipping 1. a.** To give a small, sharp bite or bites to. **b.** To pinch or squeeze. **2.** To remove by biting or pinching. **3.** To sting or chill, as sharp, biting cold does.
—*noun, plural* **nips 1.** A small, sharp bite or pinch. **2.** Sharp, biting cold.

nip-ple |nǐp′əl| —*noun, plural* **nipples 1.** The small tip at the center of a breast or udder. An infant or a baby animal can get milk from its mother by sucking on a nipple. **2.** A soft rubber cap on a baby's bottle from which the baby drinks.

ni-tro-gen |nī′trə jən| —*noun* A gas that has no color or smell. Nitrogen is one of the chemical elements.

no |nō| —*adverb* The adverb **no** is used: **1.** To express refusal, denial, or disagreement. **2.** With the comparative of adjectives or adverbs.
—*adjective* **1.** Not any. **2.** Not at all.
—*noun, plural* **noes 1.** A negative response; a denial or refusal. **2.** A negative vote or voter.
—*interjection* A word used to express surprise, doubt, or disbelief.

no-bil-i-ty |nō bǐl′ǐ tē| —*noun, plural* **nobilities 1.** A social class having titles of rank and often wealth and power. Queens, kings, princes, and princesses are all part of the nobility. **2.** Noble rank or status.

no-ble |nō′bəl| —*adjective* **nobler, noblest 1.** Of or belonging to the nobility. **2.** Having or showing qualities of high character, as courage or generosity.
—*noun, plural* **nobles** A person of noble birth, position, or title.

no-bod-y |nō′bŏd′ē| or |nō′bə dē| —*pronoun* No

baco y que se usa en medicina y como veneno contra insectos; nicotina.

niece *sustantivo* Sobrina.

night *sustantivo* **1.** Tiempo entre la puesta del sol y la salida del sol, especialmente las horas de oscuridad; noche. **2.** Parte de la noche cuando se duerme o se descansa.

nightgown *sustantivo* Camisón flojo que usa una mujer o una niña para dormir; camisa de dormir.

nightingale *sustantivo* Pájaro parduzco de Europa y Asia que tiene un canto dulce y que frecuentemente canta de noche; ruiseñor.

nightly *adjetivo* Que toma lugar, se hace o usa de noche o cada noche; nocturno; de noche.
—*adverbio* Cada noche; por las noches.

nightmare *sustantivo* **1.** Sueño malo que asusta mucho; pesadilla. **2.** Experiencia espantosa que es como un mal sueño.

nimble *adjetivo* Que se mueve o con la habilidad de moverse rápida, ligera y fácilmente; vivo; ágil; listo.

nine *sustantivo y adjetivo* Nueve.

nineteen *sustantivo y adjetivo* Diecinueve.

nineteenth *sustantivo y adjetivo* Consulte la **Tabla de Números.**

ninetieth *sustantivo y adjetivo* Consulte la **Tabla de Números.**

ninety *sustantivo y adjetivo* Noventa.

ninth *sustantivo y adjetivo* Consulte la **Tabla de Números.**

nip *verbo* **1. a.** Dar una mordedura pequeña y aguda; mordisquear. **b.** Pellizcar o apretar. **2.** Cortar algo mordiendo o pellizcando; recortar; desmochar; despuntar. **3.** Aguijonear o congelar, como lo hace el frío fuerte; escharchar; helar.
—*sustantivo* **1.** Mordedura o pellizco pequeño y agudo; mordisco; pellizco. **2.** Frío fuerte; helada.

nipple *sustantivo* **1.** Punta pequeña en el centro de un pecho o teta; tetilla; pezón. Los recién nacidos o los animales pequeños toman leche de sus madres chupando el pezón. **2.** Tapón de goma blanda en el biberón de donde bebe el niño; el pezón del biberón; chupón.

nitrogen *sustantivo* Gas que no tiene color u olor; nitrógeno. El nitrógeno es uno de los elementos químicos.

no *adverbio* Se usa: **1.** Para expresar rechazo, negación o desacuerdo: *Let's go! No, I'm not going.* = ¡Vamos! *No, no voy.* **2.** Para comparar adjetivos y adverbios: *He is no better today than he was yesterday.* = *Él no es mejor hoy de lo que era ayer.*
—*adjetivo* Ninguno; ningún: *There are no cookies left in the jar.* = *No queda ninguna galletita en el tarro.*
—*sustantivo* **1.** Respuestra negativa; negación; rechazo; no: *Her suggestion met with of chorus of noes.* = *Su sugerencia provocó un coro de "no".* **2.** Voto o votante negativo: *The chairman asked the noes to raise their hands.* = *El presidente de la asamblea pidió que todos los que votaron "no" levantaran la mano.*

nobility *sustantivo* **1.** Clase social que tiene títulos de rango y, frecuentemente, riquezas y poder; nobleza; hidalguía. Las reinas, los reyes, los príncipes y las princesas son todos parte de la nobleza. **2.** Rango o posición en la nobleza.

noble *adjetivo* **1.** De o perteneciente a la nobleza; noble; hidalgo. **2.** Que tiene o muestra cualidades de carácter elevado, como valor o generosidad; noble; magnánimo.
—*sustantivo* Persona de nacimiento, posición o título noble; noble; hidalgo.

nobody *pronombre* Ninguna persona; nadie; ninguno.

ər butter   yōō abuse   ou out   ŭ cut   û fur   *th* the   th thin   hw which   zh vision   ə ago, item, pencil, atom, circus

person; no one; not anybody.

—*noun, plural* **nobodies** A person of no importance or position.

noc·tur·nal |nŏk tûr′nəl| —*adjective* **1.** Of the night or happening at night. **2.** Active at night rather than during the day.

nod |nŏd| —*verb* **nodded, nodding 1.a.** To move the head down and then up in a quick motion. This shows agreement or approval and is a way of saying yes or of greeting someone. **b.** To show agreement, approval, or a greeting by moving the head in this way. **2.** To let the head droop and fall forward, as when one is sleepy or dozing.

—*noun, plural* **nods** Λ nodding motion.

noise |noiz| —*noun, plural* **noises 1.** Sound or a sound that is loud, unpleasant, or unexpected. **2.** Sound or a sound of any kind.

nois·y |noi′zē| —*adjective* **noisier, noisiest 1.** Making a lot of noise. **2.** Full of noise.

nom·i·nate |nŏm′ə nāt′| —*verb* **nominated, nominating 1.** To choose as a candidate in an election to fill an office. **2.** To appoint to a position, office, or honor.

nom·i·na·tion |nŏm′ə nā′shən| —*noun, plural* **nominations 1.** The act or process of choosing a candidate for election. **2.** Appointment to a position, office, or honor.

nom·i·nee |nŏm′ə nē′| —*noun, plural* **nominees** A person chosen as a candidate for an office or award.

none |nŭn| —*pronoun* **1.a.** Not any. **b.** No part or quantity. **2.** Not one.

—*adverb* Not at all.

non·poi·son·ous |nŏn poi′zə nəs| —*adjective* **1.** Having no poison that can harm or kill. **2.** Containing no poison.

non·sense |nŏn′sĕns′| or |nŏn′səns| —*noun* Foolish or silly talk or behavior.

noo·dle |nōōd′l| —*noun, plural* **noodles** A long, thin strip of dried dough. Noodles are made of eggs, flour, and water.

noon |nōōn| —*noun, plural* **noons** The middle of the day; twelve o'clock in the daytime.

no one No person; nobody.

noose |nōōs| —*noun, plural* **nooses** A loop formed in a rope with a kind of knot that lets the loop tighten as the rope is pulled.

nor |nôr| or |nər| —*conjunction* **1.** The conjunction **nor** is used with **neither** to present two negative alternatives. **2.** The conjunction **nor** is used in place of "and . . . not" to introduce a second negative statement.

nor·mal |nôr′məl| —*adjective* **1.** Usual or ordinary. **2.** Happening in a natural, healthy way.

north |nôrth| —*noun* **1.** The direction to the right of a person who faces the sunset. **2.** Often **North** A region in this direction. **3. the North a.** The Arctic region. **b.** The northern part of the United States, especially the states north of Maryland, West Virginia, Kentucky, and Missouri. **c.** The states that supported the Union during the Civil War.

—*adjective* **1.** Of, in, or toward the north. **2.** Coming from the north.

—*adverb* Toward the north.

north·east |nôrth ēst′| —*noun* **1.** The direction that is halfway between north and east. **2.** Often **North-**

—*sustantivo* Persona de ninguna importancia o posición; nadie; un don nadie.

nocturnal *adjetivo* Nocturno: **1.** De la noche, o que pasa de noche; nocturnal. **2.** Activo de noche en vez de día.

nod *verbo* **1.a.** Mover la cabeza hacia abajo y luego hacia arriba en un movimiento rápido, para indicar acuerdo o aprobación, como manera de decir sí o de saludar a alguien; señalar con la cabeza. **b.** Indicar acuerdo, aprobación o saludo moviendo la cabeza de este modo. **2.** Dejar caer la cabeza hacia adelante, como cuando uno tiene sueño o dormita; cabecear.

noise *sustantivo* **1.** Un sonido, o uno que es fuerte, desagradable o desprevenido; ruido; bullicio. **2.** Un sonido o cualquier tipo de sonido; ruido.

noisy *adjetivo* **1.** Que hace mucho ruido; ruidoso; bullicioso; estrepitoso. **2.** Lleno de sonido.

nominate *verbo* **1.** Escoger a alguien como candidato en una elección para llenar un cargo; nominar; nombrar como candidato; postular. **2.** Designar a un cargo, honor o posición; nombrar; señalar.

nomination *sustantivo* **1.** El acto o proceso de elegir un candidato para una elección; nominación; nombramiento; propuesta. **2.** El nombramiento a un puesto, función u honor.

nominee *sustantivo* Persona escogida como candidato para un cargo o premio; nómino; nombrado.

none *pronombre* **1.a.** Ninguno: *I went through all the pictures, but there were none of her.* = *Revisé todas las fotografías pero no había ninguna de ella.* **b.** Ninguna parte o cantidad; nada: *Sheila has done none of her homework.* = *Sheila no ha hecho nada de sus deberes.* **2.** Ninguna persona; nadie.

—*adverbio* No; de ninguna manera: *Crops were none too good this year.* = *Las cosechas no fueron muy buenas este año.*

nonpoisonous *adjetivo* No venenoso: **1.** Que no tiene veneno que pueda dañar o matar. **2.** Que no contiene veneno.

nonsense *sustantivo* Plática o comportamiento necio o tonto; disparate; desatino; tontería.

noodle *sustantivo* Tira larga y delgada de pasta seca, hecha de huevo, harina y agua; tallarín; fideo.

noon *sustantivo* Mediodía; las doce del día.

no one Ninguna persona; nadie.

noose *sustantivo* Nudo corredizo formado en un lazo, con un clase de nudo que permite que se apriete la vuelta a medida que se tira del lazo corredizo; dogal.

nor *conjuncion* **1.** La conjunción **nor** se usa con **neither** para presentar dos alternativas negativas; ni; tampoco: *They had neither seen us nor heard of us.* = *Ni nos habían visto ni sabían quiénes éramos.* **2.** La conjunción **nor** se usa en vez de "and . . . not" para introducir una segunda declaración negativa; ni: *He has no experience, nor does he want any.* = *Él no tiene ninguna experiencia, ni le interesa tener alguna.*

normal *adjetivo* **1.** Usual u ordinario; normal; regular; típico: *Her weight is normal for her height.* = *Su peso es típico de su estatura.* **2.** Que sucede en una manera natural y saludable; normal: *normal growth* = *crecimiento normal.*

north *sustantivo* **1.** Dirección a la derecha de una persona que mira hacia el ocaso; norte. **2.** A veces **North** Región en esa dirección. **3. the North a.** La región ártica; polo ártico. **b.** La parte norte de los Estados Unidos, especialmente los estados al norte de Maryland, West Virginia, Kentucky y Missouri. **c.** Los estados que apoyaron a la unión durante la guerra civil.

—*adjetivo* **1.** De, en, o hacia el norte; norteño; septentrional. **2.** Que viene del norte; norteño.

—*adverbio* Hacia el norte.

northeast *sustantivo* **1.** Dirección que está a la mitad entre el norte y el este; nordeste. **2.** A veces **Northeast**

---

east A region in this direction. **3. the Northeast** The part of the United States that includes New England and usually New York, Pennsylvania, and New Jersey. —*adjective* **1.** Of, in, or toward the northeast. **2.** Coming from the northeast.
—*adverb* Toward the northeast.

north·east·er·ly |nôrth ē′stər lē| —*adjective* **1.** In or toward the northeast. **2.** From the northeast.
—*adverb* **1.** In or toward the northeast. **2.** From the northeast.

north·east·ern |nôrth ē′stərn| —*adjective* **1.** Of, in, or toward the northeast. **2.** From the northeast.

north·er·ly |nôr′thər lē| —*adjective* **1.** In or toward the north. **2.** From the north.
—*adverb* **1.** In or toward the north. **2.** From the north.

north·ern |nôr′thərn| —*adjective* **1.** Of, in, or toward the north. **2.** From the north. **3.** Like what is found in the north. **4. Northern** Of the states that supported the Union during the Civil War.

north·ern·er |nôr′thər nər| —*noun, plural* **northerners** Often **Northerner 1.** A person who lives in or comes from the north. **2.** A person from the North of the United States, especially during or before the Civil War.

north·ern·most |nôr′thərn mōst′| —*adjective* Farthest north.

north·ward |nôrth′wərd| —*adverb* To or toward the north. Another form of this word is **northwards.**
—*adjective* Moving to or toward the north.

north·wards |nôrth′wərdz| —*adverb* A form of the word **northward.**

north·west |nôrth wĕst′| —*noun* **1.** The direction that is halfway between north and west. **2.** Often **Northwest** A region in this direction. **3. the Northwest** The northwestern part of the United States, especially the region that includes the states of Washington, Oregon, Idaho, and Montana.
—*adjective* **1.** Of, in, or toward the northwest. **2.** Coming from the northwest.
—*adverb* Toward the northwest.

north·west·er·ly |nôrth wĕs′ tər lē| —*adjective* **1.** In or toward the northwest. **2.** From the northwest.
—*adverb* **1.** In or toward the northwest. **2.** From the northwest.

north·west·ern |nôrth wĕs′ tərn| —*adjective* **1.** Of, in, or toward the northwest. **2.** From the northwest.

nose |nōz| —*noun, plural* **noses 1.** The part of the face or head through which people and animals breathe and usually smell. **2.** The sense of smell. **3.** The ability to find things, as if by smell. **4.** The narrow front end of an airplane, rocket, submarine, or other structure.
—*verb* **nosed, nosing 1.** To smell. **2.** To touch, push, or examine with the nose.
Idioms **by a nose** By a very small difference. **on the nose** Exactly. **under (one's) nose** In plain view; just where it should or could be seen.

nose cone The front end of a rocket or missile. A nose cone is narrower at the front than at the back.

nos·tril |nŏs′trəl| —*noun, plural* **nostrils** Either of the two outer openings of the nose.

nos·y |nō′zē| —*adjective* **nosier, nosiest** Curious about other people's business.

not |nŏt| —*adverb* In no way; to no degree. The adverb **not** is used to make negative statements.

no·ta·ble |nō′tə bəl| —*adjective* Worth noticing; remarkable.
—*noun, plural* **notables** A well-known person; an important figure.

no·ta·tion |nō tā′shən| —*noun, plural* **notations 1.** A short note. **2.** A system of figures or symbols used to stand for numbers, words, notes, or other things.

Región en esa dirección; nordeste. **3. the Northeast** La parte de los Estados Unidos que incluye New England y, usualmente, New York, Pennsylvania y New Jersey.
—*adjetivo* **1.** De, en, o hacia el nordeste. **2.** Viniendo del nordeste.

northeasterly *adjetivo* **1.** En o hacia el nordeste. **2.** Del nordeste.
—*adverbio* **1.** En o hacia el nordeste. **2.** Del nordeste.

northeastern *adjetivo* **1.** De, en o hacia el nordeste. **2.** Del nordeste.

northerly *adjetivo* **1.** En o hacia el norte. **2.** Del norte.
—*adverbio* **1.** En o hacia el norte. **2.** Del norte.

northern *adjetivo* **1.** De, en o hacia el norte. **2.** Del norte. **3.** Como lo que se encuentra en el norte; norteño; nórdico. **4. Northern** Relativo a los estados que apoyaron a la unión durante la guerra civil.

northerner *sustantivo* A veces **Northerner 1.** Persona que vive o viene del norte; norteño. **2.** Persona del norte de los Estados Unidos, especialmente durante o antes de la guerra civil.

northernmost *adjetivo* Situado más al norte; el más septentrional.

northward *adverbio* A o hacia el norte. En inglés otra forma de esta palabra es **northwards.**
—*adjetivo* Que se mueve o dirige hacia el norte.

northwards *adverbio* Otra forma de la palabra **northward.**

northwest *sustantivo* **1.** Dirección a la mitad entre el norte y el oeste; noroeste. **2.** A veces **Northwest** Región en esa dirección; noroeste. **3. the Northwest** La parte noroeste de los Estados Unidos, especialmente la región que incluye los estados de Washington, Oregon, Idaho y Montana.
—*adjetivo* **1.** De, en o hacia el noroeste. **2.** Que proviene del noroeste.
—*adverbio* Hacia el noroeste.

northwesterly *adjetivo* **1.** En o hacia el noroeste. **2.** Del noroeste.
—*adverbio* **1.** En o hacia el noroeste. **2.** Del noroeste.

northwestern *adjetivo* **1.** De, en o hacia el noroeste. **2.** Del noroeste.

nose *sustantivo* **1.** Parte de la cara o cabeza a través de la cual respiran y generalmente huelen las personas y los animales; nariz; hocico. **2.** Sentido del olfato. **3.** Habilidad de encontrar cosas, como si fuera por olfato. **4.** Parte frontal, angosta, de un avión, cohete, submarino u otra estructura.
—*verbo* **1.** Oler; olfatear. **2.** Tocar, empujar o examinar con la nariz; olfatear; husmear; rastrear; descubrir; curiosear.
Modismos **by a nose** Por una diferencia muy pequeña: *He won by a nose.* = *Ganó por una pequeña diferencia.* **on the nose** Exactamente. **under (one's) nose** A plena vista; justamente donde debía ser visto; bajo las narices.

nose cone Parte frontal de un cohete o proyectil que es más angosta hacia el frente que hacia atrás; cono.

nostril *sustantivo* Cualquiera de las dos aberturas externas de la nariz; ventana de la nariz.

nosy *adjetivo* Curioso acerca de los asuntos de otras personas; entremetido; inquisitivo.

not *adverbio* De ninguna manera; no; ni. El adverbio **not** se usa para hacer declaraciones negativas: *It is not raining.* = *No está lloviendo.*

notable *adjetivo* Digno de notar; notable; resaltante; insigne.
—*sustantivo* Una persona bien conocida; personaje importante o eminente; celebridad.

notation *sustantivo* **1.** Nota corta; anotación. **2.** Sistema de figuras o símbolos usadas para indicar números, palabras, notas u otras cosas; sistema de notación.

ər butter yōō abuse ou out ŭ cut û fur *th* the th thin hw which zh vision ə ago, item, pencil, atom, circus

notch |nŏch| —*noun, plural* **notches** A V-shaped cut.
—*verb* **notched, notching** To cut a notch or notches in.
note |nōt| —*noun, plural* **notes** 1. A short letter or message. 2. A short written record to help the memory; a reminder. 3. An explanation for a word, paragraph, or section of a book. 4. A piece of paper money issued by a government. 5. Importance. 6. Notice; attention. 7. a. A symbol that represents a musical tone. b. A musical tone. 8. A sign; hint.
—*verb* **noted, noting** 1. To pay attention to; observe; notice. 2. To make a short record of; write down.

not·ed |nō′tĭd| —*adjective* Well known; famous.

noth·ing |nŭth′ĭng| —*pronoun* 1. Not anything. 2. Zero. 3. A person or thing that is not important. —*adverb* Not at all; not a bit.

no·tice |nō′tĭs| —*verb* **noticed, noticing** 1. To become aware of; perceive. 2. To pay attention to.
—*noun, plural* **notices** 1. A condition of being perceived; observation; attention. 2. An announcement in a public place or publication. 3. An announcement or warning.
no·ti·fy |nō′tə fī′| —*verb* **notified, notifying, notifies** To let know; inform.
no·tion |nō′shən| —*noun, plural* **notions** 1. A picture in the mind of what something is or how it works; a general idea. 2. A sudden idea or desire; a whim. 3. **notions** Small, useful items, such as needles, thread, and other things for sewing.
no·to·ri·ous |nō tôr′ē əs| or |nō tēr′ē əs| —*adjective* Well known for something, especially for something bad or unpleasant.
nought |nôt| —*pronoun & noun* A form of the word **naught.**
noun |noun| —*noun, plural* **nouns** A word used to name a person, place, thing, quality, or action.
nour·ish |nûr′ĭsh| or |nŭr′ĭsh| —*verb* **nourished, nourishing** To provide with what is needed to grow and develop; to feed.
nour·ish·ment |nûr′ĭsh mənt| —*noun* Something needed for life and growth; food.
nov·el[1] |nŏv′əl| —*noun, plural* **novels** A story, long enough to fill a book, about invented people and events.
nov·el[2] |nŏv′əl| —*adjective* Very new or different.

nov·el·ist |nŏv′ə lĭst| —*noun, plural* **novelists** A person who writes novels.
nov·el·ty |nŏv′əl tē| —*noun, plural* **novelties** 1. The condition of being new or different. 2. A thing that is new and unusual. 3. **novelties** Small items for sale, as toys and cheap jewelry.

No·vem·ber |nō vĕm′bər| —*noun, plural* **Novembers** The eleventh month of the year.
nov·ice |nŏv′ĭs| —*noun, plural* **novices** 1. A person who is new to a field or activity; a beginner. 2. A person who is studying to become a nun or monk but has not taken final vows.
now |nou| —*adverb* 1. At the present time. 2. At once; immediately. 3. Nowadays.
—*conjunction* Since; seeing that.
—*noun* The present.

now·a·days |nou′ə dāz′| —*adverb* In the present

notch *sustantivo* Corte en forma de V; muesca; ranura.
—*verbo* Cortar o hacer una muescas.

note *sustantivo* 1. Carta o mensaje corto; nota. 2. Anotación corta escrita para ayudar la memoria; apunte; memorial. 3. Explicación de una palabra, párrafo o sección de un libro; notación; anotación. 4. Pieza de papel emitido por un gobierno; billete de banco; dinero. 5. Importancia; distinción; nota. 6. Nota; atención. 7. a. Símbolo que representa un tono musical; nota. b. Tono musical; nota. 8. Señal; indicación.
—*verbo* 1. Poner atención; notar; observar; advertir. 2. Hacer un apunte corto; notar; anotar; escribir.

noted *adjetivo* Bien conocido; notable; afamado; célebre; eminente.
nothing *pronombre* 1. Ninguna cosa; nada. 2. Cero: *We won, five to nothing.* = *Ganamos cinco a cero.* 3. Persona o cosa que no es importante; una nada. —*adverbio* De ningún modo; en nada: *He looks nothing like me.* = *No se parece a mí en nada.*

notice *verbo* 1. Ser consciente de algo; percibir; notar; advertir. 2. Prestar atención; notar.
—*sustantivo* 1. La condición de ser percibido; nota; observación; atención. 2. Anuncio en un lugar público o publicación; noticia; aviso; informe. 3. Anuncio o advertencia; notificación.
notify *verbo* Hacer saber; notificar; avisar; informar; advertir; hacer conocer; prevenir.
notion *sustantivo* 1. Imagen mental de lo que algo es o de cómo funciona; noción; idea general. 2. Idea o deseo repentino; noción; capricho. 3. Cosas pequeñas y útiles, como agujas, hilo y otras cosas para coser; artículos de mercería; novedades.
notorious *adjetivo* Que es bien conocido por algo, especialmente por algo desagradable o malo; notorio; escandaloso; sensacional.
nought *pronombre y sustantivo* Otra forma de la palabra **naught.**
noun *sustantivo* Palabra usada para nombrar una persona, lugar, cosa, calidad o acción; sustantivo; nombre.
nourish *verbo* Proveer con lo que se necesita para crecer y desarrollarse; nutrir; alimentar.

nourishment *sustantivo* Algo que se necesita para la vida y el crecimiento; nutrición; alimento; comida.
novel[1] *sustantivo* Historia, suficientemente larga como para llenar un libro, que trata sobre personas y sucesos inventados; novela.
novel[2] *adjetivo* Muy nuevo o diferente; novedoso; original.

novelist *sustantivo* La persona que escribe novelas; novelista.
novelty *sustantivo* 1. La condición de ser nuevo y diferente; innovación; novedad. 2. Cosa que es nueva y fuera de lo ordinario. 3. **novelties** Cosas pequeñas que se venden, como juguetes o joyería barata; novedades; artículos de fantasía.

November *sustantivo* Noviembre.

novice *sustantivo* 1. La persona que es nueva en algún campo o actividad; novicio; novato; principiante. 2. Persona que estudia para ser monja o monje pero que todavía no ha tomado los votos; novicio.
now *adverbio* 1. En el tiempo presente; ahora; ya; ora. 2. Al momento; inmediatamente; al instante. 3. Hoy en día.
—*conjunción* Ya que; viendo que; ahora que; puesto que: *Now that we're done eating, let's get out of here.* = *Ya que hemos terminado de comer, salgamos de aquí.*

—*sustantivo* El presente; actualidad; momento presente; ahora: *Now is the time to go.* = *Ahora es el momento de ir.*

nowadays *adverbio* En estos tiempos; hoy en día; en

ă pat ā pay â care ä father ĕ pet ē be ĭ pit ī pie î fierce ŏ pot ō go ô paw, for oi oil ōŏ book ōō boot

times; in these days.

no·where |nō′hwâr′| or |nō′wâr′| —*adverb* In or to no place; not anywhere.
—*noun* A place that is not known or not important.

noz·zle |nŏz′əl| —*noun, plural* **nozzles** A metal spout at the end of a hose or pipe through which a liquid or a gas is forced out.

nu·cle·ar |nōō′klē ər| or |nyōō′klē ər| —*adjective* **1.** Of or forming a nucleus or nuclei. **2.** Of or using energy from the nuclei of atoms. **3.** Having or using bombs that explode by the energy from the nuclei of atoms.

nu·cle·i |nōō′klē ī′| or |nyōō′klē ī′| The plural of the noun **nucleus.**

nu·cle·us |nōō′klē əs| or |nyōō′klē əs| —*noun, plural* **nuclei 1.** A central or most important part around which other parts are grouped; a core. **2.** A structure in a living cell that controls the cell's important activities, such as growth, development, and reproduction. **3.** The central part of an atom. Protons and neutrons make up the nucleus.

nudge |nŭj| —*verb* **nudged, nudging** To poke or push in a gentle way.
—*noun, plural* **nudges** A gentle poke or push.

nug·get |nŭg′ĭt| —*noun, plural* **nuggets** A hard lump of matter, especially of a precious metal.

nui·sance |nōō′səns| or |nyōō′səns| —*noun, plural* **nuisances** Someone or something that annoys or is not convenient; a bother.

numb |nŭm| —*adjective* **number, numbest** Having no ability to feel or move in a normal way.
—*verb* **numbed, numbing** To lose or cause to lose the ability to feel or move in a normal way; to deaden.

num·ber |nŭm′bər| —*noun, plural* **numbers 1.** A unit of counting. **2.** A numeral. **3.** One of a series in order. **4.** A numeral or series of numerals assigned to a person or thing. **5.** An amount or quantity that is the sum of the units; a total. **6.** Quantity; amount. **7. numbers** Arithmetic. **8. a.** In grammar, the indication of whether a word refers to one (singular) or more than one (plural). **b.** The form that shows this. For example, "train" and "mouse" are singular in number, while "trains" and "mice" are plural.
—*verb* **numbered, numbering 1.** To count. **2.** To add up to. **3.** To give a number or numbers to. **4.** To include in a certain group. **5.** To limit in number.

num·ber·less |nŭm′bər lĭs| —*adjective* Too many to count.

nu·mer·al |nōō′mər əl| or |nyōō′mər əl| —*noun, plural* **numerals** A symbol or group of symbols that represents a number.

nu·mer·a·tor |nōō′mə rā′tər| or |nyōō′mə rā′tər| —*noun, plural* **numerators** The number above or to the left of the line in a fraction.

nu·mer·i·cal |nōō mĕr′ĭ kəl| or |nyōō mĕr′ĭ kəl| —*adjective* Of a number or series of numbers.

nu·mer·ous |nōō′mər əs| or |nyōō′mər əs| —*adjective* Large in number; many.

nun |nŭn| —*noun, plural* **nuns** A woman who has devoted herself to a religious life and has become a member of a church order.

nurse |nûrs| —*noun, plural* **nurses 1.** Someone trained to take care of people who are sick or not able to move about. Nurses usually carry out the instructions of doctors. **2.** A woman who is hired to take care of someone else's child or children.
—*verb* **nursed, nursing 1.** To take care of sick people; do the work of a nurse. **2.** To try to cure or treat. **3.** To feed an infant or young animal at the breast or a milk gland.

nurs·er·y |nûr′sə rē| or |nûrs′rē| —*noun, plural* **nurseries 1.** A room for babies or young children.

estos días.

nowhere *adverbio* En o a ningún lugar; en ninguna parte.
—*sustantivo* Lugar que no es conocido ni importante.

nozzle *sustantivo* Canuto de metal al final de una manguera o tubo, por el cual se impulsa un líquido o gas; boquilla.

nuclear *adjetivo* Nuclear: **1.** Relativo a o que forma un núcleo o núcleos. **2.** De o que usa energía de los núcleos de los átomos. **3.** Teniendo o usando bombas que explotan por la energía de los núcleos de los átomos.

nuclei Plural del sustantivo **nucleus.**

nucleus *sustantivo* Núcleo: **1.** Parte central o más importante alrededor de la cual se agrupan otras partes. **2.** Estructura en una célula viviente que controla las actividades importantes de la célula, como el crecimiento, el desarrollo y la reproducción. **3.** Parte central de un átomo, formada de protones y neutrones.

nudge *verbo* Empujar ligeramente con un golpecito leve.
—*sustantivo* Empujón ligero; codazo ligero.

nugget *sustantivo* Terrón de materia dura, especialmente el de un metal precioso; pepita.

nuisance *sustantivo* Alguien o algo que molesta o que no es conveniente; lata; estorbo; incomodidad.

numb *adjetivo* Que no tiene la habilidad de sentir o moverse de una manera normal; entumecido; entorpecido; aterido.
—*verbo* Perder o hacer perder la habilidad de sentir o moverse de una manera normal; entumecer; entorpecer; adormecer.

number *sustantivo* Número: **1.** La unidad para contar. **2.** Cifra; guarismo. **3.** Uno de una serie, en un orden; ejemplar. **4.** Cifra o serie numérica asignada a una persona o cosa. **5.** Monto o cantidad que es la suma de las unidades; total. **6.** Cantidad; monto; suma total. **7. numbers** Aritmética. **8. a.** En la gramática, la indicación que clarifica si una palabra se refiere a uno (singular) o más de uno (plural). **b.** Forma que indica lo dicho anteriormente. Por ejemplo, "train" y "mouse" están en el singular, mientras que "trains" y "mice" están en el plural.
—*verbo* **1.** Contar; numerar. **2.** Sumar, computar. **3.** Dar número o números; enumerar. **4.** Incluir en un cierto grupo. **5.** Limitar en número.

numberless *adjetivo* Demasiados para contar; innumerable; sinnúmero; incontable; un sinfín.

numeral *sustantivo* Símbolo o grupo de símbolos que representan un número; número; cifra; guarismo.

numerator *sustantivo* El número arriba o a la izquierda de la línea divisoria en una fracción; numerador.

numerical *adjetivo* De un número o serie de números; numérico.

numerous *adjetivo* Grande en número; numeroso; muchos; abundante.

nun *sustantivo* La mujer que se ha dedicado a la vida religiosa y que es miembro de una orden eclesiástica; monja; religiosa.

nurse *sustantivo* **1.** Alguien entrenado para cuidar a personas que están enfermas o que no pueden moverse, y que usualmente lleva a cabo las instrucciones de los doctores; enfermero. **2.** Mujer que se emplea para cuidar a los niños de otra persona; ama; nodriza; niñera.
—*verbo* **1.** Cuidar de personas enfermas; asistir a enfermos; hacer el trabajo de enfermero. **2.** Intentar curar o tratar. **3.** Alimentar a un infante con el pecho o un animal de cría con su teta; amamantar; lactar; criar.

nursery *sustantivo* **1.** Cuarto para bebés o niños. **2.** Lugar donde se crían plantas, frecuentemente para

2. A place where young plants are raised, often to be sold.

nut |nŭt| —*noun, plural* **nuts 1.** A seed or dry fruit with a hard outer shell and usually one kernel inside the shell. The kernels of many kinds of nuts are good to eat. **2.** A small metal, wood, or plastic block having a hole with spiral grooves called threads in the center. A nut screws onto a bolt, screw, or threaded rod and holds it in place. **3.** A person who is silly or crazy.

nut·crack·er |nŭt′krăk′ər| —*noun, plural* **nutcrack-ers 1.** A tool for cracking nuts. **2.** A gray and white bird with a sharp bill.

nut·meg |nŭt′mĕg′| —*noun* The hard seed of a tropical tree. The seed is shaped like an egg and has a pleasant smell. Nutmeg is used as a spice when ground or grated.

nu·tri·ent |nōō′trē ənt| or |nyōō′trē ənt| —*noun, plural* **nutrients** Something that nourishes.

nu·tri·tion |nōō trĭsh′ən| or |nyōō trĭsh′ən| —*noun* **1.** The use of food that nourishes. **2.** The processes by which a living thing takes in and uses food.

nu·tri·tious |nōō trĭsh′əs| or |nyōō trĭsh′əs| —*adjective* Capable of helping growth and development; nourishing.

ny·lon |nī′lŏn′| —*noun, plural* **nylons** A strong, elastic synthetic material that can be produced in the form of cloth, thread, yarn, bristles, or plastic. Nylon is used for making such things as clothing, parachutes, rugs, brushes, and rope.

nymph |nĭmf| —*noun, plural* **nymphs 1.** A graceful female spirit that is thought to live in woods and water. **2.** A young insect that has not yet developed into its adult state.

venderse; vivero; criadero; semillero; plantío.

nut *sustantivo* **1.** Semilla o fruta seca, con cáscara dura afuera y generalmente una pepa dentro de la cáscara, muchas de las cuales son buenas para comer; nuez; avellana; almendra; etc. **2.** Pieza pequeña de metal, madera o plástico que tiene un agujero con ranuras llamadas rosca en el centro, y que se atornilla a un perno, tornillo o varilla roscada para afirmarla en un lugar; tuerca; hembra de tornillo. **3.** Persona loca o tonta; excéntrico; chiflado.

nutcracker *sustantivo* Herramienta para quebrar nueces; cascanueces.

nutmeg *sustantivo* Semilla dura de un árbol tropical, que tiene forma de huevo y olor agradable. Cuando se muele o ralla se usa como especia; nuez moscada.

nutrient *sustantivo* Algo que nutre; alimento nutritivo.

nutrition *sustantivo* **1.** El uso de comidas que nutren; nutrición. **2.** Procesos por las cuales una cosa viviente toma y usa la comida; alimentación.

nutritious *adjetivo* Capaz de ayudar al crecimiento y desarrollo; nutricio; nutritivo; alimenticio.

nylon *sustantivo* Material sintético, fuerte, que se puede producir en forma de tela, hebras de lana, hilo, cerdas o plástico y que se usa para hacer cosas como ropa, paracaídas, alfombras, cepillos y soga; nilón.

nymph *sustantivo* **1.** Espíritu agraciado de hembra que se cree vive en el bosque y el agua; ninfa. **2.** Insecto joven que aún no ha pasado a su estado adulto;

O

o or **O** |ō| —*noun, plural* **o's** or **O's** The fifteenth letter of the English alphabet.

oak |ōk| —*noun, plural* **oaks 1.** Any of several trees that bear acorns. The leaves of oaks often have uneven notches along the edges. **2.** The hard, strong wood of an oak tree.

oar |ôr| or |ōr| —*noun, plural* **oars 1.** A long, thin pole with a flat blade at one end. Oars are used to row or steer boats. **2.** Someone who rows a boat.

o·a·ses |ō ā′sēz′| The plural of the noun **oasis.**

o·a·sis |ō ā′sĭs| —*noun, plural* **oases** An area in a desert where there is water. Usually there are also trees and plants at an oasis.

oats |ōts| —*plural noun* The seeds of a grain plant. Oats are used as food for human beings and horses.

oath |ōth| —*noun, plural* **oaths** |ōthz| or |ōthz| **1.** A promise to tell the truth or act in a particular way, with God or some sacred object as witness. **2.** A word or phrase that shows lack of respect for something sacred or that offends people's idea of what is decent or proper; a curse.

o·be·di·ence |ō bē′dē əns| —*noun* The practice of obeying rules, laws, or requests.

o·be·di·ent |ō bē′dē ənt| —*adjective* Doing what is asked, ordered, or required; willing to obey.

o·bey |ō bā′| —*verb* **obeyed, obeying 1.** To carry out or follow a law, order, or request. **2.** To do what is commanded.

o o **O** *sustantivo* Decimoquinta letra del alfabeto inglés.

oak *sustantivo* Roble: **1.** Uno de varios árboles que producen bellotas. **2.** La madera dura y resistente del roble.

oar *sustantivo* **1.** Vara larga y delgada que termina en forma de pala plana; remo. **2.** Persona que rema en una embarcación; remero.

oases Plural del sustantivo **oasis.**

oasis *sustantivo* Zona de un desierto en la que hay agua y, generalmente, también plantas y árboles; oasis.

oats *sustantivo* Semillas de una planta gramínea, alimenticia tanto para los seres humanos como para los caballos; avena.

oath *sustantivo* **1.** Promesa solemne de decir la verdad o de obrar de una manera determinada, poniendo como testigo a Dios o a algún objeto sagrado; juramento. **2.** Palabra o frase que indica falta de respeto por algo sagrado, o que se opone a la creencia de la gente sobre lo que es decente o apropiado; imprecación; blasfemia; maldición.

obedience *sustantivo* Práctica de acatar normas, leyes o solicitudes; obediencia.

obedient *adjetivo* Que hace lo que se le pide, ordena o solicita; dispuesto a obedecer; obediente.

obey *verbo* Obedecer: **1.** Acatar una ley, cumplir una orden o acceder a una solicitud. **2.** Hacer lo que se ordena; cumplir.

---

ob·ject |ŏb′jĭkt| or |ŏb′jĕkt′| —*noun, plural* **objects**
1. Something that has shape and can be seen or felt; a thing. **2.** Someone or something toward which attention is directed; target. **3.** A purpose; goal. **4.** In grammar, a word that receives the action of a verb or follows a preposition.
—*verb* |əb jĕkt′| **objected, objecting 1.** To express an opposite opinion or argument. **2.** To say in protest.

ob·jec·tion |əb jĕk′shən| —*noun, plural* **objections**
1. A feeling of being against; an opposing view or argument. **2.** A reason or cause for being against.

ob·jec·tive |əb jĕk′tĭv| —*adjective* Not influenced by one's own feelings or prejudices; fair; impartial.
—*noun, plural* **objectives** Something that one tries to achieve or reach; goal; purpose.

ob·li·gate |ŏb′lĭ gāt′| —*verb* **obligated, obligating** To bind by a sense of duty or law.

ob·li·ga·tion |ŏb′lĭ gā′shən| —*noun, plural* **obligations 1.** A duty that one feels bound to by law or by a sense of what is right or proper. **2.** Something owed in money or behavior.

o·blige |ə blīj′| —*verb* **obliged, obliging 1.** To force to act in a certain way. **2.** To make grateful or thankful. **3.** To satisfy the wishes of; do a favor for.

ob·long |ŏb′lông′| or |ŏb′lŏng′| —*adjective* Greater in length than in width.

o·boe |ō′bō| —*noun, plural* **oboes** A musical instrument of the woodwind family. An oboe has a high, smooth, piercing sound.

ob·scure |əb skyŏŏr′| —*adjective* **obscurer, obscurest 1.** Difficult to understand. **2.** Not well known; not noticed by many. **3.** Not easy to figure out; not distinct.
—*verb* **obscured, obscuring** To hide from view; make difficult to see or understand; conceal.

ob·ser·va·tion |ŏb′zûr vā′shən| —*noun, plural* **observations 1.** The act of watching or noticing. **2.** The ability to pay attention and notice. **3.** The fact of being noticed. **4.** Something that has been seen and noticed. **5.** A comment or remark.

ob·ser·va·to·ry |əb zûr′və tôr′ē| or |əb zûr′və tōr′ē| —*noun, plural* **observatories** A place with telescopes and other instruments for studying the stars and planets, the weather, or other natural occurrences.

ob·serve |əb zûrv′| —*verb* **observed, observing 1.** To watch in a close and careful way; see and pay attention to; notice. **2.** To make a remark; to comment. **3.** To abide by a law, duty, or custom. **4.** To keep or celebrate a holiday, religious festival, or other special day.

ob·so·lete |ŏb′sə lēt′| or |ŏb′sə lēt′| —*adjective* No longer used; out of date.

ob·sta·cle |ŏb′stə kəl| —*noun, plural* **obstacles** Something that blocks the way.

ob·struct |əb strŭkt′| —*verb* **obstructed, obstructing 1.** To block with obstacles; cause difficulty for something to pass through. **2.** To get in the way of.

ob·tain |əb tān′| —*verb* **obtained, obtaining** To get by means of planning or effort; acquire; gain.

ob·vi·ous |ŏb′vē əs| —*adjective* Easy to notice or understand; very clear.

oc·ca·sion |ə kā′zhən| —*noun, plural* **occasions 1.** The time when something takes place. **2.** An important event. **3.** A chance; opportunity.

oc·ca·sion·al |ə kā′zhə nəl| —*adjective* Happening from time to time; occurring now and then.

oc·ca·sion·al·ly |ə kā′zhə nə lē| —*adverb* From time to time; not in a steady or regular way..

Oc·ci·dent |ŏk′sĭ dənt| —*noun* **1. occident** The

object *sustantivo* **1.** Algo que tiene forma y puede ser visto o tocado; cosa; objeto. **2.** Alguien o algo hacia donde se dirige la atención; blanco (de miradas). **3.** Propósito que se persigue con una acción; finalidad o fin; meta; objeto u objetivo. **4.** En gramática, la palabra o frase que recibe la acción del verbo o que sigue a una preposición; complemento.
—*verbo* Objetar: **1.** Expresar una opinión o razón contrarias; disputar. **2.** Expresar una objeción o protesta; protestar.

objection *sustantivo* Objeción: **1.** Sentimiento de estar en contra; punto de vista o razones al contrario. **2.** Razón o motivo para estar en contra; reparo.

objective *adjetivo* Que no está influenciado por los sentimientos o prejuicios propios; justo; imparcial; desapasionado; objetivo.
—*sustantivo* Algo que uno se propone lograr o alcanzar; fin; meta; propósito; objetivo.

obligate *verbo* Comprometer mediante el sentido del deber o del respeto a la ley; compeler; obligar.

obligation *sustantivo* Obligación: **1.** Deber al que uno se siente ligado por la ley o por un sentido de lo que es correcto o apropiado. **2.** Aquello que uno debe en dinero o que se compromete a hacer; deuda; compromiso.

oblige *verbo* **1.** Forzar a alguien a obrar de determinada manera; obligar. **2.** Ganarse la gratitud o el agradecimiento de alguien. **3.** Satisfacer los deseos de alguien o hacerle un favor; complacer; servir.

oblong *adjetivo* Más largo que ancho; oblongo.

oboe *sustantivo* Instrumento musical de la familia de las maderas de viento; oboe.

obscure *adjetivo* **1.** Difícil de entender; oscuro. **2.** Desconocido; sin fama o renombre; ignorado por muchos. **3.** Difícil de descifrar o comprender; oscuro; confuso; impreciso.
—*verbo* Esconder de la vista de la gente; dificultar que se vea o entienda; ocultar; disimular; oscurecer.

observation *sustantivo* **1.** Acción de mirar, notar u observar. **2.** Facilidad o aptitud para prestar atención y observar detalles. **3.** El hecho de recibir atención u observación. **4.** Algo que ha sido visto y observado; observación. **5.** Comentario o apunte que se hace o añade a una expresión oral o escrita.

observatory *sustantivo* Lugar en el que hay telescopios y otros instrumentos para estudiar las estrellas y los planetas, el tiempo u otros fenómenos naturales; observatorio.

observe *verbo* Observar: **1.** Mirar de cerca y de manera cuidadosa; ver y ponerle atención a alguien o algo; notar. **2.** Hacer un comentario; comentar. **3.** Cumplir con una ley, un deber o una costumbre. **4.** Guardar o celebrar una día festivo, una conmemoración religiosa u otro día especial.

obsolete *adjetivo* Que ya no se usa; pasado de moda; obsoleto.

obstacle *sustantivo* Algo que bloquea u obstruye el camino; obstáculo.

obstruct *verbo* Obstruir: **1.** Bloquear con obstáculos; causar dificultades para que algo pase a lo largo; estorbar. **2.** Interponerse en el camino.

obtain *verbo* Conseguir algo mediante planificación o esfuerzo; lograr; ganar; obtener.

obvious *adjetivo* Fácil de notar o de entender; muy claro; evidente; obvio.

occasion *sustantivo* Ocasión: **1.** Tiempo en que algo tiene lugar. **2.** Suceso importante; evento. **3.** Oportunidad; coyuntura.

occasional *adjetivo* Que sucede de tiempo en tiempo, y no en forma constante o periódica; irregular.

occasionally *adverbio* De tiempo en tiempo; de manera inconstante o irregular; ocasionalmente.

Occident *sustantivo* Occidente: **1.** El oeste; tierras

west; western lands. **2.** The countries of Europe, Africa, and the Americas.

Oc·ci·den·tal |ŏk′sĭ děn′tl| —*adjective* **1. occidental** Western. **2.** Of the Occident or any of its people. —*noun, plural* **Occidentals 1.** A person born in the Occident. **2.** A person whose ancestors are from the Occident.

oc·cu·pant |ŏk′yə pənt| —*noun, plural* **occupants** Someone or something that is in a place or position.

oc·cu·pa·tion |ŏk′yə pā′shən| —*noun, plural* **occupations 1.** The work a person does to earn a living; job or profession. **2.** An activity one does to keep busy. **3.** The act of taking possession of and holding or using.

oc·cu·py |ŏk′yə pī′| —*verb* **occupied, occupying, occupies 1.** To live in; inhabit. **2.** To fill; take up. **3.** To keep busy. **4.** To take possession of and control by force. **5.** To have, hold, or control.

oc·cur |ə kûr′| —*verb* **occurred, occurring 1.** To take place; happen. **2.** To be found; appear or live; exist.
    Phrasal verb **occur to** To come to the mind of; suggest itself to.

oc·cur·rence |ə kûr′əns| —*noun, plural* **occurrences 1.** The act of taking place or appearing. **2.** Something that takes place; an event.

o·cean |ō′shən| —*noun, plural* **oceans 1.** The great mass of salt water that covers almost three quarters of the earth's surface. **2.** Any of the four main divisions of this mass of salt water; the Atlantic, Pacific, Indian, or Arctic Ocean.

o'clock |ə klŏk′| —*adverb* Of or according to the clock.

oc·tave |ŏk′tĭv| or |ŏk′tāv′| —*noun, plural* **octaves 1.** The musical interval between a musical tone and the next tone of the same name just above or below it. **2.** Either of two tones are separated by this interval. **3.** A series of tones are included in this interval.

Oc·to·ber |ŏk tō′bər| —*noun, plural* **Octobers** The tenth month of the year.

oc·to·pus |ŏk′tə pəs| —*noun, plural* **octopuses** A sea animal that has a soft body with eight parts that look like arms.

odd |ŏd| —*adjective* **odder, oddest 1.** Not ordinary or usual; strange; peculiar. **2.** Leaving a remainder of 1 when divided by two; not even. **3.** Forming one of a pair with the other one missing. **4.** Remaining after others are placed into groups or sets; extra; left over. **5.** Available or happening now and then; occasional.

odds |ŏdz| —*plural noun* **1.** The likely chance that a particular thing will happen; probability. **2.** A number that tells how likely it is that something will happen. **3.** Advantage in a game or contest.

o·dor |ō′dər| —*noun, plural* **odors** A smell; scent.

of |ŭv| or |ŏv| —*preposition* **1.** Made with or from. **2.** Containing or carrying. **3.** Belonging or connected to. **4.** From. **5.** Named or called. **6.** About; concerning. **7.** By. **8.** Having; with. **9.** Coming from. **10.** Before; until. **11.** Because of. **12.** So as to be freed or relieved from. **13.** Set aside for.

off |ôf| or |ŏf| —*adverb* **1.** Away from the present place or time. **2.** So as to be no longer on or connected. **3.** Away from work or duty. **4.** So as to be smaller, fewer, or less.
    —*adjective* **1.** More distant or removed. **2.** Not on. **3.** Not in use or operation. **4.** Canceled. **5.** Less or smaller. **6.** Below the usual standard. **7.** In error; wrong. **8.** Away from work or duty.
    —*preposition* **1.** So as to be removed or away from.

situadas al oeste. **2.** Los países de Europa, África y las Américas.

Occidental *adjetivo* Relativo al Occidente o a cualquiera de sus habitantes; occidental.
    —*sustantivo* Occidental: **1.** Persona nacida en el Occidente. **2.** Persona cuyos antepasados proceden del Occidente; occidental.

occupant *sustantivo* Alguien o algo que ocupa un lugar o una posición; ocupante.

occupation *sustantivo* Ocupación: **1.** Trabajo que realiza una persona para ganarse la vida; empleo o profesión. **2.** Actividad realizada para mantenerse ocupado. **3.** Acción de tomar o ejercer posesión sobre algo.

occupy *verbo* Ocupar; ocuparse: **1.** Vivir en; habitar. **2.** Llenar un espacio o lugar. **3.** Mantenerse ocupado. **4.** Tomar posesión o adquirir control de algo por la fuerza. **5.** Tener, poseer o controlar.

occur *verbo* **1.** Tener lugar; suceder; ocurrir. **2.** Encontrarse; aparecer; existir.
    Verbo en locución **occur to:** Venirle una idea a la mente de una persona; ocurrírsele algo a alguien.

occurrence *sustantivo* **1.** Acción de suceder o aparecer; suceso. **2.** Algo que tiene lugar; evento; acontecimiento.

ocean *sustantivo* Océano: **1.** Gran masa de agua salada que cubre casi las tres cuartas partes de la superficie de la Tierra. **2.** Cualquiera de las cuatro subdivisiones de esta masa de agua salada, o sea, el Océano Atlántico, el Pacífico, el Índico o el Ártico.

o'clock *adverbio* Hora en punto: *It is now ten o'clock.* = Ahora son las diez en punto.

octave *sustantivo* Octava: **1.** Intervalo entre una nota musical y la siguiente del mismo nombre, pero superior o inferior. **2.** Dos notas cualesquiera separadas por dicho intervalo. **3.** Todas las notas incluidas en dicho intervalo.

October *sustantivo* Octubre.

octopus *sustantivo* Animal marino de cuerpo blando con ocho extremidades llamadas tentáculos; pulpo.

odd *adjetivo* **1.** Poco común o desusado; extraño; peculiar; raro. **2.** Que deja un residuo de 1 al dividirse por dos; impar. **3.** Que forma uno de un par cuando el otro elemento está ausente; sin pareja; solo. **4.** Que queda o sobra después de que los demás han sido organizados en grupos o conjuntos; extra; sobrante. **5.** Que sólo sucede o se realiza de vez en cuando; ocasional.

odds *sustantivo* Probabilidades: **1.** La mayor a menor posibilidad de que ocurra algo en particular. **2.** Número que indica las probabilidades de que algo suceda; cotización o proporción de las apuestas hechas: *The odds are 2 to 1 that John will win over Sam.* = Las probabilidades son de 2 a 1 de que John le ganará a Sam.

odor *sustantivo* Sensación que las emanaciones de ciertos cuerpos o sustancias producen en el olfato; olor.

of *preposición* De: **1.** Hecho de. **2.** Que contiene o lleva. **3.** Que corresponde o está unido a algo. **4.** Procedente de un lugar. **5.** Llamado o conocido como. **6.** Acerca; sobre. **7.** Escrito o compuesto por alguien. **8.** Que tiene o posee algo; con. **9.** Que proviene de un lugar. **10.** Antes de; para o menos (una hora determinada). **11.** Por o a causa de algo. **12.** Que se libra o alivia de algo. **13.** Destinado a un fin.

off *adverbio* **1.** Alejado del lugar o tiempo en que uno se encuentra; más allá de aquí; dentro. **2.** De manera que algo ya no esté encendido o conectado. **3.** Libre de trabajo u obligación. **4.** Se usa para indicar que algo es más chico, menor en número o más bajo.
    —*adjetivo* **1.** Más distante o alejado. **2.** Que no está puesto o colocado; sin poner; sacado; apagado. **3.** Que no está en uso o en operación; cerrado; apagado; desconectado. **4.** Cancelado; suspendido. **5.** Menor o más

2. Away or relieved from. **3.** With the aid or use of. **4.** Extending from. **5.** Not consuming; not using. **6.** Less than or below the usual level or standard of.

of·fend |ə fĕnd´| —*verb* **offended, offending** To cause bad feelings, pain, annoyance, or anger.

of·fense |ə fĕns´| —*noun, plural* **offenses 1.** Anything that causes bad feelings, anger, or annoyance. **2.** An act that breaks a law or rule; a crime or sin. **3.** |ŏ´fĕns´| or |ŏf´ĕns´| The person or team who is leading an attack against the other side.

of·fen·sive |ə fĕn´sĭv| —*adjective* **1.** Unpleasant to the senses. **2.** Causing bad feelings, anger, or annoyance. **3.** |ŏ´fĕn´sĭv| or |ŏf´ĕn´sĭv| Of attack; making an attack.
—*noun, plural* **offensives 1.** An attack. **2.** An attitude of attack.

of·fer |ŏ´fər| or |ŏf´ər| —*verb* **offered, offering 1.** To put forward to be accepted or refused. **2.** To suggest; propose. **3.** To show a wish to do; attempt.
—*noun, plural* **offers 1.** Something put forward to be accepted or refused; suggestion or proposal. **2.** Something suggested as a price.

of·fice |ŏ´fĭs| or |ŏf´ĭs| —*noun, plural* **offices 1.** A building or part of a building for people who do professional work or keep business records. **2.** All the people who work in such a place. **3.** A position of trust or responsibility.

of·fi·cer |ŏ´fĭ sər| or |ŏf´ĭ sər| —*noun, plural* **officers 1.** A person who has a position of trust or responsibility. **2.** A person who is in a position to command others, as in military service or on a ship. **3.** A member of a police force.

of·fi·cial |ə fĭsh´əl| —*noun, plural* **officials** A person who is in a position of command or authority.
—*adjective* **1.** Of or connected with a position of trust or command. **2.** Coming from the proper authority.

off·set |ŏf´sĕt´| or |ŏf´sĕt´| —*verb* **offset, offsetting** To balance against something else; make up for.

off·shoot |ŏf´shoŏt´| or |ŏf´shoŏt´| —*noun, plural* **offshoots 1.** A shoot that branches out from the main stem of a plant. **2.** Something that branches out or comes from a main source.

off·shore |ŏf´shôr´| or |ŏf´shōr´| or |ŏf´shôr´| or |ŏf´shōr´| —*adjective* **1.** Away from the shore. **2.** Moving away from the shore.
—*adverb* **1.** In a direction away from shore. **2.** At a distance from shore.

off·spring |ŏf´sprĭng´| or |ŏf´sprĭng´| —*noun, plural* **offspring** One or more young living things produced by people, animals, or plants.

of·ten |ŏ´fən| or |ŏf´ən| or |ŏf´tən| or |ŏf´tən| —*adverb* Many times; again and again; in a repeated way.

oil |oil| —*noun, plural* **oils 1.** A thick, slippery, greasy liquid, or a fat that easily becomes liquid. Oils may be mineral, vegetable, or animal. **2.** Petroleum or any mineral oil that comes from petroleum. **3.** A paint made by mixing coloring materials in an oil, especially in linseed oil. **4.** A painting done in such paints.
—*verb* **oiled, oiling** To cover with, polish, or put oil in or on.

oil·y |oi´lē| —*adjective* **oilier, oiliest 1.** Of or like oil. **2.** Covered with or containing much oil.

pequeño; que se ha reducido o disminuido. **6.** Por debajo del nivel usual; inferior a lo acostumbrado. **7.** Equivocado; incorrecto. **8.** Libre de la obligación del trabajo u otra responsabilidad; libre.
—*preposición* **1.** Se usa para indicar que algo se quita, ha sido quitado o no está más en el lugar en que estaba. **2.** Que está libre o que ha sido relevado de su obligación. **3.** Con la ayuda o el uso de algo; de. **4.** Que se extiende desde un lugar; que arranca de un lugar. **5.** Que no consume; que no usa; que ha dejado. **6.** Menos que o por debajo del nivel o la norma.

offend *verbo* Provocar una sensación de desagrado, dolor, irritación o enfado; ofender.

offense *sustantivo* **1.** Cualquier cosa que provoca una sensación de desagrado, enfado o irritación; agravio; insulto; ofensa. **2.** Acto que infringe una ley, regla u otra norma; delito o pecado; infracción. **3.** Persona o grupo de personas que dirige un ataque contra el adversario, generalmente en ciertos deportes; línea de ofensiva o ataque.

offensive *adjetivo* Ofensivo: **1.** Desagradable a los sentidos; molesto; repelente. **2.** Que provoca una sensación de desagrado, enfado o molestia; insultante. **3.** De ataque; que ataca; agresivo.
—*sustantivo* Ofensiva: **1.** Ataque. **2.** Actitud de ataque: *to take the offensive = tomar la ofensiva.*

offer *verbo* Ofrecer: **1.** Presentar o proponer para que se acepte o rechace. **2.** Sugerir; proponer. **3.** Mostrar deseos de hacer algo; intentar.
—*sustantivo* Oferta: **1.** Lo que se ofrece. **2.** Lo que se ofrece como precio.

office *sustantivo* **1.** Edificio o parte del mismo destinado a personas que realizan trabajo profesional o administran un negocio; oficina; despacho. **2.** Conjunto de personas que trabajan en dicho lugar; personal de oficina. **3.** Posición de confianza y responsabilidad; puesto; cargo.

officer *sustantivo* **1.** Persona que ejerce un cargo de cierta confianza o responsabilidad; funcionario. **2.** Persona que está en posición de mandar a otras, como en las fuerzas armadas, o en un buque mercante; oficial. **3.** Miembro de la fuerza policíaca; agente de la policía.

official *sustantivo* Persona que está en posición de mando o autoridad; funcionario.
—*adjetivo* Oficial: **1.** Relativo a alguna posición de confianza o autoridad. **2.** Que proviene de la autoridad competente.

offset *verbo* Equilibrar una cosa con otra; balancear; compensar; contrapesar.

offshoot *sustantivo* **1.** Rama tierna que se desprende del tallo de una planta; vástago; retoño. **2.** Algo que se desprende o proviene de una fuente principal; ramal; producto.

offshore *adjetivo* **1.** En el agua y alejado de la costa u orilla. **2.** Que se aleja de la costa u orilla hacia el agua.
—*adverbio* **1.** En el agua y en dirección contraria a la costa u orilla. **2.** Que anda o se mueve en el agua a distancia de la costa u orilla.

offspring *sustantivo* Uno o más seres vivos de corta edad descendientes de personas, animales o plantas; hijo; vástago; prole; cría; retoño.

often *adverbio* Muchas veces; una y otra vez; de manera repetida; a menudo; frecuentemente.

oil *sustantivo* **1.** Líquido espeso, resbaloso y grasiento, o grasa que fácilmente se vuelve líquida; aceite. **2.** Petróleo o cualquier aceite mineral derivado del mismo. **3.** Colores para pintar que se preparan mezclando las sustancias colorantes con aceite, generalmente de linaza; óleo. **4.** Pintura o cuadro hechos con dichos colores; óleo.
—*verbo* Cubrir, pulir o lubricar con aceite; aceitar.

oily *adjetivo* Aceitoso: **1.** Relativo al aceite o parecido al mismo. **2.** Cubierto de aceite o que contiene gran cantidad de éste; grasiento; grasoso.

ər butter   yoō abuse   ou **out**   ŭ **cut**   û **fur**   *th* **the**   th **thin**   hw **which**   zh **vision**   ə **ago, item, pencil, atom, circus**

oint·ment |oint′mənt| —*noun, plural* **ointments** A thick substance made to be rubbed on to heal or soothe the skin.

ok·ra |ō′krə| —*noun* The narrow, sticky seed pods of a tall plant. Okra is usually used in soups or stews.

old |ōld| —*adjective* **older** or **elder, oldest** or **eldest 1.** Having lived or existed for many years; not young. **2.** Of a certain age. **3.** Worn and showing signs of age and use; not new. **4.** Belonging to an earlier time; of the past. **5.** Well known and liked; familiar; dear. **6.** Skilled through long experience. **7.** Former. —*noun* **1.** Times of the past; former days. **2. the old** Old people.

old-fash·ioned |ōld′făsh′ənd| —*adjective* **1.** Of the style of an earlier time and no longer in fashion; out-of-date. **2.** Preferring the ways, customs, or ideas of an earlier time.

ol·ive |ŏl′ĭv| —*noun, plural* **olives 1.** The small, oval greenish or blackish fruit of a tree that grows in warm regions. Olives are often eaten as relish. **2.** A tree that bears olives. **3.** A dull yellowish green. —*adjective* Dull yellowish green.

olive oil A yellowish oil pressed from olives.

om·e·let |ŏm′ə lĭt| or |ŏm′lĭt| —*noun, plural* **omelets** A dish of eggs that have been beaten, sometimes with milk and seasonings, and then cooked quickly in a pan.

o·men |ō′mən| —*noun, plural* **omens** Something thought to be a sign of good or bad luck to come.

om·i·nous |ŏm′ə nəs| —*adjective* Seeming to be a sign of trouble, danger, disaster, or bad fortune; threatening.

o·mit |ō mĭt′| —*verb* **omitted, omitting** To leave out; not include.

on |ŏn| or |ôn| —*preposition* **1.** Supported by and touching; upon. **2.** Located upon. **3.** Near; along. **4.** Against. **5.** For the purpose of. **6.** Covering. **7.** Concerning; about. **8.** In the course of; during. **9.** Taking part in; as a member of. **10.** With the help or use of. **11.** Supported or justified by. **12.** In the possession of. **13.** At the expense of. **14.** Not behind or ahead of. —*adverb* **1.** In or into a position of covering or being attached to something. **2.** In the direction of something. **3.** Forward; ahead. **4.** In or into action or operation. **5.** In or at the present place or position. —*adjective* **1.** Attached to or covering something. **2.** In use or operation. **3.** In progress or taking place.

once |wŭns| —*adverb* **1.** One time only. **2.** At some time in the past; formerly. **3.** At some time in the future; some day. —*noun* One single time. —*conjunction* As soon as; if ever; when.

one |wŭn| —*noun, plural* **ones 1.** A number, written

ointment *sustantivo* Sustancia viscosa preparada para dar fricciones con el fin de curar o suavizar la piel; ungüento.

okra *sustantivo* Vaina delgada y pegajosa de una planta de bastante altura que frecuentemente se usa para hacer sopas o guisados; quingombó o quimbombó.

old *adjetivo* **1.** Que ha vivido o existido muchos años, viejo; antiguo. **2.** Palabra que sigue al número de horas, días, meses, etc., durante los cuales ha vivido o existido una persona, animal o cosa, y que, usada de este modo, significa "de edad", "de nacido" o "de existencia": *That girl is ten years old.* = *Esa niña tiene diez años de edad.* **3.** Usado y con señales de desgaste o deterioro; desgastado. **4.** Que pertenece a tiempos anteriores; del pasado. **5.** Bien conocido y querido; familiar; dilecto: *an old friend* = *un viejo amigo.* **6.** Ya diestro por su larga experiencia. **7.** Que fue y ya no es; antiguo; anterior. —*sustantivo* **1.** Tiempos pasados o días ya idos: *in days of old* = *en tiempos pasados.* **2. the old:** los viejos; las personas de edad.

old-fashioned *adjetivo* Anticuado: **1.** Al estilo de los tiempos pasados y ya pasado de moda. **2.** Que prefiere las maneras, costumbres e ideas del pasado; chapado a la antigua.

olive *sustantivo* **1.** Fruto pequeño y ovalado, de color verdoso o negruzco, que produce el olivo; aceituna. **2.** Árbol de regiones cálidas que produce las aceitunas; olivo. **3.** Verde opaco y amarillento; verde olivo. —*adjetivo* De color verde opaco y amarillento; de color verde olivo.

olive oil Aceite amarillento que se extrae de las aceitunas; aceite de oliva.

omelet *sustantivo* Plato de huevos batidos, a veces con leche y condimentos, y después cocidos brevemente en una sartén; tortilla.

omen *sustantivo* Algo que se considera como señal de buena o mala suerte por venir; agüero; augurio.

ominous *adjetivo* Que parece anunciar dificultades, peligros, algún desastre o mala suerte; amenazador; ominoso.

omit *verbo* Dejar fuera; excluir; omitir.

on *preposición* **1.** Apoyado en algo o en contacto con ello; sobre; en. **2.** Situado en un lugar; en. **3.** Cerca de algo; a lo largo de un lugar. **4.** Contra. **5.** Con un objetivo; con un plan; por: *He travels a great deal on business.* = *Él viaja mucho por negocios.* **6.** Cubriendo algo; en. **7.** Referente a algo; sobre algo; de: *a book on history* = *un libro de historia.* **8.** En un tiempo determinado; durante. **9.** Que toma parte en algo; que es un miembro; que pertenece a algo. **10.** Con la ayuda o el uso de. **11.** Basado o justificado por una razón: *On principle, we should forget their mistakes.* = *Por principio, debemos olvidar sus faltas.* **12.** En posesión de algo; con. **13.** A expensas de algo o alguien: *Lunch is on me today.* = *Hoy el almuerzo lo pago yo.* **14.** Ni atrasado ni adelantado; a; en: *He will arrive on time.* = *Él llegará a la hora justa.* —*adverbio* **1.** En posición de cubrir o de estar en contacto con algo: *She put her coat on.* = *Ella se puso el abrigo.* **2.** En dirección a algo; hacia. **3.** Hacia adelante; el próximo. **4.** En acción u operación. **5.** En el lugar o posición actual o presente; aquí; acá. —*adjetivo* **1.** Que está unido a algo o que lo cubre. **2.** En uso u operación. **3.** Que está ya en marcha o pasando; comenzado.

once *adverbio* **1.** Sólo una vez: *once a day* = *una vez al día.* **2.** En algún tiempo o momento pasado; en otro tiempo; hace tiempo. **3.** Al menos una vez, en el futuro; algún día. —*sustantivo* Sólo esta vez; tan sólo esta vez. —*conjunción* Tan pronto; si alguna vez; cuando.

one *sustantivo* Uno: **1.** El número 1. **2.** Una sola per-

---

ă pat ā pay â care ä father ĕ pet ē be ĭ pit ī pie î fierce ŏ pot ō go ô paw, for oi oil ŏŏ book ōō boot

1. **2.** A single person or thing.
—*pronoun* **1.** A particular person or thing. **2.** Any person; a person.
—*adjective* **1.** Being a single person or thing. **2.** Some.

one·self |wŭn sĕlf′| —*pronoun* The pronoun **one·self** is a special form of the third person singular pronoun **one.** It is used: **1.** As the direct object of a verb. **2.** As the indirect object of a verb. **3.** As the object of a preposition.

one-way |wŭn′wā′| —*adjective* Moving or allowing movement, travel, or use in one direction only.

on·ion |ŭn′yən| —*noun, plural* **onions** The rounded bulb of a plant widely grown as a vegetable. Onions have a strong smell.

on·ly |ōn′lē| —*adjective* **1.** One and no more; by itself; sole. **2.** The best and most suitable.
—*adverb* **1.** Without anyone or anything else. **2.** Just; merely.
—*conjunction* But.

on·set |ŏn′sĕt′| or |ôn′sĕt′| —*noun, plural* **onsets** A beginning or start.

on·to |ŏn′tōō′| or |ŏn′tōō′| or |ŏn′tə| or |ôn′tə| —*preposition* To a position on or upon.

on·ward |ŏn′wərd| or |ôn′wərd| —*adverb* In a direction or toward a position that is ahead in space or time; forward. Another form of this adverb is **onwards.**
—*adjective* Moving to or toward a position that is ahead in space or time.

on·wards |ŏn′wərdz| or |ôn′wərdz| —*adverb* A form of the word **onward.**

ooze |ōōz| —*verb* **oozed, oozing** **1.** To flow slowly out or through; seep, drip, or leak slowly. **2.** To give out little by little through a small opening or openings.

o·paque |ō pāk′| —*adjective* **1.** Not capable of letting light through. **2.** Not reflecting light; not shiny; dull.

o·pen |ō′pən| —*adjective* **1.a.** Providing entrance and exit. **b.** Not shut, fastened, closed, or sealed. **2.** Allowing free passage or view; not enclosed. **3.** Having no cover or protection; exposed. **4.** Not filled or engaged. **5.** Ready for business. **6.** Frank; honest. **7.** Not prejudiced; able to take in new ideas. **8.** Not secret or hidden.
—*verb* **opened, opening** **1.** To make or become no longer shut, fastened, sealed, or closed. **2.** To spread out or apart. **3.** To begin. **4.** To start business. **5.** To allow free passage or view.
—*noun* **the open** An area of land or water that is not covered or hidden.

sona o cosa; el único.
—*pronombre* Uno: **1.** Una persona o cosa en particular. **2.** Cualquier persona; uno mismo; una persona.
—*adjetivo* **1.** Que es una sola persona o cosa; un. **2.** algún.

oneself *pronombre* El pronombre **oneself** es una forma especial del pronombre personal de tercera persona **one;** uno mismo; sí mismo: Se usa: **1.** Como complemento directo de un verbo: *It is very easy to fool oneself when it comes to dieting.* = *Es muy fácil engañarse a sí mismo cuando se trata de seguir una dieta.* **2.** Como complemento indirecto de un verbo: *One must buy oneself whatever is needed for the trip.* = *Uno debe comprar uno mismo lo que sea necesario para el viaje.* **3.** Como complemento de una preposición: *One soon finds out that there are many people different from oneself.* = *Uno pronto descubre que hay mucha gente distinta a uno mismo.*

one-way *adjetivo* Que se mueve o permite el movimiento, tránsito o uso en una sola dirección; de una sola vía: *a one—way street* = *calle de una sola vía.*

onion *sustantivo* Bulbo redondo de una planta ampliamente cultivada como vegetal, el cual tiene un olor fuerte; cebolla.

only *adjetivo* Solo; único: **1.** Uno no más; solamente: *only child* = *hijo único.* **2.** El mejor y más adecuado: *the only way to do it* = *el único modo de hacerlo.*
—*adverbio* Sólo: **1.** Sin nadie o nada más. **2.** Solamente; meramente.
—*conjunción* Pero: *Go ahead and quit school, only don't come complaining when you can't get a job.* = *Adelante, deja la escuela, pero no vengas a quejarte cuando no consigas empleo.*

onset *sustantivo* El principio o comienzo de algo, como una enfermedad o una tormenta.

onto *preposición* En algo; dentro de algo o sobre ello; en: *onto the train* = *en el tren.*

onward *adverbio* En dirección o con rumbo a una posición más adelantada en el espacio o en el tiempo; hacia adelante. En inglés otra forma de este adverbio es **onwards.**
—*adjetivo* Que se mueve hacia una posición más adelantada en el espacio o en el tiempo; adelante: *The hunters continued their onward march.* = *Los cazadores continuaron su marcha (hacia) adelante.*

onwards *adverbio* Otra forma de la palabra **onward.**

ooze *verbo* **1.** Fluir lentamente hacia afuera o a través de algo; manar lentamente; colar; gotear, rezumar o filtrarse. **2.** Salir o salirse poco a poco a través de una o más pequeñas aberturas.

opaque *adjetivo* Opaco: **1.** Que impide el paso de la luz. **2.** Que no refleja la luz; sin brillo; mate.

open *adjetivo* **1.a.** Que permite entrada y salida; abierto. **b.** Que no está cerrado, amarrado, sujeto o asegurado; abierto. **2.** Que permite entrar, salir o ver con claridad; no encerrado; abierto. **3.** Que no está cubierto o protegido; expuesto; descubierto; visible; destapado. **4.** Que no ha sido tomado o que está vacante: *The job is still open.* = *El puesto todavía está vacante.* **5.** Que está preparado para hacer negocios; abierto. **6.** Franco; honesto; sincero: *She is a warm, open, friendly person.* = *Ella es una persona cálida, sincera y amistosa.* **7.** Que no tiene prejuicios; capaz de aceptar nuevas ideas; receptivo; abierto. **8.** Que no es un secreto o que no se disimula; público; manifiesto; evidente.
—*verbo* **1.** Hacer que algo no esté más cerrado, amarrado, sujeto o asegurado; abrir. **2.** Desplegar o abrir. **3.** Comenzar; abrir: *Read the sentence that opens the chapter.* = *Lee la oración con la que comienza el capítulo.* **4.** Comenzar a hacer negocios; dar comienzo a tal actividad; abrir. **5.** Permitir el paso o la visión; dar.
—*sustantivo* Lugar, en tierra o agua, que no está cubierto a la vista o escondido; un claro.

ər butter   yōō abuse   ou out   ŭ cut   û fur   *th* the   th thin   hw which   zh vision   ə ago, item, pencil, atom, circus

o·pen·er |ō′pə nər| —*noun, plural* **openers 1.** Something that is used to open closed or sealed containers. **2.** The first in a series.

o·pen·ing |ō′pə nĭng| —*noun, plural* **openings 1.** The act of becoming open or being made to open. **2.** An open space or clearing. **3.** The first period or stage of something. **4.** The first time of something. **5.** A job that is not filled.

op·er·a |ŏp′ər ə| or |ŏp′rə| —*noun, plural* **operas** A musical play that has most of its words sung to music, and an orchestra to accompany the singing.

op·er·ate |ŏp′ə rāt′| —*verb* **operated, operating 1.** To work. **2.** To control the running of something. **3.** To perform surgery.

op·er·a·tion |ŏp′ə rā′shən| —*noun, plural* **operations 1.** The act or process of operating. **2.** The condition of being able to operate or function. **3.** A process of treatment for diseases and disorders of the living body by using surgery.

op·er·a·tor |ŏp′ə rā′tər| —*noun, plural* **operators** Someone who operates a machine or device.

op·er·et·ta |ŏp′ə rĕt′ə| —*noun, plural* **operettas** A short, funny opera that has some spoken parts.

o·pin·ion |ō pĭn′yən| —*noun, plural* **opinions 1.** A belief that is not supported by actual knowledge or proof. **2.** A judgment based on special knowledge and given by an expert. **3.** A judgment or estimate of the value of a person or thing.

o·pi·um |ō′pē əm| —*noun* A bitter, powerful drug prepared from a poppy plant.

op·po·nent |ə pō′nənt| —*noun, plural* **opponents** A person who is against another person in a fight or contest.

op·por·tu·ni·ty |ŏp′ər tōō′nĭ tē| or |ŏp′ər tyōō′nĭ tē| —*noun, plural* **opportunities** Time or situation that is good for a purpose; a good chance.

op·pose |ə pōz′| —*verb* **opposed, opposing 1.** To be against. **2.** To place in contrast; set against.

op·po·site |ŏp′ə zĭt| or |ŏp′ə sĭt| —*adjective* **1.** Placed or located directly across from something else or from each other. **2.** Moving away from each other. **3.** Completely different. —*noun, plural* **opposites** Someone or something that is completely different from another.

op·po·si·tion |ŏp′ə zĭsh′ən| —*noun, plural* **oppositions 1.** The act or condition of opposing or being against; resistance. **2.** Something that is an opposing obstacle. **3.** A political party that is opposed to the party of the government in power.

op·press |ə prĕs′| —*verb* **oppressed, oppressing 1.** To control or rule with a heavy hand; treat in a harsh and unjust way. **2.** To weigh heavily upon the mind; trouble; depress.

op·ti·cal |ŏp′tĭ kəl| —*adjective* **1.** Of or having to do with sight. **2.** Made to assist sight; helping to see.

op·ti·mis·tic |ŏp′tə mĭs′tĭk| —*adjective* Tending to take an encouraging or cheerful view of a situation; seeing the bright side of things.

op·tion·al |ŏp′shə nəl| —*adjective* Not required; left to choice.

or |ôr| or |ər| —*conjunction* **1.** The conjunction **or** is used to show: **a.** The second of two, and only two, alternatives, the first being preceded by *either* or *whether.* **b.** Any number of alternatives. **2.** In other words; namely. **3.** And maybe; and possibly. **4.** Otherwise.

opener *sustantivo* **1.** Artefacto que se usa para abrir envases cerrados o sellados; abridor; destapador. **2.** El primero de una serie; el que inaugura: *the opener of the baseball season* = *el (juego) inaugural de la temporada de béisbol.*

opening *sustantivo* Apertura: **1.** Acción de abrir o abrirse. **2.** Espacio abierto o libre; claro (de un bosque o selva). **3.** Primera parte o etapa de algo. **4.** Primera vez que ocurre o se presenta algo; estreno. **5.** Puesto que aún no está ocupado; vacante.

opera *sustantivo* Dramatización musical en la que la mayor parte del diálogo se canta, y que incluye una orquesta que acompaña a los cantantes; ópera.

operate *verbo* **1.** Trabajar; funcionar. **2.** Controlar el funcionamiento de algo; manejar. **3.** Hacer cirugía; operar.

operation *sustantivo* **1.** Acción o proceso de operar o manejar; manejo. **2.** Condición de ser capaz de operar o hacer funcionar. **3.** Tratamiento de una enfermedad o trastorno de un organismo vivo por medio de la cirugía; operación.

operator *sustantivo* El que opera o maneja una máquina o aparato; operario.

operetta *sustantivo* Ópera breve y cómica que tiene algunas partes habladas; opereta.

opinion *sustantivo* Opinión: **1.** Creencia que no está basada en conocimientos o pruebas reales; criterio. **2.** Juicio que emite un perito o experto basándose en sus conocimientos especializados; dictamen o informe pericial. **3.** Juicio o criterio acerca del valor de una cosa o de las cualidades de una persona; concepto.

opium *sustantivo* Droga potente y amarga que se extrae de la planta de la amapola; opio.

opponent *sustantivo* Persona que actúa contra otra en una lucha, competencia o concurso; rival; opositor; adversario.

opportunity *sustantivo* Momento o situación favorable para un propósito determinado; buena coyuntura; ocasión; oportunidad.

oppose *verbo* **1.** Estar en contra; oponer; oponerse. **2.** Poner frente a frente; contrastar o hacer contrastar; enfrentar; enfrentarse a; contraponer.

opposite *adjetivo* Opuesto: **1.** Situado o colocado directamente frente a algo; uno frente al otro. **2.** Que se aleja cada uno del otro; que van en direcciones contrarias. **3.** Completamente distinto; todo lo contrario. —*sustantivo* Alguien o algo completamente distinto o lo contrario de otro; lo contrario; opuesto.

opposition *sustantivo* Oposición: **1.** Acción o condición de openerse o de estar en contra; resistencia. **2.** Algo que constituye un obstáculo; impedimento. **3.** Partido político que se opone al partido de gobierno; la oposición.

oppress *verbo* Oprimir: **1.** Controlar o gobernar con mano dura; tratar áspera e injustamente. **2.** Pesar mucho sobre el ánimo; preocupar; deprimir; agobiar.

optical *adjetivo* Óptico: **1.** Relativo a la vista. **2.** Objeto hecho para facilitar la vista; que ayuda a ver, como los anteojos, telescopios y microscopios.

optimistic *adjetivo* Que se inclina a ver una situación de modo alentador, animoso o jovial; que ve el aspecto favorable de las cosas; optimista.

optional *adjetivo* Que no es obligatorio; que se deja a la elección de uno; opcional.

or *conjunción* O a veces u: **1.** La conjunción **or** se usa para indicar: **a.** El segundo de dos, y sólo dos, alternativas, la primera de las cuales va precedida por **either** o **whether:** *I want either vanilla or strawberry.* = *Quiero vainilla o fresa.* **b.** Cualquier cantidad de alternativas. **2.** En otras palabras; es decir. **3.** Y tal vez; y posiblemente: *I have called his office three or four times already.* = *Ya he llamado a su oficina tres o cuatro veces.* **4.** O si no; de lo contrario.

ă pat ā pay â care ä father ĕ pet ē be ĭ pit ī pie î fierce ŏ pot ō go ô paw, for oi oil ŏŏ book ōō boot

or·a·cle |ôr′ə kəl| or |ŏr′ə kəl| —*noun, plural* **ora·cles** In ancient Greece, a shrine for the worship of a god who told the future.

o·ral |ôr′əl| or |ōr′əl| —*adjective* **1.** Spoken; not written. **2.** Used in or taken through the mouth.

or·ange |ôr′ĭnj| or |ŏr′ĭnj| —*noun, plural* **oranges** **1.** A round fruit with a reddish-yellow rind and juicy pulp. Orange trees grow in warm regions. They have evergreen leaves and fragrant white flowers. **2.** The reddish-yellow color of an orange.
—*adjective* Of the color of an orange; reddish yellow.

or·bit |ôr′bĭt| —*noun, plural* **orbits** **1.** The path in which a heavenly body moves around another. The earth and the planets in our solar system move around the sun. **2.** The path a man-made satellite or space-craft takes around the earth.
—*verb* **orbited, orbiting** **1.** To put into orbit. **2.** To move in an orbit around.

or·chard |ôr′chərd| —*noun, plural* **orchards** A piece of land where fruit trees are grown.

or·ches·tra |ôr′kĭ strə| —*noun, plural* **orchestras** **1.** A group of musicians who play together on various instruments. **2.** The instruments played by such a group of musicians. **3.** The main floor of a theater.

or·chid |ôr′kĭd| —*noun, plural* **orchids** Any of many related plants with flowers that have unusual shapes. The flowers are often large and brightly colored.

or·dain |ôr dān′| —*verb* **ordained, ordaining** **1.** To decide or establish by law. **2.** To install as a minister, priest, or rabbi by means of a formal ceremony.

or·deal |ôr dēl′| —*noun, plural* **ordeals** A very diffi-cult or painful experience or test.

or·der |ôr′dər| —*noun, plural* **orders** **1.** An arrange-ment of things in which everything is in its correct place. **2.** The arrangement or placing of things one after another. **3.** A condition in which rules, laws, or customs are obeyed. **4.** A command. **5.** Something re-quested, bought, sold, or supplied. **6.** A portion of food in a restaurant. **7.** A group of people who belong to the same organization or live under the same rules.
—*verb* **ordered, ordering** **1.** To give an order to; com-mand. **2.** To ask for; place a request for. **3.** To arrange things one after another.
Idioms **In order to** For the purpose of; so that. **out of order** Not working properly.

or·der·ly |ôr′dər lē| —*adjective* **1.** Arranged in neat order. **2.** Without making trouble or noise.

or·di·nal number |ôr′dn əl| A number that shows position in a series.

or·di·nar·i·ly |ôr′dn âr′ə lē| or |ôr′dn ĕr′ə lē| —*ad-verb* As a general rule; usually.

or·di·nar·y |ôr′dn ĕr′ē| —*adjective* **1.** Usual; normal. **2.** Of no special quality; average.

ore |ôr| or |ōr| —*noun, plural* **ores** A mineral or rock that contains a valuable substance such as iron.

or·gan |ôr′gən| —*noun, plural* **organs** **1.** A musical instrument that has pipes of different sizes, through which air is blown to produce different tones. An organ has one or more keyboards that regulate the mecha-nism that controls the flow of air to the pipes. **2.** A part of a living thing that is used to do a particular job. The eyes, stomach, liver, and lungs are just a few of the organs in the human body.

or·gan·ic |ôr găn′ĭk| —*adjective* **1.** Of or coming from living things. **2.** Grown by using decaying plant and animal matter instead of artificial fertilizers.

or·gan·ism |ôr′gə nĭz′əm| —*noun, plural* **organisms** Any living thing; a plant or animal.

or·gan·i·za·tion |ôr′gə nĭ zā′shən| —*noun, plural* **or-ganizations** **1.** The act of organizing. **2.** The way of

oracle *sustantivo* En la Grecia antigua, templete en el que se rendía culto a un dios que predecía el futuro; oráculo.

oral *adjetivo* Oral: **1.** Hablado; no escrito. **2.** Que se usa en la boca o se toma por ella.

orange *sustantivo* Naranja: **1.** Fruta cítrica redonda de corteza amarillo-rojiza y pulpa jugosa. **2.** El color amarillo rojizo de dicha fruta.
—*adjetivo* Del color de la naranja; amarillo rojizo; anaranjado.

orbit *sustantivo* Órbita: **1.** Trayectoria de un astro que gira alrededor de otro. La Tierra y los planetas de nuestro sistema solar giran alrededor del Sol. **2.** Trayectoria alrededor de la tierra de un satélite ar-tificial o de una nave espacial.
—*verbo* **1.** Poner en órbita. **2.** Girar en órbita alrede-dor de.

orchard *sustantivo* Parcela de tierra donde se cultivan árboles frutales; huerto.

orchestra *sustantivo* **1.** Grupo de músicos que tocan juntos varios instrumentos; orquesta. **2.** Los instru-mentos que tocan dichos músicos. **3.** Piso o nivel prin-cipal de un teatro; platea.

orchid *sustantivo* Cualquier planta de una familia numerosa que se caracteriza por tener flores de formas raras, generalmente grandes y de colores brillantes; orquídea.

ordain *verbo* **1.** Decir o establecer mediante una ley; decretar; disponer. **2.** Investir como ministro religioso, sacerdote o rabino por medio de ceremonia formal.

ordeal *sustantivo* Experiencia o prueba muy difícil o dolorosa; odisea.

order *sustantivo* Orden: **1.** Arreglo de cosas mediante el cual todo está en el lugar correcto. **2.** Arreglo o colo-cación de las cosas una después de la otra. **3.** Situación o estado en que se obedecen las reglas, leyes o costum-bres. **4.** Mandato. **5.** Algo que se pide, compra, vende o suministra; pedido. **6.** Alimento o comida que se pide en un restaurante; ración. **7.** Grupo de personas que pertenecen a la misma organización o viven con arreglo a las mismas leyes; orden religiosa o de tipo similar.
—*verbo* Ordenar: **1.** Dar una orden; mandar. **2.** Solici-tar; hacer un pedido; pedir. **3.** Colocar las cosas unas tras otras; poner en orden; arreglar.
Modismos **In order to** Con el fin de; para. **out of order** Que no funciona bien; descompuesto; roto.

orderly *adjetivo* Ordenado: **1.** Colocado o arreglado en orden; bien arreglado. **2.** Sin causar problemas ni ha-cer ruido; tranquilo; pacífico.

ordinal number Número que indica la posición rela-tiva de algo en una serie; número ordinal.

ordinarily *adverbio* Por regla general; usualmente; ge-neralmente; de ordinario.

ordinary *adjetivo* Ordinario: **1.** Usual; normal. **2.** De calidad no especial; promedio; corriente.

ore *sustantivo* Mineral o piedra que contiene alguna sustancia de valor, como el hierro; mena.

organ *sustantivo* Órgano: **1.** Instrumento musical pro-visto de un teclado y de tubos de diversos tamaños, por los cuales se hace pasar aire para producir diferentes tonos. **2.** Parte de un organismo viviente que desem-peña una función determinada, como los ojos, el estó-mago, el hígado y los pulmones.

organic *adjetivo* Orgánico: **1.** Relativo a los seres vi-vientes o procedente de ellos. **2.** Que se cultiva utili-zando materia vegetal o animal en descomposición en vez de fertilizantes o abonos artificiales.

organism *sustantivo* Cualquier cosa viviente, ya sea vegetal o animal; organismo.

organization *sustantivo* Organización: **1.** Acción de organizar. **2.** Forma o manera de estar organizado o de

---

ər butter yōō abuse ou out ŭ cut û fur *th* the th thin hw which zh vision ə ago, item, pencil, atom, circus

being organized. **3.** A group of people joined together for a common purpose.

or·gan·ize |ôr′gə nīz′| —*verb* **organized, organizing**
1. To put together or arrange in an orderly way. **2.** To form a group in order to work together for a common purpose. **3.** To cause employees to form or join a labor union.

O·ri·ent |ôr′ē ənt| or |ôr′ē ĕnt′| or |ōr′ē ənt| or |ōr′ē ĕnt′| —*noun* **1. orient** The east; eastern lands. **2.** The countries of Asia. China and Japan are part of the Orient.

O·ri·en·tal |ôr′ē ĕn′tl| or |ōr′ē ĕn′tl| —*adjective* **1. oriental** Eastern. **2.** Of the Orient or any of its peoples.
—*noun, plural* **Orientals 1.** A person born in the Orient. **2.** A person whose ancestors are from the Orient.

or·i·gin |ôr′ə jĭn| or |ŏr′ə jĭn| —*noun, plural* **origins**
1. The cause or beginning of something. **2.** Line of descent; parents.

o·rig·i·nal |ə rĭj′ə nəl| —*adjective* **1.** Existing from the beginning; first. **2.** Newly created; not copied.
—*noun, plural* **originals** The first from which varieties and copies were later made.

o·rig·i·nal·ly |ə rĭj′ə nə lē| —*adverb* **1.** At first; in the beginning. **2.** By origin.

o·rig·i·nate |ə rĭj′ə nāt′| —*verb* **originated, originating** To bring or come into being.

or·na·ment |ôr′nə mənt| —*noun, plural* **ornaments**
Decorations that make something more attractive.
—*verb* **ornamented, ornamenting** To supply with ornaments.

or·nate |ôr nāt′| —*adjective* Made with much decoration; fancy; elaborate.

or·phan |ôr′fən| —*noun, plural* **orphans** A child whose parents are dead.

or·phan·age |ôr′fə nĭj| —*noun, plural* **orphanages**
A home for the care of orphans.

or·tho·dox |ôr′thə dŏks′| —*adjective* **1.** Something generally accepted by most people; conventional. **2.** Sticking to officially approved religious beliefs.

os·trich |ŏs′trĭch| or |ô′strĭch| —*noun, plural* **ostriches** A very large African bird with long legs and a long neck. The ostrich cannot fly, but it can run very fast.

oth·er |ŭth′ər| —*adjective* **1. a.** Being the remaining one of two or more. **b.** Being the remaining ones of several. **2.** Different. **3.** Just recent or past. **4.** Additional; extra. **5.** Opposite. **6.** Reverse. **7.** Alternate; second.
—*pronoun* A different or additional person or thing.
—*adverb* Otherwise.
—*noun, plural* **others 1. a.** The remaining one of two or more. **b.** The remaining ones of several. **2.** A different person or thing. **3.** An additional person or thing.

oth·er·wise |ŭth′ər wīz′| —*adverb* **1.** In another way; differently. **2.** Under other circumstances. **3.** In other ways.
—*adjective* Other than supposed; different.
—*conjunction* Else.

organizarse. **3.** Grupo de personas que se han unido con un fin común.

organize *verbo* organizar u organizarse: **1.** Reunir o disponer de manera ordenada. **2.** Formar un grupo con el objeto de trabajar juntos por un fin común. **3.** Hacer que los empleados formen o se unan en un sindicato.

Orient *sustantivo* **1. orient** El este; las tierras orientales. **2.** Los países del Asia; El Oriente. China y el Japón son parte del Oriente.

Oriental *adjetivo* Oriental: **1. oriental. 2.** Relativo al Oriente o a cualquiera de sus pueblos.
—*sustantivo* **1.** Persona nacida en el Oriente. **2.** Persona cuyos antepasados proceden del Oriente.

origin *sustantivo* Origen: **1.** Causa o comienzo de algo. **2.** Línea de descendencia; progenitores; padres o ascendientes.

original *adjetivo* Original: **1.** Existiendo desde el principio; primero. **2.** De reciente creación; no copiado.
—*sustantivo* El primero, del cual más tarde se sacaron o hicieron variedades y copias; el original.

originally *adverbio* Originalmente: **1.** Al principio; inicialmente; en el comienzo. **2.** De origen o nacionalidad.

originate *verbo* Crear o crearse; producir o producirse; originar u originarse.

ornament *sustantivo* Decoraciones o adornos que hacen que algo luzca más bello; ornamento; adorno.
—*verbo* Suministrar o poner ornamentos; adornar; ornamentar; decorar.

ornate *adjetivo* Hecho con muchos adornos; lujoso; recargado de adornos.

orphan *sustantivo* Niño cuyos padres han muerto; huérfano.

orphanage *sustantivo* Hogar para el cuidado de huérfanos; orfanato; orfelinato.

orthodox *adjetivo* Ortodoxo: **1.** Algo generalmente aceptado por la mayoría; convencional. **2.** Que se ajusta a creencias religiosas oficialmente aprobadas.

ostrich *sustantivo* Ave africana de gran tamaño y patas y cuello largos que no puede volar, pero que corre muy rápidamente; avestruz.

other *adjetivo* **1. a.** El que queda de dos o más; el otro. **b.** Los que quedan de varios; otros. **2.** Diferente; otro: *Call me some other time.* = *Llámame en otra ocasión.* **3.** En el pasado muy reciente: *The other day . . .* = *El otro día . . .* **4.** Adicional; más; otros. **5.** El opuesto; el otro: *the other side* = *el otro lado.* **6.** Reverso; el otro. **7.** Alterno; cada cierto número de; uno sí y otro no: *We work every other day.* = *Trabajamos un día sí y otro no.*
—*pronombre* Persona o cosa distinta o adicional; alguno que otro: *The reporters were interviewing some movie star or other.* = *Los reporteros estaban entrevistando a alguna que otra estrella de cine.*
—*adverbio* De otro modo; a no ser por; más que: *She found out that she would never succeed other than by work.* = *Ella se dio cuenta de que nunca trunfaría más que por medio del trabajo.*
—*sustantivo* **1. a.** El que queda de dos o más; el otro. **b.** Los que quedan de varios; los otros. **2.** Persona o cosa diferente; otro. **3.** Persona o cosa adicional; otro.

otherwise *adverbio* **1.** De otro modo, manera o forma: *He could not have done otherwise.* = *El no habría podido actuar de otra manera.* **2.** En otras circunstancias; de no ser por: *Explanations clear up things that, otherwise, you might not understand.* = *Las explicaciones aclaran cosas que, de no ser por ellas, tal vez no comprenderías.*
—*adjetivo* Distinto a lo que se supone; diferente; otro: *The truth of the matter was otherwise.* = *La verdad era otra.*

ă pat   ā pay   â care   ä father   ĕ pet   ē be   ĭ pit   ī pie   î fierce   ŏ pot   ō go   ô paw, for   oi oil   oŏ book   oō boot

—*conjunción* De no ser así; de lo contrario: *She asked me not to tell, otherwise I would tell you.* = *Ella me pidió que no lo divulgara; de lo contrario, yo te lo diría.*

ought |ôt|—*auxiliary, verb* As a helping verb **ought** is used to show: **1.** What is a duty or obligation. **2.** What is almost certain or expected. **3.** What is almost an obligation; what is needed. **4.** What is wise.

ought Como verbo auxiliar, **ought** se usa para indicar: **1.** Algún deber u obligación: *You ought to be polite.* = *Deberías ser cortés.* **2.** Algo casi seguro o que se espera; probabilidad: *Dinner ought to be ready.* = *La cena debe de estar lista.* **3.** Algo que es casi una obligación; lo que conviene o se necesita. **4.** Lo inteligente, aconsejable o sensato.

ounce |ouns|—*noun, plural* **ounces** A unit of weight equal to ¹⁄₁₆ of a pound. In the metric system, an ounce equals 28.350 grams.

ounce *sustantivo* Unidad de peso igual a 1/16 de libra, y a 28.350 gramos en el sistema métrico; onza.

our |our|—*pronoun* The pronoun **our** is a possessive form of **we**. It means: **1.** Of or belonging to us. **2.** Done or performed by us.

our *pronombre* El pronombre **our** es la forma posesiva de **we**. Significa: Nuestro o nuestros: **1.** De nosotros, o que nos pertenece. **2.** Hecho o realizado por nosotros. *Nota:* En inglés, el pronombre **our** se usa como adjetivo.

ours |ourz|—*pronoun* The pronoun **ours** is a possessive form of **we**. It is used to show that something or someone belongs to us.

ours *pronombre* El pronombre **ours** es la forma posesiva que corresponde a **we**. Se usa para indicar que algo o alguien nos pertenece; nuestro o nuestros; el nuestro o los nuestros: *This book is ours.* = *Este libro es nuestro.*

our·selves |our sĕlvz′| or |är sĕlvz′|—*pronoun* The pronoun **ourselves** is a special form of **us**. **1.** It means: **a.** Our own selves. **b.** Our normal selves. **2.** It is used to call special attention to us.

ourselves *pronombre* El pronombre **ourselves** es una forma especial de **us**. **1.** Significa: **a.** Nosotros mismos; nos: *We hurt ourselves.* = *Nos lastimamos.* **b.** Nosotros mismos (en nuestro estado o condición habitual o normal): *We are not ourselves today.* = *Hoy no somos nosotros mismos.* **2.** También se usa para dirigir especial atención hacia nosotros; nosotros mismos: *We ourselves are going to the party.* = *Nosotros mismos vamos a la fiesta.*

out |out|—*adverb* **1.** Away from the inside. **2.** Away from the middle. **3.** Away from a usual place. **4.** To or at an end. **5.** Into being or view. **6.** Without shyness; boldly; plainly. **7.** Away from current fashion. **8.** So as to lose the right to continue batting or to run bases. —*adjective* **1.** Not available; not a choice. **2.** In baseball, no longer at bat or on base. —*preposition* Through; toward the outside. —*noun, plural* **outs** **1.** A way to escape from something. **2.** Any play in which a batter or base runner is retired in baseball.

out *adverbio* **1.** Que sale del interior de un lugar; que se dirige hacia afuera. **2.** Que se aleja del centro de algo; que se despliega; que se separa de un centro: *The group spread out in the museum.* = *El grupo se esparció en el museo.* **3.** Que está fuera de su lugar habitual. **4.** Que se acaba o que llega a su fin: *Time ran out.* = *El tiempo llegó a su fin.* **5.** Que aparece o que sale a la vista: *The moon came out in the sky.* = *La luna apareció en el cielo.* **6.** Sin timidez; audazmente; francamente: *Speak out.* = *Habla francamente.* **7.** Que no es parte de la moda actual; pasado de moda. **8.** En béisbol, algo que causa la pérdida del derecho a batear o correr las bases. —*adjetivo* **1.** No disponible; fuera de cuestión; descartado: *Going to the movies is out because we have no money.* = *Ir al cine está descartado porque no tenemos dinero.* **2.** En béisbol, ser eliminado como bateador o corredor. —*preposición* A través de algo; por; hacia la parte de afuera. —*sustantivo* **1.** Vía de escape; salida. **2.** Cualquier jugada en el béisbol en la que el bateador o el corredor queda fuera.

out·break |out′kŭm|—*noun, plural* **outbreaks** A sudden breaking out.

outbreak *sustantivo* Aparición repentina de varios casos de una misma enfermedad u otra calamidad; brote; estallido: *an outbreak of flu* = *un brote de influenza.*

out·burst |out′bûrst′|—*noun, plural* **outbursts** A bursting forth of activity or emotion.

outburst *sustantivo* Explosión de actividad o emoción; arranque; ataque; estallido: *an outburst of laughter* = *un ataque de risa.*

out·come |out′kŭm′|—*noun, plural* **outcomes** A final result; end.

outcome *sustantivo* Resultado final; final; desenlace: *the outcome of an election* = *el resultado de una elección.*

out·cry |out′krī′|—*noun, plural* **outcries** **1.** A loud cry or scream. **2.** A strong protest.

outcry *sustantivo* Clamor: **1.** Grito fuerte; alarido. **2.** Protesta enérgica: *a loud public outcry* = *una enérgica protesta del público.*

out·door |out′dôr′| or |out′dōr′|—*adjective* Placed, used, or done in the outdoors.

outdoor *adjetivo* Que se halla, se usa o se hace afuera; en el exterior; al aire libre; de calle: *outdoor clothing* = *ropa de calle.*

out·doors |out dôrz′| or |out dōrz′|—*adverb* In or into the open air; outside a house or building. —*noun* (Used with a singular verb.) Any area outside a house or building in the open air.

outdoors *adverbio* Al aire libre o hacia el mismo; fuera de una casa o edificio; a la intemperie; afuera; hacia el exterior: *He eats outdoors.* = *Él come al aire libre.* —*sustantivo* Cualquier área que se halla fuera de una casa o edificio; el aire libre; el campo raso.

out·er |out′ər| —*adjective* On the outside; farther out.

outer space The space beyond the earth's atmosphere.

out·field |out′fēld′| —*noun, plural* **outfields** **1.** The grassy playing area of a baseball field outside the baseball diamond. The outfield is divided into right field, center field, and left field. **2.** The members of the baseball team that play in the outfield.

out·fit |out′fĭt′| —*noun, plural* **outfits** **1.** A set of equipment needed for doing something. **2.** A set of clothes. **3.** A group of people who work together. —*verb* **outfitted, outfitting** To give the necessary equipment or clothing.

out·go·ing |out′gō′ĭng| —*adjective* **1.** Leaving; departing. **2.** Friendly; sociable.

out·ing |ou′tĭng| —*noun, plural* **outings** A trip or walk outdoors for pleasure.

out·law |out′lô′| —*noun, plural* **outlaws** A person who breaks the law; a criminal. —*verb* **outlawed, outlawing** To make illegal.

out·let |out′lĕt′| or |out′lĭt′| —*noun, plural* **outlets** **1.** A place or way to get out; an exit. **2.** A means of releasing something. **3.** A place in the wall for plugging in anything run by electricity.

out·line |out′līn′| —*noun, plural* **outlines** **1.** A line marking the outer edge or boundary of something. **2.** A drawing that shows only the outer edge of an object. **3.** A summary or description, usually given point by point. —*verb* **outlined, outlining** To give the main points of.

out·look |out′lŏŏk′| —*noun, plural* **outlooks** **1.** A place from which something can be seen. **2.** A way of looking at or feeling about something. **3.** The way things are expected to happen; the probable situation or result.

out·ly·ing |out′lī′ĭng| —*adjective* Located at a distance from the center or the main part; far away.

out-of-date |out′ əv dāt′| —*adjective* No longer in style; old-fashioned.

out·post |out′pōst′| —*noun, plural* **outposts** **1.** A small group of soldiers placed away from the main army camp. An outpost is set up to watch for or stop a surprise attack against the main camp. **2.** The post where the soldiers are placed. **3.** A settlement on the frontier or in a distant place.

out·put |out′pŏŏt′| —*noun, plural* **outputs** **1.** The amount of something produced. **2.** The energy or work produced by something.

out·rage |out′rāj′| —*noun, plural* **outrages** **1.** A violent or wicked act. **2.** Great anger caused by such an act. —*verb* **outraged, outraging** To make very angry or insult.

out·ra·geous |out rā′jəs| —*adjective* Far from what is right or proper; shocking; terrible.

out·right |out′rīt′| —*adjective* Complete; absolute. —*adverb* |out′rīt′| or |out′rīt′| **1.** Completely; absolutely. **2.** Openly; straight to someone's face.

out·side |out sīd′| or |out′sīd′| —*noun, plural* **out-**

outer *adjetivo* En el exterior; más afuera; exterior; externo: *the outer petals of a flower* = *los pétalos exteriores de una flor.*

outer space Espacio que se halla más allá de la atmósfera terrestre; espacio exterior.

outfield *sustantivo* **1.** Zona o "jardín" del campo de béisbol que está fuera del diamante, y que está dividida en jardín derecho, jardín central y jardín izquierdo. **2.** Los jugadores de béisbol que cubren los jardines; jardineros.

outfit *sustantivo* **1.** Conjunto de útiles necesarios para hacer algo; equipo. **2.** Juego de ropa. **3.** Grupo de personas que trabajan juntas; unidad o equipo de trabajo. —*verbo* Suministrar los útiles o ropas necesarias.

outgoing *adjetivo* **1.** Que sale; saliente: *an outgoing steamer* = *un vapor que sale.* **2.** Amistoso; expresivo; sociable: *an outgoing person* = *una persona expresiva.*

outing *sustantivo* Excursión o paseo al aire libre con fines de recreo; salida; gira.

outlaw *sustantivo* Persona que infringe la ley; proscrito; malhechor; delincuente. —*verbo* Declarar algo como ilegal o fuera de la ley; proscribir; prohibir.

outlet *sustantivo* **1.** Lugar o vía de salida; salida. **2.** Medio de dar salida; escape; salida: *Music is a good outlet for her talent and energy.* = *La música es una buena salida para su talento y energía.* **3.** Lugar en la pared donde se enchufa o conecta un aparato eléctrico; enchufe; toma de corriente.

outline *sustantivo* **1.** Línea que marca el límite o borde exterior de algo; contorno. **2.** Dibujo que muestra solamente el borde exterior de una cosa; bosquejo; croquis. **3.** Resumen o descripción, generalmente punto por punto; reseña; esquema. —*verbo* Presentar los puntos principales; resumir; esquematizar.

outlook *sustantivo* **1.** Lugar desde donde se ve una cosa; mirador; punto de observación. **2.** Modo de enfocar o de parecerle a uno algo; perspectiva; concepción; enfoque: *a happy outlook on life* = *una concepción alegre de la vida.* **3.** La forma en que se espera que sucedan las cosas; situación o resultado probables; perspectivas; panorama: *the weather outlook for tomorrow* = *las perspectivas del tiempo para mañana.*

outlying *adjetivo* **1.** Situado a cierta distancia del centro o parte principal; exterior; en o de las afueras: *the outlying suburbs* = *los suburbios de las afueras.*

out-of-date *adjetivo* Pasado de moda; anticuado.

outpost *sustantivo* **1.** Pequeño grupo de soldados situados a distancia del campamento principal que se colocan para vigilar o detener posibles ataques por sorpresa. **2.** Puesto donde se sitúan dichos soldados; puesto de avanzada. **3.** Colonia o asentamiento más allá de las fronteras o en otro lugar remoto.

output *sustantivo* **1.** Cantidad producida; producción. **2.** Energía o trabajo que algo produce; rendimiento.

outrage *sustantivo* **1.** Acción malvada o de gran violencia; ultraje. **2.** Ira intensa provocada por dicho acto. —*verbo* Provocar ira intensa; insultar; vejar: *Everyone was outraged by his behavior.* = *Todos se sintieron vejados por su comportamiento.*

outrageous *adjetivo* Que está muy lejos de lo que es correcto o apropiado; escandaloso; vejaminoso; horrible; incalificable.

outright *adjetivo* Completo; absoluto; sin peros ni condiciones: *an outright lie* = *una mentira absoluta.* —*adverbio* **1.** Completamente; absolutamente; cabalmente. **2.** Abiertamente; directamente; con franqueza; sin rodeos: *Tell him the news outright.* = *Dale la noticia sin rodeos.*

outside *sustantivo* **1.** Lado o superficie exterior; el ex-

sides 1. The outer side or surface. **2.** The surface appearance; the way something appears.
—*adjective* **1.** Coming from another place. **2.** Very small; slight.
—*adverb* On or to the outside.
—*preposition* To the other side of.

out·skirts |out′skûrts′| —*plural noun* The areas away from a central part.

out·spo·ken |out spō′kən| —*adjective* Honest and bold.

out·stand·ing |out stăn′dĭng| or |out′stăn′dĭng| —*adjective* **1.** Standing out from others; better than others. **2.** Not paid or settled.

out·ward |out′wərd| —*adverb* Away from the center. Another form of this adverb is **outwards.**
—*adjective* **1.** Toward the outside. **2.** Seen on the surface.

out·wards |out′wərdz| —*adverb* A form of the word **outward.**

out·weigh |out wā′| —*verb* **outweighed, outweighing 1.** To weigh more than. **2.** To be more important than.

o·val |ō′vəl| —*adjective* Shaped like an egg or an ellipse.
—*noun, plural* **ovals** Something shaped like an egg or an ellipse.

o·va·ry |ō′və rē| —*noun, plural* **ovaries 1.** A part of a female animal in which egg cells are produced. **2.** A plant part in which seeds are formed.

ov·en |ŭv′ən| —*noun, plural* **ovens** An enclosed space used for baking, heating, or drying food.

o·ver |ō′vər| —*preposition* **1.** Above or higher than. **2.** From one side to the other side of; across. **3.** On the other side of. **4.** Across or along the surface of; upon. **5.** On top of; upon. **6.** Through the period of; during. **7.** In excess of; more than. **8.** Throughout; here and there in. **9.** On account of; because of.
—*adverb* **1.** Above. **2. a.** Across to another or an opposite side. **b.** Across the edge or brim. **3.** To a different opinion, belief, or loyalty. **4.** To a different place or person from another. **5.** To a different person or ownership. **6.** So as to be completely covered. **7.** From beginning to end; through. **8. a.** From an upright position. **b.** So that the underside will be up. **9. a.** Again. **b.** Again and again. **10.** In addition; beyond what was planned.
—*adjective* Finished; ended.

terior. **2.** Apariencia o aspecto superficial.
—*adjetivo* **1.** Procedente de otro lugar; de afuera. **2.** Muy pequeño o escaso; ligero: *There's an outside chance that help will come.* = *Existe una ligera posibilidad de que llegue ayuda.*
—*adverbio* En o hacia el exterior; afuera.
—*preposición* Al otro lado o más allá de; fuera de.

outskirts *sustantivo plural* Zonas alejadas de la parte central; las afueras; suburbios: *The outskirts of town* = *las afueras del pueblo.*

outspoken *adjetivo* Sincero y osado; que dice lo que piensa o siente; que habla sin rodeos: *an outspoken congressman* = *un congresista que dice lo que piensa.*

outstanding *adjetivo* **1.** Que sobresale o descuella; mejor que los otros; sobresaliente; destacado. **2.** Que no ha sido pagado; a pagar; pendiente: *outstanding debts* = *deudas no pagadas.*

outward *adverbio* que se aleja del centro; hacia afuera: *The door opens outwards.* = *La puerta se abre hacia afuera.* En inglés otra forma de este adverbio es **outwards.**
—*adjetivo* **1.** Que va hacia el exterior; de salida; que sale: *an outward bound train* = *un tren que sale.* **2.** Que se percibe desde afuera; aparente; superficial: *an outward look of calm* = *un aspecto aparente de calma.*

outwards *adverbio* Otra forma de la palabra **outward.**

outweigh *verbo* Pesar más: **1.** Superar en peso a otra persona o cosa. **2.** Tener mayor importancia.

oval *adjetivo* En forma de huevo o elipse; ovalado.
—*sustantivo* Cualquier cosa que tenga forma de huevo o elipse; óvalo.

ovary *sustantivo* Óvario: **1.** Órgano de la mujer y de las hembras de los animales que produce el óvulo necesario para la procreación. **2.** Parte de una planta en que se forman las semillas.

oven *sustantivo* Espacio cerrado que se usa para hornear, calentar o secar alimentos; horno.

over *preposición* **1.** Por arriba o más alto que algo o alguien; sobre; más que. **2.** De un lado a otro de algo; por sobre. **3.** Del otro lado de algo. **4.** Cubriendo o a lo largo de una superficie; sobre; por todos lados. **5.** Por arriba; sobre; encima. **6.** Durante un periodo de tiempo; durante: *The stores will be closed over the weekend.* = *Las tiendas estarán cerradas durante el fin de semana.* **7.** En exceso; más de: *I spent over fifteen dollars for the tickets.* = *Gasté más de quince dólares en los boletos.* **8.** A través; por todos lados. **9.** Debido a una causa; por: *She cried over the lost money.* = *Ella lloró por el dinero que perdió.*
—*adverbio* **1.** Por arriba; por sobre. **2. a.** Se usa para indicar movimiento hacia otro lado o un lado opuesto. **b.** Se usa para indicar que algo se desborda por sobre el borde o canto de alguna cosa: *The coffee in the pot boiled over.* = *El café se desbordó en la cafetera.* **3.** Se usa para indicar el haber logrado un cambio de opinión, creencia o lealtad en alguien. **4.** Se usa para indicar una acción que sucede en otro lugar o con otra gente: *Billy and Joel came over for dinner tonight.* = *Billy and Joel vinieron a mi casa para cenar esta noche.* **5.** Se usa para indicar una persona o título de propiedad diferente: *Before he died, he signed all his lands over to his sisters.* = *Antes de morir, cedió todas sus tierras a sus hermanas.* **6.** De forma tal de quedar completamente cubierto por algo: *The river froze over.* = *El río está completamente congelado.* **7.** Del principio al fin; totalmente; en su totalidad: *Read this over now and let's talk later.* = *Lee esto ahora y hablemos luego.* **8. a.** Se usa para indicar cambio de una posición vertical a otra: *The cat toppled the chair over.* = *El gato volteó la silla.* **b.** Dar vuelta algo de forma que la parte de abajo quede hacia arriba; boca abajo: *Flip the coin over.* = *Voltea la moneda.* **9. a.** Nuevamente; de

o·ver·alls |ō′vər ôlz′| —*plural noun* Loose-fitting trousers with a top part that covers the chest, often worn over regular clothes to protect them from dirt.

o·ver·board |ō′vər bôrd′| or |ō′vər bōrd′| —*adverb* Over the side of a boat.

o·ver·came |ō′vər kām′| The past tense of the verb **overcome.**

o·ver·cast |ō′vər kăst′| or |ō′vər kăst′| or |ō′vər kăst′| or |ō′vər kăst′| —*adjective* Covered over with clouds or mist; gloomy; dark.

o·ver·coat |ō′vər kōt′| —*noun, plural* **overcoats** A long, heavy outdoor coat worn over a suit or other clothing for warmth.

o·ver·come |ō′vər kŭm′| —*verb* **overcame, overcome, overcoming** 1. To get the better of; conquer. 2. To make weak or tired.

o·ver·did |ō′vər dĭd′| The past tense of the verb **overdo.**

o·ver·do |ō′vər dōō′| —*verb* **overdid, overdone, overdoing** 1. To do or use too much; to tire oneself with. 2. To cook too long or too much.

o·ver·done |ō′vər dŭn′| The past participle of the verb **overdo.**

o·ver·due |ō′vər dōō′| or |ō′vər dyōō′| —*adjective* 1. Not paid on time. 2. Later than usual.

o·ver·flow |ō′vər flō′| —*verb* **overflowed, overflowing** 1. To flow over the top, brim, or banks. 2. To fill until full and continue to fill and spread. —*noun* |ō′vər flō′| *plural* **overflows** Something that flows over.

o·ver·hand |ō′vər hănd′| —*adjective* With the hand moving above the shoulder. —*adverb* With the hand raised above the shoulder.

o·ver·haul |ō′vər hôl′| or |ō′vər hôl′| —*verb* **overhauled, overhauling** 1. To examine in order to repair or make changes. 2. To gain upon in a chase; overtake. —*noun* |ō′vər hôl′| *plural* **overhauls** The act of overhauling.

o·ver·head |ō′vər hĕd′| —*adverb* Above the head. —*adjective* |ō′vər hĕd′| Placed higher than the head. —*noun* |ō′vər hĕd′| *plural* **overheads** Money spent for rent, insurance, taxes, lighting, heating, and repairs by a business.

o·ver·hear |ō′vər hîr′| —*verb* **overheard, overhearing** To hear something not meant to be heard by others; hear accidentally.

o·ver·joyed |ō′vər joid′| —*adjective* Very happy or delighted.

o·ver·lap |ō′vər lăp′| —*verb* **overlapped, overlapping** 1. To rest over and cover part of another thing. 2. To occur partly at the same time.

o·ver·look |ō′vər lōōk′| —*verb* **overlooked, over-**

nuevo: *Alice had to do her homework over.* = *Alice tuvo que hacer sus deberes de nuevo.* **b.** Una y otra vez; muchas veces seguidas: *He played the same tune ten times over.* = *Él tocó la misma melodía diez veces seguidas.* **10.** Adicionalmente; más de lo que se tenía planeado; de más; más; que sobra: *He stayed a week over.* = *Él se quedó una semana más.* —*adjetivo* Que se ha terminado; que ha concluido.

overalls *sustantivo plural* Pantalones holgados que tienen una parte que cubre el pecho; mono o traje de mecánico.

overboard *adverbio* Por sobre la borda de una embarcación: *He fell overboard.* = *Cayó (al agua) por sobre la borda.*

overcame Pretérito del verbo **overcome.**

overcast *adjetivo* Cubierto de nubes o de niebla; lóbrego; sombrío; nublado.

overcoat *sustantivo* Abrigo largo y pesado que se usa fuera de casa y que se lleva sobre la ropa corriente para protegerse del frío; sobretodo.

overcome *verbo* Vencer: **1.** Conquistar; derrotar. **2.** Debilitar o agotar; paralizar.

overdid Pretérito del verbo **overdo.**

overdo *verbo* **1.** hacer algo en exceso; hacer demasiado; cansarse con: *Don't overdo the exercise or you'll get sore.* = *No hagas demasiado ejercicio o te dolerá el cuerpo.* **2.** Cocer en exceso.

overdone Participio pasado del verbo **overdo.**

overdue *adjetivo* **1.** No pagado a tiempo; vencido y por pagar. **2.** Más tarde de lo acostumbrado; retrasado: *an overdue train* = *un tren retrasado.*

overflow *verbo* Desbordarse **1.** Derramarse por sobre el borde o las orillas; rebosar. **2.** Llenar hasta el desbordamiento. —*sustantivo* Algo que se derrama; derrame.

overhand *adjetivo* Que se lanza con la mano moviéndose a un nivel más alto que el hombro; por encima del brazo; por alto: *an overhand pitch* = *un lanzamiento por alto (o por encima del brazo).* —*adverbio* Con la mano por encima del hombro; por alto: *He throws overhand.* = *Él lanza por encima del brazo.*

overhaul *verbo* **1.** Examinar con el fin de reparar o de hacer cambios; revisar y reacondicionar. **2.** Dar alcance en una persecución; alcanzar. —*sustantivo* Acción de revisar y reacondicionar; reacondicionamiento: *The motor needs an overhaul.* = *El motor necesita un reacondicionamiento.*

overhead *adverbio* Por arriba de las cabezas; por encima; en o por lo alto: *Birds fly overhead.* = *Las aves vuelan por lo alto.* —*adjetivo* Situado por arriba de las cabezas; alto; de arriba; alto. —*sustantivo* Dinero que gasta un negocio en alquiler, seguros, impuestos, electricidad, reparaciones, etc.; gastos generales o de operación.

overhear *verbo* Oír algo que debió ser oído sólo por otras personas; alcanzar a oír; oír por casualidad: *Jim overheard Bill talking to Nancy.* = *Jim alcanzó a oír que Bill hablaba con Nancy.*

overjoyed *adjetivo* Muy alegre o contento; lleno de alegría; que no cabe en sí de gozo.

overlap *verbo* **1.** Descansar sobre parte de otra cosa y cubrir dicha parte; solapar; traslapar: *The scales of fish overlap.* = *Las escamas de los peces se traslapan.* **2.** Ocurrir en parte al mismo tiempo; coincidir parcialmente: *Our vacations overlap.* = *Nuestras vacaciones coinciden en parte.*

overlook *verbo* **1.** Mirar desde arriba; tener o dar

looking 1. To look over from a higher place; have or give a view over. **2.** To fail to see. **3.** To ignore.

o·ver·night |ō′vər nīt′| —*adjective* **1.** Happening or lasting for a night. **2.** For use over one night. —*adverb* |ō′vər nīt′| **1.** During or through the night. **2.** Very quickly; suddenly.

o·ver·pow·er |ō′vər pou′ər| —*verb* **overpowered, overpowering 1.** To get the better of; conquer by superior force. **2.** To affect strongly; overcome.

o·ver·seas |ō′vər sēz′| or |ō′vər sēz′| —*adverb* Across the sea; abroad.
—*adjective* Of, from, or located across the sea.

o·ver·sight |ō′vər sīt′| —*noun, plural* **oversights** A mistake that is not made on purpose.

o·ver·take |ō′vər tāk′| —*verb* **overtook, overtaken, overtaking 1.** To catch up with. **2.** To come upon suddenly.

o·ver·tak·en |ō′vər tā′kən| The past participle of the verb **overtake.**

o·ver·time |ō′vər tīm′| —*noun, plural* **overtimes** Time beyond the regular limit.
—*adverb* Beyond the regular hours.
—*adjective* Of or for overtime.

o·ver·took |ō′vər tŏŏk′| The past tense of the verb **overtake.**

o·ver·ture |ō′vər chər| —*noun, plural* **overtures 1.** A musical composition played by an orchestra as an introduction to a larger musical work. Overtures often come before ballets and operas. **2.** An offer or proposal to begin something.

o·ver·turn |ō′vər tûrn′| —*verb* **overturned, overturning 1.** To turn over; upset. **2.** To defeat.

o·ver·weight |ō′vər wāt′| —*adjective* Weighing more than usual or necessary.

o·ver·whelm |ō′vər hwĕlm′| or |ō′vər wĕlm′| —*verb* **overwhelmed, overwhelming 1.** To pour over and cover completely. **2.** To overcome completely; overpower.

o·ver·work |ō′vər wûrk′| —*verb* **overworked, overworking** To work or make someone work too hard. —*noun* |ō′vər wûrk′| Too much work.

owe |ō| —*verb* **owed, owing 1.** To have to pay. **2.** To have to give. **3.** To be obligated for.

owl |oul| —*noun, plural* **owls** Any of several birds that usually fly at night.

own |ōn| —*adjective* Of or belonging to oneself or itself.
—*verb* **owned, owning 1.** To have or possess. **2.** To confess or admit.
Phrasal verb **own up** To admit completely and openly.

own·er |ō′nər| —*noun, plural* **owners** Someone who owns something.

own·er·ship |ō′nər shĭp′| —*noun, plural* **ownerships** The fact or condition of being an owner.

vista a: *The porch overlooks the sea.* = *El portal tiene vista al mar.* **2.** No ver; dejar de notar; no tener en cuenta: *to overlook a detail* = *no notar un detalle.* **3.** Ignorar; tolerar; pasar por alto; dar por olvidada una falta u ofensa.

overnight *adjetivo* **1.** Que sucede o dura sólo una noche; de una noche: *an overnight trip* = *un viaje de una noche.* **2.** Para usar sólo una noche: *overnight bag* = *neceser; saco de noche.*
—*adverbio* **1.** Durante o por toda la noche: *Stay overnight.* = *Quédate (a dormir aquí) esta noche.* **2.** Muy rápidamente; de repente; de la noche a la mañana: *He became a star overnight.* = *Se hizo una estrella de la noche a la mañana.*

overpower *verbo* Vencer: **1.** Conquistar por medio de la fuerza; dominar. **2.** Afectar en extremo; abrumar, agobiar: *overpowered by the heat* = *agobiado por el calor.*

overseas *adverbio* Al otro lado del mar; en o rumbo al extranjero; en o rumbo a ultramar: *He was sent overseas.* = *Él fue enviado a ultramar (o al extranjero).* —*adjetivo* Relativo al otro lado del mar, o que está situado o procede del mismo; ultramarino: *an overseas flight* = *un vuelo ultramarino.*

oversight *sustantivo* Equivocación o error involuntarios; descuido.

overtake *verbo* **1.** Dar alcance; alcanzar. **2.** Caer repentinamente sobre alguien o algo; sorprender.

overtaken Participio pasado del verbo **overtake.**

overtime *sustantivo* Tiempo más prolongado que el habitual; tiempo u horas adicionales a la jornada ordinaria de trabajo; sobretiempo.
—*adverbio* Más allá de las horas normales o habituales; sobretiempo: *She has to work overtime.* = *Ella tiene que trabajar sobretiempo.*
—*adjetivo* De sobretiempo o por concepto del mismo.

overtook Pretérito del verbo **overtake.**

overture *sustantivo* **1.** Composición musical que toca una orquesta como introducción a una obra musical más larga, como una ópera o un ballet; obertura. **2.** Oferta o propuesta para comenzar algo; proposición inicial; tanteo: *The enemy made peace overtures.* = *El enemigo hizo tanteos iniciales para hacer la paz.*

overturn *verbo* **1.** Volcar o volcarse; voltear; tumbar. **2.** Derrotar.

overweight *adjetivo* Que pesa más de lo normal o necesario; sobrepeso; grueso o gordo.

overwhelm *verbo* Abrumar: **1.** Caer sobre alguien o algo y cubrirlo por completo: *Grief overwhelmed her.* = *El pesar la abrumó.* **2.** Derrotar en forma aplastante; aplastar; arrollar; barrer.

overwork *verbo* Trabajar en exceso o hacer que otro lo haga.
—*sustantivo* Exceso de trabajo.

owe *verbo* Deber: **1.** Tener que pagar; adeudar. **2.** Tener que dar algo: *We owe him an apology.* = *Le debemos una explicación.* **3.** Estar obligado por alguna razón.

owl *sustantivo* Ave nocturna de rapiña; lechuza; buho; autillo.

own *adjetivo* Que pertenece a uno mismo o a sí mismo; propio: *Jim's own book* = *el propio libro de Jim.*
—*verbo* **1.** Tener; poseer; ser propietario. **2.** Confesar; admitir: *I own that I've made a mistake.* = *Confieso que me equivoqué.*
verbo en locución **own up** Admitir abiertamente; confesar de plano: *He owned up to the crime.* = *Confesó de plano que era culpable del crimen.*

owner *sustantivo* Alguien que posee algo; dueño; propietario.

ownership *sustantivo* Hecho o condición de ser dueño; propiedad.

ox |ŏks| —*noun, plural* **oxen 1.** A fully grown male of cattle, used as a work animal. **2.** Any of several animals related to cattle, such as the musk ox.

ox·en |ŏk'sən| The plural of the noun **ox**.

ox·ide |ŏk'sīd'| —*noun, plural* **oxides** A compound of oxygen and another chemical element.

ox·i·dize |ŏk'sĭ dīz'| —*verb* **oxidized, oxidizing** To combine with oxygen.

ox·y·gen |ŏk'sĭ jən| —*noun* A gas without color or smell. Oxygen is one of the chemical elements. It makes up one fifth of the air.

oy·ster |oi'stər| —*noun, plural* **oysters** A sea animal that has a soft body and a rough, uneven shell with two parts.

ox *sustantivo* Buey: **1.** Macho adulto de ganado vacuno que se emplea como animal de trabajo. **2.** Cualquiera de varias especies de animales de la familia del ganado vacuno, como el buey almizcleño.

oxen Plural del sustantivo **ox**.

oxide *sustantivo* Compuesto en el que el oxígeno se combina con otro elemento químico; óxido: *zinc oxide* = *óxido de cinc*.

oxidize *verbo* Combinarse con el oxígeno; oxidarse.

oxygen *sustantivo* Gas que no tiene color ni olor; oxígeno. El oxígeno es uno de los elemento químicos y constituye la quinta parte del aire.

oyster *sustantivo* Molusco marino comestible de cuerpo blando y concha doble, áspera e irregular; ostra; ostión.

P

p or **P** |pē| —*noun, plural* **p's** or **P's** The sixteenth letter of the English alphabet.

pace |pās| —*noun, plural* **paces 1.** A step made in walking. **2.** The length of a step in walking, usually 30 inches. **3.** The speed at which something moves or happens. **4.** A step of a horse in walking or running. —*verb* **paced, pacing 1.** To walk back and forth. **2.** To measure length by counting paces.

pack |păk| —*noun, plural* **packs 1.** A group of things tied or wrapped together; a bundle. **2.** A group of like or similar items, animals, or people. **3.** A large amount. —*verb* **packed, packing 1.** To put in a bag, box, or other container. **2.** To fill with things. **3.** To press closely together. **4.** To fill up tight.

pack·age |păk'ĭj| —*noun, plural* **packages 1.** A wrapped or boxed parcel holding one or more things. **2.** A container used to store or send something. —*verb* **packaged, packaging** To put or make into a package.

pact |păkt| —*noun, plural* **pacts** An agreement made between countries, groups, or persons to act a certain way or do certain things; treaty.

pad |păd| —*noun, plural* **pads 1.** A cushion or mass of soft, firmly packed material. Pads are used for comfort, stuffing, or protection. **2.** An ink-soaked cushion in a container used with a marking stamp. **3.** A number of sheets of paper glued together at one end. —*verb* **padded, padding** To line, stuff, or cover with soft, firmly packed material.

pad·dle |păd'l| —*noun, plural* **paddles 1.** A short oar with a flat blade used to move and steer a boat through water. **2.** A tool with a flat blade used for stirring, mixing, or beating. **3.** A small, flat board with a short handle used in some games. —*verb* **paddled, paddling 1.** To move and steer a boat through the water with a paddle. **2.** To spank or beat with or as if with a paddle.

pad·dock |păd'ək| —*noun, plural* **paddocks** A fenced field or area where horses graze and exercise.

pad·dy |păd'ē| —*noun, plural* **paddies** A flooded field where rice is grown.

pad·lock |păd'lŏk'| —*noun, plural* **padlocks** A lock that can be put on and taken off. Padlocks have a bar on the top shaped like the letter U that is hinged at

p o **P** *sustantivo* La decimosexta letra del alfabeto inglés.

pace *sustantivo* **1.** Paso dado al caminar. **2.** La medida de cada paso al caminar, generalmente unas treinta pulgadas. **3.** Velocidad a la cual algo se mueve u ocurre. **4.** Paso de un caballo al caminar o correr. —*verbo* **1.** Caminar yendo y viniendo, como con impaciencia o nervios. **2.** Medir una distancia contando los pasos.

pack *sustantivo* **1.** Grupo de cosas amarradas o envueltas juntas; bulto. **2.** Grupo de cosas, animales o gente afín o similares. **3.** Gran cantidad. —*verbo* **1.** Poner en una bolsa, caja u otro envase; empacar. **2.** Llenar algo de cosas; hacer las maletas. **3.** Juntar algo apretándolo; apiñar. **4.** Atestar; apretar.

package *sustantivo* **1.** Paquete envuelto o en una caja, y que contiene una o más cosas: *a package of cookies* = *un paquete de galletitas*. **2.** Envase usado para guardar o enviar algo; paquete; recipiente. —*verbo* Hacer o poner dentro de un paquete; empacar.

pact *sustantivo* Acuerdo convenido entre países, grupos o personas para actuar de cierto modo o hacer ciertas cosas; tratado; pacto; convenio.

pad *sustantivo* **1.** Cojín o masa de material blando, empacado firmemente que se usan para comodidad, relleno o protección; almohadillas; cojinetes. **2.** Cojín mojado de tinta, en un envase, que se usa con un sello; almohadilla. **3.** Número de hojas de papel que están engomadas en una de sus puntas; bloque; taco. —*verbo* Forrar, rellenar o cubrir con material suave, empacado firmemente.

paddle *sustantivo* **1.** Remo corto de pala ancha que se usa para mover y guiar un bote a través del agua; canalete; zagual. **2.** Herramienta de hoja chata que se usa para revolver, mezclar o batir; paleta. **3.** Tabla pequeña y plana con empuñadura recortada que se usa en algunos juegos; paleta. —*verbo* **1.** Mover o guiar un bote a través del agua con un canalete; remar. **2.** Dar palmadas o pegar con una paleta, o a la manera de una paleta.

paddock *sustantivo* Área o campo cercado donde se apacientan y ejercitan los caballos; dehesa; corral.

paddy *sustantivo* Campo inundado donde se siembra arroz; sembrado de arroz; arrozal.

padlock *sustantivo* Cerradura que se puede quitar y poner; candado. Los candados tienen una barra en su parte superior en forma de U con una bisagra en una

---

ă pat ā pay â care ä father ĕ pet ē be ĭ pit ī pie î fierce ŏ pot ō go ô paw, for oi oil ŏŏ book ōō boot

one end.

—*verb* **padlocked, padlocking** To lock with a padlock.

pa·gan |pā′gən| —*noun, plural* **pagans** Someone who is not a Christian, Moslem, or Jew.

page[1] |pāj| —*noun, plural* **pages 1.** One side of a sheet of paper in a book, newspaper, letter, or magazine. **2.** An important time or event.

page[2] |pāj| —*noun, plural* **pages 1.** In the Middle Ages, a boy who served a knight. **2.** Someone who runs errands, carries messages, or acts as a guide.

—*verb* **paged, paging** To call or summon someone by name in a public place.

pag·eant |păj′ənt| —*noun, plural* **pageants 1.** A play or dramatic program usually about an event in history. **2.** A parade, procession, or celebration for a special event.

pa·go·da |pə gō′də| —*noun, plural* **pagodas** A Buddhist tower that has many stories.

paid |pād| The past tense and past participle of the verb **pay.**

pail |pāl| —*noun, plural* **pails 1.** A round, open container with a handle, used for carrying water, sand, and other things; a bucket. **2. a.** A pail with something in it. **b.** The amount that a pail can hold.

pain |pān| —*noun, plural* **pains 1.** A sharp ache or sore place in some part of the body that is caused by an injury or sickness. **2.** Mental or emotional suffering; distress. **3. pains** Trouble, care, or effort.

—*verb* **pained, paining** To cause to suffer; hurt.

pain·ful |pān′fəl| —*adjective* **1.** Causing or full of pain. **2.** Causing worry or suffering.

pains·tak·ing |pānz′tā′kĭng| —*adjective* Needing or showing great care; careful.

paint |pānt| —*noun, plural* **paints** A mixture of coloring matter and a liquid. Paint is put on surfaces as a coating to protect or decorate them.

—*verb* **painted, painting 1.** To cover or decorate with paint. **2.** To draw a picture using paint. **3.** To describe clearly with words.

paint·er |pān′tər| —*noun, plural* **painters 1.** A person who paints as an artist. **2.** A person who paints as a worker.

paint·ing |pān′tĭng| —*noun, plural* **paintings 1.** The art, process, or work of one who paints. **2.** A picture or design done with paint.

pair |pâr| —*noun, plural* **pairs 1.** A set of two things that are exactly the same or matched, usually used together. **2.** One thing that is made of two parts joined together. **3.** Two persons or animals that are alike or go together.

—*verb* **paired, pairing 1.** To arrange in sets of two. **2.** To provide a partner for.

pa·ja·mas |pə jä′məz| or |pə jăm′əz| —*plural noun* An outfit of jacket and trousers that are worn to sleep in or for lounging.

pal |păl| —*noun, plural* **pals** A close friend or chum.

pal·ace |păl′ĭs| —*noun, plural* **palaces** The official residence of a king, queen, or other ruler.

pal·ate |păl′ĭt| —*noun, plural* **palates** The roof of the mouth in man and other animals with a backbone. The bony front part is the hard palate and the movable part that hangs from the palate at the back is the soft palate.

pale |pāl| —*adjective* **paler, palest 1.** Having skin that is whitish or lighter than usual, often because of illness. **2.** Containing a large amount of white; light in color.

—*verb* **paled, paling** To turn or become pale.

pal·ette |păl′ĭt| —*noun, plural* **palettes** A thin board upon which an artist mixes colors. It is held with the hand and often has a hole for the thumb.

---

punta.

—*verbo* Cerrar con candado.

pagan *sustantivo* Aquel que no es cristiano, musulmán o judío; pagano; gentil.

page[1] *sustantivo* **1.** Lado de una hoja de papel en un libro, periódico, carta o revista; página; carilla. **2.** Período de tiempo o suceso muy importante; página: *a recent page in world history = una página reciente en la historia del mundo.*

page[2] *sustantivo* **1.** En la edad media, un joven que servía a un caballero; paje; escudero. **2.** Alguien que hace mandados, lleva mensajes o funciona de guía; botones.

—*verbo* Llamar o buscar a alguien por su nombre en un sitio público.

pageant *sustantivo* **1.** Obra o programa dramático, generalmente sobre un suceso histórico. **2.** Desfile, procesión o celebración para una ocasión especial; espectáculo público.

pagoda *sustantivo* Torre budista de muchos pisos; pagoda.

paid Pretérito y participio pasado del verbo **pay.**

pail *sustantivo* **1.** Recipiente redondo y abierto, con una agarradera, que se usa para llevar agua, arena y otras cosas; cubo; balde. **2. a.** Un cubo con su contenido. **b.** La cantidad que cabe en un cubo.

pain *sustantivo* **1.** Dolor agudo o lugar adolorido en alguna parte del cuerpo, ocasionado por una lesión o enfermedad; mal. **2.** Sufrimiento mental o emocional; aflicción; pena. **3. pains** Molestia, cuidado o esmero.

—*verbo* Hacer sufrir; lastimar; doler.

painful *adjetivo* **1.** Que causa o que está lleno de dolor; doloroso. **2.** Que causa preocupación o sufrimiento; atormentado; penoso.

painstaking *adjetivo* Que necesita o que muestra gran cuidado; cuidadoso; afanoso; esmerado.

paint *sustantivo* Mezcla de colorantes y un líquido; pintura. La pintura se pone sobre las superficies para protegerlas o decorarlas.

—*verbo* **1.** Cubrir o decorar con pintura; pintar. **2.** Hacer un dibujo o delinear con pintura. **3.** Describir claramente de palabra.

painter *sustantivo* **1.** Persona que pinta como artista; pintor. **2.** Persona que pinta como obrero; pintor.

painting *sustantivo* **1.** Arte, proceso u obra del que pinta; pintura; cuadro. **2.** Cuadro o diseño hecho con pintura.

pair *sustantivo* **1.** Conjunto de dos cosas idénticas, o que está integrado por dos cosas que generalmente se usan juntas; par. **2.** Cosa integrada por dos partes que van juntas; par. **3.** Dos personas o animales que son semejantes o van juntos; pareja.

—*verbo* **1.** Fijar en conjuntos de a dos; aparear. **2.** Proveerse de un compañero; hacer pareja.

pajamas *sustantivo* Conjunto de chaqueta y pantalón que se usa para dormir o para andar en la casa; pijama; piyamas.

pal *sustantivo* Amigo o compinche; amigote; camarada.

palace *sustantivo* Residencia oficial de un rey, reina u otro gobernante; palacio.

palate *sustantivo* El cielo de la boca de los hombres y los animales de espina dorsal; paladar. La parte ósea delantera se llama paladar duro y la parte trasera que se mueve y cuelga del paladar se llama paladar blando.

pale *adjetivo* **1.** Que tiene piel blancuzca o más descolorida que lo acostumbrado; pálido. **2.** Que contiene gran cantidad de blanco; de color claro o no muy subido.

—*verbo* Volverse pálido; palidecer.

palette *sustantivo* Tabla sobre la cual el pintor mezcla sus colores. Se sostiene con la mano y a menudo tiene un agujero para meter el pulgar; paleta.

ər butter   yōō abuse   ou **out**   ŭ **cut**   û **fur**   *th* **the**   th **thin**   hw **which**   zh **vision**   ə **ago, item, pencil, atom, circus**

pal·i·sades |păl′ĭ sādz′ | —*plural noun* A line of high cliffs, usually along a river.

palm¹ |päm | —*noun, plural* **palms** The inside of a person's hand from the wrist to the fingers.
—*verb* **palmed, palming** To hide something in the palm of the hand.

palm² |päm | —*noun, plural* **palms** One of many related trees that grow in warm parts of the world. Palm trees have leaves that look like feathers or fans. They often grow at the top of a tall trunk with no branches.

pam·per |păm′pər | —*verb* **pampered, pampering** To give in to the wishes of someone; baby.

pam·phlet |păm′flĭt | —*noun, plural* **pamphlets** A short book with a paper cover; booklet.

pan |păn | —*noun, plural* **pans** A wide, shallow, open metal container. It is used for holding liquids, for cooking, or for other household tasks.
—*verb* **panned, panning** To wash dirt or gravel in a pan in search of gold.

pan·cake |păn′kāk′ | —*noun, plural* **pancakes** A thin, flat cake of batter, cooked on a griddle or in a skillet.

pan·cre·as |păn′krē əs | —*noun, plural* **pancreases** A gland that is behind the stomach. The pancreas helps to digest food.

pane |păn | —*noun, plural* **panes** A sheet of glass in a window or door.

pan·el |păn′əl | —*noun, plural* **panels** **1.** A flat part or section of a wall, ceiling, or door that is framed by a border or by the surrounding parts. **2.** A board with instruments or controls for a vehicle or machine. **3.** A group of persons brought together to discuss or decide something.
—*verb* **paneled, paneling** To cover or decorate with panels.

pang |păng | —*noun, plural* **pangs** A short, sharp pain or feeling.

pan·ic |păn′ĭk | —*noun, plural* **panics** A sudden feeling of great fear.
—*verb* **panicked, panicking, panics** **1.** To feel panic. **2.** To cause panic in.

pant |pănt | —*verb* **panted, panting** To breathe in short, quick gasps.

pan·ther |păn′thər | —*noun, plural* **panthers** A leopard, especially a black leopard.

pan·to·mime |păn′tə mīm′ | —*noun, plural* **pantomimes** **1.** Acting by body movements and gestures without speaking. **2.** A play or other entertainment acted in this way. **3.** Movements of the face and body used instead of words to express a meaning.
—*verb* **pantomimed, pantomiming** To perform or represent by pantomime.

pan·try |păn′trē | —*noun, plural* **pantries** A small room or closet, usually next to a kitchen. Food, dishes, and utensils are kept in a pantry.

pants |pănts | —*plural noun* Trousers or slacks.

pa·pal |pā′pəl | —*adjective* Of the pope.

pa·pa·ya |pə pä′yə | —*noun, plural* **papayas** The large, sweet yellow fruit of a tropical American tree.

pa·per |pā′pər | —*noun, plural* **papers** **1.** A material made from wood pulp, rags, and other things and usually produced in thin sheets. **2.** A single sheet of this material. **3.** A sheet of this material with writing or printing on it; a document. **4.** **papers** Documents that establish a person's identity. **5.** A report or essay assigned in school. **6.** A newspaper.
—*verb* **papered, papering** To cover with wallpaper.

pa·per·back |pā′pər băk′ | —*noun, plural* **paperbacks** A book with a soft paper cover.

pap·ri·ka |pă prē′kə | or |păp′rĭ kə | —*noun* A red spice with a mild taste. It is made from powdered sweet red peppers.

pa·py·rus |pə pī′rəs | —*noun* A tall water plant of northern Africa. The ancient Egyptians made a kind of

palisades *sustantivo* Serie de peñascos altos que se encuentran, por lo general, a orillas de un río.

palm¹ *sustantivo* Parte interna de la mano humana desde la muñeca hasta los dedos; palma.
—*verbo* Esconder en la palma de la mano; escamotear.

palm² *sustantivo* Cualquiera de los árboles emparentados con los que crecen en las zonas cálidas del mundo; palma; palmera. Las palmas generalmente tienen hojas que parecen plumas o abanicos; a menudo crecen en la cima de un tronco alto sin ramas.

pamper *verbo* Consentir los deseos de alguien; mimar; condescender.

pamphlet *sustantivo* Libro breve con tapas de papel; folleto; opúsculo; panfleto.

pan *sustantivo* Vasija metálica ancha y llana que se usa para guardar líquidos, para cocinar u otras tareas domésticas; sartén; cazuela; cacerola.
—*verbo* Lavar tierra o gravilla en un cazo metálico para separarla del oro.

pancake *sustantivo* Torta delgada y chata hecha de mezcla pastelera cocida a la plancha o sartén; panqueque.

pancreas *sustantivo* Glándula situada detrás del estómago que ayuda a digerir los alimentos; páncreas.

pane *sustantivo* Hoja de vidrio en una ventana o puerta; cristal; panel.

panel *sustantivo* Panel: **1.** Parte o sección chata de una pared, techo o puerta que tiene un marco alrededor o está rodeada por las demás partes. **2.** Tablero de instrumentos o controles de un vehículo o máquina. **3.** Grupo de personas que han sido reunidas para discutir o decidir algo; jurado.
—*verbo* Cubrir o decorar con paneles.

pang *sustantivo* Dolor o sensación aguda y breve; punzada.

panic *sustantivo* Temor súbito; pánico; terror.
—*verbo* **1.** Sentir pánico **2.** Provocar pánico; dar pánico.

pant *verbo* Respirar con suspiros súbitos y acortados; jadear; resollar.

panther *sustantivo* Leopardo, especialmente el negro; pantera.

pantomime *sustantivo* **1.** Acción que se representa mediante ademanes y gestos, sin hablar; pantomima. **2.** Pieza teatral u otra diversión actuada de este modo. **3.** Movimientos de la cara y el cuerpo utilizados en vez de las palabras para expresar un significado.
—*verbo* Actuar o representar usando pantomima.

pantry *sustantivo* Cuarto pequeño o gabinete, generalmente al lado de la cocina, donde se guardan los alimentos, platos y utensilios; despensa; alacena.

pants *sustantivo* Pantalones.

papal *adjetivo* Relativo al papa; papal.

papaya *sustantivo* Fruta grande, dulce y amarilla de un árbol tropical americano; papaya.

paper *sustantivo* **1.** Material hecho de pulpa de madera, trapos y otras cosas y que generalmente se produce en hojas delgadas; papel. **2.** Hoja suelta de este material. **3.** Hoja de este material con un escrito o impresión; documento. **4.** **papers** Papeles; documentos que acreditan la identidad de una persona. **5.** Informe o ensayo que le asignan a uno en la escuela; monografía. **6.** Periódico.

paperback *sustantivo* Libro con tapas de papel suave; libro de bolsillo.

paprika *sustantivo* Sazón roja de gusto suave que se hace del polvo de pimientos secos; pimentón.

papyrus *sustantivo* Planta alta del norte de África de cuyos tallos los antiguos egipcios hacían una especie de

---

ă pat   ā pay   â care   ä father   ĕ pet   ē be   ĭ pit   ī pie   î fierce   ŏ pot   ō go   ô paw, for   oi oil   ŏŏ book   ōō boot

paper from the stems of this plant.

par·a·chute |păr'ə shōōt'| —*noun, plural* **parachutes** A large cloth device shaped like an umbrella. A parachute opens in midair and slows the fall of a person or object from great heights.
—*verb* **parachuted, parachuting 1.** To come down by means of a parachute. **2.** To drop supplies by parachute.

pa·rade |pə rād'| —*noun, plural* **parades** A public event, usually festive and colorful, in which bands, people, and vehicles pass before crowds of spectators.
—*verb* **paraded, parading 1.** To take part in a parade. **2.** To show oneself or one's things too proudly.

par·a·dise |păr'ə dīs'| or |păr'ə dīz'| —*noun* **1.** Heaven. **2.** A place or condition of perfect happiness or beauty.

par·a·graph |păr'ə grăf| or |păr'ə gräf| —*noun, plural* **paragraphs** A division of a piece of writing that begins on a new line and is usually indented. A paragraph consists of one or more sentences on a single subject or idea.

par·a·keet |păr'ə kēt'| —*noun, plural* **parakeets** A small parrot with a long, pointed tail.

par·al·lel |păr'ə lĕl'| —*adjective* **1.** Lying in the same plane but not touching at any point. **2.** Matching feature for feature; alike or corresponding.
—*adverb* In a parallel course or direction.
—*noun, plural* **parallels 1.** Any of a set of parallel geometric lines or other figures. **2.** Something that closely resembles something else; a corresponding case. **3.** Any of the lines considered to go around the earth in the same direction as the equator. These lines are used to mark off latitude.
—*verb* **paralleled, paralleling 1.** To be or extend in a parallel way to. **2.** To be like; resemble.

par·a·ly·sis |pə răl'ĭ sĭs| —*noun* Complete or partial loss of being able to feel anything in a part of the body or to move a part of the body.

par·a·lyze |păr'ə līz'| —*verb* **paralyzed, paralyzing 1.** To make a person unable to feel or move; cause paralysis in. **2.** To make unable to do anything; make unable to function.

par·a·me·ci·a |păr'ə mē'shē ə| or |păr'ə mē'sē ə| A plural of the noun **paramecium.**

par·a·me·ci·um |păr'ə mē'shē əm| or |păr'ə mē'sē əm| —*noun, plural* **paramecia** or **parameciums** A very small water animal that has only one cell. It is shaped like an oval or a slipper.

par·a·site |păr'ə sīt'| —*noun, plural* **parasites** A plant or animal that lives in or on a different kind of plant or animal. The parasite gets its food from the other plant or animal. Parasites are often harmful.

par·a·troop·er |păr'ə trōō'pər| —*noun, plural* **paratroopers** A member of an army unit that is trained to parachute from airplanes and engage in battle after reaching the ground.

par·cel |păr'səl| —*noun, plural* **parcels 1.** Something wrapped up in a bundle; a package. **2.** A section or piece of land; a plot.
—*verb* **parceled, parceling** To divide into parts and give out or distribute.

parch |pärch| —*verb* **parched, parching 1.** To make or become very dry. **2.** To make or become very thirsty.

parch·ment |pärch'mənt| —*noun, plural* **parchments** The skin of a sheep or goat, prepared as a material to write on.

par·don |pär'dn| —*verb* **pardoned, pardoning 1.** To free or release a person from punishment. **2.** To excuse or overlook a mistake or fault.
—*noun, plural* **pardons 1.** A polite excuse of a mistake or fault. **2.** The act of releasing from punishment by an official, such as a president or governor.

papel; papiro.

parachute *sustantivo* Artefacto grande de tela con forma de sombrilla que se abre en el aire para moderar el descenso desde una gran altura de la persona u objeto que lo usa; paracaídas.
—*verbo* **1.** Descender mediante un paracaídas. **2.** Dejar caer suministros por paracaídas.

parade *sustantivo* Evento público, generalmente festivo y colorido, en el cual pasan bandas, gente y vehículos delante de una multitud; desfile; procesión; parada.
—*verbo* **1.** Tomar parte en un desfile; desfilar. **2.** Mostrarse a sí mismo o sus pertenencias con mucho orgullo; ostentar; exhibir.

paradise *sustantivo* Paraíso: **1.** Cielo. **2.** Sitio o condición de felicidad o belleza perfecta.

paragraph *sustantivo* División de un trozo de prosa que se inicia en un nuevo renglón y que generalmente tiene sangría; párrafo. El párrafo consiste de una o más oraciones sobre un solo tema o idea.

parakeet *sustantivo* Papagayo pequeño de cola larga y puntiaguda; perico; periquito; lorito.

parallel *adjetivo* Paralelo: **1.** Dícese de cosas que están en el mismo plano y que no tocan en ningún punto. **2.** Con rasgos idénticos a los del otro; semejante o correspondiente.
—*adverbio* En curso o dirección paralela; paralelamente.
—*sustantivo* Paralelo: **1.** Cualquier conjunto de líneas u otras figuras geométricas que son paralelas. **2.** Algo que se asemeja mucho a otra cosa; un caso correspondiente. **3.** Cualquiera de las líneas paralelas al ecuador que se suponen alrededor del globo terrestre. Estas líneas sirven para determinar latitud.
—*verbo* **1.** Estar o seguir en un curso que es paralelo a algo. **2.** Ser como algo o alguien; asemejarse.

paralysis *sustantivo* Pérdida parcial o completa de la sensibilidad en alguna parte del cuerpo o del movimiento voluntario en la misma; parálisis.

paralyze *verbo* **1.** Imposibilitar la sensibilidad o movimiento; causar parálisis; paralizar. **2.** Impedir obrar; impedir el funcionamiento; entorpecer.

paramecia Plural del sustantivo **paramecium.**

paramecium *sustantivo* Pequeño animal acuático unicelular que tiene forma de óvalo o zapatilla; paramecio.

parasite *sustantivo* Planta o animal que vive a expensas de otra planta o animal; parásito. Los parásitos obtienen su alimentación de la otra planta o animal y son a menudo dañinos.

paratrooper *sustantivo* Integrante de una unidad del ejército que está entrenado para descender de un avión por paracaídas y entrar en acción inmediatamente; soldado paracaidista.

parcel *sustantivo* **1.** Algo envuelto en un bulto; paquete. **2.** Sección o faja de terreno; parcela; lote.
—*verbo* Dividir en partes y dar o distribuir; fraccionar; partir.

parch *verbo* **1.** Secar o secarse; resecar o resecarse. **2.** Provocar o tener mucha sed.

parchment *sustantivo* Piel de carnero o cabra preparada para escribir en ella; pergamino; vitela.

pardon *verbo* **1.** Librar o eximir a alguien de un castigo; perdonar; indultar; amnistiar. **2.** Excusar u omitir un error o falta; dispensar.
—*sustantivo* **1.** Excusa cortés de un error o falta; perdón. **2.** El acto de un oficial, tal como un presidente o gobernador, de suspender algún castigo.

ər butter   yōō abuse   ou out   ŭ cut   û fur   *th* the   th thin   hw which   zh vision   ə ago, item, pencil, atom, circus

pare |pâr| —*verb* **pared, paring** To remove the skin or rind of something with a knife or other device; peel.

par·ent |pâr′ənt| or |păr′ənt| —*noun, plural* **parents 1.** A father or mother. **2.** A plant or animal that produces another of its own kind.

pa·ren·tal |pə rĕn′tl| —*adjective* **1.** Of a parent. **2.** Like a parent; fatherly or motherly.

pa·ren·the·sis |pə rĕn′thĭ sĭs| —*noun, plural* **parentheses** Either of two upright curved lines ( ), used in writing or printing.

par·ish |păr′ĭsh| —*noun, plural* **parishes 1.** A district with its own church and clergymen. **2.** The people who belong to such a district.

park |pärk| —*noun, plural* **parks 1.** An area of public land used for amusement and recreation by the people of a town or city. **2.** An area of land set apart by the government to be kept in its natural state. —*verb* **parked, parking** To leave a vehicle in a certain place when it is not in use.

par·ka |pär′kə| —*noun, plural* **parkas** A warm jacket with a hood. Parkas are often lined with fur.

par·lia·ment |pär′lə mənt| —*noun, plural* **parliaments** An assembly of persons that makes the laws for some nations; a legislative body.

par·lia·men·ta·ry |pär′lə mĕn′tə rē| or |pär′lə mĕn′trē| —*adjective* **1.** Of a parliament. **2.** Carried out according to the rules of procedure of a parliament. **3.** Having a parliament.

par·lor |pär′lər| —*noun, plural* **parlors 1.** A room for entertaining visitors. **2.** A room or building designed for some special use or business.

pa·ro·chi·al |pə rō′kē əl| —*adjective* Of a church parish.

pa·role |pə rōl| —*noun, plural* **paroles** The release, for good behavior, of a person from prison before he or she has finished his or her full sentence. —*verb* **paroled, paroling** To release a person on parole.

par·rot |păr′ət| —*noun, plural* **parrots** Any of several tropical birds with a short, hooked bill and brightly colored feathers. —*verb* **parroted, parroting** To repeat or imitate another person's words or actions without understanding their meaning.

pars·ley |pär′slē| —*noun* A plant with feathery or curly leaves that are used to flavor or decorate food.

par·son |pär′sən| —*noun, plural* **parsons** A clergyman in charge of a parish; a minister.

part |pärt| —*noun, plural* **parts 1.** Something that along with other things makes a whole; a division or portion of a larger thing. **2.** One portion of a whole. **3.** Something or someone thought of as an equal or necessary feature or element. **4.** A piece in a machine or mechanism that can be taken out and replaced. **5.** A role or character in a play or movie. **6.** A side in an argument or dispute. **7.** A dividing line formed across the scalp when the hair is combed to one side or the other. —*verb* **parted, parting 1.** To divide into two or more parts; split. **2.** To leave one another. **3.** To put or keep apart; come between.
Phrasal verb **part with** To give up; let go of. —*adjective* Not full; partial. —*adverb* In part; partially.
Idioms **for the most part** In most cases; chiefly. **take part** To be active; join; participate.

par·tial |pär′shəl| —*adjective* **1.** Being only a part; not total; incomplete. **2.** Favoring one side; prejudiced; biased. **3.** Especially attracted or inclined.

par·tic·i·pate |pär tĭs′ə pāt′| —*verb* **participated, participating** To join with others in being active.

pare *verbo* Quitarle la piel o cáscara a algo con un cuchillo u otro artefacto; pelar; mondar; recortar.

parent *sustantivo* **1.** Padre o madre. **2.** Planta o animal que produce otro de su especie.

parental *adjetivo* **1.** Relativo a los padres; maternal o paternal. **2.** Como un padre; paterno o materno.

parenthesis *sustantivo* Cualquiera de las dos líneas verticales curvadas ( ) que se usa al escribir o imprimir; paréntesis.

parish *sustantivo* **1.** Distrito con su propia iglesia y clérigos; parroquia. **2.** La gente que pertenece a tal distrito.

park *sustantivo* **1.** Área de terreno público destinado a la diversión y el recreo de los habitantes de un pueblo o ciudad; parque. **2.** Terreno reservado por el estado para que se conserve en su estado natural; parque nacional. —*verbo* Dejar un vehículo en un sitio cuando no se usa; estacionar; aparcar.

parka *sustantivo* Chaqueta abrigada, con capucha, a menudo forrada de piel.

parliament *sustantivo* En algunas naciones, la asamblea de personas que legislan; cuerpo legislativo; parlamento.

parliamentary *adjetivo* **1.** Perteneciente al parlamento; parlamentario. **2.** Efectuado según las leyes de procedimiento parlamentario. **3.** Que tiene parlamento.

parlor *sustantivo* **1.** Habitación destinada a recibir visitas; sala. **2.** Habitación o edificio destinado para un uso o comercio específico; salón.

parochial *adjetivo* Relativo o perteneciente a una parroquia; parroquial.

parole *sustantivo* Liberación de una persona por buen comportamiento antes de haber cumplido toda la condena; libertad condicional; libertad bajo palabra. —*verbo* Libertar a alguien bajo condición o palabra.

parrot *sustantivo* Cualquiera de las aves tropicales de pico corto y encorvado y plumaje radiante; papagayo; loro; cotorra. —*verbo* Repetir o imitar las palabras o acciones de otro sin comprender su significado.

parsley *sustantivo* Planta de hojas plumosas o rizadas que se usa para condimentar o decorar la comida; perejil.

parson *sustantivo* Clérigo protestante a cargo de una parroquia; ministro; rector.

part *sustantivo* Parte: **1.** Algo que, con otras cosas, integra un todo; división o porción de algo mayor; parte. **2.** Porción de un todo. **3.** Algo o alguien que se le considera como igual o como característica o elemento necesario. **4.** Pieza de una máquina o mecanismo que se puede quitar o reemplazar; repuesto. **5.** Papel o personaje en una obra o película. **6.** Una de las posiciones en una discusión o disputa. **7.** Línea divisoria en el cuero cabelludo cuando se peina el cabello hacia un lado o el otro. —*verbo* **1.** Dividir en dos o más partes; partir. **2.** Separarse; despedirse. **3.** Mantenerse separado; romper relaciones; dejar de asociarse.
Verbo en locución **part with** Entregar; deshacerse; renunciar: *to part with a penny* = *deshacerse de un centavo.* —*adjetivo* No completo; parcial; a medias. —*adverbio* En parte; parcialmente.
Modismos **for the most part** Por lo general; generalmente. **take part** Participar.

partial *adjetivo* **1.** Que sólo es una parte; no total; incompleto; parcial. **2.** Que favorece una parte; con prejuicio o propensión a una parte; que es partidario. **3.** Que tiene predilección o inclinación hacia algo.

participate *verbo* Estar con otros en una acción; tomar parte; participar.

---

par·ti·ci·ple |pär′tĭ sĭp′əl| —*noun, plural* **participles**
Either of two verb forms that are used with helping verbs to indicate certain tenses. Participles can also function in some cases as adjectives or nouns. Present participles often end in *-ing: doing; seeing; taking.* Past participles often end in *-n, -en, -ed, -d,* or *-t,* as in the words *spoken, fallen, boiled, baked,* and *dreamt.*

par·ti·cle |pär′tĭ kəl| —*noun, plural* **particles** A very small piece or amount of something solid; speck.

par·tic·u·lar |pər tĭk′yə lər| —*adjective* **1.** Of or for a single person, group, or thing. **2.** Distinct from any other; certain; specific. **3.** Special or exceptional; unusual. **4.** Showing or demanding close attention to details; fussy.
—*noun, plural* **particulars** A single item or fact; a detail.

par·ti·tion |pär tĭsh′ən| —*noun, plural* **partitions** A wall, panel, or screen that divides up a room or space.
—*verb* **partitioned, partitioning 1.** To divide into separate spaces or sections. **2.** To make into a separate space by means of a partition.

part·ly |pärt′lē| —*adverb* To some extent or degree; in part.

part·ner |pärt′nər| —*noun, plural* **partners 1.** One of two or more persons joined in an activity, especially a business. **2.** A person with whom one dances. **3.** Either of two persons playing together in a game.

part·ner·ship |pärt′nər shĭp′| —*noun, plural* **partnerships** The condition of being partners.

part of speech One of several classes in which words are placed according to the way they are used in a phrase or sentence. English words are usually classified as noun, pronoun, verb, adjective, adverb, preposition, conjunction, and interjection.

par·tridge |pär′trĭj| —*noun, plural* **partridges** or **partridge** A bird with a plump body and brownish feathers. The partridge is often hunted as game.

part-time |pärt′tīm′| —*adjective* For or during only part of the usual working time.
—*adverb* |pärt′tīm′| On a part-time basis.

par·ty |pär′tē| —*noun, plural* **parties 1.** A group of persons who join together in some activity. **2.** A gathering of people for fun or pleasure. **3.** A group of people who are organized for political activity. They nominate and support their candidates for public office. **4.** A person or group who takes part in some action.

pass |păs| or |päs| —*verb* **passed, passing 1.** To go from one place to another. **2.** To go by without stopping. **3.** To catch up with and go by. **4.** To go by in time; spend time. **5.** To come to an end. **6.** To hand or throw from one person to another. **7.** To complete with satisfactory results. **8.** To make into a law; become a law.
Phrasal verbs **pass away** To die. **pass out 1.** To hand out; give. **2.** To faint.
—*noun, plural* **passes 1.** A motion with the hand or something held in the hand. **2.** A way or opening that is hard to get through. **3.** A written or printed permission. **4.** A ticket that gives free admission. **5.** In sports, the act of passing a ball or puck to someone on the same team.

pas·sage |păs′ĭj| —*noun, plural* **passages 1.** The act or process of passing; movement. **2.** A narrow way between two places or points. **3.** A journey or trip, especially on a ship. **4.** A channel or tube in the body through which something may pass. **5.** The act of making a law by a legislative body. **6.** A part of a written work or a piece of music.

pas·sen·ger |păs′ən jər| —*noun, plural* **passengers** A person riding in a train, airplane, bus, ship, car, or other vehicle.

pass·ing |păs′ĭng| or |pä′sĭng| —*adjective* **1.** Going by; moving by. **2.** Not lasting long; brief. **3.** Said or done quickly; casual. **4.** Allowing one to pass a test;

participle *sustantivo* Una de las dos formas verbales que se usan con verbos auxiliares para indicar ciertos tiempos; participio. Los participios funcionan a veces como adjetivos o sustantivos. Los participios presentes a menudo terminan en *-ing: doing; seeing; taking.* Los participios pasados a menudo terminan en *-n, -en, -ed, -d,* o *-t,* como en las formas verbales *spoken, fallen, boiled, baked,* y *dreamt.*

particle *sustantivo* Pedacito o cantidad pequeña de algo sólido; pizca; partícula.

particular *adjetivo* **1.** Relativo a una sola persona o grupo; individual; singular. **2.** Distinto a cualquier otro; definido; específico; particular; único. **3.** Especial o singular; inusitado. **4.** Que muestra o exige estrecha atención al detalle; minucioso.
—*sustantivo* Un solo ítem o dato; un detalle; pormenor.

partition *sustantivo* Pared, panel o pantalla que divide una habitación o espacio; mampara; tabique.
—*verbo* **1.** Dividir para formar espacios o secciones separadas. **2.** Hacer un espacio separado mediante el uso de un tabique; seccionar.

partly *adverbio* Hasta cierto punto o alcance; en parte; parcialmente.

partner *sustantivo* **1.** Una de dos o más personas unidas en alguna actividad, especialmente en un negocio; socio. **2.** Persona con quien uno baila; compañero. **3.** Cualquiera de las personas que juegan juntas en un juego; compañero; pareja.

partnership *sustantivo* Acción y efecto de ser socios; asociación; sociedad.

part of speech Una de las varias clases de palabras según su uso en una frase u oración; análisis gramatical. En inglés las palabras se clasifican generalmente como sustantivo, pronombre, verbo, adjetivo, adverbio, preposición, conjunción e interjección.

partridge *sustantivo* Ave de cuerpo rollizo y plumas parduzcas; perdiz. A menudo se caza como deporte.

part-time *adjetivo* Que sólo dura parte de la jornada normal; por horas.
—*adverbio* De jornada parcial.

party *sustantivo* **1.** Grupo de personas que se reunen para algún fin. **2.** Reunión de gente para diversion o placer; fiesta. **3.** Grupo de personas reunidas para realizar actividades políticas, que nombran y apoyan a sus candidatos en su aspiración de lograr un puesto de gobierno; partido. **4.** Persona o grupo que toma parte o participa.

pass *verbo* **1.** Ir de un sitio a otro; pasar. **2.** Pasar sin parar. **3.** Alcanzar y pasar. **4.** Pasar, en el tiempo; pasar el tiempo. **5.** Llegar a su fin. **6.** Entregar o lanzar de una persona a otra. **7.** Realizar con resultados satisfactorios; aprobar. **8.** Aceptar o adoptar como ley; hacer ley.
Verbos en locuciones **pass away** Morir. **pass out 1.** Repartir; entregar. **2.** Desmayarse.
—*sustantivo* **1.** Gesto con la mano o algo que se tiene en la mano. **2.** Camino o grieta difícil de atravesar; desfiladero; pasadizo. **3.** Permiso escrito o impreso; autorización. **4.** Boleto que permite la entrada gratis. **5.** En deporte, envío de la pelota o disco a otro jugador del mismo equipo.

passage *sustantivo* **1.** El acto o proceso de pasar; paso; movimiento. **2.** Vía estrecha entre dos sitios o puntos; pasadizo. **3.** Jornada o viaje, especialmente por barco. **4.** Canal o tubo en el cuerpo por donde hay un pasaje: *the nasal passage = el pasaje nasal.* **5.** Aprobación de una ley por un cuerpo legislativo. **6.** Parte de una obra escrita o musical; pasaje.

passenger *sustantivo* Persona que viaja en tren, avión, ómnibus, buque, coche u otro vehículo; pasajero.

passing *adjetivo* **1.** Que pasa; que alcanza y pasa: *a passing car = un auto que pasa.* **2.** Que dura poco; breve; pasajero. **3.** Que se dice o hace rápido; de pa-

satisfactory.
—*noun, plural* **passings** The act of going by.

pas·sion |păsh′ən| —*noun, plural* **passions** 1. A powerful or very strong feeling. Love, joy, anger, or hatred are passions. 2. A strong liking for something.
pas·sive |păs′ĭv| —*adjective* 1. Not joining or taking part; not active. 2. Giving in to another or others; not resisting.
passive voice A form of a verb or phrasal verb that shows that the subject of the sentence is the object or the receiver of the action expressed by the verb. In the sentence "The money was stolen," the verb form "was stolen," is in the passive voice.
pass·port |păs′pôrt′| or |păs′pōrt′| or |päs′pôrt′ or |päs′pōrt′| —*noun, plural* **passports** A document given out by the government of a country. A passport identifies a person as a citizen and gives official permission to travel in foreign countries.
past |păst| or |päst| —*adjective* 1. Gone by; over. 2. Just ended; just over. 3. Having existed or taken place at an earlier time; former.
—*noun, plural* **pasts** 1. All the time gone by before the present. 2. A person's history and background.
—*preposition* 1. Alongside and beyond. 2. Beyond in time; later or older. 3. Beyond in position.
—*adverb* To and beyond a point near at hand; by.

paste |pāst| —*noun, plural* **pastes** 1. A smooth, sticky substance that is used to fasten things together. Paste is often made of a mixture of flour and water. 2. A food that has been made soft by pounding or grinding.
—*verb* **pasted, pasting** 1. To fasten or stick together with paste. 2. To cover with something to which paste has been applied.
pass·word |păs′wûrd′| or |päs′wûrd′| —*noun, plural* **passwords** A secret word or phrase spoken to a guard that identifies a person and allows him or her to enter a special place.
pas·tel |pă stěl′| —*noun, plural* **pastels** 1. A crayon that is like chalk. It is used in drawing. 2. A picture drawn or painted with such crayons. 3. A soft, pale color.
pas·teur·ize |păs′chə rīz′| —*verb* **pasteurized, pasteurizing** To heat milk or other liquids hot enough so that certain germs are killed.
pas·time |păs′tīm′| —*noun, plural* **pastimes** An activity, such as a game or hobby, that uses one's time in a pleasant way.
pas·tor |păs′tər| —*noun, plural* **pastors** A minister who is in charge of a church.
past participle A form of a verb that shows an action, a condition, or a state that happened or existed in or during the past. The past participle can be used as an adjective.
pas·try |pā′strē| —*noun, plural* **pastries** 1. Baked foods, such as pies and tarts. 2. Dough used to make the crusts of such foods.
past tense A verb tense that shows an action that happened or a condition that existed in or during the past.
pas·ture |păs′chər| or |päs′chər| —*noun, plural* **pastures** 1. A piece of land covered with grass and other plants that are eaten by horses, cattle, sheep, or other animals that graze. 2. The grass and other plants eaten by animals that graze.
—*verb* **pastured, pasturing** To put animals in a pasture to graze.
pat |păt| —*verb* **patted, patting** 1. To touch or stroke gently with the open hand. 2. To flatten or shape by patting.
—*noun, plural* **pats** 1. A gentle stroke or tap. 2. A

sada; informal. 4. Que permite aprobar un examen; satisfactorio.
—*sustantivo* El acto de pasar; pasaje; pasada.
passion *sustantivo* 1. Emoción vehemente o muy fuerte; pasión; sentimiento. 2. Afición fuerte hacia algo; pasión.
passive *adjetivo* 1. Que no se une o toma parte; no activo; pasivo. 2. Que se rinde a otro u otros; que no se resiste; pasivo.
passive voice Forma del verbo o de un verbo en locución que indica que el sujeto de la oración es el objeto o recipiente de la acción expresada por el verbo; voz pasiva. En la oración "The money was stolen," la forma verbal "was stolen" está en la voz pasiva.
passport *sustantivo* Documento que otorga el gobierno de un país; pasaporte. Los pasaportes identifican a las personas como ciudadanas y les dan permiso oficial para viajar a países extranjeros.

past *adjetivo* 1. Concluido; terminado; pasado. 2. Que acaba de terminar; que acaba de concluir; pasado. 3. Que existió o tuvo lugar en un tiempo anterior; pasado; anterior.
—*sustantivo* 1. Todo el tiempo que pasó antes que el presente; el pasado. 2. Historia y antecedentes de una persona; el pasado.
—*preposición* 1. Al lado y más allá; por delante: *The river flows past my house.* = *El río corre al lado de mi casa.* 2. Más allá en el tiempo; más tarde o más viejo; pasado. 3. Más lejos en posición; más allá de.
—*adverbio* Hacia y más allá de un punto cercano; por; por el lado.
paste *sustantivo* 1. Sustancia blanda y pegajosa que se usa para pegar cosas; engrudo. El engrudo a menudo se prepara de una mezcla de harina y agua. 2. Alimento que se ha suavizado al machacarlo o pulverizarlo; pasta.
—*verbo* 1. Unir o juntar con engrudo; pegar. 2. Cubrir con algo a lo que se le ha aplicado engrudo; pegar.

password *sustantivo* Palabra o frase secreta que se dice a un guardián para identificar a una persona y permitirle entrar a un sitio especial; contraseña.

pastel *sustantivo* 1. Lápiz que se parece a la tiza y que se usa para dibujar; pastel. 2. Cuadro dibujado o pintado con tales lápices; pastel. 3. Color suave y pálido; pastel.
pasteurize *verbo* Calentar leche u otros líquidos a temperaturas muy altas a fin de matar ciertos gérmenes; pasterizar.
pastime *sustantivo* Actividad, tal como un juego o afición, que emplea el tiempo de uno de manera agradable; pasatiempo.
pastor *sustantivo* Ministro que está a cargo de una iglesia; pastor.
past participle Forma del verbo que muestra una acción, condición o estado que ocurrió o existió en o durante el pasado; participio pasado. El participio pasado se puede usar como adjetivo.
pastry *sustantivo* 1. Alimentos horneados, tales como bizcochos y tartas; pasteles. 2. La masa usada para hacer la corteza de tales alimentos.
past tense Tiempo del verbo que expresa una acción que ocurrió o una condición que existió en o durante el pasado; pretérito.
pasture *sustantivo* 1. Extensión de terreno cubierta de hierbas y otras plantas para que coman los caballos, el ganado, las ovejas y otros animales que pastan; prado. 2. Hierba y otras plantas que comen los animales que pastan; pasto; forraje.
—*verbo* Poner animales en un prado a pastar; pastorear.
pat *verbo* 1. Tocar o golpear suavemente con la mano abierta; dar palmaditas. 2. Alisar o moldear algo dando palmaditas.
—*sustantivo* 1. Golpecito o toquecito suave; palma-

ă pat   ā pay   â care   ä father   ĕ pet   ē be   ĭ pit   ī pie   î fierce   ŏ pot   ō go   ô paw, for   oi oil   ŏŏ book   ōō boot

small piece or lump.

patch |păch|—*noun, plural* **patches 1.** A small piece of material. A patch is used to cover a hole, a tear, or a worn place. **2.** A bandage or pad worn over a wound or an injured eye to protect it. **3.** A small piece of land with plants growing on it. **4.** A small area that is different from what is around it.
—*verb* **patched, patching 1.** To cover or fix with a patch; put a patch on. **2.** To make by sewing pieces of material or cloth together.

patch·work |păch'wûrk'|—*noun* Pieces of cloth of different colors, shapes, and sizes that are sewn together. A patchwork is used to make coverings, such as quilts for beds.

pat·ent |păt'nt|—*noun, plural* **patents** A document given by the government to an inventor or company.
—*verb* **patented, patenting** To get a patent for.

pa·ter·nal |pə tûr'nəl|—*adjective* **1.** Of or like a father; fatherly. **2.** Related to through one's father.

path |păth| or |päth|—*noun, plural* **paths** |păthz| or |păthz| or |păths| or |päths| **1.** A way or trail made by footsteps. **2.** A way made for walking. **3.** The line or route along which something or someone moves.

pa·thet·ic |pə thĕt'ĭk|—*adjective* Causing or making one feel pity or sorrow; sad; pitiful.

pa·tience |pā'shəns|—*noun* The condition or quality of being patient.

pa·tient |pā'shənt|—*adjective* Putting up with or enduring trouble, hardship, delay, and pain without complaining or getting angry.
—*noun, plural* **patients** A person who is under the treatment or care of a doctor.

pat·i·o |păt'ē ō'|—*noun, plural* **patios 1.** An inside yard or court that is not covered by a roof but is open to the sky. **2.** A space or part of a yard next to a house or apartment that is used for outdoor eating and recreation.

pa·tri·ot |pā'trē ət| or |pā'trē ŏt'|—*noun, plural* **patriots** A person who loves, supports, and defends his or her country.

pa·tri·ot·ic |pā'trē ŏt'ĭk|—*adjective* Feeling or showing love and support for one's country.

pa·tri·ot·ism |pā'trē ə tĭz'əm|—*noun* Love of and loyalty to one's country.

pa·trol |pə trōl'|—*verb* **patrolled, patrolling** To go or walk through an area to guard it and make sure that there is no trouble.
—*noun, plural* **patrols 1.** The act of patrolling. **2.** A person or group of persons who do such a job.

pa·tron |pā'trən|—*noun, plural* **patrons 1.** A person who helps or supports a person, group, or institution by giving money. **2.** A regular customer of a store or restaurant.

pat·tern |păt'ərn|—*noun, plural* **patterns 1.** The way in which shapes and colors are arranged; a design. **2.** A guide or model for something to be made. **3.** A combination of events or qualities that always happen the same way or in the same order.
—*verb* **patterned, patterning** To make or follow according to a special pattern or model.

pause |pôz|—*verb* **paused, pausing** To stop for a short time in the middle of doing or saying something.
—*noun, plural* **pauses** A short stop or rest.

pave |pāv|—*verb* **paved, paving** To cover a road, sidewalk, driveway, or other area with pavement.

pave·ment |pāv'mənt|—*noun, plural* **pavements** A hard covering or surface used on roads, streets, sidewalks, and driveways.

pa·vil·ion |pə vĭl'yən|—*noun, plural* **pavilions 1.** A fancy or elaborate tent. **2.** An open structure with a roof. A pavilion often has a raised wooden floor and is used at parks and fairs for amusement or shelter. **3.** One of a group of buildings that are part of a hospital.

dita. **2.** Pedazo o trozo pequeño; porción.

patch *sustantivo* **1.** Pedazo pequeño de material; remiendo; parche. **2.** Vendaje o cataplasma que se usa sobre una herida o un ojo lesionado para protegerlo; parche. **3.** Pedazo pequeño de tierra en el cual crecen plantas; parcela. **4.** Área pequeña que es diferente de lo que la rodea; trozo.
—*verbo* **1.** Cubrir o arreglar con parches; emparchar; remendar. **2.** Hacer algo cosiendo pedazos de tejidos o tela unos con otros.

patchwork *sustantivo* Pedazos de tela de diferentes colores, diseños y tamaños que se cosen unos con otros; centón. Los centones se usan como cobertores para camas.

patent *sustantivo* Documento dado por el gobierno a un inventor o compañía; patente.
—*verbo* Obtener una patente; patentar.

paternal *adjetivo* **1.** Relativo o parecido a un padre; paternal. **2.** Emparentado por medio del padre de uno; paterno.

path *sustantivo* **1.** Vía o camino creado por el paso de peatones; sendero; senda. **2.** Vía hecha para caminar; camino; vereda. **3.** Línea o ruta a lo largo de la cual se mueve algo o alguien; curso.

pathetic *adjetivo* Que causa o hace que uno sienta piedad o tristeza; triste; lastimoso; patético.

patience *sustantivo* Condición o cualidad de ser paciente; paciencia.

patient *adjetivo* Que aguanta o soporta las dificultades, infortunios, demoras y dolor sin quejarse o enojarse; paciente; tolerante.
—*sustantivo* Persona que está bajo tratamiento o el cuidado de un médico; paciente.

patio *sustantivo* **1.** Patio interior que no está cubierto por un techo, sino que es abierto; patio. **2.** Espacio o parte de un patio al lado de una casa o apartamento que se usa para comidas al aire libre o recreación; terraza.

patriot *sustantivo* Persona que ama, apoya y defiende su país; patriota.

patriotic *adjetivo* Que siente o demuestra amor y apoyo por su país; patriótico.

patriotism *sustantivo* Amor y lealtad a la patria; patriotismo.

patrol *verbo* Rondar o caminar por un área para custodiarla y asegurarse de que no hay problemas; patrullar.
—*sustantivo* Patrulla: **1.** Acción de patrullar. **2.** Persona o grupo de personas que realizan esta labor.

patron *sustantivo* **1.** La persona que ayuda o mantiene a una persona, grupo o institución dándole dinero; patrocinador; benefactor. **2.** El cliente regular de una tienda o restaurante; parroquiano.

pattern *sustantivo* **1.** Manera en que se arreglan formas y colores; dibujo; diseño. **2.** Guía o modelo para hacer algo; patrón. **3.** Combinación de sucesos o características que siempre ocurren de la misma manera o en el mismo orden; pauta; norma.
—*verbo* Seguir o hacer de acuerdo a un patrón o modelo especial; modelar.

pause *verbo* Interrumpirse por poco tiempo al hacer o decir algo; pausar; detenerse.
—*sustantivo* Interrupción o descanso breve; pausa; intervalo.

pave *verbo* Cubrir con pavimento una carretera, acera, camino de entrada u otra área; pavimentar.

pavement *sustantivo* Cubierta o superficie dura usada sobre carreteras, calles, aceras y caminos de entrada; pavimento.

pavilion *sustantivo* **1.** Carpa de lujo o muy adornada; pabellón. **2.** Estructura abierta por todos lados con un techo; glorieta; quiosco. **3.** Uno en un grupo de edificios que forman parte de un hospital; pabellón.

ər butter   yōō abuse   ou **out**   ŭ **cut**   û **fur**   *th* **the**   th **thin**   hw **which**   zh **vision**   ə **ago, item, pencil, atom, circus**

paw |pô| —*noun, plural* **paws** The foot of an animal that has four feet and claws or nails. —*verb* **pawed, pawing 1. a.** To touch or strike with a paw. **b.** To scrape with a front foot. **2.** To handle in a clumsy or rude way.

pawn[1] |pôn| —*verb* **pawned, pawning** To give or leave something valuable with someone temporarily in exchange for a loan.

pawn[2] |pôn| —*noun, plural* **pawns 1.** The least valuable piece in the game of chess. **2.** A person that is used or controlled by another person in order to get something.

pay |pā| —*verb* **paid, paying 1.** To give money to someone in exchange for goods or for work done. **2.** To give a particular amount of money that is owed or due; give the required amount. **3.** To be worthwhile or helpful; be worth the effort. **4.** To give, do, or make.
Phrasal verbs **pay back** To get even with; revenge. **pay for** To suffer because of something.
—*noun* Money given in return for work done; salary.

pay·ment |pā'mənt| —*noun, plural* **payments 1.** The act of paying. **2.** Something that is paid.

pay·roll |pā'rōl'| —*noun, plural* **payrolls 1.** A list of all workers or employees and the amount of money or salary that each one is to be paid. **2.** The total amount of money or salaries paid to employees at one time.

pea |pē| —*noun, plural* **peas** One of the round green seeds of a plant that has long green pods.

peace |pēs| —*noun* **1.** Freedom from war or fighting. **2.** A condition of calm, order, and good feelings between people.

peace·ful |pēs'fəl| —*adjective* **1.** Against war or fighting; liking to live in peace. **2.** Calm and quiet; serene.

peach |pēch| —*noun, plural* **peaches 1.** A sweet, round, juicy fruit. It has smooth yellow or reddish skin that feels fuzzy, and a pit with a hard shell. **2.** A light yellowish-pink color.
—*adjective* Light yellowish pink.

pea·cock |pē'kŏk'| —*noun, plural* **peacocks** The male of the peafowl. The peacock has brilliant blue or green feathers. Its long tail feathers have spots that look like eyes.

pea·fowl |pē'foul'| —*noun, plural* **peafowls** or **peafowl** A large bird related to the pheasants; a peacock or a peahen.

pea·hen |pē'hĕn'| —*noun, plural* **peahens** The female of the peafowl. The peahen does not have the bright colors of the peacock.

peak |pēk| —*noun, plural* **peaks 1.** The pointed or narrow top of a mountain. **2.** The mountain itself. **3.** Any pointed top or end. **4.** The highest point of development or value. **5.** The round brim of a cap that sticks out in front.

peal |pēl| —*noun, plural* **peals 1.** A loud ringing of a set of bells. **2.** A long, loud noise or series of noises. —*verb* **pealed, pealing** To ring out in a peal or shout loudly.

pea·nut |pē'nŭt'| or |pē'nət| —*noun, plural* **peanuts** A plant seed that looks and tastes like a nut. Peanuts grow in pods that ripen underground.

peanut butter A soft food made by grinding roasted peanuts.

pear |pâr| —*noun, plural* **pears** A sweet, juicy fruit

paw *sustantivo* El pie de un animal que tiene cuatro piernas y garras o pezuñas; pata. —*verbo* **1. a.** Tocar o golpear con una pata. **b.** Arañar con una de las patas delanteras; escarbar. **2.** Tocar de manera torpe o ruda; toquetear.

pawn[1] *verbo* Dar o dejar algo valioso temporalmente a cambio de un préstamo; empeñar; prendar.

pawn[2] *sustantivo* **1.** La pieza menos valiosa en un juego de ajedrez; peón. **2.** Persona que es utilizada o controlada por otra a fin de obtener algo; juguete; instrumento.

pay *verbo* **1.** Dar dinero a alguien a cambio de bienes o por trabajo realizado; pagar. **2.** Dar la cantidad particular de dinero que se debe o adeuda; dar la cantidad requerida; pagar. **3.** Valer la pena o ser útil; valer el esfuerzo; ser provechoso: *It pays to be nice to people.* = *Vale la pena ser bueno con la gente.* **4.** Prestar; hacer; rendir: *Pay attention in class.* = *Presten atención en la clase. I am going to pay you a visit soon.* = *Te haré una visita pronto. We pay homage to our heroes.* = *Les rendimos homenaje a nuestros héroes.*
Verbos en locuciones **pay back** Desquitarse; vengarse; devolver. **pay for** Sufrir por algo; pagarla.
—*sustantivo* Dinero que se da a cambio de trabajo realizado; salario; paga.

payment *sustantivo* **1.** Acción de pagar; pago. **2.** Lo que se paga; pago.

payroll *sustantivo* **1.** Lista de todos los trabajadores o empleados de una compañía y la cantidad de dinero o salario que cada uno gana; planilla de pago. **2.** Cantidad total del dinero o de los salarios que se pagan a los empleados a un mismo tiempo; nómina.

pea *sustantivo* Una de las semillas verdes y redondas de una planta que tiene largas vainas verdes; guisante; arveja.

peace *sustantivo* Paz: **1.** Ausencia de guerra o lucha. **2.** Condición de calma, orden y buena voluntad entre la gente.

peaceful *adjetivo* **1.** Que se opone a la guerra o la lucha; que gusta vivir en paz; pacífico. **2.** Calmo y sosegado; sereno; tranquilo.

peach *sustantivo* **1.** Fruta dulce, redonda, jugosa; melocotón; durazno. Los melocotones tienen una cáscara suave amarilla o rojiza que se siente vellosa al tacto y una semilla con una cáscara dura. **2.** Color rosado amarilloso claro; color melocotón.
—*adjetivo* Rosado amarilloso claro; de color melocotón.

peacock *sustantivo* Macho de la pava real; pavo real.Tiene plumas azules o verde brillante y las largas plumas de su cola tienen manchas que parecen ojos.

peafowl *sustantivo* Ave grande relacionada con los faisanes; pavo o pava real.

peahen *sustantivo* Hembra del pavo real; pava real. La pava real no tiene los colores brillantes del pavo real.

peak *sustantivo* **1.** Cúspide aguda o estrecha de una montaña; cumbre; cima. **2.** La montaña misma; pico. **3.** Cualquier parte superior o extremo puntiagudo; punta. **4.** Punto más alto de desarrollo o mérito; apogeo. **5.** El ala redonda de una gorra que sobresale hacia el frente; visera.

peal *sustantivo* **1.** Tañido alto de un grupo de campanas; repique; carillón. **2.** Ruido largo, fuerte o serie de ruidos; estruendo; fragor. —*verbo* Tañer en repique o gritar fuertemente; repiquetear; resonar; retumbar.

peanut *sustantivo* Semilla que se parece y tiene el sabor de una nuez; maní. El maní crece en vainas que maduran bajo la tierra.

peanut butter Alimento blando que se hace al moler maní tostado; mantequilla de maní.

pear *sustantivo* Fruta dulce, jugosa, de cáscara suave,

---

with smooth yellowish or brown skin. A pear is rounded at one end and tapers to a point at the other end.

pearl |pûrl| —noun, plural **pearls** 1. A smooth whitish or grayish gem with a soft shine. 2. Something that looks like a pearl.

peas·ant |pĕz'ənt| —noun, plural **peasants** A person who belongs to the group or class of small farmers and farm workers in Europe.

peat |pēt| —noun A kind of soil found in bogs and marshes.

peb·ble |pĕb'əl| —noun, plural **pebbles** A small stone that has been made smooth and round by wind and water.

pe·can |pĭ kän'| or |pĭ kăn'| or |pē'kăn'| —noun, plural **pecans** A nut that grows on a tall tree and has a smooth, oval shell.

peck[1] |pĕk| —verb **pecked, pecking** 1. To strike something with a beak or an instrument with a sharp point. 2. To make a hole in by striking over and over with a beak. 3. To pick up grain or other food with the beak.
—noun, plural **pecks** 1. A short strike or blow with the beak. 2. A light, quick kiss.

peck[2] |pĕk| —noun, plural **pecks** 1. A unit of measure for grain, vegetables, fruit, and other dry things. 2. A container holding just this amount used as a measure.

pe·cu·liar |pĭ kyōol'yər| —adjective 1. Unusual or odd; not normal; strange. 2. Belonging to a special or particular person, group, place, or thing.

pe·cu·li·ar·i·ty |pĭ kyōo'lē ăr'ĭ tē| —noun, plural **peculiarities** 1. Something that is peculiar or odd. 2. The condition or quality of being peculiar.

ped·al |pĕd'l| —noun, plural **pedals** A lever that is worked or operated by the foot.
—verb **pedaled, pedaling** To use or operate the pedals of something.

ped·dle |pĕd'l| —verb **peddled, peddling** To travel or go from place to place selling goods.

ped·dler |pĕd'lər| —noun, plural **peddlers** A person who travels from place to place selling goods.

ped·es·tal |pĕd'ĭ stəl| —noun, plural **pedestals** 1. The base on which a statue or column stands. 2. The base or other part on which something stands or by which it is held up.

pe·des·tri·an |pə dĕs'trē ən| —noun, plural **pedestrians** A person who travels on foot.

pe·di·a·tri·cian |pē'dē ə trĭsh'ən| —noun, plural **pediatricians** A doctor who takes care of children and babies and treats their diseases.

ped·i·gree |pĕd'ĭ grē'| —noun, plural **pedigrees** The whole line of ancestors or family of a person or animal.

peek |pēk| —verb **peeked, peeking** To look or glance quickly or secretly.
—noun, plural **peeks** A quick or secret look or glance.

peel |pēl| —noun, plural **peels** The skin or rind of certain fruits, such as an orange or banana.
—verb **peeled, peeling** 1. To remove the skin or outer covering from. 2. To strip away; pull off. 3. To come off in thin strips or layers. 4. To lose or shed skin or other covering.

peep[1] |pēp| —noun, plural **peeps** A weak, high sound, like that made by a young bird; chirp.
—verb **peeped, peeping** To make such a sound.

peep[2] |pēp| —verb **peeped, peeping** 1. To look quickly or secretly, especially through a small hole or from a hiding place; peek. 2. To be able to be seen; become visible.
—noun, plural **peeps** A quick look; a peek.

peer[1] |pîr| —verb **peered, peering** 1. To look closely in order to see something clearly; stare. 2. To come into view or peep out; show.

color amarillento o marrón; pera.

pearl sustantivo 1. Gema lisa, blancuzca o grisácea, de brillo pálido; perla. 2. Algo que parece una perla; perla.

peasant sustantivo Persona que pertenece al grupo o clase de pequeños agricultores y trabajadores de finca en Europa; campesino; labriego.

peat sustantivo Tipo de tierra que se encuentra en pantanos y ciénagas; turba.

pebble sustantivo Piedra pequeña que se ha vuelto lisa y redonda por la acción del viento y del agua; guijarro.

pecan sustantivo Nuez que crece en un árbol alto y tiene una cáscara lisa, de forma ovalada; pacana.

peck[1] verbo 1. Golpear algo con un pico o algún instrumento con una punta afilada; picar. 2. Hacer un agujero en algo golpeando una y otra vez con un pico; picotear. 3. Recoger granos u otros alimentos con el pico; picar.
—sustantivo 1. Golpe o punzada breve con el pico; picotazo. 2. Beso leve, rápido; besito.

peck[2] sustantivo 1. Unidad de medida para granos, vegetales, frutas y otros alimentos áridos; celemín. 2. Envase que acomoda esta cantidad y que se usa como medida; celemín.

peculiar adjetivo 1. Poco usual o raro; anormal; extraño. 2. Que pertenece a una persona, grupo, lugar, o cosa especial o particular; peculiar; característico.

peculiarity sustantivo 1. Algo que es característico o poco corriente; peculiaridad. 2. Condición o calidad de ser extraño; rareza.

pedal sustantivo Palanca que se pone en movimiento o que se opera con el pie; pedal.
—verbo Usar u operar los pedales de algo; pedalear.

peddle verbo Viajar o ir de lugar en lugar vendiendo artículos; vender de puerta en puerta.

peddler sustantivo La persona que viaja de lugar en lugar vendiendo artículos; vendedor ambulante.

pedestal sustantivo 1. Base sobre la cual se levanta una columna o resta una estatua; pedestal. 2. Base u otra parte sobre la cual se levanta o se sostiene algo; pedestal.

pedestrian sustantivo La persona que anda a pie; peatón.

pediatrician sustantivo Médico que atiende niños y bebés y trata sus enfermedades; pediatra.

pedigree sustantivo Línea completa de antepasados o familia de una persona o animal; linaje; pedigrí.

peek verbo Mirar u ojear rápidamente o en secreto; mirar a hurtadillas.
—sustantivo Mirada rápida o secreta; ojeada.

peel sustantivo Piel o corteza de algunas frutas, como la naranja o la banana; cáscara.
—verbo 1. Remover la piel o cubierta exterior; pelar. 2. Despegar; arrancar; quitar. 3. Despegar en tiras o capas delgadas; caerse a tiras. 4. Perder o mudar la piel u otra cubierta; despellejar.

peep[1] sustantivo Sonido débil y agudo, como el producido por un ave pequeña; gorjeo; pío.
—verbo Emitir tal sonido; piar.

peep[2] verbo 1. Mirar rápidamente o en secreto, en especial a través de un agujero pequeño o de un escondrijo; ojear; mirar furtivamente. 2. Poder ser visto, hacerse visible; salir: *The sun peeped out from behind the clouds.* = *El sol salió por detrás de los nubes.*
—sustantivo Mirada rápida; ojeada; mirada furtiva.

peer[1] verbo 1. Mirar atentamente con el fin de ver algo claramente; mirar fijamente. 2. Dejarse ver o asomar; mostrarse; aparecer: *The moon peered from behind a cloud.* = *La luna se asomaba por detrás de una nube.*

---

peer² |pîr| —*noun, plural* **peers 1.** Someone who is equal to another in age, ability, or rank. **2.** Someone who has a title; nobleman. Dukes, duchesses, and princes are all peers.

peg |pĕg| —*noun, plural* **pegs** A piece of wood or metal that is used to fasten things together, to plug a hole, or to hang things on.
—*verb* **pegged, pegging** To fasten or plug with pegs.

pel·i·can |pĕl′ĭ kən| —*noun, plural* **pelicans** A large bird with a long bill and webbed feet. Under its lower bill the pelican has a large pouch used for holding the fish it has caught.

pel·let |pĕl′ĭt| —*noun, plural* **pellets 1.** A very small, hard ball made of different substances. Medicine, food, and paper can all be formed into pellets. **2.** A kind of bullet for certain kinds of guns.

pelt¹ |pĕlt| —*noun, plural* **pelts** An animal skin with the hair or fur still on it.

pelt² |pĕlt| —*verb* **pelted, pelting 1.** To hit or strike with something over and over; throw things at. **2.** To beat down on over and over.

pen¹ |pĕn| —*noun, plural* **pens** An instrument for writing with ink.

pen² |pĕn| —*noun, plural* **pens** A small, fenced area in which animals are kept.
—*verb* **penned, penning** To keep in or as if in a pen.

pe·nal·ize |pē′nə līz′| —*verb* **penalized, penalizing** To give a punishment to.

pen·al·ty |pĕn′əl tē| —*noun, plural* **penalties 1.** A punishment set by law for a crime. **2.** Something that must be given up for an offense.

pen·cil |pĕn′səl| —*noun, plural* **pencils 1.** A thin stick of a hard material inside a covering of wood, used for writing. **2.** Something shaped or used like a pencil.
—*verb* **penciled, penciling** To write or draw with a pencil.

pen·du·lum |pĕn′jə ləm| or |pĕn′dyə ləm| —*noun, plural* **pendulums** A weight hung by a light cord, chain, or bar so that it can easily swing back and forth.

pen·e·trate |pĕn′ĭ trāt′| —*verb* **penetrated, penetrating 1.** To go into or through. **2.** To study and understand.

pen·guin |pĕng′gwĭn| —*noun, plural* **penguins** A sea bird with webbed feet and narrow wings that look like flippers. Penguins cannot fly, but use their wings for swimming.

pen·i·cil·lin |pĕn′ĭ sĭl′ən| —*noun* An antibiotic drug that is made from a mold.

pen·in·su·la |pə nĭn′sə lə| or |pə nĭns′yə lə| —*noun, plural* **peninsulas** A piece of land that is almost surrounded by water and connected to a larger body of land.

pen·i·ten·tia·ry |pĕn′ĭ tĕn′shə rē| —*noun, plural* **penitentiaries** A prison for people who are found guilty of serious crimes.

pen·man·ship |pĕn′mən shĭp′| —*noun* The art, skill, style, or manner of handwriting.

pen·nant |pĕn′ənt| —*noun, plural* **pennants 1.** A long, narrow flag, shaped like a triangle. It is used by ships for giving signals. **2.** In sports, a flag that is the emblem of the winning team.

pen·ny |pĕn′ē| —*noun, plural* **pennies 1.** A United States or Canadian coin worth ¹/₁₀₀ of a dollar; a cent. **2.** *plural* **pence** or **pennies** A British coin worth ¹/₁₀₀ of a pound.

pen·sion |pĕn′shən| —*noun, plural* **pensions** A sum of money paid regularly to a person who has retired from work. Pensions are also paid when a person cannot work because of a long illness or an injury.
—*verb* **pensioned, pensioning** To give a pension to.

pen·ta·gon |pĕn′tə gŏn′| —*noun, plural* **pentagons** A geometric shape that has five sides and five angles.

pent·house |pĕnt′hous′| —*noun, plural* **penthouses** |pĕnt′hou′zĭz| An apartment, usually with a terrace, located on the roof of a building.

peer² *sustantivo* **1.** Persona que es igual a otra en edad, habilidad o rango; compañero; camarada. **2.** Persona que posee un título; noble; par. Los duques, duquesas y príncipes son pares.

peg *sustantivo* Pieza de madera o metal que se usa para unir cosas, para tapar agujeros, o para colgar cosas; clavija; espiga.
—*verbo* Unir o tapar con clavijas; enclavijar.

pelican *sustantivo* Ave grande de pico largo y patas palmeadas; pelícano. En su pico inferior tiene una bolsa grande donde guarda los peces que ha pescado.

pellet *sustantivo* **1.** Bola pequeña y dura hecha de diferentes sustancias; pelotilla. cápsula. **2.** Clase de bala para cierto tipo de pistolas; perdigón.

pelt¹ *sustantivo* Cuero de animal que aún conserva el pelo; piel.

pelt² *verbo* **1.** Golpear con algo una y otra vez arrojándolo; arrojar cosas; tirar. **2.** Golpear una y otra vez; aporrear.

pen¹ *sustantivo* Instrumento para escribir con tinta; pluma.

pen² *sustantivo* Área pequeña, cercada, en que se guardan los animales; corral; redil.
—*verbo* Mantener en un corral o como en un corral; acorralar; encerrar.

penalize *verbo* Dar un castigo; castigar; sancionar; penalizar.

penalty *sustantivo* **1.** Castigo impuesto por ley para castigar un crimen; pena. **2.** Algo que se debe pagar por una falta; penalidad.

pencil *sustantivo* **1.** Barrita delgada de material duro dentro de una envoltura de madera que se usa para escribir; lápiz. **2.** Algo que tiene la forma de, o se usa como, un lápiz; lápiz.
—*verbo* Escribir o dibujar con un lápiz.

pendulum *sustantivo* Peso suspendido de una cuerda, cadena o barra liviana de manera que pueda moverse fácilmente una al lado y hacia otro; péndulo.

penetrate *verbo* **1.** Ir hacia adentro o a través de algo; penetrar. **2.** Estudiar y comprender; penetrar; descifrar.

penguin *sustantivo* Ave marina de patas palmeadas y alas estrechas que parecen aletas; pingüino. Los pingüinos no pueden volar pero usan sus alas para nadar.

penicilin *sustantivo* Droga antibiótica que se produce de un moho; penicilina.

peninsula *sustantivo* Pedazo de tierra que está casi completamente rodeada de agua y está unida a una masa de tierra mayor; península.

penitentiary *sustantivo* Prisión para personas que se hallan culpables de haber cometido crímenes serios; penitenciaría; presidio.

penmanship *sustantivo* Arte, habilidad, estilo o manera de escribir a mano; caligrafía.

pennant *sustantivo* **1.** Bandera larga, estrecha, en forma de triángulo; gallardete. Los barcos los usan para hacer señales. **2.** En deportes, bandera que es el emblema del equipo campeón; banderín.

penny *sustantivo* **1.** Moneda de Estados Unidos o Canadá que vale ¹/₁₀₀ de un dólar; centavo. **2.** Moneda británica que vale ¹/₁₀₀ de una libra; penique.

pension *sustantivo* Suma de dinero pagada regularmente a una persona que se ha retirado de su trabajo, o que se encuentra incapacitada; pensión.
—*verbo* Dar una pensión; pensionar.

pentagon *sustantivo* Figura geométrica que tiene cinco lados y cinco ángulos; pentágono.

penthouse *sustantivo* Departamento, usualmente con una terraza, localizado en la azotea de un edificio.

ă pat ā pay â care ä father ĕ pet ē be ĭ pit ī pie î fierce ŏ pot ō go ô paw, for oi oil ŏŏ book ōō boot

peo·ple |pē′pəl| —*noun, plural* **people 1.** Human beings. **2.** A group of people living in the same country under one national government. **3.** *plural* **peoples** A group of people sharing the same religion, culture, and language. **4. the people** The large group of ordinary people. **5.** Family, relatives, or ancestors.
—*verb* **peopled, peopling** To give a population to.

pep |pĕp| —*noun* High spirits or energy.
pep·per |pĕp′ər| —*noun, plural* **peppers 1.** A seasoning made from the dried, blackish berries of a vine. **2.** The hollow green or red fruit of a bushy plant.
—*verb* **peppered, peppering 1.** To season with pepper. **2.** To sprinkle or hit with many small things.

pep·per·mint |pĕp′ər mĭnt′| —*noun, plural* **peppermints 1.** A plant with a strong, pleasant taste and smell. **2.** Oil from this plant, used to flavor candy, chewing gum, and other things. **3.** A candy flavored with peppermint.
per |pûr| —*preposition* **1.** For every. **2.** According to. **3.** By means of; through.

per·ceive |pər sēv′| —*verb* **perceived, perceiving 1.** To become aware of by seeing, hearing, tasting, smelling, or touching. **2.** To get an understanding of.
per cent For or out of each hundred; per hundred.
per·cent·age |pər sĕn′tĭj| —*noun, plural* **percentages 1.** A fraction that is understood to have 100 as its denominator; a fraction written or spoken by using the phrase *per cent*. **2.** A part of a whole.
perch¹ |pûrch| —*noun, plural* **perches 1.** A branch or rod that a bird holds with its claws while it is resting. **2.** Any resting place, especially one that is up high.
—*verb* **perched, perching 1.** To land or rest on or as if on a perch. **2.** To be in a high position.

perch² |pûrch| —*noun, plural* **perch** or **perches** A fish that is much used for food. Some kinds of perch live in fresh water, and others live in salt water.
per·cus·sion instrument |pər kŭsh′ən| A musical instrument, such as a drum, xylophone, or piano, in which sound is made by striking one thing against another.
per·fect |pûr′fĭkt| —*adjective* **1.** Completely free from mistakes; exact. **2.** Without faults or defects. **3.** Completamente diestro en una trabajo. **4.** Completely skilled in a certain job. **4.** Excellent and delightful in every way.
—*verb* |pər fĕkt′| **perfected, perfecting** To make perfect or complete.
per·fec·tion |pər fĕk′shən| —*noun* **1.** The act or process of perfecting. **2.** The condition of being perfect.

per·fo·rate |pûr′fə rāt′| —*verb* **perforated, perforating 1.** To punch a hole or holes in. **2.** To punch rows of holes in something to make it easy to pull apart.
per·form |pər fôrm′| —*verb* **performed, performing 1.** To begin and carry through to the end; do. **2.** To sing, dance, act, play a musical instrument, or do tricks in front of people; entertain an audience.
per·form·ance |pər fôr′məns| —*noun, plural* **performances 1.** The act or process of performing. **2.** The way in which something or someone works. **3.** A public entertainment, such as acting, singing, dancing, or playing a musical instrument.
per·form·er |pər fôr′mər| —*noun, plural* **performers** Someone who acts, sings, dances, plays a musical instrument, or entertains an audience in some way.
per·fume |pûr′fyōōm′| or |pər fyōōm′| —*noun, plural* **perfumes 1.** A pleasant-smelling liquid made from flowers. **2.** A pleasant smell.
—*verb* **perfumed, perfuming** To put on or fill with perfume.

people *sustantivo* **1.** Seres humanos; gente. **2.** Grupo de personas que viven en un mismo país bajo un gobierno nacional; pueblo. **3.** Grupo de gente que comparte la misma religión, cultura y lenguaje; pueblo. **4. the people** Grupo extenso de gente común; el pueblo. **5.** Familiares, parientes o antepasados; familia.
—*verbo* Establecer una población; poblar.

pep *sustantivo* Buen ánimo o energía.
pepper *sustantivo* **1.** Condimento que se hace de las bayas oscuras y secas de una enredadera; pimienta. **2.** Fruto hueco, verde o rojo de una planta tupida; pimiento; ají.
—*verbo* **1.** Condimentar con pimienta. **2.** Salpicar o golpear con muchas cosas pequeñas; acribillar; salpicar.

peppermint *sustantivo* **1.** Planta de sabor y olor fuerte, agradable; menta. **2.** El aceite de esta planta, el cual se usa para dar sabor a dulces, a la goma de mascar, y a otras cosas; menta. **3.** Dulce con sabor a menta; pastilla de menta.
per *preposición* **1.** Por cada uno; por: *forty cents per gallon* = *cuarenta centavos por cada galón.* **2.** Conforme a; según: *per your instructions* = *según sus instrucciones.* **3.** Por medio de; a través de; por.

perceive *verbo* **1.** Darse cuenta de algo por medio de la vista, el oído, el sabor, el olor o el tacto; percibir. **2.** Lograr entender algo; comprender; percatarse.
per cent Por o de cada cien; por ciento.
percentage *sustantivo* Porcentaje: **1.** Fracción que se asume que tiene 100 como denominador; fracción que se escribe o se expresa usando la frase *per cent*. **2.** Una parte de un todo.
perch¹ *sustantivo* **1.** Rama o vara a la que un ave se aferra con sus garras mientras descansa. **2.** Cualquier lugar de descanso, especialmente uno que está en lo alto; posición elevada.
—*verbo* **1.** Asentarse o descansar sobre o como si fuera sobre una rama; posarse. **2.** Estar en una posición elevada; estar encaramado.

perch² *sustantivo* Pez que se usa mucho como alimento; perca. Algunas especies de perca viven en agua dulce; otras viven en agua salada.
percussion instrument Instrumento musical, tal como un tambor, xilófono o piano, en el cual el sonido se produce por el golpe de una cosa contra otra; instrumento de percusión.
perfect *adjetivo* **1.** Completamente libre de errores; exacto; perfecto. **2.** Sin fallas o defectos; perfecto. **3.** Completamente diestro en una trabajo. **4.** Excelente y agradable en todo sentido; perfecto.
—*verbo* Hacer perfecto o completo; perfeccionar; acabar; mejorar.

perfection *sustantivo* **1.** Acción o proceso de perfeccionar; perfeccionamiento. **2.** La condición de ser perfecto; perfección.
perforate *verbo* **1.** Hacer un agujero o agujeros en una cosa; perforar. **2.** Hacer hileras de agujeros en algo para hacerlo fácil de separar; perforar.
perform *verbo* **1.** Comenzar y hacer algo hasta el final; realizar; ejecutar. **2.** Cantar, bailar, actuar, tocar un instrumento musical o hacer trucos frente a un público; entretener a un auditorio; interpretar; actuar.
performance *sustantivo* **1.** Acción o proceso de realizar algo; realización; ejecución. **2.** Manera en que algo o alguien trabaja; desempeño; cumplimiento. **3.** Diversión pública tal como una actuación, canto, baile o interpretación de un instrumento musical; espectáculo.
performer *sustantivo* Persona que actúa, canta, baila, toca un instrumento musical o entretiene a un público de alguna manera; intérprete.
perfume *sustantivo* **1.** Líquido de olor agradable hecho de flores; perfume. **2.** Olor agradable; perfume; aroma; fragancia.
—*verbo* Poner o llenar de perfume; perfumar.

ər butter   yōō abuse   ou **out**   ŭ **cut**   û **fur**   *th* **the**   th **thin**   hw **which**   zh vision   ə ago, item, pencil, atom, circus

per·haps |pər hăps' | —*adverb* Maybe; possibly.

per·il |pĕr' əl | —*noun, plural* **perils 1.** The chance of harm or loss. **2.** Something dangerous; a big risk.

pe·rim·e·ter |pə rĭm'ə tər| —*noun, plural* **perimeters** The sum of the lengths of the sides of an area or geometric shape.

pe·ri·od |pîr'ē əd | —*noun, plural* **periods 1.** A portion of time. **2.** The punctuation mark (.) used at the end of certain sentences and after many abbreviations.

pe·ri·od·ic |pîr'ē ŏd'ĭk| —*adjective* **1.** Happening at regular periods of time. **2.** Taking place from time to time.

pe·ri·od·i·cal |pîr'ē ŏd'ĭ kəl | —*noun, plural* **periodicals** A publication, especially a magazine, that is printed regularly, but less than daily.

per·i·scope |pĕr'ĭ skōp' | —*noun, plural* **periscopes** An instrument with mirrors or prisms that allows a view of something that a person cannot see directly. Periscopes are used in submarines.

per·ish |pĕr'ĭsh | —*verb* **perished, perishing 1.** To die in a violent way. **2.** To disappear over a length of time; pass from existence.

per·ish·a·ble |pĕr'ĭ shə bəl | —*adjective* Likely to decay or spoil easily.

per·ju·ry |pûr'jə rē | —*noun, plural* **perjuries** In law, the telling of a lie when one has promised to tell the truth.

perk |pûrk | —*verb* **perked, perking** To raise in a smart or brisk way.
Phrasal verb **perk up 1.** To become or cause to become lively or bright again. **2.** To make prettier or more attractive.

per·ma·nent |pûr'mə nənt | —*adjective* Lasting or meant to last for a long time.

per·mis·sion |pər mĭsh'ən | —*noun, plural* **permissions** Agreement to let someone do' or have something.

per·mit |pər mĭt' | —*verb* **permitted, permitting 1.** To give permission to; allow. **2.** To make possible.
—*noun* |pûr'mĭt | or |pər mĭt' |, *plural* **permits** A written order or license that allows a person to do something.

per·pen·dic·u·lar |pûr' pĕn dĭk' yə lər | —*adjective* **1.** Crossing at or making a right angle or angles. **2.** At right angles to the horizon; vertical.
—*noun, plural* **perpendiculars** A line or surface that crosses another at right angles.

per·pet·u·al |pər pĕch'ōō əl | —*adjective* **1.** Lasting forever. **2.** Repeated again and again or going on without stopping.

per·plex |pər plĕks' | —*verb* **perplexed, perplexing** To confuse or puzzle.

per·se·cute |pûr'sĭ kyōōt' | —*verb* **persecuted, persecuting** To cause to suffer, especially because of political or religious beliefs.

per·se·cu·tion |pûr'sĭ kyōō'shən | —*noun, plural* **persecutions** The act of persecuting.

per·sist |pər sĭst' | —*verb* **persisted, persisting** To repeat again and again; insist.

per·sist·ent |pər sĭs'tənt | —*adjective* **1.** Refusing to give up or let go. **2.** Lasting for a long time.

per·son |pûr'sən | —*noun, plural* **persons 1.** A living human being. **2.** The body of a living human being. **3.** In grammar, any of the pronouns or verb forms that refer to the speaker (first person), the one or ones spoken to (second person), and someone or something spoken of (third person). For example, in the sentence *I told you about her, I* is in the first person, *you* is in the second person, and *her* is in the third person.

per·son·al |pûr'sə nəl | —*adjective* **1.** Of a certain person; private; one's own. **2.** Likely to make remarks about another person, often in an unfriendly way. **3.** Done or made in person. **4.** Of the body.

perhaps *adverbio* Tal vez; posiblemente; quizás.

peril *sustantivo* **1.** Probabilidad de daño o pérdida; riesgo. **2.** Algo peligroso; riesgo grande; peligro.

perimeter *sustantivo* La suma de los lados de un área o figura geométrica; perímetro.

period *sustantivo* **1.** Espacio de tiempo; período. **2.** Signo de puntuación (.) que se usa al final de ciertas oraciones y luego de muchas abreviaturas; punto.

periodic *adjetivo* Periódico: **1.** Que ocurre a espacios de tiempo regulares; regular. **2.** Que ocurre de cuando en cuando.

periodical *sustantivo* Publicación, generalmente una revista, que se imprime regularmente, pero no todos los días; publicación periódica.

periscope *sustantivo* Instrumento hecho a base de espejos y prismas que permite a quien lo usa ver por encima de su campo visual directo, y que se utiliza en los submarinos; periscopio.

perish *verbo* Perecer: **1.** Morir en forma violenta. **2.** Desaparecer por largo tiempo; dejar de existir.

perishable *adjetivo* Que se descompone, pudre o echa a perder fácilmente, como las frutas y los vegetales.

perjury *sustantivo* En derecho, mentira que se dice bajo juramento de decir la verdad; perjurio.

perk *verbo* Levantar o erguir rápidamente las orejas, la cabeza, etc.
verbo en locución **perk up** Levantarse o levantar, en el sentido de cobrar o infundir más vida: **1.** Reactivarse, o hacer que se reactive otro; animarse o animar. **2.** Hacer más bonito o actractivo; adornar o vestir.

permanent *adjetivo* Que dura o que debe durar mucho tiempo; duradero; permanente.

permission *sustantivo* Acuerdo, para dejar que alguien haga o tenga algo; consentimiento; licencia; autorización; permiso.

permit *verbo* Permitir: **1.** Dar permiso; consentir; autorizar. **2.** Hacer posible.
—*sustantivo* Autorización u orden escrita que le permite a una persona hacer algo; permiso; pase.

perpendicular *adjetivo* Perpendicular: **1.** Que forma uno o más ángulos rectos. **2.** En ángulo recto con el horizonte; vertical.
—*sustantivo* Línea recta o plano que intersecta o cruza a otra línea recta o a otro plano en ángulo recto; perpendicular.

perpetual *adjetivo* Perpetuo: **1.** Que dura para siempre; permanente; duradero. **2.** Que se repite muchas veces, o que continúa sin parar; continuo.

perplex *verbo* Confundir; asombrar en extremo; dejar perplejo.

persecute *verbo* Castigar, especialmente a causa de las creencias políticas o religiosas del castigado; perseguir; acosar.

persecution *sustantivo* Acción de perseguir o vejar; persecución; acuso.

persist *verbo* Repetir una y otra vez; insistir, perseverar; pesistir.

persistent *adjetivo* Persistente: **1.** Que no cede o cesa; insistente. **2.** Que dura por largo tiempo; duradero; pertinaz.

person *sustantivo* Persona: **1.** Ser humano vivo. **2.** Cuerpo de un ser humano vivo: *He had only two dollars on his person.* = *Tenía sólo dos dólares en su persona.* **3.** En gramática, cualquiera de los pronombres o formas del verbo que se refieren al que habla (primera persona) a quien o quienes lo escuchan (segunda persona), o a aquel, aquellos o aquello de quienes se habla (tercera persona).

personal *adjetivo* Personal: **1.** De una cierta persona; privado; propio; de uno mismo. **2.** Que es probable que haga observaciones poco amistosas de otra persona; que lleva algo al plano personal. **3.** Que hace algo o se

---

per·son·al·i·ty |pûr′sə năl′ĭ tē| —*noun, plural* **personalities 1.** All the kinds of behavior and feelings that one person has that make that person different from everyone else. **2.** A person of fame or importance.
per·son·al·ly |pûr′sə nə lē| —*adverb* **1.** In person or by oneself; without the help of others. **2.** As far as oneself is concerned. **3.** As a person. **4.** In a personal way.

personal pronoun In grammar, a pronoun that indicates the person speaking, the person spoken to, or the person or thing spoken of.

per·son·nel |pûr′sə něl′| —*noun* **1.** The people who work for a company, business, or organization. **2.** The division of a company or organization that hires, trains, and places people to work for the company.

per·spec·tive |pər spĕk′tĭv| —*noun, plural* **perspectives 1.** The way things are drawn on a flat surface so that they appear to be the same as when seen by the eye. **2.** A way of looking at things; point of view.
per·spi·ra·tion |pûr′spə rā′shən| —*noun* **1.** The salty moisture given off through the skin by the sweat glands; sweat. **2.** The act or process of perspiring.

per·spire |pər spīr′| —*verb* **perspired, perspiring** To give off perspiration; to sweat.
per·suade |pər swād′| —*verb* **persuaded, persuading** To cause someone to do or believe something by arguing, begging, or reasoning; convince.
per·tain |pər tān′| —*verb* **pertained, pertaining** To belong to or have to do with; be related to; be connected with.

pes·si·mis·tic |pĕs′ə mĭs′tĭk| —*adjective* Likely to take the gloomiest view of one's situation or the world.

pest |pĕst| —*noun, plural* **pests 1.** A harmful or troublesome animal or plant. **2.** An annoying or troublesome person.
pes·ter |pĕs′tər| —*verb* **pestered, pestering** To annoy or bother.
pes·tle |pĕs′əl| or |pĕs′təl| —*noun, plural* **pestles** A tool with a rounded end used for crushing or mashing things.
pet |pĕt| —*noun, plural* **pets 1.** An animal that a person likes and takes care of. Dogs and cats are often kept as pets. Mice, birds, and even snakes are sometimes kept as pets. **2.** Someone or something that is a favorite.
—*verb* **petted, petting** To stroke or pat gently.
pet·al |pĕt′l| —*noun, plural* **petals** One of the parts of a flower that give it the color and shape by which we know it.
pe·ti·tion |pə tĭsh′ən| —*noun, plural* **petitions 1.** A special request to someone in charge. **2.** A written request for a right or benefit from someone in charge.
—*verb* **petitioned, petitioning** To make a formal request.

pet·ri·fy |pĕt′rə fī′| —*verb* **petrified, petrifying, petrifies 1.** To turn wood or other material into stone. **2.** To daze with fear or surprise.

presenta en persona, no por escrito, ni por teléfono, ni a través de otro individuo; de cuerpo presente. **4.** Relativo al cuerpo de las personas.
personality *sustantivo* Personalidad: **1.** Conjunto de las formas de conducta y los sentimientos de una persona que la hacen diferente de todas los demás; individualidad. **2.** Persona famosa e importante.
personally *adverbio* Personalmente: **1.** En persona o por sí mismo; sin ayuda de otros. **2.** Medida o grado hasta donde a uno le concierne algo; en lo personal: *Personally, I can't stand chocolate.* = *Personalmente, no soporto el chocolate.* **3.** Como persona; en persona: *I know who he is, but I don't know him personally.* = *Yo sé quién es él, pero no lo conozco personalmente.* **4.** En forma personal: *It's a political statement that you shouldn't take personally.* = *Es una declaración política que tú no debes tomar personalmente.*

personal pronoun En gramática, palabra que indica o se refiere a la persona o personas que hablan, a aquella o aquellas a quienes se habla, o a aquella o aquellas de quienes se habla; pronombre personal.
personnel *sustantivo* Personal: **1.** Los que trabajan para una compañía, negocio u organización; conjunto de empleados. **2.** División de una compañía u organización que contrata, entrena y coloca a las personas que trabajan para la compañía; oficina o departamento de personal.
perspective *sustantivo* Perspectiva: **1.** Forma en que se representan los objetos dibujados en una superficie plana de tal manera que parezcan vistos de cuerpo presente. **2.** Forma de ver las cosas; punto de vista; enfoque.
perspiration *sustantivo* Sudor, sudoración: **1.** Fluido de sabor salado que producen las glándulas sudoríparas y que sale a través de la piel. **2.** Acción o proceso de sudar.
perspire *verbo* Sudar; transpirar.

persuade *verbo* Inducir a alguien a que haga o crea algo discutiendo, pidiendo o razonando; convencer; persuadir.
pertain *verbo* Pertenecer o tener que ver con alguien o algo; guardar relación; referirse a; tener que ver; atañer; concernir: *His answer did not pertain to the question.* = *Su respuesta no tenía nada que ver con la pregunta.*
pessimistic *adjetivo* Que tiende a enfocar su propia situación, la del mundo o cualquiera otra desde el punto de vista más sombrío; pesimista.
pest *sustantivo* Plaga: **1.** Animal o planta dañinos o molestos. **2.** Persona irritante, impertinente, inoportuna o fastidiosa.
pester *verbo* Fastidiar; molestar; irritar; incomodar; importunar.
pestle *sustantivo* Utensilio de punta redondeada que se utiliza para triturar, majar o aplastar cosas; mano de mortero.
pet *sustantivo* **1.** Animal al que una persona quiere y cuida; animal doméstico que, por lo general, vive en la casa con su dueño. **2.** Alguien o algo favorito o preferido por una persona: *He is the teacher's pet.* = *Él es el favorito de la maestra.*
—*verbo* Acariciar con delicadeza; mimar.
petal *sustantivo* Una de las partes de la flor, que le da el color y la forma por la que la reconocemos; pétalo.

petition *sustanivo* Petición: **1.** Solicitud especial que se hace a alguien que tiene la facultad de concederla o negarla. **2.** Demanda o solicitud escrita que reclama un derecho o beneficio a alguna autoridad.
—*verbo* Hacer una solicitud formal; dirigirse formalmente; suplicar o pedir formalmente; formular una petición.
petrify *verbo* Petrificar; petrificarse: **1.** Transformarse la madera u otra sustancia en piedra; fosilizarse. **2.** Aturdir por el miedo o la sorpresa; quedar como petrificado por el miedo o por un susto; paralizar.

pe·tro·le·um |pə trō′lē əm| —*noun* A kind of dark yellowish-black oil that is found below the ground. Petroleum is easy to set on fire and can burn very quickly. Gasoline, kerosene, and paraffin are made from petroleum.

pet·ti·coat |pĕt′ē kŏt′| —*noun, plural* **petticoats** A skirt or slip worn by girls and women as an undergarment.

pew |pyōō| —*noun, plural* **pews** A bench for people to sit on in a church.

pew·ter |pyōō′tər| —*noun* A kind of metal made from tin, copper, and lead. Pewter is used to make dishes, candlesticks, plates, and other utensils.

phar·ma·cist |fär′mə sĭst| —*noun, plural* **pharmacists** A person who is trained to prepare drugs and medicines; druggist.

phar·ma·cy |fär′mə sē| —*noun, plural* **pharmacies** A place where drugs are prepared and sold; a drugstore.

phase |fāz| —*noun, plural* **phases** 1. A clear or distinct stage of development. 2. A part or side. 3. Any of the forms in which the moon or the planets appear at any given time.

pheas·ant |fĕz′ənt| —*noun, plural* **pheasants** A large, brightly colored bird with a long tail. Pheasants are often hunted as game.

phe·nom·e·na |fĭ nŏm′ə nə| A plural of the noun **phenomenon.**

phe·nom·e·non |fĭ nŏm′ə nŏn′| —*noun, plural* **phenomena** or **phenomenons** 1. A fact or event that can be seen, heard, or otherwise known. 2. Someone or something that is unusual or extraordinary.

phi·los·o·pher |fĭ lŏs′ə fər| —*noun, plural* **philosophers** A person who studies philosophy and seeks wisdom.

phil·o·soph·i·cal |fĭl′ə sŏf′ĭ kəl| —*adjective* 1. Of philosophy. 2. Calm, reasonable, and wise.

phi·los·o·phy |fĭ lŏs′ə fē| —*noun, plural* **philosophies** 1. The study of the truths and laws that rule life and nature. 2. A system of ideas based on this kind of study. 3. A person's own beliefs and opinions about life and the world.

phone |fōn| —*noun, plural* **phones** A telephone.
—*verb* **phoned, phoning** To call by telephone.

pho·net·ic |fə nĕt′ĭk| —*adjective* Of, having to do with, or standing for speech sounds.

pho·no·graph |fō′nə grăf′| or |fō′nə gräf′| —*noun, plural* **phonographs** A machine that reproduces sound from a groove cut into a record.

phos·pho·rus |fŏs′fər əs| —*noun* A substance that is found in white, yellow, red, and black forms. Phosphorus shines in the dark and is poisonous. It is one of the chemical elements and is used to make matches.

pho·to |fō′tō| —*noun, plural* **photos** A photograph.

pho·to·graph |fō′tə grăf′| or |fō′tə gräf′| —*noun, plural* **photographs** A picture formed on a surface that is sensitive to light by a camera. This surface is developed by chemicals to give a positive proof.
—*verb* **photographed, photographing** 1. To make a photograph of; take a picture of. 2. To be a subject for a photograph.

pho·tog·ra·pher |fə tŏg′rə fər| —*noun, plural* **photographers** Someone who takes photographs, especially as a job.

pho·to·graph·ic |fō′tə grăf′ĭk| —*adjective* Of or used in photography or a photograph.

pho·tog·ra·phy |fə tŏg′rə fē| —*noun* The art or job of taking and making photographs.

phras·al verb |frā′zəl| A verb phrase in which the first word is the main-entry word used as a verb. The second word of the phrase is usually a preposition but may also be a conjunction or an adverb. For example, *pass out, set aside, make up,* and *pick up* are phrasal verbs.

petroleum *sustantivo* Sustancia aceitosa y combustible de color negro amarillento que se encuentra bajo la tierra y que se consume rápidamente cuando se la quema; petróleo.

petticoat *sustantivo* Enagua o falda que usan las niñas y las mujeres como ropa interior; refajo; sayuela o saya interior.

pew *sustantivo* Banco que se usa en las iglesias para que se siente el público; banco de iglesia.

pewter *sustantivo* Combinación de metales a base de estaño, cobre y plomo que se utiliza para hacer platos, candelabros y otros utensilios; peltre.

pharmacist *sustantivo* Persona adiestrada en la preparación de medicamentos; farmacéutico.

pharmacy *sustantivo* Lugar donde se venden y se preparan medicamentos; farmacia.

phase *sustantivo* Fase: 1. Etapa clara y precisa en el desarrollo de algo. 2. Parte o aspecto. 3. Cualquiera de las formas en que aparecen la luna o los planetas en un momento determinado.

pheasant *sustantivo* Ave grande, de colores brillantes y larga cola que es muy apreciada por su carne; faisán.

phenomena Plural del sustantivo **phenomenon.**

phenomenon *sustantivo* Fenómeno: 1. Hecho o suceso que se puede ver u oír, o del que uno puede enterarse por cualquier medio. 2. Algo o alguien inusitado o extraordinario.

philosopher *sustantivo* Persona que estudia filosofía y busca la sabiduría; filósofo.

philosophical *adjetivo* Filosófico: 1. Relativo a la filosofía. 2. Calmado, razonable y sabio.

philosophy *sustantivo* Filosofía: 1. Estudio de las verdades y leyes que rigen la vida y la naturaleza. 2. Sistema de ideas basado en este tipo de estudio. 3. Las creencias y opiniones personales de alguien acerca del mundo y de la vida.

phone *sustantivo* Teléfono.
—*verbo* Llamar por teléfono; telefonear.

phonetic *adjetivo* Relativo a los sonidos del lenguaje o que los representa; los fonéticos.

phonograph *sustantivo* Aparato que reproduce los sonidos grabados en los surcos de un disco fonográfico; tocadiscos; fonógrafo.

phosphorus *sustantivo* Elemento químico venenoso que emite luz en la oscuridad, aparece en formas blanca, amarilla, roja o negra, y que se utiliza para hacer cerillos; fósforo.

photo *sustantivo* Fotografía; retrato; foto.

photograph *sustantivo* Imagen positiva obtenida de la negativa que, dentro de una cámara, se fija en la superficie de una película sensible a la luz; fotografía.
—*verbo* Fotografiar; retratar: 1. Tomar una fotografía. 2. Ser fotografiado; salir mejor o peor en fotografías; ser más o menos fotogénico.

photographer *sustantivo* Persona que toma fotografías, sobre todo si lo hace como ocupación habitual; fotógrafo.

photographic *adjetivo* Relativo al arte o la técnica de tomar fotografías, o que se usa en ello o para ello; fotográfico.

photography *sustantivo* Arte u ocupación de tomar y revelar fotografías; fotografía.

phrasal verb Frase verbal o verbo en locución en que la primera palabra es la principal y que se usa como si la frase completa fuera un solo verbo; la segunda palabra de la frase es generalmente una preposición, pero también puede ser una conjunción o un adverbio. Ejemplos de verbos en locuciones son: *pass out = des-*

ă pat ā pay â care ä father ĕ pet ē be ĭ pit ī pie î fierce ŏ pot ō go ô paw, for oi oil ōō book ōō boot

phrase |frāz| —*noun, plural* **phrases** A group of words that means something but is not a complete sentence.
—*verb* **phrased, phrasing** To express something by speaking or writing.

phys·i·cal |fĭz'ĭ kəl| —*adjective* **1.** Of the body rather than the mind or feelings. **2.** Solid or material. **3.** Of matter that is not living or of energy rather than living matter. **4.** Of or having to do with the natural features of the earth's surface.

phy·si·cian |fĭ zĭsh'ən| —*noun, plural* **physicians** A person who has a license to treat and care for people who are sick or hurt; a medical doctor.

phy·sics |fĭz'ĭks| —*noun* The science of matter and energy and the laws that rule them. Physics deals with light, motion, sound, heat, electricity, and force.

pi |pī| —*noun, plural* **pis** A number that equals the quotient of the circumference of a circle divided by its diameter. Pi is equal to about 3.1416. Its symbol is π.

pi·an·o |pē ăn'ō| —*noun, plural* **pianos** A large musical instrument with a keyboard and wire strings of different lengths and thicknesses.

pick¹ |pĭk| —*verb* **picked, picking** **1.** To choose or select. **2.** To gather with the fingers; pluck. **3.** To dig at with something pointed. **4.** To cause on purpose; provoke. **5.** To open without using a key. **6.** To steal the contents of. **7.** To pluck the strings of a musical instrument in order to play a tune.
Phrasal verbs **pick at 1.** To eat in small bites, without much appetite. **2.** To criticize someone for small, unimportant things. **pick on** To tease or bully. **pick out** To choose or select. **pick up 1.** To lift up or take up. **2.** To take on. **3.** To go faster. **4.** To receive. **5.** To put things back in order; clean up.
—*noun, plural* **picks 1.** A choice. **2.** The best one.
Idiom **pick and choose** To choose or select with care.

pick² |pĭk| —*noun, plural* **picks 1.** A tool for loosening or breaking up soil or other hard material. It is made up of a slightly curved bar pointed at both ends and fitted onto a long wooden handle **2.** A toothpick or any pointed tool for breaking, piercing, or picking. **3.** A small, flat piece of plastic or bone that is used to pluck the strings of an instrument.

pick·et |pĭk'ĭt| —*noun, plural* **pickets 1.** A pointed stake or spike. A picket is driven into the ground to hold up a fence, fasten down a tent, or hold an animal in place. **2.** Someone who walks in front of a place of work to protest something during a strike.
—*verb* **picketed, picketing** To protest against during a strike.

pick·le |pĭk'əl| —*noun, plural* **pickles** Any food that has been preserved and flavored in vinegar or salt water.

pick·pock·et |pĭk'pŏk'ĭt| —*noun, plural* **pickpockets** Someone who steals from a person's pocket or purse.

pick·up |pĭk'ŭp'| —*noun, plural* **pickups 1.** The act of picking up packages, mail, freight, or passengers for delivery to another place. **2.** The ability to increase speed quickly.

pickup truck A small, light truck with an open body

mayarse, set aside = *poner a un lado,* y *pick up* = *recoger.*

phrase *sustantivo* Grupo de palabras que significa algo pero que no es una oración completa; frase.
—*verbo* Expresar algo en forma oral o escrita; formular.

physical *adjetivo* Físico: **1.** Del cuerpo más bien que de la mente o de los sentimientos; físico; corporal. **2.** Que tiene materia o que es sólido; tangible. **3.** Relativo a la materia inerte o a las formas de energía más bien que a las materias vivas. **4.** Relativo a los aspectos naturales de la superficie terrestre.

physician *sustantivo* Persona que tiene licencia para tratar y curar a los enfermos o lesionados; médico.

physics *sustantivo* Ciencia que estudia la materia y la energía, así como las leyes que las gobiernan; física.

pi *sustantivo* Número que equivale al cociente de la circunferencia de un círculo dividido por su diámetro. Pi es siempre igual a aproximadamente 3.1416, su símbolo es π, una letra del alfabeto griego que lleva ese nombre.

piano *sustantivo* Instrumento musical grande con un teclado y cuerdas metálicas que varían en longitud y grosor; piano.

pick¹ *verbo* **1.** Elegir o seleccionar. **2.** Recoger con los dedos; agarrar. **3.** Escarbar o hurgar con algo puntiagudo; picar; mondar. **4.** Provocar deliberadamente una pelea o disputa. **5.** Abrir un cerrojo sin usar la llave. **6.** Robar sigilosamente el contenido de un bolso, cartera o bolsillo, como lo hacen los carteristas; hurtar. **7.** Tocar las cuerdas de un instrumento como pellizcándolas, no rasgándolas; puntear.
Verbos en locuciones **pick at 1.** Comer a bocados pequeños, sin mucho apetito; picar. **2.** Criticar a alguien por pequeñeces. **pick on** Abusar; molestar; intimidar. **pick out** Escoger o seleccionar. **pick up 1.** Recoger o levantar. **2.** Recibir a bordo de un vehículo o embarcación; recoger. **3.** Aumentar la velocidad; acelerar. **4.** Recibir o captar una transmisión radial distante, u otra señal similar. **5.** Poner de nuevo las cosas en orden; recoger para ordenar.
—*sustantivo* **1.** Selección; lo que se ha escogido. **2.** Lo más escogido, lo mejor; la flor y nata; la crema.
Modismo **pick and choose** Escoger o seleccionar con cuidado.

pick² *sustantivo* **1.** Herramienta que se usa para romper la tierra u otro material duro, y que se compone de una barra metálica ligeramente curva, con puntas en ambos extremos, cuya barra va encajada en un mango largo de madera; zapapico; pico; piqueta. **2.** Mondadientes, ganzúa o cualquier herramienta puntiaguda empleada para forzar, romper, agujerear, perforar, picar o picotear. **3.** Pieza pequeña y plana de plástico o hueso que se usa para tocar las cuerdas de un instrumento; plectro o púa; uña de guitarra.

picket *sustantivo* **1.** Estaca puntiaguda, alcayata o clavo largo que se entierra para sostener una cerca, fijar una carpa o atar un animal. **2.** Persona o grupo que desfila frente a un centro de trabajo para protestar contra el patrono durante una huelga; piquete de huelguistas.
—*verbo* Desfilar protestando contra el patrono durante una huelga.

pickle *sustantivo* Cualquier alimento conservado y condimentado en vinagre o salmuera; escabeche; encurtido.

pickpocket *sustantivo* Ladrón que hurta sigilosamente de los bolsillos o la cartera de una persona; carterista.

pickup *sustantivo* **1.** Acción de recoger paquetes, correo, mercancía o pasajeros para entregarlos en otro lugar; recogida para portear. **2.** Capacidad para aumentar la velocidad rápidamente; poder de aceleración.

pickup truck *sustantivo* Camión pequeño y ligero de cama descu-

and low sides, used for carrying small loads.

pic·nic |pĭk′nĭk| —*noun, plural* **picnics** A meal eaten outdoors.
—*verb* **picnicked, picnicking, picnics** To have a picnic.

pic·ture |pĭk′chər| —*noun, plural* **pictures** **1.** A painting, drawing, or photograph that represents someone or something. **2.** The image on a television screen. **3.** A clear description given in words. **4.** A good likeness or example. **5.** A motion picture or movie.
—*verb* **pictured, picturing** **1.** To make a picture of. **2.** To imagine. **3.** To describe clearly and in detail.

pic·tur·esque |pĭk′chə rĕsk′| —*adjective* Like or making one think of a picture; interesting or very attractive.

pie |pī| —*noun, plural* **pies** A food that has a filling such as fruit, meat, or custard held in pastry and baked.

piece |pēs| —*noun, plural* **pieces** **1.** A part that has been cut or separated from a whole. **2.** A part of a set. **3.** Something that is part of a larger quantity or group. **4.** An artistic, musical, or literary work. **5.** An example; an instance. **6.** A coin.
—*verb* **pieced, piecing** To join the parts of.

pier |pîr| —*noun, plural* **piers** **1.** A platform built over water from a shore. It is used as a landing place or protection for boats or ships. **2.** A pillar or other supporting structure that holds up a bridge.

pierce |pîrs| —*verb* **pierced, piercing** To run through or into; puncture; penetrate.

pig |pĭg| —*noun, plural* **pigs** An animal with short legs, hoofs, and bristles. The pig has a blunt snout used for digging. Pigs are often raised for meat and other products.

pi·geon |pĭj′ĭn| —*noun, plural* **pigeons** A bird with short legs, a plump body, and a small head.

pig·gy·back |pĭg′ē băk′| —*adverb* On the shoulders or back of another.

pig·ment |pĭg′mənt| —*noun, plural* **pigments** A material or substance used to give color to something.

pig·pen |pĭg′pĕn′| —*noun, plural* **pigpens** A fenced area where pigs are kept.

pig·tail |pĭg′tāl′| —*noun, plural* **pigtails** A braid of hair at the back of the head.

pile¹ |pīl| —*noun, plural* **piles** **1.** A lot of things heaped or stacked together, one on top of another; a heap. **2.** A large amount.
—*verb* **piled, piling** **1.** To place or stack in a heap. **2.** To cover or load with a pile.

pile² |pīl| —*noun, plural* **piles** A heavy beam of wood, concrete, or steel that is driven into the ground as a support or foundation for a structure.

pile³ |pīl| —*noun, plural* **piles** The soft, thick fibers of yarn that make the surface of a carpet or of materials like velvet.

pil·grim |pĭl′grĭm| —*noun, plural* **pilgrims** **1.** Someone who travels to a religious shrine or some other sacred place. **2.** **Pilgrim** One of the English settlers who founded a colony in Massachusetts in 1620. The Pilgrims established the first permanent settlement in New England.

pill |pĭl| —*noun, plural* **pills** A small ball or tablet of medicine to be taken by mouth.

pil·lar |pĭl′ər| —*noun, plural* **pillars** **1.** A column that is used to hold up or decorate a building or that stands alone. **2.** Something like a pillar in size or shape.

pil·lo·ry |pĭl′ə rē| —*noun, plural* **pillories** A wooden

---

bierta y costados bajos que se utiliza para llevar cargas no muy pesadas.

picnic *sustantivo* Comida que se come al aire libre; comida campestre o "picnic".
—*verbo* Irse de "picnic."

picture *sustantivo* **1.** Pintura, dibujo o fotografía que representa a alguien o algo; cuadro; foto; instántaneo; ilustración; lámina; grabado. **2.** Imagen que aparece en la pantalla de televisión. **3.** Descripción verbal clara. **4.** Parecido o ejemplo; vivo retrato; imagen; estampa. **5.** Película o cinta cinematográfica; film o filme.
—*verbo* **1.** Pintar o dibujar un cuadro. **2.** Imaginar, imaginarse. **3.** Describir clara y detalladamente.

picturesque *adjetivo* Que hace recordar un cuadro o que parece uno; pintoresco.

pie *sustantivo* Alimento relleno de fruta, carne o natilla, contenido y horneado en una corteza de pasta; empanada; pastel.

piece *sustantivo* **1.** Parte que ha sido cortada o separada de un todo; trozo; pedazo. **2.** Pieza de un juego o conjunto. **3.** Algo que forma parte de un grupo o cantidad mayor; trozo; retazo; sección. **4.** Obra artística, musical o literaria. **5.** Ejemplo o modelo; pieza: *What a fine piece of work!* = ¡Que buena pieza (de trabajo)! **6.** Una moneda.
—*verbo* Unir los pedazos o piezas; pegar; juntar.

pier *sustantivo* **1.** Plataforma construida sobre el agua desde la orilla, y que se usa como atracadero o para protección de los botes y barcos; muelle; embarcadero. **2.** Pilar o cualquiera otra estructura que sostiene un puente; pilote; machón.

pierce *verbo* Atravesar algo o penetrarlo; perforar.

pig *sustantivo* Animal de patas cortas, pezuñas y cerdas que tiene el hocico romo y casi cilíndrico, y que se cría por su carne y otros productos que se derivan de él; cerdo.

pigeon *sustantivo* Ave de patas cortas, cuerpo regordete y cabeza pequeña; paloma; palomo; pichón.

piggyback *adverbio* Que se lleva sobre los hombros o en la espalda; a cuestas; a "caballito."

pigment *sustantivo* Material o sustancia que da color a algo; pigmento; color.

pigpen *sustantivo* Superficie cercada donde se encierra a los cerdos; pocilga; chiquero.

pigtail *sustantivo* Cabello trenzado en la nuca o más arriba; coleta; trenza.

pile¹ *sustantivo* Montón; pila: **1.** Conjunto de cosas apiladas o amontonadas una encima de la otra. **2.** Cantidad grande.
—*verbo* Amontonar; apilar: **1.** Poner en pila o montón. **2.** Cubrir algo con una pila de cosas o cargar algo de cosas.

pile² *sustantivo* Viga pesada de madera, concreto o acero que se entierra en el suelo como soporte o cimiento para una estructura; pilote; pilar.

pile³ *sustantivo* Fibras suaves y gruesas de estambre que le dan textura a los tapetes, alfombras, terciopelo y otras telas; pelusa; pelillo; pelo o pelaje.

pilgrim *sustantivo* **1.** Persona que realiza un viaje con el fin de visitar un templo religioso o algún otro lugar santo; peregrino. **2.** **Pilgrim** Miembro del grupo de colonos ingleses que fundó una colonia en Massachusetts en 1620, la cual fue el primer asentamiento permanente en la región de Nueva Inglaterra.

pill *sustantivo* Pequeña esfera o disco medicinal que se toma por la boca; cápsula; gragea; tableta; pastilla; píldora.

pillar *sustantivo* Pilar: **1.** Columna que se utiliza para sostener o decorar un edificio o que queda sola, a modo de marca o monumento; poste; puntal. **2.** Cualquier objeto parecido a un pilar en forma o tamaño.

pillory *sustantivo* Armazón de madera con agujeros

ă pat ā pay â care ä father ĕ pet ē be ĭ pit ī pie î fierce ŏ pot ō go ô paw, for oi oil o͞o book o͞o boot

framework on a post with holes for the head and hands. People who had done something wrong used to be locked into pillories in the public square as a punishment.

pil·low |pĬl′ō| —*noun, plural* **pillows** A cloth case stuffed with feathers, foam rubber, or other soft material. A pillow is used to support a person's head while resting or sleeping.

pil·low·case |pĬl′ō kās′| —*noun, plural* **pillowcases** A cloth cover with an open end, used to fit over a pillow.

pi·lot |pī′lət| —*noun, plural* **pilots 1.** Someone who operates an aircraft or spacecraft. **2.** An experienced person who steers large ships in and out of a harbor or through dangerous waters.
—*verb* **piloted, piloting** To operate and set the course of a plane, ship, or other vehicle.

pi·mien·to |pĬ mĕn′tō| —*noun, plural* **pimientos** A red pepper with a mild taste. It is often used to stuff olives or to give color and flavor to foods.

pim·ple |pĬm′pəl| —*noun, plural* **pimples** A small swelling on the skin, sometimes red and sore, and often filled with pus.

pin |pĬn| —*noun, plural* **pins 1.** A short, straight, stiff piece of wire with a round head and a sharp point. A pin is used to fasten one thing to another. **2.** Anything like a pin in shape or use. **3.** An ornament fastened to clothing by a pin or clasp. **4.** A bar or rod made of wood, plastic, or metal that fastens or supports things, especially by passing through or into holes. **5.** One of the ten wooden clubs shaped like a bottle at which a ball is rolled in bowling.
—*verb* **pinned, pinning 1.** To fasten or attach with a pin. **2.** To cause to be unable to move.
Idiom **on pins and needles** Anxious or nervous.

pin·a·fore |pĬn′ə fôr′| or |pĬn′ə fōr′| —*noun, plural* **pinafores** A garment without sleeves that looks like an apron.

pi·ña·ta |pĬn yä′tə| —*noun, plural* **piñatas** A colorfully decorated container filled with candy and toys and hung from the ceiling.

pinch |pĬnch| —*verb* **pinched, pinching 1.** To squeeze between the thumb and fingers or between edges. **2.** To squeeze so hard as to cause pain. **3.** To make wrinkled.
—*noun, plural* **pinches 1.** A squeeze or other pressure caused by pressing between the thumb and a finger or between edges. **2.** The amount that can be held between the thumb and a finger. **3.** A time of trouble; an emergency.

pine |pīn| —*noun, plural* **pines 1.** An evergreen tree that has cones and clusters of leaves shaped like needles. There are many kinds of pines. **2.** The wood of a pine tree.

pine·ap·ple |pīn′ăp′əl| —*noun, plural* **pineapples** A large, juicy tropical fruit. It has a rough, thorny skin and a tuft of narrow, prickly leaves at the top.

Ping-Pong |pĬng′pông′| or |pĬng′pŏng′| —*noun* The trademark for the equipment used in the game of table tennis. The name Ping-Pong is often used to refer to the game of table tennis itself.

pink |pĬngk| —*noun, plural* **pinks** A light or pale red.
—*adjective* **pinker, pinkest** Light red or pale red.

pint |pīnt| —*noun, plural* **pints** A unit of measurement equal to sixteen fluid ounces, or one-half quart. In the metric system, a pint equals 0.47 liters.

pi·o·neer |pī′ə nîr′| —*noun, plural* **pioneers 1.** A person who is the first to enter and settle a region and open it up for others. **2.** A person who leads the way or

para la cabeza y las manos que se situaba en las plazas públicas para aprisionar en ella a los delincuentes y otros malhechores como castigo; picota; cepo.

pillow *sustantivo* Cubierta de tela rellena de plumas, hule, espuma de goma o cualquier otro material suave que se usa para que la persona recline la cabeza cuando descansa o duerme; almohada.

pillowcase *sustantivo* Funda de tela con una abertura por la que se mete la almohada; funda de almohada.

pilot *sustantivo* Piloto: **1.** Persona que conduce una aeronave o nave espacial. **2.** Persona experta que maneja grandes buques al entrar y salir del puerto, o a través de aguas peligrosas.
—*verbos* Conducir o determinar el curso de un avión, buque u otro vehículo; pilotar; pilotear.

pimiento *sustantivo* Ají rojo de sabor suave que se usa para rellenar aceitunas o darle color y sabor a la comida; pimiento.

pimple *sustantivo* Pequeña inflamación de la piel, generalmente rojiza y dolorosa, y a menudo llena de pus; grano; barro; abceso pequeño.

pin *sustantivo* **1.** Pieza de alambre corta, recta y rígida, de cabeza redonda en un extremo y punta muy aguda por el otro, que se usa para sostener una cosa con otra; alfiler. **2.** Cualquier cosa parecida a un alfiler, ya sea por su forma o por el uso que se le da: *safety pin* = *alfiler de seguridad o imperdible.* **3.** Adorno que se sujeta a la ropa con un alfiler; broche; prendedor. **4.** Barra o varilla de madera, plástico o metal que sujeta o fija algún objeto, sobre todo si se hace pasar a través de agujeros; pasador; perno; espiga. **5.** Una de las diez piezas de madera que se derriban con la bola en el juego de bolos; bolo.
—*verbo* **1.** Sujetar o prender con alfileres. **2.** Impedir el movimiento; fijar; clavar; sujetar; inmovilizar.
Modismo **on pins and needles** Estar ansioso o nervioso; estar en ascuas.

pinafore *sustantivo* Prenda de vestir sin mangas que parece un delantal.

piñata *sustantivo* Olla decorada de colores que se llena de dulces y juguetes y que se cuelga del techo; piñata.

pinch *verbo* **1.** Apretar entre el pulgar y los otros dedos, o entre dos bordes cualesquiera; pellizcar; pizcar. **2.** Apretar con tal fuerza que cause dolor; pellizcar. **3.** Hacer arrugas; plegar; contraer: *She had a face pinched by fear and the cold.* = *Tenía la cara contraída por el miedo y el frío.*
—*sustantivo* **1.** Apretón o presión que se ejerce al comprimir algo entre el pulgar y otro dedo, o entre dos bordes; pellizco. **2.** Cantidad que se puede pellizcar o recoger entre el pulgar y otro dedo; pizca. **3.** Momento problemático o difícil; emergencia; apuro; aprieto.

pine *sustantivo* Pino: **1.** Árbol de follaje perenne que produce conos, y cuyas hojas están arracimadas y tienen forma de agujas. **2.** Madera del pino.

pineapple *sustantivo* Fruta tropical, grande y jugosa, de piel rugosa y espinosa y hojas delgadas y también espinosas que brotan en su parte superior; piña.

Ping-Pong *sustantivo* Marca de fábrica para el equipo que se utiliza en el juego de tenis de mesa. El nombre de Ping Pong a menudo se refiere al propio juego de tenis de mesa.

pink *sustantivo* Color rojo muy pálido o claro; color de rosa; rosado.
—*adjetivo* Rojo pálido o rojo claro; rosado.

pint *sustantivo* Unidad de medida equivalente a dieciséis onzas o un octavo de galón, y que en el sistema métrico equivale a 0.47 litros; pinta.

pioneer *sustantivo* Pionero: **1.** El primero o uno de los primeros en establecerse en una región y abrirla para otros. **2.** El que marca el paso o es el primero en algún

---

ər butter yŏŏ abuse ou out ŭ cut û fur *th* the th thin hw which zh vision ə ago, item, pencil, atom, circus

is first in a field of science or research.
—*verb* **pioneered, pioneering** 1. To explore, open up, or settle a region. 2. To take part in developing something new.

pipe |pīp| —*noun, plural* **pipes** 1. A tube or hollow cylinder through which a liquid or gas flows. 2. An object used for smoking. A pipe has a hollow tube with a mouthpiece at one end and at the other a small bowl to hold tobacco. 3. A musical instrument shaped like a tube that is played by blowing air into one end.
—*verb* **piped, piping** 1. To carry or send by means of a pipe. 2. To play music on a pipe.

pipe·line |pīp′ līn′| —*noun, plural* **pipelines** A channel of pipe used to carry water, oil, natural gas, and other substances over long distances.

pi·ra·nha |pĭ rän′yə| —*noun, plural* **piranhas** A small freshwater fish of tropical South America. Piranhas have sharp teeth and are very fierce.

pi·rate |pī′ rĭt| —*noun, plural* **pirates** A person who robs ships at sea.

pis·ta·chi·o |pĭ stăsh′ē ō′| —*noun, plural* **pistachios** A small nut with a hard shell and a sweet green kernel.

pis·til |pĭs′ təl| —*noun, plural* **pistils** The female part of a flower. The pistil has a part that receives pollen and a part in which seeds develop.

pis·tol |pĭs′ təl| —*noun, plural* **pistols** A small firearm that can be held and fired with one hand.

pis·ton |pĭs′ tən| —*noun, plural* **pistons** A circular block or disk that fits snugly into a hollow cylinder and moves back and forth.

pit¹ |pĭt| —*noun, plural* **pits** 1. A hole in the ground that is either natural or man-made. 2. Any hollow place on the surface of something.
—*verb* **pitted, pitting** 1. To make holes or depressions in. 2. To mark with small scars. 3. To set in competition; match.

pit² |pĭt| —*noun, plural* **pits** The single hard seed of some fruits, such as a peach or cherry.
—*verb* **pitted, pitting** To remove the pits from.

pitch¹ |pĭch| —*noun* A sticky, dark, thick substance made from tar or petroleum. Pitch is used to make roofs waterproof and also to pave streets.

pitch² |pĭch| —*verb* **pitched, pitching** 1. To throw; hurl; toss. 2. To put up. 3. To fall forward. 4. To plunge back and forth.
—*noun, plural* **pitches** 1. An act of pitching; a toss. 2. A throw of the ball in baseball. 3. A degree or level. 4. A slope downward; slant. 5. In music, the high or low quality of a sound.

pitch·er¹ |pĭch′ ər| —*noun, plural* **pitchers** The baseball player who pitches the ball to the batter.

pitch·er² |pĭch′ ər| —*noun, plural* **pitchers** 1. A container used to hold and pour out liquids. A pitcher has a handle on one side and a spout on the other. 2. **a.** A pitcher with something in it. **b.** The amount that a pitcher holds.

pith |pĭth| —*noun* The soft substance in the center of the stems of many plants.

pit·i·ful |pĭt′ ĭ fəl| —*adjective* Arousing pity, sorrow, and sympathy.

pi·ty |pĭt′ ē| —*noun, plural* **pities** 1. A feeling of sorrow for another's suffering. 2. A cause for regret or sorrow.

piv·ot |pĭv′ ət| —*noun, plural* **pivots** A short rod or shaft about which something turns or swings.
—*verb* **pivoted, pivoting** To swing or turn on or as if on a pivot.

---

campo de la ciencia o de la investigación.
—*verbo* 1. Explorar, colonizar o abrir un camino en una región. 2. Tomar parte en el desarrollo de algo nuevo; promover.

pipe *sustantivo* 1. Tubo o cilindro hueco a través del cual fluye un líquido o gas; tubo; tubería; caño; cañería. 2. Objeto que se usa para fumar, y que tiene un tubo con una boquilla en un extremo y una cavidad para poner la picadura de tabaco en el otro; cachimba; pipa. 3. Instrumento musical que tiene forma de tubo y que se toca soplando por uno de sus extremos.
—*verbo* 1. Conducir por medio de cañerías o tubos. 2. Hacer música con un instrumento que se toca soplando.

pipeline *sustantivo* Conducto o canal por el que fluyen agua, petróleo, gas natural y otras sustancias, recorriendo largas distancias; tubería; oleoducto.

piranha *sustantivo* Pez que habita en los ríos de la América del Sur tropical, tiene dientes muy afilados y es muy voraz; piraña.

pirate *sustantivo* Persona que roba buques en el mar; pirata.

pistachio *sustantivo* Nuez pequeña de cáscara dura y semilla verde y dulce; pistacho.

pistil *sustantivo* Órgano femenino de la flor, una de cuyas partes recibe el polen, desarrollándose las semillas; pistilo.

pistol *sustantivo* Arma de fuego pequeña que puede sostenerse y dispararse con una sola mano; pistola.

piston *sustantivo* Émbolo circular o disco que se mueve de un extremo a otro dentro de un cilindro hueco; pistón.

pit¹ *sustantivo* 1. Hoyo en la tierra ya sea natural o hecho por el hombre; hoyo; foso. 2. Lugar hueco o cóncavo en la superficie de algo.
—*verbo* 1. Hacer hoyos o depresiones; marcar con hoyos. 2. Marcar con pequeñas cicatrices; cacarañar. 3. Poner en competencia; enfrentar: *This tournament pits one school against another.* = *Este torneo enfrenta a una escuela contra la otra.*

pit² *sustantivo* Semilla dura y única de ciertas frutas, como el durazno o la cereza; hueso.
—*verbo* Quitar el hueso o la semilla de una fruta; deshuesar.

pitch¹ *sustantivo* Sustancia pegajosa, oscura y viscosa derivada del petróleo, el alquitrán o la brea que se usa para impermeabilizar techos y para pavimentar calles; asfalto; chapapote o chapopote.

pitch² *verbo* 1. Lanzar; arrojar. 2. Levantar una carpa o tienda de compaña; acampar. 3. Caerse hacia adelante. 4. Mecerse violentamente hacia adelante y hacia atrás, o de un lado a otro.
—*sustantivo* 1. Acción de lanzar; lanzamiento. 2. Lanzamiento de la bola en béisbol. 3. Grado o nivel: *the highest pitch of excitement* = *el más alto nivel de excitación.* 4. Grado de inclinación; pendiente; bajada. 5. En música, tono de un sonido; grave o agudo.

pitcher¹ *sustantivo* Jugador de béisbol que lanza la bola al que tiene el bate.

pitcher² *sustantivo* 1. Recipiente que se usa para guardar o verter líquidos, y que tiene un asa a un lado y un pico al otro; jarra. 2. **a.** Jarra que contiene algo; contenido de una jarra. **b.** Cantidad que cabe en una jarra.

pith *sustantivo* Substancia blanda ubicada en el centro de los tallos de muchas plantas; médula.

pitiful *adjetivo* Que provoca lástima, compasión y pena; lastimero; doloroso; penoso: *a pitiful sight* = *un espectáculo penoso.*

pity *sustantivo* Pena: 1. Sentimiento de pesar por el sufrimiento ajeno; piedad; compasión. 2. Causa de dolor o pena.

pivot *sustantivo* Varilla o eje pequeño alrededor del cual algo gira o se balancea; pivote; eje de rotación.
—*verbo* Girar o balancearse como en un pivote.

ă pat ā pay â care ä father ĕ pet ē be ĭ pit ī pie î fierce ŏ pot ō go ô paw, for oi oil ŏŏ book ōō boot

place |plās| —*noun, plural* **places 1.** A particular area or spot. **2.** A city or other locality. **3.** A dwelling or residence. **4.** An area or building used for a special purpose. **5.** A space for one person to sit or stand. **6.** A duty or right. **7.** Position or rank. **8.** The point to which one has read in a book.
—*verb* **placed, placing 1.** To put in a particular spot, position, or order. **2.** To remember where or how something or someone was first seen or met. **3.** To finish a contest in a certain order.
Idioms **in place of** Instead of. **take place 1.** To happen. **2.** To be set in a particular time or region. **take the place of** To be a substitute for.

plac·id |plăs′ĭd| —*adjective* Calm or peaceful.

plague |plāg| —*noun, plural* **plagues 1.** A very serious disease that spreads rapidly from person to person. **2.** Something that causes great trouble or misery. **3.** A cause of annoyance; bother; nuisance.
—*verb* **plagued, plaguing** To bother, pester, or annoy.

plaid |plăd| —*noun, plural* **plaids 1.** A pattern of squares formed by stripes of different widths and colors that cross one another; a tartan. **2.** A fabric that has such a pattern.

plain |plān| —*adjective* **plainer, plainest 1.** Easy to understand. **2.** Open to view; clear; distinct. **3.** Not fancy; simple. **4.** Ordinary or average. **5.** Not beautiful or handsome. **6.** Without anything added; pure; natural. **7.** Frank; direct; outspoken. **8. a.** Without a pattern or design; all of one color. **b.** Not elaborate; without ornaments.
—*noun, plural* **plains** A large, flat area of land without any trees.

plan |plăn| —*noun, plural* **plans 1.** An idea of what to do or how to do it that has been thought out ahead of time. **2.** A drawing that shows how to make or build something.
—*verb* **planned, planning 1.** To think out what to do or how to do it ahead of time. **2.** To make a drawing of something to be built or made.

plane[1] |plān| —*noun, plural* **planes 1.** A smooth, flat surface, usually level. **2.** A stage of development. **3.** An airplane.
—*adjective* **1.** Lying in a plane. **2.** Level; flat.

plane[2] |plān| —*noun, plural* **planes** A hand tool with a blade that can be adjusted. The blade of a plane sticks out from the bottom. A plane is used to shave down rough spots in wood.
—*verb* **planed, planing** To smooth or shave with a plane.

plan·et |plăn′ĭt| —*noun, plural* **planets** A heavenly body that moves in an orbit around the sun.

plan·e·tar·i·um |plăn′ĭ târ′ē əm| —*noun, plural*

place *sustantivo* **1.** Zona o punto determinados; lugar. **2.** Ciudad, pueblo u otra localidad; lugar. **3.** Vivienda o residencia: *Let's go to my place.* = *Vamos a mi casa.* **4.** Zona o edificación que se usa para una finalidad determinada; lugar; centro: *A university is a place of learning.* = *Una universidad es un centro de aprendizaje.* **5.** Espacio para que una sola persona se siente o se mantenga de pie; lugar; puesto: *Keep my place in the line.* = *Guárdame el puesto en la fila.* **6.** Derecho o deber; función; papel: *It's not my place to tell him what to do.* = *No es mi papel (el de) decirle lo que tiene que hacer.* **7.** Posición o rango; lugar: *to win first place* = *ganar el primer lugar.* **8.** Punto hasta el cual uno ha leído un libro.
—*verbo* **1.** Situar o colocar en un lugar, posición u orden determinados; poner. **2.** Recordar dónde o cómo se vió por primera vez a alguien o algo; ubicar; situar. **3.** Terminar una competencia en un cierto lugar u orden; llegar.
Modismos **in place of** En lugar de; en vez de. **take place** Tener lugar: **1.** Ocurrir; acontecer. **2.** Desarrollarse en un tiempo o región determinados: *The story takes place in England during the Middle Ages.* = *La historia se desarrolla en Inglaterra durante la Edad Media.* **take the place of** Ocupar el lugar de otro o hacer algo que el otro debía hacer; sustituir.

placid *adjetivo* Calmado o apacible; plácido.

plague *sustantivo* Plaga: **1.** Enfermedad grave que se propaga rápidamente de persona a persona; peste. **2.** Algo que provoca grandes problemas o sufrimientos; calamidad. **3.** Causa de molestia o irritación; fastidio.
—*verbo* Molestar, irritar con persistencia; acosar; exasperar: *He plagues me with his constant complaining.* = *Me exaspera con sus quejas constantes.*

plaid *sustantivo* Tartán: **1.** Diseño especial de cuadros formados por listas de distintos anchos y colores que se cruzan entre sí, el cual se usa mucho entre los escoceses. **2.** Tela que muestra dicho diseño.

plain *adjetivo* **1.** Fácil de entender; sencillo; claro. **2.** A la vista de cualquiera; claro. **3.** Que no es lujoso, historiado ni ostentoso; simple; sencillo. **4.** Ordinario o promedio; común y corriente. **5.** Que no es feo, pero tampoco hermoso; de aspecto común y corriente: *a plain girl* = *una muchacha de aspecto común y corriente.* **6.** Que no está mezclado ni combinado; puro; natural; simple: *a glass of plain water* = *un vaso de agua natural.* **7.** Franco; directo; claro; llano; sin rodeos ni ambages: *plain talk* = *conversación franca.* **8. a.** Que carece de diseño alguno; que es todo de un mismo color. **b.** Que carece de adornos u ornamentos; sencillo; simple.
—*sustantivo* **plains** Región extensa y llana desprovista de árboles; llano; llanura.

plan *sustantivo* **1.** Idea sobre qué hacer o cómo hacerlo que ha sido concebida y desarrollada con anticipación; plan. **2.** Dibujo o bosquejo que indica cómo construir algo; plano.
—*verbo* Planear: **1.** Pensar con anticipación qué se va a hacer o cómo hacerlo; proyectar; hacer planes. **2.** Realizar un dibujo de algo que debe ser construido o realizado; bosquejar; hacer uno o más planos.

plane[1] *sustantivo* **1.** Superficie lisa y plana, generalmente a nivel; plano, en el sentido geométrico. **2.** Fase del desarrollo; etapa; plano; nivel: *a high plane of success* = *un alto nivel de éxito.* **3.** Aeroplano o avión.
—*adjetivo* **1.** Que está situado o hecho sobre un plano; plano: *a plane figure* = *una figura plana.* **2.** A nivel; plano: *a plane surface* = *una superficie plana.*

plane[2] *sustantivo* Herramienta de mano que en su parte inferior tiene una hoja filosa y ajustable para que sobresalga más o menos, y que se usa para rebajar o alisar superficies de madera; cepillo de carpintero.
—*verbo* Alisar o rebajar una superficie de madera con un cepillo de carpintero.

planet *sustantivo* Cuerpo celeste que se mueve en órbita alrededor del sol; planeta.

planetarium *sustantivo* Edificación provista de equi-

ər butter yōō abuse ou out ŭ cut û fur *th* the th thin hw which zh vision ə ago, item, pencil, atom, circus

planetariums A building that has special equipment to show the movements of the sun, moon, planets, and stars.

plank |plăngk| —*noun, plural* **planks** A thick, wide, long piece of wood that has been sawed.

plank·ton |plăngk′tən| —*noun* Tiny plants and animals that float or drift in great numbers in salt or fresh water. Many water animals feed on plankton.

plant |plănt| or |plänt| —*noun, plural* **plants 1.** A living thing that is not an animal. **2.** A plant that does not have a woody stem; a plant that is not a tree or a shrub. **3.** A factory where something is made.
—*verb* **planted, planting 1.** To put in the ground or in earth to grow. **2.** To fix or set firmly. **3.** To cause to take hold or develop; introduce.

plan·tain |plăn′tən| —*noun, plural* **plantains** A fruit that is very much like a banana but not as sweet.

plan·ta·tion |plăn tā′shən| —*noun, plural* **plantations** A large farm or estate on which crops are grown and cared for by workers who also live on the farm.

plant·er |plăn′tər| or |plän′tər| —*noun, plural* **planters 1.** Someone that plants. **2.** A tool or machine for planting seed. **3.** The owner of a plantation. **4.** A decorative container for growing plants.

plas·ma |plăz′mə| —*noun* The clear, yellowish liquid part of the blood in which cells are suspended.

plas·ter |plăs′tər| or |plä′stər| —*noun, plural* **plasters** A mixture of sand, lime, and water that hardens when dry. Plaster forms a smooth surface and is used to cover ceilings and walls.
—*verb* **plastered, plastering 1.** To cover with plaster. **2.** To cover as if with plaster.

plas·tic |plăs′tĭk| —*noun, plural* **plastics** Any of a large number of materials made from chemicals and used for making things.
—*adjective* **1.** Able to be shaped or molded. **2.** Made of plastic.

plate |plāt| —*noun, plural* **plates 1.** A dish that is round, but not deep, from which food is eaten. **2.** The food on such a dish. **3.** A thin, flat sheet or piece of metal or other material. **4.** A piece of flat metal on which something is stamped, printed, or engraved. **5. the plate** In baseball, home plate.
—*verb* **plated, plating** To cover or coat with a thin layer of metal.

pla·teau |plă tō′| —*noun, plural* **plateaus** A flat area that is higher than the land around it.

plat·form |plăt′fôrm| —*noun, plural* **platforms 1.** A floor or flat surface higher than a connecting area. **2.** A formal statement of principles or beliefs, as by a political party or candidate.

plat·i·num |plăt′n əm| —*noun* A valuable, silver-white metal that does not tarnish. Platinum is used for jewelry and in dental work. It is one of the chemical elements.

plat·ter |plăt′ər| —*noun, plural* **platters 1.** A large, shallow dish or plate for serving food. **2.** The amount held by such a dish or plate.

pos especiales para mostrar los movimientos del Sol, la Luna, los planetas y las estrellas; planetario.

plank *sustantivo* Tabla gruesa, ancha y larga que resulta de aserrar un tronco u otro pedazo grande de madera; tarima; tablón.

plankton *sustantivo* Plantas y animales diminutos que flotan o se mueven suspendidos en gran número, tanto en el agua del mar como en la dulce, y que sirven de nutrición a muchos animales acuáticos; plancton.

plant *sustantivo* Planta: **1.** Ser viviente que no es humano ni animal; vegetal. **2.** Planta que no es árbol ni arbusto; planta que carece de un tronco duro o nudoso. **3.** Fábrica o instalación especial donde se manufactura o produce algo; planta industrial.
—*verbo* Plantar: **1.** Introducir en la tierra para que crezca; sembrar. **2.** Fijar o poner con firmeza. **3.** Hacer que algo arraigue y se desarrolle; presentar; introducir; sembrar.

plantain *sustantivo* Fruta muy similar al banano, pero no tan dulce, que se fríe y come como vianda en muchos países; plátano macho o burro.

plantation *sustantivo* Hacienda o rancho de gran extensión en que se cultivan distintos productos de la tierra, y donde trabajan numerosos labriegos y otros obreros que viven en la misma propiedad; plantación.

planter *sustantivo* **1.** Persona que planta o siembra; plantador; sembrador. **2.** Herramienta de mano o mecánica que sirve para la siembra de semillas; implemento o maquinaria agrícola; implemento o maquinaria de siembra. **3.** Propietario de una plantación; hacendado; colono; plantador. **4.** Recipiente decorativo en el que se siembran plantas; tiesto; maceta.

plasma *sustantivo* Líquido claro y amarillento en que se hallan suspendidos los glóbulos de la sangre; plasma.

plaster *sustantivo* Mezcla de arena, cal y agua que se endurece cuando se seca, y que forma una superficie lisa con la que se cubre a los techos y paredes; yeso; escayola; argamasa; masilla.
—*verbo* **1.** Cubrir de yeso o argamasa; enyesar o argamasar. **2.** Cubrir con cualquier masa parecida al yeso; argamasar; enmasillar.

plastic *sustantivo* Cualquiera de una gran variedad de materiales que se preparan a base de productos químicos y que se emplean en la manufactura de muchos objetos de diversos tipos; plástico; material plástico.
—*adjetivo* Plástico: **1.** Que se puede modelar, moldear o amasar; moldeable. **2.** Hecho de cualquier material plástico.

plate *sustantivo* **1.** Pieza de vajilla redonda y poco profunda en la que se sirven alimentos para ser ingeridos directamente desde ella; plato. **2.** Comida que se sirve en dicha pieza. **3.** Pieza plana y delgada de metal u otro material; chapa; plancha. **4.** Pieza plana de metal en la que se estampa o graba algo; chapa; placa. **5. the plate** En béisbol, la meta de los bateadores y corredores, a la que pueden llegar sólo después de haber pasado la tercera base, y que, al pisarla, anotan un tanto o carrera para su equipo; el *home;* el plato.
—*verbo* Cubrir o revestir con una capa fina de metal; planchear; chapear.

plateau *sustantivo* Zona o superficie llana y más o menos extensa que se halla a mayor altura que las tierras que la rodean; meseta.

platform *sustantivo* Plataforma: **1.** Nivel o superficie más altos que el piso o área que los rodean. **2.** Declaración formal de principios o ideas formulada, por ejemplo, por un candidato o partido político; programa electoral.

platinum *sustantivo* Metal precioso de color plateado claro que constituye uno de los elementos químicos, y que se emplea en joyería y en los trabajos dentales por su gran resistencia; platino.

platter *sustantivo* Fuente: **1.** Plato grande y llano en el que se colocan alimentos para que se sirvan de él una o más personas. **2.** La cantidad de comida contenida en dicho plato.

ă pat ā pay â care ä father ĕ pet ē be ĭ pit ī pie î fierce ŏ pot ō go ô paw, for oi oil ŏŏ book ōō boot

play |plā| —*verb* **played, playing 1.** To have fun; amuse oneself. **2.** To take part in a game or another amusement. **3.** To act the part or role of on or as if on a stage. **4.** To act in a certain way. **5.** To give forth or make music.
—*noun, plural* **plays 1.** A story that is written to be acted on the stage. **2.** An activity taken part in for fun or enjoyment. **3.** A move, turn, or act in a game. **4.** Action or use.

play·er |plā′ər| —*noun, plural* **players 1.** A person who takes part in a game or sport. **2.** An actor. **3.** A person who plays a musical instrument. **4.** A machine that reproduces sound.

play·ful |plā′fəl| —*adjective* **1.** Full of fun and high spirits. **2.** Said or done in fun; not serious.

play·ground |plā′ground′| —*noun, plural* **playgrounds** An outdoor area for play, sports, and games.

play-off |plā′ôf′| or |plā′ŏf′| —*noun, plural* **play-offs** A final game or series of games played to decide a winner or championship.

play·pen |plā′pĕn′| —*noun, plural* **playpens** A small pen in which a baby or young child can be left to play.

play·thing |plā′thǐng′| —*noun, plural* **playthings** Something to play with; a toy.

play·wright |plā′rīt′| —*noun, plural* **playwrights** A person who writes plays.

pla·za |plăz′ə| or |plä′zə| —*noun, plural* **plazas** A public square or open area in a town or city.

plea |plē| —*noun, plural* **pleas 1.** A request for something right away. **2.** In law, the answer of an accused person to the charges against him or her.

plead |plēd| —*verb* **pleaded** or **pled, pleading 1.** To ask for again and again; beg. **2.** To give an answer or a plea in a court of law. **3.** To defend a case in a court of law. **4.** To give as an excuse.

pleas·ant |plĕz′ənt| —*adjective* **pleasanter, pleasantest 1.** Pleasing, agreeable, or delightful. **2.** Pleasing in manner; friendly.

please |plēz| —*verb* **pleased, pleasing 1.** To give someone or something pleasure or satisfaction. **2.** To be willing to; be so kind as to. The word *please* is used to begin a request or as an exclamation showing a desire. **3.** To wish; prefer.

pleas·ing |plē′zĭng| —*adjective* Giving pleasure or satisfaction; agreeable.

pleas·ure |plĕzh′ər| —*noun, plural* **pleasures 1.** A pleasant feeling or happening; a delight. **2.** Something that gives enjoyment, satisfaction, or happiness.

pleat |plēt| —*noun, plural* **pleats** A flat fold in cloth or other material that is made by doubling the material on itself and pressing or sewing it in place.
—*verb* **pleated, pleating** To make pleats in; arrange in pleats.

pledge |plĕj| —*noun, plural* **pledges 1.** A formal promise; a vow. **2.** Something valuable that is kept to make sure that a loan is paid back.
—*verb* **pledged, pledging 1.** To make a formal promise or vow. **2.** To leave something valuable as a prom-

play *verbo* **1.** Divertirse; entretenerse de modo placentero; jugar. **2.** Tomar parte en un juego o en otra actividad recreativa; jugar. **3.** Representar cierta parte o papel, como si se estuviera actuando en la escena; encarnar; hacer de. **4.** Actuar de cierta manera; jugar; conducirse: *to play fair = jugar limpio*. **5.** Tocar: **a.** Transmitir música una emisora de radio. **b.** Hacer música con un instrumento.
—*sustantivo* **1.** Cuento o historia que se escriben de modo que puedan ser representados en el teatro; obra teatral (ya sea comedia o drama). **2.** Actividad en que se participa para divertirse o entretenerse; juego. **3.** En los juegos, turno de actuar o de mover las piezas, o la forma de hacerlo; jugada. **4.** Acción o uso: *foul play = juego sucio*.

player *sustantivo* **1.** Persona que toma parte en un juego o deporte; jugador. **2.** Actor o actriz en una obra teatral. **3.** Persona que toca un instrumento musical determinado. **4.** Aparato que reproduce sonidos: *a record player = un tocadiscos*.

playful *adjetivo* **1.** Divertido y de espíritu ligero; juguetón. **2.** Que no se ha dicho en serio, sino en broma o por diversión; humorístico.

playground *sustantivo* Lugar al aire libre habilitado o equipado especialmente para divertirse, organizar y jugar juegos o practicar deportes; parque de diversiones; campo de juego; área de recreo.

play-off *sustantivo* Juego o serie de juegos que se celebran para decidir qué persona o equipo será el ganador o el campeón; juego o serie de desempate; (los) finales.

playpen *sustantivo* Pequeña plataforma, generalmente plegable y cerrada con barrotes o mallas, en la que se pone a los niños pequeños para que puedan jugar sin peligro; corral infantil.

plaything *sustantivo* Objeto diseñado para jugar con él; juguete, o cualquier cosa que sirva o se use como tal.

playwright *sustantivo* Persona que escribe obras de teatro; autor o escritor de comedias o dramas; dramaturgo.

plaza *sustantivo* Amplio espacio abierto, generalmente en el centro de una ciudad o pueblo; plaza.

plea *sustantivo* **1.** Solicitud de algo que se necesita con urgencia; súplica; clamor; ruego encarecido. **2.** En derecho, respuesta o declaración que hace un acusado respecto de los cargos que se le imputan.

plead *verbo* **1.** Pedir una y otra vez; clamar; rogar encarecidamente; suplicar. **2.** Responder un acusado a los cargos que se le formulan; declararse culpable o inocente. **3.** Asumir la defensa de alguien ante un tribunal de justicia. **4.** Dar como excusa algún hecho o circunstancia; alegar.

pleasant *adjetivo* Agradable: **1.** Que resulta grato a los sentidos. **2.** De temperamento cordial, buenos modales o disposición amistosa.

please *verbo* **1.** Proporcionar placer o satisfacción; complacer. **2.** Estar dispuesto a algo, o tener la bondad de. En este sentido, la palabra *please* se usa para comenzar un ruego o petición, o como exclamación para expresar un deseo, y equivale a la frase castellana "por favor." **3.** Desear; preferir: *They can do as they please. = Pueden hacer lo que prefieran (o deseen).*

pleasing *adjetivo* Que da placer o satisfacción; grato; agradable.

pleasure *sustantivo* Placer: **1.** Sensación o acontecimiento agradable o placentero; deleite. **2.** Cualquier cosa que produce o proporciona placer, satisfacción o felicidad.

pleat *sustantivo* Pliegue liso que se hace en una tela u otro material semejante, doblándolo sobre sí mismo y cosiéndolo o planchándolo para fijarlo; plisado.
—*verbo* hacer pliegues como los descritos; plisar.

pledge *sustantivo* **1.** Promesa formal o voto solemne de hacer o dar algo. **2.** Algo valioso que se entrega como garantía del pago de un préstamo; garantía prendaria; prenda.
—*verbo* **1.** Hacer una promesa formal o un voto so-

ise that a loan will be paid back; pawn.

plen·ti·ful | plĕn′tĭ fəl | —*adjective* In full supply or in a great amount; ample; abundant.

plen·ty | plĕn′tē | —*noun* A full amount or supply; as much of something as is needed.

pli·ers | plī′ərz | —*noun* (Used with a plural verb.) A tool with two parts attached together as in a pair of scissors. Pliers are used for holding, bending, or cutting.

plot | plŏt | —*noun, plural* **plots 1.** A small piece of ground. **2.** The different action or events in a story or play. **3.** A secret plan to do something, often against the law.
—*verb* **plotted, plotting 1.** To mark, note, or stand for, as on a map or chart. **2.** To plan secretly or in a tricky way.

plow | plou | —*noun, plural* **plows 1.** A farm tool pulled by an animal or tractor. A plow is used for breaking up soil and cutting rows to get ready for planting seeds. **2.** Some other machine or device that is used to do a job like this. One kind of plow is used to remove snow.
—*verb* **plowed, plowing 1.** To break or turn over soil with a plow. **2.** To get ahead at a steady rate and with effort. **3.** To remove snow from with a plow.

pluck | plŭk | —*verb* **plucked, plucking 1.** To separate by pulling with the fingers; pick. **2.** To pull out the feathers or hair of. **3.** To pull or tug.
—*noun, plural* **plucks 1.** A tug or pull. **2.** Courage and daring.

plug | plŭg | —*noun, plural* **plugs 1.** A piece of wood, cork, or other material, used to stop a hole or leak. **2.** An electrical device connected to the end of a wire or cable. A plug has prongs and fits into a matching socket to make an electrical connection.
—*verb* **plugged, plugging 1.** To fill a hole or leak with or as with a plug; stop up. **2.** To make an electrical connection by putting a plug into a socket or outlet.

plum | plŭm | —*noun, plural* **plums 1.** A juicy fruit with smooth skin and a hard pit. **2.** A raisin in a pudding or pie. **3.** A dark reddish purple.
—*adjective* Dark reddish purple.

plum·age | plōō′mĭj | —*noun* The feathers of a bird.

plumb | plŭm | —*noun, plural* **plumbs** A weight that is hung from the end of a cord. It is used to measure how deep something is or how straight up and down.
—*verb* **plumbed, plumbing** To test with a plumb.

plumb·er | plŭm′ər | —*noun, plural* **plumbers** A person whose work is putting in pipes and plumbing or repairing them.

plumb·ing | plŭm′ĭng | —*noun* **1.** The work or job of a plumber. **2.** A set of pipes, fixtures, and other equipment used in a system through which a liquid or gas flows.

plume | plōōm | —*noun, plural* **plumes 1.** A large or showy feather. Plumes are often used for decoration. **2.** Something that looks like a large feather.

plump | plŭmp | —*adjective* **plumper, plumpest** Rounded and full in shape.

plun·der | plŭn′dər | —*verb* **plundered, plundering** To take goods or valuable things from; rob.
—*noun* **1.** Property stolen by force or by trickery. **2.** The act of taking property by force.

plunge | plŭnj | —*verb* **plunged, plunging 1.** To

lemne. **2.** Entregar algo de valor como promesa o garantía de que se pagará un préstamo recibido; dar en prenda; empeñar en un monte de piedad.

plentiful *adjetivo* Que existe en gran surtido o cantidad; amplio; abundante.

plenty *sustantivo* Cantidad, suministro o surtido completo; tanto de una cosa como se necesite; abundancia.

pliers *sustantivo plural* Herramienta compuesta de dos piezas unidas por un eje como las tijeras, y que se usa para sostener, apretar, doblar o cortar; alicate, alicates.

plot *sustantivo* **1.** Lote pequeño de tierra; parcela. **2.** La acción o cadena de acontecimientos que se desarrollan en una obra dramática; trama; argumento. **3.** Plan o proyecto secreto para hacer algo, generalmente, es ilegal; complot; conspiración.
—*verbo* Marcar, señalar, simbolizar o representar, como, por ejemplo, en un mapa o gráfico: *Have you plotted a route for your trip?* = ¿*Has marcado una ruta para tu viaje?* **2.** Planear secretamente, o basado en trucos o trampas; fraguar un plan secreto; complotar o complotarse.

plow *sustantivo* **1.** Implemento agrícola que se usa para abrir surcos en la tierra en preparación para la siembra, y del que tira un animal o un tractor; arado. **2.** Cualquier maquinaria que realice un trabajo similar al de un arado: *a snow plow* = *un barrenieve.*
—*verbo* **1.** Surcar o remover la tierra con un arado; arar. **2.** Avanzar, pero lentamente y con visible esfuerzo, como a través de la nieve. **3.** Quitar nieve con un aparato apropiado para ello, como un barrenieve.

pluck *verbo* **1.** Separar tirando con los dedos, como se hace al arrancar delicadamente una flor. **2.** Arrancar las plumas o los pelos uno a uno; desplumar. **3.** Tirar de algo súbitamente con los dedos; pellizcar, como al puntear con una guitarra u otro instrumento de cuerdas.
—*sustantivo* **1.** Tirón; acción de tirar de algo súbitamente con los dedos. **2.** Valentía o coraje; agallas.

plug *sustantivo* **1.** Pedazo de madera, corcho u otro material, que se usa para tapar un hueco o salidero; tapón. **2.** Artefacto eléctrico fijado el extremo de un cable o cordón de alambres, cuyos dientes se introducen en los agujeros de la toma de la pared para que la corriente penetre por el cable; clavija; ficha.
—*verbo* **1.** Tapar un hueco o salidero con algo que sirva de tapón; taponar. **2.** Efectuar una conexión elétrica introduciendo la clavija en la toma de la pared; conectar.

plum *sustantivo* **1.** Fruta jugosa, de cáscara suave y semilla dura; ciruela. **2.** Pasa o ciruela pasa metida en un pudín. **3.** Púrpura rojizo y oscuro.
—*adjetivo* De color púrpura rojizo y oscuro.

plumage *sustantivo* Las plumas de un ave; plumaje.

plumb *sustantivo* Peso que cuelga del extremo de un cordel, y que se usa para medir profundidades o determinar cuán recto es un hoyo o conducto; sonda; plomada.
—*verbo* Usar una sonda o plomada; sondear.

plumber *sustantivo* Persona cuyo trabajo consiste en colocar cañerías y repararlas; fontanero; plomero.

plumbing *sustantivo* Fontanería; plomería: **1.** Trabajo o empleo de un fontanero o plomero. **2.** Conjunto de cañerías y equipos que componen un sistema por el que fluye el agua o el gas.

plume *sustantivo* **1.** Pluma grande que, por lo general, se usa como adorno; plumón. **2.** Cualquier cosa cuya forma se asemeja a la de una pluma.

plump *adjetivo* De forma redondeada y llena; rechoncho; regordete.

plunder *verbo* Sustraer cosas de valor pertenecientes a otro u otros; robar; saquear.
—*sustantivo* **1.** Conjunto de bienes sustraídos por la fuerza o el engaño; botín. **2.** Acción de sustraer bienes por la fuerza; robo; saqueo.

plunge *verbo* **1.** Lanzarse súbitamente al agua o al

---

throw oneself suddenly into water, a place, or an activity. **2.** To come down steeply or sharply; fall.
—*noun, plural* **plunges** The act of plunging.

plu·ral |plŏŏr′əl| —*adjective* In grammar, of the form of a word that tells you that there is more than one person or thing.
—*noun, plural* **plurals** The form of a word that tells you that there is more than one person or thing.

plus |plŭs| —*preposition* **1.** Added to. **2.** Increased by; along with.
—*adjective* **1.** Of addition. **2.** Just a little more than.
—*noun, plural* **pluses** The sign (+), used to show addition. Also called *plus sign.* **2. a plus** Anything that is favorable to someone or something; an advantage.

Plu·to |plŏŏ′tō| The planet that is farthest from the sun in our solar system.

plu·to·ni·um |plŏŏ tō′nē əm| —*noun* A radioactive silver-white metal. Plutonium is one of the chemical elements. It is man-made and used to produce atomic energy.

ply·wood |plī′wŏŏd′| —*noun* A building material made of layers of wood laid on top of one another and glued together.

pneu·mo·nia |nŏŏ mōn′yə| or |nyŏŏ mōn′yə| —*noun* A serious disease of the lungs. Different kinds of pneumonia are caused by bacteria, viruses, or chemicals.

poach |pōch| —*verb* **poached, poaching** To cook eggs, fish, or other food in a liquid that is gently boiling.

pock·et |pŏk′ĭt| —*noun, plural* **pockets** A small bag, open at the top, that is sewn into or onto clothing and used to hold things.
—*adjective* **1.** Meant to be carried in a pocket. **2.** Small enough to be carried in a pocket.
—*verb* **pocketed, pocketing** To place in a pocket.

pock·et·book |pŏk′ĭt bŏŏk′| —*noun, plural* **pocketbooks** A bag used to hold money, papers, make-up, and other small things; handbag.

pock·et·knife |pŏk′ĭt nīf′| —*noun, plural* **pocketknives** A small knife with a blade or blades that fold into the handle.

pod |pŏd| —*noun, plural* **pods** A plant part in which seeds grow. The pod splits open when the seeds are ripe. Peas and beans have pods.

po·em |pō′əm| —*noun, plural* **poems** A kind of writing, usually in verses. In poems, words are chosen for their sounds and beauty. Poems are often about strong feelings, such as love and sorrow.

po·et |pō′ĭt| —*noun, plural* **poets** A writer of poems.

po·et·ic |pō ĕt′ĭk| —*adjective* Of or like poetry.

po·et·ry |pō′ĭ trē| —*noun* **1.** The art or work of a poet. **2.** Poems thought of as part of literature.

point |point| —*noun, plural* **points** **1.** The sharp, thin end of something. **2.** A thin piece of land that extends into a body of water. **3.** A dot or period. **4.** A place or position. **5.** An exact degree or condition. **6.** An exact moment in time. **7.** An important or necessary part of an idea. **8.** A purpose, goal, or reason. **9.** A special quality or characteristic. **10.** A score of 1 in a game or test. **11.** A direction shown on a compass.

espacio o sumergirse en alguna actividad. **2.** Descender abruptamente; caer o caerse; despeñarse; arrojarse: *The river plunged over the falls.* = *El río se despeñaba sobre las cataratas.*
—*sustantivo* Acción de lanzarse, arrojarse o sumergirse; caída; zambullida.

plural *adjetivo* En gramática, lo relativo a la forma de una palabra que indica que hay más de una persona o cosa; plural.
—*sustantivo* Forma de una palabra que indica la existencia de más de una persona o cosa; plural.

plus *preposición* Más: **1.** Añadido o sumado a: *Two plus three equals five.* = *Dos más tres es igual a cinco.* **2.** Que aumenta en; que va conjuntamente con: *two weeks' vacations plus holidays* = *dos semanas de vacaciones más los días de fiesta.*
—*adjetivo* **1.** Relativo a la suma: *a plus sign* = *un signo de sumar o signo de más.* **2.** Un poquitín más que; sobre lo alto: *a grade of B plus* = *una calificación de notable sobre lo alto (es decir, que se acerca al sobresaliente).*
—*sustantivo* **1.** El signo de sumar (+). **2. a plus** Ventaja; cualquier factor o circunstancia que obra en favor de alguien o de algo: *If you are bilingual, that's a plus.* = *Si eres bilingüe, eso es una ventaja.*

Pluto El planeta más distante del Sol en nuestro sistema solar; Plutón.

plutonium *sustantivo* Metal radiactivo de color plateado claro que constituye uno de los elementos químicos, y que se prepara artificialmente para producir energía atómica o nuclear; plutonio.

plywood *sustantivo* Material de construcción hecho de planchas o láminas delgadas de madera que se encolan unas a otras; madera laminada.

pneumonia *sustantivo* Enfermedad grave de los pulmones que puede ser de distintos tipos, según que el agente que la causa sea una bacteria, un virus o un producto químico; neumonía; pulmonía.

poach *verbo* Cocer huevos, pescado o cualquier otro alimento en agua u otro líquido que hierve lentamente; escalfar.

pocket *sustantivo* Pequeña bolsa abierta por la parte superior y que se fija a la ropa para guardar cosas en ella; bolsillo.
—*adjetivo* De bolsillo: **1.** Apropiado o hecho para llevar en el bolsillo. **2.** Tan pequeño que se puede llevar en el bolsillo.
—*verbo* Ponerse o echarse algo en el bolsillo; embolsar, embolsarse.

pocketbook *sustantivo* Bolsa que, generalmente, llevan en la mano las mujeres, y en la que guardan dinero, papeles, cosméticos y otras cosas pequeñas; bolso; monedero.

pocketknife *sustantivo* Cuchilla pequeña de hoja u hojas plegables para que puedan guardarse dentro del mango; cuchilla de bolsillo; navaja de bolsillo.

pod *sustantivo* Parte alargada y delgada de ciertas plantas que contiene las semillas, y que se abre cuando éstas están maduras; vaina.

poem *sustantivo* Escrito, generalmente en verso, que se destaca por la sonoridad y belleza de sus expresiones, y en el que el autor suele expresar emociones tales como amor y nostalgia; poema; poesía.

poet *sustantivo* Escritor de poemas; poeta.

poetic *adjetivo* Relativo o parecido a la poesía; poético.

poetry *sustantivo* Poesía: **1.** Arte o trabajo del poeta. **2.** Los poemas en conjunto, considerados como parte de la literatura; la poesía.

point *sustantivo* **1.** Extremo fino y agudo de cualquier objeto; punta. **2.** Faja estrecha de tierra que penetra en una masa de agua; cabo. **3.** Signo de puntuación en matemáticas que se usa para indicar cifras decimales; punto decimal. El punto como signo de puntuación gramatical se llama *period* en inglés. **4.** Lugar o posición. **5.** Grado o posición exactos: *boiling point* = *punto de ebullición.* **6.** Momento preciso; instante.

—*verb* **pointed, pointing 1.** To guide someone or something to or toward; direct; aim. **2.** To call attention to something.

Phrasal verb point out To make known by showing.

Idioms beside the point Having nothing to do with what is happening; unimportant. **make a point of** To stick to a plan of action or rule.

point·er |poin′tər| —*noun, plural* **pointers 1.** Something that points or shows. **2.** A long stick that is used to point out something on a map or blackboard. **3.** Information about how to do something; advice. **4.** A dog with a short, smooth coat. Pointers are often trained to help hunters find game.

point·less |point′lĭs| —*adjective* Not having a meaning or purpose.

point of view The way someone thinks about something; attitude.

poise |poiz| —*verb* **poised, poising** To balance or be balanced.
—*noun* **1.** Balance. **2.** Confidence in the way one behaves; dignity.

poi·son |poi′zən| —*noun, plural* **poisons** A substance that can cause injury, sickness, or death when eaten or breathed. Lye, lead, and arsenic are poisons.
—*verb* **poisoned, poisoning 1.** To kill or harm with poison; give poison to. **2.** To put poison in or on. **3.** To have a bad influence or effect on; harm.

poi·son·ous |poi′zə nəs| —*adjective* Causing harm or death by poison; containing poison.

poke |pōk| —*verb* **poked, poking 1.** To give someone a sudden sharp jab, as with a finger or elbow. **2.** To push forward; thrust. **3.** To move slowly.
—*noun, plural* **pokes** A sudden sharp jab.
Idiom poke fun at To make fun of; kid.

pok·er¹ |pō′kər| —*noun, plural* **pokers** A metal rod used to stir a fire.

pok·er² |pō′kər| —*noun* A card game for two or more players. In poker the players bet if they think their cards have a higher value than everyone else's. The winning player gets what everyone has bet.

po·lar |pō′lər| —*adjective* Of or near the North Pole or South Pole.

polar bear A large white bear that lives in far northern regions.

pole¹ |pōl| —*noun, plural* **poles 1.** Either end of the earth's axis where it meets the earth's surface; the North Pole or the South Pole. **2.** Either end of a battery or magnet where the force is strongest.

pole² |pōl| —*noun, plural* **poles 1.** A long, thin rod made of wood or metal. **2.** A post made of wood or metal, especially one that is put into the ground and stands upright.

pole vault |vôlt| A sport or contest in which a person tries to jump over a high bar with the help of a long pole.

7. Parte importante o necesaria de una idea; punto principal. **8.** Propósito, fin or razón. **9.** Cualidad o característica especial. **10.** Anotación o puntuación de 1 en un juego o prueba; tanto. **11.** Dirección indicada por una brújula; punto cardinal.
—*verbo* **1.** Guiar; indicar . **2.** Llamar la atención para algo.

verbo en locución **point out** Hacer saber por medio de demostración; señalar.

Modismos **beside the point** Que no tiene nada que ver con lo que está pasando; sin importancia. **make a point of** Persistir en un plan de acción o una regla.

pointer *sustantivo* **1.** Cualquier cosa que apunta, señala o informa. **2.** Varilla larga que se usa para señalar en un mapa o pizarrón; puntero. **3.** Información, orientación o consejo sobre cómo hacer algo. **4.** Perro de pelaje corto y suave que puede ser entrenado por los cazadores para hallar presas; perro de muestra.

pointless *adjetivo* Que carece de sentido o propósito; inútil; tonto: *a pointless question* = *pregunta tonta.*

point of view Lo que alguien piensa sobre cualquier tema o cuestión; actitud hacia algo; punto de vista.

poise *verbo* Balancear o balancearse; poner o ponerse en posición; colocar o colocarse: *He poised the flashlight on the edge of the table.* = *Puso la linterna en posición sobre el borde de la mesa.*
—*sustantivo* **1.** Balance o equilibrio. **2.** Confianza o seguridad en la propia conducta o actuación; dignidad; presencia de ánimo.

poison *sustantivo* Sustancia capaz de provocar lesiones internas, enfermedades o la muerte si se ingiere o aspira; sustancia venenosa; veneno.
—*verbo* Envenenar: **1.** Matar o dañar mediante un veneno. **2.** Introducir o echar veneno en algo: *Pollution poisons the air.* = *La contaminación ambiental envenena el aire. The Indians poisoned their arrows.* = *Los indios evenaban sus flechas.* **3.** Ejercer una mala influencia o tener un efecto dañino sobre la mente de alguien o sobre la relación entre dos personas: *poison a friendship* = *envenar una amistad.*

poisonous *adjetivo* Que puede causar daño o la muerte debido al veneno que contiene; tóxico; venenoso.

poke *verbo* **1.** Dar un empujón o golpe no muy intenso, pero repentino y brusco, hincándole al otro los dedos o el codo en el vientre o en otra parte del cuerpo. **2.** Asomar bruscamente: *Don't poke your head out the window.* = *No asomes la cabeza por la ventana.* **3.** Andar lentamente, sin propósito ni meta específicos; husmear.
—*sustantivo* Empujón o golpe brusco como el arriba descrito.

modismo **to poke fun at** Burlarse de alguien o de algo; embromar; molestar en broma.

poker¹ *sustantivo* Espiga de metal que se usa para atizar el fuego; hurgón; atizador.

poker² Juego de naipes para dos o más jugadores, en el que cada uno apuesta sólo si cree que sus cartas suman una puntuación mayor que la de los demás, y en el que el ganador se queda con todo lo que han apostado los otros jugadores.

polar *adjetivo* Relativo a los polos o cercano a uno de ellos.

polar bear Oso blanco de gran tamaño que habita en las regiones más septentrionales de la Tierra; oso polar.

pole¹ *sustantivo* Polo: **1.** Cualquiera de los dos extremos del eje en torno al cual gira la Tierra; el Polo Norte o el Polo Sur. **2.** Cualquiera de los dos extremos de una batería o de un imán; polo positivo o negativo.

pole² *sustantivo* **1.** Vara larga y delgada hecha de madera o metal: *a fishing pole* = *vara (o caña) de pescar.* **2.** Columna no muy gruesa de madera o metal, cuyo extremo inferior se introduce en la tierra para mantenerlo en posición vertical; poste.

pole vault Deporte que consiste en saltar una barra colocada a gran altura ayudándose con una vara larga; garrocha; salto de garrocha.

---

po·lice |pə lēs′| —*noun, plural* **police** (Used with a plural verb.) A group of people who are given the power by government to keep order and to make sure that the laws are obeyed.
—*verb* **policed, policing 1.** To guard in order to keep or maintain order. **2.** To clean or tidy up.

po·lice·man |pə lēs′mən| —*noun, plural* **policemen** A man who is a member of the police.

po·lice·wom·an |pə lēs′wŏom′ən| —*noun, plural* **policewomen** A woman who is a member of the police.

pol·i·cy¹ |pŏl′ĭ sē| —*noun, plural* **policies** A belief or plan of action for doing something that is followed by a government, organization, group, or person.

pol·i·cy² |pŏl′ĭ sē| —*noun, plural* **policies** A written agreement or contract between an insurance company and the person who is being insured.

po·li·o |pō′lē ō′| —*noun* Poliomyelitis.

pol·ish |pŏl′ĭsh| —*verb* **polished, polishing** To make or become smooth and shiny, especially by rubbing with a special substance.
Phrasal verb **polish off** To finish or use up something quickly.
—*noun, plural* **polishes 1.** A substance that is rubbed on the surface of something to make it smooth and shiny. **2.** A smooth and shiny surface; a shine.

po·lite |pə līt′| —*adjective* **politer, politest** Having or showing good manners; courteous.

po·lit·i·cal |pə līt′ĭ kəl| —*adjective* **1.** Of the affairs or activities of government. **2.** Of politics or politicians.

pol·i·ti·cian |pŏl′ĭ tĭsh′ən| —*noun, plural* **politicians** A person who runs for or holds a political office or position.

pol·i·tics |pŏl′ĭ tĭks| —*noun* **1.** (Used with a singular verb.) The work or activities of góvernment or of the people who work in the government. **2.** (Used with a plural verb.) A person's attitudes or opinions about government or political subjects.

polka dot One of many colored round dots that are printed on various materials to form a pattern. Polka dots are used on clothing, such as shirts, dresses, and scarves.

poll |pōl| —*noun, plural* **polls 1.** The casting and counting of votes in an election. **2. polls** The place where votes are cast. **3.** A survey in which people are asked to answer questions in order to find out what they think about a particular question or subject.
—*verb* **polled, polling 1.** To receive votes in an election. **2.** To take a poll.

pol·len |pŏl′ən| —*noun* A fine powder produced by the male parts of a flower. The grains of pollen unite with female cells of a plant to produce seeds.

pol·lu·tant |pə lōot′nt| —*noun, plural* **pollutants** Anything that pollutes, such as smoke, garbage, or other waste materials.

pol·lute |pə lōot′| —*verb* **polluted, polluting** To make harmful to living things.

pol·lu·tion |pə lōo′shən| —*noun* The process of making air, water, food, and other substances harmful to living things.

po·lo |pō′lō| —*noun* A sport or game played by two teams of horseback riders who hit a wooden ball with mallets with long handles. One team tries to hit the ball into the other team's goal.

pol·y·gon |pŏl′ē gŏn′| —*noun, plural* **polygons** A flat, closed figure that has three or more sides.

pome·gran·ate |pŏm′ grăn′ĭt| or |pŭm′ grăn′ĭt| —*noun, plural* **pomegranates** A fruit with a tough,

police *sustantivo* Fuerza o grupo compuesto por personas a quienes el gobierno encarga el mantenimiento del orden público y la vigilancia necesaria para que se cumplan las leyes; fuerza policíaca; policía.
—*verbo* Patrullar: **1.** Vigilar a fin de mantener el orden. **2.** Recorrer una zona o lugar, limpiándolo y arreglándolo.

policeman *sustantivo* Miembro masculino de la fuerza policíaca; policía.

policewoman *sustantivo* Miembro femenino de la fuerza policíaca; mujer policía.

policy¹ *sustantivo* Creencia, actitud o plan de acción para un fin determinado que sigue un gobierno, organización, grupo o individuo; política.

policy² *sustantivo* Contrato escrito entre una compañía aseguradora y el asegurado; póliza de seguros.

polio *sustantivo* Poliomielitis.

polish *verbo* Suavizar y dar lustre, generalmente frotando con una sustancia o pulimento especial; pulir.
Verbo en locución **polish off** Terminar o dar cuenta de algo con rapidez: *We polished off our dinner in ten minutes.* = *Dimos cuenta de nuestra cena en diez minutos.*
—*sustantivo* **1.** Sustancia que se frota sobre una superficie para pulirla y darle lustre; pulimento. **2.** Superficie suave y lustrosa; lustre.

polite *adjetivo* Que tiene o demuestra buenos modales; correcto; cortés.

political *adjetivo* Político: **1.** Relativo a los asuntos o actividades del gobierno. **2.** Relativo a la política o a los políticos.

politician *sustantivo* Persona que desempeña un cargo político, o que aspira al mismo; un político.

politics *sustantivo* Política: **1.** Trabajo o conjunto de actividades del gobierno y de las personas que lo forman; la política. **2.** Conjunto de opiniones, actitudes o ideas de una persona respecto de cuestiones gubernamentales o políticas; filiación política.

polka dot Uno de muchos puntos de distintos tamaños y colores que se estampan en diversas clases de materiales, y especialmente en las telas de que se hacen los vestidos, las camisas, etc., para formar un diseño; lunares de colores.

poll *sustantivo* **1.** Depósito y escrutinio o cuenta de los votos en una elección; votación. **2. polls** Lugar donde se depositan los votos; urna o urnas; colegio electoral. **3.** Encuesta consistente en preguntarle a mucha gente qué opina sobre un tema o cuestión determinados; investigación de opinión pública.
—*verbo* **1.** Recibir votos en una elección: *He polled more votes than any other candidate.* = *El recibió más votos que ningún otro candidato.* **2.** Realizar una encuesta o investigación de opinión pública.

pollen *sustantivo* Polvo fino producido por las partes masculinas de la flor; polen. Los granos de polen se unen a las células femeninas de las plantas para producir semillas.

pollutant *sustantivo* Algo que contamina, como el humo, la basura y otros materiales de desecho; agente contaminador.

pollute *verbo* Hacer perjudicial a las cosas vivientes; contaminar.

pollution *sustantivo* El proceso que hace que el aire, el agua, la comida y otras substancias sean perjudiciales a las cosas vivientes; contaminación.

polo *sustantivo* Deporte o juego jugado por dos equipos a caballo que le pegan a una bola de madera con mazos de mangos largos. Un equipo trata de darle a la bola hasta la portería o arco del otro equipo; polo.

polygon *sustantivo* Figura plana y cerrada que tiene tres o más lados; polígono.

pomegranate *sustantivo* Fruta de corteza áspera y rojiza y muchas semillas pequeñas. Cada semilla está cu-

reddish rind and many small seeds. Each seed is enclosed in juicy red flesh that has a pleasant, slightly sour taste.

pon·cho |pŏn′chō| —*noun, plural* **ponchos** A cloak or garment like a blanket. A poncho has a hole in the center for the head.

pond |pŏnd| —*noun, plural* **ponds** A small, still body of water. Ponds are smaller than lakes.

pon·der |pŏn′dər| —*verb* **pondered, pondering** To think about something carefully; consider.

po·ny |pō′nē| —*noun, plural* **ponies** A horse that is small in size when fully grown.

poo·dle |pōō′dl| —*noun, plural* **poodles** A dog with thick, curly hair. Some types of poodle are quite large. Others are very small.

pool¹ |pōōl| —*noun, plural* **pools** **1.** A still, small body of water. **2.** A tank of water, especially one for people to swim in or to keep fish in. **3.** A small amount of a liquid; puddle.

pool² |pōōl| —*noun, plural* **pools** **1.** A game played on a table that has six pockets, one on each corner and one in the middle of each of the long sides. The object of the game is to hit or knock balls into the pockets with a long stick called a cue. **2.** A system in which a group of people share something or take turns doing something for one another.
—*verb* **pooled, pooling** To put together for common use; share in common.

poor |pŏŏr| —*adjective* **poorer, poorest** **1.** Having little or no money. **2.** Not good enough; not as good as it should be; inferior. **3.** Deserving or needing pity; unfortunate.

pop |pŏp| —*noun, plural* **pops** **1.** A sudden sharp, exploding sound. **2.** A soft drink with bubbles in it; soda.
—*verb* **popped, popping** **1.** To make or cause to make a sound like a pop. **2.** To burst or cause to burst with a pop; break. **3.** To come or appear suddenly. **4.** To stick out suddenly.

pop·corn |pŏp′kôrn′| —*noun* Corn kernels that pop open and become white and puffed up when heated. Warm buttered popcorn is a popular food.

pope |pōp| —*noun, plural* **popes** Often **Pope** The head of the Roman Catholic Church.

pop·lar |pŏp′lər| —*noun, plural* **poplars** A tree with leaves shaped like a triangle and soft wood.

pop·py |pŏp′ē| —*noun, plural* **poppies** A plant with showy flowers that are often a bright red. The small, dark seeds of some poppies are used in cooking and baking.

pop·u·lar |pŏp′yə lər| —*adjective* **1.** Well liked in general; having many friends. **2.** Enjoyed or liked by many people. **3.** Of, for, or by the people; having to do with most people. **4.** Accepted or believed by many people.

pop·u·lar·i·ty |pŏp′yə lăr′ĭ tē| —*noun* The condition of being popular or being liked by many people.

pop·u·late |pŏp′yə lāt′| —*verb* **populated, populating** **1.** To supply with inhabitants. **2.** To live in; inhabit.

pop·u·la·tion |pŏp′yə lā′shən| —*noun, plural* **populations** **1. a.** All of the people who live in a certain place; people. **b.** The number of people who live in a certain place. **2.** All the plants or animals of the same kind that live in a particular place.

pop·u·lous |pŏp′yə ləs| —*adjective* Full of people; having many inhabitants.

por·ce·lain |pôr′sə lĭn| or |pôr′sə lĭn| —*noun, plural* **porcelains** A hard, white kind of china made by baking fine clay at a high temperature.

porch |pôrch| —*noun, plural* **porches** A section, with a roof that is attached to the outside of a house. Some porches are open at the sides.

bierta de pulpa roja y jugosa, y tiene un sabor agradable, ligeramente agrio; granada.

poncho *sustantivo* Capa o prenda de vestir como una manta, que tiene un hueco en el centro para la cabeza; poncho.

pond *sustantivo* Extensión de agua pequeña y quieta; estanque; laguna.

ponder *verbo* Pensar acerca de algo cuidadosamente; reflexionar; considerar; meditar.

pony *sustantivo* Caballo que, cuando está plenamente desarrollado, es de tamaño pequeño; poney.

poodle *sustantivo* Perro con pelo grueso y crespo; perro de lanas. Algunos tipos de perros de lanas son bastante grandes; otros muy pequeños.

pool¹ *sustantivo* **1.** Extensión de agua pequeña y tranquila; estanque. **2.** Tanque de agua, especialmente uno para que la gente nade o para tener peces; piscina; pileta. **3.** Cantidad pequeña de líquido; charco; rebalsa.

pool² *sustantivo* **1.** Juego que consiste en una mesa con seis cavidades o troneras, una en cada esquina, y una en el medio de cada uno de los lados más largos. El objeto del juego es meter las bolas dentro de las troneras pegándoles con una varilla llamada taco; billar. **2.** Sistema en el cual un grupo de personas comparten algo o se turnan haciendo algo entre ellas.
—*verbo* Reunir para uso común; compartir en común; aportar; combinar; aunar.

poor *adjetivo* **1.** Que tiene poco o nada de dinero; pobre; necesitado. **2.** Que no es lo suficientemente bueno; no tan bueno como debiera ser; inferior; deficiente; inadecuado. **3.** Que merece o necesita piedad; desgraciado; desdichado; infortunado.

pop *sustantivo* **1.** Sonido agudo y explosivo; estallido; chasquido. **2.** Bebida sin alcohol con burbujas; soda; gaseosa.
—*verbo* **1.** Hacer o causar un sonido como de estallido; estallar. **2.** Explotar o causar explosión con un estallido; romper; reventar. **3.** Llegar o aparecerse inesperadamente; irrumpir; entrar de sopetón; entrar o visitar de paso. **4.** Sobresalir inesperadamente; asomarse.

popcorn *sustantivo* Granos de maíz que se abren y se vuelven blancos, inflándose con el calor; crispetas; rosetas de maíz; palomitas de maíz.

pope *sustantivo* A veces **Pope** La cabeza de la Iglesia católica romana; el papa.

poplar *sustantivo* Árbol con hojas en forma triangular y de madera blanda; álamo.

poppy *sustantivo* Planta con flores vistosas que con frecuencia son de un rojo brillante; amapola. Las semillas pequeñas y oscuras de algunas amapolas se usan en la cocina y pastelería.

popular *adjetivo* Popular: **1.** Que gusta, en general; que tiene muchos amigos. **2.** Que es disfrutado por o gusta a mucha gente. **3.** De, para o por el pueblo; relativo a la mayoría de la gente. **4.** Aceptado o creído por mucha gente.

popularidad *sustantivo* Condición de ser popular o de gustar a mucha gente; popularidad; renombre; fama.

populate *verbo* **1.** Proveer de habitantes; poblar. **2.** Vivir en un lugar; habitar.

population *sustantivo* **1. a.** Toda la gente que vive en un lugar determinado; gente; población; habitantes. **b.** El número de personas que vive en un cierto lugar. **2.** Todas las personas o animales de la misma clase que viven en un lugar particular.

populous *adjetivo* Lleno de gente; que tiene muchos habitantes; populoso.

porcelain *sustantivo* Tipo de loza dura y blanca que se hace cociendo arcilla fina a alta temperatura; porcelana.

porch *sustantivo* Sección techada anexa al exterior de una casa; porche; terraza; portal. Algunos porches son abiertos a los lados.

ă pat ā pay â care ä father ĕ pet ē be ĭ pit ī pie î fierce ŏ pot ō go ô paw, for oi oil ŏŏ book ōō boot

por·cu·pine |pôr′kyə pīn′| —*noun, plural* **porcupines** An animal covered with long, sharp spines called quills.

pore¹ |pôr| or |pōr| —*noun, plural* **pores** A tiny opening in skin or an outer covering.

pore² |pôr| or |pōr| —*verb* **pored, poring** To look at or examine with great care and attention.

pork |pôrk| or |pōrk| —*noun* The meat of a pig or hog used as food.

por·poise |pôr′pəs| —*noun, plural* **porpoises** A sea animal related to the whales but smaller.

por·ridge |pôr′ĭj| or |pŏr′ĭj| —*noun, plural* **porridges** A thick cereal or soup made by boiling oatmeal, other grains, or beans or peas in water or milk.

port |pôrt| or |pōrt| —*noun, plural* **ports** 1. A place along a river, lake, ocean, or other body of water where ships may dock or anchor; harbor. 2. A city or town with a harbor.

port·a·ble |pôr′tə bəl| or |pōr′tə bəl| —*adjective* Easy to carry about.

por·ter |pôr′tər| or |pōr′tər| —*noun, plural* **porters** 1. A person hired to carry or move luggage at a station, airport, or hotel. 2. A person who waits on passengers in a railroad car.

por·ti·co |pôr′tĭ kō′| or |pōr′tĭ kō′| —*noun, plural* **porticos** A porch or walk with a roof held up by columns.

por·tion |pôr′shən| or |pōr′shən| —*noun, plural* **portions** 1. A part of a larger thing. 2. One helping of food for one person.
—*verb* **portioned, portioning** To give out in portions.

port·ly |pôrt′lē| or |pōrt′lē| —*adjective* **portlier, portliest** Fat or stout in a dignified way.

por·trait |pôr′trĭt′| or |pōr′trăt′| or |pōr′trĭt′| or |pôr′trăt′| —*noun, plural* **portraits** A painting or photograph of someone's face, or of the whole person.

por·tray |pôr trā′| or |pōr trā′| —*verb* **portrayed, portraying** 1. To make a picture of. 2. To describe in words. 3. To play the part of.

pose |pōz| —*verb* **posed, posing** 1. To take a special position for a picture. 2. To pretend to be someone or something.
—*noun, plural* **poses** 1. A special way of holding the body. 2. A false way of acting; a pretense.

po·si·tion |pə zĭsh′ən| —*noun, plural* **positions** 1. The place where someone or something is to be found. 2. The way a person or thing is placed or arranged. 3. Good standing or rank. 4. A way of thinking; point of view. 5. A job.

pos·i·tive |pŏz′ĭ tĭv| —*adjective* 1. Absolutely certain; sure. 2. Expressing consent or approval; favorable. 3. Helping by saying what is good and what is bad; helpful; constructive. 4. Greater than zero. 5. Having one of two opposite electrical charges. One of the ends of a magnet has a positive charge; the opposite end has a negative charge. 6. Showing that a particular disease or germ is present.
—*noun, plural* **positives** In photography, an image on film in which the dark areas and light areas appear as they normally would.

pos·i·tive·ly |pŏz′ĭ tĭv lē| —*adverb* 1. In a positive manner. 2. Absolutely; certainly.

pos·sess |pə zĕs′| —*verb* **possessed, possessing** 1. To have or own. 2. To influence strongly.

porcupine *sustantivo* Animal cubierto de espinas largas y afiladas llamadas púas; puercoespín.

pore¹ *sustantivo* Pequeña abertura en la piel o en una superficie; poro.

pore² *verbo* Mirar o examinar con gran cuidado y atención; escudriñar; escrutar.

pork *sustantivo* Carne de cerdo o marrano que se usa como alimento; cerdo; puerco.

porpoise *sustantivo* Animal marino relacionado con la ballena pero más pequeño; marsopa; delfín.

porridge *sustantivo* Cereal espeso o sopa que se hace hirviendo avena u otros cereales, frijoles o arvejas en agua o leche; gachas; puches; avena.

port *sustantivo* 1. Lugar a lo largo de un río, lago, océano u otra extensión de agua en el cual los barcos pueden atracar o anclar; puerto; bahía. 2. Ciudad o pueblo que tiene una bahía.

portable *adjetivo* Fácil de llevar; portátil; movible.

porter *sustantivo* 1. Persona empleada para llevar o mover equipaje en una estación, aeropuerto u hotel; changador; mozo de cordel. 2. Persona que atiende a los pasajeros en un vagón de tren; mozo; camarero.

portico *sustantivo* Porche o pasillo con techo sostenido por columnas; pórtico.

portion *sustantivo* Porción: 1. Parte de una cosa más grande. 2. Ración de comida para una persona.
—*verbo* Dar en porciones; repartir.

portly *adjetivo* Gordo o robusto, en forma decorosa; corpulento.

portrait *sustantivo* Pintura o fotografía de la cara de alguien, o, a veces, de toda la persona; retrato.

portray *verbo* 1. Hacer el retrato de alguien; retratar. 2. Describir en palabras; definir. 3. Hacer un papel en el teatro; representar.

pose *verbo* 1. Tomar una posición especial para una fotografía; posar. 2. Fingir ser alguien o algo; hacerse pasar.
—*sustantivo* 1. Manera especial de sostener el cuerpo; pose. 2. Manera falsa de actuar; simulación; fingimiento.

position *sustantivo* Posición: 1. Lugar en el cual se encuentra alguien o algo; situación. 2. Manera como una persona o cosa está colocada o arreglada; postura. 3. Categoría o rango; clase. 4. Manera de pensar; punto de vista. 5. Trabajo; colocación; puesto.

positive *adjetivo* 1. Absolutamente cierto; seguro; convencido: *He is positive we have not met before.* = *Él está convencido que no nos hemos encontrado antes.* 2. Expresando consentimiento o aprobación; positivo; favorable. 3. Que ayuda diciendo lo que es bueno y malo; constructivo: *The teacher's positive criticism helped him improve his public speaking.* = *La crítica constructiva del maestro lo ayudó a mejorar su habilidad para hablar en público.* 4. Mayor que cero; positivo. 5. Que tiene una de las dos corrientes eléctricas opuestas. Uno de los extremos de un magneto tiene corriente positiva; el otro tiene corriente negativa. 6. Que muestra que una enfermedad o un germen determinado está presente; positivo: *a positive blood test for anemia* = *un test de anemia con resultado positivo.*
—*sustantivo* En fotografía, imagen en una película en la cual las áreas oscuras y claras aparecen como normalmente deben ser.

positively *adverbio* 1. En forma positiva; positivamente. 2. Absolutamente; ciertamente: *It's positively driving me crazy!* = *¡Ciertamente, me está volviendo loco!*

possess *verbo* 1. Tener o poseer. 2. Influir fuertemente; dominar; mover: *What possesses Harry to behave like this?* = *¿Qué mueve a Harry a comportarse de esta manera?*

ər butter yōō abuse ou out ŭ cut û fur *th* the th thin hw which zh vision ə ago, item, pencil, atom, circus

pos·ses·sion |pə zĕsh′ən| —*noun, plural* **possessions 1.** The condition of having or owning something. **2.** Something that is owned; a belonging. **3.** A territory ruled by an outside power.

pos·ses·sive |pə zĕs′ĭv| —*adjective* **1.** Of or showing ownership. **2.** Having a strong desire to own or control things or people.
—*noun, plural* **possessives** A word that shows ownership.

pos·si·bil·i·ty |pŏs′ə bĭl′ĭ tē| —*noun, plural* **possibilities 1.** The fact or condition of being possible; likelihood. **2.** Something that may exist, happen, or come true.

pos·si·ble |pŏs′ə bəl| —*adjective* **1.** Capable of existing, happening, or being done. **2.** Capable of happening or of not happening; likely to be either true or not true. **3.** Capable of fitting a special purpose.

pos·si·bly |pŏs′ə blē| —*adverb* **1.** Perhaps; maybe. **2.** Under any circumstances; at all.

post¹ |pōst| —*noun, plural* **posts 1.** A straight piece of wood or metal set up in the ground to mark something or hold something up. **2.** Any straight rod.
—*verb* **posted, posting** To put up in a place or in several places for everyone to see.

post² |pōst| —*noun, plural* **posts 1.** A military base where troops are stationed. **2.** A position or station assigned to a guard, sentry, or other person. **3.** A position or job, especially a job to which one is appointed. **4.** A store or station where goods may be bought or traded; trading post.
—*verb* **posted, posting** To assign to a post or station.

post³ |pōst| —*noun, plural* **posts 1.** The carrying and delivering of mail. **2.** The mail that is delivered.
—*verb* **posted, posting 1.** To mail a letter or package. **2.** To inform of the latest news.

post·age |pō′stĭj| —*noun* The charge for sending something by mail.

postage stamp A small piece of paper issued by the government for the amount shown on the front.

post·al |pō′stəl| —*adjective* Of the post office or mail service.

post·card |pōst′kärd′| —*noun, plural* **postcards** A card for sending short messages through the mail.

post·er |pō′stər| —*noun, plural* **posters** A large printed sign with a public notice or advertisement.

post·man |pōst′mən| —*noun, plural* **postmen** A male letter carrier.

post·mark |pōst′märk′| —*noun, plural* **postmarks** An official mark stamped on mail. It serves to cancel the stamp and to show date and place of mailing.

post·mas·ter |pōst′măs′tər| —*noun, plural* **postmasters** A person in charge of a post office.

post office A place for receiving, sorting, and delivering mail and for selling stamps.

post·pone |pōst pōn′| —*verb* **postponed, postponing** To put off until a later time.

post·script |pōst′skrĭpt′| —*noun, plural* **postscripts** A message added at the end of a letter, below the writer's signature.

pos·ture |pŏs′chər| —*noun, plural* **postures** The way a person holds or carries the body; carriage.

pot |pŏt| —*noun, plural* **pots 1.** A deep, round container. Pots may be used for cooking, growing plants, or many other purposes. **2.** A pot and its contents. **3.** The amount a pot holds. **4.** A trap for catching lobsters, fish, or other sea creatures.
—*verb* **potted, potting** To plant or put in a pot.

po·tas·si·um |pə tăs′ē əm| —*noun* A soft, silver-white lightweight, metal that is found in compounds. Potassium is one of the chemical elements.

po·ta·to |pə tā′tō| —*noun, plural* **potatoes 1.** A

possession *sustantivo* **1.** Condición de tener o poseer algo; posesión; tenencia. **2.** Algo que se posee; pertenencia; propiedad. **3.** Territorio regido por un poder extranjero; posesión.

possessive *adjetivo* **1.** Que demuestra posesión; posesivo. **2.** Que tiene un fuerte deseo de poseer o controlar cosas o personas; dominante.
—*sustantivo* Palabra que indica posesión.

possibility *sustantivo* **1.** Hecho o condición de ser posible; posibilidad. **2.** Algo que puede existir, pasar o realizarse.

possible *adjetivo* **1.** Capaz de existir, ocurrir o hacerse; posible. **2.** Capaz de ocurrir o no ocurrir; probable que sea cierto o incierto. **3.** Que es apropiado para un propósito especial.

possibly *adverbio* **1.** Quizás; tal vez; posiblemente. **2.** Bajo ninguna circunstancia; en absoluto: *I can't possibly do it.* = *No puedo hacerlo en absoluto.*

post¹ *sustantivo* **1.** Listón de madera o metal que se clava en la tierra para marcar o sostener algo; poste; estaca. **2.** Cualquier varilla recta.
—*verbo* Colocar algo en uno o varios lugares para que todos lo vean; fijar; pegar; anunciar en carteles.

post² *sustantivo* Puesto: **1.** Base militar en la cual se estacionan tropas; guarnición; plaza. **2.** Posición o estación asignada a un guardia, centinela u otra persona. **3.** Posición o trabajo, especialmente un trabajo al cual se es nombrado; cargo; oficio. **4.** Tienda o estación en la cual se puede comprar o vender mercancía; establecimiento comercial.
—*verbo* Asignar un puesto o estación; colocar; nombrar.

post³ *sustantivo* **1.** Distribución y entrega del correo; correo. **2.** El correo que se entrega.
—*verbo* **1.** Enviar por correo una carta o paquete; despachar; poner al correo. **2.** Informar sobre las últimas noticias; poner al corriente.

postage *sustantivo* Costo por enviar algo por correo; franqueo; porte.

postage stamp Pedazo pequeño de papel emitido por el gobierno, por la cantidad señalada en el frente; sello; estampilla.

postal *adjetivo* Relativo a la oficina o servicio de correos; postal.

postcard *sustantivo* Tarjeta para enviar mensajes cortos por el correo; postal; tarjeta postal.

poster *sustantivo* Aviso grande impreso con un anuncio público o propaganda; cartel; aviso; letrero.

postman *sustantivo* El hombre que lleva las cartas; cartero.

postmark *sustantivo* Marca oficial estampada en el correo que sirve para anular la estampilla y mostrar la fecha y el lugar del envío; matasellos; sello.

postmaster *sustantivo* Persona encargada de una oficina de correos; administrador de correos.

post office Lugar para recibir, clasificar y entregar el correo y para vender sellos; oficina de correos.

postpone *verbo* Aplazar hasta un tiempo posterior; posponer; postergar.

postscript *sustantivo* Mensaje que se agrega a una carta, después de la firma del que la escribió; postdata.

posture *sustantivo* Manera en que una persona sostiene o mueve el cuerpo; postura; porte.

pot *sustantivo* **1.** Recipiente hondo y redondo; vasija; olla; marmita; maceta. Se usan para cocinar, crecer plantas o muchos otros fines. **2.** Olla o maceta y su contenido. **3.** Trampa para coger ostras, pescado u otros mariscos; nasa.
—*verbo* Sembrar o poner en una maceta.

potassium *sustantivo* Metal blando y ligero, de color blanco plateado que se encuentra en compuestos; potasio. El potasio es uno de los elementos químicos.

potato *sustantivo* **1.** Hortaliza de corteza marrón o ro-

vegetable with brown or reddish skin and an uneven shape. The potato is a type of plant stem that grows underground. **2.** A sweet potato.

po·ten·tial |pə těn′shəl| —*adjective* Not yet real or definite, but possible in the future.
—*noun, plural* **potentials** The capacity for developing well in a special way.

pot·ter |pŏt′ər| —*noun, plural* **potters** A person who makes pots, dishes, or other things from clay.

pot·ter·y |pŏt′ə rē| —*noun* Pots, dishes, vases, and other things shaped from damp clay and hardened by baking.

pouch |pouch| —*noun, plural* **pouches** **1.** A bag or sack of leather, cloth, plastic, or other soft material. **2.** A part of an animal's body that is like a bag or a pocket. Female kangaroos have pouches for holding their developing babies.

poul·try |pōl′trē| —*noun* Chickens, turkeys, ducks, geese, or other birds raised for their meat or eggs.

pounce |pouns| —*verb* **pounced, pouncing** To leap or swoop suddenly in order to catch something.
—*noun, plural* **pounces** A sudden leap or swoop to catch something.

pound¹ |pound| —*noun, plural* **pounds** or **pound** **1.** A unit of weight that equals 16 ounces. In the metric system, a pound equals 453.59 grams. **2.** The basic unit of money in Great Britain and some other countries.

pound² |pound| —*verb* **pounded, pounding** **1.** To hit hard and often. **2.** To beat with excitement; throb. **3.** To crush to a powder or pulp.

pour |pôr| or |pōr| —*verb* **poured, pouring** **1.** To flow or cause to flow in a steady stream. **2.** To rain hard.

pout |pout| —*verb* **pouted, pouting** To push out the lips to show that one is annoyed or unhappy.

pov·er·ty |pŏv′ər tē| —*noun* **1.** The condition of being poor and having little money or other necessities. **2.** The condition of being of very poor quality.

pow·der |pou′dər| —*noun, plural* **powders** **1.** Solid material that has been made into very fine particles; dust. **2.** Fine particles used for a particular purpose. **3.** Gunpowder.
—*verb* **powdered, powdering** **1.** To turn into powder by crushing, crumbling, or drying. **2.** To cover or sprinkle with a powder.

pow·er |pou′ər| —*noun, plural* **powers** **1.** The ability to do or accomplish something. **2.** Strength or force. **3.** The right to decide or command; authority. **4.** A nation or state that has great influence in the world. **5.** A person, group, or thing that is the source of authority. **6.** Energy that can be used to do work. **7.** Electricity.
—*verb* **powered, powering** To supply with power.

pow·er·ful |pou′ər fəl| —*adjective* Having or using great power; strong.

prac·ti·cal |prăk′tĭ kəl| —*adjective* **1.** Having or serving a useful purpose. **2.** Coming from experience, practice, or use instead of study. **3.** Concerned with useful matters, not with ideas or imagination. **4.** Having or showing good judgment; sensible.

prac·ti·cal·ly |prăk′tĭk lē| —*adverb* **1.** Almost, but not quite; nearly. **2.** In a practical, useful, or sensible way.

prac·tice |prăk′tĭs| —*verb* **practiced, practicing** **1.** To do an activity over and over again in order to learn to do it well. **2.** To make a habit of; do in a regular way. **3.** To follow; carry out. **4.** To work at a profession.
—*noun, plural* **practices** **1.** The experience that comes from doing something over and over to develop, maintain, or improve it. **2.** A period or a session for exercise and drill in an activity. **3.** A usual way of doing things; custom; habit. **4.** Actual action; performance. **5.** The work of a profession. **6.** The group of people who use the services of a doctor or lawyer;

jiza y forma desigual; papa; patata. La papa es un tipo de planta que crece bajo tierra. **2.** Batata; boniato.

potential *adjetivo* No real o definido aún, pero posible en el futuro; potencial; latente.
—*sustantivo* Capacidad para desarrollarse bien en una manera especial; potencialidad.

potter *sustantivo* Persona que hace vasijas, platos u otras cosas de arcilla; alfarero; ceramista.

pottery *sustantivo* Vasijas, platos, vasos y otras cosas formadas de arcilla húmeda y endurecidas al horno; alfarería; cerámica.

pouch *sustantivo* **1.** Bolsa o saco de cuero, tela, plástico u otro material blando; valija; bolsa. **2.** Parte del cuerpo de un animal en forma de bolsa o bolsillo; bolsa. La hembra del canguro tiene una bolsa para cargar a su cría en desarrollo.

poultry *sustantivo* Pollos, pavos, patos, gansos u otras aves que se crían por su carne o huevos; aves de corral.

pounce *verbo* Saltar o precipitarse súbitamente para agarrar algo; arrojarse; abalanzarse.
—*sustantivo* Salto o brinco súbito para agarrar algo.

pound¹ *sustantivo* **1.** Unidad de peso igual a 16 onzas; libra. En el sistema métrico, la libra es igual a 453.59 gramos. **2.** La unidad monetaria básica en Gran Bretaña y otros países.

pound² *verbo* **1.** Golpear dura y frecuentemente; pegar; aporrear. **2.** Latir con excitación; palpitar; pulsar. **3.** Triturar hasta formar polvo o pulpa; pulverizar; moler.

pour *verbo* **1.** Fluir o dejar fluir en forma continua; verter; servir. **2.** Llover fuertemente; llover a cántaros; diluviar.

pout *verbo* Fruncir los labios para mostrar que se está disgustado o triste; hacer pucheros; enfurruñarse.

poverty *sustantivo* **1.** Condición de ser pobre o tener poco dinero u otras cosas de primera necesidad; pobreza. **2.** Condición de ser de muy mala calidad.

powder *sustantivo* **1.** Material sólido que ha sido convertido en partículas finas; polvo. **2.** Partículas finas usadas para un fin particular: *soap powder = jabón en polvo.* **3.** Pólvora.
—*verbo* **1.** Convertir en polvo al triturar, desmenuzar o secar; pulverizar. **2.** Cubrir o rociar con polvo; empolvar.

power *sustantivo* **1.** Habilidad para lograr algo; poder; capacidad. **2.** Fortaleza o fuerza; vigor. **3.** Derecho para decidir u ordenar; autoridad; poder. **4.** Nación o estado que tiene gran influencia en el mundo; potencia. **5.** Persona, grupo o cosa que es una fuente de autoridad. **6.** Energía que puede ser usada para hacer un trabajo; fuerza. **7.** Electricidad; energía.
—*verbo* Proveer de poder; dar energía.

powerful *adjetivo* Que tiene o usa gran poder; fuerte; poderoso; potente.

practical *adjetivo* **1.** Que tiene o sirve un fin útil; práctico. **2.** Que proviene de la experiencia, práctica o uso en vez de estudio. **3.** Interesado en asuntos útiles, no en ideas o imaginación. **4.** Que tiene o demuestra buen juicio; sensato.

practically *adverbio* **1.** Casi, pero no del todo; virtualmente; prácticamente. **2.** De manera práctica, útil o sensata.

practice *verbo* **1.** Hacer una actividad repetidamente para aprender a hacerla bien; practicar; adiestrar; entrenar. **2.** Hacer una costumbre de algo; hacer con regularidad; acostumbrar. **3.** Seguir; cumplir con algo; poner en práctica. **4.** Trabajar en una profesión; ejercer.
—*sustantivo* **1.** Experiencia que se adquiere al hacer una cosa repetidamente para desarrollarla, mantenerla o mejorarla; práctica. **2.** Período o sesión para ejercitarse y entrenarse en una actividad. **3.** Manera acostumbrada de hacer las cosas; costumbre; hábito. **4.** Acción real; ejecución; realización; obra. **5.** Trabajo

patients or clients.

prai·rie |prȧr′ē| —*noun, plural* **prairies** A wide area of flat or gently sloping country with tall grass and not many trees.

praise |prāz| —*noun, plural* **praises** Words or thoughts that show admiration or approval.
—*verb* **praised, praising 1.** To express approval or admiration for; speak well of. **2.** To give glory to; honor.

prance |prăns| —*verb* **pranced, prancing 1.** To rise on the hind legs and spring forward. **2.** To run, leap, or move in a playful or proud way.

prank |prăngk| —*noun, plural* **pranks** A playful or mischievous trick or joke.

pray |prā| —*verb* **prayed, praying 1.a.** To say a prayer to God. **b.** To ask for something from God. **2.** To ask in a serious way; want seriously. **3.** To be so good as to; please.

prayer |prȧr| —*noun, plural* **prayers 1.** Words spoken to God. **2.** The act of praying. **3.** A serious request or appeal; plea.

preach |prēch| —*verb* **preached, preaching 1.** To give a talk on religious matters. **2.** To teach or urge.

preach·er |prē′chər| —*noun, plural* **preachers** A person who preaches.

pre·cau·tion |prĭ kô′shən| —*noun, plural* **precautions** An action taken to avoid possible danger, error, or accident.

pre·cede |prĭ sēd′| —*verb* **preceded, preceding** To come or go before.

pre·ced·ing |prĭ sēd′ĭng| —*adjective* Coming or going just before.

pre·cinct |prē′sĭngkt| —*noun, plural* **precincts** A section or district of a city or town.

pre·cious |prĕsh′əs| —*adjective* **1.** Of high price or value. **2.** Dear; beloved.

pre·cip·i·tate |prĭ sĭp′ĭ tāt′| —*verb* **precipitated, precipitating 1.** To cause to happen; bring on. **2.** To change from vapor into water and fall to earth as rain, snow, sleet, or hail.

pre·cip·i·ta·tion |prĭ sĭp′ĭ tā′shən| —*noun* **1.** Any form of water that falls from the sky and reaches the ground as rain, snow, sleet, or hail. **2.** The amount of water that falls from the sky and reaches the ground.

pre·cise |prĭ sīs′| —*adjective* **1.** Clearly expressed; definite; exact. **2.** Clear and correct; accurate.

pre·ci·sion |prĭ sĭzh′ən| —*noun* The condition of being precise or exact; accuracy.

pred·a·tor |prĕd′ə tər| or |prĕd′ə tôr′| —*noun, plural* **predators** An animal that lives by catching and eating other animals.

pred·a·to·ry |prĕd′ə tôr′ē| or |prĕd′ə tōr′ē| —*adjective* Living by preying on other animals.

pred·e·ces·sor |prĕd′ĭ sĕs′ər| —*noun, plural* **predecessors** Someone or something that had a job, office, or function before another.

pred·i·cate |prĕd′ĭ kĭt| —*noun, plural* **predicates** The part of a sentence that tells something about the subject.

pre·dict |prĭ dĭkt′| —*verb* **predicted, predicting** To tell what will happen before it happens; foretell.

pre·dic·tion |prĭ dĭk′shən| —*noun, plural* **predictions 1.** Something that is predicted; a prophecy. **2.** The act of predicting.

pref·ace |prĕf′ĭs| —*noun, plural* **prefaces** Words that go before the main part of a book or speech; introduction.

pre·fer |prĭ fûr′| —*verb* **preferred, preferring** To like better.

pref·er·ence |prĕf′ər əns| —*noun, plural* **preferences 1.** A liking for one thing or person over others

prairie *sustantivo* Área extensa de tierra plana o ligeramente ondulada con hierba alta y pocos árboles; llanura; planicie; pampa; sabana; pradera.

praise *sustantivo* Palabras o pensamientos que demuestran admiración o aprobación; elogio; encomio; alabanza.
—*verbo* Expresar aprobación o admiración; hablar bien de algo o alguien; elogiar; encomiar. **2.** Dar gloria; honrar; alabar.

prance *verbo* **1.** Alzarse sobre las patas traseras y saltar; cabriolar; corvetear. **2.** Correr, saltar o moverse de manera juguetona u orgullosa; alardear; pavonearse.

prank *sustantivo* Truco o broma juguetona o pícara; travesura; picardía.

pray *verbo* **1.a.** Decir una oración a Dios; orar; rezar. **b.** Pedir algo a Dios; rogar. **2.** Pedir de manera seria; desear seriamente; implorar; suplicar. **3.** Tener la bondad; por favor: *Pray tell me your name.* = *Tenga la bondad de decirme su nombre.*

prayer *sustantivo* **1.** Palabras dichas a Dios; oración; rezo. **2.** Acción de orar. **3.** Petición o apelación seria; súplica.

preach *verbo* **1.** Dar una plática en asuntos religiosos; predicar; decir un sermón. **2.** Enseñar o urgir; exhortar; aconsejar.

preacher *sustantivo* Persona que predica; predicador.

precaution *sustantivo* Acción que se toma para evitar un posible peligro, error o accidente; precaución; cautela.

precede *verbo* Venir o ir antes; preceder; anteceder.

preceding *adjetivo* Que viene o va inmediatamente antes; precedente; anterior.

precinct *sustantivo* Sección o distrito en una ciudad o pueblo; barrio.

precious *adjetivo* **1.** De alto precio o valor; precioso; caro; costoso. **2.** Querido; amado.

precipitate *verbo* **1.** Hacer que ocurra; causar; precipitar; provocar. **2.** Cambiar de vapor a agua y caer en la tierra en forma de lluvia, nieve, cellisca o granizo.

precipitation *sustantivo* **1.** Agua, en cualquiera de sus formas, que cae del cielo y llega a la tierra en forma de lluvia, nieve, cellisca o granizo; precipitación. **2.** La cantidad de agua que cae del cielo y llega a la tierra.

precise *adjetivo* **1.** Expresado claramente; definido; exacto; preciso. **2.** Claro y correcto; esmerado.

precision *sustantivo* Condición de ser preciso o exacto; precisión; exactitud; esmero.

predator *sustantivo* Animal predatorio que vive atrapando y comiéndose a otros animales; animal de rapiña; animal de presa.

predatory *adjetivo* Que vive de la rapiña de otros animales; predatorio; de rapiña; de presa; rapaz.

predecesor *sustantivo* Alguien o algo que tuvo un trabajo, cargo o función antes que otro; predecesor; antecesor.

predicate *sustantivo* Parte de una oración que dice algo acerca del sujeto; predicado.

predict *verbo* Decir lo que pasará antes de que ocurra; prenunciar; predecir; pronosticar.

prediction *sustantivo* **1.** Algo que se predice; profecía; predicción; pronóstico. **2.** Acción de predecir.

preface *sustantivo* Palabras que van antes de la parte principal de un libro o discurso; introducción; prefacio; prólogo.

prefer *verbo* Gustarle más a uno; preferir.

preference *sustantivo* **1.** Gusto por una cosa o persona más que por otra u otras; preferencia. **2.** Alguien

prairie *sustantivo* Área extensa de tierra plana o ligera-

De una profesión; ejercicio. **6.** Grupo de personas que usan los servicios de un médico o abogado; pacientes o clientes; clientela.

or another. **2.** Someone or something that is liked better than others.

pre·fix |prē′fĭks′| —*noun, plural* **prefixes** A syllable or syllables placed at the beginning of a word. A prefix changes the meaning of the word.

preg·nant |prĕg′nənt| —*adjective* Having a baby or babies growing inside the body.

pre·his·tor·ic |prē′hĭ stôr′ĭk| or |prē′hĭ stŏr′ĭk| —*adjective* Of a time before events from history were written down.

prej·u·dice |prĕj′ə dĭs| —*noun, plural* **prejudices 1.** A strong feeling or judgment made about something or someone without knowing much about the thing or person; a bias. **2.** A feeling against people of races, religions, or backgrounds other than one's own. —*verb* **prejudiced, prejudicing** To fill with prejudice; to bias.

pre·lim·i·nar·y |prĭ lĭm′ə nĕr′ē| —*adjective* Preparing for or leading to the main part.

pre·mier |prĭ mîr′| —*noun, plural* **premiers** The chief minister of a government; prime minister.

prem·ise |prĕm′ĭs| —*noun, plural* **premises 1.** A sentence that is used as the starting point of an argument or from which a conclusion is made. **2.** **premises** Someone's land or building.

prep·a·ra·tion |prĕp′ə rā′shən| —*noun, plural* **preparations 1.** The action of preparing or getting ready. **2.** An action necessary in getting ready for something. **3.** A mixture prepared for a certain use.

pre·pare |prĭ pâr′| —*verb* **prepared, preparing 1.** To get ready for some task or event. **2.** To plan and make. **3.** To put together and make from various things.

prep·o·si·tion |prĕp′ə zĭsh′ən| —*noun, plural* **prepositions** A word that shows the relation between a noun or pronoun and another word or words (called the object of the preposition). For example, in the phrase *a store on the next corner* the preposition *on* shows the relation between the noun *store* and the words *next corner.*

prep·o·si·tion·al |prĕp′ə zĭsh′ən əl| —*adjective* Having a preposition; functioning as a preposition.

pre·school |prē′skōōl′| —*adjective* Of or for a child before he or she enters elementary school.

pre·scribe |prĭ skrīb′| —*verb* **prescribed, prescribing** To order or advise the use of a drug, diet, or remedy.

pre·scrip·tion |prĭ skrĭp′shən| —*noun, plural* **prescriptions** A written instruction from a doctor telling what treatment or medicine a patient is to receive.

pres·ence |prĕz′əns| —*noun* **1.** The fact or condition of being present. **2.** The company of someone or something.

pres·ent[1] |prĕz′ənt| —*noun* A moment or period of time between the past and future; now. —*adjective* **1.** Happening now. **2.** In the same place as someone or something.

Idioms **at present** At the present time; right now. **for the present** For the time being; lasting for a certain time.

pre·sent[2] |prĭ zĕnt′| —*verb* **presented, presenting 1.** To make a gift of; give. **2.** To introduce a person to another or others. **3.** To put oneself before a person or at a place. **4.** To bring before the public; display. —*noun* |prĕz′ənt|, *plural* **presents** Something presented; a gift.

pres·en·ta·tion |prĕz′ən tā′shən| or |prē′zĕn tā′shən| —*noun, plural* **presentations** The act of presenting.

pres·ent·ly |prĕz′ənt lē| —*adverb* **1.** In a short time; soon. **2.** At this time; now.

present participle A form of a verb that shows an action or condition that is happening or exists now. The present participle can be used as an adjective.

present tense A verb tense that shows an action that is happening or a condition that exists now.

o algo que gusta más que otros.

prefix *sustantivo* Sílaba o sílabas colocadas al comienzo de una palabra; prefijo. Los prefijos cambian el significado de una palabra.

pregnant *adjetivo* Que tiene una criatura o criaturas creciendo dentro del cuerpo; preñada; embarazada.

prehistoric *adjetivo* Relativo al tiempo anterior al registro de los sucesos de la historia; prehistórico.

prejudice *sustantivo* **1.** Marcado sentimiento o juicio a favor o en contra de algo o alguien, sin saber mucho acerca de la cosa o persona; parcialidad; prejuicio; predisposición. **2.** Sentimiento contra la gente de razas, religiones o antecedentes distintos de los de uno. —*verbo* Llenar de prejuicio; parcializar; predisponer; prevenir.

preliminary *adjetivo* En preparación para, o que conduce a la parte principal; preliminar; introductorio.

premier *sustantivo* Ministro principal de un gobierno; primer ministro.

premise *sustantivo* **1.** Oración que se usa como punto de partida de un argumento, o de la cual se saca una conclusión; premisa. **2. premises** Tierra o edificio de alguien; local; establecimiento; predio.

preparation *sustantivo* **1.** Acción de preparar; preparación. **2.** Acción necesaria para prepararse para algo; preparativos. **3.** Mezcla preparada para cierto uso; preparado.

prepare *verbo* Preparar o prepararse: **1.** Alistarse para alguna tarea o evento. **2.** Proyectar y hacer. **3.** Reunir y hacer con varias cosas.

preposition *sustantivo* **1.** Palabra que muestra la relación entre un sustantivo o pronombre y otra palabra o palabras (llamadas complemento de la preposición). Por ejemplo, en la frase *a store on the next corner* la preposición *on* muestra la relación entre el sustantivo *store* y las palabras *next corner.*

prepositional *adjetivo* Que tiene una preposición; que funciona como preposición; prepositivo.

preschool *adjetivo* De o para niños antes de que empiecen la escuela primaria; preescolar.

prescribe *verbo* Ordenar o aconsejar el uso de un medicamento, dieta o remedio; recetar.

prescription *sustantivo* Instrucción escrita de un médico indicando qué tratamiento o medicina un paciente ha de recibir; receta.

presence *sustantivo* Presencia: **1.** Hecho o condición de estar presente. **2.** Compañía de algo o alguien.

present[1] *sustantivo* Momento o período de tiempo entre el pasado y el futuro; ahora; presente. —*adjetivo* Presente: **1.** Que sucede ahora. **2.** En el mismo lugar que alguien o algo.

Modismos **at present** En el momento actual; ahora mismo. **for the present** Por el momento; que dura cierto tiempo.

present[2] *verbo* **1.** Dar de regalo; regalar. **2.** Presentar una persona a otra u otras. **3.** Ponerse uno mismo ante una persona o en un lugar; presentarse. **4.** Poner ante el público; ofrecer; presentar. —*sustantivo* Algo regalado; regalo.

presentation *sustantivo* Acto de presentar; presentación.

presently *adverbio* **1.** Dentro de poco tiempo; pronto. **2.** En este momento; ahora.

present participle Forma del verbo que indica una acción o condición que sucede o existe ahora; participio presente; gerundio. Puede usarse como adjetivo.

present tense Tiempo del verbo que indica una acción que está sucediendo o una condición que existe ahora; tiempo presente.

pre·serv·a·tive |prĭ zûr′və tĭv| —*noun, plural* **preservatives** Something that is used to preserve. Preservatives are added to foods to keep them from spoiling.

pre·serve |prĭ zûrv′| —*verb* **preserved, preserving** 1. To protect; keep in safety. 2. To keep in perfect or the same form. 3. To protect food from spoiling by freezing, smoking, pickling, or canning it. —*noun, plural* **preserves** 1. Often **preserves** Fruit cooked with sugar to keep it from spoiling. 2. A place where wild animals, plants, and fish can live safely.

pres·i·den·cy |prĕz′ĭ dən sē| —*noun, plural* **presidencies** Often **Presidency** 1. The office of president. 2. The period of time during which a president is in office.

pres·i·dent |prĕz′ĭ dənt| —*noun, plural* **presidents** 1. **President** The chief executive of the United States. 2. The chief officer of a club, company, or university.

pres·i·den·tial |prĕz′ĭ dĕn′shəl| —*adjective* Often **Presidential** Of a president or presidency.

press |prĕs| —*verb* **pressed, pressing** 1. To put force or pressure against; bear down on. 2. To flatten or form into a desired shape by using force. 3.**a.** To squeeze the juice from. **b.** To remove by squeezing. 4. To smooth by using heat and pressure; to iron. 5. To take hold of or embrace. 6. To try hard to convince; ask again and again. —*noun, plural* **presses** 1. Any machine or device used to squeeze or put pressure on something. 2. A printing press. 3.**a.** Printed matter, especially newspapers and magazines. **b.** The people who put out newspapers and magazines.

pres·sure |prĕsh′ər| —*noun, plural* **pressures** 1. The force of one thing pressing on another thing that is touching it. 2. A burden that causes distress. —*verb* **pressured, pressuring** To force by using influence or arguments.

pres·tige |prĕ stēzh′| or |prĕ stēj′| —*noun* Great respect in the eyes of others that is gotten through success, fame, or wealth.

pre·tend |prĭ tĕnd′| —*verb* **pretended, pretending** 1. To put on a false show of. 2. To make believe. 3. To make a claim that is not true.

pret·ty |prĭt′ē| —*adjective* **prettier, prettiest** Pleasing, attractive, or appealing. —*adverb* Somewhat; rather.

pret·zel |prĕt′səl| —*noun, plural* **pretzels** A thin roll of dough, baked in the form of a crisp knot or stick.

pre·vail |prĭ vāl′| —*verb* **prevailed, prevailing** 1. To be greater in strength and influence; triumph. 2. To be most common or happen most often.

pre·vent |prĭ vĕnt′| —*verb* **prevented, preventing** 1. To keep from happening. 2. To keep someone from doing something; hinder.

pre·ven·tion |prĭ vĕn′shən| —*noun* 1. The act of preventing. 2. Something that prevents; a hindrance.

pre·view |prē′vyoo′| —*noun, plural* **previews** A showing of a motion picture, art exhibit, or play to some people before it is shown to everyone.

pre·vi·ous |prē′vē əs| —*adjective* Coming before something else; earlier.

prey |prā| —*noun* 1. An animal hunted or caught by another animal for food. 2. Someone or something that is helpless against attack or trouble. —*verb* **preyed, preying** —**prey on** (or **upon**) 1. To hunt for food. 2. To take unfair advantage of. 3. To trouble; bother. *Idiom* **of prey** Living by taking other animals as prey.

price |prīs| —*noun, plural* **prices** 1. The amount of money asked or given for something. 2. The cost at

preservative *sustantivo* Algo que se usa para preservar y que se le agrega a los alimentos para que no se echen a perder; preservativo.

preserve *verbo* 1. Proteger; mantener con seguridad; conservar; resguardar. 2. Mantener en forma perfecta o igual; conservar. 3. Proteger los alimentos, para que no se echen a perder, por medio de la congelación, curación al humo, encurtido o enlatado. —*sustantivo* 1. A veces **preserves** Frutas cocidas con azúcar para que no se echen a perder; conserva; compota. 2. Lugar donde pueden vivir sin peligro animales salvajes, plantas y peces.

presidency *sustantivo* A veces **Presidency** Presidencia: 1. Cargo de presidente. 2. Período durante el cual un presidente ocupa ese puesto.

president *sustantivo* Presidente: 1. **President** Primer mandatario de los Estados Unidos. 2. Funcionario principal de un club, compañía o universidad.

presidential *adjetivo* A veces **Presidential** Relativo a un presidente o presidencia; presidencial.

press *verbo* 1. Aplicar fuerza o presión; pesar sobre algo; presionar; apretar. 2. Aplanar o dar una forma deseada aplicando fuerza; prensar. 3.**a.** Exprimir el jugo; extraer; prensar. **b.** Extraer por presión; exprimir. 4. Alisar usando calor y presión; planchar. 5. Agarrar o abrazar; dar un apretón. 6. Hacer gran esfuerzo para convencer; pedir repetidamente; instar. —*sustantivo* 1. Máquina o aparato que se usa para aplicar presión a algo; prensa. 2. Imprenta. 3.**a.** Material impreso, especialmente periódicos y revistas. **b.** La gente que publica periódicos y revistas; prensa.

pressure *sustantivo* Presión: 1. Fuerza que ejerce una cosa presionando sobre otra que está en contacto con ella. 2. Carga que causa angustia. —*verbo* Obligar, usando influencia o razonamientos; presionar.

prestige *sustantivo* Gran respeto ante los ojos de los demás, obtenido por razón del buen éxito, la fama o la riqueza; prestigio; renombre; fama.

pretend *verbo* 1. Presentar una apariencia falsa; aparentar; fingir; simular. 2. Hacer creer; fingir; imaginarse. 3. Hacer una afirmación que no es cierta; afirmar falsamente; pretender; darse ínfulas.

pretty *adjetivo* Agradable, atractivo, atrayente; bonito; bello. —*adverbio* Algo; un poco; bastante: *He is pretty tired.* = *Él está bastante cansado.*

pretzel *sustantivo* Rollo delgado de masa de harina, horneado en la forma de nudo o palito, tostado y frágil.

prevail *verbo* 1. Ser más poderoso en fuerza e influencia; triunfar; vencer; prevalecer; prevaler. 2. Ser más corriente o suceder con más frecuencia; predominar.

prevent *verbo* 1. Impedir que suceda; evitar. 2. Evitar que alguien haga algo; obstaculizar; impedir; obstruir.

prevention *sustantivo* 1. Acción de prevenir; prevención. 2. Algo que evita; impedimento; obstáculo.

preview *sustantivo* Presentación de una película, exposición de arte u obra teatral a algunos antes de que al público en general; presentación a los críticos, periodistas, etc.

previous *adjetivo* Que sucede o va antes que otra cosa; anterior; previo.

prey *sustantivo* 1. Animal cazado o capturado por otro para que le sirva de alimento; presa. 2. Alguien o algo que no puede defenderse de ataques o problemas; víctima. —*verbo* **prey on** (o **upon**) 1. Cazar para comer. 2. Aprovecharse injustamente de alguien; abusar. 3. Preocupar; atormentar. *Modismo* **of prey** Que vive de la captura de otros animales; de rapiña.

price *sustantivo* Precio: 1. Cantidad de dinero que se pide o se da por algo. 2. Costo al que se obtiene algo.

ă pat ā pay â care ä father ĕ pet ē be ĭ pit ī pie î fierce ŏ pot ō go ô paw, for oi oil ŏŏ book ōō boot

which something is gotten. **3.** An amount of money offered as a reward for capturing someone.
—*verb* **priced, pricing 1.** To put a price on. **2.** To find out the price of.

price·less |prīs′lĭs| —*adjective* Having great worth; valuable.

prick |prĭk| —*noun, plural* **pricks** A small hole or mark left by piercing.
—*verb* **pricked, pricking** To make a small hole or mark with a pointed object.

prick·ly |prĭk′lē| —*adjective* **pricklier, prickliest 1.** Having small, sharp thorns or points. **2.** Tingling.

prickly pear 1. A cactus with flat, thorny stems and showy yellow or reddish flowers. **2.** The reddish, fruit of this cactus.

pride |prīd| —*noun* **1.** A feeling of one's own worth or dignity. **2.** Pleasure or satisfaction in what one has done or in the things one owns. **3.** Someone or something that is a source of pride. **4.** A too high opinion of oneself; conceit.
—*verb* **prided, priding** —**pride oneself on** To be proud of.

priest |prēst| —*noun, plural* **priests** A clergyman in the Roman Catholic Church and certain other Christian churches.

pri·ma·ri·ly |prī mĕr′ĭ lē| or |prī mâr′ĭ lē| —*adverb* In the first place; mainly.

pri·ma·ry |prī′mĕr′ē| or |prī′mə rē| —*adjective* **1.** First in time or in order; original. **2.** First in importance, order, or value; chief.
—*noun, plural* **primaries** An election in which members of the same political party run against one another. The winner becomes the party's candidate for office in the regular election.

pri·mate |prī′māt′| —*noun, plural* **primates** Any member of the group of mammals that includes human beings, monkeys, and apes. Primates have a very highly developed brain.

prime |prīm| —*adjective* **1.** First in importance or value; greatest. **2.** Of the highest quality; excellent.
—*noun* The best or highest stage or condition.

prime minister The chief minister and head of the cabinet in certain governments.

prim·er |prĭm′ər| —*noun, plural* **primers 1.** A beginning reading book. **2.** A book that covers the basic points of any subject.

prim·i·tive |prĭm′ĭ tĭv| —*adjective* **1.** Of or in an early stage of growth or development. **2.** Simple or crude.

prince |prĭns| —*noun, plural* **princes 1.** The son of a king or queen. **2.** A male member of a royal family other than the king. **3.** A nobleman of high rank in some countries.

prin·cess |prĭn′sĭs| or |prĭn′sĕs| or |prĭn sĕs′| —*noun, plural* **princesses 1.** The daughter of a king or queen. **2.** The wife of a prince. **3.** A female member of a royal family other than the queen.

prin·ci·pal |prĭn′sə pəl| —*adjective* First in order or importance; prime.
—*noun, plural* **principals 1.** The head of a school. **2.** A person who is an important member of something.

prin·ci·ple |prĭn′sə pəl| —*noun, plural* **principles 1.** A basic truth or law. **2.** A rule of conduct or behavior. **3.** Honesty or goodness.

print |prĭnt| —*verb* **printed, printing 1.** To write something in individual letters, like those in books and newspapers. **2.** To use type to stamp or put words on paper. **3.** To offer in printed form. **4.** To press or imprint a mark or design on a surface, such as paper or cloth.
—*noun, plural* **prints 1.** Letters that are made by

3. Cantidad de dinero que se ofrece como recompensa por capturar a alguien.
—*verbo* **1.** Poner precio. **2.** Averiguar el precio.

priceless *adjetivo* Que tiene gran valor; inapreciable; inestimable.

prick *sustantivo* Pequeño agujero o marca que se produce al perforar; puntura; pinchazo.
—*verbo* Hacer un pequeño agujero o marca con un objeto puntiagudo; pinchar.

prickly *adjetivo* **1.** Que tiene espinas o puntas pequeñas y afiladas; espinoso. **2.** Que pica; que produce hormigueo o escozor.

prickly pear 1. Cactus que tiene el tallo plano y espinoso y vistosas flores amarillas o rojizas; tunal; nopal, chumbera. **2.** Fruta rojiza de esta planta; higo de tuna; higo chumbo.

pride *sustantivo* **1.** Opinión o sentido que uno tiene de su propio valor o dignidad; orgullo. **2.** Placer o satisfacción por lo que uno ha hecho o por las cosas que posee; orgullo; vanidad. **3.** Alguien o algo que es causa de satisfacción u orgullo; cosa predilecta. **4.** Opinión demasiado elevada de uno mismo; vanidad; engreimiento; arrogancia.
—*verbo* **pride oneself on** Sentir orgullo; enorgullecerse; jactarse.

priest *sustantivo* Clérigo de la Iglesia católica romana y de algunas otras iglesias cristianas; sacerdote; cura.

primarily *adverbio* En primer lugar; principalmente; mayormente; fundamentalmente.

primary *adjetivo* **1.** Primero en tiempo o en orden; original. **2.** Primero en importancia, orden o valor; principal.
—*sustantivo* Elecciones en las que miembros del mismo partido político compiten entre sí; elecciones o comicios preliminares. El ganador obtiene la candidatura de su partido para las elecciones finales.

primate *sustantivo* Cualquier miembro del grupo de mamíferos que incluye a los seres humanos y a los monos; primate. Los primates tienen el cerebro altamente desarrollado.

prime *adjetivo* **1.** Primero en importancia o valor; mayor; principal. **2.** De la calidad más alta; excelente; de primera; selecto.
—*sustantivo* La mejor o más alta etapa o condición; la flor.

prime minister En ciertos gobiernos, el ministro principal y jefe del gabinete; primer ministro.

primer *sustantivo* **1.** Primer libro de lectura; cartilla. **2.** Libro que explica los puntos básicos de una asignatura; libro elemental.

primitive *adjetivo* Primitivo: **1.** De o en una etapa temprana de crecimiento o desarrollo; elemental. **2.** Sencillo o tosco; basto.

prince *sustantivo* Príncipe: **1.** Hijo de un rey o reina. **2.** Miembro varón de una familia real, excluyendo al rey. **3.** En algunos países, noble de alto rango.

princess *sustantivo* Princesa: **1.** Hija de un rey o una reina. **2.** Esposa de un príncipe. **3.** Miembro femenino de una familia real, excluyendo a la reina.

principal *adjetivo* Primero en orden o importancia; principal; esencial.
—*sustantivo* **1.** Director de una escuela. **2.** Persona que es un miembro importante de algo; principal; jefe.

principle *sustantivo* Principio: **1.** Verdad o ley fundamental. **2.** Regla de conducta o comportamiento; norma. **3.** Honradez o bondad.

print *verbo* **1.** Escribir algo con letras individuales, como las de los libros y periódicos; escribir con letra de molde o de imprenta. **2.** Utilizar tipos para imprimir o poner letras sobre papel; imprimir. **3.** Ofrecer en forma impresa; publicar. **4.** Prensar o imprimir una marca o dibujo sobre una superficie, como papel o tela; estampar.

printing. **2.** A mark or design made in a surface by pressure. **3.** Cloth with a pattern or design on it. **4.** A photograph that is made from a negative.

print·er |prĭn′tər| —*noun, plural* **printers** A person or company whose job is printing.

print·ing |prĭn′tĭng| —*noun, plural* **printings 1.** The act, process, or business of making printed material, such as books, magazines, and newspapers, on a printing press. **2.** Letters written like those used in print.

printing press A machine that prints letters, words, or designs onto sheets of paper.

prism |prĭz′əm| —*noun, plural* **prisms** A transparent solid object with three long sides in the shape of rectangles and two ends in the shape of triangles. When a ray of light hits and passes through one side of it, the prism breaks the ray up into the colors of the rainbow.

pris·on |prĭz′ən| —*noun, plural* **prisons** A place where persons convicted or accused of crimes are kept.

pris·on·er |prĭz′ə nər| or |prĭz′nər| —*noun, plural* **prisoners 1.** A person who is under arrest or being kept in a prison. **2.** A person who is captured or held by force by someone else.

pri·va·cy |prī′və sē| —*noun, plural* **privacies 1.** The condition of being alone or away from others. **2.** Secrecy or isolation.

pri·vate |prī′vĭt| —*adjective* **1.** Of or owned by one person or group; not for the public. **2.** Not meant to be shared with or known by others; personal. **3.** Not known publicly; secret. **4.** Not holding public office. —*noun, plural* **privates** A soldier of the lowest rank in the U.S. Army or Marine Corps.

priv·i·lege |prĭv′ə lĭj| —*noun, plural* **privileges** A special right or permission given to a person or group.

priv·i·leged |prĭv′ə lĭjd| —*adjective* Having special rights or privileges.

prize |prīz| —*noun, plural* **prizes** Something won as an award for winning or doing well in a game or contest. —*adjective* **1.** Given as a prize. **2.** Worthy of or good enough to win a prize. —*verb* **prized, prizing** To value highly.

pro |prō| —*noun, plural* **pros** A person who is a professional, especially in sports.

prob·a·bil·i·ty |prŏb′ə bĭl′ĭ tē| —*noun, plural* **probabilities 1.** The fact or condition of being likely to happen; likelihood. **2.** Something that is likely to happen.

prob·a·ble |prŏb′ə bəl| —*adjective* Likely to happen or be true.

pro·ba·tion |prō bā′shən| —*noun, plural* **probations** A period of time for testing a person's ability, behavior, or qualifications.

probe |prōb| —*noun, plural* **probes 1.** A complete or thorough investigation; an examination. **2.** A long, thin tool used to reach into or touch something in order to examine it. **3.** A spaceship or satellite that has scientific equipment. It is sent into space to study and collect information on planets and other heavenly bodies. —*verb* **probed, probing** To investigate or explore.

prob·lem |prŏb′ləm| —*noun, plural* **problems 1.** A question or situation that causes difficulty or confusion. **2.** Someone who is difficult to deal with. **3.** A question that is solved by using mathematics.

pro·ce·dure |prə sē′jər| —*noun, plural* **procedures** A correct way or method of doing something. It has a series of steps that are done in a particular order.

pro·ceed |prə sēd′| —*verb* **proceeded, proceeding**

—*sustantivo* **1.** Letras que se hacen por impresión; letra. **2.** Marca o dibujo que se hace en una superficie por medio de la presión; impresión. **3.** Tela con diseños o dibujos; estampado. **4.** Fotografía que se hace con un negativo; copia.

printer *sustantivo* Persona o empresa cuyo trabajo es imprimir; impresor.

printing *sustantivo* **1.** El acto, procedimiento o negocio de imprimir en una prensa materiales tales como libros, revistas y periódicos; impresión; imprenta. **2.** Letras escritas como las que se usan en una imprenta; letras de molde o de imprenta.

printing press Máquina que imprime letras, palabras o dibujos en hojas de papel; prensa; imprenta.

prism *sustantivo* Objeto sólido, transparente, que tiene tres lados alargados que forman rectángulos y dos extremos en forma de triángulos; prisma. Cuando un rayo de luz pasa a través de uno de los lados, el prisma descompone el rayo en los colores del arco iris.

prison *sustantivo* Lugar donde se retiene a personas condenadas por crímenes o acusadas de haberlos cometido; cárcel; prisión.

prisoner *sustantivo* Prisionero: **1.** Persona que está detenida o en prisión. **2.** Persona capturada o retenida por otra por la fuerza.

privacy *sustantivo* **1.** Condición de estar solo o lejos de otros; aislamiento; retraimiento. **2.** Secreto o reserva; intimidad.

private *adjetivo* Privado: **1.** De o perteneciente a una persona o grupo; que no es para el público. **2.** Que no es para compartir o para que otros lo sepan; personal. **3.** Que no es conocido por el público; secreto. **4.** Que no tiene cargo público. —*sustantivo* Soldado del grado más bajo en el ejército o en el cuerpo de infantería de marina de los Estados Unidos; soldado raso.

privilege *sustantivo* Derecho o permiso especial que se le da a una persona o grupo; privilegio; prerrogativa.

privileged *adjetivo* Que tiene derechos especiales o privilegios; privilegiado.

prize *sustantivo* Algo que se recibe como recompensa por haber ganado o por una buena actuación en juego o competencia; premio galardón. —*adjetivo* **1.** Dado como premio. **2.** Digno de o lo suficientemente bueno para ganar un premio; digno de premio. —*verbo* Valorar muy alto; apreciar; estimar.

pro *sustantivo* Persona que es profesional, especialmente en los deportes.

probability *sustantivo* Probabilidad: **1.** Hecho o condición de ser probable. **2.** Algo que es probable que suceda.

probable *adjetivo* Probable que suceda o que sea verdad.

probation *sustantivo* Período de tiempo para probar la capacidad, comportamiento o aptitudes de una persona; período de prueba; libertad condicional.

probe *sustantivo* **1.** Investigación completa o a fondo; examen; indagación; interrogatorio. **2.** Instrumento largo y fino que se usa para alcanzar el interior de algo o tocarlo para examinarlo; sonda. **3.** Nave espacial o satélite provisto de equipos científicos que se envía al espacio para estudiar y recoger datos sobre los planetas y otros cuerpos celestes; sonda. —*verbo* Investigar o explorar; examinar; inquirir.

problem *sustantivo* Problema: **1.** Asunto o situación que causa dificultad o confusión. **2.** Alguien que es difícil de tratar. **3.** Pregunta que se resuelve por medio de la matemática.

procedure *sustantivo* Modo o método correcto de hacer algo que consiste en una serie de pasos que se dan en cierto orden; procedimiento.

proceed *verbo* **1.** Seguir andando o ir hacia adelante,

1. To move on or go forward, especially after having stopped. **2.** To do or carry on an action or activity.

pro·ceeds |prō′sēdz′| —*plural noun* The amount of money collected for a particular purpose by having a special sale or contest.

proc·ess |prŏs′ĕs′| or |prō′sĕs′| —*noun, plural* **processes** A series of steps or actions followed in doing or making something.
—*verb* **processed, processing** To prepare or treat something by following a process.

pro·ces·sion |prə sĕsh′ən| —*noun, plural* **processions 1.** The act of going forward in an orderly way. **2.** A group of persons walking or riding along in an orderly line.

pro·claim |prō klām′| or |prə klām′| —*verb* **proclaimed, proclaiming** To announce officially and publicly.

proc·la·ma·tion |prŏk′lə mā′shən| —*noun, plural* **proclamations** An official public announcement.

prod |prŏd| —*verb* **prodded, prodding 1.** To poke or jab with something pointed. **2.** To urge to do something; stir up.

pro·duce |prə dōōs′| or |prə dyōōs′| —*verb* **produced, producing 1.** To make or build something; manufacture. **2.** To bring forth something; yield. **3.** To bring forward; show or exhibit.
—*noun* |prŏd′ōōs′| or |prŏd′yōōs| or |prō′dōōs| or |prō′dyōōs| Fruits, vegetables, and other farm products that are raised for selling.

pro·duc·er |prə dōō′sər| or |prə dyōō′sər| —*noun, plural* **producers 1.** A person, company, or thing that produces something. **2.** A person who manages the making and presentation of a movie, play, or other form of entertainment.

prod·uct |prŏd′əkt| —*noun, plural* **products 1.** Something that is made or created. **2.** The number or result gotten from multiplying two or more numbers.

pro·duc·tion |prə dŭk′shən| —*noun, plural* **productions 1.** The act or process of making or producing something. **2.** Something that is produced.

pro·duc·tive |prə dŭk′tĭv| —*adjective* **1.** Producing or capable of producing large amounts of something. **2.** Producing or getting favorable or useful results.

pro·fes·sion |prə fĕsh′ən| —*noun, plural* **professions 1.** A kind of regular work, especially work that calls for special study. **2.** The group of persons doing such work.

pro·fes·sion·al |prə fĕsh′ə nəl| —*adjective* **1.** Of, working in, or trained for a profession. **2.** To make money by or get paid for doing something that other people do for pleasure or as a hobby.
—*noun, plural* **professionals 1.** A person who works at a profession. **2.** A person who gets paid for doing something that other people do for pleasure or as a hobby.

pro·fes·sor |prə fĕs′ər| —*noun, plural* **professors** A teacher of the highest rank in a college or university.

pro·file |prō′fīl′| —*noun, plural* **profiles 1.** A view of something from the side, especially of a person's head or face. **2.** A short description or outline of something.

prof·it |prŏf′ĭt| —*noun, plural* **profits 1.** Money made in a business. It is the amount of money left after the costs of operating a business and of goods have been subtracted from all the money taken in. **2.** A gain from doing something; a benefit.
—*verb* **profited, profiting 1.** To gain an advantage or benefit. **2.** To be a help to; help improve.

prof·it·a·ble |prŏf′ĭ tə bəl| —*adjective* **1.** Giving a profit; making money. **2.** Giving benefits; useful.

pro·found |prə found′| —*adjective* **profounder, profoundest 1.** Having or showing great knowledge and understanding of something; wise. **2.** Felt very deeply; great; strong.

pro·gram |prō′grăm| or |prō′grəm| —*noun, plural*

especialmente después de haber parado; continuar; proseguir. **2.** Obrar, actuar o llevar a cabo una acción o actividad; proceder.

proceeds *sustantivo* Cantidad de dinero recibido para un fin determinado que se obtiene por medio de una venta o concurso especial; ingresos; producto.

process *sustantivo* Serie de pasos o acciones que se realizan para llevar a cabo o hacer algo; procedimiento; sistema; método.
—*verbo* Preparar o tratar algo siguiendo un procedimiento; tratar; procesar; elaborar.

procession *sustantivo* **1.** Acto de avanzar en forma ordenada; desfile; procesión. **2.** Grupo de personas que caminan o cabalgan en línea ordenada; desfile.

proclaim *verbo* Anunciar en forma oficial y pública; proclamar; declarar.

proclamation *sustantivo* Anuncio oficial público; proclamación.

prod *verbo* **1.** Pinchar o aguijonear con algo puntiagudo; hurgonear. **2.** Estimular a hacer algo; instar.

produce *verbo* **1.** Hacer o construir algo; fabricar. **2.** Generar algo; producir. **3.** Mostrar; dejar ver; exhibir.
—*sustantivo* Frutas, hortalizas y otros productos agrícolas que se cultivan para la venta.

producer *sustantivo* **1.** Persona, compañía o cosa que produce algo; productor; fabricante. **2.** Persona que maneja la producción y presentación de una película, obra teatral u otra forma de espectáculo; productor o realizador.

product *sustantivo* Producto: **1.** Algo que se hace o crea. **2.** El número o resultado obtenido al multiplicar dos o más cifras.

production *sustantivo* Producción: **1.** Acto o procedimiento de hacer o producir algo; fabricación. **2.** Algo producido; realización; representación teatral.

productive *adjetivo* Productivo: **1.** Que produce o es capaz de producir grandes cantidades de algo. **2.** Que produce u obtiene resultados favorables o útiles.

profession *sustantivo* Profesión: **1.** Clase de trabajo habitual, especialmente el que exige estudios especiales; carrera. **2.** Grupo de personas que realiza tal trabajo.

professional *adjetivo* Profesional: **1.** De, que trabaja en, o está entrenado para una profesión. **2.** Que gana dinero o recibe paga por hacer algo que otros hacen por placer o distracción.
—*sustantivo* Profesional: **1.** Persona que trabaja en una profesión. **2.** Persona que recibe paga por hacer algo que otros hacen por placer o distracción.

professor *sustantivo* Maestro del rango más alto en un colegio superior o universidad; catedrático; profesor.

profile *sustantivo* Perfil: **1.** Vista de algo desde un lado, especialmente la cabeza o la cara de una persona. **2.** Descripción o boceto de algo.

profit *sustantivo* **1.** Dinero que se gana en un negocio. Es la cantidad de dinero que queda después de que los gastos del negocio y el costo de la mercancía se han restado de todo el dinero recibido; utilidad; ganancia. **2.** Beneficio por hacer algo; lucro; provecho.
—*verbo* **1.** Obtener ventaja o beneficio; sacar provecho. **2.** Ser de ayuda; beneficiar.

profitable *adjetivo* **1.** Que da utilidad; que produce dinero; provechoso; lucrativo. **2.** Que da beneficios; útil; beneficioso.

profound *adjetivo* Profundo: **1.** Que tiene o muestra gran conocimiento y comprensión de algo; sabio. **2.** Que se siente hondamente; grande; fuerte.

program *sustantivo* Programa: **1.** Relación del orden

programs 1. A list of the order of events along with the people performing or taking part in them at a show, concert, or meeting. 2. Such a show, presentation, or performance. 3. A radio or television show. 4. A plan or list of things to be done.

prog·ress | prŏg′rĕs′ | or | prŏg′rĭs | —*noun* 1. Forward movement. 2. Steady improvement; development.
—*verb* **pro·gress** | prə grĕs′ | **progressed, progressing** 1. To move forward; advance. 2. To get better; improve.

pro·gres·sive | prə grĕs′ĭv | —*adjective* 1. Moving on or advancing step by step. 2. Working for improvement or reform.
—*noun, plural* **progressives** A person who works for improvement or reform.

pro·hib·it | prō hĭb′ĭt | —*verb* **prohibited, prohibiting** 1. To forbid by law; make unlawful. 2. To prevent; stop.

pro·hi·bi·tion | prō′ə bĭsh′ən | —*noun, plural* **prohibitions** The act of prohibiting something.

proj·ect | prŏj′ĕkt′ | or | prŏj′ĭkt | —*noun, plural* **projects** 1. A plan, especially one requiring a lot of work. 2. A special study or experiment done by a student or group of students. 3. A group of houses or apartment buildings built and operated as a unit.
—*verb* **pro·ject** | prə jĕkt′ | **projected, projecting** 1. To extend forward; stick out. 2. To shoot or throw forward; hurl. 3. To cause light to throw an image or shadow on a surface.

pro·jec·tile | prə jĕk′təl | or | prə jĕk′tīl′ | —*noun, plural* **projectiles** Any object that can be thrown or shot through the air or through space.

pro·jec·tor | prə jĕk′tər | —*noun, plural* **projectors** A machine that uses lenses and light to project a picture or shadow onto a screen or surface.

prom | prŏm | —*noun, plural* **proms** A formal dance held for a school class.

prom·e·nade | prŏm′ə nād′ | or | prŏm′ə näd′ | —*noun, plural* **promenades** 1. A slow, easy walk for pleasure or recreation. 2. A place for taking such a walk.
—*verb* **promenaded, promenading** To go on a stroll.

prom·i·nent | prŏm′ə nənt | —*adjective* 1. Standing or sticking out. 2. Easy to see or spot. 3. Important or well-known; famous.

prom·ise | prŏm′ĭs | —*noun, plural* **promises** 1. A statement in which a person swears to do or not to do something. 2. A sign or indication that gives a reason to hope for success in the future. 3. A sign or clue that something might happen.
—*verb* **promised, promising** 1. To make a promise; give one's word; swear. 2. To give a reason to hope or believe that something might happen.

prom·on·to·ry | prŏm′ən tôr′ē | or | prŏm′ən tō′rē | —*noun, plural* **promontories** A high piece of land or rock that juts or extends out into a body of water.

pro·mote | prə mōt′ | —*verb* **promoted, promoting** 1. To raise or be raised to a higher rank; make more important. 2. To help the development or growth of; contribute to. 3. To try to sell.

pro·mo·tion | prə mō′shən | —*noun, plural* **promotions** 1. A raise or advance in rank. 2. The act of encouraging the development or growth of something.

prompt | prŏmpt | —*adjective* **prompter, promptest** 1. On time; not late. 2. Done at once or without delay; quick.
—*verb* **prompted, prompting** 1. To cause someone to act. 2. To remind a speaker or actor what to do or say if he or she forgets.

prompt·ly | prŏmpt′lē | —*adverb* Without delay; at once.

prompt·ness | prŏmpt′nĭs | —*noun* Lack of delay.

prone | prōn | —*adjective* 1. Lying with the front or face downward. 2. Having a tendency to act or feel in

de un evento y las personas que actúan o toman parte en él, o en un espectáculo, concierto o reunión. 2. Tal espectáculo, presentación o función. 3. Una representación o espectáculo radial o de la televisión. 4. Plan o relación de cosas que han de hacerse.

progress *sustantivo* Progreso: 1. Movimiento hacia adelante; adelanto; avance. 2. Mejoría constante; desarrollo.
—*verbo* Progresar: 1. Moverse hacia adelante; avanzar. 2. Mejorar; ponerse mejor.

progressive *adjetivo* 1. Que va hacia adelante o avanza paso a paso; progresivo. 2. Que trata de lograr mejoras o reformas; progresista.
—*sustantivo* Persona que lucha por obtener mejoras o reformas; progresista.

prohibit *verbo* 1. Vedar por ley; declarar ilegal; prohibir. 2. Impedir; no dejar hacer algo.

prohibition *sustantivo* Acto de prohibir algo; prohibición; veda.

project *sustantivo* 1. Plan, sobre todo el que requiere mucho trabajo; proyecto. 2. Estudio o experimento especial que hace un estudiante o grupo de ellos. 3. Conjunto de casas o edificios de apartamentos que están construidos y administrados como una unidad; plan de viviendas.
—*verbo* Proyectar o proyectarse: 1. Extenderse hacia adelante; sobresalir. 2. Despedir o arrojar hacia adelante; lanzar; disparar. 3. Hacer que la luz arroje una imagen o sombra sobre una superficie.

projectile *sustantivo* Cualquier objeto que se puede lanzar o disparar por el aire o el espacio; proyectil.

projector *sustantivo* Aparato que utiliza lentes y luz para proyectar una imagen o sombra sobre una pantalla o superficie; proyector.

prom *sustantivo* Baile formal que se celebra para una clase escolar; baile de gala de estudiantes.

promenade *sustantivo* 1. Caminata a paso lento por placer o recreo; paseo; vuelta recreativa. 2. Lugar donde se puede dar un paseo a pie.
—*verbo* Dar un paseo a pie; pasear o pasearse.

prominent *adjetivo* Prominente: 1. Que sobresale; saliente. 2. Fácil de ver o notar; descollante. 2. Importante; destacado; notable; famoso.

promise *sustantivo* 1. Declaración en la que una persona jura hacer o no hacer algo; promesa. 2. Señal o indicio que da motivo para esperar el buen éxito en el futuro; esperanza; promesa. 3. Señal o indicio de que algo puede suceder; presagio; anuncio.
—*verbo* Prometer: 1. Hacer una promesa; dar la palabra; jurar. 2. Dar señal o motivo para esperar o creer que algo pudiera suceder.

promontory *sustantivo* Tierra o roca alta que penetra o se adentra en una extensión de agua; promontorio.

promote *verbo* 1. Elevar o ser elevado a un rango superior; hacer más importante; ascender. 2. Ayudar en el desarrollo o crecimiento; contribuir; fomentar; estimular; promover. 3. Tratar de vender; promover.

promotion *sustantivo* 1. Aumento o avance en rango; ascenso; promoción. 2. Acto de estimular el desarrollo o crecimiento de algo; fomento.

prompt *adjetivo* 1. A tiempo; que no llega tarde; puntual. 2. Que se hace en seguida o sin demora; rápido.
—*verbo* 1. Impulsar a alguien a actuar; mover; incitar. 2. Recordar a un orador o actor lo que tiene que hacer o decir en caso de que lo olvide; apuntar.

promptly *adverbio* Sin demora; en seguida; prontamente; puntualmente.

promptness *sustantivo* Falta de demora; prontitud; presteza; puntualidad.

prone *adjetivo* 1. Acostado con la parte del frente o la cara hacia abajo; prono; boca abajo. 2. Que tiene la

---

ă pat ā pay â care ä father ĕ pet ē be ĭ pit ī pie î fierce ŏ pot ō go ô paw, for oi oil ŏŏ book ōō boot

a certain way.

prong |prông| or |prŏng| —*noun, plural* **prongs** One of the pointed ends of a fork or other tool.

pro·noun |prō'noun'| In grammar, a word that refers to or is used in place of a noun or name. *I, you, they, who,* and *which* are pronouns.

pro·nounce |prə nouns'| —*verb* **pronounced, pronouncing 1.** To speak or make the sound of a letter, a word, or words. **2.** To say or declare something to be so.

pro·nounced |prə nounst'| —*adjective* Strongly or clearly marked; easy to notice.

pro·nun·ci·a·tion |prə nŭn'sē ā'shən| —*noun, plural* **pronunciations 1.** The act of pronouncing or the correct way a letter or word should be spoken. **2.** The symbols or letters used to show how to pronounce a letter or word.

proof |prōōf| —*noun, plural* **proofs** Evidence or facts that show that something is true.

proof·read |prōōf'rēd'| —*verb* **proof·read** |prōōf'rĕd'|, **proofreading** To read over and correct mistakes in printed or written material.

prop |prŏp| —*verb* **propped, propping 1.** To keep from falling by putting a support under or against. **2.** To put in a leaning or resting position. —*noun, plural* **props** Something used to keep another thing in position; a support.

prop·a·gan·da |prŏp'ə găn'də| —*noun* The attempt or effort to influence or change the way people think about something by spreading ideas, opinions, or information.

pro·pel |prə pĕl'| —*verb* **propelled, propelling** To make something move forward or keep moving.

pro·pel·ler |prə pĕl'ər| —*noun, plural* **propellers** A device that is made up of blades that are attached to or stick out from a hub. When the blades spin around, they move air or water and produce force to propel or move an aircraft or boat.

prop·er |prŏp'ər| —*adjective* **1.** Suitable for a certain purpose or occasion; appropriate. **2.** Of or belonging to a certain person, place, or thing. **3.** In the strict or most real sense of the word.

prop·er·ly |prŏp'ər lē| —*adverb* **1.** Done in a proper or correct way. **2.** In a strict or actual sense.

proper noun A noun that is the name of a particular person, place, or thing. *John, Florida,* and *Golden Gate Bridge* are proper nouns.

prop·er·ty |prŏp'ər tē| —*noun, plural* **properties 1.** A thing or things owned by someone. **2.** Land owned by someone. **3.** A characteristic or quality of something.

proph·e·cy |prŏf'ĭ sē| —*noun, plural* **prophecies** Something said that tells or warns about what will happen in the future.

proph·et |prŏf'ĭt| —*noun, plural* **prophets 1.** A religious leader who gives messages or orders that he or she believes were told to him or her by God. **2.** A person who can tell the future and give advice.

pro·por·tion |prə pôr'shən| or |prə pōr'shən| —*noun* **1.** A part or amount of something. **2. proportions** The size or amount of one thing when compared to the size or amount of another thing; relation. **3.** A correct or pleasing relation between things. **4.** Often **proportions** Size or extent.

pro·pos·al |prə pō'zəl| —*noun, plural* **proposals 1.** The act of proposing; an offer. **2.** A plan or scheme; suggestion. **3.** An offer of marriage.

pro·pose |prə pōz'| —*verb* **proposed, proposing 1.** To bring up something or someone for consider-

tendencia o inclinación a actuar o sentirse de cierto modo; propenso.

prong *sustantivo* Uno de los extremos puntiagudos de un tenedor u otro instrumento; púa; diente o punta de tenedor.

pronoun En gramática, palabra que se refiere o sustituye a un sustantivo o nombre; pronombre. *I, you, they, who* y *which* son pronombres.

pronounce *verbo* Pronunciar: **1.** Hablar o producir el sonido de una letra, palabra o palabras. **2.** Decir o declarar que algo es así.

pronounced *adjetivo* Fuerte o claramente marcado; fácil de notar; pronunciado.

pronunciation *sustantivo* Pronunciación: **1.** Acto de pronunciar o la manera correcta que una letra o palabra debe pronunciarse. **2.** Los símbolos o letras que se usan para indicar cómo se pronuncia una letra o palabra.

proof *sustantivo* Pruebas o hechos que muestran que algo es cierto; prueba.

proofread *verbo* Leer y corregir errores en el material impreso o escrito; corregir pruebas.

prop *verbo* **1.** Evitar que algo se caiga colocando un apoyo o puntal debajo o en contra; apuntalar; reforzar. **2.** Colocar en posición apoyada o recostada; apoyar. —*sustantivo* Algo que se usa para mantener a otra cosa en posición; apoyo; sostén; puntal.

propaganda *sustantivo* Tentativa o esfuerzo para influenciar o cambiar la manera de pensar de la gente respecto de algo divulgando ideas, opiniones o informes; propaganda.

propel *verbo* Hacer que algo se mueva hacia adelante o se mantenga en movimiento; propulsar; impeler; impulsar.

propeller *sustantivo* Artefacto hecho de paletas que están pegadas a, o que sobresalen de un eje. Cuando giran, hacen circular el aire o el agua y producen fuerza para propulsar o mover una nave aérea o un barco; hélice; propulsor.

proper *adjetivo* **1.** Adecuado para cierto uso u ocasión; apropiado; debido; justo; exacto. **2.** De, o perteneciente a cierta persona, lugar o cosa; propio; característico. **3.** En el sentido estricto o más auténtico de la palabra; propiamente dicho.

properly *adverbio* **1.** Hecho de manera debida o correcta; debidamente; adecuadamente. **2.** En sentido estricto o verdadero; propiamente.

proper noun Sustantivo que es el nombre de una persona, lugar o cosa determinada; sustantivo propio; nombre propio.

property *sustantivo* **1.** Cosa o cosas poseídas por alguien; bienes; posesiones. **2.** Tierra poseída por alguien; propiedad; finca. **3.** Característica o cualidad de algo; propiedad; atributo; peculiaridad.

prophecy *sustantivo* Algo dicho que revela o previene acerca de lo que pasará en el futuro; profecía; predicción.

prophet *sustantivo* Profeta: **1.** Dirigente religioso que da mensajes u órdenes que cree le fueron revelados por Dios. **2.** Persona que puede predecir el futuro y dar consejo.

proportion *sustantivo* **1.** Parte o cantidad de algo; proporción; porción; cuota. **2. proportions** Tamaño o cantidad de una cosa cuando se compara al tamaño o la cantidad de otra; relación; proporciones. **3.** Relación correcta o agradable entre varias cosas; armonía; correlación. **4.** A veces **proportions** Tamaño o extensión; magnitud.

proposal *sustantivo* **1.** Acción de proponer; oferta; propuesta; proposición. **2.** Plan o bosquejo; sugerencia; proyecto. **3.** Oferta de matrimonio; declaración; proposición de matrimonio.

propose *verbo* **1.** Presentar algo o a alguien para consideración; sugerir; proponer. **2.** Tener intención de

ation; suggest. **2.** To intend to do something. **3.** To make an offer of marriage.

pro·pri·e·tor |prə prī′ĭ tər| —*noun, plural* **proprietors** A person who owns property or a business.

pro·pul·sion |prə pŭl′shən| —*noun* **1.** The act or process of moving something forward. **2.** Anything that propels.

prose |prōz| —*noun* Ordinary writing or speech that is not verse or poetry.

pros·e·cute |prŏs′ĭ kyōōt′| —*verb* **prosecuted, prosecuting** To bring before a court of law for punishment or settlement.

pros·pect |prŏs′pĕkt′| —*noun, plural* **prospects** **1.** Something that is looked forward to or expected. **2.** A possible customer or candidate.
—*verb* **prospected, prospecting** To search or explore for valuable things such as gold or oil.

pros·pec·tor |prŏs′pĕk′tər| —*noun, plural* **prospectors** Someone who searches or explores an area for gold or other valuable minerals.

pros·per |prŏs′pər| —*verb* **prospered, prospering** To be successful; do well; thrive.

pros·per·i·ty |prŏ spĕr′ĭ tē| —*noun, plural* **prosperities** A prosperous condition; success, especially in money matters.

pros·per·ous |prŏs′pər əs| —*adjective* Doing well, having success, and usually making a profit.

pro·tect |prə tĕkt′| —*verb* **protected, protecting** To keep from harm; guard; preserve.

pro·tec·tion |prə tĕk′shən| —*noun, plural* **protections** **1.** The condition of being kept from harm. **2.** Someone or something that protects.

pro·tec·tive |prə tĕk′tĭv| —*adjective* Helping to protect.

pro·tec·tor |prə tĕk′tər| —*noun, plural* **protectors** Someone or something that protects; a guard.

pro·tein |prō′tēn| —*noun, plural* **proteins** A substance that contains nitrogen and occurs in all plants and animals. Protein is necessary to life.

pro·test |prō′tĕst′| —*noun, plural* **protests** **1.** A statement that shows that one dislikes or objects to something or someone. **2.** A gathering to show dislike or objection.
—*verb* |prə tĕst′| **protested, protesting** To make strong objections.

Prot·es·tant |prŏt′ĭ stənt| —*noun, plural* **Protestants** Any Christian belonging to a church that broke away from the Roman Catholic Church.
—*adjective* Of Protestants or their religions.

pro·ton |prō′tŏn| —*noun, plural* **protons** A tiny particle of an atom. A proton has a positive charge of energy that is equal to the negative charge of an electron in the atom.

pro·to·plasm |prō′tə plăz′əm| —*noun, plural* **protoplasms** A substance that is like jelly. Protoplasm is the living matter in all plant and animal cells.

pro·to·zo·an |prō′tə zō′ən| —*noun, plural* **protozoans** One of a large group of tiny animals made up of only one cell. Protozoans are too small to be seen without a microscope. Amebas and paramecia are protozoans.

pro·trude |prō trōōd′| —*verb* **protruded, protruding** To stick out.

proud |proud| —*adjective* **prouder, proudest** **1.** Feeling pleased over something done, made, or owned. **2.** Thought highly of; honored. **3.** Full of self-respect; dignified.

prove |prōōv| —*verb* **proved, proved** or **proven, proving** **1.** To show something is true. **2.** To test; try out. **3.** To turn out.

prov·en |prōō′vən| A past participle of the verb **prove.**

prov·erb |prŏv′ərb| —*noun, plural* **proverbs** A short, often used saying that shows a truth. "No news is good news" is a proverb.

hacer algo; proponerse. **3.** Hacer una oferta de matrimonio; declararse.

proprietor *sustantivo* Persona que posee una propiedad o un negocio; propietario; dueño; amo.

propulsion *sustantivo* **1.** Acción o procedimiento de mover algo hacia adelante; propulsión; impulsión. **2.** Cualquier cosa que propulsa; propulsión.

prose *sustantivo* Escrito o habla común que no es verso o poesía; prosa.

prosecute *verbo* Llevar a alguien a un tribunal para recibir castigo o para hacer un convenio; procesar; enjuiciar; demandar.

prospect *sustantivo* **1.** Algo que se desea o se espera; expectativa; perspectiva. **2.** Posible cliente o candidato.
—*verbo* Buscar o explorar para encontrar cosas de valor como oro o petróleo.

prospector *sustantivo* Alguien que examina o explora un área en busca de oro u otros minerales valiosos; explorador.

prosper *verbo* Tener éxito; irle bien a uno; florecer; prosperar.

prosperity *sustantivo* Condición favorable; éxito, especialmente en asuntos monetarios; prosperidad.

prosperous *adjetivo* Que le va bien, tiene éxito y que generalmente saca provecho; próspero; floreciente.

protect *verbo* Alejar del peligro; resguardar; preservar; proteger.

protection *sustantivo* Protección: **1.** Condición de estar alejado del peligro. **2.** Alguien o algo que protege.

protective *adjetivo* Que ayuda a proteger; protector; protectorio; protectivo.

protector *sustantivo* Alguien o algo que protege; defensa; protector.

protein *sustantivo* Substancia que contiene nitrógeno y se encuentra en todas las plantas y animales, y que es necesaria para la vida; proteína.

protest *sustantivo* **1.** Afirmación que muestra que a uno le disgusta algo, o que objeta a algo o al alguien; protesta. **2.** Reunión para demostrar disgusto o reparo; protesta; manifestación.
—*verbo* Hacer objeciones firmes; protestar.

Protestant *sustantivo* Cualquier cristiano que pertenece a una iglesia que se apartó de la Iglesia católica romana; protestante.
—*adjetivo* Perteneciente a los protestantes o a su religión; protestante.

proton *sustantivo* La partícula diminuta de un átomo, que tiene una carga positiva de energía igual a la carga negativa de un electrón en el átomo; protón.

protoplasm *sustantivo* Substancia que es como la gelatina, y que es la materia viviente en las células de todos los animales y plantas; protoplasma.

protozoan *sustantivo* Uno de los animales diminutos de un grupo formado por una sola célula, demasiado pequeño para ser visto sin un microscopio; protozoo.

protrude *verbo* Sobresalir; salir hacia afuera.

proud *adjetivo* **1.** Que se siente complacido por algo hecho, fabricado o poseído; orgulloso; ufano. **2.** Que se considera en gran estima; respetado; respetable. **3.** Que tiene mucho respeto de sí mismo; digno; noble.

prove *verbo* **1.** Demostrar que algo es verdad; probar; comprobar. **2.** Poner a prueba; ensayar; probar. **3.** Resultar; salir algo de una manera u otra.

proven Pariticipio pasado del verbo **prove.**

proverb *sustantivo* Dicho breve usado a menudo, que muestra una verdad; proverbio.

---

pro·vide | prə vīd′ | —*verb* **provided, providing** 1. To give what is needed or useful. 2. To take care of; maintain. 3. To make ready; prepare. 4. To set down instructions or rules.

pro·vid·ed | prə vī′dĭd | —*conjunction* On the condition; if.

prov·ince | prŏv′ĭns | —*noun, plural* **provinces** 1. A big division of a country. 2. The total of someone's job or knowledge.

pro·vi·sion | prə vĭzh′ən | —*noun, plural* **provisions** 1. The act of giving what is needed or useful. 2. **provisions** Supplies of food and other necessary items. 3. Steps taken to get ready. 4. A condition or requirement that deals with a certain subject.

pro·voke | prə vōk′ | —*verb* **provoked, provoking** 1. To bring on; arouse. 2. To stir into action; excite. 3. To make angry.

prow | prou | —*noun, plural* **prows** The pointed front part of a ship or boat; bow.

prowl | proul | —*verb* **prowled, prowling** To move about slowly and quietly, as if in search of prey.

pru·dence | prōōd′ns | —*noun* Caution in everyday or practical matters, especially one's own affairs; good sense.

prune¹ | prōōn | —*noun, plural* **prunes** A dried plum, used as food.

prune² | prōōn | —*verb* **pruned, pruning** To cut or trim branches and stems on a plant to improve the plant's growth or shape.

pry¹ | prī | —*verb* **pried, prying, pries** 1. To raise or move by force. 2. To find out with difficulty. —*noun, plural* **pries** Something used as a lever.

pry² | prī | —*verb* **pried, prying, pries** To look closely or curiously.

psalm | säm | —*noun, plural* **psalms** A sacred song or poem.

psy·chi·a·trist | sĭ kī′ə trĭst | or | sī kī′ə trĭst | —*noun, plural* **psychiatrists** A doctor who treats mental illness.

psy·cho·log·i·cal | sī′kə lŏj′ĭ kəl | —*adjective* Dealing with the mind and how people behave.

psy·chol·o·gy | sī kŏl′ə jē | —*noun, plural* **psychologies** The science of the mind and how people behave.

pub·lic | pŭb′lĭk | —*adjective* 1. Of or relating to the people or the community. 2. Intended for use by the community; not private. 3. Serving or acting for the people or community. 4. Presented in the presence of the public. —*noun* All of the people.

pub·li·ca·tion | pŭb′lĭ kā′shən | —*noun, plural* **publications** A book, magazine, newspaper, or other printed material that is published.

pub·lic·i·ty | pŭ blĭs′ĭ tē | —*noun* 1. Information that is given out so that the public will know about or be aware of a person, object, or event. 2. The act or job of giving out such information.

public school A school that all people can attend for free. It is paid for by public taxes.

pub·lish | pŭb′lĭsh | —*verb* **published, publishing** To print a book, magazine, or any printed material and offer it for sale to the public.

pub·lish·er | pŭb′lĭ shər | —*noun, plural* **publishers** A person or company that produces or sells printed material, such as books, magazines, or newspapers.

puck | pŭk | —*noun, plural* **pucks** A hard rubber disk used in playing ice hockey.

puck·er | pŭk′ər | —*verb* **puckered, puckering** To gather into small folds or wrinkles.

pud·ding | pŏŏd′ĭng | —*noun, plural* **puddings** A sweet, soft, cooked dessert that is like custard.

pud·dle | pŭd′l | —*noun, plural* **puddles** A small pool of water or other liquid.

provide *verbo* 1. Dar lo que se necesita o es útil; proveer; suministrar; proporcionar. 2. Cuidar de alguien; mantener; sostener. 3. Alistar; prepararse. 4. Estipular instrucciones o reglas; fijar; establecer.

provided *conjunción* A condición de que; si; con tal que; siempre que.

province *sustantivo* 1. División grande de un país; provincia; distrito; región. 2. El total de los conocimientos o el trabajo de alguien; esfera; competencia.

provision *sustantivo* 1. Acción de dar lo que se necesita o es útil; provisión. 2. **provisions** Suministros de alimentos y otros artículos necesarios; provisiones; vituallas; bastimentos. 3. Pasos dados para prepararse; preparativos. 4. Condición o requisito que trata de un determinado asunto; cláusula; estipulación; disposición; condición.

provoke *verbo* 1. Inducir; estimular; provocar. 2. Animar a la acción; excitar. 3. Causar enojo o ira; encolerizar; provocar.

prow *sustantivo* Parte puntiaguda al frente de un barco o bote; proa.

prowl *verbo* Merodear despacio y silenciosamente, como en busca de alguna presa; rondar; acechar.

prudence *sustantivo* Precaución en asuntos diarios o prácticos, especialmente en los asuntos de uno; buen sentido; prudencia; cordura; discreción.

prune¹ *sustantivo* Ciruela seca, que se usa como alimento; ciruela pasa.

prune² *verbo* Cortar o recortar ramas y tallos de una planta para mejorar su crecimiento o su forma; podar.

pry¹ *verbo* 1. Levantar o mover a la fuerza; forzar con una palanca. 2. Averiguar algo con dificultad; arrancar un secreto o información. —*sustantivo* Algo usado como palanca; palanca.

pry² *verbo* Mirar detenida o curiosamente; husmear; fisgar; escudriñar; entremeterse.

psalm *sustantivo* Canción o poema sagrado; salmo.

psychiatrist *sustantivo* Doctor que trata las enfermedades mentales; psiquiatra.

psychological *adjetivo* Relativo a la mente y a cómo se comporta la gente; psicológico.

psychology *sustantivo* Ciencia de la mente y de cómo se comporta la gente; psicología.

public *adjetivo* Público: 1. Perteneciente o relativo a la gente o la comunidad. 2. Dedicado al uso de la comunidad; que no es privado. 3. Que sirve o representa a la gente o la comunidad. 4. Presentado en presencia del público. —*sustantivo* Todo el mundo; el público.

publication *sustantivo* Libro, revista, periódico u otro material impreso que es publicado; publicación; promulgación; edicto; notificación pública.

publicity *sustantivo* Publicidad: 1. Información que se da para el público sepa o esté informado de una persona, objeto o acontecimiento. 2. Acción o trabajo de publicar tal información.

public school Escuela a la cual todo el mundo puede asistir gratuitamente, y que es pagada por medio de los impuestos públicos; escuela pública.

publish *verbo* Imprimir un libro, revista o cualquier otro material impreso y ofrecerlo a la venta al público; publicar; editar.

publisher *sustantivo* Persona o compañía que produce o vende material impreso, como libros, revistas o periódicos; publicador; editor.

puck *sustantivo* Disco duro de caucho usado para jugar hockey sobre hielo.

pucker *verbo* Recoger en pequeños pliegues o arrugas; arrugar; plegar; fruncir.

pudding *sustantivo* Postre cocido, dulce y suave que es como flan; budín.

puddle *sustantivo* Pequeña charca de agua u otro líquido; charco; poza.

ər butter   yōō abuse   ou out   ŭ cut   û fur   *th* the   th thin   hw which   zh vision   ə ago, item, pencil, atom, circus

pud·gy |pŭj′ē| —*adjective* **pudgier, pudgiest** Short and chubby.

pueb·lo |pwĕb′lō| —*noun, plural* **pueblos** An American Indian village of the southwest made up of stone and adobe buildings built very close together.

puff |pŭf| —*noun, plural* **puffs** 1. A short, sudden gust, as of air, smoke, or steam. 2. Something that is or looks light and fluffy. 3. A light pastry. It is often filled with whipped cream or custard.
—*verb* **puffed, puffing** 1. To blow in short, sudden gusts. 2. To send out or move with puffs. 3. To swell up.

pull |pŏol| —*verb* **pulled, pulling** 1. To grasp something and cause it to move forward or toward oneself. 2. To take from or draw out of a firm position. 3. To move. 4. To tug at; jerk.
Phrasal verbs **pull through** To get through a dangerous or difficult situation. **pull up** To come to a stop.
—*noun, plural* **pulls** 1. The act of pulling; a tug or jerk. 2. The amount of force or strength used in pulling something. 3. The effort of pulling something or of doing something.
Idiom **pull oneself together** To get control of one's emotions and feelings.

pul·ley |pŏol′ē| —*noun, plural* **pulleys** A wheel with a groove in the outside edge through which a rope, chain, or belt moves as the wheel turns.

pulp |pŭlp| —*noun, plural* **pulps** 1. The soft, juicy part of fruits and certain vegetables. 2. A damp mixture of ground-up wood or rags. It is used for making paper.

pul·pit |pŏol′pĭt| or |pŭl′pĭt| —*noun, plural* **pulpits** A platform in a church from which a clergyman speaks to the congregation.

pulse |pŭls| —*noun, plural* **pulses** 1. The rhythmic movement of the arteries as blood is pumped through them by the beating of the heart. 2. Any regular or rhythmic beat.

pump |pŭmp| —*noun, plural* **pumps** A device used to move a liquid or gas from one place or container to another.
—*verb* **pumped, pumping** 1. To raise or move a liquid or gas with a pump. 2. To fill with air or gas using a pump. 3. To move up and down or back and forth. 4. To question carefully.

pump·kin |pŭmp′kĭn| or |pŭm′kĭn| or |pŭng′kĭn| —*noun, plural* **pumpkins** A large fruit with a thick orange rind. The pulp of the pumpkin is often used for making pies.

pun |pŭn| —*noun, plural* **puns** A funny or clever use of a word that has more than one meaning or a word that sounds like another word but has a different meaning.
—*verb* **punned, punning** To make a pun.

punch¹ |pŭnch| —*verb* **punched, punching** To make a hole, mark, or design by piercing.
—*noun, plural* **punches** A tool for making holes in something.

punch² |pŭnch| —*verb* **punched, punching** 1. To hit with the fists. 2. To herd or move cattle.
—*noun, plural* **punches** A blow with or as if with the fist.

punch³ |pŭnch| —*noun, plural* **punches** A sweet drink that is made by mixing fruit juices, soda, or other ingredients.

punc·tu·al |pŭngk′chŏo əl| —*adjective* Acting or arriving on time; prompt.

punc·tu·ate |pŭngk′chŏo āt′| —*verb* **punctuated, punctuating** To mark written material with punctuation, such as periods and commas, in order to make the meaning clear.

pudgy *adjetivo* Bajo y regordete; rechoncho.

pueblo *sustantivo* Caserío de los indios norteamericanos del suroeste, formado por edificaciones de piedra y adobe construidas muy cerca las unas de las otras; pueblo.

puff *sustantivo* 1. Ráfaga corta y repentina, como de aire, humo o vapor; bocanada; soplo; ráfaga. 2. Algo que es o parece liviano y mullido. 3. Pastel ligero, que a veces está relleno de crema batida o natilla; buñuelo.
—*verbo* 1. Soplar con ráfagas cortas y repentinas. 2. Lanzar o moverse con ráfagas o bocanadas. 3. Hincharse; inflamarse.

pull *verbo* 1. Agarrar algo y hacer que se mueva hacia adelante o hacia uno; tirar; halar; arrastrar. 2. Quitar o sacar algo de una posición firme; arrancar; extraer. 3. Mover; hacerse a un lado: *Pull your bicycle up to the fence.* = *Mueve tu bicicleta (ponla) contra el cerco.* 4. Halar; dar tirones.
Verbos en locuciones **pull through** Salir bien de una situación peligrosa o difícil. **pull up** Hacer un alto; parar; detenerse.
—*sustantivo* 1. Acción de halar; tirón. 2. Cantidad de fuerza o esfuerzo usado para halar o tirar de algo. 3. El esfuerzo de tirar de algo o de hacer algo.
Modismo **pull oneself together** Lograr control de las emociones y sentimientos; calmarse; serenarse.

pulley *sustantivo* Rueda con una ranura en el lado exterior por la cual se mueve un cable, una cadena o una correa a medida que la rueda gira; polea; garrucha; roldana.

pulp *sustantivo* Pulpa: 1. Parte blanda y jugosa de ciertas frutas y vegetales. 2. Mezcla húmeda de madera o trapos triturados, que se usa para hacer papel; pulpa.

pulpit *sustantivo* Plataforma en una iglesia desde la cual el clérigo habla a la congregación; púlpito.

pulse *sustantivo* 1. Movimiento rítmico de las arterias a medida que la sangre es bombeada en ellas por los latidos del corazón; pulso; latido. 2. Cualquier compás regular o rítmico; ritmo; pulso.

pump *sustantivo* Artefacto usado para trasladar un líquido o gas de un lugar o envase a otro; bomba.
—*verbo* 1. Elevar o mover un líquido o gas con una bomba; bombear. 2. Llenar algo con aire o gas usando una bomba; inflar. 3. Mover algo hacia arriba y hacia abajo o hacia atrás y hacia adelante; agitar. 4. Interrogar cuidadosamente; sondear.

pumpkin *sustantivo* Fruta grande de cáscara anaranjada cuya pulpa se usa a veces para hacer pasteles; calabaza; zapallo.

pun *sustantivo* Uso cómico o inteligente de una palabra que tiene más de un sentido, o una palabra que suena como otra pero tiene un sentido diferente; juego de palabras; retruécano.
—*verbo* Hacer juego de palabras.

punch¹ *verbo* Hacer un hoyo, marca o diseño perforando; perforar; punzar.
—*sustantivo* Herramienta para hacer hoyos en algo; sacabocados; perforadora.

punch² *verbo* 1. Golpear con los puños; dar puñetazos. 2. Arrear ganado.
—*sustantivo* Golpe dado con el puño o como con el puño; puñetazo.

punch³ *sustantivo* Bebida dulce que se hace mezclando jugos de frutas, soda u otros ingredientes; ponche.

punctual *adjetivo* Que actúa o llega a tiempo; a horario; puntual.

punctuate *verbo* Marcar material escrito con puntuación, como puntos y comas, para aclarar su significado; puntuar.

ă pat ā pay â care ä father ĕ pet ē be ĭ pit ī pie î fierce ŏ pot ō go ô paw, for oi oil ŏŏ book ōō boot

punc·tu·a·tion | pŭngk′chŏŏ ā′shən | —*noun* The use of periods, commas, and other marks to make the meaning of written or printed material clear.

punctuation mark Any of the marks, as a comma (,), semicolon (;), hyphen (-), period (.), question mark (?), or exclamation point (!), used to make the meaning of written or printed material clear to the reader.

punc·ture | pŭngk′chər | —*verb* **punctured, puncturing** To pierce or make a hole in with something sharp. —*noun, plural* **punctures** A hole made by something sharp.

pun·ish | pŭn′ĭsh | —*verb* **punished, punishing** To make someone suffer or pay a penalty for a crime, fault, or misbehavior.

pun·ish·ment | pŭn′ĭsh mənt | —*noun, plural* **punishments 1.** The act of punishing. **2.** A penalty for a crime or error.

punt | pŭnt | —*noun, plural* **punts** In football, to drop a football and kick it before it hits the ground. —*verb* **punted, punting** To kick a football before it hits the ground.

pu·ny | pyōō′nē | —*adjective* **punier, puniest** Small or unimportant in size, strength, or value; weak.

pup | pŭp | —*noun, plural* **pups 1.** A young dog; a puppy. **2.** The young of some other animals, such as a seal, wolf, or fox.

pu·pil¹ | pyōō′pəl | —*noun, plural* **pupils** A student who is studying in school or with a private teacher.

pu·pil² | pyōō′pəl | —*noun, plural* **pupils** The opening in the center of the iris through which light enters the eye. It looks like a black dot and gets bigger in darkness and smaller in bright light.

pup·pet | pŭp′ĭt | —*noun, plural* **puppets** A small figure or doll made to look like a person or animal. Some fit over the hand and others have strings that are moved from above.

pup·py | pŭp′ē | —*noun, plural* **puppies** A young dog.

pur·chase | pûr′chĭs | —*verb* **purchased, purchasing** To get something by paying money; buy. —*noun, plural* **purchases** Something that is bought.

pure | pyŏŏr | —*adjective* **purer, purest 1.** Not mixed with anything; perfectly clean. **2.** Nothing else but; complete; total.

pu·ri·fy | pyŏŏr′ə fī′ | —*verb* **purified, purifying, purifies** To make pure or clean.

Pu·ri·tan | pyŏŏr′ĭ tən | —*noun, plural* **Puritans** A member of a group of Protestants in England and the American Colonies in the 16th and 17th centuries. The Puritans wanted simpler forms of religious worship and very strict moral behavior.

pu·ri·ty | pyŏŏr′ĭ tē | —*noun* The condition of being pure or clean.

pur·ple | pûr′pəl | —*noun, plural* **purples** A color that is a mixture of red and blue. —*adjective* Of the color purple.

pur·pose | pûr′pəs | —*noun, plural* **purposes** The result one hopes for in doing or making something; goal; aim; intention.

pur·pose·ly | pûr′pəs lē | —*adverb* Done with a special purpose; deliberately.

purr | pûr | —*noun, plural* **purrs** The low, murmuring sound made by a cat when it's happy. —*verb* **purred, purring** To make a purr.

purse | pûrs | —*noun, plural* **purses** A woman's handbag or pocketbook. —*verb* **pursed, pursing** To fold together; pucker or wrinkle.

pur·sue | pər sōō′ | —*verb* **pursued, pursuing 1.** To chase in order to capture or kill. **2.** To carry on an activity; keep on doing something.

punctuation *sustantivo* Uso de puntos y comas y otros signos para aclarar el significado de un material escrito o impreso; puntuación.

punctuation mark Cualquiera de los signos, como la coma (,), el punto y coma (;), el guión (-), el punto (.), el signo de interrogación (?) o el signo de exclamación (!), usados para aclarar el sentido del material escrito o impreso al lector; signos de puntuación.

puncture *verbo* Punzar o hacer un hoyo en algo con algo punzante; pinchar; punzar; agujerear. —*sustantivo* Hoyo hecho con algo punzante; pinchazo; pinchadura; perforación.

punish *verbo* Hacer que alguien sufra o pague un castigo por un crimen, falta, o mal comportamiento; castigar; sancionar; disciplinar.

punishment *sustantivo* **1.** Acción de castigar; castigo; pena; sanción. **2.** Pena por un crimen o error; castigo.

punt *sustantivo* En fútbol americano, dejar caer el balón y patearlo antes de que toque el suelo; puntapié. —*verbo* Patear el balón antes de que toque el suelo; dar un puntapié.

puny *adjetivo* Pequeño o insignificante en tamaño, fuerza o valor; débil; endeble; flaco; enfermizo.

pup *sustantivo* **1.** Perro joven; cachorrito; cachorro. **2.** Cría de algunos otros animales como la foca, el lobo o la zorra.

pupil¹ *sustantivo* Estudiante que estudia en una escuela o con un profesor particular; alumno; discípulo.

pupil² *sustantivo* Abertura en el centro del iris a través de la cual la luz entra en el ojo; pupila; niña del ojo. La pupila se asemeja a un punto negro que se hace más grande en la obscuridad y más pequeño en la luz brillante.

puppet *sustantivo* Pequeña figura o muñeca hecha a semejanza de una persona o animal, y que a veces cabe en la mano y otras veces tiene cuerdas que se mueven desde arriba; títere; marioneta.

puppy *sustantivo* Perro joven; cachorro.

purchase *verbo* Obtener algo pagando dinero; comprar; adquirir. —*sustantivo* Algo que es comprado; compra; adquisición.

pure *adjetivo* Puro: **1.** Que no está mezclado con nada; perfectamente limpio. **2.** Nada más que lo que es; completo; total.

purify *verbo* Hacer puro o limpio; purificar; depurar.

Puritan *sustantivo* Miembro de un grupo de protestantes en Inglaterra y las colonias americanas en los siglos XVI y XVII; puritano. Los puritanos querían formas más sencillas de adoración religiosa y una conducta moral muy estricta.

purity *sustantivo* Condición de ser puro o limpio; pureza.

purple *sustantivo* Color que es una mezcla de rojo y azul; púrpura; morado. —*adjetivo* De color púrpura; purpúreo; morado.

purpose *sustantivo* Resultado que uno espera al hacer algo; meta; objeto; intención; propósito; fin; mira.

purposely *adverbio* Hecho con un fin especial; deliberadamente; adrede; a propósito; expresamente.

purr *sustantivo* Sonido bajo y susurrante que hace un gato cuando está contento; ronroneo. —*verbo* Hacer un ronroneo; ronronear.

purse *sustantivo* Bolso o cartera de mujer; portamonedas. —*verbo* Plegar; fruncir o arrugar; contraer.

pursue *verbo* **1.** Buscar con afán para capturar o matar; perseguir; cazar. **2.** Llevar a cabo una actividad; mantenerse haciendo algo; seguir estudios; perseguir un fin o meta.

ər butter yōō abuse ou out ŭ cut û fur *th* the th thin hw which zh vision ə ago, item, pencil, atom, circus

pur·suit |pər sōōt′| —*noun, plural* **pursuits 1.** The act of pursuing. **2.** A hobby or job; an interest a person has.

push |pŏŏsh| —*verb* **pushed, pushing 1.** To press against something in order to move it. **2.** To exert force on an object by using something to press against it. **3.** To move forward by using force. **4.** To urge or try to force someone to do something. **5.** To make a strong effort; work hard. **6.** To press with one's finger. **7.** To try to sell; promote.
—*noun, plural* **pushes 1.** The act of pushing; a shove. **2.** A strong effort.

push·up |pŏŏsh′ŭp′| —*noun, plural* **pushups** An exercise in which a person lies face down and holds the body up with the hands and toes. The body is then raised and lowered by bending the arms while keeping the back straight.

put |pŏŏt| —*verb* **put, putting 1.** To set or cause to be in a certain place or condition; to place. **2.** To cause to undergo something. **3.** To assign; attribute. **4.** To impose; levy. **5.** To say or state; express. **6.** To apply.
Phrasal verbs **put away** To kill. **put down 1.** To put an end to; block. **2.** To criticize. **put in 1.** To use time doing. **2.** To say. **put off 1.** To avoid. **2.** To postpone. **put on 1.** To cause to operate. **2.** To present on a stage. **3.** To gain or add to. **put out 1.** To extinguish. **2.** To cause to undergo trouble for another. **put through 1.** To connect by telephone. **2.** To do or complete successfully. **put up 1.** To lift or raise. **2.** To build. **3.** To provide food or a place to sleep. **put up with** To bear or endure; tolerate.

putt |pŭt| —*verb* **putted, putting** In golf, to hit a ball gently when it is on the green so that it will roll into the hole or cup.
—*noun, plural* **putts** Such a hit or stroke.

put·ty |pŭt′ē| —*noun, plural* **putties** A soft cement that looks like dough, used to fill holes in woodwork and hold panes of glass in place.

puz·zle |pŭz′əl| —*noun, plural* **puzzles** Something that is difficult to solve or understand.
—*verb* **puzzled, puzzling 1.** To confuse. **2.** To work hard trying to do or understand something; be confused.

pyg·my |pĭg′mē| —*noun, plural* **pygmies 1. Pygmy** A member of an African or Asian people. Pygmies are usually between four and five feet tall. **2.** An unusually small person or thing.

pyr·a·mid |pĭr′ə mĭd| —*noun, plural* **pyramids 1.** A solid object with a flat base and four sides shaped like triangles that meet in a point at the top. **2.** A very large stone structure in the shape of a pyramid. The pyramids of ancient Egypt were built as tombs and as structures to study the movement of stars.

pursuit *sustantivo* **1.** Acción de perseguir o cazar; persecución; seguimiento; busca; caza. **2.** Hobby o trabajo; interés que tiene un persona; empeño; tarea; actividad; estudio; afición favorita.

push *verbo* **1.** Presionar contra algo para moverlo; empujar; impeler. **2.** Hacer fuerza sobre un objeto usando algo para presionar contra él; presionar. **3.** Moverse hacia adelante usando la fuerza; avanzar; abrirse paso. **4.** Insistir o tratar de obligar a alguien a hacer algo; urgir; apremiar. **5.** Hacer un gran esfuerzo; trabajar mucho. **6.** Presionar con un dedo; apretar. **7.** Tratar de vender; promover; impulsar un producto.
—*sustantivo* **1.** Acción de empujar o presionar; empellón; empujón; fuerza. **2.** Gran esfuerzo.

pushup *sustantivo* Ejercicio en el cual una persona se tiende boca abajo y sostiene el cuerpo con las manos y los dedos de los pies, subiendo y bajando el cuerpo mientras dobla los brazos y mantiene la espalda derecha; flexión de pecho.

put *verbo* **1.** Situar o hacer que algo esté en un cierto lugar o condición; colocar; poner. **2.** Hacer que se padezca algo; pasar: *You put us to a lot of trouble for nothing.* = *Ud. nos hizo pasar por tantos problemas, para nada.* **3.** Asignar; atribuir. **4.** Imponer; gravar: *put a tax on tobacco* = *imponer un impuesto a los cigarrillos.* **5.** Decir o afirmar; expresar. **6.** Aplicarse a algo, dedicarse: *You can succeed if you put your mind to it.* = *Puedes tener éxito si te dedicadas a ello.*
Verbos en locuciones **put away** matar; eliminar: *The sick horse had to be put away.* = *El caballo enfermo tuvo que ser eliminado.* **put down 1.** Ponerle fin a algo; sofocar. **2.** Criticar: *My sister puts me down every time I ask a question.* = *Mi hermana me critica cada vez que hago una pregunta.* **put in 1.** Usar el tiempo haciendo algo; emplear el tiempo empeñado en una cosa; poner. **2.** Decir: *Put in a good word for me with the boss.* = *Dígale algo bueno de mí al patrón.* **put off 1.** Evitar: *My boss keeps putting me off whenever I ask for a raise.* = *Mi patrón me evita cada vez que le pido un aumento.* **2.** Posponer; dejar. **put on 1.** Usar; operar; aplicar: *Put on the brakes.* = *Aplique los frenos.* **2.** Presentar en un escenario; representar. **3.** Ganar; agregar: *She's putting on weight.* = *Ella está ganando peso.* **put out 1.** Extinguir; apagar. **2.** Tomarse la molestia de hacer algo por otro: *Please don't put yourself out for me.* = *Por favor, no se moleste por mí.* **put through 1.** Conectar por teléfono. **2.** Hacer o completar algo con buen éxito. **put up 1.** Levantar o elevar; subir. **2.** Construir. **3.** Proporcionar alimento o un lugar donde dormir; alojar; dar alojamiento. **put up with** Soportar o aguantar; tolerar; resistir.

putt *verbo* En golf, golpear una pelota suavemente cuando está en el césped para que ruede y entre en el hoyo.
—*sustantivo* Golpe así descrito.

putty *sustantivo* Cemento blando que parece masa de pan, usado para rellenar hoyos en carpintería y mantener hojas de vidrio en su lugar; masilla.

puzzle *sustantivo* Algo que es difícil de resolver o comprender; rompecabezas; acertijo.
—*verbo* **1.** Confundir; desconcertar; dejar perplejo. **2.** Hacer gran esfuerzo tratando de hacer o comprender algo; estar confundido o desconcertado.

pygmy *sustantivo* **1. Pygmy** Miembro de una tribu africana o asiática, que generalmente mide de cuatro a cinco pies de altura; pigmeo. **2.** Persona o cosa insólitamente pequeña; pigmeo; diminuto; enano.

pyramid *sustantivo* Pirámide: **1.** Objeto sólido de base plana y cuatro lados en forma de triángulos que se juntan en un punto en la parte superior. **2.** Estructura muy grande de piedra en forma de pirámide, que en el antiguo Egipto se construía como tumba o edificio para estudiar el movimiento de los astros.

ă pat ā pay â care ä father ĕ pet ē be ĭ pit ī pie î fierce ŏ pot ō go ô paw, for oi oil ŏŏ book ōō boot

Q

q or **Q** |kyōō| —*noun, plural* **q's** or **Q's** The seventeenth letter of the English alphabet.

quack |kwăk| —*noun, plural* **quacks** The hoarse sound madę by a duck.
—*verb* **quacked, quacking** To make such a sound.

quad·ri·lat·er·al |kwŏd'rĭ lăt'ər əl| —*noun, plural* **quadrilaterals** Any figure that has four sides. A rectangle is a quadrilateral.

quad·ru·ped |kwŏd'rōō pĕd'| —*noun, plural* **quadrupeds** Any animal that has four feet or four paws or hoofs.

qua·hog |kwŏ'hôg'| or |kwŏ'hŏg'| or |kwô'hôg'| or |kwô'hŏg'| —*noun, plural* **quahogs** A clam of the Atlantic coast of North America.

quail |kwāl| —*noun, plural* **quail** or **quails** A rather small, plump bird with a short tail and brownish feathers.

quaint |kwānt| —*adjective* **quainter, quaintest** Old-fashioned, especially in a pleasing way.

quake |kwāk| —*verb* **quaked, quaking** To shake, tremble, or shiver.
—*noun, plural* **quakes** An earthquake.

qual·i·fi·ca·tion |kwŏl'ə fĭ kā'shən| —*noun, plural* **qualifications 1.** A skill or other quality that makes a person able to do a certain kind of work. **2.** Something that limits or restricts.

qual·i·fy |kwŏl'ə fī'| —*verb* **qualified, qualifying, qualifies 1.** To make or become fit for a certain kind of work or position. **2.** To make less harsh or extreme.

qual·i·ty |kwŏl'ĭ tē| —*noun, plural* **qualities 1.** The nature or character of something that makes it what it is. **2.** A part of a person's looks, character, or personality. **3.** The degree or grade of how good something is.

qualm |kwäm| or |kwôm| —*noun, plural* **qualms 1.** A feeling of doubt. **2.** A sudden feeling of conscience.

quan·ti·ty |kwŏn'tĭ tē| —*noun, plural* **quantities 1.** An amount or number of a thing or things. **2.** A large amount or number.

quar·an·tine |kwôr'ən tēn'| or |kwŏr'ən tēn'| —*noun, plural* **quarantines 1.** A period of time during which a person, an animal, or a plant is kept apart from others to stop the spread of disease. **2.** Any act of keeping someone or something apart from others, especially to keep from spreading disease.
—*verb* **quarantined, quarantining** To keep or place someone or something in quarantine.

quar·rel |kwôr'əl| or |kwŏr'əl| —*noun, plural* **quarrels** An angry argument.
—*verb* **quarreled, quarreling 1.** To have a quarrel; argue angrily. **2.** To find fault.

quar·ry |kwôr'ē| or |kwŏr'ē| —*noun, plural* **quarries** An open place where stone is taken out by cutting or blasting. Some quarries are very deep.

quart |kwôrt| —*noun, plural* **quarts 1.** A unit of measure equal to two pints. **2. a.** A container that holds one quart. **b.** A quart with something in it.

q o **Q** *sustantivo* Decimoséptima letra del alfabeto inglés.

quack *sustantivo* Sonido ronco que hace el pato; graznido.
—*verbo* Hacer tal sonido; graznar.

quadrilateral *sustantivo* Cualquier figura de cuatro lados, como un rectángulo o un cuadrado; cuadrilátero.

quadruped *sustantivo* Cualquier animal de cuatro patas, o de cuatro garras o pezuñas; cuadrúpedo.

quahog *sustantivo* Almeja de la costa atlántica de Norteamérica; Venus Mercenaria.

quail *sustantivo* Ave más bien pequeña, regordeta, de cola corta y plumas pardas; codorniz.

quaint *adjetivo* Pasado de moda, pero que produce una impresión agradable; peculiar; singular; curioso; original.

quake *verbo* Sacudir o sacudirse; temblar; estremecerse; tiritar.
—*sustantivo* Temblor de tierra; terremoto.

qualification *sustantivo* **1.** Aptitud u otra cualidad que capacita a una persona para hacer cierta clase de trabajo; calificación. **2.** Algo que limita, restringe o modifica; requisito; condición: *The group accepted her plan without qualification.* = *El grupo aceptó el plan de ella sin condiciones.*

qualify *verbo* **1.** Capacitar o capacitarse para cierta clase de trabajo, cargo o empleo; calificar. **2.** Suavizar la aspereza o radicalismo de algo que se dice u ordena; moderar.

quality *sustantivo* **1.** Naturaleza de algo que hace que sea como es; carácter; calidad: *the sour quality of vinegar* = *el carácter agrio del vinagre.* **2.** Parte de la apariencia, carácter o personalidad de una persona; cualidad. **3.** Grado o medida en que algo es más o menos bueno; calidad.

qualm *sustantivo* **1.** Sentimiento de duda. **2.** Sentimiento de culpa repentino; remordimiento de conciencia; escrúpulo.

quantity *sustantivo* Cantidad: **1.** Cantidad de una cosa o número de varias. **2.** Gran cantidad o número.

quarantine *sustantivo* Cuarentena: **1.** Período de tiempo durante el cual se mantiene aislados a una persona, animal o planta para evitar o contener la propagación de una enfermedad. **2.** Cualquier acto consistente en mantener a alguien o algo apartado, sobre todo si se hace para evitar la propagación de una enfermedad.
—*verbo* Poner en cuarentena.

quarrel *sustantivo* Discusión airada; riña; disputa; pelea.
—*verbo* Discutir: **1.** Tener una riña; disputar airadamente. **2.** Encontrar alguna falta; dudar.

quarry *sustantivo* Lugar abierto a veces muy profundo, de donde se saca la piedra de cantería cortándola o dinamitándola; cantera.

quart *sustantivo* Cuarto de galón: **1.** Unidad inglesa de medida de volumen igual a dos pintas, y muy próxima a un litro. **2. a.** Recipiente con capacidad para tal medida. **b.** Dicho recipiente, lleno.

---

quar·ter |kwôr′tər| —*noun, plural* **quarters 1.** Any of four equal parts of something. **2.** One fourth of the time it takes for the moon to travel around the earth. **3.** A United States or Canadian coin worth twenty-five cents. **4.** In football, basketball, and some other sports, any of the four time periods that make up a game. **5.** A district or section. **6. quarters** A place to sleep or live.
—*verb* **quartered, quartering** To cut or divide into four equal parts.

quarter *sustantivo* **1.** Cualquiera de las cuatro partes iguales en que algo puede dividirse; cuarto. **2.** Cuarta parte del tiempo que la luna demora para dar una vuelta alrededor de la tierra; cuarto menguante o creciente. **3.** Moneda estadounidense o canadiense que vale veinticinco centavos; cuarto de dólar. **4.** En balonpié, baloncesto y algunos otros deportes, cualquiera de los cuatro períodos de tiempo de que se compone un juego; cuarto. **5.** Distrito o sección; barrio: *the French quarter of the city* = *el barrio francés de la ciudad.* **6. quarters** Parte de un edificio, casa o buque destinada a servir de vivienda o alojamiento a una o más personas determinadas; habitaciones: *Take the guests to their quarters.* = *Conduzca a los huéspedes a sus habitaciones.*
—*verbo* Cortar o dividir en cuatro partes iguales; cuartear.

quar·ter·back |kwôr′tər băk′| —*noun, plural* **quarterbacks** In football, the player who directs the offense and usually passes the ball.

quarterback *sustantivo* En fútbol americano, el jugador que dirige la ofensiva y que usualmente pasa el balón.

quartz |kwôrts| —*noun, plural* **quartzes** A clear, hard kind of rock.

quartz *sustantivo* Tipo de piedra dura y clara que se usa en joyería; cuarzo.

qua·sar |kwā′zär′| or |kwā′sär′| —*noun, plural* **quasars** An object like a star. Quasars give off radio waves or very bright light and are at great distances from the earth.

quasar *sustantivo* Cuerpo celeste parecido a una estrella que emite ondas de radio o una luz muy brillante y que se halla a gran distancia de la Tierra; cuerpo cuasiestelar.

quay |kē| —*noun, plural* **quays** A stone wharf or strong bank where ships are loaded or unloaded.

quay *sustantivo* Plataforma o desembarcadero fuerte donde se carga y descarga a los buques; muelle.

queen |kwēn| —*noun, plural* **queens 1.** A woman who is the ruler of a country. **2.** The wife of a king. **3.** A woman or girl who is chosen or considered as the most outstanding in some way. **4.** A playing card on which there is a picture of a queen. Its value is above jack and below king. **5.** In chess, a player's most powerful piece. **6.** In a colony of bees, ants, or termites, a large female that lays eggs. The queen is usually the only one of this kind in the colony.

queen *sustantivo* Reina: **1.** Mujer soberana de un país. **2.** Esposa de un rey. **3.** Mujer o niña escogida o considerada como la más sobresaliente de alguna forma: *a beauty queen* = *una reina de belleza.* **4.** Naipe que lleva el dibujo de una reina, y cuyo valor está por encima de la jota y por debajo del rey. **5.** En ajedrez, la pieza más poderosa de cada jugador. **6.** En las colonias de abejas, hormigas o termitas, hembra grande que pone los huevos y que, generalmente, es la única en su clase en toda la colonia.

queer |kwîr| —*adjective* **queerer, queerest** Unusual; odd; strange.

queer *adjetivo* Raro; extraño; poco usual.

quench |kwĕnch| —*verb* **quenched, quenching 1.** To put out a fire. **2.** To satisfy, especially thirst.

quench *verbo* Apagar: **1.** Extinguir o sofocar un fuego. **2.** Satisfacer, generalmente la sed.

que·ry |kwîr′ē| —*noun, plural* **queries** A question; an inquiry.
—*verb* **queried, querying, queries 1.** To ask questions of. **2.** To show doubt about; to question.

query *sustantivo* Pregunta; indagación.
—*verbo* **1.** Hacer preguntas; preguntar; indagar. **2.** Mostrar dudas sobre algo; indagar objetando o poniendo en duda.

quest |kwĕst| —*noun, plural* **quests** A search, especially for something valuable.

quest *sustantivo* Búsqueda, especialmente si es de algo valioso; salida o recorrido en busca de algo de valor, útil o necesario.

ques·tion |kwĕs′chən| —*noun, plural* **questions 1.** Something that is asked in order to get an answer. **2.** A subject that is being argued about. **3.** A problem. **4.** A point that is not certain; doubt.
—*verb* **questioned, questioning 1.** To ask questions of. **2.** To have or show doubt about.
Idiom **out of the question** Not to be considered or even thought about.

question *sustantivo* **1.** Pregunta que se hace para obtener una respuesta. **2.** Asunto o tema que se está discutiendo; cuestión. **3.** Problema; cuestión. **4.** Punto que no está claro; duda; cuestión.
—*verbo* **1.** Hacer preguntas; indagar; preguntar. **2.** Tener o demostrar dudas sobre algo; poner en duda o en tela de juicio.
Modismo **out of the question** Descartado; expresión que equivale a "ni pensarlo": *Brad wanted a car of his own, but Dad said it was out of the question.* = *Brad quería un carro propio, pero papá dijo que éso, ni pensarlo.*

question mark A punctuation mark (?) written at the end of a sentence or phrase. It shows that a question is being asked.

question mark Signo de puntuación (?) que, en inglés, se escribe sólo al final de una oración o frase; signo de interrogación.

quick |kwĭk| —*adjective* **quicker, quickest 1.** Moving or acting with speed; fast. **2.** Done in a short amount of time. **3.** Fast to understand, think, or learn; bright; alert. **4.** Easily stirred up.
—*adverb* Rapidly; promptly.
—*noun, plural* **quicks** The sensitive, tender skin under the fingernails.

quick *adjetivo* **1.** Que se mueve o actúa con velocidad; rápido. **2.** Hecho en corto tiempo; rápido. **3.** Que entiende, piensa o aprende con rapidez; brillante; vivo; despierto; rápido. **4.** Fácilmente perturbable; irritable; malgenioso.
—*adverbio* Rápidamente; pronto.
—*sustantivo* Piel suave y sensible situada debajo de las uñas de las manos.

quick·en |kwĭk′ən| —*verb* **quickened, quickening 1.** To make or become more rapid. **2.** To make or become livelier or more intense.

quicken *verbo* **1.** Hacer o tornarse más rápido; acelerar; apurar. **2.** Avivar o avivarse; intensificar o intensificarse; estimular.

ă pat ā pay â care ä father ĕ pet ē be ĭ pit ī pie î fierce ŏ pot ō go ô paw, for oi oil oo book oo boot

qui·et |kwī′ĭt| —*adjective* **quieter, quietest 1.** Making little or no noise; silent or almost silent. **2.** Free of noise; hushed. **3.** Not loud. **4.** Not moving; still; calm. **5.** Peaceful.
—*noun* **1.** Freedom from noise; silence. **2.** Peace.
—*verb* **quieted, quieting** To make or become quiet.

quill |kwĭl| —*noun, plural* **quills 1. a.** A long, stiff feather, usually from the tail or wing of a bird. **b.** The hollow, hard central part of a feather. **2.** A writing pen that is made from a long, stiff feather. **3.** One of the sharp, hollow spines of a porcupine.

quilt |kwĭlt| —*noun, plural* **quilts** A covering for a bed. A quilt is made of two layers of cloth sewn together with a padding of cotton, feathers, or other material in between.
—*verb* **quilted, quilting** To work on or make a quilt or quilts.

qui·nine |kwī′nīn′| —*noun* A bitter, colorless drug used to treat malaria.

quit |kwĭt| —*verb* **quit, quitting 1.** To stop. **2.** To give up; resign. **3.** To depart from; leave.

quite |kwīt| —*adverb* **1.** Completely; altogether. **2.** Somewhat; rather. **3.** Really; truly.
Idioms **quite a** Unusual; remarkable. **quite a few** A large number; many.

quiv·er¹ |kwĭv′ər| —*verb* **quivered, quivering** To shake with a slight vibrating motion; tremble.
—*noun* A slight vibrating motion.

quiv·er² |kwĭv′ər| —*noun, plural* **quivers** A case for holding and carrying arrows.

quiz |kwĭz| —*noun, plural* **quizzes** A short test.
—*verb* **quizzed, quizzing 1.** To question. **2.** To test someone's knowledge by asking questions.

quo·ta |kwō′tə| —*noun, plural* **quotas 1.** An amount of something to be done, made, or sold. **2.** The greatest number of people or things that may be let into a country, group, or institution.

quo·ta·tion |kwō tā′shən| —*noun, plural* **quotations 1.** The act of one person repeating another person's words. **2.** The words that are repeated.

quotation mark Either of a pair of punctuation marks (" ") used to mark the beginning (") and the end (") of a quotation.

quote |kwōt| —*verb* **quoted, quoting** To repeat the words of another person.
—*noun, plural* **quotes 1.** A quotation. **2.** A quotation mark.

quo·tient |kwō′shənt| —*noun, plural* **quotients** The number that is gotten by dividing one number by another. If 10 is divided by 5, the quotient is 2.

quiet *adjetivo* Quieto; tranquilo: **1.** Que hace poco o ningún ruido; silencioso o casi silencioso. **2.** Libre de ruidos; silencioso. **3.** Que no es alto ni estridente; bajo: *He spoke in a quiet voice.* = *Él habló en voz baja.* **4.** Sin moverse; parado; en calma; calmado: *a quiet sea* = *un mar en calma.* **5.** En paz; apacible: *a quiet evening at home* = *una noche tranquila en casa.*
—*sustantivo* **1.** Ausencia de ruidos; silencio. **2.** Paz.
—*verbo* Sosegar o sosegarse; acallar; apaciguar; calmar o calmarse; aquietar o aquietarse.

quill *sustantivo* **1. a.** Pluma larga y rígida que generalmente procede de la cola o del ala de un ave; pluma. **b.** Parte central dura y hueca de una pluma; cañón. **2.** Pluma para escribir hecha de una pluma larga y rígida. **3.** Espina de un puercoespín; púa.

quilt *sustantivo* Cubrecama o colcha hecha de dos capas de tela cosidas una a otra con un relleno de algodón, plumas u otro material en el medio.
—*verbo* Hacer una o varias colchas.

quinine *sustantivo* Droga amarga e incolora que se emplea en el tratamiento de la malaria o paludismo.

quit *verbo* Dejar: **1.** Parar; cesar de. **2.** Desistir; renunciar. **3.** Abandonar; marcharse de.

quite *adverbio* **1.** Completamente; del todo; totalmente: *I am not quite finished yet.* = *No he acabado del todo aún.* **2.** Algo; más bien; un tanto: *Our own group of planets is quite small.* = *Nuestro (propio) grupo de planetas es más bien pequeño.* **3.** Realmente; verdaderamente: *He is quite smart.* = *Es realmente listo.*
Modismos **quite a** Poco usual; notable; todo un: *Louis is quite a man.* = *Luis es todo un hombre.* **quite a few** Gran número; mucho.

quiver¹ *verbo* Temblar con un ligero movimiento de vibración; vibrar.
—*sustantivo* Ligero movimiento vibrante; vibración; temblor.

quiver² *sustantivo* Caja para guardar y llevar las flechas; aljaba.

quiz *sustantivo* Examen breve; prueba.
—*verbo* **1.** Interrogar. **2.** Poner a prueba los conocimientos de alguien haciéndole preguntas; examinar; probar.

quota *sustantivo* Cuota: **1.** Cantidad de algo que se debe hacer o vender. **2.** El mayor número de personas o cosas cuya entrada se permite en un país, grupo o institución; máximo.

quotation *sustantivo* **1.** Acción de una persona que repite las palabras de otra; cita. **2.** Palabras así repetidas; cita.

quotation mark Signo de puntuación que se usa para marcar el comienzo "y el final" de una cita; comillas.

quote *verbo* **1.** Repetir las palabras de otra persona; citar. **2.** En el lenguaje del comercio, fijar el vendedor el precio de uno o más productos, a solicitud de un presunto comprador; cotizar.
—*sustantivo* **1.** Cita. **2.** Comillas.

quotient *sustantivo* Resultado que se obtiene al dividir un número por otro; cociente.

ər butter yŏŏ abuse ou out ŭ cut û fur *th* the th thin hw which zh vision ə ago, item, pencil, atom, circus

R

r or R |är| —*noun, plural* r's or R's The eighteenth letter of the English alphabet.

rab·bi |răb′ī| —*noun, plural* **rabbis** 1. The leader of a Jewish congregation. 2. A teacher of Jewish laws and customs.

rab·bit |răb′ĭt| —*noun, plural* **rabbits** A burrowing animal with long ears, soft fur, and a short, furry tail.

ra·bies |rā′bēz| —*noun* A disease that can affect people and other warm-blooded animals such as dogs, cats, and wolves.

race¹ |rās| —*noun, plural* **races** A contest of speed, as in running, riding, or swimming.
—*verb* **raced, racing** 1. To take part in a race. 2. To move or rush very fast.

race² |rās| —*noun, plural* **races** A large group of people with certain physical characteristics that are passed on from one generation to another. The population of the world is made up of many different races.

ra·cial |rā′shəl| —*adjective* Of or having to do with race.

rack |răk| —*noun, plural* **racks** 1. A pole with pegs or a frame with pegs or shelves. Racks are used for storing, hanging, or displaying things. 2. An old instrument of torture on which a person's body was stretched.
—*verb* **racked, racking** To cause great suffering; torture.

rack·et¹ |răk′ĭt| —*noun, plural* **rackets** A round wooden or metal frame with tightly laced strings and a handle.

rack·et² |răk′ĭt| —*noun, plural* **rackets** A loud, continuous, unpleasant noise.

ra·dar |rā′där′| —*noun* A device used to find out the location and speed of objects, such as airplanes and rockets, that are not seen or are distant.

ra·di·ant |rā′dē ənt| —*adjective* 1. Shining or beaming brightly. 2. Filled with happiness; glowing. 3. Made up of or given off as waves.

ra·di·ate |rā′dē āt′| —*verb* **radiated, radiating** 1. To give off energy as rays or waves. 2. To be given off as rays or waves. 3. To spread out from a center.

ra·di·a·tion |rā′dē ā′shən| —*noun* The act or process of sending out rays of heat, light, or other energy that travel through the air.

ra·di·a·tor |rā′dē ā′tər| —*noun, plural* **radiators** 1. A device for heating a room. A radiator is made up of a series of pipes through which steam or hot water passes. 2. A device for cooling something, as an automobile engine.

rad·i·cal |răd′ĭ kəl| —*adjective* 1. Having to do with or affecting the most important or basic part of something; fundamental. 2. Wanting or favoring extreme changes or reforms.

ra·di·i |rā′dē ī| A plural of the noun **radius**.

ra·di·o |rā′dē ō′| —*noun, plural* **radios** 1. A way of sending sounds through the air by electric waves. 2. The equipment used to send and receive sounds by electric waves.
—*verb* **radioed, radioing** To signal or send a message by radio.

ra·di·o·ac·tive |rā′dē ō ăk′tĭv| —*adjective* Of, having, or caused by radioactivity.

r o R *sustantivo* Decimoctava letra del alfabeto inglés.

rabbi *sustantivo* 1. Director de una congregación judía. 2. Maestro de las leyes y costumbres judaicas; rabino; rabí.

rabbit *sustantivo* Animal de madriguera con orejas largas, piel suave y cola corta y peluda; conejo.

rabies *sustantivo* Enfermedad que afecta a la gente y a los mamíferos como los perros, gatos y lobos; rabia; hidrofobia.

race¹ *sustantivo* Certamen de velocidad, como en una carrera pedestre, equitación o natación; carrera; competencia; concurso.
—*verbo* 1. Tomar parte en una carrera; correr. 2. Moverse de prisa o apurarse.

race² *sustantivo* Grupo numeroso de gente con ciertas características físicas que se pasan de una generación a otra; raza. La población mundial está compuesta de muchas razas distintas.

racial *adjetivo* De la raza o que tiene que ver con ella; racial.

rack *sustantivo* 1. Poste con ganchos, o marco con ganchos o estantes que se usan para guardar, colgar o mostrar cosas: *a coat rack = un perchero; a magazine rack = un revistero.* 2. Antiguo instrumento de tortura sobre el cual se hacía estirar el cuerpo de una persona; potro de tormento.

racket¹ *sustantivo* Armazón redonda de madera o metal con cuerdas estrechamente entrelazadas y con una empuñadura; raqueta.

racket² *sustantivo* Ruido alto, continuo y desagradable; gritería; alboroto.

radar *sustantivo* Aparato que se usa para descubrir la posición y velocidad de objetos tales como aviones y cohetes que no se pueden ver o que están distantes; radar.

radiant *adjetivo* 1. Que brilla o resplandece brillantemente; radiante. 2. Rebosante de alegría; brillante de placer. 3. Que está formado por o que es emitido en forma de ondas; radiante.

radiate *verbo* 1. Despedir energía en forma de rayos u ondas; radiar. 2. Emitido como rayos u ondas; irradiar. 3. Difundir desde un centro; radiar; irradiar.

radiation *sustantivo* Acción o proceso de difundir rayos de luz, calor u otra energía que pasa por el aire; radiación.

radiator *sustantivo* 1. Aparato que se usa para la calefacción de una habitación; radiador. El radiador está hecho de una serie de tubos por donde pasa vapor o agua caliente. 2. Dispositivo para el enfriamiento de algo, como un motor de explosión.

radical *adjetivo* 1. Que tiene que ver con el aspecto más importante o básico de algo, o que lo afecta; fundamental; radical. 2. Que quiere o que favorece cambios o reformas radicales; extremista; radical.

radii Uno de los plurales del sustantivo **radius**.

radio *sustantivo* 1. Modo de difundir sonidos por el aire mediante ondas eléctricas; radiodifusión. 2. Equipo que se usa para transmitir o recibir sonidos mediante ondas eléctricas; radio.
—*verbo* Transmitir o difundir un mensaje por radio.

radioactive *adjetivo* Que es, que tiene o que está causado por la radiactividad; radiactivo.

ă pat ā pay â care ä father ĕ pet ē be ĭ pit ī pie î fierce ŏ pot ō go ô paw, for oi oil ōō book ōō boot

ra·di·o·ac·tiv·i·ty |rā′dē ō ăk tĭv′ĭ tē| —*noun* The property or capability of certain metals to give off energy in the form of certain types of rays.

rad·ish |răd′ĭsh| —*noun, plural* **radishes** A plant with a white root that has a strong, sharp taste.

ra·di·um |rā′dē əm| —*noun* A white, highly radioactive metal that is used in treating cancer. Radium is one of the chemical elements.

ra·di·us |rā′dē əs| —*noun, plural* **radii** or **radiuses** **1.** Any line that goes straight from the center to the outside of a circle or sphere. **2.** A circular area or region that is measured by the length of its radius.

raft |răft| or |räft| —*noun, plural* **rafts** A floating platform made of logs or other material that floats.

rag |răg| —*noun, plural* **rags** **1.** A piece or scrap of old, torn, or leftover cloth. **2. rags** Shabby, torn, or worn-out clothing.

rage |rāj| —*noun, plural* **rages** Violent anger.
—*verb* **raged, raging 1.** To show violent anger. **2.** To act in a violent way.

raid |rād| —*noun, plural* **raids** A sudden or surprise attack.
—*verb* **raided, raiding** To carry out or make a raid on.

rail |rāl| —*noun, plural* **rails** **1.** A narrow bar of wood or metal. **2.** A railroad.

rail·ing |rā′lĭng| —*noun, plural* **railings** **1.** A fence made of rails. **2.** A rail or banister.

rail·road |rāl′rōd′| —*noun, plural* **railroads** **1.** A path or track made of a pair of parallel metal rails on which a train rides. **2.** A system of transportation, including all the trains, tracks, stations, land, and other equipment that is needed to operate it.

rain |rān| —*noun, plural* **rains** **1.** Water that falls from the clouds to the earth in drops. **2.** A fall of rain; a shower.
—*verb* **rained, raining 1.** To fall in drops of water from the clouds. **2.** To fall or pour or cause to fall or pour like rain.

rain·bow |rān′bō′| —*noun, plural* **rainbows** An arc of colored light seen in the sky opposite the sun, especially after it rains.

rain·coat |rān′kōt′| —*noun, plural* **raincoats** A waterproof coat to keep a person dry when it is raining.

rain·fall |rān′fôl′| —*noun, plural* **rainfalls** The total amount of water in the form of rain, sleet, and snow that falls on an area or region during a certain length of time.

raise |rāz| —*verb* **raised, raising 1.** To move or cause to move to a higher position; lift. **2.** To increase in amount, size, or value. **3.** To build; erect. **4.** To bring up and take care of. **5.** To make louder. **6.** To gather together; collect. **7.** To bring up; ask.
—*noun, plural* **raises** An increase in price or pay.

rai·sin |rā′zən| —*noun, plural* **raisins** A sweet dried grape.

rake |rāk| —*noun, plural* **rakes** A tool with a long handle and teeth or prongs at one end.
—*verb* **raked, raking** To gather or smooth with a rake.

ral·ly |răl′ē| —*verb* **rallied, rallying, rallies 1.** To assemble again; bring back together. **2.** To come to help. **3.** To improve suddenly in strength and health.
—*noun, plural* **rallies** A meeting of many people for some purpose.

radioactivity *sustantivo* Propiedad o cualidad de ciertos metales de emitir energía en la forma de ciertos tipos de rayos; radiactividad.

radish *sustantivo* Planta de raíz blanca con gusto fuerte y acre; rábano.

radium *sustantivo* Metal blanco, altamente radiactivo, que se usa en el tratamiento del cáncer; radio. El radio es uno de los elementos químicos.

radius *sustantivo* Radio: **1.** Recta que va directamente del centro al exterior de un círculo o esfera. **2.** Área o región circular medida por la longitud de su radio: *no buildings within a radius of fifty miles* = *ningún edificio en un radio de 50 millas.*

raft *sustantivo* Plataforma flotante hecha de troncos u otro material flotante; balsa.

rag *sustantivo* **1.** Pedazo o jirón de tela vieja, rota o que sobra; trapo. **2.** Ropa raída, rota o gastada; andrajos; harapos.

rage *sustantivo* Ira violenta; cólera; rabia.
—*verbo* Mostrar ira violenta; encolerizarse; rabiar. **2.** Comportarse de modo violento; rugir.

raid *sustantivo* Ataque repentino o de sorpresa; incursión; ataque inesperado; allanamiento.
—*verbo* Llevar a cabo o efectuar una incursión; atacar por sorpresa; allanar.

rail *sustantivo* **1.** Barra estrecha de madera o metal; riel. **2.** Vía férrea.

railing *sustantivo* **1.** Cerca hecha de rieles; cerca; valla; barandal. **2.** Barandilla; balaustrada.

railroad *sustantivo* **1.** Camino o senda hecha de un par de rieles metálicos paralelos sobre los cuales rueda el tren. **2.** Modo de transporte que incluye todos los trenes, vías, estaciones, terrenos y demás equipos que se precisan para hacerlo funcionar.

rain *sustantivo* **1.** Agua que cae a la tierra de las nubes en forma de gotas. **2.** Lluvia; llovizna; chubasco.
—*verbo* **1.** Caer agua de las nubes en gotas; llover. **2.** Caer, vertir o hacer caer o vertir como la lluvia; llover.

rainbow *sustantivo* Arco de luz coloreada que se ve en el cielo, frente al sol, especialmente después de una lluvia; arco iris.

raincoat *sustantivo* Abrigo impermeable que mantiene a uno seco cuando llueve; impermeable.

rainfall *sustantivo* Cantidad total de agua, cellisca o nieve que cae sobre un área o región durante un cierto período de tiempo; precipitación.

raise *verbo* **1.** Mover o causar que algo se mueva a una posición más elevada; alzar; elevar; levantar: *Would you raise the window a little?* = *¿Podrías levantar un poco la ventana?* **2.** Aumentar de tamaño, cantidad o valor: *It is time to raise prices.* = *Ha llegado el tiempo de aumentar los precios.* **3.** Construir; erigir: *We expect to raise the building in a month.* = *Esperamos construir el edificio en un mes.* **4.** Criar y encargarse: *He raises horses.* = *Él cría caballos.* **5.** Levantar; alzar: *Don't raise your voice.* = *No alces la voz.* **6.** Reunir; juntar; recaudar: *We must raise money for charity.* = *Debemos recaudar dinero para obras de beneficencia.* **7.** Suscitar; preguntar; plantear: *I want to raise a question.* = *Quiero plantear una cuestión.*
—*sustantivo* Incremento de precio o sueldo; aumento.

raisin *sustantivo* Uva seca y dulce; uva pasa; pasa de uva.

rake *sustantivo* Herramienta de mango largo que tiene dientes o puntas en un travesaño que está al extremo; rastrillo; rastro.
—*verbo* Juntar o emparejar con un rastrillo.

rally *verbo* **1.** Reunir de nuevo; reagrupar; reanimarse; rehacerse: *The team rallied and won the game in the last minute.* = *El equipo se reanimó y ganó el partido en el último minuto de juego.* **2.** Acudir en ayuda; apoyar: *You have to rally behind your friends when they're in trouble.* = *Debes de apoyar a tus amigos*

ər butter   yo͞o abuse   ou out   ŭ cut   û fur   *th* the   th thin   hw which   zh vision   ə ago, item, pencil, atom, circus

cuando están en aprietos. **3.** Recobrar la fuerza y la salud de golpe; reanimarse; revivir; reponerse: *The patient rallied after being sick for a week.* = *El paciente se repuso después de estar enfermo por una semana.* —*sustantivo* Reunión de mucha gente con un fin; asamblea.

ram |răm| —*noun, plural* **rams** A male sheep.
—*verb* **rammed, ramming 1.** To force into a small or tight space; drive or force down or in. **2.** To crash or smash into.

ram *sustantivo* Carnero; morueco.
—*verbo* **1.** Hacer entrar dentro de un espacio pequeño o estrecho; empujar o impeler a la fuerza; forzar. **2.** Chocar o estrellarse contra algo; embestir.

ramp |rămp| —*noun, plural* **ramps** A sloping passage or roadway that leads from one level to another.

ramp *sustantivo* Plano o camino inclinado que conduce de un nivel a otro; rampa.

ran |răn| The past tense of the verb **run.**

ran Pretérito del verbo **run.**

ranch |rănch| —*noun, plural* **ranches** A large farm on which cattle, sheep, or horses are raised.

ranch *sustantivo* Granja grande donde se crían ganado vacuno, ovejas o caballos; finca; estancia; rancho; chacra.

ran·dom |răn'dəm| —*adjective* Having no plan, pattern, or purpose; by chance.

random *adjetivo* Sin un plan, patrón o propósito; por casualidad; al azar; casual.

rang |răng| The past tense of the verb **ring.**

rang Pretérito del verbo **ring.**

range |rānj| —*noun, plural* **ranges 1.** The distance or extent between certain limits. **2.** The longest distance at which something can work or travel. **3.** A place for shooting at targets. **4.** A large area of open land on which livestock graze freely. **5.** A stove with an oven, broiler, and burners. **6.** A group or series of mountains.
—*verb* **ranged, ranging 1.** To move between certain limits. **2.** To roam or wander.

range *sustantivo* **1.** Distancia o extensión dentro de ciertos límites; alcance; gama; escala; variedad: *This shirt comes in a range of different colors.* = *Esta camisa viene en una variedad de diferentes colores.* **2.** La distancia máxima dentro de la cual algo puede funcionar o recorrer; límite: *The car will go up to a range of two hundred miles on a tank of gas.* = *El auomóvil funcionará hasta un límite de doscientas millas con un tanque de gasolina.* **3.** Sitio para tirar al blanco. **4.** Extensión amplia de terreno en la que se apacienta el ganado. **5.** Estufa con horno, parrilla y hornilla; cocina. **6.** Grupo o serie de montañas; cordillera; sierra.
—*verbo* Recorrer: **1.** Moverse dentro de ciertos límites. **2.** Vagar o errar.

rank |răngk| —*noun, plural* **ranks 1.** A position or grade within a group or class. **2.** A row or line, especially of people or things side by side. **3. ranks** All soldiers who are not officers.
—*verb* **ranked, ranking 1.** To have a rank. **2.** To give a rank to; judge someone or something compared with others like it. **3.** To arrange in a row or rows.

rank *sustantivo* **1.** Posición o grado dentro de un grupo o clase; rango; jerarquía. **2.** Fila o línea, particularmente la de gente o cosas que están lado a lado; hilera; serie. **3. ranks** Los soldados que no son oficiales; tropa; soldados rasos.
—*verbo* **1.** Tener rango; figurar. **2.** Dar rango; juzgar a alguien o algo en comparación con sus semejantes; clasificar. **3.** Poner en una o más hileras; disponer.

ran·som |răn'səm| —*noun, plural* **ransoms 1.** The release of someone who is being held prisoner in exchange for money. **2.** The amount of money demanded or paid so that a person being held prisoner may be set free.
—*verb* **ransomed, ransoming** To free a person being held prisoner by paying a demanded price.

ransom *sustantivo* **1.** Liberación de alguien que se tiene prisionero, a cambio de dinero; rescate. **2.** La cantidad de dinero que se exige o que se paga con tal que se ponga en libertad a quien se tiene prisionero; rescate.
—*verbo* Libertar a quien se tiene prisionero mediante pago del rescate exigido; rescatar.

rap |răp| —*verb* **rapped, rapping** To hit or knock a surface sharply; strike.
—*noun, plural* **raps** A quick, sharp knock or blow.

rap *sustantivo* Golpe o toque ligero y seco.
—*verbo* Pegar o golpear una superficie con golpes secos; asestar.

rap·id |răp'ĭd| —*adjective* Very fast or quick; swift.
—*noun* **rapids** A particular place in a river where the water flows very quickly.

rapid *adjetivo* Muy rápido o ligero; veloz.
—*sustantivo* **rapids** Sitio determinado de un río donde el agua corre muy rápido; recial; raudal.

rare[1] |râr| —*adjective* **rarer, rarest 1.** Not found, seen, or happening very often. **2.** Unusually valuable or good; special.

rare[1] *adjetivo* **1.** Que no se halla, ve u ocurre muy a menudo; raro. **2.** Extraordinariamente valioso o bueno; especial; excepcional.

rare[2] |râr| —*adjective* **rarer, rarest** Cooked for a short time.

rare[2] *adjetivo* Que ha sido asado poco tiempo; medio crudo; casi crudo.

rash[1] |răsh| —*adjective* **rasher, rashest** Too hasty; not careful; reckless.

rash[1] *adjetivo* Apresurado; imprudente; temerario.

rash[2] |răsh| —*noun, plural* **rashes** An outbreak of little red spots on the skin.

rash[2] *sustantivo* Erupción de puntitos rojos sobre la piel; sarpullido; salpullido; ronchas.

rasp·ber·ry |răz'bĕr'ē| or |răz'bĕr'ē| —*noun, plural* **raspberries** A sweet berry that has many seeds. The raspberry grows on a prickly bush with long, woody stems.

raspberry *sustantivo* Baya dulce de muchas semillas; frambuesa. La frambuesa crece en un arbusto espinoso de tallos largos y leñosos.

rat |răt| —*noun, plural* **rats** A gnawing animal with a long tail, related to the mouse.

rat *sustantivo* Roedor de rabo largo, del mismo género que el ratón; rata.

rate |rāt| —*noun, plural* **rates 1.** An amount, number, or pace that is measured against the measured amount, number, or pace of something else. **2.** The cost or price of something. **3.** A level of quality; class.
—*verb* **rated, rating 1.** To judge or decide how good or valuable something is. **2.** To put in a certain rank or

rate *sustantivo* **1.** Cantidad, número o movimiento que se compara con otra cantidad; número o movimiento que es constante; razón: *The airplane could fly at the rate of 100 miles an hour.* = *El avión podía volar a razón de 100 millas por hora.* **2.** Costo o precio de algo. **3.** Nivel de calidad; categoría; clase.

ă pat ā pay â care ä father ĕ pet ē be ĭ pit ī pie î fierce ŏ pot ō go ô paw, for oi oil ŏŏ book ōō boot

level.

rath·er |răth′ər| or |rä′thər| —*adverb* **1.** To a certain extent; somewhat. **2.** More willingly. **3.** More exactly; more accurately.

ra·tio |rā′shō| or |rā′shē ō′| —*noun, plural* **ratios** The relation or comparison of the number or size between two different things.

ra·tion |răsh′ən| or |rā′shən| —*noun, plural* **rations** A fixed amount or portion of food for a person or animal.
—*verb* **rationed, rationing 1.** To give out in a portion or share. **2.** To limit the amount of something each person can use or have.

ra·tion·al |răsh′ə nəl| —*adjective* **1.** Able to think clearly. **2.** Based on reason; sensible; thought out.

rat·tle |răt′l| —*verb* **rattled, rattling 1.** To make or cause a quick series of short, sharp sounds. **2.** To talk quickly and without stopping. **3.** To confuse or upset.
—*noun, plural* **rattles 1.** A quick series of short, sharp sounds. **2.** A baby's toy or other device that rattles when shaken.

rat·tle·snake |răt′l snāk′| —*noun, plural* **rattlesnakes** Any of several poisonous American snakes.

raw |rô| —*adjective* **rawer, rawest 1.** Not cooked. **2.** In a natural condition; not treated or processed. **3.** Not trained; without experience. **4.** Having the skin scraped off; sore. **5.** Cold and damp.

ray |rā| —*noun, plural* **rays 1.** A thin line or narrow beam of light or other radiation. **2.** A small amount; a trace; hint. **3.** One of many lines or parts going out from a center.

ray·on |rā′ŏn′| —*noun, plural* **rayons** A cloth or fiber made from cellulose.

ra·zor |rā′zər| —*noun, plural* **razors** An instrument with a sharp blade that is used to shave hair, especially on the face.

reach |rēch| —*verb* **reached, reaching 1.** To go as far as; arrive at; come to. **2.** To stretch out; extend. **3.** To stretch or hold out an arm or hand. **4.** To touch or grasp. **5.** To try to get something. **6.** To communicate or get in touch with someone.
—*noun, plural* **reaches 1.** An act of reaching. **2.** The distance to which a person can stretch an arm. **3.** All or as much as a person can understand or do.

re·act |rē ăkt′| —*verb* **reacted, reacting** To act in response to or because something else has happened; respond.

re·ac·tion |rē ăk′shən| —*noun, plural* **reactions** An action or effect in response to something that has happened.

re·ac·tor |rē ăk′tər| —*noun, plural* **reactors** A device in which atoms are split under controlled conditions. This results in the production of heat, which is used to generate electricity and many radioactive substances.

read |rēd| —*verb* **read** |rĕd|, **reading 1.** To look at and understand the meaning of something that is

—*verbo* **1.** Juzgar o decidir el mérito o valor de algo; tasar; valuar. **2.** Colocar en cierto rango o nivel; clasificar.

rather *adverbio* **1.** Hasta cierto punto; de cierto modo; algo: *I'm feeling rather sleepy.* = *Me siento algo soñoliento.* **2.** Más dispuesto; preferentemente: *I'd rather stay home tonight.* = *Prefiero quedarme en casa esta noche.* **3.** Más exacto; mayor exactitud: *The shoes cost almost ten dollars, or rather, ten dollars and sixty cents.* = *Los zapatos me costaron casi diez dólares, o para ser más exacto, diez dólares con sesenta centavos.*

ratio *sustantivo* Relación o comparación del número o tamaño de dos cosas distintas; razón; proporción.

ration *sustantivo* Cantidad o porción fija de alimento para una persona o un animal; ración; porción.
—*verbo* **1.** Dar por porciones o cuotas. **2.** Limitar la cantidad de algo que cada uno puede tener o usar; racionar.

rational *adjetivo* **1.** Que puede pensar claramente; dotado de razón; racional. **2.** Basado en la razón; considerado cuidadosamente; sensato.

rattle *verbo* **1.** Hacer una repetición ligera de ruidos breves y secos; zumbar; zurrir. **2.** Hablar rápidamente y sin parar. **3.** Confundir o trastornar.
—*sustantivo* **1.** Repetición ligera de sonidos breves y secos; zumbido; zurrido. **2.** Juguete infantil u otro artefacto que zurra al sacudirse; cascabel.

rattlesnake *sustantivo* Una de varias serpientes venenosas de América; crótalo; serpiente de cascabel.

raw *adjetivo* **1.** Que no está cocinado; crudo. **2.** En su condición natural; sin tratar o procesar; en bruto. **3.** Que no está entrenado; que no tiene experiencia; verde. **4.** Que tiene la piel pelada; despellejado; dolorido. **5.** Frío y húmedo; desapacible; destemplado.

ray *sustantivo* **1.** Línea fina o haz de luz u otra radiación; rayo. **2.** Cantidad pequeña; indicio; huella; rayo: *There isn't a ray of hope that we can win the game.* = *No queda ni un rayo de esperanza de que podamos ganar el partido.* **3.** Una de las tantas líneas o piezas que radian de un centro.

rayon *sustantivo* Tela o fibra hecha de celulosa; rayón.

razor *sustantivo* Instrumento de hoja afilada que se usa para afeitar el vello, especialmente el de la cara; navaja de afeitar.

reach *verbo* **1.** Llegar hasta un punto; llegar a un punto; alcanzar: *The United States was the first to reach the moon.* = *Los Estados Unidos fue el primero en llegar a la luna.* **2.** Estirar; extender: *The river reaches from one end of the state to the other.* = *El río se extiende de un extremo del estado al otro.* **3.** Estirar o extender la mano o el brazo. **4.** Tocar o agarrar. **5.** Intentar agarrar algo; buscar: *She reached in her pocketbook for a handkerchief.* = *Ella buscaba un pañuelo en su cartera.* **6.** Comunicarse o ponerse en contacto con alguien: *I couldn't reach her on the phone.* = *No me pude comunicar por teléfono con ella.*
—*sustantivo* **1.** Acción de alcanzar; alcance. **2.** Distancia que una persona puede extender el brazo; extensión. **3.** Tanto o cuanto uno puede hacer o comprender; capacidad mental.

react *verbo* Actuar en respuesta a algo o debido a que algo ha ocurrido; responder; reaccionar.

reaction *sustantivo* Acción o efecto en respuesta a algo que ha ocurrido; reacción.

reactor *sustantivo* Aparato donde se dividen los átomos, bajo condiciones controladas. Esto resulta en la producción de calor, el cual se usa para generar electricidad y muchas substancias radiactivas; reactor nuclear.

read *verbo* **1.** Mirar y comprender el significado de algo impreso o escrito; leer. **2.** Decir en voz alta lo que está

ər butter   yōō abuse   ou out   ŭ cut   û fur   *th* the   th thin   hw which   zh vision   ə ago, item, pencil, atom, circus

printed or written. **2.** To speak out loud something that is printed or written. **3.** To learn about something by reading. **4.** To understand the meaning of something. **5.** To indicate or show.

read·er |rē′dər| —*noun, plural* **readers 1.** A person who reads. **2.** A book for learning and practicing reading.

read·i·ly |rĕd′l ē| —*adverb* **1.** Willingly and quickly. **2.** Without difficulty; easily.

read·ing |rē′dĭng| —*noun, plural* **readings 1.** The act of looking at and understanding something that is printed or written. **2.** Books and other things to be read. **3.** The act of speaking out loud something printed or written.

read·y |rĕd′ē| —*adjective* **readier, readiest 1.** Prepared for action or use. **2.** Willing. **3.** About to do something; likely. **4.** Quick; prompt and alert. **5.** Easy to get at; close at hand.

re·al |rē′əl| or |rēl| —*adjective* **1.** Actual or true; not made up; not imaginary. **2.** Genuine or authentic; not artificial. **3.** Serious or important.

real estate Land and everything on it, such as buildings, trees, or roads.

re·al·is·tic |rē′ə lĭs′tĭk| —*adjective* **1.** Resembling real people or things; lifelike. **2.** Practical or reasonable.

re·al·i·ty |rē ăl′ĭ tē| —*noun, plural* **realities 1.** The condition or quality of being real; actual existence. **2.** Someone or something that is real.

re·al·ize |rē′ə līz′| —*verb* **realized, realizing 1.** To be aware of; understand completely. **2.** To make real; achieve.

re·al·ly |rē′ə lē| or |rē′lē| —*adverb* **1.** In fact; actually. **2.** Truly; very.

rear¹ |rîr| —*noun, plural* **rears** The back part of something.
—*adjective* Of or at the rear.

rear² |rîr| —*verb* **reared, rearing 1.** To care for during the early years; bring up. **2.** To rise on the hind legs.

rea·son |rē′zən| —*noun, plural* **reasons 1.** A cause or explanation. **2.** The ability to think clearly.
—*verb* **reasoned, reasoning 1.** To have an opinion; conclude. **2.** To argue in a sensible way; try to change someone's mind.

rea·son·a·ble |rē′zə nə bəl| —*adjective* **1.** Using sound judgment or good sense to settle problems. **2.** Fair or sensible; sound. **3.** Not extreme; fair; moderate.

rea·son·ing |rē′zə nĭng| or |rēz′nĭng| —*noun* The process of thinking with logic and common sense to reach an answer, form a judgment, or come to conclusions.

re·bel |rĭ bĕl′| —*verb* **rebelled, rebelling 1.** To resist or oppose any authority. **2.** To show strong dislike or resentment.
—*noun* **reb·el** |rĕb′əl|, *plural* **rebels** A person who rejects authority or fights against it.

re·bel·lion |rĭ bĕl′yən| —*noun, plural* **rebellions 1.** A revolt intended to overthrow a government by force. **2.** An open defiance of any authority.

re·ceipt |rĭ sēt′| —*noun, plural* **receipts 1.** A written acknowledgment that money or merchandise has

impreso o escrito; leer en voz alta. **3.** Aprender mediante la lectura; estudiar. **4.** Comprender el significado de algo; leer: *My mother says she can read my mind.* = *Mi madre dice que puede leer mi mente.* **5.** Indicar o mostrar: *The scale read one hundred degrees.* = *La balanza indicaba cien grados.*

reader *sustantivo* **1.** Aquél que lee; lector. **2.** Libro para aprender y estudiar la lectura; libro de lectura.

readily *adverbio* **1.** Voluntaria y rápidamente; prontamente; dócilmente. **2.** Sin dificultad; fácilmente.

reading *sustantivo* **1.** Acción de mirar y comprender lo impreso o escrito; lectura. **2.** Libros y otras cosas que se leen; material de lectura. **3.** Acción de decir en voz alta lo que está impreso o escrito; lectura; recital.

ready *adjetivo* **1.** Listo para acción o uso; preparado. **2.** Dispuesto. **3.** A punto de hacer algo; propenso; inclinado. **4.** Rápido; pronto y alerta. **5.** Disponible; a la mano.

real *adjetivo* **1.** Actual o cierto; que no ha sido inventado; que no ha sido imaginado; legítimo; real. **2.** Genuino o auténtico; que no es artificial. **3.** Serio o importante.

real estate Un terreno y todo lo que tiene sobre sí, como edificios, árboles o caminos; bienes raíces; propiedad inmueble; inmueble; arraigo.

realistic *adjetivo* **1.** Que se asemeja a la gente o a las cosas; fiel al original; realista: *a realistic story* = *una historia realista.* **2.** Práctico o razonable: *He's realistic about money.* = *Él es práctico con el dinero.*

reality *sustantivo* Realidad: **1.** Condición o calidad de ser real; existencia verdadera. **2.** Algo o alguien verdadero: *His dream of owning a car became a reality.* = *Su sueño de tener un automóvil se convirtió en realidad.*

realize *verbo* **1.** Estar al tanto; darse cuenta; comprender cabalmente. **2.** Realizar; lograr: *She worked hard to realize her goal.* = *Ella trabajó duro para lograr su objetivo.*

really *adverbio* **1.** En efecto; en realidad; efectivamente: *Although they live in the ocean, whales are really mammals and not fish.* = *A pesar de que viven en el océano, en realidad las ballenas son mamíferos y no peces.* **2.** Verdaderamente; muy: *It's a really beautiful day, isn't it?* = *Es verdaderamente un día hermoso, ¿verdad?*

rear¹ *sustantivo* Parte trasera de algo; fondo.
—*adjetivo* Que es del fondo o que está allí; trasero; de atrás.

rear² *verbo* **1.** Cuidar durante los primeros años; criar; educar. **2.** Erguirse sobre las patas traseras; encabritarse; empinarse.

reason *sustantivo* Razón: **1.** Causa o explicación; motivo. **2.** Facultad de poder pensar lúcidamente; intelecto.
—*verbo* **1.** Tener una opinión; deducir; concluir. **2.** Discutir de modo sensato; tratar de cambiar la opinión de alguien; razonar; discurrir.

reasonable *adjetivo* **1.** Que usa un discernimiento adecuado o sensato para resolver los problemas. **2.** Justo o sensato; cuerdo. **3.** Que no es extremado; justo; moderado; razonable.

reasoning *sustantivo* Proceso de pensar o usar el sentido común para obtener una respuesta, formar una opinión o sacar una conclusión; razonamiento; raciocinio.

rebel *verbo* **1.** Resistir u oponerse a cualquier autoridad; rebelarse; insubordinarse. **2.** Demostrar aborrecimiento o resentimiento.
—*sustantivo* El que rechaza la autoridad o pelea en su contra; rebelde.

rebellion *sustantivo* **1.** Revuelta cuyo fin es derrocar un gobierno por la fuerza; rebelión. **2.** Desafío abierto ante la autoridad; insurrección.

receipt *sustantivo* **1.** Declaración escrita indicando que se recibió dinero o mercadería; recibo. **2.** Cantidad

---

been received. **2. receipts** The quantity or amount received.

re·ceive |rĭ sēv′| —*verb* **received, receiving 1.** To get or acquire something given or offered. **2.** To greet or welcome.

re·ceiv·er |rĭ sē′vər| —*noun, plural* **receivers 1.** Someone or something that receives. **2.** The unit of a telephone, radio, television, or other communications system that receives electrical signals and converts them into sound or pictures.

re·cent |rē′sənt| —*adjective* Of a time just before the present.

re·cep·tion |rĭ sĕp′shən| —*noun, plural* **receptions 1.** The act of receiving someone or something. **2.** A social gathering in honor of someone. **3.** The quality of electrical signals received by a radio or television set.

rec·i·pe |rĕs′ə pē| —*noun, plural* **recipes** A set of directions for preparing food.

reck·less |rĕk′lĭs| —*adjective* Without care or caution; careless.

reck·on |rĕk′ən| —*verb* **reckoned, reckoning 1.** To count; figure; add up. **2.** To think or assume; suppose.

rec·og·nize |rĕk′əg nīz′| —*verb* **recognized, recognizing 1.** To know or identify from past experience. **2.** To realize or understand. **3.** To acknowledge; accept.

rec·om·mend |rĕk′ə mĕnd′| —*verb* **recommended, recommending 1.** To praise or speak highly of a person to another; mention favorably. **2.** To advise a course of action.

rec·ord |rĕk′ərd| —*noun, plural* **records 1.** Facts or other information set down in writing to be preserved. **2.** The history of a person's performance or achievements. **3.** The best performance known. **4.** The highest or lowest mark. **5.** A disk designed to reproduce sound when it is played on a phonograph.
—*verb* **re·cord** |rĭ kôrd′| **recorded, recording 1.** To preserve in writing or other permanent form. **2.** To register or indicate. **3.** To register sound on a disk or magnetic tape.

re·cord·er |rĭ kôr′dər| —*noun, plural* **recorders 1.** Someone or something that records. **2.** A wooden flute with eight finger holes and a mouthpiece resembling a whistle.

re·cord·ing |rĭ kôr′dĭng| —*noun, plural* **recordings** Something on which sound is recorded; a phonograph record or a magnetic tape.

re·cov·er |rĭ kŭv′ər| —*verb* **recovered, recovering 1.** To get back; regain. **2.** To return to a normal condition.

re·cruit |rĭ krōōt′| —*verb* **recruited, recruiting** To get a person to join.
—*noun, plural* **recruits** A newly enlisted member of the armed forces.

rec·tan·gle |rĕk′tăng′gəl| —*noun, plural* **rectangles** A geometric figure that has four sides and four right angles. Two of the sides are longer than the other two.

red |rĕd| —*noun, plural* **reds** The color of blood or of a ripe strawberry.
—*adjective* **redder, reddest** Of the color red.

re·duce |rĭ dōōs′| or |rĭ dyōōs′| —*verb* **reduced, reducing 1.** To make or become less in amount or size. **2.** To bring to a specified condition. **3.** To lose body weight by diet or exercise.

re·duc·tion |rĭ dŭk′shən| —*noun, plural* **reductions 1.** The action or process of reducing. **2.** The amount by which something is reduced.

reed |rēd| —*noun, plural* **reeds 1.** Any of several tall grasses or similar plants that have hollow stems. Reeds grow in wet places. **2.** A thin strip of cane or metal used in the mouthpiece of certain wind instruments. The reed vibrates when air passes over it and produces a musical tone in the instrument. **3.** A woodwind in-

o importe recibido; entrada; recaudación.

receive *verbo* **1.** Obtener o adquirir algo que se da u ofrece; recibir. **2.** Saludar o dar bienvenida; recibir.

receiver *sustantivo* **1.** Alguien o algo que recibe; recibidor; recipente. **2.** Aparato de teléfono, radio, televisión u otro sistema de comunicación que recibe impulsos eléctricos que convierte en sonido o imágenes; receptor.

recent *adjetivo* De un tiempo poco antes del presente; reciente; nuevo.

reception *sustantivo* **1.** Acción de recibir algo o alguien; recibimiento. **2.** Reunión social; recepción. **3.** Calidad de los impulsos eléctricos que recibe una radio o televisor; recepción.

recipe *sustantivo* Conjunto de direcciones para preparar alimentos; receta.

reckless *adjetivo* Sin cuidado o caución; descuidado; imprudente; temerario.

reckon *verbo* **1.** Contar; calcular; sumar. **2.** Pensar o inferir; suponer; estimar; deducir.

recognize *verbo* **1.** Conocer o identificar, basado en una experiencia del pasado; reconocer; distinguir. **2.** Darse cuenta o comprender. **3.** Admitir; aceptar.

recommend *verbo* **1.** Elogiar o hablar bien de alguien a un tercero; mencionar favorablemente; encomendar. **2.** Aconsejar sobre el camino a seguir; recomendar.

record *sustantivo* **1.** Datos u otra información que se escribe para conservarse; registro; anotación; acta. **2.** Historial del desempeño o logros de una persona; expediente: *The college will want to see your high school record.* = *La universidad querrá ver su expediente académico de la escuela secundaria.* **3.** La mejor proeza conocida; marca; plusmarca; récord. **4.** La marca más alta o baja. **5.** Disco diseñado para reproducir sonidos al ser tocado en un fonógrafo.
—*verbo* **1.** Preservar por escrito u otro modo permanente; asentar. **2.** Registrar o indicar: *A thermometer records the temperature.* = *El termómetro registra la temperatura.* **3.** Registrar los sonidos por medio de un disco o cinta magnetofónica; grabar.

recorder *sustantivo* **1.** Persona o cosa que graba; grabador; grabadora. **2.** Flauta de madera con ocho agujeros y boquilla en forma de silbato; flauta dulce.

recording *sustantivo* Algo sobre el cual se registra un sonido; disco fonográfico o cinta magnetofónica; grabación.

recover *verbo* **1.** Volver a tener; recuperar; rescatar; recobrar. **2.** Regresar a una condición normal; mejorarse; convalecer.

recruit *verbo* Lograr que alguien se aliste; reclutar.
—*sustantivo* Integrante de las fuerzas armadas recién reclutado; recluta; soldado raso.

rectangle *sustantivo* Figura geométrica de cuatro lados y cuatro ángulos rectos; rectángulo. Dos de sus lados son más largos que los otros.

red *sustantivo* Color de la sangre o de una fresa madura; rojo.
—*adjetivo* De color rojo; rojizo.

reduce *verbo* **1.** Hacer menor en tamaño o cantidad; reducir; disminuir. **2.** Llevar a una condición determinada; transformar. **3.** Bajar de peso por dieta o ejercicio; rebajar; adelgazar.

reduction *sustantivo* **1.** Acción o proceso de reducir; reducción; disminución. **2.** Medida que representa la cantidad que ha sido disminuida; reducción.

reed *sustantivo* **1.** Una de varias hierbas altas o plantas similares de tallos huecos; caña. Las cañas crecen en sitios húmedos. **2.** Laminilla de caña o de metal que se usa en la boquilla de ciertos instrumentos de viento; lengüeta; caña. La lengüeta vibra al pasar el aire sobre ella, lo que produce un tono musical en el instrumento.

ər butter yōō abuse ou out ŭ cut û fur *th* the th thin hw which zh vision ə ago, item, pencil, atom, circus

strument played with a reed. Oboes and clarinets are played with a reed.

reef |rēf| —*noun, plural* **reefs** A strip or ridge of rock, sand, or coral at or near the surface of a body of water.

reel¹ |rēl| —*noun, plural* **reels** A device similar to a large spool, used for winding a hose, rope, tape, film, or wire.

reel² |rēl| —*verb* **reeled, reeling** **1.** To stagger. **2.** To go round and round; whirl.

re·e·lect |rē´ĭ lĕkt´| —*verb* **reelected, reelecting** To elect again.

re·en·try or **re·en·try** |rē ĕn´trē| —*noun, plural* **re-entries** or **reentries** **1.** The act of entering again. **2.** The return of a missile or spacecraft to the earth's atmosphere.

re·fer |rĭ fûr´| —*verb* **referred, referring** **1.** To direct a person elsewhere for help or information. **2.** To turn to for information or authority. **3.** To submit something to a person or group for action. **4.** To call or direct attention to.

ref·e·ree |rĕf´ə rē´| —*noun, plural* **referees** An official in certain sports who enforces the rules during play.

ref·er·ence |rĕf´ər əns| or |rĕf´rəns| —*noun, plural* **references** **1.** Relation, regard, or respect. **2.** A note in a book that directs the reader to another page for additional information. **3.** A statement about a person's qualifications for something. **4.** A mention.

re·fine |rĭ fīn´| —*verb* **refined, refining** **1.** To bring to a pure state. **2.** To make polished or elegant.

re·fin·er·y |rĭ fī´nə rē| —*noun, plural* **refineries** A factory where raw materials are purified and processed.

re·flect |rĭ flĕkt´| —*verb* **reflected, reflecting** **1.** To throw back light rays, heat, or sounds that strike a surface. **2.** To give back an image as does a mirror or clear water. **3.** To give back as a result. **4.** To give serious thought to.

re·form |rĭ fôrm´| —*verb* **reformed, reforming** **1.** To make better or more just. **2.** To improve the form or method of something. **3.** To cause to give up or give up evil ways.
—*noun, plural* **reforms** A change for the better; an improvement.

re·form·a·to·ry |rĭ fôr´mə tôr´ē| or |rĭ fôr´mə tōr´ē| —*noun, plural* **reformatories** An institution for young people who have broken the law. A reformatory is partly a prison and partly a school.

re·fresh |rĭ frĕsh´| —*verb* **refreshed, refreshing** **1.** To make or become fresh again. **2.** To rouse or stimulate; quicken.

re·fresh·ment |rĭ frĕsh´mənt| —*noun, plural* **refreshments** **1.** Something that refreshes. **2.** **refreshments** Food and drink.

re·frig·er·ate |rĭ frĭj´ə rāt´| —*verb* **refrigerated, refrigerating** **1.** To make or keep cool or cold. **2.** To keep food or things at a low temperature.

re·frig·er·a·tor |rĭ frĭj´ə rā´tər| —*noun, plural* **refrigerators** A box, cabinet, or room in which food, chemicals, or other items are stored at low temperatures.

3. Instrumento que se toca con lengüeta; instrumento de madera. Los oboes y clarinetes se tocan con lengüeta o cañas.

reef *sustantivo* Franja o banco de roca, arena o coral que está en la superficie del agua o cerca de ella; arrecife; escollo.

reel¹ *sustantivo* **1.** Artefacto parecido a una bobina grande que se usa para enrollar las mangueras, sogas, cintas, películas o cables; carrete; bobina.

reel² *verbo* **1.** Tambalear; flaquear. **2.** Dar vuelta tras vuelta; remolinear; hacer girar.

reelect *verbo* Volver a elegir; reelegir.

re-entry o **reentry** *sustantivo* **1.** Acción de entrar de nuevo; reingreso. **2.** Regreso de un cohete o nave espacial a la atmósfera.

refer *verbo* **1.** Dirigir a alguien hacia otro lugar para obtener ayuda o información; referir; remitir o enviar. **2.** Consultar algo para obtener información autorizada. **3.** Proponer algo a una persona o grupo para que tome acción. **4.** Dirigir la atención; referir.

referee *sustantivo* En ciertos deportes, oficial que hace cumplir las reglas del deporte; árbitro.

reference *sustantivo* Referencia: **1.** En relación, consideración o respecto a algo: *a reply in reference to your last letter* = *una contestación en relación a su última carta.* **2.** Nota en un libro que refiere al lector a otra página para mayor información. **3.** Declaración sobre la aptitud de una persona para un trabajo. **4.** Mención.

refine *verbo* **1.** Hacer llegar a un estado puro; refinar. **2.** Pulir o hacer elegante; refinarse.

refinery *sustantivo* Fábrica donde se purifican y procesan materias primas; refinería.

reflect *verbo* **1.** Hacer retroceder los rayos luminosos, el calor o los sonidos que chocan con una superficie; reflejar; reverberar. **2.** Devolver una imagen, como lo hace un espejo o el agua clara; reflejar. **3.** Devolver como resultado en forma positiva o negativa. (El significado de *reflect* varía dependiendo del sustantivo que se usa con esta palabra. Cuando no se usa ningún sustantivo con *reflect,* este verbo significa: desacreditar; desprestigiar): *His bravery reflects honor upon him.* = *Su valentía le honra. His lies reflect upon him.* = *Sus mentiras lo desacreditan.* **4.** Pensar seriamente sobre algo; meditar; reflexionar.

reform *verbo* Reformar o reformarse: **1.** Hacer algo mejor o más justo. **2.** Mejorar la forma o método de algo: *He joined the movement to reform English spelling.* = *Él se unió al movimiento para reformar la ortografía del idioma inglés.* **3.** Hacer que se renuncie, o renunciar a vicios o malas costumbres; enmendar; enmendarse.
—*sustantivo* Cambio que resulta en algo mejor; mejoría; enmienda; reforma.

reformatory *sustantivo* Institución para jóvenes que han cometido delitos; reformatorio. Los reformatorios en cierto modo son prisiones y al mismo tiempo escuelas.

refresh *verbo* **1.** Hacer que se cobren o cobrar nuevas fuerzas; restaurar las fuerzas; vivificar o vivificarse: *A short nap always refreshes me.* = *Una siestecita siempre me vivifica.* **2.** Avivar o estimular; animar; refrescar.

refreshment *sustantivo* **1.** Algo que restaura las fuerzas o tiene un efecto vivificante, como una buena ducha. **2.** **refreshments** Alimentos y bebidas; refrigerio; piscolabis.

refrigerate *verbo* Refrigerar: **1.** Enfriar o mantener frío. **2.** Conservar alimentos almacenándolos a baja temperatura.

refrigerator *sustantivo* Caja, armario o cuarto en el que se guardan alimentos, productos químicos y otros artículos a baja temperatura; refrigerador; nevera.

ă pat ā pay â care ä father ĕ pet ē be ĭ pit ī pie î fierce ŏ pot ō go ô paw, for oi oil ŏŏ book ōō boot

ref·uge |rĕf′yŏoj|—*noun* Protection or shelter from danger.

ref·u·gee |rĕf′yŏo jē′ | —*noun, plural* **refugees** A person who flees from his or her own country to find protection or safety.

re·fund |rĭ fŭnd′ | —*verb* **refunded, refunding** To give back.
—*noun* |rē′fŭnd′ |, *plural* **refunds** The return of money paid.

re·fus·al |rĭ fyŏo′zəl | —*noun, plural* **refusals** The act of refusing.

re·fuse¹ |rĭ fyŏoz′ | —*verb* **refused, refusing** 1. To be not willing to do something. 2. To decline to accept; turn down; reject. 3. To decline to give.

ref·use² |rĕf′yŏos | —*noun* Something useless or worthless; trash; rubbish.

re·gard |rĭ gärd′ |—*verb* **regarded, regarding** 1. To look at; observe. 2. To consider in a particular way. 3. To hold in affection or esteem; value.
—*noun, plural* **regards** 1. A look or gaze. 2. Affection or esteem. 3. **regards** Good wishes; greetings.

re·gard·less |rĭ gärd′lĭs |—*adverb* With no thought for; without consideration for.

re·gime |rĭ zhēm′ | or |rā zhēm′ | —*noun, plural* **regimes** A system of government.

reg·i·ment |rĕj′ə mənt |—*noun, plural* **regiments** A unit of soldiers made up of two or more battalions.

re·gion |rē′jən |—*noun, plural* **regions** 1. Any large area of the earth's surface. 2. A section or area of the body.

re·gion·al |rē′jə nəl |—*adjective* Of a region.

reg·is·ter |rĕj′ĭ stər |—*noun, plural* **registers** 1. An official written list or record. 2. A machine that records and counts automatically. 3. A device that can be adjusted to control a flow of air.
—*verb* **registered, registering** 1. To enter officially in a written list or record. 2. To make known for the record; file. 3. To indicate or be indicated on a scale or device. 4. To enroll a student in a school or class. 5. To reveal or show. 6. To cause mail to be officially recorded by the post office.

re·gret |rĭ grĕt′ |—*verb* **regretted, regretting** To feel sorry about.
—*noun, plural* **regrets** 1. A sense of distress over a past event or deed. 2. Sadness or disappointment.

reg·u·lar |rĕg′yə lər |—*adjective* 1. Usual or normal; standard. 2. Appearing again and again; habitual. 3. Happening always at the same time. 4. Evenly spaced. 5. Being a permanent member of a staff or organization.

reg·u·late |rĕg′yə lāt′ |—*verb* **regulated, regulating** 1. To control or direct according to certain rules. 2. To adjust a machine or device so that it works properly.

reg·u·la·tion |rĕg′yə lā′shən |—*noun, plural* **regulations** 1. The act or process of regulating. 2. A law or set of rules by which something is regulated.

re·hears·al |rĭ hûr′səl |—*noun, plural* **rehearsals** A session devoted to practicing in order to prepare for a performance.

refuge *sustantivo* Protección o albergue del peligro; asilo; refugio.

refugee *sustantivo* Persona que huye de su propio país en busca de protección o seguridad; refugiado.

refund *verbo* Devolver; reintegrar; reembolsar.
—*sustantivo* Devolución de dinero pagado; reintegro; reembolso.

refusal *sustantivo* Acto de rehusar; negativa.

refuse¹ *verbo* 1. No estar dispuesto a hacer algo; negarse; rehusar. 2. Negarse a aceptar; denegar; rechazar. 3. No querer dar; negar.

refuse² *sustantivo* Algo inservible o sin valor; basura; desechos; desperdicios.

regard *verbo* 1. Mirar; observar; contemplar. 2. Considerar en forma especial: *She regards her sister as a good friend.* = *Ella considera a su hermana como una buena amiga.* 3. Considerar con afecto o tener en estima; valorar.
—*sustantivo* 1. Mirada. 2. Afecto o estima; estimación; aprecio. 3. **regards** Buenos deseos; saludos; afectos; recuerdos.

regardless *adverbio* Sin pensar en; sin consideración a; a pesar de: *I'm going regardless of the risk.* = *Yo voy, a pesar del riesgo.*

regime *sustantivo* Sistema de gobierno; régimen.

regiment *sustantivo* Unidad de soldados constituída por dos o más batallones; regimiento.

region *sustantivo* Región: 1. Cualquier zona grande de la superficie terrestre. 2. Sección o zona del cuerpo humano.

regional *adjetivo* De una región; regional.

register *sustantivo* 1. Lista o documento oficial; registro padrón; matrícula. 2. Aparato que anota y cuenta automáticamente; caja contadora o registradora. 3. Dispositivo que se puede ajustar para gobernar o controlar el flujo de aire.
—*verbo* 1. Anotar oficialmente en una lista o documento; inscribir; registrar. 2. Dar a conocer para que conste; presentar: *I want to register a complaint.* = *Deseo presentar una queja.* 3. Indicar o estar indicado en una escala o dispositivo; marcar; registrar. 4. Matricular a un estudiante en una escuela o clase; enrolar. 5. Revelar o mostrar; manifestar; dar a conocer; indicar: *Her face never registers any emotion.* = *Su cara nunca revela ninguna emoción.* 6. Hacer que la correspondencia sea incripta oficialmente por la oficina de correos; certificar cartas.

regret *verbo* Sentirse apenado por algo; deplorar; lamentar.
—*sustantivo* 1. Sentido o sentimiento de pena o angustia a causa de un suceso o acción pasada; pesar; remordimiento. 2. Tristeza o desilusión; pena.

regular *adjetivo* 1. Usual o normal; uniforme. 2. Que aparece repetidamente; habitual. 3. Que siempre sucede a la misma hora; acostumbrado. 4. Espaciado de manera uniforme; regular: *The tides occur at regular intervals.* = *Las mareas ocurren a intervalos regulares.* 5. Que es miembro permanente de un cuerpo u organización: *She is one of our regular clerks.* = *Ella es una de nuestras empleadas permanentes.*

regulate *verbo* Regular: 1. Controlar o dirigir de acuerdo con ciertas reglas. 2. Ajustar una máquina o aparato para que funcione adecuadamente.

regulation *sustantivo* 1. Acto o procedimiento de regular; regulación; ajuste: *the regulation of a spring mechanism* = *el ajuste de un mecanismo de cuerda.* 2. Ley o conjunto de reglas por las cuales se regula algo; reglamento.

rehearsal *sustantivo* Sesión dedicada a la práctica, a fin de prepararse para una función; ensayo.

ər butter yŏo abuse ou out ŭ cut û fur *th* the th thin hw which zh vision ə ago, item, pencil, atom, circus

re·hearse |rĭ hûrs′| —*verb* **rehearsed, rehearsing** To practice all or part of a program in order to prepare for a performance.

reign |rān| —*noun, plural* **reigns** The period of time that a monarch rules. —*verb* **reigned, reigning** **1.** To have or hold the power of a monarch. **2.** To prevail; be widespread.

rein |rān| —*noun, plural* **reins** Often **reins** **1.** A long leather strap attached to the bit in a horse's mouth and held by the rider or driver to control the horse. **2.** Any means of guidance.

re·ject |rĭ jĕkt′| —*verb* **rejected, rejecting** **1.** To refuse to accept, use, or consider. **2.** To fail to give love or affection to.

re·lapse |rĭ lăps′| —*verb* **relapsed, relapsing** To fall back into a previous condition or way of behaving. —*noun, plural* **relapses** The action or result of relapsing.

re·lat·ed |rĭ lā′tĭd| —*adjective* Connected by blood or marriage.

re·la·tion |rĭ lā′shən| —*noun, plural* **relations** **1.** A connection or association between two or more things. **2.** A person who belongs to the same family as someone else; a relative. **3.** **relations** Relationships with other persons or groups.

re·la·tion·ship |rĭ lā′shən shĭp′| —*noun, plural* **relationships** **1.** A connection between objects, facts, or ideas. **2.** A connection or tie between persons.

rel·a·tive |rĕl′ə tĭv| —*adjective* **1.** Related or relating; having to do with. **2.** Considered in comparison with something else. —*noun, plural* **relatives** A person related by blood or marriage; a person who belongs to the same family as another.

re·lax |rĭ lăks′| —*verb* **relaxed, relaxing** **1.** To make or become less tight or tense. **2.** To make or become less severe or strict.

re·lease |rĭ lēs′| —*verb* **released, releasing** **1.** To set free; liberate. **2.** To let fly or fall. **3.** To make available to the public. —*noun, plural* **releases** **1.** The act of releasing. **2.** A document or order granting freedom.

rel·e·vant |rĕl′ə vənt| —*adjective* Having some bearing on; having to do with; related.

re·li·a·ble |rĭ lī′ə bəl| —*adjective* Able to be relied or depended upon.

rel·ic |rĕl′ĭk| —*noun, plural* **relics** Something that survives from the distant past.

re·lief |rĭ lēf′| —*noun, plural* **reliefs** **1.** A lessening of pain or anxiety. **2.** Help or assistance given to the needy, aged, or disaster victims. **3. a.** A release from a job or duty. **b.** A person who takes over the duties of another. **4.** A sculptured figure that stands out from a flat background.

re·lieve |rĭ lēv′| —*verb* **relieved, relieving** **1.** To lessen or reduce pain or anxiety; ease. **2.** To release from a duty or position by being or providing a substitute.

re·lig·ion |rĭ lĭj′ən| —*noun, plural* **religions** **1.** Belief in a supreme being or beings; the worship of God or gods. **2.** A particular system of such belief.

rehearse *verbo* Practicar todo o parte de un programa para estar preparado para una función; ensayar.

reign *sustantivo* Período durante el cual gobierna un monarca; reinado. —*verbo* Reinar: **1.** Tener o ejercer el poder de un monarca. **2.** Prevalecer o estar generalizado: *Stillness reigned in the forest.* = *La calma reinaba en el bosque.*

rein *sustantivo* A veces **reins** Riendas: **1.** Correa larga de cuero atada al freno en la boca del caballo, sujetada por el jinete o cochero para controlar al caballo. **2.** Cualquier medio para guiar o dirigir: *to give up the reins of government* = *renunciar a las riendas del gobierno.*

reject *verbo* Rechazar: **1.** Negarse a aceptar, usar o considerar. **2.** No dar amor o afecto a algo o alguien.

relapse *verbo* Volver a caer en una condición o manera de comportamiento previo; recaer; reincidir. —*sustantivo* Acción o resultado de recaer o reincidir; recaída; reincidencia.

related *adjetivo* Relacionado por sangre o matrimonio; emparentado.

relation *sustantivo* **1.** Conección o asociación entre dos o más cosas; relación. **2.** Persona que pertenece a la misma familia que otro; pariente. **3.** **relations** Trato con otras personas o grupos; relaciones.

relationship *sustantivo* Relación: **1.** Conexión entre objetos, hechos o ideas. **2.** Conexión o enlace entre personas.

relative *adjetivo* Relativo: **1.** Relacionado; que tiene que ver con algo. **2.** Considerado en comparación con otra cosa: *the relative value of gold and silver* = *el valor relativo del oro y la plata.* —*sustantivo* Persona emparentada por sangre o matrimonio; pariente.

relax *verbo* Relajar o relajarse: **1.** Hacer o hacerse menos apretado o tenso. **2.** Hacer o hacerse menos severo o estricto; moderar; moderarse.

release *verbo* **1.** Poner en libertad; liberar. **2.** Soltar para que vuele o caiga algo; disparar; dejar caer: *The archers released their arrows.* = *Los arqueros dispararon sus flechas.* **3.** Hacer disponible para el público; poner en circulación; poner en venta: *The company released the film right after Christmas.* = *La compañía puso en circulación la película inmediatamente después de Navidad.* —*sustantivo* **1.** Acto de liberar; soltar; disparar o poner en circulación o en venta. **2.** Documento u orden en la que se concede libertad; orden de liberación.

relevant *adjetivo* Que tiene alguna relación con algo; que tiene que ver con algo; relacionado; que viene al caso; pertinente.

reliable *adjetivo* Digna de confianza; confiable.

relic *sustantivo* Algo que sobrevive; algo del pasado lejano; reliquia.

relief *sustantivo* **1.** Reducción del dolor o la ansiedad; alivio; consuelo. **2.** Ayuda o asistencia que se les da a los necesitados, los ancianos o a las víctimas de desastres; socorro; auxilio. **3. a.** Descanso de un trabajo o deber: *The divers worked in two-hour shifts with one hour's relief.* = *Los buzos trabajaban en turnos de dos horas con descanso de una hora.* **b.** Persona que sustituye a otra en un deber; relevo. **4.** Figura tallada que sobresale de un fondo plano; relieve.

relieve *verbo* **1.** Disminuir o reducir el dolor o la ansiedad; aliviar; mitigar. **2.** Liberar de un deber o posición siendo, o suministrando, un sustituto; relevar.

religion *sustantivo* Religión: **1.** Creencia en uno o varios seres supremos; culto a Dios o dioses. **2.** Sistema particular de tal creencia: *Christianity and Islam are two of the world's religions.* = *El cristianismo y el islam son dos de las religiones del mundo.*

ă pat ā pay â care ä father ĕ pet ē be ĭ pit ī pie î fierce ŏ pot ō go ô paw, for oi oil oo book oo boot

re·lig·ious |rĭ lĭj′əs| —*adjective* **1.** Of religion. **2.** Following the beliefs of a religion.

rel·ish |rĕl′ĭsh| —*noun, plural* **relishes** A mixture of chopped vegetables, olives, chopped pickles, and other spicy foods.

re·luc·tant |rĭ lŭk′tənt| —*adjective* Lacking inclination; not willing.

re·ly |rĭ lī′| —*verb* **relied, relying, relies** — **rely on** or **upon** To depend on; have confidence in.

re·main |rĭ mān′| —*verb* **remained, remaining 1.** To continue to be; go on being. **2.** To stay in the same place. **3.** To be left.

re·main·der |rĭ mān′dər| —*noun, plural* **remainders 1.** The remaining part; the rest. **2.** The number left over when one number is subtracted from another. **3.** The number left over when one number has been divided by another.

re·mains |rĭ mānz′| —*plural noun* **1.** Something that remains; something that is left. **2.** A dead body; corpse.

re·mark |rĭ märk′| —*noun, plural* **remarks** A brief comment; a casual statement or opinion.
—*verb* **remarked, remarking** To say casually; give as an opinion; mention.

re·mark·a·ble |rĭ mär′kə bəl| —*adjective* Worthy of notice; out of the ordinary; not common or usual.

rem·e·dy |rĕm′ĭ dē| —*noun, plural* **remedies** Something that cures a disease or relieves pain.

re·mem·ber |rĭ mĕm′bər| —*verb* **remembered, remembering 1. a.** To bring back to the mind. **b.** To keep carefully in one's memory. **2.** To give someone a present or tip.

re·mind |rĭ mīnd′| —*verb* **reminded, reminding** To cause someone to remember or think of something.

re·mote |rĭ mōt′| —*adjective* **remoter, remotest 1.** Far away; not near. **2.** Distant in time or relationship. **3.** Extremely small; slight.

re·move |rĭ mōōv′| —*verb* **removed, removing 1.** To move or take from a position or place. **2.** To take off or away.

ren·der |rĕn′dər| —*verb* **rendered, rendering 1.** To cause to become; make. **2.** To give or make available. **3.** To perform.

rent |rĕnt| —*noun, plural* **rents** A payment made at regular intervals for the use of something.
—*verb* **rented, renting 1.** To occupy another's property in return for regular payment. **2.** To grant the use of one's own property to another for regular payment. **3.** To be for rent.

re·paid |rĭ pād′| The past tense and past participle of the verb **repay.**

re·pair |rĭ pâr′| —*verb* **repaired, repairing** To put back into proper or useful condition; fix.
—*noun, plural* **repairs 1.** The act or work of repairing. **2.** Operating condition of a machine; working order.

re·pay |rĭ pā′| —*verb* **repaid, repaying 1.** To pay back. **2.** To give payment in return for. **3.** To make or do in return.

religious *adjetivo* Religioso: **1.** Relativo a la religión. **2.** Que sigue las creencias de una religión.

relish *sustantivo* Mezcla de hortalizas picadas, aceitunas, encurtidos picados y otros ingredientes picantes.

reluctant *adjetivo* Falto de inclinación; desinclinado; renuente; maldispuesto.

rely *verbo* — **rely on** or **upon** Depender de, tener confianza en, fiarse de, o contar con, algo o alguien.

remain *verbo* **1.** Continuar siendo; seguir siendo: *She remained my friend.* = *Ella siguió siendo mi amiga.* **2.** Quedarse en el mismo lugar; permanecer: *Please remain in your seats.* = *Por favor, permanezcan sentados.* **3.** Quedar: *Much work remains to be done.* = *Queda mucho trabajo por hacer.*

remainder *sustantivo* **1.** La parte que queda; resto: *We'll spend the remainder of the summer in Maine.* = *Pasaremos el resto del verano en Maine.* **2.** Cifra que sobra al restar una cantidad de otra; residuo. **3.** Cifra que queda al dividir un número por otro; residuo.

remains *sustantivo* **1.** Algo que queda; algo que sobra; sobrante; sobras. **2.** Muerto; cadáver; restos.

remark *sustantivo* Comentario breve; declaración u opinión indiferente o sin trascendencia; observación.
—*verbo* Decir como de paso; decir como opinión; mencionar; observar.

remarkable *adjetivo* Digno de notar; fuera de lo ordinario; no común o usual; notable.

remedy *sustantivo* Algo que cura una enfermedad o alivia el dolor; remedio; medicamento.

remember *verbo* **1. a.** Volver a traer a la mente; acordarse. **b.** Conservar con cuidado en la memoria; recordar. **2.** Hacer un regalo o dar una propina a alguien; acordarse: *My aunt always remembers me on my birthday.* = *Mi tía siempre se acuerda de mí en mi cumpleaños.*

remind *verbo* Hacer que alguien recuerde o piense en algo; recordar.

remote *adjetivo* **1.** Lejano; no cercano; remoto. **2.** Distante en el tiempo o en las relaciones; remoto; lejano: *the remote past* = *el pasado remoto.* **3.** Extremadamente pequeño; ligero; leve; remoto: *I haven't a remote idea what you mean.* = *No tengo la más remota idea de lo que quieres decir.*

remove *verbo* **1.** Mudar o llevar de una posición o lugar; quitar de un lugar; sacar: *Remove the pie from the oven in ten minutes.* = *Saca el pastel del horno dentro de diez minutos.* **2.** Quitarse; sacarse: *He removed his coat.* = *Él se quitó el abrigo.*

render *verbo* **1.** Hacer que se convierta; hacer: *The hail rendered the crop worthless.* = *La granizada hizo que se perdiese la cosecha.* **2.** Dar o poner a disposición de alguien; suministrar; proporcionar: *It's easy to render a service to a friend.* = *Es fácil proporcionarle un servicio a un amigo.* **3.** Interpretar: *Mrs. Simpson rendered the songs very beautifully.* = *Mrs. Simpson interpretó las canciones de manera muy hermosa.*

rent *sustantivo* Pago que se hace a intervalos regulares por el uso de algo; alquiler; renta.
—*verbo* Alquilar o alquilarse: **1.** Ocupar la propiedad de otro a cambio de pagos periódicos. **2.** Conceder a otro el uso de la propiedad de uno por pagos periódicos. **3.** Estar disponible para ser alquilado.

repaid Pretérito y participio pasado del verbo **repay.**

repair *verbo* Volver a poner en condiciones útiles o adecuadas; reparar.
—*sustantivo* **1.** Acto o trabajo de reparar; reparación. **2.** El estado de una máquina; buenas condiciones: *He keeps his truck in good repair.* = *Él mantiene su camión en buenas condiciones.*

repay *verbo* **1.** Devolver; restituir; reembolsar: *She must repay the loan.* = *Ella tiene que reembolsar el préstamo.* **2.** Dar pago a cambio de; devolver: *He repaid kindness with kindness.* = *El pagó bondad con*

ər **butter**   yōō **abuse**   ou **out**   ŭ **cut**   û **fur**   *th* **the**   th **thin**   hw **which**   zh **vision**   ə **ago,** item, pencil, atom, circus

re·peat |rĭ pēt′ | —*verb* **repeated, repeating 1.** To say, do, or go through again. **2.** To say in imitation of what another has said.

re·pel |rĭ pĕl′ | —*verb* **repelled, repelling 1.** To drive off, force back, or keep away. **2.** To cause a feeling of dislike; disgust. **3.** To keep off or out; resist.

rep·e·ti·tion |rĕp′ĭ tĭsh′ən | —*noun, plural* **repetitions** The act or process of repeating.

re·place |rĭ plās′ | —*verb* **replaced, replacing 1.** To take or fill the place of. **2.** To put back in place. **3.** To supply something to take the place of something else.

re·ply |rĭ plī′ | —*verb* **replied, replying, replies** To say or give an answer.
—*noun, plural* **replies** An answer or response.

re·port |rĭ pôrt′ | or |rĭ pōrt′ | —*noun, plural* **reports** A spoken or written description of something.
—*verb* **reported, reporting 1.** To present an account of. **2.** To provide an account for publication or broadcast. **3.** To present oneself.

re·port·er |rĭ pôr′tər | or |rĭ pōr′tər | —*noun, plural* **reporters** A person who gathers and reports news for a newspaper, or radio and television broadcast.

rep·re·sent |rĕp′rĭ zĕnt′ | —*verb* **represented, representing 1.** To stand for; take the place of; be a symbol of. **2.** To act for.

rep·re·sen·ta·tive |rĕp′rĭ zĕn′tə tĭv | —*noun, plural* **representatives 1.** A person chosen to represent others. **2. Representative** A member of the U.S. House of Representatives or of a state legislature.
—*adjective* **1.** Formed of elected members. **2.** Being a good example; characteristic.

re·pro·duce |rē′prə dōōs′ | or |rē′prə dyōōs′ | —*verb* **reproduced, reproducing 1.** To make a copy of. **2.** To produce offspring.

re·pro·duc·tion |rē′prə dŭk′shən | —*noun, plural* **reproductions 1.** The act or process of reproducing. **2.** Something that is reproduced; a copy.

rep·tile |rĕp′tĭl | —*noun, plural* **reptiles** Any of a group of animals that are cold-blooded and creep or crawl on the ground. Reptiles have a backbone and are covered with scales or hard plates.

re·pub·lic |rĭ pŭb′lĭk | —*noun, plural* **republics 1.** A form of government in which the supreme power of government rests with the voters. The voters elect representatives to govern the country. A republic is headed by a president rather than a monarch. **2.** A country that has such a form of government.

re·pub·li·can |rĭ pŭb′lĭ kən | —*adjective* **1.** Of or like a republic. **2. Republican** Of or belonging to the Republican Party.
—*noun, plural* **republicans** A person who believes in or supports a republican form of government.

rep·u·ta·tion |rĕp′yə tā′shən | —*noun, plural* **reputations** The general worth or quality of someone or something as judged by others.

re·quest |rĭ kwĕst′ | —*verb* **requested, requesting** To ask or ask for.
—*noun, plural* **requests 1.** The act of asking for something. **2.** Something that is asked for.

re·quire |rĭ kwīr′ | —*verb* **required, requiring 1.** To have need of; demand; call for. **2.** To impose an obligation or duty upon someone.

re·search |rĭ sûrch′ | or |rē′sûrch′ | —*noun, plural* **researches** The carefully organized study of a subject or problem.
—*verb* **researched, researching** To do research on.

bondad. **3.** Hacer o llevar a cabo a cambio de algo; devolver: *Geraldine is going to repay their visit.* = *Geraldine va a devolverles la visita.*

repeat *verbo* Repetir: **1.** Decir, hacer o realizar de nuevo. **2.** Decir, imitando lo que otro ha dicho.

repel *verbo* Repeler: **1.** Rechazar, hacer retroceder o mantener a distancia; ahuyentar. **2.** Causar una sensación de disgusto; disgustar. **3.** No dejar entrar; rechazar; resistir: *This raincoat repels water.* = *Este impermeable repele el agua.*

repetition *sustantivo* Acto o proceso de repetir; repetición.

replace *verbo* **·1.** Tomar u ocupar el lugar de otro; reemplazar. **2.** Volver a poner en su lugar; restituir; reponer. **3.** Suministrar algo para que ocupe el lugar de otra cosa; reponer.

reply *verbo* Decir o dar una respuesta; contestar; replicar.
—*sustantivo* Respuesta; contestación; réplica.

report *sustantivo* Descripción, hablada o escrita, de algo; relato; parte; reporte; informe.
—*verbo* **1.** Presentar una descripción o relato; referir. **2.** Suministrar un relato para la publicación o difusión; informar. **3.** Presentarse; comparecer.

reporter *sustantivo* Persona que recoge y da noticias para un periódico o una transmisión radial o televisada; repórter o reportero.

represent *verbo* Representar: **1.** Significar; estar en el lugar de algo; simbolizar. **2.** Actuar en nombre de alguien o algo: *He represents our company in Canada.* = *Él representa a nuestra compañía en Canadá.*

representative *sustantivo* Representante: **1.** Persona escogida para representar a otros. **2. Representative** Miembro de la Cámara de Representantes de los Estados Unidos o de la legislatura de un estado.
—*adjetivo* Representativo: **1.** Formado de miembros elegidos: *A democracy is a representative government.* = *Una democracia es un gobierno representativo.* **2.** Que es un buen ejemplo; característico; típico.

reproduce *verbo* Reproducir: **1.** Hacer una copia de algo; duplicar; copiar. **2.** Producir hijos; procrear.

reproduction *sustantivo* **1.** Acto o proceso de reproducir; reproducción. **2.** Algo reproducido; copia; reproducción.

reptile *sustantivo* Cualquiera de un grupo de animales de sangre fría que se arrastran por la tierra; reptil. Los reptiles tinen espina dorsal y están cubiertos de escamas o de placas duras.

republic *sustantivo* República: **1.** Forma de gobierno en el que el poder supremo está en manos de los electores, quienes eligen a los representantes que gobiernan el país. La república está presidida por un presidente y no por un monarca. **2.** País que tiene esta forma de gobierno.

republican *adjetivo* De o como una república; republicano.
—*sustantivo* Persona partidaria de o que apoya la forma republicana de gobierno; republicano.

reputation *sustantivo* Valer, mérito o cualidades generales de alguien o algo cuando son juzgados o apreciados por los demás; reputación; fama.

request *verbo* Pedir algo o que se conceda algo; solicitar; rogar.
—*sustantivo* Petición: **1.** Acto de pedir algo; solicitud. **2.** Algo que se pide; pedido.

require *verbo* Requerir: **1.** Tener necesidad de algo; exigir; necesitar; requerir. **2.** Imponer una obligación o deber a alguien; mandar; exigir.

research *sustantivo* Estudio cuidadosamente organizado de una materia o problema; investigación: *medical research* = *investigación médica.*
—*verbo* Efectuar investigaciones; investigar; experimentar.

ă pat ā pay â care ä father ĕ pet ē be ĭ pit ī pie î fierce ŏ pot ō go ô paw, for oi oil ŏŏ book ōō boot

re·sem·blance |rǐ zĕm′bləns| —*noun, plural* **re·semblances** Likeness in appearance.

re·sem·ble |rǐ zĕm′bəl| —*verb* **resembled, resembling** To be similar or like.

res·er·va·tion |rĕz′ər vā′shən| —*noun, plural* **reservations 1.** The act of reserving something in advance, such as a hotel room or a seat on an airplane. **2.** Something that causes doubt, doubt, or restricts. **3.** An area set aside by the government for a certain purpose.

re·serve |rǐ zûrv′| —*verb* **reserved, reserving 1.** To set aside for some special use. **2.** To arrange the use of something in advance. **3.** To keep for oneself.
—*noun, plural* **reserves 1.** A supply of something for later use. **2.** A tendency to talk little and keep one's feelings to oneself. **3. reserves** Armed forces not on active duty but ready to be called up in an emergency.

res·er·voir |rĕz′ər vwär′| —*noun, plural* **reservoirs** A body of water that has been collected and stored for use.

res·i·dence |rĕz′ĭ dəns| —*noun, plural* **residences 1.** The house or building that a person lives in. **2.** The act or fact of living somewhere.

res·i·dent |rĕz′ĭ dənt| —*noun, plural* **residents** A person who lives in a particular place.

res·i·den·tial |rĕz′ĭ dĕn′shəl| —*adjective* Containing homes; suitable for residences.

re·sign |rǐ zīn′| —*verb* **resigned, resigning** To give up or quit a position.

res·ig·na·tion |rĕz′ĭg nā′shən| —*noun, plural* **resignations** The act of giving up or quitting a position.

res·in |rĕz′ĭn| —*noun, plural* **resins** Any of several yellowish or brownish sticky substances that ooze from pine, balsam, and certain other trees and plants.

re·sist |rǐ zĭst′| —*verb* **resisted, resisting 1.** To work or fight against; oppose. **2.** To withstand the effect of. **3.** To keep from giving in to.

re·sis·tance |rǐ zĭs′təns| —*noun* **1.** The act or ability to resist. **2.** Any force that tends to hinder motion.

res·o·lu·tion |rĕz′ə lōō′shən| —*noun, plural* **resolutions 1.** The quality of having strong will and determination. **2.** A vow or promise to do something or to keep from doing it.

re·sort |rǐ zôrt′| —*verb* **resorted, resorting** To go or turn for help or as a means of achieving something.
—*noun, plural* **resorts 1.** A place where people go for rest or recreation. **2.** A person or thing that one turns to for help.

re·source |rǐ sôrs′| *or* |rǐ sōrs′| *or* |rē′sôrs′| *or* |rē′sōrs′| —*noun, plural* **resources 1.** Something that a person can turn to for help. **2. resources** Money available or on hand; one's assets. **3.** Something that is a source of wealth to a country.

re·spect |rǐ spĕkt′| —*noun, plural* **respects 1.** A favorable opinion; honor; admiration. **2.** Regard or esteem. **3. respects** Expressions of friendship, sympathy, or consideration; greetings. **4.** A particular feature or detail.
—*verb* **respected, respecting** To have respect for.

re·spect·a·ble |rǐ spĕk′tə bəl| —*adjective* **1.** Proper in behavior or appearance. **2.** Worthy of respect.

resemblance *sustantivo* Semejanza en la apariencia; parecido; aire; similitud.

resemble *verbo* Ser similar o parecido; parecerse; semejarse.

reservation *sustantivo* **1.** Acto de reservar algo con anticipación, como una habitación en un hotel o un pasaje en un avión; reservación. **2.** Algo que causa duda, limita o restringe; reserva: *I want to believe him, but I have some reservations about his story.* = Deseo creerle, pero tengo algunas reservas sobre su historia. **3.** Zona destinada por el gobierno para un fin especial; reserva.

reserve *verbo* Reservar o reservarse: **1.** Separar o destinar para un uso especial. **2.** Gestionar el uso de algo de antemano: *Father reserved a car for the weekend.* = Papá reservó un automóvil para el fin de semana. **3.** Retener para uno mismo: *I reserve the right to reply at a later time.* = Me reservo el derecho de responder en otra ocasión.
—*sustantivo* Reserva: **1.** Provisión de algo para uso futuro. **2.** Tendencia a hablar poco y a no comunicar los sentimientos: *a person of great reserve* = una persona de gran reserva. **3. reserves** Fuerzas armadas que no están en servicio activo pero que están listas a ser llamadas en una emergencia.

reservoir *sustantivo* Extensión de agua que se ha acumulado y almacenado para usarla; depósito; embalse.

residence *sustantivo* Residencia: **1.** La casa o edificio en que vive una persona. **2.** Acto o hecho de vivir en algún lugar.

resident *sustantivo* Persona que vive en cierto lugar; residente.

residential *adjetivo* Que contiene viviendas; adecuado para residencias; residencial.

resign *verbo* Entregar o abandonar un puesto; renunciar.

resignation *sustantivo* Acto de entregar o abandonar un puesto; renuncia.

resin *sustantivo* Cualquiera de las varias sustancias pegajosas de color amarillento o pardusco que exudan los pinos, abetos y algunos otros árboles y plantas; resina.

resist *verbo* Resistir: **1.** Actuar o luchar en contra; oponerse. **2.** Aguantar los efectos de algo. **3.** Evitar rendirse; mantenerse firme.

resistance *sustantivo* Resistencia: **1.** Acto o capacidad de resistir. **2.** Cualquier fuerza que tiende a obstaculizar el movimiento.

resolution *sustantivo* Resolución: **1.** Calidad de tener una fuerte determinación y voluntad. **2.** Voto o promesa de hacer algo, o de abstenerse de hacerlo; propósito.

resort *verbo* Acudir o dirigirse en busca de ayuda como medio para lograr algo; recurrir; apelar.
—*sustantivo* **1.** Lugar adonde la gente va para descansar o recrearse; lugar o centro turístico. **2.** Persona o cosa a la que uno acude en busca de ayuda; recurso: *I asked my mother as a last resort.* = Recurrí a mi madre como último recurso.

resource *sustantivo* Recurso: **1.** Algo a lo que uno puede recurrir en busca de ayuda; recurso; medio. **2. resources** Dinero disponible o en caja; los valores que uno tiene. **3.** Algo que es fuente de riqueza para un país: *Forests are a great natural resource.* = Los bosques son una gran riqueza natural.

respect *sustantivo* **1.** Opinión favorable; honor; admiración; respeto. **2.** Consideración o estima; respeto. **3. respects** Expresiones de amistad, pésame o consideración; saludos; respetos. **4.** Característica o detalle particular; aspecto: *In one respect the two brothers are exactly alike.* = En un aspecto los dos hermanos son exactamente iguales.
—*verbo* Tener respeto; respetar.

respectable *adjetivo* Respetable: **1.** Correcto en comportamiento o apariencia; decoroso. **2.** Digno de respeto; apreciable.

ər butter　yōō abuse　ou out　ǔ cut　û fur　*th* the　th thin　hw which　zh vision　ə ago, item, pencil, atom, circus

re·spec·tive·ly |rĭ spĕk′tĭv lē| —*adverb* Each in the order given.

res·pi·ra·tion |rĕs′pə rā′shən| —*noun* The act or process of inhaling and exhaling; breathing.

re·spond |rĭ spŏnd′| —*verb* **responded, responding** **1.** To make a reply; answer. **2.** To react, especially in a favorable or desired way.

re·sponse |rĭ spŏns′| —*noun, plural* **responses** An answer or reply.

re·spon·si·bil·i·ty |rĭ spŏn′sə bĭl′ĭ tē| —*noun, plural* **responsibilities** **1.** The quality or condition of being responsible. **2.** Something that a person is responsible for.

re·spon·si·ble |rĭ spŏn′sə bəl| —*adjective* **1.** Having a certain duty or obligation. **2.** Being the cause of something. **3.** Being dependable or reliable; trustworthy. **4.** Requiring many duties or obligations.

rest¹ |rĕst| —*noun, plural* **rests** **1.** A period when one is relaxed, asleep, or not active. **2.** Sleep, ease, or relaxation resulting from this. **3.** The end of life; death. **4.** Lack or ending of motion.
—*verb* **rested, resting** **1.** To stop working, relax, or sleep so as to regain one's strength. **2.** To allow to relax. **3.** To place on or against something for support.

rest² |rĕst| —*noun* **1.** The part that is left over after something has been fulfilled or removed; the remainder. **2.** (Used with a plural verb.) Those who remain; the others.

res·tau·rant |rĕs′tər ənt| or |rĕs′tə ränt′| —*noun, plural* **restaurants** A place where meals are served to the public.

rest·less |rĕst′lĭs| —*adjective* **1.** Without rest or sleep. **2.** Unable to relax or be still.

re·store |rĭ stôr′| or |rĭ stōr′| —*verb* **restored, restoring** **1.** To bring back into existence. **2.** To bring back to an original condition.

re·sult |rĭ zŭlt′| —*noun, plural* **results** Something that happens or follows a cause; outcome.
—*verb* **resulted, resulting** **1.** To come about as the result of something. **2.** To end in a certain way.

re·sume |rĭ zōōm′| —*verb* **resumed, resuming** To begin again after a break; continue.

re·tail |rē′tāl′| —*noun* The sale of goods to the general public.
—*verb* **retailed, retailing** To sell at a retail price.
—*adjective* Of or having to do with the selling of goods at retail.

re·tain |rĭ tān′| —*verb* **retained, retaining** **1.** To continue to have; keep possession of. **2.** To keep or hold in a particular place or condition. **3.** To hire by paying a fee; engage.

ret·i·na |rĕt′n ə| or |rĕt′nə| —*noun, plural* **retinas** A lining on the inside of the eyeball that is sensitive to light. The retina is connected to the brain by means of a nerve that carries images of things seen to the brain.

re·tire |rĭ tīr′| —*verb* **retired, retiring** **1.** To give up one's work, usually on reaching a certain age. **2.** To go to bed.

re·tire·ment |rĭ tīr′mənt| —*noun, plural* **retirements** The period of life when one has stopped working.

respectively *adverbio* Cada uno en el orden dado; respectivamente.

respiration *sustantivo* Acto o proceso de inhalar y exhalar; respiración.

respond *verbo* Responder: **1.** Dar una respuesta; contestar. **2.** Reaccionar, especialmente de modo favorable o deseado.

response *sustantivo* Respuesta o réplica; contestación.

responsibility *sustantivo* Responsabilidad: **1.** Calidad o condición de ser responsable. **2.** Algo por lo cual una persona es responsable.

responsible *adjetivo* **1.** Que tiene cierto deber u obligación; responsable. **2.** Que es la causa de algo; causante: *Germs are responsible for many diseases.* = *Los gérmenes son los causantes de muchas enfermedades.* **3.** Que es confiable; digno de confianza; fiable; serio; responsable. **4.** Que exige muchos deberes u obligaciones; de responsabilidad: *a responsible job* = *un empleo de responsabilidad.*

rest¹ *sustantivo* **1.** Período durante el cual uno está relajado, dormido o inactivo; reposo; descanso. **2.** Sueño, tranquilidad o relajamiento que resulta de ello; descanso. **3.** Fin de la vida; muerte; descanso. **4.** Falta o fin de movimiento; reposo; parada; detención.
—*verbo* **1.** Parar de trabajar; relajarse o dormir a fin de recuperar las fuerzas; descansar; reposar. **2.** Permitir relajarse; descansar: *Take off your shoes and rest your feet.* = *Quítate los zapatos y descansa los pies.* **3.** Poner sobre o contra algo para apoyar o apoyarse; apoyar; poner: *Rest your suitcase on the ground.* = *Pon la maleta en el suelo.*

rest² *sustantivo* **1.** Parte que queda después de que algo se ha cumplido o retirado; sobrante; resto; residuo: *Pay the rest when you can.* = *Paga el resto cuando puedas.* **2.** Los que quedan; los otros; los demás: *The rest are coming later.* = *Los demás vienen después.*

restaurant *sustantivo* Lugar donde se sirven comidas al público; restaurante.

restless *adjetivo* **1.** Sin descanso o sueño: *a restless night* = *una noche sin sueño o descanso.* **2.** Que no se puede relajar o estar tranquilo; inquieto.

restore *verbo* **1.** Traer de nuevo a la existencia; devolver; renovar: *Her kindness restored my faith in people.* = *Su bondad me devolvió la fe en la humanidad.* **2.** Devolver a las condiciones originales; restaurar; reponer.

result *sustantivo* Algo que sucede o sigue a una causa; consecuencia; resultado.
—*verbo* Resultar: **1.** Suceder como consecuencia de algo. **2.** Terminar de cierto modo; dar como resultado.

resume *verbo* Comenzar de nuevo después de una interrupción; continuar; reanudar.

retail *sustantivo* Venta de mercancías al público en general; menudeo; venta al detalle; vento al por menor.
—*verbo* Vender a precio de menudeo o detalle.
—*adjetivo* De o relativo a la venta de mercancías al menudeo o detalle; al por menor.

retain *verbo* **1.** Continuar teniendo; mantener la posesión de algo; conservar; retener. **2.** Conservar o mantener en cierto lugar o condición; retener: *Some plants are able to retain moisture for long periods.* = *Algunas plantas pueden retener la humedad durante largos períodos.* **3.** Contratar por medio del pago de un honorario.

retina *sustantivo* Membrana en la parte interna del globo del ojo que es sensible a la luz; retina. La retina está conectada con el cerebro por un nervio que transmite las imágenes de lo que se ve.

retire *verbo* **1.** Dejar uno su trabajo, generalmente al llegar a cierta edad; retirarse; jubilarse. **2.** Irse a acostar; irse a dormir.

retirement *sustantivo* Período de la vida en que uno ha dejado de trabajar; retiro; jubilación.

ă pat ā pay â care ä father ĕ pet ē be ĭ pit ī pie î fierce ŏ pot ō go ô paw, for oi oil ŏŏ book ōō boot

re·treat |rĭ trēt′ | —*verb* **retreated, retreating** To fall back before an enemy attack; withdraw.
—*noun, plural* **retreats 1.** The act of withdrawing under enemy attack. **2.** The signal for such an act. **3.** A quiet and private place.

re·trieve |rĭ trēv′ | —*verb* **retrieved, retrieving 1.** To get back; recover. **2.** To find and bring back game that has been shot.

re·turn |rĭ tûrn′ | —*verb* **returned, returning 1.** To go or come back. **2.** To bring, send, carry, put, or give back. **3.** To give back in exchange for something. **4.** To appear or happen again.
—*noun, plural* **returns 1.** The act of returning. **2.** A profit.

re·un·ion |rē yōōn′ yən | —*noun, plural* **reunions** A gathering of friends, relatives, or classmates after a separation.

re·venge |rĭ vĕnj′ | —*verb* **revenged, revenging** To do something to get satisfaction for an injury or insult.
—*noun* The act or an example of revenging.

rev·e·nue |rĕv′ə nōō′ | or |rĕv′ə nyōō′ | —*noun, plural* **revenues 1.** The money that a government collects from taxes and other sources in order to pay its expenses. **2.** Income from property or investments.

re·verse |rĭ vûrs′ | —*adjective* **1.** Turned backward or over. **2.** Causing backward movement.
—*noun, plural* **reverses 1.** The opposite or contrary of something. **2.** The back or rear of something. **3.** A gear or other mechanism in an automobile that allows it to move backward. **4.** A change for the worse.
—*verb* **reversed, reversing 1.** To move in the opposite direction. **2.** To turn inside out or upside-down. **3.** To exchange the positions of.

re·view |rĭ vyōō′ | —*verb* **reviewed, reviewing 1.** To look over; examine. **2.** To write or give a critical report on a book, play, or other work.
—*noun, plural* **reviews 1.** The act of going over or examining something again. **2.** A report on something that attempts to determine its worth.

re·vise |rĭ vīz′ | —*verb* **revised, revising 1.** To change in order to improve or bring up-to-date. **2.** To change something because of different circumstances.

re·vive |rĭ vīv′ | —*verb* **revived, reviving 1.** To bring back or return to life or consciousness. **2.** To bring back or make vigorous again.

re·volt |rĭ vōlt′ | —*verb* **revolted, revolting 1.** To take part in a rebellion against a government or other authority. **2.** To fill with disgust; repel.
—*noun, plural* **revolts** An act of rebellion against authority; an uprising.

rev·o·lu·tion |rĕv′ə lōō′shən | —*noun, plural* **revolutions 1.** An uprising or rebellion against a government. **2.** Any sudden or extensive change. **3.** Movement of an object around another object. **4.** A spinning or rotation about an axis.

rev·o·lu·tion·ar·y |rĕv′ə lōō′shə nĕr′ē | —*adjective* **1.** Taking part in, bringing about, or encouraging revolution. **2.** Of or causing a complete change.

re·volve |rĭ vŏlv′ | —*verb* **revolved, revolving 1.** To move in orbit. **2.** To turn or cause to turn.

re·volv·er |rĭ vŏlv′ər | —*noun, plural* **revolvers** A pistol with a revolving cylinder that places the bullets one at a time in a position to be fired. A revolver can be fired many times without having to be loaded again.

re·ward |rĭ wôrd′ | —*noun, plural* **rewards 1.** Something given or received in return for act, service, or accomplishment. **2.** Money offered for the capture of a criminal or the return of something lost.
—*verb* **rewarded, rewarding** To give a reward to or for.

retreat *verbo* Replegarse ante un ataque enemigo; retirarse.
—*sustantivo* **1.** Acto de retirarse ante un ataque enemigo; retirada. **2.** Señal para tal acción; retirada. **3.** Lugar tranquilo y privado; retiro.

retrieve *verbo* **1.** Obtener de nuevo; recuperar; recobrar. **2.** Encontrar y traer piezas de caza que se han matado; recoger.

return *verbo* **1.** Ir o venir de regreso; regresar. **2.** Traer, enviar, llevar o dar en retorno o devolución; devolver. **3.** Retornar a cambio de algo; devolver. **4.** Aparecer o suceder otra vez; volver; reaparecer.
—*sustantivo* **1.** Acto de volver o devolver; retorno; vuelta; regreso; devolución. **2.** Utilidad; provecho; rédito.

reunion *sustantivo* Asamblea de amigos, parientes o compañeros de clase después de una separación; reunión; concordia.

revenge *verbo* Hacer algo para tomar satisfacción por un agravio o insulto; vengarse; desquitarse.
—*sustantivo* Acto o ejemplo de vengarse; venganza; desquite.

revenue *sustantivo* **1.** Dinero que cobra un gobierno de impuestos y otras fuentes para pagar sus gastos; rentas públicas; ingresos del estado. **2.** Ingresos de propiedad o inversiones; renta; rédito.

reverse *adjetivo* **1.** Volteado hacia atrás o de abajo hacia arriba; reverso. **2.** Causando movimiento hacia atrás; reverso.
—*sustantivo* **1.** Lo opuesto o contrario de algo; revés. **2.** Espalda o lo de atrás de algo; respaldo. **3.** Engranaje u otro mecanismo en un automóvil que le permite moverse al revés; marcha atrás. **4.** Cambio para algo peor; vicisitud; contratiempo; descalabro; revés.
—*verbo* **1.** Moverse en dirección opuesta; volver al revés; voltear. **2.** Volver de adentro hacia afuera o de abajo para arriba; voltear; invertir. **3.** Cambiar las posiciones de; voltear; trastornar.

review *verbo* **1.** Rever; revisar; examinar. **2.** Escribir o dar un reporte crítico sobre un libro, obra teatral u otra obra; criticar; hacer revista crítica; analizar.
—*sustantivo* **1.** Acto de repasar o examinar algo de nuevo; revista. **2.** Reporte sobre algo con la tentativa de determinar su valor; revista; reseña.

revise *verbo* **1.** Cambiar para mejorar o poner al tanto; revisar; reformar; modificar. **2.** Cambiar algo por causa de circunstancias diferentes; revisar; modificar.

revive *verbo* **1.** Volver o retornar a la vida o el conocimiento; revivir; resucitar. **2.** Hacer volver o hacer vigoroso otra vez; reanimar; avigorar; avivar; renacer.

revolt *verbo* **1.** Tomar parte en una rebelión contra un gobierno u otra autoridad; rebelarse; levantarse; sublevarse. **2.** Llenar de disgusto; causar repugnancia; repeler.
—*sustantivo* Acto de rebelión contra la autoridad; revuelta; sublevación; levantamiento; rebelión.

revolution *sustantivo* **1.** Levantamiento o rebelión contra un gobierno; revolución. **2.** Cualquier cambio repentino o extenso; revolución. **3.** Movimiento de un objeto alrededor de otro objeto o sobre un eje; revolución; rotación; giro.

revolutionary *adjetivo* Revolucionario: **1.** Que toma parte en, hace surgir o fomenta una revolución. **2.** Que causa un cambio completo.

revolve *verbo* **1.** Mover en órbita; revolver; girar; rodar. **2.** Girar o hacer girar.

revolver *sustantivo* Pistola de cilindro giratorio en el que se acomodan las balas una a una en posición para ser disparadas, y que puede dispararse muchas veces sin tener que cargarse de nuevo; revólver.

reward *sustantivo* **1.** Algo dado o recibido en retorno de un acto, servicio o cumplimiento; recompensa; premio; gratificación. **2.** Dinero ofrecido por la captura de un criminal o por la devolución de algo perdido; recompensa.
—*verbo* Dar recompensa a alguien o por algo; recompensar; premiar; gratificar.

ər butter   yōō abuse   ou out   ŭ cut   û fur   *th* the   th thin   hw which   zh vision   ə ago, item, pencil, atom, circus

rheu·ma·tism |rōō′mə tĭz′əm| —*noun, plural* **rheumatisms** A disease that causes swelling of the muscles, tendons, bones, joints, or nerves. It also makes them stiff and causes pain.

rhi·noc·er·os |rī nŏs′ər əs| —*noun, plural* **rhinoceros** A large African or Asian animal with short legs, thick skin, and one or two upright horns on the snout.

rhyme |rīm| —*noun, plural* **rhymes** 1. A repeating of sounds of two or more words, syllables, or the ends of lines of verse. For example, *day* and *May, ever* and *never* are rhymes. 2. A poem having a regular repetition of sounds at the ends of lines.
—*verb* **rhymed, rhyming** To correspond in sound.

rhythm |rĭth′əm| —*noun, plural* **rhythms** A regular repeating of a movement, action, or sounds.

rib |rĭb| —*noun, plural* **ribs** 1. Any of the long, curved bones that extend from the backbone toward the breastbone and enclose the chest cavity. 2. A curved part resembling a rib.

rib·bon |rĭb′ən| —*noun, plural* **ribbons** 1. A narrow strip used for decorating or tying things. Ribbons are made from silk, satin, velvet, paper, or other materials. 2. A strip of cloth that is like a ribbon.

rice |rīs| —*noun* 1. A grass that bears grains used as food. Rice is grown in warm regions. 2. The grains of such a plant.

rich |rĭch| —*adjective* **richer, richest** 1. Having great wealth. 2. Having much of something; well supplied. 3. Producing well; fertile. 4. Containing a large amount of fat or sugar. 5. Full and deep.

rich·es |rĭch′ĭz| —*plural noun* Great wealth in the form of money, land, or other valuable things.

rid |rĭd| —*verb* **rid** or **ridded, ridding** To free from something that is bad or not wanted.

rid·den |rĭd′n| The past participle of the verb **ride.**

ride |rīd| —*verb* **rode, ridden, riding** 1. To sit on and cause to move. 2. To sit on a horse and cause it to move. 3. To be carried in or on a car, train, or other vehicle. 4. To cover a distance of. 5. To be supported or carried along on.
—*noun, plural* **rides** 1. A short trip on an animal or in a car, train, or other vehicle. 2. Any of the various machines or devices on or in which people ride for pleasure at an amusement park.

rid·er |rī′dər| —*noun, plural* **riders** A person who rides.

ridge |rĭj| —*noun, plural* **ridges** 1. A long, narrow peak or crest of something. 2. A long, narrow chain of hills or mountains. 3. Any narrow raised strip.

rid·i·cule |rĭd′ĭ kyōōl′| —*noun* Words or actions that make fun of something or someone.
—*verb* **ridiculed, ridiculing** To make fun of; laugh at; mock.

ri·dic·u·lous |rĭ dĭk′yə ləs| —*adjective* Deserving ridicule; foolish; silly.

ri·fle |rī′fəl| —*noun, plural* **rifles** A gun with a long barrel that is fired from the shoulder. The barrel of a rifle has special grooves inside to give the bullet spin as it is fired. This gives the gun greater accuracy.

rig |rĭg| —*verb* **rigged, rigging** 1. To fit out; equip; prepare. 2. To fit a boat with masts, sails, lines, and other equipment.
—*noun, plural* **rigs** 1. The arrangement of masts, sails, lines, and other equipment on a boat. 2. Any special equipment.

right |rīt| —*noun, plural* **rights** 1. The side opposite the left. 2. Something that is correct, just, moral, or honorable. 3. A moral or legal claim. 4. A turn to the right.
—*adjective* 1. Located on the side opposite the left. 2. Done to the right. 3. Intended to be worn facing outward. 4. Correct; accurate; true. 5. Morally correct; just. 6. Suitable; proper.

rheumatism *sustantivo* Enfermedad que causa el hinchamiento de los músculos, tendones, huesos, articulaciones o nervios, que les hace entiesar, y que causa dolor; reumatismo.

rhinoceros *sustantivo* Animal grande del África o Asia con piernas cortas, piel gruesa y uno o dos cuernos sobre el hocico; rinoceronte.

rhyme *sustantivo* 1. Repetición de los sonidos de dos o más palabras, sílabas o terminaciones de renglones de versos; rima; consonancia. 2. Poema que tiene una repetición regular de sonidos en las terminaciones de renglones; rima; verso.
—*verbo* Corresponder en sonido; rimar; versificar.

rhythm *sustantivo* Repetición regular de movimiento, acción o sonidos; ritmo.

rib *sustantivo* Costilla: 1. Cualquiera de los huesos largos y encorvados que se extienden del espinazo hacia el esternón para encerrar la cavidad pectoral. 2. Parte encorvada que parece costilla.

ribbon *sustantivo* 1. Tira angosta que se usa para decorar o amarrar cosas, hecha de seda, satín, terciopelo, papel u otros materiales; listón; cinta. 2. Tira de tela como cinta.

rice *sustantivo* Arroz: 1. Hierba que produce granos que se usan como alimento, y que crece en regiones cálidas. 2. Los granos de esta planta.

rich *adjetivo* 1. Que tiene gran riqueza; rico; acaudalado. 2. Que tiene mucho de algo; abundante; bien surtido. 3. Que produce bien; copioso; fértil; pingüe. 4. Que contiene gran cantidad de grasa o azúcar. 5. Lleno y profundo.

riches *sustantivo* Gran riqueza en forma de dinero, tierra u otras cosas de valor; riquezas.

rid *verbo* Librar de algo que es malo o que no se quiere; desembarazar; desocupar.

ridden Participio pasado del verbo **ride.**

ride *verbo* 1. Sentarse sobre y hacer mover; montar. 2. Sentarse sobre un caballo y hacer que se mueva; montar; andar a caballo; cabalgar. 3. Ser llevado en coche, tren u otro vehículo; andar en; ruar. 4. Cubrir una distancia de; andar. 5. Ser sostenido o llevado sobre; flotar; fondear; andar por el mar o sobre las olas.
—*sustantivo* 1. Viaje corto sobre un animal o en un coche, tren u otro vehículo; viajecito; paseo; vueltecita. 2. Cualquiera de las varias máquinas o aparatos sobre o dentro de los cuales se suben las personas para divertirse en un parque de diversiones.

rider *sustantivo* Persona que monta o anda en o sobre algo; cabalgador; ruante; cochero; biciclista.

ridge *sustantivo* 1. Pico o cresta largo y angosto de algo; cumbre; cima; lomo. 2. Cadena larga y angosta de cerros o montañas. 3. Cualquier tira saliente.

ridicule *sustantivo* Palabras o acciones que hacen mofa de algo o alguien; ridiculez.
—*verbo* Escarnecer; ridiculizar; reírse de; mofar.

ridiculous *adjetivo* Que merece ser ridiculizado; ridículo; tonto; necio.

rifle *sustantivo* Fusil con cañón largo que se dispara del hombro. El cañón tiene estriaciones especiales adentro para hacer girar la bala cuando se le dispara, prestando así más exactitud; rifle; escopeta; carabina.

rig *verbo* 1. Ataviar; aparejar; equipar; preparar. 2. Equipar un barco con mástiles, velas, cuerdas y otro equipo.
—*sustantivo* 1. Arreglo de mástiles, velas, cuerdas y otro equipo en un barco; aparejo. 2. Cualquier equipo especial.

right *sustantivo* 1. Lado opuesto al izquierdo; derecha. 2. Algo correcto, justo, moral u honorable; recto; equitativo. 3. Demanda legal o moral; derecho. 4. Correcto; justo; cierto; verdadero. 5. Moralmente correcto; razón. 6. Adecuado; apropiado.
—*adverbio* 1. Sobre o a la derecha; derecha. 2. En línea recta; derecho; de frente. 3. De una manera correcta; bien arreglado. 4. Exactamente; justamente.

ă pat ā pay â care ä father ĕ pet ē be ĭ pit ī pie î fierce ŏ pot ō go ô paw, for oi oil ŏŏ book ōō boot

—*adverb* **1.** On or to the right. **2.** In a straight line; directly. **3.** In a correct manner; properly. **4.** Exactly; just. **5.** Immediately.
—*verb* **righted, righting 1.** To put back into an upright, proper, or normal position. **2.** To make amends for.

right angle An angle formed by two perpendicular lines; an angle of 90 degrees.

right-hand |rĭt′hănd′| —*adjective* **1.** Located on the right. **2.** Of or for the right hand. **3.** Most helpful; useful; reliable.

right-hand·ed |rĭt′hăn′dĭd| —*adjective* **1.** Using the right hand more easily and naturally than the left hand. **2.** Designed for use by the right hand. **3.** Done with the right hand.

rig·id |rĭj′ĭd| —*adjective* **1.** Not changing shape or bending; stiff; not flexible. **2.** Not changing; strict; fixed.

rim |rĭm| —*noun, plural* **rims 1.** The border, edge, or margin of something. **2.** The outer part of a wheel around which the tire is fitted.

ring¹ |rĭng| —*noun, plural* **rings 1.** A circle with an empty center. **2.** A small circular band, often of precious metal, worn on a finger. **3.** An enclosed area in which exhibitions, sports, or contests take place.
—*verb* **ringed, ringing** To form a ring around; encircle.

ring² |rĭng| —*verb* **rang, rung, ringing 1.** To make or cause to make a clear piercing sound like that of a bell when struck. **2.** To sound a bell or buzzer to summon someone. **3.** To hear a steady buzzing or humming. **4.** To be full of sounds; echo. **5.** To call by telephone.
—*noun, plural* **rings 1.** The sound made by a bell or other metallic object when struck. **2.** A telephone call.

rink |rĭngk| —*noun, plural* **rinks** An area with a smooth surface for ice-skating or roller-skating.

rinse |rĭns| —*verb* **rinsed, rinsing 1.** To wash lightly with water. **2.** To clean with clear water or other solution.
—*noun, plural* **rinses** The act of rinsing.

ri·ot |rī′ət| —*noun, plural* **riots** A wild, violent disturbance caused by a large number of people.
—*verb* **rioted, rioting** To take part in a wild, violent disturbance.

rip |rĭp| —*verb* **ripped, ripping 1.** To tear open or split apart. **2.** To remove by pulling or tearing roughly.
—*noun, plural* **rips** A torn or split place.

ripe |rīp| —*adjective* **riper, ripest** Fully grown and ready to be used as food.

rip·ple |rĭp′əl| —*noun, plural* **ripples 1.** A small wave. **2.** Something like a wave on the surface of any soft material. **3.** A sound like that of small waves.
—*verb* **rippled, rippling** To form or cause to form ripples.

rise |rīz| —*verb* **rose, risen, rising 1.** To move from a lower to a higher position; go up; ascend. **2.** To get up from a sitting or lying position; stand up. **3.** To get out of bed. **4.** To increase in size; swell. **5.** To increase in number, amount, price, or value. **6.** To increase in intensity, force, or speed. **7.** To go upward in rank, position, or importance. **8.** To reach or extend upward. **9.** To come into existence; start; begin. **10.** To revolt; rebel.
—*noun, plural* **rises 1.** The act or an example of going up from a lower to a higher position; a climb; ascent. **2.** An increase. **3.** An origin; beginning. **4.** A gentle slope.

5. Inmediatamente.
—*verbo* **1.** Poner otra vez en posición recta, apropiada, o normal; rectificar; arreglar; poner en orden. **2.** Reparar; enmendar; corregir el error.

right angle Ángulo formado por dos líneas perpendículas; ángulo recto; ángulo de 90 grados.

right-hand *adjetivo* **1.** Situado a la derecha; a mano derecha. **2.** De o para la mano derecha. **3.** Que más ayuda; útil; confiable: *My son is my right-hand man around the house.* = *Mi hijo es el que más me ayuda en casa.*

right-handed *adjetivo* **1.** Usando la mano derecha más frecuentemente y naturalmente que la mano izquierda. **2.** Diseñado para el uso de la mano derecha. **3.** Hecho con la mano derecha.

rigid *adjetivo* **1.** No cambiando de forma ni pandeando; rígido; tieso; no flexible. **2.** No cambiando; rígido; estricto; fijo.

rim *sustantivo* **1.** Borde, filo o margen de algo; orilla; canto; cerco. **2.** Parte exterior de una rueda en donde se ajusta una llanta; borde; rin.

ring¹ *sustantivo* **1.** Círculo con un centro vacío; anillo; aro; argolla. **2.** Pequeña banda circular, frecuentemente de metal precioso, que se porta en un dedo; anillo. **3.** Área cerrada en donde toman lugar las exhibiciones, los deportes o los concursos; arena; circo.
—*verbo* Formar un anillo alrededor de; rodear; acorralar; circundar.

ring² *verbo* **1.** Emitir o hacer que se emita un sonido claro y penetrante como el de una campana cuando se le suena; sonar; tocar; tañer. **2.** Sonar una campana o timbre para llamar a alguien; sonar; tocar. **3.** Oír un constante zumbido o zuzurro. **4.** Estar lleno de sonidos; ser ruidoso; contener eco. **5.** Llamar por teléfono; telefonear.
—*sustantivo* **1.** Sonido hecho por una campana u otro objeto metálico cuando se le suena; campaneo; repique; tañido. **2.** Llamada telefónica.

rink *sustantivo* Área con una superficie lisa para patinar sobre hielo o sobre ruedas; pista.

rinse *verbo* Enjuagar: **1.** Lavar ligeramente con agua. **2.** Limpiar con agua clara u otra solución.
—*sustantivo* Acto de enjuagar; enjuague.

riot *sustantivo* Disturbio desenfrenado y violento causado por un gran número de personas; tumulto; alboroto; desorden; zafarrancho.
—*verbo* Tomar parte en un disturbio desenfrenado y violento.

rip *verbo* **1.** Hender o partir en dos; rasgar; rajar; abrir de golpe. **2.** Remover jalando o rompiendo ásperamente; arrancar.
—*sustantivo* Lugar roto o rasgado; rotura; rasgadura; laceración.

ripe *adjetivo* Bien crecido y listo para ser usado como comida; maduro; sazonado.

ripple *sustantivo* **1.** Pequeña ola; oleadita; escarceo del agua. **2.** Algo como una ola en la superficie de cualquier material blando; oleada; ondulación; rizo. **3.** Sonido como el de las olas pequeñas; oleada de sonido.
—*verbo* Formar o hacer que se formen oleaditas.

rise *verbo* **1.** Moverse de una posición más baja a una posición más alta; subir; elevarse; ascender. **2.** Levantarse de una posición sentada o acostada; pararse; ponerse de pie. **3.** Salirse de la cama; levantarse. **4.** Aumentar en tamaño; hinchar. **5.** Aumentar en número, monto, precio o valor. **6.** Aumentar en intensidad fuerza, o velocidad. **7.** Subir de rango, posición o importancia. **8.** Extenderse o alcanzar hacia arriba. **9.** Venir a la existencia; empezar; comenzar. **10.** Rebelarse; levantarse; sublevarse.
—*sustantivo* **1.** Acto o ejemplo de ir desde una posición más baja a una más alta; subida; ascensión. **2.** Aumento; crecimiento. **3.** Origen; nacimiento; comienzo. **4.** Pendiente ligera de una colina.

ər butter   yŏŏ abuse   ou out   ŭ cut   û fur   *th* the   th thin   hw which   zh vision   ə ago, item, pencil, atom, circus

ris·en |rĭz′ən| The past participle of the verb **rise.**

risk |rĭsk| —*noun, plural* **risks** The chance of suffering harm or loss; danger.
—*verb* **risked, risking** **1.** To take a chance of harm or loss. **2.** To leave oneself open to the chance of.

ri·val |rī′vəl| —*noun, plural* **rivals** Someone who tries to do as well or better than another; competitor.
—*verb* **rivaled, rivaling** To try to do as well or better than another; compete with.

riv·er |rĭv′ər| —*noun, plural* **rivers** A large natural stream of water that flows into an ocean, lake, or other large body of water.

roach |rōch| —*noun, plural* **roaches** A cockroach.

road |rōd| —*noun, plural* **roads** **1.** An open way for the passage of vehicles, persons, and animals. **2.** Any path or course.

roar |rôr| or |rōr| —*noun, plural* **roars** **1.** A loud, deep sound like that made by a lion or some other large animals. **2.** Any loud, deep sound or noise.
—*verb* **roared, roaring** **1.** To make a loud, deep sound. **2.** To laugh loudly.

roast |rōst| —*verb* **roasted, roasting** **1.** To cook with dry heat in an oven or over an open fire, hot coals, or hot ashes. **2.** To dry and brown by heating. **3.** To be uncomfortably hot.
—*noun, plural* **roasts** A cut of meat that is suitable for roasting or that has been roasted.

rob |rŏb| —*verb* **robbed, robbing** To take property or valuables from a person or place unlawfully and especially by force.

rob·ber |rŏb′ər| —*noun, plural* **robbers** A person who robs; thief.

rob·ber·y |rŏb′ə rē| —*noun, plural* **robberies** The act or crime of unlawfully taking the property of someone by force.

robe |rōb| —*noun, plural* **robes** **1.** A long, loose garment that is worn as a covering. **2.** Often **robes** A long, loose garment worn over clothing or on official or special occasions as a mark of office or rank.
—*verb* **robed, robing** To dress in a robe.

rob·in |rŏb′ĭn| —*noun, plural* **robins** A North American songbird. The robin has a reddish breast and a dark gray back.

ro·bot |rō′bət| or |rō′bŏt′| —*noun, plural* **robots** A machine that looks like a person and can perform some human tasks or imitate some of the things a person can do.

ro·bust |rō bŭst′| or |rō′bŭst′| —*adjective* Full of health and strength.

rock¹ |rŏk| —*noun, plural* **rocks** **1.** A hard material that is formed naturally and is of mineral origin. The earth's crust is made up of different kinds of rock. **2.** A fairly small piece of such material; a stone. **3.** A large mass of rock. **4.** Someone or something that is very strong and dependable.

rock² |rŏk| —*verb* **rocked, rocking** **1.** To move back and forth or from side to side. **2.** To cause to shake violently.

rock·et |rŏk′ĭt| —*noun, plural* **rockets** Any device that is driven forward or upward by a force provided by the release of gases from burning fuel.

rock 'n' roll |rŏk′ən rōl′| A form of popular music with a very strong, steady beat. Very simple words are set to this music. It is also a popular dance music.

rod |rŏd| —*noun, plural* **rods** **1.** A thin, stiff, straight piece of wood, metal, or other material. **2.** A branch or stick used to punish people by whipping or thrashing. **3.** A unit of length equal to 16½ feet.

risen Participio pasado del verbo **rise.**

risk *sustantivo* Contingencia de sufrir daño o pérdida; riesgo; peligro.
—*verbo* **1.** Tomar riesgo de daño o pérdida; arriesgar; correr peligro. **2.** Dejarse abierto al riesgo de; exponerse a riesgo.

rival *sustantivo* Alguien que trata de hacer algo tan bien como o mejor que otro; rival; competidor.
—*verbo* Tratar de hacer algo tan bien como o mejor que otro; rivalizar; competir.

river *sustantivo* Gran corriente natural de agua que fluye a un océano, lago u otra extensión grande de agua; río.

roach *sustantivo* Cucaracha.

road *sustantivo* Camino: **1.** Vía abierta para el pasaje de vehículos, personas y animales. **2.** Cualquier senda o curso.

roar *sustantivo* **1.** Sonido fuerte y profundo como el que hace un león u otro animal grande; rugido; bramido; mugido. **2.** Cualquier sonido o ruido fuerte y profundo.
—*verbo* **1.** Hacer un sonido fuerte y profundo; rugir; gritar; bramar; mugir. **2.** Reír fuertemente.

roast *verbo* **1.** Cocinar con calor seco en un horno o sobre un fuego abierto, brasas calientes o cenizas calientes; asar; hornear; tostar. **2.** Secar y tostar secando. **3.** Tener mucho calor; asarse; quemarse.
—*sustantivo* Corte de carne apropiado para asar o que ha sido asado; asado.

rob *verbo* Tomar propiedad o valores de una persona o lugar en contravención de la ley y especialmente a la fuerza; robar; saltear.

robber *sustantivo* Persona que roba; ladrón; ratero; salteador.

robbery *sustantivo* Acto o crimen de tomar propiedad de álguien en contravención de la ley o por fuerza; robo; asalto; hurto.

robe *sustantivo* **1.** Prenda de vestir larga y suelta que se lleva como cubierta; manto. **2.** Aveces **robes** Prenda de vestir larga y suelta que se lleva por encima de otros vestidos en ocasiones oficiales o especiales, como seña de oficio o rango; manto de ceremonia; traje de gala.
—*verbo* Vestirse con un manto; vestir de gala o de ceremonia.

robin *sustantivo* Pájaro cantor de Norteamérica que tiene pecho rojizo y lomo gris oscuro; pechicolorado; petirrojo.

robot *sustantivo* Máquina que parece persona y que puede hacer algunas tareas humanas o imitar algunas de las cosas que una persona puede hacer; robot.

robust *adjetivo* Lleno de salud y fuerza; robusto.

rock¹ *sustantivo* **1.** Material duro que se forma naturalmente y que es de origen mineral; roca. La corteza terrestre se forma de diferentes clases de rocas. **2.** Pedazo medianamente pequeño de tal material; piedra; laja. **3.** Masa grande de roca; peña; peñasco. **4.** Alguien o algo que es muy fuerte y digno de confianza.

rock² *verbo* **1.** Moverse para atrás y para adelante, o de lado a lado; mecer; arrullar; bambolear. **2.** Producir un sacudimiento violento; estremecer.

rocket *sustantivo* Cualquier artefacto que se impulsa hacia adelante o hacia arriba por una fuerza proveniente de la soltura de gases de combustible ardiente; cohete.

rock' n' roll Forma de música popular con un compás muy fuerte y fijo, con palabras sencillas, y que es también popular como música de baile; rocanrol.

rod *sustantivo* **1.** Pieza delgada, tiesa y derecha de madera, metal u otro material; vara; varilla; barra; caña de pescar. **2.** Rama o vara usada para castigar a personas; zurrando o azotando; azote; disciplina; castigo. **3.** Unidad de longitud igual a 16½ pies.

rode |rōd| The past tense of the verb **ride**.

ro·dent |rōd′nt| —*noun, plural* **rodents** Any of several related animals, such as a mouse, rat, squirrel, or beaver. Rodents have large front teeth used for gnawing.

ro·de·o |rō′dē ō′| or |rō dā′ō| —*noun, plural* **rodeos** A public show in which cowboys display their skills in horseback riding and compete in riding broncos or steers, roping cattle, and similar events.

roe |rō| —*noun, plural* **roes** The eggs of a fish.

role |rōl| —*noun, plural* **roles** 1. A part or character played by an actor. 2. A proper or usual part played by someone or something.

roll |rōl| —*verb* **rolled, rolling** 1. To move along a surface while turning over and over. 2. To cause to keep turning over and over. 3. To move along on wheels or rollers or in a vehicle with wheels. 4. To turn over and over. 5. To turn around or upward. 6. To wrap or wind round and round. 7. To make flat or even by or as if by passing a roller over it. 8. To move with steady or increasing speed. 9. To pass steadily. 10. To move or cause to move from side to side. 11. To make a deep, loud sound. 12. To beat a drum with a rapid series of strokes. 13. To pronounce with a fluttering sound.
—*noun, plural* **rolls** 1. A rolling or swaying movement. 2. A rise and fall in a surface. 3. Something rolled up in the form of a cylinder or tube. 4. A list of the names of members of a group. 5. The persons present. 6. A small, rounded portion of bread. 7. A deep rumble. 8. A continuous sound made by beating a drum rapidly.

roll·er |rō′lər| —*noun, plural* **rollers** 1. A small wheel. Roller skates have rollers. 2. A cylinder or tube around which something is wound up. 3. A cylinder for flattening, crushing, or squeezing things. 4. A cylinder for applying paint or ink onto a surface. 5. A large, heavy wave breaking along a shore.

roller coaster A small railroad in an amusement park. A roller coaster moves very fast on a track with sudden, steep descents and sharp turns.

roller skate A skate with four small wheels. It is worn for skating on pavement and other hard surfaces.

rol·ler-skate |rō′lər skāt′| —*verb* **roller-skated, roller-skating** To skate on roller skates.

Roman Catholic 1. A member of the Roman Catholic Church. 2. Of the Roman Catholic Church.

Roman Catholic Church The Christian church that recognizes the pope in Rome as its supreme head.

ro·mance |rō măns′| or |rō′măns| —*noun, plural* **romances** 1. A long story or poem about the adventures of heroes. 2. Exciting adventure. 3. A quality of warmth, love, and mystery.

ro·man·tic |rō măn′tĭk| —*adjective* 1. Of or having to do with the stories of romance. 2. Full of adventure or heroism. 3. Suitable or proper for love and romance. 4. Full of ideas of romance and adventure; not practical.

roof |rōōf| or |rŏŏf| —*noun, plural* **roofs** 1. The outside top covering of a building. 2. The top covering of anything. 3. The upper part of the mouth.
—*verb* **roofed, roofing** To cover with a roof.

rook |rŏŏk| —*noun, plural* **rooks** One of the pieces used in the game of chess. It can move any number of squares across or up and down the board.

---

rode Pretérito del verbo **ride**.

rodent *sustantivo* Cualquiera de varios animales emparentados, como el ratón, la rata, la ardilla o el castor, que tienen dientes frontales grandes usados para roer; roedor.

rodeo *sustantivo* Presentación pública en la que los vaqueros muestran sus habilidades montando caballos, y hacen competencia jineteando caballos indomados o toros, lazando ganado, y en otros eventos similares; rodeo de ganado; chareada.

roe *sustantivo* Huevos de pescado; hueva.

role *sustantivo* Rol: 1. Parte o personaje representado por un actor; papel. 2. Papel adecuado o usual que tiene alguien o algo.

roll *verbo* 1. Moverse sobre una superficie a la vez de estarse volteando; rodar. 2. Hacer que continúe rodándose; rodar. 3. Mover sobre ruedas o rollos o en un vehículo con ruedas; rodar. 4. Revolverse; revoltearse. 5. Volverse o voltearse hacia arriba. 6. Envolver o enrollar. 7. Hacer plano o parejo, pasando o como si fuera pasando un rodillo sobre él; allanar; emparejar; alisar; apisonar (el césped). 8. Mover con velocidad pareja o creciente. 9. Pasar parejamente. 10. Mover o hacer moverse de lado a lado; rodar; ondular; agitar. 11. Hacer un sonido profundo y fuerte; retumbar. 12. Doblar un tambor con una serie de toques rápidos; redoblar. 13. Pronunciar con una serie de sonidos revoloteantes (para pronunciar la *rr*).
—*sustantivo* 1. Movimiento ondulante o ladeante; rotación. 2. Alza y caída en una superficie; ondulación. 3. Algo enrollado en forma de cilindro o tubo; rollo. 4. Lista de nombres de los miembros de un grupo; rol; matrícula; registro. 5. Las personas presentes; lista. 6. Porción chica y pequeña de pan; bollo; panecillo; bolillo. 7. Retumbo profundo. 8. Sonido continuo que se hace al tocar un tambor rápidamente; redoble.

roller *sustantivo* 1. Rueda pequeña, como la de un patín de ruedas; rodillo. 2. Cilindro o tubo alrededor del cual se envuelve algo; rodillo. 3. Cilindro para aplanar, moler, o exprimir cosas; aplanador; arrollador; maza de trapiche. 4. Cilindro para aplicar pintura o tinta a una superficie; rodillo; alisador. 5. Ola grande y pesada que se quiebra a la orilla del mar.

roller coaster Pequeño ferrocarril en un parque de diversiones que se mueve muy aprisa sobre rieles, con descensos repentinos y empinados y vueltas abruptas; montaña rusa.

roller skate Patín con cuatro rueditas que se lleva para patinar en pavimento o en otras superficies duras; patín de ruedas.

roller-skate *verbo* Patinar con patines de ruedas.

Roman Catholic Católico Romano: 1. Miembro de la Iglesia Católica Romana. 2. Relativo a la Iglesia Católica Romana.

Roman Catholic Church Iglesia cristiana que reconoce al Papa en Roma como suprema autoridad; Iglesia Católica Romana.

romance *sustantivo* 1. Historia o poema largo acerca de las aventuras de héroes; romance; fábula; cuento. 2. Aventura conmovedora; romance. 3. Calidad de calidez, amor y misterio; romance.

romantic *adjetivo* 1. De o teniendo que ver con historias de romance; romántico. 2. Lleno de aventura o heroísmo; romántico; novelesco. 3. Apropiado o propio para el amor y el romance; romántico; seductor. 4. Lleno de ideas de romance y aventura; romántico; impráctico; soñador.

roof *sustantivo* 1. Tapa de afuera que cubre un edificio; techo; azotea; bóveda; tejado; techado. 2. Tapa que cubre cualquier cosa. 3. Parte superior de la boca; paladar; bóveda palatina.
—*verbo* Cubrir con un techo; techar; embovedar.

rook *sustantivo* Una de las piezas que se usan en un juego de ajedrez, que puede moverse horizontalmente por cualquier número de lugares hacia arriba y abajo sobre la tabla de juego; torre de ajedrez.

---

rook·ie |rŏŏk′ē| —*noun, plural* **rookies 1.** A first-year player in the major leagues. **2.** A person with no experience.

room |rōŏm| or |rŏŏm| —*noun, plural* **rooms 1.** Space; area. **2.** An area of a building set off by walls or partitions. **3.** The people occupying a room. **4.** Opportunity; chance.
—*verb* **roomed, rooming** To live in a room.

room·y |rōŏ′mē| or |rŏŏm′ē| —*adjective* **roomier, roomiest** Having or giving plenty of room.

roost |rōŏst| —*noun, plural* **roosts 1.** A branch or other perch on which a bird settles for rest. **2.** A place to which birds regularly go to sleep for the night.
—*verb* **roosted, roosting** To rest or sleep on or in a roost.

roost·er |rōŏ′stər| —*noun, plural* **roosters** A male chicken when it is fully grown.

root¹ |rōŏt| or |rŏŏt| —*noun, plural* **roots 1. a.** The part of a plant that grows usually down into the ground. A root absorbs water and minerals from the soil, stores food, and keeps the plant firmly in place. **b.** The part of a plant that is usually underground and looks like a root; a bulb or tuber. **2.** A part that looks like a root in use or position. Hair and teeth have roots. **3.** A beginning; source; origin. **4. roots** Strong feelings of belonging to a place or group. **5.** A word from which other words are formed. The word "hope" is the root of "hopeful" and "hopeless."
—*verb* **rooted, rooting 1.** To develop or begin to grow a root or roots. **2.** To be fixed in place by or as if by roots. **3.** To remove completely.

root² |rōŏt| or |rŏŏt| —*verb* **rooted, rooting 1.** To dig or dig up with the snout. **2.** To search around; rummage.

root³ |rōŏt| or |rŏŏt| —*verb* **rooted, rooting** To give support to or cheer for a team or contestant.

rope |rōp| —*noun, plural* **ropes 1.** A heavy cord made of twisted strands of fiber or other material. **2.** A string of things attached together.
—*verb* **roped, roping 1.** To tie or fasten with a rope. **2.** To catch with a throw of a lasso. **3.** To enclose or mark an area with ropes.

rose¹ |rōz| —*noun, plural* **roses 1. a.** Any of several shrubs or vines with usually prickly stems and showy flowers that have a very pleasant smell. **b.** The flower of such a plant. Roses are usually red or pink, but they can also be white or yellow. **2.** A deep pink color.
—*adjective* Deep pink.

rose² |rōz| The past tense of the verb **rise.**

rot |rŏt| —*verb* **rotted, rotting** To become rotten; spoil; decay.
—*noun, plural* **rots 1.** The process of rotting; decay. **2.** A destructive disease of plants caused by certain fungi or bacteria.

ro·ta·ry |rō′tə rē| —*adjective* Of, causing, or having rotation.

ro·tate |rō′tāt′| —*verb* **rotated, rotating 1.** To turn or spin around a center point or line. **2.** To pass from one task or position to another in a regular order. **3.** To vary crops so that a different one is planted in a field each year.

ro·ta·tion |rō tā′shən| —*noun, plural* **rotations** The action or process of turning around on a center point or line.

rough |rŭf| —*adjective* **rougher, roughest 1.** Having a surface that is not even or smooth. **2.** Coarse or harsh to the touch. **3.** Not finely or carefully made or fitted. **4.** Not gentle or careful. **5.** Ready to fight or use force. **6.** Rude; impolite. **7.** Marked by physical

rookie *sustantivo* **1.** Jugador de primer año en las ligas mayores; novato; novicio. **2.** Persona sin experiencia; novato; novicio; recluta.

room *sustantivo* **1.** Espacio; lugar; área; sitio. **2.** Área de un edificio apartado por paredes o mamparas; cuarto; habitación; aposento. **3.** Gente que ocupa un cuarto. **4.** Oportunidad; ocasión; azár.
—*verbo* Vivir en un cuarto; habitar.

roomy *adjetivo* Teniendo o dando mucho espacio; espacioso; amplio.

roost *sustantivo* **1.** Rama u otro reposo donde se asienta un pájaro para descansar; percha. **2.** Lugar donde van los pájaros regularmente para domir de noche; percha.
—*verbo* Descansar o dormir sobre o en una percha; perchar.

rooster *sustantivo* Pollo macho cuando ya está bien crecido; gallo.

root¹ *sustantivo* **1. a.** Parte de una planta que usualmente crece para abajo y adentro de la tierra, que absorbe agua y minerales de la tierra, que almacena nutrición, y que mantiene la planta firmemente en su lugar; raíz. **b.** Parte de una planta que usualmente está bajo tierra y que parece raíz; bulbo o túber. **2.** Parte que parece raíz en su uso o posición, como las raíces que tienen los cabellos y los dientes. **3.** Comienzo; raíz; fuente; origen. **4. roots** Sentimientos fuertes de pertenecer a un lugar o grupo; raíces. **5.** Palabra de las que se forman otras palabras; raíz etimológica.
—*verbo* **1.** Desarrollar o comenzar a crecer una raíz o raíces; echar raíces; criar raíces. **2.** Fijar en un lugar por o como si fuera con raíces; arraigarse. **3.** Remover completamente; arrancar de raíz; desarraigar; extirpar; desterrar.

root² *verbo* **1.** Escarbar o sacar escarbando con el hocico; hocicar. **2.** Buscar en derredor; revolver en busca de algo; explorar; escudriñar.

root³ *verbo* Dar apoyo o vitorear a un equipo o concursante; aplaudir; gritar por el éxito de; alabar.

rope *sustantivo* **1.** Cuerda pesada hecha de hebras torcidas de fibra u otro material; soga; cordel; lazo; reata. **2.** Cuerda de cosas prendidas entre sí; ristra; sarta; hilo.
—*verbo* **1.** Amarrar o asegurar con una soga; atar. **2.** Agarrar o tirar un lazo; lazar. **3.** Encerrar o marcar un área con sogas; rodear con soga; cercar con cuerdas.

rose¹ *sustantivo* **1. a.** Cualquiera de varios arbustos o trepadoras con tallos generalmente espinosos y flores vistosas que tienen olor agradable; rosal; rosa. **b.** Flor de tal planta, usualmente de color rojo o rosado, pero que también puede ser blanca o amarilla; rosa. **2.** Color rosado fuerte.
—*adjetivo* Rosado fuerte.

rose² Pretérito del verbo **rise.**

rot *verbo* Hacerse podrido; pudrirse; echarse a perder; descomponerse; corromperse.
—*sustantivo* **1.** Proceso de pudrirse; putrefacción; podredumbre; descomposición. **2.** Enfermedad destructiva de plantas causada por ciertos hongos o bacterias.

rotary *adjetivo* De, causando o teniendo rotación; rotatorio; rotativo; giratorio.

rotate *verbo* **1.** Revolver o dar vueltas alrededor de un punto o línea central; girar; alternar. **2.** Pasar de una tarea o posición a otra en orden regular; alternar; turnar. **3.** Variar el cultivo de manera que se siembre algo diferente en un campo cada año; sembrar o cultivar en rotación.

rotation *sustantivo* Acción o proceso de revolver sobre un punto o línea central; rotación; giro.

rough *adjetivo* **1.** Teniendo una superficie que no es plana o lisa; áspero. **2.** Basto o áspero al toque; burdo. **3.** No hecho o puesto con finura; tosco; burdo. **4.** No gentil o cuidadoso; rudo. **5.** Listo a pelear o usar fuerza; bronco; duro. **6.** Rudo; descortés; grosero.

exertion and rugged action. **8.** Stormy. **9.** Not precise; approximate.
—*verb* **roughed, roughing 1.** To make rough. **2.** To make or sketch in a simple way.
 Phrasal verb rough up To do physical harm to; beat up.

round |round| —*adjective* **rounder, roundest 1.** Having a shape that is like a ball or circle. **2.** Having a cross section that is circular. **3.** Having a curved surface or outline. **4.** Full; complete. **5.** Not exact; approximate.
—*noun, plural* **rounds 1.** Something round in shape. **2.** Often **rounds** A usual course of places visited or duties performed. **3.** A series of similar events. **4.** A single shot or series of shots from a firearm or firearms. **5.** Ammunition for a single shot. **6.** A period of struggle, discussion, or competition. **7.** A song for two or more voices in which each voice enters at a different time with the same melody at the same pitch.
—*verb* **rounded, rounding 1.** To make or become round. **2.** To make a turn to or on the other side of.
 Phrasal verb round up 1. To herd grazing animals together. **2.** To seek out and bring together.
—*adverb* Around.
—*preposition* Around.

round·up |round′ŭp′| —*noun, plural* **roundups 1.** The act of herding cattle or other animals together. **2.** Any similar gathering of persons or things.
rouse |rouz| —*verb* **roused, rousing 1.** To wake up; awaken. **2.** To cause to become active or alert; excite.

rout |rout| —*noun, plural* **routs** A complete defeat followed by a retreat that lacks discipline and order.
—*verb* **routed, routing 1.** To defeat completely. **2.** To put to flight; scatter.
route |rōot| or |rout| —*noun, plural* **routes 1.** A road or course for traveling from one place to another. **2.** A highway. **3.** A series of places or customers visited regularly.
—*verb* **routed, routing** To send or pass on by a certain route.

rou·tine |rōo tēn′| —*noun, plural* **routines** The usual or regular way of doing things.
—*adjective* According to the usual or regular way of doing things; ordinary.
row[1] |rō| —*noun, plural* **rows 1.** A series of persons or things placed next to one another in a straight line. **2.** A series without a break in time.

row[2] |rō| —*verb* **rowed, rowing 1.** To move a boat with oars. **2.** To carry in a boat moved by oars.

row[3] |rou| —*noun, plural* **rows** A noisy quarrel or fight.
roy·al |roi′əl| —*adjective* **1.** Of a king or queen. **2.** Like or fit for a king or queen. **3.** Belonging to or serving a king or queen.
roy·al·ty |roi′əl tē| —*noun, plural* **royalties 1.** A king, queen, or other member of a royal family. **2.** Kings, queens, and their relatives in general.
rub |rŭb| —*verb* **rubbed, rubbing 1.** To press something against a surface and move it back and forth. **2.** To press and move back and forth. **3.** To clean, polish, or remove by rubbing. **4.** To apply by rubbing.

7. Marcado por ejercicio físico y acción robusta; rigoroso; severo. **8.** Borrascoso. **9.** No preciso; aproximado.
—*verbo* **1.** Hacer áspero. **2.** Hacer o dibujar de una manera sencilla.
 Verbo en locución **rough up** Hacer daño físico; golpear; tundar.
round *adjetivo* **1.** Que tiene forma esférica o circular; redondo. **2.** Que tiene una sección transversal circular, como un tronco de árbol; redondo. **3.** Que tiene una superficie o contorno curvo; redondeado. **4.** Lleno; completo; entero: *She added a cookie to make a round dozen.* = *Ella añadió un bizcocho para hacer una docena completa.* **5.** Que no es exacto; aproximado; número redondo.
—*sustantivo* **1.** Algo redondo; círculo; rueda; rodaja. **2.** A veces **rounds** Rumbo usual de lugares visitados o tareas realizadas; ronda. **3.** Serie de eventos similares; ronda. **4.** Uno o más disparos de arma de fuego; descarga. **5.** Munición para un sólo tiro; disparo. **6.** Período de lucha, discusión o competencia; asalto (en boxeo). **7.** Canción para dos o más voces en la cual cada voz comienza en un momento distinto, con la misma melodía y en el mismo tono; redondilla.
—*verbo* **1.** Hacer o hacerse redondo; redondear o redondearse; curvar. **2.** Hacer un giro hacia otro lado; doblar.
 Verbo en locución **round up 1.** Reunir a los animales para pastar juntos; rodear. **2.** Buscar y reunir; hacer una redada.
—*adverbio* Repetición de un movimiento giratorio: *a wheel spinning round and round* = *una rueda girando y girando.*
—*preposición* En torno; al; alrededor de: *She flung her arms round his neck.* = *Le echó los brazos al (o alrededor del) cuello.*
roundup *sustantivo* **1.** Acción de reunir el ganado u otros animales en un rebaño; rodeo. **2.** Reunión similar de personas o cosas; redada.
rouse *verbo* **1.** Hacer que se despierte una persona o animal; despertar. **2.** Hacer que una persona o animal se torne activo o alerta; excitar; estimular.
rout *sustantivo* Derrota completa seguida de una retirada sin disciplina ni orden.
—*verbo* **1.** Derrotar del modo descrito. **2.** Hacer huir; esparcir.
route *sustantivo* Ruta: **1.** Camino o calle empleados para viajar de un lugar a otro. **2.** Carretera. **3.** Serie de lugares o clientes visitados regularmente; itinerario.
—*verbo* Enviar algo o pasar por cierta ruta; encaminar; dirigir por conducto de alguien o algo.
routine *sustantivo* Forma regular o usual de hacer las cosas; rutina.
—*adjetivo* Según la forma regular o usual de hacer las cosas; ordinario; rutinario.
row[1] *sustantivo* Fila: **1.** Serie de personas o de cosas colocadas en línea recta, una tras otra. **2.** Serie sin interrupción en el tiempo; seguido uno tras otro: *We won three games in a row.* = *Ganamos tres juegos seguidos.*
row[2] *verbo* **1.** Impulsar un bote con remos; remar. **2.** Llevar algo en un bote movido por remos; conducir remando: *Get in and I'll row you across the lake.* = *Móntate y te conduciré (remando) a través del lago.*
row[3] *sustantivo* Disputa o pelea ruidosa; riña; camorra.
royal *adjetivo* Real: **1.** Relativo a un rey o una reina. **2.** Propio de o apto para un rey o una reina. **3.** Que pertenece o sirve a un rey o a una reina.
royalty *sustantivo* Realeza: **1.** El Rey, la Reina u otro miembro de la familia real. **2.** Los reyes, las reinas y sus familiares en general.
rub *verbo* Frotar: **1.** Apretar algo contra una superficie y moverlo de arriba abajo o de un lado a otro. **2.** Mover de arriba abajo apretando. **3.** Limpiar, pulir o remover por frotación. **4.** Aplicar un tinte, limpiador

—noun, plural **rubs** An act or gesture of rubbing.

rub·ber |rŭb′ər| *—noun, plural* **rubbers 1.** An elastic or plastic substance prepared from the milky sap of certain tropical trees. Rubber is waterproof and airtight and is used in making many products. **2. rubbers** Low overshoes made of rubber.

rub·bish |rŭb′ĭsh| *—noun, plural* **rubbishes 1.** Useless material; garbage; trash. **2.** Silly talk or ideas; nonsense.

ru·by |rōō′bē| *—noun, plural* **rubies 1.** A deep-red, hard, clear precious stone. **2.** A deep-red color.
—adjective Deep red.

rude |rōōd| *—adjective* **ruder, rudest 1.** Having or showing bad manners; impolite. **2.** Not finely made; crude.

ruf·fle |rŭf′əl| *—noun, plural* **ruffles** A strip of gathered or pleated cloth, lace, or ribbon attached to fabric by one edge.
—verb **ruffled, ruffling** To disturb the smooth or even appearance of.

rug |rŭg| *—noun, plural* **rugs** A piece of thick, heavy fabric that is used to cover part or all of a floor.

rug·ged |rŭg′ĭd| *—adjective* **1.** Having a rough, uneven surface or jagged outline. **2.** Able to endure a lot; strong and sturdy; durable. **3.** Hard to put up with; harsh or severe.

ru·in |rōō′ĭn| *—noun, plural* **ruins 1.** Very great destruction or damage. **2.** The complete loss of a person's money, position, or reputation. **3.** The cause of such destruction or loss. **4.** Often **ruins** The remains of a building or other structure or group of structures that has been destroyed or fallen into ruins from age.
—verb **ruined, ruining** To destroy or damage; make useless or worthless.

rule |rōōl| *—noun, plural* **rules 1.** A statement that tells how to do something or what may or may not be done. **2.** A regular or approved way of behaving or doing something. **3.** The act or power of governing or controlling.
—verb **ruled, ruling** To have power or authority over; govern.

rul·er |rōō′lər| *—noun, plural* **rulers 1.** A person who governs a country. A king, a queen, and an emperor are rulers. **2.** A strip of wood, metal, or other material with a straight edge. It is marked off in units of measurement and is used to measure and draw straight lines.

rum |rŭm| *—noun, plural* **rums** An alcoholic liquor obtained from fermented molasses or sugar cane.

rum·ble |rŭm′bəl| *—verb* **rumbled, rumbling** To make a deep, long rolling sound.
—noun, plural **rumbles** A deep, long rolling sound.

rum·mage |rŭm′ĭj| *—verb* **rummaged, rummaging** To search thoroughly by moving things around or turning them over.
—noun, plural **rummages** A thorough search.

ru·mor |rōō′mər| *—noun, plural* **rumors 1.** A statement or story that is spread from one person to another and believed to be true even though there is nothing to prove it. **2.** Information that is passed from person to person; general talk.
—verb **rumored, rumoring** To spread or report by rumor.

rump |rŭmp| *—noun, plural* **rumps 1.** The fleshy part of an animal's body where the legs meet the back. **2.** A piece or cut of meat from this part.

run |rŭn| *—verb* **ran, run, running 1.** To move quickly on foot; go at a pace faster than a walk. **2.** To cause to move at this pace. **3.** To move or travel

u otra substancia por frotación.
—sustantivo Acción o gesto de frotar; frotamiento.

rubber *sustantivo* **1.** Substancia plástica o elástica preparada de la savia lechosa de ciertos árboles tropicales; goma; caucho. **2. rubbers** Chanclos de caucho que se usan para proteger los zapatos del agua y la humedad.

rubbish *sustantivo* Basura: **1.** Material inútil; desecho; desperdicio. **2.** Conversación o ideas tontas; tonterías; disparates.

ruby *sustantivo* Rubí: **1.** Piedra preciosa, clara, dura y de un color rojo intenso. **2.** Color rojo intenso.
—adjetivo Rojo intenso; carmesí; rojo; rubí.

rude *adjetivo* Rudo: **1.** Que tiene o demuestra malos modales; descortés; grosero. **2.** Que no está bien hecho o acabado; tosco; rudimentario.

ruffle *sustantivo* Tira de tela, encaje o cinta plegada, fijada a una tela por uno de sus bordes; vuelta (de encaje).
—verbo Disturbar la apariencia estable o apacible de alguien o algo; desordenar; revolver; erizar o erizarse.

rug *sustantivo* Pedazo de tela gruesa y pesada que se usa para cubrir el piso o parte de él; alfombra.

rugged *adjetivo* **1.** Que tiene una superficie áspera y desigual, o un contorno que presenta rasgos similares; escarpado; accidentado: *This hilly land is too rugged for farming.* = Esta tierra llena de colinas es demasiado accidentada para el cultivo. **2.** Capaz de soportar mucho; fuerte; firme; resistente. **3.** Difícil de soportar; áspero o severo; escabroso; crudo: *a rugged winter* = un invierno crudo.

ruin *sustantivo* Ruina: **1.** Gran destrucción o daño. **2.** Pérdida completa del dinero, la posición o la reputación de una persona u organización. **3.** Causa de tal destrucción o pérdida. **4.** A veces **ruins** Restos de un edificio u otra estructura o grupo de estructuras que han sido destruidos por el paso del tiempo; ruinas.
—verbo Destruir o dañar; inutilizar o dejar inservible; arruinar.

rule *sustantivo* **1.** Declaración que dispone cómo hacer algo o qué puede o no hacerse; regla. **2.** Modo regular o aprobado de comportarse o de hacer algo; regla. **3.** Acción o potestad de gobernar o controlar; mando; gobierno: *the rule of the king* = el gobierno del rey.
—verbo Tener poder o autoridad; gobernar; mandar.

ruler *sustantivo* **1.** Persona que gobierna a un país con pocas limitaciones, o con ninguna, como un monarca o un dictador; gobernante autocrático; autócrata. **2.** Tablilla de madera u otro material con un borde recto; regla.

rum *sustantivo* Licor alcohólico que se obtiene de una mezcla fermentada de melazas o del zumo de la caña de azúcar; ron.

rumble *verbo* Hacer un ruido profundo, prolongado y estruendoso, como el del trueno; tronar; crujir.
—sustantivo Sonido profundo, prolongado y estruendoso; trueno; estruendo; crujido.

rummage *verbo* Buscar a fondo removiendo o revolviendo las cosas o volteándolas; revolver.
—sustantivo Búsqueda a fondo que se hace revolviendo cosas.

rumor *sustantivo* Rumor: **1.** Afirmación o relato difundido de persona a persona y que se considera verdadero, aún cuando no haya pruebas de que lo es. **2.** Información difundida de persona a persona; habladurías.
—verbo Difundir o reportar rumores; rumorar.

rump *sustantivo* **1.** Parte carnosa del cuerpo de un animal donde las patas se juntan con el trasero; anca; nalga; cuarto trasero. **2.** Pedazo o corte de carne que procede de dicha parte.

run *verbo* **1.** Moverse rápidamente a pie; correr. **2.** Hacer que otro se mueva a ese paso; hacer correr. **3.** Moverse o viajar rápidamente a pie o en un vehículo;

quickly on foot or in a vehicle. **4.** To move about freely; roam. **5.** To leave quickly or escape. **6.** To go from stop to stop on a regular route. **7.** To get, become, or pass into a certain condition. **8.** To take part or cause to take part in a race or contest. **9.** To compete or be a candidate for elected office. **10.** To move or pass quickly. **11.** To pass smoothly through or over a surface. **12.** To thrust, drive, or chase. **13.** To do by moving quickly. **14.** To flow or cause to flow in a steady stream. **15.** To spread beyond the intended limits. **16.** To send out a fluid. **17.** To have or suffer. **18.** To extend or stretch. **19.** To last or continue. **20.** To work or operate or cause to work or operate. **21.** To manage or direct; control. **22.** To tear or ravel stitches. **23.** To pass or get through a dangerous situation.

    Phrasal verbs **run across** To meet or find by chance. **run into 1.** To meet or find by chance. **2.** To collide with. **run out** To be used up; come to an end.
—*noun, plural* **runs 1.** The act of running. **2.** A trip or journey. **3.** Freedom to move about. **4.** A continuous series of something. **5.** A place or line of torn stitches in a fabric. **6.** In baseball, a score made by moving or advancing around the bases and reaching home plate safely.

rung¹ |rŭng| —*noun, plural* **rungs 1.** A rod or bar that forms a step of a ladder. **2.** A crossing piece that connects and supports the legs or back of a chair.

rung² |rŭng| The past participle of the verb **ring**.

run·ner |rŭn′ər| —*noun, plural* **runners 1.** Someone or something that runs. **2.** One of the blades on which a sled, sleigh, or ice skate moves. **3.** The narrow stem of certain plants that runs or lies along the ground and puts down new roots and so grows more plants. **4.** A long, narrow rug. It is used in a hall or on a flight of stairs.

runt |rŭnt| —*noun, plural* **runts** A plant, animal, or person that is smaller than the usual size.

rup·ture |rŭp′chər| —*noun, plural* **ruptures** The act of bursting or breaking open; a crack.
—*verb* **ruptured, rupturing** To break; burst.

ru·ral |rŏor′əl| —*adjective* In, like, or having to do with the country.

rush |rŭsh| —*verb* **rushed, rushing 1.** To move or act quickly; hurry. **2.** To act or force to act too quickly. **3.** To move or flow quickly with great force and noise. **4.** To attack suddenly; charge.
—*noun, plural* **rushes 1.** The act of rushing; a swift movement. **2.** The movement of many people to or from a place. **3.** Hasty or hurried activity; a great hurry.

correr. **4.** Moverse libremente; corretear. **5.** Partir rápidamente o escapar; correr; huir. **6.** Ir de parada en parada en una ruta regular; correr; pasar. **7.** Llegar o pasar a cierta situación; tropezar con; verse en; encontrarse en o con: *run into trouble = verse en apuros; run into someone = tropezarse con alguien.* **8.** Tomar parte, o hacer que otro tome parte, en una carrera o concurso; correr. **9.** Competir o ser candidato para un cargo electivo; aspirar a; postularse para. **10.** Moverse o pasar rápidamente: *The idea ran through my mind. = La idea me pasó por la mente.* **11.** Pasar algo suavemente por una superficie; acariciar: *I ran my hand down her cheek. = Le pasé la mano por la mejilla.* **12.** Forzar, expulsar o perseguir; echar; arrojar: *Let's run that thief out of town. = Echemos del pueblo a ese ladrón.* **13.** Hacer algo moviéndose rápidamente: *run errands = llevar encargos.* **14.** Fluir o hacer fluir un líquido en una corriente continua; correr sobre o por: *Tears ran down her cheeks. = Las lágrimas le corrían por las mejillas.* **15.** Extenderse más allá de los límites propuestos; correr; correrse. **16.** Salir un fluido; manar; correr: *Your nose is running. = Te corre la nariz.* **17.** Tener, sufrir o padecer de: *run a fever = tener fiebre.* **18.** Extender o alargar; correr; seguir; continuar. **19.** Durar o continuar; transcurrir. **20.** Funcionar; manejar; operar: *The engine is running perfectly. = El motor funciona perfectamente. Can you run a tape recorder? = ¿Sabes manejar una grabadora?* **21.** Administrar o dirigir; controlar; operar; manejar: *He runs his father's business. = Él administra (o maneja) el negocio de su padre.* **22.** Romperse por las puntadas; deshilarse. **23.** Atravesar un obstáculo o una situación peligrosa: *The car ran the police barricade. = El auto atravesó la barrera policíaca.*

    Verbos en locuciones **run across** Encontrarse con alguien o algo por casualidad; toparse con. **run into 1.** Encontrarse con alguien o algo por casualidad; toparse con. **2.** Chocar con alguien o algo. **run out** Utilizar hasta lo último; llegar al final; quedarse sin algo; acabarse.
—*sustantivo* **1.** Acción de correr; carrera: *We went for a run in the park. = Fuimos a dar una carrera por el parque.* **2.** Viaje o jornada; ida: *I'm going to take a run into town. = Voy (a ir) hasta el pueblo.* **3.** Libertad para moverse; correteo. **4.** Serie continua de algo; racha. **5.** Lugar o línea de puntos descosidos en una tela; corrida. **6.** En béisbol, un punto que se anota al avanzar a través de las tres bases y llegar al *home* o plato a salvo; carrera; anotación.

rung¹ *sustantivo* **1.** Varilla o barra que forma un peldaño de una escalera. **2.** Pieza horizontal que conecta entre sí y sustenta las patas o las piezas del espaldar de una silla; varenga.

rung² Participio pasado del verbo **ring**.

runner *sustantivo* **1.** Persona, animal o cosa que corre; corredor. **2.** Una de las hojas de metal sobre las cuales se desliza un trineo o patín de hielo; corredera. **3.** Tallo estrecho de ciertas plantas que corre o yace a lo largo del suelo y echa nuevas raíces, produciendo así nuevas plantas; vástago. **4.** Alfombra larga y delgada que se usa en los vestíbulos o en las escaleras.

runt *sustantivo* Planta, animal o persona más pequeña que el tamaño usual; enano; chaparro.

rupture *sustantivo* Acción de reventar o abrir a la fuerza; rajadura; roto; reventón; desgarro.
—*verbo* Reventar; romper; desgarrar.

rural *adjetivo* Relativo al campo; rural.

rush *verbo* **1.** Moverse o actuar con rapidez; apurar; apurarse; apresurar; apresurarse. **2.** Actuar o hacer que otro actúe muy rápidamente; precipitar, precipitarse. **3.** Moverse o fluir rápidamente, con gran fuerza y estruendo; precipitarse. **4.** Atacar repentinamente; acometer.
—*sustantivo* **1.** Acción de apresurarse; movimiento rápido; precipitación; apuro. **2.** Movimiento de mucha

---

rust |rŭst| —*noun* **1.** A reddish-brown or orange coating that forms on iron and certain other metals when they are exposed to air or moisture. **2.** A plant disease that causes red or brown spots on leaves and stems. **3.** A reddish-brown color.
—*verb* **rusted, rusting** To make or become covered with rust.
—*adjective* Reddish brown.

rust·y |rŭs′tē| —*adjective* **rustier, rustiest** **1.** Covered or coated with rust. **2.** Made by rust. **3.** Not working or not being done as well as one should because of lack of use or practice.

rut |rŭt| —*noun, plural* **ruts** **1.** A track or groove made in the ground by the passage of a wheel or foot. **2.** A fixed way of acting, living, or doing something; routine.
—*verb* **rutted, rutting** To make ruts in.

ruth·less |rōōth′lĭs| —*adjective* Having or showing no pity; cruel.

rye |rī| —*noun* **1.** A grass that bears grain. Rye seeds are used for making flour and whiskey. **2.** The seeds of this plant.

gente hacia o desde un lugar; migración (en masa). **3.** Actividad apresurada o apurada; urgencia; apuro; premura.
rust *sustantivo* **1.** Capa de color naranja o pardo rojizo que se forma en el hierro y en ciertos otros metales cuando están expuestos al aire o a la humedad; herrumbre. **2.** Enfermedad de las plantas que produce puntos rojos o pardos en las hojas y tallos; añublo.
—*verbo* Cubrir o cubrirse de herrumbre; oxidar; oxidarse.
—*adjetivo* Color pardo rojizo; ocre.

rusty *adjetivo* **1.** Cubierto o revestido de herrumbre; herrumbroso. **2.** Hecho por la herrumbre; herrumbroso. **3.** Que no trabaja o funciona, o que no ha sido hecho como es debido a causa de la falta de uso o de práctica; torpe.

rut *sustantivo* **1.** Huella o surco que deja en el suelo el paso de una llanta o un pie; rodada. **2.** Manera fija de actuar, vivir o hacer algo; rutina.
—*verbo* Hacer canales o surcos; surcar.

ruthless *adjetivo* Que no tiene o no demuestra compasión; cruel; inconmovible; inhumano.

rye *sustantivo* Centeno. **1.** Planta que produce un grano cuyas semillas se usan para hacer harina y aguardiente. **2.** Las semillas de esta planta.

S

s or **S** |ĕs| —*noun, plural* **s's** or **S's** The nineteenth letter of the English alphabet.

Sab·bath |săb′əth| —*noun, plural* **Sabbaths** The day of the week that is used for rest and worship. Saturday is the Sabbath for Jews, Sunday for Christians.

sa·ber |sā′bər| —*noun, plural* **sabers** A heavy sword with a curved blade. It is used mainly by cavalry.

sa·ble |sā′bəl| —*noun, plural* **sables** **1.** An animal of northern Europe and Asia that is related to the mink and weasel. Sables have soft, dark fur that is very valuable. **2.** The fur of a sable.

sack |săk| —*noun, plural* **sacks** **1.** A large bag made of strong, coarse material. Sacks are used to hold things such as grain, potatoes, and mail. **2.a.** A sack with something in it. **b.** The amount that a sack holds.

sa·cred |sā′krĭd| —*adjective* Of something that is thought of or treated with special respect because it has to do with religion; holy.

sac·ri·fice |săk′rə fīs′| —*noun, plural* **sacrifices** **1.a.** The act of offering something to a god in order to show love or worship, to ask to be forgiven, or to ask for a favor or blessing. **b.** Something offered as a sacrifice. **2.** The act of giving up something valuable or desired for the sake of something or someone.
—*verb* **sacrificed, sacrificing** **1.** To offer something as a sacrifice to a god. **2.** To give up something for the sake of something or someone.

sad |săd| —*adjective* **sadder, saddest** **1.** Unhappy or filled with sorrow. **2.** Causing sorrow. **3.** In a bad or poor condition.

sad·den |săd′n| —*verb* **saddened, saddening** To make or become sad.

sad·dle |săd′l| —*noun, plural* **saddles** A seat for a rider on the back of a horse or other animal, or on a bicycle, tricycle, or motorcycle. A saddle is usually made out of leather.
—*verb* **saddled, saddling** To put a saddle on.

sad·ness |săd′nĭs| —*noun* The quality or condition of being sad.

s o **S** *sustantivo* Decimonovena letra del alfabeto inglés.

Sabbath *sustantivo* Día de la semana que se usa para el descanso y la adoración en la religión judía; día de descanso; sábado.

saber *sustantivo* Espada pesada, de hoja curva, usada mayormente por la caballería; sable.

sable *sustantivo* **1.** Animal de Europa del Norte y Asia relacionado con el visón y la comadreja, de piel suave, oscura y muy valiosa; marta cibelina. **2.** La piel de este animal.

sack *sustantivo* **1.** Bolsa grande hecha de tela fuerte y ordinaria, que se usa para contener cosas como granos, papas o el correo; saco; costal. **2.a.** Saco con algo adentro. **b.** La cantidad que contiene un saco.

sacred *adjetivo* Relativo a lo que se piensa o trata con respeto porque tiene que ver con la religión; sacro; sagrado; santo.

sacrifice *sustantivo* **1.a.** El acto de ofrecer algo a un dios para demostrar amor o adoración, pedir ser perdonado, o para pedir un favor o bendición; sacrificio. **b.** Lo que se ofrece como sacrificio; ofrenda. **2.** El acto de privarse de algo que es valioso o que se desea, por el bien de algo o alguien; sacrificio.
—*verbo* **1.** Ofrecer algo a un dios como sacrificio; sacrificar. **2.** Privarse de algo por el bien de algo o alguien; hacer sacrificios; sacrificarse.

sad *adjetivo* **1.** Que no es feliz o que está lleno de tristeza; triste; pesaroso. **2.** Que causa tristeza o pesar. **3.** En una condición mala o pobre; lamentable.

sadden *verbo* Hacer que alguien se ponga, o ponerse, triste; entristecer; apesadumbrar; apenar; afligir.

saddle *sustantivo* Asiento para el jinete de un caballo u otro animal, o para el que monta una bicicleta, triciclo o motocicleta, usualmente hecho de cuero; silla de montar; montura; asiento.
—*verbo* Ponerle la montura a un caballo; ensillar.

sadness *sustantivo* Cualidad o condición de estar triste; tristeza; melancolía.

safe |sāf| —*adjective* **safer, safest** **1.** Free from danger or harm. **2.** Not likely to cause harm; not dangerous. **3.** Careful or cautious. **4.** With no chance of breaking down or going wrong; reliable. **5.** With no chance of being wrong; certain to be true. **6.** In baseball, having reached a base without being put out. —*noun, plural* **safes** A strong metal container in which money, jewels, or other valuable objects are kept for protection.

safe·guard |sāf'gärd'| —*verb* **safeguarded, safeguarding** To protect from danger or attack; keep safe; guard. —*noun, plural* **safeguards** A device that is used as a means of protection.

safe·ty |sāf'tē| —*noun* Freedom from danger or harm.

safety pin A pin that is bent or curved at one end so as to form a spring. At the other end is a guard that covers the point of the pin and keeps it closed.

sag |săg| —*verb* **sagged, sagging** **1.** To sink or hang down. **2.** To droop or hang down because of weight or pressure.

said |sĕd| The past tense and past participle of the verb **say.**

sail |sāl| —*noun, plural* **sails** **1.** A piece of strong material that is attached to a mast or upright pole on a ship or boat. A sail is stretched out so that it catches the wind that causes the boat to move. **2.** Something that looks like a sail or that catches the wind like a sail, such as the blade of a windmill. **3.** A trip in a ship or boat, especially in a sailboat. —*verb* **sailed, sailing** **1.** To travel on or across water. **2.** To operate or steer a boat, especially a sailboat. **3.** To start out on a trip across water. **4.** To move smoothly and easily.

sail·or |sā'lər| —*noun, plural* **sailors** **1.** Someone who is a member of a ship's crew or who sails or steers a ship or boat. **2.** A member of a navy who is not an officer.

saint |sānt| —*noun, plural* **saints** **1.** Often **Saint** A very good and holy person. The Roman Catholic Church officially calls such holy people Saints after their death because they deserve special respect. **2.** A person who is very good, kind, and patient.

sake |sāk| —*noun, plural* **sakes** **1.** Reason or purpose. **2.** Benefit or good; advantage.

sal·ad |săl'əd| —*noun, plural* **salads** A dish made up of lettuce, tomatoes, cucumbers, and other raw vegetables. A salad is often served with a dressing. Meat, cheese, fish, eggs, or fruit are sometimes used with or in place of the raw vegetables.

sal·a·ry |săl'ə rē| —*noun, plural* **salaries** A fixed sum of money that is paid to someone for doing a job.

sale |sāl| —*noun, plural* **sales** **1.** The act of selling; the exchange of goods for money. **2.** The special selling of goods for less than they usually cost.

sales·man |sālz'mən| —*noun, plural* **salesmen** |sālz'mən| A man whose work is selling goods or services.

sales·per·son |sālz'pûr'sən| —*noun, plural* **salespersons** A salesman or saleswoman.

sales·wom·an |sālz'wŏŏm'ən| —*noun, plural* **saleswomen** |sālz'wĭm'ĭn| A woman whose job is selling goods or services.

sa·li·va |sə lī'və| —*noun* The watery liquid produced in the mouth by certain glands. It has no taste, helps in chewing by keeping the mouth wet, and starts digestion.

salm·on |săm'ən| —*noun, plural* **salmon** **1.** Any of several large fish that live in northern waters. Its pink-

safe *adjetivo* **1.** Que está libre de peligro o daño; seguro; salvo; ileso. **2.** Que es improbable que cause daño; inofensivo; inocuo. **3.** Cuidadoso o cauteloso; prudente; prevenido. **4.** Sin posibilidades de que se rompa o descomponga; seguro; fiel; digno de confianza. **5.** Sin posibilidades de estar equivocado; seguro de que tiene razón; sin temor a equivocarse. **6.** En béisbol, el haber alcanzado una base sin haber sido eliminado. —*sustantivo* Envase fuerte de metal que se usa para proteger dinero, joyas u otros objetos valiosos; caja fuerte; caja de caudales.

safeguard *verbo* Proteger contra peligro o ataques; mantener libre de daño; estar en guardia; salvaguardar.

safety *sustantivo* Libertad de peligro o daño; seguridad.

safety pin Alfiler que está doblado o es curvo en un extremo, como para formar un resorte y, en cuyo otro extremo tiene una cavidad que cubre la punta del alfiler y la mantiene cerrada; imperdible; alfiler de seguridad; alfiler de gancho.

sag *verbo* **1.** Hundirse o colgar; combarse. **2.** Inclinarse o pender debido al peso o la presión; doblarse.

said Pretérito y participio pasado del verbo **say.**

sail *sustantivo* **1.** Pieza de tela fuerte que se ajusta al mástil, o palo vertical, de un barco o bote de manera de que reciba el viento y mueva el barco; vela. **2.** Algo que parece una vela o toma el viento como una vela, como las aspas de un molino de viento. **3.** Viaje en un barco o bote, especialmente en bote de vela; travesía. —*verbo* **1.** Viajar sobre o a través de agua; navegar. **2.** Operar o maniobrar un bote, especialmente un bote a vela. **3.** Comenzar un viaje a través del agua; zarpar. **4.** Mover suave y fácilmente; deslizarse; flotar: *The skaters were sailing along the ice.* = *Los patinadorse flotaban sobre el hielo.*

sailor *sustantivo* **1.** Alguien que es miembro de la tripulación de un barco, o que maniobra u opera un barco o bote; marinero; marino. **2.** Miembro de una armada, que no es un oficial; marinero.

saint *sustantivo* Santo: **1.** A veces **Saint** Persona muy buena y sagrada. La Iglesia Católica oficialmente designa como santos después de su muerte a aquellos que merecen un respeto especial. **2.** La persona que es buena, gentil y paciente.

sake *sustantivo* **1.** Razón; motivo; objeto; causa. **2.** Beneficio o conveniencia; ventaja.

salad *sustantivo* Plato hecho de lechuga, tomates, pepinos y otros vegetales crudos que a menudo se sirven con un aderezo; ensalada.

salary *sustantivo* Suma de dinero fija que se paga a alguien por realizar un trabajo; salario; sueldo; paga.

sale *sustantivo* **1.** El acto de vender; el intercambio de mercaderías por dinero; venta. **2.** Venta especial de productos por menos precio de lo que realmente cuestan; liquidación; precios especiales.

salesman *sustantivo* Hombre cuyo trabajo es vender productos o servicios; vendedor; dependiente de tienda; corredor de comercio.

salesperson *sustantivo* Vendedor o vendedora.

saleswoman *sustantivo* Mujer cuyo trabajo es vender productos o servicios; vendedora; dependiente de tienda; corredora de commercio.

saliva *sustantivo* Líquido acuoso producido en la boca por ciertas glándulas, que no tiene sabor, ayuda a la masticación manteniendo la boca húmeda y comienza la digestión; saliva.

salmon *sustantivo* **1.** Cualquiera de las varias clases de peces grandes que habitan las aguas del norte, de

ish flesh is used for food. **2.** A yellowish-pink or pink-ish-orange color.
—*adjective* Yellowish pink or pinkish orange.
salt |sôlt| —*noun, plural* **salts 1.** A white substance that is found in deposits in the earth and in sea water. **2.** A chemical substance or compound that is formed when acids come into contact with a base.
—*verb* **salted, salting 1.** To season or sprinkle with salt. **2.** To preserve food by treating with salt.

sa·lute |sə lōōt′| —*verb* **saluted, saluting 1.** To show respect in a formal manner by raising the right hand to the forehead or by shooting guns or cannons. **2.** To greet with polite or friendly words or gestures.
—*noun, plural* **salutes 1.** The act of saluting. **2.** The position of the right hand held up to the forehead in a formal gesture of respect.

sal·vage |săl′vĭj| —*verb* **salvaged, salvaging** To save something from being damaged or destroyed.
sal·va·tion |săl vā′shən| —*noun* **1.** The act or condition of saving from danger, loss, or destruction; rescue. **2.** Someone or something that saves or rescues.
same |sām| —*adjective* **1.** Being exactly like something else; identical. **2.** Being the very one as before and not another or different one. **3.** Not changed in any way.
—*pronoun* The identical person or thing.

sam·ple |săm′pəl| or |säm′pəl| —*noun, plural* **samples** A small part of something that shows what the whole thing is like.
—*verb* **sampled, sampling** To test or decide by trying a little of.

sanc·tu·ar·y |săngk′chōō ĕr′ē| —*noun, plural* **sanctuaries 1.** A holy place, such as a church or synagogue. **2.** Protection or safety. **3.** An area where animals and birds live and are protected.
sand |sănd| —*noun, plural* **sands** Very small, loose grains of worn or crushed rock.
—*verb* **sanded, sanding 1.** To sprinkle or cover with sand. **2.** To rub with sand or sandpaper in order to smooth a surface.
san·dal |săn′dl| —*noun, plural* **sandals** A kind of shoe that is made of a sole that is held or fastened to the foot by straps.
sand·wich |sănd′wĭch| or |săn′wĭch| —*noun, plural* **sandwiches** Two or more slices of bread with meat, cheese, peanut butter and jelly, or some other filling between them.
—*verb* **sandwiched, sandwiching** To squeeze or fit in tightly between two other things.
sand·y |săn′dē| —*adjective* **sandier, sandiest 1.** Full of, covered with, or like sand. **2.** Yellowish red in color.
sane |sān| —*adjective* **saner, sanest 1.** Having a normal and healthy mind; not crazy. Not being sane is a sickness and is treated by doctors. **2.** Having or showing good sense or common sense; sensible.
sang |săng| A past tense of the verb **sing.**
san·i·ta·tion |săn′ĭ tā′shən| —*noun* The different ways used to protect the health of people by keeping the places they live and work clean.

san·i·ty |săn′ĭ tē| —*noun* The condition of being sane; mental health.
sank |săngk| A past tense of the verb **sink.**
sap |săp| —*noun, plural* **saps** A liquid that flows through a plant and carries food to its different parts.

carne rosada, que se usa como alimento; salmón. **2.** Color amarillo-rosado o rosado-naranja; color salmón.
salt *sustantivo* **1.** Substancia blanca que se encuentra en depósitos en la tierra y en aguas marinas; sal. **2.** Substancia química o compuesto que se forma cuando los ácidos entran en contacto con una base.
—*verbo* **1.** Aderezar o salpicar con sal. **2.** Conservar comida por medio de la sal.

salute *verbo* **1.** Mostrar respeto de manera formal levantando la mano derecha hacia la frente o disparando revólveres o cañones; saludar. **2.** Recibir con palabras o gestos amables o amistosos; saludar; dar la bienvenida.
—*sustantivo* Saludo: **1.** El acto de saludar. **2.** La posición de la mano derecha mantenida sobre la frente en un gesto formal de respeto.

salvage *verbo* Salvar algo del destrozo o la destrucción; rescatar; recuperar.
salvation *sustantivo* Salvación: **1.** El acto o la condición de salvar del peligro, pérdida o destrucción; rescate. **2.** Alguien o algo que salva o rescata.
same *adjetivo* Mismo: **1.** Que es exactamente como otra cosa; idéntico; igual; uniforme. **2.** Que es el que era antes y no otro o uno diferente: *This is the same seat I had yesterday.* = *Este es el mismo asiento que ocupé ayer.* **3.** Que no ha cambiado en ninguna forma; igual.
—*pronombre* Persona o cosa idéntica; la misma cosa; de lo mismo: *He asked the waiter to bring him more of the same.* = *Le pidió al mozo que le trajera más de lo mismo.*

sample *sustantivo* Parte pequeña de algo que muestra cómo es el todo; muestra; modelo; espécimen.
—*verbo* Probar o decidir por medio de una pequeña prueba; gustar; probar; catar: *Sample these two cakes and tell me which you like better.* = *Prueba estas dos tortas y dime cuál te gusta más.*

sanctuary *sustantivo* **1.** Lugar sagrado, como una iglesia o una sinagoga; santuario. **2.** Protección o seguridad; asilo; refugio. **3.** Región en donde los animales y las aves viven protegidos; santuario.
sand *sustantivo* Granos muy pequeños y sueltos de roca desgastada o triturada; arena.
—*verbo* **1.** Rociar o cubrir con arena; enarenar. **2.** Frotar con arena o papel de lija a fin de emparejar una superficie; lijar; pulir.
sandal *sustantivo* Clase de zapato hecho de una suela que se adhiere o ajusta al pie por medio de tiras; sandalia; zapatilla.
sandwich *sustantivo* Dos o más rodajas de pan con carne, queso, manteca de maní y jalea, u otro relleno entre ellas; emparedado; bocadillo; sandwich.
—*verbo* Comprimir o hacer caber justo entre dos cosas.

sandy *adjetivo* **1.** Lleno de, o cubierto con, arena o como arena; arenoso. **2.** Amarillento rojizo en color; de color arena.
sane *adjetivo* **1.** Que tiene una mente normal y saludable; que no está loco; cuerdo; sensato. **2.** Que tiene o demuestra buen sentido común; razonable: *sane advice* = *consejo razonable.*
sang Pretérito del verbo **sing.**
sanitation *sustantivo* Las diferentes formas que se utilizan para proteger la salud de la gente manteniendo los lugares donde viven y trabajan limpios; sanidad; saneamiento.
sanity *sustantivo* La condición de estar cuerdo; salud mental; cordura; juicio; sensatez.
sank Pretérito del verbo **sink.**
sap *sustantivo* Líquido que fluye dentro de una planta y que lleva alimentos a todas sus partes; savia.

sap·phire |săf′ĭr| —*noun, plural* **sapphires** A hard, deep-blue stone used as a gemstone.

sar·cas·tic |sär kăs′tĭk| —*adjective* Using nasty, bitter remarks to make fun of someone or something or to hurt a person's feelings.

sash¹ |săsh| —*noun, plural* **sashes** A wide ribbon or piece of cloth that is worn around the waist or over the shoulder. A sash can be worn with a woman's dress and with certain military uniforms.

sash² |săsh| —*noun, plural* **sashes** A frame for the glass in a window or door.

sat |săt| The past tense and past participle of the verb **sit.**

sat·el·lite |săt′l ĭt′| —*noun, plural* **satellites 1.** A heavenly body, such as a star or planet, that moves in an orbit or circle around another, larger heavenly body. The moon is a satellite of the earth, and the earth is a satellite of the sun. **2.** A man-made object that is shot into space by a rocket and then orbits the earth or another heavenly body.

sat·is·fac·tion |săt′ĭs făk′shən| —*noun* The condition of being satisfied or fulfilled.

sat·is·fac·to·ry |săt′ĭs făk′tə rē| —*adjective* Good enough to satisfy or fill a need or requirement; adequate but not excellent.

sat·is·fy |săt′ĭs fī′| —*verb* **satisfied, satisfying 1.** To give or get enough to fill the needs or desires of. **2.** To set free from doubt; answer or convince.

sat·u·rate |săch′ə rāt′| —*verb* **saturated, saturating** To soak or become soaked; fill completely.

Sat·ur·day |săt′ər dē| or |săt′ər dā′| —*noun, plural* **Saturdays** The seventh day of the week.

Sat·urn |săt′ərn| A planet of our solar system. It is the sixth in distance from the sun. Saturn is surrounded by rings.

sauce |sôs| —*noun, plural* **sauces** A soft or liquid dressing that is served with food to make it taste better.

sau·cer |sô′sər| —*noun, plural* **saucers** A small, shallow dish for holding a cup.

sau·sage |sô′sĭj| —*noun, plural* **sausages** Chopped pork or other meats that are mixed with spices and stuffed into a thin case that is shaped like a tube.

sav·age |săv′ĭj| —*adjective* **1.** Not tamed; wild. **2.** Cruel and fierce; ferocious; frightening.

save |sāv| —*verb* **saved, saving 1.** To rescue from harm or danger; make safe. **2.** To keep or set aside money or something else for use in the future; store up. **3.** To keep safe from harm, danger, or loss; protect. **4.** To keep from or avoid wasting or spending.

sav·ing |sā′vĭng| —*noun* **1.** An amount saved. **2. savings** An amount of money saved.

saw¹ |sô| —*noun, plural* **saws** A tool or machine with a thin metal blade that has sharp teeth on one edge. It is used for cutting wood, metal, or other hard materials. —*verb* **sawed, sawed** or **sawn, sawing** To cut or be cut with a saw.

saw² |sô| A past participle of the verb **see.**

sawn |sôn| A past participle of the verb **saw.**

sax·o·phone |săk′sə fōn′| —*noun, plural* **saxophones** A musical wind instrument that has a sharply curved metal body, a reed fitted into the mouthpiece, and keys going up and down the body. It is played by blowing into the mouthpiece while pushing down on the different keys with the fingers.

say |sā| —*verb* **said, saying 1.** To speak out loud; talk. **2.** To put into or express in words.

say·ing |sā′ĭng| —*noun, plural* **sayings** A short statement or proverb. It is usually well known and contains some wisdom or truth.

---

sapphire *sustantivo* Piedra, usada como gema, de color azul profundo; zafiro.

sarcastic *adjetivo* Que hace comentarios desagradables y ásperos para burlarse de alguien o algo, o que ofende los sentimientos de una persona; sarcástico; mordaz.

sash¹ *sustantivo* Cinta ancha o pedazo de tela que se usa alrededor de la cintura o sobre el hombro en un vestido de mujer o en ciertos uniformes militares; banda; cinturón; faja.

sash² *sustantivo* El marco para el vidrio, en una ventana o puerta; marco de la ventana.

sat Pretérito y participio pasado del verbo **sit.**

satellite *sustantivo* Satélite: **1.** Cuerpo celeste, como una estrella o planeta, que se mueve en una órbita o círculo alrededor de otro cuerpo celeste más grande. **2.** Objeto hecho por el hombre que se envía al espacio por medio de un cohete y se mantiene en órbita alrededor de la Tierra u otro cuerpo celeste.

satisfaction *sustantivo* La condición de estar satisfecho o realizado; satisfacción.

satisfactory *adjetivo* Bueno como para satisfacer o llenar una necesidad o requerimiento; adecuado, pero no excelente; satisfactorio; satisfaciente.

satisfy *verbo* **1.** Dar o recibir lo suficiente como para llenar las necesidades o deseos; satisfacer. **2.** Quitar la duda; responder o convencer.

saturate *verbo* Remojar o hacer que se remoje; llenar completamente; saturar; empapar.

Saturday *sustantivo* Sábado.

Saturn *sustantivo* Planeta de nuestro sistema solar, sexto en distancia al sol, rodeado de anillos; Saturno.

sauce *sustantivo* Aderezo líquido o blando que se sirve con las comidas a fin de que tengan mejor sabor; salsa.

saucer *sustantivo* Plato playo, pequeño, en el que se sostiene una taza; platillo.

sausage *sustantivo* Carne de cerdo picada, u otras carnes, que se mezcla con especias y se embute en una tripa fina que tiene forma de tubo; salchicha; chorizo; embutido.

savage *adjetivo* **1.** Que no está domesticado; silvestre; bravío; indómito; salvaje. **2.** Cruel y feroz; violento; aterrador.

save *verbo* **1.** Rescatar del peligro o daño; hacer que no cause daño; salvar. **2.** Guardar o poner aparte dinero o alguna otra cosa para el futuro; almacenar; ahorrar. **3.** Mantener libre de daño, peligro o pérdida; proteger; resguardar; cuidar. **4.** Impedir o evitar el malgaste o la pérdida; ahorrar: *save time = ahorrar tiempo.*

saving *sustantivo* **1.** Una cantidad ahorrada; ahorro. **2. savings** Cantidad de dinero ahorrada; ahorros.

saw¹ *sustantivo* Herramienta o máquina que tiene una hoja de metal fina con dientes en un borde y que se usa para cortar madera, metal u otros materiales duros; sierra; serrucho. —*verbo* Cortar, o ser cortado, con una sierra o serrucho; aserrar; serrar.

saw² Participio pasado del verbo **see.**

sawn Participio pasado del verbo **saw.**

saxophone *sustantivo* Instrumento musical de aire que tiene un tubo cónico de metal encorvado, una caña ajustada a la boquilla y llaves a lo largo del tubo. Se toca soplando por la boquilla y apretando las diferentes llaves con los dedos; saxófono.

say *verbo* **1.** Hablar en voz alta; conversar; decir. **2.** Poner o expresar en palabras; manifestar; formular.

saying *sustantivo* Sentencia corta o proverbio, usualmente conocido, que contiene sabiduría; dicho; refrán.

ər butt**er**   yōō abuse   ou **out**   ŭ **cut**   û **fur**   *th* **the**   th **thin**   hw **which**   zh **vision**   ə **ago, item, pencil, atom, circus**

scab |skăb| —*noun, plural* **scabs** A crust that forms over a wound or sore to protect it while it heals.

scaf·fold |skăf′əld| or |skăf′ōld′| —*noun, plural* **scaffolds** A platform that is used to support people who are constructing or repairing a building.

scale¹ |skāl| —*noun, plural* **scales** 1. One of the small, thin parts that form the skin of fish and reptiles. 2. A dry, thin flake or crust of paint, rust, dandruff, or other material.
—*verb* **scaled, scaling** To remove the scales from.

scale² |skāl| —*noun, plural* **scales** 1. A series of marks placed at equally spaced distances along a line. It is used on different measuring devices. 2. The size of a model, drawing, or map compared with the actual size of what it represents. 3. A series of steps, degrees, or stages. 4. The different or relative size or extent on which many things can be done. 5. In music, a series of tones that go up or down in pitch. Most of them are made up of the eight notes in an octave.
—*verb* **scaled, scaling** 1. To climb up to the top of or climb over. 2. To adjust or change by a certain amount.

scale³ |skāl| —*noun, plural* **scales** An instrument or machine for weighing. It works by measuring or balancing the weight of an object against the force of a spring.

scal·lop |skŏl′əp| or |skăl′əp| —*noun, plural* **scallops** 1. A sea animal with a soft body and a double shell that is shaped like a fan. The muscle of the scallop is used as food. 2. One of a series of curves that form a fancy border.

scalp |skălp| —*noun, plural* **scalps** The skin that covers the top of the head. It is usually covered with hair.

scan |skăn| —*verb* **scanned, scanning** To look at or examine something closely.

scan·dal |skăn′dl| —*noun, plural* **scandals** 1. A wrong or immoral action that shocks people and disgraces those persons who did it. 2. Gossip or talk that harms a person's reputation.

scant |skănt| —*adjective* **scanter, scantest** 1. Not enough in quantity or size. 2. Just being short of; not quite.

scar |skär| —*noun, plural* **scars** 1. A mark left on the skin after a cut or wound has healed. 2. Any mark like this.
—*verb* **scarred, scarring** To mark with or form a scar.

scarce |skârs| —*adjective* **scarcer, scarcest** Hard to get or find; not enough.

scarce·ly |skârs′lē| —*adverb* 1. Almost not at all; barely. 2. Certainly not.

scare |skâr| —*verb* **scared, scaring** 1. To frighten or become frightened or afraid. 2. To frighten or drive away.
—*noun, plural* **scares** 1. A sudden feeling of fear. 2. A condition of widespread fear or panic.

scare·crow |skâr′krō′| —*noun, plural* **scarecrows** A figure of a person that is dressed in old clothes. It is set up in a field to scare crows and other birds away from crops.

scarf |skärf| —*noun, plural* **scarfs** or **scarves** A piece of cloth worn around the neck or head for warmth or decoration.

scar·let |skär′lĭt| —*noun, plural* **scarlets** A bright

scab *sustantivo* Costra que se forma sobre una herida o llaga para protegerla mientras se cura; postilla.

scaffold *sustantivo* Plataforma que se usa para sostener a la gente que construye o repara un edificio; andamio; andamiaje.

scale¹ *sustantivo* 1. Una de las partes pequeñas y delgadas que forman la piel de los peces y reptiles; escama. 2. Hojuela o pedacito seco y delgado de pintura, óxido, caspa u otro material; escama; placa.

scale² *sustantivo* 1. La serie de marcas que aparecen espaciadas a distancias iguales en una línea, y que se usa en diferentes aparatos de medición; escala: *This ruler has two scales, inches on one side and centimeters on the other.* = *Esta regla tiene dos escalas, pulgadas en un lado y centímetros en el otro.* 2. La medida de un modelo, dibujo o mapa comparada con la medida real de lo que representa; escala; proporción: *The map of the United States is drawn to a scale in which every inch stands for fifty miles.* = *El mapa de los Estados Unidos está hecho en una proporción en la cual cada pulgada representa cincuenta millas.* 3. La serie de escalones, grados o divisiones; escala. 4. La cantidad o medida relativa en la cual se puede hacer una cosa; escala. 5. En música, la serie de tonos que suben o bajan en sonido la mayoría de los cuales están hechos de las ocho notas en una octava; escala.
—*verbo* 1. Subir hacia el tope o trepar; escalar; ascender. 2. Ajustar o cambiar en una cierta cantidad; aumentar o disminuir (según el caso).

scale³ *sustantivo* Instrumento o máquina para pesar que funciona midiendo o balanceando el peso de un objeto contra la fuerza de un resorte; escala; balanza.

scallop *sustantivo* 1. Animal marino de cuerpo blando y caparazón doble con forma de abanico, cuyos músculos se utilizan como alimento; concha; venera. 2. Una de las series de ondas que adornan ciertos bordes; festón.

scalp *sustantivo* La piel que cubre la parte superior de la cabeza y que usualmente está cubierta de pelo; cuero cabelludo.

scan *verbo* Mirar o examinar algo de cerca; escudriñar; escrutar.

scandal *sustantivo* Escándalo: 1. Acción mala o inmoral que sacude a la gente y deshonra a aquellos que la cometieron; ignominia. 2. Chisme o habladuría que arruina la reputación de una persona.

scant *adjetivo* Escaso: 1. Insuficiente en cantidad o medida; poco; magro. 2. Que no alcanza; menos que: *We're a scant three miles from home.* = *Estamos a escasas tres millas de casa.*

scar *sustantivo* 1. Marca que queda en la piel después que una cortadura o herida se ha sanado; cicatriz; costurón. 2. Cualquier marca así descripta; cicatriz.
—*verbo* Marcar o formar una cicatriz; rayar.

scarce *adjetivo* Que es difícil de conseguir o encontrar; insuficiente; escaso.

scarcely *adverbio* 1. Casi sin poder; apenas; escasamente. 2. Ciertamente no; probablemente no: *Alvin would scarcely do anything like that.* = *Alvin ciertamente no haría una cosa como esa.*

scare *verbo* 1. Espantar o espantarse o asustarse; asustar; amedrentar. 2. Intimidar o ahuyentar.
—*sustantivo* 1. Sentimiento repentino de susto; miedo; espanto. 2. Condición generalizada de pánico o miedo; alarma; inquietud.

scarecrow *sustantivo* Figura de persona que se viste con ropas viejas y se coloca en un campo para ahuyentar a los cuervos y otros pájaros del sembrado; espantapájaros.

scarf *sustantivo* Pedazo de tela que se usa alrededor del cuello o cabeza para dar calor o como decoración; bufanda; chalina; pañuelo de cuello.

scarlet *sustantivo* Color rojo brillante; escarlata;

ă pat ā pay â care ä father ĕ pet ē be ĭ pit ī pie î fierce ŏ pot ō go ô paw, for oi oil ŏŏ book ōō boot

red color.

—*adjective* Bright red.

scarves | skärvz | A plural of the noun **scarf.**

scar·y | skär′ē |—*adjective* **scarier, scariest** Causing fear or alarm; frightening.

scat·ter | skăt′ər |—*verb* **scattered, scattering 1.** To separate and go or cause to separate and go in different directions. **2.** To spread or throw about.

scene | sēn | —*noun, plural* **scenes 1.** A view of a place or area; sight. **2.** The place where something happens. **3.** A part or section of an act in a play or of a movie. **4.** A showing or display of strong feelings, such as a temper tantrum, in front of other people.

scen·er·y | sē′nə rē | —*noun, plural* **sceneries 1.** The general appearance of a place; landscape. **2.** The painted structures or curtains on a stage during a play.

scent | sĕnt | —*noun, plural* **scents 1.** A particular smell. **2.** The means or trail by which someone or something can be found. **3.** The sense of smell.

scep·ter | sĕp′tər |—*noun, plural* **scepters** A rod or staff that is held by a queen or king. It is a symbol of authority.

sched·ule | skĕj′ōōl | or | skĕj′ōō əl | or | skĕj′əl | —*noun, plural* **schedules 1.** A listing of events, things to do, or the times something should be finished by. **2.** The times when airplanes, trains, or other types of transportation are supposed to arrive or depart.
—*verb* **scheduled, scheduling** To put in or plan a schedule.

scheme | skēm | —*noun, plural* **schemes 1.** A plan for doing something. **2.** An orderly arrangement or combination.
—*verb* **schemed, scheming** To plan or plot.

schol·ar | skŏl′ər |—*noun, plural* **scholars 1.** A person who has a great deal of knowledge. **2.** A pupil or student.

schol·ar·ship | skŏl′ər shĭp′ |—*noun, plural* **scholarships 1.** Money given to students so that they can continue their education. Scholarships are usually given out on the basis of personal achievement or need. **2.** Knowledge or learning in a particular field.

school¹ | skōōl | —*noun, plural* **schools 1.** A place for teaching and learning. **2.** A division or department for teaching or studying a particular field within a college or university. **3.** The process of being educated at a school; attendance at a school.
—*verb* **schooled, schooling** To teach or train.

school² | skōōl | —*noun, plural* **schools** A large group of fish or other water animals swimming together.

schwa | shwä | or | shvä | —*noun, plural* **schwas** A symbol (ə) used in English for certain vowel sounds that are spoken in syllables with no stress. For example, the sounds of *a* in *alone* and *e* in *linen* are represented by a schwa.

sci·ence | sī′əns |—*noun, plural* **sciences 1.** Knowledge about nature and the universe. **2.** Any particular branch or area of knowledge in which observation, experiments, and study are used. Biology, chemistry, physics, economics, and agriculture are all sciences.

sci·en·tif·ic | sī′ən tĭf′ĭk |—*adjective* **1.** Having to do with or used in science. **2.** Having or using the facts, laws, or methods of science.

sci·en·tist | sī′ən tĭst | —*noun, plural* **scientists** Someone who has a great knowledge of a particular branch of science.

scis·sors | sĭz′ərz |—*plural noun* A cutting tool that has two sharp blades, each with a ring-shaped handle for a finger.

scold | skōld | —*verb* **scolded, scolding 1.** To find fault with. **2.** To yell at or speak angrily to.

carmesí.

—*adjetivo* Rojo brillante; escarlata; carmesí.

scarves Plural del sustantivo **scarf.**

scary *adjetivo* Que causa miedo o alarma; alarmante; pavoroso.

scatter *verbo* **1.** Separar e ir, o causar la separación e ida en diferentes direciones; dispersar; diseminar o dispersarse. **2.** Esparcir o tirar alrededor de uno; desparramar.

scene *sustantivo* **1.** La vista de un lugar o área; paisaje; panorama; paraje. **2.** El lugar en donde ocurre algo; escena. **3.** Parte o sección de un acto en una obra o película; escena. **4.** Muestra o exhibición de sentimientos fuertes, como una rabieta; hacer una escena; armar un escándalo.

scenery *sustantivo* **1.** Apariencia general de un lugar; vista; paisaje; panorama. **2.** Los telones pintados en un escenario durante una obra; escenografía.

scent *sustantivo* **1.** Olor particular; aroma; fragancia. **2.** Los medios o rastros por los cuales alguien o algo puede ser encontrado; huella; indicio; pista. **3.** El sentido del olfato.

scepter *sustantivo* Vara o bastón sostenido por una reina o rey y que es un símbolo de autoridad; cetro.

schedule *sustantivo* **1.** Lista de sucesos, cosas para hacer, o el horario en el cual algo debe ser realizado; programa; esquema; plan. **2.** Horas a las cuales los aeroplanos, trenes u otros tipos de transporte están supuestos a llegar o partir; horario.
—*verbo* Establecer o planear un programa; proyectar; programar.

scheme *sustantivo* **1.** Plan para hacer algo; esquema; proyecto. **2.** Arreglo metódico o combinación; disposición; arreglo.
—*verbo* Planear o atentar; urdir; tramar.

scholar *sustantivo* **1.** Persona que tiene un vasto conocimiento; erudito; hombre de letras. **2.** Alumno o estudiante; escolar; colegial.

scholarship *sustantivo* **1.** Dinero que se entrega a estudiantes a fin de que puedan continuar su educación y que usualmente se da según el logro personal o necesidad; beca; ayuda económica. **2.** Conocimiento o aprendizaje en un campo particular; erudición; saber.

school¹ *sustantivo* **1.** Lugar de enseñanza y estudio; escuela; colegio. **2.** Departamento o división dentro de un colegio o universidad para la enseñanza o estudio de un área de especialidad. **3.** El proceso de ser educado en una escuela; concurrencia a las clases; la escuela; el colegio.
—*verbo* Enseñar o entrenar; educar; ejercitar.

school² *sustantivo* Grupo grande de peces u otros animales que nadan juntos; cardumen.

schwa *sustantivo* Símbolo (ə) usado en inglés para el sonido de ciertas vocales que se pronuncian en sílabas sin acentuación. Por ejemplo, los sonidos de *a* en *alone*, y *e* en *linen* se representan con este símbolo.

science *sustantivo* **1.** Conocimiento acerca de la naturaleza y el universo; ciencia. **2.** Cualquier división o área particular del conocimiento en la cual se usan la observacion, experimentación y estudio como la biología, química, física, economía y agricultura.

scientific *adjetivo* Científico: **1.** Que tiene que ver o se usa en la ciencia. **2.** Que tiene o utiliza hechos, leyes o métodos de la ciencia.

scientist *sustantivo* El que tiene un gran conocimiento en un área particular de las ciencias; científico.

scissors *sustantivo* Instrumento de cortar que tiene dos hojas afiladas, cada una con un mango redondo por donde se introduce un dedo; tijeras.

scold *verbo* **1.** Encontrar una falla; regañar; reñir. **2.** Gritar o hablar enojadamente; reprender.

ər butter   yōō abuse   ou out   ŭ cut   û fur   *th* the   th thin   hw which   zh vision   ə ago, item, pencil, atom, circus

scope |skōp| —*noun, plural* **scopes** The range of a person's ideas, actions, understanding, or ability.

score |skôr| or |skōr| —*noun, plural* **scores** 1. A record of the points made in a game, contest, or test. 2. A set or group of something that has twenty items. 3. The written or printed form of music. It contains all the parts for instruments and voices. 4. A wrong that a person must revenge. —*verb* **scored, scoring** 1. To make points in a game, contest, or test. 2. To keep a record of the points made.

scorn |skôrn| —*verb* **scorned, scorning** To treat someone or something as worthless or bad; look down on. —*noun* A feeling that someone or something is worthless, bad, or inferior.

scor·pi·on |skôr′pē ən| —*noun, plural* **scorpions** An animal related to the spiders. A scorpion has a narrow body and a long tail with a stinger that carries poison.

Scotch whisky A smoky-flavored whiskey prepared in Scotland from malted barley, the malt having been dried over a peat fire.

scout |skout| —*noun, plural* **scouts** Someone who is sent out from a group to gather and bring back information. —*verb* **scouted, scouting** To look at and observe carefully in order to gather and bring back information.

scram·ble |skrăm′bəl| —*verb* **scrambled, scrambling** 1. To move quickly, especially by climbing or crawling. 2. To struggle or compete with others for something. 3. To mix together in a confused way. 4. To cook eggs by mixing the yolks and the whites together and frying the mixture. —*noun, plural* **scrambles** 1. A difficult climb or hike. 2. A struggle or competition for something.

scrap |skrăp| —*noun, plural* **scraps** 1. A tiny piece; a little bit. 2. **scraps** Leftover bits of food. 3. Material that is left over or thrown out, especially metal that can be used for something else. —*verb* **scrapped, scrapping** To throw out as useless.

scrape |skrāp| —*verb* **scraped, scraping** 1. To rub a surface with something in order to clean, smooth, or shape it. 2. To remove material from a surface by rubbing. 3. To hurt or scratch the skin or other surface by rubbing against something rough or sharp. 4. To make a harsh, grating sound by rubbing something on a surface. —*noun, plural* **scrapes** 1. An injury, mark, or scratch made by scraping. 2. A harsh grating sound. 3. A difficult situation or a fight.

scratch |skrăch| —*verb* **scratched, scratching** 1. To make a thin, shallow cut or mark on a surface with something sharp. 2. To rub or scrape to stop itching. 3. To dig, scrape, or hurt someone or something with fingernails, claws, or anything sharp. 4. To make a harsh sound by rubbing something on a surface. 5. To write, draw, or mark with something pointed. 6. To strike out by drawing a line through. —*noun, plural* **scratches** 1. A thin, shallow cut or mark made by scratching. 2. A harsh, scraping sound. *Idiom* **from scratch** From the beginning or from nothing.

scope *sustantivo* Campo de esfera de las ideas, acciones, entendimiento y habilidad de una persona; alcance.

score *sustantivo* 1. Registro de los puntos ganados en un juego, competencia o examen; resultados; puntos; tantos. 2. Grupo o conjunto de algo que es veinte en cantidad; veintena: *a score of people* = *una veintena de personas.* 3. Música, en forma escrita o impresa; que contiene las partes de todos los instrumentos y también las voces; partitura. 4. Ofensa de la cual una persona debe vengarse; ajuste de cuentas. —*verbo* 1. Hacer tantos en un juego, competencia o examen; marcar. 2. Mantener el registro de los tantos hechos; apuntar; anotar.

scorn *verbo* Tratar mal a alguien o algo como si no tuviera valor; desdeñar; despreciar; menospreciar. —*sustantivo* Sentimiento de que alguien o algo no tiene valor, o es malo o inferior; desdén; desprecio; menosprecio.

scorpion *sustantivo* Animal emparentado con las arañas, que tiene un cuerpo angosto y cola larga con un aguijón que tiene veneno; escorpión; alacrán.

Scotch whisky Whisky de sabor ahumado que se prepara en Escocia con cebada malteada. Para este fin la cebada se seca sobre un fuego hecho de turba; whisky escocés.

scout *sustantivo* Alguien de un grupo a quien se envía para juntar y traer información; explorador. —*verbo* Mirar y observar cuidadosamente a fin de juntar y traer información; explorar; reconocer; registrar.

scramble *verbo* 1. Moverse con rapidez, sobre todo trepando o arrastrándose. 2. Luchar o combatir. 3. Mezclar en forma confusa; revolver. 4. Preparar huevos mezclando las yemas con las claras y friendo la mezcla; hacer huevos revueltos o revoltillo de huevos. —*sustantivo* 1. Excursión o escalamiento difícil. 2. Lucha o competencia por algo.

scrap *sustantivo* 1. Pedazo muy pequeño; trocito. 2. **scraps** Cantidades pequeñas de sobras de comidas; restos; sobras. 3. Material que sobra o se desecha, generalmente pedazos de metal que pueden ser utilizados para algún otro fin; desecho; chatarra. —*verbo* Tirar por inútil; desechar; descartar.

scrape *verbo* 1. Frotar una superficie para limpiarla, alisarla o darle forma; raspar. 2. Eliminar una sustancia de una superficie raspándola; raspar. 3. Lastimar o arañar la piel frotándola contra una superficie áspera o un objeto puntiagudo; producir un rasponazo; arañar. 4. Producir un sonido penetrante y generalmente desagradable al rayar algo contra una superficie. —*sustantivo* 1. Lesión, marca o arañazo provocado al raspar una parte del cuerpo. 2. El sonido penetrante y generalmente desagradable que suele producirse cuando se raspa algo. 3. Situación difícil o pelea enconada; aprieto; trifulca.

scratch *verbo* 1. Hacer cortes o marcas delgadas y superficiales con algún objeto puntiagudo; rayar; arañar. 2. Frotar o raspar para aliviar el prurito o escozor; rascar, rascarse. 3. Hurgar en la tierra, lastimar a alguien o dañar una superficie si se hace con las uñas, con las garras o con un objeto puntiagudo cualquiera; arañar; rayar. 4. Producir un sonido penetrante y generalmente desagradable frotando algo contra una superficie; rayar; raspar; arañar. 5. Escribir, dibujar o marcar una superficie con un objeto puntiagudo; rayar; grabar; arañar. 6. Eliminar un dibujo o escrito trazando rayas sobre el mismo; tachar. —*sustantivo* 1. Corte o marca delgada y superficial que se produce al rayar o arañar; raya; arañazo. 2. Sonido penetrante y generalmente desagrable que se pro-

scream |skrēm| —*verb* **screamed, screaming** To make a loud, sharp, piercing cry or sound. People scream when they are in pain and when they are frightened, excited, or happy.
—*noun, plural* **screams** A loud, piercing cry or sound.

screech |skrēch| —*verb* **screeched, screeching** To make a shrill, harsh cry or sound.
—*noun, plural* **screeches** A shrill, harsh cry or sound.

screen |skrēn| —*noun, plural* **screens** 1. A frame covered with wire mesh. It is used in windows and doors to keep out insects. 2. A covered, movable frame that is used to separate, hide, or protect. 3. Anything that separates or hides like a screen. 4. A large, flat, white surface on which slides or movies are shown.
—*verb* **screened, screening** 1. To hide or protect. 2. To separate with a screen.

screw |skrōō| —*noun, plural* **screws** A kind of nail having one long ridge winding around its length. It has a slot in the head so that it can be turned by a screwdriver. It is used to fasten things.
—*verb* **screwed, screwing** 1. To fasten, attach, or tighten with a screw or screws. 2. To attach by twisting into place.

screw·driv·er |skrōō′drī′vər| —*noun, plural* **screwdrivers** A tool used to turn screws.

script |skrĭpt| —*noun, plural* **scripts** 1. Letters or symbols written by hand; handwriting. 2. A kind of print that looks like handwriting. 3. The written text of a play, movie, or television or radio show; manuscript. It contains the lines and speeches of all the actors and actresses.

scroll |skrōl| —*noun, plural* **scrolls** 1. A roll of paper, parchment, or other material that has writing on it. Each end of it is rolled around a rod or cylinder. 2. A design that looks like a scroll or spiral curve.

scrub |skrŭb| —*verb* **scrubbed, scrubbing** To clean by rubbing hard.
—*noun, plural* **scrubs** The act of scrubbing.

sculp·tor |skŭlp′tər| —*noun, plural* **sculptors** A person who carves, molds, or makes sculptures.

sculp·ture |skŭlp′chər| —*noun, plural* **sculptures** 1. The art of making or modeling figures, such as a statue. It is done by shaping clay, carving or chiseling blocks of wood or stone, or casting or pouring liquid metal into a mold. 2. A piece of art made this way.

scur·vy |skûr′vē| —*noun* A disease that is caused by lack of vitamin C in the diet. People with scurvy have bleeding gums, feel weak, and get spots on the skin.

scythe |sīth| —*noun, plural* **scythes** A tool with a long, curved blade attached to a long, bent handle. It is used for mowing and reaping.

sea |sē| —*noun, plural* **seas** 1. The large body of salt water that covers about three fourths of the earth's surface; ocean. 2. a. A large area of an ocean that has land on some of its sides, such as the Mediterranean Sea. b. A very large lake having either salt or fresh water. 3. Often **seas** The movement of the ocean's waters, especially its current or the swell of waves. 4. A very large number or amount of something.

sea·board |sē′bôrd′| or |sē′bōrd′| —*noun* Land near the sea.

sea·food |sē′fōōd′| —*noun* Any fish or shellfish eaten as food.

duce al rayar, arañar o raspar.
Modismo **from scratch** Comenzar a hacer algo desde el principio.

scream *verbo* Emitir un grito o sonido fuerte, agudo y penetrante, como cuando se siente mucho dolor, miedo, o se está muy excitado y eufórico; gritar.
—*sustantivo* Grito o sonido fuerte y penetrante como el descripto; alarido; chillido; chirrido.

screech *verbo* Emitir un grito o sonido agudo y penetrante; clamar; chillar; chirriar.
—*sustantivo* Grito o sonido como el descripto.

screen *sustantivo* 1. Marco cubierto por una malla de alambres muy finos que se coloca en puertas y ventanas para impedir la entrada de los insectos; tela metálica. 2. Tabique u otro objeto consistente en un marco móvil y cubierto de tela u otro material opaco que se usa para separar dos partes de un local cualquiera, o para ocultar o proteger algo; mampara. 3. Cualquier cosa que sirve o divide como una partición; división. 4. Superficie grande, plana y blanca en la que se proyectan películas cinematográficas o transparencias; pantalla.
—*verbo* 1. Ocultar o proteger; tapar; cubrir. 2. Separar o dividir con una mampara.

screw *sustantivo* Especie de clavo provisto de rosca que se introduce o extrae dándole vueltas con un destornillador; tornillo.
—*verbo* 1. Unir o ajustar mediante tornillos. atornillar. 2. Unir una pieza a otra enroscándola en su lugar; enroscar.

screwdriver *sustantivo* Herramienta que se emplea para poner y quitar tornillos; destornillador.

script *sustantivo* 1. Letras o símbolos trazados a mano; escritura manuscrita; manuscrito. 2. Tipo de letra que se usa en imprenta y que se asemeja a la escritura manuscrita. 3. Texto que incluye todo lo que tienen que decir los actores y actrices en una obra teatral, cinematográfica, televisada o radial; guión.

scroll *sustantivo* 1. Rollo de papel, de pergamino o de otro material que lleva algo escrito y que se enrolla en torno a una vara u otro objeto cilíndrico; pergamino. 2. Diseño o figura semejante a un rollo o espiral.

scrub *verbo* Limpiar algo o a alguien frotándolo con fuerza; restregar.
—*sustantivo* Acción de restregar o frotar con fuerza.

sculptor *sustantivo* Persona que talla, modela o hace esculturas; escultor.

sculpture *sustantivo* Escultura: 1. Arte de hacer figuras tales como estatuas, ya sea modelando arcilla, tallando madera o piedra, o vertiendo metal fundido en un molde. 2. Obra de arte hecha con cualquiera de las técnicas o métodos descriptos.

scurvy *sustantivo* Enfermedad provacada por la falta de vitamina C, cuyos síntomas son sangramiento de las encías, debilidad y la aparición de manchas en la piel; escorbuto.

scythe *sustantivo* Herramienta o implemento agrícola de hoja larga y curva que va fija a un mango largo y no muy recto, y que se usa para podar y cosechar; guadaña.

sea *sustantivo* Mar: 1. Gran extensión de agua salada que cubre unas tres cuartas partes de la superficie terrestre. 2. a. Parte grande de un océano que da a la tierra por alguno de sus lados. b. Lago muy grande, ya sea de agua salada o dulce. 3. A veces **seas** Movimiento de las aguas del mar, especialmente de las corrientes marinas o del oleaje y las mareas. 4. Número o cantidad enorme de cualquier cosa; un mar: *I saw a sea of faces.* = *Vi un mar de rostros.*

seaboard *sustantivo* Tierra próxima al mar; tierra o territorio costero; costa.

seafood *sustantivo* Cualquier animal marino comestible, ya sea un pez o un marisco.

ər butter   yōō abuse   ou out   ŭ cut   û fur   *th* the   th thin   hw which   zh vision   ə ago, item, pencil, atom, circus

seal¹ |sēl| —*noun, plural* **seals 1.** A design that is stamped or imprinted on wax or other soft material. It is used as an official mark of identification or ownership. **2.** An instrument or device used to stamp or imprint such a design. **3.** A small piece of wax, metal, or paper that has such a design stamped on it. **4.** Something that fastens firmly or closes completely. **5.** A small paper sticker or stamp used to close or decorate an envelope.
—*verb* **sealed, sealing 1.** To put a seal on. **2.** To close tightly; fasten. **3.** To decide or settle; make a sign that something has been agreed or decided.

seal² |sēl| —*noun, plural* **seals** or **seal** A sea mammal whose body is streamlined and covered with thick fur. Seals have flippers that can be used as paddles.

sea lion Any of several kinds of seal that are found in the Pacific Ocean. The sea lion has a sleek body and brownish hair.

seam |sēm| —*noun, plural* **seams 1.** A line formed by sewing together two pieces of leather, cloth, or other soft material at their edges. **2.** Any line across a surface, such as a crack or wrinkle.
—*verb* **seamed, seaming** To join together with a seam.

sea·man |sē′mən| —*noun, plural* **seamen 1.** A sailor. **2.** A sailor of the lowest rank in the navy.

seam·stress |sēm′strĭs| —*noun, plural* **seamstresses** A woman whose job is sewing.

sea·port |sē′pôrt′| or |sē′pōrt′| —*noun, plural* **seaports 1.** A harbor or port that is used by large ships. **2.** A city or town having a harbor or port.

search |sûrch| —*verb,* **searched, searching** To look for carefully; try to find something; seek out.
—*noun, plural* **searches** The act of searching or seeking; examination.

sea·sick |sē′sĭk′| —*adjective* Feeling dizzy and sick in the stomach because of the side-to-side motion of a ship or boat.

sea·son |sē′zən| —*noun, plural* **seasons 1.** One of the four parts of the year; spring, summer, autumn, or winter. **2.** A part of the year when a certain event or activity happens.
—*verb* **seasoned, seasoning** To give food extra flavor by adding seasonings.

sea·son·ing |sē′zə nĭng| —*noun, plural* **seasonings** Anything that is added to food to bring out its flavor or to give it extra flavor.

seat |sēt| —*noun, plural* **seats 1.** Something to sit on, such as a chair, sofa, or bench. **2.** A place in which someone may sit. **3.** The part of a chair, bench, or other object on which one sits. **4.** That part of the body on which one sits or the clothes covering it. **5.** A capital or center of something. **6.** Membership in an organization.
—*verb* **seated, seating 1.** To place in or on a seat. **2.** To have seats for.

seat belt A belt or strap made to hold a person safely in the seat of an automobile or airplane in case of a bump, jolt, or accident.

sec·ond¹ |sĕk′ənd| —*noun, plural* **seconds** One of the sixty parts of a minute; a unit of time equal to ¹⁄₆₀ of a minute.

seal¹ *sustantivo* Sello: **1.** Diseño que se estampa o imprime en cera u otra sustancia blanda y que sirve como marca o identificación oficial de la persona o entidad a que pertenece; escudo de armas; emblema; cuño oficial. **2.** Instrumento u objeto con que se estampa o imprime un diseño como el descripto. **3.** Pedazo pequeño de cera, metal o papel que muestra dicho diseño estampado o impreso. **4.** Algo que fija o adhiere fuertemente, o que cierra por completo; sello de goma o plástico; tapón. **5.** Estampilla o pedazo pequeño de papel adhesivo que sirve para cerrar o adornar un sobre.
—*verbo* Sellar: **1.** Poner sello. **2.** Cerrar herméticamente. **3.** Decidir; resolver; culminar.

seal² *sustantivo* Mamífero marino de contornos suaves, cubierto por una piel muy espesa, y cuyas cortas patas delanteras tienen forma de paletas; foca.

sea lion Cualquiera de las variedades de la foca que habitan en el Océano Pacífico, y que se caracterizan por tener el cuerpo estilizado y el pelaje de color marrón; león marino.

seam *sustantivo* **1.** Línea que se forma al unir, cosiéndolos, los bordes de dos piezas de tela, cuero u otro material; costura. **2.** Cualquier línea que se extiende a lo largo de una superficie, como una grieta o arruga.
—*verbo* Unir cosiendo; coser.

seaman *sustantivo* Marinero: **1.** Cualquier miembro de la marina mercante o de guerra; hombre de mar. **2.** Miembro de la marina de guerra en el rango más bajo; alistado; marinero raso.

seamstress *sustantivo* Mujer que se dedica a coser; costurera.

seaport *sustantivo* **1.** Bahía o puerto que tiene cabida y calado para buques grandes. **2.** Cualquier ciudad o pueblo dotados de una bahía o puerto como los descriptos.

search *verbo* Buscar algo con mucho cuidado; tratar de encontrar; procurar; explorar; examinar.
—*sustantivo* El acto de buscar o procurar; búsqueda; examinación.

seasick *adjetivo* Que siente vértigo y malestar estomacal a causa del movimiento de lado a lado que se produce en un buque o bote; mareado.

season *sustantivo* **1.** Una de las cuatro partes en que se divide el año según el clima prevaleciente en cada una; estación. **2.** Parte del año en que tienen lugar determinados eventos o se desarrolla una cierta actividad; temporada.
—*verbo* Darle más sabor a la comida añadiéndole sazón; sazonar.

seasoning *sustantivo* Cualquier cosa que se le añade a la comida para hacer resaltar su sabor o para darle un sabor o sabores adicionales; condimento.

seat *sustantivo* **1.** Algo sobre lo cual uno puede sentarse, como por ejemplo, una silla, un sofá o un banco; asiento. **2.** Lugar desocupado o que se desocupa para que alguien pueda sentarse; asiento. **3.** La parte de una silla, banco u otro objeto similar sobre la que uno se sienta; asiento (distinguido del respaldar, los brazos o las patas). **4.** La parte del cuerpo que uno pone en un asiento, o la porción de ropa que cubre dicha parte; asentaderas. **5.** Capital o centro de algo; sede; cabecera. **6.** Condición de miembro de una organización o asamblea; escaño.
—*verbo* **1.** Colocar en un asiento; sentar o sentarse. **2.** Tener asientos para un número determinado de personas; cabida, capacidad: *The stadium seats fifty thousand people.* = *El estadio tiene cabida para cincuenta mil personas (sentadas).*

seat belt Correa o cinto destinado a mantener a una persona segura en el asiento de un automóvil o avión en caso de una sacudida o accidente; cinturón de seguridad.

second¹ *sustantivo* Una de las sesenta partes o unidades de tiempo en que se divide un minuto; segundo.

ă pat ā pay â care ä father ĕ pet ē be ĭ pit ī pie î fierce ŏ pot ō go ô paw, for oi oil ōō book ōō boot

sec·ond² |sĕk′ənd| —*adjective* **1.** The next after the first in place or time. **2.** Another or other.
—*adverb* Right after the first and before the third.
—*noun, plural* **seconds 1.** In a group of people or things that are in numbered order, the one that matches the number two. **2. seconds** More or extra.

sec·on·dar·y |sĕk′ən dĕr′ē| —*adjective* After the first or most important thing; less important.
secondary school A school that is attended after elementary school.

sec·ond·hand |sĕk′ənd hănd′| —*adjective* **1.** Having had a former owner; not new. **2.** Not learned or told in person.

se·cre·cy |sē′krĭ sē| —*noun, plural* **secrecies 1.** The condition of being secret or being kept secret. **2.** The ability to keep secrets.
se·cret |sē′krĭt| —*adjective* **1.** Known only to one person or a small group; kept hidden. **2.** Working in a hidden or private way.
—*noun, plural* **secrets 1.** Something kept hidden or private. **2.** A special method or way of doing something.

sec·re·tar·y |sĕk′rĭ tĕr′ē| —*noun, plural* **secretaries 1.** A person whose job is to write letters and keep records for a person, company, or organization. **2.** The head of a department in the government. **3.** A writing desk.

sec·tion |sĕk′shən| —*noun, plural* **sections 1.** A part that is taken from a whole; a portion or share. **2.** One of several different parts that make up something; a division.
se·cure |sĭ kyŏŏr′| —*adjective* **securer, securest 1.** Free from danger or the chance of loss; safe. **2.** Strongly fastened; not likely to fall or break. **3.** Free from fear or worry.
—*verb* **secured, securing 1.** To guard from danger or the chance of loss; make safe. **2.** To fasten tightly. **3.** To get or acquire.

se·cu·ri·ty |sĭ kyŏŏr′ĭ tē| —*noun, plural* **securities 1.** Freedom from risk or danger; safety. **2.** Anything that protects.
sed·a·tive |sĕd′ə tĭv| —*adjective* Having a soothing or calming effect.
—*noun, plural* **sedatives** A medicine or drug that relaxes or causes one to sleep.
sed·i·ment |sĕd′ə mənt| —*noun, plural* **sediments 1.** Small pieces of matter that settle at or sink to the bottom of a liquid. The sediment in a lake or river is made up of such things as stones, earth, and twigs. **2.** Very tiny pieces of matter that are suspended or float in a liquid.
see |sē| —*verb* **saw, seen, seeing 1.** To look at with the eyes. **2.** To have the power or ability to look at things with the eyes. **3.** To understand. **4.** To find out. **5.** To visit or receive a visitor. **6.** To go with. **7.** To make sure; take care.

second² *adjetivo* Segundo: **1.** Que sigue al primero en el espacio o en el tiempo. **2.** Otro; (un) segundo: *I failed the test, but the teacher is giving me a second chance.* = *Fallé en el examen, pero la maestra me va a dar otra oportunidad.*
—*adverbio* Que viene inmediatamente después del primero y antes del tercero; segundo.
—*sustantivo* **1.** En un grupo de personas o cosas, aquélla a quien corresponde el número dos; el segundo. **2. seconds** Porción extra de alimento o bebida que alguien se sirve, pide o se le ofrece.

secondary *adjetivo* Que viene después de lo primero o de lo más importante; menos importante; secundario.
secondary school Escuela a la que se asiste después de terminar la enseñanza primaria; escuela secundaria, de segunda enseñanza o de bachillerato; liceo; instituto de segunda enseñanza.

secondhand *adjetivo* De segunda mano: **1.** Que ha tenido un propietario anterior y que por lo tanto no es nuevo; usado; de uso. **2.** Algo de lo que uno no ha sido informado directamente o en persona; algo que "se oyó decir".

secrecy *sustantivo* **1.** Condición de lo que es secreto o se mantiene como tal; secreto. **2.** Aptitud o capacidad para guardar secretos; discreción.
secret *adjetivo* Secreto: **1.** Que sólo lo sabe una persona o un pequeño grupo; que se mantiene oculto. **2.** Que trabaja en forma oculta o muy privada: *secret agent* = *agente secreto.*
—*sustantivo* Secreto: **1.** Algo que se mantiene oculto o muy en privado. **2.** Método especial de hacer algo; fórmula.

secretary *sustantivo* **1.** Persona encargada de escribir cartas y custodiar los archivos y libros de una persona, compañía u otra organización; secretario o secretaria. **2.** En los Estados Unidos y algunos otros países, el jefe de un departamento del gobierno que, generalmente, forma parte del gabinete; secretario; secretario de despacho: *the Secretary of Defense* = *el Secretario de Defensa.* En otros países, estos miembros del gabinete reciben el nombre de ministros. **3.** Mueble para escribir en él; escritorio.

section *sustantivo* Sección: **1.** Parte que se toma de un todo; porción; pedazo. **2.** Cualquiera de las distintas partes de que se compone una cosa; división.
secure *adjetivo* Seguro: **1.** Libre de peligro de perderse o sufrir daño: *The money is secure in the bank.* = *El dinero está seguro en el banco.* **2.** Asido, fijado o adherido fuertemente, de modo que sea difícil que se caiga o se rompa. **3.** Libre de temor o de preocupación.
—*verbo* Asegurar: **1.** Proteger de todo peligro de daño o pérdida. **2.** Atar, fijar o adherir fuertemente. **3.** Obtener o adquirir; lograr: *The workers went on strike to secure higher wages.* = *Los obreros fueron a la huelga para lograr salarios más altos.*

security *sustantivo* Seguridad: **1.** Ausencia de riesgo o peligro. **2.** Cualquier cosa que protege; protección.

sedative *adjetivo* Que tiene un efecto calmante o tranquilizador; sedante.
—*sustantivo* Medicamento o droga que calma o produce sueño; sedante.
sediment *sustantivo* Sedimento: **1.** Pequeñas partículas de materia sólida que se asientan o tienden a asentarse en el fondo de un líquido; precipitado. **2.** Partículas como las descriptas que se mantienen suspendidas en un líquido, o que flotan en el mismo; suspensión.

see *verbo* **1.** Mirar con los ojos; ver. **2.** Poseer la facultad de ver con los ojos; ver. **3.** Comprender o entender; ver. **4.** Averiguar; ver: *Would you see what your father wants?* = *¿Quieres ver qué quiere tu papá?* **5.** Visitar o recibir una visita; ver. **6.** Acompañar: *I'll see you to the door.* = *Te acompañaré hasta la puerta.* **7.** Cerciorarse; cuidar de.

ər butter   yŏŏ abuse   ou out   ŭ cut   û fur   th the   th thin   hw which   zh vision   ə ago, item, pencil, atom, circus

seed |sēd| —*noun, plural* **seeds** or **seed** The part of a flowering plant that can grow into a new plant. —*verb* **seeded, seeding 1.** To plant seeds in; sow. **2.** To remove the seeds from fruit.

seek |sēk| —*verb* **sought, seeking 1.** To try to find; search for; hunt. **2.** To make an attempt; try. **3.** To ask for; request.

seem |sēm| —*verb* **seemed, seeming 1.** To appear to be; look like. **2.** To appear to be true, real, or obvious.

seen |sēn| The past participle of the verb **see.**

seep |sēp| —*verb* **seeped, seeping** To spread or pass through slowly; ooze.

see·saw |sē'sô'| —*noun, plural* **seesaws** An outdoor device or piece of equipment used by children for play. It is made of a long plank with a support in the middle. With a person sitting on each end, one end goes up in the air as the other goes down.

seg·ment |sĕg'mənt| —*noun, plural* **segments** A part into which a whole is or can be divided; a section or division.

seg·re·gate |sĕg'rĭ gāt'| —*verb* **segregated, segregating 1.** To separate or keep apart from others or from the main part of a group. **2.** To separate or keep apart one racial group from a larger group or from the rest of the society.

seg·re·ga·tion |sĕg'rĭ gā'shən| —*noun* **1.** The act of segregating or the condition of being segregated. **2.** The separation of one racial group from a larger group or from the rest of society. It is done by not allowing a racial group to go to the same schools, restaurants, theaters, and other public places as the rest of the people. Segregation is against the law.

seis·mo·graph |sīz'mə grăf'| or |sīz'mə grăf'| —*noun, plural* **seismographs** An instrument that shows or records when and where an earthquake happens and how strong it is.

seize |sēz| —*verb* **seized, seizing 1.** To take hold of suddenly and quickly; grab. **2.** To take possession of by force; capture.

sel·dom |sĕl'dəm| —*adverb* Not often; rarely.

se·lect |sĭ lĕkt'| —*verb* **selected, selecting** To choose; pick out.

se·lec·tion |sĭ lĕk'shən| —*noun, plural* **selections 1.** The act of selecting or choosing. **2.** Someone or something chosen; a choice.

self |sĕlf| —*noun, plural* **selves 1.** One's own person apart or thought of as different from all other persons. **2.** The character of a person; personality.

self-con·scious |sĕlf'kŏn'shəs| —*adjective* Shy and embarrassed around other people.

self-de·fense |sĕlf'dĭ fĕns'| —*noun* The protection of one's body, property, or reputation against attack.

self·ish |sĕl'fĭsh| —*adjective* Thinking or caring only about oneself; not thinking of others.

self-re·spect |sĕlf'rĭ spĕkt'| —*noun* Regard for oneself, one's character, and one's behavior; pride.

self-ser·vice |sĕlf'sûr'vĭs| —*adjective* Of a store or business in which the customers help themselves.

sell |sĕl| —*verb* **sold, selling 1.** To provide or give goods, property, or services in exchange for money.

---

seed *sustantivo* Parte de una planta en flor de la que puede crecer una planta nueva; semilla; simiente. —*verbo* **1.** Plantar semillas en algún lugar adecuado; sembrar. **2.** Quitarle las semillas a una fruta: *Dad seeded my grapefruit for me.* = *Papá le quitó las semillas a mi toronja (como favor).*

seek *verbo* Buscar: **1.** Tratar de hallar: *We're seeking a home for the kittens.* = *Buscamos un hogar para los gatitos.* **2.** Intentar; procurar: *The President is seeking a way to end the war.* = *El presidente busca una forma de ponerle fin a la guerra.* **3.** Pedir; solicitar: *We sought help when our car broke down.* = *Buscamos ayuda cuando se nos averió el automóvil.*

seem *verbo* **1.** Parecer; presentar una apariencia: *He seems worried.* = *Él parece preocupado.* **2.** Parecer cierto, real u obvio.

seen Participio pasado del verbo **see.**

seep *verbo* Extenderse o filtrarse lentamente a través de algo; rezumar: *The cold air seeped in through the crack in the window.* = *El aire frío se filtraba (hacia adentro) a través de la grieta en la ventana.*

seesaw *sustantivo* Pieza para jugar los niños al aire libre, consistente en una tabla o lámina larga y gruesa con un punto de apoyo en su centro, y en cada uno de cuyos extremos se sienta uno de los participantes, subiendo uno cuando baja el otro; sube y baja; cachumbambé.

segment *sustantivo* Una parte en la división de un todo; una sección o división; segmento; gajo.

segregate *verbo* Segregar: **1.** Separar algo o alguien, o mantenerlo apartado de otros o de la parte central de un grupo; aislar; apartar. **2.** Separar o mantener apartado un grupo racial de un grupo mayor o del resto de la sociedad.

segregation *sustantivo* Segregación: **1.** El acto de segregar o la condición de estar segregado; separado. **2.** La separación de un grupo racial de un grupo mayor o del resto de la sociedad. La segregación es ilegal.

seismograph *sustantivo* Instrumento que indica y registra dónde y cuándo se produce un terremoto, así como la fuerza o intensidad del mismo; sismógrafo.

seize *verbo* **1.** Tomar o asirse de algo rápida y bruscamente; agarrar; arrebatar. **2.** Tomar posesión de algo por la fuerza; capturar.

seldom *adverbio* Que no ocurre a menudo; rara vez; casi nunca.

select *verbo* Escoger; seleccionar.

selection *sustantivo* Selección: **1.** Acción de seleccionar o escoger. **2.** Persona o cosa seleccionada.

self *sustantivo* **1.** La propia persona de uno, concebida como aparte y distinta de todas las demás personas; uno mismo; a uno mismo: *I know myself very well.* = *Yo me conozco (a mí mismo) muy bien.* **2.** El carácter o personalidad de un individuo.

self-conscious *adjetivo* Tímido y abochornado cuando se halla delante de la gente; cohibido.

self-defense *sustantivo* Protección de la propia persona, propiedad o reputación ante un ataque; legítima defensa; autodefensa; defensa propia.

selfish *adjetivo* Que sólo se preocupa por sí mismo y no piensa en los demás; egoísta.

self-respect *sustantivo* Sentir la debida estimación por sí mismo, por su propia manera de ser y por su conducta; orgullo; respeto a sí mismo; amor propio.

self-service *adjetivo* Se dice de un comercio en el que los clientes se sirven a sí mismos; autoservicio.

sell *verbo* Vender; venderse: **1.** Suministrar productos, propiedades o servicios a cambio de dinero. **2.** Dedi-

---

ă pat ā pay â care ä father ĕ pet ē be ĭ pit ī pie î fierce ŏ pot ō go ô paw, for oi oil ŏŏ book ōō boot

2. To deal in. **3.** To be available for sale; be sold.

selves |sĕlvz| The plural of the noun **self.**

sem·a·phore |sĕm′ə fôr′| or |sĕm′ə fōr′| —*noun, plural* **semaphores** A device for signaling. A railroad semaphore is a post with arms that have flashing lights.

sem·i·co·lon |sĕm′ĭ kō′lən| —*noun, plural* **semicolons** A punctuation mark (;).

sem·i·nar·y |sĕm′ə nĕr′ē| —*noun, plural* **seminaries** A school that trains people to become priests, ministers, or rabbis.

sen·ate |sĕn′ĭt| —*noun, plural* **senates** Often **Senate** The upper and smaller house of a law-making assembly.

sen·a·tor |sĕn′ə tər| —*noun, plural* **senators** A member of a senate.

send |sĕnd| —*verb* **sent, sending 1.** To cause to go from one place to another. **2.** To cause something to go by mail, telegraph, radio, or other means; transmit. **3.** To have someone carry a message to someone else. **4.** To drive or throw; give off. **5.** To cause or force into a certain condition or kind of behavior.

sen·ior |sĕn′yər| —*adjective* **1.** Older or oldest. **2.** Of or for older persons. **3.** A term used with the name of a father who has a son with the same name. **4.** Of higher rank or longer length of service. **5.** Of the fourth and last year of high school or college. **6.** Elderly or old.
—*noun, plural* **seniors 1.** A person who is older or has a higher rank than another. **2.** A student in the fourth and last year of high school or college.

sen·sa·tion |sĕn sā′shən| —*noun, plural* **sensations 1.** The ability to feel through one or more of the five senses; the power to see, hear, smell, taste, or touch. **2.** Something felt through a sense or senses; feeling. **3.** Great feeling or excitement.

sen·sa·tion·al |sĕn sā′shə nəl| —*adjective* **1.** Attracting great interest, excitement, or admiration. **2.** Designed to shock or thrill people.

sense |sĕns| —*noun, plural* **senses 1.** Any of the powers through which a living thing can be or become aware of what is around. People have the five senses of sight, hearing, smell, touch, and taste. **2.** A quality of being aware; an ability to notice. **3.** Appreciation; understanding. **4.** Good, sound judgment; practical intelligence. **5.** A healthy condition of the mind. **6.** A meaning.
—*verb* **sensed, sensing** To become aware of without knowing just why.

sense·less |sĕns′lĭs| —*adjective* **1.** Without feeling or the power to feel. **2.** Without meaning or good judgment; foolish.

sen·si·ble |sĕn′sə bəl| —*adjective* In agreement with sound judgment and good sense; practical; reasonable.

sen·si·tive |sĕn′sĭ tĭv| —*adjective* **1.** Able to respond to light, sound, smell, touch, or taste. **2.** Easily hurt, damaged, or irritated.

carse a la venta de una clase determinada de bienes: *That store sells used books.* = *Esta tienda vende (o se dedica a vender) libros usados.* **3.** Estar disponible para la venta; en venta: *That blouse sells for ten dollars.* = *Esa blusa se vende por diez dólares.*

selves Plural del sustantivo **self.**

semaphore *sustantivo* Artefacto que emite señales a base de luces, generalmente de distintos colores, a fin de regular el tráfico automovilístico, ferroviario o marítimo; semáforo.

semicolon *sustantivo* Punto y coma (;).

seminary *sustantivo* Escuela en la que los alumnos se preparan para ser sacerdotes, ministros protestantes o rabinos judíos; seminario.

senate *sustantivo* A veces **Senate** La cámara alta y, generalmente, más pequeña, del congreso, parlamento o asamblea legislativa; senado.

senator *sustantivo* Miembro del senado; senador.

send *verbo* **1.** Hacer que algo o alguien vaya de un lugar a otro; enviar. **2.** Hacer que algo se transporte o transmita mediante el correo, el telégrafo, la radio u otro medio de comunicación; enviar. **3.** Hacer que alguien lleve un mensaje o recado a otro; enviar. **4.** Arrojar o lanzar, generalmente a través o por encima de algo; enviar. **5.** Determinar que alguien o algo quede en una cierta situación, asuma una cierta actitud o adopte una forma de conducta; provocar: *Don't let his insults send you into a rage.* = *No dejes que sus insultos te provoquen un ataque de ira.*

senior *adjetivo* **1.** Más viejo o el más viejo de todos. **2.** Relativo a los viejos, o para los mismos. **3.** Palabra que se usa después del nombre de un padre cuyo hijo se llama igual que él. **4.** De más alto rango, o que lleva más largo tiempo de servicio. **5.** Que cursa el último año de enseñanza secundaria o universitaria. **6.** Anciano o viejo.
—*sustantivo* **1.** Persona que tiene más edad, o que ostenta un rango más alto que otra. **2.** Estudiante del último año de enseñanza secundaria o universitaria.

sensation *Sensación:* **1.** Facultad de percibir a través de uno o más de los cinco sentidos; facultad de ver, oír, oler, gustar o percibir por el tacto. **2.** Lo que se siente a través de un sentido o de los sentidos. **3.** Gran emoción o excitación.

sensational *adjetivo Sensacional:* **1.** Que atrae gran interés, excitación o admiración. **2.** Hecho con la idea de causar impacto entre la gente.

sense *sustantivo Sentido:* **1.** Cada una de las facultades de ver, oír, oler, gustar o percibir por el tacto; uno cualquiera de los cinco sentidos. **2.** Cualidad del que se da cuenta o se percata fácilmente de algo: *a sense of danger* = *sentido del peligro.* **3.** Buen juicio o inteligencia práctica: *There is no sense in wearing a heavy coat on a warm day.* = *No tiene sentido ponerse un abrigo pesado en un día cálido.* **4.** Aprecio o entendimiento cabal: *She has a good sense of humor.* = *Ella tiene un buen sentido del humor.* **5.** Condición sana de la mente: *Have you lost all sense, running around in this rain?* = *¿Has perdido el sentido, corriendo por ahí bajo esta lluvia?* **6.** Significado: *You can use the word "go" in three different senses.* = *Puedes usar la palabra "go" en tres sentidos distintos.*
—*verbo* Darse cuenta de algo sin saber exactamente por qué; intuir; sentir: *She sensed that something was wrong.* = *Sintió que algo malo estaba pasando.*

senseless *adjetivo* **1.** Que carece de la facultad de percibir sensaciones a través de los sentidos; sin sentido o conocimiento. **2.** Disparatado, confuso; tonto; carente de sentido.

sensible *adjetivo* Que demuestra buen juicio y sentido; razonable; práctico; sensato.

sensitive *adjetivo Sensible:* **1.** Que responde a la luz, al sonido, al olor, al tacto o al gusto. **2.** Que se ofende o irrita fácilmente; susceptible.

---

sent |sĕnt| The past tense and past participle of the verb **send.**

sen·tence |sĕn'təns|—*noun, plural* **sentences 1.** A group of words, or sometimes one word, that tells or expresses a complete thought. **2.** The punishment given to a person who has been found guilty.
—*verb* **sentenced, sentencing** To give a legal punishment to.

sen·ti·ment |sĕn'tə mənt|—*noun, plural* **sentiments** Feeling or emotion.

sen·ti·men·tal |sĕn'tə mĕn'tl|—*adjective* **1.** Of the feelings; emotional; tender. **2.** Easily moved by feelings and emotions.

se·pal |sē'pəl|—*noun, plural* **sepals** One of the parts forming the outer covering of a flower. Sepals are usually green and look like leaves. Sometimes they are brightly colored and look more like the petals.

sep·a·rate |sĕp'ə rāt'|—*verb* **separated, separating 1.** To divide into parts or distinct sections. **2.** To put or keep apart; be placed between. **3.** To go in different directions; come or go apart. **4.** To break a marriage, friendship, or other union. **5.** To remove or become removed from a mixture.
—*adjective* |sĕp'ər ĭt| or |sĕp'rĭt| **1.** Apart from others; not connected. **2.** Not part of a group; individual or independent.

sep·a·ra·tion |sĕp'ə rā'shən|—*noun, plural* **separations 1.** The act of separating. **2.** The condition of being apart. **3.** A space or object that separates or divides.

Sep·tem·ber |sĕp tĕm'bər|—*noun, plural* **Septembers** The ninth month of the year.

se·quence |sē'kwəns|—*noun, plural* **sequences 1.** The following of one thing after another in a regular or fixed order. **2.** A group of things in a particular order.

se·rene |sə rēn'|—*adjective* **serener, serenest** Peaceful and calm; without trouble, noise, clouds, or other disturbances.

ser·geant |sär'jənt|—*noun, plural* **sergeants** An officer in the U.S. Army or Marine Corps who ranks just above a corporal.

se·ries |sîr'ēz|—*noun, plural* **series 1.** A number of similar things that occur in a row or follow one another. **2.** A group of related shows or sports events that come one after the other or at regular intervals.

se·ri·ous |sîr'ē əs|—*adjective* **1.** Not smiling or happy; grave; solemn. **2.** Not joking or fooling; in earnest. **3.** Not slight or trivial; important. **4.** Dangerous.

ser·mon |sûr'mən|—*noun, plural* **sermons 1.** A talk on a religious or moral subject or text. A sermon is delivered as part of a religious service. **2.** Any long serious talk.

ser·pent |sûr'pənt|—*noun, plural* **serpents** A snake.

se·rum |sîr'əm|—*noun, plural* **serums 1.** The clear, yellowish liquid part of the blood that separates from the rest of the blood when it clots. **2.** A liquid taken from the blood of an animal that has been given a certain disease. This liquid is used to fight the same disease in human beings.

ser·vant |sûr'vənt|—*noun, plural* **servants 1.** A person, such as a cook, maid, or butler, who works for wages in someone else's household. **2.** A person who is employed to perform services for others.

serve |sûrv|—*verb* **served, serving 1.** To do work for; be a servant to. **2.** To act for the interests of; work

sent Pretérito y participio pasado del verbo **send.**

sentence *sustantivo* **1.** Grupo de palabras, y a veces una sola palabra, que contiene un verbo y que expresa un pensamiento completo; oración gramatical. **2.** Castigo impuesto a una persona que ha sido hallada culpable de algún delito o falta; sentencia.
—*verbo* Imponerle a alguien un castigo legal; condenar; sentenciar.

sentiment *sustantivo* Una emoción determinada; sentimiento; sentimientos.

sentimental *adjetivo* Sentimental: **1.** Relativo a los sentimientos o emociones; tierno. **2.** Alguien que se conmueve fácilmente por sus sentimientos y emociones; sensible.

sepal *sustantivo* Parte que forma la cubierta exterior de las flores, generalmente de color verde y parecida a una hoja, aunque también puede ser de colores brillantes y parecerse más bien a un pétalo; sépalo.

separate *verbo* Separar: **1.** Dividir en partes o secciones diferentes. **2.** Hacer o mantener aparte; meter o meterse en medio. **3.** Ir en direcciones diferentes; alejarse. **4.** Romper un matrimonio, amistad u otra unión. **5.** Eliminar o eliminarse de una mezcla; dejar o hacer que deje de formar parte: *The machine separates the milk from the cream.* = *La máquina separa la leche de la crema.*
—*adjetivo* Separado: **1.** Aparte de lo demás; sin conexión. **2.** Que no forma parte de un grupo; individual; independiente.

separation *sustantivo* Separación: **1.** Acción de separar. **2.** Condición de los que están separados o apartados. **3.** Espacio u objeto que separa o divide.

September *sustantivo* Septiembre.

sequence *sustantivo* Secuencia: **1.** El hecho de seguir una cosa a otra en un orden fijo o establecido. **2.** Grupo de cosas colocadas o que pasan en un orden determinado.

serene *adjetivo* Pacífico y calmado; que no tiene problemas, o que no presenta nubes, ruidos ni otras perturbaciones; tranquilo; sereno.

sergeant *sustantivo* Rango militar inmediatamente superior al de cabo; sargento.

series *sustantivo* Serie: **1.** Número de cosas similares que ocurren en sucesión, o que siguen unas a otras. **2.** Conjunto de espectáculos o eventos deportivos relacionados entre sí que se presentan uno después del otro, o a intervalos regulares.

serious *adjetivo* Serio: **1.** Que no sonríe; que no parece estar alegre; grave; solemne. **2.** Que no bromea; en serio. **3.** Que no es ligero ni trivial; importante. **4.** Peligroso; riesgoso.

sermon *sustantivo* Sermón: **1.** Charla o discurso sobre un tema o texto religioso o moral. **2.** Cualquier charla larga y seria: *He gave his children a sermon about getting home early.* = *Les echó un sermón a sus hijos sobre (la importancia de) llegar temprano a casa.*

serpent *sustantivo* Culebra; serpiente.

serum *sustantivo* Suero: **1.** La parte líquida, clara y amarillenta que se separa del resto de la sangre cuando ésta se coagula. **2.** Líquido que se extrae de la sangre de un animal que ha tenido cierta enfermedad, y que se usa para combatir esa misma enfermedad en los seres humanos.

servant *sustantivo* Empleado; servidor: **1.** Persona que trabaja por un salario en la casa de otra, tal como un cocinero, criado o mayordomo; sirviente. **2.** Persona cuyo empleo consiste en prestar servicios para otros.

serve *verbo* **1.** Hacer algún trabajo para otro; estar al servicio de otro; servir. **2.** Actuar en favor de los inte-

---

to help. **3.** To spend time fulfilling an obligation or sentence. **4.** To fill the job of; act as. **5.** To wait on people at a table or in a store. **6.** To provide food. **7.** To be enough to feed. **8.** To be of use. **9.** To hit a ball or other piece of sports equipment and put it into play.

ser·vice | sûr′vĭs | —*noun, plural* **services 1.** The act or work of helping or assisting others. **2.** Work or employment for someone else. **3.** The act or manner of serving food or filling customers' demands. **4.** A set of dishes or other objects used for serving and eating food. **5.** A branch of the government and the people who work for it. **6.** The armed forces or a branch of the armed forces. **7.** A means of supplying the needs of the public. **8.** A religious ceremony.
—*verb* **serviced, servicing** To do the work needed to keep a machine or appliance operating.

ses·sion | sĕsh′ən | —*noun, plural* **sessions 1.** A meeting or series of meetings. **2.** A meeting of a class, club, or other group. **3.** A period of time during the day or year when meetings take place.

set¹ | sĕt | —*verb* **set, setting 1.** To put; place. **2.** To become hard, firm, or less liquid. **3.** To put in a particular condition. **4.** To place in position or condition for proper use. **5.** To establish; create. **6.** To fix; assign. **7.** To start. **8.** To provide music for words. **9.** To disappear beyond the horizon.
Phrasal verbs **set about** To begin in a serious way. **set aside** To keep for a special purpose. **set off 1.** To cause. **2.** To cause to explode. **3.** To show up as being worth noticing.
—*adjective* **1.** Not changing or moving. **2.** Fixed by custom or agreement. **3.** Ready.

set² | sĕt | —*noun, plural* **sets 1.** A group of things that match or are connected in some way. **2.** A group of people with a similar age or interest. **3.** The parts that make up a radio, television receiver, or another electronic device. **4.** The scenery, furniture, and other objects on the stage for a play, show, or movie.

set·tle | sĕt′l | —*verb* **settled, settling 1.** To arrange or fix by agreement; put into order. **2.** To come to rest or cause to come to rest. **3.** To make a home or place to live in. **4.** To move people to a new place to live. **5.** To come to rest at the bottom; sink. **6.** To make or become calm.

set·tle·ment | sĕt′l mənt | —*noun, plural* **settlements 1.** The act or process of settling. **2. a.** A small, rather new community. **b.** A location in a new country; a

reses de otro; trabajar para a otro; servir. **3.** Pasar cierto tiempo cumpliendo una obligación o una sentencia; cumplir una condena. **4.** Actuar por o en nombre de otro en un cargo o empleo; fungir; desempeñar un cargo por derecho propio o por sustitución. **5.** Atender a la clientela en la mesa o en una tienda; servir o atender. **6.** Vender u ofrecer comida o bebida; servir. **7.** Ser suficiente como alimento. **8.** Ser de útil para algo; servir. **9.** Hacer la primera jugada en ciertos juegos o deportes, como el tenis; efectuar el saque; sacar o dar el saque.

service *sustantivo* **1.** Acción de hacer algo o de trabajar para ayudar o asistir a otros; servicio. **2.** Trabajo o servicio que se hace para otro; servicio remunerado o pagado. **3.** Acción o modo de servir la mesa o los pedidos de los clientes; servicio. **4.** Conjunto de platos u otros objetos que se utilizan para servir, tomar y comer; vajilla; utensilios de mesa. **5.** Dependencia o sección del gobierno y el personal que trabaja en él: *postal service = servicio postal.* **6.** Las fuerzas armadas, o una de las ramas de las fuerzas armadas. **7.** Medio de satisfacer las necesidades del público; servicio eléctrico o telefónico; servicio de transporte; servicio de entrega, u otro. **8.** Ceremonia religiosa; servicio religioso.
—*verbo* Realizar el trabajo necesario para mantener funcionando una máquina o cualquier otro aparato; dar servicio de mantenimiento o reparación.

session *sustantivo* Sesión: **1.** Reunión o serie de reuniones; asamblea; junta. **2.** Reunión de una clase, club u otro grupo; junta. **3.** Período del día o del año en que se llevan a cabo las reuniones; sesión nocturna, sesión de verano, u otras.

set¹ *verbo* **1.** Poner; colocar. **2.** Endurecerse; cuajarse; solidificarse; fraguar. **3.** Poner o dejar en una situación determinada: *Set us free. = Déjanos en libertad.* **4.** Colocar en posición para un uso apropiado; arreglar; poner; preparar: *Set a trap. = Prepara una trampa.* **5.** Establecer; crear; fijar; determinar; poner: *Set the date. = Fijar (o poner) la fecha.* **6.** Asignar, poner o encargar una tarea o una meta: *Set your heart on winning. = Pon el corazón en ganar.* **7.** Iniciar; emprender: *Set out on a trip. = Emprender un viaje.* **8.** Ponerle música a una letra o poema. **9.** Desaparecer un astro en el horizonte; ponerse.
Verbos en locuciones **set about** Empezar algo en forma diligente; emprender; comenzar. **set aside** Separar o guardar para un propósito especial; apartar; reservar; destinar; ahorrar. **set off 1.** Causar o provocar. **2.** Causar o provocar una explosión; disparar; detonar. **3.** Resaltar para que se note; poner de relieve; indicar; hacer resaltar o destacarse.
—*adjetivo* **1.** Que no cambia o no se mueve; fijo; invariable. **2.** Fijado por la costumbre o por un acuerdo; establecido; prescrito; arreglado. **3.** Dispuesto; listo: *Are you set for the race? = ¿Estás listo para la carrera?*

set² *sustantivo* **1.** Grupo de cosas que van unas con otras o que están relacionadas de algún modo; juego; colección; serie. **2.** Grupo de gente de edades o intereses semejantes; círculo; clase. **3.** Los componentes de un receptor de radio, televisión, o de cualquier otro aparato eléctrico. **4.** Escenario, mobiliario y demás objetos que aparecen en la escena para una obra teatral, espectáculo o película; decorado; piezas de escenografía.

settle *verbo* **1.** Arreglar o fijar por acuerdo; decidir; convenir; transar; zanjar; resolver. **2.** Ponerse en reposo o hacer que otro lo haga; posarse; reposar; asentarse. **3.** Establecerse en un hogar o vivienda; radicarse; asentarse; poblar. **4.** Asentar gente para que viva en un nuevo lugar; colonizar; poblar. **5.** Depositarse en el fondo; precipitarse; sedimentarse. **6.** Calmar o hacer que otro se sosiegue; sosegarse o sosegar.

settlement *sustantivo* **1.** Acción o proceso de transar, resolver, arreglar o asentarse; arreglo; convenio; transacción; asentamiento; colonización. **2. a.** Localidad

colony.

sev·en |sĕv′ən| —*noun, plural* **sevens** & *adjective* A number, written 7.

sev·en·teen |sĕv′ən tēn′| —*noun, plural* **seventeens** & *adjective* A number, written 17.

sev·en·teenth |sĕv′ən tēnth′| —*noun, plural* **seventeenths** & *adjective* See **Table of Numerals.**

sev·enth |sĕv′ənth| —*noun, plural* **sevenths** & *adjective* See **Table of Numerals.**

sev·en·ti·eth |sĕv′ən tē ĭth| —*noun, plural* **seventieths** & *adjective* See **Table of Numerals.**

sev·en·ty |sĕv′ən tē| —*noun, plural* **seventies** & *adjective* A number, written 70.

sev·er·al |sĕv′ər əl| —*adjective* More than two or three, but not many.
—*noun* More than two or three people or things.

se·vere |sə vîr′| —*adjective* **severer, severest** **1.** Strict and harsh; stern. **2.** Causing great pain or distress. **3.** Very serious; not slight.

sew |sō| —*verb* **sewed, sewn** or **sewed, sewing** To use a needle and thread or a sewing machine to attach things or make things with stitches.

sew·age |sōō′ĭj| —*noun* Waste matter from homes or towns that is carried off in drains or sewers.

sew·er |sōō′ər| —*noun, plural* **sewers** A pipe or channel, usually underground, for carrying off waste matter and water.

sewn |sōn| A past participle of the verb **sew.**

sex |sĕks| —*noun, plural* **sexes** **1.** Either of the two groups, male and female, into which many living things are divided. **2.** The condition of being male or female. **3.** Sexual intercourse.

sex·u·al |sĕk′shōō əl| —*adjective* Of or relating to sex.

shab·by |shăb′ē| —*adjective* **shabbier, shabbiest** Very worn and looking old.

shack |shăk| —*noun, plural* **shacks** A small, roughly built hut or cabin.

shade |shād| —*noun, plural* **shades** **1.** An area that is partly dark because light has been blocked off. **2.** Any device that blocks off part of the light or heat from the sun or a lamp. **3.** A small difference of light or dark in a color. **4.** A tiny bit; small amount.
—*verb* **shaded, shading** **1.** To keep light or heat from. **2.** To give or have different degrees of dark and light.

shad·ow |shăd′ō| —*noun, plural* **shadows** **1.** A dark area where some or all of the light is blocked by someone or something. **2.** Often **shadows** An area of partial dark; shade. **3.** A slight trace; small amount.
—*verb* **shadowed, shadowing** To follow after, usually in secret.

shaft |shăft| —*noun, plural* **shafts** **1.** The long, narrow rod of a spear or arrow. **2.** A spear or an arrow. **3.** The handle of a hammer, ax, golf club, or other tool or playing piece. **4.** A long bar that is part of a machine. One or more wheels may turn on a shaft, or the shaft may transfer power from one spot to another. **5.** A ray or beam of light. **6.** The main section of a chimney, column, or other structure. **7.** A long, narrow passage that goes up and down, not sideways.

shake |shāk| —*verb* **shook, shaken, shaking** **1.** To move or make move up and down or back and forth in short, quick movements. **2.** To tremble or cause to tremble; vibrate; rock. **3.** To remove or scatter by making short, jerky movements. **4.** To make uncom-

pequeña y relativamente nueva; poblado; caserío; ranchería. **b.** Asentamiento en una nueva región; colonia.
seven *sustantivo y adjetivo* Siete.

seventeen *sustantivo y adjetivo* Diecisiete.

seventeenth *sustantivo y adjetivo* Consulte la **Tabla de Números.**

seventh *sustantivo y adjetivo* Consulte la **Tabla de Números.**

seventieth *sustantivo y adjetivo* Consulte la **Tabla de Números.**

seventy *sustantivo y adjetivo* Setenta.

several *adjetivo* Más de dos o tres, pero no muchos más; varios; diversos; algunos.
—*sustantivo* Más de dos o tres personas o cosas; varios.

severe *adjetivo* Severo: **1.** Estricto y riguroso; recto; firme. **2.** Que causa gran dolor o pena; grave; intenso. **3.** Muy serio; que no es leve o ligero.

sew *verbo* Usar aguja e hilo, o una máquina de coser, para unir telas u otras cosas, o para hacer puntadas en ellas; coser.

sewage *sustantivo* Desperdicios de las casas y ciudades que fluyen por tubos drenajes o alcantarillas; aguas de albañal; aguas cloacales.

sewer *sustantivo* Tubería o ducto, generalmente subterraneos, que transportan material de desperdicio y agua; albañal; cloaca; alcantarilla, alcantarillado.

sewn Participio pasado del verbo **sew.**

sex *sustanivo* Sexo: **1.** Cualquiera de los dos grupos, masculino y femenino, en los que se dividen muchos seres vivientes. **2.** Condición de ser masculino o femenino. **3.** Acto o relación sexual.

sexual *adjetivo* Relativo al sexo; sexual.

shabby *adjetivo* Muy usado o deteriorado y que, por lo tanto, parece viejo; gastado, raído; andrajoso; destartalado.

shack *sustantivo* Choza o cabaña pequeña mal construida; casucha.

shade *sustantivo* **1.** Zona que está parcialmente a oscuras porque la luz no llega a ella; sombra. **2.** Cualquier objeto que obstruye parte de la luz o del calor del sol o de una lámpara; visillo; pantalla de lámpara; visera. **3.** Ligera diferencia de los tonos claros u oscuros de un color; matiz; tinte. **4.** Grado ligero; un poco; pequeña cantidad.
—*verbo* **1.** Obstruir la luz o el calor; dar sombra. **2.** Dar o tener diferentes grados de claroscuro; sombrear; matizar; casar bien los colores.

shadow *sustantivo* **1.** Área relativamente oscura a la que no llega luz por obstruirla alguien o algo; sombra. **2.** A veces **shadows** Área parcialmente oscura; las sombras. **3.** Pequeño indicio o señal; poca cantidad; vestigio; pizca.
—*verbo* Seguir a alguna persona o animal, generalmente en forma sigilosa; seguir a uno como su sombra; espiar.

shaft *sustantivo* **1.** La espiga de una lanza o flecha; fuste. **2.** Lanza, flecha, dardo o saeta. **3.** El mango de un martillo, hacha, palo de golf o cualquier otra herramienta o pieza de juego con empuñadura larga y delgada. **4.** Barra larga que forma parte de una máquina; eje; árbol de transmisión. **5.** Rayo o destello de luz; haz. **6.** Sección principal de una chimenea, columna u otra estructura; fuste de la columna o de la estructura. **7.** Pasaje largo y estrecho por el que algo se mueve verticalmente; caja, cañón, o pozo, como el de un ascensor.

shake *verbo* **1.** Mover o moverse con gestos breves y rápidos, hacia arriba y hacia abajo, y de un lado para el otro; agitar; sacudir o menear; batir. **2.** Temblar o hacer temblar; vibrar; estremecer; tiritar. **3.** Quitar o dispersar con movimientos cortos y espasmódicos; sa-

fortable in one's mind or feelings; disturb. **5.** To cause to change one's mind.
—*noun, plural* **shakes** An act of shaking.

shak·en |shā′kən| The past participle of the verb **shake.**

shak·y |shā′kē| —*adjective* **shakier, shakiest**
1. Trembling or shaking. **2.** Not sturdy or firm.
3. Not reliable; not capable of being trusted.

shale |shāl| —*noun* Any of several kinds of rock that come in thin layers and split easily. Shale was formed from mud or clay deposited by rivers thousands of years ago.

shall |shăl| —*auxiliary, verb* Past tense **should** As an auxiliary verb **shall** is used followed by another verb in the infinitive to show: **1.** An action or state that will take place or exist in the future. **2.** An order. **3.** The will to do something.

shal·low |shăl′ō| —*adjective* **shallower, shallowest** Not deep.

shame |shām| —*noun* **1.** A painful or uncomfortable feeling created by the sense of having done something wrong or stupid. **2.** Disgrace, dishonor, or embarrassment. **3.** Something that one regrets or would regret; a pity.
—*verb* **shamed, shaming** To fill with feelings of shame.

sham·poo |shăm pōō′| —*noun, plural* **shampoos** A soap or detergent used to wash the hair and scalp.
—*verb* **shampooed, shampooing** To wash with a shampoo.

shan't |shănt| A contraction of "shall not."

shape |shāp| —*noun, plural* **shapes 1.** The outer form of an object; outline. **2.** A form in which something may appear. **3.** Good or proper condition.
—*verb* **shaped, shaping** To give a particular form to.
Phrasal verb **shape up 1.** To develop; turn out.
2. To improve one's behavior or performance.

share |shâr| —*verb* **shared, sharing 1.** To have, do, or use with others or another. **2.** To divide something so that more than one can have or use it. **3.** To present or discuss for the benefit of others.
—*noun, plural* **shares 1.** A part of something that has been divided among two or more; a portion. **2.** A fair or full portion. **3.** One of many equal parts of the ownership of a business. Shares are bought, sold, and kept by people who want to own parts of a business and receive some of the profits and are willing to take some of the risks of losses.

shark |shärk| —*noun, plural* **sharks** Any of several large ocean fish with sharp teeth and tough skin.

sharp |shärp| —*adjective* **sharper, sharpest 1.** Having a thin edge that cuts or a fine point that pierces.
2. Not rounded or blunt; pointed. **3.** Abrupt or sudden; not gradual. **4.** Clear; distinct. **5.** High in pitch; piercing; shrill. **6.** Harsh and biting; severe. **7.** Alert to see, hear, notice, or think.
—*adverb* **1.** In a prompt or punctual way; exactly.
2. In an alert or keen manner.

cudir o sacudirse. **4.** Hacer que uno se sienta incómodo mental o emocionalmente; turbar; perturbar. **5.** Provocar un cambio de opinión; infundir titubeo, vacilación o dudas.
—*sustantivo* Acción de sacudir; sacudida; estremecimiento; traqueteo; temblor.

shaken Participio pasado del verbo **shake.**

shaky *adjetivo* **1.** Trémulo o tembloroso; tambaleante; vacilante. **2.** Que no es sólido o no está firme; agrietado; tambaleante; precario; débil. **3.** Que no es digno de confianza o de crédito; endeble; precario.

shale *sustantivo* Cualquiera de las diversas clases de piedras que se dan en capas delgadas y se quiebran fácilmente; esquisto; pizarra.

shall *verbo auxiliar* Como verbo auxiliar, **shall** se usa seguido de otro verbo en el infinitivo para indicar:
1. Una acción o situación que va a tener lugar o existir en el futuro: *He shall arrive tomorrow.* = *El llegará mañana. She shall be twenty on Friday.* = *Ella cumplirá veinte (años) el viernes.* **2.** Una forma de dar órdenes: *You shall leave now.* = *Saldrás ahora.* **3.** El deseo o voluntad de hacer algo: *I shall return if I feel like it.* = *Regresaré si quiero.*

shallow *adjetivo* No profundo; poco profundo; superficial; bajo.

shame *sustantivo* **1.** Vergüenza; pena; sentimiento penoso o incómodo provocado por la creencia, de que se ha hecho algo malo o tonto; bochorno. **2.** Bochorno, deshonra o turbación; ignominia; humillación. **3.** Algo que uno lamenta o lamentaría; una pena; una lástima.
—*verbo* Sentir vergüenza; avergonzar; abochornar; deshonrar; humillar.

shampoo *sustantivo* Jabón o detergente líquido que se usa para lavarse el pelo y el cuero cabelludo; champú.
—*verbo* Lavarse la cabeza con champú.

shan't Contracción de "shall not".

shape *sustantivo* Forma: **1.** Aspecto exterior de un objeto; contorno; silueta. **2.** Forma bajo la cual algo aparece; aspecto; figura. **3.** Estado físico bueno o apropiado; en forma; en buen estado.
—*verbo* Darle una forma determinada a algo; dar forma; plasmar; modelar.
Verbo en locución **shape up 1.** Desarrollar; tornarse; salir bien o mal: *How is the game shaping up?* = *¿Cómo va saliendo el juego?* **2.** Mejorar el comportamiento o la ejecución; mostrar progreso.

share *verbo* Compartir: **1.** Tener, hacer o usar algo conjuntamente con otro u otras; o entre sí. **2.** Dividir algo de tal manera que más de uno puedan tenerlo o usarlo; partir; repartir o repartirse. **3.** Presentar o discutir las ideas propias en beneficio de otros; intercambiar ideas.
—*sustantivo* **1.** Parte de algo que ha sido dividido entre dos o más; ración; porción. **2.** Cuota completa o justa; la parte de cada uno. **3.** Una de varias partes iguales de la propiedad de un negocio que compran, venden o guardan las personas que quieren ser dueñas de parte del negocio y recibir sus dividendos, y que están dispuestas a correr el riesgo de sufrir una pérdida; acción; participación; interés.

shark *sustantivo* Pez marino grande de dientes afilados y piel áspera y resistente; tiburón; escualo.

sharp *adjetivo* **1.** Que tiene un borde fino y cortante o una punta aguda; cortante; filoso; afilado; agudo.
2. Que no es redondo ni romo; puntiagudo. **3.** Abrupto o inesperado; no gradual; que tiene curvas y pendientes cerradas o pronunciadas. **4.** Claro, preciso; bien delineado o definido. **5.** De elevado tono; agudo; penetrante; estridente. **6.** Incisivo; mordaz; hiriente; sarcástico; punzante; agudo. **7.** Agudo de vista, oído o pensamiento; despierto, sagaz; observador; listo.
—*adverbio* **1.** En forma adecuada o puntual; exactamente; en punto. **2.** Aguzadamente; astutamente.

---

sharp·en |shär′pən| —*verb* **sharpened, sharpening** To make or become sharp or sharper.

shat·ter |shăt′ər| —*verb* **shattered, shattering 1.** To break into many pieces. **2.** To destroy or disturb.

shave |shāv| —*verb* **shaved, shaved** or **shaven, shaving 1.** To remove the beard or hair from with a razor. **2.** To cut thin slices or layers from. —*noun, plural* **shaves** The act of removing hair with a razor.

shav·en |shā′vən| A past participle of the verb **shave.**

shav·ing |shā′vĭng| —*noun, plural* **shavings** A thin strip of wood, metal, or other material that has been removed in shaping something else.

shawl |shôl| —*noun, plural* **shawls** A large piece of cloth worn around the shoulders, head, or neck for warmth or decoration.

she |shē| —*pronoun* The female person or animal last mentioned. —*noun, plural* **shes** A female.

shear |shîr| —*verb* **sheared, sheared** or **shorn, shearing** To remove wool or hair with scissors, shears, or another sharp tool.

shed¹ |shĕd| —*verb* **shed, shedding 1.** To take off; remove. **2.** To lose in a natural way; drop. **3.** To let fall. **4.** To send forth; give off; cast.

shed² |shĕd| —*noun, plural* **sheds** A small, simple building for storage or shelter.

she'd |shĕd| A contraction of "she had" or "she would."

sheep |shēp| —*noun, plural* **sheep** An animal with hoofs and a thick coat of wool. Sheep are raised for their wool and their meat.

sheer |shîr| —*adjective* **sheerer, sheerest 1.** Thin and fine enough to see through. **2.** Not mixed in any way; pure; complete. **3.** Almost straight up or down; very steep.

sheet |shēt| —*noun, plural* **sheets 1.** A large piece of cloth used on a bed to sleep over or under. **2.** A broad, thin piece of paper, metal, glass, or other material. **3.** A broad covering on a surface; an expanse.

shelf |shĕlf| —*noun, plural* **shelves 1.** A flat piece of wood, metal, glass, or other material attached to a wall or built into furniture for holding and storing dishes, books, toys, and other things. **2.** Something that looks like or is used as a shelf, such as a flat rock ledge or a balcony.

shell |shĕl| —*noun, plural* **shells 1. a.** The hard outer covering of some water animals that have soft bodies. Clams, oysters, scallops, and snails are among the animals having a shell. **b.** A similar hard outer covering of certain animals or plants. Crabs, lobsters, turtles, eggs, and nuts have shells. **2.** Something like a shell. **3.** A long boat used in rowing races. **4.** A bullet or other piece of ammunition that is shot from a gun or cannon. —*verb* **shelled, shelling 1.** To remove the outer covering from. **2.** To attack with shells; bombard.

she'll |shĕl| A contraction for "she will" or "she shall."

shel·ter |shĕl′tər| —*noun, plural* **shelters 1.** Something that protects or covers; a safe place. **2.** Protec-

sharpen *verbo* Adquirir o sacar filo o más filo; afilar; sacar punta; agudizar o agudizarse.

shatter *verbo* **1.** Romper en muchos pedazos; hacer añicos o astillas; estrellar. **2.** Destruir o quebrar; quebrantar la salud; frustrar las esperanzas.

shave *verbo* **1.** Eliminar la barba, el vello o los cabellos con una navaja; rasurar o rasurarse; afeitar o afeitarse. **2.** Cortar en rebanadas o capas delgadas; raspar; rebajar; rebanar. —*sustantivo* Acción de cortar el pelo con una navaja; afeitado o afeitada.

shaven Participio pasado del verbo **shave.**

shaving *sustantivo* Tirillas de madera, metal u otro material que se quitan cuando se da forma a otra cosa; virutas; raspaduras; limaduras.

shawl *sustantivo* Pieza grande de tela que se usa sobre los hombros, la cabeza o el cuello para mantenerse abrigada, o como adorno; chal; mantón; pañolón; rebozo.

she *pronombre* Persona o animal de sexo femenino que ha sido mencionado recientemente; ella. —*sustantivo* Hembra.

shear *verbo* Cortar la lana o el pelo con tijeras o cizallas, o con cualquiera otra herramienta afilada; trasquilar; rapar; esquilar.

shed¹ *verbo* **1.** Quitarse algo; desprenderse de algo; arrojar; mudar. **2.** Perder en forma natural; dejar caer; mudar la piel, los cuernos, las plumas, las hojas, etc. **3.** Verter; derramar. **4.** Emitir; exhalar; echar; arrojar; despedir; esparcir.

shed² *sustantivo* Construcción sencilla y pequeña que se usa para almacenar cosas, o como un refugio temporal; cobertizo.

she'd Contracción de "she had" o "she would".

sheep *sustantivo* Animal rumiante con pezuñas y un espeso pelaje de lana, que se cría por dicha lana, y también su carne; carnero; oveja; ovejas.

sheer *adjetivo* **1.** Tan delgado y fino que se puede ver a su través; claro; ligero. **2.** Que no está combinado en modo alguno; puro; completo; cabal. **3.** Abruptamente hacia arriba o hacia abajo; escarpado; enhiesto.

sheet *sustantivo* **1.** Pieza grande de tela que se pone sobre una cama para dormir encima o debajo de ella; sábana. **2.** Hoja delgada y amplia de papel, metal, vidrio u otro material; lámina; placa; chapa; hoja. **3.** Placa o capa de hielo, nieve u otra substancia que se extiende sobre un espacio amplio.

shelf *sustantivo* **1.** Lámina no muy gruesa de madera, metal, vidrio u otro material que se fija a la pared o se intercala en los muebles para sostener o guardar platos, libros, juguetes u otros objetos; anaquel; repisa; entrepaño. **2.** Cualquier superficie que se asemeje un entrepaño o repisa, o que se utilice como tal, como por ejemplo, un balcón o un saliente plano en una roca.

shell *sustantivo* **1. a.** Cubierta dura con que se protegen algunos animales marinos de cuerpo suaves y blando, como las almejas y las ostras; concha; carapacho o caparazón; caracol. **b.** Cubierta similar que tienen ciertos otros animales y algunos frutos de plantas, como los cangrejos, las langostas y las nueces, entre otros; vaina; cáscara; cascarón; corteza; caparazón. **2.** Algo semejante a una corteza o concha, como la masa o cubierta de una empanada. **3.** Bote largo y angosto que se usa para las regatas de remo; canoa de regata. **4.** Bala o munición que se dispara con un arma de fuego grande o pequeña; proyectil; casco de metralla; metralla. —*verbo* **1.** Quitarle la cubierta a algo; descascarar; descortezar; mondar; pelar. **2.** Atacar con proyectiles o metralla; bombardear; cañonear.

she'll Contracción de "she will" o "she shall".

shelter *sustantivo* Refugio: **1.** Algo que protege o cubre; lugar seguro; albergue. **2.** Protección; res-

---

ă pat ā pay â care ä father ĕ pet ē be ĭ pit ī pie î fierce ŏ pot ō go ô paw, for oi oil ōō book ōō boot

tion. **3.** An institution for people or animals that have no homes.
—*verb* **sheltered, sheltering** To provide a shelter for.

shelve |shĕlv| —*verb* **shelved, shelving 1.** To place on a shelf or shelves. **2.** To put aside to consider later. **3.** To cancel; dismiss.

shelves |shĕlvz| The plural of the noun **shelf.**

shep·herd |shĕp′ərd| —*noun, plural* **shepherds** A person who takes care of a flock of sheep.

sher·iff |shĕr′ĭf| —*noun, plural* **sheriffs** A county official who is in charge of enforcing the law.

she's |shēz| A contraction of "she is" or "she has."

shield |shēld| —*noun, plural* **shields 1.** A piece of armor carried in olden times by a knight or warrior to protect against an enemy's blows. **2.** An emblem or badge in the shape of a shield. **3.** Anything used as a protection.
—*verb* **shielded, shielding** To protect with or as if with a shield.

shi·er |shī′ər| A comparative of the adjective **shy.**

shi·est |shī′ĭst| A superlative of the adjective **shy.**

shift |shĭft| —*verb* **shifted, shifting 1.** To move from one place or position to another; transfer. **2.** To change.
—*noun, plural* **shifts 1.** A change in place, position, or direction; a transfer. **2.** A group of workers who work in one place during the same hours. **3.** The period of time that a group of workers work.

shil·ling |shĭl′ĭng| —*noun, plural* **shillings** A British coin worth one twentieth of a pound. It is no longer in official use.

shim·mer |shĭm′ər| —*verb* **shimmered, shimmering** To shine with a flickering or faint light.

shin |shĭn| —*noun, plural* **shins** The front part of a leg between the knee and the ankle.
—*verb* **shinned, shinning** To climb by holding and pulling with hands and legs.

shine |shīn| —*verb* **shone** or **shined, shining 1.** To give off light or reflect light; be very bright. **2.** *Past tense* and *past participle* **shined** To make bright or glossy; polish. **3.** To do very well; be excellent.
—*noun, plural* **shines 1.** A strong light or reflected light. **2.** Fair weather. **3.** A polish.

shin·gle |shĭng′gəl| —*noun, plural* **shingles** One of many thin pieces of wood or other material laid in rows that overlap. Shingles are used to cover roofs or the outsides of houses.
—*verb* **shingled, shingling** To put shingles on a roof or wall.

shin·y |shī′nē| —*adjective* **shinier, shiniest** Reflecting light; shining; bright.

ship |shĭp| —*noun, plural* **ships 1.** A large vessel that can sail in deep water; a very big boat. **2.** An airplane, airship, or spacecraft.
—*verb* **shipped, shipping 1.** To send or carry. **2.** To take a job on a ship; become part of a ship's crew.

ship·ment |shĭp′mənt| —*noun, plural* **shipments 1.** The act or process of shipping goods. **2.** A group of goods shipped at one time.

shirt |shûrt| —*noun, plural* **shirts** A piece of clothing for the upper part of the body. Shirts usually have collars, sleeves, and an opening in front.

shiv·er |shĭv′ər| —*verb* **shivered, shivering** To shake or tremble from cold, fear, or excitement in a way one cannot control.
—*noun, plural* **shivers** A tremble from cold, fear, or excitement.

guardo; guarida. **3.** Institución para personas o animales que no tienen hogar; asilo.
—*verbo* Proporcionar abrigo o refugio; guarecer; cubrir; albergar; amparar; proteger.

shelve *verbo* **1.** Poner en una o varias repisas, estante o anaquel. **2.** Apartar algo para considerarlo más adelante; dejar a un lado; posponer. **3.** Cancelar; descartar.

shelves Plural del sustantivo **shelf.**

shepherd *sustantivo* Persona que cuida de un rebaño de ovejas; pastor.

sheriff *sustantivo* Funcionario de un condado que está a cargo de hacer cumplir la ley; alguacil mayor.

she's Contracción de "she is" o "she has".

shield *sustantivo* Escudo: **1.** Pieza acorazada que utilizaban antiguamente los caballeros y guerreros para protegerse de los embates de enemigo. **2.** Emblema o insignia que tiene la forma de un escudo; escudo de armas. **3.** Cualquier cosa que se utiliza como protección o a manera de escudo.
—*verbo* Proteger con un escudo o con otra cosa similar; escudar.

shier Grado comparativo del adjetivo **shy.**

shiest Grado superlativo del adjetivo **shy.**

shift *verbo* Cambiar: **1.** Mover de un lugar o posición a otro u otros; trasladar: *shift gears = cambiar las velocidades de un vehículo de motor.* **2.** Experimentar un cambio; variar.
—*sustantivo* **1.** Cambio de lugar, posición o dirección; traslado; desviación. **2.** Grupo de obreros o empleados que trabajan en un lugar a la misma hora; turno. **3.** Período de tiempo durante el cual trabaja un grupo de obreros o empleados; horario; turno.

shilling *sustantivo* Moneda inglesa que vale la vigésima parte de una libra esterlina y no se utiliza oficialmente; chelín.

shimmer *verbo* Brillar con luz tenue o vacilante; emitir o reflejar un débil resplandor; vislumbre.

shin *sustantivo* Parte delantera de la pierna entre la rodilla y el tobillo; espinilla; canilla.
—*verbo* Subir sosteniéndose y avanzando con las manos y los pies; trepar.

shine *verbo* **1.** Emitir o reflejar luz; relucir; brillar; resplandecer. **2.** Hacer que algo brille; dar brillo; pulir; bruñir; dar lustre. **3.** Hacer algo muy bien; ser excelente; brillar; distinguirse; sobresalir.
—*sustantivo* **1.** Luz fuerte que algo emite o refleja; brillo; resplandor. **2.** Buen tiempo; tiempo soleado. **3.** Lustre; brillo del calzado, o de algo similar.

shingle *sustantivo* Cualquiera de muchas piezas delgadas o láminas de madera u otro material que se colocan en hileras solapadas para cubrir los techos y, a veces, las paredes exteriores de las casas; teja.
—*verbo* Cubrir un techo o una pared con tejas.

shiny *adjetivo* Que refleja luz; que brilla; brillante; lustroso.

ship *sustantivo* Nave: **1.** Embarcación grande capaz de navegar en aguas profundas; buque; barco; navío. **2.** Aeroplano o avión; aeronave o nave del espacio.
—*verbo* **1.** Enviar o transportar; embarcar; despachar un embarque o envío. **2.** Aceptar un trabajo en un barco; alistarse en la tripulación de un barco; engancharse como marinero; ir a bordo.

shipment *sustantivo* Embarque: **1.** Acción o proceso de embarcar bienes; envío. **2.** Conjunto de bienes o mercaderías que se envían al mismo tiempo; remesa.

shirt *sustantivo* Prenda de vestir para la parte superior del cuerpo que, generalmente, tiene cuello, mangas y se abre por el frente; camisa.

shiver *verbo* Sacudirse o temblar de frío, miedo o excitación, sin poderse controlar; temblar; tiritar.
—*sustantivo* Temblor causado por el frío, el miedo o la excitación; escalofríos.

ər butter   yōō abuse   ou out   ŭ cut   û fur   *th* the   th thin   hw which   zh vision   ə ago, item, pencil, atom, circus

shock¹ |shŏk| —*noun, plural* **shocks 1.** A heavy blow, collision, or impact. **2.** Something sudden that disturbs or upsets the mind or feelings. **3.** The feeling in the muscles and nerves caused by an electrical current passing through the body or a part of the body. **4.** A great weakening of the body caused by severe injury, loss of blood, sudden pain, or strong emotion. A person in shock is weak, very pale, and cold, and the heart pumps blood more slowly than usual.
—*verb* **shocked, shocking** To create a feeling of surprise, horror, or disturbance.

shock·ing |shŏk′ĭng| —*adjective* **1.** Creating great surprise and disturbance. **2.** Very offensive to good taste; not decent.

shoe |shoo| —*noun, plural* **shoes** An outer covering for the foot.

shoe·lace |shoo′lās′| —*noun, plural* **shoelaces** A string or cord for fastening or tying up a shoe.

shoe·mak·er |shoo′mā′kər| —*noun, plural* **shoemakers** Someone who makes or repairs shoes.

shone |shōn| A past tense and past participle of the verb **shine.**

shook |shook| The past tense of the verb **shake.**

shoot |shoot| —*verb* **shot, shooting 1.** To hit, wound, or kill with a bullet, arrow, or something else fired from a weapon. **2.** To fire a weapon. **3.** To fire a bullet, arrow, or other object from a weapon. **4.** To set off or explode. **5.** To hunt with guns. **6.** To send forth or be sent forth quickly or with great force. **7.** To move quickly. **8.** To begin to grow. **9.** To take a photograph or make a movie.
—*noun, plural* **shoots** A plant or part of a plant that has just begun to grow. Stems, leaves, or buds may be shoots.

shop |shŏp| —*noun, plural* **shops 1.** A place where goods are sold; store. **2.** A place where things are made or repaired. **3.** A place where a certain kind of work is done. **4.** A room in a school where students are taught to use machines and tools, or a course in which such skills are taught.
—*verb* **shopped, shopping** To go to stores to look at or buy things.

shore |shôr| —*noun, plural* **shores 1.** Land along the edge of an ocean, lake, or large river. **2.** Land.

shorn |shôrn| or |shōrn| A past participle of the verb **shear.**

short |shôrt| —*adjective* **shorter, shortest 1.** Not long. **2.** Not tall. **3.** Covering a small distance or taking a small amount of time. **4.** Not coming up to the right amount; not having enough. **5.** Being so brief or quick as to be rude. **6.** Angered easily. **7.** Having a sound that is brief; for example, the *i* in *pin* is a short vowel, while the *i* in *pine* is long.
—*adverb* In a short way; suddenly.

short·en·ing |shôr′tn ĭng| —*noun* Fat used in baking to make cakes and pastry rich or crisp.

short·hand |shôrt′hănd′| —*noun* A method of quick or rapid writing that uses symbols or letters to take the place of words. It is used by people such as secretaries to write down what someone says while they are saying it.

short·ly |shôrt′lē| —*adverb* In a short time; soon.

shorts |shôrtz| —*plural noun* **1.** Pants worn above the knees. **2.** Men's underpants.

shock¹ *sustantivo* **1.** Golpe o impacto fuerte; choque; colisión; conmoción. **2.** Algo súbito que altera o perturba la mente o las emociones; golpe; susto; sobresalto; sacudida. **3.** Sensación causada por una corriente eléctrica que pasa a través del cuerpo o parte del cuerpo; sacudida eléctrica; corrientazo. **4.** Debilitamiento del organismo causado por alguna lesión severa, una pérdida de sangre, un dolor súbito o una emoción fuerte; choque.
—*verbo* Producir una sensación de sorpresa, horror o confusión; sacudir; chocar; consternar.

shocking *adjetivo* **1.** Que crea gran sorpresa y conmoción; espantoso; horrible; espeluznante. **2.** Muy ofensivo al buen gusto; indecente; chocante.

shoe *sustantivo* Cubierta para el pie; zapato; calzado.

shoelace *sustantivo* Cordón con que se atan o ajustan los zapatos.

shoemaker *sustantivo* Persona que fabrica o repara zapatos; zapatero.

shone Pretéritio y participio pasado del verbo **shine.**

shook Pretérito del verbo **shake.**

shoot *verbo* **1.** Pegar, herir o matar con una bala, flecha o algo que se dispara con un arma; disparar; tirar; lanzar. **2.** Disparar un arma; disparar. **3.** Disparar una bala, flecha u otro objeto con un arma. **4.** Hacer explotar; detonar. **5.** Cazar con armas de fuego; ir de cacería. **6.** Lanzar o lanzarse con mucha fuerza o rapidez; disparar; dispararse. **7.** Moverse rápidamente; correr muy rápidamente. **8.** Empezar a crecer; brotar; dar un estirón; germinar. **9.** Tomar una fotografía o hacer una película; filmar.
—*sustantivo* Planta o parte de una planta que acaba de brotar; retoño; vástago.

shop *sustantivo* **1.** Lugar donde se venden productos o mercancías; establecimiento; almacén; tienda. **2.** Lugar donde se fabrican o reparan cosas; taller. **3.** Lugar donde se hace cierto tipo de trabajo. **4.** Aula especial en algunas escuelas donde se enseña a los alumnos a manejar máquinas y herramientas; taller escolar.
—*verbo* Ir a las tiendas a mirar o a comprar; ir de compras o de tiendas; hacer compras.
Verbo en locución **shop for** Escoger cuidadosamente algo que se necesita antes de comprarlo, comparando marcas, modelos, precios, calidad del servicio, etc.; buscar para comprar.

shore *sustantivo* **1.** Tierra que da al mar, a un lago o a un río ancho o caudaloso; costa; litoral; ribera. **2.** Tierra o tierra firme.

shorn Participio pasado del verbo **shear.**

short *adjetivo* **1.** Que no es largo; corto. **2.** Que no es alto; bajo de estatura. **3.** Que cubre una distancia pequeña o que toma poco tiempo; corto; breve. **4.** Que no alcanza la cantidad adecuada; que no tiene suficiente; falto; escaso; corto: *short of money = corto de dinero*. **5.** Ser tan breve y tan rápido que se llega a ser grosero; parco; lacónico; seco. **6.** Que se enoja fácilmente; de escaso control temperamental; explosivo; irascible; irritable. **7.** De sonido breve; por ejemplo la *i* en *pin* es una vocal corta; en cambio, la *i* en *pine* es larga.
—*adverbio* En poco tiempo; instantáneamente; brevemente; súbitamente.

shortening *sustantivo* Grasa que se usa al hornear los pasteles para que la masa quede rica y crujiente.

shorthand *sustantivo* Método de escritura muy rápida que utiliza letras o símbolos en lugar de palabras, y que usan las secretarias para escribir con la misma velocidad con que se les dicta; taquigrafía.

shortly *adverbio* Dentro de poco tiempo; pronto; en breve.

shorts *sustantivo* **1.** Pantalones que sólo llegan hasta encima de la rodilla; pantalones cortos. **2.** Calzoncillos cortos.

ă pat   ā pay   â care   ä father   ĕ pet   ē be   ĭ pit   ī pie   î fierce   ŏ pot   ō go   ô paw, for   oi oil   oo book   oo boot

shot¹ |shŏt| —*noun, plural* **shots 1.** The firing of a gun, cannon, or other weapon. **2.** *plural* **shot a.** A ball of lead, a bullet, or other object fired from a weapon. **b.** A group of tiny balls or pellets of lead fired from a shotgun. **3.** The launching or sending forth of a rocket or other spacecraft. **4.** The distance over which something is or can be shot. **5.** A throw, drive, or stroke toward a goal or hole with a ball or puck. **6.** A person who shoots a weapon or a ball or puck accurately or on target. **7.** A turn or opportunity to shoot. **8.** A chance or opportunity. **9.** A dose of medicine that is injected into the body with a needle.

shot² |shŏt| The past tense and past participle of the verb **shoot.**

should |shŏŏd| —*auxiliary, verb* The past tense of **shall.** As an auxiliary verb **should** is used followed by another verb in the infinitive to show: **1.** Duty or obligation. **2.** Expectation. **3.** The possibility that something may or may not happen.

shoul·der |shōl'dər| —*noun, plural* **shoulders 1.** The part of the human body between the neck and the arm. **2.** A similar part on animals. **3.** The part of a coat, shirt, dress, or other clothing that covers the shoulder. **4.** An edge or border along a road.
—*verb* **shouldered, shouldering 1.** To bear the responsibility or blame for something. **2.** To push with shoulders.

shoulder blade One of the two large, flat bones that form the rear of the shoulder.

should·n't |shŏŏd'nt| A contraction of "should not."

shout |shout| —*verb* **shouted, shouting** To say something in a loud voice; cry out; yell.
—*noun, plural* **shouts** A loud cry or yell.

shove |shŭv| —*verb* **shoved, shoving** To push forward from behind with force; push or thrust roughly or rudely against.
—*noun, plural* **shoves** A rough push.

shov·el |shŭv'əl| —*noun, plural* **shovels** A tool used for digging or lifting and moving dirt, snow, or loose matter.
—*verb* **shoveled, shoveling 1.** To dig up and throw or clear with a shovel. **2.** To move or throw in a hasty or careless way.

show |shō| —*verb* **showed, showed** or **shown, showing 1.** To put in sight; allow to be seen. **2.** To display for the public; present. **3.** To be in sight; be able to be seen. **4.** To reveal or become revealed; be made known. **5.** To point out; direct. **6.** To explain; make clear to. **7.** To grant or give.
Phrasal verb **show off** To display something or behave in a way that calls attention to oneself.
—*noun, plural* **shows 1.** A public exhibition or display. **2.** Any entertainment event, such as a play, movie, or television or radio program. **3.** A false or pretended display that is designed to trick or fool.

show·er |shou'ər| —*noun, plural* **showers 1.** A short fall of rain. **2.** Anything that falls like a shower. **3.** A bath in which water is sprayed down on a person

shot¹ *sustantivo* **1.** Disparo de un arma de fuego; tiro. **2. a.** Bola de plomo; bala u otro proyectil que se dispara con un arma; bala; balazo. **b.** Conjunto de bolitas de plomo que se disparan con una escopeta; municiones; perdigones. **3.** Lanzamiento de un cohete u otra nave espacial. **4.** Distancia desde la cual se dispara o se puede disparar; alcance. **5.** En ciertos deportes o juegos, tirada, jugada, golpe o lanzamiento hacia la meta o agujero con la bola o disco; intento de gol o de anotación. **6.** Persona que dispara un arma, una pelota o disco exactamente en el blanco; tirador; goleador. **7.** Turno u oportunidad para tirar. **8.** Oportunidad u ocasión; tener un chance. **9.** Dosis de medicina que se introduce en el cuerpo con una jeringuilla y aguja hipodérmica; inyección.

shot² Pretérito y participio pasado del verbo **shoot.**

should *verbo auxiliar* El tiempo pretérito de **shall.** Como verbo auxiliar **should** se usa seguido por otro verbo en modo infinitivo para mostrar: **1.** Deber u obligación: *You should write her a note.* = *Deberías escribirle una nota.* **2.** Expectación: *They should arrive at noon.* = *Se supone que ellos lleguen al mediodía.* **3.** La posibilidad de que algo pueda pasar o no: *If she should call while I'm out, tell her that I'll be right back.* = *Si ella llama cuando estoy fuera, dile que regresaré en seguida.*

shoulder *sustantivo* **1.** La parte del cuerpo humano que está entre el cuello y el brazo; hombro; espalda. **2.** Parte similar en los animales; espalda; lomo. **3.** La parte de un abrigo, camisa, vestido u otra ropa que cubre las espaldas; hombro. **4.** Orilla o borde a lo largo de un camino; lado.
—*verbo* **1.** Cargar con la responsabilidad o culpa de algo; asumir responsabilidad; responsabilizarse. **2.** Empujar con los hombros; abrirse paso.

shoulder blade Uno de los dos huesos grandes y planos que forman la parte trasera de la espalda; omóplato.

shouldn't Contracción de "should not".

shout *verbo* Decir algo en voz muy alta; gritar; vociferar; aullar.
—*sustantivo* Grito o alarido fuerte; aullido.

shove *verbo* Empujar con fuerza desde atrás hacia adelante; empujar o avanzar a empellones fuerte o rudamente contra algo; empujar; impeler; empellar.
—*sustantivo* Empujón fuerte; empellón.

shovel *sustantivo* Herramienta que se usa para cavar o para levantar y mover tierra, nieve u otro material liviano; pala.
—*verbo* **1.** Cavar y tirar lo que se cava con una pala; excavar; palear. **2.** Mover o tirar algo en una forma apresurada o descuidada; echar en grandes cantidades: *Don't shovel food into your mouth.* = *No te llenes la boca de comida.*

show *verbo* **1.** Poner a la vista; permitir que sea visto; mostrar: *Show me your new coat.* = *Muéstrame tu saco nuevo.* **2.** Exhibir al público; presentar; exponer. **3.** Estar a la vista; que es capaz de verse: *The scratch on the table shows in the light.* = *El arañazo en la mesa se ve a la luz.* **4.** Revelar o ser revelado; dar a conocer; mostrar: *Her eyes showed curiosity.* = *Sus ojos revelaban curiosidad.* **5.** Señalar; dirigir; indicar. **6.** Explicar; aclarar algo; enseñar. **7.** Otorgar o dar; conferir: *The judge showed no mercy to the murderer.* = *El juez no le dió clemencia al criminal.*
Verbo en locución **show off** Exhibir algo o comportarse de una manera que llama la atención; envanecerse; presumir.
—*sustantivo* **1.** Exhibición o exposición pública; muestra. **2.** Cualquier entretenimiento, como una obra de teatro, película o programa de radio o televisión; función; espectáculo. **3.** Demostración falsa o fingida cuyo objeto es engañar o bromear; apariencia; pretensión.

shower *sustantivo* **1.** Caída de agua, corta en duración; aguacero; chubasco. **2.** Cualquier cosa que cae como un aguacero; lluvia: *A shower of confetti fell on*

from a nozzle above. **4.** The nozzle used to spray such water.
—*verb* **showered, showering 1.** To fall or cause to fall in a shower; spray or sprinkle. **2.** To give generously or in large amounts. **3.** To take a shower bath.

shown |shōn| A past participle of the verb **show.**

show·y |shō'ē| —*adjective* **showier, showiest** Attracting attention because of bright color, size, or some other quality.

shrank |shrăngk| A past tense of the verb **shrink.**

shred |shrĕd| —*noun, plural* **shreds 1.** A narrow strip or small piece torn or cut off from something. **2.** A small amount; fragment; bit.
—*verb* **shredded, shredding** To cut or tear into strips or pieces.

shrewd |shrōōd| —*adjective* **shrewder, shrewdest** Clever and sharp; keen.

shriek |shrēk| —*noun, plural* **shrieks** A loud, shrill sound or yell.
—*verb* **shrieked, shrieking** To make a loud, shrill sound or yell.

shrill |shrĭl| —*adjective* **shriller, shrillest** Having a high, sharp sound.

shrimp |shrĭmp| —*noun, plural* **shrimp** or **shrimps** A small animal that lives in salt water and is related to the lobster.

shrine |shrīn| —*noun, plural* **shrines** A holy place.

shrink |shrĭngk| —*verb* **shrank** or **shrunk, shrunk** or **shrunken, shrinking 1.** To make or become smaller in size or amount. **2.** To draw back; retreat.

shriv·el |shrĭv'əl| —*verb* **shriveled, shriveling** To dry up; shrink and wrinkle.

shrub |shrŭb| —*noun, plural* **shrubs** A woody plant that is smaller than a tree. Shrubs usually have several separate stems rather than a single trunk.

shrug |shrŭg| —*verb* **shrugged, shrugging** To raise the shoulders to show doubt, dislike, or lack of interest.
—*noun, plural* **shrugs** The act of raising the shoulders to show doubt, dislike, or lack of interest.

shrunk |shrŭngk| A past tense and a past participle of the verb **shrink.**

shrunk·en |shrŭng'kən| A past participle of the verb **shrink.**

shud·der |shŭd'ər| —*verb* **shuddered, shuddering** To shiver suddenly from fear or cold.
—*noun, plural* **shudders** A tremble or shiver.

shuf·fle |shŭf'əl| —*verb* **shuffled, shuffling 1.** To walk by dragging the feet along the ground. **2.** To mix playing cards so as to change the order. **3.** To move things from one place to another; push about.
—*noun, plural* **shuffles** The act of dragging the feet along the ground.

shut |shŭt| —*verb* **shut, shutting 1.** To move something into a closed position. **2.** To become moved into a closed position. **3.** To block an opening or entrance.
Phrasal verb **shut up** To be or become quiet; stop talking.

shut·ter |shŭt'ər| —*noun, plural* **shutters 1.** A movable cover for a window or door. **2.** A movable cover over a camera lens that lets in light when a picture is taken.

shut·tle |shŭt'əl| —*noun, plural* **shuttles 1.** A device on a loom and a sewing machine. **2.** A train, bus, or airplane that makes short trips between two places.

shy |shī| —*adjective* **shier** or **shyer, shiest** or **shyest 1.** Feeling uncomfortable around people. **2.** Easily frightened; timid.
—*verb* **shied, shying** To move back suddenly as if startled or frightened.

shy·ness |shī'nĭs| —*noun* The quality or condition

---

the parade. = Una lluvia de papel picado cayó sobre el desfile. **3.** Baño en el que una persona se rocía con agua que cae de una boquilla colocada en la parte superior; ducha. **4.** La boquilla que se usa para rociar el agua de la ducha; flor.
—*verbo* **1.** Caer o causar que caiga en forma de lluvia, rocío o gotas; llover. **2.** Dar abundantemente o en cantidades grandes; colmar. **3.** Tomar un baño de ducha; ducharse.

shown Participio pasado del verbo **show.**

showy *adjetivo* Que atrae la atención debido a algún color brillante, tamaño o cualquier otra cualidad; llamativo; vistoso.

shrank Pretérito del verbo **shrink.**

shred *sustantivo* **1.** Tira angosta o trozo pequeño arrancado o cortado de algo; triza; jirón. **2.** Cantidad pequeña; fragmento; pedacito; pizca.
—*verbo* Cortar o hacer trizas o pedazos; despedazar; desmenuzar.

shrewd *adjetivo* Listo y despierto; astuto; sagaz; perspicaz.

shriek *sustantivo* Sonido o grito fuerte y agudo; chillido.
—*verbo* Hacer un sonido o grito fuerte y agudo; chillar; gritar.

shrill *adjetivo* Que tiene un sonido alto y agudo; estridente; chillón.

shrimp *sustantivo* Animal pequeño de agua salada, relacionado con la langosta; camarón.

shrine *sustantivo* Lugar sagrado; santuario; relicario.

shrink *verbo* **1.** Hacer o hacerse más pequeño en tamaño o cantidad; encoger; contraer. **2.** Retroceder; retirarse; acobardarse.

shrivel *verbo* Secarse; encogerse y arrugarse; marchitarse; consumirse.

shrub *sustantivo* Planta leñosa más pequeña que un árbol; arbusto. Los arbustos usualmente tienen tallos separados en vez de un solo tronco.

shrug *verbo* Levantar los hombros para mostrar duda, aversión o falta de interés; encogerse de hombros.
—*sustantivo* El acto de levantar los hombros así descripto; encogimiento de hombros.

shrunk Pretérito y participio pasado del verbo **shrink.**

shrunken Otra forma de participio pasado del verbo **shrink.**

shudder *verbo* Temblar repentinamente de miedo o frío; estremecerse; sacudirse.
—*sustantivo* Temblor o estremecimiento; escalofrío.

shuffle *verbo* **1.** Caminar arrastrando los pies por el piso; arrastrar los pies. **2.** Mezclar los naipes a fin de cambiar el orden; barajar. **3.** Mover cosas de un lugar a otro; mover de un sitio a otro; revolver.
—*sustantivo* El acto de arrastrar los pies por el suelo.

shut *verbo* **1.** Mover algo a una posición cerrada; cerrar. **2.** Ser movido a una posición cerrada; cerrarse. **3.** Bloquear una apertura o entrada; cerrar; obturar.
Verbo en locución **shut up** Estar callado o callarse; dejar de hablar.

shutter *sustantivo* **1.** Cubierta movible para una ventana o puerta; contraventana; postigo; persiana. **2.** Cubierta movible colocada sobre el lente de una cámara que deja entrar la luz cuando se toma una fotografía; obturador.

shuttle *sustantivo* **1.** Aparato en un telar o una máquina de coser; lanzadera. **2.** Tren, autobús o avión que realiza viajes cortos entre dos lugares.

shy *adjetivo* Tímido. **1.** Que se siente incómodo alrededor de la gente; vergonzoso; recatado. **2.** Que se asusta fácilmente; asustadizo.
—*verbo* Retroceder repentinamente como si uno se sorprendiera o asustara; espantarse; sobresaltarse.

shyness *sustantivo* La calidad o condición de ser tí-

---

of being shy.

sick |sĭk| —*adjective* **sicker, sickest** 1. Suffering from a disease or illness; not well or healthy. 2. Feeling like one has to vomit; feeling nausea. 3. Very upset. 4. Having had enough of something; tired.

sick·en |sĭk'ən| —*verb* **sickened, sickening** To make or become sick or disgusted.

sick·le |sĭk'əl| —*noun, plural* **sickles** A tool for cutting grain or tall grass.

sick·ly |sĭk'lē| —*adjective* **sicklier, sickliest** 1. Often sick; not healthy or strong. 2. Of or caused by sickness.

sick·ness |sĭk'nĭs| —*noun, plural* **sicknesses** Illness or disease.

side |sīd| —*noun, plural* **sides** 1. A line or surface that forms the boundary of or encloses something. 2. One of the surfaces of an object that connects the top and bottom. 3. One of the two surfaces of a flat object, such as a piece of paper or cloth. 4. Either the right or left half of a human or animal body. 5. Either the right or left half of something. 6. The space next to someone or something. 7. a. One of two or more people, teams, or groups that have different views, ideas, or opinions. b. The different views, ideas, or opinions themselves.
—*verb* **sided, siding** To take sides; put oneself on one side.
—*adjective* 1. At, near, or to the side. 2. Not as important; secondary. 3. In addition to the main part.

side·walk |sīd'wôk'| —*noun, plural* **sidewalks** A path along the side of a road where people can walk. It is usually paved.

side·ways |sīd'wāz'| —*adverb* 1. To or from one side. 2. With one side forward.
—*adjective* Toward or from one side.

sieve |sĭv| —*noun, plural* **sieves** A utensil that has many tiny holes in the bottom. The holes let water and very small pieces of material pass through, but not large pieces. It is used for draining water or liquid or for getting rid of lumps in such foods as flour.

sift |sĭft| —*verb* **sifted, sifting** 1. To separate large pieces from small pieces by shaking or pushing them through a sieve. 2. To put through a sieve. 3. To fall slowly or loosely as if passing through a sieve; drift. 4. To look at or examine closely and carefully.

sigh |sī| —*verb* **sighed, sighing** 1. To let out a long, deep breathing sound because one is sad, tired, or relieved. 2. To long or wish for.
—*noun, plural* **sighs** The act or sound of sighing.

sight |sīt| —*noun, plural* **sights** 1. The ability or power to see. 2. The act of seeing. 3. The range or distance that can be seen. 4. Something seen. 5. Something worth seeing. 6. A view or glimpse; a quick look. 7. Something that looks unpleasant or odd. 8. A device on a gun or other object that helps in seeing or aiming.
—*verb* **sighted, sighting** To see or observe with the eyes.

sign |sīn| —*noun, plural* **signs** 1. A mark or symbol that stands for a word, process, or something else. For example, the signs for addition, subtraction, and multiplication are +, −, and ×. 2. A board or poster that gives information or points out something. 3. Something that suggests or indicates something that is happening that a person may not be aware of or something that may happen in the future. 4. An action or gesture that is used to express a desire, command, or information. 5. Evidence or proof; a trace. 6. An event or

mido; timidez; recato.

sick *adjetivo* 1. Que sufre de un mal o una enfermedad; que no está bien o saludable; enfermo. 2. Que se siente como que tiene que vomitar; que siente náuseas; mareado. 3. Muy perturbado; molesto. 4. Que está cansado de algo; harto.

sicken *verbo* Enfermar o enfermarse; disgustar o disgustarse; dar asco.

sickle *sustantivo* Herramienta para cortar grano o hierba alta; hoz.

sickly *adjetivo* Enfermizo: 1. Que está enfermo a menudo; que no es saludable o fuerte; achacoso. 2. Relativo a, o causado por, una enfermedad.

sickness *sustantivo* Enfermedad o mal; dolencia.

side *sustantivo* Lado: 1. Línea o superficie que forma un límite o que encierra algo. 2. Una de las superficies de un objeto que conecta la parte superior y la base. 3. Una de las dos superficies de un objeto plano, tal como un pedazo de papel o tela. 4. El lado derecho o el izquierdo de un cuerpo humano o animal; costado. 5. La mitad derecha o izquierda de algo. 6. El espacio próximo a alguien o algo. 7. a. Una de dos o más personas, equipos o grupos que tienen diferentes puntos de vista, ideas u opiniones; bando. b. Los diferentes puntos de vista, ideas u opiniones mismos; versión; aspecto.
—*verbo* Tomar partido; ponerse de un lado.
—*adjetivo* 1. En, cerca o al lado; lateral; accesorio: *a side door* = *una puerta accesoria.* 2. No tan importante; secundario. 3. Además de la parte principal; adicional; incidental.

sidewalk *sustantivo* Sendero a lo largo del costado de un camino usualmente pavimentado donde la gente puede caminar; acera.

sideways *adverbio* De lado: 1. Hacia o desde un lado; oblicuamente. 2. Con un lado hacia adelante; oblicuamente.
—*adjetivo* Hacia o desde un lado; oblicuo; lateral.

sieve *sustantivo* Utensilio de alambre con muchos agujeritos, los cuales dejan pasar agua y pedacitos muy pequeños de material pero no los grandes; tamiz; cedazo; criba. Se usa para desaguar líquidos, o agua, o para deshacerse de terrones en ciertas comidas.

sift *verbo* 1. Separar los pedazos grandes de los pequeños, sacudiéndolos o pasándolos por un tamiz; tamizar; cerner; cribar. 2. Pasar por un tamiz; tamizar; cerner. 3. Caer lenta o separadamente como si estuviera pasando por un tamiz; flotar hacia el suelo; filtrarse. 4. Mirar o examinar atenta y cuidadosamente; escudriñar; escrutar.

sigh *verbo* Suspirar: 1. Soltar un sonido largo y profundo debido a que uno está triste, cansado o aliviado. 2. Añorar o desear algo.
—*sustantivo* El acto o sonido de suspirar; suspiro.

sight *sustantivo* 1. Abilidad o condición de poder ver; vista; visión. 2. El acto de ver; vista. 3. La extensión o distancia que puede verse; vista. 4. Algo visto; vista. 5. Algo que vale la pena verse; vista. 6. Vista o vistazo; mirada rápida; ojeada. 7. Algo que se ve desagradable o raro; espectáculo; ridículo: *What a sight she was in her Halloween costume.* = *Qué ridícula se veía con el disfraz que usó en Halloween!* 8. Mecanismo de una arma de fuego u otro objeto que ayuda a ver y apuntar; mira; alza.
—*verbo* Ver u observar con los ojos; divisar; ver.

sign *sustantivo* 1. Marca o símbolo que representa una palabra, un proceso u otra cosa; signo. Por ejemplo, los signos para sumar, restar y multiplicar son +, −, y ×. 2. Tablero o cartel que da información o señala algo; letrero; indicador. 3. Algo que sugiere o indica algo que está pasando, de lo cual una persona puede no estar consciente, o que puede suceder en el futuro; señal; indicio: *A high temperature is a sign of illness.* = *Una temperatura alta es un indicio de enfermedad.* 4. Acción o gesto que se usa para expresar algún deseo, or-

action that is believed to be proof that something will happen.
—*verb* **signed, signing** To write one's name.

sig·nal |sĭg′nəl| —*noun, plural* **signals 1.** A sign, gesture, or device that gives information. **2.** A sign or action that causes something to happen.
—*verb* **signaled, signaling 1.** To make a signal to. **2.** To tell or make known with signals.

sig·na·ture |sĭg′nə chər| —*noun, plural* **signatures** The name of a person as written in his or her own handwriting.

sig·nif·i·cance |sĭg nĭf′ĭ kəns| —*noun, plural* **significances 1.** Importance. **2.** Special meaning.

sig·nif·i·cant |sĭg nĭf′ĭ kənt| —*adjective* **1.** Having a special meaning. **2.** Full of meaning. **3.** Important.

si·lence |sī′ləns| —*noun, plural* **silences 1.** The absence of sound or noise; total quiet. **2.** Failure to speak out.
—*verb* **silenced, silencing** To make silent; quiet.
—*interjection* Be silent; keep quiet.

si·lent |sī′lənt| —*adjective* **1.** Making or having no sound; quiet. **2.** Saying nothing.

silk |sĭlk| —*noun, plural* **silks 1. a.** The fine, shiny fiber that a silkworm produces. **b.** A similar fine, strong fiber produced by spiders for their webs. **2.** Thread or cloth made from the fiber produced by silkworms. **3.** Any fine, soft strands, such as those that grow on the end of an ear of corn.

silk·worm |sĭlk′wûrm′| —*noun, plural* **silkworms** The caterpillar that spins a cocoon of fine, shiny fiber that is used to make silk thread and cloth.

sill |sĭl| —*noun, plural* **sills** The piece of wood or stone across the bottom of a door or window.

sil·ly |sĭl′ē| —*adjective* **sillier, silliest** Without good sense or reason; stupid; foolish.

silt |sĭlt| —*noun, plural* **silts** Very fine particles of earth, often found at the bottom of lakes and rivers.

sil·ver |sĭl′vər| —*noun, plural* **silvers 1.** A soft, shiny white metal. Silver is used to make money and jewelry. Silver is one of the chemical elements. **2.** Coins made from silver. **3.** Spoons, forks, knives, or other things for the table made of silver. **4.** A light, shiny gray color.
—*verb* **silvered, silvering** To cover or coat with silver or something that looks like silver.
—*adjective* Having a light-gray color.

sil·ver·ware |sĭl′vər wâr′| —*noun* Articles made or covered with silver that are used for eating and serving food. Silver forks, knives, and spoons are silverware.

sim·i·lar |sĭm′ə lər| —*adjective* Alike but not the same.

sim·i·lar·i·ty |sĭm′ə lăr′ĭ tē| —*noun, plural* **similarities** A way in which things are alike; likeness.

sim·mer |sĭm′ər| —*verb* **simmered, simmering** To cook below or just at the boiling point.

sim·ple |sĭm′pəl| —*adjective* **simpler, simplest 1.** Not difficult; easy. **2.** Not showy or fancy; plain. **3.** Open; honest.

sim·pli·fy |sĭm′plə fī′| —*verb* **simplified, simplifying, simplifies** To make or become simple or easier.

sim·ply |sĭm′plē| —*adverb* **1.** In a simple manner; plainly. **2.** Merely; only; just. **3.** Really.

sin |sĭn| —*noun, plural* **sins 1.** The act of breaking a religious law on purpose. **2.** Any serious mistake or wrong action.
—*verb* **sinned, sinning** To break a religious law.

den o información; señal: *The police officer held up her hand as a sign for the cars to stop.* = *La oficial de policía levantó la mano como señal para que pararan los automóviles.* **5.** Evidencia o prueba; rastro; indicio. **6.** Evento o acción que se considera como prueba de que algo va a pasar; indicio; señal; agüero.
—*verbo* Escribir el nombre de uno; firmar.

signal *sustantivo* Señal: **1.** Signo, gesto o aparato que da información. **2.** Signo o acción que hace que algo suceda.
—*verbo* **1.** Hacer una señal; hacerle señas; avisar. **2.** Decir o hacer saber por medio de señas; indicar.

signature *sustantivo* El nombre de una persona según está escrito en su propia letra; firma; rúbrica.

significance *sustantivo* Significado: **1.** Importancia. **2.** Sentido especial; significación.

significant *adjetivo* Significativo: **1.** Que tiene un significado especial; trascendente; importante. **2.** Lleno de significado. **3.** Importante; trascendente.

silence *sustantivo* Silencio: **1.** La ausencia de sonido o bullicio; quietud total. **2.** El dejar de hablar.
—*verbo* Hacer callar; acallar; aquietar.
—*interjección* Estarse callado; estarse tranquilo.

silent *adjetivo* **1.** Que no hace o tiene sonido; quieto; callado; silencioso. **2.** Que no dice nada; callado.

silk *sustantivo* Seda: **1. a.** La fibra fina y brillante que produce un gusano de seda. **b.** Fibra fina y fuerte muy parecida a la seda, producida por las arañas para sus telarañas. **2.** Hilo o tela hecho de la fibra producida por los gusanos de seda. **3.** Cualquier hebra fina y suave, tal como las que crecen en la punta de una mazorca de maíz.

silkworm *sustantivo* El gusano que teje un capullo de fibra fina y brillante que se usa para hacer hilo de seda y tela; gusano de seda.

sill *sustantivo* La pieza de madera o de piedra colocada a lo largo de la base de una puerta o ventana; umbral.

silly *adjetivo* Sin un buen sentido o razón; estúpido; tonto; bobo.

silt *sustantivo* Partículas de tierra muy finas, que se encuentran a menudo en el fondo de lagos y ríos; sedimento; lodo.

silver *sustantivo* **1.** Metal brillante, blanco y blando; plata. La plata se usa para hacer dinero y joyas, y es uno de los elementos químicos. **2.** Monedas hechas de la plata; plata. **3.** Cucharas, tenedores, cuchillos u otras cosas para la mesa hechas de plata; platería. **4.** Color gris claro y brillante; el color plateado.
—*verbo* Cubrir o bañar de plata o de algo que parece plata; platear; azogar.
—*adjetivo* Que tiene un color gris claro; plateado.

silverware *sustantivo* Artículos hechos o cubiertos de plata que se usan para comer y servir comida; plata; vajilla de plata.

similar *adjetivo* Parecido pero no igual; similar; semejante.

similarity *sustantivo* Manera en que las cosas se parecen; parecido; semejanza; similitud.

simmer *verbo* Cocinar por debajo de o exactamente al punto de ebullición; cocer a fuego lento.

simple *adjetivo* **1.** Que no es difícil; fácil; simple. **2.** Que no es vistoso o lujoso; sencillo. **3.** Abierto; honesto; sencillo.

simplify *verbo* Hacer o convertir en algo simple o más fácil; simplificar.

simply *adverbio* Simplemente: **1.** De manera simple; sencillamente. **2.** Meramente; solamente; sólo. **3.** Realmente: *His behavior was simply awful.* = *Su comportamiento fue realmente atroz.*

sin *sustantivo* Pecado: **1.** El acto de romper conscientemente una ley religiosa. **2.** Cualquier error o acción errónea seria.
—*verbo* Romper una ley religiosa; pecar.

ă pat ā pay â care ä father ĕ pet ē be ĭ pit ī pie î fierce ŏ pot ō go ô paw, for oi oil oŏ book oō boot

since |sĭns|—*adverb* **1.** From then until now. **2.** Before now; ago.
—*preposition* From then until now.
—*conjunction* **1.** After the time when. **2.** From the time when. **3.** Because.

since *adverbio* **1.** Desde entonces hasta ahora: *He left town and hasn't been here since.* = *Él se fue del pueblo y no ha vuelto desde entonces.* **2.** Antes de ahora; hace tiempo: *long since forgotten* = *olvidado desde hace tiempo.*
—*preposición* Desde entonces hasta ahora; desde; a partir de: *Since last month he has been getting A's in math.* = *Él ha estado sacando A en matemáticas desde el mes pasado.*
—*conjunción* **1.** Después del tiempo cuando; desde que: *since he graduated* = *desde que se graduó.* **2.** Desde el tiempo cuando; desde que: *He hasn't spoken since he sat down.* = *El no ha hablado desde que se sentó.* **3.** Porque; ya que; como: *Since you're not interested, I won't tell you about it.* = *Como no estás interesado, no te lo contaré.*

sin·cere |sĭn sîr´| —*adjective* **sincerer, sincerest** Without lies; real; honest.

sincere *adjetivo* Sin mentiras; real; honesto; sincero.

sing |sĭng| —*verb* **sang** or **sung, sung, singing** **1.** To say a series of words with or make sounds in musical tones. **2.** To make or produce a musical sound.

sing *verbo* Cantar: **1.** Decir un serie de palabras o hacer sonidos con tonos musicales. **2.** Hacer o producir un sonido musical.

sing·er |sĭng´ər| —*noun, plural* **singers** A person or bird that sings.

singer *sustantivo* Persona o pájaro que canta; cantor.

sin·gle |sĭng´gəl| —*adjective* **1.** Not with another or others; only one. **2.** Designed to be used by one person or one family. **3.** Not married.
—*noun, plural* **singles** In baseball, a hit that allows the batter to reach first base.
—*verb* **singled, singling** **1.** To pick out or choose from others. **2.** In baseball, to hit a single.

single *adjetivo* **1.** Que no está con otro u otros; sólo uno; único; solo. **2.** Diseñado para ser usado por una persona o familia; simple; individual. **3.** Que no está casado; soltero.
—*sustantivo* En el béisbol, batazo que le permite al bateador llegar a primera base.
—*verbo* **1.** Seleccionar o escoger entre otros; elegir. **2.** En el béisbol, batear un sencillo.

sin·gu·lar |sĭng´gyə lər| —*adjective* Of a word that shows or stands for a single person or thing or a group that is thought of as one unit or item. For example, *he* is a singular pronoun, and *table* and *army* are singular nouns.
—*noun, plural* **singulars** The form of a word that shows or stands for a single person or thing. For example, *army* is the singular of *armies*.

singular *adjetivo* Relativo a una palabra que muestra o representa una sola persona o cosa, o un grupo considerado como una unidad o cosa; singular. Por ejemplo, *él* es un pronombre singular, y *mesa* y *ejército* son sustantivos singulares.
—*sustantivo* La forma de una palabra que muestra o representa una sola persona o cosa; singular. Por ejemplo, *ejército* es el singular de *ejércitos.*

sin·is·ter |sĭn´ĭ stər| —*adjective* Evil or suggesting evil.

sinister *adjetivo* Malo o que sugiere lo malo; siniestro; maligno.

sink |sĭngk| —*verb* **sank** or **sunk, sunk** or **sunken, sinking** **1.** To go down or cause to go down below the surface or to the bottom of a liquid or soft substance. **2.** To appear or move downward. **3.** To dig or drill. **4.** To force or drive into the ground. **5.** To fall or move into a different state or condition. **6.** To become less or weaker; diminish. **7.** To seep or go completely into. **8.** To become understood.
—*noun, plural* **sinks** A basin with a drain and faucets for supplying water. It is used for washing.

sink *verbo* **1.** Descender o hacer que descienda debajo de la superficie o al fondo de un líquido o una sustancia blanda; hundir; sumergir. **2.** Parecer como que se está moviendo hacia abajo; hundirse; descender; sumergirse. **3.** Cavar o taladrar; hundir; horadar. **4.** Forzar o empujar hacia dentro en el suelo; hundir; meter. **5.** Caer o entrar en un estado o condición diferente; sumirse; sumergirse. **6.** Hacerse menor o más débil; disminuir; amenguar: *His voice sank to a whisper.* = *Su voz disminuyó hasta el nivel de un susurro.* **7.** Filtrarse o meterse completamente en algo; penetrar; calar: *The rain could hardly sink into the hard dirt.* = *La lluvia apenas podía penetrar la tierra dura.* **8.** Hacerse entender; meterse: *Doesn't anything I say ever sink into that head of yours?* = *¿Es que nada de lo que yo digo se mete en esa cabeza tuya?*
—*sustantivo* Jofaina con un desaguadero y grifos que se usan para lavarse; pileta; fregadera; lavamanos.

sip |sĭp| —*verb* **sipped, sipping** To drink little by little.
—*noun, plural* **sips** A little drink.

sip *verbo* Beber poco a poco; beber a sorbos; sorber.
—*sustantivo* Un trago pequeño; sorbo.

sir |sûr| —*noun, plural* **sirs** **1.** A title or form of address used in place of a man's name. **2.** **Sir** A title used before the name of a knight.

sir *sustantivo* **1.** Título o manera de dirigirse usado en lugar del nombre de un hombre; señor. **2.** **Sir** Título usado antes del nombre de un caballero inglés.

si·ren |sī´rən| —*noun, plural* **sirens** A device that makes a loud whistling sound or noise.

siren *sustantivo* Instrumento que hace un sonido o ruido alto como de silbido; sirena.

sis·ter |sĭs´tər| —*noun, plural* **sisters** **1.** A girl or woman who has the same parents as another person. **2. a.** A fellow woman. **b.** A female member of the same group, club, profession, or religion. **3.** **Sister** A nun.

sister *sustantivo* Hermana: **1.** Muchacha o mujer que tiene los mismos padres que otra persona. **2. a.** Otra mujer como una. **b.** Miembro femenino del mismo grupo, club, profesión o religión. **3.** **Sister** Monja.

sis·ter-in-law |sĭs´tər ĭn lô´| —*noun, plural* **sisters-in-law** **1.** The sister of one's husband or wife. **2.** The wife of one's brother. **3.** The wife of the brother of one's husband or wife.

sister-in-law *sustantivo* Cuñada.

sit |sĭt| —*verb* **sat, sitting** **1.** To rest or be in a posi-

sit *verbo* **1.** Descansar o estar en una posición con la

tion with the back being upright and the weight of the body supported by the buttocks and not the feet. **2.** To cause to sit; seat. **3.** To rest on a perch, as a bird does. **4.** To cover eggs so that they will hatch, as a chicken or hen does. **5.** To stay in one place and not be active or used.

site |sīt| —*noun, plural* **sites** The position or location of something.

sit·u·ate |sĭch′ōō āt′| —*verb* **situated, situating** To put in a certain spot or position; locate.

sit·u·a·tion |sĭch′ōō ā′shən| —*noun, plural* **situations** A condition or combination of circumstances; the way events or things are at a certain time.

six |sĭks| —*noun, plural* **sixes** & *adjective* A number, written 6.

six·teen |sĭks′tēn′| —*noun, plural* **sixteens** & *adjective* A number, written 16.

six·teenth |sĭks′tēnth′| —*noun, plural* **sixteenths** & *adjective* See **Table of Numerals.**

sixth |sĭksth| —*noun, plural* **sixths** & *adjective* See **Table of Numerals.**

six·ti·eth |sĭks′tē ĭth| —*noun, plural* **sixtieths** & *adjective* See **Table of Numerals.**

six·ty |sĭks′tē| —*noun, plural* **sixties** & *adjective* A number, written 60.

size |sīz| —*noun, plural* **sizes** **1.** The height, width, or length of something. **2.** Any of a series of measurements according to which many things are made. **3.** Number or amount.

siz·zle |sĭz′əl| —*verb* **sizzled, sizzling** To make a hissing or crackling sound.

skate |skāt| —*noun, plural* **skates** **1.** A boot or shoe that has a piece of metal shaped like a blade attached lengthwise to the sole; an ice skate. It is used for gliding over ice. **2.** A boot or shoe that has a set of four small wheels mounted under the sole; a roller skate. It is used for moving over a hard surface, such as pavement.
—*verb* **skated, skating** To glide or move over on skates.

skel·e·ton |skĕl′ĭ tən| —*noun, plural* **skeletons** **1. a.** The internal framework of bones and cartilage that supports the body of all animals with backbones. **b.** The hard, outer covering of many animals without a backbone, such as a turtle. **2.** Any structure or framework that is used as a support. A tall building has a skeleton made of steel.

sketch |skĕch| —*noun, plural* **sketches** **1.** A quick, rough drawing. **2.** A short description, story, or play.
—*verb* **sketched, sketching** **1.** To make a sketch of. **2.** To make a sketch or sketches.

ski |skē| —*noun, plural* **skis** or **ski** One of a pair of long, narrow, flat runners that are attached to a boot or shoe. It is made out of wood, metal, or plastic and is used for gliding or traveling over snow.
—*verb* **skied, skiing, skis** **1.** To glide or move on skis. **2.** To travel over on skis.

skid |skĭd| —*noun, plural* **skids** The act of slipping or sliding on a surface.
—*verb* **skidded, skidding** To slip or slide over a slippery surface and lose control.

skill |skĭl| —*noun, plural* **skills** **1.** The ability to do something well. **2.** The ability or technique to do well in an art, sport, or trade.

skilled |skĭld| —*adjective* **1.** Having or using skill. **2.** Requiring special ability or training.

skil·let |skĭl′ĭt| —*noun, plural* **skillets** A shallow frying pan with a long handle.

skill·ful |skĭl′fəl| —*adjective* **1.** Having or using skill. **2.** Showing or requiring skill.

skim |skĭm| —*verb* **skimmed, skimming** **1.** To re-

espalda derecha y el peso del cuerpo sostenido por las nalgas y no por los pies; sentarse; estar sentado. **2.** Hacer que se siente; sentar. **3.** Descansar sobre un sitio elevado, como un pájaro; asentarse; posarse. **4.** Cubrir huevos para que empollen, como hace un pollo o una gallina; empollar. **5.** Permanecer en un lugar y no estar activo o en uso; quedarse.

site *sustantivo* El lugar o ubicación de algo; sitio.

situate *verbo* Poner en cierto sitio o posición; localizar; ubicar.

situation *sustantivo* Condición o combinación de circunstancias; la manera de ser de los hechos o las cosas en un tiempo determinado; situación.

six *sustantivo* y *adjetivo* Seis.

sixteen *sustantivo* y *adjetivo* Dieciséis.

sixteenth *sustantivo* y *adjetivo* Consulte la **Tabla de Números.**

sixth *sustantivo* y *adjetivo* Consulte la **Tabla de Números.**

sixtieth *sustantivo* y *adjetivo* Consulte la **Tabla de Números.**

sixty *sustantivo* y *adjetivo* Sesenta.

size *sustantivo* Tamaño: **1.** La altura, anchura o longitud de algo. **2.** Cualquiera de una serie de medidas en base a las cuales se hacen muchas cosas. **3.** Número o cantidad.

sizzle *verbo* Hacer un sonido como de siseo o chisporroteo; chisporrotear; crepitar.

skate *sustantivo* **1.** Bota o zapato que tiene una pieza de metal en forma de navaja sujeta a lo largo de la suela; patín de hielo. **2.** Bota o zapato que tiene un juego de cuatro ruedas pequeñas montadas debajo de la suela; patín de ruedas. Se usa para moverse sobre una superficie dura, tal como un pavimento.
—*verbo* Deslizarse o moverse con patines; patinar.

skeleton *sustantivo* **1. a.** El marco interno de huesos y cartílagos que sostiene el cuerpo de todos los animales que tienen espinazo; esqueleto. **b.** La cubierta exterior dura de muchos animales que no tienen espinazo, tales como la tortuga; armadura. **2.** Cualquier estructura o marco que se usa como sostén; armazón; armadura. Los edificios altos tienen armazones de acero.

sketch *sustantivo* **1.** Dibujo rápido y a grandes rasgos; boceto; bosquejo. **2.** Descripción, cuento o drama corto.
—*verbo* **1.** Hacer un dibujo; esbozar. **2.** Hacer un dibujo o dibujos; esbozar.

ski *sustantivo* Uno de un par de corredores largos y estrechos sujetos a una bota o zapato; esquí. Los esquís se hacen de madera, metal o plástico y se usan para deslizarse o moverse sobre la nieve.
—*verbo* Esquiar: **1.** Deslizarse o moverse en esquís. **2.** Viajar por encima de en esquís.

skid *sustantivo* El acto de resbalar o deslizarse sobre una superficie; patinazo; resbalón; deslizamiento.
—*verbo* Resbalar o deslizarse sobre una superficie resbalosa; patinar.

skill *sustantivo* **1.** La habilidad de hacer algo bien; pericia. **2.** La habilidad o técnica de tener éxito en un arte, deporte u oficio; destreza; arte.

skilled *adjetivo* **1.** Que tiene o utiliza su habilidad; hábil; diestro. **2.** Que requiere habilidad o entrenamiento especial; especializado; experto.

skillet *sustantivo* Cazuela chata de freír que tiene un mango largo; sartén.

skillful *adjetivo* **1.** Que tiene o usa su habilidad; hábil; diestro. **2.** Que muestra o requiere habilidad; especializado; experto.

skim *verbo* **1.** Quitar materia flotante de la superficie

ă pat ā pay â care ä father ĕ pet ē be ĭ pit ī pie î fierce ŏ pot ō go ô paw, for oi oil ŏŏ book ōō boot

move floating matter from the surface of a liquid. **2.** To move or glide lightly and quickly over. **3.** To read or glance at quickly.

skin |skĭn| —*noun, plural* **skins** **1.** The tissue that forms the outer covering of the body of a person or animal. **2.** A hide or pelt removed from the body of an animal. A skin covered with hair is used to make fur coats. **3.** Any outer covering that is like skin. —*verb* **skinned, skinning** **1.** To remove the skin from. **2.** To hurt or injure by scraping the skin.

skin·ny |skĭn′ē| —*adjective* **skinnier, skinniest** Very thin.

skip |skĭp| —*verb* **skipped, skipping** **1.** To move by springing or hopping on one foot and then the other. **2.** To jump over. **3.** To pass quickly over or leave out. **4.** To be promoted in school beyond the next grade or level. —*noun, plural* **skips** A springing or hopping step.

skirt |skûrt| —*noun, plural* **skirts** **1.** A piece of woman's clothing that hangs down from the waist and is not divided between the legs. **2.** That part of a dress, coat, or other piece of clothing that hangs from the waist down. —*verb* **skirted, skirting** **1.** To form the border of; lie along or around. **2.** To move or go around rather than across or through.

skull |skŭl| —*noun, plural* **skulls** The hard, bony framework of the head in animals with a backbone.

skunk |skŭnk| —*noun, plural* **skunks** An animal with black and white fur and a bushy tail.

sky |skī| —*noun, plural* **skies** The space or air above and around the earth that seems to cover it.

sky·scrap·er |skī′skrā′pər| —*noun, plural* **skyscrapers** A very tall building.

slab |slăb| —*noun, plural* **slabs** A broad, flat, thick piece of something.

slack |slăk| —*adjective* **slacker, slackest** **1.** Not lively; slow. **2.** Not tight; loose. —*noun, plural* **slacks** A loose or slack part.

slacks |slăks| —*plural noun* Long trousers or pants, worn by women and men.

slain |slān| The past participle of the verb **slay.**

slam |slăm| —*verb* **slammed, slamming** **1.** To shut with force and a loud noise. **2.** To throw, strike, or put down with force and a loud noise. **3.** To hit or crash into with force. —*noun, plural* **slams** A hard and noisy striking or closing.

slang |slăng| —*noun* An informal or casual kind of language. It consists of new words and giving new or different meanings to old words.

slant |slănt| or |slänt| —*verb* **slanted, slanting** To slope or lie at an angle away from a horizontal or vertical line. —*noun, plural* **slants** A sloping line or direction.

slap |slăp| —*verb* **slapped, slapping** To strike sharply with the palm of the hand or some other light, flat object. —*noun, plural* **slaps** A quick blow with the palm of the hand or other light, flat object.

slash |slăsh| —*verb* **slashed, slashing** **1.** To cut or strike with a forceful, sweeping stroke of a knife or other object. **2.** To make a cut or cuts in. **3.** To reduce or lower greatly. —*noun, plural* **slashes** **1.** A forceful, sweeping stroke. **2.** A long cut on the skin or other surface; a gash. **3.** A sharp reduction or lowering.

skin *sustantivo* Piel: **1.** El tejido que forma la envoltura exterior del cuerpo de una persona o animal. **2.** Cuero o pellejo quitado del cuerpo de un animal. La piel cubierta de pelo se usa para hacer abrigos de piel. **3.** Cualquier envoltura exterior que parece piel; corteza. —*verbo* **1.** Quitar la piel; despellejar; desollar; pelar. **2.** Hacer daño o herir raspando la piel; rasguñar; raspar.

skinny *adjetivo* Muy delgado; flaco; magro.

skip *verbo* **1.** Moverse brincando o saltando primero sobre un pie y después sobre el otro; saltar; brincar. **2.** Brincar; saltar: *skip rope = saltar a la cuerda.* **3.** Pasar por algo rápidamente u omitirlo; pasar por alto. **4.** Pasar en una escuela más allá del próximo curso o nivel; saltar de curso. —*sustantivo* Paso como de salto o brinco; salto; brinco.

skirt *sustantivo* Falda: **1.** Pieza de ropa de mujer que cuelga de la cintura y que no está dividida entre las piernas; pollera. **2.** La parte de un vestido, abrigo u otra pieza de ropa que cuelga desde la cintura. —*verbo* **1.** Formar el borde de algo; extenderse a lo largo o alrededor de algo; ceñir; rodear. **2.** Moverse o ir alrededor, en vez de a través de o por algo; orillar; ladear.

skull *sustantivo* El marco duro y óseo de la cabeza de animales que tienen espinazo; cráneo.

skunk *sustantivo* Animal que tiene la piel blanca y negra con una cola espesa; mofeta; zorrillo.

sky *sustantivo* El espacio o aire que está encima y alrededor de la tierra y que parece cubrirla; cielo.

skyscraper *sustantivo* Edifico muy alto; rascacielos.

slab *sustantivo* Trozo ancho, plano y grueso de algo; lonja; placa; plancha.

slack *adjetivo* **1.** Que no es vivaz; lento; flojo; sosegado; perezoso. **2.** Que no es o está apretado o adjustado; suelto; flojo; poco firme. —*sustantivo* Pieza o parte suelta o floja; cabo colgante.

slacks *sustantivo* Pantalones largos que usan tanto las mujeres como los hombres.

slain Participio pasado del verbo **slay.**

slam *verbo* **1.** Cerrar con fuerza, haciendo un ruido fuerte; cerrar de golpe. **2.** Tirar, golpear, o dejar caer con fuerza y haciendo un ruido fuerte. **3.** Estrellarse o golpearse con fuerza contra algo. —*sustantivo* Golpe o cierre fuerte y ruidoso; portazo.

slang *sustantivo* Lenguaje informal y poco elegante que crea palabras nuevas y da significados nuevos o diferentes a palabras ya conocidas; jerga o argot popular.

slant *verbo* Inclinarse formando un ángulo con la línea horizontal o con la vertical; oblicuarse; sesgarse. —*sustantivo* Línea o dirección inclinada o en declive; inclinación.

slap *verbo* Golpear fuertemente con la palma de la mano o con algún otro objeto liviano y plano; pegar; abofetear. —*sustantivo* Golpe brusco que se da con la palma de la mano u otro objeto liviano y plano: bofetada.

slash *verbo* Cortar: **1.** Dar uno o más cortes mediante un amplio y fuerte golpe de cuchillo, navaja, u otro objeto filoso; acuchillar; tajar; dar un tajo o navajazo. **2.** Hacer o recibir una o más cortaduras. **3.** Reducir o rebajar mucho; recortar. —*sustantivo* **1.** Golpe amplio y fuerte que se da con un objeto filoso; navajazo. **2.** Corte largo en la piel o en otra superficie; tajo; incisión. **3.** Gran reducción o rebaja; corte; recorte.

ər butter   yōō abuse   ou out   ŭ cut   û fur   *th* the   th thin   hw which   zh vision   ə ago, item, pencil, atom, circus

slaugh·ter |slô'tər| —*noun, plural* **slaughters**
1. The killing of animals for food. 2. The cruel and
brutal murder of many persons or animals; massacre.
—*verb* **slaughtered, slaughtering** 1. To butcher or
kill animals for food. 2. To kill brutally or in large
numbers.

slave |slāv| —*noun, plural* **slaves** 1. A person who is
owned by and forced to work for another person.
2. Any person who works very hard and receives a low
salary.
—*verb* **slaved, slaving** To work very hard.

slav·er·y |slā'və rē| or |slāv'rē| —*noun* 1. The con-
dition of being a slave. 2. The practice of owning
slaves.

slay |slā| —*verb* **slew, slain, slaying** To kill
violently.

sled |slĕd| —*noun, plural* **sleds** A vehicle mounted
on runners. It is used for carrying people or cargo over
ice and snow.
—*verb* **sledded, sledding** To carry or ride on a sled.

sleek |slēk| —*adjective* **sleeker, sleekest** 1. Smooth
and shiny. 2. Looking neat, sharp, and graceful.

sleep |slēp| —*noun* A kind of natural rest that occurs
at regular times for human beings and animals.
—*verb* **slept, sleeping** To be in or fall into a condi-
tion of sleep.

sleep·y |slē'pē| —*adjective* **sleepier, sleepiest**
1. Ready for or needing sleep. 2. Quiet or dull.

sleet |slēt| —*noun* Frozen or partially frozen rain.
—*verb* **sleeted, sleeting** To shower or rain down
sleet.

sleeve |slēv| —*noun, plural* **sleeves** The part of a
garment that covers all or part of the arm.

sleigh |slā| —*noun, plural* **sleighs** A light vehicle or
carriage on metal runners. It is usually drawn by a
horse and used for traveling on ice or snow.

slen·der |slĕn'dər| —*adjective* **slenderer, slender-
est** 1. Having little width; thin; slim. 2. Small in size
or amount.

slept |slĕpt| The past tense and past participle of the
verb **sleep.**

slew |slōō| The past tense of the verb **slay.**

slice |slīs| —*noun, plural* **slices** A thin, flat piece cut
from something.
—*verb* **sliced, slicing** 1. To cut into slices; cut a slice
of. 2. To cut or move through like a knife.

slick |slĭk| —*adjective* **slicker, slickest** 1. Having a
smooth, shiny surface. 2. Smooth and slippery.
—*noun, plural* **slicks** A smooth or slippery place.

slid |slĭd| The past tense and past participle of the
verb **slide.**

slide |slīd| —*verb* **slid, sliding** 1. To move or cause
to move smoothly over a surface. 2. To move or fall
out of position or control; slip.
—*noun, plural* **slides** 1. A sliding action or move-
ment. 2. A slanted device with a smooth surface on
which people or objects can slide. 3. In baseball, the
act of sliding into a base. 4. A photographic picture on
a transparent piece of material made to be projected or
shown on a screen. 5. A small sheet of glass on which
objects are put so they can be looked at under a micro-
scope. 6. The fall of a mass of snow, ice, or rock down
a slope.

sli·er |slī'ər| A comparative of the adjective **sly.**
sli·est |slī'ĭst| A superlative of the adjective **sly.**
slight |slīt| —*adjective* **slighter, slightest** 1. Small in

slaughter *sustantivo* Matanza: 1. Acción de matar
animales para comerlos; sacrificio; carnicería. 2. Asesi-
nato cruel y brutal de muchas personas o animales;
masacre.
—*verbo* 1. Matar ganado para que sirva de alimento;
sacrificar. 2. Matar cruelmente o en grandes números.

slave *sustantivo* Esclavo: 1. Persona de la que otra es
propietaria, y a quien su dueño fuerza a trabajar;
siervo. 2. Cualquier persona que trabaja mucho y re-
cibe un salario muy bajo.
—*verbo* Trabajar muy duramente; trabajar como un
esclavo.

slavery *sustantivo* Esclavitud: 1. Condición o estado
del que es esclavo; servidumbre. 2. La práctica o cos-
tumbre de tener esclavos.

slay *verbo* Matar violentamente.

sled *sustantivo* Vehículo montado sobre correderas que
se usa para llevar gente o carga sobre el hielo o la
nieve; trineo.
—*verbo* Llevar o montar en un trineo.

sleek *adjetivo* 1. Suave o liso y brillante; lustroso.
2. Que se ve flamante, elegante o estilizado.

sleep *sustantivo* Tipo de reposo natural que ocurre a
horas regulares en los seres humanos y en los animales;
sueño.
—*verbo* Estar o caer en el estado del que duerme;
dormir.

sleepy *adjetivo* Soñoliento: 1. Listo para dormir o que
necesita sueño; adormecido; amodorrado. 2. Tranquilo
o lánguido.

sleet *sustantivo* Lluvia congelada total o parcialmente;
aguanieve; cellisca.
—*verbo* Caer o llover la cellisca o aguanieve;
cellisquear.

sleeve *sustantivo* Parte de una prenda de vestir que
cubre el brazo o parte de él; manga.

sleigh *sustantivo* Vehículo o carruaje liviano montado
en correderas de metal y del que generalmente tira un
caballo para viajar sobre el hielo o la nieve; trineo.

slender *adjetivo* 1. Que tiene poca anchura; flaco; del-
gado; espigado. 2. Pequeño en tamaño o en cantidad;
escaso; reducido.

slept Pretérito y participio pasado del verbo **sleep.**

slew Pretérito del verbo **slay.**

slice *sustantivo* Trozo delgado y plano que se corta de
algo; rebanada; lonja; lasca; tajada.
—*verbo* Cortar: 1. Cortar en rebanadas; rebanar; ta-
jar; lonjar; lasquear. 2. Cortar, mover o moverse a
través de algo como lo haría un cuchillo.

slick *adjetivo* 1. Que tiene una superficie lisa y lus-
trosa; charolado; flamante. 2. Suave y resbaloso;
resbaladizo.
—*sustantivo* Lugar liso o resbaladizo.

slid Pretérito o participio pasado del verbo **slide.**

slide *verbo* 1. Mover, deslizar o hacer que algo se des-
lice sobre una superficie; resbalar o resbalarse; correr o
correrse. 2. Moverse de modo de perder posición o con-
trol; resbalar o resbalarse.
—*sustantivo* 1. Acción o movimiento de deslizarse o
resbalar. 2. Plano inclinado de superficie lisa por el que
la gente o los objetos pueden deslizarse; resbaladero.
3. En béisbol, acción de dejar de correr y deslizarse
velozmente hacia una base. 4. Fotografía plasmada en
un trozo de material transparente para que pueda pro-
yectarse en una pantalla; diapositiva; transparencia.
5. Pequeña lámina de vidrio en la que se ponen objetos
para que puedan verse debajo de un microscopio; por-
taobjetos. 6. Caída de una masa de nieve, hielo o roca
ladera abajo; alud.

slier Comparativo del adjetivo **sly.**
sliest Superlativo del adjetivo **sly.**
slight *adjetivo* Pequeño: 1. Reducido en número o can-

ă pat ā pay â care ä father ĕ pet ē be ĭ pit ī pie î fierce ŏ pot ō go ô paw, for oi oil ŏŏ book ōō boot

amount; not much. **2.** Small in size; slender. **3.** Not important; small.
—*verb* **slighted, slighting** To insult or hurt someone's feelings.

slim |slĭm| —*adjective* **slimmer, slimmest 1.** Thin or slender. **2.** Small in amount; slight.
—*verb* **slimmed, slimming** To make or become thinner.

sling |slĭng| —*noun, plural* **slings 1.** A strong looped rope, belt, or chain used to lift and move heavy objects. **2.** A band or piece of cloth that is looped around the neck and used to support an injured arm or hand. **3.** A weapon or device for throwing stones.
—*verb* **slung, slinging** To put, carry, or hang in a sling.

sling·shot |slĭng′shŏt′| —*noun, plural* **slingshots** A Y-shaped stick with an elastic band attached to the ends of the prongs. It is used for shooting small stones.

slip¹ |slĭp| —*verb* **slipped, slipping 1.** To move smoothly; slide or glide. **2.** To move or pass easily, quietly, or without being seen. **3.** To give to or put into quickly and easily. **4.** To put on or take off quickly and easily. **5.** To lose one's balance on a slippery surface. **6.** To move out of place or position. **7.** To escape or get loose. **8.** To make a mistake.
—*noun, plural* **slips 1.** The act of slipping. **2.** A small mistake or error.

slip² |slĭp| —*noun, plural* **slips 1.** A small piece of paper or other material. **2.** A part or shoot of a plant cut or broken off and used to grow a new plant.

slip·per |slĭp′ər| —*noun, plural* **slippers** A light, low shoe that may be slipped on and off easily. They are usually worn indoors.

slip·per·y |slĭp′ə rē| —*adjective* **slipperier, slipperiest** Likely to slip or to cause slipping.

slit |slĭt| —*noun, plural* **slits** A long, narrow cut, tear, or opening.
—*verb* **slit, slitting** To cut a slit or slits in.

sliv·er |slĭv′ər| —*noun, plural* **slivers** A thin, sharp-pointed piece that has been cut off or broken off from something.

slo·gan |slō′gən| —*noun, plural* **slogans** A phrase by a business, team, organization, or other group to advertise its purpose or aim; motto.

slope |slōp| —*verb* **sloped, sloping** To be or make slanted.
—*noun, plural* **slopes 1.** Any line, surface, or area that is not flat. **2.** The amount of slope.

slop·py |slŏp′ē| —*adjective* **sloppier, sloppiest 1.** Very wet or full of slush or mud. **2.** Messy or untidy; not neat. **3.** Carelessly done; full of mistakes.

slouch |slouch| —*verb* **slouched, slouching** To sit, stand, or walk with a bent or drooping posture.
—*noun, plural* **slouches** A bending or hanging down of the head and shoulders.

slow |slō| —*adjective* **slower, slowest 1.** Not moving or able to move quickly; going with little speed. **2.** Taking or needing a long time or more time than usual. **3.** Behind the correct time. **4.** Late or tardy. **5.** Not quick to understand or learn; stupid.
—*adverb* **slower, slowest** In a slow manner; not quickly.
—*verb* **slowed, slowing** To make or become slow or slower.

tidad; ligero; leve. **2.** Reducido en tamaño; delgado; liviano. **3.** Que no es importante; leve; ligero; de poca monta.
—*verbo* Insultar o herir los sentimientos de alguien; menospreciar; despreciar; desairar; menoscabar.

slim *adjetivo* Ligero: **1.** Flaco o delgado; espigado. **2.** Pequeño en cantidad; escaso; reducido.
—*verbo* Adelgazar o hacer adelgazar.

sling *sustantivo* **1.** Cuerda, correa o cadena fuerte y hecha lazo que se usa para levantar y mover objetos pesados; eslinga; balso. **2.** Venda o trozo de tela de la que se hace un lazo alrededor del cuello y que se usa para sostener un brazo o una mano lastimados; cabestrillo. **3.** Arma o artefacto que sirve para lanzar piedras; honda.
—*verbo* Poner, cargar, colgar o sostener un objeto de los arriba descriptos.

slingshot *sustantivo* Palo en forma de "Y" con una banda elástica atada a los extremos de las horquillas, y que se usa para lanzar piedras pequeñas; tirapiedras.

slip¹ *verbo* **1.** Moverse resbalando o deslizándose; escurrirse; zafarse. **2.** Moverse o pasar fácilmente, silenciosamente o sin ser visto; deslizarse; escurrirse; escapar. **3.** Entregar o colocar algo rápida y fácilmente y generalmente con disimulo. **4.** Ponerse y quitarse rápida y fácilmente una prenda de vestir; echarse arriba o sacarse. **5.** Perder el equilibrio en una superficie resbalosa; resbalar. **6.** Mover o moverse fuera de lugar o posición; soltarse; zafarse; resbalarse; desprenderse. **7.** Escapar o soltarse; zafarse; desprenderse; escurrirse. **8.** Cometer un error o un desliz; equivocarse; fallar.
—*sustantivo* **1.** Acción de resbalarse o deslizarse; resbalón; tropieza. **2.** Ligera equivocación o error; fallo; lapso; desliz.

slip² *sustantivo* **1.** Pedazo pequeño de papel u otro material; tira; trocito. **2.** Brotón o gajo de una planta que se corta o se parte y que se usa para hacer crecer una planta nueva; retoño; vástago; gajo.

slipper *sustantivo* Tipo de calzado liviano y bajo que se puede poner y quitar fácilmente; zapatilla; chinela; pantufla.

slippery *adjetivo* Propenso a escurrirse o a hacer que alguien se resbale; resbaladizo; escurridizo.

slit *sustantivo* Corte, resgadura o abertura larga y angosta; raja; hendedura; cortadura; rendija.
—*verbo* Abrir una o más rajas o hendeduras.

sliver *sustantivo* Trozo delgado y puntiagudo que ha sido cortado o desprendido de algo; astilla; brizna; esquirla.

slogan *sustantivo* Frase que emplea un negocio, industria, equipo, u otra organización para anunciar su propósito o finalidad; moto; consigna; eslogan.

slope *verbo* Tener o producir inclinación o declive; sesgar; inclinarse; formar una pendiente.
—*sustantivo* Inclinación: **1.** Cualquier línea, superficie o área que no es plana; falda; ladera; pendiente. **2.** Grado de inclinación; declive.

sloppy *adjetivo* **1.** Muy mojado o lleno de lodo o barro; cenagoso; fangoso. **2.** Desordenado; desarreglado; de aspecto poco limpio; desaliñado. **3.** Hecho descuidadamente; torpe; lleno de errores.

slouch *verbo* Sentarse, pararse o caminar adoptando una postura gacha, inclinada o encorvada.
—*sustantivo* Inclinación o caída de la cabeza y los hombros; cabeza u hombros gachos.

slow *adjetivo* Lento: **1.** Que no se mueve o que no es capaz de moverse rápidamente; que va con lentitud; demorado; remolón. **2.** Que se toma o necesita mucho tiempo, o más tiempo que el usual; calmoso. **3.** Que marca una hora anterior a la que es; atrasado. **4.** Tardío o retrasado; que llega o ha llegado tarde. **5.** Que no es rápido para comprender o aprender; torpe; lerdo.
—*adverbio* De modo lento; no rápidamente;

slug |slŭg| —*noun, plural* **slugs** **1.** A bullet or other piece of metal fired from a gun. **2.** A small, round piece of metal or fake coin that is illegally used instead of a coin in some machines.

slum |slŭm| —*noun, plural* **slums** A poor, run-down, overly crowded area or section of a city. Bad living conditions and bad housing are two serious problems that are found in slums.

slum·ber |slŭm′bər| —*verb* **slumbered, slumbering** To sleep or doze.
—*noun, plural* **slumbers** A sleep or rest.

slump |slŭmp| —*verb* **slumped, slumping** To fall or sink suddenly; sag or slouch.
—*noun, plural* **slumps** A sudden fall or decline.

slung |slŭng| The past tense and past participle of the verb **sling.**

slush |slŭsh| —*noun* Partly melted snow or ice.

sly |slī| —*adjective* **slier** or **slyer, sliest** or **slyest** **1.** Clever or tricky; shrewd. **2.** Playfully mischievous.

smack |smăk| —*verb* **smacked, smacking** **1.** To make a sharp sound by pressing the lips together and opening them quickly. **2.** To kiss noisily. **3.** To slap or bump with a loud sound.
—*noun, plural* **smacks** **1.** The sound made by smacking the lips. **2.** A noisy kiss. **3.** A sharp blow or loud slap.
—*adverb* Directly or squarely; straight into.

small |smôl| —*adjective* **smaller, smallest** **1.** Not as big in size, number, or amount as other things of the same kind; little. **2.** Not important. **3.** Soft or low; weak. **4.** Mean or selfish.
—*noun* Something that is smaller than the rest.

small intestine The part of the digestive system that lies between the stomach and the large intestine. It completes the process of breaking down food, or digestion, and releases the substances needed by the body into the blood.

small letter A letter, such as *a, b,* or *c,* written or printed in a size smaller than the same capital letter, such as *A, B,* or *C.*

small·pox |smôl′pŏks′| —*noun* A serious, very contagious disease that is often fatal. It is characterized by chills, high fever, headaches, and pimples that can leave scars on the skin.

smart |smärt| —*adjective* **smarter, smartest** **1.** Intelligent or bright; clever. **2.** Sharp and quick; brisk; lively. **3.** Fashionable or stylish. **4.** Neat and trim.
—*verb* **smarted, smarting** **1.** To feel or cause to feel a sharp pain. **2.** To feel distress or hurt.

smash |smăsh| —*verb* **smashed, smashing** **1.** To break or be broken into pieces. **2.** To throw or strike violently or suddenly.
—*noun, plural* **smashes** **1.** The act or sound of smashing. **2.** A collision; crash.

smear |smîr| —*verb* **smeared, smearing** **1.** To spread, cover, or stain with a sticky or greasy substance. **2.** To spread something wet or sticky on something else. **3.** To be or become or cause to be or become dirty, messy, or blurred. **4.** To harm a person's reputation.
—*noun, plural* **smears** A stain or smudge made by

lentamente.
—*verbo* Ser más lento uno mismo, o hacer que otro lo sea; demorar; retardar.

slug *sustantivo* **1.** Bala u otro trozo de metal que se dispara de un arma; posta; proyectil. **2.** Pedazo pequeño y redondo de metal, o moneda falsa, que se usa ilegalmente en vez de una moneda en las máquinas tragamonedas.

slum *sustantivo* Zona o distrito pobre, sucio y sobrepoblado de una ciudad, donde la vivienda es inadecuada e imperan malas condiciones de vida; barrio pobre.

slumber *verbo* Dormir ligeramente; dormitar; estar medio dormido.
—*sustantivo* Sueño o descanso breve.

slump *verbo* Caer o hundirse súbitamente; ponerse gacho; dejarse caer.
—*sustantivo* Caída o disminución repentinas; hundimiento; baja súbita; contracción económica.

slung Pretérito y participio pasado del verbo **sling.**

slush *sustantivo* Nieve o hielo parcialmente derretidos.

sly *adjetivo* Socarrón: **1.** Listo o tramposo; vivo; astuto; taimado. **2.** Propenso a jugar haciendo travesuras; travieso.

smack *verbo* **1.** Hacer un sonido peculiar apretando los labios y abriéndolos rápidamente; chasquear; saborear; rechuparse. **2.** Besar ruidosamente; besuquear. **3.** Pegar o golpear ruidosamente; cachetear; dar manotadas.
—*sustantivo* **1.** Sonido que se hace al rechuparse o chasquear los labios; chasquido; rechupete. **2.** Beso ruidoso; beso chasqueante; chasquido. **3.** Golpe o palmada fuerte y sonoro; manotada.
—*adverbio* Directa o exactamente; de lleno; en el mismo lugar en que se quería o temía: *He fell smack in the middle of the mud puddle.* = *Se cayó en el mismo medio del charco de lodo.*

small *adjetivo* **1.** No tan grande en tamaño, número o cantidad, como otras cosas del mismo género; pequeño; menudo; diminuto; chico. **2.** Que no es importante; pequeño; trivial; insignificante. **3.** Suave o bajo de voz; débil. **4.** Mezquino o egoísta.
—*sustantivo* Más pequeño que el resto; parte chica de cualquier cosa.

small intestine Parte del aparato digestivo situado entre el estómago y el intestino grueso; intestino delgado.

small letter Letra como *a, b,* o *c,* que se escribe o imprime en tamaño más pequeño que la misma letra en mayúscula, o sea, *A, B,* o *C.*

smallpox *sustantivo* Enfermedad grave, muy contagiosa y a menudo fatal que se caracteriza por escalofríos, fiebre alta, dolor de cabeza y granos que pueden dejar cicatrices en la piel; viruela o viruelas.

smart *adjetivo* **1.** Inteligente o brillante; listo; despierto; agudo. **2.** Agudo y rápido; dinámico; vivaz. **3.** De moda o elegante; a la moda. **4.** Pulcro y acicalado.
—*verbo* Doler: **1.** Sentir o hacer sentir un dolor agudo; picar; requemar. **2.** Sentir malestar o dolor.

smash *verbo* Estrellar o estrellarse: **1.** Romper o romperse en pedazos; quebrarse; hacerse pedazos. **2.** Lanzar o golpear violenta o repentinamente; aplastar.
—*sustantivo* **1.** Acción o sonido de estrellarse o romperse; destrozo; estrépito. **2.** Choque; colisión; impacto.

smear *verbo* **1.** Untar, cubrir o manchar con alguna sustancia pegajosa o grasosa; embarrar; ensuciar. **2.** Untar algo húmedo o pegajoso sobre otra cosa; embadurnar. **3.** Estar, ponerse o hacer que otro se ponga sucio o desaliñado; ensuciar; embarrar; manchar; embadurnar. **4.** Dañar la reputación de una persona; difamar; calumniar.

ă pat ā pay â care ä father ĕ pet ē be ĭ pit ī pie î fierce ŏ pot ō go ô paw, for oi oil ŏŏ book ōō boot

smearing.

smell |smĕl| —*verb* **smelled** or **smelt, smelling**
1. To recognize or discover the odor of something by
using the nose. **2.** To use the nose for smelling; sniff.
3. a. To have or give off an odor. **b.** To have or give off
a bad or unpleasant odor; stink.
—*noun, plural* **smells 1.** The sense by which odors
are recognized; the ability to smell. **2.** The odor of
something; scent.

smelt |smĕlt| A past tense and a past participle of the
verb **smell.**

smile |smīl| —*noun, plural* **smiles** An expression on
the face that is formed by turning up the corners of the
mouth. It shows that a person is happy, pleased,
amused, or being friendly.
—*verb* **smiled, smiling** To have, form, or give a smile.

smock |smŏk| —*noun, plural* **smocks** A garment
that is made like a long, loose shirt. It is worn over
clothes to protect them.

smog |smŏg| or |smôg| —*noun* Fog that has become
mixed with and polluted by smoke. Smog is produced
by such things as factories and automobiles. It looks
like a thin, gray cloud.

smoke |smōk| —*noun, plural* **smokes** A mixture of
carbon and other gases that is given off by something
burning. It contains tiny particles of soot and other
substances that make it look like a cloud rising in the
air.
—*verb* **smoked, smoking 1.** To give off or produce
smoke. **2.** To draw in and blow out smoke from to-
bacco. **3.** To preserve meat by exposing it to or treat-
ing it with wood smoke.

smok·er |smō′kər| —*noun, plural* **smokers 1.** A
person who smokes tobacco. **2.** A railroad car in which
smoking is permitted.

smooth |smōōth| —*adjective* **smoother, smoothest**
1. Having a surface that is not rough; even. **2.** Having
an even or gentle motion; free from jolts and bumps.
3. Not having lumps. **4.** Agreeable and mild; polite.
—*verb* **smoothed, smoothing 1.** To make level, flat,
or even. **2.** To soothe or make calm; make easy.

smoth·er |smŭth′ər| —*verb* **smothered, smother-
ing 1.** To die or cause someone to die from lack of air.
2. To go out or cause a fire to go out from lack of air.
3. To cover thickly. **4.** To hide or keep back.

smug |smŭg| —*adjective* **smugger, smuggest** Be-
lieving that one is smarter and can do things better
than other people; pleased with oneself.

smug·gle |smŭg′əl| —*verb* **smuggled, smuggling**
1. To take, bring, or put secretly. **2.** To bring in or
take out of a country secretly and illegally,

snack |snăk| —*noun, plural* **snacks** A small, light
meal or a small portion of food or drink eaten between
regular meals.

snail |snāl| —*noun, plural* **snails** A land or water
animal that has a shell in the shape of a spiral. Snails
move slowly. They have soft bodies and often have
eyes on stalks that stick out from their heads like
horns.

snake |snāk| —*noun, plural* **snakes** A reptile that
has a long, narrow body and no legs. Some kinds of
snakes can give a poisonous bite.

snap |snăp| —*verb* **snapped, snapping 1.** To make
or cause to make a sharp cracking sound. **2.** To break
or cause to break suddenly and sharply. **3.** To seize or
grab at eagerly or with a snatching motion. **4.** To
speak sharply or angrily. **5.** To move or act quickly.
6. To open or close with a click. **7.** To take a
photograph.
—*noun, plural* **snaps 1.** A sharp cracking sound. **2.** A
sudden breaking of something that is under pressure.
3. A fastener or clasp that opens and closes with a

—*sustantivo* Mancha o suciedad que se hace emba-
rrando; embarradura.

smell *verbo* **1.** Reconocer o descubrir el olor de algo
por medio de la nariz; oler; olfatear. **2.** Usar la nariz
para oler; olfatear; husmear. **3. a.** Tener o despedir un
olor; oler. **b.** Tener o despedir un olor malo o desagra-
dable; apestar.
—*sustantivo* **1.** Sentido por el que se perciben los
olores; olfato. **2.** Olor de algo; fragancia; aroma;
perfume.

smelt Otra forma del pretérito y participio pasado del
verbo **smell.**

smile *sustantivo* Expresión del rostro que consiste en
alzar las esquinas de la boca y que demuestra que una
persona está contenta, satisfecha, divertida o quiere ser
amistosa; sonrisa.
—*verbo* Tener, formar o mostrar una sonrisa; sonreír o
sonreírse.

smock *sustantivo* Prenda de vestir parecida a una ca-
misa larga y suelta que se lleva encima de la ropa para
protegerla; bata; camisón; blusón.

smog *sustantivo* Niebla mezclada y contaminada con
el humo que despiden los escapes de los automóviles y
las chimeneas de las industrias.

smoke *sustantivo* Mezcla de carbono y otros gases que
emite algo que se quema; humo.
—*verbo* **1.** Emitir o producir humo; humear. **2.** Inha-
lar y exhalar el humo del tabaco; fumar. **3.** Preservar
la carne exponiéndola o tratándola con humo emitido
por la quema de ciertas maderas; ahumar.

smoker *sustantivo* **1.** Persona que fuma; fumador.
2. Vagón de ferrocarril en el que se permite fumar.

smooth *adjetivo* Suave: **1.** Que tiene una superficie no
áspera; pulido; liso. **2.** Que se mueve de modo uni-
forme y suave; libre de sacudidas o topetazos; plácido;
tranquilo. **3.** Que no tiene protuberancias; suave;
llano. **4.** Agradable y tierno; cortés; delicado.
—*verbo* **1.** Nivelar, allanar o igualar; alisar. **2.** Aliviar
o calmar los ánimos; facilitar o suavizar; atenuar.

smother *verbo* Sofocar: **1.** Morir o hacer que otro
muera por falta de aire; ahogar; asfixiar. **2.** Apagarse
un fuego, o apagarlo, por falta de aire. **3.** Cubrir es-
pesamente. **4.** Esconder u ocultar; ahogar, por ejem-
plo, una carcajada o un acceso de tos.

smug *adjetivo* Que cree ser más listo y que hace las
cosas mejor que los demás; fanfarrón; alardoso.

smuggle *verbo* Contrabandear: **1.** Llevar, traer o colo-
car secretamente; introducir a escondidas. **2.** Traer o
sacar algo de un país secreta e ilegalmente.

snack *sustantivo* Comida ligera y no abundante, o pe-
queña ración que se toma entre las comidas regulares;
bocado; merienda.

snail *sustantivo* Animal de tierra o agua que tiene un
caparazón en forma de espiral, se mueve lentamente y
tiene el cuerpo blando; caracol; babosa.

snake *sustantivo* Reptil de cuerpo largo, delgado y ca-
rente de patas; culebra; serpiente.

snap *verbo* **1.** Emitir o producir un sonido agudo como
el de un estampido. **2.** Romperse, o hacer que algo se
rompa repentina y bruscamente; partirse; quebrarse.
3. Agarrar bruscamente o arrebatar algo; amagar o
atacar a mordidas; tirar dentelladas. **4.** Hablar mor-
dazmente y con enojo; expresarse con brusquedad.
5. Moverse o actuar con rapidez. **6.** Abrir o cerrar algo
con un golpe seco. **7.** Tomar una fotografía; sacar una
instantánea.
—*sustantivo* **1.** Sonido agudo como el de un estampido

snapping sound. **4.** A thin, crisp cooky. **5.** A short period of cold weather. **6.** A task or job that is easy. —*adjective* Made or done quickly or suddenly and with little thought.

snap·shot |snăp′shŏt′| —*noun, plural* **snapshots** An informal photograph taken with a small camera.

snare |snâr| —*noun, plural* **snares** A trap for catching birds and small animals. It has a noose that grabs and holds the bird or animal tightly when the trap is set off. —*verb* **snared, snaring** To trap in or as if in a snare.

snarl¹ |snärl| —*noun, plural* **snarls** An angry growl, often made with bare teeth showing. —*verb* **snarled, snarling 1.** To growl, especially while showing teeth. **2.** To speak in an angry way.

snarl² |snärl| —*noun, plural* **snarls 1.** A tangled mass. **2.** A confused or complicated situation. —*verb* **snarled, snarling 1.** To tangle or become tangled. **2.** To make or become confused.

snatch |snăch| —*verb* **snatched, snatching 1.** To grab or try to grab suddenly and quickly. **2.** To take or steal. —*noun, plural* **snatches 1.** The act of snatching. **2.** A small amount; a little bit.

sneak |snēk| —*verb* **sneaked, sneaking** To act, move, or take in a quiet, secret way. —*noun, plural* **sneaks** A tricky, cowardly, or dishonest person.

sneak·ers |snē′kərz| —*plural noun* Cloth or leather sport shoes with soft rubber soles.

sneer |snîr| —*noun, plural* **sneers** A look or statement of contempt or scorn. —*verb* **sneered, sneering** To show contempt or say with a sneer.

sneeze |snēz| —*verb* **sneezed, sneezing** To cause air to pass with force from the nose and mouth. A sneeze occurs by itself because of a tickling feeling inside the nose. —*noun, plural* **sneezes** The act of sneezing.

snick·er |snĭk′ər| —*noun, plural* **snickers** A partly hidden laugh indicating scorn, lack of respect, or amusement at something not funny. —*verb* **snickered, snickering** To laugh in this manner.

sniff |snĭf| —*verb* **sniffed, sniffing 1.** To breathe air into the nose in short breaths that can be heard. **2.** To smell by sniffing. —*noun, plural* **sniffs** The act of sniffing.

snip |snĭp| —*verb* **snipped, snipping** To cut with short, quick strokes. —*noun, plural* **snips 1.** A small piece cut off. **2.** The act of snipping.

snob |snŏb| —*noun, plural* **snobs** Someone who feels he or she is better than others and avoids people he or she feels do not have money and social position.

snore |snôr| or |snōr| —*verb* **snored, snoring** To breathe loudly through the mouth and nose while sleeping. —*noun, plural* **snores** A loud breathing noise made while sleeping.

snout |snout| —*noun, plural* **snouts** The long nose, jaws, or front part of the head of an animal. Pigs and alligators have snouts.

snow |snō| —*noun, plural* **snows 1.** Soft white crystals of ice that form from water vapor high in the air and fall to the ground. **2.** A falling of snow; a snowstorm. —*verb* **snowed, snowing 1.** To fall to earth as snow. **2.** To block or cover with snow.

o estallido. **2.** Rotura repentina de algo que se encontraba sometido a tensión o presión; estallido. **3.** Cierre, presilla o broche que se abre y cierra con un sonido chasqueante; corchete. **4.** Galleta delgada y quebradiza; galletita. **5.** Período breve de tiempo frío; ola fría. **6.** Tarea o trabajo fácil. —*adjetivo* Que se hace rápida o repentinamente y sin pensarlo mucho; improvisado.

snapshot *sustantivo* Fotografía informal tomada con una cámara pequeña; instantánea.

snare *sustantivo* Trampa para atrapar aves y animales pequeños; lazo. —*verbo* Atrapar con una trampa en forma de lazo; enlazar.

snarl¹ *sustantivo* Gruñido feroz que a menudo se hace mostrando los dientes; rugido. —*verbo* **1.** Gruñir, especialmente mostrando los dientes; rugir; arrufar. **2.** Hablar o expresarse con ira; hablar como en gruñidos.

snarl² *sustantivo* **1.** Masa enredada; maraña; madeja; greñas. **2.** Situación confusa o complicada; enredo. —*verbo* Enredar o enredarse: **1.** Enmarañar o enmarañarse. **2.** Confundir o confundirse.

snatch *verbo* **1.** Agarrar o tratar de agarrar algo brusca y rápidamente. **2.** Apropiarse o robar algo. —*sustantivo* **1.** Acción de arrebatar. **2.** Pequeña cantidad; un poco.

sneak *verbo* **1.** Actuar, moverse o llevarse algo silenciosa y secretamente; escurrirse; escabullirse. —*sustantivo* Persona tramposa, cobarde o deshonesta; sinuoso; traicionero.

sneakers *sustantivo* Zapatos deportivos de tela o de cuero y suelas de goma suave; zapatos de tenis.

sneer *sustantivo* Mirada o expresión de desdén u hostilidad. —*verbo* Mostrar hostilidad o expresar desdén.

sneeze *verbo* Hacer que el aire pase con fuerza de la nariz a la boca; estornudar. —*sustantivo* Acción de estornudar; estornudo.

snicker *sustantivo* Risa disimulada que expresa reproche, falta de respeto, o diversión ante algo que no es gracioso. —*verbo* Reírse del modo así descripto.

sniff *verbo* **1.** Hacer aspiraciones cortas y sonoras por la nariz; resollar. **2.** Oler del modo descrito; husmear; olfatear. —*sustantivo* Acción de resollar, oler u olfatear; olfateo; resuello.

snip *verbo* Cortar con movimientos cortos y rápidos; tijeretear; tronchar; podar. —*sustantivo* **1.** Pequeño gajo o trozo que se ha cortado del modo descrito. **2.** Acción y efecto de tijeretear o podar; tijeretazo; poda.

snob *sustantivo* Alguien que se cree mejor o superior a los demás y que evita a la gente que no tiene dinero o posición social; esnob.

snore *verbo* Respirar ruidosamente por la boca y nariz mientras se duerme; roncar. —*sustantivo* Ruido fuerte que se hace al respirar mientras se duerme; ronquido.

snout *sustantivo* Nariz larga y mandíbulas, o parte delantera de la cabeza de un animal; hocico.

snow *sustantivo* **1.** Cristales blancos y suaves que forma al congelarse el vapor de agua en las alturas y que caen a la tierra; nieve. **2.** Caída de la nieve; nevada. —*verbo* **1.** Caer la nieve a la tierra; nevar. **2.** Bloquearse o cubrirse de nieve.

ă pat ā pay â care ä father ĕ pet ē be ĭ pit ī pie î fierce ŏ pot ō go ô paw, for oi oil ŏŏ book ōō boot

snow·flake | snō′flāk′ | —*noun, plural* **snowflakes** A single crystal of snow.

snow·mo·bile | snō′mō bēl′ | —*noun, plural* **snowmobiles** A machine like a sled with a motor, used for traveling over ice and snow.

snug | snŭg | —*adjective* **snugger, snuggest** 1. Pleasant and comfortable; cozy. 2. a. Fitting closely; tight. b. Close or tight.

snug·gle | snŭg′əl | —*verb* **snuggled, snuggling** To press close; nestle.

so | sō | —*adverb* 1. In the way or manner shown, stated, or understood. 2. To such a degree. 3. To a great extent. 4. As a result; therefore. 5. Likewise; also; too. 6. Very much. 7. Very.
—*adjective* True.
—*conjunction* 1. In order that. 2. With the result that; and therefore.
—*interjection* A word used to show surprise or understanding.

soak | sōk | —*verb* **soaked, soaking** 1. To wet thoroughly; make very wet. 2. To absorb; take in. 3. To let lie in water or other liquid.

soap | sōp | —*noun, plural* **soaps** A substance used for washing and cleaning things. It is usually made from fat and lye and is made in the form of bars, grains, flakes, or liquids.
—*verb* **soaped, soaping** To rub or cover with soap.

soar | sôr | or | sōr | —*verb* **soared, soaring** To fly at great height; fly upward.

sob | sŏb | —*verb* **sobbed, sobbing** To cry aloud with gasping, short breaths.
—*noun, plural* **sobs** The act or sound of sobbing.

so·ber | sō′bər | —*adjective* **soberer, soberest** 1. Not drunk. 2. Serious; grave; solemn. 3. Not gay or frivolous.

soc·cer | sŏk′ər | —*noun, plural* **soccers** A game played with two teams, on a field, with a ball. The object is to get the ball into the opposing team's goal by kicking it or striking it with any part of the body except the hands or arms.

so·cia·ble | sō′shə bəl | —*adjective* Liking other people; liking company; friendly.

so·cial | sō′shəl | —*adjective* 1. Of or dealing with human beings as a group. 2. Living with others and liking it. 3. Of, for, or in the company of others. 4. Liking company; sociable. 5. Of or occupied with working with people in the community. 6. Of or dealing with the activities of rich or famous people.

so·cial·ism | sō′shə lĭz′əm | —*noun, plural* **socialisms** An economic system in which businesses, factories, farms, and other means of producing and distributing goods are owned by the people as a whole and managed by the government.

so·cial·ist | sō′shə lĭst | —*noun, plural* **socialists** A person who believes in socialism.

so·ci·e·ty | sə sī′ĭ tē | —*noun, plural* **societies** 1. A group of human beings living and working together. 2. The rich and fashionable people of a particular place. 3. A group of people sharing mutual goals and interests.

sock[1] | sŏk | —*noun, plural* **socks** or **sox** A short covering for the foot and the leg reaching no higher than the knee.

sock[2] | sŏk | —*verb* **socked, socking** To hit forcefully; punch.

sock·et | sŏk′ĭt | —*noun, plural* **sockets** A hollow part for receiving and holding something.

sod | sŏd | —*noun, plural* **sods** 1. Grass and soil forming the surface of the ground. 2. A piece of such soil held together by matted roots and removed from the

snowflake *sustantivo* Un solo cristal de nieve; copo de nieve.

snowmobile *sustantivo* Máquina parecida a un trineo, pero con motor, y que se usa para viajar sobre el hielo y la nieve.

snug *adjetivo* 1. Agradable y cómodo; acogedor; abrigado; cálido. 2. a. Que encaja o ajusta estrechamente; apretado. b. Ajustado o apretado; justo.

snuggle *verbo* Apretar o apretarse estrechamente; cobijar o cobijarse; acomodar o acomodarse.

so *adverbio* 1. De la manera o el modo mostrado, establecido o comprendido; así. 2. A tal grado; tan. 3. En alto grado o gran extensión; tan. 4. Como resultado; por eso; así; de este modo; por tanto. 5. Asimismo; también. 6. Mucho; tanto. 7. Muy; tan.
—*adjetivo* Verdad o verdadero.
—*conjunción* 1. Para que. 2. Con el resultado de que; por eso.
—*interjección* Palabra que se usa para mostrar sorpresa o comprensión.

soak *verbo* 1. Mojar o mojarse por completo; remojar; poner en remojo; empapar o empaparse. 2. Absorber; recibir; asimilar. 3. Dejar reposar en agua u otro líquido; remojar; empapar.

soap *sustantivo* Sustancia que se usa para lavar y limpiar, generalmente hecha de grasa y lejía y en forma de barras, granos, cascajos o líquidos; jabón.
—*verbo* Frotar o cubrir de jabón; jabonar; enjabonar.

soar *verbo* Volar a gran altura; remontarse.

sob *verbo* Llorar en voz alta jadeando y entrecortadamente; sollozar.
—*sustantivo* Acto de sollozar o el sonido que produce; sollozo.

sober *adjetivo* 1. No borracho; sobrio. 2. Serio; grave; solemne. 3. No alegre o frívolo; sobrio; sombrío; apagado.

soccer *sustantivo* Juego que se realiza entre dos equipos, en un campo y con una pelota; fútbol. El propósito del juego es hacer que la pelota entre a la meta del lado opuesto por medio de patadas o golpeándola con cualquier parte del cuerpo menos las manos.

sociable *adjetivo* Que le agradan los demás, que le gusta estar con otros; sociable; amistoso; afable.

social *adjetivo* 1. De o que trata de los seres humanos como grupo; social. 2. Que vive con otros y que le agrada; sociable. 3. De, para, o en compañía de otros; sociable; social. 4. Que le agrada estar con otros; sociable; amistoso. 5. De o que se ocupa en trabajar con gente en la comunidad; social. 6. De o que trata de las actividades de gente rica o famosa; de sociedad.

socialism *sustantivo* Sistema económico en el que los negocios, fábricas, granjas y otros medios de producción y de distribución de mercancías pertenecen al pueblo en su conjunto y que son administrados por el gobierno; socialismo.

socialist *sustantivo* Persona que cree en el socialismo; socialista.

society *sustantivo* Sociedad: 1. Grupo de seres humanos que viven y trabajan juntos. 2. La gente rica y elegante de un lugar particular. 3. Grupo de personas que comparten metas e intereses mutuos.

sock[1] *sustantivo* Cubierta corta para el pie y la pierna que no llega más arriba de la rodilla; calcetín.

sock[2] *verbo* Golpear con fuerza; pegar.

socket *sustantivo* Parte hueca para recibir y sujetar algo; enchufe; cuenca; alvéolo; cubo; portalámparas; casquillo; receptáculo.

sod *sustantivo* 1. Hierba y tierra que forman la superficie del terreno; césped. 2. Pedazo de tal césped unido por raíces entrelazadas que se saca de la tierra; tém-

---

ər butter   yōō abuse   ou out   ŭ cut   û fur   *th* the   th thin   hw which   zh vision   ə ago, item, pencil, atom, circus

ground.

pano de césped; tepe.

so·da |sŏ′də| —*noun, plural* **sodas 1.** A soft drink containing carbonated water. **2.** A drink made with carbonated water, flavoring, and sometimes ice cream.

so·di·um |sŏ′dē əm| —*noun* A soft, silver-white metal that reacts violently with water. Sodium can be found in common salt. Sodium is one of the chemical elements.

so·fa |sŏ′fə| —*noun, plural* **sofas** A long, upholstered seat with a back and arms. A sofa can seat two or more people.

soft |sôft| or |sŏft| —*adjective* **softer, softest 1.** Not hard or firm. **2.** Out of condition; weak. **3.** Smooth, fine, or pleasing to the touch. **4.** Not loud. **5.** Not brilliant or glaring.

soft·ball |sôft′bôl′| or |sŏft′bôl′| —*noun, plural* **soft-balls 1.** A game similar to baseball but played with a slightly larger, softer ball that is thrown by the pitcher with the palm of the hand turned upward. **2.** The ball used in this sport.

soft drink A sweet drink that contains no alcohol and is made with carbonated water.

soil¹ |soil| —*noun, plural* **soils 1.** The loose top layer of the earth's surface suitable for growth of plant life. **2.** Land; country.

soil² |soil| —*verb* **soiled, soiling** To make or become dirty.

so·lar |sŏ′lər| —*adjective* **1.** Of or coming from the sun. **2.** Measured with respect to the sun.

solar system The sun and all the planets and their satellites, comets, and other heavenly bodies that orbit around the sun.

sold |sōld| The past tense and past participle of the verb **sell.**

sol·der |sŏd′ər| —*noun, plural* **solders** A metal that can be melted and used to join two metal pieces together.
—*verb* **soldered, soldering** To mend or fasten with solder.

sol·dier |sōl′jər| —*noun, plural* **soldiers** A person who serves in the army.

sole¹ |sōl| —*noun, plural* **soles 1.** The bottom surface of the foot. **2.** The bottom surface of a shoe or boot.
—*verb* **soled, soling** To put a sole on a shoe or boot.

sole² |sōl| —*adjective* **1.** Being the only one; single; only. **2.** Belonging only to one person or group.

sole³ |sōl| —*noun, plural* **sole** or **soles** A flat fish that is related to the flounder. Sole are good to eat.

sol·emn |sŏl′əm| —*adjective* **1.** Very serious and grave. **2.** Having the impact of a religious ceremony; sacred. **3.** Performed with great ceremony.

sol·id |sŏl′ĭd| —*adjective* **1.** Having a definite shape; not liquid or gaseous. **2.** Not hollowed out. **3.** Being the same material or color throughout. **4.** Without breaks; continuous. **5.** Very strong and well made. **6.** Of sound character; reliable; respectable.
—*noun, plural* **solids** A substance that has a definite shape and is not a liquid or a gas.

sol·i·tar·y |sŏl′ĭ tĕr′ē| —*adjective* **1.** Existing or living alone. **2.** Happening, done, or passed alone. **3.** Seldom visited; lonely.

sol·u·ble |sŏl′yə bəl| —*adjective* Able to be dissolved in a liquid.

so·lu·tion |sə lōō′shən| —*noun, plural* **solutions 1.** A liquid or mixture formed by dissolving a substance in a liquid. **2.** The solving of a problem.

solve |sŏlv| —*verb* **solved, solving** To find an answer or solution to.

som·ber |sŏm′bər| —*adjective* **1.** Dark; dull. **2.** Gloomy; melancholy.

some |sŭm| —*adjective* **1.** Of a number or quantity not known or named; a few; a little. **2.** A certain or

soda *sustantivo* **1.** Bebida a base de agua gasificada; refresco de gaseosa. **2.** Bebida hecha con agua gasificada, sabores, y a veces helado.

sodium *sustantivo* Metal blando de color plateado que reacciona violentamente con el agua, y que existe en la sal común y es uno de los elementos químicos; sodio.

sofa *sustantivo* Asiento largo y tapizado que tiene respaldar y brazos, que puede acomodar dos o más personas; sofá.

soft *adjetivo* **1.** No duro o firme; blando. **2.** Que no está en buena condición física; débil. **3.** Liso, fino y agradable al tacto; blando; suave. **4.** No alto; no subido; suave. **5.** No brillante o vivo; suave.

softball *sustantivo* **1.** Juego similar al béisbol pero que se juega con una pelota un poco más grande y suave. **2.** Pelota usada en ese juego.

soft drink Bebida dulce que no contiene alcohol hecha a base de agua gasificada; refresco de gaseosa.

soil¹ *sustantivo* **1.** Capa superior suelta de la superficie terrestre apta para que la vida vegetal pueda desarrollarse; tierra o capa vegetal. **2.** Tierra natal; suelo; país.

soil² *verbo* Poner o ponerse sucio; ensuciar o ensuciarse; manchar o mancharse.

solar *adjetivo* Solar: **1.** Del o procedente del sol. **2.** Medido con respecto al sol.

solar system El sol y todos los planetas y sus satélites, cometas y otros cuerpos celestes que giran en órbita alrededor del sol; sistema solar.

sold Pretérito y participio pasado del verbo **sell.**

solder *sustantivo* Metal que puede derretirse y usarse para unir dos piezas de metal; soldadura.
—*verbo* Remendar o unir con soldadura; soldar.

soldier *sustantivo* Persona que presta servicio en el ejército; soldado.

sole¹ *sustantivo* **1.** Superficie inferior del pie; planta del pie. **2.** Superficie inferior del zapato o la bota; suela.
—*verbo* Ponerle suela a un zapato o bota.

sole² *adjetivo* **1.** Que no hay otro; único; solo. **2.** Que pertenece solo a una persona o grupo; exclusivo; único.

sole³ *sustantivo* Pez plano de la familia del lenguado cuya carne es buena para comer.

solemn *adjetivo* Solemne: **1.** Muy serio y grave. **2.** Que tiene el impacto de una ceremonia religiosa; sagrado. **3.** Que se realiza con gran ceremonia.

solid *adjetivo* **1.** Que tiene forma definida; sólido; no líquido o gaseoso. **2.** No ahuecado; macizo. **3.** Que es del mismo material o color en toda su extensión; entero; macizo. **4.** Sin interrupciones; contínuo; entero. **5.** Muy recio y bien constituido; firme; fuerte. **6.** De carácter entero; confiable; respetable.
—*sustantivo* Sustancia que tiene forma definida y que no es ni líquido ni gas; sólido.

solitary *adjetivo* Solitario: **1.** Que existe o vive solo; retirado. **2.** Que sucede, se hace o pasa solo. **3.** Rara vez visitado; solo; aislado; incomunicado.

soluble *adjetivo* Que puede disolverse en un líquido; soluble.

solution *sustantivo* Solución: **1.** Líquido o mezcla que se forma disolviendo una sustancia en un líquido. **2.** Resolución de un problema.

solve *verbo* Encontrar una respuesta o solución a; resolver; solucionar.

somber *adjetivo* Sombrío: **1.** Oscuro u opaco. **2.** Triste o melancólico.

some *adjetivo* **1.** De un número o cantidad desconocido o no mencionado; algún; algunos; unos pocos; un

particular, but not known or named.
—*adverb* Approximately; about.
—*pronoun* A number or quantity not known or named.

some·bod·y |sŭm′bŏd′ē| or |sŭm′bŭd′ē| or |sŭm′bə dē| —*pronoun* A person who is not known or named; someone.

some·day |sŭm′dā′| —*adverb* At some time in the future.

some·how |sŭm′hou′| —*adverb* **1.** In a way that is not known or stated; in one way or another. **2.** For some reason.

some·one |sŭm′wŭn′| or |sŭm′wən| —*pronoun* A person who is not known or named; somebody.

some·thing |sŭm′thĭng| —*pronoun* **1.** A particular thing or things that are not named. **2.** A particular thing that is not known or understood.
—*adverb* To some extent or degree; somewhat; rather.

some·time |sŭm′tīm′| —*adverb* At a time that is not known or named.

some·times |sŭm′tīmz′| —*adverb* Now and then.

some·what |sŭm′hwăt| or |sŭm hwăt′| —*adverb* To some extent or degree; rather.

some·where |sŭm′hwĕr′| —*adverb* **1.** In, at, or to a place that is not known or named. **2.** Approximately; about. **3.** At some time that is not known or named.
—*noun* A place that is not known or named.

son |sŭn| —*noun, plural* **sons** A male child.

song |sông| or |sŏng| —*noun, plural* **songs 1.** A musical piece that is meant to be sung by the human voice. **2.** The call like music that is made by a bird.

son-in-law |sŭn′ĭn lô′| —*noun, plural* **sons-in-law** The husband of a person's daughter.

son·net |sŏn′ĭt| —*noun, plural* **sonnets** A short poem having fourteen lines that rhyme according to a set pattern.

soon |sōōn| —*adverb* **sooner, soonest 1.** In the near future. **2.** Early. **3.** Quickly; fast. **4.** Gladly; willingly.

soot |sŏŏt| or |sōōt| —*noun, plural* **soots** A fine substance that is like a black powder. It is produced when wood, coal, or oil is burned.

soothe |sōōth| —*verb* **soothed, soothing 1.** To make calm or quiet. **2.** To ease or relieve pain or distress.

soph·o·more |sŏf′ə môr′| or |sŏf′ə mōr′| —*noun, plural* **sophomores** A student in the second year of a four-year high school or college.

so·pran·o |sə prăn′ō| or |sə prä′nō| —*noun, plural* **sopranos 1.** A high singing voice of a woman. A soprano is higher than an alto. **2.** A singer who has such a voice.

sore |sôr| or |sōr| —*adjective* **sorer, sorest 1.** Painful when touched; tender. **2.** Suffering pain; hurting. **3.** Angry or annoyed; offended.
—*noun, plural* **sores** A painful, infected, or bruised place on the body.

poco. **2.** Alguien no conocido o mencionado; un o una.
—*adverbio* Aproximadamente; poco más o menos.
—*pronombre* Número o cantidad no conocida o mencionada; alguno o algunos.

somebody *pronombre* Persona que no es conocida o nombrada; alguien; alguno.

someday *adverbio* En algún momento en el futuro; un día; algún día.

somehow *adverbio* **1.** De una manera que no es sabida o dicha; de un modo u otro; de algún modo. **2.** Por alguna razón; sin saberse por qué.

someone *pronombre* Persona que no es conocida o nombrada; alguien; alguno.

something *pronombre* Algo: **1.** Una o más cosas en particular que no se nombran: *The child wants something to play with.* = *El niño quiere algo con qué jugar.* **2.** Una cosa en particular que no se conoce o entiende: *Something is wrong with the car.* = *Le pasa algo al automóvil.*
—*adverbio* En alguna medida o grado; algo; algún tanto; un poco: *She looks something like her older sister.* = *Ella se parece algo a su hermana mayor.*

sometime *adverbio* En un momento que no es conocido o nombrado; algún día; alguna vez; un día.

sometimes *adverbio* De vez en cuando; algunas veces; a veces.

somewhat *adverbio* En cierta medida o grado; un poco; algo.

somewhere *adverbio* **1.** En o a un lugar que no se conoce o nombra; en o a alguna parte: *I found this turtle somewhere near the edge of the swamp.* = *Encontré esta tortuga en un lugar cerca del borde del pantano.* **2.** Aproximadamente; poco más o menos; unos: *His suit cost somewhere around fifty dollars.* = *Su traje costó unos cincuenta dólares.* **3.** En un momento que no es sabido o nombrado; en un momento (o fecha) aproximado: *It happened somewhere about eighty years ago.* = *Sucedió hace unos ochenta años, aproximadamente.*
—*sustantivo* Lugar que no se conoce o nombra: *Find somewhere to sit down.* = *Busca un lugar donde sentarte.*

son *sustantivo* Niño varón; hijo.

song *sustantivo* **1.** Pieza musical para ser cantada por la voz humana; canción; canto; tonada. **2.** Llamada como canto que hace un ave.

son-in-law *sustantivo* Esposo de la hija de una persona; yerno.

sonnet *sustantivo* Poema corto de catorce renglones que riman de acuerdo con cierta norma; soneto.

soon *adverbio* **1.** En el futuro cercano; dentro de poco; pronto. **2.** Temprano; pronto. **3.** Rápidamente; sin demora; pronto. **4.** Con mucho gusto; de buena gana: *I'd as soon leave right now.* = *De buena gana me marcharía ahora mismo.*

soot *sustantivo* Sustancia fina que es como polvo negro, que se produce al quemarse la madera, el carbón o el petróleo; hollín; tizne.

soothe *verbo* **1.** Hacer calmar o tranquilizar; apaciguar; desenfadar. **2.** Calmar o mitigar el dolor o la angustia; aliviar.

sophomore *sustantivo* Estudiante de segundo año en una escuela secundaria o superior en la que se estudia cuatros años.

soprano *sustantivo* Soprano: **1.** Voz alta de mujer cantante. La voz de soprano es más alta que la de contralto. **2.** Cantante que posee esa voz.

sore *adjetivo* **1.** Que duele al ser tocado; sensible; dolorido. **2.** Que sufre dolor; con dolor; adolorido. **3.** Enfadado; enojado; ofendido; molesto.
—*sustantivo* Lugar del cuerpo que está dolorido, infectado o lastimado; llaga; úlcera; lastimadura.

ər butter   yōō abuse   ou out   ŭ cut   û fur   *th* the   th thin   hw which   zh vision   ə ago, item, pencil, atom, circus

sor·row |sŏr′ō| or |sôr′ō| —*noun, plural* **sorrows**
Mental anguish or suffering because of something sad
that has happened.

sor·row·ful |sŏr′ə fəl| or |sôr′ə fəl| —*adjective*
Causing, feeling, or expressing sorrow.

sor·ry |sŏr′ē| or |sôr′ē| —*adjective* **sorrier, sorriest**
1. Feeling or expressing sadness, sympathy, or regret.
2. Not very good; poor. **3.** Causing sorrow or grief;
sad.

sort |sôrt| —*noun, plural* **sorts** A group of persons or
things that are somewhat alike; kind; type.
—*verb* **sorted, sorting** To arrange according to kind
or type.
Idiom **out of sorts** Not feeling well; in a bad mood.

sought |sôt| The past tense and past participle of the
verb **seek.**

soul |sōl| —*noun, plural* **souls 1.** The part of a per-
son that is thought to think, feel, and act. **2.** A spirit;
a ghost. **3.** A human being. **4.** Someone thought of as
giving life and spirit to something.

sound¹ |sound| —*noun, plural* **sounds 1.** A type of
vibration that travels through the air and is heard by
the ear. **2.** A special noise. **3.** The distance over which
something can be heard. **4.** One of the simple vocal
noises that makes up human speech.
—*verb* **sounded, sounding 1.** To make or cause to
make a sound. **2.** To have a certain sound in human
speech. **3.** To seem to be.

sound² |sound| —*adjective* **sounder, soundest**
1. Free from decay, damage, injury, or sickness.
2. Solid and firm. **3.** Sensible and correct. **4.** Com-
plete and thorough. **5.** Deep and not interrupted.

sound³ |sound| —*noun, plural* **sounds** A long body
of water, wider than a strait or channel, connecting
two larger bodies of water.

sound⁴ |sound| —*verb* **sounded, sounding 1.** To
measure the depth of water, especially with a line hav-
ing a weight on one end. **2.** To try to learn someone's
thoughts or opinions.

soup |sōōp| —*noun, plural* **soups** A liquid food pre-
pared by boiling meat, vegetables, or fish in water.

sour |sour| —*adjective* **sourer, sourest 1.** Having a
sharp and biting taste. **2.** Spoiled. **3.** Unpleasant; bad.
—*verb* **soured, souring** To make or become sour.

source |sôrs| or |sōrs| —*noun, plural* **sources 1.** A
place or thing from which something comes. **2.** The
beginning of a stream or river. **3.** Something or some-
one that gives information.

south |south| —*noun* **1.** The direction to the left of a
person who faces the sunset. **2.** Often **South** A region
in this direction. **3. the South a.** The southern part
of the United States, especially the states south of
Maryland, the Ohio River, and Missouri. **b.** The states
that formed the Confederacy during the Civil War.
—*adjective* **1.** Of, in, or toward the south. **2.** Coming
from the south.
—*adverb* Toward the south.

south·east |south ēst′| —*noun* **1.** The direction that
is halfway between south and east. **2.** Often **South-
east** A region in this direction. **3. the Southeast** The
part of the United States that includes Florida, Geor-
gia, and South Carolina.
—*adjective* **1.** Of, in, or toward the southeast. **2.** Com-
ing from the southeast.
—*adverb* Toward the southeast.

south·east·er·ly |south ē′stər lē| —*adjective* **1.** In or
toward the southeast. **2.** From the southeast.
—*adverb* **1.** In or toward the southeast. **2.** From the
southeast.

sorrow *sustantivo* Angustia o sufrimiento mental de-
bido a algo triste que ha sucedido; pesar; dolor; pena.

sorrowful *adjetivo* Que causa, siente o expresa tristeza,
pena o pesar; afligido; angustiado; pesaroso; doloroso.

sorry *adjetivo* **1.** Que siente o expresa tristeza, pena,
compasión o arrepentimiento; apenado; arrepentido;
apesadumbrado. **2.** No muy bueno; que no sirve; malo:
a sorry excuse = un pretexto que no sirve. **3.** Que
causa tristeza o pesadumbre; triste.

sort *sustantivo* Grupo de personas o cosas que se pare-
cen en algo; clase; tipo; especie.
—*verbo* Arreglar de acuerdo a clase o tipo; clasificar;
separar.
Modismo **out of sorts** Que no se siente bien; de mal
humor; malhumorado.

sought Pretérito y participio pasado del verbo **seek.**

soul *sustantivo* **1.** Parte de la persona que se cree que
piensa, siente y actúa; alma. **2.** Espíritu; alma;
duende; fantasma. **3.** Ser humano; alma; persona.
4. Alguien que se piensa que da vida y espíritu a algo.

sound¹ *sustantivo* **1.** Clase de vibración que viaja por
el aire y se oye en el oído; sonido. **2.** Ruido especial,
sonido. **3.** Distancia dentro de la que se puede oír algo.
4. Uno de los sonidos vocales simples que forman el
lenguaje humano; sonido.
—*verbo* **1.** Hacer o hacer que se haga un sonido; sonar;
tocar; tañer. **2.** Tener cierto sonido en el lenguaje hu-
mano; sonar; pronunciar. **3.** Parecer; sonar.

sound² *adjetivo* **1.** Libre de podredumbre, daño, he-
rida o enfermedad; sano; entero; ileso. **2.** Sólido y
firme. **3.** Sensato y correcto; bueno. **4.** Completo y
cabal; fuerte. **5.** Profundo y sin interrupción.

sound³ *sustantivo* Extensión larga de agua, más ancha
que un estrecho o un canal, que une a dos extensiones
de agua más grandes; brazo de mar.

sound⁴ *verbo* **1.** Medir la profundidad del agua, espe-
cialmente con un cordel que tiene una plomada en un
extremo; sondear; fondear. **2.** Tratar de averiguar los
pensamientos y opiniones de alguien; tantear; inquirir.

soup *sustantivo* Alimento líquido que se hace hirviendo
carne, hortalizas o pescado en agua; sopa.

sour *adjetivo* Agrio: **1.** Que tiene sabor penetrante y
mordaz. **2.** Podrido; rancio: *a sour smell = un olor
agrio.* **3.** Desagradable; huraño.
—*verbo* Hacer que se ponga, o ponerse, agrio; agriar o
agriarse.

source *sustantivo* Fuente: **1.** Lugar o cosa de la cual
procede algo: *The sea is a source of food. = El mar es
una fuente de alimentos.* **2.** Comienzo de un río; ma-
nantial; fuente; cabecera; nacimiento. **3.** Algo o al-
guien que da información.

south *sustantivo* **1.** Dirección a la izquierda de una
persona que mira hacia el ocaso; sur. **2.** A veces **South**
Región en esa dirección. **3. the South a.** Parte sur de
los Estados Unidos, especialmente los estados que es-
tán al sur de Maryland, el río Ohio, y Missouri. **b.** Los
estados que formaron la Confederación durante la Gue-
rra Civil.
—*adjetivo* **1.** De, en, o hacia el sur; sureño; sur; me-
ridional. **2.** Que viene del sur; sureño.
—*adverbio* Hacia el sur.

southeast *sustantivo* **1.** Dirección que está a la mitad
entre el sur y el este; sudeste. **2.** A veces **Southeast**
Región en esa dirección; sureste. **3. the Southeast** La
parte de los Estados Unidos que incluye Florida, Geor-
gia y South Carolina.
—*adjetivo* **1.** De, en, o hacia el sudeste. **2.** Que viene
del sudeste.
—*adverbio* Hacia el sudeste.

southeasterly *adjetivo* **1.** En o hacia el sudeste.
2. Del sudeste.
—*adverbio* **1.** En o hacia el sudeste. **2.** Del sudeste.

ă pat ā pay â care ä father ĕ pet ē be ĭ pit ī pie î fierce ŏ pot ō go ô paw, for oi oil ŏŏ book ōō boot

south·east·ern |south ē′stərn| —*adjective* **1.** Of, in, or toward the southeast. **2.** From the southeast.

south·er·ly |sŭ*th*′ər lē| —*adjective* **1.** In or toward the south. **2.** From the south.
—*adverb* **1.** In or toward the south. **2.** From the south.

south·ern |sŭ*th*′ərn| —*adjective* **1.** Of, in, or toward the south. **2.** From the south. **3.** Like what is found in the south. **4. Southern** Of the states that formed the Confederacy during the Civil War.

south·ern·er |sŭ*th*′ər nər| —*noun, plural* **southern-ers** Often **Southerner 1.** A person who lives in or comes from the south. **2.** A person from the South of the United States, especially during or before the Civil War.

south·ern·most |sŭ*th*′ərn mōst′| —*adjective* Farthest south.

South Pole The southern end of the axis around which the earth rotates. The South Pole is the point on the surface of the earth that is farthest south.

south·ward |south′wərd| —*adverb* To or toward the south. Another form of this adverb is **southwards.**
—*adjective* Moving to or toward the south.

south·wards |south′wərdz| —*adverb* A form of the word **southward.**

south·west |south wĕst′| —*noun* **1.** The direction that is halfway between south and west. **2.** Often **Southwest** A region in this direction. **3. the South-west** The southwestern part of the United States, especially the region that includes the states of Arizona and New Mexico.
—*adjective* **1.** Of, in, or toward the southwest. **2.** Coming from the southwest.
—*adverb* Toward the southwest.

south·west·er |south′wĕs′tər| or |sou wĕs′tər| —*noun, plural* **southwesters** A waterproof hat with a broad brim in the back to protect the neck.

south·west·er·ly |south wĕs′tər lē| —*adjective* **1.** In or toward the southwest. **2.** From the southwest.
—*adverb* **1.** In or toward the southwest. **2.** From the southwest.

south·west·ern |south wĕs′tərn| —*adjective* **1.** Of, in, or toward the southwest. **2.** From the southwest.

sou·ve·nir |sōō′və nîr′| —*noun, plural* **souvenirs** Something kept to remember a place, person, or event.

sov·er·eign |sŏv′ə rĭn| or |sŏv′rĭn| —*noun, plural* **sovereigns** A king or queen.

sow¹ |sō| —*verb* **sowed, sown** or **sowed, sowing 1.** To plant seeds to grow a crop. **2.** To plant or scatter seeds in or on.

sow² |sou| —*noun, plural* **sows** A female pig that is fully grown.

sown |sōn| A past participle of the verb **sow** (to plant).

sox |sŏks| A plural of the noun **sock.**

soy·bean |soi′bēn′| —*noun, plural* **soybeans** A bean plant that is native to Asia and is now widely grown as animal food and for its beans.

space |spās| —*noun, plural* **spaces 1.** The area without limits in which the entire universe exists. **2.** The separation between two things or events. **3.** Any blank or empty area. **4.** An area provided for a certain purpose. **5.** A period of time.
—*verb* **spaced, spacing** To arrange with spaces between.

space·craft |spās′krăft′| or |spās′kräft′| —*noun, plural* **spacecraft** A vehicle used for travel beyond the earth's atmosphere.

space·ship |spās′shĭp| —*noun, plural* **spaceships** A spacecraft that can carry a crew and passengers.

spade¹ |spād| —*noun, plural* **spades** A digging tool with a long handle and a flat iron blade that is pressed into the ground with the foot.
—*verb* **spaded, spading** To dig with a spade.

spade² |spād| —*noun, plural* **spades 1.** A black fig-

southeastern *adjetivo* **1.** De, en o hacia el sudeste. **2.** Del sudeste.

southerly *adjetivo* **1.** En o hacia el sur. **2.** Del sur.
—*adverbio* **1.** En o hacia el sur. **2.** Del sur.

southern *adjetivo* **1.** De, en o hacia el sur. **2.** Del sur. **3.** Como lo que se encuentra en el sur; sureño; meridional; austral. **4. Southern** Relativo o los estados que formaron la Confederación durante la Guerra Civil.

southerner *sustantivo* A veces **Southerner 1.** Persona que vive o viene del sur; sureño. **2.** Persona del sur de los Estados Unidos, especialmente durante o antes de la guerra civil.

southernmost *adjetivo* Situado más al sur; el más meridional.

South Pole Extremo sur del eje alrededor del cual gira la tierra, y que es el punto en la superficie de la tierra que está más al sur; polo sur o antártico.

southward *adverbio* A o hacia el sur. En inglés otra forma de esta palabra es **southwards.**
—*adjetivo* Que se mueve o dirige hacia el sur.

southwards *adverbio* Otra forma de la palabra **southward.**

southwest *sustantivo* **1.** Dirección a la mitad entre el sur y el oeste; sudoeste. **2.** A veces **Southwest** Región en esa dirección; sudoeste. **3. the Southwest** La parte sudoeste de los Estados Unidos, especialmente la región que incluye los estados de Arizona y New Mexico.
—*adjetivo* **1.** De, en o hacia el sudoeste. **2.** Que proviene del sudoeste.
—*adverbio* Hacia el sudoeste.

southwester *sustantivo* Sombrero impermeable que tiene ala ancha atrás para proteger el cuello.

southwesterly *adjetivo* **1.** En o hacia el sudoeste. **2.** Del sudoeste.
—*adverbio* **1.** En o hacia el sudoeste. **2.** Del sudoeste.

southwestern *adjetivo* **1.** De, en o hacia el sudoeste. **2.** Del sudoeste.

souvenir *sustantivo* Algo que se guarda para recordar un lugar, persona o suceso; recuerdo.

sovereign *sustantivo* Rey o reina; soberano.

sow¹ *verbo* Sembrar: **1.** Plantar semillas para obtener una cosecha. **2.** Plantar o esparcir semillas en o sobre.

sow² *sustantivo* Hembra adulta del cerdo; cerda.

sown Participio pasado del verbo **sow** (plantar).

sox Un plural del sustantivo **sock.**

soybean *sustantivo* Planta que da un frijol que es oriunda de Asia y que actualmente se cultiva en muchas partes del mundo; soya o soja.

space *sustantivo* **1.** Área sin límites en la que se encuentra todo el universo; espacio. **2.** Separación entre dos cosas o sucesos; espacio. **3.** Cualquier área en blanco o vacía; espacio. **4.** Área designada para un fin especial; sitio; zona: *a parking space = sitio de estacionamiento.* **5.** Período de tiempo; espacio; intervalo.
—*verbo* Ordenar con espacios por medio; espaciar.

spacecraft *sustantivo* Vehículo utilizado para viajar más allá de la atmósfera terrestre; vehículo espacial.

spaceship *sustantivo* Nave espacial que puede llevar tripulación y pasajeros; astronave o cosmonave.

spade¹ *sustantivo* Utensilio para cavar que tiene un mango largo, una hoja plana de hierro que se hace penetrar en la tierra forzándola con el pie; pala.
—*verbo* Cavar con pala.

spade² *sustantivo* **1.** Figura negra en un naipe que

ure that looks like an upside-down heart found on a playing card. **2.** A playing card marked with this figure. **3. spades** The suit of cards that has this figure.

span |spăn| —*noun, plural* **spans 1.** The distance between two places or objects. **2.** The section of a bridge between the parts that hold it up. **3.** The distance between the tip of the thumb and the tip of the little finger when the hand is spread out. It is about nine inches. This used to be a way of measuring. **4.** A period of time.
—*verb* **spanned, spanning** To stretch across.

spank |spăngk| —*verb* **spanked, spanking** To punish by slapping with the open hand or with a flat object.

spare |spâr| —*verb* **spared, sparing 1. a.** To treat with mercy. **b.** To deal gently with. **2.** To avoid or keep from destroying or harming. **3.** To save or free someone from. **4.** To do without; give away or give out.
—*adjective* **sparer, sparest 1. a.** Ready when needed. **b.** Extra. **c.** Free for other use. **2.** Small in amount.
—*noun, plural* **spares 1.** A replacement, such as a tire, to be used when needed. **2. a.** The act of knocking down all ten pins with two rolls of the bowling ball. **b.** The score for this.

spark |spärk| —*noun, plural* **sparks 1.** A small, burning bit of material. **2.** A quick flash of light, especially one made by electricity. **3.** A hint; a trace.
—*verb* **sparked, sparking** To make or give off sparks.

spar·kle |spär′kəl| —*verb* **sparkled, sparkling 1.** To give off sparks of light; glitter. **2.** To release bubbles of gas.
—*noun, plural* **sparkles** A spark of light; a flash; a glitter.

sparse |spärs| —*adjective* **sparser, sparsest** Occurring or found here and there; thinly scattered.

spat[1] |spăt| —*noun, plural* **spats** A short, small quarrel.

spat[2] |spăt| A past tense and a past participle of the verb **spit.**

spat·ter |spăt′ər| —*verb* **spattered, spattering** To scatter in drops or small bits.

spawn |spôn| —*noun* The eggs of water animals. Fish, oysters, frogs, and other water animals produce spawn.
—*verb* **spawned, spawning** To lay eggs and breed, as fish and certain other water animals do.

speak |spēk| —*verb* **spoke, spoken, speaking 1.** To say words; talk. **2.** To tell. **3.** To give a speech. **4.** To make known or express in words. **5.** To use or be able to use a language.

speak·er |spē′kər| —*noun, plural* **speakers 1.** A person who speaks a language. **2.** A person who gives a speech in public. **3.** A loudspeaker.

spear |spîr| —*noun, plural* **spears 1.** A weapon with a long pole and a sharply pointed head. **2.** A slender stalk or stem.

spear·mint |spîr′mĭnt| —*noun, plural* **spearmints** A common mint plant whose leaves are used for flavoring.

spe·cial |spĕsh′əl| —*adjective* **1.** Different from what is usual or common; extraordinary or unusual; exceptional. **2.** Different from others of a kind.

spe·cial·ist |spĕsh′ə lĭst| —*noun, plural* **specialists** A person whose activity or profession is devoted to a particular branch of study, business, or science.

spe·cial·ize |spĕsh′ə līz′| —*verb* **specialized, specializing** To devote one's activity or profession to a particular branch of study, business, or science.

spe·cial·ty |spĕsh′əl tē| —*noun, plural* **specialties**

parece corazón invertido; espada; pico; pique. **2.** Naipe o carta que tiene esa figura. **3. spades** Palo de naipes que tiene esa figura.

span *sustantivo* **1.** Distancia entre dos lugares u objetos; trecho; tramo. **2.** Sección de un puente entre las partes que la sostienen; tramo; luz. **3.** Distancia desde la punta del pulgar y la del dedo meñique con la mano extendida; palmo o cuarta. **4.** Período de tiempo; espacio; lapso.
—*verbo* Extenderse de un lado a otro; abarcar.

spank *verbo* Castigar abofeteando con la mano abierta o con un objeto plano; dar palmadas o nalgadas.

spare *verbo* **1. a.** Tratar con misericordia; perdonar. **b.** Tratar amablemente; no herir. **2.** Evitar o abstenerse de destruir o dañar; respetar. **3.** Librar o liberar a alguien de; evitar (alguna molestia, etc.). **4.** Pasarse sin; dar; entregar: *Can you spare me a dime?* = *¿Me puedes dar diez centavos?*
—*adjetivo* **1. a.** Listo cuando se necesita; de repuesto: *a spare tire = neumático de repuesto.* **b.** Sobrante: *spare cash = efectivo sobrante.* **c.** Libre para emplearse en otros usos; disponible. **2.** Pequeño en cantidad; frugal.
—*sustantivo* **1.** Repuesto, tal como un neumático, para utilizarse cuando se necesite. **2. a.** Acto de tumbar la totalidad de los diez bolos de boliche en dos tiradas de la bola. **b.** Anotación por tal jugada.

spark *sustantivo* **1.** Pedazo pequeño de material ardiente; chispa. **2.** Relámpago rápido de luz, especialmente el que se produce por la electricidad; chispa; destello. **3.** Intimación; trazo pequeño.
—*verbo* Hacer o despedir chispas; chispear.

sparkle *verbo* **1.** Despedir chispas de luz; chispear; centellar; brillar. **2.** Soltar burbujas de gas; burbujear.
—*sustantivo* Chispa de luz; destello, centelleo.

sparse *adjetivo* Que ocurre o que se encuentra aquí y allá; escaso; tenuemente esparcido; ralo; poco denso.

spat[1] *sustantivo* Pequeña y breve riña o querella.

spat[2] Otra forma del pretérito y participio pasado del verbo **spit.**

spatter *verbo* Esparcir a gotas o en pequeñas partículas; rociar; salpicar.

spawn *sustantivo* Huevos de los animales acuáticos, tal como peces, ostras, ranas y otros; hueva.
—*verbo* Poner huevas y reproducir, como lo hacen los peces y algunos otros animales acuáticos.

speak *verbo* **1.** Decir palabras; hablar. **2.** Hablarle a alguien. **3.** Pronunciar un discurso; hablar. **4.** Hacer saber o expresar con palabras; decir. **5.** Usar o saber usar un idioma; hablar un idioma.

speaker *sustantivo* **1.** Persona que habla un idioma; el que habla. **2.** Persona que pronuncia un discurso en público; orador. **3.** Altoparlante.

spear *sustantivo* **1.** Arma que consiste en un palo largo y un extremo puntiagudo; lanza. **2.** Tallo delgado; punta de tallo; espiga.

spearmint *sustantivo* Planta de menta común cuyas hojas se utilizan para dar sabor; menta verde.

special *adjetivo* Especial: **1.** Diferente de lo usual o común; extraordinario o no usual; excepcional. **2.** Diferente de otros de la misma clase.

specialist *sustantivo* Persona cuya actividad o profesión está dedicada a una rama particular de estudio, negocio o ciencia; especialista.

specialize *verbo* Dedicar la actividad o profesión de uno a una rama particular de estudio, negocio o ciencia; especializarse.

specialty *sustantivo* Especialidad: **1.** Estudio, trabajo

1. A special study, job, or service. **2.** A special offer or attraction.

spe·cies |spē′shēz′| or |spē′sēz′| —*noun, plural* **species 1.** A group of animals or plants that are similar and considered to be of the same kind. Animals of the same species can breed together. **2.** A type, kind, or sort.

spe·cif·ic |spĭ sĭf′ĭk| —*adjective* Clearly stated; particular; definite.

spec·i·fy |spĕs′ə fī′| —*verb* **specified, specifying, specifies** To say in a clear and exact way; make clear.

speck |spĕk| —*noun, plural* **specks 1.** A small spot or mark. **2.** A small bit or particle.

spec·ta·cle |spĕk′tə kəl| —*noun, plural* **spectacles 1.** A very unusual or impressive sight or display. **2. spectacles** A pair of eyeglasses.

spec·tac·u·lar |spĕk tăk′yə lər| —*adjective* Making a very unusual or impressive sight or display.

spec·ta·tor |spĕk′tā′tər| —*noun, plural* **spectators** Someone who watches an event but does not take part in it.

spec·u·late |spĕk′yə lāt′| —*verb* **speculated, speculating** To guess without having complete knowledge; ponder; wonder.

sped |spĕd| A past tense and a past participle of the verb **speed.**

speech |spēch| —*noun, plural* **speeches 1.** The act of speaking. **2.** The ability to speak. **3.** Something that is spoken. **4.** The way in which a person speaks. **5.** A talk or address made in public.

speech·less |spēch′lĭs| —*adjective* Not able to speak for a short time through shock, fear, anger, or joy.

speed |spēd| —*noun, plural* **speeds 1.** The condition of acting or moving rapidly. **2. a.** The rate of moving. **b.** The rate of doing something.
—*verb* **sped** or **speeded, speeding 1.** To move rapidly. **2.** To drive faster than is lawful or safe.

spell¹ |spĕl| —*verb* **spelled, spelling 1.** To form a word or part of a word; be the letters of. **2.** To say or write in proper order the letters of a word.

spell² |spĕl| —*noun, plural* **spells 1.** A word or group of words believed to have the power of magic. **2.** Attraction; charm.

spell³ |spĕl| —*noun, plural* **spells** A period of time.
—*verb* **spelled, spelling** To take the place of a person.

spell·er |spĕl′ər| —*noun, plural* **spellers 1.** Someone who spells words. **2.** A book used in teaching children how to spell.

spell·ing |spĕl′ĭng| —*noun, plural* **spellings 1.** The act of forming words with letters by using the proper order. **2.** The way in which a word is spelled.

spend |spĕnd| —*verb* **spent, spending 1.** To pay out money; make payment. **2.** To use or put out; devote. **3.** To pass time in a certain place or doing something.

spent |spĕnt| The past tense and past participle of the verb **spend.**

sperm |spûrm| —*noun, plural* **sperms** One of the male cells of reproduction.

sphere |sfîr| —*noun, plural* **spheres 1.** A round object like a ball or globe. All the points on the surface of a sphere are the same distance from a center point. **2. a.** An area of power, control, or influence. **b.** A field or area of interest, activity, or knowledge.

spice |spīs| —*noun, plural* **spices** Material from a plant that smells and tastes strong or pleasant. Cinnamon, nutmeg, pepper, and cloves are spices used to give flavor to food.

o servicio especial. **2.** Oferta o atracción especial.

species *sustantivo* Especie: **1.** Grupo de animales o plantas que son similares y considerados de la misma clase, y que pueden cruzarse y procrear. **2.** Tipo o clase.

specific *adjetivo* Claramente planteado; específico; particular; definido.

specify *verbo* Decir de modo claro y exacto; especificar; aclarar.

speck *sustantivo* **1.** Pequeña mancha o marca; punto; peca. **2.** Pequeña partícula; mota.

spectacle *sustantivo* **1.** Escena o exhibición muy impresionante o insólito; espectáculo. **2. spectacles** Gafas; anteojos; espejuelos.

spectacular *adjetivo* Que produce una escena o exhibición impresionante o insólita; espectacular.

spectator *sustantivo* Alguien que observa un evento pero que no participa en el mismo; espectador; mirón.

speculate *verbo* Aventurarse a adivinar sin tener conocimiento completo; especular; meditar.

sped Otra forma del pretérito y participio pasado del verbo **speed.**

speech *sustantivo* **1.** Acto de hablar. **2.** Capacidad de hablar; habla; palabra; lenguaje; voz. **3.** Algo que se habla; palabra; lenguaje. **4.** La manera de hablar de una persona; pronunciación. **5.** Charla o conferencia que se hace en público; discurso; perorata; oración.

speechless *adjetivo* Incapaz de hablar durante un período corto debido a un choque, miedo, ira o júbilo; sin habla; mudo.

speed *sustantivo* Velocidad: **1.** Condición de actuar o moverse con rapidez. **2. a.** Ritmo de movimiento. **b.** Ritmo con que se hace algo.
—*verbo* **1.** Moverse rápidamente; ir velozmente. **2.** Conducir a más velocidad de la que permite la ley o de lo que ofrece seguridad; conducir con exceso de velocidad.

spell¹ *verbo* **1.** Formar una palabra o parte de ella; deletrear. **2.** Decir o escribir en el orden correcto las letras de una palabra; deletrear; escribir con la ortografía correcta.

spell² *sustantivo* **1.** Palabra o grupo de palabras que se cree que tienen poderes mágicos; hechizo; encanto. **2.** Atracción; encanto; fascinación.

spell³ *sustantivo* Período; turno; tanda; rato.
—*verbo* Tomar el lugar de una persona; relevar; reemplazar; tomar el turno de.

speller *sustantivo* **1.** Alguien que deletrea palabras; deletreador. **2.** Libro que se utiliza para enseñar a deletrear a los niños; libro de deletrear.

spelling *sustantivo* **1.** Acto de formar palabras con letras usando el orden apropiado; deletreo. **2.** Forma en que se deletrea una palabra; deletreo; ortografía.

spend *verbo* **1.** Pagar dinero; hacer pagos; gastar; agotar. **2.** Usar o consumir; dedicarse. **3.** Pasar el tiempo en un lugar haciendo algo; emplear el tiempo.

spent Pretérito y participio pasado del verbo **spend.**

sperm *sustantivo* Célula masculina de reproducción; esperma; semen; simiente.

sphere *sustantivo* Esfera: **1.** Objeto redondo como una bola o globo en el que cualquier punto de la superficie está a la misma distancia del punto central. **2. a.** Área de influencia, poder o control; círculo de acción. **b.** Campo o área de interés, actividad o conocimiento; orbe.

spice *sustantivo* Material proveniente de una planta que tiene aroma y sabor agradables o fuertes como la canela, la nuez moscada, la pimienta y el clavo, y que se utiliza para dar fragancia o sabor a los alimentos;

—*verb* **spiced, spicing** To flavor with a spice or spices.

spic·y |spĭ′sē| —*adjective* **spicier, spiciest** 1. Flavored with a spice or spices. 2. Having a sharp or strong taste or smell.

spi·der |spī′dər| —*noun, plural* **spiders** A small animal that has eight legs and a body divided into two parts.

spied |spīd| The past tense and past participle of the verb **spy.**

spike¹ |spīk| —*noun, plural* **spikes** 1. A long, heavy nail. 2. A long, thick, sharp-pointed piece of wood or metal. 3. One of the many sharp metal pieces on the soles of shoes worn by certain athletes. Spikes are used to get a firm footing.

spike² |spīk| —*noun, plural* **spikes** 1. An ear of grain. Corn ears are spikes. 2. A bunch of flowers that do not have stalks.

spill |spĭl| —*verb* **spilled** or **spilt, spilling** 1. To cause or allow something to run or fall out of a container. 2. To run or fall out.

spilt |spĭlt| A past tense and a past participle of the verb **spill.**

spin |spĭn| —*verb* **spun, spinning** 1. To draw out and twist fibers into thread. 2. To form a thread, web, or cocoon from a liquid given off by the body. 3. To tell. 4. To turn about an axis, especially rapidly; rotate. 5. To seem to be whirling from being dizzy; reel. —*noun, plural* **spins** A rapid turning or rotating motion.

spin·ach |spĭn′ĭch| —*noun* A plant grown for its dark green leaves, which are eaten as a vegetable.

spi·nal column |spī′nəl| The backbone.

spinal cord A thick band or cord of nerve tissue that begins at the brain and goes down through the center of the backbone.

spin·dle |spĭn′dl| —*noun, plural* **spindles** 1. A rod or pin on a spinning machine that holds and winds thread. 2. Any thin rod or pin in a machine that turns around or on which something turns. The small piece on a phonograph that fits through the center hole of a record is a spindle.

spine |spīn| —*noun, plural* **spines** 1. The backbone; spinal column. 2. A part of a plant or animal that sticks out with a sharp point. The quills on a porcupine and thorns on a rose are spines.

spin·ning wheel |spĭn′ĭng| A device that is made of a large wheel and a spindle. It is used to spin thread.

spin·y |spī′nē| —*adjective* **spinier, spiniest** Full of or covered with spines; prickly.

spi·ral |spī′rəl| —*noun, plural* **spirals** 1. A curve that gradually widens as it coils around. 2. Anything that is shaped like it. —*verb* **spiraled, spiraling** To move in or cause to move in the form of a spiral.

spire |spīr| —*noun, plural* **spires** The top part of a steeple or other structure that tapers upward.

spir·it |spĭr′ĭt| —*noun, plural* **spirits** 1. The part of a human being that is thought to have control over thinking and feeling, as distinguished from the physical body; the soul. 2. **spirits** A person's mood or state of mind. 3. Enthusiasm, courage, or pep.

spir·i·tu·al |spĭr′ĭ chōō əl| —*adjective* Of or having to do with the human spirit or with religion. —*noun, plural* **spirituals** A religious folk song. Spirituals were originally made up and sung by black people in the southern United States.

spit |spĭt| —*verb* **spat** or **spit, spitting** To throw out saliva or something else from the mouth.

especia. —*verbo* Condimentar con una o varias especias.

spicy *adjetivo* 1. Sazonado con una a varias especias; condimentado; especiado. 2. Que tiene gusto o aroma fuerte; aromático; especiado; picante.

spider *sustantivo* Animalito que tiene ocho patas y el cuerpo dividido en dos partes; araña; arácnido.

spied Pretérito y participio pasado del verbo **spy.**

spike¹ *sustantivo* 1. Clavo largo y pesado; alcayata; perno. 2. Pedazo de madera o metal, largo y grueso, con la punta aguda; pico; espiga. 3. Uno de varios pedazos agudos de metal que tienen la suelas de los zapatos de algunos atletas para tener pisada segura.

spike² *sustantivo* 1. Cabeza del tallo o mazorca donde están los granos de algunas plantas como el maíz o el trigo; espiga o espigón. 2. Racimo de flores que no tienen tallo.

spill *verbo* Derramar: 1. Causar o permitir que algo se derrame o que caiga fuera de un recipiente; desparramar; esparcir; volcar. 2. Tirar fuera de.

spilt Pretérito y participio pasado del verbo **spill.**

spin *verbo* 1. Sacar y torcer fibras para hacer hilo; hilar. 2. Formar un hilo, una telaraña o un capullo de un líquido que segrega el cuerpo; hilar; tejer. 3. Decir; contar cuentos. 4. Girar alrededor de un eje, sobre todo rápidamente; rodar rápidamente. 5. Sentir que uno está girando cuando uno se siente desvanecer; tambalearse. —*sustantivo* Vuelta rápida o movimiento de rotación; giro; vuelta.

spinach *sustantivo* Planta que se cultiva por sus hojas verdes comestibles; espinaca.

spinal column Columna vertebral; espina dorsal.

spinal cord Gruesa banda o cordón de tejido nervioso que empieza en el cerebro y baja por el centro de la columna vertebral.

spindle *sustantivo* 1. Varilla o espiga en una máquina de hilar que sostiene y devana el hilo; huso; torno. 2. Cualquier varilla delgada o alfiler en una máquina que gira o en la que gira algo, como el pequeño perno de un tocadiscos que encaja en el centro del disco; eje; carretel; huso.

spine *sustantivo* Espina: 1. Columna vertebral; colomna dorsal. 2. Parte de una planta o un animal que sobresale con una punta aguda como las púas de un puerco espín o las espinas de una rosa; púa.

spinning wheel Artefacto formado por una rueda grande y un huso y que se utiliza para devanar hilo; rueca; torno de hilar.

spiny *adjetivo* Lleno o cubierto de espinas; espinoso.

spiral *sustantivo* 1. Curva que se ensancha gradualmente al irse enroscando; espiral; hélice. 2. Cualquier cosa que tiene forma espiral. —*verbo* Mover o hacer que se mueva en forma espiral; tomar forma espiral; torcer en espiral.

spire *sustantivo* Punta de una torre o cualquier otra estructura que remata en una punta; aguja; chapitel.

spirit *sustantivo* 1. Parte del ser humano que se cree que tiene el control de los pensamientos y los sentimientos, y que se distingue del cuerpo físico; alma; espíritu; ánima. 2. **spirits** Estado de ánimo o estado mental; humor; ánimo. 3. Entusiasmo, valor, o energía; aliento; brío.

spiritual *adjetivo* De o que tiene que ver con el espíritu humano o con la religión; espiritual; religioso; santo; místico; mental; intelectual. —*sustantivo* Canción folklórica religiosa que se originó entre los negros del sur de los Estados Unidos; canto espiritual.

spit *verbo* Arrojar saliva u otra cosa fuera de la boca; escupir; expectorar.

spite |spīt|—*noun* Anger or ill will that causes a person to want to hurt or embarrass another person.
—*verb* **spited, spiting** To show spite toward someone.
Idiom **In spite of** Even though; regardless.

splash |splăsh|—*verb* **splashed, splashing** To scatter water or other liquid about.
—*noun, plural* **splashes 1.** The act or sound of splashing. **2.** A mark or spot made by or as if by scattered liquid.

splen·did |splĕn′dĭd|—*adjective* **1.** Very beautiful or striking; brilliant. **2.** Excellent or fine; good.

splen·dor |splĕn′dər|—*noun, plural* **splendors** Magnificent or beautiful appearance; glory; great display.

splint |splĭnt|—*noun, plural* **splints** A strip of wood or other hard material that is used to hold a broken bone in place. It can also be used to support such other things as a thin, young tree while it is growing.

splin·ter |splĭn′tər| —*noun, plural* **splinters** A sharp, thin piece of such things as wood or glass split or broken off from a larger piece or object.
—*verb* **splintered, splintering** To break into sharp, thin pieces.

split |splĭt|—*verb* **split, splitting 1.** To divide or become divided into parts; to divide lengthwise or from end to end. **2.** To break, burst, or rip apart from force. **3.** To separate or cause to separate persons or groups; break off.
—*noun, plural* **splits 1.** The act or result of splitting. **2.** A break or division within a group.

spoil |spoil|—*verb* **spoiled** or **spoilt, spoiling 1.** To damage or hurt something so as to make it less valuable or useful; injure. **2.** To become rotten or damaged so as to be bad to use. **3.** To praise or give in to the wishes of someone too much so as to harm the character or disposition of.
—*noun, plural* **spoils** Goods or property taken by force in a war or battle.

spoilt |spoilt| A past tense and past participle of the verb **spoil.**

spoke[1] |spōk|—*noun, plural* **spokes** One of the rods or bars that connect the rim of a wheel to its hub.

spoke[2] |spōk| The past tense of the verb **speak.**

spo·ken |spō′kən| The past participle of the verb **speak.**
—*adjective* Expressed in speech; said, not written.

sponge |spŭnj|—*noun, plural* **sponges 1.** A water animal that attaches itself to rocks and other surfaces underwater. It has a soft skeleton with many small holes that absorb water. **2. a.** The soft skeleton of these animals used instead of cloth for such things as bathing and cleaning. **b.** A similar cleaning piece made out of a material that absorbs, such as rubber or plastic.
—*verb* **sponged, sponging** To wash or wipe with a sponge or other material that absorbs.

spon·sor |spŏn′sər| —*noun, plural* **sponsors 1.** A person who is responsible for or supports another person or thing. **2.** A business or industry that pays the costs of a radio or television program in return for time during the program to advertise its products or services.
—*verb* **sponsored, sponsoring** To act as a sponsor for.

spon·ta·ne·ous |spŏn tā′nē əs|—*adjective* Happening or occurring naturally or by itself; not planned.

spook·y |spōō′kē| —*adjective* **spookier, spookiest** Causing fear; weird; strange.

spite *sustantivo* Furia o resentimiento que hace que una persona quiera lastimar o mortificar a otra; rencor; mala voluntad; encono.
—*verbo* Mostrar rencor o resentimiento; mortificar.
Modismo **In spite of** A pesar de; no obstante.

splash *verbo* Regar agua u otro líquido por todos lados; salpicar; rociar; chapotear; chapalear.
—*sustantivo* **1.** Acto o sonido de cuando se chapotea; chapoteo; chapaleo. **2.** Marca o mancha que se hizo después de regar líquido o como si se hubiera regado; salpicadura.

splendid *adjetivo* **1.** Muy bonito o sorprendente; brillante; espléndido; resplandeciente. **2.** Excelente o fino; bueno.

splendor *sustantivo* Apariencia bella o magnífica; esplendor; resplandor; gloria; gran exhibición; brillantez.

splint *sustantivo* Tira de madera u otro material duro que se usa para mantener un hueso roto en su lugar, y que también se usa para sostener otras cosas como un árbol joven y delgado cuando crece; sobrehueso; tablilla; férula.

splinter *sustantivo* Pieza delgada y puntiaguda de una rajadura de un objeto más grande hecho de algún material como la madera o el vidrio; astilla.
—*verbo* Romperse en pedazos delgados y afilados; hacer astillas; astillar.

split *verbo* **1.** Dividir o dividirse en partes; dividir a lo largo o de lado a lado; romperse a lo largo; separar. **2.** Resquebrajar; estallar o rajarse por la fuerza; cuartearse; reventarse. **3.** Separar o hacer que se separen personas o grupos; romper; desunir.
—*sustantivo* **1.** Acto o resultado de separarse o romperse; grieta; rajadura; rompimiento; rasgón. **2.** Rompimiento o división dentro de un grupo.

spoil *verbo* **1.** Perjudicar o lastimar algo de tal manera que pierda valor o utilidad; echar a perder; estropear; dar al traste con; desgraciar; dañar; inutilizar. **2.** Podrirse o estropearse de tal manera que ya no se puede comer o usar; corromper; echarse a perder. **3.** Alabar o ceder en demasía a los deseos de alguien de tal manera que se daña el carácter o la disposición; malcriar; consentir; mimar.
—*sustantivo* Bienes o propiedades de los que se apoderan por fuerza en una guerra o batalla; saqueo.

spoilt Pretérito y participio pasado del verbo **spoil.**

spoke[1] *sustantivo* Una de las barras o varillas que conecta la orilla de una rueda con su centro o eje; rayo de una rueda.

spoke[2] Pretérito del verbo **speak.**

spoken Participio pasado del verbo **speak.**
—*adjetivo* Expresado en el discurso; dicho; no escrito; hablado.

sponge *sustantivo* Esponja: **1.** Animal marino que se adhiere a las rocas u otras superficies bajo el agua, que tiene esqueleto suave con poros que absorben agua. **2. a.** Esqueleto suave de estos animales que se usa en vez de tela para bañarse o limpiar. **b.** Pieza de limpieza similar hecha de material absorbente como goma o plástico.
—*verbo* Lavar o limpiar con esponja u otro material absorbente.

sponsor *sustantivo* **1.** Persona responsable de alguien o que mantiene a otra persona o cosa; fiador, persona responsable; padrino o madrina. **2.** Negocio o industria que paga el costo de los programas de radio o televisión, a cambio de tiempo, durante el programa, para anunciar sus productos o servicios; patrocinador.
—*verbo* Actuar como fiador o patrocinador; ser responsable de; patrocinar; apadrinar.

spontaneous *adjetivo* Que ocurre naturalmente o de por sí; espontáneo; no planeado.

spooky *adjetivo* Que causa miedo; pavoroso.

spool |spool|—*noun, plural* **spools 1.** A small cylinder made of wood, metal, or plastic. Thread and wire are wound around spools. **2. a.** A spool with something wound on it. **b.** The amount a spool holds.

spoon |spoon|—*noun, plural* **spoons** A utensil with a small, shallow bowl at the end of a handle. It is used in preparing, measuring, serving, and eating food. —*verb* **spooned, spooning** To lift or scoop up with a spoon.

spore |spôr| or |spōr|—*noun, plural* **spores** A tiny part of certain plants that have no flowers. Mosses and ferns have spores. Spores are made up of only one cell.

sport |spôrt| or |spōrt|—*noun, plural* **sports 1.** A game, contest, or recreation that involves some physical exercise. Most sports also require skill and many involve competition. Baseball, basketball, fishing, and jogging are all sports. **2.** A person who behaves or plays according to the rules and loses gracefully.

spot |spŏt|—*noun, plural* **spots 1.** A small mark or stain. **2.** A small mark or part on a surface that is different from the rest. **3.** A place or location. —*verb* **spotted, spotting 1.** To mark or cause to become marked with spots or stains. **2.** To find out or locate; pick out.

spout |spout|—*verb* **spouted, spouting** To send forth or force out liquid in a steady stream or in a spurt. —*noun, plural* **spouts** A narrow tube, pipe, or opening through which liquid is sent or forced out.

sprain |sprān|—*noun, plural* **sprains** An injury to a joint or muscle in which it is stretched, twisted, or torn. —*verb* **sprained, spraining** To cause a sprain.

sprang |sprăng| A past tense of the verb **spring.**

sprawl |sprôl|—*verb* **sprawled, sprawling 1.** To sit or lie with the body and limbs spread out in an awkward fashion. **2.** To spread out in a way that is not organized.

spray |sprā|—*noun, plural* **sprays 1.** Water or other liquid that moves in the form of tiny drops or mist. **2.** A jet of liquid drops that is forced out under pressure from a certain type of container. **3.** A container that forces out such jets. **4.** Any of a lot of different kinds of products that are designed to be applied in the form of a spray. —*verb* **sprayed, spraying** To apply a liquid as a spray.

spread |sprĕd|—*verb* **spread, spreading 1.** To open or cause to open wide or wider; open out. **2.** To move or be pushed farther apart. **3.** To cover or become covered with a thin layer. **4.** To scatter or distribute. **5.** To make or become widely known. —*noun, plural* **spreads 1.** The act of spreading. **2.** The extent to which something can be spread. **3.** A cloth cover for a bed or a table. **4.** A soft food that can be spread on bread or crackers. Butter, jelly, and peanut butter are spreads.

spring |sprĭng|—*verb* **sprang** or **sprung, sprung, springing 1.** To move upward or forward in one quick motion; leap. **2.** To appear suddenly. **3.** To shift position suddenly. **4.** To bring out or make happen suddenly. —*noun, plural* **springs 1.** An elastic device in the shape of a coiled or flat metal bar. A spring will return to its original shape after it is pushed in on itself, pulled out, twisted, or bent. **2.** The act of springing; a leap or jump. **3.** A natural fountain or flow of water.

spool *sustantivo* **1.** Pequeño cilindro hecho de madera, metal o plástico, o el hilo y el alambre que se arrollan en él; carrete; carretel; canilla; bobina. **2. a.** Carrete con algo arrollado en él; carrete de hilo, carrete de alambre u otro. **b.** Cantidad de hilo, estambre o alambre que puede tener un carrete.

spoon *sustantivo* Utensilio con un recipiente cóncavo al final de un mango que se usa para preparar, medir, servir y comer comida; cuchara. —*verbo* Sacar o servir con una cuchara; cucharear.

spore *sustantivo* Parte diminuta de ciertas plantas que no tienen flores, y que está hecha de una sola célula; espora.

sport *sustantivo* **1.** Juego, concurso o recreación que involucra ejercicio físico, la mayoría de los cuales requieren habilidad y muchas veces competencia como el béisbol, el baloncesto, la pesca o el correr a trote; deporte. **2.** Persona que se comporta y juega de acuerdo a las reglas y que puede perder decorosamente; deportista.

spot *sustantivo* **1.** Pequeña marca o mancha; mácula. **2.** Pequeña marca o parte en una superficie que es diferente del resto; mancha; mácula. **3.** Lugar o localización; sitio; punto. —*verbo* **1.** Marcar o hacer marcas con manchas; manchar; macular; mancharse. **2.** Encontrar o localizar; distinguir; señalar.

spout *verbo* Sacar un líquido a la fuerza en una corriente regular o chorro; correr a chorro; surgir o brotar. —*sustantivo* Tubo delgado; conducto o abertura por la que se empuja un líquido a la fuerza; pico de cafetera o de tetera; surtidor; caño; cuello de vasija.

sprain *sustantivo* Lesión en una articulación o músculo cuando éste se estira, se tuerce o se desgarra; torcedura; torcimiento. —*verbo* Producir una torcedura; torcer.

sprang Pretérito del verbo **spring.**

sprawl *verbo* **1.** Sentarse o yacer en forma desgarbada, con el cuerpo y las extremidades extendidas; tender o tenderse. **2.** Extender en forma desorganizada; desparramar.

spray *sustantivo* **1.** Agua u otro líquido que se riega en forma de gotitas o rocío; rociada, salpicadura. **2.** Chorro de gotas líquidas que se fuerza bajo presión en cierto tipo de envases; rocío que sale de estos envases. **3.** Envase que produce a la fuerza ese tipo de chorro o rocío; rociador. **4.** Cualquiera de muchos diferentes tipos de productos que se diseñan para aplicarse en forma de rocío. —*verbo* Aplicar un líquido en forma de rocío; rociar o pulverizar.

spread *verbo* **1.** Abrir o hacer que algo se abra ampliamente; extender; tender; desplegar; desenvolver. **2.** Mover o empujar aparte; separar. **3.** Cubrir o estar cubierto con una capa delgada; esparcir; untar; dar una capa. **4.** Esparcir o distribuir; desparramar; diseminar. **5.** Hacer de todos conocido o sabido; esparcir un rumor o una noticia; divulgar; propalar; cundir. —*sustantivo* **1.** Acto de esparcir; expansión; desarrollo; propagación; diseminación. **2.** Extensión en la que se puede tender algo. **3.** Cubierta de tela para una cama o una mesa; mantel; cubrecama. **4.** Alimento blando y suave que se puede untar en pan o galletas como mantequilla, jalea o pasta de maní.

spring *verbo* **1.** Moverse hacia arriba o hacia adelante en un movimiento rápido; saltar; brincar. **2.** Aparecer súbitamente; presentarse de repente. **3.** Cambiar de posición súbitamente: *The door sprang shut.* = *La puerta se cerro súbitamente.* **4.** Presentar o hacer que ocurra inesperadamente; presentar de improviso o de golpe. —*sustantivo* **1.** Artefacto elástico en la forma de una barra de metal enroscada que regresa a su forma original si se le estira, tuerce, jala o aprieta; resorte; muelle.

ă pat ā pay â care ä father ĕ pet ē be ĭ pit ī pie î fierce ŏ pot ō go ô paw, for oi oil ŏŏ book ōō boot

4. The season of the year between winter and summer.

sprin·kle | sprĭng′kəl | —*verb* **sprinkled, sprinkling**
1. To scatter or let fall in drops or small pieces. **2.** To
scatter drops or small pieces upon. **3.** To rain or fall in
small drops.

sprin·kler | sprĭng′klər | —*noun, plural* **sprinklers** A
device put on the end of a water line for watering
plants.

sprint | sprĭnt | —*noun, plural* **sprints** A short race
run at top speed.
—*verb* **sprinted, sprinting** To run at top speed.

sprout | sprout | —*verb* **sprouted, sprouting** To be-
gin to grow; produce or appear as a bud, shoot, or new
growth.
—*noun, plural* **sprouts** A young plant growth. Buds
and shoots are sprouts.

sprung | sprŭng | A past tense and the past participle
of the verb **spring.**

spun | spŭn | The past tense and past participle of the
verb **spin.**

spur | spûr | —*noun, plural* **spurs** A sharp metal piece
in the shape of a small wheel with spikes worn on the
heel of a person's boot. It is used to make a horse go
faster.
—*verb* **spurred, spurring** **1.** To make a horse go
faster by pricking it with spurs. **2.** To move to action;
urge on.

spurt | spûrt | —*noun, plural* **spurts** **1.** A sudden,
strong gush of liquid. **2.** Any sudden outbreak or short
burst of energy or activity.
—*verb* **spurted, spurting** To squirt.

spy | spī | —*noun, plural* **spies** **1.** A secret agent hired
to get information about a foreign country. **2.** Some-
one who secretly watches another or others.
—*verb* **spied, spying, spies** To keep under secret
watch.

squad·ron | skwŏd′rən | —*noun, plural* **squadrons**
A group of soldiers, planes, ships, or other military
units.

square | skwâr | —*noun, plural* **squares** **1.** A figure
having four sides the same length. **2.** Any figure or
object having this shape. **3.** The product gotten when
a number or quantity is multiplied by itself. **4.a.** An
open area where two or more streets cross over one
another. **b.** An open space surrounded by streets on all
sides.
—*adjective* **squarer, squarest** **1.** Having the shape of
a square. **2.** Forming a right angle. **3.** Of, being, or
using units that measure the surface of something.
4. Honest; direct. **5.** Just and fair.
—*verb* **squared, squaring** **1.** To cut or form into a
square. **2.** To multiply a number or quantity by itself.
3. To agree or conform.

squash | skwŏsh | or | skwôsh | —*verb* **squashed,
squashing** **1.** To beat or flatten into a soft mass;
crush. **2.** To be or become crushed or flattened.
—*noun* **1.** The sound of something soft and juicy
dropping against a hard surface. **2.** A game played in a
room in which players hit a hard rubber ball with a
racket.

squat | skwŏt | —*verb* **squatted** or **squat, squatting**
1. To sit on one's heels, with the knees drawn close to
one's chest. **2.** To settle on land without a legal right.
3. To settle on public land in order to become its
owner.
—*adjective* **squatter, squattest** Short and thick; low
and broad.

squawk | skwôk | —*noun, plural* **squawks** A loud,
harsh, screeching sound, such as a parrot or chicken
makes.
—*verb* **squawked, squawking** To make or say with a
squawk.

squeak | skwēk | —*noun, plural* **squeaks** A thin,

2. Acto de brincar o saltar; brinco; salto. **3.** Fuente
natural o flujo de agua; manantial; surtidor. **4.** Esta-
ción del año entre el invierno y el verano; primavera.

sprinkle *verbo* **1.** Regar o dejar caer en gotas o pedaci-
tos; esparcir; salpicar; polvorear; rociar; regar; des-
parramar. **2.** Regar gotas o pedacitos sobre algo; regar.
3. Llover o caer en gotitas; lloviznar; salpicar.

sprinkler *sustantivo* Aparato que se pone al final de un
conducto de agua para regar las plantas; surtidor; irri-
gador; regadera.

sprint *sustantivo* Carrera corta que se corre a toda
velocidad.
—*verbo* Correr a toda carrera.

sprout *verbo* Empezar a crecer; producir o echar un
retoño, botón o germinación; hacer germinar; brotar;
retoñar; crecer.
—*sustantivo* Crecimiento de una planta jóven; retoño;
botón; brote.

sprung Pretérito y participio pasado del verbo **spring.**

spun Pretérito y participio pasado del verbo **spin.**

spur *sustantivo* Pieza de metal aguda con la forma de
una ruedita con puntas que se ajusta al tacón de la
bota para hacer que el caballo vaya más rápido;
espuela; acicate; espolón.
—*verbo* **1.** Picar con la espuela al caballo para que
vaya más rápido; espolear; acicatear. **2.** Motivar a la
acción; instigar; incitar; estimular.

spurt *sustantivo* **1.** Chorro fuerte repentino e inespe-
rado; chisgueto. **2.** Cualquier arranque o explosión de
energía o actividad súbita; arrebato.
—*verbo* Salir a chorro o chorros; salir en un chisguete.

spy *sustantivo* Espía: **1.** Agente secreto que se contrata
para que obtenga información de un país extranjero.
2. Alguien que observa furtivamente a otros.
—*verbo* Observar secretamente; espiar; averiguar.

squadron *sustantivo* Grupo de soldados, aeroplanos,
barcos u otras unidades militares; escuadrón; flota.

square *sustantivo* **1.** Figura que tiene cuatro lados
iguales; cuadrado. **2.** Cualquier figura u objeto que
tiene esta forma; cuadrado. **3.** Producto de una canti-
dad multiplicada por sí misma; cuadrado. **4.a.** Área
abierta donde se cruzan dos o más calles; cruce; cru-
cero. **b.** Espacio abierto rodeado de calles por todos
lados; plaza; cuadro; zócalo.
—*adjetivo* **1.** Que tiene la forma de un cuadrado; cua-
drado. **2.** Que forma ángulo recto; cuadrado. **3.** Que
utiliza unidades para medir la superficie de algo.
4. Honesto; directo; exacto. **5.** Justo; cabal.
—*verbo* **1.** Cortar en forma cuadrada; escuadrar; aco-
dar. **2.** Multiplicar una cantidad por sí misma; elevar
al cuadrado. **3.** Estar de acuerdo; conformar.

squash *verbo* **1.** Golpear o aplastar hasta convertir en
una masa suave; machacar; apachurrar; despachurrar.
2. Ser o volverse una masa suave; aplastarse; apachu-
rrarse; despachurrarse.
—*sustantivo* **1.** Sonido de algo suave y jugoso que cae
contra una superficie dura. **2.** Juego que se juega en un
cuarto en el que los jugadores le pegan a una pelota
dura de goma con una raqueta.

squat *verbo* **1.** Sentarse en los talones con las rodillas
cerca del pecho. **2.** Establecerse en un lugar sin tener
derecho legal. **3.** Establecerse en un terreno público a
fin de tomar posesión; invadir.
—*adjetivo* Corto de estatura y grueso; bajo y amplio;
regordete; rechoncho.

squawk *sustantivo* Sonido fuerte, rudo y chillante
como el que hace un perico o un pollo; graznido o pro-
testa ruidosa.
—*verbo* Hacer o decir con un graznido; graznar.

squeak *sustantivo* Chillido o sonido débil y agudo;

high-pitched cry or sound.
—verb **squeaked, squeaking** To make a thin, high-pitched cry or sound.

squeeze |skwēz| *—verb* **squeezed, squeezing 1.** To press hard upon or together. **2.** To put pressure on, especially to take liquid out of something. **3.** To force one's way by pressure. **4.** To crowd; cram.
—noun, plural **squeezes** An act of squeezing.

squid |skwĭd| *—noun, plural* **squids** or **squid** A sea animal that is related to the octopus. The squid has a soft, long body and ten arms surrounding the mouth. It has a pair of fins that are triangular or round.

squint |skwĭnt| *—verb* **squinted, squinting** To look with the eyes half open.

squirm |skwûrm| *—verb* **squirmed, squirming 1.** To twist about in a wriggling motion. **2.** To feel or show signs of being ill at ease or embarrassed.

squir·rel |skwûr′əl| or |skwĭr′əl| *—noun, plural* **squirrels** An animal with gray or reddish-brown fur and a bushy tail.

squirt |skwûrt| *—verb* **squirted, squirting 1.** To push out liquid in a thin, swift stream. **2.** To be pushed out in a thin, swift stream.
—noun, plural **squirts 1.** Something used to squirt. **2.** The liquid squirted.

stab |stăb| *—verb* **stabbed, stabbing 1.** To cut or hurt with a pointed weapon. **2.** To make a thrust or lunge with something pointed.
—noun, plural **stabs 1.** A thrust made with a pointed object. **2.** A wound made with a pointed weapon. **3.** An attempt; a try.

sta·bil·i·ty |stə bĭl′ĭ tē| *—noun, plural* **stabilities** The condition of being stable.

sta·ble¹ |stā′bəl| *—adjective* **stabler, stablest 1.** Not likely to go through sudden changes in position or condition; fixed; steady; firm. **2.** Tending to return to a condition of balance if moved. **3.** Likely to go on or survive.

sta·ble² |stā′bəl| *—noun, plural* **stables** A building where horses, cattle, and other animals are kept and fed.
—verb **stabled, stabling** To put or keep an animal in a stable.

stack |stăk| *—noun, plural* **stacks 1.** A large pile of straw shaped like a cone. **2.** A pile put in layers. **3.** A chimney or exhaust pipe.
—verb **stacked, stacking** To put in a stack.

sta·di·um |stā′dē əm| *—noun, plural* **stadiums** A large building, often without a roof, where athletic events are held.

staff |stăf| or |stäf| *—noun, plural* **staffs 1.** A long stick carried to help in walking or as a weapon. **2.** A group of assistants who serve a person of authority. **3.** Any organized group of employees working together. **4.** The set of five lines and the spaces between them on which musical notes are written.

stage |stāj| *—noun, plural* **stages 1.** The raised platform in a theater on which actors and other entertainers perform. **2.** The scene or setting of an event or series of events. **3.** A stagecoach. **4.** A level, degree, or period of time in the process of something. **5.** Any of a series of rocket sections, each with its own engine and fuel.
—verb **staged, staging 1.** To produce or direct. **2.** To put together and carry out.

stag·ger |stăg′ər| *—verb* **staggered, staggering 1.** To move or stand in an unsteady way. **2.** To cause to sway or walk in an unsteady way. **3.** To overwhelm

chirrido.
—verbo Hacer un sonido o chillido débil y agudo; chirriar.

squeeze *verbo* **1.** Apretar fuerte, sobre o junto con; comprimir; estrechar; estrujar. **2.** Poner presión, especialmente para sacar el líquido de algo; exprimir; prensar. **3.** Forzar o presionar para pasar; abrirse paso. **4.** Atestar o apretar; apretujar.
—sustantivo Acto de apretar o comprimir; apretón.

squid *sustantivo* Animal marino de la familia del pulpo que tiene un cuerpo largo y suave, diez brazos que rodean la boca y un par de aletas triangulares o redondas; calamar.

squint *verbo* Ver con los ojos semiabiertos; mirar furtivamente o de soslayo.

squirm *verbo* **1.** Torcerse en movimientos ondulantes; serpentear; retorcerse. **2.** Sentir o mostrar signos de intranquilidad o turbación; estar en un aprieto.

squirrel *sustantivo* Animal con piel gris o café rojiza y una cola muy peluda; ardilla.

squirt *verbo* Sacar líquido en un chorro delgado y ligero; hacer salir a chorro; espurrear; jeringar; producir un chisguete.
—sustantivo **1.** Algo que se usa para hacer salir el chorro o producir el chisguete; jeringa. **2.** Líquido que se chorrea; chisguete.

stab *verbo* **1.** Cortar o lastimar con un arma puntiaguda; apuñalear; herir con arma blanca. **2.** Embestir o dar una estocada con algo puntiagudo.
—sustantivo **1.** Estocada dada con algo puntiagudo; puñalada. **2.** Herida hecha con un arma aguda; puñalada. **3.** Intento; ensayo; prueba; intentona.

stability *sustantivo* Condición de ser estable; estabilidad; firmeza.

stable¹ *adjetivo* Estable: **1.** Que no es probable que pase por cambios súbitos de posición o condición; fijo; seguro; firme. **2.** Que tiende a retornar a una posición o condición de equilibrio si se le mueve. **3.** Que es probable que subsista o persista; firme.

stable² *sustantivo* Construcción en donde se encierra y se alimenta el ganado; establo; caballeriza.

stack *sustantivo* **1.** Montón de paja colocada en forma de cono; pila; hacina o facina. **2.** Montón puesto en capas, una encima de la otra; pila. **2.** Chimenea o tubo de escape; cañón de la chimenea.
—verbo Poner en una pila; apilar; hacinar; amontonar.

stadium *sustantivo* Construcción grande, a veces sin techo, donde se llevan a cabo eventos atléticos; estadio.

staff *sustantivo* **1.** Palo largo que se porta para ayudar a caminar o para usar como arma; bastón; báculo; vara; porra. **2.** Grupo de asistentes que ayudan a una persona con autoridad; junta; facultad; cuerpo; plana mayor. **3.** Cualquier grupo organizado de empleados que trabajan juntos; personal. **4.** Conjunto de cinco líneas paralelas y los espacios entre ellas en que se escriben las notas musicales; pentagrama.

stage *sustantivo* **1.** Plataforma elevada en un teatro en donde representan los actores y los otros artistas; escena; escenario; tablado; entarimado; estrado. **2.** Escena o escenario de un evento o una serie de eventos. **3.** Diligencia (vehículo). **4.** Nivel; grado o período en el proceso de algo; etapa; estado. **5.** Cualquiera de una serie de las secciones de un cohete espacial, cada una con su propia máquina y combustible; etapa; elemento; módulo.
—verbo **1.** Producir o dirigir una obra; poner en escena; montar; escenificar; representar. **2.** Montar y llevar a cabo; presentar; preparar; ejecutar; efectuar.

stagger *verbo* **1.** Moverse o estar parado en forma insegura; tambalearse; bambolearse; titubear; vacilar. **2.** Caminar con paso inseguro; ladearse; bambolearse.

ă pat ā pay â care ä father ĕ pet ē be ĭ pit ī pie î fierce ŏ pot ō go ô paw, for oi oil ōŏ book ōō boot

with a severe shock, defeat, or misfortune. **4.** To arrange in overlapping time periods.
—*noun, plural* **staggers** An act of staggering; an unsteady motion or walk.

stain |stān| —*verb* **stained, staining 1.** To soil; to spot. **2.** To color wood or a similar material with a dye or tint.
—*noun, plural* **stains 1.** A mark or spot. **2.** A mark of disgrace or dishonor on someone's name, record, or reputation. **3.** A liquid put on wood or similar material to color it.

stair |stâr| —*noun, plural* **stairs 1.** **stairs** A series or flight of steps; a staircase. Stairs are used to move from one level up or down to another level. **2.** One of a flight of steps.

stair·case |stâr′kās′| —*noun, plural* **staircases** A flight of steps and its supporting railing and framework.

stake |stāk| —*noun, plural* **stakes 1.** A stick or post with a sharp end for driving into the ground as a marker, support, or part of a fence. **2.** Often **stakes** Money or something of value risked in a bet, contest, or race. **3.** A share or interest in a business or enterprise.
—*verb* **staked, staking 1.** To mark the place or boundaries of with stakes or other markers; lay claim to. **2.** To hold up with or fasten to a stake. **3.** To gamble; risk.

stale |stāl| —*adjective* **staler, stalest 1.** Not fresh; having lost flavor. **2.** Too old or too often used to be interesting or effective. **3.** Out of condition; out of practice.

stalk[1] |stôk| —*noun, plural* **stalks 1.** The main stem of a plant, or a similar part that supports a leaf or flower. **2.** A similar part that supports or connects. A snail's eyes are on stalks.

stalk[2] |stôk| —*verb* **stalked, stalking 1.** To walk in a stiff, dignified, or lofty manner. **2.** To move in a quiet, cautious way so as not to be noticed; steal after.

stall |stôl| —*noun, plural* **stalls 1.** An enclosed space for one animal in a barn or stable. **2.** A small enclosure or covered stand for selling or showing goods; a booth.
—*verb* **stalled, stalling** To come or bring to a sudden stop; stop running.

stal·lion |stăl′yən| —*noun, plural* **stallions** A male horse that is fully grown.

sta·men |stā′mən| —*noun, plural* **stamens** The part of a flower that is made up of a thin stalk with pollen at the end of it.

stam·mer |stăm′ər| —*verb* **stammered, stammering 1.** To speak with pauses and sometimes repeated sounds; stutter. **2.** To say or utter with such pauses or repetitions.
—*noun, plural* **stammers** An example or habit of stammering.

stamp |stămp| —*verb* **stamped, stamping 1.** To bring or set the foot down heavily or with force. **2.** To mark with a tool that leaves a design or message. **3.** To put a postage stamp or other sticky paper on.
—*noun, plural* **stamps 1. a.** A small piece of paper having a design on its face and glue or sticky gum on its back that is attached to a letter or package to show that a mailing charge has been paid. **b.** A similar piece of paper with a message or design used for various purposes. **2.** Any of various tools that cut, shape, or leave a mark when pressed against paper, wax, metal, leather, or other surface.

3. Abrumar con una impresión severa, derrota o desgracia; asustar. **4.** Arreglar que se alternen los períodos de trabajo; escalonar; espaciar.
—*sustantivo* Acto de titubear; paso o movimiento inseguro; tambaleo; titubeo; vacilación.

stain *verbo* **1.** Manchar; macular; ensuciar. **2.** Teñir madera o cualquier material similar con tintura o tinte; colorar.
—*sustantivo* **1.** Mancha o mácula. **2.** Marca de deshonra o ignominia en el nombre, la reputación o en los antecedentes de la persona; estigma; desdoro; mancha. **3.** Líquido que se pone en la madera o material similar para teñirlo; tinte; tintura; solución colorante.

stair *sustantivo* **1.** **stairs** Serie o tramo de escalones que se usa para subir o bajar a un nivel; escalera; escalerilla. **2.** Uno de los tramos de escalones; escalón.

staircase *sustantivo* Tramo de escalones y su pasamano y armazón; escalera; escalinata.

stake *sustantivo* **1.** Palo o poste puntiagudo para enterrarse en el suelo como marca, estaca; soporte o parte de una cerca; piqueta. **2.** A veces **stakes** Dinero o algo de valor que se arriesga en una apuesta; concurso o carrera; apuesta; posta; puesta. **3.** Participación o interés en un negocio o empresa; parte.
—*verbo* **1.** Marcar el lugar o los límites con estacas o piquetas; reclamar; estacar. **2.** Detener con o amarrar a una estaca o palo. **3.** Apostar; arriesgar; jugar.

stale *adjetivo* **1.** No fresco; que ha perdido sabor; trasnochado; rancio; viejo; pasado. **2.** Demasiado viejo o muy usado para que sea interesante o efectivo; anticuado; gastado; trillado. **3.** Fuera de condición; fuera de práctica.

stalk[1] *sustantivo* **1.** Tallo principal de una planta o parte similar que sostiene una hoja o una flor; tallo. **2.** Parte similar que sostiene o conecta, como los rabillos que sostienen los ojos del caracol.

stalk[2] *verbo* **1.** Caminar de manera digna, ceremoniosa y orgullosa; andar con paso majestuoso. **2.** Moverse callada y cautelosamente para que no se note; andar de caza.

stall *sustantivo* **1.** Espacio cerrado para un animal en un establo o granero; pesebre; casilla de establo. **2.** Pequeño espacio encerrado o mostrado cubierto para mostrar o vender mercancía; puesto de mercado; casilla.
—*verbo* Hacer o llegar a un paro total; parar de correr; estar atascado; ahogar el motor del carro.

stallion *sustantivo* Caballo macho adulto.

stamen *sustantivo* Parte de la flor formada por un tallo delgado con polen en la punta; estambre.

stammer *verbo* Tartamudear: **1.** Hablar con pausas y, a veces, con repetición de sonidos. **2.** Decir o articular con esas pausas y repeticiones.
—*sustantivo* Ejemplo o hábito de tartamudear; tartamudeo; balbuceo.

stamp *verbo* **1.** Golpear con fuerza los pies contra el suelo; patear el suelo. **2.** Marcar con un instrumento que deja un diseño o un mensaje impreso; estampar; marcar; imprimir; sellar. **3.** Poner una estampilla o cualquier otro papel engomado en algo, especialmente en papel o cartas; estampillar; sellar; timbrar.
—*sustantivo* **1. a.** Pequeño pedazo de papel que tiene un diseño de un lado y goma por el otro, y que se adhiere a una carta o paquete para demostrar que se ha pagado un derecho postal; sello de correos; estampilla; timbre. **b.** Pedazo de papel similar con un diseño o mensaje que se usa con varios propósitos; sello. **2.** Cualquiera de varias herramientas que cortan, forman o dejan una marca cuando se presionan contra papel, cera, metal, piel u otra superficie; sello; cuño.

ər butter   yōō abuse   ou **out**   ŭ **cut**   û **fur**   *th* **the**   th **thin**   hw **which**   zh **vision**   ə **ago, item, pencil, atom, circus**

stam·pede |stăm pēd′| —*noun, plural* **stampedes**
1. A sudden, violent rush of startled or scared animals,
such as horses, cattle, or buffalo. **2.** A similar sudden
or headlong rush of people.
—*verb* **stampeded, stampeding** To rush or flee sud-
denly or wildly.

stand |stănd| —*verb* **stood, standing 1.** To take or
stay in an upright position on the feet. **2.** To rest in an
upright position on a base or support. **3.** To occupy a
certain position or rank. **4.** To be placed in a certain
condition or situation. **5.** To remain in one place with-
out being moved or without moving. **6.** To remain in
effect or existence. **7.** To rely on for support. **8.** To
take or have a certain position, policy, attitude, or
course. **9.** To be likely. **10.** To put up with; tolerate;
endure.
—*noun, plural* **stands 1.** An act of standing. **2.** A
place where a person or vehicle stands or stops. **3.** A
small, often temporary, structure for the display and
sale of goods; a booth, stall, or counter. **4.** A small rack
or receptacle for holding something. **5.** A raised plat-
form on which someone can sit or stand and be clearly
seen. **6. stands** An outdoor seating area. **7.** A posi-
tion or opinion that one is prepared to defend or sup-
port. **8.** A group or growth of tall plants or trees.

stan·dard |stăn′dərd| —*noun, plural* **standards**
1. Any accepted measure or model against which other
persons, things, or activities may be compared or
judged. **2.** A flag or banner used as the emblem of a
nation, military unit, school, or other organization or
group.
—*adjective* **1.** Used as a basis of measurement, value,
or quality. **2.** Widely used or accepted as excellent;
accepted or approved by most people.

stank |stăngk| A past tense of the verb **stink.**

sta·ple¹ |stā′pəl| —*noun, plural* **staples 1.** A major
product grown or produced in a region. **2.** A basic food
or other important product that is always produced
and sold because of constant need or demand.

sta·ple² |stā′pəl| —*noun, plural* **staples 1.** A metal
loop shaped like a U and having pointed ends. It is
driven into a surface to hold a hook, bolt, or wire in
place. **2.** A similar thin piece of wire, used for fasten-
ing papers together.
—*verb* **stapled, stapling** To fasten or attach with a
staple or staples.

sta·pler |stā′plər| —*noun, plural* **staplers** A tool for
fastening sheets of paper or other materials together
with metal staples.

star |stär| —*noun, plural* **stars 1.** A heavenly body
that is visible from Earth and appears in the night sky
as a fixed point of bright light. **2.** A figure or object,
usually with five or more points, that represents such a
heavenly body. **3.** An actor or actress who plays a
leading part in a movie, television show, or other per-
formance. **4.** An outstanding or famous person in a
field or profession.
—*adjective* Most outstanding; best.
—*verb* **starred, starring 1.** To decorate or mark with
a star or stars. **2.** To play or be presented in a leading
role.

starch |stärch| —*noun, plural* **starches 1.** A white
food substance without taste or smell found mostly in
the seeds, roots, and other parts of plants. Wheat, corn,

stampede *sustantivo* **1.** Fuga precipitada y violenta
de animales despavoridos, como caballos, ganado o bú-
falos; estampida. **2.** Fuga similar de gente; desbocada;
desbandada; huída repentina en tropel.
—*verbo* Huir o dispersarse en desorden y con pavor;
desbocarse; desbandarse.

stand *verbo* **1.** Adoptar o quedar en una posición
erecta de pie; ponerse o estar de pie; pararse. **2.** Des-
cansar en una posición erecta en una base o sostén;
estar parado; quedarse. **3.** Ocupar cierta posición o
rango; estar; quedar; estar parado; estar situado.
4. Poner en cierta condición o situación; quedar; ha-
llarse; permanecer. **5.** Quedarse en un lugar sin que lo
muevan o sin moverse; dejar en suspenso o descan-
sando; permanecer o quedar. **6.** Permanecer en efecto
o existencia; persistir; mantenerse; durar; perdurar;
subsistir. **7.** Contar con el apoyo; tener reputación;
tener el apoyo de. **8.** Tener o tomar cierta posición,
política, actitud o curso; estar a favor; estar dispuesto
a defender cierta postura; estar dispuesto a. **9.** Ser
probable; tener probabilidad. **10.** Aguantar; tolerar;
sufrir; soportar.
—*sustantivo* **1.** Acto de estar de pie; parado. **2.** Lugar
donde una persona o vehículo se para o se detiene; pa-
rada; puesto; estación. **3.** Estructura pequeña, muchas
veces temporal, para mostrar o vender mercancía;
puesto; mostrador; casilla. **4.** Pequeña repisa o recep-
táculo para detener algo, como un paragüero, un mace-
tero o un estante; pie para algo; pedestal; sostén.
5. Plataforma erigida de tal manera que uno puede
estar sentado o parado para que lo puedan ver; tarima;
estrado; tribuna. **6. stands** Área para sentarse en el
exterior; tribuna de expectadores. **7.** Posición u opi-
nión que uno está preparado para defender o apoyar.
8. Grupo o conjunto de plantas o árboles altos.

standard *sustantivo* **1.** Cualquier medida o modelo
aceptado con el cual se pueden comparar o juzgar otras
personas, cosas o actividades; estándar. **2.** Bandera o
insignia usada como emblema de una nación, unidad
militar, escuela u otra organización o grupo; pendón;
estandarte.
—*adjetivo* Estándar: **1.** Que se usa como base de me-
dida, valor o calidad. **2.** Ampliamente usado o acep-
tado como excelente; aceptado o aprobado por la
mayoría de la gente.

stank Pretérito del verbo **stink.**

staple¹ *sustantivo* **1.** Producto principal que crece o
que se produce en una región. **2.** Alimento básico u
otro producto importante que siempre se produce y se
vende debido a constante necesidad o demanda; pro-
ducto primario; artículo de consumo básico; artículos
de primera necesidad.

staple² *sustantivo* Grapa: **1.** Abrazadera de metal en
forma de U que tiene las puntas aguzadas, y que se
introduce en una superficie para sostener en su lugar
un gancho, pasador o alambre. **2.** Pedazo fino de alam-
bre de forma similar usado para agarrar papeles.
—*verbo* Agarrar o asegurar con una grapa o gancho;
engrapar.

stapler *sustantivo* Instrumento para sostener juntas
hojas de papel o de otro material con grapas de metal;
engrapadora.

star *sustantivo* Estrella: **1.** Cuerpo celeste visible desde
la tierra que aparece en el cielo nocturno como punto
fijo de luz brillante. **2.** Figura u objeto, generalmente
con cinco o más puntas, que representa tal cuerpo ce-
leste. **3.** Actor o actriz que desempeña un papel princi-
pal en una película, espectáculo de televisión u otra
representación. **4.** Persona destacada o famosa en un
campo o profesión.
—*adjetivo* El más destacado; el mejor.
—*verbo* **1.** Adornar o señalar con una estrella o estre-
llas. **2.** Desempeñar o ser presentado en un papel
principal.

starch *sustantivo* Almidón: **1.** Sustancia blanca co-
mestible, insípida e inodora, que se encuentra princi-
palmente en las semillas, raíces y otras partes de las

rice, and potatoes contain large amounts of starch. **2.** A powdered form of this substance used to make stiff clothes and fabrics.
—verb **starched, starching** To make stiff clothes or fabric with starch.

stare | stâr | *—verb.* **stared, staring** To look with a long, steady gaze, often with the eyes wide open.
—noun, plural **stares** A steady gaze, often with the eyes wide open.

Stars and Stripes The flag of the United States.

Star-Spangled Banner, The | stär′ spăng′gəld | The national anthem of the United States.

start | stärt | *—verb* **started, starting** **1.** To begin an action or movement; set out. **2.** To come into operation; have a beginning; commence. **3.** To put into operation or activity; set going. **4.** To make a sudden movement of all or a part of the body, as from fear or surprise.
—noun, plural **starts** **1.** A beginning of something; a setting in motion. **2.** A place or time at which something or someone begins. **3.** A sudden movement of the body, as in fear or surprise; a startled reaction.

starve | stärv | *—verb* **starved, starving** **1.** To suffer or die because of lack of food. **2.** To be deprived of something necessary. **3.** To be very hungry.

state | stāt | *—noun, plural* **states** **1.** The condition in which a person or thing exists. **2.** A mental or emotional condition; a mood. **3.** A group of people living within a specified area under a single, independent government; a nation. **4.** Often **States** One of the political units of a federal union such as the United States of America.
—adjective **1.** Of, belonging to, or involving a government or state. **2.** Of or with ceremony; very grand; formal.
—verb **stated, stating** To say or express clearly in words; declare.

state·ly | stāt′lē | *—adjective* **statelier, stateliest** Elegant, dignified, or grand in manner or appearance; majestic.

state·ment | stāt′mənt | *—noun, plural* **statements** **1.** The act of stating in speech or writing; expression in words; declaration. **2.** A sentence or group of sentences that states or asserts something. **3.** A written summary of a financial account.

states·man | stāts′mən | *—noun, plural* **statesmen** A person who has experience, wisdom, and skill in dealing with government affairs or important public issues.

stat·ic | stăt′ĭk | *—adjective* Not moving or changing; at rest.
—noun Noise in a radio or television receiver that results from electrical charges in the air.

sta·tion | stā′shən | *—noun, plural* **stations** **1.** A place or location where a person or thing stands. **2.** A place or special building where certain services or activities are provided or carried on. **3.** A stopping place along a route for taking on or letting off passengers. **4.** A place or a channel that sends or receives radio or television signals.
—verb **stationed, stationing** To assign to a position or post; place.

sta·tion·ar·y | stā′shə něr′ē | *—adjective* **1.** Not changing position; not moving; remaining still. **2.** Not capable of being moved; fixed. **3.** Not changing with time; remaining the same.

sta·tion·er·y | stā′shə něr′ē | *—noun* **1.** Writing paper and envelopes. **2.** Writing or office materials in general, including pens, pencils, paper, typewriter ribbons, and notebooks.

sta·tis·tics | stə tĭs′tĭks | *—plural noun* Facts and figures gathered together and analyzed for information on a particular subject.

stat·ue | stăch′ōō | *—noun, plural* **statues** The likeness of a person or thing made by an artist out of

plantas. El trigo, el maíz, el arroz y las papas contienen cantidades abundantes de almidón. **2.** Polvo de dicha sustancia que se usa para endurecer ropa o telas.
—verbo Endurecer ropa o telas con almidón; almidonar.

stare *verbo* Mirar fija y prolongadamente, a menudo con los ojos bien abiertos; clavar la mirada.
—sustantivo Mirada fija, a menudo con los ojos bien abiertos; mirada fija.

Stars and Stripes La bandera de los Estados Unidos.

Star Spangled Banner, The El himno nacional de los Estados Unidos.

start *verbo* **1.** Empezar una acción o movimiento; ponerse en camino; empezar. **2.** Ponerse en operación; tener un principio; principiar; comenzar. **3.** Poner en operación o actividad; poner a andar; encender. **4.** Hacer un movimiento rápido de todo o parte del cuerpo, como por temor o sorpresa; sobrecogerse; estremecerse.
—sustantivo **1.** El principio de algo; el poner en acción; comienzo. **2.** Lugar o tiempo en que algo o alguien empieza; salida. **3.** Movimiento rápido del cuerpo, como por temor o sorpresa; reacción de espanto o susto; sobresalto; estremecimiento.

starve *verbo* **1.** Sufrir de o morirse de hambre; pasar hambre. **2.** Ser privado de algo necesario. **3.** Tener mucha hambre; estar hambriento.

state *sustantivo* **1.** Condición en que existe una persona o cosa; estado; situación. **2.** Condición mental o emocional; estado emocional; talante. **3.** Conjunto de personas que viven en un área específica, bajo un mismo gobierno independiente; nación; estado. **4.** Una de las unidades políticas de una unión federal, tal como los Estados Unidos de América; estado.
—adjetivo **1.** De, perteneciente a o que tiene que ver con un gobierno o estado. **2.** De o con ceremonia; muy ilustre; formal.
—verbo Decir o expresar claramente con palabras; declarar.

stately *adjetivo* Elegante; augusto; solemne en ademán o apariencia; majestuoso.

statement *sustantivo* **1.** Acto de declarar algo oralmente o por escrito; expresión en palabras; declaración. **2.** Oración o conjunto de oraciones que declaran o afirman algo; declaración; manifestación; pronunciamiento. **3.** Resumen escrito de una cuenta financiera; estado de cuenta.

statesman *sustantivo* Persona que tiene experiencia, erudición y habilidad en manejar asuntos de gobierno o importantes problemas públicos; estadista.

static *adjetivo* Que no se mueve ni cambia; estático; en reposo; inmóvil.
—sustantivo Ruido en un radio o televisor originado por cargas eléctricas en el aire; estática.

station *sustantivo* **1.** Lugar o ubicación en que se coloca una persona o cosa; sitio. **2.** Lugar o edificio especial donde se prestan ciertos servicios o se realizan determinadas actividades; puesto. **3.** Lugar en una ruta en donde se reciben o se dejan pasajeros; estación; paradero. **4.** Lugar o canal que emite o recibe señales de radio o televisión; emisora; estación.
—verbo Asignar a una posición o puesto; colocar.

stationary *adjetivo* **1.** Que no cambia de posición; inmóvil; que permanece fijo; estacionario. **2.** Que no es capaz de ser movido; fijo. **3.** Que no cambia con el tiempo; que permanece igual; permanente.

stationery *sustantivo* **1.** Papel para escribir y sobres. **2.** Papelería o elementos de oficina en general, incluyendo estilográficas, lápices, papel, cintas para máquina de escribir y libretas de apuntes; papelería.

statistics *sustantivo* Hechos y cifras reunidas y analizadas para información sobre un tema en particular; estadísticas.

statue *sustantivo* Figura de una persona o cosa, hecha de piedra, arcilla, metal o algún otro material sólido;

ər but**ter** yōō abuse ou **out** ŭ **cut** û **fur** *th* **the** th **thin** hw **which** zh **vision** ə **ago, item, pencil, atom, circus**

stone, clay, metal, or some other solid material.

sta·tus |stā′təs| or |stăt′əs| —*noun, plural* **statuses**
1. The condition of a person or thing; state. **2.** Position or rank in a group or a social system.

stave |stāv| —*noun, plural* **staves** One of the narrow strips of wood forming the sides of a barrel, tub, or boat.

stay |stā| —*verb* **stayed, staying 1.** To remain in one place. **2.** To keep on being; continue. **3.** To reside or visit as a guest.
—*noun, plural* **stays** A short period of residing or visiting.

St. Ber·nard |sănt′ bər närd′| A very large dog of a breed that was once used to help travelers in the mountains.

stead·y |stĕd′ē| —*adjective* **steadier, steadiest 1.** Not likely to shift, wobble, or slip; sure; firm. **2.** Not changing; constant; even; continuous. **3.** Not easily excited or disturbed; composed. **4.** Reliable; dependable. **5.** Regular; habitual.
—*verb* **steadied, steadying, steadies** To make or become steady.

steak |stāk| —*noun, plural* **steaks** A slice of meat or fish for broiling or frying.

steal |stēl| —*verb* **stole, stolen, stealing 1.** To take someone else's property without right or permission. **2.** To get or enjoy secretly. **3.** To move or pass without making noise or being noticed. **4.** In baseball, to gain another base without the ball being batted, by running to the base as the pitch is thrown.

steam |stēm| —*noun* **1.** Water in the form of an invisible gas or vapor. Water changes into this form by boiling. **2.** A visible mist that forms when hot water vapor cools in the air. **3.** Power or energy.
—*verb* **steamed, steaming 1.** To produce or give off steam. **2.** To become covered with mist or steam. **3.** To move by or as if by steam power. **4.** To cook or treat with steam.

steel |stēl| —*noun, plural* **steels** Any very hard, strong metal made by combining iron with carbon. Steel is used for making knives, building bridges, and supporting tall buildings.

steep¹ |stēp| —*adjective* **steeper, steepest 1.** Having a sharp slope; rising or falling in a nearly straight line. **2.** Very high.

steep² |stēp| —*verb* **steeped, steeping** To soak in liquid.

steep·le |stē′pəl| —*noun, plural* **steeples** A tall tower rising from the roof of a building.

steer¹ |stîr| —*verb* **steered, steering 1.** To guide the course of a vessel, vehicle, or aircraft. **2.** To be capable of being guided.

steer² |stîr| —*noun, plural* **steers** A young bull that is raised for beef.

stem¹ |stĕm| —*noun, plural* **stems 1. a.** The main supporting part of a plant. **b.** A slender plant part that is attached to or supports a leaf, fruit, flower, or other part; a stalk. **2.** Something that connects or supports and resembles such a plant part.

stem² |stĕm| —*verb* **stemmed, stemming** To plug up; stop.

sten·cil |stĕn′səl| —*noun, plural* **stencils** A sheet of paper or other material in which letters or figures have been cut so that when ink is applied to the sheet, the patterns will appear on the surface beneath.
—*verb* **stenciled, stenciling 1.** To mark with a stencil. **2.** To produce by means of a stencil.

step |stĕp| —*noun, plural* **steps 1.** A single movement made by lifting one foot and putting it down in another spot, as in walking. **2.** A short distance. **3.** The sound of someone walking. **4.** A small platform placed as a rest for the foot in climbing up and down a ladder. **5.** Measures taken to achieve some goal. **6.** A degree of progress.

estatua.

status *sustantivo* **1.** Condición de una persona o cosa; estado. **2.** Posición o rango en un grupo o sistema social; posición; estatus.

stave *sustantivo* Una de las tiras angostas de madera que forman los lados de un barril, tonel o barco; duela.

stay *verbo* **1.** Permanecer en un lugar; quedarse. **2.** Seguir siendo; continuar. **3.** Residir o visitar como huésped; hospedarse.
—*sustantivo* Período corto de residencia o visita; estadía.

St. Bernard Perro muy grande de una raza que fue en un tiempo utilizada para ayudar a los viajeros en las montañas; San Bernardo.

steady *adjetivo* **1.** Que no hay probabilidad de moverse, tambalearse, o resbalarse; seguro; firme; estable. **2.** Que no cambia; constante; parejo; continuo. **3.** Que no se altera o turba con facilidad; compuesto. **4.** Digno de confianza; confiable. **5.** Regular; habitual.
—*verbo* Hacer o volverse estable; estabilizar.

steak *sustantivo* Tajada de carne o pescado para asar o freír; filete.

steal *verbo* **1.** Tomar las pertenencias de otro sin derecho o permiso; robar; hurtar. **2.** Obtener y disfrutar secretamente. **3.** Moverse o pasar sin hacer ruido o sin ser notado; pasar furtivamente. **4.** En béisbol, ganar otra base sin que la bola haya sido bateada, corriendo a la base mientras se realiza el tiro; robar base.

steam *sustantivo* **1.** Agua en forma de gas invisible o vapor, que se hace hirviendo el agua; vapor. **2.** Niebla visible que se forma cuando el vapor de agua caliente se enfría en el aire; calina. **3.** Poder o energía; fuerza.
—*verbo* **1.** Producir o generar vapor. **2.** Cubrirse con vapor o vaho; empañarse. **3.** Moverse por vapor o como si fuera por vapor. **4.** Cocinar o tratar con vapor.

steel *sustantivo* Cualquier metal muy duro y fuerte producido por la combinación de hierro y carbón; acero.

steep¹ *adjetivo* **1.** Que tiene un declive pronunciado, o que se levanta o cae casi en línea recta; empinado; escarpado. **2.** Muy alto; excesivo.

steep² *verbo* Impregnar con un líquido; empapar; remojar.

steeple *sustantivo* Torre alta que se eleva desde la azotea de un edificio; campanario.

steer¹ *verbo* **1.** Guiar el curso de una embarcación, vehículo o avión; navegar; timonear; pilotear; manejar. **2.** Ser capaz de ser guiado; obedecer al timón.

steer² *sustantivo* Toro joven que se cría para carne; novillo.

stem¹ *sustantivo* **1. a.** Parte principal que sostiene una planta; tallo. **b.** Parte delgada de la planta que está prendida a o que sostiene las hojas, los frutos, las flores u otras partes; tallo. **2.** Algo que conecta o sostiene y que se parece a dicha parte de la planta; brazo; soporte; tallo.

stem² *verbo* Taponar; detener; cerrar.

stencil *sustantivo* Hoja de papel u otro material en que se han perforado letras o figuras de tal manera que cuando se aplica tinta a la hoja, el modelo aparece en la superficie debajo de él; esténcil.
—*verbo* **1.** Marcar con un esténcil. **2.** Producir por medio de un esténcil; estarcir.

step *sustantivo* **1.** Movimiento sencillo que se hace levantando un pie y colocándolo en otro lugar, como caminando; paso. **2.** Distancia corta; a corto paso; a un paso. **3.** Sonido de alguien caminando. **4.** Plataforma pequeña colocada como apoyo para el pie al subir o bajar una escalera; grada; travesaño. **5.** Medidas tomadas para lograr un objetivo; pasos. **6.** Grado de pro-

---

ă pat ā pay â care ä father ĕ pet ē be ĭ pit ī pie î fierce ŏ pot ō go ô paw, for oi oil ŏŏ book ōō boot

—*verb* **stepped, stepping 1.** To move by taking a step. **2.** To put or press the foot down.

step·fa·ther |stĕp′fä′thər| —*noun, plural* **stepfathers** The husband of one's mother by a later marriage.

step·lad·der |stĕp′lăd′ər| —*noun, plural* **stepladders** A ladder with flat steps instead of round rungs.

step·moth·er |stĕp′mŭth′ər| —*noun, plural* **stepmothers** The wife of one's father by a later marriage.

ste·re·o |stĕr′ē ō′| or |stîr′ē ō′| —*noun, plural* **stereos** A record player that uses more than one speaker, placed in different parts of a room.

ster·e·o·phon·ic |stĕr′ē ə fŏn′ĭk| or |stîr′ē ə fŏn′ĭk| —*adjective* Used in a sound reproduction system that uses two separate channels to give a more natural sound.

ster·il·ize |stĕr′ə līz′| —*verb* **sterilized, sterilizing** To make free from germs or dirt.

stern¹ |stûrn| —*adjective* **sterner, sternest 1.** Grave and severe. **2.** Strict; firm.

stern² |stûrn| —*noun, plural* **sterns** The rear part of a ship or boat.

stew |stōō| or |styōō| —*verb* **stewed, stewing** To cook by simmering or boiling slowly.
—*noun, plural* **stews** A thick mixture of pieces of meat and vegetables in a broth.

stew·ard |stōō′ərd| or |styōō′ərd| —*noun, plural* **stewards 1.** A person who manages another's property, household, business, or finances. **2.** A male attendant on a ship or airplane who waits on passengers.

stew·ard·ess |stōō′ər dĭs| or |styōō′ər dĭs| —*noun, plural* **stewardesses** A woman who waits on passengers in an airplane.

stick |stĭk| —*noun, plural* **sticks 1.** A long, slender piece of wood. **2.** Anything having the shape of a stick.
—*verb* **stuck, sticking 1.** To prick with a pointed object. **2.** To fasten by pushing in a pointed object. **3.** To fasten or attach with glue, tape, or other adhesive material. **4.** To be attached to a surface and not come off easily. **5.** To stay in place. **6.** To bring to a point where progress stops. **7.** To remain in close association with. **8.** Stay with what one starts. **9.** To extend.

stick·er |stĭk′ər| —*noun, plural* **stickers** A small seal or piece of paper with glue on the back. It is used to fasten or mark such things as letters or packages.

stick·y |stĭk′ē| —*adjective* **stickier, stickiest 1.** Tending to stick to whatever surface that is touched. **2.** Hot and humid.

stiff |stĭf| —*adjective* **stiffer, stiffest 1.** Not easily bent or twisted. **2.** Not moving or operating easily. **3.** Not fluid; thick. **4.** Formal and rigid; not graceful. **5.** Moving with a steady, strong force. **6.** Harsh; mean; severe. **7.** Very high.

sti·fle |stī′fəl| —*verb* **stifled, stifling 1.** To feel uncomfortable because of a lack of air. **2.** To put out. **3.** To hold back.

still |stĭl| —*adjective* **stiller, stillest 1.** Without noise; quiet; silent. **2.** Without motion.
—*noun, plural* **stills** Quiet; silence.
—*adverb* **1.** Not moving. **2.** Now as before. **3.** In increasing amount or degree. **4.** Nevertheless; all the same.
—*conjunction* But.

stim·u·late |stĭm′yə lāt′| —*verb* **stimulated, stimulating** To make more active or excited.

stim·u·li |stĭm′yə lī′| The plural of the noun **stimulus.**

greso; paso.
—*verbo* **1.** Moverse dando un paso; caminar; andar. **2.** Poner el pie encima o ejercer presión con el pie; pisar.

stepfather *sustantivo* Padrastro.

stepladder *sustantivo* Escalera con travesaños planos en lugar de redondos; escalera de tijera.

stepmother *sustantivo* Madrastra.

stereo *sustantivo* Tocadiscos que utiliza más de un altoparlante, colocados en diferentes partes de una habitación; estéreo.

stereophonic *adjetivo* Usado en un sistema de reproducción de sonido que utiliza dos canales separados para dar un sonido más natural; estereofónico.

sterilize *verbo* Liberar de gérmenes o suciedad; esterilizar.

stern¹ *adjetivo* **1.** Grave y severo; austero. **2.** Estricto; firme.

stern² *sustantivo* Parte trasera de un barco o bote; popa.

stew *verbo* Cocinar hirviendo a fuego lento; hervir; cocer.
—*sustantivo* Mezcla de carne y vegetales en un caldo espeso; cocido; guiso.

steward *sustantivo* **1.** Persona que maneja la propiedad, la casa, los negocios o las finanzas de otro; administrador. **2.** Asistente masculino que atiende a los pasajeros en un barco o avión; camarero; auxiliar de vuelo.

stewardess *sustantivo* Mujer que atiende a los pasajeros en un avión; aeromoza; auxiliar de vuelo.

stick *sustantivo* **1.** Pedazo de madera largo y delgado; palo; vara; bastón. **2.** Cualquier cosa que tenga la forma de vara o bastón.
—*verbo* **1.** Punzar con un objeto puntiagudo; pinchar; punzar. **2.** Fijar metiendo un objeto puntiagudo; clavar. **3.** Asegurar o pegar con goma, cinta u otro material adhesivo; pegar. **4.** Estar prendido a una superficie y no desprenderse con facilidad; estar pegado. **5.** Permanecer en un lugar. **6.** Llegar a un punto en que el progreso se detiene; detenerse. **7.** Permanecer en una estrecha asociación; unirse; pegarse a. **8.** Seguir con lo que uno empezó; perseverar; ser constante. **9.** Extender.

sticker *sustantivo* Sello pequeño o pedazo de papel con goma en el dorso, que se usa para cerrar o marcar cosas tales como cartas y paquetes; sello; rótulo.

sticky *adjetivo* Pegajoso: **1.** Que tiende a adherirse a cualquier superficie que toque. **2.** Caliente y húmedo.

stiff *adjetivo* **1.** Que no se dobla o tuerce fácilmente; inflexible; firme. **2.** Que no se mueve o funciona con facilidad; rígido. **3.** Viscoso; espeso. **4.** Formal y rígido; antipático. **5.** Que se mueve con fuerza constante y fuerte. **6.** Riguroso; ruin; severo. **7.** Muy alto; caro; exigente.

stifle *verbo* **1.** Sentirse incómodo por falta de aire; sofocar. **2.** Apagar. **3.** Contener; ocultar.

still *adjetivo* **1.** Sin ruido; apacible; silencioso. **2.** Sin movimiento; inmóvil; quieto.
—*sustantivo* Quietud; silencio.
—*adverbio* **1.** Sin movimiento. **2.** Ahora como antes; todavía; aún. **3.** En cantidad o grado crecientes; continuamente. **4.** Sin embargo; a pesar de.
—*conjunción* Pero; no obstante.

stimulate *verbo* Hacer más activo y animado; estimular.

stimuli Plural del sustantivo **stimulus.**

ər butter yōō abuse ou out ŭ cut û fur *th* the th thin hw which zh vision ə ago, item, pencil, atom, circus

stim·u·lus |stĭm′yə ləs| —*noun, plural* **stimuli** Something that stimulates; incentive.

sting |stĭng| —*verb* **stung, stinging 1.** To stick with a small, sharp point. **2.** To feel or cause to feel a sharp, smarting pain.
—*noun, plural* **stings 1.** A sharp, piercing part or organ of an insect or animal. It is used for stinging and often injecting a poisonous or irritating substance. **2.** A wound or mark made by such a part. **3.** A sharp, smarting sensation.

stin·gy |stĭn′jē| —*adjective* **stingier, stingiest** Giving or spending very little.

stink |stĭngk| —*verb* **stank** or **stunk, stunk, stinking** To give off a bad odor.
—*noun, plural* **stinks** A strong, bad odor.

stir |stûr| —*verb* **stirred, stirring 1.** To mix something by moving it around in a circular motion with a spoon or other similar object. **2.** To change or cause to change position slightly. **3.** To move vigorously. **4.** To bring about; urge on. **5.** To excite the emotions of.
—*noun, plural* **stirs 1.** The act of stirring. **2.** An excited reaction.

stitch |stĭch| —*noun, plural* **stitches** A single, complete movement of a threaded needle or similar instrument into and out of material, as in sewing, embroidery, knitting, or crocheting.
—*verb* **stitched, stitching** To fasten, join, or decorate with stitches.

stock |stŏk| —*noun, plural* **stocks 1.** A supply of things stored for future use. **2.** Animals like cows, sheep, or pigs; livestock. **3.** Broth made from boiled meat, fish, or poultry. **4.** The handle of a firearm. **5.** Shares in a business.
—*verb* **stocked, stocking 1.** To provide with stock. **2.** To keep for future use.
—*adjective* Kept regularly available for sale or use.

stock exchange A place where stocks, bonds, or other securities are bought and sold.

stock·ing |stŏk′ĭng| —*noun, plural* **stockings** A close-fitting covering for the foot and leg, especially one reaching higher than the knee.

stock market 1. A stock exchange. **2.** The business that takes place in a stock exchange.

stock·y |stŏk′ē| —*adjective* **stockier, stockiest** Solidly built; squat and thick.

stole |stōl| The past tense of the verb **steal.**

sto·len |stō′lən| The past participle of the verb **steal.**

stom·ach |stŭm′ək| —*noun, plural* **stomachs 1.** The part of the digestive system that receives food that has been swallowed. Food begins to be digested in the stomach. **2.** Any desire or liking.
—*verb* **stomached, stomaching** To put up with; tolerate.

stomp |stŏmp| or |stŏmp| —*verb* **stomped, stomping** To step or trample heavily.

stone |stōn| —*noun, plural* **stones 1.** Hard mineral or material from the earth; rock. **2.** A piece of mineral matter considered to have great beauty and value; a jewel. **3.** A seed with a hard covering, as of a cherry, a plum, or certain other fruits; a pit.
—*verb* **stoned, stoning** To throw stones at.

stood |stŏŏd| The past tense and past participle of the verb **stand.**

stool |stŏŏl| —*noun, plural* **stools 1.** A seat, without arms or a back, supported on legs. **2.** A low support on which to rest the feet while sitting.

stoop[1] |stŏŏp| —*verb* **stooped, stooping 1.** To bend from the waist. **2.** To lower oneself.
—*noun, plural* **stoops** A forward bending, especially when it is a habit.

stimulus *sustantivo* Algo que estimula; incentivo; estímulo.

sting *verbo* **1.** Punzar con una punta pequeña y afilada; picar; aguijonear. **2.** Sentir o hacer sentir un dolor agudo y punzante.
—*sustantivo* **1.** Parte u órgano afilado y penetrante de un insecto o animal, que se usa para aguijonear y a menudo inyectar una sustancia venenosa o irritante; aguijón. **2.** Herida o marca hecha por dicha parte; picadura. **3.** Sensación aguda y punzante; picazón.

stingy *adjetivo* Que da o gasta muy poco; tacaño.

stink *verbo* Emanar un mal olor; heder; apestar.
—*sustantivo* Olor fuerte y malo; hediondez.

stir *verbo* **1.** Mezclar algo con movimientos circulares usando una cuchara u otro objeto similar; revolver; batir. **2.** Cambiar o hacer cambiar ligeramente de posición; remover. **3.** Moverse vigorosamente; menearse. **4.** Causar; instar; urgir. **5.** Estimular las emociones de; suscitar; excitar; animar.
—*sustantivo* **1.** Acción de revolver o batir. **2.** Reacción agitada; excitación; alboroto.

stitch *sustantivo* Movimiento completo hecho con una aguja enhebrada o un instrumento similar, por el derecho y el revés de un material, como en costura, bordado, tejido de punto o crochet; puntada; punto.
—*verbo* Asegurar, unir o decorar con puntadas; coser o bordar.

stock *sustantivo* **1.** Conjunto de cosas almacenadas para uso futuro; provisión; surtido; existencia. **2.** Animales tales como vacas, ovejas o cerdos; animales domésticos. **3.** Caldo hecho con carne cocida, pescado o aves de corral; consomé. **4.** Mango de un arma de fuego; culata. **5.** Acciones en una compañía; valores.
—*verbo* **1.** Abastecer con provisiones; surtir; proveer. **2.** Guardar para uso futuro; almacenar.
—*adjetivo* Que se mantiene regularmente disponible para venta o uso; en plaza; en surtido.

stock exchange Lugar en donde se compran y se venden acciones, bonos y otros valores; bolsa de valores.

stocking *sustantivo* Envoltura ceñida para el pie y la pierna, especialmente la que llega más arriba de la rodilla; media; calcetín.

stock market *sustantivo* **1.** Bolsa de valores. **2.** Negocios que se llevan a cabo en la bolsa; cambio de valores; compra y venta de valores.

stocky *adjetivo* Construído solidamente; de estructura sólida; rechoncho.

stole Pretérito del verbo **steal.**

stolen Participio pasado del verbo **steal.**

stomach *sustantivo* **1.** La parte del sistema digestivo que recibe la comida que ha sido tragada; estómago. La comida empieza a ser digerida en el estómago. **2.** Cualquier deseo o gusto; apetito.
—*verbo* Aguantar; sufrir; tolerar; tragarse una situación.

stomp *verbo* Pararse en o pisotear fuertemente; patear; pisotear.

stone *sustantivo* **1.** Mineral o material duro de la tierra; roca. **2.** Pedazo de materia mineral que se considera de gran belleza y valor; joya; piedra preciosa. **3.** Semilla con cubierta dura como la de la cereza, la ciruela o algunos otros frutos; pepa.
—*verbo* Tirar piedras a; apedrear; lapidar.

stood Pretérito y participio pasado del verbo **stand.**

stool *sustantivo* **1.** Asiento, sin brazos ni espaldar, sostenido por patas; banquillo. **2.** Soporte bajo para poner los pies mientras se está sentado; escabel.

stoop[1] *verbo* **1.** Doblarse por la cintura; agacharse. **2.** Rebajarse.
—*sustantivo* Inclinación hacia adelante, especialmente cuando es un hábito; inclinación de hombros.

ă pat ā pay â care ä father ĕ pet ē be ĭ pit ī pie î fierce ŏ pot ō go ô paw, for oi oil ŏŏ book ōō boot

stoop² |stōōp| —*noun, plural* **stoops** A small staircase leading to the entrance of a house or building.

stop |stŏp| —*verb* **stopped, stopping 1.** To cease moving; come to a halt. **2.** To plug up or block. **3.** To cause to change a course of action or method of behavior. **4.** To end or interrupt what one is doing.
—*noun, plural* **stops 1.** The act or condition of stopping; halt. **2.** A stay or visit. **3.** A place where a stop is made.

stop·per |stŏp′ər| —*noun, plural* **stoppers** Any device put into an opening in order to close it.

stor·age |stôr′ĭj| or |stŏr′ĭj| —*noun, plural* **storages 1.** The act of storing. **2.** A place for storage. **3.** The price charged for storing goods.

store |stôr| or |stōr| —*noun, plural* **stores 1.** A place where things are offered for sale; a shop. **2.** A supply of goods reserved for future use.
—*verb* **stored, storing** To put away for future use.

stork |stôrk| or |stōrk| —*noun, plural* **storks** A large bird with long legs for wading and a long, straight bill.

storm |stôrm| —*noun, plural* **storms 1.** A strong wind with rain, sleet, hail, or snow. **2.** A sudden, strong outburst, as of emotion. **3.** A sudden, violent attack.
—*verb* **stormed, storming 1.** To blow with a strong wind, rain, snow, lightning, or sleet. **2.** To show a sudden, strong burst of emotion. **3.** To attack violently.

sto·ry¹ |stôr′ē| or |stōr′ē| —*noun, plural* **stories 1.** An account of something that happened. **2.** An account of something that has been made up or told to entertain somebody. **3.** A lie.

sto·ry² |stôr′ē| or |stōr′ē| —*noun, plural* **stories** A floor of a building.

stout |stout| —*adjective* **stouter, stoutest 1.** Not giving in easily; bold; brave. **2.** Strong; firm; sturdy. **3.** Large and fat.

stove |stōv| —*noun, plural* **stoves** An appliance that is used for cooking or heating.

stow |stō| —*verb* **stowed, stowing** To put or place; store.

straight |strāt| —*adjective* **straighter, straightest 1.** Extending continuously in the same direction; without bend; not curved. **2.** Direct; honest. **3.** In proper order; neatly. **4.** Not interrupted; in a row.
—*adverb* **1.** In a straight line; directly. **2.** Without delay; immediately. **3.** In an upright way.

straight·en |strāt′n| —*verb* **straightened, straightening** To make or become straight.

straight·for·ward |strāt fôr′wərd| —*adjective* **1.** Going about things in a direct way. **2.** Honest; open.

strain |strān| —*verb* **strained, straining 1.** To pull tight; stretch. **2.** To try hard; strive. **3.** To hurt or injure by overwork. **4.** To force or stretch a point. **5.** To pass through a strainer; sift.
—*noun, plural* **strains 1.** A pressure; pull; force. **2.** An injury from too much effort. **3.** A great worry; emotional pressure.

strain·er |strā′nər| —*noun, plural* **strainers** A tool that strains things.

strait |strāt| —*noun, plural* **straits 1.** A narrow passage that connects two bodies of water. **2.** **straits** Troubles; difficulties.

strand¹ |strănd| —*verb* **stranded, stranding 1.** To drive or be driven aground. **2.** To leave in a difficult position or place.

strand² |strănd| —*noun, plural* **strands 1.** A single wire or fiber from a cord or rope. **2.** A hair or thread. **3.** A string of beads.

strange |strānj| —*adjective* **stranger, strangest 1.** Not known before; not familiar. **2.** Odd; unusual;

stoop² *sustantivo* Escalera pequeña que conduce a la entrada de una casa o edificio; escalinata.

stop *verbo* **1.** Dejar de moverse; detenerse; parar. **2.** Tapar o bloquear; obstruir. **3.** Lograr un cambio en la manera de obrar o en el modo de comportarse; refrenar. **4.** Terminar o interrumpir lo que se está haciendo; descontinuar; parar.
—*sustantivo* Parada: **1.** Acto o condición de parar. **2.** Visita. **3.** Lugar en que se hace una parada.

stopper *sustantivo* Cualquier mecanismo puesto en una abertura o entrada para cerrarla; tapón.

storage *sustantivo* **1.** Acto de almacenar; almacenaje. **2.** Lugar para almacenar; depósito; almacén. **3.** Precio que se cobra por almacenar mercancías; almacenaje.

store *sustantivo* **1.** Lugar donde se ofrecen cosas para la venta; almacén; tienda. **2.** Surtido de víveres en reserva para uso futuro; provisión; repuesto.
—*verbo* Guardar para uso futuro; almacenar.

stork *sustantivo* Ave grande de patas largas para vadear y de pico largo y derecho; cigüeña.

storm *sustantivo* **1.** Viento fuerte con lluvia, cellisca, granizo o nieve; tormenta; temporal. **2.** Explosión fuerte y repentina, como de emoción; arrebato; frenesí. **3.** Ataque violento y repentino; asalto.
—*verbo* **1.** Pegar con viento fuerte, lluvia, nieve, relámpagos o cellisca; haber tormenta o tempestad. **2.** Mostrar una explosión fuerte y repentina de emoción; montar en cólera; romper en llanto. **3.** Atacar violentamente; asaltar.

story¹ *sustantivo* **1.** Recuento de algo que sucedió; relato; historia. **2.** Relación de algo que ha sido inventado o que se dice para entretener a alguien; cuento; historia. **3.** Mentira; embuste.

story² *sustantivo* Piso do un edificio; nivel; piso.

stout *adjetivo* **1.** Que no se entrega facilmente; intrépido; valiente. **2.** Fuerte; firme; fornido. **3.** Corpulento y gordo; robusto.

stove *sustantivo* Aparato usado para cocinar o calentar; estufa; cocina.

stow *verbo* Poner o colocar; almacenar; guardar; alojar.

straight *adjetivo* **1.** Que se extiende continuamente en la misma dirección; derecho; recto; sin curva. **2.** Directo; honesto. **3.** Ordenado; pulcro. **4.** Ininterrumpido; continuo; en filas.
—*adverbio* **1.** En línea recta; directamente. **2.** Sin demora; inmediatamente. **3.** De una manera recta; erguido.

straighten *verbo* Enderezar o enderezarse.

straightforward *adjetivo* **1.** Que confronta las situaciones de una manera directa; recto; honrado; íntegro. **2.** Honesto; abierto; sincero.

strain *verbo* **1.** Halar fuertemente; poner tirante; estirar. **2.** Esforzarse; empeñarse. **3.** Lastimar o herir por trabajo excesivo; extremar; exceder. **4.** Forzar o hacer énfasis en un punto. **5.** Pasar por un colador; colar; cernir.
—*sustantivo* **1.** Presión; tirón; fuerza; esfuerzo. **2.** Maltrato causado por demasiado esfuerzo. **3.** Gran preocupación; presión emocional.

strainer *sustantivo* Utensilio para colar cosas; colador.

strait *sustantivo* **1.** Pasaje estrecho que comunica dos cuerpos de agua; estrecho. **2.** **straits** Problemas; apuros; dificultades.

strand¹ *verbo* **1.** Encallar o dejarse encallar; encallar; varar; zabordar. **2.** Dejar en una posición o lugar difícil; desamparar.

strand² *sustantivo* **1.** Un solo alambre o filamento de un cable o cuerda; filamento; hebra. **2.** Un cabello o hilo. **3.** Sarta de cuentas; ristra.

strange *adjetivo* **1.** Hasta ahora desconocido; extraño; desconocido. **2.** Raro; inusitado; diferente. **3.** Fuera

different. **3.** Out of place; not at home.

stran·ger |străn′jər| —*noun, plural* **strangers**
1. Someone who is not known as a friend or acquaintance. **2.** Someone from another place.

stran·gle |străng′gəl| —*verb* **strangled, strangling**
1. To kill or die by squeezing the neck to stop the breath. **2.** To choke.

strap |străp| —*noun, plural* **straps** A long, thin piece of leather or other material.
—*verb* **strapped, strapping** To fasten or hold firmly.

stra·te·gic |strə tē′jĭk| —*adjective* **1.** Of strategy. **2.** Very important to strategy.

strat·e·gy |străt′ə jē| —*noun, plural* **strategies**
1. The science of planning a series of actions that would be useful in gaining a goal. **2.** A plan of action arrived at by this science.

straw |strô| —*noun, plural* **straws** **1.** Stalks of wheat, oats, or other grain from which the seeds have been removed. Straw is used as bedding and food for animals, and for making things. **2.** A narrow tube of paper or plastic through which a person can drink or suck up liquids.

straw·ber·ry |strô′běr′ē| —*noun, plural* **strawberries** A sweet red fruit that has many small seeds on the surface.

stray |strā| —*verb* **strayed, straying** To wander about or roam; get lost.
—*noun, plural* **strays** A lost person or animal.
—*adjective* **1.** Wandering; lost. **2.** Scattered or separate.

streak |strēk| —*noun, plural* **streaks** **1.** A line or mark, usually long and thin. **2.** A trace of something.
—*verb* **streaked, streaking** To mark with or form a streak.

stream |strēm| —*noun, plural* **streams** **1.** A body of water that flows along. Streams can be brooks or small rivers. **2.** A steady flow of anything.
—*verb* **streamed, streaming** **1.** To move along or flow as a stream does; move steadily. **2.** To float or wave.

stream·line |strēm′līn′| —*verb* **streamlined, streamlining** **1.** To design and build something so it has the least possible resistance to water or air; give a streamlined shape to. **2.** To make more efficient or modern; improve.

street |strēt| —*noun, plural* **streets** A road or public way in a city or town.

strength |strĕngkth| or |strĕngth| —*noun, plural* **strengths** **1.** The quality of being strong; power; energy. **2.** The power to take much strain or stress. **3.** The degree of power or force.

strength·en |strĕngk′thən| or |strĕng′thən| —*verb* **strengthened, strengthening** To make or become strong.

stress |strĕs| —*noun, plural* **stresses** **1.** Special importance or meaning put on something. **2.** The stronger tone of voice used when pronouncing a word or syllable; accent. **3.** Pressure; force; strain.
—*verb* **stressed, stressing** To give special importance to.

stretch |strĕch| —*verb* **stretched, stretching**
1.a. To lengthen or widen by pulling. **b.** To become lengthened or widened. **2.** To extend across a certain space; spread. **3.** To lie down with arms and legs out. **4.** To reach out. **5.** To spread out or flex one's muscles.
—*noun, plural* **stretches** **1.** The act of stretching. **2.** A period of time or area of land that is not interrupted or broken. **3.** A straight section of a course or racetrack leading to the finish line.

strick·en |strĭk′ən| A past participle of the verb **strike**.
—*adjective* Affected or attacked by sickness, troubles, or something else serious.

de lugar; desubicado.

stranger *sustantivo* **1.** Alguien que no es reconocido como amigo o conocido; extraño. **2.** Alguien de otro lugar; forastero.

strangle *verbo* **1.** Matar o morir por opresión del cuello hasta impedir la respiración; estrangular. **2.** Sofocar.

strap *sustantivo* Trozo largo y delgado de cuero o de otro material; correa.
—*verbo* Asegurar o sostener firmemente; abrochar; atar.

strategic *adjetivo* **1.** De estrategia; estratégico. **2.** Muy importante para la estrategia.

strategy *sustantivo* Estrategia: **1.** Ciencia de planificar una serie de acciones que podrían ser útiles para lograr un objetivo. **2.** Plan de acción al que se llega por medio de esta ciencia.

straw *sustantivo* **1.** Tallo de trigo, avena u otro grano del cual han sido removidas las semillas, y que se usa como cama o comida para los animales y para hacer cosas; paja. **2.** Tubo estrecho de papel o plástico por medio del cual una persona puede tomar o chupar líquidos; pitillo; paja.

strawberry *sustantivo* Fruta roja y dulce que tiene muchas semillas pequeñas en la superficie; fresa.

stray *verbo* Andar descarriado o sin dirección fija; perderse; vagar; errar; extraviarse.
—*sustantivo* Persona o animal extraviado.
—*adjetivo* **1.** Errabundo; descarriado. **2.** Esparcido o separado.

streak *sustantivo* **1.** Línea o marca, usualmente larga y delgada; raya; rayo. **2.** Huella de algo; rastro.
—*verbo* Marcar con o formar una línea; rayar.

stream *sustantivo* **1.** Masa de agua que fluye; corriente. **2.** Flujo contínuo de algo; chorro.
—*verbo* **1.** Moverse o fluir como lo hace la corriente; moverse continuamente. **2.** Flotar u ondear.

streamline *verbo* **1.** Diseñar y construir algo de tal suerte que ofrezca la menor resistencia posible al agua o al aire; dar forma aerodinámica. **2.** Hacer más eficiente o moderno; mejorar.

street *sustantivo* Camino o vía pública en una ciudad o pueblo; calle.

strength *sustantivo* **1.** La condición de ser fuerte; poder; energía; fortaleza; fuerza. **2.** La capacidad de resistir tensión o presión; resistencia; solidez. **3.** Grado de poder o fortaleza.

strengthen *verbo* Hacer o volver fuerte; fortalecer o fortalecerse; robustecer o robustecerse.

stress *sustantivo* **1.** Importancia o significado especial que se pone en algo; énfasis. **2.** Tono más fuerte de la voz usado al pronunciar una palabra o sílaba; acento. **3.** Presión; fuerza; tensión.
—*verbo* Dar importancia especial; enfatizar; subrayar.

stretch *verbo* **1.a.** Alargar o anchar al tirar; estirar; extender. **b.** Estirarse o ancharse; alargarse. **2.** Extenderse a través de un espacio determinado; alargarse. **3.** Acostarse con brazos y piernas extendidos; tenderse. **4.** Extender el brazo o la mano. **5.** Extender o doblar los músculos; desperezarse; desencogerse.
—*sustantivo* **1.** Acción de estirarse; estiramiento. **2.** Período de tiempo no interrumpido; intervalo; rato. **3.** Sección recta de una rutua o pista de carreras que conduce a la línea final; recta final.

stricken Otra forma del participio pasado de **strike**.
—*adjetivo* Atacado o afectado por enfermedad, dificultades o algo grave.

ă pat ā pay â care ä father ĕ pet ē be ĭ pit ī pie î fierce ŏ pot ō go ô paw, for oi oil ŏŏ book ōō boot

strict |strĭkt| —*adjective* **stricter, strictest 1.** Demanding a strong discipline; severe; stern. **2.** Absolute; complete. **3.** Not changing; carefully enforced.

strid·den |strĭd′ən| The past participle of the verb **stride.**

stride |strīd| —*verb* **strode, stridden, striding** To walk with long steps.
—*noun, plural* **strides 1.** A long step. **2.** A step forward; progress.

strike |strīk| —*verb* **struck, struck** or **stricken, striking 1.** To hit; give a blow to. **2.** To collide or crash into. **3.** To show by sound. **4.** To impress strongly. **5.** To discover; come upon. **6.** To stop work in order to get something such as more money or better benefits.
Phrasal verbs **strike out 1.** To cross off; get rid of. **2. a.** In baseball, to get a batter out with three strikes. **b.** To be put out in such a way.
—*noun, plural* **strikes 1.** An act of striking; a hit. **2.** The stopping of work by employees in order to get a better working arrangement. **3.** In baseball, a pitched ball that the batter swings at and misses.

string |strĭng| —*noun, plural* **strings 1.** A thin cord made of fibers, used for fastening or tying up. **2.** Anything like a string in appearance. **3.** A set of things with a cord running through them. **4. a.** A wire stretched across part of a musical instrument and struck, plucked, or bowed to make tones. **b. strings** Instruments that have strings and are played with a bow.
—*verb* **strung, stringing 1.** To provide with strings. **2.** To put on a string or run a string through. **3.** To arrange in a string. **4.** To stretch from one place to another.

string bean A long, narrow green bean pod that grows on a bushy plant.

strip[1] |strĭp| —*verb* **stripped, stripping 1.** To take off the clothing or covering; make bare. **2.** To take away; remove the important parts of.

strip[2] |strĭp| —*noun, plural* **strips** A long, narrow piece of material or land.

stripe |strīp| —*noun, plural* **stripes** A line, strip, or band.
—*verb* **striped, striping** To mark with stripes.

strode |strōd| The past tense of the verb **stride.**

stroke |strōk| —*noun, plural* **strokes 1.** A blow or strike. **2.** A single complete movement that is repeated often. **3.** The time shown by the striking of a clock. **4.** A mark made by a brush, pen, or pencil. **5.** An unexpected event with powerful effect. **6.** A light pat. **7.** A sudden sickness caused by the blocking or breaking of a blood vessel in the brain.
—*verb* **stroked, stroking** To run the hand over lightly; pat.

stroll |strōl| —*verb* **strolled, strolling** To walk or wander at a slow and relaxed pace.
—*noun, plural* **strolls** A slow, relaxed walk.

strong |strông| or |strŏng| —*adjective* **stronger, strongest 1.** Having much power, energy, or strength. **2.** Able to resist stress or strain; not easily broken. **3.** Having great mental will or force. **4.** In good health.

struck |strŭk| The past tense and a past participle of the verb **strike.**

struc·ture |strŭk′chər| —*noun, plural* **structures 1.** Anything made up of a number of parts arranged together. **2.** The way parts are put together to form something. **3.** A building; something that is built.

strict *adjetivo* **1.** Que exige una fuerte disciplina; severo; firme; estricto. **2.** Absoluto; completo.

stridden Participio pasado del verbo **stride.**

stride *verbo* Caminar a grandes pasos; caminar a zancadas.
—*sustantivo* **1.** Paso largo; zancada. **2.** Paso hacia adelante; progreso.

strike *verbo* **1.** Pegar; dar un golpe; golpear. **2.** Chocar o estrellarse contra algo. **3.** Indicar o señalar con un sonido; dar: *The clock struck one.* = *El reloj dió la una.* **4.** Causar honda impresión; impresionar; afectar; parecer: *The plan struck her as wise.* = *A ella el plan le pareció sensato.* **5.** Descubrir; encontrar; hallar: *strike oil* = *descubrir petróleo.* **6.** Suspender el trabajo para obtene algo tal como más dinero o mejores beneficios; declararse en huelga; parar.
Verbo en locución **strike out 1.** Tachar; deshacerse de algo; suprimir. **2. a.** En béisbol, sacar al bateador con tres pasadas. **b.** Ser sacado de esa manera.
—*sustantivo* **1.** Acción de pegar; golpe. **2.** La suspensión del trabajo por parte de empleados para lograr mejor arreglo laboral; huelga; paro. **3.** En béisbol, lanzamiento de pelota que el bateador no llega a batear.

string *sustantivo* **1.** Cuerda delgada hecha de fibras, usada para atar o amarrar; cordel; pita. **2.** Cualquier cosa con apariencia de cuerda; hilera; fila. **3.** Conjunto de cosas atravesadas por una cuerda; sarta. **4. a.** Cable extendido a lo largo de una parte de un instrumento musical que se toca, se puntea o suena para dar los tonos; cuerda. **b. strings** Instrumentos que tienen cuerdas y se tocan con un arco; instrumentos de cuerdas.
—*verbo* **1.** Proveer de cuerdas; encordar. **2.** Poner en o atravesar con una cuerda; ensartar; enhilar; encordelar. **3.** Arreglar en fila; extender en línea. **4.** Extender de un lugar a otro; estirar.

string bean Vaina de grano verde, larga y angosta, que crece en una planta coposa; habichuela; judía.

strip[1] *verbo* **1.** Quitar la ropa o envoltura; desnudar; desvestir. **2.** Quitar, retirar las partes importantes de algo; despojar; desmantelar.

strip[2] *sustantivo* Pedazo largo y angosto de material o de tierra; tira; lista; franja; faja.

stripe *sustantivo* Línea, lista o banda; raya; franja.
—*verbo* Marcar con rayas o listas; rayar; listar.

strode Pretérito del verbo **stride.**

stroke *sustantivo* **1.** Porrazo o golpe. **2.** Movimiento completo, individual, que se repite con frecuencia; brazada; remadura. **3.** La hora indicada cuando suena un reloj: *at the stroke of midnight* = *al dar la medianoche.* **4.** Marca hecha por un pincel, pluma o lápiz; pincelada; plumada; trazo; rasgo. **5.** Suceso inesperado con un efecto potente; golpe: *a stroke of good luck* = *un golpe de buena suerte.* **6.** Palmadita; golpecito. **7.** Enfermedad súbita causada por el bloqueo o rompimiento de un vaso sanguíneo en el cerebro; apoplejía; derrame cerebral.
—*verbo* Pasar la mano suavemente; acariciar.

stroll *verbo* Caminar o vagar a paso lento y reposado; pasear.
—*sustantivo* Caminata lenta y reposada; paseo.

strong *adjetivo* **1.** Que tiene mucho poder, energía o fuerza; fuerte; potente. **2.** Capaz de resistir tensión o presión; que no se rompe fácilmente; recio; resistente. **3.** Que tiene gran voluntad o fuerza mental; firme; intenso; ardiente. **4.** En buen estado de salud; sano.

struck Pretérito y participio pasado del verbo **strike.**

structure *sustantivo* **1.** Algo que está integrado por un número de partes ordenadas en un conjunto; estructura. **2.** Manera en que se reúnen las partes para formar algo. **3.** Edificio; algo que está construido.

---

strug·gle | strŭg'əl | —*verb* **struggled, struggling**
1. To fight against; work hard at. **2.** To compete.
—*noun, plural* **struggles 1.** A great effort. **2.** Battle;
fighting.

strum | strŭm | —*verb* **strummed, strumming** To
play a stringed instrument by plucking the strings
with the fingers.

strung | strŭng | The past tense and past participle of
the verb **string.**

stub | stŭb | —*noun, plural* **stubs 1.** A short end that
is left over after something has been used up or broken
off. **2.** The part of a check or bill kept as a record.
3. The part of a ticket kept to show payment.
—*verb* **stubbed, stubbing** To bump one's toe or foot
against something.

stub·born | stŭb'ərn | —*adjective* **1.** Not willing to
change; fixed in purpose; not giving in. **2.** Hard to
handle or deal with.

stuck | stŭk | The past tense and past participle of the
verb **stick.**

stu·dent | stood'nt | or | styood'nt | —*noun, plural*
students 1. A person who goes to some kind of school.
2. One who makes a study of something.

stu·di·o | stoo'dē ō' | or | styoo'dē ō' | —*noun, plural*
studios 1. A room, loft, or building where an artist
works. **2.** A place where motion pictures, television
shows, or radio programs are made or broadcast.

stu·dy | stŭd'ē | —*noun, plural* **studies 1.** The act or
process of learning something; an effort to learn. **2.** A
branch of knowledge; a subject that is studied. **3.** A
work on a certain subject; careful examination. **4.** A
room used for studying, reading, or working.
—*verb* **studied, studying, studies 1.** To try to learn.
2. To examine closely.

stuff | stŭf | —*noun, plural* **stuffs 1.** The material
from which something is made. **2.** Useless material;
junk. **3.** Things; belongings.
—*verb* **stuffed, stuffing 1.** To pack tightly; fill up.
2. To stop up; choke; block. **3.** To fill with a stuffing.
4. To fill the skin of a dead animal to make it look as
it did when alive. **5.** To eat too much; fill oneself with
too much food.

stuff·ing | stŭf'ĭng | —*noun, plural* **stuffings 1.** Soft
material used to stuff, fill, or pad things made of or
covered with cloth. **2.** A mixture of bread crumbs,
spices, and other foods that is put inside a turkey,
chicken, meat, or vegetables.

stuff·y | stŭf'ē | —*adjective* **stuffier, stuffiest 1.** Not
having enough fresh air; close. **2.** Having blocked or
clogged breathing passages. **3.** Dull and boring; stiff.

stum·ble | stŭm'bəl | —*verb* **stumbled, stumbling**
1. To trip and almost fall. **2.** To move in a clumsy
way. **3.** To make a mistake; blunder. **4.** To meet or
happen by chance.

stun | stŭn | —*verb* **stunned, stunning 1.** To daze or
knock unconscious. **2.** To shock or confuse.

stung | stŭng | The past tense and past participle of
the verb **sting.**

stunk | stŭngk | A past tense and the past participle of
the verb **stink.**

stunt¹ | stŭnt | —*verb* **stunted, stunting** To stop or
hinder the growth or development of.

stunt² | stŭnt | —*noun, plural* **stunts 1.** An act or feat
that shows unusual skill or courage. **2.** An act that is
unusual, illegal, or dangerous.

stu·pid | stoo'pĭd | or | styoo'pĭd | —*adjective* **stu·
pider, stupidest 1.** Not intelligent; slow to under-
stand; dull. **2.** Not showing common sense.

stut·ter | stŭt'ər | —*verb* **stuttered, stuttering** To re-
peat the same sound while speaking. A person who

struggle *verbo* **1.** Pelear contra algo o alguien; traba-
jar duro en algo. **2.** Competir.
—*sustantivo* **1.** Gran esfuerzo; lucha; brega. **2.** Bata-
lla; pelea; contienda.

strum *verbo* Tocar un instrumento de cuerdas pun-
teando las cuerdas con los dedos; rasguear.

strung Pretérito y participio pasado del verbo **string.**

stub *sustantivo* **1.** Punta corta que queda después de
que algo ha sido usado o roto; cabo; fragmento; trozo.
2. Parte de un cheque o factura que se conserva como
comprobante; talón; matriz. **3.** Parte de un billete o
boleto que se conserva como prueba de pago.
—*verbo* Golpearse el dedo o el pie contra algo;
tropezar.

stubborn *adjetivo* **1.** Que no quiere cambiar; firme en
su propósito; que no cede; terco; obstinado; testarudo.
2. Difícil de manejar a tratar; intratable.

stuck Pretérito y participio pasado del verbo **stick.**

student *sustantivo* **1.** Persona que va a algún tipo de
escuela; estudiante; alumno. **2.** El que hace un estudio
de algo; observador; investigador.

studio *sustantivo* Estudio: **1.** Cuarto, buhardilla o edi-
ficio en el cual trabaja un artista. **2.** Lugar en el cual se
hacen o se emiten películas, programas de televisión o
programas de radio.

study *sustantivo* **1.** Acción o proceso de aprender algo;
esfuerzo por aprender; estudio. **2.** Rama del conoci-
miento; materia que se estudia; asignatura; curso.
3. Trabajo en un tema determinado; examen cuida-
doso; análisis. **4.** Cuarto que se usa para estudiar, leer,
o trabajar.
—*verbo* **1.** Tratar de aprender; estudiar. **2.** Examinar
de cerca; analizar.

stuff *sustantivo* **1.** El material del cual algo está hecho;
tela; tejido; paño. **2.** Material innecesario; basura.
3. Cosas; pertenencias; objetos.
—*verbo* **1.** Empacar apretadamente; llenar; atiborrar.
2. Atascar; atorar; cerrar; obstruir; tapar. **3.** Llenar
con un relleno; rellenar. **4.** Rellenar la piel de un ani-
mal muerto para que se vea como cuando estaba vivo;
disecar. **5.** Comer demasiado; llenarse con demasiada
comida; engullir.

stuffing *sustantivo* Relleno: **1.** Material blando usado
para rellenar, llenar o acolchonar cosas hechas o cu-
biertas de tela. **2.** Mezcla de miga de pan, especias y
otros alimentos que se pone dentro del pavo, pollo,
carne u hortalizas.

stuffy *adjetivo* **1.** Que no tiene suficiente aire fresco;
cerrado; mal ventilado; sofocante. **2.** Que tiene las vías
respiratorias cerradas o tapadas; tupido. **3.** Soso y
aburrido; estirado; afectado.

stumble *verbo* **1.** Tropezar y casi caer; dar un traspié.
2. Moverse torpemente; tambalearse. **3.** Cometer un
error; equivocarse. **4.** Encontrar o suceder de casuali-
dad; tropezar accidentalmente con algo o alguien.

stun *verbo* **1.** Aturdir o golpear dejando inconsciente;
pasmar; atontar. **2.** Sacudir o confundir; conmover;
sobresaltar.

stung Pretérito y participio pasado del verbo **sting.**

stunk Pretérito y participio pasado del verbo **stink.**

stunt¹ *verbo* Detener o impedir el crecimiento o desa-
rrollo; atrofiar.

stunt² *sustantivo* **1.** Acto o proeza que demuestra rara
habilidad o coraje; despliegue de destreza; acrobacia.
2. Acto que es insólito, ilegal o peligroso.

stupid *adjetivo* **1.** Que no es inteligente; lento para
comprender; torpe; estúpido. **2.** Que no demuestra
sentido común; insensato.

stutter *verbo* Repetir el mismo sonido al hablar; tarta-
mudear; gaguear. Una persona que tartamudea repite

ă pat ā pay â care ä father ĕ pet ē be ĭ pit ī pie î fierce ŏ pot ō go ô paw, for oi oil oo book oo boot

stutters will repeat or stumble over certain letters, especially at the beginning of a word.
—*noun, plural* **stutters** The act or habit of stuttering.

style |stīl| —*noun, plural* **styles 1.** A particular way or manner in which something is done. **2.** A way of dressing or behaving; fashion.
—*verb* **styled, styling** To design or arrange in a special way.

styl·ish |stī′lĭsh| —*adjective* Following the latest style; fashionable.

sub·ject |sŭb′jĭkt| —*noun, plural* **subjects 1.** Something that is thought about, discussed, or is the object of an action. **2.** A course or area of study. **3.** A person or thing that is used as the object of a special study. **4.** Someone who is under the control of or owes allegiance to a government or ruler. **5.** A word or group of words in a sentence that does or receives the action of the verb. In the sentences *Jimmy threw the ball, Jill and I went to the movies,* and *The cake tastes good,* the subjects are *Jimmy, Jill and I,* and *The cake.*
—*adjective* **1.** Under the control or authority of another. **2.** Likely to have or get; prone. **3.** Depending on.
—*verb* |səb jĕkt′| **subjected, subjecting 1.** To bring under some power or control. **2.** To cause to undergo.

sub·ma·rine |sŭb′mə rēn′| or |sŭb′mə rēn′| —*noun, plural* **submarines** A ship that can go underwater.
—*adjective* Below the surface of the sea.

sub·merge |səb mûrj′| —*verb* **submerged, submerging 1.** To cover with water. **2.** To place or go beneath the surface of water or some other liquid.

sub·mit |səb mĭt′| —*verb* **submitted, submitting 1.** To yield to the control, influence, or authority of another. **2.** To deliver or present. **3.** To offer for the judgment or consideration of another.

sub·or·di·nate |sə bôr′dn ĭt| —*adjective* Belonging to a lower rank; having less importance.
—*noun, plural* **subordinates** Someone or something that is subordinate.

sub·scribe |səb skrīb′| —*verb* **subscribed, subscribing 1.** To agree to receive and pay for a certain number of issues of a publication. **2.** To express or give one's agreement or approval.

sub·scrip·tion |səb skrĭp′shən| —*noun, plural* **subscriptions 1.** The act of subscribing to something. **2.** Something subscribed to.

sub·side |səb sīd′| —*verb* **subsided, subsiding 1.** To sink to a lower or more normal level. **2.** To become less active.

sub·stance |sŭb′stəns| —*noun, plural* **substances 1.** Anything that has weight and takes up space; matter. **2.** The material that a thing is made of. Wood is the main substance in such things as pencils and paper. **3.** The most important part of something said or written; the meaning.

sub·stan·tial |səb stăn′shəl| —*adjective* **1.** Large in amount; ample; sufficient. **2.** Solidly built; strong. **3.** Real or true; not imaginary.

sub·sti·tute |sŭb′stĭ tōōt′| or |sŭb′stĭ tyōōt′| —*noun, plural* **substitutes** Someone or something that takes the place of another.
—*verb* **substituted, substituting 1.** To put in the place of another. **2.** To take the place of another.

sub·tle |sŭt′l| —*adjective* **subtler, subtlest** So slight as to be difficult to detect or recognize.

sub·tract |səb trăkt′| —*verb* **subtracted, subtracting** To take away from; to find the number left when one number is taken away from another.

sub·trac·tion |səb trăk′shən| —*noun, plural* **subtractions** The process of finding the number left over when one number is taken away from another; 8 − 3 = 5 is an example of subtraction.

o se detiene en ciertas letras, especialmente al comienzo de una palabra.
—*sustantivo* Acto o hábito de tartamudear; tartamudeo; gagueo.

style *sustantivo* **1.** Modo o manera particular de hacer algo; estilo. **2.** Manera de vestirse o comportarse; moda.
—*verbo* Diseñar o arreglar en forma especial.

stylish *adjetivo* Que sigue la última moda; elegante; de moda.

subject *sustantivo* **1.** Algo que se piensa, discute o es el objeto de una acción; tema; asunto; tópico. **2.** Curso o área de estudio; materia; asignatura. **3.** Persona o cosa usada como objeto de un estudio especial; sujeto. **4.** Alguien que está bajo el control de, o debe lealtad a, un gobierno o gobernante; súbdito. **5.** Palabra o grupo de palabras en una oración que hacen o reciben la acción del verbo; sujeto. En las oraciones: *Jimmy threw the ball, Jill and I went to the movies* y *The cake tastes good,* los sujetos son *Jimmy, Jill and I* y *The cake.*
—*adjetivo* **1.** Bajo el control o la autoridad de otro; sometido; supeditado. **2.** Inclinado a tener o adquirir; propenso; expuesto. **3.** Que depende de algo; sujeto a.
—*verbo* **1.** Poner bajo algún poder o control; someter; subordinar; dominar; subyugar. **2.** Ser sometido a algo; someter.

submarine *sustantivo* Barco que puede ir bajo el agua; submarino.
—*adjetivo* Que se encuentra bajo la superficie del mar; submarino.

submerge *verbo* **1.** Cubrir de agua; sumergir; inundar. **2.** Colocar o ir bajo la superficie del agua o de otro líquido; sumergirse; hundirse.

submit *verbo* **1.** Ceder al control, influencia o autoridad de otro; sometarse; conformarse; rendirse. **2.** Entregar o presentar. **3.** Ofrecer al juicio o consideración de otro; exponer; proponer.

subordinate *adjetivo* Que pertenece a un rango inferior; que tiene menos importancia; subordinado; subalterno; inferior.
—*sustantivo* Algo o alguien que está subordinado.

subscribe *verbo* **1.** Acordar el recibo y el pago de una cierta cantidad de números de una publicación; suscribirse. **2.** Expresar o dar consentimiento o aprobación; convenir; estar de acuerdo.

subscription *sustantivo* **1.** Acción de suscribirse a algo; suscripción. **2.** Algo a lo cual se está suscrito.

subside *verbo* **1.** Hundirse a un nivel más bajo o más normal; descender; asentarse; bajar. **2.** Hacerse menos activo; aquietarse; serenarse; calmarse.

substance *sustantivo* **1.** Algo que tiene peso y ocupa espacio; materia; substancia; sustancia. **2.** El material del cual está hecha una cosa. La madera es la substancia principal de cosas como el papel y los lápices. **3.** La parte más importante de algo dicho o escrito; significado; esencia.

substantial *adjetivo* **1.** De gran cantidad; amplio; suficiente; considerable; cuantioso; abundante. **2.** Construido con solidez; fuerte; sólido; firme. **3.** Real o verdadero; no imaginario.

substitute *sustantivo* Alguien o algo que reemplaza a otro; substituto; suplente; reemplazo.
—*verbo* **1.** Colocar en lugar de otro; substituir; reemplazar; suplir. **2.** Tomar el lugar de otro.

subtle *adjetivo* Tan tenue que es difícil de detectar o reconocer; sutil.

subtract *verbo* Extraer; hallar la cantidad sobrante cuando se quita una cantidad de otra; restar; substraer; deducir.

subtraction *sustantivo* El proceso de hallar la cantidad sobrante cuando se quita una cantidad de otra; resta; substracción. 8 − 3 = 5 es un ejemplo de resta.

---

sub·tra·hend |sŭb′trə hĕnd′| —*noun, plural* **subtrahends** The number to be subtracted from another number. In 7 − 5 = 2, 5 is the subtrahend.

sub·urb |sŭb′ûrb′| —*noun, plural* **suburbs** An area with homes and stores near or next to a large city. A suburb may be a town or a small city.

sub·ur·ban |sə bûr′bən| —*adjective* Of, located in, or having to do with a suburb.

sub·way |sŭb′wā′| —*noun, plural* **subways** An underground railroad in a city.

suc·ceed |sək sēd′| —*verb* **succeeded, succeeding** **1.** To follow or come next in time or order; to replace another in office or position. **2.** To carry out something desired or attempted.

suc·cess |sək sĕs′| —*noun, plural* **successes** **1.** The carrying out of something desired or attempted. **2.** The getting of fame or wealth. **3.** Someone or something that is successful.

suc·cess·ful |sək sĕs′fəl| —*adjective* **1.** Having a desired or good result. **2.** Having gotten fame or wealth.

suc·ces·sion |sək sĕsh′ən| —*noun, plural* **successions** **1.** The process of following in order. **2.** A group of people or things following in order.

suc·ces·sive |sək sĕs′ĭv| —*adjective* Following one after another.

such |sŭch| —*adjective* **1.** Of this or that kind. **2.** Alike though not the same.
—*adverb* Very; especially.
—*pronoun* **1.** A person or persons or thing or things of that kind. **2.** Someone or something alike.
Idioms **as such** In itself. **such a** In so great a degree; so. **such as 1.** For example. **2.** Of the same kind.

suck |sŭk| —*verb* **sucked, sucking 1.** To draw liquid or gas into the mouth by inhaling or pulling in the cheeks. **2.** To draw in a liquid or gas by lowering the air pressure inside. This can be done with a pump.

suc·tion |sŭk′shən| —*noun, plural* **suctions** A difference in pressure caused by removing part or all of the air in a space.

sud·den |sŭd′n| —*adjective* **1.** Happening without warning. **2.** Happening quickly; rapid; swift.

suds |sŭdz| —*plural noun* **1.** Water with soap. **2.** Foam; lather.

sue |sōō| —*verb* **sued, suing** To bring a lawsuit against someone if they have hurt you in some way.

suede |swād| —*noun, plural* **suedes** Leather rubbed on the flesh side to make it look and feel soft like velvet.

suf·fer |sŭf′ər| —*verb* **suffered, suffering 1.** To feel pain or distress. **2.** To be or seem to be at a disadvantage. **3.** To endure or bear; put up with.

suf·fer·ing |sŭf′ər ĭng| —*noun, plural* **sufferings** The feeling of pain or sorrow.

suf·fi·cient |sə fĭsh′ənt| —*adjective* As much as is needed; enough.

suf·fix |sŭf′ĭks| —*noun, plural* **suffixes** An ending added to a word to form a new word or show a grammatical function.

suf·fo·cate |sŭf′ə kāt′| —*verb* **suffocated, suffocating 1.** To kill or destroy by cutting off from air. **2.** To choke; smother.

sug·ar |shŏŏg′ər| —*noun, plural* **sugars** A sweet substance that comes mainly from sugar cane or sugar beets.

sugar cane A tall grass with thick, juicy stems that are one of the main sources of sugar.

subtrahend *sustantivo* El número que ha de substraerse de otro; substraendo. En 7-5 = 2, 5 es el substraendo.

suburb *sustantivo* Área con casas y negocias cerca o en los alrededores de una gran ciudad; suburbio. Los suburbios pueden ser pueblos o ciudades pequeñas.

suburban *adjetivo* De, localizado en, o referente al suburbio; suburbano; de las afueras.

subway *sustantivo* Tren subterráneo en una ciudad; metropolitano; metro; subte.

succeed *verbo* **1.** Seguir o venir después en tiempo o en orden; reemplazar a otro en un trabajo o posición; suceder; ocupar el puesto. **2.** Llevar a cabo algo deseado o intentado; tener éxito; triunfar; salir bien.

success *sustantivo* **1.** El llevar a cabo algo que se ha deseado o procurado; éxito; triunfo. **2.** La adquisición de fama o dinero. **3.** Alguien o algo que tiene éxito.

successful *adjetivo* **1.** Que tiene el resultado deseado o un buen resultado; exitoso. **2.** Que ha adquirido fama o dinero; de éxito; próspero.

succession *sustantivo* **1.** El proceso de seguir en un orden dado; sucesión; secuencia; serie. **2.** Grupo de personas o cosas que siguen en orden.

successive *adjetivo* Que siguen el uno al otro; sucesivo; siguiente; consecutivo.

such *adjetivo* **1.** De esta o esa clase; tal. **2.** Similar, aunque no igual; por el estilo.
—*adverbio* Muy; especialmente; tan: *I'm having such a hard time doing my homework.* = ¡Me resulta tan difícil hacer mis deberes!
—*pronombre* **1.** Persona o personas, o cosa o cosas de una clase; tales: *We've got beer and fruit juices if you're interested in such.* = Tenemos cerveza y jugos de fruta, si te interesan tales cosas. **2.** Alguien o algo parecido; por el estilo.
Modismos **as such** En sí. **such a** En un grado tal; tanto. **such as 1.** Por ejemplo; tales como. **2.** De la misma clase; tal como.

suck *verbo* **1.** Atraer líquido o gas a la boca inhalando o recogiendo las mejillas; aspirar; chupar. **2.** Atraer líquido o gas bajando la presión interna del aire lo cual puede hacerse con una bomba; succionar.

suction *sustantivo* Diferencia en la presión causada al retirar parte o todo el aire de un espacio; succión.

sudden *adjetivo* **1.** Que ocurre sin aviso; repentino; súbito; precipitado. **2.** Que ocurre rápidamente; rápido; veloz.

suds *sustantivo* **1.** Agua con jabón; jabonadura. **2.** Espuma.

sue *verbo* Entablar un pleito contra alguien si uno ha sido perjudicado en alguna manera; demandar.

suede *sustantivo* Cuero que se frota para que se vea y se sienta suave como el terciopelo; gamuza; ante.

suffer *verbo* **1.** Sentir dolor o angustia; sufrir. **2.** Estar o parecer estar en desventaja; adolecer; padecer. **3.** Soportar o resistir; aguantar; tolerar; sobrellevar.

suffering *sustantivo* Sensación de dolor o tristeza; sufrimiento.

sufficient *adjetivo* Tanto como sea necesario; bastante; suficiente; adecuado.

suffix *sustantivo* Terminación que se agrega a una palabra para formar una nueva o para indicar una función gramatical; sufijo.

suffocate *verbo* **1.** Matar o destruir impidiendo el paso del aire; sofocar. **2.** Asfixiar; ahogar.

sugar *sustantivo* Substancia dulce sacada principalmente de la caña de azúcar o la remolacha; azúcar.

sugar cane Pasto alto con tallos gruesos y jugosos, los cuales son una de las principales fuentes de azúcar; caña de azúcar.

ă pat ā pay â care ä father ĕ pet ē be ĭ pit ī pie î fierce ŏ pot ō go ô paw, for oi oil ŏŏ book ōō boot

sug·gest |səg jĕst′| or |sə jĕst′| —*verb* **suggested, suggesting** 1. To bring up for consideration. 2. To bring to mind. 3. To show indirectly; hint.

sug·ges·tion |səg jĕs′chən| or |sə jĕs′chən| —*noun, plural* **suggestions** 1. The act of suggesting. 2. Something suggested. 3. A trace; a touch.

su·i·cide |sōō′ĭ sīd′| —*noun, plural* **suicides** 1. The act of killing oneself on purpose. 2. Someone who kills himself or herself on purpose.

suit |sōōt| —*noun, plural* **suits** 1. A set of clothes to be worn together. 2. Clothes that are worn for a certain purpose. 3. One of the four sets in a deck of playing cards. 4. A case brought to a court of law.
—*verb* **suited, suiting** 1. To meet the requirements of; satisfy. 2. a. To be acceptable for. b. To make acceptable. 3. To please.

suit·a·ble |sōō′tə bəl| —*adjective* Right for a purpose or occasion.

suit·case |sōōt′kās′| —*noun, plural* **suitcases** A piece of luggage that is flat and shaped like a rectangle.

sul·fur |sŭl′fər| —*noun* A pale-yellow substance that has a blue flame and a bad smell when burned. It is used to make gunpowder and matches. Sulfur is a chemical element.

sul·len |sŭl′ən| —*adjective* 1. Showing bad humor; silent and angry; glum. 2. Dark; gloomy.

sul·try |sŭl′trē| —*adjective* **sultrier, sultriest** Very hot and humid.

sum |sŭm| —*noun, plural* **sums** 1. A number gotten as a result of addition. 2. The whole amount, number, or quantity. 3. An amount of money.
—*verb* **summed, summing — sum up** 1. To state in brief form; make a summary of. 2. To add in amount.

sum·ma·rize |sŭm′ə rīz′| —*verb* **summarized, summarizing** To make a summary of.

sum·ma·ry |sŭm′ə rē| —*noun, plural* **summaries** A short statement of the main points of something larger.

sum·mer |sŭm′ər| —*noun, plural* **summers** The season of the year between spring and autumn.

sum·mit |sŭm′ĭt| —*noun, plural* **summits** The highest point or part; the top.

sum·mon |sŭm′ən| —*verb* **summoned, summoning** 1. To send for; call for. 2. To call up; stir up.

sum·mons |sŭm′ənz| —*noun, plural* **summonses** 1. An order for someone, such as a witness to appear in court. 2. A call or order to appear or do something.

sun |sŭn| —*noun, plural* **suns** 1. The star around which the earth and the other planets revolve. 2. Any star, especially one that has planets circling it. 3. The light given off by the sun.
—*verb* **sunned, sunning** To put in the light and heat of the sun.

sun·dae |sŭn′dē| or |sŭn′dā′| —*noun, plural* **sundaes** Ice cream with syrup, fruit, or nuts on top.

Sun·day |sŭn′dē| or |sŭn′dā′| —*noun, plural* **Sundays** The first day of the week, after Saturday and before Monday.

sun·flow·er |sŭn′flou′ər| —*noun, plural* **sunflowers** A tall plant whose large flowers have yellow petals and dark centers.

sung |sŭng| A past tense and the past participle of the verb **sing**.

sunk |sŭngk| A past tense and a past participle of the verb **sink**.

sunk·en |sŭng′kən| A past participle of the verb **sink**.
—*adjective* 1. Fallen in; hollow. 2. Below the surface of the water or ground. 3. Below the area around it.

suggest *verbo* 1. Traer a consideración; sugerir; proponer. 2. Traer a la memoria; evocar. 3. Mostrar indirectamente; dar a entender; insinuar.

suggestion *sustantivo* 1. Acción de sugerir; sugerencia; propuesta; insinuación. 2. Algo sugerido. 3. Traza; toque, vestigio; sombra.

suicide *sustantivo* 1. El acto de matarse voluntariamente; suicidio. 2. Alguien que se mata voluntariamente; suicida.

suit *sustantivo* 1. Conjunto de prendas que se usan una con otra; traje; terno; traje sastre (de mujer). 2. Ropa que se usa con un fin determinado; equipo. 3. Uno de los cuatro palos en una baraja de naipes. 4. Caso presentado ante una corte; juicio.
—*verbo* 1. Llenar ciertos requisitos; satisfacer; convenir; ir bien. 2. Hacer algo aceptable; acomodar; adaptar. 3. Agradar; gustar.

suitable *adjetivo* Que es correcto para un fin u ocasión; adecuado; apropiado; conveniente; satisfactorio.

suitcase *sustantivo* Pieza de equipaje plana y en forma de rectángulo; maleta; valija.

sulfur *sustantivo* Substancia amarilla pálida que da una llama azul y un mal olor cuando arde; azufre. Se usa para hacer pólvora y fósforos. El azufre es un elemento químico.

sullen *adjetivo* 1. Que demuestra mal humor; silencioso y enfadado; melancólico; malhumorado; taciturno. 2. Oscuro; tenebroso; sombrío; tétrico.

sultry *adjetivo* Muy caliente y húmedo; bochornoso; sofocante.

sum *sustantivo* 1. Número obtenido como resultado de una suma; total; suma. 2. Monto, número o cantidad total; compendio. 3. Cantidad de dinero.
—*verbo* **sum up** 1. Declarar en forma breve; hacer un resumen; resumir; compendiar. 2. Agregar en cantidad; sumar; totalizar.

summarize *verbo* Hacer un resumen; resumir.

summary *sustantivo* Declaración abreviada de los puntos principales de algo más extenso; resumen.

summer *sustantivo* Verano.

summit *sustantivo* Punto o parte más alta; cumbre; cima.

summon *verbo* 1. Mandar llamar; ir a buscar a alguien; citar; notificar. 2. Convocar; agitar; incitar; estimular.

summons *sustantivo* 1. Orden dada a alguien, tal como presentarse como testigo en la corte; citación; notificación; emplazamiento. 2. Llamada u orden para presentarse a hacer algo; llamamiento.

sun *sustantivo* 1. Estrella alrededor de la cual giran la Tierra y otros planetas; Sol. 2. Cualquier estrella, especialmente la que tiene planetas circundantes; astro. 3. La luz que da el Sol.

sundae *sustantivo* Helado con almíbar, frutas y nueces por encima.

Sunday *sustantivo* Domingo.

sunflower *sustantivo* Planta alta cuyas grandes flores tienen pétalos amarillos y el centro marrón; girasol.

sung Pretérito y participio pasado del verbo **sing**.

sunk Pretérito y participio pasado del verbo **sink**.

sunken Participio pasado del verbo **sink**.
—*adjetivo* 1. Caído; hundido; sumido. 2. Debajo de la superficie del agua o de la tierra; sumergido; enterrado. 3. Debajo del área que lo rodea; empotrado.

---

sun·ny |sŭn′ē| —*adjective* **sunnier, sunniest 1.** Full of sunshine. **2.** Cheerful.

sun·rise |sŭn′rīz′| —*noun, plural* **sunrises** The rising of the sun in the morning.

sun·set |sŭn′sĕt′| —*noun, plural* **sunsets** The setting of the sun in the evening.

su·perb |sŏŏ pûrb′| —*adjective* Of very fine quality; excellent.

su·per·in·ten·dent |sŏŏ′pər ĭn tĕn′dənt| —*noun, plural* **superintendents** Someone who is in charge of something.

su·pe·ri·or |sə pîr′ē ər| or |sŏŏ pîr′ē ər| —*adjective* **1.** High or higher in position or rank. **2.** High or higher in quality. **3.** High or higher in ability. **4.** Considering oneself above others.
—*noun, plural* **superiors** Someone who is above others in rank.

su·pe·ri·or·i·ty |sə pîr′ē ôr′ ĭ tē| or |sə pîr′ē ŏr′ ĭ tē| or |sŏŏ pîr′ē ôr′ ĭ tē| or |sŏŏ pîr′ē ŏr′ ĭ tē| —*noun, plural* **superiorities** The state or quality of being superior.

su·per·la·tive |sə pûr′lə tĭv| or |sŏŏ pûr′lə tĭv| —*adjective* Of the highest order, quality, or degree.
—*noun, plural* **superlatives** The form of an adjective or adverb that gives the idea of the greatest quality, quantity, or other relation expressed by the adjective or adverb. Most superlatives are formed by adding the ending *-est* to the adjective or adverb, as in "largest," "greatest," and "earliest." Some, however, are completely different from the original adjective or adverb. For example, the superlatives of the adjectives "good" and "bad" are "best" and "worst," and the superlative of the adverb "well" is "best." Many adjectives do not have a true superlative; the superlatives of such adjectives are formed by placing the word "most" before the adjective, as in the sentence *This seat is the most comfortable on the bus.*

su·per·mar·ket |sŏŏ′pər mär′kĭt| —*noun, plural* **supermarkets** A large store selling food and household goods.

su·per·sti·tion |sŏŏ′pər stĭsh′ ən| —*noun, plural* **superstitions** A belief that one action will cause a second action not related to it.

su·per·sti·tious |sŏŏ′pər stĭsh′əs| —*adjective* Likely to believe in superstition.

su·per·vise |sŏŏ′pər vīz′| —*verb* **supervised, supervising** To watch over and inspect an action, work, or performance.

su·per·vi·sor |sŏŏ′pər vī′zər| —*noun, plural* **supervisors** Someone who supervises.

sup·per |sŭp′ər| —*noun, plural* **suppers** The evening meal; the last meal of the day.

sup·ple·ment |sŭp′lə mənt| —*noun, plural* **supplements** Something added to finish a thing or make up for a missing part.
—*verb* **supplemented, supplementing** To give a supplement to.

sup·ply |sə plī′| —*verb* **supplied, supplying, supplies 1.** To make ready for use; provide. **2.** To furnish with what is needed or missing.
—*noun, plural* **supplies 1.** An amount ready for use; stock. **2. supplies** Materials kept and passed out when needed.

sup·port |sə pôrt′| or |sə pōrt′| —*verb* **supported, supporting 1.** To hold in position; to keep from falling. **2.** To be able to bear; withstand. **3.** To provide with money or care. **4.** To back up or help prove.
—*noun, plural* **supports 1.** The act of supporting. **2.** Someone or something that supports.

sup·port·er |sə pôr′tər| or |sə pōr′tər| —*noun, plural* **supporters 1.** Someone or something that supports. **2.** A person who agrees with or supports a person or group.

sup·pose |sə pōz′| —*verb* **supposed, supposing 1.** To believe; assume. **2.** To imagine to be true; con-

sunny *adjetivo* **1.** Lleno de la luz del sol; soleado; bañado por el sol. **2.** Alegre; risueño; contento.

sunrise *sustantivo* Salida del sol en la mañana; amanecer.

sunset *sustantivo* Puesta del sol en la tarde; atardecer; ocaso.

superb *adjetivo* De muy buena calidad; soberbio; excelente; magnífico; espléndido.

superintendent *sustantivo* Alguien que está encargado de algo; superintendente; inspector.

superior *adjetivo* **1.** De posición o rango alto o mayor; superior. **2.** De alta o mejor calidad. **3.** De gran o mayor capacidad. **4.** Que se considera por encima de los demás; orgulloso; altanero; altivo.
—*sustantivo* Alguien que está por encima de otros en rango; superior; jefe.

superiority *sustantivo* Estado o calidad de ser superior; superioridad; preeminencia.

superlative *adjetivo* De orden, calidad o grado más alto; superlativo; supremo.
—*sustantivo* Forma de un adjetivo o adverbio que da la idea de la mayor calidad, cantidad u otra relación expresada por el adjetivo o el adverbio.

supermarket *sustantivo* Tienda grande que vende alimentos y artículos para el hogar; supermercado.

superstition *sustantivo* Creencia que una acción causará otra acción no relacionada con ella; superstición.

superstitious *adjetivo* Que tiende a creer en supersticiones; supersticioso.

supervise *verbo* Vigilar o inspeccionar una acción, trabajo o ejecución; supervisar.

supervisor *sustantivo* Alguien que supervisa; supervisor; inspector.

supper *sustantivo* Comida de la noche; última comida del día; cena; comida.

supplement *sustantivo* Lo que se agrega para terminar algo o compensar por una parte faltante; suplemento; complemento.
—*verbo* Dar suplemento a; complementar; suplir.

supply *verbo* **1.** Alistar para un uso; proveer; suministrar; abastecer. **2.** Proporcionar lo que se necesita o falta.
—*sustantivo* **1.** Cantidad lista para el uso; surtido. **2.** Material que se mantiene y distribuye cuando se necesita; provisiones; suministros.

support *verbo* **1.** Mantener en posición; prevenir que se caiga; soportar; apoyar. **2.** Poder resistir; aguantar; ayudar. **3.** Proveer dinero o cuidado; mantener. **4.** Ayudar a hacer patente la verdad de algo; respaldar; probar; apoyar: *The facts seem to support his ideas.* = *Los hechos parecían apoyar sus ideas.*
—*sustantivo* **1.** El acto de sostener; soporte; apoyo. **2.** Algo o alguien que soporta; soporte.

supporter *sustantivo* **1.** Alguien o algo que soporta; soportes. **2.** Persona que está de acuerdo con otra persona o grupo; partidario.

suppose *verbo* **1.** Creer; presumir. **2.** Imaginar algo como verdadero; suponer: *Suppose his story is right*

sider. **3.** To expect; intend.

sup·po·si·tion |sŭp'ə zĭsh'ən| —*noun, plural* **suppositions** Something supposed; a statement, idea, or assumption that is accepted but that has not been proved.

su·preme |sə prēm'| —*adjective* **1.** Greatest in rank, power, or authority. **2.** Extreme; utmost.

Supreme Court The highest federal court in the United States. It has nine justices including a chief justice.

sure |shŏŏr| —*adjective* **surer, surest 1.** Feeling certain about someone or something; having no doubt. **2.** Certain to happen or occur. **3.** Steady or firm. **4.** Dependable or reliable.

sure·ly |shŏŏr'lē| —*adverb* Certainly; without doubt.

surf |sûrf| —*noun* The waves of the sea as they break upon the shore or the white foam that is on the top of breaking waves.
—*verb* **surfed, surfing** To ride on a surfboard.

sur·face |sûr'fəs| —*noun, plural* **surfaces 1.a.** The outermost or top layer of an object. **b.** The material such a layer is made of. **2.** The outward appearance of something.
—*verb* **surfaced, surfacing 1.** To rise or come to the surface. **2.** To cover the surface of. **3.** To appear after being hidden.

surf·board |sûrf'bôrd'| or |sûrf'bōrd'| —*noun, plural* **surfboards** A long, flat board with rounded ends that is used for riding the tops of waves into shore.

surf·ing |sûr'fĭng| —*noun* The sport of riding waves into shore on a surfboard.

surge |sûrj| —*verb* **surged, surging** To rise and move forward with force, as rolling waves do.
—*noun, plural* **surges 1.** A swelling motion or movement like that of a wave. **2.** A sudden increase.

sur·geon |sûr'jən| —*noun, plural* **surgeons** A doctor who performs surgery.

sur·ger·y |sûr'jə rē| —*noun, plural* **surgeries** The medical treatment of certain injuries or diseases by physically handling the parts that have injuries or disease.

sur·name |sûr'nām'| —*noun, plural* **surnames** A person or family's last name.

sur·pass |sər păs'| or |sər päs'| —*verb* **surpassed, surpassing** To be better, greater, or stronger than; exceed.

sur·plus |sûr'plŭs| or |sûr'pləs| —*noun, plural* **surpluses** An amount or quantity that is greater than what is needed or used.

sur·prise |sər prīz'| —*verb* **surprised, surprising 1.** To come upon suddenly and without warning. **2.** To cause to feel astonishment or wonder.
—*noun, plural* **surprises 1.** The act of coming upon someone or something suddenly and without warning. **2.** Something sudden and unexpected. **3.** A feeling of astonishment or wonder caused by something unexpected.

sur·ren·der |sə rĕn'dər| —*verb* **surrendered, surrendering** To give up; give oneself up; yield.
—*noun, plural* **surrenders** The act of surrendering.

sur·round |sə round'| —*verb* **surrounded, surrounding** To be on all sides of; make a circle around.

sur·vey |sər vā'| or |sûr'vā'| —*verb* **surveyed, surveying 1.** To look over and examine; investigate in detail. **2.** To measure the size, shape, and boundaries of a piece or area of land.
—*noun* |sûr'vā'|, *plural* **surveys 1.** A general view of an area or subject. **2.** A detailed investigation or

and Bill is in danger. = *Supón que su historia sea verdad y que Bill esté en peligro.* **3.** Presuponer.

supposition *sustantivo* Algo que se supone; una declaración, idea o asunción que se acepta como correcta pero que no se ha probado; suposición; conjetura.

supreme *adjetivo* **1.** El más alto en rango, poder o autoridad; supremo. **2.** Extremo; último; máximo.

Supreme Court La corte federal más alta en los Estados Unidos que tiene nueve jueces incluyendo el juez principal o "chief justice"; Corte Suprema.

sure *adjetivo* **1.** Estar acertado acerca de algo o alguien; no tener dudas; seguro. **2.** Seguro que ocurrirá; que pasará con certeza: *His failure to score meant sure defeat for the team.* = *Su falla en marcar tantos significó una derrota segura para su equipo.* **3.** Firme y constante. **4.** De que o de quien se puede depender; confiable; seguro: *What is the surest way of getting there?* = *¿Cuál es la manera más segura de llegar allá?*

surely *adverbio* Ciertamente; sin duda alguna; seguramente; indudablemente.

surf *sustantivo* Las olas del mar que rompen en la costa o la espuma blanca que se forma en las olas que rompen; oleaje; cachón.
—*verbo* Montar en un patín de mar. Tomar parte en una actividad así definida.

surface *sustantivo* **1.a.** La parte de afuera o de encima de un objeto; superficie. **b.** El material del cual tal parte está hecha; superficie. **2.** La apariencia exterior de algo o alguien.
—*verbo* **1.** Levantarse o llegar hasta la superficie; emerger. **2.** Cubrir una superficie. **3.** Aparecer después de estar escondido; aparecer.

surfboard *sustantivo* Una tabla larga plana y redonda en los extremos que se usa para montar encima de las olas de la costa; patín de mar.

surfing *sustantivo* El deporte de montar las olas hacia la orilla en un patín de mar.

surge *verbo* Levantar y moverse hacia adelante como hacen las olas de mar; surgir.
—*sustantivo* **1.** Movimiento turbulento con fuerza como de oleada. **2.** Incremento repentino.

surgeon *sustantivo* Médico que practica cirugía; cirujano.

surgery *sustantivo* Tratamiento médico de ciertas heridas o enfermedades que comprende la manipulación física del cuerpo; cirugía; operaciones.

surname *sustantivo* El último nombre de una persona o familia; apellido.

surpass *verbo* Ser mejor, mayor o más fuerte; exceder; sobrepasar.

surplus *sustantivo* Cantidad o número mayor de lo que se necesita o se usa; sobrante; excedente; exceso.

surprise *verbo* **1.** Encontrar a alguien repentina e inesperadamente; sorprender. **2.** Causar asombro o maravilla.
—*sustantivo* **1.** El acto de encontrarse algo o alguien repentina e inesperadamente; sorpresa. **2.** Algo repentino e inesperado. **3.** Un sentimiento de asombro o maravilla causado por algo inesperado.

surrender *verbo* Rendir; rendirse.
—*sustantivo* El acto de rendirse; rendición.

surround *verbo* Cubrir todos los lados; hacer un círculo alrededor de algo; rodear; cercar; acorralar.

survey *verbo* **1.** Mirar cuidadosamente y examinar; investigar en detalle; reconocer; inspeccionar. **2.** Medir el tamaño, forma y límite de un lote o área de tierra; mensurar.
—*sustantivo* **1.** Vista general de un área o sujeto. **2.** Investigación o estudio detallado de personas o co-

study of persons or things. **3.** The act of surveying land or the report on land that has been surveyed.

sur·vey·or |sər vā′ər| —*noun, plural* **surveyors** A person whose work is surveying land.

sur·viv·al |sər vī′vəl| —*noun, plural* **survivals** **1.** The act or fact of surviving. **2.** Someone or something that survives.

sur·vive |sər vīv′| —*verb* **survived, surviving 1.** To stay alive or in existence. **2.** To live through. **3.** To live longer than.

sur·vi·vor |sər vī′vər| —*noun, plural* **survivors** A person who has survived an accident or disaster that caused the death of others.

sus·pect |sə spĕkt′| —*verb* **suspected, suspecting 1.** To think that someone is or may be guilty, without having proof. **2.** To have doubts about. **3.** To believe something without being sure; imagine that something is true.
—*noun* |sŭs′pĕkt′|, *plural* **suspects** A person who is suspected of having committed a crime.

sus·pend |sə spĕnd′| —*verb* **suspended, suspending 1.** To attach something so that it hangs down. **2.** To hold or stay in place as if by hanging; to cause to or appear to float. **3.** To stop or cause to stop for a period of time; interrupt or postpone. **4.** To temporarily take away a person's position or privileges.

sus·pense |sə spĕns′| —*noun* The condition of being not certain or worried about what will happen.

sus·pen·sion |sə spĕn′shən| —*noun, plural* **suspensions 1.** The act of suspending. **2.** The condition of being suspended.

suspension bridge A bridge suspended from cables that are stretched between large towers.

sus·pi·cion |sə spĭsh′ən| —*noun, plural* **suspicions 1.** A feeling or belief, without proof or evidence. **2.** The condition of being suspected, especially of committing a crime. **3.** Lack of trust; doubt.

sus·pi·cious |sə spĭsh′əs| —*adjective* **1.** Causing suspicion. **2.** Tending to feel suspicion. **3.** Expressing or showing suspicion.

swal·low¹ |swŏl′ō| —*verb* **swallowed, swallowing 1.** To cause food or liquid to pass from the mouth through the throat into the stomach. **2.** To take in or be covered by. **3.** To keep back; hold in.
—*noun, plural* **swallows 1.** An act of swallowing. **2.** The amount that can be swallowed at one time.

swal·low² |swŏl′ō| —*noun, plural* **swallows** A bird that has narrow, pointed wings and a forked tail. Swallows chase and catch insects in the air.

swam |swăm| The past tense of the verb **swim.**

swamp |swŏmp| —*noun, plural* **swamps** An area of soft and wet land full of mud.
—*verb* **swamped, swamping** To fill or soak or become filled or soaked with water or other liquid.

swan |swŏn| —*noun, plural* **swans** A large water bird that is usually white and has a long, slender neck and webbed feet.

swarm |swôrm| —*noun, plural* **swarms 1.** A large number of insects flying or moving together. **2.** A group of bees who fly or move together to find a new hive and start a new colony. **3.** A large group of people all in the same place or moving together.
—*verb* **swarmed, swarming 1.** To move in or form a swarm, as bees and other insects do. **2.** To move or gather in large numbers. **3.** To be filled.

sas; encuesta. **3.** El acto de medir tierra o el reporte de la tierra que se ha medido; apeo.

surveyor *sustantivo* Persona cuyo trabajo es medir tierras; agrimensor.

survival *sustantivo* **1.** El acto de sobrevivir; supervivencia: *the survival of the fittest.* = *la supervivencia del más fuerte.* **2.** Alguien o algo que sobrevive; sobreviviente; reliquia.

survive *verbo* **1.** Mantenerse con vida o en existencia; perdurar; sobrevivir. **2.** Vivir después de una experiencia dura; sobrevivir. **3.** Vivir más tiempo que otro.

survivor *sustantivo* Persona que ha sobrevivido un accidente o desastre que causó la muerte de otras; sobreviviente.

suspect *verbo* **1.** Pensar que alguien puede ser culpable sin tener pruebas; sospechar. **2.** Tener dudas acerca de algo. **3.** Creer en algo sin estar seguro; imaginarse que algo es verdadero.
—*sustantivo* Persona de quien se sospecha que cometió un crimen; sospechoso.

suspend *verbo* Suspender: **1.** Instalar algo de manera que cuelgue; colgar. **2.** Mantenerse o estar en su lugar como si estuviera colgado; causar que flote, o hacer que se vea como si flotara. **3.** Parar o causar el paro por un período de tiempo; interrumpir; posponer; aplazar: *He suspended payments on the bank loan.* = *El suspendió los pagos al préstamo del banco.* **4.** Temporalmente quitarle a una persona su posición o privilegios.

suspense *sustantivo* La condición de no estar seguro o preocupado acerca de lo que va a pasar; suspenso; incertidumbre.

suspension *sustantivo* **1.** El acto de suspender; suspensión. **2.** La condición de estar suspendido; suspensión.

suspension bridge Puente suspendido de cables extendidos entre dos torres altas; puente colgante.

suspicion *sustantivo* **1.** Sentimiento o creencia sin prueba o evidencia; sospecha; conjetura. **2.** La condición de ser sospechoso especialmente de cometer un crimen; sospecha. **3.** Desconfianza; duda; recelo.

suspicious *adjetivo* **1.** Que causa sospecha; sospechoso. **2.** Tendencia a sospechar: *Mary was taught to be suspicious of strangers.* = *A Mary le enseñaron a sospechar de extraños.* **3.** Que expresa o muestra sospecha o desconfianza; receloso.

swallow¹ *verbo* **1.** Causar que alimentos o líquidos pasen de la boca a través de la garganta al estomago; tragar; ingerir. **2.** Tomar o ser cubierto por algo; absorber: *They were swallowed up by the crowd.* = *Fueron tragados por la multitud.* **3.** Mantener; reservar.
—*sustantivo* **1.** El acto de tragar. **2.** La cantidad que se puede tragar de una vez; trago.

swallow² *sustantivo* Pájaro de alas estrechas y puntiagudas y cola ahorquillada que persigue y caza insectos en el aire; golondrina.

swam Pretérito del verbo **swim.**

swamp *sustantivo* Área mojada y blanda llena de barro; pantano; ciénaga.
—*verbo* Llenar o mojar, o llenarse o mojarse de agua u otro líquido; empapar; inundar: *The waves swamped the boat and sunk it.* = *Las olas inundaron el bote y lo hundieron.*

swan *sustantivo* Pájaro acuático grande, usualmente blanco, de cuello largo y delgado y patas palmeadas cisne.

swarm *sustantivo* Enjambre: **1.** Gran número de insectors que vuelan o se mueven juntos. **2.** Grupo de abejas que vuelan o se mueven juntas en busca de una colmena nueva para empezar otra colonia. **3.** Grupo grande de gente, todos en el mismo lugar, moviéndose juntos.
—*verbo* **1.** Moverse en forma de enjambre, como lo hacen las abejas y otros insectos. **2.** Moverse o reunirse en grandes numeros; atropellar; atestar. **3.** Estar

---

ă pat ā pay â care ä father ĕ pet ē be ĭ pit ī pie î fierce ŏ pot ō go ô paw, for oi oil ŏŏ book ōō boot

sway |swā| —*verb* **swayed, swaying 1.** To move or cause to move back and forth or from side to side. **2.** To influence or cause to change the thinking of. —*noun, plural* **sways 1.** The act of swaying. **2.** Power, influence, or control.

swear |swâr| —*verb* **swore, sworn, swearing 1.** To make a solemn statement or promise while calling on a sacred person or object to show or prove the honesty or truth of what is said. **2.** To promise with a solemn oath. **3.** To curse or use language that most people consider bad.

sweat |swĕt| —*noun* **1.** A salty liquid given off through the skin. **2.** Water that forms small drops on a surface. The drops are caused by condensation. —*verb* **sweated, sweating 1.** To give off or cause to give off sweat. **2.** To condense water in drops on a surface.

sweat·er |swĕt′ər| —*noun, plural* **sweaters** A knitted garment worn on the upper part of the body. It is made of wool or other soft, warm material.

sweep |swēp| —*verb* **swept, sweeping 1.** To clean or clear a surface with a broom or brush. **2.** To clean or clear away with or as if with a broom or brush. **3.** To move or carry with a forceful sweeping motion. **4.** To cover or extend over a large area. **5.** To win all the parts of a contest or competition. **6.** To move quickly or steadily. —*noun, plural* **sweeps 1.** The act of sweeping. **2.** Any sweeping motion; a quick, steady movement. **3.** A reach or extent.

sweet |swēt| —*adjective* **sweeter, sweetest 1.** Having a pleasant taste like that of sugar. **2.** Not salty. **3.** Not spoiled; fresh. **4.** Having a pleasant smell. **5.** Having a pleasant disposition; lovable. **6.** Pleasing or satisfying. —*noun, plural* **sweets** Any food with a lot of sugar.

sweet·heart |swēt′härt′| —*noun, plural* **sweethearts** A person who is loved by another.

swell |swĕl| —*verb* **swelled, swelled** or **swollen, swelling 1.** To increase in size or volume; expand. **2.** To cause to increase in size or volume. **3.** To be or become filled with emotion. —*noun, plural* **swells** A long wave or series of waves that moves without breaking or rising to a crest.

swell·ing |swĕl′ĭng| —*noun, plural* **swellings 1.** The act or process of swelling. **2.** Something swollen.

swept |swĕpt| The past tense and past participle of the verb **sweep.**

swerve |swûrv| —*verb* **swerve, swerving** To turn or cause to turn quickly and sharply. —*noun, plural* **swerves** The act of swerving.

swift |swĭft| —*adjective* **swifter, swiftest 1.** Moving with great speed; fast. **2.** Coming or happening quickly.

swim |swĭm| —*verb* **swam, swum, swimming 1. a.** To move oneself through water by moving the arms, legs, or fins. **b.** To move oneself through or across a body of water by swimming. **2.** To float on water or other liquid. **3.** To be covered or flooded with water or other liquid. **4.** To feel dizzy. —*noun, plural* **swims 1.** The act of swimming. **2.** The amount of time spent swimming or the distance swum.

lleno; abundar: *The lake is swarming with fish.* = *El lago está lleno de peces.*

sway *verbo* **1.** Moverse o causar movimiento de atrás para adelante o de lado a lado; inclinarse; tambalearse; oscilar; ladearse. **2.** Influir o causar cambio en el pensar; influir; inducir; inspirar; convencer; persuadir. —*sustantivo* **1.** El acto de tambalearse; oscilación; ladeo; balanceo. **2.** Poder, influencia, control; predominio.

swear *verbo* **1.** Hacer una declaración solemne o promesa invocando el nombre de una persona u objeto sagrado para mostrar o probar honestidad y verdad en lo que se dice; jurar. **2.** Prometer bajo juramento solemne; jurar. **3.** Maldecir o usar un lenguaje que la mayoría de la gente considera malo; blasfemar.

sweat *sustantivo* **1.** Líquido salado despedido por la piel; sudor; transpiración. **2.** Agua que se forma en pequeñas gotas en una superficie, causada por condensación; sudor; exudación. —*verbo* **1.** Despedir sudor o causar que sudor se despida; sudar; transpirar. **2.** Condensar agua a gotas en una superficie; exudar.

sweater *sustantivo* Prenda tejida usada en la parte superior del cuerpo, hecha de lana u otro material suave y caliente; suéter.

sweep *verbo* Barrer: **1.** Limpiar o despejar una superficie con una escoba o cepillo; escobar. **2.** Limpiar o despejar tal cual como con una escoba o cepillo; recolectar. **3.** Mover; llevar o barrer forzosamente; arrebatar. **4.** Cubrir o extender sobre un área grande; abarcar. **5.** Ganar todas las partes de un concurso o competencia; arrasar. **6.** Moverse rápida y firmemente. —*sustantivo* **1.** El acto de barrer; barrido. **2.** Cualquier gesto que barre; un movimiento rápido y constante. **3.** Gesto o acción así definida.

sweet *adjetivo* **1.** Que tiene un sabor como el del azúcar; dulce. **2.** Que no es salado: *sweet water* = *agua dulce.* **3.** Que no está pasado; fresco: *The milk is still sweet.* = *La leche todavía está fresca.* **4.** De olor agradable; fragante; placentero. **5.** Que tiene una disposición o personalidad agradable; simpático. **6.** Agradable; satisfactorio; sabroso; dulce: *That was the sweetest victory the team won all season.* = *Esa fue la más dulce victoria de todo el campeonato.* —*sustantivo* Cualquier comestible con mucha azúcar; dulces; golosinas.

sweetheart *sustantivo* Persona de quien alguien está enamorado; querida o querido; amor.

swell *verbo* **1.** Incrementar en tamaño o volumen; expandir; hinchar. **2.** Causar que se incremente en tamaño o volumen; crecer. **3.** Llenarse de emoción. —*sustantivo* Ola grande o serie de olas que se mueven sin romperse o encrestarse; marejada; oleada.

swelling *sustantivo* Hinchazón: **1.** Acto o proceso de hincharse. **2.** Algo hinchado: *I have a swelling on my arm where the wasp stung me.* = *Tengo una hinchazón en el brazo, donde me picó la avispa.*

swept Pretérito del verbo **sweep.**

swerve *verbo* Virar o causar un viraje o desvío repetino y agudo; eludir; sortear; desviar. —*sustantivo* El acto de desviar; desvío; viraje brusco.

swift *adjetivo* **1.** Que se mueve con gran velocidad; rápido; ligero; impetuoso. **2.** Que llega o sucede rápidamente; repentino; súbito.

swim *verbo* **1. a.** Moverse a través del agua por medio del movimiento de los brazos y las piernas o aletas; nadar. **b.** Moverse por el agua por medio de la natación; atravesar; nadar. **2.** Flotar en el agua u otro líquido; sobrenadar; boyar. **3.** Estar cubierto o inundado con agua u otro líquido; nadar. **4.** Sentirse mareado. —*sustantivo* **1.** El acto de nadar; natación. **2.** La cantidad de tiempo o la distancia recorrida en natación.

ər butter   yōō abuse   ou out   ŭ cut   û fur   *th* the   th thin   hw which   zh vision   ə ago, item, pencil, atom, circus

swim·mer |swĭm'ər| —*noun, plural* **swimmers** A person, animal, or fish that swims.

swin·dle |swĭn'dl| —*verb* **swindled, swindling** To get someone's money or property through illegal or dishonest means; cheat.
—*noun, plural* **swindles** The act of swindling.

swine |swīn| —*noun, plural* **swine** A pig or hog.

swing |swĭng| —*verb* **swung, swinging** 1. To move or cause to move back and forth. 2. To move or turn or cause to move or turn in a curve.
—*noun, plural* **swings** 1. The act of swinging. 2. A seat suspended or hanging from above, on which a person may ride back and forth.

swirl |swûrl| —*verb* **swirled, swirling** To move or spin or cause to move or spin round and round.
—*noun, plural* **swirls** 1. A spinning or circling motion. 2. Something that is shaped like a curl or twist.

swish |swĭsh| —*verb* **swished, swishing** To move or cause to move with a whistling or hissing sound.
—*noun, plural* **swishes** A swishing sound or movement.

switch |swĭch| —*noun, plural* **switches** 1. A shift or change. 2. A thin, flexible rod or stick that is used for whipping. 3. A lashing or swinging motion; stroke. 4. A device used to open or close an electric circuit. 5. A device made of two sections of railroad tracks and certain other movable parts. It is used to move a train from one track to another.
—*verb* **switched, switching** 1. To shift or change. 2. To jerk or move suddenly. 3. To open or close an electric circuit with a switch. 4. To transfer trains from one track to another.

switch·board |swĭch'bôrd'| or |swĭch'bōrd'| —*noun, plural* **switchboards** A panel with switches and plugs that is used for connecting electric circuits. The most common kind is used to connect and disconnect telephone lines.

swol·len |swō'lən| A past participle of the verb **swell.**

swoop |swoop| —*verb* **swooped, swooping** 1. To fly or move with a quick, sudden, sweeping motion. 2. To grab or seize with a quick, sweeping motion.
—*noun, plural* **swoops** The act of swooping; a quick, sudden sweeping motion.

sword |sôrd| or |sōrd| —*noun, plural* **swords** A hand weapon that is made of a long, pointed blade set in a handle or hilt.

swore |swôr| or |swōr| The past tense of the verb **swear.**

sworn |swôrn| or |swōrn| The past participle of the verb **swear.**

swum |swŭm| The past participle of the verb **swim.**

swung |swŭng| The past tense and past participle of the verb **swing.**

syl·lab·i·cate |sĭ lăb'ĭ kāt'| —*verb* **syllabicated, syllabicating** To divide a word into syllables.

syl·lab·i·fy |sĭ lăb'ə fī'| —*verb* **syllabified, syllabifying** To divide a word into syllables.

syl·la·ble |sĭl'ə bəl| —*noun, plural* **syllables** A single sound that forms part of a word or an entire word. For example, "ball" has only one syllable and is spoken without a break or pause. "Basketball" has three syllables.

sym·bol |sĭm'bəl| —*noun, plural* **symbols** Something that represents or stands for something else. For example, the lion is a symbol of courage; the dove is a symbol of peace; a red traffic light is a symbol that tells drivers to stop.

swimmer *sustantivo* Persona, animal o pez que nada; nadador.

swindle *verbo* Conseguir el dinero o la propiedad de alguien por medios deshonestos o ilegales; estafar; engañar.
—*sustantivo* El acto de estafar; estafa; engaño; trampa.

swine *sustantivo* Cerdo; puerco.

swing *verbo* 1. Mover o causar movimiento de vaivén; columpiar; balancear; oscilar; mecer. 2. Mover o voltear para causar el movimiento de algo alrededor de una curva; doblar; batear: *The player swings the baseball bat.* = *El jugador batea con el bate de béisbol.*
—*sustantivo* 1. El acto de columpiarse, mecerse o golpear algo de lado como con un bate de béisbol, una raqueta de tennis o cualquier movimiento parecido. 2. Asiento suspendido o colgado de arriba, en donde una persona puede mecerse; columpio.

swirl *verbo* Mover o voltear o causar movimiento de vueltas y vueltas; girar; arremolinar.
—*sustantivo* 1. Movimiento en círculo; torbellino; remolino. 2. Algo encorvado o de forma crespa.

swish *verbo* Mover o causar un movimiento con sonido tal como el del viento cuando sopla.
—*sustantivo* Sonido o movimiento que produce un sonido así definido.

switch *sustantivo* 1. Desviación o cambio; substitución: *There has been a switch in plans.* = *Ha habido un cambio de planes.* 2. Vara flexible, delgada, que se usa para azotar; varilla. 3. Movimiento en forma de latigazo; azote. 4. Aparato que se usa para cerrar y abrir un circuito eléctrico; interruptor. 5. Aparato hecho de dos secciones de carrilera y ciertas otras partes movibles que se usan para mover un tren de un carril a otro.
—*verbo* 1. Reemplazar o cambiar; desviar. 2. Sacudir o mover repentinamente. 3. Abrir y cerrar un circuito eléctrico con un interruptor. 4. Transferir trenes de un carril a otro.

switchboard *sustantivo* Tablero con interruptores que se usa para conectar o desviar circuitos eléctricos, el más comun de los cuales se usa para conectar y desconectar líneas telefónicas; conmutador.

swollen Pretérito del verbo **swell.**

swoop *verbo* 1. Volar o moverse súbita y precipitadamente; arremeter; bajar en picada. 2. Agarrar o coger con un movimiento rápido.
—*sustantivo* Movimiento rápido como el de una ave de rapiña; arremetida.

sword *sustantivo* Arma de mano que se hace con una cuchilla larga, puntiaguda y afilada, con empuñadura y guarnición; espada.

swore Pretérito del verbo **swear.**

sworn Participio pasado del verbo **swear.**

swum Participio pasado del verbo **swim.**

swung Pretérito y participio pasado del verbo **swing.**

syllabicate *verbo* Dividir una palabra en sílabas.

syllabify *verbo* Dividir una palabra en sílabas.

syllable *sustantivo* Sonido único que forma parte de una palabra o que es una palabra entera. Por ejemplo, "ball" tiene una sílaba y se dice sin pausas mientras que "basketball" tiene tres sílabas.

symbol *sustantivo* Algo que representa otra cosa; símbolo. Por ejemplo, el león es un símbolo de valor, la paloma de paz y el rojo en un semáforo que significa alto.

sym·bol·ize |sĭm′bə līz′| —*verb* **symbolized, symbolizing** **1.** To be a symbol of; represent; stand for. **2.** To represent by a symbol or symbols.

sym·me·try |sĭm′ĭ trē| —*noun, plural* **symmetries** An exact matching of the shape and the form or arrangement of parts on opposite sides of a line or around a center.

sym·pa·thet·ic |sĭm′pə thĕt′ĭk| —*adjective* **1.** Showing or feeling understanding, pity, or kindness toward others. **2.** In favor of; in agreement.

sym·pa·thize |sĭm′pə thīz′| —*verb* **sympathized, sympathizing** **1.** To feel or show sympathy for another. **2.** To share or understand another's feelings or ideas.

sym·pa·thy |sĭm′pə thē| —*noun, plural* **sympathies** **1.** The ability to understand and share another's problems or sorrow; a feeling sorry for another. **2.** Agreement or support.

sym·pho·ny |sĭm′fə nē| —*noun, plural* **symphonies** **1.** A long and elaborate musical composition that is written to be played by an orchestra. **2.** A large orchestra that performs symphonies and other large musical compositions. It is usually made up of string, wind, and percussion instruments.

symp·tom |sĭmp′təm| —*noun, plural* **symptoms** A sign or indication that something is changing or wrong.

syn·a·gogue |sĭn′ə gŏg′| or |sĭn′ə gôg′| —*noun, plural* **synagogues** A building or place used by Jews for worship and religious instruction.

syn·o·nym |sĭn′ə nĭm| —*noun, plural* **synonyms** A word that has the same meaning or almost the same meaning as another. For example, the words *bright* and *smart* are synonyms.

syn·thet·ic |sĭn thĕt′ĭk| —*adjective* Of something that is made by man and not found in nature; artificial. Plastic and nylon are synthetic materials.

syr·up |sĭr′əp| or |sûr′əp| —*noun, plural* **syrups** A thick, sweet liquid. It is usually made by boiling the juice of a fruit or plant with sugar.

sys·tem |sĭs′təm| —*noun, plural* **systems** **1.** A set of parts or things that form a whole. **2.** An orderly way of doing something. **3.** A form of organization and a set of rules or beliefs.

symbolize *verbo* **1.** Ser un símbolo de algo; significar algo; representar; simbolizar. **2.** Representar por medio de símbolos.

symmetry *sustantivo* Correspondencia exacta en la figura y forma o arreglo de partes a lados opuestos de una línea o alrededor de un centro; simetría.

sympathetic *adjetivo* **1.** Que muestra compadecimiento, entendimiento, pesar o bondad hacia otros; compasivo; comprensivo. **2.** En favor de algo; de acuerdo; partidario de algo.

sympathize *verbo* **1.** Sentir o mostrar simpatía por otro; simpatizar. **2.** Entender o compartir los sentimientos o ideas de otro.

sympathy *sustantivo* La habilidad de comprender y compartir los problemas y penas de otro; sentimiento de pesar por otro. **2.** Acuerdo; apoyo.

symphony *sustantivo* **1.** Composición musical, larga y compleja, escrita para ser tocada por una orquesta; sinfonía. **2.** Orquesta grande que ejecuta sinfonías y otras composiciones musicales, usualmente compuesta de instrumentos de cuerda, viento y percusión; orquesta sinfónica.

symptom *sustantivo* Signo o indicación que algo está mal o que está cambiando; síntoma.

synagogue *sustantivo* Edificio o lugar usado por los judíos como lugar de oración e instrucción religiosa; sinagoga.

synonym *sustantivo* Palabra que tiene el mismo, o casi el mismo significado que otra; sinónimo. Por ejemplo, las palabras *bright* y *smart* son sinónimos.

synthetic *adjetivo* Algo hecho por el hombre que no se encuentra en la naturaleza; sintético; artificial. Plástico y nilón son materiales sintéticos.

syrup *sustantivo* Líquido espeso y dulce que se hace hirviendo el jugo de frutas o plantas con azúcar; almíbar; jarabe.

system *sustantivo* Sistema: **1.** Conjunto de partes o cosas que forman un todo. **2.** Manera ordenada de hacer algo. **3.** Forma de organización y su conjunto de reglas y creencias.

T

t or **T** |tē| —*noun, plural* **t's** or **T's** The twentieth letter of the English alphabet.

tab |tăb| —*noun, plural* **tabs** A small flap or strip that is attached to an object and sticks out from it. Tabs are used for opening cans, to help mark cards used in filing, and sometimes for fastening buttons on some kinds of coats.

ta·ble |tā′bəl| —*noun, plural* **tables** **1.** A piece of furniture with a flat top that is supported by one or more vertical legs. **2. a.** The food served at a table. **b.** The people seated at a table. **3.** A brief list of facts and information.

ta·ble·cloth |tā′bəl klôth′| or |tā′bəl klŏth′| —*noun, plural* **ta·ble·cloths** |tā′bəl klôthz′| or |tā′bəl klŏthz′| or |tā′bəl klôths′| or |tā′bəl klŏths′| A piece of cloth for covering a table, especially during a meal.

ta·ble·spoon |tā′bəl spōōn′| —*noun, plural* **tablespoons** **1.** A large spoon used for serving food. **2. a.** A tablespoon with something in it. **b.** The amount that a tablespoon holds. **3.** A unit of measure in cooking. It is equal to three teaspoons.

t o **T** *sustantivo* La vigésima letra del alfabeto inglés.

tab *sustantivo* Pequeña aleta o tira pegada a un objeto y que sobresale de éste; lengüeta. Las lengüetas se usan para abrir latas, para marcar tarjetas de archivo y algunas veces para abrochar botones en cierto tipo de abrigos.

table *sustantivo* **1.** Mueble con una superficie plana que se sostiene sobre una o más patas verticales; mesa. **2. a.** Comida que se sirve en una mesa. **b.** Las personas que se sientan a la mesa. **3.** Lista corta de hechos e información; tabla.

tablecloth *sustantivo* Pedazo de tela con la que se cubre una mesa, especialmente durante las comidas; mantel.

tablespoon *sustantivo* Cuchara: **1.** Cuchara grande que se usa para servir comida. **2. a.** Cuchara con algo en ella; cucharada. **b.** La cantidad que contiene una cuchara; cucharada. **3.** En la cocina, unidad de medida equivalente a tres cucharadas de té; cucharada.

ər butt**er**   yōō abuse   ou **out**   ŭ cut   û fur   *th* **the**   th **thin**   hw **which**   zh vision   ə **ago, item, pencil, atom, circus**

tab·let | tăb′lĭt | —*noun, plural* **tablets** **1.** A flat slab of wood or stone. Ancient peoples used them to write and draw on before paper was invented. **2.** A pad of writing paper in which the paper sheets are glued together at one end. **3.** A small, flat piece of medicine that is meant to be swallowed.

table tennis A game that is similar to tennis. It is played on a table with a small plastic ball and wooden paddles.

tack | tăk | —*noun, plural* **tacks** **1.** A short, thin nail with a wide, round head. **2.** A course of action or an approach. —*verb* **tacked, tacking** **1.** To fasten or attach with a tack or tacks. **2.** To add.

tack·le | tăk′əl | —*noun, plural* **tackles** **1.** The equipment used in a sport, especially in fishing; gear. **2.** A system of ropes and pulleys used for lifting and lowering large or heavy objects. **3.** The act or an example of knocking someone to the ground, especially in football. —*verb* **tackled, tackling** **1.** To take on and deal with such things as difficulties, opportunities, or problems. **2.** To grab another person and throw him or her to the ground, especially in football.

tact | tăkt | —*noun* The ability to say or do the right thing in a difficult situation so as to avoid offending others.

tag¹ | tăg | —*noun, plural* **tags** A piece of paper, metal, plastic, or other material that is attached to something or worn by someone. —*verb* **tagged, tagging** **1.** To label or identify with a tag or tags; attach a tag to. **2.** To follow closely.

tag² | tăg | —*noun, plural* **tags** **1.** A game in which one person chases the others until he or she touches one of them. The person touched must then chase the others. **2.** In baseball, the act of putting a runner out by touching him, her, or the base with the ball. —*verb* **tagged, tagging** **1.** To touch another player, as in the game of tag. **2.** In baseball, to put a runner out.

tail | tāl | —*noun, plural* **tails** **1.** The part of an animal's body that is farthest to the rear. **2.** Anything that looks, hangs, or follows behind like an animal's tail. **3.** The rear, end, or bottom part of anything. —*verb* **tailed, tailing** To follow and watch.

tai·lor | tā′lər | —*noun, plural* **tailors** A person who makes, repairs, or alters clothing. —*verb* **tailored, tailoring** To make, repair, or alter as the work of a tailor.

take | tāk | —*verb* **took, taken, taking** **1.** To capture, seize, or win. **2.** To grasp with the hand or hands. **3.** To carry to another place. **4.** To go with; escort. **5.** To move or remove. **6.** To get or receive. **7.** To eat, drink, swallow, or inhale. **8.** To perform or do. **9.** To require or need. **10.** To choose or select; pick out. **11.** To subtract. **12.** To endure or put up with. **13.** To accept what someone says, either willingly or reluctantly. **14.** To react or respond to in a certain way. **15.** To have a feeling about oneself or something one has done. **16.** To undertake; commit oneself to. **17.** To use or make use of. **18.** To become. **19.** To come upon suddenly. **20.** To study. **21.** To find out, using a special method. **22.** To please; to charm. **23.** To make by photography. **24.** To hire, rent, or lease. **25.** To buy or subscribe to.
Phrasal verbs **take after** **1.** To chase. **2.** To resemble or look like. **take for** To think or suppose to be. - **take over** To assume control of. **take up** **1.** To shorten. **2.** To use up, occupy, or consume. **3.** To begin again or start to do something.

tablet *sustantivo* **1.** Losa plana de madera o de piedra que en la antigüedad se usaba para escribir y dibujar, antes de que se inventara el papel; placa; tableta. **2.** Bloc de papel para escribir en el cual las hojas de papel están pegadas todas juntas por un extremo; libreta de apuntes. **3.** Medicamento elaborado en una forma pequeña y chata, el cual se traga; comprimido; pastilla.

table tennis Juego similar al tenis, que se juega en una mesa con una pelota de plástico pequeña y con paletas de madera; tenis de mesa.

tack *sustantivo* **1.** Clavo corto y fino con una cabeza ancha y redonda; tachuela; puntilla. **2.** Acción o procedimiento. —*verbo* **1.** Fijar o unir con una tachuela o tachuelas; apuntillar. **2.** Agregar; añadir.

tackle *sustantivo* **1.** Equipo que usa en un deporte, especialmente en la pesca; aparejo; enseres. **2.** Sistema de cuerdas y poleas que se usan para levantar y bajar objetos grandes o pesados. **3.** Acto o una demostración de tirar a alguien al suelo, especialmente en el fútbol americano. —*verbo* **1.** Asumir y hacerle frente a las dificultades, oportunidades o problemas; enfrentar; abordar. **2.** Agarrar a otra persona y tirarla al suelo, especialmente en el fútbol americano; atajar.

tact *sustantivo* Habilidad de decir o hacer lo correcto en una situación difícil de manera de no ofender a otros; tacto; discreción.

tag¹ *sustantivo* Pedazo de papel, metal, plástico u otro material que se une a algo o que alguien usa con un objeto; etiqueta; rótulo. —*verbo* **1.** Clasificar o identificar con una etiqueta o etiquetas; pegar una etiqueta a algo. **2.** Seguir muy de cerca a alguien; ir a la rastra: *My brother is tagging along after me.* = *Mi hermano me sigue a la rastra.*

tag² *sustantivo* **1.** Juego en el que una persona persigue a las otras hasta tocar a una de ellas. La persona que ha sido tocada debe entonces perseguir a los demás; mancha. **2.** En béisbol, el acto de sacar a un jugador tocando a éste o a la base con la pelota. —*verbo* **1.** Tocar a otro jugador, como en el juego de mancha. **2.** En béisbol, sacar a un jugador.

tail *sustantivo* **1.** La parte del cuerpo de un animal que está más hacia atrás; rabo; cola. **2.** Cualquier cosa que parece, cuelga o sigue detrás como la cola de un animal. **3.** La parte trasera, el final o el fondo de cualquier cosa. —*verbo* Seguir y vigilar; espiar.

tailor *sustantivo* Persona que hace, repara o altera ropa; sastre. —*verbo* Hacer, reparar o alterar como en el trabajo de un sastre.

take *verbo* **1.** Capturar, apresar o ganar. **2.** Asir con la mano o las manos; tomar; coger. **3.** Llevar a otro lugar; devolver. **4.** Llevar a alguien; acompañar; conducir. **5.** Mover o remover; tomar; sacar. **6.** Coger o recibir. **7.** Comer, beber, tragar o inhalar. **8.** Realizar o hacer; tomar: *To take precautions.* = *Tomar precauciones.* **9.** Requerir o necesitar; *It takes time to learn how to play the clarinet.* = *Aprender a tocar el clarinete requiere tiempo.* **10.** Escoger o seleccionar; elegir. **11.** Sustraer; restar. **12.** Soportar o aguantar: *I can't take this racket anymore.* = *No aguanto más este bullicio.* **13.** Aceptar lo que dice alguien, ya sea de buena gana o a regañadientes; seguir: *Take my advice.* = *Siga mi consejo.* **14.** Reaccionar o responder a algo de cierta manera. **15.** Tener un sentimiento sobre uno mismo o sobre algo que uno ha hecho; sentir. **16.** Llevar a cabo; comprometerse a algo; tomar. **17.** Usar o hacer uso de; tomar: *Take the bus.* = *Tome el autobús.* **18.** Sentirse: *She took sick at the party.* = *Ella se sintió enferma en la fiesta.* **19.** Aparecerse de repente: *We took them by surprise.* = *Los tomamos de sorpresa.* **20.** Estudiar. **21.** Averiguar, utilizando un método especial; tomar. **22.** Agradar; encantar: *The*

ă pat ā pay â care ä father ĕ pet ē be ĭ pit ī pie î fierce ŏ pot ō go ô paw, for oi oil oo book ōō boot

whole family is taken with the new baby. = *Toda la familia está encantada con el recién nacido.* **23.** Hacer algo por medio de la fotografía; sacar; tomar. **24.** Emplear; alquilar; arrendar: *He's taking on three new workers.* = *Él está empleando a tres obreros nuevos.*
Verbos en locuciones **take after 1.** Perseguir; correr detrás. **2.** Asemejarse; parecerse: *He takes after his mother.* = *Él se parece a su madre.* **take for** Pensar o suponer algo que no es; tomar: *He took me for his uncle.* = *Él me tomó por su tío.* **take over** Asumir control; hacerse cargo. **take up 1.** Acortar; alzar: *I have to take up my new dress.* = *Tengo que acortar mi nuevo vestido.* **2.** Usar, ocupar o utilizar: *That table takes up a lot of room.* = *Esa mesa ocupa mucho espacio.* **3.** Comenzar de nuevo o empezar a hacer algo; reanudar: *He took up where he had left off.* = *Él reanudó donde había dejado.*

tak·en | tā′kən | The past participle of the verb **take**.

take·off | tāk′ôf′ | or | tāk′ŏf′ | —*noun, plural* **takeoffs** The act or process of rising up in flight.

tale | tāl | —*noun, plural* **tales 1.** A report of facts or events. **2.** An imaginary or made-up story; a lie.

tal·ent | tăl′ənt | —*noun, plural* **talents 1.a.** A natural ability to do something well. **b.** A person with such ability. **2.** A knack.

talk | tôk | —*verb* **talked, talking 1.** To use human speech; utter words. **2.** To communicate, using something that takes the place of speech. **3.** To express ideas, thoughts, or feelings, using speech. **4.** To speak of or discuss. **5.** To chatter on and on. **6.** To influence by speech.
—*noun, plural* **talks 1.** An informal speech or conference. **2.** The exchange of ideas; conversation.

tall | tôl | —*adjective* **taller, tallest 1.** Having a greater than ordinary or average height. **2.** Having a specific height. **3.** Imaginary or made-up; hard to believe.

tal·on | tăl′ən | —*noun, plural* **talons** The claw of an animal or bird that seizes other animals as prey.

tam·bou·rine | tăm′bə rēn′ | —*noun, plural* **tambourines** A small drum that has metal disks attached to the rim. The disks jingle when the tambourine is struck or shaken.

tame | tām | —*adjective* **tamer, tamest 1.** Taken from a naturally wild state and made obedient or gentle. **2.** Not fierce or dangerous; gentle and not afraid.
—*verb* **tamed, taming** To make or become obedient or gentle.

tam·per | tăm′pər | —*verb* To interfere or meddle in a harmful way.

tan | tăn | —*verb* **tanned, tanning 1.** To make animal hides into leather by soaking them in certain chemicals or mixtures. **2.** To make or become brown by exposure to the sun.
—*noun, plural* **tans 1.** A light yellowish-brown color. **2.** The brown color gotten by exposing the skin to the sun.
—*adjective* **tanner, tannest** Of the color tan.

tan·ger·ine | tăn′jə rēn′ | —*noun, plural* **tangerines 1.** A fruit that is related to the orange, but a little smaller. Tangerines have dark orange skin that peels easily. **2.** A deep reddish-orange color.

tan·gle | tăng′gəl | —*verb* **tangled, tangling** To mix or become mixed together in a confused or twisted mass; snarl.
—*noun, plural* **tangles** A confused, snarled mass.

tank | tăngk | —*noun, plural* **tanks 1.** A large container for holding liquids. **2.a.** A tank with something in it. **b.** The amount a tank holds. **3.** A heavily armored vehicle that is used in combat. It is enclosed, covered with thick metal plates, and equipped with cannon and guns.

taken Participio pasado del verbo **take**.

takeoff *sustantivo* El acto o proceso de levantar en vuelo; despegue.

tale *sustantivo* **1.** Reportaje de hechos o sucesos; cuento; relato. **2.** Historia imaginaria o inventada; mentira; cuento.

talent *sustantivo* **1.a.** Habilidad natural para hacer algo bien; capacidad; talento. **b.** Persona con tal habilidad. **2.** Don; habilidad.

talk *verbo* **1.** Usar el habla humana; decir palabras; hablar. **2.** Comunicarse usando algo en reemplazo del habla. **3.** Expresar ideas, pensamientos o sentimientos utilizando la palabra; conversar. **4.** Hablar de algo o discutir; discurrir; departir. **5.** Chacharear sin parar; charlar; parlotear. **6.** Influir por medio de la palabra; persuadir; inducir.
—*sustantivo* **1.** Discuso o conferencia informal; charla; plática. **2.** Intercambio de ideas; conversación.

tall *adjetivo* **1.** Que tiene una estatura más alta que la promedio o común; espigado; alto. **2.** Que tiene una estatura específica; de altura. **3.** Imaginado o inventado; exagerado; increíble: *That's a tall tale.* = *Esa es una historia increíble.*

talon *sustantivo* Pata con uñas corvas de un animal o un pájaro con las que atrapa a otros animales; garra.

tambourine *sustantivo* Tambor pequeño que tiene discos de metal en los bordes, los cuales suenan cuando se toca o se sacude; pandereta.

tame *adjetivo* **1.** Tomado de un estado natural, salvaje, y hecho obediente o manso; domesticado; dócil. **2.** Que no es fiero o peligroso; sumiso; que no tiene miedo; manso.
—*verbo* Hacer o convertir en dócil o manso; domar; domesticar.

tamper *verbo* Interferir o entremeterse en forma dañina; meterse; inmiscuirse.

tan *verbo* **1.** Hacer cueros de las pieles de animales sumergiéndolas en ciertos productos químicos o mezclas; adobar; curtir. **2.** Hacer o tornarse marrón al exponerse al sol; tostar.
—*sustantivo* **1.** Color marrón amarillento claro; color café. **2.** Color marrón que se adquiere al exponer la piel al sol; bronceado.
—*adjetivo* De color marrón amarillento claro; de color café.

tangerine *sustantivo* **1.** Fruta relacionada con la naranja pero que es un poco más pequeña; mandarina. La mandarinas tiene la piel de color naranja oscuro y se pelan fácilmente. **2.** Color naranja rojizo intenso.

tangle *verbo* Mezclar o mezclarse en una masa confusa y retorcida; enredar; enredarse.
—*sustantivo* Masa confusa y enmarañada; embrollo; enredo; maraña.

tank *sustantivo* **1.** Receptáculo grande para contener líquidos; tanque. **2.a.** Tanque con algo dentro. **b.** La cantidad que contiene un tanque. **3.** Vehículo blindado, pesado, que se usa en combate; tanque. Los tanques son cerrados, están cubiertos con gruesas placas de metal y están equipados con cañones y revólveres.

tank·er |tăng′kər| —*noun, plural* **tankers** A ship, truck, or airplane that is built to carry a large amount of oil or other liquids or gases.

tan·trum |tăn′trəm| —*noun, plural* **tantrums** A fit or outburst of bad temper.

tap¹ |tăp| —*verb* **tapped, tapping** 1. To strike or hit gently with a light blow or blows. 2. To imitate or produce with light blows.
—*noun, plural* **taps** 1. A light or gentle blow. 2. The sound made by such a blow.

tap² |tăp| —*noun, plural* **taps** A device at the end of a pipe for turning water or other liquid on and off and for regulating the amount of liquid that flows out; a faucet. Sinks have taps.
—*verb* **tapped, tapping** 1. To pierce or put a hole in something in order to draw liquid out of it. Maple trees are tapped to get syrup. 2. To cut in on and make a connection with.

tape |tāp| —*noun, plural* **tapes** 1. A long, narrow, flexible piece of material, such as plastic, paper, or metal. Tape has many uses. Some tape has glue on one or both sides and is used for repairing things or sealing packages. Other tape is marked like a ruler and used for measuring. 2. A long, narrow piece of specially treated plastic on which sounds or images can be recorded.
—*verb* **taped, taping** 1. To fasten or bind with tape. 2. To record sounds or images on tape.

ta·per |tā′pər| —*verb* **tapered, tapering** 1. To make or become gradually thinner toward one end. 2. To become slowly smaller or less.

tape recorder A machine that can record sound on specially treated plastic tape and that can also play the sound back.

tap·es·try |tăp′ĭ strē| —*noun, plural* **tapestries** A heavy cloth with designs or pictures in many colors woven in it. It is hung on walls as decoration or used to cover furniture.

tar |tär| —*noun* A thick, sticky, dark substance that is made from wood, coal, or peat. It is used to pave roads and cover roofs.
—*verb* **tarred, tarring** To coat or cover with tar.

tar·dy |tär′dē| —*adjective* **tardier, tardiest** Happening or coming late; delayed; late.

tar·get |tär′gĭt| —*noun, plural* **targets** 1. Something, such as a mark, circle, or object, that is aimed or fired at. 2. A person or object that is made fun of, ridiculed, or criticized. 3. A goal or aim.

tar·iff |tär′ĭf| —*noun, plural* **tariffs** A tax or duty that a government places on imported or exported goods.

tar·nish |tär′nĭsh| —*verb* **tarnished, tarnishing** 1. To dull the color or luster of. 2. To become dull; lose color or luster.
—*noun* 1. The condition of being tarnished. 2. A thin dull coating on the surface of a metal, as on silver. Tarnish can be removed with polish.

tart¹ |tärt| —*adjective* **tarter, tartest** 1. Having a sharp taste; sour. 2. Sharp or harsh in tone or meaning.

tart² |tärt| —*noun, plural* **tarts** A small pie with no crust on top.

tar·tan |tär′tn| —*noun, plural* **tartans** 1. Any one of many plaid fabric patterns having stripes of different colors and widths that cross one another at right angles. 2. A woolen fabric having such a pattern.

task |tăsk| or |täsk| —*noun, plural* **tasks** A piece of work.

tas·sel |tăs′əl| —*noun, plural* **tassels** 1. A bunch of loose threads or cords that are tied together at one end and hang free at the other. 2. Anything that looks like this, such as a growth of hair at the end of the tail of certain animals and the silky flower clusters on an ear of corn.

tanker *sustantivo* Barco, camión o avión que se construye para llevar grandes cantidades de petróleo u otros líquidos o gases.

tantrum *sustantivo* Ataque o acceso de mal genio; arranque de cólera; rabieta; pataleta.

tap¹ *verbo* Palmotear: 1. Pegar o dar suavemente con un golpe o golpes ligeros; tocar; golpear. 2. Imitar o producir con golpes ligeros.
—*sustantivo* 1. Golpe suave o ligero; palmadita. 2. Sonido que produce tal golpe.

tap² *sustantivo* Aparato situado al final de una cañería que sirve para sacar agua u otro líquido y también para regular la cantidad de líquido que sale; grifo; canilla; espita.
—*verbo* 1. Perforar o hacer un hueco en algo para sacar líquido; horadar; perforar; sangrar; drenar. Los arces se drenan a fin de obtener el jarabe o almíbar. 2. Interceptar una conexión; intervenir un teléfono.

tape *sustantivo* 1. Pedazo largo, estrecho y flexible de material, tal como plástico, papel o metal; cinta. Las cintas tienen muchos usos; algunas tienen goma en uno o en ambos lados y se usan para reparar objetos o sellar paquetes. Otras tienen marcas, como una regla, y se usan para medir. 2. Pedazo largo y estrecho de plástico que ha sido tratado especialmente y en el cual se han grabado sonidos o imágenes; cinta magnetofónica.
—*verbo* 1. Asegurar o atar con una cinta; vendar. 2. Grabar sonidos o imágenes; filmar; hacer una grabación.

taper *verbo* 1. Hacer o hacerse algo gradualmente más estrecho en un extremo; afilar. 2. Convertirse poco a poco en algo menor o más pequeño; disminuir.

tape recorder Máquina que graba el sonido en una cinta plástica que ha sido tratada especialmente, y que también puede reproducirlo; magnetófono; grabadora de cinta magnética.

tapestry *sustantivo* Tela pesada que tiene diseños o dibujos de muchos colores en el tejido y que se cuelga en las paredes como decoración o se usa también para tapizar muebles; tapiz.

tar *sustantivo* Substancia espesa, pegajosa y oscura que se hace de la madera, el carbón, o de la turba y que se utiliza para pavimentar carreteras y cubrir techos; brea; alquitrán.
—*verbo* Pintar o cubrir con brea; embrear; alquitranar.

tardy *adjetivo* Que pasa o que llega tarde; retrasado; tarde; tardío.

target *sustantivo* 1. Algo, así como una marca, un círculo o un objeto, al cual se le apunta o se le dispara; blanco; diana. 2. Persona u objeto que se ridiculiza o se critica; blanco; centro. 3. Meta; objetivo.

tariff *sustantivo* Impuesto o derecho que un gobierno pone a las mercaderías importadas o exportadas; tarifa; arancel.

tarnish *verbo* 1. Oscurecer el color o el lustre de algo; empañar; manchar. 2. Opacarse; perder el color o el lustre; deslucirse; descolorarse.
—*sustantivo* 1. Condición de estar empañado o manchado; deslustre; descoloramiento. 2. Capa opaca y fina en la superficie de un metal como la plata; óxido.

tart¹ *adjetivo* 1. Que tiene un sabor acre; agrio; acídulo. 2. De tono o significado áspero o rudo; cáustico.

tart² *sustantivo* Pastel pequeño que no tiene costra por encima; tarta.

tartan *sustantivo* 1. Cualquiera de los muchos dibujos a rayas, en tela de distintos colores y anchuras, que se cruzan entre sí en ángulo recto; tartán. 2. Tela de lana con tal dibujo.

task *sustantivo* Parte de un trabajo; tarea; labor.

tassel *sustantivo* 1. Grupo de hilos o cuerdas que se sujetan en un extremo y que cuelgan sueltas en el otro; borla. 2. Cualquier cosa que se parece a esto, como un mechón de pelo al final del rabo de ciertos animales y los ramos de flores sedosas en las mazorcas de maíz.

ă pat ā pay â care ä father ĕ pet ē be ĭ pit ī pie î fierce ŏ pot ō go ô paw, for oi oil oo book oo boot

taste |tāst| —*noun, plural* **tastes 1.** The sensation that is produced by food or some other substance that is placed in the mouth; flavor. **2.** The sense by which one can notice the flavor or flavors of something placed in the mouth. **3.** A small amount eaten or tasted. **4.** A liking or preference for something. **5. a.** The ability to know what is good in a certain situation or to appreciate what is good, beautiful, or of high quality. **b.** A manner, quality, or style that shows such an ability. —*verb* **tasted, tasting 1.** To notice the flavor of by taking into the mouth. **2.** To have a certain flavor. **3.** To sample a small amount of.

tast·y |tā′stē| —*adjective* **tastier, tastiest** Having a good or pleasing flavor.

tat·too |tă tōō′| —*noun, plural* **tattoos** A mark or design on the skin made by pricking the skin with needles that have dye or colors on the points. —*verb* **tattooed, tattooing** To mark the skin with a tattoo.

taught |tôt| The past tense and past participle of the verb **teach.**

taut |tôt| —*adjective* **tauter, tautest 1.** Pulled or drawn tight. **2.** Strained or tense.

tav·ern |tăv′ərn| —*noun, plural* **taverns 1.** A place where alcoholic beverages are sold and drunk; a bar. **2.** A place where travelers can eat and sleep during a trip; an inn.

tax |tăks| —*noun, plural* **taxes 1.** Money that people must pay in order to support government. **2.** A heavy demand; a strain or burden. —*verb* **taxed, taxing 1.** To place a tax on. **2.** To make a heavy demand upon; to strain or burden.

tax·a·tion |tăk sā′shən| —*noun* The act or system of taxing.

tax·i |tăk′sē| —*noun, plural* **taxis** or **taxies** A taxicab.

tax·i·cab |tăk′sē kăb′| —*noun, plural* **taxicabs** An automobile that can be hired to drive passengers wherever they want to go. It usually has a meter that registers the cost or fare.

tea |tē| —*noun, plural* **teas 1.** A drink made by soaking or brewing the dried leaves of an Asian shrub in boiling water. **2.** The dried leaves of this shrub. **3.** The shrub these leaves grow on. **4.** A drink resembling tea, made from the leaves or flowers of other plants or from other substances. **5.** A light meal or small party in the late afternoon at which tea is served.

teach |tēch| —*verb* **taught, teaching 1.** To help someone learn; give knowledge of or lessons in. **2.** To do this regularly as one's job. **3.** To show or learn from experience or example.

teach·er |tē′chər| —*noun, plural* **teachers** A person whose job is teaching.

teach·ing |tē′chĭng| —*noun, plural* **teachings 1.** The work or occupation of teachers. **2.** Something taught.

team |tēm| —*noun, plural* **teams 1.** Two or more animals that are harnessed together to do work. **2.** A group of players on the same side in a game. **3.** Two or more people who work together. —*verb* **teamed, teaming** To work together as a team; form a team.

tear¹ |târ| —*verb* **tore, torn, tearing 1.** To pull apart, be pulled apart, divide, or be divided by force; to split. **2.** To make an opening or wound in by ripping. **3.** To pull or remove forcefully. **4.** To upset emotionally. **5.** To move with great speed; to rush.
Phrasal verb **tear down** To destroy or demolish. —*noun, plural* **tears** A cut, hole, or opening made by

taste *sustantivo* **1.** Sensación que produce la comida u otra substancia que se coloca en la boca; sabor. **2.** Sentido por el cual uno puede darse cuenta del sabor o de los sabores de las cosas que se colocan en la boca; sabor; gusto. **3.** Cantidad pequeña que se come o prueba. **4.** Gusto o preferencia por algo; inclinación: *She has a taste for music.* = *Ella tiene inclinación por la música.* **5. a.** Habilidad de saber lo que es bueno en cierta situación o de poder apreciar lo que es bueno, bonito, o de alta calidad; apreciación; gusto. **b.** La manera, calidad o estilo que se demuestra a través de esta habilidad; gusto: *Her new furniture is in good taste.* = *Su mobiliario nuevo es de buen gusto.* —*verbo* **1.** Apreciar el sabor de algo poniéndoselo en la boca; saborear. **2.** Que tiene cierto sabor. **3.** Probar una pequeña cantidad de algo: *Taste the string beans.* = *Prueba las judías.*

tasty *adjetivo* Que tiene un sabor bueno o agradable; sabroso; gustoso.

tattoo *sustantivo* Marca o diseño en la piel que se hace pinchándola con agujas que tienen tintes o colores en las puntas; tatuaje. —*verbo* Marcar la piel con un tatuaje; tatuar.

taught Pretérito y participio pasado del verbo **teach.**

taut *adjetivo* **1.** Extendido o estirado en extremo; tenso; tieso; tirante. **2.** En tensión; tenso.

tavern *sustantivo* **1.** Lugar donde se venden y toman bebidas alcohólicas; bar; cantina; taberna. **2.** Lugar donde los viajeros pueden comer y dormir durante un viaje; mesón; posada; hostería.

tax *sustantivo* **1.** Dinero que las personas deben pagar para mantener al gobierno; impuesto. **2.** Demanda fuerte; exigencia. —*verbo* **1.** Imponer un impuesto; gravar: *The state taxes incomes.* = *El estado grava los ingresos.* **2.** Exigir fuertemente; cansar; abrumar.

taxation *sustantivo* Acto o sistema de fijar impuestos; tributación; sistema tributario.

taxi *sustantivo* Taxi.

taxicab *sustantivo* Automóvil que se puede alquilar para conducir pasajeros a cualquier lugar que quieran ir y que generalmente tiene un medidor que marca el costo; taxímetro; taxi.

tea *sustantivo* Té: **1.** Bebida que se hace al remojar o ablandar las hojas secas de un arbusto asiático en agua hirviendo. **2.** Las hojas secas de este arbusto. **3.** Arbusto en el cual crecen estas hojas. **4.** Cualquier bebida parecida al té, hecha de las hojas o de las flores de otras plantas o de otras substancias. **5.** Comida ligera o reunión pequeña en la tarde, en la cual se sirve el té.

teach *verbo* Enseñar **1.** Ayudar a alguien a aprender; darle conocimientos o lecciones en algo. **2.** Hacer esto con regularidad, como profesión. **3.** Demostrar o aprender de la experienca o de un ejemplo.

teacher *sustantivo* Persona cuyo trabajo consiste en la enseñanza; maestro.

teaching *sustantivo* **1.** El trabajo o la ocupación de los maestros; enseñanza; magisterio. **2.** Algo que se enseña; instrucción; enseñanza; doctrina.

team *sustantivo* **1.** Dos o más animales que se enjaezan para trabajar juntos; yunta. **2.** Grupo de jugadores que juegan en el mismo lado; equipo. **3.** Dos o más personas que trabajan juntas; equipo. —*verbo* Trabajar juntos, como en equipo; unir fuerzas.

tear¹ *verbo* **1.** Separar, ser separado, dividir o ser dividido por la fuerza; desgarrar; romper; rasgar. **2.** Hacer una abertura o herida en algo rompiéndolo; rasgar; despedazar. **3.** Halar o quitar con fuerza; arrancar. **4.** Perturbar emocionalmente; torturar; atormentar: *She was torn over whether to keep or give back the money she had found.* = *Ella se sentía atormentada*

ər butter   yōō abuse   ou out   ŭ cut   û fur   *th* the   th thin   hw which   zh vision   ə ago, item, pencil, atom, circus

tearing; a rip.

entre la posibilidad de quedarse con el dinero que había encontrado, o devolverlo. **5.** Moverse a gran velocidad; apresurarse; salir corriendo: *She went tearing down the road to catch the bus.* = *Ella salió corriendo por la ruta para alcanzar el autobús.*

Verbo en locución **tear down** Destruir o demoler.
—*sustantivo* Corte, agujero o abertura producida como resultado de una separación o división abrupta; desgarramiento; rasgamiento; rotura; desgarro.

tear² |tĭr| —*noun, plural* **tears 1.** A drop of the clear, salty liquid that comes from the eye. It is produced by a certain gland in the eye. **2. tears** The act of weeping.

tear² *sustantivo* **1.** Gota de un líquido claro y salado que proviene del ojo, producida por cierta glándula del ojo; lágrima. **2. tears** El acto de llorar o de irrumpir en lágrimas.

tease |tēz| —*verb* **teased, teasing** To annoy or bother by making fun of.
—*noun, plural* **teases** Someone who teases.

tease *verbo* Irritar o molestar haciendo burla; fastidiar; importunar.
—*sustantivo* Alguien que hace burlas; bromista.

tea·spoon |tē'spōōn'| —*noun, plural* **teaspoons 1.** A small spoon used for stirring liquids and eating soft foods. **2. a.** A teaspoon with something in it. **b.** The amount that a teaspoon holds. **3.** A unit of measure in cooking. A teaspoon is equal to one third of a tablespoon or a half ounce.

teaspoon *sustantivo* **1.** Cuchara pequeña que se usa para revolver líquidos y para ingerir alimentos blandos; cucharilla; cucharita de té. **2. a.** Cucharilla con algo en ella. **b.** Cantidad que cabe dentro de una cucharilla; cucharadita. **3.** Unidad de medida en la cocina. Una cucharadita es igual a un tercio de cucharada o a media onza.

tech·ni·cal |tĕk'nĭ kəl| —*adjective* **1.** Of or having to do with technique. **2.** Of or having to do with a particular subject or field, such as a science or an art. **3.** Of or having to do with mechanical or industrial arts.

technical *adjetivo* Técnico: **1.** Que tiene que ver con la técnica. **2.** Que tiene que ver con un tópico o campo particular, tal como la ciencia o una de las artes. **3.** Que tiene que ver con las artes industriales o mecánicas.

tech·nique |tĕk nēk'| —*noun, plural* **techniques 1.** A method or way of doing something difficult or complicated, as in science or art. **2.** The degree to which someone has mastered or can do this.

technique *sustantivo* Técnica: **1.** Método o manera de aprender a hacer algo difícil o complicado, como en una ciencia o en un arte. **2.** Grado hasta el cual alguien ha llegado a dominar o a hacer algo.

tech·nol·o·gy |tĕk nŏl'ə jē| —*noun, plural* **technologies** The use of scientific knowledge in industry, especially in such technical fields as engineering and mechanical arts.

technology *sustantivo* El uso de conocimientos científicos en la industria, especialmente en campos técnicos como la ingeniería y las artes mecánicas; technología.

ted·dy bear |tĕd'ē| A child's toy bear that is usually stuffed with soft material.

teddy bear Oso de juguete que generalmente está relleno con un material suave; osito de felpa.

te·di·ous |tē'dē əs| —*adjective* Long and tiring; boring.

tedious *adjetivo* Largo y cansado; aburrido; fastidioso; tedioso.

teem |tēm| —*verb* **teemed, teeming** To be full of; abound or swarm.

teem *verbo* Estar lleno de algo, abundar; rebosar.

teen·ag·er |tēn'ā'jər| —*noun, plural* **teen-agers** A person between the ages of thirteen and nineteen.

teen-ager *sustantivo* Persona que tiene entre trece y diecinueve años; adolescente.

teens |tēnz| —*plural noun* The years of a person's life between the ages of thirteen and nineteen.

teens *sustantivo* Los años en la vida de una persona entre los trece y los diecinueve años; adolescencia.

teeth |tēth| The plural of the noun **tooth.**

teeth Plural del sustantivo **tooth.**

teethe |tēth| —*verb* **teethed, teething** To have teeth develop and start to come through the gums.

teethe *verbo* Comenzar a desarrollarse los dientes y a salir por las encías; dentar.

tel·e·gram |tĕl'ə grăm'| —*noun, plural* **telegrams** A message that is sent by telegraph.

telegram *sustantivo* Mensaje que se envía por telégrafo; telegrama.

tel·e·graph |tĕl'ə grăf'| or |tĕl'ə grăf'| —*noun, plural* **telegraphs 1.** A system of sending messages over wire or radio to a special receiving station. **2.** A message sent by such a system; a telegram.
—*verb* **telegraphed, telegraphing** To send a message to someone by telegraph.

telegraph *sustantivo* **1.** Sistema de enviar mensajes por cable o por radio a una estación receptora especial **2.** Mensaje enviado a través de este sistema; telegrama.
—*verbo* Enviar un mensaje a alguien por telégrafo; telegrafiar.

tel·e·phone |tĕl'ə fōn'| —*noun, plural* **telephones** An instrument that sends and receives speech and other sounds over long distances.
—*verb* **telephoned, telephoning 1.** To call or talk with someone by telephone. **2.** To send a message or other information by telephone.

telephone *sustantivo* Instrumento que envía y recibe palabras y otros sonidos a través de largas distancias; teléfono.
—*verbo* Telefonear: **1.** Llamar o hablar con alguien por teléfono. **2.** Enviar un mensaje u otra información por teléfono.

tel·e·scope |tĕl'ə skōp'| —*noun, plural* **telescopes** An instrument that makes distant objects appear closer and larger. It uses a series of lenses or mirrors that are arranged inside a long tube.

telescope *sustantivo* Instrumento que hace que los objetos distantes luzcan más cercanos y más grandes, utilizando una serie de lentes o espejos que se colocan dentro de un tubo largo; telescopio.

tel·e·vise |tĕl'ə vīz'| —*verb* **televised, televising** To broadcast by television.

televise *verbo* Transmitir por televisión; televisar.

tel·e·vi·sion |tĕl'ə vĭzh'ən| —*noun, plural* **televisions 1.** A system for sending and receiving pictures of objects and actions with the sounds that go with them. **2.** A device that receives these pictures and sounds and on which they can be seen or heard.

television *sustantivo* Televisión: **1.** Sistema para enviar y recibir imágenes de objetos y acciones con los sonidos correspondientes. **2.** Aparato que recibe estas imágenes y sonidos y en el cual se pueden ver u oír.

tell |tĕl| —*verb* **told, telling 1.** To express in words;

tell *verbo* **1.** Expresar con palabras; decir. **2.** Hacer un

say. **2.** To give an account of; relate or describe. **3.** To show or inform; indicate. **4.** To know or recognize. **5.** To order or command.

tell·er |tĕl′ər| —*noun, plural* **tellers 1.** A person who tells something, such as a story or tale. **2.** A person working in a bank who receives and pays out money.

tem·per |tĕm′pər| —*noun, plural* **tempers 1.** One's usual mood or state of mind; disposition. **2.** The condition of being calm in the mind or emotions. **3.** A tendency to become angry or annoyed.
—*verb* **tempered, tempering** To soften or make less harsh.

tem·per·ate |tĕm′pə rĭt| or |tĕm′prĭt| —*adjective* Of or having a climate that is never too hot or too cold.

tem·per·a·ture |tĕm′pər ə chər| or |tĕm′prə chər| —*noun, plural* **temperatures 1.** The relative degree of hot or cold. **2.** A body temperature that has risen above normal because of some disease or disorder. Normal body temperature is 98.6 degrees.

tem·ple¹ |tĕm′pəl| —*noun, plural* **temples 1.** A building or place used to worship a god or gods. **2.** Any building used for worship, especially a Jewish synagogue.

tem·ple² |tĕm′pəl| —*noun, plural* **temples** The flat part on either side of a person's head.

tem·po·rar·y |tĕm′pə rĕr′ē| —*adjective* Lasting or used for a short time only; not permanent.

tempt |tĕmpt| —*verb* **tempted, tempting 1.** To persuade or try to persuade someone to do something that is foolish or wrong. **2.** To appeal strongly to; attract. **3.** To take the chance of loss, harm, or injury from.

temp·ta·tion |tĕmp tā′shən| —*noun, plural* **temptations 1.** The act of tempting or condition of being tempted. **2.** Something that tempts.

ten |tĕn| —*noun, plural* **tens** & *Adjective* A number, written 10.

ten·ant |tĕn′ənt| —*noun, plural* **tenants** A person who pays rent to use or occupy land, a building, an apartment, a store, or other property owned by another person.

tend¹ |tĕnd| —*verb* **tended, tending 1.** To move or lead in a certain direction. **2.** To be likely; incline.

tend² |tĕnd| —*verb* **tended, tending** To look after; take care of.

ten·den·cy |tĕn′dən sē| —*noun, plural* **tendencies** An inclination to think, act, or behave in a certain way.

ten·der |tĕn′dər| —*adjective* **tenderer, tenderest 1.** Not hard or strong; easily crushed or damaged; fragile. **2.** Not tough; soft. **3. a.** Easily hurt; sensitive. **b.** Painful or sore. **4.** Kind and loving; gentle.

ten·don |tĕn′dən| —*noun, plural* **tendons** A strong band or cord of tissue that connects a muscle with a bone.

ten·e·ment |tĕn′ə mənt| —*noun, plural* **tenements** A cheap apartment building that is found in the poorer sections of a city.

ten·nis |tĕn′ĭs| —*noun* A sport, played by two or four people on a rectangular court, in which a ball is hit back and forth over a net with a large racket.

ten·or |tĕn′ər| —*noun, plural* **tenors 1.** A man's singing voice, higher than a baritone and lower than an alto. **2.** A singer who has such a voice.

tense¹ |tĕns| —*adjective* **tenser, tensest 1.** Stretched or pulled tight; strained. **2.** Causing or showing suspense, strain, or excitement.
—*verb* **tensed, tensing** To make or become tense.

tense² |tĕns| —*noun, plural* **tenses** Any of the forms of a verb that indicate the time when something takes

---

relato de algo; describir; narrar; contar. **3.** Demostrar o informar; indicar. **4.** Saber o reconocer; identificar: *Can you tell whose voice this is?* = *¿Puedes reconocer de quién es la voz?* **5.** Ordenar o mandar.

teller *sustantivo* **1.** Persona que dice algo, como una historia o un cuento; relator; narrador. **2.** Persona que trabaja en un banco, que recibe y paga dinero; cajero; pagador.

temper *sustantivo* **1.** El estado de ánimo usual de una persona; disposición; genio. **2.** La condición de estar calmado en la mente o en las emociones; temple. **3.** Tendencia a enojarse o irritarse; mal genio.
—*verbo* Suavizar o hacer menos áspero; atemperar; moderar.

temperate *adjetivo* Relativo al clima en el que nunca hace demasiado calor o demasiado frío; templado.

temperature *sustantivo* Temperatura: **1.** El grado relativo de calor o de frío. **2.** Temperatura del cuerpo que ha subido por encima de lo normal debido a alguna enfermedad o desorden. La temperatura normal del cuerpo es 98.6 grados Fahrenheit.

temple¹ *sustantivo* Templo: **1.** Edificio o lugar que se utiliza para adorar a un dios o a dioses. **2.** Cualquier edificio que se usa para la devoción, especialmente una sinagoga hebrea.

temple² *sustantivo* La parte plana a cada lado de la cabeza de una persona; sien.

temporary *adjetivo* Que dura o que se usa por un corto tiempo solamente; que no es permanente; temporario; provisional; momentáneo.

tempt *verbo* **1.** Persuadir o tratar de persuadir a alguien para que haga algo que es imprudente o malo. **2.** Atraer fuertemente; seducir. **3.** Correr riesgos de pérdida, daño o lesión.

temptation *sustantivo* Tentación: **1.** El acto de tentar, o la condición de ser tentado. **2.** Algo que tienta.

ten *sustantivo y adjetivo* Diez.

tenant *sustantivo* Persona que paga alquiler para usar u ocupar un terreno, un edificio, un apartamento, una tienda u otra propiedad que le pertenece a otra persona; inquilino.

tend¹ *verbo* **1.** Mover o dirigir en cierta dirección: *This route tends toward the south.* = *Esta ruta se dirige hacia el sur.* **2.** Propender; tender: *He tends to be lazy.* = *Él tiende a ser perezoso.*

tend² *verbo* Asistir; cuidar; servir; atender.

tendency *sustantivo* Inclinación a pensar, actuar o comportarse de cierto modo; propensión; tendencia.

tender *adjetivo* **1.** No duro o fuerte; tierno; que se puede triturar o dañar fácilmente; frágil; delicado. **2.** No correoso o duro; blando; suave; tierno. **3. a.** Que se lastima fácilmente; sensitivo; delicado. **b.** Dolorido; sensible. **4.** Bondadoso; amable; cariñoso; compasivo.

tendon *sustantivo* Tira o cuerda fuerte de tejido que conecta un músculo con un hueso; tendón.

tenement *sustantivo* Edificio de apartamentos de baja calidad que se encuentra en los barrios más pobres de una ciudad; casa de vecindad; conventillo.

tennis *sustantivo* Deporte que se juega entre dos o cuatro personas en una cancha rectangular y que consiste en golpear una pelota con una raqueta de un lado a otro por encima de una malla; tenis.

tenor *sustantivo* Tenor: **1.** Voz cantante de hombre, más alta que la de barítono y más baja que la de contralto. **2.** Cantante que tiene esa voz.

tense¹ *adjetivo* **1.** Estirado o tendido con tirantez; tenso; tirante. **2.** Que causa o muestra suspenso, tirantez o excitación; tenso.
—*verbo* Hacer o hacerse tenso; poner o ponerse en tensión; tensar o tensarse.

tense² *sustantivo* Cualquiera de las formas de un verbo que indican el tiempo en que algo sucede; tiempo.

ər butter yōō abuse ou out ŭ cut û fur *th* the th thin hw which zh vision ə ago, item, pencil, atom, circus

place. *I eat* is in the present tense, *I ate* is in the past tense, and *I shall* (or *will*) *eat* is in the future tense.

tent |tĕnt| —*noun, plural* **tents** A shelter of canvas or nylon that is supported by poles and held in place by ropes and pegs.

ten·ta·cle |tĕn′tə kəl| —*noun, plural* **tentacles** One of the thin, flexible parts that extend from the body of an octopus, jellyfish, or other animal. Tentacles are used for grasping and moving.

tenth |tĕnth| —*noun, plural* **tenths** & *adjective* See **Table of Numerals.**

tequila —*noun, plural* **tequilas** An alcoholic beverage made from a fleshy-leaved Central American plant.

term |tûrm| —*noun, plural* **terms** **1.** A period of time. **2.** A word having a precise meaning. **3.** **terms** The conditions under which something can be done or achieved. **4.** **terms** The relation between persons or groups.
—*verb* **termed, terming** To name; to call.

ter·mi·nal |tûr′mə nəl| —*noun, plural* **terminals** A station at the end of a railroad, bus line, or air line.

ter·mite |tûr′mīt′| —*noun, plural* **termites** An insect that looks like an ant but is not related to it. Termites live in large groups, feeding on and destroying wood.

ter·race |tĕr′əs| —*noun, plural* **terraces** **1.** A porch or balcony. **2.** An open, paved area next to a house; patio. **3.** A raised bank of earth having straight or slanting sides and a level top.

ter·ri·ble |tĕr′ə bəl| —*adjective* **1.** Causing terror or extreme fear. **2.** Not pleasant. **3.** Extremely bad.

ter·rif·ic |tə rĭf′ĭk| —*adjective* **1.** Causing great fear or terror. **2.** Very good. **3.** Very great or intense.

ter·ri·fy |tĕr′ə fī′| —*verb* **terrified, terrifying, terrifies** To fill with terror; frighten greatly.

ter·ri·to·ry |tĕr′ĭ tôr′ē| or |tĕr′ĭ tōr′ē| —*noun, plural* **territories** **1.** An area of land; a region. **2.** The land and waters controlled by a state, nation, or government. **3.** A part of the United States not admitted as a state.

ter·ror |tĕr′ər| —*noun, plural* **terrors** **1.** Great or intense fear. **2.** A person or thing that causes such fear.

test |tĕst| —*noun, plural* **tests** **1.** A way of finding out the nature or quality of something. **2.** A way of finding out if something is in proper working order. **3.** A series of questions or tasks to determine a person's knowledge or ability.
—*verb* **tested, testing** To study or examine by means of a test.

tes·ti·fy |tĕs′tə fī′| —*verb* **testified, testifying, testifies** **1.** To state something under oath. **2.** To serve as evidence or proof of.

tes·ti·mo·ny |tĕs′tə mō′nē| —*noun, plural* **testimonies** **1.** A statement made under oath. **2.** Any evidence or proof.

test tube A long tube of clear glass, open at one end and rounded at the other. Test tubes are used in laboratory tests and experiments.

text |tĕkst| —*noun, plural* **texts** **1.** The actual words of a piece of writing or of a speech. **2.** The main body of writing in a book.

text·book |tĕkst′bŏŏk′| —*noun, plural* **textbooks** A book used by a student for studying a particular subject.

tex·tile |tĕk′stəl| or |tĕk′stīl′| —*noun, plural* **textiles** Cloth or fabric that is made by weaving or knitting. Wool, silk, and linen are textiles.

tex·ture |tĕks′chər| —*noun, plural* **textures** The look or feel of a fabric. The texture of a fabric results from the way its threads are woven or arranged.

than |thăn| —*conjunction* The conjunction **than** is used: **1.** To introduce a comparison. **2.** To introduce a

tent *sustantivo* Albergue de lona o nilón sostenido por postes y sujetado con cuerdas y estacas; tienda de campaña.

tentacle *sustantivo* Una de las partes delgadas y flexibles que se extienden del cuerpo de un pulpo, medusa u otro animal y que se utiliza para agarrar y andar; tentáculo.

tenth *sustantivo y adjetivo* Consulte la **Tabla de Números.**

tequila *sustantivo* Licor alcohólico que se hace de una planta de hojas carnosas, de Centroamérica; tequila.

term *sustantivo* **1.** Espacio de tiempo; plazo; término; período. **2.** Palabra que tiene un significado preciso; voz; término. **3.** **terms** Estipulaciones bajo las cuales se puede hacer o lograr algo; condiciones. **4.** **terms** Relación entre personas o grupos; términos; relaciones mutuas.
—*verbo* Llamar; calificar de.

terminal *sustantivo* Estación al final de un ferrocarril, línea de autobús o línea aérea; terminal.

termite *sustantivo* Insecto que parece hormiga aunque no pertenece a esa familia, y que vive en grupos muy numerosos comiendo y destruyendo la madera; termita; comején.

terrace *sustantivo* **1.** Portal o balcón; terraza. **2.** Espacio abierto pavimentado contiguo a una casa; patio. **3.** Bancal elevado de tierra con laderas verticales o inclinadas y superficie llana; terrado; terraza.

terrible *adjetivo* **1.** Que causa terror o miedo extremo; terrible. **2.** No agradable; horrible. **3.** Extremadamente malo; malísimo; terrible; horrible.

terrific *adjetivo* **1.** Que causa gran miedo o terror; terrífico. **2.** Muy bueno; tremendo. **3.** Muy grande o intenso; tremendo.

terrify *verbo* Llenar de terror; asustar mucho; aterrar; aterrorizar; espantar.

territory *sustantivo* **1.** Área de tierra; territorio; región. **2.** Tierras y aguas controladas por un estado, nación o gobierno; territorio nacional. **3.** Región distante o marginal poseída por una nación, que tiene estado político o económico secundario.

terror *sustantivo* Terror: **1.** Miedo grande o intenso; espanto. **2.** Persona o cosa que causa miedo.

test *sustantivo* **1.** Manera de averiguar la naturaleza o calidad de algo; prueba; ensayo; análisis. **2.** Modo de averiguar si algo está en condiciones adecuadas de funcionamiento; prueba de funcionamiento. **3.** Serie de preguntas o tareas para averiguar los conocimientos o capacidad de una persona; examen; prueba.
—*verbo* Estudiar o examinar por medio de una prueba.

testify *verbo* **1.** Declarar algo bajo juramento; testificar; declarar; atestiguar. **2.** Servir como prueba de; atestiguar; dar fe de; aseverar.

testimony *sustantivo* Testimonio: **1.** Declaración hecha bajo juramento. **2.** Cualquier evidencia o prueba.

test tube Tubo largo de cristal claro, abierto en un extremo y redondeado en el otro, que se usa en las pruebas y experimentos de laboratorio; probeta; tubo de ensayo.

text *sustantivo* Texto: **1.** Las palabras actuales de un escrito o discurso. **2.** Parte principal escrita de un libro.

textbook *sustantivo* Libro utilizado por un estudiante para estudiar una materia particular; libro de texto.

textile *sustantivo* Tela que se hace tejiendo materiales tales como lana, seda, lino o fibras artificiales; textil; tejido.

texture *sustantivo* Aspecto o sensación al tacto de una tela, que se debe a la forma en que sus hilos están tejidos u ordenados; textura.

than *conjunción* La conjunción **than** se usa: **1.** Para introducir una comparación; más que: *Lead is heavier*

choice that has been rejected.

thank |thăngk| —*verb* **thanked, thanking** To tell a person that one is grateful or pleased.

thank·ful |thăngk′fəl| —*adjective* Showing or feeling gratitude; grateful.

thanks |thăngks| —*plural noun* A saying or showing that one is grateful.
—*interjection* A word used to express gratitude.

that |thăt| or |thət| —*adjective, plural* **those 1.** Being the person or thing at a distance. **2.** Indicating the person or thing at a distance or already mentioned.
—*pronoun, plural* **those 1.** Something already pointed out or mentioned. **2.** The other. **3.** Something at a distance. **4.** Who, whom, or which. **5.** In, on, or for which.
—*adverb* To that extent.
—*conjunction* The conjunction **that** is used to introduce another part of a sentence.

thatch |thăch| —*noun* Straw, reeds, or palm fronds, used to cover a roof.
—*verb* **thatched, thatching** To cover with thatch.

that's |thăts| A contraction for "that is."

thaw |thô| —*verb* **thawed, thawing 1.** To change from a solid to a liquid by gradual warming; melt. **2.** To become warm enough for snow and ice to melt. **3.** To become more friendly.
—*noun, plural* **thaws** A period of warm weather that melts ice and snow.

the¹ |thē| or |thə| —*definite article* **1.** The definite article **the** is used before a noun or phrase that stands for a particular person or thing. **2.** Any; every.

the² |thə| or |thē| —*adverb* To that extent; by that much.

the·a·ter or **the·a·tre** |thē′ə tər| —*noun, plural* **the·aters** or **theatres 1.** A building or outdoor area where plays or motion pictures are presented. **2.** The work of people who write or act in plays or are employed in putting on plays.

theft |thĕft| —*noun, plural* **thefts** The act or an instance of stealing.

their |thâr| or |thər| —*pronoun* The pronoun **their** is a possessive form of **they.** It means: **1.** Of or belonging to them. **2.** Done or performed by them.

theirs |thârz| —*pronoun* The pronoun **theirs** is a possessive form of **they.** It is used to show that something or someone belongs to them.

them |thĕm| —*pronoun* The pronoun **them** is the objective case of **they.** It is used: **1.** As the direct object of a verb. **2.** As the indirect object of a verb. **3.** As the object of a preposition.

theme |thĕm| —*noun, plural* **themes 1.** The subject of a talk or a piece of writing. **2.** A melody on which a musical composition is based.

them·selves |thĕm sĕlvz′| or |thəm sĕlvz′| —*pronoun* The pronoun **themselves** is a special form of **they. 1.** It is used: **a.** As the direct object of a verb. **b.** As the indirect object of a verb. **c.** As the object of

thank *verbo* Decirle a una persona que uno está agradecido o complacido; dar gracias a; agradecer.

thankful *adjetivo* Que muestra o siente gratitud; agradecido.

thanks *sustantivo* Expresión o muestra de que uno está agradecido; gracias.
—*interjección* Palabra que se usa para expresar gratitud; gracias.

that *adjetivo* **1.** Que es la persona o cosa a distancia; ese o esa; aquel o aquella. **2.** Que indica la persona o cosa a distancia o ya mencionada; ese o esa; aquel o aquella.
—*pronombre* **1.** Algo ya señalado o mencionado; eso. **2.** El otro; ése: *This is a bigger piece of cake than that.* = *Este es un pedazo de torta más grande que ése.* **3.** Algo que está distante; ése, esa, eso; aquél, aquella o aquello. **4.** Quien; a quien; al cual; que; al que; el que; la que. **5.** En que; que.
—*adverbio* En esa medida; tan: *Is it that difficult to do your homework?* = *¿Es tan difícil hacer tus tareas escolares?*
—*conjunción* La conjunción **that** se usa para introducir otra parte de la oración; que: *I didn't think that you were coming.* = *No creí que vendrías.*

thatch *sustantivo* Paja, juncos o palmas que se utilizan para cubrir techos; tejado de paja u hojas.
—*verbo* Cubrir con paja u hojas.

that's Contracción de "that is".

thaw *verbo* **1.** Cambiar, calentando gradualmente, de sólido a líquido; derretir o derretirse. **2.** Subir la temperatura lo suficiente como para que la nieve y el hielo se derritan; deshelar. **3.** Hacerse más amistoso o tratable; abrirse.
—*sustantivo* Período de temperaturas cálidas que derrite el hielo y la nieve; deshielo.

the¹ *artículo determinado* El artículo determinado **the** se usa delante de un sustantivo o frase que representa a una persona o cosa particular; el; la; lo; los; las.

the² *adverbio* En esa medida; en esa cantidad; mientras más . . . tanto más: *the sooner the better* = *mientras más pronto mejor. The more I see her, the more I like her.* = *Mientras más la veo, tanto más me gusta.*

theater o **theatre** *sustantivo* Teatro: **1.** Edificio o lugar al aire libre donde se ofrecen dramas, comedias o películas. **2.** Profesión de los que escriben obras teatrales, actúan en ellas o se emplean en su presentación.

theft *sustantivo* Acto o instancia de robo; hurto.

their *pronombre* El pronombre **their** es una forma posesiva de **they.** Significa: **1.** De o perteneciendo a ellos o ellas; su; sus: *their house* = *su casa.* **2.** Hecho o realizado por ellos o ellas; sus.

theirs *pronombre* El pronombre **theirs** es una forma posesiva de **they.** Se usa para indicar que algo o alguien pertenece a ellos o ellas; suyo o suyos: *The large package is theirs.* = *El paquete grande es suyo.*

them *pronombre* El pronombre **them** es el caso objetivo de **they:** a ellos; a ellas; los; las; les. Se usa: **1.** Como el complemento directo de un verbo: *She touched them on the arm.* = *Ella les tocó en el brazo.* **2.** Como el complemento indirecto de un verbo: *I gave them good advice.* = *Yo les di buenos consejos.* **3.** Como el complemento de una preposición: *Paul gave the car keys to them.* = *Paul les dió las llaves del automóvil a ellos.*

theme *sustantivo* Tema: **1.** Motivo de una charla o escrito. **2.** Melodía en la que se basa una composición musical.

themselves *pronombre* El pronombre **themselves** es una forma especial de **they:** ellos mismos; ellas mismas; sí mismos. Se usa: **1. a.** Como el complemento directo de un verbo: *They blamed themselves.* = *Ellos*

a preposition. **d.** To call special attention to certain persons or things. **2.** The pronoun **themselves** is used to mean "their normal selves."

then |thĕn| —*adverb* **1.** At that time. **2.** After that; next. **3.** In that case.
—*noun* That time or moment.
Idioms **and then some** And much more. **now and then** From time to time; once in a while.

the·o·ry |thē'ə rē| or |thîr'ē| —*noun, plural* **theories 1.** An idea or set of ideas made up to explain why something happened or continues to happen. **2.** A guess, estimate, or judgment based on limited knowledge or information.
there |thâr| —*adverb* **1.** At or in that place. **2.** To or toward that place.
—*pronoun* **1.** The pronoun **there** is used to introduce a sentence or part of a sentence. **2.** That place.
—*interjection* A word used to express satisfaction, sympathy, or encouragement.

there·a·bouts |thâr'ə bouts'| —*adverb* **1.** Near that time, age, or number. **2.** In that area or neighborhood.

there·af·ter |thâr ăf'tər| or |thâr âf'tər| —*adverb* After that or from then on.

there·by |thâr bī'| or |thâr'bī'| —*adverb* By that means; in that way.

there·fore |thâr'fôr'| or |thâr'fōr'| —*adverb* For that reason.

there's |thârz| A contraction for "there is" and "there has."

ther·mom·e·ter |thər mŏm'ĭ tər| —*noun, plural* **thermometers** An instrument for measuring and indicating temperature. A thermometer usually consists of a long glass tube with a column of liquid, which has been marked off in a scale to show degrees of temperature.
Ther·mos bottle |thûr'məs| A container having a double lining with a vacuum between to slow down any change of temperature.
ther·mo·stat |thûr'mə stăt'| —*noun, plural* **thermostats** A device that controls temperature automatically. Thermostats are used to control furnaces, ovens, refrigerators, and many other things.
these |thēz| The plural of the word **this.**
they |thā| —*pronoun* **1.** The persons, animals, or things last mentioned. **2.** People in general. The pronoun **they** is the plural of **he, she,** and **it.**

they'd |thād| A contraction of "they had" and "they would."
they'll |thāl| A contraction of "they will."
they're |thâr| A contraction of "they are."
they've |thāv| A contraction of "they have."
thick |thĭk| —*adjective* **thicker, thickest 1.** Having much space between opposite sides or surfaces; not thin. **2.** Measured between surfaces; measured in distance between opposite sides. **3.** Not flowing easily; heavy. **4.** Very dense or heavy.
—*adverb* So as to be thick.
—*noun* The center of action or activity.

se culparon a sí mismos. **b.** Como el complemento indirecto de un verbo: *Paul and Fred gave themselves enough time to finish their tasks.* = *Paul y Fred se concedieron a sí mismos tiempo suficiente para terminar sus tareas.* **c.** Como el complemento de una preposición: *They saved all the ice cream for themselves.* = *Ellos se reservaron todo el helado para sí mismos.* **d.** Para llamar especial atención de alguien o para algo: *Her parents themselves are going.* = *Sus padres mismos van.* **2.** El pronombre **themselves** se usa para significar "ellos en su estado o forma normal" o "los mismos": *They have not been themselves since the accident.* = *Ellos no han sido los mismos desde el accidente.*

then *adverbio* Entonces: **1.** En esa ocasión o momento. **2.** Después de eso; en seguida. **3.** En tal caso.
—*sustantivo* Ese momento; entonces: *From then on, I got to class on time.* = *Desde entonces, llegué a clase a tiempo.*
Modismos **and then some** Y mucho más. **now and then** De vez en cuando; una que otra vez.

theory *sustantivo* **1.** Idea o conjunto de ideas inventadas para explicar por qué algo sucedió o continúa sucediendo; teoría. **2.** Conjetura; suposición; estimado u opinión basados en conocimiento o información limitado; idea; especulación.
there *adverbio* **1.** En ese lugar; ahí; allí; allá. **2.** A o hacia ese lugar; allí; allá.
—*pronombre* **1.** El pronombre **there** se usa para introducir una oración o parte de ella: *There is no reason to do that.* = *No hay motivo para hacer eso.* **2.** Ese lugar; allí.
—*interjección* Palabra usada para expresar satisfacción, compasión o ánimo; ¡vaya!; ¡ya, ya!; ¡eso es!
thereabouts *adverbio* **1.** Cerca de ese tiempo, edad o número; más o menos; aproximadamente. **2.** En esa zona o vecindad; por ahí; por allí; cerca.
thereafter *adverbio* Después de eso o desde ese momento; más tarde; en lo adelante.
thereby *adverbio* Por ese medio; de esa manera; de tal modo; así.
therefore *adverbio* Por esa razón; por lo tanto.

there's Contracción de "there is" y "there has".

thermometer *sustantivo* Instrumento para medir e indicar la temperatura, que generalmente consiste en un tubo largo de vidrio con una columna de líquido, marcado con una escala que indica grados de temperatura; termómetro.

Thermos bottle *sustantivo* Recipiente que tiene doble forro con un vacío entre ellos para retardar cualquier cambio de temperatura; termo o termos.
thermostat *sustantivo* Dispositivo que controla la temperatura automáticamente, el cual se usa en hornos, refrigeradores y muchas otras cosas; termostato.

these Plural de la palabra **this.**
they *pronombre* **1.** Personas, animales o cosas mencionadas en la última parte de una oración; ellos o ellas. **2.** La gente en general; ellos o ellas. El pronombre **they** es el plural de **he, she** y **it.**
they'd Contracción de "they had" y "they would".

they'll Contracción de "they will".
they're Contracción de "they are".
they've Contracción de "they have".
thick *adjetivo* **1.** Que tiene mucho espacio entre los lados o superficies opuestos; no delgado; grueso. **2.** Medido entre las superficies; medido según la distancia entre los lados opuestos; de grosor; de grueso; de espesor. **3.** Que no fluye fácilmente; pesado; denso. **4.** Muy denso o espeso; tupido; poblado.
—*adverbio* De manera que sea o quede grueso.
—*sustantivo* El centro de la acción o actividad.

ă pat ā pay â care ä father ĕ pet ē be ĭ pit ī pie î fierce ŏ pot ō go ô paw, for oi oil oo book oo boot

thick·en |thĭk′ən| —*verb* **thickened, thickening** To make or become thick or thicker.

thick·et |thĭk′ĭt| —*noun, plural* **thickets** A dense growth of shrubs or small trees.

thick·ness |thĭk′nĭs| —*noun, plural* **thicknesses** 1. The condition of being thick. 2. The distance through or between opposite surfaces.

thief |thēf| —*noun, plural* **thieves** A person who steals, especially in secret when the victim is not present.

thieves |thēvz| The plural of the noun **thief.**

thigh |thī| —*noun, plural* **thighs** The upper part of the leg, between the knee and the hip.

thim·ble |thĭm′bəl| —*noun, plural* **thimbles** A small metal or plastic cap worn to protect the finger that pushes the needle in sewing.

thin |thĭn| —*adjective* **thinner, thinnest** 1. Having little space between opposite sides or surfaces; not thick. 2. Of small diameter; fine. 3. Having a lean or slender figure. 4. Flowing easily. 5. Not dense or heavy. 6. Easy to see through; poor.
—*adverb* So as to be thin; thinly.
—*verb* **thinned, thinning** To make or become thin or thinner.

thing |thĭng| —*noun, plural* **things** 1. An object or creature that cannot be precisely named. 2. An object that has no life, as distinguished from a living being. 3. A creature or person. 4. An act or deed. 5. **things** One's personal possessions. 6. **things** Conditions in general; the state of affairs.

think |thĭngk| —*verb* **thought, thinking** 1. To use one's mind to make decisions or judgments. 2. To have as a thought; imagine. 3. To believe or suppose. 4. To remember or recall.
Phrasal verbs **think about** 1. To consider the possibility of. 2. To remember; reflect.

third |thûrd| —*noun, plural* **thirds** & *adjective* See **Table of Numerals.**

thirst |thûrst| —*noun, plural* **thirsts** 1. A feeling that one's mouth is very dry, caused by a desire to drink; a craving for water. 2. Any desire or yearning.

thirst·y |thûr′stē| —*adjective* **thirstier, thirstiest** 1. Feeling thirst. 2. Needing moisture; arid; parched.

thir·teen |thûr′tēn′| —*noun, plural* **thirteens** & *adjective* A number, written 13.

thir·teenth |thûr′tēnth′| —*noun, plural* **thirteenths** & *adjective* See **Table of Numerals.**

thir·ti·eth |thûr′tē ĭth| —*noun, plural* **thirtieths** & *adjective* See **Table of Numerals.**

thir·ty |thûr′tē| —*noun, plural* **thirties** & *adjective* A number, written 30.

this |thĭs| —*adjective, plural* **these** 1. Being the person or thing present, nearby, or just mentioned. 2. Indicating the person or thing present, nearby, or just mentioned.
—*pronoun, plural* **these** 1. The person or thing present, nearby, or just mentioned. 2. Something that is about to be said or pointed out. 3. A person or thing that is nearer than another person or thing is or contrasted to another person or thing. 4. The present time.
—*adverb* To this extent; so.

tho·rax |thôr′ăks′| or |thōr′ăks′| —*noun, plural* **thoraxes** 1. The part of the human body that is between the neck and the abdomen; the chest. The thorax is partly surrounded by the ribs. 2. The middle part in the body of an insect, which is divided into three parts.

thorn |thôrn| —*noun, plural* **thorns** 1. A sharp point that grows from the stem of a plant. 2. A shrub, tree, or other plant that has such points.

thicken *verbo* Hacer o hacerse espeso o más espeso.

thicket *sustantivo* Maleza espesa de arbustos y árboles pequeños; matorral; maleza.

thickness *sustantivo* 1. Condición de ser espeso o denso; densidad: 2. Distancia a través o entre superficies opuestas; espesor; grosor.

thief *sustantivo* Persona que roba, especialmente en secreto cuando la víctima no está presente; ladrón.

thieves Plural del sustantivo **thief.**

thigh *sustantivo* Parte superior de la pierna, entre la rodilla y la cadera; muslo.

thimble *sustantivo* Casquillo pequeño de metal o plástico que se usa para proteger el dedo que empuja la aguja al coser; dedal.

thin *adjetivo* 1. Que tiene poco espacio entre los lados o superficies opuestos; delgado; no grueso. 2. De pequeño diámetro; fino. 3. Que tiene la figura delgada o esbelta; flaco. 4. Que fluye fácilmente; aguado; claro; fino. 5. No denso o espeso; ligero; ralo, fino. 6. Fácil de ver a través; que no convence; inverosímil; flojo; tenue.
—*adverbio* De manera que quede fino o delgado; delgadamente.
—*verbo* Hacer o hacerse más fino, delgado, claro o menos abundante; adelgazar; enflaquecer; enrarecer; ponerse ralo.

thing *sustantivo* 1. Objeto o criatura que no se puede nombrar con precisión; cosa. 2. Objeto que no tiene vida, a distinción de un ser viviente; cosa. 3. Criatura o persona. 4. Acto o hecho; acción. 5. **things** Bienes personales de uno; artículos personales. 6. **things** Condiciones en general; las cosas; estado de cosas.

think *verbo* 1. Usar la mente para tomar decisiones o juzgar; pensar. 2. Tener un pensamiento; pensar; imaginar. 3. Creer o suponer. 4. Recordar; acordarse de.
Verbo en locución **think about** 1. Considerar la posibilidad de; pensar en. 2. Recordar; meditar sobre; pensar en.

third *sustantivo y adjetivo* Consulte la **Tabla de Números.**

thirst *sustantivo* Sed: 1. Sensación de tener la boca muy seca, a causa del deseo de beber. 2. Cualquier deseo o anhelo; ansia.

thirsty *adjetivo* Sediento: 1. Que siente sed. 2. Que necesita humedad; árido; reseco.

thirteen *sustantivo y adjetivo* Trece.

thirteenth *sustantivo y adjetivo* Consulte la **Tabla de Números.**

thirtieth *sustantivo y adjetivo* Consulte la **Tabla de Números.**

thirty *sustantivo y adjetivo* Treinta.

this *adjetivo* Este: 1. Que es la persona o cosa presente, cercana o que acaba de mencionarse. 2. Que indica la persona o cosa presente, cercana o que acaba de mencionarse.
—*pronombre* 1. Persona o cosa presente, cercana o que acaba de mencionarse; este o esta. 2. Algo que está a punto de decirse o señalarse; esto. 3. Persona o cosa que está más cerca que otra persona o cosa o se contrasta con otra persona o cosa; éste o ésta. 4. El tiempo presente; esta hora.
—*adverbio* En este grado; tan: *I never knew Jim to stay out this late.* = *Nunca antes ví a Jim quedarse fuera tan tarde.*

thorax *sustantivo* Tórax: 1. La parte del cuerpo humano que está entre el cuello y el abdomen, y que se encuentra parcialmente rodeada por las costillas; pecho. 2. Parte media del cuerpo de un insecto, la cual está dividida en tres partes.

thorn *sustantivo* 1. Punta afilada que crece del tallo de una planta; espina; púa. 2. Arbusto, árbol u otra planta que tiene esas púas; espino; abrojo.

thorn·y |thôr′nē| —*adjective* **thornier, thorniest**
1. Full of or covered with thorns. **2.** Causing trouble;
difficult.

thor·ough |thûr′ō| or |thŭr′ō| —*adjective* **1.** Com-
plete in all respects. **2.** Very careful.

thor·ough·ly |thûr′ō lē| or |thŭr′ō lē| —*adverb* In a
thorough manner; completely, fully, or carefully.

those |thōz| The plural of the word **that.**

though |thō| —*adverb* However; nevertheless.
—*conjunction* Even if; although.

thought |thôt| The past tense and past participle of
the verb **think.**
—*noun, plural* **thoughts 1.** The act or process of
thinking. **2.** The result of thinking; an idea. **3.** Consid-
eration or attention; concern.

thought·ful |thôt′fəl| —*adjective* **1.** Occupied with
thought; thinking. **2.** Showing concern for others;
considerate.

thought·less |thôt′lĭs| —*adjective* **1.** Not thinking;
careless. **2.** Not showing concern for others; not con-
siderate; rude.

thou·sand |thou′zənd| —*noun, plural* **thousands** &
adjective A number, written 1,000.

thou·sandth |thou′zəndth| or |thou′zənth| —*noun,
plural* **thousandths** & *adjective* See **Table of
Numerals.**

thrash |thrăsh| —*verb* **thrashed, thrashing 1.** To
beat or whip. **2.** To move wildly or violently.

thread |thrĕd| —*noun, plural* **threads 1.** A fine, thin
cord made of two or more strands of fiber twisted to-
gether. Thread can be woven into cloth or used in sew-
ing things together. **2.** Anything that resembles a
thread. **3.** An idea or theme that joins together the
parts of a story or speech. **4.** The winding ridge on a
screw, nut, or bolt.
—*verb* **threaded, threading 1.** To pass one end of a
thread through the eye of a needle or through the
hooks and holes on a sewing machine. **2.** To join by
running a thread through; to string. **3.** To make one's
way cautiously through something.

threat |thrĕt| —*noun, plural* **threats 1.** Something
said or expressed with the idea of hurting or punishing.
2. A sign of coming danger. **3.** A person or thing re-
garded as dangerous.

threat·en |thrĕt′n| —*verb* **threatened, threatening
1.** To say a threat against. **2.** To be a threat to; en-
danger. **3.** To give signs or warning of.

three |thrē| —*noun, plural* **threes** & *adjective* A
number, written 3.

thresh |thrĕsh| —*verb* **threshed, threshing** To sepa-
rate the seeds or grain from a plant by striking or
beating.

thresh·old |thrĕsh′ōld| or |thrĕsh′hōld| —*noun,
plural* **thresholds 1.** The piece of wood or stone
placed beneath a door; a sill. **2.** The place or point of
beginning.

threw |thrōō| The past tense of the verb **throw.**

thrift |thrĭft| —*noun* The wise or careful management
of one's money or other resources.

thrift·y |thrĭf′tē| —*adjective* **thriftier, thriftiest**
Practicing thrift; careful in the use of money;
economical.

thrill |thrĭl| —*verb* **thrilled, thrilling** To feel or cause
to feel sudden joy, fear, or excitement.
—*noun, plural* **thrills** A sudden, intense feeling of joy,
fear, or excitement.

thrive |thrīv| —*verb* **throve** or **thrived, thrived** or
thriven, thriving 1. To do well; be or stay in a healthy
condition. **2.** To be successful; make progress.

thriv·en |thrĭv′ən| A past participle of the verb
thrive.

throat |thrōt| —*noun, plural* **throats 1.** The passage
between the mouth and the esophagus. Food passes

thorny *adjetivo* **1.** Lleno o cubierto de espinas; espi-
noso. **2.** Que causa problemas; difícil; arduo; pelia-
gudo; espinoso.

thorough *adjetivo* **1.** Completo en todos los aspectos;
consumado; cabal. **2.** Muy cuidadoso; concienzudo;
minucioso.

thoroughly *adverbio* De manera cabal; completa-
mente; a fondo; cuidadosamente.

those Plural de la palabra **that.**

though *adverbio* Sin embargo; a pesar de.
—*conjunción* Aun cuando; aunque.

thought Pretérito y participio pasado del verbo **think.**
—*sustantivo* **1.** Acto o proceso de pensar; pensa-
miento. **2.** Resultado de pensar; pensamiento; idea.
3. Consideración o atención; cuidado; meditación;
reflexión.

thoughtful *adjetivo* **1.** Ocupado con pensamientos;
pensativo. **2.** Que muestra preocupación por los de-
más; considerado; atento.

thoughtless *adjetivo* **1.** Que no piensa; descuidado;
irreflexivo. **2.** Que no muestra preocupación por los
demás; desconsiderado; descortés; poco atento.

thousand *sustantivo* y *adjetivo* Mil.

thousandth *sustantivo* y *adjetivo* Consulte la **Tabla
de Números.**

thrash *verbo* **1.** Batir; azotar; zurrar. **2.** Moverse o
sacudirse atolondradamente o con violencia; agitarse.

thread *sustantivo* **1.** Cuerda fina y delgada hecha de
dos o más hebras de fibra trenzadas, y que puede
usarse para hacer tela o para coser piezas; hilo.
2. Cualquier cosa que se parece a un hilo. **3.** Idea o
tema que une las partes de un relato o discurso; hilo.
4. Pestaña en espiral de un tornillo, hembra de tornillo
o tuerca; rosca; filete.
—*verbo* **1.** Pasar un extremo de un hilo a través del ojo
de una aguja o por lo ganchos y agujeros de una má-
quina de coser; enhilar; enhebrar. **2.** Unir pasando un
hilo a través de; ensartar. **3.** Avanzar con cautela por
entre algo; colarse a través; pasar por.

threat *sustantivo* Amenaza: **1.** Algo que se dice o ex-
presa con la intención de dañar o castigar. **2.** Señal de
peligro que se avecina. **3.** Persona o cosa considerada
como peligrosa.

threaten *verbo* Amenazar: **1.** Expresar una amenaza.
2. Ser una amenaza. **3.** Dar señales o advertencias.

three *sustantivo* y *adjetivo* Tres.

thresh *verbo* Separar las semillas o granos de una
planta golpeándola o azotándola; trillar; desgranar.

threshold *sustantivo* **1.** Pieza de madera o piedra co-
locada debajo de una puerta; umbral; tranco. **2.** Lugar
o punto de comienzo; umbral; en vísperas; en puertas
de.

threw Pretérito del verbo **throw.**

thrift *sustantivo* Administración sensata y cuidadosa
del dinero y otros recursos de uno; economía; ahorro.

thrifty *adjetivo* Que practica la economía y que es cui-
dadoso con el uso del dinero; económico; ahorrativo.

thrill *verbo* Sentir o ser causa de que se sienta júbilo,
temor o excitación repentina; emocionar; estremecer;
electrizar.
—*sustantivo* Sensación intensa y repentina de júbilo,
temor o excitación; emoción; estremecimiento.

thrive *verbo* Prosperar: **1.** Medrar; estar o permanecer
en condiciones saludables; irle bien a uno. **2.** Tener
buen éxito; progresar.

thriven Un participio pasado del verbo **thrive.**

throat *sustantivo* **1.** Canal entre la boca y el esófago,
por donde pasan los alimentos para llegar al estómago;

---

through the throat to get to the stomach. **2.** Any narrow part resembling the human throat.

throb |thrŏb| —*verb* **throbbed, throbbing** To beat rapidly or violently; pound.
—*noun, plural* **throbs** A rapid or violent beating or pounding.

throne |thrōn| —*noun, plural* **thrones** **1.** The chair occupied by a king, queen, or other ruler. **2.** The rank or power of a ruler.

throng |thrông| or |thrŏng| —*noun, plural* **throngs** A large group of people or things crowded together.
—*verb* **thronged, thronging** To crowd into; fill.

through |thrōō| —*preposition* **1.** In one side and out the other. **2.** Among or between. **3.** By means of; with the help of. **4.** At or to the end of. **5.** At or to the conclusion of. **6.** Here and there in; around.
—*adverb* **1.** From one side of to the other. **2.** Completely; thoroughly. **3.** From beginning to end. **4.** At or to the conclusion. **5.** All the way.
—*adjective* **1.** Allowing passage without stopping. **2.** Going all the way without stopping. **3.** Finished with a task or action; done.

through·out |thrōō out′| —*preposition* In, through, or during every part of.
—*adverb* In, during, or through every part.

throve |thrōve| A past tense of the verb **thrive**.

throw |thrō| —*verb* **threw, thrown, throwing** **1.** To send through the air with a swift motion of the arm; fling. **2.** To thrust with great force, as in anger. **3.** To cause to fall. **4.** To cast; project. **5.** To put on or take off hurriedly. **6.** To put in a particular condition or position.
Phrasal verbs **throw away** To discard as useless. **throw out** To discard; cast out; reject.
—*noun, plural* **throws** **1.** The act of throwing. **2.** A scarf, shawl, or cover.

throw·er |thrō′ər| —*noun, plural* **throwers** Someone or something that throws.

thrown |thrōn| The past participle of the verb **throw**.

thrust |thrŭst| —*verb* **thrust, thrusting** **1.** To push with force; shove. **2.** To stab or pierce.
—*noun, plural* **thrusts** A forceful push or shove.

thumb |thŭm| —*noun, plural* **thumbs** **1.** The short, thick first finger of the human hand, next to the forefinger and opposite the little finger. **2.** The part of a glove or mitten that fits over the thumb.
—*verb* **thumbed, thumbing** To ask or get a ride by pointing one's thumb in the direction one is traveling; hitchhike.
Phrasal verb **thumb through** To turn rapidly the pages of a book or other publication while looking at them.

thumb·tack |thŭm′tăk′| —*noun, plural* **thumbtacks** A tack with a large, flat head that can be pressed into place with the thumb.

thump |thŭmp| —*noun, plural* **thumps** **1.** A blow with a blunt instrument. **2.** The dull sound produced by such a blow.
—*verb* **thumped, thumping** **1.** To strike with a blunt

garganta. **2.** Cualquier parte estrecha que se parece a la garganta humana; cuello.

throb *verbo* Palpitar rápidamente o con violencia; latir; pulsar; vibrar.
—*sustantivo* Pulsación rápida o violenta; latido; palpitación.

throne *sustantivo* Trono: **1.** Silla ocupada por un rey, reina u otro gobernante. **2.** Rango o poder de un gobernante.

throng *sustantivo* Grupo grande de gente o cosas amontonadas; muchedumbre; multitud; tropel.
—*verbo* Atestar; llenar; colmar.

through *preposición* **1.** Entrando por un lado y saliendo por el otro; a través de; de un lado al otro de. **2.** Entre; por en medio de. **3.** Por medición de; con la ayuda de; mediante. **4.** A o hasta el final de. **5.** A o hacía la conclusión de: *We're through the most difficult part of the job.* = *Hemos concluido la parte más difícil del trabajo.* **6.** Aquí y allá de; por: *We traveled through France.* = *Nosotros viajamos por Francia.*
—*adverbio* **1.** De un lado al otro de. **2.** Completamente; enteramente. **3.** De principio a fin; enteramente. **4.** Hasta la conclusión. **5.** Todo el camino hasta su destino: *Does this bus go through to Boston?* = *¿Va este ómnibus hasta Boston?*
—*adjetivo* **1.** Que permite el paso sin detenerse; que tiene salida: *a through street* = *una calle con salida.* **2.** Que va toda la distancia sin parar; directo. **3.** Que ha completado una tarea o acción; que ha terminado.

throughout *preposición* En, por o durante todas las partes de; por todo: *We traveled throughout the country.* = *Viajamos por todo el país.*
—*adverbio* En, durante o por todas partes de: *We searched the house throughout.* = *Buscamos por toda la casa.*

throve Otra forma del pretérito de verbo **thrive**.

throw *verbo* **1.** Enviar por el aire con un movimiento rápido del brazo; lanzar; tirar. **2.** Arrojar con gran fuerza, como con ira; lanzar. **3.** Hacer caer; tirar. **4.** Lanzar; proyectar. **5.** Ponerse o quitarse (una prenda de vestir) precipitadamente; echarse encima o quitarse. **6.** Poner en una condición o posición particular; conectar; desconectar; abrir; cerrar; jalar.
Verbos en locuciones **throw away** Descartar como inservible; tirar; botar. **throw out** Descartar; echar; expulsar; rechazar; botar.
—*sustantivo* **1.** Acto de lanzar, tirar, arrojar, etc.; tirada; echada; lanzamiento; tiro, botada, etc. **2.** Bufanda; chal; mantón; cobertor ligero.

thrower *sustantivo* Alguien o algo que lanza o tira; lanzador; arrojador.

thrown Participio pasado del verbo **throw**.

thrust *verbo* **1.** Empujar con fuerza; embestir. **2.** Clavar; atravesar.
—*sustantivo* Empujón fuerte; embestida; arremetida.

thumb *sustantivo* **1.** Primer dedo de la mano humana, corto y grueso, y que se encuentra próximo al índice y al lado opuesto del meñique; pulgar. **2.** Parte de un guante que cubre el pulgar.
—*verbo* Pedir u obtener que lleven a uno gratis en un vehículo, señalando con el pulgar en la dirección en que uno va; pedir aventón.
Verbo en locución **thumb through** Pasar rápidamente las páginas de un libro u otra publicacion al mirarlo; hojear.

thumbtack *sustantivo* Tachuela que tiene la cabeza grande y plana y que se puede clavar empujándola con el dedo pulgar; chinche; chincheta.

thump *sustantivo* **1.** Golpe con un instrumento romo, porrazo. **2.** Ruido sordo que produce tal golpe.
—*verbo* **1.** Golpear con un instrumento romo o con la mano o el pie de modo a producir un ruido sordo.

---

instrument, or with the hand or foot so as to produce a dull sound. **2.** To beat, hit, or fall so as to produce a thump.

thun·der |thŭn′dər| —*noun* **1.** The rumbling or crashing noise that accompanies a bolt of lightning. **2.** Any similar noise.
—*verb* **thundered, thundering 1.** To produce thunder. **2.** To produce sounds like thunder.

thun·der·storm |thŭn′dər stôrm′| —*noun, plural* **thunderstorms** A heavy storm accompanied by lightning and thunder.

Thurs·day |thûrz′dē| or |thûrz′dā′| —*noun, plural* **Thursdays** The fifth day of the week.

thus |thŭs| —*adverb* **1.** In this way or manner. **2.** To this degree or extent; so. **3.** As a consequence; thereby.

tick¹ |tĭk| —*noun, plural* **ticks 1.** One of a series of soft, clicking sounds made by parts of a mechanism striking together, as in a clock or watch. **2.** A light mark used to check off an item.
—*verb* **ticked, ticking 1.** To produce a series of ticks. **2.** To function in a certain way.

tick² |tĭk| —*noun, plural* **ticks** A small animal that looks like a spider. Ticks attach themselves to the skin of human beings and other animals and suck their blood. Ticks often carry diseases.

tick·et |tĭk′ĭt| —*noun, plural* **tickets 1.** A paper slip or card that gives a person certain rights or services, such as a seat in a stadium or entrance to a club. **2.** A list of candidates in an election. **3.** A legal summons given to a person accused of violating a traffic law.
—*verb* **ticketed, ticketing 1.** To attach a label or tag to. **2.** To give a legal summons to.

tick·le |tĭk′əl| —*verb* **tickled, tickling 1.** To touch the body and cause a tingling sensation or feeling. **2.** To delight or amuse; please.
Idiom **tickled pink** Delighted; extremely pleased.

tid·al wave |tīd′l| A large, powerful ocean wave. Tidal waves are very destructive and may be caused by hurricanes or earthquakes.

tide |tīd| —*noun, plural* **tides** The regular change in the level of the oceans, seas, and other large bodies of water of the earth. Tides usually occur twice a day and are caused by the pull of the moon and sun on the earth.
—*verb* **tided, tiding —tide over** To help someone get through a difficult period; support.

ti·dy |tī′dē| —*adjective* **tidier, tidiest 1.** Placed or kept in order; neat; orderly. **2.** Large or fairly large; considerable.
—*verb* **tidied, tidying, tidies** To put in order; make neat.

tie |tī| —*verb* **tied, tying 1.** To fasten or bind with a cord or rope. **2.** To fasten by knotting strings or laces. **3.** To fasten with a knot or bow. **4.** To equal another in score; equal the score of.
Phrasal verb **tie up 1.** To cause to stop; to halt. **2.** To be busy, occupied, or in use.
—*noun, plural* **ties 1. a.** A cord, string, or rope with which something is tied. **b.** Anything that holds or binds people together. **2.** A necktie. **3.** An equal score or vote. **4.** A heavy beam laid across a railroad bed to support the tracks.

tier |tîr| —*noun, plural* **tiers** One of a series of rows or layers that are placed one above another.

ti·ger |tī′gər| —*noun, plural* **tigers** A very large wild

2. Latir, golpear o caer de modo que se produzca tal ruido.

thunder *sustantivo* Trueno: **1.** Ruido retumbante o estrepitoso que acompaña al rayo o relámpago. **2.** Cualquier ruido similar.
—*verbo* **1.** Producir truenos; tronar. **2.** Producir sonidos semejantes al trueno; retumbar.

thunderstorm *sustantivo* Tempestad fuerte acompañada de rayos y truenos.

Thursday *sustantivo* Jueves.

thus *adverbio* Así: **1.** De este modo o manera. **2.** Hasta este grado o punto. **3.** Como consecuencia; por consiguiente; de modo que; así pues.

tick¹ *sustantivo* **1.** Sonido seco y leve producido for las piezas de algún mecanismo, como las de un reloj, por ejemplo, al chocar unas con otras. **2.** Marca ligera que se hace junto a cada partida de una lista para indicar que ya dicha partida ha sido tenida en cuenta.
—*verbo* **1.** Producir una serie de sonidos como el descrito. **2.** Funcionar de una manera determinada; andar o echar a andar; mover o moverse: *I don't know what makes him tick.* = *Yo no sé qué es lo que lo mueve.*

tick² *sustantivo* Parásito pequeño parecido a la araña que se agarra a la piel de los seres humanos y de muchos animales y les chupa la sangre; garrapata.

ticket *sustantivo* **1.** Papel o tarjeta que otorga a una persona ciertos derechos, tales como un asiento en un estadio, cine o teatro, o acceso a un club; tiquete; entrada; boleto. **2.** Lista de candidatos en una elección; lista o boleta electoral. **3.** Citación judicial o policíaca que se da a una persona a la que se acusa de violar una ley de tráfico; citación; multa.
—*verbo* **1.** Colocar un marbete o etiqueta; rotular. **2.** Dar una citación; citar; acusar; poner una multa; multar.

tickle *verbo* **1.** Tocar el cuerpo y causar con ello una sensación de estremecimiento u hormigueo; hacer cosquillas. **2.** Deleitar o divertir; alegrar mucho; agradar.
Modismo **tickled pink** Encantado; agradado sobremanera.

tidal wave *sustantivo* Ola muy grande y destructiva que pueden producir los huracanes o los terremotos que ocurren en regiones próximas al mar; marejada; maremoto.

tide *sustantivo* El cambio regular que se produce en el nivel de las aguas del mar, los océanos y otras grandes masas de agua; marea.
—*verbo* **tide over** Superar uno mismo, o ayudar a otro a superar un período o etapa difícil; sobreponerse o ayudar a sobreponerse.

tidy *adjetivo* **1.** Colocado o mantenido en orden; pulcro; ordenado. **2.** Muy grande o bastante grande; considerable: *a tidy sum of money* = *una suma considerable de dinero.*
—*verbo* Poner en orden; asear.

tie *verbo* **1.** Asegurar o sujetar con una soga o cordel; atar; amarrar. **2.** Asegurar anudando las cuerdas o los cordones de algo; atar. **3.** Apretar con un nudo a lazo; anudar; amarrar. **4.** Igualar el resultado o la puntuación de otro; empatar.
Verbo en locución **tie up 1.** Hacer parar; paralizar; detener de modo que provoque una congestión de tránsito. **2.** Estar ocupado o en uso.
—*sustantivo* **1. a.** Cuerda, cordel o cordón con que se amarra algo. **b.** Cualquier cosa que une o reune a la gente; lazo o vínculo común; ataduras. **2.** Corbata. **3.** Igual número de puntos o votos. **4.** Madero pesado que se coloca horizontalmente para sostener los rieles del ferrocarril; durmiente; traviesa.

tier *sustantivo* Cualquiera de una serie de hileras, capas o niveles colocados uno encima del otro.

tiger *sustantivo* Felino salvaje de gran tamaño que vive

cat that lives in Asia. A tiger has light brown fur with black stripes.

tight | tīt | —*adjective* **tighter, tightest 1.** Held, closed, or fastened firmly; secure. **2.** Made or built so that nothing, such as air or water, can pass through. **3.** Fitting close to the body. **4.** Pulled or stretched out to the fullest extent. **5.** Having no room or time to spare. **6.** Not generous or liberal; stingy. **7.** Hard to get. **8.** Hard to deal with or get out of. **9.** Almost even; close.
—*adverb* **1.** Firmly; securely. **2.** Soundly.

tight·en | tīt′n | —*verb* **tightened, tightening** To make or become tight.

tile | tīl | —*noun, plural* **tiles** A thin slab or piece of baked clay, plastic, porcelain, or other material. They are laid in rows and used to cover floors, walls, or roofs.
—*verb* **tiled, tiling** To cover with tiles.

till[1] | tīl | —*verb* **tilled, tilling** To prepare land for growing crops by plowing and fertilizing. In the United States farmers use machines to till land, but in many parts of the world it is still done by hand or by an animal that pulls a plow.

till[2] | tīl | —*preposition* Until.
—*conjunction* **1.** Before or unless. **2.** Until.

till[3] | tīl | —*noun, plural* **tills** A drawer for keeping or holding money, especially in a store.

til·ler | tīl′ər | —*noun, plural* **tillers** A lever or handle used to turn a rudder and steer a boat.

tilt | tīlt | —*verb* **tilted, tilting** To slope or cause to slope by having one end or side raised higher than the other; tip.
—*noun, plural* **tilts** A slanting position; a slope.

tim·ber | tĭm′bər | —*noun, plural* **timbers 1.** Trees or land covered with trees; forest. **2.** Wood used for building; lumber. **3.** A long, large, heavy piece of wood shaped like a beam. It is used for such things as building the frame of a house or ship.

time | tīm | —*noun, plural* **times 1.** All the days since the world began; the continuous period including the past, the present, and the future. **2.** Any period of time that has a beginning and an end, such as the period during which an event or condition takes place or continues. **3.** A period in history. **4.** A specific moment or point in time. **5.** A period of time set aside for a special purpose. **6.** An instance or occasion. **7.** An experience or feeling during a certain period or event. **8.** The meter or beat in music.
—*verb* **timed, timing 1.** To set the time at which something happens or will happen. **2.** To record or measure the speed of something.

times | tīmz | —*preposition* Multiplied by.

tim·id | tĭm′ĭd | —*adjective* Lacking in courage; easily scared; shy.

tin | tĭn | —*noun, plural* **tins 1.** A soft silvery metal. Tin is one of the chemical elements. **2.** A container made of tin.

tin·gle | tĭng′gəl | —*verb* **tingled, tingling** To have a prickly, stinging feeling, often from cold or excitement.
—*noun, plural* **tingles** A prickly or stinging feeling.

en el Asia, y cuya piel es de color marrón claro con rayas negras.

tight *adjetivo* **1.** Agarrado, cerrado o apretado fuertemente; seguro; firme; apretado. **2.** Hecho o construido de tal suerte que nada, como el aire o el agua, puedan penetrarlo. **3.** Muy entallado al cuerpo; apretado; ajustado. **4.** Estirado al máximo; seguro; firme; que no está flojo. **5.** Que no tiene lugar o tiempo disponibles; repleto; ocupado. **6.** Que no es generoso; ni gastador; tacaño. **7.** Difícil de conseguir; escaso. **8.** Difícil de manejar, resolver o sortear. **9.** Casi igual; parejo; cerrado; apretado.
—*adverbio* Bien: **1.** Firmemente; seguramente: *Close the door tight.* = *Cierra bien la puerta.* **2.** Profundamente: *Sleep tight.* = *Que duermas bien.*

tighten *verbo* Ajustar o ajustarse; estirar o estirarse al máximo a fin de que quede firme.

tile *sustantivo* Losa o pieza delgada de arcilla cocida, plástico, porcelana u otro material, que se coloca en hileras y que se usa para cubrir pisos, paredes o techos; baldosa; teja.
—*verbo* Cubrir con baldosas; embaldosar.

till[1] *verbo* Preparar la tierra para los cultivos, arándola y fertilizándola; labrar.

till[2] *preposición* Hasta: *I won't see you till tomorrow.* = *No te veré hasta mañana.*
—*conjunción.* **1.** Antes de que o hasta que; mientras o mientras no. **2.** Hasta.

till[3] *sustantivo* Cajón para guardar o mantener el dinero, especialmente en las tiendas y comercios; caja.

tiller *sustantivo* Palanca que se usa para hacer girar el timón y gobernar un bote; caña del timón.

tilt *verbo* Inclinar o hacer una pendiente o declive manteniendo uno de los extremos o lados de un plano levantado o más alto que el otro; inclinar.
—*sustantivo* Posición inclinada; declive.

timber *sustantivo* **1.** Conjunto de árboles, o tierra cubierta de árboles; bosque. **2.** Madera que se usa en la construcción; vigas o tablones. **3.** Piezas grandes de madera larga y pesada, en forma de vigas, que se usan, por ejemplo, en la construcción de la estructura de las casas o de los barcos; vigas maestras.

time *sustantivo* **1.** Todos los días que han pasado desde que comenzó el mundo; el período continuo que incluye al pasado, al presente y al futuro; tiempo; tiempos. **2.** Cualquier período de tiempo que tenga principio y fin como, por ejemplo, el período durante el cual un acontecimiento o situación se produce o continúa; tiempo; tiempos. **3.** Período de la historia; época; tiempo; tiempos. **4.** Momento o punto específico en el tiempo; hora: *It's dinner time.* = *Es hora de cenar.* **5.** Período de tiempo destinado a un propósito especial; tiempo. **6.** Oportunidad u ocasión; vez. **7.** Experiencia o sentimiento tenido durante un cierto período o suceso; rato: *We had a good time at the party.* = *Pasamos un buen rato en la fiesta.* **8.** El metrónomo o ritmo en música; tiempo.
—*verbo* **1.** Fijar la hora en que sucede o sucederá algo. **2.** Anotar o medir la velocidad de algo; llevar el tiempo.

times *preposición* Multiplicado por: *Eight times three equals twenty-four.* = *Ocho multiplicado por tres es igual a veinticuatro (u ocho por tres).*

timid *adjetivo* Que le falta coraje; que se asusta fácilmente; cobarde; timorato; tímido.

tin *sustantivo* **1.** Metal blando y plateado; estaño. **2.** Recipiente hecho de estaño; lata.

tingle *verbo* Experimentar una sensación de hormigueo, calambre o picazón, causada a menudo por el frío o la emoción.
—*sustantivo* Sensación de picazón, calambre u hormigueo.

ər **butter**   yŏŏ **abuse**   ou **out**   ŭ **cut**   û **fur**   *th* **the**   th **thin**   hw **which**   zh **vision**   ə **ago, item, pencil, atom, circus**

tin·kle |tĭng′kəl| —*verb* **tinkled, tinkling** To make or cause to make light, ringing sounds, like the sound of small bells.
—*noun, plural* **tinkles** A light, clear, ringing sound.

tint |tĭnt| —*noun, plural* **tints** 1. A delicate or pale shade of color. 2. A slight trace of color.
—*verb* **tinted, tinting** To give a tint to; to color.

ti·ny |tī′nē| —*adjective* **tinier, tiniest** Very, very small.

tip¹ |tĭp| —*noun, plural* **tips** 1. The end or farthest point of something. 2. A piece that can be fitted on the end of something.
—*verb* **tipped, tipping** 1. To put a tip on. 2. To hit a baseball with the side of the bat so that it goes off sideways.

tip² |tĭp| —*verb* **tipped, tipping** 1. To knock over. 2. To slant; tilt. 3. To touch or raise one's hat in greeting.

tip³ |tĭp| —*noun, plural* **tips** 1. A sum of money given in return for service. 2. Useful information; a helpful hint.
—*verb* **tipped, tipping** To give a sum of money to in return for service.
Phrasal verb **tip off** To give secret information to.

tip·toe |tĭp′tō′| —*verb* **tiptoed, tiptoeing** To walk on the tip of one's toes.

tire¹ |tīr| —*verb* **tired, tiring** 1. To make or become weary. 2. To make or become bored; lose interest.

tire² |tīr| —*noun, plural* **tires** 1. A covering for a wheel, usually made of rubber, and filled with air. 2. A hoop of metal or rubber fitted around a wheel.

tired |tīrd| —*adjective* 1. Weary. 2. Impatient; bored.

tis·sue |tĭsh′ōō| —*noun, plural* **tissues** 1. A group or type of animal or plant cells that are alike in form and in what they do. Often they make up an organ or certain part of the body or plant. 2. Light, thin paper used for wrapping or packing. 3. A piece of soft, thin paper used as a handkerchief.

ti·tle |tīt′l| —*noun, plural* **titles** 1. A name given to a book, painting, song, or poem. 2. A word or name given to a person to show rank, office, or job. Some titles are, *Sir, Judge,* and *Her Majesty.* 3. a. The legal right or claim to ownership or possession. b. The piece of paper proving this ownership or possession. 4. A championship in sports.
—*verb* **titled, titling** To give a title to.

to |tōō| or |tə| —*preposition* 1. In a direction toward. 2. In the direction of. 3. To the point or range of. 4. In contact with. 5. In front of. 6. Through and including; until. 7. Into. 8. As compared with. 9. Before. 10. The preposition **to** is used before a verb to show the infinitive. It is also used alone when the infinitive is understood.
—*adverb* 1. Into a shut position. 2. Into awareness. 3. Into a state of working at something.

toad |tōd| —*noun, plural* **toads** An animal that is very much like a frog, but has rougher, drier skin. Toads live mostly on land when they are fully grown.

toast¹ |tōst| —*verb* **toasted, toasting** 1. To heat and brown things like bread or marshmallows by placing them close to the heat. 2. To warm all the way through.
—*noun* Sliced bread heated and browned.

toast² |tōst| —*noun, plural* **toasts** 1. The act of drinking in honor of or to the health of a person, place,

tinkle *verbo* Hacer o producir sonidos suaves y tintineantes, como de campanillas o cascabeles; tintinear.
—*sustantivo* Sonido suave, claro y tintineante; campanilleo; cascabeleo.

tint *sustantivo* Tinte: 1. Matiz delicado o pálido de un color. 2. Trazo delicado de un color.
—*verbo* Dar un ligero tinte.

tiny *adjetivo* Muy, muy pequeño; diminuto.

tip¹ *sustantivo* 1. Extremo o punto más lejano de algo; punta. 2. Pieza que se fija en el extremo de algo; cabo.
—*verbo* 1. Colocar una pieza en el extremo de algo. 2. En béisbol, golpear la bola con el lado del bate de tal suerte que salga oblicuamente, es decir, hacia un lado más bien que hacia el frente.

tip² *verbo* 1. Golpear algo de tal suerte que se vuelque; volcar. 2. Inclinar. 3. Tocarse o levantarse el sombrero en señal de saludo.

tip³ *sustantivo* 1. Suma de dinero dada en recompensa por un servicio; gratificación; propina. 2. Información útil; pista.
—*verbo* Dar una suma de dinero en recompensa por un servicio; gratificar; dar propina.
Verbo en locución **tip off** Darle información secreta a una persona determinada; dar el "soplo".

tiptoe *verbo* Caminar sobre las puntas de los piés.

tire¹ *verbo* Cansar o cansarse: 1. Fatigar o fatigarse. 2. Aburrir o aburrirse; perder o hacer perder el interés.

tire² *sustantivo* 1. Cubierta para una rueda, generalmente de caucho y que se infla; neumático; goma; llanta. 2. Aro de metal o caucho que se fija en torno a una rueda.

tired *adjetivo* 1. Fatigado. 2. Impaciente; aburrido.

tissue *sustantivo* 1. Grupo o tipo de células animales o vegetales similares en forma y en función que frecuentemente componen un órgano o cierta parte del cuerpo o de una planta; tejido. 2. Papel fino y liviano que se usa para envolver o empacar; papel de China. 3. Papel delgado y suave que se usa como pañuelo.

title *sustantivo* Título: 1. Nombre que se da a un libro, pintura, canción o poema. 2. Nombre o palabra que se aplica a una persona para indicar su rango, posición o función. Por ejemplo: *Caballero; Señoría; Excelencia; Su Majestad.* 3. a. Derecho legal o reclamo de propiedad o posesión. b. Documento que prueba dicha propiedad o posesión. 4. Campeonato en algunos deportes.
—*verbo* Dar un título a algo; titular.

to *preposición* 1. En dirección a; hacia: *going to town* = *yendo al pueblo.* 2. En dirección de; hasta; a. 3. Hasta el punto de; hasta: *Fight to the death.* = *Luchar hasta la muerte.* 4. En contacto; con: *back to back* = *espalda con espalda.* 5. En frente de; a; de frente: *face to face* = *cara a cara.* 6. Desde; hasta; inclusive; de. 7. Hasta convertir en: *The champ beat the challenger to a pulp.* = *El campeón golpeó al retador hasta convertirlo en una pulpa.* 8. Comparado con; a. 9. Antes de; para; menos: *It's now ten to five.* = *Son ahora las cinco menos diez.* 10. La preposición **to** se usa antes de un verbo para indicar el modo infinitivo. También se usa sola cuando el infinitivo se sobrentiende: *Go if you want to (go).* = *Ve si quieres (ir).*
—*adverbio* 1. En una posición cerrada, como una puerta. 2. En estado de conocimiento: *to come to* = *volver en sí.* 3. Absorberse en o entusiasmarse con.

toad *sustantivo* Animal que se parece mucho a la rana pero que tiene la piel más áspera y seca; sapo.

toast¹ *verbo* Tostar: 1. Calentar y dorar, por ejemplo, pan o pastillas de altea, colocándolos cerca del fuego. 2. Calentarse o calentar completamente; asar.
—*sustantivo* Tajada caliente y dorada de pan; tostada.

toast² *sustantivo* 1. Acto de tomar en honor o a la salud de una persona, lugar o cosa; brindis. 2. Cual-

---

ă pat ā pay â care ä father ĕ pet ē be ĭ pit ī pie î fierce ŏ pot ō go ô paw, for oi oil ōō book ōō boot

or thing. **2.** Any person receiving a lot of attention.
—*verb* **toasted, toasting** To drink in honor of or to
the health of.

toast·er |tō′stər| —*noun, plural* **toasters** An electrical device used to toast bread.

to·bac·co |tə băk′ō| —*noun, plural* **tobaccos** or
tobaccoes 1. A plant whose large leaves are used for
smoking and chewing. **2.** The leaves of such a plant.
3. Cigarettes and cigars that are made from tobacco.

to·day or **to-day** |tə dā′| —*adverb* **1.** During or on
the present day. **2.** During or at the present time.
—*noun* The present day, time, or age.

toe |tō| —*noun, plural* **toes 1.** One of the end parts of
the foot. **2.** The part of a sock, stocking, shoe, or boot
that fits over the toes.
—*verb* **toed, toeing** To touch or reach with the toes.

to·geth·er |tə gĕth′ər| or |tōō gĕth′ər| —*adverb*
1. In one group or place. **2.** With some other person or
thing. **3.** Considered as a whole. **4.** At the same time.

toi·let |toi′lət| —*noun, plural* **toilets 1.** A porcelain
bowl with a seat and a water tank for flushing the bowl
clean. A toilet is used to get rid of waste matter from
the body. **2.** A bathroom. **3.** The process of dressing
oneself.

to·ken |tō′kən| —*noun, plural* **tokens 1.** A sign or
symbol of something else. **2.** A souvenir. **3.** A piece of
metal used as a substitute for money.

told |tōld| The past tense and past participle of the
verb **tell.**

tol·er·ance |tŏl′ər əns| —*noun* The will to allow
other people to hold opinions or follow customs that
differ from one's own.

tol·er·ant |tŏl′ər ənt| —*adjective* Showing or having
tolerance.

tol·er·ate |tŏl′ə rāt′| —*verb* **tolerated, tolerating** To
put up with; endure.

toll¹ |tōl| —*noun, plural* **tolls 1.** A tax for a privilege.
2. A charge for a service.

toll² |tōl| —*verb* **tolled, tolling** To sound a bell slowly
and regularly.
—*noun, plural* **tolls** The sound of a tolling bell.

to·ma·to |tə mā′tō| or |tə mä′tō| —*noun, plural* **to-
matoes** The juicy, usually reddish fruit of a plant that
is widely grown. Tomatoes are eaten raw or cooked.

tomb |tōōm| —*noun, plural* **tombs** A grave or vault
for a dead body.

tom·boy |tŏm′boi| —*noun, plural* **tomboys** A lively,
athletic girl.

to·mor·row |tə môr′ō| or |tə mŏr′ō| —*noun, plural*
tomorrows 1. The day after today. **2.** The near
future.
—*adverb* On or for the day after today.

ton |tŭn| —*noun, plural* **tons** A unit of weight. A ton
can be 2,000 pounds or 2,240 pounds. A metric ton
equals 1,000 kilograms.

tone |tōn| —*noun, plural* **tones 1.** A sound with a
certain pitch, length, volume, and quality. **2.** The
quality of an instrument or voice. **3.** The difference in
pitch between two musical notes. **4.** The shade of a
color. **5.** A way of talking or writing. **6.** The general
quality or mood.

tongue |tŭng| —*noun, plural* **tongues 1.** A muscular
piece of flesh in the mouth. The tongue is used in tasting, and helps in chewing and swallowing food. People
use their tongues for talking. **2.** The tongue of an animal, used for food. **3.** A flap of material under the
laces or buckles of a shoe. **4.** A language. **5.** The power
to speak. **6.** A way of speaking.

to·night |tə nīt′| —*adverb* On or during this night.
—*noun, plural* **tonights** The night of this day.

toaster *sustantivo* Aparato eléctrico que se usa para
tostar el pan; tostadora.

tobacco *sustantivo* Tabaco: **1.** Planta de hojas
grandes que se fuman o se mascan. **2.** Las hojas de
dicha planta. **3.** Cigarrillos y puros hechos de tabaco.

today *adverbio* Hoy: **1.** Durante o en el día de hoy.
2. Durante o en el tiempo presente; hoy en día.
—*sustantivo* Hoy; hoy día; edad o época actual.

toe *sustantivo* **1.** Una de las partes en que termina el
pie; dedo del pie. **2.** Parte del calcetín, la media, el
zapato o la bota que va sobre los dedos del pie;
puntera.
—*verbo* Tocar o alcanzar con los dedos del pie.

together *adverbio* Junto o juntos: **1.** En un mismo
grupo o lugar. **2.** Con alguna otra persona o cosa; uno
con otro; ambos. **3.** Considerado como un todo o conjunto. **4.** Al mismo tiempo; a un tiempo; a la vez.

toilet *sustantivo* **1.** Taza de porcelana con un asiento y
un tanque de agua para lavar la taza; inodoro.
2. Cuarto de baño; baño. **3.** Proceso de vestirse y acicalarse; atavío.

token *sustantivo* **1.** Signo o símbolo de algo; señal.
2. Recuerdo; objeto que debe traer memorias. **3.** Pieza
de metal que se usa como sustituto del dinero; ficha.

told Pretérito y participio pasado del verbo **tell.**

tolerance *sustantivo* Voluntad de permitir a las demás
personas expresar y sostener sus opiniones o seguir costumbres que difieren de las propias; tolerancia.

tolerant *adjetivo* Que demuestra o posee tolerancia;
tolerante.

tolerate *verbo* Soportar; sufrir; tolerar.

toll¹ *sustantivo* **1.** Impuesto que se cobra por un privilegio; peaje. **2.** Precio o cargo que se paga por usar un
servicio público; tarifa.

toll² *verbo* Tocar una campana lenta y regularmente;
tañer; doblar.
—*sustantivo* El sonido de las campanas al tañer;
tañido.

tomato *sustantivo* Fruto jugoso, generalmente de color
rojizo, de una planta ampliamente cultivada; tomate.

tomb *sustantivo* Sepultura o fosa para un cuerpo
muerto; tumba.

tomboy *sustantivo* Chica vivaz y atlética; marimacho.

tomorrow *sustantivo* Mañana: **1.** El día siguiente a
hoy. **2.** El futuro próximo; el día de mañana.
—*adverbio* En o para el día que viene después de hoy;
mañana.

ton *sustantivo* Unidad de medida que puede tener 2000
o 2240 libras; tonelada. Una tonelada métrica es igual a
1000 kilogramos.

tone *sustantivo* Tono: **1.** Sonido que tiene cierta altura, longitud, volumen y calidad. **2.** Calidad de un
instrumento o de una voz. **3.** Diferencia de altura
entre dos notas musicales. **4.** Matiz de un color.
5. Manera de hablar o escribir. **6.** Calidad o manera,
en general; tenor.

tongue *sustantivo* Lengua: **1.** Apéndice carnoso y
muscular que hay dentro de la boca, y que sirve para
hablar, así como para percibir los sabores y ayudar en
la masticación y deglución de los alimentos. **2.** Lengua
de un animal que se consume como comida. **3.** Pieza
plana de material que va debajo de los cordones o las
hebillas de los zapatos; lengüeta. **4.** Idioma o dialecto.
5. La facultad de hablar; habla. **6.** Manera de hablar;
lenguaje.

tonight *adverbio* En o durante esta noche.
—*sustantivo* La noche del día de hoy.

ər butter   yōō abuse   ou **out**   ŭ cut   û fur   *th* **the**   th thin   hw **which**   zh vision   ə ago, item, pencil, atom, circus

ton·sils |tŏn′səls| —*plural noun* Two small masses of tissue on the sides of the throat in the back of the mouth.

too |tōō| —*adverb* **1.** Also; besides. **2.** More than enough. **3.** Very; extremely.

took |tōōk| The past tense of the verb **take.**

tool |tōōl| —*noun, plural* **tools 1.** An instrument used for doing work. Tools are held in the hand. Some tools are a hammer, saw, knife, shovel, and ax. **2.** Someone or something that is used as a tool. —*verb* **tooled, tooling** To use a tool on.

tooth |tōōth| —*noun, plural* **teeth 1.** One of the hard, bony parts in the mouth used to chew and bite. Teeth are set in the gums around the jaws. Animals often use their teeth to grasp, or as weapons of attack or defense. **2.** Something that looks like or is used like a tooth.

tooth·brush |tōōth′brŭsh| —*noun, plural* **tooth-brushes** A small brush for cleaning the teeth.

tooth·paste |tōōth′pāst′| —*noun, plural* **tooth-pastes** A paste used to clean the teeth.

tooth·pick |tōōth′pĭk′| —*noun, plural* **toothpicks** A small, thin piece of wood used to remove food from between the teeth.

top¹ |tŏp| —*noun, plural* **tops 1.** The highest part, point, side, or end. **2.** The highest rank or place. **3.** The highest degree or pitch. —*adjective* The highest or greatest. —*verb* **topped, topping 1.** To give or use as a top. **2.** To reach the top of. **3.** To do better than.

top² |tŏp| —*noun, plural* **tops** A toy that spins on a point.

top·ic |tŏp′ĭk| —*noun, plural* **topics** The subject of a speech or paper; a theme.

to·pog·ra·phy |tə pŏg′rə fē| —*noun, plural* **topogra-phies 1.** A detailed and accurate description of a place or region. **2.** The features of a place or region.

top·ple |tŏp′əl| —*verb* **toppled, toppling 1.** To push over; make fall. **2.** To sway and fall.

torch |tôrch| —*noun, plural* **torches 1.** A flaming light to be carried around. Torches have a long wooden handle with flaming material at one end. **2.** A device for producing a flame hot enough for welding, solder-ing, or cutting metals.

tore |tôr| or |tōr| The past tense of the verb **tear** (to pull apart or split).

tor·ment |tôr′mĕnt′| —*noun, plural* **torments 1.** Great pain. **2.** A cause of bother or pain. —*verb* **tormented, tormenting 1.** To cause to have pain. **2.** To annoy.

torn |tôrn| or |tōrn| The past participle of the verb **tear** (to pull apart or split).

tor·pe·do |tôr pē′dō| —*noun, plural* **torpedos 1.** A shell shaped like a cigar that explodes when it reaches its target. A torpedo moves underwater by its own power. **2.** A small kind of fireworks that explodes when it hits a hard surface. —*verb* **torpedoed, torpedoing** To attack or destroy with a torpedo or torpedoes.

tor·rent |tôr′ənt| or |tŏr′ənt| —*noun, plural* **torrents 1.** A violent stream of water that moves very fast. **2.** A heavy falling down of something. **3.** Any violent or rushing flow.

tor·so |tôr′sō′| —*noun, plural* **torsos** The human body except for the head and limbs; the trunk.

tor·toise |tôr′təs| —*noun, plural* **tortoises** A turtle, especially one that lives on land.

tor·ture |tôr′chər| —*noun, plural* **tortures 1.** The

tonsils *sustantivo* Par de masas pequeñas de tejido situadas a ambos lados de la garganta, hacia la parte posterior de la boca; amígdalas.

too *adverbio* **1.** También; además. **2.** Más que sufi-ciente; excesivamente; demasiado. **3.** Muy; extrema-damente; mucho.

took Pretérito del verbo **take.**

tool *sustantivo* **1.** Instrumento que se usa para traba-jar, y que generalmente se agarra y maneja con la mano; herramienta. **2.** Alguien o algo que se usa como instrumento; medio; instrumento. —*verbo* Hacer o trabajar algo con instrumentos o herramientas.

tooth *sustantivo* Diente: **1.** Una de las piezas duras de la boca que se usan para masticar y morder; pieza den-tal. **2.** Algo que se parece a o que se usa como tal.

toothbrush *sustantivo* Cepillo pequeño que se usa para limpiar los dientes; cepillo de dientes.

toothpaste *sustantivo* Pasta que se usa para limpiar los dientes; crema dental; pasta de dientes; dentífrico.

toothpick *sustantivo* **1.** Espiga pequeña y delgada de madera u otro material que se usa para remover partí-culas de alimento atrapadas entre los dientes; monda-dientes; palillo. **2.** Cualquier objeto que se emplea como tal.

top¹ *sustantivo* **1.** Parte, punto, lado o extremo superiores; cúspide; cima; cumbre; tope; lo alto. **2.** Ca-tegoría, rango o posición más altos; tope; cima. **3.** El grado o tono más alto; tope; máximo. —*adjetivo* El más alto o el mejor; máximo. —*verbo* **1.** Cubrir, o poner como cima o tope; culmi-nar; coronar; tapar: *top a building with a tower* = *coronar un edificio con una torre.* **2.** Alcanzar la cima; escalar. **3.** Hacer algo mejor que otro; superar.

top² *sustantivo* Juguete que gira sobre la punta; trompo.

topic *sustantivo* Sujeto de un discurso o estudio; tema; asunto; tópico.

topography *sustantivo* Topografía: **1.** Descripción de-tallada y exacta de un lugar o una región. **2.** Las carac-terísticas físicas de un lugar o una región.

topple *verbo* **1.** Empujar; hacer caer; tumbar. **2.** Incli-narse y desplomarse. **3.** Hacer que caiga un gobierno por la violencia o la fuerza; derrocar.

torch *sustantivo* Antorcha: **1.** Luz llameante que se lleva de un lugar a otro. **2.** Aparato capaz de producir una llama tan caliente como para fundir, soldar o cor-tar metales; soldador; soplete.

tore Préterio del verbo **tear.**

torment *sustantivo* Tormento: **1.** Gran dolor o sufri-miento. **2.** Causa de pena, molestia o dolor; suplicio; tortura. —*verbo* Atormentar: **1.** Causar dolor. **2.** Molestar; acosar; abrumar.

torn Participio pasado del verbo **tear.**

torpedo *sustantivo* Torpedo: **1.** Bomba en forma de habano que estalla cuando alcanza el blanco. **2.** Clase de bomba pequeña, del tipo de los fuegos artificiales, que explota cuando golpea una superficie dura. —*verbo* Atacar, hundir or destruir con uno o más tor-pedos; torpedear.

torrent *sustantivo* Torrente: **1.** Corriente violenta de agua que se mueve con gran rapidez; torrente. **2.** Caída violenta de algo, como la lluvia. **3.** Cualquier flujo im-petuoso o rápido.

torso *sustantivo* El cuerpo humano, excepto la cabeza y las extremidades; tronco; torso.

tortoise *sustantivo* Tortuga o jicotea que vive en la tierra.

torture *sustantivo* Tortura: **1.** Causa de gran dolor, a

causing of great pain as a means of punishment. Torture is also used to make someone do something against his or her will. **2.** Physical or mental pain.
—*verb* **tortured, torturing** To cause to give great pain.

toss |tôs| or |tŏs| —*verb* **tossed, tossing 1.** To throw or be thrown to and fro. **2.** To move or lift quickly. **3.** To flip a coin to decide something.
—*noun, plural* **tosses** A throw; tossing.

to·tal |tōt′l| —*noun, plural* **totals 1.** The answer that one gets when adding; a sum. **2.** A whole amount.
—*adjective* **1.** Of a whole amount. **2.** Complete; full.
—*verb* **totaled** or **totalled, totaling** or **totalling 1.** To find the sum of. **2.** To amount to.

to·tal·ly |tōt′l ē| —*adverb* Completely; fully; without reservation.

to·tem |tō′təm| —*noun, plural* **totems 1.** An animal, plant, or natural object that among some people stands for a clan or family and is thought to be its ancestor. **2.** A picture or carving of a totem.

totem pole A post carved and painted with totems and put up in front of one's home. Totem poles are used mostly among the Indians of the northwestern coast of North America.

touch |tŭch| —*verb* **touched, touching 1.** To come or bring against. **2.** To feel with a part of the body, especially with the hand or fingers. **3.** To tap, press, or strike lightly. **4.** To harm or injure, especially by hitting. **5.** To disturb, especially by handling. **6.** To eat or drink; taste. **7.** To affect or move the emotions.
—*noun, plural* **touches 1.** The sense by which one can find out how things feel; the ability to learn or know by feeling with the hand or some other part of the body. **2.** An act of touching or way of touching. **3.** The feel of something. **4.** Contact or communication. **5.** A little bit; a hint or trace. **6.** A mild attack of some common disease. **7.** A detail that improves something or makes it perfect.

touch·down |tŭch′doun′| —*noun, plural* **touchdowns** In football, a score of six points, usually made by running in with the ball or catching a pass thrown by the quarterback across the other team's goal line.

tough |tŭf| —*adjective* **tougher, toughest 1.** Very strong; able to stand a heavy strain or load without tearing or breaking. **2.** Hard to cut or chew. **3.** Able to stand hardships; strong and rugged. **4.** Difficult. **5.** Stubborn. **6.** Mean; rough.

tour |tŏor| —*noun, plural* **tours 1.** A trip to visit several places of interest. **2.** A brief trip to or through a place in order to see it.
—*verb* **toured, touring** To go on a tour or make a tour of.

tour·ist |tŏor′ĭst| —*noun, plural* **tourists** A person who is traveling for pleasure.

tour·na·ment |tŏor′nə mənt| or |tûr′nə mənt| —*noun, plural* **tournaments** A contest among several persons or teams in which they compete until one is declared winner.

tow |tō| —*verb* **towed, towing** To pull along behind with a chain, rope, or cable.

to·ward |tôrd| or |tōrd| or |tə wôrd′| —*preposition* **1.** In the direction of. **2.** In a position facing. **3.** Somewhat before in time; close to. **4.** With or in relation to; regarding. Another form of this preposition is **towards.**

to·wards |tôrdz| or |tōrdz| or |tə wôrdz′| —*preposition* A form of the word **toward.**

---

toss *verbo* **1.** Lanzar o ser lanzado de un lado a otro; zarandear; tirar; arrojar. **2.** Mover o alzar rápidamente; menear; sacudir; erguir. **3.** Lanzar una moneda al aire para decidir algo; tirar una moneda a cara o cruz.
—*sustantivo* Lanzamiento; sacudida.

total *sustantivo* Total: **1.** La respuesta o resultado que se obtiene al sumar; suma. **2.** Cantidad completa; totalidad.
—*adjetivo* Total: **1.** Relativo a la cantidad total. **2.** Completo; que no es parcial.
—*verbo* Sumar: **1.** Hallar la suma total de. **2.** Ascender a.

totally *adverbio* Completamente; plenamente; sin reservas; totalmente.

totem *sustantivo* Tótem: **1.** Animal, planta u otro objeto natural que para algunos pueblos representa a un clan o familia, y que se considera como su antepasado; tótem. **2.** Retrato o talla de un tótem.

totem pole *sustantivo* Poste tallado y pintado con totems que colocan frente a su hogar algunos indios de la costa noroccidental de Norteamérica; poste totémico.

touch *verbo* Tocar: **1.** Acercar o acercarse; arrimar o arrimarse hasta hacer contacto; llegar hasta. **2.** Palpar con una parte del cuerpo, sobre todo con las manos o los dedos. **3.** Golpear, apretar o rozar suavemente. **4.** Hacer daño o lastimar, sobre todo si es a golpes; pegar. **5.** Andar con algo o desarreglarlo manoseándolo. **6.** Comer o beber; probar. **7.** Afectar o conmover emocionalmente; llegar hasta el alma o el corazón.
—*sustantivo* **1.** Facultad mediante la cual uno tiene la facultad de averiguar cómo se sienten los objetos palpándolos con la mano o con otra parte del cuerpo; tacto. **2.** Acción de tocar o forma de palpar; toque. **3.** Sensación que produce algún objeto o superficie al tacto. **4.** Contacto o comunicación. **5.** Un poquito; pizca o brizna; un toque o toquecillo. **6.** Ataque leve de alguna enfermedad común, como el catarro. **7.** Detalle que mejora algo o lo perfecciona; toque.

touchdown *sustantivo* En fútbol americano, anotación de seis puntos que generalmente se logra al penetrar corriendo con el balón en la zona de gol o meta del equipo contrario, o agarrando un pase del balón dentro de dicha zona.

tough *adjetivo* Recio; duro: **1.** Muy fuerte y resistente; capaz de soportar una gran presión o carga sin desgarrarse o romperse. **2.** Difícil de cortar o masticar. **3.** Capaz de soportar grandes privaciones; fuerte y resistente; vigoroso. **4.** Difícil. **5.** Terco; tenaz; firme; enérgico. **6.** Demasiado severo; malvado; rudo.

tour *sustantivo* Recorrido: **1.** Viaje durante el cual se visitan varios lugares de interés; tur. **2.** Viaje corto a un lugar, o a través del mismo, para conocerlo.
—*verbo* Ir en un recorrido como los descritos; recorrer.

tourist *sustantivo* Persona que viaja por placer; turista.

tournament *sustantivo* Competencia entre varios individuos o equipos que continúa hasta que uno es declarado vencedor; torneo.

tow *verbo* Tirar con una cadena, cuerda o cable; remolcar.

toward *preposición* **1.** En dirección o con rumbo a; hacia. **2.** Frente a alguien o algo; a; hacia; que da a: *a window toward the square* = *una ventana que da a la plaza.* **3.** Un poco antes en el tiempo; cerca de; hacia: *It started raining toward dawn.* = *Comenzó a llover hacia el amanecer.* **4.** Con o en relación con; por; para: *efforts toward peace* = *esfuerzos por (o para) la paz.*

towards *preposición* Otra forma de la palabra **toward.**

ər butter   yŏŏ abuse   ou **out**   ŭ **cut**   û **fur**   *th* **the**   th **thin**   hw **which**   zh **vision**   ə **ago, item, pencil, atom, circus**

tow·el |tou′əl| —*noun, plural* **towels** A piece of cloth or paper that can soak up moisture and is used for wiping or drying.
—*verb* **toweled, toweling** To wipe or rub dry with a towel.

tow·er |tou′ər| —*noun, plural* **towers** **1. a.** A very tall building. **b.** A very tall part of a building, often part of a church or castle. **2.** A tall framework or structure high enough to use for a lookout post or to send signals some distance.
—*verb* **towered, towering** To rise up very high.

tow·er·ing |tou′ər ĭng| —*adjective* **1.** Very tall. **2.** Intense; very great.

town |toun| —*noun, plural* **towns** **1.** A community larger than a village and smaller than a city. **2.** Any city.

toy |toi| —*noun, plural* **toys** Something for children to play with.
—*verb* **toyed, toying** To play around with something, showing just a little interest in it.

trace |trās| —*noun, plural* **traces** **1.** A mark of some kind showing that someone or something has been there. **2.** A very small amount.
—*verb* **traced, tracing** **1.** To follow the track or trail of. **2.** To copy by following lines seen through thin paper.

tra·che·a |trā′kē ə| —*noun, plural* **tracheas** A tube in the throat that brings air to the lungs; the windpipe.

track |trăk| —*noun, plural* **tracks** **1.** A mark, such as a footprint or wheel rut, left behind by something moving. **2.** A path. **3.** A way of doing something or reaching a goal. **4.** The rail or rails on which a train or trolley moves. **5.** A racetrack. **6.** A sport that includes running, jumping, and throwing.
—*verb* **tracked, tracking** **1.** To follow the footprints or trail of. **2.** To watch and follow. **3.** To carry something on the feet and leave it as tracks.

tract |trăkt| —*noun, plural* **tracts** **1.** An area of land. **2.** A set of body organs and tissues that work together.

trac·tion |trăk′shən| —*noun* The friction that keeps a wheel from slipping or skidding.

trac·tor |trăk′tər| —*noun, plural* **tractors** A vehicle with large tires powered by an engine. Tractors are used for pulling farm machines.

trade |trād| —*noun, plural* **trades** **1.** The business of buying and selling. **2.** An exchange of one thing for another. **3.** A kind of work, especially one that involves skill with the hands; a craft. **4.** The people who work in a business.
—*verb* **traded, trading** **1. a.** To take part in buying, selling, or bartering. **b.** To buy, sell, or barter. **2.** To exchange or swap.

trade·mark |trād′märk′| —*noun, plural* **trademarks** A name, symbol, or other sign that is put on a product to show who makes or owns it. Trademarks are registered with the government so that only their owners can use them.

trad·er |trā′dər| —*noun, plural* **traders** A person who trades or deals.

tra·di·tion |trə dĭsh′ən| —*noun, plural* **traditions** The practice of passing down ideas, customs, and beliefs from one generation to the next, especially by telling about them.

tra·di·tion·al |trə dĭsh′ə nəl| —*adjective* Of or according to tradition.

traf·fic |trăf′ĭk| —*noun* **1.** The movement of vehicles and people along roads and streets, or of ships on the seas, or aircraft in the sky. **2.** The number of vehicles,

towel *sustantivo* Trozo de tela o papel que absorbe la humedad y se usa para limpiar, secar o enjugar; toalla.
—*verbo* Limpiar, secar o enjugar con una toalla.

tower *sustantivo* Torre: **1. a.** Edificación muy alta. **b.** Parte muy alta de un edificio, generalmente de una iglesia o un castillo; campanario; torreón. **2.** Estructura lo suficientemente alta para servir como mirador, o para enviar señales a distancia; atalaya.
—*verbo* Levantar o alzarse a gran altura; sobresalir.

towering *adjetivo* **1.** Muy alto. **2.** Intenso; muy grande; en aumento: *a towering rage = una furia intensa.*

town *sustantivo* **1.** Localidad o centro de población más grande que una aldea y más pequeña que una ciudad; pueblo. **2.** Cualquier ciudad o centro de población; localidad.

toy *sustantivo* Algo que sirve para que los niños jueguen; juguete.
—*verbo* **1.** Juguetear con algo, mostrando poco interés en ello. **2.** Considerar algo, generalmente una idea, pero no constantemente, y sin pensar en ella en forma seria o profunda; dar vueltas.

trace *sustantivo* **1.** Tipo de señal que indica que alguien o algo ha estado en un lugar; traza; huella; rastro. **2.** Cantidad muy pequeña; pizca.
—*verbo* **1.** Seguir la huella o el camino de alguien o algo; buscar; rastrear. **2.** Copiar una figura siguiendo las líneas que se ven a través de papel muy fino; calcar.

trachea *sustantivo* Conducto que hay en la garganta y que conduce el aire a los pulmones; tráquea.

track *sustantivo* **1.** Marca que deja algo al moverse, como las pisadas o la ruta que marcan las ruedas; rastro; huella. **2.** Camino; sendero; ruta; vía. **3.** Manera de hacer algo o de alcanzar un objetivo; camino; pista. **4.** Riel o rieles sobre los cuales corre el tren o el tranvía; carril. **5.** Pista de carreras. **6.** Deporte que incluye carreras, saltos y lanzamientos; campo y pista; atletismo.
—*verbo* **1.** Seguir las pisadas, huellas, o rastro de alguien o algo; perseguir; rastrear. **2.** Mirar y seguir con la vista; no perder de vista. **3.** Llevar algo en los pies y dejarlo como huella o rastro.

tract *sustantivo* **1.** Área de tierra; terreno; tracto. **2.** Grupo de órganos del cuerpo; canal; sistema.

traction *sustantivo* Fricción que evita que una rueda resbale o patine; tracción.

tractor *sustantivo* Vehículo de llantas grandes, propulsado por un motor, que se usa para tirar de equipos y maquinarias agrícolas; tractor.

trade *sustantivo* **1.** Negocio de comprar y vender; comercio. **2.** Intercambio de una cosa por otra; trueque. **3.** Tipo de trabajo, especialmente si supone cierto grado de destreza con las manos; oficio. **4.** Gente que trabaja en un negocio; (gente del) giro.
—*verbo* **1. a.** Tomar parte en compras, ventas o trueques; negociar; comerciar. **b.** Comprar, vender o intercambiar; comerciar. **2.** Intercambiar o permutar; hacer trueques.

trademark *sustantivo* Nombre, símbolo u otro signo que se imprime, estampa o graba en un producto para mostrar quién lo hace o lo posee, y que se inscribe en una dependencia del gobierno para que sólo sus dueños puedan usarlo; marca de fábrica; marca registrada.

trader *sustantivo* Persona que negocia, comercia o trafica; comerciante.

tradition *sustantivo* La práctica de transmitir ideas, costumbres y creencias de una generación a la siguiente, especialmente si se hace hablando sobre ellas; tradición.

traditional *adjetivo* Relativo a la tradición, o de acuerdo con ella; tradicional.

traffic *sustantivo* Tráfico: **1.** Movimiento de vehículos y personas por los caminos y calles, o de barcos en el mar o aeronaves por el aire; tránsito. **2.** Número de

ships, or aircraft in movement. **3.** Trade in goods.
—*verb* **trafficked, trafficking, traffics** To carry on
trade in.

trag·e·dy |trăj′ĭ dē| —*noun, plural* **tragedies 1.** A
serious play that ends badly for the main character or
characters. **2.** A terrible event; a disaster.

trag·ic |trăj′ĭk| —*adjective* Bringing very bad luck,
suffering, or sadness.

trail |trāl| —*verb* **trailed, trailing 1. a.** To drag or al-
low to drag behind. **b.** To be dragged along behind.
2. To follow the traces or scent of; track. **3.** To lag
behind. **4.** To move or walk wearily. **5.** To be or grow
along the ground or over a surface.
—*noun, plural* **trails 1.** A mark, trace, or path left by
a moving body. **2.** The scent of a person or animal.
3. A path or track.

trail·er |trā′lər| —*noun, plural* **trailers 1.** A large ve-
hicle pulled by a truck and used to carry something.
2. A large van that can be pulled, and when parked
can be used as a home or office.

train |trān| —*noun, plural* **trains 1.** A group of con-
nected railroad cars pulled by a locomotive or powered
by electricity. **2.** A long line of moving persons, ani-
mals, or vehicles. **3.** The part of a long dress that trails
behind the person wearing it. **4.** A series of events or
thoughts.
—*verb* **trained, training 1.** To coach in a way of per-
forming something. **2. a.** To teach a person some art or
skill. **b.** To teach an animal to perform. **3.** To make or
become ready to perform in athletic contests. **4.** To
make a plant or one's hair grow or lie in a certain way.

train·er |trā′nər| —*noun, plural* **trainers** A person
who trains a person or animal, especially one who
coaches athletes, race horses, or show animals.

train·ing |trā′nĭng| —*noun* **1.** The act or process of
being trained; instruction. **2. a.** A program of exercise,
diet, and practice for an athlete. **b.** The physical con-
dition of a person or animal that has been trained.

trait |trāt| —*noun, plural* **traits** A special feature or
quality, especially of a living thing.

trai·tor |trā′tər| —*noun, plural* **traitors** A person
who betrays his or her country, a cause, or an idea.

tramp |trămp| —*verb* **tramped, tramping 1.** To walk
with a firm, heavy step. **2.** To go on foot. **3.** To flatten
with the feet.
—*noun, plural* **tramps 1.** The sound of heavy walking
or marching. **2.** A walking trip. **3.** A person who wan-
ders around and usually has no regular job or place to
stay.

tram·ple |trăm′pəl| —*verb* **trampled, trampling** To
walk heavily on something, hurting or ruining it.

tram·po·line |trăm′pə lēn′| or |trăm′pə lĭn| —*noun,
plural* **trampolines** A sheet of canvas stretched across
a metal frame and fastened with springs. Trampolines
are used for jumping and other gymnastics.

tran·quil |trăng′kwĭl′| or |trăn′kwĭl| —*adjec-
tive* Calm; peaceful.

tran·quil·li·ty or **tran·quil·i·ty** |trăng kwĭl′ĭ tē| or
|trăn kwĭl′ĭ tē| —*noun* The condition of being
tranquil.

trans·fer |trăns fûr′| or |trăns′fər| —*verb* **trans-
ferred, transferring 1.** To move or shift from one
place, person, or thing to another. **2.** To change from
one way of traveling to another. **3.** To move or be

vehículos, barcos o aeronaves en movimiento. **3.** Trá-
fico de bienes; comercio.
—*verbo* Practicar un comercio, generalmente contrario
a la ley o a la moral; traficar.

tragedy *sustantivo* Tragedia: **1.** Obra literaria, gene-
ralmente teatral, que termina mal para el personaje o
personajes principales. **2.** Acontecimiento terrible; de-
sastre; catástrofe.

tragic *adjetivo* Que trae mala suerte, sufrimiento o tris-
teza; trágico.

trail *verbo* **1. a.** Tirar de algo, o permitir que alguien o
algo se arrastre detrás de uno; arrastrar o arrastrarse.
b. Ser arrastrado. **2.** Seguir rastros, huellas o una pis-
ta; rastrear. **3.** Quedarse atrás; arrastrarse; atrasarse.
4. Moverse o caminar fatigosamente; arrastrarse.
5. Yacer por el suelo, o arrastrarse o trepar por una
superficie, como lo hacen ciertas plantas.
—*sustantivo* **1.** Marca, señal o camino dejado por un
cuerpo en movimiento; rastro; huella. **2.** Pista que
deja una persona o animal; rastro; huella. **3.** Camino o
surco; senda.

trailer *sustantivo* Remolque: **1.** Vehículo grande del
que tira un camión y que se usa para transportar cosas;
rastra. **2.** Coche grande que puede ser remolcado, y
que cuando está estacionado, se puede usar como casa
u oficina.

train *sustantivo* **1.** Conjunto de coches de ferrocarril
del que tira una locomotora o que se mueve impulsado
por la electricidad; tren. **2.** Fila o hilera larga de perso-
nas, animales o vehículos en movimiento; convoy; cara-
vana; tren. **3.** Parte de un traje largo que cuelga y se
arrastra detrás de la persona que lo viste; cola. **4.** Serie
de acontecimientos, pensamientos o ideas; racha; hi-
lera; corriente.
—*verbo* **1.** Entrenar en la manera de ejecutar algo;
adiestrar. **2. a.** Enseñar a una persona algún arte o
aptitud; adiestrar. **b.** Enseñar a un animal a hacer
suertes; amaestrar. **3.** Preparar o prepararse para par-
ticipar en deportes o concursos de atletismo; entrenar o
entrenarse. **4.** Hacer que una planta o el cabello de una
persona crezca o permanezca de cierta manera.

trainer *sustantivo* Persona que adiestra a una persona o
animal, especialmente aquéllas que entrenan a los atle-
tas, caballos de carrera o animales amaestrados; entre-
nador; domador.

training *sustantivo* **1.** Acción o proceso de ser entre-
nado; instrucción; adiestramiento; entrenamiento.
2. a. Programa de ejercicios, dieta y práctica para un
atleta; entrenamiento. **b.** Condición física de una per-
sona o animal que ha sido entrenado.

trait *sustantivo* Rasgo o cualidad especial, especial-
mente de los seres vivos; característica.

traitor *sustantivo* Persona que traiciona a su país, a una
causa o a una idea; traidor.

tramp *verbo* **1.** Caminar con paso firme y pesado; dar
pisadas fuertes. **2.** Ir o recorrer a pie; recorrer.
3. Aplanar con los pies; apisonar.
—*sustantivo* **1.** El sonido que produce el caminar o
marchar pesadamente. **2.** Viaje o paseo a pie; cami-
nata. **3.** Persona que vaga y que generalmente no tiene
un trabajo ni un domicilio estables; vagabundo.

trample *verbo* Caminar pesadamente sobre algo, da-
ñándolo o arruinándolo; pisotear.

trampoline *sustantivo* Lona estirada dentro de un
marco de metal y fijada con resortes que se usa para
saltar y para realizar otros ejercicios y cabriolas;
trampolín.

tranquil *adjetivo* En calma; pacífico; tranquilo;
apacible.

tranquility *sustantivo* Condición o estado de hallarse
tranquilo; tranquilidad.

transfer *verbo* Transferir: **1.** Mover o cambiar de un
lugar, individuo u objeto a otro. **2.** Cambiar de un
medio de transporte a otro. **3.** Trasladarse o ser trasla-
dado de un empleo, escuela o centro de trabajo, a otro.

ər butter yo͞o abuse ou **out** ŭ cut û fur *th* **the** th **thin** hw **which** zh vision ə **ago, item, pencil, atom, circus**

moved from one job, school, or place of work to another.

—*noun,* |trăns′fər| *plural* **transfers 1.** An act or example of transferring or being transferred. **2.** A ticket for changing from one bus, plane, or train to another without paying extra.

trans·form |trăns fôrm′| —*verb* **transformed, transforming 1.** To change very much in form or appearance. **2.** To change energy from one form to another.

trans·for·ma·tion |trans′fər mā′shən| —*noun, plural* **transformations** The act or process of transforming, or condition of being transformed.

trans·fu·sion |trăns fyōō′zhən| —*noun, plural* **transfusions** The putting of blood or a similar fluid directly into a person's body, using a hollow needle.

tran·sis·tor |trăn zĭs′tər| or |trăn sĭs′tər| —*noun, plural* **transistors** A small, sometimes very tiny, device that controls the flow of electricity. Transistors are used in radios, televisions, computers, calculators, and many other electronic devices.

tran·si·tion |trăn zĭsh′ən| or |trăn sĭsh′ən| —*noun, plural* **transitions 1.** The process of changing or passing from one form, subject, or place to another. **2.** An example of this.

trans·late |trăns lāt′| or |trănz lāt′| or |trăns′lāt′| or |trănz′lāt′| —*verb* **translated, translating 1.** To change into or express in another language. **2.** To act as a translator.

trans·la·tion |trăns lā′shən| or |trănz lā′shən| —*noun, plural* **translations 1.** The act or process of translating. **2.** Something translated.

trans·lu·cent |trăns lōō′sənt| or |trănz lōō′sənt| —*adjective* Allowing only some light to pass through.

trans·mis·sion |trăns mĭsh′ən| or |trănz mĭsh′ən| —*noun, plural* **transmissions 1.** The act or process of sending from one person or place to another. **2.** The sending of radio or television waves. **3.** A series of gears in an automobile by which power is carried from the motor to the wheels.

trans·mit |trăns mĭt′| or |trănz mĭt′| —*verb* **transmitted, transmitting 1.** To send from one person, place, or thing to another. **2.** To send out signals by wire or radio.

trans·mit·ter |trăns mĭt′ər| or |trănz mĭt′ər| —*noun, plural* **transmitters 1.** Someone or something that transmits. **2.** A device that sends out electrical, radio, or television signals.

trans·par·ent |trăns pâr′ənt| or |trăns păr′ənt| —*adjective* **1.** Allowing light to pass through so that objects on the other side can be clearly seen. **2.** Easy to see or understand; obvious.

trans·plant |trăns plănt′| or |trăns plänt′| —*verb* **transplanted, transplanting 1.** To remove a living plant from the place where it is growing and plant it in another place. **2.** To transfer tissue or an organ from one body or body part to another.

—*noun, plural* **transplants 1.** Something transplanted, especially tissue or an organ transplanted by surgery. **2.** The act or operation of transplanting.

trans·port |trăns pôrt′| or |trăns pōrt′| —*verb* **transported, transporting** To carry from one place to another.

—*noun* |trăns′pôrt′| or |trăns′pōrt′|, *plural* **transports 1.** The act or process of transporting. **2.** A ship used to transport troops or military equipment.

trans·por·ta·tion |trăns′pər tā′shən| —*noun, plural* **transportations 1.** The act or process of transporting. **2.** A means of transport. **3.** The business of transporting passengers and freight. **4.** A charge for transporting; a fare.

trap |trăp| —*noun, plural* **traps 1.** A device for catching animals. **2.** A way of tricking a person.

—*verb* **trapped, trapping 1.** To catch in a trap. **2.** To trick someone.

—*sustantivo* Transferencia: **1.** Acción o caso de transferir o ser transferido. **2.** Boleto para poder cambiar de un ómnibus, avión o tren, a otro sin pagar más.

transform *verbo* Transformar: **1.** Cambiar mucho en forma o apariencia. **2.** Convertir energía de una forma a otra.

transformation *sustantivo* Acción o proceso de transformar, o el estado o condición de ser transformado; transformación.

transfusion *substantivo* Introducir sangre o un fluido similar directamente en el cuerpo u organismo de una persona, usando una aguja hueca; transfusión.

transistor *sustantivo* Artefacto pequeño, a veces diminuto, que controla el flujo de la electricidad, y que se usa en los receptores de radio y televisión, computadoras, calculadoras, y en muchos otros aparatos eléctrónicos; transistor.

transition *sustantivo* Transición: **1.** Proceso de cambiar o pasar de una forma, tema o lugar, a otro. **2.** Cualquier caso en que se produzca el proceso así descrito.

translate *verbo* Traducir: **1.** Expresar algo en otra lengua. **2.** Actuar como traductor.

translation *sustantivo* Traducción: **1.** Acción o proceso de traducir. **2.** Lo que ha sido traducido.

translucent *adjetivo* Que sólo permite pasar un poco de luz a su través; translúcido.

transmission *sustantivo* Transmisión: **1.** Acción o proceso de enviar algo a otra persona o lugar. **2.** Envío o emisión de ondas de radio o televisión. **3.** Serie de engranajes de un automóvil por la cual la fuerza motriz pasa del motor a las ruedas.

transmit *verbo* Transmitir: **1.** Enviar a otra persona, lugar o cosa. **2.** Enviar señales por cable o radio.

transmitter *sustantivo* Transmisor: **1.** Persona o cosa que transmite. **2.** Aparato que emite señales eléctricas, de radio o de televisión.

transparent *adjetivo* Transparente: **1.** Que permite el paso de la luz, de manera que los objetos que se hallan del otro lado puedan ser vistos claramente. **2.** Fácil de ver o de comprender; obvio; claro; evidente.

transplant *verbo* Trasplantar: **1.** Remover una planta viviente del lugar donde crece y plantarla en otro lugar. **2.** Transferir tejidos, o un órgano, de un cuerpo a otro, o de una parte del cuerpo a otra.

—*sustantivo* Trasplante: **1.** Algo trasplantado, especialmente si es un tejido o un órgano, y el trasplante se ha hecho mediante cirugía. **2.** Acción o proceso de trasplantar.

transport *verbo* Llevar de un lugar a otro; transportar.

—*sustantivo* Transporte: **1.** Acción o proceso de transportar. **2.** Buque o avión que se usa para transportar tropas o equipo militar.

transportation *sustantivo* Transporte: **1.** Acción o proceso de transportar. **2.** Medio de transporte. **3.** Negocio de transporte de pasajeros y carga. **4.** Cargo que se cobra al transportar; tarifa; pasaje.

trap *sustantivo* Trampa: **1.** Artefacto que sirve para atrapar animales. **2.** Forma de engañar a una persona; truco; artimaña.

—*verbo* Atrapar: **1.** Atrapar o capturar mediante una trampa. **2.** Lograr que alguien haga o diga algo mediante alguna trampa, truco o artimaña.

ă pat ā pay â care ä father ĕ pet ē be ĭ pit ī pie î fierce ŏ pot ō go ô paw, for oi oil ōō book ōō boot

tra·peze |trə pēz'| —*noun, plural* **trapezes** A short bar hung between two parallel ropes, used to swing from for exercises or gymnastics.

trap·per |trăp'ər| —*noun, plural* **trappers** A person who traps wild animals for their fur.

trash |trăsh| —*noun* Stuff that is thrown away; garbage.

trav·el |trăv'əl| —*verb* **traveled, traveling 1.** To go from one place to another. **2.** To move from one place to another.

trav·el·er |trăv'ə lər| or |trăv'lər| —*noun, plural* **travelers** A person who travels.

tray |trā| —*noun, plural* **trays** A flat dish with a raised rim or edge, used to carry and display articles.

treach·er·ous |trĕch'ər əs| —*adjective* **1.** Betraying a trust; disloyal. **2.** Not dependable.

tread |trĕd| —*verb* **trod, trodden** or **trod, treading 1.** To walk on, over, or along. **2.** To step on heavily; tramp.
—*noun, plural* **treads 1.** The act, manner, or sound of treading. **2.** The top part of a step in a staircase. **3.** The part of a wheel or shoe sole that touches the ground. **4.** The pattern of grooves in a tire that enables it to grip the road better.

trea·son |trē'zən| —*noun, plural* **treasons** The betraying of a person's country by helping an enemy.

treas·ure |trĕzh'ər| —*noun, plural* **treasures** An accumulation of valuables, such as jewels.
—*verb* **treasured, treasuring** To value highly.

treas·ur·er |trĕzh'ər ər| —*noun, plural* **treasurers** A person who has charge of money belonging to a club or business.

treas·ur·y |trĕzh'ə rē| —*noun, plural* **treasuries 1.** The place where money belonging to a government or organization is kept. **2.** The money kept in such a place. **3. Treasury** The department of a government that is in charge of collecting and managing the country's money.

treat |trēt| —*verb* **treated, treating 1.** To act or behave toward in a certain way. **2.** To deal with or handle. **3.** To give medical attention to. **4.** To pay for the entertainment of someone else.
—*noun, plural* **treats 1.** The act of treating. **2.** Anything considered a special pleasure.

treat·ment |trēt'mənt| —*noun, plural* **treatments 1.** The act or manner of treating something. **2.** The use of something to cure an illness.

trea·ty |trē'tē| —*noun, plural* **treaties** A formal agreement between two or more states or countries.

tree |trē| —*noun, plural* **trees 1.** A woody plant that is usually tall and has one main stem, or trunk. **2.** Something that looks like a tree, such as a pole with pegs or hooks for hanging clothes.

trem·ble |trĕm'bəl| —*verb* **trembled, trembling** To shake, as from cold or fear; shiver.

tre·men·dous |trĭ mĕn'dəs| —*adjective* **1.** Extremely large; enormous. **2.** Wonderful; marvelous.

tre·mor |trĕm'ər| —*noun, plural* **tremors 1.** A shaking or vibrating movement. **2.** An involuntary twitching of muscles.

trench |trĕnch| —*noun, plural* **trenches** A long, narrow ditch.

trend |trĕnd| —*noun, plural* **trends** A direction or course that is being followed.

tres·pass |trĕs'pəs| or |trĕs'păs'| —*verb* **trespassed, trespassing** To go onto someone's property without their permission.
—*noun, plural* **trespasses** A sin.

tri·al |trī'əl| or |trīl| —*noun, plural* **trials 1.** The examination and deciding of a case brought to a court of law. **2.** The act or process of trying or testing anything.

trapeze *sustantivo* Barra corta que cuelga entre dos sogas paralelas, y que se usa para columpiarse al hacer ejercicios o gimnasia; trapecio.

trapper *sustantivo* Persona que se dedica a atrapar animales salvajes por su piel; trampero.

trash *sustantivo* Cosas que se tiran o descartan; basura; desperdicios.

travel *verbo* Viajar: **1.** Ir de un lugar a otro. **2.** Moverse o trasladarse de un lugar a otro.

traveler *sustantivo* Persona que viaja; viajero.

tray *sustantivo* Recipiente plano que tiene un borde levantado, y que se usa para llevar y mostrar bocadillos u objetos; bandeja; charola.

treacherous *adjetivo* Traicionero: **1.** Que traiciona la confianza depositada en él; desleal. **2.** Que falla; indigno de confianza; riesgoso.

tread *verbo* **1.** Caminar por o a lo largo de algo; dar pasos. **2.** Pisar pesadamente; pisotear.
—*sustantivo* **1.** Acción, forma o sonido de pisar; paso; pisada. **2.** Parte superior de un escalón o peldaño en una escalera. **3.** Parte de una rueda o suela de zapato que toca el piso; pisador. **4.** Serie de surcos en una goma o llanta que le permiten adherirse mejor al camino; diseño.

treason *sustantivo* Acción de traicionar una persona a su patria ayudando al enemigo; traición.

treasure *sustantivo* Conjunto de muchas cosas de valor como, por ejemplo, joyas; tesoro.
—*verbo* Estimar altamente; valorar; atesorar.

treasurer *sustantivo* Persona que tiene a su cargo el dinero de una sociedad o negocio; tesorero.

treasury *sustantivo* Tesoro: **1.** Lugar donde se guarda el dinero perteneciente al gobierno o a una organización. **2.** Dinero que se guarda en dicho lugar. **3. Treasury** En algunos países, como los Estados Unidos, el departamento del gobierno que se encarga de cobrar y administrar los dineros del país; secretaría o ministerio de hacienda o finanzas.

treat *verbo* **1.** Actuar o comportarse hacia alguien de cierta manera; tratar. **2.** Manejar o discutir un tema; tratar. **3.** Prestar atención médica a alguien; tratar. **4.** Pagar por la comida, bebida o recreo de otro; convidar.
—*sustantivo* **1.** Acción de tratar; trato. **2.** Cualquier cosa que se considere como un placer especial; deleite.

treatment *sustantivo* **1.** Acción o manera de tratar; trato. **2.** Empleo de medios para curar una enfermedad; tratamiento.

treaty *sustantivo* Acuerdo formal entre dos o más estados o naciones; tratado.

tree *sustantivo* **1.** Planta generalmente elevada que tiene un tronco principal; árbol. **2.** Algo parecido a un árbol, tal como un perchero a palo con ganchos para colgar la ropa.

tremble *verbo* Estremecerse como de frío o de miedo; tiritar; temblar.

tremendous *adjetivo* Tremendo: **1.** Extremadamente grande; enorme. **2.** Maravilloso; estupendo; magnífico.

tremor *sustantivo* Temblor: **1.** Sacudida o movimiento vibrante. **2.** Serie de contracciones involuntarias de los músculos; espasmo, o acceso de espasmos.

trench *sustantivo* Zanja larga y estrecha; trinchera.

trend *sustantivo* Dirección o curso que se sigue; tendencia; giro.

trespass *verbo* Entrar en la propiedad de alguien sin su permiso; transgredir.
—*sustantivo* Pecado; ofensa; falta.

trial *sustantivo* **1.** Examen, estudio y decisión de un caso llevado ante un tribunal de justicia; juicio. **2.** Acción o proceso de poner algo a prueba; prueba.
Modismo on trial Que se halla en el estado o pro-

ər butter   yōō abuse   ou out   ŭ cut   û fur   *th* the   th thin   hw which   zh vision   ə ago, item, pencil, atom, circus

idiom **on trial** In the state or process of being tested or tried.

tri·an·gle |trī′ăng′gəl| —*noun, plural* **triangles** **1.** An object or a figure that has three sides and three angles. **2.** A small musical instrument that is struck to produce a clear tone like that of a bell.

tri·an·gu·lar |trī ăng′gyə lər| —*adjective* Shaped or looking like a triangle.

trib·al |trī′bəl| —*adjective* Having to do with a tribe.

tribe |trīb| —*noun, plural* **tribes** A group of people united because they have the same social customs, language, ancestors, or other characteristics.

tri·bute |trĭb′yōōt′| —*noun, plural* **tributes** Something done or given to show respect.

trick |trĭk| —*noun, plural* **tricks** **1.** A special stunt or skillful act. **2.** Something done to fool someone else. **3.** A prank or practical joke.
—*verb* **tricked, tricking** **1.** To fool, cheat, or deceive. **2.** To persuade by trickery.

trick·er·y |trĭk′ə rē| —*noun, plural* **trickeries** The use of tricks.

trick·le |trĭk′əl| —*verb* **trickled, trickling** **1.** To flow drop by drop or in a thin stream. **2.** To move slowly or bit by bit.
—*noun, plural* **trickles** A small flow; a thin stream.

trick·y |trĭk′ē| —*adjective* **trickier, trickiest** **1.** Using tricks; cunning; sly. **2.** Requiring caution or skill.

tri·cy·cle |trī′sĭ′kəl| —*noun, plural* **tricycles** A vehicle with three wheels, usually propelled by pedals.

tried |trīd| The past tense and past participle of the verb **try.**

tri·fle |trī′fəl| —*noun, plural* **trifles** **1.** Something of very little value. **2.** A small amount; a little.
—*verb* **trifled, trifling** To play with something in a careless way.

trig·ger |trĭg′ər| —*noun, plural* **triggers** A small lever that is pressed by the finger to shoot a gun.

trim |trĭm| —*verb* **trimmed, trimming** **1.** To make neat and tidy by chopping. **2.** To decorate.
—*noun, plural* **trims** **1.** Something that decorates or ornaments. **2.** The act of cutting or clipping.

trim·ming |trĭm′ĭng| —*noun, plural* **trimmings** **1.** Something added as a decoration. **2.** **trimmings** Things that usually go with something else.

trin·ket |trĭng′kĭt| —*noun, plural* **trinkets** A small ornament or a piece of jewelry.

trip |trĭp| —*noun, plural* **trips** **1.** A journey. **2.** The distance traveled on a journey.
—*verb* **tripped, tripping** **1.** To stumble or fall. **2.** To make a mistake. **3.** To dance or skip lightly and quickly.

tri·ple |trĭp′əl| —*adjective* **1.** Made up of three parts. **2.** Three times as many.
—*verb* **tripled, tripling** To make or become three times as much.

tri·pod |trī′pŏd| —*noun, plural* **tripods** A stand with three legs, used especially to support a camera.

tri·umph |trī′əmf| —*verb* **triumphed, triumphing** To be victorious or successful.
—*noun, plural* **triumphs** **1.** The act of winning; success. **2.** Joy from winning.

tri·um·phant |trī ŭm′fənt| —*adjective* **1.** Victorious; successful. **2.** Rejoicing over having been successful.

triv·i·al |trĭv′ē əl| —*adjective* **1.** Of little or no importance. **2.** Ordinary; usual.

trod |trŏd| The past tense and a past participle of the verb **tread.**

trod·den |trŏd′n| A past participle of the verb **tread.**

trol·ley |trŏl′ē| —*noun, plural* **trolleys** **1.** An electrically operated bus that runs on tracks; a streetcar. **2.** A small, grooved wheel that runs along an overhead wire and supplies current to an electrically powered

---

ceso de ser sometido a juicio o puesto a prueba; que está siendo juzgado; que está a prueba.

triangle *sustantivo* Triángulo: **1.** Objeto o figura que tiene tres lados y tres ángulos. **2.** Instrumento musical pequeño que se golpea para producir un tintineo claro como el de una campana.

triangular *adjetivo* En forma de triángulo o parecido; triangular.

tribal *adjetivo* Relativo a una tribu; tribal.

tribe *sustantivo* Grupo de personas unidas por las mismas costumbres sociales, el mismo lenguaje, antepasados comunes u otras características; tribu.

tribute *sustantivo* Algo que se hace o se da en señal de respeto; tributo.

trick *sustantivo* Truco: **1.** Suerte especial o acto habilidoso. **2.** Algo que se hace para engañar a otro; ardid; artimaña; malas artes. **3.** Travesura o broma pesada.
—*verbo* **1.** Embromar, engañar o hacer trampa. **2.** Persuadir a otro mediante trucos, ardides o artimañas.

trickery *sustantivo* Práctica de valerse de trucos, ardides, artimañas o malas artes.

trickle *verbo* **1.** Fluir un líquido gota a gota o en un hilillo o corriente delgada; gotear; escurrir o escurrirse. **2.** Moverse despacio o poco a poco; escurrirse.
—*sustantivo* Flujo leve; corriente delgada; gotera.

tricky *adjetivo* **1.** Que emplea trucos; astuto; pícaro; tramposo. **2.** Que requiere precaución o habilidad especial para su ejecución; difícil o riesgoso.

tricycle *sustantivo* Vehículo de tres ruedas, generalmente impulsado por pedales; triciclo.

tried Pretérito y participio pasado del verbo **try.**

trifle *sustantivo* Minucia: **1.** Algo de muy poco valor; bagatela. **2.** Cantidad pequeña; un poco.
—*verbo* Jugar descuidadamente con algo.

trigger *sustantivo* Palanca pequeña que se oprime con el dedo para disparar un arma de fuego; gatillo.

trim *verbo* **1.** Recortar para hacer que algo se vea más pulcro y atractivo. **2.** Decorar; adornar.
—*sustantivo* **1.** Lo que decora u ornamenta; adorno. **2.** Acción de recortar o esquilar; recorte.

trimming *sustantivo* **1.** Algo que se añade como decoración; orla; adorno. **2.** **trimmings** Cosas que generalmente acompañan a otra principal; accesorios.

trinket *sustantivo* Adorno pequeño o pieza de joyería; dije.

trip *sustantivo* Viaje: **1.** Jornada; excursión; acción y efecto de viajar. **2.** Distancia recorrida en un viaje.
—*verbo* **1.** Tropezar o caer. **2.** Cometer un error; errar; fallar; equivocarse. **3.** Bailar o saltar ligera y rápidamente; bailotear.

triple *adjetivo* Triple: **1.** Que se compone de tres partes. **2.** Tres veces un número o cantidad.
—*verbo* Aumentar o aumentarse tres veces; triplicar.

tripod *sustantivo* Soporte de tres patas que se usa especialmente para sostener una cámara fotográfica; trípode.

triumph *verbo* Resultar victorioso o exitoso; triunfar.
—*sustantivo* Triunfo: **1.** Acción de ganar o triunfar; victoria; éxito. **2.** La alegría de triunfar.

triumphant *adjetivo* Triunfante: **1.** Victorioso; ganador; exitoso. **2.** Que se regocija por haber tenido éxito.

trivial *adjetivo* Trivial: **1.** De poca o ninguna importancia. **2.** Ordinario; usual.

trod Pretérito y participio pasado del verbo **tread.**

trodden Otra forma del participio pasado del verbo **tread.**

trolley *sustantivo* **1.** Autobús operado eléctricamente y que corre por carriles; tranvía; trolebús. **2.** Pequeña rueda acanalada que rueda por un alambre que corre por la alto y suministra corriente eléctrica a un vehí-

---

vehicle.

trom·bone |tröm bōn′| or |tröm′bōn′| —*noun, plural* **trombones** A brass wind musical instrument, like the trumpet but with two long tubes shaped like U's and having a lower pitch.

troop |trōōp| —*noun, plural* **troops** **1.** A group of people or animals. **2.** A group of soldiers.

tro·phy |trō′fē| —*noun, plural* **trophies** A prize received as a symbol of victory.

trop·ics |trŏp′ĭks| —*plural noun* The very hot regions of the earth that are near the equator.

trot |trŏt| —*noun, plural* **trots** A running gait of a horse that is faster than a walk and slower than a gallop.
—*verb* **trotted, trotting** **1.** To move or ride or cause to move or ride at a trot. **2.** To run or walk quickly.

trou·ble |trŭb′əl| —*noun, plural* **troubles** **1.** A difficult or dangerous situation. **2.** A problem or difficulty. **3.** Extra work or effort.
—*verb* **troubled, troubling** **1.** To disturb or worry; cause distress. **2.** To require extra effort or work.

trou·ble·some |trŭb′əl səm| —*adjective* Causing trouble; annoying.

trough |trŏf| or |trŏf| —*noun, plural* **troughs** A long, narrow box or other container. It is used for holding water or feed for animals.

trou·sers |trou′zərz| —*noun* (Used with a plural verb.) An outer garment worn from the waist down and divided into two sections that fit each leg separately.

trout |trout| —*noun, plural* **trout** A fish that is related to the salmon and lives in fresh water. The trout has a spotted body and is highly valued for sport and as food.

truce |trōōs| —*noun, plural* **truces** A short or temporary stop in fighting.

truck |trŭk| —*noun, plural* **trucks** A kind of motor vehicle designed to carry large or heavy loads.

true |trōō| —*adjective* **truer, truest** **1.** In agreement with fact or reality; right; accurate; not false. **2.** Real or genuine. **3.** Loyal to someone or something; faithful.
—*adverb* In a right or true manner; truthfully.

tru·ly |trōō′lē| —*adverb* **1.** In a sincere, honest, or truthful manner; sincerely or accurately. **2.** In fact or indeed.

trum·pet |trŭm′pĭt| —*noun, plural* **trumpets** **1.** A brass wind instrument that has a strong tone with a high pitch. It is made of a long metal tube that is coiled in a loop, with a mouthpiece at one end and a flared bell at the other. **2.** Something that is shaped like a trumpet, such as the yellow flowers of daffodils.
—*verb* **trumpeted, trumpeting** To make a loud, high sound like a trumpet.

trunk |trŭngk| —*noun, plural* **trunks** **1.** The tall main stem of a tree. The branches grow out of it. **2.** A large box or case with a lid that locks or clasps shut. It is used for storing and carrying clothes or other objects. **3.** The covered section in the rear of an automobile. It is used for carrying suitcases and other objects. **4.** The main part of a human or animal body, not including the arms, legs, or head. **5.** The long, flexible snout of an elephant, used for grasping and holding. **6. trunks** Short pants worn by men for swimming and for playing certain sports.

trust |trŭst| —*verb* **trusted, trusting** **1.** To believe or have confidence in as being honest, fair, or dependable. **2.** To depend or rely on; count on.
—*noun* **1.** Confidence or a strong belief in someone or something; faith. **2.** The act or condition of keeping or taking care of someone or something for another person; custody.

trust·wor·thy |trŭst′wûr′thē| —*adjective* Able to be relied on; dependable.

culo tal como un tranvía o tren eléctrico; trole.

trombone *sustantivo* Instrumento musical de viento parecido a la trompeta, pero que tiene dos tubos largos en forma de U y cuyo tono es más bajo; trombón.

troop *sustantivo* Tropa: **1.** Grupo de personas o animales. **2.** Grupo de soldados.

trophy *sustantivo* Premio recibido como símbolo de victoria; trofeo.

tropics *sustantivo* Regiones muy cálidas de la Tierra que están cerca del ecuador; el trópico o los trópicos.

trot *sustantivo* Marcha del caballo, más lenta que el galope; trote.
—*verbo* Trotar: **1.** Moverse o montar o hacer mover o montar al trote. **2.** Correr o caminar rapidamente.

trouble *sustantivo* **1.** Situación difícil o peligrosa; apuro; aprieto; dificultad. **2.** Problema o dificultad. **3.** Trabajo o esfuerzo extra; molestia.
—*verbo* **1.** Molestar o preocupar; causar angustia; perturbar; angustiar; inquietar. **2.** Requerir trabajo o esfuerzo extra; molestar; importunar.

troublesome *adjetivo* Que causa molestia; molesto; fastidioso.

trough *sustantivo* Caja o cualquier otro envase largo y angosto que se usa para contener agua o comida para animales; abrevadero; comedero.

trousers *sustantivo* Prenda exterior de vestir que se usa de la cintura hacia abajo y que está dividida en dos secciones que entallan separadamente con cada pierna; pantalones.

trout *sustantivo* Pez emparentado con el salmón que vive en agua dulce, que tiene el cuerpo manchado y que es muy preciado en el deporte de pesca y como comida; trucha.

truce *sustantivo* Paro breve o temporáneo en una pelea o batalla; tregua; cese de fuego.

truck *sustantivo* Tipo de vehículo de motor diseñado para llevar cargas grandes o pesadas; camión.

true *adjetivo* **1.** De acuerdo con los hechos o la realidad; correcto; exacto; no falso; verdadero. **2.** Real o genuino; de verdad. **3.** Leal a alguien o algo; fiel.
—*adverbio* De manera correcta o verdadera; honestamente; verdaderamente.

truly *adverbio* Verdaderamente: **1.** De manera sincera, honesta o verdadera; sincera o exactamente; honestamente. **2.** De hecho.

trumpet *sustantivo* **1.** Instrumento de viento que tiene un tono fuerte y alto. Está hecho de latón, con un tubo largo de metal enrollado en forma de lazo, una boquilla en un extremo y una bocina acampanada en el otro; trompeta. **2.** Algo que está formado como trompeta, tal como las flores amarillas del narciso trompón.
—*verbo* Hacer un sonido fuerte y alto como una trompeta; trompetear.

trunk *sustantivo* **1.** Tallo alto principal de un árbol del que crecen las ramas; tronco. **2.** Caja o maleta grande con una tapa que se cierra o abrocha y que se usa para guardar y cargar ropa y otros objetos; baúl; cofre. **3.** Sección cubierta en la parte trasera de un automóvil que se usa para cargar maletas y otros objetos; baúl; cajuela. **4.** La parte principal de un cuerpo humano o animal, sin incluir los brazos, las piernas o la cabeza; tronco. **5.** Hocico largo y flexible de un elefante, usado para agarrar y sostener; trompa. **6. trunks** Pantalones cortos usados por los hombres para nadar y jugar en ciertos deportes.

trust *verbo* **1.** Creer o tener confianza en que alguien o algo es honesto o confiable; confiar; creer en; fiarse de. **2.** Depender de o apoyarse en; contar con; confiar en.
—*sustantivo* **1.** Confianza o creencia fuerte en alguien o algo; fe. **2.** Acto o condición de guardar o cuidar a alguien o algo por encargo de otra persona; custodia; cargo.

trustworthy *adjetivo* Capaz de que se le tenga confianza; confiable; de confianza.

ər butter   yōō abuse   ou out   ŭ cut   û fur   *th* the   th thin   hw which   zh vision   ə ago, item, pencil, atom, circus

truth |trooth| —*noun, plural* **truths 1.** Something that is true. **2.** The quality of being honest, sincere, loyal, or true.

truth·ful |trooth'fəl| —*adjective* Telling the truth; honest.

try |trī| —*verb* **tried, trying, tries 1.** To attempt to do something; make an effort. **2.** To taste, sample, or test something. **3.** To examine or investigate in a court of law.
—*noun, plural* **tries** An attempt; an effort.

try·out |trī'out'| —*noun, plural* **tryouts** A test to find out a person's skill or ability.

T-shirt |tē'shûrt'| —*noun, plural* **T-shirts** A light shirt with short sleeves and no collar.

tub |tŭb| —*noun, plural* **tubs 1.** A round, wide, open container used for packing, storing, or washing. It is usually made of wood. **2.** A small, round container used for keeping food. **3.** A bathtub.

tube |toob| or |tyoob| —*noun, plural* **tubes 1.** A long, hollow piece of metal, glass, rubber, plastic, or other material shaped like a pipe. It is used to carry liquids or gases. A garden hose and a drinking straw are both tubes. **2.** Anything that is shaped or used like a tube, such as a tunnel or pipe. **3.** A small, flexible container made of metal or plastic that is shaped like a tube. It has a cap on one end that screws on. It is used for holding toothpaste, shampoo, or other materials that can be squeezed out.

tu·ber |too'bər| or |tyoo'bər| —*noun, plural* **tubers** A swollen, underground stem, such as a potato. A tuber bears buds from which new plants grow.

tu·ber·cu·lo·sis |too bûr'kyə lō'sĭs| or |tyoo bûr'kyə lō'sĭs| —*noun* A disease caused by bacteria that destroys tissues of the body, especially the lungs. It affects both people and animals. Tuberculosis is very contagious.

tuck |tŭk| —*verb* **tucked, tucking 1.** To fold or shove the edges or ends of a garment or piece of fabric in place. **2.** To cover or wrap snugly. **3.** To put or store in a safe or secret place.
—*noun, plural* **tucks** A narrow fold sewed into a garment to decorate it or make it look better.

Tues·day |tooz'dē| or |tooz'dā'| or |tyooz'dē| or |tyooz'dā'| —*noun, plural* **Tuesdays** The third day of the week.

tuft |tŭft| —*noun, plural* **tufts** A bunch of grass, feathers, hair, threads, or other flexible materials that grow or are held tightly together at one end and are loose at the other.

tug |tŭg| —*verb* **tugged, tugging** To pull hard on something; move something by pulling with force or effort.
—*noun, plural* **tugs** A hard pull.

tug·boat |tŭg'bōt'| —*noun, plural* **tugboats** A very powerful small boat that is designed to tow or push larger boats.

tu·i·tion |too ĭsh'ən| or |tyoo ĭsh'ən| —*noun, plural* **tuitions** Money paid for lessons or instruction, especially at a college or private school.

tu·lip |too'lĭp| or |tyoo'lĭp| —*noun, plural* **tulips** A garden plant with showy, colorful flowers that are shaped like cups. Tulips grow from bulbs.

tum·ble |tŭm'bəl| —*verb* **tumbled, tumbling 1.** To fall in a helpless way. **2.** To fall or roll end over end; toss about. **3.** To spill or roll out in a confusing or not orderly way. **4.** To do somersaults, leaps, or other gymnastics.
—*noun, plural* **tumbles** A fall caused by tumbling.

tu·mor |too'mər| or |tyoo'mər| —*noun, plural* **tumors** Any swelling within the body that is not normal.

tune |toon| or |tyoon| —*noun, plural* **tunes 1.** A melody that is easy to remember. **2.** The correct pitch. **3.** Agreement or harmony.
—*verb* **tuned, tuning** To put in the proper pitch; put in tune.

truth *sustantivo* **1.** Algo que es verdad; verdad. **2.** La cualidad de ser honesto, sincero, leal o verdadero; veracidad; fidelidad.

truthful *adjetivo* Que dice la verdad; verdadero; honesto; sincero.

try *verbo* **1.** Tratar de hacer algo; probar; hacer un esfuerzo; intentar. **2.** Probar, catar o examinar algo. **3.** Examinar o investigar en una corte legal; procesar; juzgar; ver.
—*sustantivo* Intento; esfuerzo; prueba.

tryout *sustantivo* Examen para probar la destreza o habilidad de una persona; prueba.

T-shirt *sustantivo* Camisa liviana de mangas cortas y que no tiene cuello; camiseta.

tub *sustantivo* **1.** Envase redondo, ancho y abierto que se usa para empacar, guardar o lavar; tina. **2.** Envase pequeño y redondo usado para guardar comida; botecillo; fuentecilla. **3.** Bañera; tina de baño.

tube *sustantivo* **1.** Pedazo largo y hueco de metal, vidrio, goma, plástico u otro material que tiene forma de caño, y que se usa para conducir líquidos o gases; tubo. Una manguera y una pajita ambos son tubos. **2.** Cualquier cosa que tiene forma de tubo, tal como un túnel o un caño. **3.** Envase pequeño y flexible hecho de metal o plástico que tiene forma de tubo, con una tapa en un extremo que se atornilla, y que se usa para guardar pasta dental, champú u otros materiales que pueden exprimirse para sacarse.

tuber *sustantivo* Tallo hinchado subterráneo, tal como la papa, que echa brotes de los cuales crecen nuevas plantas; tubérculo.

tuberculosis *sustantivo* Enfermedad causada por bacterias que destruyen los tejidos del cuerpo, especialmente los pulmones. Afecta tanto a la gente como a los animales y es muy contagiosa; tuberculosis.

tuck *verbo* **1.** Doblar o meter los bordes o extremos de una prenda de vestir o un pedazo de tela en su lugar; arreglar; remeter; meter. **2.** Cubrir o envolver cómodamente; arropar. **3.** Poner o guardar en un lugar seguro o secreto; ocultar; esconder.
—*sustantivo* Pliegue angosto cosido en una prenda de vestir para decorarlo o hacer que se vea mejor; alforza.

Tuesday *sustantivo* Martes.

tuft *sustantivo* Ramillete de hierba, plumas, cabellos, hilos u otros materiales flexibles que crecen o están sostenidos juntos en un extremo y que están sueltos en el otro; copete; mechón.

tug *verbo* Jalar algo fuertemente; tirar de; dar un estirón a; mover algo jalando con fuerza o esfuerzo.
—*sustantivo* Jalon fuerte; tirón; estirón.

tugboat *sustantivo* Barco pequeño y muy poderoso que está diseñado para remolcar o empujar barcos más grandes; remolcador.

tuition *sustantivo* Dinero que se paga por lecciones o instrucción, especialmente en una universidad o escuela privada; matrícula.

tulip *sustantivo* Planta de jardín que tiene flores vistosas y de colores vivos en forma de cáliz, y que crecen de bulbos; tulipán.

tumble *verbo* **1.** Caer de manera impotente; desplomarse; caerse. **2.** Caer o rodar poniendo un extremo sobre el otro; tirarse por todas partes; dar tumbos. **3.** Derramarse o desparramarse en forma confusa o desordenada; salir en desorden. **4.** Hacer maromas, dar saltos o hacer cualquier otro tipo de gimnasia.
—*sustantivo* Caída causada por un tropezón; tropiezo.

tumor *sustantivo* Cualquier hinchazón en el cuerpo que no es normal; tumor.

tune *sustantivo* **1.** Melodía que es fácil de recordar; tonada. **2.** La tonalidad correcta; tono. **3.** Acuerdo o armonía; tono.
—*verbo* Poner en el tono correcto; afinar; poner a tono.

ă pat ā pay â care ä father ĕ pet ē be ĭ pit ī pie î fierce ŏ pot ō go ô paw, for oi oil oo book oo boot

tu·nic | tōō′nĭk | or | tyōō′nĭk | —*noun, plural* **tunics**
1. A garment that looks like a shirt and reaches down
to the knees. They were worn by men in ancient Greece
and Rome and during the Middle Ages. **2.** A short,
snug jacket. It is usually worn as part of a uniform by
soldiers or police.

tun·nel | tŭn′əl | —*noun, plural* **tunnels** A long pas-
sage that is built underground or underwater.

tur·ban | tûr′bən | —*noun, plural* **turbans 1.** A long
scarf that is wound around the head. It is worn like a
hat by men in some Oriental countries. **2.** Any similar
head covering.

tur·bine | tûr′bĭn | or | tûr′bīn′ | —*noun, plural* **tur-
bines** A machine or motor in which the force of air,
steam, or water is used to turn a wheel by pushing
against paddles attached to it.

turf | tûrf | —*noun, plural* **turfs** An upper layer of
earth having much grass and roots; sod.

tur·key | tûr′kē | —*noun, plural* **turkeys 1.** A large
brownish American bird with a bare head. Skin hangs
down in folds from its neck. **2.** The meat of a turkey.

tur·moil | tûr′moil′ | —*noun, plural* **turmoils** A condi-
tion of great confusion or disorder.

turn | tûrn | —*verb* **turned, turning 1.** To move or
cause to move around a center or in a circle; rotate;
revolve. **2.** To perform or do by rotating or revolving.
3. To appear to be revolving, especially when one is
dizzy. **4.** To roll from side to side or back and forth.
5. To change or cause to change direction. **6.** To move
or cause to move in an opposite direction; reverse.
7. To make one's way around or about. **8.** To direct
one's way in a certain direction. **9.** To direct in a cer-
tain way; point. **10.** To direct one's attention, interest,
or mind toward or away from something. **11.** To
change the position of so that the underside becomes
the upper side. **12.** To change. **13.** To change color or
change to a certain color. **14.** To make sour. **15.** To
upset or make sick to the stomach. **16.** To become,
reach, or go beyond a certain age, time, or amount.
Phrasal verbs **turn down 1.** To make less the vol-
ume, degree, speed, or flow of. **2.** To reject or refuse a
person, request, or suggestion. **turn out 1.** To come
out, especially for a public event. **2.** To produce or
make. **3.** To be found to be. **4.** To result; end up.
—*noun, plural* **turns 1.** The act of turning or the con-
dition of being turned; rotation or revolution. **2.** A
change of direction, motion, or position, or the point of
such a change. **3.** A point of change in time. **4.** A
movement in the direction of. **5.** A chance to do some-
thing. **6.** A deed or action having a certain effect on
another person.

tur·nip | tûr′nĭp′ | —*noun, plural* **turnips** A plant
whose leaves and large, rounded yellowish or white
root are eaten as vegetables.

turn·pike | tûrn′pīk′ | —*noun, plural* **turnpikes** A
road, especially a wide highway. People have to pay a
toll on certain turnpikes.

turn·ta·ble | tûrn′tā′bəl | —*noun, plural* **turntables**
1. A round platform with a railway track that is able
to rotate. It is used for turning locomotives. **2.** The
round, rotating platform of a record player, on which
the record is placed.

tur·quoise | tûr′koiz′ | or | tûr′kwoiz′ | —*noun, plural*
turquoises 1. A bluish-green mineral used as a gem in
jewelry. **2.** A light bluish-green color.
—*adjective* Light bluish green.

tunic *sustantivo* Túnica: **1.** Vestidura que parece una
camisa y que llega hasta las rodillas, que portaban los
hombres en Grecia y Roma antigua y durante la Edad
Media. **2.** Chaqueta corta y ajustada, que general-
mente se usa como parte del uniforme de los soldados y
la policía.

tunnel *sustantivo* Pasadizo largo construido por debajo
de la tierra o el agua; túnel.

turban *sustantivo* Turbante: **1.** Pañuelo largo que se
envuelve alrededor de la cabeza, usado como sombrero
por los hombres en algunos países orientales. **2.** Cual-
quier cubierta similar para la cabeza.

turbine *sustantivo* Máquina o motor en el cual la
fuerza del aire, el viento o el agua se usa para dar vuel-
tas a una rueda empujando paletas que están sujetas a
ésta; turbina.

turf *sustantivo* Capa superior de tierra que tiene mucha
hierba y raíces; césped.

turkey *sustantivo* Pavo: **1.** Pájaro americano grande de
color pardo que tiene la cabeza descubierta y piel que
cuelga en forma de pliegues del pescuezo. **2.** Carne de
pavo.

turmoil *sustantivo* Condición de gran confusión o
desorden; alboroto; tumulto.

turn *verbo* **1.** Mover o hacer que se mueva alrededor de
un centro o en un círculo; rotar; revolver; hacer girar.
2. Realizar o hacer rotando o revolviendo; dar vueltas.
3. Parecer como que está girando, especialmente
cuando uno está mareado. **4.** Volverse de lado a lado o
de adelante para atrás; bambolearse; balancearse.
5. Cambiar o hacer que cambie de dirección; voltear;
torcer; desviar. **6.** Mover o hacer que se mueva en di-
rección opuesta; poner en marcha atrás. **7.** Hacerse
camino yendo alrededor o acerca de; dar la vuelta a.
8. Dirigirse en cierta dirección; ir a o hacia; doblar a o
hacia. **9.** Dirigir hacia cierta dirección; apuntar hacia;
voltear hacia. **10.** Dirigir la atención, el interés o la
mente hacia o en dirección opuesta de algo; desviar
hacia o de; volver hacia o de. **11.** Cambiar la posición
de algo de tal forma que la parte de abajo venga a ser
la parte de arriba; voltear. **12.** Cambiar; convertirse
en; volverse. **13.** Cambiar de color o cambiarse en
cierto color; ponerse; volverse; tornarse. **14.** Hacer
agrio; agriar. **15.** Trastornar o enfermar del estómago;
dar naúsea; revolver el estómago. **16.** Llegar a, alcan-
zar o ir más allá de cierta edad, tiempo o cantidad;
cumplir.
Verbos en locución **turn down 1.** Hacer menos el
volumen, grado, velocidad o flujo de algo; bajar; dismi-
nuir. **2.** Rechazar o rehusar una persona, un pedido o
una sugerencia; desechar. **turn out 1.** Salir, sobre todo
a un evento público; aparecer; acudir. **2.** Producir o
hacer; rendir. **3.** Revelarse ser; resultar. **4.** Resultar;
terminar siendo.
—*sustantivo* **1.** Acto de voltear o la condición de ser
volteado; rotación o revolución; vuelta. **2.** Cambio de
dirección, moción o posición, o el punto donde ocurre
ese tipo de cambio; vuelta. **3.** Punto de cambio en el
tiempo; vuelta. **4.** Movimiento en dirección a; cambio;
giro; rumbo. **5.** Oportunidad de hacer algo; turno.
6. Hecho o acción que tiene cierto efecto sobre una
persona; jugada; favor.

turnip *sustantivo* Planta cuyas hojas y cuya raíz grande
y redonda, de color amarillento o blanco, se comen
como vegetales; nabo.

turnpike *sustantivo* Camino, especialmente una carre-
tera ancha, en el cual en ocasiones se tiene que pagar
peaje o cuota; autopista.

turntable *sustantivo* **1.** Plataforma redonda con una
vía ferrea que se puede girar y que se usa para voltear
locomotoras; plataforma giratoria de ferrocarril.
2. Plataforma redonda y rotatoria de un tocadiscos, en
la cual se coloca un disco; plato giratorio de fonógrafo.

turquoise *sustantivo* **1.** Mineral verde-azul usado
como joya en joyería; turquesa. **2.** Color verde-azul
claro; color turquesa.
—*adjetivo* Verde-azul claro.

ər butter   yōō abuse   ou out   ŭ cut   û fur   *th* the   th thin   hw which   zh vision   ə ago, item, pencil, atom, circus

tur·tle |tûr'tl| —*noun, plural* **turtles** Any of a group of reptiles that live on water or land and have a body covered by a hard shell. The turtle can pull its head, legs, and tail into the shell to protect itself.

tusk |tŭsk| —*noun, plural* **tusks** A long, pointed tooth, usually one of a pair. It extends outside of the mouth of certain animals. The elephant, walrus, and wild boar have tusks.

tu·tor |tōō'tər| or |tyōō'tər| —*noun, plural* **tutors** A person who teaches someone privately.

TV |tē'vē'| —*noun, plural* **TV's** Television.

tweed |twĕd| —*noun, plural* **tweeds** A rough, woolen cloth, usually having several colors. Tweed is used to make jackets, slacks, and other clothes.

tweez·ers |twē'zərz| —*noun* (Used with a plural verb.) A small, V-shaped tool used for plucking or handling small objects.

twelfth |twĕlfth| —*noun, plural* **twelfths** & *adjective* See **Table of Numerals.**

twelve |twĕlv| —*noun, plural* **twelves** & *adjective* A number, written 12.

twen·ti·eth |twĕn'tē ĭth| —*noun, plural* **twentieths** & *adjective* See **Table of Numerals.**

twen·ty |twĕn'tē| —*noun, plural* **twenties** & *adjective* A number, written 20.

twice |twīs| —*adverb* **1.** On two occasions; two times. **2.** Double the amount or degree.

twig |twĭg| —*noun, plural* **twigs** A small branch of a tree or shrub.

twi·light |twī'līt'| —*noun* The period of time when the sun is below the horizon but there is a little light in the sky.

twin |twĭn| —*noun, plural* **twins 1.** Either of two children born of the same parents at the same time. **2.** One of two persons, animals, or things that are alike or the same.
—*adjective* **1.** Being one or two of two children from the same birth. **2.** Being one or two of two persons, animals, or things that are alike or the same.

twine |twĭn| —*noun, plural* **twines** A strong cord or string made of threads twisted together.
—*verb* **twined, twining 1.** To form by twisting. **2.** To coil about.

twin·kle |twĭng'kəl| —*verb* **twinkled, twinkling** To shine with slight, winking gleams; sparkle.
—*noun, plural* **twinkles** A slight, winking gleam of light.

twin·kling |twĭng'klĭng| —*noun* A very short period of time; an instant.

twirl |twûrl| —*verb* **twirled, twirling** To turn around and around quickly.

twist |twĭst| —*verb* **twisted, twisting 1.** To wind together two or more threads to form one strand. **2.** To wind or coil around something. **3.** To move or go in a winding course. **4.** To pull sharply or sprain. **5.** To change the shape of.
—*noun, plural* **twists 1.** The act of twisting; a spin. **2.** A turn or bend.

twitch |twĭch| —*verb* **twitched, twitching** To move or cause to move with a quick jerk.
—*noun, plural* **twitters 1.** A series of high, fast, chirping sounds. **2.** A condition of nervous excitement.

two |tōō| —*noun, plural* **twos** & *adjective* A number, written 2.

type |tīp| —*noun, plural* **types 1.** A group of persons or things that are alike in certain ways that set them apart from others; group; class. **2. a.** In printing, a small block of wood or metal with a letter on it. **b.** A group of such blocks, from which printing is done.
—*verb* **typed, typing 1.** To put into a certain group or class. **2.** To write with a typewriter.

type·writ·er |tīp'rī'tər| —*noun, plural* **typewriters** A machine that prints letters and numbers on a piece of

turtle *sustantivo* Cualquiera de un grupo de reptiles que viven en el agua o la tierra y que tienen un cuerpo cubierto por una concha dura, donde puede meter la cabeza, las patas y la cola para protegerse; tortuga.

tusk *sustantivo* Diente largo y puntiagudo, usualmente uno de un par, que se extiende por fuera de la boca de ciertos animales tales como el elefante, la morsa y el jabalí; colmillo.

tutor *sustantivo* Persona que enseña a alguien en privado; tutor; preceptor; ayo.

TV *sustantivo* Televisión.

tweed *sustantivo* Tela áspera de lana, que usualmente tiene varios colores, que se usa para hacer chaquetas, pantalones y otras ropas.

tweezers *sustantivo* Herramienta pequeña en forma de V usada para arrancar o manejar objetos pequeños; pinzas.

twelfth *sustantivo y adjetivo* Consulte la **Tabla de Números.**

twelve *sustantivo y adjetivo* Doce.

twentieth—*sustantivo y adjetivo* Consulte la **Tabla de Números.**

twenty *sustantivo y adjetivo* Veinte.

twice *adverbio* **1.** En dos ocasiones; dos veces. **2.** El doble de la cantidad o grado; el doble.

twig *sustantivo* Rama pequeña de un árbol o arbusto; ramita.

twilight *sustantivo* Período de tiempo en que el sol está debajo del horizonte, pero en el que aún hay un poco de luz en el cielo; crepúsculo.

twin *sustantivo* **1.** Cualquiera de dos niños nacidos de los mismos padres al mismo tiempo; gemelo. **2.** Una de dos personas, animales o cosas que se parecen o son iguales; gemelo; mellizo.
—*adjetivo* **1.** Siendo uno o dos de dos niños del mismo parto; gemelo; mellizo. **2.** Siendo uno o dos de dos personas, animales o cosas que se parecen o son lo mismo; gemelo.

twine *sustantivo* Cuerda o hilo fuerte hecho de hilos entrelazados; guita; cordel.
—*verbo* **1.** Formar entrelazando; trenzar. **2.** Enroscarse alrededor de; entrelazarse; trepar.

twinkle *verbo* Brillar con destellos débiles y parpadeantes; centellear; parpadear; titilar.
—*sustantivo* Destello de luz débil y parpadeante; centelleo; parpadeo.

twinkling *sustantivo* Período de tiempo muy corto; instante; parpadeo; un abrir y cerrar de ojos.

twirl *verbo* Dar muchas vueltas rápidamente; voltetear; girar rápidamente.

twist *verbo* **1.** Entrelazar dos o más hilos para formar una hebra; trenzar. **2.** Dar vueltas o enroscar alrededor de algo; envolver. **3.** Moverse o ir siguiendo un curso sinuoso; serpentear. **4.** Jalar bruscamente o torcer; torcerse. **5.** Cambiar la forma de; doblar; retorcer.
—*sustantivo* **1.** El acto de torcer; vuelta; giro. **2.** Vuelta; quiebro; retorción.

twitch *verbo* Mover o hacer que se mueva con un tirón rápido; mover nerviosamente.
—*sustantivo* Condición de excitación nerviosa; agitación; inquietud; nerviosismo.

two *sustantivo y adjetivo* Dos.

type *sustantivo* **1.** Grupo de personas o cosas que se parecen en ciertas maneras que las colocan aparte de otras; grupo; clase, tipo. **2. a.** En la imprenta, bloque pequeño de madera o metal que tiene una letra encima; tipo; carácter. **b.** Grupo de tales bloques, con los cuales se imprime; tipos.
—*verbo* **1.** Poner en cierto grupo o clase; clasificar. **2.** Escribir a máquina; pasar a máquina.

typewriter *sustantivo* Máquina que imprime letras y números en un pedazo de papel insertado, y que tiene

---

ă pat ā pay â care ä father ĕ pet ē be ĭ pit ī pie î fierce ŏ pot ō go ô paw, for oi oil ŏŏ book ōō boot

inserted paper. It has keys that, when pressed by hand, strike the paper through an inked ribbon.

ty·phoon | tī fōōn' | —*noun, plural* **typhoons** A severe hurricane occurring in the western Pacific Ocean.

typ·i·cal | tĭp'ĭ kəl | —*adjective* **1.** Showing the characteristics of a certain kind or group. **2.** Characteristic of someone or something.

typ·ist | tī'pĭst | —*noun, plural* **typists** A person who types on a typewriter.

ty·pog·ra·phy | tĭ pŏg'rə fē | —*noun* **1.** The preparation of printed material by the setting of type on a special machine. **2.** The way printed material looks or is arranged.

ty·ran·ni·cal | tĭ răn'ĭ kəl |or| tī răn'ĭ kəl | —*adjective* Of or like a tyrant; cruel or unjust.

tyr·an·ny | tĭr'ə nē | —*noun, plural* **tyrannies** **1.** A government in which one person has all the power. **2.** Absolute power, especially when it is used in a way that is cruel or unjust.

ty·rant | tī'rənt | —*noun, plural* **tyrants** **1.** A ruler who uses power unjustly or cruelly. **2.** Any person who is unjust and cruel.

teclas que se empujan con los dedos para golpear el papel a través de una cinta entintada; máquina de escribir.

typhoon *sustantivo* Huracán severo que ocurre en el Océano Pacífico; tifón.

typical *adjetivo* Típico: **1.** Que muestra las características de cierta clase o grupo. **2.** Característico de alguien o algo.

typist *sustantivo* Persona que escribe en una máquina de escribir; mecanógrafo.

typography *sustantivo* Tipografía: **1.** Preparación de material impreso por medio de la colocación de tipos en una máquina especial. **2.** Manera en que un material impreso aparece o está arreglado.

tyrannical *adjetivo* Relativo a o como un tirano; tiránico; cruel o injusto.

tyranny *sustantivo* Tiranía: **1.** Gobierno en el cual una persona tiene todo el poder. **2.** Poder absoluto, especialmente cuando se usa de manera cruel o injusta.

tyrant *sustantivo* Tirano: **1.** Gobernante que usa el poder injusta o cruelmente. **2.** Cualquier persona que es injusta y cruel.

U

u or **U** | yōō | —*noun, plural* **u's** or **U's** The twenty-first letter of the English alphabet.

ug·ly | ŭg'lē | —*adjective* **uglier, ugliest** **1.** Not pleasing to look at. **2.** Not agreeable; unpleasant. **3.** Having a bad temper; mean.

ul·ti·mate | ŭl'tə mĭt | —*adjective* **1.** Final or last. **2.** Most basic; fundamental.

um·brel·la | ŭm brĕl'ə | —*noun, plural* **umbrellas** A round piece of cloth or plastic on a frame that is attached to a handle. It is used for protection from the rain or sun and can be collapsed or folded up when it's not being used.

um·pire | ŭm'pīr' | —*noun, plural* **umpires** A person who rules on the plays in baseball and some other sports.
—*verb* **umpired, umpiring** To act as an umpire.

un·a·ble | ŭn ā'bəl | —*adjective* Not having the ability, knowledge, or power to do something.

u·nan·i·mous | yōō năn'ə məs | —*adjective* Based on or showing complete agreement.

un·be·com·ing | ŭn'bĭ kŭm'ĭng | —*adjective* **1.** Not attractive. **2.** Not proper or suitable.

un·cer·tain | ŭn sûr'tn | —*adjective* **1.** Not certain; not known for sure; doubtful. **2.** Likely to change; not dependable.

un·cle | ŭng'kəl | —*noun, plural* **uncles** **1.** The brother of one's father or mother. **2.** The husband of one's aunt.

un·com·fort·a·ble | ŭn kŭmf'tə bəl |or| ŭn kŭm'fər-tə bəl | —*adjective* **1.** Not comfortable. **2.** Not making comfortable. **3.** Uneasy; awkward.

un·com·mon | ŭn kŏm'ən | —*adjective* Not common; rare or unusual.

un·con·scious | ŭn kŏn'shəs | —*adjective* **1.** Not conscious; in a condition that looks like sleep. **2.** Not aware; not realizing.

un·con·sti·tu·tion·al | ŭnkŏn'stĭ tōō'shə nəl | or | ŭn kŏn'stĭ tyōō'shə nəl | —*adjective* Not in keeping with the principles of the constitution of a state or country.

u o **U** *sustantivo* Vigésimo primera letra del abecedario inglés.

ugly *adjetivo* **1.** Que no es placentero mirar; feo. **2.** Que no es agradable; desagradable. **3.** Que tiene mal humor; enojado; enfadoso.

ultimate *adjetivo* **1.** Final o último. **2.** Lo más básico; fundamental; esencial; primario.

umbrella *sustantivo* Pedazo de tela o plástico redondo sobre un marco que va unido a una empuñadura, y que se usa para protección de la lluvia o el sol y se puede desmantelar o doblar cuando no se usa; paraguas.

umpire *sustantivo* Aquel que dictamina sobre las jugadas en el béisbol o algún otro deporte; árbitro.
—*verbo* Actuar como árbitro; arbitrar.

unable *adjetivo* Que no tiene la habilidad, sabiduría o poder para hacer algo; inábil; incapaz; impotente.

unanimous *adjetivo* Que está basado en o que demuestra un acuerdo total; unánime; de común acuerdo.

unbecoming *adjetivo* **1.** Que no es atractivo; que sienta mal. **2.** Que no es lo debido o apropiado; indecoroso; impropio; indigno.

uncertain *adjetivo* **1.** Que no está cierto; que no se sabe del todo; dudoso; **2.** Propenso al cambio; variable; indeciso; perplejo.

uncle *sustantivo* Tío.

uncomfortable *adjetivo* **1.** Que no está cómodo; incómodo. **2.** Que no pone cómodo. **3.** Inquieto; penoso; embarazoso; desagradable.

uncommon *adjetivo* Que no es común; raro o inusitado; extraordinario.

unconscious *adjetivo* Que no está consciente; inconsciente; que está en una condición que se parece al sueño; desmayado; insensible. **2.** Que no está al tanto; que ignora; desconocido; que no se da cuenta.

unconstitutional *adjetivo* Que no está de acuerdo con los principios de la constitución de un estado o país; inconstitucional.

ər butter   yōō abuse   ou out   ŭ cut   û fur   *th* the   th thin   hw which   zh vision   ə ago, item, pencil, atom, circus

un·cov·er |ŭn kŭv′ər| —*verb* **uncovered, uncovering 1.** To remove a cover or top from. **2.** To make known; reveal; expose.

un·de·cid·ed |ŭn′dĭ sī′dĭd| —*adjective* **1.** Not yet settled or decided upon. **2.** Not having reached a decision.

un·der |ŭn′dər| —*preposition* **1.** In or into a lower position or place than; below; beneath. **2.** Concealed or covered by. **3.** Less than. **4.** Subject to the action or effort of; receiving the effects of. **5.** Subject to the authority of. **6.** Bound by; under the obligation of. —*adverb* In or into a place below or beneath. —*adjective* Lower.

un·der·brush |ŭn′dər brŭsh′| —*noun* Small trees, shrubs, and other plants that grow thickly beneath tall trees in a forest or wooded area.

un·der·clothes |ŭn′dər klōz′| or |ŭn′dər klōthz′| —*plural noun* Underwear.

un·der·de·vel·oped |ŭn′dər dĭ vĕl′əpt| —*adjective* **1.** Not developed in a full or normal way. **2.** Having a poorly developed industry and economy. There are still many underdeveloped nations in the world in which most people have a low standard of living.

un·der·dog |ŭn′dər dôg′| or |ŭn′dər dŏg′| —*noun, plural* **underdogs** A person or group that is expected to lose a contest or struggle.

un·der·foot |ŭn′dər fŏŏt′| —*adjective* **1.** Below or under the foot or feet; on the ground. **2.** In the way.

un·der·gar·ment |ŭn′dər gär′mənt| —*noun, plural* **undergarments** An article of underwear.

un·der·go |ŭn′dər gō′| —*verb* **underwent, undergone, undergoing** To go through or be subjected to; experience.

un·der·gone |ŭn′dər gŏn′| or |ŭn′dər gŏn′| The past participle of the verb **undergo.**

un·der·grad·u·ate |ŭn′dər grăj′ŏŏ ĭt| —*noun, plural* **undergraduates** A student who is studying at a college or university but has not yet graduated.

un·der·ground |ŭn′dər ground′| —*adjective* **1.** Below the surface of the earth. **2.** Acting or done in secret; hidden. —*noun* A secret organization. —*adverb* **1.** Below the surface of the earth. **2.** In secret.

un·der·growth |ŭn′dər grōth′| —*noun* Small trees, plants, and shrubs that grow close to the ground beneath tall trees in a forest or wooded area.

un·der·hand·ed |ŭn′dər hăn′dĭd| —*adjective* Done in a secret or dishonest way.

un·der·line |ŭn′dər lĭn′| —*verb* **underlined, underlining** To draw a line under.

un·der·neath |ŭn′dər nēth′| —*preposition* Beneath; below; under. —*adverb* Below.

un·der·pants |ŭn′dər pănts′| —*plural noun* Short or long pants worn next to the skin under pants, shorts, or a skirt.

un·der·pass |ŭn′dər păs′| or |ŭn′dər păs′| —*noun, plural* **underpasses** A part or section of a road that goes under another road or a railroad.

un·der·priv·i·leged |ŭn′dər prĭv′ə lĭjd| —*adjective* Not having the advantages or opportunities that most other people have.

un·der·sea |ŭn′dər sē′| —*adjective* Existing, done, or used under the surface of the sea.

un·der·shirt |ŭn′dər shŭrt′| —*noun, plural* **undershirts** A light, close-fitting shirt worn next to the skin under a shirt.

uncover *verbo* **1.** Quitarle la tapa o la parte superior a algo; destapar. **2.** Hacer conocer; revelar; divulgar; descubrir.

undecided *adjetivo* **1.** Que aún no está acordado o decidido. **2.** Que aún no ha llegado a una decisión; indeciso; irresoluto.

under *preposición* **1.** Que está en o dentro de una posición o sitio más bajo que otra cosa; debajo de; bajo; por debajo de; so. **2.** Oculto o cubierto por algo. **3.** Que es menos que algo. **4.** Que está bajo la acción o esfuerzo de algo o alguien; que recibe los efectos de algo. **5.** Que está bajo la autoridad de algo. **6.** Que está circunscrito por algo; que está bajo la obligación de algo. —*adverbio* Que está en o dentro de un sitio abajo o por debajo de algo; debajo; menos. —*adjetivo* Que está más bajo; inferior; bajero; subordinado; subalterno.

underbrush *sustantivo* Pequeños árboles, arbustos u otras plantas que crecen abundantemente bajo árboles altos en un bosque u otro sitio arbolado; maleza.

underclothes *sustantivo* Ropa interior; paños menores.

underdeveloped *adjetivo* **1.** Que no está desarrollado completa o normalmente; subdesarrollado. **2.** Que tiene industria y economía pobremente desarrolladas; "en vías de desarrollo".

underdog *sustantivo* Persona o grupo que se espera que pierda en un certamen o contienda; los de abajo.

underfoot *adjetivo* **1.** Que está bajo el pie o los pies; en el piso; en el suelo. **2.** En el camino; en el medio; que estorba.

undergarment *sustantivo* Prenda de ropa interior; paño menor.

undergo *verbo* Pasar o sufrir algo; experimentar; ser sometido a algo; padecer; aguantar; sobrellevar.

undergone Participio pasado del verbo **undergo.**

undergraduate *sustantivo* Estudiante de una universidad que aún no se ha graduado o recibido.

underground *adjetivo* **1.** Que está bajo tierra; subterráneo. **2.** Que actúa o se hace en secreto; oculto; clandestino. —*sustantivo* Organización secreta. —*adverbio* **1.** Debajo de la tierra. **2.** En secreto.

undergrowth *sustantivo* Pequeños árboles, arbustos u otras plantas que crecen abundantemente bajo árboles altos en un bosque u otro sitio arbolado; maleza; broza.

underhanded *adjetivo* Hecho de modo secreto o deshonesto; solapado; disimulado; bajo mano; clandestinamente.

underline *verbo* Hacer una línea debajo de algo; subrayar.

underneath *preposición* Debajo de; bajo. —*adverbio* Debajo.

underpants *sustantivo* Pantalones, cortos o largos, que se portan más próximos al cuerpo, debajo de los pantalones o faldas; calzoncillos; calzones.

underpass *sustantivo* Parte o sección de un camino que pasa por debajo de otro camino o ferrocarril; paso inferior.

underprivileged *adjetivo* Que no tiene las mismas ventajas u oportunidades que la mayoría; menesteroso.

undersea *adjetivo* Que existe, se hace o se usa debajo del mar.

undershirt *sustantivo* Camisa liviana y entallada que se porta más próximo al cuerpo, debajo de la camisa; camiseta.

ă pat ā pay â care ä father ĕ pet ē be ĭ pit ī pie î fierce ŏ pot ō go ô paw, for oi oil ŏŏ book ōō boot

un·der·side |ŭn'dər sīd'| —*noun, plural* **undersides**
The bottom side of something.

un·der·stand |ŭn'dər stănd'| —*verb* **understood, understanding 1.** To get or grasp the meaning of. **2.** To be familiar with; know well. **3.** To be told about; learn. **4.** To accept as a fact. **5.** To be tolerant or sympathetic toward.

un·der·stand·ing |ŭn'dər stăn'dĭng| —*noun, plural* **understandings 1.** A grasp of the meaning or intention of something; knowledge. **2.** The ability to understand. **3.** A friendly and sympathetic relationship that is based on a knowledge of each other. **4.** An agreement, especially after a fight or argument.
—*adjective* Showing kind or sympathetic feeling.

un·der·stood |ŭn'dər stŏŏd'| The past tense and past participle of the verb **understand**.

un·der·take |ŭn'dər tāk'| —*verb* **undertook, undertaken, undertaking 1.** To decide or agree to do. **2.** To promise to do something.

un·der·tak·en |ŭn'dər tā'kən| The past participle of the verb **undertake**.

un·der·tak·er |ŭn'dər tā'kər| —*noun, plural* **undertakers** A person whose job is preparing the bodies of dead people for burial and making funeral arrangements.

un·der·took |ŭn'dər tŏŏk'| The past tense of the verb **undertake**.

un·der·wa·ter |ŭn'dər wô'tər| or |ŭn'dər wŏt'ər| —*adjective* Existing, done, or used under the surface of water.
—*adverb* Under the surface of water.

un·der·wear |ŭn'dər wâr'| —*noun* Light clothing worn next to the skin and under outer clothes.

un·der·went |ŭn'dər wĕnt'| The past tense of the verb **undergo**.

un·did |ŭn dĭd'| The past tense of the verb **undo**.

un·do |ŭn dŏŏ'| —*verb* **undid, undone, undoing 1.** To do away with or reverse something that has already been done. **2.** To untie or loosen.

un·do·ing |ŭn dŏŏ'ĭng| —*noun* **1.** Destruction; ruin. **2.** The cause of ruin.

un·done |ŭn dŭn'| The past participle of the verb **undo**.

un·dress |ŭn drĕs'| —*verb* **undressed, undressing** To remove the clothing of; take one's clothes off.

un·earth |ŭn ûrth'| —*verb* **unearthed, unearthing 1.** To dig up out of the ground. **2.** To discover and reveal; uncover.

un·eas·y |ŭn ē'zē| —*adjective* **uneasier, uneasiest 1.** Not having a feeling of security; worried; nervous. **2.** Not comfortable; awkward in manner.

un·em·ployed |ŭn'ĕm ploid'| —*adjective* Not having a job; out of work.

un·em·ploy·ment |ŭn'ĕm ploi'mənt| —*noun* The fact or condition of not having a job.

un·e·qual |ŭn ē'kwəl| —*adjective* **1.** Not equal; not the same. **2.** Not fair; not evenly matched.

un·e·ven |ŭn ē'vən| —*adjective* **unevener, unevenest 1.** Not straight, level, or smooth. **2.** Not fair or equal.

un·ex·pect·ed |ŭn'ĭk spĕk'tĭd| —*adjective* Not expected; happening without warning.

un·fair |ŭn fâr'| —*adjective* Not fair or right; unjust.

un·fair·ness |ŭn fâr'nĭs| —*noun, plural* **unfairnesses** The condition or quality of being unfair.

un·fa·mil·iar |ŭn'fə mĭl'yər| —*adjective* **1.** Not well known; not easily recognized. **2.** Not acquainted.

underside *sustantivo* Parte de abajo de algo; parte o superficie inferior.

understand *verbo* **1.** Alcanzar o lograr entender el significado; comprender; saber. **2.** Estar familiarizado con algo; conocer bien; tener entendido. **3.** Enterarse de algo; aprender. **4.** Aceptar como realidad. **5.** Ser tolerante o compasivo con alguien.

understanding *sustantivo* **1.** El tener a mano el significado o la intención de algo; sabiduría; entendimiento. **2.** Facultad para entender. **3.** Relación amistosa y compasiva basada en el conocimiento de cada uno del otro; armonía. **4.** Acuerdo, especialmente cuando se logra tras una pelea o discusión; arreglo; mutua comprensión.
—*adjetivo* Que muestra un sentimiento bondadoso o compasivo; entendedor; comprensivo.

understood Pretérito y participio pasado del verbo **understand**.

undertake *verbo* **1.** Decidir o acordar hacer algo; emprender; acometer. **2.** Prometer hacer algo; comprometerse a; encargarse de.

undertaken Participio pasado del verbo **undertake**.

undertaker *sustantivo* Aquel cuyo trabajo es el preparar los cadáveres para entierro y hacer las preparaciones fúnebres; funerario.

undertook Pretérito del verbo **undertake**.

underwater *adjetivo* Que existe, se hace o se usa bajo el agua; submarino.
—*adverbio* Bajo el agua.

underwear *sustantivo* Ropa liviana llevada más próximo al cuerpo y debajo de la ropa exterior; ropa interior; paños menores.

underwent Pretérito del verbo **undergo**.

undid Pretérito del verbo **undo**.

undo *verbo* **1.** Deshacer o desligar lo que ya está hecho; anular; contrarrestar; arruinar. **2.** Desatar o aflojar; deshacer.

undoing *sustantivo* **1.** Destrucción; ruina; anulación. **2.** La causa de la ruina.

undone Participio pasado del verbo **undo**.

undress *verbo* Quitar la ropa; quitarse la ropa; desvestirse; desnudarse.

unearth *verbo* **1.** Sacar de la tierra; desenterrar. **2.** Descubrir y revelar; sacar a luz.

uneasy *adjetivo* **1.** Que no tiene sensación de seguridad; preocupado; nervioso; inseguro; inquieto. **2.** Que no está cómodo; embarazoso; incómodo; molesto; desgarbado.

unemployed *adjetivo* Que no tiene empleo; sin trabajo; desocupado; desempleado; parado; ocioso.

unemployment *sustantivo* Hecho o condición de no tener empleo; desempleo; desocupación.

unequal *adjetivo* **1.** Que no es igual; desigual; que no es lo mismo. **2.** Que no es justo; que no está parejo; desproporcionado; parcial.

uneven *adjetivo* **1.** Que no está derecho, nivelado o suave; desparejo; accidentado; irregular. **2.** Que no es justo o igual; desigual.

unexpected *adjetivo* Que no se espera; inesperado o que ocurre sin aviso; repentino.

unfair *adjetivo* Que no es justo o que no tiene derecho; injusto.

unfairness *sustantivo* Condición o calidad de ser injusto.

unfamiliar *adjetivo* **1.** Que no es muy conocido; poco común; que no se reconoce facilmente. **2.** Que no está versado; que ignora; ignorante; poco conocedor.

ər butter   yŏŏ abuse   ou out   ŭ cut   û fur   *th* the   th thin   hw which   zh vision   ə ago, item, pencil, atom, circus

un·fas·ten |ŭn făs′ən| or |ŭn fä′sən| —*verb* **unfastened, unfastening** To open or untie or become opened or untied.

un·fit |ŭn fĭt′| —*adjective* **1.** Not fit or suitable for a certain purpose. **2.** In bad or poor health.

un·for·get·ta·ble |ŭn′fər gĕt′ə bəl| —*adjective* Making such a strong impression that it is impossible to forget.

un·for·giv·a·ble |ŭn′fər gĭv′ə bəl| —*adjective* Not to be forgiven or pardoned.

un·for·tu·nate |ŭn fôr′chə nĭt| —*adjective* Not fortunate; unlucky.

un·friend·ly |ŭn frĕnd′lē| —*adjective* **unfriendlier, unfriendliest** **1.** Not friendly; cold. **2.** Not liking to meet or talk with others; not sociable; distant. **3.** Hostile; mean.

un·grate·ful |ŭn grāt′fəl| —*adjective* Not grateful; without thanks.

un·hap·pi·ness |ŭn hăp′ ē nĭs| —*noun* The condition or quality of being unhappy.

un·hap·py |ŭn hăp′ē| —*adjective* **unhappier, unhappiest** **1.** Not happy; sad. **2.** Not pleased or satisfied; upset.

un·health·y |ŭn hĕl′thē| —*adjective* **unhealthier, unhealthiest** **1.** In poor health; ill; sick. **2.** Showing poor health. **3.** Causing poor health; not wholesome.

u·ni·form |yōō′nə fôrm′| —*noun, plural* **uniforms** A special suit of clothes worn by the members of a group or organization. It identifies a person as belonging to the group. Soldiers, police, and girl scouts all wear uniforms.
—*adjective* **1.** Always the same; not changing. **2.** Having the same appearance, form, shape, or color; showing little difference.

un·im·por·tant |ŭn′ĭm pôr′tnt| —*adjective* Not important; having little or no value or interest.

un·ion |yōōn′yən| —*noun, plural* **unions** **1.** The act of bringing or joining together two or more people or things. **2.** A group of workers who join together to protect their interests and jobs.

u·nique |yōō nēk′| —*adjective* **1.** Being the only one of its kind. **2.** Having no equal; rare or unusual.

u·nit |yōō′nĭt| —*noun, plural* **units** **1.** A single thing, group, or person that is part of a larger group or whole. **2.** A defined or fixed quantity that is used for measuring. **3.** A machine that does a certain job, or a part that has a special purpose in a larger machine or device. **4.** The first whole number, represented by the numeral 1.

u·nite |yōō nīt′| —*verb* **united, uniting** **1.** To bring together or join so as to form a whole; make one. **2.** To become joined or combined into a unit.

u·ni·ver·sal |yōō′nə vûr′səl| —*adjective* **1.** Affecting the whole world; being everywhere. **2.** Of, for, or shared by everyone.

u·ni·verse |yōō′nə vûrs′| —*noun, plural* **universes** All things considered as a whole; everything that exists, including the earth, the planets, and space.

u·ni·ver·si·ty |yōō′nə vûr′sĭ tē| —*noun, plural* **universities** A school of higher learning. It is made up of different schools that offer degrees in law, medicine, and other professions, and it also has regular college divisions.

un·just |ŭn jŭst′| —*adjective* Not just or fair.

un·kind |ŭn kīnd′| —*adjective* Not kind; harsh or cruel.

un·known |ŭn nōn′| —*adjective* Not known or familiar; strange.

un·law·ful |ŭn lô′fəl| —*adjective* Not lawful or legal; against the law.

un·less |ŭn lĕs′| —*conjunction* Except if.

un·like |ŭn līk′| —*adjective* Not alike; different.
—*preposition* **1.** Different from; not like. **2.** Not typi-

---

unfasten *verbo* Abrir o deshacer, o abrirse o deshacerse; desatar; desabrochar; desenganchar; desprender.

unfit *adjetivo* **1.** Que no sirve para cierto propósito; inadecuado; impropio; inepto; incapaz; incompetente.

unforgettable *adjetivo* Que causa tan honda impresión que es imposible olvidar; inolvidable.

unforgivable *adjetivo* Que no se perdona o excusa; imperdonable.

unfortunate *adjetivo* Que no es afortunado; desdichado; desafortunado.

unfriendly *adjetivo* **1.** Que no es amistoso; frío; no amigable. **2.** Que no gusta de conocer o hablar con otros; que no es social; distante. **3.** Hostil; mezquino.

ungrateful *adjetivo* Que no es agradecido; malagradecido; ingrato.

unhappiness *sustantivo* Condición o calidad de ser infeliz; infelicidad; desdicha.

unhappy *adjetivo* **1.** Que no es feliz; infeliz; triste; desventurado. **2.** Que no está de acuerdo o satisfecho; trastornado.

unhealthy *adjetivo* **1.** De mala salud; enfermizo. **2.** Que muestra mala salud; insalubre. **3.** Que causa mala salud; malsano.

uniform *sustantivo* Traje especial para los integrantes de un cuerpo u organización, y que identifica a una persona como perteneciente al grupo; uniforme.
—*adjetivo* Uniforme: **1.** Que siempre es lo mismo. **2.** Que tienen la misma apariencia, forma, figura o color, o que muestran poca diferencia entre sí.

unimportant *adjetivo* Que no es importante; que tiene poco o nada de valor o interés; insignificante.

union *sustantivo* **1.** Acción de unir o juntar dos o más cosas o personas; unión. **2.** Grupo de obreros que se unen para proteger sus intereses y empleos; gremio; sindicato.

unique *adjetivo* **1.** Que es el único de su clase; singular; único. **2.** Que no tiene igual; raro o inusitado.

unit *sustantivo* **1.** Cosa, grupo o persona que es, a su vez, parte de un grupo o entidad mayor; unidad. **2.** Cantidad fija o definida que se usa para medir; unidad. **3.** Máquina o pieza que hace cierto trabajo o que tiene un destino específico dentro de una máquina o artefacto mayor. **4.** Primero y principio de todos los números, representado por el símbolo 1.

unite *verbo* **1.** Reunir o juntar para formar un todo; unir; hacer uno. **2.** Juntarse o combinarse en uno; unirse; mancomunarse; enlazar; concordarse.

universal *adjetivo* Universal: **1.** Que afecta todo el mundo; que está dondequiera. **2.** Que es de todos o compartido por todos.

universe *sustantivo* Todas las cosas consideradas como un todo; universo. Todo aquello que existe, incluyendo la Tierra, los planetas y el espacio.

university *sustantivo* Escuela de enseñanza superior, integrada por distintas escuelas (facultades) que otorgan títulos en leyes, medicina y otras profesiones, y que también tiene divisiones colegiales regulares; universidad.

unjust *adjetivo* Que no es honesto o justo; injusto.

unkind *adjetivo* Que no es amable; rudo o cruel; poco amable.

unknown *adjetivo* Que no es conocido o familiar; extraño; desconocido; ignorado; incógnito.

unlawful *adjetivo* Que no es lícito o legal; ilegal; contrario a la ley; ilícito.

unless *conjunción* A menos que; excepto; salvo.

unlike *adjetivo* Que no es igual; diferente; distinto; disímil; disemejante.

ă pat   ā pay   â care   ä father   ĕ pet   ē be   ĭ pit   ī pie   î fierce   ŏ pot   ō go   ô paw, for   oi oil   ŏŏ book   ōō boot

cal of.

un·like·ly |ŭn līk′lē| —*adjective* **unlikeller, unlikeliest** **1.** Not likely; not probable or possible. **2.** Not likely to succeed; likely to fail.

un·lim·it·ed |ŭn lĭm′ĭ tĭd| —*adjective* Having no limits.

un·load |ŭn lōd′| —*verb* **unloaded, unloading 1.** To remove the load or cargo from. **2. a.** To remove the ammunition from a firearm. **b.** To fire or shoot a firearm.

un·lock |ŭn lŏk′| —*verb* **unlocked, unlocking 1.** To undo or open the lock of. **2.** To become open or unfastened. **3.** To reveal or disclose.

un·luck·y |ŭn lŭk′ē| —*adjective* **unluckier, unluckiest** Having or causing bad luck.

un·manned |ŭn mănd′| —*adjective* Without a crew; built to work without a crew.

un·mis·tak·a·ble |ŭn′mĭ stā′kə bəl| —*adjective* Not able to be mistaken or misunderstood; obvious; clear.

un·nat·u·ral |ŭn năch′ər əl |or| ŭn năch′rəl| —*adjective* Different from what normally occurs or happens in nature; not normal; unusual.

un·nec·es·sar·y |ŭn něs′ĭ sěr′ē| —*adjective* Not necessary; not needed.

un·oc·cu·pied |ŭn ŏk′yə pīd′| —*adjective* Not occupied; vacant or empty.

un·pack |ŭn păk′| —*verb* **unpacked, unpacking 1.** To remove the contents of. **2.** To remove from a container or package.

un·pleas·ant |ŭn plěz′ənt| —*adjective* Not pleasant; not pleasing.

un·pop·u·lar |ŭn pŏp′yə lər| —*adjective* Not popular; not generally liked or accepted.

un·pre·pared |ŭn′prĭ pârd′| —*adjective* **1.** Not prepared; not ready. **2.** Done without preparation.

un·re·al·is·tic |ŭn′rē ə lĭs′tĭk| —*adjective* Not realistic; unlikely to be true or to happen.

un·rea·son·a·ble |ŭn rē′zə nə bəl| —*adjective* **1.** Not reasonable; not having or showing good or common sense. **2.** Excessive; too high or too great.

un·re·li·a·ble |ŭn′rĭ lī′ə bəl| —*adjective* Not reliable; not to be depended on or trusted.

un·rest |ŭn rěst′| —*noun* A condition of agitation; disturbance.

un·ru·ly |ŭn rōō′lē| —*adjective* **unrulier, unruliest** Hard to discipline or control.

un·safe |ŭn sāf′| —*adjective* Dangerous or risky.

un·sat·is·fac·to·ry |ŭn′săt ĭs făk′tə rē| —*adjective* Not good enough; not acceptable; inadequate.

un·self·ish |ŭn sěl′fĭsh| —*adjective* Not selfish; generous; considerate.

un·set·tled |ŭn sět′ld| —*adjective* **1.** Not peaceful or orderly; disturbed. **2.** Not decided. **3.** Not paid. **4.** Not being lived in.

un·skilled |ŭn skĭld′| —*adjective* **1.** Not having skill or specialized training. **2.** Not needing or requiring special skills.

un·sound |ŭn sound′| —*adjective* **1.** Not strong or solid. **2.** Not physically sound; unhealthy. **3.** Not based on logic or clear thinking.

un·sta·ble |ŭn stā′bəl| —*adjective* **unstabler, unstablest 1.** Not steady or solid. **2.** Having a tendency to change.

un·stead·y |ŭn stěd′ē| —*adjective* **unsteadier, unsteadiest 1.** Not steady; shaky or unstable. **2.** Shaky or wavering.

—*preposición* **1.** Que es distinto a algo; que no se parece. **2.** Que no es lo típico.

unlikely *adjetivo* **1.** Que no es probable o posible; inverosímil. **2.** Que no es probable que sea exitoso; que probablemente fallará.

unlimited *adjetivo* Que no tiene límites; ilimitado.

unload *verbo* **1.** Remover una carga de; descargar. **2. a.** Sacar la carga de un arma de fuego **b.** Disparar o descargar un arma de fuego.

unlock *verbo* **1.** Deshacer o abrir un candado. **2.** Abrirse o soltarse. **3.** Revelar o divulgar; descubrir.

unlucky *adjetivo* Que tiene o causa mala suerte; desafortunado; de mal agüero.

unmanned *adjetivo* Que no tiene tripulación; que está hecho para funcionar sin tripulación.

unmistakable *adjetivo* Que no se puede equivocar o confundir; obvio; claro.

unnatural *adjetivo* Diferente a lo que normalmente ocurre o pasa en la naturaleza; contranatural; que no es normal; monstruoso; desnaturalizado.

unnecessary *adjetivo* Que no es necesario; innecesario; que no se necesita; superfluo.

unoccupied *adjetivo* Que no está ocupado; desocupado; vacante o vacío.

unpack *verbo* Desempacar: **1.** Vaciar el contenido de algo. **2.** Remover de un envase o paquete.

unpleasant *adjetivo* Que no es agradable; desagradable.

unpopular *adjetivo* Que no es popular; impopular; que generalmente ni gusta ni se acepta.

unprepared *adjetivo* **1.** Que no está preparado; desprevenido; que no está listo. **2.** Que se hace sin preparación; desproveído.

unrealistic *adjetivo* Que no es realista; irreal; quimérico; ilusorio; que no es probable que sea verídico o que ocurra.

unreasonable *adjetivo* **1.** Que no es razonable; irrazonable; que no tiene o que no demuestra buen sentido o sentido común. **2.** Excesivo; que es muy alto o demasiado grande; inmoderado; exorbitante.

unreliable *adjetivo* Que no es serio; que no es digno de confianza o que es inestable.

unrest *sustantivo* Estado de agitación; disturbio; desorden; intranquilidad.

unruly *adjetivo* Difícil de disciplinar o controlar; indisciplinado; ingobernable.

unsafe *adjetivo* Peligroso o arriesgado; inseguro.

unsatisfactory *adjetivo* Que no es lo suficientemente bueno; no satisfactorio; inaceptable; inadecuado.

unselfish *adjetivo* Que no es egoísta; generoso; considerado; altruista.

unsettled *adjetivo* **1.** Que no es pacífico u ordenado; inestable; perturbado; inconstante. **2.** Que no está decidido; indeciso. **3.** Que no se ha pagado; por pagar. **4.** Que no está habitado; despoblado.

unskilled *adjetivo* **1.** Que no tiene preparación especializada o que no está calificado; inexperto; imperito. **2.** Que no necesita o requiere preparación especializada.

unsound *adjetivo* **1.** Que no es fuerte o sólido; defectuoso. **2.** Que no es físicamente firme; enfermizo. **3.** Que no está basado en la lógica o el buen juicio; erróneo; falso.

unstable *adjetivo* **1.** Que no es estable o sólido; inestable. **2.** Que tiene tendencia a cambiar; mutable.

unsteady *adjetivo* **1.** Que no es estable; tambaleante o inestable. **2.** Fluctuante o inseguro; vacilante.

un·tan·gle |ŭn tăng′gəl| —*verb* **untangled, untan-gling 1.** To free from tangles or snarls. **2.** To resolve or clear up.

un·ti·dy |ŭn tī′dē| —*adjective* **untidier, untidiest** Not tidy or neat; messy.

un·tie |ŭn tī′| —*verb* **untied, untying** To loosen or unfasten.

un·til |ŭn tĭl′| —*preposition* **1.** Up to the time of. **2.** Before.
—*conjunction* **1.** Up to the time that. **2.** Before. **3.** To the point or extent that.

un·used —*adjective* **1.** |ŭn yoozd′| Not in use or never having been used. **2.** |ŭn yoost′| Not accustomed; not used to.

un·u·su·al |ŭn yoo′zhoo əl| —*adjective* Not usual, common, or ordinary; rare.

up |ŭp| —*adverb* **1.** From a lower to a higher place. **2.** In, at, or to a higher position, point, or condition. **3. a.** In an erect position; on one's feet. **b.** Out of bed. **4.** Above the horizon. **5.** Entirely; thoroughly. **6.** Near. **7.** Into notice, view, or consideration. **8.** To a higher volume.
—*adjective* **1.** Moving or directed upward. **2.** In a high position; not down. **3.** Out of bed. **4.** Active; busy. **5.** Being considered. **6.** Finished; over. **7.** In baseball, at bat.
—*preposition* **1.** From a lower to a higher place or position in or on. **2.** Toward the source of.
Idioms **up against** Having to fight with; facing. **up to 1.** Busy with; engaged in. **2.** Depending upon the action or will of.

up·hol·ster |ŭp hōl′stər| —*verb* **upholstered, upholstering** To provide or fit chairs and other furniture with stuffing, springs, cushions, and a fabric covering.

up·keep |ŭp′kēp′| —*noun* The maintenance of some-

untangle *verbo* **1.** Librar de marañas o rollos; desenredar. **2.** Resolver o aclarar.

untidy *adjetivo* Que no está arreglado o aseado; desordenado.

untie *verbo* Soltar o desatar.

until *preposición* **1.** Hasta el momento de. **2.** Antes.
—*conjunción* **1.** Hasta el momento. **2.** Antes. **3.** Hasta el punto o hasta que.

unused *adjetivo* **1.** Que no está en uso; que nunca se ha usado; nuevo. **2.** Que no se acostumbra; desacostumbrado; que no se usa.

unusual *adjetivo* Que no es usual, común u ordinario; raro; inusitado; desacostumbrado.

up *adverbio* **1.** Se usa para indicar un movimiento o cambio de posición que se dirige desde abajo hacia arriba: *He threw the ball up.* = *Tiró la pelota hacia arriba. I'll go up in the elevator to the roof of the building.* = *Subiré en el ascensor hasta el techo del edificio.* **2.** Se usa para indicar una posición, punto o condición que está más alto o que se encuentra más arriba: *Don't look up.* = *No mires hacia arriba. He put the books up on the shelf.* = *Él puso los libros sobre el estante. The temperature is going up this morning.* = *La temperatura está subiendo esta mañana. Store prices are going up.* = *Los precios en las tiendas están subiendo.* **3. a.** Que se encuentra en una posición vertical; parado sobre sus propios pies: *He is getting ready to stand up.* = *Él se está por poner de pie.* **b.** Que se encuentra fuera de la cama; que se ha levantado: *She gets up every morning at eight o'clock.* = *Ella se levanta todas las mañanas a las ocho en punto.* **4.** Que se encuentra por arriba de la línea del horizonte: *The sun is up.* = *El sol ha salido.* **5.** Se usa para indicar que algo debe ser hecho completamente, en su totalidad: *Eat up your sandwich.* = *Cómete todo el sandwich.* **6.** Se usa para indicar cercanía o proximidad: *He came up to say hello.* = *Él se acercó para saludarme.* **7.** Se usa para referirse a algo de lo cual se quiere hablar: *Excuse me for bringing up this unpleasant subject.* = *Perdóneme por traer a colación este tema desagradable.* **8.** Se usa para indicar un volumen de sonido más alto: *Turn the radio up.* = *Pon la radio más fuerte.*
—*adjetivo* **1.** Que se mueve o dirige hacia arriba: *an up elevator* = *un ascensor que sube.* **2.** Que se encuentra en una posición alta; no bajo. **3.** Recogido; levantado: *Are you up yet?* = *¿Te has levantado ya?* **4.** Activo; ocupado, usualmente después de una convalescencia: *He's been up and around for a week.* = *Hace una semana que se ha levantado y que está activo.* **5.** Que uno está interesado en algo: *Is your house up for sale?* = *¿Está en venta tu casa?* **6.** Terminado; concluido; que ha llegado a su fin: *Time's up.* = *El tiempo ha concluído.* **7.** En béisbol, que uno está al bate: *"You're up," said the coach.* = *"Es tu turno", dijo el entrenador.*
—*preposición* **1.** De una posición más baja hacia una más alta: *We walked up the hill.* = *Subimos la cuesta a pie. The cat climbed up the tree.* = *El gato se subió al árbol.* **2.** Dirigiéndose hacia el origen de una cosa: *The boat goes up the river.* = *El bote va río arriba.*
Modismos **up against** Algo contra lo cual hay que luchar; algo que hay que enfrentar; hacer frente: *Their team is up against the champions now.* = *El equipo de ellos ahora tiene que hacerle frente a los campeones.* **up to 1.** Estar ocupado en algo: *What are you up to?* = *¿En qué andas? ¿Qué estás haciendo? ¿Qué estás tramando?* **2.** Que depende de la acción o voluntad de alguien: *The decision is up to him.* = *La decisión es de él.*

upholster *verbo* Poner relleno, muelles, cojines y tapa de tela a las sillas y otros muebles; tapizar.

upkeep *sustantivo* Conservación de algo en su condi-

ă pat ā pay â care ä father ĕ pet ē be ĭ pit ī pie î fierce ŏ pot ō go ô paw, for oi oil oo book oo boot

thing in proper condition or repair.

up·on |ə pŏn′| or |ə pôn′| —*preposition* On.

up·per |ŭp′ər| —*adjective* Higher in place or position.

up·right |ŭp′rīt′| —*adjective* **1.** In a vertical position; straight up; erect. **2.** Good or honest; moral.

up·roar |ŭp′rôr′| or |ŭp′rōr′| —*noun, plural* **uproars** A condition of noisy excitement and confusion.

up·set |ŭp sĕt′| —*verb* **upset, upsetting 1.** To tip or knock over; overturn. **2.** To disturb the order or arrangement of; interfere with. **3.** To disturb or make worried. **4.** To make sick. **5.** To defeat unexpectedly in a game or contest.
—*noun* |ŭp′sĕt′|, *plural* **upsets** An unexpected defeat or victory in a game or contest.
—*adjective* |ŭp sĕt′| **1.** Knocked over or overturned. **2.** Disturbed or worried. **3.** Sick or ill.

up·side-down |ŭp′sīd doun′| —*adjective* With the top part at the bottom.
—*adverb* **1.** With the top and bottom parts reversed in position. **2.** In or into great disorder or confusion.

up·stairs |ŭp′stârz′| —*adverb* **1.** Up the stairs. **2.** On or to an upper floor.
—*adjective* |ŭp′stârz′| On an upper floor.
—*noun* |ŭp′stârz′| (Used with a singular verb.) The upper floor of a building.

up·stream |ŭp′strēm′| —*adverb* In the direction toward the source of a stream or current.
—*adjective* |ŭp′strēm′| At or toward the source of a stream or current.

up-to-date |ŭp′tə dāt′| —*adjective* Showing or using the latest improvements or style.

up·ward |ŭp′wərd| —*adverb* From a lower to a higher place, level, or condition. Another form of this adverb is **upwards**.
—*adjective* Moving from a lower to a higher place, level, or condition.

up·wards |ŭp′wərdz| —*adverb* A form of the word **upward**.

u·ra·ni·um |yŏō rā′nē əm| —*noun* A heavy, radioactive silver-white metal that is used to produce nuclear energy. Uranium is one of the chemical elements.

ur·ban |ûr′bən| —*adjective* **1.** Of, living in, or located in a city. **2.** Having to do with a city or city life.

urge |ûrj| —*verb* **urged, urging 1.** To push or force onward. **2.** To try to convince; plead with.
—*noun, plural* **urges** A strong desire; an impulse.

ur·gent |ûr′jənt| —*adjective* Needing immediate action or attention.

u·rine |yŏōr′ĭn| —*noun* A clear or yellow-colored fluid containing body wastes. It is given off by the kidneys and then discharged by the body.

urn |ûrn| —*noun, plural* **urns 1.** A large vase set on a base. Certain ancient civilizations used them to hold the ashes of the dead. Today they are used for decoration. **2.** A large metal container with a faucet. It is used to make and serve coffee and tea.

us |ŭs| —*pronoun* The pronoun **us** is the objective case of **we**. It is used: **1.** As the direct object of a verb. **2.** As the indirect object of a verb. **3.** As the object of a preposition.

ción debida o bajo reparación; mantenimiento.

upon *preposición* Sobre.

upper *adjetivo* Superior en lugar o posición; de encima; más alto.

upright *adjetivo* **1.** Que está en una posición vertical; derecho; parado; hacia arriba; erecto. **2.** Bueno u honesto; moral; honrado.

uproar *sustantivo* Condición de alteración ruidosa y de confusión; alboroto; conmoción.

upset *verbo* **1.** Derribar o tumbar; volcar. **2.** Perturbar el orden o arreglo de algo; trastornar; desbarajustar. **3.** Perturbar o hacer preocupar; desconcertar; inquietar. **4.** Hacer enfermar. **5.** Derrotar inesperadamente en un partido o certamen; volcar.
—*sustantivo* Derrota o victoria inesperada en un partido o certamen; vuelco.
—*adjetivo* **1.** Tirado o volcado. **2.** Perturbado o preocupado. **3.** Mal o enfermo.

upside-down *adjetivo* Con la parte de arriba hacia abajo; al revés; invertido; patas arriba.
—*adverbio* **1.** Con las partes de arriba y de abajo en forma invertida. **2.** En gran desorden o confusión; confuso; trastornado.

upstairs *adverbio* **1.** Arriba; en lo alto: *He ran upstairs for a minute.* = *Él fue arriba por un momento.* **2.** Ubicado o que se encuentra en un piso superior; arriba: *She is doing her homework upstairs.* = *Ella está haciendo sus deberes arriba.*
—*adjetivo* Que se encuentra en un piso superior; de arriba: *an upstairs bedroom* = *un dormitorio en un piso superior.*
—*sustantivo* El piso superior de un edificio; la parte de arriba: *He has the whole upstairs.* = *Todo la parte de arriba es de él.*

upstream *adverbio* Rumbo a la fuente de un arroyo o una corriente; aguas arriba.
—*adjetivo* Que está o va hacia la fuente de un arroyo o una corriente.

up-to-date *adjetivo* Que muestra o que usa las últimas mejoras o moda; al momento; a la última moda.

upward *adverbio* Que se dirige de un nivel, situación o condición baja hacia otro más alto; hacia arriba; que sube: *The price of automobiles is going steadily upward.* = *El precio de los automóviles está yendo constantemente hacia arriba.* Otra forma de este adverbio es **upwards**.

upwards *adverbio* Otra forma de la palabra **upward**.

uranium *sustantivo* Metal radioactivo, pesado y de color plateado y blanco que se usa para generar energía nuclear, y que es uno de los elementos químicos; uranio.

urban *adjetivo* Urbano: **1.** Que es o vive o está situado en la ciudad. **2.** Que tiene que ver con la ciudad o la vida allí.

urge *verbo* **1.** Empujar o impulsar hacia adelante; impeler. **2.** Tratar de convencer; importunar; instar; incitar.

urgent *adjetivo* Que necesita acción o atención inmediata; urgente.

urine *sustantivo* Fluido de color claro o amarillo que sale de los riñones y que lleva los desechos del cuerpo, y que luego se expele del cuerpo; orina.

urn *sustantivo* **1.** Vasija grande con base; urna. **2.** Recipiente metálico grande con un grifo, que se usa para hacer y servir café o té; cafetera; tetera.

us *pronombre* El pronombre **us** es el caso objetivo de **we**. Se usa: **1.** Como complemento directo de un verbo: *She saw us on the street.* = *Ella nos vió en la calle.* **2.** Como complemento indirecto de un verbo: *He told us the news.* = *Él nos dió la noticia.* **3.** Como complemento de una preposición: *Billy left the keys with us.* = *Billy nos dejó las llaves a nosotros.*

---

us·age |yōō′sĭj| or |yōō′zĭj| —*noun, plural* **usages**
1. A way of using something; treatment. **2.** The usual
way people use words.
use |yōōz| —*verb* **used, using 1.** To bring or put into
service for a particular purpose. **2.** To do something
often; make a habit of employing. **3.** To finish all or
most of.
—*noun* |yōōs| , *plural* **uses 1.** The act of using.
2. The condition of being used. **3.** The manner or way
of using; usage. **4.** The right or privilege of using some-
thing. **5.** The power or ability of using something.
6. The need to use something.
  Idiom **used to 1.** Accustomed to; familiar with.
2. Did in the past.

used |yōōzd| —*adjective* Not new; having been used
by someone else.
use·ful |yōōs′fəl| —*adjective* Capable of being used
for some purpose; helpful.
use·less |yōōs′lĭs| —*adjective* **1.** Of little or no
worth or help. **2.** Having no result or effect.

ush·er |ŭsh′ər| —*noun, plural* **ushers** A person who
leads or takes people to their seats in a theater, sta-
dium, or at a wedding or other ceremony.
—*verb* **ushered, ushering** To act as an usher.
u·su·al |yōō′zhōō əl| —*adjective* Common or ordi-
nary; seen or happening all the time.
u·ten·sil |yōō tĕn′səl| —*noun, plural* **utensils** Any
tool, device, or container that is used in doing or mak-
ing something.
u·til·i·ty |yōō tĭl′ĭ tē| —*noun, plural* **utilities 1.** The
quality of being useful. **2.** A company that provides a
public service. Telephone and electric companies are
utilities.
ut·most |ŭt′mōst′| —*adjective* Of the highest or
greatest degree or amount.
—*noun* The greatest possible effort or ability.

ut·ter[1] |ŭt′ər| —*verb* **uttered, uttering 1.** To speak;
say. **2.** To express out loud; give out in a voice that
can be heard.
ut·ter[2] |ŭt′ər| —*adjective* Complete or total.

usage *sustantivo* **1.** Modo de usar algo; tratamiento;
uso. **2.** Manera en que la gente acostumbra usar las
palabras; usanza.
use *verbo* **1.** Poner algo en una forma de servicio con
un objetivo especial; usar; utilizar: *Use the soap when
you wash.* = *Utiliza el jabón cuando te laves. When
was the last time you used the library?* = *¿Cuándo fue
la última vez que utilizaste la biblioteca?* **2.** Hacer algo
a menudo; estar habituado a algo; usar: *He uses a lot
of sugar on his cereal.* = *Él usa mucha azúcar en su
cereal.* **3.** Terminar con todo o la mayor parte de algo;
acabar; consumir; gastar: *We've used all the clean tow-
els.* = *Hemos acabado con todas las toallas limpias.*
—*sustantivo* **1.** El acto de usar; uso; aplicación; em-
pleo: *We climbed up to the roof with the use of a lad-
der.* = *Subimos al techo usando una escalera.* **2.** La
condición de algo al estar siendo utilizado; en uso: *The
telephone is in use right now.* = *El teléfono está siendo
utilizado ahora mismo.* **3.** La manera o forma de usar
algo; uso: *Nobody has ever showed me the correct use
of an ax.* = *Nadie jamás me mostró el uso correcto de
un hacha.* **4.** El derecho o privilegio de usar algo; uso:
*We were given the use of the basketball court for the
whole afternoon.* = *Se nos permitió el uso de la cancha
de baloncesto por toda la tarde.* **5.** La capacidad o
habilidad de usar algo; uso: *He lost the use of his voice.*
= *Perdió el uso de la voz.* **6.** La necesidad de usar
algo; uso; utilidad; fin: *I'm sure I could use this book.*
= *Estoy seguro que podría utilizar este libro.*
  Modismo **used to 1.** Acostumbrarse a algo; fami-
liarizarse con algo: *It took me a while to get used to
wearing glasses.* = *Me llevó un poco de tiempo acos-
tumbrarme a usar anteojos.* **2.** Algo hecho en el pa-
sado: *We used to go to that restaurant a lot.* =
Solíamos ir mucho a ese restaurante.
used *adjetivo* Que no es nuevo; usado; que ha sido
usado por otro; de segunda mano.
useful *adjetivo* Que se puede usar para algún fin; útil;
provechoso.
useless *adjetivo* **1.** De escaso o nulo valor o uso; inú-
til; ocioso; inservible. **2.** Que no tiene resultado o
efecto.
usher *sustantivo* Aquel que dirige o lleva la gente a su
sitio en los teatros, estadios o en una boda u otra cere-
monia; acomodador; ujier; conserje.
—*verbo* Fungir como acomodador.
usual *adjetivo* Común u ordinario; usual; que se ve u
ocurre todo el tiempo; acostumbrado.
utensil *sustantivo* Cualquier herramienta, dispositivo o
recipiente que se usa al hacer o construir algo;
utensilio.
utility *sustantivo* **1.** Calidad de ser útil; utilidad.
2. Compañía que brinda un servicio público, tal como
las compañías telefónicas y de electricidad.
utmost *adjetivo* En un grado o cantidad más alta o
grande; sumo; máximo: *It is of the utmost importance
that we get there on time.* = *Es de suma importancia
que arribemos a la hora justa.*
—*sustantivo* El esfuerzo o habilidad más grande que
uno puede ejercer al realizar algo; lo máximo; lo más
posible: *Jeannie put her utmost into her work and won
the first prize.* = *Jeannie puso lo máximo de sí misma
en su trabajo y ganó el primer premio.*
utter[1] *verbo* **1.** Hablar; decir; pronunciar. **2.** Expresar
en voz alta; articular con una voz que se puede
escuchar.
utter[2] *adjetivo* Completo o total; absoluto; cabal.

ă pat ā pay â care ä father ĕ pet ē be ĭ pit ī pie î fierce ŏ pot ō go ô paw, for oi oil ōō book ōō boot

V

v or **V** |vē| —*noun, plural* **v's** or **V's** The twenty-second letter of the English alphabet.

va·cant |vā′kənt| —*adjective* **1.** Not occupied or taken; empty. **2.** Having no expression on the face; blank.

va·ca·tion |vā kā′shən| —*noun, plural* **vacations** A time of rest from school, work, or other regular activities.
—*verb* **vacationed, vacationing** To take or spend a vacation.

vac·ci·nate |văk′sə nāt′| —*verb* **vaccinated, vaccinating** To inoculate with a vaccine as a protection against a disease.

vac·ci·na·tion |văk′sə nā′shən| —*noun, plural* **vaccinations 1.** The act of giving a vaccine to protect against a disease. **2.** A scar left on the skin where a vaccination was done.

vac·cine |văk sēn′| —*noun, plural* **vaccines** Weak or dead disease germs that are injected into a person or animal as a protection against that disease. The injected germs are usually not enough to cause the disease, but can make a body build up a resistance to that disease. Vaccines have been used against diseases such as influenza, measles, and smallpox.

vac·u·um |văk′yōō əm| or |văk′yōōm| —*noun, plural* **vacuums 1.** A space that is so empty that it has nothing in it, not even the smallest bit of air. A perfect vacuum probably does not exist. **2.** A space that is almost completely empty. Outer space and the inside of the picture tube of a television are vacuums that are almost perfect. **3.** A vacuum cleaner.
—*verb* **vacuumed, vacuuming** To clean with a vacuum cleaner.

vacuum cleaner A machine with a kind of electric fan in it that sucks up dirt and dust into a bag or other container. Vacuum cleaners are used for cleaning floors and furniture.

vague |vāg| —*adjective* **vaguer, vaguest** Not clear nor distinct.

vain |vān| —*adjective* **vainer, vainest 1.** Without success; of no use. **2.** Of no real worth; empty; idle. **3.** Thinking too much of oneself or one's appearance. ♦ *Idiom* **in vain** Without success.

val·iant |văl′yənt| —*adjective* Acting with or showing courage; brave.

val·id |văl′ĭd| —*adjective* **1.** Having facts, evidence, and good judgment as support; sound. **2.** Able to be accepted according to the law or rules; legal.

val·ley |văl′ē| —*noun, plural* **valleys 1.** A long, narrow area of low land between mountains or hills, often with a river running along the bottom. **2.** A large region of land that is drained by one river system.

val·u·a·ble |văl′yōō ə bəl| or |văl′yə bəl| —*adjective* **1.** Worth much money. **2.** Of great importance, use, or service.
—*noun, plural* **valuables** Something one owns that is worth very much.

val·ue |văl′yōō| —*noun, plural* **values 1.** What something is worth in exchange for something else. **2.** The quality that makes something worth having; importance or use.
—*verb* **valued, valuing 1.** To give an estimate of how

v o **V** *sustantivo* Vigésima segunda letra del alfabeto inglés.

vacant *adjetivo* **1.** No ocupado o tomado; vacío; desocupado; libre. **2.** No teniendo expresión en la cara; vacante; vago; estúpido; inexpresivo.

vacation *sustantivo* Tiempo para descansar de la escuela, del trabajo o de otras actividades regulares; vacación; días feriados.
—*verbo* Tomar o pasar unas vacaciones.

vaccinate *verbo* Inocular con una vacuna como protección contra alguna enfermedad; vacunar.

vaccination *sustantivo* **1.** Acción de poner una vacuna para proteger contra una enfermedad; vacunación. **2.** Cicatriz que queda en la piel donde se puso una vacuna.

vaccine *sustantivo* Gérmenes débiles o muertos de una enfermedad que se inyectan en una persona o animal como protección contra esa enfermedad, y que son, por lo general, insuficientes para causar la enfermedad, pero que pueden lograr que el cuerpo desarrolle resistencia contra esa enfermedad; vacuna.

vacuum *sustantivo* **1.** Espacio tan desocupado que no contiene nada, ni siquiera lo más mínimo de aire; vacío. **2.** Espacio que está casi completamente vacío, tal como el vacío casi perfecto del espacio exterior y el interior del tubo de pantalla de televisión. **3.** Aspiradora.
—*verbo* Limpiar con aspiradora; aspirar.

vacuum cleaner Máquina que contiene una especie de ventiladora eléctrica que succiona la mugre y el polvo y los deposita en una bolsa u otro recipiente, y que se usa para limpiar pisos y muebles; aspiradora.

vague *adjetivo* No claro o distinto; vago; indefinido; impreciso; dudoso.

vain *adjetivo* **1.** Sin éxito; vano; de poca utilidad. **2.** Que no tiene valor real; vacío; fútil. **3.** Que piensa demasiado en sí mismo o en la propia apariencia; vanidoso.
Modismo **in vain** Sin éxito; en vano.

valiant *adjetivo* Actuando con o mostrando valor; valiente.

valid *adjetivo* **1.** Teniendo hechos, evidencia y buen juicio como sustentación; válido; firme. **2.** Aceptable de acuerdo a la ley o las normas; válido; legal.

valley *sustantivo* **1.** Área larga y angosta de tierra baja, entre montes o colinas, frecuentemente con un río que corre a lo largo de la parte más baja; valle. **2.** Región grande de tierra bañada por un sistema fluvial; valle.

valuable *adjetivo* **1.** Que vale mucho dinero; valioso. **2.** De gran importancia, uso o servicio; apreciable.
—*sustantivo* Algo que uno posee y que tiene gran valor; objeto valioso.

value *sustantivo* **1.** Lo que algo vale en intercambio por alguna otra cosa; valor; precio. **2.** Calidad que hace que algo valga la pena de tenerse; valor; importancia o uso.
—*verbo* **1.** Estimar cuánto dinero algo vale; avaluar.

ər butter   yōō abuse   ou **out**   ŭ **cut**   û **fur**   *th* **the**   th **thin**   hw **which**   zh **vision**   ə **ago, item, pencil, atom, circus**

much money something is worth. **2.** To consider to be of great worth or importance.

valve |vălv| —*noun, plural* **valves 1.** A device that blocks or uncovers openings to control the flow of liquids, gases, or loose materials through pipes or channels. **2.** One of the two parts of the shell of an animal like a clam, oyster, or scallop.

vam·pire |văm'pīr'| —*noun, plural* **vampires** In folk tales and legends, a dead body that is supposed to rise from its grave at night so that it might drink the blood of living people.

van |văn| —*noun, plural* **vans** A covered truck or wagon for moving goods, animals, or furniture.

vane |văn| —*noun, plural* **vanes 1.** A thin, flat piece of wood or metal that turns to show the direction the wind is moving. **2.** A thin, flat blade of a windmill, fan, or other machine.

va·nil·la |və nĭl'ə| —*noun, plural* **vanillas 1.** A tropical orchid with long seed pods that look like beans. **2.** A flavoring made from the dried seed pods of this plant. Vanilla is used in ice cream, cakes, cookies, puddings, and many other sweets.
—*adjective* Having vanilla as the main flavor.

van·ish |văn'ĭsh| —*verb* **vanished, vanishing 1.** To disappear; become invisible. **2.** To stop existing; become extinct.

van·i·ty |văn'ĭ tē| —*noun, plural* **vanities** Too much pride in one's looks or ability; conceit.

va·por |vā'pər| —*noun, plural* **vapors 1.** Fine particles of matter in the air. Mist, steam, fumes, and smoke are all forms of vapor. **2.** A gas formed from something that is a solid or a liquid at normal temperatures.

var·i·a·ble |vâr'ē ə bəl| —*adjective* Likely to change or be changed; not staying the same.
—*noun, plural* **variables** Something that is not always the same.

var·i·a·tion |vâr'ē ā'shən| —*noun, plural* **variations 1.** A change from the normal or usual. **2.** Something that is similar to another thing, but with slight changes.

var·ied |vâr'ēd| —*adjective* Of many kinds or forms; full of variety.

va·ri·e·ty |və rī'ĭ tē| —*noun, plural* **varieties 1.** An amount of difference or change that keeps things from being dull. **2.** A number of different kinds within the same group; an assortment. **3.** A kind; type.

var·i·ous |vâr'ē əs| —*adjective* **1. a.** Of different kinds. **b.** Different; not alike. **2.** More than one; several.

var·nish |vâr'nĭsh| —*noun, plural* **varnishes** A kind of paint that dries to leave a thin, hard, shiny, clear surface.
—*verb* **varnished, varnishing** To cover or coat with a varnish.

var·y |vâr'ē| —*verb* **varied, varying, varies 1.** To be or become different; change. **2.** To make different; give variety to.

vase |vās| or |vāz| or |väz| —*noun, plural* **vases** A container, usually tall and round, used to hold flowers or to be an ornament. Vases may be made of china, glass, metal, or other materials.

Vas·e·line |văs'ə lēn'| or |văs'ə lēn'| —*noun* A trademark for a kind of jelly made from petroleum, used for rubbing into the skin, as a base for medicines, and for protecting metal parts in machinery.

vast |văst| or |väst| —*adjective* **vaster, vastest** Very great in area, size, or amount; extremely large.

vat |văt| —*noun, plural* **vats** A large tank or tub used for storing liquids.

vault¹ |vôlt| —*noun, plural* **vaults** A room or compartment with strong walls and good locks, used for keeping valuables safe.

vault² |vôlt| —*verb* **vaulted, vaulting** To jump or

2. Considerar algo como de gran valor o importancia; apreciar.

valve *sustantivo* **1.** Artefacto que bloquea o abre salidas para controlar el flujo de líquidos, gases o materiales sueltos a través de tubos o canales; válvula. **2.** Una de las dos partes de la concha de un animal como la almeja, ostra o escalope; valva.

vampire *sustantivo* En cuentos y leyendas, cadáver que se cree se levanta de su tumba por la noche para poder beber la sangre de los vivos; vampiro.

van *sustantivo* Camión cubierto o furgón para transportar mercancías, animales o muebles o que se usa como vivienda para acampar; camioneta.

vane *sustantivo* **1.** Trozo de madera o metal delgado y plano, que gira para mostrar en qué dirección se mueve el viento; veleta. **2.** Brazo delgado y plano de un molino de viento, ventilador u otra máquina; aspa.

vanilla *sustantivo* **1.** Orquidácea tropical con vainas largas parecidas a las del frijol; vainilla. **2.** Condimento hecho de las vainillas secas de esta planta que se usa en helados, pasteles, galletas, budines y muchos otros dulces; esencia de vainilla.
—*adjetivo* Que tiene vainilla como sabor principal; con sabor a vainilla.

vanish *verbo* **1.** Desaparecer; volverse invisible; desvanecerse. **2.** Dejar de existir; extinguirse.

vanity *sustantivo* Demasiado orgullo de la apariencia o habilidad de uno; vanidad; engreimiento.

vapor *sustantivo* Vapor: **1.** Partículas pequeñas de materia en el aire, tales como el rocío, la niebla, el vaho y el humo. **2.** Gas formado por algo que es sólido o líquido a temperatura normal.

variable *adjetivo* Que puede cambiar o ser cambiado; variable; que no permanece igual.
—*sustantivo* Algo que no es siempre lo mismo; variable.

variation *sustantivo* Variación: **1.** Cambio con relación a lo normal o usual. **2.** Algo que es similar a otra cosa pero con ligeros cambios.

varied *adjetivo* De muchas clases o formas; variado; lleno de variedades.

variety *sustantivo* **1.** Cantidad de diferencia o cambio que no permite que las cosas se vuelvan desanimadas o pesadas; variedad. **2.** Muchas clases diferentes dentro del mismo grupo; surtido. **3.** Clase; tipo.

various *adjetivo* **1. a.** De diferentes clases; variado. **b.** Diferente; distinto. **2.** Más de uno; varios.

varnish *sustantivo* Clase de pintura que al secarse deja una superficie delgada, dura, brillante y transparente; barniz.
—*verbo* Tapar o cubrir con barniz; barnizar.

vary *verbo* **1.** Ser o volverse diferente; variar; cambiar. **2.** Volver diferente; dar variedad a.

vase *sustantivo* Recipiente, generalmente alto y redondo, usado para poner flores o como adorno, que puede ser de porcelana, vidrio, metal u otros materiales; florero.

Vaseline *sustantivo* Marca de fábrica de una clase de jalea que se obtiene del petróleo, usada para aplicarse en la piel, como base para medicamentos y para proteger partes metálicas de una maquinaria; vaselina.

vast *adjetivo* Muy grande en área, tamaño o cantidad; vasto; inmenso.

vat *sustantivo* Recipiente o tina grande usado para almacenar líquidos; tanque; tinacal.

vault¹ *sustantivo* Cuarto o compartimento con paredes fuertes y buenas cerraduras, usado para guardar valores con seguridad; cuarto de seguridad.

vault² *verbo* Saltar o brincar por encima, especialmente

ă pat ā pay â care ä father ĕ pet ē be ĭ pit ī pie î fierce ŏ pot ō go ô paw, for oi oil ōō book ōō boot

leap over, especially with the help of one's hands or a pole.
—*noun, plural* **vaults** A high leap or jump made with the help of one's hands or a pole.

veal | vēl | —*noun* The meat of a calf.

veg·e·ta·ble | vĕj′ tə bəl | or | vĕj′ĭ tə bəl | —*noun, plural* **vegetables 1.** A plant whose roots, leaves, stems, flowers, or sometimes seeds or pods are used as food. **2.** The parts of such plants that are used for food.
—*adjective* **1.** Of or from a plant or plants; not animal nor mineral. **2.** Made of or containing vegetables.

veg·e·tar·i·an | vĕj′ĭ târ′ē ən | —*noun, plural* **vegetarians** A person or animal that eats food from plants and does not eat meat.
—*adjective* Eating, serving, or made of things from plants.

veg·e·ta·tion | vĕj′ĭ tā′shən | —*noun* Plants or plant life.

ve·hi·cle | vē′ĭ kəl | —*noun, plural* **vehicles** Anything used for moving people or goods; a means of transportation.

veil | vāl | —*noun, plural* **veils 1.** A piece of fabric, often fine and thin, worn over the head or face by a woman. **2.** Anything that covers or hides like a curtain.
—*verb* **veiled, veiling 1.** To cover with a veil. **2.** To hide, cover, or disguise as if with a veil.

vein | vān | —*noun, plural* **veins 1.** A blood vessel that carries blood to the heart from other parts of the body. **2.** One of the narrow tubes in an insect's wing or a leaf. **3.** A long deposit of an ore or a mineral in the earth. **4.** A long streak of color in marble, wood, or other material. **5.** A manner or mood.

ve·loc·i·ty | və lŏs′ĭ tē | —*noun, plural* **velocities** The rate at which something moves in a given direction; speed.

vel·vet | vĕl′vĭt | —*noun, plural* **velvets** A soft, smooth cloth with a thick pile. Velvets are made of silk, rayon, nylon, and other materials.

vel·vet·y | vĕl′vĭ tē | —*adjective* Soft and smooth to touch, taste, or hear.

ven·der | vĕn′dər | —*noun, plural* **venders** A form of the word **vendor.**

vend·ing machine | vĕn′dĭng | A machine that delivers small items when one or more coins are put into a slot. Vending machines are used to sell drinks, candy, gum, sandwiches, detergents, stamps, and many other things.

ven·dor | vĕn′dər | —*noun, plural* **vendors** A person who sells goods, sometimes from a cart on wheels; a salesman or peddler. Another form of this word is **vender.**

Ve·ne·tian blind | və nē′shən | A window blind with many horizontal slats that can be set at various angles to let in more or less light. The slats can also be raised, lowered, or set at any given height.

ven·om | vĕn′əm | —*noun, plural* **venoms** The poison that some snakes, spiders, scorpions, insects, or other creatures can transfer through a bite or sting to a person or another animal.

vent | vĕnt | —*noun, plural* **vents** An opening for gas, liquid, or vapor to escape or for air to enter.
—*verb* **vented, venting** To let out; express.

ven·ti·la·tion | vĕn′tl ā′shən | —*noun* The act or process of causing fresh air to enter or move about.

ven·tri·cle | vĕn′trĭ kəl | —*noun, plural* **ventricles** Either of the two chambers of the heart that pump blood into the arteries.

ven·tril·o·quist | vĕn trĭl′ə kwĭst | —*noun, plural* **ventriloquists** A person who can make sounds with the voice so that they seem to come from somewhere else. Many ventriloquists work with puppets or dummies.

con la ayuda de las manos o de una garrocha; saltar; saltar con garrocha.
—*sustantivo* Salto o brinco alto realizado con la ayuda de las manos o de una garrocha; salto; voltereta.

veal *sustantivo* Carne de ternera.

vegetable *sustantivo* **1.** Planta cuyas raíces, hojas, tallos, flores y a veces semillas o vainas se usan como comida; verdura; legumbre. **2.** Partes de dichas plantas que son usadas como comida.
—*adjetivo* **1.** De una planta o plantas; no animal ni mineral; vegetal. **2.** Hecho de o que contiene vegetales.

vegetarian *sustantivo* Persona o animal que come comida vegetal y no come carne; vegetariano.
—*adjetivo* Que come, sirve o está hecho de vegetales; vegetariano.

vegetation *sustantivo* Plantas o vida vegetal; vegetación.

vehicle *sustantivo* Cualquier cosa usada para transportar gente o mercancía; vehículo.

veil *sustantivo* Velo: **1.** Trozo de tela, con frecuencia fina y delgada, que la mujer lleva sobre la cabeza o la cara. **2.** Cualquier cosa que cubre u oculta como una cortina.
—*verbo* **1.** Cubrir con un velo; velar. **2.** Ocultar, tapar o encubrir como con un velo; tapar; ocultar.

vein *sustantivo* **1.** Vaso sanguíneo que lleva al corazón la sangre de otras partes del cuerpo; vena. **2.** Uno de los tubos angostos en las alas de los insectos o en las hojas. **3.** Depósito largo de mena o mineral en la tierra; filón; veta. **4.** Raya larga de color en el mármol, la madera u otro material; veta. **5.** Manera o talante.

velocity *sustantivo* Paso al cual algo se mueve en una dirección dada; velocidad.

velvet *sustantivo* Tela suave y blanda con un pelaje espeso, que se puede hacer de seda, rayón, nilón y otros materiales; terciopelo.

velvety *adjetivo* Suave y delicado al tacto, al gusto o al oído; aterciopelado.

vender *sustantivo* Otra forma de la palabra **vendor.**

vending machine Máquina que suministra pequeñas cosas como bebidas, dulces, chicles, emparedados, detergentes, estampillas y muchas otras cosas, cuando se le echa una o más monedas en un recipiente; máquina vendedora.

vendor *sustantivo* Persona que vende mercancía, algunas veces en un carrito de ruedas; vendedor; baratillero; vendedor ambulante. En inglés otra forma de esta palabra es **vender.**

Venetian blind Cortina de ventana, con muchas laminillas horizontales que se pueden graduar a diferentes ángulos para dejar entrar más o menos luz, y que también se puede levantar, bajar o ajustar a cualquier altura; persiana.

venom *sustantivo* Veneno que algunas serpientes, arañas, escorpiones, insectos y otros animales pueden transferir, por mordisco o picadura, a una persona o a otro animal; ponzoña; veneno.

vent *sustantivo* Abertura para dejar escapar el gas, los líquidos o el vapor o para que entre el aire; respiradero; ventosa; lumbrera.
—*verbo* Dejar salir; expresar; ventilar.

ventilation *sustantivo* Acción o proceso de permitir que entre o circule aire fresco; ventilación.

ventricle *sustantivo* Cualquiera de las dos cámaras del corazón que bombean sangre a las arterias; ventrículo.

ventriloquist *sustantivo* Persona que puede emitir sonidos con la voz de manera que parecen provenir de otra parte, y que suele trabajar con muñecos o títeres; ventrílocuo.

ər butter   yōō abuse   ou out   ŭ cut   û fur   *th* the   th thin   hw which   zh vision   ə ago, item, pencil, atom, circus

ven·ture |vĕn′chər| —*noun, plural* **ventures** A task or action that involves risks and possible danger. —*verb* **ventured, venturing 1.** To take a risk with; expose to possible loss or danger. **2.** To dare to say.

Ve·nus |vē′nəs| —*noun* A planet of our solar system. It is the second in order from the sun.

ve·ran·dah or **ve·ran·da** |və răn′də| —*noun, plural* **verandahs** or **verandas** A porch or balcony with a roof.

verb |vûrb| —*noun, plural* **verbs** Any of a class of words that express state of being or action. For example, the words *be, run,* and *happen* are verbs.

verb·al |vûr′bəl| —*adjective* **1.** Of or having to do with words. **2.** Expressed in words; not written; oral. **3.** Of a verb.

ver·dict |vûr′dĭkt′| —*noun, plural* **verdicts** The decision made by a jury at the end of a trial.

ver·min |vûr′mĭn| —*noun, plural* **vermin** An insect or small animal that is annoying or destructive or harmful to health. Cockroaches and rats are vermin.

ver·sa·tile |vûr′sə tĭl| or |vûr′sə tīl′| —*adjective* **1.** Able to do many things well. **2.** Having many different uses.

verse |vûrs| —*noun, plural* **verses 1.** Words put together with rhythm or rhyme or both; poetry. **2.** One section or stanza of a poem or song. **3.** One line of poetry. **4.** A numbered section of a chapter of the Bible.

ver·sion |vûr′zhən| or |vûr′shən| —*noun, plural* **versions 1.** A description or an account from one particular point of view. **2.** A particular translation into another language.

ver·te·bra |vûr′tə brə| —*noun, plural* **vertebras** Any of the small bones that make up the backbone of a person or animal.

ver·te·brate |vûr′tə brāt′| or |vûr′tə brĭt| —*noun, plural* **vertebrates** Any animal that has a backbone. Fish, amphibians, reptiles, birds, and mammals are all vertebrates. —*adjective* Having a backbone.

ver·ti·cal |vûr′tĭ kəl| —*adjective* Straight up and down; at a right angle to the horizon; upright.

ver·y |vĕr′ē| —*adverb* **1.** In a high degree; extremely. **2.** Truly; indeed. Used before the superlative form of an adjective to make its meaning stronger. **3.** Exactly. —*adjective* **1.** Absolute. **2.** Exactly the same; identical. **3.** Nothing more than; mere. **4.** Precise; exact.

ves·sel |vĕs′əl| —*noun, plural* **vessels 1.** A ship or large boat. **2.** A hollow container, such as a bowl, pitcher, jar, or tank, that can hold liquids. **3.** A narrow tube in a body or a plant through which liquids flow.

vest |vĕst| —*noun, plural* **vests** A short jacket without sleeves or collar, worn over a shirt or a blouse. —*verb* **vested, vesting** To give official power or authority to.

vet·er·an |vĕt′ər ən| or |vĕt′rən| —*noun, plural* **veterans 1.** A person who has served in the armed forces. **2.** A person who has had much experience in a profession or activity. —*adjective* Having had much experience.

vet·er·i·nar·i·an |vĕt′ər ə nâr′ē ən| or |vĕt′rə nâr′ē ən| —*noun, plural* **veterinarians** A person who is trained and qualified to give medical care to animals.

ve·to |vē′tō| —*noun, plural* **vetoes 1.** The right or power to keep a proposed law from becoming a law. **2.** The use of this power. —*verb* **vetoed, vetoing, vetoes 1.** To prevent a proposed law from becoming a law by using the power of veto. **2.** To refuse to consent to; forbid.

vi·a |vī′ə| or |vē′ə| —*preposition* By way of.

vi·brate |vī′brāt′| —*verb* **vibrated, vibrating** To move or cause to move back and forth rapidly.

venture *sustantivo* Tarea o acción que implica riesgos y posible peligro; aventura. —*verbo* **1.** Tomar un riesgo con; exponer a posible pérdida o peligro; aventurar; arriesgar. **2.** Atreverse a decir; osar.

Venus *sustantivo* Planeta de nuestro sistema solar, el segundo en orden a partir del sol.

verandah o **veranda** *sustantivo* Porche o balcón con tejado; pórtico.

verb *sustantivo* Cualquiera de una clase de palabras que expresan estado de ser o acción; verbo.

verbal *adjetivo* **1.** De o que tiene que ver con palabras; verbal. **2.** Expresado en palabras; no escrito; oral. **3.** De un verbo; verbal.

verdict *sustantivo* Decisión tomada por un jurado al final de un juicio; veredicto.

vermin *sustantivo* Insecto o animal pequeño que es fastidioso o destructivo o dañino para la salud, tal como las cucarachas y las ratas; bicho.

versatile *adjetivo* Versátil: **1.** Capaz de hacer muchas cosas bien. **2.** Que tiene muchos usos diferentes.

verse *sustantivo* **1.** Composición de palabras con ritmo o rima o ambas cosas; verso; poesía. **2.** Sección o estancia de un poema o canción; estrofa. **3.** Renglón de poesía; verso. **4.** Sección numerada de un capítulo de la Biblia; versículo.

version *sustantivo* Versión: **1.** Descripción o recuento desde un punto de vista particular. **2.** Traducción particular a otra lengua; interpretación.

vertebra *sustantivo* Cualquiera de los huesillos que constituyen la columna vertebral de una persona o animal; vértebra.

vertebrate *sustantivo* Cualquier animal que tiene espina dorsal, tal como los peces, los anfibios, los reptiles, las aves y los mamíferos; vertebrado. —*adjetivo* Que tiene columna vertebral; vertebrado.

vertical *adjetivo* Derecho de arriba a abajo; vertical; derecho; en ángulo recto con el horizonte.

very *adverbio* **1.** En alto grado; muy; extremadamente. **2.** Verdaderamente; sin duda; ciertamente. **3.** Exactamente; el mismo. —*adjetivo* **1.** Absoluto. **2.** Exactamente lo mismo; idéntico. **3.** Nada más que; mero. **4.** Preciso; exacto.

vessel *sustantivo* **1.** Barco o buque grande. **2.** Recipiente hueco tal como una taza, una jarra, un frasco o un tanque, que puede contener líquidos. **3.** Tubo angosto en un cuerpo o una planta a través del cual fluyen los líquidos; vaso.

vest *sustantivo* Chaqueta corta, sin mangas ni cuello, que se lleva sobre la camisa o blusa; chaleco. —*verbo* Dar poder oficial o autoridad a; investir.

veteran *sustantivo* Veterano: **1.** Persona que ha servido en las fuerzas armadas. **2.** Persona que ha tenido mucha experiencia en una profesión o actividad. —*adjetivo* Que ha tenido mucha experiencia; veterano.

veterinarian *sustantivo* Persona entrenada y calificada para dar atención médica a animales; veterinario.

veto *sustantivo* Veto: **1.** Derecho o poder de oponerse a la aprobación de una ley. **2.** Uso de este poder. —*verbo* **1.** Oponerse a la aprobación de una ley usando el poder del veto; vetar. **2.** Negarse a consentir en; prohibir.

via *preposición* Por derrotero de; vía; por el camino de.

vibrate *verbo* Mover o hacer mover rápidamente para adelante y para atrás; vibrar.

ă pat   ā pay   â care   ä father   ĕ pet   ē be   ĭ pit   ī pie   î fierce   ŏ pot   ō go   ô paw, for   oi oil   ŏŏ book   ōō boot

vi·bra·tion | vĭ brā'shən | —*noun, plural* **vibrations**
A very rapid movement back and forth.

vice president | vīs | An officer who ranks just below
a president and who takes the place of a president who
is absent or ill, or who has resigned or died; vice-
president.

vice-president | vīs' prĕz' ĭdənt | —*noun, plural*
vice-presidents A vice president.

vi·ce ver·sa | vī' sə vûr' sə | or | vīs' vûr' sə | Just the
opposite is true too; the other way around also.

vi·cin·i·ty | vĭ sĭn' ĭ tē | —*noun, plural* **vicinities** The
nearby or surrounding area or region.

vi·cious | vĭsh' əs | —*adjective* **1.** Full of spite; cruel;
mean. **2.** Marked by evil; wicked. **3.** Savage and
dangerous.

vic·tim | vĭk' tĭm | —*noun, plural* **victims** **1.** A person
or animal that is harmed or killed by another person or
animal or by an accident or a disease. **2.** Someone who
suffers or has difficulty because of tricks, cheating,
teasing, or a misunderstanding.

vic·to·ri·ous | vĭk tôr' ē əs | or | vĭk tōr' ē əs | —*adjec-
tive* **1.** Being the winner in a war, contest, or struggle.
2. Of or resulting in victory.

vic·to·ry | vĭk' tə rē | —*noun, plural* **victories** The
winning of a war, contest, or struggle against an oppo-
nent; triumph.

vid·e·o | vĭd' ē ō | —*noun* The part of a television
broadcast or signal that can be seen, not the part that
is heard.

video tape A special kind of magnetic recording tape
used to record the picture and sound of television
programs.

view | vyōō | —*noun, plural* **views** **1.** The act of seeing
something; sight. **2.** A scene. **3.** The area that is as far
as the eye can see. **4.** A way of showing or seeing some-
thing from a particular position or angle. **5.** An opin-
ion; idea.
—*verb* **viewed, viewing** **1.** To look at. **2.** To consider;
regard.

view·er | vyōō' ər | —*noun, plural* **viewers** **1.** A per-
son who views or looks at something. **2.** A device used
to make photographs or images larger so that they can
be easily seen.

view·point | vyōō' point' | —*noun, plural* **viewpoints**
1. A way of thinking about something; point of view.
2. The place or position from which one looks at
something.

vig·or | vĭg' ər | —*noun* Physical energy or strength.

vig·o·rous | vĭg' ər əs | —*adjective* Full of or done
with vigor; lively.

vil·lage | vĭl' ĭj | —*noun, plural* **villages** A group of
houses that make up a community smaller than a
town.

vil·lain | vĭl' ən | —*noun, plural* **villains** A person or
story character who is wicked or evil.

vine | vīn | —*noun, plural* **vines** **1.** A plant with a
stem that climbs on, creeps along, twines around, or
clings to something for support. **2.** A grapevine.

vin·e·gar | vĭn' ĭ gər | —*noun, plural* **vinegars** A sour
liquid that is made from wine, cider, or other liquids
that have fermented past the alcohol stage. Vinegar is
used in flavoring and preserving foods and in salad
dressings, as well as in removing stains and odors.

vine·yard | vĭn' yərd | —*noun, plural* **vineyards** A
piece of land on which grapevines are grown.

vi·nyl | vī' nəl | —*noun, plural* **vinyls** Any of several
plastics that are tough and shiny and bend easily. Vi-
nyls are used for boots, raincoats, tops of counters,
floorings, and phonograph records.

vi·o·la | vē ō' lə | or | vī ō' lə | —*noun, plural* **violas** A
stringed musical instrument that is like a violin but
larger. A viola has a deeper, mellower tone than a
violin.

vi·o·late | vī' ə lāt' | —*verb* **violated, violating** To
break; act contrary to; disregard.

vibration *sustantivo* Movimiento muy rápido para ade-
lante y para atrás; vibración.

vice president *sustantivo* Funcionario que sigue en
rango al presidente y que lo reemplaza cuando éste está
ausente o enfermo, cuando ha renunciado o cuando ha
muerto; vicepresidente.

vice-president *sustantivo* Vicepresidente.

vice versa *adverbio* Justamente lo opuesto es también
verdad; viceversa; también al contrario.

vicinity *sustantivo* Área o región cercana o circun-
dante; vecindario.

vicious *adjetivo* **1.** Lleno de rencor; malvado; cruel.
2. Marcado por el mal; perverso. **3.** Salvaje y
peligroso.

victim *sustantivo* Víctima: **1.** Persona o animal herida
o muerta por otra persona o animal, o por accidente o
enfermedad. **2.** Alguien que sufre o tiene dificultades
debido a engaño, fraude, burla o incomprensión.

victorious *adjetivo* Victorioso: **1.** Ganador en una
guerra, competencia o pugna. **2.** De o que termina en
victoria.

victory *sustantivo* Acción de vencer a un adversario en
una guerra, competencia o pugna; victoria; triunfo.

video *sustantivo* Parte de una trasmisión de televisión
o señal que se puede ver pero que no se puede oír;
video; imagen.

video tape Clase especial de cinta magnética utilizada
para grabar la imagen y el sonido de los programas de
televisión; cinta magnetofónica; cinta de video.

view *sustantivo* **1.** Acción de ver algo; vista; visión.
2. Panorama; vista. **3.** Área comprendida dentro de lo
que el ojo puede ver. **4.** Manera de mostrar o de ver
algo desde una posición o ángulo en particular; pers-
pectiva. **5.** Opinión; punto de vista; idea.
—*verbo* **1.** Mirar. **2.** Considerar; observar.

viewer *sustantivo* **1.** Persona que ve o mira algo; vi-
dente. **2.** Instrumento utilizado para ampliar fotogra-
fías o imágenes de tal suerte que puedan ser vistas con
facilidad; visor.

viewpoint *sustantivo* **1.** Manera de pensar acerca de
algo; punto de vista. **2.** Lugar o posición desde el cual
se puede mirar algo; ubicación.

vigor *sustantivo* Energía física o fuerza; vigor.

vigorous *adjetivo* Lleno de o hecho con vigor; vigo-
roso; vivaz.

village *sustantivo* Grupo de casas que forman una co-
munidad más pequeña que un pueblo; aldea; villa.

villain *sustantivo* Persona o personaje perverso o ma-
ligno; villano.

vine *sustantivo* **1.** Planta cuyo tallo trepa, se arrastra,
se enrosca o se adhiere a algo en busca de apoyo; enre-
dadera. **2.** Parra; vid.

vinegar *sustantivo* Líquido agrio producido por el vino,
la sidra u otros líquidos que se han fermentado más
allá del estado del alcohol, y que se usa para sazonar y
preservar alimentos, como aderezo para ensalada, así
como también para quitar manchas y olores; vinagre.

vineyard *sustantivo* Terreno plantado de vides;
viñedo.

vinyl *sustantivo* Cualquiera de varios plásticos duros y
lustrosos que se doblan fácilmente, y que se usan para
hacer botas, impermeables, superficies de mostradores,
pisos y discos; vinilo; vinílica.

viola *sustantivo* Instrumento musical de cuerdas pare-
cido al violín pero más grande, que tiene un tono más
profundo y meloso que el del violín; viola.

violate *verbo* Quebrar; violar; contravenir; obrar en
contra de.

---

vi·o·lence |vī′ə ləns| —*noun* **1.** Physical force that can or does cause damage or injury. **2.** Breaking the law in a way that causes injury or damage.

vi·o·lent |vī′ə lənt| —*adjective* **1.** Showing, having, or resulting from great physical force or rough action. **2.** Showing or having strong feelings.

vi·o·let |vī′ə lĭt| —*noun, plural* **violets 1.** Any of several plants that grow close to the ground and have flowers that are bluish purple or sometimes yellow or white. **2.** A bluish-purple color.
—*adjective* Bluish purple.

vi·o·lin |vī′ə lĭn′| —*noun, plural* **violins** A musical instrument that has four strings and is played with a bow or by plucking with the fingers. A violin has a high, clear sound.

vir·gin |vûr′jĭn| —*adjective* In the original or natural state; not having been used before, touched, or explored.

vir·tu·al |vûr′chōō əl| —*adjective* In reality; actual; for all practical purposes although not in name or form.

vir·tu·al·ly |vûr′chōō ə lē| —*adverb* For the most part.

vir·tue |vûr′chōō| —*noun, plural* **virtues 1.** The state or condition of being morally good. **2.** A particular example of moral goodness. **3.** A particular good quality; an advantage.

vi·rus |vī′rəs| —*noun, plural* **viruses** A form of living matter that is too small to be seen through an ordinary microscope. Viruses cause diseases in human beings, animals, and plants.

vise |vīs| —*noun, plural* **vises** A device with a pair of jaws that can be widened or narrowed by turning a screw or moving lever. A vise is used to hold things in position for someone to work on.

vis·i·ble |vĭz′ə bəl| —*adjective* **1.** Capable of being seen. **2.** Easily noticed; clear.

vi·sion |vĭzh′ən| —*noun, plural* **visions 1.** The sense of sight; the ability to see. **2.** The ability to look ahead into the future; foresight. **3.** An image in the mind produced by the imagination. **4.** Something that is seen, especially something attractive.

vis·it |vĭz′ĭt| —*verb* **visited, visiting 1.** To go or come to see for a while. **2.** To stay with as a guest. **3.** To talk or chat.
—*noun, plural* **visits** An act or an example of visiting; a short call or stay.

vis·i·tor |vĭz′ĭ tər| —*noun, plural* **visitors** Someone who visits.

vi·sor |vī′zər| or |vĭz′ər| —*noun, plural* **visors** A part that sticks out in front of a cap or motorcycle helmet to protect the eyes from sun, wind, or rain.

vis·u·al |vĭzh′ōō əl| —*adjective* **1.** Of, for, or serving the sense of sight. **2.** Done with the help of the eyes, but without instruments. **3.** Designed to communicate through the sense of sight.

vi·tal |vīt′l| —*adjective* **1.** Having to do with life or living things. **2.** Needed for life. **3.** Very important; essential.

vi·ta·min |vī′tə mĭn| —*noun, plural* **vitamins** Any of several substances that are needed for animals to continue living and growing in a normal way. Vitamins are found in food and are also manufactured in pills, liquids, and capsules.

viv·id |vĭv′ĭd| —*adjective* **1.** Bright and distinct; sharp; intense. **2.** Bringing images to the mind that are very much like real life. **3.** Active. **4.** Distinct and clear.

vo·cab·u·lar·y |vō kăb′yə lĕr′ē| —*noun, plural* **vocabularies 1.** All the words of a language. **2.** All the words used by a particular person or group. **3.** A list of words and phrases, usually in alphabetical order with definitions.

violence *sustantivo* Violencia: **1.** Fuerza física que puede causar o que cause daño o lesión. **2.** Acción de infringir la ley de tal manera que cause daño o perjuicio.

violent *adjetivo* **1.** Que indica, tiene o es el resultado de gran fuerza física o de una acción dura; violento. **2.** Que muestra o tiene emociones fuertes.

violet *sustantivo* **1.** Cualquiera de varias plantas de tallos rastreros y flores azul púrpura o a veces amarillas o blancas; violeta. **2.** Color azul púrpura.
—*adjetivo* De color azul púrpura; violeta; violáceo.

violin *sustantivo* Instrumento musical de cuatro cuerdas que se toca con un arco o punteándolo con los dedos, y que tiene un sonido alto y claro; violín.

virgin *adjetivo* En su estado original o natural; que no ha sido usado, tocado o explorado antes; virgen.

virtual *adjetivo* En realidad; virtual; real; para todos los efectos prácticos aunque no de nombre o forma.

virtually *adverbio* En su mayor parte; virtualmente.

virtue *sustantivo* **1.** Estado o condición de ser moralmente bueno; virtud. **2.** Ejemplo particular de bondad moral. **3.** Cualidad especialmente buena; ventaja.

virus *sustantivo* Forma de materia viviente demasiado pequeña para ser vista con un microscopio ordinario que causa enfermedades a los seres humanos, los animales y las plantas; virus.

vise *sustantivo* Instrumento con un par de quijadas que pueden ser abiertas o cerradas moviendo un tornillo o una palanca que se usa para mantener fijos ciertos objetos de tal suerte que alguien pueda trabajarlos; tornillo de banco.

visible *adjetivo* **1.** Que se puede ver; visible. **2.** Que se nota fácilmente; claro.

vision *sustantivo* **1.** Sentido de la vista; capacidad de ver; visión. **2.** Capacidad de ver el futuro; perspicacia. **3.** Imagen en la mente producida por la imaginación; visión. **4.** Algo que es visto, especialmente algo atractivo.

visit *verbo* **1.** Ir o venir a ver durante un tiempo; visitar. **2.** Estar con, como invitado. **3.** Hablar o charlar.
—*sustantivo* Acción o ejemplo de visitar; visita o permanencia corta.

visitor *sustantivo* Alguien que visita; visitante.

visor *sustantivo* Parte que sobresale en el frente de una gorra o de un casco para motocicleta, para proteger los ojos contra el sol, el viento o la lluvia; visera.

visual *adjetivo* Visual: **1.** De, para o que sirve el sentido de la vista. **2.** Hecho con ayuda de los ojos pero sin instrumentos. **3.** Diseñado para comunicarse a través del sentido de la vista.

vital *adjetivo* Vital: **1.** Que tiene que ver con la vida o con las cosas vivas. **2.** Que se necesita para la vida. **3.** Muy importante; esencial; fundamental; cardinal.

vitamin *sustantivo* Cualquiera de varias sustancias que los animales necesitan para seguir con vida y para crecer normalmente, y que se encuentran en los alimentos y también se producen en forma de píldoras, líquidos y cápsulas; vitamina.

vivid *adjetivo* **1.** Brillante y distinto; vivo; agudo; intenso. **2.** Que trae a la mente imágenes muy parecidas a la vida real; vívido. **3.** Activo; ágil. **4.** Distinto y claro; nítido.

vocabulary *sustantivo* **1.** Todas las palabras de una lengua; vocabulario. **2.** Todas las palabras usadas por una persona o grupo en particular; vocabulario; jerga; léxico. **3.** Lista de palabras y frases, generalmente en orden alfabético, con definiciones; glosario.

ă pat ā pay â care ä father ĕ pet ē be ĭ pit ī pie î fierce ŏ pot ō go ô paw, for oi oil ōō book ōō boot

vo·cal |vō′kəl| —*adjective* **1.** Of or made by the voice. **2.** Meant to be sung.

vocal cords |kôrdz| A pair of bands or folds of muscle in the larynx that stretch and vibrate when air from the lungs is forced between them to produce the sound of the voice.

vodka |vŏd′kə| —*noun, plural* **vodkas** A colorless liquor obtained from wheat, potatoes, etc.

voice |vois| —*noun, plural* **voices 1.** The particular sounds a person makes by using the mouth and vocal cords in speaking and singing. **2.** The ability to produce a sound with the mouth and vocal cords. **3.** Expression of feelings or thoughts. **4.** The right or opportunity to express an opinion or choice.
—*verb* **voiced, voicing** To give expression to.

vol·can·ic |vŏl kăn′ĭk| —*adjective* Of, like, or produced by a volcano.

vol·ca·no |vŏl kā′nō| —*noun, plural* **volcanoes** or **volcanos 1.** An opening in the crust of the earth through which molten rock, dust, ash, and hot gases are thrown. **2.** A mountain formed by the action of such an opening.

vol·ley·ball |vŏl′ē bôl′| —*noun, plural* **volleyballs 1.** A game played between two teams who use their hands to hit a ball back and forth over a net and try not to let the ball touch the ground. **2.** The ball used in this game. A volleyball is a little smaller and lighter than a basketball.

volt |vōlt| —*noun, plural* **volts** A unit of force for measuring an electric current.

volt·age |vōl′tĭj| —*noun, plural* **voltages** The amount of force of an electric current, measured in volts.

vol·ume |vŏl′yōōm| or |vŏl′yəm| —*noun, plural* **volumes 1.** A book. **2.** One book of a set. **3.** The measure or size of how much space an object takes up; the size of a region of space. **4.** The force or intensity of sound.

vol·un·tar·y |vŏl′ən tĕr′ē| —*adjective* **1.** Made, done, or given of one's own free will; not required. **2.** Controlled by the will.

vol·un·teer |vŏl′ən tîr′| —*noun, plural* **volunteers 1.** Someone who does a job or gives service by free will, usually without pay. **2.** A person who enlists in the armed forces.
—*adjective* Having to do with or made up of volunteers.
—*verb* **volunteered, volunteering** To give or offer, usually without being asked.

vote |vōt| —*noun, plural* **votes 1.** A choice made in an election. **2.** The form in which the choice is made, such as a ballot, show of hands, or other method. **3.** The right to make a choice in an election.
—*verb* **voted, voting 1.** To express one's choice by a vote; cast a ballot. **2.** To make available by a vote.

vot·er |vō′tər| —*noun, plural* **voters** A person who votes or has a right to vote.

vow |vou| —*noun, plural* **vows** A solemn promise or pledge.
—*verb* **vowed, vowing** To make a solemn promise or pledge.

vow·el |vou′əl| —*noun, plural* **vowels 1.** A speech sound usually made with the vocal cords vibrating and with the breath passing through the mouth freely, without being cut off or blocked off. A vowel is usually the central or loudest part of a syllable. **2.** A letter that represents such a sound. The vowels in English are *a, e, i, o, u,* and sometimes *y.*

voy·age |voi′ĭj| —*noun, plural* **voyages** A long journey to a distant place, made on a ship, boat, aircraft, or spacecraft.
—*verb* **voyaged, voyaging** To make a voyage.

vul·gar |vŭl′gər| —*adjective* Having very poor taste or manners; crude; coarse.

vocal *adjetivo* **1.** De o producido por la voz; vocal; oral. **2.** Compuesto para ser cantado.

vocal cords Par de membranas o repliegues musculares en la laringe que se estiran y vibran cuando el aire de los pulmones pasa con fuerza por entre ellas para producir el sonido de la voz; cuerdas vocales.

vodka *sustantivo* Licor alcohólico, incoloro, que se obtiene del trigo, las papas, etc.; vodka.

voice *sustantivo* Voz: **1.** Sonidos particulares que produce una persona usando la boca y las cuerdas vocales al hablar o cantar. **2.** Capacidad de producir un sonido con la boca y las cuerdas vocales. **3.** Expresión de sentimientos o pensamientos; habla; palabra. **4.** Derecho u oportunidad de expresar una opinión o preferencia; voto; sufragio.
—*verbo* Dar expresión a; decir; proclamar.

volcanic *adjetivo* De, como o producido por un volcán; volcánico.

volcano *sustantivo* Volcán: **1.** Abertura en la corteza de la tierra por donde son arrojados rocas fundidas, polvo, ceniza y gases calientes. **2.** Montaña formada por la acción de tal abertura.

volleyball *sustantivo* **1.** Juego entre dos equipos que usan las manos para golpear una pelota de una lado a otro, por encima de una malla, tratando de que la pelota no toque el suelo; volibol. **2.** Pelota usada en dicho juego, la cual es un poco más pequeña y liviana que la de baloncesto.

volt *sustantivo* Unidad de fuerza para medir una corriente eléctrica; voltio.

voltage *sustantivo* Cantidad de fuerza de una corriente eléctrica, medida en voltios; voltaje.

volume *sustantivo* Volumen: **1.** Libro. **2.** Libro de una serie; tomo. **3.** Medida o dimensión de cuánto espacio ocupa un objeto, o el tamaño de una región del espacio. **4.** Fuerza o intensidad de sonido.

voluntary *adjetivo* **1.** Hecho, realizado o dado por voluntad propia; voluntario; no exigido. **2.** Controlado por la voluntad.

volunteer *sustantivo* Voluntario: **1.** Alguien que hace un trabajo o presta un servicio por voluntad propia, generalmente sin remuneración. **2.** Persona que se engancha en el ejército.
—*adjetivo* Que se refiere a o está constituido por voluntarios.
—*verbo* Dar u ofrecer, generalmente sin haber sido solicitado; ofrecer voluntariamente.

vote *sustantivo* **1.** Escogimiento hecho en una elección; voto. **2.** Forma como se escoge, tal como con balota, levantando las manos u otro método; votación; sufragio. **3.** Derecho a escoger en una elección.
—*verbo* **1.** Expresar la preferencia propia mediante voto; votar; depositar el voto. **2.** Poner a disposición mediante voto; dar su voto; aprobar.

voter *sustantivo* Persona que vota o tiene el derecho de votar; votante; elector.

vow *sustantivo* Promesa solemne o compromiso; voto.
—*verbo* Hacer una promesa solemne o adquirir un compromiso; jurar; prometer.

vowel *sustantivo* **1.** Sonido del habla producido generalmente por la vibración de las cuerdas vocales y el paso libre del aire por la boca, sin ser cortado o bloqueado, y que generalmente es el sonido central o más fuerte de una sílaba; vocal. **2.** Letra que representa tal sonido. En inglés éstas son *a, e, i, o, u,* y algunas veces *y;* letra vocal.

voyage *sustantivo* Jornada larga hacia un lugar distante, hecha en barco, buque, avión o nave espacial; viaje; travesía.
—*verbo* Hacer un viaje; viajar.

vulgar *adjetivo* Que tiene muy mal gusto o modales; vulgar; grosero; basto; burdo.

vul·ture | vŭl′chər | —*noun, plural* **vultures** Any of several large birds that usually have dark feathers and a bare head and neck. Vultures feed on the flesh of dead animals.

vulture *sustantivo* Cualquiera de varios pájaros grandes que generalmente tienen plumas oscuras y cuello y cabeza pelados y que se alimentan de la carne de animales muertos; buitre.

W

w | W or **dŭb′əl yoō′** | or | **dŭb′əl yoō′** | —*noun, plural* **w's** or **W's** The twenty-third letter of the English alphabet.

w o **W** *sustantivo* Vigésimotercera letra del alfabeto inglés.

wad | wŏd | —*noun, plural* **wads** 1. A small, soft piece of material, such as cotton or chewing gum, pressed into a lump. 2. A tight roll of paper or paper money. —*verb* **wadded, wadding** 1. To squeeze, roll, or crush into a wad. 2. To plug or stuff with a wad or wads.

wad *sustantivo* 1. Pedazo pequeño y blando de cualquier material, como por ejemplo algodón o chicle, comprimido en un terrón; taco; bodoque; pelotilla; bolita. 2. Rollo apretado de papel o de billetes. —*verbo* 1. Apretar, enrollar o estrujar formando una pelotilla. 2. Taponar o rellenar con pelotillas.

wade | wād | —*verb* **waded, wading** 1. To walk in or through water, mud, snow, or any other substance that covers the feet or keeps them from moving freely. 2. To move or make one's way through slowly and with difficulty.

wade *verbo* 1. Caminar en o por el agua, el lodo, la nieve u otro medio que cubra los pies y les impida moverse libremente; vadear; chapotear. 2. Moverse o abrirse paso por algún lugar lentamente y con dificultad.

waf·fle | wŏf′əl | —*noun, plural* **waffles** A light, crisp cake made of batter. It is cooked in a griddle or appliance that presses a pattern of little squares into it.

waffle *sustantivo* Bizcocho ligero y quebradizo hecho de una masa que se cuece en una plancha o utensilio especial que traza en él un diseño de cuadrados pequeños; barquillo.

wag | wăg | —*verb* **wagged, wagging** To move, swing, or wave back and forth or up and down. —*noun, plural* **wags** A wagging movement.

wag *verbo* Mover, batir o sacudir de un lado a otro o de arriba abajo; menear (la cola); colear. —*sustantivo* Movimiento como el descrito; meneo.

wage | wāj | —*noun, plural* **wages** Often **wages** A payment made to a worker for work or services done; salary. —*verb* **waged, waging** To take part in or carry on.

wage *sustantivo* A veces **wages** Paga que se abona a un obrero por su trabajo o por servicios prestados; sueldo; jornal. —*verbo* Tomar parte en, o proseguir; hacer; librar: *We must wage a war on crime.* = *Tenemos que librar una guerra contra el crimen.*

wa·ger | wā′jər | —*noun, plural* **wagers** A bet. —*verb* **wagered, wagering** To make a wager; bet.

wager *sustantivo* Apuesta. —*verbo* Hacer una apuesta; apostar.

wag·on | wăg′ən | —*noun, plural* **wagons** 1. A large, four-wheeled vehicle. It is pulled by horses and used to carry loads or passengers. 2. A small cart with wheels that can be pushed or pulled by hand.

wagon *sustantivo* 1. Vehículo grande de cuatro ruedas tirado por caballos y que se usa para llevar carga o pasajeros; carro; carreta; carretón. 2. Carro pequeño que se puede tirar o empujar a mano.

wail | wāl | —*verb* **wailed, wailing** To make a long, loud cry because of grief, sadness, or pain. —*noun, plural* **wails** A long, loud, high-pitched cry or sound.

wail *verbo* Emitir un grito prolongado y fuerte motivado por el pesar, la tristeza o el dolor; gemir; lamentarse; plañir. —*sustantivo* Grito o sonido prolongado, fuerte y penetrante gemido; alarido; lamento.

waist | wāst | —*noun, plural* **waists** 1. The part of the human body between the ribs and the hips. 2. The part of a piece of clothing that fits around the waist.

waist *sustantivo* Cintura o talle: 1. Parte del cuerpo humano situada entre las costillas y las caderas. 2. Parte de una prenda de vestir que se ajusta a la cintura; pretina.

wait | wāt | —*verb* **waited, waiting** 1. To stay somewhere or stop doing something until someone or something comes. 2. To stop, pause, or delay. 3. To put off; delay; postpone. 4. To be put off or delayed. 5. To be patient.
    Phrasal verb **wait on** To serve or attend as a waiter, salesclerk, maid, or butler. —*noun, plural* **waits** A period of time spent in waiting.

wait *verbo* Esperar: 1. Quedarse en algún lugar o dejar de hacer lo que se está haciendo hasta que venga alguien o suceda algo; aguardar. 2. Parar; hacer una pausa; demorar o demorarse. 3. Aplazar; demorar; posponer. 4. Ser aplazado o pospuesto. 5. Tener paciencia.
    Verbo en locución **wait on** Servir o atender como camarero, dependiente, criada o despensero. —*sustantivo* Período de tiempo que se pasa esperando; espera.

wait·er | wā′tər | —*noun, plural* **waiters** A man who works in a restaurant serving food and drink to people.

waiter *sustantivo* Hombre que trabaja en un restaurante sirviendo comidas y bebidas a los parroquianos; camarero; mozo; mesero.

wait·ress | wā′trĭs | —*noun, plural* **waitresses** A woman who works in a restaurant serving food and drink to people.

waitress *sustantivo* Mujer que trabaja en un restaurante sirviendo comidas y bebidas a los parroquianos; camarera; moza; mesera.

wake¹ | wāk | —*verb* **woke, waked, waking** 1. To stop or cause to stop from sleeping; awaken. 2. To become or cause to become active. —*noun, plural* **wakes** A watch kept over the body of

wake¹ *verbo* Despertar o despertarse: 1. Dejar de dormir, o hacer que otro deje de dormir. 2. Entrar en acción, o hacer que otro entre en acción; despabilarse; despabilar.

---

a dead person.

wake² |wāk| —*noun, plural* **wakes** The track or path of waves, ripples, or foam left in the water by a moving boat or ship.

walk |wôk| —*verb* **walked, walking 1.** To move on foot at an easy, steady pace. In walking, a person puts one foot on the ground before lifting the other. **2.** To cause to walk. **3.** To go or travel on foot. **4.** To go over, across, or through on foot; stroll. **5.** To accompany or escort on foot; walk with. **6.** In baseball, to allow the batter to go to first base automatically because the pitcher throws four balls.
—*noun, plural* **walks 1.** An act of walking, especially an outing for exercise or pleasure. **2.** The distance to be walked. **3.** A place set apart or designed for walking, such as a sidewalk or path. **4.** A way of walking; a pace or gait.

wall |wôl| —*noun, plural* **walls 1.** A solid structure that forms a side of a building or room, or that divides two areas. **2.** A structure made of brick, stone, wood, or other material that is used to divide, enclose, or protect. **3.** Anything that divides, surrounds, or protects like a wall.
—*verb* **walled, walling** To divide, enclose, or protect with or as if with a wall.

wal·let |wŏl'ĭt| —*noun, plural* **wallets** A small, flat folding case used for holding money, cards, and photographs.

wal·nut |wôl'nŭt'| or |wôl'nət| —*noun, plural* **walnuts** A nut that grows on a tall tree and has a hard, rough shell.

waltz |wôltz| —*noun, plural* **waltzes 1.** A smooth, gliding dance done by two people. **2.** The music for this dance.
—*verb* **waltzed, waltzing** To dance a waltz.

wand |wŏnd| —*noun, plural* **wands** A slender rod or stick, especially one used by a magician.

wan·der |wŏn'dər| —*verb* **wandered, wandering 1.** To move about from place to place with no special purpose or place to go. **2.** To stray or move away from a particular path, place, or group; lose one's way. **3.** To not pay attention; to not be able to think clearly or sensibly.

wane |wān| —*verb* **waned, waning 1.** To grow or seem to grow smaller, as the moon does when it passes from full moon to new moon. **2.** To become smaller in size, strength, or importance.

want |wŏnt| or |wônt| —*verb* **wanted, wanting 1.** To have a wish for; desire. **2.** To have a need for; require.
—*noun, plural* **wants** The condition of needing or the thing needed.

war |wôr| —*noun, plural* **wars 1.** Fighting or combat between two or more nations, states, or groups of people. **2.** Any struggle or conflict; an attack.
—*verb* **warred, warring** To make or take part in a war.

ward |wôrd| —*noun, plural* **wards 1.** A section or division of a hospital. It is used to care for a certain group of patients. **2.** A large hospital room shared by a number of patients. **3.** A division of a city or town, especially an election district. **4.** Someone placed under the care and protection of a guardian or court.

war·den |wôr'dn| —*noun, plural* **wardens 1.** An official who makes sure that certain laws, such as hunting and fishing laws, are obeyed. **2.** An official in charge of running a prison.

ward·robe |wôrd'rōb'| —*noun, plural* **wardrobes 1.** All of a person's clothing. **2.** A large piece of furniture shaped like a closet for hanging or keeping clothes. It may also have drawers.

ware |wâr| —*noun, plural* **wares 1. wares** Goods for sale. **2.** Pots, vases, and other things made from baked clay; pottery.

—*sustantivo* Vigilia hecha junto a un cadáver; velorio; velatorio.

wake² *sustantivo* La huella de olas, ondulaciones o espuma que deja en el agua una embarcación en marcha; estela.

walk *verbo* Caminar: **1.** Moverse a pie con un paso tranquilo y uniforme; andar. **2.** Hacer caminar, por ejemplo, a un caballo. **3.** Ir o viajar a pie. **4.** Pasar, cruzar o recorrer a pie; pasear. **5.** Acompañar o escoltar a pie; caminar con alguien. **6.** En el béisbol, dejar que el bateador llegue a primera base automáticamente porque el lanzador le ha tirado cuatro bolas malas.
—*sustantivo* **1.** Acción de caminar, especialmente al aire libre, por ejercicio o placer; paseo. **2.** Distancia que se camina; caminata. **3.** Sitio apartado o señalado para caminar, tal como una acera o una senda; vereda; camino; sendero. **4.** Manera de caminar o postura que se adopta al hacerlo; paso.

wall *sustantivo* **1.** Estructura sólida que forma uno de los lados de un edificio o habitación, o que divide dos áreas; pared; muro. **2.** Estructura de ladrillos, piedras, madera u otro material que se usa para dividir, cercar o proteger; muralla; empalizada. **3.** Cualquier cosa que divide, rodea o protege como una muralla.
—*verbo* Dividir, cercar o proteger con paredes o estructuras similares; emparedar; amurallar.

wallet *sustantivo* Estuche pequeño y aplastado que se pliega y que se usa para guardar dinero, tarjetas y fotos; billetera; monedero; cartera.

walnut *sustantivo* Nuez comestible, de cáscara dura, que es el fruto del nogal.

waltz *sustantivo* Vals: **1.** Baile suave ondulante para dos personas. **2.** Música para dicho baile.
—*verbo* Bailar un vals; valsar.

wand *sustantivo* Vara o espiga delgada, usada sobre todo por los magos; vara o varita mágica.

wander *verbo* **1.** Moverse de sitio en sitio sin propósito ni rumbo fijos; vagar; errar. **2.** Desviarse o apartarse de una senda, lugar o grupo; perderse; extraviarse. **3.** No prestar atención; no poder pensar clara o sensatamente; vagar mentalmente; estar absorto en los propios pensamientos; distraerse.

wane *verbo* Menguar: **1.** Disminuir o decrecer real o aparentemente, como lo hace la luna cuando pasa de luna llena a luna nueva. **2.** Disminuir en tamaño, fuerza o importancia; decaer.

want *verbo* **1.** Tener deseos; desear; querer. **2.** Tener necesidad de algo; requerir; necesitar.
—*sustantivo* Condición del que necesita o aquello que se necesita; falta; necesidad; carencia.

war *sustantivo* Guerra: **1.** Lucha o combate entre dos o más naciones, estados o grupos de personas. **2.** Cualquier contienda o conflicto.
—*verbo* Hacer o tomar parte en la guerra; guerrear.

ward *sustantivo* **1.** Sección o división de un hospital destinada a cierto grupo o clase de pacientes; sala; pabellón. **2.** Habitación grande en un hospital que comparten varios pacientes. **3.** División o distrito de una ciudad o un pueblo, especialmente para fines electorales. **4.** Alguien que se halla bajo el cuidado, custodia y protección de un guardián, tutor o tribunal de justicia; pupilo; menor; huérfano.

warden *sustantivo* **1.** Funcionario encargado de velar que se cumplan ciertas leyes, como las que regulan la caza y la pesca; guardabosques; guardián; guardia rural. **2.** Funcionario encargado de dirigir una prisión; alcaide.

wardrobe *sustantivo* **1.** Toda la ropa de una persona; vestuario. **2.** Mueble grande hecho como un ropero, para colgar o guardar la ropa; guardarropa; armario.

ware *sustantivo* **1. wares** Artículos para la venta; mercancía; mercaderías. **2.** Macetas, jarrones y otros útiles hechos de barro cocido; alfarería.

ər butter   yōō abuse   ou out   ŭ cut   û fur   *th* the   th thin   hw which   zh vision   ə ago, item, pencil, atom, circus

ware·house |wâr′hous′| —*noun, plural* **warehouses** A large building where merchandise is stored.

war·fare |wôr′fâr′| —*noun* War or combat.

warm |wôrm| —*adjective* **warmer, warmest 1.** Somewhat hot; not cool or very hot. **2.** Having a feeling of heat. **3.** Giving off or holding in heat. **4.** Friendly, kindly, or enthusiastic.
—*verb* **warmed, warming** To make or become warm or warmer; heat up.
Phrasal verb **warm up 1.** To make or become warm or warmer; heat up. **2.** To make or become ready to do something, as by practicing beforehand.

warmth |wôrmth| —*noun* **1.** The condition or quality of being warm. **2.** The condition or quality of being friendly; kindness. **3.** A lively or excited feeling.

warn |wôrn| —*verb* **warned, warning 1.** To tell of present or coming danger; alert. **2.** To advise or caution.

warn·ing |wôr′nĭng| —*noun, plural* **warnings** A notice of coming danger given beforehand.

war·rant |wôr′ənt| or |wŏr′ənt| —*noun, plural* **warrants 1.** An official written order that gives authority for doing something, such as making an arrest or search. **2.** A good reason for doing or thinking something. **3.** A guarantee.
—*verb* **warranted, warranting 1.** To earn, merit, or deserve; be a good reason for. **2.** To guarantee.

war·ri·or |wôr′ē ər| or |wŏr′ē ər| —*noun, plural* **warriors** A fighter or a person who is experienced in fighting battles.

wart |wôrt| —*noun, plural* **warts** A small, hard lump that grows on the skin. It is caused by a virus.

war·y |wâr′ē| —*adjective* **warier, wariest 1.** Alert to or looking out for danger; on guard. **2.** Showing caution; careful.

was |wŏz| or |wŭz| or |wəz| The first and third person singular past tense of the verb **be.**

wash |wŏsh| or |wôsh| —*verb* **washed, washing 1.** To clean with water or other liquid and often with soap. **2.** To clean oneself, clothes, or other things with soap and water. **3.** To carry away or be carried away by moving water.
—*noun, plural* **washes 1.** The act or process of washing. **2.** The amount of clothes or linens that are to be or that have just been washed. **3.** A liquid used in cleansing or coating something, such as whitewash or special mixtures to clean the mouth and eyes. **4.** A flow of water or the sound made by it.

wash·ing machine |wŏsh′ĭng| or |wô′shĭng| A machine used for washing clothes and linens.

was·n't |wŏz′ənt| or |wŭz′ənt| A contraction of "was not."

wasp |wŏsp| or |wôsp| —*noun, plural* **wasps** Any of several flying insects that have a narrow middle section. Wasps can give a painful sting.

waste |wāst| —*verb* **wasted, wasting 1.** To spend, use, or use up foolishly. **2.** To fail to use; lose. **3.** To wear away little by little. **4.** To destroy completely.
—*noun, plural* **wastes 1.** An act or instance of wasting. **2.** Worthless material that is produced while making something; garbage. **3.** The material that is left over after food has been digested and is sent out of the body.
—*adjective* **1.** Left over or thrown away as worthless or useless. **2.** Of, having to do with, or used for waste.

waste·ful |wāst′fəl| —*adjective* Spending or using

warehouse *sustantivo* Edificio grande donde se guardan mercaderías; almacén.

warfare *sustantivo* Guerra o combate.

warm *adjetivo* **1.** Un poco caliente; ni frío ni muy caliente; templado; tibio; cálido. **2.** Que experimenta una sensación de calor; cálido; caliente; caluroso. **3.** Que emite o retiene el calor; caliente; abrigado: *This is the warmest sweater I own.* = *Éste es el suéter más abrigado que tengo.* **4.** Amistoso, benévolo o entusiasta; cálido: *a warm welcome* = *una cálida bienvenida.*
—*verbo* Calentar; calentar más; acalorar o acalorarse; calentarse.
Verbo en locución **warm up 1.** Calentar o calentarse; calentar o calentarse más. **2.** Prepararse para hacer algo, como por ejemplo, practicando de antemano; entrar en calor.

warmth *sustantivo* **1.** Condición o cualidad de estar caliente; calor. **2.** Condición o cualidad de ser amistoso; cordialidad. **3.** Sentimiento de animación o excitación; pasión; emoción; calor; entusiasmo.

warn *verbo* Advertir: **1.** Informar de un peligro presente o futuro avisar; alertar. **2.** Aconsejar o prevenir; amonestar.

warning *sustantivo* Aviso de un peligro futuro dado de antemano; advertencia.

warrant *sustantivo* **1.** Orden escrita y oficial que confiere autoridad para hacer algo, como practicar una detención o un registro; mandamiento; exhorto. **2.** Razón suficiente para hacer o pensar algo; justificación. **3.** Garantía.
—*verbo* **1.** Ganar o merecer; ameritar; ser razón o motivo suficiente; justificar. **2.** Garantizar.

warrior *sustantivo* Combatiente o persona que tiene experiencia en el combate; guerrero.

wart *sustantivo* Abultamiento pequeño y duro que crece encima de la piel y que es causado por un virus; verruga.

wary *adjetivo* **1.** Alerta, o que anticipa el peligro; en guardia; vigilante; prevenido; precavido. **2.** Que demuestra cautela; cuidadoso; cauteloso; cauto.

was Primera y tercera persona singular, en pretérito, del verbo **be.**

wash *verbo* **1.** Limpiar con agua u otro líquido y, a menudo, con jabón; lavar. **2.** Asearse a sí mismo, o limpiar otras cosas, con jabón y agua; bañarse; bañar; lavar. **3.** Arrastrar o ser arrastrado por el agua corriente; deslavar.
—*sustantivo* **1.** Acción o proceso de lavar; lavatorio. **2.** Cantidad de ropa que está para lavar, o que se acaba de lavar; lavado. **3.** Líquido que se usa para lavar o recubrir algo, como la lechada, o también algunas mezclas especiales para lavarse la boca o los ojos; antiséptico o enjuague bucal; colirio. **4.** Corriente de agua, o el sonido que ella emite.

washing machine Máquina que se usa para lavar ropas; lavadora.

wasn't Contracción de "was not".

wasp *sustantivo* Cualquier variedad de insectos alados cuyo cuerpo tiene un segmento central estrecho y cuya picadura es muy dolorosa; avispa.

waste *verbo* **1.** Gastar, usar o agotar tontamente; malgastar; desperdiciar; derrochar. **2.** Dejar de usar; perder. **3.** Gastarse poco a poco; desgastarse; consumirse. **4.** Destrozar completamente; asolar; arruinar.
—*sustantivo* **1.** Acción o efecto de malgastar; desperdicio; gasto inútil; derroche. **2.** Residuo sin valor que se produce cuando se hace algo; basura; desecho; desperdicio. **3.** Desecho que queda después que la comida se digiere, y que se expulsa del cuerpo; excremento.
—*adjetivo* **1.** Sobrante, o tirado como si no tuviera valor o fuera inútil; desechado. **2.** Relativo a los desechos o que se destina a ellos: *wastebasket* = *cesto de papeles (de desecho).*

wasteful *adjetivo* Que gasta o consume más de lo nece-

ă pat ā pay â care ä father ĕ pet ē be ĭ pit ī pie î fierce ŏ pot ō go ô paw, for oi oil oo book oo boot

more than is needed.

watch |wŏch| —*verb* **watched, watching 1.** To look or look at. **2.** To be on the lookout. **3.** To keep guard or keep guard over. **4.** To be careful about.
—*noun, plural* **watches 1.** A small clock that a person can carry in a pocket or wear on the wrist or on a chain around the neck. **2.** The act of guarding. **3.** Someone who guards or protects.

watch·ful |wŏch′fəl| —*adjective* On the lookout; alert.

wa·ter |wô′tər| or |wŏt′ər| —*noun, plural* **waters** A compound of hydrogen and oxygen. Water is the liquid that falls from the skies as rain and is found in rivers, oceans, lakes, and pools.
—*verb* **watered, watering 1.** To sprinkle, wet, or supply with water. **2. a.** To give water to drink. **b.** To drink water. **3.** To produce a watery liquid, such as tears or saliva.

water color 1. A paint that is made of coloring material mixed with water, not with oil. **2.** A painting done with such paints. **3.** The art of painting with water colors.

wa·ter·cress |wô′tər krĕs′| or |wŏt′ər krĕs′| —*noun* A plant that grows in or near ponds and streams. The leaves of watercress have a strong taste and are used in salads.

wa·ter·mel·on |wô′tər mĕl′ən| or |wŏt′ər mĕl′ən| —*noun, plural* **watermelons** A very large melon with a hard, thick green rind. The pink or reddish flesh is sweet and watery.

wa·ter·proof |wô′tər prōof′| or |wŏt′ər prōof′| —*adjective* Capable of keeping water from coming through.
—*verb* **waterproofed, waterproofing** To make capable of keeping water from coming through.

water ski A form of the noun **water-ski.**

wa·ter-ski |wô′tər skē′| or |wŏt′ər skē′| —*noun, plural* **water-skis** Either of a pair of broad, short skis used for gliding over water while holding a rope attached to a motorboat. Another form of this noun is **water ski.**
—*verb* **water-skied, water-skiing** To glide over water on water-skis.

watt |wŏt| —*noun, plural* **watts** A unit of electrical power.

wave |wāv| —*verb* **waved, waving 1.** To move back and forth or up and down; flap or flutter. **2.** To move a hand, arm, or something in the hand back and forth, usually as a signal, greeting, or warning. **3.** To fall or cause to fall in gentle curls.
—*noun, plural* **waves 1.** A moving high point along the surface of water. **2.** A vibrating motion of energy or particles. Light, sound, heat, and x-rays travel in waves. **3.** An act of waving. **4.** A curve or arrangement of gentle curls. **5.** A sudden increase.

wa·ver |wā′vər| —*verb* **wavered, wavering 1.** To move or swing back and forth in an uncertain or unsteady way. **2.** To be uncertain; falter. **3.** To tremble or flicker.

wav·y |wā′vē| —*adjective* **wavier, waviest** Having waves or curves.

wax¹ |wăks| —*noun, plural* **waxes 1. a.** Any of various substances that are solid or soft and sticky, and that melt or become soft when heated. Waxes do not dissolve in water. **b.** A substance like wax that is produced by bees; beeswax. **c.** A substance like wax that is found in the ears. **2.** Any of several substances containing wax and used to polish floors, cars, furniture, and many other things.
—*verb* **waxed, waxing** To cover, coat, treat, or polish with wax.

wax² |wăks| —*verb* **waxed, waxing 1.** To grow or seem to grow larger, as the moon does when it passes

sario; despilfarrador; gastador.

watch *verbo* **1.** Mirar; observar algo. **2.** Velar; vigilar. **3.** Custodiar; montar guardia. **4.** Tener cuidado; cuidarse de algo.
—*sustantivo* **1.** Reloj pequeño que se puede llevar en el bolsillo, en la muñeca o en una cadena colgada del cuello. **2.** Acción de vigilar; vigilia; vela; guardia. **3.** Persona que guarda o protege; guardia; centinela; vigilante.

watchful *adjetivo* Que vigila; alerta; en guardia.

water *sustantivo* Compuesto de hidrógeno y oxigeno; agua.
—*verbo* **1.** Rociar, mojar o echar agua; regar. **2. a.** Dar agua para beber; dar de beber. **b.** Beber agua. **3.** Producir un líquido acuoso, como las lágrimas o la saliva; aguarse: *My eyes water.* = *Se me aguan los ojos. My mouth waters.* = *Se me hace agua la boca.*

water color Acuarela: **1.** Pintura hecha de un pigmento que se mezcla con agua, no con aceite; pintura al agua. **2.** Cuadro pintado con pintura al agua. **3.** Arte de pintar con dicha pintura.

watercress *sustantivo* Planta que crece dentro o cerca de estanques y arroyos, de sabor fuerte y que se come en ensaladas; berro.

watermelon *sustantivo* Melón grande de corteza gruesa y verde y pulpa roja o rosada, aguada y de sabor dulce; sandía.

waterproof *adjetivo* Que no deja entrar el agua; impermeable.
—*verbo* Hacer resistente al agua; impermeabilizar.

water ski Otra forma del sustantivo **water-ski.**

water-ski *sustantivo* Cualquiera de los dos componentes de un par esquíes anchos y cortos que se usan para deslizarse sobre el agua asido de una cuerda de la que tira un autobote; esquí acuático. En inglés otra forma de este sustantivo es **water ski.**
—*verbo* Deslizarse sobre el agua con esquíes acuáticos; esquiar.

watt *sustantivo* Unidad de potencia eléctrica; vatio.

wave *verbo* **1.** Mover de un lado a otro o hacia arriba y hacia abajo; sacudir; hacer ondear; ondular; agitar. **2.** Mover o agitar una mano, un brazo o un objeto sostenido en la mano, generalmente como señal, saludo o aviso. **3.** Caer o hacer caer en rizos suaves; ondearse u ondular el pelo.
—*sustantivo* **1.** Punto alto que se mueve sobre la superficie del agua, ola; onda. **2.** Movimiento vibrante de energía o de partículas, como la luz, el sonido, el calor y los rayos X; ondulación; onda. **3.** Acción de hacer una seña; ademán. **4.** Curva o arreglo de rizos suaves; ondulación. **5.** Aumento súbito; onda; ola: *a heat wave* = *una ola de calor.*

waver *verbo* **1.** Moverse u oscilar de un lado a otro y de manera incierta o inestable; tambalearse. **2.** Mostrarse incierto; vacilar; titubear. **3.** Temblar o titilar.

wavy *adjetivo* Que tiene ondas o rizos; rizado; ondeado; ondulado; ondulante.

wax¹ *sustantivo* Cera: **1. a.** Cualquiera de una variedad de sustancias sólidas o blandas, pegajosas, que se derriten o ablandan cuando se calientan, y que no se disuelven en el agua. **b.** Sustancia parecida a la cera segregada por las abejas. **c.** Sustancia parecida a la cera que se encuentra en los oídos; cerumen. **2.** Cualquiera de distintas sustancias que contienen cera y que se usan para pulir pisos, coches, muebles y otras cosas.
—*verbo* Tapar, cubrir, tratar o pulir con cera; encerar.

wax² *verbo* **1.** Crecer real o aparentemente, como la luna cuando pasa de luna nueva a luna llena. **2.** Ha-

---

ər butter yōō abuse ou out ŭ cut û fur *th* the th thin hw which zh vision ə ago, item, pencil, atom, circus

from new moon to full moon. **2.** To become or grow.

way |wā| —*noun, plural* **ways 1.** A manner or fashion. **2.** A method or means; technique. **3.** A road; route; path. **4.** Room enough to pass or go. **5.** The path taken by something that is moving or about to move. **6.** Distance. **7.** A direction. **8.** What one wants; a will or wish.
—*adverb* Far.

we |wē| —*pronoun* The pronoun **we** stands for the person who is speaking or writing, together with another person or persons sharing the action of the verb.

weak |wēk| —*adjective* **weaker, weakest 1.** Not having strength, power, or energy. **2.** Likely to fail or break under pressure or stress.

weak·en |wē′kən| —*verb* **weakened, weakening** To make or become weak or weaker.

weak·ly |wēk′lē| —*adjective* **weaklier, weakliest** Feeble; sick; weak.
—*adverb* In a weak way.

weak·ness |wēk′nĭs| —*noun, plural* **weaknesses 1.** The condition or feeling of being weak. **2.** A weak point; fault or flaw; defect.

wealth |wĕlth| —*noun* **1.** A great amount of money, property, or valuable possessions; riches. **2.** A large amount.

wealth·y |wĕl′thē| —*adjective* **wealthier, wealthiest** Having wealth; rich.

wea·pon |wĕp′ən| —*noun, plural* **weapons 1.** Any instrument or device used to attack another or defend oneself from attack. **2.** Anything used to overcome, persuade, or defeat.

wear |wâr| —*verb* **wore, worn, wearing 1.** To have or put on one's body. **2.** To have or show. **3.** To fit into or look good in. **4.** To damage, cut, or remove by rubbing, pressure, or constant use. **5.** To make or become as the result of too much use or rubbing. **6.** To last even though used.
    Phrasal verb **wear out 1.** To use or be used so much that something is no longer useful. **2.** To tire or make exhausted.
—*noun* **1.** The act of wearing or the condition of being worn. **2.** Clothing. **3.** Damage that comes from use or age.

wea·ry |wîr′ē| —*adjective* **wearier, weariest** Needing rest; tired; fatigued.
—*verb* **wearied, wearying, wearies** To make or become tired.

weath·er |wĕth′ər| —*noun* The condition or activity of the atmosphere at a certain time and place. Heat or cold, sunshine, rain and snow, and winds can all be parts of the weather.
—*verb* **weathered, weathering 1.** To change through exposure to sun, wind, and other elements. **2.** To pass through in safety; survive.

weave |wēv| —*verb* **wove, woven, weaving 1.** To make cloth or other items by passing strands under and over other strands. **2.** To spin a web. **3.** *Past tense* and *past participle* **weaved** To move in and out, back and forth, or from side to side.
—*noun, plural* **weaves** A pattern, manner, or method of weaving.

web |wĕb| —*noun, plural* **webs 1.** A network of fine, silky threads woven by a spider. **2.** Anything made of parts that cross one another in a complicated manner. **3.** A fold of skin or thin tissue that connects the toes of ducks, frogs, otters, and other animals.

cerse, tornarse o ponerse de alguna forma o apariencia determinadas.

way *sustantivo* **1.** Manera o modo. **2.** Método o medio; técnica. **3.** Camino; vía; ruta; senda. **4.** Espacio suficiente para pasar o atravesar: *Make way for the ambulance.* = *Abran paso para la ambulancia.* **5.** Ruta que toma algo que está en marcha o listo para marchar; camino; vía. **6.** Distancia; trecho. **7.** Dirección; rumbo. **8.** Lo que uno quiere; voluntad o deseo: *She likes to get her own way.* = *Le gusta hacer su voluntad.*
—*adverbio* En lo más distante: *The sweetest apples are way at the top of the tree.* = *Las manzanas más dulces están en lo más alto del árbol.*

we *pronombre* Pronombre personal de la primera persona del plural; las personas que realizan la acción del verbo si son las que hablan o escriben; nosotros.

weak *adjetivo* Débil: **1.** Sin fuerzas, poder o energía; precario; flojo. **2.** Que probablemente no resista la tensión, presión o esfuerzo; endeble.

weaken *verbo* Quedar débil o más débil, o producirle ese efecto a otra persona o cosa; debilitarse o debilitar.

weakly *adjetivo* Delicado; enfermizo; débil.
—*adverbio* Con debilidad; débilmente.

weakness *sustantivo* Debilidad: **1.** Condición o sensación de estar débil. **2.** Punto débil o vulnerable; falta o imperfección; defecto; flaqueza.

wealth *sustantivo* Riqueza: **1.** Gran cantidad de dinero, propiedades o posesiones valiosas; patrimonio; caudal. **2.** Gran cantidad y variedad; abundancia.

wealthy *adjetivo* Que tiene riquezas; acaudalado; rico.

weapon *sustantivo* Arma: **1.** Cualquier instrumento o artefacto que se usa para atacar a otro o para defenderse de un ataque. **2.** Cualquier cosa que se usa para vencer, persuadir o derrotar.

wear *verbo* **1.** Llevar puesto o poner en el cuerpo; vestir; llevar. **2.** Tener o mostrar; llevar. **3.** Caerle o quedarle bien a uno: *Can she wear orange?* = *¿Le queda bien el color anaranjado?* **4.** Dañar, cortar o eliminar por el frote, la presión o el uso continuo; gastar o gastarse; desgastar o desgastarse; borrar o borrarse. **5.** Quedar o dejar deteriorado o gastado por efecto del uso y frote excesivos. **6.** Durar, aunque se use mucho; ser duradero, fuerte o resistente.
    Verbo en locución **wear out 1.** Usar o ser usado hasta el punto de quedar inútil; gastar o gastarse. **2.** Cansar o cansarse en exceso; agotar o agotarse.
—*sustantivo* **1.** Acción de llevar puesto o vestir o condición de lo que se lleva puesto o se viste; uso. **2.** Ropa; vestimentas: *men's wear* = *ropa para hombres.* **3.** Daño que resulta del uso o envejecimiento; desgaste.

weary *adjetivo* Que necesita descanso; cansado; fatigado.
—*verbo* Fatigarse uno o fatigar a otro; cansarse o cansar.

weather *sustantivo* Estado o actividad de la atmósfera en cierto tiempo o lugar; estado del tiempo.
—*verbo* **1.** Cambiar o alterarse por efecto de la intemperie. **2.** Atravesar sin mayor peligro; resistir; sobrevivir: *The old house weathered the storm.* = *La vieja casa resistió la tormenta.*

weave *verbo* Tejer: **1.** Hacer telas o tejidos similares pasando hilos por debajo y por encima de otros hilos; entretejer. **2.** Hacer una telaraña. **3.** Mover hacia adentro y hacia afuera, hacia adelante y hacia atrás, y de un lado al otro.
—*sustantivo* Diseño, patrón, manera o método de tejer; tejido.

web *sustantivo* **1.** Red de hilos finos y sedosos que tejen las arañas; telaraña. **2.** Cualquier cosa hecha de partes que se entrecruzan de manera complicada. **3.** Membrana que une entre sí los dedos del pato, el sapo, la nutria y otros animales palmípedos.

ă pat   ā pay   â care   ä father   ĕ pet   ē be   ĭ pit   ī pie   î fierce   ŏ pot   ō go   ô paw, for   oi oil   ŏŏ book   ōō boot

webbed |wĕbd| —*adjective* Having skin or thin tissue that connects the toes.

web-foot·ed |wĕb′fŏŏt′ĭd| —*adjective* Having feet with webbed toes.

wed |wĕd| —*verb* **wedded, wed** or **wedded, wedding 1.** To take a person or each other as husband or wife; marry. **2.** To unite in marriage.

we'd |wĕd| A contraction of "we had," "we should," and "we would."

wed·ding |wĕd′ĭng| —*noun, plural* **weddings 1.** A marriage ceremony or celebration. **2.** An anniversary of a marriage.

wedge |wĕj| —*noun, plural* **wedges 1.** A block of wood, metal, or other material that is wide at one end and tapers to a point at the other. Wedges are tools used for splitting things apart, tightening things, lifting, or holding things in place. **2.** Anything shaped like a wedge.
—*verb* **wedged, wedging 1.** To split apart or fix in place with a wedge. **2.** To crowd, push, force, or squeeze into a small space.

Wed·nes·day |wĕnz′dē| or |wĕnz′dā′| —*noun, plural* **Wednesdays** The fourth day of the week.

wee |wē| —*adjective* **weer, weest 1.** Very little; tiny. **2.** Very early.

weed |wēd| —*noun, plural* **weeds** Any plant that grows easily where it is not wanted. Weeds are considered to be troublesome, useless, or harmful.
—*verb* **weeded, weeding** To remove or get rid of weeds.

week |wēk| —*noun, plural* **weeks 1.** A period of seven days in a row, usually counted from a Sunday through the next Saturday. **2.** The part of that period of seven days during which one works or goes to school.

week·end |wēk′ĕnd| —*noun, plural* **weekends** The period of time from Friday evening through Sunday evening.

week·ly |wēk′lē| —*adjective* **1.** Happening, appearing, or to be paid once every week. **2.** For a period of one week.
—*adverb* Every week; once a week.
—*noun, plural* **weeklies** A magazine or newspaper that is issued once a week.

weep |wēp| —*verb* **wept, weeping** To shed tears; cry.

weigh |wā| —*verb* **weighed, weighing 1.** To use a scale or other instrument to determine how heavy something is. **2.** To have a weight of. **3.** To consider in a careful manner; think about. **4.** To have an influence; count.
Phrasal verbs **weigh down 1.** To cause to bend under heavy weight. **2.** To be a burden to. **weigh on** or **upon** To be a burden to; oppress.

weight |wāt| —*noun, plural* **weights 1.** The measure of how heavy a thing is. **2.** The force of gravity pulling on an object. **3.** A unit used for measuring this force. **4.** A system of units for measuring weight. **5.** An object with a known weight. **6.** Something heavy, especially something used to hold objects down. **7.** A load or burden. **8.** An ability to convince.

weight·less |wāt′lĭs| —*adjective* **1.** Having little or no weight. **2.** Experiencing little or no pull of gravity.

weird |wîrd| —*adjective* **weirder, weirdest 1.** Mysterious and frightening; eerie. **2.** Strange, odd, or unusual.

wel·come |wĕl′kəm| —*verb* **welcomed, welcoming 1.** To greet with pleasure, warm feelings, or special ceremony. **2.** To be willing or grateful to accept.
—*noun, plural* **welcomes** The act of greeting or receiving, usually in a warm, friendly manner.

webbed *adjetivo* Que tiene una piel fina o membrana que le une los dedos; palmípedo.

web-footed *adjetivo* Que tiene pies cuyos dedos están unidos por una membrana; palmípedo.

wed *verbo* **1.** Tomar a una persona, o recibirse mutuamente como esposo o esposa; casarse. **2.** Unir en matrimonio; casar.

we'd Contracción de "we had", "we should", y "we would".

wedding *sustantivo* **1.** Ceremonia o celebración de un casamiento; boda; nupcias. **2.** Anniversario de una boda: *a golden wedding* = *bodas de oro.*

wedge *sustantivo* Cuña: **1.** Bloque de madera, metal u otro material ancho en un extremo y que va disminuyendo hasta rematar en una punta, y que se usa para partir, apretar, lavantar o sostener cosas en su sitio. **2.** Cualquier cosa que tenga forma de cuña.
—*verbo* **1.** Partir o poner en su lugar con una cuña. **2.** Apiñar, empujar, forzar o apretar en un espacio pequeño.

Wednesday *sustantivo* Miércoles.

wee *adjetivo* **1.** Muy pequeño; pequeñito; diminuto. **2.** Muy temprano; muy de madrugada.

weed *sustantivo* Cualquier planta que crece fácilmente donde no se la desea, y que se considera molesta, inútil o dañosa; cizaña; mala hierba.
—*verbo* Remover o quitar las cizañas; desherbar; arrancar la mala hierba.

week *sustantivo* Semana: **1.** Período de siete días seguidos, que generalmente se cuentan desde el domingo hasta el sábado. **2.** Parte de ese período de siete días durante la cual se trabaja o se va a la escuela; días de trabajo o laborables.

weekend *sustantivo* Período de tiempo que va desde el viernes por la noche hasta el domingo por la noche; fin de semana.

weekly *adjetivo* Semanal: **1.** Que ocurre, se publica o se paga una vez por semana. **2.** Por un período de una semana.
—*adverbio* Cada semana; una vez a la semana; semanalmente.
—*sustantivo* Revista o periódico que se publica semanalmente; semanario.

weep *verbo* Verter lágrimas; llorar, pero no ruidosamente.

weigh *verbo* **1.** Usar pesos u otro instrumento para determinar cuánto pesa algo; pesar. **2.** Tener el peso de; pesar. **3.** Considerar en una manera cuidadosa; pensar en; ponderar. **4.** Tener una influencia; valer.
Verbos en locuciones **weigh down 1.** Hacer que se doble bajo un peso tremendo; agobiar. **2.** Ser una carga para; abrumar; agobiar. **weigh on** o **upon** Ser una carga para; oprimir; serle a uno gravoso; pesarle a uno.

weight *sustantivo* Peso: **1.** Medida de cuánto pesa algo. **2.** Medida de la fuerza que ejerce la gravedad sobre alguien o algo. **3.** Unidad utilizada para medir dicha fuerza. **4.** Sistema de unidades para medir el peso; pesos. **5.** Objeto que tiene un peso conocido; pesa. **6.** Objeto pesado, especialmente si se usa para mantener otros objetos en un lugar determinado. **7.** Carga que se lleva. **8.** Aptitud para convencer que tiene una opinión determinada; autoridad.

weightless *adjetivo* Liviano: **1.** Que tiene poco o sin peso; ligero. **2.** Que experimenta muy poca gravedad; leve.

weird *adjetivo* **1.** Misterioso y temible; siniestro. **2.** Extraño; raro; poco usual.

welcome *verbo* **1.** Saludar con placer, cordialidad o pompa especial; dar la bienvenida. **2.** Estar dispuesto a aceptar o recibir algo con gusto y gratitud.
—*sustantivo* Acto de saludar o recibir, generalmente en forma cálida y amistosa; bienvenida; buena acogida.

ər butter yŏŏ abuse ou out ŭ cut û fur *th* the th thin hw which zh vision ə ago, item, pencil, atom, circus

—*adjective* **1.** Greeted, received, or accepted with pleasure. **2.** Free to or invited to have or use. **3.** Under no obligation for a kind act.

weld |wĕld| —*verb* **welded, welding** To join materials by melting the area that is to be joined and then pressing the materials together.

wel·fare |wĕl′fâr′| —*noun* **1.** Health, happiness, or prosperity. **2.** Money or other kinds of help given to needy or disabled people by a government.

well¹ |wĕl| —*noun, plural* **wells 1.** A deep hole dug or drilled into the ground to get water, oil, gas, or other materials. **2.** A spring or fountain that serves as a natural source of water. **3.** A source.
—*verb* **welled, welling** To spring or rise.

well² |wĕl| —*adverb* **better, best 1.** In a good or proper way; correctly. **2.** With skill. **3.** To a degree that is: **a.** Satisfying or sufficient. **b.** Successful or effective. **c.** Suitable or appropriate. **d.** Thorough or complete. **e.** Considerable. **4.** With good reason.
—*adjective* **1. a.** In good health; not sick. **b.** Cured or healed. **2.** All right; in good order.
—*interjection* **1.** A word used to express surprise or other sudden feelings. **2.** A word used to begin a remark or simply to fill time while one is thinking of what to say.

we'll |wĕl| A contraction of "we will" and "we shall".
well-be·ing |wĕl′bē′ĭng| —*noun* Health and happiness; welfare.
well-known |wĕl′nōn′| —*adjective* Known to many people in many places.
went |wĕnt| The past tense of the verb **go.**
wept |wĕpt| The past tense and past participle of the verb **weep.**
were |wûr| **1.** The second person singular past tense of the verb **be. 2.** The first, second, and third person plural past tense of the verb **be.**
we're |wîr| A contraction of "we are."
were·n't |wûrnt| or |wûr′ənt| A contraction of "were not."

west |wĕst| —*noun* **1.** The direction from which the sun is seen setting in the evening. **2.** Often **West** A region in this direction. **3. the West** The part of the United States to the west of Wisconsin, Illinois, Kentucky, Tennessee, and Mississippi. **4. the West** The part of the earth west of Asia, especially Europe and North and South America; the Occident.
—*adjective* **1.** Of, in, or toward the west. **2.** Coming from the west.
—*adverb* Toward the west.

west·er·ly |wĕs′tər lē| —*adjective* **1.** In or toward the west. **2.** From the west.
—*adverb* **1.** In or toward the west. **2.** From the west.
west·ern |wĕs′tərn| —*adjective* **1.** Often **Western** Of, in, or toward the west. **2.** From the west. **3.** Often **Western a.** Of, like, or used in the American West. **b.** Of the developed countries of Europe and North and South America.
—*noun, plural* **westerns** A book, movie, or television or radio program about cowboys or frontier life in the American West.
west·ern·er |wĕs′tər nər| —*noun, plural* **westerners** Often **Westerner** A person who lives in or comes from the west, especially the western United States.
west·ward |wĕst′wərd| —*adverb* To or toward the

—*adjetivo* **1.** Que es saludado, recibido o aceptado con placer; bien acogido; bienvenido. **2.** Que ha sido invitado a disfrutar de algo, o que tiene libertad para hacerlo. **3.** Que no tiene ninguna obligación por haber sido objeto de un acto bondadoso o gentil; frase hecha con que se responde a una expresión de gratitud: *Welcome = you're welcome = de nada = no hay de qué.*

weld *verbo* Unir o unirse dos o más piezas por el efecto de fundir o derretir la superficie donde se produce la unión; soldar o soldarse.

welfare *sustantivo* **1.** Salud, felicidad o prosperidad; bienestar. **2.** Dinero u otro tipo de ayuda proporcionada a la gente menesterosa o incapacitada, generalmente por el gobierno; beneficencia; asistencia social.

well¹ *sustantivo* **1.** Cavidad profunda excavada o perforada en la tierra para extraer agua, petróleo, gas u otras sustancias; pozo. **2.** Manantial que sirve como fuente natural de agua. **3.** Fuente de conocimientos u otras cualidades: *a well of knowledge = fuente de ciencia o información.*
—*verbo* Manar.

well² *adverbio* Bien: **1.** En forma buena o justa; correctamente. **2.** Hábilmente. **3.** Hasta un grado o punto que resulta: **a.** Satisfactorio o suficiente. **b.** Afortunado o eficaz. **c.** Adecuado o apropiado. **d.** Entero o completo. **e.** Considerablemente; bastante: *It was well after midnight. = Era bastante después de la medianoche.* **4.** Con buena razón.
—*adjetivo* Bien o bueno: **1. a.** En buena salud; sano; que no está enfermo. **b.** Curado o ya recuperado. **2.** En buen orden; sin novedad o percance.
—*interjección.* **1.** Palabra que se usa para expresar sorpresa u otros sentimientos repentinos; ¡¿Bien?! **2.** Palabra usada para empezar un comentario o, simplemente, para ganar tiempo cuando se está pensando qué decir, y que equivale a bien, bueno, o pues.

we'll Contracción de "we will" y "we shall".
well-being *sustantivo* Salud y felicidad; bienestar.

well-known *adjetivo* Conocido por mucha gente en muchos lugares; bien conocido.
went Pretérito del verbo **go.**
wept Pretérito y participio pasado del verbo **weep.**
were 1. Segunda persona en singular del pretérito del verbo **be. 2.** Primera, segunda y tercera persona en plural del pretérito del verbo **be.**
we're Contracción de "we are".
weren't Contracción de "were not".

west *sustantivo* **1.** Dirección en donde se ve poner el sol en la tarde; oeste; poniente; ocaso. **2.** A veces **West** Región en esa dirección. **3. the West** La parte de los Estados Unidos que queda al oeste de Wisconsin, Illinois, Kentucky, Tennessee, y Mississippi. **4. the West** La parte de la tierra que se halla al oeste de Asia, incluyendo especialmente a Europa, Norteamérica y Sudamérica; el Occidente.
—*adjetivo* **1.** De, en o hacia el oeste. **2.** Que viene de oeste; occidental.
—*adverbio* Hacia el oeste.

westerly *adjetivo* **1.** En o hacia el oeste. **2.** Del oeste.
—*adverbio* **1.** En o hacia el oeste. **2.** Del oeste.
western *adjetivo* **1.** A veces **Western** De, en o hacia el oeste. **2.** Del oeste. **3.** A veces **Western a.** Relativo al oeste americano, o parecido a lo que se usa allí. **b.** De los países desarrollados de Europa, Norteamérica y Sudamérica.
—*sustantivo* Libro, película o programa de televisión o radio sobre los vaqueros o la vida fronteriza en el oeste norteamericano.
westerner *sustantivo* A veces **Westerner** Persona que vive o viene del oeste, especialmente del oeste de los Estados Unidos; occidental.
westward *adverbio* A o hacia el oeste. En inglés otra

ă pat ā pay â care ä father ĕ pet ē be ĭ pit ī pie î fierce ŏ pot ō go ô paw, for oi oil oo book oo boot

west. Another form of this adverb is **westwards.**

—*adjective* Moving to or toward the west.

—*noun* A direction or region to the west.

west·wards |wĕst′wərdz| —*adverb* A form of the word **westward.**

wet |wĕt| —*adjective* **wetter, wettest** **1.** Covered, moist, or soaked with a liquid. **2.** Containing more water than normal. **3.** Rainy. **4.** Not · yet dry or hardened.

—*verb* **wet** or **wetted, wetting** To make wet.

we've |wĕv| A contraction of "we have."

whale |hwāl| or |wāl| —*noun, plural* **whales** Any of several large sea animals that look like fish but are really mammals that breathe air.

whal·er |hwā′lər| or |wā′lər| —*noun, plural* **whalers** **1.** A person who hunts whales or works on a whaling ship. **2.** A ship or boat used in whaling.

whal·ing |hwā′lĭng| or |wā′lĭng| —*noun* The business or practice of hunting and killing whales for their valuable products.

wharf |hwôrf| or |wôrf| —*noun, plural* **wharves** or **wharfs** A landing place or pier at which ships may tie up and load or unload.

wharves |hwôrvz| or |wôrvz| A plural of the noun **wharf.**

what |hwŏt| or |hwŭt| or |wŏt| or |wŭt| or |hwət| or |wət| —*pronoun* **1.** Which thing or things. **2.** That which; the thing that.

—*adjective* **1.** Which one or ones of several or many. **2.** Whatever. **3.** How great. **4.** How much.

—*adverb* How.

—*interjection* A word used to express surprise.

what·ev·er |hwŏt ĕv′ər| or |hwŭt ĕv′ər| or |wŏt-ĕv′ər| or |wŭt ĕv′ər| —*pronoun* **1.** Everything or anything that. **2.** No matter what.

—*adjective* **1.** Of any number or kind; any. **2.** Of any kind at all.

what's |hwŏts| or |hwŭts| or |wŏts| or |wŭts| A contraction of "what is" and "what has."

wheat |hwēt| or |wēt| —*noun* A kind of grass that bears grain and is grown in many parts of the world as an important source of food. Wheat seeds are ground to make flour.

wheel |hwēl| or |wēl| —*noun, plural* **wheels** **1.** A solid disk or a ring with spokes that is attached to an axle to move things or drive machines. **2.** Anything that is like a wheel in its shape or use or that has a wheel as its main part.

—*verb* **wheeled, wheeling** **1.** To move or roll on wheels. **2.** To turn suddenly and change direction; move in circles.

wheel·chair |hwēl′châr′| or |wēl′châr′| —*noun, plural* **wheelchairs** A chair mounted on wheels so that it can be moved about with someone sitting in it. People who are sick or who cannot walk use wheelchairs.

wheeze |hwēz| —*verb* **wheezed, wheezing** To breathe with difficulty, making a hoarse, whistling or hissing sound.

when |hwĕn| or |wĕn| —*adverb* **1.** At what time. **2.** At which time.

fórma de ese adverbio es **westwards.**

—*adjetivo* Que se mueve o dirige hacia el oeste.

—*sustantivo* Dirección o región al oeste; oeste; occidente.

westwards *adverbio* Otra forma de la palabra **westward.**

wet *adjetivo* Mojado o húmedo: **1.** Cubierto, impregnado o empapado con un líquido. **2.** Que contiene más agua que lo normal. **3.** Lluvioso. **4.** Que todavía no está seco ni se ha endurecido.

—*verbo* Mojar o humedecer.

we've Contracción de "we have".

whale *sustantivo* Cualquiera de una variedad de animales marinos de gran tamaño que se parecen a un pez, pero que en realidad son mamíferos que respiran el aire; ballena.

whaler *sustantivo* Ballenero: **1.** Persona que pesca o caza ballenas, o que trabaja en un buque en que se practica esa pesca o caza. **2.** Buque usado para pescar o cazar ballenas.

whaling *sustantivo* Oficio o práctica de pescar y matar ballenas en busca de sus valiosos productos.

wharf *sustantivo* Lugar o muelle en el que los buques pueden atracar para cargar y descargar; muelle; embarcadero; atracadero.

wharves Plural del sustantivo **wharf.**

what *pronombre* **1.** Cuál cosa o cosas; qué; cuál: *What are we having for lunch?* = ¿Qué tenemos para el almuerzo? **2.** Lo que: *Listen to what I have to say.* = Escucha lo que tengo que decir.

—*adjetivo* **1.** Cuál o cuáles de entre varios o muchos; qué: *What train do I take?* = ¿Qué tren tomo? **2.** Todo el que; cuanto: *We repaired what damage had been done.* = Reparamos cuanto daño se hizo. **3.** Qué gran o grandes: *What fools we have been!* = ¡Qué (grandes) tontos hemos sido! **4.** Cuánto; qué: *What good will that do?* = ¿Qué beneficio traerá eso?

—*adverbio* Qué: *What does it matter?* = ¿Qué importa?

—*interjección* Palabra que se usa para expresar una sorpresa; ¡Qué!; ¡Cómo!

whatever *pronombre* **1.** Todo o cualquier cosa que; lo que; cuanto: *Do whatever you can.* = Haz lo que puedas. **2.** En todo caso; sin falta: *whatever he says* = diga lo que diga; *whatever happens* = pase lo que pase.

—*adjetivo* **1.** De cualquier número o clase; cualquiera. **2.** De cualquier clase que sea, o de ninguna clase; en absoluto: *He was left with nothing whatever.* = Se quedó sin nada en absoluto.

what's Contracción de "what is" y de "what has".

wheat *sustantivo* Tipo de planta que produce granos y que se cultiva en muchas partes del mundo como una fuente importante de alimentación, ya que los granos se muelen para hacer la harina; trigo.

wheel *sustantivo* Rueda. **1.** Disco o aro sólido con rayos fijados a un eje y que sirve para transportar cosas o propulsar maquinarias. **2.** Cualquier cosa que se parezca a una rueda en su forma o en su uso, o que tenga una rueda como parte principal.

—*verbo* **1.** Mover, moverse o girar sobre ruedas; rodar. **2.** Dar la vuelta de repente y cambiar de dirección; mover o moverse en círculos; volverse; girar sobre los talones.

wheelchair *sustantivo* Silla montada sobre ruedas para que se pueda mover con alguien sentado en ella, tal como personas enfermas o los que no pueden caminar; silla de ruedas.

wheeze *verbo* Respirar con dificultad produciendo un ronquido, silbido o siseo; resollar; respirar asmáticamente.

when *adverbio* **1.** Se usa para indicar a qué hora algo tiene lugar; cuándo: *When did you leave?* = ¿Cuándo

---

ər butter yōō abuse ou out ŭ cut û fur *th* the th thin hw **which** zh vision ə ago, item, pencil, atom, circus

—*conjunction* **1.** At the time that. **2.** As soon as. **3.** Whenever. **4.** Although. **5.** Considering that; since.
—*pronoun* What or which time.

te fuiste? **2.** Se usa para indicar en qué tiempo algo tiene lugar; cuando: *I know when to leave.* = *Yo sé cuando irme.*
—*conjunción* **1.** En el tiempo en que algo tiene lugar; cuando: *in April, when the snow melts* = *en Abril, cuando se derrite la nieve.* **2.** En cuanto; cuando: *I will call you when I get there.* = *Te llamaré cuando llegue allí.* **3.** Cada vez; cuando: *He always arrives late when he goes to the library.* = *Él siempre llega tarde cuando va a la biblioteca.* **4.** A pesar de que; aunque: *He's reading comic books when he should be doing his homework.* = *Él está leyendo revistas de tiras cómicas, a pesar de que debería estar haciendo sus deberes.* **5.** Considerando que; puesto que; cuando: *How are you going to make the team when you won't go to practice?* = *¿Cómo vas a ingresar al equipo cuando tú no quieres ir a practicar?*
—*pronombre* Qué o en qué momento; cuándo: *Since when have you been giving orders around here?* = *¿Desde cuándo ha estado Ud. dando órdenes aquí?*

when·ev·er |hwĕn ĕv′ər| or |wĕn ĕv′ər| —*adverb* When.
—*conjunction* **1.** At whatever time that. **2.** Every time that.

whenever *adverbio* En qué tiempo; cuándo: *Whenever is she coming?* = *¿Cuándo es que ella viene?*
—*conjunción* **1.** Cuando quiera que; tan pronto como; cuando: *We can start whenever you're ready.* = *Podemos comenzar cuando quiera que tú estés listo.* **2.** Cada vez que; siempre que; cuando: *I smile whenever I think of her.* = *Yo sonrío cada vez que pienso en ella.*

where |hwâr| or |wâr| —*adverb* **1.** At or in what place, point, or position. **2.** To what place or end. **3.** From what place or source.
—*conjunction* **1.** At or in what or which place. **2.** In or to a place in which or to which. **3.** Wherever. **4.** While on the contrary.
—*pronoun* **1.** What or which place. **2.** The place in, at, or to which.

where *adverbio* **1.** Se usa para indicar en qué lugar, punto o posición se encuentra algo; dónde: *Where is the telephone?* = *¿Dónde está el teléfono?* **2.** A qué lugar o punto; adónde: *Where does this road lead?* = *¿Adónde conduce esta carretera?* **3.** De qué lugar o fuente; de dónde: *Where did you get that crazy idea?* = *¿De dónde sacaste esa idea absurda?*
—*conjunción* **1.** A o en que lugar; donde: *I am going to my room, where I can study.* = *Me voy a mi habitación, donde puedo estudiar.* **2.** En o hacia un lugar en el cual o hacia el cual; donde: *She lives where the weather is mild.* = *Ella vive donde la temperatura es suave.* **3.** Adondequiera; donde: *Where there's smoke, there's fire.* = *Donde hay humo, hay fuego.* **4.** Por el contrario; mientras que: *Mars has two satellites, where Earth has only one.* = *Marte tiene dos satélites, mientras que la Tierra tiene uno solo.*
—*pronombre* **1.** Qué o de qué lugar; dónde: : *Where did they come from?* = *¿De dónde vienen ellos?* **2.** El lugar en, a, o en el cual; en donde: *This is where I found the puppy.* = *Aquí es donde encontré el cachorro.*

where·a·bouts |hwâr′ə bouts′| or |wâr′ə bouts′| —*adverb* Where or about where.
—*noun* (Used with a singular or plural verb.) The place where someone or something is.

whereabouts *adverbio* En qué lugar; en dónde: *Whereabouts did I leave my notebook?* = *¿En dónde dejé mi libro de notas?*
—*sustantivo* (se usa con verbos en plural o singular) Lugar o sitio final donde algo o alguien se encuentra; paradero: *the whereabouts of the stolen jewels* = *el paradero de las joyas robadas.*

where·up·on |hwâr′ə pŏn′| or |hwâr′ə pôn′| or |wâr′ə pŏn′| or |wâr′ə pôn′| —*conjunction* Following which.

whereupon *conjunción* Indica la causa de algo; por lo cual: *Little Pedro fell asleep, whereupon Mrs. Ramírez went downstairs.* = *Pedrito se durmió, por lo cual la Sra. Ramírez fue al piso de abajo.*

wher·ev·er |hwâr ĕv′ər| or |wâr ĕv′ər| —*adverb* Where; in or to whatever place.
—*conjunction* In or to whatever place or situation.

wherever *adverbio* Donde; en un lugar, o en cualquier lugar: *Write these groups of words, using capital letters wherever needed.* = *Escriban este grupo de palabras y usen letras mayúsculas donde sea necesario.*
—*conjunción* En o hacia cualquier lugar o situación; dondequiera: *I'll think of you wherever you go.* = *Pensaré en ti dondequiera que tú vayas.*

wheth·er |hwĕth′ər| or |wĕth′ər| —*conjunction* **1.** No matter if. **2.** If.

whether *conjunción* **1.** De todas formas; aunque: *The movie starts at four o'clock whether you are ready or not.* = *La película comienza a las cuatro aunque tú estés o no lista.* **2.** Se usa para expresar una duda; si: *Have you ever wondered whether animals feel love and grief?* = *¿Has pensado alguna vez si los animales sienten amor y pesar?*

which |hwĭch| or |wĭch| —*pronoun* **1.** What one or ones. **2.** The one or ones that. **3.** The thing, animal, or

which *pronombre* **1.** Cuál o cuáles: *Which is your house?* = *¿Cuál es tu casa?* **2.** El o los que; el cual o los

person just mentioned. **4.** That.
—*adjective* **1.** What one or ones. **2.** Being the thing, animal, or person just mentioned.

cuales: *Take those which are yours.* = *Toma aquellos que son tuyos.* **3.** Cosa, animal o persona que ha sido mencionado recientemente; el cual; que: *The movie which was shown later.* = *La película que se mostró más tarde.* **4.** Ése; el cual: *The horse which I bought* = *El caballo, el cual compré.*
—*adjetivo* **1.** Uno o uno de ellos; cuál, cuáles: *Which coat is yours?* = *¿Cuál es tu abrigo?* **2.** Cosa, animal o persona recientemente mencionado; cuando: *It started raining, at which point we left the park.* = *Comenzaba a llover cuando nos íbamos del parque.*

which·ev·er |hwĭch ĕv′ər| or |wĭch ĕv′ ər| —*adjective* Being any one or ones that.
—*pronoun* Any one or ones that.

whichever *adjetivo* Uno o unos; cualquier: *Buy whichever car you like best.* = *Compra cualquier automóvil que te guste más.*
—*pronombre* Cualquiera; cualesquiera: *Buy whichever you like best.* = *Compra cualquiera que más te guste.*

whiff |hwĭf| or |wĭf| —*noun, plural* **whiffs** A puff or smell carried in the air.

whiff *sustantivo* Vaho u olor que flota en el aire; soplo; bocanada.

while |hwīl| or |wīl| —*noun* A period of time.
—*conjunction* **1.** As long as; during the time that. **2.** Although.
—*verb* **whiled, whiling** To pass or spend pleasantly or in a relaxed way.

while *sustantivo* Período de tiempo; rato.
—*conjunción* **1.** Por el tiempo que; durante el tiempo que; mientras: *It was great while it lasted.* = *Fue magnífico mientras duró.* **2.** Aunque; mientras: *Betty is tall while her sisters are short.* = *Betty es alta, mientras que sus hermanas son bajas.*
—*verbo* Pasar o usar el tiempo agradablemente, en una forma relajada: *He whiled away his free time reading adventure stories.* = *Él pasó su tiempo libre leyendo cuentos de aventuras.*

whim |hwĭm| or |wĭm| —*noun, plural* **whims** A sudden wish, desire, or idea.

whim *sustantivo* Anhelo, deseo o idea repentina; capricho; antojo.

whine |hwīn| or |wīn| —*verb* **whined, whining** **1.** To make a high, complaining sound or cry. **2.** To complain in a childish, annoying way.
—*noun, plural* **whines** A whimpering sound or complaint.

whine *verbo* **1.** Producir un sonido, llanto o quejido lastimoso; gimotear; gemir. **2.** Quejarse en forma aniñada y desagradable; gimotear.
—*sustantivo* Quejido o sonido lastimoso; gimoteo; gemido.

whin·ny |hwĭn′ē| or |wĭn′ē| —*noun, plural* **whinnies** A gentle neigh made by a horse.
—*verb* **whinnied, whinnying** To make a gentle neighing sound.

whinny *sustantivo* El sonido suave producido por un caballo; relincho.
—*verbo* Hacer un sonido suave de relincho; relinchar.

whip |hwĭp| or |wĭp| —*noun, plural* **whips** A rod that bends or that has a lash attached to one end. It is used for driving animals or for striking or beating someone.
—*verb* **whipped, whipping** **1.** To strike, beat, or lash with or as if with a whip. **2.** To move suddenly and quickly. **3.** To beat cream, eggs, or other ingredients into a foam. **4.** To defeat in a fight or contest; beat.

whip *sustantivo* Vara flexible que tiene una cuerda o correa en una de sus puntas y que se usa para arrear a los animales o para azotar o golpear a alguien; látigo; fusta; azote.
—*verbo* **1.** Castigar, golpear o fustigar con o como si fuera con un látigo; azotar. **2.** Mover de repente; obrar con rapidez. **3.** Mezclar nata, huevos u otros ingredientes hasta hacerlos como merengue; batir. **4.** Derrotar en una pelea o competencia; vencer; batir; superar.

whirl |hwûrl| or |wûrl| —*verb* **whirled, whirling** **1.** To spin or turn or cause to spin or turn. **2.** To turn suddenly, changing directions.
—*noun, plural* **whirls** A quick turn; a whirling, spinning movement.

whirl *verbo* **1.** Remolinear o dar vueltas, o hacer dar giros o vueltas; girar. **2.** Mover rápidamente cambiando de dirección; girar.
—*sustantivo* Movimiento rápido; vuelta; remolino; giro.

whisk·er |hwĭsk′ər| or |wĭsk′ər| —*noun, plural* **whiskers** **1.** **whiskers** A man's mustache and beard. **2.** A hair on a man's face that has not been shaved. **3.** A stiff, long hair growing near the mouth of certain animals, such as cats, rats, or rabbits.

whisker *sustantivo* **1.** **whiskers** La barba o bigote de los hombres. **2.** El pelo de la cara de un hombre que no se ha afeitado. **3.** El pelo largo y duro que crece cerca de la boca de ciertos animales tales como gatos, ratas o conejos; bigote.

whis·key |hwĭs′kē| or |wĭs′kē| —*noun, plural* **whiskeys** An alcoholic drink made from corn, rye, barley, or other grains.

whiskey *sustantivo* Bebida alcohólica hecha de maíz, centeno, cebada o cualquier otro grano; whisky.

whis·per |hwĭs′pər| or |wĭs′pər| —*verb* **whispered, whispering** To speak or say very softly.
—*noun, plural* **whispers** A soft, low sound or voice.

whisper *verbo* Hablar o decir algo muy suavemente; susurrar; cuchichear; murmurar.
—*sustantivo* Sonido o voz suave y bajo; susurro; cuchicheo; murmullo.

whis·tle |hwĭs′əl| or |wĭs′əl| —*verb* **whistled, whistling** **1.** To make a clear, high tone or sound by forcing air out through the teeth or through pursed lips, or by blowing into a whistle. **2.** To make a sound like this. **3.** To signal or call by whistling. **4.** To make a whistling sound by moving quickly.
—*noun, plural* **whistles** **1.** A sound or signal made by whistling. **2.** A device that makes a whistling sound.

whistle *verbo* Silbar: **1.** Producir un sonido o tono claro y agudo al forzar aire hacia afuera, a través de los dientes o de los labios fruncidos, o soplando un silbato. **2.** Producir un sonido así descrito. **3.** Hacer señales o llamar silbando; chiflar. **4.** Producir un sonido agudo mediante un movimiento rápido: *The wind whistled through the trees.* = *El viento silbaba a través de los árboles.*
—*sustantivo* **1.** Sonido o señal que se produce al silbar; silbido; silbato silbo. **2.** Instrumento que sirve para silbar; silbato.

white |hwīt| or |wīt| —*noun, plural* **whites** **1.** The

white *sustantivo* **1.** El más claro de todos los colores; lo

lightest of all colors; the opposite of black; the color of snow. **2.** The white part of something; the light part of something. **3.** A member of a race of people having light-colored skin.
—*adjective* **whiter, whitest 1.** Of or having the color white. **2.** Light in color. **3.** Having little color; pale. **4.** Of or belonging to a race of people having light-colored skin. **5.** Pale gray or silvery, as from age. **6.** Snowy.

whiz |hwĭz| or |wĭz| —*verb* **whizzed, whizzing** To move quickly with a buzzing or hissing sound.
who |ho͞o| —*pronoun* **1.** What or which person or persons. **2.** That.

who'd |ho͞od| A contraction of "who would."
who·ev·er |ho͞o ĕv′ər| —*pronoun* **1.** Anyone that. **2.** No matter who. **3.** Who.

whole |hōl| —*adjective* **1.** Having all its parts; complete. **2.** Not divided; in one piece. **3.** Well or healthy. **4.** Lasting the full time; entire.
—*noun, plural* **wholes 1.** All of the parts of a thing. **2.** A complete group; a system.

whole·sale |hōl′sāl′| —*noun, plural* **wholesales** The sale of goods in large quantities, especially to storekeepers who will then sell them to customers.
—*adjective* Selling goods at wholesale.
whole·some |hōl′səm| —*adjective* **1.** Good for the health of mind or body. **2.** Having or showing good health.
who'll |ho͞ol| A contraction of "who will."
whol·ly |hō′lē| —*adverb* Entirely or totally; completely.
whom |ho͞om| —*pronoun* The pronoun **whom** is the objective case of **who**. It means: **1.** What person. **2.** The person that.

whoop |ho͞op| or |hwo͞op| or |wo͞op| —*noun, plural* **whoops** A loud cry or shout.
—*verb* **whooped, whooping** To shout loudly. ♦ *These sound alike* **whoop, hoop.**
who's |ho͞oz| A contraction of "who is" and "who has."
whose |ho͞oz| A form of the pronoun **who**. It stands for: Of whom; of which.

why |hwī| or |wī| —*adverb* **1.** For what reason or purpose. **2.** Because of which; on account of which.
—*interjection* A word used to show surprise, pleasure, or doubt.

opuesto al negro; el color de la nieve; blanco. **2.** La parte blanca de algo; la parte más clara de algo de la misma especie; clara: *the white of an egg* = *la clara del huevo.* **3.** Individuo de una raza que tienen la piel de color más claro; blanco.
—*adjetivo* **1.** Que tiene o que es de color blanco; blanco. **2.** De color más claro; blanco. **3.** Que tiene poco color pálido. **4.** Que pertenece a una raza de individuos que tienen la piel de un color más claro; blanco. **5.** Gris pálido o plata que surge con la edad; canoso; blanco. **6.** Del color de la nieve; blanco.

whiz *verbo* Mover rápidamente produciendo un sonido de silbido o siseo; zumbar.
who *pronombre* **1.** Qué o cuál persona o personas; quién: *Who called?* = *¿Quién llamó?* **2.** Que: *The boy who came yesterday is now gone.* = *El muchacho que vino ayer ya se fue.*

who'd Contracción de "who would".
whoever *pronombre* **1.** Cualquiera; quienquiera: *Whoever comes to our school should be welcomed.* = *Cualquiera que venga a nuestra escuela debe ser bienvenido.* **2.** No importa quien; quienquiera: *Whoever it was who opened the safe, he was an expert.* = *Quienquiera que fue el que abrió la caja de seguridad fue un experto.* **3.** Quién: *Whoever could have invented such a thing?* = *¿Quién pudo haber inventado algo así?*
whole *adjetivo* **1.** Que tiene todas las partes; que está completo; entero; todo: *This isn't a whole checkers set; two pieces are missing.* = *Este juego de damas no está completo; le faltan dos piezas.* **2.** Que no está dividido; entero; de una sola pieza: *He bought a whole acre of land near the beach.* = *Él compró un acre entero de tierra cerca de la playa.* **3.** Bien o saludable; entero: *He felt like a whole person again.* = *Él se sintió bien otra vez.* **4.** Que dura todo el tiempo; completo; todo: *The baby cried during the whole trip* = *El bebé lloró durante todo el viaje.*
—*sustantivo* **1.** Todas las partes de algo; todo: *Two halves make a whole* = *Dos mitades hacen un todo.* **2.** Un grupo completo; un sistema; conjunto; total: *The staff as a whole voted to strike* = *El personal en conjunto votó en favor de la huelga.*
wholesale *sustantivo* Venta de artículos en grandes cantidades, especialmente a dueños de comercios que a su vez los venden a sus clientes; venta al por mayor.
—*adjetivo* Que vende artículos al por mayor.
wholesome *adjetivo* **1.** Que es bueno para la salud de la mente o el cuerpo; saludable. **2.** Que tiene o muestra buena salud o aspecto; fresco; lozano.
who'll contracción de las palabras "who will".
wholly *adverbio* Entero o en su totalidad; completamente; enteramente.
whom El pronombre **whom** es el caso objetivo de **who** y significa: **1.** Qué persona; quién: *To whom am I speaking?* = *¿Con quién estoy hablando?* **2.** La persona que; a quien: *This is the girl whom I mentioned yesterday.* = *Esta es la niña a quien mencioné ayer.*
whoop *sustantivo* Grito agudo; alarido; chillido.
—*verbo* Decir a gritos; chillar; gritar.

who's Contracción de las palabras "who is" y "who has".
whose Forma del pronombre **who**. Significa; de quién; de cuál; quien; cuyo: *I saw the woman whose purse was stolen.* = *Vi a la mujer cuya cartera fue robada. Whose car is this?* = *¿De quién es este auto? The car whose tires are new is mine.* = *El auto cuyas llantas son nuevas es mío.*
why *adverbio* **1.** Por qué motivo o propósito; ¿por qué?; ¿para qué?: *Why did you have to leave?* = *¿Por qué te fuiste? Why did you say that?* = *¿Por qué dijiste eso?* **2.** Por causa de o a causa de lo cual; porque: *I wasn't feeling well was the reason why I left.* = *No me sentía bien, ésa fue la causa porque me fui. I was angry; that's why I said it.* = *Estaba enojado; ésa es la*

—_interjección_ Palabra que se usa para mostrar sorpresa, placer o duda; ¡Toma!; ¡Claro!; ¡Pues sí!; ¡Por supuesto!: _Why, I'd be glad to help you._ = ¡Por supuesto que me encantaría ayudarte!

wick |wĭk| —_noun, plural_ **wicks** A cord or piece of twisted thread in a candle or oil lamp.

wick·ed |wĭk′ĭd| —_adjective_ Evil or morally bad; vicious.

wick·er |wĭk′ər| —_noun_ Thin twigs or branches that bend easily. Wicker is used to make such things as baskets and light outdoor furniture.

wide |wīd| —_adjective_ **wider, widest** **1.** Extending over or covering a large area from side to side; broad. **2.** Having a certain distance from side to side. **3.** Having a large amount or great range; scope. **4.** Landing or found far away from a certain place or goal.
—_adverb_ **1.** Over a large area. **2.** To the full extent; completely.

wide·spread |wīd′sprĕd′| —_adjective_ **1.** Happening in many places or believed by many people. **2.** Spread out wide; fully open.

wid·ow |wĭd′ō| —_noun, plural_ **widows** A woman whose husband has died and who has not married again.

wid·ow·er |wĭd′ō ər| —_noun, plural_ **widowers** A man whose wife has died and who has not married again.

width |wĭdth| or |wĭth| —_noun, plural_ **widths** The distance of something from one side to the other.

wife |wīf| —_noun, plural_ **wives** A woman who is married.

wig |wĭg| —_noun, plural_ **wigs** A covering for the head that is made of real hair or materials that look like real hair.

wig·gle |wĭg′əl| —_verb_ **wiggled, wiggling** To move or cause to move from side to side with short, quick motions.

wild |wīld| —_adjective_ **wilder, wildest** **1.** Growing, living, or found in a natural state; not grown, cared for, or controlled by people. **2.** Not having discipline or control. **3.** Strange or unusual.
—_adverb_ Not under control; in a wild way.

wil·der·ness |wĭl′dər nĭs| —_noun, plural_ **wildernesses** A wild place or region that is not lived in by people.

will¹ |wĭl| —_noun, plural_ **wills** **1.** The power of mind in a person to choose or decide what to do. **2.** A wish or decision. **3.** Strong purpose; determination. **4.** An attitude or feeling toward another person or group. **5.** A legal document that says what a person wants done with property after death.
—_verb_ **willed, willing** **1.** To use the power of the mind to choose or decide what to do. **2.** To give away one's property or belongings in a will.

will² |wĭl| —_auxiliary, verb_ Past tense **would** As an

wick _sustantivo_ Cuerda o pedazo de hilo torcido en velas o lámparas de aceite; pabilo; mecha.

wicked _adjetivo_ Malo o moralmente malo; vicioso; malvado.

wicker _sustantivo_ Varillas finas o ramas que se doblan fácilmente y que se usan para construir cestas y muebles livianos de patio; mimbre.

wide _adjetivo_ **1.** Que se extiende y cubre un área grande de lado a lado; amplio; ancho. **2.** Que tiene cierta distancia de lado a lado; ancho: _The ribbon is two inches wide._ = _La cinta tiene dos pulgadas de ancho._ **3.** Que tiene una gran cantidad o gran alcance; vasta; extenso: _a wide selection of shirts_ = _una extensa selección de camisas._ **4.** Que llega o que se encuentra lejos de cierto lugar o meta; lejos: _His shot was wide of the target._ = _Su tiro fue lejos del blanco._
—_adverbio_ **1.** Que abarca un área grande; extenso; amplio. **2.** En su máxima extensión; completamente; de par en par: _You left the door wide open._ = _Dejaste la puerta abierta de par en par._

widespread _adjetivo_ **1.** Que sucede en muchos lugares o que mucha gente lo cree; extendido; difundido; corriente. **2.** Que se abre todo a lo ancho; completamente abierto; extendido.

widow _sustantivo_ Viuda.

widower _sustantivo_ Viudo.

width _sustantivo_ Distancia de algo, de lado a lado; anchura; ancho.

wife _sustantivo_ La mujer casada; esposa.

wig _sustantivo_ Cubierta para la cabeza hecha con pelo verdadero o con algún material que asemeja al pelo; peluca.

wiggle _verbo_ Mover o hacer que se mueva de lado a lado con movimientos cortos y rápidos; mover; agitar; menear.

wild _adjetivo_ **1.** Que crece, vive o que se encuentra en un estado natural; que no es cultivado, cuidado o controlado por la gente; salvaje; silvestre. **2.** Que no tiene disciplina o control; violento; impetuoso; travieso. **3.** Extraño o inusitado; descabellado; loco.
—_adverbio_ Sin ningún control; de una manera salvaje; natural; libre.

wilderness _sustantivo_ Lugar o región salvaje en la que nadie habita; yermo; desierto; selva; monte.

will¹ _sustantivo_ **1.** El poder mental de una persona para elegir o decidir lo que hacer; voluntad. **2.** Deseo o decisión; la voluntad: _It is the king's will that all the people celebrate his birthday._ = _Es la voluntad del rey de que el pueblo celebre su cumpleaños._ **3.** Propósito intenso; determinación: _The coach told the team they must have the will to win._ = _El entrenador le dijo al equipo que ellos deben de tener la determinación de ganar._ **4.** Actitud o sentimiento hacia otra persona o grupo; disposición; voluntad: _She's shown ill will to me ever since our team won._ = _Ella me ha mostrado mala voluntad desde que nuestro equipo ganó._ **5.** Documento legal que dice lo que una persona quiere que se haga con su propiedad después de su muerte; testamento.
—_verbo_ **1.** Usar el poder de la mente para elegir o decidir qué hacer; querer; decidir; proponerse: _He willed himself to work harder in school._ = _Él se propuso trabajar más duro en la escuela._ **2.** Dar las propiedades o pertenencias en un testamento; legar.

will² _verbo auxiliar_ El pretérito es **would**. Como verbo

auxiliary verb **will** is used followed by another verb in the infinitive to show: **1.** An action or state that will take place or exist in the future. **2.** An order. **3.** The will to do something.

wilt |wĭlt| —*verb* **wilted, wilting** To become or cause to become limp; droop.

win |wĭn| —*verb* **won, winning 1.** To get or achieve victory in a game, contest, battle, or competition by doing better than everybody else. **2.** To gain or get through hard work.
—*noun, plural* **wins** A victory or triumph; success.

wince |wĭns| —*verb* **winced, wincing** To move or pull back quickly from something that is painful, dangerous, or frightening.

wind¹ |wĭnd| —*noun, plural* **winds 1.** Air that moves over the earth. **2.** The ability to breathe; breath.
—*verb* **winded, winding** To cause to be out of breath.

wind² |wĭnd| —*verb* **wound, winding 1.** To wrap, fold, or place around or on top of something. **2.** To move or cause to move first one way and then another; move in a circular or back-and-forth direction. **3.** To cause a clock or other device to work by turning or coiling the spring.

wind instrument A musical instrument that is played by blowing through it. Flutes, oboes, trumpets, and clarinets are wind instruments.

win·dow |wĭn′dō| —*noun, plural* **windows** An opening in a wall or ceiling that lets in air and light. It is usually made of a frame that surrounds a pane of glass.

wind·pipe |wĭnd′pīp′| —*noun, plural* **windpipes** A tube that goes from the throat to the lungs and carries air to and away from the lungs.

wind·shield |wĭnd′shēld′| —*noun, plural* **windshields** A sheet of glass or plastic at the front of an automobile, motorcycle, or other vehicle. It protects the driver and passengers.

wine |wĭn| —*noun, plural* **wines** The fermented juice of grapes or other fruits used to make alcoholic beverages.

wing |wĭng| —*noun, plural* **wings 1.** One of the movable parts of a bird, bat, or insect that it uses to fly. **2.** The structure located on either side of an airplane. Wings lift the plane and support it on air during flight. **3.** A part that is attached to the main part of a structure. **4.** **wings** The area that extends off the main part of a stage and is concealed from the audience.
—*verb* **winged, winging 1.** To fly. **2.** To wound slightly.

wink |wĭngk| —*verb* **winked, winking** To close and open one eye quickly.
—*noun, plural* **winks 1.** The act of winking. **2.** A very short time.

win·ner |wĭn′ər| —*noun, plural* **winners** Someone or something that wins.

win·ning |wĭn′ĭng| —*adjective* **1.** Successful or victorious. **2.** Charming or attractive.
—*noun, plural* **winnings** Something that has been won.

win·ter |wĭn′tər| —*noun, plural* **winters** The season of the year between fall and spring.

wipe |wīp| —*verb* **wiped, wiping 1.** To rub, as with a cloth, in order to clean or dry. **2.** To remove as if by rubbing.
Phrasal verb **wipe out** To destroy completely.

wire |wīr| —*noun, plural* **wires 1.** A thin rod or strand of metal. It is made by stretching a piece of metal until it is thin. Wire is usually flexible. **2.** A telegram.

auxiliar **will** se usa seguido de otro verbo en infinitivo para indicar: **1.** Un acción o estado que tendrá lugar en el futuro: *She will be twenty on Friday.* = *Ella cumplirá veinte años el viernes.* **2.** Dar una orden: *You will leave now.* = *Te irás ahora.* **3.** La voluntad de hacer algo: *Will you help me with this?* = ¿*Me ayudarías con esto?*

wilt *verbo* Volverse o ser la causa de volverse flojo o debilitado; marchitarse; consumirse; secarse.

win *verbo* **1.** Tener u obtener la victoria en un juego, batalla o competencia al hacerlo mejor que cualquier otro; ganar; vencer; triunfar. **2.** Ganar u obtener por medio de trabajo arduo; lograr; alcanzar.
—*sustantivo* Victoria; triunfo; éxito.

wince *verbo* Moverse o retirarse rápidamente de algo que proporciona dolor, es peligroso o que da miedo; recular; respingar.

wind¹ *sustantivo* **1.** Aire que circula sobre la tierra; viento. **2.** La habilidad de respirar; respiración; aliento; resuello.
—*verbo* Causar estar sin respiración; dejar sin respiración.

wind² *verbo* **1.** Envolver, doblar o colocar alrededor o encima de algo; enrollar; arrollar; enroscar. **2.** Moverse o hacer que se mueva primero en una dirección y después en otra; moverse en dirección circular o de zigzag; torcer; serpentear; curvar. **3.** Hacer que un reloj u otro artefacto funcione al darle vueltas o enrollar el resorte que tiene; dar cuerda.

wind instrument Instrumento musical que se toca al soplar a través de él, como la flauta, el oboe, la trompeta y el clarinete.

window *sustantivo* Abertura en una pared o techo que permite la entrada de aire y luz, y que usualmente se contruye con un marco que bordea una hoja de vidrio; ventana.

windpipe *sustantivo* Tubo que va desde la garganta a los pulmones y que permite el pasa del aire dentro y fuera de los pulmones; tráquea.

windshield *sustantivo* Pieza de vidrio o plástico al frente de un automóvil, motocicleta u otro vehículo que protege al conductor y al pasajero; parabrisas.

wine *sustantivo* Jugo fermentado de la uva u otras frutas que se usa para hacer bebidas alcohólicas; vino.

wing *sustantivo* Ala: **1.** Una de las partes movibles de un ave, murciélago o insecto que usa par volar. **2.** Estructura localizada a ambos lados de un aeroplano, que lo levanta y lo mantiene en el aire. **3.** Parte que se agrega a la parte principal de cualquier estructura. **4.** **wings** El área que se extiende a ambos lados de la parte principal del escenario y que está oculta del público; bastidores.
—*verbo* **1.** Dar alas; volar. **2.** Herir ligeramente.

wink *verbo* Cerrar y abrir rápidamente un ojo; guiñar; pestañear.
—*sustantivo* **1.** El acto de guiñar o pestañear el ojo; guiño; pestañeo. **2.** Espacio de tiempo corto; pestañeo; parpadeo.

winner *sustantivo* Algo o alguien que gana; ganador; triunfador; vencedor.

winning *adjetivo* **1.** Exitoso o victorioso; triunfante. **2.** Simpático o atractivo; atrayente.
—*sustantivo* Algo que ha sido ganado; ganancias.

winter *sustantivo* Estación del año entre el otoño y la primavera; invierno.

wipe *verbo* **1.** Restregar, como con un paño, para limpiar o secar; frotar. **2.** Secar, como frotando; enjugar.
Verbo en locución **wipe out** Destruir completamente; aniquilar; arrasar.

wire *sustantivo* **1.** Varilla fina o hilo de metal que se fabrica tirando de una pieza de metal hasta que se afina completamente. Este filamento usualmente es flexible; alambre. **2.** Telegrama.

—*verb* **wired, wiring 1.** To join, connect, or fasten with a wire or wires. **2.** To install or put in wires for electricity. **3.** To send a telegram.

wire·less |wīr′lĭs| —*adjective* Not using or having wires. Radio is a form of wireless communication because its signals are sent by waves that move through the air.
—*noun, plural* **wirelesses** A radio.

wir·ing |wīr′ĭng| —*noun* A system of wires that is used to carry electricity.

wir·y |wīr′ē| —*adjective* **wirier, wiriest 1.** Like wire. **2.** Thin but tough or strong.

wis·dom |wĭz′dəm| —*noun* Intelligence and good judgment in knowing what to do and what is good and bad and right and wrong. A person gains wisdom through learning and experience.

wise |wīz| —*adjective* **wiser, wisest 1.** Having or showing good judgment, common sense, and intelligence. **2.** Having knowledge or learning.

wish |wĭsh| —*noun, plural* **wishes** A strong desire for something.
—*verb* **wished, wishing 1.** To have or feel a desire; want something. **2.** To make a wish.

wish·ful |wĭsh′fəl| —*adjective* Having or expressing a wish or desire, especially a wish that did not or cannot come true.

wit |wĭt| —*noun, plural* **wits 1.** The ability to describe things, people, or situations in a clever, funny way. **2.** A person having this ability. **3.** The ability to think and reason clearly.

witch |wĭch| —*noun, plural* **witches** A woman who practices magic or who is thought to have magical powers.

with |wĭth| or |wĭth| —*preposition* **1.** In the company of. **2.** Next to. **3.** Having; possessing. **4.** On the side of. **5.** In spite of. **6.** Against. **7.** By means of using. **8.** In the spirit of. **9.** At the same time as; during. **10.** Because of; as a result of. **11.** In proportion to. **12.** From. **13.** Between. **14.** In the care of. **15.** In regard to.

with·draw |wĭth drô′| or |wĭth drô′| —*verb* **withdrew, withdrawn, withdrawing 1.** To take away; remove. **2.** To move back; retreat.

with·drawn |wĭth drôn′| or |wĭth drôn′| The past participle of the verb **withdraw.**
—*adjective* Shy or quiet; timid.

—*verbo* **1.** Juntar, conectar o abrochar con un alambre o alambres; atar; amarrar: *He wired the leather bags to the back of the bicycle.* = *Él amarró con alambre las bolsas de cuero a la parte trasera de la bicicleta.* **2.** Instalar o poner alambres para la electricidad; poner la instalación eléctrica.

wireless *adjetivo* Que no usa o tiene alambres. La radio es una forma de comunicación sin alambres porque sus señales son transmitidas por ondas que se mueven por el aire; inalámbrico.
—*sustantivo* Receptor radiofónico; radio.

wiring *sustantivo* Instalación o sistema de alambres que se usa para enviar electricidad; instalación eléctrica.

wiry *adjetivo* **1.** Parecido a un alambre; como alambre: *The dog has wiry hair* = *El perro tiene el pelo como alambre.* **2.** Delgado y a la vez duro y fuerte.

wisdom *sustantivo* Inteligencia y buen sentido para saber qué hacer y lo que es bueno y malo así como el bien y el mal. Esto se adquiere a través del aprendizaje y la experiencia; sabiduría; sapiencia.

wise *adjetivo* **1.** Tener o mostrar cordura, sentido común e inteligencia; sabio; juicioso; acertado. **2.** Tener conocimiento o erudición; sabio; erudito.

wish *sustantivo* Deseo fuerte de algo; anhelo.
—*verbo* **1.** Tener o sentir un deseo; querer algo; desear; anhelar. **2.** Pedir un deseo; desear: *He blew out the candles and wished for a pony* = *El sopló las velas y deseó tener un potrillo.*

wishful *adjetivo* Que tiene o expresa un deseo o anhelo, especialmente un deseo que no se realizó o que no puede realizarse; deseoso.

wit *sustantivo* **1.** Habilidad para describir cosas, gentes o situaciones en una forma inteligente y divertida; ingenio; agudeza. **2.** Persona que posee esta habilidad. **3.** Habilidad de pensar y razonar claramente; juicio; cordura.

witch *sustantivo* Mujer que practica la magia o de quien se cree que posee poderes mágicos; bruja; hechicera.

with *preposición* **1.** En compañía de; con: *Come with me* = *Ven conmigo.* **2.** Próximo a; con: *Walk with him and follow me.* = *Camina con él y sígueme.* **3.** Que tiene; que posee; con: *A clown with a red nose* = *Un payaso con la nariz roja.* **4.** Que apoya o ayuda; con: *I'm with you all the way on this.* = *Estoy contigo hasta el final en esto.* **5.** A pesar de; con: *With all that talent, he's gotten nowhere.* = *Con todo ese talento y no llegó a nada.* **6.** Contra; con: *He's always looking for a fight with somebody* = *Él siempre está buscando pelear con alguien.* **7.** Medio o manera de usar algo; con: *Start the fire with flint and twigs.* = *Comienza el fuego con el pedernal y ramitas.* **8.** Con un sentimiento: *He said good-by with great sadness.* = *El dijo adiós con gran tristeza.* **9.** Al mismo tiempo; durante; con: *rising with the sun.* = *levantarse con el sol.* **10.** Debido a; como resultado de algo; de: *He was trembling with fear.* = *Él temblaba de miedo.* **11.** En proporción a algo; con: *Many things improve with age.* = *Muchas cosas mejoran con la edad.* **12.** De: *She hated to part with him.* = *Ella detestó tener que separarse de él.* **13.** Entre; con: *The company signed a contract with several bookstores.* = *La compañía firmó un contrato con varias librerías.* **14.** Al cuidado de; con: *You can leave your things with me.* = *Puedes dejar tus cosas conmigo.* **15.** Respecto a; con: *I'm pleased with her.* = *Estoy satisfecho con ella.*

withdraw *verbo* **1.** Quitar; sacar; retirar: *She had to withdraw money from the bank to pay for the car.* = *Ella tuvo que retirar dinero del banco para pagar por el auto.* **2.** Replegar; retirar: *The army withdrew its soldiers from the city.* = *El ejercito retiró sus soldados de la ciudad.*

withdrawn Participio pasado del verbo **withdraw.**
—*adjetivo* Corto; quieto; tímido; reservado; introvertido.

---

with·drew |wĭth drōō′| or |wĭth drōō′| The past tense of the verb **withdraw**.

with·er |wĭth′ər| —*verb* **withered, withering** To dry up or cause to dry up; shrivel.

with·in |wĭth ĭn′| or |wĭth ĭn′| —*preposition* **1.** Inside of. **2.** Inside the limits of. **3.** Not going beyond. —*adverb* Inside; indoors.

with·out |wĭth out′| or |wĭth out′| —*preposition* **1.** Not having; lacking. **2.** With no or none of. **3.** Not accompanied by. **4.** On the outside of. —*adverb* On the outside or outdoors.

with·stand |wĭth stănd′| or |wĭth stănd′| —*verb* **withstood, withstanding** To resist or endure something; not give in to.

with·stood |wĭth stōōd′| or |wĭth stōōd′| The past tense and past participle of the verb **withstand**.

wit·ness |wĭt′nĭs| —*noun, plural* **witnesses** **1.** Someone who has seen or heard something. **2.** A person who is called to testify before a court of law and swears to tell the truth. —*verb* **witnessed, witnessing** **1.** To be present at; see. **2.** To sign a document as a witness.

wit·ty |wĭt′ē| —*adjective* **wittier, wittiest** Having wit; clever and amusing.

wives |wīvz| The plural of the noun **wife**.

wiz·ard |wĭz′ərd| —*noun, plural* **wizards** **1.** A person who is thought to have magical powers; magician. **2.** A person who has a very great skill or talent.

wob·ble |wŏb′əl| —*verb* **wobbled, wobbling** To move or cause to move unsteadily from side to side.

woe |wō| —*noun, plural* **woes** Deep sorrow or suffering; grief.

woke |wōk| A past tense of the verb **wake**.

wolf |wŏŏlf| —*noun, plural* **wolves** An animal related to the dog. Wolves live mostly in northern regions and feed on the flesh of other animals. —*verb* **wolfed, wolfing** To eat quickly and greedily.

wolves |wŏŏlvz| The plural of the noun **wolf**.

wom·an |wŏŏm′ən| —*noun, plural* **women** **1.** An adult female human being. **2.** Female human beings in general.

womb |wōōm| —*noun, plural* **wombs** The organ in female mammals in which a baby is developed and nourished before birth.

wo·men |wĭm′ĭn| The plural of the noun **woman**.

won |wŭn| The past tense and past participle of the verb **win**.

won·der |wŭn′dər| —*noun, plural* **wonders** **1.** A person, thing, or event that is unusual, surprising, or majestic. **2.** The feeling of awe or admiration caused by something unusual, surprising, or majestic. —*verb* **wondered, wondering** **1.** To feel awe and admiration. **2.** To be filled with curiosity or doubt. **3.** To be curious about; want to know.

---

withdrew Pretérito del verbo **withdraw**.

wither *verbo* Secarse o hacer que se seque; arrugarse; consumirse; marchitarse.

within *preposición* **1.** Dentro de algo; interno: *organs within the body* = *los órganos internos del cuerpo*. **2.** Dentro de los límites de algo; a: *They were within ten miles from home.* = *Ellos estaban a diez millas de la casa.* **3.** Que no excede algo; dentro: *within the law of the land* = *dentro de las leyes del país*. —*adverbio* En el interior; puertas adentro; dentro: *Although it is cold outside, it is warm within.* = *Aunque hace frío afuera, dentro está tibio*.

without *preposición* **1.** Que no tiene; que le falta; sin: *She was without money to get home.* = *Ella estaba sin dinero para ir a su casa.* **2.** Sin o sin ningún: *He built up his company without aid from others.* = *El construyó su compañía sin la ayuda de otros.* **3.** Que significa unión; sin: *There is no smoke without fire.* = *No hay humo sin fuego.* **4.** En las afueras; fuera. —*adverbio* En la parte exterior; fuera: *The house is sturdy within and without.* = *La casa está fuerte por dentro y por fuera*.

withstand *verbo* Resistir o tolerar algo; no rendirse; aguantar; soportar.

withstood Pretérito y participio pasado del verbo **withstand**.

witness *sustantivo* Testigo: **1.** Alguien quien ha visto u oído algo. **2.** Persona que es llamada para atestiguar ante una corte de justicia y que jura decir la verdad. —*verbo* **1.** Estar presente en algo; ver; presenciar. **2.** Firmar un documento como testigo; atestiguar.

witty *adjetivo* Que tiene ingenio, juicio o agudeza; chistoso y divertido.

wives Plural del sustantivo **wife**.

wizard *sustantivo* **1.** Persona que se cree tiene poderes mágicos; mago; brujo; hechicero. **2.** Persona que tiene gran destreza o talento; diestro; genio.

wobble *verbo* Mover o hacer que algo se mueva inconstantemente de lado a lado; bamboleo; tambaleo.

woe *sustantivo* Pena o sufrimiento profundo; aflicción; pesar; miseria.

woke Pretérito del verbo **wake**.

wolf *sustantivo* Animal de la familia del perro que vive principalmente en las regiones del norte y que se alimenta de la carne de otros animales; lobo. —*verbo* Comer rápida y ávidamente; comer vorazmente; devorar.

wolves Plural del sustantivo **wolf**.

woman *sustantivo* Mujer: **1.** Hembra adulta del género humano. **2.** El género humano femenino en general.

womb *sustantivo* Órgano de los mamíferos femeninos donde se desarrolla y nutre el feto antes del nacimiento; útero; matriz.

women Plural del sustantivo **woman**.

won Pretérito y participio pasado del verbo **win**.

wonder *sustantivo* **1.** Persona, cosa o suceso que es inusitado, sorpresivo o majestuoso; maravilla; prodigio. **2.** Sentimiento de reverencia o admiración causado por algo inusual, sorpresivo o majestuoso; admiración. —*verbo* **1.** Sentir reverencia y admiración; maravillarse; admirarse: *I wondered at the sight of the giant lightning bolts in the sky.* = *Me maravillé ante la vista de los gigantescos rayos en el cielo.* **2.** Estar lleno de curiosidad o duda; dudar; extrañar; maravillarse: *He wondered why the sun is yellow and the sky is blue.* = *El se maravillaba de que el sol fuera amarillo y el cielo azul.* **3.** Tener curiosidad acerca de algo; querer saber; preguntarse: *I wonder what she is doing.* = *Me pregunto qué estará haciendo ella*.

ă pat ā pay â care ä father ĕ pet ē be ĭ pit ī pie î fierce ŏ pot ō go ô paw, for oi oil ŏŏ book ōō boot

won·der·ful |wŭn′dər fəl| —*adjective* **1.** Causing wonder; marvelous; impressive. **2.** Interesting or enjoyable; very good.

won't |wŏnt| A contraction of "will not."

wood |wŏŏd| —*noun, plural* **woods 1.** The hard material that makes up the trunk and branches of trees, bushes, and some plants. **2.** This material cut up. It is used for building, fuel, and other purposes. **3. woods** An area where many trees grow close together; forest.

wood·en |wŏŏd′n| —*adjective* **1.** Made of wood. **2.** Stiff or awkward.

wood·wind |wŏŏd′wĭnd′| —*noun, plural* **woodwinds** Any of a group of musical instruments that are played by blowing air into them, such as a clarinet, oboe, or bassoon.

wood·y |wŏŏd′ē| —*adjective* **woodier, woodiest 1.** Made of or containing wood. **2.** Covered with trees; wooded.

wool |wŏŏl| —*noun, plural* **wools 1.** The thick, soft, curly hair of sheep and some other animals. **2.** Yarn, cloth, or clothing made of wool.

wool·en |wŏŏl′ən| —*adjective* Made of wool.

word |wûrd| —*noun, plural* **words 1.** A sound or group of sounds that have a meaning and that is a unit of speech. **2.** The written or printed letters that represent such a sound. A sentence is made up of words. **3. words** Spoken or written expression; speech or writing. **4.** A remark or comment. **5.** A short conversation. **6. words** Angry remarks made back and forth; a quarrel. **7.** A promise or vow. **8.** News or information; a message.
—*verb* **worded, wording** To express in words.
Idiom **word for word** Without changing or leaving out a word; exactly.

wore |wôr| or |wōr| The past tense of the verb **wear.**

work |wûrk| —*noun, plural* **works 1.** The effort made to do or make something. Work can be done by the body or the mind. **2.** What a person does to earn money; a job or occupation. **3.** A task or number of tasks. **4.** The way in which someone does a task. **5.** Something that is made or being made. **6. works** The moving parts of a machine or device.
—*verb* **worked, working 1.** To put forth effort to do or make something. **2.** To have a job; be employed. **3.** To cause or force to do work. **4.** To operate or function the proper way. **5.** To cause to operate or function the proper way. **6.** To serve a purpose. **7.** To bring about; accomplish. **8.** To form or shape by applying pressure. **9.** To be formed or shaped in this way.
Phrasal verb **work out 1.** To plan or develop. **2.** To succeed or prove suitable. **3.** To do athletic exercises.

wonderful *adjetivo* **1.** Que causa admiración; maravilloso; impresionante; fantástico. **2.** Interesante; que puede disfrutarse; muy bueno.

won't Contracción de las palabras "will not".

wood *sustantivo* **1.** El material duro y compacto que forma el tronco y las ramas de los árboles, arbustos y otras plantas; madera. **2.** Trozos de este material ya cortados y que se usan para construir, como combustible y muchas otras cosas; leña. **3. woods** Área donde muchos árboles crecen juntos; foresta; bosque.

wooden *adjetivo* **1.** Hecho de madera; de palo. **2.** Tieso; torpe.

woodwind *sustantivo* Cualquiera de los instrumentos musicales de madera que se tocan al soplarles aire, como el clarinete, el oboe o el fagot; instrumentos de viento de madera.

woody *adjetivo* **1.** Hecho de o que contiene madera; de madera; leñoso. **2.** Cubierto con árboles; enselvado; arbolado; boscoso.

wool *sustantivo* **1.** Pelo espeso, suave y rizado de las ovejas u otros animales; lana. **2.** Hilaza, material o ropa hecha de lana.

woolen *adjetivo* Hecho de lana.

word *sustantivo* **1.** Sonido o conjunto de sonidos que tienen un significado y que son una unidad del habla; palabra. **2.** La escritura o letra impresa que representa este sonido; palabra. Una oración está hecha con palabras. **3. words** Expresión oral o escrita; oratoria o escritura; palabras. **4.** Observación o comentario; consejo; palabra: *Let me give you a word of advice.* = *Déjame darte un consejo.* **5.** Conversación corta; palabra: *May I have a word with you?* = *¿Me permites una palabra?* **6. words** Comentarios desagradables dichos por dos personas; disputa; riña de palabras: *My sister and I had words over who was going to walk the dog.* = *Mi hermana y yo tuvimos unas palabras acerca de quién iba a pasear al perro.* **7.** Promesa o voto; palabra: *She always keeps her word.* = *Ella siempre mantiene su palabra.* **8.** Comunicación o información; mensaje: *We sent word of our safe arrival.* = *Mandamos el mensaje de que llegamos bien.*
—*verbo* Expresar en palabras; redactar; formular: *Word your question clearly.* = *Redacte su pregunta claramente.*
Modismo **word for word** Sin cambiar u omitir una palabra; exactamente; palabra por palabra; al pie de la letra.

wore Pretérito del verbo **wear.**

work *sustantivo* Trabajo: **1.** El esfuerzo realizado para hacer o construir algo, que puede ser tanto físico como mental. **2.** Lo que una persona hace para ganar dinero; labor; ocupación. **3.** Tarea o conjunto de tareas. **4.** La forma en que se realiza una labor. **5.** Algo que ya se terminó o que se esta realizando: *The artist says his new painting is his best work.* = *El artista dice que su nueva pintura es su mejor trabajo.* **6. works** Las piezas movibles de una maquinaria o aparato; mecanismo.
—*verbo* **1.** Poner el esfuerzo para conseguir o realizar algo; trabajar. **2.** Tener un trabajo, estar empleado; trabajar. **3.** Causar o forzar la realización de un trabajo; hacer trabajar. **4.** Operar o funcionar de manera correcta; trabajar. **5.** Ser la causa de que algo opere o funcione de manera correcta; operar; funcionar. **6.** Servir un propósito; resultar; ser lo mismo: *The recipe says to use butter, but margarine will work just as well.* = *La receta dice usar mantequilla, pero la margarina será lo mismo.* **7.** Obrar; dar resultado; hacer bien. **8.** Moldear o dar forma aplicando presión; trabajar. **9.** Ser formado o moldeado en la manera dicha; trabajarse: *Copper works easily* = *El cobre se trabaja fácilmente.*
Verbo en locución **work out 1.** Planear o desarrollar; resultar; resolver; trabajar: *We are working out a solution to the problem.* = *Estamos trabajando en la solución para el problema.* **2.** Tener éxito; resultar bien: *Did everything work out for the picnic?* = *¿Salió*

work·er |wûr′kər| —*noun, plural* **workers 1.** Someone who works. **2.** A female ant, bee, or other insect that does most of the work of the colony or hive and that cannot produce offspring.

work·ing |wûr′kĭng| —*adjective* **1.** Of, for, or used in working. **2.** In operation.

work·man |wûrk′mən| —*noun, plural* **workmen** A person who does some kind of labor with his or her hands or with machines.

work·man·ship |wûrk′mən shĭp′| —*noun* The skill or ability of a workman or the quality of an object that is made.

work·out |wûrk′out′| —*noun, plural* **workouts** Exercise or practice, especially in athletics.

work·shop |wûrk′shŏp′| —*noun, plural* **workshops 1.** A place, room, or building where work is done. **2.** A group of people studying or working together in a special field or subject.

world |wûrld| —*noun, plural* **worlds 1.** The earth. **2.** A part of the earth. **3.** All the people who live on earth. **4.** A field or area of interest, activity, or knowledge. **5.** A large amount.

worm |wûrm| —*noun, plural* **worms** Any of several kinds of animals having a soft, long, rounded body and no backbone.
—*verb* **wormed, worming 1.** To move by or as if by creeping or crawling. **2.** To get in a sly or sneaky way.

worn |wôrn| or |wōrn| The past participle of the verb **wear.**
—*adjective* **1.** Damaged by wear or use. **2.** Having a tired look from worry, sickness, or other problems.
♦ *These sound alike* **worn, warn.**

worn-out |wôrn′out′| or |wōrn′out′| —*adjective* **1.** No longer useful or in good condition. **2.** Very tired; exhausted.

wor·ry |wûr′ē| or |wŭr′ē| —*verb* **worried, worrying, worries 1.** To feel or cause to feel uneasy or anxious. **2.** To pull or tug at repeatedly.
—*noun, plural* **worries 1.** An uneasy or troubled feeling; anxiety. **2.** Something that causes an uneasy feeling or anxiety.

worse |wûrs| —*adjective* **1.** The comparative of **bad. 2.** The comparative of **ill. 3.** More inferior, as in quality, condition, or effect.
—*adverb* In a worse way.
—*noun* Something worse.

wor·ship |wûr′shĭp| —*noun* **1.** The love and devotion felt for God. **2.** The religious ceremonies and prayers in honor of God.
—*verb* **worshiped** or **worshipped, worshiping** or

worker *sustantivo* **1.** Persona que trabaja; trabajador; obrero. **2.** Hembra de las hormigas, las abejas u otros insectos la cual realiza casi todo el trabajo de la colonia o colmena y que no puede procrear; obrera.

working *adjetivo* **1.** Relativo al trabajo; obrero; de trabajo. **2.** En operación; en funcionamiento: *Is the radio working?* = *¿Funciona la radio?*

workman *sustantivo* Persona que realiza cualquier clase de labor con sus manos o con máquinas; trabajador; obrero.

workmanship *sustantivo* Habilidad o destreza de un obrero en el trabajo, o la calidad del objeto realizado; confección; hechura; mano de obra.

workout *sustantivo* Ejercicios o prácticas especialmente en atletismo; pruebas; ensayos; entrenamiento.

workshop *sustantivo* **1.** Área, habitación o edificio donde se realizan trabajos; taller. **2.** Grupo de personas que estudian o trabajan juntas en un campo o materia en especial; taller; seminario.

world *sustantivo* **1.** La tierra; el mundo. **2.** Una parte del mundo: *the western world* = *el mundo occidental.* **3.** Toda la gente que habita la tierra; el mundo. **4.** Campo o área de interés, actividad o conocimientos; el mundo: *the business world* = *el mundo de los negocios.* **5.** Gran cantidad; un mundo: *The doctor said that resting in the sun would do me a world of good after I'd been sick* = *El doctor dijo que descansar al sol me haría un mundo de bien después de haber estado enfermo.*

worm *sustantivo* Una de las varias especies de animales que tienen el cuerpo largo, suave, anillado e invertebrado; gusano; lombriz; oruga.
—*verbo* **1.** Moverse paso a paso arrastrándose o deslizándose; atravesar serpenteando. **2.** Obtener algo con artimañas o trampas.

worn Participio pasado del verbo **wear.**
—*adjetivo* **1.** Dañado por el uso; gastado; roto; raído. **2.** Tener un aspecto cansado debido a las preocupaciones, enfermedades u otros problemas; rendido; agotado.

worn-out *adjetivo* **1.** Que ya no es útil, o que no está en buena condición; gastado; inservible. **2.** Muy cansado; exhausto; consumido.

worry *verbo* **1.** Sentir o causar sentir ansiedad o inquietud; preocuparse: *I'm worried about Dick because he's late.* = *Estoy preocupada por Dick porque se le ha hecho tarde. That bad cough of yours worries me.* = *Esa tos tan mala tuya me preocupa.* **2.** Halar y tirar mordiendo y sacudiendo: *The kitten worried a ball of yarn.* = *El gatito mordió y sacudió el ovillo de lana.*
—*sustantivo* **1.** Sentimiento de inquietud o desasosiego; ansiedad; preocupación. **2.** Algo que causa un sentimiento de inquietud y ansiedad; preocupación: *My biggest worry is that the car will break down before I get home.* = *Mi mayor preocupación es que el auto se pueda romper antes de llegar a casa.*

worse *adjetivo* **1.** El comparativo de **bad;** más malo; peor: *The situation is even worse than we thought it might be.* = *La situación es aún más mala de lo que pensamos que podía ser.* **2.** El comparativo de **ill;** más malo; peor: *Grandpa is worse and we think you should come home.* = *Abuelo está peor y pensamos que deberías venir a casa.* **3.** Que es inferior en calidad, condición o efecto; peor.
—*adverbio* De manera aún más mala; peor: *You couldn't have sung worse.* = *No pudiste haber cantado peor.*
—*sustantivo* Algo aún más malo; peor; empeoramiento: *Her health has taken a turn for the worse.* = *Su salud ha tomado un rumbo peor.*

worship *sustantivo* **1.** El amor y la devoción que se sienten hacia Dios; adoración; reverencia. **2.** Ceremonias religiosas y oraciones en honor a Dios; culto.
—*verbo* **1.** Respetar y amar; adorar; reverenciar.

todo bien en el picnic? **3.** Hacer ejercicios de calistenia; entrenarse.

worshipping 1. To honor and love. **2.** To take part in a religious ceremony. **3.** To love or be devoted to.

worst |wûrst| —*adjective* **1.** The superlative of **bad. 2.** The superlative of **Ill. 3.** Most inferior, as in quality, condition, or effect. **4.** Most severe or unfavorable. —*noun* Someone or something that is worst.

worth |wûrth| —*noun* **1.** The condition or quality that gives a person or thing value or importance. **2.** The value of something in money. **3.** The amount that a certain sum of money will buy. —*adjective* **1.** Good enough to. **2.** Having the same value as; equal to. **3.** Having wealth that amounts to.

worth·less |wûrth′lĭs| —*adjective* Without worth; not useful, valuable, or important.

worth·while |wûrth′hwīl′| or |wûrth′wīl′| —*adjective* Valuable enough or important enough to make an effort to do or to spend time and money on.

wor·thy |wûr′thē| —*adjective* **worthier, worthiest 1.** Having merit or value; good; useful. **2.** Deserving or meriting.

would |wood| The past tense of the verb **will.**

would·n't |wood′nt| A contraction of "would not."

wound¹ |woond| —*noun, plural* **wounds** An injury, especially one in which the skin is broken by cutting. —*verb* **wounded, wounding 1.** To injure or hurt by cutting, piercing, or breaking the skin. **2.** To hurt another's feelings; cause hurt to another.

wound² |wound| The past tense and past participle of the verb **wind.**

wove |wōv| The past tense of the verb **weave.**

wo·ven |wō′vən| A past participle of the verb **weave.**

wrap |răp| —*verb* **wrapped, wrapping 1.** To cover or enclose by folding or winding something around. **2.** To clasp or wind around. **3.** To put paper around.

wrath |răth| or |räth| —*noun, plural* **wraths** Very great anger; rage; fury.

wreath |rēth| —*noun, plural* **wreaths** A circle or ring of leaves, branches, or flowers that are tied together. It is used for decoration.

wreck |rĕk| —*verb* **wrecked, wrecking 1.** To ruin or destroy. **2.** To cause ruin or destruction. —*noun, plural* **wrecks** The remains of something that has been wrecked.

wrench |rĕnch| —*noun, plural* **wrenches 1.** A sudden, hard twist or turn. **2.** A tool with jaws, used for gripping and turning such things as nuts and bolts. —*verb* **wrenched, wrenching** To pull or turn suddenly and with force.

2. Tomar parte en' una ceremonia religiosa; adorar; venerar; orar. **3.** Amar o ser devoto de alguien; adorar: *She worships her mother.* = *Ella adora a su madre.*

worst *adjetivo* Peor: **1.** Superlativo de **bad:** *He was the worst President we ever had* = *Él fue el peor presidente que jamás tuvimos.* **2.** Superlativo de **Ill:** *This is the worst health he has ever experienced.* = *Éste es el peor estado de salud que él ha tenido.* **3.** Más inferior tanto en calidad como condición o efecto: *The worst scrambled eggs I ever tasted.* = *El peor revoltillo de huevos que jamás haya probado.* **4.** Más severo o poco favorable: *the worst winter in years* = *el peor invierno en años.* —*sustantivo* Alguien o algo que es lo peor: *That apple is the worst of the lot.* = *Esa manzana es la peor del lote.*

worth *sustantivo* **1.** La condición o cualidad que da valía o importancia a una persona o cosa; valor; mérito; excelencia: *That antique bowl has great worth because it's over two hundred years old.* = *Esa vasija antigua es de gran valor porque tiene más de doscientos años.* **2.** El valor de algo en dinero; precio: *That painting's worth is ten thousand dollars.* = *El precio de esa pintura es diez mil dólares.* **3.** La cantidad que se compra con cierta suma de dinero: *He bought a quarter's worth of chocolate.* = *Él compró veinticinco centavos de chocolate.* —*adjetivo* **1.** Que es digno de hacer; que merece o vale la pena hacer: *Your plan is worth trying.* = *Su plan es digno de ser ensayado. This book is worth reading.* = *Este libro merece ser leído.* **2.** Que tiene el mismo valor que algo; equivalente; igual a: *This antique stamp is worth fifty dollars.* = *Este sello antiguo vale cicuenta dólares.* **3.** Que tiene tal riqueza o tantos bienes de fortuna: *Tom says his father is worth over a million dollars.* = *Tom dice que su padre tiene más de un millón de dólares.*

worthless *adjetivo* Que no tiene valor; inútil, sin mérito o importancia; despreciable; indigno.

worthwhile *adjetivo* Tan valioso o importante que vale la pena hacer un esfuerzo, gastar tiempo o invertir dinero para conseguirlo; valioso; digno.

worthy *adjetivo* **1.** Que tiene mérito o valor; bueno; útil; apreciable; noble. **2.** Merecedor; meritorio.

would Pretérito del verbo **will.**

wouldn't Contracción de "would not".

wound¹ *sustantivo* Lesión, especialmente cuando la piel se rompe debido a una cortadura; herida. —*verbo* **1.** Lesionar o lastimar cortando, perforando o rompiendo la piel; herir. **2.** Herir el amor propio de otro; ofender; causar daño a otro; injuriar

wound² Pretérito y participio pasado del verbo **wind.**

wove Pretérito del verbo **weave.**

woven Participio pasado del verbo **weave.**

wrap *verbo* **1.** Cubrir o encerrar doblando o enrollando algo en derredor; envolver. **2.** Enganchar o entrelazar; enrollar. **3.** Cubrir con papel; empacar.

wrath *sustantivo* Enojo muy grande; ira, furia; cólera.

wreath *sustantivo* Círculo o anillo de hojas, ramas o flores entrelazadas que se usa como decoración; guirnalda; festón.

wreck *verbo* **1.** Arruinar o destruir; destrozar; desbaratar; chocar; naufragar. **2.** Causar ruina o destrucción; arruinar; destrozar; desbaratar; echar a perder. —*sustantivo* Restos de algo que ha sido destruido; destrozos; despojos; ruinas.

wrench *sustantivo* **1.** Giro o vuelta violenta e imprevista; tirón. **2.** Herramienta con quijadas usada para agarrar y torcer cosas como tuercas y pernos; llave de tuerca. —*verbo* Halar o torcer repentina y violentamente; dislocar; desencajar.

wres·tle |rĕs′əl| —*verb* **wrestled, wrestling 1.** To try to force or throw an opponent to the ground by grabbing and struggling with the hands. **2.** To struggle to solve or overcome.

wres·tler |rĕs′lər| —*noun, plural* **wrestlers** A person who wrestles, especially as a sport.

wretch·ed |rĕch′ĭd| —*adjective* **1.** Very unhappy or unfortunate. **2.** Evil or wicked.

wring |rĭng| —*verb* **wrung, wringing 1.** To twist and squeeze to force water or other liquid out. **2.** To force out liquid by twisting, squeezing, or pressing. **3.** To twist with force. **4.** To get by force. **5.** To hold tightly together and press or twist.

wrin·kle |rĭng′kəl| —*noun, plural* **wrinkles** A small crease, ridge, or fold on a smooth surface, as of skin or cloth.
—*verb* **wrinkled, wrinkling 1.** To make a wrinkle or wrinkles in. **2.** To show or form wrinkles.

wrist |rĭst| —*noun, plural* **wrists** The joint at which the hand and arm come together.

write |rīt| —*verb* **wrote, written, writing 1.** To form letters, symbols, or words on a surface with a pencil, pen, or other instrument. **2.** To mark with letters or words. **3.** To compose. **4.** To communicate by writing. **5.** To send a letter or note to.
Phrasal verb **write down** To put into writing.

writ·er |rī′tər| —*noun, plural* **writers 1.** A person who has written something. **2.** A person whose job is writing; an author.

writ·ing |rī′tĭng| —*noun, plural* **writings 1.** Written form. **2.** Letters or symbols written or printed on a surface. **3.** **writings** A collection of written works.

writ·ten |rĭt′n| The past participle of the verb **write**.

wrong |rông| or |rŏng| —*adjective* **1.** Not correct; mistaken. **2.** Bad; against the law; immoral. **3.** Not intended or wanted. **4.** Not fitting or suitable. **5.** Not working or behaving properly.
—*adverb* Incorrectly; mistakenly.
—*noun, plural* **wrongs 1.** An unjust or immoral act or condition. **2.** The condition of being mistaken or to blame.
—*verb* **wronged, wronging** To treat unfairly or unjustly.

wrote |rōt| The past participle of the verb **write**.

wrung |rŭng| The past tense and past participle of the verb **wring**.

wrestle *verbo* **1.** Tratar de forzar o de tirar a un contrincante al suelo, agarrándolo y forcejeando con las manos; luchar. **2.** Esforzarse para resolver o superar algo; luchar; disputar.

wrestler *sustantivo* Persona que lucha, especialmente en los deportes; luchador.

wretched *adjetivo* **1.** Muy infeliz o desafortunado; desgraciado; desventurado; miserable. **2.** Depravado o perverso; detestable; mezquino.

wring *verbo* **1.** Retorcer y estrujar para sacar el agua u otro líquido; exprimir. **2.** Hacer salir el líquido retorciendo, exprimiendo o presionando; exprimir. **3.** Torcer con fuerza; retorcer. **4.** Lograr algo por la fuerza; arrancar; forzar. **5.** Juntar firmemente y apretar o torcer; retorcer.

wrinkle *sustantivo* Pliegue pequeño, surco o doblez en una superficie lisa, como piel o tela; arruga.
—*verbo* **1.** Hacer una arruga o arrugas en algo; fruncir; arrugar. **2.** Hacer o formar arrugas; arrugar: *This shirt wrinkles easily.* = *Esta camisa se arruga fácilmente.*

wrist *sustantivo* Articulación que une la mano y el brazo; muñeca.

write *verbo* **1.** Formar letras, símbolos o palabras sobre una superficie, con lápiz, pluma u otro instrumento; escribir. **2.** Marcar con letras o palabras. **3.** Componer. **4.** Comunicar por escrito. **5.** Enviar una carta o una nota a alguien; escribir.
Verbo en locución **write down** Redactar; poner por escrito.

writer *sustantivo* **1.** Persona que ha escrito algo; autor. **2.** Persona cuyo trabajo es escribir; escritor.

writing *sustantivo* **1.** La forma escrita; escrito. **2.** Letras o símbolos escritos o impresos sobre una superficie; escritura; letra. **3.** **writings** Colección de trabajos escritos.

written Participio pasado del verbo **write**.

wrong *adjetivo* **1.** Incorrecto; errado. **2.** Malo; en contra de la ley; inmoral. **3.** No intencionado o querido; equivocado: *a wrong telephone number* = *un número de teléfono equivocado.* **4.** Que no es apropiado; inadecuado: *This is the wrong time to ask him for money.* = *Este es un momento inadecuado para pedirle dinero.* **5.** Que no funciona o se comporta apropiadamente; que anda mal: *Something is wrong with the machine.* = *Algo anda mal con esta máquina.*
—*adverbio* Incorrectamente; equivocadamente.
—*sustantivo* **1.** Condición o acto injusto o inmoral; injusticia; agravio. **2.** La condición de estar equivocado o de ser culpable; error; culpa.
—*verbo* Tratar injustamente.

wrote Participio pasado del verbo **write**.

wrung Pretérito y participio pasado del verb **wring**.

X Y Z

x or **X** |ĕks| —*noun, plural* **x's** or **X's 1.** The twenty-fourth letter of the English alphabet. **2.** A symbol for a number or quantity that is not known. **3.** A mark made on a map, chart, or other drawing to show a place or location.

Xe·rox |zîr′ŏks′| —*noun, plural* **Xeroxes 1.** A trademark for a machine or process that makes photographic copies of written or printed material. **2.** A copy made on a Xerox machine.
—*verb* **Xeroxed, Xeroxing** To copy with a Xerox machine.

x o **X** *sustantivo* **1.** Vigésima cuarta letra del alfabeto inglés; equis. **2.** Símbolo que representa un número o una cantidad desconocida. **3.** Señal hecha en un mapa, plano o dibujo para indicar un lugar o ubicación.

Xerox *sustantivo* **1.** Marca de fábrica de una máquina o proceso que hace copias fotográficas de material escrito o impreso. **2.** Copia hecha con una máquina Xerox.
—*verbo* Copiar con una máquina Xerox.

ă pat   ā pay   â care   ä father   ĕ pet   ē be   ĭ pit   ī pie   î fierce   ŏ pot   ō go   ô paw, for   oi oil   oo book   oo boot

x-ray or **X-ray** |ĕks′rā| —*noun, plural* **x-rays** or **X-rays 1.** A kind of ray that can go through substances that regular rays of light cannot go through. X-rays are used to take pictures inside the body. Broken bones, tooth cavities, certain tumors, and other things can be located by using x-rays. Certain diseases can also be treated by means of x-rays. **2.** A photograph obtained by the use of x-rays.
—*verb* **x-rayed** or **X-rayed, x-raying** or **X-raying** To examine, photograph, or treat with x-rays.

xy·lo·phone |zī′lə fōn′| —*noun, plural* **xylophones** A musical instrument that is made up of two rows of wooden bars of varying lengths. A xylophone is played by striking the bars with small wooden mallets.

x-ray *sustantivo* **1.** Clase de rayo que puede atravesar sustancias que no pueden penetrar los rayos de luz ordinaria, y que se usa para tomar fotografías internas del cuerpo; rayos equis. Los huesos, las caries dentales, algunos tumores y otras cosas pueden ser localizadas mediante el uso de rayos equis. Algunas enfermedades también pueden ser tratadas con rayos equis. **2.** Fotografía obtenida con rayos equis; radiografía.
—*verbo* Examinar, fotografiar o tratar con rayos equis.

xylophone *sustantivo* Instrumento musical que consta de dos hileras de barras de madera de diferentes longitudes; xilófono; especie de marimba. El xilófono se toca golpeando las barras con martillitos de madera.

y or **Y** |wī| —*noun, plural* **y's** or **Y's** The twenty-fifth letter of the English alphabet.

yacht |yät| —*noun, plural* **yachts** A small ship run by sails or a motor and used for pleasure trips or racing.

yak |yăk| —*noun, plural* **yaks** An animal with long hair and horns, found in the mountains of central Asia. Yaks are often tamed and used as work animals and to give milk.

yank |yăngk| —*verb* **yanked, yanking** To pull with a sudden, jerking movement.
—*noun, plural* **yanks** A sudden, sharp pull; a jerk.

Yan·kee |yăng′kē| —*noun, plural* **Yankees 1.** A person who was born in or lives in New England. **2.** A person from the northern part of the United States, especially a Union supporter or soldier in the Civil War. **3.** Any person born or living in the United States.

yard¹ |yärd| —*noun, plural* **yards 1.** A unit of length equal to 3 feet or 36 inches. In the metric system, a yard equals 0.914 meter. **2.** A long pole attached crosswise to a mast to support a sail.

yard² |yärd| —*noun, plural* **yards 1.** A piece of ground near a house or other building. **2.** An area, often enclosed by a fence, used for a particular kind of work or business.

yarn |yärn| —*noun, plural* **yarns 1.** Wool or other fibers twisted or spun into long strands and used for knitting, weaving, or mending. **2.** A long tale of adventure, often one that is made up or exaggerated.

yawn |yôn| —*verb* **yawned, yawning 1.** To open the mouth wide and breathe in deeply, usually because one is sleepy or bored. **2.** To be open wide as if yawning.
—*noun, plural* **yawns** The act or an instance of yawning.

year |yîr| —*noun, plural* **years 1.** The period of time during which the earth makes one complete revolution around the sun, equal to about 365 days. **2.** Any period of twelve months. **3.** A period of time, sometimes shorter than twelve months, used for a special activity.

year·ly |yîr′lē| —*adjective* **1.** Taking place once a year. **2.** For or during a single year.
—*adverb* Once a year or every year.

yeast |yēst| —*noun, plural* **yeasts** A substance, often powdered or pressed into small cakes, that is used in baking bread, brewing beer, and for other purposes. Yeast is a tiny plant, or a kind of fungus, that breaks down sugar to produce carbon dioxide and alcohol.

yell |yĕl| —*verb* **yelled, yelling** To shout or cry out loudly, as in excitement, anger, fear, or warning.
—*noun, plural* **yells** A loud shout or cry.

yel·low |yĕl′ō| —*noun, plural* **yellows 1.** The color of ripe lemons, butter, or dandelion blossoms. **2.** Something that has this color.
—*adjective* **yellower, yellowest** Of the color yellow.
—*verb* **yellowed, yellowing** To make or become yellow.

yel·low·ish |yĕl′ō ĭsh| —*adjective* Somewhat yellow.

y o **Y** *sustantivo* Vigésima quinta letra del alfabeto inglés; ye; y griega.

yacht *sustantivo* Embarcación pequeña movida por velas o motor, que se usa para viajes de placer o regatas; yate.

yak *sustantivo* Animal de pelo largo y cuernos que se encuentra en las montañas del Asia Central y que a menudo se domestica y se usa como animal de trabajo y de ordeño; yak.

yank *verbo* Estirar con un movimiento repentino y espasmódico; dar un tirón; sacar de un tirón.
—*sustantivo* Tirón repentino y agudo; estirón.

Yankee *sustantivo* **1.** Persona nacida o que vive en Nueva Inglaterra; yanqui. **2.** Persona del norte de los Estados Unidos, especialmente un partidario o soldado de la Unión durante la Guerra Civil. **3.** Cualquier persona nacida o que vive en los Estados Unidos.

yard¹ *sustantivo* **1.** Unidad de longitud igual a tres piés o 36 pulgadas; yarda. En el sistema métrico una yarda equivale a 0.914 metros. **2.** Palo largo fijado a través de un mástil para sostener una vela; verga.

yard² *sustantivo* **1.** Pedazo de suelo cerca de una casa u otro edificio; solar; patio. **2.** Área, generalmente encerrada por una cerca, utilizada para un trabajo o negocio especial; cercado; patio; depósito.

yarn *sustantivo* **1.** Lana u otras fibras torcidas o hiladas en hebras largas usadas para tejer o remendar; hilaza; hilo; estambre. **2.** Cuento largo de aventuras, a menudo inventadas o exageradas; cuento chino.

yawn *verbo* **1.** Abrir ampliamente la boca y aspirar profundamente, usualmente por causa de sueño o aburrimiento; bostezar. **2.** Estar abierto ampliamente como si fuera bostezando.
—*sustantivo* El acto de bostezar; bostezo.

year *sustantivo* **1.** Período de tiempo en el cual la tierra da una vuelta completa alrededor del sol, equivalente a aproximadamente 365 días; año. **2.** Cualquier período de doce meses. **3.** Período de tiempo, a veces de menos de doce meses, que se usa para una actividad especial.

yearly *adjetivo* Anual: **1.** Tomando lugar una vez al año. **2.** De o durante un solo año.
—*adverbio* Una vez al año o cada año; anualmente.

yeast Planta diminuta o una clase de hongo que descompone el azúcar en dióxido de carbono y alcohol, encontrada frecuentemente en polvo o comprimida en pastillas y que se usa para hornear pan, fermentar cerveza, u otros propósitos; levadura.

yell *verbo* Vociferar o dar alaridos fuertes, como de excitación, ira, temor o advertencia; gritar; aullar.

yellow *sustantivo* **1.** Color de limones maduros, de mantequilla, o de la flor de retama; amarillo. **2.** Algo que tiene ese color.
—*adjetivo* De color amarillo.
—*verbo* Volverse amarillo; amarillecer.

yellowish *adjetivo* Que tira a amarillo; amarillento.

ər butter   yoŏ abuse   ou out   ŭ cut   û fur   *th* the   th thin   hw which   zh vision   ə ago, item, pencil, atom, circus

yen |yĕn| —*noun, plural* **yens** A strong desire; longing.

yes |yĕs| —*adverb* It is true; I agree.
—*noun, plural* **yeses** 1. An answer that agrees with, approves, or supports. 2. A vote or voter that approves of something.

yes·ter·day |yĕs′tər dā′| or |yĕs′tər dē| —*noun, plural* **yesterdays** 1. The day before today. 2. The recent past.
—*adverb* 1. On the day before today. 2. In the recent past.

yet |yĕt| —*adverb* 1. At this time; now. 2. Up to now; so far. 3. As before; still. 4. Besides; in addition. 5. Even; still more. 6. Nevertheless. 7. At some future time; eventually.
—*conjunction* Nevertheless; and despite this.

yield |yēld| —*verb* **yielded, yielding** 1. To give forth; produce; provide. 2. To give up; surrender. 3. To give in. 4. To give way to pressure or force.
—*noun, plural* **yields** An amount yielded or produced.

yo·gurt |yō′gərt| —*noun, plural* **yogurts** A food that is like custard, made from milk that has been made thick by certain kinds of bacteria.

yoke |yōk| —*noun, plural* **yokes** 1. A bar with two pieces shaped like U's that fit around the necks of a pair of oxen or other animals that work as a team. 2. *plural* **yoke** or **yokes** A pair of animals joined by a yoke and working together. 3. Part of a piece of clothing that fits closely around the neck and shoulders or over the hips.
—*verb* **yoked, yoking** To join together with a yoke.

yolk |yōk| or |yōlk| —*noun, plural* **yolks** The yellow part inside an egg, especially a chicken's egg.

yon·der |yŏn′dər| —*adjective* At a distance but capable of being seen.
—*adverb* In, to, or at that place; over there.

you |yōō| —*pronoun* 1. The person or persons spoken to. 2. A person in general; one; anyone. The pronoun **you** is always used with a plural verb, regardless of the fact that it may stand for a singular or a plural noun.

you'd |yōōd| A contraction of "you had" or "you would."

you'll |yōōl| A contraction of "you will" or "you shall."

young |yŭng| —*adjective* **younger, youngest** 1. Not old or fully grown. 2. In an early stage of development. 3. At or near the beginning. 4. Having the qualities of young people; fresh and vigorous.
—*noun* (Used with a singular or plural verb.) People or animals in an early stage of development.

young·ster |yŭng′stər| —*noun, plural* **youngsters** 1. A child or young person. 2. A young animal.

your |yŏŏr| or |yôr| or |yōr| or |yər| —*pronoun* The pronoun **your** is a possessive form of **you.** It means: 1. Of or belonging to you. 2. Done or performed by you.
—*adjective* 1. Belonging to you. 2. Done or performed by you.

you're |yŏŏr| or |yər| A contraction of "you are."

yours |yŏŏrz| or |yôrz| or |yōrz| —*pronoun* The pronoun **yours** is a possessive form of **you.**

your·self |yŏŏr sĕlf′| or |yôr sĕlf′| or |yōr sĕlf′| or |yər sĕlf′| —*pronoun, plural* **yourselves** The pronoun **yourself** is a special form of **you.** 1. It is used: **a.** As the direct object of a verb. **b.** As the indirect object of a verb. **c.** As the object of a preposition.

yen *sustantivo* Deseo fuerte; ansia; gana; antojo.

yes *adverbio* Es verdad, estoy de acuerdo; sí.
—*sustantivo* 1. Respuesta que acuerda con, que aprueba, o que apoya. 2. Voto o elector que aprueba algo.

yesterday *sustantivo* 1. El día anterior a hoy; ayer. 2. El pasado reciente; el ayer.
—*adverbio* 1. En el día anterior a hoy; ayer. 2. En el pasado reciente; el ayer.

yet *adverbio* 1. En este momento; ahora no; Todavía no. 2. Hasta ahora; hasta este momento; aún. 3. Como antes; todavía. 4. Fuera de; además de. 5. Aún más; todavía más. 6. Sin embargo; empero; con todo; mas; pero. 7. En algún tiempo futuro; eventualmente.
—*conjunción* No obstante; con todo; sin embargo; a pesar de.

yield *verbo* 1. Proporcionar; rendir; producir. 2. Rendirse; entregarse; dar paso. 3. Ceder. 4. Someterse a la presión o fuerza; sucumbir.
—*sustantivo* Cantidad rendida o producida; rédito; rendimiento; cosecha; producción.

yogurt *sustantivo* Alimento parecido a la natilla, hecho de leche que ha sido espesada con cierta clase de bacterias; yogurt.

yoke *sustantivo* 1. Barra de dos piezas en forma de U que se coloca alrededor del pescuezo de un par de bueyes o de otros animales que trabajan en pareja; yugo. 2. Pareja de animales unidos por un yugo y que trabajan juntos; yunta. 3. Parte de una prenda de vestir que se ciñe alrededor del cuello y los hombros o sobre las caderas; canesú; hombrillo.
—*verbo* Juntar con un yugo; uncir; yugar.

yolk *sustantivo* La parte amarilla dentro de un hueva, especialmente del huevo de gallina; yema.

yonder *adjetivo* A cierta distancia pero capaz de ser visto; que está allá a la vista.
—*adverbio* Allí; allá; acullá; a lo lejos.

you *pronombre* 1. Persona o personas a quienes se habla; tú, usted, vostros, ustedes. 2. Una persona en general; uno; cualquiera. El pronombre *you* se usa siempre con un verbo en plural en inglés, independientemente del hecho de que se refiera a un sustantivo singular o plural.

you'd Contracción de "you had" o "you would".

you'll Contracción de "you will" o "you shall".

young *adjetivo* 1. No viejo; no completamente desarrollado; joven. 2. En etapa temprana de desarrollo; joven; tierno; novicio. 3. Al principio o cerca del mismo. 4. Que tiene las cualidades de la gente joven; fresco y vigoroso.
—*sustantivo* Gente o animales en etapa temprana de desarrollo; hijos; cría.

youngster *sustantivo* 1. Jovencito o persona joven; niño; chiquillo; mozalbete. 2. Animal joven.

your *pronombre* Forma posesiva de *you;* su; sus. 1. De o perteneciente a usted o ustedes. 2. Hecho, realizado, o presentado por usted o ustedes.
—*adjetivo* 1. Que pertenece a usted o ustedes. 2. Hecho, realizado, o presentado por usted o ustedes.

you're Contracción de "you are".

yours *pronombre* El pronombre **yours** es la forma posesiva de **you.** Se usa para indicar que algo o alguien le pertenece a uno; el suyo; el vuestro; el tuyo.

yourself *pronombre* El pronombre **yourself** es una forma especial de **you.** Se usa: **a.** Como complemento directo del verbo: *you should not tire yourself.* = *No debe fatigarse.* **b.** Como complemento indirecto del verbo: *Give yourself enough time.* = *Dése suficiente*

ă pat ā pay â care ä father ĕ pet ē be ĭ pit ī pie î fierce ŏ pot ō go ô paw, for oi oil ōō book ōō boot

d. To call special attention to you. **2.** The pronoun **yourself** is used to mean "your normal self"..

youth |yōōth| —*noun, plural* **youths** |yōōths| or | | yōō*thz*| **1.** The condition or quality of being young. **2.** The early time of life before one is an adult. **3.** A boy or young man. **4.** (Used with a singular or plural verb.) Young people in general.
youth·ful |yōōth′fəl| —*adjective* **1.** In one's youth; young. **2.** Of or typical of a young person. **3.** Having or giving the look or quality of youth.

you've |yōōv| A contraction of "you have".
Yule or **yule** |yōōl| —*noun, plural* **Yules** or **yules** Christmas or the Christmas season.
Yule·tide or **yule-tide** |yōōl′tīd′| —*noun, plural* **Yuletides** or **yuletides** The Christmas season.

---

z or **Z** |zē| —*noun, plural* **z's** or **Z's** The twenty-sixth letter of the English alphabet.
ze·bra |zē′brə| —*noun, plural* **zebras** An African animal that is related to the horse. Its entire body is marked with black and whitish stripes.
ze·nith |zē′nĭth| —*noun, plural* **zeniths 1.** The point in the sky that is directly above a person. **2.** The highest or most important point.
ze·ro |zîr′ō| or |zē′rō| —*noun, plural* **zeros** or **zeroes 1.** A number, written 0, that can be added to any other number without changing the value of the other number. **2.** The temperature marked by the numeral 0 on a thermometer. **3.** A point on a scale or other system of measurement that is marked by the numeral 0. **4.** Nothing.
—*adjective* **1.** Of or at zero. **2.** None at all.
zig·zag |zĭg′zăg′| —*noun, plural* **zigzags 1.** A line or course that moves in a series of short, sharp turns from one side or direction to another. **2.** One of a series of short, sharp turns, especially in a road or river.
—*verb* **zigzagged, zigzagging** To move in or follow the form of a zigzag.
zinc |zĭngk| —*noun* A shiny bluish-white metal. It is used for coating iron and in batteries. It is not affected by air and moisture. Zinc is one of the chemical elements.
zip |zĭp| —*verb* **zipped, zipping 1.** To move or do something very fast. **2.** To fasten or close with a zipper.
zip·per |zĭp′ər| —*noun, plural* **zippers** A fastener that is made of two rows of teeth on separate edges. The teeth are made to lock and unlock by pulling a sliding tab up and down.
zith·er |zĭth′ər| —*noun, plural* **zithers** A musical instrument that is made of a shallow, flat box with thirty to forty strings stretched over it. It is played by plucking the strings.
zo·di·ac |zō′dē ăk′| —*noun* **1.** An imaginary band in the heavens that extends on both sides of the path traveled by the sun. It includes the paths traveled by the planets and the moon. **2.** The twelve equal parts, called signs of the zodiac, into which this band is divided. Each part has the name of a group of stars.
zom·bie |zŏm′bē| —*noun, plural* **zombies 1.** In the belief or folklore of some African peoples and others of African origin, a dead body that has been brought to life by magic and is the magician's slave. **2.** A person who looks or acts as if he has no will.

tiempo. **c.** Como complemento de una preposición: *Keep it for yourself.* = *Guárdeselo para usted.* **d.** Para llamar especialmente la atención sobre usted: *You yourself admitted you were wrong.* = *Usted mismo admitió estar equivocado.* **2.** El pronombre **yourself** se usa para significar "su ser normal": *You were not yourself after the accident.* = *Usted no se sintió en sí después del accidente.*

youth *sustantivo* **1.** Condición o cualidad de ser joven; juventud. **2.** El período temprano de la vida antes de ser adulto; juventud. **3.** Muchacho u hombre todavía menor de edad; joven. **4.** Gente joven en general; juventud.
youthful *adjetivo* **1.** En la juventud de uno; joven. **2.** De la juventud o típico de una persona joven; juvenil; joven. **3.** Que tiene la calidad de joven o luce como tal; juvenil; vigoroso; vivo.
you've Contracción de "you have".
Yule *sustantivo* Navidad o la temporada de Navidad.

Yuletide *sustantivo* Temporada de Navidad.

---

z o **Z** *sustantivo* Vigésima sexta letra del alfabeto inglés; zeta.
zebra *sustantivo* Animal africano de la familia de los caballos, que tiene todo el cuerpo marcado con listas trasversales blanquecinas y negras; cebra.
zenith *sustantivo* **1.** Punto en el cielo que está directamente encima de una persona; cénit o zénit. **2.** El punto más alto o más importante.
zero *sustantivo* **1.** Número, escrito 0, que puede ser añadido a cualquier otro número sin cambiar el valor de dicho número; cero. **2.** La temperatura marcada con el número 0 en el termómetro. **3.** Punto en una escala o en otro sistema de medida marcado con el número 0. **4.** Nada.
—*adjetivo* **1.** De o a cero. **2.** Nada en absoluto.
zig-zag *sustantivo* **1.** Línea o curso que se mueve en una serie de vueltas cortas e incisivas de un lado o dirección para otro; zigzag. **2.** Una de una serie de vueltas cortas e incisivas, especialmente en una carretera o río.
—*verbo* Mover o seguir en forma de zigzag.
zinc *sustantivo* Metal brillante blanco-azuloso que se utiliza para revestir el hierro y en baterías, que no se afecta por la acción del aire o la humedad, y que es uno de los elementos químicos; cinc o zinc.
zip *verbo* **1.** Mover o hacer algo muy rápido. **2.** Trabar, unir o cerrar con un cierre de cremallera o abrochador de corredera.
zipper *sustantivo* Cierre formado por dos hileras de dientes en bordes separados que se cierran y se abren jalando una corredera hacia arriba y hacia abajo; cierre de cremallera; abrochador de corredera.
zither *sustantivo* Instrumento musical compuesto de una caja llana con treinta a cuarenta cuerdas tendidas horizontalmente sobre ella y que se toca punteando las cuerdas; cítara.
zodiac *sustantivo* **1.** Banda imaginaria en el cielo que se extiende a ambos lados de la vía seguida por el sol, y que incluye el curso de los planetas y de la luna; zodíaco. **2.** Las doce partes iguales llamadas signos del zodíaco en que se divide la zona, cada parte de la cual tiene el nombre de un grupo de estrellas.
zombie *sustantivo* **1.** En las creencias o folklore de algunos pueblos africanos o de origen africano, un muerto que ha sido resucitado mediante la magia y que es esclavo del mago; zombi; duende. **2.** Persona que parece o actúa como si no tuviera voluntad; mentecato; necio; tonto.

ər butter   yōō abuse   ou out   ŭ cut   û fur   *th* the   th thin   hw which   zh vision   ə ago, item, pencil, atom, circus

zo·nal |zō′nəl| —*adjective* Of or having to do with a zone or zones.

zone |zōn| —*noun, plural* **zones 1.** A region or area that is divided or different from another one because of some special reason or use. **2.** Any of the five regions into which the surface of the earth is divided according to its climate and latitude.
—*verb* **zoned, zoning** To divide or mark off into zones.

zoo |zōō| —*noun, plural* **zoos** A park or other place where living animals are kept and shown.

zo·o·log·i·cal |zō′ə lŏj′ĭ kəl| —*adjective* Of animals or zoology.

zo·ol·o·gy |zō ŏl′ə jē| —*noun* The scientific study of animals.

zoom |zōōm| —*verb* **zoomed, zooming 1.** To make or move with a loud, low buzzing or humming sound. **2.** To move or climb quickly; move quickly upward or downward.

zuc·chi·ni |zōō kē′nē| —*noun, plural* **zucchini** A kind of long, narrow squash. Zucchini have a thin dark-green skin.

zonal *adjetivo* De o que tiene que ver con una zona o zonas; zonal.

zone *sustantivo* **1.** Región o área que es dividida o diferente a otra por alguna razón o uso especial; zona. **2.** Cualquiera de las cinco regiones en que se divide la superficie de la tierra de acuerdo con su clima o latitud. —*verbo* Dividir o señalar en zonas.

zoo *sustantivo* Parque u otro lugar en donde se mantienen y muestran animales vivos; jardín zoológico.

zoological *adjetivo* Perteneciente a los animales o a la zoología; zoológico.

zoology *sustantivo* El estudio científico de los animales; zoología.

zoom *verbo* **1.** Hacer o moverse con ruido susurrante o murmurante fuerte y bajo; zumbar. **2.** Moverse o trepar rápidamente, o moverse rápidamente hacia arriba o hacia abajo; moverse como zumbido.

zucchini *sustantivo* Clase de calabaza larga y angosta, con un pellejo delgado verde oscuro; zuquini; calabaza italiana; calabacitas.

Table of Numerals / Tabla de Números

Cardinal Numbers		Números Cardinales	Ordinal Numbers	Números Ordinales
1	one	uno	first	primero
2	two	dos	second	segundo
3	three	tres	third	tercero
4	four	cuatro	fourth	cuarto
5	five	cinco	fifth	quinto
6	six	seis	sixth	sexto
7	seven	siete	seventh	séptimo
8	eight	ocho	eighth	octavo
9	nine	nueve	ninth	noveno; nono
10	ten	diez	tenth	décimo
11	eleven	once	eleventh	undécimo
12	twelve	doce	twelfth	duodécimo
13	thirteen	trece	thirteenth	décimotercero
14	fourteen	catorce	fourteenth	décimocuarto
15	fifteen	quince	fifteenth	décimoquinto
16	sixteen	dieciséis	sixteenth	décimosexto
17	seventeen	diecisiete	seventeenth	décimoséptimo
18	eighteen	dieciocho	eighteenth	décimoctavo
19	nineteen	diecinueve	nineteenth	décimonoveno; décimonono
20	twenty	veinte	twentieth	vigésimo
21	twenty-one	vientiuno	twenty-first	vigésimo primero
30	thirty	treinta	thirtieth	trigésimo
40	forty	cuarenta	fortieth	cuadragésimo
50	fifty	cincuenta	fiftieth	quincuagésimo
60	sixty	sesenta	sixtieth	sexagésimo
70	seventy	setenta	seventieth	septuagésimo
80	eighty	ochenta	eightieth	octogésimo
90	ninety	noventa	ninetieth	nonagésimo
100	one hundred	cien	(one) hundredth	centésimo
101	one hundred and one	ciento uno	(one) hundred and first	centésimo primo
200	two hundred	doscientos	two-hundredth	ducentésimo
300	three hundred	trescientos	three-hundredth	tricentésimo
400	four hundred	cuatrocientos	four-hundredth	cuadringentésimo
500	five hundred	quinientos	five-hundredth	quingentésimo
600	six hundred	seiscientos	six-hundredth	sexagésimo
700	seven hundred	setecientos	seven-hundredth	septingentésimo
800	eight hundred	ochocientos	eight-hundredth	octingentésimo
900	nine hundred	novecientos	nine-hundredth	noningentésimo
1000	one thousand	mil	(one) thousandth	milésimo
100,000	one hundred thousand	cien mil	(one) hundred thousandth	cienmilésimo
1,000,000	one million	un millón	(one) millionth	millonésimo

The usage of ordinal numbers in Spanish is different from the usage in English. When referring to monarchs or other heads of states, for example, the usage of ordinal numbers beyond "tenth" is less frequent in Spanish. Therefore, it is not unlikely to find the following cases:

Charles I	=	Carlos primero
Henry VIII	=	Enrique octavo
Louis XV	=	Luis quince
Pope John XXIII	=	El Papa Juan veintitrés

Unlike English, the days of the month are also used in their cardinal form in Spanish. Therefore: May 27th., 1982 = 27 de Mayo de 1982.

El uso de los números ordinales en español es diferente a su uso en inglés. Al referirse a monarcas u otros jefes de estado, por ejemplo, el uso de números ordinales más allá de "décimo" es menos frecuente en español. Como consecuencia, no ha de extrañar encontrar casos como los siguientes:

Charles I	=	Carlos primero
Henry VIII	=	Enrique octavo
Louis XV	=	Luis quince
Pope John XXIII	=	El Papa Juan veintitrés

A diferencia del inglés, los días del mes también se escriben en su forma cardinal en español. Así: May 27th, 1982 = 27 de mayo de 1982.

Metric System/Sistema Métrico

(Measures formed with the following prefixes
are mostly omitted/*se omiten la mayor parte de
las medidas formadas con los siguientes profijos:*

deca-	10 times, 10 veces	
hecto-	100 times, 100 veces	
kilo-	1000 times, 1000 veces	
deci-	one tenth, una décima	
centi-	one hundredth, une centésima	
mil(l)i-	one thousandth, una milésima)	

Length/Longitud

Unit	Unidad	Meters/Metros	Approximate U.S. Equivalent/ Equivalentes Aproximado norteamericano	
kilometer	kilómetro	1,000	0.62 mile	(milla)
meter	metro	1	39.37 inches	(pulgadas)
decimeter	decímetro	0.1	3.94 inches	(pulgadas)
centimeter	centímetro	0.01	0.39 inch	(pulgada)
millimeter	milímetro	0.001	0.04 inch	(pulgada)

Area/Area

Unit	Unidad	Square Meters/ Metros Cuadrados	Approximate U.S. Equivalent/ Equivalentes Aproximado norteamericano		
square kilometer	kilómetro cuadrado	1,000,000	0.3861	square mile	(milla cuadrada)
hectare	hectárea	10,000	2.47	acres	(acres)
are	área	100	119.60	square yards	(yardas cuadradas)
square centimeter	centímetro cuadrado	0.0001	0.115	square inch	(pulgada cuadrada)

Volume/Volume

Unit	Unidad	Cubic Meters/ Metros Cúbicos	Approximate U.S. Equivalent/ Equivalentes Aproximado norteamericano		
cubic meter	metro cúbico	1	1.31	cubic yards	(yardas cúbicas)
cubic centimeter	centímetro cúbico	0.000001	0.061	cubic inch	(pulgada cúbica)

Capacity/Capacidad

Unit/Unidad	Liters/Litros	Cubic/Cúbico	Approximate U.S. Equivalents/ Equivalentes Aproximados norteamericanos	
			Dry/Para áridos	Liquid/Para líquidos
kiloliter (kilolitro)	1,000	1.31 cubic yards (yardas cúbicas)	2.84 bushels	2.64 gallons (galones)
hectoliter (hectolitro)	100	3.53 cubic feet (pies cúbicos)	1.14 pecks	1.057 quarts
dekaliter (decalitro)	10	0.35 cubic foot (pie cúbico)	0.908 quart	0.21 pint (pinta)
liter (litro)	1	61.02 cubic inches (pulgadas cúbicas)	0.18 pint (pinta)	0.338 fluid ounce
deciliter (decilitro)	0.10	6.1 cubic inches (pulgadas cúbicas)		0.27 fluid dram
centiliter (centilitro)	0.01	0.6 cubic inch (pulgada cúbica)		
milliliter (mililitro)	0.001	0.06 cubic inch (pulgada cúbica)		

Weights/Pesos

Unit	Unidad	Grams/Grames	Approximate U.S. Equivalent/ Equivalentes Aproximados norteamericanos	
metric ton	tonelada métrica	1,000,000	1.1	tons (toneladas)
quintal	quintal	100,000	220.46	pounds (libras)
kilogram	kilogramo	1,000	2.2046	pounds (libras)
hectogram	hectrogramo	100	3.527	ounces (onzas)
dekagram	decagramo	10	0.353	ounce (onza)
gram	gramo	1	0.035	ounce (onza)
decigram	decigramo	0.10	1.543	grains (granos)
centigram	centigramo	0.01	0.154	grain (grano)
milligram	miligramo	0.001	0.015	grain (grano)

Metric Conversion Chart/Tabla de Conversión
Approximations/Aproximaciones

When You Know	Cuando Desea Averiguar	Multiply By/ Multiplique por	To Find	Para Obtener
		Length/Longitud		
millimeters	milímetros	0.04	inches	pulgadas
centimeters	centímetros	0.4	inches	pulgadas
meters	metros	3.3	feet	pies
meters	metros	1.1	yards	yardas
kilometers	kilómetro	0.6	miles	millas
inches	pulgada	25	millimeters	milímetros
inches	pulgada	2.5	centimeters	centímetros
feet	pie	30	centimeters	centímetros
yards	yarda	0.9	meters	metros
miles	milla	1.6	kilometers	kilómetros
		Area/Area		
square inches	pulgadas cuadradas	0.16	square centimeters	centímetros cuadrados
square yards	yardas cuadradas	1.2	square meters	metros cuadrados
square miles	millas cuadradas	0.4	square kilometers	kilómetros cuadrados
acres	acres	2.5	hectares (10,000m^2)	hectáreas
square centimeters	centímetros cuadrados	6.5	square inches	pulgadas cuadradas
square meters	metros cuadrados	0.09	square feet	pies cuadradas
square meters	metros cuadrados	0.8	square yards	yardas cuadradas
square kilometers	kilómetros cuadrados	2.6	square miles	millas cuadradas
hectares	hectáreas	0.4	acres	acres
		Volume/Volume		
liters	litros	1.06	quarts	cuarto de galón
liters	litros	0.26	gallons	galones
cubic meters	metros cúbicos	35	cubic feet	pies cúbicos
cubic meters	metros cúbicos	1.3	cubic yards	yardas cúbicas
teaspoons	cucharillas	5	milliliters	mililitros
tablespoons	cucharas grandes	15	milliliters	mililitros
fluid ounces	onzas liquidas	30	milliliters	mililitros
cups	tazas	0.24	liters	litros
pints	pintas	0.47	liters	litros
quarts	cuarto de galón	0.95	liters	litros
gallons	galones	3.8	liters	litros

When You Know	Cuando Desea Averiguar	Multiply By/ Multiplique por	To Find	Para Obtener
		Weights/Pesos		
grams	gramos	0.035	ounce	onzas
kilograms	kílograms	2.2	pounds	libras
tons (100kg)	toneladas	1.1	short tons	toneladas cortas
ounces	onzas	28	grams	gramos
pounds	libras	0.45	kilograms	kilogramos
short tons (2000 lb)	toneladas cortas	0.9	tons	toneladas
		Volume/Volume		
milliliters	mililitros	0.2	teaspoons	cucharillas
milliliters	mililitros	0.06	tablespoons	cuchara grande
milliliters	mililitros	0.03	fluid ounces	onzas liquidas
liters	litros	4.2	cups	tazas
liters	litros	2.1	pints	pintas
		Volume/Volume		
cubic feet	pies cúbicos	0.03	cubic meters	metros cúbicos
cubic yards	yardas cúbicas	0.76	cubic meters	metros cúbicos
		Speed/Velocidad		
miles per hour	millas por hora	1.6	kilometers per hour	kilómetros por hora
kilometers per hour	kilómetros por hora	0.6	miles per hour	millas por hora
		Temperature (exact)/ Temperatura (exacta)		
Celsius temp.	temperatura centígrada	9/5, + 32	Fahrenheit temp.	temperatura Fahrenheit
Fahrenheit temp.	temperatura Fahrenheit	− 32, 5/9 × remainder (resto)	Celsius temp.	temperatura centígrada

A New Concept in Foreign-Language Dictionaries

accompaniment (1.)

ac·com·pa·ni·ment |ə kŭm′pə nĭ mənt| or |ə kŭmp′nĭ mənt| —*noun, plural* **accompaniments** **1.** Anything that goes along with or adds to something else. **2.** Music that is played to go along with singing, dancing, other music, or any other activity.

ac·com·pa·ny |ə kŭm′pə nē| —*verb* **accompanied, accompanying, accompanies 1.** To go along with. **2.** To happen along with. **3.** To play an accompaniment for.

ac·com·plice |ə kŏm′plĭs| —*noun, plural* **accomplices** A person who helps someone else in a crime.

ac·com·plish |ə kŏm′plĭsh| —*verb* **accomplished, accomplishing** To finish after setting out to do; achieve; complete.

ac·com·plish·ment |ə kŏm′plĭsh mənt| —*noun, plural* (4.) **accomplishments 1.** The act of finishing what one has set out to do; completion. **2.** Something that has been done with skill and success. **3.** A skill that has been learned well.

(5.) **ac·cord** |ə kôrd′| —*verb* **accorded, according** To be in agreement; agree.
—*noun* Agreement; harmony.
Idiom **of (one's) own accord** Without assistance or suggestions from anybody else; by oneself.

ac·cord·ing to |ə kôr′dĭng| **1.** As stated or indicated by; on the authority of. **2.** In agreement with; in keeping with. **3.** With reference to; in proportion to.

ac·cor·di·on |ə kôr′dē ən| —*noun, plural* **accordions** A musical instrument with a keyboard, buttons, bellows, and metal reeds.

ac·count |ə kount′| —*noun, plural* **accounts 1.** A written or spoken description; a report. **2.** A set of reasons; explanation. **3.** A record of business and money spent or received. **4.** Importance; value; worth.
—*verb* **accounted, accounting** To believe to be; consider.
Phrasal verb **account for 1.** To give a reason for; explain. **2.** To take into consideration. **3.** To be responsible for.
Idiom **on account of** Because of.

(7.)

ac·count·ant |ə koun′tənt| —*noun, plural* **accountants** A person who keeps or inspects the money records of a business or a person.

ac·cu·mu·late |ə kyōō′myə lāt′| —*verb* **accumulated, accumulating** To gather together; pile up; collect.

---

accompaniment (2.) / *sustantivo* Acompañamiento: **1.** Cosa que va con otra o que se añade a ella; accesorio. **2.** Música que se toca para acompañar el canto, el baile, otra música u otra actividad.

accompany *verbo* Acompañar: **1.** Ir con. **2.** Ocurrir una cosa al mismo tiempo que otra. **3.** Tocar un acompañamiento musical.

accomplice *sustantivo* Persona que ayuda a otra a cometer un delito; cómplice.

accomplish *verbo* Llevar algo a su término después de darle inicio; realizar; llevar a cabo; **lograr.** (3.)

accomplishment *sustantivo* **1.** Acción de terminar lo que uno ha comenzado; realización; logro; triunfo. **2.** Algo que se ha hecho con destreza y éxito; logro; consumación. **3.** Pericia o aptitud que ha sido bien cultivada; consumación.

accord *verbo* Estar de acuerdo; acordar. (6.)
—*sustantivo* Acuerdo; armonía.
Modismo **of (one's) own accord** Sin ayuda ni sugerencias de nadie; por cuenta o iniciativa propia; espontáneamente.

according to Según: **1.** Como se expresa o indica. **2.** De acuerdo con; conforme a. **3.** Con referencia a; en proporción a.

accordion *sustantivo* Instrumento musical que tiene un teclado, botones, fuelle y lengüetas de metal; acordeón.

account *sustantivo* **1.** Descripción escrita o hablada; relato; informe. **2.** Conjunto de razones; explicación o cuenta que se da. **3.** Registro o cuenta de los negocios realizados y del dinero gastado o recibido; cuenta. **4.** Importancia; valor; valía; mérito o validez. (8.)
—*verbo* Atribuirle a algo o a alguien cierto estado, cualidad o condición; considerar: *We account him innocent unless he is proved guilty. = Le atribuimos inocencia (o lo consideramos inocente) a menos que se pruebe que es culpable.*
Verbo en locución **account for 1.** Dar cuenta o razón de algo; explicar. **2.** Tomar en consideración; tener en cuenta. **3.** Ser responsable de; ocasionar.
Modismo **on account of** A causa de; debido a; por.

accountant *sustantivo* Persona que lleva o inspecciona el registro o estado de cuentas de un negocio o de una persona.

accumulate *verbo* Reunir o reunirse; amontonar o amontonarse; acumular o acumularse.

---

1. English definition **3. Spanish equivalent** **5. Inflected form (verb)** **7. Phrasal v**
2. Spanish definition **4. Inflected form (noun)** **6. Idiom** **8. Example**

Diccionario Inglés is the only dictionary that provides clear and meaningful definitions of English words in <u>both</u> English and Spanish.

H01C

$7.95

ISBN 0-395-31255

DATE DUE

JA 10'83		
DE 18 '87		
1 8		
JUL 0 2 2003		